[内部资料　注意保管]

中国工商银行年鉴

ALMANAC OF ICBC

2015

中国工商银行年鉴编辑委员会　编

中国金融出版社

责任编辑：张翠华
责任校对：潘　洁
责任印制：丁淮宾

图书在版编目（CIP）数据

中国工商银行年鉴.2015（Zhongguo Gongshang Yinhang Nianjian. 2015）/《中国工商银行年鉴》编辑委员会编. —北京：中国金融出版社，2016. 1
ISBN 978－7－5049－8262－9

Ⅰ.①中…　Ⅱ.①中…　Ⅲ.①工商银行—中国—2015—年鉴　Ⅳ.①F832. 33－54

中国版本图书馆 CIP 数据核字（2015）第 296274 号

出版发行　中国金融出版社
社址　北京市丰台区益泽路 2 号
市场开发部　（010）63266347，63805472，63439533（传真）
网 上 书 店　http：//www. chinafph. com
（010）63286832，63365686（传真）
读者服务部　（010）66070833，62568380
邮编　100071
经销　新华书店
印刷　北京联合互通彩色印刷有限公司
尺寸　205 毫米×280 毫米
印张　58. 25
插页　12
字数　2166 千
版次　2016 年 5 月第 1 版
印次　2016 年 5 月第 1 次印刷
定价　285. 00 元
ISBN 978－7－5049－8262－9/F. 7822

中国工商银行年鉴编辑委员会

中国工商银行年鉴编辑部

分行组稿负责人

汪旭升　付　郁　沈学勤　韩彦斌　赵俊生　陈　龙　郭　浩
吴建明　洪晓岚　钱　晓　陈　平　钱泽龙　张朝阳　刘　骅
张　杰　徐　斌　王业清　匡维玮　童志军　潘福常　刘欣然
张　军　马　强　洪　专　高荣超　邢计划　李双平　温陇秦
戚兴明　魏　斌　李　军　王刚剑　栾经光　王一波　薛松颖
郑立华　王介林　刘文辉

组　稿　人　员

刘　博　高　珅　杜　衡　闫洁琼　鲍宏图　闵祥龙　冷建春
孙亚洲　姚　厉　李　然　龚　涛　姚　君　陈梅金　余丽燕
江海洋　魏利华　陈文辉　莫交林　翁文扬　贝为智　陈萍萍
张　恒　潘　捷　徐　涛　黄　彪　刘　巍　付春涛　严雨丝
付康乐　欧阳昀　张　芸　曹旭阳　杨　杰　吴　娟　傅　昌
周　然　宋　毓　程秋虎　苏茜倩　黄旭辉　刘栋旭　郭　欣
张姹琳　程　涛　张瑞婷　李　华　王　强　高云翔　李金博
冀　风　吴　卫　徐　昴　卢　川　邹　宏　邓　锐　贾　坤
郑　良　谭旭东　郑伶俐　李文龙　刘艳妮　周利伟　何小杨
高　洋　周德洋　张　浩　林珣珣　张　楠　王　佳　王　彦
杨　勇　张　颖　徐　颖　杜正伟　莫　畏　赵利杰　郑艳文
杭子晴　郑　拓　孙　阳　倪　莹　胡明丽　张　梦

董事长　姜建清

董事长致辞

2014年，全球经济脆弱复苏，主要经济体走势分化。中国经济进入新常态，转型升级成为经济运行的主旋律，由此带来的影响总体正面、积极，同时多重困难和挑战交织并存。金融生态环境和运行机制发生深刻变化，金融监管更趋严格，利率和汇率市场化改革加快，金融脱媒加剧，互联网金融业态异军突起，对银行经营发展带来深度影响和新的机遇。

经济新常态催生金融新常态。2014年以来，在困难和挑战比预想要大的情况下，本行实现了比预期要好的经营成果，总体保持了健康平稳的发展态势。同时全行经营发展也渐入一个新常态，盈利增长、质量管控、业务发展、经营转型等方面呈现一些新的特征。2014年本行实现净利润人民币2 763亿元（445亿美元），增长5.1%。虽然盈利增幅近年来首次回落至个位数阶段，但这是在一个更高平台和更大体量基础上实现的增长，每个百分点的价值含量不断增加。本行2014年一年的净利润已相当于2000年之后8年的利润总和，或2005年股改后3年的利润总和。作为全球净利润总量最大的银行，我们所具备的这种财务实力是消化缓冲风险、支撑创新转型、积蓄新的增长动能的重要基础。更有价值的是，本行盈利增长的内涵与结构也正在发生好的、质的变化。如传统业务的升级增效与新兴业务的创新发展，正对盈利增长形成“混合动力”与“多点支撑”。特别是我们把握居民消费升级和需求多元化、市场主体投资领域放宽、企业并购加速等机遇，努力把大零售、大资管、大投行业务打造成盈利增长的新引擎。2014年本行个人客户金融资产总额在同业中率先突破10万亿元人民币，零售业务经营贡献占比达到40%，资产管理、投资银行等业务保持同业领先优势。再如，信贷存量优化和结构调整的加快推进，为本行业务发展和盈利成长带来新的动力和空间，进一步用好用活这块资源，以转速代替增速，不仅可以提升服务实体经济的效能，也会创造源源不断的价值。又如，本行朝着轻资产、轻资本方向的转型深化，使得盈利成长与资本支撑更加平衡协调。2014年本行在银行间市场发行了信贷资产支持证券，并通过推动资本节约型发展、严控风险资产增长、多渠道补充资本等手段，保持了较为理想的资本充足水平，资本充足率、一级资本充足率和核心一级资本充足率分别达到14.53%、12.19%和11.92%，比上年末提高141个基点、162个基点和135个基点，优于监管要求。

新常态也带来了风险管控的新挑战。在实体经济去产能、去库存、去杠杆的调整过程中，部分企业生产经营困难、市场进入和退出频率加快，经济转型和产业结构调整中不可避免地会使银行形成一部分不良贷款，本行在不良贷款的控制和化解上采取了非常应对之策，并致力于通过管理方式的创新，增强风险防控的预见性和资产质量在经济新常态下的稳定性。我们在总部组建了信用风险监控中心，将银行风险管理经验与大数据技术相结合，加强了对风险的动态监测和实时预警，报告期已对近一半的信贷资产进行了一遍风险排查，对发现的潜在风险融资及时进行了整改，目前正在将风险筛查范围进一步扩展至全产品、全客户、全流程。强化了风险导向的信贷基础管理，突出加强了对地方政府融资平台、房地产开发、产能过剩、商品融资等重点领域的风险防控。总行和分行都成立了专业化团队，创新运用投行等手段，提高不良贷款处置效率和效益。全年不良率微升0.19个百分点，1.13%的不良率在国际大银行中仍处于最优水平。本行重视的是在发展中化解不良，把促进实体经济提质增效升级作为改善信贷经营质态、稳定资产质量的基本出发点。我们紧紧围绕经济新常态下的有效金融服务需求和战略机遇精准发力，积极支持经济调整升级中的重大项目、优势和新兴产业，支持小微企业、个人消费和“三农”等重点领域和薄弱环节，努力让金融活水更好地浇灌实体经济，也使本行在与实体经济的良性互动中有个更好的质量结构和基础。

当前，互联网金融深刻改变着传统金融经营模式、制胜要素和竞争格局。相较于互联网企业长于运营开发、敏于客户体验的优势，商业银行多年积累沉淀的风险管理文化和作业经验，以及同时具备的线上和线下服务能力，也是年轻的互联网企业所难以模仿的。银行始终是创新最为活跃的领域，真正的挑战并不是来自跨界竞争者，而是银行自身能否厚植创新文化，以开放、进取的心态去拥抱科技发展和金融行业变革的新趋势。正是基于这样的现实考虑和战略考量，我们在专注金融本质的同时，积极运用互联网思维和技术来创新金融服务和经营管理，努力下好互联网金融的“先手棋”，推动新常态下的智慧增长。目前本行超过86%的业务量是通过以网上银行为主体的电子渠道完成的，电子银行客户数达4.6亿户，其中手机银行客户1.5亿户。我们基本构建起集支付、融资、交易、商务、信息五大功能于一体、线上线下互动的互联网金融体系，一批新的互联网金融平台和产品陆续投放市场，呈现全面播种、次第开花的生动景象。如2014年初推出的电子商务平台“融e购”，年交易额跻身国内电商前列；具有小额、快捷特点的新型支付产品“工银e支付”，用户超过4 100万户，其每秒钟并发交易处理能力业内首屈一指；新发展的基于居民线上线下直接消费的小额消费贷款品种“逸贷”发展势头强劲；契合小微企业“短、频、急”融资需求、企业可通过网上自助实现提款和还款的循环贷款产品“网贷通”余额近3 000亿元，是国内单体金额最大的网络融资产品。互联网金融创新唯快不破。目前我们正加快推动互联网金融从单项产品创新向整体服务模式创新的升级发展，搭建起产品量多质优、客户交易活跃、线上线下交互、服务运营完备的互联网金融发展架构，努力在互联网金融的棋局中刻下鲜明的“e-ICBC”印记，也让成本更低、效率更高、体验更佳的金融普惠之光照耀更多的客户群体。

国际化发展是本行经营转型的另一抹鲜明亮色。目前本行国际化布局已基本形成，境外网络扩展至全球41个国家和地区、338家机构，并通过参股南非标准银行战略布局非洲20个国家，成为境外机构覆盖范围最广的中资银行。2014年本行境外机构实现净利润151亿元人民币（24.4亿美元），增长35.6%，拉动集团利润增长1.4个百分点。如果把本行境外机构看做一家独立的银行，其规模效益已进入全球银行百强之列。本行新加坡、卢森堡、卡塔尔、加拿大、泰国5家境外机构获得人民币清算行资格，是国内首家同时在亚、欧、美三大洲拥有人民币清算行的金融机构。境外人民币清算行清算业务量累计超过37万亿元人民币（5.96万亿美元）。人民币业务第一大行正成为本行国际化发展的独特优势。本行收购标准银行公众有限公司60%的股权已经完成交割，这是中资银行历史上首次收购从事商品、资本和货币市场交易业务的机构。站在中国实施新一轮高水平对外开放和“一带一路”战略的宏大发展背景下，我们将确立更加高远进取的目标，加快推动国际经营向纵深发展，着力提升境外机构本土化经营水平和全球服务能力，努力在服务中国经济融入全球及世界经济复苏发展的历史进程中绽放光彩。

2014年，无论是静水深流的长远构建，还是迎难而上的开拓进取，我们所有的努力与精进都在前行中变得更加清晰。展望未来，我们既看到新常态下伴随的新矛盾、新问题，更看到新的发展机遇。我们深知，挑战无时无处不在，需要时时处处做好应对准备；同时机遇也从来就是蕴藏在挑战之中，而且只留给有准备的人，工商银行已经做好并将不断做好准备。

二〇一五年三月二十六日

行长　易会满

行长致辞

2014年，面对复杂的国内外经济金融形势，本行因势而变，主动作为，统筹抓好盈利增长、结构优化、经营转型、改革创新和风险管理等各方面工作，实现了经济新常态下的健康平稳发展，也为本行股份制改造后实施的第一个十年发展纲要和第三个三年发展规划画上了圆满句号。分析2014年发展情况和经营业绩，有以下五个鲜明的特点：

一是盈利增长更加注重多源拉动。本行克服利率市场化带来利差收窄、金融脱媒和市场竞争加剧带来传统业务分流、不良贷款反弹带来财务资源损耗增加等多重困难，依靠转型和创新多端发力，积极开辟新的利润增长源，实现年度净利润2 763亿元，比上年增长5.1%；基本每股收益0.78元，比上年增加0.03元。从收益来源看，通过优化资产负债结构、提高资金运作效率，实现利息净收入4 935亿元，增长11.3%，净利息收益率（NIM）较上年提升9个基点至2.66%；通过大力发展资产管理、投资银行、消费金融等创新业务，实现手续费及佣金收入1 467亿元，增长9.0%。境外机构和综合化子公司实现净利润185亿元，比上年增长34.2%，成为集团盈利的重要增长极。

二是业务发展更加注重服务实体经济的本源。本行统筹信贷增量与存量、信贷融资与非信贷融资管理，以多元化金融服务促进实体经济的转型升级发展。在信贷融资方面，本着“用好增量、盘活存量、优化结构、改善质量”的总体思路，积极改进信贷经营，不仅信贷结构和边际效益持续优化，也促进了实体经济的转型升级、提质增效。新增贷款和存量移位贷款主要投向经济发展重点领域，以及新的增长点和增长带。境内分行全年新增本外币贷款9 273亿元，同比多增349亿元，增长10.1%；累放贷款8.98万亿元，达到新增贷款的9.6倍。全年累放项目贷款9 102亿元，同比多放1 664亿元；代表产业调整优化方向的先进制造业、现代服务业、文化产业和战略新兴产业新增贷款2 718.5亿元，占公司贷款增量的67%；个人住房贷款、个人消费贷款和信用卡透支增加3 460亿元，增长14.6%。在非信贷融资方面，本行主动适应经济转型升级中企业直接投融资、产能整合、兼并重组等需求增多趋势，运用“商行+投行”“表内+表外”等方式，大力发展债券承销、银团贷款、并购顾问等业务。债务融资工具主承销规模4 700亿元，同业排名第一；牵头筹组银团贷款签约总金额达467亿美元，位居亚太区银团贷款牵头行榜首；完成投行并购顾问项目319个，涉及交易金额1 400多亿元，增长近60%，在亚太地区交易数量排名第一。

三是经营转型更加注重对重点业务领域的突破。本行把握居民财富增长和社会金融资产配置多元化的新趋势，着力实施大零售和大资管战略，个人客户金融资产总额突破10万亿元，领先同业；银行卡发卡量超过6.6亿张，交易额7.5万亿元；其中信用卡发卡量突破1亿张，跻身全球前三大信用卡发卡行之列；私人银行客户数达到4万户，管理资产规模增长35.9%；理财产品余额突破1.9万亿元，巩固了境内最大资产管理银行地位；资产托管业务规模达到5.8万亿元，受托管理养老基金近700亿元，均保持同业第一；贵金属业务在市场震荡下行的环境中，积极调整业务结构，贵金属融资融货等新业务规模增长50%以上。国际化经营向纵深发展，在持续完善境外机构布局的同时，本行特别注重同步抓好境外重点产品线建设，全球市场交易业务实现外币债券、外汇买卖、账户贵金属和大宗商品的24小时不间断交易，境外外汇即期、外币债券、衍生品集中交易量分别增长6倍、7倍和8倍；全球现金管理产品线延伸至近70个国家和地区，与超过4 300家企业客户建立了业务合作关系；私人银行全球理财基金获得卢森堡金融管理局批准，成为首个在国际主流基金市场注册私募基金的中资银行。本行特别注重加强境内外业务联动，发挥境内产品、客户和资金等优势支持境外机构高起点发展，同时以境外形成的全球服务网络促动境内业务发展，累计支持资源能源引进、高端设备出口、优势产能输出、大型工程承包等“走出去”项目121个，在服务经济全球化发展和中国新一轮高水平对外开放中确立了新优势。本行特别注重发挥人民币第一大行的优势，在当地监管允许的所有境外机构均开办了人民币业务，基本形成了覆盖境外75个国家和地区的全球人民币清算体系，全年跨境人民币业务量达3.66万亿元，比上年增长65.7%。综合化子公司快速发展，对集团的战略协同作用不断增强，工银租赁业已形成“航空、航运、大型设备”三大租赁金融业务板块，经营及管理总资产达到2 356亿元，巩固了行业领先地位；工银瑞信管理公募基金规模突破2 500亿元，跃居行业三甲；工银安盛实现保费收入154亿元，增幅近50%，位列银行系保险公司前列。

四是改革创新更加注重市场和客户导向。本行将2014年定为“改革年”，围绕市场和客户需求导向，强化改革的顶层设计，统筹推进组织机构改革和人力资源深化、信贷流程优化与授信审批改革、绩效考评体系优化等八大领域改革，经营活力持续激发，管理效能全面提升。特别是面对风起云涌的互联网金融创新浪潮，大力构建“e-ICBC”服务与运营体系，加快线上线下服务一体化发展。线上以电商平台“融e购”、直销平台“融e行”、即时通讯平台“融e联”三大平台和融资、支付、投资交易三大产品线为重点，搭建起较为完备的互联网金融整体架构，迅速确立了在银行系互联网金融的优势地位，推出的互联网金融业务呈现爆发式增长态势。比如，定位于名商、名店、名品的“融e购”开业仅一年注册客户超过1 200万人，交易额突破700亿元，跻身国内电商前列；小额、快捷支付产品“工银e支付”用户超过4 100万户，全年交易规模超过500亿元；基于居民线上线下直接消费的小额消费贷款产品“逸贷”发展势头强劲，余额达1 527亿元；针对小微企业“短、频、急”融资需求特点开发的线上循环贷款产品“网贷通”，已累计为6.9万户小微企业提供贷款1.6万亿元，余额近3 000亿元，是国内单体金额最大的网络融资产品。2014年本行自助与电子渠道业务量占全部业务量的比重达到86%。线下持续推进网点运营转型，结合信息化银行建设开展网点智能化改造和营销服务模式的优化，加快推广线上预约、线下服务的O2O服务新模式，网点运营效率、竞争力和服务质量持续改善。适应信息化银行建设需要，建立起覆盖各主要业务条线的数据分析师和专业分析师队伍，通过对各类经营信息和数据的挖掘分析，充分发挥其在市场营销、风险控制和经营决策等方面的支持作用。2014年，本行上海同城数据中心正式投入运行，形成“两地三中心”最高等级的生产运营和灾备部署，进一步巩固了IT基础优势。

五是风险管理更加注重前瞻精准。面对经济增长速度换挡期、结构调整阵痛期、前期刺激政策消化期“三期叠加”环境下银行业不良贷款普遍反弹态势，本行组织实施了信贷资产质量和信贷基础管理“两大工程”，强化信用风险管理，加强防线预设和分类施策，清源治瘀，降旧控新，资产质量保持总体稳定，各级机构信贷经营管理能力也得到全面提升。年末集团不良率1.13%，处于国内外同业较先进水平。对市场各方面所关注的地方政府融资平台、房地产开发、产能过剩行业等领域，本行进一步实施了全口径融资管理和行业内结构的调整优化，其融资余额继续下降，不良率仍控制在较低的水平。创新风险防控技术和手段，在集团本部组建信用风险监控中心，运用大数据技术加强风险动态监测和实时预警，累计化解潜在风险3 752亿元。强化内控案防工作，加大对重要风险点的排查治理力度，操作风险损失率等指标处于监管目标值以下。按照全球系统重要性银行监管要求，高质量完成首份恢复与处置计划，进一步完善全面风险管理体系，市场风险、流动性风险、声誉风险的预判和应对能力全面增强。在国内同业中首批获准实施资本管理高级方法，推动资本节约型发展。

在2014年一些国际专业机构发布的各类排名中，本行继续保持在银行业中一级资本、盈利、营业收入、客户存款等主要指标全球第一的位置。基于本行持续稳健的经营表现，多家权威媒体评本行为“中国最佳银行”“亚洲最佳银行”，还被英国《银行家》杂志评为“全球最佳银行”，成为该奖项发布15年来亚洲首家获颁此奖项的银行。

2015年是本行适应新常态、迈向发展新阶段的关键之年，也是新一轮十年发展纲要和三年发展规划的开局之年，管理层将紧紧围绕董事会制定的发展战略和经营目标，努力实现更有质量、更富效率、更可持续的发展，为广大客户提供更加优质的服务，为广大投资者创造更为稳定的回报！

行长：

二〇一五年三月二十六日

监事长　赵林

2014年2月11日，姜建清董事长应邀出席亚布力中国企业家论坛第十四届年会，并发表主旨演讲。

2014年2月26日，姜建清董事长出席中国工商银行（新西兰）有限公司开业庆典。

2014年6月11日，姜建清董事长、魏国雄首席风险官赴信用风险监控中心调研指导工作。

2014年7月7日，姜建清董事长出席中德经济顾委会首次会议及两国总理座谈会。

2014年8月29日，姜建清董事长在全行互联网金融服务营销动员会上作重要讲话，对互联网金融重点工作进行了总体部署。

2014年9月29日，巴基斯坦驻华大使马苏德先生代表巴基斯坦政府为姜建清董事长授予国家荣誉勋章。

2014年11月28日，姜建清董事长在伦敦领取英国《银行家》(*The Banker*)杂志授予我行的“全球最佳银行”大奖并致辞。

2014年12月4日，姜建清董事长在卢森堡人民币清算行启动仪式上致辞。

2014年12月22日，姜建清董事长出席信用卡超亿张发布会并致辞。

2014年12月31日，姜建清董事长到深圳分行调研智能银行建设。

2014年5月13日，易会满行长出席MOVA网点业绩视图视频发布会并讲话。

2014年9月24日，易会满行长应邀出席第十八届国际银行监督官大会晚宴并代表我行致辞。

2014年11月26日，易会满行长、胡浩董事会秘书在香港参加境外优先股发行大型投资者推介会。

2014年6月6日，赵林监事长在香港会场出席2013年度股东年会。

2014年9月25日，赵林监事长赴厦门分行考察慰问基层员工。

2014年12月5日，赵林监事长主持召开第四届“感动工行”评选活动评审委员会会议。

2014年3月24日，刘立宪纪委书记主持召开外部欺诈风险评估管理领导小组2014年第一次工作会议。

2014年10月28日，张红力副行长出席工银租赁引进航空医疗救援直升机启航仪式。

2014年7月24日，王希全副行长赴工银瑞信调研。

2014年12月5日，郑万春副行长代表我行出席北京大学2014年度奖教金、奖学金颁奖典礼，向获奖师生代表颁发中国工商银行奖教金、奖学金。

2014年12月6日，谷澍副行长在深圳出席前海金融创新大会并致辞。

2014年11月18日，王敬东副行长在浙江省分行营业部高新支行调研信息分析应用情况。

2014年2月11日，我行在纽约证券交易所敲响开市钟，庆祝工银金融获纽交所会员资格。

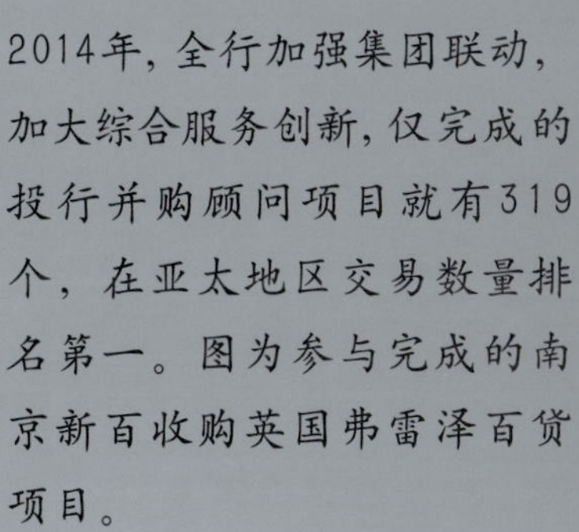

2014年，全行加强集团联动，加大综合服务创新，仅完成的投行并购顾问项目就有319个，在亚太地区交易数量排名第一。图为参与完成的南京新百收购英国弗雷泽百货项目。

2014年6月22日，上海同城数据中心正式投入使用，这标志着我行“两地三中心同城双活”科技新架构整体建成。图为技术人员在上海同城数据中心建设现场进行设备调试工作。

2014年，全行注重通过信贷增量优化和存量结构调整相结合，支持实体经济提质增效。图为天津分行支持建设的和谐型大功率机车检修基地项目。

2014年，全行紧跟大众创业、万众创新的时代步伐和市场需求，创新对小微企业的金融服务。图为浙江安吉支行信贷人员（右）正在和小微企业主一起对抵押的竹制品进行核对和清点。

2014年，全行积极创新私人银行服务，并带动其他业务的发展。图为江苏分行利用私人银行客户资源，成功与宜兴16位国家级紫砂大师建立业务合作关系。

2014年，全行积极搭建互联网金融整体架构，加大营销推广，推动互联网金融取得良好开局。图为新疆分行营业部二道桥支行大堂经理正在通过维吾尔语向客户宣传推介使用“工银e支付”业务。

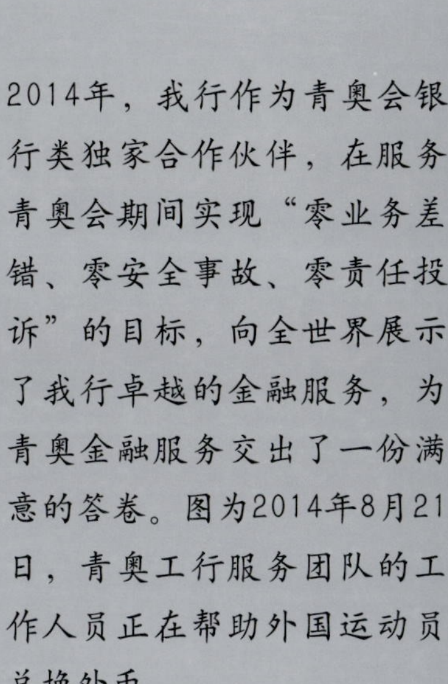
2014年，我行作为青奥会银行类独家合作伙伴，在服务青奥会期间实现“零业务差错、零安全事故、零责任投诉”的目标，向全世界展示了我行卓越的金融服务，为青奥金融服务交出了一份满意的答卷。图为2014年8月21日，青奥工行服务团队的工作人员正在帮助外国运动员兑换外币。

2014年，全行积极利用微博、微信、微视频等新媒体，开展新型社交营销、精准营销，提高营销推广的主动性和有效性。图为我行组织的“我要的生活”微视频大赛活动现场。

2014年，全行积极完善以客户为中心的经营服务体系，提升客户服务质量和效率。北京分行在全部网点内布放了盲文版服务指南和助盲卡。图为2014年5月17日，北京长安支行的大堂经理引导一位视障客户阅读盲文版服务指南。

2014年，全行积极开展扶贫济困、教育捐助、志愿者服务等公益活动，树立行公益、促和谐、负责任的大行形象。图为2014年12月14日，工银澳门组织全体员工及其家属参加第三十一届公益金百万行活动，为公益慈善项目募集善款。

目　录

第三部分　公司治理与风险管理

第四部分　党建工作与队伍建设

第五部分　境内分行成就

第六部分　重要文献

第七部分 综合统计

第八部分 大事记

第九部分 附 录

Contents

Part 1 Innovation & Development

Part 2 Global Development & Comprehensive Operation

Part 3 Corporate Governance & Risk Control

Part 4 Party & Staff Building

Part 5 Achievement by Domestic Branches

Part 6 Material Document

Part 7 Comprehensive Statistics

Part 8 Chronicles of ICBC in 2014

Part 9 Appendix

第一部分

改革创新与业务发展

责任编辑：刘治国

认真贯彻国家宏观调控政策

2014年，全行认真贯彻国家宏观调控政策导向和金融监管要求，紧密围绕经济新常态下的金融服务需求，更加注重将信贷增量优化和存量结构调整相结合，积极支持实体经济转型升级、提质增效。

一、积极支持实体经济发展

2014年新增本外币贷款9 346亿元，同比多增459亿元，增幅10.2%；累放贷款8.98万亿元，相当于新增量的9.6倍，同比多放2 770亿元。从投向看，累放项目贷款9 102亿元，同比多放1 664亿元，95%以上用于支持国家重点项目建设。对先进制造业、现代服务业、文化产业和战略新兴产业新增贷款2 718亿元，占公司贷款增量的67%。创新对小微企业的金融服务，还原统计口径调整和不良核销因素，小微企业贷款实际增加1 613亿元，增长9.4%；余额1.7万亿元，占公司贷款余额的25%。积极支持居民合理消费需求，个人类贷款（含信用卡透支）增加3 525亿元，增幅15%，其中个人住房贷款余额突破2万亿元。加大对企业“走出去”的支持力度，新发放境外贷款1 700亿元。

二、完善信贷政策，提高服务水平

结合宏观形势变化和产业结构调整趋势，持续调整完善信贷政策，不断提升金融服务水平。2014年集中修（制）订61个行业信贷政策，根据行业特性、运行规律和风险特征将公司贷款行业划分为18个板块，实施行业组合管理，引导资源优化配置。充分发挥区域信贷政策“指导区域信贷结构调整、促进区域信贷协调发展”重要作用，形成“京津冀一体化”、“一带一路”、“长江经济带”三大支撑带战略规划以及新疆、西藏等区域信贷政策解决方案，逐步通过“一行一策”对重点分行和区域实现全覆盖。推进公司信贷制度整合，将评级授信、信贷流程等10个板块现有制度整合入《法人客户信贷业务基本管理办法》，搭建清晰、完整、相对稳定的法人客户信贷业务管理框架。在保证现有客户资料要素报送前提下合并或取消客户数据资料的重叠项和冗余项，以管理逻辑简洁、风险提示清晰的产品制度引导信贷人员选取契合客户需求且满足风险控制需要的产品办理业务。

三、加强重点领域信贷风险管控

坚持有扶有控，加强了对地方政府融资平台、房地产开发、产能过剩行业的融资限额管理和结构调整优化。

（一）严控地方政府融资平台风险。全面落实国家最新政策及监管要求，按照“总量控制、分类管理、区别对待、逐步化解”的原则，明确全年平台融资总量控制目标、控制机制及措施。组织召开“地方政府性债务融资工作视频会”，安排部署全行对地方政府性债务融资进行摸底排查，在控制总量前提下动态调整信贷投向，防范系统性信用风险。截至2014年末，全行全口径融资平台客户融资余额10 019.4亿元，较年初减少1 182.4亿元。

（二）严控房地产开发信贷风险。根据房地产市场变化情况，明确房地产融资总量控制目标及控制机制，提高房地产开发融资客户及项目标准。在对重点城市房地产市场风险全面评价的基础上确定38个风险较高城市，控制新增融资，同时建立房地产风险日常监控体系，开展主要城市房地产市场情况、房地产贷款总量与结构、房地产项目风险监测，采取下发风险提示书和重点跟踪督办等管控措施，督促相关分行化解贷款风险。2014年全行房地产贷款余额比年初减少278.7亿元，不良余额和不良率继续保持双降。

（三）严控产能过剩行业信贷风险。根据信贷结构战略调整要求，对钢铁、有色等8个产能过剩行业实施全口径融资限额管理，通过系统刚性控制、优化限额分配、定期监控排查等措施防控行业集中度风险。重视产能过剩矛盾的化解，在融资限额内且不扩大产能的前提下支持产能富余行业转型升级、兼并重组和“走出去”。2014年全行产能过剩行业融资余额较年初下降171.9亿元。

（总行信贷与投资管理部）

大零售战略

2014年，面对经济新常态下日益复杂多变的内外部经营环境和竞争态势，全行深入贯彻2014年工作会议和零售业务工作会议精神，按照加强顶层设计与尊重基层首创的原则，切实推进大零售战略的全面实施，取得了良好的成效。

一、强力推进大零售战略顶层设计与落地实施

（一）构建完善大零售战略框架体系。印发了《中国工商银行关于实施大零售战略的总体意见》，明确了大零售战略的内涵和外延，对大零售业务进行了全面规划和战略统筹。形成了关于零售业务体制机制、客户发展与结构优化、创新发展、营销模式转型、信息化工程、文化建设和风险管理六个方面的工作意见；构建了以零售业务推进委员会为载体的协调机制、以大零售业务通报为形式的督导机制、以重要问题报告为制度的响应机制、以先行先试为突破的率先发展机制等四项配套机制建设。

（二）全力推进零售业务先行先试改革试点工作。在全行范围内选取了81家零售业务率先发展试点机构，并推动各行结合自身零售业务发展特点和区域状况制订改革试点方案。与银行卡、私人银行业务条线合作，深入改革试点机构开展调研和支帮促活动，建立定点联系机制，初步形成了系统组织推动与重点领域改革试点“点面结合”的零售战略推进格局。

二、零售业务取得了良好业绩

（一）营业贡献稳步增长。2014年，全行大零售板块共实现营业贡献1 968.94亿元，同比增加49.49亿元，增长2.58%；大零售营业贡献在全行占比为39.23%。其中，个人业务营业贡献1 881.32亿元，同比增加97.89亿元，增长5.49%；小微企业营业贡献87.62亿元，同比减少48.41亿元，下降35.59%。从分行来看，有5家分行营业贡献超过100亿元，分别是广东分行（235.37亿元）、北京分行（161.32亿元）、江苏分行（128.82亿元）、浙江分行（126亿元）和四川分行（101.77亿元）。

（二）零售板块中间业务收入大幅增长，远超全行平均水平。2014年，全行共实现零售中间业务收入1 671.37亿元，同比增加91.21亿元，增长15.72%，高于全行中间业务收入平均增幅7.18个百分点，在全行中间业务收入中占比48.60%，同比提升3.01个百分点。

（三）零售客户稳步增长，结构不断优化。2014年，全行有效个人客户总数为33 840万户，较年初净增1 754万户，增幅5.47%。其中，信用卡客户6 751万户、私人银行签约客户17.4万户（其中服务配置数7.3万户）、个人网银证书客户11 121万户、手机银行客户14 881万户、实物贵金属业务客户210万户、金融市场业务个人客户2 356万户、管理养老金个人账户1 357万户、小微企业贷款（含个人经营性贷款）客户64.1万户。从客户结构看，中高端客户增幅高于低端客户增幅，客户结构持续优化。2014年末，全行日均金融资产1万元以上客户8 516万户，较年初净增280万户、增长3.4%；资产5万元以上客户3 736万户，较年初净增194万户、增长5.5%；资产100万至800万元财富客户110万户，较年初净增16万户、增长16.7%；资产800万元以上私人银行客户4.3万户，较年初净增1.2万户、增长38%。

（四）客户金融资产大幅增长。2014年末，全行个人客户金融资产总额104 992亿元，较年初净增9 962亿元、增长10.5%。其中，本外币储蓄存款余额为74 813亿元，较年初净增2 321亿元、增长3.2%。人民币储蓄存款余额四行占比30%，位列第二，增量占比18.2%，位列第三。

（五）零售信贷业务快速增长，余额突破3万亿元。2014年末，全行零售信贷业务余额37 998亿元，较年初净增2 774亿元，增长7.87%。其中，全行个人贷款（个人住房和消费贷款）余额23 473亿元，较年初净增2 917亿元，增长14.2%；信用卡透支余额3 681亿元，较年初增加620亿元，增长20%；小微企业贷款（含个人经营性贷款）余额10 844亿元，较年初减少763亿元，下降6.57%。

（六）支持集团子公司快速发展。2014年协助工银瑞信新发产品共8只，合计募集规模212.3亿元，占其总募集规模的81.8%；工行渠道保有的工银瑞信公募基金存量为1 557亿元，占比达61.28%。支持工银安盛在保险业务领域的各项改革创新先行先试，在业务资源分配上给予“优先优惠”的合作待遇，累计销售工银安盛产品128.65亿元，居工行代销保险公司首位。

（七）始终坚持做零售金融业务大平台的思路，按照客户共享、资源共享、渠道共享的原则，加强对相关业务条线的配合和支持。积极支持和配合相关业务条线在工行代发工资、金融资产等存量客户中拓展信用卡、私人银行、贵金属、电子银行等目标客户群。通过做大做强代理业务，增强对机构、托管、金融市场、投资者关系管理等业务的支持力度。全力发行军人保障卡、武警保障卡及其副卡，为稳定核心机构客户存款、密切军企关系提供了有力保障。2014 年末，全行个人银行卡存量66 288 万张，其中借记卡（含智能卡、专用卡）56 232 万张、信用卡 10 056 万张；比年初净增 8 509 万张，增长 14.7%，其中借记卡、信用卡分别净增 7 258 万张、1 251 万张。全年个人银行卡累计消费额 74 916 亿元，同比增加 17 192 亿元，增长 30%；其中借记卡、信用卡消费额分别为 56 229 亿元和 18 687 亿元，同比分别增长 35% 和 16%。银行卡收单交易额为 38 023 亿元，同比增加 12 608 亿元，增长 50%。全行私人银行持有产品客户总量达 7.33 万户，较年初增加 5.45 万户，产品在签约客户中的覆盖率为 42.2%，较年初提升 12 个百分点。全年私人银行产品总交易额为 3 127 亿元，私人银行项目存续余额达 952.8 亿元，较年初净增 520.2 亿元，增幅达 120%。

（总行个人金融业务部）

组织机构改革

一、总行部室机构改革

以集约高效、管控有力为目标，以总行各部门的职能定位为主要依据，研究设计总行各部门处室的设置，梳理明确各处室职能，重新核定干部职数和人员编制。改革后，总部机构进一步精简，干部职数和人员编制进一步压缩。同时，在总行选择试点部门，探索尝试柔性化的团队组织模式，优化劳动人员组合，增强组织机构的灵活性。

二、总行利润中心改革

以利润为核心、以关系协调为重点、以模式建设为突破，继续推进利润中心的市场化改革，进一步明确利润中心的机构属性、业务协作框架、与相关部门间的职能分工、绩效考核和分润机制等内容，淡化利润中心的行政化色彩，释放经营活力。

三、分行机构改革

以服务发展、市场导向、精简高效、科学规范、突出重点、统筹兼顾为基本原则，从完善组织架构体系、明确机构职能定位、理顺机构管理关系、科学核定相关编制、不断夯实管理基础五个方面进行重点突破，稳步开展境内分支机构改革，持续提升机构竞争发展能力。

（总行人力资源部）

重点区域竞争力提升

把促进区域竞争力提升作为 2014 年全行全面深化改革重点工作内容，在深入调研的基础上，制订一系列改革措施方案，并推动实施执行，积极促进提升重点区域机构竞争力和挖掘重点区域发展潜力。

一、确立一行一策推进梯队建设的框架机制

2014 年，按照全面深化改革重点任务安排和全行年初工作会议要求部署，总行相关部门先后赴江苏、广东等一梯队分行和四川、河北等二梯队分行，对一二梯队建设情况进行摸底和调研。易会满行长于 8 月主持专

题会议，研究关于“一行一策”推动梯队建设的总体思路。总行积极指导6家一梯队分行制订转型方案和12家二梯队目标分行制订提速发展方案，明确以浙江、上海、广东三家分行作为一梯队转型试点行，并提出了支持一批有条件的二梯队目标分行加快实现百亿元利润目标的战略部署。截至2014年末，一梯队分行在境内分行拨备后利润占比近50%，是全行业务发展的主阵地和盈利的主力军；二、三梯队分行利润占比分别达到28.5%和19.3%，对全行经营发展的支撑作用增强，特别是第二梯队分行已成为全行业务发展和盈利创造的生力军。

二、制定出台提升大中城市行竞争力的意见

2014年5月，易会满行长组织召开大中城市行竞争力提升专题座谈会，对推进大中城市行竞争力提升作出具体部署。总行于11月印发了关于提升大中城市行竞争力的总体意见，以及推动大中城市行组织架构调整、资源优化配置、考核评价体系建设、信贷经营能力提升的具体实施方案。每年选取部分省区分行营业部和重点二级分行作为提升对象，进行重点扶持，推动其在同业竞争中争先进位。截至2014年末，44%的重点城市行综合市场占比超过30%。

三、稳步推进县支行竞争力提升意见的落实工作

2014年5月，总行出台《关于拓展县域市场和提升县支行竞争力的意见》（工银发〔2014〕59号），为提升县域竞争力提供战略导向和依据，将重点县支行竞争力提升纳入相关境内分行经营绩效考评体系，并建立了重点县支行竞争力监测评价体系。组织19家分行和80家重点县支行召开拓展县域市场经验交流会，张红力副行长在会上进行战略部署和动员。同时，总行相关部门积极探索建立与重点县支行的沟通协调机制，及时帮助解决县支行竞争力提升过程中存在的困难和问题。截至2014年末，42.5%的重点县支行综合市场占比超过30%。

（总行城市金融研究所）

信贷监督中心建设

一、信贷监督中心成立背景

随着我国宏观经济进入“新常态”，部分企业经营风险加大，企业多元化经营、跨区域发展以及经营业态变革使得信用风险更加隐蔽复杂，传统的手段和技术难以满足商业银行信用风险管理的需要。与此同时，随着工商银行集团化、综合化、全球化战略布局不断推进，客户数量、信贷业务总量等快速增长，信用风险管理幅度和范围不断扩大。为应对新的信用风险管理形势，总行党委于2014年初决定成立总行信贷监督中心，对全集团信用风险进行集中监测、分析、预警、控制和管理，强化实质性风险识别与管控能力，推动全行信贷管理模式创新。

二、运行状况

2014年3月，总行信贷监督中心正式成立。中心以行内外多维信息为基础，运用大数据理念和技术，对全行各类融资客户、信贷经营机构、信贷人员等进行监测预警，确立了从分析建模、实时监测、风险预警到核查管控、跟踪督办、考核评价的信用风险监控工作流程，构建全面的信用风险监控体系。

（一）客户风险识别与监控。全面整合信贷、结算、网银、信用卡、电商等行内系统数据，引入征信、海关、工商、税务等政府公共信息，充分利用互联网、媒体等外部资讯，从经营、交易、资金、行为等角度对客户信息进行深入挖掘，揭示客户风险变化规律，提炼总结客户风险因子，在此基础上构建360度全景式的客户统一风险视图，加强对法人客户风险的动态监测。同时，全面剖析个人客户职业、收入、消费行为、违约记录等信息，构建个人客户风险预警模型，推进个人客户风险识别与预警。在此基础上，根据客户风险程度，形成红、橙、黄、灰四色清单，及时预警提示分行，并采取差异化管理措施，实现对各类融资客户信用风险的有效管控。

（二）信贷经营机构监测评价。构建信贷机构运营状况监测指标体系，从基础、风险、结构、效益等维度，对各级行开展动态监测，及时发现并预警机构异动；搭建信贷机构评价体系，覆盖信贷机构的基础管理工作、风险管控能力、发展能力、运营效益等内容，对境内分行开展信贷运营能力评价，为信贷资源优化配置提供决策支持。

（三）信贷人员尽职履职监控。构建信贷人员履职

行为监测指标体系，监测全行信贷人员在业务流程各环节履职尽职情况，及时发现和预警违规行为或未尽职行为，督导分行进行整改；加强人员履职质量监测，对全行调查、审查、审批、签批人经办业务不良情况进行分析，通报风险暴露比较突出的信贷人员，督促相关分行采取岗位调整、缩小业务权限、加强培训等处理措施。

（四）信贷政策制度监测分析。对全行信贷政策制度执行情况进行监测分析，结合日常监测过程中发现的管理问题，及时提出相关政策制度调整完善建议，为全行信贷政策制度有效执行和改进完善发挥积极作用。

（五）信贷与投资组合监控。研究新常态下经济增速放缓、国家宏观调控对全行信用风险的影响，对房地产、产能过剩、大宗商品贸易融资等具有较高风险隐患的行业及产品进行监测分析和风险排查，针对发现的问题对分行进行预警提示，并督导分行加快化解风险。

（六）信用风险监控系统建设。根据中心监控工作需要，开发和投产了集信息资源集成、模型开发运行、风险预警控制、信息跟踪等功能为一体的信用风险监控系统平台，逐步实现全行信用风险监控工作全流程系统化。

三、工作成效

截至2014年末，信贷监督中心研发投产了100多项预警模型，有效识别预警融资客户风险，对重点机构和人员及时采取了相应的管控措施，经过持续跟踪督导，收回、整改化解风险融资，实现了全行约10%存量贷款的结构调整，在加强全行存量贷款管理、强化实质风险管控等方面发挥了良好的作用。

（总行信贷与投资管理部）

渠道建设和服务创新

2014年，全行渠道管理工作紧紧围绕总行党委提出的突出“三大战略”、优化“五大布局”的总体部署，以“内涵发展、效益优先、经营转型、机制推动”为根本方针，统筹渠道建设的系统规划、决策和组织推动，在保持总量稳定的前提下，持续推进渠道优化建设和服务创新，积极打造线上线下一体化的渠道体系，全行渠道经营管理水平和市场竞争力再上新台阶。

一、网点布局结构持续优化，竞争能力提升成效明显

2014年，全行系统实施了网点竞争力提升七大工程，在重点区域、潜力地区和新兴市场合理拓展渠道网络，通过网点布局优化和功能强化，实现物理渠道产能提升，网点效益稳步增长。截至2014年末，物理网点总量为16 758家，比2013年减少128家，在同业中总量居第三位，全行网均各项存款增速为5.85%，在同业中居五大行之首。一是低效网点优化和网点综合化改造进展顺利。2014年，通过撤并、迁址改建、管理提升、原址扩建、原址装修、改建自助银行、改建“自助+理财”类网点等方式，全行607家低效网点优化调整工作全部完成。全行网点综合化率较2014年初提升6个百分点，提前实现2016年目标。二是2014年网点业态分布更为合理，服务体系日趋完善，初步搭建起以财富管理中心为核心、理财中心为支撑、金融便利店为延伸的网点服务体系。同时，积极探索并尝试“轻成本、轻人员配置”的“自助+理财”网点建设。三是柜口布局更加科学，人员结构持续优化。随着网点运营标准化改革的深入推进，截至2014年末，全行高低柜配比达1.4:1，较2013年末下降48%；全行网点销售人员占比达23.22%，比2013年增长10.3%，呈现出较为明显的上升趋势。四是网点管理科学化水平持续提升。通过推广应用MOVA网点业绩视图、网点运营管理平台、晨会直通车、网点援助保障系统、网点五级分类评价体系等一系列系统和工具，全行网点管理机制进一步完善，管理科学化、精细化水平显著提升。

二、加快推进自助渠道建设，自助渠道服务能力持续增强

2014年末，全行自助银行总量达25 861家，较2013年末增长18.5%，自助银行和物理网点之比达到1.54:1，较2013年增长19.4%。一方面，加强传统自助设备精细化管理，大幅提升运营效能。自动柜员机跨行交易优势持续扩大，2014年存取款一体机存款金额及存款笔数较2013年分别增长25.6%和22.16%。另一方面，不断开拓自助渠道新功能，自助终端产品销售贡献突出。全行各类渠道代销的保险产品中，自助终端销售额从零起步，2014年末销售占比已达20.4%。

三、电子渠道客户结构进一步优化，业务规模再攀新高

2014 年，电子银行个人网银证书客户数及企业网银证书版客户数分别较 2013 年提高了 8.1% 和 2.4%；交易离柜率在 80% 以上的电子银行个人活跃客户较 2013 年提高 4.7%。与 2013 年相比，手机银行客户增长 33.6%，个人电话银行客户增长 7%。客户结构的优化推动了电子银行业务的迅猛增长。2014 年，全行电子银行交易额较 2013 年增长 19.3%，其中网上银行交易额同比增长 17.7%，手机银行交易额提升 60.2%。

四、渠道创新稳步推进，线上线下融合发展

2014 年，按照“现金业务自助化、非现业务智能化”的总体思路，积极优化业务流程，稳妥推进网点智能化改造，释放网点服务潜能，提升网点服务质量，全行 4 家智能网点试点效果明显。如深圳东环支行实施智能化服务模式后，网点人员配置进一步优化，业务处理效率进一步提高，柜口由 6 个压缩为 4 个，网点业务处理总量增加 23%，客户平均等候时间由 18 分钟减少为 7 分钟。网点 WIFI 建设持续推进，线上线下渠道实现融合发展，服务及营销综合能力进一步提升。截至 2014 年末，1 500 家试点网点在试点期间 WIFI 累计服务客户数约 98.4 万，手机银行累计下载量约 6.31 万次，融 e 购累计下载量约 3.19 万次，在竞争客户入口、增强营销能力、提升服务水平等方面表现出较大潜能。

五、创新服务管理模式和管理机制，服务效能显著提升

2014 年，根据服务工作面临的新形势和新任务，总行确立以“人民满意银行建设年”为主题，重点推进窗口服务专项整治、客户投诉精细化管理、网点服务效率提升、大堂服务管理升级和网点服务规范建设五项服务改进工作，全面开展“人民满意银行建设年”主题教育和主题宣传两个专项活动。通过现场检查、非现场监控、考核通报、调增考核比重、持续开展第三方满意度调查等多种举措，不断创新服务管理模式和管理机制，切实抓好服务改进的落地执行。2014 年，各类媒体对窗口服务的正面报道达到 16 万余篇次，专门致电和来函表扬窗口服务的客户达 2.81 万人次，客户满意度排名在可比同业中上升到第二位。在中国银行业文明规范服务评比活动中获评千佳网点 129 家，五星级网点 161 家，获评网点数量居同业之首。与此同时，扎实推进客户投诉管理工程，下大力气解决关乎客户利益的重点问题。通过跟踪督导，改进投诉督办工作机制，实行投诉日监测、周分析、月通报，重点对超时处理、升级投诉、高发机构等进行重点监测及整改。2014 年，共受理客户投诉 815 件，同比下降 72%，其中 25 家分行实现零重复投诉，办结时间由去年的平均 6.4 天缩短至 4.7 天，客户对投诉处理的满意度持续提高。

（总行渠道管理部）

运营标准化改革和业务流程综合改造

2014 年，全行着手实施运营标准化改革，着力推进业务流程持续优化，加强集约运营体系建设，运行管理在全行全面深化改革和经营转型中的基础支撑和价值创造作用有效发挥。

一、网点运营标准化改革成效显现

网点运营标准化管理改革是网点竞争力提升的关键和基础工程，全行计划用三年左右的时间全面构建业态定位清晰、功能分区完善、岗位设置合理、人员配备科学的网点运营管理标准体系。2014 年，按照总行网点竞争力提升及网点运营标准化管理工作的总体部署，全行启动了网点运营标准化改革，扎实推进数据治理、标准制定、平台建设、试点推广等方面工作，取得了明显的改革成效。建立了以业务处理时长为尺度的工作量度量标准和折算标准，实现了全行柜员工作量的准确计量、客观反映和横向可比。制定了网点运营业态分类、高低柜业务划分、柜口配置、岗位设置、柜员配备等网点运营标准，为网点资源优化配置提供了标准依据。构建起涵盖运营基础信息管理、全渠道业务量统计、运营质量效率管理、网点运营监测评价等功能的网点运营管理平台，实现了网点运营数据信息的集中展现和网点运营情况的统一评价。改革启动以来，全行上下齐心协力、迎难而上，以统一的改革方案凝聚共识，以完善的组织机制引导改革，以忘我的工作投入攻坚克难，以成功的试点案例引领深入，形成了浓厚的改革氛围，改革成效逐步显现。截至 2014 年底，全行普通区高低柜配比从 2.27:1 降至 1.40:1，降幅为 38%，柜员人均工作量上升了 18%；全行共实现 8 900 余名柜员从高柜向低

柜流动，13 695 名柜员和服务支持人员转岗至营销类等岗位，人员结构进一步优化，营销力量得以加强，柜员工作饱和度、网点运营效能和客户服务水平均得以提升。

二、资金汇划体系改革圆满收官

本着精简账户体系、提高汇划效率的要求，利用两年时间完成了本外币资金汇划业务改革，全辖通汇、直通高效、信息共享的资金汇划运行新格局成功构建。本外币资金汇划业务改革是对行内核算模式、支付业务流程的重塑与再造，全行上下科学谋划、精心组织，针对账户体系、业务处理模式、机构管理方式等关键改革环节制定了严密有效的风险控制措施，保证了改革的统筹实施、业务的平稳运行和新旧模式的顺利切换。改革全面取消了系统内备付金逐级清算的冗余环节，统一了本外币汇划业务的挂账层级及核算标准，建立起与全额资金管理体系相适应的集约核算体系；取消了资金汇划报文收发处理流程，形成了同城异地统一的直通式转账模式；取消了人民币汇划通汇机构审批准入限制，实现了全网点直接通汇。新核算体系建成后，全行停用本外币备付金及辖内往来内部账户 19.6 万个，用于核算本外币汇划业务在途资金的挂账账户大量缩减，人民币挂账账户从 6 815 户缩减至 22 户，外币挂账账户从 28 700 户缩减至 88 户，资金实时到账率达到 93% 以上，全行支付结算服务能力实现质的提升。

三、核算印章综合改革进展顺利

按照精简种类、分类管理、电子替代、刚性控制的总体原则，扎实推进营业机构核算印章综合改革。全行建立起基于“交易—凭证—用印”对应关系的统一柜面业务用印标准，通过交易驱动的用印流程有效解决了传统模式下用印和业务相分离的缺陷，从根本上破解了核算印章管理的行业性难题；遵循“有章必有码、有码必可验”的原则，构建了以业务验证码为核心的新型柜面业务认证运行机制，为保护客户资金安全提供了新的验证手段。截至 2014 年底，全行所有营业网点全面投产电子化印章，接近 90% 的营业网点投产柜面用印机，实现了重要核算印章的电子化打印或自动化控制，有效防控了套章、套凭证等风险，实物核算印章用印风险难以管控的局面得到根本改观。全新业务用印模式运行高效平稳，柜员从大量的人工盖章操作和复杂烦琐的印章日常出入库、保管、交接等工作中解放出来，客户、柜员体验良好。系统硬控制打破了传统模式下印押证分管分用的岗位分离管理要求，为网点岗位整合和人员灵活配置创造了有利条件。

四、柜员指纹认证改革全面完成

以加强事中风险控制、推进柜员管理模式转型为目标，全行全面实施柜员身份指纹认证改革。借助人体指纹所具有的唯一性、不可变性、难以复制性等生物特点，将指纹识别技术与现有业务处理流程有机融合，构建起集指纹管理、柜员管理、身份认证于一体的全新电子化、信息化管理模式，实现了员工身份、指纹和主机岗位权限的匹配管理和操作权限的硬控制。改革涉及全行每一个网点和柜员，与柜面业务运营、网点客户服务、操作风险管理密切相关，涉及面广、技术要求高，经过反复探索实践和应用完善，攻坚突破指纹库建立、指纹验证、指纹训练和技术升级等关键环节，全行 1.7 万余个网点、近 19.7 万个主机柜员已成功应用指纹身份认证。柜员指纹认证模式的应用，为在更高层级、更大范围集中管理和灵活调配柜员提供了有利前提。柜员身份指纹认证改革是主机柜员身份认证体系、柜员管理流程、事中风险控制手段等方面的突破创新，全新的身份认证和柜员管理模式，精简了管理流程、强化了管理效果、降低了管理成本，对全行深化风险管理先进手段运用和推进柜员管理信息化具有重要促进作用。

五、业务流程持续优化纵深推进

以协议、申请书的整合和电子化改造为突破口，简化对公客户开户流程，通过主机交易间、跨系统间的信息共享，实现了开户与印鉴卡发放等业务流程的并行处理，开户业务办理时间缩短了 3/4，客户盖章次数多、往返网点次数多的问题得到根本解决。141 类个人业务完成签单服务模式改造，取消了客户手工填写凭证和柜员重复录入环节，柜面平均服务时长由 327 秒下降至 145 秒，柜面服务效率大幅提升，客户和柜员体验明显改善。以会计凭证集中预售、重要空白凭证联动销号、个人账户挂失止付等为主要内容的基础环节流程改造，简化了柜员操作，实现了流程对操作风险的硬控制。按照功能分类标准、公共流程复用、业务规则统一、服务组合灵活的思路，全行启动了网点组合服务业务流程优化改造工作，形成涵盖交易分类目录、公共流程模块、业务管控规则、对客服务流程、交易管理机制等方面的顶层设计方案，为后续全面推进打下坚实基础。

六、集约运营标准体系初步构建

深耕业务集中处理领域，新增委托收款、公务卡申请等 11 个业务品种纳入集中处理，2014 年末全行全口径柜面业务集中率提高至 67%，可集中率进一步压降至 1.3%。建立了包括建设标准、管理标准、服务标准在内的集约运营标准化管理体系，涵盖机制建设、岗位履职、系统管理、业务管理等方面的多项制度办法相继实施，集约运营质量效率大幅提升，平均处理时间同比缩短 37%，经集中处理风险事件率同比下降 54%。本着有机整合、归类合并、标准运作的要求，扎实推进二级分行运行后台中心规范管理，按类别相似、职责相近的原则实施业务归并运营、机构职能重组和岗位集约设置，截至2014年底，134家二级分行完成了账务管理类中心、实物管理类中心的分类设置，机构数量由481个精简至271个，精简幅度达44%。浙江、安徽等分行将本行特色业务进一步上收，网点服务潜能进一步释放。四川分行建立了异地双中心互为备份的省行集中远程授权模式，授权规模效应充分发挥，人力资源配置进一步优化。

（总行运行管理部）

信息化银行建设

2014年，全行信息科技系统保持平稳运行，同时紧紧围绕全行改革发展大局，积极推进大数据和信息化战略，“两地三中心”工程建设全面完成，信息化银行取得了新突破，为加快经营改革、提升服务水平、加强风险管理提供了有力支撑。

在业务量持续攀升的情况下，通过大量主动预防措施加强信息系统运行管理，保障全行信息系统保持平稳运行，为全行各项业务顺利开展提供了有力支撑。圆满完成“两地三中心”工程建设，在国内金融同业中率先完成主机系统的切换运行，从传统灾备模式转型为双中心并行模式，全面保障全球业务7×24小时连续运行。持续建设全集团信息安全日常管理机制，开展信息分级授权保护。运用通过国家安全审查的密码算法，改造金融IC卡、移动支付等应用系统，提升信息安全防护的自主可控能力。

信息化银行建设取得了新的重大进展。信息化银行发展的“大数据”基础不断完善，持续将金融市场、外部数据、综合化子公司等数据纳入数据仓库，加大集团信息库推广使用，信息检索服务嵌入到25个业务系统，在电子商务、风险管理、精准营销、产品分类等方面开展了大量数据分析挖掘工作。互联网金融服务体系快速形成，以“三大平台”、“三大产品线”和线上线下一体化服务为重点，推出融e购、融e联、线上POS、综合缴费平台、工银e投资客户交易终端等一系列创新应用；实现全行电子银行各渠道注册认证信息整合，构建以客户为中心的用户认证体系。全面推进产品化改造，实现对公、个金、信贷等10条业务线改造，推动业务条线的整体创新与功能提升。加快大零售、大资管战略实施，建设新一代个人客户营销系统，形成统一的个人客户视图、产品视图与营销服务管理视图，实现覆盖全专业、全渠道的营销管理。大力推进业务流程改革、信贷流程改革等重点任务。

同时，全面支持国际化、综合化发展。随着FOVA系统在伦敦分行投产，FOVA系统已覆盖38家境外机构；境外特色业务平台推广至27家分行，满足各机构差异化的客户服务和监管要求，境外机构报送总行报表和当地监管报表自动化率分别提升到75.72%和58.09%。综合化子公司与集团业务实现了协同联动的新发展，完成工银安盛新一代寿险核心业务系统、工银瑞投资产管理系统等综合化业务建设。

持续加强全行科技管理力度。规范科技核心人才管理体系，制定发布《科技核心人才管理实施细则》，保障全行科技队伍的稳定和健康可持续发展。加大专业技术条线管理，开展科技岗位能力评估建设及评估试点工作，不断加强专业管理人员的岗位职责和方位匹配管理，提升专业管理人员的履职能力。通过成立科技与业务部门联合研发团队、充实月度版本项目规模、组建专门的大客户服务支持团队等方式，大幅缩短了项目研发周期，项目整体研发测试周期和重点项目研发测试周期大幅缩短，有力地促进了业务和产品的持续创新。完成IT架构转型优化研究，制定了全行IT架构转型规划；加强前瞻性技术联合创新研究与应用。2014年，全行获得国家知识产权局专利授权50项，拥有专利数量达357项。

（总行信息科技部）

产品创新管理

2014年，全行积极践行以“客户为中心”的核心理念，持续完善产品创新机制，产品管理、项目管理等工作得到了新提升，互联网金融建设等重点产品创新取得新进展，产品营销推广取得新进步，产品创新的价值创造能力持续显现。

一、深化创新管理，提高创新质量和效率

（一）加强创新机制建设，完善创新制度体系。一是深化研究产品创新管理机制，起草《产品创新管理办法》。二是加强项目管理机制建设，起草《项目准入管理办法》，将建设目标、市场效果、重要程度及资源配置情况作为准入标准，从投产目标、方案完整性、合作客户、风险评估控制等方面严格准入审批。三是加强产品管理机制建设，强化产品退出管理，起草《产品综合评价管理办法》和《产品退出管理办法》；按照“以客户为中心”的思路完善了产品目录体系架构，印发了《产品目录管理办法（2014年版）》。四是加强客户体验机制建设，印发了《客户体验工作细则》和《客户体验工作指引》。五是加强产品创新激励机制建设，印发了《产品创新专业评价管理办法》，完善产品创新奖励管理办法。

（二）加强项目管理，提升项目研发效率。一是根据本年创新计划统筹推进全行创新工作，研究确定了一批全行重点、专业重点项目，编制《2015年产品与业务创新计划》，围绕“有用、有效”目标，组织总行部室和分行报送创新计划内容。二是跟踪落实重点项目研发投产情况，加强全行重点、专业重点项目的跟踪落实，协调优化重点项目的版本安排和资源投入。截至2014年末，重点项目启动率已达100%，已投产（含部分投产）项目比例达79%。三是加强客户体验管理，按分行分类管理原则开展客户体验活动，扩大典型地区体验活动样本量，提高体验结论科学性；成立了视觉设计专业团队，为融e购、线上POS、工银e支付等互联网金融产品提供专业化设计；积极探索互联网模式下的客户体验方式，开展体验活动80余项，发现客户需求和产品服务问题共计700余个，许多问题已及时纳入产品研发项目实施。四是加强创新风险管理，全年总分行共开展新产品研发风险评估717项，识别和防控各类潜在风险点1 120个，有效加强了新产品研发风险管理。五是加强区域特色管理，鼓励分行在年度印发的授权范围内自行审批产品与业务创新项目。六是探索新型研发模式。基于互联网时代特征，邀请用户参与产品设计，结合客户使用反馈进行迭代开发，动态创新及优化产品。

（三）加强产品管理，实施产品全生命周期管理。一是加强产品的综合评价，开展2013年总行产品综合评价，基于产品综合评价前100位的产品开展明星产品奖评选，对后100位产品开展产品退出分析工作。二是加强产品的项目达标评价，确定项目达标评价方法，开展近两年投产产品的项目达标评价工作。三是做好重点产品五级分类工作，研究制订了18个重点业务产品的五级分类方案，印发《关于2014年上半年重点产品五级分类情况的通报》。四是持续开展产品运营态势分析，结合2013年全年和2014年上半年数据开展了个人、公司、机构、渠道、境外金融等一系列重点领域运营态势分析，并向全行发布产品分析报告。五是推进产品管理和产品统计系统建设。优化产品管理系统，提高产品配置研发风险控制水平和系统易用性；建设产品统计分析系统，新增重点产品客户五级分类、产品考核评奖等功能，提升对全行产品数据统计和分析的支持力度。六是推进产品策略研究和创新创意征集，先后开展了线下店商圈、中小微企业结算产品整合创新、开放式投资理财平台、线上POS、境外个人网银等产品策略研究，快速响应市场热点；在行内外广泛征集产品优化意见建议近1.1万余条，为全行产品创新提供了第一手信息；举办第五届大学生银行产品创意设计大赛及贵金属模拟交易分项赛事，征集创新创意，把握年轻客户群体金融需求，培养潜在优质客户。

（四）加强分行管理，引导分行发挥主体作用。一是从考核激励上，积极发挥创新考核激励的引导作用，按季度开展了分行产品创新工作评价；完成2013年新产品推广奖评选表彰和2014年产品创新奖、2013年度明星产品奖的评选工作。二是从人员队伍上，持续加强产品创新专业化人员队伍建设，按计划组织开展年度产品序列初、中、高级考试及专业资格继续教育工作，研究起草《产品经理管理办法》。三是从工作机制上，密切总分行联动的产品创新机制。积极发挥总分行联动创新优势，研发投产了深圳分行爱购平台，同时快速推进线下店商圈、商友客户专属服务、工银聚、物产电商平台、远程银行等重点创新项目研发。

二、深化重点产品创新，加快构建互联网金融服务新体系

（一）在商务业务领域。一是推出了融e购电子商务平台，集“名商、名店、名品”于一体，为客户提供积分消费、多银行支付、逸贷等服务，为商户提供基于行业数据、品牌数据、产品数据、店铺数据等内容的数据分析服务，着力打造支付融资一体化的金融服务平台，以及商品流、资金流、信息流“三流合一”的数据管理平台。二是推出B2B电子商务平台，为企业客户提供集信息展示、订单交易、在线支付的全流程专业电子商务服务，其中供应链模式实现供应链核心企业与下游经销商多种订单流程的在线交易，商品批发市场模式实现线下商品交易市场买卖双方的在线担保交易，大宗商品交易市场模式为交易市场会员提供了集账户、支付、融资为一体的金融服务方案。三是创新推出线下店商圈，整合利用行内和行外资源，发挥特惠商户、逸贷、积分消费等差异化服务优势，围绕“为商户带来客户，为客户带来优惠”的价值主张，打造商户、客户、银行三位一体的本地生活消费服务生态圈，构建新型商业模式，实现市场主体多方共赢，促进银行卡、支付结算、融资信贷、电子银行等相关业务的联动发展。

（二）在银行业务领域。支付产品方面。一是创新推出线上POS收银台产品，满足商户一点接入即可受理境内银行卡、境外银行卡、预付卡的需要，并面向客户提供符合业界惯例和易用性要求的快捷支付、网银支付、信用卡无卡支付、外卡支付等不同付款方式，凭借具备整合优势的拳头产品提振线上收单市场。二是创新推出开放式多渠道通用缴费平台，实现本他行个人及企业客户通过开放式网站、手机APP、网上银行、电话银行、自助终端、柜面等渠道办理缴费业务，有效满足客户便捷缴费的需求；同时，面向收费企业统一提供缴费参数管理、收费单位管理、缴费项目管理、渠道部署等服务，全面提升对收费企业的服务水平。

融资产品方面。一是优化小微逸贷公司卡产品，增加小微逸贷公司卡在线支付功能，客户可通过企业网银向工商银行收单商户在线付款，进一步拓展小微逸贷公司卡的交易渠道，同时完善发卡审批、便捷还款和业务统计功能。二是优化个人质押贷款产品，新增理财产品、账户贵金属、记账式国债部分质押功能，增加质押物卖出资金还款方式，并拓展质押贷款办理渠道至手机银行，持续提升质押贷款产品的易用性。

投资理财产品方面。一是创新推出“工银e投资”客户交易终端产品，实现集高速行情、专业分析、丰富资讯、高效交易等功能于一体的全新交易服务，更好地满足个人客户投资账户贵金属、账户原油、积存金等产品的需求。二是创新推出账户农产品和账户基本金属产品，支持客户通过先买入后卖出，先卖出后买入等交易方式捕捉大豆、铜等商品价格双向变化带来的盈利机会，进一步满足个人客户投资大宗商品类产品的需求。

（三）在客户/渠道领域。一是创新推出工银融e行产品，通过打造开放式专属客户端应用，为客户提供电子账户开立、存款、投资、交易、跨行资金划转五大类核心功能，实现了他行客户便捷购买工商银行节节高、聚财宝存款产品和期次型定期开放理财产品。二是创新推出工银融e联产品，通过搭建工商银行自有的移动即时通讯平台，实现客户经理服务客户、在线客服服务客户、工银信使消息推送、总分行公众号信息发布四大功能，在保障信息安全的基础上，为客户搭建起统一的金融服务及社交沟通平台。三是推出了外币预约取钞服务，首次对O2O业务模式进行探索，客户可通过网上银行、手机银行、电话银行实现21种外币的预约取钞，提升了线上线下一体化客户服务能力和外币现金运营的效率。四是推出了智能网点服务，陆续在江苏、深圳和北京试点投产，建立前后台联动、人机互动等网点新型服务模式，实现网点内资源统一调度、产品推介联动购买、自助交易现场审核等服务，提升网点的服务效能。五是整合电子银行各渠道注册认证信息，对客户的网上银行、手机银行渠道进行整合，满足客户使用同一用户名和密码登录多渠道的需求，使客户获得一致的客户体验，同时便于快速进行渠道的扩展。

（四）在各项重点业务领域。个人金融方面。一是优化电子现金芯片卡产品，利用NFC手机读写非接触金融IC卡功能，实现登录手机银行后对电子现金芯片卡进行账户查询、存入电子现金、提取电子现金等操作，扩展了电子现金芯片卡服务渠道，进一步提升产品使用便捷性。二是推出个人金融资产查询服务，整合包括基金、保险、理财、债券等个人客户全资产信息，在个人营销、网银、手机银行等渠道通过专属栏目集中展现，有效解决客户无法快速、全面了解个人资产视图的需求。三是创新推出电子签购单服务，实现客户在POS刷卡交易时通过电子签名确认交易，支持商户通过企业网银查询电子签购单详情而无须保存纸质签购单，客户拒付调单时，银行通过拒付调单系统直接查询电子签购单替代现有手工信息传递，有效提升收单服务市场竞争力。

公司金融方面。一是优化财智账户卡产品，新增POS渠道消费、企业网银购买法人理财和贵金属产品功能，拓宽持卡客户服务渠道，提供按模板配置查询、打印等简单功能卡服务，提升了产品差异化定制服务水平。二是拓展小企业流动资金贷款、国内贸易融资等产品服务渠道，支持线上签订合同、提款、还款等，为客户提供便捷的融资服务。三是拓宽银联芯片财智账户卡使用渠道，实现企业客户在银联入网的POS机具上刷卡消费、在个人转账终端上查询和转账，以便更好地满足客户使用需求，提高产品竞争力。

机构金融方面。一是创新推出社保业务综合服务管理平台，通过柜面、网银、自助终端为社保客户提供社保申报、自主缴费、社保查询等服务，实现各地社保机构业务渠道扩展，满足个人和公司客户便捷办理社保业务需要。二是优化地方财政国库集中电子化支付产品，推出财政专户资金划拨和清算功能，拓展电子化支付范围。三是创新推出公共资源招投标产品，为招标客户提供多渠道保证金收取、退还、计息等服务，满足客户招投标信息保密和资金安全的需求。

金融资产服务方面。一是推出个人客户大额存单产品，该产品具有市场化定价、起点高、收益高、付息方式灵活、存续期限多样等多种特点，进一步丰富了客户投资理财方式。二是创新推出稳利系列理财产品，支持理财产品的自动再投功能，满足客户长期投资的需求。三是优化柜台记账式债券产品，推出铁道债、国开债、进出口债等企业债和金融债券，进一步满足客户债券投资的需求。

渠道创新方面。一是创新推出触屏版手机门户网站，与简版手机门户网站相比，触屏版手机门户的界面更友好、功能更丰富、操作更便捷，增强了手机门户网站的服务、宣传、营销能力。二是创新推出新版移动助手，实现全新界面设计，新增业务审核、审核历史查询、排队管理、客户管理等五个重点功能，满足智能网点大堂经理和审核人员对业务、客户、排队情况的有效管理需求。三是优化个人网银导航和界面设计，导航的一级栏目由原来的33个简化为7个，便于客户快速找到相应功能；新页面设计更加简洁，提升了客户使用体验。

在跨境和境外金融方面。一是陆续投产了澳元、加元工银速汇产品，丰富了工银速汇产品的币种。二是创新推出境外ESCROW托管产品，满足客户对交易资金监管的安全性需求。

三、深化产品推广，提升创新价值贡献

在推进重点产品研发的同时，积极探索新型营销方式加强产品推广，提升产品价值贡献。一是总分行深度合作开展产品推广，充分发挥总行“懂产品、通制度、会方法”、分行“近市场、懂客户、会营销”的优势，围绕财智账户卡等一系列重点产品，开展了产品上线、目标客户定位、产品体验营销、收集客户反馈、迭代升级产品等相关工作，持之以恒做好新产品推广。二是加强目标客户精准定位，通过客户深度分析准确定位目标客户、合理评估市场规模，有针对性地制定营销策略并组织实施精准营销活动，如在工银e投资推广中，通过分析投资交易类客户人口特征、交易行为特征及持有产品特征，识别定位潜在客户，开展精准营销；在个人外汇业务推广中，全面梳理客户出境旅游、出国留学全流程，识别客户特定行为和金融需求，联动营销一揽子个人外汇产品。三是探索互联网新媒体营销，运用微信、微博等新型互联网宣传渠道，通过互联网“问答”、微信关注、微博转发等方式开展宣传，借助互联网快速传播效应扩大宣传范围。

同时，在组织推动上，持续完善产品创新考核机制，进一步提高了新产品推广考核权重，通过对新产品收入占比、客户持有产品数情况的动态监测，激励引导分行持续提升新产品的价值贡献。在培训传导上，持续通过产品创新专栏开展新产品信息和营销案例的征集发布工作，强化新产品知识的普及，促进分行间产品推广经验的交流。在支持服务上，通过“产品推广在线支持服务”累计答复分行问题1 300余个，持续完善产品知识库，服务基层行产品推广。

（总行产品创新管理部）

品牌建设

一、健全品牌规划管理

依据全行业务发展动态与品牌建设需求，以及全行2015—2017年发展规划的整体部署和要求，拟写了未来三年品牌建设规划方案，初步确立了三年内建立“全集团、境内外”协调高效的品牌管理体系，实现整体品牌转型升级；结合业务发展新趋势，进一步完善宣传费管理机制，修订印发了《总行本部宣传费管理办法（2014年版）》，加强总行广告费统一管理，推进总行宣传费日常管理精细化，不断完善总行设计登记审核工作流程，强化费用执行监督；围绕新制作的《集团企业形象管理手册（境外机构修订本）》，组织开展了境外企业形象管理专题培训，有效引导了集团标识的规范使用和积极推广；不断优化网点电子媒体管理系统功能，制定印发了《网点电子媒体管理系统管理办法》，截至2014年底，全行9 100余台设备已联入系统，7 400多家网点已完成系统建设，占全部网点的45%；以工商银行成立30周年为契机，将《2013年品牌文化

报告》策划为30年品牌建设专刊。

二、深化品牌形象设计

着力开展广告设计制作工作，策划制作并播出了首部时长1分钟的《成长篇》企业形象广告，并套剪30秒、15秒（两版）以及1分钟英文版；根据互联网金融品牌建设需要，对《成长篇》广告进行了改版制作，在内容上展示了融e购、融e联等业务；全新推出MG动画版工行简介片；改版跨境人民币业务系列广告；策划设计南京青奥会组合标识及主题平面广告等。

三、优化品牌传播大众渠道

完成2015年央视《新闻30分》、《经济信息联播》等广告资源采购，成功竞得《新闻联播》9—10月份单隔日标版及套播组合正一位置广告资源；创新组织电影院线映前广告投放与线下营销，积极推动融e购、工银e支付、银行卡业务等核心业务的贺岁旺季销售；支持分行在国内24个机场投放了廊桥广告，结合机场人群及廊桥媒介特点，统一设计了工银理财、工银私人银行、工银金行家、工银牡丹卡、工银小企业服务、工银跨境人民币业务六款广告画面，覆盖受众逾3.6亿人次，支持完成香港机场广告投放和泰国机场广告更换；根据各行投放计划与江苏分行青奥会媒体宣传需求，继续以总分行合作模式在北京、上海、深圳、南京组织地铁广告投放。

四、着力提升品牌价值

继续支持公益项目，履行社会责任，提升品牌形象，向云南鲁甸地震捐款500万元，并参与中国红十字会总会志愿团赴灾区开展为期三天的志愿服务活动；组织执行2014年健康快车吉林光明行项目，为1 512人免费实施了复明手术；获得国家质检总局2014年品牌价值银行业榜单第一名，入选IDG“2014全球竞争力品牌·中国TOP10”榜单，获颁国际权威品牌咨询机构Interbrand“2014最佳中国品牌”、中华健康快车基金会“2014光明功勋奖”等奖项。

五、互联网金融品牌体系建设

全面推进e—ICBC品牌建设，在推出“工银融e购”基础上，整体打造了“工银融e联”、“工银融e行”、“工银e投资”、“工银e生活”等统一、鲜明的品牌形象，推动工商银行互联网金融服务品牌e—ICBC市场新形象和领先地位的尽快树立。全面启动互联网金融营销活动，针对工银e支付、融e购、工银逸贷、工银账户类交易四个产品的不同特性，运用大数据精准营销手段，开展了丰富多样、持续不断的社会化营销活动，如“人脉挖宝”、“投资大亨”等活动网络反响积极热烈，直接推动了业务发展，打造了工商银行互联网金融品牌知名度和影响力。

（总行办公室）

个人金融业务

2014年，全行个人金融业务条线围绕“优化客户结构、扩大金融资产、改善经营质态”三大重点任务，转变经营理念，优化业务结构，强化改革创新，提升服务品质，深入推进个人金融业务在新时期的转型发展，各项主要业务指标继续保持同业领先。

一、2014年个人金融业务主要经营指标完成情况良好

（一）营业贡献持续提升，中间业务收入贡献突出。2014年，全行个人金融业务实现营业贡献1 728.69亿元，同比增长88.37亿元、增幅5.39%；占零售业务营业贡献的比例达到87.8%，同比提升2.3个百分点；占全行营业贡献的比例达到34.44%，同比提升0.1个百分点。个人金融中间业务在适应新的监管要求、克服各种不利因素影响的条件下，仍然保持了较快增速，为全行的中间业务收入增长和经营转型作出积极贡献。截至2014年末，全行共实现个金中间业务收入283.38亿元，同比增幅13.64%，较全行平均增幅高5.1个百分点；四行占比35.24%，继续居同业首位。

（二）个人客户总量稳步增长，结构持续优化。2014年末，全行个人有效客户数达到33 840.25万户，较年初净增1 754.06万户，增幅5.47%。在客户结构方面，日均金融资产1万元以上客户总量为8 515.85万户，较年初净增280.19万户，增幅3.4%。金融资产5万元以上客户和四星级以上客户总量分别达到3 736.45万户和6 570.91万户，较年初分别净增194万户和472.5万户，增幅分别为5.48%和7.75%。

（三）金融资产规模快速增长，巩固和扩大领先优势。2014年末，全行个人金融资产余额达到104 991.87亿元，成为国内首家个人金融资产余额突破10万亿元

的金融机构，余额较年初增长9 962亿元，同比多增2 448亿元，增幅32.57%，创历史最佳增长水平。其中，储蓄存款在互联网金融产品冲击、同业竞争加剧等多项不利因素的影响下，增长2 246.91亿元，余额达到74 375.37亿元，居同业第二位。非储蓄类金融资产实现了快速增长，2014年末个人理财产品余额15 380亿元，较年初增加4 006亿元，增幅35.22%；余额四行占比40.09%，继续保持首位。随着资本市场的回暖，第三方存管资金达到2 953亿元，较年初增长1 575亿元，增幅达到114.28%。

（四）个人贷款业务量质并举，实现协调发展。2014年末，全行个人贷款（不含个人经营性贷款）余额23 473.32亿元，在各项人民币贷款余额中的占比为24.14%，较年初提升0.83个百分点，其中个人住房按揭贷款余额突破2万亿元。全年累计发放个人住房和消费贷款6 512.66亿元，贷款余额较年初新增2 917.18亿元，增幅14.19%。个人贷款收益水平稳步提升。全行新发放个人贷款加权平均利率为6.96%，较年初上升10个基点，其中，新发放个人住房贷款加权平均利率为6.83%，较年初上升16个基点。个人贷款资产质量继续保持较好水平，2014年末个人贷款不良余额109.07亿元，不良率0.46%，低于全行平均水平。

2014年个人金融业务领域产品创新、服务管理、品牌形象等得到了外界的广泛认可，连续第7次获得《亚洲银行家》颁发的中国最佳大型零售银行大奖，首次获得《环球金融》2014年中国之星评选“最佳个人银行”大奖，同时获得了第一财经、银率网颁发的2014年度第一财经金融价值榜年度零售银行、银行综合服务消费者满意度大奖等多个奖项。

二、2014年推进个人金融业务转型发展的工作举措

（一）强力推进千万级客户拓户工程。始终坚持发展中优化结构，拓新与挖潜并重的客户发展策略。一是加强新市场新客户的精细化营销和管理。针对投资理财、年轻客户、流动性客户、信贷客户、代发工资、商品交易市场等十个千万级客户群开展精准营销和拓展。依托多元化综合性的个人理财方案设计吸引投资理财类客户群扩大资产布放，2014年末全行投资理财类个人客户3 600万户，较年初新增约336万户，增幅9.07%。以结算套餐和福农卡依托的结算优惠的大力推广来强化流动性客户的拓展，全行福农卡累计发卡1 172.83万张，当年新发卡569.46万张，增幅94.5%。以宝贝成长卡及系列营销活动来吸引年轻客户，全行有效客户中的年轻客户存量达到1.59亿户，占有效客户的46.9%，增幅23.3%。加大个人住房贷款投放，力促零售信贷客户持续增长，全行个人贷款客户达到911.88万户，较年初增加89.06万户，增幅10.82%。二是以借记卡发行强化拓户扩容。加大借记卡发卡力度，推动单芯片卡、闪酷借记卡、加载eID功能芯片卡等重点产品发行。启动“磁旧迎芯”营销活动，为四星级以上客户免费更换单芯片卡。截至2014年末，全行累计发行借记卡5.5亿张，其中芯片卡1.94亿张，占全部借记卡的35.22%；2014年新增发卡1.03亿张，其中拓展新客户3 610万户，拓户率达到36%。

（二）进一步加强重点业务推广力度。一是加强代发工资业务营销管理。在公司、机构、结现等部门的大力支持下，强化机制联动，实施代发工资客户五级分类管理，推出了涵盖“薪金卡”、“薪金通”、“薪金溢”、“薪金贷”、“薪金惠”、“薪金享”六大类特色服务以及分行特色服务的“工银薪管家”代发工资综合服务体系。截至2014年末，全行代发个人客户6 424.40万人，较年初增长949.41万人，增幅17.34%；全年累计代发额26 640亿元，同比增长6 256亿元，增幅30.69%。二是强化商友俱乐部经营和创新发展。对商友客户实施五级分类，并以此为基础研究设计了涵盖商友系列金融服务与非金融增值服务在内的差别化服务方案，有效提升了商友客户的精细化管理水平。与公司业务条线联合开展小微企业与商友客户群联动营销，实现小微企业主和商友客户的双向渗透。截至2014年末，全行商友会员总量达到1 628.79万户，较年初增加524.55万户，增幅47.75%。三是加强新产品研发与推广。研发投产了金融资产e贷产品、个人大额定期存单、手机SD芯片卡一体化支付项目，推出借记卡电子现金产品，持续优化个人资产综合服务产品；研发投产了柜面理财直接购买项目、个人金融资产查询功能，优化拓展借记卡换卡不换号功能，推进了网点预约优先服务、预约外币取款、申请资信证明等O2O服务。

（三）推动个人信贷业务快速健康发展。结合新时期个贷业务发展的市场环境及“大零售”战略的指导思想，按照“1（住房贷款）+3（逸贷、自助质押贷款、个人资产综合服务）”的发展思路和模式，推动个贷业务发展。一是在个人住房贷款业务方面。精细化、动态化管理个人贷款规模计划，定期了解分行规模使用和个贷业务发展情况，会同信贷与投资管理部研究修订了个人住房贷款、质押贷款、逸贷、自用车、网贷通、合作机构、个人融资限额7个管理办法。2014年末，个人住房贷款较年初增长3 452.05亿元，增幅20.28%。二是在消费贷款方面。全方位深入推进逸贷项目管理和发展，将逸贷业务作为重中之重的业务全面推进，不断根据业务深入发展出现的新情况，从客户营销拓展、系统功能完善、风险管理强化等方面狠抓逸贷业务管理，逸贷余额达到50.20亿元，增幅14.24%。顺利实现个人金融资产自助质押贷款项目功能投产。2014年末，自助质押贷款余额为53.61亿元，增幅18.6%。针对个人资产综合服务项目，在前期10家分

行平稳试点并取得一定经验的基础上，将试点范围扩大至全行。

（四）运用大数据实施精准营销。一是积极探索理财产品销售模式转型，推进“定产品、定客户、定区域”的精准营销工作。结合新农村市场拓展及县域支行发展需要，推出68款惠农系列专属理财产品，实现销售额1 988亿元；面向商友市场客户定向“商友富”推出专属产品，募集金额100亿元，受到各类商贸市场客户的广泛欢迎；面向金融社保卡和公务员客户定向发行了10款金融社保卡、公务员专属产品，募集金额65亿元，有效宣传了我行的金融社保卡业务；面向零售业务“率先发展”试点机构定向发行了13款专项理财产品，实现募集资金77亿元，助力分行以理财产品为抓手积极吸引新客户、新资金。二是加强个人专业分析师队伍建设。总行层面组建28人的个人金融业务专业分析师团队，指导分行建立了98人的兼职专业分析师团队。组织编写相关指导方案和工作流程，并针对分析师团队开展各类专业性培训。积极开展数据应用实践，通过数据仓库灵活查询工具完成数据服务项目397个，累计开展了18项EBM精准营销项目，其中“代发工资客户留存率提升”、“高流量低存量客户营销”和“第三方存管资金回流”活动综合成功率达到13.7%。三是探索建设零售业务数据分析系统。数据分析系统主要实现目标客户锁定、市场趋势分析、产品综合评价等分析，通过分析挖掘结果的主动推送，建立“大数据”快速信息服务机制，支持市场营销、客户服务、流程优化等工作开展，目前正在总行和江苏、浙江、广州等分行试点应用。

（五）推动系统应用升级与流程优化。一是积极推进个人客户信息梳理和整合。完成《个人客户信息数据整合和应用研究报告》并经总行党委会审议通过。立项研发个人客户信息标准化管理、个人客户经理营销考核与资产管理、客户信息互联互通共享共治、客户信息服务流程优化等一系列项目。加强客户信息补录控制，建立手机号码周期性核实机制，支持短信验证、人工验证、交互验证等方式验证手机号码。柜面增加个人客户信息完整性提示，统一客户信息，将第三方存管、贵金属等协议及信用卡关联地址移入客户信息统一管理。二是深入优化和完善个人客户营销管理系统。全面整合私人银行、银行卡、贵金属等多专业的营销功能，构建起以客户、产品、营销、服务、管理为主题的面向全行开放的统一营销服务与客户维护管理平台，建立统一的个人客户视图、产品视图与营销服务管理视图，实现与法人客户营销管理系统的联动营销推荐功能。三是加快推进个人金融业务流程综合改造和优化。实施网上预约、客户识别、交互预填、柜面预处理等关键服务节点受理流程优化。组织完成全行统一的网点客流调度管理系统建设和设备升级改造，全面推进零售业务签单和免填单改革，提升柜面交易的标准化和智能化程度，完成高频交易优化整合。推进直通式流程建设，搭建全行统一的业务推送平台，建立跨渠道信息推送机制。

（六）持续提升个人金融业务服务水平。一是加强客户投诉处理机制建设，抓客户满意度。通过完善纵横双线协作的投诉处理机制，强化对老弱病残等特殊客户的具体服务机制执行，不断改善客户体验，提升客户的满意度。2014年，全行个人金融条线共受理服务投诉279件，降幅66.90%。从第三方机构的满意度调查情况看，我行普通个人客户满意度为86.3分，五星（含）以上中高端客户满意度87.1分，分别较上年提升1.4分和1.9分。二是以互联网思维为指导，不断提升产品和服务能力。通过积极试水个人综合积分业务互联网营销，深入推进逸贷业务社会化营销，在运用传统媒体宣传的同时，有效整合线上线下营销资源，积极以互联网思维推进零售业务营销模式的转型。

（七）持续加强风险管理和合规经营。一是加强理财产品合规销售管理工作。通过强化系统控制、严格销售人员资格准入、严格产品准入、加强风险提示、开展投资者教育等方式，严禁各类误导违规销售行为。同时，积极开展整治误导违规销售行为活动，并配合参与开展了第三方理财产品销售规范性专项治理活动。二是依托科技手段，加强外部欺诈风险防控工作。研究开发借记卡伪卡预警项目，对借记卡持卡人的交易行为进行分析，提前对伪卡测录、伪卡测试、伪卡盗刷等环节的风险进行预判。建立外部欺诈风险防火墙，成功堵截电信诈骗4 243起，为客户避免损失1.02亿元，并成功堵截伪冒开户风险事件199笔。

（总行个人金融业务部）

公司金融业务

2014年，全行积极推动“大公司金融”战略落地，坚持“以客户为中心、以市场为导向”，通过“客户经理＋产品经理＋服务方案”模式与全产品、全过程、全链条营销，为大中小客户提供境内外、本外币一揽子的综合化金融服务，构建“商行＋投行”、“境内＋境外”、“表内＋表外”协同发展的大营销格局。公司金融业务实现净利润1 027亿元，是贡献最大的业务板块。公司贷款利息收入4 025亿元，增长9%；公司类中间业务收入835亿元，增长7.3%，占全行中间业务收入的60.5%。公司客户净增28万户，增长7%，总量达431万户，领先同业百万户以上。公司贷款增加3 794亿元，增长6.3%；本外币公司不良贷款余额869亿元，不良率为1.29%，资产质量较为稳定。公司存款余额33 844亿元，较年初减少257亿元，考虑科目调整因素，则实际增加99亿元，加上非存款类公司理财增加687亿元，公司客户金融资产增加786亿元。非金融企业债券承销金额3 866亿元，同业排名第一；牵头银团项目475个，同业排名第一，首次荣登汤森路透亚太地区银团贷款牵头行、簿记行排行榜榜首；荣获《环球金融》等著名媒体评选的“中国最佳公司银行”奖项。

一、稳步推进机构队伍建设

一是顺利完成组织机构改革。总行公司业务部承接了小企业金融、贸易融资业务的营销管理，三个利润中心的行政管理及九大利润中心产品的营销推动职能；设立了集团客户营销、系统业务推动、小企业金融业务三大板块，初步形成涵盖大中小客户、商投行业务、境内外机构的全面营销模式。二是成立公司金融业务推进委员会。在总行成立公司金融业务推进委员会，33家一级（直属）分行，比照总行成立了公司金融业务推进委员会，5家分行成立了类似职能机构。三是充实客户经理队伍并创新考核方式。通过多渠道补充人员，2014年全行公司客户经理增加2 000名，总数达3.4万名。四是加强培训和资格认证管理。共举办全行性的公司业务培训班20多期，培训近2万人次；公司客户经理资格认证持证率88%，较2013年提高了9个百分点。五是打造专业化、专门化的业务团队。已建立100人的债券承销团队、134人的金融资产服务团队、116人的供应链金融团队。出台了总行级客户首席客户经理管理办法。

二、稳步推进信贷资源储备与优化配置

一是通过营销指导优化资源配置。制定下发了做好装备制造等行业重点项目营销以及2014年第四季度公司贷款投放的指导文件。2014年，先进制造业、现代服务业、文化产业和战略新兴产业新增贷款2 718亿元，占公司贷款增量的67%。二是通过储备和预沟通高效锁定重大项目。总分行合作推进项目储备，2014年末储备各类重大项目3 839个，金额2.5万亿元。前中后台联手，分批次预沟通锁定重大信贷项目，成功牵头了五矿集团收购秘鲁邦巴斯铜矿项目等一批重大银团项目。三是通过政策优化挖掘信贷增长潜力。总行将10年期以上项目贷款经济资本期限调节系数统一下调至115%，10年期以上贷款利差上调10个基点。调整了对铁路总公司授信使用限额的限制，上调电力等行业重点客户的授信额度等。

三、稳步推进公司存款业务发展

一是通过强化条线管理抓存款。总分行通过多方式、高频率的通报、座谈、督导等措施传导压力，促进存款增长。二是通过“裸贷”治理抓存款。2014年末全行裸贷客户36 837户，较年中下降9 556户。推进“裸债”、“裸财”治理，全行主承销债券募集资金的发行日留存率和月末留存率分别为50.4%和18.4%，理财投资资金5日留存率为85%，同比均有所提高。三是通过规范受托支付抓存款。取消了流动资金贷款受托支付时限要求，提高了小企业贷款和网贷通受托支付起点金额，调低了受托支付走款比重下限要求，全行低于起点金额的流动资金贷款受托支付笔数、金额占比均下降19%。四是通过理财和保证金抓存款。先后推出7天滚动型和集合式结构性存款，并推广分段计息存款产品，推动法人理财与存款良性转换。通过上调保证金存款集中价格、提高保证金收取比例、放宽银票余额限制等措施，拉动保证金存款增加151亿元，余额达1 006亿元。

四、稳步推进客户拓展与服务

一是探索通过新模式全面拓户。通过总对总合作拓户，如与中国出版集团联合印发全产品金融服务意见，该集团全部130余家下属企业将基本账户转到工行。通过电商平台拓户，融e购电商平台全年累计签约商户达3 444户，新开立1 772个公司账户。通过供应链拓户，全行供应链融资累放4 174亿元，余额1 959亿元，累计为2 065条供应链、6 141户子客户办理供应链融资，拓户比1∶3。2014年，公司客户净增28万户，完成全年任务的113%，其中当年新拓公司客户71万户，带来金融资产1 915亿元；新拓日均金融资产5万元以上客户7.3万户，带来金融资产1 795亿元。二是做好重点客户营销服务。将总行级公司客户由261户扩展到300户并进行分类管理，一二级分行级公司客户分别达1 478户和4 207户，三个层次客户总量近6 000户。24家分行成立了大客户中心，已采用“总对总”模式对371个集团核定授信。2014年，总行与19家总行级公司客户以及河南等省（区）人民政府进行了合作签约活动。

五、稳步推进非信贷融资发展

一是债券承销。2014年承销金额3 866亿元，完成

全年计划的 111%，同业排名第一。承销客户数 218 户，增长 45%；承销债券 199 只，增长 44%；债券承销收入 20 亿元，其中非金融企业债券承销收入 13 亿元，增长 28%。二是银团贷款。2014 年，全行银团贷款牵头分销额 1 678 亿元，完成全年计划的 105%，牵头项目 475 个，同业排名第一，首次荣登汤森路透亚太地区银团贷款业务牵头行、簿记行排行榜双榜首，连续第五次蝉联中国银行业协会银团评优最佳业绩奖、最佳交易奖并首次获得最佳管理奖。三是资产交易。2014 年，融资项目完成 2 593 亿元，项目推荐及管理费收入 48 亿元，稳中有增。从资产交易项目看，完成北金所委托债权投资业务挂牌 355 笔，合计 816 亿元，资产管理部投资 745 亿元。从标准化理财融资工具营销看，自试点以来已累计成功注册发行 23 笔合计 65 亿元。从混合所有制项目营销看，我行是首家参与中石化销售公司混合所有制改革项目的银行，以理财资金的方式投资 20 亿元。

六、稳步推进联动营销

总分行、境内外机构共同推进联动营销工作，从以往单一化、零散化联动向系统化、规范化、规模化联动发展。一是内内联动。积极引导相关业务部门系统联动拓展相关业务，其中现金管理、常年财务顾问、投融资顾问、国际业务 4 项联动指标超额完成任务。通过联动营销，进一步提升了重点客户群的全产品覆盖率，如全行 209 家制造业领先企业网银业务客户签约率达 96%，年金服务客户签约率达 61%。二是内外联动。完善全球营销服务体系，搭建“公司金融联动”联系人网络，人数达 300 人，覆盖 40 多个国家和地区。将跨境并购、境外 IPO、境外债券承销、跨境租赁等产品纳入跨境联动金融产品体系。总行多部门联合下发联动营销指导意见，推进跨境联动工作。搭建跨境银政企沟通平台，举办了中荷峰会等会议，推动中外政府、300 余家中方企业及 150 余家外方企业相互合作。支持北车、万达、中广核等 103 个总行级客户跨境项目，涵盖亚、欧、美、非四大洲，涉及境外项目融资、并购贷款、债券承销、IPO 等产品线。

七、稳步推进业务的线上发展

一是建设推广公司与法人客户营销系统。该系统月均访问量已达 1 193 万次。建立了客户统一视图，包括客户 11 大类信息近 1 000 项指标，将 14 项重点指标集成在一张表中予以展现。初步实现了公司客户管户到人，公司客户初次分配率达 84.5%。初步实现了精准营销功能，可定制精准营销模型，实现自上而下营销指导。二是加强融 e 购平台入驻商户营销。B2C 方面，全年营销签约商户 3 444 户，东风本田、万科等多家总分行级优质客户入驻电商平台。B2B 方面，商品交易市场与供应链协同模式产品已经投产，并在河北、浙江、贵州、云南 4 家分行试点，营销天津物产等 30 多家客户入驻商城。

（总行公司金融业务部）

机构金融业务

2014 年，机构金融业务条线认真贯彻落实全行发展战略研讨会和年初工作会议精神，以机构客户需求为导向，研究新形势、把握新政策、适应新变化、打造新优势，深入推进实施“全机构金融”战略，加强改进民生金融服务，积极推动同业合作创新，主要业务继续保持良好发展势头。

一、把握机遇，锐意进取，业务发展再创佳绩

（一）负债业务再创新高。机构存款增长创历史最高水平，在全行存款整体增势放缓的态势下，机构存款时点增量在一般性存款占比超过 70%，存款增长均衡率、关键时点偏离度全年保持稳定，成为全行稳健经营最重要、最可靠的资金来源。

（二）领先优势有效巩固。机构存款余额和增量四行占比分别为 34% 和 43%，领先第二名 10.2 个和 23.1 个百分点；第三方存管客户数、资金量四行占比分别达到 33% 和 40%，连续五年保持市场第一；代理中央财政集中支付规模四行占比超过 40%，政府公务卡发卡量，地方债主承销支数和金额均居同业首位。

（三）客户贡献更加突出。全年实现机构客户综合贡献约 1 500 亿元，占全行全产品营业贡献 30.2%；保险公司合计持有工商银行股票 50 亿股、认购次级债 1 417 亿元、境外优先股 98 亿元，在稳定市值、补充经济资本中发挥积极作用。

（四）营销活动成效显著。面对激烈的同业竞争，中标 2015—2019 年度“中央财政非税收入收缴代理银行项目”；获得“港股通”和“新三板”结算、上清所

人民币利率互换综合清算、地方财政国库集中支付电子化等业务首批银行资格，首家投产“金融衍生品代理清算业务系统”。

二、加强支持，夯实基础，创新发展民生金融

2014年，财政、社保、公积金等优质民生客户合作覆盖率均超过90%，民生领域存款连续三年保持1 600亿元以上的日均增量，五大系统平台建设初具雏形，产品定价、办理流程、业务授权等机制持续完善，综合服务能力有效提升。

（一）加强民生金融支持保障。一是广泛深入调研。开展民生金融服务宣导，基本完成对重点行督导的全面覆盖；召开重点分行民生金融服务座谈会，认真梳理全行民生金融发展面临的问题，研究推动民生工程落地的具体措施。二是形成系统规划。召开机构金融业务推进委员会，研究形成加快实施民生金融战略的顶层设计方案，制定民生领域客户营销指导意见，形成涵盖融资、上下游客户服务、系统建设等一揽子服务方案。三是加强政策支持。梳理全行民生社保项目科技专项资金使用情况，细化投入测算标准，推动选配业务骨干充实民生领域客户营销团队。

（二）夯实民生金融客户基础。一是紧抓龙头客户。开展对财政部、海关总署、住建部、人社部、红十字会总会等重点客户高层营销，及时掌握相关政策改革动向和客户金融需求；推动与海关总署签署合作备忘录、银关互联协议，为国家税务总局研究制订资金监管服务方案；争揽广东、浙江等9个省市政府债券主承销商资格，成为主承销业务量最大的银行；拓展北京医院、北京语言大学等新兴客户，打开业务合作新的突破口。二是打造系统平台。加快推动地方财政国库集中支付电子化项目，率先通过财政部自助柜面业务系统验收，在北京、河北等17个省市完成业务投产；开发总行公共资源招投标系统，成功营销新疆乌鲁木齐、福建龙岩等21家公共资源交易中心使用系统；顺利投产红十字总会财务管理系统（一期），并在红十字总会试运行平稳；开发银关通系统京津冀地区通关一体化电子担保功能和关库银联网项目，积极配合海关总署改革；全力推进社保业务综合服务系统、住房资金业务综合服务管理系统建设，积极开展地区试点。

三、加快创新，深化合作，深入推动同业业务开展

2014年，金融同业客户合作迈上新台阶，合计贡献720亿元，比上年提升10%；在稳固与重点券商、保险公司合作占比的同时，与上海清算所、上海国际能源交易中心、优质区域性金融产品交易场所等新兴客户也取得了突破性进展。

（一）加快产品创新。引进电商平台退货运费险、账户损失险、信用保证保险等新产品，开展租赁保险项目创新，与人保、阳光等5家公司营销对公团险及专属产品，创新开展“银保咨询”业务；积极线上营销推广一站式开户、首笔转账激活第三方存管创新产品；开发投产证银宝系统，首家成功投产“金融衍生品代理清算业务系统”，研发“金融产品交易场所业务资金管理系统”；作为行业内第一家，率先与券商合作开展贵金属现货合约代理业务；积极筹备原油期货等新兴业务。

（二）深化全面合作。与华融资产管理公司续签战略合作框架协议；与国开行签署棚户区改造合作协议；与申银万国证券签署全面业务合作框架协议；深入推动与中国人寿、新华人寿、中信保、华泰证券等重点客户开展深层战略合作。

（三）推进渠道创新。一是银保新渠道转型。全年实现新渠道保险销量251亿元，较上年增长超过200倍，银保新渠道业务占比提升至25%；把握互联网金融蓬勃发展趋势，成立“融e购”电商平台保险项目组，启动“融e购保险配套服务项目”，打造保险电商平台。二是加快银银平台建设。开发银银平台客户端，完善统一视图管理功能，投产理财产品客户端，形成以农信银为突破口、快速推动平台合作的营销方案。

四、完善机制，精细管理，持续增强内生动力

坚持“以客户为中心”的经营理念，推动各项营销机制建设，机构客户综合服务能力有效加强。

（一）充分发挥机构金融业务推进委员会统筹协调作用。组织召开总行机构金融委员会，进一步明确民生领域、金融同业为未来机构金融转型发展的主攻方向，推动各成员部门明确工作职责、落实营销责任，并重点优化联动协调机制、加大财务资源倾斜，完善考核管理，推动客户战略落地。2014年末，全行各一级、直属分行均已成立机构客户营销议事协调机构，为全行整合营销力量、深入推进“全机构金融”战略打下基础。

（二）强化机构客户营销管理系统应用。一是提升系统功能。组织梳理集团与系统客户的成员关系，丰富机构客户信息视图，升级业务数据分析模式，为客户经理开展精准营销提供支持。二是加强应用推广。分别在华南、华东、东北和华中片区组织四次现场系统推广活动，交流共享系统应用成果，反馈功能优化建议。三是开展利用大数据思维支持营销的机制研究，完成《完善客户营销管理系统，构建机构金融业务营销体系》研究报告，规划依托系统构建目标统一、资源共享、权责清晰、科学高效的机构客户营销管理机制。

（三）优化机构客户分层营销体系。一是完善客户五级分类。修订银行、证券、保险、期货公司等金融机

构客户综合评价办法，开展对379家金融机构客户2013年度综合评价。二是加强总行直营客户管理。综合分析客户系统重要性、行业特色、空间分布、综合贡献等因素，修订总行直营客户名单，完善对直营客户评级授信、债券投资、科技开发的“绿色通道”机制。三是推动落实分层管户职责。在总行层面，强化直营客户定期走访、重点同业客户合作定期梳理评价，将直营客户营销工作逐级分解至总经理室、专家团队、处室负责人和客户经理；在分行层面，推动重点机构客户服务标准化建设，运用机构客户营销管理系统落实管户责任。

（四）推动客户经理队伍建设。一是着力提升管理人员综合素质。组织全行机构金融业务总经理培训，就业务转型发展思路、民生金融、同业合作等专题授课；围绕全行“263”规划，制定未来三年机构金融专业核心人才培养规划。二是注重培养客户经理的营销技能。按照层次完整、形式多样的原则，组织举办5期现场培训、3期网络培训，为建设分专业、分层级的机构客户经理队伍打下基础；深入分析机构金融业务专业人员结构，制定核心人才培养规划。

（总行机构业务部）

负债业务

一、负债业务发展总体情况

2014年，面对复杂的国内外环境，全行顺应金融改革发展大势，认真贯彻落实监管要求，较好地把握客户需求，通过加强联动协作、强化渠道建设和完善工作机制等措施，继续做好稳存增存工作。同时积极适应利率市场化改革，进一步加大主动负债业务创新，有效拓宽负债来源。2014年，全行负债业务实现稳步发展，存款稳定性有效提高，存款偏离度等指标均符合监管要求。截至2014年末，全行境内人民币各项存款（含同业）余额157 901亿元，比年初增加8 060亿元，增幅5.38%。其中储蓄存款余额74 375亿元，比年初增加3.12%；公司存款余额33 893亿元，比年初下降0.64%；机构存款余额40 711亿元，比年初增加13.51%；同业存款余额8 921亿元，比年初增加15.33%。

二、主动负债发展创新情况

（一）同业存单发行。同业存单是由银行业存款类金融机构法人在全国银行间市场上发行的记账式定期存款凭证，是一种货币市场工具。同业存单是存款利率市场化的重要组成部分，有利于丰富货币市场交易品种和规范同业市场交易秩序，对商业银行丰富资产负债管理手段和满足流动性管理需求具有重要意义。近两年，中国人民银行有序推进利率市场化，推进同业存单发行与交易工作，促进货币市场发展。作为市场定价自律机制核心成员和同业存单工作小组成员，全行高度重视利率市场化推进工作，充分发挥国有大型银行作用，推动完善市场利率定价基准，积极配合开展大额可转让存单产品的研究，探索同业存单在银行间市场的发行和交易。

2014年，全行同业存单发行工作有序推进，扩大和丰富了同业存单的投资客户群体，较好地发挥了同业存单作为主动负债管理工具的作用，有效控制付息成本。一是选择有利发行时机，合理控制发行成本。根据对市场利率走势的准确预判，选择利率低点发行同业存单，年内先后发行8只存单合106.4亿元，期限1个月、3个月、6个月，各期限发行价格均为年内市场最低；加权利率4.16%，较整个市场加权利率低45个基点，较同期限Shibor低27个基点，有效控制了付息成本。二是发动分行加大客户营销力度，扩大投资客户范围。2014年7月13日正式上线同业存单管理系统，可实现将客户投资额度还原至推荐分行，并返还分行内部计价收入，提高分行推荐客户的积极性。在总行统一部署和机制激励下，分行深入开展客户营销、协助客户进行系统连接和业务培训，合计推荐了财务公司、证券公司、资产管理公司、农信社等7类11家投资客户。投资客户范围广、种类多，充分体现了工商银行优质的信用水平和良好的客户基础。

（二）“高来高走”业务试点。为积极应对利率市场化，维护重点客户合作关系，对冲部分高息存款，研究在重点分行试点开展“高来高走”业务，并于2014年末启动“高来高走”业务试点方案，授权八家分行按照“自主运作、单独建账、逐笔核算、期限匹配”的管理原则开展“高来高走”业务，资金来源包括存单、存款等主要负债项目，投资渠道涵盖贷款、债券、投融资等主要资产项目。

“高来高走”试点方案主要思路。一是维护重点客户关系、维持资金来源稳定，主要是为了解决分行重点客户保值增值需求，巩固和维护客户合作关系，在利率市场化加速过程中保持资金来源充足和稳定。二是由分行自行承担风险、成本和收益，分行不获取 FTP 内部计价收益，同时自行承担利率风险、流动性风险以及各项成本和获得运作收益，收益体现为外部资产运作和负债成本之间的价差。三是避免对全行付息成本和 NIM 造成较大影响，控制初期业务规模，对资产收益水平提出基本要求。

在总行的指导和支持下，浙江分行已于 2014 年末成功办理首期业务，吸收辖内物业维修基金 5 年定期存款 2.4 亿元，利率 5.225%，即挂牌价上浮 23%；该笔资金用于 5 年期信贷投放，利率为基准利率上浮 10%，办理时为 6.6%。就目前业务开展情况看，“高来高走”试点较好地实现了维护客户关系、稳定资金来源和保证业务盈利的经营管理目标，同时为开展全行主动负债统一规划和管理进行了积极探索，创造了有利条件。

（三）债券发行情况。2014 年 4 月 15 日，在香港离岸人民币市场发行 25 亿元人民币普通金融债券，其中 2 年期 20 亿元、利率 3.2%；5 年期 5 亿元、利率 3.9%。2014 年 8 月 4 日，在境内银行间市场发行 200 亿元二级资本债券，期限 10 年、利率 5.8%，在第 5 年有权在监管部门批准的前提下，在提前赎回权行权日按面值全部赎回该债券。

（总行资产负债管理部）

信贷业务

一、保持信贷业务稳健发展

2014 年，面对国际国内严峻复杂的经济金融形势，全行认真贯彻国家宏观调控政策和金融监管要求，严守风险底线，信贷业务保持稳健发展良好态势。至 2014 年末，集团各项贷款余额 110 330 亿元，较年初增加 11 106 亿元，增幅为 11.19%，其中境内分行新增本外币贷款 9 346 亿元，同比多增 459 亿元，增幅 10.2%，较好地完成了年度信贷投放计划。金融资产服务涉及客户融资的业务余额 1.4 万亿元，比年初增加 1 141 亿元，增长 8.8%，保持与信贷资产协调发展。全集团清收处置不良贷款 1 060.3 亿元，其中现金清收 406.7 亿元，占比 38.36%。不良贷款率较年初上升 0.19 个百分点至 1.13%，资产质量保持可比同业较优水平。

二、积极推进信贷结构调整

在信贷结构调整中，坚持有进有退、有扶有控、有保有压，促进经济结构调整和产业优化升级。基础产业等八大目标市场余额比年初增加 4 193.4 亿元，占公司贷款增量的 103.18%，同时地方政府融资平台贷款压降 1 182.4 亿元，房地产贷款压降 278.7 亿元，八个产能严重过剩行业贷款压降 171.9 亿元，实现预定控制目标。分区域看，中西部和东北部地区分行贷款合计增幅为 12.5%，比境内分行平均增幅高 2.2 个百分点。

三、夯实信贷管理基础

（一）重塑健康审慎的信贷文化。针对经济新常态下全行经营发展中出现的新情况、新问题，及时召开信贷工作专题会议，纠正了一些机构风险观念和责任意识淡化、“重规模扩张、轻风险管理”、“重当期效益、轻可持续发展”的倾向，提出了全行务必牢固树立正确的发展观、业绩观和风险观，牢固树立质量意识、风险意识和责任意识，牢固树立合规、诚信的经营理念，牢固树立“尽职免责、失职追责”的责任追究理念，牢固树立“把控实质风险”的要求，统一全行的思想，推动建立健康、合规、审慎的信贷经营文化。

（二）优化信贷业务流程。制定《法人客户信贷业务基本操作流程（2014 年版）》，将串行的信贷业务流程改为并行，允许评级、授信、审批等主要信贷流程环节进行并行处理；在强化有权审批人责任的前提下，取消机构负责人“签批”环节；优化了授信项下授权审批制业务办理流程，明确核查环节和作业监督环节可由同一人员完成；同时实行低风险信贷业务简易流程，进一步提高信贷业务办理效率。

（三）完善授权管理。积极适应信贷业务发展需要，进一步理顺授权管理体制，对信贷与代理投融资业务进行统一授权，将境内、外分行信用风险业务授权分别和境内、外不良资产处置授权进行整合。按照“授权充分、权责匹配、审批下放、监管上收”的原则下放信贷授权管理，在扩大分行经营决策权的同时强化分行管理责任。

（四）构建基层经营机构资质管理框架。印发《境内分行基层经营机构信贷经营资质管理办法》，在全行范围内推行基层经营机构资质管理制度，强化经营机构负责人、信贷业务团队骨干的配备要求。一是明确取得信贷经营资质的机构方可在资质规定范围内开展相应信贷业务。二是机构资质管理与人员资质管理相结合，经营机构中从事信贷业务经营工作的人员须具备相应信贷专业资质。三是以客户为主维度，设定一般法人客户、小微企业、个人客户信贷业务三个经营资质类别。四是授予或延续经营资质，兼顾人员配备和信贷业务经营表现，及时进行风险提示、业务整顿或机构整顿。

（五）推进全球信贷与代理投资管理系统（GCMS）一体化建设。加快推进全球信贷与代理投资管理系统（GCMS）境内外分行及并表机构、个人和法人信贷业务与金融资产服务业务等业务一体化功能建设和推广应用，实现对信用风险业务的集中监控、统一运营、信息共享和关联管理，实现38家境内分行的个人信贷业务全面纳入GCMS统一操作和管理。

（总行信贷与投资管理部）

小企业金融业务

一、2014年小微信贷业务发展情况

2014年，全行积极开展小微企业金融服务工作，努力完成“两个不低于”监管目标，着力加快打造小微企业金融服务新模式，致力于推动小微企业金融业务持续健康发展。

（一）基本完成“两个不低于”监管要求。2014年末全行监管口径小微企业贷款余额17 215.40亿元，居银行同业第一位。按照可比口径调整后，2014年末小微企业贷款实际较年初增加1 612.53亿元，较年初增长9.43%，接近同期各项贷款平均增幅，基本完成“两个不低于”监管要求。

（二）积极支持实体经济。2014年全行80%以上的小微企业贷款投向了加工制造和商贸流通领域。从小微企业贷款余额行业结构来看，余额占比最高的五大行业依次为批发和零售业、制造业、交通运输仓储和邮政业、租赁和商务服务业、水利环境和公共设施管理业，占比依次为24.06%、23.93%、14.20%、10.34%、8.96%，合计占比为81.49%。

二、2014年主要工作措施

（一）进一步强化小微金融业务的战略定位。对小微企业金融业务的组织架构和职能定位进行了重大调整，进一步增强战略地位。一方面，将小微企业金融业务列入“大零售”范畴，纳入全行“三大战略”之中，把个人经营性贷款与小微企业贷款纳入同一经营管理体系。将总行小企业金融业务部从原信贷管理部独立出来，形成一个相对独立的二级部并入公司金融业务部。另一方面，重点强化了总行小企业金融业务部的全流程牵头管理职能，由其统筹小微金融的营销管理、发展规划、业务准入、产品创新、流程设计、系统优化、风险管理、专营机构和队伍建设等职责，并赋予更灵活的工作机制。

（二）全面优化小微金融业务发展模式。为更好地服务小微企业，总行从年初开始着手小微金融业务发展模式的优化工作，按照“市场”和“风险”平衡，“放权”与“严管”并重，“激励”与“责任”挂钩，“发展”与“配套”协同的原则，对小微金融业务发展模式进行全面优化：一是建立相对独立的管理体系。做实各级行小企业金融业务部门，赋予其明确的权力与责任，以期提高专业化管理水平和能力。二是增设市场规划环节。建立总体、区域、细分三级市场规划体系，分别由总行、一级分行、二级分行承担，加强全行对小微信贷业务的组合管理，提高对系统性风险的预判与规避能力。三是下沉经营机构。参照信贷工厂模式，选择小微金融业务发展潜力较大的二级分行或一级支行设立小微金融业务中心，作为主要经营载体负责所在区域小微客户贷款业务的一站式服务。四是下放产品创新权限，提高市场反应速度。建立产品分层管理体系，总行负责制定基础制度和监测管理，具体的产品创新职能将交给更接近市场、熟悉客户的分支机构。

（三）加强业务组织推动。面对内外部诸多不利因素，总行层面加大了对小微金融业务的组织推动力度。一是通过多种渠道向全行传递加强发展小微金融的战略意图和努力完成“两个不低于”的监管要求。二是由总行主管行长或小企业部负责人带队，对部分业务增长不力的分行开展现场督导和调研，查找问题、部署工作要求。三是将“小企业贷款占比”指标纳入绩效考核体系，运用经济手段督促分行切实重视小微金融业务，并对重点业务品种予以信贷资源保障。四是加强数据挖掘技术运用，结合行内外数据信息筛选潜在目标客户，将名单直接向分行推送，组织分行开展营销。

（四）积极运用互联网及大数据技术提升小微金融服务水平。顺应互联网对企业和居民的商业行为及消费习惯产生的深刻影响，积极运用互联网手段，整体谋划和积极推进信息化银行建设及互联网金融发展，重点在

小微金融领域开展了探索实践，努力寻求一条既适应小微企业融资需求特点，又能较好地防控风险的小微金融发展新路，并将此作为近年的一项重要工作，已经取得一定效果。如重点发展小企业网络循环贷款、小企业账户卡循环贷款和小微商户信用卡专项分期付款等业务，借款人可从传统网点、网上银行、卡介质等多种渠道获得融资；同时，提供无抵押、无担保的小额信用贷款，减少小微企业因缺乏担保物和寻求融资担保所产生的融资成本。又如，自 2013 年下半年推出基于大数据技术的小微逸贷公司卡业务以来，市场反应良好，2014 年末逸贷公司卡贷款余额较年初大幅增加，体现出较高的成长性。

（五）加强日常信贷风险管理。在推动业务发展的同时，着力做好日常风险防控工作。一是分地区、分行业、分贷款品种监测小微贷款质量变化情况并予以通报，对资产质量较差、劣变速度快的分支机构及时进行预警和督导。二是针对“裸贷”小微企业客户风险高发的特点，研究制订“裸贷”客户系统识别方法，提出相应管理要求。三是在总行成立“信用风险监控中心”，探索运用大数据技术，建立多维度小微金融风险监测模型和指标体系，通过非现场监测和现场检查，采用非现场预警和现场验证相结合的贷后管理模式，提高风险防控的精准度。

（总行公司金融业务部）

专项融资业务

2014 年是“走出去”业务获得较快发展的一年，仍面临着全球经济缓慢复苏但基础仍不牢固、同业竞争压力加大、业务增长与业务创新的双重压力等挑战。专项融资业务条线认真贯彻国家有关金融方针政策及总行战略部署，加快经营转型，积极服务实体经济，突出重大项目营销，强化专业产品线推动，各项业务都有新发展、新成效。

一、圆满完成利润中心经营任务，稳步推进专业产品线的管理与指导

深入贯彻总行党委关于利润中心改革的要求，稳步推进产品线专业化经营与管理，圆满完成利润中心的各项经营任务，各项业务保持良好增长势头。2014 年全行专项融资产品线余额 2 044 亿元，比上年增长 27%，其中自营贷款余额560 亿元，比上年增长 180 亿元，同比增长 32%，是利润中心成立以来贷款增幅最高的一年。利润中心实现拨备后利润 7. 34 亿元，比上年增长 25. 37%，其中中间业务收入实现 6. 8 亿元，较上年增长 42. 8%，占营业收入比重达到 58%，占拨备后利润的 92. 3%。较好地贯彻落实了总行对利润中心提出的“业务发展、利润增长”的要求。

在继续做好各项经营工作的同时，坚持集团利益最大化的指导思想，解决突出问题，提高服务质量和服务能力，支持境内外分支机构发展，着力推进产品线的延伸发展。一是在 2014 年度授权中将飞机融资、船舶融资、租赁融资和出口信贷四条产品线给予分行部分权限，充分调动分行开展专项融资业务积极性。协调境外机构做好“走出去”企业的跟随服务，支持项目所在地分行根据自身权限审批部分贷款，同时做好贷后管理，提高境外行信贷业务审查水平和风险防范能力。在引导分行参与专业融资业务过程中，指导分行发现、挖掘并主动营销项目配套的供应链融资业务机会，助其落地生根。二是通过与境内外分行联动，以簿记、风险参贷等方式带领境内外分行加快公司业务国际化转型。截至 2014 年底，簿记境内外机构余额 710 亿元，比去年同期增长 26%。三是实现对全辖产品线的信息化管理。通过对全球资产管理系统（GCMS）和信贷管理系统（CM2002）中专项融资产品标识运行情况的监测，实现对全行专项融资产品表内业务数据信息的自动化统计，基本满足产品线数据统计和业务分析的需要。四是进一步扩大上海自贸区经营权限，支持辖内业务发展。完成 20 亿元国内首笔自贸区自由贸易账户租赁结构融资，有力地支持了自贸区分行的业务发展，增强了工行的市场影响力。五是召开全行专项融资及“走出去”项目推动会，组织 38 家境内分行及 35 家境外机构建立相关业务团队，支持河南和江西分行与当地政府、重点企业等开展“走出去”联动，为全行专项融资体制建设积累了经验。此外，产品线业务的延伸带动境内外分行更多存款、结算、贸易融资、衍生交易及投行等落地服务和代理行业务机会，拓展巩固分行与属地重点企业良好稳定的合作关系。

二、积极营销“走出去”重大项目，提升工行国际影响力

围绕国家核电、通信、航空、铁路四大“走出去”板块和“一带一路”战略，以转移过剩行业产能、促

进产业结构调整与升级为核心，积极寻找在资源、能源、农业、通讯、交通、电力等领域的“走出去”业务机会，提高对项目的敏感度和快速反应能力，集中力量营销既有良好经济效益又具有重大社会影响的大项目。外交部、商务部在安排高访中除传统的政策性银行外，首选工行作为商业银行的代表，2014 年参与安排由国家领导人见证签署活动 10 余次。在巩固原有业务优势的基础上，着力开拓境外并购、资源开发等业务，成功安排了一批优质项目，进入美国、英国、西班牙、澳大利亚、俄罗斯等市场并获得良好收益。在境外并购业务中，完成五矿联合体并购秘鲁铜矿并购融资、东风汽车收购标致雪铁龙集团股权并购融资、万达收购西班牙大厦并购融资等项目，帮助企业获得海外先进技术、研发平台、资源和市场渠道。同时，持续跟踪中石油厄瓜多尔 80 亿美元炼油厂项目、土库曼斯坦 60 亿美元天然气换贷款等重大项目营销，以商业性贷款方式服务国家政策性战略任务。提高资产流量管理精细化程度，增强国际银团分销能力，对金额较大、期限较长的项目在签约后加快分销，盘活资产，优化资源配置。借助已有的信贷资产转让及回购等经验，更好地推进大项目的银团承销和二级分销。

三、强化项目营销储备，增强“走出去”业务可持续发展能力

面对“走出去”巨大的市场商机，深入分析中国企业“走出去”的重点区域和业务领域，仔细谋划市场拓展策略和境内外客户营销方案，积极开展客户营销和组织推动。一是进一步扩大客户基础，加强对核心客户和重点信贷行业的营销和业务拓展。除将“走出去”投向行业中的 96 家企业纳入重点营销和业务发展目标客户外，对万达、华为、特变电工等 23 户优质民营企业加大融资服务力度，以支持非公有制经济发展。通过高层营销，拓展了客户与工行在境外投行、租赁等多领域业务合作的商机，为与“走出去”企业建立更加广泛的合作奠定基础。二是与金融同业建立定期沟通互访、共同参与融资的合作机制，加强重大项目协作，相互分销符合各自偏好的贷款，更多地为境外机构营销结算和项目贷款项下供应链融资业务，形成互利共赢。三是密切与商务部、发改委、能源局等政府机构的沟通联系，及时了解国家政策走向和项目信息，掌握第一手的市场信息。四是增强对新兴市场的营销力度，通过对新兴市场资金需求特点的分析，把握融资投向的具体行业和领域，符合当地实际并有可靠的还款来源。截至 2014 年底，“走出去”业务共储备项目 200 个，意向融资金额 600 亿美元。涉及能源、电力、交通、机械、电信等行业，均为“走出去”的重点领域，主要分布在非洲、南美、中东、中亚、东南亚等地区。

四、推动机船融资业务转型，积极培育新的增长点

飞机融资业务增加了交通类企业，包括铁路、公路、港口码头等领域，积极发展国航、南航、东航、海航等境内优质客户的直接购机融资、预付款融资等新业务，拓展厦门航空、吉祥航空、印度航空、挪威航空等新客户，获得《欧洲货币》2013 年度航空金融中国最佳交易奖，第三届中国航空金融发展（东疆）国际论坛中国首单飞机残值担保租赁交易和国内首架 B737－900ER 租赁引进交易奖等荣誉。在交通行业方面，完成了振华重工出口信贷项目、紫金矿业香港金山内保外贷、中资联合体投资法国图卢兹机场股权私有化等项目。船舶融资业务增加了电力类，包括 9 大发电、2 大电网、3 大设备及几大电建企业等领域，积极拓展与“走出去”资源引进结合紧密的细分船运市场，先后与中石化、马来西亚石油公司合作了相关的油气船舶项目贷款，完成了葛洲坝阿根廷基赛水电站项目、国网中电装备 4.8 亿美元买断型应收账款保理、广东火电孟加拉联合循环电站 2.59 亿美元项目、南网越南永兴项目、葛洲坝安哥拉卢阿西姆水电站等电力“走出去”项目。

五、加快租赁融资业务发展，推动信贷结构调整深化

截至 2014 年末，全行租赁融资产品线余额 552 亿元，同比增长 234 亿元，增幅 74%，其中部门自营 77 元、簿记 125 亿元、分行自营 346 亿元。业务涉及 74 家租赁公司，30 家分行、133 家支行。积极营销国银、招银、交银、农银、信达等 14 家金融租赁公司，办理保理业务 143 亿元，并与珠江金租、太平石化金租、渝农商金租、洛银金租等新开业金融租赁公司建立业务联系，进一步完善了总行集中专营金融租赁公司各类业务的经营机制。开展与金融系租赁公司的多层次合作，推动逆回购、金融债承销、保理等业务，丰富对金融系租赁公司的产品服务。积极尝试业务创新，完成首批 10 亿美元的跨境租赁结构融资、首批 37 亿元金融债主承销和首批自贸区 20 亿元租赁结构融资。

六、积极推动产品创新，支持客户多元融资需求

不断深度发掘“走出去”客户金融服务需求，加强产品创新力度，充分发挥工行丰富产品的集成创新能力，培育新的业务增长点和利润增长点。面对中国企业“走出去”形式越来越多元化、“量身定制”的全面金融服务需求增多趋势，在已有的多个产品的基础上，拓展结构融资、贷款分销、保理、资产管理、海外供应链融资、投资银行、套期保值等金融产品。增强对各种产品的综合运用能力，通过不同产品的组合搭配，满足企

业在全球范围内的融资需求，帮助企业规避汇率风险，提高资金使用效率。一是积极探索商投结合融资模式，推动财务顾问业务初见成效。成功营销四川电力设计院肯尼亚15亿美元火电站项目、中水电津巴布韦南方电厂12亿美元项目、国家电网中电装备巴基斯坦NBT二期项目、电建集团中水顾问巴基斯坦Dawood风电项目等八个财务顾问服务，以投行业务完善对客户金融服务需求的响应，此外在复星国际收购法国地中海俱乐部、中航资本收购爱尔兰Avolon航空租赁公司、中国北车收购意大利铁路设备公司等跨境并购业务中，联合投行部和工银国际共同制订财务顾问和融资服务方案，为工行争做并购顾问提供了有力支持。二是尝试与多边金融机构合作，优化融资结构。如土库曼斯坦政府聚乙烯和聚丙烯化工厂项目是工行首次参与韩国出口信用机构项下融资。中海油参股的泛美能源阿根廷分公司2.4亿美元贷款，工行以参与拉丁美洲开发银行筹组的A/B型银团贷款方式解决阿根廷子行因监管问题无法开展非本币业务的问题。三是借助上海自贸区平台，开展各类境外项目融资和海外并购，探索专项融资业务模式创新。在自贸区安排中航资本收购爱尔兰航空租赁公司跨境并购贷款以及浦银租赁15亿美元境外LPG船舶融资，利用区位优势，打造新型跨境结构化产品体系。四是尝试结构化融资产品创新。抓住欧洲各国政府出售国有资产、化解债务危机的机会，已与各国政府私有化实施部门建立直接业务合作关系，获取大量PPP、PFI和私有化的业务机会。创新开发性投行、权益融资、A/B loan等结构化融资产品。尝试为期限较长、金额较大的大型项目引入“夹层融资”模式，加快推进中远墨西哥FPSO项目，并争取复制到其他相关领域，从而实现由“债务型融资”到“债务和权益融资并重”的模式突破。

七、提高资产质量，防范业务风险

一手抓前台推动，一手抓风险防控。进一步强化信贷风险管理的基础性工作，梳理存量业务抵质押品进行重评、严格落实贷后管理与检查。制定《境外专项融资项目贷后管理办法》，明确境外机构相关业务方式和流程，清晰界定了各参与方的责任，对境外机构信贷人员加强风险防控意识，提高信贷业务水平具有指导意义。在业务审查中严格把关，把握实质风险，保持不良贷款率为零。争取集团内部利润最大化，无论是资产摆放在本部还是簿记分行，充分利用不同税率的差异寻找最合适的收益，同时也最大限度地满足优质客户的需求。认真梳理现有制度，进一步完善各产品线的管理办法、业务流程以及内部基础工作规章制度，制定《规范专业融资经营操作有关事项的通知》、《关于规范簿记境外分行专业融资产品有关事项的通知》等，以完善制度建设促进提高风险控制能力，推动专项融资业务健康有序发展。

（总行专项融资部）

投资银行业务

2014年是全行投行改革的第三年，投行业务条线积极贯彻改革精神，实现收入规模稳定增长，重组并购、股权融资、债务融资等重点品牌类投行业务持续快速发展，市场影响力显著提升。2014年，全行投行收入达到278.39亿元，同比增加12.43亿元，增幅4.67%。投行收入在中间业务收入中占比20.16%，保持了较高的贡献度。在英国《欧洲货币》杂志“2014年最佳银行”评选中首获“中国最佳投资银行”奖项；在《证券时报》“中国区优秀投行评选”中连续六年获得“最佳银行投行”奖项；在《中国经营报》“卓越竞争力金融机构评选”中连续五次获得“卓越竞争力投资银行”奖项。

一、稳步推进全行投行团队建设

一是人员队伍不断壮大，通过社会招聘和校园招聘，总行投行团队人员充实至102人，二级分行层面投行人员得到扩充，全行投行业务专职人员已接近700人，其中河南、江西、江苏等分行由省行、二级分行共同组成专职投行团队统一管理。二是理财师规模扩大，全行理财师团队新增420人，在岗总规模达到3 810人，其中高级理财师760人。三是专业培训不断加强，总行举办首届“投行大练兵”案例研讨竞赛，全行投行战线广泛参与、多级联动，掀起了“学投行、干投行”的热潮。先后举办近十期全行性现场培训和案例视频培训，积极支持各分行组织的专业培训，精选了近40个经典案例印发全行学习。四是岗位交流成效明显，启动了分行投行专职人员赴总行在岗培训计划和系统交流，完成18人次的在岗培训和交流，带动了分行投行队伍水平的提升和业务的发展。

二、持续加强产品创新推广

紧跟市场动态和政策变化，多次召开区域创新研讨会，推出企业资产证券化、投行分销顾问等创新产品，并通过完善制度、规范流程、案例培训、多渠道宣传等方式，在全行由点及面地推广，推动形成产品线和业务规模。积极探索加深资本市场相关业务的探索和研究，如建立“工银资本”平台推动盈利模式的转型，以及国企改制、政府社会资本合作（PPP）和新三板、股票质押融资、公开市场再融资等领域的投行业务机会。

三、不断提升项目运作能力

2014 年，投行条线完成并购顾问项目 319 个，涉及交易规模超过 1 400 亿元，同比增长近 60%，安排并购融资 579 亿元，其中并购贷款 472 亿元，非信贷并购融资 107 元；全行私募股权主理银行业务超过 93 笔，存续规模 427 亿元，同比增长 16%；完成债务融资项目 1 500 多个，累计安排投资超过 1 000 亿元，其中总行牵头完成的项目 14 个，投资规模 302 亿元，同比增长 17%；总行牵头运作财务重组项目 3 个，债务规模超 200 亿元。

并购业务方面，鼓励先进分行跨区域操作并购项目；通过国投收购安信证券股权、招商局集团认购招商证券定向增发股票、建发集团认购建发股份配股等项目，实现了在并购融资置换、资本市场再融资等领域的突破；进一步梳理行内外并购项目线索和境内外机构联动机制，探索建立跨境并购撮合交易平台；完成了杭州中策橡胶混合所有制改革、南京三胞集团收购南京 IFC、大连万达集团收购西班牙大厦项目、上海复星集团收购葡萄牙 CSS 保险公司、吉林康乃尔收购瑞典 Chematur 化工公司股权等重大并购项目，积极推进中巴工业园项目，联合亚布力中国企业家论坛举办美国、德国、荷兰、比利时等系列境外投资论坛，促进中外企业家投资交流，扩大了工商银行在国际工商界跨境投融资服务领域的社会影响。

股权融资业务方面，为中石化销售公司战略引资项目撮合澳门金管局 100 亿元战略投资，推荐工商银行理财资金投资 20 亿元，合计投资比例居投资者首位；创新重大资本金融资方式，完成中铁发展基金优先股投资项目，推动北京水环境基金等政府与社会资本合作（PPP）项目、大唐集团等永续权益性工具融资；全面拓展资本市场类股权融资业务，审批通过苏宁云商权益类资产证券化业务、国轩高科 Pre－IPO 基金上市退出等，利用跨境担保新规探索境内企业 H 股股票质押融资，推动细分行业龙头企业并购基金业务。

债务融资业务方面，通过交易结构创新，不断拓宽结构化融资等成熟业务模式的业务范围。同时，企业资产证券化、特定债权投资等一批创新试点项目也取得阶段性成果。如成功运作了广州长隆入园凭证资产证券化项目、上海浦发集团资产证券化项目，广州燃贸特定债权投资项目以及四川中铁建简蒲高速结构化融资项目、绍兴世贸股份物业收益权结构化融资等重大项目。

四、推动专业化业务管理

产品线业务划分更加合理，加快兼并收购业务发展，将其细分为境内并购和跨境并购业务，分别由专业化团队运作；将高端财务顾问业务和重组业务再度梳理整合，打造了债务融资顾问和财务重组顾问两条产品线；成立项目合作与产品创新团队，负责加强与行外各类资金渠道及项目的合作，建立投行产品的分销合作和直接募资撮合机制。积极推进投行业务信息化建设，完成了私募股权主理银行业务、债权融资业务的系统开发工作，提高投行项目信息发掘和整合能力。

五、积极拓展投行客户群

一是建立了与亚布力企业论坛等战略客户的联系和合作机制，成功举办了欧洲论坛、北美论坛纽约专场和哈佛专场，积极筹备中非论坛，发掘了一批投行项目。二是梳理了近年来投行收入贡献度较高的重点客户名单千余家，总分行开展持续营销，把握后续业务机会。三是进一步加强与政府部门沟通，拓宽业务信息来源；深化同业机构的合作，新增私募股权主理银行业务合作机构十余家，拓展业务空间；通过推动分销顾问业务，初步形成了直接投资者数据库、产品合作机构数据库、分销合作机构数据库雏形。四是总结下发了《投资银行产品简介及客户营销提问参考》，指导分行投行业务的营销工作。截至 2014 年末，投行业务收费客户已经达到 1.6 万户。

六、持续加强基础类投行业务的管理和信息化银行建设

按照全行规范经营的整体部署，对基础类投行业务进行了全面梳理，开展了大规模的自查整改、制度梳理、合同协议修订、模板发布、产品升级及系统改造工作，有效地提高了顾问工作服务质量。编写了常见疑难问题回答要点，有针对性地解答分行关于检查的各种疑问，指导分行应对策略。积极配合发改委、银监会等监管机构的检查并进行沟通协调，最大限度地避免了经济损失和声誉风险。大力推进投行业务信息化建设，积极建设投行交易撮合平台，该系统不仅支持境内外机构在平台上发布、搜集相关信息，也可使企业通过企业网银、工行门户网站企业理财专区以付费的方式发布、搜集相关业务信息。

七、以客户为中心积极开展投行研究

一是打造“工行投行论坛”品牌。总分行举办论

坛30多场，服务客户逾千人次，有效增强了投行客户的黏合度并促进了潜在项目挖掘。二是创新开展了研究咨询业务。如为贵州丹寨县政府经济金融和产业规划提供研究咨询，为广州越秀金控提供多个行业的定制研究。三是支持项目服务客户。分析师直接参与中巴工业园、中电投等重大投行项目；调研服务了15家与工商银行签订上市顾问业务的客户，为品牌类投行客户提供持续服务。四是常规研究稳步推进。为客户提供各类研究报告1 400余篇，服务上万家基础类投行客户；在各类报刊杂志公开发表文章60余篇，印制3本报告集；持续参加北京大学“朗润预测”、《证券市场周刊》“远见杯”预测项目，提升了市场影响力。

八、持续加强投行项目风险防控和存续期管理

一是完善业务管理架构和风控体系。先后制定了《置换类并购贷款指导意见》、《非公开发行并购贷款业务管理办法》、《资产收购顾问业务管理暂行办法》、《中国工商银行并购金融资产服务业务管理办法》、《中国工商银行并购债顾问业务管理办法》、《中国工商银行财务重组顾问业务管理办法》等。二是在总行设立“投资银行项目评审委员会”，依据权限对分销顾问业务进行专门审议，同时设计了较为完善的评审机制、审议流程和项目标准等，以更好地防控风险。三是建立完善了股权融资业务合作机构准入制度，在业务合作中实施规范、透明的监管机制。

（总行投资银行部）

债券与融资业务

一、人民币同业融资

2014年，境内分行人民币同业融出业务余额2 194.06亿元，较年初下降1 046.37亿元；当年累计办理人民币同业融出业务1 043笔，金额18 313.21亿元，加权平均期限21.40天，加权平均利率5.79%，对应到期应收利息61.831亿元，全年累计利息收入66.91亿元，各项融资业务未出现风险损失。由总行资产负债管理部专营办理的人民币线下同业业务129笔，金额5 269.38亿元。

（一）拟订和完善同业业务专营改革方案，做好专营改革的经营和管理工作。2014年5月16日，人民银行等五部委联合发布了《关于规范金融机构同业业务的通知》（银发〔2014〕127号），银监会发布了《中国银监会办公厅关于规范商业银行同业业务治理的通知》（银监办发〔2014〕140号），对同业业务发展提出了规范性要求，并要求商业银行对同业业务进行专营部门制改革。积极落实监管要求，认真处理好业务发展与规范管理两方面的关系，在听取分行意见、借鉴同业经验、进行定量测算的基础上，制订了专营改革方案，并上报银监会。

（二）做好专营后各项管理和经营工作，完善相关配套措施。一是按时开展同业业务专营。从2014年10月1日起，全行同业业务已开展总行专营，同业资产业务和同业负债业务实行总行逐笔审批。二是梳理业务流程，严防风险。制定业务审查模板，推动分行按照审查模板要求继续做好融资前的尽职调查工作以及融后的风险管理工作，总行根据分行业务推荐进行特别授权审查，防范各项风险。三是拟订业务协议，防范法律风险。起草总行专营条件下的同业借款、非结算性存放同业协议和与外资行的资金互惠协议，明确工行与客户的权利义务以及总分行间的职责。四是继续强化系统控制，严格参数管理。通过系统控制的方式，冻结分行办理同业拆借、同业借款、非结算性存放同业等同业融出业务的权限，有效防止分行违规办理业务；加强梳理内部流程，每笔同业拆借、同业借款、非结算性存放同业等同业融出业务均通过系统办理，严防操作风险。

（三）配合监管部门做好检查工作，防范政策性风险。认真做好监管部门布置的各项业务自查工作。按照银监会《关于提供同业新规执行情况的通知》（银监一部〔2014〕105号）和人民银行金融稳定局《关于督查同业业务规范落实情况的通知》（人银稳〔2014〕000686号）等相关要求，认真做好同业新规执行情况现场与非现场检查工作。

二、人民币债券自营投资业务

2014年末，全行人民币债券投资面值余额（境内法人口径）38 535.33亿元，比年初增加13.94亿元，

增幅0.36%；实现投资收益1 529.08亿元，较2013年增加88.56亿元，增幅6.15%。其中，总行金融市场部人民币债券投资余额32 176.20亿元，比年初增加302.88亿元；境内分行（不含总行本部）人民币债券投资余额4 421.82亿元，比年初增加80.83亿元。

一是防控风险。关注经济增速放缓及结构调整对企业盈利能力和未来发展能力的影响，以及地方政府的偿债能力的变化，加强信用风险管理；做好市场利率走势的研判，合理把握和动态调整久期策略，抓住投资机会，防范利率风险。二是投资结构。控制全行债券投资增长，适度提升短期债券投资占比，提升债券资产的流动性；在防范信用风险的前提下，进一步加强高信用等级的信用债券投资，提高资本回报率；根据市场利率情况合理安排投资节奏，提高收益，规避风险。

三、国债代理业务

截至12月末，全行累计代理发行储蓄国债806.07亿元，市场占比24.83%，继续稳居同业之首，实现承销手续费收入4.12元，并在财政部、人民银行开展的储蓄国债承销团成员2014年度综合排名中继续名列第一。一是加强代理业务风险的管理，进一步加强系统建设，完善系统对额度以及相关操作环节的系统硬控制，加强业务检查，及时发现和化解风险。二是加大对外宣传力度，提升客户服务水平，努力扩大储蓄国债代销量，确保全行凭证式国债和储蓄国债发行工作顺利完成。

（总行资产负债管理部）

金融市场业务

2014年，全行金融市场业务紧密围绕集团改革发展中心任务和利润中心创收增效核心目标，积极应对国内外经济金融形势复杂变化，主动适应经济发展新常态，多措并举提升投资、交易、承销发行及融资四项业务盈利水平，高标准完成全年考核计划，实现了优异的经营业绩。

一、经营发展再上新台阶

一是利润总额稳步增长。2014年，总行金融市场部实现利润664.02亿元，同比增长32.78亿元，增幅5.19%。二是中间业务收入快速提升。2014年全行金融市场业务实现中间业务收入74.78亿元，同比增长12.30亿元、增幅19.68%。三是客户数量增势稳健。2014年末金融市场业务对公客户数达19万户、同比增幅10%，较三年规划目标17.5万户高1.5万户、完成率108.57%，个人客户数达2 119万户、同比增长31.17%，较三年规划目标1 679万户高440万户、完成率126.21%。四是交易量持续攀升。全年交易额累计达31.71万亿元、同比增长17.38%，相当于每天达成交易2.27万笔、日均交易额874.25亿元，其中总行金融市场部与同业开展交易26.09万亿元、同比增幅12.45%，与分行开展交易5.63万亿元、同比增幅47.30%。五是营业贡献成绩显著。2014年全行金融市场业务营业贡献660.85亿元，为全行转型发展作出积极贡献。六是风险控制工作卓有成效。全年不良资产率与操作风险损失率均为零。

二、市场竞争力显著提升

一是债券投资收益率同业领先。2014年上半年总行人民币非重组类债券投资收益率高于四行平均水平2个基点，相当于全年多创利润6.3亿元；截至2014年末，外币投资组合到期收益率3.03%，高于四行平均水平约93个基点，相当于全年多创利润约5 000万美元。二是融资业务资金运作效率高于同业。全行日均超额备付率优于四行平均水平32个基点，相当于增加资金运作利润19.19亿元。三是人民币债券借贷业务继续保持市场绝对领先地位，市场占比达82%。四是账户交易类产品线市场竞争力稳居龙头。创新推出账户铜和账户大豆，形成覆盖账户贵金属、账户外汇、账户原油、账户基本金属、账户农产品五大产品线的产品体系，品种最全、功能最多，“人无我有、人有我优”优势突出，业务收入四行占比63.36%，成为亚洲时段国际贵金属市场最活跃的做市商。五是商品交易同业领先优势显著，全年累计完成客户端交易金额320.75亿元人民币、市场占比66.23%，实现总分行盈利1 600万元人民币、同比增长125.60%；独家获准开办人民币结算商品交易，拓展了业务领域，增强了客户办理业务的便利性。六是结售汇币种达26个，同业最丰富，银行间外汇市场做市交易规模连续五年排名第一，国内首家面向国际市场开展外汇买卖主动做市报价。七是人民币利率做市交易业务同业领先，首家创新推出柜台国开债和口行债券并实现常态化发行，柜台债券做市交易量和客户持有债券面值余额分别达 35.46 亿元和 71.77 亿元，市场占比分别为 49.54% 和 75.31%，排名均保持同业第一。八是承销发行额达到 4 700.12 亿元，各类债务融资工具发行总额市场排名第一。九是量化分析能力业内领先，基本建成服务全行、覆盖主要资产类别的衍生产品定价系统，开创了国内商业银行自主研发现代化、创新型定价系统的先例。

三、全年主要工作亮点

（一）多措并举提高债券投资收益率。一是准确判断货币政策及市场趋势，在利率水平较高的上半年适当加大投资力度，完成全年人民币债券新增投资计划规模的 66.3%，超过序时进度 16 个百分点。二是在风险可控的前提下适度提升收益率较高的优质信用债占比，2014 年末信用债余额占比达到 17%，同比提升 1.73 个百分点。三是稳步实施存量低息债券置换交易，卖出低息债券买入较高收益率债券 163.2 亿元，实现当年多增利润 1 740 万元，存续期内预计每年多增利润 2.54 亿元。通过主动采取上述举措提高人民币债券组合收益率，截至 2014 年末达 4.01%、同比提高 21 个基点。四是在风险可控的前提下加大中资机构境外美元债投资力度，年末中资机构境外美元债余额占比 53.26%，同比提高 17.14 个百分点，带动外币债券组合到期收益率提升 9 个基点至 3.13%。

（二）积极探索经营模式创新。一是大力发展债券借贷业务，在不减少利息收入、不占用新增资金的情况下稳步扩大债券借贷业务规模，累计完成交易 3 248.95 亿元、同比增长 404%，实现收入 1.28 亿元、同比增长 211%。二是积极盘活账户贵金属存量资产，全年多增利润约 5.94 亿元。三是多渠道大力开展主动负债支持债券投资，全年实现利润 4 443.5 万元。四是积极开辟场内交易渠道，进入纽约商品交易所等国际主要交易所开展贵金属与原油场内交易，节约成本超过 40%、拓宽风险对冲渠道。五是探索开展外汇与贵金属跨市场套利，与新加坡分行联动开展统一策略下人民币汇率跨市场套利交易，每笔交易平均点差收益为 19 个基点。

（三）重点产品创新成果层出不穷。一是推出一批重点创新产品与创新功能。投产账户大豆、账户铜、双币远期结售汇、人民币外汇卖出期权、人民币结算商品交易等新产品，推出账户原油转期、账户原油双向等新功能。账户原油、债券借贷在全行产品创新奖评选中分获一、二等奖，账户原油获得全行明星产品奖。二是储备一批重点创新项目。工银趣味模拟交易、账户交易类产品电子礼包、同业做市交易系统、“融 e 购”平台销售金融市场投资交易产品、柜台记账式债券 24 小时连续交易以及外币债券存量资产运用等项目进展顺利，推进进入境外主要交易所开展利率期货、能源、农产品等场内交易准备。

（四）合理摆布资金头寸确保全行流动性安全。一是综合运用短期流动性调节工具（SLO）、常备借贷便利（SLF）、中期借贷便利（MLF）等创新货币政策工具及公开市场逆回购获得资金支持共 8 060 亿元，有效缓解流动性时点紧张。二是在确保流动性安全的同时努力增加融资收益，结合资金状况及利率走势预判，抓住个别流动性宽松时点加大短期资金融出力度；适当延长拆放期限，努力提高资金运作收益率，尝试与非银行金融机构创新开展外币同业拆借，拓展业务范畴、提高交易收入。

（五）加强电子银行渠道建设提高结售汇业务离柜率。一是个人电子银行渠道结售汇交易币种增加到 18 个，同时降低起点金额、延长交易时间，提升客户交易便利性。二是全行推广企业网银售汇和远期结售汇业务，进一步提高对公结售汇业务服务能力。

（六）人民币利率交易水平不断提高。抢抓市场有利时机，积极开展人民币利率价差交易与波段操作，大幅提高债券组合年化收益率至 6.73%。同时努力强化信用风险管控，大力减持平台类、产能过剩类、煤炭类、房地产类信用债等，压降幅度达 92%。全年总行金融市场部相关业务实现利润 3.94 亿元、同比增长 121.3%。

（七）同业首推柜台国开债和口行债等创新券种并实现常态化发行。满足客户多元化投资交易需求，积极发展普惠金融，引领金融创新，同时积极配合上海清算所完成发行柜台铁路总公司债券的系统准备工作。全年完成 5 只柜台债券发行工作，发行总量 60 亿元，实现中间业务收入 2 650 万元。

（八）制度与系统建设成果显著。一是同业率先开发交易事前控制系统，打造金融市场交易业务风险防控的“护城河”。二是对公代客交易系统建设全面启动，将金融市场业务以标准化形式推向柜面与客户，实现无形产品有形化和互联网化。三是金融市场交易管理平台、全球债券集中交易系统等境外推广投产范围不断扩大，推动境内成熟的金融市场产品与系统向境外延伸。四是制定印发利率、汇率、商品等产品线交易指引 25 个，实现投融资决策与交易定价报价流程的标准化，覆盖金融市场业务全流程的“一本制度、一套规程、一册流程图、一卷指引”四位一体业务制度体系全面形成。

（九）搭建面向客户的市场信息服务体系。面向客户提供金融市场日评、周评、专题分析及产品宣传营销信息，渠道涵盖门户网站、网银交易界面、个人及对公短信、“工银投资交易”微信公众号及“工银融 e 联”客户端，全年累计提供各类资讯近 2 200 篇，并通过信息跑马灯等多种方式向客户滚动展现市场资讯，进一步提高面向客户的金融市场业务信息服务质量，不断丰富信息服务内容与渠道，提高客户综合服务能力和黏性。

（十）市场营销宣传手段丰富。一是探索利用大数据技术开展精准营销，灵活运用微博营销、模拟交易大赛、口碑营销、网络广告与软文、百度知道等互联网渠道与工具提高营销针对性与有效性，创新提出并推动账户类交易业务电子礼包项目建设。二是稳步开展系列主题营销与重点产品推广活动，努力提升工行金融市场业务的市场影响力，不断扩大客户规模。三是结合全行互联网营销推广契机开展账户类交易互联网宣传，加强业务知识普及。

（十一）全球24小时不间断交易体系进一步完善。一是2014年实现总行衍生产品、商品等集中交易，集中交易范围覆盖境外机构的主流金融市场业务，基本完成全球24小时交易体系建设。二是分三批完成全球债券集中交易系统在已投产FMBM境外机构的全面推广工作，全集团达成外币债券集中交易7.7亿美元，同比增长6.7亿美元、增幅670%。三是规范境外机构投资交易策略要素与授权管理，制定并印发境外债券投资交易年度策略和月度策略，外币债券投资交易统一管理水平持续加强。

（总行金融市场部）

资产管理业务

2014年是工商银行实施“大资管”战略的开局之年。随着利率市场化进程的加快，资产管理业务面临的经营条件更加复杂，监管环境更加严格，市场竞争更加激烈。面对复杂多变的困难局面，全行资产管理条线坚决按照总行党委的战略部署，迎难而上，勇于担当，稳扎稳打，锐意创新，圆满完成了总行利润中心定量考核任务指标及各项工作。

一、圆满完成各项经营指标

一是收入与规模稳步增长。2014年全行资产管理业务收入200亿元，增长25%；理财产品日均余额1.93万亿元，增长32%。其中总行资产管理部实现收入175.63亿元，增长20%，是全行中间业务收入增幅的2.2倍，盈利贡献从11.5%增至12.7%，提升1.2个百分点。二是市场领先地位进一步巩固。全年可比规模和收入的四行占比分别达到32.3%和41.8%，同比分别提高2.4个和4.9个百分点，均居同业首位，国内最大资产管理银行的领先优势进一步扩大。三是客户基础进一步夯实。在前台销售部门的大力支持下，个人与法人理财客户数分别突破1 600万户和40万户，均创下历史新高，对全行转型发展的引擎作用进一步凸显。

二、产品形态成功实现战略转型

在全行业走过“十年十五万亿”的快速发展期之后，全行根据监管要求提前布局净值型产品转型，总行非保本期次型产品与开放式产品的规模占比，实现了从年初8:2到年末2:8的产品转型，开放式产品规模增长6倍，达到7 800亿元，为下一步向净值型产品转变打下了较为坚实的基础。

三、投资管理取得丰硕成果

一是把握债券市场的投资机会。全年新增债券投资2 752亿元，增长243%，抓住债券收益率处于绝对高位的有利投资阶段，主动配置了一批信用等级较高、久期适中且票息较高的优质债券资产，新增债券类资产的加权平均收益率达到了5.59%，综合考虑票息收入和资本利得，全年的债券投资收益率达到了8.99%；同时，约三分之一的资金投到了总分行主承债券、工商银行二级资本债券与资产支持证券，有力地支持了总分行营销和资本管理。二是创新拓展项目来源。抓住中石化销售公司、铁路基金、北京排水基金等混合所有制改革契机，实现市场化股权投资零的突破；加大债权和票据资产投资力度；推进同业资产、交易所资产证券化、理财直投等业务创新；全年新增项目投资2 723亿元，增长19%。三是成功把握资本市场回暖机遇。加大股票纯多头、结构化定增、股票质押回购等投资力度，择优投资优先股、永续债等混合资本工具，实现了良好的收益。四是做出量化投资特色。精心打造国内银行业唯一的量化投资团队，全年规模和收入都实现了翻番，机构客户专属产品的年化收益率稳定在10%以上。

四、产品创新取得新的突破

一是依托互联网金融推出“e灵通”。该产品兼具T+0、7×24小时交易、赎回资金即时到账、全自助理财、分红再投资五大惠民理财特点。二是创新推出“同利”产品。该产品专门面向同业客户发行，有效适应了同业客户资金量大、价格敏感、流动性要求高的特点。三是推出县域理财产品。总分行共计发行规模达到1 800亿元，有力地支持了工商银行在西部、县域地区的业务布局。四是深化军银合作。在建军节前夕推出“长城系列”八一专属理财产品，密切了军银关系，推动了军银合作深化。

五、管理机制显著提升

一是优化定价管理机制。个人理财产品定价根据工、农、中、建、交、浦发、招商七家行面向全国发行的个人理财产品的平均价，确定工商银行相应期限个人理财产品的价格，并按照市场情况动态调整；法人理财产品，也进一步理顺了协同关系，更加注重针对不同客户需求进行灵活定价。二是拓展互联网营销格局。推动理财产品在“融e购”、直销银行在线销售，全年通过“融e购”平台销售理财产品规模超过200亿元，占“融e购”总销售额超过80%。三是建立项目投资的内部投标机制。采取项目招投标的方式，在内部实行公开竞价，进一步优化了原先一对一的低效询价方式，理顺了理财项目投资的定价和分配流程，提高了项目收益和投资需求的匹配程度。

六、扎实做好各类风险管理工作

一是扎实推进信用风险管理。高度重视经济下行背景下的信用风险管理，根据信贷监测中心的监测结果，对56家有风险苗头的客户进行了风险排查，加强对分行投后管理的督导力度，控制和化解潜在风险，积极保证代客理财资金安全。二是丰富流动性风险管理手段。准确预判关键时点的市场资金走势，在用好行内融资支持的基础上，积极拓展行外融资渠道，年底行外融资占全部融资的比重达到32%，进一步发挥行内外融资、产品发行与投资节奏的协同作用。三是切实加强合规风险管理。继续秉承“业务发展、制度先行”的原则，业务大类办法修订2项、新发2项、废止1项，具体业务规程和细则修订4项、新发8项，积极配合银监会表外业务检查。四是严格执行市场风险监测要求。严格执行各项制度要求，针对资产管理业务运作情况，分别实施产品收益率覆盖监测周报、交易价格验证周报、风险限额监测周报，对理财业务产品和投资品实施相应的监控、调整、超限额处理等限额管控措施，进一步完善PPM系统各项风险监测指标动态管理。五是落实新增操作风险管理措施。积极配合行内开展2014年操作风险情景分析工作，重点针对集中交易流程、产品兑付交易流程等关键风险点进行压力测试，提高操作风险应急管理能力，同时实施操作风险大数据分析监测项目（信息化项目）、债券交易事前控制等系统项目，将操作风险数据质量管理及监测纳入PPM系统，完成由事后监测向事前控制的转变。

七、大资管战略协同取得积极成效

一是持续推进总行理财事业部制改革。根据理财业务监管要求，总行党委确立了“统一管理、专业经营”的组织架构改革思路，稳步推进总行理财业务事业部制改革。二是深化区域理财动态授权管理。深化总分行联动，建立了动态调整的授权管理机制，根据各行管理水平和业务基础，将全国35个分行划分为ABCD四类，推进区域理财的精细化管理。三是加强与专业子公司联动。开展与工银租赁的资产转让合作、与工银瑞投的资管计划合作、与工银国际的股权基金合作，总量近1 000亿元，并完成母基金方案论证。四是内外联动取得积极进展。在欧洲6个国家成功发行基金产品，成为首家进入欧洲成熟资产管理行业的中资银行；成功营销海外主权基金，获批历史上单笔最大15亿元的RQFII额度，实现了总额度翻番；工银欧洲、工银澳门相继成立了资产管理部，与工银亚投一起，构成了辐射全球市场的桥头堡。

（总行资产管理部）

票据业务

2014年，面对经济增速放缓、结构调整加深的新常态，全行不断加大对小微企业贴现业务的支持与推动力度，持续优化票据业务结构，加强票据业务风险防控与治理工作，在促进信贷平稳投放的同时，实现票据业务经营稳健发展和盈利较快增长。

一、全行票据业务经营情况

2014年，全行票据融资业务实现总收益169.7亿元，同比增长26.4%，其中利息收入165亿元，投资收益4.7亿元；全年票据融资交易量达到3.4万亿元，同比增长84%。全行票据融资余额4 845亿元，比年初增长134.1%，其中纳入信贷统计口径的贴现余额3 505亿元，比年初增长137%，占全部信贷资产的3.6%，比年初增加1.9个百分点；买入返售余额1 340亿元，比年初增加750亿元，增长126.9%。贴现余额市场占比为12.0%，比年初提高4.4个百分点，位居同业首位。票据营业部利润中心建设成效显著，共实现拨备后利润19.52亿元，同比增加4.04亿元，增幅26.10%，超额完成总行下达的利润目标。

二、主要工作措施及成效

（一）重点推进小微企业贴现业务发展。一是加强部门间联动。组织召开部分重点分行票据业务座谈会，协调相关部门推动票据相关产品和业务协同发展、落实加快小微企业贴现的相关政策。二是加大政策支持与任务分解。根据行领导对小微企业贴现业务及票据资产结构摆布的相关要求，先后向全行印发《关于加快发展小微企业贴现业务优化票据资产结构的通知》（工银办发〔2014〕557号）、《关于加大小微企业贴现力度的通知》（工银办发〔2014〕677号），在信贷流量管理、资金配置价格、经济资本限额管理各方面支持小微企业贴现业务发展，向各一级、直属分行分解下达小微企业贴现余额的增量及交易量任务。三是加强培训与交流。面向全行先后组织召开了加快小微企业贴现业务发展的视频培训会和票据业务骨干人员培训班，并邀请八家分行进行了经验交流，推动小微企业贴现业务的深入开展。四是加快系统升级改造。实施了工商银行承兑票据在票据融资业务系统的信息共享，并通过需求变更的形式加快系统优化，促进总行对小微企业贴现支持政策的贯彻落实。五是加强监测与通报。提醒与督促分行要采取有效措施大力开展小微企业贴现，同时严格执行票据买入的各项审验标准，并提升议价能力，确保票据业务收益水平。截至2014年末，票据贴现余额中的直贴占比由年初的61.7%提高到76.6%，其中小微企业贴现余额1 091.3亿元，比年初增加807亿元，增幅284%，超额完成小微企业贴现增量任务。小微贴现余额在全行贴现余额的占比31.1%，较年初提高12个百分点。

（二）促进票据业务稳健合规发展。一是加强非现场监测与通报。结合票据市场风险动态和对贴现客户的非现场监测及存管业务发展情况，向全行印发《关于2013年票据业务风险监测情况的通报》（工银办发〔2014〕159号）、《关于2014年上半年票据业务风险监测情况的通报》（工银办发〔2014〕547号）。二是强化制度建设。根据强化纸质票据统一管理与分科目管理措施，向全行印发《2013年版票据存管制度与票据系统会计核算规程》（工银规章〔2013〕139号），强化票据存管机制，提高风险资产处置效率。三是组织开展2014年票据融资业务网上知识竞赛。引导全行票据从业人员通过积极参与竞赛，提高票据业务知识与技能水平。四是组织编写《票据业务系统操作指南》。提高票据从业人员对系统操作技能掌握的熟练程度，提高票据业务运行与管理效率。五是持续推动信息系统建设。通过《票据系统电子影像项目》的开发，提高贴现业务的电子化审批以及纸质票据存管效率，提高上级行对经办行业务的审查指导与非现场监测效果，提升对全行票据业务风险管理能力。截至2014年末，票据贴现资产不良率为0.02%，比2014上半年末下降0.06个百分点；买入返售不良率为零。

（三）积极参与行业自律建设，成为中国银行业协会票据专业委员会首任主任单位。2014年11月18日，中国银行业协会票据专业委员会成立大会暨一届一次全体会议在北京召开，工商银行当选第一届委员会主任单位，郑万春副行长当选首届委员会主任。票据专业委员会的成立标志着我国票据业务发展迈上规范化和自律化的新台阶。协助中国银行业协会举办了全国银行业首期票据业务高级研修班，推动国内银行业票据从业人员业务水平提升和票据业务标准化、电子化和规范化建设进一步提升。

（四）提升票据业务经营的灵活性。一是强化票据业务统一定价管理。根据全行信贷投放情况和票据市场利率走势，17次调整票据融资业务指导利率，引导分行把握票据市场动向，灵活调整票据业务经营策略，加快票据周转。二是加强利率信息通报。密切关注票据市场报价走势，向全行发布46期票据市场利率信息周报，分析通报票据业务利率情况，引导分行紧跟市场变化，提高议价能力，增加经营收益。三是确保买入返售业务合规开展。根据《关于规范金融机构同业业务的通知》（银发〔2014〕127号）和《中国银监会办公厅关于规范商业银行同业业务治理的通知》（银监办发〔2014〕140号）的监管要求，停办商业承兑汇票买入返售业务，并将银行承兑汇票买入返售业务集中统一由票据营业部专营办理，确保业务的合规开展。四是鼓励流量业务开展。结合流量业务开展情况，通过给予信贷流量审批支持、灵活调整内部资金价格、取消持有天数限制等措施，发挥流量业务节约规模、加速周转、交易获利的优势。五是提高资金使用效率。结合资金市场价格走势及全行资金流动性情况，适时开展票据买入返售业务，提高资金使用效率，增加资金收益。

（总行资产负债管理部）

中 间 业 务

一、中间业务发展情况

2014 年，面对复杂严峻的市场环境，工商银行努力推进中间业务转型创新发展和收入结构优化，以最大限度地满足客户需求为根本，开展零售银行产品与服务创新；提升资产管理业务投资管理和资产配置能力；规范银行类理财业务产品设计、销售和资金投向；促进私人银行、信用卡、贵金属、资产托管、养老金等业务协调发展。2014 年手续费及佣金收入 1 466.78 亿元，比 2013 年增加 121.28 亿元，增长 9.0%，其中银行卡、私人银行、银行理财等业务收入实现较快增长。各项业务收入情况如下。

单位：亿元，%

业务种类	收入	同比增减	同比增幅	说明
结算、清算及现金管理业务	304.22	-0.91	-0.3	其中代客结售汇、电子商务等业务收入实现较快增长；人民币结算业务在业务量增长的同时收入有所下降。
投资银行业务	304.74	9.88	3.4	其中股权融资、兼并收购、结构化融资等业务收入实现增长。
银行卡业务	351.33	66.0	23.1	主要是银行卡发卡量和消费额增长以及收单业务增加带动相关收入增加。
个人理财及私人银行业务	206.76	24.45	13.4	其中私人银行和个人银行类理财业务收入取得较快增长。
对公理财业务	149.29	23.18	18.4	主要是对公理财产品投资收益和对公贵金属业务收入增加。
资产托管业务	59.23	-9.70	-14.1	主要是停办自营客户安心账户托管业务收入导致收入有所下降。
担保及承诺业务	46.14	2.57	5.9	主要是承诺及对外担保业务增长带动相关收入增加。
代理收付及委托	20.19	1.62	8.7	主要是委托贷款业务收入增长较快。
其他业务	24.88	4.19	20.3	主要是养老金业务收入增长较快。

二、中间业务组织推动措施

（一）积极推动中间业务增收挖潜。持续推进中间业务转型发展，积极培育资产管理、私人银行、贵金属、信用卡、品牌投行、资产托管、养老金、承销等战略性成长业务，加快产品和服务创新。在年初制定中间业务收入分产品、分机构预算的基础上，根据全行及各分行中间业务发展情况及出现的新变化按季度编制中间业务收入阶段目标，下达分行并加强缺口管理，确保全行利润稳定增长。年初根据全行中间业务发展要求，统筹规划 2014 年全行中间业务组织推动工作具体措施，第二季度根据市场形势和业务发展情况，再从产品、机构、精细化管理和服务保障三个维度提出十项组织推动工作措施。引导分行健全中间业务收入过程管理和控制体系，完善“两个衔接”，从产品覆盖率、客户渗透率、收入减免率、新产品收入贡献和客户经理贡献等入手，实现对主要增收环节的跟踪观测和评估。

（二）推动财务运行机制市场化改革。制定并经总行党委（扩大）会议通过《总行部门及利润中心资产负债及中间业务模拟分账考核方案》，按照管理会计的理念和方法，对账面中间业务收入在总行相关部门、利润中心间进行切割，模拟反映总行部室及利润中心财务经营结果，引导各专业共同挖掘内外部资源，进一步激发组织经营活力，增强中间业务持续发展能力。

（三）继续加强中间业务收费合规管理。认真学习、坚决贯彻落实国务院 2014 年 5 月 30 日、7 月 23 日常务会议精神和银行服务收费监管要求，召开“切实加强收费管理　改善金融服务”视频会议，组织全行中间业务收费自查整改，积极配合国务院专项督察和外部收费检查；根据《商业银行服务价格管理办法》相关要求，修订定价管理办法和服务价目表，印发《中间业务定价管理规定》和《“14版”服务价目表》，积极响应国务院号召进一步加大对实体经济和小微企业的支持力度，印发《关于进一步规范收费管理的通知》，免收小微企业融资服务费。

（总行财务会计部）

结算与现金管理业务

2014年，结算与现金管理业务条线以全行机构改革为契机，紧密围绕全行持续发展、结构调整和经营转型的战略部署，结合专业发展实际，深入客户营销，突出增值服务，加快产品创新，完善经营机制，公司金融资产服务能力得到有效提升，各项业务呈现良好发展态势，同业竞争优势进一步增强。

一、积极进取，攻坚克难，经营业绩表现突出，市场竞争持续领先

一是价值贡献持续提升。按照分账后口径，2014年共实现结现专业中间业务收入132.6亿元，占全行中间业务收入的9.6%；实现结现专业营业贡献423亿元，完成T2指标任务100.16%；做好稳存增存工作，实现新客户公司存款日均增量937.2亿元，新开结算账户存款日均增量1 824.8亿元，专业价值贡献持续提升。

二是客户基础有效夯实。全行新开有效对公结算账户72.8万户，完成年度任务的137.35%；现金管理客户净增16.0万户，存量已达到112.5万户；全球现金管理客户新增561家，总量达到4 374家；法人理财有效客户数较年初增长7.7万户，存量达到10.6万户；贵金属有效客户数达到780万户，各项业务客户基础进一步夯实。

三是客户结构不断优化。全力拓展优质客户，五星级以上现金管理客户新增4.27万户，完成全年任务267%，存量达到24.78万户，在现金管理客户中占比达到22%，客户结构进一步优化。

四是业务拓展有力推进。全行法人理财产品销售额达到20 275亿元，日均存量规模4 281亿元，继续保持市场份额占比第一；已累计与近40家银行建立全球现金管理合作关系，为60余家大型跨国企业提供人民币/外币资金集中运营管理服务，全球现金管理服务领域拓展至近70个国家和地区。全行贵金属业务量达到11.5万吨，贵金属交易额1.03万亿元，实现分行贵金属产品线收入46.91亿元，同比增长28%。深入挖掘非金融支付机构合作潜力，在全国269家获取牌照的非金融支付机构中，与我行建立业务合作关系的有167家，市场份额遥遥领先。

五是品牌建设持续加强。继续加强“工银财智账户”核心子品牌及“工银资金池”等产品品牌建设，2014年共计荣获《财资》“中国最佳现金管理银行”、《环球金融》“中国最佳司库与现金管理银行”、欧洲金融“陶朱奖”等7家境内外媒体颁发的11项奖项，业务及品牌影响力不断提升。

二、强化客户营销，夯实业务发展基础，推动业务快速可持续发展

围绕拓户增存、境内外现金管理、法人理财、贵金属、代理业务等业务的特点，组织开展了多项主题营销活动，进一步巩固和深化了与客户的业务合作关系，有效拓展业务规模，丰富业务内涵。同时，强化产品创新，积极推进网点和队伍建设，不断提升业务可持续发展能力。

（一）夯实业务基础，全力开展拓户增存工作。一是以商事制度改革为契机，全面开展企业通平台应用推广工作。通过培训、下发方案材料、现场指导等手段，指导推动分行做好平台建设和客户源头营销。截至2014年12月末，全行各一级分行均已启动企业通平台建设和宣传推广工作。其中深圳分行自2012年“企业通”上线以来，累计已通过平台拓展4.9万家新注册企业客户。二是加强精准化营销，做好优质客户拓展维护。借助数据挖掘，筛选锁定资金流量大但日均金融资产低于5万元的目标客户清单，并下发分行；多部门联合赴北京、陕西等13家分行，进行调研督导，推进优质客户拓展工作。充分发挥大额资金监控平台作用，在调查分析平台应用情况，推进平台机制建立和系统优化的同时，启动手工监测通报大额资金工作，推动做好客户资金留存。三是积极推广结算套餐。针对不同客户设计推出2版4款结算套餐以及3款开户套餐方案，并下发《结算套餐服务方案管理系统操作说明》。截至2014年12月末，全行已累计销售总分行版结算套餐2.8万套。积极顺应利率市场化，创新开发存款“节节高”产品，并推进大额存单和协定存款优化推广。

（二）加强营销创新，不断提升境内外现金管理服

务水平。加强营销推介，积极利用欧洲金融北京年会/国际年会和AFP年会三大展会平台，进行业务推介和形象展示。在上海、江苏、广东等地举办多场次客户推介活动，并走访营销江淮汽车、铁路总公司、中海油服等重点客户，进行业务对接和重点项目推进。优化完善业务管理，推进小额现金代收和票据代收外包业务，在上海、四川、江西、广东四家分行试点现金管理全流程项目，不断探索提升服务质量。推进完善客户收费返还分润、内外联动收益分配、存款考核还原等机制，调动业务积极性。同时，抢抓政策和市场机遇，创新跨境人民币/外汇资金集中运营、跨境双向资金流动、自贸区等多种业务服务模式，并在北京、湖北、四川、深圳、上海等多地实现首发交易，进一步拓展业务发展空间，挖掘新的利润增长点。

（三）强化市场开拓，持续推进法人理财和贵金属业务。在“目标客户明确、成本控制得当”的前提下，通过加强产品分析和业务管理，落实名单制客户管理和产品定向推介，重点做好大体量到期产品接续发行工作。加强营销推介。先后在华中、东北、西北地区举办理财业务座谈会和重点客户推介活动，在全行范围内举办“增利系列”营销大赛。加强产品创新和部门联动。推出“法人稳利”四款产品，面向高端客户发售跨年末跨季末起息的法人理财产品；在全行范围内推广法人结构性存款业务，全年共发行5期集合式、39期主动负债型结构性存款和253期专户产品，并成功代销多期国开行金融债券。组织开展贵金属业务营销竞赛，并在北京、山西、内蒙古等地举办多场理财与贵金属业务推介和集中销售活动。

（四）紧跟市场形势，巩固代理业务新领域优势地位。密切跟踪并积极应对互联网金融发展新形势，在继续做好代理财政、代理同业业务的同时，重点做好第三方支付机构合作管理，并大力推广我行缴费平台和财智商贸通产品。落实“五统一”管理原则，做好第三方支付机构合作准入、议价谈判、业务推动等工作，并完成对支付宝、财付通等主要支付机构统一议价，全年支付机构客户对全行中间业务收入、存款余额增幅超过100%。大力推广缴费平台和财智商贸通产品。就两项产品编制下发《营销推广方案》和《客户经理营销指引》，组织业务培训，并多渠道开展业务宣传推广。截至2014年12月末，缴费平台上线缴费项目共计1 733个，实现缴费笔数170.2万笔，缴费金额2.6亿元；与27家企业开展财智商贸通业务合作与接洽。

（五）发挥专业优势，加强产品创新和系统建设。发挥产品和系统创新优势，积极应用大数据、互联网金融理念，按照客户化和易用性，重点开展了财智商贸通、全球现金管理系统、结算与现金管理系统、开放式多渠道通用缴费平台、财智账户卡芯片卡、金融资产池、对公客户统一收费系统等八大重点系统的研发建设，进一步打造系统和产品优势，提升专业经营管理水平。同时优化大额资金监控平台、账户管家、财智账户卡、金融资产池、支付额度控制等产品，研发头寸管理、投资安排、现金流预测、现金管理行业版网银等产品，不断提升重点产品竞争力。

（六）统筹规划建设，提升对公营销服务能力。按照全行渠道建设统一规划，全力推进网点对公业务竞争力和综合化服务能力提升。开展全行网点对公业务情况调查，下发《关于加快提升网点对公服务能力的通知》（工银办发〔2014〕502号），推进潜力网点对公业务激活，提升网点对公综合服务能力。加强对公自助渠道建设，并重点加强渠道介质财智账户卡的优化升级和推广。同时，加强产品营销经理队伍建设。下发《关于加强结算与现金管理产品经理队伍建设的通知》（工银办发〔2014〕386号），并召开视频动员会议，全面部署推动分阶段工作目标。开展产品营销经理情况调查和名单制管理，推动分行落实人员配备，并着力加强业务培训。

（总行结算与现金管理部）

信用卡业务

2014年，面对复杂严峻的经营环境，信用卡专业紧密围绕总行党委的决策部署，积极融入全行大零售、大数据发展战略，有效克服新常态下经济增速放缓、居民消费需求不足等挑战，依托各专业、各级分行的密切配合，实现了业务规模的持续扩大、质态结构的全面升级、经营贡献的显著提升。信用卡发卡量在国内率先突破1亿张大关，实现了历史性的新跨越。在发卡规模取得突破性进展的同时，信用卡消费、贷款、收入、不良率等核心指标继续遥领国内同业。

一、2014年信用卡业务改革发展情况

一是业务规模持续扩大，质态结构全面升级。截至

2014年末，信用卡发卡量达1亿零56万张，全年新发卡1 709万张，较年初净增1 251万张；客户数6 751万户，较年初净增687万户；消费额18 687亿元，同比增长15.81%；收单额38 023亿元，同比增长49.61%；信用卡贷款余额3 681亿元，较年初增长619亿元。各项核心指标绝对领跑国内同业，四行占比均超过30%。质态结构发生本质变化，启卡率提升7.56个百分点，达到62.32%；动卡率提升10.53个百分点，达到58.10%。

二是盈利能力持续增强，经营贡献显著提升。按同比口径，信用卡总收入达371亿元，同比增长20.86%，其中，信用卡中间业务收入达296亿元，同比增长25.44%，在全行中间业务收入的占比达21%，在大零售板块中间业务收入的占比达41%，信用卡作为全行收入增长稳定器和业务发展推动器的作用日益凸显。考虑向其他专业分润等因素，信用卡账面总收入为333亿元，同比增长14.66%，账面中间业务收入257亿元，同比增长17.59%。

三是抗风险能力持续提升，业务风险总体可控。在经济增速放缓、市场风险显现的宏观环境中，信用卡不良率控制在1.40%。信用卡反欺诈水平优于同业，2014年第三季度信用卡境内欺诈风险基点值为0.06，不到同业的1/2；境外欺诈风险基点值为9.29，低于同业1.91个基点。

二、开拓市场、提高发展质量和效益的主要措施和成效

（一）精确营销效果显著，信用卡业务实现量质双升

1. 贯彻落实大零售战略，加快推进试点机构率先发展和先行先试。2014年9月以来，总行银行卡业务部安排11个调研组分赴26家试点机构深入进行摸底调研，10月在北京召开大零售试点机构座谈会，现场听取试点机构对大零售战略的理解认识和意见建议。通过将大零售战略、支帮促调研与信用卡业务重点工作相结合，加大对试点机构的政策、资源和数据支持，有效推动试点机构充实零售金融产品营销力量、化单一产品营销为零售产品组合营销，为全行大零售战略的整体推进统一思想、积累经验。

2. 运用大数据挖掘技术，精准营销行内外优质客户。创新工作方法和管理机制，主动为分行提供客户筛选、数据挖掘和精确营销服务。筛选9 944万行内目标活跃客户开展专项营销，统一授信策略，集中短信外呼，项目实施两个月就新发卡111.5万张，两个月内启卡率65.3%、动卡率64.8%。积极开展行外客户精确营销试点工作，对海航会员开展主动外呼营销，两个月内向工商银行与海航交叉客户发行信用卡2.1万张，向非工行客户的海航会员发卡1 399张，月卡均消费5 207元，年化卡均消费额6.25万元，依托数据支撑实现了客户定位准、授信精、质态优。

3. 依托优质信用卡产品，有效挖转行外客户。锁定有车一族市场，利用ETC卡附赠OBU设备、实现快速通行来争揽行外客户，带动信用卡、个金、公司、机构、电子银行一揽子业务合作。锁定高端客户市场，利用白金卡、黑金卡增值服务带动客户与我行的全方位金融合作，全行黑金卡发卡389张，年化卡均消费625万元；白金卡发卡127万张，年化卡均消费38万元。打造大学生金融服务范本，联合江西财经大学，面向大学生发行集信用卡金融功能、校园一卡通功能于一体的联名芯片卡信用卡，为大学生提供用卡便利和优惠。

4. 大力开展互联网金融产品创新，加大重点产品推广力度。研发数字信用卡，通过客户自定义卡号、有效期和额度，为客户提供更加安全便利的线上跨境支付体验。率先推出全面覆盖标准和异形金融IC卡、SIM卡、SD卡、手机SE安全模块的空中发卡。依托闪酷卡抢占小额快速支付市场，发卡量达649.3万张。全面开拓境外消费市场，大力推广环球旅行卡、多币种信用卡，共计发卡337.6万张，当年净增173.6万张。抓住政策契机抢占公务卡市场，在预算单位、军队武警、国有企业、非国有企业四大市场同时发力，当年净增126.8万张，发卡量达516.9万张，同业占比40%。

5. 全面铺开境内外促销活动，深度激发客户消费热情。境内选取1万家优质商户开展积分抵现、持卡人和收银员抽奖活动，全国100余万持卡人参与活动中奖，促销商户收单额达1 126亿元，同比增长20%，极大地提高了持卡人刷卡积极性。境外联合卡组织、海淘网站，打造“爱购（I GO）全球”促销品牌，2014年信用卡境外消费额445亿元，同比增幅11.74%，取得了一定效果。

（二）收单和贷款市场双线并进，信用卡收入贡献大幅提升

1. 加快拓展商户收单市场，持续提升POS运行效率。2014年将商户收单业务提升到全行战略高度，专门召开全行POS倍增工作推动会，营造举全行之力发展收单业务的良好氛围。截至2014年末，商户总量达94.6万户，POS总量达131.4万台。一是总对总集团商户营销效果显著。依托国庆联合促销撬动与红星美凯龙的全国门店收单合作，布放POS终端520余台，打造了家装领域总对总合作典范。与麦当劳开展总对总合作，在上海、北京、广州、深圳等地761家餐厅布放非接POS超过3 800台，全面支持刷卡、插卡和非接支付，打造了快餐领域合作典范。成功营销两家全球三甲主题乐园，与上海迪士尼乐园度假区达成独家收单合作意向，开创集售票、零售、餐饮、酒店四大业态于一体的大型园区MIS合作先河；与广东长隆集团达成合作意向，提供发卡、线上线下一体化收单等合作方案，打造

旅游领域总对总合作典范。与历峰奢侈品集团、雅高酒店集团等跨国企业达成总对总合作，在全球化收单领域迈出重要一步。二是依托MIS投放、分期付款、小微商户逸贷公司卡、积分抵现、联合促销、数据服务六大利器，2014年拓展五星级酒店120家、亿元卖场32家、城市一条街103条。三是全国首推线上POS，整合网银支付、手机验证、3D认证、无卡支付四种认证方式，实现线上商户对本行卡、他行卡和外卡的全面受理，2014年拓展线上POS商户1 140户。四是初步建立POS“三类五级”动态管理体系，根据POS运行情况、商户资质、风险状况等将标准类POS分为五级，加强商户和POS精细化管理。

2. 保质保量做大信用卡贷款规模。一是充分发挥信用卡小额、多笔、非集中的融资特质，力促信用卡贷款回归消费。大力发展汽车、手机、家装家电分期。2014年末，分期付款余额2 092.7亿元，不良率仅0.91%，低于全行信用卡总体不良率。二是加快推广基于大数据技术的小微商户逸贷公司卡，扩大商户营销范围。小微商户逸贷公司卡签约商户10 033户，发放贷款50.3亿元，贷款余额31.5亿元，资产质量优良。三是加快短信分期推广进度，2014年短信分期交易金额48.5亿元，贷款余额23.3亿元，较年初增加13.2亿元。四是研发逸农消费公司采购卡，围绕大中型城市消费供应链，结合“冷链”物流供应链，面向经销商及超市采购人员发卡，用于采购农副产品，为农副产品流通提供便利的支付环境。

（三）狠抓风险管理，促进信用卡业务可持续发展。一是完善信用卡精确授信体系，加强额度动态管理。组织分行重新核定高额度客户和资质下滑客户的授信额度，有效控制信用风险敞口，降低资本占用。按季调整各地区内部评级风险控制线，对于资产质量急剧下降、存在较大风险的发卡机构，从严控制授信准入。二是在全国首家投产实时、可干预的信用卡大数据可视化平台，集“声、光、电”技术于一体，实现经营数据动态掌握、监控预警全面直观、干预处置及时准确。三是按“抓重点、抓大额、抓少才能抓好”原则，对大额、集中风险交易进行重点监控和直接干预，动态调整高风险地区的监控起点金额；前移风险监控环节，加强额度生成监控，第一时间防控风险交易发生。四是加强风险资产监测分析，加大贷后管理力度。通过强化逾期催收、加大现金扣收和呆账核销、稳步推进信用卡贷款重组，确保信用卡资产质量稳定。

（四）提升服务品质，巩固中国第一信用卡品牌形象。一是拓宽电子服务渠道、优化电话中心操作系统、改进服务流程。在充分释放电话、短信、网银三大主渠道服务潜力基础上，大力推广微信客服、视频客服，满足客户对新型服务渠道和服务形式的多元化需求。全面整合客户在电话、短信、网银、柜面等渠道办理业务的历史信息，使坐席人员更加快速、准确、到位地帮助客户解决问题。二是提供便民惠民的服务措施。全面推广电子账单，引导客户定制电子账单并取消纸质账单，除少量具有特殊需求的客户外，全行99%的信用卡客户已用电子账单替代传统的纸质对账。三是拓展洗车租车优惠、高端客户境外游等增值服务，依托我行网站、网点跑马灯、央视、各大网站、交通广播、机上视频、留学机构、境外街区LED等行内外媒体开展强有力的品牌宣传，通过总行、分行级的微信微博平台开展宣传，提升工银信用卡产品附加值和市场影响力。

三、工银信用卡中心（国际）业务发展和经营管理情况

（一）业务发展总体情况。各项核心业务指标持续增长。截至2014年末，境外发卡机构达到26家；新发信用卡约29万张、借记卡约24.1万张；境外银行卡总发卡量约为216.7万张，较2013年末增加10.8万张，其中，境外信用卡发卡量为129.1万张，借记卡发卡量为87.6万张；境外累计消费额人民币约181.3亿元，较2013年增加约27.6亿元，增幅为18.0%；境外信用卡贷款余额人民币约为36.4亿元，较2013年增长7亿元。境外信用卡不良率为0.6%，实现了年初制定的“低于1%”的风险管控目标。

（二）经营管理主要成效和措施。一是抓好FOVA银行卡系统平台搭建和产品创新工作。截至2014年末，经新一代境外审批系统（APS）处理信用卡申请比率为99%，自动审批比率为76.2%；“在线办卡”在工银亚洲等10家境外机构投产，全年累计申请1 650笔；“在线客服”在工银澳门等10家境外机构投产，全年共处理银行卡类业务1 678笔。在普卡、金卡和白金卡三个等级基础上，完成VISA无限卡、万事达世界卡和银联钻石卡等高端卡，银联增强型小额支付产品及VISA Paywave卡产品研发工作，在工银亚洲和工银澳门进行了业务推广。二是加强境外银行卡业务面制度建设。组织制定了《境外信用卡欺诈风险管理办法和操作规程（试行）》、《境外信用卡分期付款业务管理办法（试行）》，完成了《境外机构开办银行卡业务管理办法》、《境外信用卡业务管理办法》等10多项制度的修订工作，做到制度与系统更新同步。三是持续提升中后台业务效率。为25家境外机构提供制卡、信用卡建档开户、信息维护、参数维护、资金清算、拒付调单等银行卡中后台服务，2014年全年累计制卡50万张，处理信用卡建档开户业务11万笔，代理资金清算2万笔，分别较2013年增长109%、22%、18%；为22家境外机构提供信用卡和借记卡的电话银行人工坐席服务，2014年全年来电转入量为50.25万通，接听量47.40万通，平均接听率达94%。

2014年，工银信用卡荣获工业和信息化部“中国

第一信用卡品牌”，美国《环球金融》杂志2014年度“中国最佳公司信用卡”，Visa国际组织2014年度亚太最佳风险控制奖等奖项。信用卡电话服务中心荣获中国呼叫中心联盟支持、客户世界机构评选的2014年“金耳唛杯”中国最佳呼叫中心、中国电子商会呼叫中心与客户关系管理专业委员会评选的“2014中国最佳呼叫中心运营奖”以及中国银行业协会颁发的“第三届中国银行业优秀客服中心评选活动——优秀服务奖”等奖项。

（总行银行卡业务部）

电子银行业务

2014年，全行电子银行专业认真落实E－ICBC战略的各项要求，积极开展互联网金融产品创新，精心打造电商平台，加快拓展移动金融，深入推进电子银行市场营销、客户服务、境外推广与业务管理体系建设，互联网金融新兴市场拓展取得重大突破，电子银行业务转型发展取得新成效。2014年获得国内外媒体和机构颁发的各类奖项39个，其中《环球金融》杂志授予工商银行“中国最佳企业网上银行”和亚洲区“最佳移动银行客户端”两项大奖，“融e购”电商平台入选中国互联网金融大会“中国互联网金融百强品牌”并获得《经济观察报》评选的“年度卓越金融电子商务平台”。

一、业务发展量质提升，新兴领域快速成长

截至2014年底，个人网银客户数达到1.86亿户，手机银行客户数达到1.49亿户，企业网银客户数达到391万户；全年实现电子银行交易额456万亿元，同比增长19.32%，业务规模再创新高。个人网银证书客户和企业网银证书版客户总数分别达到1.11亿户和290万户，占个网和企网客户的比例达到59.77%和74.12%，同比提高8.12个和2.40个百分点；交易离柜率在80%以上的电子银行个人活跃客户占比达到34%，同比提高4.70个百分点，客户结构进一步优化。

移动金融、电商平台等新兴业务实现突破性发展。手机银行全年新增客户3 743万户，客户总量较2013年底增长33.61%，实现同业市场份额第一；手机银行交易额达到5.41万亿元，同比增长60.20%；手机银行业务笔数占个人网银业务笔数的比例达到17.80%，较2013年提高5.84个百分点。工银e支付新增账户3 313万户，账户总数达到4 111万户，是2013年底的5.15倍，实现超常规发展。融e购电商平台累计实现交易额715亿元，成功跻身全国十大电商之列。

二、创新互联网金融产品，提升核心竞争能力

2014年成功投产了融e购电商平台、融e联即时服务平台和融e行直销银行三大互联网金融平台，并推出了25项面向客户的创新产品，全面增强了工商银行在互联网金融领域的核心竞争能力。在电商平台方面，先后推出了融e购B2C、B2B和采购平台。其中B2C平台在PC端服务基础上推出移动端服务，融e购成为首家涉足移动电商的银行系电商平台。在移动金融创新方面，通过不断丰富手机银行功能，持续优化业务流程和界面，手机银行的服务能力和客户体验得到全面提升；通过对注册、支付和市场合作等环节的优化，将工银e支付产品打造成为同业最强的小额快捷支付工具；此外，融e联即时服务平台成功对外运营，信息推送客户达到1 130万户，客户端用户数达到30万户，个人客户经理用户2万户。各分行发挥主动性和积极性，推出了36项区域特色创新产品。

融e购开业一年来，以自身的实践和探索，走出了一条独具银行特色的电商发展之路。B2C平台全年实现金融商品销售额651亿元，非金融商品销售额64亿元，签约商户3 444户，上线商品14.50万件，注册客户数达到1 255万户。平台签约商户中有三分之一，共1 133家企业成为我行新增对公客户。已签约商户带来新增存款27亿元、贷款31亿元、代发工资1.10亿元。平台个人逸贷消费累计2.20亿元，积分消费1.30亿元，占全行积分消费总量的28%，电商平台对全行业务发展的综合贡献初步显现。B2B平台、采购平台成功试运营，使融e购成为覆盖面最广的银行系电商平台。

三、深入开展网络营销，抢占移动金融市场

围绕手机银行、工银e支付等重点产品和重点市场，创新互联网营销模式，强化社交化营销和网络化宣传，加快抢占移动金融市场。一是组织“金融@家

环保有我”、“惠在工行节节高”等系列大型营销活动，大力开展数据挖掘智能营销，广泛运用网络、微信等新媒体进行宣传，进一步提升了电子银行的市场影响力。二是深入推广手机银行业务，丰富移动生活应用场景，推出具有手机银行演示、登录等功能的新一代电子银行演示体验设备，全行配备近6 000台，为网点做好手机银行宣传营销提供了抓手。三是加快开拓工银e支付市场，开展了“人脉挖宝”等7项专项市场活动，全年、工银e支付实现交易1.95亿笔、交易额548.76亿元，同比分别增长4.89倍和8.27倍。

四、转变渠道服务模式，服务品质持续提高

成功实施电子银行渠道整合，年内有912万单渠道客户拓展了新服务渠道，1 586万客户实现双渠道整合。优化业务办理流程，推广企业网银注册和变更新流程，柜面服务效率明显提升。全行广泛开展银企互联客户回访活动，回访涵盖行业龙头和重点机构在内的客户近700户，遍布230余家二级分行。全年新增银企互联客户858户，总数达到4 323户。各电子银行中心服务保持高位平稳运行，非信用卡人工电话呼入9 387万通，接听率93.60%。客户服务渠道发生结构性变化，短信银行和微信银行“两信”业务量日均达到65.50万笔，与人工电话之比达到218.60%，同比增长136个百分点，人工电话呼入增幅首次降至个位数，仅为2.36%。总行电子银行中心连续两届荣获“亚太地区最佳呼叫中心”，成为国内唯一获此殊荣的金融企业。

五、积极拓展境外渠道，实现业务全球布局

成功推出海外企业网银贸易融资、企业网银跨境授权、电子银行自助注册等20余项创新产品，境外产品体系日趋丰富。境外电子银行业务营销拓展深入推进，工银马来西亚、阿姆斯特丹分行等5家机构成功试点跨境电子商务支付业务，工银加拿大、工银澳门、工银泰国等机构开展内外联动智能营销，电子银行中心（广州）通过电话外呼为工银澳门成功拓展2.50万名个网客户，占该行个网新增客户数的53.30%。截至2014年底，全行已有28家境外机构对外开通FOVA网银业务，41家机构开通门户网站，13家机构投产手机银行，19家机构推出电话银行服务，3家机构推广电话银行小语种人工服务，10家机构开通在线客服，境外电子银行业务的全球布局基本形成。全年海外网银新增个人客户10.70万户、企业客户5 804户，总数分别达到34.60万户和2.50万户，境外交易离柜率在80%以上的电子银行个人活跃客户占比达到73%，同比提高15.90个百分点。

六、扎实抓好风险防控，制度体系日益完善

深入开展风险非现场监测，制定20项非现场监测指标。通过数据分析确定业务现场检查的对象、时间、范围和重点，形成“非现场分析+现场辅导与检查+督促整改”的检查工作新机制。推进事中风险防范工作机制建设，成功拦截高风险可疑交易98笔，直接挽回客户资金损失1 300余万元。制订融e联、融e行等重点业务管理办法，修订电子银行业务反洗钱等多项管理制度，电子银行制度体系进一步完善。电子银行专业内部风险暴露水平保持下降趋势，年内未发生涉及电子银行业务的重大操作风险事件。

（总行电子银行部）

资产托管业务

2014年，在利率市场化、人民币国际化步伐进一步加快的背景下，资产托管业务条线抓住机遇，认真履行托管人的各项职责，持续加强客户营销、不断优化产品结构、提升业务服务质量、强化风险防范意识、稳步扩大托管业务规模、注重托管质量与效益的同步提升。揽获境内外权威机构颁发的多个奖项，市场领先地位得到进一步巩固。

一、经营业绩保持良好，品牌效益持续提升

托管资产总规模突破5.8万亿元。截至2014年底，全行托管资产总规模较年初增长1.2万亿元，同比增长26.3%，连续16年保持国内第一大托管银行领先地位。实现托管业务收入57.8亿元，其中利润中心本部实现收入20.2亿元，较2013年增加1.4亿元，增幅7.6%，实现利润17.7亿元，较2013年增加1.3亿元，增幅

8.2%。托管沉淀存款实现营业贡献29.2亿元，沉淀存款日均余额达到1 703.9亿元，较2013年增加152.3亿元，增幅10%，其中利润中心本部747.6亿元，分行956.3亿元。主要托管品种继续领跑全行业，证券投资基金托管规模突破1万亿元，银行理财突破1.5万亿元，企业年金突破3 000亿元。品牌影响力持续提升，2014年蝉联《全球托管人》、《环球金融》和《财资》等知名财经媒体颁发的4项中国最佳托管银行奖项，累计获奖达45项。

二、业务品种不断丰富，服务水平持续提高

2014年，托管业务时刻以改革创新为指导思想，密切关注市场动态和监管政策调整，积极介入创新发展领域，关注跟踪新兴市场发展动态，不断寻找新业务的托管机会，全面推动各项业务发展。

（一）分析业务现状、推进改革进程。2014年10月在北京召开了38家分行托管业务座谈会，在总结全行托管业务发展情况的基础上，对当前存在的问题、面临的机遇和挑战进行了全面深入的分析讨论，明确了下一阶段的发展方向和重点。12月，在深圳召开了部分重点分行托管业务研讨会，研究提出了“托管业务全行办”的发展思路，并确定了改革全行营销营运体系、加强分行团队建设等一系列改革举措。会后，根据行领导关于“托管业务全行办”的指示精神，总行托管部从建立分级营销体系、分层营运体系、增加分行授权、总部产品下放、考核办法调整等多方面制订了具体的改革方案，以此调动分行业务发展积极性、激发分行业务潜力、促进分行业务快速拓展，从而形成托管业务全行办的良好局面。

（二）抓住市场机遇、注重客户效益。准确把握时政脉搏，协助推进国有企业混合所有制改革，成功托管全市场首只混合所有制改革类基金——嘉实元和，募集规模100亿元，开辟国有企业改革普惠新通道。强化各产品营销力度，稳固资本市场托管业务优势。成功中标中国移动通信集团公司、首都机场集团公司、中国再保险集团、中铁九局等企业年金基金托管资格。抓住市场新机遇、大力拓展创新领域，跟踪互联网金融、混合所有制改革、上市公司员工持股、新三板等新兴市场，先后托管华夏财富宝、易方达易理财、汇添富现金宝、南方现金通等多只以互联网渠道为资金来源的互联网货币基金，确认合作首只并购重组概念基金及首只新三板基金，成功托管多只创新型养老金产品。以RQFII业务为抓手，加快布局全球资产托管业务，全面推进全球托管网络建设，充分调动境外机构积极性，2014年RQFII业务新增规模超300亿元，稳居市场前列。

（三）加大研发力度、倡导产品创新。一是系统研发取得了新进展，在行业内率先推出股指期货、商品期货、国债期货托管系统等一大批业务系统和系统功能，对业务创新提供强大支撑，为金融衍生品资产托管领域打开先河，产品线不断完善。二是制定信息服务平台规划，借鉴海外同业转型惯例与国内互联网金融经验，全面分析托管信息增值业务发展路径，确定信息增值业务盈利模式，为全面推广信息增值业务积极准备。三是深入研究和分析“沪港通”、“基金互认”等创新制度，成功托管国内首只通过沪港通方式投资香港市场的公募基金产品——南方恒生交易型开放式指数证券投资基金等一系列创新产品，产生较强的市场示范效应。

（四）完善制度建设、规范业务运营。一是新投产QDII监督系统，确保QDII产品托管营运安全合规、平稳运行。二是通过开展非现场内控评价、规范分行营运、投产托管风控系统、开展合规专项检查等措施，在法律合规、内部控制、创新支持等方面认真履行风险管理职能。三是继续优化托管账务管理系统（AAS），全面支持全球新产品、新业务，提高系统自动化水平，为托管业务高速发展提供全面的技术支持与保障。

（总行资产托管部）

养老金业务

2014年，养老金业务积极应对市场环境变化，强化市场营销，加快产品创新，优化业务运营，提升服务水平，实现各项业务持续健康发展。

一、业务规模持续扩大，市场地位保持领先

截至2014年末，全行养老金客户达到44 024家，新增4 749家；受托管理养老金基金691亿元，新增145亿元；管理养老金个人账户1 357万户，新增119万户；托管养老金基金3 497亿元，新增649亿元。2014年末，全行企业年金受托管理基金规模、管理个人账户规模、托管基金规模银行同业占比分别为48.6%、46.5%和39.3%，均位居同业第一。在中国银行业协会评选中，获得2014年度养老金业务“最佳业

绩奖”和“最佳发展奖”。

二、市场营销成效显著，客户基础不断壮大

2014年，全行不断完善养老金业务营销机制，积极开展业务拓展，不断提高业务覆盖率。通过卓有成效的营销工作，成功签约中国移动、神华集团、中国有色、中航集团等一批大型集团企业年金业务；成功与航天科工、中国电信、中石油、中石化、中远集团、铁路局等多家大型客户续签合同，进一步稳固了客户基础。在抓好大型企业营销的同时，以“如意养老”“如意人生”等重点产品为抓手，通过专题培训、专项辅导、实地调研、业务宣传等多种方式，大力拓展中小企业，推动养老金业务普及发展。截至2014年末，“如意养老”企业年金集合计划服务客户5 669家，受托管理基金35亿元。

三、产品创新取得成效，业务领域不断拓展

2014年，养老金业务继续秉承“以客户为中心”的服务理念，进一步加强产品创新，完善产品体系。完成全行重点课题《养老金资产管理业务创新研究》，积极拓展业务领域。充分利用行内外资源，开展创新合作，与工银瑞信、富国基金、中金公司等多家投资管理人合作研发专属养老金产品。开办国内首单企业年金受托人直投养老金产品业务，开创业内先河。根据客户需求，进一步丰富养老金产品和服务体系，优化“如意人生”系列产品结构，创新推出净值型产品。创新推出泰康特需医疗金银行联名卡服务。

四、业务运作安全平稳，服务水平持续提升

2014年，养老金业务继续优化业务运营，强化风险防范，着力提升运营效率和服务水平。探索建立集约化管理的运营模式，将“如意养老”集合计划主办行操作上收总行，提升业务运营效率。加快账户管理和托管业务一体化数据接口改造步伐，积极引导客户通过专属客户服务平台、网上银行、电话银行、手机银行、自助设备等渠道获取服务，提高业务自助化水平。开展养老金融业务系统规划研究，提出未来三年系统总体规划和实施路径，推动养老金业务信息系统升级优化。

（总行养老金业务部）

私人银行业务

2014年，私人银行业务条线认真贯彻全行大零售、大资管、大数据与信息化战略，加强市场调研与同业研究，加大对营业部、二级分行的分类指导，加快私人银行产品服务开发与推广，创新家族财富、境外业务，试点互联网金融服务，经营发展进一步提速，全面超额完成全年各项计划任务。

一、业务经营情况

各项指标全面超额完成。2014年末，全行私人银行客户达到4.3万户，较年初增加1.17万户，增幅38%。管理资产达到7 357亿元，较年初增加1 944亿元，增幅36%。私人银行产品余额3 786.7亿元，较年初增加2 448亿元，增幅超过183%。全行实现私人银行业务收入35.86亿元，增加11.6亿元，增幅48%。各项指标增幅均超过35%以上，全面超额完成年初制定的各项工作目标。

综合贡献持续稳定提升。2014年末，私人银行客户在全行财富客户中占比由年初的3.2%提升至3.76%，增量占比达到6.95%；私人银行客户管理资产在全行个人客户金融资产中占比由年初的5.7%提升到7.01%，增量占比达19.52%；私人银行中间业务收入在整个大零售条线收入中占比由2013年的3.96%提升到2014年的5%，收入同比增量占比达11.08%。显示了私人银行业务的高成长性，以及在促进全行业务结构调整中发挥的积极作用。

境外业务发展实现突破。2014年12月4日，工行私人银行全球理财基金在卢森堡完成注册，成为中国首家利用全球认可基金平台发展私人银行私募基金产品，标志着工行私人银行业务走进全球舞台新的里程碑。同时，2014年实现14个境外机构开办私人银行业务或财富管理业务，覆盖全球20个国家和地区，基本形成了覆盖亚洲、欧洲、南北美洲及澳新地区的全球服务网络。并在同业内率先实现私人银行专属RQFII产品的境外投放，总计8.5亿元人民币，填补了境外工行私人银行专属产品的空白。

二、开展的主要工作

（一）推进大零售改革试点调研。根据总行大零售

发展战略要求，会同各分行零售推进工作委员会，组成工作小组，对先行先试机构开展系列调研，与负责对口机构共同研究和推动大零售发展，并根据区域特点开展业务试点研究。截至12月末，6家对口分行私人银行客户数合计达11 738户，比年初增加3 358户，增幅40%，高于全行37.5%均值2.5个百分点。产品配置额2 280亿元，全行占比29%，高于客户数占比2个百分点；产品配置余额1 231亿元，比年初增加739亿元，增幅149%，全行占比32%，高于客户数占比5个百分点；中间业务收入11.22亿元，全行占比31%，高于客户数占比4个百分点。

（二）推进重点地区业务提速发展。落实重点区域、重点分行私人银行业务发展指导和支持工作，点面结合强化专业指导，推进全行业务发展。同时，贯彻执行重点城市发展战略，加强提升重点营业部和二级行的专业发展能力。23家营业部及60家重点二级行私人银行客户全行占比由26%提升至30%。签约达标客户增加1万户，持产品客户增加4.6万户，产品覆盖率达到43%，增长13个百分点。其中，广东佛山、江苏苏州分行分别于2014年11月和12月成为全行首批私人银行客户规模破千户的二级分行和直属分行，为全行私人银行业务发展树立发展标杆、奠定示范效应。

（三）推进亚布力专项营销工作。加强对亚布力论坛理事会成员的服务跟进，一是深度调研其个人及其企业情况，全面排摸各类服务需求；二是实现名单制、属地化的精准营销，确保服务团队分配到位，营销工作开展有序；三是一户一策、层层推进，按周通报营销进度，分享成功营销案例。截至2014年末，69位亚布力理事会员中，已正式签约理事19位，签约理事夫人及公司高管共计9位。已为15位理事提供了综合金融服务方案，并与客户达成了初步服务意向。同时，加快研究家族财富管理的模式与运作，推进设立专项信托机构的事宜，与人大财经委、银监会、上海银监局进行专题汇报，获得监管机构原则上支持。

（四）推进境内外和境外外联动。落实全行国际业务座谈会分工安排，梳理挖掘现有客户名单，主动联系高端客户征询开户需求，向私人银行客户推广境外见证开户和全球资产配置的专户理财服务。推动境内外联动开户新增户280户。在新加坡举办私人银行离岸业务研讨会议，初步形成新加坡私人银行离岸中心建设思路，进一步打造新加坡私人银行离岸服务平台。牵头召开由新加坡分行、工银泰国、工银马来西亚、工银印尼分管私人银行行长共同参与的私人银行区域联动会议，加强东南亚地区私人银行业务区域联动。组织“走进来”和“走出去”内外联动活动。邀请重点境外机构回国，共同参与在境内17个城市开展的工行私人银行全球服务路演，出席客户总人数达595人。组织8个境内分行78位私人银行客户先后前往加拿大、阿根廷、澳门、美国、新加坡和泰国进行项目考察活动，满足境内私人银行客户“走出去”和全球资产配置需求。

（五）推进产品服务体系不断完善。进一步健全完善“核心+基础+策略”的产品体系。扩展核心系列产品种类，做强核心系列产品收益，注重品牌化建设，并新增包括全球投资产品等核心产品。做大基础系列产品规模，提高产品收益同业竞争力，完善货架式产品体系建设。把握市场机会，研究并开发系列策略产品，覆盖指数挂钩、权益投资、对冲投资等全投资标的的策略系列产品。2014年重点推进了80系列区域理财产品建设。截至2014年底，累计发行区域之星产品28款，产品存量规模超670亿元，月均增长率达140%。区域之星产品目前已覆盖全行28家分行，总覆盖率达到77.78%。同时积极落实银监会精神，以“去杠杆、去通道”为目标，加大公开市场投资品投资，积极压降非标资产比例，非标资产占比已下降至14.3%以下。

（六）推进融e联平台试点推广工作。成立融e联平台专项工作小组，利用行内各种宣传渠道，定期定时推广融e联信息，将原有与分行联系的微信群逐步迁移到融e联平台上，充分利用平台的功能开展相关工作。截至2014年末，各分行私人银行专业人员开通融e联人数共有4 061人，开通激活率100%，发言率达到53%。私人银行专业人员激活客服端占比全行已激活客服端25%，其中活跃客户经理端占比全行活跃客户30%，私人银行客户经理发展好友数占比全行好友数38%。同时，共有1 966名私人银行签约客户登录了融e联客户端，并与管户财富顾问建立了联系。

（七）推进专业人才队伍建设工作。2014年，私人银行条线通过推出基于智能手机的移动培训平台，完善网络培训体系，举办精英财富顾问高峰论坛等手段，着力培育了一批合格的从业人员和专业储备人员。目前，全行私人银行专业资格持证人员已近2万人，私人银行财富顾问3 246名，较年初增加1 460人，增幅82%，并初步建成一支百余人的精英财富顾问队伍。同时，通过加大专业技能培训，人均产能得到大幅提升。2014年，实现销售财富顾问人数由年初的955人提升至2 189人，增幅129%；一级分行私人银行中心财富顾问人均配置额由年初的1.6亿元增长至第三季度末的近2.2亿元，增幅达37.5%，服务中心财富顾问人均配置额由年初的2 000万元增长至第三季度末的4 000万元，增幅近100%。

（总行私人银行部）

贵金属业务

2014 年，贵金属业务线认真贯彻落实总行转型发展的战略要求，积极应对国际国内黄金市场快速变化的复杂态势，适应新的市场特点，主动调整业务结构，加大营销拓展力度，实现了产品线收入平稳增长，完成了全年各项经营目标。

一、总体经营情况

2014 年，贵金属产品线收入超 50 亿元，同比增幅近三成。全行各项贵金属业务累计交易额超 1 万亿元，各项贵金属业务交易量超 10 万吨。各项贵金属产品客户数超 2 400 万户，同比增幅近五成。贵金属手续费及佣金收入超 30 亿元，四行占比超 50%，实现了总量增量“双第一”，代理上海黄金交易所业务交易量及清算量稳居场内第一。获得《金融时报》首届“中国年度卓越贵金属交易银行”、《欧洲货币》“中国最佳贵金属交易银行”三连冠、《财资》“中国最佳商品衍生品交易银行”、上海黄金交易所“2014 年度优秀金融类会员”、“2014 年度市场杰出贡献奖”、“2014 年度询价业务杰出贡献奖”、“2014 年度租借业务优秀商业银行”、中国黄金前五名排行榜、东方财富网“2014 年度最佳贵金属交易平台”等多个奖项，进一步巩固了国内商业银行第一贵金属品牌的地位。

二、2014 年贵金属业务发展举措

（一）主动调整产品结构，完成年度经营任务。2014 年，国内黄金供需形势发生新的变化，针对变化的市场行情，全行主动调整了经营重点，有效保障了贵金属收入整体稳步增长。一是抓住产业链市场，黄金租赁、同业拆借业务规模创历史新高。迎合产业链客户在黄金价格震荡下行行情中的套保避险需求，全力做大贵金属租赁、同业拆借业务，推动融资类收入占比提升 18 个百分点，占比接近 40%。二是依托积存产品，推动实物类业务逆市增长。在其他商业银行实物产品零售收入减幅超过 30% 的环境之下，充分发挥积存金产品的资产配置功能，重点推动个人定期积存和对公积存营销工作，从而推动了实物类产品收入整体逆势增长。

（二）积极创新产品服务，迅速拓展市场。

1. 实物业务根据市场和客户需求特点的变化，创新推出“十二星座”、“龙凤传家”、“人间弥勒”等系列新产品，适应了市场需求，增加了销售收入。加强代销产品管理，引入季节性强、小规格，以及偏时尚类小规格产品，进一步丰富了实物产品体系。通过创新并推广形式多样的集中营销活动，有效提升了产品销量。

2. 交易业务服务手段持续创新，实施差异化保证金方案，有针对性地调低高端客户保证金比例，帮助客户在市场环境困难的情况下做大规模。建立了总分行服务高端客户的专属团队，积极支撑分行对高端交易客户的维护。实施对综合类会员的目标管理和竞争淘汰机制，通过分润比例与业绩挂钩，促使综合类会员加强客户维护，扩大交易量。

3. 融资业务创新推出供应链黄金租赁、白银租赁等新产品，推动租赁发放量、租赁配套远期交易量同比大幅增长。探索了新型结构性融资业务模式（POG 项目），创新人民币实物白银互换业务，为融资业务持续增长奠定了基础。

4. 自贸区业务实现了上海金交所黄金国际板首笔交易，并始向境内外客户提供国际板贵金属交易经纪、代客、清算业务服务。自贸区专业贵金属库落成，初步具备了为境外客户提供区内实物黄金仓储及代保管业务的能力。

（三）夯实渠道基础提升业务产能。

1. 稳步推进物理渠道建设。新建成三类贵金属专属服务区 98 家，全行总数达到 5 873 家，使贵金属专属服务区在全行网点的覆盖率接近 40%。支持北京、上海、新疆、江苏等分行与业内知名度高、品牌影响力强的老凤祥、周大福等零售企业合作探索创新符合贵金属特点的网点经营新模式，努力突破实物零售业务发展的瓶颈问题。开展旗舰店经营流程调研，梳理并持续优化实物仓储、物流、展示、销售等全业务流程，印发了《关于提升网点产能的指导意见》。全力做大综合回购业务，梳理操作流程形成《黄金回购业务发展的指导意见》。

2. 创新拓展线上渠道。结合总行大力发展互联网金融的重要战略，抓住融 e 购电商平台上线契机，全力拓展贵金属业务新渠道。探索建立了基于总行融 e 购的贵金属电商平台，并与顺丰速运合作实现了小规格产品的物流配送服务。充分发挥贵金属商品性业务特点，推出“电商专享”、“囍庆金条”等多项线上活动，通过对订单和销售数据的挖掘分析开展精准营销，初步形成了线上营销能力。

3. 全面拓展银银、银商渠道。一是将实物、积存等贵金属产品线延伸到同业银行，江苏、广东、云南等多家分行成功将积存金业务平台、实物产品延伸至银行同业，积极依托当地农村信用社，使贵金属产品销售渠道遍布乡村。二是银商合作规模进一步扩大，16 家分行与 38 家商场建立了实物代销合作。

4. 持续拓展海外渠道。一是指导澳门分行全面推进实物类、交易类、融资类业务发展。引进中法建交 50 周年银币及熊猫金币代销，扩充实物产品种类。与世界黄金协会合作，进一步推进积存金产品在澳门的营销推广。二是与工银加拿大合作“引进来、走出去”，引入加拿大枫叶币代销，并加快将贵金属实物产品线向加拿大市场延伸。此外，积极探索在加拿大复制贵金属预付款融资业务模式。

（四）强化风险防范夯实管理基础。针对内外部严峻的市场环境，确保新兴业务稳健发展。2014 年度在贵金属业务风险管理纳入了总行全面风险管理体系的基础上，明确了市场风险、信用风险、操作风险、商品业务风险的管理要求，初步形成业务风险标准化、系统化管理模式，颁发实施了《贵金属业务管理规定》，形成以规定、办法、细则三大层级为主的业务制度体系。通过对重要操作环节的排查，界定了关键风险点的风险等级，形成了各类风险监测指标体系，建立了统一的业务线操作风险管控视图。年内，贵金属业务未发生重大风险事件，业务风险基本可控。

（五）适应利润中心改革要求加快体制机制创新。

加快创新利润中心经营机制，坚持为分行与基层网点服务。实施实物产品定价让利授权，扩大分行品牌贵金属销售价浮动区间，有效提升了分行区域市场竞争力。强化对分行的服务支撑，通过业务指导与培训、总分联合营销、高端客户服务支撑、宣传营销资源支持等方式，使分行满意度和营销积极性明显提高。实施专业化集中化的业务运行管理和风险管理，使分行集中力量专注市场拓展。持续加强业务线专业团队建设，继续面向贵金属中高级管理人员、营销主管和客户经理，开展产品、业务、资质三个维度的专业培训，全年培训 1 000 人次以上。

（总行贵金属业务部）

第二部分

国际化发展与综合化经营

责任编辑：贾　炜

境外机构拓展与业务发展情况

2014年是工商银行股改上市后第三个境外三年发展规划的收官之年。面对复杂多变的国际国内经济金融形势，全行认真贯彻发展战略规划各项部署，积极通过申设与并购并举填补重要空白市场，将境外机构做优做强和全球服务能力提升作为发展重点，境外价值贡献持续提升，国际化发展实现了新突破。

一、全球化渠道建设有序推进

2014年，工商银行全球机构网络拓展捷报频传，连续斩获多项市场“第一”：抓住英国监管准入调整契机启动分行申设，成为新中国成立以来首家获准在英国成立分行的大陆银行；创造墨西哥新设银行机构最快审批纪录，成为首家获准在墨西哥营业的中资银行；成功升格缅甸代表处，成为首家获准在缅甸设立分行的中资银行；工银新西兰、科威特分行对外营业，分别成为在两国首个开展业务的中资银行；标银公众收购项目获得中国、英国和南非三国监管批准，成为首家收购从事专业交易金融机构的中资银行。此外，港澳、欧洲机构根植当地市场夯实服务网络，新加坡、马来西亚等东南亚机构利用全牌照优势加快延伸三级机构。作为全球网络的重要补充，外资代理行总数突破1 800家，遍布对华投资和贸易往来95%以上的国家和地区，实现对全球GDP排名前20强、对华贸易400亿美元以上国家和地区前十大代理行的全覆盖，同时总结北美金融机构营销中心设立和运作经验，正式成立东南亚和欧非金融机构营销中心，完成对全球金融机构客户资源较为集中的三大市场覆盖，形成“总行+境外机构+境外营销中心”的整体营销架构，在中资同业中稳固保持代理行数量、布局和营销优势。截至2014年末，工商银行境外网络已经覆盖全球41个国家和地区，分支机构达到338家，通过参股标准银行集团间接覆盖非洲18个国家，与147个国家和地区的1 809家境外银行建立了代理行关系，服务网络覆盖六大洲和全球主要国际金融中心，保持全球网络覆盖最广中资金融机构地位。

二、国际化经营价值贡献显现

境外机构整体盈利能力再上新台阶，工银亚洲利润突破10亿美元大关，工银澳门、工银阿根廷、欧洲机构、新加坡分行、纽约分行、悉尼分行、首尔分行7家机构利润超过1亿美元；新加坡、首尔、东京、马来西亚、巴西、中东机构利润增幅超过100%，欧洲机构、美国机构和澳新机构利润增幅超过50%，近六成机构利润增幅在30%以上。工银欧洲获得《欧洲货币》“卢森堡最佳银行”奖项，成为首家荣获此奖项的中资银行，工银亚洲克服流动性覆盖率（LCR）实施和NIM水平下降等不利因素，ROE创历史最高水平。截至2014年末，境外机构（含境外分行、境外子公司及对标准银行投资）总资产2 359.96亿美元，比上年末增加268.33亿美元，增长12.8%，占集团总资产的7.1%，提高0.4个百分点。各项贷款1 309.83亿美元，增加228.62亿美元，增长21.1%；客户存款924.49亿美元，增加176.99亿美元，增长23.7%。税前利润30.23亿美元，比上年增长35.4%。

三、境外产品线建设扎实推进

积极推进重点产品线向境外机构延伸，2014年工商银行以435家牵头行、467亿美元签约金额首次荣膺“亚太区银团贷款牵头行排行榜”之首；支持“走出去”项目27个，承贷金额70亿美元。支持中资企业“走出去”跨境并购，累计交易规模230亿元人民币，同比增长139%，在路透集团“中国海外并购财务顾问”年度排名第八，是唯一进入前十名的中资金融机构。境外机构外汇即期、外币债券、衍生产品集中交易量分别增长6倍、7倍和8倍。成功发行欧洲UCITS基金，成为首家进入欧洲投资基金行业的中资机构。代理QFII客户数居中资银行首位，累计托管RQFII资产330亿元人民币，各类跨境资产托管超过1 600亿元人民币。境外百万美元以上私人银行客户增长44%，管理资产增长17%，“私人银行全球理财基金——SIF”成功获得卢森堡金融管理局批准，成为首个在国际主流基金市场注册私募基金的中资银行。新增现金管理客户560余家，与超过4 300家客户建立全球现金管理合作关系，稳居中资银行首位，获得《亚洲银行家》杂志“中国最佳现金管理银行”。境外零售客户超过201万户，储蓄存款余额突破300亿美元。境外个人网银客户达34.6万户，同比增长38.4%；电子银行业务占比达63.6%，较上年末增加7.2个百分点；13家境外机构推广手机银行。境外发卡机构增加至26家，总发卡量达216.7万张，累计消费额181.3亿元，初步建成境外银行卡服务网络和“ICBC CARDS”菜单式产品线，中后台业务实现集中处理、专业化、规范化运作。此外，连续三年获评《欧洲货币》“中国最佳贵金属交易银行”，被《财资》评为“中国最佳商品衍生品交易银行”。

四、一体化管理水平稳步提升

从“机构+产品线”双维度丰富一行一策管理内涵，将一行一策举措落实与非财务考核直接挂钩，运用考核指挥棒引导境外机构措施落地；提出市场分类概念，突出境外差异化发展策略；出台一系列管理办法，规范境外产品中心设立和运营管理；扩展境外信贷簿记业务发展空间，香港簿记中心正式成立并启动运作。通过加强系统建设提升国际化发展深度和质量，积极推进FOVA系统在工银美国、工银阿根廷投产，推动实现境外机构FOVA系统全覆盖；稳步实施全球统一授信管理，除工银阿根廷外其他境外机构均已投产GCMS平台并通过该系统办理信贷业务。此外，通过投产全球特别控制名单处理平台、搭建集团统一市场风险和产品控制管理体系、举办境外机构合规官培训等手段提升风险管控能力。注重综合运用价格杠杆和额度管理方式，引导境外机构提升资金自求平衡能力，境外机构自主筹资比例提升至58.94%，流动性风险监测水平与管理能力明显增强。

（总行国际业务部）

国际业务综述

一、境内国际业务稳步发展

2014年，境内累计完成国际结算量1.77万亿美元，同比上升10.61%，超出当全国进出口总值增幅7个百分点，创历史最好成绩；年累计开出对外担保359.94亿美元，同比增长15.77%。境内分行外汇存款新增152亿美元，完成计划的127%。外汇存款（不含同业存款）增量和增幅均居四行第一，存量占比较年初上升约3个百分点，为近年来最好水平。境内贸易融资累计发生额1 560.87亿美元，余额462.18亿美元，不良率为0.71%，资产质量明显优于全行贷款和融资类产品平均水平。在中间业务收入方面，境内分行实现国际结算收入61.82亿元，同比上升1.38%，加上对外担保收入10.37亿元，共实现收入72.18亿元，同比上升1.46%。

二、主要工作措施及成果

（一）统筹兼顾，做好各项核心业务的管理、推动工作。下发了《进口代收保付业务管理办法》，修订并下发《进口信用证业务管理办法》，启动了对《单证中心业务管理办法》以及国际保理业务现行管理办法的修订工作；落实财政部检查要求，下发《关于进一步规范同业代付业务收入核算管理的通知》；就国际业务所涉及的相关制度进行梳理，并列出需修订的办法清单。

（二）做大做优客户管理。为扩大客户群体，围绕“外贸、外经、外资、外汇、外出”五大市场，进一步梳理潜在客户群，并按照突出重点、渐次推进的原则，建立“总—分—支”分层营销体系，明确“大—中—小”客户群体的营销责任，做到客户与服务相匹配，以此深入挖掘存量客户潜力。截至2014年末，在41 966户年进出口量1 000万美元以上客户中，工商银行已进入15 342户，客户覆盖率达36.56%，较2013年末增加3 584户，提升了11.71个百分点；10 975户年进出口量5 000万美元以上的客户中，工商银行已进入5 035户，客户覆盖率达45.88%，较2013年末增加581户，提升了10.21个百分点。

（三）开拓思路，锐意创新，不断丰富国际业务产品线。继续积极推动产品创新，引导分行用好、用活现有政策，在风险可控的基础上率先抢占市场、创新产品、结合各自实际加快业务结构调整和质量效益提升。加入BAFT组织，使用标准版本协议，扩大风险参贷业务合作渠道；与Bolero公司开展电子交单业务进行合作，并已启动后续总协议的签署工作；支持并批复分行在免保证金办理NRA代理开证业务创新；启动西联汇款柜面解付业务的系统开发，开办速汇金多币种汇出和日元解付，增加两家分行开办银星速汇业务；定期发布福费廷包买商信息清单和着手研究以总行名义加入国际海事局会员，为分行业务开展提供支持和保障。

（四）循序渐进，稳扎稳打，不断完善国际业务系统建设。就工银速汇产品系统优化等问题进行调研，顺利投产澳元、加元工银速汇优化产品。配合新系统投产，印发《风险参贷国际贸易融资和进口代收保付业务系统操作指引》，确保业务操作有章可循。牵头组织相关分行参与GCMS系统国际贸易融资体验测试工作，参与并完成单证中心系统改造、优化等相关工作。配合国家外汇管理局资本项目管理系统上线，完成了外汇转贷款业务涉及的外债数据迁移工作；针对资本项目信息系统报送中出现的对外担保业务存量数据漏报问题，提出优化解决方案，提高全行数据报送质量。编写“外管合规管理系统”中对外资产负债报送功能需求，满足监管部门对数据监控的要求。

（五）加强培训，着力打造国际业务专业队伍。2014 年度共举办十期国际业务培训班，以及两期国际业务专家培训班，取得良好效果。在总行培训班中首次聘请外籍专家现场授课，面向境内外机构举办了国际保理业务培训班，为组建保理人才专业队伍打下基础。

（总行国际业务部）

跨境人民币业务综述

一、跨境人民币业务量持续稳步增长

以顶层设计思维推动业务联动发展，持续推动产品创新、客户营销，在总分行、境内外机构的共同努力下，跨境人民币业务继续保持稳步增长态势。2014 年，全集团共完成跨境人民币业务量 3.66 万亿元，同比增长 65.65%，其中跨境人民币结算量超过 3 万亿元。

二、境外人民币业务清算行申设全面铺开

（一）境外人民币业务清算行网络迅速搭建。继新加坡人民币清算行后，2014 年 9 月 16 日、11 月 4 日和 11 月 9 日，工商银行卢森堡分行、多哈分行和工银加拿大又相继获得中国人民银行授权，担任所在国家或地区人民币业务清算行，使工商银行成为首家拥有横跨亚洲、欧洲、美洲三大时区人民币业务清算行的商业银行，构建起全球 24 小时不间断人民币交易清算业务体系，境外人民币业务清算行网络格局基本形成，为进一步推动人民币跨境使用创造了良好条件。人民币代理行清算网络持续拓展，截至 2014 年末，境内外机构共开立人民币代理行清算账户 543 个，覆盖全球 75 个国家和地区。

（二）境外人民币业务清算行建设全面开花。新加坡人民币业务清算行业务量实现“井喷式”增长。截至 2014 年底，新加坡人民币业务清算行已开立清算账户 90 个，服务区域延伸至 38 个国家和地区；清算报文的直通率提升至 85%，达到国际先进水平；吸收人民币存款资金规模同比增长 4 倍，总资产规模同比增长 5 倍。2014 年，新加坡人民币业务清算行共办理收付业务 51.9 万笔，合计金额 37.5 万亿元，较 2013 年的 2.6 万亿元增长超过 13 倍，并率先推出“清算网银”服务；“狮城债”发行额达到 127 亿元，其中新加坡分行承销金额占比达 68.5%。卢森堡人民币业务清算行于 2014 年 12 月 22 日正式运营，至 2014 年底共办理收付业务 474 笔，合计金额 751.55 亿元，开立清算账户 19 个，服务超过 13 个国家和地区。多哈、多伦多人民币业务清算行在获得中国人民银行正式授权后，也相继启动了筹备工作。

三、全力支持离岸、在岸人民币市场建设

（一）业务产品引领离岸人民币市场发展。2014 年，工商银行在引领离岸人民币市场建设方面取得可喜成绩，有力地助推了人民币国际化进程。在离岸人民币市场，工银亚洲完成首笔超国家金融机构离岸人民币债券承销发行；新加坡人民币业务清算行业务实现“井喷式”增长，成功举办首届人民币国际化峰会，在债券承销发行、人民币期货交易、与境内试点区域合作等方面领跑市场；工银美国与洛杉矶市政府签署人民币合作备忘录；首尔分行成功完成当地市场首笔人民币对韩元直接交易；工银新西兰成功办理首笔代客人民币对新西兰元直接交易。

（二）确立境内试验区金融创新先锋地位。成为上海自由贸易试验区首家挂牌的银行专营机构，完成自贸区首批银行参与签订跨境电子商务人民币支付业务合作协议、首笔跨境人民币双向资金池、首单人民币跨境借款放款、首单跨境并购等多项首创业务。在深圳前海深港现代服务业合作试验区，跨境人民币贷款备案金额和放款总金额市场占比第一，并实现了客户量、产品量、交易量和价值量的全线提升，牵头推动成立了前海首只主权基金、成为首只 500 亿元跨境母基金的唯一合作国有银行、首只境外发行点心债的唯一合作中资银行，首笔落地的 QFLP，确立在前海金融创新进程中的排头兵地位；在苏州工业园和广西沿边金融综合改革实验区，成功办理了创新业务试点项下首笔跨境人民币贷款业务。

（总行国际业务部）

国际结算单证业务

一、2014 年业务运营情况

2014 年，国际结算单证业务及贸易融资业务发展形势较为严峻。受其影响，单证中心处理的单证业务量与上年相比略有下降；境内外机构贸易融资总金额小幅上涨，但表内融资增长趋缓。与此同时，经济增速放缓和贸易数据波动带来的监管趋紧、应对涉敏等业务环节增多等为单证中心的运营增加了压力。在不利外部环境下，单证中心重点加强风险管理工作，有效应对外部风险事件，实现了业务的平稳运营。

单证业务方面，单证中心共办理全行 77 家境内外机构业务 452 308 笔，较上年下降 2.5%；金额 4 180 亿美元，较上年下降 2.3%。从业务构成来看，信用证出现了较明显的下降，共办理 352 899 笔，下降 2.4%，金额 2 872 亿美元，下降 8.2%，其中进口开证 65 493 笔，下降 10.5%，金额 1 389 亿美元，下降 11.9%；来证通知 110 737 笔，增长 0.4%，金额 806 亿美元，下降 7.2%；出口议付 177 669 笔，下降 0.8%，金额 678 亿美元，下降 1.2%。保函业务保持了较好增长，共办理 11 862 笔，增长 0.7%，金额 766 亿美元，增长 23.9%，其中开出保函 7 661 笔，增长 2.2%，金额 465 亿美元，增长 16.7%；收到保函 4 201 笔，下降 1.8%，金额 301 亿美元，增长 37.0%。托收业务金额小幅增长，共办理 87 547 笔，下降 3.5%，金额 542 亿美元，增长 2.1%，其中进口代收 28 083 笔，下降 5.6%，金额 261 亿美元，增长 3.3%；出口托收 59 464 笔，下降 2.5%，金额 281 亿美元，增长 1.0%。

贸易融资业务方面，单证中心共办理 77 家境内外机构业务 177 909 笔，下降 5.7%；金额 4 476 亿美元，增长 5.1%。其中表内贸易融资 92 909 笔，下降 8.6%，金额 1 963 亿美元，增长 0.4%；其他融资 85 000 笔，下降 2.4%，金额 2 512 亿美元，增长 19.1%。

单证中心人民币跨境结算业务保持了快速增长，共办理人民币单证业务 18 486 笔，增长 6.8%，金额 1 352 亿美元，增长 14.3%，占全行单证业务总量的 32.3%。其中境内分行办理人民币单证业务 11 285 笔，增长 1.6%，金额 823 亿美元，增长 10.3%，金额占境内单证业务总量的 30.0%，境外机构办理人民币单证业务 7 201 笔，增长 16.1%，金额 529 亿美元，增长 21.2%，金额占境外单证业务总量的 36.8%。

二、2014 年主要工作

（一）完成全球单证管理系统（GDMS）在境内分行的推广工作，提升服务层次。全球单证管理系统（GDMS）是工商银行自主开发、功能完备、集业务运营和业务管理为一体的综合性、前瞻性贸易金融后台业务系统。单证中心全程推进系统的研发、体验、测试及投产工作，按照“先试点、后推广”的系统推广策略，按期完成了 GDMS 系统在境内的推广计划，实现了工商银行在单证业务集约化系统建设方面的跨越。以 GDMS 系统投产为契机，单证中心进一步加强了流程优化和操作规范两方面工作，实现了新系统“精简流程、提高效率”的预期效果，有效发挥新系统的运营优势。

（二）启动并完成九家境内外机构保函技术审查集中。保函技术审查集中专业性强，集中难度高，单证中心充分调研、反复论证，下发了《国际保函技术性审查业务集中方案》，制定了《保函技审集中审议制度》，整理了《保函技审操作指引》，启动了保函技术审集中工作。共有内蒙古、吉林、安徽、广西、贵州、江西、宁波、河内、多哈 9 家境内外机构保函技审集中到单证中心办理。

（三）启动国内信用证集中工作。国内信用证业务集中是单证中心业务职能拓展的全新领域。单证中心积极响应全行组织机构改革要求，成立国内信用证部筹备组，制订集中方案，做好专业人员配备和业务系统开发等工作，启动了山东、四川、山西、内蒙古四家分行的业务集中工作。

（四）主动应对经济发展“新常态”下的风险管理和内控合规要求。成立专项业务审查团队，抽调业务经验丰富的人员把涉反洗钱、涉敏、涉密，以及发生纠纷和诉讼等疑难和高风险的业务集中起来专业处理，并承担了季度检查等内控合规相关工作，进一步提高了单证中心风险防控能力。加强了对迟收、迟付的管理，对规范分行严肃履行开证行责任义务、维护客户权益等方面起到良好促进作用。做好对最新监管政策的贯彻落实，在多项外汇管控、打击虚假贸易政策接连出台背景下，加强政策跟进与执行，做好新政的实施和外汇指标管理。

（五）加强专业建设，提升单证中心专业水平。进一步发挥单证中心专家工作组在专业研究和专业建设中的作用，通过每季度例会工作及时交流专业意见，通过吸收贸易金融研究小组等青年研究团队加入专家工作组，不断壮大专业工作的力量。积极参与ICC等国际组织活动，在国内外专业活动中发挥更突出的作用。积极提升业务培训层次，加强专业研究和专业建设。

（六）打造单证中心服务的核心竞争力。密切关注市场发展动向和前台业务创新的需要，支持境内机构的产品创新和境外机构的业务拓展。协助上海分行办理首笔上海自贸区人民币境外借款业务、融资性备用证业务和进口信用证业务；为上海、江西分行开立电子交单信用证；协助苏州分行完成人民银行《苏州工业园区跨境人民币创新业务试点管理暂行办法》政策落地后的首单业务。依托境内外一体化的集约化处理平台，助推境外机构实现业务突破和业务品种拓展。先后支持工银新西兰、工银巴西、工银秘鲁、伦敦分行办理首笔国际结算和贸易融资业务，帮助四家新机构实现业务量“零”的突破；为新加坡分行办理首笔双重反担保保函业务，开创反担保保函的新模式。

（总行国际结算单证中心）

对外金融往来与合作

2014年，工商银行深入贯彻国际化发展战略，进一步加强对外交往和国际合作，积极宣传工商银行产品、服务和改革发展取得的成就，努力提升品牌形象和市场影响力。

一、接待来访与出访

2014年，全行共组织安排因公临时出国（境）共892团次，3 624人次；接待各类外事来访562团次，3 358人次。

二、签订合作协议

2014年，全行共签订21份资金对等拆借及货币互存协议，协议总金额达31.6亿美元；成功营销外资代理行在工商银行开立人民币和外币清算账户95个，外资代理行在工商银行的清算账户总数达709个；为外资代理行完成清算量超过84.5万笔，同比增幅82%。

三、参加国际会议及活动

行领导作为中德经济顾问委员会主席主持委员会第一次会议，在APEC会议期间参与墨西哥国事访问及中巴（巴基斯坦）项目合作协议签署等相关活动。派员参加了亚洲开发银行（ADB）年会、国际银行间金融电讯协会（SIBOS）等重要国际性会议，与国际金融公司（IFC）、国际金融协会（IIF）共同在北京成功举办了“中国可持续发展与金融改革：资本市场的作用”国际研讨会，在国际金融舞台上发挥日益重要的作用。

（总行国际业务部）

与标准银行的战略合作

2014年，标准银行面对南非国内经济增速持续放缓、本币不断贬值等多重挑战，积极落实“聚焦非洲”经营战略，非洲地区业务持续快速增长，继续保持非洲市场的领先地位，为工商银行带来了稳定的投资回报，两行的战略合作也使工商银行在客户拓展、产品丰富、业务完善等多个方面得到提升。

一、对标准银行投资收益情况

截至2014年底，工商银行持有标准银行股份324 963 464股，持股比例为20.08%。按权益法核算，2014年标准银行归属工商银行投资收益约为36.77亿兰特，年均投资收益率为8.1%。

二、对标准银行的投资管理

继续通过派出董事履职和日常股权监测相结合的方式，全面加强标准银行股权管理，全年工行派任董事通过现场和电话会议方式参加标准银行董事会及各委员会会议24场，对标准银行战略转型和经营管理提出相关建议，确保了投资的安全和收益。

三、业务合作开展情况

2014年，两行稳步推进在公司与投行、信息科技、现金管理、全球市场等领域的合作，积极创新合作模式，加强了双方的联合营销，并通过派驻IT专业人员及营销人员赴标准银行集团总部及加纳子行工作，进一步深化了两行合作。截至2014年末，两行累计开展合作项目达179个。

（一）公司与投行业务。与标准银行联合营销、协同作战，成功签约安哥拉卢阿西姆水电站修复1.35亿美元融资项目、欧安多能源资源公司5 000万美元银团贷款，储备了淡水河谷莫桑比克煤铁港货运铁路、纳米比亚Kudu电站等一批优质项目。

（二）全球现金管理。联合标准银行与华为、中水国际、中海外、中铁建中非、中兴建设、广州森大、瑞贝卡、博赛矿业等20余家客户签订了中非直联业务合作协议，上线账户达47个，业务覆盖南非、纳米比亚、莫桑比克、马拉维、博茨瓦纳、莱索托、坦桑尼亚、肯尼亚、尼日利亚、毛里求斯10个国家。业务功能方面，已实现跨境账户信息查询、账户信息报告和付款，初步实现了通过工商银行网银平台为中资客户提供非洲本地现金管理服务的目标。

（三）跨境人民币业务。与标准银行集团在人民币清算结算、人民币直接投资和非洲国家央行人民币外汇资产管理三个方面进行重点合作探索，对南非、塞舌尔、津巴布韦央行开展了人民币外汇资产管理营销。截至2014年末，为标准银行集团19家子公司开立人民币跨境贸易结算账户。

（四）全球市场业务。两行在代客交易、账户贵金属拆借、阿根廷离岸金融市场业务、金融衍生产品交易、黄金进口业务和黄金借贷业务等方面开展了广泛合作，双方代客交易品种不断丰富，新增账户原油交易，即期、远期、掉期交易共同推进。

（总行战略管理与投资者关系部）

工 银 瑞 信

2014年，工银瑞信按照集团和董事会要求，紧抓经济金融改革全面推进契机，充分发挥全能型资产管理平台作用，加快创新、深化联动、协调发展，各项工作取得良好进展。截至2014年末，工银瑞信旗下管理52只公募基金和逾150个年金、专户组合，资产管理总规模近6 000亿元，其中，公募基金管理规模2 541亿元，行业排名较上年末提升5位至第3位；资产管理总规模、公募基金管理规模均较上年实现翻番。2014年度实现净利润5.05亿元人民币，较上年同期增长59%；年末总资产22.85亿元人民币，净资产15.39亿元人民币。投资业绩呈股债双优局面，继续保持良好的风险管理纪录。

一、抓住市场机遇，加快公募、非公募业务全面发展

（一）统筹兼顾，加大权益和固定收益类基金的新发及持续营销。一是全年发行11只公募基金产品，首募规模达270亿元，居基金行业首位；其中，工银薪金货币基金实现首募109亿元，是2014年首只发行规模超百亿元的基金；工银创新动力基金实现首募逾67亿元，创2014年股票型基金发行最高纪录。二是抓住短端基金产品收益率较高、持续受到投资者关注的机遇，加强持续营销工作。截至2014年末，公司短端基金产品规模达1 840亿元，2014年实现累计增长251%。三是精选优质债券基金和股票基金开展持续营销，满足不同风险偏好投资者的理财需求，全年持续销售合计达115.91亿元。四是加强行内协作，为高净值客户提供定制化专户产品。与总行个人金融业务部合作发行206只睿尊专户子产品，成立2只结构化母基金、募集429亿元；完成与总行私人银行部合作T系列专户改造，规模422亿元，较年初增长逾9倍；与总行结算与现金管理部合作睿尊保本专户保有规模43.9亿元。

（二）加强对大型机构客户的投资管理服务。一是加强对主权基金类长期资金的投资和营销服务。2014年获得全国社保基金原有组合增资和新增境内组合近80亿元，并获得证券投资者保护基金新增委托25亿元。二是加强对大型保险机构资管的投资管理服务，积极拓展专户业务。今年以来，公司先后获得平安人寿、

太平洋人寿、中国人寿（股份）合计38.5亿元的专户委托。

（三）国际业务加速发展。截至2014年末，工银瑞信（国际）各类业务资产管理规模达126亿元人民币。RQFII业务拓展方面，工银瑞信（国际）于2014年6月成功获得国家外汇管理局20亿元人民币RQFII投资额度，是目前同业中RQFII除ETF以外公募基金最高获批额度；相继向香港证监会、卢森堡金融监管委员会提交RQFII人民币货币市场基金、UCITS框架下RQFII人民币货币基金申请并获得批准、受理。QFII业务拓展方面，工银瑞信（国际）8月获得澳门金管局QFII投资顾问资格，目前管理规模逾13亿港元；工银瑞信（国际）还于12月获得了QFII资格。社保境外投资组合业务方面，获得新增社保境外组合84亿港元。

二、完善投资能力中心建设，持续提升投资业绩

2014年以来，公司结合业务发展要求，已建立13个投资能力中心，进一步优化投资管理机制，投资业绩持续提升。权益类基金业绩显著提升、表现突出，金融地产、信息产业两只股票基金居同业第1、第3位。2014年公司股票投资算术平均收益率达33.90%，位居11大基金公司首位。其中成立时间满1年的11只境内主动偏股基金中7只银河排名位于同类可比前1/2，4只位于前1/4。其中，工银瑞信金融地产以102.49%的收益率跻身同类型基金第1名，工银瑞信信息产业（TMT）基金以64.31%的收益率位居同类基金第3名，工银瑞信大盘蓝筹以47.63%的收益率进入同类基金前10%。固定收益基金业绩持续优异。根据银河基金研究中心统计计算，2014年公司债券投资算术平均收益率达24.79%；工银货币、7天理财、14天理财和60天理财等4只货币类基金收益率分别达到4.87%、4.92%、5.13%和5.48%，其中3只产品在银河同类产品中排名前1/4；19只普通债券型基金（含保本基金）中除2只今年新成立基金①外平均回报率高达22.42%，高于同期中债总全价（总值）指数涨幅14.94个百分点，其中工银添颐、工银添福、工银添利今年以来收益率分别达到44.39%、43.98%和32.39%，均位居同类可比前1/4。年金专户整体持续获得良好正回报。2014年，公司管理的所有年金、全权管理专户组合均获得正回报，回报率在6%以上的组合规模占比高达87%；其中，工行年金2014年收益率达19.26%，工行统筹专户收益率达26.34%。

三、加强行司联动，进一步深化与分行合作

公司2014年加大了与分行的合作力度，深入挖掘各区域市场机会，与浙江、四川、河南、山东等多个省分行建立了广泛的业务合作关系，在拓展新市场、新客户的同时实现“双赢”发展。以浙江分行为例，自双方2014年初合作以来，针对客户需求创造性提供了工银货币“D+1”赎回模式和“工银聚富”特色产品，有效提升了客户对工行的贡献度和忠诚度，增强了客户的黏合度，快速提升了分行客户总资产，为分行吸引了大量优质客户，同时增加了分行中间业务收入。截至2014年末，双方合作规模突破600亿元，其中“天天益/工银货币”规模493亿元，“工银聚富”规模134亿元。

四、大力推进业务创新，提升工银瑞投多元化服务水平

工银瑞投依托母公司和集团风险管理优势和项目资源优势，继续积极推进业务模式创新、拓宽投资范围，配合行内资产管理、PE主理银行、理财投资、代理代销等各类别的金融资产服务业务拓展，还为分行带来贷款、存款、托管、企业财务顾问等各类商业银行和投资银行业务机会。目前，工银瑞投已开发了债权、股权、收益权、票据资产、现金管理等各种类型的产品共六大类19项产品，产品种类较上年末增加了8项；2014年共计发行逾550只新的专项资产管理计划，资产管理规模达1 720亿元，较年初增长1 331亿元。2014年，工银瑞投服务的分行数量和范围已从局部向全国铺开，目前已建成完善对口服务各地分行的业务协同机制，合作工行一级分行从2013年底的17家增至33家。

五、加强风险管理，切实防范违法违规事件

公司秉承“制度先行、程序至上、内控优先、规范运作”的原则，不断加强对风险的动态管理，强化公司全体员工的合规经营意识，持续完善贯穿事前、事中、事后的严密风险管理体系。2014年公司未发生违法违规等风险事件，继续保持风险管理优良纪录。在公司2014年所有的外部检查和审计中均未出现违法违规等风险，得到了相关部门的普遍认可。公司今年还再次成功通过安永华明会计师事务所的全球投资业绩标准（GIPS）验证，为连续第6年成功通过认证。

六、推进品牌建设，持续提升公司品牌价值

2014年以来，公司持续推进品牌建设，公司品牌知名度和美誉度持续提升。一是公司连续第5年（2009—2013）荣获全景基金品牌研究中心最高“五星

① 工银纯债（000402）和目标收益一年定开分别于今年5月和8月成立，收益率分别为8.7%和2.4%。

级基金公司”品牌评价；二是公司2014年品牌综合评分跻身行业第2位，较2013年提升3位；三是获得了包括“金牛奖”、“金基金奖”和“明星基金奖”在内的26个奖项、实现了国内权威奖项的大满贯；四是在国内基金公司中独家获得了《Asia Asset Management》“中国最佳债券基金公司”、美国《机构投资者》（*Institutional Investor*）“中国固定收益类”亚洲投资管理奖等海外权威奖项，公司品牌影响力进一步向海外扩展。

（工银瑞信）

工银租赁

一、租赁业务快速稳健发展

截至2014年末，公司经营管理总资产2 560亿元，营业收入128.24亿元，净利润28.19亿元，上述三项主要经营指标继续在行业中保持领先地位，各业务板块均保持较好较快的发展态势：

（一）航空业务继续突飞猛进。截至2014年末，公司拥有和管理的商用飞机总数超过400架，其中已交付飞机达213架。2014年航空业务规模增长创历史新高，共接收新飞机72架，新增投放280亿元，飞机租赁资产余额达730亿元，占公司全部租赁资产的1/3，排名进入全球前十。随同党和国家领导人完成多次高访签约，成功开拓了印度、巴西、俄罗斯和非洲市场。建立了区域营销小组、财务、技术、交易及运营、资产管理团队，初步形成了较为完备的发展格局，为业务开展提供了有效的组织保障。

（二）航运业务实现大发展。2014年实现投放213.38亿元，新增投放超过了历史存量，海工及高端船舶资产占比超过50%。海工业务方面，积极拓展拉美等新兴市场，首次进入了深水装备领域，完成2个深水钻井平台的交付；传统航运方面，以高技术、高附加值船型为代表的超巴拿马型集装箱船、大型气体运输船等资产规模占比不断提升；结构性租赁、联合投资等产品不断完善，帮助客户提升核心竞争力，项目收益进一步增加；航运租赁业务有力地支持和带动了国内造船行业的转型升级和“走出去”，促进了国内高端航运与海工装备的研发和建造。

（三）设备租赁专业化水平不断提升。2014年，设备租赁业务板块投放超过300亿元，有力地支持了实体经济发展，并在专业化发展方面取得可喜进步。链式租赁取得阶段性成果，与东方电气等4家大型制造商实现了多笔租赁业务投放，贯通了产业链上下游，提升了公司在大型设备租赁领域的市场影响力。能源类项目新增投放中新能源设备投放占比近50%，有效地改善了能源类资产结构，打造了绿色租赁品牌。跨境租赁业务取得突破，先后实施了华能澜沧江柬埔寨水电项目、华为匈牙利电信经营租赁项目，为今后进一步支持中国企业“走出去”提供了宝贵经验。开拓了同业代理业务的新渠道，资产和负债业务平衡发展。以“租赁公司的租赁公司”为基本模式，成功开展结构化租赁业务，加速大型设备租赁的国际化融资。

（四）私人租赁业务发展基础基本奠定。以私人飞机和游艇为切入点拓展客户，私人飞机和游艇业务发展初具规模，形成了较为成熟的业务模式。截至2014年底，累计完成16架/艘私人飞机游艇业务，金额达36亿元，同时对私人银行客户的综合营销服务能力得到提升。

二、探索资产交易模式，有效盘活存量资产

2014年，公司变单向的资产转让为资产买进、卖出双向交易，实现了租赁资产经营理念的重大转变，为走向“资产交易型”与“资产经营型”公司迈出了重要一步。2014年实现资产交易额209亿元，进一步减少了资本占用，实现了新增收益。

（一）进一步加强资产交易业务管理。公司制定并发布了《关于加强租赁资产转让业务管理的指导意见》，就资产转让行业政策、转让标的、部门职责、转让流程、后续管理及考核办法进行了明确规定，对资产交易业务进行规范化管理。

（二）多方拓宽资产交易渠道。继续巩固和加强与总行资产管理部合作进行资产转让业务，形成规模效应并主动控制管理资产转让节奏。拓展与分行的转让合作，探讨研究利用分行理财资金进行资产交易的可行性。组织推进资产证券化工作。经过2014年一年的准备和不懈努力，总规模10.32亿元的“工银海天第一期租赁资产支持证券”于2015年初在银行间市场成功发行，成为金融租赁公司完成的首单出表型租赁资产证券化业务。实现公司首笔已转让资产回购业务，为资产转入探索道路。开拓与租赁公司的同业转让渠道，并在同

业间探索开展存量项目转让、联合租赁、T+0模式等多元化的资产交易方式。同时，积极支持和推动租赁资产交易平台建设。向监管部门、天津市政府提出建议，倡导建立行业资产交易平台，并提出了对交易平台的构想及建设运营方案。

（三）加强对已转让资产的动态管理。推进资产转让系统建设，设立“资产转让电子台账系统”，实现了已转让资产和表外管理资产信息统计的全口径覆盖和实时查询，实现了对已转让资产的市场价值自动化监测机制。

三、全方位加强风险管理，切实化解潜在风险

2014年公司不良资产总额为12.6亿元，不良率为0.59%，不良资产额基本持平、不良率有所下降。

（一）强化了项目审批管理。建立项目预评会制度，从项目营销的源头上防范和控制风险。2014年共召开预评会17次，预评项目305个，同意推进项目276个。制定了《设备类资产融资租赁业务偿债能力评价细则（试行）》及一般工业项目融资租赁业务偿债测算模板、轨道交通项目融资租赁业务偿债测算模板，以定量测算模型为投融资决策提供参考依据，强化项目经理对偿债预测的科学性。

（二）全面加强项目风险管控。完善了公司风险预警体系，制定了《潜在风险项目管理指导意见》，针对处于潜在风险阶段的项目提出管理指导措施，做好风险的预防与提前处理。试行将应收租金催收与项目经理、板块负责人及部门主管的绩效挂钩，明确了各项目的租金催收责任人及其职责，制定了租金催收和绩效工资挂钩方案。成立风险资产管理小组，负责协调公司前中后台资源共同处置潜在风险。按月召开风险项目管理办公会，研究布置风险项目化解及管理要求。在重点风险领域进行了专项排查。对重点区域、重点行业和政府融资平台类项目进行了专项梳理，重点项目由副总裁带队进行现场走访，及时化解处理风险隐患。

（三）成功处置化解风险项目。加强对风险项目的清收、处置、转化力度，内控和风险管理委员会全年召开了17次会议，对风险项目进行研究处置，最终成功转让青海碱业项目，收回长航凤凰旗下的船舶资产，催收多个项目的欠息欠租，有效化解多个项目的潜在风险。

四、行司联动逐步深入，对集团综合贡献度进一步提升

（一）继续完善重点联系行制度。在公司与16家分行签订重点联系行协议基础上，进一步完善重点联系机制，年内召集山东、广东、河北等多家重点联系行公司部人员开展设备租赁重点产品推介。2014年重点联系行地区投放占设备类总投放的78.49%，占设备资产总余额的68.53%。

（二）加强内外联动，做国际化发展的排头兵。积极与总行及海外分子行联动，营销中国企业“走出去”重大项目及境外机船租赁项目，通过与海外客户开展租赁业务，为当地分行带来大量的融资、结算和存款业务机会。协助推动工银泰租拓宽业务领域，提升对大客户的服务能力，有效推进经营转型。

（三）委托分行进行资产管理，开展业务合作。推动总行下发《设备租赁业务租期委托管理办法》，并与重点分行签署了资产委托管理协议，有效提升了公司设备类资产管理的有效性。与工银巴西、孟买分行签署境外租赁资产委托管理协议，将公司在巴西、印度的飞机和船舶资产委托当地分行管理，探索利用集团优势加强资产的专业化管理，并为分行带来了中间业务收入。

（工银租赁）

工银安盛

2014年是工银安盛人寿转型发展的第一年。根据公司战略规划，工银安盛人寿启动了战略转型和结构调整，坚持规模与价值并重的经营理念，通过在营销、产品、投资、服务和科技等领域的不断创新和尝试，积极培育核心竞争能力，经营业绩再创新高，盈利能力大幅提升，行业排名优势巩固，公司治理进一步完善。

一、保费收入高速增长，市场地位稳步提升

截至2014年底，工银安盛人寿实现保费收入154亿元，同比增速超过50%；实现投资收益11.49亿元，资产规模达到405亿元，同比增长88%；利润规模超过7 000万元，较2013年增长248%，盈利势头持续向好；偿付能力充足率始终在监管要求的水平之上，年末

偿付能力为466%。保费收入在外资合资寿险公司中居第1位，在所有寿险公司中居第14位，获得“2014年互联网人身保险创新优秀组织奖”、“年度客服大奖”、“最佳创新实践寿险公司”和“2014年度最佳外资保险公司”等奖项。

二、渠道建设齐头并进，业务结构加快转型

新增1家省级分公司，并完成了10家中心支公司和4家营销服务部的筹建工作，以及4家营销服务部升级为中心支公司的机构改建工作。目前，工银安盛人寿共计在13个省份及直辖市营业，共设27家中心支公司和23家营销服务部，个人保险客户数达51.88万。坚持期交转型和结构调整，2014年共实现期交保费19.3亿元，同比增长35%；实现续期保费收入18.8亿元，同比增长80%。作为公司业务增长主力渠道，银保及新渠道在母行大力支持下实现了跨越式发展。银保渠道通过不断加深与母行的合作，开展各项联合营销。新渠道在工行自助终端、工行网银、工行融e购商城、公司微信服务号和官网“满e宝”电商平台全面发展业务。2014年银保及新渠道实现新业务保费128.65亿元，期交保费收入同比增长48%，网销渠道2014年累计规模保费在寿险公司中排名第2位。个险渠道业务保持了稳定增长态势，新业务保费增长57%，期交保费增长9%。团险渠道规模保费增长32%，直销和银团渠道成长迅速，业务质量不断改善。

三、投资资产结构优化，资金运用收益提升

截至2014年末，工银安盛人寿营运及投资资产为346.3亿元，同比增长110%。2014年实现投资收益额为11.49亿元，较2013年增加117%，实现年化投资收益率5.46%。不断增加资产驱动型产品的投资资产储备，全年持续开展债权计划、项目资产支持计划、信托计划等另类资产投资。2014年共新增另类资产投资总金额约84亿元，占全年新增资金的2/3左右，资产的平均收益率达6.8%，在风险可控的前提下，进一步合理优化投资组合收益。

四、产品研发速度加快，精细化策略不断推进

加快产品研发进度，成功开发上市了超过40款新产品，覆盖了从子女教育、财富管理、家庭保障到退休规划等不同领域，并针对公司不同销售渠道，重点开发特定产品，如银保渠道的财富宝系列产品，新渠道的网销和电销专属保障型产品等。其中，新渠道的“财富宝八号”90分钟2亿元额度售罄，成为母行电子渠道销量最大、销售速度最快的产品，刷新市场同类型产品的最快销售纪录；“财富宝三号”累计销售32.1亿元，刷新母行同类型产品最大销量、市场同类型产品网销渠道最大销量双重纪录。2014年，工银安盛人寿多项产品获得业内认同，如“鑫如意终身寿险”荣获了“创新型终身寿险产品年度大奖”和“2014年度终身寿险产品奖”，“百万保驾两全产品”获得了“2014年度两全保险产品奖”。此外，加快了产品增值服务体系的搭建，并在产品管理方面进行了积极的探索，不断践行公司“精细化产品经营策略”，制定了中长期产品战略规划，建立产品区别化审批制度，初步形成立体化专属产品体系。

五、运营体系持续改进，客户服务显著改善

全年新业务受理投保28万件，个险5日承保率80.7%。理赔处理案件3 268件，4日结案率91%。工银安盛人寿还积极改善电话回访品质，犹豫期内回访成功率88.7%，回访完成率95.8%，电话中心来电量36.8万件，客户满意度99%。受理投诉1 313件，10日投诉结案率88.42%。上线了全新的客户服务热线“95359”号码，围绕家庭、健康的主题举办了首届客户服务节，在公司客服网站及微信公众账号平台开通了多项客户服务功能。

六、信息系统持续升级，财务制度不断完善

大力推进各大系统建设。在核心业务系统、办公管理系统、作业管理系统方面都取得了阶段性成果，运营支撑、办公效率和自主研发能力进一步加强。构建了完整的财务制度体系，加强费用源头管理和事前控制。优化公司资金管理，提高资金效率。

（工银安盛）

工银亚洲

2014年，面对全球经济持续动荡、银行业监管持续增压等复杂经营环境，工银亚洲在总行及董事会的正确引领下，准确预判、积极应对，全面发挥全牌照跨境经营优势，不断增强作为集团服务平台和产品研发基地的功能，保持了各项业务的快速发展态势，盈利再创历史新高，继续巩固主流市场地位。

一、经营规模稳健成长，经营结构持续优化

准确预判并顺应市场形势，积极拓展业务发展机会，整体经营规模保持稳健增长。主动加强资产负债组合调整管理，不断优化资产与负债结构，取得了较好的流动性和效益性综合管理成效。截至2014年末，工银亚洲和香港分行合计总资产7 386亿港元，较上年末增长15.25%。其中：工银亚洲总资产6 772亿港元，较2013年末增长18.85%；各项贷款及客户存款总额分别为3 654亿港元和4 209亿港元，较上年末分别增长12.89%和23.26%；债券投资余额877亿港元，较2013年末增长29.59%。

二、超额完成年度预算任务，盈利再创新高

2014年工银亚洲和香港分行合计实现拨备后利润82.01亿港元，同比增加11.98亿港元，增幅17.11%（其中工银亚洲拨备后利润79.92亿港元，同比增加16.79亿港元，增幅26.6%），圆满完成总行下达的年度预算任务，利润预算完成率为109%。其中，工银亚洲在实现LCR监管指标从年初42%显著提升至年末118%的基础上，实现拨备后盈利按年增长26.61%，年度预算完成率110%。

三、非息收入总量及收益结构占比实现双提升

2014年，工银亚洲实现中间业务净收入16.94亿港元，较上年增长21.58%，实现金融市场财资业务净收入6.59亿港元，同比增长37.11%。全行非息业务整体上保持了较快的增长势头，非息收入结构占比较上年提升1.52个百分点至23%，全行经营结构转型战略稳步推进。

四、不良资产率和不良贷款率持续双下降

截至2014年末，工银亚洲不良资产率与不良贷款率分别为0.36%和0.41%，继续实现按年双降，分别较年初下降0.01个和0.03个百分点，资产质量得到持续优化。

五、成本管控成效显著，资本回报率ROE大幅提升

2014年列支营业费用25.51亿元，同比增长10.74%，远低于收入与盈利增幅，成本收入比24.40%，较上年下降1.7个百分点，属香港银行可比同业最低水平。2014年工银亚洲资本回报率（ROE）13.28%，较2013年大幅提升0.8个百分点，为近年来最高水平。

（工银亚洲）

工银国际

一、经营成果显著，财务业绩理想

2014年工银国际营运收入同比大幅增长，是成立以来收入最高的一个年份。资产业务快速发展，平均回报水平理想，资产业务收入成为稳定收入来源，为公司健康持续发展奠定坚实基础。管理资产规模大幅增长，从资产持有向资产管理的业务转型取得明显进展。成本控制得力，流动性状况显著改善。ROE、成本收入比、

人均利润等主要财务指标表现优异，在同业中也处于行业领先水平，经营效益明显提升。

二、经营转型取得显著成效

（一）投资银行业务。投资银行部2014年共完成42个项目（平均每月约完成3.5个项目），包括14笔股权项目、24笔债券项目，4笔投融资和并购项目。其中，IPO承销涉及融资规模109亿美元，市场排名第8位，在中资投行中居于第5位，较上年度在中资投行中第9的排名有明显提升。美元债承销项目总融资规模137亿美元，市场排名第16位，在中资投行中居于第3位。高收益美元债承销项目总融资规模22亿美元，市场排名第12位，在中资投行中居于第2位。2014年投行项目在承揽和执行中呈现出了一些新特点，主要表现在项目角色较之以往有较大的提升；股债产品的交叉销售取得新进展；实现了地方融资平台海外发债的突破并形成特色业务；资产类业务与中间业务形成良性互动，为客户提供多产品综合化金融服务的能力明显提升。

（二）投资管理业务。继续贯彻适度发展资产类业务的思路，并将业务重点逐步转向可获得稳定现金流收入的债权投资，同时有选择性地开展股权投资业务并谨慎地拓展私募股权基金业务。2014年末资产规模同比增加50%，已投资存量项目47个，杠杆和投资回报率水平明显提升，资产结构持续优化。跨境结构融资业务发展迅猛，2014年共完成15个项目，并首次成功试水股权业务。

（三）销售交易业务。2014年经纪业务二级市场累计完成交易额566亿港元，较上年同期增加105%。全年证券交易业务新增开户583户（含主账户及副账户）。利用沪港通契机搭建全球股票经纪业务平台工作取得明显进展；交易系统逐步完善，实现合规风控的事前预防和自动化控制；财富管理部、期货等新产品线筹建顺利。

此外，工银国际以提升综合金融服务能力为抓手，努力发挥各产品条线和专业条线的协同效应，各业务板块之间良性互动、相互促进的发展格局基本形成。按照集团综合化和国际化的发展战略要求，努力发挥作为持牌投行的功能作用，在集团中的价值和贡献日益彰显。加强制度流程建设、完善管理基础，确保各项业务开展依法合规并努力提升运营效率，管理基础进一步夯实、风险管理能力大幅提升。

（工银国际）

工银澳门

2014年，工银澳门以巩固和提升澳门地区优秀主流银行、建设粤港澳区域强行为努力方向，通过挖掘市场资源，扩大客户基础、创新金融产品、提升服务品质、强化内部管理、推进全面风险管理等措施，进一步增强了改革创新能力、差异化市场竞争能力和盈利能力，圆满完成第二个三年发展规划目标。截至2014年底，资产总额1 772.94亿元（单位：澳门元，下同），较年初增长26.31%；各项存款余额1 394.87亿元，较年初增长23.32%，各项贷款余额1 175.64亿元，较年初增长33.31%；实现拨备后利润20.18亿元，同比增长37.75%；成本收入比26.08%，同比下降0.7个百分点；ROA1.04%，ROE16.24%；不良贷款率0.05%，资产质量继续保持优良水平。2014年蝉联美国《环球金融》杂志、英国《银行家》杂志和《世界金融》杂志年度“澳门地区最佳银行”称号；荣获中国银联、VISA、MASTER三大卡组织授予的9项银行卡大奖；国际评级公司惠誉和穆迪分别给予工银澳门长短期债券正面评级；被欧洲货币、亚洲金融等财经媒体授予“澳门最佳银行”称号。

一、全力促进负债业务发展，夯实存款基础

（一）创新营销机制，扩大对公存款客户基础。成功营销忠旺国际、中国五矿集团、中石化等大型机构客户存款；其中，忠旺国际33.5亿元人民币刷新工银澳门单笔存款质押低风险类业务金额的最高纪录。深化与澳门政府机构合作，全年新增财政储备资金39.6亿澳门元。发挥资产结算带动作用，成功争揽境外中资机构存款3.82亿美元。截至2014年底，公司客户11 878户，较年初增长14.17%，公司客户存款1 109.71亿澳门元，较年初增长21.46%。

（二）发挥零售银行综合业务优势，推动个人存款稳步提升。综合运用产品、服务等手段提升争存揽存竞争力，推出网银高息宝、现金赏定存组合等符合客户需求的存款产品。发挥财富管理中心和私人银行职能作用，狠抓高端客户个人存款。在稳定物理网点阵地服务的基础上，大力拓展网上银行、手机银行等服务渠道，推进微信、电台等新媒体宣传渠道。截至2014年底，

工银澳门已有个人客户2.7万余户，较年初增长11.32%，个人存款286.94亿元，较年初增长31.01%。

二、做大做强信贷业务

（一）为澳门经济多元发展提供资金支持，积极开拓内地市场和国际市场。牵头筹组澳门渔人码头重建项目42亿港元银团贷款并承贷18亿港元，澳门名门世家物业项目24亿港元银团贷款并承贷19亿港元。为励盈投资有限公司提供6.8亿港元双边贷款，支持企业横琴项目发展。积极开展业务创新，推进内保外贷项下融资租赁、跨境外债项下直贷等新型融资业务。先后办理内保外贷项下融资租赁11笔，金额5.71亿美元；外债项下直接为境内外企业贷款业务17笔，为海螺水泥、中能硅业、南方石化等大型企业申请融资9.11亿美元。大力拓展港澳及海外大型银团市场，作为牵头行和参加行共参与9项境外银团贷款，承贷12.4亿美元。

（二）扶持中小企业发展，提升个人贷款服务水平。与澳门中小型企业联合总商会签署战略合作协议，为其提供20亿港元融资专属方案。开拓多家中小企贷款业务约29.7亿澳门元。推出“贷融易”新产品，为中小企业提供信用透支、中短期贷款，发票贴现等服务。相继推出“加按易”、金峰南岸“按揭贷款优惠计划”、经济房屋装修“家居易”、学生升学贷款优惠等产品服务。积极参与本地一手住宅按揭市场，市场占比保持在七成以上。与华融集团合作为横琴“琴海湾”项目提供楼花按揭贷款业务，对拓展横琴新区按揭贷款服务具有里程碑式的意义。

三、大力拓展资金业务，开拓新业务增长点

（一）及时把握机遇，加大人民币资金投放力度。通过增加境内人民币同业拆放规模、开拓交易对手，增加资金出路渠道，提高资金运用效益。截至2014年底，境内人民币同业存款156亿元，同业往来利息收入11.51亿元，同比增长315%。

（二）优化负债结构，降低负债成本。通过发行存款证、同业拆借、债券回购等措施积极筹融资金，并不断优化负债结构，降低利息成本。截至2014年底，港元、美元及人民币主动负债余额分别为37亿港元、101亿美元及49亿元，其利率水平分别较期限相当的客户定期存款低1.02%、0.88%及0.21%。

（三）债券组合调结构，有效提升收益。在风险可控前提下，利用久期调控，债券品种调整等策略提升债券组合收益率，当年利息收益同比增加25.04%。

（四）高质量完成次级债发行，增强资本实力。面向国际金融市场成功发行3.2亿美元次级债券，超额认购达到8.4倍，收益率3.955%，创造亚洲区市场（除日本外）附属资本工具发行最低信用利差。

四、大力发展中间业务，推进经营转型发展

（一）积极开拓银行卡业务。通过主题推广、大型企业集团现场营销、与卡中心（国际）合作开展电话营销等方式拓宽发卡渠道；作为澳门购物节筹委会成员及唯一银行合作伙伴，集合多元化的优惠及服务提升客户用卡体验；加强客户用卡安全，完成2万张芯片信用卡换卡和9万张借记卡芯片迁移工作。推出新颖收单产品，引入新型POS端机，优化收单风险监控机制。全年新发信用卡2.5万余张、借记卡2.3万余张，收单业务突破850亿元。

（二）持续发展经纪业务。继续推出保单质押贷款业务，全年佣金收入达7 779万澳门元，较上年增长161%。全年代理股票交易总额106.68亿港元，较上年增长10%；其中，人民币股票交易金额为3 897万元，较上年提升13倍。推出港元计价挂钩人民币投资产品、基金质押贷款产品、基金孖展，并引入iMarket交易平台。全年投资产品销售额约14.3亿元，较上年增长180.4%。

（三）大力推进电子银行业务。实现网银和门户网站在线客服功能上线，成为本地唯一提供多渠道7×24人工服务的银行。全年完成58 060名客户的电话营销，成功率43.31%。推动“移动工银”项目立项，力争将其打造为平台级项目。加强对本地大型企业重点客户全球现金管理业务的营销，新增全球现金管理户数33户。

（四）资产管理业务发展初见成效。实现首笔投行业务的跨境联动，为中金公司和大型机构投资者办理超过人民币100亿元直投顾问业务；配合总行完成多币种境外优先股发行，认购交割人民币50多亿元；联手工银瑞信办理QFII投资顾问业务；成立资产管理部，完善制度架构，加快产品创新。

五、加强信息科技治理，推进产品研发与创新

初步完成全行统一营销平台构建，增强营销活动可视化管理；完成商户收单经营分析管理平台一期项目建设，首次实现收单数据的集中储存和处理；新增海外理财销售系统对债券及结构性产品的支持功能，实现与FOVA的实时联动；建立NASP平特色业务服务平台，实现多个本地应用系统集中管理；成功投产总行版本信用卡综合对账单、银联在线支付（发卡）项目、工银e支付、Escrow资金托管项目等多项重要产品。重视信息安全工作，推进信息安全系统应用；加强生产系统日常健康检查与应急演练工作，在2014年灾备演练中取得境外机构最优成绩。

六、持续加大风险管控力度，提升风险管理水平

（一）完善信用风险管理体系。强化贷款的动态管理、全程管理，跟踪监督贷后管理条件落实情况，积极展开信用风险排查。修订《信贷业务授权实施细则》、《个人住房贷款管理办法》等制度办法，不断健全信贷制度体系。推动 GCMS 应用和优化，投产“个人信贷审批发放流程管理系统”。建成并投产信贷档案库，提高档案查询效率。

（二）严格控制市场风险。修订印发《投资风险管理指引》、《金融机构代理行授信管理办法》，完善风险管理制度。投产产品控制系统（GPC）新版本，不断优化完善金融市场交易平台系统（FMBM）。动态监测代理行交易对手的信用风险状况，掌握代理行的评级变化，有效防范代理行风险。严格执行《工银澳门国别风险管理指引》及总行国别风险管理制度办法，提升国别风险管理水平。

（三）加强内控合规管理。推进实施 FATCA 流程，启用操作风险关键风险指标监测管理系统和操作风险高级计量法应用管理系统，加强操作风险精细化管理。组织开展洗钱风险评估，持续优化总行反洗钱系统，加强日常反洗钱监测及管理。

（工银澳门）

新加坡分行

一、主要经营业绩

（一）经营效益大幅提升。2014 年实现拨备后利润 14 581 万美元，较上年增加 8 420 万美元，同期增幅 137%。其中，利差收入实现 17 770 万美元，较同期增加 9 841 万美元，增幅 125%；中间业务收入实现 2 223 万美元，较同期增加 1 185 万美元，增幅 114%。

（二）资产业务稳健增长，经营结构不断优化。截至 2014 年末，分行资产余额 223 亿美元，较年初增加 108 亿美元，增幅 94%。收益结构上，中间业务收入占营业净收入比例为 11.01%；资金来源结构上，全部存款余额达到 49.57 亿美元，较年初增加 23.11 亿美元，增幅 85%。业务结构上，零售业务、资金托管、信用卡、现金管理、人民币资金交易、私人银行、信用卡等均实现较快增长。

（三）不良贷款清收管控效果突出。不良贷款余额从年初的 1 393 万美元压降至年末的 500 万美元，不良贷款率降至 0.06%，较年初下降 1.37 个百分点。

（四）经营效率显著提升。2014 年分行净息差 1.10%，较上年提高 0.17 个百分点；经济资本回报率 41.56%，较上年提高 19.34 个百分点。成本收入比 15.49%，比上年下降 3.95 个百分点；人均拨备后利润 73 万美元，较上年增加 23 万美元。

二、主要工作措施

分行突出本地化经营这一发展思路，充分发挥境内外优势，加强“内外联动”、“外外联动”，为本地的大型跨国公司、全球 500 强公司、东南亚区域跨国公司以及“走出去”中资企业提供优质的综合金融服务方案，为当地广大华人提供便捷的个人金融服务，客户市场得以进一步巩固和拓展。

（一）公司业务发展迅速。针对中新贸易往来大的特点，依托物流、资金流和单据流设计供应链融资方案，重点发展贸易融资业务，客户包括参与到供应链中的新加坡、中国以及其他国际企业；发挥全牌照特点，积极拓展新加坡、东南亚及其周边地区的借款人和跨国公司的双边和一级银团贷款业务；提升网银产品的核心竞争力，大力推进网银代发工资、全球账户管理、名义资金池等结算产品应用。截至年末，分行公司类贷款余额 108.4 亿美元，较年初增加 21.3 亿美元，增幅 24.4%。其中，贸易融资贷款余额 88 亿美元，较年初增加 17 亿美元；双边及银团贷款余额 21 亿美元，较年初增加 4 亿美元；公司客户 764 户，较年初增加 254 户。

（二）零售市场拓展初见成效。以“完善服务渠道、丰富产品体系、增加客户数量”作为零售业务发展主线，具体围绕网点和 ATM 布局、新产品推广等方面夯实个金业务发展基础。2014 年新开设网点 2 个，ATM 投放 4 台，网点数量达到 5 个；陆续推出个人网银、个人房贷、新汇通、个人外汇买卖、中资企业协会联名信用卡等个人综合金融产品；创新开展代销基金、保费融资等私人银行新业务，在代销债券、保证金融资等领域进行积极探索，成功代销私人银行客户专享 RQFII 基金，初步构建起包括专属投融资、离岸财富配置和非金融服务在内的私人银行产品服务体系。截至 2014 年末，个人客户 9 010 户，较年初增加 6 903 户，

增幅328%；个人网银客户数量3 534户，较年初增加3 006户，增幅569%；借记卡客户数4 075户，较年初增加3 548户，增幅670%；储蓄存款余额2.76亿美元，较年初增加1.66亿美元；信用卡客户数达到2 664户，较上年增加1 441户；私人银行客户数98个，私人银行资产管理规模达到7 608万美元。

（三）金融机构业务范围不断扩大。利用新加坡全球贸易及金融中心的有利地位，市场拓展辐射整个东南亚市场。一方面，扩大风险参贷协议签署银行规模，积极发展信用证保兑、代付、风险参贷等各项贸易融资业务；另一方面，对业务活跃银行进行重点营销，使其成为人民币主账户行，扩大参加银行数量和范围，提高工商银行在人民币市场的地位和影响力。截至2014年末，共有37个国家和地区的91家参加行在清算行开立人民币同业往来账户，较上年增加23户。其中工行集团内机构账户37个，同业代理行账户54个（包括2家中央银行）；为34家参加行设立了账户透支额度。其中，工行集团内机构17家，代理行17家；风险参贷、福费廷等资产余额24亿美元，实现中间业务收入330万美元。

（四）债券资本市场业务贡献突出。为大力拓展离岸人民币债券承销业务，分行对中资企业、新加坡企业、欧美跨国公司进行了认真筛选，制定了潜在客户名单，实施“精准”营销。同时深入了解不同投资者的投资需求、风险偏好及投资策略，挖掘潜在的债券业务投资者及交易对手，做好投资者关系维护工作。2014年，分行参与承销债券21笔，折美元累计金额为61.2亿美元。其中，承销人民币债券16笔，184.5亿元人民币。债券承销业务收入实现115万美元，占分行中间业务收入的5%。承销债券包括第一只非金融公司狮城债（海南航空），第一只本地企业狮城债（SWIBER）、最大金额狮城债（工行新加坡分行40亿元人民币债券），并在2014年5月作为承销团队中唯一一家中资银行，为北汽国际（香港）公司成功发行了15亿元离岸人民币债券。分行在新加坡债券承销市场，尤其是离岸人民币债券承销市场上形成了一定的影响力。

（五）风险及内控把握能力全面提升。健全风险及内控管理体系。建立了风险管理和反洗钱管理两个委员会，按照风险种类和产品属性，分别建立流动性风险、市场风险、操作风险监控体系和不同种类交易的合规监控体系。梳理完善相关制度与流程。在《全面风险管理办法》框架下建立了《市场风险管理办法》、《操作风险管理办法》、《新产品管理办法》、《反洗钱管理实施细则》等，为加强全面风险管理提供了坚实的制度保障。

三、依托人民币清算行市场地位，“新加坡人民币业务首选银行”市场形象逐步树立

借助人民币国际化和工商银行作为全球人民币第一大行的基础，充分发挥新加坡分行作为海外第一家人民币清算行的资源优势，密切关注有关跨境人民币贸易结算及融资的最新政策，将人民币产品和服务嵌入到各项客户营销和市场推广活动中，主动引导客户在日常经营中采用人民币相关产品和服务，使客户形成人民币业务首选工行的意识。

（一）人民币资产规模增长迅猛。围绕打造丰富的人民币贸易融资业务产品线，为客户提供基础性开证、托收、结算等人民币产品以及出口押汇、出口贴现、进口贷款、订单融资等贸易融资产品，实现各种结算方式及客户交易过程全覆盖。积极拓展人民币内保外贷、双边贷款以及银团贷款等信贷业务，拓宽人民币业务渠道。截至2014年末，人民币资产规模达到928亿元，较年初增加595亿元。其中，人民币贸易融资余额404亿元，占贸易融资总量的74%。人民币债券投资达到86.4亿元。同时，清算行的人民币资金池规模日益壮大，2014年末人民币存款规模达275亿元。

（二）人民币清算运行高效稳定。2014年陆续推出“清算网银”等一系列服务产品，通过满足参加行自助实时查询清算行账户余额、账户明细、汇款报文处理状态等信息，清算行服务能力再上新台阶。截至2014年年末，分行人民币清算量累计已达50.67万笔、37.5万亿元，是2013年全年清算量的13.65倍，体现出市场对新加坡清算行不断提升的认可度和信任度。

（三）人民币产品日益丰富多元。充分发挥工行境内外联动优势，结合市场特点和客户需求，研发具有市场竞争力的跨境人民币产品。2014年陆续推出了跨境人民币直接投资、跨境人民币外债融资、离岸人民币银团贷款、跨境人民币放款、跨境人民币双向资金池、上海自贸区跨境人民币直贷、人民币现钞调运等新产品新业务。2014年，分行跨境人民币结算金额达到2441亿元，较2013年增加467亿元；跨境人民币贸易融资额达到518亿元，较2013年增加198亿元。同时，加强商业银行和投资银行业务跨界产品的研发工作，打造在新加坡人民币市场具有一定影响力的资产托管、资产管理等品牌，全面提升分行人民币业务综合服务能力。

（新加坡分行）

东 京 分 行

一、利润快速增长，经营管理效能显著提升

截至2014年末，总资产达84亿美元，同比增长69%；营业收入7 730万美元，同比增长57%；账面利润6 754万美元，同比增长84%，利润增速超过资产增速；成本收入比12.61%，同比降低9.25个百分点；中间业务收入1 349万美元，同比增长13%；贸易类贷款同比增加约11亿美元，增幅约44%；考核口径存款约14亿美元，同比增长245%。

二、深植当地市场，夯实客户基础

（一）加大零售客户拓展力度。围绕银联卡、存汇款等零售业务产品，多措并举开拓潜在客户市场。截至2014年末，个人客户数较年初增长38%，新发银联卡1 996张，跨境汇出款笔数17 704笔。

（二）积极营销当地公司客户。对现金较充裕的日本大学、教育机构及保险公司，侧重推介存款产品，努力扩大客户群体覆盖面。

（三）加强代理行客户营销维护。在资金业务、外保内贷、存款业务、贸易融资、人民币清算等各产品线上全面扩大和加深与代理行的业务合作。与分行建立资金对拆合作关系的代理行达到5家，签订业务合作协议的代理行增加到17家，建立外保内贷业务关系的代理行增加到7家，开设人民币清算账户的当地代理行达到9家。

三、优化融资结构，打造特色业务

（一）优化贸易融资产品结构。着重发展与人民币即期、远期、掉期等附加业务挂钩的结构型贸易融资产品，进一步压缩和控制代付业务占分行总资产比重。截至2014年末，共续做贸易融资业务66.3亿美元，贸易融资余额40.97亿美元。

（二）深入拓展全球500强等优质公司客户贷款业务。以“调结构、控风险、本地化”为目标，加强内外联动，实现信贷业务量质齐增。截至2014年末，非贸易信贷资产余额增长24%，累放额及年末余额均为近5年峰值。

（三）打造特色专业融资品牌。继续把日式飞机租赁融资作为本土化特色产品来抓，严选优质航空公司和主流机型，全力打造特色专业融资品牌。成功营销国航、东航14架日式租赁飞机融资业务，合同金额达2亿美元。

四、推动产品模式创新，深挖市场潜力

（一）积极研发新产品。探索推出“信用证偿付融资”和外债项下融资新产品，设计完成两套业务模式；会同总行、北京分行、伦敦子行等集团内机构以及相关外资银行进行了双租赁公司外债项下融资、集团内风险参贷、集团外信贷资产转让等多项尝试。

（二）深入探索新模式。积极探索贸易融资业务经营新模式，与三井住友银行开展存量贸易融资转卖合作。2014年成功卖出6笔，合计29亿日元；以非资金参与方式参贷三井住友银行当地贸易融资业务共计6 311万美元。

（三）广泛寻找新合作对象。成功营销日本当地知名证券公司日元和人民币清算账户，这是分行首家当地券商客户。

五、加强负债业务精细管理，保障资产业务良性发展

（一）积极开展存款业务营销。对存量客户继续开展深度营销，同时积极营销新客户。截至2014年末，新增存款客户16家，考核口径存款14亿美元，较年初增长245%。

（二）深入挖掘筹资新渠道。积极降低对日元掉期配置资金的依存度，努力新增当地同业资金交易对手。2014年，共发行离岸大额存款证（ECD）15笔，合计金额约9.30亿美元；发行离岸商业票据（ECP）3笔，合计金额约3.9亿美元；在岸大额存款证（NCD）16笔，合计金额约5.86亿美元；在岸商业票据（CP）1笔，合计金额约0.42亿美元。

六、推进人民币业务稳步提升

（一）跨境人民币业务快速发展。开办了多项人民币外汇资金交易产品，有力地推动了跨境人民币业务发展。截至2014年末，共续做跨境人民币结算716.15亿元，人民币贸易融资212.27亿元。

（二）外保内贷取得新突破。2014年，为日本最大中小企业政策性银行在华子公司开立保函，并争揽到该

行20亿日元定期存款。与国内机构联动营销三井不动产3.5亿元人民币外保内贷业务；会同日本生命保险营销当地不动产公司外保内贷业务。

七、强化清算中心基础建设

（一）加强清算中心建设。认真落实总行清算业务发展战略规划，深化日元清算中心建设。2014年末，清算账户数达到53户，其中日元清算账户44户，人民币清算账户9户。

（二）强化清算服务能力。积极配合总行落实清算平台优化项目，提升日元清算平台处理效率。2014年，累计完成清算业务量79 090笔，同比上升10%。

八、加强风险管理控制能力，落实监管合规要求

成立风险管理部，进一步完善风险管理架构。在信用风险方面，进一步强化贷前调查和审查审批工作，不良贷款余额继续保持为零；在流动性风险方面，积极推动负债结构精细化管理，提高流动性风险缓冲能力；在市场风险方面，重点关注利率重置风险，梳理市场风险管理分工；在操作风险方面，加强制度建设和合规培训，有效提升风险管理水平；在声誉风险方面，树立预防第一的管理原则，全年无声誉风险事件发生。

（东京分行）

首尔分行

一、主要业绩

（一）资产效益双双创下新高。截至2014年末，分行总资产达110.91亿美元，较年初增长155%；实现拨备后利润1.04亿美元，同比增长150%，完成总行下达4 760万美元利润指标的218%。

（二）负债结构实现根本转变。截至2014年末，分行总负债为107.45亿美元，较年初增长164%。其中，各项存款余额45.27亿美元，较年初增长360%，在总负债中的占比达到42%，较年初上升18个百分点，成为分行最主要的资金来源；同业拆入在总负债中的占比较年初下降10个百分点。

（三）中间业务收入快速增长。在国际结算、零售、担保、外汇交易等特色业务发展的带动下，2014年分行中间业务收入达1 707万美元，同比增长62%。

（四）客户基础持续巩固。分行以韩元本地清算系统投产和人民币业务特色为切入，全面加强账户营销工作，客户基础持续巩固。截至2014年末，分行对公客户数达800户，较年初净增51%，个人客户数达到1.79万户，较年初净增53%。

（五）在韩国市场地位大幅提升。按净利润口径，分行在韩国全部40家外资银行中的排名位居第4位，首次跻身前五强。资产、存款、贷款、中间业务收入等指标也均进入前十位。

二、主要工作措施

（一）抓重点突破，以人民币业务带动分行跨越式发展。截至2014年末，人民币资产占分行总资产的比重超过50%。分行引领韩国市场人民币产品创新，率先办理了韩国首笔人民币CD、人民币对韩元直接交易、人民币债券、人民币贷款、人民币回购、人民币资产转让等多种业务，获得良好市场反响；与本地金融机构合作创新，成功开发人民币存款市场，2014年末分行人民币存款余额达255亿元，较年初增长589%；积极做大联动项下跨境人民币业务，与境内分行合作推出“汇兑通”、人民币外保内贷、自贸区人民币贷款等多项业务；积极参与韩国离岸人民币市场建设，得到韩国政府高度认可；成功入选人民币对韩元直接交易做市商，并作为唯一一家中资银行荣获2014年度“韩国央行总裁奖”。

（二）抓筹资开源，以主动负债支撑资产业务扩张。坚持资产、负债均衡发展原则，大力推进存款营销工作，截至2014年末，分行存款余额达45.27亿美元，较年初增长360%；创新筹资模式，发行人民币、美元、韩元CD共9.5亿美元，以银团方式在海外筹资2.6亿美元，创下在韩国市场和中资银行筹资的多项纪录；加强与香港等市场联系，确保与韩国同业的承诺拆借额度，扩大资金来源和降低筹资成本。

（三）抓本地化，以综合营销服务深化客户合作。继续以韩国排名靠前的大集团成员企业为目标客户，强化综合营销，以韩元清算系统投产和人民币业务为契机，合作领域扩展到人民币业务、结算清算、外汇交易、资产转让、现金管理等，还在总行的大力支持下成功取得对三星电子银企互联业务的重大突破；大力拓展新客户群体，成功与乐天集团等一批优质客户建立合作；以跨境金融为切入点，积极支持韩资企业“走出

去”和中资企业“走进”韩国；坚持ONE ICBC理念，协助陕西分行成功营销三星SDI西安项目，协助四川分行成功营销现代汽车商用车项目贷款，并派出专人赴江苏分行长期协助营销当地韩企，开创内外联动新模式。

（四）抓产品建设，以特色业务打造分行竞争力。贸易融资业务方面，重新提出打造贸易融资大行的目标，全年累计发放101.77亿美元，年末余额达到45.75亿美元，较年初增长155%；资金业务方面，成功新营销SK仁川等代客外汇交易客户，外汇交易量累计完成549亿美元。人民币对韩元直接交易业务开局良好，市场份额稳居同业前三、在韩中资银行首位；担保业务方面，继续以重工、建筑、能源等外向型客户为主要目标，累计为客户办理各类担保业务170余笔，实现担保业务中间收入380万美元，零售业务方面，以做大客户总量为目标，个人客户总数增至1.79万户。个人存款余额2 235万美元，较年初增长301%；办理个人汇款业务量4.9亿美元，同比增长84%。

（五）抓风险内控，确保分行各项业务稳健合规。始终坚持“风险第一”“内控优先”，根据市场形势及时调整经营策略，确保各项业务依法合规。着重抓好信用风险管理，加强对宏观经济、主要行业和重点客户的风险分析，不断改进信用风险审查方法，强化前中后台联动协作，加强对资产组合和授信额度的监测。着重抓好流动性管理，加强资产负债期限和结构管理，降低期限错配比例。着重抓好合规经营，持续修订完善内控相关制度，开展遵法合规和客户信息保护培训。2014年分行保持了未发生重大信用、市场、流动性和操作等各类风险的管理成果，圆满通过总行和韩国监管当局的检查。

（首尔分行）

工银印尼

一、主要经营业绩

（一）资产负债情况。2014年末，工银印尼资产总额30.21亿美元，较年初增长4.40亿美元，增幅17.1%。负债总额27.42亿美元，较年初增长4.16亿美元，增幅17.9%。

（二）经营效益情况。2014年实现营业收入7 105.62万美元，较上年增加1 037.68万美元，增幅17.1%。其中，实现净利息收入5 902.10万美元，较上年增加1 105.18万美元，增幅23%；实现中间业务净收入1 085.37万美元，较上年增加10.51万美元，增幅1%。本年计提拨备51.18万美元，实现拨备后利润3 452.35万美元，较上年增加767.54万美元，增幅28.6%。

（三）经营效率情况。截至2014年末，资产利润率（ROA）为0.98%，较上年末提升15个基点；资本利润率（ROE）为12.42%，较上年末下降92个基点；存贷利差维持在3.06%，较上年末提高20个基点；成本收入比49.9%，较上年末下降303个基点。

（四）资产质量情况。截至2014年末，不良贷款余额为661.95万美元，不良率为0.33%。

二、主要工作措施

（一）完善业务组织架构，全面推进公司业务发展。2014年，根据业务发展需要，对市场营销部门组织架构和功能进一步优化调整，全面充实和增强前台营销力量。实时跟进印尼政府相关政策，支持中资企业在印尼的煤炭、铁矿石、镍铁冶炼、棕榈等大宗商品贸易。加强与境内外机构的联动营销，成功营销中国石化等中资客户落户工银印尼。在发展本地业务方面，积极参与当地交通、电力、电信、电站等基础设施建设项目，优中选优地支持当地企业发展。2014年新增对公客户数178户，累计新增对公结算账户数291户。

（二）完善营销机制，深入拓展零售及信用卡业务。加大新产品研发力度，不断丰富业务种类，根据客户需求和当地市场实际，先后推出了不同币种、利率和收费组合的储蓄产品。完善营销机制，积极开展全员营销、关系营销和公私联动交叉营销，改善用卡环境吸引客户，促进零售业务快速发展。为提升高端客户的服务内涵和附加价值，制定私人银行业务的发展规划，并对相关业务制度和流程进行修订。截至2014年末，个人客户数同比增加3 680户；全年信用卡新发卡量2 570张，借记卡新发卡量1 157张。

（三）积极抢占市场先机，大力发展人民币业务。准确把握人民币政策和市场变化，大力推进跨境人民币业务发展。丰富人民币业务服务，提供人民币存款理财产品、跨境汇款、贸易融资、项目贷款、外汇交易等服务，努力争做本地人民币做市商；积极配合印尼央行开展人民币与印尼盾货币互换、人民币市场流动性、人民币贸易融资需求等相关调研工作，推动人民币业务在印尼本地市场发展。截至2014年末，跨境人民币结算金额达71.96亿元人民币，跨境人民币贸易融资累计发生额16.61亿元人民币，人民币存款余额达8.1亿元，成功营销5家印尼本地银行新开立人民币清算账户。

（四）进一步优化信贷管理体系，夯实信贷业务发展基础。继续坚持信贷政策指导，引导行业投向，调整信贷结构。充分利用资产管理系统平台，提高信息化信贷管理水平，优化信贷业务流程。单独设立公司业务、商业银行业务和中小企业审批团队，提高审批效率和审批质量；积极做好逾期贷款客户的分析，并对新客户、新项目审批提供指导；提高贷前监督、贷后管理的工作要求，监测信贷全流程的信用风险。按照前台、中台、后台分离原则，推行“总部垂直管理，属地区域集中”的信用风险管理模式，进一步提高信用风险控制能力。

（五）进一步提升风险管理和公司治理水平。健全流动性、利率及汇率风险管理机制，成立利率工作小组，加强对市场研究分析，提高利率管理的科学性和有效性。加快市场业务前中台系统建设，进一步完善流动性敏感性分析制度，开展市场风险和流动性风险压力测试，切实防范市场及流动性风险。依托运营风险管理系统，梳理和理顺业务操作流程，规范事后监督流程，防范操作风险和业务运行风险。积极关注各项新政策新法规的出台并及时在行内进行宣传讲解，进一步修订和完善各项内控制度，对外部审计和内部审计发现问题积极落实跟踪整改，不断提升合规经营水平。

（六）进一步加强信息科技建设。面对印尼本地日益严格的监管环境政策，管理层和科技部门迅速响应，先后完成了全球反洗钱以及本地ATM前置两大应用的部署，持续推动本地数据中心及灾备中心等基础设施建设，为业务发展提供了有力支持。

（工银印尼）

工银泰国

一、主要经营业绩

一是资产保持增长态势。2014年末，工银泰国总资产达到59.2亿美元，较年初增长10%，在泰国经济较低迷的情况下继续保持了资产稳定增长的势头。各项贷款余额为46.13亿美元，较年初增长7.39%。

二是负债和国际结算业务稳定发展。2014年末各项存款合计27.72亿美元，较年初增长5.3%，其中个人存款余额增长10.44%；对公存款增长2.88%。人民币各项存款余额2 134万元人民币，较年初增长61.3%。发债17.4亿美元。2014年累计实现国际结算量52.44亿美元，结算量比上年同期增加27.8亿美元，增幅113%。贸易融资余额2.32亿美元，较年初增长44.1%。

三是不良贷款实现“双降”，拨备覆盖水平提高。2014年末，不良贷款余额7 621万美元，较年初下降749万美元，不良贷款率1.65%，较年初下降0.30%。贷款拨备余额为10 733万美元，较年初增加205万美元。拨备覆盖率为140.83%，较年初增加15.06%，增强了风险抵御能力。

四是经营效益同比提升。2014年实现拨备后利润4 521万美元，同比增加698万美元，增长18.26%。实现净利润3 562万美元，同比增加455万美元，增长14.6%。

二、主要工作措施

（一）落实“一路一带”战略，大力发展本地业务。2014年9月工银泰国和广东省政府在曼谷共同举办“广东21世纪海上丝绸之路国际博览会泰国推介会”。工银泰国以此为契机积极宣传企业形象及跨境金融产品，洽谈业务机会，发挥中泰贸易金融桥梁的作用。

（二）加强产品服务创新，增强市场竞争能力。针对本地市场竞争激烈、自身资金成本高、网点数量较少的现状，积极通过产品创新、服务创新来增强市场竞争能力。针对外国居民特别是中国居民在泰国房产投资的融资需求，通过与新加坡分行合作，推出“外国人房贷”业务，截至2014年末，已累计审批通过54笔申请，金额共1.4亿泰铢，并与20多家大型房地产开发企业和中介公司建立了业务合作关系。为促进本地中小企业和个人信贷业务的健康发展，研发推出“中小企业和个人抵押贷”。推出了企业网银代发工资业务，实现了网上银行跨行预约转账功能，跨行转账受理时间也延长扩展至7×24小时。开办了票据保付、内存外贷等产品，推动跨境业务发展。

（三）加快零售业务发展。存款业务平稳发展，其中个人存款余额9.22亿美元，增长10.44%；个人客户总数突破15.37万户，全年新增客户2.1万户。加入了本地银行卡清算网络 ITMX 项目实时转账服务，实现了银行卡和 ATM 与本地银行的业务对接。投产了 POS 收单业务。投产电话银行一体化系统，建立了本地泰语与广州和香港海外电话银行中心中英文互相协作配合的电话银行服务体系。以代发工资为抓手，协调推进各项零售业务发展。以“借记卡 + 个人网银”和“企业网银 + 代发工资”的套餐组合和个性化服务方案，开展对公客户存款账户和企业网银的综合营销活动。采取抓重点客户、抓重点产品等举措有效促进电子银行业务的快速增长，其中个人网银客户增幅达 181%，企业网银客户增幅达 108%，电子银行交易量增长了四倍，业务占比从年初 40.5% 提升到 47.4%，实现客户规模与交易规模的双增长。

（四）促进租赁业务转型及创新。2014 年设备租赁实现投放 43 亿泰铢，新业务主要集中于航空、工程机械、特种车辆出租和医疗等行业。向亚洲航空租赁第 3 架空客 320 及备用发动机共 13 亿泰铢；为泰国石油 PTT 的第三方物流公司租赁 5.8 亿泰铢国产压缩天然气储运设备等。全年设备租赁业务余额增长约 9 亿泰铢，较年初增长约 9%，不良贷款率为 0.1%。

（五）加强全面风险管理，促进业务平稳健康发展。优化信贷业务审批流程，完善信贷业务授权管理体系和有权签批人机制，细化和明确了执行董事会和信贷审查委员会各自的权限，优化低风险业务操作流程，加强实质风险把控。高度重视流动性管理，流动性覆盖率（LCR）由 2013 年 12 月末的 37.2% 提升到 2014 年 12 月末的 71%，完成了预定目标。

（工银泰国）

工银马来西亚

一、主要业绩

2014 年，子行实现拨备后利润 2 666 万林吉特（约合 763 万美元），比上年增加 1 485 万林吉特，增幅 125%，完成母行下达预算的 127%；实现营业收入 8 543 万林吉特，比上年增加 2 488 万林吉特，增幅 41%。其中：利息净收入 5 887 万林吉特，比上年增加 2 304 万林吉特，增幅 64%；实现中间业务净收入 2 188 万林吉特，比上年增加 168 万林吉特，增幅 8.3%。ROE 达到 6.8%，比上年增加 3.6 个百分点；ROA 达到 0.66%，比上年增加 0.43 个百分点。

二、主要工作措施

（一）结构调整初显成效。子行及时转变经营思路，加强本地化经营，重点发展本地客户存贷款业务。截至 2014 年底，客户存款从 2013 年底的 15.5 亿林吉特增加到 22.21 亿林吉特，占总负债比重从 33.54% 上升到 60.82%，贷款余额从 2013 年底的 18.3 亿林吉特增加到 22.2 亿林吉特，增幅 21.6%。这是子行自成立以来，存款和贷款余额第一次双双超过了同业余额，客户基础日益稳固，本地化经营效果逐步显现。

（二）各项业务实现稳步增长。始终秉承服务中资、支持中企，打造成为中马双边投资、贸易往来的首选银行的营销理念，依托母行品牌及系统，立足本地市场，在批发、零售、贸易融资及金融市场业务等领域都取得了稳步增长。

批发业务实现良好发展态势。截至 2014 年底，子行对公贷款 6.22 亿美元，同比增长 35%；对公存款 5.35 亿美元，同比增长 128%，中间业务创收 215 万美元；累计新增对公企业 254 户，新增对公账户 303 户。成功为中马两国元首见证签约项目——厦门大学吉隆坡分校项目提供了 8 000 万马币的授信支持，并发放贷款 4 500 万马币。为中国南车、中兴马来西亚等在本地有影响力的中资企业提供了保函支持，进一步提升了子行在中资企业中的影响力。在集团境内外联动方面，加入母行公司金融业务部的内外联动平台，利用内存外贷产品突破单一客户额度的政策限制，同福建分行、浙江分行合作累计投放贷款 2 500 万美元；与北京分行合作发放贷款并累计提供 2.3 亿美元的保函转开支持；同深圳分行联动，为亚洲航空在本地市场组建 1 亿美元的银团贷款，并为深圳分行赢得逾 10 亿元人民币存款的留存；与广西分行联动，年揽广西北部湾集团在马来西亚投资项目。在同业机构合作方面，子行建立了与马来亚银行、兴业银行等国内外主要银行的合作沟通机制，通过代理行办理的保函转开、风险参贷等业务累计金额超过 1.4 亿美元。

“大零售”业务迈出新步伐。认真落实母行“大零售”战略规划，围绕“中国元素”，将大型中资企业、使领馆和与中国有贸易往来的本地华人华商作为业务拓展的重中之重，以批量发卡、捆绑营销等方式，积极拓展银联双币信用卡、VISA 信用卡、网上银行和实物黄金等特色产品。到 2014 年底，子行个人客户总数为

15 209 个，增幅为 57%。储蓄存款持续增长，2014 年累计吸收活期储蓄存款 2 366 万美元，定期储蓄存款 5 186 万美元。个人贷款业务健康发展，2014 年末个人贷款余额为 1 360 万美元，增幅 134%。实现全年个人中间业务收入 45 万美元，较上年同期多增 15 万美元，增幅为 50%。先后投产存、贷、汇、卡等 9 大类、43 种零售产品，形成了较为完善的零售产品和服务体系。到 2014 年末，新增信用卡 441 张，完成总行下达年度计划的 110%；新增借记卡 2 900 张，完成总行下达年度计划的 580%；销售实物贵金属 33.57 万美元，完成总行下达年度计划的 112%；办理个人预结汇汇款 5 379 笔，汇款金额 2 872 万美元；并成功启动了私人银行业务。

贸易融资充分发挥中马贸易的桥梁作用。依托母行强大的网络平台，积极实施内外联动，大力发展贸易融资业务，已覆盖出口贴现、信托收据、进口 T/T 押汇、福费廷、结构性风险参贷等多个贸易融资产品。2014 年 3 月与母行签订了《风险参贷协议》，为与 ICBC 集团内所有分行合作办理风险参贷业务奠定了基础。

金融市场业务实现较快增长。充分利用人民币业务大行地位以及境内外联动的优势，抓住海外人民币业务迅速发展的时机，积极与母行和境内分行联系，通过存放同业和增加债券投资等方式，不断开辟人民币资金运用渠道。全年共办理外汇买卖业务 4 934 笔，交易量达到 157 亿美元；资金拆借拆放业务 1 514 笔，资金拆借拆放累计金额 299 亿美元。资金业务净收入达 3 596 万林吉特，占全行营业收入之比为 42%。人民币清算笔数 1 317 笔，涨幅 150%。逐步完善自筹资金的渠道，不断与本地及境内各主要商业银行建立合作关系并核定授信以满足资产快速扩张的需要。截至 2014 年底，子行共计与 47 家同业机构建立授信业务关系。

（三）系统平台进一步得到优化。紧密结合当地市场环境及潜在业务需求，依托集团系统平台，积极推广各项业务系统，优化产品服务，为业务发展提供原动力。为了满足本地监管要求，于 2014 年 1 月顺利完成了工银信使的测试和投产工作，为后续提供更好的客户服务搭建了平台。实施了马来西亚子行网讯系统项目，采用总行的网讯平台版本，在马来西亚当地搭建一套子行的网讯平台，有效提高了子行信息传播效率以及工作效率。实施了 IBG 小额清算系统多窗口项目，从原来的一天两场清算更改为一天五场清算，方便了客户的资金清算。

（四）内控风险管理机制得到进一步完善。制定了《制度建设及管理政策》，对相关政策制度和操作流程进行规范化，并建立了子行的全面风险管理架构，在经营发展中发挥积极作用。

（工银马来西亚）

中 东 机 构

2014 年，中东机构实现账面利润 9 532 万美元。其中，迪拜分行（含工银中东）实现账面利润 6 038 万美元，阿布扎比分行实现账面利润 1 043 万美元，多哈分行实现账面利润 2 451 万美元，各项主要业务呈现良好发展态势。

一、阿联酋机构

（一）主要经营业绩。阿联酋机构（包括迪拜国际金融中心分行和阿布扎比分行）以“立足中资，拓展当地”为指引，致力于优化服务和创新产品，促进中国与中东地区的贸易往来，各项业务取得了较大发展。截至 2014 年末，阿联酋机构资产余额 70.25 亿美元（其中迪拜分行 59.29 亿美元，阿布扎比分行 10.96 亿美元），较年初增长 13.78 亿美元，增幅 24.44%；贷款余额 26.79 亿美元（其中迪拜分行 24.14 亿美元，阿布扎比分行 2.65 亿美元），较年初增长 13.05 亿美元，增幅 100.29%；负债余额 69.39 亿美元（其中迪拜分行 58.67 亿美元，阿布扎比分行 10.72 亿美元），较年初增长 7.07 亿美元，增幅 11.34%；实现净利润 6 862 万美元（其中迪拜分行 6 038 万美元，阿布扎比分行 1 043 万美元），较上年同期增长 5 819 万美元，增幅达 557.91%。

（二）主要工作措施

1. 抓市场，持续拓展目标客户。阿联酋机构不断丰富贸易融资产品，持续加大对“走出去”企业支持力度，2014 年累计为“走出去”中资企业发放贷款 21.58 亿美元。同时紧盯区域内石油、运输行业龙头企业动态，跟踪营销沙特阿拉伯国家石油公司的银团项目、阿布扎比陆地油田区块投资项目等，为迪拜酋长国石油公司提供循环贷款，营销参与阿联酋航空、卡塔尔航空飞机融资项目及阿拉伯联合海运公司船舶租赁等项目。同时，深入企业经营活动的上下游供应链，不断拓展各类中小型企业，2014 年新增对公客户 85 户。

依靠总行高效的科技网络和与结算清算服务能力，不断加大基础业务推广力度，在国际结算、人民币清算、阿联酋本币清算等方面扎实推进。2014 年，完成人民币结算额 616.08 亿元人民币（包括跨境业务 519.93 亿元人民币，离岸业务 96.25 亿元人民币）；充分利用系统直连优势，大力发展本币清算服务，为客户办理迪拉姆清算累计约 3 000 笔，金额达 17.15 亿迪拉姆（约合 4.67 亿美元）。

在做好传统基础业务工作的同时，深化资产结构调整，大力推进以私人银行、资产管理为代表的新业务。2014 年，通过发行存款证等筹资工具累计筹资达 27 亿美元，较好地满足了资产业务对于中长期资金业务的需求，资产负债结构得以优化，流动性管理水平进一步提升。注重整合海湾地区金融资源，积极拓展金融同业、主权基金等筹资渠道，有效打造起本地资金筹集和应用平台，成为全集团海外八大筹资中心之一。同时，经过与总行和当地监管的充分沟通，迪拜国际金融中心分行成为集团内首个境外资产业务平台，利用税收和牌照优势为海外兄弟行进行业务簿记，实现集团利益扩大化和海外机构市场拓展，2014 年完成 4 个簿记项目，金额达 9 100 万美元。

2. 拓网络，落实各项渠道拓宽战略。为突破物理网点数量限制，阿联酋机构大力发展网银业务。自企业网银投产以来，服务功能不断完善，已经形成了包括美元、欧元、人民币、阿联酋迪拉姆等多币种，涵盖账户管理、转账、汇款、外汇买卖等多品种的服务体系。企业网银作为除柜面、支票结算以外的重要结算服务渠道，网银客户数和交易量逐年增加。截至 2014 年末，网银客户总数达到 113 户，全年网银交易数达到 2 506 笔。

3. 强管理，保障经营目标顺利实现。密切跟踪当地法律法规的实施更新情况，保证行内各项业务在合规范围内有效开展。扎实推进行内合规制度梳理工作，以总行各项合规管理制度为基础和指导，初步建立起分行整体合规制度框架。努力实现合规管理与反洗钱业务的全覆盖，各驻地机构紧密结合属地差异化的监管特点和要求，完善合规管理模式。不断提升合规管理、反洗钱水平。加强合规培训，增强员工合规、反洗钱意识与能力。2014 年，阿联酋机构不良贷款继续为零，一年以上表内信贷资产占比 45.19%，较上年增加 31.34%，业务期限结构更趋合理，流动性比率优于当地监管规定。

4. 优化系统功能，有效支持业务发展。在总行指导下，完成了“汇聚式”区域网络高可用架构建设，有效提升了区域网络的可用性、稳定性和扩展性。启动阿布扎比本地清算平台建设项目，完成系统与阿联酋央行本地资金清算系统对接，实现柜面及网银渠道迪拉姆本币清算自动化。继续推动监管报表自动化，减少手工报表数量，提升业务管理系统化能力。

二、多哈分行

（一）主要经营业绩。截至 2014 年末，多哈分行资产余额 30.96 亿美元，较年初增长 6.51 亿美元，增幅 26.63%；负债余额 31.08 亿美元，较年初增长 6.29 亿美元，增幅 25.37%；实现净利润 2 231 万美元，增长 715 万美元，增幅达 47%。

（二）主要工作措施

1. 强化内外联动，开拓本地市场，调整优化资产结构。高度重视客户基础建设工作，以重点客户、重点业务为支撑，加大与本地政府、本地企业和本地同业合作力度。截至 2014 年末，分行内保外贷业务余额 2.44 亿美元，银团贷款余额 9.04 亿美元（其中本地贷款占比近 50%），资产结构得到进一步优化。

2. 拓展渠道，丰富资金来源，扩大负债业务发展空间。满足资产业务需求，拓宽融资渠道，充分利用存款证项目平台，向投资者发行存款证共 22 笔，筹集资金 2.55 亿美元，人民币 53.71 亿元。截至 2014 年末，发行余额为人民币 58.96 亿元，4.162 亿美元，筹集资金主要用于风险参贷、内保外贷等贸易融资项目及债券投资和同业存放业务等。

3. 紧抓人民币国际化机遇，努力打造当地人民币业务第一大行。以人民币汇兑、人民币单证/保函业务、人民币存款为三大突破口，借助人民币贸易融资、境外贷款（含内保外贷）等产品优势，提升客户业务办理量与收益贡献。同时，积极开展离岸人民币资金业务，2014 年末离岸市场人民币资金拆借金额共计 400 笔，金额累计 384 亿元。积极开展离岸及跨境人民币结售汇业务，为跨境人民币贸易提供了汇兑便利。

2014 年 11 月 4 日，中国人民银行对外发布公告，正式授权多哈分行担任多哈人民币业务清算行。这是中国人民银行首次在中东地区选定人民币清算行，标志着工行全球化、跨时区的人民币清算网络进一步完善，对扩大人民币在中东地区的跨境使用起到积极的促进作用。

三、科威特分行

科威特分行筹建工作前后历时近四年，在总行统一部署和科威特分行筹备组不懈努力下，科威特分行于 2014 年 9 月 24 日正式成立并举行了开业仪式。科威特分行成立后，分别对科威特本地大型企业、代理行和中资企业进行了走访营销，探讨在保函、贷款、资金交易、人民币结算等方面开展合作，并密切跟进机场、港口等基建项目。

四、利雅得分行筹备工作开展情况

在总行指导下，利雅得分行筹建工作取得实质性进展。

（一）取得各类监管牌照，公司注册工作全面完成。继2014年5月13日资本金注入后，利雅得分行筹备组扎实推进各项公司注册工作，相继完成外国投资牌照年度更新，取得商业登记证、商会登记证，完成劳工部登记，取得社保登记证书、税务登记证书等，公司注册工作全部完成，利雅得分行从法律意义上已经正式成立。

（二）持续推进IT系统建设。经过与总行信息科技部和当地监管的沟通协调，有序实施各项外购系统部署工作。完成了系统建设一期项目的设备安装和测试，搭建完成分行机房和办公网络，完成核心系统业务需求沟通和确认，启动了SWIFT清算、本地清算等系统的设备安装工作。

（三）储备客户资源，扎实开展市场开拓工作。筹备组通过上门拜访、邮件、电话等方式继续加强与沙特中资企业联系，不断拓展客户群体。先后拜会了当地多家银行同业，了解业务合作机会。积极介入本地大型公司业务，完成了多家公司、机构的评级授信。

（迪拜国际金融中心分行）

工银阿拉木图

一、主要经营业绩

截至2014年末，工银阿拉木图资产总额为2.42亿美元，贷款余额5 724万美元，较上年增加2 046万美元，增幅55.62%。实现营业收入859万美元，较上年增加206万美元，增幅为31.59%。中间业务收入364万美元，增长90%，在总收入中的占比由上年的31%上升至42%。拨备后利润首次突破500万美元大关，较上年增加169万美元，增幅为42.29%；税后净利润468万美元，较上年增加136万美元，增长41.2%；净资产回报率（ROA）为1.93%，资本回报率（ROE）为7.22%，分别较上年增加0.9个和2.73个百分点；成本收入比为27.12%，较上年下降7.17个百分点。

二、主要工作措施

（一）强化客户营销，夯实公司业务基础。建立了高层营销机制，由管理层带头“走出去”寻找业务机会。先后营销走访了中国有色、大唐水电、宝塔石化、中石油、中信集团、西部钻探等中资企业在哈萨克斯坦分支结构，通过集团内联动，梳理出了一批重点优质中资企业在哈萨克斯坦的重大项目，摸清了企业融资需求，并初步拟定了合作框架协议。截至2014年末，子行存量公司客户总数已达到417户，全年新增公司客户62户，新增账户177户，新增企业网银25户，结算量达到374 575亿美元。

（二）深化同业合作，稳步拓宽收入来源。在同业定存业务方面，不断强化集团内机构和哈萨克斯坦当地同业的合作，合理运用闲置资金。2014年存放同业资产余额为169 904万美元，存放同业业务收入超过180万美元。在同业转汇业务方面，2014年代理转汇1 824笔，转汇金额达到2 632万美元。在贷款项目合作方面，重视加强与集团内机构的信息交流，建立了较为顺畅的项目沟通合作机制。

（三）营业收入增长迅猛，经营效益再创新高。着力发展公司信贷、同业存放、代理跨境转汇等业务，实现营业收入859万美元，增幅达31.59%。其中实现贷款利息收入164万美元，增幅为19.46%；实现存放央行利息收入95万美元，增幅达到415.42%，在总收入中占比也由上年的2.83%增加到11.09%。得益于财务顾问业务收入贡献143万美元，实现中间业务（手续费及佣金）收入366万美元，增幅达91.5%，成为子行第一大收入来源，在总收入中的占比由上年的29.26%上升为42.58%。

（四）实施流程再造，优化业务处理程序。2014年对前台业务进行了认真细致的梳理，在确保合法合规的前提下，重新定义了各岗位的具体职责，将FOVA卡功能一一对应至相关岗位，做到人岗匹配，同时在境外参数管理系统中调整了交易限额。通过规范用卡操作流程、调整交易限额、交易代码等方式完成了对营业部的初步流程再造，业务处理程序得到显著优化。

（工银阿拉木图）

河 内 分 行

一、主要经营业绩

2014年河内分行实现拨备后利润1 748.94万美元，剔除资本金计价影响后，同比增长31.63%。ROE达24.16%，ROA达0.82%；成本收入比为26.07%；实现中间业务收入688.65万美元，同比增长542.58%。加大力度调整和优化资产结构，进一步降低离岸资金业务占比，大力推动本地业务发展，取得较好成效。截至2014年末，资产规模达13.19亿美元，其中各项贷款8.52亿美元，占比64.59%；本地同业融资2.88亿美元，占比21.83%。负债总额12.87亿美元，其中各项存款余额1.54亿美元，占比11.97%；集团外拆入资金8.78亿美元，占比68.22%；合计自筹资金比例高达80.19%。办理中越美元通22 904笔，较年初增长约55.76%。个人客户12 564户，新增1 713户，较年初增长13.82%；公司客户累计514户，新增112户，较年初增长26.85%；签订远程服务协议客户22户，签订全球现金管理户2户。保持不良贷款为零，全年无案件和重大差错事故发生。

二、主要工作措施

（一）进一步巩固在越南中资同业领先地位。在4家中资银行越南分行中，河内分行继续保持盈利水平最高的市场地位，同时表现出更强的市场适应能力和发展潜力。

（二）初步形成以银行卡业务为突破口的大零售业务发展战略。通过调整用卡费率、启动积分兑换活动、增加用卡优惠商户等方式，增强了信用卡业务的吸引力，推动零售业务的较快发展。截至2014年末，借记卡累计发卡12 291张，新增2 751张，较年初增长28.83%；信用卡累计发卡1 009张，新增435张，较年初增长75%；银行卡业务实现手续费收入11万美元，各项指标增幅均列境外机构前列。

（三）继续做大做强金融机构业务。根据各个金融机构客户的规模和业务重点，对金融机构产品进行了整合和包装，形成了以同业拆放、同业贷款、国际贸易融资代付、信用证保兑、美元清算、报文加押等产品为主的完整的同业产品链条，在业务营销和推介时，根据不同金融机构类型和需求，推介客户交叉使用产品，收到良好效果。截至2014年，在越南全部的55家本土银行中已有38家银行使用了分行的金融机构类产品，有14家开立了结算账户，得到了越南银行同业的高度好评。

（四）“中越通”美元清算产品稳步增长。“中越通”美元清算产品是较早在境外机构中打出的一个代理汇款清算品牌，以较一般美元清算速度更快、成本更低的优势在同业中引起反响。2014年共营销成功6家代理行使用产品，其中有4家开立美元账户并使用美元汇款服务。2014年末，已有18家代理行开立美元账户，22家代理行使用产品。全年代理行美元通业务共22 094笔，比上年增长了8 199笔，较上年增长约55.76%。

（五）固本培元，夯实客户基础。年初即列出以越南50强企业为主的本土大企业目标客户名单，逐户落实专人跟进，经过一年的努力，成功营销越南煤炭矿业集团、越南贸易总公司、越捷航空公司开立账户。为越南煤炭矿业集团办理出口寄单等业务，为越捷航空公司发放1 000万元营运资金贷款，实现了越南龙头企业开办业务的历史性突破。将唤醒睡眠户作为一项长期性工作，全年共对292户进行唤醒工作，其中94户已恢复办理业务。

（六）不断推动区域协作，扩大协同效应。湄公河区域统一经营管理以来，借助区域资源协同优势，投资老挝央票3笔，金额5 000万美元；累计支持万象分行流动性资金2笔，金额3 000万美元；积极支持仰光分行申设工作。

（河内分行）

万象分行

一、主要工作业绩

（一）财务指标情况。截至2014年末，分行资产共计148 264.41万美元，较年初增加46 158.66万美元，增幅达45.21%。负债共计146 747.54万美元，较年初增加45 149.62万美元，增幅达44.44%。实现账面拨备后利润1 369.03万美元，比上年增加854.11万美元，增幅165.87%；实现净利润1 037.23万美元，比上年增加655.55万美元，增幅达171.75%；实现营业收入1 481.60万美元，比上年增加261.35万美元，增幅达21.42%。

（二）主要工作成绩

1. 稳居老挝主流银行行列。分行成立三年多以来，管理水平进一步提升，经营效益逐年大幅增长，获得老挝监管部门和社会各界的认可，稳居老挝主流银行行列。分行总资产名列老挝外资银行第一位、全部商业银行第二位；人均盈利水平居老挝本土化银行第一位。

2. 人民币清算及转汇款业务取得重要突破。作为老挝人民币清算行，分行主动与本地最大银行老挝外贸银行商洽，积极推动人民币在老挝的国际化进程，实现了人民币在老挝本地跨行跨地区清算。2014年8月推出“中老转汇通”产品，获得了同业的高度认可和一致好评。

3. 本地信贷业务取得新突破。2014年万象分行以自营项目贷款为基础，实现了项目供应链融资业务的顺利投放，该笔业务成为工商银行境外机构办理的首笔项目贷款项下供应链融资业务。制定了《万象分行个人自建房贷款管理办法》和《万象分行个人住房贷款管理办法》，推动了首笔个人自建房贷款和个人二手房贷款的发放，进一步丰富了本地信贷业务产品线。

4. 各类资产业务稳健发展。截至2014年末，累计办理低风险资产业务356笔，金额合计40.83亿美元，实现业务收入1 247万美元。债券投资业务取得突破，丰富了人民币业务投资品种。新增办理外币债券投资业务4笔，投资金额总计7 000万美元，新增业务收入209万美元。利用投资中国境内人民币债券资格，突破性地实现首笔投资中国境内人民币债券2 000万元，实现收入184万元人民币。与口行、开行及国内多家商业银行签署贷款资金托管协议，取得了资产托管和存款业务的重大突破。

5. 银行卡和电子银行业务发展态势迅猛。新增信用卡483张，比上年末增加280张，增长率138%；借记卡5 191张，比上年末增加2 765张，增长率114%。企业网银存量100户，比年初增加66户，增长率194%。个人网银1 226户，比年初增加856户，增长率231%。个人网银交易笔数为1 144笔，增长率83%；交易金额2 312.4万元，增长率88%；企业网银交易笔数和交易金额分别增长136%和382%。

6. 零售业务进一步夯实发展基础。截至2014年末，个人客户数6 357户，比年初增加2 642户，增长率71%；公司客户数520户增加191户，增长率58%。全年跨境汇出汇款4 039笔，金额63 269万美元，汇入汇款1 065笔，金额114 368万美元。全年业务量53.5万笔，现金调缴存取总量2.7亿美元。

7. 科技保障业务发展。信息系统总体运行平稳，全年未发生重大生产事故；高质量完成6个应用版本的测试、投产和推广工作，优化完善灾备体系，提高系统应急能力；向总行提交业务需求4个，参与了ATM等项目的测试、投产工作。

二、主要工作措施

（一）做大做强人民币业务。继续做好人民币债券投资工作，加强同业走访，推动人民币业务的发展，扩大人民币在老挝的影响力。

（二）深入挖掘客户需求。充分发挥系统及产品优势，为本地及中资企业提供更加全面综合的服务，持续加大网银、全球快汇、跨境人民币、全球现金管理、代发工资、银行卡业务的渗透力度。

（三）大力吸收当地存款。积极拓展国开行和进出口银行贷款资金管理业务，拓展项目贷款和销售资金来源。积极拓展全球现金管理业务，目前已与大唐、中水等大型公司开通全球现金管理网银服务。加大资金流向跟踪管理力度，对大额资金支付进行跟踪营销。

（四）进一步发挥内外联动优势。以境外承包及资源并购项目为依托，发挥联动优势，通过买贷、卖贷、融资租赁、银团等产品开拓当地项目，带动供应链融资、保函、信用证等表内外融资业务的发展。

（五）进一步开拓当地的零售业务市场。2014年投产ATM业务、推广POS签约商户，开拓了新的利润增长点。VISA资质获批，VISA借记卡和贷记卡的发卡工作积极推进。大力发展银行卡收单业务，促进银行卡发卡量和中间业务收入的双提升。

（六）推进全面风险精细化管理。充分发挥风险管理委员会的职能作用，持续加强信用、市场、流动性、操作等风险的统一协调管理。内控管理工作取得实质性的进步，达到了内部控制与风险管理的基本要求。

（万象分行）

金边分行

一、主要经营业绩

截至2014年末，金边分行总资产77 943万美元，总负债76 235万美元，贷款余额50 115万美元，全部存款（含同业）29 257万美元，全年营业净收入1 956万美元，中间业务收入301万美元，税后利润1 172万美元，不良资产率保持为零，拨备计提余额501万美元，较上年增加123万美元。

二、主要工作措施

（一）进一步深化经营转型和结构调整，本土化发展水平和资产收益显著提升。分行以深化经营转型为目标，进一步确立了离岸与本土、资金与信贷并重的“双轮驱动”发展模式。2014年实现本土业务营业净收入836万美元，本土化收入增长翻番，本土化业务贡献近半。

信贷业务本土化进程加快。本土贷款余额8 019万美元，较2013年增长52%，本土信贷客户增加到10户，较上年增长150%；完成首笔固定资产融资、个人抵押贷款、法人账户透支业务，信贷产品进一步丰富。

本土存款大幅增长。一方面，加大对中国路桥、中水、广外建等重点公司客户的营销力度；另一方面，大力开展代理行存款营销，取得良好效果。截至2014年末，分行本土业务资产24 494万美元，本土业务存款29 257万美元，实现本土业务资金自求平衡。

深化资产负债结构调整。努力提高资产收益，增强本土资产业务议价能力。分行小型金融机构贷款的综合收益从上年的6.5%上升到6.75%～9%。实施灵活定价策略，千方百计降低负债成本，为分行发展本土业务提供资金支持。

（二）以存贷款为核心拓展客户基础，增强可持续发展能力。客户基础进一步夯实，公私联动初见成效。盯住重点项目，2014年实现3个口行优贷项目资金账户、工银租赁1个监管账户落户分行。做好公私联动，定期研究客户结构、行业策略、利率和费率定价策略、产品策略；对重点客户实施分层营销，建立起全产品营销的公私联动机制。

积极稳妥开展内外联动。与工银国际、华商银行、招商银行和广发银行等建立合作关系。在传统的内保外贷和风险参贷业务基础上，2014年新增加美元外债直贷业务、人民币直贷业务、人民币跨境融资，拓宽了离岸低风险信贷业务品种。

努力拓展同业资金池和清算网络，确立分行在当地同业合作中的核心地位。坚持每天对同业和客户形成人民币利率和汇率报价机制，取得人民币定价权，形成了以分行为中心的同业资金池。由原来的单一资金业务合作拓展至存款、贷款、银联网络共享、清算及人民币业务等多个领域。与柬埔寨加华银行等当地同业签订代理汇款协议，弥补了分行无分支机构的劣势。

（三）积极贯彻“大个金”战略，分行零售产品线建设取得明显优势。个金业务产品线建设快速推进。2014年成功发行VISA卡并开展VISA收单业务，共新增发行借记卡2 129张，比2013年末增长156%；信用卡发卡业务增长迅速，全年新增信用卡277张，较2013年末增长139%，动卡率83%；成功推出工行信使，成为柬埔寨当地同业市场上唯一一家提供此项服务的银行；成功投产ATM，延伸零售业务服务渠道；完善网银服务功能，开通网上预结汇和网上定期存款产品，网银捆绑率达到50%。

大力推进“中柬通”汇款和银联网络合作向纵深发展，中间业务收入增长迅速。完成与加华等银行自动转汇协议制定，2014年汇款3 253笔，实现中间业务收入60.3万美元。

（四）大力推进人民币业务发展，稳固人民币业务领先地位。资金清算实力同业领先，取得央行人民币清算行资格。截至2014年末，分行人民币存款余额为2.07亿元，遥遥领先第二，代理行在分行开立人民币清算账户6户，实现跨境人民币结算量77 849万元，在柬埔寨人民币业务发展中占据主导地位。

持续扩大央行资产管理成果，促进央行人民币储备再上台阶。自2013年9月与总行及新加坡分行联手为柬埔寨国家银行（央行）提供人民币资产管理以来，分行持续加大营销力度，使其委托工行管理的资产规模在短短一年时间内大幅增长。2014 年末，柬埔寨央行在工行定期存放人民币 50 283 万元，较年初增长 258. 14%。

打通跨境汇款路径，实现人民币代发工资业务。通过同境内分行合作，办理 4 户企业的跨境人民币代发工资，代发额 538 万元人民币，打通了个人人民币跨境汇款的路径，成为目前柬埔寨唯一开办个人跨境人民币汇款业务的银行。

（五）流动性管理及资本约束管理得到改善，通过首次监管现查检查。通过补充附属资本、吸收低成本同业存款、风险参贷、设定缓冲区等多种措施，有效控制分行流动性风险，增强资本实力。2014 年末分行偿债比率 19%，流动比率 284%，各项监管指标均处于优良水平。同时，分行顺利通过柬埔寨国家银行首次现场检查，内控合规管理得到有效检验。

（金边分行）

仰光代表处

一、成功竞标分行牌照

（一）密切联系缅甸央行，第一时间掌握机构升级政策变化。仰光代表处成立至今，谋求机构升级一直是代表处的核心工作之一，代表处始终密切保持与缅甸央行等政府部门的联系，高度关注银行业开放动态。2014 年初，代表处了解到缅甸银行业对外资开放计划或将产生重大的变化，拟由原来的“三步走”（按照外资银行代表处—合资银行—外资银行分行或子行的步骤渐次开放）变为“一步到位”（允许外资银行开设分行或子行）。5 月 23 日，缅甸央行向在缅甸设有代表处的外资银行发出邀请函，邀请外资银行提交在缅申设分行的意向函，以招投标的方式拟颁发 5 ~ 10 张批发银行牌照，机构形式为分行，初期服务对象限于外资企业及本地银行，最低实收资本为 7 500 万美元。缅甸央行成立了牌照许可委员会专门处理外资银行申请牌照事宜。

（二）在总行和区域指导下，全力完成分行牌照竞标材料。仰光代表处在请示总行后，于 5 月 30 日代总行向缅甸央行提出了有条件意向函，随后，仰光代表处在总行国际业务部及区域的指导支持下，投入紧张有序的申设材料准备工作中，克服时间紧迫，人员短缺，参考资料匮乏等不利因素，如期按照缅甸央行对投标文件要求的内容和数据口径完成了机构申设可研报告。

（三）通过不懈努力，最终获得分行预批复牌照。9 月 2 日，收到中国银监会文件批复，正式同意在缅甸申设分行。标志着境内监管审批正式完成。10 月 1 日，缅甸中央银行正式给予包括工行在内的九家外资商业银行在缅甸开设分行的预批复。

二、有序推进仰光分行筹备工作

在获批预批复牌照后，仰光代表处对照缅甸中央银行对新设分行开业前各项准备工作要求，着手统筹筹备开业过程中人力资源、科技系统、办公选址装修、监管审批、制度建设、业务资源储备等各项工作。

三、加强业务及客户资源储备

仰光代表处积极走访并接待来访的驻缅中资企业，通过与中资在缅代表进行访谈，介绍仰光代表处现状及分行未来发展计划，主动推荐工商银行融资产品，为企业提供外汇政策介绍、汇款、结算和融资等咨询服务。一年间，代表处共拜访和接待来访企业 60 余家，通过面谈、电子邮件和电话为客户提供在缅经营、汇款、融资等金融咨询服务，奠定了良好的客户基础。利用已获得的离岸贷款贷前调查牌照，多渠道搜集项目信息，全力营销融资项目。2014 年共接洽有融资需求的企业 10 家，为 5 家企业（6 个项目）提供了融资计划。

四、开源深耕，继续拓展缅甸代理行关系

仰光代表处高度重视代理行业务拓展，将其作为核心工作之一全力推进。截至 2014 年末，已有缅甸代理行 11 家，其中缅甸国有银行三家，私营银行 8 家，其中与 KBZ 银行、CB 银行、东方银行建立账户行关系，并已试做成功多笔美元汇款，信用证，保函业务。同时，代表处继续拓展深化与其他代理行的合作关系，推进代理行分层级管理。

（仰光代表处）

卡拉奇分行

一、探索经营转型，积极拓展市场，超额完成总行下达的经营任务

面对巴基斯坦经济复苏缓慢等困难，分行一方面依托集团优势，提升跨境人民币业务、保函业务等拳头产品的创利能力，另一方面注重业务创新，开辟新的盈利增长源。截至2014年末，分行公司客户数达218户，较上年末增长36%；个人客户数582户，较上年末增长14.12%；汇兑通业务交易总量925亿元人民币，实现汇兑收益及估值收益约304万美元，通过该项业务累计完成跨境人民币结算量929亿元人民币，完成全年任务的169%；掉期投资组合项目交易量9.78亿美元，实现收益1 090万美元；存款余额9 442万美元；各项贷款6 042万美元，较上年末增长65.52%；资产规模达到75 295万美元，较上年末增长31.81%，无任何不良资产；营业收入2 311万美元，同比增长1 440万美元，增幅165.33%；利息净收入3 516万美元，同比增长25.40%；中间业务收入474万美元，同比增长71.72%；实现拨备后利润1 398万美元，较上年末增长456.97%，比总行下达的300万美元的全年任务多完成1 098万美元，计划完成率达1 397%；实现税后利润845万美元，较上年末增长167.41%。

二、巩固优势产品，提升重点产品综合贡献度

（一）汇兑通业务快速发展，跨境人民币业务保持领先。继续把跨境汇兑通业务作为拳头产品加以推进，加大营销力度，合作机构不断增加，业务规模稳步攀升，超额完成总行当年下达的人民币结算量考核指标，步入跨境人民币业务大行行列。

（二）保优势、推创新，做大做强保函业务。突出业务集中处理时效性强等业务优势，做好存量客户的持续营销。积极拓展新的客户资源，成功营销办理山东科瑞、许昌广莅公路、三峡国际、北新路桥、中国水电等客户的保函转开业务。加大了未入账收入的催收工作，做到实时对账、精细管理，在外未收回的保函手续费较年初大大降低。

（三）践行本土化发展战略，资产业务取得新突破。坚持优选当地客户，渗透当地市场，推动本土化战略转型，突破资产业务发展瓶颈。截至2014年末，分行表内贷款余额6 042万美元，同比增长65.52%，贷款利息收入420万美元，同比增长289.81%，资产业务取得较大发展。

（四）加大代理行营销力度，积极开展同业合作。积极建立合作关系，营销代理行开户，并做好日常关系维护。共与25家代理行交换密押，成功营销了7家当地代理行开立代理行账户。为辖内14家当地代理行核定了授信额度，通过和中东机构、工银伦敦联动，以风险参贷方式办理信用证保兑业务。拓展外部交易对手，为做大做强代客资金交易业务奠定基础。相继与汇丰银行香港分行及美银美林香港机构建立了交易对手关系，进一步拓宽了分行的外部资金交易渠道。协助总行成功与巴基斯坦阿尔法拉银行签署ISDA协议，为分行与本地交易对手开展卢比远期、掉期等衍生产品交易业务铺平了道路。

（五）推动重点项目进展，寻找新的业务突破。一是积极推动人民币业务发展，争取人民币清算行资格。编写了本地人民币清算业务方案提交巴基斯坦央行，并定期与巴基斯坦央行沟通，推进审批工作进展。2014年4月，正式投产了借记卡产品，全年发行借记卡70张。第二季度正式投产了银行卡本地1Link网络受理业务，银行卡产品已覆盖巴基斯坦全境的1Link网络，11月实现了商务卡系统投产。

（六）扩展服务网络，完善经营布局。2014年上半年，分行正式向总行提出在拉合尔设立分支机构的申请并顺利获批。拉合尔支行于同年12月29日正式对外营业。同时，经过前期的营销攻坚，已经有较多客户与分行建立或拟建立业务往来。其中海尔鲁巴公司已成功办理多笔信用证及融资业务，TCL公司、如意纺织、中兴能源、济南轻骑等大型中资企业已开立结算账户。

（七）风险防控合理有效，经营发展健康稳定。严格按照总行风险管理和当地监管要求，以成为“巴基斯坦监管评价优秀的外资商业银行”为目标，全力做好风险管理、内部审计和内控合规工作，全年未出现重大风险事故，无任何不良资产。积极开展合规和法律审查，前移风险防范关口，确保业务健康发展。

（卡拉奇分行）

孟买分行

一、主要经营业绩

2014 年孟买分行实现账面利润 1 006 万美元，较上年增长 309 万美元，增幅 44.4%；成本收入比 30.6%，较上年下降 6.70%。资产总额实现翻番，达 32 265 万美元，较年初增长 16 755 万美元，增幅 108%。负债总额达 33 647 万美元，较年初增长 16 169 万美元，增幅 93%。中间业务收入达 384 万美元，是上年的 2.24 倍；存款月均增量（含存款证）675 万美元，增幅达 13.8%；客户数增量 112 个，增幅 26%。不良贷款率以及案件发生情况继续保持零纪录，风险控制成效良好。

二、主要工作措施

（一）集团联动工作打开新局面。成功与总行专业部门、境外分行联动，打开了跨境贷款集团内合作的新局面。全年总共向总行、香港分行、新加坡分行和迪拜分行推荐跨境银团贷款 6 笔，累计参贷金额 4.27 亿美元；围绕“走出去”企业金融需求，加强与总行和境内机构联动，仅转开保函和进口开证业务就实现中间业务收入 88 万美元，较上年同期增长 35 万美元。

（二）跨境人民币业务规模再创新高。依托跨境人民币汇兑通，加强与境内外机构的联动沟通，跨境人民币业务规模再创历史新高。全年总共办理跨境人民币汇兑业务 105 笔，累计交易金额 25.32 亿美元，业务规模是上年同期的 2.1 倍；实现点差收入 66.49 万元人民币，是上年同期的 1.57 倍。

（三）围绕机构可持续发展，加快本地经营转型步伐

1. 客户本地化程度持续提升。截至 2014 年末，法人客户数 92 户，较年初新增 20 户，增幅 27%，其中：新增本地印资客户 8 户。

2. 业务本地化范围不断拓宽。继续做好优质本地印资企业日常融资服务，与本地行业知名企业续做营运资金贷款共计 24.7 亿卢比，新营销本地基建行业优质客户营运资金贷款共计 24 亿卢比。积极进入本地优质银团贷款市场，参贷由渣打银行牵头的房地产银团 7.63 亿卢比，实现了本地银团贷款业务突破。截至 2014 年末，孟买分行本地印资客户贷款余额占比为 96.06%，支持企业走出去贷款余额占比为 3.94%，业务本地化特点逐步显现。

3. 系统本地化应用逐步完善。2014 年先后投产上线了印度本地银行间资金交易系统和印度政府债券交易系统，实现了直接参与印度政府债券交易的突破。根据本地监管报表报送要求，全年总共完成 23 张报表自动化的研发。

4. 渠道本地化扩张加快推进。在 2013 年末获得总行同意申设德里机构的批复后，孟买分行继续加快推进经营渠道的本地化扩张，协助总行做好国内监管报批手续的相关准备，成功于 2014 年末获得批准。

（四）结合当地经营环境，突出重点产品线建设。国际结算业务收入增长显著。截至 2014 年末，孟买分行累计实现国际结算量 51 093 万美元，较上年同期增长 3 243 万美元，同比增幅 6.78%。贸易融资业务保持稳步发展，全年累计发放贸易融资 7 434 万美元，较上年同期增长 2 255 万美元，增幅达 43.54%。资金业务实现综合化发展。实现资金投资渠道多元化，投资债券余额 2 875.76 万美元，累计实现收入 190.10 万美元；累计办理本币资金拆放 1 369 亿卢比，美元资金拆放 11 750 万美元，总共实现拆放利息收入 125.02 万美元；首次尝试公开市场操作投资渠道，实现利息收入 96.95 万卢比。实现外汇交易业务常态化，全年累计与交易对手及客户续做外汇买卖交易 487 笔，同比增长 180 笔。成功打通了本币资金拆借和筹措渠道，总行资金支持、境外资金拆借和本币资金筹措已成为分行资金来源的“三驾马车”。

（五）立足全面风险管理，确保依法合规经营成效。重点加大对业务管理制度完备性、业务资料合规性的自查力度，顺利通过央行年度现场检查，获得了央行积极正面的经营评价和较低风险评级。加强流动性风险管理，建立资金头寸分析日报制度，细化流动性风险监测；根据分行资产负债动态变化，及时做好投资策略调整。完善本地灾备场所建设，在数据中心（上海）支持下，完成了灾备场所的网络环境设计与部署，安排了总行级应用的灾备演练。

（孟买分行）

工银欧洲和卢森堡分行

一、主要经营业绩

2014 年，工银欧洲和卢森堡分行实现营业净收入 2.44 亿美元，同比增加 7 047 万美元；中间业务净收入达到 7 616 万美元，同比增加 4 614 万美元；拨备后利润实现 1.72 亿美元，同比增加 7 030 万美元，增幅达到 69.46%；拨备后人均利润再创历史新高，实现人均创利 50 多万美元。工银欧洲被英国《欧洲货币》杂志“卢森堡最佳银行”奖项，是中资商业银行的境外机构首次在《欧洲货币》评选中获取国别最佳银行奖项。

二、主要工作措施

（一）资产规模稳步增长，负债结构进一步优化。2014 年，工银欧洲和卢森堡分行进一步加强内外联动，积极发展贸易融资、内保外贷业务，同时深入挖掘欧洲当地市场资源，大力发展银团贷款、双边贷款等业务，资产业务实现多点开花，资产规模稳步增长。到 2014 年末，工银欧洲和卢森堡分行总资产规模达到 179.81 亿美元，较年初增加 45.73 亿美元，增幅 34%。与此同时，工银欧洲和卢森堡分行的负债结构持续发展和完善，融资渠道进一步丰富和稳固；总负债规模约为 174.22 亿美元，客户存款快速增长，存款规模达到 40.99 亿美元，年末占负债总额的 23.52%，规模增长超过一倍，成为重要的资金来源。存款证项目的融资稳固作用逐渐发挥，2014 年末存款证融入资金 67.30 亿美元，占总负债的 38.63%。启动欧洲中期债券项目，进一步完善负债结构、增强在中长期负债方面的融资能力。

（二）坚持走本地化、特色化客户营销道路，实现公司、零售客户的稳步增长。工银欧洲和卢森堡分行紧密围绕国内“走出去”企业、当地世界 500 强、欧洲本土行业龙头三大目标客户群体，推动本地化、特色化经营。截至 2014 年末，公司客户数为 1 389 户，较 2013 年末增长了 31.53%。在欧洲当地监管反洗钱要求日益严格的环境下，工银欧洲和卢森堡分行通过丰富零售产品线、制订有效客户营销方案以及开展与境内分行内外联动等方式持续推动客户拓展。截至 2014 年末，个人客户数（不含中小企业客户）达到 8 733 户，较年初增加 1 247 户，增长率为 16.66%；中小企业客户达 655 户，较年初增加 204 户，增长率为 45.23%。

（三）加快业务转型发展步伐，打造四大转型产品业务线。投行业务方面，2014 年实现全口径投行业务收入同比增长 65.30%；其中并购重组顾问业务收入达到 441 万美元，较 2013 年增长 451%。完成并购项目 6 个，其中包括复星国际收购葡萄牙最大保险公司 CSS 项目等，并购交易总金额超过 15 亿欧元。

私人银行和资产业务方面，全球视图 100 万美元以上的私人银行客户较年初增长 88%，其中资产全在欧洲本地辖属分行的客户资产数量较年初增长 90%。与此同时，工银欧洲在基金业务上取得重大突破，于 2014 年 12 月成功发行了欧洲市场上首只投资于中国境内债券市场的 UCITS 基金，工银欧洲也成为首家进军欧洲投资基金行业的中资银行。

现金管理业务方面，充分借助工商银行集团遍布全球的业务网络，联合境内外机构共同做好全球现金管理业务的营销与服务，全力提高全球现金管理业务在欧洲市场的影响力。马德里分行成功为西班牙西蒙电气集团搭建并投产使用了本地资金池，标志着工商银行欧洲地区首个本地资金池项目成功上线，在拓展欧洲本地客户市场上取得重要突破。

人民币清算业务方面，2014 年 9 月 16 日，中国人民银行正式授权卢森堡分行担任卢森堡人民币业务清算行，向参加行提供人民币清算及结算服务。12 月 4 日，卢森堡人民币清算行开业仪式在卢森堡成功举行。12 月 22 日，卢森堡人民币清算行业务正式投入运营，当日清算行实现清算业务量 110 笔，共 253.08 亿元人民币，涉及业务类型包括卢森堡与中国贸易项下跨境汇款、欧洲本地汇款、与香港市场的离岸清算、购售汇以及银行间头寸调拨。此外，工银欧洲努力做好为代理行新开人民币账户工作，其中包括为全球最大证券托管公司之一的 Clearstream 开立了人民币清算账户。

（四）实行全面风险管理，强化区域管理职能。工银欧洲和卢森堡分行全面加强风险管理，按照总行欧洲区域战略规划及部署安排，积极探索区域信贷管理和风险管理模式，及时梳理并规范全辖区信贷及风险管理流程，不断完善统一联动的区域风险管理体制，确保全行稳健、安全运营和可持续发展。通过审批集中、参数集中、财务集中、报表集中、网络和系统集中强化总部的“决策中心”和“管理中心”，保证对其所辖机构所有活动的有效控制；根据卢森堡金融监管局（CSSF）要求，实施了关于公司治理、内部控制和风险管理的提升项目；强化董事会在公司治理中的重要作用；强化内部控制在银行经营管理中的保障作用，建立内部控制的“三道防线”（操作层面的控制、财务会计/信息科技/风险管理/合规层面的控制、内审层面的控制）；明确了从董事会、管理层、内部控制部门到员工个人在经营活动中的责任，形成了结构更加清晰、权责更加明确，流程更加优化，内部控制机制更加健全的管理框架。

（工银欧洲和卢森堡分行）

法兰克福分行

一、主要经营业绩

（一）经营效益不断提升。2014 年，面对德国监管要求显著加强、欧央行负利率等外部影响，法兰克福分行一手抓业务发展，一手抓管理优化，各项业务实现了稳步增长，内部管理水平进一步提升。截至 2014 年末，资产总额 14.45 亿美元，负债总额 13.79 亿美元；实现税前利润 2 003 万美元，同比增加 244 万美元，增幅 13.89%；ROA 为 0.77%，与上年基本持平；ROE 为 10.97%，同比提高 1.58%。

（二）客户基础进一步扩大。全年新增对公客户 84 个，结存数达 483 户，增长 16.9%；新增对公账户 108 个，结存数达 643 户，增长 18.9%；新增个人客户 104 户，结存数达 1 524 户，增长 7.37%；新增个人账户 219 户，结存数达 1 856 户，增长 13.38%。全年新增代理行 6 家，总数达 42 家，增长 17%；代理行新开本币账户 6 户、外币账户 3 户。与 14 家金融机构新建立了资金交易关系。

（三）本地融资能力持续增强。货币市场融资总量达 12.07 亿美元，较上年同期增长 12.49%。全年共完成掉期交易 83 笔，金额总计 43.6 亿美元，融资成本比同期限货币市场交易下浮 20 ~ 80 个基点。首次成功搭建了 CD 融资平台，成功完成首笔 1.2 亿元 CD 发行工作，综合融资成本低于同期人民币货币市场融资成本 50 个基点。推出“工银聚宝盆”马年新春人民币大额定期存款产品，填补了大额存款产品空白。

（四）人民币业务继续保持强劲增长。2014 年累计办理跨境人民币结算业务 981 笔，同比增长 42%；金额 689.87 亿元，同比增长近 40%。累计办理跨境人民币贸易融资 333 笔，同比增长 61.7%；累计发放金额 141.44 亿元，同比增长 78%，跨境人民币贸易融资量占分行贸易融资总量的 71%。实现跨境人民币结算金额 260 亿元，跨境贸易人民币融资累计发生额 70 亿元。将市场需求与总行“工银跨镜通”系列产品相结合，办理了多笔创新型结构性贸易融资业务，累放额达 7 613.13 万美元。

二、主要工作措施

（一）进一步发挥全行欧元清算中心作用。2014 年，分行清算业务实现“主要指标稳步增长、业务基础不断巩固、安全生产事故为零、服务投诉为零”的良好业绩。

1. 清算业务量蓬勃发展。全年清算总笔数达 43.9 万笔，同比增长 18%；金额 3 276 亿欧元，同比增长 15%。代理本地同业欧元（CEE）、美元（CUE）汇款 5.1 万笔，同比增长 2%；代理本地同业人民币清算 229 笔，同比增长 15%。全年实现清算业务中间业务收入 520 万欧元，以实际收入币种欧元计算同比增长 7.29%。

2. 完成所有欧洲机构 SEPA 代理清算工作。集团所有欧洲分支机构通过法兰克福分行间接加入并参与了 SEPA 清算。同时，分行借助 TARGET2 的清算渠道，整合并优化了面向欧洲机构的 SEPA 区内紧急汇款服务，实现了系统自动识别紧急汇款并自动选择 TARGET2 清算渠道进行处理，大大提高了欧洲机构汇款的清算效率。

3. 清算代理行营销取得喜人成绩。开立欧元清算账户的中资同业超过 20 家，并先后为 10 家同业客户向德国央行进行了 TARGET2 的成员登记申请，使其成功注册成为 TARGET2 系统中法兰克福分行名下的二级清算行。完成了工银新西兰、伦敦分行、卢森堡分行、新加坡人民币清算行以及科威特分行的欧元清算账户协议签署和账户开立工作，集团内欧元账户和清算业务的集中度和份额不断提高。

4. 代理银行卡清算业务继续发展。积极参与工银信用卡（国际）的“法兰克福分行代理欧洲各机构的万事达卡清算”项目和工银马来西亚、工银亚洲 VISA 多币种卡发卡项目，成功代理了工银欧洲辖下六家分行的万事达卡的欧元清算业务。

（二）做好总行欧洲时段跨时区资金运作。继续承担总行跨时区欧元资金隔夜运作职责，累计对总行大通欧元账户 62.4 亿欧元资金进行了 56 次运作，未发生一笔差错。根据欧洲央行负利率政策，为减少经营支出，分行在保证当日联行指标的基础上，努力减少总行清算头寸占用，有效节约资金成本。此外，作为欧洲时段工行资金交易中心，积极为工行集团内机构提供货币市场交易服务。

（三）积极联动总分行，服务“走出去”企业。2014年6月，配合总行举办中德企业家论坛，取得良好效果。5月，分行与苏州分行合作，成功举办了“太仓走进德国—图特林根太仓日”活动，并在卡塞尔举办了苏州高新区投资推介会。10月，分行首次在国内开展了内外联动走访活动，拜访了位于苏州、昆山及太仓工业园区的多家德资企业客户。继续保持与金风、萨固密、KHD洪堡公司、中德生态园等“走出去”中资企业的密切关系，成功为中国建材集团、江苏徐工集团、中丝集团、云南锡业、重庆轻纺集团等一大批优质中资“走出去”企业在德子公司提供融资，支持“走出去”企业在德国的业务发展。

（四）资产业务创新挖潜，不断探索业务新模式。2014年贸易融资业务继续增长，累计办理业务470笔，累放金额32.11亿美元，较上年增长37.6%。抓住新的利润增长点，债券投资收益同比增长112%，全年完成人民币债券投资27笔，累计金额16.7亿元，较上年大幅提升213%，且所有投资发行主体均拥有国内最高评级。积极探索外外联动业务新模式，借助境外信贷簿记中心成立契机，将重点“走出去”客户在德国子公司推荐至迪拜分行，并作为业务推荐行协助其完成客户尽职调查等相关工作，顺利完成欧元贷款的发放，解决了本地客户资本约束、单一客户集中度高等问题。

（五）各项中间业务全面推进。国际结算业务取得新突破，分行与上海、吉林分行内外联动，首次成功参与大众集团分红业务，并在该集团信用证和托收等业务基础上，进一步开拓短期融资等需求。代客外汇买卖业务稳步推进，全年共完成线下即远期代客交易606笔，总金额2.14亿美元；网银外汇交易1 128笔，总金额861.5万美元；完成错币种代付配套的即期结售汇交易18笔，金额6 045万美元。继续推动投行业务发展，在并购买方顾问业务、并购卖方顾问业务、债务重组顾问业务、市场拓展顾问业务等方面受理和储备了十余个项目。现金管理业务继续发展，2014年末共有全球现金管理客户14户，账户20个。

（六）管理与运营

1. 风险管理合规有效，顺利完成多次内外审计检查。2014年分行继续以强化信用风险管理为核心，加强全面风险管理工作，全年未出现重大风险事件，不良贷款率保持为零。年内接受了本地KPMG审计、德国存款保险协会审计、德国监管Trading Book审计、总行内控合规部检查、内部审计局的审计后续跟踪以及德国央行专项审计等。

2. 科技保障得力，系统安全运行。全年业务专线网络可用率及物理服务器、虚拟服务器、硬盘服务器可用率均为100%，无生产故障。完成了本地监管报表系统升级和财务报告管理系统、系统内机构内部交易询价系统、外币债券集中交易系统、金融市场业务报表系统等多个系统的投产工作。根据监管最新要求，分行在辖属的杜塞尔多夫建立了灾备环境，并顺利完成欧洲区域应用系统集中项目。

3. 全面提升内部管理水平。开展了全面提升内部管理水平的“MOP计划”（Management Optimization Project），外聘安永会计师事务所对全行各风险管理环节进行系统梳理并开展诊断性分析，取得了明显的管理提升效果。多项重要机构及人力资源管理提升举措相继出台；流程梳理、制度更新和模型优化方面成果丰硕；开展了多项科技创新，为业务发展打下良好基础。

（法兰克福分行）

巴黎分行

一、调整资产结构，努力提高信贷资产业务收益

面对卢森堡监管机构调整工银欧洲资本充足率要求和低风险业务计算权重的新情况，巴黎分行加大精细化经营和管理力度，调整优化资产结构，努力增加高收益优质资产或风险权重低的业务，保持了资产息差稳定。

二、坚持法资与中资重点客户两手抓，进一步深化与重点客户合作

根据巴黎大企业较为集中的特点，不断加强与法国知名企业合作，基本实现对辖内500强企业及CAC40指数企业的合作全覆盖。中资客户方面，在继续利用好内外联动产品的同时，分行与总行和北京、广东、浙江、山东、安徽、湖南、大连等多家分行联动，加强对

在法国投资客户如中信建设、中石化、中建、TCL、国投、万事利、马钢、圣元、台海、海昌、远大空调、张裕红酒等本地化落地服务。

三、加快业务转型，拓宽产品线和收入来源

（一）信贷业务。强化“1+X”组合营销和交叉销售，在法国金融市场稳健开展个人住房贷款业务，同时加强保险等其他零售产品销售。通过参与大企业银团，成功拓展了标致雪铁龙、法国燃气苏伊士、法航、米其林、雷诺、法液空的存款业务、施耐德的全球现金管理业务以及雷诺、标致雪铁龙、米其林的资金交易业务等。

（二）投资银行业务。主动把握中资企业对法投资逐渐增多的机遇，组建专职投行业务团队，并与本地投行、会计师事务所以及律所初步建立了合作机制和信息传导网络，定期向境内分行发送并购信息，向总行及各境内外兄弟机构推荐了数十个项目。在总行支持下，2014 年 11 月 14 日，巴黎分行与大巴黎投资局合作，共同在北京成功举办大巴黎投资推介会，并邀请到法国大巴黎投资计划相关政府机构、企业以及 80 余户有投资意向的中资客户参加此次论坛。

（三）人民币业务。以法国 RQFII800 亿额度为契机，邀请总行有关部门和工银欧洲到巴黎现场推介，完成法国市场 RQFII 签订协议的第一单，并设计了包含资产托管、私人银行顾问、跨境人民币结算和跨境人民币债券投资的产品组合，凸显了工商银行总分行联动、境内外联动和综合服务优势，多家法国大企业已与分行合作人民币相关业务。

（四）全球现金管理业务。重点锁定“走出去”中资企业，对贷款类项目提供现金管理支持，将前期项目评估、融资设计到项目期间的贷款资金使用监管，直至项目后期建设、资金支付进度管理和沉淀资金运用等，整体项目建设全链条完整纳入系统管理。利用现金管理平台锁定信贷支持相关项目现金流，辅以内保外贷、贸易融资、跨境人民币等基本产品，已经为多家“走出去”企业提供了综合金融服务方案，获得客户高度认可。

（五）银行卡收单业务。分行自 2013 年下半年开办银联卡收单业务以来，目前共发展银联卡收单商户 19 个品牌、34 家门店，（其中历峰集团门店 18 家），已安装 POS 终端 40 台。银行卡业务收入已经成为分行新的收入增长点，同时带动了商户在巴黎分行开户及存款业务的增长。

（六）法国特色业务。分行在欧洲私人银行中心的支持下，已经和包括历峰、巴黎春天、LV 在内的全球顶级奢侈品管理集团建立了很好的沟通及合作机制，并积极开发红酒酒庄并购融资项目，与专业机构联合成立红酒基金。

（七）电子化服务平台建设。推出具有本地化和特色化功能的网上银行、手机银行、电话银行及工银信使服务。

四、严控风险，加强内部管理

分行高度重视风险管理，认真落实总行及工银欧洲要求，除强化信用风险控制措施外，2014 年还重点加强了流动性风险管理，对流动性风险、单一客户风险敞口、信用风险加权资产等主要监管指标做好日常风险监测，做好每周资金流预测、月度流动性指标计算、季度信用风险报告撰写等工作，确保分行符合法国及卢森堡的各类监管指标要求。在 2014 年行内行外七项检查（即总行风险管理检查、流动性检查、财务检查、科技检查、内控合规检查，以及欧洲和法国监管当局的信贷和税务检查）中，分行就经营管理的多个方面进行认真梳理自查，对存在不足及时整改，有效夯实管理基础。

五、严格成本控制，向管理要效益

2014 年，面对人力成本、广告费用增加等情况，分行着力加强内部管理，控制人员增长，着重优化业务流程和团队配置，提高前台创收人员配置比例，加强运营自动化程度，严格财务预算管理和审批控制，有效缓解费用增长状况。

（巴黎分行）

阿姆斯特丹分行

一、积极营销客户，不断夯实业务发展基础

截至 2014 年末，分行公司客户 238 户，较年初增加 85 户，增长 56%；零售客户总数 1 726 户，较年初增加 472 户，增长 38%。主要客户包括：

（一）世界 500 强企业。参加 ABB 集团、沃尔沃集团备用银团，银企合作地位显著提升。

（二）跨国公司客户。与荷兰皇家孚宝公司签署战略合作协议；参加荷兰奶制品巨头皇家菲仕兰康柏尼银团贷款；与世界第三大香料香精生产商 IFF 集团建立存贷款业务合作。

（三）金融机构客户。拜访 20 多家本地和外资代理行，成效明显，本地金融机构存款余额 1.2 亿美元。

（四）中资企业客户。加大与现有存量客户的合作力度，为华为荷兰、柳工欧洲、东华链条荷兰子公司、新华制药欧洲总部公司、厦工股份荷兰子公司等中资背景企业提供金融服务。

二、打造重点产品线，提升业务竞争能力

（一）发展零售和电子银行产品。2014 年末，分行个人电子银行客户总数 1 397 户，较年初增加 444 户，增长 47%；银行卡发卡数 1 054 张，较年初增长 47%；发行 Master 信用卡测试卡，在境外机构中首家完成跨境电子商务测试。

（二）丰富跨境贸易金融产品。加强产品创新，大力拓展跨境人民币业务。截至 2014 年末，共实现跨境人民币结算量 263 亿元，同比增加 93 亿元，增长 55%；实现跨境人民币融资额 58 亿元人民币，同比增加 14 亿元，增长 32%。

（三）提升全球现金管理服务能力。提高跨境人民币资金池的办理效率。为 24 个客户提供了包括集中收款、账户查询、跨境人民币资金池、境外放款、监管行等丰富的现金管理业务服务。

（四）发展投资银行业务。为亚布力企业家代表团制作专题推介材料，并跟进营销；与多家当地投行、知名并购顾问所、Rabobank 并购团队、Quore Capital 合伙人建立联系，探讨双方合作模式，挖掘荷兰市场的并购机会。

（五）加大产品创新力度。在工银欧洲的指导下，完成 UCITS 基金发行的本地调研；启动帝斯曼伞融资项目，并与总行有关部门及上海分行建立帝斯曼伞融资项目小组。

三、不断完善内部管理机制，保障各项业务平稳安全运营

（一）不断完善全面风险管理体系。继续加强对信用风险加权资产、流动性比率、单一客户风险敞口的日常监测和分析，确保相关指标满足监管要求；积极完成荷兰央行 2013 年度的 ILAAP 评估，获得央行的认可和好评。

（二）不断加强合规风险管理机制。继续加强对反洗钱等监管规则的培训，确保业务符合监管要求；重视完善反洗钱系统，跟踪法律和监管政策动向，及时向总行和工银欧洲提供合规报告。

（三）不断优化财务运营管理机制。制定分部门绩效考评办法和考核体系；自行开发完成“经营分析自动化项目”，实现分产品、分币种、分部门生息资产收益、付息负债成本、分部门净收益的自动化统计分析。

（四）不断强化信息科技支持力度。通过推动网银“在线开户”、使馆公费留学生等项目支持业务创新；通过成功投产“工银信使”服务、电子档案管理系统、业务通知书系统等实现特色业务产品投产；通过迁移重构监管和内部报表，实现业务数据统计口径的灵活查询和运用，完成了荷兰税务局监管新规和 FATCA 法案实施的监管报表升级改造。

四、强化 ICBC 品牌，持续推动中荷经贸往来桥梁建设

（一）强化 ICBC 品牌建设。加大品牌宣传力度，通过 Schiphol 机场广告、平面媒体广告、报纸杂志专访、本地中文网站合作等多种形式，提升分行在当地市场的知名度和影响力；积极融入当地社会，支持当地文体事业，作为明代文物展览的合作伙伴以及荷兰国家级乒乓球大师赛主合作方之一，ICBC 本地品牌形象得到进一步提升；履行企业社会责任，支持绿色办公和绿色出行，与当地中文学校合作，支持和宣传中文及中国文化。

（二）搭建中荷经贸往来桥梁，支持中资企业“走出去”。2014 年 6 月 5 日，分行配合总行成功举办亚布力论坛欧洲行阿姆斯特丹站活动。来自中荷两国的 60 多个政界及企业家代表出席此次论坛，荷兰首相马克·吕特出席晚宴并致辞。2014 年 10 月 30 日，分行与阿姆斯特丹市政府再次合作，在北京市政府的大力支持下，共同举办的第二届中荷企业商务峰会。峰会吸引了 54 家荷兰企业及 85 家中国企业参加，与会企业家近 300 人，为促进中荷经济交往提供了优质的平台。

（阿姆斯特丹分行）

布鲁塞尔分行

一、主要经营业绩

2014年，布鲁塞尔分行在总行国际化发展战略以及“ONE ICBC”经营理念的指导下，积极探索可持续发展的经营思路，以服务实体经济发展为己任，大力营销本土领军优势客户群体，不断融入当地市场，同时依托集团强大的整体优势，通过内外联动积极为“走出去”中资企业提供全球金融服务。截至2014年末，分行共有客户1 008户，其中公司客户98户，较年初新增31户（现金管理客户20户，新增9户）；个人客户910户，新增274户，较年初增长43.1%。发行银联借记卡累计发卡186张，新增77张，比年初增长68.8%；个人网银存量客户379户，新增244户，比年初增长180.7%。累计完成国际结算量11.29亿美元。分行资产规模相对稳定，市场拓展成果显著，客户数量不断增长，业务品种不断扩大，资产质量保持良好，风险控制水平继续保持良好态势，全年无不良资产发生。

二、主要工作措施

（一）探索尝试船运海工行业市场，重点项目取得突破。利用涵盖信贷区域（比利时、挪威及瑞士）的特色优势，积极调研海工船运市场，寻找业务机遇，联动总行专项融资部和工银租赁于2014年10月成功办理了首笔船舶融资项目。本次融资船舶为市场上最先进的三燃料电推液化天然气运输船，客户主要为大型石油天然气公司，市场前景良好。本项目是分行在本地化业务拓展方面的又一重大突破，为分行拓展船舶专业融资业务奠定了良好基础。12月分行又为该公司安排了第二艘船舶融资项目。

（二）关注兼并收购业务机会，投行业务实现零的突破。近年来，随着“走出去”中资企业逐步增多，分行加大对比利时兼并收购机会的跟踪，积极储备项目资源，2014年分行成功为东风设计院有限公司并购比利时特种车辆生产商Carat集团项目提供财务顾问及融资支持，本笔业务是分行办理的首笔并购财务顾问及融资业务。

（三）深入拓展跨境人民币业务市场，衍生交易及跨境人民币汇款业务取得新突破。2014年累计完成跨境人民币贸易融资99.9亿元，较上年增长104.84%；跨境人民币结算量239亿元，较上年增长183.31%。分行积极向比利时客户推荐工商银行人民币业务优势，并同客户就协议条款、报价机制、操作流程等内容进行了多次谈判，最终成功签署了ISDA协议，这也是分行签署的首个ISDA协议。

（四）以优质服务为依托，与“走出去”企业建立全面合作关系。以“走出去”中资企业为发展基础，同比利时中资企业保持良好的合作关系，多数在比利时中资企业在分行开立了账户开展业务往来。2014年分行同杭州福兴地毯集团比利时公司全面展开业务合作，通过与工银伦敦合作为该客户办理了见证开户、英镑支票清算、外汇买卖及资金归集等一系列业务，10月又以内保外贷方式办理了流动资金贷款，进一步扩大同客户的全面合作。

（五）以做活资产业务为手段，积极开拓资产业务二级市场。积极寻找资产业务二级市场机会，相继营销拜访了花旗、德意志银行等多家同业机构，努力推动与代理行在风险参贷等业务方面的合作，以加快分行资产周转速度，提高分行中间业务收入来源。2014年累计完成资产转卖业务1.3亿美元，为分行实现中间业务收入20万美元。

（六）以产品创新优化为卖点，带动机构业务蓬勃发展。成功为挪威加罗兰银行及挪威SMN储蓄银行两家代理行开立了人民币清算账户，并在工银欧洲辖属分行中率先开始了人民币转汇款业务试点，通过先行试水为卢森堡人民币清算行发展清算业务积累了宝贵经验。成功营销本地代理行比利时蒙特帕奇银行，与其续做了开业以来首笔人民币外汇交易。实现了金融机构人民币定期存款零的突破。2014年累计走访各代理行近50次，同时开拓代理行合作业务范围，营销卢森堡巴尼巴银行4 000万美元货币市场拆借额度。与挪威DNB银行，台湾兆丰银行开展资产转卖合作。为推动总部UCITS基金营销工作，邀请总行与工银亚投专家团队与分行共同营销走访比利时多家同业机构并取得了基金销售的良好业绩。

（七）以留学生业务为优势，持续巩固个人客户基础。通过参加留学生春晚、播放业务宣传片，在当地媒体投放广告，在总行网站宣传，推出留学生特惠服务方案等一系列措施，促进留学生存款证明业务快速发展。截至2014年12月，已有超过415名留学生在分行开立账户。分行留学生客户在分行存款沉淀约157万欧元，占分行个人存款的28%，每月汇款金额近16万欧元，成为分行个金业务发展的新动力。为提高柜面操作效率，实现留学生开户同步捆绑网银。

（八）以流程优化为抓手，切实夯实全面风险管理。全面发挥风险管理委员会及信贷审查委员会的职能，突出全面风险管理牵头部门的作用；对代理行担保项下低风险业务操作流程作进一步优化，并逐步实施GCMS系统贷款业务电子影像操作等；密切前中后台之间的合作，实施风险审查职能前移，积极配合分行信贷业务本地化发展，在营销阶段提前参与业务初审，并及时提出风险缓释建议；严格落实各项监管指标的预测、监控和预警机制，全面深化对经济资本、风险加权资产、CSSF流动性比率及流动性覆盖率等各项监管指标的风险管理，强化事先控制，事中监测，及时预警，严控监管与合规风险；实施信贷档案集中管理。采取前后台完善档案交接、严格档案标准、闭卷和定期自查等措施，明确分工，优化流程，互相监督，密切配合，共同提升贷后管理水平。

（九）以品牌推广为媒介，不断提升ICBC本地影响力。分行于2014年6月在布鲁塞尔与亚布力企业家论坛、比利时联邦经济部联合主办了“亚布力中欧企业家论坛”活动，近50家来自比利时、法国、卢森堡等欧洲企业和100多位当地工商界和政界人士参加了本次活动，欧盟企业及产业总司副司长、比利时副首相、中国驻欧盟使团及驻比利时大使均出席会议并致辞和演讲，比利时国王接见了姜建清董事长及企业家代表团。活动得到了新华社、人民网以及本地知名媒体的积极报道，极大地提升了分行在本地市场的声誉度和影响力，展现了ICBC良好的品牌形象。2014年分行还接受了《走近比利时》杂志的采访，全面介绍了分行在比利时四年来的经营成绩及发展方向，对于分行作为中比企业双边贸易的桥梁作用以及提供的特色服务进行了更深入的诠释，有效推动ICBC品牌在本地的传播与推广。

（布鲁塞尔分行）

米兰分行

一、主要经营业绩

2014年，米兰分行经营效率大幅提升，业绩实现跨越式发展，业务转型成效明显。分行利差收入在营业收入中占比由上年的75%降至60%。中间业务大幅增长至870万美元，同比增长74.7%，成为分行重要的收入来源，占账面利润总额的比重超过62.8%。

二、主要工作措施

（一）深入挖掘本地业务。分行确立了“资产业务拓宽视野、负债业务增强自筹、中间业务加大创新”的本地化发展指导方针，本地市场的客户群体不断扩容，业务可持续性不断增强。

资产业务方面，认真分析市场变化，在维护好原有500强和本地大型客户的同时，积极转变思路，拓宽营销渠道，筛选和储备了一批细分行业内领先、收入结构国际化程度较高，风险抵御能力较强的本地企业客户。截至2014年末，米兰分行有对公客户114户，较年初增长30户。为配合本地交易习惯和拓户需要，分行逐步扩大授信业务客户规模。全年为23户客户完成评级授信工作，其中多家本地行业龙头企业是首次与工商银行展开授信合作，为后续信贷业务，以及相关的结算、存款、贸易融资等打下良好基础。

负债业务方面，加大公司存款的点面拓展，先后与意大利电信、电网公司等建立稳固的负债业务合作关系，对公存款业务余额首次突破3亿美元；大力拓展金融同业市场，扩大同业存放和资金拆借。2014年分行金融同业开户数8户，从本地银行获取资金约4.5亿美元，其中同业存款3 500万美元，同业拆入4.15亿美元。经过不懈努力，分行资金自筹能力已达70%。

中间业务方面，大力推进经营转型。针对意大利潜在投行业务市场机会，将并购咨询作为业务突破口，投入资源优先发展。在巴黎投行中心的带领下，与广东分行营业部内外联动，借助自身资源帮助意大利待售企业寻找中国投资者，最终促成广东万宝公司收购意大利压缩机制造商ACC公司项目，实现转开保函手续费、投行顾问服务费等中间业务收入。

（二）有效实施内外联动。在努力营销本地客户的同时，分行借助ONE ICBC的集团优势，深入推进内外联动和外外联动，积极与总行、境内分行、境外机构开展业务合作，牵线满足意大利企业在意大利境外的金融需求。

（三）创新开展资产流量业务。立足集团优势，把握欧洲融资优势，发挥米兰分行区位优势，与当地金融机构业务创新开展资产流量业务，取得了双赢的效果。2014年累计通过资产流转获得资金23亿美元，不仅直接创造了640万美元中间业务收入，而且节约了460万美元经济资本，为发展本地业务腾挪了空间。

（四）风险合规管理常抓不懈。一是从绩效考核、监督检查等环节多管齐下，推进以严谨合规为核心的内控文化建设工作；二是完善内控合规的组织架构，在人力资源上给予倾斜配置；三是深入地把握监管新规定并定期更新制度流程；四是投入大量人力物力，深化完善FOVA系统合规模块的研发投产；五是高标准、严要求地开展各类监督检查工作，在自查的基础上，主动邀请相关机构按照外审的标准对分行合规水平开展全面评估；六是针对内外部检查、评估中发现的问题和隐患，及时落实整改措施。

（五）努力提高本地口碑和社会影响力。注重抓住各种机会在当地政府部门及监管机构提升工行的影响力和企业形象。在客户营销方面，积极参加“威尼托大区投资促进论坛”、“中资企业与意大利政府部门对话会”、“意大利SMART ENERGY论坛并演讲”，组织“米兰侨界领袖金融业务座谈会”等活动，取得良好的社会反响；在监管机构的联系方面，拜访了意大利央行米兰分行，同当地监管机构筑起良好的工作关系。在中资机构方面，米兰分行同罗马大使馆、米兰总领馆和驻意中资企业建立了良好关系。米兰分行荣获由意中基金会和米兰金融报联合举办的2014年度“意中最佳投资桥梁奖”。

（米兰分行）

马德里分行

一、主要经营业绩

2014年，马德里分行继续依托集团优势和区域化管理平台，牢牢抓住“严控风险、危中寻机、夯实管理、融合文化”四条脉络，各项工作取得新突破，资产不良率继续保持零纪录。

（一）公司投行市场拓展取得新进展。分行以买方顾问或卖方顾问的身份，先后完成复星并购葡萄牙最大保险公司、复星并购西班牙大型火腿与葡萄酒生产企业、万达并购西班牙地标建筑三大投行顾问项目。在保险公司并购项目中，马德里分行以牵头行身份，筹组了国际银团并购贷款，该并购交易被英国《World Finance》杂志评为“2014年度最佳私有化交易”。

（二）西葡联动平台建设取得新进展。在马德里分行和里斯本代表处的共同努力下，与葡萄牙国家电力公司、高浦能源建立业务合作，进一步密切了与葡萄牙核心客户的关系。

（三）零售市场开发逐步转型。进一步明确了零售业务统一客户视图，转型工作开始提速。截至2014年末，零售类客户较2013年同比增长334户，户均金融资产同比增长39%，金融资产10万欧元及以上的高端客户占比为3.06%，较年初增长了1.9个百分点。

二、主要工作措施

（一）运营集约化迈上新台阶，风险管理进一步做深做细。

1. 信用风险管理工作规范化、精细化程度有力提升。2014年，分行风险管理部独立为一级部室，完成了风险管理委员会的升级组建工作，按季分析与提交全面风险管理报告，先后出台了信贷客户准入试行标准、贷后监控模板、信贷审批模板和担保业务管理规定，进一步规范了内部转授权、贷审会的运作。

2. 反洗钱系统控制力度加大，集约化程度有所提高。正式启用了全球特别控制名单系统集中授权功能，启用了反洗钱监控平台中的部分功能，明确了账户开立前由合规法务部对尽职调查材料进行合规审查。

3. 运营职能全面集中工作提速，降低了操作风险、提高了业务处理效率。在2013年运营业务适度集中的基础上，2014年分行致力于分步推进运营业务集中，先后完成了收汇集中控制、ATM运营集中，并制订了运营业务全面集中方案，于2014年底正式实施。

（二）团队与企业文化建设取得新成绩。一是行政办公制度建设及系统运用水平得到提高。分行正式启用办公系统，实现了财务报销、请休假、差旅与考勤管理的电子化审批。二是依托分行总部大楼启用、分行当选西班牙中国商会主席单位等重大事件，对外提升了品牌形象，对内提高了员工凝聚力。

（马德里分行）

华沙分行

一、主要经营业绩

截至2014年末，华沙分行个人客户237户，较年初增加103户；公司客户78户，较年初增加41户。个人储蓄存款216万美元，较年初新增38万美元，其中含定期存款164万美元。公司存款4 069万美元，较年初新增4 048万美元，其中含定期存款3 644万美元。个人网银客户176户，较年初新增107户；公司网银客户50户，较年初新增39户；网银捆绑率及使用率均有明显提升，新开户个网捆绑率为96%，新开户企网捆绑率为83%。

二、主要工作措施

（一）依托内外联动，打造“中国—中东欧”金融桥梁。强化市场信息收集整理，重点关注中国与中东欧贸易与投资往来动态，充分发挥工商银行境内外、总分行的集团联动优势，全面营销中资企业在中东欧区域的潜在项目；为大中型跨国中资企业提供包括存贷款、现金管理、跨境人民币业务、投资银行、贸易融资等在内的优质综合服务，与中资背景投资企业建立全面业务合作关系。关注波兰及中东欧地区跨国企业与中国企业的贸易与投资项目，搭建双边投资与贸易桥梁，深挖潜在业务合作机会，将华沙分行打造成实至名归的“中东欧区域首选中资银行”。

（二）立足波兰本地，有针对性地做好本地化业务拓展。积极发挥工商银行品牌优势，深入项目所在地，与业主直接沟通，大力推荐优势产品；参与中资企业投标谈判工作，进一步提升中资企业投标竞争力；充分发挥品牌投行优势，积极关注区域内私有化项目改革进程，做好投行与公司业务的联动发展，稳步推进公司与投行业务健康发展。

（三）以个性化为核心拓展精品零售业务。以华沙中国城小商品批发业务集群为依托，积极研究面向该客户群体的产品线，根据业务发展情况分析在中国城设立网点可行性，拓展当地中波贸易中小企业、华人零售客户，努力开发转汇款、内存外贷等产品，在完善网银功能的基础上，按计划逐步推出银行卡、全球账户管理、特色理财、基金、私人银行等业务，凸显中资银行经营特色。

（四）打造五大特色产品线，夯实综合服务和市场拓展能力。

1. 工程承包产品线——积极营销波兰及中东欧区域电站、铁路、公路、新能源等基础设施建设过程中的工程承包项目，特别是中资企业参与投标的重大项目，提供各类保函、承包商融资、账户管理、现金管理、资金结算、托管等配套产品，做好工程承包领域的金融服务。

2. 跨境集团客户配套产品线——以全球联动信贷管理政策为契机，促进跨境集团客户评级授信共享使用，同时以跨境供应链融资为抓手，为客户提供包括保理、订单融资、发票融资在内的产品，进一步提升服务中资企业“走出去”，外资企业“走进来”的能力。

3. 投资银行产品线——继续积极关注区域内国企私有化进程以及当地企业股权重组需求，积极对接总行、国内分行，发挥集团联动作用，努力拓展战略引资、股权投资、重组并购投行业务以及相关融资、托管、结算业务，打造投行+公司的业务拓展机制。

4. 代理行产品线——做好营销区域重点代理行的拓展，充分挖掘代理行业务潜力，开展包括资金拆借、银团贷款、转汇款、国际结算、金融衍生产品等方面的合作，在增加收入来源的同时延伸了服务网络渠道。

5. 资金产品线——设计兼顾流动性和收益性的灵活存款种类，研究非欧元币种资金对现有资产配置的可行性，强化公司机构客户的存款营销，努力提高资金自给能力，促进资产业务的稳定增长和全行持续经营。

（五）制定各类业务实施细则及风险应急预案。细化工作流程，确保业务合规操作，有效防范风险。定期监测风险权重资产、单一客户敞口、经济资本、流动性比率等监管指标的变动趋势，及时采取措施确保达标。积极拓展筹资渠道，克服资金成本高、筹资渠道窄的困难，加强对资金流入量、流出量的预测和分析，加强流动性管理。截至2014年末，分行流动性比率为61.94%，高于CSSF监管要求的30%。总行、工银欧洲总部先后对分行开展内部审计和内控合规检查，给予充分肯定。外部审计也顺利完成，波兰金融监管局（KNF）对分行反洗钱及内控合规管理也给予了充分肯定。

（六）信息系统保持安全平稳运行态势。分行交易量月均达到2.1万笔，同比上升49%，系统总体可用率达到99.99%，全年无重大生产事件发生，并圆满完成了各敏感时期信息系统的安全运行保障任务。基础设施建设工程继续稳步推进，建立了全行网络硬件安全准入和U盘信息防泄露控制体系，成功实施了区域网络集中和系统集中，进一步完善了基础科技环境安全保障体系。FOVA系统建设全年共实施23次版本投产，提交14个系统特色需求，直接参与11项科技任务的测试和验收，完成137项科技调研和实施类任务。成功实施了一批科技重点项目，完成了本地电话银行系统推广项目，本地信用卡发卡项目，新版门户网站建设项目和报表自动化提升项目，进一步促进业务和产品创新持续稳健发展。新增报表自动化138张，在全境外机构中占比11%，完成全年目标值的110%，实现监管报表自动化率86.52%，内部管理报表自动化率85%。

（华沙分行）

工银伦敦

一、主要经营情况

2014年，工银伦敦实现净利润3 025万美元，同比增长3.03%。税前资产回报率（ROA）1.01%，税前资本回报率（ROE）13.18%。利差收入为4 873万美元，同比增长17.97%，平均利差NIS为1.24%。截至2014年末，工银伦敦资产总额38.33亿美元，较年初增加3.72亿美元，增长10.73%。资产结构得到优化，贷款及贸易融资等核心较高收益信贷资产占总资产的比例为69%。各项负债余额为35.04亿美元，较年初增加3.39亿美元，增长10.71%。自筹资金率保持在74%左右，母公司负债依存度为25%，低于银监会限额23个百分点。同业拆入（不含集团内拆入）占总负债的比例由年初的14.36%下降至6.12%，依赖度显著降低；客户存款（不含系统内存款）和俱乐部存款余额占比分别上升到25.33%和24.06%；存款证发行稳定，均为1年期长期资金。

二、主要工作措施

（一）公司金融业务

1. 积极推进经营转型，加大本地贷款业务发展力度，提高贷款业务综合收益。确立了“5+2”的五大核心客户线及两大产品线的发展模式，即积极打造本地公司业务、大宗商品及结构性融资业务、商业房地产业务、中资客户业务和金融机构业务五大客户线，以及银团贷款和贸易融资两大产品线，作为信贷业务发展的主体框架。截至2014年末，与分行有信贷业务往来的公司客户达到82家，较上年末增加11家，其中全球知名公司如英国石油、希斯罗机场、空中客车等当地客户占比达80%。全年续做的双边和银团业务30项，其中11家为新客户，各项贷款承诺11.7亿美元，年末已提款双边和银团贷款达22.12亿美元，其中当地业务占比为69%。

2. 从参贷行到牵头行，逐渐进入国际银团主流市场。进一步增强银团贷款安排、承销、分销能力，将目标市场锁定在欧洲各行业龙头企业的营运资金贷款、国际大宗原材料交易企业和新兴市场有中国元素的结构性贸易融资项目。2014年参贷银团贷款5.8亿美元，实现中间业务收入949万美元，全年实现二级市场资产销售1.92亿美元。银团业务发展更加注重客户综合贡献，强调以“以贷引存”、“以点带面”，积极争取客户存款、结算、贸易融资等综合业务。

3. 聚焦商业房地产融资，不断实现新突破。2014年商业地产融资项目为3项，涉及总投资金额达13亿英镑，其中中投德意志银行大楼再融资项目已于9月完成，该项目总投资为2.56亿英镑，牵头融资1.35亿英镑，其中工银伦敦承诺8 000万英镑并承担代理行角色；万达伦敦房地产开发项目9亿英镑，工行、汇丰、巴克莱、中行为联合贷款行，牵头近6亿英镑的俱乐部贷款。

4. 主动调整贸易融资结构，促进贸易融资多元化发展。工银伦敦一直是英国贸易融资业务最活跃的中资银行之一，近年更有效地突破了大宗商品贸易融资领域长期被欧美大行把持的局面，贸易融资业务覆盖60多个国家。2014年以来，工银伦敦在办理中国信用证出口业务基础上，利用集团强大的代理行网络和风险分析能力，跟随企业的脚步将触角延伸至印度、土耳其、巴基斯坦等进口大国，2014年完成各类贸易融资27.85亿美元，比上年增长7.9%，其中完成人民币贸易融资38.9亿元。在贸易融资业务的有效带动下，国际结算业务保持稳步增长，截至2014年底，国际结算量229亿美元，同比增长31%；全年累计完成跨境人民币贸易融资37.85亿元。

5. 配合在英国中资企业的发展，支持“走出去”相关业务。在伦敦子行开户的中资企业为58家，与当地中资企业有信贷关系的有中化伦敦、英国五矿等11

家客户。子行近年来还续做了多笔支持中资企业“走出去”相关的内保外贷业务，2014 年完成 4 笔，贷款金额为 1.54 亿美元，其中在山东电建赞比亚电站 8 000 万美元搭桥贷款中承担牵头行、代理行、代理抵押行等多个角色。

6. 通过内外联动、外外联动，为集团利益链提供增值服务。与新加坡、纽约、孟买、上海分行和总行专项融资部进行了 7 项联动合作，涉及全球大宗原材料贸易商银团金额 14.7 亿美元，成功营销相关的人民币和外汇交易业务到兄弟行。通过与工银欧洲等开展精准行销，续做了联合利华等公司包括银团、现金管理等多项业务，通过联动获得境外公司存款达 3 亿美元以上，境内人民币存款达 10 亿元以上，同时还创造了大量的中间业务收入。2014 年联动合作银团或双边贷款金额达 5.28 亿美元，共办理内外联动项下人民币贸易融资业务 27 亿元，连续第二年为全球大宗商品贸易商托克集团成功牵头筹组了人民币备用循环银团贷款，离岸人民币市场中的综合服务能力进一步增强。

（二）金融同业业务

1. 加快同业网络建设，努力拓展融资渠道。重点抓好同业营销工作，货币市场主要交易对手已达 40 家，其中 2014 年新增银行同业客户 14 家，除开展日常同业拆借外，与交易对手分别开展了 CD 大额存款凭证业务和俱乐部贷款业务，成为工银伦敦重要的融资来源。

2. 加深主流银行合作，提升清算服务能力。与英国最大本土银行劳埃德银行签署合作备忘录，2014 年劳埃德银行通过工银伦敦办理英镑和美元转账汇款业务超过 7 万笔，金额超过 20 亿美元。

3. 加强新兴市场拓展，挖掘贸易融资业务。继续发展与风险可控的新兴市场主流金融机构在贸易融资方面的合作，贸易融资交易对手超过 100 家，与其中的 78 家银行签订了贸易融资总协议。

4. 加大产品交叉营销，积极推进跨境人民币业务。推广人民币信用证、海外代付、福费廷等传统贸易融资产品，积极开发证融通、融汇通、直融通、人民币协议融资等结构性内外联动组合产品，丰富和扩大了人民币业务产品体系和范围，劳埃德银行、葡萄牙通用储蓄银行等 4 家金融机构开立了人民币账户，公司人民币存款账户达到 26 个。

（三）金融市场业务

1. 夯实客户基础，积极推进代客交易业务。在前期已为 Burberry（巴宝莉）、IHG（洲际酒店）等客户办理代客交易的基础上，新增捷豹路虎、Laird plc 两家客户，并且已初步和英国航空、希斯罗机场、联合利华、空中客车等多家国际知名公司就加强资金业务合作进行沟通。

2. 落实总行建立全球 24 小时交易中心的战略规划，伦敦交易中心建设有了长足进步。配合总行成功实现账户农产品（棉花、大豆）、账户基本金属（铜、镍、铁矿石）上线，积极推进债券、衍生品和账户原油和商品交易等新业务发展，业务范围覆盖外汇及贵金属买卖、账户原油、衍生产品、商品交易和债券交易。全年交易总额为 142 亿美元，实现约 1 700 万美元的平盘收入，其中贵金属平盘收益率为 0.2169%，同比提高 7 个基点，增幅高达 48%。

（四）零售业务

工银伦敦作为总行万事达借记卡的欧洲地区首发行，成功地在欧洲地区首先试发行万事达品牌的借记卡，同时还配合总行信用卡中心（国际）完成了万事达卡网上消费的测试验证工作。积极参与总行海外手机银行业务系统的投产测试，在具备投产条件后，及时向总行提出手机银行业务系统优化需求，并在总行软件开发中心及总行电子银行部的大力支持下，完成了相关系统版本开发、测试及验证工作，手机银行业务系统于 2014 年 12 月投产。

（工银伦敦）

伦敦分行

一、主要经营业绩

截至 2014 年末，伦敦分行资产总额达 5.91 亿美元。其中，贸易融资规模余额为 3.22 亿美元；银团贷款规模 4 134 万美元；债券投资余额 1 亿美元；拆出资金余额 1.13 亿美元。负债规模达 5.92 亿美元，资金来源主要为拆入资金。其中，系统内借入资金余额为 2.8 亿美元；同业拆入余额为 2.61 亿美元；总行拨入营运资金为 5 000 万美元。

二、主要工作措施

英国监管当局于伦敦当地时间 9 月 8 日正式批准工商银行成立伦敦分行。这是自新中国成立以来中国大陆地区银行在英国获准成立的首家分行，同时也是自英国监管新政后首家获得分行牌照的非欧盟外资银行。自2013年下半年获悉英国同意外资银行在英国设立分行的消息后，工银伦敦在总行指导下组织成立专门的分行筹备组，全面展开申设的准备工作，圆满完成了既定的三个“第一”的目标，包括“第一个申领牌照”、“第一个办理业务”、“第一个举行开业庆典”的目标要求。

（一）第一个申领牌照。2014年2月英国监管当局公布了更新的分行申设审慎监管指引，伦敦分行筹备组对照监管指引要求紧张有序地加速推进申设工作，并成为首家进入分行预申请阶段的中资银行，7月2日获得银监会批复，成为中资银行中率先完成行内审议程序和境内监管程序的银行。由于多家中资银行均在积极准备申设分行，竞争异常激烈，为了能够率先获批，分行筹备组员工加强协作、连续奋战，高效完成了申设材料的准备工作，共向监管当局提交了50余份、达数千页的文件材料。同时，分行筹备组始终与监管当局保持密切的沟通与配合，及时按照监管意见调整申设方案，并率先向英国监管当局递交了分行申设申请。分行筹备组的申设工作得到了一向以严格监管著称的英国监管当局的充分肯定。

（二）第一个办理业务。获得授权牌照后，伦敦分行及时达成了监管规定的开办业务前所需具备的数十条验收前提条件，并抓紧时间储备业务资源，做好开办业务的准备。在较短的时间内融入5亿美元资金，为分行业务的开办提供了有力保障。在10月29日完成开办业务前的监管要求条件后，10月31日伦敦分行与巴克莱、汇丰、劳埃德等22家当地主流银行成功联合牵头伦敦希斯罗机场21.5亿英镑为期5年的备用银团，伦敦分行最终参贷份额折合美元为1亿美元，这是伦敦分行于10月29日正式运行以来的第一笔公司业务。

与此同时，伦敦分行加大了内外联动力度，在跨境人民币业务和保函领域取得了突破性进展。11月6日伦敦分行成功为中国再保险集团英国子公司向全球最大的再保险辛迪加——英国劳合社开立了8 026万英镑保函。11月11日和12日伦敦分行和国内分行联动，连续两天办理了7笔、累计金额为20亿元的跨境人民币业务融资业务，由此拉开了伦敦分行办理跨境人民币业务的序幕。

（三）第一个举行开业庆典。英国当地时间12月1日，伦敦分行正式宣布对外营业。工商银行董事长姜建清出席了当天在伦敦金融城举行的开业庆典。整个开业庆典准备历时三个月，到场宾客三百余人，其中包括在伦敦的当地政要、使馆人员、监管当局、公司客户、同业客户以及主流新闻媒体，开业庆典在当地引起了极大关注，为伦敦分行业务的开办带来积极影响。

（伦敦分行）

工银莫斯科

一、主要经营业绩

工银莫斯科2014年末资产总额达到102 810万美元，较年初增长40%，其中各项贷款余额20 809万美元，较年初增长5%，贸易融资279万美元；年末客户存款余额63 367万美元，较年初增长210%；对公客户总数达到277户，较年初增加126户（其中中资背景企业为18户），增幅84%，各币种账户总数量达到734个，较年初增346户，增幅为90%；全年实现营业收入1 499万美元，较上年增长2.64%；全年实现税前利润929万美元，较上年增加15.39%，实现净利润741万美元，较上年增长17.6%；全年实现手续费及佣金收入483.06万美元，较上年增长30.54%；值得一提的是，投行中间业务收入实现零的突破，收取俄罗斯阿康集团投行并购顾问费收入5万美元。

二、主要工作措施

（一）有效优化资产业务结构。针对俄罗斯本地市场信用风险逐步上升的情况，重点发展了中国国内代付业务、本地大型银行贸易融资业务和内保外贷等风险较低的业务，在有效控制风险和资本消耗的前提下，业务收入稳步增长。全年累计投放贷款21 138万美元，较上年下降33%（受卢布贬值影响）；累计办理海外代付业务10.39亿美元，较上年增长74%；完成信用证保兑业务7 064万美元，保兑融资业务4 761万美元，分别较上年增长279%和176%；全年完成国际结算量60亿美元，较上年增长43亿美元，增幅达245%；累计办理保函业务2 241万美元，较上年同期下降20%；贷款利息收入和贸易融资利息收入分别实现781万美元和393万美元；国际结算手续费和转汇款手续费收入分别实现36.16万美元和14.47万美元；实现银团贷款手续费收入69万美元。

（二）客户拓展获得突出进展。及时抓住市场机遇，成功营销包括俄罗斯直投基金、俄罗斯镍业、天然气工业石油、俄罗斯国家电网等几十家俄罗斯各行业顶级企业在工银莫斯科开立账户、办理存款和结算等业务。在积极拓展本地客户的同时，与总行相关部门和国内相关分行紧密联动，全力争揽重点中资企业在俄罗斯业务，成为中资企业在俄罗斯机构和在俄罗斯项目的最主要的合作银行，与在俄罗斯业务量较大的中资企业大多建立了稳定的业务联系。

（三）人民币主要做市商地位稳固。莫斯科交易所人民币兑卢布交易开市以来，工银莫斯科始终是交易所最主要的做市商，市场份额单边一直保持在30%左右，并取得了较好的做市收益。2014年，共实现人民币做市商业务量238亿元，同比增加197亿元，增长幅度达到476%，在交易所公布的排名中名列前茅，占比达到25.74%（双边口径）。通过人民币做市交易，全年累计实现交易收益163.67万美元。

（四）有效控制乌克兰危机带来的相关风险。2014年，随着乌克兰危机和欧美对俄罗斯制裁的发展，俄罗斯整体经济发展减速、企业收入和现金流下降、市场流动性趋紧、卢布汇率大幅波动、受制裁的银行和企业不断增加，这些情况使工银莫斯科面临的风险因素不断增加，各类风险管理压力不断增大。工银莫斯科及时采取多种措施，包括严格信贷和贸易融资投向管理，加强存量贷款的贷后跟踪和管理，减少资金期限错配和币种错配，增加涉敏业务的复核检查环节等措施。截至2014年末，工银莫斯科不良贷款率为零，未发生市场风险损失事件，流动性指标良好，所有监管指标均符合俄罗斯央行和总行的要求，未发生涉敏业务事件。

（工银莫斯科）

组约分行

一、主要经营业绩

截至2014年末，纽约分行资产总额116.31亿美元，同比增加22.9%。负债总额为114亿美元，较上年末增加20.64亿美元，增幅为22.1%。实现营业收入总额达到1.49亿美元，较上年同期增长79.58%，实现税前利润1.19亿美元，净利润为1.02亿美元，分别较上年同期增长93%和123%。实现中间业务净收入3 269万美元，较上年同期增长24%。

二、主要工作措施

（一）围绕“大平台”战略，通过业务创新和联动营销，在专项融资、贸易融资、投行业务等方面取得新突破。在牵头银团贷款方面，开辟了新的业务领域，发掘了新的利润增长点。成功获得中国大型地产企业万科在美国纽约曼哈顿大型地产项目独立牵头筹组3.6亿美元银团贷款。通过深化内外联动，跨境人民币业务实现跨越式发展。2014年末人民币贷款余额达到92.85亿元。通过与总行相关部门开展联动营销，成为五矿秘鲁铜矿70亿美元收购项目的账户管理行和债权人代理行，并形成稳定存款来源。贸易融资业务方面，2014年6月，工银美国与纽约分行签订了贸易融资业务服务外包协议。通过多渠道与境内机构联动营销，美国机构贸易融资增长效果明显。国际贸易融资（不含代付业务）余额26.37亿美元，较上年末增长246%。

（二）多渠道拓宽负债来源，积极推进资金交易中心建设。通过多种举措增强自主融资能力、拓宽资金来源、创新负债工具、合理控制资金成本，实现了优化负债结构、加强流动性管理等目标，较好地完成了代理总行集中交易和代理总行境外美元账户商业汇入款运作等业务。创新中长期负债工具，成功建立了中期票据计划并顺利完成总计22.5亿美元的债券发行。大力推进人民币相关衍生产品交易，通过外汇远期、掉期业务为分行客户和自身锁定汇率成本、为分行人民币资产业务提供低成本资金支持。此外，2014年10月分行正式开始代理总行大宗商品交易业务。

（三）突出风险和合规管理，强化基础建设。完成《公司治理手册》的修订并经管理层审议通过正式生效。在信贷审查中，将风险审查工作前移，采取了风险审查提前介入和紧急业务24小时服务机制，支持前台部门业务发展。市场风险方面，根据美国监管要求增加流动性压力测试情景设计及测算，完成了测试模板改进；配合完成了利率风险压力测试模型的第三方验证及模型改进。2014年10月，纽联储将正式检查结论报告递交分行，给予纽约分行“满意”综合监管评级。

（纽约分行）

工 银 美 国

一、主要经营业绩

2014 年，工银（美国）以美国机构业务整合为突破口，积极调整发展方式，加紧进行存量结构调整，加强贷款政策和流程创新，积极开拓贷款推介和营销代理服务。截至 2014 年末，子行净利润 104 万美元，较上年同期增长 5.9 倍。在大幅提升盈利能力的同时，继续严控经营风险，实现了盈利水平和发展质量的双丰收。子行不良贷款额降至 261 万美元，比上年同期减少 1 550 万美元，降幅 86%，不良贷款率降至 0.29%，较上年同期降低 2.3 个百分点，资产质量实现明显好转。

二、主要工作措施

（一）经营整合取得实质突破，非息收入显著增长。在美国机构委员会指引下，与纽约分行签订服务外包协议，依托网点布局和人员优势为纽约分行提供信贷和人民币存款等业务前台营销和管理服务，与纽约分行联合成立“美国机构贸易结算和融资服务团队”、“人民币账户和存款服务团队”，实现业务量快速发展。积极调整各类中间业务收费策略，推动各类手续费收入的不断增长，收入结构呈现多元化发展趋势。截至 2014 年末，子行实现手续费及佣金收入 688 万美元，较上年同期增长 4.2 倍；手续费及佣金收入占总收入的 16%，较上年同期上升 13 个百分点。

（二）进一步夯实管理基础，业务创新发展驶上快车道。配合经营转型需要进行了组织架构重建，明确了前中后台分工职责及汇报路线，完成了信贷审批流程再造，实施了差异化考核激励机制，公司治理和决策能力得到进一步强化，为子行的业务发展增强了内在动力。同时业务创新发展实现了新突破，与洛杉矶市政府签署了《人民币合作备忘录》，明确了双方共同致力于建立加州地区人民币中心的排他性合作模式；大力推进代理个人保险、资金托管服务、银行卡等方面的业务创新。

（三）不断加强、完善合规和风险管理。继续完善全面风险管理体系，梳理修订了全面风险管理政策（ERM），完善了风险监控、报告、处理流程。优化和完善反洗钱和 OFAC 监控系统，结合业务发展更换自动化程度更高、更加智能的反洗钱系统，实现顺利投产。完善信用评级体系，配合 GCMS 系统投产研发，结合本地实际建立信用风险二维评级机制，推进信用风险的量化计算，为促进信贷业务稳健发展夯实基础。

（四）FOVA 系统建设稳步推进，机房整合与网络迁移顺利完成。在总行支持下，全面完成 FOVA 系统差异需求分析工作。在完成前期版本研发的基础上，从 2014 年 10 月起开展全面验收测试工作。与此同时，子行各业务线条积极做好系统投产前的业务准备，聘请了外部机构开展 IT 审计工作，确保 FOVA 项目符合监管要求。顺利完成网络和主机房迁移工作，进一步提升了网络安全运营能力，实现了美国机构信息系统的集约化管理，为 FOVA 投产创造了有利环境。

（工银美国）

工 银 金 融

一、主要经营业绩

（一）国债与股票清算相平衡。截至 2014 年底，工银金融股票清算服务团队已与 24 家客户签约，月均清算股票交易 1 736.9 万笔，月均清算股票价值 3 923.77 亿美元，较上年增加 328.93%。扩大股票交易型客户的营销力度，形成“债券”和“股票”清算功能和规模并重，风险、收益相互抵补的业务模式和收入结构。

（二）债券回购与股票借贷业务相平衡。截至 2014 年底，债券逆回购资产余额 204.1 亿美元，实现净利息收入 3 160.8 万美元，业务运作稳定成熟风险可控。股票借贷资产余额128.9亿美元，实现净利息收入2 119.6亿美元。证券融资业务的稳健推进，有效提高了对证券清算客户的综合金融服务能力。

（三）手续费与利差收入相平衡。在国债回购市场总体紧缩的环境下，2014年股票清算收入逆势上升，实现收入331.9万美元，比2013年增加252万美元，增幅316.4%；股票清算、融券收入占比为36.1%，较2013年上升10.4个百分点，业务结构和收益结构持续优化。

二、主要工作举措

坚持一手抓美国市场，一手抓中国客户。截至2014年底，工银金融证券清算客户达到146家，较2013年增加17家；证券交易对手166家，较2013年增加23家，交易对手类型涵盖了经纪券商、对冲基金、商业银行、地产信托和政府机构等。在现有证券清算商业模式基础上，加快研发和储备经纪业务新产品，包括企业债回购业务、综合保证金业务、代理中资券商在美国证券经纪业务、代理纽行日终现金管理业务和交易执行业务等，为业务发展做好储备。进一步加强公司管控，全面梳理各主营业务线的操作流程、汇报路径与公司治理；加强对财务管理、风控合规、监管报告、IT采购、市场端客户信息和客户成本收益分析等方面的整合工作。

（工银金融）

工银加拿大

一、主要经营情况

2014年末，工银加拿大总资产达到11.27亿加元，比年初增长1.2亿加元，增幅11.9%；总负债9.84亿加元，比年初增长1.1亿加元，增幅12.59%；税后净利润1 000万加元，同比增盈333万加元，增长49.92%；税后年化权益净回报率（ROE）与税后年化总资产净回报率（ROA）分别为7.23%和1.0%，较年初分别增长1.44个和0.24个百分点；手续费及佣金净收入400万元，同比增收10.38%；成本收入比54.57%，比上年降低4.95个百分点；年末不良贷款余额452万元，不良率0.48%，分别较年初下降160万元和0.24个百分点。

二、主要工作措施

（一）成功获得人民币清算行资格。2014年11月9日，中国人民银行正式授权子行担任多伦多人民币业务清算行。这是中国人民银行首次在北美地区选定人民币清算行，使集团在同业中率先建立了覆盖全球主要时区的人民币清算网络。在申设过程中，子行积极与两国政府、监管、股东和金融同业保持良好关系与沟通，宣传集团形象和实力，传播子行稳健合规经营的理念，最终成功获得人民币清算行资格。

（二）多措并举优化网络布局。2014年1月，子行卡尔加里分行正式开业，实现了对阿尔伯塔省业务的覆盖，为后期拓展中海油、中石油、中石化业务奠定了坚实基础；2014年3月，子行又在温哥华市中心设置公司业务分部及高端客户服务中心，为西岸的公司业务拓展和高端客户服务打下了良好基础。

（三）加元清算中心建设初步成型。依托FOVA系统汇款转汇功能不断优化，结合自身非一级清算行的特点，积极营销本土大银行，2014年开通了与道明和丰业银行的汇款账户，实现了本地五大行账户的全部开通。截至2014年末，汇款业务收入112.31万加元，折合96.8万美元，同比增加26.1万美元，增幅37%，若考虑美元汇率的因素，增幅达49%以上；通过子行转汇清算业务量69 543笔，增加24 633笔，增幅54.84%。

（四）内外兼顾提升产品满意度。创新推出直销银行模式下的“逸”账户产品，试点推出无控件版网银，同时配套推广投产电子密码器安全介质；围绕人民币为主题推广投产外汇买卖多渠道优惠、人民币7×24小时自动平盘、跨境人民币B2C支付、银联在线支付等；推出全新改版的门户网站和手机版门户网站，丰富营销渠道；提出FOVA系统优化需求54项，参与测试和体验225个需求点；首次实现对账单集中自动化打印。

（五）批量化发展零售业务。与总行私人银行部联动，有效营销一批大型客户，同时在子行的成功推荐下部分客户已成为境内分行的签约私人银行客户；成功推出拳头产品留学生担保GIC业务，成为加拿大驻华使馆签证中心指定的第四家业务办理银行，也是第一家开办此项业务的中资银行。2014年共办理留学生GIC开户518户，为子行直接带来了500余万加元的储蓄存款，直接中间业务收入5万加元；新增了代发工资业务，15家公司办理代发工资业务，代发工资客户数量375户，总额357万美元。

（六）夯实信贷资产质量。以信贷结构调整支持经营转型升级，强化信用风险的防范与化解；加强信贷管理，包括梳理全行信贷合同文本，加强外聘机构管理，开展多维度风险检查，加强系统在信贷管理的应用；积极开展风险客户退出转化和不良贷款清收处置。截至2014年末，子行共退出各类风险客户8户，关注类贷款较年初下降0.06亿元。

（七）提升全面风险管控水平。2014年更新、实施了反洗钱政策，改进反洗钱系统监控和报告，合规管理能力得到了监管的高度认可。建立了操作风险监测指标体系，2014年操作风险损失大幅降低至720加元，比上年下降98.8%；对LCR进行持续监测分析，并赢得监管认可；投产市场风险管理系统GMRM和产品控制系统GPC升级版。2014年，OSFI经过全面评估，给予子行风险评级维持在温和等级。

（工银加拿大）

悉尼分行

一、主要工作业绩

2014年，悉尼分行实现拨备后利润1.14亿美元，剔除汇率因素影响同比增长82.5%；实现中间业务收入3 449万美元，同比增长29.8%，成本收入比下降4.63个百分点至13.56%，优于当地同业均值。资产总额79.5亿美元，较年初增长36.8%；负债总额77.6亿美元，自筹资金占比超过98%。

二、主要工作措施

（一）加快推进本地化进程。2014年分行与百家龙头企业中的四十多家建立良好的业务关系，包括澳洲最大工程企业、西澳最大基建工程企业、澳洲最大天然气公司以及新能源、食品、农业等新行业龙头企业。同时，本地客户贸易融资产品不断丰富，出口押汇、打包贷款、TT融资等贸易融资业务同比增长56.6%。以银团贷款为纽带，成功与多家本地银团客户建立双边合作关系，有力提升客户综合贡献度。在国际金融界知名杂志“Project Finance International”2014年全球项目融资评比中，分行参与的多个项目获奖，占据该杂志在亚太区评出的最佳项目融资数量的一半，有力地提升了分行在澳洲乃至亚太区国际专业融资市场的知名度和影响力。

（二）跨境人民币业务竞争优势初步奠定。把握中澳贸易与金融合作不断扩大的机遇，加大人民币产品创新，构建覆盖人民币清算、存款结算、贸易融资、外汇交易、双边贷款、跨境投资顾问等较为完善的产品业务体系，初步形成“人无我有、人有我优”的竞争优势。贸易融资方面，开发推广了双币种信用证、即结远售、本外币结构性融资、出口押汇项下错币种融资、内外联动保理、协议融资总协议、结构性代付、直融通等特色产品；人民币筹资方面，发行人民币ECP、ECD、MTN、EMTN等债务工具，特别是8月成功发行全球市场上首只可在澳交所挂牌上市的人民币MTN。人民币债券投资方面，以收益较高的国内政策性银行债为投资标的，择机成功投资4亿元人民币债券。人民币资产管理方面，积极探索自贸区、边贸易区理财产品投资、RQFII投资、CLN票据发行及代客结构性存款，获得10亿元RQFII投资额度。人民币存款方面，成功在4家境内同业开立人民币存款户，累计办理定期存款近900亿元。人民币双边贷款方面，内保外贷、外保内贷、跨境直贷、租赁融资、跨境人民币外债融资及跨境人民币融资顾问等成熟产品在当地中资银行中独树一帜。个人跨境人民币业务方面，分行跨境投资顾问和个人财富管理等产品成为在当地中资同业的又一亮点。

（三）产品竞争力和服务能力持续提升。资源银行方面，由最初的原矿业、油气、能源领域扩展至农业领域。截至2014年末，分行资源银行业务融资承诺额17.27亿美元，同比增长56%，贷款余额12.32亿美元，同比增长81%，并成为当地首家以牵头行角色为非中资背景企业提供融资服务的中资银行。基建金融方面，与当地政府投资部门及基建投资基金、养老基金、基建公司和运营管理公司等澳洲主要财团方建立双边联系和沟通渠道，以公私合营（PPP）和私有化项目为切入点，成功参与了十多个重大基建项目，涉及投资280亿澳元，项目中标率约50%，实现投行业务收入超过100万澳元，促进了从一般银团参与发展到项目牵头和财团双边安排的角色转变。贸易融资方面，成功办理首笔结构性代付、置换通（结构性融资）+反向汇兑通、集团内异地交单等业务，并通过见证开户方式办理离岸账户开立及跨境项下多币种融资业务。代客交易方面，客户数从年初的30家增至41家，代客外汇交易量约

8.78 亿美元，同比增长 74%，代客离岸人民币外汇交易量近 49 亿美元，同比增长近 2 倍，全年实现中间业务收入 509 万美元，同比增长 84%。澳元清算方面，顺利投产“工银速汇转汇”产品及“资金抵达通知”、“澳元全额到账”、“优先清算”等功能，并持续提升业务自动化处理水平。网银产品方面，电子银行动账类交易笔数超 5.5 万笔，同比增长 10 倍，交易金额累计达 5.11 亿美元，同比增长 159%，电子银行渠道交易占比达 71.3%，较上年提高 31.7%，企业户均交易量交易金额等指标在境外机构中排名靠前。

（四）自主负债结构不断优化。结合各工具特点及资产负债管理需要，分行选择 CD/CP、ECD/ECP、NCD、MTN/EMTN 多种工具并行，币种和期限合理错配；发行方式方面，公开与定向并用，不断扩展合作机构和交易对手的数量；币种方面，在原美元、澳元、欧元、港元、人民币等传统货币外，利用市场上存在的掉期利差机会，积极以瑞士法郎、日元面值发行，降低筹资成本；期限方面，结合分行资产负债结构特点及流动性管理需要，提高中长期资金占比，先后成功发行 10 年期人民币、港元、美元、澳元及 5 年期法郎、3 年期欧元 EMTN。同时，积极与当地同业签订对等拆借协议，有效稳定了拆借资金来源。以灵活的利率定价和综合金融服务推动非金融机构客户存款增长，吸引低成本存款。

（五）全面风险管理日渐完善。顺利完成澳大利亚金管局离岸业务专项检查、年度审慎风险管理咨询及总行流动性风险及信息科技风险专项审计。在信贷资产方面，资产十二级分类全部维持在正常类。流动性风险管理方面，完善以 LCR 为核心的管理架构，构建并优化了 LCR 指标测算模型，确保流动性指标达到监管新规要求。操作风险管理方面，强化流程控制，确保了零监管处罚率、零案件风险率、零反洗钱处罚事件、零重大损失事件。市场风险方面，注重优化风险敞口限额管理及资产负债利率期限错配管理，加强市场风险日常监控制，确保各维度风险敞口可控。

（六）科技投入持续加大，安全生产水平不断提升。各类系统运行稳定，未发生重大安全生产事故。进一步规范了分行科技运行体系，有力地提高了生产运行效率。积极建设业务运行系统和通信平台，保证了新产品按时投产运行。改进了操作托管、应急处理、非授信软件管理等较突出的问题，有力地提升安全生产管理水平。

（悉尼分行）

工银新西兰

一、主要经营业绩

2014 年，工银新西兰资产总额达 1.27 亿美元，较年初增长 0.78 亿美元，增幅 157%；中间业务收入 39.11 万美元，占营业收入的 14.06%；无任何不良资产。负债 4.81 亿美元，剔除总行调拨头寸后资产负债比率为 64.85%。公司客户数 52 户，本地客户贷款余额占比 57.22%；开立活期结算账户 134 户，结算客户基础初步形成。

二、主要工作措施

（一）把握宏观形势，明确经营定位。子行将经营策略定位于优先发展公司业务，以公司业务为开业初期的发展重点，着重在参与银团贷款、俱乐部贷款、贸易融资、项目融资等方面，同时逐步发展双边业务、中小企业业务和个人业务。

（二）加大市场开发力度，奠定子行业务基础。依托集团整体优势，开拓思维、积极筹划，深入研究当地市场，充分把握市场契机，大力发展各项业务。利用人民币新西兰元直接兑换的契机，推动离岸人民币业务；积极营销当地中资客户，努力拓展当地大型企业，与境内分行联动辅助当地企业进入中国市场；深耕国内市场，完成多项代付、信用证等国际贸易融资业务；进一步推进业务转型和资产结构调整，继续加强负债业务管理，提高资金自足能力。

（三）加快产品服务创新，推进良好业务结构。先后推出开户、存取款、借记卡、信用卡、外币兑换、本地转账汇款、国际汇款（美元、澳元、人民币）、预结汇、新西兰元转汇、资金清算、卡清算、信用证通知、议付、远期信用证贴现、内外联动风险参贷、跨境人民币贸易融资、内外联动双币双期信用证、融资转卖、内外联动转开保函、质押贷款、银团贷款以及个人住房按揭贷款等业务，各项业务全面铺开。举行银联双币借记卡及信用卡的首发仪式，实现了银联信用卡在南半球以及 VISA 信用卡在本地首发。

（四）全面加强风险管理，防范各类风险事故发生。建立了风险管理流程架构。工银新西兰董事会下设风险委员会，负责各类风险管理政策的制定和更新。管理层下设风险管理委员会，负责内部风险管理流程的制定，同时设置信贷审查委员会，负责各项信贷业务的审议。细化和落实总行有关制度文件及授权方案。梳理制定新西兰各项风险管理政策制度。在开展业务的同时，严格按照前台、中台、后台分离原则，履行信贷业务调查、审查、集体审议及签批等流程，所有业务经由 GCMS 系统审批后联动 FOVA 放款。子行建立了市场风险、操作风险管理程序。监控每日即期外汇交易组合及债券交易组合敞口，确保符合总行下达的 2014 年工银新西兰交易账户市场风险限额指标。

（五）努力提升信息科技服务，增强客户服务能力。坚持“安全生产运行第一”思想，集中科技资源和精力，加大重点业务领域的突破创新，全面推进子行信息化建设。完善应用体系建设，完成境外个人网银标准版、境外企业网银标准版、境外电话银行标准版版本推广；完成清算业务管理系统人民币清算行功能推广。

（工银新西兰）

工银阿根廷

一、主要经营业绩

2014 年末，工银阿根廷总资产 45.14 亿美元，同比增长 11.4%；总负债 39.88 亿美元，同比增长 12%；所有者权益 5.26 亿美元，同比增长 7.3%。2014 年实现拨备后利润 2.35 亿美元、税后净利润 1.51 亿美元，分别同比增长 44% 和 40%。

二、主要工作措施

（一）深入挖掘大型公司客户和优势业务。通过联动推进对通用电气、美洲开发银行、美洲电信集团等北美跨国集团客户的业务拓展，推进泛美能源和 AXION 等阿根廷顶级企业海外开户及在国际金融中心上市发债等业务。“探戈通”业务余额 2.27 亿美元，通过“探戈通”业务有效支持当地重大关键客户业务需求。在当地可比银行中，实现贸易金融服务市场声誉排名第一，现金管理付款业务服务质量排名首位、收款业务服务质量排名亚军。“投商联动”推进债券发行业务，全年为客户安排发行 15 笔债券合计 33 亿比索。

（二）准确应对市场波动，金融市场业务收益创历史新高。全球金融市场板块 2014 年实现收益 2.34 亿美元，同比增长 30%，创历史新高。外汇交易实现收益 1.35 亿美元，同比增长 35.6%，银行间外汇市场交易份额保持第一。成功发行第一笔公司债和第一笔汽车贷款资产证券化产品，并按照 ABS 发行计划顺利发行个人贷款资产证券化产品，成功募集 10.6 亿比索长期稳定资金。货币基金公司存款取得历史性突破，市场占比一度达 20.5%，实现收益 550 万美元，同比增长 123%。

（三）均衡规模、质量与效益，推动大零售战略性实施。个人业务条线首次实现全年整体盈利，实现了历史性突破。优化组织架构与内部机制，强化日常经营管理。坚持月度经营分析会制度，加强中外方管理层、各业务条线主管间的沟通，实现信息传达的及时、有效。拓展业务增长点，实现重点产品销售新突破。加强个人金融、银行卡、私人银行、电子银行、汽车贷款等业务间的联动，持续加大交叉销售力度，重点营销信用卡副卡。组织中阿贸易交流活动，提升 ICBC 品牌影响力。围绕 e - ICBC 战略，大力拓展本地互联网金融服务。

（四）围绕核心产品，抓好重点客户，做好中资企业及中阿贸易营销。加大核心产品渗透率，实现在阿中资企业活跃账户全覆盖。做好重大项目储备和跟踪服务，推动专业融资产品线发展。发挥在阿根廷唯一中资商业银行的优势，通过总行向中资企业在阿根廷 9 个重点项目出具融资意向函。密切跟踪总行营销的 8 个重点项目，推动 EPC 项下出口买贷业务。打造中阿经贸首选银行，实现中阿国际结算量 9.3 亿美元，20 户有对外贸易的中资企业中，除泛美能源其余均在工银阿根廷开办贸易结算。

（五）积极应对宏观经济变化，不断提升全面风险管理水平。细化不良贷款清收处置流程，提高清收处置水平，清收处置不良贷款 4 636 万美元。强化风险监控检查，提升操作风险管理水平。健全全面风险管理制度，完善风险防控体系。实施《全面管理政策》，修订员工行为准则、声誉风险等政策，完成信贷、金融市场、市场风险等政策。

（六）中后台运行高效稳定，支持保障作用凸显。生产系统高效稳定运行，生产系统整体可用率保持在 99.6% 以上。业务用户访问、系统用户管理、数据安全管理、安全目录等未发现异常，整体状态正常。完成全部基础架构虚拟桌面项目（VDI）推广工作。完成市场风险直连阶段性工作目标。

（工银阿根廷）

工 银 巴 西

一、主要经营业绩

截至2014年末，工银巴西总资产5.3亿美元，总负债4.55亿美元，分别比上年增长104%和157%；实现考核利润167万美元、资产回报率0.64%、资本回报率2.1%、成本收入比65.9%。

二、主要工作措施

（一）整合资源、应势创新，开创业务新模式。在总行大力支持下，工银巴西探索利用总行专项融资部作为资产簿记平台，并通过考核还原方式将业务还原给的新路。截至2014年末，工银巴西通过该平台累计发放商品融资贷款近3亿美元，不仅带动业务发展，也逐步树立了ICBC在巴西商品融资市场声誉，为后续三年快速发展打下坚实基础。

（二）助力中资公司“走进来”。利用自身对巴西商务环境较为熟悉优势，从中资公司来巴西考察市场伊始就进行接触并持续保持后续沟通，充分细致地向中资公司介绍来巴西投资的法律注意事项，按照客户需要提供资金解决方案，为中资公司赴巴西投资提供全方位服务。

（三）积极扩大资金来源渠道，合理平衡流动性、收益性和风险性。积极扩大本外币资金来源。本币存款方面，通过加强对中资企业账户管理和投资需求的优质服务，不断扩大资金监管及各项存款报价水平；外币来源方面，除了依托集团支持获得资金，加强代理行营销，下大力气开拓集团外资金来源。扩大资金运用渠道。加强预判基准利率和隔夜利率走势以及对市场上国债、隔夜回购和同业存款收益率、流动性和风险性的研究和比较，制订多渠道投资方案最大化资金收益率。

（四）全面风险管理、重点信贷审查，“零风险”促进业务发展。通过持续开展信贷与风险管理制度建设，选择优质客户进行信贷组合，保质保量及时向总行与巴西央行报送风险监管报告，全面推进各项风险管理工作，在业务快速发展的情况下实现“零风险”。搭建完成覆盖信贷调研、评级、授信、审批、放款核准、资产分类、贷后管理的全链条制度体系建设。

（五）狠抓安全生产运行，持续优化系统。强化生产运行管理，确保信息系统平稳运行。2014年，主要业务时段银行系统可用率保持在99.9%以上。在系统建设和差异化需求方面，全年共投产了财会报表自动转换工具等五项新功能，提升业务人员工作效率，提高报表自动化水平。

（工银巴西）

工 银 秘 鲁

一、主要经营业绩

2014年是工银秘鲁获得牌照许可，开拓业务局面的第一年，逐步探索并初步确立了资产、负债和中间业务的发展模式，业务呈现出正向发展态势。截至2014年末，工银秘鲁资产9 610万美元，负债5 854万美元。

二、主要工作措施

（一）市场拓展、渠道建设初见成效。经过实践探索和尝试，初步确立市场定位及发展规划，本地化经营逐渐打开局面。截至2014年底，拓展结算客户22户，贷款客户10户，贸易融资客户1户，其中多数为本地客户。投产并重点推广电子银行，努力克服单一网点的局限性。协调推动大项目营销，成功发放离岸簿记贷款，积极探索适应当地的盈利模式。

（二）资金清算渠道和代理行结算网络搭建完成。经过深入细致市场调研，先后在多家机构开立了本外币资金账户和债券托管账户，建立了代理行关系，初步搭建了联通中国、中国香港、美国及秘鲁本土的结算网络。与秘鲁国民银行签订代理结算协议，延伸服务网络，办理本地结算业务。首次与秘鲁央行签订回购和互换协议，并办理一笔回购交易，建立流动性应急渠道，提高流动性应急管理水平。

（三）系统建设圆满成功。2014 年初获得 FOVA 系统数据外移处理牌照（PDA），FOVA 系统在秘鲁正式投产，并完成本地清算系统网络搭建，本地清算系统 WEB 版正式投入使用，同时顺利完成 FRMS 系统推广，按进度实现监管报表自动化开发。

（四）打造合规高效的内部管控体系。在信用风险方面，建立职责分工明确，各自相对独立的营销和风险控制业务线，成立了相应的审议机构。在市场及流动性风险管理方面，制定相关制度，提出标准化工具，实现了对主要风险管理指标的日常跟踪监测，能够及时准确地识别、判定、计量、管控相应风险。在操作风险、合规与反洗钱方面，开业后针对具体实际，对相关制度及流程进行了全面梳理、多轮修订，形成了全面、有效、实用的风险防控机制。

（工银秘鲁）

非洲代表处

一、投资管理

（一）标行业绩稳健增长。2014 年标行实现核心净利润 173 亿兰特，不考虑非持续经营部分的影响，核心净利润增长 20%。净资产回报率 12.9%。信贷成本 1%，比上年降低 0.12 个百分点。不良贷款率 3.2%，比上年降低 0.3 个百分点。成本收入比 54.5%，比上年下降 2.3 个百分点。

（二）积极参与标行公司治理。在总行支持下，代表处通过会议座谈、个别沟通等形式，加强与标行管理层、董事之间的沟通，提高了工商银行董事的话语权和影响力。在标行信贷管理、风险控制、成本管理、IT 建设等方面，工商银行董事提出了多项专业意见，有效维护了标行整体利益和工商银行股东权益。

（三）实时跟踪报告重大事项。代表处一方面每周向总行报告"标行动态"，另一方面，及时跟进"利保收购"、"董事长轮换"、"TUTUWA 锁定期结束"等多个重大事件，持续实时跟踪报告标行的经营动态。

二、战略合作

（一）完善双边合作机制。在现有战略合作的基础上，2014 年，代表处建立了与标行北京及标行总部的互动机制、调整了与标行团队的对接组织架构、建立了两行月度战略合作沟通会议机制，促进两行在非洲市场上展开客户和项目的联动营销。先后与标行管理团队举行了多次业务交流会议，发掘了大量业务机会。

（二）推动业务人员交流。重点加强了两行之间的人员交流，先后派遣员工常驻加纳标行，配合总行科技部派遣 IT 人员常驻标行，派员协助津巴布韦、纳米比亚等多国标行拓展中资企业业务。此外，代表处还协调总行股权董事、财务会计部、工银租赁、城市金融研究所、新加坡分行等代表团访问了标行，还推动了标行 IT、全球市场业务、CIB 等多个代表团对工商银行的访问。

（三）持续推进双方 IT 合作。在配合总行科技部门对标行 IT 建设基本情况进行研究的基础上，代表处配合参与了标行 IT 部分工作，如乌干达、加纳、莱索托三国借记卡 EMV 发卡总体架构的编写，标行非洲多个国家分行的灾备情况评估等。此外，还成功促使两行将 IT 合作重点确定为数据集中、系统集成以及中非直联。

（四）协办双方战略合作会议。2014 年 7 月底，两行年度战略合作会议在北京成功举办，会议由易会满行长和标行联席 CEO Ben Kruger 共同主持。代表处积极配合筹备了此次会议，会议取得了良好成效。

（五）重点项目获得突破。配合总行部门，协调标准银行，突出在基础设施、能源、电力、通讯等重点领域的重点项目合作，部分项目喜获突破。一是国家核电技术公司与工商银行和标准银行成功签署《南非核电项目融资框架协议》；二是配合总行与安哥拉财政部签署约 50 亿美元的石油换贷款备忘录；三是配合总行与赤道几内亚政府签署约 20 亿美元的石油换贷款备忘录。

（六）积极拓展我行在非代理行网络。在总行国际业务部的指导下，又新建了卢旺达经济银行、喀麦隆经济银行、喀麦隆非洲第一银行、赤道几内亚经济银行 4 家代理行，并多次协助总分行完成代理行相关的多笔投标保函、业务调查等工作。

三、市场研究

（一）《非洲快报》改版升级。对《非洲快报》进行了改版升级，并通过"全球资讯平台"实现系统内共享。全年已编辑报送 50 多期，近万条信息。

（二）编辑出版《国别大事记》。对 2013 年度非洲 33 个主要国家的大事进行了摘选、编撰，并在行内出版发行。

（三）强化非洲市场重点行业研究。加强了非洲重点行业和热点问题的研究工作，涉及4个大类、20个子行业，涉及人民币国际化等热点专题，并形成了相应研究报告。

四、扩大非洲影响力

（一）深化与使领馆的良好关系。通过多种途径继续深化与使领馆的良好关系，在维护好南非当地使领馆关系的基础上，先后拜访了加纳、津巴布韦、尼日利亚、肯尼亚、安哥拉、阿尔及利亚等地的大使馆和经商处，宣传了工商银行业务发展成果，巩固已有的良好关系。

（二）主动参与非洲当地经济活动。积极参与非洲当地经济活动，取得良好效果。先后应津巴布韦副外长的邀请，参加ZIMASSET研讨会并作演讲；派员参加开普敦大学“非洲日”活动的“非洲与中国”讨论，宣传工商银行非洲战略；派员积极配合总领馆迎接中国海军护航舰队访问南非。

（三）成功组织首届“工行杯”驻南非中资企业篮球赛。联合约翰内斯堡总领馆举办了首届工行杯篮球邀请赛，与广大中资客户建立了良好的联系，树立了我行良好的企业形象。

（非洲代表处）

浙江平湖和重庆璧山工银村镇银行

一、浙江平湖工银村镇银行

（一）业务发展情况。2014年浙江平湖工银村镇银行实现贷款利息收入1.28亿元，比同期增加837.7万元，上缴各项税费1 691.7万元，实现净利润3 160.5万元，同比增加61.6万元，增长1.99%。截至2014年末，各项存款余额为11.02亿元，存款结构进一步改善，其中对公和个人存款余额7.99亿元，两项存款占比由上年的67.98%上升到72.5%，其中个人存款占比由上年的20.7%上升到23.22%，集零储蓄和代发工资收储额累计达3亿元，比上年同期增长39%。努力推进信贷结构和客户结构调整，全年共为1 772户（家）专业合作社、农户、个体工商户和小微企业累计发放贷款18.41亿元，到2014年末全部贷款余额15.01亿元，信贷客户净新增352户，户均贷款87.18万元，信贷结构进一步优化，浙江银监局关于涉农贷款、户均贷款等十项监管指标全部达标。积极落实降旧控新、不良“双降”措施，通过“三性”、“三色”、“四严”等环节的控制，全年调整压缩表内外信贷资产2.66亿元，先后处置、核销不良贷款2 780万元，年末不良贷款余额1 361.5万元，比年初下降686万元，贷款不良率为0.91%，比年初下降0.45个百分点，年末贷款损失准备充足率、拨备覆盖率和贷款拨备率分别达到583.2%、653.3%和5.93%，均满足监管要求。

（二）主要工作措施

1. 牢固树立存款立行理念，确保流动性安全。一是加大推进拓户挖潜增存工作。通过“存贷联动”、“产品联动”、“服务联动”和“合作联动”，积极推进有贷户结算归行，通过开展对集零储蓄、网上银行等客户的存量挖潜和零余额账户激活等营销活动，客户综合贡献度明显提高。着力抓好无贷户和重点客户的拓展营销工作，以镇、村两级账户营销为突破口，深化服务措施，同时有效发挥支农信息联络员的桥梁作用，争取各类专项资金的归集，在已取得城防局、环保局、水利局、宗教局、医院、村级账户和无贷户企业存款支持的基础上，继续加强沟通联系，2014年末局办和村级经济存款存款余额达到了8 123.3万元，比上年新增3 294.1万元，收到较好成效。二是推进产品和服务联动，挖掘客户有效资源。以银行卡、代发工资、网银和商户POS为抓手，实施“小贷带动”策略，加大与移动和电信的业务合作，深化“移动、电信商户+产品+银行”的业务合作，通过扩大产品服务覆盖面，以取得更多的优质资源。三是强化考核引导，努力提高揽存的主动性和积极性。率先试行客户经理“岗位浮动工资”制，变被动营销为主动营销，提高客户经理市场营销的竞争意识，激发主动揽存的内在潜能。

2. 探索创新，积极推进“普惠金融”服务。一是积极探索创新金融服务。设计推出“共同基金”担保、“易贷通”授信卡等服务模式，先后组织召开个体工商户和个私企业金融服务对接会、创业青年金融服务对接会、创业人才座谈会、鱼圻塘村送金融服务下乡、送电影下乡等活动，获得相关部门、商会、协会、试点村的认同和肯定。成立五个项目推进领导小组，明确具体目标，落实专人负责，实施考核推进，充分发挥专注营销的联动效应；成立科技金融服务中心，并落实专人配套服务，建立与市科技企业服务中心的信息对接和资源共享机制，先后在新埭镇鱼圻塘村、广陈镇龙萌村、林埭镇徐家埭村、独山港镇的陆沼村、虎啸桥村，结合农村搬迁和集聚房建设，深入挖掘农村金融需求，共发放“易贷通”授信卡2 000多张，发放小额信用贷款700多户，贷款金额近1 639万元，收到较好效果。二是加强业务合作，拓宽业务渠道。尝试“移动、电信+银行+商户”合作模式，2014年共为35家移动授权商户安装POS机，有2家商户获得了信贷支持，取得了良好效果。努力突破小微企业融资担保难的瓶颈，通过多方努力，先后与浙江中新力合担保公司和平湖政府信诚担保公司建立合作关系，为业务发展创造条件。

3. 强化机制建设，提高风险防控能力。全面落实“总量控制、调整结构、退劣进优、退大进小、有扶有控、分散风险”的信管工作措施，做实“三查”工作，切实防范法律风险，完善集团客户关联企业管理制度和操作流程，逐步切断担保链风险，真实反映贷款质量和集中度风险，落实对“特性”关联企业约见谈话制度，确保存量盘活、风险可控。加强不良贷款的控制与管理，不断提高贷款质量。认真做好贷款五级分类的清分和认定工作，对90天以上的逾期贷款进行一次全面排摸，真实反映贷款的风险状况，在准确分类的基础上，全面落实“五个抓”措施（一抓核销进度、二抓处置进度、三抓新发生风险化解、四抓账销案存管理、五抓风险责任认定），年末不良贷款余额和不良率分别为1 361万元和0.91%，实现“双降”目标。建立和完善“一卡八制度”进一步强化监督管理机制，防止道德风险和违规操作风险的发生。在全行组织开展“学规章制度、做规范员工”内控防案系列教育活动，通过开展“五个一”和“五对照五查看”活动，全面提升全员的合规操作和风险识别能力。继续强化案件防控和员工行为动态管理，制订和实施内控工作“十项”计划，组织开展“突击检查”和“飞行检查”，对当前风险隐患较为突出的重点业务、重点人员、重点部门组织开展排查活动，切实抓好案防薄弱环节的风险防范。

4. 实施全员素质提升计划，持续强化队伍建设。按照“提升员工综合素质”的目标要求，内外结合，尝试“菜单式”和“定制式”培训计划，通过“请进来，走出去”、“座谈交流”、“专题讨论”等办法，提高教育培训实效。全年组织参加银监、人行、工行、同业协会及教育培训机构等各类培训48次，通过参加不同方式的培训学习，全员素质有了进一步提高。进一步优化人力资源配置，调整和充实市场营销人员，增强营销队伍力量。为改善员工的素质结构，先后从浙江财经等大学招聘新员工5名，补充了队伍“血液”。充分发挥党、政、工、团组织的作用，通过组织参与“劳动竞赛”、“员工趣味运动会”、“送温暖”等系列活动，让员工真实感受到集体的关爱和温暖。

二、重庆璧山工银村镇银行

（一）业务发展情况。2014年，重庆璧山工银村镇银行全年实现拨备后利润2 443万元，各项存款余额70 864万元，比年初增加14 861万元，增幅26.54%；各项贷款余额63 433万元，比年初增加5 204万元，增幅8.94%；实现营业收入5 824万元，增长13.95%。自2010年获得人民银行再贷款以来，重庆璧山工银村镇银行致力于拓展支农支小业务，得到了人民银行的高度认可与持续肯定。2014年人民银行继续给予重庆璧山工银村镇银行11 900万元的再贷款额度，对县域内412户中小企业及个体经营者、养殖户累计投放各项贷款资金7.1亿元，收回6.35亿元，年末各项贷款余额6.3亿元。信贷资金运行正常，无不良贷款产生。

（二）主要工作措施

1. 牢记办行宗旨，履行社会责任，创新“三农”信贷模式和服务流程。强化与璧山区农委的工作契合度，与璧山区农委联手，成功办理了一笔农村土地承包经营权抵押贷款，发放贷款45万元。

2. 始终坚持支农、支小、支微。采取“公司+农户”贷款方式，大力支持璧山养殖业发展。自2010年起，连续5年与2家养殖业龙头企业合作，发放贷款近8 000万元，扩大了公司养殖规模，经营效益快速发展；农户从中受益，实现了增收致富，同时提升了工银村镇银行在璧山当地的影响力和美誉度，实现了银行、企业和养殖户的三方共赢。以重庆特驱家禽养殖有限公司为例，为调动和保护养殖专业户的养殖积极性，重庆璧山工银村镇银行对养殖户的贷款利率，按人民银行同期同档次基准利率确定，让利于农民，每年增加养殖户收入2 800～4 000元的，使广大养殖户真正得到了实惠。

3. 坚持“支持一家农业企业，带动一方农民致富”的信贷投放原则，支持新型农村经济组合体发展，实现“农企双赢”。支持的渝西、渝川园林公司，采用“公司+基地+农户”的利益连接方式，租用农民土地、返聘农民作为园林工人。

4. 强化管理，严控风险，全面实现内控案防目标。在母行和各级监管部门的指导帮助下，坚守监管和操作风险底线，加大检查监督惩处力度，遏制操作风险，实现了无重大差错事故、无案件的“双无”目标和监管部门“零”处罚目标。

（浙江分行、重庆分行）

第三部分

公司治理与风险管理

责任编辑：盘为龙

公司治理机制建设

良好的公司治理是商业银行行稳致远的基石。2014年，本行把完善公司治理作为经济新常态下应对挑战和把握机遇的关键举措，适应全球系统重要性银行等相关监管要求，强化股东大会、董事会、监事会和高级管理层的履职机制和有效制衡机制，加强集团全面风险管理、母子行互动和内外联动，促进各项业务健康发展。2014 年，本行荣获《财资》杂志“全优公司白金奖”、香港管理专业协会“优秀企业管治资料披露奖”、《亚洲公司治理》、“亚洲公司治理指标企业奖”等多项境内外公司治理重要奖项。

一、持续优化公司治理架构，确保“三会一层”高效运作

（一）高效有序推进董事换届工作。2014 年本行董事换届较为集中，共涉及 12 名董事、16 人次，换届董事占董事会应有人数的 2/3。为确保董事会及各专门委员会正常运作，本行周密谋划，提前准备，严谨操作，认真研究并组织实施相关方案，顺利完成董事换届和董事会专门委员会成员调整工作。

（二）积极维护股东权益。2014 年，本行先后召开三次股东大会，审议通过 15 项议案，听取 2 项汇报，参会股东及股东代表近 2 725 人次，比 2013 年增加近 9%，会议决策程序依法合规，充分照顾了沪港两地投资者的权益。尤其是，2013 年度股息派发是首次 A 股和 H 股股息分开进行。为此，本行制定了精细的分红派息时间表，耐心解答投资者的来电咨询，按时准确地完成 A 股和 H 股股息派发，充分维护本行投资者关系和资本市场声誉。

（三）董事会充分发挥战略决策作用和公司治理核心作用。2014 年，本行共组织召开董事会 10 次，审议议案 61 项，听取汇报 28 项；召开董事会专门委员会会议 25 次，审议议案 45 项，听取汇报 26 项。上会事项囊括了本行深化改革创新、国际化综合化经营、全面风险管理及董事换届等公司重大决策事务的各个方面，以科学、高效的决策保障了全行的持续健康发展。

（四）监事会认真开展监督工作。一是认真开展对董事会、高级管理层及其成员贯彻落实国家宏观政策、履行各项职责和执行职务行为的监督。二是做好财务监督，认真审核定期报告，核实财务信息真实性，在加强重要财务活动监督的基础上，加大财务现场检查力度，指导外部审计工作，加强对审计独立性和有效性的监督。三是深化风险管理监督，高度关注经营转型和结构调整过程中出现的新情况和新问题，加大对实质性风险管理情况的监督力度。四是加强内部控制监督。重点加强内部控制体系健全性和有效性，重点机构和重要业务领域内部控制情况的监督。

（五）管理层统筹抓好各项战略落地实施，实现了良好的经营业绩。面对错综复杂的经营形势，管理层坚持稳中求进的总基调，统筹抓好调结构、促改革、控风险、强服务、转作风等各项工作，使本行总体保持健康平稳的发展态势，实现了稳定的盈利增长，2014 年本行实现净利润人民币 2 763 亿元，增长 5.1%，改善了信贷经营质态，增强了可持续发展能力，激发了新的活力和动力，保持了资产质量总体稳定和各类风险可控。

二、不断完善公司治理制度，进一步健全“决策科学、监督有效、运行稳健”的公司治理机制

（一）修订完善公司章程等公司治理基本制度。根据本行优先股发行进度，顺利完成《公司章程》修订工作，有力地支持了优先股的成功发行，本行章程修订模式还得到了同业效仿和认可。本行还制定董事会多元化政策，并修改《推荐与提名董事候选人规则》，为年度开展董事会架构评估、调整董事会专门委员会构成奠定了基础。

（二）加强全面风险管理体系建设。落实系统重要性银行等国际国内监管要求，加强第二支柱体系建设和应用，开展实质性风险评估和资本充足预测，完善风险偏好管理体系。加强集团并表风险管理工作，组织开展并表管理自我评估，加强非银行控股机构风险管理，加快并表风险管理系统建设。深化国别风险管理，加强国别风险敞口分析，及时更新国别风险评级，严格国别限额管理。

（三）完善内部审计体系。本行实施了以风险为导向的审计活动，围绕中心任务和发展战略，全面完成了董事会批准的年度审计计划，重点评价了主要经营管理领域的风险管理、内部控制与公司治理的有效性，注重从集团战略、系统整合、流程优化、服务创新等方面，分析和评价全行改革发展过程中的主要风险及其变化趋势。同时进一步完善内部审计体系，加快推进内审职能

优化和专业创新，实施了改进审计项目运作质量、深化信息化审计建设、优化项目资源配置、提升团队履职能力的措施。

（四）强化内部控制。按照“行为有规、授权有度、监测有窗、检查有力、控制有效”的内部控制总体要求，研究分析银监会新版《商业银行内部控制指引》及其他最新监管要求，逐条对标完善本行《内部控制基本规定》及相关业务制度，确保内部控制体系符合监管要求；按照“从严治行，过程控制”的要求，整合修订《境内分支行内部控制评价办法》，全面实现内部控制评价以非现场评价和年度常态化评价为主的工作模式。

（五）不断提高公司透明度。秉承“真实、准确、完整、及时、公平”的信息披露原则，以投资者需求为导向，不断提高自愿性信息披露的深度和广度。严格执行内幕信息及知情人管理制度，防范内幕交易，充分保障广大股东的利益。通过境内外路演、业绩推介会、反向路演、日常接待等多种形式，加强与投资者的沟通交流，打造专业、高效的投资者交流平台。

（总行董事会办公室、监事会办公室）

投资者关系管理

2014年，随着中国经济进入“新常态”，中国银行业进入盈利增速放缓、信贷风险逐步释放的时期，全球投资者对中国银行业发展前景和投资价值的看法出现分化。在此背景下，本行坚持“走出去、请进来”的策略，积极做好投资者沟通，并依托高质量的研究成果，持续提升资本市场影响力，合理引导市场预期，有效维护了市值稳定和投资者利益。

一、依托定期业绩发布活动，开展“走出去”全球路演和“请进来”主题开放日活动

2014年，本行高质、高效完成了四次定期业绩发布，首次与上交所联合举办了大型中期业绩说明会，并根据全球投资者分布特点，赴重点国家和地区开展多层次的境内外路演；依托摩根士丹利、花旗、德意志银行、摩根大通、巴克莱、中信证券等10余场境内外大型投资论坛、上交所“上证e互动”新型网络平台等，多维度加强与投资者交流。在主动“走出去”的同时，积极做好“请进来”的工作，认真安排投资者分析师来访会见和电话、邮件答疑，创新性举办了以风险管理、资产管理为主题的投资者“开放日”活动。全年与600余家境内外各类投资机构共7 000余人次进行了形式多样、传递有效的互动沟通，向投资者展示了本行积极有序的经营转型举措和可持续发展潜力，对资本市场预期进行了务实、积极的引导，有效保障了股价总体稳定运行。

二、加强“新常态”下宏观经济、政策走势与资本市场动态的全方位研究

着重研究国际、国内宏观经济形势带来的挑战，分析本行与国内外同业的比较优势，为全行长期发展规划提供参考。密切关注市场反馈和投资者态度，在重要业绩发布前，提前收集整理主要投行对本行的业绩判断和预期报告，撰写分析报告，为管理层更有针对性地解释本行经营指标和消除投资者疑虑提供支持。此外，依托自身研究成果，在主流杂志、报纸发表有关银行市值、经营业绩的评论文章，有效扩大了资本市场影响力，为市值管理夯实基础。

三、依托精细的股价日常监测和市值异动分析，强化投资者分类管理

做好定期市值监测与管理。定期监测本行及可比上市公司市值变动，每周编制并发布“全球前十大市值银行”和“全球十大上市公司”等监测信息。密切跟踪本行与可比银行市值变化，每日编制股价和市值情况快报，按月监测全球股市及本行股票表现，研究分析相关原因和走势。精确掌控股东数据变动。关注A股股东每周持股和H股全球股东认证数据变动，基于投资者持股数、公司类型、地域等数据反映的新情况，定期主动与重要潜在投资者交流，展示本行投资价值，并利用本行发行其他一级资本工具的契机，广泛接触全球债权投资团队，为发行优先股定位潜在投资者。

四、开创性完成境外优先股发行工作

2014年，境内商业银行因资本压力纷纷计划发行优先股，监管部门考虑到国内资本市场的承受能力，未把本行列为境内发行优先股的首批试点机构，为抓住年内最后的低利率时间窗口及时完成发行，本行创造性地设计了一次申请报批800亿元人民币额度、境内外分次发行、先境外、后境内的方案。同时，为确保发行规模和控制发行成本，本行提出对有关法律规

定进行创新，在境外同时发行人民币和外币优先股，并获得国务院及监管部门支持，创造性地解决了发行时间窗口、发行币种等问题。基于对本行稳健发展及各项经营指标的认可，标普公司把本行独立评级上调至 BBB +，给予本行优先股 BB 评级，处于国内可比同业最好水平，对实现发行规模和预定股息率水平起到了积极作用。2014 年 12 月 3 日，本行在法兰克福、纽约、北京三地通过视频连线完成簿记、定价和配售，成功发行人民币、美元、欧元三个币种合计 346 亿元等值人民币（约合 56.4 亿美元）境外优先股，认购倍数达到 4.9 倍。三个币种优先股的初始股息率均定为 6%，远低于此前市场预期的 6.5% ~ 7%，处于国际同业同类产品发行的较低水平。

本行此次发行境外优先股在币种结构、发行方式、条款设计上均有创新。人民币、美元、欧元三个币种同步发行，以及同时采用适用美国机构投资者及美国以外机构投资者的规则和条例发行等安排，扩大了投资者范围，拓宽了投资资金来源，为其他中资企业在设计境外融资结构时提供了有益参考。特别是发行境外人民币优先股开创了国内企业境外发行人民币股票的先河，丰富了境外人民币投资产品，为中资企业境外融资增加了新的渠道，有助于拓宽连通境内外的人民币投资渠道，支持人民币国际化。

五、积极稳妥做好 A 股可转债提前赎回，促使可转债持有人最大限度转股

2014 年 12 月 29 日，本行董事会审议通过了关于提前赎回可转债有关议案，12 月 30 日收市后，本行可转债达到提前赎回触发条件。12 月 31 日，本行发布了《关于提前赎回“工行转债”的提示性公告》，并获得银监会批准。为减少可转债到期赎回财务支出、进一步提升本行资本质量，本行提前做好市场宣传与投资者沟通工作，促使可转债投资者最大限度转股。1 月 23 日，本行正式启动可转债提前赎回程序，并根据上交所信息披露要求，先后发布了 6 次提前赎回事宜提示性公告。并通过“95588”短信平台、合作券商与证券信息平台等多种渠道提示持有人；对前 70 大机构持有人，和每日新增机构持有人，安排专人通过电话一一通知落实。在此期间，本行不间断地与投行分析师进行交流，大部分分析师出具了分析报告，客观分析本行可转债转股的收益，形成了积极的正面影响。最终，累计有 249.86 亿元可转债转为 A 股股票，共增加 A 股股本 73.88 亿股；剩余未转股可转债 1 423.6 万元，仅占可转债发行总量的 0.057%，远低于 0.81% 的均值，创造了 A 股可转债提前赎回案例的历史新低。

（总行战略管理与投资者关系部）

履行社会责任

作为国内首家加入联合国“全球契约”的商业银行，本行始终立足服务于经济社会可持续发展大局，牢记自身肩负的使命和企业公民应尽的责任，将履行社会责任有机融入自身的商业模式之中，矢志实现经济、环境、社会的综合价值最大化。2014 年，本行先后荣获“年度最具社会责任金融机构奖”“人民企业社会责任奖”“最具责任感企业”“中国最受尊敬企业”“最佳社会责任奖”等 20 余项大奖，并连续多年入选香港恒生可持续发展指数成分股。

一、推动经济转型，助力民生改善

本行坚持金融服务实体经济的本质要求，把握信贷投向、严控资产质量、加快金融创新、提升服务效能，支持实体经济发展，助推产业结构调整和区域发展平衡，加大对小微企业、“三农”、民生服务等薄弱领域的金融支持力度，致力于实现普惠金融。截至 2014 年末，各项贷款余额 110 263.31 亿元，比上年末增加 11 039.57 亿元，增幅 11.1%；积极支持实体经济重点领域融资需求，能源、交通运输、装备制造、商务服务、商贸物流等行业贷款较年初增加 2 882.3 亿元，占公司贷款增量的 70.92%；根据国家重点区域发展战略，逐步通过“一行一策”实现区域信贷政策对重点分行和区域的全覆盖；积极支持文化产业发展，努力保护地方特色文化，不断加快金融服务延展，助力文化普惠消费，带动地区经济发展；持续优化小微金融业务发展模式，推广小企业网络循环贷款、小企业账户卡循环贷款和小微商户逸贷公司卡等创新业务，优先保障小微企业融资需求，累计对 177 533 户小微企业发放贷款 13 825.07 亿元，小微企业贷款余额较年初增加1 612.53 亿元；持续加强县域网点建设、加大涉农信贷政策资源倾斜力度、深入开展特色支农等金融服务；积极满足居民消费需求，个人消费类贷款余额达到3 098.89 亿元；积极支持保障性安居工程项目，保障性住房建设贷款余额 322.80 亿元，较年初增加 87.23 亿元。

二、改善服务体验，建立全球品牌

本行以“人民满意银行建设年”活动为主题，继续改善客户体验，树立工行特色服务形象。从改善服务态度、强化网点负责人职责、严格大堂管理、提高窗口服务人性化水平、规范现场投诉处理、加强监测督导等9个方面明确了24条窗口服务改进措施、15个高频业务话术，颁布实施了窗口服务“六严禁”，强化了服务管理问责机制，客户对窗口服务过程的满意比率达到98.41%。通过深入推进业务流程优化，加强客户的引导和分流，扩大预约服务功能覆盖面和业务应用范围，提高电子银行服务对客户渗透率和客户活跃程度等，进一步压降客户办理业务流程环节和等候时间。增强各项业务产品创新能力，搭建互联网金融服务体系，投产融e购电商平台、融e联即时通信平台和融e行直销银行三大互联网金融平台，推出线上POS、开放式多渠道通用缴费平台、“工银e投资”客户交易终端等多项创新产品。积极支持和引领有条件的中国企业“走出去”，通过集团内外联动为企业提供便捷、优质的跨境金融服务，截至2014年末，本行在境外41个国家和地区建立了338家机构，与147个国家和地区的1 809家银行建立了代理行关系，服务网络覆盖亚、非、拉、欧、美、澳六大洲。

三、倡导生态文明，共建美丽中国

本行将实现全社会的绿色低碳发展视为提升企业核心竞争能力的重要措施，通过合理的资源配置推动人与自然、经济与生态的和谐与平衡。2014年，修订并印发新版行业（绿色）信贷政策，印发《境内法人客户绿色信贷分类管理办法（2014年版）》，优化绿色信贷分类多维度管理；全面实施“绿色信贷一票否决制”，对环境和安全生产违法违规、涉及淘汰落后产能企业及时下发风险预警通知书，实现对环境与社会风险的全过程监测、管理和控制。继续对产能过剩行业实行行业信贷限额管理，产能严重过剩行业贷款总额较上年末下降88.9亿元。通过信贷资源配置支持经济结构优化调整和节能减排项目，投向绿色经济领域贷款余额达6 552.81亿元。加快网上银行、手机银行、电话银行产品和服务创新，成功推出了B2B电子票据支付等创新产品，大力发展短信、微信新型服务方式，电子银行业务占比达到86.0%。持续推进办公信息化建设，提高了无纸化办公水平，每年可节约用纸约10 426万张；面向全行发起“光盘行动”“地球一小时”等环保活动，以实际行动助力建设绿色中国。

四、坚持合规经营，强化诚信建设

本行深入开展“最安全银行”建设活动，有效保障客户合法权益，建设健康金融生态。2014年，从消费者金融知识宣传教育、服务定价管理、客户维权协调等方面，积极构建长效化、常态化消费者权益保护机制。组织开展了“3.15主题教育”“普及金融知识万里行”“金融知识进万家”“金融知识普及月”等宣教活动，提升消费者金融知识水平。发布新版服务价目表，保障产品和服务收费合规操作。不断完善客户投诉受理机制和投诉处理效率，实行投诉日监测、周分析、月通报，重点对超时处理、升级投诉、投诉高频的机构等进行重点监测及整改，全年共受理客户投诉815件，同比下降72%。开展廉政和案防责任制量化考评，以教育为先导，采取专题讲座、知识竞赛、参观警示教育基地等多种新形式，提高全行员工廉洁从业意识。积极参与建立完善社会诚信与失信惩戒体系，广泛收集各类外部欺诈风险信息超过1 000万条，成功堵截电信诈骗事件4 243起，累计为客户避免欺诈损失1.02亿元。建立健全恐怖融资风险常态化监测机制和防控体系，开展多种形式的反洗钱宣传活动，提升公众防范洗钱犯罪的责任意识。

五、关爱员工成长，打造和谐工行

本行坚持“以人为本”的理念，切实保障员工合法权益，完善员工职业发展通道，平衡员工工作与生活，努力构建和谐劳动关系，促进员工与企业共同成长。2014年，通过校园招聘积极构建涵盖管理培训生、通用岗位和柜面岗位的分层分类招聘体系，向社会提供就业岗位1.4万个。健全员工福利保障制度，试点弹性福利计划，并不断完善带薪休假制度，切实保障员工休息休假权利。在干部选拔任用中坚持德才兼备、以德为先的标准，完善民主推荐、民主测评、公开选拔与竞争上岗、考核评价等机制，建立更加适应市场竞争需要的干部选拔任用机制。实行全流程绩效管理体系，建立了以目标管理为导向的绩效目标分解和确定机制、业绩与行为并重的员工绩效考核机制，实现了员工个人能力发展和组织业绩提升的良性互动。持续推进总分行、境内外、分支机构之间的轮岗交流工作，通过培训交流，拓展员工成长空间，培养员工综合技能，全年共举办各类境内培训班5.2万期、培训455.7万人次、人均受训9.5天。重视员工健康与安全保障，定期组织员工进行体检，积极开展职工之家场所设施建设，提倡科学的生活方式，平衡员工的工作与生活。

六、热心慈善公益，倾力回报社会

本行将企业持续发展与履行社会责任、热心慈善公益深度融合，在抗震救灾、扶贫助困、环境保护、志愿服务等方面全力打造工行爱心品牌，2014年在公益事业领域共投入5 086万元。向云南昭通鲁甸地震灾区捐款500万元，并发动员工向地震灾区捐款133.27万元，帮助灾区人民抗震救灾、重建家园。投入扶贫资金

1 100余万元，集中开展了包括表彰优秀山村教师、资助优秀贫困大学新生、援建小学宿舍楼、“母婴平安120行动”“太阳花图书角”等一批教育和卫生领域项目，并加大金融扶持力度，投放信贷资金5亿多元，有力地支持了定点扶贫地区的经济发展。向中华健康快车基金会捐赠300万元，资助吉林市患者1 512人实施手术。与中国妇女发展基金会合作开展小黄鸭义卖活动，在融e购电商平台设置爱心认购专区，用于自闭症儿童救治工作。与中央金融团工委等单位合作发起了“体验身障，传递温暖——感受黑暗一分钟”活动，倡议全社会共同关注、尊重并更好地服务出现在我们身边的残疾人弱势群体，新华社通过新华新闻电视网向全球70多个国家地区进行了报道。承办“金融青年阳光助残‘五个一’行动”，倡导广大金融青年面向残疾人客户开展“一套温馨服务标准、一本无障碍交流手册、一个爱心服务窗口、一支青年志愿服务队、一小时阳光服务”五个一行动，让普惠金融能够惠及社会特殊人群。此外，还开展了援疆夏令营、筑梦行动、“木棉花”计划、“小小微心愿、传递大温暖”等一系列志愿者活动。

（总行战略管理与投资者关系部）

子公司公司治理

2014年，本行围绕集团整体发展战略的深入实施，着力加强对综合化子公司的股权管理，引导督促子公司有效落实集团战略规划，进一步促进了子公司与母行之间的协同发展。截至2014年末，境内外子公司资产总额近1.36万亿元，较年初增加15%，实现拨备后利润157亿元，同比增长33%，实现净利润120亿元，同比增长31%。集团子公司发展呈现资产稳健增长、利润快速提升的态势，为集团分散经营风险、稳定利润增长发挥了重要作用。

一、持续健全子公司公司治理机制

（一）积极推动综合化子公司业务发展战略的规划和实施。推动对工银安盛未来战略发展方向决策的落实，跟踪业务计划完成进度，研究分析经营症结及深层原因。协调工银租赁深入研究全球租赁行业发展趋势，制定公司未来十年发展战略，进一步理清本行对工银租赁的股权和授权管理。

（二）密切跟进监管政策变化，加强与监管机构、股东单位和管理层的沟通交流。关注保险业最新政策，及时向保监会汇报工银安盛发展情况，争取监管支持。加强与瑞士信贷集团、法国安盛集团等外方股东单位的沟通协调，协助工银瑞信与工银安盛管理团队就公司业务发展计划、公司治理及其他重大经营决策事项达成一致，促进子公司在中外双方股东支持下持续、健康发展。

二、加强子公司股权投资管理

为保障子公司在高速增长中保持稳健经营，本行持续加强集团股权投资统一管理，通过开展子公司股权投资季度监测分析，识别防范投资风险，稳妥推进子公司新增股权投资审核准入，有效提升对子公司股权投资的战略管控。

（一）认真做好子公司股权投资日常管理工作。一是持续做好子公司股权投资季度监测分析，按季度对子公司各类股权投资进行分析监测。二是完成《自营业务管理规定》出台以来首个境内外子公司股权投资年度基本授权，进一步加强了集团股权投资的统一管理，并积极引导子公司根据集团统一的风险偏好和既定发展策略稳健发展有关业务。三是加强工银国际、工银瑞信、工银欧洲等与总行专业部门的联动合作，支持子公司开展业务创新，探索发展新兴业务沪港通、投行研究、跨境资产管理、PE基金管理、家族财富管理等业务。

（二）定期审阅子公司股东会议案，支持子公司业务发展。认真研究工银租赁修订公司章程及发行金融债券等事宜，切实维护我行权益，参与穆迪、标普对工银租赁的年度评级会议，协助办理工银租赁向美国进出口银行申请融资担保事宜。定期审阅工银安盛股东会议案，包括增设董事会战略委员会、董监事更换、年度增资、章程修改及财务预决算等。定期审阅工银瑞信股东大会议案，包括2014年度财务预算、利润分配方案、监事免职、公司迁址等，履行股东审批程序，支持工银瑞信完成对其子公司工银瑞投的增资。

（三）加强子公司新增股权投资项目审批。稳妥推进子公司新增股权投资审核准入，先后论证审批了工银欧洲设立理财基金、私人银行部设立境外全球理财基金、工银亚洲申设具有QFLP（合格境外有限合伙人）资格的境内外商投资股权投资管理企业、工银瑞信向工银瑞投增资项目、私人银行部通过工银瑞信设立家族财富管理公司和工银安盛申设保险资产管理公司等项目，为集团提升综合服务能力创造更加有利条件。

三、充分发挥集团派驻子公司董监事办公室作用

截至2014年末，本行有17名专职派驻子公司董监事，分别担任20家子公司的董监事职务。专职董监事深入研究所派驻机构经营发展情况，积极参加当地监管机构组织的专业会议及培训，切实提升履职能力，全年共参加了20家子公司的101次董事会、监事会会议及78次各类专门委员会会议，合计审议议案1 030项，为子公司的健康快速发展提供了有力支持。

（一）挖掘子公司经营亮点，提升子公司整体业绩。通过审议议案和现场调研等方式，深入了解子公司管理层在推动业务发展等方面的先进做法，及时肯定其工作并鼓励子公司将“亮点”工作持续推进。对各子公司的先进经验进行总结，并结合不同子公司的经营、监管环境和业务发展需求等特点，做好先进经验的推广工作，推动各子公司经验交流和协同发展，有效促进集团子公司业绩整体提升。

（二）查找子公司经营问题，促进子公司健康发展。积极寻找子公司发展中的问题，在各项会议上发表意见和提出建议。专职董事的业务和管理经验丰富，审议会议议案认真负责，查找的问题涉及子公司业务发展、公司治理和风险控制等各个方面，提出的建议切中要害，得到子公司管理层和外方董事的高度认可。

（三）关注重点子公司，理清其发展方向。2014年，派驻办按照公司规模、业务性质和个性特点，将工银亚洲、工银印尼、工银安盛、工银租赁和工银金融五家子公司作为重点关注的公司，就其个性问题予以重点关注和解决，通过工作调研和现场支持等方式帮助子公司理清发展方向。一是利用赴现场参加会议等机会，在子公司认真开展专项调研工作，通过深入子公司实际了解情况，努力查找和解决其经营发展中存在的问题，为子公司健康可持续发展提供保障。二是根据工银印尼管理团队过渡期工作需要，派出专人赴工银印尼开展了为期近半年的现场工作支持，组织制订并实施过渡期工作方案，与子行管理层和员工共同努力，顺利完成了过渡期的各项工作，成功实现监管评级保级。

（总行战略管理与投资者关系部）

全面风险管理

2014年，本行着力加强集团维度全面风险管理和市场风险管理，持续完善风险计量体系，推进资本管理高级方法实施，全面风险管理水平进一步提升。

一、进一步提升全面风险管理水平

（一）完成集团首份恢复与处置计划。2013年11月11日，金融稳定理事会公布本行成为全球系统重要性银行。本行积极落实监管要求，按照国际标准和自身实际，全面梳理分析全行业务条线、经营实体及社会功能，完善资本和流动性应急方案，设计处置策略，建立危机管理机制，完成集团首份恢复与处置计划（RRP），实现了监管合规，也进一步增强了全行的资本约束意识和危机管理意识。

（二）加强集团并表风险管理工作。一是做好集团并表管理。制订《2014年集团并表管理工作计划》，并全面完成各项任务。完成集团并表管理情况报告，开展总行部门并表管理自我评估工作，加强境外机构培训交流，建立集团并表监管文件库，及时更新并表管理机构名单。二是加强非银行子公司风险管理。印发《非银行子公司风险评估办法》，根据各子公司风险特征编制风险评估定量与定性模板，组织工作汇报交流，梳理子公司风险管理IT系统情况，分析报告租赁、保险、基金、证券行业市场环境、监管动态及挑战，梳理非银行子公司事前风险控制情况。

（三）深化国别风险管理。一是加大国别风险监测报告力度。加强外评变动、商品价格波动等重大事件的分析，发布36期《国别风险观察》及风险提示。开展60余个国家国别风险报告，汇编《国别风险分析手册》。按月完成集团国别风险敞口统计及监管报表，按季分析报告国别敞口。二是完成年度主权/国别评级更新，及时更新124个经济体主权及国别风险评级。三是加强国别风险限额管理。印发2014—2015年度国别风险限额管理方案，更新197个国家的限额。按月监测限额使用情况，开发金融市场交易管理平台（FMBM）和全球信贷与代理投资管理系统（GCMS）国别风险限额控制功能。

（四）提升风险报告工作成效。一是按季度完成集团涵盖各类实质性风险的风险管理报告，持续完善报告内容和形式。二是按半年及时完成国内外同业风险专题分析报告，加强同业重点风险情况的跟踪分析。三是开

展各类风险专题分析报告。

二、加强集团市场风险管理

（一）重点提升境外机构市场风险管理能力。一是完善集团市场风险管理机制。首次开展31家境外机构市场风险管理评估，将结果用于市场风险限额核定。综合金融市场业务规模、复杂程度和风险管理水平，设计境外机构市场风险分类管理机制。提出2015年亚太区三类机构的市场风险管理中心试行方案。二是推动全球市场风险管理系统境外延伸应用。已延伸25家境外分行、子行，工银亚洲等重点机构延伸应用取得重要进展，工银阿根廷项目实现首个即期产品直连投产。加强境外机构系统应用培训，开展系统数据验证。印发《关于规范境外机构市场风险管理和产品控制工作的通知》，提出落实管理和系统应用的具体要求。三是完善集团市场风险限额管理体系，制订印发总行、境内分行、境外机构2014年度市场风险限额方案，丰富限额指标维度，改进限额制定的量化支持手段。四是开展理财业务市场风险管理，制定市场风险管理办法，对资产管理业务市场风险和流动性风险实施限额管理，定期监控投资组合限额情况。

（二）完善产品控制体系和交易事前风险控制。一是规范开展交易复核和簿记建档监督工作。修订《金融市场业务交易复核流程》，全年完成21万笔交易复核，共发现差错36笔、9次非正常情况，且复核自动化率由年初的69%提高到77%。完善簿记建档监督工作，拟定《债务融资工具簿记建档监督管理办法》，全年共监督检查214笔，涉及金额4 203亿元。二是落实集团事前风险控制，防范“黑天鹅”事件。印发《交易业务事前风险控制办法》，完成事前风险控制系统中台监测模块，严格审查参数，推进系统建设，指导各机构开展事前风险控制。三是全面推进金融市场业务产品控制工作，保障业务、头寸和损益真实准确。全面实施金融市场部产品控制，按日开展对账、价格监测、市值验证、损益分析，日均监测头寸近7万笔。推进系统境外延伸，解决系统问题139个，境外机构在总行指导下按日开展产品控制监测报告。产品控制系统覆盖上海、北京、深圳3家分行外汇、人民币债券等业务。推进贵金属业务部产品控制工作，对备货、自营业务按日开展损益分析。四是开展理财业务产品控制工作。对资产管理交易全面开展价格验证，试行私人银行交易价格验证。完善衍生交易估值管理，制订人民币债券利率互换业务估值方案。开展理财业务整体收益测算工作。

三、推进资本高级方法实施和风险量化体系建设

2014年4月4日，银监会核准本行实施资本管理高级方法。本行以此为契机，从优化模型、加强监控、完善系统、强化资本配置等方面深化应用，持续提升风险管理能力。

（一）持续完善风险加权资产系统。开展数据治理，持续完善系统功能，推动监管报表系统建设。做好监管资本监测分析，按季监测监管资本占用率及使用效率，推动分行监测分析工作，推进监管资本在分行绩效考核领域的应用。做好监管报表组织报送，按时填报资本管理高级方法1104报表、持续监管报表，提供年度、季度信息披露所需资本高级方法的数据。

（二）完善内部评级体系及管理应用。一是建立内评监控机制，提高评级时效性和风险敏感性。加强非零售客户重评管理，对潜在风险客户及时通过系统自动重评。强化客户评级有效期管理和刚性控制，评级年度更新及时性明显改善，较上年提高20个百分点。加强定性评价管理，实行定性评价集体审议制度。完善评级模型持续监控机制，跟踪非零售客户与债项评级变化，按季监测零售评级模型运行情况，对模型表现、高分违约、信用卡高使用率和风险集中区域进行重点监测，监控分析更加及时和全面。监控外部信用风险事件，对引起声誉风险的客户督促分行检查并更新评级。二是及时优化评级模型，提高区分能力。根据2008年以来积累数据，全面优化批发零售、轻工制造、资本密集型等客户评级模型。优化小企业评级模型，精简指标数量，引入存款、结算账户交易数据等，提高模型敏感性。结合经济下行变化，优化个人住房贷款申请评分、个人经营贷款行为评分等9个评分评级模型。对优化后的评级模型进行监控和维护。三是健全内部评级制度体系。印发《法人客户信用等级评定办法（2014年版）》《非零售业务债项评级管理办法（2014年版）》《零售信贷资产内部评级管理办法（2014年版）》，修订《法人客户信用等级评价细则》。四是推动分行和境外机构内评成果应用。组织37家一级和直属分行开展内评工作非现场检查工作。完成31个省、321个地级市的省市偿债能力评价。推动工银亚洲开展内部评级初级法项目，工银美国开展债项评级和客户评级本地化工作。

（三）推进操作风险资本计量和反欺诈项目建设。一是做好操作风险资本计量，开展2014年度操作风险情景分析，并启动操作风险高级法达标申请工作。二是推进反欺诈项目建设和业务应用。投产境外信用卡申请反欺诈系统，推动信用卡交易反欺诈系统建设，完成电子银行交易反欺诈项目，开展资金交易反欺诈研究。

（四）做好各类风险计量验证工作。一是完善验证制度体系和模型审批机制。修订《信用风险计量模型持续监控工作规程》，印发《风险计量模型审批小组工作规程》，做好模型投产及参数调整的集体审议工作。二是做好风险计量模型验证。按季度开展信用风险内部评级模型持续监控，对新优化的模型进行投产前全面验证。开展市场风险内部模型法全面验证，完成工银阿根

廷市场风险计量、交易对手信用风险模型验证。三是组织开展压力测试工作。开展人民银行金融稳定压力测试、银监会专项压力测试及本行内部风险压力测试，完成RRP压力测试工作，分析测算资本、利润及资产质量承压情况。

（总行风险管理部）

不良贷款管理与处置

一、不良贷款管理与处置主要措施

2014年，本行积极应对复杂经营环境下资产质量劣变压力，健全不良资产处置工作机制，努力开展不良资产清收处置工作。一是印发《关于做好2014年呆账核销工作的通知》，扩大核销业务授权，要求提高项目审查、审批效率和不良贷款处置收益。二是推进不良贷款处置业务无纸化审批工作，启动无纸化审批单轨运行，升级改造风险资产处置系统，提高不良资产管理信息化水平。三是在做好常规方式处置不良贷款的基础上，积极探索和推进市场化处置手段，通过批量转让方式处置不良贷款。

二、取得的成效

2014年，本行不良贷款清收处置总额、现金清收额、呆账核销额均为近10年以来最多，清收处置工作取得显著成效。全年共清收处置不良贷款1 060亿元，同比增加278亿元，其中：现金清收407亿元，同比增加64亿元；呆账核销382亿元，同比增加223亿元。全年账销案存资产现金清收18亿元，同比增加8亿元，为历年以来最多。全年通过批量转让方式处置不良贷款355亿元，处置金额、受偿率在四大国有银行中均排名第一，对压降不良贷款发挥了重要作用。

（总行信贷与投资管理部）

内部审计

2014年，内部审计工作围绕全行发展战略和中心任务，准确把握自身在全行风险管理、内部控制和公司治理体系中的职能定位，持续关注主要经营风险，有序开展各项审计活动，积极推进专业升级创新，全面完成了年度审计计划和各项相关工作。

一、年度审计计划圆满完成

内部审计以服务转型和控制风险为主线，将职能重心定位在揭示风险和服务发展上，以信息化审计为重要抓手，全年共完成审计计划项目25项、区域性审计项目15项、境内外高管经济责任审计36项，以及37项非现场持续审计监测和67个专项审计分析，审计活动覆盖信贷、财务、资金、理财、IT系统等领域，审计计划的整体执行质量进一步提高。

（一）关注重点经营领域，深度揭示问题及潜在风险。结合内外部经营形势及监管政策的变化，内部审计以风险为导向，科学调整确定审计重点，集中关注全行不良贷款的分布和成因、信贷流程改革中的数据质量和团队履职情况；关注互联网金融快速发展趋势下手机银行、电子商务平台和银行卡业务发展的竞争力情况；关注境外机构在战略布局和业务深耕期，适应当地监管要求的合规管理和流动性管理情况；关注本行信息化银行建设进程中，科技专项投入的效率与效果以及系统安全生产管理等情况。各项审计活动揭示了存在的问题及潜在的风险，为各专业领域不断完善制度，改进管理，堵塞漏洞，合规经营提供了客观的审计支持，促进了全行风险管理与内部控制水平的不断提高。

（二）落实监管要求，积极传导监管法规政策。随着境内外金融监管日趋严格，监管对内部审计的要求逐年增加，内部审计按照规定的范围、程序、标准和时限，共开展了15项落实监管要求的审计项目，重点关注了全行在落实监管要求方面的合规性情况，开展了信贷业务、理财业务、科技投入绩效、新资本协议项下相关业务的审计。通过审计活动，准确传导监管法规政策的要求，客观地反映本行加强风险管理、内部控制以及完善公司治理所取得的成效，推动全行进一步规范管理，合规经营。

（三）注重风险成因分析，及时报告审计发现与管理建议。进一步加强对各类风险关联信息的梳理整合、对审计发现问题的归纳提炼，注重从产品流程入手，看管理机制上的缺陷；从个体风险及其潜在影响入手，看风险之间的关联性和相互作用；从区域、局部风险的分布与差异入手，看风险对全局的传递影响；从集团全局和整合视角揭示问题，评价制约业务发展的影响因素和原因，有针对性地提出了审计建议，及时向董事会、监事会和高管层报告了相关审计发现和意见，提交审计工作报告 4 期、《内部审计专报》30 期，为决策管理提供了独立综合的审计专业支持。

（四）督促审计发现问题整改，有效提高审计效果和效力。把揭示风险与推动整改、完善管理紧密结合，进一步加大了对问题整改效果的跟进和督促力度。制定实施了《关于加强审计发现问题整改督促工作的实施意见》，进一步完善细化了相关工作要求和管理机制，规范了审计发现问题的分类管理，将审计发现的问题按性质进行分类，依据不同整改时限要求定期跟踪整改进度；将整改跟踪督促工作纳入日常审计活动，利用审计管理信息系统，全流程管理问题整改进度，加强审计持续监测和后续跟踪，确保了审计整改要求和建议的充分落实。问题整改工作得到了相关各方高度重视，进一步推动了制度流程和管理机制优化，促进了全行在复杂形势下消除隐患，稳健经营。

二、外审协调积极有效

本行主动适应监管力度不断强化的趋势，积极配合外部监管和审计机构进行各类专项审计和检查，加大对经办资料的审核把关力度，严格督办落实各类检查意见和要求，把握重要事项、关键环节，保证了各项外部监督检查工作的有序进行，有效传导了国家监管的政策要求，得到了监管部门和外部检查机构的认可。同时，进一步拓展深化协调工作的领域和内容，完善向监管机构、资本市场、外部审计的报告和沟通机制，积极服务于经营发展的需要。其间，协调外审机构按期完成了财务报告的季度审计、中期审阅和年度审计，以及相关内部控制评估，及时满足了资本市场对上市公司信息披露的要求；在境外机构申设、增资、发债等过程中，积极提供了独立的审计鉴证与意见支持，满足了境外各国监管部门对母行内部审计尽职的要求。内部审计的工作已成为境内外监管机构评价本行监督机制运作成效的重要内容。

三、管理机制持续完善

为适应新形势下的新要求，内部审计进一步加强了专业的自身建设，完善管理机制，创新审计模式，更新审计技术，规范审计实务，进一步提升了审计的履职能力。

（一）信息化审计建设持续推进。在全行确立信息化银行发展方向的背景下，内部审计积极探索信息化审计的发展路径，研究信息化审计的建设方向，制订了《信息化审计发展规划》《内部审计信息需求分析和实施办法》等。同时分步推进信息化审计建设的各项措施，着手整合完善系统功能，升级优化审计专业信息平台和分析技术模型；加强了数据分析力量，组建了信息分析师队伍，加大了数据分析技术在非现场和现场审计中的运用，非现场审计分析技术已成为各类审计项目的重要支撑。本行审计信息化建设的进程得到了国家审计署和审计协会的关注与支持，成功中标国家审计署相关课题的研究工作，完成了《大数据时代的信息化审计研究》课题的子课题报告，为业界提供了有益的理论与实务参考。

（二）审计标准化建设继续深化。一是全面完成内审制度梳理工作。根据全行制度梳理的统一部署，按要求对以内部审计章程为核心、管理办法为主干、工作规则为基础的三个层级的制度体系进行了全面整合和修订。修订印发了《内部审计项目工作规程（2014 年版）》和《内部审计结果评级规则（2014 年版）》。二是将标准化建设与审计活动紧密结合。推广统一的审计实务手册和专业技术工具，深化标准化建设成果发布应用及专项培训工作，实现标准化成果共享，成为推动审计工作质量和层次提高的有力手段。

（三）研究制定内审发展规划。根据全行 2015—2017 年发展规划编制要求，结合内部审计发展趋势和自身实际，起草编制了《2015—2017 年内部审计发展规划》（草案）。明确了未来三年内部审计的发展方向和总体目标，审计任务和主要措施，为内部审计工作的升级发展确立了指导纲领。

四、队伍素质不断提升

内部审计始终把队伍建设作为提高履职能力的根本途径和重要抓手，一手抓专业能力提升，一手抓工作作风改进，有效提升了队伍的综合素养和执业能力，更好地适应了改革发展对内部审计的履职要求。

（一）提高专业培训实效。将专业培训和审计活动实施紧密结合，完善审计培训机制，创新培训方式，充分利用信息手段，全面开展了新政策制度和新业务产品、境外机构业务非现场审计等专项培训，加大了审计项目审前培训力度，促进了内审人员及时了解政策和业务发展变化情况，充分掌握审计项目的实施要求、内容和重点，增强了快速应对风险和业务变化并实施专业审计服务的能力。

（二）强化队伍作风建设。始终把内审队伍的职业道德教育和思想作风建设放到首位。一是强化规定落实。严格贯彻执行中央八项规定精神、总行改进工作作风规定及相关制度，制定了《加强公务支出和公务消费审计的实施意见》，并结合内审工作实际制订实施了8项29条实施细则，全年召开会议、印发文件、出差办公等费用支出同比大幅精简下降。二是强化职业自律。坚持高标准、严要求，严格执行《员工行为规范》《内部审计人员职业道德与行为规范》《关于加强审计纪律的九项规定》等制度，加大相关考核评价力度，自觉接受各方面监督。三是强化服务意识。遵循主动服务、有效服务、增值服务原则，深化境内外机构审计服务规范细则的完善和落实，认真履行内部审计服务承诺，进一步增强了服务的专业性和针对性，提升了服务质量和效果。

（总行内部审计局）

内控体系建设

2014年是本行实施《2012—2014年内部控制体系建设规划》的最后一年，本行按照“从严治行”和“过程控制”的要求，认真做好年度各项计划的推动实施，深化集团规章制度和监督检查“两个统筹”，完善集团合规工作机制，组织开展2014年度内控评价，优化操作风险管控手段与工具，持续推进内部控制体系不断完善，实现了内控三年规划的圆满收官。

一、深化制度和检查“两个统筹”

2014年，全行制度和检查统筹管理日渐深化，覆盖面不断向基层机构延伸，管理内容、手段和方式方法日益丰富，内部控制基础得到了进一步夯实。

在制度统筹管理方面，一是首次形成和发布了年度总行现行有效制度清单及废止制度清单，建立了制度清单动态维护机制；二是组织推动一级（直属）分行、二级分行制度梳理工作，梳理后有效制度数量得到显著精简，并对发现的大量制度问题进行了修订完善；三是对网点流程优化配套制度进行了梳理，梳理后发现总分行层面共651项制度存在与网点流程优化不配套的问题，并分门别类进行了修订完善，及时解决了制约网点运营质量和效率方面的制度管理问题。

在检查统筹管理方面，一是加强监督检查制度建设，发布了《监督检查管理基本规定》。二是加强总行检查项目流程的精细化管理，采取监督检查管理系统和检查项目实施进度台账的“双轨”跟踪机制，基本解决了检查时间和机构过于集中的问题，全年总行实际开展检查项目21个，较上年减少36%。三是开展内外部检查发现问题整改及问责落实情况的后续评价，加大整改督办力度，强化制度执行力和整改实效。四是持续优化监督检查管理系统，建立全行统一的标准化检查方案库和违规问题分类体系，检查统筹管理的标准化、规范化显著提升。

二、完善集团合规工作机制

持续夯实合规分析、审查等合规管理基础性工作建设，细化和完善境外合规管理工作机制，提升关联交易等体现大行社会责任的合规事项管理水平，促进集团合规管理更加规范有效。

一是加强监管规则跟踪分析。全年跟踪监测国家级监管规则116项、地方级和行业监管规则585项、境外机构驻在国监管规则300余项，做好监管规则解读落实、合规红线梳理和风险提示，及合规管理专刊、手册及典型案例编写等工作，有效发挥对市场拓展、产品创新、业务管理的风险预警和提示作用。

二是加强合规审查力度。各境内外机构积极探索合规审查工作方式，努力提高合规审查工作质量，共完成各类合规审查9 907项，提出审查意见10 429条，意见采纳率约85%，充分发挥了合规风险事前把关作用。

三是加强合规教育培训。集团范围内各机构累计开展各类合规培训1万余次，参训人数达到30万人次，通过教育培训，有教育培训，有效地传播集团合规文化理念，增强员工的合规意识和风险意识，不断增强员工的制度执行力和风险防控能力，积极营造合规经营的管理氛围。

四是细化境外机构合规管理。印发了加强境外机构合规管理工作的指导意见，确定了未来一段时期境外机构合规管理的总体要求和工作任务；举办了首期境外机构合规负责人（合规官）培训班，传达了集团合规管理理念要求，建立起了总行与境外机构合规部门之间常态化的沟通联系平台。

五是做好关联交易与内部交易牵头管理。编制并首次披露了2013年度关联交易专项报告，定期编制集团内部交易管理报告；优化完善关联交易与内部交易管理系统，全面提升集团关联交易与内部交易管理的自动化、系统化和智能化水平。

三、强化监测分析和风险核查力度

充分利用各种信息化手段，大力加强非现场检测，内控监测分析日趋成熟并逐渐深入到各专业重要风险环节，有效加强了事中过程的风险监测与监督。

一是搭建起了集团内控合规管理平台（GICC）。全面完成了集团内控合规管理平台及“内控监测分析系统”、“监督检查系统”、“反洗钱监控系统”、“制度管理系统”、“合规管理系统”、“关联交易系统”六大子系统的系统建设和主体功能实现，全行内控合规管理的信息化、规范化、精细化水平得到了全面提升。

二是持续开展常态化内控监测分析。综合应用现场与非现场检查手段，在非现场排查“精确制导”的基础上对账户核算基础管理、法人客户重点低风险质押贷款等业务进行了“精准检查”，首次完全通过非现场方式开展了对公存款业务检查，并开展了“微信红包”“有限合伙人代客理财”等多项创新型监测分析项目，充分发挥了内控监测分析的前瞻性、系统性、有效性优势。

三是推进运营风险核查的精细化管理。持续强化屡查屡犯治理，全行屡查屡犯人员及风险事件分别较上年下降了40.19%和45.14%。发挥日常核查的风险防范作用，逐笔核查准风险事件178万笔，确认风险事件58.4万笔。定期分析报告，揭示业务流程优化和新业务发展中蕴含的风险，促进相关业务的规范管理和健康发展。

四、组织开展内控评价工作

在对标银监会新版《商业银行内部控制指引》的基础上，对原有《一级（直属）分行内控评价办法》和《基层行内部控制评价办法》进行了整合，形成了《境内分支行内部控制评价办法》。修订后的评价办法，增加了非现场过程指标占比权重，加大了对不良贷款率、限制事件等评价事项的扣分力度，细分了各级档次，并首次将当年内外部监管检查结果纳入现场过程评价，切实体现了“从严治行、过程控制”的内控管理要求。

根据新版内控评价办法，总行对36家一级（直属）分行进行了内控评价。2014年度各一级（直属）分行内部控制评价平均得分83.35分，平均等级内控二级。其中，8家分行评为内控一级，20家分行评为内控二级，6家分行评为内控三级，2家分行评为内控四级，为2008年以来首次出现。与上年度相比，在大体相同内控管理水平下，2014年度各分行内控评价总体分值及等级有所下降，主要原因是新的评价办法进一步严格了评价标准，同时也受外部经济环境对效果得分的一定影响。总体来说，评价结果符合新形势下各分行内控管理实际情况，评出了各分行的管理差距与薄弱环节，切实发挥了内控评价工作在全行经营管理工作中的作用。

五、不断优化操作风险管控手段与工具

针对银行业案件防控压力上升、外部风险冲击加剧、金融产品交叉传染风险加大的严峻态势，本行着重从完善操作风险管理机制、优化管理工具等方面不断提升操作风险管理能力。2014年度集团操作风险损失率为0.082%，远低于0.15%控制目标。

一是进一步完善操作风险管理机制。印发《总行操作风险暨内部控制管理委员会2014年工作计划》，有效提升委员会的履职能力，全年共召开4次操作风险管理委员会现场会议和7次非现场会议，共审议62个事项，充分发挥了操作风险管理委员会的审议、协调职能。

二是强化操作风险偏好和限额管理。印发《2014年度操作风险限额管理方案》，新设“操作风险经济资本率”等指标，对每个指标均按季度设定了预警标准，细化和完善指标超限额处理方式，加大与EVA绩效管理、风险评价、内控评价等管理工具的挂钩力度，更好地发挥了经济资本的激励约束作用。

三是持续优化操作风险三大管理工具。进一步规范分行损失事件认定台账，重点强调损失事件责任人认定情况，并梳理完成2010—2014年操作风险损失事件问责和整改情况；增加操作风险关键指标监测系统自动取数的指标比例，有效提升数据质量；组织境内分行、境外及控股机构开展操作风险与控制自我评估工作，基本实现总行业务部门、境外和控股机构的全覆盖。

四是不断完善操作风险管理系统。持续完善操作风险损失、监测、评估三大系统的境内外版本，组织编写中英文版系统操作手册，以方便境内外用户操作。

五是加强境外及附属机构操作风险管理工作。积极开展境外及附属机构操作风险合规审核与咨询工作，加强操作风险监管形势、操作风险管理相关制度与要求、操作风险管理工具的培训力度，从制度建设、系统应用、日常工作完成质量等方面对境外及附属机构开展操作风险管理履职情况考核工作，提升境外机构操作风险管理意识。

六是强化对重点领域案件和风险事件的专项整治。对2013年以来在质押贷款、票据贴现、远期信用证、保理、理财、信用卡、网上银行等重点领域的违法欺诈问题，以及员工参与民间融资、高利贷、经商办企业、“私售”理财产品等违规行为进行全面排查。通过专项治理，初步排查了全行重点领域的案件风险隐患，增强了各级管理人员和操作人员的案防意识，达到了较好的治理成效。

七是推进外包风险管理和信息科技风险治理。投产

应用业务外包管理系统，开展业务连续性管理检查和科技外包自查，对发现问题逐项跟踪落实整改，全行信息科技风险和业务外包风险管控水平得到了明显提升。

（总行内控合规部）

声誉风险管理

2014年，银行业面临的外部环境和舆论形势依然较为复杂，移动互联网的高度普及促使媒体格局和舆论生态发生了深刻变化。对此，本行深入开展正面宣传和声誉风险管理，推动机制建设和管理创新，并重点抓好主题宣传策划、舆情防范处置和新媒体平台建设等工作，为改革发展和经营转型营造了相对平稳的舆论环境。

一、量质并举，全方位、立体化传播本行服务经济社会的新成就和改革发展的新进展

2014年，总行层面共发布新闻通稿200篇，组织新闻发布会、媒体专访、撰写署名文章和提供报道素材等100余次，境内外各类新闻媒体刊播本行正面报道的数量超过20万篇次。正面宣传的层次和影响力继续提升，在中央电视台等8家中央核心媒体刊播稿件2 200余篇，同比增加两成；国际传播格局进一步延伸，翻译和发布英文新闻通稿近200篇，在40个国家和地区的350多家国际媒体刊播报道2.2万余篇；加强图片信息的内外传播，拍摄行内各类活动照片1万余幅，在总行“网讯”刊登200幅，被新闻媒体采用近50幅。

（一）牢牢把握服务实体经济发展、建设人民满意银行宣传主基调，大力拓展新闻传播渠道。重点围绕全行服务实体经济、践行社会主义核心价值观、打造人民满意银行、推动互联网金融发展等主题，通过各种传播渠道扩大正面宣传。年初，针对社会舆论中对银行业发展前景的非理性担忧，组织开展了本行改革创新和业务发展成就主题宣传。年中，针对银行暴利、实体经济企业融资难等不利舆论环境，组织开展了服务实体经济专题宣传，通过工行支持小微企业、服务“三农”、开展普惠金融等事例，及时回应了社会关切。下半年，针对互联网金融挑战银行这一社会热点，策划了一系列互联网金融宣传活动，向社会展示了工行创新求变、打造e－ICBC的新成就。

（二）“请进来”与“走出去”并举，推出了一批优秀新闻作品和先进典型。邀请中央电视台记者赴北京分行实地报道本行为外企办理境内人民币对外放款业务，央视《新闻联播》作为头条播出，邀请新华社、《经济日报》、人民网等媒体记者实地走访本行电子银行中心，对本行提升“95588”电话银行服务能力、提升客服代表服务水平进行了生动的报道。加强总行与分支机构的联动宣传，深入基层一线挖掘新闻线索和先进典型，推出了一批有感染力、生命力和传播力的新闻作品，树立了一批亲民的典型人物。上半年组织的“践行社会主义核心价值观工行在行动”主题宣传活动，成功推出了“上海好心人朱捷”、“铜川好人郭晓燕”、“最美春城人戴萍”、“拾金不昧的银行保安高森”等十多位具有感染力和影响力的先进典型。其中，上海分行员工朱捷十年如一日默默照顾台湾退伍老兵的宣传报道得到中央领导肯定，在社会公众和业界中引起了强烈反响。

（三）针对社会热点问题，主动撰写、发布专栏文章，通过主流网站、微信等渠道推广，发出正面声音。在银行调整支付宝快捷支付限额及统一接口等舆情事件中，通过安排专访、撰写文章、联络发稿等多种方式澄清误读、解疑释惑，利用微博、微信等自媒体渠道驳斥错误言论，并协调意见领袖以第三方身份发表专业意见，较好地平衡和引导了舆论。针对部分投资者采取非理性维权行为要求金融机构对其投资的金融产品刚性兑付的情况，围绕建设契约文化、投资者风险教育等连续发布多篇文章，引导舆论进行理性判断。针对不法分子通过互联网及第三方渠道骗取客户账户资金等新型诈骗方式，及时撰写文章揭露相关犯罪手法，提示公众增强防范意识，掌握防范技巧。

二、深入推进声誉风险管理工作的制度化、规范化，切实提升舆情应对成效和声誉风险管理水平

（一）进一步健全声誉风险管理制度和工作机制，完善考评工作，贯彻全面风险管理要求。根据外部形势和监管要求，结合近年来声誉风险管理实践，修订下发了覆盖全集团的《声誉风险管理办法（2014年版）》《声誉风件暨新闻危机事件应急预案（2014年版）》，进一步明确了工作机制，细化了管理流程，增强了可操作性，并配发了制度的英文版本。同时，修订完善了声誉风险管理考评指标，纳入内控评价及境内分行经营绩效考核，增强了考核导向性。

（二）坚持24小时全天候舆情监测，落实舆情处置工作责任制和快速响应机制，切实提升舆情应对成效。组织总行公关团队实行7×24小时值班制度，坚持进行全天候、全媒体、全集团的舆情监测，确保第一时间发现和报告舆情，快速作出响应，及时化解风险，成功防范和妥善处置了多起重大敏感舆情。完善了舆情快速处理机制，授权各机构对所辖区域性及辖内机构舆情进行管理，对于影响较大、较为敏感和传播较快的舆情，要求迅速研究制定解决措施和应对口径，快速作出回应。持续提升舆情管理对领导决策的支持作用，撰写《舆情监测报告》50余期、《舆情专报》20余期。

（三）建立新产品声誉风险评估机制，组织开展声誉风险排查和应急演练，有效前移风险管理关口。建立了新产品声誉风险评估机制，定期组织开展声誉风险评估，按季跟踪新产品立项的声誉风险评估情况，并定期对新产品（项目）进行投产后声誉风险评估，从源头上防范声誉风险。建立了常态化的声誉风险排查机制，组织了两次全行性排查，对声誉风险高发领域和业务环节进行全面摸排，重大声誉风险隐患事件由总行实行动态台账管理。在全面风险管理框架内，对声誉风险进行评估和压力测试，开展了包括实战演练、模拟现场演练、桌面演练等多种形式的声誉风险应急演练，并组织全行对银行业可能发生的各类舆情事件逐一分析风险点、模拟具体情景、制定应对口径，梳理建立了舆情事件应对口径库，提升了全行舆情应对协作能力。举办了一期全行性舆情管理专业培训，并为专业部门和分行提供师资开展了多次声誉风险管理培训。

（四）持续研判舆论热点，及时提示风险隐患，做好声誉风险的事前防范。密切关注和研判舆情态势，及时提示全行关注舆论热点，特别是涉及金融消费者权益保护等敏感话题。下发了《关于加强代理保险业务相关舆情管理工作的通知》，提示银保渠道投诉舆情，强调管理要求。组织学习贯彻《关于印发商业银行服务政府指导价政府定价目录的通知》、新修订的《消费者权益保护法》、商业银行代理保险业务新规等，加强对媒体及客户的政策宣传和解释说明工作，部署基本养老金异地取现优惠政策实施过程中的舆情管理工作。此外，还对公益捐款账户维护、柜面业务分流、培训中心管理等进行了专项风险提示。

三、新媒体传播平台拓展实现较大突破，成功开通运营总行官方微博和官方微信平台

根据新形势下宣传舆情工作的需要，先后开通运营了总行官方微信公众号和官方微博平台，及时推送产品营销信息和重要新闻稿件，积极引导舆论和进行业务推广，实现了在传播渠道建设方面的重大突破。其中官方微信公众号自2014年7月11日开始运营以来，关注人数快速增加，传播效果持续提升，已成为全行开展市场营销和品牌宣传的重要平台，至12月底关注人数已超过70万。官方微信公众号采取订阅号的方式，每个工作日向关注用户推送各类信息，共推送图文消息200余条，总点击人数超过250万。结合微信传播精准、实时、高效的特点，微信公众号的推送内容涵盖了本行重要新闻、重点产品活动促销信息、优质服务典型案例等多个方面，以优质的内容促进了传播效果的提升，单条信息的最高阅读人数达到25万人。官方微博2014年10月14日开通后，至12月底推送图文消息近300条，平均每个工作日5条，总阅读量超过4 000万次。同时，官方微博通过及时回复网友的私信、评论，与网友开展在线实时互动，不但有效化解了大量可能引发投诉的舆情，而且促进了相关业务的推广。

（总行办公室）

消费者权益保护

2014年，本行积极落实监管部门要求，将消费者权益保护工作放在更加重要和突出的位置，不断健全组织框架与制度体系，夯实工作基础，银行经营与消费者权益保护并重的理念进一步巩固，为树立工商银行良好社会形象作出积极贡献。

一、高度重视消费者权益保护工作，着力推进制度建设

积极贯彻《银行业金融机构消费者权益保护工作考核评价办法》，深入研究考评流程、评分规则和评价标准，对照各项考核指标全面梳理本行存在的差距和不足，制定详细落实措施，细化消费者权益保护工作考评指标。制定《消费者权益保护工作应急预案》，确保相关紧急情况发生时应对及时、处置恰当。印发《关于分支机构消费者权益保护工作的指导意见》，对分支机构开展相关工作提出具体指导要求，进一步完善工作协调联系人机制，并定期对全行消费者权益保护工作情况进行通报，加强考核督导。分行消费者权益保护工作的

组织架构进一步健全，制度办法与运作机制进一步完善，多数分行已成立消费者权益保护工作委员会或领导小组，部分地区已延伸至二级分行。

二、加强收费管理，确保合规经营

强化市场准入环节的事前风险防控，从银行与消费者权益平衡及服务定价收费合规角度开展业务审查和定价审核，2014 年共审查协议文本及相关文件 1 200 余份，提出消费者权益保护与法律审查意见近 2 000 条。研究服务收费监管新规对本行的影响，提出政策解读和操作提示，引导相关业务部门和分行合理定价、规范操作。持续做好产品和服务收费信息披露工作，编制印发《〈中国工商银行服务价目表（2014 年版）〉客户问答话术》。结合收费监管新规并配合新版价目表实施，梳理调整相关业务收费文本 121 份。积极跟踪新版价目表执行情况，深入研究服务收费热点问题，及时编发《关于规范执行〈“14 版”价目表〉的工作提示》《关于严格落实服务收费监管禁止性要求的提示》等业务优化建议或操作提示 30 余篇，提示帮助相关部门优化改进产品与服务，督促指导各级分支机构贯彻落实收费新规。

2014 年，本行还全面接受了国家发改委牵头组织的涉企收费检查，本行积极与外部执法机构建立不同层级的常态化沟通协调机制，采取专题会议、现场辅导、印发提示等方式督促指导分行积极配合检查。全面落实监管部门整改问责要求，组织开展涉企收费重点领域现场调研，及时改进相关业务收费管理中存在的问题。对于监管检查中发现的问题，明确整改责任人及整改期限，逐笔落实整改措施。

三、强化客户纠纷管理，标本兼治抓好问题整改

依托系统管理实现对投诉处理的跟踪督导，进行投诉日监测、周分析、月通报，对超时处理、升级投诉及被投诉高发机构等进行重点监测、督促整改。将银监会信访投诉和外部媒体投诉纳入境内分行经营绩效和业务发展考评体系。同时，针对监管部门信访投诉，严格实行支行行长投诉处理最终负责制和压降目标季度管理制。每月对银监会信访投诉进行认真梳理，深入查找投诉原因，明确各机构压降任务，按季考核通报。完善客户反馈意见分析机制，从制度、系统、流程、产品等方面进行顶层改进完善，督导各级行对影响客户体验的细节进行整改提升。2014 年，本行共受理客户投诉 815 件，同比下降 72%，其中 25 家分行实现零重复投诉，办结时间由 2013 年的平均 6.4 天缩短至 4.7 天，投诉处理满意度持续提高。建立消费者权益保护案例解析制度，总结案例启示，提出操作建议。

四、加强代理业务管理，切实维护消费者权益

加强代理销售业务规范，防范基层人员误导销售行为。针对市场上误导销售问题相对突出的代理销售保险、基金、资产管理计划、信托计划等，拟定《防止误导性代理销售行为规范》及《防止误导性代理销售语言规范模板》，引导基层员工合规销售。进一步规范代理销售业务合同文本使用，对代理信托计划、资产管理计划及私募股权基金等相关合同文本进行梳理审查，修改完善不合理条款，从格式文本层面确保代理销售业务充分尊重和保护客户知情权、选择权等。专门制定针对不同类型代理销售业务的《风险提示确认书》，提请投资者在签署投资文件前确保知悉合同内容，真正了解金融产品，避免出现消费误导。

五、注重金融知识宣教，构建和谐消费环境

在全行范围组织开展“3·15 主题教育”、“普及金融知识万里行”等集中式宣教活动。2014 年，全行参与网点 1.6 万个，累计活动次数近 6.6 万次，参与员工 48 万人次，受教育客户量达 4 399 万人，发放宣传资料 2 490 万份，短信发送数量 2 621 万条，各类媒体对本行活动累计报道 1 万余次，获得社会各界广泛赞誉。及时更新丰富门户网站金融知识宣教专区内容，同时通过微博、微信等新媒体平台大力宣传服务收费政策、消费者金融知识、客户投诉渠道和注意事项，扩宽金融知识教育的广度和深度。高质量完成中国银行业协会重点课题《中国银行业公众教育服务工作规范指引》的研究工作，被专家评审会评选为银行业协会年度优秀课题。浙江、天津等分行选取部分营业网点设立消费者权益保护站，为客户开辟金融知识宣教专区，客户反映效果良好。

六、坚持内部教育培训，着力巩固消保文化

重视现场集中培训，先后举办两期全行消费者权益保护工作专题培训班，总行相关部门、各一级（直属）分行、部分二级分行共 140 余人参加培训。发挥以赛促学作用，组织推动消费者权益保护网上知识竞赛，全行共计 4.3 万员工参加。构建消费者权益保护信息共享机制，定期收集整理分行报送的消保工作开展情况，同时结合境内外监管动态等信息，每月汇编下发《银行消费者权益保护工作资讯》，促进内部交流学习。针对分支机构消费者权益保护协调联系人开展专业知识测评，全行参与总人数达 2 590 人，并对参与积极、成绩优异的机构和个人进行通报表扬，对测评试题进行逐题解析。此外，各分行还通过现场、视频等多种方式开展近

200场次服务收费管理专题培训，提高全行合规经营意识。

积极开展境外金融消费者权益保护监管、典型案例等方面信息的搜集整理和跟踪研究工作，学习借鉴有益经验。常态化跟踪分析发达国家和地区金融消费者保护法规的发展态势，对欧洲证券业和银行业消费者投诉处理指南、美国跨境汇款新规等涉消费者保护规定开展了专题分析。密切关注大型金融机构涉消费者保护诉讼或被处罚案例，持续追踪花旗、汇丰、摩根大通等金融机构相关案例20余例，重点研究美国银行“史上最贵”和解案等重大案例材料，总结借鉴相关经验教训。现场调研美国、加拿大金融消费者保护监管机构，了解最新监管重点，与三家大型银行业金融机构就消费者保护管理架构、内部制度流程、体制机制安排等方面深入交流，形成专题调研报告，并结合本行实际提出建议。

七、配合各地消协评议，做好金融同业表率

组织各级分支机构积极配合做好中国消费者协会在全国范围开展的银行业金融服务消费者评议活动，指导各分行明确牵头部门和责任人，主动与当地消协组织取得联系并建立专项沟通联络机制，全面了解本地区评议活动安排和具体要求，全面、客观汇报本行消费者保护工作机制、体制、成绩和不足。积极参加消协组织的座谈会、沟通会、通报会等活动，对照查找、认真解决会议通报的问题，及时汇报本行意见和建议，努力达到消协提出的任务要求。

（总行消费者权益保护办公室）

财务会计管理

2014年，本行积极适应盈利增速趋缓、资源约束趋紧和外部监管趋严的财会管理“新常态”，树立财务战略管理理念，重新审视并优化财会管理，积极探索财会内部市场化改革，创新增收节支举措，努力推动经营目标圆满完成。

一、树立财务战略管理理念，进一步完善财会管理体系

（一）全面加大财务预算的组织推动力度。面对严峻的增收形势，树立季度、月度决算观，将年度计划分解转化为季度、月度序时进度，实施缺口管理。强化对境内分行的分类管理，适时调高境外机构利润目标，并配套出台激励措施，鼓励境内外机构深入挖潜。针对如何合理把握结构性存款和保本理财的发行总量和节奏、如何降低电子机具投入中的无效和低效占用、如何优化FTP解决分支机构业绩准确性等问题，深入开展经营分析，为优化经营管理提供重要的决策支持。

（二）全面优化财务资源配置管理。坚持从战略的高度、用发展的眼光优化和创新财务资源配置，着力提高资源利用效率。费用配置方面，区分当期效益、业务基础、转型发展、战略导向等激励领域，进一步提升费用资源的激励约束效果。针对财务资源区域性、周期性供需矛盾，积极探索建立费用跨期管理机制，引导分行节约财务资源，合理合规开支，主动平衡当期和远期的资源配置。固定资产配置方面，按照“控总量、调结构、保续建、讲挂钩”的总思路，有效平衡业务需求与成本控制之间的关系。加强固定资产投入总量控制，突出“战略导向”，重点支持渠道建设和信息科技投入。保障重大续建项目投资，严控新增综合营业办公用房。

（三）全面强化绩效考评的战略传导作用。按照“直观简约、导向清晰、强化协同”的总思路，及时调整境内分行绩效考评办法，实现指标数量的大幅精简，实施关键绩效考评指标月度监测，有效传导经营战略和经营压力。一方面，统筹完善境内分行、境外机构、总行部门、利润中心和非银行子公司五个维度的绩效考评办法，并将绩效考评体系与综合经营计划、资源配置紧密对接，有效传导经营战略和经营压力。另一方面，强化绩效考评过程管理，进一步提升绩效考评工作的科学性、合理性。在管理手段上，借助MOVA网点业绩视图的推行应用，实现经营责任细化分解到网点，绩效奖励配置到个人，目标任务定位到客户。

（四）深化中间业务组织推动。认真贯彻落实银行业收费监管要求，完善《中间业务定价管理规定》和《“14版”服务价目表》，组织全行中间业务收费自查及整改，积极配合国务院专项督查和外部收费检查，做到了依法合规、要素齐备、收费合理、服务匹配。突出中间业务增收过程管理及控制，按季度实行纵横双线缺口管理；针对资产管理、投行等战略性成长业务，制定专项增收措施并实施动态管理，努力挖掘增收潜力，最终有效克服价目表调整、停办部分业务等因素的冲击，境内分行实现中间业务收入总量和增量继续保持同业

“双第一”。

二、密切跟踪财经法规及监管环境变化，优化财会基础管理

（一）完善财会制度体系建设，优化财会管理基础。全面修订差旅费、会议费、因公出国经费和业务招待费、业务用车等财务管理办法，落实改进作风、勤俭办行的要求。印发关于加强营业费用管理等通知，进一步增强勤俭节约和依法合规意识。印发关于停建新建办公用房、明确办公用房清理事项等通知，部署停止新建办公用房，明确各级负责人办公用房使用面积标准等。

（二）加强财务开支管控，引导各行加快适应财务资源配置的新常态。优化差旅费、会议费、低值易耗品购置等财务指标授权方案，引导各级机构进一步改进工作作风，厉行勤俭节约，严控行政开支。加强费用开支监控。对全行经营性费用逐项进行监测分析，及时发现异常变化的费用项目问题并落实整改，不断提高财务开支的合规性、合理性。

（三）加强会计信息质量管控，夯实会计信息质量基础。进一步完善核算制度及科目体系，积极参与新产品核算设计、监管机构的政策制定，密切跟踪会计准则变化，认真编制各期财务报告。积极配合财政部会计信息质量检查并落实整改。主动与财政部监督检查局反复沟通，在最大限度地维护本行的整体利益和员工切身利益的同时，组织分行从制度、管理、操作、系统等多方面认真查找问题并整改落实。组织开展全行账户核算基础检查，督促分行重视核算基础工作，进一步严肃核算纪律，强化内部控制，为提高会计信息质量奠定基础。

（四）加强应税事务管理，积极防范涉税风险。精心组织完成国家税务总局税收专项检查。有效解决买入返售债券营业税、固定资产折旧所得税等8个重大涉税风险点，大幅降低全行补缴税额。加强企业所得税精细化管理。完成2013年度企业所得税汇算清缴，积极协调境外机构抵免税款7.25亿元。加强“营改增”税制改革研究，测算不同税制方案的影响，提出工作建议。

三、探索集中采购全生命周期管理，持续提升采购效率与效益

完善采购制度体系，探索实施集中采购全生命周期管理，从项目计划管理、供应商信息库建设、采购后评价等方面，不断完善集中采购管理。积极推动融e购集中采购平台建设，为拓展和营销客户提供了新的支点。一是制定集中采购管理规定和实施办法等制度，提出了一系列改革措施，主要包括：首次采购时论证投入产出，提前介入采购需求，从源头上加强资源配置管理；实施集中采购目录管理，优化采购管理模式和运行机制；实施价格动态管理，通过主动与供应商协商价格，促使产品价格进一步优惠。二是初步建成供应商信息库，涵盖多家供应商和多个集中采购项目，对接共享多个业务管理系统信息，为实现本行与优质供应商合作打下良好基础。三是尝试供应商后评价及业务联动。四是推广专项集中采购。实行总行委托分行实施采购，或认同分行已有较好的采购结果，一行实施，全行共享，控制采购风险，提高采购效率。五是充分发挥集审会决策作用。在全行投产应用集审会表决系统，采用电子化手段提高集审会审议效率，为进一步加强全行集审会管理创造有利条件。六是积极推进融e购集中采购平台建设。为提升融e购核心竞争力，增加用户黏性，大力推进融e购集中采购平台建设，起草《融e购集中采购管理办法》。

四、探索财会内部市场化改革，进一步释放全行经营活力

以集团战略为指导，开展内部市场化改革研究，并针对当前经营管理中的部分突出问题制订了配套实施方案，从资产负债及中间业务模拟分账考核、境内外一体化业务联动利益分配、成本费用归集还原分摊和财务资源配置四项改革子课题入手，在理顺集团内各经营主体财务关系、建立内部模拟市场方面取得了初步研究成果，有步骤、有计划地对经营管理手段进行了调整。

（一）实施模拟分账考核，明晰业绩边界。在总行建立资产负债及中间业务模拟分账考核机制，反映各产品线相关部门及利润中心的价值贡献，并据此编制分部门、分产品预算。对本行10项重点资产、负债产品进行模拟分账，对38个中间业务收入科目在相关部门和利润中心间进行模拟分账。

（二）完善境内外利益分配机制，促进集团内业务联动。在粤深港澳试点的基础上，以跨境人民币业务为重点，选择担保项下的融资等23种业务量大、境内外需求迫切的一体化联动业务，扩展境内外联动利益分配的产品种类和区域范围，重点解决利益分配中“分什么、怎么分、分多少”三项核心问题，进一步激发境内外机构业务联动的意愿和积极性。

（三）完善费用分摊还原机制，落实成本管控责任。结合本行成本费用归集还原现状，更新框架，优化方案，规范操作，提升成本费用归集还原分摊的科学性，并选择部分分行试点。实现工资费用在MOVA的自动归集还原。在全面梳理总行本部费用构成的基础上，拟定按照成本动因进行责任划分的标准，初步规划按照费用类别分别向总行部门分摊和向分行清算的分摊路径方法。以增长较快、金额较大的系统研发费用、短信费用为切入点，拟定了具体的分摊管理办法。

（四）深化管理会计体系建设，努力破解“最后一公里”落地难点。编制管理会计报告，研发网点、产品等维度五级分类评价模型，开展经营诊断与管理咨询，为经营决策提供支持。完成MOVA网点业绩视图

推广和管理行业绩视图研发，启动单客户中间业务收入计量，探索员工业绩考核“最后一公里”落地，并在部分分行进行了探索尝试。

（总行财务会计部）

资产负债管理

2014年，本行认真贯彻落实国家宏观经济政策和监管要求，合理把握资产负债总量和运行节奏，有效推进资产负债结构优化，不断增强资本实力和对流动性风险、市场风险的管控能力，准确把握金融市场机遇，加快产品创新，有力地提升了资产负债业务利润贡献和资金运作效率。

一、2014年资产负债运行情况

一是存款稳定性有所增强，本外币存款增量居同业首位。境内分行人民币各项存款（含同业）余额为15.79万亿元，比年初增加8 060亿元，同比多增36亿元，增幅为5.4%。其中，一般性存款（不含同业）比年初增加6 850亿元，增幅为4.8%。境内分行外汇存款（不含同业）比年初增加70亿美元。

二是贷款总量增长适度，投向结构较为合理。境内分行人民币贷款比年初增加9 066亿元，增幅为10.3%；根据实体经济运行情况合理把握贷款投放的投向和节奏，既在经济下行压力加大的形势下增加了对实体经济的支持力度，又在年末前金融机构贷款增速加快的背景下，发挥了大行对全社会货币信贷运行的缓冲作用。

三是净利息收益率（NIM）同比提升明显，利率定价能力初步经受住考验。在利率市场化进程加快推进的形势下，2014年境内分行本外币净利息收益率2.73%，人民币净利息收益率2.80%，分别较2013年上升9个基点和4个基点。存贷利差略有收窄，人民币存贷利差为4.0%，较2013年收窄7个基点。

四是流动性保持合理水平。超额备付平稳适度，全年日均备付率（含现金）1.39%，比工、农、中、建四行平均水平低0.32个百分点，相当于日均节约资金459亿元，按新增债券收益率4.78%测算，约增加当年利润18.64亿元，资金使用效率保持同业领先。

五是资本充足率达到较高水平，资本使用效率持续提升。年末集团口径资本充足率14.53%，比年初提高141个基点。经济资本使用效率进一步提高，年末集团口径经济资本占用6 956亿元，比年初增加602亿元，全年限额控制在年初计划的71%，资本优化节约效果明显，尤其是低效占用的表外经济资本限额实现有效压降。

六是票据及同业融资业务实现较快发展，盈利贡献持续增加。2014年全行票据融资业务交易量3.4万亿元，同比增长84%；实现总收益169.7亿元，较上年增长26.4%，票据贴现收益率5.97%，与上年同期持平。全行贴现余额3 505亿元，其中直贴票据余额2 685亿元，占76.6%；小微企业贴现余额1 091亿元，比年初增加809亿元，超额实现预期目标。同业融资业务实现较好收益。境内分行（含同业专营后的总行资产负债管理部）累计办理人民币同业融出业务1.83万亿元，加权平均利率5.79%，同比上升58个基点，当年实现利息收入61.8亿元。

二、资产负债管理各项工作开展情况

（一）完善资产负债资源配置方式，推动全行资产负债总量平稳增长和结构优化。一是完善人民币信贷贷款计划配置与管理方式。于年初提出贷款计划“三挂钩”管理框架，年内对贷款计划按季度分四次进行挂钩调整，与存款增长、利率定价、资产质量和贷款需求等质量效益核心指标挂钩，通过分解预留计划和区域调剂平衡，单边调增有效贷款需求较多的中西部地区22家分行及总行票据营业部、专项融资部年度计划合计900亿元，调减挂钩指标不理想以及有效贷款需求不足的14家分行年度计划合计320亿元，调整幅度最大的分行分别调增75%和调减24.5%。二是研究提出贷款增量计划与存量收回统筹管理模式，逐月评价分行存量收回腾出信贷资金投向结构，适度对存量收回腾出贷款规模进行地区移位。三是将资产负债限额管理延伸至利润中心、境外分行和附属机构，在全集团范围内编制下达了经济资本限额，逐步建立起覆盖集团范围的科学化、弹性化的限额管理体系。

（二）加强内外部定价管理，积极应对利率市场化改革挑战。一是持续完善存款差别定价管理，存款付息成本控制成效明显。不断优化存款利率定价授权，251次调整同业定期存款利率，存款付息率从第一季度高点逐步回落，全年付息率比第一季度下降9个基点，按存款日均余额15.2万亿元测算，节约利息成本约136亿元。二是建立贷款量价协调重点关注行制度，督促分行提高贷款利率水平。全行新发放人民币贷款平均利率6.40%，同比上升10个基点，贷款利率平均上浮6.31%，同比提高1.97个百分点；新发放贷款中下浮利率占比下降8.22个百分点至12.35%，上浮利率占比上升4.92个百分点至53.22%。三是适时调整存贷款内部资金转移价格。上半年连续四次上调存贷款内部资金转移价格，下半年三次结构性调整存贷款内部资金转移价格，引导分行稳存增存和适当增加中长期存贷款；实施小微企业票据贴现优惠配置价格，引导分行优化票据结构。四是建立以LPR为基准的人民币贷款内部定价机制，开发投产贷款基础利率LPR定价项目，完善贷款利率代码体系，夯实利率市场化技术基础。全年累计发放LPR贷款约1 940亿元。五是加强研究，完成《利率市场化加速背景下的存款创新发展策略与利率管理改革方案》和中国银行业协会《商业银行市场化利率定价机制研究》两项课题。

（三）加强流动性风险管理，促进资产负债业务均衡发展。一是密切监测内外部资金形势及政策动态，多策并举全面做好流动性风险管理工作。修订2014年版《中国工商银行流动性风险管理办法》及《中国工商银行人民币资金管理办法》，稳步推进全行跨行资金管理改革，实现跨行支付的“一点接入、一点清算”。完善流动性风险管理机制和手段，有效平衡资金清算集中和客户分散管理的关系，避免流动性风险向总行过度集中。二是深化境外机构流动性风险并表管理，妥善安排境外发行优先股及人民币债券募集资金的运用，做好对“港股通”、境外人民币清算行、上海自贸区分行等业务和机构的流动性支持。三是积极应对流动性覆盖比率（LCR）监管，指导境外机构提高流动性风险管理水平。完善境外机构流动性风险应急预案和压力测试，制定LCR指标提升计划；搭建集团资金拆借交易平台，向境外机构提供流动性资金拆借支持。密切关注欧元汇率走势，抓住时机，及时完成优先股募集6亿欧元资金的美元转换，降低了筹资成本。

（四）强化资本约束机制，拓展资本补充渠道。一是加大资本补充力度，全年补充资本2 370亿元，一级资本达到1.51万亿元。首次在境外市场成功发行3.5亿股优先股，首次成功在全国银行间债券市场发行200亿元符合监管规定的合格二级资本债券，工银澳门成功发行3.2亿美元次级债券，创澳门金融机构公开发行债券的先例。二是编制2015—2017年三年资本规划，提出了未来三年本行资本充足率规划目标，并于2014年9月19日获股东大会批准通过。三是在河北、天津、黑龙江、广东、深圳、宁波、河南等分行推动资本优化节约，优化后各分行实现了5%～10%的资本节约，为全行资本节约积累了经验。

（五）稳步推进同业业务专营改革。一是加强与监管部门的汇报沟通，拟定和完善同业业务专营改革方案并上报银监会。二是配合监管部门做好自查和现场检查工作。三是做好专营后各项管理和经营工作，完善相关配套措施，梳理业务流程，严防风险。截至2014年末，专营办理的人民币线下同业业务余额1 766亿元，累计办理业务126笔，金额5 264亿元。

（六）强化票据业务风险管理，资产质量继续保持优良。持续加大对风险信息的监测与传导力度，加强纸质票据统一管理，强化票据存管机制，提高风险资产的处置效率，在外部风险形势严峻性不断加剧、票据资产余额快速增长的情况下，贴现不良资产余额上升的势头得到有效遏制。截至2014年末，全行贴现资产不良率为0.02%，回到了年初的较低水平，买入返售资产不良率持续保持为零。

（总行资产负债管理部）

授信审批

2014年，本行不断健全以客户为中心的授信审批工作机制，大力推动流程优化，切实加强系统管理，努力为全行信贷及金融资产服务业务发展把好风险关口。全年共完成法人客户年度授信方案4.41万个，核定授信额度21.18万亿元；完成审批各类单笔融资261.58万笔、11.65万亿元；完成项目贷款评估4 116个，涉及融资申请2万亿元；总行和各一级（直属）分行共组织召开集体审议会议4 901次，比上年增加458次，增长10.31%，审议事项3.87万笔、19.94万亿元，比上年分别增长6.64%和2.57%。

一、优化授信审批流程，提升授信审批效率

（一）优化劳动组合和工作流程。总行整合评级、授信、单笔融资审查、项目投融资评估等工作职能，优化内部劳动组合，建立了以客户为中心的授信审批工作机制。即除项目评估外，按行业设置审查处室，评级、授信、单笔融资审查、项目评估等环节之间不再往返征

求意见，缩短了内部流程。新机制推动了业务评审和管理过程中信息、人力、专业技能的综合利用，促进了工作水平和效率的提升。

（二）调整完善授信管理办法。制订下发《关于进一步完善和优化授信管理　提高授信管理效率的意见》《关于进一步明确授信审批流程有关事项的通知》，重点从以下几方面对授信管理进行了规范和完善：一是大力推广“总对总”授信模式。对财务管理规范、总部对成员企业控制力较强且实行资金集中管理的集团客户实行“总对总”授信，实现授信额度的高效共享和风险的整体控制。2014 年，全行共有 371 个集团客户按“总对总”模式核定授信方案，授信效率和服务水平大幅提升。二是改进跨区域集团客户的授信核定方式。按照责权利匹配的原则，进一步明晰了授信牵头行和成员行各自的责任，增加了成员行对辖内成员企业核定授信的主动权和灵活性，大幅缓解了跨行集团客户授信效率不高及行际沟通不畅等问题。三是对维持或压缩授信额度客户、新营销集团成员企业实行差别化的授信核定方式，增强不同类型客户授信核定和调剂的灵活性。对授信额度不增加且满足相关条件的客户，采用直接延用上年度授信方案等简化的授信核定方式。四是整合相关业务的授信与单笔融资审查审批流程，解决了项目贷款、债券承销业务授信审批权限与单笔融资审批权限不一致导致的重复劳动、效率低下和责任不清的问题。授信管理办法调整完善后，客户授信流程大大优化，全行在 2014 年 9 月末顺利完成年度授信工作，完成时间较往年明显提前。

（三）整合项目评估和审查流程。制订下发《关于整合项目评估与审查流程提高项目贷款评审效率的意见》，一方面，扩大了“调评合一”“评审合一”等优化流程适用范围，减少单独评估的项目数量，较好地提高了评估效率；另一方面，厘清了项目审查和评估岗位职责，明确项目受理及业务处理结果反馈均由审查环节统一负责，评估环节原则上不再提出投融资建议额度、前提条件和管理要求，基本解决了以往评估与审查工作交叉、内容重叠的问题。

（四）全面推进授信项下授权审批制。制订下发《关于规范授信项下授权审批制的意见》，按照控风险与促发展协调统一的原则，进一步扩大了授信项下授权审批制的客户和业务适用范围，提出了对二级分行和重点支行实施差异化转授权的要求，并明确了业务流程、转授权规定、各环节职责等内容，进一步缩短了一部分期限短、周转快、风险相对较小的“短、快、小”融资业务的审批流程，解决了审批集中管理对审批效率的影响问题。全行 35 家一级（直属）分行（不含西藏分行）中，共有 16 家分行在辖内全面推行授信项下授权审批制，有 19 家分行在辖内选取了部分二级分行或支行试行。截至 2014 年末，各分行执行授信项下授权审批制的客户数量 10 024 户，涉及授信额度 2. 81 万亿元。

（五）加快推进标准化业务自动化审批。总行从 2012 年开始探索个人住房贷款审批技术方法创新，研究制定了自动化审批标准并加紧系统开发。经过部分分行试点并对系统进一步优化后，2014 年在全行范围内推进个人住房贷款自动化审批工作，对于提高个人住房贷款审批效率并缓解分行授信审批人手不足的压力起到了积极作用。据统计，2014 年通过系统自动化审批的个人住房贷款达到 20. 35 万笔、705. 49 亿元，占完成审批的全部个人住房贷款的 13. 17%、13. 69%。

二、强化实质风险把控，发挥把关守口作用

（一）尽职履责，发挥授信审批把关作用。一是发挥授信总量风险控制作用，对重点风险控制领域以及经营效益下滑、风险显现的 90 个集团成员从严核定授信总量，较 2013 年度核定授信额度减少 1 209 亿元，其中对 55 个客户直接核定了零授信，要求分行限期退出。二是发挥单笔融资业务信用风险审查的把关守口作用，经各级授信审批部门审查，否决单笔融资业务 23. 84 万笔、金额 1. 17 万亿元，否决率分别为 9. 11% 和 10. 03%。三是发挥项目评估的独立评价作用，全行完成评估的项目中，谨慎支持、不予支持、中止评估项目合计 618 个，占完成评估项目的 12. 17%。

（二）突出重点，切实把控实质风险。一是扎实推进小口径平台存量贷款整改，对存量平台贷款在办理期限整改时均要求还原贷款用途，明确还款主体和还款来源，补充抵（质）押担保措施，合理确定贷款期限，规范还款方式。总行 2014 年共完成平台贷款整改 64 笔，涉及金额 329. 46 亿元，压缩贷款金额 34. 5 亿元。二是从严核定钢铁、有色冶炼、水泥、光伏制造、焦炭、平板玻璃、造船、风电设备八大产能过剩行业和环保违法企业授信总量，严格审查产能过剩行业信贷业务。总行 2014 年完成审批产能严重过剩行业项目贷款 299. 35 亿元，其中未通过审批（包括否决和中止审查）116. 35 亿元，占比达 38. 87%。三是严控房地产开发贷款。全行 2014 年未通过审批的房地产开发贷款 1 501. 67 亿元，占完成审批业务的 29. 83%。严格落实差别化的个人住房信贷政策，未通过审批的个人住房及商用房贷款达 932. 08 亿元，占完成审批业务的 13. 43%。

（三）把好投向，推动信贷结构优化。认真落实全行工作会议提出的信贷投放要求，努力推进信贷结构调整优化。全行共审批通过新型城镇化建设贷款、基础产业及基础设施、能源资源类企业、现代服务业、先进制造业、节能环保、“走出去”、现代农业等领域融资业务 3. 82 万亿元，占全行审批通过贷款的 43. 28%。同时，坚持以高效率的审查审批工作，积极支持基于核心客户、专业市场、重点项目、产业集聚区的小微企业贷

款需求以及境内跨区域、项目供应链、电子供应链和跨境供应链融资业务发展。大力支持个人住房、个人消费类贷款健康发展。2014 年，共审批同意个人住房贷款 5 400.65 亿元，同意个人综合消费贷款、汽车消费贷款、家居消费贷款、文化消费贷款合计 542.41 亿元。

（四）严格管理，促进金融资产服务业务健康发展。全行 2014 年完成审批金融资产服务业务 1.73 万亿元，其中债券承销与投资业务 1.28 万亿元，代理投资业务 4 460 亿元。为支持金融资产服务业务发展，各级授信审批部门把保证审查审批效率放在重要位置。总行针对人民币债券投资，明确适用“绿色通道”的 84 户客户办理期限在 10 年以内的人民币债券投资业务不再逐笔履行信用风险审查审批流程。同时，各级授信审批部门切实贯彻风险把控标准与自营业务相一致的原则，积极探讨差别化的审查方法，切实把好实质风险，全年末通过审批的金融资产服务业务笔数和金额分别占已审结业务的 33.82%、43.08%。

三、改进授信审批服务，努力提升授信审批价值

（一）强化服务机制建设，确保服务承诺落到实处。印发 2014 年内部服务承诺，通过网讯向全行公布。截至 12 月末，除个别复杂疑难业务因各种原因未及时作出决策外，绝大部分报审业务均在承诺的时效内完成。一是研究制订《关于进一步加强授信审批服务工作的意见》，提出比服务承诺更加严格的内部管理要求，做到“好”字当头，“快”在其中，杜绝“马拉松”式审贷。二是建立周计划、月汇报的审查审批督导制度。三是完善授信审批工作系统，所有业务的审查进度和时间实时展现，为强化时效管理提供了系统支持。四是大力精简部门间函来函往，对实行电子化审批的业务，直接通过 CM2002 和 GCMS 系统进行沟通。

（二）加强第三方信息的收集与应用。制订下发《关于优化授信审批信息资料收集利用方式的意见》，引导授信审批人员创新信贷资料收集的方式、方法和手段，加大对独立第三方信息的收集和应用，提高防假、反假能力。

（三）加强对分行和前台部门报审业务的指导。一是在总行层面建立重大疑难项目预审制。针对拟报总行审批尚处于营销阶段或已进入评审阶段的重点项目和大额疑难项目，召开由总行信贷前中后台相关部门参加的预审会进行预沟通和协调。预审会主要研究项目在行业、区域、产品准入政策和相关信贷制度方面存在的问题及难点，在营销或评审阶段需落实的核心条件（如担保方式、融资金额、利率等），以及其他需要研究的业务事项。二是督促和指导分行提高信贷业务尽职调查质量，下发《关于总行审批信贷业务尽职调查存在问题的通报》，对各分行上报的尽职调查报告中存在的问题和涉及 9 家分行的 10 个典型案例进行了通报，督促各分行进行认真反思和总结，切实加强信贷业务尽职调查工作，提高尽职调查质量。

四、加大培训指导力度，加强全行授信审批管理

（一）多措并举强化业务培训。一是加强培训计划，不断提高培训的覆盖面和针对性。认真制订授信审批专业年度培训计划，基本覆盖了分行授信审批部各层级的人员，并针对不同人员灵活采用现场培训、视频培训和网络课程培训等多种形式。根据总行培训规划，拟订未来三年覆盖高级审批人、审议委员、评估委员等业务人才的培训计划。二是精心组织授信审批专业培训班。举办系统授信审批部门总经理培训班和总行评估委员培训班，首次邀请万科、万达集团分别讲授住房地产和商业地产的运作规律及市场展望。各分行授信审批部组织各类专业培训 597 次，包括现场培训 455 次、非现场培训 142 次。三是借助网络大学平台举办首次授信审批专业网上知识竞赛活动，北京、上海、江苏（含苏州）、浙江、山东和广西六家分行获授信审批专业组织推动奖，全行 268 人获个人单项奖。

（二）打造平台促进交流学习。依托网讯系统建立“授信审批园地”，打造授信审批专业信息共享平台和互动论坛。发布了一批有学习借鉴价值的信息资料，如国家公开发布的各类政策法规文件、行内外机构的研究报告以及各类典型案例等，园地日益成为总行加强对分行具体指导的有效途径。编发《授信审批动态》，不定期、相对系统地介绍总行授信审批要点、各分行好的做法。继续通过总行网讯加强对分行的业务指导，结合信贷政策要求介绍总行授信审批典型案例。

（三）深入基层做好调研指导。总行 2014 年赴基层调研 32 次，与分行信贷前中后台部门负责人以及重点支行信贷行长进行座谈，听取对流程优化有关措施的意见和建议，对分行正在营销或拟报审项目进行了讨论交流，指导分行准确理解监管要求和总行政策制度，把控好实质风险。拜访国家能源局和中国石油和化学工业联合会，了解最新的煤制油产业政策及技术发展动态，重点调研了下一步推广应用的可行性，为今后合理把控国内大规模工业化煤制油项目的风险奠定基础。

（总行授信审批部）

授权管理

一、总行年度基本授权工作

根据公司章程及有关文件规定，拟订2014年度总行基本授权方案，第一季度末印发对总行高级管理人员、部门总经理、利润中心和直属机构负责人、境内外分行和境外子行及附属公司的基本授权文件，着重从四个方面完善和优化授权管理工作模式，全面、及时地完成了2014年度基本授权工作。

（一）进一步规范高级管理人员审批权限表述。为规范授权文件，便于贯彻执行，总行法律事务部在将以往年度高级管理人员审批权限表述进行归纳总结的基础上，对具有共性的权限内容予以整合。在高级管理人员的业务事项审批权限表中，不再列举各专业规章制度、各业务开办和停止等管理职能的具体审批权限名称，而是根据相关业务种类将相应管理职能的具体名称进行了统一规范。

（二）梳理整合总行利润中心和直属机构负责人授权。《总行组织机构改革方案》进一步强化了利润中心的经营职能。为加强授权引导功能，充分体现改革目的，总行法律事务部将以往年度部门总经理和直属机构负责人基本授权文件中的相关人力、科技和财务的授权表与金融市场部、资产管理部、资产托管部、票据营业部、私人银行部、投资银行部、贵金属业务部、养老金业务部等总行利润中心总经理的基本授权文件予以整合，形成统一的2014年度总行利润中心和直属机构负责人基本授权文件。

（三）明确业务授权方案涵盖的范围和界限。授权工作对规范本行相关业务部门、分支机构和关键业务岗位业务开展具有重要意义。为确保授权紧密围绕经营管理权限，便于境内外分行及附属机构正确理解掌握和贯彻执行，总行在基本授权文件中明确界定授权对象的具体范围，注明境内分行授权方案中一级（直属）分行是否包含苏州分行、广东分行营业部，对与审批权限和授权管理没有密切关系的事项，例如有关业务政策、业务管理的要求等内容，不再纳入授权文件，而以总行其他文件形式另行印发。

（四）对法人授权书内容进行调整优化。根据本行《营业执照》的经营范围，对法人授权书进行了全面梳理，确保开办的业务名称尽量与《营业执照》中的相关名称保持一致，并按照各业务条线重新排列整合相关授权条款，尽可能将同一部门负责的业务种类归纳在同一授权条款中。

二、分行转授权工作

指导督促分行根据总行授权文件和转授权相关规定开展转授权工作，加强转授权文件备案管理，确保各项业务顺利开展。积极配合相关业务部门对分支机构授权执行情况开展监督检查，针对业务部门的转授权情况开展专题调研，动态调整转授权内容，严查越权行为，进一步强化授权管理工作的严肃性和规范性。

三、日常授权管理工作

积极配合指导各业务部门、各分行妥善解决日常授权管理中遇到的问题，协助各业务部门规范、修改、完善特别授权工作流程及所需授权文件，认真做好特别授权的咨询审查和登记备案工作，保障年度基本授权文件的贯彻落实和全行授权管理工作的顺利开展，充分发挥授权管理对各类运营风险的有效防控作用。

（总行法律事务部）

运行管理

2014年，本行深入推进运行管理体制机制变革，运营管理基础不断夯实，运营服务水平显著提升，运营集约化、管理一体化的价值型运行管理体系建设取得了新的成果。

一、贯彻精益理念，资金清算后台建设得到全方位加强

（一）全行资金清算能力明显增强。依托集团统一的清算业务通用平台，总行、境内分行和境外20家机构实现了境内外一体化清算业务运营，形成了统一的清算流程、制度和业务标准，具备了集团共享清算信息、功能、产品和清算网络的综合清算能力，确立了多币种、跨区域、更加灵活的清算业务处理规则，代理金融同业全球支付的清算银行服务体系初步构建。科学布局跨境人民币清算账户，推进境内与离岸人民币清算网络互联互通，建立起以“总行集中代理、跨时区持续运作”为特征的境外人民币清算体系，有力地支持了境外人民币业务发展。全行清算网络持续拓展，境外机构先后加入全球56个外币中央支付清算系统，具备了通过网上银行、银银直联等自有网络渠道提供同业清算服务的能力，实现清算方式和支付渠道的多元化。境内外清算业务协调联动进一步加强，2014年美元、欧元、日元清算业务的去委支持比分别达到76%、95%和93.5%。清算运营基础更加夯实，清算中心“北京—上海”两地同步运行、清算业务异地实时互备机制全面建立，为资金汇划安全提供了重要保障。“一点接入、一点清算”的二代跨行支付系统顺利完成全行推广，实现了本行单一法人账户与人民银行“总对总”的跨行资金集中清算，全行存放人民银行的备付资金压降了约200亿元，跨行支付清算集约化水平大幅提升。

（二）金融市场后台建设持续加强。覆盖全球市场汇率类、利率类、商品类和信用类产品运作的金融市场后台体系全面建立。通过构建运营高效的债券结算网络，为参与全球主要金融市场和新兴市场的债券投融资业务衔接了103个国家和市场，实现了64家境内外机构本外币债券集中结算和托管；商品业务后台服务功能日益丰富，形成了覆盖亚洲、欧洲、美洲商品市场，支持现货、期货多种交易模式，涵盖贵金属、能源等主要交易品种的场内商品清算业务运营机制，具备了支持贵金属双边净额清算、账户类与实物类商品跨境互换以及为北京、伦敦、纽约三地场内商品交易提供后台运营服务的能力。

二、注重质量效率，业务运营服务水平大幅度提升

（一）现金营运管理水平不断提高。现金营运中心集约化处理能力不断增强，2014年累计完成现金收付量45.8万亿元，贵金属出入库5 280吨，有力地保障了现金业务的高效运行。境外人民币现钞服务网络建设取得新突破，以新加坡分行为境外人民币现钞营运中心，成功开辟了境内外直通式人民币现钞调运渠道，为境外机构的人民币业务发展提供了有力支持。现金业务信息化建设有序推进，集实物仓储、调拨运送和共享服务于一体的实物现金营运管理平台完成试点，实现了柜员现金出入库与钱箱领缴的联动处理，以及重要业务环节的全流程、信息化管理；款箱物流系统成功试点，推动款箱调拨由手工清点向自动识别转变，款箱物流管理的时效性与安全性进一步提高。

（二）自助设备集中运营持续深化。深入推进自动柜员机分类集中运营，离行式自动柜员机实现全面集中、附行式自动柜员机供钞与账务管理集中度分别达到100%和98%、现金区以外自动柜员机装卸钞集中度达到99%。ATM运营管理系统完成推广，实现了加钞计划制订、现钞出入库、装卸钞、账务核对、差错处理等关键环节的系统化控制，业务处理效率明显提升。自动柜员机应急加钞管理机制有效建立，服务保障能力不断提高。

三、着力强基固本，业务运营风险管理能力进一步增强

（一）业务运营风险日常管理不断强化。实施电子验印、支付密码有机结合的支付结算风险防控策略，2014年全行支付密码推广率保持在90%以上，电子验印使用率和自动通过率均超过70%，为支付结算业务安全运营提供了有力保障。按照工作内容精简、核心任务固化、管理要求细化、履职流程优化的原则，推动系统自动分配和人工定义相结合的现场智能履职管理，现场管理水平明显提高。以控制实质风险、质量效率并重为原则，动态完善适应业务发展和流程优化需要的常用业务授权模式和审核方式，细化了现场管理与远程授权审核标准，授权规范化程度进一步提高。启动智能督导改革试点，推动检查模式由全面覆盖向风险导向转变。加快银企对账电子化进程，截至2014年底，网银对账占比提升至61%，全行综合对账率达到94%，对账基础得到全面夯实。

（二）运营风险监控体系建设继续加强。持续拓展统一运营风险监控领域，针对第三方支付、个人转账终端、线上逸贷等新业务新渠道，以及代发工资、区域特色、客户信息安全等关键风险环节研发新模型，及时识别并有效化解风险隐患。扎实推进模型动态管理，持续开展模型训练、优化，模型识别精准度同比提高21%。运营风险监控标准化体系进一步完备，在十余项规定、办法、规程、细则等相继发布实施的基础上，研究总结了有效的风险识别方法和风险事件管理指引，做到正面有规范、反面有案例、管理有引导，风控体系的建设标准、管理标准、履职标准、服务标准更加科学明晰。坚持季度运营风险分析通报，各业务部门、各级机构根据分析评估揭示的薄弱环节，组织开展综合治理和分级管理，全行内部风险暴露水平控制在万分之八的较好水平。

（三）参数集中规范管理水平不断提高。按照规范事权管理、强化风险控制的总体思路，构建起“标准统一、管理分级、控制严密、运行高效”的新型事权参数管理体系，参数对柜员业务行为及操作风险的刚性控制效能得到充分发挥。参数精细化管理有效实施，二级分行参数维护和管理职能进一步强化，总、省、市三级参数管理新格局成功构建。境外参数集约化管理扎实推进，通过集中管理、流程控制与代理维护相结合的模式，大幅提高了境外参数管理水平。电子银行等外围参数纳入监控范围，参数安全管理能力进一步增强。年终参数管理、系统测试、账务核查等工作圆满完成，保证了年终决算的安全高效。

（总行运行管理部）

法律事务

一、运用法律手段清收不良资产，为提高资产质量和经营效益作出贡献

积极主动发挥法律专业优势，综合运用诉讼和非诉讼等各种法律手段，依法起诉清收不良贷款 20 966 件，起诉总金额 642.76 亿元，审理结案 13 754 件，审结金额 374 亿元；通过诉讼等法律手段收回各类资产 120.71 亿元，其中，收回现金 114.42 亿元，占比 94.79%，为全行改善资产质量、提高经营效益作出了重要贡献。

（一）积极组织开展执行积案清理专项活动。以最高人民法院开展“转变执行作风　规范执行行为”专项活动为契机，印发《关于开展执行积案清理专项活动的通知》，在全行范围内开展执行积案清理专项活动，向最高人民法院执行局报送本行胜诉执行积案明细情况，请求最高人民法院给予支持和重点督办，取得显著成果。

（二）认真贯彻执行依法清收督办制度。将 2013 年胜诉案件执行率低于 15% 的分行和胜诉案件 2013 年末应收余额超过 10 亿元的分行列为重点关注行，将亿元以上大户胜诉未执结案件列为重点督办案件，督促指导各行加强对账销案存资产和个人客户大额不良贷款的法律清收工作，指导并督促相关分行制订执行工作方案，加大依法清收力度，有效提高执行成果。

（三）持续提高诉讼案件精细化管理水平。进一步加强对起诉案件的监控分析，针对当前全行起诉案件高发态势，逐月分析全行起诉案件特点、业务类型、区域分布等情况，重点关注起诉案件数量多、金额大、相关风险问题突出的分行，指导重点分行结合实际做好法律清收工作。另外，全面提升诉讼案件管理信息化水平，升级优化诉讼案件管理系统，实现诉讼案件管理无纸化和电子化，提高诉讼案件审批效率。

（四）全力争取外部支持，推动清收工作走向深入。主动加强与地方党政部门、司法机关、监管机构的沟通协调，积极争取外部支持和有利条件，结合当地法院在执行工作方面的新举措，依法探索采取多种措施，努力提高债权受偿率和现金清偿比例，不断攻克清收难关，工作成效十分明显。

二、加强被诉案件风险管控工作，依法维护自身合法权益

2014 年，全行共处理各类被诉案件 2 596 件，被诉金额 34.16 亿元；结案 1 120 件，结案金额 7.23 亿元；通过妥善应诉处理，胜诉 772 件，避免经济损失金额 6.49 亿元，避免损失率 89.60%。

（一）不断提高诉讼案件管理水平。积极督促被诉风险较高分行加强风险管控工作，根据 2013 年全行被诉案件风险情况，将被诉风险水平较高分行列为重点关注行，发送督办函要求其采取有效措施防范和化解被诉风险。对重要被诉案件实行名单制管理，将被诉金额千万元以上、可能产生系统性风险、可能造成负面声誉影响等重要被诉案件列入管理名单，实行全流程管理，要求各行成立专案小组，逐案制订应诉方案和声誉风险专项应急处理预案，按月报送进展情况；总行直接处理 13 起涉及劳动争议和快捷支付纠纷等以总行为被告的诉讼案件，实现完全胜诉。落实重要被诉案件快报制度。对七类重要被诉案件，督促分行在发案后 24 小时内上报总行，并妥善做好有关应诉处理工作。

（二）着力压降操作风险引发的被诉案件。向总行操作风险委员会提交全行操作风险事件引发的被诉案件情况专题报告，总结归纳全行 2011 年至 2014 年第一季度被诉案件总体情况和特点，研究分析业务操作风险等引发被诉和败诉的规律性原因，提出切实防控被诉风险相关建议；将操作风险引发的重大被诉案件列为重点监控对象，成立案件应对小组提供法律与业务支持，并促使业务部门全面深入了解案件反映的操作风险问题，及时采取措施完善业务流程。

（三）及时进行风险提示，前移被诉风险防控关口。向全行通报典型被诉案例，提示被诉案件风险，提出相关风险防控意见和建议；针对信用卡无卡收单、虚假军官证、护照审核和两个手机客户端同时登录手机银行等问题引发的被诉风险较为突出情况，及时向业务部门发送风险提示函，指出相关业务存在的风险隐患，提出完善业务流程、填补风险漏洞意见和建议。

三、优化改进协助执行工作，实现互利双赢效果

（一）快速推进与最高人民法院和各地方法院网络执行查控系统对接落地。积极协调推动本行网络执行查控系统研发工作，支持和指导各一级分行与当地高级法院开展“点对点”网络执行查控机制建设，2014年11月17日，实现网络执行查控系统一期正式投产，至年末共有25家分行投产运行网络执行查控系统，为北京、黑龙江、福建三地法院办理网络查询和冻结3万多笔，在全国、全行业起到引领示范作用，获得最高人民法院、银监会及银行业协会高度肯定，并将本行相关做法和经验作为典型向其他银行推广。

12月24日，最高人民法院执行指挥系统正式开通，与本行“总对总”网络查控系统对接落地，各级机构依法协助全国各地法院办理的相关查询、冻结、扣划工作，均可通过电子化网络查控方式来完成，银行和法院都将大大降低相关工作的人力、物力成本，工作效率大大提高。

（二）积极开展与公安部“总对总”网络执行查控合作工作。根据公安部提出的工作需求和意见，借鉴与人民法院开展网络执行查控合作的经验和成果，与公安部经侦局签署《网络执行查控合作备忘录》，达成开展“总对总”网络执行查控合作意向，与公安部就网络执行查控机制合作需求、工作模式、推进方式、技术实现方案等具体问题进行深入探讨，积极予以协调落实。

四、加强法律咨询审查与法律服务，提高法律风险防控水平

2014年，全行各级法律部门认真履行法律专业职能，积极为依法合规经营发展提供有力的支持和保障，全年共处理各类书面法律咨询审查事项23.8万项，审查各类合同协议等有关法律文件42万份；出具书面法律意见14.5万份；揭示各类风险点及需要关注的问题37.3万个，提出有关风险防控措施及建设性意见37.4万条，参加各类会议及业务谈判1.9万次，累计谈判时间约4.6万小时。

（一）依法助力国际化和综合化经营发展。根据经营战略需要，充分发挥专业优势和角色功能，配合做好境外机构开业运营和重要海外资产收购相关法律工作；为多币种境外优先股发行、跨境人民币业务、新型资本工具境外发行、“走出去”跨境贷款业务等提供优质高效法律服务；助力境外机构依法合规拓展业务，为境外机构提供法律建议，确保有关工作目标顺利实现。

（二）支持保障金融工具和产品创新。积极支持信贷资产流转、利率市场化改革、金融资产服务代理投资、小企业供应链“易透”业务、电子商务平台等创新项目，从制度办法拟定、产品结构设计、业务流程安排、协议文本起草等多方面有针对性地提出法律意见和建议，有效防控法律风险。积极协助修订完善《信贷资产证券化业务管理办法》、《金融资产服务业务合作机构管理规定》、《银行保险业务管理办法》、《呆账核销管理办法》等200多个行内制度办法，确保各项经营管理活动依法合规健康开展。

（三）主动开展专项法律服务。开展“1对1”专项法律服务，结合总行业务部门、分行业务情况和工作需要，分别量身定做服务方案，通过多渠道沟通协调、快速提供法律意见和服务等措施，支持保障相关业务健康发展。同时，建立法律专家小组工作机制，成立资产管理、贸易融资等12个跨团队、跨部门、跨分行的专业服务小组，集中专业优势和经验，为业务创新发展中的重大疑难问题提供“精、快、专”的法律特色服务。

（四）不断提高法律服务价值含量。及时总结法律风险防控要点，印发《民间借贷引发的被诉案件应诉工作指引》《国际贷款项目外国律师法律意见书审查指引》《资产托管业务相关法律文本法律审查要点指引》等工作指引，供业务部门与法律人员参考学习。同时，持续跟踪研究最新法律法规及监管规定。2014年编发《金融法律简讯》14期、《金融法规专题报告》22期、《典型诉讼案例参考》2期，向总行业务部门和各分行介绍最新法律法规及监管规定，提出需要注意的问题和有关应对建议，主动预防和规避由于新法实施可能产生的法律风险。

（五）加强合同文本规范管理。顺利完成“合同管理园地”迁移工作，实现总行格式合同在集团范围内共享。结合工商行政管理部门对相关分行格式条款的检查意见，全面梳理个贷、银行卡、电子银行等业务格式合同文本，从消费者保护角度予以修改完善。落实银监会商业银行服务收费新规，协助业务部门修订完善涉服务收费项目合同文本，确保依法合规。满足业务发展需要，规范财务顾问协议、保密协议、融资意向函等中英文合同文本，补充完善公司客户信贷业务格式合同中有关LPR利率条款，修订网络融资业务和私募股权基金相关格式合同。2014年，共发布、更新格式合同229份。

五、推进集团法律风险并表管理，增强并表机构法律风险管理能力

（一）推动集团内部法律资源和信息共享。总行组织编写和印发中英文版《国别法律风险防控手册（美

国分册)》，阐释美国法律及监管规定对本行在美国机构及相关业务的影响，提示需要关注和防控的法律风险。开发集团法律风险并表管理系统，实现并表机构法律风险信息采集、数据分析存储和应用、报表统计自动化处理，提高集团法律风险并表管理信息化水平。2014年11月，法律风险并表管理项目顺利投产。创办集团内部法律通讯《INHOUSE INSIGHT》，探索建立集团法律人员沟通交流平台，在“网讯”和“法律工作管理系统”发布，并发送各并表机构参阅。将并表机构法律人员纳入行内法律人员业务培训计划，对多家并表机构法律人员进行培训，加深对中国法律体系的认识，提升并表机构法律人员职业素养。

（二）妥善应对处理跨境法律风险事件。针对澳大利亚证监会要求调查悉尼分行境内客户信息案，及时指导悉尼分行充分阐述本行立场，积极争取当地监管机构理解。协调大连分行和相关境外机构，妥善处理印度海运公司保函纠纷事件。妥善处理瑞表上海来函希望本行立即停止对涉嫌侵犯其知识产权账户持有人提供银行服务事宜。积极应对阿根廷政府传票案件，成立专项工作小组，指导纽约分行充分利用美国法律程序进行抗辩，并及时向人民银行、银监会和外交部汇报案情，争取政府有关部门的支持。持续监测并表机构诉讼案件情况，指导工银阿根廷、工银泰国等诉讼案件数量和问题比较突出的机构加强和改进诉讼管理工作，切实降低诉讼风险。

（三）积极配合FATCA政府间协议谈判工作。为妥善应对美国《外国账户税务法案》（FATCA）可能带来的中美法律冲突，维护中资银行合法权益，本行与人民银行、银监会等监管部门密切联系，认真做好FATCA政府间协议谈判支持保障工作。一方面，加入由人民银行牵头的应对FATCA跨部门协调机制，通过参加座谈会、提供书面研究材料等多种形式支持人民银行、银监会和银行业协会开展相关调研和谈判准备工作。另一方面，协助安排行内相关部门赴监管部门汇报本行FATCA工作进展情况及遇到的问题，寻求监管指导与支持，并配合监管部门不断完善相关谈判方案。

六、做好商标保护和关联方管理，保障经营管理和业务创新依法合规

（一）加强商标权益保护工作。根据业务发展及品牌管理需要，积极开展“融e”系列互联网金融品牌商标以及工银e灵通、金融@家等相关商标注册工作，确保各类品牌商标及时获得注册。跟踪监测本行即将到期的商标，及时办理商标续展手续。结合国际化经营发展战略部署，推进核心商标和重要业务商标的国际化注册工作，完善商标的国际化注册体系。配合业务部门协商解决“ICBC”、“行以致远”商标争议，切实维护本行合法商标权益。2014年，共办理商标异议、异议复审、异议复审答辩及商标行政诉讼案件16件，办理境外核心商标注册8件，境内业务商标注册113件，完成各类核心商标、业务商标注册30件，续展13件，监控商标公告44期，涉及商标约9万个。

（二）做好关联方管理工作。继续做好关联方初步确认工作，全年累计确认新增关联自然人52，新增关联法人或其他组织6家，退出关联自然人587人，退出关联法人或其他组织22家。顺利投产关联方管理新系统。新系统适应监管规则要求，改善了关联方信息分类录入模式和应用便捷性，充实了关联方身份识别信息，保障关联方信息完整性和准确性，有效提高关联方管理的质量和效率。

七、建设专业化法律顾问队伍，夯实法律风险防控组织和人力基础

（一）加大法律人员业务培训力度。重视法律人员业务学习，针对商业银行新业务、诉讼案件管理、消费者权益保护等工作举办近百次专业培训班，邀请监管机构代表、国内知名专家学者和最高人民法院法官探讨分析商业银行法律风险防控和消费者权益保护相关问题。定期组织法律条线员工围绕与银行经营管理密切相关的法律问题开展集中学习交流活动，不断提高员工整体专业水平。

（二）牵头做好法律序列专业资格管理工作。在全行范围内开展2014年法律序列专业资格初级、中级、高级考试，做好法律序列专业资格考试、阅卷、认证和继续教育工作。2014年，通过考试获得法律序列中、高级专业资格的人数分别为38人；通过免试获得法律序列中、高级专业资格的人数分别为48人。

（三）修订完善内部工作制度办法。针对法律事务集约化改革以来的新情况和新问题，结合机构改革需要，认真梳理相关工作流程和机制，印发《法律事务部外聘律师管理办法》等多个制度文件，不断优化内部管理，为全行法律风险防控工作顺利推进提供扎实的组织管理保障。

（总行法律事务部）

反洗钱工作

2014 年，本行深入贯彻落实“风险为本”的反洗钱监管要求，成功实施涉敏报警信息集中甄别机制改革，不断深化反洗钱集中处理和综合试点改革，统筹推进反洗钱制度建设、系统建设和队伍建设，突出抓好重点领域和关键环节洗钱风险防控，为预防和打击洗钱与恐怖融资活动，促进和保障各项业务健康发展发挥了积极作用。

一、顺利完成涉敏报警信息集中甄别机制改革，实现重点业务领域涉敏风险管理“集中做、专家做、系统做”

将境内跨境汇出汇款业务涉敏报警信息集中到一级（直属）分行反洗钱中心进行甄别处理，配备涉敏集中甄别人员 123 人；高质量研发、分批次投产涉敏集中甄别新系统，实现涉敏信息甄别处理过程的全记录、可追溯和可稽核；创新设计分工明确、协同联动、内控严密的涉敏集中甄别新流程，形成反洗钱合规管理行为融入业务流程、实时发现问题、及时制止违规的新机制。自 2014 年 11 月 1 日涉敏改革新系统新流程全面投产至年末，各分行反洗钱中心共处理涉敏报警信息 2.6 万余笔，经甄别审核拒绝或退回涉敏业务 640 笔，所有报警信息甄别处理均做到了日清日结，既实现了对涉敏业务风险的有效防控，又保证了跨境汇款业务的正常运转。

二、全面深化反洗钱集中处理和综合试点改革，促进反洗钱工作集约化运行水平不断提升

推动可疑报告分析研判工作逐步从二级分行向一级（直属）分行反洗钱中心集中，目前已有 20 家境内分行实现一级（直属）分行集中处理模式；持续优化指标模型和系统功能，完成 12 个主要监控模型的算法设计与集成测试等优化工作，新模型智能化水平显著提升，在系统筛选量下降 61.51% 的基础上，报警信息精准度提升 67.94%，通过可疑交易报告识别并进入司法程序案件增幅达 115.6%；充分利用反洗钱综合改革试点“内部协查”与“风险提示”等创新成果，各分行反洗钱中心共发布内部协查 164 592 份、风险提示 11 008 份，有力地促进了可疑报告质量的提升。全年异常交易报警量同比下降 41.98%，可疑交易报出量同比下降 98.73%。人民银行在“反洗钱数据报送工作磋商会”上充分肯定本行可疑报告具有较高移送价值，有效率超过 60%，在国内同业中处于领先水平。

三、大力加强境外机构反洗钱合规管理，实现复杂国际形势下反洗钱零处罚目标

制订《境外机构反洗钱工作指引》，开展境外机构合规官反洗钱培训，提高履职能力和管理水平；加大境外机构反洗钱监督检查和考核力度，先后对 15 家境外机构实施了反洗钱内部审计、合规检查和调研督导，指导督促境外机构严格执行属地监管和总行要求，及时纠正和消除了转汇款等业务领域存在的洗钱风险隐患；加快推进境外机构反洗钱信息系统建设，目前已有 39 家境外机构投产或应用了全球特别控制名单处理平台、境外反洗钱监控系统或外购了本地化的相关反洗钱系统；及时掌握境外机构反洗钱工作开展、监管政策调整变化和接受监管检查情况，2014 年共有 18 家境外机构接受了属地反洗钱现场检查或非现场风险评估，未发现重大违规问题和监管处罚事件，连续 3 年实现反洗钱零处罚。

四、深入推进客户信息专项治理工作，强化重点业务领域洗钱风险防控

修订印发《反洗钱客户风险分类管理办法》，组织完成全量产品洗钱风险评估和复评工作，定期开展洗钱类型分析，准确识别和合理确定洗钱风险防控重点；修订完善个人金融、电子银行、银行卡等重点领域专业管理办法或操作规程，实现内外部反洗钱要求与业务流程的进一步融合；推广洗钱风险管理成果在业务领域的综合应用，全年共拒绝了 1.5 万个高风险客户的信用卡业务申请，限制 65.65 万个高风险及关注类对公客户的网银公转私交易限额，成功堵截各种类型的电信诈骗、冒用或伪造他人证件开户等洗钱风险事件 1 545 起；合力推进客户信息专项治理工作，截至 2014 年末，个人及对公客户信息完整率分别达到 94.48% 和 92.91%，较 2011 年专项治理前分别增长 13 倍和 10 倍。

五、扎实做好可疑交易分析报告和反洗钱协查工作，为打击洗钱犯罪活动作出积极贡献

调整完善可疑报告非现场质量抽检标准，按季度对

可疑报告流程合规及研判质量进行非现场抽检，提升可疑报告的规范性和情报价值，全年共报送可疑报告5 170份，其中进入报案程序、已被立案和最终破案的有470份，同比增加115.6%；共完成反洗钱协查任务1 015项，执行账户冻结138次，为协助国家打击洗钱犯罪活动、维护金融秩序和社会稳定发挥了积极作用。2014年，全行多家机构获得反洗钱荣誉，总行分别在人民银行组织召开的反洗钱形势通报会和反洗钱数据报送磋商会上介绍经验，10家分支机构在当地反洗钱活动中获奖、21家分支机构受到当地监管部门通报表彰、18家分支机构由当地监管部门组织向同业推广经验、136家分支机构在当地反洗钱考核评估中名列前茅。

六、广泛开展反洗钱宣传培训和信息交流，全员反洗钱意识和工作技能不断增强

先后举办4期反洗钱培训班，并通过网络大学开展反洗钱基础知识和制裁合规知识等普及性培训，部分专业小组牵头部门也举办了反洗钱专题培训或在业务培训中安排了反洗钱内容；各分行开展反洗钱集中培训531次，累计参加人数32.9万人/次，全行反洗钱岗位人员培训覆盖面达到100%；积极参加国际公认反洗钱师资格（CAMS）认证考试和人民银行的反洗钱岗位准入培训考试，目前全行共有252人获得CAMS资格认证、23 648人通过岗位准入培训考试，在国内同业中持证人数最多；广泛开展反洗钱宣传活动和信息交流，全年累计发放宣传材料460余万份，涉及社会公众2 000万人次，积极营造防范洗钱犯罪的社会舆论环境，提升公众防范洗钱犯罪的责任意识；人民银行多次委派本行参加国际反洗钱会议并作主题发言，多家外国监管部门和国内同业前来本行交流学习反洗钱改革经验，彰显了本行的大行地位和良好国际形象。

（总行内控合规部）

管理信息

2014年，本行信息化银行建设持续推进，实现了境内外主要业务数据全入库，创新推出一系列服务全行经营决策、市场营销和风险防控的信息产品，在推动全行转型发展中进一步丰富了信息服务手段，提升了信息服务水平。

一、紧跟业务发展，数据入库与数据服务向全集团拓展

围绕丰富和完善数据这项信息化银行建设首要任务，加快充实新业务和子公司业务数据，新增纳入工银安盛、工银国际、融e购电商平台等业务信息。企业级数据仓库（EDW）系统数据源由年初117个增至124个，入库数据量由335TB增至近400TB。数据仓库支持能力不断增强，EDW支持的下游应用系统由59个增至69个，提供的成熟灵活查询模型由162个增至219个，支持全行利用通用查询工具开展信息查询17万次。启动客户关系管理系统（CRM）功能优化与数据服务提升项目，完成境外客户关系管理系统（FCRM）开发并在投产FOVA的境外机构全面推广。

二、加强数据治理，全行数据质量再上新台阶

修订数据质量管理工作办法，对接数据质量管理平台（DQMP）、缺陷与变更管理系统（DCM）和全球统计信息系统（GSIS），显著提高了数据质量问题处理效率。持续开展全行数据质量考核通报，2014年末全行数据质量平均分95.74分，比上年末提高6.05分。联合相关部室加强客户信息治理，年末个人客户信息完整率达93.23%，完成全年任务目标（90.00%），法人客户信息完整率达91.77%。开展数据质量及信息管理专项检查，排查分行存在的数据质量与信息安全问题，提升分行数据治理水平。

三、加快信息标准建设，基础信息标准覆盖十大主题

围绕信息系统产品化改造项目和监管统计指标加快信息标准建设，相继发布6批集团信息标准，基础信息标准新增462项达到1 400项，指标信息标准新增15 653项达到23 440项，实现基础信息标准对当事人、产品等十大主题的全覆盖。完成企业级客户信息系统（ECIS）合标改造要点的分析诊断，实施个人和对公客户信息标准部分基础指标的贯标改造工作。制定并印发中国工商银行非结构化信息标准（ICBC－UIS），开展网讯、资讯平台非结构化信息置标试点工作，启动非结构化信息标准管理平台开发。

四、推动分析师队伍建设，“1+X”分析师队伍初步建立

贯彻落实总行党委“建设数据分析师和专业分析师两支队伍”的决策部署，印发《关于组建全行分析师队伍的意见》，按季通报全行分析师队伍建设与数据分析进展，全面推进“1+X”分析师队伍建设。建立分析师定期交流机制，举办7期分析师专项培训，推动数据分析师与专业分析师沟通协作。投产分析师智能挖掘服务平台（AIMS），搭建分析师工作环境。截至12月末，全行初步建立起一支1 478人的分析师队伍。其中，总行管理信息部组建数据分析师10人，27个业务部门组建专业分析师548人；35家一级（直属）分行配备数据分析师141人，33家一级（直属）分行配备专业分析师779人。

五、丰富信息分析产品，积极服务经营管理

（一）加快精准营销应用，建立以数据挖掘驱动的新模式。推动智能营销的常态化、规模化开展，在对接个人客户营销管理系统基础上，实现智能营销信息服务管理系统（EBM）与法人客户营销管理、企业网银、银行卡要客管理等系统对接，成功将EBM功能延伸到支行、网点，为营销客户提供更加快捷、丰富的信息支持。探索以数据挖掘驱动精准营销的新模式，建立个人客户行为偏好细分模型，实现从客户和产品两个维度开展精准营销；在7家分行试点应用个人中高端流失预警模型，成功提升3.4万名目标客户资产，成功率达到49.78%，增加客户资产54.92亿元。2014年，总分行应用精准营销积极服务互联网金融等业务拓展，共开展1 654项营销活动，其中总行统一部署“融e购”促销、信用卡购车分期、商友卡V级客户营销等46项精准营销活动，成功营销534.64万目标客户，成功率达25.52%，可量化综合效益达5.59亿元。

（二）围绕全行经营管理重点，积极开展数据挖掘与分析，形成各类分析报告120余篇。关注客户特征和交易行为的变化规律，聚焦融e购个人客户特征、互联网金融对客户影响、中高端客户流失等情况完成近20篇分析报告，为业务发展提供针对性建议。完成全行重点课题——《研究搭建数据挖掘与智能应用体系》，为全行体系化、规模化开展数据挖掘与应用打下扎实理论基础；建立客户五级分类和业务线五级分类评价体系，提供以质量和结构为导向的客户、业务综合评价新方式。依托全球信息资讯平台信息推出《每日资讯摘要》和《今日关注》等信息产品，完成60余篇国内外同业经营业绩快讯和重点业务经营比较分析。

（三）优化集团信息平台，信息推送与应用显著增强。增加网讯特色应用专区，推进外部信息采购全流程和标准化管理，充实工商注册信息库等内容，为业务部门提供更为丰富、可靠的信息资源。全年网讯平台共发布信息47.5万篇，其中围绕经营转型、核心竞争力提升发布深度报道类信息2.5万篇，资讯平台共发布信息201万条，信息发布量同比增长均超过60.00%。推进网讯和资讯平台升级优化，强化联动信息推送与应用，组织境内分行挖掘报送跨境资金流、内保外代等批量信息，引导境外分行整合发布本机构业务合作需求，筛选时效性强、合作意愿迫切的联动信息进行全行推送。完成资讯平台系统与移动办公系统模块关联，进一步丰富移动办公功能，全行移动办公用户新增1 188人达10 323人。全年依托资讯平台信息实现信息成果转化2.6万例，较上年增长超过50%。

六、打好境外报表攻坚战，报表自动化目标按期实现

联合15个部室共同研究确定2014年境外报表自化工作计划和实施方案，按计划推进各阶段工作。先后赴工银亚洲、工银阿根廷、法兰克福分行、卢森堡分行等境外机构进行现场支持，解决“境外机构数据源和报表需求不明确”两大问题，推动相关部室做好境外报表自动化工作。2014年累计提交107张境外报表自动化业务需求，高效组织开展报表数据验证，年末境外报表自动化率达76.21%，按期完成75.00%的自动化率年度目标。

七、适应监管要求，高质量完成各类监管报表报送任务

积极研究探索建立GSIFI统计工作机制，全面梳理GSIFI统计指标，明确业务源系统，初步确定GSIFI统计框架；逐项分析人民银行GSIFI数据试填报模板，圆满完成GSIFI数据试填报工作。制定包含147张报表、3.1万个统计指标的2014年统计制度，并根据监管变动于年内9次修订统计制度。完成全球统计信息系统（GSIS）二期建设，实现统计信息系统（SIS）与全球资产管理系统（GCMS）对接。强化系统内统计管理，对14家分行开展统计与报表集中业务现场检查，推动分行整改落实。顺利完成首期资本管理高级方法、巴塞尔Ⅲ权重法和原办法三轨并行下的资本充足率报表编制和报送。2014年，累计向人民银行报送日报、周报、旬报、快报、月报、季报和年报720套；向银监会报送日报、旬报437期；向统计局报送报表129张，均保持良好的数据质量。

八、完善统计管理，启动统一指标库建设

落实统计前中后台分离，从管理架构、统计制度、指标体系等七方面入手，进一步完善全行统计管理。构建包含七大类6.9万个指标的综合统计指标体系，印发

《中国工商银行常用指标库（2014 年版）》。在大量前期调研和充分沟通协调基础上，完成全行统一指标库建设和管理项目立项，拟定项目业务需求，加快推动指标库建设进程。制订统一指标库建设管理工作方案，按指标标准化格式要求，梳理完成资本充足率类、人民银行金融统计类等五类共计 2 万余个指标标准化要素，推进首批关键指标入库和统一检索功能开发。

服务“大零售”“大资管”以及互联网金融战略，启动大零售统计制度建设，按照资产、负债、表外等七个板块梳理大零售统计指标数据源；研究大资管业务特点和分类标准，初步形成包括资产管理、资产托管两大类的大资管业务统计框架；贯彻互联网金融服务营销动员会议精神，及时研究制定互联网金融统计指标和统计方法，从 2014 年 9 月起每月开展互联网金融业务统计及通报。认真梳理全行重点经营指标和考核指标，完成指标集中展现平台——“统计重点监测指标平台”建设并开展逐日监测，及时服务各级机构管理层。

九、加强征信信息安全管理，境外风险防控再添新手段

出台特别关注客户信息系统（CIIS）信息安全及用户管理办法，实施跨商业银行客户信息安全和用户管理改造，对 CIIS 系统用户开展准入测试。投产 CIIS 系统海外版，配套印发系统管理办法及工作指引，指导境外机构利用征信信息提升风险防控水平，年内已实现在工银亚洲、工银国际等 7 家境外机构投产应用。按月发布贷款违约风险提示清单，推广人民银行重要信息提示产品，投产 CIIS 系统公民身份认证信息查询功能，增强全行风险预警和客户欺诈风险防控能力。2014 年，累计堵住不良信用客户再融资 25.19 万笔、1 214.06 亿元，清收转化不良贷款 23.81 万笔、61.38 亿元，在贷后管理中预警高风险贷款 21.46 万笔、1 360.52 亿元。

十、优化定期报告质量，对外信息披露再创佳绩

顺利完成定期信息披露，我行 2013 年度报告、2014 年 3 期定期报告按期发布，2013 年度资本充足率报告和资本管理高级方法计量结果首次披露。配合我行成立 30 年宣传报道，编辑出版《数据 30 年》，以图表形式详尽展现了我行自 1984 年成立至 2013 年 30 年间的辉煌经营成果。加强评级业务集团管理，印发外部信用评级事务管理办法，搭建评级事务集团管理框架。加强与国际评级机构、媒体交流，推进国际评级评优工作，有力地促进了本行评级的稳定与提升，并荣获了“上市公司信息披露金盾奖”、“最佳公众透明度奖”等诸多奖项。

（总行管理信息部）

安全保卫

2014 年，本行坚持以“三防三保”为目标，持续推进“四条防线”建设，夯实安全防范基础，强化安全管理举措，狠抓外部欺诈风险防控，有效地保障了全行经营发展环境的安全稳定。全集团累计防堵抢盗、诈骗、破坏等各类侵害银行的风险事件 4 179 件，防范成功率为 93.99%，避免资金损失 182.56 亿元；境内机构未发生抢劫、盗窃既遂案件，并连续 7 年保持抢劫零既遂和员工零伤亡；外部欺诈风险信息系统荣获第 21 届中国企业管理创新成果奖；全行 22 家机构荣获银行业协会安全管理先进集体称号、7 名同志荣获安全防范先进个人称号。

一、深化系统应用，突出综合防控，全面加强外部欺诈风险防控

（一）深化外部欺诈风险系统应用，业务风险监测预警成效明显。一是进一步充实完善外部欺诈风险信息数据库，与公检法等国家职能部门建立反欺诈信息共享合作机制，通过搭建网络传输专线，实现了违法犯罪、电信诈骗、企业失信等各类欺诈风险信息的实时汇集与更新。二是实现外部欺诈风险信息系统在境内外机构实现全面投产应用，有效协助一线防范外部欺诈风险。通过系统监测预警，累计成功堵截电信诈骗事件 4 243 起，为客户避免经济损失 1.02 亿元，并数次配合公安机关成功打击涉案在百万元以上的重大诈骗犯罪，在社会上引起强烈反响，赢得了客户的广泛赞誉。三是分批实现外部欺诈风险信息系统与信贷、银行卡、电子银行、私人银行、集中采购等 8 个业务系统的对接应用，促进业务风险防控前移，在协助相关专业及时预警、预防和控制风险方面发挥了显著功效。

（二）发挥外部欺诈风险评估作用，及时预判应对高危高发风险。一是完成多项重点课题研究。进一步推进外部欺诈风险管控体系建设，完成了总行党委重点课

题《构建集团新型外部欺诈风险管控体系》，并从提升质量效益和创新发展的角度，组织开展《安全与反欺诈量化管理及成本效益研究》、《报警监控联网综合管理平台风险控制应用》等4项重点评估，为实现风险防控效果最大化提供了决策支持。二是针对克隆卡、涉外证件、伪假票证、ATM 攻击、第三方支付等外部欺诈多发领域，深入开展风险评估。比如通过开展《互联网金融与第三方支付外部欺诈风险评估》，深入分析与第三方支付机构开展业务合作面临的主要风险，提出落实监管要求、完善合作协议条款、研究建立客户可信手机号码认证机制、健全行内风险管理机制体系等建议，均被采纳应用。又如组织开展《涉外证件开户欺诈风险评估》，从全行61 万条存量涉外证件开户中，核查发现涉嫌伪假信息近 1.5 万条。再如通过对工银加拿大支票欺诈开展评估，指导子行提升识假辨伪能力，成功查堵17 张假冒支票，防堵率达到100%，避免损失 186.7 万加元（合人民币 1 100 万元）。三是组织各分行紧密围绕本行经营管理和业务发展，将安全评估工作与重要风险点防控有机结合，在业务运营、实体安全、重大活动、应急处置、防恐防暴等方面完成 70 余项专项评估课题，提升了集团防范外部欺诈风险的能力与成效。

（三）督导加强外部欺诈案件防控，维护全行业务经营环境安全。一是及时预警提示各级机构和相关部门加强重点风险防范工作。汇集分析各类外部欺诈风险案件的发案特征和防控要领，提示相关机构警惕 ATM 植入病毒盗取客户银行卡信息等新型 ATM 攻击和克隆卡犯罪，以及境外邮件诈骗、伪造支票诈骗等犯罪手法。二是加强警银协作，多种形式防范和打击外部欺诈犯罪。总行与公安部经侦、刑侦和网络安全等部门建立常态化联络机制，36 家一级（直属）分行分别与当地公安机关签署了反欺诈合作备忘录，构建起自上而下、内外联动的警银协作网络格局。同时，与香港警署就风险情报信息共享、欺诈账户紧急止付等达成共识，在探索跨境警银合作中迈出了实质一步。三是加强突发事件应急管理，逐级开展应急演练，强化全员应急意识，增强应对处置能力。组织开展防抢、防盗、防火和防暴反恐等应急演练20 余万次，参与演练30 余万人次，确保了全国两会、APEC 会议等重大活动期间全行安全，全年未发生重大安全事故。

二、筑牢设施防线，推进平台建设，不断增强安全技术防范专业化能力

（一）积极提升安防设施建设管理集约化水平。一是提升安防设施建设集中化水平，加强了安防建设成本控制。持续推动安全防范设施集中采购，累计完成4 大类 70 项安防设施集采工作，有效提升了商家与产品的集中度，全行视频、报警类安防设施供应商数量从集采前 252 家压降至 11 家，产品型号数量由集采前 923 个集中为 27 个，品牌和型号压缩比分别达到 95.6% 和 97.1%。与此同时，随着安防设施建设与管理集约化水平的不断提升，全行安全防范建设成本也得到有效控制，累计金额较集采前节约 3.78 亿元。二是加强安防设施监督管理。重点完善了安防设施供应商和工程商服务评价指标体系，增设供货延迟天数、设备故障次数以及严重程度等指标，发放《安防设备供应商、工程商服务评价通知书》111 份，加大监管力度，强化整改效力，确保安防设施与工程质量。三是推动安防设施采购流程优化。结合“融 e 购”电商平台建设，督促总行集采入围安防设施供应商进行商户注册和产品发布，推动分行实行线下统一签约和线上分单采购模式，促进安防设施采购透明公开和效率提升。

（二）稳步推进全行报警监控联网平台建设。超额完成年初确定的 126 个平台建设推广计划，截至年末实现了 186 个平台项目通过预算审批，157 个进入实施建设和设备联调，并且其中 50 个已通过验收测试，正式投产应用。已运行平台数据接收稳定，运行状况良好，及时直观呈现警情信息，重要数据备份和恢复机制运行正常。全行通过报警平台发现未按规定落实安全责任126起，检查处置操作风险事件 1 107 起，防范抢盗、诈骗、破坏自助机具等未遂事件 72 起，协助处置在自助银行等场所内留宿、滋事等事件 2 900 余起，实现了“有警能查，查警必处、处警有效”的防控目标，为全行相关业务条线风险核查集约化管理提供了借鉴和实践经验。

三、狠抓责任落实，加强监督管理，积极提升安全保卫管理集约化水平

（一）加强集团安全管理机制建设。一是健全安全管理制度体系。2014 年新增或修订《外部欺诈风险管理办法》、《外部欺诈风险评估实施细则》、《安全保卫业务外包管理办法》等7 项制度规程，进一步丰富和健全了集团安全管理制度体系，实现了全集团安保专业工作有规程、操作有指引。二是完善专业评价机制。按照总行经营绩效考核体系改革要求，对境内分行安全保卫专业指标进行了梳理整合，在坚持案件防控结果评价的基础上，突出安保履责过程评价和重点工作成效评价，加强了专业评价的针对性和操作性。

（二）加强安全保卫履责监督。一是规范监督检查要素。为契合全行安全保卫工作二次转型，根据各级机构安保工作职能的延伸与拓展，对安全保卫业务监督检查中关注的风险点进行了梳理，增加了安保履职、外部欺诈风险管理，以及安防与外包服务提供商监督等检查要素。二是组织开展专项检查。全行各级机构不断增强责任意识，逐级落实安保工作职责，有效发挥安保部门履责监督职能，组织开展安全保卫专项检查 883 次，发现问题 4 905 项，整改落实 4 728 项，整改率达 96.39%。

（三）加强安全保卫业务外包管理。一是制定《安全保卫业务外包管理办法》，对集团范围内安保业务外包准入管理、业务审批、合同管理和履约监督等进行明确规范，境内外机构遵循统一制度规程，增强了管理集约度，提高了执行效能。二是强化履约监督机制，按季度对驻点保安、守护、押运等外包服务提供商进行服务评价，并对年初广州穗保押运护卫公司停运事件进行调研，向相关监管部门提出建议。三是依托中国银行业协会安全保卫专业委员会平台，牵头开展了国内银行守押服务市场化专题调研，提出健全定价机制、完善进出规则、推动打破市场垄断等建议，并被新华社《动态清样》（第3750期）采用。

（四）加强安全保卫队伍建设。一是首次举办了一级（直属）分行和直属机构安全保卫工作主管行长培训班，邀请国内外安全管理领域专家和国际安全服务公司高管，从全球集团安全管理、国内外反恐形势与防范、危机预防管理与突发事件应对等方面进行授课，使参训学员拓展视野、开阔思路，提升专业管理能力。同时还举办了4期安保职能部门负责人和专业岗位，以及安保干部适岗能力培训班，累计参训近300人。二是自主翻译引进了国际安全管理专业著作《风险分析与安全调查》，并在网络大学开设安全保卫业务专栏，梳理汇集了国际企业现代安全管理、外部欺诈风险管理、报警平台管理、危机预防应对4大类36项网络课件，丰富安全专业理论体系和专业培训资源外，组织全行3万余人参加了安全保卫专业知识网络考试。三是开展了安全保卫工作先进集体、先进个人和安全管理星级支行评选活动，发挥先进典型引领效应，营造争当先进、共创安全的良好氛围。

四、完善服务支持，拓宽国际合作，集团化安全管理体系架构逐步健全

（一）不断完善境外机构安全服务支持。一是加强境外机构安全管理制度建设。印发《关于加强境外机构安全管理工作的通知》，进一步明确境外安全管理职责、内容、标准和要求；完善境外机构安全管理档案，汇总整理境外安全监管政策和安保服务合同；协助工银美国、工银阿根廷和伦敦分行等境外机构审阅安全管理政策制度。二是提供多种形式培训支持。举办了首届境外机构安全管理专项培训，38家境外机构安全管理部门负责人参加了培训；组织3期境外机构远程视频培训，共计153名外派干部参加培训。三是加强针对性服务支持。为土耳其项目筹备组提供专项培训和实操演练；指导卡拉奇分行、非洲代表处、越南分行有效应对恐怖袭击、入室抢劫、反华暴乱、游行示威等各类突发事件30余次。同时，做好相关风险的预警提示，共编发《安全风险提示》20期，为境外机构提出安全防范策略建议200余条。

（二）稳步推进境外机构安全服务整合。一是构建了全球服务网络。与全球知名安全服务运营商Prosegur和G4S公司签订了集团战略合作协议/备忘录，初步搭建起覆盖集团多数境外机构的全球安全服务支持网络，为境外机构获取全面、系统、高效、优惠服务支持提供政策保障。二是启动实施了工银马来西亚、工银印尼安全服务整合工作，并取得较好成效。开展整合试点后，工银马来西亚安全服务价格平均降幅为10%，工银印尼安全服务享受到当地最优价格，安全服务质量和防范能力得到有效提升。三是推进工银亚洲、工银澳门走访集团战略合作商，开展合作意向谈判，并对仰光分行等新设机构安防基础建设给予专业意见。

（三）不断拓展国际同业安全合作交流。积极发挥国际银行安全协会（IBSA）会员单位作用，参加了IBSA第66届年会和6次电话会议，围绕汇款欺诈案件处理、网络犯罪监测模式、欺诈风险信息分析、报警监控中心建设等议题，与全球49家金融机构安全管理部门开展互动交流，并协助国际金融同业调查处置汇款欺诈20余起。

（总行安全保卫部）

案件查防

一、严肃查处案件，充分发挥治本功能

进一步加大了对案件和案件风险事件的查处力度，对重大案件和风险事件进行现场督办和审理。注重发挥查办案件的治本功能，对通过查办案件发现的ATM档案信息管理以及大额转账汇款业务真实性审核等方面存在的漏洞和隐患进行了风险提示；严格案件问责，严肃处理案件责任人；加强警示教育，对典型案件进行通报，编发警示教育专刊，部署各行开展警示教育，有效发挥了警示震慑作用。在总行的指导下，案发分行严肃查处辖内发生的每起案件和案件风险事件，积极协调司法机关和政府相关部门，全力做好案件侦破、资金追缴

和舆情控制等工作，努力将案件造成的不良影响降到最低。一年来全行各类案件和案件风险事件共追回涉案资金6 100余万元，未给本行造成重大声誉风险。

二、持续强化案件重要风险点防控治理和案件风险排查

根据全行案发情况，将违规放贷、违规参与民间融资和经商办企业、违规代客理财、违规办理柜面和ATM业务、违规套现、违规债券交易6个方面确定为2014年案件重要风险点，制订下发了防控治理方案，明确了防控治理的责任部门、环节和措施。总行信贷与投资管理、内控合规、运行管理、银行卡业务以及金融市场等部门发挥牵头部门的主体责任，会同协办部门，从制度建设、系统控制、监督检查、问题整改等方面深入开展防控治理工作，形成了案防工作合力。全行将案件风险突出的违规违法放贷作为防控治理工作的重中之重，总行举办了10期信贷风险案例分析视频培训讲座，召开了违规违法放贷案件专题研讨会，印发了《关于加强和规范信贷业务违规违纪责任人处理的意见》，进一步加大了对违规违法放贷问题的防控治理和惩处震慑力度。各级行根据监管部门和总行部署，深入开展案件风险排查，重点领域案件和风险事件专项治理，加强内部管控遏制违规经营和违法犯罪专项检查，及时发现并整改了大量案件隐患，保障和促进了各项业务的健康发展。

三、继续深化员工异常行为管理

继续深入开展员工异常行为排查，并将员工参与非法集资、民间融资和经商办企业作为排查工作重点，通过内部排查结合外围排查、人员排查结合业务排查等形式，使排查工作的精准度和有效性大幅提升。各行根据员工异常行为管理规划，结合自身实际制定或修改完善了员工异常行为管理办法，河南、湖南、广东、山东等分行建立了员工异常行为管理系统，进一步提高了员工异常行为管理的制度化、科技化水平。

四、深入开展案件重点监控行督导整改

按照区别对待、分类指导的原则，将发案及风险隐患较多的山西、黑龙江、辽宁和江苏4个分行确定为2014年案件重点监控行，并通过多种方式进行督导检查。4个重点监控行成立了以行长为组长的整改工作领导小组，制订整改方案，落实整改措施，努力夯实案防工作基础。经过一年的整改，4个重点监控行案件高发势头得到了有效遏制，发生的案件和案件风险事件数量比监控前下降70%。

五、进一步加强案件考核和案防工作评估

修订境内分行经营绩效与业务发展考评办法，大幅提升了案件考核占比权重，优化了案件考核的具体指标，将以往的大案、千人发案率、资金追缴率和结案率4个指标调整为内部案件数量和涉案金额以及内部案件风险事件数量和损失金额，同时加大了对瞒案不报的扣分力度，使考核指标更趋合理，并将案发情况与一级（直属）分行行长和分管副行长个人考核相挂钩。首次组织相关部门和各行根据银监会部署，围绕案防工作组织、制度及质量控制、案防工作执行、监督与检查、考核与问责5个方面33项指标，开展了案防工作自我评估，为今后案防工作的深入推进积累了有益经验。

六、顺利完成案防工作牵头部门和案防职责调整

落实银监会“银行业金融机构应当明确负责合规管理的部门为案防工作牵头部门”的监管要求，召开专题会议研究全行案防工作牵头部门和案防职责调整工作，充分肯定了近年来各级纪检监察部门牵头案防工作取得的成效，并决定将全行案防工作的牵头部门由监察室调整为内控合规部，重新划定了总行内控合规部、监察室和安全保卫部案防工作职责。总行内控合规部会同监察室制订了案防工作交接清单，明确了交接的工作内容和具体时间表，下发了《关于调整案防工作职责分工的通知》；各级行根据总行要求，结合实际，梳理本行案防职责具体工作，细化落实到岗到人，确保了移交后部门职责的平稳运行和各项工作的有效衔接。

（总行监察室）

第四部分

党建工作与队伍建设

责任编辑：孙清华

党 建 工 作

2014 年，全行各级党组织紧密围绕改革发展中心，学习贯彻党的十八届三中、四中会议精神和习近平总书记系列重要讲话精神，大力推进党员发展管理和基层组织建设，促进党建工作科学化水平不断提高，为全行改革发展提供了坚强的政治保障。

一、深入学习贯彻习近平总书记系列讲话精神

按照中央的统一部署和要求，总行党委高度重视、认真组织全行党员干部学习贯彻习近平总书记系列重要讲话精神，切实用讲话精神指导全行发展。

（一）认真组织开展习近平总书记系列讲话重要精神集中轮训。总行党委高度重视习近平总书记系列重要讲话精神集中轮训工作，审定了轮训计划和教学内容，并提出了组织有序、环环相扣的总体要求。党委书记、董事长姜建清参加了第一期班开班式并做学习辅导报告，对全行轮训工作做出重要部署。组织了 9 期总行管理的干部学习培训班，培训对象包括未参加中央轮训的行领导、高管、总监，总行各部室、各一级（直属）分行、各直属机构、各内审分局班子成员，各综合化子公司以及各境外机构负责人，共 680 人。此次培训是首次将总行管理的干部分批次集中脱产培训。按照干部管理权限，总行处级干部由总行机关党委落实轮训，各单位按总行统一要求，参照总行党校轮训模式，结合本单位实际情况，对辖内处级以上干部实施有计划、有步骤的轮训，培训数量约 9 000 人。

（二）积极运用习近平总书记系列讲话精神指导工作。全行各级党组织和党员领导干部紧密结合实际，把学习习近平总书记系列重要讲话精神同贯彻落实全行发展战略和中心工作结合起来，积极运用总书记系列讲话精神指导全行经营发展。一是通过学习总书记系列讲话精神，全行各级党员领导干部对当前所面临的复杂内外部环境有了更深一步的认识，明确了形势和任务，增强了改革创新的信心和决心。二是通过学习总书记系列讲话精神，全行各级党员领导干部对习近平总书记关于好干部“信念坚定、为民服务、勤政务实、敢于担当、清正廉洁”这五条标准有了更深刻的认识；有力促使党员领导干部对照检查自身工作，严要求作表率，处理好全行整体利益和分支机构局部利益的关系，处理好可持续盈利能力和当期利润指标的关系，处理好境内发展与境外发展的关系；有力促使党员领导干部严于律己，抓好行内各项规章制度建设，提高运用法治思维开展工作、解决问题的能力，树立正确的政绩观。三是通过集中学习，境外机构负责人特别是第一次参加党校培训的负责人对“五种意识”（政治意识、大局意识、责任意识、进取意识和廉洁从业意识）和“五种能力”（战略决策能力、开疆拓土能力、专业能力、跨文化管理能力和学习领悟能力）有了更加深入的理解，对各国各地区日益严格的监管形势和复杂的经营局面，有了更加清晰的认识，进一步增强了跨文化管理的责任感和使命感。

二、教育实践活动整改落实情况

进入整改落实、建章立制环节以来，全行各级党组织认真落实中央部署要求，将整改落实、建章立制工作与贯彻落实党的十八届三中、四中全会精神相结合，与学习贯彻习近平总书记在教育实践活动总结大会上的讲话精神相结合，与贯彻执行《党政机关厉行节约反对浪费条例》相结合，与经营发展相结合，坚持以改革创新精神抓好工作，弘扬艰苦奋斗、勤俭节约的优良作风，解决“四风”方面突出问题，取得了明显成效。截至 2014 年末，总行党委 94 项整改措施已全部完成，7 项专项整治工作全部完成，拟制定、修订的 23 项制度中，22 项已完成。各一级（直属）分行、直属机构的 2 633 项整改措施中，2 628 项已完成整改，完成率 99.8%；367 项专项整治工作已全部完成；1 149 项制度建设计划中，1 114 项已完成，完成率 97%。总体来看，全行整改落实、建章立制工作的成效主要体现在以下三个方面。

一是坚持不懈抓整改，“四风”突出问题明显改善。领导带头改进作风。总行党委班子成员率先垂范，不断增强宗旨意识，自觉贯彻“八项规定”精神，工作生活坚持轻车简从、勤俭节约，深入基层、拜见客户，开展实地调研，面对面听取意见建议，帮助解决实际问题。各级党员领导干部也身体力行，切实破除“四风”旧疾，全行上下形成了为民务实清廉的良好氛围。精文简会成效显著。与 2013 年相比，2014 年全行共减少会议 8 657 个，减少 21.46%；压缩文件 92 981 个，压缩 22.18%；压缩评比达标表彰活动 960 个，压缩比例为 35.69%；减少各类领导小组和议事协调机构 1 371 个，减少 20.51%；减少“一票否决”事项 68

个，减少45.33%。勤俭办行蔚然成风。与2013年相比，2014年全行“三公”经费减少23.62%；在全行国际化发展战略快速推进的情况下，实现因公临时出国（境）人次的同比下降。教育实践活动开展以来，清理清退公务用车80台，调整清理办公用房面积72 621.16平方米，停建楼堂馆所4个，面积61 281平方米。

二是打通“最后一公里”，服务质量和服务能力实现较大提升。“人民满意银行建设年”活动深入推进，服务质量明显提高。与活动开始前相比，客户投诉量同比大幅下降，2014年以来，3万余人次客户专门致电或来函对工商银行窗口服务的改善进行了表扬。严格执行银行服务收费各项监管规定，自觉规范收费行为，减少收费项目，加大收费减免力度。信贷业务流程持续优化，服务实体经济有了新的进展。清晰信贷业务部门职责、简化信贷业务操作环节、完善授权管理方式、优化授信业务处理环节、改进信贷尽职调查与档案管理、重构小微企业信贷业务发展与风险管理模式等10项重点工作内容进展顺利，信贷业务运行效率大大提高。体制机制改革不断深化，全行转型发展能力切实提高。稳步推进总行组织机构改革，优化总行机关机构设置，总行部门间职责不清、沟通不畅、协同不足等问题得到较大改善。

三是以建章立制巩固活动成果，长效机制初步建立。服务改进机制不断完善。印发了《关于进一步改进窗口服务的通知》、《关于进一步严明网点现场服务纪律和管理要求的通知》，将服务工作制度和相关要求纳入了全行考核、内部控制评价。加强内部交流沟通，将改进服务的要求通过喜闻乐见的视频形式传递给近24万一线员工；建立面向一线网点、员工的援助保障制度。启动了客户投诉的大数据挖掘分析，使用现代化信息手段倾听客户心声。勤俭办行制度更加健全。根据中央厉行节约反对浪费的一系列规章制度，研究制定或修订了《会议费管理办法》、《因公出国经费管理办法》、《职工教育经费管理办法》、《业务用车管理办法（2014年版）》、《关于停止新建办公用房等有关问题的通知》、《宣传费管理办法》等制度，初步建立了覆盖全面、完备周密的勤俭办行制度体系。总行机关作风建设初步实现了常态化、制度化。修订印发了《总行会议管理办法（2014年版）》，印发了《关于切实转变工作作风　提高公文质量和运行效率的通知》《关于大力精简各类简报的通知》等文件，将前期整顿文风会风的阶段性成果用制度文件的形式固定下来。实施调研统筹计划管理，各部门按季制订调研计划，办公室提出统筹意见建议；建立部门负责人带队调研制度。在深入实施《总行内部服务规定》的基础上，大力为基层行减负，对涉及基层的工作事项，在依法合规的前提下做到“六办”，即立即办、主动办、上门办、创新办、公开办、务实办；加快信息交流平台建设，不断改进总、分行工作沟通协调方式；建立了基层来访登记制度，严禁内部“公关”、内部“营销”。

三、系统党建情况

截至2014年末，全行共有党委814个、总支部1 112个、支部11 292个，党员271 967人。各级党组织紧密围绕全行改革发展中心，落实从严治党要求，持续加强基层党建工作，促进党建工作科学化水平不断提高。

（一）落实从严治党要求，做好党员发展和管理工作。一是提高发展党员工作质量。转发《中国共产党发展党员工作细则》，加强对各基层党组织发展党员工作的宏观指导。以中组部确定的发展党员指标为依据，稳妥做好指标分配工作，统筹辖内各单位党员发展计划，较好地把握党员发展的数量、质量与结构。2014年，全行新发展党员3 746名，党员总数为271 967人，其中从业人员党员186 484名，占比41.58%。二是印发《中国工商银行党委关于落实党风廉政建设主体责任的意见》，引导各单位强化党委落实党风廉政建设主体责任，深入推进党风廉政建设和反腐败工作。三是着力加强党费管理。认真做好党费收缴、使用和管理工作，向中组部报告全行2013年党费管理工作情况，在总行网讯公示2013年度中管党费收支情况及总行管理党费收支情况。四是加大慰问工作力度。深入开展元旦春节期间走访慰问生活困难党员、老党员和老干部工作。全行各级党组织共走访慰问生活困难党员、老党员和老干部1.8万名，发放慰问款2 016万元，同比增长10.3%和7.3%。五是扎实开展党员教育管理工作。做好学习贯彻习近平总书记系列重要讲话精神培训班工作。发动全行党员订阅使用共产党员微信、共产党员易信，逐月开展用户数量统计工作。制作“三优一先”事迹选编电子书发送各单位。根据中组部通知要求，转发向全国优秀组织工作、全国优秀共产党员等先进人物学习的通知，征订党员学习教育书籍。

（二）持续加强基层党建工作，着力提升基层党组织建设服务能力。一是召开纪念建党93周年座谈会。党委书记、董事长姜建清就坚持党的群众路线成就了工商银行的事业、持续深化教育实践活动、加强基层服务型党组织建设三个方面作了重要讲话。十位先进基层党组织负责人、优秀党委书记和优秀共产党员代表参加座谈。二是召开全行统战人士代表主题座谈会，通报了全行学习贯彻党的十八大、十八届三中全会精神，深化各项改革和深入开展党的群众路线教育实践活动等情况，听取了与会代表意见建议。来自全行各级机构的20位统战人士代表参加了座谈。三是召开全行2014年度党员领导干部民主生活会。全行各级党组织和党员领导干部深入学习贯彻习近平总书记系列重要讲话精神，以“严格党内生活，严守党的纪律，深化作风建设”为主题，以认真贯彻中央八项规定精神、坚决反对“四风”、持续抓好整改落实为重点，组织召开2014年度民主生活会。各级党组织严格落实上级党委成员指导下级党组织民主生活会的制度，各级党委成员除参加教育实践活动联系点的民主生活会外，还选择1个分支机构参加。总行党委成员、纪委和党委组织部有关同志坚持提前介入、全程参与，先后参加18家单位和总行部室的民主生活会，有力地督促指导了下级党组织民主生活会的召开和整改措施的落实。四是加强集约化中心、境内子公司和境外机构党建工作。总行赴各电子银行中心、单证中心、工银瑞信、工银租赁和北京分行集约化中心等单位开展党建工作调研，为研究集约化中心、境内子公司党建工作新模式打基础。起草《关于加强境外机构党的组织建设的指导意见》，努力推动境内境外党建工作一体化进程。

四、总行机关党建情况

2014年，总行机关党委深入推进机关党的思想、组织、作风、反腐倡廉和精神文明建设，大力建设学习型、服务型、创新型党组织，为总行机关落实总行党委重大决策部署、顺利完成全年改革发展任务提供了坚强政治保证。

（一）加强思想建设，努力提高党员干部的政治素质和理论水平。按照总行党委统一部署，连续举办了七期总行机关处级干部（含专家）学习贯彻习近平总书记系列讲话精神集中轮训班，机关522名处级干部（含专家）通过视频，同步共享了总行党校的培训资源。及时印发了《关于总行机关学习宣传贯彻党的十八届四中全会精神的通知》，为支部购买配发相关学习教材，对机关学习贯彻全会精神作出安排。机关党委全体委员带头在全委会上学习全会精神并畅谈学习体会。

（二）加强组织建设，增强党支部的创造力、凝聚力和战斗力。一是圆满完成机关党委换届选举。2014年9月12日，召开了中国共产党中国工商银行机关第四次代表大会，选举产生了第四届机关党委会和纪律检查委员会。二是全面修订了《中国工商银行总行机关党支部工作细则》，对总行机关党支部工作作出了详细明确的规定，有效推动了支部工作的规范化和制度化，具有较强的实用性和操作性，为支部工作提供了重要的指导和遵循。三是开展服务型党组织创建活动，推动机关党员干部深入实际、转变作风。根据工委关于开展建设服务型机关党组织典型案例征集活动的通知要求，及时总结经验，报送办公室等七个支部在服务员工、加强员工工作方面的典型案例和经验做法。四是深入开展以“创新服务、改进作风”为主题的党日活动。各支部紧紧围绕主题，结合本部门实际，采取参观学习、调查研究、主题研讨、社会实践、观看教育影片等方式，开展了内容丰富、形式新颖的系列党日活动（累计185项），取得了较好成效。五是认真做好党员发展工作。印发了《关于学习贯彻〈中国共产党发展党员工作细则〉的通知》，按照中央最新要求做好党员发展的各环节工作。全年共发展党员11名，党支部讨论预备党员转正7名。

（三）深化作风建设，巩固党的群众路线教育实践活动成果。一是圆满完成群众路线教育实践活动第三阶段工作。监督指导各部室召开党员领导干部专题民主生活会，总行机关39个部室和三个挂靠公司领导班子218名领导干部参加了专题民主生活会；组织开展对43个部室领导班子和215名班子成员组织参加教育实践活动情况进行了民主评议工作。认真做好教育实践活动总结工作。向总行党委先后报送了总行机关教育实践活动民主评议情况的报告、机关党委教育实践活动整改方案、总行机关深入开展党的群众路线教育实践活动总结报告；印发《关于报送贯彻落实总行党委〈关于切实改进工作作风密切联系群众的规定〉情况的通知》和《关于认真学习习近平总书记“6·30”重要讲话精神进一步深化落实中央八项规定的通知》，了解机关落实作风建设规定情况，督促各支部进一步抓好落实。二是召开了由各支部负责人和党员代表参加的改进工作作风密切联系群众座谈会，就机关进一步深入贯彻落实中央八项规定和总行党委十五条规定，加强和改进作风建设提出了具体要求。办公室等8个支部的负责同志从加强组织领导、强化改进措施、开展监督落实等方面，介绍了本部门改进工作作风的做法、成效和经验。从多个侧面展现了总行机关各部室自群众路线教育实践活动开展以来，在转变作风上呈现出的新面貌和新气象，在建立作风建设长效机制上所做的新思考和新探索。

（四）深入开展反腐倡廉工作，促进机关党风廉政建设。一是举办总行机关党支部书记落实党风廉政建设主体责任培训班，机关40名党支部（总支部）书记参加了专题培训。二是开展廉政和案防责任制现场考核评价。协助总行纪委对机关部分部室进行了考核，通过听取部室领导班子落实党风廉政建设和案件防范工作责任制情况汇报、班子成员述廉述责、网上民主测评、处级以上干部个别谈话以及现场检查等多种方式对部室领导班子的反腐倡廉工作进行了考核评价。

（五）加强精神文明建设，培育一流员工队伍。一是申报首都文明单位。认真完成总行机关首都文明单位的在线申报工作，一次性通过了上级单位的现场验收，总行获得2012—2014年度首都文明单位称号。二是评选总行机关年度“文明处室”，有138个处级机构获得总行机关“文明处室”称号。三是办好总行图书馆。继续推进图书馆电子化建设，管理好“电子期刊网”和数字图书馆，截至2014年底，图书馆总藏纸质图书达2万余册，经济类电子图书5万余册，有关政治、经济、法律等方面的电子期刊1 600种，博硕论文42万余篇。

（总行党委组织部、直属党委）

领导班子建设

2014年，各级党委和组织人事部门认真贯彻全国组织部长会议和全行年度工作会议精神，持续加强领导班子和干部队伍建设。

一、加强领导班子调整配备，持续优化干部队伍结构

围绕全行改革发展大局，以优化领导班子结构和干部梯队建设为重点，开展各机构领导班子调配工作，进一步充实班子力量，提高干部资源配置效能。平稳完成总行部室及直属机构领导班子优化调整，共计47名干部不再担任总行部室副总经理，其中转任业务类职务41人，赴基层、境外机构、内审分局任职6人；新选拔总行本部正副处长及资深经理、高级经理385人。调整一级（直属）分行行级干部45人、内审分局局级干部8人，其中领导班子成员39人，一把手12人，副职27人，班子整体更新率15.4%。调整配备境外机构管理层92人，其中境外机构正职25人。

二、加强干部制度建设，着力完善制度管理体系

贯彻落实中央“好干部”标准，优化干部民主推荐、公开选拔与竞争上岗等工作机制，解决唯票、唯分、唯指标、唯年龄的问题，树立正确的选人用人导向。修订《管理人员选拔聘用工作规定》，在坚持党管干部原则基础上突出市场化导向，建立更加适应市场竞争需要的选拔聘用机制。制定《总行本部正副处长选拔任用管理办法》，对选拔聘用条件、方式、程序等进行了重新梳理和规定。印发《关于规范管理类干部转任　合理使用各年龄段干部》的通知，对各级机构简单以年龄一刀切、搞层层递减的问题进行清理整改，更好地调动各年龄段干部的积极性。修订《专家层级职务管理办法》，强调专家层级职务的专业定位和规范管理。印发《境外机构员工管理细则》，增强境外机构员工日常管理的规范性。完善干部绩效考核体系，增大定量考核权重，提升考核结果与经营业绩的关联度。

三、加强干部培养锻炼，不断提升综合能力素质

持续推进集团内各机构间的干部交流，充分发挥干部交流在加快优秀干部成长、加强干部资源共享等方面的作用。2014年，共选派总行本部7名处级干部赴基层分支行任职，选派134名分行干部到总行部室、直属机构交流任职，组织31名干部参加一级（直属）分行处级干部横向交流任职，选派10名干部到地方政府挂职。加大干部培训力度，根据中组织部要求，协助中管干部和部分中层干部参加中组部调训；完成中组部跨界领导试点培训项目。组织首次境外机构主要负责人领导力建设培训班。

四、加强干部监督工作，全面贯彻从严管理要求

开展干部监督专项整治，加大对选人用人工作及领导干部的监督力度。结合巡视工作和教育实践活动整改落实督导工作，开展选人用人专项检查，并在全行范围通报检查结果。完善管理人员报告个人有关事项制度，配合中组部做好个人有关事项随机抽查核实。按照中央要求对“裸官”、领导干部违规在企业兼（任）职、领导干部参加高收费社会培训、管理人员任职回避进行了排查清理。开展干部人事档案专项审核工作，审核完成600余名总行管理干部的人事档案，整理汇总2 000余个问题。严格干部职数管理，重新核定总分行本部处级以上、总行本部及直属机构业务类职务高级经理以上职数，严禁各级机构超职数配备干部。

（总行党委组织部）

宣传思想文化建设

2014 年，各级宣传思想文化工作部门紧紧围绕全行改革发展中心任务，扎实做好各项工作，宣传思想文化工作呈现出持续加强改进、不断向好向上的良好态势。

一、深入学习贯彻习近平总书记系列重要讲话精神

根据中央要求和总行党委的工作部署，围绕学习十八届三中、四中全会精神和习近平总书记重要讲话精神，精心安排各级党委中心组学习，将理论学习与研究解决全行改革发展的重大问题、客户和员工关心的热点问题结合起来，通过专题辅导、战略研讨、调查研究等形式，把讲话精神自觉运用到工作实践中去，转化为驾驭复杂形势、解决实际问题的能力，提高了各项政策措施的针对性和前瞻性。印发了《关于认真组织学习〈习近平总书记系列重要讲话读本〉的通知》、《关于认真组织学习〈马克思主义哲学十讲（党员干部读本）〉的通知》，引导各级领导干部读原著、学原文、悟原理，将学习成果体现在推动全行转型发展的积极成效上来。分 9 期对总行管理的干部进行了轮训，做到了对所有境内外机构“一把手”“全覆盖”；首次采用“现场 + 视频”联动模式，“一拖六”与 6 家在北京的机构共享了培训资源，为顺利推进全行轮训工作发挥了示范作用。搭建交流展示平台，开展分行党委中心组专题调研成果评比、“新征程　新展望”获奖作品展示等活动，形成了一批具有一定理论水平和实践意义的学习调研成果，促进学习成果转化为创新发展的动力。

二、切实抓好党校工作

2014 年，共培训班次 33 个、参训人数 2 099 人，较 2013 年分别增长 100% 和 200%。以精心组织学习习近平总书记重要讲话精神轮训为重点，按照“统一安排调训、统一课程体系、统一办学规范”的原则，将党校教学和各校优势有机结合起来，通过规范学员选送、丰富培训内容、狠抓校风校纪等措施，实现了三级领导班子培训全面覆盖；使党校统一的品牌形象更加凸显，成为全行各级各类培训的标杆。紧紧围绕当前中央有关精神和经济新常态下全行改革发展需要，突出学习重点，着力提高干部的理论修养和党性锻炼，增强形势判断和全局思维，为全行转型发展提供了重要的智力支持。紧密联系实际，基于互联网金融、信贷资产质量、新税制改革等若干热点问题，撰写了 7 篇高质量的调研报告，为全行业务发展建言献策。

三、打造“感动工行”评选活动品牌

将社会主义核心价值观要求融入第四届“感动工行”评选活动全过程。拓宽评选视野，在“单位推荐”的基础上新增了“员工推荐”和“专业推荐”两个渠道，三个渠道共推荐候选人 428 名，涵盖了境内外各层级、各类岗位、各业务条线，代表性更加广泛、事迹类型更为丰富。经综合评分、员工网上投票、机构和评委投票，评选出了 10 名“感动工行”员工。全行 36 万余名员工参加了网络投票，参与率达 82%，创历史新高。利用新媒体技术线上线下互动交流新方式，开展“我推荐　我点赞”、“感动心语”展播、主题曲歌词评选等活动，着力加强学习宣传。全行员工撰写“感动心语”达 30 万余条，刊发“身边故事”2 000 余篇。

四、扎实开展主题教育活动

按照教育实践活动整改落实工作安排，围绕“人民满意银行建设年”主题，首次联动业务部室开展主题教育活动。重点抓好“100 - 1 = 0”服务案例征集、“我为建设人民满意银行献一策”两项活动，创新建立总行部室对“献一策”建议的回复机制，共有 81 条建议被相关部室采纳，同时从全行征集的 376 篇服务案例中择优汇编成册。各分行采取了一系列富有特色和实践意义的措施，如编印《客户营销与投诉案例集》、开展“服务案例微电影”展播、组织服务“金点子”评比等，进一步发挥出主题教育活动对业务发展和服务提升的促进作用。

五、稳步推进企业文化建设

优化新员工和管理者两个版本的企业文化培训课件，在部分管理人员培训中引入文化管理和跨文化管理内容，加强对全行新员工企业文化培训的督促和指导。通过“行长谈文化”栏目，为各级管理者搭建了文化建设经验分享平台。按照《特色文化建设指引》要求，做好特色文化的规范。推进廉洁文化建设，制定《关于加强廉洁文化建设的意见》，编纂《企业文化故事集》（第四辑廉洁篇）。推动合规文化建设，将合规文

化理念融入员工合规教育。加强对外宣传和文化交流，在中国经济网开展“企业精神·凝心聚力”专题报道，借助《中国金融思想政治工作研究》、《中外企业文化》等杂志传播工行企业文化故事，组织分行参加“中外企业文化2014成都峰会”、“第八届企业文化百人论坛”等活动，对外宣传了工行企业文化建设成果。

六、深化精神文明创建工作

落实中央文明委要求，认真做好第四届“全国文明单位”申报推荐和现有“全国文明单位”复查工作。经层层推荐、严格把关，申报“全国文明单位”14家，复查确认11家，在全行选出了一批创建基础实、服务质量优、示范作用强的单位。推动学雷锋活动机制化，在全行广泛开展“岗位学雷锋　争做好员工”、“传承雷锋精神　参与志愿服务”等六个常态化项目，并择优推荐了80个学雷锋先进集体和个人参评中国银行业“雷锋岗”和“学雷锋标兵”，推动全行形成践行雷锋精神、争当先进模范的良好氛围。夯实文明创建工作基础，通过修订管理办法、开展文明单位巡查、首次引入报备机制等举措，进一步完善“创建＋管理”的长效机制。

（总行党委宣传部）

廉政反腐建设

2014年全行各级纪检监察机构认真贯彻落实中央纪委以及总行党委工作部署，围绕全行中心任务，强化监督执纪问责，狠抓任务落实，党风廉政建设和反腐败工作取得新成效。

一、严明党的纪律，坚决纠正“四风”

把严格遵守党的政治纪律和组织纪律，查找纠正党风党纪方面存在的问题，作为年度反腐倡廉任务分工、巡视和党风廉政建设责任制量化考评等监督检查的重要内容，强化推动落实，切实增强干部员工的组织意识和纪律观念。认真落实中央八项规定要求，巩固深化教育实践活动成果，牵头完成建立权力监督机制、建设节约型银行等7项整改任务及4项制度建设计划，促进反对“四风”工作的深入开展。坚持正风肃纪、强化监督问责，从巡视监督、信访核查和专项执法监察入手，共发现违规违纪问题140余个，提出整改建议60余条，处理相关责任人近30名，全行作风建设取得新成效。

二、加强监督检查，严惩腐败行为

深化廉政风险防控机制建设，进一步加强了对重点领域和关键环节的动态监控和制约监督。改进巡视工作，强化震慑作用，全年共巡视11家分行，发现廉洁从业、选人用人、转型发展等方面存在问题164个，提出各类整改建议88条。其中，发现领导干部违纪违法问题线索13件、移交处理11件，已查实并处理处级及以上干部5人。对6个总行部室开展新一轮党风廉政建设责任制量化考评，合理调整指标，提高考评工作的有效性。对8家境外机构高管人员廉洁履职情况开展现场监督检查和非现场廉政访谈。拓宽执法监察领域，共对1 465家分支机构开展了执法监察，发现各类问题2 929个，累计清除128家有不良记录供应商。持续加大信访核查力度，全行受理信访举报1 256件，核查463件，处理相关责任人305人，并解决了一批员工反映强烈的热点难点问题。

三、深化查防治理，严控案件风险

制订案件重要风险点防控治理方案，对违规放贷、违规套现等6个重要风险点进行了专项整治。开展重点领域案件和风险事件专项治理活动，深入排查员工参与民间融资、高利贷、经商办企业等违规行为。对4家案件防范重点监控行，加大督导检查力度，促其夯实案防基础。按照银监会案件防控工作要求，研究提出案防职责划分意见，重新界定了内控、监察和保卫部门的案防职责，并加大了案防工作考核力度。坚持“有案必查、查案必严”，遏制案件高发态势，全年查处内部经济案件和案件风险事件26件，其中总行督办重大案件和风险事件8件。严格规范责任追究，全年共审理违规违纪问题2 020件，处理相关责任人3 045人；其中总行审理审核26件，处理相关责任人280人。

四、健全制度体系，推进源头治腐

制定惩治和预防腐败体系新五年实施办法，从总体目标、作风建设、惩治腐败、预防腐败、加强领导五个方面提出了明确要求。研究制订总行部室反腐倡廉任务分工方案，明确了百余项工作任务。修订员工违规行为处理规定，不断提高执纪问责的规范性。起草加强廉洁文化建设的意见，明确原则目标、建设路径及工作要求。印发基层党组织党务公开工作办法，确定干部选拔、绩效分配等九个方面的公开事项。制定纪委落实监督责任实施意见，确保纪检监察工作更加聚焦主责主业。研究起草纪委负责人选拔配备与管理意见、加强纪委书记分工管理、对新任职纪检监察负责人谈话办法等制度，不断推动纪检监察体制机制改革，进一步建立健全具有工行特点的反腐倡廉制度体系。

五、强化责任担当，建设过硬队伍

以片区培训为抓手，持续加大纪检监察干部教育培训力度，全行六大片区累计举办培训班9期，培训900余人次，提升了纪检监察队伍综合素质和履职能力。在《中国城市金融》杂志组织策划了“护航经营发展，铸造廉洁银行”专题报道，引导全行纪检监察干部切实强化责任担当意识。强化纪检监察组织建设，进一步优化从业人员配备结构，组织开展纪委书记分工情况检查，确保其分管工作不与履行监督职责相冲突。强化纪律约束，通过巡视、量化考评等办法加强对纪检监察干部履职情况的监督，以铁的纪律着力打造一支政治强、业务精、作风硬的队伍。

（总行纪委监察室）

人力资源管理

一、加强机构管理，提升各级机构核心竞争力

（一）加强机构研究，提高机构管理的前瞻性和系统性。进一步前瞻规划未来组织调整方向，完成《互联网时代企业组织特征与工商银行转型之策》课题报告，在全面剖析信息技术对组织和银行业影响的基础上，深入阐述工商银行正在或即将面临的挑战，提出工商银行的组织模式应向着集成化、平台化、一体化、全球化和柔性化的方向持续推进，并提出相应的改革路径和配套措施建议。

（二）积极推进大中城市行组织架构调整，提高城市行竞争力。开展大中城市行组织架构相关研究，先后在多地开展调研座谈会，深入了解和分析大中城市行在经营中面临相关问题和对策。制订提升大中城市行竞争力的优化方案，指导各行在省行及以下分支机构改革中，以提升大中城市行市场竞争能力为导向，进一步做好大中城市行组织架构改革优化工作。

（三）加强机构建设，增强机构发展能力和经营活力。按照监管部门要求，推进同业业务专营部门制改革和理财事业部制改革。在新加坡分行和工银伦敦分别组建东南亚金融机构营销中心和欧非金融机构营销中心，基本完成了代理行业务的全球化机构布局。在香港成立境外信贷簿记中心，实现跨地区的信贷业务响应。完成私人银行部10家分部终止营业的市场退出申报工作。制订2014年分支机构年度建设计划，加强境内一级支行机构等级管理，通过支行等级提升等方式，加大对部分支行，尤其是县域支行的资源支持力度。

二、着力调整人员结构，持续优化人力资源配置

（一）加强集团化人员管理，提升人力资源配置效率。以价值创造和效率优先为导向，完善集团人力资源总量规划，构建公开透明的差异化人力资源配置机制，统筹做好银行与非银行、境内与境外各板块人员配置，并首次将境外分行、控股机构纳入集团统一的用工计划管理体系，年末人员总量控制在46.5万人。全面加强集团员工招聘录用管理，进一步明确人员招录条件标准，规范人员录用审批程序，全面依托人力资源系统实施境外分行、控股机构的雇员、劳务派遣人员录用审批管理。开展2015年度统一校园招聘，积极构建涵盖管理培训生、通用岗位和柜面岗位的分层分类招聘体系，开辟微信宣传渠道，首次定制拍摄校园招聘主题宣传视频及平面广告，强化了招聘的品牌形象，工行荣获了中华英才网第十二届大学生最佳雇主Top50、第十二届大学生最佳雇主全国性银行业Top10，智联招聘中国年度最佳雇主Top100，太和顾问2014中国好雇主，北京大学光华管理学院最佳雇主（2013—2014年度）一系列社会荣誉。

（二）优化网点人员配置，促进网点竞争力提升。围绕网点竞争力提升的总体要求和工作部署，印发《关于网点人员优化配置的实施意见》，进一步明确岗位配置标准，强化人员结构调整，完善劳动组合，推动柜员从高柜向低柜、从柜面向销售岗位有序流转。及时总结和推广分行在人员优化工作中好的做法和经验，制定《网点人员优化工作模板》，并召开专题视频会对下一阶段工作重点进行安排部署。加强人员优化日常管理，督促分行建立人员转岗台账，做好名单制管理，确

保网点人员优化取得实效。

（三）加强人才队伍建设，提升人才的专业能力与素质。组织全行开展2014年度高级专业技术资格评审工作，确认了具备高师资格的人员名单。印发《关于加强客户经理队伍建设的意见》，促进客户经理队伍总量规模适度增长、结构逐步优化、整体素质明显提升。印发《总行级客户首席客户经理管理办法》，增设首席客户经理职务层级，拓展了销售类职务的晋升发展空间。组建共计616名员工的工银安盛保险专业销售队伍，首次实现集团内部人力资源共享。

（四）加强国际化人才队伍建设，支持保障全行国际化发展。优化国际化人才培养策略，根据中高级管理人员、外派后备人员和外派员工的不同特点，实施差别化培养方案，做到学以致用、学用一体。持续推动国际化人才培训项目，明确将通过社会化英语考试作为学员选拔的前提条件，并在初级学员选拔中增加了面试环节，进一步考察学员综合素质和专业能力，提升项目的学用结合度。针对小语种、信息科技、金融市场等境外机构紧缺人才，建立健全专门专业后备人才库，设计个性化培养方案，通过专项培训、短期外派、短期工作支持等方式，加速相关专业人才成长，助推境外机构本土化纵深发展。举办小语种外派后备人员培训班，全年共选派阿拉伯语、德语等11个小语种共30余名小语种人才赴境外工作。印发《境外机构员工管理细则》，对外派员工选派、晋升、任期、纪律以及当地雇员交流、派遣、评优等工作提出管理规范和要求，进一步完善对境外机构员工的日常管理机制。

（五）完善劳动用工管理，构建和谐稳定劳动关系。印发《劳动合同管理办法（2014年版）》，并对《劳动合同管理操作规程》进行细化和修订。为适应集团化、国际化、综合化战略发展需要，帮助各境外机构全面了解和准确掌握属地劳动用工政策，印发《境外机构属地劳动用工政策指南（2014年版）》。依法规范劳务派遣用工管理，有序开展劳务人员转制工作，全年累计转入客户经理、柜员等岗位劳务人员约1.7万人。根据内外部形势发展变化以及员工队伍实际情况，进一步严格内退人员管理政策，严格办理条件，规范审批流程，加强日常管理。

三、持续优化集团化薪酬管理机制，不断完善激励约束体系

（一）拓展薪酬管理的内涵和外延，完善集团薪酬管理体系。密切跟进国家收入分配政策改革导向，优化集团董事会和薪酬委员会工作机制，制定完成2013年度董事会对高管履职评价工作方案、高管薪酬清算方案和2014年度高管业绩考核方案，制定了工银租赁、工银瑞信、工银国际2013年度高管薪酬清算方案，进一步提高了高管绩效考核的科学性与时效性。完善总行本部员工、分行高管绩效考核结果应用机制，增强绩效考核结果与年度绩效工资挂钩力度。调整管理人员年度晋升发展方案，加大对优秀员工和关键岗位员工的激励力度。调整外派员工薪酬管理方式，建立外派员工随任配偶补贴制度，加强了对外派员工的关怀和激励。

（二）统筹配置集团薪酬资源，增强激励约束效果。持续优化集团工资总额管理机制，突出价值创造效率导向，印发《境内分行工资总额管理办法》、《境外机构工资总额管理办法》、《控股子公司工资总额管理办法》和《利润中心工资总额管理办法》，进一步完善挂钩激励体系，增强境外机构、控股机构及利润中心盈利的压力和动力。测算年度集团工资总额预算方案，组织各境外机构、控股子公司、利润中心开展2014年工资总额预算和决算工作，促进集团工资费用优化配置。研究制定总行部门“增人不增资，减人不减资”工资管理方案，构建以价值创造与收益分享为核心、人员编制与工资预算相结合、成本约束与适度倾斜相兼顾的总行部门工资总额管理机制，传导成本压力，控制人员增长。

（三）加强企业年金管理和两项基金受托管理，提高员工福利保障水平。加强两项基金受托管理，两项基金收益水平在同行业位居前列，提高了离退休员工生活保障水平。强化合规意识和成本控制，制定《关于加强员工福利管理的意见》，提升全行福利管理水平。

四、加强改革创新，整体提升人力资源管理水平

（一）启动人力资源管理深化项目，完善人力资源管理体制机制。在全面总结人力资源提升项目实施以来的成效及问题，并广泛征求意见的基础上，制定了人力资源管理深化项目实施方案，制定了相配套的六项制度办法。项目从岗位职级体系、绩效考核体系、薪酬管理体系、福利管理体系以及机构等级评定五个方面展开，进一步优化相关人力资源管理制度体系。召开项目启动会，选择有代表性的机构开展深化人力资源管理提升项目试点工作，及时总结试点经验，完善项目内容及配套机制，为下一步全面推广实施打好基础。

（二）着力推动总行机构改革，助推全行转型发展。从整合部门设置、理顺管理职能、提升经营效率着手，建设精简高效、管控有力的集团管理总部。顺利开展总行部门领导干部调整优化工作，根据总行各机构的职能、机构和人员情况，重新核定了各机构的领导班子职数，处室设置、正副处长职数和人员编制，协助各相关部门完成职能移交和人员划转工作。经过调整优化，精简了处室和处级干部职数，实现了业务不断、人员不乱的实施目标。进一步明确利润中心的机构属性、业务协作框架、与相关部门间的职能分工和绩效考核等内容，配合相关部门进行职能调整并明确相关机制，深化

了利润中心的市场化改革，进一步释放了经营活力。

（三）稳步开展境内分支机构改革，持续提升机构竞争发展能力。在广泛调研基础上，制定境内分支机构改革方案，以服务发展、市场导向、精简高效、科学规范、突出重点、统筹兼顾为基本原则，从完善组织架构体系、明确机构职能定位、理顺机构管理关系、科学核定相关编制、不断夯实管理基础五个方面进行重点突破，提出改进省行及以下机构改革的工作措施。

（四）加强信息化建设，提升人力资源管理效能。积极推动人力资源信息化建设，不断加强数据搜集与整合工作，加强数据分析，挖掘数据价值，提高科学决策能力。抓好信息平台开发建设，组织开展干部管理平台试点应用，完成人力资源管理系统改版及新自助服务投产，进一步提高系统易用性水平和服务支持能力。加强数据基础管理工作，重新搭建了人力资源信息标准体系，创新人力资源信息标准阐述框架，在全面梳理全行干部管理规则的基础上，编制完成了干部管理相关信息标准。

（总行人力资源部）

工会工作

2014年，全行各级工会认真贯彻党的十八届三中、四中全会和中国工会十六大精神，紧紧围绕中心、服务大局，认真履行职责，扎实开展各项工作，在职工之家建设、困难救助、维护员工权益、开展业务竞赛和文体活动等方面取得显著成效，团结广大员工积极投身改革发展，努力推动全行健康平稳发展。

一、规范和加强职工之家建设与管理

按照总行党委关于持续办好职工之家的精神，下拨维护资金1.5亿元，用于职工之家场所设施的更新改造和折旧维护。加强对职工之家的检查评比和后续管理，建立健全职工之家场所设施的使用管理、维护保养和安全检查制度，提高职工之家的开放面和利用率，充分发挥职工之家在满足员工生活、文化、心理需求方面的效用。总行工会评选表彰了100个“中国工商银行模范职工之家”和108个“中国工商银行模范职工小家”。

二、开展对困难员工的救助

2014年，全行共救助困难员工3.4万余人次，发放救助金8 000余万元。在救助中，注意加强对老少边穷地区分行困难员工和困难劳模及单亲困难女员工救助，帮助160名困难劳模和20名单亲困难女员工申请了金融工会救助金，组织开展了女劳模先进代表与单亲困难女员工一对一结对子帮扶活动。重点对因灾、因病致困员工进行及时救助，组织对海南、广西、四川、内审分局等重急病员工和突发自然灾害地区员工进行了应急性救助慰问，及时将总行党委的关怀送到员工心中。

三、大力表彰和宣传劳模先进

评选表彰了首届中国工商银行“五一劳动奖状”（80个）、“五一劳动奖章”（80名）；评选表彰了中国工商银行“巾帼文明示范岗”（69个）、“巾帼岗位标兵”（86名）。在此基础上积极向全国总工会、中国金融工会推荐先进典型，全行共有12个单位和51名个人获得国家级、金融系统荣誉称号。其中，集体荣誉包括1个全国工人先锋号、4个全国金融五一劳动奖状、1个全国金融先锋号、1个全国金融系统职工职业道德建设标兵单位、3个全国金融系统职工职业道德建设先进单位、2个全国金融系统女职工文明示范岗；个人荣誉包括2个全国五一劳动奖章、44个全国金融五一劳动奖章、1名全国金融系统职工职业道德建设标兵个人、4名全国金融系统职工职业道德建设先进个人。

四、加强劳模先进疗休养管理

2014年，共安排全行6 000名各类劳模先进和管理人员疗休养，总行组织了11批次近200名劳模先进疗休养，并推荐18名劳模先进参加了全国总工会和金融工会组织的疗休养活动。与31家接待单位签订安全责任书并强化考核评比，确保了疗休养人员的安全，进一步提高了接待服务质量。

五、积极开展劳动竞赛和技能练兵活动

在全行组织开展了“庆祝工行成立30周年，立足岗位谱新篇”工行杯劳动竞赛活动。配合个人金融业务部等业务部门开展了以完成年度任务目标的主题竞赛和竞赛评比活动。联合总行教育部举办了16个专业的网上业务知识竞赛，全行共有339 224人次参加赛前自测练手，共有457 115人次利用业余时间参赛。通过开展多种形式的业务竞赛活动，进一步调动了员工学习业务知识、提升专业能力的积极性。

六、推动发展和谐劳动关系

深化基层民主管理制度建设，指导各行和各直属机构进一步完善职代会制度和行务公开制度，落实和保障员工的知情权、参与权、表达权和监督权，组织广大员工真正参与企业发展和民主管理，提高员工的归属感和主人翁责任意识。加强源头参与制度制定，对总行新修订的《劳动合同管理办法》等涉及员工切身利益的规章制度依法履行民主程序，通过座谈会、网讯、邮件等多种形式，广泛征求员工的意见和建议，并由各级工会将员工的意见和建议收集反馈上级工会，由总行工会将全行各机构工会意见及时反馈规章制度的牵头制定部门。

七、认真维护女员工特殊权益

印发了《中国工商银行工会女职工委员会工作规则》和《中国工商银行女职工创建“巾帼文明示范岗”争当“巾帼岗位标兵”活动实施办法》。组织开展了女职工权益保护法律法规网上知识竞赛活动，全行共有130 050 名员工参加。组织江苏分行代表总行参加金融系统女职工权益保护法律法规现场知识竞赛并获得三等奖。

八、积极开展员工文化体育活动

先后组织开展了“中国梦、工行梦”主题摄影大赛、写春联送祝福、送文化到基层等活动，举办了建行30 周年“最佳服务瞬间”摄影展和“辉煌三十年”书法美术展，举办了第三届员工乒乓球比赛。组织员工参加全国金融系统“中国梦、劳动美，我与改革创新”主题演讲比赛、金融文联 2014 年文学艺术系列活动、金融系统职工网球赛、乒乓球赛等各种文化体育比赛并取得了较好成绩。

九、加强总行机关工会工作

举办了总行机关职工运动会。组织机关员工书法绘画摄影展、春节游艺活动、“与春天同行”健身活动以及羽毛球、足球比赛等活动。为员工发放生日和劳保费、图书资料费、办理公园年票等，对本人生病住院和直系亲属去世的员工及时进行慰问。组织员工参加了中央国家机关“《动漫急救》进家庭”关爱职工生命健康的活动和全国妇联开展的“恒爱行动——百万家庭亲情一线牵”等公益活动。

（总行工会工作委员会）

共青团工作

2014 年，全行团委深入贯彻团的十七届二中全会和全行工作会议精神，紧紧围绕服务大局和服务青年的工作宗旨，团结和带领广大青年，坚持虚功实做，加强组织建设、创新工作方法，丰富活动载体，团建工作取得了新的进步。

一、以先进文化为导向，以志愿公益理念吸引凝聚青年，深入推进青年思想教育工程

一是以庆祝“五四”运动九十五周年为契机，以“奋斗的青春最美丽”为主题举办中国工商银行青春故事汇活动。活动以近年来各级团组织开展的丰富多彩的活动为“经”，以各业务条线优秀青年的青春故事为“纬”，通过沙画、微电影等多种方式，全面反映了青年员工的学习、成长、亲情、友情，充分展现了青年员工在推动我行转型发展过程中的成长轨迹和精神面貌，全行团干部和青年代表共 1 万多人现场或视频参加活动。二是承办中央金融团工委“阳光助残五个一行动”启动仪式。12 月 3 日国际残疾人日，在北京新街口支行成功启动了“青春金融　普惠服务　助残圆梦——金融青年阳光助残‘五个一’行动”，得到了央视《新闻联播》、《新闻直播间》等新闻媒体的大力宣传。三是引导带领青年积极参与开展各类青年志愿公益爱心行动。在由共青团中央、中国志愿服务联合会等共同主办的“志愿服务广州交流会暨首届中国青年志愿服务项目大赛”中，浙江分行“梦想书屋”建设项目作为中央金融系统唯一参赛项目被评选为银奖。按照团中央要求，接纳来自香港大学、香港中文大学、城市大学等 7 所香港高校 15 名大学生，在北京分行进行了为期一个月的实习交流，获得团中央及实习大学生的肯定和好评。开展总行机关“工青志愿”志愿公益系列活动，通过爱心义卖及捐赠活动，为五彩鹿自闭症儿童行为矫正中心自闭症儿童及四川省凉山彝族自治州甘洛县两河乡小学学生奉献爱心。四是广泛开展学雷锋活动。天津、辽宁、内蒙古等分行贯彻“人民满意银行建设年”要求，立足岗位强服务，组织青年员工进社区、进企业、进校园、进军队，开展了形式多样的金融知识普及

推广活动。贵州分行、陕西分行等开展“争当旺季营销能手”、“银行业务我体验、我建议”等系列活动，引导青年争先创优作贡献等。

二、紧密围绕中心，坚持以助力创新发展为主线，带领青年建功立业

（一）举办第二届中国工商银行青年创意大赛。全行参与人数达16.5万人次，开展活动5 000余场次。经过评选推报，总行产品研发中心主创的“商友E聚”项目获得金融系统“金点子”大赛二等奖。经过专家评审和微信投票，数据中心（北京）孙涛和上海分行陈韵以高票当选为十大金融青年岗位标兵、服务标兵，20名优秀青年荣获2013—2014年度全国金融青年岗位能手、服务明星称号。

（二）围绕新业务和重点客户群体，开展体验营销竞赛活动。组织开展“智‘汇’投资，‘油’我掌控”主题活动，共有16 497人次参加了有奖开户、有奖宣传和营销推广活动。活动期间，账户原油客户数增幅达42%，账户外汇客户数增幅达46%。开展“贵金属递延模拟交易大赛”。在为期一个月的比赛中，2 000名参赛选手模拟成交量达9 550吨，调动了青年员工营销推广贵金属业务的热情和积极性，挖掘培养了一批精于交易策略、专于行情分析的青年人才。按照盈利率，共有15名青年获奖，江西分行曹文峰以201%的收益率获得第一名。深入开展“梦想起航　星耀未来”主题活动。相继与四川大学、福州大学、南京审计学院等多所高校建立了合作关系，目前各级团委共建高校达50余所，建立青年创业就业见习基地、大学生金融体验中心416家，接纳实习学生61 212人，有力地推动了工行与合作院校的业务发展和实习大学生的能力提升。

三、充分发挥团的引领作用，广泛搭建各类青年成长平台，服务青年实际需求

（一）广泛搭建各类青年创先争优平台。开展第八届全行杰出（优秀）青年评选活动。活动首次面向境外青年员工开展评选，全行共报送70名候选人，最终张淑丽等10名同志荣获第八届“中国工商银行杰出青年”称号，宋佳镭等41名同志荣获第八届“中国工商银行优秀青年”称号。开展2014年度全行青年岗位明星评选活动，共评选出212位总行青年岗位明星。经推荐，广东分行周骏获全国金融青年五四奖章，总行办公室高翀荣获中央国家机关五四青年奖章；刘卫果、徐海燕两位同志被推选为第五届中国青年科技工作者协会会员；付捷、周骏两名同志被推选为中国企业家协会第十一届个人会员。

（二）切实服务青年各项需求。举办2014年全行金融青年论坛活动。以“互联网金融的健康发展与风险管理”为主题，全行共推荐优秀青年论文263篇，较上年增加11.4%。经过认真评选，推荐5篇优秀论文参加金融系统评选，获得一等奖1篇，三等奖1篇，优秀奖3篇。开展“走进基层，青春共建”主题活动。总行机关的10个部室与11家一级分行定点共建，通过举办青年文化行、课题研讨、业务讲堂、论坛PK、座谈交流等形式，引导机关青年与基层青年面对面。组织开展丰富多彩的青年联谊活动，数据中心（北京）、福建分行、北京分行、软件开发中心等机构通过“非你不可”单身交友平台、青年俱乐部、青年沙龙、青年之家等形式构建青年员工心灵家园。

四、加强青年联合会建设，大力加强新媒体宣传，推动团建工作不断前进

（一）稳步推进全行青年联合会建设。完成金融青联第二届委员会常委、委员推荐工作。推荐总行党委委员、副行长谷澍同志为金融青联副主席，蔡东等5名同志为金融青联常委，王海璐等20名同志为金融青联委员。成立中国工商银行青年联合会，共推荐产生了184名工行青联委员，并完成青联主席、副主席及其他常委人选的民主投票工作。

（二）按照全行党建工作会议要求，进一步加强全行团的自身建设工作。印发《中国工商银行共青团和青年工作管理办法》和《中国工商银行团费收缴、使用和管理暂行办法》。做好团内“四优”评选推荐工作，评选出106名共青团员、110名团干部、88个团组织和47个青年小组获总行级“四优”称号，推荐全国金融优秀团员、团干部和五四红旗团组织各5名（个），推荐李覃同志荣获全国优秀共青团干部称号。进一步加强全行团的宣传工作。充分利用总行网讯“青春在线”、《工行青年》电子杂志等平台，加大对全行共青团和青年工作的宣传力度；不断加强和完善“青年e家”微博平台、“青春进行时”微信公众平台建设，扩大在青年中的影响力。据统计，2014年网讯“青春在线”栏目共发布青年工作网讯1 795篇；“青春进行时”微信公众平台共发布信息148期，粉丝数达13 798人，单条咨询最大点击量超过6万人次。

截至2014年末，全行共有35岁以下青年144 980人，占全行员工总数的32.32%；28岁以下团员数64 785人；专职团干部31人，兼职团干部8 729人；全行共有568个团委，518个团总支，3 793个团支部，1 988个团小组，2 181个青年小组。

（系统团委）

离退休人员服务和管理

2014 年，全行离退休人员服务和管理工作紧紧围绕“让党委放心，让老同志满意”这一标准，坚持把为党的事业和工商银行改革发展增添正能量作为离退休人员工作的价值取向，以抓好调研拓思路、以表彰先进增动力、以细化服务固根本、以加强管理夯基础，推进各项工作取得了新的成效。到 2014 年末，全行离退休人员已达 168 389 人（其中离休干部 4 783 人，退休人员 163 606 人），较上年增加 8 971 人。

一、大力宣传表彰先进，为改革发展传递正能量

2014 年 12 月 25 日，总行首次以现场和视频相结合的方式，召开了全行离退休人员先进党支部和先进个人表彰大会暨工作会议。40 个先进党支部和 81 名先进个人受到隆重表彰，6 位“双先”代表作了事迹报告。此前，我行推荐的离退休人员先进个人——浙江金华分行退休干部曹荣安还被中组部授予“全国离退休干部先进个人”荣誉称号。各级行党委及其离退休人员工作部门认真抓好“双先”表彰大会精神的贯彻落实，对本行的先进进行表彰，采取多种形式广泛宣传离退休人员的先进事迹，在全行进一步营造了尊重老同志、关心老同志、照顾老同志的良好氛围。

二、认真落实政治待遇，离退休人员思想政治建设和党支部建设得到进一步加强

一是坚持从政治上关心老同志。2014 年，全行共组织老同志开展政治学习 6 381 场（次），17.79 万人次参加；通报行内情况 3 553 场（次），16.64 万人次参加；元旦春节走访慰问老同志 6.73 万人次。二是抓好对老同志的思想政治引导。把学习党的十八大、十八届三中、四中全会和习近平总书记系列重要讲话精神作为重要政治任务，引导广大老同志在政治上思想上行动上自觉同党中央保持高度一致。同时积极抓好形势政策教育，引导广大老同志理性认识新常态下我国经济政策的新特点以及我行经营发展呈现的新特征，凝聚改革发展共识。三是加强离退休人员党支部建设。进一步健全组织，规范制度，充分发挥离退休人员党支部的战斗堡垒作用，保证了广大离退休人员党员能够经常参加各项组织活动，为落实好老同志政治待遇和加强思想政治工作提供了组织保证。

三、全面落实生活待遇，充分体现了各级行党委对老同志的关怀照顾

一是进一步健全完善离退休人员医疗保障机制。各行按照中央有关政策，大幅度提高了离休干部护理费标准，并结合本行本地区实际，研究制定了很多改善老同志医疗条件的措施办法，有效提高了老同志的医疗保障水平。二是积极推进利用社区资源做好离退休人员服务工作。离退休人员“四就近”工作取得了阶段性成果。如河南分行通过与当地“托老所”、“日间照料中心”等项目对接，较好地利用社会资源，为“空巢”、独居、生活不能自理的老同志解决了养老问题。三是扎实做好困难离退休人员帮扶工作。通过建立专项基金、发放困难补助等多种方式，为老同志雪中送炭，解燃眉之急。如四川分行专门划拨 2 000 万元专项帮扶救助基金，建立了对有特殊困难、患重大疾病离退休、内退人员的帮扶机制。四是认真落实“高寿慰问金”制度。2014 年，全行共向 2 762 位 90 周岁以上的老同志发放了“高寿慰问金”，总金额 279.2 万元。组织集体为老同志过生日活动 611 场（次），惠及的老同志达 1.7 万人。五是大力加强养老和孝德文化建设。如江苏分行提出青年员工与老同志结对服务方案，并组织团员青年到医院看望、慰问老同志。六是妥善处理好老同志的丧事。2014 年 11 月，妥善处理了工行最后一位老红军——甘肃酒泉分行离休干部郭忠义同志的丧事，使郭老的家人充分感受到总行党委的关怀与温暖。2014 年，全行离退休人员工作部门共处理老同志丧葬事宜 3 264 次，日均达 8.9 次。

四、积极创新服务管理方式，进一步增强了离退休人员工作的活力

各级行自觉加强离退休人员工作的创新谋划和载体设计，积极推进离退休人员服务管理工作观念创新、机制创新、方法创新，有效提高了离退休人员工作的科学化水平。如上海分行针对工作人员少的状况，在全行率先建立实行了老同志联络小组机制，把老同志们就近划片编组，并由老同志担任组长，实现了老同志的自我服务、自我管理。

五、大力开展多彩的活动，丰富老同志晚年生活

坚持“教、学、乐、为”相统一的原则，把政治

性、思想性和科学性、知识性、趣味性有机地结合起来，从有益于离退休人员的身心健康出发，积极组织开展丰富多彩、健康向上的文娱活动，进一步提升了广大老同志的晚年精神生活水平。各级行还充分利用离退休人员活动中心、老年大学，建立各类活动队组，科学地安排活动内容，通过经常组织开展各种适合老同志的文体活动，不断丰富他们的精神文化生活，使活动中心、老年大学真正成为离退休人员强身健体、陶冶情操的乐园。

六、不断加强系统管理，提高了整体工作水平

结合开展群众路线教育实践活动，积极做好整章建制工作，对近几年离退休人员工作的有关文件、制度认真进行了梳理，并根据需要新制定了一些制度和办法。在全行离退休专业首次引入考核评价机制，制定出台了《离退休人员服务管理工作考核办法》，以离退休人员服务管理日常工作为主要考核评价内容，年终进行考核和通报。强化信息工作，在网讯开设了离退休人员工作部门主页。同时积极做好老同志的信访工作，努力解决矛盾，化解纠纷。2014 年全行离退休人员工作部门共接到老同志来信 945 件，来访 6 103 人次，来电 2.4 万多次，回复率达 100%。

（总行离退休人员管理部）

教育培训

2014 年，教育培训工作紧紧围绕全行改革发展中心任务，以完善员工培训与资质认证体系为核心，以提升各级各类员工专业胜任力为主线，全年共举办各类境内培训班 5.2 万期，培训 445.7 万人次；境外培训 52 期，培训 3 600 人次，为全行改革发展提供了坚强的人才支持和智力保障。

一、以全行经营转型和战略发展为中心，统筹开展全员培训

（一）抓好习近平总书记系列重要讲话精神集中轮训。根据中央和总行党委部署，对总行管理的境内外高管人员实行名单制管理，逐一落实培训安排，确保“全覆盖”。统筹规划轮训调训方案，精心策划 6 个专题讲座，编印《习近平总书记党的十八大以来重要论述专题摘编》，聘请中央党校师资，圆满完成 9 期、共 610 人的轮训工作。

（二）以三级党校培训为主线，大力提升管理人员党性修养和经营管理能力。增设上海、河北、陕西 3 所党校教学基地，强化“三级党校”联动优势，按照培训课程、参训对象、办学规范“三统一”的原则统筹推进党校培训，全年举办培训班 33 期、培训 2 099 人次。

（三）以“三大战略”为重点，全面提高员工专业胜任能力。按照“组织跨部门、内容跨专业、师资跨领域、学员跨层级”的模式，举办 6 期“大零售”、“大资管”、“大数据与信息化”示范培训，同步推动分行标准化转培训。2014 年，围绕“大零售”战略举办面授培训共 2 751 期（含总行 18 期），围绕“大资管”战略举办面授培训共 326 期（含总行 21 期），围绕“大数据与信息化”战略举办面授培训 1 476 期（含总行 41 期）。围绕“网点竞争力提升七大工程”，全行共举办网点负责人面授培训 3 616 期（含总行 10 期）、培训 17.6 万人次，举办客户经理面授培训 1.2 万期（含总行 20 期）、培训 46.7 万人次。

（四）围绕国际化发展布局，持续推进国际化人才培养。组织实施“大数据金融”等 9 期高级管理人员战略发展境外培训班，在香港举办 16 期中级管理人员卓越执行力提升培训班。完善“国际化人才”培训项目，优化学员选拔，注重精细管理和成本控制，项目质量持续提升。该项目在北美院校职业教育与继续教育年会全球评选中荣获“国际优秀项目”，在加拿大会议委员会和国际教育商务合作组织的全球评选中获“全球最佳”殊荣。

二、以“建立健全员工培训与资质认证体系”为核心，全面推进培训转型创新和改革发展

（一）加强调研规划，统筹推进培训工作。制定《关于调整和完善员工培训与资质认证体系的意见》（以下简称《意见》），明确建立以培养各层级专业型人才为主导，兼顾管理素养类培训和业务适应性培训的“一主两辅”员工培训和资质认证体系。实施 10 大专业型人才培训工程，围绕“经营管理人才”等 10 个领域，预备利用 3 年时间重点培训 3 万余名专业能力突出、适应全行发展战略要求的核心人才。在专业资质认证方面，《意见》明确了要以信贷资质认证优化项目为

试点，逐步扩大行内专业资质考试认证体系优化调整范围，全面提升行内专业资质认证工作质效。

（二）突出项目创新，大力提升培训实效性。根据行领导指示，启动“二级分行分管信贷业务副行长专业能力提升培训项目”，实行“集中培训→网络学习→继续教育”三阶段学籍积分制管理模式，全程实施案例式教学，精选难点热点问题开展问答互动和深入研讨，已举办2期培训，计划在2年内完成轮训工作。启动“互联网金融产品培训项目”，以总行部室总经理、一级分行、二级分行、一级支行行长为重点培训对象，将“三大平台、三大产品线”重点产品作为主要培训内容，编制《互联网金融简明培训手册》，采取面授网络相结合、训前自学与训后测试相结合的培训方式。

（三）加强模式创新，推行“学习+实践”的二元培训模式。率先在网点负责人培训中试点推行。制定《网点负责人培训实习基地建设方案》和《总行级网点负责人培训实习基地工作指引》，在全行选择50个经营发展状况较好的网点，作为总行级网点负责人培训实习基地。试点举办总行示范培训班，学员培训后分赴北京、浙江等总行级培训实习基地进行3天实习，通过实地体验、导师帮带等多途径增强实践效果，实习鉴定直线反馈所在行，二元培训模式切实提高了参训学员的实战能力，初步实现了全行优秀基层管理经验的最大化分享。

（四）推动考核创新，实施“逢训必考”培训评估反馈机制。“逢训必考”制通过训后统一考试、成绩强制分布、结果反馈分行“一把手”等措施，激发培训主体的内在动力，较好地解决了“培训不培训一个样，学好学不好一个样”的问题。同时，各分行全面推行该制度，并创新采取了考核不合格员工承担部分培训费用、学员成绩与年度考评挂钩等激励保障措施，保障了培训质量。

（五）加强服务创新，实时推送最新业务产品信息至一线员工。整合构建知识广泛汇集、层级类清晰的全行知识共享平台，初步实现与“NOVA柜员业务处理”等7个业务系统的互联互通。针对一线员工信息获取渠道不畅的瓶颈问题，在平台搭建“业务助手”专区，为柜员遴选并实时推送最新业务产品信息，有效地提升网点服务质效。平台投产以来，日均访问量由3 000人跃升至3.1万人，成为一线员工信息检索和知识查询的重要信息源。

（六）强化渠道创新，满足员工多样化、碎片化培训需求。一是制订《ICBC移动学习开发方案》，推动“移动学习APP应用开发”，在确保信息安全前提下积极推行全行移动学习。二是创立了“工银培训”和“我爱考拉”等微信公众号，通过微信平台及时传递最新培训信息。三是发挥网络大学的直播功能优势，将现场培训实时直播至基层，员工可以在支行、网点实时收看总行现场培训，有效缓解“工学矛盾”，全年共举办19期培训直播，培训1.4万人次。

（七）创新总行本部培训，通过“全民阅读”等多种形式营造学习氛围。在总行本部开展“全员阅读”系列读书活动，依托网讯开辟“全员阅读活动专栏”，定期发布推荐书目，开展读书心得评选，全年发放图书1.4万册，员工撰写心得168篇；及时捕捉最新金融动态和信息，举办“大数据在金融领域的应用”等周末课堂讲座3期、机关讲座21期；做好总行本部特色培训，采取案例教学、教练辅导、情境演练等多种方式，开展了总行本部兼职培训师授课能力提升培训、“一对一英语培训”和“Jerry菁英英语培训”。

三、以资源基础建设为抓手，切实提升培训实效

（一）持续完善行内兼职培训师选拔培养。优化内训师队伍建设，开展新一批师资聘任工作，按照“特聘培训专家”和“选聘内训师”两个类别，分别确定聘任范围、标准和条件。选拔产生583名选聘的总行级内训师，其中续聘302人、增聘281人。实施“工行内训师标准化培养体系建设”项目，引入以任务为导向的培训师角色任务模型和学习发展地图，统一内训师胜任力评价标准，明确内训师在不同授课水平阶段所需的培训内容，开发了梯次化、系列化培训课程及学习资源，选拔培养60余名培训课程种子师资。

（二）统筹推进培训案例和教材建设。加强统筹规划，研究建立由基础教材（资格认证类）、升阶教材、工作手册、案例教材组成的教材体系，以及10大类、46个专业的案例体系，编写《案例开发与教学实用手册》，举办专题培训班，提升全行培训资源建设的规范化水平。持续加大案例、教材开发力度，完成“网点竞争力提升”等10个专题、439个案例的开发审定，编印《营业网点负责人培训教材》等79种培训教材。强化学习效果评估，对2013年46种教材的使用情况进行调研反馈，为持续提升教材实效奠定基础。

（三）持续加强以网络大学为重点的平台建设和应用力度。一是推进网络大学培训体系建设。以私人银行专业为突破，建立分层级网络培训课程体系，提高其系统性和规范性。二是探索开展网络培训学习积分制。以浙江分行为试点推行网络学习积分制，明确积分相关标准，初步实现学习积分与年度考核、岗位晋升、职业发展的有机结合。三是加大课件开发力度。制作精悍实用的“微课件”，以动画形式直观演示产品特点和交易流程，供基层员工学习。2014年，在中国人民银行组织的“第五届金融教育培训网络课程评比活动”中，工行荣获7个奖项，是获奖最多的参评单位。四是完成“工银大学”门户网站建设。对现有的“网络大学”、“考试系统”、“员工培训信息管理系统”教育培训三大

系统进行整合，打造统一培训信息流及培训学习与管理平台。

四、以培训专业能力为重点，持续加强从业队伍建设

（一）推进培训项目化管理。开展全行培训项目管理学习实践活动，对各单位教育处长、科长、院校长等230余名重点人员实施专题培训。编制《项目管理实践主要工作安排》，统筹推进分行具体培训项目的策划实施，共有60余个项目参与实践，1万余名员工参训。开展培训项目管理实践优秀成果的评选表彰，综合评选出18个优秀项目，编制《培训项目管理实践成果集》。

（二）加强系统指导和工作推动。印发《关于做好2014年一线员工培训工作的通知》、《2014年业务培训指引》和《2014年业务培训共享课程目录》，统筹规划全行培训工作。开展一级分行教育培训年度考核以及直属学院专业考核，组织2014年度优秀兼职培训师和优秀研究成果评选活动，不断提升培训系统管理的专业化、科学化水平。开展全行院校调研，形成《关于全行院校情况的调研报告》，为推进院校分类管理、建立企业大学运行模式提供数据支持。

（三）提升培训专业技能。围绕各类培训从业人员的岗位实际，开展有针对性的“培训者专业能力提升培训”：对院校校长和教育处长，突出优秀企业培训实践经验分享与研讨；对院校教学教务管理人员，采取“面授课程+情境模拟+团队研讨”相结合的方式提升实务管理技能；对一级分行培训管理人员，重点提升培训数据挖掘分析能力；对二级分行兼职培训管理人员，采用“课前预习+集中面授+模拟演练+课后复习+在线考试”相结合的方式进行轮训。

五、香港培训中心全面完成培训任务

香港培训中心充分利用香港优质培训资源，以产品培训为重点，共举办中级管理人员培训班11期，培训373人，设计开发课程75门；组织赴外资银行考察6次；召开与工行在港机构的“内外业务联动”座谈会15个，完成了总行下达的培训任务。同时，还在工行网络大学设专栏，编制《前沿培训电子期刊》9期，为行内员工传递海外同业业务发展动态信息。

（总行企业文化部、香港培训中心）

长春金融研修学院教育培训综述

2014年，长春金融研修学院按照“提高质量、作出贡献，把学院建成可靠信息源”的工作目标，积极实施大培训优服务、研发先导、特色立院、科技强院“四大战略”，推动各项工作取得了扎实成效。

一、积极实施大培训优服务发展战略，培训规模与质量均创新高

全年共承办各级各类培训班245期，完成培训17 356人次、75 243人天，同比分别增长30.32%、14.18%和11.22%。

（一）圆满完成总行计划内培训任务。全年实施计划内培训班141期，培训10 402人次、46 938人天，同比分别增长9.30%、5.59%和-2.44%。全年综合满意率为98.79%，同比提高0.59个百分点，班主任满意率99.13%，同比提高0.23个百分点。

（二）计划外培训办班实现大幅增长。全年实施计划外培训班104期，培训6 954人次、28 305人天，同比分别增长76.27%、29.98%和44.86%。培训班课程满意率为99.04%，同比提高0.54个百分点，师资满意率为98.86%，同比提高0.28个百分点，均创历史最好水平。

（三）培训服务质量明显提升。围绕课堂、网络、客房、餐饮、车辆、票务等重点服务领域做文章，积极做好各项服务，注重改善服务细节。后勤服务的综合满意度、客房满意度、餐饮满意度、票务满意度、校园环境满意度分别为98.43%、97.82%、98.06%、98.70%和99.12%，均创历史新高。

（四）送培训上门受到认可。应天津、山西、新疆等分行邀请，学院采取送培训到分行方式为3家分行举办培训班7期，培训学员452人次、1 736人天，既满足了分行的培训需求，实现了培训目标，又节省了分行的物质投入，降低了时间成本。

二、大力推进研发先导发展战略，“专业做、专家做、专门做、做精品”成效显著

全年开发实施培训项目51个（自主15个、总行委托4个、分行委托32个），项目总数和自主开发数同比分别增加22个、7个。其中“私人银行服务中心岗位技能提升”项目获得总行优秀成果奖。在项目实施中，重点引入微行动学习、拓展训练、世界咖啡、沙盘模

拟、岗位经验萃取工作坊等形式，突出培训模式和培训工具的创新，“专业化”成为学院2015年创新发展的“关键词”和目标方向。

（一）“专业做”，提升培训项目运作专业化水平。对项目研发团队实行全流程控制和全过程全要素项目化管理，按照项目化管理的“ADDIE”流程实施“专业化”运作；借助专业化培训模式和工具，提升培训的有效性。“行动学习”、“世界咖啡”等专业化培训方式成为学院重要的品牌工具，受到总行教育部和参训单位、学员的高度肯定。“岗位经验萃取工作坊”培训模式多次获得100%高分的评价。

（二）“专家做”，打造教育培训研发专业性团队。建立项目研发专业团队，积极推进与总行专业部门的深度合作，集中两个方面的“专家”，合作开发精品培训项目，大大提升了培训为全行业务服务的能力。其中与国际业务部全年协作开发的外汇管理政策、国际保理业务、国际业务专家、国际业务中级产品经理四个培训项目，实施培训13期，聘请授课教师148人次，参训学员1 350人、6 557人天，受到广泛的好评。

（三）“专门做”，努力培育学院品牌。服务总行发展战略的落地，开发出“三大战略”（大数据系列、大资管系列、大零售系列）、“三大计划”（启航计划、金鹰计划、长江计划）、“三大特色”（品牌培训、定制培训、送教培训）共九大系列培训项目，逐步打造并形成自己的品牌特色。其中“大数据时代财富客户精准营销”、“供应链金融业务”、“私人银行服务中心岗位技能提升”等培训项目等均显示出良好的实施效果和社会影响力。

三、努力培植特色学院优势，课件制作、教材编审、杂志编发等连获殊荣

（一）课件制作在第五届金融教育培训网络课程评比活动中两获重要奖项。全年共制作完成各类课件252个，1 916.24课时，同比增加47个，282.64课时。其中由学院研发的《卓越营销力培养》和《电子银行客户服务案例汇编》两个网络课件，代表总行参加了由中国教育技术协会金融教育技术专业委员会举办的第五届金融教育培训网络课程评比活动，分获二等奖和优秀奖。

（二）教材编审获重要奖项。全年共编审完成各类教材34部，885万字，同比增加10部，编校量同比增加18%。在总行教育培训优秀研究成果评选中荣获2部一等奖、2部三等奖，其中蒲公英成长之旅系列教材获全国金融教育优秀成果评选教材类一等奖。

（三）培训信息资源应用价值迅速提升。全年共承办考试竞赛等项目171个，服务达1 489 147人次，同比分别增长52.68%和43.03%。更加注重培训信息的挖掘和实际应用，全年共监测分析全行面授培训班37 252期，455万条培训信息，同比增加33%。

（四）《现代商业银行》杂志在国家新闻出版署组织的期刊评比中脱颖而出，荣膺2014年“全国最美期刊”殊荣。此外，完成了《培训项目管理实践成果集》等4部文集80多万字。承办《培训新视野》电子专刊，设计开发了“工银培训”微信平台。

四、稳步推进科技强院战略，智能学院建设彰显成效

（一）教学软硬件系统进一步完善。适应教育培训发展潮流，对教室功能进行重新整合定位，增加3个体验式教学场所，完成礼堂B座多媒体教室弱电改造和课程直播系统项目，进一步增强培训的针对性。

（二）智能化管理水平进一步提升。实施服务器虚拟化项目，实现数据的集中存储，提高了服务器应用运行的安全连续性。投产火灾自动报警监控系统、院区东门门禁系统，实现报警、门禁、餐饮、住宿“一卡通”，确保了校园安全。

（三）信息化服务能力进一步提高。通过网络改造实现院区主要场所的WIFI全覆盖；通过实施信息展示终端项目，实现培训信息传递和宣传展示功能；通过投产客房管理系统，提升客房管理服务水平；通过投产微信长院通项目，拓展与学员的沟通渠道。

五、注重配资源、夯基础、健机制，全面推进“四大战略”实施

（一）突出一个中心。围绕服务全行改革发展和经营转型这个大局，突出培训工作这个中心。一是在财力上加大投入，确保现场培训组织和项目研发实施的各种需要；二是在人力上突出倾斜，确保中心工作推进对各类人才的需要；三是在工作中注重合作，确保培训工作链条的连续和畅通。

（二）夯实两个基础。一是进一步夯实内部管理。按照规范管理要求完善各项制度；按照质量、环境、职业健康“三合一”认证要求修订体系文件；完善项目管理办法，实现工程、采购项目全周期管理；加强财务审计，整改问题隐患。二是进一步夯实宣传思想文化工作。加强院区规划，实施CI战略；承办全行第三届乒乓球决赛，增进与全行的交流沟通；开展文化大讨论，确立“贡献创造价值”、“价值决定回报”等价值理念，凝聚文化共识，积极营造“美丽、智慧、幸福”学院的创建氛围。

（三）健全三个机制。一是健全工作考评机制，遵循“目标导向、价值创造、综合评价、激励约束”原则，把总行考核指标全面对接落地；二是健全薪酬分配机制，加大部门绩效挂钩考核力度，相继出台《岗位职级体系管理办法》、《员工薪酬管理办法》和《企业年金方案实施细则》等制度；三是健全人才发展机制，

全面激活干部员工的积极性、主动性和创造性；认真开展教育实践“回头看”活动，推进党风廉政和制度建设，加强管理类员工的集中轮训和内部交流，注重激发中年员工的职业激情，积极实施“导师制”和管理培训生计划，加快青年员工的成长成才。

（长春金融研修学院）

杭州金融研修学院教育培训综述

2014年，杭州金融研修学院强化“大研发、大培训、大服务”理念，深入推进学院领导力发展中心、信息化学院建设，突出培训研发和资源开发，加强教学改革和培训管理服务创新，推动“学员满意、员工满意”学院建设。全年共举办现场培训218期，培训14 959人次，68 886人天，其中总行培训141期，分行培训77期。共实施网络培训项目89个，举办网络培训335期，培训135万人次，网络大学访问量2 768万人次；举办各类在线考试176个，考生56.5万人次。开发实施自主培训项目43个，完成教材编审38本、课题研究21项、案例编审121个、试题开发960个、课件制作136个。院内教师开发课程19门，授课3 982课时。学院获得了年度“最具成长性企业大学”“中国企业大学十大创新实践”等殊荣。

一、重点项目研发亮点突出，品牌效应显著

一是整合分行需求和学院培训资源，推出领导力系列培训。“领导力训练营”首次引进“培训超市”理念，运用一级支行行长能力素质模型对参训学员进行素质能力测评，并以测评结果和导向为基础，提供经营管理、市场拓展和团队建设三个培训模块的培训产品组合。“领导力训练营项目”获总行“项目管理实践”二等奖。全年共实施领导力系列培训30期，平均满意率99.50%。

二是配合全行“网点竞争力提升”工程，研发“网点竞争力提升系列培训项目”。项目包括网点服务能力提升、网点运营管理和网点现场管理三个模块，设计了包括网点现场管理、市场营销、客户识别维护、团队执行力提升、有效沟通技巧等培训内容，融入课堂讲授、案例分析、行动学习、参观交流等多种教学方式，取得了较好实效。全年共实施相关培训11期，培训721人次，平均满意率99.55%。

三是助力分行业务发展，开发实施了“大资管时代金融资产服务培训”、“工银亚洲个金和零售业务优秀员工培训”、“私人银行分层分级网络培训”等业务类培训项目。采用全流程项目管理模式，为分行定制实施了“陕西分行营业‘百人计划’培训培养计划（管理人员、新客户经理培训项目）”、“青海分行青年业务骨干培训项目”等，助力分行人才培养。

四是配合总行城市金融研究所启动“县域市场拓展培训”。对江西、江苏、四川等分行进行实地调研，充分了解培训需求。在此基础上，借鉴总行一级支行行长、对公客户经理能力素质模型，按照各岗位素质要求和职能，构建了立体式课程体系。培训调研开发成果在总行县域市场拓展经验交流会上进行了分享。全年共实施培训2期，平均满意率98.85%。

五是发挥学院专业优势，配合做好“培训培训者工程系列培训项目”开发。参与开发实施了我行“内训师标准化培训课程开发培训”、“院校教务教学管理人员培训”和“内部兼职培训师培训（实验班）”等项目，向全行院校推行学院的内训师学习成果和教学教务管理经验。

二、现场培训管理创新优化，效率提升显著

一是创新培训实施模式。首次推出“领导力培训周”、“网点负责人培训周”等创意实施方案。其中，“领导力培训周”首次利用一级支行行长能力素质模型进行测评，首次引进“培训超市”理念，提供经营管理、市场拓展和团队建设三个培训模块的培训产品组合供学员自主选择；首次以培训专题和模块进行分班，创新采用了先集中“开营动员”、后进行专题分班的形式。

二是改造培训管理流程。深入探讨现场培训管理全流程改革，不断优化“前后台分离”工作机制，有效提高了培训管理效率和管理水平，提升了教师和学员的培训体验。升级推出“杭院通”V2.0微信平台，让学员体验培训管理和服务无处不在的便利。

三是严格培训管理，强化优质培训服务。落实总行要求，推行“逢训必考”培训评估反馈机制。制定落实《培训质量管理不合格事项认定和处理暂行办法》、《培训质量管理手册（第5版）》。总结、提炼并推行以“三个凡是”为核心的后勤服务文化，不断提高培训服

务的精细化、个性化。一年来，学院共收到兄弟单位和学员感谢信12封、留言集1本、诗词9首、画作2幅。

三、网络大学建设稳步推进，效能发挥显著

一是网络培训再创历史新高。加强与业务部门的沟通，切实掌握培训需求，及时传达项目运作情况和学员学习情况。建立培训项目考核和评估制度，通过参学率、参考率、学习通过率等多个指标，从项目满意度、课件满意度、运行服务满意度等多个方面进行培训评估，不断提高培训项目质量和管理服务水平。

二是网络大学运行管理再上新台阶。做好网络大学运营维护，全年共在网络大学上加载各类信息8 000多条，维护论坛发帖150万条，加载和分发课件1 527门，编辑网络大学运行月报12期，知识库运行月报6期，设计培训套餐9个。

三是网络大学系统平台建设新出亮点。首次总结完成了网络大学白皮书《工行网络大学应用研究报告》。配合总行推进多个系统版本的顺利投产。协助总行相关部室编写需求，实现网络大学知识库系统与新终端平台、个人客户营销、法人客户营销等业务系统联动对接。组织编写《网络课件实时传输系统升级需求》、《网络大学虚拟课堂系统升级需求》、《网络大学虚拟课堂系统升级可行性报告》，完成网络直播和虚拟课堂升级扩容。

四是网络大学平台功能有效拓展。开通网络大学“直播频道”，把在杭州、长春两家金融研修学院举办的现场培训通过网络直播送到基层一线。全年共组织“直播课堂”19期，开通学习点451个，培训学员10 902人次。推动网络培训向境外延伸，启动“境外机构全球雇员工行基础网络培训项目”、“境外机构合规部门负责人（合规官）培训班”、“境外信用卡信贷审批人员业务培训”等多个项目，培训2 473人次。

四、培训资源建设成果丰富，教学创新显著

一是人才选拔和测评工作深入应用。将总行与外部咨询机构联合开发的支行行长、对公客户经理岗位胜任力模型和测评工具整合加入学院测评系统用于训前测评，并为多家分行提供人才测评、盘点、选拔等人力资源管理支持。完成支行行长功能模块扩展和公司客户经理能力测评功能模块的开发工作，并为分行提供素质能力测评服务。

二是教学方式创新提升培训实效。基本形成“全流程行动学习模式”、“专题式行动学习方式”和“微行动学习模式”的“行动学习”课程体系。领导力工作坊推出第二季系列管理游戏，构建了设计、破冰、体验、反思系统化的标准流程。首次引入“世界咖啡”课程模式，帮助学员实现跨界交流。稳步推进“管理沙盘”研发步伐。加强教学型案例研究，案例教学实践不断深入。

三是培训配套资源建设成果丰硕。成功开发移动学习课件、微课件，推出NOVA版本培训课件、私人银行业务从业人员系列培训课件、晨会直通车课件、柜面业务流程标准化课件等。完成总行4个教学型案例改编，参编《案例开发与教学使用手册》，完成总行案例库案例目录的整理工作，征集并形成《网点竞争力提升案例汇编》。开展“团队研发”“团队教学”，优化师资和课程结构。参与总行“工行内训师标准化培养体系建设项目”，合作完成8门课程的开发工作。学报更名为《金融言行》并完成改版，内设三大板块，内容更贴近读者。

五、综合管理水平提升，保障作用显著

一是信息技术与培训工作深度融合。自主开发人才测评系统、商业银行经营决策沙盘、商业银行营销沙盘等电子化教学系统，推进人才培养档案管理系统建设。开发推出移动学习APP，开发了移动学习平台、推出移动学习课件。升级“杭院通V2.0”服务平台。把学院培训综合接待系统的升级需求融入员工培训管理系统，提升培训综合接待管理水平。

二是综合管理服务水平有效提升。加强制度建设，全年修订完成制度19个。完成新公文系统和综合档案系统投产，组织开展涉密标识类文件自查清理工作，开展保密专题党课教育。组织完成运动场地改造项目，启动消防节水系统改造工程。落实信息化学院建设三年规划，全年共实施各类科技项目19个。加强学院对外宣传交流，全年共编发各部门报送的各类信息426篇，每月策划制作一期宣传橱窗，加大宣传力度。

三是人力资源管理不断完善。完成了学院内设机构及人员编制调整优化工作。加强员工任职资格管理，组织员工参加行内专业资格认证考试、专业资格继续教育和考试工作。完成学院高级专业技术资格的申报推荐工作。开展实施管理人员综合网络培训和全员职业素养网络培训。派出1名专业类年轻员工到支行进行挂职锻炼。制定实施部门副职后备干部选拔培养工作方案，促进年轻干部成长发展。

（杭州金融研修学院）

金融理论研究与学术交流

2014 年，面对复杂严峻的经营环境，全行围绕改革创新和转型发展，积极开展理论研究和学术交流，取得了丰硕成果，有力地发挥决策支持职能。同时，本行在国际国内一系列高层次学术交流活动中频频发出重要声音，充分展示了自身的学术水准和专业形象。

一、围绕全行改革发展的关键问题，推动四个方面 37 项重大课题研究，全面服务战略决策

（一）围绕全行经营转型的总体要求和结构调整的发展主线，就重点领域和关键环节的改革创新开展研究。《工商银行全面实施“大零售”战略研究》对“大零售”战略实施路径进行了前瞻性的规划，就机制体制、客户结构、重点产品、营销模式、品牌文化、全球发展、风险管控、创新发展、信息工程、队伍建设等不同维度提出了政策建议；《工商银行大公司金融战略实施研究》制定了“大公司金融”战略实施和推进的具体方案，深入研究了机构和队伍建设、客户和市场拓展、分层分级分类服务、全产品营销、联动营销、系统建设推广 6 项重点工作；《工商银行“大资管”战略研究》在探索资产管理业务的本质、发展规律与监管导向的基础上，从产品转型、投资管理能力提升、风控和盈利模式再造、全价值链功能定位等角度提出了“大资管”战略部署落实的具体措施；《工商银行渠道战略规划研究》对工商银行未来五到十年渠道经营与管理进行了科学规划和前瞻性研究，探索了“任意一点接入、线上线下互联互通、全程响应、体验一致的一体化渠道体系”的建设路径。

（二）适应经济新常态和金融新业态，就业务布局优化和产品工具创新开展研究。《未来区域信贷增长格局和布局研究》立足于我国区域总体发展战略规划和区域增长格局演变的总体趋势，以“效率、公平、可持续”为核心理念谋划工商银行区域信贷发展新的战略布局，建立区域信贷创新驱动机制；《利率市场化条件下工商银行资产负债布局优化研究》在深入分析利率市场化条件下商业银行资产负债业务转型发展方向和路径的基础上，研究设计适应经营转型战略、金融市场发展和竞争业态变化的资产负债优化目标及措施，探索了低杠杆、轻资本、快周转、高回报的稳健理性、统筹兼顾的资产负债发展路径；《小企业金融业务发展模式优化研究》探索依托供应链、产业集群等，批量拓展小企业客户的有效手段，开发操作简便、风险可控的小额信贷产品体系，并着手建立现场检查与非现场监测相结合的小企业风险控制模式；《中国股权融资趋势及投行业务机会研究》、《互联网金融时代托管业务的创新与发展》、《养老金资产管理业务创新研究》三个课题从管理体制、组织结构、产品服务、业务流程等方面分析了银行资产管理和投资银行业务的市场空间，为把握国内、国外两个市场的投资银行业务机会，以及托管业务和养老金业务向全面的资产服务升级发展提供理论支撑和决策依据。

（三）紧跟大数据和信息技术发展步伐，就信息化银行建设以及业务管理流程再造开展研究。《工商银行大数据战略研究与规划》重点基于资金交易数据、客户行为数据、业务量变化等数据基础开展大数据技术分析，并将分析挖掘成果运用于客户营销、风险控制等经营管理活动中，促进工商银行运营模式的变革和金融服务的创新；《工商银行数据挖掘分析方法及智能应用研究》总结个人客户生命周期模型、客户价值预测模型、客户渠道偏好模型、客户行为细分模型、产品偏好模型、客户忠诚度模型、客户流失模型等有前瞻意义和业务价值的典型数据挖掘模型的应用实践，形成了数据挖掘应用的路径、方法和管理框架，全面推动数据挖掘量化智能成果在市场营销和客户关系管理领域的应用和实践；《创新线下店商圈服务　构建新型商业模式的研究报告》深入分析移动互联网时代居民消费方式和商户销售方式的特征变化，运用互联网金融思想，研究提出整合利用特约商户和持卡人优势资源、创新线下商户服务平台暨持卡人本地生活服务新模式的思路方案，着手构建商户、持卡人、工行三位一体的银行卡服务生态圈，通过引流、转化、消费、反馈、存留的完整信息和服务闭环，打通消费市场的线上线下一体化服务。

（四）着眼不确定的外部形势和监管趋严的宏观环境，就深化风险管理、夯实转型发展基础开展研究。《系统重要性银行恢复与处置计划研究与实践》围绕全球系统重要性银行的监管框架，规划了工商银行恢复计划和处置计划的要素构成及框架，制定了各要素的方法论；《工银集团授信审批运行机制优化研究》立足集团国际化、综合化发展大局，按照“运行高效、方法科学、管控适度”的原则，建立与完善风险控制与业务

发展兼顾、统一性与差别化相结合、各环节协同联动、简约高效的授信审批运行体系；《金融资产服务代理投资业务风险管理框架及政策研究》梳理银行理财产品、银信合作、银证合作的业务模式和风险监管政策，从风险管理制度体系设计、代理投资管理流程和风险管理平台设计三个角度对代理投资业务风险管理体系提出政策建议；《以大数据驱动智慧型内控合规风险监控模型建设探索与应用》采用大数据分析理论与技术，构建智慧型内控合规风险模型，深层次挖掘历史数据隐含的信息，科学化提升模型精准度并逐步完善模型的风险覆盖范围。

二、打造四个系列研究精品，为全行经营管理提供专业支持

（一）国际宏观形势分析和市场研究系列产品。持续跟踪国际经济环境的最新动态变化，密切关注全球经济不平衡复苏态势延续、区域经济合作深化、全球能源格局重组、地缘政治动荡事件等热点焦点问题对工商银行的影响。针对全行国际化战略迅速推进的格局，定期推出全球区域风险研究报告，并针对重点风险事件及时发布风险信息提示。探索构建美日欧及大型新兴经济体的实际 GDP 增速预测方法体系，进行数据检验和预测结果的横向对比。

（二）国内宏观形势分析和市场研究系列产品。密切跟踪国内经济金融环境最新动态，及时预测经济走势和财政政策、货币政策、监管政策趋向，重点关注并深刻分析人口老龄化、居民储蓄模式转变、房地产市场走势、地方政府债务风险、会计准则改革以及利率市场化、资本账户开放、人民币国际化等重点、热点问题，并深入剖析国内形势变化对工商银行经营发展的影响。

（三）战略研究系列产品。2014 年，圆满完成《中国工商银行 2015—2024 年发展战略纲要》主体编制工作，有序启动《中国工商银行 2015—2017 年发展战略规划》编制工作。围绕区域经济发展新趋向和工商银行转型发展新要求，深入推进区域竞争力提升改革课题，《关于拓展县域市场和提升县支行竞争力的意见》和《关于提升大中城市行竞争力的意见》印发全行实施，并按照“一行一策”原则，从调动总分行两个积极性和优化配置总分行两种资源的角度推进第一梯队转型和第二梯队建设。

（四）同业研究系列产品。在完善同业信息网络和数据库的基础上，密切关注主要竞争对手发展动态及工商银行竞争环境和竞争地位的变化，并对存款业务竞争力、营业网点由“坐商”向“行商”转型等竞争战略以及互联网和电商发展、财富管理市场、民营银行试点等新型金融业态进行研究。

三、扩大学术交流范围，提高学术交流层次，显著提升了工商银行在国内外业界和学界的影响力

（一）国际交流层次不断提升。一是深度参与 ABAC 和 APEC 工商领导人峰会。在 ABAC 圣地亚哥会议上，本行提交的《货币互换规模不断扩大　人民币国际化稳步推进》提案，获得了与会各方的高度评价和广泛认可。二是积极参加国际学术论坛交流活动。参加 2014 亚太金融融合论坛、APEC 贸易部长对话工商界活动、APEC 中国工商理事会年、亚太城市基础设施网络论坛、“中美商学界对话：推进多哈谈判议程”等一系列大型国际会议，加强国际交流，扩大国际影响力。

（二）国内交流范围不断扩大。一是成功举办主题为“解决产能过剩问题与商业银行信贷结构调整及风险防范”的学术研讨会。高校和研究机构的学者与银行业代表共聚一堂，就产能过剩的现状与发展趋势、产能过剩给银行经营转型带来的机遇挑战、银行业务产品创新和风险防范的具体对策等方面进行热烈的交流讨论。二是成功举办“中国商业银行建立存款保险制度的条件和实施步骤”学术研讨会，把握存款保险制度即将推出的时间节点，邀请国有大型商业银行、股份制商业银行、证券公司、研究机构的专家致辞演讲，与会人员从宏观、微观多个角度，围绕银行业务结构调整、产品工具创新和风险管理体系建设等方面分享观点和看法。三是围绕“经济新常态与金融变革”“数据挖掘及其在商业银行的应用”、“信贷及代理投资业务的发展及展望”、“资本管理高级方法实施情况”等主题，举办多次学术研讨会，为行内外的交流提供平台。

四、开展行长调研报告报送和重点课题研究等工作，加大专家支持力度，群众性学术活动蓬勃发展

（一）坚持行长调研报告报送工作，深化对全行改革发展重大问题的认识，提高应对复杂局面和解决复杂问题的能力。各分行行长、总行部门负责人从经营实践和工作实际出发，围绕经营转型、体制机制改革、潜力市场拓展、服务与竞争力提升、员工队伍建设等事关全行发展的重点、难点和热点问题，认真撰写兼具前瞻性、针对性的调研报告，为总行经营决策及部门改进工作提供了有益的参考借鉴。

（二）认真做好重点课题研究的组织、推动与应用，通过群众性学术科研活动促进我行业务发展。城市金融学会结合全行中心工作，制订重点课题研究计划。通过各分行学会组织全行员工共同参与研究，不仅为总行战略部署、课题研究制定提供了帮助，也为各级分行业务的开展、发展战略的制定提供了有力支持。

（三）推进城市金融学会建设，充分发挥其研究平

台的作用。成功组织召开中国城市金融学会常务理事会会议暨工商银行发展战略咨询会议、中国城市金融学会第五届理事会第三次会议暨全国城市金融学会秘书长工作会议、中国城市金融学会学术委员会会议和秘书长培训班等活动，学会系统各项工作顺利开展。成功举办第十二届全国城市金融优秀论文及调研报告评选，经学会各团体会员单位初评、专家复评和学术委员会终审等环节，共评出一等奖论文2篇，二等奖论文9篇，优秀奖论文61篇；一等奖调研报告2篇，二等奖调研报告11篇，优秀奖调研报告39篇。

（四）巩固和发挥以城市金融学会理事会和常务理事会为主体的专家咨询机制，充分发挥专家学者的智囊作用，为工商银行发展献计献策。

（五）以创新沙龙为载体，在全行范围内构建“勤于思考、勇于创新”的研究氛围。2014年，围绕经济金融热焦点问题，共举办5期创新沙龙活动。其中，第2期创新沙龙着眼县域和农村金融市场拓展，邀请国家发改委专家与总行部门、重点县支行的代表共同探讨如何适应和把握县域经济大发展的契机，依托体制、机制、政策、产品、流程等的创新，打通工商银行由城市到县域、由县域到农村市场的业务与交易渠道，为突破盈利增长瓶颈和推动转型发展开辟空间；第3期和第4期创新沙龙就“大零售格局下的创新思维与实践”和“拓展专业市场的创新思维与有效实践”展开研讨，总行部门和重点分行围绕潜力市场的开拓分享经验和体会；第5期创新沙龙立足于集团一体化发展和综合化经营的大局，围绕如何在经济新常态下构建银保合作新格局进行了沟通和交流。

五、充分发挥《中国城市金融》、《金融论坛》的宣传导向和理论研究的学术平台作用

（一）紧密结合经营管理实践，提升《中国城市金融》办刊质量，服务工行改革发展。一是加大对全行改革发展重大事项的专题报道。2014年，围绕第一个十年纲要顺利收官、“大零售”战略推进、授信业务改革深化、互联网金融业务发展、专业市场探索、营业部（专项融资部）20周年、养老金业务10周年、资产管理部5周年、贵金属业务部5周年等一系列大事，进行专题报道，取得了较好的宣传效果。二是创新打造《特别策划》栏目，展现分行改革发展新风貌。《中国城市金融》围绕“大零售、大资管、大数据和信息化”、“提升县域金融市场竞争力”等重要战略，聚焦各分行的贯彻执行情况，陆续推出一系列深度报道，较为全面地展现了各分行的重要举措和成功经验。此外，《特别策划》栏目还报道了重点分行在支持老区经济建设与社会发展、推进网点竞争力提升、支持海洋经济建设、化解产能过剩等方面的成绩，充分展现了各分行紧抓国家政策及区域发展机遇，结合自身特色和优势，加快结构调整和战略转型步伐的努力和探索。三是发布“2013年度工商银行十大新闻”，总结记录了工商银行在2013年所取得的重要成就，向社会公众展现了工商银行的品牌价值。

（二）开阔研究视野，推动金融学术研究，扩大《金融论坛》在学术界、金融界的影响力。一是积极刊登国内理论界与实务界的最新研究成果，提高学术质量。2014年，重点加强了普惠金融、利率市场化、国际资本流动、民营银行和村镇银行等新型金融机构、互联网和P2P等金融新业态等商业银行改革发展热点难点问题的关注，推动了商业银行的理论研究与业务开展。二是积极组织学术征文。为了推动民营银行、村镇银行、民间银行问题的研究，促进中国非公有制银行、小型银行的健康发展，2014年《金融论坛》编辑部与山西财经大学财政金融学院共同举办以“民营银行、村镇银行、民间银行问题研究”为主题的征文，从中选择优秀来稿在《金融论坛》刊登。

六、行史编修工作持续推进

按照稳定性、连续性的原则，确定行史编修工作未来10年总体规划与安排，为工商银行改革发展保存珍贵的历史文献，充分发挥其鉴往知来的重要作用。启动并推进《中国工商银行史（2005—2014年）》（即行史第六分册）的编修工作。组织开展了材料征集工作，拟订了提纲及编修和出版计划。

（总行城市金融研究所）

第五部分

境内分行成就

责任编辑：史绍伟

北京分行

【主要业务指标完成情况】

2014年，北京分行实现本外币账面拨备前利润420.06亿元、拨备后利润411.91亿元、净利润309.68亿元，同比分别增长11.28%、12.05%和12.28%，继续保持系统和北京同业首位，净利润完成总行年度计划的109.26%。本外币资产总额成功跃上3万亿元新台阶，达到3.03万亿元，同比增加3 759亿元。本外币全部存款余额2.93万亿元，同比增加3 248亿元，日均余额同比增加2 969亿元，进一步巩固了北京资金市场上的优势地位。本外币各项贷款余额5 553.37亿元，较年初增加507.7亿元。其中，人民币各项贷款较年初增加471亿元，贷款余额达到5 157亿元；外币贷款增加4.6亿美元。实现中间业务收入91.17亿元，同比增加13.6亿元，增幅17.6%，占营业净收入的比重同比提高1.11个百分点。中间业务收入总量和增量均领先北京同业，收入增量、增幅和计划完成率为近三年最好水平。不良贷款连续14年保持“双降”，不良贷款余额降至16.73亿元，不良贷款率降至0.30%。拨备覆盖率达到678%，同比提高143个百分点。综合绩效考核中继续保持全系统排名第一。

【主要工作措施】

一、坚持实施“积极进取”的信贷发展战略，信贷经营质态进一步改善

一是积极抢抓优质信贷市场。紧紧抓住京津冀协同发展的历史性机遇，围绕总行确定的“八大目标市场”，重点支持国家和北京市重点在建续建项目及“十二五”规划确定的重大项目建设，深入拓展行业领先、技术先进、市场占比大、经营效益好的优质客户，全年人民币贷款累放3 769亿元，相当于新增量的8倍。其中，累放项目贷款577亿元，同比多放161亿元，90%以上用于支持国家和北京市重点项目建设，进一步巩固和扩大了在重点领域的市场影响力和对目标客户的竞争力。二是持续推进信贷结构调整。着力加大对现代服务业、文化创意产业等具有增长潜力和发展活力的新市场的拓展力度，累计新增贷款154亿元，占公司贷款增量的48%。持续加强对中小企业的金融服务，中小企业贷款增加200亿元，供应链融资增加99亿元。积极支持居民合理消费需求，个人贷款增加93亿元，余额突破900亿元。继续坚持有扶有控，融资平台、房地产和产能过剩行业贷款分别下降91亿元、12亿元和5.2亿元。三是加快公司金融转型步伐。主动适应社会融资结构多元化和多层次资本市场体系发展的大趋势，综合运用债券融资、股权融资、理财、融资租赁等新型融资工具，积极满足国有企业混合所有制改革、大型企业优化负债结构、产业链并购重组、上市公司增发融资，以及消化、转移、整合、淘汰过剩产能等多元化金融服务需求，全年累计办理非信贷融资3 502亿元。与此同时，稳步推进信贷流程优化，进一步加强贷款利率精细化管理，切实做好各类型客户的议价工作，形成了更有效率和活力的信贷经营管理机制。

二、持续夯实存款增长基础，存款业务的市场领先优势进一步扩大

一是巩固对公存款市场竞争优势。加强军队、财政、社保、公积金等核心机构客户的服务，积极营销教育、医疗、公检法、民政社团、文化、政府性基金等各类客户，全方位拓展机构存款来源。充分发挥大客户服务团队作用，利用在支付、结算、融资等领域的传统优势，发挥大额资金监控平台、电商平台、产业链金融服务平台的作用，围绕资金流开展链式营销，推动公司存款稳定增长。坚持结构合理、有利可赚的同业存款发展原则，积极吸收核心客户非交易性同业资金，努力实现规模与成本收益的有效平衡。人民币对公存款（含同业）同比增加2 774亿元，北京四大行占比55%，其中，机构存款增加2 501亿元，余额突破1万亿元大关，达到1.22万亿元。二是重点抓好储蓄存款的源头竞揽。坚持“抓资金源头、抓高端客户、抓批量发展”的工作策略，始终把代发工资作为揽存增储的主要抓手，重点围绕大型企业集团、重点中型客户、商友客户、财政统发客户、军队客户、金融同业等优质客户群体，努力提升代发工资的覆盖率。充分运用“薪管家”等创新产品，有效提高客户金融资产和储蓄存款留存率。积极跟进重点棚户区改造项目，加强与社保、公积金、高校、医院等机构的合作，有效拓宽拆迁补偿款和民生领域资金来源。注意加强存款与各类理财产品的互动发展，做强综合金融服务，做大客户金融资产服务总量和流量，推动个人客户金融资产和日均存款双提升。人民币储蓄存款日均余额同比增加133亿元，北京四大行占比34%，排名第一。三是着力提升存款工作精细化水平。积极将监管要求、总行部署与发展实际有机结合，坚持实事求是，不搞发展泡沫，比较好地平衡了存

款业务日均与时点的关系，实现了效益贡献与市场优势的双提升。人民币全部存款日均余额同比增加2 791亿元，为利润增长作出了突出贡献，年末存款偏离度也控制在总行限额内。增强存款定价管理的灵活性和适应性，努力实现客户提高存款收益和控制付息成本的“双赢”。正确处理好理财与存款的关系、自身产品与代销产品的关系，积极采取有针对性的、差别化的金融服务锁定客户，确保客户资金在行内封闭运行。

三、积极推进重点业务和新兴业务提速发展，经营转型步伐进一步加快

一是全面推动“大零售”业务整合发展。深入贯彻落实总行“大零售”战略部署，制定出台分行“大零售”战略实施方案及配套措施，选择四家支行先行先试，有力地推动了“大零售”战略的落地执行。持续加大客户拓展力度，加快推动各重点业务线突破发展，“大零售”战略成效开始显现。个人金融资产总额同比增加925亿元，同比多增240亿元；个人客户总量增加123万户，其中，中高端客户、财富客户、私银客户分别增加7.2万户、2.3万户和1 866户；新增信用卡223万张，总量达到1 128万张，收单交易额达到2 041亿元，同比多增146亿元，北京同业位居首位；个人网银、企业网银、手机银行客户分别增加了99万户、2.34万户和187万户，电子银行交易额72万亿元，同比增幅23%。二是着力提高“大资管”业务收入贡献。紧随总行战略导向，明确发展规划，综合理财、托管、贵金属、养老金等业务优势，加强与投行、租赁、基金、保险等综合化子公司的合作，搭建全市场、全客户、全价值链的大资管平台，持续提升“大资管”业务的综合收益。全年销售理财产品8 994亿元，同比增长33%；承销债券2 125亿元，系统内和北京同业均排名第一；实现品牌类投行收入3.53亿元，同比增长36%；实现贵金属收入2.92亿元，北京四大行占比71%；托管规模达到1.5万亿元，同比增幅27%，新增年金账户62万户，总量达到509万户，均排名北京同业首位。三是切实提升“大国际”业务竞争能力。持续完善国际业务联动营销体制机制，积极做好客户本外币一体化、综合化营销工作。充分借助海关、外汇局、跨境办、商委等渠道，广泛拓展新开户群体，不断夯实外汇业务发展基础。持续提升结算、资金、交易、融资等一揽子链式服务层次，通过产品组合与服务模式创新增强对重点客户的服务能力和市场竞争力。外币存款余额达到148亿美元，较年初增加72亿美元，增量和增幅明显高于往年；外币贷款余额64亿美元，同比增加4.6亿美元；国际结算量和结售汇业务量分别达到2 249亿美元和1 100亿美元，同比增长29%和51%；跨境人民币结算量1 763亿元，北京同业排名首位。

四、深化重点领域改革创新，经营活力和发展动力进一步增强

一是实施组织机构改革。按照总行的统一部署和要求，以理顺职能、优化流程为中心，研究制定分行机构改革方案，优化分行内设机构设置，明晰部门职责边界，理顺与总行的职能衔接。同时，按照分行整体安排，结合各支行实际情况，对支行组织架构进行了有序调整，进一步夯实了管理基础。认真细致地做好职能、人员划转及工作衔接，并根据部门职能变化做好业务流程梳理和制度办法修订等后续工作，确保了改革平稳过渡、顺利完成。二是完善绩效考评体系和业务评价方式。按照突出精简整合、突出质量效益、突出结构转型、突出发展基础、突出创新发展、突出网点竞争力提升等“六个突出”的导向调整绩效考评体系，取消了专业条线考核子办法19个，对支行的考核指标数量从241个减少到75个，经营思路和考评导向更加科学和清晰。加大绩效考评与各类费用资源配置的挂钩力度，使激励导向与经营导向更加紧密衔接。按照总行新的业务评价办法，建立分行层面的业务评价体系，客观、全面、动态、科学地反映经营发展情况，有效激发了业务发展活力、经营管理效率和市场竞争能力。三是深入实施网点竞争力提升工程。坚持“一张蓝图绘到底”，持续推进总行网点竞争力提升七大工程，进一步提升了网点经营效能，全行网均拨备前利润0.75亿元，网均日均存款49亿元，同比分别增长8%和15%，均排名北京四大行首位，基本实现了网点竞争力提升“两年上台阶”的既定目标。不断深化“客户包”管理，共将4.52万户对公客户纳入客户包管理，合计打包1 023个；管包客户经理增加140人，总量达到983名。深化网点运营标准化改革，新增低柜1 076个，总量达2 011个，高低柜配比降低至1.8∶1；柜员数量减少235人，总量降至5 485人，柜面业务可分流率16.17%，同比下降8.13个百分点。持续加快渠道转型步伐，全年改造、优化、迁建网点21家，新建自助银行144家，新增自助机具1 494台，建成投产了系统内最大的智能网点——西单智能银行，形成较大社会影响力。四是持续提升窗口服务质量。积极开展“人民满意银行建设年”活动，继续抓好排队问题的专项治理，加强重点支行挂牌督导，压缩柜面业务办理时长。着力推动投诉问题的源头治理，重点抓好理财产品销售、信用卡服务效率等突出问题的专项整治，严格执行“六严禁”等网点现场服务纪律，有效压降客户投诉数量。深入开展“提升服务品质、改善客户体验”主题活动，全力推进中银协星级（千佳）网点创建工作。全行客户投诉同比下降48%，无重复投诉发生。客户满意度和服务规范度分别达到90.8分和92.1分，均保持优秀级水平。10家网点荣获中国银行业“文明规范服务千佳示范单位”称号，在系统内和北京同业数量最多。五是积极推动互联网金融创新发展。全面贯彻落实总行加快互联网金融发展的战略部署，一方面抓好总行“三大平台”

和“三大产品线”的营销推广，抢占市场先机，全年新增工银e支付客户181万户，“融e购”签约商户、注册客户、平台交易额均位居系统内首位。另一方面充分发挥北京地区独有的资源优势，积极营销有北京特色的优质商户在线上入驻落户，重点拓展西单、金融街、王府井、CBD、三里屯等线下地标性商圈和高校校园商圈，通过为商户带来生意、为客户带来优惠，促进客户群培育，带动逸贷、分期等业务的发展，加快构建“支付+融资+导流”的线上线下一体化的互联网金融生态圈。

五、全面加强风险和内控管理，安全稳定运营的良好态势进一步巩固

一是切实加强信贷重点领域的风险防控。加强对政府融资平台、产能过剩行业、房地产行业贷款的风险防控，强化全口径融资总量控制，圆满完成了全年压降任务。强化对小微企业、个人经营贷款的风险管控，严格专业市场和产业集群信贷准入，防止以市场为融资平台“套贷”，抓好存量“裸贷”客户的风险排查和转化，控制小微企业过度融资，防范群发性风险。加大对贸易融资交易背景真实性的审查力度，严防关联交易风险。加强不良贷款清收转化和逾期贷款催收与管理，全年共压降潜在风险贷款48.52亿元，清收处置不良贷款7.17亿元，均超额完成总行年度计划任务；逾期贷款与不良贷款的“剪刀差”较年初下降3.36亿元。二是切实加强操作风险和其他风险管理。持续加强操作风险防控，加快分行运营管理统一平台建设，加大业务运营风险核查管控力度，全面排查各业务领域风险隐患，着力强化对重点业务、关键环节的监督检查，高度关注第三方支付、可疑POS交易、套取逸贷资金等新型风险，不断健全业务运营风险管理长效机制。2014年可控风险暴露水平为2.1‱，同比下降了2.6‱。不断提升市场及流动性风险计量管理水平，加强IT系统和信息安全管理，健全消费者权益保护管理机制，强化声誉风险管控，确保全行安全平稳运行。三是切实加强内控案防工作。持之以恒地抓好内控案防管理，推进案件查防工作由以查为主向查防并重转变，高度重视员工异常行为的排查治理，严格管控违规理财和私售飞单行为，始终保持对各类重大风险事件和案件的高压态势。强化外部欺诈风险信息系统的应用，严防外部欺诈风险。认真履行反洗钱工作职责，及时发现和防范洗钱风险。不断增强内控案防工作的针对性、有效性，全年无案件事故发生。

六、深入抓好党的群众路线教育实践活动整改落实，党建和队伍建设进一步加强

一是着力打造作风改进长效机制。始终把教育实践活动整改落实作为贯穿全年党建及经营工作的主线，按照习近平总书记提出的“三严三实”要求，持续聚焦“四风”问题，以踏石留印、抓铁有痕的态度，有力推动各项整改任务落实到位，确保整改工作取得实效。紧紧抓住整章建制这个关键，全面完善公文、会议、服务、调研、接待、办公用房、业务用车、财务管理等各项制度，努力推动整改深化和改进作风常态化。到2014年末，分行党委80项整改措施中，78项已完成，完成率98%，6项专项整治工作已全部完成，完成率100%；各支行党委制定的1 328项整改措施中，完成1 323项，完成率99%。全行党风作风行风焕然一新。二是着力推进干部员工队伍建设。坚持党管干部和市场化选人用人相结合，完善干部选拔任用制度，全年提拔聘用干部14人，交流干部26人，干部队伍结构进一步优化。不断健全干部监督机制，认真开展干部选拔任用“一报告两评议”工作，选人用人的公信力进一步提高。坚持人才优先发展战略，深入加强专业化人才队伍培养和储备，加大专业资格认证培训力度，围绕改革发展大局积极创新教育培训形式，累计开展各类培训3 000余项，培训近20万人次，人均培训近5天，干部员工的整体素质进一步提升。三是着力加强企业文化建设。以建设“首都文化大行”为目标，不断推进工行企业文化在全行的深植，使“工于至诚、行以致远”的核心价值观真正在全行员工中内化于心、外化于行。深入实施员工关爱计划，推进职工之家建设升级，丰富员工业余生活，提升了员工满意度。努力提高员工的薪酬福利和保障水平，完善员工医疗保障体系，加大对困难员工的帮扶救助力度，积极营造和谐温馨的家园氛围，进一步增强员工对企业的归属感和认同感。

天津分行

【主要业务指标完成情况】

2014年，天津分行实现账面拨备前利润70.81亿元，同比增长0.45%；实现净利润43.4亿元，完成总行计划的100.26%。实现中间业务收入21.27亿元，同比增长1.88%。人民币全部存款（含保本理财）年日均存款为2 509亿元，同比增加81.5亿元。人民币各

项贷款同比增加169亿元，其中，公司贷款增加67亿元，个人贷款增加24.6亿元，票据贴现增加77.3亿元。不良贷款余额29.9亿元，不良贷款率1.27%；累计清收处置不良贷款27.14亿元，完成总行下达全年计划的269%。继续保持无重大事故和案件的纪录。

【主要工作措施】

一、实施有效客户拓展工程

一是大力拓展个人客户。实现代发工资企业深度营销常态化，全年代发工资额累计达565.55亿元，同比增长23.13%；代发工资个人客户数达127.26万户，同比增长9.95%。积极吸揽高端财富客户，大力发展私人银行业务，成功发行“津门之星”专享区域理财产品，私人银行客户达390户，同比增长17.11%。二是全力拓展优质对公客户。依托工商系统金融共享、资金流向监控、全球资讯“三大平台”，提升对公客户营销成功率；强化存量客户的精细化管理，将日均资产5万元以上的客户分类筛选，逐户分配，落实到人；深入推进现金管理业务，与赛威传动、摩托罗拉等多家大型企业签订了全国级现金管理协议，与天津物产集团有限公司合作开发“财智商贸通”电商平台项目，实现了支付结算功能的投产上线。

二、实施存款增长提速工程

一是健全存款奖励机制。在全行的经营绩效考核中突出对日均存款的考核，强化对存款工作的问责；加强存款偏离度管理，全年存款偏离度1.42%，控制在总行的要求范围内。二是全力营销储蓄存款。持续开展商友卡营销活动，以优质产品有效提高个人存款留存率，商友卡达14.39万张，同比增长41.22%；商友卡卡内存款达35.23亿元，同比增长24.93%。三是全力营销对公存款。加快银医市场抢占步伐，先后与天津中医院大学第一附属医院，天津医科大学眼科医院等多家三甲医院签订了银医一卡通合作协议；加大公积金市场竞争力度，深入推进天津公积金资金汇划项目，全力营销公积金缴存客户签订委托划转协议，已完成7 410户资金汇划合作协议的签署和注册，累计归集金额23.44亿元，打破建行在天津地区公积金业务垄断局面；加强现金管理业务营销力度，成功获得天津市财政局市级国库现金管理代理银行资格，并获得最大份额的国库现金存款。

三、实施资产业务增强工程

一是强化重点客户营销。成功与中国空间技术研究院天津基地管委会签约，实现航空航天领域的重大突破；与华能天成租赁公司签约，进一步探索了与央企下属租赁公司开展深入合作的路径；以项目链为重点推动供应链融资业务发展，全年累计发放供应链融资47.55亿元，同比多投放27.21亿元；做好“开发区+入区企业”一体化营销，全年新增金融合作客户704户，新增融资额157亿元。二是大力发展非信贷融资业务。成功运作天津城投集团、天津港集团私募债及滨海建投集团中期票据等业务，完成债券承销127亿元，同比增长182%；成为天津物产集团首次境外发债全球总协调人，并成功运作系统内首笔内保外债业务。三是全力夯实小微企业业务基础。确立集约化经营和专业化管理的发展方向，抢抓天津市政府设立中小微企业贷款风险补偿基金的历史机遇，成为首批与市政府签约的银行，同时积极推进小微企业金融中心试点筹备工作。

四、实施转型发展跨越工程

一是深入推进大零售战略。成立分行零售金融业务推进委员会，研究制定战略实施意见，精选8家辖内支行开展“大零售”试点，调整人员架构，规范考评机制，制订零售方案，以典型带动促进了全行零售业务发展，个人金融资产余额达1 729.71亿元，同比增长7.93%，增幅在总行系统内居第8位，进一步巩固了个人金融资产同业第一的地位。二是深入推进大资管战略。建立了大资管业务项目推荐重点联系行机制，成功推荐项目的支行增加6家；成为总行系统他行票据资产投资业务试点行，全年实现投资23.86亿元，开辟了中间业务收入新渠道。三是创新推广国际业务。创新办理代客商品风险管理业务，实现商品交易零的突破；大力拓展收入贡献较高的远期结售汇业务，积极推广投标保函等非融资性保函业务；积极拓展跨境人民币业务，细化经常项下跨境贸易人民币结算审核流程，扩大人民币资本项目跨境结算业务，国际结算业务量达到608.82亿美元，同比增长20.81%，办理跨境人民币业务295亿元，同比增长185.32%，荣获总行“2014年度国际业务十佳先进单位”、“全球单证管理系统推广先进单位”等荣誉称号。四是互联网金融业务取得突破。推出津通卡自助裁缴系统二期项目，实现在电子银行、自助渠道的便利缴费；积极开展线上POS业务，成为总行系统内首家线上POS商户签约分行；大力拓展电商客户，成为首家融e购电商平台目标商户100%签约的分行；积极抢占移动金融发展制高点，开展“电子银行+e支付+手机银行+即时通讯平台+融e购”一揽子捆绑营销，个人手机银行客户数达233.98万户，同比增长33.30%，个人网上银行客户数达343.03万户，同比增长12.47%，累计实现融e购交易额19.54亿元。

五、实施渠道竞争力提升工程

一是进一步优化传统渠道布局。全年完成营业网点新建及优化改造项目30家，累计撤并D、E类低效营业网点9家，完成自助银行建设125家，其中，离行式自助银行总数达97家，自助柜员机单台日均业务量位居同业之首。二是全面实施网点标准化管理改革。调整高低柜柜口配比，重新梳理了低柜办理业务范围，全辖网点实开高低柜口配比由改革前的3.3:1大幅优化为1.26:1。三是着力提升网点服务效率。进一步推进业务集约化运营，全面完成附行式自助柜员机账务集中管理，实现对公付款账务等业务集中处理；完成141类个人业务免填单工作，有效节省了业务处理时间，柜面平均服务时长由年初的327秒下降至145秒；积极开展“人民满意银行建设年”活动，有效提升全行服务质量，柜面客户服务满意度达96.89%，同比提高1.86个百分点。

六、实施资产质量改善工程

一是强化信贷管理。健全信贷管理工作机制，组建信贷风险执行团队，专门负责信贷管理、不良清收、风险防控等工作；开展重点领域风险排查，按月对新发生不良贷款进行分析排查，对国内保理业务应收账款真实性进行核查，并对新办理的信贷业务进行检查，有效防控了风险。二是继续狠抓不良贷款清收处置。落实领导挂帅、分级负责工作机制，一户一策，有序推进。积极实施定目标、定项目、定时间、定人员、定责任“五定”工作措施和“死盯不放”的清收策略，积极探索不良贷款批量处置有效途径。

七、实施内控案防巩固工程

一是强化操作风险管理。全面完成柜员指纹认证改革和网点核算印章改革，违纪违规行为得到有效控制；在严格执行岗位轮换和强制休假制度基础上，开展突击岗位调换工作，全年突击轮岗226人；梳理关键岗位人员台账，按计划落实关键岗位人员轮岗，从源头控制操作风险；实施网点运营质量评级管理，制定网点运营质量评级管理办法，提升网点运营质量；加强支付密码器推广工作，支付密码器推广率97.81%，同比提升5.04个百分点。二是持续强化内控案防管理。组织开展参训人数最多、时间最长的内控案防专题培训，切实提高各级管理人员廉洁从业和案件防范意识；开展《员工违规行为处理规定（2014年版）》学习活动，提高员工遵章守纪，规范操作的自觉性；持续加强对重点风险领域、重要风险点的检查，开展“一加强两遏制”专项检查及信贷业务贷后管理、非法集资风险等专项排查，对运营风险屡查屡犯的事项进行大力整治，全年累计堵截假票据、假存单等外部欺诈事件109件，金额6 776万元。

八、实施党建和队伍强化工程

一是持续加强干部和人才队伍建设。合理搭建了高中级管理人员在管理类和非管理类岗位间转换平台；着力提升员工专业技能，组织各类特色业务培训班及资质认证考试；制定印发公开选拔基层网点负责人后备方案，建立跟踪培养机制，提高基层网点负责人业务素养，带动一线网点核心竞争力的提升。二是持续优化人员结构。按照总行机构改革部署，整合优势资源，推动分支行两级机构改革，健全科学合理、精简高效的组织机构。分行层面，规范内设部室设置，取消二级部室，整合直附属机构，精简了8个机构设置；主动调整中心城区一级支行经营布局，将分行辖属支行数量由年初的42家整合为34家。支行层面，实施支行机构改革，规范支行本部内设机构设置，优化支行岗位结构，同时配合营业网点标准化改革，对网点岗位职责进行了梳理并规范确定了岗位职责。三是积极营造和谐稳定的内部环境。稳步提升员工的薪酬福利水平，兑现员工年度考核奖励性竞争工资档次调整工作；进一步关心和落实离退休老同志的政治与生活待遇，节假日走访慰问，送去关怀；加快职工之家建设，已经建成和正在修建的职工之家达到30家；“工银乐动”、“工银体健”等团体举办了多场喜闻乐见的文体活动，丰富了员工业余生活，向社会展现了天津分行充满青春活力的良好形象。

河北分行

【主要业务指标完成情况】

2014年，河北分行实现拨备前利润127.89亿元，净利润86.34亿元，分别增长6.88%和5.54%；实现经济增加值51.9亿元，增长7.59%。实现中间业务收入43.23亿元，增长15.27%，排系统第10位，总量增量同业双首位。不良贷款余额31.4亿元，较年初增加2.2亿元，不良率0.85%，下降0.01个百分点，优于系统平均水平；拨备覆盖率276.27%，提高41.66个百分点。人民币全部存款5 195.98亿元，增加120.08亿元，日均增量120.72亿元，系统排名第8位。人民币各项贷款3 817.11亿元，增加388.9亿元，增幅11.34%，排系统第9位。

【主要工作措施】

一、突出理念更新，转型发展氛围更加浓厚

一是牢牢把握转型发展理念，统一全辖对转型发展的理念认识，处理好规模与质量、速度与效率的关系，走以结构优化、效率提升、资本节约为主要内容的集约型、内涵型发展道路。二是牢牢把握区域经济发展特征，紧紧抓住河北产业结构调整、京津冀协同发展历史机遇，以改革创新拓展发展空间，在创新发展中培育新的盈利增长引擎，努力实现在更高平台上的高质量发展。三是牢牢把握客户发展导向，确定今年为“客户发展年”，变营销业务、营销产品为营销客户，推进客户量质并举，夯实客户基础，提高综合贡献。四是牢牢把握风险控制底线，适应经济下行周期风险特征，坚守内控案防和资产质量底线，构建覆盖信用、操作、市场等各类风险在内的全面风险管理体系，确保稳健运营。五是牢牢把握人本理念，完善员工工作机制，拓宽员工岗位晋升和发展通道，深入推进同心工程，加强企业文化和职工之家建设，构建了团结向上、凝心聚力的和谐发展氛围。通过一年来的经营实践，全行上下对新形势下推进经营转型有了更加深刻的体会，为进一步加快强行建设奠定了坚实基础。

二、突出结构优化，持续发展能力不断增强

一是强化资本节约，坚持以结构调整深化信贷转型。信贷结构进一步优化。围绕河北百强企业、143 个省管重点项目、120 个产业集群等板块，积极拓展四大新市场、节能环保、消费升级、小企业、供应链等重点领域，抢抓优质信贷资源，“四大新市场”贷款新增 229 亿元，余额占公司贷款比重提高 18.1 个百分点。累计发放小企业贷款 411.25 亿元，新增 18.34 亿元，排系统第 4 位。个人贷款增加 172.92 亿元，排系统第 6 位。净增供应链 46 条，融资余额增加 25.3 亿元。加强复杂经营环境下信用风险防控，地方政府融资平台、房地产、产能过剩行业合计压降融资 107 亿元，余额占比下降 5.66 个百分点。公司金融提速发展。实施大资管发展战略，围绕港口、交通等重点行业，综合运用资本市场工具，满足客户多元化金融需求。实现债券承销 40 亿元，完成计划的 267%；推荐投资资产交易业务 24.53 亿元，是上年的 2.36 倍。银团分销 46.6 亿元，超过计划 26.6 亿元，推荐办理融资租赁业务 15 笔、30.3 亿元，完成任务的 101%。资本占用更加节约。累计对1 063 户、1 649.45 亿元贷款进行了债项优化调整，节约经济资本 10.87 亿元，增加 EVA5.64 亿元，562 户客户 EVA 实现由负转正，经过优化调整客户的平均资本占用率由 8.3% 降至 7.6%。年末，信用风险经济资本占用 164.91 亿元，增加 5.37 亿元，仅占年度经济资本增量计划的 30.6%。二是强化转型与规范，推进中间业务多元化健康发展。实现由融资项目拉动向基础业务转变。组织开展多层次营销活动，突出抓好结算理财代理三大基础业务增收，围绕商品交易市场，加快推动基础较为薄弱的对公结算、借记卡等业务发展，实现结算业务收入 14.04 亿元，其中灵通卡收入 2.48 亿元，增幅 87%；突出本行产品与高收益产品销售，推动销售规模与收入同步增长，理财、代理业务分别实现收入 8.06 亿元和 3.11 亿元，增幅分别为 53% 和 16.68%。实现由中低端同质化服务向品牌化高附加值服务转变。加快产品创新，一些附加值高、为客户增值多的战略性成长业务得到较快发展。办理股权融资业务 21.3 亿元，实现收入 2.37 亿元，同比增长 110%，收入额排系统第 3 位。私人银行产品规模 130 亿元、业务收入 1.12 亿元，同比分别增长 276% 和 85%。信用卡分期、资产管理、养老金、贵金属等业务收入增幅均在 30% 以上。实现由重收费轻服务向提升服务质量、提高合规收费意识转变。坚持规范与转型发展两手抓，严格执行“14 版价目表”和有关管理办法，通过产品和服务的不断升级，推动中间业务可持续发展。

三、突出均衡发展，各项存款实现平稳增长

一是储蓄存款稳定增长。以旺季主题营销活动为平台，以银行卡、理财、保险等重点产品为抓手，着力抓好代发工资、商友俱乐部、借记芯片卡等重点客户群，从源头增加存款。累计增加代发工资单位 1 389 户，净增代发额 263.5 亿元；新增商友卡会员 50.9 万户，排系统第 3 位；新发有效借记卡 468.32 万张，增幅 29.65%。二是对公存款尤其是机构存款竞争力快速提升。在稳固扩大财政、社保重点系统存款优势的基础上，以营销银医一卡通、社保卡等产品拉动民生领域存款增长，独家办理武警军保卡项目和白求恩国际和平医院银医通项目，军银合作更加深入。全年机构存款增加 80 亿元，日均增量 118 亿元，分别排系统第 13 位和第 7 位，日均增量居同业首位。三是完善联动机制，促进存款稳定增长。强化存贷、公私、系统内、客户间、各产品联动，完善存款变动与信贷资源挂钩机制，强化裸贷户治理，促进有贷户存款增加。顺应存款理财化趋势，完善理财产品营销策略，实现存款与金融资产的良性互动，累计销售保本理财和结构性存款 764.94 亿元，同比增加 77.19 亿元，销售法人理财产品 475.8 亿元，同比增长 30.8%。

四、突出客户与渠道发展，夯实并扩大了经营基础

坚持客户发展导向，集中开展客户拓展攻坚战，客户发展实现量质提升。客户总量2 339.23 万户，增加 183.99 万户，其中新增有效法人理财客户 1.13 万户，任务完成率 117.6%，是唯一一家超额完成任务的分行，同比增加 7 323 户，增幅排系统首位。日均资产 1 万元以上客户净增 10.31 万户，系统排名第 12 位。使用 3 种及以上产品的个人客户占比 53.02%，提高 2.84 个百分点；使用 4 类及以上产品的公司融资客户占比 84.53%，提高 18.91 个百分点。在加快客户拓展的同时，积极落实总行网点竞争力提升“七大工程”各项部署，着力推进渠道能力提升。优化物理网点布局 75 家，优化低效网点 52 家，完成全年计划。新建离行式自助银行 292 家，任务完成率 194.67%。新建附行式自助银行 117 家。实施网点内部分区改造 190 家，综合网点达到 755 家，网点综合化率 90.96%，提升 6 个百分点，提前完成总行三年规划目标。互联网金融快速发展，电商平台上线商户 82 家，商户交易额 4.67 亿元，

排系统第4位；工银e支付账户新增181.5万户，手机银行新增动户71.7万户，分别增长226%、185%；电子银行交易额11.8万亿元，同比增长10.6%。

五、突出风险防控，在复杂经营环境中经受住了考验

一是强化不良贷款清转处置，成功处置石家庄焦化集团等不良贷款大户，亿元以上不良贷款大户全部清收处置完毕，累计清收处置不良贷款26.4亿元，完成任务的114.3%。加强潜在风险贷款退出、担保圈化解和异地融资清理工作，累计退出转化潜在风险贷款42.73亿元，完成任务的113.34%。不良贷款额、不良率实现一升一降，资产质量基本保持稳定。二是案防基础不断夯实，集中选派234名专职内控监察员到各一级支行，专职履行纪检监察、案件查防、内控合规和安全保卫第一执行人职责，进一步强化了基层行内控案防的管理力量。围绕总省行确定的8个案件重要风险点，细化风险环节和治理措施，加强员工异常行为管理，组织开展排查治理活动，持续保持了案件防范的高压态势。全年发生可控一类风险事件5笔、十大违规风险事件15笔，同比降幅87.8%和76.56%。外部风险得到有效控制，成功防范外部欺诈风险事件349起，避免经济损失1.6亿元，未发生外部欺诈既遂事件，连续9年平安无案件，连续16年无重大安全事故。

六、突出改革创新，有效激发了经营活力和发展动力

把机制体制改革作为动力源泉，不断深化考评机制、营销机制、机构管理、服务管理变革，激发经营发展的新活力。在考评机制上，首次由省行直接制定一级支行考评办法，对全辖支行进行分类排名，确保总行导向在各级机构落地。完善专业条线评价办法，突出强化二级分行副职和专业部门管理人员考核，增强管理干部的责任意识和履职能力。深化客户经理综合营销积分考核，初步实现客户经理营销业绩、柜员业务量通过MOVA系统自动提取，实现二级分行为单位的客户经理积分排名。3 424名客户经理、816名大堂经理和3 031名柜员纳入积分考核，实现与绩效工资实质性挂钩。营销机制上，在上年组建五个团队的基础上，又组建了理财投资、分期付款两个团队，专业化营销效果凸显。办理资产管理业务223亿元，是上年全年的3.3倍。分期付款业务交易额111亿元、手续费收入3.85亿元，增幅分别达到131.3%和104.9%。大数据和信息化手段应用全面启动，组建数据分析师团队，实施精准营销项目39项，开展数据查询活动401项，智能营销、精准营销效果显现。机构管理上，突出县域支行“三为主、三提升”经营定位，合理设置11项县域支行提速发展核心指标，逐支行审核制订提速发展方案，加快县域市场拓展，推动县域支行竞争力明显提升。在服务管理上，深入开展“人民满意银行建设年”活动，集中开展服务治理提升专项工作，投诉建议类工单同比下降94%，连续四年荣获河北新闻网评选的“河北网民最信赖金融品牌”称号，6家支行获评中国银行业协会文明规范服务千佳网点称号、居同业首位。

山西分行

【主要业务指标完成情况】

2014年，山西分行实现拨备前利润64.38亿元；实现净利润37.59亿元。本外币各项贷款（含银行卡）余额2 115.97亿元，同比增加147.06亿元，其中，个人贷款增加31.27亿元，票据贴现增加124.54亿元，银行卡贷款增加4.66亿元。实现创新融资580.24亿元，同比增加34.63亿元。本外币全部存款（含同业）余额3 749.09亿元，日均增加22.7亿元，其中，储蓄存款时点增加39.97亿元，日均增加32.36亿元；机构存款时点增加29.36亿元，日均增加4.91亿元。实现中间业务收入18.81亿元。不良贷款余额23.73亿元，不良贷款率1.16%；累计清收处置不良贷款29.68亿元；创新不良贷款处置方式，通过打包批量转让，清收处置不良贷款18.06亿元，其中，现金清收8.74亿元，核销9.32亿元。

【主要工作措施】

一、严把信贷风险关口

面对省内经济身陷“资源型经济困局”的严峻形势，立足把好信贷风险管控关口，加快清收处置消化存量不良贷款，多措并举防止新劣变发生，全力以赴狠抓信贷风险防控工作。全年对11家二级分行开展了四轮风险排查汇报，逐户听取了对645户企业、1 330亿元贷款的汇报，进行了41次专题分析，通过多轮排查督促各行盘清自家底数，完善应急对策，狠抓措施落地，有效推动各行管理人员贷后管理认识的改进和提高，全行对信贷风险的识别和把控能力进一步增强。在加大风险排查、全面了解客户的基础上，认真分析贷款风险成因，按照“以时间换空间”的工作原则，审慎判断，

严格把握，对107笔、78.3亿元贷款项目进行了合同要素重新安排和调整，转化和缓释了风险，全年累计化解进入“剪刀差”框架的风险客户44户，消除“剪刀差”64.8亿元。在不良贷款清收处置方面，借鉴系统先进经验，创新清收处置手段，通过竞价方式成功实现一次性批量打包转让处置不良贷款18.06亿元。集中力量推动涉及表外资产业务风险化解工作，全年配合信托公司共完成了6笔信托计划共计57.33亿元资金的按期兑付工作，最大限度地防范了群体性事件发生。

二、夯实客户市场基础

始终把“强化客户基础”作为一号工程，从公司、机构和个金三个维度夯实客户基础，实现客户的“提质扩容”。深入开展客户市场再梳理，围绕金融办项目平台、核心企业上下游等领域锁定目标客户2 227户，按照“近、中、远”梳理贷款客户营销视图，针对日均5万元以上客户开展链群式、名单制营销，公司客户较年初增加6 167户，全年新开有效对公结算账户1.15万户。继续稳固“财政、社保、公积金”三大核心客户，以归集、征缴、支付、划拨等环节作为切入点，着力拓展核心领域上下游关联客户，以公共资源、民政部门为重点推进集群营销，同时开展重点机构客户走访活动，特别是对46户军队客户进行了集中走访，拉动军队客户存款增长9.18亿元，全年机构客户新增768户。围绕“代发工资、个贷和五级商友”三大客户群，深入开展新增个人客户回馈、特色积分回馈等专题活动，对接家装、婚介、旅游、出国留学等中介组织，全年净增代发工资客户46.9万户，签约工银信使客户162.96万户。个人四星及以上客户较年初净增12.28万户，增幅7%；私人银行客户较年初净增168户，增幅14%。

三、稳固存款业务市场

紧抓对公存款这一主要指标，按季实行以“客户包”为单位的打包认领和专项考核，实行1 000万元及以上大额资金流出监控机制，建立有贷户存款通报、公司存款日报、旬报及大额变动预测制度，深挖有贷户上下游存款归集潜力，加强“存贷比、受托支付和销售归行”三维管理，严格控制“裸贷”，强化存款与贷款规模配置挂钩管理，提升客户资金行内留存率；积极疏通资金回流渠道，归集理财、债券承销、租赁资金共计137.7亿元。努力保持机构核心市场存款份额，组织开展了以“业务合作全覆盖”、“账户种类全覆盖”为目标的“社保经办机构全覆盖”活动，积极争取“五险统征”合作代理及财政社保资金拨补落地，抓住省级国库现金管理试点，加强代理财政收支业务合作，全力拓展住房维修基金领域，实现社保存款新增51.18亿元，取得19亿元国库资金份额。立足储蓄存款与个人资产的同步增长，组织财富客户增值服务综合推荐活动，开展储蓄存款差别化定价业务，大力推广理财POS、“节节高”、直销服务等新兴业务，加强理财与储蓄存款的有序转化，全年依托代发工资业务留存资金101.94亿元，拉动金融资产提升165.63亿元。抓住私人银行区域专属理财产品首发机遇，发行“山西之星”区域理财产品21.57亿元，带动私人银行客户总资产增加24.49亿元。有效发挥全产品综合化服务优势，为富士康集团量身定制外汇存贷组合产品，成功营销美元定期存款合计2.2亿美元。

四、深挖贷款业务市场

根据山西产业结构特点和工行信贷经营实际，持续纵深动态梳理信贷市场，强化与总行政策的有效衔接，加快具体项目的储备、对接和落地转化，全年共投放各项贷款1 472.56亿元，同比多投63.42亿元。实行公司业务半月滚动和分环节责任推动机制，抓住优质大型项目，及时跟进重点行业、重点工程、重点客户，保持了在传统行业市场份额，2014年末公司贷款余额达到1 698.54亿元。坚定不移地推进信贷结构调整，围绕“八大目标市场”和“三大业务板块”，充分利用“综改区”政策红利，全力挖掘现代服务业、战略新兴行业、先进制造业等产业优质市场，新兴行业贷款总量达到159.03亿元，其中向商贸流通、电信运营、装备制造、建筑、教育、医院、文化、现代物流等领域累计投放贷款110.34亿元。推动“小贷”业务发展壮大，个人贷款和卡贷款分别增长19%和8%；全力打造逸贷产品成为新的转型支撑，实现前、中、后台全流程、链条式营销服务，融资余额达到2.59亿元，较年初增加1.64亿元。坚持拓展小企业信贷市场，实现了美特好融资方案的落地、太钢和太重链条的延伸以及同煤、平朔等重点核心企业的链客户拓展。加快融资业务创新，强化信贷与资管良性互动，拓展非信贷融资渠道，全年实现创新融资580.24亿元。充分发挥票据对盈利贡献的有效作用，票据贴现量累计达到563.52亿元，实现综合收入3.83亿元，同比增加1.33亿元，增幅53%。

五、拓宽中间业务来源

面对中间业务收入增速放缓的严峻形势，按照“二次创业”的思维，深入推进“双擎两翼”工程，强化绩效合约和预算目标管理，依托“拓户增收”和“产品渗透”两项重点，围绕预算“四分解、四落实”强化目标意识，加快重点业务和重点项目双向发展，坚持传统业务和新兴产品同步推进，全力突破中间业务收入增长瓶颈。零售业务部门实现中间业务收入10.97亿元，同比提高4.89个百分点；信用卡新增发卡39.4万张，发卡规模累计达到195.5万张。资管业务成为重要发展方向，全年新增资产托管规模4 307.4亿元；品牌类投行收入实现1.08亿元，同比增长7%；新增债券投资收益4.52亿元，同比增长12.67%；理财产品新增销售240.5亿元、日均余额86亿元；账户管理、上门收款、现金管理三项基础业务收入同比分别增长53%、2.41%和0.4%。互联网金融发展取得新突破，全行员工融 e 购注册率达到 85%，工银 e 支付体验率达到 87%；全行新增企业网银客户 8 943 户；电商平台总行审批通过商户 83 户，其中成功争揽行外商户 32 户，客户交易额 5 149 万元，金融产品交易额 7.18 亿元。

六、提升经营管理水平

作为系统内首批核算印章改革试点行，率先启用电子化打印和自动化控制的全新用印模式，全行 458 个营业网点 7 066 枚传统实物印章由自动化用印和电子化打印取代，进一步提升用印风险管控水平。深入推进网点运营标准化管理，确定了试点先行，以点面结合、分步实施、快速推进为工作原则，以驻点跟踪和分片巡回的方式，强化对二级分行的改革指导和推动，相比改革前，实开柜口总数下降 23.4%，网点高低柜配比达到 1.31∶1，柜员和服务支持岗数量分别下降 25% 和 74%，网点运营效能和营销活力正在逐步释放。围绕人力资源优化配置和实现内部挖潜，按照“数量、质量、作用发挥”三个到位，不断加强客户经理队伍建设，共充实大堂经理和客户经理 1 191 人；启动了对公客户经理“一周双晚”应急滚动培训，初步完成全行人员结构、营销方式、作业模式、激励模型的优化和转变。扎实推进网点竞争力提升工程，实施存量网点优化，共完成 11 个低效网点的优化改造工作；不断升级完善网点功能，加快离行式自助网点建设以及新排队叫号机等新自助设备的布放进度，全年新建离行式自助银行 120 个，新投放自动柜员机 585 台、自助设备 383 台。圆满完成柜员身份指纹认证改革任务，综合运用突击轮岗、突击查库、视频监控等手段开展专项检查，加强重点环节风险管控，不断提高业务规范化管理水平。加快推进信息化建设，构建起“双百”应用模型，完成 101 项数据分析模型设计，在精准营销、市场拓展、客户定位、业绩提升和风险防范等方面应用效果明显。针对内控案防工作面临的严峻形势，结合总行案件和风险事件专项治理活动要求，组织开展了严肃整治违规违纪行为专项行动和系列检查排查，对三类重点群体和三大重要领域开展了全覆盖滚动式风险排查，通过扬正气、树标兵、抓典型、严手段，形成了对违规违纪行为的高压态势，为业务发展营造了良好的环境氛围。积极推进企业文化建设，组织开展了形式多样的主题教育和宣传活动，加快企业文化体系落地深植。

七、积极参与公益事业

秉承“回馈社会、服务社会”的宗旨，积极投身社会公益事业，在扶贫、助学、助残、环保等方面发挥金融骨干作用。积极筹措资金帮助扶贫点运城市垣曲县长直乡解决当地部分村民吃水难的问题。利用春节、国庆等重大节日，积极开展送温暖活动，将总行拨付资金 232 万元、配套资金 168 万元用于特困救助，力度之大为历年之最。

内蒙古分行

【主要业务指标完成情况】

2014 年，内蒙古分行实现拨备前利润 47.4 亿元、拨备后利润 32.18 亿元、净利润 23.2 亿元。人民币各项贷款余额 1 714.43 亿元（含票据贴现和银行卡透支），较年初增加 153.21 亿元，增长 9.81%。人民币各项存款余额 2 185.71 亿元，较年初增加 96.36 亿元，增长 4.61%。

【主要工作措施】

一、强化信贷资产质量管控，举全行之力打好“两大战役”

一是加强组织领导，有效落实责任，全力清收处置不良贷款和逾期贷款。进一步加大资产质量在二级分行经营绩效与业务发展考评体系的权重，严格落实大额不良贷款行领导挂帅以及区分行前中后台部门负责人工作责任，突出抓好重点地区不良贷款清收处置。综合运用各种清收处置手段，积极探索不良贷款清收处置的新方法、新途径，累计退出转化潜在风险贷款 29.28 亿元，清收处置不良贷款 29.46 亿元。二是切实提高信贷风险超前防范能力。加强不良贷款监测分析，按月预测、分析不良贷款变动趋势，按周通报不良贷款劣变、清收处置进度，不定期召开不良贷款重点行清收处置推进会，及时掌握风险动态，研究制定工作措施。把清收逾期贷款、关注类贷款和潜在风险贷款与压降不良贷款等同对待，逐户跟踪督办，严格防止不良贷款前清后溢。三是实施提升信贷质量管理工程，努力夯实信贷经营管理基础。制定提升信贷质量管理工程实施方案，分专业编制信贷业务制度流程要点手册，对内控制度、公司、小企业、个贷、银行卡等专业内容进行全面培训、培训员工 1 800 人；组织 126 场全区信贷业务统一考试，努力强化基层信贷人员学习能力；制订考核验收方案，深化基层行工程的组织推动和贯彻落实，努力夯实全行信贷管理基础。

二、多措并举，努力提高业务转型发展能力

一是强化营销组织，努力夯实客户基础。持续开展全员对公账户营销活动，新开对公结算账户 2.78 万户。积极营销新建和续建重大项目，实现现有公司类有融资关系客户 1 764 户。重点强化对医疗、教育、农林牧、工会、民政慈善和公共资源等潜力大的行业和系统的营销力度，新增机构金融客户 59 户。推动国际结算客户直营机制建设，新增大中型客户 18 户，总数达到 99 户，客户覆盖率达到 61.8%。全行个人客户总量达 917.80 万户，净增 72.64 万户，增幅 8.59%。开展超高净值客户直营，集中发展 16 名私人银行签约客户。二是提升创新能力，努力提高产品竞争力。重点推动小企业金融批量化融资业务发展，实现投放 16 户、金额 1.22 亿元。启动“联营模式下小企业零售商融资”模式投放小企业贷款 5 户、金额 1 750 万元。成功牵头筹组了“呼张客运专线银团项目贷款”等 6 笔行外银团，成功扭转了多年来行外银团贷款零牵头、零分销的不利局面。与内蒙古银行正式签署《银银平台—柜面通业务合作协议》和理财资金托管协议，实现银银平台业务营销的阶段性突破。成功办理首笔金额为 2 100 万美元的风险参贷业务，成为北京单证中心办理的第一笔风险参贷业务，成为内外联动方式下表外国际贸易融资产品发展的里程碑。大力开展电商平台营销，全面开展“融 e 购”商城的商户拓展和宣传推广工作。三是强化组织推动，努力提高业务贡献。大力推动债务融资工具承销业务发展，实现中间业务收入 439.3 万元。积极推动置换型、定增型及增资型等新型并购融资业务模式，共推进并购业务 9 笔，实现收入 11 550 万元。强化业务模式创新和融资方案设计，累计开展股权项目 5 个，实现投行收入 1 000 万元。强化资金渠道建设和拓展，实现债务融资顾问收入 3 170 万元。加快推进资产证券化业务发展，成功参与总行资产证券化业务，实现中间业务收入 258.87 万元。实施重点客户名单式管理和专业营销策略，新增签约年金客户 7 户，新增年金账户 2 000 余户，实现养老金理财销售 3.51 亿元。

三、以“七大工程”为抓手，全面提升网点竞争力

一是坚持以渠道建设为重点，增强了服务供给能力和竞争力。提前完成存量网点盘活工程任务，营业网点数量 397 家，较 2013 年末减少 42 家，下降 9.57%；自助银行总量达到 851 家（其中投入运营 801 家），增长 1.65 倍，营业网点与自助银行的比例达 1∶2.14；新增自动柜员机 1 294 台，增幅达到 120%。自助渠道和设备的快速发展，使柜面业务可分流率快速下降到 23.2%，同比下降 13.8 个百分点。二是全面推进网点运营标准化建设。完成全辖网点的岗位优化整合工作，全区网点从业人员总量净减少 200 人，下降 3.4%；网点运行类岗位人员减少 730 人，下降 16.5%，管理类岗位人员减少 111 人，下降 12.4%，销售类岗位人员增加 530 人，增长 37.9%。销售服务类人员占网点人员总数的比重达到 34.4%，提升 14.9 个百分点。全面启动营业网点运营标准化管理改革，将网点岗位设置进一步整合为 5 个。全行共有实开对外服务柜口 1 566 个，高低柜配置比例由年初的 3.26∶1 下降至 1.49∶1，柜员人日均工作量提高到 107 笔，增长 22%。三是大力推进员工结构优化工作。在岗位优化整合的基础上，建立了以网点人员占比、网点销售类人员占比、个人与对公客户经理比例、高柜与低柜柜员比例等指标为核心的评价体系。高柜柜员向低柜柜员转岗、柜员向销售类人员转岗、网点销售类人员净增三项指标分别完成 255 人、314 人和 280 人，分别完成年度计划的 510%、209% 和 326%。四是扎实推进配套保障工程。制定《经营绩效和业务发展考评办法》、《2014 年工资总额分配及管理办法》、《二级分行经营管理人员绩效考核（争先进位）办法》及《营业网点业务发展评价办法》等考核办法。提升网点服务管理，修订完善了《内蒙古分行网点服务星级管理办法（2014 年版）》，在全行开展“人民满意银行建设年”活动。强化网点风险管控，共配备合规经理 662 名，其中基层网点配备 479 名。

四、坚持以改革创新为动力，激发了发展的活力

一是全面完成分行本部组织机构改革。构建精简高效的组织机构体系，本部共设 27 个机构，较改革前减少 25%。按照营销及产品管理、风险管理、综合管理和支持保障等四大板块划分设置部门，进一步明晰部门职能定位，理顺业务承接关系。严格资源配置和编制管理，完成现职处级管理人员集中调整工作，进一步增强了岗位匹配度。二是深入完善绩效考核体系。科学评价各二级分行和营业网点的经营业绩，引导各行加快网点经营模式和发展方式转型，全面提升市场竞争能力；通过调整、增加“重大案件控制”、“逾期贷款剪刀差”等考核项目，充分发挥绩效管理对提升个人能力和组织绩效的促进作用；重新确定各部门绩效工资定量考核指标，增加内控评价扣分指标，考核方式及考核结果更加趋于合理；建立绩效考核通报制度，为各级机构找准短板、主动调整工作重心提供有力的数据支持。三是深化运营改革。顺利完成两大核算改革任务，全行指纹认证采集率、切换率和通过率分别达到 100%、100% 和 94%。全面完成网点核算印章综合改革，实现了业务用印与业务需求的准确匹配。加快流程优化项目应用，投产对公回单自助打印机 172 台；推广“个人业务免填单”项目，平均服务时间缩短 56%，客户体验显著改善；运用“三个一”交易处理的网点占比提高到 100%，使用交易柜员占比达到 74.77%。开展“业务集中处理平台扩容活动”，集中处理平台业务量 381 万笔，较 2013 年增长 6.72%；基本完成二级分行运行后台中心规范管理，提前实现总行“职能整合、规范运

作”的目标。

五、加强内控案防工作，提升风险防范和管控能力

一是坚持把加强管理、提高制度执行力作为提高内部控制水平的基础工作。以强化一岗双责为重点，初步构建起“全行重视、全员参与、全面覆盖、全程控制”的内控案防工作体系。大力培育“制度先行、程序至上”的内控价值观和行为习惯，构建了更加完善的内控案防长效机制，有效防范了大额案件风险和违规事件。操作风险损失率、监管处罚率、操作风险事件败诉率均为零，操作风险经济资本率 7.81%。二是落实总分行重要风险点的防控治理工作。建立“5 + 1 + N”的案件重要风险点管控模式，有的放矢开展好案防工作。落实“一岗双责”的工作机制，实现了全年无案件、无重大风险事件的目标。加大对违规违纪人员的惩治力度，共对 48 名违规违纪人员给予党纪政纪处分，对专项排查治理活动中的相关责任人进行了严肃处理。

六、以党建促进干部和员工队伍建设

一是加强各级党组织学习。扎实开展学习贯彻习近平总书记系列重要讲话精神集中轮训工作，举办两期专题培训班，完成对全行 184 名副处级以上领导干部的集中轮训。二是高度重视干部队伍建设。坚持德才兼备、以德为先的选人用人标准，通过民主推荐、民意测验、任前公示以及征求纪检、内控部门意见等工作程序，真正将那些“想干事、能干事、干成事”的干部选拔任用到领导岗位。同时，健全监督制约机制，规范干部任职管理，鼓励现职管理类人员多通道发展。三是畅通员工职业发展通道。制定 2014—2016 年青年人才培养三年规划，每年从青年员工中选拔一批有潜力的优秀人才，通过教育培训、交流锻炼、定向跟踪、素质评估和职业发展辅导等方式进行重点培养。全面梳理 2008 年以来全行员工的工资等级档次变化情况和年度考核结果，对全行员工岗位工资档次晋升进行可行性分析与测算，细化晋升规则，完成了 6 247 人工资档次的首次晋升工作。四是充分发挥教育培训在改革发展中的战略性、基础性作用，增加对员工发展的投入。实实在在、认真负责地做好培训工作，拓宽培训渠道，努力实现企业可持续发展和员工成长的有机统一。全年累计举办各类培训 595 期、培训 8.15 万人次，全行员工人均培训 7.71 天、人均培训 6.55 次，培训覆盖率达到 88.01%。

七、完善作风建设长效机制，狠抓党的群众路线教育实践活动整改落实

一是以“三严三实”要求为标尺，深入开展整改提升工作。针对党委班子“四风”方面存在的 18 条主要问题，研究确定了 24 项整改任务，梳理了 50 条具体整改措施。所有的整改任务都由班子成员按分管领域认领、主要责任人牵头整改的原则，明确了整改任务和时间表，特别针对干部员工反映强烈、意见较多的问题进行认真反思，逐一整改落实、逐一作出回应。二是建立健全反对“四风”、改进作风的制度体系和长效机制。把教育实践活动中总结出来的成功经验，用制度的形式固定下来、坚持下去，从体制机制上堵塞滋生“四风”的漏洞。重申了 111 项实践证明行之有效、群众认可的制度，通过对有关制度的“废、改、立”，形成了制度化、规范化、常态化的改进作风工作机制。召开会议数量同比下降 24%，发文数量同比下降 12%，评选表彰项目压缩 32%，全区业务招待费、车船使用费、外事费、差旅费、会议费等消耗性经营费用同比分别下降 26.71%、31.67%、81.45%、23.59% 和 56.96%。

辽宁分行

【主要业务指标完成情况】

2014 年，辽宁分行实现净利润 43.8 亿元，增长 3.5%；实现 EVA21.5 亿元，增长 1.34%。人民币全部存款余额 3 185 亿元，较年初增加 145 亿元，增长 4.8%。人民币各项贷款余额 2 186 亿元，较年初增加 210.5 亿元，增长 10.6%。实现中间业务收入 21.11 亿元，增长 5.28%。不良贷款余额 12.8 亿元，较年初下降 3.7 亿元，不良贷款率 0.58%，较年初下降 0.24 个百分点。

【主要工作措施】

一、坚持以发展为核心，把握形势变化积极作为

面对经济增速放缓、同业竞争加剧、互联网金融崛起等新情况，始终坚持发展是第一要务，依靠发展解决全行经营中的矛盾和问题，积极顺应形势变化，不断调整经营策略，采取有效应对措施，牢牢把握发展目标的跟踪督导和序时推进，以适应市场形势变化的考核和强有力的组织推动，不断推进经营发展，促进经营转型，确保全行经营发展目标的实现。针对客户基础薄弱问题，进一步明确了客户发展战略的核心地位，持续推进各类客户的总量扩容和质量提升；针对对公存款竞争力不强问题，引导各行开展分析，定位问题症结，推动了对公存款的逐步企稳回升；针对中间业务增长乏力问

题，强化了传统业务的升级发展和重点产品业务线的创新驱动，实现了多渠道增收。

二、提升核心业务市场竞争力，推动经营持续发展

面对复杂的经济形势和激烈的市场竞争，不断夯实存贷款业务的核心地位，市场竞争力得到新的提高。一是持续抓好优质信贷市场的拓展，促进资产业务稳定增长和持续发展。支持交通运输业、电力行业和基础设施建设等重点项目发展，加快进入先进制造业、现代服务业和民生领域等重点市场，公司贷款增加86亿元。个人贷款在保证按揭业务市场地位的基础上，着力抓好个贷新型业态的品种开拓，不断拓展个人小额贷款、留学贷款和“逸贷”等产品，加快发展个人经营性贷款，个人贷款增加71亿元，总量突破500亿元。银行卡融资方面，持续做大分期付款业务规模，大力发展小微商户逸贷业务，银行卡融资增加8.8亿元。二是持续推进存款总量增长，夯实负债业务市场竞争力。储蓄存款以抓好代发工资等源头性项目为主要支撑，推进存款与理财、代理类产品的互动发展，增强储蓄存款长期稳定发展能力，储蓄存款增加70.6亿元。对公存款紧密围绕5万元以上存款客户增长，加大重点客户直营维护力度，实施分层营销、分层维护的稳存增存举措，发挥增存活动、业绩考核的正向激励作用，进一步巩固存款稳定增长基础，对公存款增加59.5亿元。

三、依靠改革创新驱动，保持持续发展动力

深入推进绩效考核的调整和创新，实施管理人员和网点员工的绩效合约考核，形成了以绩效为导向、鼓励主动作为的考核机制；多维度建立起有效客户、中高端客户净增长的立体化考核模式，明确了“谁拥有客户、谁获取资源配置”的考核导向；提高存款日均指标的考核权重，引导全行正确处理时点和日均的辩证关系，经营发展的稳定性和持续性得到进一步提升。实施网点基础竞争力提升工程，有效改善了网均产能低、综合化水平不足、人力资源调配不合理、网点后勤保障不到位、网点结构及布局不合理等问题，全行完成51个低效网点的优化升级，高低柜配比从年初的3.61:1降至1.78:1，销售人员占比提升至19.8%。持续推进县支行改革，持续激发县支行经营发展活力，县支行利润贡献提升0.4个百分点至20.3%。针对传统中间业务和个人中间业务增长乏力问题，采取明确责任、强化推进、加大考核、严格问责等措施，使传统中间业务增幅从上半年低于平均水平8.3个百分点，提升至高于平均水平4.7个百分点，个人中间业务增幅从上半年的4.4%提升至6.6%。同时，加快银行卡、国际业务、贵金属和电子银行等重点产品的发展，为中间业务培育了新的增长点。

四、坚持强化风险管理，保障经营健康稳定

面对近年来前所未有的资产质量管控压力，坚守“发展和风险”两条底线，增强工作前瞻性，提前研判信贷风险，及时消除风险隐患。一是严把新增融资准入关，确保从源头上控制风险。推进前台进一步强化市场分析和贷前调查，切实提高了准入客户质量。在贷款审批投放环节，突出第一还款来源，保证第二还款来源变现能力，从源头把握实质性风险。二是全面强化风险排查工作，做好风险的预判和防范。根据不同客户类型的风险特点，研究制定了大中型客户“7+6”、小企业客户“9+4”、固融项目“4+5”和房地产贷款的“七表一分析”等风险排查模型和模式。通过按季开展排查，确保第一时间发现风险隐患，协同前中后台和二级分行，明确具体客户的融资控制策略，对于潜在风险明显的客户及时退出。三是坚持提前介入，提前处置，确保资产质量的稳定可控。对于已经暴露苗头的风险大户，积极协调地方政府、金融同业和资产管理公司，通过置换、压缩、转让资产、促进销售、增加或处置抵押物等多种措施，在贷款劣变前化解了风险。在不良贷款处置上，按照公司贷款、个人贷款、银行卡融资三个品种落实分类处置计划，实行各级行领导挂牌清收，把不良贷款清收处置与绩效工资挂钩，确保了不良贷款处置目标的完成。

五、推动综合施治，提升经营管理水平

精简优化信贷审批和网点柜面业务等流程，适度扩大二级分行的业务和财务权限，全行服务水平和工作效率有所提高。把握风险源头，创新案防管理体系，推动案防工作由事后惩处向事前预防和事中管控转变。出重拳治理违规行为，形成案件和风险事件“零容忍”的高压态势。推进核心城市行竞争力的全面升级，坚持市场化操作，加大资源配置和考核倾斜，分行营业部表上净利润贡献占比提升6.3个百分点至45.6%。“大零售”试点改革正式启动，试点行取得阶段性成果，为全面铺开奠定了基础。核算印章改革统筹推进，指纹认证系统顺利投产，业务集中处理运用模式继续深化，使客户体验和运营效率得到改善。

六、加强党建和队伍建设，为转型发展提供组织保障

认真落实党的群众路线教育实践活动整改措施，努力把教育实践活动引向深入，深化作风改进，使各级领导干部以更优良的工作作风投入到经营发展中。组织开展全行领导干部“补短板、促发展”活动，引导各级领导干部增强主观能动性和提升复杂形势下的经营管理能力。进一步强化领导干部执行力建设，大兴落实之风，“不落实”和“落实不到位”的问题有所改善。实施青年员工成长计划，突出抓好营销和服务型人才队伍建设。

吉林分行

【主要业务指标完成情况】

2014年，吉林分行实现拨备前利润37.49亿元，实现净利润26.48亿元，分别同比增长6.39%和2.12%；实现中间业务收入11.6亿元，增长10.25%，同比提升20.15个百分点。行长经营绩效考核名次列系统内第20位，创历年来最好水平。不良贷款继续保持双降，不良贷款余额12.22亿元，较年初下降0.2亿元；不良贷款率0.88%，较年初下降0.12个百分点。各项存款余额2 186.06亿元，日均较年初增加149.02亿元，增幅7.23%，其中，一般性存款日均增长158.16亿元，增幅为7.93%；各项贷款（含卡透支）余额1 428.44亿元，日均较年初增加增长141.54亿元，存贷款日均增量均创股改以来最好水平。

【主要工作措施】

一、围绕“三大战略”推进经营转型

一是围绕大零售战略，建立大零售发展指标评价体系，出台领导干部营销代发工资活动方案，在通化、延边分行实施零售业务率先发展行试点，组织开展友聚天下商、信用卡幸福主题特色促销、私人银行投资策略报告会等活动，实现个金中间业务收入3.72亿元，跃居同业首位；净增信用卡30.07万张，计划完成水平列系统内第4位；信用卡分期净增8.94亿元，增幅54.12%；新发信用卡、收单交易额和商户总数量夺同业首位；新增私人银行签约客户1 830户，同比增长625.91%；新增个人住房贷款66.36亿元，实现增量、余额同业双第一。在各专业的联动协作推进下，全行大零售营业贡献达到34.65亿元，营业贡献占比52.6%，列系统内第5位；个人金融资产余额达到1 838.1亿元，同业占比第一。二是围绕大资管战略，明确大资管业务牵头部门，在PE主理银行、委托债权、代理投资等5个投行品种，以及股票质押式回购、代理收益权等8个私银业务上实现零突破，实现大资管业务收入3.36亿元，同比增长26.44%，增幅列系统内第10位，其中，品牌类投行、个人理财、私人银行收入同比增幅分别达到21.47%、51.06%和618.65%。三是围绕大数据和信息化应用，组建数据分析师团队，确立营业部、延边分行为精准营销试点，依托线上、线下渠道开展精准营销项目19个，个人网银非证书、工银信使、手机银行精准营销项目成功率分别列系统内第3位、第4位和第10位；开发EDW数据挖掘模型297个，同比增长136.43%，逐步建立常态化的数据支撑体系。

二、推进重点领域和重点业务竞争力提升

一是在网点竞争力提升上，启动网点运营管理标准化改革工程，实现网点人员转岗699人，其中，转客户经理岗342人，高低柜比例由3.2∶1调整为1.9∶1。全年启动新建、迁建、改建网点31个，优化低效网点11个，新增自助银行50个，净增自助柜员机383台，投放总量创历年来最好水平。网点综合化率达到82.81%。营业部南部都市经济开发区支行、延吉明珠支行等3家网点分别获评中银协千佳服务示范网点和五星级网点称号，入选数量位于同业四大行首位。在县域支行竞争提升上，坚持以县城、零售业务、小微企业“三为主”的经营定位，以福农卡为切入点，以农村企业家、种养殖业大户、科技致富带头人等中高端客户为目标，新发福农卡7.32万张，增幅188.51%，37家县域支行拨备前利润增幅、中间业务增幅分别较全行平均水平高4.91个和7.48个百分点。二是在信贷业务转型上，以一汽链融资业务为基础，加快推进链融资业务发展，审批通过链融资方案34个，同比增长470%，链融资累放额达到360.44亿元、余额达到79.86亿元，同比分别增长66.57%和66.86%。通过召开现场经验交流会、打造特色经营行、推进批量化营销拓展，小企业贷款较年初增长10.02亿元，增幅22.22%，增幅列系统内首位。三是在客户拓展上，建立多维度客户指标分析体系，加大中高端客户考核挂钩力度，加强批量客户源头拓展，全年净增个人客户67.9万户，增幅7.39%，其中，5星级、6星级、7星级客户增幅分别达到15.04%、18.73%和23.62%。新增有效对公结算账户1.23万户，完成全年计划的132.48%。

三、强化风险管理和内控案防工作

一是在信贷风险防范方面，通过落实清收处置预案、细化违约贷款催收管理，强化不良贷款责任评议等措施，确保了不良贷款保持双下降。同时，开展对二级分行信贷经营发展情况评价，强化信用风险非现场监测工作，建立逾期贷款预警机制，累计退出潜在风险贷款15.07亿元。二是在内控案防风险防范方面，通过确立“6+2”风险点治理体系、开展案件和风险事件专项治理、加快报警联网综合管理平台试点推广、配合国家发改委及总行巡视组开展检查和整改等项工作，全年完成审计项目290个、各类检查267项，同比分别增加

27.42%和83.17%，保持内部经济案件和重大风险事件零发生。三是在运营风险防范方面，法律被诉案件管理工作有力开展，在总行作经验介绍，出具法律审查意见4 400份，同比增长46.25%，科技安全生产运行荣获总行一等奖；针对重点业务、关键环节业务风险，积极组织开展案件重要风险点防控、屡查屡犯风险事件专项治理等活动，开展智能督导检查，业务运营风险率、风险暴露水平同比下降36.54%和30.47%，主要监测指标均位于系统内前列，全行依法合规经营意识和风险管理能力得到进一步提升。

四、加快改革创新和体制机制变革

一是着眼于提升信贷经营管理能力，进一步规范和优化信贷业务流程，扩大授信项下授权审批业务范围，建立专职审议和专职审批人制度，公司贷款、个人贷款审批效率同比分别提高12.43%和9.77%。二是着眼于推进集约化改革，实现37大类117小类业务集中运营管理。推广完成业务印章改革、柜员身份指纹认证改革、个人业务免填单以及反洗钱中心上收整合项目。540台离行式自助银行全部实现自助中心集中运营管理。三是着眼于完善经营管理机制，修订完善经营绩效考核体系、部门考核办法、重点产品挂钩考核办法和工资总额管理办法。加强重点支行、大中城市行资源配置，扩大经营授权，深入推进MOVA网点业绩试图应用，28家支行、107个网点机构等级实现提升。四是着眼于调整发展模式，加快推进线上线下一体化发展，净增企网证书版客户0.89万户、手机银行客户71.36万户，同比分别增长41.09%和20.74%。投产长网信息在线支付平台，填补省内银联在线支付空白。净增工银e支付账户55.81万户，新开河人参、北康酿造、二马泡大米等21家B2C商户上线运营，全口径融e购交易额达到9.09亿元。

五、加强党建、队伍建设和文化建设

一是深化党的群众路线教育实践活动，制定并落实整改措施29项、83条，举办三期副总经理以上干部学习贯彻习近平总书记系列讲话精神轮训，各级领导班子和领导干部严于律己、执纪守规意识显著增强。二是稳步推进机构改革，省行本部、营业部和各二级分行本级机构较改革前分别减少15个和77个。全行人员总量首次实现负增长，结构进一步优化，全行二级分行本部人员占全部员工的比重下降0.46个百分点，销售类人员占比提高3.97个百分点。三是坚持需求导向和精品导向，多层次组织各类培训652次，参加人员3万人次，同比分别增长49.27%和76.53%。四是纵深推进企业文化建设，组织开展“十佳优秀中年员工”评选、“庆祝工行成立30周年，立足岗位谱新篇”劳动竞赛、青年员工创意大赛等系列活动。在第5届全国大学生金融创意设计大赛组织工作中，独立赛区数量、参赛作品数量均居全国首位，全行呈现出朝气蓬勃、奋勇争先的精神风貌。

黑龙江分行

【主要业务指标完成情况】

2014年，黑龙江分行实现拨备前利润47亿元、净利润32.3亿元，实现中间业务收入14.7亿元，同比增收1.2亿元，增长8.8%，其中理财业务收入增幅在总行排名第一。全部存款日均余额2 747亿元，比年初增加98亿元。各项贷款余额1 528亿元，比年初增加119亿元。不良贷款余额17.8亿元，比年初增加4.6亿元，不良贷款率1.18%，同比上升0.23个百分点。

【主要工作措施】

一、开展拓户工程，努力夯实客户基础

持续开展“拓户工程”，加强分层营销，各级行领导带队走访重点客户，为后续业务深入合作奠定基础。做好域内优质大型客户的维护与拓展，深入挖掘公司客户业务资源；根据“大零售”战略部署，以私人银行业务、电子银行和银行卡等产品为抓手，不断扩大个人客户规模，新增代发工资公司客户1 050户，完成总行增量计划的154%；新增国际业务大中型客户21户，完成总行计划的116.7%；现金管理客户总量31 865户，比年初增加5 122户，其中五星级以上现金管理客户增加848户。贵金属有效客户增加20 261户；新增代发工资个人客户29.8万人，完成总行增量计划的119%；新增代发金额11亿元，完成总行增量计划的130%。新增签约私人银行客户3 842户，完成总行计划的534%，在全国排名第12位。个人客户金融资产比年初净增103亿元，资产总量达到2 455亿元。

二、实施“大零售”战略，加快个人客户业务发展

一是储蓄存款。继续深化机制建设，大力拓展新兴市场，推进代发工资业务快速发展，重点抢抓经营流动性资金和结算沉淀性资金。储蓄存款余额1 809.5亿

元，四行占比第一；代发工资单位净增 1 462 个，同比增长 43%，在总行排名第 3 位；代发工资客户净增 38.1 万人，同比增长 19%；累计代发额 670 亿元，完成率高于全国平均水平 4 个百分点。二是个人贷款。以个人住房贷款为支撑，带动个人消费贷款共同发展，科学实行利率定价策略，不断提高收益水平。个人贷款增加 45 亿元，在总行排名第 19 位，个人贷款加权平均利率 6.9%，较上年提高 40 个基点。三是个人中间业务。与重点保险公司深化合作，扩大交易类客户群体，做大非保本及现金管理类理财产品销售规模，促进各项收入不断增加。新增借记卡 200 万张，增幅 19%；借记卡收入 1.51 亿元，同比增长 55.38%。累计销售个人保险产品 37 亿元，同比增加 6.4 亿元；销售个人基金产品 297 亿元，同比增加 49.45 亿元；销售银行类理财产品 912.54 亿元，同比增加 327.36 亿元。实现理财业务收入 0.7 亿元，同比增长 68.64%；保险业务收入 0.81 亿元，同比增长 35.75%。四是私人银行业务。将私行客户分成 5 个层级，建立分层次、精细化维护体系，增设"私行团队"，广泛开展营销。私人银行客户总量 484 户，比年初增加 33 户；金融资产总额 8.15 亿元，新增资产 3.8 亿元。五是信用卡业务。充分挖掘内部客户，将资源优势转化为销售优势；重点公关大型客户，快速提升收单市场份额；继续开拓车辆、家电等市场，不断拓展分期付款业务，重点做好项目发卡工作。信用卡客户数 103.65 万户，增量同比增长 62.12%；信用卡存量 157.79 万张，新发 15.2 万张，实现信用卡消费额 211.55 亿元，增量同比增长 21.39%；信用卡透支 27.71 亿元，增量同比增长 41.18%；信用卡收单交易额 455.94 亿元，增量同比增长 15.02%。六是电子银行业务。投产代理缴费免验签业务，推广代理上缴等产品，依托农业、绿色等特色概念，扩大融 e 购电商规模。新增企业网银证书版客户 6 609 户，新增手机银行客户 63.25 万户，新增手机银行客户端动户 26 万户，新增工银 e 支付 37.56 万户；电子银行交易额 5.43 万亿元，融 e 购电商平台 B2C 交易额 7.11 亿元，B2C 签约商户 37 户。

三、挖掘市场有效需求，努力推进对公业务发展

一是公司信贷业务。深入拓展现代农业市场，投放贷款 213.6 亿元；深度营销以铁路为代表的行业优质客户，发放铁路行业贷款 42 亿元、电力行业贷款 91.4 亿元、石化矿产行业贷款 47.25 亿元；稳健支持装备制造、城建、城市公共事业等领域，投放贷款 35 亿元；积极开拓教育、医疗行业市场，投放贷款 16.06 亿元；进一步扩大小微企业贷款规模，完成了两个不低于的工作目标。二是对公存款业务。建立公司存款日监测机制，落实支行行长责任制，重点关注大额资金流出的客户，通过受托支付提高信贷资金留存率。对公存款年日均余额 830 亿元，比年初增加 26 亿元。三是品牌类投行业务。对重点投行客户进行分析筛选，其中证券公司双融业务和股权直投业务成功实现零的突破。实现投行业务收入 12 146 万元，其中品牌类业务收入 9 042 万元，同比增长 10.61%，在总行排名第 18 位，占全部投行收入的 74.45%，同比提高 40.59 个百分点。四是机构金融业务。以资产托管"理财通"业务为抓手，完成全国首单规模 1 亿元的资产托管理财通业务；成功托管江海证券 5 000 万元资产管理计划和华能信托公司 50 亿元"财富"系列产品，相关业务实现零的突破；养老金理财累计销售额与销售日均指标连续 4 年在总行排名双第一。累计销售养老金理财产品 539.33 亿元，占全国销售额的 1/5，年日均销售 188.15 亿元，接近全国销售日均的 1/4；实现养老金业务中间业务收入 13 086.85 万元，同比增长 180.73%，完成总行计划的 218.1%；实现资产托管中间业务收入 9 523.41 万元，在总行排名第 12 位。五是现金管理及贵金属业务。抓住营销旺季，调整销售策略，提升法人理财客户渗透率。法人理财产品总销量 1 070 亿元，是上年的 2.3 倍；黄金租赁业务余额 400 公斤，是上年的 40 倍。六是国际业务。积极创新产品，多项业务实现突破。加强与同业合作，为哈尔滨银行 IPO 资金办理了 4 笔 85 亿港币的大额定期存款业务，巩固了国际结算市场占比第一的地位。国际结算业务量 67.3 亿美元，同比增长 12.1%；跨境人民币业务量 73.3 亿元，同比增长 5.6%；结售汇业务量 25 亿美元，同比增长 45.8%。

四、加快改革步伐，增强经营发展内生动力

一是网点竞争力提升工程。在渠道优化方面，不断优化网点布局，提升网点竞争力。全年优化低效网点 11 家，新增离行式自助银行 154 家，改造 24 小时附行式自助银行 69 家，升格网点 31 家，新增综合网点 29 家，综合化率达到 70%；在网点运营标准化方面，减少高柜 654 个，增设低柜 319 个，普通区高低柜比例降至 1.69:1，柜口配置趋于合理；高柜向低柜转岗人员 268 人，柜员向销售类转岗 149 人，网点销售人员净增 271 人，人员分流效果明显。此外，还启动并有序推进了网点营销服务标准化改革、渠道管理平台建设、自助 + 理财类网点建设、智能网点试点等改革工作。二是运行管理方面改革。将 57 个后台中心整合为 24 个，将分行营业部业务处理中心和风险监控中心上收分行，进一步提升了集约化水平；开展了自助设备集中运营管理工作，附行式自助设备集中度由 2013 年末的 35% 提升到 98.5%；进行了营业机构核算印章改革，提升了风险控制水平和业务处理效率；投产了柜员指纹身份认证管理项目，提高了前台风险硬控制能力；推广了自助回单打印设备，提高了服务效率。三是组织机构改革。分行本部及分行营业部、各二级分行本部的改革工作基本完成；中大、河图和东直支行升格为一级支行，并重新划分了分行营业部各一级支行所辖网点范畴，使各行管

理负荷相对均衡，管理半径和幅度更加合理。在各行组建了小企业专营支行，在分行营业部和牡丹江分行开展了小微金融业务中心试点工作。此外，还理顺了分行金融培训学校、镜泊湖培训中心和分行培训中心的管理体制、管理方式。完善了经营绩效考核评价体系，强化了绩效分配与关键业绩指标的挂钩力度。

五、强化管理，努力防控各类风险

一是加强信贷资产质量管理。针对黑龙江省钢铁、煤炭等行业的风险现状，努力抓好不良清收和信用风险防控工作，累计清收处置不良贷款6.5亿元，计划完成率224.5%；压降潜在风险贷款20.4亿元，计划完成率157%；压降地方政府融资平台贷款30.7亿元，计划完成率102.3%；产能过剩行业贷款余额控制在总行规定限额内。二是加强内控合规管理，强化过程控制，突出抓好精细化管理，着力解决各业务条线存在的风险隐患，全行可控风险指标保持低位运行。成功堵截各类外部欺诈事件8笔，涉及金额12万元，保持外部欺诈“零损失”。三是做好安全运行保障工作。强化信息系统安全稳定运行管理，主要业务时段安全可用率达到100%；认真抓好营业场所和关键部位的风险防控，确保安全保卫无案件发生；努力提升客户服务能力和水平，加强舆情管理，做好维稳工作，严防各类声誉风险事件的发生。此外，按照总行要求，进一步加强集中采购管理，上收有关项目的采购层级，完善有关制度和管理体系，提高集约化、规范化和精细化管理水平。

六、抓好党风廉政建设和精神文明建设

认真落实党风廉政责任制，按照“一岗双责”的要求，做到分工明确，责任到人，切实把党风廉政建设工作落到实处。组织各层级领导干部签订党风廉政建设和案件防范责任书，明确了各级管理人员廉政案防工作的责任内容，责任目标、责任要求、责任追究及奖惩，促其强化意识，认真履职。做到了工作责任、工作任务和工作目标“三落实”。围绕“群众反映强烈的突出问题”，抓好党的教育实践活动整改落实。通过开展“廉政案防微课堂”和观看廉政电教片等活动，加强管理人员履职教育。领导班子坚持民主集中制，严格执行“三重一大”集体决策制度。对于集采招投标、装修工程等敏感事项，采取分行政策管理、外包第三方操作、内控和监察等部门全程参与等方式。在抓好党风廉政建设的同时努力做好员工的思想教育工作。制定了全行员工分层次培训体系的建设规划，开展了省情行情系列教育活动，邀请总行领导、行业专家和学者，就国情、省情、行情、政治、经济、民生等诸多领域进行授课，并围绕经营与发展开展学习讨论和专题调研，使全行干部员工提高了认识、转变了观念、统一了思想。全年有2名员工荣获总行级“学雷锋标兵”称号，1名员工荣登“感动工行”候选人名单；在总行共青团“五四”评选中，有7名个人和4个集体荣获总行先进称号，3家分行荣获总行级青年文明号称号，精神文明建设取得了新的成果。

七、开展民生工程，增强员工凝聚力和向心力

积极深入基层开展调研，听取民声民愿，了解广大员工对民生问题的诸多诉求，同时通过多种渠道、利用多种形式、采取多种措施，解决基层普遍存在的民生问题。并要求各级行进一步加强民生工作，重点解决突出问题。例如，压缩三公经费，将节省的费用优先投入改善基层员工工作环境上，投入提高员工福利待遇上；对营业网点冬季供暖系统、夏季通风避暑系统等设施设备进行改造，努力让员工有舒适的办公环境；针对基层反映较为强烈的办公设备和自助设备短缺问题，专门划拨资金，加大设备投入，不断改善基层员工工作条件和客户服务环境。继续开展特困员工救助和走访慰问等工作，全年发放救助资金420万元，救助人数达到2 200人；慰问老党员、老干部和生活困难党员1 017人，支付慰问金100多万元；发放“送温暖”资金200人次，金额达40万元，使困难员工感受到工行大家庭的温暖。通过扎实有效的工作和细致入微的关怀，使广大员工的凝聚力和向心力进一步增强。

上 海 分 行

【主要业务指标完成情况】

2014年，上海分行实现拨备前利润226.87亿元。本外币三项存款突破13 000亿元，保持平稳增长。其中，人民币储蓄存款余额5 331亿元，同业存款2 319亿元，均居同业第一。本外币各项贷款余额突破5 500亿元，创历史新高。其中，人民币各项贷款余额5 161亿元，同业第一。外币三项存款96亿美元，其中，对公存款58.1亿美元，同业第一，外币各项贷款69.8亿美元，同业第一。中间业务收入92.07亿元，增量9.5亿元，账面净利润138.76亿元，均居同业第一。竞争

发展优势进一步巩固。

【主要工作措施】

一、信贷业务再造竞争优势

一是公司信贷巩固市场主导地位。强势营销，做大客户和项目储备规模，进一步提高信贷业务的市场主导权和话语权。聚焦重点板块，积极拓展总部经济、供应链融资、城市能级提升以及现代服务业、租赁业、航运业等新兴市场，实现贷款稳步增长，“四大行业”结构调整取得预期成效。强化联动，充分发挥整体竞争优势，推动零售业务批发化拓展，仔细排摸企业高管和员工的产品使用情况，列定重点客户名单，有效拓展代发工资、高管理财、私人银行、信用卡、网银等业务。完善机制，扎实推进“大公司金融”战略，完善分润保障、信息保障、定价保障、考核评价机制，进一步加大对重点优质客户的直接营销力度。二是零售信贷创新专业发展模式。小微企业贷款以商务服务集聚区、创意产业园区和工业园区为切入点，重点发展经营型物业融资、商用房租赁改造、厂房按揭等中长期融资业务。以核心企业、优质项目、郊县重点镇域经济为中心点，积极开展供应链融资业务，圆满实现“两个不低于”目标。个人贷款重点推进个人住房按揭贷款，创新发展个人消费贷款，有序拓展个人“逸贷”小额贷款市场。信用卡坚持消费引领融资，依托信用卡与个贷、公司等专业的渠道共享，形成统一融资业务视图，不断提高动卡率和透支规模。三是强化精细管理提高贷款收益。加强贷款规模流量管理，存量收回与增量计划统筹管理、优化配置、动态监测，将贷款规模配置与支行的新增存贷比、贷款综合收益率、资本消耗、增长均衡性等指标挂钩，切实推进贷款存量周转和移位再贷，进一步优化信贷结构。强化资本约束理念，进一步完善经济资本配置、资本限额管理和资本有偿使用机制。

二、负债业务夯实增长基础

一是储蓄存款狠抓源头。加快个人客户结构调整，加大营销资源投入，实施集群式、平台式营销，开展中高端客户专项营销活动，做大代发工资客户规模，提高理财类客户覆盖率。加强精准配置营销，实现存款、理财、保险、基金、贵金属等资产的多元化配置，提升核心客户信用卡、网银等介质覆盖率。加快产品创新，大力发展个人资产综合服务和财富管理业务，推进大额存单营销，推广理财 POS 机具应用，积极稳定老客户，吸引新客户，沉淀和集聚客户资金。二是对公存款多点开花。深入开展结算户全覆盖活动，落实维护人员营销目标责任制，以法人理财和现金管理等产品为抓手，把握客户资金流向，做好产品资金对接，提升客户存款同业占比。利用大额资金监控平台、电商平台、产业链金融服务平台、代发工资“薪管家”等新手段，提高从源头汇集资金能力。以贷引存，加强有贷户资金掌控，积极做好关联客户的延伸营销。加强银政合作，聚焦公房和商品房物业 POS 收租、培训机构学杂费代缴、民办教育机构扶持资金、跨院银医一站式等重点项目，进一步提升民生板块存款贡献度。三是同业存款创新突破。抓基础，加强登记公司、交易所营销维护，通过新股申购、个股期权等创新业务的清算服务，稳定资本市场平台类客户的存款份额；抓合作，加强与券商、基金、信托等合作，通过利率杠杆、资金业务、资管业务等手段，夯实核心同业存款；抓服务，密切与总行部门沟通，打造托管价值服务链，做大托管规模。

三、新兴业务打造支柱地位

一是重点业务收入贡献显著提升。品牌投行重点拓展并购重组业务，以并购贷款为主要抓手，完善“融资 + 顾问”模式。推进分支行债券营销责任制，积极利用股权融资介入棚改项目，大力发展高端财务顾问，品牌投行收入保持高速增长。金融市场业务以丰富业务品种、创新交易方式、拓展收入来源为重点，做大辖内常规授权业务交易量，扩大商品交易规模和品种，大幅提高交易类收益。国际业务巩固优势、补足短板，选择具有业务潜力、对全行战略贡献大的 20 家客户作为分行牵头营销客户，组建分支行联合营销团队，营销、考核、奖励三位一体，国际业务核心客户群有效扩大。二是资管业务规模效益不断做大。加强与总行在沪机构合作，加强资源联动整合，做大客户规模，拓展盈利增长点。私人银行业务“全行抓、抓全行”，着眼高净值客户的个性化金融需求，加快投顾业务发展，本外币一体化金融服务水平不断提升。贵金属业务创新产品，加强线上、线下同步拓展，做大贵金属积存和递延规模。现金管理业务积极拓展总部经济等重点客户，大力拓展全球现金管理，延伸资管业务链条。机构金融深挖证券、基金等合作机构资源，实现高净值客户、资管项目、托管和新三板等综合拓展。三是自贸区业务创新发展。把握自贸区政策机遇，突破现有经营模式，内内联动、内外联动，双向打通在岸、境外两个市场，实现境内外资金、授信等资源的统筹安排，做大跨境人民币、国际贸易融资规模。加快研发专属产品，推出投资类、资金交易类、结算类、融资类、投资银行类等五大类 32 项产品，积极为区内企业及个人客户境内外资金管理、境内外贸易、跨境投融资、跨境并购、跨境电子商务等活动提供创新产品及服务。四是电子银行业务抢占竞争高地。进一步创新电子银行发展模式，实现由电子渠道向互联网金融转变。坚持量质并举，线上线下互动，大力发展网银和手机银行，做大证书客户规模，有效提高客户交易频率，扩大活跃客户覆盖面。创新发展模式，将总行“融 e 购”电商平台与本地“快乐 e 购”俱乐部平台融合，加强服务外延合作。针对线上代收付、快捷支付、微信支付等新应用、新需求，加快与第三方支付机构在电子机票、网络购物、基金保险等特定领域合作，争揽电商企业市场，拓宽收入来源。

四、强化管理提升发展质量

一是提高风险防控能力。夯实信贷管理基础，完善风险监测、到期管理、名单制等防控手段，密切关注政府融资平台、房地产、产能过剩行业贷款风险，对融资平台分类管理、区别对待，加强潜在风险化解，全面梳理异地项目，防范局部区域资产泡沫风险。优化产能过剩行业存量贷款结构，支持优质客户转型升级，推动行业兼并重组和企业“走出去”，及时化解贷款风险。完善经营管理体制，优化信贷业务流程，积极落实总行加强个人信贷管理的政策要求，推进个人信贷体制改革，调整部门职能分工，由授信审批部统一负责个人信贷业务的审查审批、信贷管理部统一负责个人信贷政策和产品制度的管理，严格实施个人信贷业务前中后台分离。加强流动性风险管理，强化新增贷存比管理，合理安排理财产品发行，严格控制中长期贷款占比，提高流动性风险防控水平。高度重视声誉风险管理，完善舆情危机应对机制，主动引导舆论，控制负面影响。二是提升资产质量水平。健全逾期贷款管理机制，加强公私联动，将小微企业和个人经营贷款纳入同一体系，按照“有利无利、风险不扩大、管理不换手、责任不转嫁”原则，实施统一管理，加快逾期贷款催收，落实监督考核责任，缩小“剪刀差”。做好风险缓释和化解工作，多措并举，创新途径，有效控制不良资产水平。严控贷款劣变，仔细排摸潜在风险客户，加强跟踪预警，逐户制定处置预案。三是加强内控案防管理。深化“守线防虚”教育活动，落实五条“高压线”，严防“虚假对账、虚假查库、虚假授权”，严格“本人办、当面办、交本人、不转手”，严禁违规代销产品，有效防控经营风险。坚持管人与管事相结合，加强教育培训，认真开展案件风险警示教育活动，完善案防分析会制度，确保制度人人知晓、人人执行，营造良好的合规文化氛围。加强人员动态管理，强化对网点负责人、客户经理和理财经理等关键岗位的监督管理。

五、深化改革释放经营活力

一是优化体制机制。建立和完善“强个金、大公司、全机构”三大客户推进委员会，厘清营销部门之间、营销和产品部门之间以及条块之间的关系，整合客户信息和客户管理职能，促进营销力量整合和服务效率提升。强化公私联动机制，推动前台营销部门充分共享客户信息，在自主营销、联合营销活动中共同做好客户服务和拓展；明确客户经理联动目标任务，与绩效考核、等级评定、职务晋升挂钩，实施全方位、综合化营销。二是科学考核评价。推进结构化考核，对分行专业部门统筹考虑总行专业评价和分行目标任务，并与部门负责人收入、评优、履职挂钩；对支行精简整合专业考核指标，以风险控制、客户拓展、价值创造、效益效率等为重点，突出关键性指标考核。强化成本效益导向，实施“内部服务市场化计价”和“虚拟计价”，严控经营成本，有效压缩不必要的费用开支。加强过程评价，对重点业务按月跟踪、按季度评价和通报，及时查找和发现问题，提出针对性的整改措施。三是提升网点竞争力。进一步优化实体网点布局，推进智能网点、互动体验式网点和旗舰店建设。加强网点客户经理配备，加快柜面业务分流，增强网点营销能力，把网点打造成金融市场、资产管理、贵金属、私人银行等高附加值业务的主阵地。加快网点综合化，深化业务流程改革，实施“前台受理，后台处理”的综合服务模式，加快柜员综合化，提升运营质量和效率。四是建设信息化银行。强化信息的营销支撑作用，加强数据挖掘，整合内外信息，完善情报信息库，全面打造基于总行EDW、MOVA平台的分行特色营销支撑平台，提升客户需求响应速度，实现精准营销。加快组建“业务专家＋数据分析师”的专业分析团队，强化“数据治行”理念，促进数据在流程优化、考核评价、资源配置等方面的应用。

六、改进作风提升软实力

一是营造良好发展氛围。切实抓好“四风”问题整改，不断完善部室承诺和首问负责制，持续推进文风会风治理，严格财务管理制度，打造节约型银行，建立群众路线长效机制。全面贯彻党的十八届三中、四中全会精神，开展多形式学习教育，进一步加强作风建设，规范廉洁从业行为，为创新转型注入思想动力。坚持以人为本，加强员工关爱，继续打造“职工之家”品牌，舒缓员工工作压力。深化“两行一馆”建设，以文化引领发展，以文化凝聚力量，以文化鼓舞士气。二是强化客户服务管理。高度关注客户投诉，将之作为改进服务、提升管理的有效切入点和突破口，由点及面，分支行联动，多部门协同，从流程制度、产品设计、网点管理、队伍建设等方面入手，切实提升服务品质和效率，打造良好品牌形象。制定客户投诉实施细则，加大投诉处理考核力度，做好客户沟通解释，完善投诉预案管理，整理编发典型案例，提升规范服务水平。推广标杆网点先进服务管理模式，创建敬老示范网点，设立专属服务通道，推出柜台延伸服务便民举措，解决客户特殊业务需求。三是加强人才队伍建设。以价值创造为导向，以结构优化为抓手，坚持增量投重点、存量增效益，建立梯度人才队伍体系。加快营销团队建设，深化客户经理综合化改革，对重点业务和重点市场，组建由客户经理、产品经理、理财经理等组成的综合营销团队，提升整体战斗力。加强管理人员、专业人员和业务人员培训，提高履职能力和队伍素质。完善竞争性选人用人机制，疏通退出通道，加快科学合理流动，提升人力资源投入产出效率。

江苏分行

【主要业务指标完成情况】

2014年，江苏分行人民币各项贷款新增530多亿元，人民币各项存款新增近100亿元。实现中间业务收入130亿元，排名四行第一。实现拨备前利润267亿元，净利润167亿元，均列系统第三，净利润列四行第一。不良率0.84%，比年初下降0.01个百分点，在四行中最低。

【主要工作措施】

一、重塑审慎信贷文化，推动资产业务持续健康发展

一是重塑审慎稳健的信贷文化。整合小企业和个人经营贷款营销管理职能，使两项贷款纳入统一体系，统一管理，统筹经营。将信贷调查层级提高到一级支行，不允许二级支行发起调查流程。实行信贷从业人员停牌制度，对管户不良率超限的客户经理实行信贷禁入。严肃追究风险集中暴露机构的管理责任，加大行政处罚在责任评议中的使用力度。坚持信贷新入职人员岗前培训制度，把好人员入口关。推进客户经理加强班培训项目，培养注重实战技能的营销骨干。二是积极拓展有效信贷市场。全面启动上市公司营销，按照“投行引领、商投联动”、“上下结合、多品种渗透”的营销策略，以市值管理作为营销的突破口，从投行类、资产类、负债类、个人类四个维度，推行方案化营销，深入挖掘上市公司综合金融需求。主动应对经济周期变动，实施优质客户“红海”竞争策略。成立重点工程营销领导小组，大力竞争铁路、能源等重大基础设施建设项目。抓抢城镇化建设和棚户区改造机遇，积极竞争综合带动效应好的优质项目。发挥行内核心客户资源优势，积极推动供应链融资上量提质。稳妥推进小企业贷款集约经营，推出专业支行、经营中心等专营模式，南通国际家纺城支行正式挂牌。按照“一区一链一市场”定位，逐步推行方案项下授权审批制度，在有效管控风险的基础上，实现新客户的批量拓展。紧跟国家住房调控政策，实施差异化贷款定价，实现个人按揭贷款总量和收益的同步提升。依托存量客户优质资产，推广快捷贷、网银自助质押等新产品。开办银联商户消费触发逸贷业务，拓宽逸贷业务受理渠道。三是着力稳控信贷资产质量。采取严格的劣变标准，将贷款劣变与信贷规模和绩效考核挂钩，引导全行从源头重视防劣变工作。建立“T+N”催收管理模式，加强个人贷款初次违约催收。突出抓好大户管理，明确风险监控管理责任人。高度重视表外业务风险，比照一般贷款要求严格管理。综合运用现金清收、重组转化、批量转让等多种处置手段，加快不良贷款清收处置进度。

二、客户拓展与维护并重，促进负债业务均衡稳定增长

一是突出加强批量市场拓展。储蓄存款方面，积极竞争代发工资等源头资金，建立代发单位双客户经理管户制度，提高代发工资覆盖率和留存率。持续推进“村长工程”，以县域地区信贷项目为抓手，争揽房屋拆迁、征地补偿等批量资金。着力打造福农卡、城建卡、一卡通等专属介质，大力拓展人力资源、建安、学校、医院等重点市场。公司存款方面，加强有贷户受托支付和现金流监测，对“裸贷”客户分类管理并加强治理。抢抓商事登记制度改革机遇，同业中独家上线“工商企业通”系统，打造“企业注册找工行”的社会声誉。完善大额资金监控平台“派工单”营销制度，落实平台目标客户营销责任。加强本外币资金管理项目一体化营销，成功拓展一批重点现金管理项目。机构和同业存款方面，发挥科技研发优势，配合军队、财政、法院等机构客户开发资金管理系统，实现客户资金封闭运作。开发住房资金、专项资金等托管系统，搭建票据托管系统平台，拓宽资金托管品种和范围。加强银银平台营销推广，与江南银行合作投产银银平台积存金业务。二是不断完善客户拓展方式。推行“名单制”营销，利用大数据自上而下排出代发工资、民生领域、专业市场、工贸客户、收单商户、投行客户、私人银行的重点目标客户清单，将营销责任落实到省市支行，积极推进精准营销。围绕提升存款竞争力的要求，深化“N+3”产品渗透营销活动，提高重点产品交叉销售的效果，个人、对公客户平均持有产品数快速提升。成立互联网金融营销服务领导小组，明确互联网产品推广部门职责，制订互联网金融营销方案，形成互联网金融发展的工作合力。突出抓好手机银行客户端营销工作，借助网点WIFI服务推出契机，加大网点阵地营销。高度重视快捷支付的基础性作用，广泛开展e支付体验促销活动，从个人客户和应用场景两端发力，促进e支付开户数快速增长。积极探索社交化事件式营销，开展微信朋友圈宣传作品大赛，形成“让客户带来客户”的扩散效应。三是建立健全客户维护机制。在省分行本部组

建20人的远程维护团队，通过短信、电话等线上工具，对面广量大的个人中低端客户进行维护，并借助大数据技术实现精准营销。全面开展对公客户认领维护工作，将资产5万元以上对公客户全部分解到人，明确各级营销人员特别是管理人员的维护责任。建立对公客户维护监测通报制度，重点通报管理人员的维护成果，并将维护成果纳入相关人员的绩效考核，有效调动全行上下客户维护的积极性。四是改进存款业务考核评价机制。加强对日均存款市场占比的考核，提升存款增长的稳定性。强化二级分行存贷比考核，对未达要求的机构计收超额资金成本，引导各行重视存贷业务的协调发展。主动压降高付息存款，更加重视对基础性存款的考核。

三、加强重点产品线建设，培育中间业务收入增长点

一是加快品牌投行业务创新发展。抢抓资产证券化备案制简政新规，完成苏宁云商资产证券化项目。把握新三板扩容机遇，完成首单新三板挂牌顾问业务。大力推进超短期融资券承销业务，承销金额排名同业第一。加强结构化方案设计，采用“安全垫模式”完成定向增发投资，运用股票质押式回购模式参与国有企业混合所有制改革，兼顾项目运作的效率和收益。全年共完成品牌投行项目70多单，品牌投行收入同比增长11.5%。二是推动资产管理业务持续发展。抢抓总行资产池入池窗口，试水区域理财投资货币基金、票据资产，推动理财投资业务持续发展。全年推荐理财投资项目金额同比增长90%。把代理理财作为维护客户的重要抓手，统筹做好保本、结构及货架式理财产品的销售，实现代理理财收入同比大幅增长。三是推动信用卡业务提质发展。推进网点发卡和项目发卡，加强对代发工资客户、中高端客户的渗透，信用卡发卡量列四行第一。抓好优质商户拓展，信用卡收单商户和收单额快速增加。收单商户同比增长38.3%；收单额同比增长38.7%。抢抓购车分期、自主分期等重点板块，加快培育家装分期、车位分期等新增长点，交易额同比增长26%。四是推动贵金属业务提速发展。抓住市场热点，持续开展集中营销和优惠促销活动，实物贵金属销售不断掀起新高潮，青奥系列、壶韵系列等重点产品销量快速增长。加快贵金属积存、账户贵金属、贵金属租赁业务发展，黄金租赁量再创新高，白银租赁快速上量。五是规范中间业务收费管理。严格执行“新价目表”，全面做好对客户的公示、宣传、咨询工作。举办系列专题培训，集中解读《商业银行服务价格管理办法》。

四、深化改革创新和专项治理，提升管理精细化水平

一是深化体制机制创新。完成省分行本部内设机构改革，改进省分行部室绩效考评体系，强化薪酬分配的激励约束导向。以低效网点调整为重点，加大老城区空心化网点的迁建、撤并力度，加快“自助+理财”网点改造和离行式自助银行建设。重视优化网点内部布局，注重通过调整作息时间释放人力资源潜力。制订网点标准化改革实施方案，投产网点运营管理平台，打造标杆网点，梳理分行网点新五级分类，为营业网点精细化管理奠定基础。二是抓好内部风险管控。组织“内控长效管理年”活动，开展“无违规、无差错”评比。坚持“以人到事”和“以事找人”的工作方法，关注员工考勤记录和日常表现，重视诉讼案件和客户投诉信息，借助工商、税务等社会信息系统，通过整合内外部信息开展人员排查。加大员工异常行为、违规参与民间借贷、代客理财、“飞单”销售的排查力度，对排查出的人员强制轮岗。对基层机构负责人、客户经理、基建、装修、采购等关键岗位人员设定业务系统使用期限，到期强制轮岗。完成核算印章综合改革，实现重要核算印章使用的系统硬控制和全程监控。全面推广柜面用印机、电子化图形印章，停用封存物理核算印章超过一万枚。完成柜员指纹认证改革，建立柜员电子化身份认证和权限管理。加强营业网点、离行式自助银行、金库等重点部位的安全管理和应急演练，确保防范措施落实到位。三是持续提升服务水平。加大对青奥网点的资源投入，引进系统内小语种人才、外籍员工组建服务团队，在支付环境、服务提升、品牌宣传、产品创新、安全保卫等多方面积极推进，高质量保障了青奥会期间各项金融服务高效运行，高标准实现了“零业务差错、零安全事故、零责任投诉”的目标。推进“人民满意银行”建设，完善网点服务礼仪手册、客户投诉手册、服务质量监测标准，加大服务规范检查。运用排队管理系统、网点运营平台、视频监控系统等多种手段，加大排长队问题治理，网点客户平均等候时间保持较低水平。建立投诉管理台账，逐笔审核、认定、督办，确保无重大、重复投诉事件发生。四是抓好干部员工队伍建设。对照党的群众路线教育实践活动整改清单，持续抓好领导干部作风建设。实行人员总量控制和结构调整，组织跨区域人员招聘，充实零基团队营销人员。启动员工职业生涯培训项目，抓好中青年干部培训班、网点主任培训班等重点培训项目。大力弘扬先进典型，组织“感动工行”、“双优一先”评选，一批优秀集体和员工受到系统内外先进表彰。发挥好党政工团的职能作用，深入实施凝聚力工程，营造稳定和谐的发展氛围。

浙江分行

【主要业务指标完成情况】

2014 年，浙江分行各项存款余额达到 8 813 亿元，新增 385.44 亿元，增量四行占比 35.74%，位列同业第一，并超过存量占比 2.77 个百分点；日均全部存款余额达 8 678 亿元，四行占比 32.77%，新增 200.37 亿元。全部贷款余额 7 577 亿元，比年初新增 409 亿元，其中项目贷款比重达 26.3%，较年初提升 2.8 个百分点；表内外融资余额达 10 452 亿元，成为浙江省内首家融资总量“超万亿元”的金融机构。实现中间业务收入 114.61 亿元，同比增加 10.48 亿元，在系统内保持第三，同业领先；中间业务收入占到全部营业净收入比重为 29.09%，较去年提升了 1.8 个百分点。不良贷款余额 79.43 亿元、比年初新增 2.02 亿元，不良率 1.13%，低于年初 0.02 个百分点，不良率低于浙江省金融机构平均水平并在大型商业银行中处于最优。实现拨备前利润 245.17 亿元，同比增加 2.19 亿元、增长 0.9%；实现净利润 138.45 亿元，增幅 2.78%，继续保持在同业和系统的领先地位。

【主要工作措施】

一、加大风险化解力度，资产质量总体可控

一是明确目标，严格考核资产质量。严格按照总行下达的不良贷款控制目标，及时分解下达二级分行月度、季度控制计划，逐月控制压降目标，并对计划完成情况进行严肃通报；逐月召开不良贷款压降工作会议进行督导、约谈、分解、落实，组织开展信用风险全面排查和不良贷款摸底调查，逐周进行监测分析、跟踪反馈，对不良贷款重点地区开展现场督导；进一步提高不良贷款考核权重，明确资产质量情况直接与分行信贷规模管理、班子主要成员绩效工资挂钩，层层传导压力，确保不良贷款控制在既定目标内。二是集中力量，完善风险化解机制。专门成立风险资产压降工作委员会，并抽调省、市、县三级行 138 人组成 12 个工作组派驻到全省 12 家二级分行集中力量进行清收，对风险集中的温州、绍兴、舟山等重点区域直接由省行进行蹲点帮扶；明确二级分行“一把手”作为不良压降工作第一责任人，直接督导辖内专职清收支行的整改落实，直接参与 5 000 万元以上风险贷款预案制定；严格责任管理，进一步落实不良贷款行长专职清收管理要求，定期监测通报，并督促调整充实领导班子，逐户制订预案落实责任。三是多策并举，加快清收处置进度。着力做好“六个一批”，关口前移堵一批、重组并购转一批、快审快执收一批、贷款核销清一批、无损失转让做一批、批量转让走一批，全年累计清收处置 155.38 亿元，同比增加 68.83 亿元，其中，批量转化 113.75 亿元，呆账核销 73.3 亿元；坚持“底线”原则，在“风险不扩大、担保不变化、敞口不增加”并及时纳入潜在风险管理的前提下，通过展期、重组等方式，着力化解潜在风险，全年压降潜在风险贷款 135 亿元，完成总行下达任务的 163%。四是夯实基础，建立风险防控长效机制。研究制定《加强信贷文化建设实施意见》，着力构建“1+3+5”的信贷文化机制，并加强信贷队伍的培训考核，树立起审慎的信贷文化观；强化风险预防工作，深入开展集团关联大户、担保圈大户、政府融资平台、产业过剩行业等重点行业重点领域的风险分析，做到早发现、早预警、早退出，全年开展法人客户监测 226 批次、3 938 户，个人客户监测 71 批次、12.4 万笔，监测客户风险融资余额下降 57.7 亿元。

二、加快转变发展思路，存款增长稳定有效

一是强化目标考核导向。围绕日均和存款偏离度要求，在考核中增加存款稳定性指标，强化对客户维护、日常存款组织和日均存款增长的要求，督促从阶段性地冲时点工作转到日常性地抓日均管理上来；二是狠抓重点客户和重点市场拓展。抓好高管层客户，明确浙江省内重点集团企业的高管群体目标市场，借助 E 式营销系统，实施综合联动；明确浙江省内上市及拟上市公司的高管客户清单，通过私人银行定制产品、区域特色理财产品以及工银货币等产品进行资产配置组合。抓好高净值客户，针对太太团、富二代等客户群体资金充裕、资产庞大、服务个性等特点，以各类商友俱乐部活动、私人助理等非金融增值服务进行突破，做大客户总量、深挖客户资产潜力。抓好高流量客户，借助商友卡、工银聚富、聚财通等特色产品突破，以流量带动存量增长；针对证券市场客户，通过银证伴侣系统对接“工银货币”或“天天惠”产品，深入挖掘他行证券客户资源。抓好裸贷客户，通过名单制管理，强化裸贷治理考核，深入开展裸贷治理工作，年末裸贷客户 3 321 户，较 6 月末压降 4 501 户。抓好机构客户，加强利用“系统开发+平台对接”，做好移动代理商资金归集、法院案款管理系统、公积金业务管理系统等重点项目，突破公共资源、乡镇国库集中支付代理等薄弱市场领域，全年“填空营销”净增账户731户，第三方存管客户净增14.94万户。三是加快产品创新增存。积极适应存款市场竞争变化，积极发展代理业务、理财业务等相对收益较高产品，吸收他行资金，对冲他行价格优势，变被动为主动，变劣势为优势。加强集团合作，创新推出天天益、工银货币、工银聚富、特色保本型和净值型理财等产品，强化理财与存款的良性互动，客户资产快速增长，年末“存款＋理财”增加709亿元，余额达到10 530亿元，首次突破万亿元；个人核心金融资产5 266亿元，比年初新增995亿元，与农行的差距从2010年末的564亿元缩小到9亿元，差距减少了555亿元，比上一年度缩小了525亿元。

三、加大目标市场拓展力度，有效推进信贷结构调整

一是加快拓展大项目大企业。坚持围绕浙江经济转型升级、重大战略工程，拓展“五水共治”、“411”等重点建设项目，围绕浙江省内中国企业500强、浙江省百强、纳税亿元以上大户、上市及拟上市企业以及走出去企业，实施优质客户拓展工程，进一步拓展他行优质客户和挖潜存量优质客户。二是积极开拓新兴市场。加快拓展先进装备制造、汽车制造、农副产品深加工等领域的行业领先企业，大力扶持科研能力强、技术设备先进、规模效益良好的通信网络、电子信息等战略新兴产业。三是进一步做实“两小”业务。重点锁定500万元以下的优质小微企业和300万元以下的个体经营户，稳健推广授信项下授权审批制和方案项下授权审批制，建立小企业金融中心，提升业务办理效率，重点推广“小贷通”、“商贸通”等创新产品。通过全行的共同努力，在业务结构上，项目贷款、流动资金贷款分别新增279亿元和159亿元，个人贷款负增长92亿元，项目贷款占全部贷款比重26.3%、比年初提高2.8个百分点；在行业结构上，先进制造业、服务业、文化产业、战略新兴产业等“新四大市场”新增290.85亿元，占全部公司贷款增量的87.18%；钢铁、水泥等产能过剩行业以及钢贸、重金属等风险较高行业退出97亿元；法人贷款平均剩余期限2.2年，是全国工行平均水平的一半。在业务品种上，小企业贷款累计发放2 049亿元、同比多投放88亿元，贷款余额下降70亿元；新拓展小企业3 009户、贷款161亿元，新拓展小企业户均贷款536万元，低于存量户均325万元，回归本源、真正“做小”；信用卡透支余额516亿元、比年初新增62亿元，成为系统内首家信用卡资产规模突破500亿元的分行，信贷结构进一步得到优化。

四、持续加强业务创新，盈利结构不断优化

一是深挖基础类中间业务潜力，大力推广风险参贷、结构性贸易融资产品，大力推广境内外金融衍生交易，年末继续保持国际结算和跨境人民币结算双第一，实现国际结算收入四行占比第一；创新推出“家家乐”分期付款产品，加快推进厂商贴息购车分期模式，大力拓展收单市场，信用卡客户净增61.2万户，累计消费同比增长15%，实现中间业务收入29.68亿元，同比增长15.22%；完成支付宝快捷支付接口统一，推广通用缴费平台，现金管理客户数新增2万户。二是加快战略性新兴业务发展。投行方面，加快构建“债权＋股权”的投资模式，加强标准化项目资产营销，大力推广和应用股权融资、中小企业私募债券、理财直接融资工具等创新投资模式，成功打造产业基金合作模式；全面推进债券承销、定向增发、结构化证券投资、市值管理和股票质押回购等业务，完成浙江省首单上市公司高管激励流通股结构化证券业务等，全年债券承销183.05亿元，市场份额14.15%，首次排名金融机构第一位。资产管理方面，创新推出区域联合保本理财产品，推进区域理财产品结构从预期收益型向净值型转变，深化专户定制理财产品营销，创新微信公众号营销方式，提升了在移动终端用户中的渗透率，全年累计销售银行理财产品3 872.86亿元，平均余额1 137.31亿元，完成理财资金项目投资351.39亿元，同比增长4.1%。托管业务方面，争取总行资管理财、私银理财以及信托公司自带项目的托管份额，扩大传统托管渠道；发挥工行现有的牌照和技术优势，积极扩大服务区域范围；重点抓好城乡合作医疗综合保障计划、首单QFII资产托管业务等创新产品，标准化托管规模达到5 636亿元（剔除安心账户托管规模），比年初新增3 026亿元，翻了近一番，标准化托管规模、收入在全部托管资产中的比重较年初分别提升20个和21个百分点。三是进一步规范中间业务经营。根据总行统一部署，成立收费自查领导小组，严格按照中间业务收费自查方案要求，结合前期收费自查和发改委检查涉及问题，扎实开展自查工作，及时整改自查发现的问题；严格按照新版中间业务定价管理规定和服务价目表，部署做好价目更替，按照“依法合规、服务匹配、协议完备、客户自愿”原则，切实加强收费减免管理，坚决杜绝只收费不提供服务的行为。

五、深化改革重点领域，经营转型稳步推进

一是全面推动零售业务改革。区分省、市、支行三个等级，落实分层营销职能，分行组建大客户部，强化支行、网点零售化业务定位；成立渠道管理部，统筹渠道系统管理，全力实施网点竞争力提升工程；全面推进网点零售化和网点运营标准化管理改革，切实提高网点业务运营效率，加快实现网点经营转型，网点综合化率达到92.2%，提升2个百分点；高柜柜口与低柜柜口的比例由1.86∶1压降到1.54∶1；高柜柜员向低柜柜员转岗人数为375人，柜员向销售类人员转岗人数为294人。二是探索发展互联网金融。面对互联网金融发展的迅猛态势，浙江分行不等不靠、积极应对，成立网络金融推进委员会，增强互联网思维，以创新为动力，探索互联网金融发展。一方面，积极推广“三大平台”和

"八大产品"，做大做强融e购电商平台，重点发展工银e支付、线上POS等支付产品，加快线上融资产品、投资理财产品的创新和改造。另一方面，结合区域经济特点打造以B2B供应链电子商务服务为重点，集商品交易市场、金融服务对接等模式于一体的"工银聚"平台，目前已累计投产23条供应链，4个商品交易市场，13个金融服务对接项目，结算金额突破100亿元、达到128亿元，网络贷款发放超过5亿元，理财产品销售近2亿元，呈现出快速发展的趋势。三是深化综合联动营销。推进营销体制机制改革，成立"综合营销推进委员会"，涵盖公司、机构、个人客户等多个业务条线，加强资源整合和营销统筹，突出新市场和新客户拓展，提升对客户综合金融需求响应速度和服务能力；深入推广和优化E式综合化营销，围绕核心客户，加大对产业链、产品链、客户链的立体化、全方位营销，推动营销方式从散单式到批量营销转变。四是完善内部管理机制。制订浙江分行本部机构改革与辖内分支机构改革方案，稳步推进组织机构改革。完成运营风险核查层级上收改革，统筹制度管理，创新内控评价组织方式，不断夯实内控管理基础，持续加强"定期＋专项"的非现场监测，建立"以点带面"的整改机制；进一步优化信贷业务流程，开展信贷流程专题调研，着力解决信贷流程过长、评级及ROROC控制过严、系统录入项目过多、资料扫描工作量偏大、预警信息处理量多等问题，持续推进信贷流程简洁高效。

六、加快改进作风建设，队伍活力不断激发

一是持续抓好作风建设。着力巩固党的群众路线教育实践活动成果，抓问题整改强落实，全年完成六个方面42条具体问题的整改、落实8项专项整治方案；抓制度建设促巩固，通过建立双服务、推动综合化营销、加强机关作风建设等措施，以制度化确保作风建设常态化，以更加实干的劲头转作风促发展；深入开展"员工关爱—致远行动"计划，总结推广杭州高新支行方艳工作法，较好地缓解了柜面员工超时工作现象，维护7×24小时的关爱热线，邀请心理专家辅导，践行以人为本的管理理念；努力减少文件、会议数量，公文发文同比下降31.68%，全行性会议同比下降25%；组织开展"强廉洁自律意识　促廉洁从业行为"主题教育活动，制订案件和重大违规事件考核细则，严格落实中央"八项规定"精神。二是加强内涵式队伍建设。细化管理人员培养锻炼机制建设，完善"312"核心管理人才工程建设，制订实施菁英计划，形成合理的人才梯队建设，进一步规范干部交流工作管理，推动干部交流工作的常态化机制建设。以存量人员结构调整为重点，以优化业务流程和整合工作岗位为抓手，加快人员向重点领域、营销前台流动，全辖二级分行本部人数同比减少67人，销售类人员占总人数比重达22.38%，较年初提升1.84个百分点。三是创新开展教育培训。通过整合资源提高效能，把培训项目分成综合类和专业类两大类，更加注重培训的系统性、针对性和实用性；贴近需求创新管理，对专业类人员，引入行动学习、情景模拟、案例撰写等培训方式，对柜员将理论态度培训与模拟银行技能培训穿插进行；强化培训管理，明确外出培训、外聘师资、逢训必考等制度规定。全年举办各类培训2 066期，培训85 740人次，其中管理人员、网点负责人面授培训覆盖率分别达到99.11%、98.27%。四是注重企业文化建设。以"社会主义核心价值观——工行在行动"为主题，积极推进四德建设；党、团、工会组织开展"身边人、模范事"征文、"发现身边员工的美"等"闪光点"系列活动，大力宣传"平民英雄"，结合人民满意银行建设、学雷锋活动，用心深耕特色文化，不断深化精神文明创建。

安徽分行

【主要业务指标完成情况】

2014年，安徽分行本外币各项存款增加115.37亿元，余额达3 582.46亿元，居同业首位，比第2位的建行多209.49亿元；各项贷款增加240.42亿元，余额达2 749.36亿元，居同业首位，比第2位的建行多351.52亿元；实现中间业务收入25.67亿元，居同业首位；实现拨备前利润77.16亿元，同比增加1.87亿元；不良率比年初下降0.02个百分点。全年实现安全运营。

【主要工作措施】

一、坚持以完善管理为基础，努力保持资产质量稳定

面对外部环境等因素给信贷资产质量带来的严峻考验，坚持把稳定资产质量作为重中之重，加快转变风险管理理念，持续提升信贷经营能力，努力做到"贷得出、管得住、收得回"。积极实施《2014—2015年信贷资产质量管理规划》，组织召开了有三级行参加的全省信贷资产质量管理工作会议、信用风险管理工作座谈

会、信贷资产质量稳定工作会议等，明确目标，落实任务，提出措施，严格奖惩，并提出树立起全面的、系统的信用风险管理理念，实施信贷营销管理、存量贷款管理和不良贷款管理的“三位一体”管理，建立潜在风险客户、违约贷款客户、不良贷款客户等三类名单库，努力遏制贷款形态向下迁徙。全年排查化解潜在风险客户贷款58.18亿元，清收处置不良贷款42.16亿元，基本保持了信贷资产质量稳定，年末不良贷款率较年初下降0.02个百分点。

二、坚持以三大板块营销为抓手，进一步推进加快发展

按季度持续开展大零售、大公司、全机构三大板块综合营销，全面竞争优质业务市场，促进了各项业务持续快速发展。一是各项存款稳定增长。突出存款基础性地位，坚持“平时抓、抓平时”，促进各项存款持续稳定增长，本外币各项存款日均增加191.87亿元，居全国一级分行第5位，其中储蓄存款日均增加115.63亿元，居全国第3位。二是积极拓展优质信贷市场。根据总行资产布局优化导向，统筹增量优化和存量调整，重点拓展八大目标市场优质资源，积极推动三大业务板块发展，促进了信贷业务提质增效。坚持“打造安徽第一按揭银行”目标不动摇，个人按揭贷款增加238.66亿元，居全国第4位；着力抓好优质项目营销，项目贷款增加103.45亿元，居全国第10位。三是大力发展中间业务。统筹打好传统牌、挖潜牌和创新牌，在传统业务领域精耕细作的同时，依靠深挖客户价值贡献和创新产品推广应用，努力开辟中间业务增收新渠道。实现结算代理理财类收入14.62亿元，同比增收1.05亿元；实现资产管理业务收入2.26亿元，同比增收8 639万元。

三、坚持以客户经营为重点，进一步推进转型发展

推动营销决策向数据驱动转变，深化客户经营，促进了客户数量和质量双提升。一是加快对公业务转型升级。推动公司业务由满足客户融资需求向综合服务、经营资产升级，强化综合拓展营销。重点抓好公司无贷客户存款向公司无贷客户经营转变，净增有效公司无贷客户5 180户；年末法人理财客户达2 098户，贵金属对公客户达1 820户。持续推进机构存款工作向机构客户经营转变，进一步挖掘客户价值贡献，机构业务营业贡献占比达12.64%，同比提高1.06个百分点。二是全面实施“大零售”战略。紧紧围绕打造“安徽第一零售银行”目标，扎实推进客户、产品、渠道、信息整合等基础性工作，努力提升市场竞争力。全年净增个人客户165.38万户，居全国第9位，其中资产5万元以上客户8.6万户，居全国第8位；四星级以上客户21.8万户，居全国第10位。大力推进代发工资市场拓展，净增有效代发工资单位1 630户，净增代发工资个人客户25.6万人。持续推动个人贷款向个人信贷客户经营转变，使用4种以上个金产品的客户占比达61.25%，较年初提高5个百分点。三是加快渠道转型。研究制定了网点竞争力提升2014—2016年规划，全面落实七大工程任务，柜员人日均工作量由改革前的88笔提高到110笔，实现高柜向低柜转岗345名、柜员向销售类转岗602名；完成迁址优化网点38家，新建离行式自助银行50个。

四、坚持以增效提质为核心，进一步推进创新发展

全面实施“大资管”战略，同时着力深化体制机制改革，为经营发展不断注入新活力、新动力。一是推动实施“大资管”战略。树立“无大资管不富”理念，优先利用资产管理业务满足客户融资需求，加快项目推荐，做大业务规模，全年实现金融资产服务业务收入10.59亿元，同比增收3 384万元。二是改进绩效考核管理。按照总行考核导向，精简整合各类考核指标，加强了日均存款增量考核，完善了中间业务收入考核，取消部分中间业务收入考核指标。三是提升客户服务水平。认真组织开展“人民满意银行建设年”活动，客户投诉数量同比下降33%，客户满意度为100%，辖内有7家机构被评为中国银行业文明规范服务示范单位，创建数量居同业首位。

五、坚持以从严治行为标准，进一步推进科学发展

将从严治行、从严管理贯穿于经营发展各方面，努力推动全行在复杂环境下实现健康可持续发展。坚决有力地从“人”和“事”、“经”和“纬”两方面持续构建内控案防网络，不断深化“从人到事”的员工行为动态排查和“以事找人”的风险事件溯源核查，持续推进内控案防网络建设，全年共确定关注对象89人，对其中35人采取了处分处罚措施。制定了《信贷从业人员廉洁从业“十个严禁”》，开展了一系列警示教育活动。牢固树立人防是根本、物防和技防是手段的意识，全面落实安全目标管理责任制，提高了安全保卫水平。

六、加强党建队伍和企业文化建设，积聚四个发展动力

深化党的群众路线教育实践活动，全面落实各项整改任务，以作风整改推动了经营发展。牢固树立以人为本的管理理念，积极推进干部员工队伍建设，着力培养和谐向上的企业文化，为推进发展提供了有力的人才保障和文化支撑。高度重视各级管理人员教育培训工作，举办各二级分行行长和省行部室总经理研修班、县支行和城区支行行长培训班，开展副职管理人员履职能力专题培训，进一步推动了有关决策部署的贯彻落地，促进了各级管理人员履行职责、发挥作用。注重深化企业文化价值理念传播，坚持为员工立传，续编《悦读心语》和《才艺广场》，有效地发挥了企业文化凝心聚力的作用。

福 建 分 行

【主要业务指标完成情况】

2014 年，福建分行实现拨备前利润 73.81 亿元，拨备后利润 15.64 亿元。各项贷款余额 2 862.21 亿元，较年初增加 210.65 亿元，增幅 7.94%。其中：公司贷款余额 1 842.2 亿元，较年初增加 113.02 亿元，同比多增 52.57 亿元，还原理财投资等表外因素 80.72 亿元，比年初实际新增 193.74 亿元；个人贷款余额 1 006.56 亿元，较年初增加 102.27 亿元。资产管理（理财投资）、PE 基金主理银行、债券承销、代理销售等金融资产服务业务余额 142.65 亿元。全部存款余额 2 468.95 亿元，较年初增加 66.35 亿元，其中，储蓄存款、机构存款分别比年初增加 32.50 亿元、128.23 亿元。实现中间业务收入 37.82 亿元。不良贷款余额 116.18 亿元，不良率 4.06%。

【主要工作措施】

一、“三大战略”落地，坚定不移地推进经营转型

一是大零售战略。先行先试，选择龙岩分行、福清支行率先试点，泉州分行“专项发展”，探索建立更加贴近市场和客户端零售银行发展模式。一年来，通过优化考核机制、成立推进委员会，强化部门联动，大零售实现营业贡献 22.27 亿元，占全分行营业贡献的 65.56%，较上年提高 3.12 个百分点。私人银行客户数达 949 户，比年初新增 361 户；在总行私人银行专业评价中排名 A 类行第 8 位。信用卡发卡量达 272.92 万张，新增 17.2 万张；实现消费额 1 101.07 亿元，同比增幅 44.4%，增量居全国第三位，7 个地市消费额进入全国消费 30 强；收单额 481.79 亿元，同比增幅 32.90%；信用卡贷款余额 279.8 亿元，比年初增加 55.1 亿元，增幅居全国第三位；分期付款余额达 153.1 亿元，新增 18.29 亿元。实现电子银行业务收入 9.4 亿元，增长 23.53%；手机银行和个人网银客户在全分行个人有效客户中的渗透率分别为 47.58%、67.83%，分列全国系统第一和第三；手机银行客户数达到 469.46 万户，比 2013 年增长 25.37%；工银 e 支付客户数达到 77.23 万户。积极推动省内优质商户签约入驻融 e 购平台，年末已签约商户 85 户，其中上线运营 41 户；累计注册会员数 28.9 万户。二是大资管战略。积极培育和扩展大资管重点产品线，不断提升了投资管理和资产配置能力。在品牌类投行发展上，全年推荐项目实现投资 31 个，投资规模 91.49 亿元，较 2013 年增长 57.52%，实现品牌类投行业务收入 4.18 亿元，增幅 14.84%。办理了全国首单 10 亿元闽西兴杭持有的紫金矿业股票收益权场内质押式回购业务，办理第一笔融侨特定债权投资业务 6.5 亿元，与证券公司等机构开展新三板业务合作，以顾问身份参与企业新三板挂牌工作。在资产管理业务发展上，全年向总行推荐理财项目 195 个，实现投资 70.72 亿元，同比增加 39.08 亿元，增幅 123.51%；实现资产管理业务净收入为 2.17 亿元（含私人银行投资管理收入），同比增加 0.41 亿元，增幅 23.41%。在债务融资工具承销发展上，为福建六建集团中期票据、紫金矿业集团中期票据、福建省高速有限责任公司中期票据提供承销服务，共完成承销 17.67 亿元，实现承销费中收 357 万元，同比分别增加 8.67 亿元和 270 万元。在银团贷款发展上，成功组建了福建省电力特高压工程 35 亿元、恒捷实业 6 万吨差别化锦纶纤维 4 亿元、中化泉州石化“1 200 万吨/年炼油”45 亿元和福建吴钢建材市场 10 亿元行外银团贷款项目；参加了中海油海西天然气管网二期项目融资投标工作。在融资租赁发展上，与工银租赁签订全面合作协议，并为宁德核电办理了 20 亿元的融资租赁，审批了东南沿海铁路 20 亿元、向莆铁路 20 亿元（已放款 5 亿元）的融资租赁业务。在国际业务发展上，与 18 家境外机构开展了结构性融资、正反向汇兑通及双币证等产品合作，成功办理了分行首笔大豆商品交易业务、工行系统首笔人民币黄金远期业务，与阿布扎比分行合作办理了跨境购售业务，系统内首创“出口票据担保付款 + 中介型福费廷”产品，系统内率先办理了 LPR（贷款基础利率）利率互换业务，争取到全省第一家总部（紫金矿业）外汇资金集中运营主账户行资格。截至年末，办理跨境人民币业务（实收实付）316.28 亿元，同比增长 147%；办理国际结算业务 270.63 亿美元，同比增长 3.66%。在现金管理发展上，全年新增现金管理客户 5 534 户。其中总行、省行级现金管理客户新增 48 户；新增全球现金管理客户 26 户。在理财业务发展上，发行区域理财产品 11 期，发行金额 8.2355 亿元；全年销售个人理财产品 936.4 亿元，私人银行产品配置 165 亿元；销售法人理财产品 305.05 亿元（按总行统计口径），同比增长 248.23%。三是大数据和信息化战略。开展了 EDW 自主查询应用，为市场营销、经营分析、风险管理、绩效考核、内部控制等领域提供了 90 多项信息服务。组建

了以数据分析为主、各专业分析师协同的数据分析师团队，通过自上而下的数据挖掘，提升精准营销和精准管理水平。

二、拓展优质信贷市场，实现信贷业务接续发展

一是积极支持福建省在建续建重点项目。全年共对40个省重点项目投放76.57亿元贷款；并通过工银租赁、北金所委托债权投资等非信贷渠道为省级重点项目累计提供35.91亿元的融资。其中，对高速公路行业新增项目贷款31.76亿元，对该行业的融资余额已达215.11亿元，列四行首位。二是支持和培育新兴行业取得新进展。“新四大产业”贷款比年初增加79.91亿元。同时，创新健康行业营销模式，与莆系民营医院总商会签署一揽子战略合作协议，设计了“基于资金归集的健康医疗产业资产收益权支持融资业务产品创新方案”，有效解决了民营医疗机构的融资需求。三是迎难而上支持小微客户。全年累计发放小微企业贷款315.07亿元。对19个产业集群和专业市场制订专项融资方案，授信总额71.1亿元，累计向133户集群市场内小微企业发放贷款11.48亿元。稳步推进“万家小微企业成长计划”，累计为42户小微企业发放“成长贷”15 371万元。四是支持以个人按揭为主的个人贷款发展。重点攻坚大型优质楼盘住房按揭贷款。个人贷款余额1 006.56亿元，比年初增加102.27亿元，其中个人住房贷款余额736.48亿元，比年初增加179.75亿元。五是积极支持“三农”经济发展。加大对小城镇建设、农村节能减排（生态环保）项目、农村基础设施建设等涉农重点领域的信贷供给。涉农贷款余额1 078.03亿元，较年初增加82.53亿元，增幅8.29%。六是进一步加大对平潭综合实验区支持力度。梳理完善平潭支行准二级分行的“新型管理模式”，单列平潭综合实验区支行信贷计划，配备专项规模。作为四大银行中唯一一家银行为平潭管委会的基础设施建设提供了一笔10亿元的平潭股权基金，平潭管委会签约的重大产业项目已全部落地开户；平潭综合实验区支行各项贷款余额28.57亿元，比年初增加8.83亿元，增幅44.75%，居同业第一。

三、优化体制机制，着力提升经营管理效能

一是建立以客户为中心的经营体系。成立了三大业务推进委员会，将分散在各专业部门的营销管理功能按客户类别全面纳入统一营销管理业务系统；搭建了53条重点产品线经营团队，实现客户统一管理、产品统一经营；确立了251家一级和二级支行作为对公网格化营销的支点支行，形成了以各支行、网点为单位的网格区域和客户的全覆盖；深化了跨部门、跨专业的会商机制和快速的大户响应机制，快速解决为重点客户提供综合服务过程中遇到的问题和障碍。二是实施机构改革、流程优化。优化了省分行本部内设机构设置，理顺机构管理关系。根据风险特征设定差别化信贷业务流程及推广授信项下授权审批制，优化精简信贷审批流程，落实限时审批服务，推动了审批效率的提高。优化对公开户流程和业务集中处理系统，实现了客户服务“一个客户、一次填单、一次输密”，客户一次来柜面办理多笔签约业务所用时间合计减少3分钟，业务处理效率、客户体验明显改善。三是强化过程管理和全流程控制。在效能管理平台上开辟“阳光督办”，在网讯上逐月公布展示各行部、各专业工作完成进度，推行行务公开。11月中旬组织开展了经营管理大检查，进一步推动执行力建设。四是推进了网点竞争力提升工程。认真贯彻总行网点竞争力提升“七大工程”，制定并实施网点竞争力提升三年规划，全年完成低效网点优化34家，引入专业机构对网点进行流程导入驻点培训，建立了厅堂五大岗位协同配合、有序递补的标准化服务营销流程；全力推进网点运营标准化改革，实现了703名柜员从高柜向低柜流动，245名柜员和中后台人员转岗至大堂经理等销售类岗位，营销力量得以加强；加快了自助银行、电子渠道建设，开展智能化模式试点工作，并利用快捷发卡机、外出营销终端、存富宝机具的布放，延伸服务渠道。五是开展了服务改进工作治理。加强网点客户排队管理，实施投诉突出问题专项治理，开展千佳网点建设，并将“五星级”评选、千佳创建、服务效率与投诉处理质效提升等与网格化营销、业务处理流程再造等一起融入到网点竞争力提升项目中，持续推进“人民满意银行建设”。完成了“网点服务响应远程支持平台”建设，实时为支行或网点提供后台支持服务，有4家网点从全国银行业20多万家银行网点中脱颖而出，荣获中银协“中国银行业文明规范服务千佳示范单位”，5家网点荣获中银协“中国银行业文明规范服务五星级营业网点”称号，数量居同业第一。

四、抓好质量攻坚，全力清收压降不良资产

一是健全内部风险控制机制。成立不良贷款防控专项工作小组，加强公司信贷业务机构准入管理，加强不良贷款余额控制与逾期贷款剪刀差考核管理。二是加快不良贷款化解和处置。成立了不良贷款处置中心，直接清收处置1 000万元（含）以上不良贷款。通过实施债权转让、争取总行批量处置政策、以物抵债、走“快审快执”通道、加快呆账核销以及争取政府优惠政策支持等措施，千方百计加快处置进度。三是高度重视重点领域风险防范。既加强防控风险已显现的贸易融资、中小企业、个人经营贷款等重点领域风险，也高度重视未集中暴露的周期敏感性行业、产能实质过剩行业风险、与房地产相关的业务风险，特别是经营亏损、过度融资的大户风险，切实堵住不良贷款增加的源头。四是加强动态贷款风险排查和预测。开展了存量客户融资业务风险排查工作，涉及排查客户计4 557户，对排查出的风险客户，逐户制定风险化解措施和相关管理要求，切实防控存量贷款劣变。五是加强信贷队伍建设。强化

尽职履责，强调底线思维，开展了5期信贷实务培训，并组织编写了不良贷款案例汇编，加强警示教育。

五、强化内控外防，狠抓源头治理

一是组织对全辖开展案件和非法集资风险排查，持续开展“防范和打击非法集资宣传教育”活动，与员工签订员工不参与非法集资等相关活动承诺书。二是有序推进操作风险管理工作，开展执法监察，持续推进对运行管理、个人金融、信用卡、信贷等专业的“飞鹰”行动，有效防范各类业务风险和案件事故的发生。三是深化建设“最安全银行”活动。推广安防综合管理平台建设，加强外部欺诈风险管控。辖属福州仓山支行被中银协评为“安全管理先进单位”。四是加强声誉风险防范。组织排查敏感风险事件、客户投诉突出问题、诉讼案件等风险隐患，继续实行声誉风险每日监测机制，强化与媒体的沟通，及时处置负面舆情。五是全力做好新形势下信访工作，未出现群体性事件和信访极端事件。

六、突出以人为本，营造和谐发展氛围

一是加强党建工作。认真开展党的群众路线教育实践活动，组织各级行党组织召开专题民主生活会，积极落实问题整改，推进工作作风不断转变。开发投产了干部学习管理系统，加强党员领导干部政治理论学习与培训。开通网讯党建专栏，加强各级党组织党建工作宣传报道，夯实党建工作日常管理基础。二是加强企业文化建设。围绕工作中心，进一步健全文体组织机构，组织开展了一系列业余文体活动，丰富员工的工余生活。开展了“工行好声音”、省分行首届“感动工行”员工和集体评选等活动，激励广大员工积极投身“五个之最”精品强行建设。开启的“行长E沟通”平台，已成为畅通员工诉求表达、开阔行领导倾听员工心声，摸清基层情况的有效途径。加强“职工之家”活动中心设施建设，改善了营业网点员工工作环境。积极践行社会责任，开展扶贫救困、资助教育、志愿者服务等活动，保障金融消费者合法权益。三是加强人才队伍建设。加大各类员工培训力度，全年共完成各类培训3 765期，培训覆盖率95.99%，人均培训11.19天，人均培训天数同比提高了65.78%。加强客户经理队伍建设，有序引导柜员和中后台员工向客户经理岗位流动，年末销售类人员占全员比例为21.82%，同比提升近1个百分点。推进总行专业资格认证考试工作，完成了19个序列初、中、高级专业资格免试审核和考试认证工作。不断扩容专业人才库，完成了9个专业人才库的初级考试并产生中级库。

江西分行

【主要业务指标完成情况】

2014年，江西分行本外币各项存款较年初增加269.49亿元，增长11.72%，其中储蓄存款增长9.52%，增幅全国系统排名第4位，同比前移9个名次。对公存款增加149.91亿元，增量系统排名第7位，江西四行占比第一。各项贷款较年初增加211.62亿元，增长13.84%，其中：实体经济贷款占比提高5个百分点。实现拨备前利润56.74亿元、净利润36.52亿元，同比分别增长7.51%、2.73%。实现中间业务收入24.57亿元，同比增长2.28%。不良贷款余额21.49亿元，不良率1.23%，清收处置不良贷款17.25亿元，完成总行计划的132.27%。加强了操作风险的管理和控制，可控操作风险暴露水平降低至3.68%。服务能力不断提高，营业网点中高端客户满意度为99.22%，普通客户满意度为98.79%，均优于全行平均水平。

【主要工作措施】

一、全力以赴打好资产质量保卫战

一是加强帮扶，抓好重点行的不良压降工作。将新增不良贷款大行列为省行帮扶重点区域，派驻工作组推动重点项目清收处置工作。二是加大各类风险排查力度。建立了“江西省分行非现场监测指标体系”，实现了“非现场监测”机制的常态化，重点防范周期敏感性行业及产能过剩行业风险，经营亏损或过度融资大户经营性风险，以及“财园信贷通”等贷款集中还贷期的履约风险。三是多措并举，积极创新处置方式。省行领导亲自参与大额风险资产的处置化解工作，实行名单制和提级管理，逐户制定不良贷款清收处置预案。灵活运用呆账核销、重组转化、债权转让等手段，加快不良贷款的清收处置进度。四是严格落实问责制，严肃处理“弄虚作假”和违规放贷问题，实行信贷从业人员资格制度，落实“专家执业”制度，保障信贷业务运营质量。

二、大力拓展存款蓝海市场

一是以大零售率先发展改革为契机，推动个人业务协同发展。除总行确定的2家试点行外，又选择了3家试点行，组织推进各项改革事项。组织省行多部门对各二级分行逐一开展商品市场、农村市场、代发工资、以贷引存、理财业务等5项工作评议，推动零售业务协同发展和公私联动发展。在巩固商品市场拓展成果的基础上，继续深入拓展农村市场，重点营销农业产业化龙头企业、专业合作社、种养殖大户、私营业主等农村中高端客户，带动包括其上下游在内的整个产业供应链资金的体内流转；加快县城及乡镇物理网点、自助网点布局步伐，在农村重要交易场所广布消费POS和个人转账终端，延伸农村金融服务半径；大力推广福农卡等各类银行卡，加大手机银行、网上银行、电话银行、工银e支付等新型服务渠道向农村渗透，优化用卡环境。围绕农业生产在种子、化肥、农机具采购及农产品销售等方面的金融服务需求，积极研究创新金融产品与服务。二是以人力拓展对公空白市场为抓手，推进对公存款持续增长。在省行成立了机构存款10个行业营销团队，积极进军电子商务、现代物流、健康产业、社区服务等对公存款空白领域和小份额市场。抢抓市场机遇，把握重点项目，积极跟进政府、企业发债、国库支付改革、“财政智能存款计划”、棚户区改造、“金保工程”二期、昌吉赣高铁、军队建设等项目。其中债务性融资工具营销取得突破性进展，成功中标江西省2014年政府债券22.2亿元，江西同业占比第一，并成功营销上饶银行分销政府债2亿元，实现了分行在政府债分销上零的突破。三是以整治“裸贷”为突破口，大力拓展有贷户存款市场。通过建立“存贷联动”工作机制，严格执行销货款归行和保证金存款管理，加强大额资金平台管理以及切实提高信贷资金留存率等一系列工作措施，明显提升了有贷户存款稳定性。时点存贷比、日均存贷比均低于5%的客户比年初大幅下降。年末保证金存款净增额在系统内排位较上年末前移13位。抓好发债资金、增发资金、债券承销资金等存款的营销管理，有效带动了公司存款的快速增长。

三、切实抓好“三个重点”，促进信贷业务稳健发展

一是用好贷款增量，强化实体经济信贷市场“主导地位”。围绕总行确定的“八大板块”及辖内“新五大行业”，建立了公司客户营销“目标客户库”，深度挖掘物流和商贸市场、教育、文化、旅游以及医疗卫生等现代服务业信贷市场潜力，重点突破国家级、省级农业龙头企业和省级林业龙头企业等现代农业信贷市场，积极支持战略性新兴产业；将“信贷流量管理”由存量向增量延伸，以银团分销模式满足续建项目增量融资需求，合理控制基础产业领域贷款投放节奏。积极捕捉经济下行带来的产业重组并购机会，投行营销重心向并购贷款倾斜。探索小微企业专营机制改革，重点营销小企业“网贷通”等优势产品，大力推广项目项下供应链融资业务，全行服务业贷款余额272.86亿元，占公司贷款比重比年初提高6.32个百分点。二是调整贷款存量，进一步优化信贷结构。认真落实“绿色信贷一票否决”制，加大对环评不达标，尤其是涉及重金属排放等高环境风险领域客户融资的控制与清退力度，有效促进了信贷结构“绿色”调整。加强对商贸流通行业贷款管理，对8个产能过剩行业采取逐户锁定、按月监测、跟踪落实等措施，实行融资限额管理制度。强化政府融资平台贷款管理，大力清收到期贷款，地方政府融资平台贷款余额减少24.33亿元。三是加强培训和管理，筑牢信贷工作根基。组织开展多层面信贷从业人员业务培训，进一步弘扬了优秀信贷文化。建立健全信贷从业人员岗位准入、职业发展和工作年检制度，促进了信贷人员提高业务素质。组织开展了信贷业务集中整顿，加大现场检查力度，先后组织开展了项目贷款业务、新发放贷款业务、委托贷款业务、类信贷业务、法人客户重点低风险质押贷款业务、T+D同业业务、贸易融资业务等多项现场检查工作，有效防范和化解信贷风险。

四、积极推行“三项”改革创新，不断激发经营活力

一是探索加快业务创新步伐。针对中间业务收入增长持续乏力的局面，着力抓好各条线产品创新，并组织探索服务套餐模式，力拓新的盈利空间。积极推广结算代理理财十二类重点产品及四类潜力产品增收方案，加快发展企业年金、信用卡、电子银行、贵金属、私人银行等新兴业务，挖掘增收潜力。认真贯彻总行“大资管”战略部署，积极拓展资产管理业务领域。积极探索“支付+融资+金融交易+商务+信息”的互联网营销模式，重点发展手机银行客户，大力营销工银e支付，大力宣传“融e购”电商平台，积极推荐江西省优质商户入驻，做大交易额。二是实行管理体制机制改革。对省行营业部管理体制进行改革，减少业务环节，提高了对省级大客户的响应速度。深入推进重点支行改革，明确了10个重点县支行和20个潜力县支行，在服务渠道、信贷政策、资源配置等六个方面实施差异化的管理措施和扶持政策的基础上，启动了南昌支行、瑞昌支行、铜鼓支行试点，积极探索县支行经营管理机制的综合改革。在青山路支行、永叔路分理处开展了网点经营机制改革试点，推动网点经营模式从任务型向经营型转变。进行了客户经理、产品经理管理体制改革试验，着力将客户经理打造成流动经营平台，促其从“坐商”向“行商”转变。三是深化机构干部人事制度改革。按照年龄梯次配备、专业类别齐全、经历相济互补、性格结构合理的要求，优化各级领导班子结构，调整充实二级分行及省行本部管理干部58人。全面落实《员工职业发展管理办法》，重点推动非管理类职务晋升工作，全行共有541名员工实现了业务类职务晋升。重点开展对柜员、个人客户经理、网点负责人等岗位人员的专业资格认证，基本实现了持证上岗，专家治贷。结合

网点运营标准化管理改革，按照“减高增低”要求，25家试点网点平均高、低柜柜口配备比例由2.66:1优化至1.52:1，通过改革节余人员优先充实到了营销岗位，增强了全行的营销力量。

五、全面深化“四项建设”，凝聚和谐发展动力

一是不断深化作风建设。重点抓好党的群众路线教育实践活动整改落实工作，“四风”问题得到有效遏制。深入开展各项主题教育活动，组织全行副处级以上领导干部开展了学习习近平总书记系列重要讲话精神集中培训，在全行管理干部中深入推进“三严三实”主题教育活动，扎实开展“五强”基层党组织和“五优”党员争创达标活动。通过系列活动，基层党组织的凝聚力和战斗力得到有效提升，党员领导干部政治素质进一步提升，管理工作水平和能力得到明显加强，党员的先锋模范带头作用得到更好的发挥。二是持续加强内控案防建设。认真落实党委主体责任和纪委监督责任，继续深化“三位一体”内控案防建设，全行配备内控专管员125人，配备合规经理705人，在省行、二级分行、支行各层级形成了横向到边、纵向到底的内部控制体系。制定了监督检查人员问责办法，明确了对监督检查人员对重大违规行为实行五问责。组织在全行开展以“坚守职业底线、保持廉洁从业”为主题的教育活动，加强了对管理人员和关键岗位人员的日常行为监督，增强了全行干部员工廉洁从业的意识。三是持续加强运营管理建设。全面完成营业网点核算印章和指纹认证识别等关键核算环节改革，实现了重要核算印章的电子化打印或自动化控制，建立了电子化、信息化的柜员身份认证模式，有效杜绝了“飞章”、“飞卡”引发的操作风险。扎实开展运营风险排查和检查工作，组织开展了关键业务环节、自动柜员机、运行制度执行等专项检查和整改工作，从源头上防范了风险隐患。四是持续开展特色企业文化建设。着力加强特色企业文化建设，组织开展了第二届“感动江西工行”员工评选、宣传活动，进一步凝聚了全行转型发展的正能量；开展了全行第二届业务技能大赛，营造了“学业务、比技能、讲贡献”的比武练兵良好氛围；举办了全省第一届综合运动会，鼓励员工强健体魄，增强活力。健全员工关怀和困难救助机制，全行员工的凝聚力得到显著增强，和谐发展氛围进一步浓厚。

山东分行

【主要业务指标完成情况】

2014年，山东分行本外币各项存款余额6 811.26亿元，较年初增加304.38亿元。各项贷款余额6 105.48亿元，较年初增加443.32亿元。实现拨备前利润197亿元，同比增加5.78亿元；实现净利润128.61亿元，同比增加2.1亿元。不良贷款率1.51%，拨备覆盖率达到144.36%。全年实现安全平稳运行，没有发生案件事故。

【主要工作措施】

一、改革创新与业务发展方面

一是实施优质客户发展战略，夯实业务发展基础。个人金融方面，深入落实总行“大零售”战略，不断提高零售业务价值贡献。把客户外拓、代发工资业务、商品交易市场拓展作为重中之重，带动了客户数量和质量的同步提升，1万元以上客户新增21.8万户、四星级以上客户新增26.4万户，系统排名均列第3；代发工资单位增加2 654户，系统排名第5；代发工资个人客户增加62.4万户，系统排名第1；累计代发工资金额1 374.8亿元；全行商友客户达到109.4万户，新增34.9万户，系统排名第4。公司金融方面，针对山东“群象经济”特点，建立完善大项目营销储备机制，实施精细化管理和高层营销，成功争揽了济青高铁、海阳核电等一批重点项目；大力发展供应链融资业务，实施行领导挂靠营销，供应链融资余额达到97.6亿元，挂接上下游客户581户，拓户增量系统第3；通过分户到人、落实责任、精准营销、强化考核，全行公司客户稳步增长，公司客户总量达到16.84万户，其中5万元以上客户达到5.58万户，净增数量可比分行位居第3。机构金融方面，重点瞄准部队、社保等民生领域市场，加强竞争性招标项目管理，一批重点项目取得突破，中标各类民生领域项目18项，其中省政府地方债项目主承销商，累计存放国库现金管理资金110亿元，后续存款也将陆续到位；取得省人社厅社会保障信息化系统建设项目等一大批代理资格，为今后各项金融服务业务拓展奠定了较好基础。二是深入推进信贷结构调整，增强可持续发展能力。积极拓展优质市场，不断优化信贷布局。按照总行信贷政策导向，合理把握信贷投向，优化存量贷款结构，全年新增项目贷款的72.6%投向了重

大基础设施和在建续建项目，新增公司贷款的60%投向了先进制造业、现代服务业、战略性新兴产业、文化产业和节能环保等产业，风险相对较低的个人住房按揭贷款、供应链融资和票据贴现贷款占全年贷款增量的比重达到80%；主动压降造假行为易发、高发的贸易融资133亿元，退出产能过剩行业贷款46.24亿元，房地产开发、融资平台贷款分别下降19.93亿元和80.57亿元。注重表内表外结合，实现业务协同发展。在积极增加信贷投放的同时，积极拓展中票短融、理财融资等非信贷融资业务，全年为客户累计提供理财投资、债券承销、债务融资、股权融资等金融资产服务业务272.5亿元，同比增加136.5亿元。其中，贷款支持的日照岚桥集团收购澳大利亚公司股权项目，以及与山东如意科技集团等共同投资建设的"巴基斯坦工银—如意费萨拉巴德纺织服装工业园项目"，成为我国国家领导人出访澳大利亚、巴基斯坦期间首脑会晤的鉴签项目。大力发展金融资产服务，加快向资产管理大行转变。银团贷款实现快速发展，全年牵头银团贷款新签约15个项目，银团贷款签约总金额118.6亿元；以股权融资、北金所委托债权等产品为依托，全年累计办理理财融资业务124亿元，同比多增72.7亿元；积极发展债务融资工具承销业务，全年共承销债务融资工具13支合计148.25亿元，同比增加63.75亿元，增幅75.44%；扩大融资租赁市场份额，向工银租赁进行推荐，主动开展营销，全年累计办理融资租赁业务11.2亿元。三是加大改革创新，提升经营发展活力。深入推进机制建设，强化激励约束力度。完善二级分行和省行部室绩效考核体系，强化对优质客户拓展、产品渗透以及互联网金融等方面的考核，加大同级部室对于部门配合、业务协调、工作联动方面的考评权重，增进本部部室间的协同配合。加强管理人员履职能力激励问责，对履职不到位、竞争力下降的机构和部门一把手及相关副职，采取重点督导、黄牌警告、组织调整等问责措施。完善员工考核分配机制，更加注重价值创造的目标导向，坚持公正透明的薪酬理念，着力完善薪酬管理体系，加大绩效工资奖优罚劣力度，确保压力传导到位、激励措施有效。大力实施流程优化，提升工作效率和市场响应速度。推进信贷审批流程优化，进一步简化业务报审流程，基层行发起的信贷业务不再经公司业务部门预审，直接报授信审批部审查审批；推进小微企业发展模式创新，积极探索小微企业发展模式创新，建立专业化的业务管理体系、专职化的营销服务职能、高效化的信贷业务流程；推进业务流程综合改造，投产总行对公综合开户、免填单及签单项目，以客户口述柜员录入代替原有客户手工填表，提升客户体验；推进服务流程调整，加大投诉治理力度，深化员工主动服务意识，保护消费者合法权益，全年客户之声投诉大幅下降，系统外客户投诉稳中有降。提升资源配置效率，力促全行经营目标实现。优化信贷资源配置。加大经济资本限额管理力度，清理贷款承诺，减少无效资本占用。优化费用资源配置，按照总行资源配置导向，严格按照业绩贡献兑现费用，对二级分行采取与营业贡献直接挂钩的绩效费用分配模式，严格按照业绩贡献兑现工资费用。优化人力资源配置，开展分支行本部人员优化调整工作，启动柜员优化项目，全年调整优化柜员449人，其中422人充实到销售类岗位；全行销售类人员占比达到24.70%，较调整优化前提高了3.83个百分点。

二、公司治理与风险管理方面

一是进一步强化信贷管理，提升风险管控水平。严格客户准入和分类管理。按行业信贷政策标准，对700余户企业重新进行了分类核定，对风险客户和特别关注客户，实施"有计划，按比例"管控策略，疏导缓释风险；对8个产能过剩行业及煤炭、环境敏感行业的237家企业逐户制订了压降计划；全年退出产能过剩行业贷款21.68亿元，房地产开发、融资平台贷款分别下降19.93亿元和80.57亿元。加强风险排查和前瞻预警，针对今年以来风险因素急剧增加的严峻形势，采取集中排查和日常排查相结合的方式，对9 157户客户开展了全面风险排查，累计排查出风险客户403户，涉及融资余额183.72亿元；创新风险监测技术手段，自主研发信贷行业风险监测预警系统、法人客户信贷风险评估分析系统，解决信贷管理信息不对称问题。完善管控体系和长效机制。制定出台了《保证类贷款优化实施意见》、《贷款劣变大行重点管控意见》、《法人不良贷款分类管理意见》等一系列制度办法，上收了4家分行20家支行的审批权限；将潜在风险贷款退出计划完成情况纳入二级分行行长经营绩效考核，全年累计退出转化潜在风险贷款127亿元，完成总行计划的172%；健全完善逾期贷款催收机制，前移催收关口，严格落实催收责任制，在逾期贷款总量大、风险复杂化的情况下，累计压降逾期贷款147.51亿元，为稳定贷款质量奠定了较好基础。二是持续加大清收处置力度，坚决遏制不良贷款反弹势头。创新工作机制，在省行营业部等7家分行成立不良资产处置中心，集中力量处置不良资产，年末7家分行共计处置不良贷款33.96亿元，占全行处置总额的55.65%；进一步完善领导挂牌清收制度、配档表管理制度、定期报告制度、实地勘察制度、集体会诊制度，对贷款劣变金额较大的分支机构主要责任人员，要求离岗专职清收，全年共收回公司客户逾期贷款102.47亿元，占当年新发生逾期贷款的53.69%。前移风控关口，完善风险信息沟通、分析甄别和快速反应机制，通过收集信息、锁定风险、积极应对，实现清收处置与贷后管理工作的无缝衔接；对劣变趋势较为明显的贷款，积极确定风险化解方案，明确负责部门和相关责任人，提高风险防控和处置工作的主动性、及时性；对新劣变不良贷款，重点突出现金清收方式，进一步提高现金收回效率，节约处置成本。实施重点突破，对不良贷款重点大户严格落实省、分行领导挂牌清收制度，全年累计处置5 000万元以上大额不良贷款15户、金额26.28亿元；对部分重点大户，由省行行领导出面协调，积极争取政府支持。三是加强内控案防工作，保证全行安全平稳运行。扎实推进内控合规各项工作，推动检查监督模式向集中化、非现场化转变，全年共实施3批次、涵盖15个专业、23个项目的集中检查，15个专项检查、37个自查项目和5次飞天检查；加强风险监测研判，重点对住房开发贷款未按销售进度序时收回、虚假分期付款、个人贷款新增不良等重要风险环节进行了系统监测，业务运营可控风险暴露水平为1.43‰，较年初下降了2.13个万分点，继续保持系统第1；加强员工行为监督，以深化支行内控副行长履职监督为抓手，着力突出了支行内控副行长对信贷资产业务的检查监督和对重要岗位人员履职的再监督。强化考核激励机制，修订了《对二级分行内控合规工作考核办法》，明确22项定量考核指标，分值上升至44%，有效地发挥了考核导向作用。全面落实廉政案防各项要求，在党风廉政建设方面，修订完善了《管理人员及关键岗位人员廉洁谈话实施细则》，制定了《省行本部部室廉政案防及作风建设考核办法》，持续加大廉政案防工作力度；省行组织3个巡查组，分3个轮次，对全部二级分行进行了现场巡查；在案件防范方面，加大了对省行直接关注对象的监督力度，派员现场开展了整改验收工作，通过层层传导案件防控压力，带动了案防分析会、廉政案防教育、重要风险点治理、员工思想行为动态管理等工作的落实。严格执行安全生产各项措施，进一步加强业务运行管理，全面完成核算印章改革推广。完成总行柜员身份指纹认证改革项目，在提高事中风险控制能力、加强网点真实性审核等方面取得明显成效；进一步抓好安全保卫工作，稳妥推进监控报警联网建设，提高安全管理效能。全年共防范各类外部欺诈风险事件30起，其中，防堵虚假支付凭证4起，防堵假存折(单)、假汇票8起，协助客户防堵电信诈骗18起；进一步做好信访维稳工作，完善信访工作体系，加强与政府部门的沟通联系，依法维护正常信访和经营秩序。进一步加强声誉风险防范，坚持全天候媒体监测制度，积极树立良好社会形象。

三、党建工作和队伍建设方面

一是深化教育实践活动成果，落实改进作风长效机制。按照党的群众路线总行党委统一部署，扎实做好教育实践活动查摆问题整改落实和建章立制工作，活动中确定的75项整改任务、190条整改措施、7项专项整治任务和23项制度建设全部完成。组织开展了深化省行机关作风建设活动，深入查摆和切实整改服务意识、工作效率、协同配合、工作纪律等方面问题，机关作风有了新的改观。总结教育实践活动经验，制定了《内部服务管理实施细则》，配套实施《内部服务考核管理办法》；印发了《关于深化省行机关服务杜绝“内部营销”的通知》，提出“六坚持”、“六不准”要求；修订了《公务接待管理规定》、《公务用车管理规定》等制度办法，对会议、调研、公务接待等进一步明确标准，制度化、规范化、常态化的作风改进机制进一步健全。全年各类公文同比减少744件，降幅20%；取消各类简报5种，降幅20%；各类全行性会议同比减少26次，降幅40%；共停报、合并报表98种，报表清理率达28.4%。二是加强管理人员任用和监督，提升干部队伍履职能力。持续完善选拔任用机制，进一步细化“360度”民主测评，扩大员工评价的权重，干部选拔任用群众满意度不断提高；在干部推荐、考察考核中设置了“德”的评价项，将其作为选用干部的首要依据，去年以来考核评价干部160余人；优化配备各级领导班子，重点加大优秀年轻干部选拔力度，今年提拔调整的干部中，1970年以后出生的干部占比为63%，调整后，管理类干部平均年龄同比下降0.36岁；推动干部交流，省行层面交流干部员工28人，其中省行赴支行交流11人，二级分行到省行交流17人，交流人数和范围进一步扩大；加强干部监督，开展16个二级分行“一报告两评议”工作，对各行干部选拔任用工作和新选拔任用干部进行了测评，做好督促整改工作。三是加强教育培训和思想宣传工作，为转型发展凝心聚力。大力开展全员培训，全年共举办各类培训2 869期，培训员工2.04万人，参训率96.38%，人均培训9.41天。其中，举办经营转型重点工作专题讲座7期，邀请总行部门负责人解读重点任务，传导总行党委战略意图、管理理念与工作部署，4 871人次参学。重视做好宣传思想工作，持续推进企业文化建设，编撰全行《发展大事记》，汇编《企业文化建设集锦》，做好文化建设成果积淀和传承。开展特色文化建设，通过省行、二级分行、支行三级联动，重点培育、挖掘特色文化，推动企业文化建设与优质服务、品牌塑造的相融共进。

河 南 分 行

【主要业务指标完成情况】

2014 年，河南分行本外币各项存款余额 4 343 亿元，新增 358 亿元，增幅 9%。各项贷款（含卡）余额 3 096 亿元，新增 425 亿元，增幅 15.91%；其中人民币贷款新增 141.7 亿元，是历年来增加最多的一年。实现中间业务收入 45.6 亿元，增幅 15.22%，占营业净收入比重提升至 26.83%。实现拨备前利润 100.9 亿元，增长 15.51%，成功迈上百亿利润大行台阶；实现拨备后利润 87 亿元，净利润 64.7 亿元，分别增长 7.14% 和 9.83%。不良贷款率降至 0.92%。

【主要工作措施】

一、优化信贷结构，服务实体经济

统筹增量存量、本币外币、表内表外、商行投行一体发展，抓好总行与省政府签订的郑州航空港区建设全面战略合作协议落地，全年公司贷款新增 94.1 亿元，增幅 5.23%，其中“八大目标市场”新增贷款 119 亿元，占全部公司贷款增量的 127.32%。产能过剩行业、政府融资平台、房地产三大重点领域贷款减少 29.4 亿元，余额占公司贷款比重下降 2.2 个百分点至 10.52%。创新小微企业发展模式，监管口径小微企业贷款新增 57 亿元，同比多增 12.2 亿元，增幅 17.93%，高于各项贷款平均增幅 2.6 个百分点，实现了“两个不低于”的监管要求。加快发展个人类贷款，个人住房按揭贷款新增 257 亿元，增幅 47.14%，高于各项贷款增幅 31.7 个百分点；信用卡贷款新增 37.2 亿元，增幅 26.51%。实施差别化定价，新发放贷款加权平均利率 6.94%。强化融资模式创新，加快非信贷融资发展，表外融资新增 140.2 亿元。

二、适应市场环境变化，促进存款均衡增长

把大力发展客户尤其是中高端客户作为基础工作，通过客户总量增加、结构优化带动存款快速增长。全年个人有效客户新增 126.7 万户，增长 8.48%，其中金融资产 5 万元以上客户新增 10.4 万户，增长 7.73%；日均金融资产 5 万元以上公司客户新增 188 户；日均 5 万元以上机构客户净增 336 户；私人银行客户新增 309 户，增长 32.12%；新开有效对公结算账户 2.7 万户；新增代发工资单位 1 695 户、增长 27.94%，新增代发人数 37.6 万人、增长 21.43%。创新工作机制，全部拿掉与时点相关联的考评、奖惩等指标，更加突出日均考核，更加注重存款理财互动，储蓄存款日均新增 167.8 亿元，增幅 6.72%；对公存款日均新增 101.4 亿元，增幅 7.23%。同时，结合不同客户议价能力，采取差异化定价策略，存款付息率降至 1.7%。

三、实施三大转变，推动中间业务转型

加快推动中间业务由融资类项目拉动向基础类服务业务转变，由中低端同质化服务向品牌化高附加值服务转变，由重收费轻服务向提升服务质量和提高合规收费意识转变。全年“结理代”板块实现收入 27.58 亿元，同比增长 22.31%；12 项战略性成长和重点潜力产品实现收入 31.7 亿元，同比增长 32.93%；大零售营业贡献 74.86 亿元，占比 53.11%。同业可比的 25 项产品中，企业年金、对私人民币结算、承诺、对公委托贷款、资产托管、贵金属、结售汇、个人理财、投资银行、国际结算、银团贷款、第三方存管、对公理财、信用卡等 14 项产品收入排首位。中间业务收入的持续增长，为实现百亿元利润目标及费用计划起到了决定性作用，尤其是投行、贵金属、养老金、托管、信用卡、结算等重点产品的创新发展，有效地解决了以往中间业务收入更多依靠融资业务拉动问题，收入结构持续得到优化。

四、坚持从严治贷，确保质量稳定

加强风险排查，组织对全部信贷流程、全部分支机构、全部信贷产品、全部信贷客户进行监控、分析、评价、预警，防止风险扩散蔓延。加强逾期欠息贷款的监测化解，对逾期欠息、违规操作等风险信号进行全天候、全流程的监测扫描和预警提示，对每笔到期贷款提前一个月制定收回及续做预案并做好催收。加强不良贷款清收处置，落实不良贷款名单制管理和行领导挂帅清收制度，一把手直接参与不良大户的清收处置。加强责任追究，强化对不良贷款重点分、支行直接责任和管理责任的从严追究与处罚。全年累计清收处置不良贷款 13.7 亿元，其中现金清收占比 48.3%，同比提高 18.1 个百分点，创历史最高水平；退出与转化潜在风险贷款 40.6 亿元，完成总行计划的 100.5%。

五、完善机制建设，激发发展动力

完善绩效评价机制，修订完善二级分行绩效考评办法，建立全省统一的一级支行绩效考评办法，统一指标体系、统一权重标准，并给二级分行对不同支行差异化管理留出空间。完善资源配置机制，改变以产品销量挂钩为主的资源配置导向，实行重点产品销售和有效客户拓展并重，引导各行更加重视优质客户拓展、战略性成长业务和转型类业务发展及最终的经营结果。完善联动营销机制。改进客户经理管理，通过运营标准化改革、内设机构改革、新进员工等量置换、岗位整合等方法，释放更多人力充实到客户经理岗位；加大 MOVA、PBMS、CBMS 三大系统的培训和推广应用，力争所有客户经理进系统、领客户、录业绩、挂绩效；探索建立营销积分考核机制，提高客户经理的业务交叉销售能力；对柜员区分高低柜岗位，建立以业务量为主导的绩效分配办法，鼓励业务分流和岗位间流动。加快专业团队建设，在省行或二级分行层面组建投行、私人银行、理财投资、收单、发债等专门团队，统筹做好重大项目、重要客户、复杂创新业务营销。

六、加快渠道优化，推进经营转型

加快网点运营标准化改革，71 个网点完成改革试点任务，完成率 86.6%；普通区高低柜口比例由 5.15∶1 降至 2.93∶1，柜员由高柜向低柜转岗 211 人，向销售类转岗 581 人，网点销售类人员净增 540 人。加快网点竞争力提升，完成 68 家网点优化调整工作；建成离行式自助银行 325 家，完成总行计划的 203%，离行式自助银行与物理网点比例由 0.4∶1 提高至 0.82∶1；特约商户增加 1.1 万户，同比增长 57%；POS 增加 1.24 万台，同比增长 40%；柜面业务可分流率 26.8%，下降 4.3 个百分点。把互联网金融作为今后一个时期转型发展的重点，组织开展了“百日营销竞赛活动”，工银 e 支付账户新增 193.6 万户、增长 350%；手机银行客户新增 201.7 万户，在同业中首次超越建行排第 1；工银 e 投资客户交易终端新增 4.76 万户，手机银行客户端动户新增 116.4 万户。深入开展“人民满意银行建设年”和金融服务提升活动，全年客户投诉同比下降 81.6%，客户满意度达到 99.7%，6 个网点被中国银行业协会评为“千佳示范网点”，29 个机构获评“河南省群众满意基层站所”称号，数量排名四大行首位，被主流媒体评为河南地区“客户首选银行”、“最佳服务银行”、“最佳金融创新银行”。

七、狠抓内控案防，夯实管理基础

坚持从严治行，以全年无案件、无重大安全事故、无重大违规事故为目标，进一步理顺了案防职能，将案防责任由“两个责任制”表层向重点风险、岗位职责上延伸，建立了内控案防监察员派驻机制，实施了面谈警示制度，深入开展了“强内控、促合规、防风险、创三无”、重点领域案件和风险事件专项治理、“一加强两遏制”等活动，各类风险事件同比减少 5 523 笔，降幅 25.6%，其中一类风险事件同比减少 275 笔、降幅 91.4%；累计堵截外部欺诈 534 起，涉及金额 8.4 亿元，实现了安全运营。尤其通过开展“千人百项大排查”活动，发现各类问题 1 265 个，涉及金额 17.68 亿元，到年末已整改问题 1 016 个，整改率达到 80.32%。

八、加强队伍建设，持续提升能力

制定了管理干部履职考核评价办法，实行按季度考评、年度总评、分层分类、逐人排序，考评结果运用于绩效分配、等次确定、评先表彰、干部使用等，通过“大排队”和优胜劣汰，促使各级领导干部更好地履职尽责。改进分层分级培训体系，全年组织各类培训班 2 018 期，累计培训 10.2 万人次，提升了队伍整体素质。依照总行新修订的《员工违规行为处理规定》，对现有处罚事项进行了规范和清理；扩大困难员工帮扶和慰问面，落实救助资金 313 万元，救助困难员工 1 036 人，并对全行 1 210 名老干部、老党员和生活困难党员发放慰问金 119 万元；加强职代会建设，依法维护职工权益，办理职工代表提案 152 件；完成职工之家、职工小家建设项目 231 个和 497 个，建家率 92%。在第四届“感动工行”评选中，省行营业部行政区支行朱红梅被评为“感动工行”人物，并被总行推荐为全国妇联巾帼建功标兵人选；信阳分行等三个单位荣获首届中国工商银行“五一”劳动奖状，三名员工荣获首届中国工商银行“五一”劳动奖章。

湖 北 分 行

【主要业务指标完成情况】

2014 年，湖北分行实现拨备前利润 107.89 亿元，同比增加 13.58 亿元，增长 14.40%。实现净利润 71.46 亿元，同比增加 6.32 亿元，增长 9.71%。实现中间业务收入 65.54 亿元，同比增加 11.24 亿元，增长 20.71%。本外币各项存款比年初增加 308.21 亿元，增长 7.58%；其中储蓄存款比年初增加 124.67 亿元，对公存款比年初增加 183.43 亿元。各项贷款比年初增加 385.15 亿元，增长 14.46%；其中法人贷款增加 213.12 亿元，个人贷款增加 153.65 亿元。各项表外业务净增融资 242.44 亿元。不良贷款余额 18.3 亿元，不良贷款率 0.62%，比年初下降 0.02 个百分点。信用卡发卡量 365 万张，增加 39 万张。实现网上银行交易额 6.6 万亿元，同比增长 13.98%；新增手机银行客户 143.68 万户，新增工银 e 支付账户数 116.92 万户。

【主要工作措施】

一、大力推进以代发工资为重点的全面拓户拓市场

把客户拓展作为一项事关全行发展大局的打基础、谋长远、可持续的工作来抓，以代发工资拓户为突破口，以管理人员带头为抓手，锁定基数，限定时限，通报进度，严格奖惩。通过第一轮管理人员代发工资拓户，增加代发人数 53.85 万人，月均代发增加额 11.96 亿元，带动全省工资代发单位净增 6 672 户，代发人数净增 134.7 万人，年累计代发额净增 185.0 亿元。第二轮代发工资拓户目标 60 万户，涉及管理人员 2 116 人，责任人扩大到省分行本部部门负责人和二级支行负责人，已从 2014 年年底开始启动，为两年管理人员拓展 100 万户代发工资目标，实现代发工资客户格局的变化奠定了基础。同时，各专业、各层面的拓户拓市场也取得全面进展。对公结算账户增加 2.94 万户，增长 15.51%；机构客户增加 1 740 户，增长 19.97%；国际业务大中型客户增加 34 户，增长 15.18%；个人客户增加 99.34 万户，增长 7.51%，其中日均金融资产 1 万元以上客户增加 16.23 万户，增长 5.05%；私人银行客户增加 105 户，增长 15.11%。

二、大力推进以会诊督办为重点的资产质量把控和风险防范

在资产质量管控上，完善全行督办、定期会诊、逐行逐户逐笔分析、行长挂钩负责制度，层层传导压力，严格考核问责，通过分类清理、梯度清转、突出重点、全面推进以及实施容忍度管理、强化责任人追究等工作举措，全力压降和化解贷款风险。自 2013 年下半年召开 3 次资产质量督办会议后，2014 年又召开 4 次资产质量督办会议，逐户制定不良贷款清转预案，明确清收方式、目标、责任人。省分行对全部法人不良贷款、单户 100 万元以上个贷不良、50 万元至 100 万元个贷不良以及 20 万元以上信用卡分期不良跟踪督办，由二级分行班子责任清收；50 万元以下个贷不良、20 万元以下信用卡分期不良由支行班子责任清收，对这六个层面的不良清转省分行统一建立督办管理台账。第一次会诊督办以来，累计清收处置不良贷款 31.48 亿元，其中公司类不良贷款 26.07 亿元，个人不良贷款 5.41 亿元，资产质量整体稳定可控。实施全面风险管理，抓住关键环节，注重过程控制，内控案防水平巩固夯实，全行实现安全运营。

三、大力推进以挂点帮扶为重点的作风改进和责任担当

巩固扩大党的群众路线教育实践活动成果，持续推进干部挂点帮扶，深入基层调研，传导政策导向，分析会诊情况，倾听基层建议，及时研究反馈，共同谋划发展。包括行领导在内的 82 名管理人员挂点 82 家支行，对 64 家县域支行实行全覆盖。要求每季到挂点支行工作时间不少于 2 天，将挂点行“两项负债的赶超目标、资产质量的压降目标、优质客户的拓展目标、全年综合经营目标”四项目标完成情况与挂点联系人员绩效收入的 15% 考核挂钩，并作为综合评价和使用的重要依据。班子以上带下，发挥表率，深入市场，深入基层，直接与县市一级党政领导见面商谈业务营销，带动了中层管理人员纷纷走到基层、网点、客户之中，形成了俯身接地气、抬头谋发展的良好氛围。

四、大力推进以两项负债为重点的同业学习和赶超

坚持“存款立行”，将负债业务三年赶超主要竞争对手的目标具体化、责任化，与营业部、二级分行分别签订了赶超责任状，实行全过程目标管理。紧紧围绕市场、围绕客户，全面推进以代发工资为重点的客户拓展，以系统大户为重点的深度营销和全面挖转，以财政账户重新洗牌为机遇的全面竞揽，目前二级分行区域负债市场竞争格局已发生了可喜变化，有六家分行全面赶超主要竞争对手。抢抓湖北省检察院和法院司法预算体制改革启动实施的契机，在全省 130 个检察院单位中竞争到 93 个零余额基本账户和 93 个工资统发专用账户，竞争到全省 127 个法院单位的 123 个零余额基本账户和 123 个工资统发专用账户，两院系统 3 万余人办理工资代发业务。

五、大力推进以规范管理为重点的从严治行和从严管理

牢固树立“靠制度管人、靠流程约束”的指导思想，坚持从严治行、规范管理，持续优化目标管理、考核评价、资源配置、机构人员、授信审批、风险防控、流程设计等管理内容。以“四维度”为坐标的业绩评价标准已全面渗透；以“参与否、何角色、何贡献”为标准的分配机制开始有理念、被接受；以“表格化督办”为抓手的过程管理开始形成惯例；以“六项清理”为重点的资源管理已经显现成效。2014 年，省分行本部会议费同比下降 18.63%，差旅费同比下降 19.35%，业务招待费同比下降 62.76%。按照宜卖则卖、宜租则租、宜用则用的原则，闲置固定资产的管理、使用和处置取得实质性效果。全行闲置固定资产实现处置收入 2.01 亿元，较上年增加 1.61 亿元；全年实现租金收入 3 424 万元，较上年新增 963 万元，比清理前新增出租收入 1 377 万元。切实强化“裸贷”治理，从业务发起环节就实行刚性控制，使“裸贷”整治嵌入流程，形成制度。规范各层级干部的管理，做到“干部任用有年限、干部转任有条件、干部提任有标准、干部薪酬有业绩”，管理的规范性和机制建设得到加强。

六、大力推进以“人民满意银行建设”为重点的金融创新和服务提升

坚持以市场、以客户为中心，通过金融创新拓展服务领域，大力支持实体经济和民生金融。推出“政银

集合贷”着力破解小微企业融资难题，得到多方肯定。大力推动电商平台建设，新增电商平台商户71户，个人注册客户39.3万户，交易额17.4亿元，其中东本汽车销售376辆，金额6 631.7万元。构建校园“智慧金融”，推进银校合作，与5家高校签订线上缴费协议。改进窗口服务，提升服务品质，强化服务管理与考核，荣获“全省十佳优质文明服务银行”称号，涌现了武汉三八支行等一批中国银行业文明规范服务“五星级网点”，“五星级网点”创建数量在湖北银行业排名第一。在2014年度湖北金融总评榜中喜获丰收，将“2014年度最佳服务银行、2014年度最具竞争力银行、2014年度最受欢迎小微企业融资产品、2014年度最受欢迎网银产品”四项大奖收入囊中。

七、大力推进以提升网点竞争力为重点的综合达标和渠道整合

按照总行提升网点竞争力的总体规划和要求，深入分析网点经营管理和竞争能力方面存在的“六重六轻”现象，牢牢把握影响网点竞争力提升的“五个关键因素”，突出抓推动、抓重点、抓难点、抓配套，以实施网点运营标准化管理改革为基础，全面推进网点竞争力提升七大工程，网点运营效能和竞争拓展能力明显提高，网点竞争力工作取得了阶段性成效。全行高低柜比例从改革前的3.14:1降至1.28:1，下降了59.24%；柜员人均工作量由改革前的90笔提升到123笔，上升36.67%；全行共实现324名高柜柜员转岗到低柜柜员，467名柜员及服务支持人员转岗到营销类岗位，全行客户经理占比24.45%。优化调整低效网点9家、存量网点75家；新建自助银行165家，自助银行总量达1 290家，离行式自助银行和物理网点之比达到0.8:1，同比增长22.2%；投产在用自动柜员机3 695台，比年初增加423台；ATM单机日均交易量283笔，同比提高34笔，增幅13.65%。

湖南分行

【主要业务指标完成情况】

2014年，湖南分行实现净利润38.95亿元，经济增加值20.47亿元。实现营业净收入108.52亿元；贷款利息收入120亿元，同比增加11.51亿元；系统内往来净收入13.84亿元；中间业务收入33.08亿元。本外币各项存款较上年增加240.52亿元，其中：储蓄存款增加120.85亿元，机构存款增加153.69亿元，同业存款增加35.29亿元。本外币日均存款比上年增加193.44亿元。本外币各项贷款较上年增加232.79亿元。其中：人民币各项贷款比上年增加231.66亿元，同比多增48.33亿元，增长11.28%。其中，公司贷款增加99.06亿元，个人贷款增加57.43亿元，票据贴现增加22.16亿元，银行卡透支增加52.22亿元。全部贷款增量中，外币贷款增加839万美元。贷款总发放额、公司贷款发放额同业排名第2。法人理财销售额97亿元。个人银行类理财产品销售额420.23亿元，增长42.23%。累计销售私人银行专属理财产品70亿元，是上年的3.1倍。贵金属中间业务收入1亿元，占四大行份额的55%，排名第1；新增工银e支付账户143.6万户，系统内排名第3；签约电商平台目标商户128户，实现交易额8.7亿元。信用卡消费额919.7亿元，系统内排名第5。分期付款交易额146.8亿元，系统内排名第4，同业排名第1。代理养老金11.6万户，同业排名第1，受托基金规模5.6亿元，系统内排名第8。国际结算业务量71.8亿美元，同比增长15%。

【主要工作措施】

一、稳存增存，拓展市场份额

一是加强督导联动，稳定公司存款。逐户监测有贷户存款异动；按日跟踪有贷户资金流向，按月反馈信贷资金留存情况。实行定期督导，跟进营销，上下联动。年末有贷户存款余额103.7亿元，较年初增加23.41亿元。二是把握营销先机，巩固机构客户。参与省级财政直接支付和非税收入收缴业务代理权招标，获得两项业务代理银行资格；成为首批签订金融社保卡代理发放协议的合作银行，发放金融社保卡15.17万张；与省卫计委签订居民健康卡专项合作协议；全面梳理房屋维修基金工作；持续做好对移动公司和湖南省烟草公司客户业务服务；加快发展养老金业务和资产托管业务；积极拓展银证、银保、银银合作领域。机构存款年末余额622.6亿元，较年初增加153.4亿元。三是关注重点项目，抢占存款源头。密切关注和积极介入城市基础设施建设、房屋拆迁、医疗保险、社会保障等政府重点项目，把握储蓄存款源头市场；大力拓展代发工资业务；抓好储蓄存款与理财产品的良性互动；强化日均储蓄存款的考核。年末本外币储蓄存款余额1 827亿元，较年初增加120.8亿元。

二、优化投向，提升竞争能力

一是紧盯重点建设项目。向中联、三一和南方动力

分别发放贷款10亿元、4.5亿元和1.3亿元；协调工银租赁与三一、中联的租赁融资业务合作，租赁融资8亿元；扩大三一金融的授信额度，增加同业融资6亿元至12.5亿元；对邵阳市宝庆出口基地标准建设工程项目累放供应链融资38亿元。年末公路行业贷款余额389.6亿元，比年初增加19.6亿元；铁路行业贷款余额41.5亿元，比年初增加7.4亿元；轨道交通贷款余额8.3亿元，比年初增加0.3亿元。二是稳步改善信贷结构。加强客户行业分类准入管理，严格控制谨慎进入类、退出类行业及政府平台、环保不合格客户准入。向基础设施、能源资源、新型城镇化建设、节能环保、现代服务业、先进制造业、并购贷款和“走出去”、现代农业等“八大”领域以及小微企业、个人住房信贷板块新增贷款193.97亿元（不含票据）。从钢铁、有色、房地产、水泥、造纸、焦炭、煤炭、船舶等产能过剩行业退出贷款15.5亿元。三是支持小微企业发展。启动“百日百企”金融服务活动，与83户工商联会员企业和优势民营企业现场签约；与全省20家优秀民营企业签署银企合作意向书，新增授信84.1亿元；确认长沙中电软件园集群客户标准厂房按揭贷款项目、株洲醴陵陶瓷产业集群等重点客户集群等23个营销重点；恢复办理“网贷通”业务，并推进重点客户集群融资方案项下的授权审批制；以个人信用贷款带动代发工资业务；开展存贷通业务和逸贷业务的营销。全年累计发放小微企业贷款78亿元。年末个贷余额551.97亿元，较年初增加57.4亿元。

三、量质并举，发展中间业务

一是优化机制。加大费用的挂钩力度，完善中间业务收入专项激励措施；强化督导，规范管理；加大对中间业务典型案例报送的考核力度。二是挖潜增收。按季度分解中间业务收入保底任务目标；举办重点项目增收培训；组织对公收费专项检查，排查收费漏洞；开展低零收入科目挖潜分析与督导，加强分地区分专业分类别收入通报力度；以代理基金、保险、理财等高收益品种为营销重点，努力挖掘新的收入增长点；大力发展分期付款业务、贵金属业务、收单业务等高收益转型中间业务，增强中间业务可持续增长能力。三是规范管理。开展涉企收费专项检查；组织举办“3·15”主题教育集中宣传21场次，接待消费者咨询1万余人次，发放宣传资料2万余份；开展“普及金融知识万里行”、“金融知识进万家”及“金融知识普及月”等系列宣教活动，进一步加大了消费者权益保护工作力度。

四、加速转型，提升服务品质

一是推广特色产品。关注民生领域，推广社保卡、国民旅游休闲卡、锦绣潇湘旅游卡等特色产品；拓展公务员卡、交通卡、湘通卡和代发工资发卡“四张卡”发卡项目；实施POS倍增工程，营销“特色一条街”商户；加强公私联动、捆绑营销，打造特色收单商圈；创新分期付款业务品种，分别推出家装分期、学生驾证分期、汽车保险分期等新的分期付款产品；积极开展黄金租赁业务；举办高端客户贵金属投资沙龙或讲座，有效促进积存金业务的开展。年末信用卡新增发卡37.5万张，较年初净增25.8万张，增幅为11.14%；黄金租赁业务达960公斤，创收654万元；贵金属中间业务收入1亿元。二是开拓营销通道。紧紧围绕“建筑湘军”、“路桥湘军”、“机械湘军”、“有色湘军”、“电力湘军”、“装备湘军”的“走出去”战略，上门开展一对一产品演示推介和“走出去”专业知识研讨交流。为中联重科办理内保外贷9亿元；为三一重工办理5.9亿美元内保外债业务。全行国际结算业务量累计71.8亿美元，同比增长15%，居同业第2。三是创新金融服务。推动电商平台快速发展，打造“融e缴”分行特色便民缴费平台；创新发展网上银行业务，推出实时缴纳话费、电费及有线收视费等方便客户的产品；面向员工开展平台命名和广告语有奖征集活动；创新引入缴费抽奖、积分兑奖等元素。电商平台成功签约目标商户128户，发展注册客户32万户，实现交易额8.7亿元。新增企业网银证书客户11 094户，新增个人网银证书客户75.8万户，新增工银e支付账户143.6万户，新增手机银行客户101.9万户。

五、严控风险，夯实经营基础

一是健全信贷管理考核机制。完善行业（绿色）信贷政策执行传导机制，分行业、到客户、按进度全面分解下达产能过剩行业客户表内外融资总额压降控制计划；建立到期贷款风险月度排查预警提示制度；建立逾期贷款“剪刀差”压降月度监测通报制度；将逾期贷款催收和“剪刀差”压降计划目标纳入对二级分行经营绩效考核和信贷经营水平等级评价。二是强化不良贷款清收处置。制订不良贷款批量转让工作方案；建立行领导信贷资产质量挂点督导制度，省分行行领导一揽子挂点督导三类风险贷款大户；加强对重点行不良贷款清收处置的帮扶力度，逐户制订清收转化方案；深入开展违规放贷专项整治活动。全年累计清收、转化和处置不良贷款15.13亿元；整改问题234个，追究违规及不良贷款责任人328人次。三是开展内控案防专项治理。开展员工异常行为再排查、执行规章制度再检查、排查检查活动再督查的“三再查”活动；开展重点领域案件和风险事件专项治理活动；构建以合规经理为核心的合规管理新机制，配备合规经理870人；着力提升外部欺诈风险管理工作质量，成功防范外部欺诈风险事件234起，挽回或避免客户资金损失3 434万元。全年无大案、事故发生。

六、人本管理，催生发展动力

开展两期集中轮训，组织副处级以上干部认真学习习近平总书记系列重要讲话精神，并以此为指导，深入推进各项工作开展；健全完善薪酬管理体系；组织对全行2 948名绩效积分满10分的员工工资档次晋升；完成专业类、销售类、客服类和运行类四大类别的1 056名员工非管理类经理层级职务晋升；开展多层次员工培训，“雄鹰”、“金鹰”成长培训项目在总行教育刊物报道推广。开展健康有益的文体活动，增强员工的归属感、认同感和自豪感。全年全行完成培训总量44.2万人次。新建员工食堂28个，改建员工食堂49个。推进“暖心工程”，累计发放特困救助金813万元。

广东分行

【主要业务指标完成情况】

2014年，广东分行实现拨备前利润330亿元，同比增幅为8.54%；实现拨备后利润293亿元，同比增幅为1.33%；实现净利润219亿元，同比增幅1.74%；利润总额居同业第一，人均拨备前利润106.5万元，同比增幅6.3%。本外币全部存款余额13 729亿元，各项存款余额13 277亿元，比年初增加372亿元，日均余额12 355亿元，日均增量822亿元，日均增量四行占比32.6%，居四行首位。本外币贷款余额7 904亿元，比年初增加555亿元，四行占比34%，居第一。全年实现中间业务收入145.4亿元，同比增幅6.4%，稳居同业系统双第一。资产质量总体稳定，不良率低于系统和同业平均水平，不良贷款余额82.1亿元，比年初增加14.1亿元；不良率1.04%，比年初微升0.12个百分点。全年无案件发生，实现安全运行，确保“内控评价一类行”的地位。在总行2014年度一级分行经营绩效与业务发展考评中排名第2，是全国二级分行经营30强数量最多的一级分行，有12家二级分行进入全国二级分行经营30强，其中中山分行更是勇夺30强之首。广东分行在今年荣获“全国‘五一’劳动奖状”。

【主要工作措施】

一、拼质量，控风险，确保资产质量整体稳定

始终将“拼质量”作为全年信贷工作的重中之重，强化“铁的决心、铁的措施、铁的手腕”，专门成立了信贷质量安全领导小组，履行信贷风险预判、揭示、化解、处置的领导职责，统筹推进全行的资产质量工作，强调各部门各机构要按照“牵头部门统筹推动、专业部门各司其责、全行齐抓共管”的要求，切实履行好自身职责，全力打好信贷资产质量保卫战，确保完成了年末不良率低于总行平均水平和同业平均水平。一是进一步牢固树立稳健审慎的经营理念，将风险控制理念贯穿信贷业务全流程，突出抓好加强监测督导、加强整顿反思、加强责任追究“三个加强”，切实落实好资产质量责任制，避免“重贷轻管”现象。二是把好客户准入关，着重把握实质性风险，严格落实信贷业务“三查”制度，把好对行业分类客户准入关，严格放款核准环节审核，从源头上控制住风险。三是抓好潜在风险客户的退出和风险缓释工作，增强风险防控的前瞻性和主动性。四是加大对不良资产的清收处置，着力加强逾期和新劣变贷款的催收管理，努力实现处置效率和处置效益的同步提升。

二、抓拓户，促增长，不断提升存款市场竞争力

强化“功在平时，贵在坚持”的理念，着力把拓户与存款增长紧密结合起来，把总体金融资产增长与存款增长统一起来，把日均存款增长和关键时点的市场份额统筹起来，积极促进各项存款量价协调稳定增长。储蓄存款方面，贯彻落实“竞争高端、赢在中端、培育潜力”的客户发展策略，加大对日均资产1万元以上个人客户的拓展力度，继续抓好代发工资等源头性客户拓展，提升商友客户、财富客户群的储蓄存款贡献度。同时，着力以精准营销项目为抓手，抓好存量客户特别是“高流量、低存量”资产特征客户的唤醒、挖潜和升级工作，不断提高理财产品、基金、保险等各类金融产品在个人客户中的渗透率，推动客户资产存放占比的提高。公司存款方面，强调存贷并重的理念，进一步从组织推动、考核评价、产品营销和精细化管理等方面入手，强化对客户存款与金融资产的联动营销，重点开展对“裸贷”现象的专项整治，着重加强对支行基层机构公司负债业务发展的组织推动，不断完善公司存款持续发展的长效机制。机构存款和同业存款方面，积极联动做好省级系统大户高层营销，尤其是进一步加强与保险公司的合作联动。抓好民生金融服务方案的落地，重点拓展省县两级财政、养老财政专户、重点医院、学校等客户群体，不断扩大机构中小客户规模。同业存款按照“平时抓流量抢利润、期末抓增量抢占比”的原则，拓宽同业合作范围，做大同业资金流量及同业资产业务，抓好流量经营。

三、调结构，促转型，更好地服务实体经济

一是坚持信贷结构调整，积极促进小微企业和个人贷款发展。认真贯彻落实好总行关于促进小微金融业务健康发展的一系列政策措施，围绕“六个一”（做实一条链、做优一个圈、做深一群人、做精一根线、做活一

张票、做强一片网），重点抓好优质核心供应链企业上下游客户、优质产业集群客户、新三板上市企业等市场和单户500万元以下微型企业的拓展力度，顺利实现小企业贷款余额、增量和新拓户数系统三个第一。个人贷款业务积极适应新房贷政策变化要求，积极支持居民家庭购房的合理需求，发展好“逸贷”和个人资产抵质押贷款为重点的个人消费信贷业务，个人贷款增量260亿元，居同业第一系统第三。二是提升在主要区域、重要客户中的主流地位。建立健全公司金融业务推进委员会机制，明确大中型客户的发展战略和目标市场，加大对省内关系国计民生重大项目和优质大型企业的金融支持力度，积极参与介入广东省内国有企业混合制改革进程，加大对消费升级带来的文化旅游、广电网络、健康养老等文化产业和现代服务业等新兴信贷市场的拓展，积极通过表内外等多渠道多方式满足客户的金融服务需求，不断提升在主要区域和重要客户中的主流地位。三是加快发展非信贷融资业务，促进表内外协调发展。加快项目推荐与投资工作，推动信贷资产流转、理财直接融资工具和中小企业私募债等创新业务模式的常态化、规模化发展，积极组织资本金需求、并购重组、新三板扩容带来的股权类项目。加大资产管理业务创新力度，通过信贷资产流转、中小企业私募债、资产证券化等标准化模式逐步推进和扩大投资渠道。表外信贷资产余额869亿元，比年初增长57亿元，全年累计运作375亿元，同比增长35亿元，成功创新首笔单一流通证券投资、股票质押式回购业务等8种投行产品。

四、谋发展，抓规范，巩固中间业务同业系统双第一

一是深化大零售战略，不断提升大零售业务贡献度。从机制转换、客户服务、产品创新、营销模式等方面入手，结合大零售“率先发展”的试点改革，积极探索适合本行实际的大零售经营机制，不断巩固和提升大零售板块对中间业务收入的贡献度。大零售业务贡献度达58%，比年初上升3.4个百分点。二是积极推动大资管业务创新发展。加快资产托管、投行、养老金等战略成长性业务及对公理财、现金管理、个人外汇等潜力产品的发展，努力发掘新的收入增长点，使战略成长性业务成为中间业务收入增长的“加速器”。养老金、代理保险、承销业务、资产管理等5项业务中间业务收入同比增幅均超过20%。三是积极打造互联网金融新优势。认真贯彻落实总行互联网金融服务营销动员会精神，结合广东实际，努力打造互联网金融服务新优势。加强总行互联网金融创新平台和产品的营销推动，加快工银e支付、工银e投资、手机银行等重点产品的营销拓展。融e购平台注册会员数达131万，总交易额达100亿元，均居全国第一。同时，加快推进“工银易贷通”等创新项目，加大发展手机银行、电话银行和短信银行、微信银行等线上渠道的力度，启动全省网点电子银行体验示范区试点，推广3G终端外出服务模式，不断提升线下线上渠道一体化服务水平。四是强化中间业务发展组织管理。按照总行和监管部门要求，高度重视处理好中间业务发展与规范收费的关系，结合监管部门检查发现的问题和整改要求，加强规范发展，主动完善服务要素，确保各项收费依法合规、要素齐备、收费合理、服务匹配，经得起客户咨询和各种检查。

五、抓改革，促创新，进一步激发和增强经营机制体制的活力

一是进一步提升机构网点竞争力。不断深化顺德、南海支行综合化改革，继续促进两个地区市场竞争力的提升，努力实现重点领域突破：通过实施网点双百工程和人才双千计划，实现网点人员结构的优化和素质的提升；通过精准营销项目，实现网点营销模式的新突破；通过推广精益六西格玛项目，实现网点的精细化管理水平提升。“人民满意银行建设年”活动成效明显，客户平均等候时间和投诉量同比下降17%和87%；柜面业务可分流率降至20.5%，同比下降6.1个百分点；入选中国银行业服务示范千佳网点数量居同业首位。二是加大重点创新项目推动力度。深入推进MOVA“三全”系统推广应用，充分调动员工的积极性，解决好考核传导的“最后一公里”问题。在机制带动下，全年共推出区域创新产品67项，投产了“工银易贷通”行内版，“三个一体化”项目实现新进展，芯片卡发卡量2 733万张、同比增长84.7%，结算一户通客户数37.5万户、同比增长4.7倍。三是持续推进业务流程综合改造，增强运营管理“腰部”力量的支撑。稳步推进电子印鉴系统、指纹识别认证改革、核算印章改革等关键核算环节业务改革。着力通过配套建设流程设计、风险与质量控制、网点管理的标准化体系，在控制风险的基础上提高效率。

六、抓作风，强管理，不断夯实转型发展的基础

一是持续巩固和扩大作风建设成果。坚持高标准抓好党的群众性路线教育实践活动中“四风”存在问题的整改落实，不断巩固和扩大成果。二是抓好内控案防，实现零案件、零重大责任事故，连续四年保持“内控评价一类行”。认真排查各业务领域风险隐患，加强薄弱环节审改。深入开展重点领域案件和风险事件专项治理，及时堵塞可能存在的风险隐患。完善相关制度，持续加强反洗钱风险监测、预警和提示工作。认真细致做好信访维稳工作和舆情应对和引导工作，努力从源头上防控声誉风险，维护工商银行良好的品牌形象。三是进一步营造“共创共健共享”家园文化氛围。既重物更重人，物质激励和精神激励并重，有针对性地开展员工工作，加强职工之家建设，积极组织开展形式多样的文体活动，更好地发挥文化引领、凝聚力量的作用，积极营造和谐稳定的发展环境。

广西分行

【主要业务指标完成情况】

2014年，广西分行实现拨备前利润58.18亿元，同比增加4.74亿元，增幅8.86%；实现净利润38.18亿元，同比增加1.07亿元，增幅2.89%；实现中间业务收入21.32亿元，同比增加1.3亿元，增幅6.49%，同业排名第一。各项存款余额2 245.72亿元，比年初增加38.72亿元。各项贷款余额2 005.89亿元，比年初增长142.71亿元，贷款余额在国有四大银行中保持第一。全年大零售营业贡献42.69亿元，年末大零售营业贡献占比53.52%，比年初提升2.64个百分点。不良贷款余额20.64亿元，不良率1.03%。

【主要工作措施】

一、服务实体经济，抓优质贷款投放

一是发挥大行资源优势，积极支持重点项目建设。紧跟自治区“双核驱动”战略，抓住滇桂沿边金改、海上丝绸之路、西江经济带等国家政策机遇，以及总行提出的八大重点支持领域导向，结合广西产业结构调整，做好重点领域的信贷投放，重点支持国有或国有控股企业、上市公司、产业优势龙头企业等客户的优质项目，主要投向区内铁路、公路、电力、港口和城建等项目，累计投放项目贷款126.7亿元，余额比年初增加43.8亿元。大力支持新兴产业发展，加大对国家重点扶持的先进制造业、现代服务业、文化产业和战略性新兴产业的信贷支持力度，累计投放贷款713.5亿元，余额比年初增加10.9亿元。二是发挥集团化综合优势，为实体经济提供多元化服务。充分依托工商银行集团功能，汇集工行总部及子公司金融资源，努力为广西区内企业提供多元化、综合化的融资服务，拓宽企业融资渠道。联合工银租赁公司，全年共办理西江集团、防城港核电项目等融资租赁业务23亿元，为盘活广西区内水利、能源领域存量固定资产，拓展重点项目融资渠道开辟了新的思路。积极引入总行资产管理资金及工银瑞信资金，以理财投资、信贷资产证券化等方式为广西建工、柳州化工等企业注入资金18亿元。担任牵头行成功组建中电防城港二期等三个项目约100亿元的银团贷款。三是发挥多元化经营优势，支持小微企业和居民融资需求。稳健发展小微企业信贷业务，支持符合政策导向、经营稳定、发展前景好的客户群作为目标市场，针对性制订融资授信方案；完善沟通机制，加强前中后台的协调配合，提升业务处理效率。年末小微企业贷款余额135.83亿元，比年初增5.84亿元，增量在系统内排名前列。抓住居民消费升级机遇，发展个人住房贷款、个人消费贷款等贷款品种，保持个人贷款较快发展，全年新增个人类贷款50.35亿元。

二、夯实客户基础，不断提升存款贡献

一是强化项目驱动，促进客户集群式发展。密切关注社会经济改革、行政事业机构改革、公共服务体系建设所带来的新市场、新项目，有选择性地竞争优质重点项目，综合运用全行的平台和产品，带动存款业务发展。投产政府公共资源、国土资源等系统项目，成功投产广西壮族自治区财政国库集中支付电子化项目、代收交通罚没款多银行归集项目、军队客户跨行资金监控系统、广西壮族自治区国土资源交易系统等项目。开展“联动营销、双卡争辉”等活动，不断提升服务建筑行业和社保民生领域的水平，其中发行金融社保卡33万张。加强与第三方公司合作，支持消费领域市场发展，发行汇贝生活卡近5万张，消费金额1.48亿元。二是抢抓重点领域，不断提升存款市场竞争能力。强化民生领域金融服务，积极抢抓财政资源向基层政府下沉、企事业单位养老金并轨改革、部队集中管理资金以及城镇化建设中的存款业务。全年财政、社保、公积金及军队四大重点系统存款共增长29.9亿元，占全部机构存款增量的75.1%，其中承接中央下拨广西养老金补贴款31.7亿元，份额占比37%。以代发工资为抓手，建立公私联动机制，以公带私、以私促公，代发工资业务取得明显成效，全年代发工资单位客户5 745户，较年初新增1 757户，增幅44.06%。积极打造县域市场专属产品服务体系，以“惠农”系列理财产品为营销亮点，增强县域市场存款竞争能力。同时，扎实推动总行“大零售”战略的措施落地，以零售业务“率先发展”试点为契机，一行一策制定了百色分行、营业部宾阳支行改革试点方案，积极开展支、帮、促活动，帮助试点行理清思路，找准改革方向，探索适合自身的零售业务发展道路和模式，取得了初步成效。

三、加快创新步伐，提高中间业务创收水平

一是通过服务手段的优化和服务品质的提升，着力夯实中间业务增收基础。紧跟城市经济中心转移和新兴商圈兴起步伐，大力发展银行卡收单业务，提升对商户的支持能力和服务水平，全年共投入及升级改造POS设备、MIS收单系统终端等3 200余台，全年实现收单交易额622.4亿元。积极开展假日促销和专项促销活动，深入推广分期付款业务，实现信用卡消费额488.8亿元，同比增加67.1亿元。以扩大有效客户规模为基础，以提升客户体验为抓手，通过及时的营销、细致的服务将客户引进来、留下来，将客户量做大、产品量做大、业务量做大。全年个人客户数量增加84.11万户，法人客户数量增加1.13万户。全年实现结算、代理、理财类收入12.46亿元，占全部收入的58.44%。二是加快创新步伐，品牌投行贡献度显著提升。品牌投行业务抓住国企、上市公司及地方特色产业重组、并购的机遇，积极满足国有企业资本金项目、自治区及地方重点企业、重点建设项目的金融服务需求，投行收入和投行融资额度均实现突破性发展，债权融资、股权融资和并购重组等业务全面开花，成功完成首笔总行定向广西理财投资3.7亿元和首批信贷资产证券化投资1.87亿元。全年新增品牌类项目22笔、金额45.77亿元，实现品牌投行收入3.27亿元，同比增加2.68亿元，增幅达451%。三是发挥特色优势，助力沿边金改深入推进。抓住广西沿边金融改革政策红利加快释放的有利机遇，以大型国有企业、外资跨国公司、“走出去”中资企业、优质上市企业、优势产业龙头企业为主要服务对象，深化内外联动，发挥集团化优势，国际业务竞争优势进一步确立，国际结算收入等核心指标四行占比排名保持第一。持续加强CHANCES人民币跨境业务营销，大力拓展CHANCES参与机构，加强与中国农业发展银行（合作的首家大型银行）、深圳金融电子结算中心（合作的首家清算机构）、广西金融电子结算服务中心等大型银行和清算中心的系统业务对接合作；联合打造启动“滇桂沿边金融综合改革试验区”标志性工程——区域性跨境人民币业务平台项目，创新开发上线CHANCES全球询报价系统，成功完成CHANCES平台与境外FOVA系统的对接和压力测试，彰显工行跨境人民币业务在东盟区域的品牌影响和市场竞争能力。

四、坚守风险底线，确保信贷资产质量基本稳定

一是强化考核，落实管理责任。基于贷款劣变不良严重抵消全行经营绩效和发展成果的清醒认识，及时完善信贷资产质量考核机制，将不良贷款、剪刀差控制目标纳入二级行经营计划，与相关行领导工资绩效、二级行工资费用、营业费用、经营绩效考评、计提模拟贷款减值准备等指标考核挂钩，并实行定期通报制度，形成全行齐抓共管的良好氛围。要求各级行逐一明确“三类贷款”（不良贷款、逾期剪刀差和潜在风险贷款）的清收压降目标，确保每一笔“三类贷款”（含个贷）都有支行副行长以上领导牵头负责。二是多措并举，强化清收转化效果。增强风险防控的预见性、前瞻性和针对性，全力防范新的大额信贷风险。对于“三类贷款”，不论是否已经进入不良，均要求主动作为、提前介入、明确工作预案，加速风险化解，全年退出潜在风险贷款24.92亿元。对存量不良贷款坚持“分类处置、活用政策、快速清收”策略，灵活采取现金清收、法律诉讼、打包处置、呆账核销等方式加速清收转化。全年现金清收8.43亿元，运用本息无损失转让快速清收新增不良贷款1.06亿元，批量打包转让处置不良贷款5.7亿元。三是承担大行责任，维护金融秩序稳定。积极配合监管部门、地方政府化解区域集团风险，确保化解工作推进有序、处置步调协调一致。对于监管部门委托工行牵头化解的正菱系、吴璘系等大额违约关联企业，积极履行大行责任，牵头抓好债权银行联席会议各项工作，扎实稳妥推进风险化解进程，共同维护广西良好的信用环境和金融生态。

五、立足安全运营，夯实内控案防管理

一是以“内控评价上等级”为抓手，把总行坚持从严治行、端正经营作风的要求落实到各项工作中，引导全行上下树立正确的发展观、业绩观和风险观。针对经济下行阶段内控案防工作的特点，重点结合总行现场和非现场评价体系的各项指标，加强对非现场评价指标管控力度，明确责任机构和人员的整改要求，强化对整改效果的考核，促进内控评价上等级。二是做到业务发展和专项活动推进“两不误、两促进”。稳步推进重点领域案件与风险事件专项治理活动和“一加强两遏制”专项检查，组织开展“走基层、控风险、保安全”案防警示教育活动；坚持从高层做起，强化廉洁从业的引领示范作用，夯实内控案防管理基础。三是保持对违规违纪行为的高压态势。通过“抓典型、出重拳”，坚决纠正和严厉查处各种违规违法行为，真正做到震慑违规、整肃风气，消除风险隐患。深入开展高风险网点和柜员治理工作，促使全行高风险网点与柜员占比明显降低，柜员内部风险暴露水平由上年末的7.29‰下降至3.07‰。四是认真抓好安全稳定工作。认真研判外部欺诈案件形势及规律特点，确定风险区域和环节，重点打击伪卡、网银、电信等欺诈犯罪，全面提高外部欺诈风险防控和应对能力。发挥信息科技、内控合规、保密、管理信息等多部门联动机制，抓实应急演练，做好信息安全防护。面对全国严峻的信访维稳形势，从维护全行改革发展稳定大局，推进和谐银行建设的高度出发，持续抓好信访维稳工作，全年没有非正常集体赴邕进京上访和恶性事件发生，为经营发展营造良好环境。

六、推动改革发展，提升服务质量和效率

一是稳步推进机构改革。在充分征求群众意见的基础上，在总行指导和支持下，研究制订符合实际情况的机构改革方案并顺利实施，取得了实实在在的成效：突出营销管理板块，营销部门占比由原来的31%提高到现在的41%；改革后，本部内设机构由原26个整合为23个，直属、附属机构由原14个精简为6个，管理效率和合力得到进一步提升。二是深入开展“人民满意银行建设年”活动。坚持治标与治本相结合，着力抓

好服务基础管理、排长队和客户投诉等重点工作，构筑大格局服务管理体系，推动服务品质持续提升。建立典型客户投诉督办工作机制，督促基层行按要求处理客户投诉；通过推广复杂业务分流、增强对网点排队高峰日的预判、优化排队策略等，缓解客户排队问题，使客户平均等候时间、客户超时等候占比均呈逐月下降趋势，在全国系统内排中上等水平。全年客户平均排队时间9.9分钟，全国排名第9位，比上年提升10位。新增自动柜员机342台、自助终端277台、各类POS设备1.54万台，提升客户自助服务水平。三是全力打造服务标杆网点。加强服务态度的整治，指导网点加强学习和情景化练习，有效提升客户体验。全行有5个网点获评“中国银行业文明规范服务五星级网点”，其中4个网点成功获评“中国银行业文明规范服务千佳示范单位”，在同业中名列前茅。

海南分行

【主要业务指标完成情况】

2014年，海南分行实现净利润19.02亿元，增长9.6%，系统排名第10位；总金融资产新增52.6亿元（余额1 075.6亿元），增长5.1%；各项贷款新增79.35亿元（余额627.03亿元），增长14.5%；中间业务收入9.5亿元，同比增加1.4亿元，增长17.2%，系统排名第七；净利润、各项存贷款存量、中间业务收入总量等主要指标保持“四行”第一；不良贷款率0.57%，总体风险可控。在2014年全国30家一级分行行长经营绩效考评中，排名第7位，连续6年考评位列系统前十。

【主要工作措施】

一、抢占两大市场，构建“大资金”格局

一是巩固零售业务市场领先优势。持续搭建“大零售”业务架构，成立了“大零售”战略实施领导小组，大零售专业的营业贡献达14.62亿元，同比增加1.67亿元，增幅12.89%；持续做大个人金融资产规模，以理财与存款协调发展为总体思路，个人金融资产余额首次突破700亿元，增幅10.21%；持续推动储蓄存款均衡发展，通过强化储蓄存款全过程监测，制定年、季度、月、周目标，确保存款稳定增长，储蓄存款日均增量位居同业第一，日均存款同业占比位居系统第六。二是提升对公存款市场竞争能力。推行对公客户平移工作，针对公司客户过多集中于支行营业部或个别网点的现状，将部分客户从各支行营业部平移到能够为客户提供更好服务网点，统筹网点个金业务和对公业务“双轮”驱动、协调发展；推行对公客户认领工作，即公司客户经理以信贷客户为核心，认领维护包括全部信贷客户及其相关联的上下游客户，利用资产业务拉动客户负债业务的增长；结现客户经理对公司客户经理认领之外的所有公司客户进行从高到低分层认领。

二、瞄准两大方向，打造“大融资”平台

一是瞄准科学投放这一方向，信贷市场不断扩大。一方面重点要抓好六大目标市场，即新型城镇化建设市场（棚户区改造）、基础产业及基础设施市场、能源资源类市场、现代服务业市场、并购贷款和“走出去”市场、现代农业市场；另一方面，重点抓好三大业务板块，即个人贷款、小微企业贷款、供应链融资，全年各项贷款累计投放737亿元，新增60.56亿元（含还原票据直贴、信用卡），增幅12%，高于系统平均增幅4.3个百分点，共支持省重点项目47个，同比增幅104%；投放贷款49.27亿元，同比增幅42%。二是瞄准结构调整这一方向，信贷结构不断优化。在主动压降房地产、产能过剩行业和贸易融资、供应链融资等潜在风险领域贷款40亿元基础上，积极引导信贷资源投向先进制造业、现代服务业、文化产业、能源资源、新型城镇化、现代农业等优质目标市场。其中，现代服务业、文化产业、旅游地产、现代农业等区域特色产业新增22.93亿元，占公司贷款比重达到61.16%。

三、抓牢两大主线，把握“大资管”脉动

一是抓牢基础性业务。理财业务方面，主动契合客户金融资产增值需求，加大营销力度，扩大理财客户覆盖面，提升交易活跃客户占比，个人和法人理财业务分别实现收入分别同比增长11.38亿元和33.88亿元；信用卡业务方面，通过积极开展12个“一条街”收单项目优质商户拓展工作，以及旅游、洗车、观影等系列信用卡特惠活动，信用卡中间业务收入、发卡量、消费额、贷款余额等均保持同业第一；电子银行业务方面，以移动银行系列产品为主打，以融e购平台为依托，积极开展“1+3”电子银行产品捆绑营销和“五进”批量上门营销等活动，全年个人网银证书版客户同比增长6.2%，手机银行客户同比增长8.7%。二是抓牢战略性业务。投资银行业务方面，重点围绕房地产和住宿行业、棚户区改造等市场，支持股权融资、重组并购等交易，并加快债券承销业务突破步伐，投行收入“四行”

占比超过60%，品牌类投行更是成为全行经营转型的新亮点，增幅47.5%；私人银行业务方面，搭建完善私人服务架构，在三亚等重点行成立私人银行分部，对其他市县私行客户实行省行私行中心直营维护，全年实现私人银行中间业务收入同比增幅超三倍，“四行”占比高达77.81%；贵金属业务方面，突出实物贵金属产品卖点，把积存金、账户交易类产品作为资产配置的有效手段加以引导，全年共实现贵金属业务收入“四行”占比高达66%；养老金业务方面，逐步建立目标客户信息库，实施分层分类营销对接机制，实现养老金收入增幅达273.45%。

四、围绕两大重点，强化“大基础”建设

一是围绕渠道夯实基础。大力推进物理网点转型发展。以网点竞争力提升项目为契机，系统推进了存量网点盘活、岗位优化整合、渠道转型、员工优化、客户拓展、产品渗透和配套保障等七大工程，取得良好成效；大力推进自助银行建设，全年新增自助银行29家，占总量的34%，实现自助网点与物理网点比例的达到0.66∶1，新增自动柜员机75台，新增各类自助设备240台；大力推进电子渠道建设，以网上银行、手机银行等产品为抓手，推进18家电子银行体验区的建设，加大柜面业务分流压降考核奖励、定期通报和现场帮扶等制度。二是围绕服务夯实基础。持续完善服务工作管理机制，及时修订了《分支行服务工作考评办法》，将“六禁六要”服务要求、忌语、柜面服务标准编印成《文明规范服务卡》，加强警示作用；持续提升服务规范化水平，对照中国银行业星级服务示范网点创建，深入联系点指导服务工作，打造分支行“一行一点”优质服务样板网点；持续加大排长队问题治理力度，通过继续强化网点现场服务管理、强化排长队问题的监测分析和督导推动、实施“大堂制胜”工程等，加强引导和分流有效减少客户排长队问题。四是持续加大客户投诉压降力度；通过建立跨部门投诉专家团队、重大投诉协调处理制、重点投诉风险提示制、服务案例演练周工作制等举措，有效压降投诉数量。2014年，未发生恶性服务事件。

五、关注三大领域，营造“大风控”文化

一是关注信贷风险。重点突出“三大风险”的防范（即加强对房地产、贸易融资、职业道德等风险的防范），同时继续加大项目预期管理、押品动态管理、“三轧差”管理等工作力度，严控重点领域风险；不断完善“五项”制度（即干部员工请销假制度、领导干部重大事项报告制度、领导班子及成员巡查制度、重要岗位人员动态监控以及廉洁及诫勉谈话制度）；强力执行“八个严禁”（即严禁违规放贷、严禁二类行跨区域发放贷款、严禁贷款客户随干部调整转移、严禁一把手带信贷财务副手任职交流、严禁进入涉及房地产经营的贸易融资客户、严禁进入工行系统内兄弟行列入退出名单的上下游企业、严禁进入经营活动现金净流量连续三年为负值的客户、严禁进入单纯以岛外土地提供抵押的贷款），确保关口前移、警钟长鸣；严格落实中后台审查人员回避、重要岗位定期轮换等制度，从源头上消除风险隐患。不定期开展交叉式、滚动式等高强度检查，及时消除隐患。强化信贷作业监督检查力度，杜绝贷款“带病”发放。二是关注运营风险。持续强化合规检查，加大现场检查与非现场监测力度，重点针对新业务、新产品、新市场风险以及潜在风险业务开展检查，共整合开展各类检查26批次，整合率接近60%；持续强化运营风险治理，加大对业务运营重点风险领域的跟踪、分析和治理力度，尤其加大对十大违规风险事件、屡查屡犯事件、高危网点和柜员的治理力度；持续强化外部欺诈风险防范，加快推进报警监控联网综合管理平台建设，并率先对海口城区发案比较频繁的自助设备实施重点时段的远程监控，确保客户资金安全；持续强化案防工作，重点突出对银监会确定六个重要风险点，总行确定的5个案件重要风险点，以及省行确定的30个案件重要风险点进行排查，排查发现问题笔数985笔，整改率99%，较好地防范了重点领域案件风险。三是关注声誉风险。抓好风险排查处置工作，全年共发生潜在声誉风险和声誉风险事件13起，同比减少23%；抓好风险预警及防范工作，开展了两次声誉风险排查，编发了8期《海南分行舆情风险提示单》，一次新闻危机事件应急演练，不断提升预警与处置能力；抓好整章建制工作，进一步修订了声誉风险管理办法、新闻危机应急预案，使声誉风险管理工作进一步走上规范化的轨道；抓好舆情联络员队伍建设，建立“海南舆情E家人”微信群，组织开展了《网络舆情应对与引导》培训班，进一步提升队伍应对能力。

六、立足三大板块，加快“大改革”步伐

一是立足机构改革，提升运行效率。在本部组织机构改革上，增设“小企业金融业务部”和“大客户服务中心”两个营销部门，调整“风险管理部”、“信贷监督执行部”和“企业文化部”等三个中后台部门；整合原16个附属机构和5个直属机构至8个新设直属机构，使管理线条更加清晰；在存量营业网点评价上，建立了营业网点机构等级评价体系，为促进激发网点潜能奠定了较为科学的基础；成立了个人金融、公司金融、机构金融三大业务委员会，加强联动营销和捆绑考核，提升市场和客户竞争力。二是立足机制改革，增强管理效能。建立高层营销挂牌制度，在服务营销资源上向重点客户和项目倾斜，切实提升大客户服务水平；建立两级分管行和两级联系行制度，强化联动、共管、共享意识，市场响应和服务一线效率得到有力提升；继续深化“产品渗透、队伍建设、网点等级、绩效考核、客户服务”等五大类别视图管理，深入推进公司客户认领、对公客户平移等重点工作开展，不断提高精细化管理水平；大力推动考核体系改革。重点从精简考核指标、人均网均效率、提升市场竞争力、客户质量和产品结构优化、员工分层考核管理、弹性资源分配、干部问责等七个方面强化考核导向。三是立足人力改革，释放人员潜能。强化营销队伍建设，组建公司、机构和个人“三大条线”、“三大层级”的客户经理队伍，和跨部门、跨区域、跨专业的“行商”营销团队；强化内部资源挖掘，持续优化人员在地区、专业、层级和渠道间的分布，引导员工向新兴和核心业务领域、重点区域、前台营销岗位流动；强化干部队伍管理，从科学选人用人、完善干部考核评价、加强梯队建设、内部交流历练等方面强化干部管理；严格实行尽职免责、诫勉谈话等，共组织开展了6批次、157人次廉政谈话；强化员工培训工作，实行培训积分管理制，重视做好新员工、青年员工以及中年员工的职业培训工作，保持业务和岗位持续发展。

重庆分行

【主要业务指标完成情况】

2014年，重庆分行实现拨备前利润73.35亿元，实现净利润50.38亿元，拨备前和净利润系统内排名分别提升2个和3个位次。本外币各项存款（含同业）余额突破2 900亿元，达到2 902.35亿元，四行排名第一；剔除同业存款后，各项存余额2 860.36亿元，新增180.78亿元，分别排名四行第一和第二。本外币各项贷款余额（含银行卡透支和票据贴现）突破2 400亿元，达到2 473.27亿元；新增308.77亿元，增幅14.27%，均排名四行第一。实现中间业务收入36.07亿元；同比增长16.43%，排名系统第七，同比提升4个位次。不良贷款余额7.36亿元，仅较年初增加1.63亿元；不良率0.3%，仅较年初上升0.04个百分点；清收处置不良贷款4.59亿元，其中清收法人不良2.25亿元、个人不良2.34亿元，完成总行下达年度清收计划的417%，系统排名第一；全行继续实现安全运营。

【主要工作措施】

一、多元拓展表内和表外业务，资产结构持续优化

一是信贷结构持续改善。四新行业贷款共计增加84.48亿元，占全部贷款增量的103.17%，其中现代服务业贷款较年初新增63.92亿元，增幅为17.04%，占全部贷款增量的78.07%；文化产业贷款新增9.27亿元，增幅为15.86%，占全部贷款增量的11.32%。在新发放各项贷款中，利率下浮贷款占比4.35%，较去年下降1.2个百分点，其中，新发放小企业贷款加权平均利率为6.54%，利率平均浮动幅度为14.14%。新拓展小企业有贷户1 128户（新建信贷关系）；信用等级在AA-以上（含）客户数达到1 002户，较年初增加457户。二是融资业务协调发展。供应链融资业务有序推进，拓展供应链融资客户406户，融资余额45.99亿元；实现了对水平供应链的突破；资产管理业务取得突破，获得总行授权开展资产管理投资组合业务，大资管业务实现项目投资176.67亿元；品牌类投行业务有序推进，联动总行营销轨道交通二三号线150亿元PPP项目，抢占PPP业务先机；促成总行、西南证券签署融资300亿元合作备忘录；投放20亿元京东方定增项目，实现结构化证券投资零的突破；投放金科4.9亿元股权项目，实现房地产类股权融资业务零的突破；债务融资工具承销加快推进，已完成承销发行69.25亿元，全年储备已注册待发行项目4个、金额48.4亿元；已申报注册项目6个、金额97.7亿元。

二、坚持做大存款和理财业务，负债结构持续优化

一是存款业务基础不断夯实。明确对公部门牵头、个金部门跟进的代发工资营销机制，建立代发工资认领制度和重点企业名单制度，代发工资活动初显成效，新增代发工资单位3 019户，完成全年计划的100.63%，同比多增358户；代发工资客户净增37.32万人，完成全年计划的106.63%；累计代发672亿元，同比增加104亿元；调整公司存款营销策略，通过以贷引存、以债引存、以票引存、以理财引存和以扩户引存，推动公司存款有效增长，一举扭转了长期以来负增长的不利局面；以账户提升和民生领域扩户为重点，深入开展财政、医疗、教育、住房保障、公积金等民生领域的扩面拓户工作，机构存款优势得到持续巩固。二是理财业务规模稳步扩大。累计销售个人理财产品1 060亿元，完成全年目标的106%，理财产品日均余额较上年新增35亿元，完成全年目标的100%；累计销售法人理财产品661.89亿元，客户数新增431户，均超额完成序时进度；累计销售私人银行专属产品141亿元，较同期增加71亿元，增幅101%，持有产品签约客户数867户，较年初增加630户，增幅266%，完成总行全年增量目标387%。

三、统筹发展传统和新兴业务，收入结构持续优化

一是传统业务规模持续扩大。结算业务规模持续扩

大，人民币结算量、国际结算量分别达到24.76万亿元和409亿美元；电子银行交易额、网上银行交易额分别达到5.39万亿元和4.68万亿元。代理业务规模持续扩大，新增各类保险客户8 000户、销售保险13.5亿元；新增基金客户1.44万户、销售各类基金118亿元。理财业务收入快速增长，个人理财、法人理财的销售收入分别达到7 340万元和13 845.07万元。贵金属业务收入实现增长，交易类贵金属业务网点覆盖率达到89%；对公积存6亿元，实现中间业务收入1 220万元；代理上海黄金交易所的交割库项目投入运行。银行卡业务规模持续扩大，存量信用卡达230.28万张，实现借记卡发卡212万张；实现信用卡消费505.86亿元，市场占比35.61%，同业排名第一；信用卡分期付款余额151.37亿元，较年初新增28.02亿元，实现中间业务收入7.47亿元。是票据业务交易规模持续扩大，实现票据贴现交易340.68亿元，同比增加40.68亿元；办理总行分科目管理下的创新票据流量业务23.10亿元；办理票据买入返售业务16.96亿元，系统排名第四。二是新兴业务保持快速发展。国际业务保持同业领先，外汇存款余额、外汇贷款余额、结售汇量、跨境人民币结算四行占比分别达到38.57%、48.79%、42.2%和39%，均排名第一。资产托管业务和企业年金业务稳步发展，资产托管规模新增3 018亿元，实现收入3 922万元，较上年增幅21%；企业年金规模24亿元，较上年增幅24%。私人银行投资业务快速增长，完成私人银行项目投资18个、金额32.9亿元，同比增加11.5亿元；实现中间业务9 522万元，同比增加6 253万元，超额完成总、分行年度目标。

四、同步提升客户数量和质量，客户结构持续优化

一是客户拓展效率持续提升。新增对公结算账户13 566户、基本账户10 680户，对公结算账户总量继续保持四行第一，与建行基本户的差距也大幅缩小；新增个人有效客户72.93万户；日均金融资产1万元以上个人客户新增10.7万户，总数达到187万户；新增信用卡客户18.53万户；新增有效贵金属客户2.7万户；新增企网证书客户10 829户、个网证书客户68.13万户、手机银行客户93.06万户、银企互联客户23户。二是优质客户占比持续提升。新增五万元以上个人客户5.02万户，增幅7.38%；新增财富客户2 022户，增幅22%。私人银行客户总量突破595户，签约客户总量突破2 668户，其中，2 000万元以上超高净值客户达72户，较年初增加15户，增幅26.3%，亿元以上客户达到3户，较年初增加3户。新增日均存款100万元以上无贷户155户；新增市行级以上重点现金管理客户41户。新增机构客户722户，其中日均金融资产5万元以上客户317户、重点账户12户。新增国际业务客户180户，其中大中型客户40户。

五、持续完善线上和线下渠道，渠道结构持续优化

一是线上业务快速发展。电商平台推广成效显著，注册客户达到22.2万人；签约商户50户（未含汽车经销商24户），较年初新增45户；实现入驻商户销售额7.1亿元，销售额和完成进度系统排名第1。互联网金融产品加快推广，新增工银e支付账户85.44万户，任务完成进度和个人有效客户渗透率分别居系统第3位和第4位。二是线下渠道持续优化。渠道建设有序推进，投产ATM 213台、离行式自助银行72家；启动网点建设项目30家；完成80家离行式自助银行选址工作；完成17家D、E类低效网点优化工作。服务效能不断提升，14家排长队问题突出网点治理取得成效，高科技支行营业部等三家网点普通客户在30分钟内占比、中高端客户10分钟内占比大幅度提升，均高于市行平均水平；客户投诉专项治理成果明显，客户投诉同比下降75%；网均投诉率同比下降11.7个百分点，投诉处理满意度继续保持100%。线下收单业务快速发展，新增特约商户7 266户，投放POS 11 044台，实现收单1 001.15亿元。

六、不断深化体制机制改革，经营活力进一步增强

一是各项改革加快推进。深化信贷运营体制改革，通过源头控制信贷流程无效往返、优化补充资料流程、部分信贷业务直报，优化了贷款业务流程；严格授信业务时限管理、建立集团客户授信分配使用机制、推广应用“总对总”授信模式，提高了授信审批效率。深化信贷资源管理机制，通过重点跟进一批大额、潜力项目，有效抵减信用等级下降增计的经济资本，优化了月均经济资本占用；通过建章立制，推动信贷资源综合利用工作向常态化管理转变，取得积极进展。据测算，年底前全行经济资本占用可在前期基础上再降1.5亿元，累计达到5亿元，信贷资源利用率进一步提高。风险管理机制改革全面深化，按季度对辖属机构下达经济资本指令性限额计划、经济资本回报率指导性计划、存款付息成本控制计划、贷款收益率计划，进一步强化了限额管理；按月监测信贷规模、统一信贷资金配置流程、建立信贷计划执行进度周报、加强人民币新增存贷比管理，进一步强化了信贷计划流量管理。深化组织架构改革，成立渠道管理部，并对授信审批部、信贷与投资管理部、风险管理部、法律事务部等部门职能进行了调整。此外，成立了系统内及重庆市第一家出国金融服务中心，外向型高端客户竞争能力得到提升；在系统内率先试点并完成核算印章改革，柜员身份指纹认证改革平稳推进；完成了包括人民银行二代跨行支付系统在内的产品创新、研发或投产工作。二是评价体系不断完善。绩效考评体系不断优化，按照“取消专业专项考核，突出关键业绩指标；调整优化指标体系，强化战略发展导向”的原则，对分、支行考评办法进行了调整，不仅指标数量得到精简，指标体系也得到进一步优化，突出了客户基础、发展质量和经营转型；调整存款与理财

考核方式，设置了日均增量指标，引导“存款＋理财”同步增长、协调发展；取消了中间业务专项考核，降低指标权重设置，取消部分考核指标，引导净利息收入、中间业务收入的同步协调增长。财务运行机制不断深化，完善了费用资源的存入、借出管理机制；建立了固定资产、大型营销项目等重大投资的效益评估机制；根据网点近三年的经营情况，结合同业比较，对投入产出水平进行合理评价，在此基础上形成了后续新增、新迁网点投入标准的指导意见。

七、不断强化内控案防管理，风控能力进一步提升

一是信用风险管理能力有效提升。严格控制地方政府性债务融资风险、房地产行业融资风险和重点行业融资风险，严格执行总行的限额控制计划，重点领域风险防范有效增强，全年收回政府融资平台各项融资106.8亿元，提前收回房地产风险贷款6.6亿元，并编制实施了2014年度产能过剩行业融资压降计划方案。继续加强对小企业贷款、个人类贷款和贸易融资三类贷款的风险管理，健全“关注行”和“关注池”管理制度，强化对风险客户的重点监控，加强对还款资金的监测，加大对贷款用途的检查力度，严防贷款用途不实，重点业务风险防范有效增强。二是操作风险管理能力有效提升。加强非现场监测工作，结合操作风险防控重点，开展了员工信用卡异常消费、银行卡分期付款、有限合伙投资公司代客理财等专项监测，及时发现和消除风险隐患。持续开展业务专项检查，按照年初检查统筹计划，对违规代客理财、违规代客办理业务、重点分支行小微企业及个人经营贷款、法人客户低风险质押贷款业务、第三方理财产品销售等开展了专项检查，并对内部、外部检查发现的问题进行了跟踪督查和整改落实。着力强化网点现场管理、印押证管理、交换业务、封包交接、大额资金操作等环节的风险控制，确保了安全运行。三是道德风险管理能力有效提升。制定下发了《2014年党风廉政建设与反腐败工作分工包项责任制》，拟定了《管理人员及关键岗位人员廉洁谈话实施细则》、《建立健全惩治和预防腐败体系2013—2017年工作规划》，从制度层面进一步规范和细化了党风廉政建设和反腐败工作。安排部署了违规放贷、违规参与民间融资和经商办企业、违规代客理财、违规办理柜面和ATM业务、违规套现、违反信息安全管理规定等六个重要风险点排查治理工作，夯实了案防工作基础。修订了《内控案防风险预警黄牌警示管理办法》，补充增加了征信管理和信贷管理方面的内容，为有效遏制各类风险隐患起到了积极作用。

四川分行

【主要业务指标完成情况】

2014年，四川分行实现拨备前利润154.26亿元，同比增盈14.89亿元，增长10.68%。实现拨备后利润141.56亿元，同比增盈9.82亿元，增长7.45%。实现净利润105.77亿元，同比增盈7.39亿元，增长7.51%。实现中间业务收入51.03亿元，同比增加3.92亿元，增长8.33%。各项存款余额达到6 590.1亿元，比年初增加425.8亿元，增长6.9%。各项贷款比年初增加506.2亿元，增长13.2%，增量系统内排名第3，其中，公司贷款增加166.8亿元，增量系统内排名第7；个人贷款增加325.8亿元，增量系统内排名第1。不良贷款余额47.39亿元，比年初增加20.74亿元；不良率1.13%，比年初上升0.41个百分点。

【主要工作措施】

一、大力拓展优质信贷市场，有效增强了服务实体经济的信贷经营能力

一是继续推进“争大”工程，强力拓展优质信贷市场。抢抓四川省“两化加速”和产业结构升级调整的机遇，积极介入四川省推进的五大新兴产业和56个重大产业项目的金融市场空间，大力拓展具有四川区域特色的公路、铁路、城建、水电等行业的重大项目，以及四川省优势产业中的龙头企业、大型集团、优质客户。二是坚持“六专”方向，进一步完善了小微企业金融业务经营发展机制。成立了51家小企业专营支行，强化“专营支行＋专业市场＋供应链＋产业园区”的发展模式，坚持抵押和政策性担保公司担保，加快发展以不动产抵押为主的小企业贷款、小微商户贷款和供应链融资业务。三是加快推进表外融资业务创新发展。积极竞争优质企业超短融、短期融资券、中票、私募债等业务，实现了债券市场业务的更大突破。四是继续大力发展个人贷款业务。积极搭建个人贷款“1＋3”产品架构，按照“两防三优两提高”路径强力推进个人住房贷款业务，深挖四川个人消费市场，进一步加大了个人消费贷款、个人经营性贷款和银行卡分期付款业务的拓展力度，同时积极拓展“逸贷”市场，稳妥推进个人商用房贷款发展。

二、坚持存款基础地位不动摇，实现了存款稳定增长

一是牢固树立“存款立行”的经营理念，强化存款的基础地位认识和效益贡献意识，进一步夯实了存款常态稳定增长的客户基础和管理基础。二是强力推进大零售银行建设。从体制机制、文化引领、客户拓展、重点业务、营销模式、风险管控等方面入手，确立了零售战略实施的八大路径。三是多措并举推进公司存款业务的常态化增长。对存款下降1亿元以上的大户实行各行一把手负责制，强力抓好了存款下降大户的回升工作。四是改变过去主要依靠几个大系统客户为支撑的机构存款增长格局，进一步拓宽了客户面，实现了多元化、多板块的发展。

二、以客户拓面和客户管理为主线，深入实施客户拓展和提质战略

一是强化源头营销。积极加强与工商局、招商局等部门的沟通联系，第一时间捕捉市场新客户信息。组织开展营销团队进工业园区、商贸区和专业市场专项行动，全面有效开展了市场扫描工程。深入推进名册营销和群式营销，着力强化财政、社保、公积金、公共资源交易中心、县域地区的客户拓展工作。二是强化产品联动营销。充分发挥以贷引存的作用，加强贷后和投后资金管理、强化大额资金流向监控平台的利用，较好地实现了贷款资金的体内流转循环。三是全力推进个人客户提质工作，个人客户总量达到2 131万户，当年净增237.25万户，排名全国第4，增幅12.51%。其中，个人有效客户净增146.8万户，排名全国第4，增幅9.71%；金融资产5万元以上个人客户净增13.45万户，排名全国第4，增幅8.6%；四星级以上个人客户净增40.44万户，排名全国第2，增幅13.4%；私人银行客户净增201户，排名全国第11，增幅18.41%。

四、加大中间业务组织推动力度，努力构建中间业务多轮驱动格局

一是大力发展基础性中间业务。积极通过大零售战略、大资管战略、客户拓户战略，加快拓展结算类、银行卡类、电子银行类、现金类等基础性中间业务，实现了基础性中间业务收入的持续增长。二是不断提升信用卡、国际业务、票据融资和票据交易业务、贸易融资业务、贵金属业务、有偿托管业务等创新性中间业务的创收能力。三是规范发展融资关联性中间业务。积极通过“融资+融智”的方式，按照统一方案、统一标准、统一流程“三统一”和融资与投行分离、融资与融智分离“两分离”的原则，实现了投行业务收入的合规较快增长。

五、强力推进信贷风险的化解和处置，确保了信贷资产质量稳定可控

一是积极推进信贷风险文化建设。着力强化各级行稳控资产质量的政治责任和经济责任意识，积极引导全行牢固树立正确的发展观、业绩观和风险观，同时加快推进新常态下的信贷管理体制、经营机制和信贷文化建设，逐步提高了“专家治贷”水平。二是强化对资产质量防控的组织推动。年初省分行就成立了资产质量管理领导小组，营业部、各二级分行也相应成立了领导机构，先后多次组织开展了全行性的表内外投融资风险大排查，对检查中发现的风险隐患，立即研究采取了相应的化解或缓释措施，确保了风险在第一时间得到化解。三是强化对重点行业和领域的信贷风险防范工作。高度关注涉案民营企业的后续管理，全面分析民营企业集团及其关联企业风险变化情况，及时了解和掌握他行的风险防控措施，逐户制定了应急预案。加强政府平台贷款、房地产贷款、参与民间融资企业贷款、产能过剩行业贷款等重点领域的风险监管，加强对政府融资平台贷款逐户建立了到期贷款和还款情况的按月统计制度。四是严格落实资产质量考核和问责。实行严格的责任追究制度，加大资产质量在各行行长经营绩效指标中的考核权重，将不良贷款压降进度与各行考核利润、绩效工资挂钩，对新增不良贷款较多的行，落实分管行长、管户客户经理专职清收，促进了信贷资产质量控制目标的实现。

六、全面深化改革创新工作，有效激发了全行转型发展的活力

一是强化后备干部和骨干人才队伍建设。着力加强青年骨干人才实岗锻炼培养，强化了加快转型的人才保障。二是根据总行确定的编制和结构，稳步实施各级行本部机构改革，优化调整了相关机构职能，进一步提升了本部管理效能。三是深入贯彻落实总行对营业部体制改革的新思路新要求，有效构建营业部发展新机制，强化了营业部的整体作战能力、市场竞争能力。四是进一步加大了对县域机构资源配置的倾斜力度，县支行竞争力进一步提升。五是结合转型发展的新形势、新要求，进一步优化了绩效考核体系，使绩效考核更加有利于做实基础客户、基础业务、日均业务、转型业务。六是通过集约化、集中化等方式，充实销售类人员814人，其中充实网点销售类人员669人，年末全行销售类人员占比达到27.5%，进一步提升了市场冲击力。七是按照总行打造全新的e-ICBC的战略构想，积极推进互联网金融发展和信息化银行建设。八是加快推进零售银行试点建设，提升了零售业务对全行经营发展的贡献。九是继续按照渠道体系完善、硬件设施改进、服务功能提升的思路，着力提升网点竞争发展能力。

七、加强重点领域风险防范，全面提升操作风险管控水平

一是加强信用卡业务风险防范，切实防范了信用卡套现和洗钱风险。二是针对结算业务风险表现的新形式和新特点，加强投融资机构开户管理，密切关注第三方支付的系统性风险、结算业务的操作风险，从源头上有

效控制了结算类业务风险。三是严格按照总行的相关要求，切实加强了对民间融资关联风险的防范。四是全面加强了对各类风险事件的应急管理和处置，较好地维护了安全稳定的经营环境。

八、深入推进党风廉政建设和企业文化建设，为全行持续健康发展提供了坚实保障

一是深入推进党的群众路线教育实践活动相关整改工作，强化“三严三实”的作风建设，坚持问题导向与建章立制有机结合，形成了制度化、规范化、常态化的改进作风长效机制。二是严格执行中央、总行党委关于党风廉政建设的各项规定，进一步强化了各级党委党风廉政建设的主体责任和各级纪委的监督责任。深入开展党风党纪和廉洁从业教育，开展了全行法制专题培训，筑牢干部员工拒腐防变的思想道德防线和依法治行的经营意识。三是不断加强和改进新形势下的思想政治工作，切实开展困难员工帮扶救助，充分发挥工会、共青团等组织作用，深入推进职工之家建设，积极营造“快乐工作、幸福生活”的和谐氛围。四是进一步加强员工异常行为管理和重点领域、关键环节的管理监督，确保了不留风险死角、不存案件隐患。五是多渠道、多形式开展各种教育培训工作，进一步提高了干部队伍素质和能力。

贵州分行

【主要业务指标完成情况】

2014年，贵州分行实现拨备前利润65.39亿元，净利润44.3亿元，中间业务收入21.84亿元，增幅分别为13.98%、14.04%和23.06%。各项存款（不含同业）余额2 056亿元，较年初新增154.4亿元；各项贷款（含银行卡透支）余额2 090亿元，较年初新增278.6亿元，增量控制在总行下达规模计划内。存贷款均保持余额及增量同业“双领先”。不良贷款率0.48%，完成年末控制目标。对公结算业务量、信用卡消费额、电子银行交易额、国际业务结算量、私人银行项目推荐额等指标均完成全年计划，进一步巩固了国际业务、个金、结算、信用卡、电子银行等同业第一的市场地位。全年实现内外部经济案件、廉洁案件以及外部欺诈风险事件“零发案”目标。

【主要工作措施】

一、立足“大市场”，夯实转型发展基础

一是市场导向，加大重点领域拓展力度。全年累计向贵阳高新区、茅台循环经济产业园及国家级开发区贵安新区等重点园区提供融资数十亿元，实现贵广、沪昆、织毕、织纳等铁路项目贷款投放，累计投入10亿余元支持花溪云顶、惠水龙山等一批风电新能源项目，对文化旅游产业和教育、医药等现代服务领域累计投放贷款81亿元，抓住本地产业调整转型升级，城建、交通等领域取得新突破，战略性新兴市场拓展初见成效。二是创新驱动，满足客户多元需求。非金融企业债务融资工具承销业务取得重要突破，债务融资工具承销发行数达5只，实现了贵州银行业保障房私募债、超短融、中期票据等承销工具的首发。通过行内银团方式，及时满足一批铁路、公路、电力等重点项目建设资金需求。信贷资产成功入选“2014工元一期”证券化资产池，“腾笼换鸟”效应明显，资产证券化取得重要突破。三是服务提升，夯实存款业务竞争基础。对全行客户进行分层、分类、分级管理探索，初步构建起针对性与有效性相结合的“三分”维护管理体系，力求以优质高效的金融服务打破业务发展困局。成功实现国库集中支付电子化清算项目上线，是财政部国库集中支付电子化代理银行座谈会贵州地区唯一受邀银行。相继与省内多家股份制商业银行、农村信用联社、金融资产交易有限公司等金融机构签订战略合作协议，投产首家金融市场交易场所业务，加快了同业市场领域的业务布局。开展了“军银携手共奋进、齐心协力谱新篇”系列主题营销活动，有效拓展军队系统业务。四是产品推动，强化客户营销成效。深入挖掘不同行业对公客户业务需求，以结算套餐为重点推进中小企业客户的营销服务，以财智账户、收款管家为重点推进教育等行业的营销服务，以现金管理、票据池、资金池为重点推进重点客户的营销服务。全年新增有效对公结算账户完成全年任务的140.67%，对公结算账户四行占比持续保持领先。以“一张核心账户卡 + 一张支付结算卡 + 三款以上基础产品”的核心账户理念，提升客户产品黏合度，加大商品交易市场、新兴消费品市场、现代服务业市场等“九大类新市场”客户拓展力度，是系统内唯一一家实现储蓄存款余额、时点增量、日均增量三项占比同业第一的分行。

二、立足“三大战略”，推进结构调整和转型升级

一是“大零售”全面提速。个人贷款余额及增量继续保持同业“双第一”，资产质量保持较好水平，不良率0.45%。成功发行贵州分行真正意义上第一个自

主设计、管理的常态化区域性理财产品——“贵州之星”。加强代发工资、存款客户与信用卡业务的组合营销，实行差异化的授信标准和动态授信管理，有效提高了代发工资、存款客户的信用卡渗透率，全年信用卡消费额同比增幅38.7%，分期付款交易额同比增幅达67.4%。探索贵金属业务营销管理新模式，实现“网购店取”、“网点无库存预售”和“积存+提金”实物销售模式的推广，有力推动实物金属产品、积存金、黄金租赁等产品的发展，全年贵金属收入四行占比第一。二是深入推进“大资管”全面发展。强化内部资源整合和协调联动，按照总行新的标准和授权，首次与工银瑞信开展债权类项目资产管理计划合作，实现贵州分行首笔区域理财资金投资债权类资产管理计划业务的突破。与贵阳小河科技村镇银行、修文江海村镇银行等7家村镇银行签署银银平台合作协议，与华融证券、国盛证券等2家签订战略合作协议，不断深化同业合作的深度与广度。推广“综合养老保障+养老金投资理财”服务模式，实现贵州首笔综合养老保障业务的突破。积极推进通用缴费平台上线推广工作，以大宗商品交易市场为重点，拓展新客户上线财智商贸通交易模式，加快适应互联网金融发展趋势下的服务模式转变和市场布局。三是推进“大数据”全面运用。组建了数据分析师和专业分析师“两支团队”，推进集中加分布的“1+X”（数据分析师+专业分析师）协同合作构架建设，基于EDW数据挖掘组织开展精准营销活动。围绕客户、存款、资产质量等工作在经营分析、市场营销、风险管理、数据治理等领域，提供数据挖掘支持项目160余项，累计提供1 200余万条数据信息，有力地推动了信息技术与经营管理的深度融合。

三、立足“控风险”，守住质量和安全两条底线

一是强化风险管理。一手抓客户管理，明确压缩退转、资产保全、完善担保、调整结构等信用风险客户分类管理要求。一手抓业务管理，对固定资产支持融资业务、贸易融资以及钢贸企业等重点业务开展风险排查。在审查环节共否决、退回各类风险问题业务共计214笔。加强表外业务风险隐患的排查，切实管住表外业务风险。不良贷款清收处置完成总行年度处置计划的136.83%。二是强化内部控制。认真贯彻落实内控合规体系建设“推广根植年”的工作任务，持续开展“四项”专项治理，加大对各级机构负责人、客户经理以及在编不在岗人员的教育和监督管理力度，深入排查治理员工违规参与民间融资和经商办企业等行为，充分利用非现场监测手段加强员工异常行为排查和管理，积极构建“6+2”风险点防控体系，在总行内控评价中被评为内控一级行（一级三档）。三是强化廉洁廉洁银行和最安全银行建设。严格落实党风廉政建设责任制，加强对各级干部“三重一大”决策制度、廉洁从业规定等执行情况的监督检查，推进党务公开、行务公开，推进防治商业贿赂、“小金库”等治理工作，营造廉洁从业、勤勉尽责的良好环境，党风廉政建设进一步深化。加强报警监控联网综合管理平台和网点安防设施建设，构建起集报告、预警、监测、控制于一体的安全保卫风险管控机制。

四、立足“资源配置”，完善激励与协同两大机制

一是优化绩效考核。设立两套考核指标体系，除了对营业部和二级分行的考核外，增加对利润、资产规模、发展潜力大的前10家重点支行的考核，并进行动态管理，进一步增强了考核政策对一线基层的传导引领作用。更加突出关键业绩的指标考核，调整设置了经营效益、风险内控、经营转型与业务发展三大指标板块，并在经营转型与业务发展指标板块下，设置客户结构优化、收入结构优化、渠道服务优化、产品结构优化和业务协同联动等五个二级板块，指标总量减少70%。保持资源配置和绩效考评的导向一致，有效传导发展战略和经营压力，解决好绩效考核“最后一公里”的问题。二是推进协调联动。组建公司、机构、零售以及网点建设四个业务联动推进委员会，以市场变化和客户需求为导向，全产品、全流程营销联动，有效推动各业务板块重点工作、重要项目的快速发展。深化工作研究机制、信息互通机制、业务调度机制、客户走访维护机制和业务培训机制等五项工作长效机制，引导各专业理顺管理通道，规范日常履职行为，增强管理的系统化、专业化、规范化。

五、立足“全渠道”，提升客户服务承载能力

一是全面实施网点竞争力提升七大工程。成立渠道管理部，制订《贵州省分行2015—2017年渠道发展规划》、《贵州省分行网点竞争力提升工作方案》、《贵州省分行2014—2016年网点竞争力提升三年规划》以及《贵州省分行社区支行（小微支行）建设规划》，明确各类渠道的发展定位、发展策略以及目标措施。加快推进重点区域网点布局调整，对营业部确立了在布局规划、项目立项、流程推进、审查审批、机具配置等方面无缝对接、全力协同的工作原则和模式，提升了主战场的渠道建设效率。根据贵阳市、贵安新区城市建设规划，积极推进贵安新区网点布局、贵阳市城市轨道交通站点内自助网点布设，并就社区银行的概念、定位、业务特点以及建设方式与实施步骤提出了探索方案。积极推进精品网点建设，打造一批具有品牌效应的标杆网点。2014年，共调整各类低效网点35个。二是加大自助银行建设和设备投放。大力推广“1+2+N”自助银行模式，加快对新城区、城乡结合部、重点县域离行式自助银行和自助终端的布设，加大网银自助机、回单打印机、自助发卡机、POS等智能化设备投入，自助银行与物理网点比例达2.43:1。三是大力发展电子银行渠道。召开了2014年工行融e购贵州电商年会，抢占互联网重点市场，上线商户累计销售额为2 968万元。成

功与省内重点企业签署了《电子商务合作框架协议》，率先在全国工行系统引进了首家融 e 购供应链 B2B 商户。积极拓展智能便捷的移动服务，继续开发手机银行特色业务，不断加大对旅游、教育、医疗、移动支付四个行业的特色业务创新。四是精心组织开展“人民满意银行建设年”主题活动。组织开展“服务就是竞争力”大讨论，结合实际制订“人民满意银行建设年”活动实施方案，明确活动目标、活动阶段及各阶段的“规定动作”，提出了服务“八禁八做到”，按季度监测并通报服务改进关键指标，建立起省、分、支三级行行领导挂点开展窗口服务改进联系点工作制度，通过强化标杆网点建设发挥带头示范作用，进一步提升网点金融服务水平。2014 年，有三家网点获得中银协五星级营业网点称号，两家网点获得中银协千佳示范单位称号。五是持续提升品牌形象影响力。持续加大电视、电台、网络、报刊、公交车身、站台等载体的宣传投入，继续冠名各类品牌文化活动，有序推进各类品牌营销宣传，持续加强品牌形象渗透。不断延伸品牌触角，继续坚持工行服务“进企业、进军营、进校园、进机关”，推动“百场讲堂”、“理财沙龙”进一步深入乡镇、深入社区、深入商户，探索创新和深化银企、银政联谊的形式内涵，进一步扩大品牌影响力。

六、立足“添活力”，持续强化企业文化建设

加强各级领导班子建设，优化各级行领导班子结构，加强后备培养。继续开展优秀年轻干部上挂下派交流、见习锻炼等活动，促进年轻干部在多岗位实践锻炼中成长。围绕能力素质、业务技能、政策传导、考核导向、专业实务等五个方面的重点，制定出台了全年分层次的教育培训计划、周末课堂计划以及跟班学习计划等，对管理、专业、销售、运行、客服五大类员工统筹开展了系列培训及教育活动，并在培训方式上创新推出“师带徒”、跟班学习、公司投行岗位滚动轮训、产品沙龙、周末课堂等形式，增强了培训的有效性、实用性。全行共培训 18.37 万人次，达到总行全年 70% 的培训覆盖率、人均培训 3.5 天的考核满分要求。全行非管理类在岗持证员工突破 3 602 人，持证率达到 70.06%，各专业人才素质进一步加强。深入开展“以改革创新解难题促发展”思想大讨论活动，增强以改革创新的精神建设“精品银行”的能力。立足“行风正、转作风、树新风”，重点聚焦打破“部门墙”，优化流程提高效率，全行干事创业的精气神进一步提振。

云南分行

【主要业务指标完成情况】

2014 年，云南分行实现拨备前利润 64.85 亿元，较上年增加 3.32 亿元；实现拨备后利润 59.98 亿元，较上年增加 1.95 亿元；实现净利润 44.79 亿元，较上年增加 1.49 亿元，完成总行下达目标的 101.19%。人民币全部存款余额 2 475.21 亿元，比年初增加 88.92 亿元，年日均增量为 22.56 亿元，其中，储蓄存款增加 29.98 亿元，机构存款（含同业）增加 68.41 亿元。人民币贷款余额 2 094.5 亿元，比年初增加 215.84 亿元（含银行卡透支），较好地控制在总行的信贷限额内；人民币各项贷款（不含卡）日均增量为 106.7 亿元，其中，公司类贷款增加 101.48 亿元，增长 7.61%；个人类贷款增加 51.54 亿元，增长 10.71%；银行卡透支增加 25.35 亿元，增长 54.74%；小企业贷款增加 38.87 亿元，增长 21.95%。实现中间业务收入 20.78 亿元，同比增加 2.42 亿元，增长 13.16%，完成总行下达年度计划的 100.86%，其中，投资银行业务实现收入 5.56 亿元；个人金融业务实现收入 3.86 亿元；银行卡业务实现收入 3.66 亿元；公司业务实现收入 3.59 亿元；电子银行业务实现收入 3.34 亿元。中间业务收入占营业净收入的 21.05%，同比提高 1.46 个百分点。累计清收处置不良贷款 7.47 亿元，完成年度计划的 355.54%，累计现金清收 3.32 亿元，实现拨备回拨 1.77 亿元。不良贷款余额 18.71 亿元，不良贷款占比 0.92%，低于总行平均水平。全行实现了安全经营。

【主要工作措施】

一、开拓思路促改革，金融创新亮点突出

全年提供创新融资 101 亿元。实现区域理财业务零的突破，成功发行了 5 期区域理财产品，带动了存款、托管、结算、个金、私人银行签约客户等业务的协同发展。启动实施龙瑞高速公路项目供应链融资，实现融资金额 4.19 亿元，拓展上游客户 5 户，带动公司存款 4 000 万元。牵头筹组的云桂铁路 242 亿元行外银团贷款项目被中国银行业协会评为“最佳交易奖”，是工银集团唯一获奖项目。办理了首笔代客商品交易业务。在系统内率先试点融 e 购院校缴费，与大理州政府签订“融 e 购大理旅游商城”战略合作协议，是系统内第 1

家成功签约批发商城入驻 B2B 电商平台的分行。投产了加载金融功能的社保卡、云大医院银医一卡通项目、版纳公交联名卡、安宁公交一卡通、国库集中支付电子化管理、昆明 CBD 万达广场 MIS 收单等项目，取得了良好的经济和社会效益。

二、坚定不移推转型，结构调整效果明显

中间业务收入占营业净收入的 21.05%，同比提高 1.46 个百分点。小企业贷款、个人贷款占全部贷款的比例较年初提高了 0.7 个百分点。产能过剩行业融资余额较年初下降 8.16 亿元、平台公司融资余额较年初下降 11.09 亿元。全年净增日均金融资产 5 万元以上公司客户 248 户，净增个人中高端客户（5 万元以上）3 万户，净增私人银行客户 21 户，其中资产 2 000 万元以上客户净增 18 户。全行新增自动柜员机 501 台，布放个人转账终端 2 635 台，POS 设备 7 969 台，新拓商户 7 202 户，新建贵金属旗舰店 7 家。工银 e 支付存量账户达到 51.29 万户，增长 7.38 倍；融 e 购累计交易额达 9.87 亿元。以“三项改革”工作为契机，优化调整了 17 个低效网点，自助银行与物理网点的比例由年初的 1.2∶1 优化调整到 1.7∶1，高低柜口比例由年初的 2.21∶1 优化调整到 1.42∶1；实现高柜柜员向低柜柜员转岗 287 人，柜员向销售类人员转岗 155 人，网点销售类人员增加 169 人，提高了人力资源配置效率和网点竞争力。

三、持之以恒强服务，社会形象明显提升

开展了“人民满意银行建设年”活动，投诉数量较上年下降 80%，有 1 个网点被评为中国银行业“最佳社会责任特殊贡献单位”，4 个网点荣获中国银行业“千佳示范单位”，服务工作在全国分行排名第 6 位。有 3 个单位被评为省（部）级先进单位，有 8 名员工被评为省（部）级先进个人，分行机关还通过了全国文明单位的验收。各级新闻媒体累计报道 5 387 篇次，比上年增长 16%。在第四届春城金融博览会、第七届云南金融百姓口碑榜等评选活动中，取得了云南省最佳商业银行、云南省银行业最佳服务创新奖、支持云南经济建设卓越贡献奖、昆滇百姓最满意银行等 13 个奖项，提升了品牌影响力和市场美誉度。同时，注重履行社会责任，争做优秀企业公民，全年向昭通、普洱地震灾区、怒江、楚雄贫困地区等捐款达 700 余万元，向昭通地震灾区发放了 10 亿元的抗震救灾专项贷款。

陕西分行

【主要业务指标完成情况】

2014 年，陕西分行实现净利润 48.9 亿元，同比增长 5.2%，列系统第 13。实现 EVA29.6 亿元，同比增长 11.8%，列系统第 12。全年经营绩效考评等级为 C++，列系统第 18，同比提升 8 个位次。经济资本回报率 37.9%，同比上升 3.1 个百分点。实现中间业务收入 19.5 亿元，实现稳中有升。全部存款余额 3 423.8 亿元，较年初增加 193.5 亿元，增长 6%，存款偏离度 1.3%，控制在监管目标内。其中储蓄存款增加 130.5 亿元，对公存款（含同业）增加 63 亿元。各项贷款 1 990.6 亿元，较年初增加 219 亿元，增长 12.2%。其中公司贷款增加 145.5 亿元，个人贷款增加 10.1 亿元，小企业信贷实现“两个不低于”目标。年末不良贷款和不良率分别为 33.15 亿元和 1.67%。

【主要工作措施】

一、强化客户基础，筑牢可持续发展之基

一是大力拓展个人客户。以联动拓代发客户，以进市场拓商友客户，实现批量式、集群式个人客户拓展，有效个人客户净增 48.9 万户。实施客户总资产增长考核模式，促进核心产品结构调整和客户结构优化，四星级及以上个人客户净增 13 万户，优质客户占比稳步提升。注重提升私人银行中心与财富管理中心的直营直拓能力，私人银行客户净增 183 户，增幅 30%。实施项目发卡与高端客户发卡并重战略，信用卡发卡规模和当年增量分别达到 176.7 万张和 19.9 万张。信用卡动卡率 57.4%，同比提升 11.8 个百分点。二是完善对公客户分层营销服务体系。推进“三级六层、统一营销”的营销体系建设。围绕“五个十”重点客户名单，开展名单式营销，成功与陕汽控股、中航飞机、高新控股等集团客户达成全面战略合作协议。以重点客户项目、重点园区、重点产业链融资和“企业通”工商注册平台为抓手，抓好源头客户营销，有融资关系公司客户较年初净增 102 户，新增有效对公结算账户 1.56 万户。在巩固军队、财政等传统机构客户市场优势的同时，加大教育、医疗、社保等民生领域和证券、保险等同业市场拓户力度，民生领域客户净增 268 户，第三方存管账户净增 3.83 万户。三是加快拓展新兴领域客户。积极实施电子银行客户分类推进战略，重点突出提高网银客户覆盖面和活跃度，四星级及以上个人客户网银覆盖率达到 48.1%，80% 以上活跃客户占比 40.5%，高于系统

6.5 个百分点。重点突出移动银行客户规模扩张，手机银行和工银 e 支付客户分别净增 86 万户和 68.4 万户。以区内“引进来、走出去”企业客户为重点，精准锁定并成功营销国际业务目标客户 40 户。新增养老金个人账户 5.4 万户，成功中标中国西电和省地电年金账管资格。创新推出贵金属法人积存业务，贵金属有效客户新增 6 204 户。为省内集团客户创新提供金融资产池等多个综合化、个性化现金管理方案，现金管理客户净增 3 921 户。

二、强化盈利增长基础，实现三大业务稳中有进

一是发挥好负债业务的基础作用。积极发挥好理财和储蓄的良性互动作用，实现客户收益与关键时点储蓄存款双赢。全年各月储蓄存款增加额始终保持系统前 8 位。巩固和扩大机构业务领域竞争优势，通过争取非税收入收缴代理权，支持保障性住房委托项目贷款等措施，实现民生领域存款新增 62.8 亿元；深化与军队客户全方位合作，军队存款新增 33.9 亿元，增幅 29.4%。二是发挥好资产业务的主动力作用。坚持信贷增量优化和存量结构调整相结合，积极拓展八大目标市场和四大新市场信贷业务，严控“两高一剩”行业贷款，新发放项目贷款的 70% 以上投向了省内重点在建续建项目，四大新市场当年贷款净增 18.23 亿元。大力拓展品牌类投行项目，全年非信贷融资 42 亿元，实现投行收入 2.3 亿元。加大对小微企业支持力度，创新金融服务模式，全年新增小企业贷款（监管口径）67.7 亿元，实现了“两个不低于”监管目标。大力推广个人消费贷款、信用卡透支和分期付款等消费类金融产品，逸贷和信用卡透支业务增长 12.3 亿元。三是发挥好中间业务的助推器作用。坚持一手抓规范，一手抓发展。严格落实银监会、发改委关于规范银行业中间业务收费的相关要求，推动 2014 版服务价目表实施，向社会及时公示。同时，深入挖掘结算等传统优势业务的增收潜力，加快培育互联网金融、国际业务等新的中间业务收入增长点，确保中间业务收入稳定增长。结算、代理、理财类收入，占全年中间业务收入的 72.12%，成为中收增长的重要支柱总量和增量列同业第一。私人银行、品牌类投行、企业年金同比增幅分别达到 296.4%、140% 和 103.8%。四是积极推进“三大战略”落地实施。实施大零售战略“1+4”方案，大零售营业贡献 49.7 亿元，占全年营业收入的 49.2%，高于系统 10 个百分点。以理财产品销售、项目推荐、资产托管三大业务条线为龙头，实现大资管业务收入 8.7 亿元。其中证券化服务、承诺业务、品牌贵金属买卖收入同比增幅分别为 506.4%、464.1% 和 382.5%。通过组建分析师队伍，编发典型案例，运用 EDM、EBM 系统开展精准营销，加快大数据战略布局。

三、强化渠道基础，努力建设人民满意银行

一是协同推进网点竞争力提升七大工程。制定并组织实施《网点竞争力提升三年规划》、《“自助+理财”类网点建设实施意见》等建设规划和管理办法，深入推进网点优化布局和渠道多元化发展。全年共优化改造网点 49 个。19 家低效网点改造成为“自助+理财”类网点。年内新建自助银行 150 家，自助银行与物理网点比例由年初的 1.2:1 提升到 1.6:1。积极推进网点“智能化”、“互联网化”建设，实现 110 家网点 WIFI 服务覆盖。二是稳步推进运行标准化、集约化改革。年内启动 41 家网点标准化改革试点工作，网点高低柜比例由年初的 3.3:1 降至 1.6:1，22 类 267 项个人非现业务由高柜转向低柜，转岗分流柜员 393 名。率先完成指纹认证识别、核算印章综合改革，全面实现柜面办理零售业务的签单、免填服务方式。三是加快电子渠道建设。以精准营销和互联网金融发展为抓手，对目标客户和重点群体开展“社交式”、“联动式”、“精准式”营销，提高对电商平台、工银 e 支付等重点产品考核权重。全年实现电子银行交易量 5.6 万亿元，同比增幅 5.6%，电子银行业务收入 2.9 亿元，同比增长 6.6%，电商平台交易额 14.26 亿元，完成总行计划的 594%。成功签约融 e 购商户 22 家，西凤酒等一批省内知名企业入住融 e 购。特约商户服务渠道布局加快，全年营销并投产 MIS 商户 13 家，发展特约商户 6 315 家，投放 POS 终端 1.1 万台。四是全面加强和改进服务管理工作。深入开展“人民满意银行建设年”活动，制订了《优质服务标杆网点考评办法》等多项服务管理办法，开展创“千佳”竞赛活动，启动省行网点晨会直通车，深化“100-1=0”服务文化教育，推动全行服务工作特别是窗口服务水平提升，客户评价满意率达到 98.6%，服务专业系统考核实现进位升级。“千佳”、“五星”级和服务示范网点、个人服务明星获奖数量均列系统、同业前列，窗口服务首次实现“零有效投诉”。截至年末，全行柜面业务可分流率 29.8%，首次降至 30% 以下。

四、强化风险管理基础，严控各类风险事件发生

一是加强信贷资产质量管控。以打假防假和严控实质性风险为重点，提升重点地区、重点领域、重点客户、重点产品的风险预判与控制能力，全力做好不良贷款和潜在风险贷款清收转化。全年压降潜在风险贷款 18.7 亿元，清收处置不良贷款本金 20.61 亿元，通过清收处置实现拨备回拨 4.37 亿元。截至年末，逾期贷款和剪刀差余额分别较高峰下降 7.39 亿元和 1.65 亿元，在全行不良资产清收处置“啃骨头、拔钉子”的艰难阶段实现了总体风险可控。二是全面加强案件防查和内部控制。不断完善业务条线、风险及合规管理、纪检监察三道防线。以“内控管理年”活动为主线，开展重点领域案件专项治理、“三查一教育”、“一加强两遏制”等专项检查及教育活动，实现对各类风险特别是案件风险事件的全覆盖管控，内部风险暴露水平控制在 6.27‱以内，较年初下降 2.99 个万分点。三是强化

安全运行机制。积极发挥安全保卫、信息科技、法律等专业部门的保障作用，加强外部欺诈、信息安全、涉诉案件、舆情风险等各类风险的防控工作，完善突发事件响应和处置机制。全面推进报警监控联网综合管理平台和外部欺诈风险信息系统两大平台建设。成功堵截外部欺诈事件222起，为客户挽回经济损失461.1万元。

五、强化管理基础，为改革发展提供有力保障

一是稳妥推进机构和绩效管理改革。以调整优化职能，提升经营效率为重点，组织实施省行本部机构改革。积极完善绩效考评与财务预算、资源配置的互动机制，强化考评结果应用，主动适应新常态。以MOVA网点业绩视图为依托，完善重点产品计价考核体系，搭建费用与业绩贡献度挂钩机制，客观真实地反映网点经营业绩，实现了MOVA系统功能与管理应用的良性耦合。二是加强党建和员工队伍建设。深入学习宣传贯彻党的十八届三中、四中全会精神和习近平总书记系列重要讲话精神，集中轮训全行副处级以上干部。把教育实践活动整改落实作为贯穿全年党建及经营工作的主线，通过细化完善党风廉政建设“两个责任”、“三重一大”决策制度、部室联系支行制度、内部服务承诺制、行长信箱等，有力地推动了作风建设的制度化、规范化和常态化。在《陕西日报》以《强化五项措施履行主体责任》为题对党委落实主体责任工作进行了专题报道。以公开竞聘形式选拔本部总经理助理、二级分行行长助理14人，累计交流干部22人，有效增强了队伍活力。以提升岗位胜任能力为重点改进员工培训工作，客户经理培训覆盖率达到97.8%。三是推动精神文明建设和关爱员工工作。深入开展“践行社会主义核心价值观、工行在行动”活动，大力弘扬道德模范和学雷锋标兵。中央电视台、新华社等主流媒体深入报道了铜川长虹路支行员工郭晓燕扶危救困的感人事迹，受到社会高度赞誉。积极发挥工青妇组织的作用，推进家园文化建设，职工之家综合建家率达98%，员工队伍和谐稳定。

甘肃分行

【主要业务指标完成情况】

2014年，甘肃分行各项业务实现较快发展。实现净利润18.15亿元，较上年增长18.48%，完成总行计划的103.03%；实现中间业务收入10.21亿元；成本收入比38.14%，较上年下降2.39个百分点。资产质量持续改善，不良贷款余额5.35亿元，较上年减少0.47亿元，不良贷款率0.48%，较上年降低0.14个百分点，不良贷款持续保持“双下降”，资产质量创历史最好水平。各项贷款较上年增加195.05亿元，增长20.71%，其中，公司贷款增长14.11%，小企业贷款增长29.9%，个人贷款增长31.02%，信用卡贷款增长65.49%。全部存款余额突破1 600亿元，较上年增加100.57亿元，增长6.7%，增幅排名系统第7，其中，公司存款增加16.25亿元，增幅5.24%，机构（同业）存款增加65.55亿元，增幅16.39%，储蓄存款增加18.7亿元，增幅2.37%。

【主要工作措施】

一、实施信贷引领战略

一是精选投向。紧密结合区域经济实际，精心筛选优质行业及客户。公司贷款重点向电力、铁路、公路三大行业投放144.51亿元，装备制造、煤炭、有色冶金、旅游等行业贷款投放实现了稳定增长；小企业贷款以网贷通产品为主打，以县域经济、集群上下游客户为重点，累计发放108.76亿元，较上年多发放23.12亿元，净增额系统排名第3，增幅系统排名第2；个人贷款加大住房和个人消费信贷市场拓展，增量创历史最好水平；信用卡贷款重点加大购车、装修等专项分期业务营销，较上年净增15.54亿元，增幅65.49%。二是做优结构。小企业贷款余额由2009年的0.25亿元升至91亿元，个人贷款由2009年的36亿元升至196亿元，银行卡贷款由2.2亿元升至39亿元，五年来三项贷款余额呈现几何数倍增。2014年个人、小企业、银行卡贷款余额较上年增幅分别达31.02%、29.9%和65.51%，三项贷款余额占比28.71%，较上年提高2.86个百分点。三是做强质量。实施不良贷款分部门、分专业、分条线，齐抓共管的工作机制，有效控制贷款劣变趋势；加快不良贷款清收处置工作，全年清收处置不良贷款36 772万元，完成总行计划的105.06%，资产质量创历史最好水平。

二、加大存款组织力度

公司存款加快分层营销机制建设，实行客户、任务、责任“三锁定”和“三落实”。全年净增16.25亿元，增幅5.24%，日均金融资产5万元以上客户净增532户，增幅系统排名第5。机构存款积极开展“重点

百户”营销活动，加大重点系统重点客户突破，全年净增65.55亿元，净增额系统排名第19，增幅16.39%，增幅系统排名第10。储蓄存款强化客户认领维护制的分组落实，全年储蓄存款净增18.7亿元，增幅2.37%。

三、深挖利润增长潜力

一是强化激励考核导向。精简考评指标数量，突出关键业绩指标，提升效益类指标考核权重，增加战略成长性指标，进一步明确全行经营发展导向。实行经营性费用零增长预算，将21%的经营性费用与各行利润指标挂钩，提高费用投入产出效率；匹配专项费用支持重点业务发展，为业务经营发展提供动力支持。二是突出资本约束引导。充分运用资本管理手段，突出资本节约和精细化管理。全年信贷资产经济资本占用增幅为13.37%，低于本外币贷款增幅5.73个百分点。经济资本总体限额和表外限额均控制在总行下达的限额之内。三是提升贷款收益水平。严格贷款定价管理，建立贷款EVA监测模型，加强定期考核通报，全年新发放贷款平均利率6.59%，较2013年提升了0.24个基点，高于系统平均水平0.19个基点，系统排名第12位，较2013年上升11个位次；各项贷款收益率6.17%，较2013年提升0.52个基点，低于总行系统平均水平0.11个基点，系统排名提升了5个位次。

四、做大做强新兴业务

一是快速扩张互联网金融。开展网上银行、手机银行营销竞赛、网购体验、电商促销等活动，全年净增个人网银证书客户33.9万户，净增企业网银证书客户5 713户，较上年增长15.67%；净增手机银行客户44.71万户，较上年增长22.01%；实现电商平台交易额5.83亿元，成功入驻商户12户，平台注册客户数达12.27万人；净增工银e支付账户50.3万户，较上年增长882.6%。二是大力发展国际业务。加大产品宣传营销力度，重点领域、重点客户、重点市场实现重大突破。全年国际结算量、国际贸易融资发生额、结售汇、外汇对公存款等都超额完成总行计划，增幅均在30%以上。跨境人民币收付业务完成年度计划的563%，增幅高达552%，在全省14家商业银行中占比26.8%，较上年提升20.7个百分点，排名第二。三是全力增强创收能力。加快新兴业务规模不断扩张，创收增盈能力迅速加强，并成为全行新的利润增长点。全年贵金属业务收入较上年增加2 463万元，增幅34%，对全行中间业务收入的贡献达到9.42%，较上年增加3.34%；信用卡分期付款业务收入近6 000万元，较上年净增3 806万元，增幅达173%。承销发行债券38.5亿元，实现债券承销收入1 494万元，同业市场排名第二，四大行排名第一；私人银行业务实现中间业务收入836万元，较上年多增511万元，增幅157%。

五、持续强化内控管理

一是进一步转变工作作风。扎实开展纠改“四风”方面存在的问题，业务招待费、业务宣传费、会议费、差旅费分别较上年下降1 642万元、306万元、730万元和370万元，减少58%、12%、62%和19%。二是进一步提升服务水平。组织开展“人民满意银行建设年”活动，整体服务面貌发生了明显变化。服务考核系统排名第16，较上年提升7个位次。有3家营业网点被中银协评为“千佳示范单位”，4家网点被评为“五星级网点”，获评数量居全省金融同业第一。有14家营业网点获评省银协金牌服务单位，14名员工获评金牌服务柜员，2名员工获评金牌服务大堂经理。三是进一步加强风险防控。始终紧绷信贷风险这根弦，将风险防控渗透到信贷全流程，为信贷业务健康快速发展提供了坚实基础。持续深化操作风险“网状控制法”，全年未发生重大操作风险事件。

六、大力培育优秀企业文化

一是深入开展关爱员工工作。认真办好“行长热线”，四年来累计收到员工来帖3 352条，员工反映的问题建议绝大部分得到解决和采纳。“行长热线”成为独具特色践行群众路线的“亮丽风景线”。开通员工及其直系亲属患特重大疾病在兰州住院就医绿色通道，已有20位兰州外员工通过快速通道就医。二是倡导学习型文化。坚持开展读书活动，组织学习《心胜》和《守住中国人的底线》书籍，编辑《梦想腾飞的力量》与《守住底线，心胜致远》读后感汇集。三是积极践行社会责任。积极开展双联工作，分行机关本部被省委双联办评为2013年度双联工作优秀单位。连续5年独家冠名“感动甘肃·陇人骄子”评选活动；全方位开展“工商银行荣获全球最佳银行”宣传活动；所有县支行获得县级以上文明单位称号，省分行本部和所有二级分行获得省级文明单位称号，成为全省荣获文明单位称号最多、且唯一一家实现“双覆盖”的金融机构。

宁夏分行

【主要业务指标完成情况】

2014年，宁夏分行实现拨备前利润14.36亿元，净利润9.42亿元，分别较上年增长5.06%和1.37%。实现中间业务收入4.38亿元，继续保持宁夏地区四行首位。各项贷款余额576.90亿元，较年初增加64.33亿元，增幅12.55%。各项存款日均余额445.43亿元，较上年末日均增加14.88亿元，增幅3.46%。不良贷款余额3.37亿元，不良贷款率0.60%。未发生重大案件和责任事故。

【主要工作措施】

一、通过信贷增量优化和存量结构调整相结合，支持实体经济提质增效

紧贴自治区经济结构转型升级的战略导向，以服务支持实体经济为己任，通过用好增量、盘活存量相结合的方式有效改善全行信贷经营质态。重点支持了宁夏如意科技时尚产业园、中银绒业羊绒示范园、恒丰纺织产业园、西电东送六大电源项目以及交通、物流等一批涵盖基础设施、新能源、先进制造业、现代服务业、节能环保等八大战略新兴领域，贷款较年初合计增加15.07亿元，占全部公司新增贷款的比重达49.9%，较上年同期提升了6.53个百分点。小微企业、供应链融资、个人“三大板块”贷款较年初共计增加6.31亿元，其中，个人贷款增加11.55亿元，占各项贷款余额的16.76%，较年初上升了1.6个百分点。房地产、产能过剩、政府融资平台等行业贷款余额较上年减少26.65亿元，占各项贷款余额的比重下降了6.73个百分点。2014年成功为31户中小企业累计发放供应链融资贷款5.9亿元。累计办理票据贴现51.6亿元，再贴现10.38亿元，均位列四行第一。依托于信贷结构的持续优化，全行贷款收益率较年初上升了0.11个百分点。

二、通过推进发展方式转变，加快培育盈利增长新引擎和竞争发展新优势

一是“大零售”业务贡献增长。个人金融业务收入较上年增长8.61%。个人金融资产增长10.59%。四星级以上个人中高端客户增长10%，日均金融资产万元以上客户增长3.2%。信用卡收入增长32.57%，消费额和透支额分别增长23.06%和9.8%。私人银行理财产品累计销售30.6亿元，增长403%。贵金属业务收入增长27.5%。电子银行业务收入增长31.96%，顺利签约了10户融e购电商平台入驻企业。工银e支付客户新增12.9万户，交易额达2.26亿元。手机银行客户新增22.15万户，增长53.56%。电子银行业务占比达76%，提升10.5个百分点。二是“大资管”业务条线发展步伐不断加快。品牌类投行业收入同比增长67.39%。其中，股权私募和重组并购两项业务实现“零”突破。养老金理财产品实现跨越式发展，销售增长274%。资产托管规模达75.99亿元，继续保持同业领先优势。机构金融业务收入增12.89%。三是国际业务竞争发展能力进一步增强。收入增长15.52%，国际结算量、结售汇业务量、跨境人民币结算分别增长25.11%、75.74%和103.95%。

三、通过改进服务与创新驱动，最大限度地激发经营活力和发展动力

扎实开展“人民满意银行建设年”主题活动，以网点运营标准化管理为抓手加快推进网点竞争力提升工程，持续开展窗口服务规范化专项治理活动，不断强化服务质量监测考评和客户投诉精益管理，积极改善客户体验，进一步健全服务工作长效管理机制，促使全行服务品质有了新的提升。在自治区党委宣传部、消协等多家单位联合举办的“责任品牌—2014阳光消费‘3·15’活动”中，荣获“行业领军企业奖”。分行本部内设机构改革稳步推进，渠道优化建设步伐进一步加快，共装修改造网点5家，新增离行式自助银行16家，改造附行式自助银行9家，新增自动柜员机51台，自助终端21台，POS机具2 959台。柜面业务可分流率较年初下降9个百分点。稳步推进授信项下审批和差别化审查审批机制，加快法人客户全球信贷与代理投资管理系统试点工作，顺利投产了全球资产管理系统个人信贷业务一体化功能应用处理模块，促使全行授信审批质量和效率持续提升。业务流程优化改造深入推进，自助设备集中运营管理运转良好，柜员权限指纹验证、二代支付系统、资金汇划、网点核算印章等重点改革项目全面完成，支付密码推广应用和参数综合管理持续强化，全行运行管理工作效能进一步提高。科技服务创新能力不断提升，科技保障工作基础进一步夯实。持续完善薪酬资源配置机制和分支机构分类管理办法，不断健全综合经营绩效考评与重点产品销售计价相结合的绩效考评体系，加大效益贡献、转型发展、客户基础和资产质量四类指标的考核权重，在有效传导业务经营压力的同时，进一步强化价值创造和收益分享的激励导向作用。

四、通过标本兼治加大风险防范和管控力度，确保资产质量基本稳定和各类风险可控

深入推进内部评级法成果应用，扎实做好内部评级基础性建设、压力测试、风险评估、事中验证等工作，促使全行风险量化管理水平不断提升。进一步加强日监测、月预警和定期风险分析工作力度，重点强化对易发系统性、区域性、关联性风险领域的防控，尤其是突出抓好煤炭流通、钢贸等重点行业以及房地产和“两高一剩”等重点领域风险防控，坚决遏制信贷资产劣变。同时，加强分类指导，明确阶段目标，逐户制订清收解决方案，最大限度地处置好不良贷款。2014 年累计清收处置转化不良贷款 1.7 亿元，压降退出潜在风险贷款 1.93 亿元，为盈利可持续增长创造了有利条件。按照内部控制“五有”要求，以抓好过程控制为关键着力点，不断完善内控合规管理体系和违规惩戒与不良贷款问责机制，统筹推进制度管理，持续加大检查频次，突出抓好反洗钱、非现场监测分析和运营风险核查，促使全行合规经营意识的进一步增强。2014 年内部风险暴露水平 6.75‰，较上年下降 5.86%。与此同时，高效落实党风廉政建设和案件防范责任制，扎实开展执法监察和效能监察，逐步推进支行纪委书记（纪检员）约谈制度建设，不断加大重要领域风险点治理工作，启动实施“一加强两遏制”专项检查，进一步深化履职行为案防主题教育、员工异常行为管理、非法集资风险排查以及“最安全银行”创建活动，全面抓好安全保卫、外部欺诈风险监测和远程监控联网平台建设，圆满实现了全年未发生重大违规事件和经济案件的目标，并在自治区行风评议中名列四行首位。

五、通过以作风建设为引领，全面加强党建和员工队伍建设

坚持把党的群众路线教育实践活动整改落实作为贯穿党建及经营工作的主线，对照“三严三实”要求，抓住整章建制这个关键，努力推动整改深化和改进作风常态化，尤其是通过举办学习习近平总书记系列讲话轮训班、开展“转作风、抓发展”活动、参加基层行党员民主生活会等多种有效举措，切实将各级党组织的思想政治理论建设、作风建设和执行力建设与经营发展更加有机地融合在一起，促使各级领导班子在驾驭经营、统领发展中强基固本，进一步提升基层党组织的战斗力。在深入推进惩治和预防腐败体系建设的同时，强化干部履职考核与管理，持续完善干部交流培养和梯队建设机制，特别是根据业务发展以及人才培养需求，主动实施导向型的干部交流制度，尽可能地激发干部队伍活力，为干部成长创造空间。2014 年共选拔任用各级管理人员 6 人，交流轮岗 25 人。坚持以人力资源优化配置为导向，进一步完善以岗位职级体系为核心的员工职务常态化晋升机制，不断改进以提高岗位胜任能力为重点的员工教育培训工作，持续加大各专业条线人才队伍实战锤炼，促使全行人才队伍建设迈上新台阶。2014 年客户经理数量占比跃升至 22.7%，较上年提升了 4.8 个百分点。扎实推进了对二届二次职工代表提案的逐项解决落实，并通过开展各类专业技能劳动竞赛，体育运动会，加大“职工之家”建设，帮扶救助困难员工等多种方式，进一步增强了员工队伍的凝聚力和向心力，营造了团结向上、和谐奋进的文化氛围，为各项业务的可持续发展注入了新的生机和活力。

青海分行

【主要业务指标完成情况】

2014 年，青海分行实现拨备前利润 11.1 亿元，同比增加 1.36 亿元，增长 14%；实现拨备后利润 9.78 亿元，同比多增 0.48 亿元，增长 5.12%；实现净利润 7.26 亿元，同比多增 0.37 亿元，增长 5.39%。经济增加值 2.97 亿元，同比减少 0.18 亿元。实现中间业务收入 2.51 亿元，同比多增 0.48 亿元，增幅 23.5%。本外币各项存款（含同业）560.34 亿元，较年初增加 23.13 亿元，同比少增 6.55 亿元。各项贷款余额 439.44 亿元，较年初增加 76.07 亿元，同比多增 25.18 亿元。不良贷款余额降至 0.59 亿元，占比 0.14%，较年初下降 0.27 个百分点，连续五年实现不良贷款余额、占比“双下降”。

【主要工作措施】

一、强基础固根本，不断筑牢存款市场基础性地位

坚持存款基础地位不动摇，加大市场营销力度。一是不断完善稳存增存工作措施，按照“突出重点、讲求实效、分类指导、全面推进”的原则，建立健全督导机制，强化储蓄存款与理财产品的互动，做好保本产品、结构性存款的销售工作，努力拓展储蓄存款业务。积极开展“大联动”营销活动，落实“大零售”战略，重点推进网点核心竞争力提升“七大工程”，以及零售业务“率先发展”先行先试等工作，加大对代发工资、商友卡、个人贷款和社保客户等客户群的拓展力度，带

动储蓄存款较快增长。二是落实公司有贷户、无贷户、大中小企业等各类公司客户存款营销责任，强化供应链融资上下游客户拓展，通过大额资金平台跟踪资金流，及时做好专项资金梳理及营销，认真开展“裸贷”治理，积极营销表外业务产品，做好客户维护等工作，强化公司存款稳定性管理。加强重点机构客户的营销维护，充分发挥机构客户营销管理系统作用，通过高层营销，重点围绕社保、公积金和军队客户，以代理中央财政授权支付网上银行业务为抓手，大力竞争代理财政集中支付，持续推进各类资金专户的开设及资金归集营销工作。

二、拓市场抢份额，大力促进信贷业务可持续发展

各项贷款余额较年初增加76.07亿元，同比多增25.18亿元，增量市场占比位居同业第一。一是围绕重大项目加强市场营销。以青海省产业龙头、核心客户上下游企业、他行优质客户为目标，积极培育信贷新的增长战略领地，全面竞争优质信贷市场，进一步扩大信贷总量，全年累计发放项目贷款94.72亿元，其中，符合总行信贷政策导向和青海省资源禀赋的交通、新能源、先进制造业分别新增项目贷款26亿元、34亿元和18亿元，合计金额占新增项目贷款的96.2%。二是大力发展贸易融资和小企业贷款业务。通过采用“园区+企业+保证”和“园区+企业”的模式，制订个性化融资服务方案，以集中安排、分散营销的经营模式，对供应链、园区企业、千户名单企业进行重点营销，推动小企业金融业务发展。全年累计投放小企业贷款18.9亿元，较上年多投放2.87亿元，增幅17.9%。三是开展个人信贷业务统一营销活动。创新开展了“周一安排、周五汇报、每周通报、循环推动”的个人信贷业务工作督导机制，重点推广个人住房贷款、个人商用房贷款、逸贷业务等品种，全方位促进了个人贷款业务快速健康发展。全年累计投放个人贷款13.93亿元，同比多投4.9亿元，净增8.6亿元，同比增加3.4亿元，增幅56.57%，个人贷款净增额、投放额均创历史之最。

三、谋创新求转型，用新举措引领业务取得新突破

一是健全营销机制体制。相继成立了以分行16个相关部室负责人为委员的零售、公司、机构三大业务推动委员会，建立信息沟通反馈机制，协同推动支行、网点的联动营销，力促专业之间的互补互通互联，构建起集约高效、协同作战的营销模式。二是适应客户需求推出一批新业务及特色业务。率先推出牡丹青通卡产品，发行青通卡10万余张，实现了高速公路通行不停车收费，扩大了银行卡行业应用领域。成功为私人银行客户开立境外投资账户，并实现境外RQFII产品配置零的突破，新增全球现金管理客户2户，为后续相关业务开展奠定了良好的基础。引进信托资金满足大型优质企业融资需求，并购重组业务收入、行外银团业务收入实现零的突破。三是充分发挥渠道、产品、平台、系统、机构的功能优势，全方位开拓新兴业务市场。抓住资本市场回暖、客户投资需求多元化等机遇，持续加大理财产品、基金等高附加值产品营销力度，理财产品销量突破300亿元关口（308.75亿元），同比多销83.4亿元，增长37%。举全行之力促进信用卡业务提质增效，通过新产品发行、商户拓展、分期付款等重点工作的开展，全年新发信用卡77 026张，净增65 580张，累计实现消费交易额58.03亿元，同比多增19.8亿元，增幅52%，增幅在全国一级分行排名第三。建立“三卡两银”（灵通卡、信用卡、专用卡、网银、电话银行）捆绑销售机制，提升了电子银行业务的覆盖率、动户率和交易量。全年净增企业网银证书客户1 585户、手机银行客户13万户、个人网银证书客户9.49万户，实现电子银行交易额5 624亿元。财智账户卡、账户信使对公客户渗透率分别达32.82%、31.51%，取得良好成效。深入推进总行互联网金融战略落地，积极做好“融e购”电商平台、“融e联”即时通讯平台、“融e行”直销银行平台、“工银e支付”、“逸贷”、“工银e投资”、“工银e缴费”和“线上POS”等八大系列产品的市场营销，净增工银e支付客户14.27万户，同比多增13.49万户，发展电商客户11户，网络金融快速推进。高度重视网贷通业务营销工作，加大产品宣传和业务指导，推动网贷通业务快速发展。截至2014年末，网贷通合同金额达30 660万元，较年初净增9 688万元，借据金额达29 627万元，较年初净增12 055万元，提款率达96.63%，高于总行平均水平10.11个百分点，网贷通业务品牌影响力不断提升。四是大力实施网点业务运营标准化改革。按照网点业态、岗位优化整合、柜员人均业务量标准等内容，对现有的业务按类型、岗位重新进行了分析、梳理和整合优化，制定了以业务量考核为主线的分类管理、动态调整、优化配置实施方案，全辖高低柜口设置比例由2.51:1提升至2.27:1。

四、控风险优服务，实现平稳运营与服务提升双丰收

一是加强过程管理。积极采取措施重点管控各类风险事件高发领域，持续开展对员工非法集资风险、“一加强 两遏制”、屡查屡犯等的专项治理，全年内部可控风险暴露水平由上年末的7.74‰降至2.03‰，屡查屡犯风险事件同比下降30.88%，实现了无经济案件的内控管理目标。二是持续提升全面风险管理效能。充分发挥风险管理评价、评估、考核的导向作用，加大风险管理评价结果运用，引导全行牢固树立起风险收益相平衡的风险管理理念，推动各项业务健康发展。积极应用新的风险管理技术，大力推进公司、零售业务内部评级法的推广运用，积极做好风险识别、计量、评估、控制等工作。三是综合运用多种方式清收处置不良贷款。全年累计清收处置不良贷款12 852万元，完成年度计划的116.84%，其中现金清收3 694万元，完成计划的

738.8%；信用卡资产不良率 0.96%，较年初下降了 0.11 个百分点；实现拨备回拨 1 318 万元，收回账销案存资产 26 万元，完成计划的 260%。四是加强对业务风险点、风险环节监测控制。对 270 个风险点进行了逐项评估，针对问题制定改进措施，逐项落实整改。持续开展合规审查，及时预警可能存在的违规操作和内部欺诈风险，及时堵塞漏洞隐患。严格落实“从严治行”要求，将内控先行的理念贯穿到经营管理的全过程中。扎实推进“大美青海最安全银行”建设活动，强化外部欺诈风险管理，推进技术防范建设，成功防范各类外部欺诈事件 58 起，避免客户经济损失 160.4 万元，安全保卫连续实现第十九个安全年。五是持续优化渠道建设。制定并组织实施《青海分行 2014—2016 年渠道转型建设实施方案》，加强自助渠道建设，全年新增自助柜员机 53 台，新增自助银行 20 家，自助银行与物理网点之比为 1.23∶1。柜面可分流率达 30.7%，较 2013 年末下降 3.9 个百分点。依托网点业务营运实施标准化改革，调整 11 家单一网点为综合化网点，网点综合化率达 96.7%，较 2013 年提升了 8 个百分点。认真组织开展“人民满意银行建设年”主题教育活动，利用服务质量管理、客户满意度评价系统和远程监控平台，认真推进窗口服务专项整治和客户投诉精细化管理工作。全行营业网点客户满意度达 98.63%，同比提高 0.21 个百分点，客户平均等候时间为 9.9 分钟，同比缩短 0.4 分钟，服务效率明显提升。

五、强队伍转作风，为业务发展提供有力的组织保障

一是深入学习党的十八大、十八届三中四中全会精神以及习近平总书记系列讲话精神，把党的群众路线教育实践活动整改落实作为贯穿党建和经营发展的主线，开展党风党纪、行风行纪、廉政案防风险防控和员工行为规范教育，深化了对新常态的认识，增强了抓党建、抓思想建设、抓队伍建设的自觉性和主动性，为全行党风廉政建设和廉洁银行建设提供了思想保证和精神动力。二是严格执行干部选拔条件和用人标准，通过公开竞聘、推荐选拔、民主测评等多种方式，补充分行相关部室和部分支行的管理人员，提拔任用 28 人，干部资源配置和管理团队结构不断优化。深入开展创建劳动关系和谐企业活动，救助特困离退休（内退）人员 136 人次，发放救助金 33.8 万元，积极为员工谋福祉，营造了共同发展的良好氛围。启动一级分行内设机构改革，调整优化机构设置，构建了市场反应灵敏、运营效率高、管理机制完善的省分行组织机构体系。三是积极开展员工文化建设活动。省分行成立了摄影协会，组队参加了“中国梦·金融梦”青海金融职工摄影大赛，进一步塑造了员工自尊自信、理性平和、积极乐观的健康心态。2014 年度全行 14 个集体和 9 名个人受到省部级以上单位的表彰，此外，青海分行还获得青海省人民政府授予的“2014 年度工业经济运行先进单位”荣誉称号。四是坚持不懈地做好员工教育培训工作。在广泛征求部门和员工培训需求的基础上，制订培训计划，紧跟业务创新开展培训，贴近员工需要制定培训内容，形成了带着问题学、带着目标学的氛围。努力提升培训效果，将业务培训、技能比赛、劳动竞赛、实战演练相结合，利用现场培训、网络教育、视频培训、资格考试等，搭建多渠道、多维度培训平台，落实“逢训必考”的要求，切实增强培训的针对性和实用性。采取青年业务骨干培训、师徒结对帮扶、岗位资格认证、跨专业流动、到关键岗位锻炼等形式，提升员工综合素质和新常态下的适岗能力。

新疆分行

【主要业务指标完成情况】

2014 年，新疆分行实现拨备前利润 42.34 亿元，同比增长 12.4%，实现拨备后利润 36.9 亿元，同比增长 5.95%，实现净利润 27.69 亿元，同比增长 6.01%。本外币各项贷款余额 1 193.5 亿元，较年初增加 261.3 亿元，增幅 28%。本外币各项存款余额（不含同业）2 211.85 亿元，较年初增加 139.83 亿元、增长 6.7%；各项存款日均余额较年初增加 104.8 亿元。实现中间业务收入 13.22 亿元，同比增长 20.1%，较上年提高 7 位，高于系统内平均增幅 10.86 个百分点。不良贷款余额较年初增加 1.61 亿元，不良率 0.67%，较年初下降 0.02 个百分点，资产质量保持稳定。

【主要工作措施】

一、加快推进信贷结构调整和信贷经营转型

积极把握产业援疆机遇，通过积极抢抓优质信贷市场、推进结构调整和经营转型、持续巩固兵团市场等多种途径，不断提高信贷经营管理水平。一是重点客户、重大项目营销实现历史性突破。与自治区政府签署《金融服务战略合作协议》，与新疆铁路、电力供应、新能源开发等八个行业 11 家重点企业分别签署合作协

议。与乌铁局成功实现乌准、奎北铁路等项目合作；营销了国电集团、国家电网、中电投、华能等在疆央企，实现新拓展客户50户，投放贷款106亿元。抓住新疆“西气东输”、“西电东送”两大通道建设机遇，牵头国电哈密大南湖等多个重大项目银团贷款，并取得龙源、金风、新疆能源等多个新能源项目银团牵头行，全年累计投放人民币贷款721.9亿元，重点支持国家重点建设电力、电网、交通等项目信贷资金220亿元。直营客户贷款余额比年初净增174.2亿元，占公司贷款余额和增量的62.7%和95%。二是持续推进信贷结构调整和信贷经营转型。着力打造新能源电力信贷市场竞争优势，实现了电力行业信贷业务经营转型。新能源发电项目贷款余额较上年增长275%，占全行电力行业贷款余额的40%，占公司贷款余额的13%；文化产业及现代服务业贷款余额较上年增长19.4亿元。通过推进个贷营销服务转型，加强消费信贷领域市场开拓，积极推广逸贷和网银质押贷款等新业务，个人贷款余额增长51.9亿元，增幅18%，余额、增量继续保持同业排名“双第一”。通过资产转让方式腾挪信贷规模11.5亿元，通过非信贷融资方式为客户解决融资需求91.5亿元，有效满足了客户多元化金融服务需求。三是持续巩固兵团市场。围绕兵团四化建设，以农业产业链融资业务为抓手，巩固并扩大了师团及棉麻供销企业贷款份额，拓展兵团师市合一城市、国家级开发园区基础设施建设及兵团重点建设领域项目贷款，大力推动小额农户贷款业务发展。全年累计发放兵团法人贷款136.5亿元，同比多放18亿元，增长16%；人民币贷款余额111.7亿元，较年初增加32.4亿元，增幅40.9%。小额农贷全年累计发放27.9亿元，比同期增长92.7%，占全行个人经营贷款累放量的77.5%，小额农贷余额19.5亿元，较年初净增10.8亿元，占全行个人经营贷款增量的92.8%。

二、持续保持存款稳定增长

通过扩大对公存款竞争优势、夯实客户基础等方式，不断提升精细化管理水平，持续保持存款的稳定增长。一是持续扩大对公存款竞争优势。在稳固财政、社保、军队、民生等传统优势市场地位的同时，大力开拓招投标保证金、住房维修基金和金融同业等新市场，稳住资金源头。2014年末，新疆分行机构存款余额较年初增加129.2亿元，增幅18%，继续保持余额、增量同业占比“双第一”。通过多种主题活动，强化了公司存款的组织推动和营销管理。信贷资金受托支付留存率逐步提升到高于总行平均水平17个百分点，对公司存款沉淀起到良好促进作用。年末人民币公司存款余额较年初新增24.6亿元。二是夯实客户基础。以代发工资作为揽存稳储的主要抓手，多措并举，推进代发工资业务量质齐升，积极拓展商户新市场，有效推动了个人金融资产业务良性化发展，同时发挥好理财业务与储蓄存款的良性互动作用，稳定储蓄存款。2014年末全行个人有效客户较年初净增32.8万户；全行借记卡累计发卡规模达1 060万张，同业占比32%，稳居同业首位。代发工资客户同比净增37万人，累计代发金额同比净增196.9亿元；商友会员客户数较年初增加5.3万，增长率25.9%；人民币储蓄存款余额1 069.9亿元，同业占比第一，其中个人金融资产余额、增量同业排名“双第一”，占比分别为37%和46%。三是不断提升存款工作管理水平。通过提升服务和产品创新，以增值、安全、高效的专业服务增加客户忠诚度，以代发工资绑定存款、以结算沉淀存款、以理财吸引存款、以现金管理稳定存款、以资产托管和企业年金转化存款，努力扩大存款资金来源，不断提升存款稳定性和均衡性。

二、不断增强市场竞争能力

在巩固传统优势业务的基础上，不断推动信用卡、私人银行、电子银行、投资银行、国际业务、贵金属等业务创新，积极发展潜力大、附加值高、能为客户增值的新兴业务，实现中间业务规范快速发展。一是依托大零售战略及其平台资源和创新机制，深入挖掘市场，加强公私营销联动，实现了信用卡业务规模和效益同步增长。全年新增信用卡20.9万张，较年初净增14.4万张，总量突破百万张，达122.5万张，消费额和中间业务收入分别增长17.5%和18.9%，三项核心指标全面领跑同业。二是推进全行办私人银行的思路，实现私人银行客户数量、签约客户及产品配置规模的新突破。全年净增客户86户，总量达334户；签约客户1 174户，净增781户，签约客户资产余额62.6亿元，增加31亿元，资产2 000万元以上超高净值客户产品覆盖率在总行排名第一，实现私银业务收入为2 218.5万元，同比增加1 436.2万元，增幅183.6%。三是围绕移动银行、重点产品推广、扩户及提升客户活跃度等重点工作，大力开拓电子银行市场，尤其是加大了融e购推广力度，全年新增融e购商户30家，个人客户24万户，实现电商平台交易额6.2亿元。新疆广汇天汇汽车、友好集团等一批疆内知名企业入住融e购，其中11户已上线营运。年末企网、个网和手机银行客户数分别较上年增长26%、27%和27%，存量和增量均居同业第一。工银e支付客户同比增长407%；电子银行收入首次破2亿元，同比增长23%；实现电子银行交易额3.1万亿元，同比增长10%。四是依托区域产业资源优势，加大对区内重点客户的需求挖掘，强化商投互动和金融资产服务业务，积极发展股权融资、收益权融资项目等成熟的结构化融资产品，大力推广债权融资、财务重整顾问等创新业务，全年实现承销债务融资工具39亿元，通过金融资产业务的方式为客户完成融资21.4亿元，实现投行中间业务收入2.14亿元，同比增长40%，同业排名第一；养老金、资产托管、委托贷款等多项业务收入继续保持同业第一。五是围绕拓客户、增收益、创新产品、渠道建设等关键点，努力提升国际业务市场竞争力，2014年初霍尔果斯跨境人民币业务中心与霍尔果斯国际边境合作中心支行同步开业运营实现跨境人民币业务领域创新发展。全年累计办理国际结算业务量79.6亿美元，同比增长87.6%；累计完成跨境人民币结算127.2亿元人民币，同比增长122.4%；累计办理国际贸易融资39 959万美元，余额3 257万美元；对外担保外14 483万美元，余额17 070万美元，分别较同期增长40.8%和43.9%；累计办理结售汇额34.33亿美元，较上年同期增加5.46亿美元，增幅为18.91%，累计实现外汇中间业务收入6 784万元，较同期增加11.54%。成为全国首家报价行参与坚戈银行间区域交易的分行。六是加快推进贵金属渠道建设，已投入使用的贵金属业务渠道网点为164家，其中旗舰店14家、普通专区25家、小型专区128家；创新贵金属销售模式，启动了贵金属交易市场项目建设。2014年累计销售实物贵金属2.4吨，对公积存金交易同比增长483%，实现贵金属业务收入3 516万元，连续三年保持收入同业第一。七是加快推进其他业务发展，全年累计销售个人和法人理财产品987.9亿元和126亿元，居同业第一位；新开有效对公结算账户10 849户，总量达到93 951户，账户存量同业第一；财智账户卡新增发卡61 680张，同比增长350%，累计发放收款管家卡80 763张，完成年任务的269%；结算套餐销售3 068份，同比增长752%，客户数及业务量总行排名第3位；新增现金管理签约客户3 237户，同比增长46%，现金管理存量客户突破万户大关，达到12 258户。

四、推进全面深化改革取得新成效

以网点转型为突破口，继续深入推进网点标准化和标杆网点建设，加快渠道优化和人员结构调整步伐，不断夯实持续发展的内生动力。一是全面加强渠道管理，提升客户满意度。通过物理网点的转型与优化、加快推进自助及电子渠道建设、网点标准化和标杆网点建设，以及一系列综合改革措施，持续提升网点运营效率和客户服务水平。2014年，优化调整了低效网点25家，通过网点置换的方式，在伊吾县等三个空白县域筹建机构；完成了180家网点的装修改造，网点总量255家，网点总数较年初净减25家。全辖投放使用自动柜员机2 029台，自助终端1 114台，全疆自动柜员机单机日均交易量371笔。有离行式自助银行291家，与物理网点配比按总行口径已经提升到2.11:1。新增投产运营150台快捷发卡机，网点覆盖率提升至70.6%，累计发卡15.55万张；全行柜面业务可分流率为21.3%，较2013年末下降2.3个百分点。高低柜柜口配置由实施前的2.97:1调整至1.04:1，高柜柜口由1 652个减至939个，低柜柜口由556个增至906个；客户平均排队时间较上年同期下降4.6分钟，客户平均满意度较上年同期上升0.35个百分点，达到99.62%，客户投诉较上年下降92.9%。二是着力完善配套保障措施。成立了“强个金”、“大公司”和“全机构”业务推动委员会，为客户提供综合化一揽子金融服务，促进了营销力量的整合。调整了信贷业务相关部门和岗位的职责，把不良资产管理及清收处置、评级及授信政策制度组织管理、法人信贷业务的担保和前提条件核准等职能整合起来统一管理；通过优化个贷业务操作流程，调整独山子、奎屯、乌苏支行信贷业务报审流程，积极推进授信项下授权审批制试点和“总对总”授信模式的实施，加快信贷业务电子化进程等措施，进一步简化了信贷业务的操作环节。完成核算印章、指纹认证改革，提高了柜面风险管控水平，减轻了柜员的工作量和劳动强度。从制度层面大胆创新，成立天山北坡发展支持团队，跨区域统筹协调“乌苏—奎屯—独山子”三个县域支行市场拓展、生产运营和内部管理工作，激发该区域三家县域支行的经营活力。年末三家支行合计实现净利润增长16.8%，实现中间业务收入增长22.4%，人民币各项贷款余额增长54.7%。三是完善经营考核机制。突出对效益效率，发展基础和质量、低资本业务、重点和新兴产品的考核，引导效率提升、结构优化和转型发展。建立涵盖8个专业五大类48个产品的激励办法，突出对负债、资产、中间业务等核心业务的激励。以MOVA网点业绩视图、员工维便捷版和网点考核模板三大应用体系为依托，建立了一级分行到网点的四位一体的考核评价管理体系，客观真实地反映网点经营业绩，提高了网点经营传导质量和效率。

五、不断强化风控管理

一是切实抓好政府融资平台、涉房类贷款、小企业和贸易融资等重点领域的风险防控，积极防范和化解重点领域风险隐患，全年收回到期政府融资平台贷款17.78亿元；退转潜在风险贷款0.93亿元；累计清收转化不良贷款5.11亿元。二是不断加大监测与核查力度，深入开展业务运营风险、重点领域案件和风险事件专项治理活动、柜面高风险交易综合治理，可控风险暴露水平、可控风险度、可控风险率较年初分别下降3.69‰、1.49‰和0.34‰，降幅分别为45.95%、18.72%和33.66%。三是强化监督检查和执纪问责，重点围绕财务管理、信贷发放、集中采购及中央八项规定执行情况等领域展开工作。主动加强与自治区、兵团公安部门的合作，签署了《建立风险信息共享合作机制备忘录》，加强外部欺诈风险防范工作，全年共防堵欺诈案件笔数69笔，为客户挽回经济损失3 038万元。

西藏分行

【主要业务指标完成情况】

2014 年，西藏分行实现拨备前利润 6.25 亿元，比上年同期增加 2.32 亿元，增幅 52.37%；实现净利润 4.36 亿元，比上年同期增加 1.71 亿元，增幅 64.53%。各项贷款余额 181.02 亿元，比年初增加 49.95 亿元，增幅 38.11%。分行全部存款（含同业）106.45 亿元，比年初增加 11.07 亿元，增幅 11.61%。个人客户年末达到 3 万户，比年初增加 8 200 户，增幅 38%；对公客户年末达到 600 户，比年初增加 300 户，增幅 100%。企业网银由年初的 109 个增加至 240 个，增幅 120.18%；个人网银由年初的 6 854 个增加至 8 894 个，增幅 32.23%；手机银行由年初的 2 656 个增加至 4 686 个，增幅 76.43%。信用卡发卡量由年初的 925 张增加至 1 500 张，增幅 62.16%；借记卡发卡量由年初的 22 000 张增加至 28 500 张，增幅 29.52%；POS 布设由年初 78 台增加至 190 台，增幅 143.59%。

【主要工作措施】

一、认清形势，厘清思路明晰发展战略

西藏分行提出推进“转型提质”，建设“精品强行”的发展新战略和新愿景。“转型”就是通过转变经营模式和增长方式，更加注重丰富和完善特色分行业务发展的内涵，从而最终实现分行平衡、协调、健康、全面的发展。“提质”就是提升管理水平和发展质量。“转型提质”是措施、是过程，“精品强行”是目标、是愿景。“精品强行”，就是要实现业务精、管理精、模式精、队伍精；业务品种优、服务品质优、行业品牌好、员工素质高；特色业务强、同业竞争强、服务能力强、人均指标强。分行虽然网点少，但是产品要有特色、业务品类要优、网点功能要强、综合服务要好；虽然人员数量少，但是员工业务水平要高、专业素质要优、单兵作战能力要强；虽然成立时间较晚，但是要有后发优势、要有工作亮点；虽然业务发展基础薄弱，但是要有特色的核心竞争力、要有差异化的经营策略。

二、细化措施，始终如一抓好维稳工作

认真贯彻落实总行及自治区党委、政府关于维护稳定各项工作要求，不断深化维稳保安举措，持续保持了经营管理的良好局面，为各项业务的快速发展奠定了坚实基础。在思想认识上高度重视，始终保持清醒头脑，认真做好全体员工特别是新入行员工教育引导，严格做到思想不松一刻、行动不慢一步、制度不少一环、贯彻不漏一人、责任追究不讲一丝情面，全面落实“思想、制度、措施、责任追究”四道防线。在组织制度上不断强化，充分发挥维稳工作领导小组的核心作用，坚持一把手负总责，进一步细化分行现有的各项维稳举措，积极推动“双联组”活动有效开展，并认真执行全员维稳承诺、员工出入藏管理、联防联控、应急演练等制度，确保组织管理有力、制度措施有效。在贯彻落实上积极主动，认真落实自治区“强基础惠民生”驻村扶贫维稳工作部署，指导驻阿里工作队和驻日喀则“村支部第一书记”不断提高工作水平和质量，在人员、资金、后勤服务等方面提供全力支持和保障。在责任主体上职责清晰，比照“双联组”做法建立起互相监督共同守责机制，明确各部门、支行负责人为本单位维稳保安工作的第一责任人，严格执行维稳事项报告制和问责制，实现维稳管理日常化和制度化。

三、加强联动，推进资产业务稳步发展

一是强化联动营销，在总行的大力支持下，全年新增上海分行、河南分行、陕西分行、湖南分行四家系统内联动分行，新增多个联动项目，实现贷款投放 14.3 亿元。二是强化重点项目营销，围绕自治区“十二五”规划重点项目，加大在交通、水电及民生文化旅游等领域的贷款投放力度，累计投放贷款 22.5 亿元。三是强化属地客户营销，围绕同业优质客户、已上市和拟上市企业、开发区入园企业、总行确定的供应链核心企业四类属地重点客户不断加大营销力度，全年累计拓展新属地化客户 288 户，通过产品组合和营销模式创新不断提高客户的综合贡献度，并实现向属地小企业投放贷款 1.3 亿元。

四、完善机制，积极开展拓户增存活动

一是明确营销任务。西藏分行进一步完善分层营销机制，从主管部门到一线网点、从管理人员到客户经理都有明确的客户营销职责和计划，下发了相应的客户拓展任务和指标。通过深入市场调研并认真研究同业竞争策略，围绕客户需求加大公私联动、多产品渗透力度，做到“公司客户个人化、个人客户公司化”批量营销。二是突出营销重点。在继续抓好中央财政转移支付资金、军队客户、预算单位、事业单位和各类中央在藏分支机构账户开立工作的同时，积极拓展公司法人客户、个人中端客户、借记卡客户、商友卡客户、代发工资客户、第三方存管客户、信用卡客户和优质个贷客户。三是健全营销机制。一方面强化存量客户存款维护责任制。推行部门、网点、客户经理三级联动，对重点客户实行一对一的分层认领维护。将余额100万元以上的法人客户交由机构业务部、公司业务部分户认领，100万元以下的由各营业网点分户认领，确定基数、下达任务、明确责任，提高营销维护效果。另一方面，强化新增客户拓展责任制。充分利用法人客户营销管理系统、个人客户营销管理系统和大额资金监控系统，按照资金流、交易流、信息流开展精准营销，提高目标客户营销效果，重点突出两级财政、社保、养老财政专户、教育、医疗卫生、行政监管、政府基金等领域和项目，逐步消灭机构客户的空白点。四是加大考核激励。制定下发重点产品计价、拓户增存考核等管理办法，鼓励全员营销，加大对新客户拓展和揽存增存的激励力度。通过进一步明确考核对象、细化考核举措，挂钩一定比例的绩效工资，来激发全行员工市场营销的积极性。通过利用MOVA的系统功能，完善各单位二次考核办法拉开分配档次，引导员工增强拓户增存意识。通过开展“拓户增存明星”评比，并将评选结果作为年度考核和各类评先的重要依据，营造“以业绩论英雄”的文化氛围。

五、强化管理，不断夯实业务发展基础

一是深入开展“制度系统化、细则化执行年”活动，组织各部门结合实际打好制度系统化“补丁”和抓好制度细则化“落地”。全年共对现有业务涉及的62个板块的687个地方监管机构及总、分行制度进行了梳理，新制定和修订制度15项。二是认真开展高风险环节专项治理，防范案件风险。连续组织开展了非法集资风险专项排查、理财产品销售规范性专项治理、重点领域案件和风险事件专项治理等活动，并对发现的问题，积极召开案防会进行整改落实。三是扎实做好重要领域的监督检查，先后对表外业务、信息科技风险、反洗钱业务等进行了专项检查，加强对问题整改情况和检查计划执行情况进行跟踪督导，促进问题及时整改，提升监督检查的效果和作用。四是推进系统建设及流程优化。按照总行统一安排序时完成了NOVA+各版本投产、资金汇划体系改革各项目投产、柜员指纹身份认证管理项目、业务流程综合改造及优化项目投产等工作。

六、激发活力，提升员工队伍建设水平

一是通过打造活力团队，提倡包容文化，通过激励机制，提升全行经营发展活力，强化管理和市场历练，培养锻炼员工，塑造活力团队。二是加强学习型银行建设，以改革创新为动力，以员工素质工程建设为重点，抓好对全行员工的思想政治教育，组织员工学业务、学法规、学科学、学文化，切实推进员工队伍的知识化进程，为分行的改革发展提供人才保证和智力支持。三是针对属地化员工实施“薪火计划”，推行“导师制”师徒结对带教活动，结合属地化员工专业岗位、业务兴趣爱好和自身职业发展愿景，有针对性地做好传、帮、带，提升属地化职业能力。

大连分行

【主要业务指标完成情况】

2014年，大连分行实现净利润10亿元，同比减少11.8亿元。不良贷款率2.32%，较年初上升1.14个百分点。本外币各项贷款余额1 141.4亿元，较年初增加86.5亿元，余额及增量均居同业首位。本外币全部存款（含同业）余额1 515.4亿元，较年初增长27.8亿元。全年实现本外币合并账面中间业务收入9亿元，增幅6.9%。转型发展的成效进一步显现，品牌类投行业务收入9 515.69万元，其中并购重组业务收入1 078万元、同比增长63.3%，非金融企业债务融资工具承销发行业务收入481万元、同比增长76.1%；实现贵金属中间业务收入2 517万元、同比增长33%；国际业务快速发展，实现国际结算量150.4亿美元、达到历史最高点，国际贸易融资累放量达到23.2亿美元、是同期的2.04倍，跨境人民币业务量43.81亿元，同比增长77%；多个大资管业务领域实现突破；互联网金融业务有效落地，截至年末，工银e支付账户净增达到41.4万户，实现融e购交易额6.6亿元，分别完成总行计划任务的108.9%和193.9%。

【主要工作措施】

一、全力以赴抓风险防控

面对长期化、全方位的风险挑战，将风险防控尤其是信用风险防控工作放在更加突出的位置，虽然遭遇到STX大额不良劣变的巨大冲击，但是没有就此放低标准，而是更加努力、全力以赴盯紧资产质量，主动出击、分类施策。一方面继续以到期贷款为重点，严格落实预案管理机制，同时主动扩大潜在风险排查，坚决管理控制好新增出血点；另一方面，重点加快加大存量不良清收处置，除了传统手段之外，主动探索应用包括批量转让以及投行手段，在保证受偿质量的基础上快速打开处置通道，在财务承受能力内建立起规范有序的风险释放和疏通机制，积极消化大额集中劣变给经营工作造成的不利影响。全年累计退出转化潜在风险贷款 12.9 亿元、清收处置不良贷款 13.4 亿元，分别完成总行计划任务的 107.5% 和 276.5%。深入开展“行为规范年”案防主题活动，全部“屡查屡犯”风险事件同比下降 56%，被人民银行大连市中心支行评为“大连市反洗钱工作先进集体”；持续加大业务运营体系规范化建设，不断强化业务运营风险过程控制，内部风险暴露水平和可控风险暴露水平逐年创历史新低；全面启动“一加强两遏制”专项检查工作，持续加强对全行员工，特别是基层机构负责人、客户经理、关键业务岗位人员异常行为风险排查，建立健全对在编不在岗人员管理，重点整治第三方理财产品规范销售，保持案防高压态势，全年无重大风险事件和案件发生，在总行 2013 年内控评价中被评为一级行，连续 5 年在大连市委平安创建工作评比中荣获优胜单位称号，进一步密切舆情监测，细致开展信访工作，确保了安全稳定大局。

二、坚持结构调整与转型驱动，核心业务稳健发展

面对经济下行、有效需求放缓的市场环境，更加强化风险导向，牢牢把握结构调整主攻方向，推动有效发展与服务地方经济水平不断提升。年末各项贷款余额 1 141.4 亿元、比年初增加 86.5 亿元、余额及增量均居同业首位。着力突出对实体经济、个人信贷、小微金融等战略领域发展，年初确定的“八大目标市场”共新发放贷款 275.4 亿元、占全部公司贷款投放量的 77.2%，同时主动压降政府融资平台、房地产、产能过剩等高风险领域贷款，余额较年初压降 37.5 亿元、占各项贷款比重从年初的 24.7% 下降到 19.5%；个人贷款较年初增加 15.3 亿元，占全部贷款比重达到 31.1%；以票据直贴业务为突破口，不断改善小微金融服务水平，截至年末，小微企业票据直贴业务余额达到 4.1 亿元、增幅 189.7%。结构调整过程中，更加突出做大信用总量加快对融资市场的整体开发，全年债券承销、代理股权投资、代理债权投资等非信贷融资累放额超过 63.2 亿元。坚决摒弃短视思想和短期行为，扎根于客户基础，积极改善存款业务发展质态，通过强化分层营销、推进“裸贷”客户治理、合理把握存款理财转化节奏、改进存款考核机制、加强服务管理等措施，有效遏制了存款竞争力下滑的不利局面。截至年末，全行对公及个人客户总量已突破 4.2 万户和 478.4 万户，其中日均存款 50 万元以上对公优质客户和金融资产 5 万元以上个人中高端客户分别达到 3 421 户和 41.7 万户。年末各项存款（含同业）余额 1 515.4 亿元、继续保持同业首位，较年初增加 27.8 亿元，其中，对公存款（含同业、保证金）比年初增加 14.3 亿元、储蓄存款增加 13.4 亿元。高度重视中间业务的规范发展，严格执行监管部门和总行关于服务收费管理的各项规定，回归“服务”本质、突出创新引领，促进中间业务持续发展。全年累计实现账面中间业务收入 9 亿元、同比增长 6.9%，占营业净收入比重 16.8%、同比提高 0.6 个百分点，对盈利增长起到了关键的拉动作用。结算代理理财业务收入增速 14%，比重达到 70.4%、比上年提高 4.4 个百分点，与贷款客户相关业务收入占比下降 1.2 个百分点，其中贵金属、代理及个人理财、代理保险、国际结算业务收入同比增幅均超过 30%，并且在多个大资管新业务领域取得首笔突破。认真抓好互联网金融业务落地推广，截至年末，工银 e 支付账户净增达到 41.4 万户，实现融 e 购交易额 6.6 亿元，分别完成总行计划任务的 108.9% 和 193.9%。

三、夯基础、建长效，以改革为持续发展注入源动力

深入推进网点竞争力提升改革。全年共启动 22 家低效网点优化调整工作，因地制宜，采取迁建、原址改扩建、调整为“自助 + 理财”新业态等多种方式，克服时间紧、任务重的困难，确保了总行计划内 8 家低效网点优化调整按期全部完成，其中，重点向县域和城乡结合部新增布设，新兴区域内网点布局占比较年初提高 2.5 个百分点。依托运营体系标准化平台，在“一点一策、合理规划”的基础上，在全辖网点范围内推行“减高柜、增低柜、增自助机具”，全行高低柜比例由年初的 2.7:1 调整到年末的 1.3:1，超额完成预定规划目标，同时，新建附行式自助银行 27 家、附行机具比例提高了 9 个百分点达到 51%，新增离行式自助银行 29 家。通过“一减两增”，加快柜面人力资源释放的进度和力度，截至年末，全辖从高柜转向低柜 240 人、转销售岗位 58 人，网点销售类人员净增 48 人、占比较年初提升 2 个百分点。人员结构的优化调整推动了网点功能的综合化提升，年末全行网点综合化率达到 85%、同比提高 18 个百分点。围绕抓大零售战略落地，立足基层能力提升，着力推动支行零售部门由管理型向营销型的职能转变，共在 16 家支行设立了外拓营销团队、10 家支行设立了产品支持团队、13 家支行设立了专职的收单团队；没有设立专门团队的支行，也通过实施内部岗位整合，落实了相关专职人员，通过资源倾斜，支行层面大零售专业队伍总数达到 170 人，较改革前净增 36 人。全面优化信贷流程及体制机制，突出风险控制为先、兼顾效率这一主导思想，围绕能力建设，从客户、机构、人员三个维度推行实施分类差异化管理，从严治贷，推动优秀信贷文化的真正养成。以总行组织机构改革精神为指导，提早谋划和安排，在深入调研基础上，充分结合区域市场特点和分行经营实际，积极推进实施全辖机构改革，以分行本部职能转型为首要突破口，加大建设直接面向市场创利增效以及集中风险管控、集约后台服务保障三大能力，机构职数向一线客户和产品部门重点倾斜，并且通过干部交流、转任非管理

类岗位等多种方式，将干部职数压控到总行核定计划内；与部门职能转型相衔接，进一步突出专业分工和市场化导向，通过采取公开竞聘方式，打造适应需要的全新人员队伍，改革过程平稳，效率和效果良好。

四、抓队伍、正风气，凝心聚力促发展

深化干部制度改革。突出以“实绩”奖优劣汰，岗位能上能下、薪酬能多能少，实行半年考核制，强化过程督导。加大开展导向型干部交流，特别是加大机关本部与基层的纵向交流力度，进一步打通管理类和非管理类岗位之间的通道，改变以往干部封闭管理的惯性。不断完善员工队伍管理，以人力资源优化配置为导向，加大不同专业、不同机构、不同岗位间有序流转，切实提高了岗位配置效率，也带动了人员素质的统筹平衡；立足员工个人成长与全行改革发展事业相融并济，不断完善教育培训组织与规划；注重对各类员工群体的人文关怀，严格落实职代会制度，保障员工民主权益，认真做好职工之家管理、特困员工救助等工作，着力解决涉及员工切身利益的重点、热点和难点问题，积极营造和谐发展环境。切实抓好党的群众路线教育实践活动中发现的整改工作，整改任务办结率100%，推动作风建设步入常态化、长效化和制度化的新阶段。认真落实各级党委在党风廉政建设工作中的主体责任以及纪委的监督责任，作风形象得到来自各个层面的认可，荣获了第四届全国文明单位荣誉称号，被大连市政府评定为政风行风先进单位。同时，在持续的服务改进和提升中，大连分行获得社会各界的好评，2014年，在新浪财经、新浪大连联手主办的“2014新浪大连金麒麟奖”评选中，大连分行荣获“最值得信赖银行”称号，在腾讯·大辽网开展的“大力量，辽时代”评选中，获得“最具品牌价值银行”称号，在当地多家媒体的消费者调查评选中，获评“年度五星理财服务机构”、“年度最具公益影响力机构”、“五星影响力机构”、“白金金融品牌”等荣誉称号。

青岛分行

【主要业务指标完成情况】

2014年，青岛分行实现拨备前利润34.83亿元，净利润19.23亿元，继续保持同业首位。本外币各项存款（不含同业）余额1 118.14亿元，较年初增加69.84亿元；本外币各项贷款余额1 143.26亿元，较年初增加45.27亿元。实现中间业务收入11.69亿元，同业排名第一。

【主要工作措施】

一、加快经营转型，促进全面、协调、可持续发展

一是突出负债业务在转型发展中的基础地位。不断创新存款工作思路，提升服务抓源头、用好理财抓带动、强化考核抓日均，确保日均存款稳定增长。机构存款余额较年初增加38亿元，连续两年实现快速增长；公司存款余额较年初增加4.88亿元，扭转了近两年来连续负增长的局面；储蓄存款余额较年初增加26.95亿元。本外币各项存款日均余额较年初增加55.92亿元，存款均衡率达到80.06%。二是“一大一小”信贷结构调整成效显著。“大”，就是突出对优质大客户、大项目的营销，在全辖梳理筛选大型央企、国企，以及本地优质的民营企业，实行名单制营销；“小”，就是大力发展以个人住房贷款为核心的个人信贷业务。其中，优质大客户贷款较年初增加61.76亿元，个人住房贷款较年初增加44.94亿元。三是坚持“零售先行、对公跟上”的原则推进中间业务收入转型。强化部门联动营销，以公带私，以私促公。全年实现个金类中间业务收入2.47亿元，同比增长18.08%；实现信用卡中间业务收入1.20亿元，同比增长39.74%。大力实施POS倍增计划，积极拓展酒店、商场、餐饮等优质客户，完成收单交易额78.3亿元，同比增长30%。积极转变私人银行业务发展模式，提高私人银行客户资产综合配置和产品销售能力，实现私人业务收入2 620.96万元，同比增长76.61%；做大做强投行业务，实现投行收入3.93亿元，同比增长15.93%，其中并购重组、股权融资、债务融资三项品牌类投行业务收入1.78亿元，占比45.29%。

二、坚持从严治贷，信贷管理基础进一步夯实

一是信用风险防控体系基本搭建完成。分行层面，重新梳理了前中后台部门职责，完善了信贷制度流程，形成了相互制约的信贷管理体制；支行层面，通过在支行设立信贷管理部（岗），加强了基层的信贷管理力量，对各类风险的识别和管控能力进一步提高。二是严把客户准入关。以“严进、严审、严管”为标准，提高客户准入门槛，防止“病从口入”。坚持风险导向，突出加强对房地产、钢贸、橡胶及地方政府融资平台等重点领域的风险防控，稳健发展信贷业务。三是狠抓不良贷款和潜在风险贷款的清收转化。对全行风险高发和潜在风险大的种类、领域和机构进行全面排查，摸清全行不良贷款、潜在风险贷款的底数，并预设防线、分类

施策，锁定存量风险，管住增量风险，做到降旧控新、逐步化解。四是加大不良贷款问责力度。坚持“从严治行、从严治贷”“尽职免责、违规必惩”原则，处理方式上从批评教育和经济处罚为主转到行政处分、职务调整、解除合同和经济处罚并重，切实发挥责任认定与追究的警示作用。

三、深化改革创新，管理体制机制进一步完善

一是机构改革顺利完成。分行本部一级部室由 30 个调减为 21 个，直、附属机构由 12 个调减为 5 个，并梳理了各部门岗位设置和职责，核定了人员职数和编制，理顺了分、支行管理条线，建立起责任清晰、衔接紧密的组织架构，促进了管理效能的提升；支行内设部室由 112 个调减为 98 个，进一步充实了营销力量。同时，实施了部分市区支行整合工作，一级支行数量由 23 个调减为 19 个，管理幅度更加科学。二是网点竞争力得到提升。按照“抓两头、促中间”的工作思路，突出抓好全功能网点竞争力提升和低效网点优化工作，29 家全功能网点全部达到验收标准。网点客户经理队伍得到进一步充实，全年净增网点客户经理 144 人，其中个人客户经理增加 82 人，对公客户经理增加 62 人；销售类人员占比提高至 26.6%，同比提高了 4.9 个百分点。自助渠道建设力度持续加大，全年新增自动柜员机 204 台，新增离行式自助银行 61 个。三是加强了客户营销服务体系建设。一方面，在机构改革中新成立了公司金融业务一部，组建起对重点集团客户的直营服务团队。另一方面，增强了网点的客户营销服务能力，无贷户客户经理队伍从无到有，并实施了“客户包”管理，实现了管户责任到人。

四、以作风建设为引领，全面加强党建和队伍建设

一是提高各级党组织的凝聚力和战斗力。组织开展了“强组织、增活力、做贡献”主题实践活动，重新设立了 118 个党支部，建立了 111 个党员示范岗，减少了 4 个党员“空白点”，提升了基层党建工作与经营发展的契合度。二是建立了员工分类管理体系。通过加强对员工管理的统筹规划和整体推动，不断提高员工岗位胜任能力。为加强信贷队伍建设，分行对全体信贷从业人员进行了专题培训，并重新实施了信贷上岗资格认证。三是助力员工职业发展。在全行组织开展了员工工资档次、工资等级和职务层级晋升工作，晋升覆盖面达到 76%，全行员工岗位工资人均增幅为 5.1%；组织开展了支行副职管理人员公开竞聘工作，选拔 11 名干部充实到支行管理岗位。四是深化干部制度改革。出台了合理使用各年龄段干部的管理办法，适度调整管理人员任职年龄政策，有效地调动了管理人员工作积极性；加强了网点负责人队伍梯队建设，在全行范围内选拔 95 名正职后备人才和 140 名副职后备人才；加强了纪检队伍建设，对部分管理幅度较大的支行，配备了专职纪检书记，强化监督检查、执纪问责的职能作用。

五、强化内控案防工作，夯实可持续发展基础

一是增强全员依法合规意识。从考核机制入手，引导干部员工牢固树立科学的发展观、业绩观、风险观，坚持审慎经营的理念，平衡好控风险与促发展的关系。开展以“告别差错、远离违章、合规经营”为主题的内控文化教育活动，持续开展规章制度的学习，提高员工的业务素质和风险防范水平，营造良好的内控文化氛围。二是构建内控案防管理体系。加强内控案防责任制管理，突出过程控制，合力打造协调高效的内控案防运行体系。分行内控合规部门牵头抓好全面风险管理，有效发挥好“三道防线”作用，即基层严格落实规章制度，分行专业部门加强业务条线检查，分行内控和纪检监察部门强化监督考核，各司其职，齐抓共管。三是健全内部管理制度体系。在全行开展了跨部门、跨条线的专项业务大检查，检查内容涉及信贷管理、运行管理、重要岗位、员工异常行为、安全保卫等五个方面的高风险点，实行统一工作方案、统一检查流程、统一报告形式、统一责任认定标准，坚持边查边改，并通过建章立制进一步完善了内部管理制度体系，使各项工作做到有据可依、有章可循。

宁波分行

【主要业务指标完成情况】

2014 年，宁波分行实现拨备前利润 49.61 亿元，同比增长 0.21 亿元，增幅为 0.42%；实现拨备后利润 30.83 亿元。存款总量、增量同业双第一，本外币各项存款余额 1 553.02 亿元，较年初新增 137.70 亿元，四行增量占比 62.5%；日均存款较年初新增 78.55 亿元。贷款总量保持同业第一，本外币各项贷款余额 1 877.09 亿元，较年初新增 130.77 亿元，贷款均衡率 64.6%。中间业务收入总量、增量同业双第一，实现收入 18.25 亿元，四行占比 30.3%，同比增长 2.14 亿元、增幅 13.3%。不良贷款实现“双降”，不良贷款余额 31.5 亿元、不良率 1.68%，分别较年初下降 3.53 亿元和 0.33

个百分点。

【主要工作措施】

一、着力强化两大基础

一是强化客户基础。大力营销机构客户，开展“财政社保、教育、医疗、同业”四大重点板块拓户竞赛，加大驾培学校及工会账户营销力度，全年净增机构客户 688 户，净增日均金融资产 5 万元以上机构客户 287 户。积极争揽公司客户，有贷户方面，加强大项目营销储备，抓好供应链核心企业上下游中小企业批量拓展，年末有贷户总数 3 222 户，其中 AA -（含）以上优质客户 1 414 户；无贷户方面，着重开展以对公结算套餐为主的客户回馈活动和长期不动户唤醒激活主题营销，全年新开有效对公结算账户 6 284 户，其中基本户 3 423 户、一般户 2 230 户。精准挖转个人客户，持续加大八大类市场、四大板块目标客户以及大中型企业个人金融业务集群化营销力度，实施“私银业务全行办”和高层揽高端战略，全年增加个人有效客户 32.65 万户，其中 5 万元以上中高端客户 1.28 万户，100 万元以上高资产财富客户 2 864 户，800 万元以上私人银行客户 156 户。二是强化资产质量基础。加快存量不良贷款清收处置，按月下达不良贷款控制计划，实施 5 000 万元以上大额不良行领导督办制，向 4 个不良贷款大行派出 3 个工作组进行蹲点帮扶，并将清收处置成效与支行班子绩效工资及经营费用、信贷规模配置挂钩。全年累计清收转化处置不良贷款 48.68 亿元，同比多清收 14.86 亿元。抓好风险贷款退转和逾期催收，全年退出潜在风险贷款 31 亿元，完成总行计划的 129%。强化新增风险防控，突出重点领域，抓好地方政府性债务、房地产、担保圈风险等防控，对钢铁行业企业、贸易融资业务等进行专项风险排查；强化日常管理，开展表外业务、类信贷业务等检查及信贷风险预警；完善政策制度，转发、制定制度性文件 60 多个。加大问责追责力度，严格实行新增不良和存量压降双线问责，出台《新发生不良贷款及不良贷款损失责任认定实施细则》等规章，从经济处罚为主转到行政处理、岗位调整和经济处罚并重。

二、着力优化三大结构

一是优化资负结构，着力抓好存款增长。抓好产品渗透，强化国际业务产品组合创新，全年通过理财通系列等累计实现存款增量 53.9 亿元；深挖储蓄存款潜力，加大代发工资市场拓展，全年净增代发工资单位 904 家、代发人数 8.59 万人，累计代发金额 328.87 亿元、同比净增 56.69 亿元；同时，依托商友卡、薪金宝、工银货币等优势产品，持续增强各类资金归集能力。抓好系统大户。紧抓城乡养老保险并轨机遇，全力营销征地人员社保补缴资金，新增存款 27 亿元；利用社保资金收支时间差，新增和转存社保定期存款百亿元；培育财政存款新增长点，拓展国库管理资金 9 亿元和财政库款 4.5 亿元；把握客户境外投融资需求，吸存 10 亿元；紧密跟踪征地拆迁项目源头，营销各类拆迁补偿资金 1.8 亿元。抓好管理稳存。强化存贷比管理，加大信贷规模配置与公司存款挂钩力度，将有贷户存贷比提升目标嵌入信贷审批流程；强化资金封闭系统运用，挖掘传递未在开户的交易链上下游客户信息；强化“裸贷”专项治理，总体“裸贷”客户数量较 6 月末减少 324 户；发挥新建网点促存作用，近年新建 33 家网点共计增加储蓄存款 7.81 亿元；开展网点灭负，年末储蓄存款负增网点较 11 月减少 33 家。二是优化信贷结构，着力构建多元融资格局。大力拓展优质重大项目。重点支持城市基础设施建设、新农村、港口交通、水利、风电及四大新市场等项目领域，全年集中向 110 个项目累计发放 170.36 亿元，同比多放 7.71 亿元。大力拓展“两小”信贷市场。小企业方面：大力发展供应链融资，全年建立并批复核心企业供应链 5 条、批复核定项目供应链 12 条，累计发放融资 2.58 亿元；网络融资产品快速高质增长，年末小企业网贷通签订合同客户数 548 户、比年初增加 127 户，贷款余额 35.02 亿元、比年初增加 6.64 亿元。个人贷款方面，抓好个人住房贷款，高质发展个人消费贷款，同时通过商友系列产品向市场、商户、私营业主等批量开拓个人经营贷款市场，年末个人贷款较年初新增 4.88 亿元。大力发展表外业务。拓展理财项目推荐新途径，全年完成理财项目推荐 46 笔 62.585 亿元；抓好资产转让，加强与工银瑞投的合作及与行内相关部门的资金对接，全年完成 5 笔 5.355 亿元；积极推进债务融资工具承销，全年完成非金融企业债务融资工具发行与承销 4 笔 16 亿元；进一步做大做强成熟业务，完成并购贷款审批 9 笔 21.4 亿元，牵头组建银团 13 个、分销 34.4 亿元，牵头个数及分销额均超额完成年度任务。三是优化收益结构，大力发展中间业务。创新型业务得到较快发展。着重加强品牌投行、资产管理、银团等金融资产服务业务发展，年末实现公司和投行中间业务收入 6.58 亿元；推出具有宁波区域特色的首款贵金属实物产品“人间弥勒”系列贵金属，并利用网上商城推动贵金属实物销售渠道多元化，全年贵金属交易量 1 079.61 吨，实现收入 4 959 万元、同比增长 52.24%，市场占比同业第一；抓好融 e 购电商平台业务，积极营销银企互联、B2C、网上代发工资等重点业务，加快手机银行分行特色业务上线，强化工银 e 支付推广，年末累计实现电子银行交易额 3.7 万亿元、中间业务收入 1.52 亿元。国际业务增势良好。积极拓展内外联动型业务，大力发展对外担保业务，有效提升中收空间；做大国际结算、结售汇等基础业务规模，并于系统内首家成功办理石脑油掉期交易；持续推动跨境人民币业务发展，实现跨境人民币双向资金池业务在多家企业的成功突破。全年共实现外汇中间业务收入 2.99 亿元，同比增长 6.97%。信用卡市场优势进一步扩大。加快汽车分期付款业务发展，抓好白金卡多币种卡精准营销，持续推进畅通卡发卡工作，稳步实施POS倍增计划。年末信用卡发卡量、消费额、透支额、中间业务收入均保持同业第一，其中发卡总量131万张，较年初增加19.29万张；信用卡客户94.79万户，较年初增加14.73万户；实现中间业务收入2.63亿元，同比增加6 371万元。

三、着力深化四大改革

一是深化网点改革。进一步理清发展思路，制订《宁波分行网点竞争力提升三年规划（2014—2016年）》；进一步优化网点布设，加快老城区网点迁建和重点乡镇网点建设，启动低效网点迁址改造，加大自助银行铺设力度；进一步优化人员配置，集中选拔网点负责人及副职19名，转岗增配个人客户经理89人、配置大堂助理117名；进一步加强网点管理，推广标杆网点经营管理模板，确定56家潜力网点与18家标杆网点建立合作，同时签订网点绩效合约并纳入网点及负责人考核。二是深化管理改革。细化经营绩效考评，突出存款、客户、效益和中间业务四大重点，精简考评指标数量，修订分行部室绩效考核办法，构建“专业考核”+“履职考核”的副职考核模式；细化核算管理，优化信贷规模管控，同时加强存贷款定价管理；细化内控管理，落实内控体系建设三年规划，推进违规积分管理，开展案件风险排查和“最安全银行”创建；细化服务管理，加强服务质量监测和客户投诉处理，两家网点获评首届全国银行业文明规范服务“五星级营业网点”，一家标杆网点通过中国银行业协会“千佳示范单位”评选验收。三是深化大客户直营改革。成立大客户金融业务部，将25家公司集团客户和10家机构系统大户纳入直营范围；建立首席客户经理制，制定大客户直营管理实施细则和经营绩效考核办法，明确大客户部融资业务报批流程、项目贷款评估流程、贸易融资业务技术审查流程等；组建大客户服务中心，设立独立的架构和人员配置，负责公司及机构大客户的直接营销与服务。年末，25个集团客户本外币存款余额（含保证金）87.32亿元、较年初增加24.9亿元，实现人民币非信贷融资73.9亿元、与大客户表内贷款增量达到2:1；10家直营机构客户存款余额331.11亿元，较年初增加54.57亿元，增幅20%。四是深化机构改革。实施分行本部内设机构改革，按照统一客户视图，整合市场营销与产品管理归属关系，强化直营管理；适度归并相近职能，优化中后台机构设置，整合管理架构。改革后，分行本部共设内设机构22个、直属机构8个，较原来减少5个。深化支行经营转型，城区支行着重做好“拓新、抓小、强点、挖潜”四篇文章，加快转型发展；县域支行坚持县城和经济强镇、零售业务、小微企业“三为主”经营定位，瞄准同业、着力赶超。优化机构渠道建设，对私人银行、个人金融业务部等4个部门职能进行了调整。

四、着力加强党建和队伍建设

一是加强党建改进作风。认真抓好党的群众路线教育实践活动整改落实，制定14项整改任务、41条具体整改措施及7大专项整治方案、17项制度建设计划；强化各级领导班子思想政治建设，组织开展深入学习贯彻习近平总书记系列重要讲话精神活动；抓好基层党组织和党员队伍建设，积极消除党员空白网点。二是抓好人才培养管理。加强干部培育，全年共提拔处级干部9名、科级干部82名，交流干部206人次；加强客户经理建设，严格客户经理入岗、转岗、离岗资格审批和过程监督，避免客户经理数量虚增；优化员工结构，提升员工素质水平，严控各级行本部人员增长，年末分行从业人员大学本科及硕士研究生占比分别较年初提高2.97个和0.45个百分点，2014年入职员工投向县域支行占比77.68%。三是持续完善员工工作。完善薪酬福利机制，优化专项激励，完成各种社会保险和企业年金缴费基数调整申报及个人缴费额调整补缴补退工作；强化全员教育培训，全年共举办面授培训231、人均培训6.28天，举办各类考试50场次、参考2 498人次；丰富企业文化生活，组织开展社会主义核心价值观学习教育、第十四届业务技术比赛等活动，做好各类先进集体、个人推荐、评选和表彰，在提升员工素质的同时营造爱岗敬业氛围。

厦门分行

【主要业务指标完成情况】

2014年，厦门分行实现拨备前利润25.33亿元、净利润16.43亿元、中间业务收入9.01亿元，全面超额完成总行年度计划，分别增长12.46%、18.39%和19.3%，同比增幅水平、人均和网均水平位居系统内前列，创历史最好成绩；经济资本限额控制水平排名系统内首位，实现经济增加值9.55亿元，完成率列系统内第5位。各项贷款923.4亿元，较年初增64.5亿元，各项存款日均同比增加39.4亿元，存款稳定性进一步增强。各项中收增量四行第一，增量同业占比达108%。不良贷款有效控制，不良率小幅下降，资产质量稳中向好，内控评价保持一级行，年内该行先后获评“省级文明单位”、“优秀劳动关系和谐企业”等多项荣誉称号，辖属9家支行获评“市级文明单位”，分别有2家、10家支行当选中银协、厦银协“五星级网点”，数量均为同业第一。

【主要工作措施】

一、坚定不移地抓牢客户和存款两大基础工作，巩固夯实可持续发展根基

一是量质并举加大客户拓展，不断壮大优质客户群体。充分发挥拓户领导小组作用，出台拓户指导意见，持续开展拓户专项竞赛，加快优质客户拓展步伐。紧抓美丽厦门建设规划和厦门商事登记制度改革契机，按照“抓点、抓片、抓深”持续加大重点领域和优质项目的竞争和拓展，加速向集群营销、链式营销转型，实施“项目式营销、批量式发展”，组建四支直销团队，增强网点服务空白区域的营销公关和反应能力。2014年10月以来，分行启动新一轮的全面拓户专项工程，确立了以拓展基础客户群体为核心工作的发展战略，将拓户作为核心工作中的核心、重点工作中的重点，大幅提高拓户激励考核力度，全面建立人人参与的拓户机制。2014年末，各类优质客户全面实现正增长，新开对公有效账户5 870户，增长39%，完成率居系统内第三，拓展有效机构客户149户，完成率居系统内第四，净增优质公司客户11户，净增优质个人客户1.62万户；直销团队在组建不到一年的时间里完成拓户103户、存款5.7亿元，并成功营销烟草项目落地。二是坚持“存款立行”理念，牢牢抓好各项存款均衡稳定增长。面对利率市场化加快、互联网金融发展、存款理财化等多重因素影响，分行始终将存款作为中心工作常抓不懈，持续加大各类存款营销组织，强化有贷户存贷比管理，重点加强“裸贷”专项治理，不断创新存款产品，积极争取企业募集资金更多沉淀，运用内保外贷等低风险融资产品引存，跟踪开发商资金回笼情况，稳抓财政资金源头，推动财政拨付款转化为公司存款，把握民生领域发展机遇，促进医疗教育领域扩面增存。同时，加强存款稳定性和偏离度管理，实施“亮灯”考核机制，加大对重点客户、大额资金的实时监测；加强信贷资金封闭管理，提高受托支付留存率；提升存款定价管理水平，大力组织稳定性较好、成本较低的存款；年末存款偏离度为1.9%，存款稳定性显著增强，存款付息率同比减少10个基点，降幅系统内最大。

二、加大各类贷款投放，推进信贷结构不断优化

一是加快推进各类贷款发展。紧密跟踪轨道交通、机场、港口等重大建设领域和十大千亿产业链，加快推动各类重点项目营销落地，成功营销轨道交通2号线项目银团牵头行，争取日本电气硝子、清华紫光、台湾联电等省重点项目落户，筹组华夏神游、厦大马来西亚分校等项目银团，促成工银租赁中标厦航飞机融资，并成功介入厦航控股的河北航空、江西航空“走出去”融资业务，大力推动项目供应链融资取得突破。积极向市经发局争取专项风险补偿财政资金，推动小微企业小额信用贷款初见成效，小企业网贷通客户数和合同金额实现同比均超50%的高速增长，小企业贷款较年初增7亿元、增幅22.3%，完成幅度位居系统内首位。以个人住房贷款新政实施为契机，大力发展个人住房贷款，积极推动个人自助质押贷款、个人资产综合服务等创新业务开展，同业中率先开办公转商贷款，个贷（含卡透支）余额首次突破400亿元大关，较年初增65.7亿元。二是持续优化信贷结构。积极拓展四大新兴领域信贷市场，年末制造业、现代服务业、文化产业贷款占公司贷款的比重较年初上升3.47个百分点，小企业贷款占公司贷款的比重较年初上升1.72个百分点，个贷余额及增量在各项贷款中的占比分别达41.5%、102.3%，双双跃居系统内首位，个贷成为拉动厦门分行信贷业务增长的重要力量；加强利率定价管理，贷款收益率同比大幅提升22个基点，增幅列系统内第6位，法人客户利率上浮贷款占比较年初提高12.7%，新发放个人贷款加权利率可比同业第一。

三、以实施“三大战略”为突破，推动分行经营转型

一是全力推进大零售业务发展，营业贡献稳步提升。牢固树立大零售发展战略的指导思想，信用卡业务继续强劲增长，分期付款和收单业务加速突破，实现收单交易额56.31亿元，增长73.8%，增幅系统内第二，信用卡中间业务收入2亿元，增长43%，增幅系统内第五。高起点推进互联网金融快速发展，融e购电商平台签约客户43家，净增个人网银证书版客户数16.54万户、手机银行客户26.95万户，存量均破百万户，企业网银证书版客户净增5 113户，增幅81.38%，居系统内首位，工银e支付客户数大幅增长5.3倍。加快实施私人银行“三个一千”客户群拓展战略，私人银行客户净增55户，签约客户突破1 000户，实现业务规模与综合贡献同步高速增长，私行中间业务收入1 807万元，同比翻两番，成功发行分行首款区域私行理财产品“厦门之星”，不断扩大区域品牌影响力。加强代发工资跨专业联动营销，代发工资客户净增8.13万户，任务完成率203%，累计代发工资额173亿元。大零售营业贡献占比达47.13%，在直属分行中排位靠前。二是创新推动大资管业务发展，扩大新的利润增长点。以创新思路和举措加快构建大资管业务发展格局，品牌类投行创新性快速发展，取得配股并购贷款、理财直融（直投）、（超）短融等多项业务零的突破，营销储备了厦门城市发展基金100亿元等重大投行项目，累计实现

投行金融资产投放73亿元，增长72%，实现品牌类投行收入1.2亿元，占投行总收入的66.7%。加快推进各类银团合作，新签约行内外银团合作项目6个，涉及银团签约总额149亿元，新增银团贷款22亿元。充分利用内外联动优势开展组合产品创新，将跨境人民币业务提升到新的战略高度，全力推动跨境人民币业务跨越式发展，跨境人民币业务量151亿元，增长3.5倍，同业中率先成功营销跨境资金集中业务首批办理银行，实现国际结算量219亿美元，增长26%，外汇中间业务收入1.8亿元，增长47%，是四大行中唯一连续3年在外管局执行外汇管理规定情况考核中获A类的银行。系统内首家开办白银存款、白银租赁等创新性融资类业务，贵金属同业拆借业务合作持续扩大，实现贵金属业务收入4 334万元，增长146%，同比增幅和完成率均排名系统内首位。商业银行理财产品托管等多项创新类资产托管业务实现分行首笔突破，托管业务规模净增34.36亿元，完成考核指标的474%，管理养老金个人账户规模净增7 658个，增幅1 223%，居系统内首位，养老金业务收入增长172%，增幅系统内第六。加强五星级（含）以上法人客户现金管理业务拓展，现金管理客户数净增829户，增长80.22%，成功向多家重点集团客户营销资金池、票据池等拳头产品。销售各类理财产品563亿元，首次实现法人理财网点全覆盖，个人及法人理财中收增速均超40%。成功将翔鹭石化1.5亿元存量项目贷款纳入总行2014年第一期信贷资产证券化计划，有效盘活了资本占用大且相对低效的存量信贷资产。全年新办理金融资产服务业务287亿元，金融资产服务业务余额389亿元。三是深化数据挖掘和分析应用，推动信息化银行建设。顺应大数据发展趋势，加快推动分行分析师队伍建设，首聘43名分析师顺利到位，并依托EDW数据仓库和EBM精准营销系统，累计为市场营销、经营分析、绩效考核、风险管理等领域提供信息服务381项，实施总分行精准营销项目31项，不断提升信息价值创造能力，大力推动大数据和信息化银行建设。

四、着力优化资源配置，激发经营活力与效能

一是加大综合化营销推进力度。专门成立综合营销委员会，整合协调分行营销资源，大力开展大联动、综合化精准营销，推进单一产品分散营销向提供综合化金融服务转变，有力推动重大项目营销落地。二是发挥经营考评的激励和导向作用。坚持价值创造利益导向原则，突出核心指标战略地位，引导分行营销部门从“重管理”向“重经营”转变，通过差异化资源配置，推动支行深入开展特色支行建设和“抱对营销”，同时加强中间业务收费规范管理，推动业务稳健规范发展，加快推广MOVA网点业绩视图应用，提升网点经营管理效率。三是不断提升经济资本精细化管理水平。将结构优化推动效益增长作为经济资本管理的工作重点，坚决压降贷款承诺和高资本占用贷款，通过“一行一策”的经济资本回报率目标管理，引导支行主动调整业务结构，提高经济资本使用效率，分行经济资本限额比年初下降1.03亿元，控制水平排名系统内首位。

五、树立底线思维，坚持从严治行，资产质量稳中向好

一是强化实质性风险管控。加大对重点领域的调研分析和行业投向引导，积极推进信贷与授信审批流程优化，强化房地产贷款、贸易融资等风险高发领域的风险排查和管控，持续推进潜在风险贷款和担保圈贷款风险防范与化解；全年化解潜在风险贷款7.2亿元，完成总行下达任务的153%，年度授信、评级业务完成率分列系统内第一、第二位。二是突出过程控制，巩固提升内控评价成果。深化基层行内控管理，提升合规经理履职能力，有力推进重点领域案件和风险事件专项治理；强化监督检查力度，抓好“6+1”重要风险点防控，重点开展非法集资、反洗钱等专项检查，有效遏制了13类业务运营“屡查屡犯”风险事件发生；分行内控评价保持一级行。三是坚持从严管理，加大责任追究力度。全年累计党政纪处分13人，核减绩效收入27人次，告诫17人次，违规积分421人次，同时加大干部履职评价，对履职评价不佳的酌情实施调整管理岗位、改任业务类职务、下调岗位工资等级、限期观察等惩戒，对履职评价较好的给予升职、晋升岗位工资等级、发放奖金等奖励，强化从严考核导向及考评结果应用。四是加速不良资产清收处置。以守土有责的精神加快推进不良贷款清收处置，加大呆账核销力度，强化考核激励约束，实施分区包干模式，开展多频度监测、预警和分析，信贷资产质量保持稳中向好，累计清收处置不良贷款3.95亿元，其中现金清收2.3亿元，通过清收不良贷款实现风险拨备回拨而直接创造利润1.1亿元，不良贷款率较年初下降0.02个百分点。

六、加快网点竞争力提升，大力升级客户服务

一是加快实施网点竞争力提升工程。新组建渠道管理部，加快渠道整合创新，全面启动实施10家低效网点优化调整；加强网点运营标准化建设，推广完成23家支行高低柜分离改造，全辖高低柜柜口配置比例提升到0.99:1；加大自助银行和ATM建设力度，新投产运行13家离行式自助银行，离行式自助银行与网点比例为0.5:1，并加快搭建WIFI网络环境，提升电子渠道占比；逐步扩大柜员集中管理试点，有序推动柜员向销售类人员转岗43人，网点销售类人员净增24人，二级支行网点负责人后备队伍配备71人，均已超额完成全年任务。二是大力改进和升级客户服务水平。深入开展“人民满意银行建设年”主题活动，大力开展网点服务等级评价，加大标杆网点建设力度，辖属分别有2家、10家支行获评中银协、厦银协“五星级网点”，当选数量同业第一；积极推进核算印章改革等10多个重点项

目投产，促进业务流程优化创新；狠抓窗口服务规范和网点现场服务管理，全辖推广“走进大堂”志愿者服务，推行网点援助保障，认真做好特殊群体客户服务，规范晨会管理；继续深入开展网点环境、排长队和客户投诉专项治理，客户等候时间明显优于全行平均值，投诉处理满意度为100%；品牌服务强势整合传播，累计服务改进主题报道459篇次，客户通过媒体表扬厦门分行11起，媒体表扬性报道31篇次，服务形象与品牌美誉度有了新的提升。

七、全面加强党风廉政、员工队伍和企业文化建设，为分行改革发展提供强大支撑

一是持续深入改进作风。全面抓好党的群众路线教育实践活动整改落实，深入抓好“文山会海”等专项整治，规范基层调研活动，以总行巡视工作为契机，持续推进党风廉政建设和行风建设，加强廉洁文化宣传，强化劳动纪律管理，持之以恒改进作风。二是创新人力资源管理。不断创新人才选拔任用方式，首次推行到龄干部择优留岗、公开竞选高级经理、启动实施管培生项目，出台自荐公选办法，启动城市行竞争力提升和机构改革项目，进一步优化人才库选拔任用机制，全面推进网点负责人等六支重点队伍建设，加大社会招聘力度，逐步夯实转型发展的人才储备。三是建设特色企业文化。加强员工人文关怀，实施员工午餐统一配送，开通心理咨询专线，经常性开展丰富多彩的书画、摄影、球类等文体活动，圆满成功举办了10多年来首次分行职工运动会，推动建设以“关爱·圆梦”为主题的分行特色企业文化。

深圳分行

【主要业务指标完成情况】

2014年，深圳分行实现拨备前利润100.7亿元，同比增长17.6%；净利润65亿元，同比增长10.5%，两项指标均超额完成总行计划任务。实现中间业务收入45.4亿元，占营业收入的比例由2013年的29.6%提升至30.9%，其中信用卡、品牌投行、资产管理等九类战略性成长产品占分行中间业务收入的66%，同比提升10个百分点。各业务板块均衡发展，个人和公司两大板块营业贡献占比提升至86.5%，同比提升1.1个百分点。收入结构持续优化，存款利差、贷款利差、中间业务收入比例优化至1:1:1。本外币存款余额5 463亿元，较年初增加893亿元，其中，人民币一般性存款增加391亿元，增长11.4%；储蓄、公司、机构存款日均余额同比分别增长7%、4%、28%。分行不良贷款率为0.67%，保持资产质量同业领先。

【主要工作措施】

一、拓客户、配产品，提升市场竞争能力

一是抓好源头拓户。从源头锁定代发工资、第三方存管目标市场，重点拓展行业领先企业、五星级以上公司客户、政府机构及财政统发单位客户、非银行金融同业客户的代发工资业务，瞄准港澳跨境类、商贸类等优质客户；抢抓商事登记制度改革、前海创新发展催生的新生企业客户，围绕核心企业拓展“供应链、商业圈、工业园区”上下游客户，抢抓总部企业、城市更新升级、战略性新型产业蓬勃发展带来的优质客户立足深圳多层次资本市场和同业资金汇集中心的特点，积极拓展金融同业客户；紧跟政府职能转型步伐，抢抓政府事业单位、民营社团组织及其上下游客户。二是加强产品渗透。坚持以客户为中心，为客户匹配满足其金融服务需求的“绑定类、便利类、心动类、增值类”产品组合。围绕“一个市场一个产品组合、一类客户一个解决方案”的经营思路，以网银、金融社保IC卡、工银信使等基础产品，个人理财、基金、贵金属、消费信贷等重点产品的灵活搭配，满足不同类别个人客户的差异化需求。围绕“一个客户一组基础产品、N类重点产品”的经营思路，以“深圳企业通”、网银、财智卡等基础产品组合为服务切入点，以现金管理、对公理财、表内外融资等重点产品组合提升公司客户价值。围绕“植入优势、嵌入服务、拓宽平台”的经营思路，以优势产品和系统嵌入政府服务流程，拓宽与非银行同业客户的合作范围，持续提升“银证、银银、银基、托管”四大平台在机构客户中的影响力和渗透率。三是强化业务联动。健全并发挥好分行个人、公司、机构三大金融业务推进委员会的统筹协调作用，通过“机构联动个人、个人带动对公、对公绑定个人”，进一步强化个人、对公业务线的协同营销，形成“客户需求对接、信息资源共享、营销服务协同、业务产品整合”的营销格局。组建包括客户经理、产品经理、网点客服代表等在内的综合服务团队，完善以客户经理为核心、以网点服务为依托组合服务模式，全面提升前台拓展营销、中后台协同服务的联动水平。四是做好稳存增存。以个人、公司、机构业务竞争力的提升，推动存款持续稳定

增长。发挥网点吸收存款的“主阵地”作用，以网点竞争力的提升吸引新增客户，稳固存量客户，锁定存款资源。用好差异化定价策略，针对综合贡献度高的客户，以分期限、分品种、分客户的利率定价增强客户黏性。用好总行大额资金监控平台，加强大额资金流向监测，引导客户资金在系统内流转，提高资金留存率。

二、重创新、增优势，挖掘转型发展潜力

一是资产管理业务。把握社会财富群体对资产管理需求日益旺盛的市场趋势，深度开发资产管理业务，促进资管业务和存款业务互动发展。持续丰富产品体系，加快产品研发端的创新，推出期限选择丰富、收益类型多样、客户准入差异化的理财产品组合，满足不同风险偏好、不同资质类型客户的选择。持续拓宽产品投资领域，将投资的触角延伸到票据、信托等新兴领域，加强机构合作，提升产品收益率。持续提升产品定制能力，针对私人银行客户、集团总部客户大额资金，建立资管业务与融资客户需求对接的通道，在留住优质客户的同时，拓宽业务领域。持续优化资产托管服务，适应同业机构托管市场化、交易资金托管流程化趋势，抢抓资产管理伴生的托管业务的发展机遇。二是国际业务。大力拓展重点客户，瞄准国际收支亿美元以上超大型客户，特别是供应链、IT制造业客户，“一户一策”制订综合服务方案；用好“工银关贸平台”批量拓展千万美元以上大中型客户。大力创新国际业务理财产品，丰富产品融资渠道，提高产品投资收益，提升理财产品市场竞争力。大力发展跨境业务，依托前海分行创新打造跨境业务平台，构建总行级保理中心，加快创新跨境理财业务，带动全行跨境业务快速增长。三是投资银行业务。做强并购融资业务。紧跟优质企业境内外并购步伐，综合运用“并购基金＋并购贷款”等金融产品，为客户并购重组业务提供全方位融资和顾问服务。做强城市更新业务。把握城市更新发展机遇，运用“股权＋债权”的组合融资工具满足优质客户多元化融资需求，并以投行业务为突破口，积极营销项目后续业务。做强资本市场业务。为优质上市公司或大股东提供定向增发基金、产业并购基金、股票收益权等创新型投行业务，努力推进结构化证券理财及新三板业务。抢抓前海投行业务发展机遇。通过基金模式搭建资本跨境流动平台，推动前海跨境产业发展基金落地。深化资金渠道建设。主动加强行内外机构互动合作，整合行内外资金资源。搭建信贷资产流转平台。做好资产证券化、信贷资产转让工作，盘活存量信贷资产，实现由信贷大行向信用管理大行转变。四是信用卡业务。提升产品竞争力，完善“深圳市民通”平台建设，持续加载功能权益，搭建消费领域的线上互动平台，构建“标准卡、手机卡、异形卡”三位一体的产品体系。提升发卡有效规模，通过名单制管理，实现白金卡在中高端客户群的精准营销；针对不同需求消费群体，加强爱车卡、环球旅行卡等特色产品的营销渗透。提升收单市场份额，重点发展商圈、酒店、饭店、品牌店等高收益收单商户，加快搭建小额快速支付与电子现金受理环境。提升分期业务贡献，瞄准“线上商城、线上交易平台”两大重点合作商户、“家装、家电、家居”三个商圈、“旅游、购车、购物、餐饮”四类消费领域，大力发展分期、透支、逸贷业务。五是电子银行业务。发挥互联网金融发展委员会规划指导作用，依托信息化银行建设成果，推动业务发展由金融互联网向互联网金融转型。推进手机银行平台创新，强化与移动互联网市场伙伴的合作，丰富平台载体和功能，打造新型服务窗口与市民生活移动服务平台。强化电子商务营销拓展，积极推广总行“融e购”电商平台，加快拓展外贸企业、跨境服务类企业、大型专业市场等垂直型行业客户。强化产品推广，大力做好个人网银、手机银行和短信提醒三项基础产品的推广工作，提升企业网银、企业手机银行覆盖率。六是资金交易业务。优化债券投资组合结构，用好存量债券资产，调整可供出售类债券比重，适当参与波段操作，提高债券组合收益率水平。大力拓展线上交易客户，挖掘财务公司等非银行同业客户的业务机会，做大交易规模；以质押类融资业务为突破口推进资产交易产品创新，优化“理财＋票据＋融资”产品组合，拓宽利差收入来源；统筹推进外汇资金交易基础类业务、创新型业务发展；巩固和提升账户贵金属市场领先优势，加快账户原油、账户外汇等新产品推广。七是贵金属业务。把握深圳地区黄金产业聚集优势，构建黄金产业联盟，利用联盟优势吸引产业链上设计、加工、批发、零售等环节的企业客户；加大黄金租赁、票存宝、存金宝等优势产品营销力度；在水贝片区打造黄金特色支行。

三、强管理、优服务，提升经营管理效力

一是实施新的考核评价体系。在总结过去实践经验基础上，经过充分调研、广泛听取意见，优化调整了考核评价体系，突出“目标管理、一行一策、结果导向”的考核思路，引导各经营单位把主要精力集中到经营转型和持续发展上来。同时，完善对领导干部和分行部室的评价机制，按照市场部门“四比一评”、非市场部门“五比一评”的思路研究制定考核办法，推动激励导向和经营导向的紧密衔接、相互转化。二是进一步提升服务品质。以深化机构改革为契机，推进部门职能优化调整，打造更具市场敏感性和战斗力的前台、更为精简高效和更具协同作战力的中后台。以提升网点竞争力为目标，全面实施七项工程，推进渠道建设和优化工作，统筹“线上”、“线下”服务渠道的协同发展，探索与社保、交通等民生部门“渠道共享”的发展模式，延伸服务触角。推进分行部室人员到网点轮值大堂服务工作，以中后台员工“零距离”服务客户的体验，增强二线服务一线工作的针对性和有效性。强化网点运营管理，提升网点负责人和大堂服务团队履职能力。集全行之力，在监管部门的指导和总行的支持下，加快前海分行创新发展。三是进一步加强全面风险管理。充分把握复杂环境下风险的隐蔽性、关联性、传染性和突发性特征，进一步完善全过程控制、全方位覆盖的风险防范体系。认真落实监管要求，重点关注七大金融风险隐患，特别是防范理财、信托、融资性担保、小额信贷四类业务风险，谨防信息科技风险，紧盯流动性风险、市场风险和操作风险，主动化解风险隐患。高度重视声誉风险管理和外部欺诈风险防范，进一步加强消费者合法权益保护，认真加强舆情管理，确保无重大声誉风险事件发生。四是进一步强化内控案防管理。认真落实“五有”内控总体要求，加快建设内控综合监测分析平台，健全“嵌入型”和“服务型”合规审查机制，推进内控合规“进岗位、进功能、进系统、进流程”。增强全行员工法规意识，强化党员领导干部组织纪律性，不断提升全行依法合规经营水平。强化反洗钱中心建设，完善反洗钱管理体系，持续提升反洗钱管控能力。加强案防体系建设，进一步完善“纵向到底、横向到边、内外结合”的三维立体案防体系。发挥纪检监察队伍作用，不断加强案防工作的针对性，为业务健康发展和员工平安保驾护航。切实加大排查力度，重点排查员工直接或变相参与民间借贷、出借账户、违规担保、销售虚假理财产品等行为，做到对员工的异常风险苗头早发现、早制止。开展多种形式的警示教育，切实防范商业贿赂。高度重视安全保卫工作，巩固并推进“最安全银行”建设。

四、转作风、塑文化，激发恒久内生动力

一是认真做好党的群众路线教育实践活动总结工作。按照“四个确保”要求，即：确保群众期盼和社会评价高度聚焦，确保整改成效让群众看得见、感受得到、大多数人满意，确保形成的制度行得通、指导力强、能长期管用，确保整个活动善始善终、善作善成，把总结工作作为深化整改落实、巩固扩大教育实践活动成果的重要手段，把成功做法经验化、零星探索系统化、有效措施制度化，促进党的作风建设常态化，使总结的过程成为认识再提高、措施再完善、工作再推进的过程。二是积极开展基层特色文化建设。总结基层单位在贯彻落实分行党委提出的“三心”观念、“三感”精神的过程中形成的特色做法和经验，形成支行、部门的特色文化成果。要求各单位经营班子提出自身发展目标并清晰地告诉员工，突出自己的特点，提升队伍的信心和工作状态。认真整理作出突出贡献员工的优秀事迹和工作体会，让更多的员工去体会、去领悟，建立起每个单位的发展史，丰富基层特色文化。做到把文化建设和队伍建设相结合，提高队伍执行力，把特色文化传承下去。三是持续推进家园文化建设。完善员工职业发展通道，畅通员工沟通和反映问题的渠道。积极营造相互关爱、和合共生的经营氛围。认真做好“职工之家”建设，不断丰富员工业余文化生活，深入开展“送温暖”、“帮扶救助困难员工”、“关怀离退休人员”等员工关爱活动，将人文关怀落到实处。以和谐向上的文化氛围增强员工归属感，以物质、精神和情感的多元激励增强员工幸福感。

苏州分行

【主要业务指标完成情况】

2014 年，苏州分行实现拨备前利润 70.68 亿元；拨备后利润 59.87 亿元；净利润 44.75 亿元。实现中间业务收入 25.62 亿元，其中结算理财代理类收入 16.48 亿元，贡献占比高于全省平均水平，收入结构有所优化。人民币各项贷款余额 2 069.68 亿元，较年初增加 95.8 亿元，增幅 4.85%，其中，票据贴现当年直贴量和增量双双位列全省第一。各项贷款投放均衡率为 75.89%，较同期提高了 20.54 个百分点，信贷投放更加均衡合理。各项存款时点余额 2 062.12 亿元。全年人民币个人日均存款比年初增长 74.05 亿元，时点余额新增 22.09 亿元，分别位列同业第一和第二。外汇对公存款较年初增长 4.8 亿美元，新增位居四行第一，同业存款余额 47.5 亿元，同比增加 9 亿元，增幅 23%。不良贷款余额 19.76 亿元，比年初增加 2.4 亿元，控制在计划目标以内；不良贷款率 0.92%，比年初上升 0.08 个百分点。年末贷款损失准备余额 45.34 亿元，拨备覆盖率 229%。

【主要工作措施】

一、全力以赴防控风险，资产质量保持稳定

一是落实责任和推进工作突出一个“早”字。及早下达管控目标。面对资产质量持续下滑的严峻态势，分行尽早制定了 2014 年资产质量的管控目标，并按月下达不良贷款控制额，抢先抓早做好防控计划，多层面进行资产劣变控制。通过提升“资产质量类”、“不良贷款控制”指标在支行行长绩效考评中的考核权重，进一步强化管理责任。继续实施分行领导挂牌处置制度，全年通过行领导挂牌处置不良贷款 19.65 亿元，有效缓解了管控压力。及时建立分行不良贷款处置管理中心和重点分支行分中心，专司不良贷款的清收处置工作，汇聚全行之力，实现既快又好处置不良资产。二是不良贷款清收处置突出一个“快”字。在依法合规的前提下，努力加快不良贷款的处置进度，竭力维护资产质量的稳定。综合运用催收、诉讼、转化、呆账核销、以物抵债、批量债权转让等处置方式处置不良贷款26.98亿元，其中现金清收13.83亿元。全年完成两次批量不良贷款债权转让项目，共处置不良贷款14.18亿元，占全年不良贷款处置额的52.56%，且均以高于总行批复价格顺利实现转让，平均现金受偿率达54.02%。实现账销案存资产处置546万元，大幅超出总行目标任务。三是信贷风险防控突出一个“严”字。实行信贷质量问责机制。进一步明确各级行行长为信贷资产质量管理的第一责任人，落实专业部室总经理对大额违约的管理责任，启动信贷岗位退出机制和信贷业务停复牌制度，在各层级员工中传导管控压力，从严治贷、从严治行。加强对重点领域的风险防控。持续开展对房地产、政府融资平台和固定资产支持融资等业务的风险排查，将风险关口前移，全年完成产能过剩行业融资压降8.48亿元。加强对全辖471户亿元以上重点融资客户的监测分析，及早发现风险隐患，及时化解潜在风险。加大个贷违约催收力度。建立个人贷款违约催收工作的长效管理机制，配备专职催收人员，通过采取上门催收、寄送催收函或律师函等方式，逐户催收到位，全年催回违约贷款130亿元。

二、全面优化信贷结构，资产业务扎实推进

一是公司贷款方面。加强对优质客户和重点项目的市场拓展。加大对2014年苏州市重大项目投资计划和全省重点技改项目等项目信息的收集和传递，建立“项目储备库”管理制度，严格落实项目的过程跟踪管理，打通横纵向沟通环节，全年通过审批公司类项目贷款86个、191.94亿元，项目贷款余额比年初净增58.76亿元。优化信贷业务结构。加大对供应链融资业务的梳理和推动，将供应链融资方案嵌入项目贷款的审批流程，提高项目融资附加值；围绕核心小企业上下游业务链条，开展小企业供应链融资业务集中营销；尝试对政府采购供应链进行挖掘，梳理工行供应链客户，全年新增核心企业34户、新增认定子客户333户，年末供应链融资余额29.01亿元，比年初增加15.58亿元，其中，为奇瑞、捷豹、路虎设计的经销商供应链融资方案，在同业中首家获批，有效抢占了竞争先机，增进了与客户的深层合作空间。大力发展小企业直贴业务，小微企业直贴余额31.85亿元，比年初增加26.56亿元。全年新拓展小企业客户381户。加快营销机制优化和信贷产品创新。加强对公司客户经理的集中管理和产品经理的队伍组建，同时成立分行客户直营团队，通过分支行协同、跨专业联动，由点及面地形成专业支撑、辐射覆盖的多元营销架构，先后参与完成多项创新业务，营销成效显著。对资管业务领域进行探索，全年共实现保本基金投资票据业务3 000万元、理财票据直投业务投资10.42亿元，打通了理财直接融资工具、工银瑞投存量资产转让等重点创新资管业务办理通道；结合“网贷通”新政契机，发挥产品优势，至年末实现贷款余额19.37亿元，客户数350户。二是个人贷款方面。抢先抓早，全力储备个人住房贷款资源。加强按揭项目的储备和签约，在房地产销售旺季组织专项营销竞赛活动，扩大营销效果，全年个人住房贷款比年初增加81.95亿元，在全省住房贷款增量中占比达到48.88%。积极尝试，做好个贷新品种的营销拓展。对快捷贷、逸贷和网银自助质押等新业务新产品，做到业务培训和跟踪督导相结合，员工体验与对外宣传相配合，提高营销人员的业务知识水平和营销技巧提升，通过有效的上传下达、跟踪落实，快捷贷全年发放716万元，网银质押贷款比年初新增1 815万元，余额8 069万元，在省内排名均名列前茅。

三、夯实客户基础，负债业务有效增长

一是公司客户提升贡献。围绕重点目标客户开展专题营销，实行大额资金目标客户“派工单”制度，全年新开有效户9 194户，新增总省级客户112户、全球级客户9户，全省第一。以“户户有人管，人人有户管”为目标，确定了各层级人员客户认领和建档维护，明确了时点工作要求，至年末，分行行领导认领维护重点客户存款比年初增加30.88亿元。强化理财与存款互动，着力挖掘他行存量资金。对中高端客户，通过专户产品定制以及稳利、增利产品的营销，迅速做大表内理财规模，为重点行外客户定制理财方案，累计吸引行外资金82.5亿元。开发对公存款监测管理系统，借助数据库统计分析，分层级整理客户目标名单，开展有针对性的客户维护和资产提升工作，全年5万元以下客户提升4 780户，提升率9.56%。二是机构客户深化拓展。开展财政非税收入收缴和集中支付电子化业务合作营销，借助科技开发，筹备并投产了常熟财政非税收入收缴业务等财政社保合作平台，落实财政客户分层走访，积极拓展各级财政客户市场，年末全行财政存款比年初增加2.73亿元。开展学校和医院客户的营销活动。通过分支行联动走访，成功回笼学费2.85亿元，销售理财产品4 435万元，新开管家卡12 730张。深入开展与保险、券商的业务合作。联合保险公司推出了代理意外险新产品，全面推进与东吴证券等券商在资产管理等业务领域的合作。开展“八一”军队客户走访营销活动，加强与军队客户的关系维护。年末机构基础存款余额405.13亿元，比年初增加25.12亿元。三是个人客户量质齐升。大力发展中高端优质客户。利用拳头产品加大营销挖转力度，加强公司联动共享客户资源，促进个人资产的快速增长。个人资产增长150.6亿元，同业排名第一；百万元以上财富客户 18 517 户，比年初净增 3 187 户；私人银行客户达到 1 040 户，较年初增加 445 户，私人银行客户金融资产总额 149.31 亿元，较上年增长 52.86 亿元。做好表内理财的销售。在做好日常结构保本产品销售的同时，通过定制高收益结构保本产品，积极营销行外客户资源，全年定制结构保本产品 35 款，销量 82.7 亿元，牢固夯实了日均存款基础。大力推进“工行村村行　金融直通车”主题营销，加大对发达村镇、富裕村镇的资源投入力度，通过“村长工程”和社区沙龙活动积极抢占农村市场。至年末，县域行个人存款新增达 21.77 亿元。抓好源头客户和专业市场客户的批量营销，以网点零售业务转型为契机，加大营销人员的配备，实现资金的批量拓展。

四、创新发展方式，拓展中收空间

一是投行业务创新发展。传统类并购项目、股权项目、收益权项目、非金融企业债务融资工具和银团项目齐头并进。创新类投行业务发展势头强劲，其中办理的协鑫电厂 15 亿元定向资管项目为总行首笔正式审批通过的分销顾问业务，成为全行推广复制的成功案例。二是国际业务争先进位。累计办理国际结算 1 254.60 亿美元，同比增加 43.2 亿美元，同比增幅 3.57%；累计办理跨境人民币业务 529.06 亿元，同比增加 254.12 亿元，增幅 92.43%。外汇对公存款较年初增长 4.8 亿美元，新增位居四行第一。三是信用卡业务巩固优势。年末信用卡存量达到 157.93 万张，全年新发卡 28.68 万张，信用卡卡片规模和人均卡量居同业双第一；以汽车分期为主打，家装和小微逸贷和客户自主分期为补充，全年分期投放额 21.52 亿元；紧盯收单商户市场，全年收单额 411.58 亿元，成功投产 MIS 十四家。四是重点产品线成效显著。在贵金属业务方面，抓住年内各重要时点积极开展实物贵金属促销活动，实现销售收入 2 258 万元；重点开拓白银租赁市场，年末租赁量达到 10 245 公斤，列全国第一。在个人结算代理类业务方面，抓住资本市场逐步复苏的契机，迅速调整营销思路，股票型基金类产品认购额 10.24 亿元，同比净增 7.06 亿元，增幅达 221.7%；加强增利系列、稳利系列、私银货柜等理财产品的营销推广力度，实现理财产品中间业务收入首次突破亿元大关；在电子银行业务方面，围绕重点品牌、核心产品开展营销竞赛及产品优惠活动，加快互联网金融的推广运用，全年个人网银证书客户净增 53.7 万户，企业网银证书客户净增 7.54 千户，手机银行客户净增 70.2 万户；在资产托管和养老金业务方面，开通了房屋维修基金合作系统，航道保证金托管合作，加快票据业务发展，成功申请开办票据资产托管业务，全行托管规模达 189.72 亿元，比年初增加 25.06 亿元。新签养老金福利计划客户 31 户，养老金收入实现 1 893.42 万元，同比增长 25.55%。

五、深化内部管理，内控案防平稳有序

一是运营效率集约高效。全年实现共享运营平台投产 37 个业务大类，122 个业务小类，比上新增 2 个业务大类和 10 个业务小类，通过共享运营平台共处理业务 309 万笔，成功率 99.59%。远程授权中心共处理授权业务 621 万笔，授权通过率 98.9%，平均处理时间 19.8 秒，平均排队时间 0.2 秒，运营管理效率显著提升。扎实推进对公自助回单、柜员指纹认证、核算印章三大改革项目，全面启动网点运营标准化改革，业务流程持续优化，精细化运营体系建设得以夯实。实行服务承诺制，努力提升贷款审批效率，组织召开省行苏州专场贷审会 34 期、苏州分行预审会 36 期，较好地支撑了前台部门的营销拓展工作。二是渠道建设持续优化。实施分行机构改革。按照总行要求和市场竞争需求，完成了分行本部机构改革和分行营业部拆分工作，进一步理顺了经营管理体制，调整优化了部室职能，深层激发了基层行的经营活力。实施网点布局优化。深入开展对 D、E 类低效网点“一点一策”的分析研究，通过迁建、改建、撤并等方式，全年完成 8 家低效网点的改造优化。加快自助渠道建设步伐，共新建投产自助银行 30 家，建成“自助 + 理财”网点 10 家。实施人员柜口优化。根据网点业态情况，科学配置柜口及柜员数量，实行弹性窗口与员工动态管理，结合人民满意银行建设年活动，新增专职大堂经理 71 名，服务水平再度提升。辖内新区支行营业部顺利通过银协验收，再次获得 2014 年“千佳”称号。三是加强内控案防管理。持续开展“无差错、无违规”活动。全辖网点达标率和柜员达标率较年初分别上升 8.89 个和 3.34 个百分点。落实关键领域案件和风险事件专项治理工作。全面排查“飞单”业务产品销售情况，及时提示产品销售过程中的不规范行为，确保全行依法合规经营。部署开展“一加强、两遏制”专题活动，拟订具体实施方案，明确部室分工职责，持续推进内控合规管理。全面完成反洗钱涉敏业务集中甄别改革工作，反洗钱工作荣获本市人民银行 A 类机构。四是做好案件重要风险防控点风险治理。以违规放贷、违规参与民间融资和经商办企业、违规代客理财、违规办理柜面和 ATM 业务、违规套现、基层机构负责人管理、不良资产处置和现金管理等 8 个案件重要风险点，并对排查治理中发现的各类问题，认真落实整改措施和责任追究工作。认真开展财务执行情况、本部物业外包情况的执法检查监察，加强对关键岗位员工的监督管理和员工异常行为动态管理，营造清正廉洁的经营氛围。五是充分运用外部欺诈系统、监督检查系统，有效防范堵截外部风险，全年未发生重大责任事故。

六、坚持以人为本，企业氛围和谐奋进

一是深入开展党的群众路线教育实践活动，持续抓好后续整改工作进度，分行党委制定的 15 项 29 条整改意见、6项专项整治方案和9项制度建设计划全部整改落实到位。二是坚持党委中心组学习制度，创新学习方式和载体，提升学习效果。通过“周末大讲堂”、邀请行外专家授课、举办中层干部培训班等方式，专题学习党的十八届四中全会精神，提高管理干部的政治理论水平。三是加强党建和干部队伍建设。严格按照中央有关精神，本着注重质量的原则，全年稳步发展党员21名。出台分行《管理人员选拔任用工作办法》等制度办法，进一步明确了干部选拔任用的标准，提高了选人用人的透明度。注重干部梯队建设，全年聘任11名德才兼备的年轻干部，增强了管理干部队伍的活力。四是促进员工队伍素质提升。积极举办面授培训班350期，人均参加各种形式的培训11.6天；自办远程网络培训26期，年度人均网络参训3.03天。组织开展“我秀我能”技能比赛，以新颖亲民的比赛方式，吸引了全行3 000余名员工踊跃参与，员工的业务能力得到较大提升。全面推进“人才培养”工程，共有14名员工以挂职锻炼、交流学习和以工代训的方式参与了岗位交流学习工作，为后续个人职业生涯发展奠定了良好的基础。五是关心关爱员工。切实做好“网点装修环境整治工作”等十件暖心实事工程，给困难员工和老同志送温暖，员工幸福指数进一步提升。

广东分行营业部

【主要业务指标完成情况】

2014年，广东分行营业部本外币各项存款（不含同业存款）时点余额5 788.80亿元，比年初增加143.04亿元；各项贷款余额3 644.89亿元，比年初增加184.55亿元；实现经济增加值（EVA）66.92亿元，同比增加0.46亿元；年末不良贷款余额38.56亿元、不良贷款率1.06%，分别比年初下降0.68亿元和0.07个百分点，资产质量持续保持优良水平。

【主要工作措施】

一、主动应对各种不利因素增多的新形势，狠抓效益促增长，经营效益对省行的贡献持续四年提升

2014年广州地区经济增速出现新世纪以来首次个位数增长，该部面临信贷有效需求不足和不良资产反弹的双重压力，同时，利率市场化和金融脱媒的加速推进对盈利模式和增长方式提出了更高要求。为此，该部一方面抓好收益结构多元化，存款突出抓均衡增长和贡献提升；信贷突出抓好结构调整、表内外联动及定价能力提升；中间业务突出抓战略新兴业务和优势业务；风险防控突出防劣变、抓清收、增效益；另一方面，不断优化资源配置，在严控费用增长的同时，将有限的资源投入到投入产出高的机构和业务领域。从执行结果来看，各项财务指标完成情况较好，拨备后利润、净利润在省行的占比分别为46.68%和46.55%，分别比2010年提升2.87个和2.74个百分点，对省行的贡献持续四年提升。从广州同业看，拨备前利润总量、增量四大行占比分别为40.18%、40.66%，均居首位。

二、主动应对社会资金流转的新趋势，着力抓好日均存款增长，全部存款时点增量和各项存款日均增量居同业第一

面对更加激烈的同业竞争和存款监管新形势，该部积极落实存款市场领先战略，按照“审慎＋智慧＋实干”的总体要求，加大存款日均考核权重，引导全行既要面子，更要面包，在战术上、打法上更加强调“功在平时、贵在坚持”，更加注重抓好客户服务、产品创新，通过做好客户金融资产多元化配置来吸引和稳定存款，提升存款掌控力和经营贡献。从时点看，12月末本外币全部存款余额6 185.95亿元，比年初增加32.96亿元，增量四行占比70.79%；本外币各项存款余额5 788.80亿元，比年初增加143.04亿元。其中，储蓄存款增加84.80亿元，公司存款增加28.13亿元，机构存款增加30.11亿元，同业存款增加179.92亿元。存款偏离度总体控制较好。从日均看，本外币各项存款日均余额5 399亿元，比上年全年日均余额净增302亿元，增量居四行首位。

三、主动应对信贷需求减弱的新局面，加快从融资向融智转型，多元化融资服务能力有效提升

按照用好增量、盘活存量、控好质量、提高回报的总体要求，着力推进投商互动，多渠道满足客户需求。12月末各项贷款余额3 644.89亿元，比年初增加184.55亿元，增量四行占比31.76%。一是加快发展“两小业务”，不断优化信贷结构。个人贷款比年初增加106.28亿元，增量占全部贷款增量的57.59%，个贷增量四行占比41.15%，连续四年保持首位，四年累计增加个人贷款449.37亿元。小企业贷款（含贴现）增加32亿元。二是加强投商互动，提升在主流市场、主流客户中的主导地位。成功运作一批具有重大影响力的项目，如为长隆集团运作完成了国内首单经中国证监会批准、由商业银行担任财务顾问的30亿元资产证券化

项目；以股权融资模式为广州金控集团解决了70亿元融资需求；成功运作了万力集团并购华南轮胎项目，这是该部参与国企混合所有制改革的第一单；为广州燃贸集团三旧改造项目募集资金88亿元。完成债券承销133亿元，同比增长20%；新注册承销项目20个，与建行并列第一。完成18个并购项目运作，安排并购融资37亿元；牵头完成12个银团筹组工作，签约金额421亿元，创近5年来新高。

四、主动应对收费政策调整带来的新影响，坚持规范与发展两手抓，中间业务收入持续稳定增长

在坚持规范经营的同时，突出抓好重点产品和新兴业务的创新发展，深度挖掘新的业务增长点，最大限度地减少监管部门收费政策调整带来的收入增速回落影响。全年实现中间业务收入56.31亿元（含远期），同比增加3.34亿元，增幅6.31%。中间业务收入总量四行占比37.95%、同比提高0.43个百分点，增量四行占比57.3%，均居四行首位。一是大零售营业贡献持续提升。大零售业务收入91.44亿元，增幅10.17%，高于境内分行平均水平7.58个百分点。大零售业务营业贡献占比达到50.16%，同比提升4.18个百分点。代理个人基金、代理个人保险、个人结售汇和个人外汇业务收入均居全国一级分行前三位。二是战略成长性业务成为主要的盈利来源。战略成长性业务（含代销保险）实现收入31.91亿元，同比增加4.75亿元，增幅17.49%，超过营业部中收增幅11.18个百分点。三是结算代理等基础业务板块增幅高于境内分行。结算代理理财板块34项产品25升9降，合计实现收入39.56亿元，同比增加4.80亿元，增幅13.81%，高于境内分行平均水平2.48个百分点。四是主要业务规模稳定增长。累计办理国际结算660亿美元，四行占比40.07%，继续保持同业第一；办理跨境人民币结算580亿元、同比增加205亿元。信用卡发卡量394万张、净增51万张，消费额551亿元、净增20亿元，收单额1 328亿元、净增180亿元，分期付款交易额44亿元、净增1.2亿元。资产托管规模8 845亿元、实现“四级跳”；新签养老金单位1 224户、总量4 071户。

五、主动应对经济下行带来的新挑战，持续打好资产质量保卫仗，不良贷款实现双下降

该部按照“三铁”要求，以及“固本、清源、活血、化瘀”的八字方针，狠抓资产质量和信贷文化建设。12月末不良贷款余额38.56亿元、不良贷款率1.06%，分别比年初下降0.68亿元和0.07个百分点。一是全力抓好不良贷款清收处置工作。全年累计清收处置不良贷款37.37亿元，完成全年计划的133%，二是前移风险管理关口，防止出现新的“出血点”。重点加强对各类潜在风险贷款的清收转化，最大限度地防止出现逾期欠息，全年转退潜在风险贷款完成总行计划的138.58%。三是强化信贷基础管理。大力推进健康审慎的信贷文化建设，促使“三查”、“三分离”等制度重新回归。持续抓好“裸贷”治理，年末法人有贷户月日均存贷比11.01%，比6月末提高了1.1个百分点。四是抓好信贷队伍和信贷责任文化建设。把信贷队伍建设作为信贷工作的核心来抓好，加强教育培训，强化监督和问责，培育尽职免责、违规必究的责任文化。

六、主动应对转型发展提出的新要求，全面加强基础管理，发展基础进一步夯实

按照“行稳致远”的总体要求，立足当前，着眼未来，狠抓客户拓展维护、网点经营转型、优质服务提升等事关长远发展的基础工作。一是大力拓展有效客户。成立个人、公司、机构三大客户推进委员会，促进营销力量整合，突出运用好大数据精准营销、互联网营销、名单制营销等线上线下服务渠道抓好客户拓展。2014年有效对公结算账户新增3.62万户，日均金融资产5万元以上公司客户净增1 991户，全行排第2位；日均金融资产5万元以上机构客户净增1 122户；日均金融资产1万元以上的个人客户净增11.5万户。二是抓好经营机制的完善。调整了支行、网点和部门经营绩效考核办法，加大战略性成长业务的考核比重，新增加互联网金融指标，存款按日均考核；修订了经营费用和工资总额挂钩办法，发挥了考核指挥棒对目标的传导作用。三是加快网点经营转型。深入贯彻总行网点竞争力提升“七大工程”，大力提升网点对公营销服务能力，成立首家“楼宇经济”工作室、首家智能银行网点开门营业、260家网点开展“WIFI”服务；办理对公结算跨网点业务41.9万笔、金额74.2亿元；网点“两小业务”比年初增加37.7亿元、余额达到224.8亿元。四是强化服务管理。着力发挥服务管理委员会的统筹推动作用，突出抓好排队和投诉等服务突出问题的化解，服务工作持续改进，12月末客户平均等候时间为12.1分钟，同比下降19.87%；“95588”客户投诉53件，同比下降92.04%。5家网点荣膺“2014年度中国银行业文明规范服务千佳示范单位”，获评数量为该部历年之最，在广州四行中占比高达62.50%，高居首位。五是深入推进内控案防工作。重要风险点治理，持续开展廉政警示教育和案件风险排查，强化违规责任认定和追究；深化反洗钱综合试点和集中处理改革。全年实现零案件、零重大差错事故，实现安全运营，连续五年获评总行“内控评价一类行”。

第六部分

重要文献

责任编辑：赵会玉

在中国工商银行2014年工作会议上的讲话

姜建清

（2014年1月16日）

这次会议的主要任务是，深入贯彻党的十八届三中全会和中央经济工作会议精神，落实改革发展研讨会部署，总结2013年工作情况，安排2014年工作任务。下面，我讲四点意见。

一、2013年工作情况

刚刚过去的2013年，全行在错综复杂的形势下，认真贯彻党中央、国务院决策部署和金融监管要求，坚持稳中求进的总基调，统筹抓好调结构、促改革、控风险、强服务、转作风等各项工作，总体保持了健康平稳的发展态势，以良好的经营业绩和精神风貌迎来了工商银行成立30周年。回顾一年来的工作，主要特点是：

（一）在严峻复杂的市场环境中，实现了稳定的盈利增长。面对利率市场化带来利差收窄、不良贷款反弹增加财务资源消耗、金融脱媒和市场竞争加剧加速传统业务分流等多方面困难，全行综合施策，有效应对，从开源和节流两端发力，严控成本和风险，积极挖掘传统业务增长潜力，更多依靠创新和转型，开辟新的盈利增长源，改善盈利增长格局。全行实现净利润××亿元，增长××%；收益结构进一步优化，手续费及佣金净收入增长××%，占营业净收入比重同比提高××个百分点至××%；成本收入比28.8%，较上年下降0.4个百分点。

（二）在服务实体经济提质增效中，改善了信贷经营质态。我们根据宏观政策导向，把信贷经营着力点放在了用好增量、盘活存量、提高资金使用效率上。境内外机构新增贷款11 000亿元左右，其中境内分行新增人民币贷款9 213亿元，增幅11.7%；贷款累放8.7万亿元，同比多放9 740亿元，超过了当年新增额。从投向和结构看，继续支持了国家重点在建续建项目；突出支持了先进制造业、现代服务业、文化产业和战略性新兴产业的发展，其新增贷款占公司贷款增量的85%。积极探索供应链融资等既有利于控制风险、又有利于改进小微企业金融服务的新模式，小微企业贷款余额占到公司贷款的28%。进一步通过金融创新手段支持扩大消费，个人类贷款（含银行卡融资）增量占全部贷款增量的48%。加大了对“走出去”企业和对外贸易的支持力度，新发放境外贷款221亿美元。与此同时，继续加强了对地方政府融资平台、房地产、产能过剩行业的融资总量控制。融资平台贷款余额比年初下降725亿元，房地产贷款余额下降86亿元，8个产能过剩行业贷款余额下降280亿元，其贷款余额占全部贷款的比重分别降至9.01%、7.65%和2.93%。

（三）在推动发展方式转变中，增强了可持续发展能力。全行通过转方式、调结构，既增强对当前盈利增长的拉动力，又为长远发展铺路搭桥，以转型主动赢得发展主动。一些潜力大、附加值高、为客户增值多的新业务得到较快发展。大零售金融中间业务收入占比达到46%，大资管业务收入增幅15%。并购重组等品牌类投行业务收入增长近50%；信用卡业务收入增长23%，发卡量和消费额居亚太地区双第一；贵金属、养老金、私人银行等业务收入同比增幅均在70%以上。国际化发展迈出新步伐，在基本形成全球网络布局的基础上，着力提升了境外机构经营发展水平。境外机构（不含南标）净利润增幅48%，大幅超过境内，展示了良好成长性。抓住两岸金融开放契机，成为首家通过参股方式投资台湾金融业的大陆银行。新加坡分行成为央行首次在中国以外国家选定的人民币清算行，迄今清算业务量已超过2.6万亿元。综合化经营和服务体系日益完善，各子公司对集团的盈利贡献和战略协同作用增强。

（四）在全面深化改革创新中，激发了新的活力和动力。以年初部署的9大改革创新课题的研究和落地实施为抓手，推动了重点领域和关键环节的改革突破。私人银行业务条线改革全面完成，实现了客户、资产和业务收入的同步增长。网点竞争力提升工作正式启动，七大配套工程有序推进。信贷业务流程得到全面梳理，并分类提出了改进优化意见。一级分行层面的授信审批集中管理改革基本完成。业务集中处理改革圆满完成，开创了“网点全面受理、中心集中处理”的全新运营格局。业务流程综合改造工程的59个主体项目全部完成，优化效果逐步显现，基本实现了“三年根本改善”的预期目标。从基础建设、经营和管理应用三个层面对信息化银行建设进行了顶层设计和整体规划，尤其是基于“三流合一”和线上线下一体化服务，研发推出了电商平台、逸贷、POS收单贷等一批适应消费金融和移动互联时代特点、具有工行竞争优势的重点创新产品。离柜交易率在80%以上的活跃客户占比升至29.3%，柜面业务可分流率较年初下降6.3个百分点，移动银行客户在同业中率先突破1亿户。

（五）在复杂敏感风险环境的考验中，保持了资产质量总体稳定和各类风险可控。我们坚持管控风险源头和压降不良贷款两手抓，边清源边化瘀。共退出潜在风险贷款××亿元，清收处置不良贷款××亿元；不良率较年初微升××个百分点至××%；拨备覆盖率达到××%。根据新的监管要求，完善了公司治理规则，增强了集团治理的全面性和有效性。以实施资本管理高级法为契机，推进了风险计量体系在经营管理中的深入应用。在市场流动性紧张的敏感时期，保持了流动性平稳，发挥了大行市场稳定器作用。加强了对运营风险的监测分析与核查，以及对违规多发环节、案件易发领域的防控治理，内部风险暴露水平降至历史最低。

（六）在学习贯彻十八大精神和深入开展群众路线教育实践活动中，推进了党建和队伍建设。全行采取多种行之有效的方式，兴起了学习贯彻十八大精神的热潮。按照中央统一部署，深入开展了党的群众路线教育实践活动，通过打牢学习教育和查摆问题两个基础，抓住整改落实和建章立制两个关键，坚持领导带头、边查边改，推动教育实践活动取得了重要阶段性成果，全行党员特别是领导干部思想政治水平有了新提高，党风行风建设有了新面貌，体制机制改革有了新突破，经营管理水平有了新进步，服务实体经济和社会民生有了新成效。全行还紧密结合教育实践活动，加强了企业文化建设和思想政治工作，完善了人力资源管理机制，系统开展了教育培训工作，强化了对改革发展的支持和保障作用。

去年，在《福布斯》和《银行家》杂志公布的榜单上，我们成为全球最大企业和一级资本最大的银行，在《财富》杂志营业总收入排名中，我行列商业银行子榜单首位。我行还首次入选全球系统重要性银行，这既意味着我们将面临更加严格的资本监管，同时也是全行国际市场地位和影响力提升的重要标志。总的看，去年我们在面临世界经济进入深度调整期、国内经济处于增长速度换挡期和结构调整阵痛期、金融监管趋严、利率市场化改革提速、金融脱媒加剧，以及总行领导班子变动较大等几个方面影响交织叠加的情况下，交出一份好于预期的成绩单，非常不易。这是党中央和国务院科学决策、正确领导的结果，是国家有关部门加强监管、支持帮助的结果，是全行干部员工齐心协力、狠抓落实的结果。在此，我代表总行党委和董事会，向关心支持工商银行改革发展的国家有关部门、监管机构和股东单位，向全行干部员工，表示感谢和敬意！

同时我们也要清醒看到，全行经营发展中还存在一些值得高度关注的问题。一是不良贷款反弹势头加大，部分行业和区域的贷款风险相对集中暴露，全行连续多年的不良“双降”变为“双升”，同时表外风险和代理业务风险也逐步显现，风险管控的难度和压力增大。二是利率市场化的影响明显，全年NIM收窄了××个基点，NIM水平在可比同业中处于落后位置；存款平均付息率高于可比同业，贷款收益率低于可比同业。三是经营管理基础还比较薄弱。如部分区域和业务领域竞争力不强，特别是存款业务竞争力有所弱化，日均增量落后于可比同业。客户结构不优，基础不强。网点布局不合理、功能不完善、劳动组合不科学，物理与电子渠道的整合联动优势发挥不充分。四是体制机制上还存在部门设置多、流程环节长、管理效率低、内部联动弱、资源共享差以及管理过度与缺位并存，权力与责任脱节等“老国企病”和“大企业病”问题。

面对经营发展中这些问题，我们要高度重视，加强研判，找准根源，着力化解，牢牢把握工作主动权。

二、2014年工作总体要求和主要目标

2014年是深入贯彻落实党的十八届三中全会精神、全面深化改革的开局之年，也是我们实施股改上市后第三个三年发展规划和第一个十年发展纲要的“收官”之年，做好今年工作至关重要。2014年工作总体要求是：认真贯彻党的十八大和十八届二中、三中全会精神、中央经济工作会议精神，继续把握稳中求进的总基调，立足各项工作抓紧、抓早、抓细、抓实，把改革贯穿于经营发展的各个领域各个环节，以改革促结构优化、促创新发展、促风险防控；以优化五大布局、突出三大战略、强化客户基础为抓手，加快推动经营转型，切实提高发展质量和效益，增强服务实体经济能力。

今年经营发展的核心目标是：确保实现净利润××亿元，增长××%，力争实现净利润××亿元，增长××%；权益回报率达到××%；不良贷款率确保控制在××%以内，力争不超过上年水平（××%），继续保持资产质量同业最优；资本充足率和核心资本充足率分别保持在××%和××%左右。围绕这些核心目标，总行相应提出了一个业务发展计划：境内人民币存款增加11 000亿元，增长7.3%，人民币贷款增加9 000亿元，增长10.2%；确保实现中间业务收入××亿元，增长××%，力争实现中间业务收入××亿元，增长××%；全年清收处置不良贷款600亿元，其中现金清收200亿元。应该看到，今年各项目标特别是利润、质量、资本目标以及相应的业务发展计划处于较紧的平衡状态，目标之间相互适配有较大难度。在今年贷款劣变压力较大的情况下，要保持质量稳定，可能需要消耗更多的财务资源处置不良贷款；而要实现预期盈利目标，需要保持适度的规模增长，这又加大了风险控制和资本补充的压力。因此，全行要加强这些目标之间的

统筹把握，以改革和转型的思路推动目标的实现。

还应该看到，这些目标主要是我们基于对外部经营形势的研判和自身经营发展需要制定的，在实际执行过程中，还有一个与同业相比较的问题。我们的业绩表现将直接关系到投资者对我们的价值判断，关系到市场形象和市值稳定，甚至会影响到国际投资者对中国经济和金融的预判。因此，我们不能仅仅局限于一些静态的、底线的目标，而是要自我加压，充分发挥主观能动性，努力在可比同业中保持一个更有竞争力的水平，在市场上呈现出更好的稳定性与成长性。这里我要特别作三点说明，以便大家更好地把握今年的目标任务，统一思想认识。

第一，完成今年盈利目标是非常有挑战性的，同时又是十分必要的。这种挑战首先来自于资产质量的变化，贷款劣变是当前利润增长的最大拖累。同时，金融的改革创新、新兴金融业态的兴起，越来越直接地对银行传统经营模式形成挑战。此外，全行利润基数已经是全球最大，与国内国际一些大银行相比，利润总量差距基本在“千亿级”左右，我们实现 1 个百分点增长所包含的价值量及相应难度与其他银行是不同的。实现今年盈利增长目标又是必要的。这既是满足股东和投资者合理回报的需要，也是我们提高内生资本补充能力、增强创新发展实力和服务实体经济能力的需要，同时也是保持对员工队伍合理激励的需要，按照目前利润与费用挂钩办法测算，考虑全年 CPI 涨幅控制目标，只有千方百计将利润增长目标实现得更好一些，才能保证在岗员工实际收入水平不下降。实现今年的盈利增长目标也是有新的机遇和有利条件的。国内经济总体健康平稳发展，新“四化”的同步推进，经济转型和产业升级步伐的加快，必将创造大量金融服务需求；全面深化改革各项部署的落实，特别是一系列重大金融改革措施的推出，将为银行带来新的创新空间和发展红利。我们要牢牢抓住这些机遇，积极有所作为。

第二，关键是坚守风险底线，并朝着更高的风险管理目标努力。面对国际国内经济形势的复杂变化，银行信用风险有从产业链下游向中上游、从沿海向内地、从小微企业向大中型企业扩散蔓延的势头，各类风险有从表外向表内、从外部向内部传染、传递的趋势。银行各类风险防控特别是资产质量稳定处在一个重要关口。守住不发生系统性区域性风险底线，是党中央、国务院对银行提出的重要任务。将不良贷款率控制在××%以内，是我们守住风险底线的一道重要防线。但也必须要看到，若在保持目前拨备保有率不变的情况下，不良率每上升 1 个基点，利润增幅就会下降 0.8 个百分点，不良率上升到××%，利润总额将会难以避免地出现负增长，造成整个经营发展局面的被动。因此，我们必须坚持更高标准，朝更好的结果努力，力争实现今年不良贷款由“双升”到“单升”的转变。

第三，根本之策在于紧紧依靠改革、创新与转型，增强经营活力和发展动力。如果单纯按照静态算账，按照现有模式经营，实现今年质量效益等目标是非常困难的。但是，一切可能、一切潜力、一切红利都来自于改革、创新与转型。只有坚持以改革、创新和转型的思路，在服务客户资产多元化配置中促进存款业务的稳定增长和成本可控，在盘活存量中挖掘贷款边际收益提升的巨大潜力，在优化结构和增强定价能力中保持 NIM 的基本稳定，才能打造出基础业务发展的新空间、新优势，发挥好基础业务对盈利增长的“压舱石”作用，并为新业务成长和转型突破赢得时间、争得主动。只有坚持依靠改革推动、创新驱动、转型拉动，特别是通过大零售、大资管、大数据和信息化战略的深入实施，以及国际化综合化发展的新突破，才能培育起新的盈利增长引擎，在基础业务稳定增长的基石上，让新引擎释放的能量成为全行盈利增长不竭的动力之源。

三、2014 年改革发展的主要任务

去年 12 月，总行召开了改革发展研讨会，对今年的形势、目标、任务、措施进行了深入探讨，改革和发展的大局已定。这次会议主要是布置抓落实、抓落地。

（一）确保信贷资产质量稳定，增强信贷经营活力。要认真贯彻中央经济工作会议精神，落实李克强总理到我行天津机构视察时提出的围绕实体经济开展金融创新、支持经济转型升级和企业“走出去”等重要指示，坚持“用好增量、盘活存量、优化结构、改善质量”的总体思路，突出确保信贷资产质量稳定这个关键，改善信贷经营管理，创新金融服务，更好地支持实体经济发展。

一是统筹信贷增量与存量管理以及信贷与非信贷融资的发展，加快信贷结构调整。今年新增人民币贷款计划为 9 000 亿元，存量贷款到期可以移位再贷的规模约 1.9 万亿元，信贷资产证券化和贷款批量转让还可腾挪出一些贷款规模，信贷结构调整空间巨大，全行要切实把增量投放与存量移位很好地结合起来，大幅度调整优化信贷结构，改善信贷质态和边际效益。从总行来讲，要从境内外、本外币、增量存量以及总量节奏四个维度，从资本占用和效益、贷款安全与质量以及稳定的资金来源等角度，通盘考量信贷资源的配置。要将项目、房地产和个人住房三项贷款年内到期的 50%，约 2 750 亿元规模与增量计划一起重新配置。探索建立系统内信贷资产转让交易平台和管理机制，有序推进信贷资产在行内交易流转。

要加快建立全口径的融资业务统计和管理体系，在有效控制风险的基础上，积极运用“商行＋投行”“表内＋表外”模式，以综合金融服务和更少的资本占用，支持实体经济多元金融需求，获取多元收益。在银团贷款方面，要增强重大项目贷款承揽分销能力，争取更多

账户管理行、代理行资格，以小金额撬动大份额。在租赁业务方面，要提升航空、航运、大型设备租赁的专业化、国际化经营能力，加强资产流转管理。在债券承销方面，要抓住大力发展直接融资的机遇，巩固大企业债券发行市场，主动竞争优质市政债、中小企业集合债、保障性住房企业债券，积极拓展国内企业境外发债市场。

二是完善信贷政策和流程，提高信贷业务竞争发展能力。要适应经济转型升级、产业结构调整方向和各区域经济发展特征，进一步明晰行业和区域信贷目标市场、政策措施和创新重点。在行业上，要着力开拓重点基础产业及基础设施、重点能源资源建设项目、新型城镇化与棚户区改造、重点节能环保工程、现代服务业、先进制造业、并购业务与“走出去”，以及现代农业等八大重点目标市场。在业务板块上，要着力开拓供应链融资、小微企业和个人消费信贷三大领域，重点围绕核心企业、重大项目推进跨区域、跨境优质供应链融资发展，力争全年供应链融资余额至少翻一番；整合小微企业和个人经营贷款，在突出小额化的基础上，重点发展能够提供不动产抵押的小企业贷款和基于交易数据挖掘的小微商户信用贷款；要重点围绕消费扩大升级，支持符合条件的个人首套房和改善性住房融资需求，大力推广个人消费贷款、信用卡透支和分期付款等消费类金融产品，创新发展基于线上线下的“逸贷”新兴小额消费信贷，力争逸贷和信用卡透支业务增长 1 000 亿元。在区域上，既要着眼信贷结构调整总体战略，坚持全行一盘棋，又要根据区域经济特点和资源禀赋，在资源配置、信贷准入、行业分类、授权管理等方面实施差异化的区域信贷政策，做到区别对待、分类施策。

加紧调整与优化信贷流程。重点简化与下放信贷授权管理和信贷控制事项，增强一级分行的经营决策权与管理责任，实现“授权充分、权责匹配、审批下放、监管上收”；积极推进信贷尽职调查和档案管理的信息化改造，使各级信贷人员有更多时间营销市场和维护客户；区分不同的客户和业务，科学设置信贷业务长流程、短流程和标准流程，形成更有效率和活力的信贷经营管理机制。

三是深化信用风险管理，坚决遏制不良贷款反弹势头。针对风险高发和潜在风险大的种类、领域和机构，要预设防线、分类施策，锁定存量风险、管住增量风险，做到降旧控新、逐步化解。要继续突出加强对小微企业、个人经营贷款的风险防控。严格专业市场和产业集群信贷准入，防止以市场为融资平台“套贷”，控制一些小微企业过度融资，防范群发性风险。要把握贸易融资的业务属性，防止将流动资金贷款包装为贸易融资办理。要继续突出加强对地方政府融资平台、产能过剩行业、房地产行业贷款的风险防控。要重点压缩政府融资平台贷款尤其是风险较高的市县两级平台贷款，提前落实还款来源，防范政府融资平台集中还款期的风险暴露；密切跟踪产业结构调整政策，关注产能过剩行业和环保违法企业关停并转过程中的债务落实问题；密切监测各地房地产市场变化，逐步压缩三四类城市的房地产贷款，着力优化房地产信贷区域布局。要强化对这三大领域的全口径融资总量控制，更多通过协助政府发行地方债、支持企业重组并购等投行手段加快存量贷款有序退出，并要坚决防止此退彼进，信贷资产退出、其他资金进去的现象，确保这三个领域的融资余额分别压降 1 200 亿元、250 亿元和 200 亿元，争取用两年时间将这三个领域的贷款总量稳步压降到可比同业较低水平。要继续突出对贷款劣变较多、不良贷款上升较快机构的管理，全面梳理和整顿信贷业务，严查信贷违规行为，严肃追究相关人员和领导责任。要科学制定不良贷款清收处置计划及相适应的财务安排，不使用某些高成本的批量转让处置方式，努力提高处置受偿比率。重视对逾期贷款的催收和转化，加强对逾期贷款和不良贷款的双线控制、双线考核，提前控制贷款劣变，力争全年逾期贷款和不良贷款“剪刀差”缩小 200 亿元。要建立和完善与信贷资产质量相挂钩的延期兑现绩效奖励机制，运用机制的力量防止重贷轻管和短期化行为。

要坚持用改革的办法解决信贷管理中信息不对称等深层次问题，运用信息化银行的新思维、新手段来提高风险防控能力。总行已组建设立了信用风险监控中心，这是风险的监测“雷达”和预警防控的重要平台。要积极运用信息集成、监控分析和数据挖掘等技术，利用行内外信息资源，融合风险计量技术和专家经验判断两种优势，开发风险识别和控制模型，提高信用风险管理的集约化、科学化水平。

（二）加快创新转型，提高各项业务竞争发展水平。今年要在实施“三大战略”、优化“五大布局”上取得重大突破，更多依靠创新和转型推动盈利可持续增长。

一是推进大零售业务全面发展。要做好顶层设计，科学制定战略实施纲要，建立业务统计口径和核算体系，整合经营资源，确定存贷款、银行卡、私人银行、资产管理、贵金属、养老金、金融市场、电子银行等各领域零售业务的发展目标和举措，并定期通报进展。各级行要在纲要指导下，从当地市场特点出发，创造性地开发、开拓市场，集全行之力推动大零售业务的发展跨越，力争每年营业贡献增长 13% 以上、占比提升 2.5 个百分点。

实施大零售战略，最重要的是完善以客户为中心的基础服务，以客户需求为导向提供差异化服务。要围绕客户资产链条进行全产品开发，根据客户资产转换需求，灵活配置理财、信用卡、贵金属、基金、保险、金融市场等产品，拓展零售金融跨市场、跨区域发展水平，扩大集团内交叉销售。要围绕客户生命周期开展全过程经营，设计教育、创业、退休和继承等接续化的金融服务方案，从单纯追求产品规模和短期、局部业务收入转向关注客户全面需求、获取持久综合收益。要开发针对大众市场的互联网金融产品，大力发展小额便捷电子支付、融资、理财服务，发挥“长尾效应”，打造开放式的大零售业务平台。持续创新信用卡服务，提高中高端客户信用卡渗透率，组建商户收单中心，实施 POS 倍增计划，加强线上线下收单商户的统一管理。更加重视客户的投资交易需求，不断丰富个人账户交易产品体系，尽快把代客交易业务培育成大零售的重要增长极。把中高端客户服务作为提升零售业务竞争发展能力的“主引擎”，尤其要完善私人银行客户个性化产品与服务，以多元化配置、全球化服务、高水平管理赢得市场，确立我行私人银行业务绝对领先的同业优势。

二是扩展大资管业务先发优势。要充分利用我行率先转型带来的大资管业务优势，以打造国际一流资产管理金融集团为目标，明晰商行、投行、基金、保险等各板块资管业务发展规划，尽快完善业务统计体系和管理系统，形成集团协同、境内外一体的大资管发展格局。力争今年末集团资产管理和托管规模分别达到 2 万亿元和 5.5 万亿元，业务收入突破 300 亿元。

要抓住投资管理和资产托管核心环节，深度挖掘全市场、全客户、全价值链的业务贡献。理财业务，要把握代客理财的本质，着力提升跨市场、跨区域的投研创新能力和资产配置能力，优化产品结构，重视研发适应网络金融、面向大众客户的便利理财产品，充分发挥理财创新稳定市场、吸引客户和增加中间业务收入的作用。投行业务，要切实抓住国有资本重组、中资企业“走出去”跨境投资、产业结构调整优化等市场机会，提升项目营销和融资结构设计水平，更好地运用资产管理业务支持重组并购、承销发行、股权投资等交易。养老金业务，要密切关注国家新的有关政策，加大新客户拓展和存量客户二次营销，试点在网银渠道直接销售个人养老理财产品，保持业务规模和收入同业绝对领先优势。贵金属业务，要利用在资产保值增值、避险、套利等方面的独特作用，创新贵金属实物产品、贵金属产业链金融服务，以及贵金属理财等资产管理和运作产品，不断扩大收入来源。资产托管业务，要巩固市场领先优势，积极拓展互联网金融和民生领域托管新市场，加快票据资产托管业务推广，探索开展托管理财服务，实现托管业务向全面的资产服务升级。

工银瑞信、工银安盛、工银国际，要加强与集团大资管业务的战略协同，找准定位，在服务集团战略的过程中实现自身发展。工银瑞信要发挥“轻资本”经营的功能，积极转化集团高资本占用业务，力争使管理资产规模和公募基金规模在同业中实现新的进位；工银安盛要把集团项目资源和保险资产运作多元化的优势结合起来，优化资产配置，促进盈利的持续提升；工银国际要发挥境外全牌照投行功能，丰富资产管理产品线，扩大与集团境内外机构合作空间，创造更稳定的盈利来源。

要高度重视大资管业务交易结构复杂、风险关联度和隐蔽性高、扩散速度快的特征，特别是在当前产业结构优化调整加速、同业产品大量到期兑付等多重压力下，资管业务风险有集中暴露的趋势，在推动大资管发展中建立更加严密和全面的风险管理体系。要认真落实国务院关于加强“影子银行”监管的通知要求，严密盯防业务运作不规范、不审慎引发的风险。要进一步严格理财业务管理，做到每个产品单独管理、单独建账、单独核算，切实做好资金来源与运用的一一对应。对存量业务，要逐一对已投项目进行风险排查，及早发现风险苗头，落实风险处置措施；对新增项目，分行和项目推荐部门要切实履行好尽职调查和投后管理职责，信用审批部门要按照表内外统一管理的原则严格把关，严禁有瑕疵、不符合信贷标准的业务办理理财投资。要加强对代理业务中合作机构的名单制管理，从严从高标准管理信托类“通道”业务，明确信托、证券公司等合作机构准入标准、程序、项目存续期管理、信息披露义务及退出时间和措施，严格风险隔离。要统筹表内资金来源运用与资产管理业务投资及产品发行管理，实现表内外全口径的资金供需平衡，防范流动性风险，并按照实质重于形式的原则研究计提拨备，切实把各项风险防范措施准备充分、落实到位，确保大资管业务健康发展。

三是提高存款竞争力和资金业务贡献率。认真把握新的市场环境下社会资金流动的规律，主动应对金融改革创新对商业银行存款的分流，以更开阔的视野和思路、更有竞争力的产品和综合服务，提升社会资金的吸纳能力和汇集能力，确保日均存款稳定增长，市场份额保持第一，存款成本控制在合理水平。

要依托大零售战略实施重夺储蓄存款优势。狠抓代发工资等源头性业务，创新开发“薪管家”代发工资专属服务，明确个人与对公部门的联动营销职责，通过公私联动、高层营销提升代发工资业务对优质对公客户的覆盖率，提升客户金融资产和储蓄存款的留存率。加强存款与各类理财产品的互动发展，做强综合金融服务，做大客户金融资产服务总量和流量，沉淀客户资金。

要着力促进公司存款业务的健康发展，利用我行结算等基础业务优势，依托公司与法人客户营销系统、供应链金融服务平台、大额资金流向监控平台，围绕企业资金流开展链式营销，大力增加有效账户，扩大各类账户和现金管理产品渗透覆盖，挖掘核心客户上下游存款资源。要提高公司存款的差别化定价能力，主动加强结构性存款和对公理财产品的创新，努力实现公司存款的稳定增长。

要继续保持机构存款稳定增长的良好势头，把握政府转变职能、更加注重服务和保障民生的政策机遇，在稳固军队存款优势的同时，加强民生领域金融服务，牢牢抓住财政资源向基层政府下沉、全国社保统筹、企事业单位养老并轨改革以及城镇化建设中的存款业务。

要适应利率市场化改革的持续推进，进一步完善利率定价管理体系，优化调整负债结构。要研究把握存款保险制度推出后客户存款特别是高净值客户存款的变化趋向，充分利用大银行优势，针对性地争揽和稳定存款。要积极稳妥地发展同业和主动负债业务，坚持结构合理、成本可控的同业存款发展原则，积极拓宽同业存单、境外债券发行等新型主动负债工具，更好地控制负债规模、期限结构和利率定价方式，提高资产负债的匹配度。

这里需要特别强调的是，资金业务运营的资产占全行总资产的比重很大，必须持续抢抓资金市场、资本市场发展变化中的商机，创新投资交易与资金营运策略，稳定提高收益水平和盈利贡献。在具备市场条件、保证合理利差的基础上，探索在一定额度内大额资金来源与运用逐笔对应的资金业务运营新模式，增强主动负债和存款竞价能力。

四是大力提升国际化发展水平。要适应我国经济金融对外开放和全球化发展的新形势，制定新的国际化发展战略规划，完善全球经营布局，着力提升全球重点产品线的竞争影响力，突出加快金融市场交易、贸易金融、资产管理、托管等重点业务线海外拓展的步伐，促进境内外国际业务协同发展。要考虑各境外机构不同的牌照、渠道、客户基础、监管环境等资源禀赋，将境外机构区分为核心类、重要类、观察类和节点类四个类别，差别化确定配套政策措施，推动境外机构因地制宜谋发展。要继续坚持自主申设与战略并购并举，加大在东盟、拉美、中东欧等重要新兴市场经营的深度。参股台湾永丰银行的交易完成后，要通过积极的股权管理促进双方的深度合作，实现我行服务渠道和服务能力在台湾市场的延伸。要依托香港机构建设境外资产业务中心、信贷审批中心和海外私人银行及资产管理中心，设立东南亚、欧洲金融机构营销中心，加快构建支撑境外机构规模化发展的集约化运作机制。要制定境外机构中长期债务发行计划，逐步替代境外机构短期的市场资金拆借。具备条件的境外机构要大力吸收存款，扩大自有资金来源，提高稳定性资金的占比。

要紧紧依托我行人民币业务和客户资源优势，扩展跨境人民币业务线，确保持续较快增长。进一步加强海外人民币清算行建设，支持新加坡分行完善清算行相关职能、扩大市场影响，全力以赴争取新一批的指定清算行资格，打造集团境外人民币清算、资金交易的全球化运作平台。进一步完善离岸人民币重点客户服务体系，加大总行直接营销力度。利用好上海自贸区及各地金融综合改革试验区的政策，加快跨境金融业务创新，提升跨境金融服务能力。

要夯实境内国际业务的发展基础，各分行国际业务部门应着力提升专业产品营销能力。要提高重点业务对大中型客户的覆盖率，创新国际贸易供应链融资等产品，促进外汇存贷款、国际结算和结售汇业务快速增长，力争年末境内分行外汇存款余额同业占比提升2~3个百分点，实现国际结算市场份额排名第一的历史性跨越。

（三）完善以客户为中心的经营服务体系，提升客户服务质量和效率。建立以大数据和信息化为依托的客户信用体系，完善分层分类分级服务体系，努力实现有效客户和活跃客户明显增多、中高端和年轻客户占比大幅上升的发展目标。

加强客户信息整合和利用。一是做实数据，开展数据治理，建立有效的客户信息认证、核实与动态完善机制，全面展示和精确计量客户价值贡献。二是整合数据，将散落在各系统中的个人信息整合为完备的个人信息库，将与个人业务相关的系统优化升级为统一系统，同时建立个人和对公客户关联信息库，促进业务协同。三是挖掘数据，充实数据分析师力量，组建一级分行分析师团队，为营销服务提供精准导航和智力支持。

加快推进渠道转型和客户经理队伍建设。网点渠道，要全面实施好竞争力提升七大工程，年内基本完成低效网点优化调整，并同步推进网点运营标准化、渠道转型、优化人力资源配置、强化客户拓展和产品渗透、完善配套保障等工作，促进网点经营服务水平和市场竞争力迈上一个新台阶。自助渠道，要加快对新城区、城乡接合部、重点县域离行式自助银行和自助终端的布设，并加强对使用情况的精细化管理。线上渠道，要借力一批新产品的推广，打造黏性强的移动金融服务。B2C电商平台目前已正式推向市场，要做好营销推广工作，以服务和品牌打开市场。B2B商城要抓紧论证完善，着手开发建设。客户经理队伍建设，要推动全行更多依靠改革释放生产力、通过内部挖潜充实营销和客户经理队伍，科学设置管户数量和服务标准，推广客户经理与“95588”联动服务模式，加强客户经理培训，逐步补齐因客户经理数量不足、素质不齐造成的营销服务短板。

提高产品创新水平。要注重创新的个性化，加快主要业务线的产品化改造，提高客户个性化定制水平和新产品上线速度。要加强创新的多元化，适应客户尤其是高端客户日益增多的跨市场、跨区域、跨国别金融需求，加强各类产品的整合，创新多元、综合的解决方案。要突出创新的品牌化，改变过去撒胡椒面式的开发模式，每年集中力量打造几个市场影响力大、增收能力强的产品，聚人气、强品牌、增效益。对于创新工作的配套管理要机制化，进一步健全创新资源投入管理机制，严格产品项目准入机制，建立迭代开发机制，规范分行区域特色业务管理和授权研发机制，完善投后监测和市场评价机制。

着力实施分层分类服务。个人客户，重点要完善星级评价及服务体系，深化对中高端客户服务。对公客户，重点要落实好分层服务营销机制，完善二级分行以上机构重点客户名单，逐一落实差别化服务；支行要着重做好中小微型企业营销服务，配合做好总分行重点客户驻地分支企业的服务和维护，对金融资产超过100万元的客户全部实现管户，确保重点客户能维护好、留得住，并全面带动其供应链、上下游目标客户。此外，作为今年世界青奥会银行类独家合作伙伴，要高标准做好各项金融服务工作，全面展示我行良好形象和服务水平。

（四）全面深化体制机制改革，提高经营管理水平。要把今年作为“改革年”，对改革发展研讨会提出的八项改革任务，抓紧完善具体改革方案措施，成熟一项，落实一项。各级行各部门都要以改革的思路研究推动各项工作，尊重和激发基层的首创精神，在实践中探索建立更加贴近市场、贴近客户、更具活力和效率的体制机制，不断释放新的改革红利。

一是积极推进组织机构改革。总行本部机构改革方案已经正式印发，各部门要切实增强大局观念，按照要求认真组织实施，特别是此项改革涉及信贷业务条线的许多职能变更与调整，要按照“人随业务走”的原则，做好职能、人员划转及工作衔接，确保改革平稳过渡，提高运行效率。同时，要抓紧做好部门内部处室优化整合、业务和管理流程梳理、制度办法修订完善等改革后续工作，顺畅组织运行机制，充分发挥改革效能。有序推动利润中心系统行政管理职能的剥离工作。抓紧核定一级（直属）分行内设机构、干部职数和人员编制，清理并规范分行直、附属机构的设置与管理。要认真调研分析各区域省区分行营业部和大中城市行市场竞争力问题，形成进一步深化改革的办法措施。要按照“重点扶持、梯次推进”的原则，尽快确定总、省（市）行重点县支行名单，把握县支行“三为主”的经营定位，落实重点县支行的倾斜政策和考核激励机制措施，有针对性地创新产品和服务，推动县域机构竞争力的逐步提升。

二是实施新的绩效考评体系和业务评价体系。总行在充分调研、广泛听取意见的基础上，今年对境内分行绩效考评办法进行了较大调整，会上已印发给大家。这次考核办法在保持核心指标连续性和总体考评导向稳定的前提下，大幅精简了指标数量，优化了指标体系，突出了对效益、效率、质量、转型和发展基础等关键业绩指标的考核，取消了专业专项考核。各行要很好地研究吃透考核办法的精神，在保持核心导向与总行一致的情况下，可根据自身实际，完善对二级分行及基层支行、网点的考核。要加大绩效考评与各类费用资源配置的挂钩力度，使激励导向与经营导向更加紧密衔接。今年净利润下降的分行，原则上工资总额也要有所下降。

近期，总行选取了一定数量的客户、产品、业务线和渠道，按照五级分类方式进行了试评价。要抓紧校验评价办法，完善评价要素和评价标准，扩大五级分类评价体系的覆盖面，尽快形成以质量和结构为导向的评价新体系。

三是构建多元平衡的财务运行机制。坚持市场化的改革方向，创新财务预算管理机制，研究建立内部财务资源市场，平滑不同经营周期下的费用供需余缺。优化新增资产投入结构，适当下调固定资产投入总量，严格限制新增综合营业用房投资，加大闲置固定资产处置盘活力度，实行“处置与增量挂钩”的总量平衡机制。深化内部计价和联动分润管理，激发各机构协调联动的主动性。适度提高分行组合拨备提取比例，有效传导资产质量控制和拨备补充压力。

四是健全集团资本和全面风险管理机制。重视完善公司治理机制，加强表内外、境内外、本外币和母子公司的集团并表全面风险管理。要落实全球系统重要性金融机构监管要求，研究编制恢复和处置计划，建设风险数据库。总行要成立系统重要性银行工作领导小组，统筹、协调相关工作。要加强和改进资本管理，完善经济资本配置和限额管理，改年度限额为季度限额管理，推动经济资本在集团各机构的资源配置、产品定价、绩效评价等方面的应用。扩大资本管理覆盖范围，从今年开始，对成立3年以上的境外机构及子行、子公司，要将资本充足率、资本回报率均不得低于12%作为其增资注资的前提条件，增强其资本回报和资本节约意识。积极研究新资本工具发行，争取境外发行外币债券首批试点资格。要持续推进风险计量体系建设，突出强化公司、零售信用风险计量和管理应用，积极推进境外机构巴塞尔协议Ⅲ的实施。要完善市场风险管理体系建设，推进市场风险管理系统的延伸应用，形成集团统一的市场风险管理机制。要研究把握市场化条件下银行利率汇率风险的复杂特征，加强利率定价的精细化管理，建立集团统一的汇率风险计量和限额管理体系，丰富风险对冲工具和手段，提高市场适应性。要完善流动性风险管理制度、机制和平台，统筹表内外、境内外流动性风险管理，确保满足流动性监管要求。要推进内审内控管理和操作风险管理体系建设，进一步完善内控监测分析和运营风险监控体系，强化针对网点运营风险的评级及差异化管理。要推进案件查防工作由以查为主向查防并重转变，重视员工异常行为的排查治理，始终保持对各类重大风险事件和案件的高压态势。要强化信息科技风险防范，全面完成“两地三中心”建设，打造更加安全稳定的信息系统运行平台。要落实银监会消费者权益保护工作指引，推动分支机构健全消费者权益保护管理机制。要加强声誉风险管理，及时研判和控制负面舆情，主动塑造良好发展环境。

四、加强党建和队伍建设

要适应新的形势任务要求，大力加强和改进党建工作，推进作风建设常态化，打造高素质干部人才队伍，为改革发展提供坚强的思想和组织保障。

（一）着力抓好习近平总书记系列重要讲话精神的学习贯彻，提高思想政治建设水平。党的十八大以来，习近平总书记围绕治国理政发表了系列重要讲话，提出了许多富有创见的新思想、新观点、新论断、新要求，为我们做好新时期各项工作指明了方向。认真学习贯彻好习近平总书记系列讲话精神是今后一个时期的重大政治任务。按照中央要求，总行党委对处级以上干部集中学习系列讲话精神作了安排，上半年将相继举办专题培训班，分批组织总行管理干部进行集中学习培训。各行也要按照要求，认真组织专题学习轮训工作。各级领导干部要带头学、作表率。要通过学习，全面领会总书记系列重要讲话精神的基本内涵，深刻把握贯穿其中的坚定信仰追求、历史担当意识、真挚为民情怀、务实思想作风和科学思想方法；自觉以讲话精神改造思想、提高认识，坚定“主心骨”，增强政治定力；真正把讲话精神贯彻到工商银行的改革发展实践中，成为攻坚克难、推动科学发展的强大思想动力和理论武装。

（二）着力抓好群众路线教育实践活动整改措施落实，深入开展党风廉政建设。目前全行教育实践活动已经进入到深入整改和总结评价阶段，这是教育实践活动最终见成效、出成果的重要环节，全行必须以高度负责的态度、以“钉钉子”的精神落实整改措施、兑现整改承诺。总行党委对34项整改任务和94条整改措施逐项逐条明确了负责行领导、具体部门和整改时限，正在一项一项整改，一件一件落实。各行、各机构要按照总行党委要求，持续聚焦“四风”问题，全面开展专项整治，把整改落实作为贯穿全年各项工作的主线。要抓住整章立制这个关键，全面完善公文、会议、服务、调研、接待、办公用房、业务用车、财务管理等各项制度，并要严格监督执行、铁面执纪，促使全行持之以恒落实中央八项规定和近来党中央、国务院出台的一系列党风廉政建设规定，推动改进作风常态化、长效化。要让全行员工、广大客户和全社会看到教育实践活动带来的新变化新气象，为全行改革攻坚凝聚力量、增添动力。

要以作风建设为突破，以强化体制机制创新和制度保障为重点，深入推进惩治和预防腐败体系建设。要认真贯彻十八届中央纪委三次全会精神，根据中央印发的《建立健全惩治和预防腐败体系2013—2017年工作规划》，结合金融工作实际，抓紧研究制定全行惩防体系建设规划，全面系统地推进廉洁银行建设。要深入开展党风党纪和廉洁从业教育，促使干部员工筑牢拒腐防变的思想道德防线。各项改革措施要体现惩治和预防腐败要求，尤其要结合组织机构改革、流程改造，以及新的运营体系构建，规范设置、合理划分各部门的权力和职能，强化对业务审批、资产处置、财务管理、集中采购、选人用人等权力集中环节的制约监督，把权力关进制度的笼子。要按照中央的要求，完善和深化巡视工作，突出发现问题，强化对领导干部特别是一把手的监督。要铁拳出击，严查重处各类经济案件、腐败案件，充分发挥惩治的震慑作用。要落实各级党委的主体责任和纪委的监督责任，严格责任追究。

（三）着力深化人力资源改革，充分激发第一资源的效能。

一要加强各级领导班子建设。认真落实领导班子建设的各项规定，选优配强各级领导班子，尤其是配好一把手。加强优秀干部的培养和储备，有序推进干部队伍的梯队建设，建立健全后备干部培养锻炼、适时使用、定期调整、优胜劣汰的机制。整体规划境外机构管理层建设，探索建立国际经理人队伍，打造适应国际化发展需要的境外机构管理层团队。

二要深化干部制度改革。坚持党管干部和市场化选人用人相结合，完善干部选拔任用机制。要坚决纠正干部退出年龄层层递减的做法，充分调动各级管理人员的积极性。要规范业务类职务管理，把握好业务类职务主要是培养中高级专业类、销售类人才的定位，切实解决业务类职务行政职级化或成为虚职闲职的问题。要改进民主推荐、民主测评和竞争性选拔干部的措施办法，合理确定公开选拔和竞争上岗的范围和规模，避免将竞争性选拔作为提拔干部的主要方式甚至唯一方式，同时科学设置干部竞聘的资格条件和考试方式方法，注重干部的真水平、真本事，切实纠正和防止简单地以票取人、以分取人的问题。要完善干部考核机制，既看增长又看基础，既看显绩又看潜绩，增强考核的全面性和科学性，对只注重短期业绩而不顾长远、甚至留下未来发展“欠账”的干部，不仅不能提拔，还要视情况实行责任追究制。要健全干部监督机制，开展干部选拔任用工作“一报告两评议”和党委书记履行干部选拔任用工作职责离任检查，提高选人用人的公信力。

三要加强人才队伍建设。要适应经营环境变化和转型发展对干部员工素质、能力的新要求，改进分层分级培训，以高管经营管理能力培训、国际化人才培训、客户经理经营培训、职业持续培训等项目为重点，以经营管理案例培训为重要方式，增强培训的针对性和实用性。要持续加大各类人才培养力度，积极引进重点领域和紧缺人才。要科学规划、精细化管理集团用工，规范执行内退政策，引导人力资源在集团内部合理、有序流动，优化配置结构和效能。要把培育和践行社会主义核心价值观作为思想政治工作和企业文化建设的中心，创新工作的思路和办法，加强和改进新形势下宣传思想文化工作，积聚与传播推进改革发展的正能量。

四要突出强调一下信访工作。当前全行信访工作的总体形势是好的。但是，去年以来受多种因素的影响，部分行信访上行压力加大，特别是协解人员赴省进京非正常上访次数和规模增加，行为过激，造成了不好的影响。全行一定要认清形势，认真贯彻中央要求和总行部署，更加注重完善决策机制和依法规范经营行为，创新群众工作方法，着力从源头上预防和减少信访问题发生。要健全解决信访突出问题、特殊疑难问题的工作机制，特别是协解人员缠访闹访问题突出的分行要切实加强领导和组织力量，紧紧依靠当地党委、政府和有关部门化解矛盾，依法维护正常信访和经营秩序，维护社会稳定。

同志们，当前外部经营环境正在发生深刻变化，全行面临的机遇和挑战很多，改革发展的任务很重。我们既要立足于完成年度目标任务，奋发有为，攻坚克难，扎实做好每一天工作；又要着眼长远，科学编制股改后第二个十年发展纲要和2015—2017年新的三年发展规划，更加前瞻性地推动改革、创新和转型，在工商银行成立30年改革发展成就的基础上，继往开来，谱写国际一流现代金融企业建设的新篇章！

在中国工商银行深入开展党的群众路线教育实践活动总结会议上的讲话

姜建清

（2014年2月8日）

今天，我们在这里召开全行深入开展党的群众路线教育实践活动总结会议，总结活动经验，深化认识体会，推动活动成果的巩固和扩大。按照中央统一部署，从2013年7月开始，我们采取同批开展、压茬进行的方式，在全行组织开展了党的群众路线教育实践活动。在中央教育实践活动领导小组办公室和中央督导组的指导下，总行及各级行党委认真学习贯彻习近平总书记的重要讲话精神，按照“照镜子、正衣冠、洗洗澡、治治病”的总要求，结合转型发展和作风建设实际，切实加强领导，精心组织安排，大力统筹推进，顺利完成了学习教育、听取意见，查摆问题、开展批评，整改落实、建章立制三个环节的工作。通过活动，全行党员干部思想认识水平进一步提高，党群干群关系更加密切，作风建设取得了新的成效。中央第三十三督导组对我行的教育实践活动给予了很多指导和帮助，接下来督导组组长马之庚同志还要作重要讲话。下面，我代表总行党委，先讲三点意见。

一、坚持领导带头，周密组织部署，深入开展教育实践活动

全行共有1 358个处级以上领导班子、11 841位处级以上领导干部、264 450名党员参加了教育实践活动。各级党组织严格按照中央要求，坚持领导率先垂范，紧密结合实际、聚焦反对“四风”，认真组织学习、查摆问题、建章立制，有力地推动了教育实践活动的扎实开展。

（一）党委高度重视，加强组织领导。总行党委高度重视党的群众路线教育实践活动，将其作为首要政治任务来抓，成立了由我任组长，党委成员、高管和有关部门负责人为成员的教育实践活动领导小组，并从党委各部门抽调骨干力量组成教育实践活动办公室，负责组织指导、统筹推进全行教育实践活动各项工作。建立了联系点制度，党委成员每人确定1家一级分行和1家二级分行作为联系点，强化对基层机构开展活动的指导。组建10个督导组，组长均由担任过一级分行行长的领导干部担任，负责对全行62家一级分行、直属分行、直属机构进行督导。同时，总行党委分别组织召开了由党员领导干部、员工和群众代表参加的座谈会，认真听取开展群众路线教育实践活动的意见和建议；召开党委会议，对照习近平总书记指出的全党在“四风”方面存在的问题，紧密结合我行实际，深入分析全行特别是总行本部在“四风”方面存在的问题及产生原因，认真研究制定了《中国工商银行深入开展党的群众路线教育实践活动实施方案》。及时召开全行深入开展党的群众路线教育实践活动动员大会，对全行开展教育实践活动进行了动员和部署，并专门针对总行督导组成员和各单位教育实践活动领导小组办公室主任，开展了教育实践活动专题培训，进一步统一了思想，明确了任务，为活动开好局、起好步打下了坚实基础。全行二级分行以上机构也普遍成立了教育实践活动领导小组及其办公室，各一级分行、直属分行共建立联系点713个，成立督导组168个，并积极探索行之有效的工作方法，切实

加强对活动的组织推动。各级督导组认真制定了督导工作方案，切实履行工作职责，全程参与了被督导单位教育实践活动各个环节的工作，并积极主动赴被督导单位基层机构了解掌握第一手资料，推动了全行教育实践活动深入有序开展。活动中，各级领导机构和领导干部切实发挥好示范带头作用，自觉把自己摆进去，带头做好各个环节的工作，推动全行形成上级带头、领导示范、上行下效的良好局面，有力保障了教育实践活动的顺利开展。

（二）认真开展学习，提高思想认识。全行各级党组织坚持把学习教育、提高思想摆在首位，制定了专门的学习计划，并严格学习纪律，规定班子成员除特殊情况外，一般不得安排外出活动，确保学习时间和效果。教育实践活动中，各级党组织深入学习了习近平总书记等中央领导同志的一系列重要讲话和中央指定的“三本书”等学习材料，认真学习了十八届三中全会和中央经济工作会议精神，并随着形势的发展不断增加新的内容，对重点内容做到了多次学、反复学、深入学。在习近平总书记全程参加指导河北省委常委班子专题民主生活会之后，总行党委连续召开2次扩大会议，组织全体党委成员集体观看9月25日《新闻联播》和《焦点访谈》，全文研读有关文件。同时，注重理论联系实际学、带着问题学，结合我行近年来改革发展和服务经济社会实际，深入思考领导班子作风建设和坚持群众路线重大问题，增强建设现代金融企业的责任感和紧迫感。在严格按照中央布置的学习任务抓好学习教育的同时，各级党组织还结合本机构和干部队伍实际情况，创新学习方式和学习载体，推动广大党员干部爱学真学、入脑入心。总行各部室围绕作风建设、服务提升、改革发展等员工关心的主题组织开展了“书记讲党课”活动；通过学文件、谈体会，听讲座、谈心得，观影片、谈收获等活泼多样的形式组织广泛深入的学习讨论。有的分行结合当地的先进集体、先进人物，开展了体验式学习；有的分行对照先进典型，开展了践行“六个带头”“六个做到”等学习实践活动。活动开展以来，总行党委班子先后组织集体学习13次，总行各部室、各一级分行、直属分行、直属机构领导班子集中学习时间均在3天以上；总行和各一级分行、直属分行、直属机构党委书记讲授专题党课63次，参加人数达2.2万余人；各级党组织共开展集中学习1.4万余次，召开座谈会1万多场，促使全行党员干部进一步增强了宗旨意识和群众观点。

（三）深入调查研究，广泛听取意见。全行各级党组织聚焦作风建设，针对窗口服务单位特点，坚持开门搞活动，全面了解群众所需所急所盼。总行党委将面向基层与服务社会相结合，采取印发征求意见通知、发放调查问卷、设立意见箱、开通专线电话、函询等方式，既广泛听取基层组织和党员群众、近年退出领导班子的老同志、“两代表一委员”的意见建议，又诚恳征求政府部门、监管机构、股东单位、客户代表的意见建议。同时，组织召开分别由分支机构负责人、总行部室负责人、党员干部、党外人士参加的座谈会，听取各层面对总行党委班子和党委成员在“四风”方面存在问题的反映；每位党委成员还通过个别谈话等形式，充分听取分管部室和部分分支机构的意见；班子成员之间也相互听取意见建议。党委成员先后赴14个一、二级分行教育实践活动联系点，累计走访政府部门、企业客户以及监管机构21个，召开基层座谈会23场，个别谈话90人次，面对面征求意见建议。各级党组织也按照总行党委统一要求，结合本单位实际深入开展调查研究，听取意见建议。总行各部室坚持“走出去”和“请进来”相结合，深入定点联系行205个，开展调研284次，开设网上“客户意见征集”栏目、走访重点合作伙伴、发函征询意见，倾听和解答基层与客户最关心、最迫切的问题。活动中，各级党委班子和党员领导干部走访政府部门、监管机构、企业客户等56 000余次，召开基层和客户座谈会7 000余场，广泛征求了各方面的意见建议。活动开展以来，各级党组织共征集意见建议69 000余条（次），其中总行党委共征集3 800余条（次），为推动教育实践活动深入开展奠定了基础。

（四）聚焦“四风”表现，剖析查摆问题。各级党组织对照党章要求和中央八项规定精神，对照中央提出的党员干部在作风方面存在的突出问题、企业“四风”问题具体表现和第三十三督导组梳理的金融企业“四风”方面主要表现，坚持边学边查、边听边查、边议边查，确保查摆问题不“走神”、不“散光”。总行党委深刻认识到，许多问题虽然大多表现在基层、表现在业务、表现在工作上，但根子在党委班子、在总行的作风建设上。因此，查摆问题时坚持把自己摆进去，不怕丑、不怕痛、不护短，先后5次召开专题会议研究讨论，2次召开会议开展“回头看”，党委成员结合分管工作和基层调研情况，敞开交流问题、深挖思想根源、勇于对号入座，做到从基层的问题找总行的问题、从班子的问题找自身的问题、从部门和下属的问题找自己分管的问题。分支机构党组织也结合征求到的意见建议，采取群众提、自己找、同级帮、上级点等方式，认真查找和分析存在问题，逐步将问题聚焦到作风建设特别是“四风”表现上，汇集到领导班子及班子成员身上，并从理论武装、宗旨意识、群众观点、担当精神等方面深入查找根源。活动开展以来，总行党委共查摆出领导班子在窗口服务、转型发展、考核机制等“四风”方面的问题16个，班子成员个人问题117个；总行各部室共查摆出班子“四风”方面存在问题501个，班子成员个人问题1 980个。各一级分行、直属分行、直属机构共查摆出班子“四风”方面存在问题830个，班子成员个人问题4 036个。

（五）贯彻整风精神，大力开展批评与自我批评。总行党委高度重视专题民主生活会的召开，坚持以整风精神大力开展自我批评与相互批评，切实推动各级行领导班子建设水平的提升。在专题民主生活会召开前，我作为行党委书记，与行党委每名成员进行了交心谈心，行党委成员之间、党委成员与分管部室和分支机构负责同志之间也深入坦诚地开展了谈心活动，累计谈话谈心超过600余人次，提出相互批评帮助意见93条，取得了普遍共识。同时，我按照衡量尺子严、查摆问题准、原因分析透、整改措施实的要求，认真主持起草了党委班子对照检查材料，并在一定范围内征求了意见。每名班子成员也结合学习心得、个人实际、谈心交心情况和前期征求到的意见建议，动手撰写了个人对照检查材料，我作为主要负责人对党委其他成员的材料进行了审核。在中央教育实践活动领导小组办公室和第三十三督导组的悉心指导下，总行党委班子及班子成员的对照检查材料都数易其稿，做到了开门见山、直奔主题、突出重点、剖析深刻。总行各部室和各级分支机构党组织按照总行统一部署，也积极开展了谈心交心活动，认真撰写了对照检查材料，总行各部室班子成员提出相互批评帮助意见1 189条，各一级分行、直属分行、直属机构班子成员提出相互批评帮助意见3 533条，对照检查材料均修改了多遍，进一步找准查实了“四风”问题，增强了开展自我批评与相互批评的针对性。

在充分准备的基础上，总行党委召开了专题民主生活会，按照“照镜子、正衣冠、洗洗澡、治治病”的总要求，认真开展了自我批评与相互批评。自我批评时，党委成员态度端正、发言积极，对自身存在的“四风”问题不掩饰不回避，深刻剖析了产生问题的思想根源，明确了今后努力方向和整改措施。相互批评时，党委成员敢于坚持原则、实事求是，推心置腹、真诚帮助，既有红红脸、出出汗的紧张和严肃，又有加加油、鼓鼓劲的宽松与和谐，做到了知无不言、言无不尽，有则改之、无则加勉，达到了统一思想、改进作风、增进团结的目的。之后，总行各部室和分支机构党组织也陆续召开了专题民主生活会，总行党委成员共参加19家分支机构的专题民主生活会，全行民主生活会的质量有了明显提高。

（六）严格落实整改，注重活动实效。各级党组织按照中央要求，紧紧围绕查摆出来的“四风”问题，结合实际深入研究制定整改方案，着力推动工作作风的转变。总行党委专门召开4次党委会议，研究讨论教育实践活动整改方案，确定了39项整改任务，梳理了94条具体整改措施；聚焦深化机构改革、优化信贷业务流程、完善考核机制、狠抓窗口服务质量、改进文风会风、清理规范评选表彰庆典、坚持勤俭办行7方面开展专项整治；在对已有作风建设制度初步梳理的基础上，研究提出了下一步制度建设计划。党委成员以身作则，身体力行，与有关部室一起研究细化完善整改措施，督导落实各项整改任务。目前，部分整改任务和措施已按时完成，部分整改任务和措施正按序时进度积极推进，7个专项整治工作顺利进行，已经取得初步成效。党委成员也针对自身查摆出的问题制定了个人整改措施，并认真开展整改。各级党组织认真贯彻总行党委要求，紧密结合工作实际，针对基层和群众反映强烈的突出问题，坚持边学习、边查找、边整改，让群众看到变化，使活动取得实实在在的成效。有的分行在一线网点开展“净气净水”工程，改善员工工作条件；有的分行通过建立限时审批制度、牵头部门负责制度等方式，提高审查审批和跨部门协调效率；有的分行依托“云办公平台”等现代科技手段，清理报表简报，改进文风会风。

（七）抓好建章立制，建立长效机制。总行党委在活动伊始便着手对现有作风建设制度进行梳理，修订了公务活动中收受礼品礼金登记和处理办法、执法监察工作办法、集中采购监督办法等制度，制定了调整会议审批流程和发布方式、精简各类简报、改进教育培训作风等方面的办法。中央《党政机关厉行节约反对浪费条例》以及有关加强制度建设的规定出台后，我们结合教育实践活动中查摆出来的问题，又对作风建设制度进行了全面梳理，重申了92项实践证明行之有效、群众认可的制度，要求全行进一步抓好落实。制定了制度建设计划，修订全行差旅费、业务宣传费、公务接待管理办法等11项制度，研究制定全行厉行节约反对浪费规定、各级机构负责人职务消费管理办法等12项新制度，其中有的已印发执行，有的已起草完毕进入审批流程。分支机构党组织也结合自身实际，在认真梳理已有制度的基础上，制定了制度建设计划，积极以制度建设巩固作风建设成果。通过对有关制度的“废、改、立”，在全行初步构建了反对“四风”制度体系，形成了制度化、规范化、常态化的改进作风工作机制。

（八）加强宣传引导，营造良好氛围。教育实践活动中，各级党组织始终注重正面宣传和舆论引导工作，充分利用简报专报、网讯专栏、手机报等渠道，大力宣传好的做法和经验，充分反映活动进展情况和取得成效。总行在网讯设立“党的群众路线教育实践活动”专栏，刊登总行部室和分支机构活动开展情况，搭建了全行性的学习交流平台。分行通过开办“教育实践活动大家谈”“党的群众路线教育实践活动网络课堂”网络平台等形式，积极回应和引导员工群众关心的热点、敏感问题，为践行党的群众路线、密切党群干群关系营造良好氛围，形成了有利于活动开展的正能量。活动开展以来，总行共组织编写简报118期、专报4期，编发总行网讯近3 000篇，其中被中央活动简报采用1篇、报道3次；各级党组织共组织撰写网讯3万多篇、简报1万多份，在行外媒体刊发我行有关教育实践活动新闻稿件2千多次，营造了良好的活动氛围。

二、突出实践特色，推动作风建设，教育实践活动取得明显成效

通过深入开展党的群众路线教育实践活动，全行广大党员特别是党员领导干部对群众路线的理解达到了新的高度，形式主义、官僚主义、享乐主义和奢靡之风得到了有效遏制，切实推动解决了一批员工意见集中、基层呼声强烈、客户反映突出的问题，进一步密切了党群干群关系、树立了为民务实清廉形象。这些成效主要体现在以下几个方面：

（一）思想认识水平有了新提高。通过教育实践活动，全行党员干部更加深刻地认识到，党的根基在人民群众、血脉在人民群众、力量在人民群众。坚持群众路线、秉持为民务实清廉，是保持党的先进性和纯洁性、实现中华民族伟大复兴"中国梦"的必然要求，是保证和发挥党的领导核心作用、建设国际一流现代金融企业的必然要求，是解决当前群众反映的突出问题、进一步加强作风建设的必然要求。比如，2013年10月，台风"菲特"突袭宁波后，我们将群众利益放在第一位，是灾区灾后开门营业的首家银行机构，并组织130个工作组，深入企业帮助救灾复产，受到了广大客户的好评；积极开展困难员工救助，2013年总行累计拨付专项救助资金8 000余万元，救助、慰问各类困难员工3万多人次；在2014年元旦春节期间开展走访慰问生活困难党员、老党员和老干部活动，总行直接拨付党费900万元。今后工作中，我们将继续坚持把事业植根于群众，从干部员工中汲取破解发展难题的无穷智慧，从不断满足客户金融服务需求中获得源源不断的业务发展动力，更好地服务实体经济、建设人民群众满意银行。

（二）推进转型发展有了新思路。通过教育实践活动，我们充分认识到，工商银行作为国有控股大型银行，必须把思想和行动统一到中央关于全面深化改革的总体要求和2014年经济工作的具体部署上来，以更大的勇气、智慧和魄力，推动全行改革发展取得新突破。在教育实践活动期间，我们召开了改革发展研讨会，全面总结回顾了工商银行30年来的改革发展历程、取得的成就和六个方面基本经验，深刻分析了经济金融发展的新趋势新变化，研究制定了全面深化改革、破解发展中面临的各种难题、开拓持续健康发展广阔前景的新思路、新举措，明确提出要深化信贷运营体制、全面风险管理机制、组织架构、绩效考评体系、财务运行机制、人力资源管理、业务评价方式、改进作风长效机制八个方面的改革，优化资产、负债、渠道、国际化发展、综合化经营五大布局，突出大零售、大资管、大数据和信息化三大战略，构建中高端客户总量大、代际衔接、交易活跃的客户基础，明确了未来一个时期工商银行的改革发展方向。

（三）窗口服务质量有了新改进。我们积极响应群众和客户关切，不断改进窗口服务。出台了营业网点大堂服务规定，完善了窗口服务日常管理机制和客户投诉管理办法，着力构建窗口服务改进长效机制；针对一线窗口对老弱病残等特殊客户的具体服务问题，专门出台了《个人客户特事特办工作规定》，指导基层行对特殊客户的特殊服务事项做到特事特办；多措并举加大对服务薄弱环节的整治，围绕产品功能优化、流程整合、综合定价、统一视图、完善渠道、账户安全等重点问题，积极实施整改，切实提高服务客户能力。活动开展以来，全行个人客户平均等候时间较最高峰时缩短20分钟，柜面服务效率提高近20个百分点；近几个月有4 000余人次专门致电或来函对我行窗口服务水平给予了赞扬。

（四）服务实体经济有了新进展。通过教育实践活动，广大党员干部进一步增强了通过现代金融服务为人民群众增福祉、为社会进步添能量的责任意识。我们认真贯彻国家宏观经济和金融政策，及时调整信贷投向、优化资产结构，积极支持先进制造业、现代服务业、文化产业和战略性新兴产业等行业发展，去年这四大行业新增贷款4 200多亿元，占公司贷款增量的85%以上，有力地促进了经济结构调整和转型升级。充分利用理财项目投资，加大理财直接融资工具等新型直接融资方式创新，帮助实体经济进行直接融资。突出加强对小微企业和个人客户的金融服务，改进小微企业贷款产品和授信审批方式，截至2013年底，小微企业贷款余额近1.9万亿元，个人类贷款增加3 700多亿元，并创新开展了理财投资中小企业私募债券业务和"优聚工行"理财项目投资创新业务，帮助中小企业更好地解决融资难问题。适应移动互联时代客户消费行为和金融服务需求的变化，及时推出了"逸贷"等消费信贷创新产品，搭建了"融e购"电子商务平台，促进了消费支付与信贷融资的有机链接，支持消费扩大升级。依托集团优势，强化内外联动、外外联动，着力打造重点产品线，不断提高跨境金融服务水平，为国内企业"走出去"提供高效优质服务。

（五）坚持勤俭办行有了新成效。建设节约型银行是我行一贯追求的目标。活动开展以来，特别是《党政机关厉行节约反对浪费条例》出台后，我们进一步改进财务核算、资源配置、审批授权等方式，从严控制"三公"经费支出。通过对差旅酒店、业务宣传品、促销品实行集中采购，严控超标准乘坐交通工具和住宿等措施，进一步加强业务宣传费、差旅费管理。总行办公用房配置与使用遵循经济适用、简洁美观原则，不进行高档装修；禁止在风景名胜区召开会议、开展考察、培训等；到基层调研出差轻车简从、简化接待，工作餐以自助餐为主，不上高档菜肴，行内活动不备酒。通过运用新公文系统、实行无纸化办公、对打印复印设备实施

集中管理等措施，努力降低办公用纸和打印耗材消耗。2013 年，总行本部会议费用同比下降 59%，业务招待费同比下降 61%，因公出国（境）费用同比下降 37%。

（六）文风会风转变有了新效果。一直以来，我行都非常重视文风会风的转变。在教育实践活动中，我们进一步加大了这方面的工作力度。按照务实高效的原则，切实精简各类会议，坚持开短会、讲短话，力戒空话套话，全行性会议不超过 2 天，其他会议不超过 1 天，视频会议控制在 2 小时以内。2013 年下半年，总行召开会议数量同比下降 15%，其中现场会议同比下降 23%，在北京外召开的会议数同比下降 74%，全行较 2012 年同期精简会议 6 957 个。以新公文系统为抓手，对发文、简报、签报等提出了一系列新的管理要求，切实减少文件和简报数量，大力倡导“短、实、新”的文风，提高公文处理质量与效率。2013 年下半年，总行行发文件较 2012 年同期下降 32.7%，简报数量同比减少 37%，全行较 2012 年同期精简文件 31 904 个。认真清理评选表彰、庆典，对阶段性工作的单项评选表彰原则上不再开展，并严格控制各类庆典规模，着力解决评奖活动过多过滥问题，活动开展以来，全行清理评选表彰项目 695 个。

（七）廉洁银行建设有了新面貌。党的十八大以来，中央对党风廉政建设提出了一系列新精神新部署。在教育实践活动中，我们认真贯彻中央反腐倡廉新要求，进一步完善惩治和预防腐败体系建设，健全“三重一大”决策机制，着力深化人力资源、信贷管理、财务管理、集中采购、资产处置等领域制度建设和机制改革，利用信息系统对制度执行进行硬控制，提高了廉政风险防控水平。建立健全监督管理机制，继续深化和拓展巡视工作，改进廉政和案防责任制量化考评，完善信访举报工作机制，加强执法监察，核查了一批违反作风建设规定的信访件，切实加强了对各分支机构党委班子及成员、基层机构负责人和重要岗位人员以及重要业务领域的监督。强化依法合规和从严治行，严格实施案件防范责任制，坚持依纪依规严厉查处以贷谋私、行贿受贿、参与社会非法集资、侵害员工合法权益等行为，保持对各类案件和重大风险事件的高压态势。目前，全行案件防控指标保持国内外同业先进水平，信访举报数量处于历史低位，干部员工的廉洁从业意识明显增强。

（八）体制机制改革有了新突破。党的十八届三中全会描绘了全面深化改革的新蓝图、新愿景、新目标。在教育实践活动中，我们深入贯彻落实全会精神，在广泛征求意见建议的基础上，以深化机构改革、完善考核机制、优化信贷流程为切入点，不断提高作风建设和科学发展的水平。积极稳妥地实施机构改革，进一步明晰总行本部、利润中心及各类机构发展定位，着力解决总行部门间职责不清、沟通不畅、协同不足等“大企业病”问题。深化绩效考评体系改革，综合考虑长期与短期经营目标、过程管理与结果控制、统一性与差异性等方面的需要，重点增加经营转型、质量效率、发展基础三方面考评指标的权重，引导全行把握好规模、结构、效益和风险的关系；同时大幅精简指标数量，突出关键性指标，指标数量由原来的 359 个减少到目前的 100 个以内。以清晰信贷业务部门职责、简化信贷业务操作环节、优化授信业务处理环节等九项工作为重点，优化信贷业务流程，消除冗余环节，加强了市场营销力量和客户的日常维护管理工作，提高了信贷运营效率和管理水平。

（九）经营管理水平有了新进步。根据中央把组织开展教育实践活动与认真做好各项工作和党员、干部履职尽责结合起来的要求，活动中我们积极研究谋划深化经营管理体制改革、利率市场化定价管理体系构建、信息化银行建设、国际化发展等多方面的举措，进一步提高经营管理水平。构建更加精细化、富有弹性的存贷款定价管理体系，提高利率风险、流动性风险和成本管控水平，积极应对利率市场化挑战。深入研究互联网金融对商业银行客户行为变化的影响，从基础建设、经营和管理三个层面同步推进，打造“平台 + 数据 + 金融”的智能化信息服务平台，着力推进信息化银行建设。从侧重境外网络布局向增强机构竞争力转变，推动境外机构结合自身客户、产品、技术等，探索符合区域实际的可持续发展模式，加快实现差异化、本土化发展。深入推进经营转型，加快业务与产品创新，健全营销服务体系，完善激励考核机制，提高风险管控水平，不断增强可持续发展能力，使我行在日趋激烈的市场竞争中保持了各项业务的健康稳定发展。目前我行各项存、贷款继续保持合理增长，资本、资产、利润等重要指标位居同业首位，银行类理财、信用卡、结算与现金管理、投资银行、资产托管、企业年金和电子银行等各项业务主要指标均居国内同业前列。

三、认真总结经验，建立长效机制，保障现代金融企业建设的顺利推进

回顾半年多来教育实践活动的开展情况，工商银行教育实践活动取得的成效，是总行党委认真贯彻落实中央决策部署、在中央教育实践活动领导小组办公室以及中央督导组的有力指导下，经过全行各级党组织和广大党员干部共同努力取得的也得益于广大员工的支持。教育实践活动的成效充分证明，中央关于开展教育实践活动的决策是正确的，指导思想、目标要求、方法步骤是切合实际的。作为系统垂直管理单位，这次在全行采用同批开展、压茬进行的方式开展教育实践活动，在活动的组织方式和工作要求等方面都有一定创新，也积累了一些经验。总结起来，我们主要有以下几点体会：

（一）党中央高度重视，中央教育实践活动领导小组办公室和中央第三十三督导组的悉心指导，是教育实

践活动取得实效的保证。党中央对这次教育实践活动重视程度很高，习近平总书记等中央领导同志带头参加教育实践活动，多次对活动开展作出重要指示，并亲自参加部分省（区）专题民主生活会，为全党作出了表率。中央教育实践活动领导小组多次召开工作会议，对每一环节的活动都进行了周密部署。在教育实践活动中，中央教育实践活动领导小组办公室和第三十三督导组认真贯彻中央精神，严格把握活动方向，督导组多次深入我行指导把关、督促检查、联络协调，帮助我行扎实完成了每一个环节和每一个步骤的工作任务，表现出来的敬业精神、严谨作风和务实态度都给我们留下了深刻印象，在我行教育实践活动中发挥了不可替代的重要作用，保证了我行教育实践活动的顺利推进。

（二）深入领会贯彻教育实践活动的指导思想，准确把握目标要求，是教育实践活动取得实效的前提。总行党委在中央《关于在全党深入开展党的群众路线教育实践活动的意见》印发后，立即召开党委扩大会议，组织党委成员认真学习，深刻领会文件精神。中央党的群众路线教育实践活动工作会议召开后，又及时召开党委扩大会议，传达学习习近平总书记和刘云山、赵乐际等领导同志的重要讲话，准确理解把握中央提出的指导思想、目标要求和方法步骤，并结合实际，研究确定了我行活动的指导思想、目标要求、基本原则、方法步骤。分支机构党组织也认真把握中央以及总行党委确定的各项活动要求，并自觉贯彻落实到活动全过程、各环节，为教育实践活动的顺利开展提供了坚实的理论支持。

（三）各级领导班子和领导干部率先垂范，是教育实践活动取得实效的关键。教育实践活动能否解决突出问题，取得实实在在的效果，关键在领导班子及成员。总行党委从活动伊始就突出领导班子和领导干部这个重点，专门制定了总行党委班子教育实践活动具体安排，细化了总行党委班子在教育实践活动各个环节的工作，自觉把总行党委班子摆进去，把总行党委成员摆进去，带头开展教育实践活动。我作为党委书记，认真履行了第一责任人的职责，党委其他成员也结合各自分工协助抓好工作，推动了全行教育实践活动的深入开展。全行各级领导班子和领导干部也充分发挥示范带头作用，组织党员扎扎实实地做好每一环节的工作。

（四）坚持践行党的群众路线，开门搞活动，是教育实践活动取得实效的基础。群众路线是我们党的优良传统。在教育实践活动中，我们始终坚持开门搞活动，注重吸收群众参与，虚心向群众学习，认真听取监管部门、员工、客户、服务对象等多方面的意见建议；整改过程中，把群众意见摆在第一位，整改工作接受群众监督，整改结果接受群众评议，把群众是否满意作为活动是否取得成效的检验标准，调动了群众的积极性，赢得了群众的支持，为教育实践活动的扎实推进奠定了坚实的基础。

（五）坚持边学习、边查摆、边整改，是教育实践活动取得实效的途径。教育实践活动的重点是解决“四风”问题，必须坚持在学习教育、查摆问题的基础上，边学边查边改，用解决问题的实效来鼓舞党员、激励群众。我们认真贯彻活动要求，对学习教育、听取意见过程中大家反映的问题，注重即查即纠、立改立行，并从银行业实际出发，从基层、员工、客户和社会大众感受最直接、反映最强烈的问题改起，把整改着力点放在转作风、强服务、促发展上，保证教育实践活动有的放矢，提高了广大党员和群众参加活动的热情和动力，增强了教育实践活动的实际效果。

（六）结合中心工作，突出实践特色，是教育实践活动取得实效的动力。总行党委注重结合中心工作开展教育实践活动，围绕我行当前面临的机构改革、信息化银行建设、信贷业务流程改造、存量网点调整优化等9大课题深入开展调查研究，形成了推进重点领域改革发展的具体举措，着力解决影响全行健康可持续发展的突出问题。立足于“服务基层、服务客户”，广泛听取基层机构和客户的意见建议，实行服务承诺、首问负责和限期答复、限时办结制度，优化业务处理流程，提升窗口服务水平；制定21个区域信贷政策，加强分类指导，提高服务实体经济水平；改进绩效考核办法，推进发展方式转变，开展业务和产品创新，积极打造核心竞争力，不断增强可持续发展能力。通过深入开展教育实践活动，不断改进工作作风，切实推动中心工作取得了新进展。

总体来看，我行群众路线教育实践活动进展顺利，初步达到了预期效果和目的，但与中央的要求相比，与群众的期盼相比，仍有一些有待改进的地方，主要表现为：一是分支机构间开展教育实践活动不够平衡，绝大多数能够积极主动、严格要求，极少数存在等待观望、不推不动的情况；二是少数同志开展批评的质量有待进一步提高，有的自我批评不够深入，有的相互批评不够直截了当，有的批评意见建议与“四风”联系不够紧密；三是在活动后期面临岁末年初业务发展旺季时，个别单位推动教育实践活动深入开展的精力有所分散。我们要高度重视这些问题，并在后续工作中认真加以改进。

今年1月20日，中央召开了党的群众路线教育实践活动第一批总结暨第二批部署会议，习近平总书记等中央领导在会上作了重要讲话，强调要充分运用第一批活动经验，紧紧扭住反对“四风”，从群众最关心、最迫切的问题入手，着力解决关系群众切身利益的问题，解决群众身边的不正之风问题，把改进作风成效落实到基层，真正让群众受益，努力取得人民群众满意的实效。我行全系统统一参加了第一批教育实践活动，进入了活动收尾阶段，但收尾不等于收场，整改落实、建章立制等工作并没有结束，后期的工作仍很艰巨，教育实践活动能否真正取得实效，要靠后期的工作成果来保证、来检验。各级党组织要充分认识坚持不懈抓好教育实践活动的重要性和必要性，深入贯彻落实中央会议和习近平总书记重要讲话精神，确保教育实践活动善始善终、善作善成。一是深入贯彻落实习近平总书记重要讲话精神，把思想和行动统一到中央部署上来。习近平总书记重要讲话从战略和全局的高度，充分肯定了第一批教育实践活动的明显成效，系统总结了第一批活动的成功经验，深刻阐述了开展第二批教育实践活动的重要性紧迫性，明确提出了活动的方针原则和目标要求。讲话立意高远、思想深邃、内涵丰富、切中要害，体现了党要管党、从严治党的政治清醒，体现了直面问题、攻坚克难的政治担当，体现了植根人民、造福人民的政治自觉，具有很强的思想性、针对性和指导性，对于我们不断把作风建设引向深入，推动党的建设新的伟大工程，具有重大而深远的意义。各级党组织要把学习贯彻习近平总书记重要讲话精神作为重大政治任务，组织党员干部深入学习，领会精神实质，切实把思想和行动统一到中央部署上来。要紧密结合本单位实际，以讲话精神为指导，高度重视、加强领导、落实责任，以认真的态度、过硬的措施，不断深化教育实践活动，全面推进党的作风建设，让人民群众真切感受到活动带来的新气象。二是认真总结活动经验，持续抓好整改落实、建章立制工作。根据中央统一安排，总行总结会议开完以后，各分支机构将陆续召开总结会议。各级党组织要对本单位教育实践活动进行全面、深入、系统的总结，重点总结成功经验和有效做法，总结取得的认识成果、实践成果和制度成果，实事求是地评价活动成效，客观指出工作中存在的问题和不足。要坚持开门搞总结，把群众是否满意作为衡量教育实践活动成效的根本标准。但是，对教育实践活动进行总结并不等于整改落实任务的结束，更不是纠正“四风”任务的完成，决不能有歇口气思想、过关心理。要坚持边总结边整改，通过总结工作进一步深化整改落实，查找工作不足、及时补缺补漏，通过总结使认识再提高、措施再完善、工作再推进，确保各项整改任务按时完成。要切实做好建章立制，把教育实践活动中总结出来的成功经验，用制度的形式固定下来、坚持下去。要深入分析产生“四风”问题的深层次原因，抓紧推动制度建设计划的落实，建立健全反对“四风”、改进作风制度体系和长效机制。三是深入开展“人民满意银行建设年”活动，以教育实践活动整改落实促进服务水平大提升。银行作为窗口单位和服务行业，社会大众评价银行行风行貌，最主要的是看窗口服务状况和服务质量，人民群众对银行教育实践活动成效最直接的感受体现在窗口服务上。当前，我国实体经济正处于提质增效的关键时期，各级党政领导、广大企业和社会各界对银行服务实体经济有更高的期盼。中央在关于第二批教育实践活动部署中，对窗口单位和服务行业改进作风、改善服务提出了明确的任务要求。第二批教育实践活动是在省以下各级机关和基层组织开展，部分中管金融企业、中央企业的下属单位和分支机构将参加第二批活动，中央要求重点解决好联系服务群众“最后一公里”问题。这是对第一批活动的延伸和深化，第二批活动的任务要求也是对我们参加第一批活动单位深化整改的工作要求。我行系统全部参加了第一批教育实践活动，我们既要按照第一批活动的要求落实好整改，也要按照第二批活动要求深化整改。应该看到，随着第二批教育实践活动的深入开展，窗口单位和服务行业面貌必然发生深刻变化，这也促使我们参加第一批活动的单位，必须坚持高标准、严要求。根据教育实践活动的要求和全行可持续发展的战略需要，总行决定将 2014 年确定为“人民满意银行建设年”，紧紧围绕改进窗口服务和对实体经济的服务两大重点任务，认真落实和不断深化整改。要高度重视客户的意见，抓住服务工作的薄弱环节和短板，特别是对客户投诉的突出问题、普遍性问题，要迅速落实责任，限期研究解决，要坚持对恶性服务事件零容忍，严格落实网点负责人现场服务管理责任制，切实防止和消除“口号响当当、服务冷冰冰、办事慢腾腾”的现象。要结合信息化银行建设和网点竞争力提升项目，全面深化服务机制流程、产品、渠道创新，努力打造领先同业的现代金融服务，使广大客户从工行每个机构网点和各类渠道服务中，真切感受到教育实践活动后作风与服务的改进，力争有更多的机构网点成为当地窗口服务的样板和标杆。要认真贯彻落实国家宏观经济政策，自觉坚持在经济工作大局下谋划自身的经营发展，紧紧围绕实体经济转型发展的需要创新金融服务，在支持实体经济发展中更好地发挥大银行的作用。

同志们！教育实践活动有期限，但贯彻党的群众路线没有休止符，作风建设永远在路上！在党中央的正确领导下，工商银行经过 30 年的改革发展，已昂首步入世界领先大银行之列，但未来发展依然任重而道远。面对国内外经济金融形势的深刻变化，全行要认真学习领会习近平总书记系列讲话精神，坚决贯彻落实党的十八大和十八届三中全会精神，牢固树立进取意识、机遇意识、责任意识，一以贯之地心系群众、破除“四风”，以作风建设新成效凝聚力量、深化改革，奋勇开创国际一流现代金融企业建设的新局面，为实现中华民族伟大复兴的“中国梦”作出更大贡献！

加快改革创新　服务转型发展
着力提升人事组织工作科学化水平

——在中国工商银行人事组织工作会议上的讲话

姜建清

（2014 年 2 月 8 日）

这次人事组织工作会议的主要任务是，认真贯彻落实全国组织工作会议和组织部长会议精神，围绕全行改革发展研讨会和年度工作会议确立的发展思路、工作目标，深入分析当前面临的形势，研究部署当前及今后一个时期的人事组织工作。下面，我讲六个方面的意见。

一、当前人事组织工作面临的形势

近年来，各级党委和人事组织部门紧紧围绕全行改革发展的中心任务，不断深化改革，完善管理，加强队伍建设，在服务全行转型发展方面做了大量工作，取得了明显成效。当前，国内外经济金融形势发生深刻变化，经营环境日趋复杂，全行经营转型深入推进，对人事组织工作加快改革创新、服务转型发展提出了新的要求。

从中央的各项要求看，全国组织工作会议和组织部长会议，从全局角度和战略高度，对科学培养选拔干部、推进干部制度改革、加强思想理论建设、创新基层党建工作等作了深刻阐述和全面部署，提出了新形势下人事组织工作的新理念，明确了今后一个时期人事组织工作的新任务。我们要认真学习习近平总书记等中央领导同志在两个会议上的讲话，深刻领会、准确把握会议精神，结合工商银行实际，把中央的一系列要求贯彻到各项工作中去，深入研究新时期人事组织工作发挥作用的有效途径，进一步深化改革、加快创新，在破解重点难点问题上实现新的突破。

从转型发展的需要看，今后一个时期，全行将加快推进经营结构调整，优化“五大布局”、实施“三大战略”，努力实现由资产持有大行向资产管理大行、由高资本占用向资本节约型业务、由存贷利差收入为主向多元均衡盈利增长格局、由本土传统商业银行向全球大型综合化金融集团的转变。同时，伴随着现代信息技术的发展，互联网金融迅速崛起，客户金融消费习惯正在发生变化，权益保护意识日益增强，银行服务渠道逐渐由“线下”向“线上”转移。全行发展方式和经营模式的转变，对我们的组织架构、网点布局、资源配置、人才结构、劳动组合等都提出了新的要求，需要我们前瞻思考、统筹谋划、积极应对，在加强人力资源管理方面提出新思路、采取新举措。

从人力资源管理状况看，尽管这些年全行人事组织工作富有成效，但目前还存在人员结构不尽合理、网均人均效率不够高、队伍整体素质需要进一步提升等问题。同时，随着全行国际化、综合化发展，境外机构、综合化子公司人员数量不断增多，青年员工和高学历员工比例不断提升，员工队伍呈现出构成多元化、利益诉求多样化的特点。这些都要求我们进一步改进工作方法，强化科学管理，加强组织文化建设，增强工作的针对性，提高人事组织工作水平，为全行的经营转型和可持续发展增添动力、注入活力。

二、做好人事组织工作的总体要求

面对新的形势和任务，人事组织工作要紧紧围绕全行深化改革、转型发展的中心任务，找准定位，明确方向，把握重点，增强工作的主动性和实效性。今后一个时期，做好人事组织工作的总体要求是：贯彻落实全国组织工作会议和组织部长会议精神，紧紧抓住当前人事组织工作面临的主要矛盾和问题，以党建工作为统领，以改革创新为主线，深入实施人才强行战略，着力推进干部制度改革和组织机构改革，持续加快人力资源管理体制机制创新，坚持从严治行、从严管理干部、从严管理党员，使各级领导班子和基层党组织更加坚强有力、干部员工和党员队伍更具活力、人力资源配置更加科学、组织机构更富效能，不断提升人事组织工作科学化水平，为建设国际一流现代金融企业提供强有力的组织保证。在当前的工作中，要着重把握好以下三个方面：

一要始终坚持企业化、市场化改革方向。这些年，我们虽然建立了现代金融企业制度，但在管理上还留有一些“老国企”的痕迹，在一些方面行政色彩还比较浓厚，官本位思想还不同程度地存在。这是市场化改革不够彻底、企业化经营原则落实不够到位的突出表现。党的十八届三中全会对市场在资源配置中起决定性作用作了深刻阐述，国有企业改革正在不断加快。这就要求我们必须始终坚持商业银行的经营原则，坚持市场化改革的方向，突出价值创造和效率优先导向，按市场规律办事。在干部管理上，要牢牢把握党管干部原则，处理好党管干部与市场化选人用人的关系。党管干部就是要管方向、管政策、管制度、管人头，充分发挥党委的核心领导作用，确保党的干部工作方针政策在我行得到全面落实。同时，要按企业经营的要求，破除官本位思想，充分发挥市场机制在干部选拔、配置、管理及退出中的作用，建立能上能下、充满活力的选人用人机制。在人力资源配置上，要注重投入产出效能，促进人力资源在企业内部的有序流动。在组织架构和业务流程设计上，要突出以客户为中心、以市场为导向，提升全行市场反应速度，增强竞争发展能力。

二要不断强化内涵式、效能型管理。随着全行盈利增长进入一个“平台期”，各项资源增长空间受到较大限制。同时，人力资源配置效率不高、机构间经营效能差距过大等问题仍比较突出。那种单纯依靠大规模资源投入的外延式增长已经难以为继。进一步提高资源配置效率，让有限的资源发挥更大的作用，走结构优化、效率提升、资源节约的内涵式发展道路，是我们的必然选择。人事组织工作要主动适应全行转型发展的新形势，切实增强成本核算意识，加强人力资源精细化管理，用好用足现有资源；要坚持向创新要效益，推动业务管理模式、运行机制和科技手段的创新，努力实现创新驱动型发展；要健全激励约束机制，进一步调动各级机构和干部员工的能动性，激发转型发展的内生动力。

三要切实发挥基础性、战略性作用。人是生产力中最活跃的因素，人力资源是企业竞争发展不可或缺的核心资源。当前，人力资源管理已经融入全行经营管理的方方面面，不仅是全行转型发展的重要组成部分，也是支撑全行体制、机制、业务、管理变革的重要手段。人事组织工作要始终围绕中心、服务大局，把实现全行转型发展目标作为工作的出发点和落脚点，把服务全行转型发展的效果作为衡量工作的标准。要不断加强各级领导班子和干部员工队伍建设，坚持以人为本理念，进一步增强全行的凝聚力和战斗力；要科学设计组织架构，优化人力资源配置，切实提高各级机构的运行效能；要完善人力资源管理的体制机制，塑造优秀的组织文化，为全行可持续发展奠定坚实基础。

三、关于干部制度改革

事业成败，关键在人，关键在干部。近年来，各级党委和人事组织部门认真贯彻落实中央要求，不断推进干部制度改革，全行领导班子和干部队伍建设得到进一步加强。但与全行转型发展的需要相比，与干部群众的期望相比，干部管理工作中还存在一些亟待研究解决的问题，迫切需要我们继续深化干部制度改革，进一步完善干部管理机制，切实提高干部队伍适应转型发展、应对复杂局面的能力。

第一，要坚持正确的用人导向。在全国组织工作会议上，习近平总书记提出好干部要“信念坚定、为民服务、勤政务实、敢于担当、清正廉洁”。这二十个字体现了好干部标准的时代内涵。各级党委和人事组织部门要准确把握这一标准，在干部工作中自觉贯彻落实。要坚持德才兼备、以德为先的原则，把德作为选拔任用干部的首要依据，突出德的优先地位和主导作用，注重选拔忠诚于金融事业、忠诚于工商银行发展的干部，选拔品德高尚、信念坚定的干部，选拔作风优良、勤勉履职、依法合规、廉洁从业的干部。要坚持注重实绩的原则，将实绩作为评价干部的重要依据，以实绩论高低、辨优劣。要注重考核经营转型、质量效率、发展基础、人才培养等方面指标，既要看增长速度、又要看发展质量，既要看当前业绩、又要看发展后劲，既要看经营管理、又要看队伍建设，引导干部树立正确的业绩观。要坚持群众公认原则，把群众公认作为评价干部的重要内容。要广泛听取群众意见、客户意见，注重干部的员工满意度和客户认可度，引导干部坚持诚信经营、客户至上、以人为本、关爱员工，赢得客户的信赖和口碑，赢得员工的支持和拥护。

第二，要进一步明确干部的能力素质要求。要紧紧围绕商业银行经营特点和工商银行转型发展的需要，强化对各级干部特别是中高级管理人员懂经营、善管理、重实践等方面的要求。一要有专业能力。工商银行未来能否赢得市场，关键在于能否为客户提供满意的金融产品和增值服务。各级干部要真正懂业务，熟悉专业政策和制度，了解产品和市场情况，成为各自专业领域的“行家里手”。二要有基层实践。实践是最好的老师，基层是最好的课堂。经营管理能力在机关里看报告、写文件是培养不出来的。干部要在基层、在实践中去摔打、去历练、去“接地气”，才能提高经营管理能力，才能做出符合实际和客户需要的正确决策。各级党委和人事组织部门要摒弃走不开、舍不得的思想，把有潜力的优秀干部放到实践一线去经受锻炼，熟悉基层，学习业务，了解市场，全面提升综合素质和实践能力。三要有理论素养。有的干部对经营发展缺乏系统的思考和研究，遇到困难和矛盾往往一筹莫展、束手无策。领导干部不能每天陷于事务、忙于应酬，要勤于学习思考，善于谋划总结，能够用战略眼光和系统思维正确研判形势，把握业务发展的规律，找准攻坚克难、推动发展的突破口。四要有国际视野。随着全球经济一体化进程的加快和我行国际化战略的深入实施，全行经营环境和客户结构正在发生深刻变化。各级干部要积极适应国际化发展的需要，主动学习国际金融运行规则，用全球化的视野分析经营形势，把握发展趋势，充分利用境内境外两个市场，提升全球竞争发展能力。

对于各级领导干部，尤其是各单位一把手，还要特别注意严格要求自己，增强责任意识，发挥好表率和带头作用。要坚持原则，公道正派。群众看干部，主要就是看这一条。公生明，廉生威。领导干部要抓好工作、带好队伍，处理好各种矛盾和问题，必须以自身的实际行动，让干部员工感受到公平公正。特别是在干部选拔、人员招聘、薪酬分配等涉及员工切身利益的问题上，更要讲求公道，按原则办事。要顾全大局，执行有力。领导干部要自觉把个人、把本单位的利益放到全行大局中去考虑。对于上级行的工作部署和要求，要注意结合实际贯彻落实，抓牢抓实，一抓到底，抓出成效，不能满足于一般性的工作安排，以会议贯彻会议，以文件落实文件，把工作停留在表面上。要敢于担当，敢于管理。一个干部的担当，体现着他的胸怀、勇气、格调，有多大担当才能干多大事业。领导干部要有敢担当、肯担当的精神，对待工作求真务实、真抓实干，面对经营管理中的压力和挑战迎难而上、攻坚克难，对待矛盾和问题敢于较真、大胆管理，积极想办法、找对策、妥善处理，不能碍于面子做“老好人”、遇到困难绕道走。要严于律己，公私分明。作为领导干部，要公私分明，先公后私，公而忘私，只有一心为公、事事出于公心，才能坦荡做人、秉公用权。领导干部必须时刻保持清醒的头脑，牢记党的纪律，珍惜职业生涯，从严要求自己，始终做到克己奉公、严格自律。

第三，要在观念上坚决破除官本位。当前干部管理中存在的一些问题，在一定程度上都与官本位思想有关，有些干部的官本位思想还比较浓厚。比如，我们这几年构建的业务类职务体系，目的是建立一条专业化人才成长的道路，但有些机构和部门把业务类职务变相当作管理类职务，将管理和业务两条道路并成了一条道路，偏离了业务类职务体系设计的初衷。有的机构把职务提拔当成干部激励的唯一手段，使一些干部热衷于搞所谓的个人职业生涯设计，向组织伸手要位子、要待遇，满足不了就怨天尤人。工商银行是金融企业，不能搞官本位，要按照企业特点和竞争需要，完善选人用人机制，既要注重干部德的表现，又要看能力、重实绩，做到能上能下、优进绌出。要完善业务类职务管理，避免行政职级化，突出业务类岗位特点，厘清岗位职责，使业务类职务与管理类职务分开，发挥好业务类职务的作用。

第四，要从严管理干部。十八大以来，中央一再强调对干部要从严选拔、从严教育、从严管理、从严监督。从去年党的群众路线教育实践活动查摆出的问题看，干部队伍中还不同程度地存在一些作风不实、律己不严等问题。这些问题如果不能及时解决，势必影响到干部的健康成长，影响到干部队伍的作风形象，影响到事业的发展。对干部管得严一点，既是对组织负责，也是对干部负责。各级党委和有关部门要坚持严字当头，把从严要求落实到干部选拔、培养、教育、管理和监督等各个环节。严禁超职数配备干部，严禁变相提高干部待遇，严禁违规到行外兼职，严禁虚报瞒报个人重大事项，以严的态度、严的措施、严的纪律，切实加强干部管理。今年总行将对干部管理监督制度执行情况进行一次检查，对违规违纪问题，发现一起，严肃查处一起。要重点管好领导干部特别是一把手，坚持严上加严，无论是工作还是生活，无论是用权还是用钱，无论是说话还是办事，都要有硬约束。要完善巡视监督、审计监督、组织监督和领导班子内部监督制度，推动领导干部始终坚持廉洁从业、带头弘扬良好作风。要注重抓早、抓小、抓苗头，从小事抓起、从日常管理抓起，及时发现干部思想上、行为上的苗头性问题，经常性地开展警示教育，让干部时刻保持警醒，慎独慎微，防止小毛病演变成大问题。要教育引导干部从严要求自己，懂规矩、守纪律。作为领导干部，遵守纪律是无条件的，要正确认识自己，摆正位置，心存敬畏，心有戒尺，强化纪律意识和组织意识，自觉遵守党纪行规，在执行纪律上不能搞例外，使纪律真正成为“高压线”。要用制度管权管事管人，着力健全和完善干部管理监督的制度办法，并切实抓好制度的落实，发挥好制度的约束、规范和引导作用，努力建设一支作风正、纪律严、形象好的干部队伍。

第五，要正确认识和把握干部制度改革中的新情况。随着干部制度改革的不断深入，干部工作中出现了一些值得关注的问题，个别机构存在唯票、唯分、唯指标、唯年龄的现象。要坚持从研究解决问题着手，有针对性地研究新情况、解决新问题，推动形成有效管用、简便易行的选人用人机制。一是完善民主推荐、民主测评机制，解决唯票问题。民主推荐、民主测评是干部选拔任用的一种方式。但推荐票数只能作为用人的重要参考，不能作为用人的唯一依据。唯票取人，简单地按票数做决策，会带来一些负面的影响。比如，有的党委班子在干部选任上，不讲结构，不看业绩，简单地看推荐得票，谁票多就用谁，看起来公平公正，实际上没有尽到把关的责任。这导致一些干部不是把主要精力放在工作上，而是热衷于拉关系、结人脉，工作中不敢大胆管理、怕得罪人。各级党委在选人用人中要切实发挥好领导和把关作用，处理好尊重民意与正确集中的关系，提高干部工作民主质量。要坚持从实际出发，科学合理确定参加民主推荐、民主测评人员的范围，综合运用会议投票推荐、个别谈话、延伸考察等多种方式，真实了解民意、正确集中民意。要辩证、客观地分析民主推荐得票情况，把干部的票数与领导班子、分管领导、人事组织部门平时了解的情况，与干部一贯表现，与班子结构、工作需要结合起来，综合考虑确定人选。对德才不佳、素质不高、日常表现一般、工作业绩平平的干部，得票再高也不能任用。

二是改进公开选拔与竞争上岗工作，解决唯分问题。采取竞争性选拔是为了拓宽选人用人视野，增强干部选任的竞争性和透明度，防止在少数人中选人。但是，不能把竞争性选拔作为选拔干部的主要方式甚至是唯一方式，把干部员工的注意力过多吸引到考场上、演讲台上，助长干部的浮躁情绪。要坚持实践标准、实绩依据、实干导向，引导干部在重实干、出实绩上竞争。要从实际需要出发，合理确定竞争性选拔的职位、数量和范围，不能硬性规定竞争性选拔的频次和比例。对于本单位有合适人选且意见相对集中的，一般不进行竞争性选拔；对符合资格条件人数较多、人选意见不易集中的，可以进行竞争上岗；对本机构没有合适人选，特别是需要补充紧缺专业人才的，可以在更大范围内进行公开选拔。要科学设置资格条件和考试方法，突出岗位特点，注重能力素质，考出干部的真水平、真本事，让干得好的干部也能考得好，使选出来的干部组织放心、群众满意。

三是科学评价干部，解决唯指标问题。考察干部要重实绩，但实绩应该是全面的、综合的，不是片面的、单一的业务指标。要坚持全面、历史、辩证地看干部，注重考核干部的一贯表现和全部工作，既要重“显绩”，又要重“潜绩”。要深入研究和改进干部业绩评价机制，避免简单地以时点指标、以规模速度指标排座次、论英雄，引导各级干部多做打基础、抓根本、利长远的实事，少做搞形式、造声势、图形象的虚事。要完善干部考察评价的方式方法，强化干部日常考察，通过年度考核、民主生活会、巡视工作、审计监察等多种方式，及时掌握干部的情况，客观评价干部的管理过程和经营结果，改变干部不晋升不考察的做法，坚决防止干部用“伪业绩”获得重用，坚决不让追求短期效应而牺牲长远利益、透支发展基础的干部得到提拔。

四是合理使用各年龄段干部，解决唯年龄问题。优化班子年龄结构，是提高领导班子整体能力的一个重要方面。但注重选拔优秀年轻干部，并不意味着提拔任用每个干部都要是年轻的、一味追求年轻化。干部队伍实行老中青相结合，符合事业发展的需要，有利于领导班子整体功能的充分发挥。在班子配备中，既要注意选拔优秀年轻干部，形成干部梯次结构，又要合理使用各年龄段干部，发挥好各类干部的作用。不能简单地以年龄决定干部的进退去留、搞“一刀切”，更不能层层递减任职年龄，造成干部资源的浪费。有的单位因为怕得罪人，对业绩平平的干部不敢实施退出，而是设定一个年龄的硬杠杠“一刀切”，使一些表现不错的干部也提前退出了管理岗位。干部的进退要看德才表现，表现不好的干部，即使年纪轻也要及时退出；对那些尽职尽责、踏实干事、业绩突出、精力充沛的干部，在法定退休年龄以内，该任用的要继续任用，充分调动各年龄段干部的积极性。

解决“四唯”问题，目的是为了科学合理考核评价干部，规范择优选拔任用干部。这其中要注意把握好度，防止过犹不及，避免从一个极端走向另一个极端。对于上述问题，工商银行总体情况是好的，讲这些是为了让大家重视、防止出现类似的情况。个别单位有这样那样的倾向，要及时改正。不唯票，并不是说不进行民主推荐、民主测评了；不唯分，并不是说不搞公开选拔、竞争上岗了；不唯指标，并不是说不重视业务发展了；不唯年龄，也并不是说不注重优化班子年龄结构了。深化干部制度改革，一定要有全面的观点、辩证的思维。考核评价干部、选拔任用干部，都要防止片面性、简单化，都要讲求全面性、科学化，这样才能使选人用人机制更加成熟完善，使优秀干部不断脱颖而出。

四、关于组织架构的优化

工商银行作为一家分支机构众多的国际化大型金融企业，如何设计和优化组织架构，是一个关系到全行发展的战略性问题。一直以来，我们采取总分制的组织架构，在统一法人体制下实施逐级授权管理。这样的组织架构在过去的三十年中，有力支撑和保障了全行业务的快速发展。这些年，我们进行了多次的组织机构改革，去年以来总行又研究并组织实施了本部机构改革，今年还将部署分行的机构改革。在改革过程中，要注意正确认识和把握好以下三个方面的问题。

一要完善条块结合的集团架构。与我国商业银行普遍采取总分制模式不同，欧美商业银行大多采用事业部制的架构，这是由于中西方国情的不同、银行业发展历程的差异形成的。从我国目前的行政管理体制来看，地方政府在经济活动中发挥着重要作用，经济发展的区域化特征相对比较明显，以区域为主、按块管理的总分制组织架构更适合我国商业银行的经营管理需要。在坚持总分制的同时，这几年我们借鉴事业部制专业性强、管理灵活、市场反应快的特点，积极探索利润中心改革，提升业务条线的经营创利能力，逐步形成了“以块为主、以条为辅”的新型总分制组织架构。下一步，要继续深化利润中心改革，把适合专业化、市场化经营的业务条线做大做强。要分离利润中心的系统行政管理职能，明确利润中心与总行相关部门、分支机构间的职责边界，按照“业务牵头部门牵头管理、营销推动部门组织推动、利润中心专业化经营、分支机构组织落实”的原则形成业务协作关系，推动利润中心成为真正的产品创新和经营机构。同时，建立利润中心与分行公平合理的利润分配机制，有效调动各方面的积极性，发挥整体合力，提升综合盈利水平。需要指出的是，我们的利润中心与西方银行的事业部是不同的，既加强了专业条线的管理，又体现了区域板块的特征，是介于事业部制和单纯总分制之间的管理模式。总的来看，利润中心是产品中心，通过完善产品支持各区域板块的发展，既不能层层垂直设立机构，也不是原来的总行管理部门。希望通过我们的不断探索，走出一条符合中国商业银行发展特征的组织架构建设道路。

二要完善总分行授权管理机制。合理划分总分行的业务权限，是提升总分制组织架构运行效率的重要手段。有的同志提出，为了把分行的“块”做得更强，是否可以加大对分行的授权？对于这个问题，我们一定要全面分析和看待。这些年，我们通过实施数据大集中、信贷集中、资金集中等改革，使工商银行从建行之初一个个分支机构“小舢板”的集合体，发展成为一艘巨大稳健的“金融航母”。在业务权限上总体呈现出集中上收的趋势，这有利于维护和保障总行统一法人体制，有利于对全行各类经营风险的集中管控，有利于“ONE ICBC”整体优势的充分发挥，也符合现代信息技术的发展趋势。当然，在有效集中的同时，也出现了流程冗长、效率不高的现象，影响了分行的能动性和市场反应的及时性。针对这一问题，总行要对各专业授权情况进行全面梳理，按照“审批下放，动态调节，加强监督，有责处罚”的原则，简单地说就是审批下放、监督上收，进一步完善业务授权管理。在有效控制风险的前提下，适当下放部分业务审批权限，并根据业务发展和风险防控的需要动态管理、适时调整。同时，要切实加强管理和监督，对于违反规定的要追究责任、严肃处罚。通过科学合理的授权管理，提升风险的管控能力，进一步激发分行的能动性，努力达到“统而不僵、放而不乱”的目标，避免一收就死、一放就乱。

三要突出各级机构的经营定位。目前，我们在管理上还存在环节多、流程长，有些机构和部门市场意识不强、经营效率不高等问题。从市场竞争力看，虽然我们在国内主要业务领域保持领先优势，但在局部地区、局部领域的竞争优势受到了很大挑战，一些机构竞争力甚至出现了持续下滑的态势。解决好这些问题，需要我们坚持以客户为中心、以市场为导向，进一步淡化行政色彩，突出经营职能，彻底摒弃“三级管理、一级经营”的模式，把主要精力放到经营发展、拓展市场、服务客户上来，激发各经营单元的市场活力和价值创造力，提升经营管理效能和综合竞争能力。一级（直属）分行要做到经营与管理并重，成为辖区战略执行中心、经营管理中心、风险控制中心、业务集约处理中心和大客户营销中心，抓好区域性大客户的牵头营销工作。二级分行作为全行的基本经营核算单位，要以经营职能为主，发挥市场拓展和客户营销主阵地作用。支行及网点是直接服务客户的主渠道，要专于营销服务职能，成为营销和服务客户的前沿。要尽可能地把中后台往后移，使一级（直属）分行成为辖区内的中后台中心，让二级分行、支行等充分发挥前台作用。境外机构要根据自身的资源禀赋，明确发展定位，着眼本土化发展，提升机构效能和价值贡献，力争成为当地主流银行和重要银行，进一步扩大境外业务比重和盈利贡献。综合化子公司要坚持专业化、特色化发展，充分发挥与集团各机构的战略协同效应，不断提升自我发展能力，成为全行新的盈利增长极。集约化业务处理中心与分支行不是上下级管理关系，要集中体现专业化、规模化和集约化运作的特点，提升业务处理与服务效率。需要强调的是，全行所有机构都是不可或缺又紧密联系的有机组成部分，在分类管理、特色发展的同时，要进一步发挥协同效应和互补优势，使各机构都能围绕全行价值最大化的目标，根据各自职能协调运作，提升全行的整体合力与发展水平。

五、关于人力资源的配置

从目前人事组织部门的职能看，人力资源不仅包括人员，还包括机构、薪酬等，这些都是支持全行经营发展的重要资源。建行以来，我行机构人员总量变化经历了多个发展阶段，呈现出前期先增后减、后期稳中有增的总体趋势，人力资源的投入较好地适应了全行各个发展阶段的需要。这几年，为了应对激烈的市场竞争和即将到来的人员退休高峰，我们适度加大新建网点和人员引进力度，全行机构人员总量略有增加。目前，各单位对人力资源的需求仍比较旺盛，扩张的愿望还比较强烈，普遍反映人员不够，希望增设机构、增加人员。截至目前，仅总行本部与直属机构提出的 2014 年人员净增需求就超过 1 200 人，而全集团净增计划仅有 3 000 人。如此旺盛的人员需求，一方面反映了业务快速发展的需要，另一方面也反映出一些机构和部门仍存在依赖要素投入推动工作的惯性思维。当前，做好人力资源配置工作，一定要抓住主要矛盾，处理好总量与结构、规模与效能、效率与公平之间的关系。

一是抓住当前资源配置的主要矛盾。我们在机构人员上究竟还有多大的增长空间，在这里作个分析。从费用的承受能力看，今后几年全行净利润增幅总体可能会保持在个位数，按目前利润增幅与工资增幅 1∶0.6 的挂钩机制，人力资源费用的增长将受到严重制约。如果机构和人员仍按前几年趋势继续扩张，新增人员工资将进一步摊薄工资增长，甚至占用现有员工的存量工资。这是我们必须考虑的一个重要因素。如果说前些年在利润增长较快的情况下，我们尚具备一定的人员增长条件，那么今后一段时间人员增长的空间十分有限。从未来发展的需要看，目前柜面业务量正呈现逐渐下降的趋势，2010—2012 年柜面交易量年均下降 10.9%，同期电子银行交易量年均增长 30.9%。现在电子银行交易量占比已经上升到 80%。客户的交易习惯正在发生变化，目前有 28% 的客户基本不到网点办业务，而且这个数据正在以每年 5% ~6% 的速度增长。也就是说，最多 5 年时间，将有 50% 的客户基本不到网点办业务；10 年后，这一比例将接近 80%，大多数客户将通过电子银行和自助银行办理金融业务。而且，这一速度随着互联网金融的爆发式发展，还有可能更快。这将对我们庞大的网点规模和传统的劳动组合方式形成巨大冲击。现代信息技术发展、金融脱媒、电商崛起及其向金融的渗透等，是时代发展的必然现象，是无法逆转的大趋势。这种变化是不以我们意志为转移的，我们必须前瞻性地做好渠道结构、人员结构的调整，积极主动地适应变化。从资源的投入产出效能看，全行有近1.7万家网点，总量不算少，但网均、人均效率和效益在全国商业银行中是不高的，比农行略强，在部分地区与建行、中行持平，几乎低于所有股份制商业银行。同时，在我们内部，机构间经营效率差距过大的“二元”现象依然突出，存款排名在后20%的网点、也就是近3 500家网点，存款合计仅占全行存款余额的1.9%；开业三年以上的网点中，有近600家存款余额不足1亿元。综上来看，我们必须抑制住规模膨胀的冲动，控制住机构人员的总量，适度压缩低效机构和冗余人员，努力提高网均人均效率。这是总行党委基于未来战略发展需要做出的重要判断，各单位要将思想认识统一到总行的决策上来。要首先把眼睛放到低效机构上，如果把低效机构都变成高效机构，比再新建一些机构所带来的效益更明显。

二是着力推动资源配置的优化调整。要发挥市场机制在资源配置中的作用，坚持价值创造和效率优先的导向，推动总量压缩、结构调整、质量提升，让有限的资源发挥最大效能。人员管理方面，要完善集团人员总量规划，统筹不同板块的业务发展阶段、行业经营特点、价值创造能力、投入产出效率和资源配置需求，合理确定板块间资源配置。要把握住员工退休高峰即将到来的契机，坚持人员“进出双线管理”，以退定进、多退少进，既要实现人员总量的有序压降，又要保持适度的人员更新，保证合理的梯次结构，避免出现新的人员断层。要强化人力成本核算意识，加快人员编制管理向预算管理转变，探索建立业务条线成本激励约束机制，进一步压缩各级机构本部和中后台人员。要着力解决员工“素质短缺”的问题，加强教育培训，提升员工的岗位技能，激发人力资源潜能。薪酬资源方面，在总量增长有限、经营难度升级、人才竞争激烈的情况下，工资总额分配要用好增量、盘活存量，加大与绩效挂钩力度，突出效率质量和发展基础。在员工激励方面，要坚持岗位靠竞争、收入凭贡献的基本理念不动摇，确保对重要岗位和绩优员工的激励，同时也要兼顾大多数员工的薪酬保障。机构网点方面，要进一步加强对机构效率成本的分析，把网均人均利润、资产指标，RAROC、EVA、收入成本比等作为核心效率指标，优化资源配置和激励约束机制，使资源投入向效率高的区域或机构倾斜。要探索建立以价值贡献为核心的机构管理体系，有序渐进，平稳实施，逐步按机构价值贡献进行差异化的资源配置和经营授权。

六、加强对人事组织工作的组织领导

各单位负责人都是行政、党内职务一肩挑，大家不仅要抓好业务，也要切实负起抓党建、带班子、管干部、育人才的责任。实践证明，抓班子带队伍不仅仅是履行职责，更是有效推进各项工作的方法。凡是工作业绩比较好的单位，班子和队伍都带得不错；反之，班子和队伍抓不好，工作业绩肯定也会受影响。对此，我们要充分认识、高度重视，切实做到两手抓、两手硬。各单位一把手要身体力行，在其位、谋其政，履行好第一责任人的职责，带动和督促班子成员承担好“一岗双责”。各级领导班子对人事组织工作不能满足于原则指导，要从战略和全局高度，把人事组织工作纳入全行转型发展的大局中去系统谋划、统筹考虑，推动人事组织工作与全行业务发展的深度融合、协调互动。要逐步把工作重心从做具体工作转移到研究人事组织工作规律，把握班子建设、人才培养、资源配置的规律性，积极探索新形势下抓好人事组织工作的新方法，努力把解决当前问题与建立长效机制结合起来，不断提升人事组织工作科学化水平。

人事组织部门要切实履行好职责，牢固树立政治意识、大局意识、责任意识，自觉服务全行发展的大局，做到讲政治、重公道、业务精、作风好。其中，最核心的就是坚持公道正派。总体来说，工商银行在选人用人方面的风气是比较好的，各单位在这方面一直抓得比较紧，要坚持下去，不能有丝毫放松。要始终着眼于全行事业发展需要选人用人，公道对待干部，公平评价干部，公正使用干部，让好干部真正受尊重、受重用，让那些弄虚作假、不干实事的干部在工商银行永远没有市场。人事组织干部要带头改进作风，发扬安心本职、专注工作、迷恋事业的精神，对责任勇于担当、对工作尽心竭力，形成恪尽职守、坚持原则、踏实肯干、敬业奉献的良好风气。要增强履职能力，围绕全行中心工作、业务发展和基层需求，抓好党的路线方针政策和人事组织专业知识的学习，同时要注重学习金融理论、银行业务，努力成为理论强、政策熟、业务通的新型人事组织干部，不断增强把握大局能力、运用政策能力、服务基层一线和推动业务发展的能力。要进一步解放思想、与时俱进，努力推进观念创新、制度创新、工作创新和方法创新，推动人事组织工作不断迈上新台阶。

同志们，工商银行的转型发展正处于关键时期。努力做好人事组织工作，推动全行在新的起点上实现更好的发展，是我们的重要职责和光荣使命。各级党委和人事组织部门一定要增强责任感、使命感和紧迫感，努力工作，奋发有为，不断开创人事组织工作新局面，为建设“三个之最”国际一流现代金融企业提供坚强的组织保证！

在中国工商银行纪检监察工作会议上的讲话

姜建清

（2014 年 3 月 7 日）

刚才，立宪同志代表总行纪委作的工作报告，经过了总行党委认真讨论审议，我完全赞成。下面，我着重就如何学习贯彻落实好中央有关精神和部署，深入推进全行党风廉政建设和反腐败工作，讲四点意见。

一、准确把握全行党风廉政建设和反腐败工作面临的形势和要求

党的十八大以来，以习近平同志为总书记的新一届中央领导集体把党风廉政建设和反腐败斗争提到新高度，作出重要部署，强调党要管党、从严治党，严明党的纪律，坚定不移改进作风，坚定不移惩治腐败，党风廉政建设和反腐败斗争取得新进展，得到了全党全国人民的高度支持和拥护，也极大地提振了全党全社会对党风廉政建设和反腐败斗争的信心。全行各级党组织和党员干部要认真学习贯彻党的十八大以来习近平总书记一系列重要讲话和中央有关精神，不断提高对党风廉政建设和反腐败斗争重要性的认识，主动适应新的形势和要求，进一步把全行党风廉政建设和反腐败工作引向深入。

（一）要充分认清肩负的重大责任。中央强调，党要管党、从严治党，关键是各级党委要承担起落实党风廉政建设责任制的主体责任，各级领导干部要以上带下、层层抓好落实。总的看，全行各级党委的主体责任和纪委的监督责任不断强化，全党一起抓、员工积极参与的局面不断发展，但也有少数基层行的个别党委班子成员认为自己分管的是业务工作，抓党风廉政建设和反腐败工作是党委书记和纪委书记的事，与自己无关。各级行党委和党员领导干部要坚决防止和消除这种“无关论”思想，切实增强责任意识。每个党委成员都要把抓好党风廉政建设和反腐败工作当成分内之事，做到认识清楚、落实有力，真正担负起主体责任；党员领导干部要以身作则，发挥好表率作用。这里，我再次强调，抓好党的各项工作，全行各级党组织和领导干部都有责任。大家作为国有控股商业银行的党员领导干部，都是党务与行务一肩挑，这就要求我们必须坚持两手抓、两手硬。特别是各级行党委班子成员，既要管好业务，又要管好分管部门与专业的党风廉政建设和反腐败工作，对有关重大工作和重大情况，要及时向党委汇报，在党委统一领导下齐抓共管，真正担负起中央要求的主体责任。

（二）要切实增强党的纪律意识。银行作为经营货币的特殊企业，在经营管理上有其内在规律和特点，但是作为中央金融企业，央企的属性决定了我们的政治责任和社会责任，是没有任何特殊性可言的，要认真贯彻落实中央党风廉政建设和反腐败工作部署，严格执行党的纪律，坚决防止和消除中纪委所提醒的某些央企同志存在的“特殊论”思想。大家作为国有控股大银行的党员领导干部，必须牢记自己首先是一名共产党员，必须增强党的纪律意识，对中央的部署要求，要不折不扣地执行落实。同时还应认识到，作为具有全球影响力的大行，工商银行在一定程度上代表着中国金融企业的形象，努力打造廉洁诚信银行，不仅关系到 ICBC 的品牌和社会美誉度，也关系到国际社会对中国国有企业的看法。我们有责任、有义务在这方面发挥积极的引领作用。要主动适应新形势、新要求，深入思考如何结合金融工作实际，抓好中央精神的贯彻落实；如何创新工作方式方法，反对商业贿赂等腐败行为；如何在市场经营中更好地发挥大行带动作用，讲诚信、守法律，努力营造良好的社会信用环境。

（三）要有持之以恒、一抓到底的决心。抓党风廉政建设，不可能一劳永逸，不可能一蹴而就，必须常抓不懈。去年以来，按照中央统一部署，我们深入开展了党的群众路线教育实践活动，取得了重要阶段性成果，党风行风建设有了新面貌。我们要按照中央的要求，一步一步把党风廉政建设深入推进下去，在坚持中深化，在深化中坚持。全行广大党员特别是党员领导干部要克服“闯关”心态和“一阵风”思想，始终收紧自律缰绳，坚持不懈纠正“四风”，下决心改变过去习以为常、不符合纪律规定的做法，确保在廉洁守纪方面不出任何问题。在管好自己的同时，要从严抓好队伍管理，坚持抓早抓小，有病就马上治，发现问题及早提醒、及时处理，确保分管范围内不出现大的违规违纪问题。

（四）要深刻认识任务的长期性和艰巨性。十八大以来，随着中央深化作风建设和持续重拳反腐，党内和

社会上的风气明显好转，但也要清醒地看到，当前滋生腐败的土壤依然存在，反腐败形势依然复杂严峻，党风廉政建设和反腐败斗争是一项长期的、复杂的、艰巨的任务。从全行的情况看，通过各级行党委纪委的共同努力，转作风、严管理、抓基础、建机制，从严治党、从严治行的方针得到有效贯彻落实，党风廉政建设和反腐败工作取得了新的明显成效，为全行转型发展和改革创新提供了坚强保障，在社会上树立了清正廉洁银行的良好形象。同时，也要看到我们的工作中还存在许多问题和不足，员工和群众还有许多不满意的地方。比如，有的分支机构党委落实党风廉政建设责任制的担当意识还不强，个别党员干部违反中央八项规定和廉洁从业规定的问题仍有发生，部分分支机构案件和风险事件依然多发，对新业务、新领域的廉政案防挑战应对的办法还不多，等等。面对党风廉政建设和反腐败工作新的形势任务，全行上下必须时刻紧绷廉政案防这根弦，切实消除松懈麻痹思想和盲目自满情绪，防微杜渐，警钟长鸣，锲而不舍地抓好党风廉政建设和反腐败各项工作任务的落实。

二、全行党风廉政建设和反腐败工作的主要任务

2014 年全行党风廉政建设和反腐败工作主要任务是，认真贯彻落实中央纪委三次全会和国务院廉政工作会议精神，按照全行工作会议部署，坚持从严治党、从严治行，强化各级行党委抓党风廉政建设和反腐败工作的主体责任，强化反腐败机制创新和制度保障，加强思想政治教育，严明党的各项纪律，坚持不懈纠正“四风”，加大查办违纪违法案件力度，确保廉洁银行建设取得新进展和新成效。关于今年工作，我再强调几点：

（一）加强领导、统筹规划，不断完善党风廉政建设和反腐败工作格局。对于今年的工作任务，各级行党委要根据中央有关精神和部署，结合总行党委工作要求，吃透精神、把握实质，对如何落实主体责任、深化作风建设、发挥表率作用、从严带好队伍、领导和支持监督部门查处违规违纪问题等，都要深入研究和思考，创造性地提出贯彻落实具体措施。春节前，中央印发了《建立健全惩治和预防腐败体系 2013—2017 年工作规划》，这是开展党风廉政建设和反腐败工作的指导性文件。目前总行正在抓紧研究制定落实《工作规划》的实施办法，着重从总体要求、作风建设、惩治腐败、预防腐败和加强领导五个方面提出具体落实措施，指导和推动全行党风廉政建设和反腐败工作。各级行党委要高度重视这项工作，按照总行的实施办法，认真研究制定实施细则，并将其贯穿到改革发展稳定各项工作之中。各级行纪委要将其作为重要职责，更好地协助党委加强党风廉政建设和组织协调反腐败工作。各职能部门也要制定具体措施，抓好责任分解和任务落实，形成合力，把惩治和预防腐败各项任务落到实处。

（二）巩固成果、防止反弹，坚持不懈地抓好作风建设。通过这次党的群众路线教育实践活动，全行广大党员干部深化了对群众路线的理解，推动解决了一批员工意见集中、基层呼声强烈、客户反映突出的问题，取得了明显成效。但正如我刚才讲的，革除不良风气非一日之功，从不习惯到习惯、从不自觉到自觉、从外在压力到内生动力转变，还需狠下功夫。各级行党委要以抓铁有痕、踏石留印的劲头，认真抓好“四风”问题整改落实，积极构建长效机制，不断巩固和扩大成果。习近平总书记强调，在作风问题上，起决定作用的是党性，衡量党性强弱的根本尺子是“公”、“私”二字，很多作风问题就是因为公私关系没有摆正而产生的。摆正公私关系并不是要否定个人正当权益，而是强调想问题、做决策、办事情要出于公心，不能用公权谋取私利。全行党员干部要从党性的高度看待和剖析作风方面的问题，在工作和生活中自觉摆正公与私的关系，哪怕是几顿饭、几杯酒、几张卡这些看似小的问题，也要坚持做到不公权私用，不乱花公款，真正做到公私分明、克己奉公、严格自律。

（三）从严自律、从严管理，保持监督检查和案件查办的高压态势。抓反腐倡廉和作风建设，要从各级行党委和班子成员做起，党员领导干部要带头遵守廉洁自律各项规定，自觉将权力置于监督制约之下，严格按规则和程序办事，不以权谋私、不搞特殊化，管好家属和身边工作人员，做到言行一致、表里如一，增强落实各项规定的说服力和号召力。总行党委将继续深化和拓展巡视工作，把发现问题、形成震慑作为主要任务。对巡视发现有廉政勤政方面问题的领导干部，要视情况作出批评教育、组织处理和纪律处分，以儆效尤。各分行党委也要通过廉政和案防责任制考评、信访核查、廉洁谈话等方式，加强对党员领导干部的日常管理和监督，发现问题要严肃处理，不护短、不手软。要坚决遏制案件和风险事件反弹势头，通过系统监测等多种渠道，及早发现风险苗头，及时追查违规违纪问题和案件线索。要严格执行银监会新近颁布的银行业金融机构案件问责管理办法，对发生重大、恶性案件的，应暂停案发层级机构分管负责人、主要负责人职务，并视情况暂停案发层级机构上一级机构分管负责人职务，责成其积极配合案件调查；调查结束后，确认履行了相关职责的，才能予以恢复原职。

（四）整风肃纪、严防风险，坚决追究业务领域失职渎职行为。当前，经营环境十分复杂，外部风险向银行内部传导加剧，信用风险与操作风险、道德风险交织，银行各类风险事件处于多发阶段。从我行情况看，尽管近年来业务制度、审批流程日趋规范，整体风险呈逐年下降趋势，但信贷等业务领域在合规管理方面依然存在一些问题，加之受外部环境影响，违规事件时有发

生，有的给行里造成巨大的经济和声誉损失，这些违规事件背后往往都存在着严重的失职渎职行为甚至以权谋私问题。此外，近期代理销售、代理投资方面的风险也接连显现。大家记得2000年左右，当时全行不良贷款率高达47%，一度被国际上认为“技术上已经破产”。面对巨大困难和空前压力，我们破釜沉舟、背水一战，大打资产质量攻坚战，强化内部管理，狠下心、板起脸，严厉惩处了一批违规违纪和失职渎职人员，整饬了风纪和队伍，使不良贷款率逐步降了下来，直至今天的1%左右。现在看，当时严格责任追究，严肃处理了一批人，既起到了遏制违规放贷形成不良的问题，事实上也保护了更多的干部员工。去年全行也加大了业务领域失职渎职追究力度，处理了一批违规人员，但总的看，还存在该追究纪律责任而没有追究以及处罚偏轻的问题，有些处理没有达到应有的警示和震慑作用。今后，总行将进一步突出强化对风险高发领域、发展过快领域及新兴业务领域的管理，对出现的违规违纪、失职渎职及以权谋私等问题，要严查重处，绝不姑息迁就，切实通过从严治行，促进对各类风险的严格防控和各项业务的健康发展。

三、以深化改革创新推进全行党风廉政建设和反腐败工作

党的十八届三中全会和中纪委三次全会对健全反腐败领导体制和工作机制作出了重要部署，这是重大改革举措，对于我们加强党风廉政建设和反腐败工作，提高党建科学化水平，更好地保障国际一流现代金融企业建设具有重要意义。各级行党委要深刻领会中央的新精神新要求，结合自身实际，开拓思路、探索创新，推进反腐败体制机制创新和制度保障各项措施的落实。

（一）落实党委的主体责任和纪委的监督责任，强化责任追究。反腐败体制机制改革，一个很重要的方面是厘清责任、落实责任。不讲责任、不追究责任，再好的制度也会成为纸老虎、稻草人。区分主体责任和监督责任，是中央的新要求，凸显了党委和纪委各自的职责所在。现在，有的行党委特别是一些二级行党委，对落实主体责任认识不清，对党风廉政建设重视不够，工作停留在纸面上、口头上，每年签个责任书、讲个话就完了事，没有落实到日常行动中，对于不良的思想、作风和行为疏于教育，疏于管理和监督，出了问题就遮、盖、捂，回避矛盾，怕担责任，这是极端错误和不能允许的。党委的主体责任，概括来讲主要有五项：一是加强领导，选好用好干部，防止出现选人用人上的不正之风和腐败问题；二是坚决纠正损害群众利益的行为；三是强化对权力运行的制约和监督，从源头上防治腐败；四是领导和支持监督部门查处违纪违规问题；五是党委主要负责同志要管好班子，带好队伍，并管好自己、当好廉洁从业表率。各级行党委特别是主要负责同志必须树立不抓党风廉政建设就是严重失职的意识，一把手要担负起第一责任，党委各成员要各负其责，常研究、常部署，抓领导、领导抓，抓具体、具体抓，管好自己的“责任田”。

各级行纪委要履行好监督责任，协助党委加强党风廉政建设和组织协调反腐败工作，督促检查相关部门落实惩治和预防腐败工作任务，严肃查处腐败问题。监督责任是一把尚方宝剑，纪委要理直气壮、敢做敢为，抓好监督工作。各级行党委要支持、督促纪委充分履职，在纪委书记的职责分工上要保证其聚焦主业主责，尤其要避免分管可能与履行监督职责相冲突的工作。对敢于监督、敢唱黑脸的纪检干部，各级行党委都要为他们撑腰、打气。

总行纪委要根据中央有关规定，制定完善责任追究实施办法，划清责任红线，进一步明确怎样才算尽职免责，怎样要违规担责，健全责任分解、检查监督、倒查追究的完整链条。要在处理具体问题时分清党委负什么责任、有关部门负什么责任、纪委负什么责任，督促各级行党委、纪委及相关职能部门切实承担起各自的党风廉政建设责任。对那些领导不力、未尽职履责、不抓不管导致不正之风长期滋生蔓延，或者屡屡出现干部腐败问题和案件风险隐患而不制止、不查处、不报告的，不管是谁，只要有责任，都要追究到底，让板子真的打下来。

（二）推动纪检监察体制创新，健全反腐败工作机制。中央提出要改革党的纪律检查体制，强化上级纪委对下级纪委的领导，明确规定“两个为主”，即查办腐败案件以上级纪委领导为主，各级纪委书记、副书记的提名和考察以上级纪委会同组织部门为主。这项改革，是在坚持党对反腐败工作的领导、坚持党管干部原则的基础上，更好地发挥纪委作为党内监督专门机关的作用。总行纪委和组织部门要抓紧研究制定落实方案，从纪委主要领导的提名和考察、纪委书记异地任职、纪检部门和纪检干部绩效考核、职务调整、干部交流进出等方面，探索实现纪委双重领导体制的具体化、程序化、制度化安排，进一步明确加强双重领导的具体内容和方式，使上级纪委加强领导有章可循、下级纪委接受领导有据可依。要加强对权力的制约，合理分解权力，科学配置权力，强化对领导干部特别是一把手行使权力的监督，强化领导班子内部监督，强化监察、内审、内控、巡视等专门监督。要进一步推进党务、行务和部务公开，畅通广大干部员工监督的渠道，确保权力在阳光下正确行使。

（三）抓好结合，切实将惩治和预防腐败要求融入全行各项改革发展举措中。近年来，全行改革和转型发展的步伐很快，但改革是一个破旧立新的过程，深化改革能够打破利益固化的藩篱，铲除权力寻租滋生的土壤，但如果不注意配套和衔接，不注意时序和步骤，也

容易产生体制机制上的缝隙和漏洞，为腐败行为提供机会。破解这一问题，关键是要增强改革的系统性、整体性、协同性，抓好改革各项配套措施的完善和落实，避免改革过程中出现“制度真空”。全行改革发展研讨会和年度工作会议研究部署了今年及今后一个时期全行改革发展的主要任务，其中关于组织机构、信贷等领域的改革，历来是党风廉政建设和预防腐败工作的重点，各级行各部门在组织实施的过程中要与预防腐败同步考虑、同步实施，堵塞可能出现的漏洞。比如，要在调整和优化信贷流程、将业务审批权适当下放的同时，相应地加强对这些权力的制约和监督，做到权责匹配、监管上收。要坚持“业务发展、制度先行”的理念，进一步梳理完善业务管理架构和风控体系，确保运作规范，特别是对表外融资、代理销售、代理投资等新业务领域，要及时总结风险管控的经验，完善相关制度和流程。各级行各部门都要紧密结合实际，切实履行职责，将惩治和预防腐败的要求具体化，落到改革发展的中心工作中，保障改革发展健康顺利推进。

四、切实增强全行党员干部的组织纪律性

组织纪律严明是党的光荣传统和独特优势，也是全行始终保持凝聚力和战斗力，不断进步发展的重要保障。站在30年改革发展的新起点上，我们面临的形势越复杂，肩负的任务越繁重，就越要重视加强纪律建设，确保统一意志、统一步调、统一行动。要清醒地看到，当前个别党员、干部和基层党组织还不同程度地存在纪律观念淡薄、组织涣散等问题。比如，有的个人主义、自由主义抬头，跟组织讨价还价，不服从组织安排；有的对于本应该向组织报告的事项遮遮掩掩，甚至隐瞒不报；有的不严格执行“三重一大”制度，个人或少数人决定重大事项；有的班子成员之间协调配合不够，没有形成有效合力；有的对党员干部疏于管理、缺乏严肃认真的组织生活，等等。如何在新形势下加强全行党员干部的组织纪律性，是需要我们认真思考和回答的重大课题。

（一）要切实增强党性。组织纪律性是党性修养的重要内容。党性说到底就是立场问题，就是要站在党和人民的立场上想问题、做决策、办事情，而不能把个人利益放在第一位。党章规定的“四个服从”，是党最基本的组织原则，也是最基本的组织纪律。要从遵守和维护党章入手，强化党的意识，时刻想到自己是组织的一员，时刻不忘自己应尽的义务和责任，相信组织、依靠组织、服从组织、忠诚于组织，自觉接受组织安排和纪律约束。干部的党性修养、思想觉悟、道德水平不会随着党龄的积累而自然提高，也不会随着职务的升迁而自然提高，而是需要终生学习、培养和锻炼。当前，要认真抓好习近平总书记系列重要讲话的集中学习培训，各级党校要把习总书记系列重要讲话和十八届三中全会精神、社会主义核心价值观体系、马克思主义哲学、党风廉政建设等内容作为必修课程，通过干部轮训等方式，加强对党员干部的党性教育和纪律教育，达到增强党性的目的。

（二）要切实遵守组织制度。民主集中制、党内组织生活制度等党的组织制度都非常重要，必须严格执行。这里，我强调一下请示报告制度问题。作为干部特别是领导干部，必须要有组织观念、程序观念，在涉及重大问题、重要事项时，该请示的必须请示，该报告的必须报告，这是必须遵守的规矩，也是检验一名干部合格不合格的试金石。对重要问题不请示报告的干部，各级行党组织要格外注意，这可能就是要出问题的前兆。我们行也有个别领导干部在工作时间未经请示报告就擅自跑到机构所在地以外的地方去了，有的该报告事项也没有给组织报告。今年起，要按照中央部署，对领导干部个人有关报告事项，在一定比例中抽查，对于财产、婚姻、护照、配偶子女移居国境外等情况，如果填报的与实际情况不一致，要搞清楚为什么；对无正当理由不按时报告、不如实报告或隐瞒不报的，要根据情节轻重，给予批评教育、限期改正、责令检查、诫勉谈话、通报批评、调离岗位、停职免职等处理；构成违纪的，依照有关规定给予纪律处分。凡不如实填报或隐瞒不报的，一律不得提拔任用、不列入后备干部名单。

（三）要切实加强组织管理。组织管理主要体现在组织对组织、组织对个人的管理上。这里，要注意区分组织意图和领导个人意图，防止个人凌驾于组织之上。组织意图是党组织通过民主集中制形成的意见，个人意图是领导干部个人的意见，两者可能一致，也可能不一致，或不完全一致。对领导干部特别是一把手而言，最重要的还是坚持民主集中制，准确表达组织意图和个人意图，该以组织名义出面就不要以个人名义出面，该以个人名义出面就不要以组织名义出面，该集体研究就不要擅自表态，避免先声夺人，该征求意见就不要省略程序，避免独断专行；要特别防止把个人意见强加给集体、强加给组织，不能用个人决定代替组织决定。

党员、干部要正确对待组织，对组织要忠诚老实。党员之间要讲真话、讲实话、讲心里话。作为党员，必须敢于坚持原则、坚持真理，摒弃那种随波逐流、见风使舵的市侩哲学。对向组织讲真话、报实情的党员、干部，各级行党组织都要支持和保护。对党组织决定，每个党员、干部，无论党龄长短、职务高低、贡献大小，都应该无条件服从。如果认为组织决定有不妥之处，可以按照组织程序提出意见和建议，但在组织未改变决定之前，必须毫无保留执行。各级行领导班子内部要通过坚持贯彻民主集中制、严格党内生活、用好批评和自我批评武器，及时化解工作中这样那样的矛盾和分歧，达到党性原则基础上的团结，决不允许“圈子文化”、明争暗斗等不良风气在行内有生存空间。在巡视、两责考

评、信访核查或干部考察中发现存在此类问题的，要严肃处理。

（四）要切实执行组织纪律。纪律是我们党立党之本、立身之基，遵守党的纪律是每名党员应尽的义务。不能把纪律规定当成一种软约束或束之高阁的一纸空文，如果纪律成了摆设，就会形成“破窗效应”。要把纪律真正变成带电的高压线，使全行党员干部知纪、懂纪、明纪，使纪律规定内化于心，力践于行，保持刚性。全行各级党组织要进一步细化完善“三重一大”决策、组织生活会、请示报告等制度，把有关规定、程序和要求尽量写得明明白白、便于执行。要加强对组织纪律执行情况的监督检查，对违反民主集中制原则决定重大事项、对长期不参加党组织活动、对不严格执行请示报告制度等行为，必须及时批评教育，情节严重的要给予组织处理或纪律处分。要铁面执行，不能搞“网开一面”或“下不为例”。在日常工作中也要时不时谈谈话、提醒一下，坚持抓早抓小抓苗头，就能起很大的预防作用。

同志们，做好党风廉政建设和反腐败工作责任重大、使命光荣。面对新形势新任务，全行各级党组织要坚持党要管党，从严治党，不断创新理念、思路和举措，以坚定信心和坚决措施，努力开创党风廉政建设和反腐败工作新局面，为全行改革发展和国际一流现代金融企业建设作出新贡献！

把握形势要求　提高履职效力
为全行转型发展提供有效审计保障

——在中国工商银行内部审计工作会议上的讲话

姜建清

（2014 年 3 月 11 日）

这次会议的主要任务是，贯彻全行改革发展研讨会和 2014 年工作会议精神，回顾总结 2013 年内部审计工作，根据新的形势和要求，安排部署 2014 年内部审计任务。下面，我讲三点意见。

一、2013 年内部审计工作富有成效

过去一年，内部审计紧紧围绕全行改革发展大局，在错综复杂的形势和环境下，研判风险，揭示问题，提出建议，督促整改，勤勉尽责，高质量完成了审计任务，有效地履行了监督职责，为全行顺利实现经营发展目标发挥了保驾护航作用。

（一）在服务全行经营发展的过程中，实现了内部审计的专业价值。2013 年，内部审计根据内外部经营形势与监管政策的变化，通过审重点、审难点、审热点，看风险、看控制、看发展，集中精力关注全行经营转型过程中的全局性、重要性和敏感性问题，重点加大了两方面的工作力度。

一是加大了对全行重大经营领域和创新业务的审计力度。内部审计关注了信贷业务、财务管理、信息科技安全、国际化发展、资本管理等对集团和系统影响大、监管力度大、风险变化大的重点管理领域，摸清了底数，确认了问题，厘清了责任，为全行在不确定的经营环境下，有针对性地化解风险提供了有效支撑。同时，内部审计还关注了理财业务、利率管理、第三方支付、手机银行等部分发展创新快、市场变化快、潜在风险大、社会关注程度高的热点业务，评估风险状况，分析市场变化，比较竞争能力，及时提供了审计报告，促进了相关业务的健康发展。

二是加大了对转型发展中各领域潜在风险隐患的揭示报告力度。内部审计通过现场与非现场审计、全行和区域审计、专项审计与持续性监测相结合等方式，实现了对全行各类机构、各经营层面和主要业务领域关键风险的合理覆盖与有效监督。各项审计活动涉及业务创新、运营改革、渠道建设、国际化发展、集团并表管理等重点领域，站在集团的高度揭示了全行在转型发展过程中，机制、流程、系统、运营等层面存在的问题和风险，以综合视角剖析了产生问题和风险的深层次原因，及时沟通，合理建议，在推动治理能力提升、服务改革措施落实等方面发挥了增值作用。总体来讲，这一年的内部审计工作重点突出、报告及时、富有价值。管理层重视和采纳了大量的审计意见，完善了相关制度流程，严肃了经营管理纪律，促进了全行风险管控与竞争发展能力的提升，有力地促进了各项重大改革战略的实施。

（二）在协调全行落实外部监管要求的过程中，体现了内部审计的工作效力。2013 年银行业监管新规多、要求严，内部审计将协调落实监管检查工作放在推动全

行加强风险防控的大局下来把握和实施，进一步增强了协调工作的针对性和有效性，重点在两个方面有所突破。

一是探索监审联动的新路，深度推动监管要求在全行的落实。内部审计不仅牵头协调配合国家审计署、银监会、外部审计师等审计检查机构，完成了各类专项检查和有关日常监管工作，而且梳理了境内外监管机构对内部审计的要求，主动组织开展了一系列落实监管要求的审计检查，完成了内部控制评价、理财业务、新资本管理办法实施、绩效考评、信息科技外包等多个领域的审计项目，并在开展这些审计项目的过程中解读监管政策，传导监管理念，督促监管发现问题的整改，使全行落实监管要求的措施更加多样和有效。

二是加大内协外宣的整合力度，统筹集团内部审计落实监管要求的工作，全面反馈全行加强风险管理的成效。内部审计准确把握境内外机构、各专业、各部门，特别是跨专业、跨部门业务领域落实审计和监管检查要求的情况，结合自身的审计监督职能，以较强的政策把握能力、专业整合能力和内外检查成果利用能力，向监管部门综合反馈，支持监管机构全面客观评价我行经营管理情况，营造了良好的监管环境，提高了协调效果。同时，内部审计还积极协调外部审计机构，为全行治理各方提供了大量增值服务，充分发挥了协调增值作用。

（三）在应对复杂风险考验的过程中，提升了内部审计的履职能力。内部审计坚持“技术强审，队伍兴审”的发展方向，不断探索与日益复杂的审计环境相匹配的履职方式，取得了两个层面的明显变化。

一是审计方法取得了实质性的进步。内部审计以信息化审计建设为引领，以非现场审计技术为突破口，以精品项目为抓手，逐步实现了审计方式的更新升级，形成了较为稳定成熟的现场与非现场有效结合的审计检查方法和技术，依靠非现场分析发现风险线索，依靠现场审计查实潜在问题，实现了“远程排查、精确审计”的目标。审计技术的创新与进步，改变了审计的方法与模式，从根本上提升了审计的质量与效率，引领了业内的先进审计实践。

二是队伍素质得到了持续性的提升。在全行多方面的关心和支持下，内部审计通过加强培训、实战锻炼、内外交流等方式，加快调整队伍素质结构，有针对性地提升履职能力。特别是在群众路线教育实践活动中，内部审计进一步加强作风建设和制度建设，树立客观公正、廉洁自律的职业形象，在全行深化改革发展的进程中，积极进取，勇于实践，开展了一系列全新领域的审计活动，高质量地完成了多项复杂艰巨的审计任务。

总之，过去的一年，内部审计很好地履行了自身的职责，发挥了多方面的作用。去年银监会对我行内审履职情况进行了全面调查，客观评价了我行内部审计自身建设的方法和成效，充分肯定了内部审计在推动我行完善公司治理、强化风险控制方面发挥的积极作用。内审上海分局代表我行接受了中国内审协会开展的内部审计质量评估，成为国内银行业首家通过外部专业评估，并达到国内同业最高等级标准的内部审计机构。内部审计取得的成绩，得益于各机构、各部门的支持，凝聚了内审系统全体干部员工的心血和汗水，也与国家审计署、银监会等监管机构和内审协会的指导与帮助密不可分。在此，我代表总行党委和董事会，向内部审计系统全体员工，和所有关心、支持内部审计工作的同志们，表示衷心的感谢！

二、内部审计面临的新形势与任务

今后一个时期，国内外经济形势依然复杂，各种影响因素错综交织，全行的经营环境较以往更为严峻。面对新的形势与挑战，总行党委通过认真分析，深入研判，前瞻应对，制定了新时期的发展规划蓝图，开启了新一轮转型发展征程。内部审计务必准确把握新的形势变化与要求，明确未来一个时期的主要任务与工作重点，谋划提升履职效力的思路与措施，有针对性地服务于全行的转型发展目标。

（一）准确把握风险管理形势变化对内部审计提出的新要求。当前，我国经济发展正处于增长速度换挡期、结构调整阵痛期、前期刺激政策消化期“三期叠加”的阶段，加之利率市场化改革、金融脱媒深化、互联网金融发展等多种因素交互作用，使得银行业态正在发生深刻变革，这也是风险表现更为复杂和问题集中凸显的时期，各类风险呈现集聚传染、共生关联、复杂隐蔽、突发性和破坏性增加态势。去年，全行连续多年的不良“双降”变为“双升”，各类风险演化为区域性、系统性风险的几率增大，风险管控难度和压力明显增加。严控信用违约风险集聚扩散，严管外部风险传染蔓延，化解已经暴露的风险，并避免形成新的风险，保证不发生系统性、区域性风险，守住风险底线，将是我们未来一个时期最重要的工作内容之一。风险能不能管住、管好，是关系到全行30年发展成果能否守住、经营目标能否实现、战略转型能否成功的关键。

内部审计要将揭示和预警风险、服务全行稳健发展作为履职的重要任务，发挥好免疫系统功能，当好“卫士”和“哨兵”。要在对全行经营发展环境与阶段特征进行敏锐分析和科学预判的基础上，盯住主要业务、重要系统、关键环节和重大风险领域，预见和预警可能影响全行发展的重大风险问题和潜在的新风险，深入分析风险背后的机制性、系统性原因，提出建设性的审计意见和管理建议，做到形势研判在前，风险识别在前，预警提示在前，为各领域防范风险提供有针对性的支持，为科学决策提供前瞻性的参考，增强全行驾驭更加复杂风险局面的能力。

（二）准确把握监管政策变化对内部审计提出的新

要求。未来一个时期，全球银行业监管将更加严格和审慎。一方面，巴塞尔协议Ⅲ框架下的系列银行业宏观审慎监管规则陆续在各国落地，我国已实施了《商业银行资本管理办法》和《商业银行流动性风险管理办法》，特别是在我行入选全球系统重要性银行名单后，遵守这些核心规则将面临更加严格的考验；另一方面，关注金融机构行为适当性、强化金融消费者保护的微观审慎监管力度也将进一步加大，越来越多的经营活动将纳入监管范围，所有创新业务将面临更加严格规范的要求。各项监管政策和精神在对银行经营管理进行规范和指引的同时，都将内部审计作为落实监管政策和要求的重要手段，提出了明确的履职要求。每项重大监管政策实施，必然要求开展相应的内部审计，内部审计承担的监管性审计任务将越来越多、范围越来越广、标准也越来越高。

内部审计要将推动全行落实监管政策要求，督促各领域、各条线加强合规经营作为一项主要职责，增强审计的监督作用和检查实效，当好化解风险的“催化剂”和“助推器”。要密切关注国际、国内监管的变化趋势，关注境内外机构和主要业务领域对最新监管规则的执行情况，研究新形势下审计的重点，高标准、高质量、高效率地开展审计监督，扎扎实实发挥化解各类风险的支持推动作用，促进全行提高创新和转型发展的质量。

（三）准确把握转型发展进程对提高内部审计能力的新要求。全行转型发展战略推进的过程，也是全行组织体制、业务结构、运营模式、资源配置、渠道布局等全方位的改革进程。我行风险管理的覆盖范围将不断拓宽，集团与子公司、境内外机构、各业务条线都将纳入统一的风险监控范围，全行的风险视图将更加宽阔和复杂。信息化银行的建设将助力我行实现风险管理模式的变革，体量庞大、瞬息万变、高度互联、高速运行的业务系统与数据信息，会促进风险管理的效率与效力的提升。内部审计在对重点业务领域开展审计的基础上，必须介入更多的领域、层面和维度，提供更多全局性、针对性的支持与服务。这对审计工作模式、方法技术和队伍素质提出了全新挑战。

内部审计要始终保持与全行经营发展需要相匹配的审计能力，与时俱进，精兵利器，实现自身的能力升级，将是未来一个时期要重点完成的专业建设任务。内部审计要充分利用全行信息化银行建设成果，加快构建信息化审计体系，建立一个覆盖全面、功能强大的审计监督与服务平台，通过信息技术与审计活动的高度融合，持续创新审计方式和技术，扩大审计的覆盖和监督范围，从根本上提升审计的深度、广度和精度，实现更为优质高效的审计服务。

三、做好2014年内部审计的重点工作

今年是全行及内审工作2012—2014年三年发展规划实施的收官之年，做好今年的内审工作尤为重要，不仅要全面实现规划既定目标，而且要结合形势变化与要求，丰富深化各项工作思路与措施，为下一个三年发展打好基础。2014年内审工作的总体要求是：紧紧围绕全行中心工作，以服务转型和控制风险为主线，预警重大和潜在性风险，揭示机制和制度性问题，督促跟踪问题有效整改，全面提升履职能力和服务水平，支持全行完善管理，深化改革，为实现经营目标提供有效审计保障。具体实施过程中，要突出抓好四个方面工作：

（一）盯住全行经营过程中的主要风险。董事会已经批准了2014年度内部审计项目计划，这个计划充分考虑了经济金融形势和环境变化，贯彻了监管要求和全行工作部署，体现了风险导向和重要性原则，与我行经营目标高度契合。内部审计在实施过程中，要前瞻、敏感、及时，重点看住以下风险：

一是信贷与投资业务风险。在今后一个时期，信贷与投资业务的稳健发展仍将是全行持续健康发展的重要保证，是董事会关注的重点，也是境内外监管机构和全球投资人关注的焦点。内部审计要进一步加大对资产质量的审计监督力度，重点关注复杂经济形势和宏观调控政策可能对资产质量产生的影响，研究不良融资形成的原因，分析信贷业务数据质量与信贷人员履职等情况，要对实施战略性收缩和退出领域的信用风险控制情况提供独立、客观的审计意见，促进全行及早发现问题，准确研判趋势，掌握工作主动。

二是代理业务风险。近年来，全行代理投资和代理销售业务品种和规模迅速增加，对全行的经营结构影响举足轻重。但与多年持续完善已较严密的信用风险管理体系相比，对这类业务的风险认识和管控水平还有待提高，产生合规风险、声誉风险的可能性较大。内部审计要持续加强对代理业务领域的审计，重点关注资产管理、基金投资管理等表外业务领域风险防控的有效性，特别是要加大对其关联业务线条风险控制信息的整合力度，综合审计和监督各方面风险管理控制的协同效率。

三是IT安全风险。信息系统安全历来是全行关注的重大风险领域，内部审计要重点关注信息系统运行管理的安全与质量，及时跟踪电子银行、境外机构FOVA系统运行的安全性和稳定性情况；关注线上线下渠道整合、移动支付等业务创新中的系统支持情况；关注“两地三中心”工程建设过程中的生产运行安全和电子银行、手机银行等系统外联的安全性；特别要关注信息系统突发事件的影响，增强IT风险防范能力。

四是国际化发展中的风险。宏观审慎监管制度在欧美及发达国家实施，监管机构对违规行为的处罚空前严格，一些国际大型银行收到了巨额罚单，遭受了严厉制

裁，我行要高度重视相关风险。内部审计要前瞻关注境外监管规则对我行机构和业务发展、战略布局的影响，特别是合规管理方面的问题；关注境外机构风险管理机制的运行效果，可能面临的流动性风险、反洗钱风险、并表风险的控制情况；关注并购整合过程中的风险控制情况，夯实国际化发展的基础。

五是重大发展战略的执行效率与效果。今年我行将加快经营结构的战略调整，优化“五大布局”，突出“三大战略”，内部审计要重点关注这些重大举措实施过程中一些重点领域的推进情况，评价全行重大财务资源使用、产品创新推广、考核激励机制等方面的风险控制措施的落实和协同效应的发挥情况。

（二）加大对问题整改工作的监督力度。我行历来重视各类检查发现问题的整改工作，良好的纠错机制保证了全行多年的稳健发展。但也要看到，近年来，部分机构出现了重发展、轻管理，重查轻改，屡查屡犯的倾向。做好各类内外部审计检查发现问题的整改落实工作，对于消除风险隐患，实现持久健康发展至关重要。对此，全行上下务必在思想上高度重视，被检查机构要对发现问题按时整改，不能讲条件；相关监督检查部门要对问题的整改工作进行后续跟踪评价，不能有遗漏；要坚持从严治行，严格问责，确保各项整改工作落到实处。

各机构、各部门作为问题整改的主体，要对本单位、本专业整改工作的质量和效果负总责；要及时分析问题原因，认真研究改进措施，完善一把手负责、归口管理的整改机制，坚持标本兼治，着重从制度、流程、管理等方面入手，努力从根本上解决问题。

内部审计要做好审计发现问题整改的后续跟踪与评价工作。通过开展审计监测、后续和延伸审计，对整改落实情况进行跟踪评价，定期向董事会及其审计委员会、监事会和高管层报告审计发现问题的整改情况。

各级人力资源、纪检监察等部门要做好问题整改的支持与配合工作。要根据行内相关管理规定和员工行为守则，加大对违规行为的处罚力度，对在整改工作中隐瞒事实、弄虚作假、整改不力的单位与相关责任人要进行严肃处理，确保整改工作收到实效。

要认真落实各项监管要求，配合好外部监督检查工作。今年，银监会将对我行开展表外业务和并表管理两项检查，表外业务检查组近日将进驻总行。下半年，国家审计署还将对我行开展经常性审计。各部门、相关机构要积极主动配合监管检查，以主动开放的姿态自觉接受监管检查和公众监督。

（三）加快信息化审计建设步伐。信息化审计是信息化银行建设的重要组成部分，代表我行内部审计的未来发展方向。信息化审计是通过对全行各类信息的整合、分析和挖掘，来实现审计目标的一种全新审计方式，将会带来审计理念、管理模式、作业流程的全新变化。今后一个时期，要将信息化审计建设作为提升审计能力的主要抓手加以实施，在建设工作中，要兼顾“高、精、专”三个方面的目标。

一是确保审计活动更加高效。在信息化审计环境下，审计要实现由抽样分析向全量数据分析方向转变，由现场审计为主向现场与非现场结合的方式转变，由经验判断为主向“数据依据”模式转变，由事后确认向事前预警方向转变。这种变化将显著减少审计项目的现场工作量和时间占比，大幅提升审计效率与效力。

二是确保风险定位更加精准。要以信息化银行业务管理思路为出发点，构建“数据驱动”的审计技术方法体系，引入先进的分析工具，对机构和业务数据进行持续和深层次分析监测，有效识别和跟踪分析风险变化线索，实现对风险的精确定位。

三是确保审计服务更加专业。在复杂的经营环境下，治理各方将不再满足于单一领域的风险报告，更期望能随时获得全景式的风险视图、关联性的风险揭示和建设性的审计意见。内部审计要借助信息化审计向专业化方向迈进，走高附加值的发展道路，更有效地发挥服务增值的作用。

推进信息化审计建设两个前提条件必须具备，一个是要尽快培养数据分析师，另一个是要全面掌握数据信息。全行各部门和机构要积极配合内部审计做好信息的获取工作，同时，内部审计也要做好与有关部门和机构的沟通交流，严格保密制度，严控对业务系统和涉密信息的使用权限，遵循规范的工作程序。

（四）打造一支职业化审计队伍。内部审计要以履职能力和作风建设为重点，锻造一支作风过硬、凝聚向上、活力持久的职业化内审团队，以全面胜任新形势下全行改革发展对内部审计的履职要求。

一是要持续提升内部审计人员“三项核心能力”。三项核心能力就是发现与解决问题能力、沟通协调能力和持续学习能力，要通过三项核心能力的提升，使审计人员做到看得准、查得实、说得清、辩得明。“看得准”就是要求审计人员善于发现问题的本质，通过大量的资料分析，准确判断审计的重点、方向，以及问题存在的范围和要达到的目标。“查得实”就是要求审计人员对发现的问题和风险追本溯源、一查到底。“说得清”就是要求审计人员在查实问题的基础上，通过书面形式把查实问题的相关情况说明白、说清楚，并提出审计建议，促进问题整改。“辩得明”就是要求审计人员在审计过程中能够与被审计单位进行恰当的沟通和交流，对相关问题做出合理解释，客观充分，有理有据。

二是要进一步推动内审队伍的结构优化和人才流动。要整体规划内部审计团队的建设与管理，有序推进内审队伍的梯队发展，重点要培养专业团队和专家人才，特别要充实创新业务、境外机构审计和数据分析等方面的力量，促进审计专业团队结构的持续改善。同时，要进一步加大内审干部交流力度，提高内审队伍活力，人力资源和内部审计部门要研究建立干部的双向交流机制，从分行和内审双向选派优秀干部交流工作1～2年，每年保证一定比例的人员流动。通过人员的流动，实现相互学习、共同进步和提高的目的。

三是要不断锤炼过硬作风。在去年开展的群众路线教育实践活动中，内部审计专业认真落实总行改进作风建设的各项要求，取得了明显成效。下一步要继续巩固成果，落实长效机制，将作风建设持久深入地抓好抓实。要抓好职业道德教育，引导和规范审计人员坚持原则、严守底线，严谨务实、严格自律、做廉洁奉公的表率。要抓好内审文化建设，营造积极向上、争先创优、团结和谐、勇于攻坚的工作氛围，促进内审人员积极承担团队责任、珍惜团队荣誉，以令人信服的职业水准和具有公信力的审计成果，树立内审团队的良好职业形象。

同志们，当前全行转型发展已进入关键时期，内部审计工作正面临着更大的考验与挑战，肩负着更重的职责与任务。希望大家以奋发有为的精神状态和求真务实的工作作风，努力开创新局面，再创新业绩，为全面深化改革创新、促进全行健康和可持续发展作出新贡献。

完善战略布局　加强资源整合
全面提升国际化经营竞争力

——在中国工商银行2014年国际化工作会议上的讲话

姜建清

（2014年4月9日）

这次会议的主要任务是，总结全行国际化发展情况，明确现阶段发展的新趋势、新特征，研究部署未来一个时期完善国际化战略布局、提升国际化竞争力和价值贡献的新思路、新举措。下面我讲三点意见。

一、全行国际化发展取得显著成绩

（一）全球网络布局基本形成。近年来，全行紧紧把握国际化发展重要机遇期，加速全球布局和功能建设，目前已直接进入40个国家和地区，并通过参股南非标准银行间接布局非洲18个国家，形成了横跨六大洲的全球服务网络，保持了覆盖国家和地区范围最广的中资银行地位。尤其是我们坚持申设与并购并举，通过十余次成功的境外并购、离岸在岸牌照互补、欧洲五国机构同期开业等创新性举措，初步走出了一条具有中资银行特色的国际化发展道路。作为境外经营网络的重要补充，我行的代理行网络覆盖全球145个国家和地区，外资代理行总数跃升至1 730家，居中资同业首位，并且对代理行业务发展的跟踪、考核有了明显提升。在电子渠道建设方面，境外自助机具达1 250台，38家境外机构建立了门户网站，27家提供网银服务，6家投产手机银行服务，16家推广电话银行服务并提供中、英、法、泰等多语言人工服务，全渠道服务能力明显提升。

（二）境外价值贡献日益提升。与机构的扩张相比，这更为重要，因为这是国际化发展的最终目的和落脚点。得益于近年来境内外两个市场、两种资源的统筹摆布，境外利润回报逐步显现，尤其在境内机构利润增速放缓趋势下，境外利润增长起到有益补充和调节作用。从利润贡献看，2013年末我行境外机构总资产2 092亿美元，同比增长29%，资产规模位列全球千家大银行第99位；拨备后利润22亿美元，同比增长34%，利润规模接近国内一些中型股份制银行水平，位列全球千家大银行第70多位；境外资产质量也非常好，不良率0.49%，远低于全球千家大银行3%的平均水平。几年前，我们开始大规模开展国际化经营的时候，境内分行的利润年均增长率超过30%，境外的ROE、ROA、利润增长率等明显不如境内。当时有一些质疑，就是境内发展这么好，为什么要到境外去？现在可以回答这个问题了。因为不同的市场所遇到的经济周期是不一样的，这就要求商业银行不要把鸡蛋放在同一个篮子里，必须从多个市场获取盈利，才能抵御单一市场经济周期的变化。今年第一季度，全行境内利润增速明显减缓，降到了个位数，只有5.14%，但境外利润增速高达62.76%，如果没有境外的贡献，全行难以实现6.75%的增长。从投入产出效率看，境外以占全行1.9%的网点、2.4%的人员、1.9%的对公客户、0.4%的零售客户，实现了3.4%的拨备后利润，国际化战略的价值创造优势与发展前景已经看得非常清晰了。从经营能力看，境外机构的本土化经营能力和市场影响力持续增强，一些机构在发展中迅速成长崛起。工银亚洲、工银澳门、工银阿根廷、欧洲机构组成利润破亿美元的第一梯队，工银亚洲的经营规模和盈利水平已经达到境内分行中游水平；美国机构、悉尼分行、新加坡分行加快形成第二梯队。河内、金边、印尼、泰国等机构资产和利润规模居当地中资银行榜首；有些行当地市场规模较小，但发展也比较快，如万象分行资产规模已位列当地第三、外资首位。

（三）产品线建设向纵深推进。公司业务方面，近两年境外机构公司贷款新增350亿美元，境内外机构"走出去"表内外业务累计发生额超500亿美元。零售业务方面，境外零售客户达186万户，储蓄存款余额246亿美元，零售对境外中间业务收入贡献超过40%。私人银行业务方面，境外私人银行客户达1 151户，管理资产70亿美元，收入达到1 180万美元。全球现金管理业务方面，与3 800多家客户建立合作关系，稳居中资银行首位。清算业务方面，美元、日元、欧元三大清算中心建设持续加强，去委比例分别达74%、91%和92%。银行卡业务方面，境外总发卡量达233万张，同比增长3.7倍；累计消费额154亿元，同比增长5.2倍。电子银行业务方面，交易笔数占比首次过半，达到56%，对个人客户和企业客户的渗透率分别为36%和47%。金融市场业务方面，实现外币债券、外汇买卖、账户贵金属和账户原油跨时区不间断交易。投行业务方面，境外机构实现投行收入11.3亿元，同比增长21%。托管业务方面，全球托管产品合计1 090亿元，客户数量和托管规模保持同业领先地位。租赁业务方面，工银租赁境外资产占比18%，按飞机资产余额计算，在全球飞机租赁公司中排名第九。

（四）境内国际业务取得新突破。近年来，伴随着境外布局发展，国际化经营较好地发挥了对境内业务的稳固和促进作用。2013年，境内国际结算量1.6万亿美元，四行占比30.86%；国际贸易融资发生额超过1 700亿美元，余额突破500亿美元，双双稳居四行榜首；对外担保业务发生额四行占比跃居第一；国际贸易融资不良率0.49%。打造国际业务第一银行工程成绩卓著，广东、江苏、北京、浙江、山东等旗舰大行成功赶超，区域竞争优势快速凸显。2013年，共有12家分行国际结算占比排名第一，10家分行国际结算收入占比排名第一，实现规模与效益双提升。外管合规检查连续两年获得国家外管局A类评价，是四大行中唯一获此殊荣的银行；接连荣获《金融时报》、《中国经营报》评选的"最佳国际业务银行"、"卓越竞争力国际业务银行"奖项。全行国际业务整体竞争力、社会影响力和客户美誉度得到明显提升。

（五）跨境人民币业务实现跨越式发展。2013年，集团跨境人民币结算和贸易融资总量超过2.1万亿元，同比增长四成。全行开立跨境人民币清算账户485个，覆盖全球72个国家和地区，当地监管允许的境外机构均已开办跨境人民币业务。境外机构人民币资产占总资产的20%，余额达2 421亿元，较年初翻番，增速显著高于境外整体资产增速且流动性风险处于合理水平。我行充分发挥在人民币国际化进程中的引领作用，开创多项市场先河。总行成为首家在欧美市场发行人民币债券的中资金融机构总部；新加坡分行成为央行指定的中国以外首家人民币清算行，运营至今人民币清算量已达10万亿元，其中仅今年第一季度的清算量就接近7万亿元，实现里程碑式突破，按照这个发展速度，今年的清算量将达到30万亿元；工银亚洲成为香港首批人民币同业拆息定价报价行，其点心债市场承销额位居中资机构首位；工银莫斯科保持当地核心人民币做市商地位。集团离岸人民币中心布局轮廓渐现，工银亚洲、工银欧洲、工银伦敦、法兰克福分行积极参与当地离岸人民币中心建设；依托政策机遇加快产品创新，打造新疆霍尔果斯、江苏昆山、广西南宁等跨境人民币试点区域取得成效。

（六）一体化建设迈出新步伐。从系统建设看，37家境外机构投产FOVA，76家境内外机构单证业务实现集中，信息化和集约化经营水平领先同业。从业务延伸看，境外私人银行、现金管理、资产托管、资金交易和金融机构营销区域中心渐次铺开，资产簿记中心成功试水，集约化优势不断增强。从队伍建设看，这些年在境外业务发展的同时，我们培养了一大批在国际业务、境外业务战线工作的骨干，一些管理人才茁壮成长，国际化人才队伍不断壮大。目前，境外员工有1.1万名，其中总行外派员工600多名，境内国际业务专职人员、各板块相关专业人员4 500名。国际化人才项目、小语种和紧缺专业人才的培养有效充实了全球化队伍储备，支撑了境外机构和国际业务的大规模发展。这是国际业务战线的又一个成就，也是我们很难被超越的核心竞争力。

二、准确把握国际化发展的新趋势、新特征

经过20多年的探索实践，我们在境外网络、规模、效益、管理和人才等方面都取得了令人瞩目的成绩，具备了加速向成熟跨国银行靠拢的基础条件。当前，全行国际化发展的内外部环境又呈现出新的阶段性特征，我们不能仅仅满足于前期的成绩，更应看到存在的差距、问题和面对的挑战，努力将忧患意识转变为前进的动力，进一步创新发展理念，把握发展趋势，立足新起点，打造新优势，稳健审慎地走好每一步，推动国际化发展再上新台阶。

（一）国际化发展仍处于重要战略机遇期。从国际看，世界经济仍将延续缓慢复苏态势，欧美发达经济体增长有所加快，有的新兴市场国家和一些发展中国家保

持相对较快的增长率，为我行当地机构加快本土化发展提供了有利条件。一些国际大银行也加快了经营转型步伐，在去杠杆化的同时，有重点地收缩全球布局，剥离非战略核心业务，构建更为“精简”和“专注”的经营模式。这种进入、发展、退出都有一定的规律性，也为我行研究谋划科学的国际化发展模式提供了借鉴。

从国内看，党的十八届三中全会作出全面深化改革的重大战略部署，明确提出“构建开放型经济新体制”，这必然会为金融服务创造新需求、形成新促进。国际产业格局重塑、发达国家“再工业化”和世界新一轮区域一体化调整，将为我国境外投资提供新的市场空间。上海自贸区代表更大范围、更宽领域、更高层次的开放，将成为我国深化开放的“推进器”。比如，我们研究发展全球资产管理业务，但面临的最大问题就是境外平台的创新能力不够，无法支撑境外机构的需求。如果自贸区可以研发金融产品，并由境外客户直接购买，而这部分作为离岸资金，并不进入本土市场，我们就能发挥在本土离岸市场非常强的创新能力。思路一开阔，就会发现有很大的市场在我们面前。单讲人民币的理财，香港8 000亿元人民币资产，新加坡2 000亿元，英国也有2 000亿元，有很多资金都想要回来，但由于外汇管制，人民币回流的渠道还不通畅，这就需要大量的离岸金融产品。当前我们大力发展人民币清算银行网络对境外人民币市场固然有一个聚集的效应，但更重要的是提高本土银行离岸人民币产品的研发能力，只有人民币离岸产品丰富了，才能使本土离岸市场不仅仅是一条“河流”，而是一个“水库”，才能把境外人民币留下。

从人民币国际化看，中国与24个国家和地区签署了2.57万亿元的货币互换协议，人民币在我国对外货物贸易结算中的使用占比超过11%，全球超过98%的国家和地区与中国内地开展人民币结算业务。2013年，跨境人民币贸易结算量达4.63万亿元，跨境人民币直接投资超过5 000亿元。人民币成为全球第二大国际贸易融资货币，在全球支付货币的市场排名提高至第8位，并跃居全球外汇市场交易最活跃的十大货币之列。香港、台湾、伦敦、新加坡等地已形成初具规模的离岸人民币市场，2013年末，离岸人民币存款和贷款余额分别达1.25万亿元和4 200亿元，离岸人民币债券余额约2 560亿元。未来十年是全球人民币业务竞争格局的重要形成期，我们要凭借国际化率先发展的优势，努力提高在全球市场上人民币交易的占比，当仁不让地成为全球人民币跨境流通的主渠道。

从自身看，随着全行风险管理、组织架构、绩效考评、财务运行、人力资源等领域改革措施的落实，以及以“五大布局”和“三大战略”为主要内容的经营结构战略调整的实施，必将进一步激发全行经营活力和各业务板块的价值创造力，进而对国际化经营产生重大影响。

总之，我行国际化发展仍处于大有可为的重要战略机遇期。

（二）全球渠道布局进入深耕细作期。从布局广度看，全球性银行布局一般超过50个国家或地区，如目前汇丰和渣打分别为81个和68个，我行境外直接管理机构加上南非标准银行在非机构合计达58个，已进入合理区间。同时，我行在东南亚、中东、南美、非洲等新兴市场的网络布局和经营态势已经明显领先中国银行，在部分欧美市场也逐步确立领先优势，为我行捕捉全球新的经济增长机遇奠定了良好基础。但从布局深度看，我们在东道国市场的经营纵深还远远不够，主要表现在：一是整体功能建设亟须加强。不少境外机构服务辐射力不够，客户基础薄弱，业务结构单一。如中国银行境外分支机构数达613家，将近我行的两倍。二是全渠道服务能力亟待进一步增强。我们强大的虚拟渠道优势还没完全转化为境外节约成本、服务转型的重要途径。目前我行境外手机、电话银行推广率不足50%，远低于境内和国际大行水平。三是在战略市场的盈利贡献能力不强。汇丰、花旗银行2012年在东盟地区获取的净利润分别为17亿美元和12亿美元，而我行仅1亿美元；2013年中国银行港澳地区机构，以3.8倍于我行的资产创造了4.7倍于我行的利润。如按照2020年资产5 000亿美元、利润50亿美元的目标匡算，未来境外机构将由高速增长回归常态发展，这对强化精耕细作、提高经营效能提出了更高要求。

（三）业务发展面临金融监管强化期。当前国际金融监管在银行资本、流动性、系统重要性银行等方面提出了一系列新的监管标准，未来随着我们境外业务的规模、种类及复杂程度进一步提升，还可能面临更加严格的监管要求。在这样的趋势下，尤其要重点关注三个问题。

一是资本短缺的问题。近年来，我行向境外控股机构累计资本性投入超过500亿元人民币（不含并购），境外机构70%的资本来源于总行，外源性资本补充能力有限，自身内生性补充能力不强，且资本占用高、消耗大。近三年境外风险加权资产增量对全行资本充足率影响约36个基点，而去年我行资本充足率距离银监会腕骨指标12.2%的要求仅有100个基点的缓冲空间。未来三年境外资本需求约330亿元人民币，资本刚性约束更为凸显。

二是流动性趋紧的问题。目前，工银亚洲等19家境外机构所在国家与地区，已经或即将实施巴塞尔协议Ⅲ的流动性量化监管标准，但不少境外机构流动性覆盖率与监管要求差距很大，有的机构甚至不到10%。这与境外机构短借长贷、资产负债期限错配程度较高直接相关。目前境外主要资产项目期限集中在1年以上，而资金来源则高度依赖短期同业市场，占比近50%，一个月以内资金缺口93亿美元，1～3个月的资金缺口约

105 亿美元。

三是合规监管压力加大的问题。去年欧美等监管机构对银行合规罚款数额再创历史新高。其中美国监管对违规销售、操纵利率的银行罚款400 多亿美元，摩根大通、汇丰、渣打等银行声誉遭受重创。汇丰每年的全球合规成本支出约8 亿美元，并从一些高风险低回报地区撤出。近年来，全行国际化经营面临着更多的境外监管主体和更繁杂的监管法规，个别监管当局对我行境外机构的高速增长模式有所顾虑，有些监管机构还提出了人员、系统等本地化要求，国际化经营的准入壁垒、合规门槛和运营成本显著提高。

（四）产品和服务创新进入攻坚突破期。从既往经验看，在一些产品线上保持全球领先地位是真正成为跨国银行的重要标志和必经之路。核心业务能力的建设从起步到构建完整体系，再到形成一定的国际竞争力，一般都要经过数十年的不懈努力。目前，我行优势主要体现在境内的传统商业银行领域，金融市场、资产管理和私人银行等重点产品线的国际化尚处于起步阶段，全球竞争能力还不强。汇丰、花旗等10 家跨国银行的外汇固定收益及股权业务收入占总收入的25%，而我行仅为1.4%。汇丰、摩根大通等5 家银行资产管理业务线的收入对集团贡献平均为10.1%，而我行仅为2.6%。这既与境内某些金融市场领域竞争不充分有关，也与母行跨境金融创新能力不强以及缺少国际定价权密切相关。中资商业银行境外发展目前走的都是机构延伸道路，并没有真正走到以产品线为抓手拓展境外业务的阶段。这方面突破了，就真正形成了不能复制、不可复制、或不太可能复制的竞争力。要走到这一步，就要强化创新攻坚能力，抓紧构建几条世界级的“拳头”产品线，实现重点突破。

（五）体制机制处于深化完善期。管理机制方面，目前实施的管理机制还存在管理缺位和过度管理并存问题，集团联动机制尚不健全，整体合力发挥不够充分。运营体制方面，目前境外机构麻雀虽小、五脏俱全，集约化程度不够，这既制约了管理效率和服务水平的提升，也难以形成规模经济。人才保障方面，境外管理层多以外派为主且流动性较大，对本地化发展和业务平稳延续带来一定影响，对境外机构一把手的监督约束与全方位考核还有待加强；重点业务领域的关键性人才也相对缺乏。

总的来看，我行国际化发展已经到了一个提质增效升级的重要关口，我们必须充分利用一切有利因素和基础条件，加强战略谋划与执行，牢牢把握发展的主动权。

三、稳步提升国际化经营竞争力

全行改革发展研讨会和2014 年工作会议明确了今年及今后一个时期国际化发展的方向，提出到2020 年全行境外机构盈利和资产分别较2013 年翻一番的中期发展目标。这既是把握当前难得的窗口机遇期、实现国际化发展新突破的需要，也是发挥境外业务战略性作用、在境内发展速度回落的情况下促进全行稳定持续发展的内在要求。未来一个时期，全行国际化发展的战略思路是：按照“稳增长、调结构、促联动、防风险”的指导思想，推动境外经营由外延式扩张转变到“做深做细、做优做强”的内涵式发展上来。

（一）探索国际化发展的科学道路。必须清醒地看到，我们的国际化发展仍然处于探索阶段，并且在发展的道路上没有现成的模式可循。回顾大型跨国银行所走过的道路不难发现，跨国银行的发展战略往往与其国家所处的历史阶段、政治环境和经济实力等密切相关。比如欧美跨国银行或依托殖民地扩张，或利用石油美元兴起，或借助欧洲货币市场发展等机遇实现了全球布局，也都经历过在一些国家或地区市场“进入—退出—再进入、扩张—收缩—再扩张”的发展波折。比如，为什么汇丰银行在香港很强，渣打银行在印度很强，桑坦德银行在拉丁美洲、在西班牙语国家很强？是因为这些地区过去曾长期被英国、西班牙殖民统治，具有很深的历史文化渊源。美国的银行主要是随着美国的强大和石油美元的投资与贸易兴起的。日本的大银行在日本经济最兴旺的时候在全世界到处设点，但没有做到本土化，亚洲金融危机一来就全面撤回去。日本经济有些复苏后又卷土重来，但这种做法成本很高，过去长期的努力都付诸东流。我们看到，国际金融危机爆发以来，一些跨国银行的全球市场重新布局、业务条线收缩退出等举措，很大程度上是其根据全球政治经济发展格局、贸易投资流向变化对国际化发展战略和策略作出的调整和修正。国际化发展没有现成的模式可以仿效。哈佛的案例，写的是过去成功者的案例，简单照搬可能就会失败，因为环境不一样了。同样一件事情，不同的环境，做出的结果是不一样的。南方为橘北方为枳，讲的就是这个道理。因此，我们的国际化发展也必须紧紧围绕国家战略来谋篇布局。当前，我国已经形成全方位、多层次、宽领域的对外开放格局，与世界经济互动融合不断增强，与全球市场投资贸易往来日益紧密。作为全球具有举足轻重作用的开放型重要经济体，我国迫切需要强大的全球金融体系作支撑，使投资贸易、人民币跨境使用和银行服务协同“走出去”，这是我们国际化发展的重大历史机遇和重要切入点。全行国际化发展要坚定贯彻国家对外开放战略，保持清醒头脑，把握发展机遇，紧跟我国对外贸易投资步伐推进境外业务发展，认真研究和谋划区域布局、产品线延伸、资源投入等重大战略，并深入分析不同银行国际化发展的特点，积极借鉴国际大银行全球化发展经验，探索走出一条具有工商银行特色、适应对外开放需要的境外发展道路。

今年是全行第一个十年发展纲要和第三个境外发展

三年规划的收官之年，境外机构要立足集团大局，结合自身经营实践，认真总结经验，深入探索国际化发展的科学道路，进一步明确各自发展定位，抓紧制定下一个三年发展规划，乃至思考十年的发展设想。目前，总行正在研究将境外市场划分为“核心类、重点类、观察类和节点类”四类，给予差别化的配套政策。其中，核心类市场定位于与我国贸易投资往来密切和发展潜力大、在全球经济与金融市场具有重要战略地位的港澳、新加坡、美国、英国和德国；重点类市场定位于经济成长性好、金融服务渗透潜力较大的机构所在地，包括中东、湄公河、澳新、泰国、韩国、马来西亚、印尼、工银欧洲机构所在地、俄罗斯。这两类市场要优先配置资源，在资本配置、费用投入、考核激励、信贷政策和队伍建设等方面予以支持。观察类市场定位于金融渗透难度大、监管限制严格的国家，要关注当地政治经济形势及同业竞争环境变化，有针对性和目的性地投入，审慎推进机构网络拓展；节点类市场定位于经营环境不稳定的国家，重点发挥网络服务功能。总行会根据市场环境变化和境外机构经营状况变动，对境外市场定位和配套政策进行动态调整。希望大家多思考这些问题，结合市场分类做好下一阶段本机构国际化发展的战略规划。每家机构都要结合自身特点和市场定位认真思索，明确发展思路，找准发展方向，注重发展的质量结构，努力实现科学发展。

（二）着力增强重点业务线的全球竞争力。近年来全行在加强全球产品线建设、增强全球服务能力上取得了明显进步，要继续坚持“好中选优”原则，加快打造全球领先的“拳头”产品线，提升国际市场的竞争力和影响力。

一要构建“走出去”金融支持服务体系。当前，中国已经是全球第二大经济体、最大的贸易国和对外投资增速最快的发展中国家，对外开放呈现由出口和吸收外资为主转向进口和出口、吸收外资和对外投资并重的新趋势。我行作为中国国际化水准最高的金融机构之一，要积极发挥支持我国经济全球化的主力军作用，为“走出去”企业提供全方位金融服务，不断增强各产品线和境内外机构的全球服务能力。要通过多样化的产品和服务，为企业境外投资提供融资支持，积极探索以境外股权、资产等为抵押提供贷款，在风险可控、商业自主基础上对重点领域境外投资加大融资支持力度。积极支持有条件的中资企业，通过绿地投资、兼并收购等多种方式，参与境外能源、资源勘探和开发，与国外高新技术和先进制造业企业开展合作，促进国内传统产业转型升级和战略性新兴产业健康发展。积极稳妥开展境外并购贷款业务，支持有条件的企业发展多种形式的股权投资基金，在境内外资本市场上市融资。在保证资金安全与合理收益的情况下，探索利用国家外汇储备支持有条件企业开展境外投资的可行性。

二要打造全球跨境人民币业务第一大行。随着人民币国际化进程加速，境外机构人民币业务快速增长，境外大部分的人民币资产都想回流，但从全球范围来看，人民币的需求和供应是同步存在的，只是由于信息的不对称或市场产品的不充分，使得供求不能很好地匹配和对接起来。如何开发出创新的金融产品，把境外人民币的需求和供应撮合起来，就是商机，就是我们新的业务增长点。资产负债管理部要研究放宽境外机构人民币业务的经营范围和额度控制，根据业务需求，动态上调境外机构人民币资金业务总额度，按业务品种实施差别化管理，促进业务良性发展。国际业务部要积极向央行争取更大的境外机构境内债券投资额度，为境外机构人民币资产的优先配置创造有利条件。境外机构与境内分行要进一步扩大联动空间与范围，强化跨境人民币资金的集团内流动与业务合作。全行上下要依托集团内外联动平台，整合“境内外两个市场”的优势资源，努力成为全球人民币市场发展的主导者，境外人民币市场的创新者。一方面，要加快打造完备的境外人民币产品线。各境外机构要不断提高在当地人民币业务中的市场占比，力争在中资银行中成为领先者。要依托人民币业务和FOVA系统优势，深化新加坡人民币清算行功能，力争成为人民币产品创新领先主体和全球市场交易的主要做市商；积极争取新一批境外人民币清算行资格，逐步确立以我行为主导的境外人民币业务体系。另一方面，要加强基于内外联动的跨境人民币产品创新。充分利用上海自贸区建设机遇，抢占跨境人民币结算、境外借款、双向资金池等业务先机，并利用境内不同区域试点政策红利，打造境内特色区域，不断丰富境内外连通渠道，发挥好上海自贸区分行分账核算、自主定价、连通境内外两个市场的优势，探索潜在的联动产品创新结合点。要以跨境人民币结算为底层产品，融资及理财服务为增值产品，适应市场需求不断丰富“工银跨境通”产品体系的内涵，打造品牌优势。

三要进一步树立跨境贸易金融大行地位。经过近年来国际化经营的快速推进，目前我行与国际业务第一银行目标已经不远，全行要乘势而上，尽早实现突破。要大力发展国际结算、贸易融资、全球供应链融资等贸易金融业务，境内端要强化国际业务前台营销职能，利用专业化、市场化和国际化特点，发挥“走出去”客户专业营销的“尖刀”作用，继续保持贸易融资、保函业务国内领先，完善福费廷、保理等贸易金融专业产品链条；境外端要全力提升经贸往来热点区域的市场份额，加快打通境内外贸易金融资产转让通道，确立在伦敦、纽约、香港、新加坡等金融中心的市场地位，以及人民币和美元贸易金融大行的引领地位，走出一条大而强的跨境贸易金融发展之路。

四要提升金融资产和交易类业务全球服务能力。要抓住中国成为全球第一商品消费国，以及利率汇率市场化、资本市场双向开放等机遇，丰富交易渠道、工具和业务品种，完善全球化交易平台，努力成为拥有国际市场报价和跨市场运作能力的全球市场业务金融服务商。交易业务要用好收购的标银公众公司平台，借助其在商品、外汇、利率和信用交易领域经验，以及与新兴市场业务联系，实施“三年整合、三年发展、三年提升”，实现分阶段突破，打造全球的交易业务产品线。资产管理业务要配合大资管战略的实施，顺应资产管理和托管交叉融合趋势，在整体规划全球托管网络基础上，提升在港机构资产管理和托管服务能力，打造辐射境内外、跨领域、全市场的资管业务平台。私人银行业务要着眼高净值客户全球配置资产的需求，分梯次完善全球布局，开发私人银行产品和完善服务体系，探索设立全球理财基金，指导境外机构作为前台开展全球营销，向境内外私人银行客户提供全球资产配置服务，逐渐形成具备较强竞争力的全球私人银行业务线。

（三）切实提升资本资金和风险管理水平。当前境外机构发展进程中面临的最大约束是资本资金的短缺、最大的挑战是风险管理，特别是我行已正式进入全球系统重要性银行（GSIFI），在资本和风险管理上面临更高标准和要求，对此我们必须高度重视并采取有效措施。

一要强化资本管理。最近总行印发了境外及控股机构资本管理办法，对境外机构发展提出了较严格的资本管理要求，各机构有一些想法，对此要辩证看待。一方面，要牢固树立资本意识。过去因为我们境外机构业务处于开创期，发展讲得多、资本约束讲得少，大家习惯于依靠资产总量的快速扩张来实现增长。现在加强资本管理必然会对这种增长方式形成制约，大家担心可能会影响竞争发展。这种影响短期内或许是有的，尤其是各家银行国际化发展不同步，其他银行可能会借机发展得快一点。但长期来看，无论哪家银行，没有资本约束的增长都是不可持续的。所以，我们需要加快推进经营转型，寻求资本约束下有质量的增长和更为经济的发展，这项工作越早抓就越主动，就越有发展后劲。另一方面，境外的资产、利润占比还非常低，为了全行更为均衡的发展，境外业务还是应该不断发展，所以我们在这个问题上不搞“一刀切”。要坚持区别对待，对于符合总行战略方向的，继续给予资本支持；对于目前资本回报率不达标但每年能有所提升且最终能达标的，可以考虑给予资本支持。具体而言，首先，要建立健全资本约束机制，总行将建立境外机构横向比较和竞争机制，改变“按需分配、按申报分配”的现状，更好地体现市场在资本配置中的决定性作用，将有限的资本资源更多地投向“效益好、风控强、潜力大”的市场、机构和产品线。其次，增资要满足 ROE 回报要求，原则上对于成立或收购三年以内的新设机构，ROE 以定性评估为主；对于成立或收购四到六年的成长期机构，三年资本规划期末的 ROE 目标不应低于 10%；对于成立或收购六年以上的成熟期机构，三年资本规划期末的 ROE 目标不应低于 12%。再次，要逐步加强经济资本限额管理，严格控制表内外各类资产风险，进一步发挥 EVA 等指标在境外机构绩效考核和费用分配中的作用。总的来说，就是在境外机构资本管理上，第一要有约束，第二要有支持。境外业务发展有一个过程，在这个过程中大家还要努力，逐步提升回报比例。

二要强化流动性和汇率风险管理。资金自主平衡能力不足、资产负债期限错配，一直是境外机构发展中存在的重要问题，也造成了流动性风险隐患。总行要加强对境外整体和分机构的资产负债管理和指导，完善流动性风险监测、压力测试和应急体系，适度加大对境外机构中长期资金拆借的支持，优化境外机构资产负债结构，提高境外机构流动性覆盖率，确保符合监管新规要求。要改变目前境外机构流动性管理各自为政的现状，研究建立外汇资金在境外机构的统一调配使用机制，通过提升跨时区不间断运作效率和优化运作模式，增加全行外汇资金收益。要建立全球筹资中心，发挥香港、纽约等核心市场机构的筹资作用，制定境外中长期债务发行计划，逐步压缩和替代短期市场拆借资金。稳步推进境外内部资金转移价格管理体系建设，实现集团内资金的有序流动和高效配置。各境外机构也要认真落实流动性监管新规，平衡好效益性和流动性的关系，高度重视短期、中长期资金平衡问题，积极利用当地市场创新主动负债发展模式，拓宽资金来源，提高多元化负债对资产业务拓展的支撑能力。此外，当前随着美国逐步退出 QE 和国际资本的加速流动，汇率风险凸显，对此我们要高度重视，早做预判，及时防范。

三要强化合规管理。随着境外监管新规密集出台和监管要求不断提高，国际化经营合规压力日益加大。发生合规问题可能会造成我们的资金损失，还可能带来法律风险和声誉损失。各境外机构要切实强化合规意识，坚持高标准、零容忍的风险偏好。严格执行监管规则和集团规章制度，主动做好与监管机构的沟通配合，及时整改监管关注的问题，积极参与和影响监管规则制定，努力营造良好监管环境。要抓好合规管理重点工作，特别是对于反洗钱和涉敏业务，要严格按照属地监管和集团标准孰严的原则进行管理。总行也要通过培训、交流、成立对口支持小组等多种手段帮助境外机构提高合规管理水平，境外机构管理层要加强对合规部门独立履职的支持力度，促进合规管理水平的提升。

四要严防各类风险跨境传导。要充分认识跨国经营中面临的国别风险、市场风险、信用风险、合规风险、声誉风险等各类风险关联性强、传播面广、交叉传染复杂的特征，严格防范各类风险的跨境传导，避免风险从单点单线向立体综合转变。这里着重强调两点：一个是当前较为紧迫的一项工作，根据全球系统重要性银行的监管要求，我行要在 11 月上报集团的恢复与处置计划

(RRP)，各境外机构要按照总行部署抓紧做好配合工作。另一个是声誉风险防范。去年以来，国内市场出现的阶段性流动性紧张以及信用风险暴露逐渐增多等事件，引发了国际舆论对中国银行业能否持续健康发展的疑虑。我们要高度重视涉外舆情风险的防范，第一自己做事情不要让别人有这方面的误解，第二也要加强这方面的应对。要从集团层面建立和完善针对外媒、境外监管机构、外国投资者等涉外的舆情应对机制，健全舆情处置应急预案，做好全球声誉风险管理，防止负面解读影响我行声誉，对境外机构经营造成不利。境外的同志要加强对国内相关情况的了解，国际部和金研所要经常编写一些对某些问题的看法和应答口径，供境外机构学习使用。

（四）加强人才队伍建设。境外业务发展得如何，关键在班子、在队伍。一要加强班子建设。进一步选好配强境外机构管理层，以经营管理能力和跨文化管理能力为重点，提升境外机构管理层的履职能力。要建立健全境外机构管理层民主决策机制和监督约束机制，科学划分职责事权，规范议事决策程序，重要的人事、财务、业务等事项要经过班子集体讨论决策，充分调动管理层的积极性和整体合力。“一把手”要注重自身能力素质的提高，特别要重视增强抓班子、带队伍、跨文化管理和廉洁自律的能力。二要加快国际化人才培养。现在国际化人才的培养，境内外双向人才的使用，虽然有所改善，但人才短缺问题依然较为突出，两端的干部双向使用还有难度。这些年总行部门、境内分行向境外机构输送了大批人才，但随着经营压力加大、集团用工计划收紧，一些总行部室和境内分行出现了对优秀干部、年轻骨干“舍不得放”的情况；这些年国际化人才培训项目也培训了很多人，但有些人还没有派到境外去工作，而且职级低的出去得多，职级高的出去得少。国际化人才的使用是对中长期人才的培养，要充分利用境外机构平台，鼓励骨干人才到境外去学习、去摔打、去锤炼，这对培养锻炼具有国际视野、熟悉国际规则的干部是很有好处的。不但现在要舍得放，将来还要关心好、使用好这些国际化人才。从更长远来看，我们现在境外资产2 000多亿美元，如果发展到5 000亿美元资产、50亿美元利润，仅仅依靠现在这点人恐怕是不够的，更多境内的人是要出去的。另外，现在境外工作的同志，有些也要回来，其中又有很多替代性需求。所以在这两年境外机构发展比较快、人才更替比较快的阶段，境外机构的某些职数可以稍微宽松一点，可以适当有一些培养性的人才安排。对于境外机构专门提出的人才需求，人力资源部要予以积极配合。境外机构也要树立人才是第一资源的理念，坚持引进与培养相结合，立足长远，舍得投入，加快培养各类管理人才和紧缺人才。总行要重视优化境外机构员工队伍结构，强化对重点产品线和风险合规管理等关键领域的人才配置。要加强境内国际业务专业人员队伍的建设，分层分类培养国际业务专家、国际业务产品专业人才和基层一线业务营销人员，建立国际业务专业人才差别化的激励机制，充分体现总行战略导向和国际业务岗位的专业价值。此外，作为中国和工商银行对外的窗口，希望每一家境外机构、每一名境外员工还要做中国形象和ICBC品牌的塑造者和传播者，在当前各种唱衰中国经济和中资商业银行的声音再起之时，尤其注意充分利用各种场合，主动宣传中国经济发展成就和广阔前景，宣传包括工商银行在内的中国银行业改革发展成果和美好愿景，不断发出“中国声音”。境外机构还要根据总行统一部署，统筹好品牌战略规划，加大境外公关和广告投入力度，努力塑造ICBC良好的品牌形象。

需要强调的是，总行作为集团管理中枢，要主动适应由境内人民币业务管理为主向全球综合业务管理总部角色的转变，本着“统筹协调、专业分工”的境外业务发展指导思想，强化国际业务部在业务管理、资源配置等各方面的统筹协调职能，引导专业部门加大对境外业务的推动力度。要适应国际化发展新阶段的需要，合理加大各类资源投入，做好必要的资源保障。要加快探索和完善境外机构管理和运营机制，充分利用集团大数据平台，实现客户和业务信息在不同机构和各类产品线的共享，提升信息转化的实际成效。要扩大内外联动的产品和区域范围，促进内外联动从零散的、自上而下的联动向系统推进的自发联动转变。要完善境外系统应用的多样化部署策略和支持模式，优化境外机构的报表管理，年内境外报表自动化率水平要提升至75%以上。要更加重视考评机制在引导境外机构经营转型中的作用，不断完善以ROE、ROA和利润总额为核心的绩效考核体系，既给予境外机构适度的短期经营压力，也鼓励其加强中长期发展投入，优化业务结构，夯实可持续发展基础。要坚决摒弃走竭泽而渔的发展道路，更加重视可持续发展，注意做到既“放水养鱼”，也不能因此就放弃要求境外机构自我加压。总的来说，就是要尽可能提高境外机构的回报水平，但影响长久发展的短期效益是可以放弃的。

最后，谈一下境外业务中心的管理问题。近几年，总行在境外设立了私人银行中心等近10个业务中心，但各境外业务中心发展不平衡，有的业务中心已经形成了一定的客户基础和盈利能力，但有的业务中心还处于无客户、无产品、无团队的“三无”状态。今后，总行要通过把好“三关”，加强对境外业务中心的管理：第一，把好准入关。业务线的境外延伸，不一定都要采用业务中心的方式，今后确有必要在境外设立业务中心的，必须经过总行相应的会议研究审批，还要进行量本利分析，设定经营目标和达标时间，不能业务部门自己说建就建，更不能有建无管，推到哪里算哪里。第二，把好评价关。境外业务中心成立后要定期总结回顾，报告工作进展情况和量本利分析，达不到序时目标的要改进，改进不了的就可考虑撤销。第三，把好服务关。境外业务中心设立的实质在于提升服务能力，要增加产品供给、培养人才队伍、吸引目标客户，努力形成较强的国际竞争力。

同志们，2014 年是工商银行国际业务发展 30 周年和国际化发展 22 周年，经过几代工行人的艰辛开拓，工商银行实现了从本土化的传统商业银行到大型跨国银行的华丽转身，集团的综合实力和国际影响力空前提升。当前，全行正在进入国际化发展的关键时期，希望全行特别是各境外机构再接再厉、锐意进取，为把工商银行早日建设成为一家具有较强全球竞争力的国际金融集团而努力奋斗。

新形势下商业银行的转型

——在中国金融四十人论坛年会上的演讲

姜建清

（2014 年 4 月 12 日）

上个月，各上市银行公布了 2013 年年报，已披露的 12 家上市银行利润增速较上年下滑 4.3 个百分点，银行利润增速回调趋势日益明显。可以判断，我国商业银行高速增长的黄金十年已经过去，进入到了盈利稳定增长的平台期。从外部环境看，中国经济从高速转到中高速增长，利率市场化改革进程加速，金融监管改革持续深化，互联网金融加快发展，这些都对商业银行的盈利模式、资本及流动性提出了新的要求，长期以来支撑商业银行高增长的要素条件和外部环境都发生了深刻变化。从内生动力看，经过 30 多年特别是股改上市后的改革发展，目前我国大型银行大多指标排名都进入全球同业前列，达到了百年来期望登临的一个位置。通过对 2013 年和 1913 年银行业的比较可以看到，100 年前，全球前 20 大银行全部是欧洲银行，其中最多的是英国的银行，当时中国最大银行的资产规模和这些银行相比也非常小，其总和也不过是全球前 20 大银行中任何一家的零头。经过这么多年的发展，100 年后的今天，中国四大银行都排到了世界银行业的前十位，但与庞大规模体量如影随形的必然是巨大的资本补充和风险管控压力。拿工商银行为例，仅仅从 2000 年至今的 14 年时间，工商银行总资产就从 3 万多亿元增长到 18 万多亿元。应该说，工商银行是中国大型商业银行在规模扩张方面最稳健的一家，到今天也已经成为全球资产规模最大的银行。今天在座的很多银行家可能会认为 10% 的资产增长速度太保守了，但即使以这个速度增长，大概用 7 年左右时间工商银行的资产总量还会再翻一番，达到 36 万亿元。资产总量这么庞大的金融机构，在历史上、世界上都绝无仅有。纵观百年全球金融风云，潮起潮落，大浪淘沙，上世纪初全球 20 家资产规模最大的银行，现在仅存 5 家，75% 的银行都已经消失了。二三十年前曾是全球资产规模最大的日本住友银行、法国农业信贷银行，已沦为二流银行。本次金融危机后，德意志银行、巴黎银行等资产大行，都纷纷“瘦身减肥”、重组资产，做了各种调整，而且这种调整还在继续中。总的来看，大家已经认识到，商业银行如果再延续过去规模扩张的粗放发展方式是不现实的，也是行不通的。

因而，无论是外部环境还是自身发展需要看，我国商业银行要实现可持续发展，就必须加快经营转型。这种转型，就是要转变盈利模式和发展方式，促进业务结构和收入结构的多元和均衡，提高综合服务水平和价值创造能力，走出一条以结构优化、效率提升、资本节约为主要特征的内涵式发展道路。在中国商业银行面前，其实已经没有仿效对象。在最近几十年，我们可以看到，中国金融界曾经把不少国外银行经营模式作为“仿效对象”，如花旗银行的综合经营、德意志银行的“商行变投行”、汇丰的全球化发展、渣打银行的新兴市场战略，最近几年这些银行在国际金融危机中遭受重创，又转而开始学习富国银行的零售业务策略等。但简单仿效都不足以使中国银行业探索出自己的道路。中国的商业银行必须要走出一条真正属于自己的成功道路。我认为，未来我国商业银行尤其是大型商业银行经营转型将呈现五大变化趋势。

第一，盈利增长呈现多元均衡趋势。长期以来，我国银行业处于利率相对稳定环境之中，利息收入占主体地位，2013 年五大行净利息收入占营业总收入的比重在 75% 左右。社会上一些人经常把净利息收入和存贷利差收入混淆。事实上，净利息收入包含了存贷利差收入和债券投资收益。存贷利差收入在大型银行基本占到50%～60%左右，多数中型银行、大部分城商行对传统存贷利差的依赖程度更高。随着利率市场化加快推进，商业银行息差业务增长将面临巨大挑战。从国际经验看，利率市场化短期内往往伴随着利差收窄和波动加大，如美国、日本、韩国的银行利差较改革前普遍缩小了50～100个基点。与其他国家不一样的是，我国利率市场化与金融脱媒、互联网金融发展等几乎是同步进行，对银行资产端和负债端两头挤压更加明显，净息差收窄的速度和幅度可能更大。工商银行做了个粗略测算，随着利率市场化改革的进一步推进，如果业务结构、客户结构不优化调整，2020年银行业净息差可能较2013年下降60～70个基点，至2%左右，日本、中国的台湾和香港都低于2%；2025年如果没有进一步的改进，可能会降至1.4%左右。1.4%是什么水平？比目前日本的利差水平要高一点，和台湾差不多。按照2012年我国商业银行总利润1.24万亿元，当利差收窄超过124个基点时，即行业净息差降至1.5%时，全行业将进入亏损区间。因此，商业银行要保持盈利的可持续增长，必须积极挖掘业务增长潜力，更多依靠创新和转型来改善盈利结构，尤其要大力发展差异化中间业务，开拓新的盈利领域，不断提高手续费及佣金收入等非息收入的规模和占比。我要强调一点，并不是利率市场化后利差都呈现收窄趋势。从世界范围看，美国的净息差比我们还高，大概在2.6%～2.9%之间，以从事零售业务为主的富国银行在3.2%～3.4%之间，这与他们对业务结构和盈利结构进行了巨大调整是有关的，所以也许我们不必那么悲观，我们可以通过改革走出一条中国银行业的创新发展之路。

第二，业务发展呈现资本节约趋势。金融危机以来，无论是国际还是国内金融监管，都显著提高了对商业银行资本数量和质量的要求。我国实施新资本协议一年多来，商业银行资本上的“紧箍咒”进一步收紧，工商银行和中国银行两家全球系统重要性银行，还要承担附加资本要求。2013年底，除平安银行、招商银行因为融资到位使核心一级资本充足率有所上升外，我国上市银行的平均资本充足率均有所下降，部分银行与监管红线仅一步之遥。在外源性资本补充渠道较窄、内生资本补充能力受盈利增长限制的情况下，过去那种“面多了加水、水多了加面”的规模扩张型、高资本占用型的外延式增长方式将难以维系。因此，商业银行必须加快改变资源消耗过大的传统经营模式，统筹推进业务结构的大调整、大转变。一方面，要进一步突出零售业务、资产管理等轻资本业务的战略地位，力争以较少的资本占用推动可持续增长。另一方面，由于我国推动新型工业化、信息化、城镇化和农业现代化同步发展仍需要银行大量的信贷支持，在未来相当长的一个时期内，信贷资产仍是商业银行的主要风险资产。为此，商业银行应合理确定高资本消耗的信贷资产扩张边界，不能再追求规模的过快增长。要在用好信贷增量的同时，更加主动地通过存量结构优化，加快信贷周转速度来提高资金使用效率。去年工商银行新增贷款9 000亿元，但累计发放贷款达8.7万亿元，差不多相当于工商银行的贷款余额。这种社会资金总量周转，特别是很多资金移位再贷，如项目贷款、个人按揭贷款的到期收回再贷和新增贷款没有差别。这部分规模越来越大，就越能发挥好银行在支持国民经济增长的作用，而不是仅仅依靠增量贷款来支持经济增长。

第三，综合经营呈现深化趋势。从各国发展经验来看，与金融脱媒和利率市场化相伴随的，往往是金融综合化经营的发展。从企业端来看，像中石油这样的大型企业集团，目前债券等是其主要融资工具，贷款占融资总量的比重不到三成，而2007年则高达九成以上。居民金融资产也从单一的储蓄存款更多地向理财、基金、股票、债券、保险等领域配置。拿工商银行个人客户理财与储蓄存款的比例来看，几年前还是1∶9，现在已变成3∶7。我们判断，也许不到5年时间，就会演变成5∶5。这些现象说明，大资管时代已经来临。尽管社会资金格局正在深刻变化，但在这方面，商业银行依然具有很大优势。一方面，商业银行作为社会资金流转的枢纽，在资产管理业务链条中能够承担清算结算、资产托管、销售发行等多重角色；另一方面，各大行均已通过全资设立、控股或参股等形式，不同程度地进入了保险、基金、信托、租赁、证券等跨市场领域。随着金融改革的进一步深化，商业银行应在更深层面、更广范围加大跨市场金融创新，整合集团资源，不断提升综合投资管理和资产配置能力，在满足客户多元化金融需求中拓展业务和收益来源，分散信贷利差收窄给盈利增长带来的压力。

第四，区域布局呈现全球化趋势。国际金融危机发生后，工商银行抓住有利窗口期加快全球布局，积极构建境内外一体化的服务和管理体系，目前我们的境外机构已经分布在40多个国家和地区，总量有300多家，资产有2 100多亿美元，员工有11 000多人。而且，境外业务确实对我们业务的均衡发展发挥了重要作用。去年境内盈利增幅趋缓，而境外的盈利增长态势不错，利润增幅超过五成。中国金融四十人论坛的学术委员会主席钱颖一教授担任过工商银行的独立董事，比较了解工商银行的国际化战略。在国际化战略推行之初，有人质疑，认为境内可以实现30%以上的利润增长，境外的增长速度还不到10%，还有无到境外发展的必要性。人无远虑，必有近忧。今天，如果我们把工商银行的境外机构作为一家独立银行来比照，总资产可以排到全球银行业第98位，差不多相当于美国的道富银行；利润可以排到第77位，差不多相当于瑞士信贷集团，总体可以进入全球银行业百强榜单。可以看到，国际化发展对分散集团风险、稳定集团盈利增长、提升国际竞争力的作用越来越大。

此外，我还要强调，人民币国际化给我们带来了历史性的机遇。工商银行境外盈利中有超过 20% 来自境外人民币业务，我相信有一天这个数字会超过 50%。工商银行新加坡分行担任境外人民币清算行，仅今年第一季度就清算了 7 万亿元，以此推算今年至少可以清算 30 万亿元。

大国经济的崛起必然伴生着大型银行国际竞争力的提升。我们要看到，目前我国金融全球化滞后于贸易和产业资本的全球化，我国商业银行国际化程度普遍较低，金融机构地理分布指数（GSI）仅为跨国银行平均水平的 1/5。随着中国与世界经济互动融合不断增强，与全球市场投资贸易往来日益紧密，以及人民币国际化进程加快，迫切需要强大的全球金融体系作支撑，这为大型商业银行国际化发展创造了新的历史机遇。对大型商业银行而言，全球化不仅能在更大、更广的市场范围内利用和配置资源，开辟新的盈利增长点，而且可以减少对单一经济体的依赖程度，分散各经济区域的周期性风险。因此，商业银行应积极跟随国家的“走出去”战略，加快提升全球化资产配置能力和服务能力，逐步构建内外协同的跨境金融服务网络，在服务中资企业“走出去”、人民币跨境使用、境外直接投资、人民币在岸和离岸金融等业务领域有所作为。

第五，信息化银行建设呈现加快推进趋势。如果没有现代 IT 技术，就没有现代的商业银行。世界上最早的大型计算机出现在宾夕法尼亚大学，使用者是美国银行，在这方面银行向来不是保守者、落伍者。拿工商银行来说，我们早已经实现了全国、全球联网，目前网上银行、手机银行客户均超过 1 亿户，电子银行业务占比超过 80%。现在已经有 30% 的客户基本不到物理网点办理业务了，而且这个比例还在以每年 6% 的速度增长。按此测算，我认为大概十年后会有 80% 的客户不来银行的营业网点办理业务。我们通过数据观察分析发现，由于网上银行的发展，现在一些大城市的有些网点，客户人数和柜台业务量明显减少。所以，到底是“设网点”还是“关网点”，是一个值得深思的战略选择。

关于互联网企业涉足金融业，我认为这是件好事情，因为很多互联网企业的理念、创新都是可以与银行互相学习、互相借鉴、共同提高的。在当今时代没有互联网思维是不行的，但认为互联网就是一切，可以取代一切，这种思维也是偏颇的。商业银行的核心竞争力是资产，是信贷。通过负债业务取得了资金还要运用好，一个健康的金融体系可以有效、安全地将资金运用到实体经济中去，也就是要能够把资金放出去，还能够收回来，其难度是相当大的，需要有千千万万有经验、有能力的信贷人员。工商银行信贷资产超过 10 万亿元，每年信贷周转 9 万亿元左右。如何保证资产的安全，将不良贷款率控制在国际最优秀水平，这种核心能力的锻造，需要几十年企业历史文化的积淀、风险控制的技术以及专业人员的培养。我们从事信贷业务的有 10 多万员工，这是金融互联网企业难以企及的。当然，传统的信贷方式要更多地和大数据、信息化结合起来，比如，如何进行数据整合，对海量数据进行分析应用，实现信息的高度集成，通过数据挖掘技术把控风险，寻找客户需求；包括线上线下一体化的整合，通过供应链、商品交易平台全面把客户的资金链、信息流、物流进行整合，我们是可以向互联网企业学习的。对商业银行而言，这是一场技术革命，更是一场经营管理变革。

“成功应对变革的方法，就是去创造变革。”从中国银行业几十年的发展、改革开放三十年的发展来看，变革一直是中国银行业的“基因”。我们不惧怕改革，我们今天的成绩是靠改革取得的，我相信我们未来一定还会持续推进改革。

在中国工商银行 2014 年第一季度行务会上的讲话

姜建清

（2014 年 4 月 15 日）

刚才易行长通报了第一季度经营情况，对当前的一些重点工作做了强调和布置，我都赞同。今年以来，在外部环境十分复杂的情况下，全行经营总体平稳。利润和中间业务收入在不利因素较多、去年第四季度增长较快的基础上，今年第一季度又保持了不错的增长态势。一些重点业务创新发展较快。贷款投放进度和投向符合国家宏观调控政策要求和我行的战略导向与全年计划安排。贷款质量整体稳定，各类风险可控。各项重点工作有序推进。总的来看，第一季度困难比预料的多，结果比预想的好，非常不易。接下来要把工作的着力点进一步放在防控风险、深化改革、推进转型上来。下面我讲两方面的意见。

一、准确把握当前形势

当前外部经济金融形势变化很快，银行业发展正在经历着前所未有的变化，我们必须审时度势，谋定而后动，进一步增强形势研判能力和经营管理能力。

第一，要高度关注宏观经济形势变化对银行信贷资产质量的影响。从国际看，世界经济呈现缓慢和差异化复苏态势，美国经济增长有所加快，但宽松货币政策后续退出节奏和力度仍存在较大不确定性，有可能引发全球经济和金融市场波动。欧元区经济微弱复苏，但债务高企和就业困难问题仍然突出，从近期欧洲银行压力测试情况看，一些银行尚未摆脱经营困境，惜贷状况严重，也反映出欧洲经济缺乏增长动力。日本经济短期政策刺激效应在递减，结构性改革进展缓慢。新兴市场国家经济增速整体放缓，普遍面临跨境资本流出、融资成本上升和通胀压力等问题。从国内看，经济运行总体平稳。第一季度 GDP 同比增长 7.4%，处在年度预期目标区间。通胀水平继续低位运行，CPI 同比上涨 2.3%。3 月末 M_2 增速约 12.1%，低于去年末 13.6% 的水平，货币总量增速的适度回落，有助于稳定物价预期，发挥货币存量周转对实体经济的拉动效用。经济运行中也有一些新的亮点。如一些先行指标向好，3 月工业用电量同比增长 6.9%，铁路货运总量同比增长 16.5%，PMI 为 50.3%，较上月回升 0.1。服务业增长势头不减，交通运输行业投资力度加大，船舶、港口航运行业有好转迹象，造船承接新订单同比增长 259%。但经济下行压力依然存在，一些困难不容低估。投资、消费、出口"三驾马车"中，除消费保持稳定增长外，固定资产投资增速高位放缓，外贸出口同比下降。第一季度规模以上工业增加值同比增长 8.7%，增幅比上年同期回落 0.8 个百分点。作为工业经济"风向标"的 PPI 已连续 25 个月负增长，3 月又较上月下降 0.3%。这些指标的下滑，既有季节性因素，也与企业生产开工不足、需求放缓有关。从我行对 1 万户样本企业分析看，部分企业生产经营困难加剧，盈利水平下降，负债成本上升，债务清偿能力减弱。产能过剩问题越来越成为经济运行中的突出矛盾。钢铁、电解铝、水泥、平板玻璃、船舶等传统行业产能利用率大都不足 75%，明显低于国际通常水平。同时，产能过剩还在向上下游行业、关联产业和新兴产业扩展蔓延，如石化炼油行业产能利用率仅 67%，大有步钢铁行业后尘之势；风电、光伏、碳纤维等战略性新兴产业产能过剩也越发突出，其产能利用率尚不足 60%。其中，一些企业为摊薄成本、维持刚性支出和市场份额，还在逆势扩张。而我们对产能过剩行业向其上下游传导和新兴产业扩散的趋势、特点还研究不深，去年风险暴露较多的钢贸行业即是一例。此外，经济金融运行中一些潜在风险有所累积。今明两年地方政府平台贷款开始进入集中偿还期，而部分地区由于地价房价回落、财政收入增速下滑等原因，面临较大偿债压力。房地产市场分化趋势加剧，一二线城市房价环比继续上涨，部分三四线城市空置率高企，价格下跌，信用违约风险增大，有的地区二手房价格已经"腰斩"，一些外资也在大量抛售房产。这些年来我们在平台贷款、房地产贷款的管控上是有成效的，平台贷款每年下降约 1 000 亿元，房地产开发贷款也实现了不增反减，四年左右的时间余额下降近 1 000 亿元。接下来，总行还将对房地产市场等作深入研究，进一步增强风险管理的敏锐性、前瞻性和战略性。

在这样一个经济大环境下，银行前些年积累的信贷风险进一步显现。我行不良贷款反弹仍在继续，而且有扩大和蔓延势头。一是从沿海向内陆蔓延。东部沿海分行贷款劣变势头不减，中西部的内蒙古、山西和四川等分行不良也增加较多，且各地不良贷款的区域性特征比较明显，需要我们分类施治。二是从小微企业向大中型企业蔓延。去年新增不良 90% 以上集中在小微企业和个人领域，今年则在中型企业、小微企业、个人贷款之间基本呈"三三"分布。需要警惕的是，一些大中企业融资规模较大，上下游关联企业较多，一旦出现违约，很容易引发"多米诺骨牌"现象，使风险暴露出现"集群化"的特点，且处置难度加大。三是从表内向表外蔓延。全行银票等表外业务垫付额同比增长 1 倍以上，一些行代理投资业务风险频发。值得注意的是，随着银行加强对平台贷款、产能过剩行业的融资控制，一些企业开始绕道表外获取融资。因此必须加强全口径的风险管控，防止此退彼进，表内不行表外来补。

全行上下特别是总行各相关部门要高度关注不良贷款的传导和演化趋势，分兵把口，主动作为，坚决守好资产质量稳定关，确保守土有责。既要防控风险已经显现的小微企业贷款、个人经营贷款、贸易融资等品种，也要防控一些大中型企业的风险，特别是防控产能实质过剩行业的风险、风险尚未集中暴露的平台贷款以及房地产贷款风险。既要重视加强对管理薄弱、风险暴露多机构的整治，也要重视对风险尚未波及地区的全面排查与前瞻防控。近期总行要对房地产市场的新变化作深入调研，并对信贷政策作及时调整。既要及时处置已经出现的问题，坚决止住"出血点"，也要买回教训，从理念、机制、流程、产品、技术等层面反思症结所在，加紧实施信贷流程改造、信贷风险监测中心建设、信贷授信审批体制改革、信贷产品优化等治本之策。尤其要重视审慎信贷文化的重塑。今天我们相当一部分信贷从业人员、包括分支机构负责人，没有经历过十几年前背负不良贷款沉重包袱时候的切肤之痛，没有经过真正的风险洗礼和不良贷款处置的历练。在近些年顺风顺水的环境下，特别是经历了2008年、2009年特殊时期的信贷超常规投放后，很多机构和管理人员形成了高增长、高投放的业务发展惯性，风险偏好激进，风险意识淡化。同时，与一些小银行相比，我们的管理文化中还缺少严格问责的基因。近期《福布斯》杂志刊登了一篇《规模效应的消亡》，讲述了百年企业柯达由于留恋传统业务的成功，过度依赖规模效应，战略转型不够坚决，从而由行业龙头走到英雄末路。再回首这二三十年日本、法国一些国际大银行起伏沉沦的变化轨迹，也是因为盲目扩张规模导致风险过度累积，从而在环境剧变的情况下由昔日鼎盛走向衰落。国内国际的许多经验教训表明，在经营环境急剧变化的情况下，行业龙头企业遭遇的困难和损失往往更为严重。我们要以这些历史为镜为鉴，避免因为信贷总量的过快扩张和风险管理相对弱化，而在未来陷入发展困境甚至危机。要通过加强健康信贷经营理念的宣导、实施信贷经营机构和从业人员的资质认证制度、完善“尽职免责、违规必究”的管理机制等措施，进一步培育稳健审慎的信贷管理文化。

第二，要高度关注全面深化金融改革对银行经营发展的影响。随着全面深化改革战略部署的落实，特别是一系列金融改革措施的推出，正在对银行业改革和转型发展带来重大影响和极大促进。我们必须高度关注和密切跟踪各项改革新举措，充分认识这些改革会在哪些方面发力，会通过哪些途径向银行传递，会产生哪些长期和短期的政策效应？比如，当前国内金融监管改革显著增强了对商业银行的资本要求。现在我行资本充足率距离银监会腕骨监管指标仅有100个基点的缓冲空间，大约新增9 000亿元的贷款，就能将富余资本消耗殆尽。我行又成为全球系统重要性银行，额外增加了1%的附加资本要求。资本的稀缺性和刚性约束进一步凸显。又比如，汇率、利率等资金价格的市场化改革正逐步深化。今年3月央行将人民币兑美元汇率浮动幅度由1%扩大至2%，再加上我国贸易顺差收窄、跨境资本流动加剧，导致人民币汇率双向波动频率提高、汇率下行波动振幅扩大。目前我行海外资产比重逐步提升，在可比同业中仅略低于中行，汇率波动幅度加大对我行海外机构盈利会产生较大影响。作为利率市场化改革重要内容之一的存款保险制度也渐行渐近，可能会对不同银行的存款稳定性、流动性、经营成本和业务结构产生差异化影响，特别是大银行市场份额可能面临更多的分流和稀释。与此同时，利率市场化使银行业正在经历着资金成本上升、利差收窄、盈利下降的痛苦过程。2013年我国银行业平均NIM水平下降了10个基点。

金融改革的深化，使银行传统盈利模式的转变显得更为紧迫。近两年国内商业银行普遍经历了一个盈利增长高位回调的过程，从30%左右的增速降至10%左右。从西方银行业发展周期看，其盈利波动往往较大，几年波峰，几年波谷，而我们希望的是一个尽量平滑的盈利曲线，从快速增长期进入到稳定期。目前我行ROE在21%左右，与国际银行业平均15%左右的水平相比，领先优势较为明显。但随着一些国际大银行经营基础和实力的逐步修复，盈利反弹的势头日益强劲，可能在五六年的时间内，我行与一些国际大银行的ROE又会大致处在一个水平线上。从一定意义上讲，这五六年的时间是我们咬紧牙关、为未来赢得国际竞争积聚新的能量与实力的机遇期和关键期。我们要从这样一个高度和视野来进一步认识和抓好总行提出的优化“五大布局”、实施“三大战略”、强化客户基础的总体部署，从更高层面推动经营转型，获取新的盈利增长引擎。

这里要提醒全行注意的是，在推进经营转型、加快中间业务发展的过程中，必须注意经营策略的把握。要根据每个阶段经营形势的变化，在精细化核算各产品综合收益水平的基础上，合理摆布营销力量和资源投入的优先顺序、轻重缓急，发挥好考核指挥棒的作用。比如说在当前存款增长相对乏力、全行存贷比逐年上升的情况下，要把握好存款与理财业务的关系、销售集团自身产品与代理销售同业产品的关系，把发展理财及代理销售业务的立足点放在优先转化付息率较高的负债业务，以及吸引他行客户购买上。特别是代销同业基金、保险等产品只是我行产品结构的一种丰富和补充，要防止其过度营销对我行基础性存款带来的冲击，以及客户投诉等问题。同时要加强代理销售从准入、签约、评价、退出等全过程的统一规范管理，不得以任何名义、任何形式收取、索要合作协议约定佣金以外的其他费用，所有收入均要入大账，促使各级机构从工商银行整体利益出发，合理把握经营策略。

第三，要高度关注市场竞争格局演变对银行竞争发展的影响。今天银行业面临的竞争格局之多变超越了以往任何时候。除了在经济下行压力加大、市场有效需求不足、银行产品同质化严重、民营银行准入放开背景下，银行同业之间更趋白热化的竞争外，我们还面临来自跨界和跨业的竞争。从跨界看，随着金融脱媒的深化及大资管时代的来临，金融子行业之间的界限逐渐模糊，证券、基金、保险、信托等机构纷纷向商业银行领域渗透，对银行传统业务形成替代效应，金融业发展日益呈现多元、融合、联动的特征。从跨业看，以互联网金融为代表的新金融业态正迅速崛起，成为一股不容忽视的新势力。一些互联网企业借助互联网技术和其掌握的用户数据，逐步将服务由支付渗透到理财、融资等多个领域，更好地满足了大众客户对金融服务时效性、便利化的要求，对商业银行客户、资金、信息、渠道形成多重分流压力，对我们经营和服务模式、价值创造方式形成挑战。未来三到五年，谁在市场格局的深刻演变中能抢先塑造出新的成长性与竞争力，谁才能抢占竞争发展的制高点与主动权。

在应对互联网金融竞争问题上，我们要客观理性地看待分析互联网金融发展趋势与监管动向，有理、有力、有节地做好应对工作。既要充分认识自身的优势所在，增强应对竞争挑战的底气与实力；也要以更加开放的视野和心态，善于学习和应用互联网思维，在借鉴与创新中锻造互联网金融时代的核心竞争力。要成立专门团队，加强互联网金融的创新研究，从更广范围、更大深度推进信息化银行建设，构建更加开放的社区平台，加快在平台上各类支付、理财及融资产品的开发，更好地契合网络消费需求，改善客户体验，并要发挥好我行传统的渠道优势，形成线上线下一体化发展格局。对已经推向市场的逸贷、融e购、e支付等产品，要持续做好客户拓展和市场推广工作，争取尽快打出品牌、造出声势、形成影响。

在应对同业竞争问题上，要进一步增强市场观念，紧盯市场和同业，潜心向同业和客户学习，不断完善我行的创新措施、管理措施、竞争措施。如现在很多地区存款增长最快甚至市场份额第一的是城市商业银行等一些地方性金融机构，大型银行的主导地位被削弱。有些银行依靠其更加灵活的机制和资金、服务价格来竞争基础性业务，而相比之下我们在服务机制、客户营销、价格管理、竞争策略、市场响应等方面还存在一些与市场竞争环境变化不相适应的地方。我们坚决反对搞不顾成本的价格战，但在利率市场化加快推进的背景下，必须学会更加科学、灵活地运用价格手段，更加注重发挥大银行在服务、渠道、技术、信誉等方面的综合优势，来更好地应对市场竞争。

第四，要高度关注社会环境变化对商业银行品牌信誉的影响。当前银行发展还受到社会环境等多方面的影响。近一个时期以来，一些境外机构和媒体热炒影子银行、地方债务、流动性紧张等问题，以此唱衰中国经济和中国银行业。资本市场上中资银行股遭遇普遍看空，16家上市银行中有14家股价“破净”。与此同时，随着消费者权益保护意识的逐步增强，互联网、自媒体等新兴传播方式的裂变式发展，社会公众对银行经营和服务的关注度越来越高，特别是在经济下行压力加大、企业经营困难的情况下，社会上一些不当言论的传播，一定程度上使矛盾焦点向银行集中，加大了银行经营发展的环境压力，也给银行公共形象造成了负面影响。

从我们自身看，也确有少数机构、少数员工因为经营行为不规范、服务质量较差、管理工作薄弱等问题，给我行形象、声誉带来了不良影响。比如说，近些年来总行高度重视改进金融服务和保护金融消费者权益工作，开展了对不规范经营行为的集中整治，但至今仍有个别机构存在违规办卡、违规收费、违规销售等问题，有的还引发了影响较大的客户投诉。这些行为表面看是为银行增加了收益，实际上是因小失大，以小团体的利益甚至是一个人的某项绩效损害了整个工商银行的信誉和发展之本。还有个别员工甚至基层机构负责人违规参与民间借贷，酿成风险事件，给我行形象造成较大影响。

应该说，当前一些银行公众形象和信誉受损，既有外部因素的影响，也有自身经营管理工作中存在的问题。信誉是银行立身之本。全行上下要增强维护良好信誉和形象的责任感和紧迫感，通过内外兼修、综合施治，努力打造工商银行的“金字招牌”。要重视做好新形势下舆论应对和引导工作，坚持做大做强正面宣传，最大限度地挤压负面信息的空间。特别是对盈利增长、资产质量、服务收费、理财业务、支持实体经济等热点问题，要主动发声，增信释疑，消除误判，做到关键时刻不失语、重大问题不缺位，努力为经营发展营造一个良好的外部环境。要把从严管理、从严治行体现和贯彻到经营管理工作的各个方面，严肃查处和整治各类不规范经营行为，加强对从业人员职业道德、行为操守的教育和监督管理，切实做好信访稳定工作，努力消除声誉风险滋生的土壤。

当前，因银行代理销售的理财产品到期后收益未达预期引发客户纠纷的问题广受社会关注。要认识到，通过银行渠道进行的代理销售某种程度上是对代销产品进行了银行信用增级，在目前国内金融市场发育还不成熟、公众教育有待加强的情况下，投资者购买银行代理理财产品还存在“保本幻觉”，银行兜底、刚性兑付的不合理问题短期内难以根本解决。即使在一些成熟发达市场上，“买者自负”的市场规则在这次金融危机期间也遇到了挑战。退一步讲，即使今后真正做到了“买者自负”，如果我行销售的理财产品屡出问题、收益总达不到预期，那也会引发中高端客户流失和信誉受损。因此，在自身产品设计开发，特别是代理销售同业产品的过程中，一定要将信誉风险因素纳入其中，充分进行论证分析，既要确保做到依法合规销售，充分揭示产品风险，坚持把合适的产品卖给适合的对象，也要加强代理产品的风险评估审查，把代理重点放在那些风险真正可控、收益相对可靠的理财产品上，努力从源头上防控信誉风险，体现工商银行投资理财领域的专业水平。总之，新的代理销售要严格把握好，不再出问题；原有的代销产品如果发生问题后，要及时妥善做好处置工作，坚决避免产生大的负面影响。

三、以好的作风抓落实

改革发展研讨会及年初工作会议以后，总行又召开了一系列专业会议，印发了一系列工作要点和方案，应该说今年各项工作的思路、目标、措施都已明确，关键是抓落实。不落实，再好的蓝图只能是一纸空文，再好的战略只能是空中楼阁。发展需要实干，改革需要行动。只有扎扎实实，以抓铁有痕、踏石留印的精神，以咬定青山不放松的精神，抓好各项部署的落实，才能推动全行工作不断向前，积小胜为大胜，积跬步至千里。

（一）抓好重点工作任务的落实。前一阶段，我们已将年初工作会议确定的主要任务分到每位行领导及高管，行领导及高管将这些任务推动落实到了有关部门。各部门要进一步加强责任分解，落实到岗位，量化到个人，并提出可检验的成果形式和时间进度安排。总行办公室要按季通报工作进展情况。分管行领导及部门负责人要对照各项主要业务指标，定期跟踪监测进展情况，完成不好的要有具体分析，有针对性的改进措施。工作进展慢、指标完成差的部门负责人要减少出国、出差，专心致志抓好改进落实。层层抓落实是要一环扣一环地落实责任、传导压力，并不是指层层安排。要坚决反对那种“层层安排下去了事、效果无人问津，指标完成多差都无人主动担责”的做法，反对那种一批了之、一讲了之、一开会了之、一发文了之的做法，切实以“不落实之事”倒查“不落实之人”。

（二）抓好重点改革课题的落实。去年总行党委确定的9大改革创新课题均已启动实施，牵头部门要负责检查推动落实情况，其中涉及产品创新、市场拓展等工作的，今年要有个明确的阶段性效果。今年是深入贯彻落实党的十八届三中全会精神、全面深化改革的开局之年，总行党委成立了由班子成员组成的全面深化改革领导小组。要在抓好现有改革项目落地实施、深化完善的同时，抓住影响全行经营发展的一些重大和突出问题，提出一批新的改革项目，抓好改革的统筹规划和顶层设计工作。金研所要在前一阶段征求各部门、各分行意见的基础上，尽快拿出新的改革课题方案，报总行党委审议。对已经确定的改革项目，由行领导牵头组成课题组，逐项开展调研论证，成熟一项，落实一项，推动改革不停顿、发展不止步。

（三）抓好教育实践活动整改措施的落实。前两个月，我们召开了教育实践活动总结会议，虽然教育实践活动有期限，但贯彻群众路线没有休止符，作风建设永远在路上。要紧扣深化改革和群众反映的突出问题两个重点，继续抓好“两方案一计划”，即总行整改方案、专项整治工作方案和制度建设计划的落实。行领导要根据整改任务分工，组织牵头部门开展一次整改进展情况的跟踪检查，并由教育实践活动领导小组办公室负责建立整改落实督导制度，保证各项整改措施落到实处。要坚持上下联动抓整改，对涉及全行性的问题，总行要与分支机构共同攻坚、推动解决；对于涉及多个部门的问题，要加强沟通，合力解决。总行要通过巡视、成立巡回督导组等多种方式，促进基层机构的整改落实。总行本部在落实整改工作中要发挥好引领、示范和带动作用。要进一步落实好改进会议、文件管理和调研工作的相关规定，少开泛泛总结、一般性布置工作的会，少发没有实质性内容的公文，少搞没有明确主题和目的的调研。要集中精力多研究经营形势、市场竞争状况和客户需求，多研究业务经营、风险控制、服务改进和产品创新等中心工作。目前我行产品创新中还存在一些薄弱环节，如有的产品创新和市场需求本身就有一定脱节，而且很多产品创新重研发投产，轻市场推广，特别是一些花费很大精力、成本研发出的重点产品，缺乏持续的市场推广计划，造成好产品没有大影响、好效果。今后每个创新产品，包括现在已有的逸贷、融 e 购、代发工资、供应链融资、账户交易类等产品都要拿出具体的市场推广计划及达纲目标，并要有相应的资源投入，有跟进的政策措施，有配套的评价考核。要下决心解决好内部协调成本大、服务基层效率低等突出问题。目前一些部门在这些问题的改进上还不明显，遇到一些重要工作和复杂问题时不是主动和相关部门沟通协商，而是任由底下的人员在一些细枝末节上反复纠缠，长时间达不成一致，或是过多考虑部门利益，为本部门管理方便而增加整体工作的困难，造成很多本该顺利解决的简单事情也动辄需要行领导出面协调解决，甚至行领导协调定了的事情也推动不快，或者半途而废。这种不顾大局、部门利益至上，或者说政令不畅的状况是坚决不允许存在下去的。还有的部门服务基层意识不强，对基层的请示、上报事项迟迟没有答复，一个流程走下来需要两三个月的时间，严重影响了市场拓展和客户服务。针对这些问题，除了加强教育引导、强化服务基层理念和全行“一盘棋”思想外，也要注重通过健全总经理负责制、服务承诺制、考核评价机制等办法，从体制机制层面推动问题解决。直属党委会同办公室要牵头深化总行本部作风建设，从工作效率、部门协调、服务基层、勤俭节约、廉政建设到劳动纪律、仪容仪表等各方面，提出全面改进和落实意见，并要与总行的各种考核与评先挂起钩来，真正做到高标准要求，严格监督检查，认真和严肃地进行考核与奖惩。总行各个部门、所有处级以上干部和广大党员都要对照自身在教育实践活动中查摆出的问题和提出的整改措施，从严抓好落实。要把作风建设情况作为评价干部“德能勤绩”的重要内容，作风不好的干部不能任用，不转作风的干部要坚决换人。对作风问题突出的部门和干部员工，要抓几个典型予以通报和惩处。总之，要高标准、高起点地抓好总行作风建设，真正在全行树立起标杆，让社会各界看到一个现代金融企业总部的新变化、新风貌。

同志们，第一季度全行经营发展开局不错，但外部形势变化很快，我们面临的困难和挑战还很多，希望大家保持清醒头脑，以求真务实、脚踏实地的精神，抓好各项工作部署的落实，在攻坚克难中实现新的发展，力争下一季度拿出一份更好的成绩单。

在总行信贷监测中心调研时的讲话

姜建清

（2014 年 4 月 16 日 · 根据录音整理）

总行信贷监测中心成立两个多月来，在不长的时间内做了不少工作，人员逐渐充实，对信贷监督监测的认识比较到位，风险分析能力有了较大的提高。通过这段时间的实践运用，已经取得初步成效，我总体感觉比较高兴和满意。

一、成立信贷监测中心的重要意义

成立信贷监测中心是总行党委经过周密研究、慎重决策的战略决定，也是今年全行非常重要的一项工作。一个商业银行不管过去、现在、还是将来，资产管理或资产风险的控制能力都是商业银行最核心的竞争力。银行负债业务增加主要依靠产品、服务创新、价格等几个要素，在香港没有揽存概念，利率高 5 个百分点存款就能全部吸引过来，成熟市场经济国家或地区就是这样，银行采取主动负债模式，价格、市场起决定作用。相比较，我们对存款有严格的考核，当然努力争取低成本存款很重要，也是我行经营的一个关键点，但通过各种方式增加的存款，要赚到比存款利息高的收益就必须靠资产运用。资产运用主要是贷款，债券、理财、资产证券化等实质上就是信贷的另一种形态。今后债券、理财、资产证券化增长会较快，目前工行表外资产约为表内资产的三分之一。随着资本约束的加强，表内资产的增长会受限，在未来的 10 年内，表内外资产达到 1:1 的结构是完全有可能的，这对工行的风险管理是一个严峻的考验。

目前我们的信贷管理方式越来越不适应形势的发展和变化了，之所以还没有出很多的问题，不是我们的风险管理能力强，而是因为相关企业还不错。如果企业生产经营情况发生变化，或者宏观经济出现下行，可能我行的风险会突增，乃至工行过不去的风险都有可能出现。因此，决定工行生死存亡的关键是信贷资产质量把控。当前我们遇到的信用风险和十多年前不一样，20 世纪 90 年代开始的信用风险，高峰出现在 2000 年前后，后来我们逐步解决了这场危机。这场危机的主因是国有企业在经济转型过程中不适应，又缺乏退出机制，风险日积月累，最终给银行造成巨额风险。由于市场经济还没有发展，当时企业的欺诈行为导致的风险还不明显。但现在不一样，各种风险因素叠加，情况十分复杂，依靠传统的信贷管理方式和原有掌握的信息已经不足以防控这些风险，因此，必须要找到一条信用风险防控的新路子。

信息化银行的发展实际上需要信息化的信贷管理，运用大数据技术，加强对多维数据的搜集分析，利用数据挖掘、数学建模，通过模型化、自动化、批量化分析监测来有效控制信用风险。如果这条路成功了，工商银行的风险控制就能到达一个新的阶段。在这个过程中，可能有很多的银行会出现大风险、大问题，过不去这个关口。传统的经济社会就是 50 公里的经济，从生产、销售到消费主要是在 50 公里的范围内，比如农民种菜、种地，然后再到集市上去卖掉，都处在这有限的区域范围内，生产、销售环节都可以看得到，可以全过程掌握资金流、物流、信息流。而现代经济就不一样了，1 000 公里、甚至 10 000 公里以上的经济圈，无法及时和准确看到资金流、物流、信息流状况，风险情况比以往任何时候就更为复杂。现在风险还没有集中爆发，只是因为宏观经济面还好，大多数企业还是诚信的，但是这些状况可能会改变。今年以来，宏观经济已经出现了一些波动，下行压力很大。从企业诚信来看，出现了大量的不诚信现象。因此，建立信贷监测中心强化信用风险防控这条路子，寄托了全行这次改革能否成功的希望，必须要从这个高度来认识，而且别无他途。

二、对几个重点领域加强监测

（一）认真分析房地产贷款风险。信贷监测中心要细致排查房地产贷款风险，高度重视个人住房按揭贷款的风险。有些城市包括一些三四线城市，过去房地产价格畸高，而且一是已建成的楼盘过大，城市现有购买能力消化不了；二是已批住宅土地过多，这两个指标要有相应数据作为风险判断依据。目前，这些城市的住房销售价格已经开始下降，今后还可能继续下降，要对排查出来的城市房地产行业进行整体风险判断和分析。另外，个人住房贷款七成按揭是最基本要求，区别借款人及区域具体情况可以办理六成、五成或四成的按揭。利率上浮只是一种风险缓释手段，但这不能从根本上解决风险问题。

要重点研究房地产企业的资金来源。关键是管紧开发商贷款。有资料表明，目前房地产企业主要资金来源之一就是银行贷款，第一季度全国房地产开发企业实际到位资金2.87万亿元，其中，一是贷款增加6 230亿元，同比增长20%，这么多银行资金进入房地产，令人生疑，工行的报表反映没有这么高比例的增加；二是自有资金增加了1.13万亿元，地产商自有资金如此之多也值得怀疑；三是包括定金、预收款和按揭，增加接近1万亿元。但是，与以上形成反差的是外资仅增长84亿元，同比下降34%。外资对房地产行业更为敏感，外资对房地产行业的大规模撤离可能已经开始，这是一个重要信号。今年房地产企业新开工面积同比下降了25%，要警惕房地产商及其关联的融资需求，包括理财资金、个人消费贷款、信用卡融资，地产商为缓解资金压力会想出各种办法，比如可能组织员工办理虚假按揭融资，等等。目前，全国主要商业银行与房地产有关的贷款约占全部贷款的38%，其他包括以房地产为抵押的工商企业贷款数额巨大，风险也巨大。

对房地产行业来讲，影响最关键的因素是社会预期。目前，这个预期正在发生变化，问题的紧迫性和严重性正在显现，对此我们要有清醒的认识。北京、上海等大城市情况可能会好一些，因为土地价格比较稳定，但也不尽然，特大城市的个别地段已经出现大面积的空置，楼价也有下跌现象。榆林、神木、鄂尔多斯等城市，问题较严重，担心出现房地产老板鼓励员工到银行办理七成按揭贷款，以此回笼公司的开发资金，公司再给个人补偿一下，这些按揭贷款很可能将不会归还。我们要搜集相应的数据，判断汇报中提到的21个城市的个人按揭贷款是否有风险？风险贷款涉及多少笔数、金额？对此要始终予以高度关注。

（二）重视关联企业风险。要关注企业间的异常资金结算。家族公司、上下游客户通过关联交易进行资金空转，没有真实交易而人为做大结算现金流套取信用，企业发生风险前期多数也会通过关联交易来掩饰其真实状况。要有相应的方法，寻找其关联企业。例如，对交易对手也在工行开户的，可通过结算信息、交易记录进行判断；对交易对手在他行开户的，也要有相应的办法。有的企业将资金结算搞得非常复杂，难以判断其交易的真实性，银行要学会抽丝剥茧。要建立大数据的理念，像美国的间谍大片一样，搜集多维信息点进行综合判断。企业之间有交易结算往来，就会有蛛丝马迹。要关注交易金额和频率，剔除正常交易，对大金额的或者频繁交易的要特别关注，列入关联嫌疑。如何寻找关联交易和关联企业是一个难点，很多关联企业很隐蔽，比如通过司机、保姆、远房亲戚作为关联企业的法定代表人等。

要把如何查找关联客户作为一个课题进行专门研究。我们现在掌握的企业关联关系比较粗，可能遗漏了大量的关联客户。账户往来异动是最主要的标识，要关注划转比较频繁的账户，关注法定代表人的个人账户，对不在我行开户或资金结算主要不通过我行的，不能和其发生业务往来，尤其是大额业务。结算归行不仅是关心存款，更重要的是关注风险，裸贷就是主要风险点，裸贷风险及结算逃离的风险提示，一定要发给相关分行一把手。

（三）加强对矿权抵押融资、担保公司、家居消费贷款、逸贷风险的监测。近期新闻报道，一个老板以前拿10亿元买的矿权，现在降至2亿元也无法出售，价格跌了八成。煤矿采矿权权利质押融资风险最显著的就是中诚信托事件，对此要十分慎重。回过头来看，总行对小额担保公司的风险控制是及时必要的，信贷业务首先必须关注客户的第一还款来源，担保公司担保并不能降低实质风险。如果晚控半年，钢贸风险损失会更大。许多分行对总行要求落实执行不力、不快，是造成风险的主要原因之一。

刚才汇报谈及个人家居消费贷款的期限120个月（10年），期限太长，建议修改个人家居消费贷款管理办法，调整为最长不超过5年。买家具或装修不能超过5年，超过这个期限可能又要装修翻新或重买家具，一般3~5年比较合适。

要利用多维信息点分析风险。有一案例：逸贷平均每天增加1 000万元左右，有一天增加7 000万元，令人生疑。总行要求相关分行进行核查，反馈说是有几个车型卖得非常好；要求再核实，分行反映说山东、安徽的几个汽车经销商都是我行优质客户，没有问题。通过融e购交易发现，有4家公司卖车比较多，再次让分行核查买汽车客户的情况。经多次核查，最终发现存在一个人买多辆车办理贷款情况，不少交易是假交易，为了搞促销、造形象、卖车拿返点。风险就源于假交易。

三、完善中心的监测工作机制

（一）运用多维度多信息导入方式，用大数据方法来分析风险。大数据不是抽样，是通过模型导入全数据来做一个交易习惯分析，从超越习惯的异常现象中发现风险。如何寻找多维的信息，从哪里得来，还要做深入研究。工商银行现有的信息数据要整合，目前分散在各个数据库、各个系统中的信息都可以整合后提供监测中心分析使用。前台大量信息和调查报告都要编制成结构化数据，前台人员的数据录入应是若干张结构化的表格，以利于计算机处理、有效存储和对比分析。大量的信息比如银行账户支付信息等会计信息都非常重要，通过对支付的笔数、金额、交易对手、交易内容、明细等进行结构化处理后，变成可运用的数据。要强化对信息维度、来源的研究分析，可以细化到行业、区域、产品、时间点、时间跨度等。通过信息集成、整合分析、数据挖掘和数学建模的方式对信用风险进行监控，这将是工行不可复制的竞争力，一般的银行也没有办法做得到。在研发、应用过程中要十分重视商业秘密的保护问题，对核心的模型、关键的数据分析方法要强调保密，因为这是我行的核心竞争力和核心机密。

（二）利用多信息点进行风险的综合分析判断。分析企业融资风险主要依靠财务报表具有很大的局限性。对任何企业都不能仅凭财务报表，要有多维信息来源，财务报表只是其中一个信息源。国有大型企业和上市公司的财务报表相对健全，其财务报表可以作为重要的一维信息源，风险越大的行业和企业所需要的信息维度也就越多，要通过多个信息点的合成，相互佐证没有矛盾才能对风险判断作出明确结论。通过各种手段，收集整合多维信息对信用风险分析十分重要，刚才说任何企业都不能仅仅依据其财务报表作风险分析，不能单凭一维信息点来审核发放贷款，必须有多维信息点来佐证，多点核实信息的准确性。监测中心要研究确定判断客户风险的信息维度有多少种，其数据构成如何，数据从何而来，对不同贷款客户进行风险分析所需要的信息维度是不同的，要形成支持风险分析的信息体系。从信息来源看，财务报表、通过 NOVA 系统得到企业资金结算支付信息、销售信息、企业主的个人信息、人行征信、海关、工商登记、税务信息、水电煤气支出等，当然相当重要的是客户经理的前台调查信息。同时，要设法解决好信息源的可得、可靠、准确、及时。数据的历史长度越长，准确性越高。无历史数据信息积累的企业有可能存在潜在风险。

必须明确规定对小企业和民营企业办理信贷业务时，要求其在我行办理代发工资。代发工资可以作为一个信息点，实际上，通过代发工资能够了解企业真实的用工情况、生产经营活跃状况。有时得不到信息点，就是风险。小企业、民营企业融资风险相对较大，如果能够利用多维信息点来作风险分析判断，钢贸融资风险是可以避免的。

监测中心可以构建对企业进行风险分析所需全部维度信息的基础表，提出对各种类型、风险的客户需要几个维度信息的明确要求，做到能够通过系统自动提取相关数据信息，以全面反映客户风险状况，尽量不对每个具体客户重复进行数据挖掘，通过模型化、参数化、批量化自动处理。

（三）提前预警潜在风险。中心经过这两个月的努力，通过风险预警和核查整改，清收转化了 134 亿元潜在风险融资，成效明显。要强化风险预警职能，力争在风险暴露前提早半年或更早时间进行预警，而且对客户进行风险预警要有阈值定量描述，以细分风险等级和劣变可能程度。如果融资已经呆账、呆滞，风险已经暴露，对此预警就意义不大。最好的预警是分行还没有发现、没有注意到的风险，重点要对表面正常，实际存在隐患的融资进行风险预警，提前找出“病灶”。通过大数据对风险的监测分析一般至少要半年一次，有些指标 3 个月复查一次，有些甚至 1 个月就要复查一次，所有客户都必须覆盖到，要有相应的制度规定。中心发出的风险提示要更加具体，如果认为分行的核查内容或答复存在疑问，可以进行二次风险提示，据此划分出现信用风险时中心的非现场监测责任和分行的落地核查责任。

（四）抓好灰色客户名单管理。灰色客户是中心关注的重点客户，这部分客户如果及时预警是可以退出的。今后提示分行要求退的，要给分行讲明具体哪些指标有问题。如果分行核查后有不同意见，中心短期内可要求分行增加相关客户的信息点来加强监控，比如要求其提高销售归行率到一定比重，要求其关联企业在工行开户以盯住其关联企业，要求其在我行办理代发工资，等等。如果客户不配合，则坚决要求分行收回其融资。增加这些信息点后，观察一两个月，如果多个信息点显示风险较大，要再次提示分行退出融资，并留存相关书面材料。若分行拒不执行而出现融资风险问题，要向分行严肃追责。对灰色客户降低风险的办法要逐一列出，利于分行执行。

（五）开展与国内外同业的工作交流。国外同行应该也有类似的信用风险监控模型，这是他们的核心竞争力，不一定全部提供给我们，但通过交流可以学习他们的工作方法和思路，争取为我所用。总行支持信贷监测中心和科研机构、科研院校商谈数据技术合作，跟国外的同行加强交流。

（六）做好信息技术支持保障工作。信息科技、管理信息等部门要在信息使用、科技开发和硬件配置等方面给予信贷监测中心支持，保障中心的顺畅运行。信息科技部门要深度研究未来十年的总体架构问题，解决数据挖掘需求越来越大、越来越频繁后的响应速度问题。总行的数据仓库是否适应查询需要，也要研究解决办法。管理信息部门的相关数据要向监测中心全部开放，供中心人员查询使用。

四、加强监测中心的组织机构建设

（一）明确中心的职责定位。要参照运行管理部操作风险管理相关文件，建立一套覆盖全系统、行之有效的信用风险监控核查体系，明确各级行的核查工作职责、监督流程和工作要求，落实信用风险监测监控、核查整改和跟踪督办制度，形成及时、准确、高效、全方位、立体式的信用风险监控工作机制。

（二）中心实行团队化运作。中心今后可不设处，实行团队化运作方式，团队设置可以有效打破原来的行政界限，提高工作效率。中心工作人员的行政级别、专业级别等待遇问题由人力资源部统筹解决。完善中心的人事管理制度办法，配备适当的职数，打通中心员工晋升的职业通道，一是不影响中心工作人员的相关待遇，二是不影响中心工作人员的提拔使用。

（三）建立上下交流工作机制。中心和分行建立信贷管理人员上下交流工作机制，今后对一级（直属）分行需要提拔的信贷管理、信贷监督人员，可先到中心交流工作半年以上，经过中心培训和锻炼，才能正式提拔使用。中心也可以建设成为培养信贷专业干部的一个重要平台，定期通过干部轮训方式，组织分行人员到中心交流工作，培训和锻炼基层同志的风险判断能力和识别能力。

（四）多渠道补充人员。人力资源部门配合，想办法多渠道补充专业人员。我行所需要信用风险监控方面的高端人才可分为两种：一是业务高端人才，熟悉我行信贷业务政策、制度、产品、流程的信贷专家，社会招聘不太可能招到；二是计算机、数学专业的人才，可通过社会招聘解决。要立足于现实，不可能招到以上两者都具备的人才，面向社会招聘的主要是第二种人才，利用大数据技术进行数据挖掘、数学建模。

行内现有很多的信贷专业人员对信贷业务非常熟悉，加上一些人对数据挖掘有钻研，把这两类人才结合起来，可以一定程度上解决中心当前人手紧张问题。目前总行专家等专业管理人员调整力度较大，如果愿意到中心工作，可以开一个口子，到中心带领一个团队开展工作，但要有相关的信贷工作经验。

（五）建立工作考核评价机制。今年下半年开始，中心要对自己提前发现的问题，跟实际发生的信贷风险做一个对比，今年对中心不作考核，但从明年开始，监测风险和事后产生的风险要对照，找出哪些风险中心没有提前发现，或者中心发现了，分行没有重视的案例。要建立完善相关制度，对监控成效进行评价考核。

互联网金融与信息化银行建设

——在中欧商学院　上海财经大学的演讲

姜建清

（2014 年 6 月 29 ~ 30 日）

很高兴有机会与大家共同探讨互联网金融和信息化银行的问题。目前互联网金融的话题在社会上非常热，大家都很感兴趣，但很多问题还需要时间才能够得到更加清晰地认识。这里，我想从探讨的角度，谈谈我对这个问题的一些看法。

一、商业银行的转型正处于关键阶段

经过 30 多年的改革发展，中国金融业已经到了一个新的发展阶段，包括四大国有控股商业银行在内的一些国内银行纷纷跻身全球领先银行之列。以工商银行为例，我们在资产、资本、存款、利润等诸多核心指标上名列全球银行业首位，得到国内外各界的广泛认可。当然，在取得这些成绩、获得这些掌声的同时，我们也深刻地认识到，在前进的道路上正面临着更加错综复杂的风险和更为严峻的挑战。随着全球经济一体化的深入推进，世界经济在缓慢复苏，新的金融监管也进入到付诸实施的阶段，与此同时，国内金融脱媒和利率市场化进程正在加速。整个金融业都明显感受到，银行的发展开始进入到一个高速增长后的转折期，或者说是一个新的瓶颈期。从国际银行业的发展情况看也是如此。金融业在金融危机前高速增长的阶段已经过去，将来可能会进入到一个相对比较低速的增长阶段。一些大型国际银行正纷纷采取不同的调整措施，比如选择“瘦身”，大量出售金融资产等。在这个过程中，我们面临一个新的挑战，就是互联网金融的挑战。如果从更深层次看，它不仅仅是技术的挑战，或是一种业态的挑战，而更多是对金融机构中介功能的挑战。

二、商业银行的信息化发展

从金融机构的诞生来看，大概 3000 年前，古希腊的神庙就承担着支付中介、融资中介的功能。史籍就曾经记载过古希腊哲学家和政治家西塞罗的儿子留学汇款的记录。所以，在人类历史上，支付中介、融资中介如借贷活动存在的时间是非常长的。在古希腊的时候，融资活动往往是以神庙为中介，发生一笔借款，就将借款合同写在泥板上，还要 5 个人担保，利率、担保等条款的记录都很详细。贷款还清了，就把泥板砸碎；如果贷款还不了，泥板就会一直存在。现在出土发现有这样的泥板，说明当时这笔借款没有收回，所以说不良贷款（NPL）的历史也非常悠久。

300 年前，自英格兰银行诞生以来，现代银行体系开始逐渐确立。我们从银行的发展历史中可以看到，银

行的发展也体现了社会的发展、社会分工的细化以及社会的进化，因为这有利于降低交易成本。

最近十几年来，“去中介化”的趋势越来越明显。比如，前段时间热热闹闹的比特币，某种程度来说它是对中央银行货币发行的一种去中介化。互联网金融，某种程度上是对商业银行功能的去中介化。大家知道，商业银行所做的业务就是中介和转化，把零碎的资金凑起来，小额变大额，短期变长期，然后进行撮合转化，将社会储蓄转化为投资。互联网金融的出现，使银行这种几百年来传统的中介功能受到严峻的挑战。

回过头来，回忆起30多年前，那个时候的银行员工是一把算盘一支笔，不少劳动模范都是打算盘打得快的同事。后来20世纪80年代开始使用小型机，90年代逐步从中型机过渡到大型机，2000年后工行在国内同业率先实现了数据中心的集中运行，所有的业务全部实行电子化处理，成为中国银行业信息化方面的领头羊。比如刚才讲到工行拥有全球最大的“两地三中心”的大型计算机设施，这在全世界都是领先的，业务连续运营，全天24小时、一年365天一秒不停，可以在2分钟之内完成上海同城两个数据中心的系统切换。工商银行有庞大的科技工作者队伍，仅科技人员就有1.3万人，其中软件工程师超过5千人，累计创新专利占到全国银行业的46%。目前，工商银行拥有网上银行客户数1.8亿户，电话银行1.1亿户，手机银行1.3亿户，所有业务中，81%以上的业务是通过以网上银行为主的电子银行处理的，去年网上银行交易额高达380万亿元。这是什么概念呢？去年全国电商B2C的销售额是2万亿元不到，大家可以自己算算看。

三、互联网金融对银行传统经营模式带来全新挑战

我在1995年到哥伦比亚大学当访问学者，那个时候我写了一本书——《美国银行业的科技革命》，几年以后还写了一本书——《银行业高科技革命及深层次影响研究》。这两本书是金融科技专业最早的两本书。1995年我在美国的时候，正好是美国互联网最热闹的时候，所有的报纸都在报道，认为传统银行将是21世纪的恐龙。但至今近20年过去了，商业银行依然非常强大，科技发展可以说是一日千里，银行也基本完成了信息化过程。同时，我们也在深入研究互联网金融对商业银行到底有哪些影响，我们该如何应对？面对新的挑战，唯有改变自己，因势而变，才能在竞争中始终保持优势。

简单做几个方面的比较，互联网金融确实有很多新的特点，跟上一次20年前的挑战不同。比如，互联网和大数据技术，改变了传统商业模式，包括交易模式、流通模式；也改变了消费者习惯，甚至带来了商业模式、理念和金融文化上的一系列变化。虽然线下渠道、物理渠道没有消失，但是这种此消彼长的变化，使大家对未来产生了一种憧憬或是担忧。

更重要的是，互联网金融并不能简单定义为通过互联网办理金融业务。应该看到，这种金融服务是具有尊重客户体验、强调交互式服务、主张开放、便捷快速和交互的特点，而非简单的技术问题。当然我们也应当看到，互联网金融企业在努力地争取消费者青睐，令人眼花缭乱的技术方案也十分吸引眼球，但能否稳固客户基础还需拭目以待。

在互联网金融生态下，消费者在很大程度上掌握了信息主动权，他们主动寻找自己想要的产品和服务，不再像以往那么忠诚于自己的开户银行，也不一定愿意听从银行的消费引导，因为有些客户掌握的信息并不比银行少，银行传统的中介功能正在改变。

与此同时，银行自身也存在一些问题，比如支付中介、融资中介的功能整合不够，以致面对竞争显得比较被动。银行尤其需要警惕的是，不能因自身在信息化建设方面取得的成就而形成路径依赖，而必须认识到银行业是一个不断变化的行业，真正的落脚点是消费者的选择，只有因需而变、因势而变，适应消费者需求才能生存。

四、互联网金融与传统银行业殊途同归

刚才我们谈到，1995年在美国关于互联网金融和传统银行的争论及竞争，结果已经不言自明。为什么当时盛极一时的互联网金融企业昙花一现？我想，一个重要原因是，20年前的互联网金融是从银行端切入的，银行做银行，他们也做银行，只不过银行是“砖头”，即分行网络；他们是“鼠标”。后来银行发现，我也可以做“鼠标”，因此20年前的互联网金融企业就这样在竞争中被淘汰了。20年后的今天，互联网金融是从两端开始切入的。一些互联网企业从电子商务那端开始，借助电子商务的信息数据优势，从商品流掌握到企业的资金流、信息流，再延伸到客户的融资、支付等领域，进而从商品销售的支付延伸到小额信贷、现金管理、资产管理、供应链金融以及基金、保险、证券的代销等等，这与20年前是不一样的。互联网金融企业和商业银行，双方在转型过程中产生战略重叠，从合作者变成竞合者，有时竞争大于合作，有时合作大于竞争，甚至与竞争者的竞争者成为合作者。

五、在支付领域“去中介化”的国际比较

实际上，从支付开始脱离现金支付以后，支付本身就是信用行为。在购买商品时，你给我钱，我给你商品，这是没有信用关系的。当支付出现非现金、非实时支付时，其中就产生了信用关系，我把物先给你了，你把钱后给我，不管时滞有多长，都蕴含着信用关系。所以从商品交易到了信用交换，这种交换中的信用关系是

非常重要的。随着社会的发展，为什么金融机构成为一个支付的特许经营者呢？为什么要对支付机构采取严格的监管措施呢？就是因为这是一个信用行业，要保护收付双方的合作权益，保护宏微观金融稳定，必须加强反洗钱监控，要对资本金、风险准备、流动性、合规性等进行严格监管。以美国为例，“9·11事件”以后，美国出台《爱国者法规》。作为货币服务企业，第三方机构要在美国财政部“金融犯罪执法网络”（FINCEN）注册，接受两级政府——联邦和州政府的反洗钱监管，对所有的可疑交易进行记录，申请资质则要求业务范围不得从事类似银行的存贷款业务，不得擅自留存使用客户交易资金，保证高度流动性等。严格的监管使支付机构不敢越雷池一步。前两天法国巴黎银行（BNP）与美国政府和解，包括在反洗钱方面的一些问题，最终以罚款89亿美金达成和解协议。由此可见，这是一套非常严格的监管措施。中国现在的第三方支付机构非常多，250家支付机构，其中100家获得网络支付资格。这个数字已经超过美国、西欧、日本等主要经济体第三方支付机构数量的总和，中国的第三方支付企业已经成为世界最大的支付企业，无论是用户数、交易笔数、交易金额都领先全球，金融创新走得也非常快。这些互联网金融企业的业务范围包括存款、支付、结算、银行卡、收单、投资、理财、小额信贷等，实际上已经覆盖到传统商业银行存贷汇各个领域，触角也开始进入到基金、保险领域，将来还可能延伸到证券衍生产品。对此，各界也有不少争论，可能随着时间的推移，大家的认识看法会越来越清晰。在鼓励创新的同时，如何规范管理、确立规则并进行必要的监管，都是我们面临的新课题和新挑战。

关于支付账户与存款账户混淆，进而形成金融机构边界模糊的问题，目前也存在很多争论。负债业务是商业银行特许经营权的一部分，市场准入、监管非常严格，客户把资金放在一家金融机构，意味着客户对银行体系的信任和托付。现在有些第三方支付机构，已经构建了自己的虚拟账户体系，而这些体系对客户身份没有进行有效认证，事实上形成支付性的存款账户。但是对他们的有关法规和监管要求，到现在还不是非常明确，或者还是在探讨当中。比如法律上如何界定这类支付账户的权属、对账户内资金转让处置方式、资金计息等方面，在法规建设上还是有一些滞后。对于既吸收客户存款，又办理结算业务的互联网金融企业，将来是否要缴存准备金、如何监管其流动性、在反洗钱方面对客户交易双方的真实身份和记录查实问题、金融机构资金流向监督等问题，都有待进一步研究讨论，并逐步形成共识，这样才能扬利除弊，使金融创新更加健康地向前推进。总的来看，在监管政策、货币政策等方面，都面临着很多新的问题和挑战，需要深入思考和研究。

关于交易便捷、支付便捷和支付安全之间的矛盾，也是疑惑或争议比较多的方面。这些年看到一些新兴支付机构常用的办法就是快捷支付，这个做法确实减少了交易环节，支付效率显著提高，但是认证方式较弱，安全性相对比较弱，而且在这种模式下，客户支付的安全性过多依赖于手机，如果个人的身份信息泄露导致手机号码被篡改，手机丢失或者被木马病毒攻击，可能会造成客户资金的损失。同时，这种安全认证方法一般不做客户身份的真实性认证，加以对双方的真实身份和交易记录也比较难查实，没有办法对资金流向进行识别以及核对客户的身份和交付指令的真实性，从而产生很多风险隐患。

对此，银行也在反思自身存在的问题。比如，银行往往过度重视和考虑资金安全性，即便对小额资金的对外支付，也需要进行高等级的安全认证；在与客户建立账户关系和交易时，必须按照监管要求对客户身份进行有效识别，对交易行为的合法性进行甄别，履行反洗钱义务。这样一来，交易的便捷性和安全性就成为一对矛盾。前一阶段，监管部门对这个问题有了比较明确的监管要求，其实就是同时兼顾安全性和效率性。比如说互联网金融交易特点就是资金小额化。根据统计结果，超过5 000元以上的线上支付占比较小，所以5 000元以下的支付可以使用快捷支付方式，5 000元以上则需要用更高等级的安全识别方式。对这个政策现在似乎有些争论，但要理解监管部门的苦心，这些做法也是国际惯例，必须兼顾两者的利益。因为大额资金如果通过弱认证方式划转，是对客户的不负责任。作为一家资金托管机构，必须为客户看好资金、管好资金。当然，目前银行也在根据客户需求积极改变，推出小额支付产品，以增加支付的便捷性。如工行的快捷支付产品叫“工银e支付”，采取相对较弱的认证方法，就是考虑兼顾安全和效率的问题。

六、移动支付的发展趋势

关于线上线下渠道发展和移动支付的问题，这也是这些年的一个新变化。虽然现在线下市场远大于线上市场，线上10%，线下90%，但是线上的发展速度惊人。电子商务的冲击已经使很多实体商店感到非常大的压力。商业银行拥有庞大的网络，仅工商银行在全国就有1.7万家分支机构，9万多台ATM，100多万台POS机，这都是线下的设施。现在总的趋势是，银行的离柜业务逐步替代了柜台业务，柜台业务下降趋势明显。据统计，工商银行现在80%的业务量以网上银行等电子银行渠道为主，32%的客户基本不来银行，而是通过互联网的方式在家办理业务。而且这两个数据，又以每年5%的速度上升。2013年，美国银行通过电子银行渠道办理的交易笔数占比是70%，工商银行是80%；2009—2013年到网点办理业务的客户数，美国银行下降10%，工商银行大概下降25%。由此，可以非常明显地看到商业银行的“去物理渠道化”过程，通过中美银行业的对比，可以看到中国互联网已然呈现更快的发展态势。

第二个变化，移动支付去PC化。在中国全部网民中，使用手机上网的比例已经达到78.5%，超过PC网民的69.5%。工商银行的手机银行客户数已经达到网上银行客户数的七成，2013年手机银行交易笔数增长186%，网上银行增长15%，从这个速度可以看到去PC化的趋势。而且从客户的年龄来看，20～40岁的客户是手机银行的主要客户群，年轻化趋势非常明显。

从移动支付的情况来看，去年中国移动支付交易额是3 022亿元，预计未来几年年增长率将超过80%，高于互联网支付50%、线下刷卡30%的增长率，可以说，这种技术变革具有颠覆性。手机支付或手机银行，适应现在客户时间碎片化的现状，在什么地方都可以办业务，对客户的黏性明显增强，这将是未来具有强大生命力的一个渠道。从银行来看，现在往往把手机端当做网上银行端的复制和移植，没有单独将手机端作为一个渠道来建设，对于具有手机特点的移动渠道，技术研究和产品创新是不够的，在安全认证方面兼顾便捷性与安全性也是不够的。总的来看，银行也好，互联网金融企业也好，都在对线上布局和线下跑马圈地，努力打通线上线下渠道，争取更大的优势。

七、商业银行的风险控制

我们看到，互联网企业从另一个角度来思考对融资风险的控制，这一点也值得银行借鉴。互联网企业通过网上电商、个人消费者交易数据进行大数据的挖掘处理，以这些数据作为开展互联网金融业务营销和风险控制的主要依据，用这些数据判断是否给予贷款。同时，通过对个人用户在网站或者是电商里面的搜索、收藏、购买记录的数据挖掘、客户行为模型分析等，甚至可以依此形成精准的销售和定向服务。当然，以大数据判断风险还处在探索期，在实践中还远不能称为成功。目前数据是局限性和碎片化的，交易习惯也是碎片化的，这是因为存在部分交易、短暂交易，以及人们经济活动信息流向的多样性等因素造成的，甚至还有虚假交易、信息欺诈等一系列问题。因此，光靠交易信息和销售信息判断风险是不完善的，就像银行光靠财务信息判断风险不够完善是一样的。此外，互联网金融企业缺乏专业的信贷团队和经验，所以在信贷融资方面还不敢说是成功的。

目前工商银行小微贷款余额1.8万亿元，而互联网金融企业最多只有几百亿元的融资余额，因此，要想真正成为融资方面的主力军，距离还很遥远。商业银行的核心竞争力是风险控制能力，把存款变成贷款的转换，是决定一家金融机构竞争力的惊险一跃。商业银行在风险管理方面，过去偏重于专业团队、专业经验、现场调查、数据分析，将来也要积极运用大数据技术来识别和判断风险。尽管银行有很好的前台，有专业的客户经理，但是由于社会经济生活的复杂性，客户经理的能力往往难以掌握企业足够全面真实的信息。因为现在经济不是传统的“50公里”经济圈，过去受信息技术、交通等方面限制，经济活动通常在50公里范围内展开。现在经济已经扩展到了“1 000公里”、“1万公里”的经济圈，打破了地域区域的束缚，不少企业生产经营甚至都跨国了。若银行所掌握的企业生产和销售过程中的资金流、信息流、物流全部都是分割的，整天到厂房去看的话，就像看鸟笼子，其实鸟早已经飞出去了，人却还坐在这里守笼待鸟也是不行的。银行靠传统的方式和能力，已经难以掌握企业足够的信息。所以如何运用好大数据来进行信息的挖掘和分析，再与商业银行的传统优势、经验、专业团队结合起来，就能够使信贷风险控制提升到一个新的阶段，这是商业银行应对互联网金融挑战必须要思考和面对的问题。

八、从银行信息化到信息化银行

商业银行的信息质量和历史信息长度都是非常好的，完整性不错，但缺点是，过去商业银行信息建设是分步骤、渐进式的，许多系统和数据库建立是遵循从手工业务到电子化业务，复制手工操作的思路来设计和开发的，系统之间整合不够，业务运行和管理系统分隔，或者各种子公司、子业务之间彼此独立，甚至数据库都存在专业分隔，标准不一、架构复杂、流程过长，数据的短缺、闲置和浪费同时并存。在这样的情况下，银行尽管拥有大量信息，但信息条线化、局部化、碎片化严重，阻碍了将信息转化为价值创造的能力。我想未来，优秀的银行首先应该是数据银行，更是数据分析、数据解读的优秀银行，要从数据中获得洞察力，攫取价值，赢得明天。

我刚才讲了商业银行信息化走过的十几年路程，应该说，银行信息化已经接近完成，即将进入而且要加速进入信息化银行的新时代。只有通过信息化银行的建设，才能再造银行的核心竞争力。从银行信息化到信息化银行，不只是词语顺序变了一下，其内涵和意义是完全不一样的。信息化银行建设，不是简单的信息技术升级和应用拓展，而是通过信息的集中、整合、共享、挖掘，使银行整个经营决策和战略制定从经验依赖向数据依据转化。

具体来看，商业银行已经进入到了一个新的转折点，银行要从过去的支付和融资的中介服务，向综合化信息中介服务转型，这是事关商业银行在未来十年深层发展的基础和根本。银行在未来竞争中会不会保持优势，关键在于是不是能成为信息掌握的强者，是不是能认清大数据时代新特征而采取新举措。通过大数据技术，重新发展和铸造新的经济金融关系，找到适合自己银行模式的客户群体，打造和强化银行特有的商业模式，并依据大数据分析防范金融风险。可以预料，在这一轮信息化银行建设的过程中，银行之间竞争的代际差距会拉开，谁能在这个方面取得主导地位，谁就能在未来的发展中保持优势。

九、银行转型发展的优势

银行到底有什么优势能够取得未来转型发展的成功，我想至少有三个方面：第一，具备金融特许政策的优势。客户资金从商业银行的账户出发，在社会转一圈又回到账户之中，尽管我们受到严格的监管，但这也是我们的优势。第二，具备开展大规模融资业务的有利条件，可以做好小额的小微企业和个人业务。第三，在信息方面非常的富有，只是过去没有看到自己在这方面的优势，不善于把信息优势转化为业务竞争的优势。今后要把信息整合、处理、分析、挖掘、利用好，集成资金流、物流、信息流，为客户提供一揽子金融服务。

在发展过程中，我们提出了五个“I”。

第一个“I”是信息共享—Information Sharing，主要是将各类信息进行集中、整合、共享、挖掘，把结构和非结构数据统一管理应用。银行在这方面的工作量非常大，大量的数据是非结构性的，很多信息以报告的形式放在我们的档案里面，没有发挥作用。所以要把所有非结构化的数据变成结构化数据加以处理，这个工作量是很大的。在这个基础上，挖掘、建模、分析处理大容量、大规模的信息。

第二个“I”是互联互通—Interconnected。目前，银行的业务没有按照大数据或者是互联网的思维去做，受传统业务和管理模式的影响明显，跨部门、产品、业务之间存在割裂。而互联网时代的思维要高度的互通互联，需要做到在客户端统一，所有业务、系统、产品要标准化，前、中、后台统一管理，渠道协同、机构联动、流程高效。

第三个“I”是整合创新—Integration。要把信息流、业务流和资金流高度整合。比如对于核心企业和上下游企业之间的资金流、物流、信息流要整合好，在一个核心企业的产业链上面，有几百个上下游的公司跟它有密切的产销联系；在几百个上下游公司之间，很多公司又跟其他的产业链形成密切的关系，这种复杂的关系超越了孤立的经度和纬度的关系，形成类似蜘蛛网式的、或者是我们称之为集成电路方式的关系。如果用大数据处理这些关系会看得非常清楚，如何打通整个服务的链条，这里面的整合创新工作是非常多的。

第四个“I”是智慧管理—Intelligence。主要是数据挖掘、分析工具、科学建模的智能化，然后来分析海量的结构化和非结构化数据，依此判断市场、精准营销、发现价格、评估风险、配置资源，改变银行过去凭经验、凭直觉的状况，变被动响应为主动营销。

第五个“I”是价值创造—Incremented Value。把所有的金融服务，如交易平台支持、咨询增值服务等一体化综合金融服务体系整合起来，里面会有海量的客户信息，包括宏微观的经济信息、银行的资金、运营信息等等，银行可以从中发现在经营活动中存在大量的供给和需求的信息不对称。其实，商业就是源自于信息不对称，如果世界上信息全部对称，就没有商业了。在一个区域，可能信息不对称的机会有限，如果放到一个省、国家乃至全球，信息不对称造就的商业机会更多，能够掌握信息优势者，就是商业的强者。信息化银行，就是要能够最大程度上把那些信息不对称的需求和供应方撮合起来，转化为实际的业务竞争优势。

十、银行的应对策略

最后，简单地从平台、数据、金融这三个方面，来讲一讲商业银行的应对策略。

第一，平台。我想我们不仅会巩固金融服务提供商的地位，更要转型成为中国最大的信息服务提供商，也就是信息化银行。包括各个节点、企业、个人的交易信息、金融信息、物流信息、宏观微观金融信息等在内的所有信息储存在这个平台上，形成一个个集成电路板一样的纵横交错的信息网，经过大数据处理和数学建模分析，从中发现市场机会，为企业提供其所需要的金融服务。同时，这样一种平台对于金融机构内部的管理也非常重要。大型企业市场端信息要从基层一直反馈到高层，如果这个过程非常迟缓，这就是大企业病。而信息化银行则像是穿上溜冰鞋的大象，会跳舞、会快跑，关键是信息化的发展使企业变“平”了。

第二，数据。在信息化银行建设过程当中最重要的就是数据，关键要把数据仓库构建好，包括对各种结构化、非结构化数据进行挖掘分析，做深层次、多维度的分析，利用这些数据在战略决策、客户营销、业务运营、风险管理、绩效考核、资源配置等方面发挥导向作用。同时，将数据作为判断市场、精准营销、发现价格、评估风险、配置资源的重要依据。在这方面，工商银行已有很多尝试，比如总行最近建设的信贷监测中心。我们发现，信贷风险的产生是源自于信息的不对称，如果信息对称了、有足够的信息量，一般而言是能够发现信用风险的。而信息不对称的基本原因在于信息整合不够。如果你判断一个企业风险需要 100 个指标值，那么从哪里来这些信息，指标的差异反映了什么问题、信息标准是什么、上下偏离度是什么，等等。如果完整地掌握了这些，一般而言是可以预警判断风险的。所以，未来判断风险可能就不像过去仅靠客户经理现场调查，而是通过数学建模、几百个模型开展分析，监控风险。数据挖掘方面也是一样，过去银行做了很多低效用的事情，比如银行在小区门口摆摊推介信用卡。如果从数据中发掘出来那些应该办而没有办信用卡的人，然后进行精准营销，就会事半功倍。

第三，金融。商业银行应该主动融入互联网的金融变局，我们现在也有B2C、B2B业务，将来也会推出一些利用大数据技术研发出来的产品。如近期推出的全信用消费贷款——逸贷，就是利用大数据对客户信息进行评估，客户可以贷多少款，事先已经评估好了，当你在商店或网上刷卡消费达到一定额度，工商银行马上有一个短信给客户，问客户要不要办一年或两年期的消费贷款。比如一个商品价格3 000元，两年分期付款，一个月还100多元，加上20多元的利息。如果客户同意，马上就可以贷到款。这种业务我们办了几个月，已经有60多亿元的贷款余额，而且全部是信用贷款，不用任何抵押担保。再有，我们通过电商的销售和资金数据，可给电商线下或线上的商户小额信贷，改变过去银行贷款常要抵押、担保的做法。此外，我们还有一系列金融方面的创新产品投向市场。

总之，尽管近年来互联网金融风生水起，对商业银行传统经营模式和增长方式构成较大的冲击和挑战，但各家银行也都有庞大的科技队伍，研发能力都非常强，科技方面的投入也非常大，关键在于思维和理念的差别。所以，只要商业银行具备互联网时代新的思维、理念以及能力，充分发挥银行优势，就能够全面迎接互联网金融的挑战，真正把银行从传统的支付、融资中介转变为信息服务的中介，形成无法复制的核心竞争力和无法追赶的优势，迎来更长时间、更加健康的发展！

在纪念建党93周年座谈会上的讲话

姜建清

（2014年7月1日）

今天是中国共产党成立93周年纪念日，我们通过召开座谈会的方式来纪念党的生日，交流全行先进党组织和优秀党员的先进事迹和成长经验。这样的纪念活动我们每年都开展，很有意义。刚才各位代表的发言都很好，各有特点，我听后很受启发，很受教育，也很感动。大家立足各自的工作岗位，敬业进取，无私奉献，做出了突出的成绩，发挥了模范带头作用。在这里，我代表总行党委，向参加座谈会的各位同志，并通过你们向辛勤工作在各个岗位上的广大共产党员表示节日的问候和衷心的感谢！也希望你们再接再厉，不断取得新的更大的成绩。借此机会，我谈三点意见。

一、坚持党的群众路线成就了工商银行的事业

党的群众路线是马克思主义与中国革命具体实践相结合的产物，是我们党的优良传统和宝贵精神财富，也是我们党永葆青春活力和战斗力的重要法宝。习近平总书记指出，“群众路线是党的生命线和根本工作路线”，对于金融业而言，只有始终坚持党的群众路线，才能把党的金融事业持续推向前进。回顾工商银行30年的发展史，也是一部坚持党的群众路线、坚持为人民服务的历史。在这30年的发展历程中，工商银行一直坚持为人民服务的宗旨，始终牢记实现、维护和发展好人民群众利益这一崇高使命，认真贯彻党和国家的经济金融方针政策，积极发挥金融支持实体经济发展、服务社会民生的作用，切实维护广大人民群众利益，努力营造有利于社会经济平稳健康持续发展的金融环境。在工作中，我们把践行党的群众路线转化为服务人民群众、服务经济社会的具体行动，始终注意维护广大人民群众的现实利益，不断满足人民群众日益增长的多元化金融服务需求，努力为经济发展和社会进步提供卓越金融服务；始终坚持相信员工、依靠员工，在成就工商银行事业的同时成就员工，紧紧围绕培养开发和用好用活各类人才，相继实施了一系列重大人才规划、人才政策和人才工程，充分激发了全体员工的积极性和创造力，使服务与品牌日益成为全行核心竞争力的重要组成部分，赢得了广大人民群众的信任。在近日世界品牌实验室发布的“中国500最具价值品牌”排行榜中，我行又位列榜首。

从2013年7月开始，按照中央统一部署和“照镜子、正衣冠、洗洗澡、治治病”的总要求，我们采取同批开展、压茬进行的方式，在全行深入开展了党的群众路线教育实践活动。全行共有1 358个处级以上领导班子、11 841位处级以上领导干部、264 450名党员参加了教育实践活动。各级党组织严格按照中央要求，坚持领导率先垂范，紧密结合实际、聚焦反对“四风”，认真组织学习、查摆问题、建章立制，有力推动了教育实践活动的扎实开展，着力解决了一批员工意见集中、

基层呼声强烈、客户反映突出的问题，取得了明显成效：狠抓窗口服务质量提升，客户平均等待时间持续缩短，客户满意度不断上升；调整优化信贷投向和结构，促进了经济结构转型升级和实体经济发展；优化信贷业务流程，信贷业务运行效率进一步提高；稳妥实施了总行本部机构改革，为建立精简高效的总行本部打下基础；勤俭办行成效显著，文风会风转变明显。通过活动，全行党员干部思想认识水平进一步提高，党群干群关系更加密切，为民务实清廉形象进一步树立。

通过深入开展党的群众路线教育实践活动，我们进一步深刻认识到，工商银行的发展壮大，离不开经济社会发展和广大人民群众的信赖与支持。今天，工商银行已经是中国最大的金融服务商和全球最大银行。全行总资产由成立之初的 2 728 亿元发展到今天接近 20 万亿元，增长了 72 倍；存款规模和贷款规模达到 15.2 万亿元和 10.4 万亿元，分别增长了 88 倍和 41 倍；服务的个人客户达到 4.3 亿户，对公客户 473.5 万户。我们的业务范围不断拓展，形成了以商业银行为主体、涵盖货币市场、资本市场和保险市场等业务领域的较为全面的金融产品和服务体系；我们的服务网络持续扩大，不仅在国内有 17 000 多家机构，还初步构建了跨越五大洲、覆盖 40 个国家和地区，拥有 300 多家境外机构的全球化服务网络；我们的服务渠道不断优化，在物理网点的基础上，建立了方便快捷的电子银行服务体系，电子银行办理业务笔数占比高达 81%；我们的科技实力引领同行，启动了信息化银行建设，在科技手段的代际更新中推动服务面貌的深刻变化。实践证明，正因为坚持党的群众路线，坚持为经济社会和广大人民群众提供优质高效金融服务，才成就了工商银行的事业。

二、持续深化党的群众路线教育实践活动，建设人民满意银行

根据中央的部署和安排，全行统一参加了第一批教育实践活动，目前正在推进整改落实、长效机制建立工作。中央对这项工作非常重视，多次召开会议，要求针对群众反映强烈的突出问题抓好整改，切实打通服务群众、服务基层的“最后一公里”。总行党委带头深化整改，通过建立督办报告制度，开展巡回督导等方式，推动全行整改落实工作扎实有序推进；同时，决定在全行范围内开展“人民满意银行建设年”主题活动，推动教育实践活动持续深化，巩固扩大活动成果。建设人民满意银行是党的群众路线在金融行业的具体实践，全行各级党组织和广大党员要积极参与，全力投入，以作风与服务的持续改进，进一步赢得广大客户和人民群众的信任和赞誉。

一要不断强化服务群众的观念。广大人民群众是工商银行业务发展的根基。我们拥有 4.3 亿个人客户，占了全国人口的三分之一，维护好、服务好、发展好广大客户的利益，既是我们的职责所在，也是价值创造的重要源泉。要坚持“以客户为中心”的服务理念，从思想根源上增强为人民群众服务的动力。要将“服务基层、服务客户”的要求落实到各项具体工作中，着力解决群众和基层最关心的问题，提升服务效率和水平，努力适应和满足广大人民群众的金融服务需求。积极发挥考核的导向作用，将人民群众满意、客户满意、员工满意作为衡量我们各项工作好坏的根本标准。要增强与群众的感情，密切与群众的联系，倾听客户心声，了解客户需求，主动邀请群众评判银行改进服务的进展情况，在与群众的交流互动中让群众看到真心、见到诚意，形成银行与客户和谐共融、协调发展的良好局面。

二要努力提升服务群众的能力。要认真落实国家宏观调控政策，科学把握信贷投向，大力调整信贷结构，积极拓展与人民群众生产生活紧密相关的小微企业、个人消费信贷等业务领域，努力在推动经济结构转型、拉动内需、促进就业等方面发挥更大作用。要持续提升个人金融服务供给能力，加快构建“大零售”业务发展格局，丰富个人金融产品，积极提供与居民消费结构和资产配置结构相适应的个人信贷支持；着力推进营业网点标准化建设，发挥线上线下全渠道优势，探索建立网上受理或预约、柜面办理的新模式，推动电子银行由“家中银行”向“掌上银行”转变，缩短客户排队等候时间，改善客户体验，提高服务效率。要持续提高服务员工的能力，加强“以人为本”的企业文化建设，坚持发展依靠员工、发展为了员工，增强员工对企业发展和服务群众的责任感、使命感，充分激发员工服务群众的原动力。

三要坚持完善服务群众的机制。探索建立“以客户为中心”的大服务格局，加强对服务工作的顶层规划和组织推动，形成管理行与基层行“自上而下”与“自下而上”相结合的客户服务模式。健全内部服务承诺制，提高二线为一线的服务支持和保障能力，形成“上级行为下级行、二线为一线、全行为客户”服务的良好氛围。完善客户服务需求响应机制，从体制、机制、流程、产品、制度、系统等方面入手，开展客户反映突出问题专项治理，研究制定针对性解决措施，促进服务工作的完善和提高。

三、践行党的群众路线，加强基层服务型党组织建设

基层党组织是凝聚广大党员的重要平台，是服务群众的有力阵地。党的十八大报告明确提出：“以服务群众、做群众工作为主要任务，加强基层服务型党组织建设。”当前全行面临的经济金融环境、经营管理方式和员工队伍状况正在发生深刻变化，由此也带来群众工作的新变化和新要求。加强对新形势下群众工作新变化新趋势的研究分析，加强基层服务型党组织建设、提升基

层党组织做好群众工作的能力，既是加强党的建设的实践基础，也是建设现代金融企业的现实需要。各级党组织和广大党员要深刻把握“服务型党组织”的内在要求，把基层党组织的功能定位从管理转到服务上来，以服务型党组织建设引领基层党建工作，使服务成为基层组织建设的鲜明主题。

一要强化服务功能。基层党组织要把服务发展、服务群众、服务员工和服务党员统一起来，不断拓展服务领域，着力强化服务功能。要服务全行经营发展大局，将政治优势和组织优势转化为促进科学发展的强大动力。要以深入开展“人民满意银行建设年”活动为契机，充分发挥基层党组织的战斗堡垒和广大党员的先锋模范作用，带动全行服务作风的改进和提高，使广大客户真正看得见、真切感受到。要强化服务员工意识，在员工成长成才、关心员工工作生活、为员工办实事解难事上下功夫，切实实现好、维护好广大员工的根本利益。要尊重党员的主体地位，保障党员的合法权益，建立健全政治上关心、工作上支持、生活上关爱的工作机制。

二要创新服务载体。基层服务型党组织建设的载体要紧密结合实际，不断创新发展。既要梳理总结、提炼完善以往行之有效的方法，使之适应新任务新要求，又要积极探索、大胆创新新方法新载体。目前总行正在开发新一代的即时通信系统，也可以应用在党建工作中。要认真推进党务行务公开，公开服务事项、工作流程、办结时限制度、公示服务标准，建立畅通联系服务渠道，加强与员工的互动交流。要积极推广领导干部下基层、结对帮扶、一站式服务、为民服务创先争优等好做法，深入开展党员示范岗、党员责任区、党员承诺践诺、志愿服务等活动，提升服务群众的水平。要以“公开承诺制”为重要载体，按照“务实承诺、高效履行”原则，公布承诺内容，自觉接受群众和社会监督。

三要建设骨干队伍。加强基层党组织领导班子特别是书记队伍建设，强化组织培养和监督管理，引导其提高为民服务本领。要加强教育培训工作，分级负责、分类培训，用2至3年时间，把基层党组织负责人轮训一遍。要加强党务工作者队伍建设，引导其专心致志做好本职工作，切实履行好职责。要加强党员队伍建设，做好发展党员工作，严把入口，确保质量，并注重把党员培养成业务骨干。要严格党员日常教育管理，保持党员队伍的先进性和纯洁性。要教育引导基层干部和广大党员增强服务意识，改进工作作风，扎扎实实为群众做好事、办实事、解难事。

四要健全组织体系。要适应服务对象、服务内容、服务方式的变化和需求，创新和优化党组织设置。继续通过在党员空白网点员工中发展党员、选派优秀党员到党员空白网点工作、单独组建或成立联合支部等方式建立健全基层党组织。探索通过QQ群、微博客、微信等方式开展党的活动，比如探索微信课堂、微信培训等，拓宽党建工作网络阵地。充分发挥群众组织服务作用，深入开展以服务人民群众为主题的党建带工建、带团建、带妇建活动，构建更加全面的服务格局。

同志们，党的十八大确立了“两个一百年”的奋斗目标，习近平总书记鲜明提出实现中华民族伟大复兴的“中国梦”。中国梦之于工商银行，就是把工商银行打造成为最盈利、最优秀、最受尊重的国际一流现代金融企业。经过30年的改革发展，工商银行已经站在了新的历史起点上，我们要在深化改革中激发开拓进取的勇气和力量，胸怀理想、勇于担当、脚踏实地、扎实工作，一步一个脚印朝着梦想奋进，为实现“两个一百年”的奋斗目标作出应有的贡献！

坚定信心　奋发有为
牢牢把握持续健康发展的主动权

——在中国工商银行年中工作会议上的讲话

姜建清

（2014年7月14日）

这次会议的主要任务是，贯彻落实党中央、国务院关于经济金融工作的一系列要求部署，分析当前面临的形势，总结上半年工作情况，部署下半年工作任务，动员全行进一步坚定信心，积极作为，紧紧围绕实体经济需要改善金融服务，切实抓住发展中的突出问题推动改革与转型，努力实现复杂经营环境下的健康发展。下面，我讲四点意见。

一、关于上半年经营发展情况和当前面临的形势

（一）上半年全行经营发展稳中有进，稳中也有忧。“稳”主要体现在：盈利增长符合预期，实现净利润××亿元，增长××%，完成年度计划的××%。中间业务收入平稳增长，实现手续费及佣金收入797亿元，增长9.9%，完成全年计划的54%。信贷投放合理适度，人民币各项贷款增加5 233亿元，同比多增380亿元，增长5.9%；贷款累放4.48万亿元，同比多放1 303亿元。各类风险整体可控，尤其是在经济下行压力加大情况下，资产质量总体稳定且继续保持国内国际大银行的较优水平，（审计前）不良额较年初上升××亿元，不良率较年初微升×个百分点至×%。

上半年全行在平稳的经营发展态势下，呈现出不少亮点、创新点，在一些方面取得了质的提升和突破性进展。

一是以信贷结构调整优化支持了经济结构调整和转型升级。今年以来信贷经营的一个突出特点是贷款增量投向把握与存量调整移位实现了更加紧密的结合，结构调整力度进一步加大。新增人民币项目贷款2 102亿元，同比多增665亿元，95%以上用于支持国家重点在建续建项目。考虑到统计口径调整和核销因素，小微企业和个人经营性贷款实际增加998.5亿元，增长5.6%。个人住房按揭和消费贷款（含信用卡透支）增加1 934亿元，增长8.2%，占新增贷款的37%，个人住房贷款中首套房贷款占比超过90%，信用卡和借记卡“逸贷”余额98亿元（其中小微商户逸贷余额18.9亿元），较年初增加39.6亿元，增长68%。中西部和东北地区贷款增幅较全行平均增幅高出1.94个百分点。与此同时，地方政府融资平台、房地产开发、产能过剩行业合计压降融资889亿元。

二是以优化五大布局和实施三大战略为抓手推动了经营转型。加强了大零售战略的顶层设计和组织推动，建立了大资管业务管理体系，在经营环境发生较大变化的情况下，实现大零售营业贡献1 017亿元，占全行营业收入的40.1%；实现资管业务收入147亿元，增长3.2%。境内人民币债券投资收益率为3.99%，同比提高30个基点，成为推高净利息收益率的主要因素。境外机构实现拨备后利润84亿元人民币，同比增长49%，国际化经营成为重要的利润增长源。信息化银行建设在多个领域取得重要进展。大数据分析挖掘平台正式上线，新型信贷风险监测体系初步构建，资产投资运作全流程管理和信息共享机制建立。互联网金融创新步伐加快，B2C电商平台入驻商户893家，客户数达到452万户，交易额突破70亿元。B2B电商平台建设规划基本完成。工银e支付存量账户突破2 000万户，累计交易额达到150亿元。移动即时通讯平台正式上线运营，签约客户达482万户，日均推送信息近200万条。数据中心（上海）同城中心正式建成并投入使用，标志着“两地三中心”的科技运行架构全面建成，全行信息系统安全运营水平迈上新台阶。

三是以重点领域的改革深化增强了发展活力。总行本部机构改革基本到位，通过部门精简整合、利润中心机制完善与人员调整优化，促进了经营管理效能的提升。信贷流程优化和授信审批改革取得阶段性成果，风险防控能力和市场响应效率同步提高，基层反响良好。网点竞争力提升七大工程全面实施，线下渠道转型步伐加快。MOVA网点业绩视图投产应用，实现了对网点业绩、客户拓展、产品交叉销售、渠道分流等内容的全景可视化展现。新的绩效考评体系付诸实施，突出了质量效益等关键指标，强化了总行战略传导。初步拟定了对客户、产品、渠道、业务线等维度的五级分类方案，并开展了试评价工作。获批成为国内首批实施资本管理高级方法的银行，资本计量在经营管理中的应用进一步拓展深化。教育实践活动整改落实有序推进，员工和客户反映突出的问题逐步得到解决，作风建设长效机制不断完善。

今年“上半场”取得这样的成绩来之不易。这是我们在外部环境十分复杂、困难和挑战叠加的情况下，顶住压力、艰苦努力的结果，对全行的信心和士气也是一个提振。在肯定稳中有进的同时，也要看到稳中有忧的一面。主要是盈利增长困难加大，增幅在可比同业中基本处在末位；资产质量劣变压力仍然较大，尽管不良率在可比同业中还是最低，但我行贷款劣变速度快于可比同业，逾期与不良之间的“剪刀差”持续扩大；存款业务尚未摆脱波动大、竞争力弱化、成本上升的局面，季末冲时点现象仍较突出，一般性存款日均增量为-584亿元，明显低于历史同期及可比银行，存款付息率较2013年上升7个基点，如延续此态势预计拖累全年利润增速近3个百分点。客户拓展成效不够明显，个人有效客户拓户完成率不到30%，日均资产5万元以上对公客户为负增长，存款增长乏力和稳定性差背后反映的是客户基础薄弱，客户拓展慢、流失多反映的是营销、服务上的差距，是工作落地不够的问题。全行上下要清醒地认识这些问题持续演化对经营发展全局的影响，必须在今后的改革发展中坚持更加明确的问题导向，加大解决突出矛盾和问题的力度，努力使这些问题和隐忧得到更加有效的化解。

（二）当前经济金融形势总体上仍有利于银行转型发展，同时也使银行经营管理面临的风险和挑战增加。从经济形势看，世界经济总体延续回暖态势，我国经济发展的外部环境有所好转。但美国量宽政策变动、新兴经济体发展困难增多、一些地区地缘政治风险上升，也给全球经济复苏增添了新的不确定性。国内经济运行总体平稳，经济增长、就业、物价等指标均处在合理区

间，PMI 连续 4 个月小幅反弹，进出口增长由负转正，结构调整出现积极变化，第二季度经济发展状况比第一季度有所改善。应该说，银行转型发展的经济环境总体上是好的和有利的。同时也要看到，经济下行压力仍然较大，一些数据不及预期，如投资增速继续回落，PPI 持续负增长等。在经济下行与结构调整等因素的共振效应下，部分行业、企业的经营困难加剧，一些资源性行业占比高、产业结构相对单一的省份面临较大困难，经济增速滑出合理区间。这些问题反映在银行经营领域，主要是不良贷款反弹压力增大，并且在行业、地区和客户分布上有蔓延扩散的势头。同时，境内外、表内外各类风险多点多发、相互传染蔓延的特征也较明显，对银行加强全面风险管控形成新的考验。

从金融形势看，金融改革正从多个层面深化，利率市场化发展呈现新的特点，人民币汇率双向波动幅度加大，资本监管更趋严格，多层次资本市场体系加快发展，民营银行准入放宽，互联网金融业态兴起，同业和跨业竞争日趋激烈。金融改革的日益深化为银行带来了新的发展空间和改革红利，也对我们加快转型和创新提出了更加紧迫的要求。

（三）党中央国务院对金融服务实体经济提出更高要求，也给予了新的政策支持。近一个时期以来，党中央、国务院召开了一系列会议研究经济工作，提出要将金融支持实体经济发展作为当前需要着力抓好的一项突出任务，紧密围绕实体经济需求开展金融创新，通过适时适度预调微调，疏通金融服务实体经济的“血脉”，并要求大型银行在服务经济社会、稳定金融市场等方面发挥应有作用。国家有关部门相应对金融支持经济结构调整和转型升级出台了一系列政策措施，包括通过定向降准、调整存贷比口径等措施，支持“三农”和小微企业发展；通过规范同业、信托、理财、委托贷款等业务，规范银行服务收费等措施，降低企业融资成本；通过扩大不良贷款自主核销权等，支持银行化解风险。党中央、国务院的一系列安排部署，为银行改进金融服务、做好经营工作进一步明确了方向和着力点，也提供了新的政策支持和保障。

总的看，今年以来全行经营发展的态势是好的，虽然面临的困难和挑战增多，但各种机遇和有利条件也很多，全行上下既要增强危机感和紧迫感，更要坚定信心，主动作为，保持稳中求进的沉着定力，把握逆境中的有利条件，坚持用发展的思路、改革的方法解决存在的突出问题，力争今年“下半场”在一些重要和关键领域有更大的提升和进步。特别是要努力提高服务实体经济水平，更好地发挥大银行在支持经济结构调整和转型升级中的作用；努力保持盈利的稳定增长，第一季度和上半年盈利增幅分别为 6.8%、××%，第三、第四季度必须保持这种逐季提升的态势，确保完成年初制定的全年盈利增长××%的争取目标，并要力争实现一个经得起同业比较、对投资人有说服力的盈利增长；努力实现各类风险可控，尤其要坚决遏制不良贷款反弹势头，年末力争将不良率控制在×%左右、资产质量保持可比同业最优，并要为早日实现不良率的下降、迎来资产质量的良性拐点变化创造条件；努力推动各项业务的健康发展，尤其是要显著改善存款增长的稳定性，加快中间业务规范发展基础上的收入增长。这是总行基于当前形势分析判断，对全行进一步贯彻落实年初工作安排，做好下半年工作提出的总体要求。

二、关于服务实体经济与推动稳健发展

落实党中央、国务院关于金融服务实体经济、促进金融稳定健康发展的决策部署，是事关经济工作全局的重大政治任务，也是实现全行持续发展的根本举措，全行一切工作都要紧紧围绕这一中心任务来展开，并要积极在服务实体经济中抢抓机遇、创新业务、调整结构，推动自身健康发展。

（一）进一步用好增量、盘活存量，调整优化信贷结构。上半年信贷工作的实践表明，总行确定的贷款投放计划，以及“八大目标市场”和“三大业务板块”的结构性安排，是符合中央稳增长、调结构、惠民生要求的，下半年要继续贯彻落实好这一计划安排，并要突出加大各项贷款移位再贷力度，加快信贷资产证券化的步伐，使增量投放与存量盘活更加充分地结合起来，使更多的信贷资源投向经济发展的薄弱环节，投向经济转型升级、提质增效的重点领域。

目前我行小微企业贷款和个人类贷款余额已超过 4.6 万亿元，占境内人民币贷款的比重已接近 50%。下半年要继续优先保证小微企业和消费信贷发展的需要，并要加快创新小微企业服务模式和消费信贷发展方式。小微企业是经济社会稳定发展的基础和国家政策定向发力支持的薄弱环节，也是我行转型发展的战略领域。小微企业金融发展的政策环境更加成熟，市场非常广阔，而事实上，很多新兴产业中的成长型、创新型“领头羊”和众多优质民营企业还不是我行客户。应当看到，当前小微企业融资风险控制难与业务发展慢的困局，有经济下行的阶段性问题，但根本还在于我们没有真正建立起适应小微企业经营发展规律的业务模式，表现为单个小微企业过度融资和小微企业整体融资不足并存，客户基础薄弱与部分客户风险积聚并存，信息不对称严重制约小微企业金融业务发展，等等。推动小微企业金融业务健康快速发展，关键是要破解这个难题。总行已启动小微企业金融业务发展模式的优化工作，从政策制度、业务准入、产品流程、服务机制和系统监控等方面入手，提出全面改进意见。下一步要总分行联动，加快做实小微企业专营机构，建设一支小微企业客户经理队伍，完善专业化集约化经营模式；要建立审批下放、授权充分、责任落实、权责匹配，同时监管上收、失职严

惩、信息整合，运用大数据支持市场营销与风险控制的管理新体制；打造灵活的产品创新机制，在总行加快新产品研发的同时，适当下放产品创新权限，并要更加重视发展POS商户贷、网贷通等信息对称、用途明确、符合小微企业特点的信贷产品，使小微企业能够更加便捷地获得融资；放宽发展小微企业金融服务视野，真正运用大数据把小企业供应链金融服务做起来，同时要加快拓展优质民营企业市场。

创新消费信贷发展方式，关键在于创新融资渠道和产品。要继续坚持差别化的住房信贷政策，优先支持风险低、成数低、执行利率较好的信贷需求。要切实按照好客户、好商户、真消费、真贷款的原则和小额、快捷、便利的思路，大力拓展“逸贷”市场，加快“逸贷”线上线下同步、借记卡和贷记卡一体化发展，积极推广个人网贷通业务。目前全行可质押的个人金融资产超过5万亿元，要积极探索搭建个人网银自助质押贷款和个人资产综合服务平台，让这部分优质金融资产活起来，提升个人消费融资能力。

全行信贷经营中要重视增强市场营销能力，加强对经济转型升级中新的市场机会的发掘。尤其要注意抓住京津冀一体化，丝绸之路经济带、长江经济带、海上丝绸之路“两带一路”等国家新一批战略规划实施机遇，以及铁路等一批重大基础设施建设机遇；抓住先进制造业、战略性新兴产业、绿色环保产业快速发展和传统产业改造升级的机遇；抓住各地推动产业梯度转移和特色优势产业发展的机遇，提早介入，主动布局，开辟新的优势信贷市场。同时还要更多地关注经济结构调整中企业兼并重组商机，创新运用“商行＋投行”的表内外融资，在支持企业兼并重组中化解信贷存量风险，在帮助优秀企业做大做强中竞争优质信贷市场。要更加积极地适应我国由贸易大国向投资大国、由商品输出大国向资本输出大国发展的趋势，利用我行综合优势，支持更多的企业“走出去”，并力争促成一批有影响的境外并购。

（二）以改革创新赢取发展新空间。总行年初成立了全面深化改革领导小组，进一步加强对全行改革创新的顶层设计和组织推动。各级行、各部门要按照总行部署，加紧推进各项改革措施的落实。已经完成的改革，要尽快完善相应的配套机制。信贷流程再造，要结合机构改革和业务模式创新，进行持续优化；客户、渠道和业务五级分类，要进一步完善评价指标体系，切实运用分类结果推动结构调整优化和发展质量的提升；绩效考核办法，要认真分析评估改革和调整后的效果，针对发展中的新情况适当调整和完善。今年总行还提出了互联网金融、信贷业务发展战略布局、省行及以下机构改革、大中城市行竞争力等18项改革创新任务，要按照分工抓紧调研，成熟一项、实施一项。各分行也要抓住影响自身发展的重大问题研究改革思路，创造条件先行先试，切实通过改革来解决体制机制上的弊病，激发经营发展活力。

这里重点谈谈互联网金融创新。新兴互联网金融的发展，既是对银行传统渠道和产品的竞争，对“80后”、“90后”新生代客户的争夺，更是使银行去中介化的过程，从支付功能到融资功能，如果将来信息功能也被去中介化了，那么银行就会彻底沦为金融后台和通道，动摇赖以生存发展的根基。面对前所未有的颠覆性挑战，我们要从战略高度来认识、布局和应对，投入更大的资源，集合精兵强将，利用我们的科技优势与金融实力，打一个互联网金融创新发展的漂亮仗。总行已经成立了工作领导小组，并组建跨部门、综合性团队，加强规划、开发和营销推动，力争年内整体构建集网银、B2C和B2B商城、直销银行三大线上平台，支付、融资、金融交易、商务、信息五大功能于一体，线上线下交互联动，较为完备的互联网金融服务和运营体系，争取通过几年超常规发展，牢固确立在互联网金融领域的领军者地位，打造一个全新的E－ICBC。

推动互联网金融创新发展，关键是围绕“信息经营、客户体验、以快制胜、线上线下”十六字做好大文章。

一是要建立信息经营机制。互联网金融的核心是数据，竞争焦点是信息。以往我们在业务经营中容易只见产品、不见信息，这是与互联网企业最大的差别。要把信息当做资金一样的资产来加以保护、利用和运营，注重每个产品、每项业务背后的客户信息的收集、储存和分析，运用好大数据，打造新的商业模式，推动支付、融资中介与信息中介功能的全面融合。当务之急是要加快客户信息整合，启动账户信息化改造，做到对客户资产信息、商圈信息的全景展现，丰富多维度信息源。要彻底治理数据部门化问题，加快信息标准化改造，在全行形成更加顺畅有序的信息流转机制。目前总分行已经初步建立一支350余人的数据和专业分析师队伍，但这些人员与适岗要求还存在较大差距。要及早配强和培训好分析师队伍，建立两支分析师团队协同工作机制，提高数据分析、处理、挖掘能力。要高度重视客户信息安全，谨慎处理信息共享与风险控制、对外合作和信息保护的关系。对代理合作的业务，要开展经常性的客户信息保密检查，落实系统硬控制措施，防止客户信息泄露。对第三方支付，要切实按照“五统一”原则规范合作，健全业务合作评估和准入机制，由总行一个口子来管住、管好。

二是要把客户体验放在创新的首位。与互联网企业相比，银行更注重稳健安全运营，但这并不意味着可以忽略客户体验。客户体验优劣是决定互联网金融成败的主要因素。要真正立足于创造更优的客户体验，优化电子银行基础架构，并对现有产品进行电商化改造。互联网金融产品设计要充分体现“小额讲便利、大额重安全”的客户需求，并要经常组织与市场上有影响的互联网金融产品做体验比较，利用良好的互动体验来吸引客户、扩大市场。

三是产品创新和市场推广要以快制胜。互联网金融打破了行业界限和壁垒，使企业获得和丧失竞争优势的周期大为缩短。互联网金融创新不能按我们传统的工作节奏来安排，要探索集成外包、迭代开发等多种方式，力争产品创新与上市速度快于竞争对手。B2B 商城、线上 POS、线下店商圈、即时通信等重点创新项目要快马加鞭，并要同步做好市场营销计划，加强服务模式创新，近期要组织全行掀起营销宣传攻势，迅速占领市场，展现工商银行变革、创新、进取和充满活力的新形象。

四是加快线上线下服务一体化进程。目前线上渠道的客户入口之争、流量之争更趋激烈，要尽快从过去柜面分流为主的渠道模式向客户导入为主的平台模式转型，按照互联网“开放、共享”思维，建设一个面向行内行外客户、兼顾金融和非金融服务，集交易信息、金融信息、物流信息于一体的综合化、智能化超级信息平台。当前重点是建设好网银、B2C 和 B2B 电商平台、直销银行等协同发展的线上服务平台。要尽快启动网银开放式改造，加快企业网银的版本和功能整合，实施电子银行渠道整合，实现不同渠道的统一注册、统一认证、统一服务。“融 e 购”要突出金融性和服务性，争取更多的服务类、缴费类和投融资类产品入驻平台。要在坚持严格集团采购制度的前提下，尽快将我行集团采购业务全部搬到平台运行，以此为突破争取更多有影响力的企业在平台开户，打开集团采购新市场。直销银行目前在我国尚处于起步阶段，要以吸引行外客户和激活我行存量客户为重点目标，积极研究和推动建设。需要重点强调的是，手机银行为代表的移动互联网金融是未来主要方向，也是线上主要入口。要加紧推出移动交易终端等拳头产品，加快网点 WIFI 布设，加强客户培育，尽快扩大活跃客户规模。网点渠道正面临大的变局，未来几年要严控网点总量，严控新购大型网点。重点要加快存量网点的布局优化、业态调整以及与线上渠道的互动，全面推进网点运营标准化管理等工程，赋予网点新的服务内容，使地处不同城市功能区的网点都能找到适合的服务经营模式，成为工商银行在互联网时代的新型服务阵地。

（三）坚定不移地推进经营转型。各级行各部门要对照优化“五大布局”、实施“三大战略”、强化客户基础的转型发展战略安排，认真查找分析工作的差距和不足，深入推动今年转型发展计划目标的实现。

大零售战略，目前已形成一系列政策措施，下一步工作重点是要把各项战略部署落到实处、推向深入。要发挥好零售金融业务推进委员会的作用，加强战略实施的协调与督导。要从机制转换、客户服务、产品创新、营销模式等方面入手，系统组织好“率先发展”的试点改革，建立一套更为贴近市场、更加符合客户需要、更具经营活力的新机制。要加快整合各条线资源，强化各板块功能联动，开展线上线下产品的组合创新和综合营销，推动从简单推销产品向延揽客户、经营客户转变，深入挖掘客户价值。要切实加强对公客户的个人金融业务开发，落实相应的考核激励措施。要不断拓宽银行卡发卡渠道，加快线上 POS 开发推广，优化线下 POS 布局，更加注重商户维护和收单潜力挖掘，构建连接特约商户和持卡人的线下店商圈，通过为商户带来生意、为客户带来优惠等增值服务，推动收单、支付结算、消费信贷和商户融资等业务的全面发展。要加快私人银行核心产品创新，尤其要尽快打开家族财富管理等新市场，大力提升服务品质，尽早确立绝对领先优势。要抓紧提出分地区、分阶段赶超方案，尤其要迅速扭转特大城市、发达地区等核心市场的竞争被动局面。

大资管业务，进入到一个跨业竞争与监管日趋规范的发展新阶段，各条线、各机构要及时完善经营和竞争策略，加快业务和模式创新，依靠更有竞争力的专业服务，使发展势头好的业务保持和扩大优势，使增长出现波动的业务进一步增强发展活力。

理财业务正处于规范与创新的关键阶段。近期银监会出台了《关于完善银行理财业务组织管理体系有关事项的通知》，总行将于 9 月底前落实架构改革方案，推动理财业务的规范发展。要创新投资模式，大力挖掘优质项目资源，完善满足各类客户需要的多样化产品体系，扩大线上线下销售渠道，把合适的产品卖给适合的客户，做大业务规模。要本着提高综合收益的原则，优化产品发行和营销策略，在保本与非保本理财发行上，要重点发行非保本理财产品；在自有产品与代理产品销售上，要坚持以自有产品为主，代理销售产品主要作为自有产品的补充和组合。在当前竞争加剧和理财风险增大的市场环境下，要更加重视提高投资管理服务的专业水平，以工商银行的专业能力、稳健风格和卓越信誉，进一步巩固第一资产管理银行的市场地位。

目前各级政府对银行支持实体经济的总体要求中，都特别强调规范服务收费管理。从 8 月 1 日起新的《商业银行服务价格管理办法》及相应的政府指导价、政府定价目录将要付诸实施。总行根据新的监管要求对收费项目进行了调整和优化，进一步强化了中间业务定价和服务的过程管理。全行要高度重视处理好中间业务发展与规范收费的关系，逐条逐项落实好新规定新要求，尤其要对服务标准化加强过程管理和监督，确保每个收费项目都能做到“依法合规、要素齐备、收费合理、服务匹配”，坚决杜绝只收费不提供服务的行为。要切实按风险定价原则确定利率，按照收费管理办法掌握费率，决不允许“息转费”。对于损害客户利益和我行信誉的违规收费行为，要严肃查处，教育引导分行真正以实实在在地服务、规规矩矩地收费，实现中间业务收入的持续增长。

（四）坚决扭转存款工作的不利局面。当前利率市场化与金融脱媒，特别是存款理财化、同业化、金融服务的互联网化，深刻改变着存款的市场生态，银行从被动负债向被动负债和主动负债相结合的模式发展转化的进程在加快，过去传统的存款工作遇到前所未有的困难和挑战。而现阶段，息差仍然是银行的主要收入来源，经济稳增长、调结构、惠民生需要银行加强资金支持，在资产证券化等尚未常态化规模化运用的情况下，没有稳固的存款基础，信贷业务、金融市场业务发展及整个盈利增长都难以支撑。全行要充分认识当前存款形势的严峻性及其对经营工作全局的影响，顺大势，拓思路，增魄力，努力开辟存款稳增长、扩市场、控成本的新局面。

扭转存款工作不利局面，最根本的是要强化基础工作，提升客户服务能力。要对照总行年初关于拓户工程、渠道优化、产品创新、IT技术等各项基础工作的部署，逐项检查工作进展，找准差距和不足，明确下半年工作的重点和着力点。总行一再强调，存款的背后是客户，发展客户是基础工作的重中之重。要针对上半年拓户工作成效不理想的问题，进一步完善分层营销机制，切实解决在一些领域存在的管理行层层布置、基层行一级营销的状况。包括总行和一级分行在内的各级机构都要有明确的客户营销职责和计划；各市场和产品部门都要研究同业竞争策略，定期提出客户和产品营销方案；各级领导干部都要结合自己工作联系的外部单位，明确客户营销任务。要注意在客户营销中加大公私联动、公私渗透力度，做到“公司客户个人化、个人客户公司化”营销，特别是对于代发工资大户，总分行都要直接营销、高层营销，与基层行三级联动，提高营销维护效果。要切实改变“重拓展新客户、轻维护老客户”的不平衡状况，针对上半年中高端客户新增偏少、流失较多的问题，及时组织走访流失客户，通过征询意见、改善服务挽留客户，并要落实客户经理配备要求，强化客户维护责任机制。同时，要充分发挥数据分析师与专业分析师团队的作用，利用好大额监控平台，尽快建立健全按照资金流、交易流、信息流开展精准营销的工作机制，推广利用社交媒体、互动交流等互联网营销方式，提高目标客户营销效果。要全面排查客户“裸贷”情况，制定有贷户必须在我行办理支付结算以监测销售归行资金流的办法，对客户“裸贷”形成合同约束，这是防范信贷风险的基本要求，也有利于稳存增存。要为基层经营、客户经理营销提供充分对称的信息支持，使他们能随时掌握业务和市场动态，及时采取相应措施。发挥好已经建立的为军队、社保等系统、集团客户服务的专业IT团队作用，营销部门要主动了解、推介我行的专业服务优势，组建总分行联动、业务与科技部门共同参与的专门服务团队，以IT优势竞争客户。要立足县域支行，通过手机银行、理财产品、银银平台等载体，打造农村金融服务升级版，积极竞争农村高端客户、新生代客户。

扭转存款工作的不利局面，重点是要推动理财与存款的协同发展。存款理财化是利率市场化演进中的必然趋势，也是个渐进过程，不同地域、不同类别的客户群体，其存款理财演进并不是完全同步的。我们要有策略地利用好市场差异，分类施策，既要重视通过加快理财创新来吸引客户资金，也不能违背客户意愿过度推销理财、人为加速存款理财化进程。要充分认识到，存款和理财都是客户资产配置的主要产品，关键是要尊重客户选择，争取客户无论是配置存款还是理财都在我行体系内流转。当前还需要注意的是，我们一些机构网点一方面仍笼统地认为储蓄定期化抬高了成本，另一方面，不断要求扩大保本理财和结构性存款规模。目前我行保本理财和结构性存款规模、占比均高于可比同业，实际付息率也高于中长期定期存款利率，财务资源已难以支撑其再大规模增长。对此，要帮助基层算好经营大账，使其认识到一般性存款仍是当前最主要的低成本资金来源，引导基层坚持将稳存增存的重点放在一般性存款和非保本理财上，把有限的保本理财资源用到重点客户和新客户、新资金的竞争上。事实上，对公存款的定期化才是最需要全行关注，也是最能够通过综合化个性化服务加以缓解的问题，各级行要在这些方面多想些办法。

扭转存款工作的不利局面，核心是要形成适应竞争环境需要的新机制。在考核上，要更加重视存款与理财的协调发展，重视日均存款的增长，重视网点增存责任的落实。对于新增存贷比高于监管目标值或为负值的分行，要继续计收超额资金成本；对于高价购买同业存款来冲时点的，要发现一起查处一起。在定价机制上，要灵活调整内部资金价格，使差异化定价策略和分级分类授权管理更加精细化、精准化，既控制存款付息成本的过快增长，又支持基层提高存款竞争力。要从上到下清理不利于存款和我行理财业务发展的考核与评价办法。要加快在主动负债模式上取得新突破，可以从中长期贷款等资产运用入手，按照“单独建账、独立核算”的运作思路，高来高走，对冲部分高息存款，维护好重点客户关系。要提早做好准备，适时发行大额存单，积累利率市场化管理的新经验。

三、关于稳定资产质量和防控各类风险

这是实现今年经营计划和维护稳健发展态势的关键，也是我们对实体经济发展最基本、最有力的支持。全行上下必须保持清醒头脑和高度敏感，坚持短期举措与长效机制一起抓，坚决防止不良贷款大幅反弹，切实管好、控住各类风险。

（一）进一步强化信用风险的防范与化解。近来，财政部和监管部门出台了新的不良贷款处理规定，最高法院下半年还将开展银行业执行积案清理专项活动，我

们要用足用好这些政策和法律支持，加快不良资产清收处置。同时，也要深刻反思不良贷款成因，交了学费真正买回教训，完善管理机制和创新技术手段。尤其应当认识到，信息不对称是银行信用风险管理面临的最大难题。所有风险的暴露都有蛛丝马迹，任何一笔不良贷款都可以从纷繁复杂的信息中抽丝剥茧，提早发现风险苗头，比如很多企业在贷款劣变前都伴随着非正常的结算交易或存款转移。而我们在许多业务领域仍然沿用传统的、碎片化、抽样式的风控方式和手段，不可避免地造成信息不对称和滞后，影响对实质风险的准确判断。由此可见，运用信息化银行新思维、新手段是提高信用风险管理前瞻性和有效性的根本出路。目前总行信贷监测中心已经正式运行，要抓紧建章建制、充实队伍，扩大内外部多维度、多信息收集渠道，提高有价值数据量级，不断丰富完善信用风险识别计量模型及防假反假技术手段，力争下半年在小微企业、个人经营贷款、贸易融资、大型集团客户、信用卡大额分期、公司逸贷等领域的风险防控上率先取得突破，并在明年将监控范围覆盖到集团全客户、全机构、全产品、全流程。

要进一步防控和缓释产能过剩行业、融资平台、房地产开发三大领域的风险。要密切关注当前这三个领域的风险形成机制、触发机理、传导路径呈现出的一些新特点、新变化。如，部分过剩产能压减任务重的地区信用风险增大，还可能面临企业在转产、重组中以更隐蔽方式逃废债务的情况；融资平台偿债大量依赖于土地出让等非经营性现金流，部分地区平台因地价、房价回落，财政收入下滑而面临较大偿债压力；房地产市场结构性风险加大，观望情绪加重，不确定性增强，一些扩张过快的房地产企业资金紧张，个别出现资金链断裂现象。各行要就这些新情况制定详细的风险防控和债权保全措施。要强化全口径融资总量控制，确保完成今年产能过剩行业、融资平台、房地产开发三大领域融资总量压降 1 550 亿元。同时注重结构优化和退出节奏，避免压降过程中劣质客户驱逐优质客户，防止贷款集中退出引发企业资金链断裂、风险扩大。要突出加强对房屋空置率较高、房价下行压力较大区域的预警预判，严控三四线城市土地储备贷款及商用房开发贷款。对以房地产作抵押的新办业务押品成数要审慎把握，对存量缺口要及时补足。

（二）高度重视防范表外业务风险。近年来随着金融资产服务业务的创新发展及管理改进，表外业务成为全行新的重要盈利来源，且整体风险可控。但在一些领域也存在管理不规范的问题，在经济下行压力加大的背景下，风险暴露与同业间传染的趋势明显。全行要对前一段银监会表外业务检查指出的问题进行深入整改，进一步完善“全业务、全流程、全口径”的风险管理体系。要严格执行合作机构及业务准入规定，严密监测业务存续期风险状况，严防风险交叉传染。要加强融资全口径控制，统一表内外业务风险偏好、管理标准，避免“表内不行、表外来补”。要按照风险“五分离”等监管要求规范理财业务，突出加强非标债权业务管理，完善理财与同业业务集中统一管理体制，确保实质风险可控。

（三）不断提高流动性风险和资本管理水平。当前流动性风险的诱发因素很多，特别是美联储退出量化宽松政策节奏的不确定性、国际资本的双向频繁流动，可能会引发市场预期的变化；随着我国央行定向降准等政策的实施，市场流动性趋于宽松，但一些小银行资金运用过度问题较为突出，再加上银行资金来源稳定性下降，利率波动敏感性上升，银行流动性管理面临十分复杂的情况。全行要切实重视强化流动性风险管理基础和机制，下更大的气力提高资金来源的稳定性，合理摆布资产负债以及表外业务期限结构，均衡分布理财产品期次，确保表内外资金来源与运用的统筹平衡。加强境内外、本外币流动性统一管理，借助人民银行第二代跨行支付系统功能，提高集团资金一体化、专业化、精细化管理水平。要密切监测市场流动性变化，定期开展压力测试，适时优化流动性管理策略和应急准备。

全球系统重要性银行的资本监管要求，经济环境变化带来的经营风险加大和利润增幅放缓，使我们面临的资本压力日益加重，必须同步抓好资本的开源与节流。要加快资本工具创新，确保按计划完成境内外优先股和二级资本工具发行，积极争取外源性资本补充。充分发挥资本管理高级方法的作用，加快完善监管资本和经济资本精细化管理，全面实现对资本占用与资本收益的可计算、可监控、可考核，特别要加快经济资本“明白纸”的推广使用，使全集团所有境内外各级机构切实会用资本“算了再做”，更加注重调整经营结构、挖掘潜力、降低资本消耗、走资本节约型的发展道路。

（四）突出抓好内控案防。当前外部欺诈犯罪猖獗，银行内部案件和风险事件增多，特别是基层员工涉嫌内外勾连违规放贷、参与非法集资、民间融资及违规私售理财产品等问题较为突出。下半年全行要开展一次案件和风险事件专项治理，坚决遏制各类案件和风险事件的反弹势头。要全面排查各业务领域风险隐患，重点排查整治质押贷款、票据贴现、远期信用证、保理、信用卡、网上银行等领域的欺诈风险，同业合作业务领域越权违规、利益输送等损害我行利益现象和腐败行为，员工参与民间融资、高利贷、经商办企业等违规行为。要突出抓好个别机构和员工违规私售理财等“飞单”问题的专项整治，凡是销售不进系统的产品均视为“飞单”。要通过建立行内行外和线上线下的有偿举报机制、定期客户回访、产品购买短信提醒等手段，严禁和严控“飞单”行为。对排查发现的违规和重大风险事件的责任人员，要从严执纪、从重问责。对排查发现的薄弱环节要逐一研究完善制度措施，限期整改到位。

同时要切实将所有业务纳入系统硬控制，对特种传票、手工调息等各类特殊交易要制定专门审核办法，强化授权管理和前后台控制，消除管理断层和控制盲区。要深刻认识商誉管理与经营发展的关系，高度重视声誉风险管理，既要及时应对舆情，主动引导舆论，更要深入治理声誉风险多发的机构和业务领域，从严查处引发重大声誉风险的违规行为和恶性事件责任人，切实注重从源头上防控声誉风险，在各项工作中维护工商银行信誉和形象。

四、关于转作风、转机制和抓落实

越是在形势复杂、挑战多、困难大的情况下，越要重视加强干部队伍素质、能力和作风建设，解决好体制机制中存在的一些弊端，最大限度地激发和调动人的积极性、创造性。

（一）着眼于深入推动整改落实，进一步巩固和扩大作风建设成果。上半年，各级行按照教育实践活动中制定的整改方案和计划，积极进行整改，成效逐步显现。但正如中央领导同志深刻指出的那样，“四风”改进成效不可高估，特别是在解决形式主义、官僚主义的顽疾上，变化还不明显。各级领导班子和领导干部都要对整改落实情况进行一次回头看，改没改，改了多少，一项一项对照检查，解决一个销号一个，决不允许出现活动中问题查摆反思深刻，活动后故态复萌、一切如旧的状况。总分行要在整改中坚持高标准要求，发挥好表率作用，同时要把整改情况、纠正“四风”情况、中央八项规定执行情况等作为下半年对分支机构的重要巡视内容。要以习近平总书记提出的“三严三实”为作风建设新的坐标，坚持以“三严”祛歪风，以“三实”聚正气，廉字打底，干字当头，推动整改深化。

各级党员领导干部要按照“严以修身、严以用权、严以律己”的要求，筑牢拒腐防变的思想防线。中央关于党风廉政建设的规定越来越全面、明确和具体，对违法违纪行为的查处也越来越深入。从全行来看，执行中央八项规定和党风廉政建设各项规定的总体情况是好的，但在出差、接待等方面也有一些违反规定的问题发生，在一些领域还有利用职权谋私的问题出现，总行党委对此组织进行了严肃查处，各级行特别是领导干部要切实引以为戒，确保执行中央规定不折不扣。对各类顶风违纪行为，要不留情面、严肃惩处、点名通报，真正起到警示作用。

各级领导干部要按照“谋事要实、创业要实、做人要实”的要求，履职尽职，奋发有为。要强化担当意识。竞争发展比得既是战略和战术，更是状态和精神。各级领导干部肩上都有沉甸甸的担子，如果没有一颗昂扬向上的进取心，没有一种干事创业的精气神，甚至存在“只要不出事，宁愿不干事”的为官不为想法，或者“不求过得硬，只求过得去”的敷衍心态，那怎么能在应对当下困难和挑战中打好改革发展的硬仗？怎么能无愧使命，在工商银行历史进程中跑好属于自己的这一棒？当前，要解决一些机构经营长期没有起色、一些业务领域市场滑坡的问题，首先要看看班子和干部的工作在不在状态，及时通过教育和调整解决好精神状态问题，真正让每一个领导干部都有一种“昼无为、夜难寐”的使命感和紧迫感。

要倡导创新精神。在当前转型升级和改革发展的重要关口，能否突破瓶颈和屏障、再造优势，关键取决于进一步解放思想，持续改革创新。作为全球第一大行，我们决不能在创新上甘于平庸，或跟在别人后面亦步亦趋，必须要树立敢为天下先的志向和决心。全行各级领导干部都要用创新的思维研究工作，各项工作都要有创新的思路，各业务条线都要不断推出更多有思想、有价值的产品和服务创新，从而使全行始终保持一个持续创新的高效状态，成为各重要领域创新的领跑者。

要大兴落实之风。现在我们的战略是清晰明确的，各项工作部署也很全面具体，关键是要抓好落实。从当前经营发展情况看，有些工作落实是有很大差距的，一些领域蔓延着的“不落实之风”正在侵蚀着我们优良的企业文化。突出表现在：一些人光说不练，只提口号目标，不重视具体措施落地，或抓工作浮于表面，认为开过会、发过文、说过话，工作就算做过了，不问实际效果，甚至就是搞花架子、走形式、做表面文章；一些机构不重视过程管理，不重视成本约束，只重视时点结果，甚至靠冲时点、走“捷径”来完成考核任务。这些问题是经营理念落后、工作浮躁、作风浮夸的集中体现，是管理方式和工作方法陈旧的典型表现。全行要深刻认识这些行为和做法的危害，切实注重加强过程管理和执行力建设，着力解决好“不落实”或“落实不到位”的问题。要加强总行战略的培训宣讲，各级领导干部都要注意在实际工作中当好总行战略与政策的传导者与辅导员。要完善抓落实的责任机制，总行年初就将今年的38项重点工作任务分解到每位行领导及高管。各级行、各部门也要尽快把主要工作和下半年目标计划分解到人，加强跟踪监测和协调督促，经常“敲敲鼓”、“紧紧弦”，并要健全问责机制，以不落实的工作倒查不落实之人。要切实转变工作方式、工作作风，各级管理行和领导干部既要一级指挥一级干，更要一级带着一级、一级帮助一级干；既要分解目标任务，更要主动贴近市场，研究客户需求和同业策略，亲身组织营销和风险化解，直到工作抓出成效。要严肃考核纪律，整顿经营作风，严惩各种形式的弄虚作假行为。

（二）着眼于强化学习培训，大力提高队伍素质和能力。面对新的形势任务，全行上下特别是各级领导干部应当对“能力不足风险”，对知识老化、思想僵化、能力退化问题有更加强烈的警觉，切实通过高水平的学习培训打造高素质的干部队伍。要以理论武装为根本，在上半年开展习近平总书记系列讲话精神集中轮训工作的基础上，进一步深化各级领导干部的政治理论学习，坚定理想信念，开阔世界眼光，增强战略思维和驾驭复杂局面的能力。要以能力提升为主线，契合转型发展要求，全面推进培训内容、培训方式、师资教材、管理机制的改革创新，努力形成更具实效的教育培训体系。

下半年要把完善全行统一的内部资质认证机制作为改进教育培训的一项基础工作和突出任务来抓，在全面评估前期资质认证工作开展情况的基础上，重点解决好免试比例偏高、考核实际工作能力不够的问题，解决好资质认证与人力资源管理、员工职业发展和业务授权管理相脱节等问题。要针对当前信贷结构调整和风险管理困难多、压力大的情况，率先在信贷专业启动资质认证优化试点工作，加强信贷政策、风险案例、业务操作等方面的系统培训，加快培养一批深植健康信贷理念、具有较强业务创新、市场营销和风险把控能力的专业队伍，提升专家治贷水平。今后所有信贷领域从业人员，包括前台营销、中后台授信审批、风险管理和分管行长等岗位及其专业职级晋升，都必须事先通过专业资格考试，并要把具备相应资格作为信贷业务授权的刚性条件，实现业务能力与岗位要求的相匹配。

（三）着眼于转换机制，进一步提升机构管理效能和员工队伍活力。今年总行在深化本部机构和干部管理改革上迈出较大步伐，精简了一级部和二级部设置，调整优化了相关职能，同时按照总量控制、结构优化的原则，开展了部门副总经理的调整优化工作，其中转任业务类职务的约40人，接下来还要进行处室和处级干部的调整优化工作。我们希望通过这些改革，形成一个管理幅度更加合理、人岗更加匹配的干部资源配置格局。下半年，组织机构改革将在省行层面推开。各行要按照总行部署，结合实际，注重实效，优化内设机构设置，规范和加强对直属机构的管理，明晰部门职责边界，理顺与总行的职能衔接。同时要严格按照总行核定编制，组织开展好相应的机构、干部及人员管理工作。要把信息化银行建设的思路引入到机构改革之中，研究通过将业务线和管理链由串联改为并联、压缩中间层次等办法，推动机构转型，拉近与市场和客户的距离，并释放更多人力资源充实到市场营销队伍。

下半年还要结合机构改革的进程，适时启动人力资源管理深化项目。全行于2007年实施了人力资源管理提升项目，对激发人力资源潜能、推动转型发展起到了重要促进作用。但随着形势发展变化，项目后续运行中也出现了一些新情况、新问题，需要与时俱进地加以完善。要全面总结分析人力资源管理提升项目运行情况，抓紧制定深化改革方案并启动试点工作，推动建立更加科学和市场化的岗位职级、绩效考核、薪酬分配等体系。要通过这一系列改革，真正使各级机构的管理效能和经营活力充分迸发，使员工队伍的价值创造力充分释放。

同志们，面对复杂多变的形势和艰巨繁重的任务，全行上下特别是各级领导干部要进一步增强发展的信心，保持奋发有为的状态，敢于攻坚，善破难题，不辱使命，确保实现今年经营发展的目标任务，并为推进经济结构调整和转型升级作出更大的贡献！

抢抓机遇　勇于创新
努力打造互联网金融发展的新优势

——在中国工商银行互联网金融服务营销动员会上的讲话

姜建清

（2014年8月29日）

当前全行上下对互联网金融发展问题都十分关心和关注。今天召开这个会议，目的就是让全行上下了解总行关于互联网金融发展的一些战略思考、举措和下一阶段的目标任务，动员全行统一思想、明确方向，按照总行部署，全面推动互联网金融的创新发展，尽快确立我行在互联网金融领域的新优势和新形象。

一、工商银行信息化建设发展历程

当前互联网金融蓬勃兴起，成为社会各界的热议话题。实际上，银行业在信息技术的应用方面向来不是保守者、落伍者，而是信息化建设最早的实践者、创新者。世界上最早的大型计算机出现在宾夕法尼亚大学，使用者就是美国银行。在中国也一样，早在互联网金融兴起之前，国内商业银行已经紧跟信息技术革命的浪潮，在高起点上推进了信息化建设。世纪之交，曾有人预言商业银行将成为21世纪的恐龙，会在金融脱媒和网络技术的双重挤压下走向灭亡。可是十多年时间过去了，商业银行模式不仅没有没落，反而进一步确立了在金融业中的主导地位。除了银行业的不断变革与调整之外，更重要的还应该归功于信息技术在银行经营管理中深入而广泛的应用，使得传统银行创新服务和风险管理模式的重构成为一种可能。作为国内银行业中信息技术的引领者，工商银行的信息化建设历程可以看做是我国银行业现代信息技术应用发展史的一个缩影。工商银行1984年成立以来，走过了从一把算盘一支笔的手工操作，到微机单兵作战，到大机延伸，再到数据大集中和电子化网络的发展道路，并先后自主研发推出四代核心应用系统，奠定了在国内同业中信息科技的领先优势，目前已基本完成了银行信息化建设目标。

一是实现了IT大集中。在国内同业率先完成全行数据大集中，实现了境内外所有分支机构以及集团子公司各类数据的集中处理和统一管理，支撑着全行近1.7万家营业机构、9.12万台ATM、140万台POS、4.65万台自助终端的运行，从而由过去因信息分割而造成事实上的成千上万家“小银行”的集合体，整合成真正意义上的一家大银行。目前全行数据中心日均处理业务量2.15亿笔，日峰值业务量2.54亿笔。今年6月上海同城中心正式投入使用，成功实施核心生产系统同城双中心的切换运行，整体搭建起“两地三中心”的科技运行架构，做到发生灾难时分钟级快速恢复生产运行，全面提升了信息系统风险防范和业务连续性运行水平。这是我行继“9991”工程之后，数据中心建设史上又一重要里程碑，这一科技成果也处于全球金融业领先水平。

二是实现了大数据积累。建立了全行统一的数据仓库和集团信息库两个大数据基础平台，实现了客户信息、账户信息、产品信息、交易信息、管理信息等内容的集中管理，信息系统中存储的数据量达到700万GB，其中用于海量数据挖掘和分析的数据仓库平台经过6～7年的累积，数据总量增长了近30倍，目前已达38万GB，包含客户、柜员、各有关机构的交易行为、关联性和交易习惯等大量有价值的信息。仅以客户信用记录为例，我们对4.1亿名个人客户和460万名法人客户的客户违约率和违约损失率数据的完整积累长度分别超过了8年和6年，完全满足了巴塞尔Ⅲ资本管理协议的要求。此外，影像、语音等非结构化数据每年以接近50%的速度增长，总量已经达到120万GB。

三是实现了运营集约化。按照“集约运营、服务共享”理念和打造“流程银行”目标，先后建立了业务集中处理中心、金融交易中心、单证中心、报表中心、电子银行中心、电话银行中心、短信平台、远程授权、信贷监测中心等集约化营运中心，改变了传统分散式的作业模式，实现了业务处理工厂化、集中化和规范化，使数万名员工从中后台转移到前台服务和营销岗位，不仅大幅提升了业务运营效率和降低了运营成本，而且促进了柜面服务响应能力和服务质量的提高。如业务集中处理模式形成“网点全面受理、中心集中处理”的全新运营格局，人日均处理量是分散模式下的7倍，核算质量提升了10倍，并节约人员近9 000名。

四是实现了管理现代化。先后开发应用了一系列管理系统，持续推动了管理创新，提高了经营管理效率。比如，开发应用了新一代监督系统，建立起基于客户交易习惯的智能化监督模型，从根本上改变了沿袭多年的业务复审模式，实现了更为精准的业务监督。开发应用了新的绩效考核系统，从机构、部门、产品、客户和员工五个维度构建起完整的绩效评价体系，激发了经营活力和价值创造力。建立了满足新资本协议要求，覆盖信用风险、市场风险和操作风险管理三大领域的风险管理体系，实现了全面的风险计量和控制。新建立了信贷监测中心，运用大数据挖掘技术，集成行内外信息资源，形成了对全部信贷经营机构、全部信贷客户、全部信贷产品的实时监测分析和预警控制网络。开发了全行共享的全球信息资讯平台，通过对行内外商务信息的统一采集和深度挖掘，搭建了不同部门、分行和境内外机构之间联动营销的通道，自投产以来已转化信息应用成果2.7万例，带来存款5 200亿元、贷款5 800亿元、中间业务及利息收入超过200亿元。

五是实现了服务信息化。建立起由网上银行、电话银行、手机银行和自助银行构成的信息化服务体系。全行拥有网上银行客户1.8亿户，电话银行客户1.1亿户，手机银行客户1.3亿户，是国内网银客户数量最多的银行。在《财富》世界500强企业中，大陆地区上榜的非银行企业有86%以上开通了工商银行的银企互联。以网上银行为主的电子银行已发展成为全行交易型业务的主渠道，全行大多数的理财、基金等产品均是通过网络渠道销售的，其中外汇、贵金属等交易量占比更是高达99%以上。目前，电子银行对传统柜面业务的替代率超过82%，相当于3万个物理网点、30万个柜员办理的业务量。2013年网上银行交易额达到380万亿元，自2000年以来的年复合增长率达到50%。可以说，这些年来商业银行电子银行服务体系的建立和快速发展，对培育互联网金融文化和客户互联网金融消费习惯起到了积极的促进作用。从一定意义上讲，工商银行已经是最大的互联网银行。

20多年来，我们坚持实施“科技兴行”战略，大力推进科技创新和技术应用，有力推动了全行体制机制的深刻变革和各项业务的创新发展，锻造了工商银行的核心竞争力，探索走出了一条符合国情行情的大型金融企业信息化建设道路，也为新时期推进大数据和信息化银行建设奠定了良好基础、创造了有利条件。

二、互联网金融发展和大数据时代对银行传统经营模式带来重大挑战

作为近20年来全球最具影响力的创新成果之一，互联网自诞生以来就以惊人的速度影响并改变着世界。通信、零售、传媒等诸多行业的经营与商业模式都因互联网的渗透而发生革命性变化。互联网技术与金融业的融合亦可追溯至20世纪90年代中叶的美国，以电子商务为内容的互联网经济开始受到人们的广泛关注和重视，伴生了一批无实体网点的互联网银行，但随着互联网泡沫的破灭很快成为过往云烟，风光不再。应当看到，这次互联网金融的蓬勃兴起不同于以往，20年前的互联网金融主要体现为互联网对金融功能的沿袭，通过技术改造把银行业务搬到网上，并没有创造出新型的金融形态。而今天的互联网金融则是借助大数据、云计算、社交网络和搜索引擎等信息技术优势，从商品流掌握到企业的资金流、信息流，再延伸至银行支付、融资等核心业务领域，打破传统的金融行业界限和竞争格局，这绝不是简单的技术叠加或替代，更多的是对商业银行经营模式甚至是中介功能的全面冲击。这种冲击和挑战主要表现在四个方面：

（一）对支付业务的挑战。支付中介是商业银行最古老、最基础的功能。随着互联网商业模式的出现以及用户对支付便捷性需求的提升，以互联网支付为代表的第三方支付应运而生并迅猛发展。到2013年，我国互联网支付规模达到5.37万亿元，第三方支付机构数量超过美国、欧洲、日本等主要经济体的总和，无论用户数、交易笔数还是交易金额均领先全球。虽然目前我国互联网支付的规模占全社会支付总量的比重不足2‰，也仅为银行卡消费规模的1/5，但其正以180%的年复合增长率飞速增长，大有赶超之势。预计到2016年，整体市场交易规模将突破50万亿元，与银行卡消费总额基本持平。从当前的市场份额看，支付宝、财付通等7家主要支付企业几乎占据了互联网支付的全部市场份额，其中仅支付宝、财付通上半年在我行办理快捷支付的金额达7 600亿元。更需要引起高度关注的是，互联网支付正试图逐渐摆脱对商业银行的依赖，形成自己的支付闭环。目前除未拥有实体账户介质外，互联网支付机构所具备的虚拟账户储值、支付结算、转账汇款等业务功能已与商业银行账户功能十分接近。如，支付宝、财付通和快钱等既可为个人客户提供信用卡免费跨行还款、转账汇款、缴费等多项支付服务，也可针对企业客户提供大额收付款、一对多批量付款等资金结算服务。一旦这些互联网支付企业借助有效手段实现清算划拨及备付金的自我管理，形成新的支付链条，互联网支付就可能抛开现有银行支付清算体系独立运行，这对商业银行支付中介地位的冲击将不可估量。

（二）对融资业务的挑战。近年来，不少互联网企业为谋求更大发展，开始对融资业务跃跃欲试，衍生发展出名目繁多的网络融资模式，比较具有代表性的是小贷、P2P与众筹三种模式。其中，P2P是基于互联网一种个人对个人的借贷模式，众筹则是一种通过网络向大众募集项目股本金的融资模式。总的看，互联网融资领域呈现声势不小、类型不少的特点，但其融资规模还十分有限，风险管控能力也尚需实践检验，要想真正走出一条成功之路，距离还十分遥远。今年上半年，我国各类网络融资新增约1 000亿元，仅占同期社会融资规模的千分之九。再以我行为例，小微企业贷款和个人类贷款余额超过4.6万亿元，而互联网融资中发展比较好的阿里小贷贷款余额不到300亿元。尽管互联网融资规模、管理水平远远不及商业银行，但要从中看到值得借鉴的思路和模式。比如，在风险控制上，一些电商小贷对小微企业进货、销货、商品交易、资金周转和归集等商业行为进行动态掌握、全数据挖掘处理，运用一套无担保、无抵押、纯信用的评估模型，决定企业信用评级及是否发放贷款。这种模式较好地适应了现代经济发展变化，现在人们的生产生活范围不再限于“50公里”经济圈，已扩展到“1 000公里”、“1万公里”的经济圈，打破地域空间束缚，不少企业生产经营甚至都跨国了。如果仅靠传统的线下调查方式和报表分析，已经难以掌握企业足够和真实的经营信息。在审批机制上，互联网融资依托云计算技术将众多信息点汇聚为几项关键指标，建立起标准化的在线批量审批模式，促进了审批效率的有效提升。阿里小贷每天可审批贷款8 000笔，京东最短3分钟即可完成从申请到放款的全流程。在信贷对象上，以阿里小贷为例，其客户总量超过70万户，户均贷款余额不超过4万元，期限最长不超过一年，“贷小、贷短、贷分散”的特点十分突出，不仅契合小微企业及个人客户实际，也更有利于防控风险。作为大型商业银行，在互联网的大背景下，如何将网络思维与我们长期积累的融资作业、信贷管理经验、专业团队有机结合起来，如何运用好大数据挖掘分析来识别风险；如何重构信贷经营管理模式；如何加快创新线上融资产品，是我们必须思考和面对的重大问题。

（三）对存款业务的挑战。这可能是目前互联网金融对传统商业银行带来的最为直接的现实冲击。关于这一点，相信全行上下都或多或少地有所感受。随着互联网平台客户流量和沉淀资金规模的不断增加，互联网金融的业务触角正逐步向代理基金、余额理财等领域拓展，对商业银行基础性存款的分流压力越来越大。这一方面是由于互联网金融创新产品将“支付交易”与“资产增值”相结合，实现了“零星资金”的理财化。但更主要的是，互联网企业利用目前的监管空白进行监管套利，在与商业银行竞争中获取了“超银行”待遇。比如，负债业务是商业银行特许经营权的一部分，市场准入、监管非常严格，而现在有些互联网支付机构在没

有认证客户身份的情况下，构建了虚拟账户体系，形成了支付性的存款账户。而作为实际意义上的存款吸收机构，互联网企业既不缴纳存款准备金，也无需支付客户利息。在这样的背景下，一些互联网企业借机推出了一批低门槛、随用随取、连通消费的资产服务类产品，吸引了大量长尾客户的理财资金，进一步分流了商业银行存款。以“余额宝”为例，截至上半年末其资金规模已达5 742亿元，用户数量超过1亿户，仅用一年时间即成为国内最大、全球第四大货币基金。从我行存款流失情况看，2013年1月至今年第一季度末，全行累计有6 128万户客户与支付宝、财付通等互联网支付平台发生资金交易，存款净流出4 137亿元，月均存款下降5.95%。与此同时，互联网理财截流的银行大量低成本活期存款，绝大部分又以协议存款形式回流至商业银行体系，商业银行被迫付出远高于活期存款的利率，抬高了存款付息成本。

（四）对信息资源的挑战。在面临支付脱媒、融资脱媒挑战的同时，银行还面临着更深层次的信息脱媒挑战。现代商业竞争的本质是对信息的争夺。或者说，商业就是源自信息不对称，谁能够最大限度地掌控和利用信息资源，谁就必将成为商业的强者。互联网企业主要竞争优势就在于掌握了商户和消费者的经营、消费等核心信息资源，并运用大数据技术从这些信息中挖掘出大量的交易机会。由于客户网上搜索、在线沟通、支付交易等一系列行为都要经过电商平台和即时通信系统，大量商户和消费者的注册信息、交易记录、社交关系乃至商品浏览逗留时间等结构化和非结构化数据被电商企业获取，并逐步形成客户信息的排他性占有优势。随着互联网企业的兴起与发展，企业和客户的商业行为和消费习惯发生深刻改变，使得原本被银行掌握的信息，由于客户通过电商平台而变得难以被监测和控制。如果商业银行只能掌握一些相对静态和零散分割的信息，缺少对客户全面经营行为、资金动态、上下游关联企业、市场份额等信息的动态把握，就会形成信息“断层”。比如，客户从商业银行办理贸易融资贷款用以支付采购货款，过去商业银行可以追踪交易全过程信息，但现在客户转为通过电商平台进行交易，商业银行就只能直接监测到第三方支付机构反馈的电子支付记录，而难以核实客户交易对手信息的真实性和资金的实际用途。随着今后更多传统企业向电商或半电商企业转型，商业银行信息脱媒的压力将越来越大，甚至有被“管道化”、“边缘化”和“后台化”的危险。前段时间沸沸扬扬的微信收费之争，对我们就是很好的警示。因为微信的出现，电信企业在语音通话、短信彩信等传统业务领域的利润正被不断蚕食，可能沦为智能手机和互联网产业链建设的管道。面对居于移动通讯产业链低端和底层的残酷现实，大型电讯企业正在奋起竞争。给我们的启示是：在以信息生产服务为主的新经济发展模式下，如果我们不重视对信息的保护、利用和竞争，不能在信息技术发展的重点领域和关键环节抢占制高点、赢得主动权，移动通讯行业的今天很可能就是商业银行的明天。

三、科学谋划、加快推进互联网金融建设

面对互联网金融和大数据时代的风云变幻，我们抓不住就是挑战，抓住了就是机遇。总行党委从去年起对新时期我行互联网金融的发展进行深入研究和整体谋划，今年初将“互联网金融”作为全行18项改革创新任务之一，成立专门工作领导小组和跨部门团队加快推动。在7月的年中工作会议上，又进一步明确了全行互联网金融建设的总体任务，即年内初步构建集支付、融资、金融交易、商务、信息“五大功能”于一体，较为完备的互联网金融服务和运营体系，争取通过几年超常规发展，牢固确立在互联网金融领域的领军者地位，打造全新的E－ICBC。当前的重点任务是，建设三大平台和三大产品线，构建线上线下交互联动的服务体系和深层多维的大数据应用机制。

（一）加快三大平台建设。

一是电商平台。这是通过平台把控住商品流、信息流、资金流的根本措施，也是我们转型成为“金融+信息”服务提供商的基础建设。要深刻认识到，工商银行建设电商平台的目的，与一般电商企业单纯靠商品经营盈利有着本质不同，这也决定了我们不能跟在他人后面亦步亦趋，既不应效仿淘宝“不设门槛、坐地收租”的粗放式做法，也不能搞成京东“自采、自销、自物流”的高成本模式，而是要通过搭建平台，实现商品交易与支付、融资等金融功能的无缝结合来提高客户黏性和活跃程度，拓展信息数据积累应用的深度和广度，进而创新出更为贴近市场、更加符合客户需要、更富效率和价值的金融服务，真正走出一条“以融引商，以商促融”的电商平台发展新路，这才是E－ICBC的制胜之道。

在电商平台建设与发展过程中，也有人认为银行缺少做电商的基因。事实上，只要认清互联网时代的生态环境和市场的发展规律，做出正确的战略谋划和科学的措施安排，所谓的基因完全可以依靠银行体系内生而成。我行融e购商城的良好开局便很好地印证了这一点。自今年1月正式对外营业以来，融e购商城的商品种类和交易金额增长迅猛，用户和商户数量持续增加，远超一些知名电商企业开办时期的发展速度，正在快速形成规模效应和影响力。目前融e购注册用户达562万人，签约商户1 675户，上架商品6万件，累计交易额166亿元，日均交易额超过7 400万元；带动积分抵扣金额超过4 100万元，逸贷累计发放6 600余笔，累贷金额近2 100万元，平均单笔贷款金额为3 150元。

当然，我行的电商业务发展还处在起步阶段，与业界主流电商相比，无论是商户规模和用户数量，还是交易总额和客户体验，我行融e购商城都有不小差距。下

一步要充分发挥我行在金融服务领域的专长，充分利用全行综合优势，积极抢占外部市场，力争年内实现300亿元的交易额，进入电商行业前10名，两年内跻身中国5大电商之列，并逐步发展成为交易总规模千亿级以上、商品交易额500亿元以上的大型电商平台。当前重点是要从商户和用户两端发力。针对商户和商品拓展，在坚持“三名”定位、保持商品较高价值量、维护品牌信誉的基础上，扩大商户规模，丰富商品种类，确保年内完成“两千名商、十万名品”的目标。结合平台热销商品类别和行业发展趋势，适当放宽目标商户准入条件，着力吸引包括国际知名品牌、地方名特优企业等在内的一批优质商户入驻，并通过健全推荐审批和责任追究机制，加强市场研究和数据分析，加快系统对接开发进度，强化银行增信作用推介等一系列有力措施，实现成熟商户和热销商品的多上线、快上线，为平台促交易、聚人气打好基础。进一步突出融e购的金融性和服务性，争取更多缴费类和投融资类产品入驻平台。及时总结差旅机票服务上线经验，探索网上直销个人住房，办理按揭贷款，集中精力逐一突破其他重点领域，带动银行支付、融资和存款业务发展。尽快将我行集团采购业务全部搬到平台运行，使集团采购更加透明；争取更多有影响力的企业落户平台，并争取让此平台成为政府和其他企业集团采购的公共平台。针对用户扩容，要不断改进和提升对用户的营销服务工作，做大做实用户规模，确保年内注册用户突破1 000万户。要切实以“积分抵现”为突破口，将融e购积分应用与精准营销、交叉营销、睡眠户唤醒等工作结合起来，广泛利用短信、网银、微信等线上媒介开展宣传互动，把融e购打造成我行线上重要流量入口和揽客渠道。要不断改善平台功能和客户体验，加紧推出基于大数据应用的电商推荐服务，定期组织商户精选优质商品、推出优惠价格，并相应抓好网银开放式改造及逸贷、分期付款等产品的内置与衔接，有效激发潜在用户的参与热情和购买欲望。

目前，为企业客户提供线上交易撮合、支付、融资、数据分析等综合服务的B2B商城也已基本完成建设规划。下一步要在大宗商品交易模式投产的基础上，加紧推出供应链金融及航运金融两大主题模式，并尽快将网贷通等易于通过网络办理的融资业务整合到B2B商城。借鉴B2C市场营销经验，进一步明确B2B目标市场及相应的营销方案，总分行联动开展针对性批量营销，确保明年初实现对外营业。

二是直销银行平台。直销银行是指不依托实体网点和物理柜台，主要通过网络、手机、电话等远程渠道为客户提供银行产品和服务，既有纯线上模式，也有线上线下融合模式。我行直销银行采取的则是后者，目的是要打造一个开放式、快捷购买的精品业务平台，吸引他行客户购买我行理财、贵金属、外汇、基金、保险等产品，并进而转化为我行客户，同时在一定程度上激活我行存量客户。

三是即时通信平台。目前即时通信软件已经成为客户沟通和社交的主要工具之一，成为客户信息集成的主渠道。最具代表性的是腾讯推出的微信，其通过朋友圈、公众号、微网等整合了大量生活和商业服务资源，打造了一个与人们日常生活和社交活动密不可分的移动互联生态平台，并通过微信支付构筑了信息流、资金流、交易流“三流合一”的商业生态闭环。春节期间，微信以“抢红包”的营销方式拓展了数千万户的支付用户。目前微信国内用户数量已经超过6.5亿户，海外用户超过1.5亿户，月活跃用户达3.55亿户，成为腾讯系最大的客户流量入口。阿里也推出了自有的即时社交工具，并在支付宝钱包上深化了搜索、分享、对话等社交属性，使其从单纯的支付工具向社交型移动金融服务平台进化。

总行一直高度关注客户沟通方式和社交行为的变化，推出了工行微信方式的银行，目前签约客户超过500万户，日推送信息200多万条。但这种模式最大的弊端就是后台建立在外部合作方，很容易形成客户信息流失，没有实现真正意义上的闭环。为此，总行决定建设我们自有的即时通信平台，希望把客户信息全部留在银行，对客户的信息推送、客户管理、客户交易也都依托这个平台实现。目前，我行的即时通信平台已完成基本功能开发，近期将率先在私人银行客户中推广，随后在普通个人客户中试运行。我们相信这一产品成熟后，将会对银行客户营销方式和服务模式产生颠覆性的影响和改变。比如说通过构建社交型的沟通渠道，改变客户经理传统办公方式，能真正使客户经理“走出去”营销，同时也有利于节约网点和“95588”资源，大幅降低短信成本。未来，我们的手机银行、融e购、即时通信平台三个客户端将分别从金融服务、电子商务、社交与生活服务层面作为客户流量入口，并在相互间通过业务场景进行串联和导流，整体建立起我行移动互联网金融的生态圈。

（二）加快三大产品线建设。

一是支付产品线。互联网支付形成今天这样的市场竞争格局，有互联网企业很多创新绕过了现有监管框架，存在监管套利的因素，但银行也存在对客户体验重视不够，在支付上往往不分客户类别、金额大小，讲安全性有余，讲便利性不足的问题。因而，总行决定对现有支付体系进行完善，按照“小额讲便利、大额讲安全”的原则，打造新的支付模式。

工银e支付，就是工行的快捷支付，主要是满足客户日益增多的便利支付需求，争夺第三方支付在小额快捷支付上的份额。今年以来，工银e支付发展势头非常好，截至8月24日，工银e支付新增客户1 469万户，总数已达2 228万户，支付金额达到239.6亿元，同比增长8倍，而第三方支付上半年交易额同比增幅为

73.5%。这表明，尽管不具先发优势，但只要我们努力，工商银行占据快捷支付主体地位是完全有可能的。现在关键是要将e支付嵌套到现有支付方式中，方便客户购物、转账时直接开通；同时要扩大工银e支付在年轻客户和重点目标客户群体中的覆盖面，力争e支付客户年内突破5 000万户，并在较短时间尽快突破1亿户，交易规模在我行对外快捷支付中占比达到五成以上。

线上POS，通俗讲就是工行版的“支付宝”，通过借道银联的创新办法做到支持多银行支付和收单，既能较好地满足商户一点接入支持多银行的需求，也为他行客户在我行电商平台上购买商品创造条件，将大大弥补过去因不能支持跨行支付和收单造成的竞争短板。同时，与其他第三方支付相比，我行线上POS最大优势在于，可以通过办理逸贷打通“支付+融资”，为客户合理安排资金提供了便利。目前，线上POS已在我行融e购平台推广应用，下一步要加大对京东等线上商户的推广，力争年内拓展线上POS商户1 000家，三年内增至10万家，使线上POS使用范围大大拓宽，形成规模效应，并带动线上线下业务整体发展。

二是融资产品线。目前看来，小贷、P2P、众筹等互联网融资，尽管模式各有不同，但目标市场都是面向小微企业和个人消费者的小额融资领域，这也是我们信贷转型需要着力深耕的领域。实际上，在互联网融资上，我行探索得比较早，包括借记卡和贷记卡逸贷、小微商户逸贷公司卡、网贷通等，都是可以直接在线上办理的融资产品；优势也更为突出，我们有牌照、资金优势，特别是互联网企业难以企及的风险管理技术、经验和人才优势。因此，要充分发挥自身优势，从流程、机制、制度等方面抓紧对现有产品进行互联网化改造，使其更贴合客户需求，更具有竞争力，真正成为互联网融资市场的引领者。

逸贷是我行研发的基于线上B2C和线下POS小额信用贷款产品，涵盖了个人消费信贷和小微商户信贷两大领域。投放市场近一年来，发展势头较好。目前我行逸贷余额290亿元，上半年新增240亿元，累放1 330亿元，有力促进了居民消费信贷升级和小微商户的发展。这一产品“额小、面广、量大”，能真正成为消费信贷的拳头产品。近期，全行还将推出个人金融资产自助质押贷款平台，客户有资金周转需求时，在平台就可以自助办理质押贷款业务。

网贷通是我行2006年开发的、面向小微企业的网络融资产品，目前已累计向6.5万个客户发放贷款1.4万亿元，较好满足小微企业“短频急”的融资需求，是被市场公认的成功产品。但要看到，与我国超过4 200万家小微企业数量、信贷市场容量估计超过40万亿元的巨大“蓝海市场”相比，我行的客户总量还偏少，对有融资需求的小微企业覆盖率还很低，而且贷款运营成本较高，户均贷款额度偏大，接近千万元。下一步，要立足于网贷通对小微企业发展模式进行改进和完善，通过供应链、商品交易平台把客户的资金链、信息流、物流进行整合，做到模型化、自动化、批量化来营销客户、高效审批和控制风险，降低运营和风险成本，增强产品适用性，并进一步将目标客户下沉到更为广阔的微型企业信贷市场，推动小微企业金融的可持续发展。

三是投资理财产品线。对于银行来说，互联网理财尽管对我们的存款造成一定的分流和冲击，但一定程度上也帮助我们拓宽了投资理财的思路和市场。要把互联网理财纳入“大资管”战略体系，借鉴“客户门槛低、操作更便捷、产品标准化”的互联网理财理念，加快投资理财产品的创新和改造，突破互联网理财的竞争重围，打造互联网理财领先品牌。要扩大客户覆盖面。目前我行日均资产1万元以下的个人客户占到81%，总量高达3.67亿户。要尽早开发针对这些“长尾”客户、低购买起点、高流动性的互联网专属便民理财产品，在扩大普惠金融服务的同时，把这块传统经营模式下的“贫矿”改造成新盈利模式下的“富源”，提高从大众理财市场上的获利能力。要改善交易体验。余额宝“一点即买，一触即用”的交易模式得到了客户的广泛认可，而从我行销售的个人理财产品来看，网银和手机银行销售占比在60%左右，这与我行电子银行交易量82%的占比相比，还有很大提升潜力。要适应客户交易习惯的变化，精简交易流程，使投资理财交易更加开放、便捷。近期，我们率先在同业推出了工银e投资客户交易终端，这是一款全新的开放式交易工具，不仅方便客户利用碎片时间随时随地办理业务，还可利用即时通信工具实时互动交流，有效提升了投资过程的交互性。要加快推广，力争年末客户突破10万户。同时，要加快网银和手机银行投资理财功能的电商化改造，优化界面和交易流程，提高操作便捷性。要丰富投资产品，在进一步充实货币基金、保本理财等低风险产品种类的同时，要加快账户交易类、贵金属等领域的投资产品创新，进一步丰富投资标的，以更专业、更丰富的产品满足客户投资、套利、避险等不同需求。

（三）构建线上线下一体化服务体系。随着移动互联技术的发展和智能移动设备的普及，客户金融服务需求和服务获取方式发生了深刻变化，金融服务和交易加速向线上迁移，尤其是以手机银行为代表的移动服务增长迅猛，2013年我行网上银行交易笔数增长率为15%，而手机银行增速高达186%，正在取代PC端成为线上主要入口。与此同时，全行柜面交易量总体呈逐步下降趋势，目前日到网点办理业务的客户数较2009年下降了25%。但也要认识到，物理网点在满足客户特别是中高端客户的个性化和差异化需求等方面仍然扮演着重要角色。特别是我行1.7万个网点遍及全国、连通全球

40多个国家，这是区别于其他互联网企业的最大优势。在互联网金融大发展的时代背景下，我们一定要从战略高度整体谋划好渠道建设，严格控制物理网点总量的扩张，重在加快存量网点的布局优化和服务转型，加强与线上渠道的互动，把强大的落地服务与高效的线上服务结合好，整体构建“任意一点接入、线上线下互联互通、全程响应”的一体化渠道体系，打造出互联网企业无法媲美的服务体验。重点抓好以下工作。

一是加快电子银行渠道整合。优化电子银行基础架构，建立以客户为中心的安全认证体系，采用多渠道接入、客户统一认证、风险统一控制、后台统一处理的方式，让电子银行成为真正的“云”银行。目前全行个人网上银行和手机银行整合工程已基本完成，在湖南、青海和宁波分行开展首批试点，年内将推广到全行。二是加快拓展移动服务渠道。不再把手机端当做网上银行端来简单复制和移植，而将其作为一个单独渠道来建设。通过建立可信手机号机制，着力研发专属产品，为客户提供更多选择的安全认证方式，进一步扩大活跃客户规模。三是拓展线上线下联动服务的广度和深度。在线上“云”银行和线下“智”网点的基础上，全面整合营业网点、网上银行、手机银行等渠道资源，建立各渠道间信息共享、流程互通、业务互联的综合服务机制，提升服务效能和客户体验。要把线上渠道作为境外服务的重要延伸，弥补境外机构物理网点不足的服务短板。要总结推广好江苏和深圳分行的智能网点建设经验，打造新的网点业态体系。同时要依托大数据、互联网和定位服务等技术，加快构建银行、特约商户和持卡人三位一体的线下店商圈，并结合网点服务转型，赋予网点特约商户拓展、商圈建设以及后续维护管理等新职能，使线下商圈和线上商户一样具有活力。

（四）建立健全大数据应用机制。作为数据依赖型行业，银行在数据收集、整理和应用上具有得天独厚的优势。目前我行拥有数百万GB的数据，相当于200个国家图书馆信息的总和，并且还在以前所未有的速度爆发式增长。能否成功驾驭大数据，已经成为决定未来发展成败的关键因素。我们拥有海量的数据，但对数据怎样挖掘、挖掘什么，研究和运用得还远远不够。目前，全行已经建立起一支350多人的数据分析师和专业分析师队伍，我们要进一步加强和充分利用这支队伍，加快提高全行的数据增值应用能力，加大对各类数据的深层次、多维度挖掘分析，真正使数据成为提高竞争力和经济价值的生产因素。

一是应用大数据更加全面地了解客户、服务客户。其关键前提是，一方面客户信息要做到行内整合、行外多维；另一方面要实施更加精准的数据分析技术。目前我行在这方面已进行了探索，仅上半年就通过智能营销信息服务管理（EBM）系统，成功营销代发工资低留存率、高流量低存量等客户53万户，成功率达22.72%。下一步要进一步打破部门界限，加快客户信息整合，同时与社交媒体、移动应用等第三方合作，丰富客户多维度信息源，建立健全更加完整的大数据客户视图。要进一步丰富大数据分析模型，准确掌握客户的账户关系、社会关系和线上线下行为习惯，发掘客户金融需求、风险偏好和消费模式，实施精准化营销和个性化产品开发，进而打造新的商业模式，推动全行从简单推销产品向经营客户转变。

二是应用大数据支持网点经营。目前我行大量的信息掌握在上级管理部门手里，需要营销客户、落实业务发展责任的一线网点有时却不掌握客户信息。各专业、各级行都要在这方面想办法，总的要求是“信息要对称，责任要落实”。要切实摸清基层行所需信息的底数，拿出信息支持解决方案，加大上下信息交流，每天都要通过主动的信息推送告诉基层机构和员工要干的工作、进度如何，你维护的客户增加了多少、减少了多少，让一线人员能够及时掌握市场变化、客户变动情况，灵活采取针对性措施，类似美国大兵的智能化“头盔”系统，切实通过信息支持，提高一线的服务营销能力和市场竞争能力。

三是应用大数据加强风险管控。重点是运用大数据、数学建模对企业的资产价格、财务流水、交易对手等动态数据进行全程监控分析，解决传统基于静态数据的碎片化、抽样式风控方式，造成的银企信息不对称问题。比如，有些客户的交易数据信息，从单笔看是正常的业务，抽样分析也不一定能发现问题，但通过对其历史交易信息、关联交易信息、交易对手信息的挖掘，或者与其生产规模、用电量、纳税额、员工工资数据进行勾稽匹配验证，就能更加准确、及时和全面地判断客户的风险状况。目前总行信贷监测中心已经通过开发应用客户风险预警监测模型，对行业、客户的资产质量情况和融资情况等进行跟踪监测，提前预警了大量风险。下一步要抓紧建章建制、充实队伍，扩大内外部多维度、多信息收集渠道，提高有价值数据量级，丰富完善信用风险识别计量模型及防假反假技术手段，加强对客户关联交易、过度融资等重点领域风险监控，及早将监控范围覆盖到集团全客户、全机构、全产品、全流程，使风险识别和防范更准确、更具前瞻性，切实把控好实质风险。

四是我还要突出强调一下互联网金融的市场营销和制度建设工作。一会儿易行长的讲话中将着重明确总行各相关部门和各分行互联网金融产品的营销目标任务。会后，总行各相关部门还会就近来推出的互联网金融重点产品分别印发营销方案。各行要迅速分解落实营销计划，结合当地实际制定具体营销方案和配套措施。要在明确各专业条线、各层级机构职责分工的基础上，重视发挥全行整体合力，通过加强线上与线下渠道的联动、总行与分行的联动、对公与对私的联动、产品与市场部门的联动、境内与境外机构的联动，大力增强营销效果。要创新适合互联网金融特点的营销方式，注重提高客户从接触产品信息到实际使用的转化率。要将互联网金融业务作为党校、院校培训的重要内容，从各级管理人员和相关专业部门做起，带头使用和营销我行互联网金融产品，并力争让每个员工都熟悉和会用这些产品，人人都成为我行互联网金融产品的推介者。要更好地利用大数据挖掘分析工具，发挥总分行分析师团队作用，"按图索骥"寻找到目标客户群，真正实现定向、精准、高效和低成本的智能营销。同时要及时收集客户使用我行互联网金融产品的体验和感受，以此推动产品改进和迭代升级，完善营销策略。要在我行主要互联网金融产品推向市场并运营相对成熟后，于年底前择机开展一次大规模、集中式的市场宣传活动，形成声势和影响力，逐步树立我行在互联网金融领域的品牌优势和市场新形象。

在推进互联网金融创新发展过程中，要同步并力争前瞻性地加强制度建设，健全业务管理架构和风控体系，确保互联网金融发展有标准可量、有规范可循、有制度可依。如对融资类产品线要重点梳理相关业务流程，找出主要风险点，并制定相应的风险防控制度办法；对电商平台要从商户准入、评价、退出、审核等环节做出明确规定，严格按制度和流程办事；对即时通信平台等业务要按照国家相关法规健全客户信息安全保护机制，明确公众号申请和审批流程，以及信息发布和敏感信息筛查管理规定，明确包括圈群管理员在内的各类客服人员的岗位职责和行为规范，以及中后台对客服人员的支持保障办法。总之，要及时总结经验，完善相关制度和流程，确保互联网金融业务的健康有序发展。

同志们，面对汹涌澎湃的互联网金融浪潮，全行要站在信息化银行建设的新高度，加快摆脱传统观念的束缚，超越思维定势的局限，打破对常规路径的依赖，树立敢为天下先的志向和信心，勇于走别人没有走过的路，以互联网金融的新创造、新实践开辟工商银行改革发展的新境界、新气象。

在2014年第25次党委（扩大）会议上的讲话

姜建清

（2014年10月11日·根据录音整理）

刚才易行长作了一个非常重要的讲话，总结了前三季度经营情况，对当前一些重点工作做了分析研究和强调部署，尤其对信贷风险问题分析得很透彻，措施也很到位。下面我着重就信贷工作谈几点看法。

一、如何看待经济新常态下的信贷管理

从近一段时间来看，我国经济运行总体平稳，但下行压力也比较大，给商业银行业务经营尤其是信贷运行带来很大挑战。商业银行是经济运行的"寒暑表"。当经济增长进入一个新常态后，确实看到银行在风险管理和信贷文化中还存在许多值得高度重视的问题。严格来说，中国的商业银行尚没有经历过完整经济周期的考验。20世纪90年代银行业的经营危机，或者说信贷危机，主要是因为国有企业在从计划经济向市场经济转轨的过程中没有建立退出通道，银行实际上担负了国企转型的巨大成本。长期积累的风险到20世纪90年代中期开始爆发，工商银行的不良率在1994年的时候已经到了24%，以后是一路上升，到1999年五级分类不良率达到47.5%，这还不是按照严格的分类标准统计的，还有大量的借新还旧贷款没有纳进去，不良贷款风险总共给我们造成了约1万多亿元的财务损失。所以西方评论我们"技术上已经破产"。

当时，我们将主要的精力用于不良贷款的压降工作。在这个过程中间我们对信贷风险的认识逐步有了提高。现在全行不良贷款管理的体制机制和一整套制度措施，就是从这个阶段开始逐步建立和完善的。经过了这十几年的发展，尽管中间也遇到过全球金融危机，但整体上从2000年以来我们的信贷管理都处在一个经济上行期。而现在进入经济运行新常态，一些问题的暴露是肯定的，从中也能看到，其实我们的信贷管理基础和信贷文化并没有那么扎实。这些年来，很多分行的同志都说，我们最大的进步是风险管理。当然，跟过去20世纪90年代相比，我们今天的风险管理水平的确不可同日而语，否则不良率就不是今天的1%左右了。记得那个年代一些分行新发放贷款的不良率差不多都有10%。那时我要求信贷部门的负责人把新增贷款的不良率控制在2%，结果左算右算，认为也只能努力控制在5%。我说如果5%的话，我们所有的盈利全部都去补"窟

窿”了，没有余力去解决历史问题，也没有能力为改制重组创造机会。从这些方面看，我们今天取得了长足进步。但是在信贷文化和风险文化的确立上，依然存在许多问题。比如我们经常听到这样的言论，“风险管理影响效率”、“风险管理影响市场”，等等。我们管风险的同志平时受到的指责埋怨和不被理解也是比较多的。因为风险的问题往往不是能即期反映出来的，如果即期就能反映风险，今天贷了明天就知道会出坏账问题，那么人人都会管信贷了。风险问题的暴露短则两三年，长则七八年以后才能反映出来。今天易行长讲话中谈到的信贷风险问题，如钢贸贷款、个人经营性贷款等，当初一些分行都认为是好业务，甚至要靠竞争来抢市场。总行从2000年开始对钢铁行业贷款进行限额控制，当时很多分行行长反映，钢铁企业又有存款、又有结算，是总行的控贷政策影响了市场。现在分行很多同志说多亏总行管得好，我们这里其他银行的钢铁贷款全陷进去了。再如对小额担保公司，当时我们进行了严格控制，也遭到了很多抱怨，结果避免了大的风险。远见和前瞻性是信贷风险管理中非常重要的方面。今天还有一些新的领域，有些同志说现在风险很低，为什么不让我们干？实际上，前天的钢贸、昨天的个人经营性贷款，不也是认为其风险很低吗？所以说做信贷很难，就难在对风险的预见性，因为我们的贷款是贷给明天的。

二、如何做好当前及今后一个时期信贷风险防控工作

下一步，应主要从四个方面加强信贷风险管控工作。

一是总量控制与结构优化。总量与结构、进入与退出，是信贷经营中最核心的问题，必须并重。现在就要着手考虑，明年总量放多少，投到哪几个领域，要细化到行业甚至企业，对什么“池子”装多少水要心中有数，中间可以微调，但不能仅凭“今天”的表现来决定微调，要放眼长远着手结构调整。要清楚总量降什么，降到什么程度，结构调整决不能逆向。不能因为好的容易退，坏的退不出，结果就劣币驱逐良币。总行部门下指标时，要总量指标和结构指标一起下，进入指标和退出指标一起下。在明年初的工作会议上就要把信贷总量怎么安排、结构怎么摆布定下来，这是总行的战略决策。过去银行出问题，就是因为无数分散的决策汇总起来成为总行决策，变成全国埋单、总行付账。

二是干部配备与培训认证。我们讲科学发展观，要发展和风险两手抓，实际上这个过程中很多同志有偏废、有偏重，固然与干部的发展观偏差有关系，也与干部的结构和专业经验有一定关系。银行岗位有很强的专业性，万能型干部是行不通的，必须有专业经验。因此一定要加强教育培训和资质认证工作，专业岗位要持证上岗。在培训中要有大量的案例教育，我们犯了这么多错误，付了这么多学费，要从中深刻汲取教训，不能在培训中做“客里空”。另外，一项新产品、新业务的推出，不能天花乱坠光讲好的一面，要用一定的篇幅描述产品的风险所在，就像药品说明中都附有的风险提示，这对一些不太熟悉、经验不足的人可以起到提醒作用。

三是信贷审批权下放与信贷监督权上收。这两个方面是一对矛盾，搞不好就会出现“一收就死、一放就乱”的状况。我们总是听到要求放权，确实有一些金额不大的项目，如果不放权流程就会拉得很长，影响到信贷作业效率。但是两者必须配套，下放权限的同时，总行和一级分行一定要上收信贷监督权，紧盯着下放权限后干得怎么样，不能一放下去就大撒把，不闻不问，甚至导致严重风险。福建分行的案例就是一个教训。现在总行决定对一些信贷审批权下放，我十分赞同，但是放权和严管要并行，才能防控信贷风险。如果看不住、管不好风险就要慎重，我们不能牺牲效率，更不能牺牲质量。质量是要命的问题，银行有可能因此被颠覆。

四是措施落实与责任追究。刚才易行长讲了很多关于风险管理、业务、市场、营销的措施，关键是抓好落实。目前看，我们在一些实实在在的工作上进展不快，比如抓客户、抓存款、抓中间业务等都起色不大。而一些总量性的指标，完成得都比较好甚至超额完成。在抓工作上我觉得关键是信息要对称、责任要落实。所谓信息对称就是干活的人一定要知道他的任务目标是什么。比如客户经理管50个对公客户，就要有50张对应的表，每个客户去年、今年、昨天、今天的情况怎么样，业务下降了准备怎么做，做了以后工作有没有成果？每天要清晰知道自己的责任。就像学生考试一样，家长要知道孩子考多少分、在班级排名多少，要拿出这样的东西。如果信息不对称，就像枪没有准心，导弹没有制导一样，事情很难做成功。信息对称以后要抓责任落实。根据表上数据的变化情况决定对客户经理的奖惩。做客户的部门，无论是个人、公司、还是机构部门都要好好落实这一条。在抓风险管理上，要有严格的责任追究。十多年前为什么抓风险能见效，就是出了问题严格追究责任，大家不敢越雷池一步。今天也是一样，我相信如果管理责任真正落实，是能管得好、控得住风险的。在未来中国经济发展可能还会有一些波动的情况下，如果风险问题不解决，如果我们迈不过这个坎，就无法实现持续稳健发展，打造成百年老店。

积极适应新常态　奋力开创新局面

——在中国工商银行改革发展研讨会上的讲话

姜建清

（2014 年 12 月 22 日）

我们这次研讨会的主要任务是，认真学习贯彻中央经济工作会议精神，审视三年规划和十年纲要执行情况，深入分析新常态对全行经营发展带来的新变化，研究谋划明年工作思路以及未来一个时期落实转型发展战略的措施办法，动员全行转变观念，坚定信心，增强定力，深化经营转型和改革创新，努力实现经济新常态下的提质增效升级和健康平稳发展。

一、正确认识当前形势

前不久召开的中央经济工作会议深刻阐述了经济发展新常态的趋势性变化，为我们做好金融工作指明了方向。工商银行股改后实施的第一个十年发展纲要和第三个三年发展规划已基本完成，全行在经济新常态下的转型发展处在一个重要关口，必须科学研判、准确把握当前形势。

（一）全行三年规划及十年纲要执行情况。2005 年股份公司成立时，我们立足新起点，着眼新目标，编制了十年发展纲要，并在此基础上滚动实施了 3 个三年发展规划，既保持了十年来发展战略的连续性和稳定性，又根据复杂环境的变化，灵活调整和不断完善经营策略措施，圆满完成了纲要预期目标，实现了全行经营发展的历史性跨越。

我们首个三年规划（2006—2008 年）是在经济上升周期实施的。这期间，我国 GDP 保持年均 10% 以上的增速，资本市场活跃，为银行提供了良好的经营环境。我行在前些年立足于自力更生消化不良资产和财务包袱、推进综合改革的基础上，成功实现了境内外同步上市的重大突破，完成了从国有独资商业银行到国际公众持股公司的历史性转变，并抓住经济繁荣上行和股改红利，推动经营发展快速迈上一个新台阶。全行以年均 14.8% 的资产增速，实现了 43.2% 的净利润增长，先后成为亚洲和全球最盈利银行，不良率由 4.3% 降至 2.3%，手续费及佣金净收入占比提升 8.1 个百分点至 14.2%，拉开了经营转型的序幕。

我行第二个三年规划（2009—2011 年）是在国际金融危机蔓延、国内经济运行风险加大的背景下实施的。面对国际金融危机的严重影响，面对国家实施积极财政政策和适度宽松货币政策、推出以扩大内需为基本立足点的经济刺激计划等重大机遇，我们在加大支持经济力度的同时，坚定不移地推进创新与转型战略，规划期内净利润保持了年均 23% 的较快增长，不良贷款延续“双降”态势，不仅成功应对了国际金融危机的“大考”，更抓住危中之机实现了新的跃升，成为全球盈利、市值、存款、品牌价值“四个第一”和国际化发展较快的银行。

与前两轮三年规划的实施环境不同，我行第三个三年发展规划（2012—2014 年）经历了国际国内两大背景的深刻变化，即我国经济处于增长速度换挡期、结构调整阵痛期、前期刺激政策消化期“三期叠加”阶段，世界经济进入深度调整期，同时一系列金融市场新变化，给银行经营发展带来叠加影响。在急遽变化的市场环境下，全行积极落实“调整结构、创新驱动、优化格局、深化改革、提升服务、完善治理、人才兴行、文化引领”32 字战略方针，总体保持了稳中有进的发展态势。

盈利平稳增长。这三年，全行在较大基数上，实现了净利润年均 7.6% 的增长。手续费及佣金净收入年均增长 12%，占比提升 1 个百分点至 21%。ROA 稳定在 ×% 左右，ROE 年均保持在 ×% 的较高水平。成本收入比控制在 28% 左右。

资产质量整体稳定。在经济“三期”叠加、潜在风险显现的情况下，不良率大致控制在 ×%（预计数），资产质量保持国际国内同业较优水平。拨备覆盖率 ×%，境内拨贷比 ×%，风险损失抵补能力较强。成为全球系统重要性银行后，按照新的监管要求，进一步完善了覆盖表内外业务和境内外机构的全面风险管理体系，确保了总体风险可控。

资本充足率处于历史较高水平。通过资本节约型发展和严控风险资产增长等措施，保持了较为理想的资本充足水平。三年补充资本 6 248 亿元，其中内源性补充占 88%；预计年末资本充足率和一级资本充足率分别为 14.7% 和 12.3%，优于监管要求。

经营结构得到进一步优化。前瞻性地启动了新一轮信贷结构调整，先进制造业、现代服务业、文化产业和战略性新兴产业“四大新市场”贷款余额较2011年翻了一番，小微企业和个人贷款占全部贷款比重升至40%，地方政府融资平台、房地产、产能过剩行业融资总量下降3 293亿元，占各项贷款的比重从24.6%下降至14.6%。零售业务经营贡献占比超过40%，个人金融资产突破10万亿元，银行卡发卡量超过5亿张，其中信用卡发卡量突破1亿张，银行卡交易额突破6万亿元。金融资产服务业务规模和收益年均复合增长23.2%和12.6%，成为发展最快的业务线。业务离柜率大幅提升，网银和手机银行客户达到1.86亿户和1.46亿户。对互联网金融发展进行了总体规划，初步构建了集支付、融资、金融交易、商务、信息“五大功能”于一体及线上线下一体化的互联网金融服务体系，深化了大数据在风险监控、市场营销、客户服务等领域的应用。

国际化综合化布局基本形成。境外经营网络从29个国家和地区、220家分支机构，扩展至41个国家和地区、330余家分支机构，加之通过控股方式对非洲市场的战略布局，成为境外机构网络覆盖范围最广的中资银行。境外机构资产和利润年均增速分别为28%和39%，资产规模和年利润水平相当于一家全球百强银行。跻身全球领先国际结算银行之列，并成为首家同时在亚洲、欧洲、美洲三大洲拥有人民币清算行的金融机构。收购设立工银安盛，丰富了综合化业务条线，各综合化子公司逐步形成在相应市场领域的竞争优势，对集团的利润贡献提升超过1倍。

总的看，通过三轮规划的实施，全行每三年迈上一个台阶，创造了历史上发展最快、质量最好的“黄金十年”。全行十年来利润年均增长22%，营业收入、一级资本、总资产、利润、存款、贷款、品牌价值等多项指标领先全球同业，市值、ROA、ROE、资产质量等主要指标处于国际先进水平，从经营业绩到公司治理各方面都得到广泛认可，今年还获评英国《银行家》杂志“全球最佳银行”，成为历史上亚洲首家获此奖项的银行。

（二）经济新常态下的阶段性特征与趋势性变化。这次中央经济工作会议上，习近平总书记阐述了新常态带来的九个趋势性变化。认识新常态，适应新常态，引领新常态，是当前和今后一个时期我国经济发展的大逻辑，也是未来银行转型发展的基本出发点。全行必须深刻理解，我国经济发展进入新常态后，增长速度从10%左右的高速增长转向7%左右的中高速增长，经济发展方式从规模速度型粗放增长转向质量效率型集约增长，经济结构从增量扩能为主转向调整存量、做优增量并举的深度调整，经济发展动力从传统增长点转向新的增长点等一系列新特征，说明我国经济正在向形态更高级、分工更复杂、结构更合理的阶段演化。面对经济发展新常态，全行只有观念上适应、认识上到位、方法上对路、措施上得力，才能顺势而为、乘势而上，更好地推进转型发展。

同时还要认识到，我国经济已深度融入全球经济，越来越容易受到国际经济形势变化的影响。世界经济仍处在危机后的修复阶段，总体疲弱复苏态势估计难有明显改观。主要经济体走势和政策取向继续分化，尤其是美国量化宽松政策退出和加息预期上升，及欧洲和日本推出量化宽松政策，可能影响全球利率水平和资本流动。全球新一轮科技、产业和能源革命蓄势待发，新的国际产业分工调整加快，国际经贸规则制定权竞争升级。我们在适应经济发展新常态时，应注意把握好我国对国际经济环境变化的主动应对措施。

在国内国际经济变化的大格局下，金融监管环境和市场运行机制也在发生深刻变化。随着巴塞尔协议Ⅲ框架下一系列宏观审慎监管规则的陆续落地，银行业面临更为严格的资本、流动性、杠杆率等监管要求，同时针对银行经营行为合规性、适当性的微观审慎监管力度也不断加大。我国利率汇率市场化改革步伐加快，存款保险制度即将推出，存款利率完全放开也有望于今后几年内实现；人民币汇率双向浮动弹性增大，资本项目可兑换稳步推进。随着多层次资本市场体系日益完善、互联网金融业态的兴起，以及民营银行准入放宽，金融竞争格局加速演化。我们必须深度考量金融生态环境变化对经营发展带来的影响。

经济发展进入新常态，没有改变我国仍处于可以大有作为的重要战略机遇期的判断。我国经济韧性好、潜力足、回旋空间大，而且经济发展方式的转变和经济结构的调整，为银行的稳定健康发展创造了重要条件。新改革红利持续释放，“新四化”同步推进，一带一路、京津冀协同发展、长江经济带“新三大战略”实施，新的支柱产业发展壮大，新兴业态不断催生，新一轮高水平对外开放，为银行业转型发展提供了新的动力和广阔空间。

同时要清醒看到，新常态也带来新挑战，未来一个时期全行经营压力会更大、发展困难会更多，尤其是一些两难、多难问题更加凸显。在实体经济去产能、去库存、去杠杆的痛苦调整过程中，部分行业企业会持续承压，银行不良贷款反弹压力增大；同时境内外、表内外各类风险的相互交织转化和多点多发，对全面风险防控形成新考验。由于我行“重资产”的经营特点，使得盈利对资产质量的变化具有高度敏感性，质量劣变将成为吞噬利润的最大“黑洞”，目前个别分行因资产质量恶化盈利骤降；同时利率市场化加快又带来利差进一步收窄，使盈利可持续增长基础更显脆弱。此外，在全行新业务对盈利增长的支撑和拉动作用还不强、传统业务转型升级步伐还不快、增长动能转换尚需时日的情况下，外部新金融业态的迅猛发展和跨界竞争的加剧，又对我们业务成长、经营模式甚至传统中介功能形成逆袭式冲击。

经济决定金融，经济新常态必将催生金融新常态。实际上，今年以来全行经营发展已经渐入一个新常态，明年及今后一个时期这种新常态的特征和趋势性变化将会更加明显。

从盈利增长看，过去，全行盈利处在一个两位数的高增长期，现在，盈利将进入到一个平缓甚至艰难的增长阶段。利润是一家银行业务发展能力、产品创新能力、市场竞争能力、结构调整能力、风险控制能力的综合反映，是一个水到渠成的结果。我们关注盈利增长，其实更看重的是利润背后这些支撑和决定因素的走强。明年盈利下行的压力是客观存在的，即使略微增长也是需要经过艰苦努力才能实现的，全行要有忧患意识，但也不要杞人忧天。我们目前的利润总量已今非昔比，今年的净利润相当于 2000 年之后 8 年的利润总和，是股改后首个三年利润总和的 1.2 倍。这是高平台、高水平遇到的增长瓶颈，增长的难度变大了，同时这种财务实力也成为创新和转型的巨大能量。只要我们以积极姿态和沉着定力迎接挑战，将盈利调整期作为消化风险的缓冲期、增长动能的积蓄期，就一定能柳暗花明迎来新一轮的强劲发展。

从资产质量看，这是新常态下决定全行盈利状况乃至整个经营发展的最突出因素，也是我们面临的最大挑战。过去，全行信用风险管理在信贷高速增长中起到了重要作用，实现了连续 12 年的不良双下降。当前，随着经济增速下调，结构调整深化，经济上行期被掩盖的风险逐步显性化。去年全行不良贷款出现双上升，今年这种双升速度进一步加快，剪刀差扩大。当然我行目前 1% 多一点的不良率在全球大银行中仍处于优良水平，但贷款劣变趋势短期内不会有缓解。实际上，新常态下的风险演化是对我们信用风险管理水平的一次全面检验。近两年不良贷款的快速上升，有外部环境变化的原因，也暴露出我们传统信贷管理方式在抵御经济周期波动能力上的薄弱。随着近年来的信贷大投放，一些机构形成了高增长的发展惯性和冲业绩的激进偏好，放松了市场准入标准，忽视了基础管理和实质风险把控，将风险管理异化为简单的走流程、过审批，甚至为通过审批主动“包装”客户，这种不良风气冲击了良好的信贷文化，损害了稳健经营的根基。同时，一些业务领域风险面广多发，也反映出总分行在政策制定、产品设计、流程设置、系统控制等方面，对风险预警不够及时，对关键风险点的管控不够有效。全行信贷管理又处在一个非常关键的时期，必须在不良贷款的控制和化解上采取非常有力的措施，并要追本溯源、固本培元，依托大数据的运用、健康风险文化的深植及全流程全要素风险管理机制的健全，增强风险管理的预见性和资产质量在环境周期变化中的稳定性，实现市场和风险、发展和质量的有机辩证统一。

从资本情况看，资本决定发展的边界。未来几年制约全行资产业务发展的不是规模，而是资本。在现有模式下，考虑支持实体经济需要，今后一个时期全行资产业务仍需保持一定的增幅，资本需求刚性不减。而利润增长艰难必然会使内源性资本对业务发展的支撑能力下降，而资本外源性补充又受到市场环境的诸多制约。同时，金融稳定理事会对商业银行总损失吸收能力提出更高监管标准，全球系统重要性银行需率先实施。可以预见，今后资本紧平衡将是一个长期态势。而反观全行资本管理中，经济资本管理作用虽日益显现，但与监管资本还不够协调平衡，资本压力传导不到位，一些机构和业务条线存在业务扩展不考虑资本、资本占用不讲回报的状况。新常态下，增强全集团的资本约束，加快朝着轻资本、轻资产的方向转型，已不再是可选项，而是必选项。

从发展方式看，全行十年来经营发展的主旋律就是转型。虽然这十年由于经营环境的变化，转型步伐有快有慢，尤其是近三年在经济逐步进入新常态后全行部分结构调整指标低于预期，但总体上我们走过了一个螺旋式上升、波浪式前进的转型发展过程。全行非信贷资产占比从 25% 升至 46%，非存贷利差收入占比从 23% 升至 39%，手续费及佣金净收入占比从 6.1% 升至 21%，电子银行业务笔数占比从 16% 升至 85.5%，信贷结构也更加多元均衡。同时也要认识到，全行经营结构不合理、发展不可持续的问题仍然十分突出。经营转型也是一个与时俱进、动态调整优化的过程。面对经济金融环境正在发生的一系列重大趋势性变化，我们在经营结构和发展方式上的不适应问题显得越发突出。如，产业转型升级加快，服务业成为我国第一大产业，战略性新兴产业正在成为重要支柱产业，而我们在这些重要领域的产品和服务方式还比较传统，业务发展滞后。又如，存款理财化、同业化、定期化和利率市场化趋势，使资金来源的稳定性下降，成本控制难度加大，而我们的应对措施、相应的经营机制尚不够完善和成熟。深入推进经营转型，是新常态下实现可持续发展必须做好的大文章。

从客户需求看，客户是银行发展的根基和价值创造的源泉。我们一些业务发展滞缓、风险上升，背后反映的是客户基础薄弱，主要是有效客户、中高端客户不足，客户结构不优。虽然去年以来，我们加快推进了客户基础工程，但与我们预期目标相比差距还较大，其核心问题还是不能快速适应客户需求的变化。当前，随着客户换代、居民财富增长，以及互联网发展带来的客户需求变化、消费模式变革，过去同质化排浪式的消费阶段基本结束，个性化、多样化的金融需求渐成主流。特别是以“80 后”、“90 后”为代表的新生代群体更是表现出明显的“高消费、低储蓄、重投资理财、重用户体验”的金融行为特征。与此同时，金融交易和服务从线下向线上、向移动迁徙加快，银行柜面业务量下降趋势明显。适应消费者需求变化，真正按照以客户为中心原则，系统优化营销机制、渠道布局、服务模式和产品体系，是新常态下竞争发展的重大基础重构。

从发展动力看，全行股改以来新的跃升和发展，归根结底在于改革创新的促进和拉动。这些年来我们先后开辟和拓展了信用卡融资、资产管理、投资银行、养老金、贵金属、私人银行等众多新兴业务条线，增强了国际化发展对集团的战略协同与盈利拉动作用，强化了在基金、租赁、保险、证券清算等跨市场领域的运营服务能力，形成了领先同业的信息科技优势。但是面对巨大的市场需求和新一轮信息技术革命蓬勃发展的态势，全行创新的潜力还相当大，需要更多依靠创新的引擎，突破增长瓶颈，开拓发展空间。全行经过多年持续深化改革，已整体建立起现代金融企业制度，但体制机制上的弊端仍较突出，集团内部整合联动不够，市场响应不快，管理效能不高，资源配置效率不优，激励与约束效力不强等问题，越来越成为制约全行转型发展的主要障碍。改革为全行形成十年黄金发展期提供了最大动力和最大红利，未来全行在新常态下的持续健康发展，也要靠改革注入新动力、释放新红利。

对经济新常态下全行经营发展的这些趋势性变化，要深化理解、统一认识，积极适应、主动作为。面对新常态，必须奋发有为。“一篙松劲退千寻”。我们要将一个个目标、一项项业务作为一场场硬仗来打，决不能把适应新常态曲解为经营管理的“随波逐流”，决不能放任一些机构经营质态出现“断崖式”、“自由落体式”的急跌，决不能允许一些业务出现惯性滑坡和持续阴跌，决不能容忍一些消极无为、慵政懒政的思想心态蔓延扩散。全行要以勇于担当、干事创业的精气神，牢牢把握经营发展的主动权。面对新常态，必须转变观念。要将经营转型与干部员工观念“升级”相结合，做到因时而变、因需而变，不能经营发展已进入新常态而思维模式还停留在过去时，留恋于规模扩张型的粗放模式和传统路径，习惯于穿旧鞋走老路，局限于在自己熟悉的业务领域中打转，既看不到新市场、抓不到新机遇，又控不住风险。面对新常态，必须保持定力。股改上市十年来，全行在实践探索中逐步形成了清晰的转型发展战略。去年总行作出实施大零售、大资管、大数据与信息化“三大战略”，优化资产、负债、渠道、国际化和综合化“五大布局”，以及夯实客户基础的重大转型部署，实践证明，这些战略是契合新常态下经营发展要求的正确安排。全行要增强战略定力，强化战略执行力，以钉钉子精神将一张蓝图绘到底，推动转型发展实现新突破。面对新常态，必须在风险管理上有非常应对之策。在信贷资产质量压力常态化的特殊阶段，全行上下要尽非常之责，作超常之功，在找准风险源和出血点的基础上，以创新的思维和改革的办法，以破釜沉舟的决心和背水一战的气概，打好质量保卫战和攻坚战，坚决守住风险底线。面对新常态，必须在深化改革创新中寻找新的增长点和增长动力。越是经营发展处在爬坡过坎、攻坚克难的关键时期，越需要坚定不移地推进改革创新，破除体制机制弊端和发展羁绊，发现和培育新的增长点，让传统业务“老树开出新花”，让新兴和潜力业务尽快“嫩苗长成大树”，并构建区域协调发展、梯次衔接的新格局，对全行经营发展形成“多点支撑”和“混合动力”。

二、新常态下转型发展战略导向的把握

新常态下深入推动转型发展战略的实施，必须更加注意牢牢把握以下几个基本导向。

（一）突出服务经济发展新常态导向。全行各项经营活动必须主动适应和融入新常态下的经济发展，切实抓住机遇、控住风险，实现促进经济发展和自身经营的共同提质增效。

服务经济发展要有新思路。最基本的就是要做好“四个统筹”，一是信贷增量与存量使用的统筹。综合考虑经济新常态需求以及自身经营转型等内在要求，明年计划境内人民币贷款新增 8 500 亿元，增长 8.5% 左右。境内外汇贷款新增 80 亿美元，境内本外币合计新增贷款约 9 000 亿元人民币，增长 8.9% 左右。经过这些年的较快增长，我行已成为全球最大的信贷银行，每年人民币贷款累计投放大约在 8 万亿元左右，其中收回移位再贷达 3 万亿元，加上新增，合计可新发放贷款近 4 万亿元，这是对实体经济巨量的资金投放，也是全行经营增效的巨大潜力，在资本和资金对资产扩张双重约束作用增强的条件下，我们必须更好地把增量投放与存量移位结合起来。要研究建立完善的存量贷款管理体系，明年起正式实施贷款增量与存量双重管理的机制，从理念、体制和技术等方面将存量贷款与增量贷款同样管理、并重配置，全面加强收回移位再贷资金的投向和余额管理，促进存量贷款向效益和效率更高的客户、项目、品种和区域配置。二是境内与境外信贷资源配置的统筹。适应一带一路战略实施及企业加快走出去的需要，明年境外信贷余额保持 20% 的增长，预计到 2017 年占集团贷款的比重提升至 10% 左右。三是信贷与非信贷融资业务的统筹。加快金融租赁、股权融资、债券承销等多样化融资业务发展，并要建立全口径的融资总量概念，对增量与存量、境内与境外、信贷与非信贷融资进行全口径统计，形成更为全面的全球融资业务规划、监测和管理体系。四是融资业务与多元化金融服务的统筹。尤其要更加重视利用银行信息中介功能，以企业并购重组、银团贷款等投资银行业务打开更大市场，获取多元收益。

信贷投放要把握新机遇。新常态下，国家规划与政策会更加注重通过创新驱动和培育新的增长点来促进发

展，会促进“三驾马车”更均衡地拉动经济增长，从而必然会带来多元的融资需求，带来更多新的信贷增长点和增长带。我们必须紧紧围绕国家战略布局、围绕宏观政策导向的重点领域和支持的薄弱环节，积极发现培育新增长点，找准新常态下最具增长潜力和发展活力的信贷领域。要积极把握“四化”同步发展和产业结构优化升级中的重大机遇，密切跟进制造业转型升级，战略性新兴产业做大做强，服务业成为第一大产业、流通业将要发展成为国民经济的大产业和互联网等新兴业态发展壮大中的有效融资需求，逐步拓展新的信贷市场。要积极把握国家“四大板块”、新“三大战略”实施中蕴藏的大量金融需求，加强区域信贷政策与国家区域发展总体战略的衔接，积极竞争投资规模大、经济效益好的重大项目。要积极把握推进新型城镇化发展过程中的金融服务需求，关注国家级开发区、城市轨道交通、公共事业领域建设，以及城市基础设施建设中的优质市场，探索开展 PPP 模式融资试点，严格控制和把握地方政府融资平台融资总量和结构。要积极把握生产小型化、智能化、专业化的产业组织新特征，不断创新适合不同类型小微企业特点的融资工具和服务模式，充分利用网贷通、小微公司逸贷、小额信用贷等优势产品，推动小微企业融资业务健康和较快发展。要积极把握新的消费增长点，特别是国家推动实施的 6 大领域消费工程，创新消费和民生领域的商业模式、产品体系，提高个人贷款特别是消费信贷和个人住房按揭信贷比重。要积极把握我国实施新一轮高水平对外开放，特别是以“一带一路”为主轴构建全方位开放新格局，以及从贸易大国到对外投资大国转型升级中的机遇，大力提升境内外融资和全球化金融服务的水平。总行将成立综合专题研究小组，重点加强对“三个支撑带”、新兴产业、服务业等重大领域的信贷市场研究，尽快提出清晰的信贷布局和政策措施。

（二）突出转型发展导向。要把经营转型作为拉动当前增长与为长远发展铺路搭桥的根本战略，持续发力、深入推动，尤其要把大零售、大资管战略作为转型发展的“两大引擎”，打开更大的发展和盈利空间。

一是大零售战略。零售是我们的传统优势。要在整体规划大零售战略的基础上，着力深化细化具体策略措施，结合“率先发展”试点改革，探索出更多可复制、能推广的新经验新模式，以点带面，加快发展。要进一步强化战略传导，突出整体优势。要完善对分支机构主要负责人以及分管责任人的零售业务综合评价机制，以优化客户经理绩效考评为突破口，着力解决零售战略传导“最后一公里”问题。要加快完善零售各条线之间以及与对公业务部门的协同机制，拧成一股绳，下好一盘棋，真正做到按客户需求深度整合产品和服务，把“全功能、一体化”服务优势转变为拓客户、抓市场的竞争优势。要进一步明确主攻方向，培育市场亮点。要在新型消费品、现代服务业、跨境流动以及各类改革与政策调整催生的新市场、新客户中寻找零售业务新的增长点。消费金融、私人银行、财富管理、小微金融是其中最重要的潜力市场，必须加快战略布局。要按照支付、融资、理财一体化发展思路，不断推出成长性高、潜力大的创新产品。要继续重点发展个人住房按揭贷款，提高收益，扩大占比。要坚持小额、简便、不落地处理等原则发展大众消费信贷，加大业务整合、产品创新和流程优化，加快发展信用卡融资、逸贷等产品。要适应投资与消费融合的市场趋势，完善个人客户综合授信体系，丰富可质押业务品种，做好个人自助质押平台，做活个人综合资产服务业务，提升财富管理水平。要进一步提升利润贡献，增强市场竞争力。各零售业务条线特别是近几年新推出的条线，要积极进取、挖掘潜力，够一够，甚至跳一跳，达到更高的市场和盈利目标，尽快使大零售收入贡献占比超过 50%。信用卡，要继续提高在行内活跃客户中的渗透率，通过增加增值服务功能争揽行外客户；继续实施商户倍增计划，开展线上线下一体化收单营销，开辟新的盈利来源。私人银行，要以创新家庭财富管理和跨境业务为突破，深耕重点区域、延伸两级城市、聚焦各行业尖端财富人群，打响工银私人银行品牌，不断扩大同业竞争优势。贵金属，要打通实物、交易、融资和理财产品线，拓展营销渠道，努力成为零售业务重要的收入增长点。

二是大资管战略。要把握居民财富管理需求日益增长、投融资工具不断丰富的机遇，应对风控压力增大、同业竞争加剧的挑战，完善相关政策措施，实现新形势下资产管理业务升级发展。投资管理是关键。做好投资管理的核心是持续提升投研能力，把住风险和收益相平衡的第一道关口。要回归“受人之托、代客理财”资管本质，从客户维度出发，探索适应投资管理特点的风控模式，积极挖掘信贷资产证券化、重组并购、混合所有制改革、优先股等领域的优质项目，破解表内外项目来源高度同质化、优质投资项目供给不足的矛盾，拓宽投资品选择空间。产品结构转型是保障。要稳步推进由预期收益型向净值型为导向的产品转型，做到“买者自负，卖者尽责”，逐步构建以管理费用和业绩分成为主要收入来源的盈利模式。客户群拓展是基础。目前我行资产管理产品的销售还过度依赖于传统渠道，客户群体也主要集中在中高端客户。要加快大资管业务的互联网布局，运用开放性、低门槛、高效率的互联网营销方式，强化大资管业务对长尾客户、行外客户的渗透。要加快银银平台功能优化和营销推动，依托我行传统结算优势，为金融同业提供代理交易、投融资、拆借、资产转让等增值服务，拓宽同业代销渠道，搭建面向同业客户的大资产管理平台。全价值链协同与创新是支撑。要明晰大资管各业务线、各经营单元的功能定位和发展目标，加强在各细分市场领域的协同作战，把我行功能齐全的优势发挥出来，实现“全市场运作、全品类投资”，促进全价值链整体升级。要搭建养老资产管理综合服务平台，做大受托管理和账户管理等源头性业务，加快托管业务向资产管理中台增值服务延伸。各综合化子公司要发挥牌照与专业化经营优势，对母行资管业务形成强大补充。工银瑞信，要把握资本市场回暖机遇，扩大权益类产品规模。工银安盛，要坚持承保与投资双轮驱动，优化保险业务结构，增强投资管理能力，适时申设保险资产管理公司。

三是存款业务。这是转型发展的基础，就像粮食安全对保障我国经济社会稳定发展的重要性一样，无论市场怎样变化，都要重视存款业务的稳定增长。要下更大力气尽快扭转基础存款增长乏力、成本抬升的不利局面，将经营和发展的主动权牢牢抓在自己手上。随着存款保险制度的落地，利率市场化也渐行渐近，银行正从被动负债向主动和被动负债并行的阶段转变。要前瞻性地谋划负债业务发展思路，平衡好总量、结构和成本控制的关系，既要在基础存款上稳住阵脚，尽可能拉长被动负债到主动负债的转化时间，不能动摇现有存款基础、过度抬高成本，为当前盈利和未来转型争得有利条件；也要在主动负债上积极作为，善于运用市场工具来应对，适应利率市场化条件下负债业务发展的需要。

在管理策略上，要由主要按期限管理向按利率敏感度分类管理转变。在利率市场化和互联网金融的双重作用下，客户对利率的敏感度越来越高，资金流动更趋频繁，过去主要按照定活期限来统计和管理存款的方式，在灵活性和主动性上越来越不能适应市场迅速变化的需要。要研究建立以客户利率敏感度为维度的存款统计体系，通过大数据分析等办法主动超前把握客户存款安排，按照不同用途划分利率敏感度层级，进行差异化的定价和管理，并通过建立科学合理的内部市场机制，充分调动各机构组织存款的积极性。

在定价策略上，要从区域授权和重点客户逐笔审批为主尽快向按客户贡献大小定价转变。现在外部竞争已形成倒逼机制，我行按客户维度统计贡献的条件也基本具备，必须尽早进行改革，完善差别化的定价模型，实施有条件的定价授权机制，增强市场议价能力。要加强资金来源与运用的定价衔接，完善核算模式，认真组织好相关分行资金“高来高走”运作试点，平稳有序地向完全市场化模式过渡。

在营销策略上，要更加重视以信誉和服务来赢得市场。存款保险制度实施后，银行信誉、综合实力以及所带来的增值服务，会越来越成为客户特别是中高端客户选择银行的重要考虑因素。安全稳健、综合实力强恰恰是我行最深入人心的形象，一定要把这个优势宣传好、维护好、发挥好。要推行存款的产品化营销，创新和储备大额存单、灵活分段计息等新型存款产品，提高市场竞争力。支付结算是低成本存款的主要来源。要全面建立公司客户结算账户的统计、监测、分析体系，通过创新服务和加强主动管理，加快“裸贷”治理，扭转当前支付结算业务竞争不力的被动局面，稳定客户结算流和资金。要顺应客户从“存款人”向“投资人”转变趋势，充分利用我行账户交易类产品丰富的优势，吸引行内外客户，争取沉淀资金。要在不断丰富理财业务产品体系的同时，注意把握好存款与理财、本行产品与代销产品之间的关系，既尊重客户选择和满足客户需求，又要根据不同时期各产品不同的收益水平，及时调整营销策略，侧重发展能稳定增加存款和带来更多回报的产品，实现存款和理财的双向促进、协调发展。

与此同时，还要继续深入推进“大公司”“全机构”战略，不断完善全产品营销、全产业链服务机制，巩固对公金融业务市场地位。要整合境内外、母子公司的投行资源，加强商投联动、资管与投行联动，利用工银国际、工银金融、标准银行等投行业务平台，打造跨区域、跨市场、全品种的投行产品线，加快形成“大投行”的战略格局。

（三）突出创新驱动导向。要科学研判科技创新与金融产业变革大趋势，找准突破口，加快重点领域创新，不断为转型发展加力。

互联网金融正在深刻改变传统金融的经营模式、制胜要素和竞争格局。目前，我行三大平台主要功能均已如期投产，三大产品线主要产品大都推出，互联网金融整体架构基本搭建完成，下一步要抓住用户、流量、平台、场景、跨界等关键因素，加强营销、完善服务，迅速打开和做大市场。一要抓统一平台入口。网银和融e购是工商银行客户引流的“两大入口”，目前正在开发和将来需要开发的平台都必须嵌入到这两大入口平台。要加快网银的电商化改造和企业网银功能整合，搭建具有开放化、智能化、社区化特征的电子银行新平台。要大力拓展融e购优质商户，金融、商品、服务三大板块，要增加客户、做大业务，突破房地产、汽车以及集中采购等电商领域，将融e购打造成知名的B2C平台、成熟的B2B平台、领先的采购平台。要尽快投产直销银行，使其成为营销行外客户的利器。二要抓移动金融先机。移动金融服务是互联网金融的发展方向，是当前和未来竞争的主战场。要从研发资源配置、产品投放、营销推广等方面入手，不断完善适应移动金融快速发展的工作机制。今后各业务和产品创新都要以移动端为主，优先开发、优先投放、优先推广，力争两年内移动端业务量达到PC端的50%。要善于引进和吸收新技术，在移动金融功能创新上快人一步，在商业模式构建上更加突出我行线上线下联动优势，当前要重点从移动支付发力，优化工银e支付功能，深化商户合作，力争明年e支付客户规模突破8 000万户。三要抓生态系统建设。互联网使金融服务更加生活化，金融产品也只有深度融入生活场景，才更具生命力。这也是我们下大决心跨界打造融 e 购平台的目的所在。要围绕居民衣食住行、娱乐医疗教育等消费，以及小微企业创业展业需求，扩大线上线下合作商户，研究建立开放式的电子身份认证平台，形成一个面向合作机构和客户，互动开放、更具活力的互联网生态系统，以获取更多数据来源和业务机会。四要抓综合回报。衡量互联网金融的成功与否，核心是要看其对全行支付、融资、信息服务的贡献度和拉动力，看其对客户黏性的强化作用，看其最终的综合盈利水平。要尽快完善融 e 购盈利模式，建立贡献度考核机制。融 e 购明年交易额要达到 5 000 亿元，其中 B2C 商城要超过 3 000 亿元，牢固确立我国前 10 大电商地位。

创新必须要落实到创造新的增长点上，其关键是要有一个科学的产品创新管理体系。产品创新最难的是对市场需求的理解和把握，要坚持产品研发的客户需求导向，在互联网金融产品领域率先探索迭代创新等新模式，提高创新效率。产品研发前必须做好客户需求和同业情况等市场调研，提出明确的市场定位、业务拓展计划和盈利目标。产品投产后要定期开展运营分析，评估客户反映和计划目标达纲情况。重点产品要按五级进行动态分类，每年要对所有产品进行综合排名和市场分析，形成产品生命周期管理机制。总行在抓好战略性、全局性、整合性重大项目创新的同时，要给予分行必要的创新权限和区域特色产品的开发空间。

科技创新是金融创新的基础和支撑。要深入推进信息化银行各项工作任务的落地实施，按照构建开放性、高容量、易扩展的全新 IT 系统目标，利用大数据、云计算、移动互联等新技术，从应用架构、数据架构和技术架构三个方面深化 IT 架构优化，建设更加灵活稳定的云管理平台，更好地支持快速创新的需要。在经营管理支持上，要逐步实现集团各系统的互联互通和服务集成，从网点管理、客户营销、数据分析等领域着手，为全行各层级岗位提供操作便捷、功能完善的统一工作平台。在对外合作上，要研发统一开放的服务接口平台，切实把科技优势转化为合作便利。要基于“两地三中心”新架构，打造生产运行一体化管理体系，加强信息安全管理和技术防护板块的构建，保障业务安全稳定高效运行。

（四）突出全球一体化经营导向。要树立务实高远的国际化发展目标，充分利用我行人民币业务和全球一体化服务“两大优势”，推动国际化发展迈出更大的步伐。

要打造全球跨境人民币业务第一大行。要紧随人民币跨境使用从贸易向投融资、从结算货币向计价和储备货币加快发展的进程，下好竞争先手棋，争取快速做大跨境人民币业务规模。要扭住人民币清算行这个源头和关键，继续争取可能地区的清算行资格，并注重利用好各清算行的区位优势，形成各有侧重、功能互补的离岸人民币业务中心。要建立跨境人民币产品研发的“快速通道”，依托上海自贸区、广东、福建、天津特定区域自贸区，以及深圳前海现代服务业合作区，打造人民币跨境结算清算、沪港通等十大重点产品线，逐步形成境外人民币聚集、运用、留存的大“池子”。沪港通是推动资本市场开放的长期性制度安排，要利用我行争揽境内资金结算业务的良好开局，趁热打铁、扩大市场，形成相关业务对“沪港通”客户的有力渗透。要建立 ICBC 离岸人民币电子交易平台，实现离岸人民币外汇、债券的交易、资讯、风控等功能，将平台业务发展成为新的业务增长点。要充分发挥我行人民币大行优势，完善境内外业务联动分润机制，以境内辐射境外、以境外促进境内，提高对客户跨境金融需求的响应速度与融合服务能力，并以此带动境外机构竞争发展，带动境内更多分行成为当地国际业务第一大行。

要打造全球最受推崇的中资银行。目前境外机构网络架构已日益完善，国际化进入到提质增效、升级发展的新阶段。今年总行推动了境外信贷簿记中心、筹资工具管理和金融机构营销架构“三项改革”，为境外机构破解资本、资金、税负等发展难题创造了条件，提供了路径。要继续加大对境外机构的资源投入，优化考核引导，推动各境外机构坚持特色、精耕细作，加快本土化发展进程。要拓展在境外市场的经营纵深，重点在港澳、东南亚等周边地区和国家布局二级机构，提高在重点市场的盈利能力。要发挥北美、东南亚、欧非三大境外金融机构营销中心贴近市场的优势，前移营销代理行业务，延伸我行客户服务的网络。要充实境外科技服务团队力量，加速业务系统的本地化、适应性改造，进一步将优势产品和服务延伸出去。要重视国际化人才队伍的超前培养和接续发展，面向市场选拔、建设一支跨文化经营管理能力强、业务素质高、语言精通的人才梯队，为境外机构发展提供坚实支撑。

要打造全球领先的“拳头”产品线。紧随国家战略导向，搭建筹融资、结算、交易、信息咨询于一体，全方位的支持“走出去”金融服务体系，重点在能源资源开发、基础设施互联互通、高铁与核电等优势产业出口、产能转移等领域，为企业提供强大的全球服务支持。要把握一些国际大银行收缩全球布局、剥离部分业务的时机，有选择地在一些新兴业务领域寻求突破。全球市场交易是大型国际银行重要的产品线和收入来源，也是中资银行的短板。要加快完成标银公众的交割与整合工作，统筹利用标银公众及工银阿根廷等机构在商品、外汇、利率、信用交易领域的市场地位与专业经验，打造拥有跨市场报价和连续运作能力的全球交易业务产品线。要积极稳妥地推进私人银行和资产管理业务的国际化布局，重点要抓好工银亚投、工银欧洲两大海外资管平台建设，并研究探索通过并购加快提高跨境资产管理能力，拓宽国内高端客户境外投资渠道，实现

“中国概念”投资产品在全球主要金融市场的销售。

（五）突出风险管理的导向。新常态下，必须把风险管理作为一切经营活动的首要问题，坚持在发展中平稳化解风险，在化解风险中优化发展。

要重塑新常态下的信贷管理体制、经营机制和信贷文化，并要对一些信贷风险高发行、高发领域采取特别管理措施，坚决确保信贷资产质量稳定。在源头防控上，要着眼于控制实质风险这一根本要求，优化信贷制度、办法、流程，清晰界定前中后台风控职责。要通过相关管理系统的改造，切实解决客户信贷信息与其结算信息相分离的问题，使信贷人员能及时了解客户结算账户变化，预判风险。要继续突出抓好重点领域的风险防控和化解，特别是地方政府融资平台、房地产、产能过剩行业融资面临的风险；大宗商品与资产价格波动带来的商品融资、固定资产支持融资风险；企业过度融资、关联交易、联保互保风险；“裸贷”客户风险。要借助全国正在开展的政府债务清理，扎实做好债务确权，切实维护我行债权安全。在能力建设上，要加紧健全分支机构信贷资质认证制度，完善分类授权和管理。对专业人员配备薄弱、不良贷款率较高、操作风险频发的机构，要限期调整、充实力量。在技术手段上，要坚持经验判断与大数据分析相结合，既要进一步完善实地调查方法手段，做到“真调查、实反映”；又要发挥总行信贷监督中心的作用，通过大数据模型及时揭示潜在风险，特别是对一些系统性、趋势性风险要有前瞻研判，真正起到“良医治初病、治未病”的作用。对总行的风险预警提示，各行要第一时间核查，建立起总行重点监控，一级分行、二级分行组织督导实施，基层经营机构落地执行处理与报告的机制。在不良处置上，要把外科手术快速切割处理与保守疗法稳健处理结合起来，加大现金清收、以物抵贷、呆坏账核销等常规手段的综合运用力度，改进批量转让方式，注重运用投行等创新方式，加强不良资产经营，提高处置效率和效益。总行要组建特殊资产处置团队，搭建集团不良资产处置平台，为化解不良贷款开辟新的通道。资产质量劣变较快的大行也要组建专门团队，完善不良贷款集中处置、专职清收、分层管理的工作机制，提高不良清收处置的专业化水平。

要不断适应集团多元化、综合化、国际化创新发展要求，加强集团治理，完善“跨市场、跨业务、跨监管”、“集团层面、全口径、大数据”的全面风险管理。要加强集团流动性风险的统筹管理，对境内，要转换高储蓄率下形成的思维定式，高度关注社会资金流动转换日益频繁，存款稳定性下降带来的流动性管理压力，定期开展流动性压力测试，形成完备的流动性管理策略；对境外，要稳步推进筹资工具发行的统一管理，解决部分境外机构资金自求平衡能力较弱、资产负债错配程度较高、流动性覆盖率不达标的难题。要加快提高市场风险管理水平，加强对汇率、利率及大宗商品价格波动的跟踪研判，强化交易限额的系统硬控制，完善风险应对预案。规范境外机构开展金融市场业务的准入管理，根据交易规模和业务复杂程度实行分类管控，尤其要尽快对交易量不大、风险管理薄弱机构实行市场风险的区域集中管理。要高度关注代理非标投资与代理销售等表外业务风险，这类融资链条较长、交易结构复杂，容易造成风险信息的屏蔽和控制措施的落空，特别是部分合作金融机构经营风格激进、杠杆畸高，更容易出现风险蔓延或转嫁给银行的情况。今年以来，已发生数起因代理信托收付不能到期兑付而对我行声誉造成影响的事件。要抓紧对存量代理投资和代理销售业务进行逐项排查，针对风险状况和整个业务办理过程中的合规性，依法提出风险处置策略。要深刻总结经验教训，严格合作机构准入，完善代理业务审批、销售和管理，落实相应的管理责任。

三、向全面深化改革要动力

要抓住主要矛盾和核心问题，抓好各项改革方案的制订和落实，为转型发展拓宽道路、增加动力。

（一）通过深化改革提高服务品质、夯实客户基础。客户竞争归根结底是服务品质的竞争。服务品质是银行最核心的竞争力，也是最大的发展潜力。因此，有必要考虑将2015年作为客户服务体验建设年，推动全行更加重视通过深化渠道、流程和服务模式等改革，加快提升服务品质。要着眼于构建中高端客户总量大、代际衔接、交易活跃的客户基础，在客户发展上有更严格的考核。明年应继续重点做好三件事。

一要加快客户信息整合与应用。要加快打通前中后台、线上线下各系统以及公私客户管理平台间的区隔，启动账户信息化改造，以客户为中心实施客户信息标准化整合工程，做到各系统客户信息互联互通、客户各类资产情况一表尽览。要将信息整合成果应用到流程改进上来，最大限度地减少客户信息重复录入、资料重复提交，任何部门都不能随意在流程上叠加管理要求，尽最大可能把方便留给客户。要不断完善信息应用机制，充实分析师特别是专业分析师队伍，丰富客户行为偏好、流失预警等模型，开展常态化和协同化的挖掘分析，为基层和客户的具体使用需要提供支持，让信息产生价值。

二要加快推动网点转型。要继续统筹推进网点运营标准化管理和网点竞争力提升工程，建立不同类型网点及人员业务量统计体系和分类分级评价管理体系，优化高低柜配比和人员配备，深入推进网点的精细管理。对改革释放出的人员要建台账、定去向，通过转岗适岗培训，主要充实到销售队伍。要同步提高网点智能化运营水平，将机器能处理的、客户能自助办理的、线上预约或延时处理的业务，尽量引导其离柜或非实时办理，使网点服务潜能从大量简单交易中释放出来，进一步成为中高端客户的主入口、高附加值服务的主阵地和服务体验的加油站。同时还要加强网点业态转型的研究，重视网点对公服务能力的提升，增加商户拓展、商圈维护等功能，加快线下店商圈建设，推广 O2O 模式，将庞大的线下商户网络、强大的落地服务与高效的线上服务结合好、发挥好。

三要在客户经理管理机制上取得突破。客户经理是营销服务的最前线，也是战略执行的“最后一公里”。当前全行一些业务发展和客户拓展上的问题，表面上看是与一些客户经理“不敢不能不愿”主动营销有关，根子上则是我们传统的营销服务机制不适应当前服务竞争需要，明年一定要在这项基础工作上有大突破，从营销服务、考核激励、支持保障、监督管理等方面全面建立健全客户经理管理机制。第一，支持要跟上。现在客户需求都是全方位、多样化的，服务方案都是一揽子、综合化的，要求单个客户经理十八般武艺样样精通是不现实的。产品部门、审批部门等中后台必须围绕前台需求，及时有效地提供支持与服务。除了产品支持外，信息支持也非常关键。要搭建“视图完整、营销精准、评价科学、管理智能”的客户经理营销及业绩管理系统，通过每天信息主动推送，让客户经理能够及时掌握市场变化、客户变动情况，为客户经理的资源配置和贡献评价提供决策支持，从而变客户经理单兵作战为团队作战，解决好“不敢”出去的问题。融 e 联即时通信平台可以支持客户经理与客户及行内支持团队之间便捷沟通，目前已经在私人银行和信用卡客户经理中试点使用，要不断完善功能、改善客户体验，并加快推广到全行客户经理和其他员工，力争明年融 e 联应用客户超过 2 000 万户，逐步成为社交型移动金融服务平台。第二，流程要简化。要保证客户经理将更多的时间和精力用在营销和服务客户上，而不是内部协调和案头工作上。信息整合工程完工后，将大大减少客户经理在不同系统间信息重复录入等工作。下一步还要进一步简化流程和环节，使客户经理从繁杂的内部事务中解放出来，解决好“不能”出去的问题。第三，考核要匹配。要完善对客户经理的考核和监督，从业务规模增长、价值创造、客户维护与拓展、内控评价等多方面科学设计考核指标体系，将各级机构的经营目标清晰分解和有效传导到各层级客户经理，改变以往简单以产品销售计价为主的绩效考评模式。要推行电子工作日志管理方式，做到客户经理每项工作可记录、可追踪，每项营销成果可比较、可评析，精准量化营销成效；同时，要建立第三方回访客户等机制，加强对客户经理的行为监督，确保考核科学、激励约束到位，提高客户经理工作的主动性和创造性，解决好“不愿”出去的问题。

（二）通过深化改革提升市场竞争力。要着眼于国家区域规划发展方向和各分行经营实际，更加精准地分类施策，缩小政策单元，力争有效指导和支持分行充分把握我国区域发展布局中形成的新机遇，走出与当地资源禀赋相适应的差异化、特色化竞争发展路子。

要巩固和提升大中城市行的竞争力。要认真落实总行《关于提升大中城市行竞争力的意见》，并按照总行提出的机构改革总体要求，深化大中城市行改革，促使其真正形成符合本行实际的转型发展思路，解决制约转型发展的体制机制弊端，增强竞争发展活力。北京、上海、广州、深圳等特大城市行和地处新一轮对外开放试验区的城市行，要提出加快改革发展的“一揽子”方案，而且总行要与有关分行一起研究，利用外部智囊一起研究，争取使这些城市行成为全行改革试验田、业务创新基地和转型发展的旗舰行，探索出一些成熟的、可复制的改革新经验和发展新模式。对那些战略地位重要、竞争力又比较落后的大中城市行，总分行要组织专门诊断，因症施策，力争每年使 2 ~ 3 个行经营发展出现明显进步，2 ~ 3 年实现根本翻身。通过 5 年左右的持续努力，逐步使 90% 以上重点城市行综合市场占比位居当地同业首位。

要扎实推进重点县支行的改革发展。重点县支行改革实施将近五个年头了，有成效但不显著，新机制还没有全面形成，甚至有的县支行在增加信贷投放中形成了较大风险。总分行都要对本级推动的重点县支行改革进行一次全面认真的检查分析，找准原因、完善措施，并一定要落实牵头领导和部门，落实改革发展目标和相应的推动机制，切实把重点县支行改革抓在手上，不能挂“空挡”。要从优化班子结构、强化队伍素质、转换经营机制、优化资源配置等根本问题入手，增强重点县支行的经营发展能力，而不是简单地大放权、大投放。列入总、省行级的重点县支行，不能把纳入名单当做给政策、要资源的“门票”，关键是要转思路、练内功、挖潜力、改机制，更多靠自身奋发图强、主动作为来创造市场优势、打造竞争实力。要抓住县域经济崛起和新型城镇化推进的机遇，坚持“以县城为主、零售业务为主、小微企业为主”的“三为主”经营定位，加快推动互联网金融在县域的延伸拓展，增强对县域和农村市场的渗透力、辐射力和竞争力。

（三）通过深化改革优化资源配置。这里，重点谈谈改革财务资源和资本配置的问题。

关于改革财务资源配置。在利润增长困难的背景下，全行必须以“过紧日子”的思想来安排财务资源的配置，除去保障员工基本薪酬和业务运营所必需的开支外，从紧安排、从严审批一切费用支出；对一些所谓的“刚性”支出，也要合理优化，加快存量资源特别是低效、无效固定资产处置盘活力度。要改变无论业绩好坏都要求增加财务费用、增易减难的惯性，鼓励分行“依靠业绩说话”，通过价值创造挣取费用资源。要增强资源配置的前瞻性，统筹把握当期经营与长远发展的需要，保持一定比例的战略性资源投入，并探索建立跨年度预算平衡机制。要通过内部市场化的收入分配、成本分摊等手段，进一步将一些经营单元改造成利润中心或核算利润中心，清晰核算其成本效益，真实反映其价值贡献，激发各主体的经营活力。明年总行要对银行卡业务部和电子银行部进行利润中心模拟考核。

关于改革资本配置。要进一步在全集团健全资本约束机制，探索实施监管资本和经济资本并行管理的措施，通过实施更直观易操作的风险加权资产限额管理，通过建立与资本积累挂钩的资本配置机制，通过加大资本指标考核权重，将资本压力传导到各分行、各机构和各业务条线；同时，通过加强资本管理培训、编制经济资本计量“明白纸”等办法，增强基层对资本工具的理解和运用，促使全行在经营发展中充分考虑资本的支撑和回报。要坚持开源与节流并举，统筹境内外资本市场，开辟多元化资本补充渠道，同时要实现资产证券化的更大突破，打破“资本补充—资产扩张—更大规模资本补充”的循环，努力保持理想的资本充足水平和具有国际竞争力的资本回报。

（四）通过深化改革强基固本。新常态下的转型发展要靠管理保障，人才驱动。必须通过改革，进一步打牢管理基础，深植人才队伍这一根本。

一是落实各级行的经营主体责任。激发各经营细胞的活力，既要不断优化资源配置与授权管理，更要真正落实经营主体责任，保持责权利的对等与平衡。在利率市场化加快、市场竞争复杂多变的新环境下，总行会适当扩大对分行的资金定价、信贷审批、产品创新等经营授权，但同时各经营主体也必须切实负起对经营的成本、风险和效益的责任。各行在决定存款利率上浮、贷款利率下浮以及各种费率水平之时，必须慎重考虑净息差（NIM）应该保持在当地同业什么样的水平上；在行使较大贷款审批权之时，也必须承担更大的风险责任。审批权下放的同时，监控权必须相应上收，监测要更灵敏、全面，控制要更严格、有效。要健全关键指标监测考核机制，尤其要更加及时地监测每个经营单元 NIM 的变化、每笔融资风险的状况，一旦发生非正常变化，要及时预警和介入。要进一步理顺内部资金转移价格，向分行准确传导央行基准利率调整的影响，传导总行背负的应由分行、利润中心等各经营主体负担的资金成本，全面真实客观地反映各经营主体的盈利水平。要加强 MOVA 系统在营业网点的应用管理，使网点负责人更直观地看到实时更新的业务经营、任务执行情况等数据，将经营责任及时传导到位。要建立健全经营责任追究办法，对经营失职的要严肃追责，对专业能力不能胜任的要及时调整。

二是改进内部控制机制。新常态下金融生态变化也使银行面临的案件风险、欺诈风险、操作风险明显增多，内控管理形势比较严峻和复杂。尤其需要引起关注的是，近来个别机构和少数员工越权销售、私售理财产品、违规代客投资、手工出单销售保险等风险事件时有发生，不仅扰乱了正常的经营秩序，也带来了资产和声誉风险。全行要加强对当前风险特征的研究，扩展内控合规监督的重点，完善“线上”监测分析，健全现场监督、违规举报、客户回访等监督体系。特别是在发展代理业务过程中，要严格防控“飞单”风险，对员工私售和管理人员越权审批、销售“飞单”的，要予以严厉惩处。要以全国银行业正在开展的加强内部管控、遏制违规经营和违法犯罪专项检查活动为契机，进行全面业务检查，列出问题清单，落实整改措施，整顿经营秩序。要深入剖析典型问题，查找背后的系统性、机制性和规律性原因，进而有针对性地完善制度、改进机制。

三是深化人力资源管理改革。经济发展和银行经营进入新常态，对全行员工特别是各级领导干部、管理人员的经营理念、专业能力以及对整个人力资源的结构都提出新的要求，必须深入研究新环境下的队伍建设，加快实施人才驱动战略。要更好地坚持理论培训和实践历练并举，更加重视各级领导干部履职能力、专业能力的考核与培养，特别是对一些重点使用的年轻干部要放到各类急难险重岗位上去锻炼，放到基层一线去“墩苗”，提高其实际经营管理能力。要整体规划、精细配置人力资源，通过量化管理、机制引导，通过利用员工退休高峰、人员更新加快的有利条件，大幅度调整优化人力资源结构。要加快推行专业培训和资质考试认证体系，提高员工的专业胜任能力。要启动核心人才培训项目，利用 3 年时间培养 3.7 万名管理能力、专业能力突出的核心人才。要扩大面向海内外市场选聘人才的范围，加快充实专业化、紧缺型和国际化人才，逐步提高全球雇员比重。要认真分析人力资源管理提升项目实施 7 年多来的情况，适应新的政策和市场环境，启动人力资源管理深化项目，重点从员工岗位管理和晋升发展、绩效考核、薪酬和福利管理、机构等级评价等方面入手，进行全面系统的完善和优化，同时适时推出员工持股计划，从而进一步形成适应集团改革发展需要的，干部能上能下、薪酬能高能低、人员能进能出的新型人力资源管理体系，形成短期激励与长期激励、预期激励有机结合的新型激励机制，调动广大干部员工的积极性，稳定核心人才和业务骨干。

四是全面构建作风建设长效机制。要深入落实教育实践活动中提出的整改措施，加快一批保障作风建设长效化的制度订立。要探索建立不良作风积分制和“德行信息库”，持久保持对“四风”的高压态势。要改进和加强干部员工的思想教育，不断铲除“四风”滋生的思想土壤，同时注意发现容易产生“四风”的体制机制弊端，通过深化体制机制改革形成风清气正的治理环境。效率是作风的集中体现，解决效率问题必须从改进作风入手。去年以来，总行针对各方面反映比较突出的部门职能交叉、业务流程长、制度繁复、文山会海等问题，下大力进行了改进、改革和改造，效率有了一定提高。但是效率问题仍然是管理行和管理工作中的突出问题，提高效率是一个永无止境的过程。明年有必要考虑结合教育实践活动整改“回头看”，在各级管理行和管理岗位开展“效率提升年”活动，重点解决管理行服务基层不够、业务联动较弱、管理效能不高等突出问题；深入推动流程改造、制度整合以及各级行内设机构改革后相应的机制转换等重点工作；大力推行服务承诺制、首问负责制、限时办结制、督察督办制等一批制度办法，广泛推行移动办公、用融e联沟通等现代方式；通过倒查重要工作不落实的责任，严肃惩处一批作风拖沓、推诿扯皮的典型，促使各级管理行进一步形成重服务、讲效率的风气和机制，并且通过各级管理行、管理人员作风的改进、效率的提升，带动全行作风建设的深入和竞争效率、客户服务水平的跃升。

同志们，新常态是经济发展阶段性特征的必然反映，是不以人的意志为转移的客观规律。能否牢牢抓住新常态带来的新机遇，既是对我们勇气和信心的考验，更是对能力和智慧的锤炼。全行上下要科学认识和积极适应新常态，增强谋事而定、顺势而为的主动性，以真抓实干、奋发有为的精神，努力开创新常态下经营发展的新局面。

在中国工商银行
2014年工作会议上的讲话

易会满

（2014年1月16日）

一、2013年主要经营情况

1.1.1　总体经营效益情况

经营效益保持稳定增长

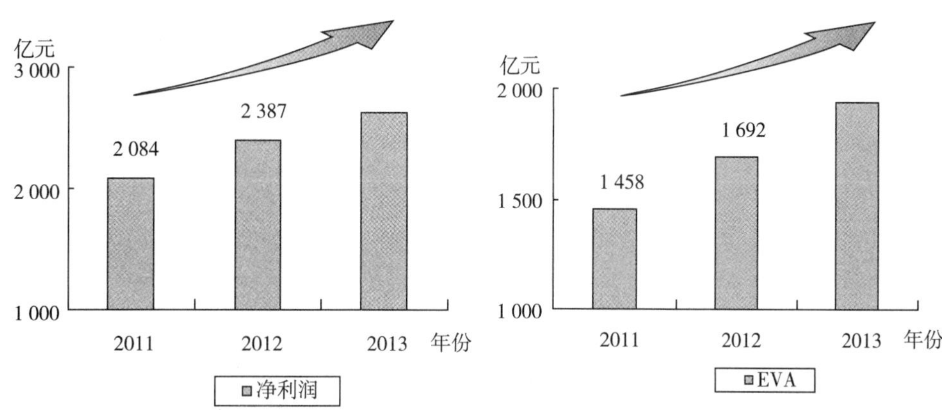

注：上图数据为国际财务报告准则下集团口径数据，其中2013年为管理层数据。

2013年，集团实现净利润××亿元，同比增加××亿元，增幅××%。

集团EVA达到××亿元，同比增加××亿元，增长××%。

1.1.2　主要经营指标情况

国际财务报告准则（集团管理层数据）

主要经营标	2013	2012
1. 盈利能力		
1.1　净利润（亿元）	××	2 387
1.2　EVA（亿元）	××	1 692
1.3　加权平均权益回报率（%）	××	23.02
1.4　基本每股收益（元）	××	0.68
2. 收益结构		
2.1　净利息收益率（NIM）（%）	2.57	2.66
2.2　手续费及佣金净收入占比（%）	××	20.02
2.3　成本收入比（%）	28.24	
3. 资产质量		
3.1　不良贷款额（亿元）	××	746

续表

主要经营标	2013	2012
3.2　不良贷款率（%）	××	0.85
3.3　拔备覆盖率（%）	××	295.5
3.4　贷款总额准备率（境内）（%）	2.56	2.6

较好完成了年初制定的经营计划目标

净利润、EVA、加权平均权益回报率、基本每股收益以及成本收入比等5项指标完成情况均好于年初制定的经营计划目标。

收益结构进一步优化

手续费及佣金收入占比较上年提高1个百分点，盈利增长可持续性进一步增强。

不良贷款有所反弹，拨贷比符合监管要求

尽管不良贷款余额较上年有所增加，但不良贷款率仍控制在同业较优水平；拨贷比符合相关监管要求。

1.1.3　境内分行净利润完成情况

境内分行净利润完成情况（预算完成率排名）　　单位：亿元，%

行名	净利润	同比增幅	预算完成率	行名	净利润	同比增幅	预算完成率
西藏	2.7	183.3	116.6	辽宁	43.4	7.5	99
贵州	39.3	24.7	108.5	广西	37.8	12.0	98.8
重庆	48.3	25.7	108.1	湖南	46.7	9.7	98.7
北京	286.9	11.3	107.8	天津	48.8	8.0	98.0
河南	60.6	19.8	105.8	江西	35.8	12.5	97.1
四川	98.8	14.9	105.0	广东	219.9	4.2	97.1
深圳	60.5	5.6	104.7	吉林	26.7	11.4	96.5
海南	17.8	13.7	104.3	青岛	25.3	7.2	95.2
青海	7.1	22.1	103.7	陕西	47.8	7.6	95.0
甘肃	16.1	13.6	103.4	上海	152.7	-3.0	94.4
内蒙古	35.7	6.2	102.0	黑龙江	36.3	3.7	93.2
云南	43.9	14.1	101.4	宁夏	9.4	11.4	92.9
山西	52.4	9.4	101.3	厦门	14.1	6.8	86.9
河北	83.7	8.4	101.3	江苏	157.3	-10.4	83.1
大连	22.3	9.9	100.8	浙江	157.5	-17.9	77.1
山东	134.6	5.6	100.7	福建	35.9	-34.2	59.9
新疆	27.3	14.0	100.7	宁波	17.4	-41.8	48.8
湖北	66.6	20.8	100.5	分行小计	2 249.8	3.8	95.8
安徽	52.3	10.3	100.1				

分行整体预算完成不够平衡，36家一级（直属）分行中19家分行完成年初预算目标，预算完成率超过95%的有28家分行；浙江、福建和宁波三家分行预算完成率低于80%。

境内分行净利润完成情况（净利润总额排名）　　单位：亿元，%

行名	净利润			行名	净利润		
		可比增幅	预算完成率			可比增幅	预算完成率
北京	286.9	11.3	107.8	贵州	39.3	24.7	108.5
广东	219.9	4.2	97.1	广西	37.8	12.0	98.8
江苏	157.3	-10.4	83.1	黑龙江	36.3	3.7	93.2
上海	152.7	-3.0	94.4	福建	35.9	-34.2	59.9
浙江	137.5	-17.9	77.1	江西	35.8	12.5	97.1
山东	134.6	5.6	100.1	内蒙古	35.7	6.2	102.0
四川	98.8	14.9	105.0	新疆	27.3	14.0	100.7
河北	83.7	8.4	101.3	吉林	26.7	11.4	96.5
湖北	66.6	20.8	100.5	青岛	25.3	7.2	95.2
河南	60.6	19.8	105.8	大连	22.3	9.9	100.8
深圳	60.5	5.6	104.7	海南	17.8	13.7	104.2
山西	52.4	9.4	101.3	宁波	17.4	-41.8	48.8
安徽	52.3	10.3	100.1	甘肃	16.1	13.6	103.4
天津	48.8	8.0	98.0	厦门	14.1	6.85	86.9
重庆	48.3	25.7	108.1	宁夏	9.4	11.4	92.9
陕西	47.8	7.6	95.0	青海	7.1	22.1	103.7
湖南	46.7	9.7	98.7	西藏	2.7	183.3	116.6
云南	43.9	14.1	101.4	分行小计	2 249.8	3.8	95.8
辽宁	43.4	7.5	99.0				

1.1.4　利润中心经营情况

单位：亿元

项目	金融市场部	资产托管部	票据营业部	贵金属业务部	公司业务二部	养老金业务部	资产管理部	投资银行部	私人银行部
一、营业收入	554.74	18.33	18.73	7.48	7.89	1.55	12.74	10.91	1.40
（一）利息净收入	526.03	18.33	19.40	1.60	2.83		0.14		
利息收入	1 252.90	0.28	49.11	1.60	10.85		0.14		
利息支出	726.87		29.71		8.02				
（二）手续费及佣金净收入	7.26	18.05	0.03	2.45	4.76	1.55	12.60	10.91	1.40
手续费及佣金收入	8.32	18.47	0.03	3.13	4.76	1.55	12.60	10.91	1.40
手续费及佣金支出	1.06	0.42		0.68					
（三）投资收益	14.41		-0.70						
（四）公允价值变动收益	-1.08				-12.18				
（五）汇总及汇率产品净损益	7.68				13.24				
（六）其他业务收入	0.46				2.37	0.30			
二、营业支出	0.56	2.01	3.25	2.57	2.04	0.47	1.68	1.27	1.05
（一）营业费用及公共费用分摊	1.36	0.97	2.27	1.02	0.87	0.38	0.97	0.66	1.03
（二）营业税金及附加	1.96	1.04	0.38	0.28	0.93	0.09	0.71	0.61	0.02
（三）资产减值损失	-2.76		0.60	0.16	0.24				
（四）其他业务成本			0.11						

续表

项目	金融市场部	资产托管部	票据营业部	贵金属业务部	公司业务二部	养老金业务部	资产管理部	投资银行部	私人银行部
三、营业利润	554.19	16.32	15.48	4.91	5.85	1.08	11.06	9.64	0.35
加：营业外收入	0.00		0.15						
减：营业外支出	0.00								
四、税前利润	554.9	16.32	15.48	5.06	5.85	1.08	11.06	9.64	0.35
加：国债利息免税收入	77.06								
五、考核利润	631.25	16.32	20.53	5.06	5.85	1.08	11.06	9.64	0.35
考核利润同比增幅（%）	6	9	16	25	42	96	27	56	—
六、预算完成率（%）	102.	103.9	105.0	111.5	225.9	140.3	105.0	109.9	116.7

注：1. 票据营业部考核利润考虑了可比还原因素。
2. 私人银行部2013年实施利润中心改革，无同期可比数据。

1.1.5 境外机构经营情况

单位：亿元

亚洲地区机构名称	拨备后利润				其他地区机构名称	拨备后利润			
	上期	当期	同比增减	同比增幅（%）		上期	当期	同比增减	同比增幅（%）
新加坡分行	3.562	3.754	0.192	5	法兰克福分行	1.660	1.066	-0.594	-36
首尔分行	2.911	2.517	-0.393	-14	悉尼分行	3.627	4.248	0.621	17
东京分行	3.304	2.229	-1.075	-33	工银伦敦	2.020	2.346	0.326	16
（湄公河）区域	0.846	1.442	0.596	71	欧洲机构	4.557	6.136	1.578	35
河内分行	0.611	0.783	0.172	28	卢森堡总部	2.068	2.588	0.521	25
金边分行	0.092	0.347	0.255	277	巴黎分行	1.160	1.294	0.134	12
万象分行	0.143	0.312	0.169	118	阿姆斯特丹分行	0.420	0.699	0.279	66
孟买分行	0.338	0.422	0.084	25	布鲁塞尔分行	0.530	0.252	-0.277	-52
卡拉奇分行	-0.116	0.152	0.268	—	马德里分行	0.066	0.633	0.567	862
香港机构	41.887	54.745	12.858	31	米兰分行	0.367	0.559	0.192	52
香港分行	1.608	5.398	3.790	236	华沙分行	-0.054	0.109	0.163	—
工银亚洲	40.278	49.346	9.068	23	工银莫斯科	0.411	0.488	0.077	19
工银澳门	9.761	11.118	1.358	14	工银加拿大	0.296	0.534	0.238	80
工银泰国	1.421	2.317	0.896	63	工银阿根廷	0.010	9.891	9.881	—
工银印尼	1.010	1.627	0.618	61	美国机构	4.085	5.386	1.302	32
工银阿拉木图	0.188	0.243	0.055	29	纽约分行	2.971	3.723	0.752	25
工银马来西亚	0.414	0.217	-0.197	-48	工银美国	0.073	0.015	-0.058	—
工银国际	-6.347	2.588	8.935	—	工银金融	1.041	1.649	0.608	58
中东机构	3.377	2.032	-1.345	-40	—				
工银中东（迪拜）	0.360	0.273	-0.086	-24					
多哈分行	2.525	1.016	-1.509	-60					
阿布扎比分行	0.493	0.742	0.250	51					
境外机构合计						79.221	115.499	36.278	46

注：工银秘鲁、工银新西兰、工银巴西三家新机构本表未予列示；2013年境外机构拨备后利润同比增长46%，如果剔除工银阿根廷、工银美国等2012年下半年新开业（收购）机构的因素，同比增幅为33%；孟买分行、首尔分行、卡拉奇分行、东京分行、河内分行数据已剔除营运资金受汇率波动的影响。

1.1.6　境内控股机构经营情况

截至2013年12月末，境内控股机构总资产规模达2 046亿元人民币，较上年末增长40%。2013年全年，境内控股机构实现净利润26.35亿元，同比增长115%。

（一）工银瑞信

单位：亿元，%

项目	2013-12-31	2012-12-31	增减	增幅
总资产	13.36	10.13	3.22	31.83
总负债	3.27	2.12	1.14	53.89
资产管理规模	2 357	1 568	789	50.32
ROE（年化）	34.93	26.35	8.58	
	2013年全年	2012年全年	同比增减	同比增幅
净利润	3.16	1.97	1.19	60.45

工银租赁净利润增长101.84%；工银瑞信净利润增长60.45%；工银安盛扭亏为盈，实现净利润2 000万元。

（二）工银租赁

单位：亿元，%

项目	2013-12-31	2012-12-31	增减	增幅
总资产	1 816.05	1 339.39	476.66	35.59
总负债	1 683.41	1 229.56	453.85	36.91
ROE（年化）	18.97	12.77	6.20	
ROA（年化）	1.46	0.99	0.47	
	2013年全年	2012年全年	同比增减	同比增幅
租赁业务收入	102.51	71.96	30.55	42.45
净利润	22.98	11.39	10.46	101.84

（三）工银安盛

单位：亿元，%

项目	2013-12-31	2012-12-31	增减	增幅
总资产	215.18	109.51	105.67	96.49
总负债	170.71	82.61	88.10	106.65
	2013年全年	2012年全年	同比增减	同比增幅
保费收入	102.87	47.53	55.34	116.43
投资收益	5.28	1.73	3.55	205.20
净利润	0.20	-1.08	1.28	118.82

1.2　主要经营情况分析

1.2.1　人民币存款业务发展情况

人民币存款实现稳步增长，稳定性有所增强

境内分行人民币各项存款比年初增加8 024亿元，同比少增6 189亿元，增幅为5.7%。其中，不含同业存放的一般性存款增加11 118亿元，同比少增2 284亿元，增幅为8.5%。

境内分行一般性存款时点增量同比少增2 284亿元，关键时点前后的波动性有所下降，年末前最后五日存款总额增长总体平稳，五日合计增加608亿元，仅占全年增量的7.6%。

四大行存款增量和增幅均明显低于上年同期；我行一般性存款增量排名同业首位。

2013年人民币存款增长情况表

单位：亿元

项目	余额	比年初增量	同比	增幅（%）	日均增量	日均同比
人民币各项存款	149 841	8 024	-6 189	5.7	1 398	-2 171
1. 一般性存款	142 141	11 118	-2 284	8.5	4 123	21
（1）储蓄存款	72 165	5 270	-2 524	7.9	2 204	-1 215
（2）公司存款	34 111	1 116	-205	3.4	-691	512
（3）机构存款	35 865	4 732	445	15.2	2 610	754
2. 同业存款	7 700	-3 094	-3 905	-28.7	-2 725	-2 192
其中：短期同业定期存款	3 127	-2 383	-2 674	-43.2	-2 731	-1 436

2013年四大行人民币存款增长情况表

单位：亿元，%

项目	工商银行			农业银行		
	余额	比年初	增幅	余额	比年初	增幅
一、人民币各项存款	149 841	8 024	5.66	123 253	9 943	8.78
（一）一般性存款	142 141	11 118	8.49	120 971	10 050	9.06
（二）同业存款	7 700	-3 094	-28.67	2 282	-107	-4.48
项目	中国银行			建设银行		
	余额	比年初	增幅	余额	比年初	增幅
一、人民币各项存款	85 240	5 691	7.15	125 742	8 863	7.58
（一）一般性存款	79 915	7 394	10.20	119 335	10 525	9.67
（二）同业存款	5 324	-1 704	-24.25	6 407	-1 662	-20.60

20家分行人民币一般性存款增量完成年初下达的计划目标，有13家分行完成比例高于120%，宁夏、陕西、大连、上海、山西、福建、河南、青海8家分行完成比例低于70%。

北京、山东、江苏、河北、四川分行存款日均贡献度较高，5家分行合计日均增量占全行的50%，上海、广东、大连、宁夏、厦门5家分行一般性存款日均增量为负值。

2013年人民币存款分地区增量计划完成情况　　单位：亿元，%

地区	各项存款	一般性存款				同业存款	地区	各项存款	一般性存款				同业存款
		时点增量	年初下达计划	完成比例	日均增量				时点增量	年初下达计划	完成比例	日均增量	
全行合计	8 024	11 118	12 000	93	4 123	-3 094	新疆	225	219	211	104	178	6
西藏	40	39	12	328	23	0	河北	442	463	450	103	299	-21
北京	2 587	2 907	1 674	174	852	-320	厦门	55	54	58	94	-3	1
深圳	245	416	262	159	79	-171	山东	468	536	582	92	332	-68
海南	70	105	67	157	67	-36	内蒙古	155	184	212	87	133	-29
湖北	563	568	383	148	186	-5	黑龙江	164	168	198	85	49	-4
宁波	180	178	126	141	105	1	浙江	672	574	706	81	72	97
广东	-627	1 407	1 006	140	-113	-2 034	天津	151	147	187	79	5	4
重庆	348	290	217	134	85	58	辽宁	198	207	263	79	93	-9
云南	248	260	203	128	160	-12	湖南	211	198	279	71	170	13
江西	144	262	206	127	101	-119	青海	29	35	53	66	6	-6
江苏	949	962	757	127	329	-14	河南	289	300	457	66	193	-12
贵州	172	222	177	125	84	-49	福建	28	135	218	62	20	-107
四川	573	718	577	124	243	-145	山西	114	134	340	39	136	-20
广西	184	224	198	113	66	-41	上海	239	150	768	20	-548	89
吉林	184	188	168	112	125	-4	大连	103	19	108	17	-48	84
甘肃	53	142	127	112	80	-88	陕西	-35	28	277	10	6	-63
青岛	76	110	103	106	90	-34	宁夏	-7	-3	44	-6	-20	-5
安徽	305	338	325	104	210	-33							

注：北京分行存款时点增量已还原年内保本理财向其他分行划转因素。

36家一级（直属）分行中，有26家分行各项存款余额排名当地四大行前两位，有15家分行存款增量排名四大行后两位。

有30家分行储蓄存款余额排名当地四大行前两位，有7家分行当年储蓄存款增量排名四大行后两位。

2013年末各分行人民币储蓄存款四行排名

各项存款（不含同业）余额排名				各项存款（不含同业）增量排名			
第1	第2	第3	第4	第1	第2	第3	第4
北京	天津	福建	西藏	北京	河北	天津	福建
山西	河北	湖北		吉林	山西	辽宁	河南
吉林	内蒙古	湖南		黑龙江	内蒙古	上海	湖南
黑龙江	辽宁	四川		江苏	江西	海南	陕西
上海	江苏	云南		浙江	山东	甘肃	青海
浙江	江西	甘肃		安徽	广西	大连	宁夏
安徽	山东	青海		湖北	云南	深圳	西藏
广东	河南	宁夏		广东	青岛	厦门	
海南	广西	深圳		四川			
贵州	陕西			贵州			
大连	新疆			新疆			
宁波	重庆			重庆			
	青岛			宁波			
	厦门						
12家	14家	9家	1家	13家	8家	8家	7家

2013年末各分行人民币各项存款四行排名

储蓄存款余额排名				储蓄存款增量排名			
第1	第2	第3	第4	第1	第2	第3	第4
北京	天津	福建	西藏	北京	河北	辽宁	西藏
山西	河北	湖北		天津	内蒙古	福建	
内蒙古	江苏	湖南		山西	吉林	河南	
辽宁	浙江	青海		黑龙江	江苏	湖南	
吉林	安徽	宁夏		上海	浙江	云南	
黑龙江	江西			安徽	湖北	陕西	
上海	山东			江西	广西		
广东	河南			山东	四川		
海南	广西			广东	甘肃		
贵州	四川			海南	青海		
陕西	云南			贵州	宁夏		
大连	甘肃			重庆	新疆		
	新疆			大连	深圳		
	重庆			青岛	厦门		
	青岛			宁波			
	宁波						
	深圳						
	厦门						
12家	18家	5家	1家	15家	14家	6家	1家

1.2.2　人民币贷款业务发展情况

人民币贷款平稳均衡增长，保持对实体经济较强的服务能力

贷款增长合理适度。2013年，境内分行人民币各项贷款比年初增加9 213亿元，同比多增540亿元，增幅为11.7%。

贷款投向结构合理。公司类贷款增加5 216亿元；个人类贷款增加3 734亿元，同比多增1 779亿元（其中个人住房贷款多增2 295亿元）；票据贴现减少370亿元，银行卡透支增加633亿元。

2013年人民币贷款增长情况表　　单位：亿元

项目	2013年			2012年	2011年	2010年
		占比（%）	同比			
各项贷款	9 213	100	540	8 673	8 183	9 000
1. 公司类贷款	5 216	57	-107	5 323	4 696	6 861
2. 个人类贷款	3 734	41	1 779	1 955	2 718	3 717
3. 票据贴现	-370	-4	-1 124	754	-92	-2 124
4. 银行卡透支	633	7	-9	642	861	547

2013年四大行人民币贷款对比表　　单位：亿元，%

项目	工商银行			农业银行			中国银行			建设银行		
	余额	增量	增幅	余额	增量	增幅	余额	增量	增幅	余额	增量	增幅
人民币各项贷款	88 179	9 213	11.7	67 146	7 023	11.7	55 457	4 779	9.4	76 405	8 469	12.5
（一）公司贷款	59 826	5 216	9.6	45 298	3 317	7.9	35 764	2 814	8.5	50 578	4 203	9.1
（二）个人贷款	23 824	3 734	18.6	48 978	3 404	21.9	16 483	1 840	12.6	21 958	3 561	19.4
（三）票据贴现	1 479	-370	-20.0	924	-154	-14.3	1 125	-458	-28.9	1 190	-205	-14.7
（四）银行可透支	3 051	633	26.2	1 946	456	30.6	2 086	583	38.8	2 679	910	51.4

1.2.3 外汇存贷款业务发展情况

境内外汇存贷款比年初下降

境内分行外汇各项存款（不含同业）余额为467亿美元，比年初减少55亿美元，外汇贷款余额588亿美元，比年初减少36亿美元。受外汇局监管新规等因素影响，2013年境内外汇存贷款呈现一季度快速增长，第二、第三季度持续下降和四季度逐步回升的态势。年末外汇余额贷存比（不含同业）为126%，比外汇局监管4月末出台新规时的147%下降21个百分点。外汇表内表外国际贸易融资合计余额499亿美元，比年初增加25亿美元，增幅5.2%；发生额累计2 048亿美元。

2013年末境内分行外汇存贷款增长情况

单位：亿美元

项目	2013年				2012年	
	余额	比年初增量	增幅（%）	日均增量	余额	比年初增量
一、各项存款	467.0	-55.3	-10.6	-38.3	522.4	212.3
（一）储蓄存款	147.2	12.8	9.5	-1.1	134.4	6.5
（二）对公存款	319.8	-68.2	-17.6	-37.2	388.0	205.8
二、各项贷款	588.0	-36.0	-5.8	28.2	624.0	159.9
（一）表内国际贸易融资	421.7	-37.2	-8.1	29.9	458.9	167.1
（二）现汇贷款及转贷款	166.3	1.2	0.7	-1.7	165.1	-7.2

1.2.4 中间业务发展情况

收入稳步增长，占比持续提升

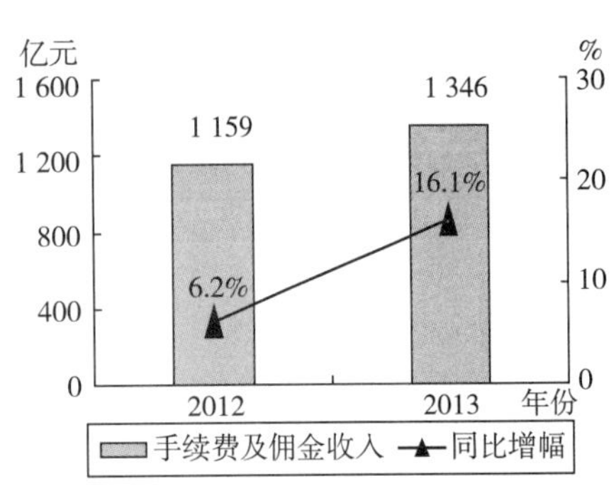

手续费及佣金收入增长情况

收益结构变化情况

2013年，集团实现手续费及佣金收入1 346亿元，同比增长16.1%；手续费及佣金收入稳步增长成为盈利增长的重要推动因素。

2013年，手续费及佣金净收入在全行收入中的占比达到21.02%，同比提高1个百分点，收益结构持续改善。

中间业务收入结构进一步优化

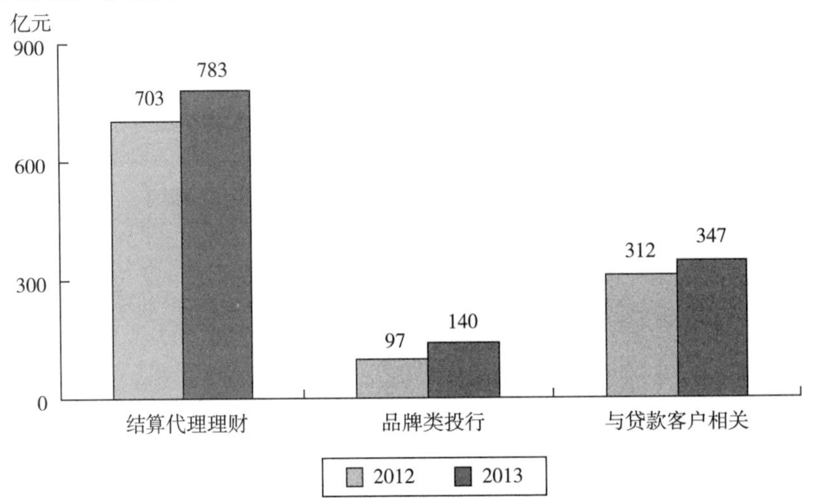

境内各板块手续费及佣金收入增长情况

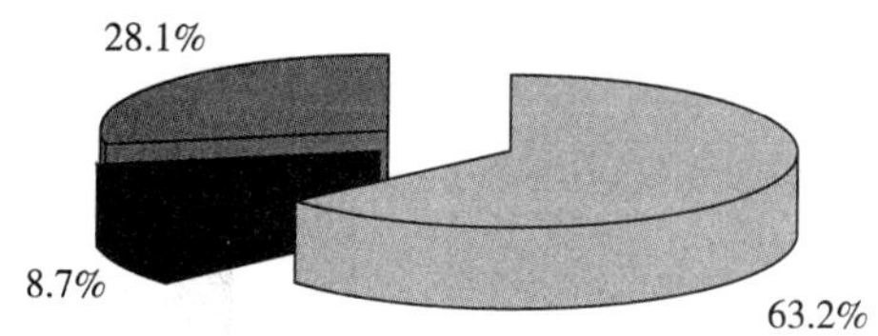

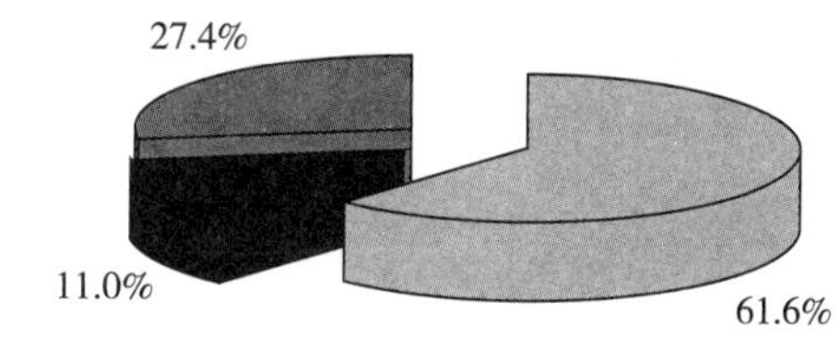

2013 年境内分行实现中间业务收入 1 270 亿元，超额完成全年 1 260 亿元的预算目标。结算代理理财、品牌类投行、与贷款客户相关收入板块分别增长 11.35%、43.83% 和 11.31%。

从各板块收入占比结构看，结算代理理财业务收入占比 61.6%，较上年同期略降；品牌投行业务收入占比提升 2.3 个百分点至 11.0%；与贷款客户相关业务收入占比下降 0.7 个百分点。

境内分行中间业务发展情况—分产品情况 单位：亿元，%

项目	2013 年	增量	增幅	项目	2013 年	增量	增幅	项目	2013 年	增量	增幅
实物贵金属	25.33	11.12	78.2	非信贷资金托管	31.38	3.85	14.0	个人银行类理财产品	49.82	-0.40	-0.8
承诺	24.79	10.75	76.5	收支账户资金托管	36.62	4.48	13.9	人民币对公账户管理	18.88	-0.17	-0.9
养老金	13.74	5.71	71.1	借记卡	54.60	6.50	13.5	代收代付	3.84	-0.04	-1.1
代理对公保险	4.74	1.87	65.3	代理财税	5.70	0.62	12.1	其他对公中间业务	3.01	-0.16	-4.9
对外担保	10.17	3.74	58.2	人民币对公结算	50.56	5.25	11.6	代理个人保险	28.41	-2.35	-7.6
信用卡分期付款	111.14	38.65	53.3	信用卡结算及商户回佣	118.35	12.15	11.4	个人贷款服务	11.93	-1.37	-10.3
品牌类投行	139.75	42.59	43.8	理财项目推荐	48.89	4.89	11.1	基础类投行	113.04	-20.79	-15.5
代理个人国际	4.12	1.22	42.3	信用证	14.11	1.37	10.7	第三方存管及代理其他队公正证券	3.10	-0.59	-16.1
对公银行类理财产品	35.46	10.34	41.2	代理公积金归集	2.78	0.24	9.3	账户贵金属	7.33	-1.66	-18.4
私人银行	19.43	5.62	40.7	其他个人中间业务	3.74	0.27	7.7	对内担保	3.01	-1.25	-29.4
代理个人基金	34.06	9.52	38.8	对公电子银行服务	12.09	0.82	7.3	外汇托收及其他国际结算	3.60	-1.71	-32.1
现金管理	26.95	7.18	36.3	人民币个人结算	51.52	3.18	6.6	对公贷款服务	0.86	-0.68	-44.0
个人电子银行服务	12.43	3.15	34.0	国内贸易融资服务	32.38	1.93	6.3				
个人委托贷款	5.14	0.90	21.2	外汇汇款	3.12	0.17	5.9				
国际贸易融资	10.15	4.99	14.2	代理债券发行承销	16.63	0.85	5.4				
				结售汇及代客资金交易	38.51	1.75	4.8				
				对公委托贷款	4.44	0.16	3.8				
				个人账户管理	6.88	0.05	0.8				

2013 年，全行 45 类中间业务中有 33 类业务收入同比增长。增量主要来自品牌类投行、信用卡分期付款、信用卡结算及商户回佣、实物贵金属、承诺、对公银行类理财、代理个人基金等业务；尤其是实物贵金属、承诺、养老金等业务收入增长较快。

境内分行中间业务发展情况—分机构情况

单位：亿元，%

分行	实际完成	预算	完成率	分行	实际完成	预算	完成率
北京	78.81	86.61	91.0	广东	133.15	127.63	104.3
天津	21.07	21.02	100.3	广州	52.36	52.86	99.1
河北	37.96	36.28	104.6	广西	20.23	20.57	98.4
山西	20.37	21.65	94.1	海南	8.10	8.16	99.3
内蒙古	16.33	15.62	104.6	四川	47.62	45.18	105.4
辽宁	20.30	20.43	99.4	贵州	17.88	15.96	112.1
吉林	10.77	13.45	80.1	云南	18.64	16.97	109.9
黑龙江	13.71	17.29	79.3	陕西	19.31	21.31	90.6
上海	83.59	83.56	100.0	甘肃	12.03	11.85	101.5
江苏	124.76	122.01	102.3	青海	2.06	1.83	112.4
苏州	29.83	32.20	92.7	宁夏	4.52	4.25	106.3
浙江	105.32	98.46	107.0	新疆	11.20	10.82	103.5
安徽	26.53	25.83	102.7	重庆	31.25	29.33	106.5
福建	40.41	43.23	93.5	西藏	0.13	0.12	104.7
江西	24.29	26.33	92.2	大连	8.54	8.93	95.6
山东	72.50	72.02	100.7	青岛	11.86	12.43	95.5
河南	40.04	36.51	109.7	宁波	15.79	16.65	94.8
湖北	54.68	50.50	108.3	深圳	38.07	37.13	102.5
湖南	35.58	31.93	111.4	厦门	7.75	7.85	98.7

注：分行实际完成数 = 账面数 + 个人综合积分递延还原。

2013 年，青海、贵州、湖南、云南、河南、湖北等 22 家分行超额完成全年预算目标。

境内分行中间业务发展情况—分产品同业比较

2013 年前 11 月我行与同业分产品比较情况

单位：亿元，%

	收入	同业排名	同业占比	占比变化	增量同业排名
人民币结算	137.38	2	31.49	-0.40	1
贵金属	27.86	1	48.30	1.92	1
代理及个人理财	106.72	1	39.73	1.64	1
代理保险	29.05	2	28.71	1.05	1
委托贷款及贷款服务	22.19	2	27.52	-2.12	4
对公理财	77.37	1	32.78	-1.89	1
借记卡	47.71	3	21.43	-0.21	3
信用卡	204.17	1	39.09	-1.05	1
国际结算	50.79	2	23.62	-1.09	3
待客外汇买卖及结售汇	32.13	2	26.09	0.68	2
投资银行	208.32	1	37.03	-1.91	2
担保承诺	66.08	2	28.63	5.84	1
资产托管	60.33	1	39.43	-1.82	1
企业年金	12.81	1	90.38	0.08	1
电子银行	144.02	1	54.98	1.40	1
其他	2.18	2	2.64	-0.95	4
中间业务合计	1 069.16	1	31.44	-0.23	1

2013 年 1 ~ 11 月，我行贵金属、代理及个人理财、对公理财、信用卡、资产托管和企业年金业务收入总量和增量均列同业第一。

境内分行中间业务发展情况—分机构同业比较

2013 年前 11 月我行与同业分机构比较情况　　单位：亿元，%

分行	总量				增量排名	分行	总量				增量排名
	收入	同业占比	占比变化	排名			收入	同业占比	占比变化	排名	
北京	63.91	36.00	-5.02	1	4	广东	109.38	33.04	0.12	1	1
天津	17.02	25.53	-1.33	1	4	广州	42.25	35.74	-0.40	1	1
河北	31.95	26.76	-1.30	2	4	广西	16.31	29.65	1.20	2	1
山西	17.15	37.31	-3.63	1	4	海南	6.89	40.18	-4.45	1	3
内蒙古	13.88	29.72	1.23	2	1	重庆	26.61	37.47	1.44	1	1
辽宁	17.35	28.79	-0.38	2	2	四川	38.32	30.66	0.40	1	1
吉林	9.25	21.62	-6.00	3	4	贵州	15.69	39.07	0.66	1	1
黑龙江	11.25	29.07	-1.91	2	4	云南	15.48	28.02	-0.29	2	1
上海	63.42	34.20	-0.34	1	2	陕西	16.84	31.48	-3.01	2	4
江苏	99.83	27.46	0.28	1	2	甘肃	9.51	32.01	-2.42	2	4
苏州	23.45	23.87	0.05	3	2	青海	1.63	21.71	1.07	3	3
浙江	90.79	38.56	2.43	1	1	宁夏	1.04	32.66	2.95	1	1
安徽	23.48	32.71	-1.32	1	3	新疆	9.24	30.76	-0.06	2	2
福建	34.42	28.92	0.23	2	1	西藏	0.12	4.26	1.05	4	3
江西	21.16	32.51	0.28	1	3	大连	7.04	24.60	-1.58	3	4
山东	60.97	31.45	-1.92	1	3	青岛	10.31	28.68	-0.96	1	4
河南	35.27	32.90	0.03	1	1	宁波	14.09	26.89	0.13	1	3
湖北	41.94	33.58	2.07	1	1	深圳	34.26	25.44	-1.85	3	3
湖南	30.49	32.84	1.07	2	1	厦门	6.22	23.26	-3.08	2	4

2013 年 1 ~ 11 月，浙江、河南、湖北、广东、广州、重庆、四川、贵州和宁夏分行收入总量和增量均列同业第一。

1.2.5　境外机构业务发展情况

截至 2013 年末，境外机构客户存款（不含同业）余额 4 547 亿元，较年初增加 955 亿元，增幅为 27%；同业存款余额 640 亿元，较年初增加 287 亿元，增幅为 81%。

2013 年境外机构大力拓展贷款市场，贷款余额大幅增长。截至年末，境外机构贷款余额为 6 583 亿元，较年初增加 2 100 亿元，增幅为 47%。

2013 年境外机构实现中间业务收入 48.3 亿元，同比增加 14.5 亿元，增幅为 43%。若剔除 2012 年新收购的工银阿根廷的影响，中间业务收入增长 18%。

1.2.6　资产质量情况

不良贷款控制压力较大

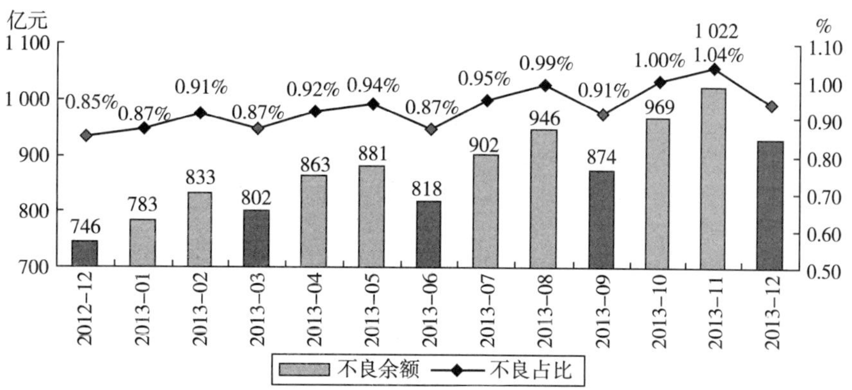

2013 年集团口径不良贷款变动情况

不良贷款持续双升。2013 年末，集团不良贷款余额××亿元（预测数，下同），不良贷款率××%，分别较年初上升××亿元、××个百分点；较6月末上升××亿元、××个百分点。

东部及东南沿海部分分行贷款风险集中暴露

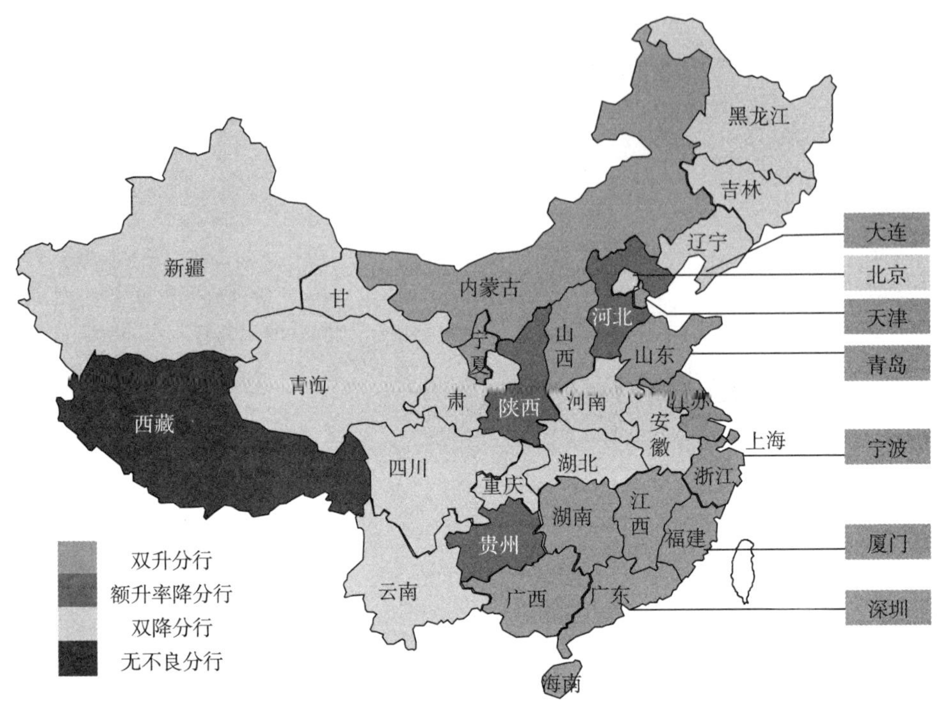

19 家分行不良贷款余额、占比较年初双升，3 家分行不良余额上升、不良占比下降，13 家分行双降。东部及东南沿海部分分行贷款风险集中暴露，福建、上海、江苏、浙江、山东、天津、宁波、广东分行不良贷款合计增加××亿元，占境内分行的××%。

贷款劣变及清收处置金额均创出新高

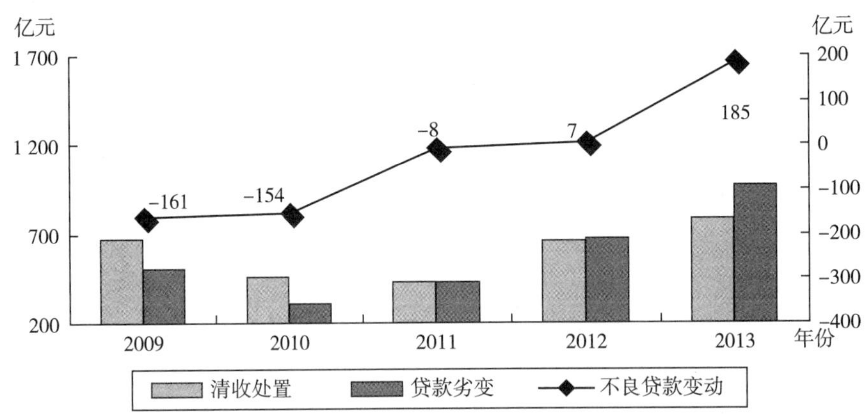

贷款劣变及不良贷款清收处置情况（境内分行口径）

分方式不良贷款清收处置情况（境内分行口径）　　单位：亿元

年份	清收分方式				
	合计	现金清收	以物抵债	呆账核销	重组其他
2013	782	343	8	159	273
2010	662	278	8	71	305
2011	437	197	8	43	189
较去年	120	64	0	88	-32
较前年	345	145	-1	116	84

2013年，贷款累计劣变××亿元，为上市以来年度最高水平，较上年增加××亿元，增幅××%，较前年增加××亿元，增幅××%。

2013年，清收处置不良贷款782亿元，成效为历年之最。清收处置总额、现金清收额、呆账核销额均为上市以来年度最高水平。

全年不良贷款批量转让项目成交153亿元（本金），其中现金收回51亿元。

逾期贷款与不良贷款剪刀差下降

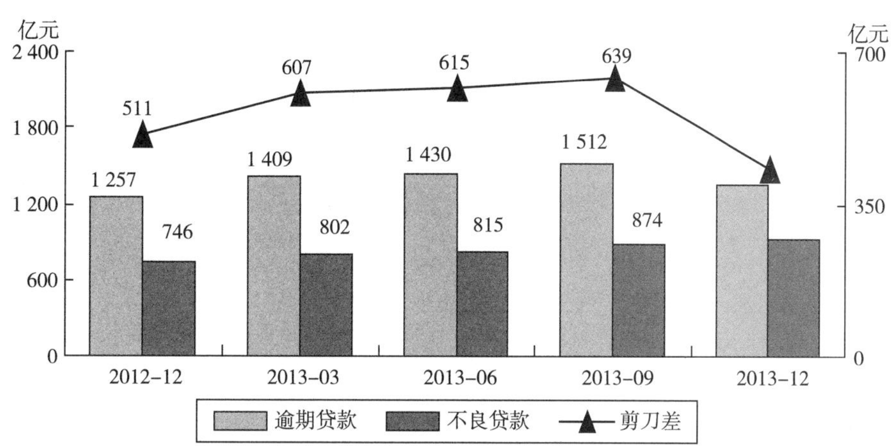

截至2013年末，逾期贷款余额××亿元，较年初增加105亿元，较第三季度末下降150亿元。

2013年末逾期贷款与不良贷款剪刀差为××亿元，较年初下降78亿元。

1.2.7　资金营运情况

超额备付率保持平稳适度，资金使用效率继续领先同业

2013年我行日均超额备付率（含现金）1.43%，同比下降10个基点，比四行平均水平低32个基点，资金稳定性及使用效率继续领先同业。按照2013年我行人民币存款日均余额143 214亿元测算，相当于日均节约资金458亿元；按照2013年新增债券投资收益率3.98%与存放央行0.72%测算，约增加我行当年利润14.93亿元；按2013年我行融入资金成本4.50%测算，约减少融入资金成本17.3亿元。

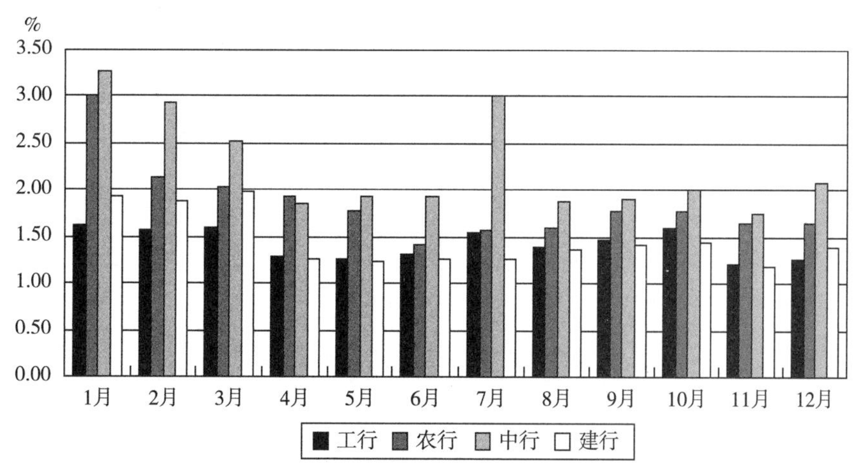

2013年四行月日均备付情况图

1.2.8　资产管理业务发展情况

资产管理业务稳步健康发展，继续保持同业领先

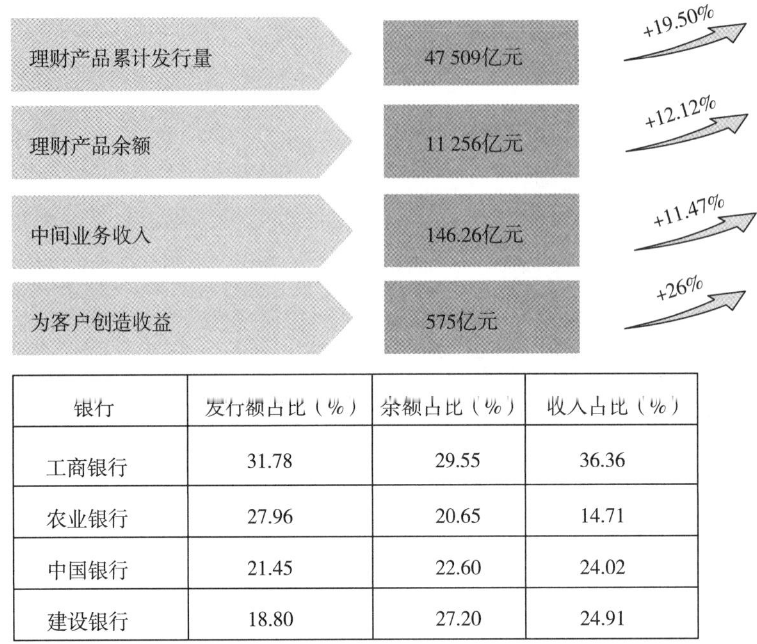

银行	发行额占比（%）	余额占比（%）	收入占比（%）
工商银行	31.78	29.55	36.36
农业银行	27.96	20.65	14.71
中国银行	21.45	22.60	24.02
建设银行	18.80	27.20	24.91

注：表为11月末四行交换数据，余额、发行额数据含结构性存款。

2013年，全行理财产品累计发行47 509亿元，同比增长19.5%；理财业务中间业务收入达到146亿元，同比增长11.47%。

资产管理业务继续保持同业领先。截至2013年11月末，我行理财产品发行额、余额和收入在四大行中分别占比31.78%、29.55%和36.36%。

1.3　需要关注的问题

1.3.1　资产质量、表外代理业务风险问题

不良贷款反弹压力不减

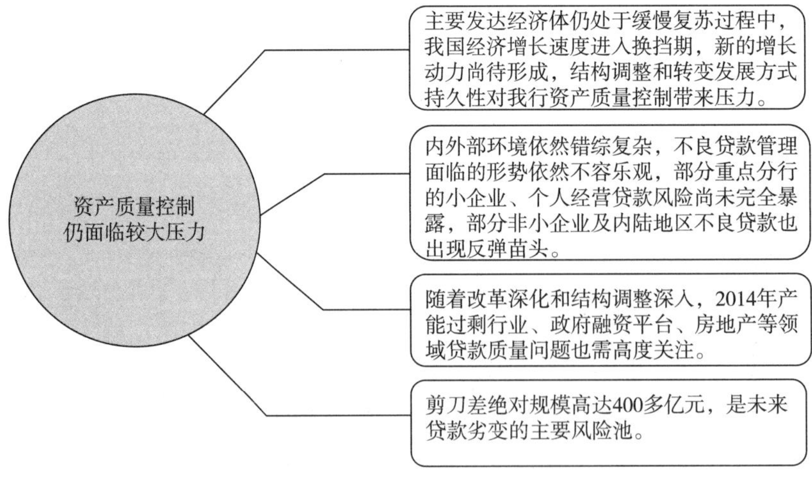

表外代理业务风险管理还需进一步完善

近期，代理投资业务和代理信托计划风险事件时有发生，风险管理还需进一步完善。

政策制度还需进一步统筹协调

表外代理投资与表内信贷业务的政策、准入等不够统一协调，部分业务没有执行统一的行业风险限额管理。

代理投资业务各条线的业务规则、风控标准还存在一定程度的不统一。

部分业务责任不清晰，比如分行审批、全行销售的业务存在信息不对称、风险防范不落地。

合作机构管理还需要强化

我行对不同合作机构管理分散在不同部门，政策制度缺乏协调性。

合作机构遴选机制不够完善，选择标准和流程不够清晰。

还没有建立起合作机构业务限额管理体系。

合作机构对代理投资的客户选择、风险控制、投后管理的职责义务不明晰，出现风险后存在推脱、不配合的情况。

投后管理还需要进一步强化

资金用途监管不到位，存在资金挪用等情况。

风险应对与处置机制尚不健全，处置手段有限、损失处理操作存在困难。

代理投资项目责任人机制尚不够明确完善，需要进一步强化责任追究。

部分分行投后管理工作衔接不够，上下游工作存在脱节现象。

1.3.2　资本约束问题

资本监管日益严格，资本稀缺日益凸显

2013 年，我行资本充足率预计 13.2%（2012 年版监管口径）左右，比上年末 13.7%（2004 年版监管口径）下降 50 个基点；仍然保持在充足、均衡水平，但距离腕骨指标 12.2% 的要求仅有 100 个基点缓冲空间。

目前，全球系统重要性银行监管对我行资本充足率最低要求为 11.5%，银监会腕骨指标监管对我行资本充足率要求为 12.2%。可以预见，2014 年全行资本稀缺性将更为凸显，各项业务发展的资本约束将更为刚性。

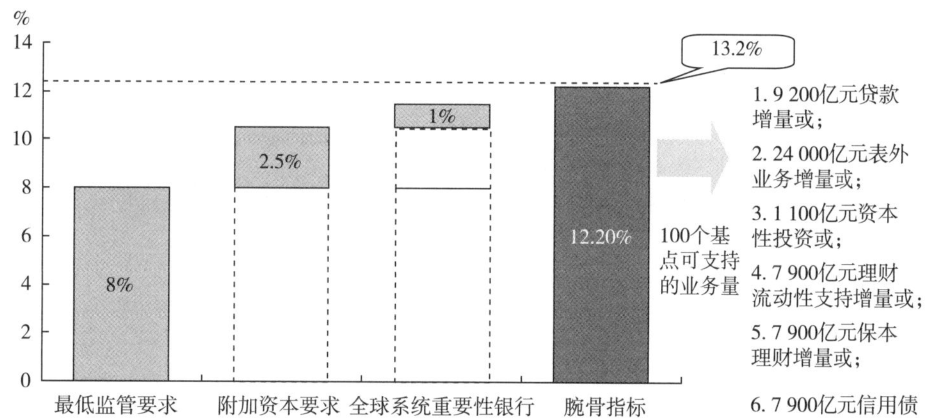

经济资本传导机制不畅，尚未实现管理全覆盖

传导不畅：经济资本是将账面资本、监管资本传导到分支机构、产品线、客户、债项等内部管理维度的关键指标。但由于重视不够、力度不足，导致从总行到分行、从分行到支行的力度层层衰减，指标层层递减。

未能管理全覆盖：经济资本在风险维度实现对信用、市场、操作风险的全覆盖；在业务产品上实现表内外全覆盖；在区域上覆盖了境内分行和部分利润中心，但对境外分行、控股机构、大多数利润中心没有实现全覆盖。

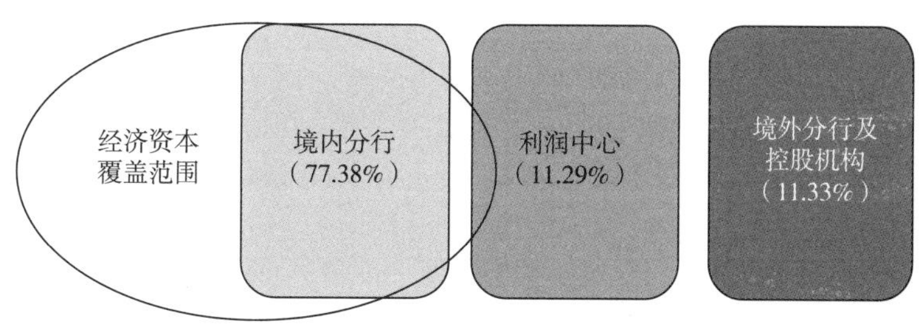

1.3.3　利差收窄问题

NIM 有所下降

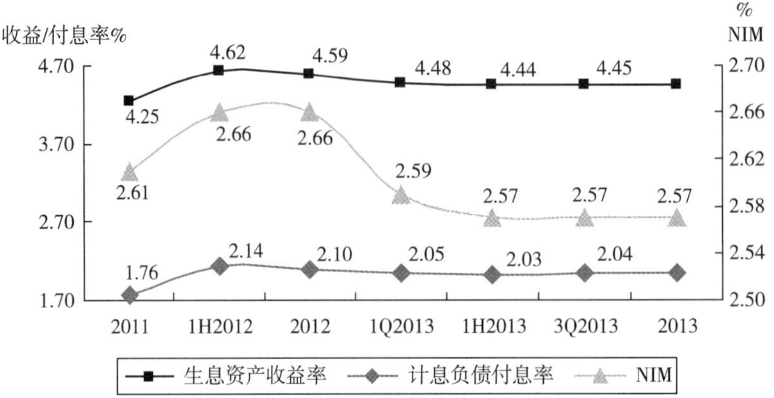

2013 年，我行 NIM 下降 9 个基点至 2.57%。NIM 每下降 1 个基点，影响净利润 12 亿元。

存贷款利差走势不容乐观

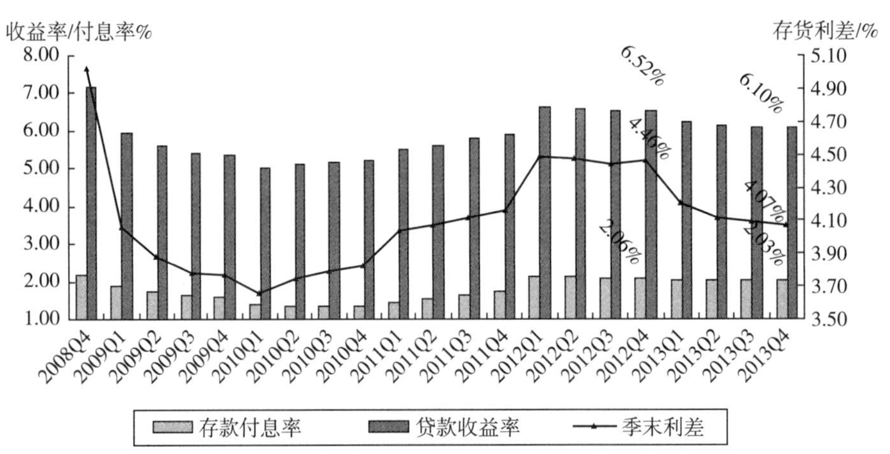

2008—2013 年人民币存贷利差变化情况

2013 年末，全行人民币贷款收益率为 6.10%，同比下降 41 个基点；存款付息率（含同业）为 2.03%，同比下降 2 个基点；存贷利差同比收窄 39 个基点。

2012 年两次降息及利率市场化改革提速后，存贷款利率非对称下降趋势明显，存贷利差连续 5 个季度环比下降，2013 年第四季度有所企稳，利差收窄对全行利润增长的影响显现。

新发放贷款量价协调的市场竞争力需加强

2013 年 1～11 月四大行新发放贷款量价比较情况　　单位：亿元，%

银行	各项贷款		其中：1. 公司贷款		2. 个人非住房贷款		3. 个人住房	
	发生额	平均利率	发生额	平均利率	发生额	平均利率	发生额	平均利率
工行	49 507	6.30	40 634	6.24	3 453	7.19	5 419	6.21
农行	38 554	6.53	29 112	6.35	5 787	7.55	3 654	6.31
中行	29 333	6.42	23 804	6.33	2 489	7.30	3 039	6.41
建行	36 003	6.38	28 719	6.31	1 850	7.41	5 434	6.41

1～11 月，全行人民币贷款发生额居四大行首位，但平均利率四行最低，分别比农行、中行、建行低 23 个基点、12 个基点和 8 个基点。

分品种看，农行个人非住房贷款量价优势明显，建行个人住房贷款发生额与我行接近，但平均利率比我行高 20 个基点。

人民币贷款利率地区差异较为明显

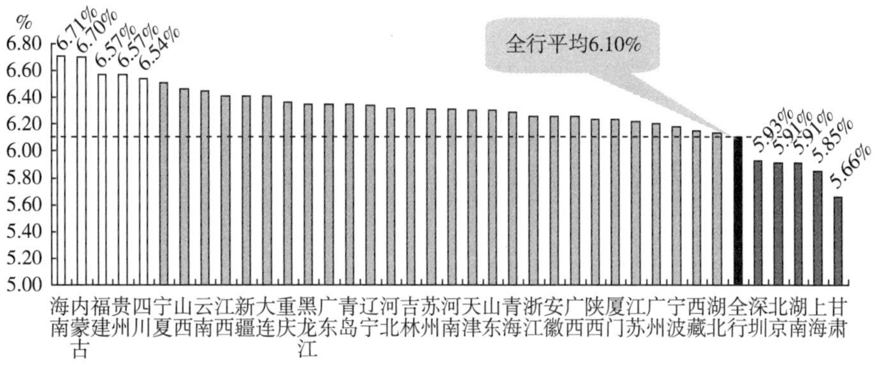

2013 年末各分行人民币贷款收益率比较

2013 年末，全行人民币贷款收益率为 6. 10%，最高的海南分行贷款收益率 6. 71%，比最低的分行高 105 个基点。同样投入 100 亿元信贷资源，在不同分行间每年的效益产出最大相差 1 亿元，贷款收益平衡和区域协调优化需要关注。

分行新发放贷款平均利率差异较大

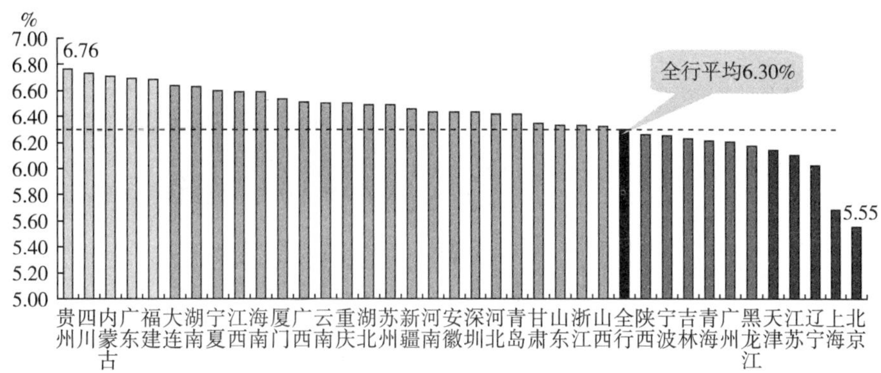

2013 年各分行新发放贷款平均利率比较

2013 年，有 11 家分行新发放贷款平均利率低于全行平均水平。排名第一的贵州分行新发放贷款平均利率比排名最后的分行高 121 个基点。

2014 年利差水平稳定仍面临挑战

• 新发放贷款收益率稳定有较大压力

随着贷款下浮区间的完全放开，信贷有效需求的萎缩，来自优质客户的贷款议价能力有所增强，新发放贷款收益率的稳定面临较大压力。

• 付息成本控制难度加大

✓ 截至2013年末，执行10%上浮到顶存款规模接近1.3万亿元，由于存款市场竞争异常激烈，预计高成本存款占比还将进一步升高；

✓ 存款定期化趋势延续，预计定期存款占比将进一步提高。定期存款占比每提高1个百分点，存款付息率将增加3个基点，利息净收入将减少超过42亿元；

✓ 利率市场化改革步伐预计将进一步加快，付息成本将进一步增加。

1.3.4 存款均衡性、定期化问题

存款均衡性有所提高，但总体波动仍较大

我行各项存款（含同业）较年初变化情况图

2013 年存款月度变化情况 单位：亿元

1月	2月	3月	4月	5月	6月	7月	8月	9月	10月	11月	12月
-3 834	-1	7 854	-4 961	1 877	4 576	-1 838	-474	4 554	-3 340	-529	4 141

关键时点前后的波动性明显下降，年末最后五日存款总额增长总体平稳，五日合计增加 608 亿元，仅占全年增量的 7.6%。

存款波动仍偏大，2013 年存款均衡率 17%，低于上年 8 个百分点。

日均存款增长落后于同业

2013 年四大行人民币存款日均增量情况表 单位：亿元，%

项目	工业银行		农业银行		中国银行		建设银行	
	增量	增幅	增量	增幅	增量	增幅	增量	增幅
人民币各项存款	1 399	1.0	4 417	3.9	2 918	3.67	1 466	1.3
其中：一般性存款	4 213	3.1	4 399	4.0	4 151	5.72	4 316	4.0
1. 储蓄存款	2 204	3.3	3 476	5.3	1 511	4.67	3 814	7.5
2. 对公存款	1 920	3.0	923	2.0	2 641	6.57	500	0.9
同业存款	-2 725	-25.2	18	0.8	-1 232	-17.5	-2 847	-35.3

从日均增长情况看，我行人民币一般性存款日均增量分别落后农行、中行和建行 293 亿元、27 亿元和 190 亿元，排名四行末位。

活期存款占比持续下降

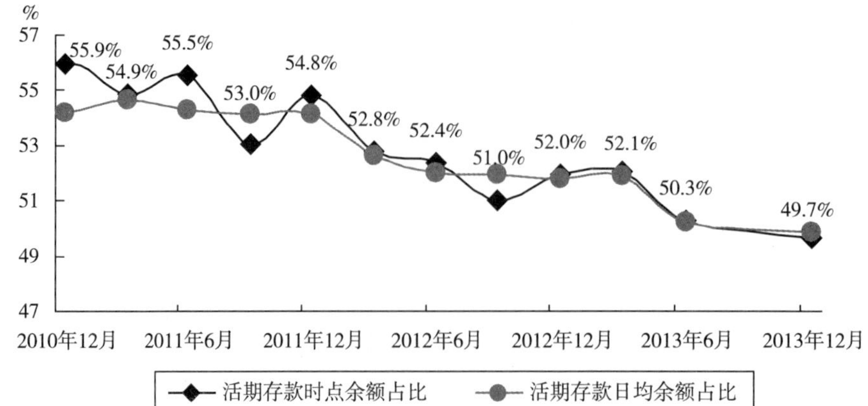

活期存款占比变化情况图

截至2013年末，本外币活期存款余额占比为49.7%，较2012年末下降2.4个百分点；受利率市场化及金融脱媒因素影响，2013年本外币活期存款日均下降892亿元，定期存款日均增量为3 817亿元，占119%。

1.3.5　中间业务发展的结构问题

分行间收入增长差异较大

单位：亿元，%

分行	收入	增幅	分行	收入	增幅
西藏	0.13	49.06	福建	40.41	7.62
青海	2.06	29.82	宁波	15.79	7.59
云南	18.64	26.43	大连	8.54	7.02
贵州	17.88	25.01	青岛	11.86	6.91
湖南	35.58	24.62	山西	20.37	5.31
河南	40.04	23.45	江西	24.29	4.11
宁夏	4.52	23.10	陕西	19.31	1.94
湖北	54.68	21.11	北京	78.81	0.87
河北	37.96	20.38	吉林	10.77	-7.96
内蒙古	16.33	20.25	黑龙江	13.71	-8.46

2013年，38家分行中有14家分行中间业务收入增幅超过分行平均水平（15.53%），10家分行收入增幅低于10%，其中2家分行负增长。

潜力产品收入增速较上半年有所下降

单位：亿元，%

	全年收入	同比增幅	上半年收入	增幅	下半年收入环比增幅
银行卡收单	69.51	29.0	32.74	31.9%	12.3
个人结售汇	4.83	268.1	1.75	—	75.3
个人外汇汇款	0.63	96.3	0.28	126.6%	23.0
账户贵金属	7.33	-18.4	3.43	-5.0%	13.7
个人工银信使	10.20	48.9	4.74	57.2%	15.4

2013年年中工作会议确定的银行卡收单等潜力产品下半年收入环比均实现增长，但全年收入增速较上半年部分产品有所下降。

二、2014年经营计划

2.1　主要经营目标

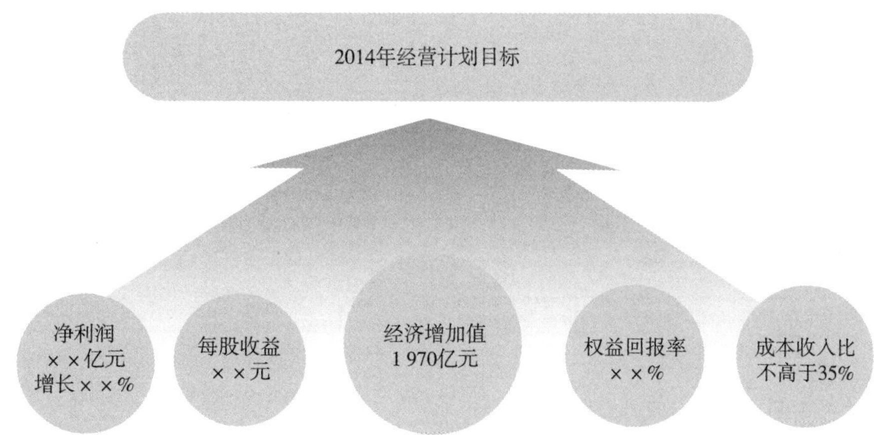

2.2　境外及控股机构经营目标

项目	2014 年拨备后利润	同比增幅（%）
境外机构（万美元）	223 607	17.60
境内控股机构（万元人民币）	438 201	22.40
境外及控股机构合计（万元人民币）	1 793 662	18.80

2.3　主要业务发展计划

境内存贷款发展计划

人民币存贷款计划表

单位：亿元，%

计划项目	2014 年计划		2013 年		
	增量	增幅	余额	增量	增幅
人民币存款	11 000	7.3	149 841	8 024	5.7
人民币贷款	9 000	10.2	88 179	9 213	11.7

外汇存贷款计划表

单位：亿美元，%

计划项目	2014 年计划		2013 年		
	增量	增幅	余额	增量	增幅
外汇存款	120	19.30	620	－143	－18.70
外汇贷款	120	20.40	588	－36	－5.80

境外存贷款发展计划

境外人民币存贷款计划表

单位：亿元，%

计划项目	2014 年计划		2013 年		
	增量	增幅	余额	增量	增幅
人民币存款	245	37	655	145	28
人民币主动负责（含同业拆入、存款证等）	500	37	1 360	805	145
人民币贷款	480	46	1 040	305	42

境外外汇存贷款计划表

单位：亿美元，%

计划项目	2014 年计划		2013 年		
	增量	增幅	余额	增量	增幅
外汇存款	170	25	690	140	25
外汇主动负责（含同业拆入、存款证等）	80	16	515	150	41
外汇贷款	190	20	930	330	55

中间业务发展计划

中间业务收入计划表 单位：亿元

计划项目	2014 年计划			2013 年
		同比增减	同比增幅	
中间业务收入	××	127	10.0%	××

2.4　风险控制计划

不良贷款管理与清收处置计划

不良贷款管理与清收处置计划表

计划项目	2014 年计划			2013 年
		同比增减	同比增幅	
集团不良贷款余额（亿元）	××	××	××	××
集团不良贷款占比	××	××	—	××
不良贷款清收处置额（亿元）	600	－180	－23.10%	780
其中：现金清收额（亿元）	200	－142	－41.50%	342

2014 年不良贷款对内管理目标为：不良贷款余额保持在××亿元左右，不良贷款率××%左右；不良贷款清收处置计划为 600 亿元，其中现金清收计划为 200 亿元。

2.5　资本管理计划

经济资本计划表

集团　单位：亿元，%

计划项目	2014 年计划			2013 年
		同比增减	同比增幅	
经济资本供给量	15 825	1 823	13.00	14 002
经济资本需求量	8 500	1 200	16.40	7 300

注：经济资本供给量未考虑再融资等外源性资本补充因素。

单位：亿元，%

计划项目	2014 年计划（内评法）			2013 年（现行法）
		同比增减	同比增幅	
核心一级资本充足率	10.30	—	—	10.30
一级资本充足率	10.30	—	—	10.30
资本充足率	××	－0.50	—	××

注：1. 未考虑再融资、新增发行新型资本工具等外源性资本补充因素；

2. 假设我行根据《三大支柱达标规划》按期获准实施内部评级法等资本计量高级方法；

3. 未考虑资本充足率计算政策和计算方法的变动；

4. 如客户信用等级和债项评级等重要内部评级结果发生较大幅度变化，本计划将相应调整。

三、2014 年工作要求和措施

要认真贯彻党的十八届三中全会和中央经济工作会

议精神，贯彻李克强总理到我行天津机构视察时提出的围绕实体经济开展金融创新、支持经济转型升级和企业“走出去”的重要指示，贯彻银监会银行业监督管理工作会议精神，按照总行改革发展研讨会和董事长刚才讲话中明确的总体发展思路和2014年工作部署，重点抓好“利润增长、信贷经营、发展基础、经营转型、深化改革、风险管理”六个方面的工作。

3.1　抓利润增长

董事长刚才全面分析了今年盈利增长的有利条件和不利因素，深刻阐述了实现盈利目标的必要性、重要性，突出强调了需要把握好的几个关键点，全行一定要自我加压，大力开源节流、增收节支，争取把全年盈利增长目标完成得更好。

3.1.1　保持存贷利差稳定

目前在净利息收入仍占主体地位的情况下，保持利差稳定对全行盈利增长至关重要。必须适应利率市场化改革进程，千方百计把NIM稳定在合理水平。今年在考核中，增加了存款付息率和贷款收益率的权重。

保持存贷利差稳定，核心在于壮大客户基础、降低存贷款集中度，关键在于做好存贷款定价工作和建立有效的价格传导机制。

控制存款付息成本。完善储蓄存款、公司存款、机构存款和同业存款定价政策，根据业务特点和全行经营发展需要，制定差异化定价标准，对中长期存款利率上浮实施限额管理，优化存款期限结构，提高存款增长质量。

提高贷款收益率。加强利率定价与信贷政策、信贷计划、经济资本、RAROC管理等相关管理工具的配合，根据市场形势变化及时调整利率定价策略。有效控制利率下浮贷款发放，提高贷款整体收益率。

完善内外部定价机制

完善与市场利率挂钩的内部资金定价机制 对增量业务坚持市场化和差异化定价	建立更加精细的外部定价机制 灵活调整外部定价策略
➢建立完善同业存款、资金业务以及贷款与Shibor、Libor、LPR等市场利率挂钩的内部价格联动调整机制，及时反映市场利率变化。 ➢在继续坚持存量、增量分别定价原则的基础上，加大对增量业务的市场化调控，内部配置资金成本要全面、及时反映市场化融资成本变化。 ➢对成立两年以上的境外机构，新增拆借业务利率实行市场化定价原则。 ➢进一步加大贷款配置价格调整力度，强化资金成本约束，尤其是要对低收益贷款品种实施差异化的内部价格调控。 ➢改进存款、贷款内部价格的价差管理，通过扩大存贷款内部价格价差水平，促进全行存贷利差稳定。	➢建立市场化贷款定价机制——完善贷款基础利率（LPR）报价工作，加强LPR在贷款定价中的推广应用。 ➢完善人民币贷款定价标准——对内完善RAROC阈值体系（明确审批最低价），对外制定细化的贷款利率标准（明确贷款议价目标） ➢建立分级授权体系——完善分品种、分期限、分级利率差别定价授权体系，提高定价管理灵活性，增强利率定价的市场化程度。 ➢灵活调整外部定价策略——根据业务经营情况及市场形势灵活调整存贷款利率定价策略。

3.1.2　提高中间业务收入

要始终坚持一手抓发展，一手抓规范，紧紧围绕客户需求，创新发展技术含量高、市场竞争力强、社会效益好、能为客户创造价值的中间业务，主动改善和塑造市场形象与发展环境，全年实现12.4%的增长目标。

在三大板块中，实现结算、代理、理财收入906亿元，增长15.5%；实现品牌类投行收入168亿元，增长20%；实现贷款客户相关业务收入375亿元，增长8.5%。

□　主要措施

1　加大产品创新

紧紧围绕外部市场环境的变化，围绕经济转型，围绕资产管理，围绕互联网金融，进一步加大产品创新力度，提高新产品对中间业务发展的贡献水平。

2　突出重点产品、潜力产品发展

持续推进重点产品和潜力产品发展。总行将对影响重点产品和潜力产品增收的因素进行分析，及时优化调整工作策略，并持续跟踪相关专业部门和各分行推进成效，按季通报。各分行都要认真分析本行的市场潜力所在，寻找重点潜力产品加以突破。

3　抓好规范管理

在最近的中间业务收费检查中，仍发现了一些问题，主要是服务记录缺失、服务内容与收费标准不匹配、自设收费项目等，必须按要求落实整改。要完善“两个衔接”，即“产品—管理制度—操作规程—协议文本—服务记录—投诉处理—业务档案”相衔接、“产品—收费项目—收费标准—收费参数—入账科目—收费凭证”相衔接。要准确把握监管要求和收费政策，积极配合外部收费检查，按照新的《中间业务定价管理办法》和《服务价目表》，完善中间业务收费策略，同时加强对中间业务收入减免及相关优惠措施的效果评估，强化成本约束，确保中间业务在合规基础上的健康发展。

4　强化考核激励

在境内分行经营绩效考评中进一步加大对中间业务收入相关指标的考核力度，增设战略性成长业务收入指标、人均手续费及佣金净收入指标、手续费及佣金净收入占比指标等，引导全行加快转型步伐。

3.1.3　增加投资与交易收入

主要目标

总行利润中心方面，努力实现债券投资收益率与资金运作效率优于同业平均水平；人民币债券新增投资收益率力争达到5.0%以上，外币债券新增投资收益率力争达到3.0%以上，继续保持交易与承销业务利润较快增长，增幅力争达到20%。

分行产品线方面，交易与承销业务收入力争增长15%；账户类交易客户数力争增长30%，个人、对公结售汇活跃客户数力争增长20%；已开办商品交易的分行交易规模、品种、客户数量进一步增加，未开办分行尽快取得业务突破；外汇避险、代客人民币利率交易取得进一步突破。

提高投资业务收益率

目前总行债券投资余额超过3万亿元，要努力优化投资组合结构，提高投资组合收益水平。

——优化品种结构。把握国内信用债市场大发展机遇，在风险可控前提下，适度提高信用债占比，稳步加大企业债、公司债、短融、中票等收益率较高的信用债投资力度。积极创新参与资产支持证券等新品种投资。妥善摆布债券资产账户结构，提高可供出售类债券比重，加大波段操作力度。适当增加投资高评级企业外币债券，特别是收益率较高的中资机构境外发行的外币债券，稳步推进外汇资产投资对象和币种的多元化。

——提高存量债券收益。稳步扩大债券借贷业务规模，进一步丰富交易对手范围，加强差异化交易定价，提高收益水平。

——开展自主负债扩大投资收益。发挥好最大人民币做市商的作用，在具备市场条件的情况下，积极利用账户交易类存量资金、质押式回购及大额可转让存单（CD）等方式主动融入资金，探索在一定额度内通过自主负债方式扩大债券投资规模、创造投资收益。

提高交易业务盈利贡献

目前全行金融市场交易业务个人客户为1 816万

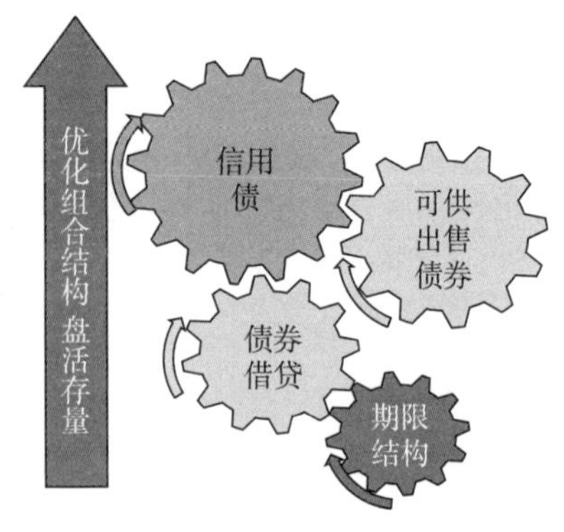

户、对公客户为21万户，在全行个人客户和对公客户中占比均不到5%，具有很大的提升空间。要通过完善代客交易系统，加快产品化进程，把交易业务以标准化模式铺向基层网点和网银终端，不断提高优质客户占比和交易活跃度，努力提高交易业务客户规模和盈利贡献。

——做大汇率交易。加大外汇网点建设，努力提高网点结售汇综合服务能力；加强双币远期结售汇等重点产品与组合创新，增强客户吸引力；拓展收入贡献较高的远期结售汇等客户，提高结售汇业务盈利贡献。

——拓展账户交易。创新完善账户交易产品体系，加快推动账户贵金属指数、账户基本金属以及账户农产品项目投产，推广账户贵金属转换、账户原油双向交易等业务新功能。要加强市场推广，提高交易活跃度，将产品优势转化为经营效益。

——推广商品交易。抓住当前“市场潜力大、同业竞争少”的发展契机，积极推进商品交易的全面开办，已开办商品交易的分行要进一步增加客户数量和交易品种、扩大业务规模；未开办分行要尽快取得业务突破。

——发展利率、信用交易。加强国债期货等产品创新，择机进入代客利率和信用交易领域，抢占市场先机。

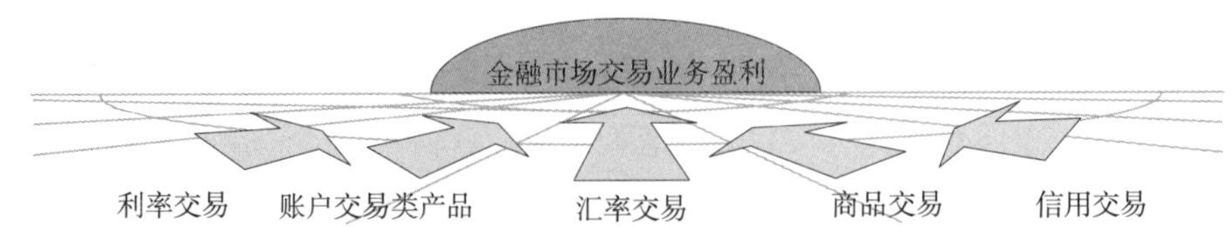

3.1.4　深入推进盈利梯队建设

要根据新的经营环境变化，区别对待、分类施策，促进盈利梯队接续发力，支撑全行盈利持续稳定增长。

盈利梯队建设现状：近年来第一梯队6家分行一直是全行盈利最重要的支撑，但2006年以来盈利增速已明显放缓；第二、第三梯队分行，特别是第二梯队分行，盈利增速保持高位。

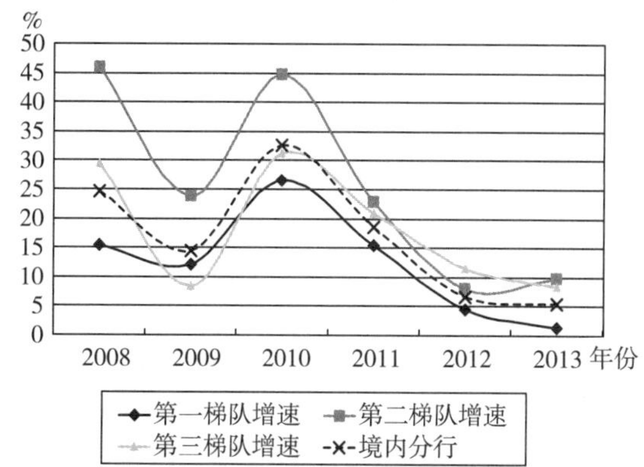

各盈利梯队拨备后利润增速变化图

2007—2013 年，第二、三梯队拨备后利润年均增速达 25% 和 18%，分别超过第一梯队 13 个和 6 个百分点。

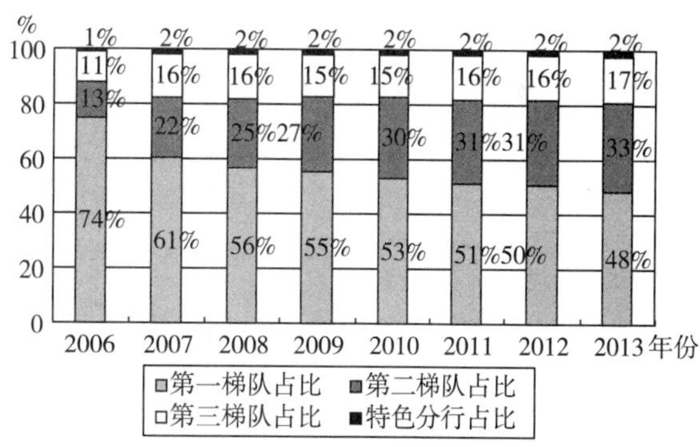

各盈利梯队拨备后利润占比变化情况

2006—2013 年，第二梯队分行利润占比由 13% 升至 33%，提高了 20 个百分点，基本抵补了第一梯队分行盈利增长放缓的影响。

第一梯队包括：北京、上海、江苏、浙江、广东及山东 6 家分行。

第二梯队包括：四川、河北、湖北、河南、深圳、山西、安徽、福建、天津、湖南、黑龙江、辽宁、重庆、苏州 14 家分行。

第三梯队包括：贵州、陕西、江西、云南、广西、内蒙古、吉林、新疆、甘肃、宁波、青岛、大连 12 家分行。

特色分行包括：海南、青海、宁夏、厦门、西藏 5 家分行。

盈利梯队建设主要目标：

第一梯队分行要加大经营转型力度，多措并举解决资产质量问题，提升利润持续增长能力。

第二、第三梯队分行要加快发展，尤其是第二梯队分行要深挖发展潜力，努力成为全行新的盈利增长支撑。2014 年，第二梯队分行拨备后利润增长要高出全行平均水平 3 个百分点左右，占全行利润的比重达到 34.5% 左右。河北、四川分行要在保持资产质量良好的基础上，争取盈利再上台阶；湖北、河南分行要力争实现拨备前利润超百亿元，成为中部地区的标杆。

盈利梯队建设主要措施：

构建分类资源配置体系	扩大第一梯队分行在创新、改革和定价方面的权限，激发一梯队分行的转型发展活力；加大第二梯队分行人财物等核心资源的投入，提高第二梯队分行的盈利贡献。
实施差别化政策分类指导	第一梯队分行要加大对现代服务业、战略性新兴产业和非信贷类新兴业务的投入，大力拓展重点县域市场。第二梯队分行要在抓住机遇拓展大型优质信贷资源、保持传统业务市场优势的同时，加快经营转型，大力发展零售业务和资产管理业务，推动业务结构向信贷与非信贷并重的方向转变。

3.1.5　严格控制成本

树立过“紧日子”的思想，厉行节约、勤俭办行，注重投入产出率，大力提升成本管理的科学化、精细化水平。

加强资源投入的全过程管控。进一步优化费用资源配置机制，优先将费用资源配置到发展潜力大、效率高的领域，提升投入产出成效。强化重大资源投入的预评估和后评价工作，防止盲目追求规模的粗放式投入，更好地推动业务发展和价值创造。

加强行政开支管理。总行将根据有关规定进一步完善差旅、公务、会议等开支管理办法，并加强财务授权管控。各级机构要严格执行总行相关规定，从严控制行政开支成本。

严格费用开支标准管理。各级机构要按照总行要求，结合本地情况制定开支标准。严格控制一般性支出，反对铺张浪费和大手大脚。

3.2　抓信贷经营

信贷经营水平关系着资产质量和总体效益，关系着健康发展大局，也关系着服务实体经济的成效。要按照董事长提出的“用好增量、盘活存量、优化结构、改善质量”的总体要求，落实改进信贷经营管理的各项措施，不断增强信贷经营活力。

3.2.1　优化信贷增量配置

综合考虑服务实体经济的需要和我行信贷经营的稳

定性，全年计划人民币贷款新增 9 000 亿元，将采用“年初挂钩分配、按季挂钩追加、年中挂钩调整”的“三挂钩”分配框架，实施完全按定量挂钩的分配方法，即分行可根据总行确定公式和参数计算自身贷款计划额度。

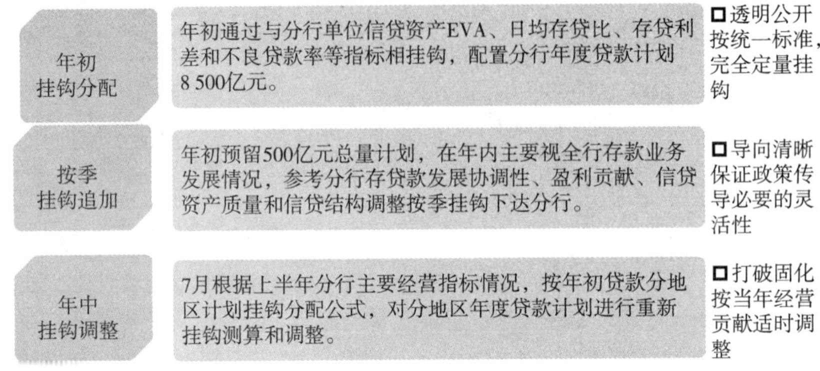

3.2.2　统筹贷款增量与存量管理

分配方法：考虑到贷款计划分配逐步向全面市场化转轨，实施按历史因素、增量贡献和战略调节相结合的挂钩分配方法。

分配原则：坚持效率优先、兼顾区域协调发展、突出存贷款协调发展和利润贡献导向。

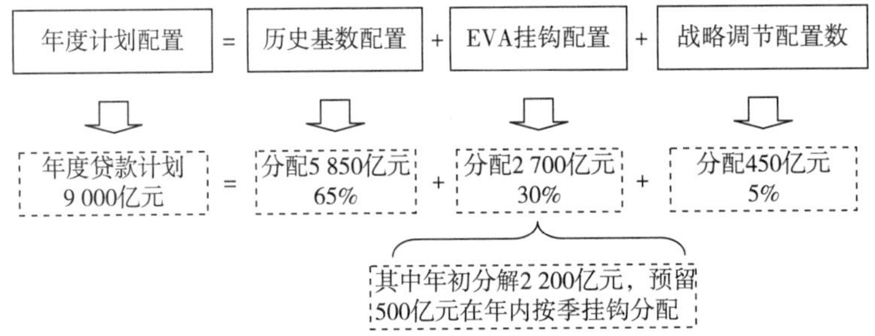

9 000 亿元贷款增量分地区计划分配模型

分配方法：2014 年开始将存量收回与增量计划统筹管理，将项目贷款、房地产贷款和个人类贷款年内到期量合计 5 486 亿元的 50% 予以上收和重新挂钩分配。在方案实施初期，为避免对分行冲击过大，对收回分配统筹计划由 80% 的基础配置和 20% 挂钩配置（550 亿元）两部分组成。

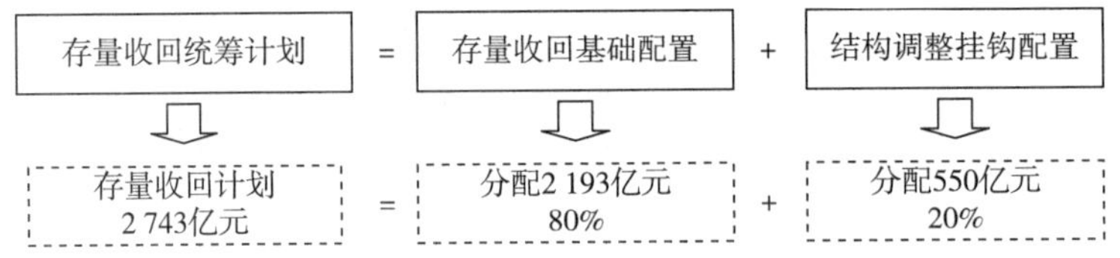

2 743 亿元存量收回统筹分地区计划分配模型

3.2.3　贷款增量计划定量挂钩分配公式

历史基数配置数 =（2011 年增量 ×20% +2012 年增量 ×30% +2013 年增量 ×50%）× 调节系数 0.66

其中，调节系数根据全行 5 850 亿元历史基数配置计划总数和各分行近三年贷款加权平均增量 8 845 亿元折算得出。

EVA 挂钩配置数 = 单位信贷资产 EVA × 挂钩调节参数 × 分行 2013 年末贷款余额

单位信贷资产 EVA =（2013 年前 11 个月分行 MOVA 人民币贷款 EVA +2013 年分行贷款相关中间业务收入）/分行人民币贷款日均余额

前十位（%）	海南	湖北	青岛	山东	重庆	四川	广东	宁夏	江西	河南
	0.84	0.79	0.68	0.68	0.62	0.61	0.60	0.60	0.55	0.54
后十位（%）	江苏	深圳	新疆	浙江	北京	福建	厦门	上海	宁波	甘肃
	0.29	0.29	0.28	0.23	0.21	0.15	0.08	0.08	0.02	-0.29

挂钩调节参数根据分行2013年日均新增存贷比（权重为40%，下同）、存贷利差（30%）和贷款五级分类后四类占比（30%）三项指标进行加权标准化打分和排名设置。

各分行综合打分排名测算挂钩调节参数表

新疆	7.5	内蒙古	6.5	甘肃	5.5	天津	5	深圳	4.5
海南	7.5	湖北	6.5	安徽	5.5	湖南	5	厦门	4.5
江西	7.5	四川	6.5	宁波	5.5	山西	5	福建	4.5
云南	7.5	宁夏	6.5	广西	5.5	江苏	5	广东	4.5
河北	7.5	贵州	6.5	青岛	5.5	青海	5	上海	4.5
吉林	7.5	重庆	6.5	山东	5.5	陕西	5	浙江	4.5
北京	7.5	辽宁	6.5	河南	5.5	黑龙江	5	大连	4.5

战略调节配置数＝（考虑中西部地区分行倾斜配置/贷款同业市场排名落后分行/东部沿海地区直辖市、直属分行政策缓冲因素）×分行2013年末贷款余额

3.2.4　全年人民币贷款分地区计划

各分行2014年人民币贷款余额增幅区间为6.2%～30.5%，因年初实际分解分行计划8 420亿元（不含专项融资部及票据营业部），相当于2013年计划的91.9%，虽大部分分行年初分配的人民币贷款总量计划低于2013年水平，但与2013年增量的比例关系均高于80%。

2014年人民币贷款计划分地区分配表

单位：亿元，%

区域	2014年贷款增量计划	与2013年增量相比	预计增幅
长三角地区	1 395	86.2	6.8
珠三角地区	1 186	86.2	9.0
环渤海地区	1 575	98.7	9.4
东北地区	563	93.7	9.9
中部地区	1 535	95.5	11.2

续表

区域	2014年贷款增量计划	与2013年增量相比	预计增幅
西部	2 166	91.6	12.2
分行合计	8 420	91.9	9.6
专项融资部	20	154.9	50.5
票据营业部	60	120.1	13.2
总行预留	500		
全行合计	9 000	97.6	10.2

从存量收回统筹计划分配情况看，分行95%以上的收回额度仍留在原分行使用。考虑到存量收回情况的动态性和时间分布差异，为推进存量贷款的存量周转和移位再贷，在年内按"统筹分配、动态监测、投向考核、流量约束"的思路实施按月挂钩测算分配，通过加强对分行存量收回腾出计划额度使用投向的监测和约束，在月度计划的统筹分配中，将项目、房地产和个人住房三项贷款投向考核要求的执行结果作为存量收回统筹分配挂钩指标，并将分月度存量收回统筹计划的分配结果纳入月度增量计划核定方案。

3.2.5　信贷投向和结构优化目标

信贷重点投向

单位：亿元

类别	项目	2013年末余额	计划新增额	可投放空间	预计2014年末余额
公司贷款八大目标市场	新型城镇化建设（棚户区改造）	165	400	445	565
	基础产业及基础设施	15 400	1 500	3 000	16 900
	能源资源类	3 000	500	1 800	3 500
	现代服务业	3 700	1 000	1 900	4 700
	先进制造业	3 700	500	2 800	4 200
	节能环保	3 600	500	1 400	4 100
	并购贷款和"走出去"	940	800	835	1 740
	现代农业	3 000	300	2 250	3 300

续表

类别	项目		2013 年末余额	计划新增额	可投放空间	预计 2014 年末余额
三大业板块	个人贷款	个人住房贷款	17 000	2 500	4 500	19 500
		个人消费类贷款	3 600	500	2 300	4 100
		逸贷 + 银行卡透支	3 000	1 000		4 000
	小企业贷款		8 300	900	8 600	9 200
	供应链融资		1 200	1 500		2 700
	票据贴现		1 500	500		2 000
合计	68 105		11 900	31 835	80 010	

结构进一步优化

至 2014 年末，公司贷款占各项贷款的比例为 68%，比年初下降 1.21 个百分点；个人贷款占比为 27%，比年初上升 1 个百分点；信用卡透支占各项贷款比例为 3.7%，上升 0.4 个百分点。

小微企业贷款占公司贷款的比例为 13.5%，比年初上升 0.4 个百分点。

供应链融资、并购贷款、“走出去”领域三类新兴业务贷款占公司贷款的比例为 6.4%，比年初上升 3.1 个百分点。

地方政府融资平台、产能过剩行业、房地产贷款合计占公司贷款比例降至 20.3% 左右，下降 4.5 个百分点，贷款集中度进一步下降。经过今后两年的持续压降，上述三个领域贷款总额低于可比同业。

短期贷款占比 39.6%，比年初增加 0.4 个百分点。其中：公司贷款的短期占比为 46.5%，比年初增加 0.04 个百分点；个人贷款的短期贷款占比为 12.7%，比年初增加 4.5 个百分点。相应地，公司及个人的中长期贷款占比同比例下降。

3.2.6　信贷投向和结构优化措施

公司信贷“八大目标市场”

放宽信贷准入

除需符合环保政策、控制产能过剩政策和监管要求外，合理放宽信贷准入标准，扩大优质信贷市场目标选择。符合国家产业导向的，相关信贷准入与国家产业准入标准基本保持一致；对不符合国家产业政策导向的，要提高信贷准入标准。该严控的，要控制得更严一些。

继续突出和完善信贷政策标准中的行业关键特性指标，包括效益类指标、环保类指标、资源消耗类指标和技术类指标等。

加强行业政策与产品、客户、区域等政策的衔接

新型城镇化建设领域与房地产贷款的城市与区域准入整体信贷政策保持一致。适当扩大符合条件的棚户区改造贷款城市准入范围。区别对待城建行业资源整理和旧城改造项目。

配合大力发展项目供应链融资的导向，完善建筑、电子、零售等资源丰富行业政策措施，促进供应链融资市场拓展。

放宽并购贷款准入和贷款期限限制。

坚持区别对待，一行一策

突出对区域信贷结构调整优化，对各行的信贷结构调整目标与措施不搞一刀切，实行一行一策。

积极推进县域信贷业务发展。按照“重点帮扶、梯次推进”的原则，遴选一批重点县支行、潜力县支行、省行级重点县支行为重点帮扶对象，加快提升信贷竞争能力，尽快确立我行在这些县域信贷市场的领先优势。针对重点县域，区分不同客户维度，研究完善授信项下授权审批流程、信贷政策、制度及产品体系。

小微企业、供应链融资、个人信贷“三大业务板块”

围绕专业市场和产业集群，有序拓展小企业信贷业务。严格专业市场和产业集群信贷准入及后续管理等措施。

加快贸易融资向供应链融资转型升级。在产品创新、运营支持、资源保障和电子化等方面加强支持保障，对总行级供应链在融资业务处理流程中，以“一点对全行”的集中模式进行贸易信息核准，核心企业所在地分行和供应链客户所在地分行均直接向总行网络融资中心发起核准申请进行信息沟通。

重点推进以个人住房贷款为主体，以个人小额信用贷款为基础的消费贷款业务。加快推进个人住房贷款自动审批，提高审批效率。继续做好逸贷的功能完善和市场推广，将信用卡分期业务统一为逸贷业务。加快完善个人网银自助质押贷款业务平台，丰富网银质物范围，提升自助质押贷产品竞争力。加强个人客户融资限额系统化管理和控制，有效控制贷款风险。

3.2.7　建立行内信贷资产流转平台

按照“统一管理、信息透明、竞价交易、动态监测、防范风险”的原则，尽快建立行内信贷资产流转平台，明确信贷资产流转的交易流程、会计处理、业务考核和资本计量等管理规则。分阶段、分步骤有序推进信贷资产在行内的交易和流转，力争全年完成行内信贷

资产流转交易200亿元以上，逐步推动信贷资源在全行共享。

3.2.8　信贷结构优化调整中需要重点把握的几个问题

要形成围绕目标市场拓展业务的有效工作机制。要根据量化的目标，按季分析目标进度，前中后台共同做好政策执行效果和市场营销效果评价。积极关注各区域信贷投放情况，指导各行的计划实施，合理调配信贷资源。

要加强核心目标控制。要突出核心目标管理与控制，特别是要继续加强对地方政府融资平台、产能过剩行业、房地产贷款的总量控制和限额管理。要牢牢把握控制限额的这一核心环节，在总量和限额不足的情况下，不得发放任何一笔融资，对超限额发放贷款的要加倍增提经济资本。

要坚持全行一盘棋。要基于全行信贷结构调整总体战略，高度重视拓展重点区域的信贷资源，通过区域信贷政策工具调剂等功能，增强信贷政策的差异性和针对性，激发区域信贷发展活力。

要坚持信贷结构优化战略。信贷结构调整事关全局，如果重大投向与结构把握不好，可能会触发系统性风险。全行务必要把信贷结构优化作为重点工作，加强对信贷投向和信贷结构的规划引导，促进信贷业务转型发展。

3.2.9　稳步推进信贷流程优化

在前期顶层设计基础上，重点抓好各项工作的落地，确保信贷运行效率和客户服务能力显著提高。

总行已将流程优化任务逐项分解落实到相关部门，各部门要按照要求按时保质完成。要在流程优化方案整体框架下，不断优化精简操作环节，实现流程优化工作常态化、长效化。

各行可在授权范围内，结合业务实际优化相关流程。对于授权范围外的（确有特殊情况，且风险可控），要及时向总行上报，总行将视情况给予个性化流程优化。

信贷流程优化的具体意见已在会上印发，对实践中发现新情况、新问题，各行要及时反馈。

下一步工作安排

1. 清晰信贷业务部门职责	7. 梳理信贷业务重点产品制度
2. 简化信贷业务操作环节	8. 建立信贷经营机构建制管理制度
3. 完善授权管理方式	9. 构建集约化的信贷运行监控体系
4. 优化授信业务处理环节	10. 健全信贷业务责任机制
5. 改进信贷尽职调查与档案管理两大基础工程	11. 完善信贷IT系统配套改造
6. 重构小微企业发展与风险管理模式	

3.3　抓发展基础

九层之台，起于垒土。发展基础决定发展高度。在推进全行提质增效进程中，必须扎实做好存款、客户、渠道、信息化等基础工作，获取更加深厚的增长潜能，开创更有活力、更富品质的发展境界。

3.3.1　存款基础

要不断创新存款工作思路，抓住关键、因势而变，确保新的市场环境下存款份额占优势地位，吸纳更多低成本可用资金。

提升服务抓源头	用好理财抓带动	主动负债抓创新	强化考核抓日均
更加注重发挥我们在支付、结算等领域的优势，以真正具有竞争力的产品和服务，通过公私联动积极拓展源头性、系统性存款，有效沉淀和集聚客户资金。针对代发工资客户，运用薪金卡、薪管家等产品提高资金留存率。	统筹安排年度存款规划与理财发展策略，研究理财业务的客户定位和产品定位，合理安排发行频率和节奏，精细化发展目标客户，优先竞争客户增量资金及转化付息率较高的存款。引导全行改变简单依赖高收益产品发展储蓄存款、维护客户的惯性和模式，辩证把握理财和存款的关系，把理财和存款的盘子同时做大，保持存款与各项金融资产业务相互促进、平衡发展，进一步提高客户金融资产和储蓄存款留存率。	分析存款保险制度推出后对客户尤其是高净值客户资产摆布的影响，前瞻性做好准备，有针对性地争揽和稳定存款。同时，创新主动负债发展的模式、方法，拓宽资金来源，增强多元负债对资产业务发展的支撑作用。今年重点做好1 000亿元同业存单发行工作。	要按照50%的均衡率将全年5 500亿元日均存款增量计划分解到分行，对分行日均存款计划执行进度进行重点监测，并作为贷款计划核定和调整的重要依据。

3.3.2　客户基础

我们追求的客户总量目标是，日均资产接近或超过银行经营盈亏平衡点的有效客户总量，是实实在在、没有水分的总量增长；我们追求的结构优化目标是，中高端客户、活跃客户以及年轻客户的占比持续提升，是有质量、能支撑业务发展的结构。要坚定不移地实施客户提升工程，围绕“客户在哪儿、谁去抓、怎么抓、抓什么”四个核心环节，加快构建中高端客户总量大、代际衔接、交易活跃的客户基础。

个人客户

主要工作措施：

以存量提级为重点，开展无效、低效客户的唤醒和挖潜工作，用有针对性的产品吸引客户，提升客户黏度和贡献度。

以公私联动为突破，大力拓展代发工资和养老金等源头客户，不断扩大个人优质客户数量。

以数据挖掘为抓手，在进一步提高个人客户信息完整性、真实性基础上，对客户进行分类、标识，并根据客户持有介质、年龄、职业、金融行为、交易习惯等特征，设计不同模型，精准定位客户，进而系统化、自动化、批量化推送适应客户需求的金融产品和服务。

要采取有效措施，减少优质客户的流失，并强化对各行优质客户流失率的考核与通报。

个人客户发展目标　单位：万户

目标	指标名称	净增	总量
总量目标	个人有效客户	3 000	35 000
结构目标	1万元以上中端客户	1 000	9 500
	5万元以上中端客户	450	4 000
	四星级（含）以上中端客户	800	6 900
	六星级（含）以上高端客户	30	470
	私人银行客户	1	4.2
活跃客户目标	信用卡客户	660	6 680
	代发工资个人客户	1500	5 800
	商友客户	400	1 500
	自由职业者（新型经济组织从业人员）	500	1 600
	年轻客户	1 000	22 000
	流动性客户	300	4 500
	银行类理财个人客户	350	1 600
	基金类个人客户	100	1 800
	保险类个人客户	175	1 300
	个人贷款客户	56	930
	外汇客户	100	1 500

公司客户

公司客户发展目标　单位：户

目标	指标名称	净增或拓展计划	总量
总量目标	有效公司客户	25万	430万
结构目标	年日均金融资产超5万元（含）客户	10万	130万
	五星级（含）以上客户	5万	50万
活跃客户目标	有融资关系客户	7 000	142 000
	其中：中型企业	2 000	42 000
	小企业	5 000	93 000
	基础类投行客户拓展	11 200	—
	现金管理客户	10万	110万
	养老金公司客户	5 000	—
	代发工资公司客户	5万	—
	国际业务大中型客户	1 800	—
	累放供应链	200	1 200

主要工作措施：

深入分析、层层分解拓户目标，责任到人。定期监测分析、通报客户拓展的成效，及时研究解决遇到的困难和问题。

开展精准营销，多渠道获取客户信息，建立目标客户名单。

强化分层营销，将总行级和一级分行牵头营销重点客户分别增加至300户和2 200户，逐一落实综合服务方案，落实分层营销服务。

完善联动营销，建立健全“客户经理＋产品经理”的综合营销团队模式，完善协调、定价、分润和考核机制，有效提升业务联动效果。

机构客户

主要工作措施：

统一机构客户视图：完善机构客户营销管理系统功能，建立涵盖客户资产、产品、交易、贡献在内的统一视图，增强客户拓展针对性。

完善联动营销机制：深入推动“全机构”金融战略，整合营销职能，完善客户价值贡献导向的资源配置、考核、授权管理。

实施客户分级管理：围绕合作贡献、潜力、投入产出、风险等因素，完善机构客户五级分类评价体系，制定相应的资源配置、产品定价策略，提升优质客户合作占比。

搭建综合服务平台：推动民生领域五大平台建设；开发银银平台业务管理系统，丰富银银产品功能。

机构客户发展目标　　单位：户

目标	指标名称	净增	总量
总量目标	有效机构客户	9 000	180 000
结构目标	日均存款余额5万~500万元	2 000	30 000
	日均存款余额500万~5 000万元	5 000	83 000
	日均存款余额5000万~1亿元	600	16 000
	日均存款余额1亿元以上	80	31 000
活跃客户目标	银财通客户	100	4 350
	银关通客户	200	7 900
	公务卡客户	1 000	51 000
	代理社保归集及发放合作单位	7	680
	代理公积金归集及发放合作单位	3	330
	公积金项目委托贷款合作单位	6	25
	军队综合业务系统投产应用	2	6
	银银平台客户	80	465
	有融资关系的机构客户	30	500
	保险托管客户	2	75

注：总量目标、结构目标客户数为客户信息号统计口径，活跃客户目标为法人单位客户统计口径。

3.3.3　渠道基础

按照构建“客户任意一点接入、银行线上线下互联互通、全程响应、体验一致的一体化渠道体系”的要求，加强渠道建设，提升各类渠道的服务效率和竞争力。这次总行机构改革中，成立了渠道管理部，各一级（直属）分行可根据本行实际成立渠道管理部门或指定某一部门，承担起渠道统筹管理的职能。

网点渠道

各行要认真落实网点竞争力提升工作会议部署以及相关配套文件安排，制定本行网点三年规划和实施方案，加快组织实施竞争力提升七大工程。总行将加大督导力度，按季通报各行工作进展。

存量网点盘活工程	加快低效网点优化调整，完善在重点区域、潜力地区和新兴市场的网点布局,年底前完成2 914家D、E类网点的优化调整。
渠道转型工程	加大柜面业务分流，尤其是低端客户的分流力度。
人力配置结构优化工程	柜员向销售类人员转岗1.5万人，销售类人员占网点从业人员比例提升2至3个百分点；压缩分支行本部人员；科学设置柜口和劳动组合；组建机动柜员队伍，应对网点业务高峰。
岗位优化整合工程	落实网点运营标准规范，建立职责明晰、有效协同的网点岗位体系，对网点实行“定员定额”量化管理。
客户拓展工程 产品渗透工程	提升网点综合化服务功能，抓好网点客户拓展和产品渗透工作,推进客户结构调整与业务转型。
配套保障工程	重点做好网点运营标准化和业务流程优化工作。

实施网点运营标准化。这是运营改革和流程优化成果转化为网点现实生产力、促进网点功能转型的重要举措。要重点抓好网点业务量标准的统一规范、高低柜业务范围界定、网点岗位和柜口标准制定等工作，逐步构建起“岗位设置有标准、任务分配有目标、人员调整有依据、要素配备有规范”的网点运营管理模式。

✓统一规范业务量标准，实现柜员业务量的全口径准确统计和评价指标的科学设计。

✓科学设置网点高低柜，清晰界定网点高、低柜业务范围，合理配备高低柜柜口，提高网点低柜占比。

✓核定岗位和柜口标准，基于网点业态、分区标准，科学核定网点岗位和柜口标准，促进网点岗位整合优化和人力资源释放。

构建网点运营管理平台，实现网点运营评价指标数据的自动生成和分层展现，为持续优化网点运营管理标准提供数据支持，为管理机构实施网点运营情况的监测分析提供基础依据。

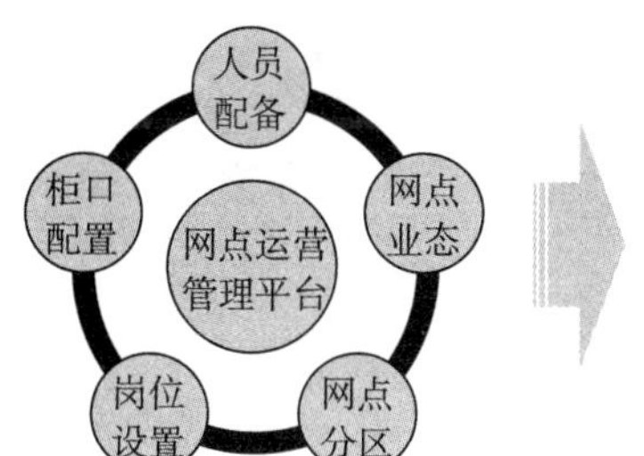

——年底前完成平台主体功能建设，实现网点业态、分区、柜口、人员配备等运营状态和运营资源配置情况的统一视图。

——建立涵盖网点柜员业务量、业务处理质量效率、客户满意度等指标在内的网点柜员运营绩效考核评价机制，以及各岗位之间客户推介、产品营销业绩分润机制，合理评价各岗位人员的价值贡献。

持续推进运营业务流程优化。目前，业务流程综合改造和优化工程已基本完成三年既定目标，解决了533项紧迫性流程问题，网点运营效率和客户服务水平明显提升。业务流程优化是个持续深化的过程，要继续稳步推进，力争增量流程创新设计和存量流程持续优化具有行业先进性，保证先期成果和成效充分释放。

创新推进流程优化	➢坚持四个原则：以客户和员工需要为出发点，以信息化银行建设为基础，以线上线下一体化为方向，以切实把控实质风险为前提。 ➢进一步解放思想，突破固有思维局限，在充分论证基础上大胆创新。
加快重点流程问题的研究解决	➢深入研究和解决好基层行反映较多的流程问题。通过源头治理，集中力量抓好个人业务填单和对公客户开户流程优化工作。 ➢年内完成123种个人业务免填单改造，除监管要求外，基本实现客户不手工填写纸质协议申请书的目标。 ➢优化对公结算账户开户流程，以申请书、协议整合和电子化改造为突破口，解决长期以来客户填单多、盖章多、往返次数多的“三多”问题。
加快交易并行处理机制建设	➢以建立交易并行处理机制为目标，扩大柜面交易“三个一”应用范围，年内完成高频组合交易和免填单交易改造，基本实现个人常用业务一次填单、一次输密、一次授权，改善客户服务体验。
有序推进全行核算统一管理	➢建立柜面交易准入、退出机制，加强流程管理，确保全行流程设计和安排符合业务流程体系的规范和要求。 ➢启动柜面交易模块化建设，逐步实现公共核算流程的统一管理，彻底解决管理分散带来的“前清后乱”问题。

自助渠道

继续加快自助银行、自助设备、POS等自助渠道建设，将部分低效物理网点改造为离行式自助银行，加大对新城区、城乡结合部、重点县域和空白区域的离行式自助银行布设，新建自助银行3 000家，新增自动柜员机2万台、自助终端3万台。加强自助设备的统一管理，对设备安装与使用情况及时监控并进行考核，切实提高自助渠道的使用效率。

线上渠道

把握互联网金融发展的趋势与规律，以扩大电子银行活跃客户群体为核心，着力推进信息化银行建设重点产品的研发与推广，引领支付、消费、投融资等价值链的有机融合与创新发展，推动电子银行客户结构优化、活跃度稳步提升，牢固确立互联网金融时代的同业领先地位。

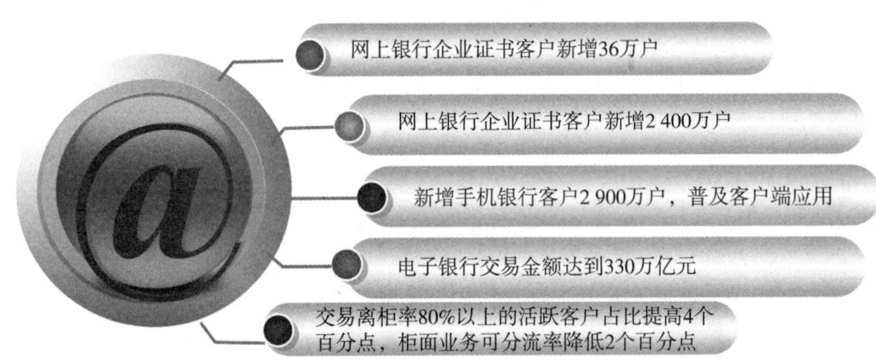

大力发展电子商务平台

✓ 发展目标：着力建设“融e购”电商平台，将其打造为“质优价廉的客户消费平台、“名品、名店、名商”汇集的商户销售平台、支付融资一体化的金融服务平台、“三流”合一的数据管理平台，力争全年总交易额突破150亿元，其中非金融商品交易额达到50亿元；客户成交转化率、商户户均交易额力争达到主流电商同等水平。

✓ 主要措施：精心组织营销推广，确保实现对外运营“开门红”。持续做好商户拓展，全年商户数累计突破500户，力争达到600户。加强运营服务和经营分析体系建设，优化客户体验，加快产品创新。加强数据挖掘与分析，为商户和我行业务发展提供数据支持服务。

做好B2B商城的规划与建设，基于客户的个性化需求推进平台线上撮合、大宗商品交易、商品批发市场、供应链协同多种模式的研发，上半年启动建设。

快速抢占移动银行市场

把移动金融作为未来发展的战略方向，以手机银行客户端推广为主线，不断丰富移动金融服务功能，推动电子银行向“掌上银行”转变。

✓ 打造“生活+金融+信息”的移动客户端，全面覆盖外汇买卖、账户贵金属、结售汇、商品交易等各类金融交易，为客户提供行情查询、在线交易、咨询等一站式的交易和服务支持。

✓ 打造工银移动生活服务平台，加强与生活服务类商户合作，实现我行客户端与第三方应用无缝链接、集成服务，全面掌握客户消费或交易行为，打通内外部的数据关联，进而推动对客户数据的深度挖掘。

✓ 积极创新移动支付产品与服务，推出电子现金支付工具，积极进入近场支付领域，持续优化工银e支付流程，提供差异化的便捷支付服务。推出企业U盾服务，抢占企业移动支付领域。

推进线上线下联动

✓ 推进电子银行服务模式创新，加快推进小额支付便利化、一体化创新步伐，加强各服务渠道信息联动和服务联动，提升客户服务品质。

✓ 推广手机银行网点排号等服务，促进线上产品与线下服务的融合。

3.3.4　信息化基础

全面推进信息化银行建设规划的25项重点任务，以产品化改造为抓手，加强信息共享，推进系统整合，加大数据挖掘和利用，满足跨专业、上下游和线上线下业务联动的整体创新要求，推动信息技术与经营管理的深度融合，打造核心竞争力。

丰富数据仓库和集团信息库数据源，完善数据服务能力。同时将数据检索分析功能嵌入各相关业务系统，使各部门在本专业系统中可以直接使用，得到相应的查询结果。

在MOVA指标库的基础上，进一步健全指标服务体系，完善全行指标库，推进各类统计报表的指标化改造。

在总分行建立数据和专业分析师团队。今年上半年人员基本到位。加强对结构化数据和非结构化数据的挖掘分析，为营销服务、流程优化、风险预警等提供支持，让数据创造价值。

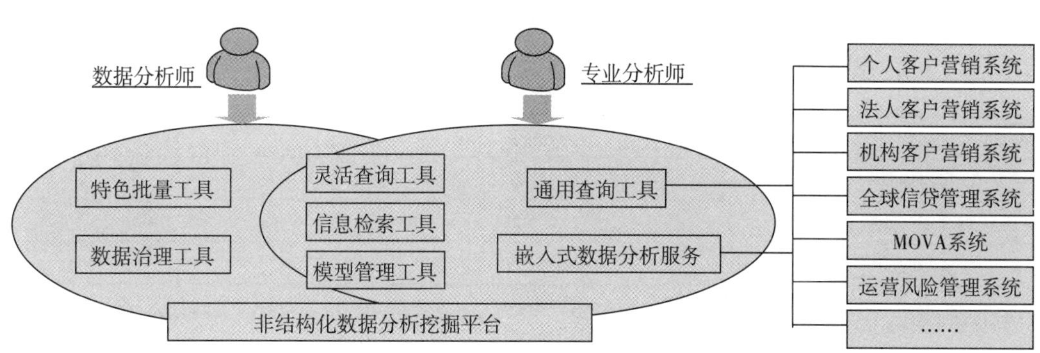

3.4 抓经营转型

要认真落实改革发展研讨会提出的优化“五大布局”、突出“三大战略”的部署，加快推动经营转型，增强可持续发展能力。这里，突出强调一下实施大零售、大资管战略，推动国际化综合化发展的重点措施。

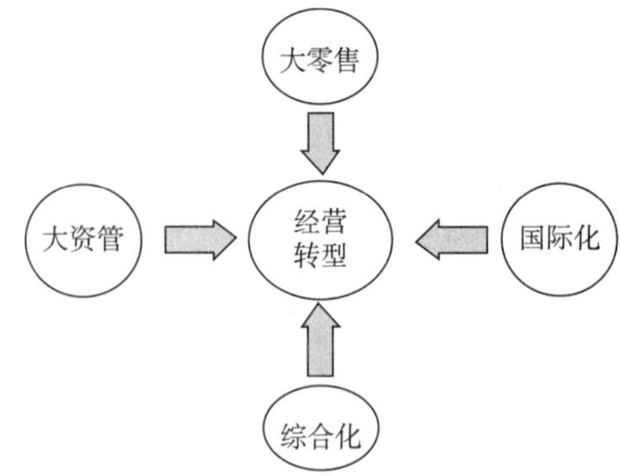

3.4.1 大零售业务

抓紧制定全行零售业务三年发展规划，做好顶层设计，明确发展目标和实施路径，抓住重点环节，分层分类分阶段推动规划目标的实现，推动零售板块营业贡献占比每年提升2.5个百分点，确保3年内达到48%，力争达到50%。

□完善体制机制。充分发挥个人金融业务委员会的统筹协调作用，建立顺畅的决策支持体系和沟通协调机制，完善考核评价和资源配置，对处于不同发展阶段、竞争态势、资源禀赋、环境特征的分行实行分类指导，培育先进分行，促进落后分行，带动中间分行，实现梯度发展。

□创新业务产品。建立重点产品五级分类管理体系，提高产品研发效率，培育和打造具有较强市场竞争力的明星产品和服务品牌，整合集团内账户类产品、融资类产品、金融资产类产品资源，以及与我行形成功能补充的同业产品，进行灵活组合和统一定价，形成整体金融解决方案，提升服务品质和价值。

□整合优化系统。对现有与零售业务相关的系统进行优化整合，建设全行统一的个人客户信息系统、营销应用系统、风险监控系统和统计分析系统，建立起客户统一视图和零售业务全产品营销管理平台，深化自上而下的数据挖掘应用，支持零售金融向精细化管理和精准营销转型。

□培育零售业务文化。深入研究和总结零售金融业务经营发展规律，加强工商银行零售金融服务品牌的经营，提炼、构建与“大零售”战略相匹配、能够充分凝聚全行共识的零售业务文化，提高各级机构对发展零售业务的认识，加快形成集全行之力推进零售金融科学发展的文化氛围。

做大做强零售金融重点业务线和产品线

私人银行业务

聚焦市场竞争力，丰富营销服务模式
——加速客户拓展，抓好产品配置，着力提升私人银行产品在已签约客户中的渗透率。发挥私人银行服务中心渠道优势，拓展电子服务渠道。

体现专业特色性，打造私人银行业务核心产品服务品牌
——着眼于客户差异化资产配置需求，完善私人银行产品体系，创新家族信托等家庭财富管理业务。

推动国际化发展，加快境外私人银行产品服务体系建设
——在港先行设立私人银行和财富管理中心，提升全球资产配置能力。

提升队伍专业性，加速培养私人银行业务的专业人才
——落实“专家办、办专业”要求，年内培养100名私人银行财富管理专家型人才。

主要业务发展指标　　单位：亿元、%

	目标	同比增长
客户规模	4.2	35
管理资产规模	7 500	35
业务收入	33.97	40

信用卡业务：年末信用卡总卡量力争突破1亿张，收单额达到3.3万亿元，信用卡总收入达到350亿元，同比增幅20%以上。

将信用卡产品优势与个金、公司、机构等部门的客户优势相结合，提高信用卡渗透率；

抓住国家全面实行公务卡制度的政策契机，围绕预算单位、军队、企业，开展新一轮公务卡营销，新发卡量突破200万张；

深入挖掘航空、旅游、保险等合作伙伴优质会员数据，积极拓展行外客户；

加快充实专业化收单团队，抓住收单市场拓展重点，名单制营销商户，年末特约商户达105万户；

实现对全行POS的精细化管理，促进POS交易活跃率和收益水平提升。加强POS交易数据信息的集中管理和挖掘，把POS管理平台建设为我行线下的数据中心。

个人和小微企业贷款业务

抓住居民消费转型升级中的需求，加快发展个人消费信贷业务。重视引导逸贷业务向着“小额、多笔、非集中”方向健康发展，将逸贷打造成引领我行消费信贷发展的拳头产品，力争全年逸贷和信用卡透支业务增长1 000亿元。

充分发挥个人经营性贷款与小微企业贷款统筹管理的体制优势，创新适应不同行业、不同成长阶段小微企业特点的信贷产品，提高市场竞争力。

3.4.2　大资管业务

大资管业务是一项涉及全行境内外机构和众多产品线的业务。改革发展研讨会后，总行研究制定了大资管业务的总体发展规划，确定了业务范围和统计口径。下一步，全行要按照总体规划，进一步明确相关机构的职责，做好任务分解，形成发展合力。同时，要尽快推动大资管业务IT系统的开发，完善与大资管业务大发展相适应全面风险管理体系，贯彻全行统一风险偏好，保障我行大资管业务又好又快发展。

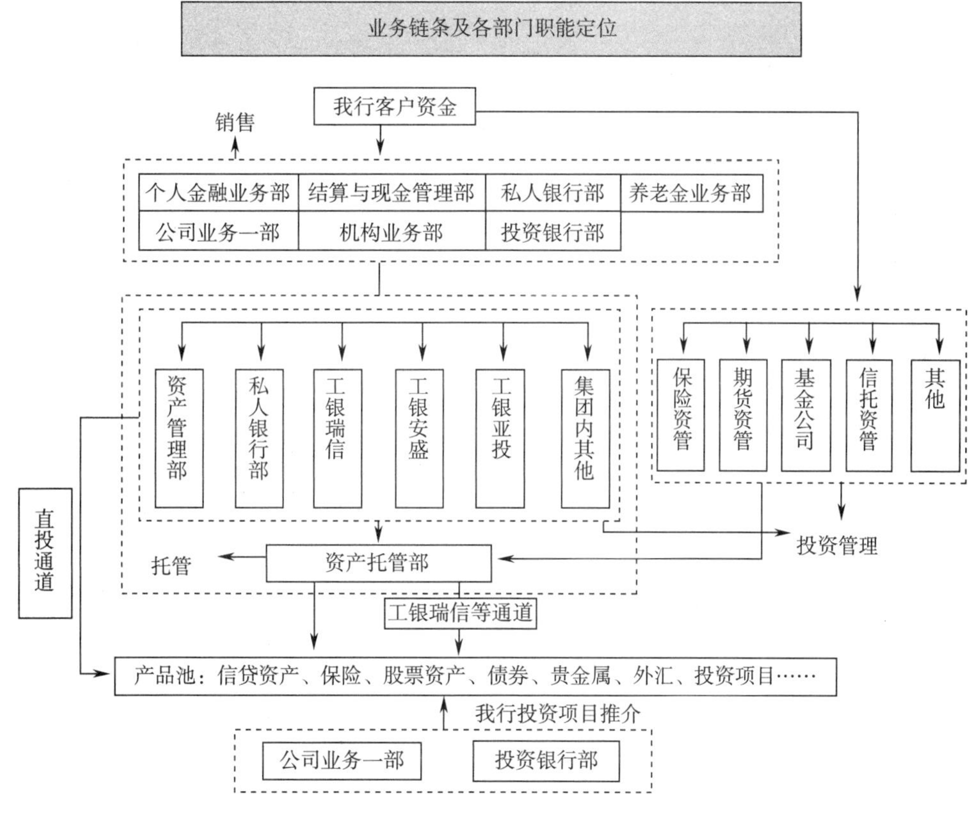

业务链条及各部门职能定位

业务总量计划

综合考虑今年的货币供给环境、大资管市场竞争形势及我行表内业务发展计划，总行拟定了今年大资管业务经营计划。全年集团资产管理类业务规模增长3 290亿元，同比增长约18%；集团资产托管类业务规模增长9 000亿元，同比增长约20%。

2014 年度大资管资金来源及运用计划—分部分 单位：亿元，%

资金来源部门/机构	2013 年末	2014 年计划		资金运用部门/机构	2013 年末	2014 年计划	
		增量	增幅			增量	增幅
一、资产管理类	14 861	1 800	12. 11	一、资产管理类	13 957	1 800	12. 90
（一）个人金融业务部	9 959	1 500	15. 06	（一）资产管理部	11 859	1 500	12. 65
（二）结算与现金管理部	2 260	670	29. 65	（二）分行	2 097	300	14. 30
（三）养老金部	270	130	48. 15	二、私人银行类	719	300	41. 72
（四）资产管理部	2 372	-500	-21. 08	私人银行部	719	300	41. 72
二、私人银行类	719	300	41. 72	三、基金类	2 280	987	43. 29
私人银行部	719	300	41. 72	（一）工银瑞信	1 888	429	22. 72
三、基金类	2 280	987	43. 29	（二）工银瑞投	392	558	142. 35
（一）工银瑞信	1 888	429	20. 00	四、保险资管类	16	3	18. 75
（二）工银瑞投	392	558	166. 67	工银安盛	16	3	18. 75
四、保险资管类	16	3	18. 75	五、境外资管类	201	200	99. 50
工银安盛	16	3	18. 75	工银亚投	201	200	99. 50
五、境外资管类	201	200	99. 50	其他：代理销售类（通道）	163	0	0. 00
工银亚投	201	200	99. 50	（一）个人金融业务部	163	0	0. 00
其他：代理销售类（通道）	163	0	0. 00	（二）结算与现金管理部	0	0	—
（一）个人金融业务部	163	0	0. 00				
（二）结算与现金管理部	0	0	—				
资金来源合计	18 240	3 290	18. 04	资金运用合计	17 336	3 290	18. 98

业务收入计划

收入目标：年末集团管理和托管资产规模力争分别达到 2 万亿元、5. 5 万亿元，实现业务收入突破 300 亿元。

2014 年大资管业务收入、利润总量计划及分条线计划 单位：亿元，%

业务链条	业务范围	2013 年实际完成		2014 年预算			
		业务收入	净利润	业务收入		净利润	
				金额	同比增长	金额	同比增长
投资管理	资产管理	146. 32	101. 24	173. 69	18. 7	120. 52	19. 0
	私人银行	24. 23	15. 45	33. 97	40. 2	22. 26	44. 1
	工银瑞信	11. 70	3. 16	15. 21	30. 0	4. 11	30. 0
	工银安盛（资管业务）	0. 23	0. 16	0. 28	21. 7	0. 20	25. 0
	工银亚投	0. 14	0. 11	0. 34	142. 9	0. 26	136. 4
	合计（扣除捆绑重合）	165. 74	109. 53	201. 28	21. 4	132. 80	21. 2
资产托管	资产托管	95. 21	52. 84	106. 25	11. 6	60. 02	13. 6
	工银亚洲	0. 17	0. 13	0. 25	47. 1	0. 19	46. 2
	合计	95. 38	52. 97	106. 50	11. 7	60. 21	13. 7
总计		261. 12	162. 50	307. 78	17. 9	193. 01	18. 8

资产管理业务

积极推动资产管理业务的规范创新，在客户数量、业务规模、投资收益等方面保持同业领先，力争全年实现理财产品销售 5. 3 万亿元，日均余额达到 1. 4 万亿元，实现产品线收入 173. 69 亿元。

➢拓展销售渠道和客户覆盖面
✓综合考虑客户需求、投资资源储备及流动性管理需要，妥善安排理财产品发行计划；
✓提高理财产品网络销售能力，优化电子银行界面，创新同业合作模式，扩大对行外客户的销售覆盖；
✓大力拓展保险、中小银行等机构客户，为我行理财产品寻求更长期、稳定的资金来源。

➢切实增强投资管理能力
✓挖掘项目资源，加快理财直接融资工具、理财直接投资等创新业务规范化、规模化发展，逐步推进理财投资的“去通道化”；
✓加强债券市场投研能力，根据市场走势，合理安排债券投资节奏；
✓积极推进股票收益权、结构化证券投资等资本市场类投资创新，稳步推进另类投资。

➢创新整合产品线
✓加快产品线整合，着眼于缓解流动性管理压力，逐步降低短期期次型产品规模，加大无固定期限产品创新和推广力度，优化产品结构；
✓以客户多元化理财需求为导向，加大产品创新力度。

➢稳步推进业务全球化
✓搭建海外投资平台，力争年内完成香港资产管理中心设置；
✓拓展双向、多层次的跨境产品线组合，全面提升跨市场的资产配置能力；
✓积极推进海外资产证券化业务，在挖掘海外投资机会的同时，推动境外机构业务结构的调整。

资产托管业务：抓住全社会资产管理市场快速扩容机遇，积极拓展境内外资产托管业务，推动产品、服务和流程创新，力争全年实现资产托管业务收入106.25亿元，其中产品线中间业务收入75.63亿元。

按照总行机构改革总体部署，改进全行托管业务营销管理体制，明确总、分行业务重点和经营模式。

延伸托管服务链条，推出资产管理外包、托管理财、票据资产托管等增值服务产品，推动托管业务向全面的资产服务升级。

加强对民生领域、场外市场交易、互联网金融领域托管需求的研究，开辟新的业务领域。

加快全球托管区域中心建设步伐，力争年内完成香港中心设置，初步形成总部、区域中心和本地托管人共同服务客户全球投资的网络架构。

投行业务：抓住国家积极发展混合所有制经济、跨境资本双向流动、多层次资本市场发展提速、民生领域投融资需求扩大、化解产能过剩及地方融资平台风险，以及产业结构优化升级六大方面的市场机遇，推动投行业务线全面发展，实现产品线收入305.7亿元，其中，基础类投行业务要扩大客户渗透率，扭转收入负增长局面；品牌类投行收入确保增长20%以上。

重组并购：将重组业务与并购业务分类运作，重点加快并购业务发展，全年安排并购融资800亿元。

股权融资：在继续发挥主理银行产品优势的基础上，创新发展私募融资配售与分销业务，私募股权主理银行存续期内规模力争达到500亿元。

高端财务顾问：打造债务融资和非融资类财务顾问两大产品线，继续做好对接行内资金渠道部门的结构化融资业务，全年非信贷债务融资规模超过1 000亿元。

养老金业务

构建以养老金资产管理和养老金信息管理两大板块为主体，涵盖标准年金、综合养老保障、养老金理财及其他业务的养老金综合金融服务体系，强化专业队伍建设，着力提升市场营销、业务创新、运营管理、客户服务四方面能力，实现养老金业务收入增幅高于全行中间业务平均水平，养老金受托管理、账户管理、托管业务市场占比保持同业绝对领先，养老金理财产品销售额和日均余额稳步增长，力争全年实现产品线收入19.26亿元。

贵金属业务

推动贵金属业务快速融入全行大零售、大资管战略，做大业务规模，全年实现产品线收入50.55亿元，确保四行占比继续保持第一。

要做大渠道，提高贵金属业务网点覆盖率和网均产能，充分利用电商平台强化产品销售和服务功能，尽快形成适应贵金属商品特点的“网购店取”新模式。

要做优产品，不断创新跨境、跨市场、跨品种的贵金属投资产品。充分利用上海自贸区的金融政策，探索发展以贵金属现货运作为支撑的融货融资业务，将其与派生的金融交易产品有机结合，并提供相应的仓储物流和场外清算交割服务，形成贵金属综合化新业务板块。

3.4.3　国际化业务

跟随我国经济扩大对外开放和全球化进程，推动国际化经营深入发展，进一步扩大境外业务比重和盈利贡献。

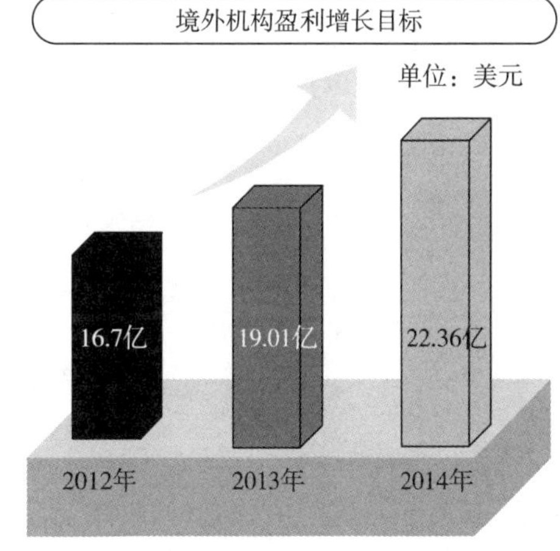

注：不含南非标准银行。

2014年末，境外机构（不含南标）要实现税前利润22.36亿美元，较上年增长18%。境外机构（含南标）税前利润确保达25.5亿美元，力争达到26亿美元。

争取用三年左右时间，港澳以外机构主要经营指标与国内主要竞争对手持平，在港澳地区的差距逐步缩小。

进一步完善全球服务网络

积极审慎地把握准入机遇突破重要空白市场，启动墨西哥子行、英国伦敦分行、越南胡志明代表处、蒙古代表处申设，关注缅甸外资银行准入政策出台情况，择机建设营业性机构，全年争取增设13家二级机构，进一步完善和优化境外网络布局。

争取完成台湾永丰银行和全球交易业务线（标银公众）收购项目，择机在全球主要金融中心收购一家具有核心竞争力的中型资产管理公司，提升重点业务线全球竞争发展能力。

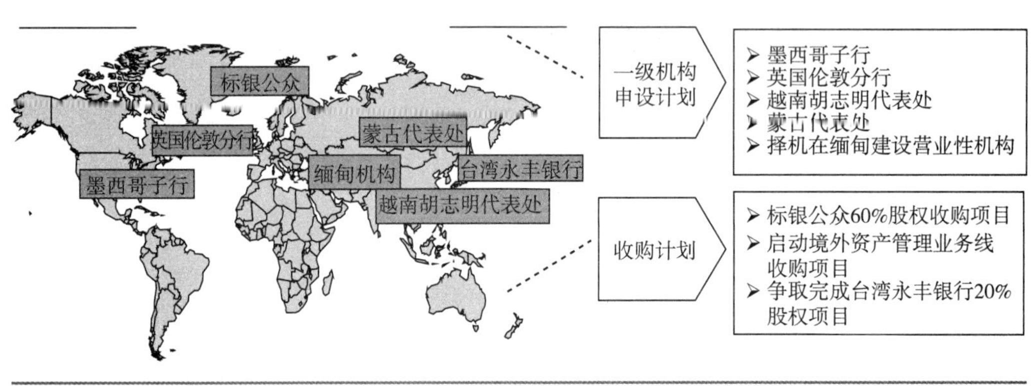

加快转变境外业务发展方式

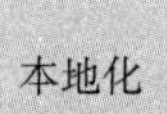

本地化

◆客户本地化。要根据所在地区市场特点，拓展服务渠道，积极挖掘“走出去”中资企业客户、本地华人客户、与我国有经贸往来客户、全球化客户等，不断扩大本地客户规模。

◆业务本地化。提升境外机构自我发展能力，逐步降低内保外贷、簿记、代付类业务在境外贷款中的占比。

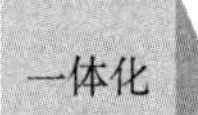

一体化

◆ 完善集团联动机制。针对全球500强等集团大客户，建立“总对总”服务机制，强化牵头营销部门的统筹协调作用；完善内外联动信息平台和分润机制。

◆ 产品线一体化发展。以香港机构作为境外产品研发基地，以产品线区域中心为重要支撑，以其他境外机构作为分销中心，打造境外市场的“总+分”产品研发和营销体系。

集约化

◆ 负债业务统筹管理。加强境外负债业务和筹资工具的统筹管理，提升境外机构稳定资金来源的占比和资金自求平衡能力，确保境外机构满足LCR（流动性覆盖比率）监管要求。

◆ 资产簿记集约化运营。依托香港机构建立全球资产簿记中心，通过集约化的全球运营模式实现规模经济。

差异化

◆市场差异化。结合明确市场地位与业务策略，将境外市场分为核心类、重要类、观察类和节点类四类，分类功能定位，优化资源配置。

◆产品差异化。统筹考虑全球业务线布局，实行重点业务线拓展名单制，确保逐项落地。

便利化

◆ 贷款集中审批。依托工银亚洲组建境外审批中心，提高境外信贷业务审批效率。

◆ 报表自动化。提高境外机构报表报送自动化水平，将手工报送总行和当地监管报表比例降至25%左右。

◆ 双语沟通。提升总行双语服务水平，总行下发到境外的文件率先实现双语。

依托人民币业务优势，将跨境人民币打造成具有国际竞争力的全球产品线，2014年跨境人民币业务线要实现20%左右的增长。

积极争取新一批人民币清算行资格		深化跨境人民币渠道建设
集团内离岸人民币中心	● 深化集团内离岸人民币中心内涵，丰富资金交易中心功能，把工银亚洲建为集团离岸人民币产品研究和开发中心。 ● 为境外机构业务拓展提供更加优惠的资金支持，研究建立离岸人民币资金池，提高资金运作水平。	● 构建全面覆盖、跨境联动的人民币产品体系。 ● 抓住人民币资本项目可兑换、离岸人民币金融产品市场逐步形成的机遇，用好在岸和离岸两个市场的优势资源，重点加强跨境资本结算、资产管理、债券投资等领域的内外联动合作。
新加坡清算行	● 发挥人民币业务中心、现金管理中心、大宗商品和结构性贸易融资中心及私人银行中心综合性职能，提升清算行综合服务能力，带动集团内外联动发展。	● 充分利用试点政策红利，打造境内跨境人民币特色区域。 ● 把握上海自贸区建设的战略机遇，充分发挥与境外离岸人民币中心优势互补的作用，把上海自贸区机构打造成在岸的离岸人民币业务平台。
新一批清算行	● 争取新一批人民币清算行资格，境外机构配合当地政府及金融监管打造离岸人民币业务中心,争当市场认可的人民币清算行。	● 拓宽跨境人民币东南（前海—香港、横琴—澳门、昆山—台湾、上海—全球等）、西南（广西—东盟）、西北（新疆霍尔果斯—中亚）业务通道，推进内外联动，做好业务和产品的内外对接，提高跨境金融服务能力。

打造国际业务第一银行，提升跨境贸易金融服务能力

2014 年末，境内国际结算量四行占比要达到 30.5%以上，力争实现市场占比第一；国际贸易融资发生额和余额四行占比分别达到或超过 33%和 27.5%，四行占比力争第一；国际结算及国际贸易融资业务收入四行占比确保第二；国际业务大中型客户力争拓展2 400户。

重点区域提升	目标客户拓展	创新产品推广	人才队伍建设
▪ 重点突破、梯度发展。对36家分行分层确定国际结算占比提升目标，增强国际业务区域竞争优势。 ▪ 从实现“国际业务第一银行”的分行中遴选出全面赶超行业领先者的“旗舰行”，打造我行国际业务第一银行的市场形象。	▪ 总行牵头营销35家国际业务七星级客户，并配套差别化服务措施。 ▪ 对150家国际业务核心客户实行重点监测和分类管理，尽快实现业务突破和占比提升。 ▪ 增强专业化销售的多样性、丰富性、针对性。	▪ 推广工银速汇、代理速汇款，打造多币种、全渠道、覆盖全球的汇款大行形象。 ▪ 开办福费廷二级市场业务，创新优化出口贸易融资，提升出口业务竞争力。 ▪ 针对贸易链清晰、内外贸关联紧密的公司，创新提供跨境供应链产品组合。 ▪ 加大网银渠道国际业务创新推广，加强与第三方电子单证信息平台合作，整合物流、资金流、信息流，为企业提供点到点贸易融资管理和一站式金融服务。	▪ 打造国际业务核心专家队伍。 ▪ 建设专职产品经理团队。加强对产品经理的全方位培训，提高产品经理队伍的产品推广及应用能力。

3.4.4　综合化业务

要坚持走专业化、特色化的发展道路，始终在集团总体战略框架下谋划自身可持续发展，积极主动作为，增强与集团各机构和业务的战略协同，实现自我发展和盈利能力新提升。

	2013 年		2014 年（计划数）		净利润增速（%）
	净利润	总资产	净利润	总资产	
工银租赁	22.98	1 818	27.81	2 000	21
工银瑞信 *	3.16	2 761	4.11	3 800	30
工银国际	2.15	89	2.98	139	38.6
工银安盛	0.2	215	0.5	383	150
合 计	28.49	4 883	35.40	6 322	24.3

＊工银瑞信总资产为管理资产总规模。

工银租赁：积极调整业务和资产结构，加强资产流转管理，合理控制规模扩张和资本耗用节奏，增强可持续发展能力，保持国内租赁资产规模最大、盈利最多、综合实力最强的金融租赁公司地位。

把握政策机遇，提升服务实体经济能力。把握国家在改进租赁企业购租管理、拓宽融资渠道、完善税收优惠等方面出台的一系列政策，发挥租赁业务融资与融物相结合的优势，引导资金和生产资料直接进入实体经济。

加强资产转让，改善资产与收益结构。拓宽资产转让渠道，积极推动将租赁资产纳入信贷资产证券化试点和常态化发行范围，盘活存量资产，资产转让率要达到10%。

改进资产管理，提高经营和风险管理水平。加强设备资产日常管理，探索委托分行开展设备资产租期管理，降低资产规模不断扩大带来的管理压力；增强对业务实质性风险的把控，推进资产质量五级分类由境内向境外项目延伸。

工银瑞信：充分发挥全功能资产管理平台作用，主动融入集团“大资管”发展格局，实现规模和效益的协调增长，管理资产规模和公募基金规模同业排位要实现“保5争4”。

发挥年金、社保、保险基金投资管理全资格优势，积极争取中港两地基金互认资格机构，更好地为集团客户提供一站式综合金融服务。

发挥子公司工银瑞投“类信托”功能，利用轻资本优势，不断加快产品创新，为集团客户提供多样化直接融资解决方案。

加强与第三方支付渠道、销售平台和电子商务平台的合作，开发符合互联网客户需求的专属基金产品，大力开拓互联网新市场。

工银国际：进一步加大商投联动营销力度，扩大客户基础，做大做强核心产品线，提升风险管理、财务管理水平，实现盈利的持续稳定回升。

投行业务。建立以中间业务为主、资本性业务为辅的业务模式，形成涵盖股本、债券、并购、资本结构融资等领域的全产品链，成为集团客户跨境投融资业务首选。

投资管理业务。在集团授权管理框架下，做好债券投资布局，丰富资产管理产品并做好项目的退出管理，为公司提供稳定盈利来源。

销售交易业务。稳步推进交易类产品创新，加快与工银亚洲的交易中后台整合，提升债券的二级市场交易能力，争取实现机构销售交易收入翻番。

工银安盛：把握保险产品费率市场化改革和投资渠道进一步拓宽的政策机遇，积极推动业务转型发展，提高保障型产品、期交产品占比，提升资金运用的收益，大幅增加保费收入和盈利水平。

1

优化渠道结构：提升个险、团险渠道的销售占比，稳步推进电子渠道的发展，降低对银保渠道的过度依赖，非工行渠道保费占比要提升至14%。

2

优化业务结构：积极发展适合长期期交的传统保障型产品和养老产品，全年期交保费占比力争提升到24%。

3

优化投资结构：将资金运用与承保业务结合，利用母行的项目资源优势，积极开展项目直接投资。

3.5 抓深化改革

要把2014年作为“改革年”，认真落实改革发展研讨会作出的各项改革部署，以改革的思路、改革的精神研究推动各项工作，加强建立与经营发展相适应的，更具活力和效率的新体制新机制。

3.5.1 推进组织机构改革

总行本部组织机构改革

近日，总行已正式印发《总行组织机构改革方案》。要按照方案要求，抓紧组织实施总行本部机构改革。

改革后，总行本部管理层设置营销管理、风险管理、综合管理和支持保障四大板块。

一级部由31个减少为26个，二级部由11个减少为5个。

逐步有序推动利润中心行政管理职能的剥离工作。

各相关部门要增强大局意识，认真做好职能、人员划转及工作衔接，1月底前机构人员要全部到位，并尽量缩短磨合期，确保改革平稳过渡。

要做好总行部门处室优化、业务和流程梳理、制度办法修订完善等改革后续工作，重新核定总行部门、利润中心及直属机构的处室设置、人员编制和干部职数。

规范分行本部组织机构管理

不要求分行内设机构与总行部门和利润中心完全对口，但要合理确定相关业务的归口管理部门，确保各项职能的顺畅衔接。

推进分行内设机构定责、定岗、定编、定薪工作。

清理规范分行直附属机构管理。现有分行直、附属机构统一改建为直属机构，明确直属机构职能范围，按照业务量和产出贡献等确定直属机构规模。

巩固提升重点城市行的市场竞争力

大中城市是我国经济金融资源最为富集的区域。到2012年末，23家省会城市和综合实力最强的30家重点大中城市，其地区生产总值合计达22.9万亿元，占全国GDP的44%；合计存款占全国金融机构存款总额的40%。重点大中城市是各家金融机构的必争之地，更是我行的核心市场。

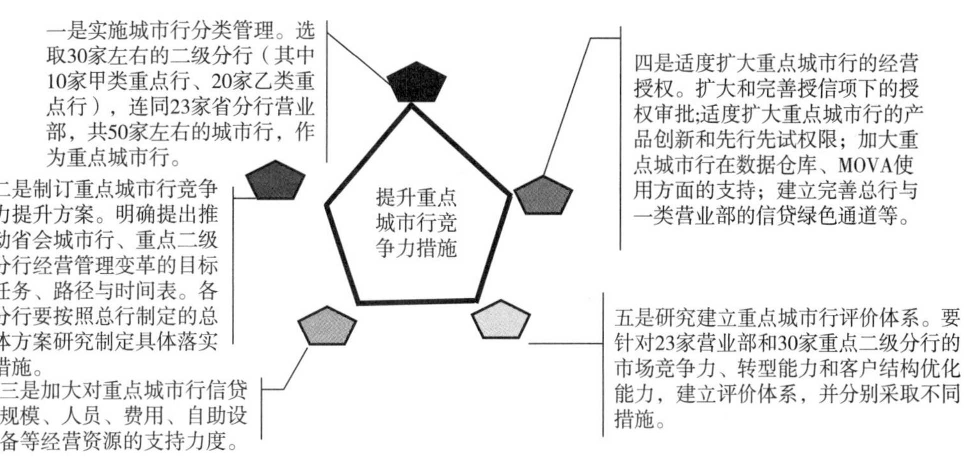

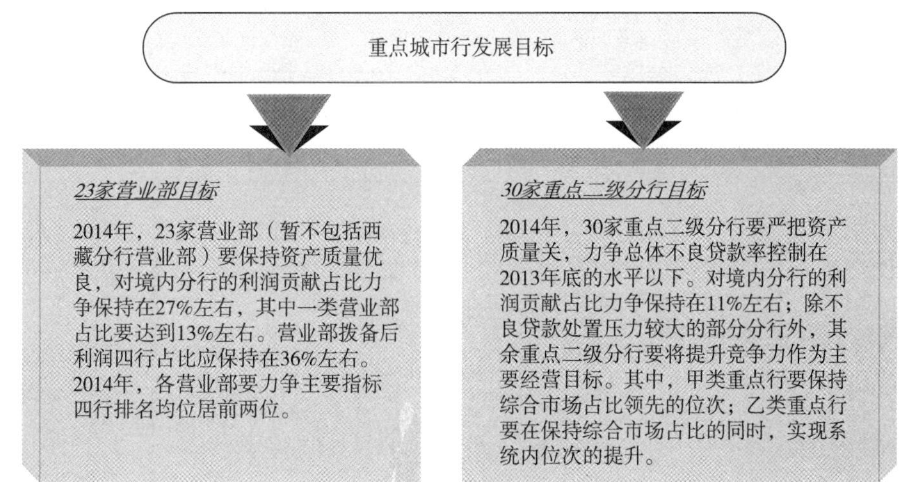

说明：由于我行在青海、宁夏、海南三省未设立营业部，实行省行直营，西藏分行营业部刚建立，规模较小，故分析中未包括以上4省区的省会城市和我行当地机构数据。

着力提升重点县域支行竞争力

坚持县域市场以县城、零售业务和小微企业“三为主”的经营定位，创新符合县域经济特点的产品和服务，积极拓展县域金融市场。

到2014年末，80家总行级重点县支行拨备后利润四行占比与农行的差距要缩小至3.5个百分点以内；对全行的利润贡献力争达到8%，较2012年提高1.5个百分点；重点县支行当地存款四行平均占比提高至25%左右，与农行的份额差距缩小1.2个百分点左右。

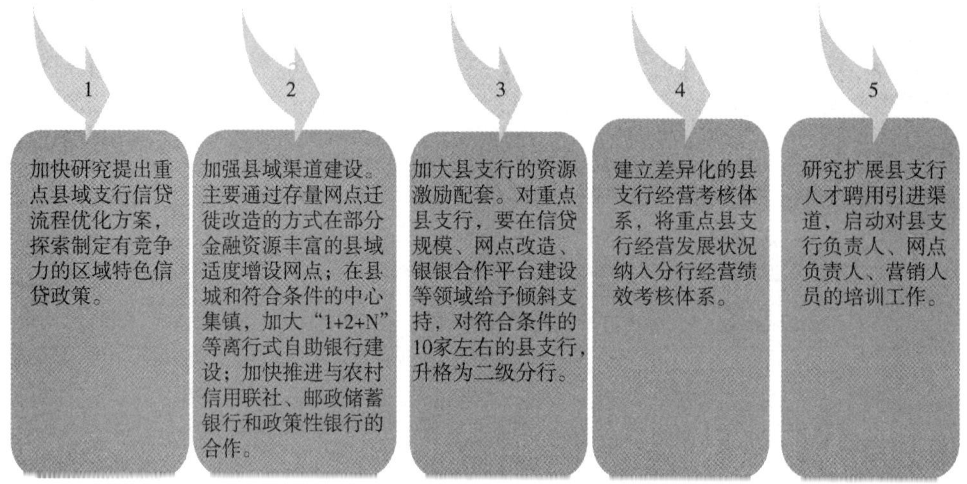

3.5.2　改进绩效考评和资源配置机制

完善境内分行绩效考评指标体系

优化指标体系设置，突出关键业绩指标，大幅精简指标数量，由原来的359个精简到70个。

强化战略发展导向，按照“重质量、促转型、提效率、强协同”原则，从经营效益、风险内控、经营转型与业务发展三个方面优化绩效考评指标体系，体现可持续发展的战略要求。

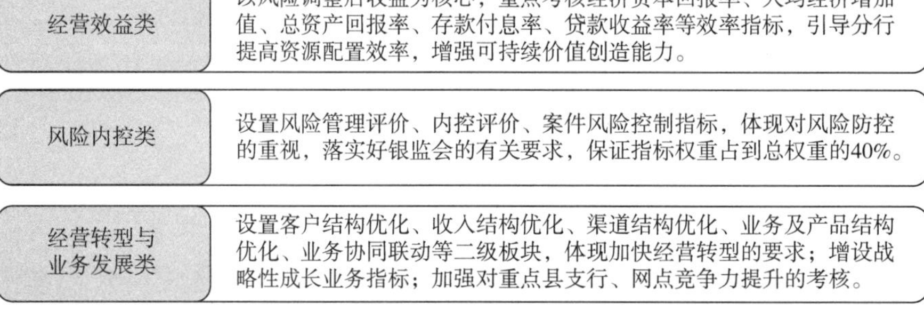

各行在保持核心导向与总行一致的情况下，可根据本行经营特点和实际，有针对性的设置业务转型考评指标，合理控制指标数量，并要着力完善对基层网点、客户经理和柜员的考核，切实解决好“最后一公里”的问题。具体办法参阅这次会议印发的《2014年考评体系改革方案》。

完善基于考核导向的资源配置体系

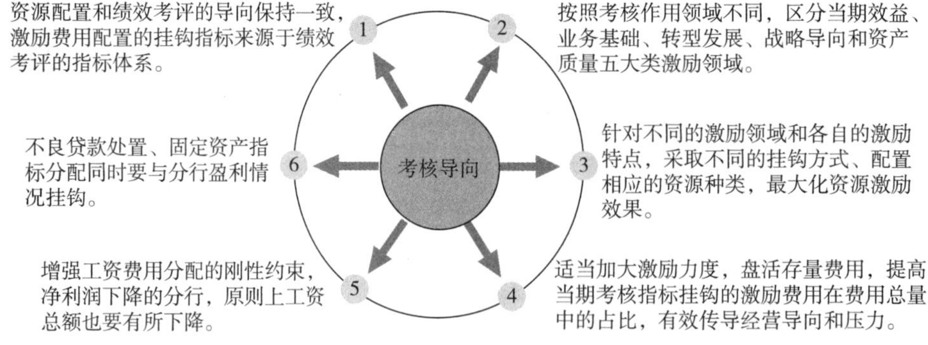

会后，总行将尽快下发基于考核导向的资源配置办法，明确具体的资源配置挂钩方式、挂钩比例，强化绩效考评的激励约束和战略引导作用。各级行也要按照总行的导向，完善各自的资源配置体系。

统筹考核导向，完善各维度绩效考评办法

完善境外机构以ROE、ROA和利润总额为核心的绩效考核，适当提高ROE指标的权重，引导分支机构进一步增强资本回报意识；探索实施EVA考核，引导境外机构走资本节约型发展道路。

总行部门

结合境内分行绩效考评的指标设置，精简设置部门关键业绩指标，科学设置考核目标，将对分行的考评要求和压力横向传导至部门，强化部门的经营管理责任。

利润中心

强化对产品线的捆绑考核，与产品线相关的指标权重要达到80%以上；完善利润中心与分行分润的内容、方式和分润实施，调动两方面经营积极性，形成集团经营合力；强化利润中心与部门的捆绑考核，固化分工协作、互利共赢经营格局。

综合化子公司

继续坚持“突出资本回报、强调横向可比、兼顾行业特点、鼓励绩效进步”的原则思路，在考核资本回报的同时，加大对子公司协同效应的考核，促进母子公司联动发展。

3.5.3 改进和完善人力资源提升项目

2007 年，全行统一实施的人力资源管理提升项目是人力资源管理改革的一项重大突破，搭建了以岗位为基础的市场化、企业化的人力资源管理制度体系，为全行创新发展提供了保障和动力。

今年，总行将在全面总结提升项目实施情况基础上，研究制定人力资源管理深化项目实施方案，在完善相关制度办法基础上，在全行推广实施。

人力资源管理深化项目将在坚持岗位、绩效、能力和市场等现代化、市场化人力资源管理理念的基础上，进一步健全岗位管理制度体系、规范绩效管理实践模式、优化薪酬分配结构，提升全行人力资源管理效率，全面建设具有工行特色、统一规范的人力资源管理体系。

健全岗位管理体系	规范绩效管理模式	优化薪酬分配结构
□规范业务类岗位设置 □完善岗位等级核定及动态调整机制 □优化员工晋升发展机制	□编制目标分解和绩效合约管理应用模版和工作机制指引 □开发分层分类绩效考核模版 □加强绩效管理工作的考核	□完善工资制度体系 □健全员工工资正常晋升机制 □优化员工薪酬结构 □规范绩效工资考核分配 □完善各级行本部工资费用管理机制

3.5.4 改进贷款拨备分配机制

为增强分行信用风险意识，提高贷款发放质量水平，增强分行风险抵补能力并加大拨备保有总量，在坚持现有风险抵补导向的拨备管理政策基础上，适度提高分行组合拨备提取比例，以积极有效应对信贷资产质量变化的需要。

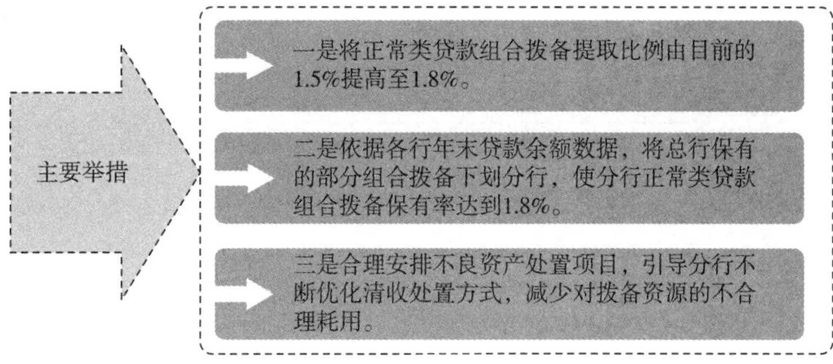

3.5.5　探索建立新的业务评价方式

按照改革发展研讨会提出的业务评价方式改革部署，为深入研究业务和产品的质量结构，近期，总行选取了20个重点业务或产品，按照一定的评价指标和评价办法，尝试进行了五级分类测算。尽管评价方式有待完善，评价结果也不一定非常科学，但在一定程度上反映出全行业务发展中一些值得高度关注的结构性问题。

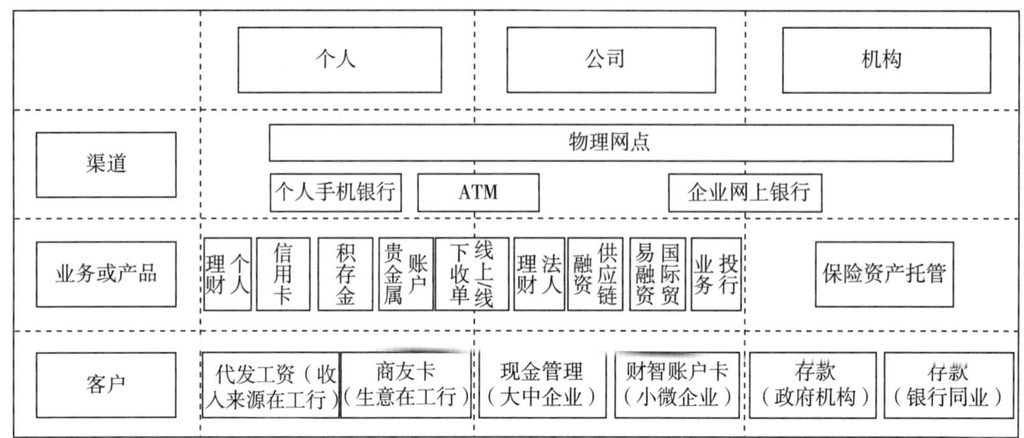

评价原则：借鉴信贷五级分类的思想。

选取标准：为我行自有产品、有重要基础作用、兼顾当前与未来业务发展。

分类维度：从个人、公司、机构3个客户维度选取。

分类指标：采取核心指标为主，调节指标为辅的方法，即对各项业务选择1个最能反应本质的指标为核心指标；视不同情况，再选择1～2个指标作为调节指标进行适度的调整。

分类方法：

基于银行业普遍存在“二八”法则，即“少量客户作主要贡献”；

按核心指标，将某项业务的客户分为“动户和不动户”；

对动户运用业界通行的ABC分类法（又称帕累托分析法），按客户对核心指标累计值贡献，从大到小排序后，依序据该类客户对整体贡献的“60%、20%、15%、4%、1%”划分5类；

使用调节指标，对不超过10%的客户进行适度的等级调节。

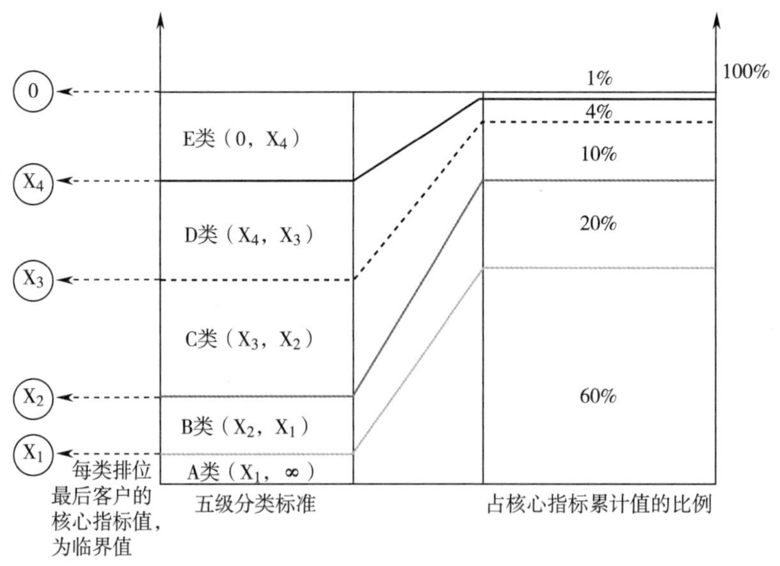

物理网点，沿用财会部《全行存量网点优化》方案的分类方法。

反映出的结构性问题

不动户比例较高：有10项业务的不动户比例在50%以上，其中积存金业务不动户比例最高，超过90%；个人手机银行的不动户比例超过80%；账户贵金属、信用卡、供应链融资、法人理财、企业代发工资、线上 B2C 收单不动户比例也均超过 50%。

大量“长尾”客户的价值挖掘不够：一些客户以亿计的个人产品、以百万计的公司产品，以及相应的渠道产品，低端客户多，不动户较高，表明我们未能很好地利用适应性的金融产品和服务充分挖掘“长尾”客户价值。比如通过价值挖掘，可以像互联网公司那样享受巨量长尾客户带来的效益。

客户基础信息还不完善：在五级分类测算过程中，发现如大、中、小公司客户的标识缺乏，公司和机构客户的分类标识不清晰，金融同业交易数据分散、缺乏整合等问题。

下一步工作措施

总行将把 20 个重点业务和产品的五级分类评价结果反馈到相关业务部门和各分行。各部门、各分行要逐一对照分析，从存在的发展结构和质量中，既要认真查找发展方式和营销策略的问题，也要深刻反思经营思想和发展观的问题。要进一步端正经营思想和经营作风，有针对性地制定本年度的结构改进计划和目标任务，采取积极有效措施，改善发展的结构和质量。

要不断完善业务五级分类评价办法，逐步建立一套完整的以质量、结构为主的新评价方式，重点从产品、客户、业务线等维度进行结构性评价，以客观全面、动态科学地反映经营发展情况，并作为绩效考评和资源配置的重要依据，引导全行更加有效地推进经营转型，实现有质量、有效益的发展。

3.5.6　改进经济资本配置机制

增强资本的刚性约束

配好“指挥棒”，加大资本指标在绩效考核中的权重，增强各机构资本意识；

练好“组合拳”，做好经济资本系数与业务发展计划之间的组合管理；

把好“审批关”，对每笔贷款、表外业务审批都要讲资本占用和资本回报。

强化经济资本限额管理

强化限额配置市场化：将 EVA 作为经济资本配置初步分配的主线，价值贡献越大的行，资本支持越多；

强化限额管理灵活性：在控制好年度限额基础上，管理好季度时序限额，实现资本平稳有序配置；

强化超限额惩罚精细度：细化超限额增计措施，区分具体原因（经营管理原因、参数调整等客观原因）和超限额程度实行 1～10 倍的增计措施。

扩大经济资本管理覆盖范围

完善限额管理框架：构建利润中心、境外及控股机构资本管理机制，制定符合各类机构的资本管理办法；

明确资本回报要求：坚持“两个 12%”原则，即对成立 3 年以上的境外机构和控股机构，资本充足率和资本回报率一般均不得低于 12%，作为增资注资的主要前提条件。

3.5.7　健全集团内部利益分配机制

近年来，我们在集团内部利益分配机制建设上进行了积极探索。比如，根据利润中心与分行协作中各自的工作量和工作性质，总体按总、分行 1:9 进行分润。对共同承担的目标任务或同一业务管理流程中不同环节的总行部门，实行捆绑考核、影子考核。

随着全行信息化、国际化、综合化的深入推进，加快形成 ONE ICBC 集团合力，完善集团内部一体化联动利益分配机制的要求更加紧迫。上半年要全面完成集团内部利益分配办法措施的完善，进一步体现以客户为中心，更好地落实 ONE ICBC 战略。

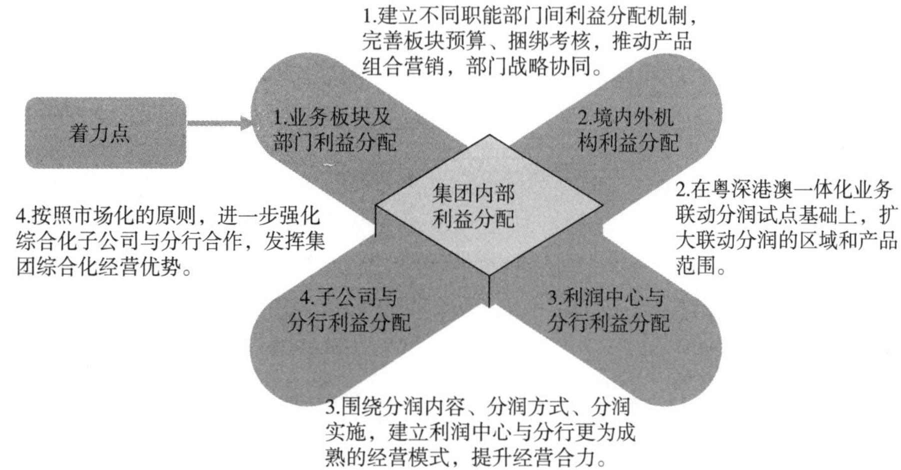

以客户为中心、以集团利益最大化为重点，完善各项措施，加快集团内部利益分配机制建设。

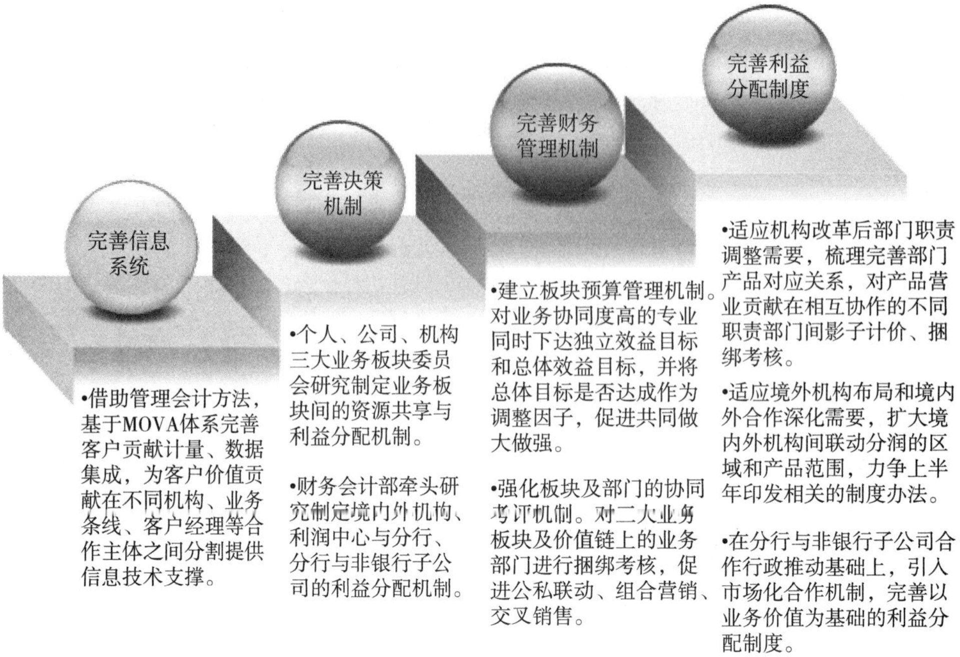

完善信息系统

•借助管理会计方法，基于MOVA体系完善客户贡献计量、数据集成，为客户价值贡献在不同机构、业务条线、客户经理等合作主体之间分割提供信息技术支撑。

完善决策机制

•个人、公司、机构三大业务板块委员会研究制定业务板块间的资源共享与利益分配机制。

•财务会计部牵头研究制定境内外机构、利润中心与分行、分行与非银行子公司的利益分配机制。

完善财务管理机制

•建立板块预算管理机制。对业务协同度高的专业同时下达独立效益目标和总体效益目标，并将总体目标是否达成作为调整因子，促进共同做大做强。

•强化板块及部门的协同考评机制。对三大业务板块及价值链上的业务部门进行捆绑考核，促进公私联动、组合营销、交叉销售。

完善利益分配制度

•适应机构改革后部门职责调整需要，梳理完善部门产品对应关系，对产品营业贡献在相互协作的不同职责部门间影子计价、捆绑考核。

•适应境外机构布局和境内外合作深化需要，扩大境内外机构间联动分润的区域和产品范围，力争上半年印发相关的制度办法。

•在分行与非银行子公司合作行政推动基础上，引入市场化合作机制，完善以业务价值为基础的利益分配制度。

3.6 抓风险管理

当前银行业外部经营环境更趋复杂、更具挑战，风险的复杂性、隐蔽性和传染性不断增强，风险暴露在一段时期内还可能会有所增多。同时我行进入全球系统性重要银行以后，面临的监管要求也更高。我们必须把全面风险防控特别是信贷领域的风险防控放在十分突出的位置，锁定存量风险，做到降旧控新，守住不发生系统性区域性风险底线。

3.6.1 确保信贷资产质量稳定

正如董事长所强调的，全行资产质量稳定处在一个重要关口。今年将集团不良额控制在××亿元以内，不良率控制在××%以内，是我们坚守风险底线的一道重要防线。若不良率升至××%，必须增提大量拨备，导致利润负增长。因此，全行必须自我加压，力争将不良额控制在××亿元左右，不良率不超过上年水平，由此实现不良贷款从“双升”到“单升”的重要转折。

狠抓不良贷款清收处置

全年清收处置计划为600亿元，其中现金清收计划为200亿元。

完善不良贷款清收处置机制。

继续加强对大额不良贷款和不良贷款大行的督导，建立不良贷款专业化处置队伍，不良贷款余额超过50亿元的一级分行要建立不良贷款处置中心。

深化不良贷款预测预报分析工作，做到逐季预测、逐月预报、重要时点按日监测。

提高不良贷款处置效率和处置效益。

要把不良贷款的现金回收作为重点，下大力气抓好现金清收工作。

既要加快处置、提高处置效率，又要兼顾成本、减少处置损失；尽量不使用高成本的批量转让处置方式。

呆账核销要以受偿水平作为衡量标准，努力降低财务成本，不能一核了之、一转了之。要加强账销案存资产管理，多措并举做好账销案存资产的催收、追索和资产处置变现。

规范以物抵债资产管理，加快处置变现，减少无效资产占用。

继续突出加强对贷款劣变较多、不良贷款上升较快机构的管理

加强经营机构准入与退出管理

- ✓ 建立信贷经营机构建制标准。
- ✓ 建立信贷经营机构资质认证和经营业务特许制度，对机构风险管理能力进行等级评估，对客户经理进行专门的业务能力考核。
- ✓ 对于风险管理能力薄弱的机构，要限制办理相对高风险业务。
- ✓ 对于信贷生态环境、信贷资源、人员配置和风险管理能力确实不宜开办信贷业务的经营机构，要暂停办理信贷业务，待符合条件时再开展业务。
- ✓ 对信贷人员短缺、信贷资源贫乏的城区机构，鼓励集中信贷人员和资源，建立信贷业务经营中心，提高信贷业务集约化水平。

健全风险责任认定机制

- ✓ 健全信贷业务责任制与“尽职免责”机制。对疏于职守、未尽职履责形成不良贷款的责任人，要严肃追究责任。
- ✓ 对于一级（直属）分行未能全面落实业务准入管理和审批要求的，要追究相关部门和人员的管理责任。
- ✓ 对贷款劣变较多、不良贷款上升较快、风险较大的机构，要进行严肃整顿，追究相关人员和管理者责任。

加强信贷风险集中监控

建立信贷监控中心

- 监督业务操作处理 对全部信贷业务各环节进行合规性监测分析，识别、发现、控制违规违纪行为。
- 监控分析评价客户风险 对全部融资客户进行监控、分析、评价，发出风险提示、预警指令。
- 监督评价经营机构风险 对全辖经营机构信用风险进行分析、评价、监督，风险提示与预警。
- 督导整改工作 对经营机构存在的问题和客户风险防范工作进行警示、督导。
- 为前中后台提供信息支持 制订客户风险视图，全面展示客户状态，为信贷业务前中后台提供信息支持。

加强逾期贷款催收与管理

目标

今年逾期贷款与不良贷款的剪刀差要下降200亿元。

措施

✓ 强化考核

- 将逾期贷款总额、占比及与不良贷款的剪刀差三项指标列入分行行长绩效考评。
- 以2013年末逾期贷款总额为基数，分解下达压降目标。对未完成2013年压降目标的分行，按未完成额的一定比率增提风险拨备，并追加2014年的考核任务。
- 试行逾期贷款清收与客户经理和主要负责人绩效延期支付挂钩、将本金未到期的积欠利息直接扣减经营机构的考核利润、对逾期贷款提高资本占用系数等措施。

✓ 落实责任

- 对单户逾期贷款额超过500万元的，一级（直属）分行行级领导要负责督促催收。
- 各行要建立健全逾期贷款催收管理责任追究考评制度，加强对逾期贷款成因分析，严查在调查、评估、审批等环节出现的风险责任问题，建立追责机制。

✓ 加强催收

- 加强公司贷款分期偿还及到期贷款管理，提前催收，降低逾期贷款源头风险。
- 加大个人逾期贷款，催收力度，提高清收的效率和效果。
- 对风险可控的贷款，可进行期限或还款方式的调整。

3.6.2 着力控制十大风险

1.加强平台贷款风险防控
2.加强房地产贷款风险防控
3.加强产能过剩风险防控
4.加强小微企业、个人经营贷款风险防控
5.加强影子银行业务风险防控
6. 加强流动性风险防控
7. 加强内控和操作风险防控
8. 加强市场风险防控
9. 加强信息科技风险防控
10. 加强声誉风险防控

一是加强平台贷款风险防控

根据审计署最新公布的全国政府性债务审计结果，截至2013年6月末，全国各级政府负有偿还责任的债务20.7万亿元，负有担保责任的债务2.93万亿元，可能承担一定救助责任的债务6.65万亿元，债务风险总体可控，同时也存在一定的风险隐患。

地方政府负有偿还责任的债务增长较快，融资成本趋于上升，债务期限不断后延。

部分地方和行业债务负担较重，部分债务偿还对土地出让依赖度高，部分地方因地价、房价涨幅回落，财政收入增速明显下滑。

2013年末我行融资平台融资总量情况表

单位：亿元

业务品种	本期	年初	本期比年初
贷款	9 179.2	10 119.7	-940.5
理财投资	1 834	1 727.6	106.4
其中：投资债券	513	455.9	57.1
投资非标债权	1 306	1 271.6	34.4

续表

业务品种	本期	年初	本期比年初
投资股权	15	0.0	15
债券投资	188.5	200.5	-12
其中：银行账户	160	171.7	-11.7
交易账户	28.5	28.8	-0.3
全口径融资合计	11 201.8	12 047.9	-846.1
工银租赁融资	350.2	374.8	-24.6

工作要求

按照“总量控制、分类管理、区别对待、逐步化解”原则，坚持短期应对措施与长效机制相结合，审慎稳妥地缓释平台贷款风险。

总分行要加强平台贷款结构、客户情况分析，下达压缩重点科目和重点客户名单，避免逆向调整。

抓好平台融资的全口径管理，在严格贷款管理的同时，对理财投资等非信贷类融资进行严格监控，防范用理财、租赁等业务替换贷款。融资余额力保压降1 200亿元，力争完成1 500亿元，其中贷款压降1 000亿元，年末控制在8 100亿元左右。

抓好平台融资的风险评级预警工作，逐笔落实还款来源，及时完善风险预案。

抓好潜在风险大户及重点区域融资风险处置工作，探索用市场化手段削减存量平台贷款。

二是加强房地产贷款风险防控

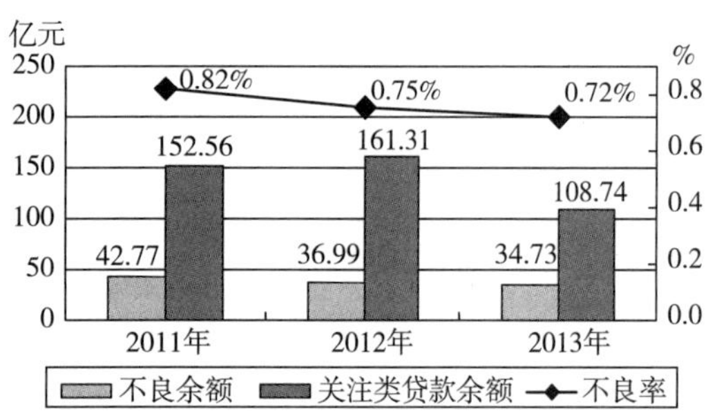

2011—2013年我行房地产贷款质量变化趋势图

贷款总量持续压降。截至2013年末，全行房地产贷款余额4 840.87亿元，比年初减少85.84亿元。房地产贷款占公司贷款的比例为7.64%，较年初下降0.78个百分点。

风险总体可控。2013年末，不良贷款余额34.73亿元，比年初减少2.26亿元，不良率0.72%，比年初下降0.03个百分点。

房地产市场呈两极分化趋势。一二线城市房价持续上涨，部分三四线城市空置率较高，风险形势不容乐观。

工作要求

高度关注部分城市商品房空置率较高的风险，及时制定风险防控预案，及早缓释风险。强化对面临去库存压力的三、四线城市和中小房企的风险管控。

严格控制房地产贷款总量，加强到期贷款清收。压降房地产贷款（含棚户区改造贷款）200亿元，年末余额控制在4 600亿元左右，即：棚户区改造贷款增加400亿元，其他房地产贷款减少600亿元。

继续强化房地产企业“名单制”管理，对于资质较低、实力较弱、存在违约记录的企业，禁止发放贷款。

严格控制商用房开发贷款。

加强对房地产企业建设施工进度与销售进度的监控，严格按项目销售进度收回贷款，防止出现资金挪用风险。加强房地产贷款封闭管理。

三是加强产能过剩行业风险防控

2013年末我行产能过剩行业投融资情况

单位：亿元

行业	客户数	融资额	其中贷款	债券投资	投融资总量
钢铁	255	1 429.9	1 180.9	166.5	1 606.4
有色冶炼	129	573.0	345.6	41.7	614.7
水泥	116	117.8	100.4	9.8	127.6
光伏制造	70	86.9	68.7		86.9
焦炭	90	103.7	81.5		103.7
平板玻璃	24	17.1	14.6	0.5	17.6
造船	61	233.1	48.7		233.1
风电设备	23	43.2	13.2	11.0	54.2
合计	768	2 604.7	1 853.8	229.5	2 844.2

不良贷款实现“双下降”。截至2013年末，产能过剩行业不良贷款总额27.14亿元，较年初下降16.56亿元；不良率1.46%，较年初下降0.59个百分点。

行业限额控制成效显著。贷款总量在可比同业中处于最低水平，客户结构明显优化。

融资风险管控和后续压降难度较大。企业经营普遍困难，有的客户及其上下游客户资金链已极度紧张。金融同业普遍进行融资压控，我行融资退出的难度加大。

部分分行重视程度和执行效果有待提高。少数分行只看短期利益，缺乏大局观，对劣势企业退出的主动性不强。

工作要求

加强全口径融资管理。8个产能过剩行业投融资余额压降250亿元，其中钢铁行业压降150亿元。

优化限额管理。对各分行分配产能过剩行业的融资总限额，不再区分表内外等业务品种，除钢铁行业外，其余行业限额打通使用。完善行业限额系统控制。

对产能过剩行业客户逐户梳理排查，实施差别化管理策略，果断退出潜在风险客户。

积极盘活存量。支持优质企业产能整合重组、技术改造、节能环保和“走出去”，盘活存量信贷资产。

四是加强小微企业、个人经营贷款风险防控

产品：简约、易操作

坚持以房地产类的不动产抵押为主，严格限制操作与流程相对复杂的产品，继续停办新增联保方式贷款，只能采取“静态质押和自有监管”模式。

客户：供应链

主要围绕供应链，基于核心客户、专业市场、重点项目、产业集聚区，集约发展。普通贸易融资业务要比照流动资金管理，提供合法有效的担保，逐步退出商品融资领域。

管理：一体化

将个人经营贷款纳入小企业贷款一体化管理，并在客户准入、贷款期限、担保方式、贷款投向等方面进一步严格限制，禁止进入生产技术要求高、交易环节复杂的生产经营和大宗生产资料交易领域。

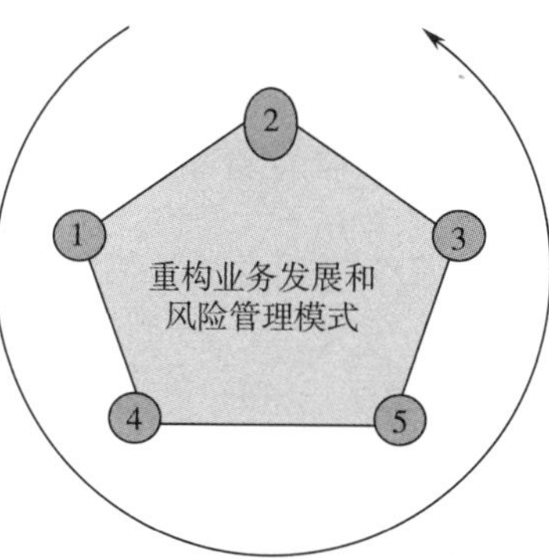

额度：小额化

单户限额控制在3 000万元以下，重点发展500万元以下的小微企业贷款。个人经营贷款额度控制在200万元以内，主要解决个体工商户的小额经营性资金需求。

机构队伍：专业

加强小微企业专营机构和队伍建设。在专营机构内集中具备专业技术的人员，整合团队和流程，明确客户经理等从业人员的资格要求，打造专业化审批团队。

五是加强影子银行业务风险防控

认真落实国务院办公厅《关于加强影子银行监管有关问题的通知》精神，坚持一手抓金融创新，一手抓风险防范，主要是规范部分理财业务的管理，进一步完善业务运作体系，制度管理体系和风险控制体系，规范与第三方理财机构等信用中介的业务合作，防范外部风险传染。

理财业务管理现状

我行是国内首家明确对金融资产服务业务进行统一规范管理的银行。

理财业务做到了资金来源与运用一一对应，实现了理财产品单独记账、单独核算、单独管理。

非标投资的风险控制和业务限额符合监管要求。

下一步工作重点

- ✓整合规范合作机构管理制度和流程。
- ✓在大力压缩合作机构数量的基础上，加强对合作机构按约履职尽责的管理。
- ✓开展存量业务风险检查，对存在潜在风险问题的，要与合作机构沟通做好投资退出安排。
- ✓加强代销业务管理，不得办理融资客户（项目）非我行推荐的代理代销业务。
- ✓制定代理投资业务责任认定标准、流程和追究机制，对履职不到位的机构和人员追究相应责任。
- ✓加大“理财直接投资”业务的推动力度，推行理财业务“去通道化”发展模式。对确需选择合作机构办理的代理投资业务，在不违反监管规定、收费合理的前提下，原则上选择我行子公司作为合作机构。
- ✓严格执行房地产、融资平台和产能过剩行业的投资限额管理。
- ✓加强审批授权管理。分行审批的项目，只能在本行辖内进行理财投资或代理代销。
- ✓加强投后管理。

六是加强流动性风险防控

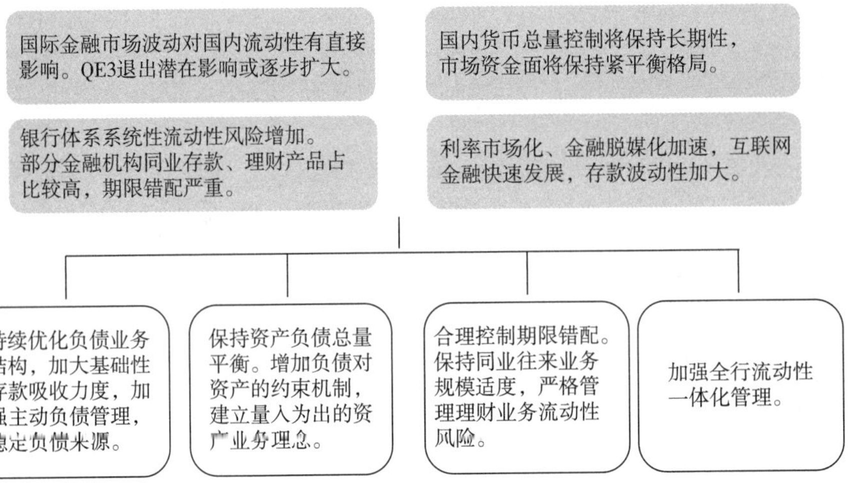

国际金融市场波动对国内流动性有直接影响。QE3退出潜在影响或逐步扩大。

国内货币总量控制将保持长期性，市场资金面将保持紧平衡格局。

银行体系系统性流动性风险增加。部分金融机构同业存款、理财产品占比较高，期限错配严重。

利率市场化、金融脱媒化加速，互联网金融快速发展，存款波动性加大。

持续优化负债业务结构，加大基础性存款吸收力度，加强主动负债管理，稳定负债来源。

保持资产负债总量平衡。增加负债对资产的约束机制，建立量入为出的资产业务理念。

合理控制期限错配。保持同业往来业务规模适度，严格管理理财业务流动性风险。

加强全行流动性一体化管理。

七是加强内控和操作风险防控

坚决贯彻过程管理和从严治行理念，积极完善管理机制和手段，切实加强对重点地区、重点业务、重点人员的风险管理，真正做到严密监测，严格核查，严肃整改，严厉问责，切实防范合规风险和操作风险。

➢ 持续保持案防高压态势

✓ 加大查处工作力度，对案件和案件风险事件线索，要及时跟进，一查到底，绝不姑息。
✓ 严厉查处非法放贷和骗贷案件，彻底查清违规违法放贷情况，依据规定严肃追究责任。
✓ 深入排查治理员工违规参与民间融资和经商办企业等行为，重点对基层机构负责人、客户经理和在编不在岗人员进行排查。
✓ 完善内控监测分析系统，持续加强对员工异常资金往来的监测核实。
✓ 强化员工异常行为管理。

➢ 严格防范外部欺诈风险

➢ 稳步推进外部欺诈风险信息系统建设，并与行内各相关业务系统和风险监控系统对接互通，打造基于大数据的新型外部欺诈风险管控体系，做到对外部欺诈风险的预警提示、事前防范和事中控制。

有效防范运营风险

高度关注第三方支付、可疑POS交易、套取逸贷资金等新型风险。

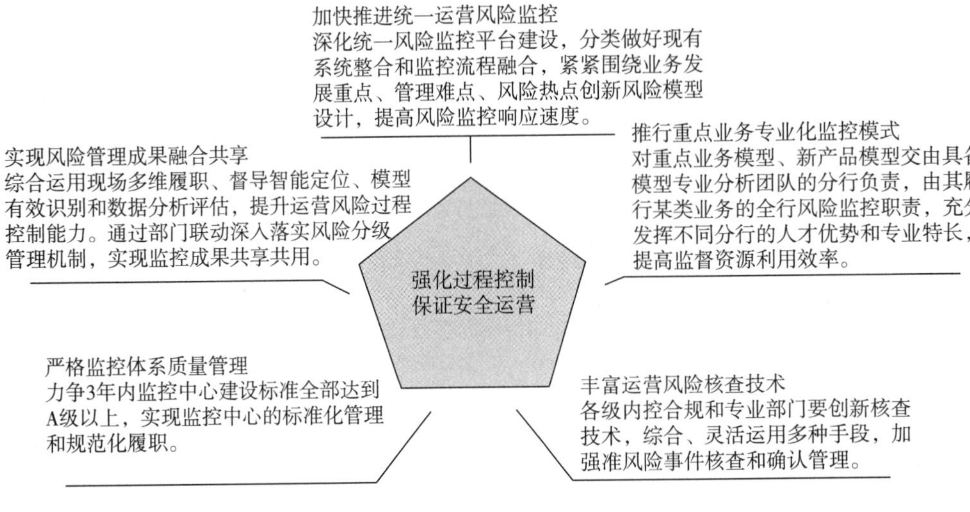

强化过程控制 保证安全运营

加快推进统一运营风险监控
深化统一风险监控平台建设，分类做好现有系统整合和监控流程融合，紧紧围绕业务发展重点、管理难点、风险热点创新风险模型设计，提高风险监控响应速度。

推行重点业务专业化监控模式
对重点业务模型、新产品模型交由具备模型专业分析团队的分行负责，由其履行某类业务的全行风险监控职责，充分发挥不同分行的人才优势和专业特长，提高监督资源利用效率。

丰富运营风险核查技术
各级内控合规和专业部门要创新核查技术，综合、灵活运用多种手段，加强准风险事件核查和确认管理。

严格监控体系质量管理
力争3年内监控中心建设标准全部达到A级以上，实现监控中心的标准化管理和规范化履职。

实现风险管理成果融合共享
综合运用现场多维履职、督导智能定位、模型有效识别和数据分析评估，提升运营风险过程控制能力。通过部门联动深入落实风险分级管理机制，实现监控成果共享共用。

八是加强市场风险防控

加强对利率汇率市场化改革过程中市场风险变化的趋势研究，完善产品控制管理体系，健全前中后台相分离的市场风险管理体系，确保各项防控措施落实到位。

推进市场风险管理系统延伸和应用，已推广的机构，要做好数据验证与运行管理；尚未延伸的，要尽快组建项目团队。

要将所有子行金融市场业务纳入总行统一授权与限额管理体系，强化集团市场风险限额管理。

加强集团交易业务事前风险控制，制定统一的事前风险控制管理制度，推进事前风险控制系统在境内外机构的延伸。各境内外机构要加强交易系统和渠道的统一管理。

九是加强信息科技风险防控

牢固树立"生产运行管理第一"的指导思想，认真落实生产运行统一管理的要求，严格执行生产运行管理各项制度规范和应急管理要求，确保信息系统安全稳定运行。

完成"两地三中心"工程，上半年嘉定同城数据中心正式投入使用，建立与"两地三中心"相适应的一体化生产运行管理体系，实现生产中心与同城中心并行运行和快速切换。

持续健全信息安全防护组织、管理与技术体系，综合化子公司和境外机构要落实好信息安全管理措施。

按照"自主、安全、可控"的原则开展信息系统建设，重点防控电子银行、网络攻击等领域的风险，提升信息科技风险治理能力、关键技术和防护水平。

十是加强声誉风险防控

各级行、各机构必须把舆情管理作为内部管理的一项重点工作来抓，完善适应新媒体传播特点的声誉风险管理机制、明确任务、落实责任。

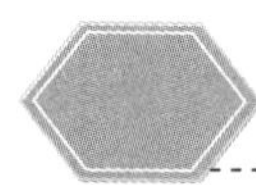
坚持规范经营，重点加强对理财销售、信托代收付、代理保险、委托贷款、信用卡经营和服务收费等容易发生客户投诉、产生负面舆情领域的监督检查，及时纠正和整改不规范做法，努力从源头上防范声誉风险。

坚持24小时全天候舆情监测，建立快速响应机制，前移风险管理关口。

建立快速反应机制，提高舆情应对的及时性和有效性，重大舆情2小时之内要做出回应。

建立舆情事件通报制度和责任追究机制，各单位一把手对舆情管理负总责、牵头抓，并明确一位班子成员抓好日常具体工作。

落实"大资管"战略　建设国际一流资产管理银行

——在中国工商银行2014年资产管理业务工作会议上的讲话

易会满

（2014年1月21日·根据录音整理）

今年是我行确立"大资管"战略开局之年，在利率市场化、金融脱媒、金融信息化以及经济社会结构发生深刻变化的大背景下，我们积极应对各种机遇和挑战，梳理业务发展思路，谋划业务布局，提出今后一个时期的工作举措是非常有意义的。2014年全行工作会议上周刚开完，之后陆续开各专业会，今年的专业会我准备参加两个，一个是今天的资产管理工作会，另一个是零售工作会。这也体现了总行党委对大零售、大资管业务的一种期待，也说明了大零售、大资管战略对促进全行经营转型和持续健康发展具有的重要意义。刚才红力行长对2014年全行资产管理业务的发展目标和主要工作作了部署，内容很重要，我都赞成，大家要认真贯彻执行。

在2013年改革发展研讨会上，总行党委明确提出了“大资管”战略，刚刚召开的全行工作会议也对“大资管”进行了全面部署。“大资管”战略是我行主动向资产管理大行转变的重大举措，既是我行经营转型的内生动力，也是顺应市场变化和客户需求的外在需要。经过几年发展，我行资产管理业务取得了优异成绩。从与自营业务分离以来，资产管理业务中间业务收入和产品余额复合增长率分别达到了××%和××%，对全行中间业务收入的贡献逐年提升，产品发行额、余额、收入同业占比均居第一，领先优势明显。同时，跟同业相比，我行是第一家成立专门从事资产管理业务专营部门的银行，第一家按照监管部门要求前中后台分离、自营代客分离、投资组合分离、独立第三方托管的银行，第一家研发设计独立的IT系统对资产管理业务进行全流程管理的银行。去年我们还专门印发了金融资产服务业务的基本规定，对包括资产管理业务在内的所有金融资产服务业务都做了规范。这些成绩的取得，是全行上下共同努力的结果，各部门、各级分行、各子公司都发挥了积极作用，在充分肯定大家取得成绩的同时，也感谢大家所作出的贡献。

当前资产管理业务也面临一些新的情况和比较复杂的外部环境。近年来资产管理行业包括公募、私募发展很快，但也存在良莠不齐的现象。最近媒体报道非常多，各种炒作也比较多，特别是关于地方债务、房地产、影子银行、信托兜底刚性兑付等问题，国外一些分析师借此唱衰中国经济，唱衰中国银行业。

近期，国务院办公厅正式下发的《关于加强影子银行监管有关问题的通知》，充分肯定了银行理财对于支持实体经济、推动经济转型方面的积极作用，并要求银行应将理财业务分开管理，建立单独的理财业务组织体系，归口一个专营部门，建立单独的业务管理体系，实施单独建账管理。银监会尚福林主席在2014年全国银行业监管工作会议上强调理财业务“要进行条线事业部制改革，统一设计产品、核算成本、控制风险，其他部门和分支行只负责产品销售，不能开发产品”。周慕冰副主席指出当前理财业务发展不够规范，主要表现在“业务前中后台不分，机构总行分行不分，产品设计和资金运作按照信贷管理权限划分，总行分行多头开发产品，层层代理外部产品，随意接受飞单业务”。这是银监会这一两年来根据他们监管情况总结的理财和代理销售方面存在的问题，在监管会上进行了通报，提出了比较高的规范管理要求。

对照国办和监管部门的要求，从我行目前业务实践来看，尚存在以下五个方面不足：一是部分机构和分行没有树立规范发展的正确思路，认识存在偏差，发展路径不够明晰，“表内兜底”和“总行兜底”的思想依然存在，表内外业务存在互相传染风险；二是风险管理需要进一步加强，尽职调查和投后管理需要完善，个别分行没有按照尽职尽责要求，忠实履行“卖者有责”的要求；三是销售能力和优质资产推荐能力尚需进一步提升，存在将资产管理业务当成商业银行附属业务的思想，把理财和存款对立起来；四是运行架构与新的监管要求相比尚有差距，相关的配套机制没有完全建成，部门职责没有完全厘清，业务协同作用还没有完全发挥，业务整体合力尚待进一步形成；五是各分行开展资产管理业务水平还很不均衡，有些分行开展得有声有色，有些分行几乎处于空白状态，亟须提升。落实大资管战略，发展资产管理业务，当务之急，是要全行进一步统一思想，找到正确的发展路径。

一、进一步统一认识，坚持正确的业务发展方向

（一）资产管理业务是我行持续健康发展的必然选择。随着新资本管理办法实施、社会融资结构改变以及我国财富管理时代到来，工商银行要想持续健康发展，需要尽快找到一条低资本占用、高资本回报的转型发展之路，缓解资本约束带来的影响；盈利增长面临新的发展环境，也需要大力发展能够持续带来中间业务收入稳定增长的业务板块。解决这些问题，发展资产管理业务是一条重要路径。

第一，资产管理业务是典型的低资本占用、高资本回报业务，对于缓解我行资本约束具有重要意义。全球金融危机以来，国际社会启动了一系列强化宏观审慎监管的金融改革，我国监管部门也颁布了新资本管理办法，显著增强了对商业银行的资本约束。有限的资本来源制约着以传统信贷为主的高资本占用业务扩张，我国商业银行的传统盈利模式难以持续。截至2013年9月末，我行资产总量达3.06万亿美元，已跃居全球第一，但资产规模扩张不是没有边界的。我行已经成为“全球系统性重要银行”，对核心资本的要求势必更高，必须集中精力发展资本节约型业务。总体来看，资产管理业务就是典型的资本节约型业务，形成的资产不属于银行的资产，不占用银行的资本。

第二，资产管理业务是中间业务收入中最核心、最活跃部分，是未来中间业务收入的主要增长点。2012年以来，国内银行业全面梳理和规范收费管理，取消多项收费，中间业务收入增速大幅放缓。2013年前三季度，我行中间业务收入增幅低于可比银行水平，也远低于股改以来35.74%的平均增幅。2014年，影响中间业

务收入增长的各种不确定因素仍然存在。面对新的发展环境，实现中间业务的可持续发展，关键要推动大资管业务快速崛起，创新一批有技术含量、为客户增值的高品质服务，做大做精有真正需求的市场。资产管理业务是大资管中最核心部分，是有技术含量、为客户增值的高品质服务，这部分市场是可以做大做精、有真正需求的市场。最近几年，资产管理中间业务收入一直保持持续增长，特别是2013年，在其他传统中间业务收入增长放缓的背景下，资产管理中间业务收入还保持较快增长，潜力还很大，要抓住机遇。

第三，资产管理业务是工商银行满足客户需求，提高综合竞争能力的核心业务。长期以来，我国信贷融资占全社会融资比重都在90%以上。但最近几年市场发生了很大变化。据人民银行统计，2013年社会融资规模为17.29万亿元，其中贷款8.89万亿元，占比下降到51.41%，剩下的近50%主要是包括资产管理业务在内其他融资方式。从我行看，2013年资产管理部通过理财为我行公司客户提供融资达到××亿元，极大满足我行公司客户的融资需求。根据贝恩公司发布的《2013中国私人财富报告》，目前我国个人可投资资产规模达到92万亿元，可投资资产超过1 000万元的高净值人群达到84万人。这么大的市场，这么大的客户群，如果工商银行不发展资产管理业务，不提供理财产品，那这部分客户需求就不能得到有效满足，客户就会流失。因为市场上不是只有银行在做理财，也不是只有工行在做理财，基金、券商、信托都在做。在这样的环境下，只有顺势而为。刚才红力行长也说了，过去十年时间，储蓄存款在个人客户金融资产中的占比从90%降到70%。上次在个金部调研，董事长指出今后几年还可能会降到50%以内，这些资金无非就是跑到其他的投资产品上去了。尤其是我行作为全球系统性重要银行，对资金流动的敏感度更高。在此情况下，这块业务不好好发展，贷款脱媒、存款脱媒，我们就会被边缘化，到最后丢失的是客户，丢失的是业务。进一步把资产管理业务，把大资管业务保持好、发展好，这是一个必然的选择。现在这块业务分行之间发展很不平衡，有些行发展得好，而有些行的资产负债表跟十年前没有多大区别，靠贷款规模过日子，靠大客户过日子。要深刻认识，必须及时根据环境的变化调整经营策略，否则就被客户和市场淘汰。这是第一点，要统一认识。

（二）坚持资产管理“受人之托、代人理财”的本质要求。资产管理业务本质是“受人之托、代人理财”，是商业银行接受客户委托，按照客户意愿，对客户委托资产进行投资管理，投资收益由客户享有，风险由客户承担，银行按照与客户的约定收取投资管理费，不承担投资风险。坚持资产管理业务本质要求，就是要坚持“三分离、一托管”原则，坚持尽职尽责履行投资管理人职责，实现“卖者有责、买者自负”。

一要坚持“三分离、一托管”原则。就是自营代客分离、前中后台分离、每个投资组合进行单独核算、单独管理，理财产品必须进行严格的第三方托管。前面提到的国办和银监会最新要求，也就是要求银行在开展资产管理业务过程中要坚持“三分离、一托管”原则。自营代客分离就是要有专门的独立部门、专职的管理团队、单独的业务流程、单独的IT系统来开展资产管理业务；资金来源分离，风险责任要分清楚，收益要分清楚；前中后台分离就是前中后台职责清晰，不存在同一部门同时承担前中后台多项职责。“一托管”就是要按照监管部门要求将理财产品委托给具有托管资格的第三方机构进行托管。在运行机制上要坚持“三分离、一托管”，这两年我们都是按这个原则去做的，银监会去年下发的8号文也有比较严格的要求。

二要坚持合规销售，尽职尽责履行投资管理人职责，实现“卖者有责、买者自负”。对于银行，作为卖者，作为投资管理人，无论是前台、中台还是后台，都应该尽职尽责。前台销售部门要严格按照监管要求销售理财产品，向客户充分揭示风险，不能搞虚假销售，应该按照风险匹配原则，将合适的产品卖给合适的客户；前台项目营销部门应该尽职尽责进行尽职调查，不能将不符合投资标准的项目推荐给投资部门。中台部门应尽职尽责地按照客户需求设计开发理财产品，根据与客户约定，对客户资产进行投资管理。后台部门应尽职尽责履行信用风险审查审批、产品托管、产品清算等职责。只有尽职尽责，在“卖者有责”的基础上才能真正实现投资者的“买者自负”。

总而言之，坚持资产管理业务本质要求，就是要按照实质重于形式的要求，切实做到风险隔离。只有“坚持三分离、一托管”原则，只有坚持做到合规销售、尽职尽责进行投资管理，才能实现风险隔离，才能让投资者“买者自负”，才能真正落实资产管理业务“受人之托、代人理财”的本质。

（三）要充分理性看待现阶段资产管理业务所处的特殊阶段。近年来，伴随居民和机构财富快速增长，金融市场体系的日益完善，金融产品日益丰富，资产管理业务得到了长足发展。特别是2012年5月以来，我国资产管理行业迎来了一轮创新高潮，银行、基金、证券、保险、信托等机构竞相进入资产管理市场，我国进入了“大资管”时代。根据初步统计，到去年末，这些机构管理的资产规模超过30万亿元。与发达国家资产管理行业相比，国内资产管理行业应该说还处在较为初级阶段，一是各类机构的管理能力参差不齐，有些机构置投资者利益不顾，甚至出现侵害投资者利益行为，管理人和投资者都还处于不成熟阶段。二是相关法律体系不完备，缺乏对于管理人和投资者权利义务关系的清晰界定，较大程度上存在“刚性兑付”的不合理现象。三是业务操作不规范，如销售行为不规范、信息披露不充分、变相高息揽存、不规范的“资金池”以及各类飞单业务等。因此，在发展的同时要理性看待目前资产管理业务所处阶段的特征，既不能头脑发热、盲目发展，也不能丧失机遇，裹足不前。我们要非常理性地看待这项业务，非常清醒地看待外部的大环境。当前资产管理领域，比较浮躁，不尽规范。像现在有的产品预期收益率都做到10%以上，再加上各种费用支出，可能会潜伏着巨大风险！因为目前很少有这么高回报的项目和企业。所以我行在发展资产管理业务时坚持相对封闭运行，自己负责营销储备项目，卖给我们的投资者，少代销其他机构的产品，理性地跟其他机构合作，不要追求短期一时收益有多高，要坚持工商银行自己特有的资产管理发展道路，这是对当前形势的判断。

（四）要充分认识大资管业务的风险隐蔽性、扩散性和化解手段的有限性等特点。大资管业务是一项创新性业务，由于我国还处于初级发展阶段，所以市场不规范，也不完善。在开展业务过程中，要充分认识大资管业务的风险隐蔽性、扩散性以及化解手段的有限性等特点。风险隐蔽性表现为传统风险控制措施尚不能完全识别和监测大资管业务中的全部风险；风险扩散性表现为大资管业务存在跨行业、跨市场风险传递，变相对限制性领域投资、高杠杆导致金融体系信用过度扩张，销售误导诱发群体性事件，合同约定责任不清或自身操作失误引发的相关风险等；化解手段的有限性表现为目前并没有专门针对资产管理业务计提的拨备和风险准备金制度，缺乏风险缓释手段，一旦出现风险，基本没有特别有效和成熟的化解手段。正是由于这些特点，且这些风险的识别、控制和处置的机制尚在建立和完善之中，所以，大资管业务的风险控制应该比表内业务更加严格、更加有针对性。对风险的问题，我们还是要求全行，对资产管理的风险控制要比表内控制的更全面，而不能像有些行认为的表内业务规模不够，信贷投不了的就搞资产管理，那搞反了，应该是更好的项目，更好的资产来做资产管理。现在很多的通道业务，风险职责不清，法律上讲是人家要承担风险，但实际上当超过一定额度的时候，他们也没有能力，也不承担，也无所谓，在这样的情况下，所有的风险就会挤到银行来。所以对资产管理业务的风险隐蔽性、扩散性，易交叉传染以及化解手段的有限性要充分认识，掌握好业务发展的规律。

（五）发展资产管理业务，要举全行之力，发挥集团的联动效应。推动大资管业务持续健康发展不是一两个部门的事情，也不仅仅是总行的事情，需要在全行范围内、总分行之间形成发展的合力，而形成合力的前提是清晰界定各相关部门、总分行的职责，理顺纵向价值链，完善横向配合机制，发挥集团的联动效应。

一是对纵向业务部门，要研究建立激励相容的考核机制及适应不同市场背景的分润机制。总分行前台项目营销部门要专司营销职责，积极筛选优质项目，做好尽职调查的同时做好项目的投后管理；总分行前台销售部门要努力做好产品销售，严格按照监管部门要求将合适的产品卖给合适的客户。资产管理部要持续加强产品管理，合理摆布各类产品的期限定价，加强投资管理。

二是对横向配合部门，要系统研究建立业务配合机制。各配合部门要根据资产管理业务特点，研究建立业务配合机制。如：授信审批部门要进一步研究和完善与资产管理业务相适应的信用审批标准和流程，在充分借鉴传统信贷业务信用风险管理技术基础上，建立对于新兴业务领域的风险识别能力；信贷与投资管理部门要根据资产管理业务风险特点建立风险监测，牵头组织投后管理，防范风险；风险管理部门要加强市场风险管理，建立各类金融资产的估值模型等；在此不一一列举。资产管理业务整个价值链中涉及总分行二十余个部门，集团海内外各分行、各子公司，清晰界定各部门、各机构职责，各尽其责，完善机制，举全行之力，形成协同效应，就能够构建起我行在资产管理市场上持续的竞争力。

以上五点，请大家认真思考，如果能全面客观地掌握这五个方面，那么资产管理业务就能积极、理性、持续、健康地发展。

二、着力提升专业能力，落实大资管战略

面对机遇，全行上下要各司其职，协同配合，着力提升三个方面能力。

（一）提升发展能力，确保大资管战略落实。要充分认识国内外经济形势发展变化对于我行落实大资管战略的挑战，认清比较优势，找到发展方向和路径。2014年，我们要积极推动资产管理业务规范创新，在业务规模、中间业务收入等方面完成好全年的计划，继续保持同业领先。

一要千方百计做好本行理财产品销售工作。客户需求是大资管业务的“源头活水”，而销售就是水流的源头，销售工作做不好，落实大资管战略就是“无源之水”。要实现资产管理业务大发展，必须坚持和深化以客户为中心的基本理念，服务客户、满足客户，以满足客户需要作为一切行动的出发点和落脚点。通过建立客户分层管理和分层营销机制，全面覆盖个人客户、高净值客户、私人银行客户、机构客户等，通过便民理财、普惠金融，帮助中低端客户实现资产保值增值，满足不同客户的需求。

要拓展销售渠道，通过数据挖掘，分析存量客户的消费、投资模式，实现精准营销。要做好新增客户拓展工作，对于目标客户群，建立定向的产品、定向的渠道，扩大潜在客户的销售，通过为高端客户提供投资组合服务，提高客户“黏性”。要改进销售模式，更好地推进网银、电话、微信等销售模式，借鉴电商平台经营思路，提高销售渗透力。

要树立全局意识，优先销售我行理财产品。根据目前代销业务发展情况，各分行只能代销工银瑞投发行的资产管理计划，严格控制代销其他机构，包括信托公司、基金公司、券商等机构发行的资产管理计划，如确需代销，要履行严格的审批流程。这一块我想强调一下，因为现在搞资产管理计划的很多，代销也蕴含着巨大风险，更关键是现在自己产品的销售也不好，所以代理销售要实行更严格的审批流程，主要考虑安全性和收益性。要加强理财产品销售计划完成情况的考核力度，加大考核权重，对于未完成销售计划的分行和机构要采取通报、扣减管理费等措施。要尊重市场规律和客户需求，杜绝人为干预销售系统行为。我们今年前 20 天的理财产品销售情况很不理想，前台理财产品销售部门应尽快查找原因，要从拓展新客户、拓展新市场上下苦功、下狠功，千方百计确保按计划完成销售任务。如果销售上不去，资产管理业务发展就都是空话。今年刚过去 20 天，时间还比较早，希望销售部门从上到下，包括对公的、个人的，要认真研究分析，并采取得力的措施。

二要加大力度推荐优质项目资产。优质项目资产是资产管理产品发行的又一个基础，是满足客户投资需求的根本。总行各部门、各分行、各机构要制定资产推荐工作计划，全面覆盖债权、股权、资本市场等各类资产，将工作计划详细分解到各经营机构，主要领导要亲自挂帅，一抓到底，抓出成效。要提升项目营销能力、筛选能力、尽职调查能力，积极推荐优质项目，坚持优中选优，正确把握“有保有压、有扶有控”原则。总行要加强项目推荐的培训和服务工作，积极为各分行提供技术支持和营销方案，上下联动，提升市场竞争力。要坚持集团联动，加强和工银租赁、工银国际以及工银瑞投的业务协同。从目前情况来看，出了风险主要是项目没有选好，主要是前台的尽职调查没做好。投后管理很重要，但更重要的是选准项目，选项目比投后更重要，我们很多贷款不是投后管出来的，是项目初期选出来的，出生的时候就有先天不足，后面再好医术也不能治本。在经济下行的情况下，公司、投行等前台部门要进一步解放思想，开动脑筋，选准选好项目。

三要持续加快产品整合和创新。要推出更多更好让市场接受的理财产品，按照风险收益相匹配原则，积极推进银行理财管理计划的发行工作，做大做好。刚才红力行长已经作了安排，包括固定收益类的、净值型的产品，也包括我们境外的一些产品，适应当前客户的需求，对增强客户的黏性会起到非常好的作用。总之，要保持持续的创新能力。

四要不断强化投资研究。研究创造价值，只有通过系统、全面、深入地分析和研究才能把握资产的风险和收益特征，通过“智力资本”，为客户创造价值。要全面落实各产品条线的基础研究工作，真正把研究工作落实到日常工作中，开发和建立各类投资品的分析框架和模型，借助量化手段，提升投研能力。要建立以投资经理团队为基本单元的工作模式，完善投资经理的考核、评价机制，培养优秀的投资经理团队。

要通过跨地域的投资研究，提升全球资产配置能力。资产管理业务本身就具有多市场运作、多工具投资、多种交易方式协同特点，需要在立足并夯实国内市场基础上，逐步开拓和布局全球市场，构建全球资产配置能力，服务全球资产管理客户，包括亚太、欧洲、美国等市场。要积极把握国家推进上海自贸区建设的机遇，利用好 QDII 产品，推进境内境外协同联动。要加快全球资产管理业务布局，力争年内建立海外资产管理中心；要进一步以香港为中心，吸引中东和欧洲主权基金、养老基金投资国内市场。工银亚洲已经做了一些尝试，而且收到非常好的效果。下一步要扩展双向、多层次的跨境产品线组合，全面提升跨市场的资产配置能力，积极推进海外证券化业务的发展。

要通过跨市场研究，实现债券、股票、商品、外汇、股权市场的境内境外全覆盖，构建跨市场投资的全产品线，建立和完善针对市场、操作、信用风险的风险管理措施。全行资产管理团队非常年轻、非常专业，也是非常优秀的团队，我希望在这一些领域，要走在国内金融同业前列，而且要创出一些新的成果，在市场上能打出好的品牌。

（二）强化管理能力，保障大资管战略落实。

一要坚持单独管理、单独建账、单独核算。推动资产管理业务规范发展，需要按照国际通行原则，完善风险隔离机制，进一步集中产品开发和投资管理职能。根据监管要求，对每只理财产品单独管理、单独建账、单独核算，确保每只理财产品都有资产负债表、利润表、现金流量表。要按照“三单独”要求进一步梳理产品管理体系，着力进行完善。

二要严格合作机构准入管理。加强对资产管理业务中合作机构的名单制管理，对合作机构准入区分一般性业务准入和风险性业务准入，从严从高标准管理合作机构，进一步强化合作限额的硬控制。这一点，总行党委会已经进行了研究。现在我们的合作机构比较多，按照金融资产服务业务的基本规定，原本已有准入管理，但从目前来看，实施过程也存在一些问题。所以我们的准入想分清两方面，一方面是业务准入，是一般的业务合作，包括开户、结算等；另一方面，要分离出风险准入，包括合作项目和代理限额。已有计划要抓紧落地，特别对信托公司，今年的合作要明确名单、明确限额。

三要完善有效的审批体制。资产管理业务相较传统信贷业务在信用风险审批方面有共性、也有个性。共性是实质风险把握是共同的，特别是融资客户信用风险、退出风险。但也有个性，比如客户风险偏好与我行风险偏好有差异，资产管理业务要根据客户意愿，按照客户委托进行投资管理；又如，资产管理业务的资产类别要比传统信贷业务的范围更广，资产管理业务还包括股权、资本市场类项目等，这部分资产是传统信贷业务所不涉及的。因此，授信审批部门要充分研究资产管理业务的特殊性，有针对性地完善资产管理业务信用风险审批标准、流程，加强风险控制。

四要加强投后管理和信息披露。对于已经完成投资的项目，要进行全面监控，强化投后管理责任落实，严格按照“谁发起，谁负责”的原则，落实责任，发生问题，严肃追责。从目前来看，个别项目投资后不到半年就发生问题，有的三个月就发生问题。尽职调查存在疏漏，充分暴露了管理缺失，责任缺失，甚至有道德风险。对存量业务，要提升风险管理的主动性和预见性，研究制定项目风险预警、排查的手段和机制，使风险管理前移。在此基础上，要进一步完善理财业务信息披露机制，按照监管要求，严格信息披露的方式、内容、时间频率。投后管理，总行去年已经开始抓了，但总体抓的还不是很到位，因为从表内移到表外以后，IT 系统还没有完全投产，日常监测也不够，所以总分行都要进一步做好制度安排和工作安排，真正把投后管理工作落实好。

五要加强资产管理业务的流动性管理。前期总行试编了全行第一份资产管理业务的流动性管理计划，因为资产管理业务对流动性管理要求很高，所以全行资产管理业务流动性管理要统一协调，所涉及的部门和机构要加强信息的沟通和共享。

（三）完善运行机制，促进大资管战略落实。资产管理业务与传统业务运行机制有本质区别，要促进大资管战略落实，需要进一步完善内部运行机制。

一要建立与监管部门要求相符合的内部运行架构。按照最新监管要求，2014 年，全行资产管理业务要按照“准入上收、销售下沉、产品统一开发”的思路，进一步研究和梳理业务组织体系和架构，建立与监管要求相符的内部运行架构。首先，产品开发与投资管理要上收，由总行资产管理部牵头负责全行理财产品的研发设计和投资管理，资产管理部要成为全行的“投资管理中心、产品开发中心、产品管理中心”。其次，销售要下沉，总行销售部门和分行要严格按照最新监管要求，重点做好我行自主开发的理财产品的销售，按照风险匹配原则，向合适的投资者销售；再者，分行要努力拓展理财投资的项目市场，尽职尽责地做好项目尽职调查和投后管理。

二要加强资管业务的归口管理。要发挥好资产管理业务推进委员会的作用，做好全行资产管理业务的统筹规划和业务推动，加强跨部门协调推动。要明确全行理财产品的归口管理，避免不同部门开发类同的产品。制定全行资产管理业务规划，按产品、部门、业务等维度制定统筹规划，加强资产管理业务投资及产品发行的总量、结构和期限管理。

三要积极研究项目风险分担和处理机制。目前，全行理财投资的债权类和股权类的项目余额约××亿元，这部分资产由于没有公开的交易市场和交易价格，出现风险后，如何处置、风险如何分担和化解，面临较大问题，亟须解决。要完善估值模型，根据监管部门的要求，探讨建立资产管理业务的风险抵偿机制。

四要加快推进 IT 系统开发建设。目前，全行金融资产服务系统已于去年年底上线投产试运行，存量数据的移行工作还在进行中，新的业务开展还不能完全通过系统完成。因此，需要进一步加快推进 IT 系统开发建设力度，既要做好已开发系统的试运行工作，又要根据目前业务的特点和风险暴露情况，对已经投产系统进行优化和完善，确保能通过系统来推进业务发展，提高业务风险控制能力。

同志们，我行资产管理业务过去持续稳健增长，未来更大有可为，我坚信通过大家的努力，我们的资产管理业务一定能够取得更加优异的成绩，能为大资管战略的落实，为推进全行的经营转型作出更大贡献！

在中国工商银行人事组织工作会议上的讲话

易会满

（2014 年 2 月 8 日）

刚才，姜董事长作了重要讲话，从全局角度和战略高度，深入分析了人事组织工作面临的新形势、新任务，着眼于工商银行的经营转型和可持续发展，提出了加快人事组织工作改革创新的一系列新理念、新要求，对做好当前和今后一个时期的工作具有十分重要的指导意义。全行上下要认真学习，深刻领会，准确把握，全面落实。

近年来，各级党委和人事组织部门积极适应全行转型发展的要求，不断深化改革、加强管理，人事组织工作取得明显成效。一是党建工作水平进一步提升。注重加强各级领导班子和干部思想政治建设，按照中央的统一部署，认真组织开展党的群众路线教育实践活动，深入查摆和切实解决“四风”方面存在的突出问题。召开了全行党代表会议，圆满完成了我行出席党的十八大代表选举工作。组织学习贯彻党的十八大精神，开展了主题实践活动和处级以上干部轮训。深入推进“为民服务创先争优”活动，组织开展基层党组织晋位升级和党员公开承诺，表彰了一批在改革发展中作出突出贡献的先进党组织和先进个人，发挥了先进典型的示范作用。二是领导班子和干部队伍建设持续加强。注重抓好干部选拔任用工作，通过民主推荐、公开选拔和竞争上岗等多种方式，加强领导班子的选配。开展领导班子副职后备干部动态调整补充和“N＋1”年轻干部选拔。组织领导干部党校、跨界领导力、中青年管理人员、国际化人才等系列培训，推动干部多岗位交流锻炼，干部培养形式更加丰富，队伍整体素质进一步提升。坚持从严管理干部，制定了干部管理、干部监督、干部评价的一系列制度办法，干部管理监督的制度体系更加完善。三是员工工作深入推进。贯彻落实员工工作会议各项部署，制定人才发展规划纲要，完善了员工工作的制度体系。建立完善全行统一的招聘平台，加强各类人才的引进和储备。强化集团用工管理，做好新增人员投向指导，努力缓解人力资源供需矛盾。印发《全球雇员管理办法》，搭建境外机构人力资源管理体系，加强了人力资源的集团化管理。完善岗位职级体系，增设客服类岗位。学习贯彻新劳动合同法，组织劳务派遣人员转制，规范劳动用工管理。四是组织机构改革不断深化。深入推进省区分行营业部改革，持续深化县支行变革，完成渠道优化建设三年规划，启动网点竞争力提升项目。扩大利润中心改革的范围，提升了重点业务条线的盈利能力。以调整优化职能、提升管理效率为重点，启动实施总行本部机构改革。完善直附属机构的业务功能，提高了业务处理的专业化、集约化水平。五是薪酬管理机制进一步完善。健全集团薪酬管理的基本框架和管理机制，实现了集团薪酬管理制度体系的全面覆盖。优化薪酬资源配置机制，突出价值创造导向，增强了各类机构创利增效的动力。改进工资总额分配办法，建立健全绩效考核激励机制，推动员工收入合理增长。加快福利保障体系建设，建立员工补充医疗保险制度和重大疾病救助机制，及时调整离退休人员福利待遇和内部退养费，提高了员工薪酬满意度。

总体来看，近年来的人事组织工作体现出以下四个特点：一是突出了服务大局。围绕改革发展的中心任务，研究谋划、安排部署、检查推动各项工作，提升人事组织工作与全行发展战略的契合度，支持了全行的经营转型。二是突出了人本管理。提出了“员工与工商银行同进步、共发展”的理念，加强人才培养，注重人文关怀，努力搭建员工全面发展的平台，营造了干事创业氛围。三是突出了创新实践。注重运用现代人力资源管理方法和工具，用新思路、新举措推进党建工作创新、深化干部制度改革、推动组织机构变革，促进了人事组织工作水平的提升。四是突出了基础管理。注重探索人事组织工作的规律，建立健全制度体系，搭建信息化管理平台，改进管理的方式方法，强化系统工作的指导和联动，加强队伍建设，进一步夯实了人事组织工作的基础。

当前，全行转型发展进入了一个新时期，对人事组织工作提出了新的更高要求。各级党委和人事组织部门要认真贯彻落实中央及总行党委的各项部署，始终坚持企业化、市场化改革方向，不断强化内涵式、效能型管理，切实发挥人事组织工作战略性、基础性作用，进一步提升人事组织工作科学化水平。下面，按照党委的意见，结合贯彻董事长讲话精神，我就做好今年的人事组织工作讲几点具体意见。

一、加强和改进党建工作

全国组织工作会议和组织部长会议，对加强思想政治建设、领导班子建设、创新基层党建工作等进行了全面部署。我们要结合实际，突出抓好以下三个方面的工作。

一是着力加强思想政治建设。思想政治建设是党的建设的首要任务。各级党委和人事组织部门要坚持把思想政治建设摆在突出位置，不断加强干部的理想信念、党性修养、党风党纪教育，增强干部的政治意识、宗旨意识、大局意识、责任意识和廉洁从业意识。要学习贯彻党的基本理论、基本路线、基本纲领、基本经验、基本要求，使各级干部牢记党的要求，牢固树立正确的世界观、人生观、价值观。要坚持不懈地推进干部作风建设。党的群众路线教育实践活动虽然已取得阶段性成果，但作风建设没有“休止符”，要作为一项长期任务持之以恒地抓下去。要通过长效机制建设，强化制度的约束力和执行力，确保作风建设制度化、常态化。关于这项工作，上午的教育实践活动总结会议已经提出了要求、作出了部署，各单位要切实抓好落实，进一步巩固和扩大教育实践活动成果。

二是着力加强领导班子的选配。选好配强领导班子，首先要选准用好一把手，又要注重领导班子的合理搭配，在提升干部“单兵突击”能力、使每一名班子成员独当一面的同时，要更加注重班子成员间的优势互补，实现班子的年龄梯次配备、专业类型齐全、经历相济互补、性格协调认同，增强集体“协同作战”能力，达到“1＋1＞2”的效果。特别是在班子的专业搭配上，要注重配备熟悉信贷、个人金融、运行管理等基础专业的干部，强化对基础性工作的管理。现在我们出现的不良贷款反弹等问题，也反映出一些班子的结构问题，缺乏相应专业的干部。分支行要正常经营，班子成员中一些基础性的专业配备非常重要。要合理确定班子的职数，实施严格管理和动态调整，既要保证足够的领导力量，又要防止配备过多，影响议事和决策效率。这次总行本部机构改革，将重新核定各部门干部职数，对各部门领导班子进行调整优化。

三是着力加强基层党组织建设。要发挥好各级党委的领导核心作用和基层党组织的战斗堡垒作用，切实加强对员工的教育和引导，凝聚思想共识，坚定改革信心，及时化解矛盾，带领员工积极投身转型发展、主动参与转型发展。要因地制宜完善基层党组织设置，进一步扩大党的组织覆盖面，减少党员空白点，做到哪里有机构、有党员，哪里就有党的组织、党的活动。要针对境外机构、集约化业务处理中心、综合化子公司党员队伍情况，切实加强党的组织建设和工作指导。要把建设服务型党组织作为新形势下推进基层党建工作的重要途径，不断创新基层党建工作形式，丰富党建工作内涵，推动基层党组织更好地服务发展、服务员工、服务客户，切实解决好联系服务群众“最后一公里”的问题。要注重加强对党员的日常教育和管理，按照“控制总量、优化结构、提高质量、发挥作用”的要求，做好发展党员工作，定期开展党员分析和民主评议，探索完善处理不合格党员的制度办法，始终保持党员队伍的先进性和纯洁性。

二、进一步加大干部培养锻炼力度

干部的成长，既要靠个人努力，又要靠组织培养。各级党委和人事组织部门要履行好自身担负的重要职责，把培养干部作为一项打基础、利长远的重要工作，切实抓紧抓好。

一是加强干部的理论培训。要充分发挥党校在干部培训中的主阵地作用，统筹总分行三级党校资源，进一步完善涵盖高、中、初三个职务层级，新任职、履职提升、后备培养三个职业发展阶段的网络式干部培训体系，实现对各级干部培训的全覆盖。要切实抓好党委中心组学习，通过专题研讨、专家讲座、个人自学等多种形式，提高学习质量、增强学习效果。当前及今后一个时期，干部理论培训的重中之重，就是抓好十八届三中全会精神和习近平总书记系列讲话精神的学习教育，把全行干部员工的思想和行动统一到中央的各项部署上来。上半年，要着重抓好学习贯彻习近平总书记系列讲话精神的集中轮训，总行将分期组织一级（直属）分行、直属机构和总行部室正副职脱产集中学习。各单位党委也要结合实际，组织好本单位副处级以上干部的轮训，每期培训时间不少于5天，6月底前全部完成。在抓好政治理论培训的同时，还要紧密结合我行实际，注重加强经济金融理论、现代企业管理、银行专业知识、国际金融规则的学习培训，努力提高干部的专业素养，拓展国际视野，提升业务能力。

二是严肃党内政治生活组织生活。严肃的党内生活，是培养党员干部良好党性党风的重要途径，对干部的健康成长具有不可替代的重要作用。刚刚结束的党的群众路线教育实践活动，就是一次严肃的党内生活。要把党内生活的好制度、好做法坚持下去，认真贯彻《党章》要求，落实好党内政治生活的各项规定，真正把“三会一课”、领导干部双重组织生活会、民主评议党员等有效做法坚持好，做到每个党员干部无论职务高低都能自觉参加党的组织生活。要注重提高党内生活质量，用好批评和自我批评这个利器，开展积极健康的思想斗争，增强党内生活的政治性、原则性，提高党员干部发现和解决自身问题的能力。要创新党内生活的形式和载体，紧密结合我行实际，开展多种多样、严肃活泼的党内生活，增强针对性和实效性，让党员干部更好地经受党性锻炼。

三是强化干部的实践锻炼。实践锻炼是培养干部最有效的方法。要遵循干部成长规律，加强多岗位培养锻炼，推动干部在总分行、东西部、境内外之间交流任职，在不同环境、不同岗位的实践中开阔眼界、增长才干。要建立健全长效机制，对那些看得准、有潜力的优秀干部，有计划地放到复杂环境、基层一线、关键岗位、艰苦地区去，加任务，压担子，使他们多干事、真担责，经受锻炼，砥砺品质。要切实加强交流任职干部的跟踪管理，严肃纪律，强化考核，避免把交流锻炼当“镀金”、作“跳板”。要大力推动干部跨专业、跨部门的横向交流，拓宽干部专业视野，提高业务综合能力，增强全局观念和协作意识。

在抓好干部全面培养的基础上，要特别注重年轻干部和后备干部队伍建设。要针对当前干部队伍年龄段比较集中、梯次结构不尽合理的问题，大力培养优秀年轻干部，完善多渠道多领域发现、识别、举荐办法，坚持必要台阶、递进式培养、长期历练，坚持跟踪了解、差额比选、择优任用。要把工作重心放在抓培养上，让年轻干部多“墩墩苗”、多“接地气”，把基础打扎实。要改进后备干部人选产生方式，健全培养锻炼、适时使用、定期调整、有进有退的机制。今年，总行将根据中央要求，对后备干部调整补充进行统一部署。各级党委和人事组织部门要按照总行安排，组织做好这项工作。

三、优化调整员工队伍结构

近年来，虽然我们在员工队伍结构调整方面做了大量工作，但总量偏多与效率不高、管理行本部人员膨胀、低效网点人员占用过多的矛盾还没有从根本上解决，又出现了集团各板块间人力资源投入产出不均衡的新问题，需要进一步加快员工队伍结构调整，实现员工队伍规模适度、素质优良、结构合理、效能领先的目标。

一是控制总量、用好增量。根据员工队伍年龄结构测算，到2020年全集团累计约有7.6万人退出工作岗位，占2013年末人员总量的16.5%，这为我们压缩人员总量、优化人员结构创造了条件。要继续坚持人员“进出双线管理”，通过以退定进、多退少进，适当压缩人员总量，力争2020年将人员总量控制在40万人以内。今年全集团人员净增计划为3 000人，2015年初步确定为负增长，与前些年相比人员增长数量明显降低。这要求我们必须加强内涵式管理，把有限的人员增量用在最需要的地方，充实新兴业务条线、经营转型重点领域，适度支持投入产出效能较高的新业务、综合化子公司、境外机构、利润中心，不能“撒胡椒面”、搞人员的平均分配。要完善人才招聘机制，提高新进人员的质量，把好人员入口。要加大紧缺人才的社会招聘力度，缩短人才培养周期。要强化校园招聘的人才储备作用，坚持好中选优。从今年起，将在部分分行组织实施管理培训生项目，加快后备人才培养。

二是内部挖潜、盘活存量。要从优化网点人员配置入手，通过精简调整低效网点、优化业务流程和劳动组合、推行岗位和业务量标准化配比等，有效释放人员。未来三年，全行网点要实现2万人的岗位调整，重点充实低柜柜员和销售类人员。要从各级行本部挖潜，通过强化成本约束、多退少进甚至多退不进等措施，压缩本部人员总量，引导员工向基层一线流动。总行将按年向各分行下达本部人员总量控制目标，加大过程监控和监督检查力度，并与下一年度资源配置挂钩。从今年起，各一级（直属）分行、二级分行本部人员占全行人员比例平均每年至少要下降0.6个百分点，到2016年降至27%以内。目前各一级（直属）分行和二级分行本部合计13万人，占全行人员总量的近三分之一。各一级（直属）分行、二级分行间中后台人员占比差距也比较大，相差约一倍，分行本部中后台人员压缩的潜力还比较大。下一步，要重点压缩一、二级分行本部的中后台人员，逐步降低本部人员占比。

三是多措并举、统筹推进。要顺应信息化银行发展趋势，转变业务发展模式，通过加快自助银行、电子银行、手机银行等新型业务渠道建设，逐步降低柜面业务占比，减少人力资源占用。要加大集团内人员流动力度，建立常态化、市场化的人员流动机制，有序引导本部人员向一线流动、中后台人员向前台流动，推进人力资源在境内外间、银行与非银行板块间的优化配置。要发挥政策的杠杆作用，在工资总额分配上，本部工资总量增幅不得高于辖内工资总量增幅，中后台部门人均收入增幅不得高于前台部门人均收入增幅；在岗位工资上，适当加快基层一线员工工资档次晋升，对从机构本部主动流向基层的员工，要给予一定工资保障；在职业发展上，要坚持注重实践、注重基层的用人导向，优先从具有基层经验的员工中选拔干部。

这里，我再强调一下员工内部退养问题。1998年以来，我们根据国务院《国有企业富余职工安置规定》等政策精神，将内部退养确定为分流安置富余员工的重要渠道。总的来说，内部退养政策的实施，较好地推动了人员的平稳分流，为员工队伍结构优化创造了条件。但是在操作过程中，仍有个别分行未严格按照总行要求办理，引发了一些问题和争议。针对这些情况，结合内外部形势变化以及我行员工队伍实际，总行将进一步严格内部退养办理条件，规范内部退养办理流程，突出员工自愿原则，加强内部退养人员的日常管理。前些年我们按国家政策实施大范围员工内部退养，是在特殊阶段实施的特殊措施，随着形势的变化，相应的管理也要调整。各单位要统一思想，提高认识，按照总行要求切实抓好政策宣传和贯彻落实，确保工作有序衔接和平稳推进。

四、持续加强境外机构队伍建设

建设一支高素质的境外机构干部员工队伍，是提升我行国际化经营水平的重要保证。当前，我行境外机构网络布局已基本完成，下一阶段要着眼于本土化和内涵式发展，持续提高在当地市场的竞争力。适应全行国际化发展的新要求，要从以下四个方面进一步加强境外机构队伍建设。

一是加强境外机构管理层建设。要选好配强境外机构管理层，注重管理层成员在年龄、专业、经历、性格等方面的合理搭配与互补，增强整体合力。要根据发展定位，在有条件的境外机构逐步提升全球雇员在管理层中的比例。要注重管理层中外派干部特别是一把手的政治理论和国内形势教育，提升他们的党性修养，增强大局意识和执行能力；要加强领导力培训，提升他们带队伍的意识，增强团队管理能力；要强化公司治理意识，按照公司治理规则开展工作，促进董事会、管理层的协调配合；要增强依法合规经营意识，严格遵守当地法律法规，配合好监管部门的工作；要提升全球雇员管理意识，尊重外籍员工的文化习俗，推动文化融合。要建立健全境外机构民主决策和监督约束机制，推动管理层科学决策、履职尽责。要探索建立国际经理人队伍，在境外机构并购整合等重大任务中发挥“尖兵”作用。

二是做好外派员工的选派、管理工作。这些年全行的国际化发展，离不开外派员工的奋勇开拓和艰辛付出。要根据境外机构的用人需求，继续抓好外派员工的选拔工作，不仅要注重外语水平，还要全面考察政治素质、大局意识和专业能力。要加大外派人员特别是艰苦地区员工的综合激励，完善薪酬激励机制，拓展职业发展空间，做好派中管理、期满安排以及归国人员的跟踪培养工作，吸引更多的优秀人才投身国际化发展。同时，在中外文化差异较大、新媒体日益发达的情况下，要更加注重对外派员工的规范管理，严格约束外派员工的言行，避免可能导致的声誉风险。近期，总行印发了《境外机构员工管理细则》，对外派员工管理提出了明确的要求。各境外机构要认真贯彻落实，加强外派员工的思想教育，严肃外派纪律，让外派员工及时学习、掌握国家和总行的相关政策要求，使他们能够在复杂环境中经受住考验。

三是加快国际化人才的培养。抓好国际化人才的培养储备，是加强外派员工队伍建设的源头和基础。要继续深入实施国际化人才培训项目，进一步明确培养外派干部和拓展干部国际视野的双重定位，培养和储备一批综合能力强、具有国际视野、熟悉国际金融规则的高素质人才。各单位在参训人员选派中，要增强大局意识，切实把具有培养潜力的优秀干部推荐出来。从今年开始，总行将把具有一定外语基础的各单位副职后备干部纳入培训范围进行轮训，拓宽国际化人才培训项目选拔渠道。要持续加强国际化人才后备库建设，开展针对性的外语和专业能力培训，加大境内外机构间的干部交流力度，为全行国际化发展提供充足的人才支持。

四是强化全球雇员管理。要加快推进境外机构人员本土化，有计划、有步骤地提高全球雇员的占比和质量。要注重发挥工商银行品牌和招聘平台的优势，用集团化的职业发展愿景吸引更多的全球优秀人才。要逐步完善全球雇员管理机制，建立健全集团统一的岗位职级、考核评价、培养发展和薪酬管理体系。目前，总行已将全球雇员纳入集团用工计划。下一步，还要在招聘、派遣、交流等方面加强集团的统一管理。要在总行《全球雇员管理办法》框架下，充分调动各境外机构的积极性，学习借鉴同业经验，建立符合当地法律、体现本土文化、富有自身特色的全球雇员管理机制，切实提高管理的针对性。

五、稳步实施分行本部机构改革

去年底，总行启动实施了本部机构改革。这次改革旨在通过整合部门设置、理顺管理职能、提升经营效率，建设精简高效、管控有力的集团管理总部。今年，一级（直属）分行也要开展本部机构改革。各行要按照总行部署，结合实际，注重实效，积极稳妥，有序推进。

一是优化分行本部内设机构设置。要进一步优化信贷流程，梳理信贷部门职能，理顺总分行职能衔接关系；统一客户视图，明确客户部门、产品部门职能定位；归口整合渠道管理职能，强化渠道管理；推进中后台管理职能优化整合，清理规范各类二级部，精简管理机构设置。总行利润中心相关业务职能在各分行要有落实安排，未设立独立部门的，相关职能要由相应的业务牵头管理部门归口负责；设立独立部门的，要划入分行直属机构，并由相应的业务牵头管理部门归口管理。分行内设机构和总行内设部门不搞上下对应、对口设置，但相关职能要有明确的机构承担。鼓励各行根据实际，探索设置与经营转型相配套的特色部门。

二是严格本部编制和职数管理。总行将根据各行业务规模、经营效益、管理模式、管理幅度等，按照精简高效的原则，合理确定各行本部机构编制、人员编制和干部职数。要严格控制并逐步压缩内设机构人员编制，按照业务量和产出贡献合理确定直属机构人员编制并动态调整。各行要根据总行的改革部署和核定编制，组织开展定岗、定编、定员工作，合理确定各部门人员编制，充实加强营销管理部门，倾斜支持新兴业务部门，精简压缩综合管理和支持保障部门。要建立部门成本控制机制，采取市场化手段，探索通过改革工资预算管理方法，调整优化本部人员，引导部门主动改进管理流程，优化劳动组合，控制人员数量，提升工作效率。要严肃编制管理纪律，严禁超编制进人、超职数配备干部，对违反规定的，一经发现，要严肃追究责任。

三是规范直属机构管理。近年来，分行直附属机构增设比较多，人员增加也比较快，需要进一步加强统一规划和严格管理。要将现有直附属机构统一改建为直属机构，剥离系统管理职能，厘清与内设机构的职责边界，功能相近的要整合提升。要从严管理直属机构设置，未经总行批准，分行不得自行设立直属机构。要按照规模化、集约化、专业化的要求，严格控制直属机构的人员总量，提升运行效率和专业能力，发挥好直属机构后台集中、直接经营的作用。

六、深入开展机构竞争力提升工作

近年来，我们先后组织实施了省区分行营业部改革、县支行变革等一系列改革措施，取得了一定的成效。但是，机构竞争力的提升是一项长期的系统性工程，要发扬“钉钉子”的精神，坚持不懈地抓下去，才能由量变到质变，积小胜为大胜，使各级机构的竞争力得到明显提升。

一是巩固大中城市行的竞争优势。大中城市是我行竞争发展的传统优势区域，对全行经营发展具有重要意义。要继续深化省区分行营业部改革，进一步明晰省区分行、营业部和支行的职能定位，健全分层营销体系，加强中后台业务集中，不断完善营销联动、资源共享、经营集约、管理扁平的运行机制，提升省会城市机构的整体运营效能和综合竞争实力。要启动城市分行竞争力提升工程，根据经营规模和效益、区域经济、发展潜力等，对城市分行进行分类管理，实施差异化的业务授权和资源配置，做大做强一批规模效益大行，做优做好一批精品特色分行。大中城市行竞争力提升工作总行要深入研究、统筹安排，分行也要主动谋划、探索创新，通过上下联动，激发大中城市行的竞争发展活力，进一步巩固我行的市场主导地位。

二是增强县域机构的竞争发展能力。继续深化县支行变革，完善符合县域市场特点的经营定位、授权机制、产品体系和管理模式，推动县域机构竞争力提升。要进一步强化以县城、零售业务、小微企业“三为主”的经营定位，重点抓好县域政府机构和集团大客户的营销服务，积极拓展现代农业客户、重点机构客户和中心集镇、产业园区等目标市场。要进一步落实分类管理的要求，研究制定80家总行级重点县支行的发展规划，抓紧确定分行级重点支行名单，通过加大业务授权和资源支持力度、实施差异化的信贷政策等措施，帮助重点县支行加快发展。要建立县支行分类考核体系，加强对重点县支行经营发展情况的跟踪评价，定期发布考核排名，激励先进、鞭策后进。今年，总行计划择优选择10家左右重点县支行升格为二级分行。

三是确保网点竞争力提升项目落地见效。去年，全行启动了网点竞争力提升工作，实施了存量网点盘活、岗位优化整合、渠道转型、员工优化、客户拓展、产品渗透、配套保障七大工程。这项工作关系到全行经营发展的基础，也直接影响着各级机构的市场竞争能力。各行要高度重视，加强指导检查，按季通报工作进展情况，及时总结评估工作效果，完善各项改革措施，确保尽快取得实效。

七、积极推进人力资源管理深化项目

2007年全行实施了人力资源管理提升项目，但在项目的后续运行过程中，出现了一些新情况新问题，相关配套制度需要进一步完善。为此，总行决定启动人力资源管理深化项目，坚持市场化管理理念，进一步完善岗位职级、绩效考核和薪酬分配机制，今年上半年试点，下半年在全行实施。这里我重点强调一下岗位管理方面的工作。

一是合理设置岗位等级区间。针对岗位划分过细、岗位等级差距不合理、工资晋升空间小、横向交流难度大等问题，总行将统一确定各岗位基准等级区间，保持岗位等级差距在纵向和横向的协调平衡。进一步整合精减业务类岗位数量，扩展部分业务类岗位的岗位职责和岗位等级，将原来职责单一、晋升空间较小的“小岗位”改为宽泛型、综合化的“大岗位”，增强岗位调整的灵活性、适应性。适度调整同职级管理类岗位等级差距，以岗位等级区间取代单一等级管理方式，拓展管理类人员的晋升空间，体现履职能力和职责的差异。

二是健全岗位动态管理运行机制。人力资源管理提升项目实施以来，多数机构未对岗位等级尤其是管理类岗位等级进行定期化、机制化评估调整，未能及时反映各类机构岗位价值的相对变化，岗位等级动态调整所应有的激励约束作用尚未充分发挥。下一步，要健全岗位动态调整机制，全面规范岗位设置、评估方式和审批流程，根据岗位相对价值的变化，动态调整各类机构岗位等级，持续优化岗位设置。分支行经营管理类岗位原则上每2～3年评估调整一次，专业管理和业务类岗位根据岗位职责变化情况，适时进行评估调整。

三是完善员工晋升发展机制。要细化员工进档、晋级、跨层级晋升规则，实现员工晋升发展工作的制度化、常态化，使员工能够分享到改革发展的成果。要建立健全员工工资等级档次的正常晋升机制，一般情况下，员工在现职务层级内任职每满三年，年度考核结果均在合格以上，可以晋升工资档次一档，业绩突出或有重大贡献的员工可以加快晋升。要统筹安排员工跨层级晋升的数量、节奏和方式，不断提高员工个人能力和岗位要求的匹配度。要处理好调整薪点值和晋升工资等级之间的关系，把有限的薪酬资源用好用足，提高员工的薪酬满意度。同时，要加强引导，帮助员工树立合理的职业发展预期。

八、不断完善薪酬分配机制

薪酬分配制度是企业最基本的激励约束机制，是调动分支机构和员工积极性的重要手段。在当前薪酬资源总量增长有限的情况下，要发挥好薪酬激励的杠杆作用，激发各级机构的经营活力，提高员工的满意度。

一是坚持企业化、市场化的分配导向。要突出价值创造和效率优先，将增量资源优先投入到产出效率高、贡献大的业务板块和机构。要盘活存量费用，提高与当期考核指标挂钩的激励费用占比，通过奖优罚劣，鼓励争先进位，激发创利增效动力。要进一步健全绩效考核机制，完善各类员工绩效考核办法，强化绩效工资与个人绩效考核结果、所在机构业绩的关联度，打破部分机构尤其是本部员工绩效工资“旱涝保收”、固定化分配的格局，真正实现绩效工资能增能减。加大对关键岗位和绩优员工的激励力度，提高薪酬的激励效果。今年，总行将统一开发绩效考核模板、评价量表等工具，推广应用综合目标考核、计价考核和行为评价等方式，提升考核评价的科学性和有效性。

二是统筹平衡薪酬的激励和保障职能。在注重资源配置效率、发挥激励作用的同时，也要兼顾薪酬的保障职能，在激励和保障之间把握好平衡。在这方面，多数机构都做得比较好，但也有一些机构在薪酬分配上存在误区，过分强调绩效与工资挂钩，一味提高绩效工资占比，导致员工固定收入过低，一定程度上影响了员工的薪酬满意度和工作积极性。在全社会居民收入持续增长的情况下，各单位要考虑建立与效益增长、与属地社平工资增长相匹配的固定工资正常增长机制，总体上员工平均月度保障性收入不低于当地社平工资。

三是严格控制专项奖励。专项奖励在设立初期，对重点业务发展起到了较好的促进作用。但也出现了多头奖励、部门临时动议、项目日益增多、标准不断提高的现象，使专项奖励占用了较多的薪酬资源，与核心激励机制形成重叠和冲突，削弱了整体考核激励的导向作用；一些机构对不同支行、业务条线和员工之间的专项奖励分配差距较大，影响了薪酬分配的均衡性和公平性；一些基层行和员工对专项奖励依赖性日益增加，工作“挑肥拣瘦”，甚至出现了不给额外奖励不干工作的不良苗头。各机构要从严控制专项奖励，加强考核分配的计划性和统筹性，贯彻落实总行关键业绩指标考核导向，集中薪酬资源统一进行考核分配。

四是严肃薪酬管理纪律。目前，有的机构在薪酬管理上不够规范，不仅存在薪酬分配简单化、绩效分配办法不公开不透明等问题，个别基层机构甚至还有挪用员工绩效工资的现象。这些不合理、不合规的行为侵犯了员工权益，群众反映比较多。各单位要进一步加强管理、加强监督、加强检查，坚决查处薪酬分配中的违规违纪问题，增强薪酬分配的公信力和严肃性，维护好员工的合法权益。

九、切实抓好客户经理队伍建设

客户经理队伍建设虽然只是专业人才队伍建设的一部分，但却直接影响着全行的市场营销能力和客户服务水平。目前，境内分行客户经理约9.5万人，仅占人员总量的21.9%，相对于庞大的客户群和有待拓展的目标市场，客户经理在总量上仍处于短缺状态，全行约有56%的小微企业客户和69%的个人中高端客户没有得到有效维护。同时，与激烈的市场竞争要求相比，客户经理队伍整体素质还有一定的差距。一些转岗成为客户经理的员工，由于多种因素不能完全胜任岗位要求，部分机构客户经理队伍存在增人不增效的“表象增员”现象。这些都需要我们统筹考虑，重点解决。

一是进一步充实客户经理队伍。要以内部挖潜为主，将网点功能优化、柜面业务分流以及业务流程改造释放出来的人员择优充实到客户经理岗位；要通过完善激励政策，鼓励和引导各级行本部中后台员工向客户经理岗位流动。到2016年，网点柜员和中后台人员向客户经理岗位流动的数量要达到1.5万人。要拓宽客户经理来源渠道，积极选拔有营销潜质的青年员工充实客户经理队伍；对于紧缺的中高端营销人才可以采取社会招聘的方式重点引进。通过以上措施，使客户经理占全行人员比例每年提升1.5个百分点左右，力争到2016年达到26%。未来随着渠道的转型、业务的转型、客户的转变，员工队伍的转型是必然的，要让更多的员工适应转型的要求，逐步走向市场、走向新兴业务领域、走向客户。

二是大力提升客户经理素质和能力。在补足客户经理数量的同时，要更加注重提高客户经理队伍质量。要推广使用客户经理岗位胜任力模型，从客户管理、市场营销、风险防范等方面，进一步明确客户经理的能力素质要求，有针对性地进行培训，提升客户经理精细化管理水平。要丰富实践锻炼方式，培育熟悉客户、熟悉业务的复合型人才，推动客户经理队伍向公私联动的综合化方向发展，提升客户经理综合营销能力。

三是完善客户经理激励约束机制。要突出客户经理的业绩贡献导向，健全综合绩效与产品计价相结合的考核体系。在绩效分配上要向客户经理队伍倾斜，同一机构内，客户经理绩效工资收入一般应高于相同工资等级和考核等次的专业类人员。要建立延期支付制度，增强客户经理的风险意识和责任意识。要拓宽客户经理晋升通道，增加高级客户经理的职数，建立与业绩考核挂钩的职务层级、岗位等级调整机制。要建立健全客户经理退出机制，对绩效表现较差的，调降岗位等级或职务层级，直至退出客户经理队伍。

四是探索建立首席客户经理制。为提升营销效率和服务水平，总行将试行首席客户经理制，为重点客户配备首席客户经理，统筹负责客户关系管理、产品与业务营销。要以首席客户经理为总协调人，组建跨专业、跨层级的营销服务团队，充分发挥各专业、机构间的协同优势和营销合力，为客户提供一站式、个性化、全产品服务。

同志们，面对复杂多变的经营环境和转型发展的艰巨任务，各级党委和人事组织部门要着力加快改革创新，统筹推进各项工作，不断提高人事组织工作科学化水平，更好地支持全行转型发展，为建设国际一流现代金融企业作出新的更大贡献！

在全球系统重要性金融机构（GSIFI）工作领导小组启动会上的讲话

易会满

（2014 年 2 月 14 日）

今天我们召开专门会议，成立全球系统重要性金融机构（GSIFI）工作领导小组，研究部署相关工作。刚才，风险部汇报了 GSIFI 相关情况和分工建议，各部门也提出了很好的意见建议。总体感觉，这项工作难度很大，要求很高。难度大主要是监管部门目前没有标准化的要求，包括方法、工具、定义等各项要求都是比较原则性的，全行对这项工作也还比较陌生。去年 11 月我行刚刚被确定为 GSIFI，今年 11 月就要报恢复与处置计划（RRP）。在这么短的时间内，要把全行各业务条线、各机构、各经营单位分析清楚，制定出集团的 RRP，难度是可想而知的。这项工作本身对银行的要求很高，银监会在专题监管会谈中又提出要求我行做中国银行业的领头羊。要把 GSIFI 相关工作做好，需要全行真正重视起来。下面，我讲四点意见。

一、充分认识 GSIFI 工作的重要性、复杂性和紧迫性

（一）充分认识 GSIFI 工作的重要性。成为全球系统重要性银行反映了我行国际化发展的成果，也是全球影响力的体现。国际国内监管机构对 GSIFI 的新要求，主要是资本、信息披露、数据加总和风险报告、恢复与处置计划。关于资本方面，我行这些年来做了很多准备工作，从内源性资本补充到调整信贷结构、走资本集约型发展道路，都已经做了比较充分的安排，这项工作总体基础不错。信息披露方面，压力也不是很大。我们已经按照巴塞尔委员会要求做了 3 年的定量测算，积累了一定经验，各方面的工作机制都已经基本建立了，相关部门要按照目前的分工继续做好这项工作。

关于数据汇总能力，我行依托先进的 IT 系统，处于国内同业前列。结合 GSIFI 监管要求，再次对信息系统和数据进行梳理，对于进一步提升全行的数据汇总能力和管理水平具有重要意义。报送人民银行的通用数据模板和报送银监会的定量测算数据口径可能会有差异，但应该是统一的数据源，请相关部门按照要求将此项工作认真落实好。

在 GSIFI 各项工作中，RRP 是最核心、最有挑战的一项要求。首先，制定 RRP 是满足国内外监管需要。国际上，金融稳定理事会要求所有 GSIFI 制定 RRP，美国和英国监管当局已经要求我行在美和在英机构制定 RRP，香港金管局正在制定 RRP 监管要求。在国内，人民银行、银监会对此高度关注，银监会还召开了专题监管会谈，希望我行制定出引领中国银行业的 RRP。其次，是为我行发展战略提供支持。我行可以利用制定 RRP 的过程，识别业务条线和机构的核心价值，审视组织架构、经营格局与战略的一致性，审视机构和业务优化的可能性。制定 RRP 是为了更好的生存和发展，这个指导思想要明确，一定要为全行的战略发展提供支持。以往对全行产品线、业务线、机构维度的资本占用、成本、利润、风险的核算基础比较薄弱，制定 RRP 既是为了满足监管要求，更重要的是各部门在此过程中要增强资本、成本、风险意识，把监管要求和业务发展有机结合起来。最后，是为我行国际化发展创造有利条件。越来越多的监管当局可能把是否制定了 RRP 作为在当地开设新机构的前提条件。未来我行及相关分支机构会更多地进入国际资本市场融资，是否制定了合适的 RRP，可能影响到融资成本。因此，一份内容全面的、体现工行特征的 RRP 对我行意义重大。

（二）充分认识 GSIFI 相关工作的复杂性。GSIFI 相关工作是一项全新的工作，是一项复杂的系统工程，涉及面广，技术难度大，而且时间紧、要求高。

首先是制定 RRP 难度大。主要体现在：一是国情、行情与西方国家不同。相关监管规则是欧美发达国家主导制定的，我们与这些国家国情不一样，银行管理体制也不一样，一个是总分行结构，一个是事业部制。要在总分行结构框架下，把每一个产品线像事业部制下那样，进行清晰的划分确实有一定难度。我们的核心业务、传统业务占比非常高，处置一些小的业务线根本解决不了问题，制定 RRP 的难度非常大。再如压力测试。西方国家设置的压力测试情景参数，也不一定适应中国国情。但我们没有退路，必须要做自己的 RRP，难点是如何充分结合国情、行情，做好工行的 RRP。二是确定 RRP 各要素的方法论，制定出可行的恢复处置措

施，这些问题已超出传统风险管理技术范围和我行日常经营的经验。三是国内监管要求仍有不确定性。金融稳定理事会的要求很原则，国内监管指引目前还是空白，缺少标准、方法、原则，不明确因素较多。

其次是需要的数据和信息庞杂。GSIFI对银行的数据搜集和汇总能力提出了很高要求。巴塞尔委员会提出了准确性、真实性、完整性、及时性、适应性的要求，其中对关键性风险，要求能在压力和危机情景下快速生成风险数据汇总。制定RRP的涉及面更广，需要海量数据和信息支持。同时，欧美国家制定的数据口径规则与我们国家几十年积累的统计口径不同。在这样的背景下，工作复杂性可想而知。

（三）充分认识GSIFI工作的紧迫性。金融稳定理事会要求我行在今年11月前制定恢复计划和处置策略，银监会对一些具体工作也提出了明确时间表和要求。RRP制定完成后，要报国内危机管理小组，包括人民银行、银监会、财政部、审计署审核，由银监会和主要东道国监管部门组成的国际危机管理小组，也要审阅恢复与处置计划。要在这么短的时间内，结合我国和我行实际情况，制定出满足监管期望的恢复与处置计划，无疑是巨大的挑战。此外，国际上对数据汇总能力的原则性要求是在成为GSIFI的三年内满足，监管部门会监督和评估银行实施进展。如果监管部门在今年签署相关数据协议，与数据汇总原则要求相关的通用数据报送模板，将在今年底正式报送。

二、积极主动地制定好RRP

（一）思想上要高度重视。各部门要有责任意识，不管是牵头部室，还是分牵头部室，还是配合部室，都要负起责任。关键是一把手要重视，要安排熟悉业务、责任心强的干部参与到RRP工作中去。工作要扎实，既然要做，就要做好。各部门要借制定RRP的机会理清思路，提升自我。具体来说，就是对本部门管理的业务条线、产品大类的风险点、关联性、收入情况、社会功能等进行梳理，明确下一步的战略和发展思路，提升管理水平，总之是要确保不走过场，让参与制定RRP的过程服务于业务发展。

（二）切实加强组织领导。领导小组今天正式成立。我担任组长，魏国雄首席风险官担任副组长，来统筹协调各方面资源，推动这项工作，确保能够制定出一份体现中国银行业管理水平、能够成为行业标杆的恢复与处置计划。在座的部门都是委员部门，要指定一名熟悉业务的副总经理参加领导小组，另安排一名熟悉部门业务的处长负责具体工作。各部室一把手负责确定人选，要求是熟悉业务、有全局观念、合作意识强的干部，人员要保持稳定，不能每次开会都换人，造成相关人员不了解具体情况，有些问题该反映的没反映。

（三）落实分工，加强协作。GSIFI工作是全行的工作，牵头部门和分牵头部门、配合协作部门都要各尽其责、分工协作。风险管理部作为GSIFI工作总牵头部门，管理信息部、国际业务部、资产负债管理部作为分牵头部门。风险部主要负责研究透规则，做好具体规划和框架，分解好工作任务。管理信息部牵头GSIFI评估指标披露，人民银行通用数据模板填报和报送，提高数据覆盖的全面性和汇总报送的及时性。国际业务部牵头海外机构恢复与处置计划的制订，以及国际业务条线处置安排，风险管理部要积极提供支持，可以成立小组负责支持境外机构制定RRP。资产负债管理部牵头开展流动性压力测试、加强流动性风险管理和资本、流动性恢复计划相关工作。其他各部门主要负责与本部门管理的业务、产品相关的GSIFI工作内容，包括政策制度、数据、恢复处置安排等。需要强调的是，除了一些传统工作，目前与GSIFI相关的分工是动态的，可能要调整。如果调整，各部门也要主动承担起新的任务。要积极研究本部室职责范围或业务条线的恢复、处置事项，提出工作思路和具体措施；积极落实牵头部室安排的具体工作，不推诿、不拖拉，落实人员保障；这项工作最终要部室一把手负总责。根据监管部门的要求，我行也制定了恢复和处置计划工作时间表，各部门要按照时间表完成相关工作。

（四）注意工作方法。第一，要把“集中做”和“分部门做”结合好。不仅要有横向部门分工，还要有纵向职能分工。有些全行性的工作需要集中来做，有些工作需要各部门去做。建议采用矩阵式分工，把集中与分散结合好。“分”是指业务条线的风险点、关联性、收入情况、社会功能由各业务部门做；“合”是指关于资本、成本、风险方面，分别由资负部、财会部、风险部三个部门来集中做，在满足需要的情况下，尽量减少人力资源投入，提高效率。第二，要把制定RRP与日常经营管理结合好，这也是为什么请各部门共同参与到RRP工作中来的原因。第三，要做到IT先行。请信息科技部和业务部门加强沟通，成立联合团队，早一点介入。第四，要安排好与董事会在关键节点上的沟通。第五，明确各关键时间节点上的工作要求。目前的时间表比较原则，要制定更明确的计划。第六，把GSIFI工作和银监会监管会谈提出的四个研究课题结合起来。四个研究课题与工商银行的整体战略相关，要与RRP的整体方案结合起来。

三、提高数据加总和风险报告能力

一是信息科技部要牵头完善数据结构，加强IT系统建设，确保在正常经营和压力、危机情况下的加总和报告需求。二是管理信息部牵头加强数据库建设和提高数据加工能力，及早提出系统业务需求。三是风险管理部牵头提高风险报告水平，频度要与风险变化趋势、速度相匹配。

关于GSIFI通用数据报送模板，管理信息部要继续加强研究，要建立与目前业务、核算系统数据的对应关系，同时保持与人民银行、银监会的沟通联系，密切关注监管部门签署有关协议的动态，按监管要求做好报送准备。

四、认真落实专题监管会谈的其他工作要求

除制定RRP和数据加总相关要求外，银监会专题监管会谈提出的其他要求，有的已在第8期《会议纪要》中做了安排，主要涉及风险管理部、人力资源部、董事会办公室、城市金融研究所、信贷与投资管理部、战略与投资者关系管理部、国际业务部，请相关部门按照会议纪要中的分工做好工作。但也有一些新要求，包括建立GSIFI管理政策制度、建立突发事件应急机制、科学制定流动性管理方案、建立内部检查评估程序、开展集团流动性风险管理的专项审计等，主要涉及风险管理部、资产负债管理部、办公室、内部审计局等，请相关部门也落实好。

今天是GSIFI工作的一次学习会，也是一个动员会、任务分解会、方法讨论会。希望各部门高度重视，把各自承担的任务落实好，工作中加强配合，主动担当，制定出一份满足国内监管要求、国际组织认可、引领中国银行业的RRP。

发挥内控合规作用　促进集团战略转型

——在中国工商银行2014年内控合规工作会议上的讲话

易会满

（2014年2月28日）

这次会议的主要任务是，认真贯彻落实全行改革发展研讨会和年度工作会议精神，安排部署当前及今后一个时期的内控合规工作。下面，我重点就发挥内控合规作用，促进集团战略转型和持续发展谈三个方面的意见。

一、内控合规工作在服务全行改革发展中发挥了重要作用

近年来，全行积极适应上市公司治理新环境与规范化管理新要求，以及信息化、国际化和综合化发展新需要，持续加强内控合规工作，全行内控合规整体水平不断提升，作用越来越明显，集中表现在以下四个方面。

（一）集团制度和检查统筹管理取得实质性进展。在集团制度统筹管理方面，建立了制度管理基本规范，搭建起全行统一的制度管理平台，完成了2 000余个制度的梳理评估，形成了由基本规定、管理办法、实施细则构成的全行新制度体系，初步实现了健全管理机制、精简制度总量、明确适用要求、提高执行效率的目的。在检查统筹管理方面，健全了全行监督检查统筹管理和问题整改工作机制，探索开展了年度检查计划统筹和执行监督，搭建起监督检查管理系统，重复检查和整改不到位的问题有所缓解，总分行年度检查数量同比分别减少30.2%和76.4%，集团监督检查活动逐步规范。

（二）集团合规与操作风险管控模式不断完善。在合规风险管理方面，建立了集团合规管理制度体系，强化了监管规则跟踪研究与合规咨询审查工作机制，完善了关联交易及内部交易管理机制，并逐步关注和加强对境外机构和附属机构的合规支持与监督，初步形成了覆盖全流程的集团合规管理模式。在操作风险管理方面，持续优化操作风险限额管理、损失事件管理、关键风险监测、风险与控制自我评估等管理工具，探索推进信息科技风险治理和外包风险管理，以“综合管理、分类控制”为特点的集团操作风险管理体系日趋完善，2013年度操作风险损失率仅为0.022%，实现了连续四年下降、远低于0.15%控制目标的良好效果。

（三）监测分析和监督检查职能发挥更加有力。在监测与风险核查方面，探索建立了常态化内控监测分析机制，实施了高风险业务、重点领域和员工的专项监测，不断完善了业务运营风险核查工作，深入开展了“十大违规行为”和“屡查屡犯”专项治理活动，进一步提升了事中风险管控能力。在专项检查方面，紧密围绕高风险业务领域认真开展检查，较好地完成了对全行发展影响大、行领导也高度关注的一些重要专项检查项目，及时发现和消除了一些重点领域和关键环节的风险隐患。在内控评价方面，不断优化评价办法，大幅增加非现场评价指标权重，认真组织实施年度内控评价工作。2013年各一级（直属）分行内控评价平均得分为86.86分，内部控制在行业内继续保持较好水平。在监

督效果方面，2013 年全行各级内控合规部门组织开展各类检查 4 125 项，对检查中发现的违规机构和人员进行了严肃问责和处罚。同时注重风险提示和预警，全年共下发风险提示 2 793 期，提出系统流程优化建议 1 241 条，较好地促进了各项业务制度、系统、流程的优化完善。

（四）反洗钱“两项”改革成效显著。顺利完成人民银行首家反洗钱综合试点和反洗钱集中处理“两项”改革，形成了较为完善的集团反洗钱管理框架制度和系统流程，全行集中专业研判人员替代了 2 万多名网点反洗钱兼职人员每天需固定完成的工作量。通过实施“两项”改革，全行反洗钱工作在资源投入大幅减少的情况下，工作质量和效率有了显著提升，2012 年和 2013 年境内外系统不仅未发生一起反洗钱处罚事件，改革经验还得到了人民银行的肯定并在业内推广，对反洗钱监管制度修订也产生了积极影响，我行反洗钱国内领先地位和影响进一步巩固和扩大。

总结近几年的全行内控合规工作，以下五方面的探索和实践值得肯定：一是注重强化内控合规基础管理。通过组织各机构、各部门连续实施内控体系建设“三年规划”，健全业务运营风险监测、信用风险监控、内控监测分析等风险监测机制，扎实开展风险核查、专项检查和内控评价等一系列基础工作，为全行应对转型中的复杂环境奠定了良好基础。二是注重构建全员参与的工作机制。通过加强各级内部控制暨操作风险管理委员会的统筹协调，发挥“反洗钱专业小组”和“操作风险分类控制部门”的牵头作用，落实合规经理工作职责，初步形成了各机构、各部门全员共同参与、前中后台有序配合的内控合规工作格局，为持续提升内控合规管理效果创造了有利条件。三是注重发挥对经营发展的服务支持作用。通过探索推进制度和检查统筹管理，认真开展合规咨询和合规审查，加强风险提示预警，初步解决或缓解了一些基层反应强烈的内控管理难题和风险隐患，支持了业务创新和市场拓展，也进一步明确了内控合规工作支持一线、服务发展的基本方向。四是注重培育良好的内控合规文化。通过开展“三位一体”员工行为规范教育活动，实施“十大违规行为”和“屡查屡犯问题”专项治理，以及合规审查、专项检查及违规问责等日常工作，干部员工的内控合规意识不断提升，内控合规文化氛围日益浓厚，为全行持续健康发展提供了良好的思想保障。五是注重加强与监管机构的有效互动。通过积极参与监管课题研究、改革试点和行业标准制定，推动了我行的好经验、好做法转化为行业的基本规范或作业标准，为全行进一步创新发展营造了良好的监管环境。

这些成绩的取得，离不开人民银行、银监会等监管机构在政策试点、业务创新、金融服务以及内控合规管理等方面给予的高度重视和指导帮助，也是近年来各级机构、各业务条线以及各级内控合规部门共同努力的结果。在此，我代表总行党委，向大家表示衷心的感谢！但同时也要看到，与全行战略转型的要求相比，内控合规工作的前瞻性、系统性还有很大提升空间，内控合规工作模式与方法还需要进一步改进，在贴近业务发展、服务改革创新方面还有很多工作要做，希望大家珍惜当前来之不易的良好工作基础，在今后的工作中再接再厉、大胆探索、扎实工作、力求发挥更大作用。

二、复杂环境下实施战略转型必须进一步加强内控合规工作

经过 30 年特别是股改以来的改革发展，工商银行实现持续快速增长，资本、资产、利润、存款、贷款、品牌价值等多项指标居全球同业首位，步入世界领先大型银行之列。去年底召开的改革发展研讨会进一步确定了工商银行未来一个时期的战略目标，就是要进一步深化改革创新，加快实施战略转型，努力实现“三最一流”现代金融企业的“工行梦”。推进战略转型不仅要依靠业务创新、区域发展、客户选择等经营转型的拉动，也要依靠公司治理、内部控制、合规管理等管理转型的支持。战略转型要成功，经营转型与管理转型这“两翼”必须相互配合、平衡推进。特别是在当前金融监管日趋严格、市场竞争更加激烈、内部风险发生显著变化的复杂环境下，要稳妥推进战略转型，更需要进一步加强内控合规工作，积极应对内外部的新形势和新挑战。

第一，金融监管环境对内控合规工作提出新考验。当前及未来一段时期，全球金融监管当局强化金融监管的思路还将延续。从宏观审慎监管看，相关制度安排将逐步实施。国际监管规则方面，巴塞尔协议Ⅲ已走过实施元年、系列监管规则将陆续执行，“沃克尔规则”去年 12 月获得美国五大金融监管机构批准，高风险自营交易等业务将受到限制；国内监管规则上，《商业银行资本管理办法》去年 1 月 1 日已开始实施、资本达标要求迫近，银监会近期又发布《商业银行流动性风险管理办法》，今年 3 月 1 号、也就是明天就将实施。遵守这些核心制度规则对商业银行，尤其是规模体量庞大且首次列入全球系统重要性银行名单的工商银行来说，考验无疑是巨大的，还需要我们做大量长期细致的工作。从微观审慎监管看，监管当局更加关注金融机构行为的适当性、更加关注对金融消费者权益的保护，对违规行为处罚空前严厉。2013 年，欧美银行支付的监管罚金及和解费用累计高达 430 亿美元，创下新高；因伦敦鲸事件，多个国家监管机构对摩根大通罚款前后合计达到 10.2 亿美元；国内光大证券因“8·16”乌龙指事件，收到了中国金融史上最大金额的 5.23 亿罚单，涉事高管被罚终身市场禁入。在监管趋严的大环境下，内控合规肩负监督落实外部监管规定的重要责任，应该在全行

战略转型中发挥更大更积极的作用，为转型奠定良好的合规基础。

第二，市场竞争形势对内控合规工作提出新挑战。随着金融脱媒的深化、互联网金融的兴起和利率市场化的提速，商业银行面临越来越激烈的市场竞争。特别是以第三方支付公司为代表的新兴互联网企业，通过在支付、理财、融资等多个领域的产品创新，通过介入线上线下等多个渠道，给商业银行的客户基础和传统业务优势带来很大冲击。与此同时，在国内经济增速放缓、市场有效需求不足且产品同质化严重的情况下，商业银行、金融同业之间的竞争也更加白热化。要有效应对市场竞争、保持行业领先地位，工商银行必须加快战略转型步伐，不断推进体制机制改革和业务创新，因势而变、因需而变。同时，还必须保持科学的发展观、正确的业绩观和风险观，不能因为竞争激烈，就为短期利益所惑、就透支发展基础、就打政策擦边球，让经营行为走样，让经营风险滋生。在这个过程中，也必须保证内控制度、内控检查、内控管理与改革创新的同步跟进、同步到位，才能做到及时地识别和监测风险、有效地防范和控制风险、稳妥地化解和处置风险，才能树立好经营理念、规范好经营行为，否则反而会欲速则不达，影响改革创新的成效、影响战略转型的成败。

第三，内部风险变化对内控合规工作提出新课题。近年来，商业银行的经营环境和业务结构发生了比较大的变化，商业银行的风险领域、风险结构、风险特征也随之变化，风险的隐蔽性、传染性更强。从最近两年内控监测、检查中反映的情况看，一些业务由于我们高度重视、措施到位，风险控制的有效性得到很大提升。例如，通过持续狠抓风险监测和典型案例通报，柜面业务屡查屡犯问题的比例和数量都有大幅度的下降。而一些业务由于我们风险认识不到位、经营理念有偏差，造成业务发展基础不牢，风险控制的薄弱环节比较多。比如，对商品融资中多重抵质押发现控制不及时，风险暴露比较集中；代客投资、代理销售业务风险隐蔽性强，识别能力有待提高；假交易、假消费、假资料等问题有所显现，防范手段还比较有限。此外，除了传统的信用风险、市场风险和操作风险，当前商业银行面临的流动性风险、声誉风险、信息科技等风险，特别是代客投资、理财业务等新业务领域的新型风险也有所上升，有的影响甚至更大、更广；员工参与民间集资、参与违规套现、私售理财产品等风险事件也时有发生，存在极大的道德风险隐患。我们暴露出的这些潜在风险，如不采取有效措施及时加以防范和化解，日积月累，必然会影响和制约全行的战略转型发展，这就要求内控合规部门要切实发挥好风险把关守口的职能，牵头或协助有关部门进一步完善风险控制机制，进一步加强和改进内控管理，堵住风险漏洞。

第四，战略转型任务对内控合规工作提出新要求。2013 年全行改革发展研讨会明确了未来一个时期转型基本方向，明确了全面深化体制机制改革、优化“五大布局”、突出“三大战略”的转型任务。这也为今后的内控合规工作指明了方向。一方面，推进各项体制机制改革要求内控合规工作做出新调整。如要加强资本管理、减少监管资本占用，就必须进一步完善操作风险管理基础，力争早日实施高级计量法；又如要平稳推进组织机构改革，就必须及时调整内控合规管理模式，理顺内控合规管理职责与流程；再如要确保经营权限下放取得积极效果，就必须同步加强授权管理和监督检查，强化权力约束机制。另一方面，优化“五大布局”、突出“三大战略”要求内控合规工作提供更加有力的服务支持。如在优化资产负债布局，实施“大资管、大个金”战略的过程中，需要内控合规部门加强对新业务的合规管理与监督检查，及时提示风险，规范和促进业务转型；又如在推进国际化、综合化布局过程中，需要内控合规部门加快健全集团内控合规工作体系，保证内控合规管理的理念和方法适应国内和国际不同的监管要求，内控合规管控的范围实现地区、机构、业务全覆盖；再如在推进“大数据”战略过程中，需要内控合规部门进一步强化监测分析工作，提升监管信息、检查信息等的综合利用水平。

总而言之，在当前复杂严峻的形势下，内控合规部门更应当通过扎实有效的工作，为全行战略转型创造良好的内外部环境，发挥好保驾护航和支持服务作用。一要通过良好有序的内部控制和合规管理，培育和传播正确的规则意识，促进全行上下进一步遵守规则、善用规则、积极影响和参与规则制定，主动做好与监管机构的沟通协调，保持在监管机构中的良好形象，争取更多的监管政策支持。二要通过良好有序的内部控制和合规管理，妥善应对市场波动和同业竞争压力带来的各类风险冲击，努力将风险控制在较低水平，避免区域性、系统性风险的发生，维护我行稳健、负责任的大行形象，赢得更加广泛持久的市场认可和客户支持。三要通过良好有序的内部控制和合规管理，促进全行上下保持对发展与风险关系的清醒认识，真正地贯彻落实科学发展观，牢固树立正确的业绩观和风险观，规范和督促各项体制机制改革措施有效贯彻落实，不断提升对体制机制改革、经营模式转型、客户基础巩固等重点任务的服务保障能力，促进全行进一步统一思想、凝聚共识、齐心协力，保障战略转型目标顺利实现。这是全行战略转型对内控合规工作寄予的新期望，也是未来一个时期内控合规工作的基本出发点和落脚点。

三、在战略转型进程中加强内控合规工作的总体要求与主要任务

面对更为复杂严峻的外部环境，以及保障全行战略转型的艰巨任务，今后一段时期内控合规工作的总体要

求是：认真贯彻全行改革发展研讨会和年度工作会议精神，紧密围绕战略转型大局，切实突出从严治行和过程控制，持续健全集团内控合规工作体制机制和方法手段，努力提升工作前瞻性和系统性，真正做到严密监测，严格核查，严肃整改，严厉问责，有力促进全行进一步践行科学发展观、自觉规范经营管理行为，为全行顺利完成战略转型、实现可持续发展提供良好内控环境和有力合规保障。当前，要完成好以下五方面主要任务。

（一）充分发挥内控合规职能作用，有力促进全行贯彻落实科学发展观。顺利推进集团战略转型、打造国际一流现代金融企业、建设“百年老店”，首要的是发展观必须端正。严密良好的内控合规本质上也是一个行科学发展观的集中体现。只有发展观正确了、科学了，内控合规文化才会健康，内控合规管理才有基础。要深刻认识到我们目前还存在的一些不正常、不规范经营现象，归根结底，还是因为发展观出了问题。为此，去年年中工作会议总行专门强调了端正发展观的问题，但是去年下半年以来有的行还是存款大起大落，有的行为冲时点数而采取特殊措施使付息率居高不下，甚至还出现了个别违规调整科目弄虚作假的现象，反映出一些行、一些领导干部仍没有把端正发展观的要求真正落实到经营管理中去。发展观的问题不解决，不仅影响业务的健康发展，更会损害全行战略转型目标的实现。因此，要通过进一步加强内控合规管理，突出从严治行和过程控制，营造良好的内控合规文化，促进全行进一步树立科学的发展观、风险观、业绩观，营造持续健康发展的有利条件，奠定百年老店的坚实基础。当前要主要抓好以下五方面工作：

一要严密监测和关注各机构考核制度的科学性和执行情况。考核是指挥棒，考核的办法不科学，行为肯定是扭曲的。因此要通过对考核制度的检查评价，引导各级机构调整优化考核指标结构，正确确定风险类考核指标占比，确保全行的风险偏好保持一致。同时内控合规部门还要善于从各机构、各条线经营发展中指标的异常变化入手，加强对考核制度执行情况的监督验证，及时发现和制止指标任务执行过程中的弄虚作假行为。

二要发挥好内控评价对全行内控管理的引导作用。要通过完善评价工作组织和优化评价指标体系，探索实现评价工作与监督检查和监测分析工作有效结合，加快推进内控评价由现场评价为主向非现场评价为主、由两年一次现场评价向年度常态化评价的转变。要通过更加全面、客观、准确的内控评价，把科学的发展观、风险观、业绩观传导给全行上下，促进各级行形成更加良好的内控合规文化，把精力真正从关注评价结果转移到关注日常内控管理和效果上去。

三要强化制度执行、监督、整改的闭环式管理流程。健全有效的制度是落实科学发展观的基础。对监测、核查、检查中发现的普遍性、典型性问题，要认真研究分析问题表象背后的机制性、系统性、规律性原因，督促有关机构和部门及时研究修改完善制度办法、升级优化系统功能。各机构要利用好内控管理委员会或操作风险管理委员会这个平台，组织相关部门共同研究修正制度、系统中的设计缺陷，夯实各项业务发展的管理基础。

四要落实从严问责。从严治行的关键还在于对责任人严格问责和处罚。各机构、各部门管理者要充分认识“有过不纠”的危害性，对已经发现的问题必须严肃问责，严格处罚。特别是对于因为不正确的发展观而导致的系统性问题和重大风险事件，必须严肃追究有关管理责任。内控合规部门要对问责落实情况进行跟踪评价，凡是问责落实不到位的，要对所在机构和管理者“亮黄牌”，并责成和监督有关机构和部门进行严肃处理。

五要持续推进屡查屡犯问题治理工作。要结合内外部风险状况的发展变化趋势，每年选择几个屡查屡犯典型问题进行专项治理，通过深入和持之以恒的教育和集中治理活动，不断强化员工规范作业的意识，培养良好的职业习惯，形成良好的内控合规文化。

（二）进一步增强前瞻性和系统性，不断提升内控合规工作价值。全行内控合规工作在境内商业银行的传统领域、传统业务的管控方面有较丰富的经验优势。但是在集团战略转型过程中，由于内外部环境日趋复杂，风险的关联性不断增强，风险传染的途径和方式更加隐蔽，风险管控的难度也越来越大，这就要求内控合规工作必须要具有较强的前瞻性和系统性，能够从集团经营管理的高度出发，及时关注和研究改革创新中的趋势性、系统性问题，同步、甚至是先行提出相应的内部控制和风险管理的要求。具体要重点从以下三个维度加强研究探索。

一要高度关注，以十大风险控制为核心，突出新型风险的研判与管控。在年初全行工作会议上，总行提出要着力控制十大风险，其中平台贷款、房地产贷款、产能过剩行业、小微企业和个人经营贷款等四个风险领域涉及表内信贷，影子银行、流动性风险、市场风险等涉及新型风险，此外还有内控和操作风险、信息科技风险、声誉风险等其他重点风险领域。各级行要按照会议精神，根据自身经营现状，确定重点风险领域，采取针对性措施，确保风险研判与管控效果。从全行来看：一是高度关注代客投资、代理销售、理财业务、同业业务等新兴业务领域风险，认真落实国家有关监管政策要求，切实做好新业务、新产品准入审查和风险监测，防止风险输入和交叉传染。二是高度关注资金交易领域风险，认真吸取近年来国内外同业发生的交易员恶意欺诈、合谋操纵市场、系统故障等典型事件教训，进一步完善激励约束机制、监控机制、业务连续性保障机制等的设计、实施和跟踪评价。三是高度关注流动性风险，加强全行表内外业务流动性的全口径、一体化管理，合理控制期限错配，加强负债对资产扩张的约束。四是高度关注声誉风险，尤其是严管代理销售类业务，严密防范因业务准入管理不严格、推介营销和业务运作不规范而引发的客户投诉、负面舆情等声誉风险。五是要高度关注贸易融资、商品融资、个人经营贷款、消费贷款、个人住房贷款等容易出现欺诈和挪用风险的信贷业务，对不良资产批量处置过程中容易出现的道德风险，要组织做好监测分析和监督检查，严格审查不良资产处置方案，严肃开展不良贷款的管理责任、违规责任和损失责任认定工作。

二要未雨绸缪，大力加强境外机构合规管理、特别是反洗钱管理。近几年，欧美发达国家频频挥舞合规制裁大棒，特别是在反洗钱领域，很多国际大型银行都遭受了严厉制裁；我国也有个别同业机构因此在境外陷入漫长的司法诉讼，甚至在国家外交层面上都造成了不良影响。虽然目前我行在这方面还比较平稳，但随着境外机构数量增多和市场影响扩大，以及境内外业务联动日趋频繁，潜在的风险绝不容忽视。集团总部和各境外机构要充分吸取这些被罚被诉的经验教训，切实提高对合规管理特别是反洗钱工作的重视程度，加强系统建设和人员配备，严格按照属地监管与集团标准孰严原则开展反洗钱工作。各境内机构在履行好境内反洗钱职能的同时，也要高度重视并认真做好涉敏业务管理，优化完善涉敏业务管理机制和流程，加强与境外机构间的协调配合，共同防范反洗钱合规风险。

三要早作准备，积极推进操作风险高级计量法申请实施工作。我行入选全球系统重要性银行后，资本管理面临着更高的监管标准。从 2013 年起，我行开始按照基本指标法计量操作风险监管资本，受此影响，我行资本充足率下降了约 1.3 个百分点，对应着 9 000 多亿风险加权资产。而如果实施了高级计量法，则可以节约监管资本约 300 亿 ~400 亿元，相应减少三、四千亿风险加权资产，这些风险加权资产规模就可以转移到其他能够直接带来经济效益的业务中去。因此，从提高全行资本利用效率的角度出发，迫切需要加快完善操作风险高级计量法基础管理，进一步优化操作风险损失数据、关键风险指标监测、风险与控制自我评估等管理工具和系统，强化数据质量管理，研究高级计量法在经济资本管理、风险限额管理、内控评价等领域中的应用，提前做好高级计量法实施准备工作，力争早日达标并获批实施高级计量法。

（三）切实加强内控合规基础管理，更好地为全行改革发展提供支持保障。传统上，内控合规部门对全行发展的贡献，主要是通过监督检查和问责追究的方式实现的，保障的作用发挥的更突出一些。但是股改上市以来，特别是最近几年，内控合规部门在继续履行好监督职责的同时，开始更多地通过跟踪解读监管规则、开展合规与操作风险咨询审查、统筹业务部门制度建设和检查活动、加强与监管部门联络配合等方式，贴近经营需要，关注实质风险，为全行改革发展提供更加全面、直接、有力的支持。这种转变值得充分肯定。在今后的工作中，内控合规部门要进一步加强基础管理，更好地为全行改革创新与业务发展提供支持保障作用。

一要进一步夯实集团合规管理基础，为战略转型创造良好合规环境。在金融监管日趋严格的背景下，随着综合化、国际化发展步伐加快，集团合规管理面临的压力将会越来越大，体制机制都需要进行相应调整。在管理体制方面，要研究健全集团合规管理架构，根据境内与境外、银行业务与其他非银行业务的合规管理需要，重点强化集团总部合规管理统筹职能，牵头做好对集团整体具有重大影响的合规管理事务；同时，要探索矩阵式的合规管理模式，进一步发挥各机构、各专业部门合规经理作用，促进各级机构和部门提高自身合规管理的自觉性与有效性。在工作机制方面，要加快完善对于监管规则的研究和合规审查工作机制，优化升级合规管理系统平台，促进合规管理专业性和规范性的提升，不断增强对全行体制机制改革、业务产品创新的合规服务能力。

二要进一步夯实集团操作风险管理基础，提高操作风险控制能力。近年来，全行操作风险得到了较为有效的控制。但是客观地说，我们对境外和非银行领域操作风险的认识，以及按监管部门定义的某些操作风险子类别的管控研究，都还需要进一步加强。为此，要继续加强操作风险并表管理，指导协调各境外机构和附属机构灵活推进操作风险管理工具系统的投产应用，稳步提高集团操作风险管理的实效性。要继续深化操作风险分类控制，总结和推广“内部欺诈”、“外部欺诈”两类操作风险的分类控制经验，推进“就业制度和工作场所安全”，“客户、产品和业务活动”等其他五个操作风险子类别的分类控制制度和系统建设，逐个夯实集团操作风险分类控制基础。

三要继续抓好集团制度统筹管理，为战略转型提供科学健全的制度保障。健全的制度体系是集团积极稳妥推进战略转型的基本前提。集团制度统筹管理工作自 2012 年启动以来，已经取得了初步成效，但全行制度总量仍然偏大，制度管理的严肃性和规范性仍需进一步提高。因此，下一步要从完善标准、优化机制、规范流程入手，建立起制度建设与业务发展、产品创新、流程优化相配套的工作机制；同时一定要吸取过去制度建设中的经验教训，在制度更新过程中要严格立项审查，对制度定期进行梳理评估，绝不能再把制度管理的老问题带到新制度体系中去。要通过解决制度管理的实质性问题，切实提高制度体系的健全性和可执行性。

四要积极完善集团监督检查统筹管理，提高监督检查的有效性。在战略转型过程中，认识分歧、利益冲突、惯性惰性等因素都可能会阻碍新制度、新要求的贯彻落实，各类体制机制改革也可能会诱发新的风险隐患，这些问题和风险的化解要靠精准有效的监督检查加以保障。但是重复检查、重查轻改、屡查屡犯等问题却长期影响了监督检查作用的发挥。2012年启动监督检查统筹管理工作以来，上述问题虽有所缓解，但统筹工作仍需深化。要进一步提高统筹管理力度，保障年度检查计划对重点业务、区域、人群和风险的覆盖面与针对性，提高检查全流程的规范化水平，总行各部门和各机构一定要确保及时将各类监督检查信息录入监督检查管理系统，增强内外部检查发现问题的信息共享和深度挖掘，更好地发挥监督检查作用。

（四）加快转变工作方式方法，积极健全现代金融企业的内控合规工作机制。在战略转型进程中，内控合规工作肩负着创造良好的内外部环境、培育健康的内控合规文化、促进全行端正科学发展观、为各项改革创新提供支持保障的重要历史使命，在工作的前瞻性、系统性、规范性、有效性等方面都面临着更高要求。如果仍然沿袭传统的以事后监督为中心、以手工操作为主要手段、单纯依靠经验判断和人海战术的工作机制，显然无法适应新形势下内控合规工作需要。近几年，内控合规工作积极健全风险事前事中管理机制，快速推进内控合规信息化建设，创新完善内控监测分析和现场检查手段，取得了明显效果。今后还应进一步加快转变工作方式方法，构造符合现代金融企业管控需要的内控合规工作机制。

一是在工作模式上，要适应风险管控时效性不断提高的客观要求，进一步突出过程控制理念，加快内控合规工作重心由事后监督向全流程控制转变。要在继续发挥好事后监督控制传统优势的同时，以制度统筹管理、合规咨询审查、内控监测分析、风险核查等重点工作为抓手，着力强化事前、事中控制能力，进一步健全和完善以事前咨询审查、事中监测核查、事后监督检查为主线的“三查”工作模式。总行和各一级（直属）分行内控合规部门要侧重做好制度、系统、产品的合规审查和监测分析工作，各二级分行内控合规部门及以下机构主要应配合做好风险核查和监督检查工作，从而形成总分行分工明确、相互配合的良好工作格局。

二是在方法手段上，要实现由以人工定性经验判断为主向系统支持下的定性经验分析与定量数据分析相结合的方式转变。要全面应用大数据和信息化银行发展中形成的经验成果，进一步优化内控合规综合管理平台功能，将在日常工作中形成的监测结果、核查结果、检查结果、内控评价结果、风险事件信息、监管检查评价信息等不同来源、不同类型的信息有机整合起来，深度挖掘其中所蕴含的风险线索和变化趋势，并将这些量化分析结果与专家经验判断相互印证比对，提升风险预判及控制的精度与效率。

三是在监督方式上，要继续发扬监督检查传统优势，并进一步加快由以现场检查为主向常态化监测分析与现场检查相结合的转变。一方面，要认真总结内控监测分析与核查工作经验，进一步加大内控监测分析工作的资源投入，研究建立综合反映全行内控合规管理状况的内控合规指数和全景式集中监控展示平台，加快健全覆盖集团各类机构和业务条线的内控监测分析体系，密切关注各机构和条线经营发展中的异常变化，提高发现风险、控制风险的能力。另一方面，要进一步提高监测分析对现场检查的支持作用，并根据检查目的合理安排现场检查的组织方式，对旨在发现系统性、代表性、苗头性问题的检查，可以采取短平快的方式选择一些重点机构开展，提高现场检查的精确性和针对性。

（五）加强内控合规专业自身建设，切实提高履职能力。俗话说，打铁还要自身硬。内控合规部门要履行好全行战略转型进程中的重要任务，必须进一步提高全系统的履职能力和工作水平，也需要各级机构、各专业部门的共同努力。

一要切实加强组织领导。各级机构党委和领导班子要高度重视内控合规工作，“一把手”要按照“一岗双责”原则履行好内控合规管理的第一责任。各级机构要适时补充一些熟悉新兴业务、综合素质过硬、学习能力较强的中青年业务骨干到内控合规队伍中去。同时，要进一步优化内控合规工作考核评价机制，尽量减少利益冲突，创造有利于内控合规部门独立履职的管理环境，让内控合规部门敢于查问题、敢于讲真话。

二要切实加强专业素质建设。各级内控合规部门要以打造一支“精业务、通规则、懂系统、善检查、能控险”的内控合规团队为目标，坚持专业化的团队建设思路，科学规划内控合规队伍培养方式，注重各专业领军人才的选拔、培养和引进，有效带动各层次业务骨干队伍建设，以适应新形势下内控合规履职要求。

三要切实加强作风建设。作为监督部门，各级党委对内控合规部门的期待是比较高的，要求也更加严格。希望各级内控合规部门在今后的工作中，继续保持和发扬优良传统，进一步践行廉洁自律要求，进一步强化大局意识、服务意识和效率意识，客观公正地做好内控合规各项工作，持之以恒地抓好系统作风建设，让各级党委放心、让被监督者服气、让广大员工满意。

同志们，全行战略转型的步伐逐渐加快，新的改革发展重点任务也陆续启动。内控合规专业一定要紧扣战略转型中心任务，认真履职，大胆工作，努力在集团战略转型中发挥更积极的作用，为打造“三最一流”现代金融企业作出新的贡献。

在中国工商银行纪检监察工作会议上的主持讲话

易会满

（2014 年 3 月 7 日）

这次全行纪检监察工作会议的主要内容是，传达学习第十八届中纪委三次全会和国务院第二次廉政工作会议精神，贯彻落实党的十八大以来新一届中央领导集体和习近平总书记关于党风廉政建设和反腐败斗争的新要求，安排全行 2014 年度廉政案防工作任务，深入推进廉洁银行建设，更好地保障全行经营管理和改革发展顺利推进。总行党委对这次会议非常重视，专门召开党委扩大会议研究讨论了建清书记的讲话和立宪同志的工作报告。

刚才建清书记的重要讲话和立宪同志的工作报告，对今年的纪检监察工作任务进行了部署，要求全行深入学习贯彻中央关于党风廉政建设和反腐败斗争的新精神，正确把握当前面临的形势和要求，以改革创新精神抓好党风廉政建设和反腐败工作，切实增强全行党员干部的组织纪律性，坚定不移地推进廉洁银行建设。会后，各级党委、纪委和总行各部门要认真贯彻落实好今天的会议精神，进一步增强“三个意识”，深入推进全行党风廉政建设和反腐败工作，保障全行各项业务的健康发展。

第一，要进一步增强责任意识。要以更加清醒的认识、更加坚定的行动，主动担负起抓党风廉政建设和反腐败工作的主体责任和监督责任，真正做到各负其责、齐抓共管，形成全行上下抓反腐倡廉建设的强大合力。

第二，要进一步增强党的纪律意识。要不折不扣地落实中央各项重大决策和部署，雷厉风行地贯彻总行党委工作安排和要求，切实加强整风肃纪，真正落实从严治行的要求，在遵守纪律面前不含糊，不打马虎眼，自觉运用纪律这根“安全带”来约束自己、带好队伍，做到既充分地保障银行业务运营的安全，也有力地保障干部员工职业生涯的安全。

第三，要进一步增强使命意识。为了实现我们共同的工行梦，为了实现打造“百年老店”的宏伟目标，全行各级领导干部都必须保持风清气正、奋发有为的精神状态，坚持廉政勤政一起抓，不断取得廉洁银行建设的新进展和新成效，开创建设国际一流现代金融企业新局面。

加快财会市场化改革　促进效益可持续增长

——在中国工商银行财务会计工作会议上的讲话

易会满

（2014 年 3 月 17 日）

这次会议的主要任务是，深入贯彻全行改革发展研讨会和 2014 年工作会议精神，总结 2013 年财会工作情况，分析当前经营形势，部署 2014 年全行效益增长和财会市场化改革任务。下面，我讲四个方面意见。

一、财会专业为全行经营发展作出突出贡献

2013 年，面对内外部经营环境变化的新考验，各级财会部门强化对经营效益组织推动，不断完善资源配置机制，持续提升财会精细管理水平，促进了全行经营

效益的稳定增长。全年集团实现净利润2 628亿元，较上年增长10.1%，超额完成年初董事会确定的6%的增长目标，其中境外及控股机构净利润（不含标准银行集团投资收益）同比增长58%；集团实现经济增加值1935亿元，较上年增长14.4%。

（一）在促进全行经营效益稳定增长中发挥重要作用。去年多种不利因素叠加，效益增长压力大大超出预期。主要是：由于基准利率下调和利率市场化推进，全行NIM收窄9个基点，影响净利润约108亿元；部分分行的资产质量集中劣变，大幅增加了信贷风险成本；受主客观因素影响，一些分行中间业务收入增长发生波动。面对这些情况，财会专业坚决贯彻总行党委的决策部署，着眼更高目标和多作贡献，全面加强了工作组织推动力度。

全行从三季度开始，进一步加大了对利润计划执行进度的监测分析和督导力度，坚持分类指导、统筹平衡，及时出台激励措施，鼓励各级行深入挖潜，力争超额完成全年利润计划。总行通过组织年终决算等方式，周密部署中间业务增收和资产质量管理等工作。将推动中间业务收入增长作为重中之重，纵横分解保底目标，并实行追加费用与保底任务完成情况挂钩；总行16个部门组成5个督导组，对增收潜力较大的9家分行现场督导；各级财会部门及时把中间业务增收目标落实到部门、产品、项目、客户和业务，最终成功扭转了增速下滑的态势，境内分行实现中间业务收入1 270亿元，超过了预算目标，总量和增量四行占比继续保持“双第一”。同时，统筹平衡好各项财务安排，既鼓励分行积极采取多种方式加大不良资产的清收、转化及处置力度，保持资产质量的相对稳定，又确保与全行的财务承受能力相匹配。

（二）在传导全行经营发展战略中发挥重要作用。根据全行发展战略要求，对境内分行、总行部门、利润中心和非银行子公司考评办法进行了动态优化；以“统一标准、横向比较”为要点，改革了境外机构一行一策的目标值考核方式。优化营业费用分配机制，出台专项费用指标节余部分跨期使用的新规则，鼓励各行合理、合规、均衡安排开支，持续提升费用资源的利用效率。坚持“有保有控、稳中有降”原则，不断优化固定资产投向。

（三）在推动节约型银行建设中发挥重要作用。结合群众路线教育实践活动的深入开展，推动了节约型银行的建设，梳理和完善了120项制度办法，重点强化了行政费用控制，部署了停止新建办公用房工作，规范了业务用车管理等。通过全方位、全流程解决集中采购管理中的突出问题，提升了采购效率与效益，全年完成集中采购金额463亿元，节省采购支出43亿元。

（四）在强化财会服务与支持工作中取得新成效。不断丰富MOVA的管理服务功能，启动网点和员工业绩视图建设，完成存量网点调整优化课题，编写管理会计报告，及时做好新业务新产品的核算支持，出台了20多项会计核算规程。推进公允价值计量管理，有效支持了全行金融衍生业务的健康发展。

（五）在加快财会管理创新中取得新进展。各分支机构财会部门充分发挥基层首创精神，积极推进创新。总行在总结基层创新成果、广泛听取各方意见的基础上，提出“以财会市场化改革释放全行经营活力”的十年规划思路，契合了全行改革方向，紧扣了发展需要。

总的来说，在去年比较困难的情况下，我行多项财务指标继续保持同业领先，较好地实现了全年的经营目标，财会工作取得了新的进步，全行干部员工再一次经受住了考验，为全行经营发展作出了突出贡献。在此，我代表总行党委，向同志们付出的艰辛努力表示由衷的感谢！

二、准确把握经营形势，坚守效益增长的“四大关口”

当前，国内外经济金融形势依然复杂多变，商业银行经营面临多重压力和挑战。一是风险控制的压力。由于全球经济增长存在不确定性，我国经济结构调整也具有长期性，银行经营发展的外部环境正在发生深刻变化。同时，在经济转型、金融创新深化与国际化、综合化发展进程中，银行业风险的复杂性、隐蔽性和传染性也会不断增强，风险暴露在一段时间内可能有所增多。信用风险从产业链下游向中上游、从沿海向内地、从小微企业向大中型企业扩散蔓延的势头有所显现，各类风险从表外向表内、从外部向内部传导的趋势比较明显，给商业银行的风险控制带来较大的考验。二是利润增长的压力。贷款劣变、风险增多对利润增长形成拖累，同时利率市场化改革步伐的加快，也加大了利率波动的频率和幅度。从国际经验来看，由于利率市场化后价格竞争的加剧以及付息水平较高的主动负债占比上升，短期内将带来利差水平的收窄。在目前国内银行业利息收入仍占主导地位的情况下，利差收窄将给盈利增长带来巨大压力。三是市场竞争的压力。目前，我们面临的市场竞争不仅有经济下行压力加大、市场有效需求不足、产品同质化严重背景下更趋白热化的银行同业之间的竞争，还有随着“大资管”时代的到来，基金、保险、信托、证券等机构带来的跨界竞争，这些都会对商业银行的客户基础、存款资金和资产服务需求形成分流。同时，以互联网金融为代表的新金融业态迅速兴起，其服务范围从支付结算逐步渗透到投资理财、小额信贷、现金管理、供应链融资、基金和保险代销等领域，对客户金融消费模式和银行传统价值创造方式形成新的挑战。

从我行情况看，今年前两个月的经营形势也不容乐观，全行发展面临较大压力。境内分行共实现净利润

351 亿元，同比下降 5.5%，36 家一级（直属）分行中，净利润同比下降的有 17 家，没有达到序时进度的有 25 家。在信贷风险成本方面，共提取贷款减值准备 104 亿元，同比多增 29 亿元，增长 38.1%，主要是贷款劣变所致；不良贷款处置累计耗用拨备资源 55 亿元，拨贷比下降到 2.54%，已经低于监管触发值。在存贷款利差方面，贷款收益率同比下降，存款付息率同比提高，存贷利差进一步收窄。到 3 月 10 号，全行存款（不含同业）比年初减少 2 019 亿元，其中：公司存款比年初减少 3 027 亿元，储蓄存款只增加 378 亿元，同比少增 1 137 亿元。存款结构同样不乐观，活期存款减少 3 309 亿元，定期存款增加 1 290 亿元，影响了净息差的稳定。在中间业务收入方面，实现手续费及佣金净收入 125 亿元，45 类产品收入中同比“21 升 24 降”，境内 36 家分行中“20 升 16 降”。从四大行情况看，今年 1 月仅我行中间业务收入同比下降，总量、增量分别下滑到第三位和第四位。

今年董事会确定的集团净利润增长目标是 5%，管理层目标是 7.5%。在当前严峻复杂的经营形势下，能否实现今年的效益增长目标，关键是资产质量的控制、利差水平的稳定、中间业务的增收和市场竞争力的提升，大家一定要保持清醒认识，增强责任感和紧迫感，采取有力措施，务必坚守好“四大关口”。

（一）坚守资产质量“控制关”。贷款风险下不来，利润目标就上不去。前两个月，资产质量出现了很大波动。截至 2 月末，集团不良贷款较年初增加 133 亿元；如果还原核销金额 55 亿元，不良余额比年初实际增加 188 亿元，同比多增 92 亿元。从区域分布看，36 家一级（直属）分行中，不良额增加的有 31 家，不良余额和比例同时上升的有 27 家，呈现出资产质量劣变程度大、覆盖广的特征。从逾期情况看，集团逾期贷款增加 337 亿元，同比多增 104 亿元；逾期贷款率为 1.66%，较年初上升 0.29 个百分点。无论与历史还是与同业相比，我行资产质量控制形势都非常严峻。

在资产质量控制上，我提五点要求：一是要在征求各部室及各分行意见的基础上，尽快下达各行不良贷款（包括逾期贷款）年度和季度控制目标，让分行在工作中有明确的阶段性目标，总行考核有确定的依据。二是做好信贷资产质量监控和风险排查。各行要按月跟踪监测和持续加大督导，及时进行风险提示，防止信贷风险扩散和蔓延。三是切实抓好逾期和新劣变贷款的催收管理。总行已将逾期贷款与不良贷款的剪刀差指标列入经营考评，各行要建立健全逾期贷款催收的责任追究制度，切实落实催收管理要求。对新劣变贷款，各行要及时捕捉、准确把握催收时机，做到抢收、快收，防止资产贬损。四是积极运用各种清收处置措施，努力提高处置受偿率。要充分利用还款免息和本金无损失债权转让等手段，发挥杠杆撬动作用，努力扩大现金清收成果。要消除对批量转让的依赖思想，尽量避免采用这种高成本的处置方式。呆账核销审批要以受偿水平作为衡量标准，努力降低财务成本。五是全面分析不良贷款形成的深层次原因，从信贷经营体制、机制、流程、产品、授权、队伍等方面总结反思经验教训，全面落实年初确定的信贷流程优化各项部署，止住新的出血点。在责任追究上，要从以经济处罚为主转到行政处罚与经济处罚并重，严格问责。

接下来，总行还将出台一系列管理惩戒措施。对季末不良贷款增加的分行，总行将按增加额的比例直接扣减相关分行下季度信贷配置规模，同时等额扣减季度考核利润。对季末不良贷款和逾期贷款增加的分行，总行将按两者增加额的比例直接扣减分行相关领导班子成员的工资绩效。对于不良贷款率超过 3% 的二级分行和超过 4% 的支行，将限制或停办其部分或全部信贷业务。在此，我重申，各级经营管理机构的负责人要切实负起信贷质量管理的第一责任，对于因疏于职守、经营管理混乱导致不良贷款大量增加的，要在查清核定责任的基础上，实施诫勉谈话、降职或免职等处罚。要进一步加强信贷责任机制建设，完善信贷业务调查、审查、审批、贷后管理各环节和各级机构管理者的问责办法，对近两年新增不良贷款及各种表外业务垫款问题严重的机构，要并用经济处罚、行政处罚和解除劳动合同等手段，加大对管理者的问责力度。

（二）坚守利差水平“稳定关”。从前两个月的情况看，我行存贷款利差变动趋势非常不乐观，较同期收窄 12 个基点。其中，贷款收益率下降 4 个基点，主要是法人贷款收益率下降 5 个基点；存款付息率上升 8 个基点。随着货币市场利率趋稳，债券投资收益率和资金收益率提升空间有限。为保证净息差的稳定，必须千方百计加强存贷款定价管理。

在贷款收益率方面，要尽快扭转收益率落后于可比同业的状况。要认识到，在利率市场化推进进程中，多策并举提升贷款收益率水平是缓解存款利率上升压力的必然选择。一要严格控制下浮利率贷款的比例，即便是确有下浮的需要，也要充分考虑综合收益水平，不能利率、费率两头不保。二要加大存量贷款盘活，存量贷款收益率偏低的，要尽可能腾出空间给 RAROC 更高、风险可控的贷款类别和项目，向存量规模要效益。三要加强收息管理。利息回收水平是影响利差水平的重要因素，收息管理应一并列入资产质量控制范畴。要建立健全收息责任追究考评制度，完善相关奖惩措施，努力提高全行的收息水平。对于第一季度各行执行结果，总行相关部门要做一次评估，从资产质量、存款增长情况和贷款收益率等方面综合考虑，作为信贷规模分配依据，并严格执行。

在存款付息率方面，各行要结合自身经营及市场竞争的实际情况，改善各类存款定价管理，在探索差异化授权的同时，重点要依靠综合化服务来提升存款业务竞争力。存款牵头部门一定要算好账，不能把吸收存款和控制成本割裂开来。

（三）坚守中间业务“增收关”。一是坚持规范发展的理念。要正确处理好规范与发展的关系，规范是基础，发展是目标，规范的发展才是可持续的发展。前不久，银监会和发改委两部委联合出台了《商业银行服务价格管理办法》和《商业银行服务政府指导价政府定价目录》，在明确服务价格制定和调整流程、强化服务价格披露等方面对银行服务收费管理提出了明确要求。各级行要严格执行服务收费各项监管规定，提高收费管理的严肃性，确保每项收费都有法可依，有据可查，通过提供真正有价值的金融服务来增加收入，切实维护好规范诚信经营的品牌形象。要清醒认识到，个别机构存在的违规收费虽然能够增加一些临时性的收益，但却严重破坏了中间业务健康可持续发展的基础和环境，必须严厉整治。总分行要进一步完善收费管理与服务相配套的机制建设。总行业务部门要强化对收费项目及配套服务的精细化管理，提出指导基层行确保质价相符的操作细则。尤其要注意的是，服务报告、服务方案要与客户需求、经营状况、行业类别、区域特点、收费水准、服务周期等具体情况相匹配，切实防止收费名称超出总行价目表、服务操作与收费价目表功能不符、收费相差悬殊而服务无差异等问题。

二是推动中间业务收入增长。目前中间业务收入已经占到全行利润的半壁江山，战略意义重大。一要加强整体谋划。准确分析前期的问题与差距，全面做好思路梳理、目标分解、考核传导和专业推动工作，看准制高点、找准突破口，制定切实可行的增收计划，明确进度安排和激励举措。二要抓好重点和潜力产品线。资产管理等9项战略性成长业务和基础投行、国际结算、结售汇3项业务收入计划占全行的74%，总行各相关专业部门要切实负起责任，形成联动合力；财会部要加强协调与沟通、督促与推动。同时要做好现金管理、贸易融资服务等潜力产品的分析与督导，释放增收潜力。三要健全中间业务增收全过程监测体系，对主要增收环节进行跟踪观测和评估。

（四）坚守市场竞争力“提升关”。如何在急剧变化的市场环境下，保持各项业务的成长性，促进市场竞争力的提升，是我们实现经营转型和可持续发展的关键。逆水行舟，不进则退。面对困难和挑战，我们既要顶住压力，增强信心，又要以强烈的责任意识、时不我待的紧迫感和自我创新变革的勇气，练好内功，在实现自我进化的过程中构筑新的竞争优势。我这里着重强调三大业务板块，这是目前全行经营发展中相对薄弱，或者面临重大变化和机遇、亟待创新突破的领域。一是大力推动大零售战略的落地。明天总行将召开零售业务工作会议，对全行大零售战略相关工作进行部署。各行要切实按照总行要求，遵循以客为尊、市场为先、固本强基、统筹兼顾的原则，从体制机制建设、产品创新、客户拓展优化等方面入手，抓住重点环节，分层分类分阶段推动零售板块营业贡献占比的逐年提升。二是重塑存款业务竞争力。存款业务在任何时候都是全行最重要的基础性业务。当前社会资金格局发生明显变化，客户资产配置多元化且流转加快，理财等大量新型业务对存款的替代效应明显，尤其是互联网理财产品加剧了银行体系的存款波动，也推升了资金成本。各级行和各存款相关部门要认真研究当前这种市场形势的变化，从营销、产品、服务、定价等方面采取针对性措施。要进一步明确针对各类客户的稳存增存责任，深入实施“服务领先”和“价值创造”战略，加快产品创新，改进营销方式，打造更好的金融平台，为客户提供更有竞争力的综合服务和更好的客户体验，增强客户黏性，提升社会资金吸纳能力和汇集能力，切实扭转存款业务发展被动局面。三是扩展大资管业务先发优势。要把握客户财富增长带来的商机，充分利用我行率先转型奠定的大资管业务优势，以打造国际一流资产管理金融集团为目标，推动大资管战略的深入实施。要加强专业互动，形成集团协同、境内外一体的大资管发展格局，推动理财、投行、养老金、贵金属和资产托管等业务健康发展，不断提升资产管理能力和盈利能力。同时，要加快工银国际、工银瑞信和工银安盛的发展，发挥集团整体优势，持续扩大协同效应。

三、加快财会市场化改革，促进效益可持续增长

今年是全行的“改革年”。十八届三中全会明确要让市场在资源配置中起决定性作用，这是国家深化经济体制改革的方向，也适用于我们这种业务单元多的大型企业集团的内部治理。财会专业要围绕优化财务资源配置这个重点，进一步把市场化的理念和规则引入到集团财会管理中，不断完善财务激励约束机制，充分激发经营活力，推动效益可持续增长。

（一）抓好精细化核算平台建设。在核算对象上，要将各级、各类业务单元逐步转换为独立计量效益的主体。在核算内容上，要逐步满足市场化管理与科学决策的需要，在各个维度实现利润、RAROC和EVA的计量。在工作重点上，要抓好费用的归集还原，特别是集中投入资源的成本分摊。在系统支持方面，要充分发挥MOVA在市场化核算平台建设中的基础作用。

（二）抓好联动分润机制建设。要运用市场价值规律，按照“公平、互利”的原则抓好联动分润，探索和改善责任预算。要以“打破零和、促进共赢”为原则，加快建立以客户为中心的板块联动、机构联动利益分配机制，使一体化营销长期化、制度化。要进一步理顺产品线与分行的协作关系，完善利润中心与分行的利

益分配机制。要扩大境内外机构间、银行与非银行板块间联动分润的区域和产品范围。要通过联动分润机制建设这个关键，推动各板块、各条线、各机构、各层面协同发展。

（三）抓好经营考评的战略传导。在境内分行考评中，通过这次绩效考评体系改革，境内分行考核指标数量大幅精简为 70 个，经营转型的战略导向更加突出。今年总行还将建立关键考评指标的月度监测和通报制度，推动转型战略和年度任务的落实。在部门及利润中心考评中，要把经营压力横向分解到各部门；要提高利润中心的业务线考核的指标权重；要合理“切割”部门、条线间的财务结果类指标，避免影子计价、业绩虚胖。在境外机构考评中，要适当提高 ROE 指标的权重，实施 EVA 考核，引导境外机构走资本节约型发展道路；要完善对客户基础的考核，促进境外机构本土化发展。在综合化子公司考评中，要加大对母子公司联动的考核，引导综合化子公司更好地发挥战略协同效应。今年境内外机构费用配置的挂钩指标都来源于经营考评的主指标，强化了预算与考评的互动。各机构要认真领会总行的改革精神，因地制宜抓好落实，确保总行战略的有效传导。

（四）抓好市场化的资源配置机制建设。这里，需要严肃强调的是，资源配置必须与效益增长相匹配，没有效益增长就没有增量资源。在费用配置上，要严格与效益指标挂钩。探索建立机构费用的存借管理模式，通过内部市场化交易有效调节各分支机构不同经营周期下的费用余缺。今年营业费用分配办法和工资费用分配办法已经下达分行，各行要按照“盘活存量、用好增量”的原则要求，统筹安排好各项费用开支，不断提高费用资源投入产出效率。在拨备资源管理上，总行决定提高分行正常类贷款组合拨备提取比例，各行要增强节约使用意识，拨备使用要与财务承受能力保持平衡。在固定资产投入上，要按照“控总量、调结构、保续建、讲挂钩”的思路，合理把控固定资产投资的方向、力度和节奏。要建立处置与增量相挂钩的配置机制，有效推动闲置固定资产的处置和转化。

（五）抓好勤俭办行配套机制建设。厉行节约、勤俭办行，既是贯彻中央“八项规定”、落实群众路线教育实践活动整改工作的要求，也是我们在当前严峻经营形势下的现实选择。经过十余年的高速增长，工商银行的发展已经进入到一个新的平台期，一方面，收入来源的拓展面临越来越多的不确定因素和激烈的市场竞争，包括其他金融机构、互联网企业等对银行业务的分流，全行盈利增速明显放缓；另一方面，刚性支出的比重逐年增加，弹性支出的比重越来越小。希望各行要牢固树立厉行节约、勤俭办行的思想，做好“捂紧钱袋子、过好紧日子”的准备，以控制低效、无效投入为重点，进一步完善营业费用和固定资产配置的标准体系，强化成本约束，加快推进节约型银行建设，努力向科学投入要效益、向精细管理要效益，确保今年以及未来一段时期效益目标的完成。

（六）抓好财务评估机制建设。一要强化固定资产和大额弹性费用的预评估和后评价，重点完善网点、ATM、竞争性民生项目等资源投入的评估，该支持的支持，该管控的管控。二要形成完整的采购项目生命周期管理，对统一集中采购项目开展后评价，并应用于下期采购的论证。三要构建综合化子公司的经营效率分析体系，加强资本回报评价。四要加快推进各个维度的业绩和成本透明化，强化各业务单元的自我约束机制。通过不断提高财务评估水平，使财会工作真正做到策划有据、执行有力、指导有方、管理有效。

（七）抓好财会规范管理。要适时更新各项财会制度，并逐步建设与国际一流银行相适应的会计信息质量体系。要逐步推进境外机构财务事项的适当整合集中处理，减轻境外机构负担，降低成本，提高效率，控制风险。要强化集团税务风险控制与筹划。要创新集中采购管理方式，努力提升集中采购的效益和效率。要改进监督检查方式，加大对违反财会纪律行为的惩处力度，推动各项财会制度不折不扣地得以贯彻落实。

四、转变财会管理理念，加强人才队伍建设

财会专业要主动适应经营形势变化和财会市场化改革需要，树立科学的发展观、正确的业绩观和全面的风险观，不断提高专业能力和职业素养。

（一）加快转变财会工作方式。财会专业要在发挥好价值推动者和财会服务提供者职能的基础上，拓展利益协调者、内部市场搭建者的职能。要担当好这种“中间人”的角色，就要学会从全局的角度思考、研究、协调和处理问题，积极推动财会管理从以“管”为主向以“理”为主转变，更多地利用市场化手段完善利益分配机制，理顺各业务单元间的经营及利益关系，使各业务单元追求自身利益最大化的行为与集团战略目标保持一致、与各单元间的经营发展相协调，做到既不因小失大，也不厚此薄彼，积极推动集团内部协作配合水平和能力不断提升。

（二）牢固树立现代财会管理理念。一要树立有效价值意识。各级财会部门、每位财会人员都要围绕“有利全局利益、有利持续发展、有利运行生态”的有效价值三原则开展工作。坚决摒弃一些不正确的经营理念，比如，只讲当期利益，忽略长远利益；只讲局部利益，忽略全局利益；只讲增量投入，忽略存量盘活；只讲性能如何，忽略性价比较；只讲主观需求，忽略财经纪律，等等。二要树立主动服务意识。财务会计部门是综合管理部门，各个专业都与财会工作息息相关，都是财会专业的重要“客户”。财会部门要深入了解专业部

门的各种诉求，急他们所急、想他们所想，及时提供优质高效的财会服务。三要树立严谨精细意识。严谨是财会工作的根，任何数据信息务求真实准确完整；精细是财会工作的魂，所有工作务求规范细致。希望各级财会人员要善用主动服务意识推动财会管理，坚持用严谨精细的作风组织财会运作，努力打造工商银行财会工作的良好口碑。

（三）切实加强财会人才队伍建设。效益是关键，人才是根本。各级党委要重视财会专业人才的培养，科学地识才、育才、用才和举才。要把财会队伍建设作为一种重要的战略资源投入，多层面地开展财会职业培训，多方式地完善财会职业规划，多维度地改善财会队伍结构。要重点建设三支专门队伍，即建立业绩分析师队伍、储备境外财会队伍、优化集中采购队伍，并以此为带动，统筹促进财会队伍整体素质的进一步提升。

同志们，效益问题，岗在财会、源在全行。面对当前较为严峻的效益压力，财会部门要奋发创新，攻坚克难，加快推进市场化改革，确保各项工作扎实到位，确保把全年效益目标落实好、完成好。希望各级机构、各部门负责人，要立足岗位、心系大局、开拓进取，带领广大干部员工为全行效益可持续增长和转型发展再创佳绩。

创新发展　强基固本
全面建设中国最优秀零售银行

——在中国工商银行零售业务工作会议上的讲话

易会满

（2014 年 3 月 18 日）

零售业务伴随着工商银行 30 年的辉煌发展历程，在改革创新中谱写了精彩篇章。当前，在内外部经营环境已经发生深刻变化的情况下，零售业务再次站在了新的历史起点，担负着推动全行实现新时期健康可持续发展的重任。今天召开的零售业务工作会议，就是要认真贯彻落实全行改革发展研讨会和年度工作会议精神，研究部署未来一个时期零售业务工作安排，全面推进“大零售”战略实施，推动全行科学发展。下面，我谈四个方面的意见。

一、近年来零售业务发展取得的成绩、基本经验及主要问题

全面总结全行零售业务发展取得的成就，深化对零售业务发展规律的认识，认真分析零售业务的经营形势，是我们科学决策零售业务发展的基础。

（一）零售业务发展取得显著成绩。从工商银行成立之初主要以经营储蓄业务为主的初级阶段，到今天成为国内产品线数量最多、门类最全、服务能力最强的零售业务综合发展阶段，全行零售业务处于市场领先地位。特别是 2009 年以来，随着“强个金”战略的深入实施，全行零售业务加速转型，实现了跨越式发展，创造了良好的经营业绩。

一是零售业务经营贡献持续提升。近年来，全行持续加强对零售业务的资源投入，构建长效发展机制，零售业务领域不断拓宽、产品创新层出不穷、收入贡献显著提升。近 5 年，全行零售业务营业贡献从 1 179 亿元增长到 1 920 亿元，累计增幅达 62.85%，占全行营业贡献的比重达到 40%；零售板块中间业务收入从 262.90 亿元增长到 626.88 亿元，增长了 1.4 倍，占全行中间业务收入的比重近 50%。除了零售业务形成的直接贡献之外，如果考虑到零售业务与其他业务板块的联动发展及由此带来的间接贡献，零售业务对全行的贡献会更高，这充分体现了零售业务的基础性和重要性地位。

二是客户总量快速增长，客户结构不断优化。在“强个金”战略引领下，全行积极践行“五新”策略，持续加强客户基础经营，在客户拓展和结构优化上取得积极成效。近 5 年，全行个人有效客户总量从 2.4 亿户增长到 3.2 亿户，累计增长 34%；信用卡客户从 3 685 万户增长到 6 064 万户，增长 65%。同时，个人客户结构持续优化，中高端客户规模持续扩大，金融资产 5 万元以上的客户由 2 492 万户增加到 3 542 万户，增长 42%；金融资产在 100 万以上的财富客户由 253 万户增长到 440 万户，增长 74%；私人银行客户由 4 318 户增长到 3.13 万户，增长了 6.3 倍。

三是金融资产规模稳步增长，储蓄存款保持优势。为了满足零售客户日益增长的金融理财需求，全行持续提升个人客户金融资产管理水平，加强产品创新，逐步形成了以储蓄存款为基础，涵盖银行理财、基金、保

险、第三方存管、贵金属、外汇交易等主要产品的零售金融资产经营格局。近5年，全行个人客户金融资产从2009年末的6.2万亿元增长到2013年末的9.5万亿元，增幅达53.2%，牢牢占据第一大金融资产管理行的地位。储蓄存款与金融资产增长表现出良好的互动，储蓄存款余额从2009年末的4.6万亿元增长到7.2万亿元，增幅达56.5%，四行占比30.62%，位列第一。高端零售业务金融资产增长迅速，私人银行管理资产规模由成立之初的749亿元快速增长到5 413亿元。

四是零售信贷业务加快发展，资产质量保持稳定。目前，全行已经形成了以个人住房贷款、个人消费贷款、个人经营贷款、小微企业贷款以及信用卡贷款为主的较完善的产品体系。从2009年到2013年的5年间，个人贷款余额由1.17万亿元增长到2.38万亿元，累计增幅达到103%，同时个人贷款不良率从0.81%下降至0.68%；信用卡贷款余额由172亿元快速增长到3 062亿元，增长17倍，其中分期付款余额由28亿元增长到1 746亿元，信用卡贷款逾期180天以上不良率0.99%，资产质量保持良好水平。

（二）全面把握零售业务的发展规律。历经30年的发展，特别是近年来的创新实践，我们对零售业务的发展规律有了更加深入的思考和认识，积累了推动零售业务科学发展的宝贵经验。

一是始终把经营客户作为零售业务发展的核心。零售业务，客户为本。客户资源是全行业务发展最根本最宝贵的资源，坚持“以客户为中心”的理念经营客户更是零售业务发展的生命线，只有做强做大客户规模、做优做实客户结构、做精做细客户服务，零售业务才能实现规模效应，成为工商银行转型发展的稳定器和助推器。近年来我们高度重视以营销和管理体制创新推动全行客户拓展工作，积极推进了从单一渠道被动拓展客户到公司、机构与零售业务部门联动批量式主动拓展客户的营销模式创新，推出个人客户星级评定与服务体系，初步构建了统一个人客户视图，加快了物理渠道、自助渠道、电子渠道的全渠道建设步伐，推出了短信银行、手机银行、电商平台等新兴互联网金融服务，有力地提升了零售客户的服务能力。同时注重存量客户的潜力挖掘，持续提升中高端客户比重，不断优化客户结构，为各项金融业务的开展奠定了良好的客户基础。

二是始终把改革创新作为零售业务发展的内生动力。零售业务，创新驱动。从单一储蓄服务到全面金融服务，从国内网点服务到多渠道全球服务，从经营产品到经营客户，工商银行零售业务的每一次发展跨越都源自于改革创新。比如，以商友俱乐部拓展模式成功培育出1 200万新型商品交易市场客户群，以综合理财服务为抓手培育出3 000万零售金融理财客户群，创新推出基于大数据和信息化特征的“逸贷”小额信贷品牌；在信用卡专业，率先运用大数据推行“精准营销、精细管理、精品服务”的业务发展策略，成为与六大信用卡组织合作的全品牌发卡银行，并依靠创新推动市场，推出全球首发的小微商户逸贷公司卡、双品牌芯片组合卡；依托国内首张私人银行业务牌照，构建了同业领先的产品线，形成了包括资产管理、全权委托、顾问咨询、跨境金融、财富传承在内的业务体系。可以说，改革创新是增强零售业务发展活力、拓展利润来源、提升核心竞争力的重要支撑。

三是始终把提升服务作为零售业务发展的根本宗旨。零售业务，服务制胜。我们秉承“以客户为中心”的理念，紧紧围绕客户需求，推进网点改造升级、实施业务流程再造、完善分层服务体系。特别是股改上市以来，全行接力式地开展了每年一个主题的“服务年”活动，服务面貌发生了较大改观，客户满意度和忠诚度进一步提升，在国内金融市场上锻造了ICBC零售业务优质品牌。在做好客户服务的过程中注重加强风险管理，根据不同时期的经营发展特点和监管要求，完善风险防控措施，建立了较为完备的零售业务风险制度体系，使风险管理成为服务客户的重要保障。

总体而言，零售业务涵盖领域广、目标多元化、工作要求高、社会关注度强、经营管理难度大，是一项苦活、累活，但更是事关工商银行未来发展的基础工作，需要我们有定力、有耐力、有毅力，扑下身子、沉下心气，持之以恒地做好零售业务。

近年来零售业务取得的显著成绩，离不开全行各专业各部门的大力支持和通力协作，离不开零售金融业务团队的辛勤劳动和付出，是全行上下各级机构共同努力的结果，在此，我代表总行党委表示衷心感谢和诚挚问候！

（三）正视当前零售业务发展面临的问题。多年来，全行零售业务通过创新发展取得了很大成果，巩固了市场领先地位，同时我们也要清醒地认识到，与当前日益复杂的外部经营环境相比，与客户不断增长的金融服务需求相比，与建设中国最优秀零售银行的战略目标相比，我们在零售业务发展中还存在诸多需要改进的地方，仍有很大的提升空间。总体来看，我行零售业务的优势正在逐步丧失，领先地位面临严峻挑战。从零售客户在我行的金融资产总量和结构变化情况来看，虽然个人金融资产总量继续领跑同业，但是作为金融资产主体的储蓄存款业务增速放缓，余额总量在2013年部分月度被农行超越，尤其是部分省分行、重点城市行的整体竞争力在不断下降，2013年有5家分行储蓄存款余额四大行排名第三位，2家分行增量排名第四位。零售业务的口碑、服务品质不尽理想，在客户和市场上的形象仍然属于较为传统的商业银行，创新能力有待进一步提升。

一是零售客户基础亟待夯实。虽然个人客户总量已经突破4亿户，但客户质量不高、结构不优、基础薄弱。换句话说，不是客户总量少，而是有效、有质量、有增长潜力的客户太少，是能够支撑工商银行可持续发展的未来客户、年轻客户、活跃客户太少。有些机构重规模轻质量，重增量轻存量，重产品销售轻客户需求，表现在客户结构方面，无效、低效客户占比大。截至2013年末，全行金融资产在5万元以上的中高端客户占比仅为10.92%，四星级及以上客户也只有19%。私人银行客户数量虽然超过招商银行，但招商银行户均资产2 254万元，超过我行的1 740万元，客户总量与所管理金融资产的比例不匹配，从一个侧面说明了我行私人银行客户质量不及同业先进水平。再比如，去年针对代发工资客户推出逸贷业务时，作为源头性客户群的个人代发工资客户总数7 900万，而真正能够给予信用额度，支撑逸贷客户群的连续稳定代发客户仅1 700万，占全部个人代发工资客户的比重不到四分之一。年轻客户、活跃客户则由于产品体系、渠道建设、客户服务等还不能很好地适应互联网金融创新发展，客户忠诚度不高。客户是银行经营的基础，是一切零售业务发展的关键，如果我们只是停留在追求对存量客户的产品销售和业绩，而忽视新客户拓展、新市场培育，最终必然掏空客户基础，进而对全行零售业务的可持续发展造成严重影响。

二是零售渠道、服务和产品竞争力需要提升。全行对物理渠道建设的前瞻性规划做得还不够，网均效率仍处于较低水平，特别是随着中国经济发展空间结构变化，网点布局合理性问题更加凸显。有的行在撤并低效网点的同时，没有随着经济形态和城市建设进程而适时调整跟进，导致部分金融资源丰富的县域、城市新区等市场被同业抢占先机；在互联网金融快速发展、线上线下渠道加速融合的大环境下，我们的渠道创新步伐还不能很好地跟上时代要求。在服务工作方面，虽然近年来我们高度重视优化流程，注重解决排队等候时间较长等客户反应较集中的服务问题，但由于制度与流程的烦琐冗长所导致的服务效率问题仍没有得到彻底解决，客户服务事件甚至恶性服务事件时有发生，对全行形成较大的声誉风险。在产品方面，尽管零售产品种类繁多，但“杀手锏”式的拳头产品少，品牌聚焦度不足，产品竞争力整体不高，对市场拓展形成制约。当前互联网金融发展势头强劲，面对各类高收益互联网金融理财产品，如何在产品创新上加以应对，办法不多。

三是零售业务营销模式需要加快转型。在零售业务营销策略上，尽管总行已经明确了个人客户的统一视图和市场定位战略，但在实际执行中，部分行依然存在经营观念传统、营销模式落后等问题，主要表现为基于物理渠道的简单式接触营销、基于客户经理的浅层次关系管理、基于单一产品的推送式营销和基于专业线条的分散式营销，以及多头营销、重复营销的情况仍然普遍存在，公私业务部门之间、零售板块各业务部门之间、境内外机构之间的联动营销工作还有很大的提升空间。身处大数据时代，我们对零售业务的数据挖掘、精准营销还有很多工作要做，链式营销、集群营销、协同营销水平还与新时期零售业务发展的要求不匹配。“坐商”向“行商”的转变始终没有落实到位，制约了零售业务的客户拓展、产品渗透和业务发展。

四是零售业务体制机制和文化建设有待加强。目前零售业务体制机制与新形势下零售业务发展要求还不完全适应，零售专业担负的责任和义务与其管理和经营决策权力有待匹配，特别是在政策配套、产品创新、系统整合、信息共享、资源配置、基层管理等方面协调难度大，一定程度上影响了业务发展。加之零售板块涉及部门多，不同部门的不同利益诉求制约了零售业务整体性功能和优势的发挥，影响了零售业务的协同作战，而集中过度、系统刚性控制、差异化授权不够，一定程度上削弱了基层经营的创造性和积极性。零售文化建设的相对滞后使得全行在推动零售业务科学发展方面认识不统一、理解不到位，部分分支机构在经营指导思想上重公轻私、重批发轻零售的观念根深蒂固，总行的一些思路、措施、政策没有得到有效执行。部分行工作作风浮躁、经营粗放、方法简单、急功近利的现象仍在一定程度上存在，不探索零售业务工作方式方法，不尊重零售业务经营规律，对零售业务研究不够、投入不够。

上述这些问题既有总行的，也有分行的，需要各部门各机构共同解决。我们在一些经济相对发达、金融资源富集的大中城市，一些新兴县域市场，分支机构在当地市场竞争中已经处于被动局面和不利地位，但是部分机构和管理人员对于零售业务优势的逐步丧失、竞争力的逐步下降，觉得是正常的，是无能为力的，不是从主观上多剖析，多想办法，而是一味强调客观，这是非常危险的，这也从很大程度上说明我们在零售业务经营管理思想认识方面的问题。因此全行必须统一思想、提高认识，高度重视零售业务的核心竞争力问题，对于零售业务发展，只能加强、不能削弱。

二、深刻理解和全面把握新时期实施“大零售”战略的重要意义

面对宏观经济环境和发展形势的变化，为有效解决零售业务发展中存在的突出问题，总行适时提出并全面实施了“大零售”战略，加快推动向零售金融的转型。这种战略转型势在必行，意义重大。

（一）宏观经济形势的发展变化决定了实施“大零售”战略的必然性。国际金融危机以来，世界经济增长几乎陷入停滞，在各国宽松的宏观经济政策刺激下，近年来全球经济开始呈现企稳复苏迹象，但增长基础尚不牢固。受多种因素影响，中国经济告别年均9%的高速增长时代，进入中高速平稳增长阶段。经济决定金融，一方面在经济下行周期，部分行业的信贷需求将萎

缩，信用风险增加，此时零售业务资本消耗低、投资回报高、抗周期波动的优势开始凸显，同时零售业务具有服务对象分散、单笔金额较小、风险分散且易于控制的特点，能够成为商业银行利润的“稳定器”和规避经济周期的“减震器”。另一方面，党的十八届三中全会开启了中国改革新篇章，区域经济一体化、城市化、城镇化战略的实施，以及新技术和信息革命的深入发展，在推动居民财富快速增长的同时，金融服务需求也呈现出多元化、个性化、综合化特征，为商业银行零售业务发展孕育了广阔的“蓝海”。实施“大零售”战略，是工商银行抓住新一轮战略机遇期，分享中国经济社会发展成果和改革红利的必然选择。

（二）中国金融体系改革与国际同业发展经验决定了实施“大零售”战略的重要性。随着中国金融体系改革的深入推进，金融市场已经发生了巨大变化，今年“两会”上，李克强总理在政府工作报告中再次强调要深化金融体制改革。利率汇率市场化进程将显著加快、金融监管将更趋严格、金融脱媒将日趋明显，新形势下商业银行必须加快转型发展，明确战略转型方向。同时，互联网金融兴起、第三方支付飞速发展已经超出市场预期，互联网金融正在加速从线上走向线下、从支付领域向更多商业银行零售业务领域渗透，在对商业银行零售业务带来全方位挑战的同时，更对商业银行零售业务发展提出了更高的要求。综观国际大型商业银行发展历程，国际同比银行无一例外地将零售业务作为应对本国金融市场改革深化的战略转型方向，其零售业务贡献占比均在50%以上。无论从金融市场发展、应对互联网金融时代的竞争，还是从国际先进同业发展经验看，实施“大零售”战略都是唯一的战略抉择。

（三）破解工商银行可持续发展难题决定了实施“大零售”战略的紧迫性。董事长在去年的改革发展研讨会上，专门探讨了工商银行如何实现盈利可持续稳定增长的问题，指出股改上市后年均30%的净利润高增长时期已经成为过去，当前全行盈利增长进入平台期，如何适应外部经营环境的变化，构建更加稳健、均衡、多元的盈利模式，是全行面临的一个重大课题。要破解这一难题，全行必须加快由高资本占用向资本节约型业务、由存贷利差收入为主向多元均衡盈利格局转变，而这一转变的立足点就是零售业务，这是由零售业务的发展特点和优势决定的。应该说，零售业务的加快发展、科学发展，本身就是工商银行转型发展的重要标志之一。特别是在当前商业银行经营环境急剧变化、全行盈利增长已经开始放缓的情况下，抓紧实施“大零售”战略，向零售银行转型就愈发显得迫切。

零售业务是工商银行赖以生存的基础业务，是立行之本、兴行之基，实施“大零售”战略，是新形势下总行党委总揽全局、审时度势作出的重大战略决策部署。实施“大零售”战略是工商银行与中国经济共成长的必然选择，是对国际同业零售业务发展规律的深刻认识，是工商银行实现健康可持续发展的重要保证。实施“大零售”战略，就是要以科学发展观为指导，从更宽视野、更广领域、更深层次整合发展资源，着力推进以结构优化、效能提升、质态改善为主要特征的内涵式发展，全面提升零售业务创新发展能力、综合服务能力、价值创造能力和持续竞争能力，不断提高零售业务知名度、满意度和美誉度，实现客户价值、企业价值和社会价值有机统一，将我行打造成为以客户首选为核心标志的中国最优秀零售银行。从现在起，未来三年全行“大零售”营业贡献每年增幅要达到13%以上，占比提升2～3个百分点，力争零售业务收入贡献度从目前的40%提高到50%，使零售业务成为工商银行最大的经营优势、最稳固的发展基础。

三、夯实零售业务经营基础，持续提升转型发展能力

零售业务是一项长期性的业务，需要打下坚实的基础，才能保证零售业务的持续稳健发展。我们要坚持科学发展、内涵发展，着重夯实业务发展基础。

（一）以扩大优质目标客户群和结构优化为着力点，全面夯实客户基础。实施“大零售”战略的首要任务是夯实客户基础，要及时解决制约客户发展的各种不利因素，深入实施客户基础工程，紧紧围绕“客户在哪儿、谁去抓、怎么抓、抓什么”的核心问题，尽快解决客户基础问题，既要有实实在在的有效客户总量，还要有中高端客户占比的持续提升。

一是持续推动优质客户拓展。通过细分市场，明确目标客户群和市场定位，大力拓展目标客户，争揽行外优质客户，未来三年要着力培植一批千万级优质客户群，主要包括代发工资客户群、商友客户群、投资交易理财类客户群、个人贷款客户群、社保客户群和外汇客户群等成熟客户群；培育年轻客户群、流动性客户群、自由职业者客户群等新型优质客户群。信用卡客户拓展要量质并重，充分应用审信用、审资质、审潜力的独特甄别机制和优质的创新产品，竞争更多的优质客户。加快私人银行客户拓展，充分发挥私人银行利润中心改革所形成的体制机制优势，加强集团内部各机构、分行内部各部门，以及境内外机构的联动，深挖客户潜力，外拓目标群体，积极拓展高净值客户。重视县域客户群拓展，通过多种方式解决县域和农村地区网点少的短板，将客户拓展阵地着眼于种植大户、养殖大户、建材大户、运输大户、拆迁户、新型农民工。同时对电子银行、贵金属、金融市场、养老金等业务的个人客户要加强培育和拓展。

二是积极推进客户有序升级。以“唤醒为主、清理为辅”，依托大数据，聚焦客户价值贡献，持续开展客户升级工作，通过培植五星级、准星级客户，激活社

保客户，推动低星级客户向高星级客户有序流动，挖掘存量客户潜力，持续提升中高端客户占比，力争无效客户占比每年下降3个百分点，到2016年占比降至15%。加快构建零售金融各专业条线间“双向客户渗透机制”，持续提高信用卡、电子银行、贵金属、私人银行业务在优质目标客户群体的覆盖面和渗透率，构建起中高端客户总量大、代际衔接、交易活跃的客户基础，筑牢全行可持续发展的战略根基。

三是完善客户管理机制。客户经理要成为客户拓展的主要责任人，通过优化绩效考核导向，转变重存量客户产品销售、轻新客户拓展的现状，真正做好经营客户、拓展客户与产品营销的有机结合。各级行负责人要成为批量拓展个人客户的带头人和示范者，加大资源投入，强力推进代发工资、民生金融等源头性客户的营销，做到链式、集群式个人客户拓展。加强个人客户统一视图管理，优化个人客户星级评定和服务系统，建立以个人客户星级和金融资产为核心的双维度综合评价和营销管理体系，作为客户分层、产品创新、组合销售、精准营销、差异化服务、统计分析、风险管理等零售金融业务经营管理的基础。加大对个人、公司和机构客户经理的零售金融产品培训力度，以产品联动营销推动客户拓展。

（二）以强化重点产品和业务创新为抓手，着力夯实产品基础。去年以来，互联网金融产品以其高收益理财，以及与支付等功能的融合，赢得了市场的青睐并在短时间内获得快速成长，对商业银行储蓄存款、理财业务、支付结算、收单等传统经营领域形成前所未有的挑战，尤其是部分经济发达地区分行受到的影响和冲击更大。要正确认识互联网金融产品创新带来的挑战，研判互联网金融产品发展趋势，以互联网思维加快推动零售业务产品创新，积极应对挑战。

一是加强重点产品创新发展。要加强支付结算类产品的创新，针对以支付宝、微信支付为代表的第三方支付市场和客户需求变化，研究虚拟POS，以及闪酷卡、工银e支付等不同支付产品、不同支付渠道、不同支付功能的整合创新，加快构建线上线下一体化并能适应不同金额支付需求的支付产品体系，做到“大额支付重安全、小额支付重便利”，有效改善和提升客户体验，重塑我行支付领域市场竞争优势。要做好投资类产品的创新，对具有良好市场口碑和品牌的“灵通快线”实施产品改造，推出升级版“e灵通”理财产品，加强我行在大众理财、普惠金融领域的产品竞争力和服务水平。密切跟踪市场变化，动态调整投资类产品竞争和投放策略，合理确定投资理财类产品收益，提升理财产品吸引力。要做好融资类产品创新，持续推广个人资产综合服务业务，加强个人贷款品种创新，做到风险防范、市场拓展与收益提升平衡。要做好服务方式的创新，用互联网思维研究打通支付结算、投资理财、融资等各环节的零售业务，突出一对一、点对点的实时通信服务，做好产品组合创新，提高零售金融产品竞争力。

二是提升重点业务竞争力。这里，我要重点强调一下储蓄存款业务发展。今年前2个月，全行储蓄存款新增仅1 136亿元，同比少增772亿元，储蓄存款的大幅下降直接危及其他金融业务的开展。要充分认识到储蓄存款的重要性，坚定不移地发展储蓄存款，绝不能削弱或动摇储蓄存款基础地位。各行要研究互联网金融时代储蓄存款业务经营的新特征，前瞻分析利率市场化推进、存款保险制度即将推出所带来的储蓄存款流向变化，开阔工作思路，着眼长远，注重从完善业务发展机制、优化资源配置入手，从根本上解决影响储蓄存款市场竞争力的突出问题，尽快扭转当前全行储蓄存款增长的不利局面。金融资产业务要处理好与存款的互动关系，做到双向促进，加快理财产品创新和研究，提升投资理财类产品竞争力，做大金融资产总量，做优金融资产流量，不断巩固和扩大同业第一的领先优势。信用卡业务要研究互联网金融快速发展形势下，信用卡支付、融资功能的一体化创新，通过创新产品吸引更多行外个人客户，通过拓展线上线下商户，扩大收单业务市场，通过发卡、收单的规模优势，做强信用卡贷款这一卡介质便利融资产品，巩固中国第一信用卡银行的市场地位。私人银行业务要逐步形成“核心+基础+策略”的产品研发体系和“融合+特色+开放”的产品遴选平台，建立起风险等级由低到高、覆盖全市场的资产管理业务一体化产品体系。加强对资产管理、金融市场、小微企业和个人经营贷款、养老金业务等新兴业务的产品创新，扎实推进各类业务市场优势在零售金融领域的拓展。

三是进一步理顺产品创新与管理的体制机制。深入实施零售金融产品的五级分类管理，在做好部分产品分类试点的基础上，总结经验，尽快将所有零售金融产品纳入五级分类管理体系。实行零售金融产品全周期评价制度和全过程管理机制，建立综合评价体系和反馈机制，加快完善产品退出机制。密切关注市场需求变化，做好同业产品跟踪研究，提高前台营销部门对产品创新研发的参与度，扩大对分支机构产品创新授权和定价管理机制，大力提升零售金融产品创新的市场响应度，切实提高产品市场竞争力，让客户拓展和市场竞争有更好的抓手。

（三）以加强联动营销为主要内容，深入推进零售业务营销模式转型。通过完善客户信息、业务处理和绩效考核系统统一，整合产品配置、部门协作和营销资源，加快推进营销模式由粗放、分散的大众化营销向智能、组合的精准化营销模式转型。积极推广事件式营销，实施定向客户、定向产品、定向区域的“三定式”产品销售，提升精准营销水平。立足网点阵地营销，加快实现从被动的“坐商”向主动外拓的“行商”营销模式转变。围绕大企业主导的产业链、商品市场、开发区、各类机构等，开展链式、集群式营销。

联动营销是零售业务营销模式转型的主要内容。要发挥 ONE ICBC 的整体优势，完善零售业务与公司、机构等对公业务联动发展机制，形成对重点客户、项目、产品的定期会商报告机制。做好公私联动分润机制建设，研究调动各级机构对公专业部门开展零售业务联动营销的工作积极性。明确联动营销规范，将代发工资、公司高端个人客户拓展等核心联动指标分解落实到对公部门，将对公客户的公司企业中的个人客户服务纳入到零售专业重点工作范畴，真正做到公私互动、双赢发展。要以创新产品组合为抓手，全面加强零售条线各产品部门协同合作。要紧跟综合化国际化发展步伐，推进零售业务条线的母子公司联动和内外联动，在支持工银安盛、工银瑞信等子公司发展的同时，通过实施"一行一策"，充分挖掘跨境流动人口与当地华人客户市场，加快银行卡、私人银行、基金等重点产品线的海外延伸，推动零售业务的全球化发展。

（四）加强渠道建设和渠道创新，夯实渠道基础。零售金融，渠道为王。互联网金融时代以网上银行、移动互联银行为代表的银行渠道新形态，对传统银行物理渠道带来冲击，但这并不意味着传统物理网点的消亡。全球著名的埃森哲咨询公司最新研究表明，便利的物理网点是客户对银行产生忠诚度的首要因素。我们要研判新时期渠道发展趋势和特点，以这次实施的网点竞争力提升"七大工程"为契机，加快物理网点的智能化、集约化发展，将物理网点打造成为零售客户提供财富管理、投资交易、私人银行等全方位服务的主阵地，使营业网点成为零售客户的新产品服务体验中心、高附加值产品销售中心、品牌宣传推广中心和交流沟通中心。

自助渠道是物理网点的有效补充，要加大新型自助服务渠道的建设力度，尽快填补新城区、城乡接合部、重点县域、大型居住区、工业园区、商品交易市场等零售业务资源丰富、物理网点空白区域。加快离行式自助银行建设，到 2016 年要实现与物理网点比例达到1∶1。探索丰富自助银行服务范畴，将非金融服务纳入自助银行服务范围，推动自助银行由单纯金融服务向综合服务转化，增强渠道价值创造力。

收单业务既是银行卡业务的重要组成部分，又是重要的线下渠道。大力推进收单平台和清算平台建设，实现线上线下收单一体化，实现全平台展现、全流程管理、全数据分析。依托大数据和信息化，加强对特约商户和 POS 渠道的分类管理、交易分析和风险监控。加快搭建第三方支付机构交易转接系统，全面规范第三方平台商户管理。积极筹建由我行主导的跨行转接清算系统平台和清算机构。

互联网金融本质是金融，但它是建立在互联网新兴渠道上的金融业务，要做到互联网渠道为我所用，通过加强电子银行、短信银行、微信银行创新，丰富移动互联金融服务功能，加快实现以物理网点为主的线下渠道与互联网线上渠道的融合发展，实现零售客户服务与产品营销在物理渠道、电子银行、互联网新兴渠道之间的无缝衔接，力争建立以我行为主导，各支付平台、第三方机构、电子商城、社交工具为渠道的"金融服务圈"。

四、强化零售业务管理基础，全面激发经营活力

确保"大零售"战略的落地实施，实现零售业务的更好更快发展，就要以文化引领，深化改革创新，提升风险管理水平，推进信息化建设，打造一流团队，为零售业务创造良好发展环境。

（一）加强零售文化建设。文化是先导。认真研究总结提炼大零售文化内涵，加快构建具有工商银行特色的零售文化。要真正树立以客户为中心，以市场为导向的经营文化，提高全行对零售业务重要性的认识，将零售文化融入到全行的经营管理之中，实现开放合作、稳健合规、创新发展，创造良好的零售业务发展氛围，自觉推动零售业务发展。要建设适应"大零售"战略的服务文化，加强零售业务长效、稳定的服务机制建设。一方面是进一步树立集团内部上级行为下级行、中后台为前台、二线为一线的服务理念；另一方面是做好客户的服务，尤其是物理网点的客户服务工作。网点始终是零售客户最核心、最重要的服务触点，既要通过个人金融基础产品组合做好大众金融服务、践行普惠金融理念，又要通过财富管理、高端产品等做好中高端客户服务；要优化整合客户、渠道、产品、队伍等资源的分层服务架构，有效提升客户服务水平和客户价值贡献；要通过向客户提供线上预约、预填、预处理，线下处理业务的创新方式，提高客户服务效率，提升客户服务体验。要进一步做好品牌文化建设，深化工商银行零售业务品牌定位，丰富品牌内涵，完善品牌架构体系，拓宽品牌宣传和传播渠道，通过品牌的系统化培育和推广，使零售业务品牌形象深入人心，知名度和美誉度持续提升。

（二）加强零售业务专业的作风建设。各级零售业务从业人员的工作作风在一定程度上决定着大零售战略实施的成败。要夯实基础，坚持问题导向，脚踏实地认真做好零售业务经营管理的基础工作，善于发现问题、分析问题、解决问题，以问题的解决推动零售业务的转型发展。要从我做起，坚持分层定位，厘清总行、分行、支行在零售业务方面的工作内涵，避免层层号召的任务导向型管理方式，上级行要真正做到"明重点、教方法、创机制、重实效"。要掌握规律，坚持因变而变，顺应零售金融环境的新变化，深入研究客户需求规律、市场发展规律、服务管理规律，善于运用新兴技

术、先进理念提升零售业务经营管理水平。要力戒形式，力戒浮躁，处理好零售业务长效发展与短期目标的关系，唯市场不唯目标、唯管理不唯考核，要始终坚持更有质量、更具内涵和更加可持续的零售业务转型发展路径。

（三）加强零售业务风险管理。要高度关注新形势下各种新的风险累积，始终坚持依法合规经营，正确处理好市场拓展与风险防控的关系，使风险管理成为竞争客户、发展业务和赢得市场的重要保障。要深入研判在经济处于下行周期环境中的信用风险新特征，加大个人客户不良贷款压降和清收处置力度，优化清收处置流程，拓宽清收处置渠道，创新清收处置手段，提高个人不良贷款清收处置效率，遏制不良贷款劣变势头。加强操作风险和声誉风险管理，建立银行理财产品、代理基金和保险销售合规性监督机制，加强系统监测，落实管理责任。密切关注利率、汇率市场化带来的市场风险和流动性风险，特别是从今年开始，各类高收益、高门槛的信托产品开始进入兑付高峰期，刚性兑付可能打破，高度关注这类代理产品兑付风险，做好相关声誉风险防控。加强互联网金融时代零售业务的新型风险研判和应对，特别是对第三方支付的快速发展所带来的潜在风险，要深入研究，提前防范，做好零售业务全面风险管理。

（四）推进零售业务信息化工程。加快构建与“大零售”战略相适应的信息化系统，首先要加快建设全行统一的个人客户信息系统，整合各专业条线个人客户信息，建立信息更新验证机制，明确客户信息使用权限，形成真实有效、视图统一的个人客户信息数据库，实现个人客户信息在各专业的信息共享、同步更新和规范使用。加快建立全行统一的个人客户营销系统，打破个人和法人营销系统信息壁垒，将个人金融、信用卡、私人银行等专业营销管理功能纳入系统，支持零售条线联动营销发展。完善零售业务风险监控系统，将零售业务风险监控纳入全行统一运营风险监控平台。优化零售业务统计分析系统，搭建大数据时代零售业务科学决策、精细化管理的研究分析平台。

（五）加强零售业务团队建设。建设一支与“大零售”战略相适应的营销团队，科学合理界定各类销售类岗位人员的管户标准，充实大堂经理、客户经理、财富顾问等营销队伍。进一步完善零售业务从业人员的职业发展规划，明确营销人员的职业发展路径和晋升空间，增强零售业务营销岗位的吸引力。加快探索在基层网点组建综合客户经理队伍，全面实施公私金融业务一体化营销，推进“坐商”向“行商”转变。以城市行为中心组建专业化收单团队，搭建覆盖全国的商户营销服务网络。

加强零售业务支持团队建设，科学确定产品经理配备比例，建立客户经理与产品经理联动机制，尽快形成具有一定规模、能够支撑业务发展的信用卡、私人银行、贵金属等专业产品经理人才队伍。加快组建零售专业分析师队伍，未来三年在总分行层面零售专业分析师数量要达到100人左右，全面提升数据信息服务能力，优化数据分析师与专业分析师、营销团队的协同工作机制。

加强零售业务管理团队建设，各级机构零售业务分管行长以及部门总经理要具备较强的业务素质，要有一定年限的零售金融从业或管理经历，要有强烈的责任感、使命感，勇于担当。加大对零售业务管理人员的系统化培训，切实提高管理人员的综合管理和市场营销能力，建立一支稳定、管理能力强、思维活跃的零售业务管理团队。

（六）深化零售业务体制机制建设。要从国情、行情出发，以此次总行本部机构改革为契机，稳步推进分支行零售业务组织管理优化，总行将个人金融业务推进委员会更名为零售业务推进委员会，统筹规划和组织实施“大零售”发展战略。各级机构要强化零售业务部门的统一领导管理，加强统筹协调。开展“率先发展”试点，选择部分零售业务发展基础好、潜力大、具备向零售银行转型条件的分支机构，探索建立更加贴近市场和客户的零售银行发展模式，并在体制机制创新、权责利匹配、资源配置等方面给予支持，形成若干个零售业务转型发展的标杆示范分支机构，为全行零售业务发展积累经验。加强财务资源投入和科学使用，引导各级分支机构在客户拓展、金融资产、有效交易量等基础工作上加大资源投入，提高财务资源投入产出比和匹配度，建立零售业务资源投入报告机制。完善零售业务考评机制。构建“大零售”综合评价体系，突出规模、质量、结构、效益的有机统一。全面实施零售金融总体业务发展与综合评价的定期通报制度。研究完善对客户经理的考核，解决“最后一公里”问题，确保总行战略政策真正落地实施。强化对零售业务的分类指导，对零售业务处于不同发展阶段的分行，结合区域实际情况，制定科学合理的差异化发展策略，推动全行零售业务梯度发展。

同志们，“大零售”战略是关系工商银行未来发展命运的一项核心战略，目前由各部门和分行支持配合、个人金融业务部牵头起草的《工商银行“大零售”战略实施纲要》和系列指导意见的征求意见稿，在这里再次征求大家意见后将进一步修改完善，并尽快形成正式文件印发全行。可以说，实施“大零售”战略，方向已经明确、思路已经清晰、准备已经到位。接下来，我们要用积极的心态、高涨的热情，以更广阔的胸怀，破除部门、业务条线、不同机构之间的利益藩篱，齐心协力推动“大零售”战略深入实施，加快实现中国最优秀零售银行的战略目标，让零售业务成为培育工商银行常青之树的一方沃土。

在中国工商银行2014年信贷工作会议上的讲话

易会满

（2014年4月2日·根据录音整理）

2013年，全行信贷战线在复杂严峻的经济金融形势下，一方面积极服务实体经济，促进全行经营转型；另一方面抓风险防范与控制，推进信贷结构调整，各项工作取得明显成效。

一是实现了业务平稳增长。2013年末，集团各项贷款余额9.93万亿元，较年初增加1.13万亿元，增长12.8%；其中境内分行人民币各项贷款增加9 213亿元，增长11.7%，较好地完成了年度信贷投放计划。金融资产服务业务涉及客户融资余额1.29万亿元，增长13%，基本保持了与信贷资产的协调发展。

二是改善了信贷经营结构。在用好增量的基础上盘活存量，先进制造业等四大新市场贷款增量占公司贷款增量的85.4%，个人类贷款增量占全部贷款增量的48%。全年人民币各项贷款累放8.7万亿元，是人民币新增贷款量的9.5倍。地方政府融资平台余额比年初下降846亿元，8个产能过剩行业贷款余额下降305亿元，房地产开发贷款余额下降86亿元，上述三个重点控制领域贷款余额占比降至19.6%。

三是保持了资产质量基本稳定。坚持管控源头和压降不良两手抓。充分发挥授信审批风险把关作用，完成授信方案审批4.5万份，完成单笔融资业务审批319万笔，分别较上年增长22%和24%，按金额计算的融资业务否决率为13.9%。退出潜在风险贷款1 475亿元，清收处置不良贷款782亿元，其中现金清收占比44%，不良贷款率较年初微升0.09个百分点至0.94%，拨备覆盖率达259%。

四是完善了政策制度体系。制定修订了61个行业绿色信贷政策，覆盖了86.2%的公司贷款，有效引导资源优化配置。新制定了新疆、东北等9个区域信贷政策，对重点区域业务发展发挥了积极作用，有效激发了区域发展活力。统筹规范信贷与代理投资业务发展，稳步推进全球授信体系建设。

五是优化了体制机制和业务流程。一级（直属）分行层面的授信审批集中管理改革基本完成，构建了集约化、标准化、专业化的独立授信审批体系。重点推进串行流程改为并行流程、规范授信项下授权审批制、推行低风险信贷业务简易流程等改革，提升信贷运行效率。强化贷后投后风险监控，推进大数据时代的信息系统建设，开发应用异常资金流向、交叉违约等一批监控模型，有效防范与控制了一些合规性风险和信用风险。

2013年，全行信贷工作在复杂严峻的形势下取得了较好的工作成效，信贷管理与授信审批战线的干部员工经受住了重要考验。在此，我谨代表总行党委向大家表示衷心的感谢和诚挚的敬意！

今年是全行全面深化改革创新的开局之年，守住不发生系统性、区域性风险的底线，是党中央、国务院以及总行党委交给我们的重要任务。刚才，魏首席对2014年全行信贷工作作了全面部署，内容很重要、很具体、很有可操作性，我都赞成，大家要认真落实。下面，我重点再讲三个方面的意见。

一、当前银行信贷经营面临复杂严峻的形势

（一）国内外经济形势复杂多变，银行经营环境日趋严峻。从全球看，世界经济延续缓慢复苏态势，但仍存在不稳定、不确定因素。发达经济体宏观经济政策处于调整期，新兴经济体面临经济增速放缓、通胀风险加大等新的困难和挑战。最近，一些国际咨询机构将今年全球经济增长预测由3.7%下调到3.3%。

从国内看，我国经济正处在增长速度的换挡期、结构调整的阵痛期和前期刺激政策的消化期“三期叠加”阶段，到了爬坡过坎的重要关口，经济下行压力较大。中央将今年经济增长目标定为7.5%，未来经济增速放缓可能会成为常态。

从银行经营环境看，随着利率市场化的不断推进、资本监管的趋严，单纯依靠做大信贷规模的传统经营模式将难以为继；特别是我行入选全球系统重要性银行，既是我行国际影响力提升的重要标志，也意味着未来需要执行更加严格的监管资本标准。同时，金融脱媒影响加大，金融创新步伐加快，银行贷款占社会融资规模的比重持续下降，2013年已降至51.4%，传统信贷经营的空间不断缩小。从总体看，我们面临的经济环境更加

复杂，推进经营转型的要求更加紧迫。

（二）银行信贷管理面临诸多困难和挑战。一是国际需求疲软导致进出口贸易增速明显下降，大宗商品价格大幅波动，2月我国出口同比下降18.1%，银行贸易融资、商品融资业务风险增加。二是利率和汇率等资金价格大幅波动，引导资本在不同市场、不同经济体之间频繁转移，对贷款定价和风险防控产生较大影响。三是产业结构调整进入深水区，前期积累的产能过剩、环境污染等深层次问题凸显。四是银行信用风险业务结构日趋复杂化、多元化，各类信用风险的隐蔽性、关联性和传染性增强，经济下行期信贷业务道德风险、操作风险管控形势非常严峻。特别是一些外部新型业态的融资风险对我行贷款的交叉传染较难防范，这些融资业态的融资成本高、运作方式复杂、传导路径隐蔽、转移扩散迅速，且往往与银行贷款共存于同一个融资主体，因此需要整体分析融资主体的经营和信用情况，这是我们信贷经营转型与信用风险控制面临的最大挑战之一。

（三）信贷资产质量面临较大压力。董事长提出今年要力争实现不良贷款从“双升”到“单降”的转变，意味着全行要将不良贷款率控制在0.94%以内，不良贷款增加额控制在90亿元以内。要实现这一目标，任务很重，难度不小。截至2月末，集团不良贷款余额××亿元，比年初增加××亿元，同比多增××亿元，如还原前两个月核销的××亿元不良贷款，不良贷款余额比年初实际增加××亿元；不良贷款率达××%，比年初上升××个百分点，已超过2013年末我国银行业1%的平均水平。全行36家一级（直属）分行中，有27家不良出现“双升”。还原核销因素，2013年以来浙江（××亿元）、福建（××亿元）、江苏（××亿元）和上海（××亿元）4家分行不良增加额超过××亿元，合计增加××亿元。2月末全行逾期贷款余额××亿元，较年初增加××亿元，与不良贷款的剪刀差为××亿元，比年初扩大了××亿元。

今天早晨，我看到了信贷与投资管理部提供的最新数据，3月末全行不良贷款较年初增加××亿元，虽然资产质量情况较2月末有所好转，但形势仍不容乐观。在增加的不良贷款中，小企业、贸易融资和个人经营性不良贷款是去年的延续，但有两个苗头需要引起注意：一是房地产贷款逾期增加××亿元，是否意味着房地产市场有了新的变化？二是项目贷款逾期增加××亿元，是否意味着风险从小企业向大中型企业传递，从流动资金贷款向项目贷款传递？尽管这些贷款的逾期天数还很短，但说明一些企业的还款能力或意愿在下降，对这一迹象要予以高度关注。

去年以来，不良贷款主要集中在东部沿海分行，但从今年年初情况看，出现了一定程度的蔓延演化趋势。一是向中西部区域蔓延。内蒙古、山西、四川、广西、湖南分行风险贷款有所增加。二是向大中型企业扩散。前两个月大中型企业、小微企业、个人贷款新增不良占比呈“三三三”分布，分别为31.5%、37%和31.5%，与去年不良几乎全部集中在小微企业和个人贷款形成较大反差。三是由表外向表内传导，声誉风险带来了潜在信用风险。山西、福建、江西等分行代理投资业务风险显现，大连、山东、浙江等分行船舶保函垫付风险较大。

今年全行不良贷款的形势更加严峻，压力进一步加大。信贷成本已成为影响全行财务状况的最大因素，必须引起全行上下的高度关注。面对复杂严峻的形势，我们要时刻保持清醒的头脑，增强责任意识和忧患意识，深刻分析与反思不良贷款形成的原因，认真研究部署下一步的工作。

二、需重点关注和解决的几个问题

近年来，我们坚持审慎稳健的经营理念，建立了前中后台分离、授信审批垂直集中的信贷运行机制，持续提升管理水平，较好地防控了各类信用风险。但由于内外部经营环境的变化，一些问题需要引起高度重视，并重点加以解决。

（一）信贷经营要更加突出风险导向。股改以来，我行信贷资产质量持续改善，经营重点由信用风险治理逐步转向市场拓展和业务创新。在此过程中，一些经营机构出现了“重市场、轻风险”、“重营销、轻管理”、“一手硬、一手软”的问题。需要指出的是，目前，我们很多分支机构负责人没有经历过世纪之交不良贷款集中爆发期，对大量风险暴露所带来的阵痛体会不深，在前些年银行经营顺风顺水的环境下，忧患意识、风险意识、责任意识有所淡化。经过连续几年大规模信贷投放后，加上考核的压力，形成了高增长、高投放的业务发展惯性。随着经济下行和各类风险因素交织，一些经营机构、一些业务领域风险逐步暴露。很多信贷风险表面是外部环境问题，实质是内部风险观、业绩观问题，也有信贷管理体制、业务架构、风险管理与外部形势不尽适应的问题。

信用风险管理与控制永远是银行经营的一个核心问题，去年以来大家应该已经深刻感受到这一点。如果不良贷款继续反弹，我行信贷资产质量好于同业的优势将很快丧失，并将对利润增长带来较大的负面影响。在保持拨备覆盖率不变的情况下，不良率每上升1个基点，利润增幅就会下降0.8个百分点；如不良率上升到1.2%，利润将出现负增长。因此，保持信贷业务稳健运行、确保资产质量稳定，既是党中央、国务院交给我们的重要任务，也关系到我行健康发展的态势能否维持，关系到全行改革发展的大局。各行务必要深刻认识到风险防控工作的重要性和紧迫性，务必要坚持审慎经营的理念，务必要坚持信贷经营的风险导向，务必要加强信用风险管理与控制，务必要保持信贷业务发展与信贷能力建设相适应，这是我们不能偏离的基本方向与经营原则。各级行党委要准确全面传导好总行党委的经营理念，引导基层行树立良好的发展观和业绩观，处理好市场和风险的平衡关系，将信贷风险防控作为工作的重中之重，集中精力，坚决遏制不良贷款上升势头，切实把好信贷资产质量稳定关。

（二）信贷流程体制机制需进一步完善。信贷流程问题是去年群众路线教育实践活动中反映较为突出的问题。随着风险控制事项和操作环节的增加，我行信贷流程越来越冗长，体制机制性矛盾越来越突出。一是机构职能交叉，表现在业务板块切割过细，部门职责交错，业务运作环节多、层级多，职责不清晰。二是一些计量工具使用不够合理，市场响应效率低。评级与验证、授信与债项审查、押品估值与重估、放款核准等环节串联、重叠往复，不能适应业务办理效率的需要。三是客户经理案头工作量大。客户经理在尽职调查和档案移存环节耗用大量精力，反而弱化了对客户实地调查、贷后管理等工作，不利于实质风险的管控。四是权责不尽匹配。授信审批集中后，对一些风险相对可控的业务在审批和操作上缺乏灵活性，出现了一些经营机构推诿风险责任的现象。比如，有的机构和人员为完成流程需要，姑息迁就基础材料造假，或大量采用无实质意义的互保、联保方式进行增信，酿成了一些风险，值得大家深思。

业务流程和IT系统是为业务发展和防控风险服务的，如果流程冗长、操作环节过多，导致信息失真，造成信贷人员为了流程而完成流程，对实质风险的把握和判断不到位，那就本末倒置了。去年总行启动信贷流程优化工作，取得了一定成效，但这项工作“牵一发而动全身”，难度和工作量都非常大。今年，要进一步加快推进该项工作，突出信贷责任机制建设这个关键，在信贷业务流程优化中继续删繁就简，简化流程，落实责任，提高效率，以适应市场竞争需要，推动信贷责任制的有效落实。今年我们要打好流程优化的攻坚战，要使基层的同志切实有所感受。希望前中后台，一方面要注重实质，落实责任；另一方面，要使重复的、形式上的东西真正减少，真正实现流程优化措施落地。需要指出的是，现在总行有很多制度办法与业务规范发布后，一些分支机构不太清楚，这里面有文件传导方式的问题，也有一些分行不太注重学习、也不太注重思考的问题，要重点解决。

（三）信贷经营转型与风险防控能力建设要同步推进。2011年以来，我行实施了信贷结构调整工作，信贷投放的重点转向小企业、贸易融资和个人贷款领域。信贷结构调整的方向没有错，但在一些具体业务操作中，信贷业务模式、信贷运行机制、信贷风险防控能力建设未能与信贷转型和业务发展同步推进，导致这些领域风险暴露比较集中。

小企业信贷业务方面。一是经营机构不“专”。小企业信贷业务相对复杂，风险较大，经营机构应该具备较高的风险把控能力，全行4 582家信贷经营支行中，有3 560家开办了小企业贷款业务，占77%。但专营机构不“专”的问题普遍存在，部分信贷专营机构缺乏信贷经营标准，能力不强。二是产品定位不“专”。产品以短期为主，但“短贷长用”现象普遍，将一些交易结构复杂的贸易融资业务应用到小企业领域，将联保作为普遍性的担保方式，一旦出问题，风险反而进一步放大。特别是联保，最近我到地市分行调研，发现因联保倒下去的企业一大片，风险无限放大。一些经营机构过于依赖具体产品的技术要素，而不重视对企业的基本债项和资信分析，导致在一些重点领域出现了较多的风险。三是管理手段不“专”。小企业客户关联关系复杂化、经营多元化、信息严重不对称等特征明显，但行内风险管理的基础技术没有得到相应升级，对部分关键风险点管理不到位。这需要总分行对小企业信贷业务存在的问题进行深刻反思，我们花了这么多学费，一定要研究怎么改进和解决问题。

贸易融资方面。全行贸易融资余额由2007年末的460多亿元增加到2013年末的9 100亿元，年累计发放量达到2.2万亿元，但由于业务转型过急，风险控制不到位，对外部环境的复杂性认识不足，我行信贷管理基础优化没有同步跟进，出现了操作不规范，虚假贸易、虚假交易等问题，潜伏了较大的信贷风险。有的机构利用贸易融资准入门槛低的便利，把本不符合新增融资条件的业务以贸易融资方式进行人为包装，或通过期限错配方式把贸易融资做成劣势企业的“铺底”流动资金。商品融资需要对企业经营销售、商品出入库和账户现金流进行严密监控和严格管理，国外同业主要采取集中专营模式，而我行的业务经营方式较为分散，由于集约化程度低、专业能力薄弱致使风险集中暴露，目前不良率高达9.53%。最高峰的时候，商品融资余额有1 000多亿，目前的余额约500亿元，按10%的不良计算，就是50多亿元不良的代价。

个人贷款方面。个人住房贷款和以“逸贷”为主的小额消费贷款，具有用途真实、标准化高、风险较低的特点，应是坚持重点发展的业务品种。但由于没有做好市场与风险的统筹平衡，加之对个人经营贷款风险本质认识不尽到位，对个人贷款营销拓展的定位失偏，个人经营贷款出现了大额化倾向、多头融资、资料造假等问题，目前不良率高达4.99%，风险问题已经相当严重。

结构调整和经营转型后，我们的能力建设如何适应新的发展要求，是每一家分行都要重点考虑的问题。战略没有错，关键是战术怎么落实，怎么配套。现在出了钢贸问题，出了商品融资问题，有客观因素的影响，但是不能仅强调客观原因，更重要的是需要冷静分析深层次的原因，这几个月我一直在思考这些问题，全行也需要认真思考。

另外，信贷能力建设还有三个方面的问题需要关注和反思。一是代理投资与各种资产管理之间传递交叉风险的问题。刚才魏首席讲的很具体了。目前我行代理投资业务余额5 000多亿元，虽然是表外代理性质的业务，还有800多亿元的代理信托收付和各种资管计划，银行没有刚性兑付的责任，但出现问题后，银行往往成为社会关注与矛盾的焦点，难以全身而退；同时又缺乏解决这些问题的拨备制度，处理起来非常困难和棘手，对声誉的负面影响较大。二是关联担保和抵押比例低的问题。对于“担保圈”问题，近几年来，总行进行了重点治理，但是在一些区域仍十分普遍，经济上行期担保圈“抱团取暖”，共同发展；而在经济下行期，担保圈风险扩散效应是非常厉害的，往往是“火烧连营”。目前有些分行抵押贷款占比不高，要引起足够的重视，从不良贷款处置情况看，抵押贷款的受偿率普遍较高，因此抵押是非常有必要的。三是小企业风险向大中型企业传递的问题。大家不要认为央企没有风险、不要认为大集团、大企业没有风险，这个思维定式一定要打破，尤其是抓大客户的公司金融业务部门对这个问题要警觉。近期，有几个大型央企下属企业的贷款相继出现了风险，还有一些连续亏损的大型企业风险很大，要引起我们的高度关注。要继续加大对潜在风险融资的退出力度，去年退出了1 475亿元，这是很不容易的，对质态不好、存在风险隐患的企业，不分所有制、不分大小，看准了就坚决退出，不能迟疑彷徨，优柔寡断，否则等风险暴露再退就晚了。对这些问题，在信贷转型和结构调整过程中要高度关注，要统一思想，认真研究落实。

（四）责任惩戒力度减弱，违规违章屡禁不止。从不良贷款的区域分布看，主要集中在少数机构。在795家二级分行中，2013年不良增加额超过2亿元的有33家，合计增加156亿元，机构占比4%，不良增加额占比89%。在4 582家信贷经营支行中，不良增加额超过1亿元的有86家，合计增加175亿元，机构占比2%，不良增加额占比100%。有人说，不良贷款主要受区域和政策因素影响，但同样的省分行，有的二级分行不良率非常高，而有的二级分行就相对比较低，单纯区域和政策因素说不过去，更多的还是管理因素和人的因素。

在机构管理方面，尚未形成一套行之有效的办法对机构的信贷经营能力进行评估，因此，对一些管理问题较多、资产质量恶化、业务发展速度与当地资源不匹配的机构没有及时进行警示和整顿，导致了风险扩大蔓延。同时，各行为拓展信贷市场，加快增设、分设和升格信贷经营机构，将一些储蓄结算网点改造升格为具有信贷功能的支行，信贷经营层级下沉趋势明显，但部分新设机构信贷人员配备不到位、业务素质不高，风险防控能力薄弱。

在人员管理方面，对出现的风险和发现的问题，甚至是有疑似道德风险的贷款，总是“心太软”，习惯于当“好好先生”，加上岗位职能重叠、流程设置过长、责任边界不明，贷款损失责任得不到有效追究。有的贷款损失几千万元，只是对责任人罚几千块钱、扣点积分，有的甚至什么处理也没有。近期，总行内控合规部对20家二级分行进行了责任认定，认定18家机构41位行长、主管行长负有管理责任，并对分行处理偏轻或未处理的408人次提出追加处罚的意见，说明问责处理太轻。贷款责任认定不及时、不准确，对责任人处罚层级偏低，处理力度不够，威慑力不强，这是“出血点”止不住、不良贷款难以得到有效遏制的一个重要原因。客观讲，有的股份制银行员工工龄比我们短，人也比我们少，为什么小微企业贷款管的相对要好一些，关键是责任落实到位，管不好是要丢饭碗、丢岗位的，所以说责任落实是最重要的。总行党委已要求内控合规部完善和细化有关责任追究的机制，制定新的责任追究办法。

（五）信用风险管理基础需进一步夯实。

一是信用风险管理的方法、技术和理念有待创新。目前传统的管理模式对于识别交叉违约风险、集团关联客户风险、关联担保风险等多层次复杂风险的作用不强，“防假、反假”能力还比较薄弱。另外，信贷管理系统存在整合程度较低、信息共享不够充分、数据挖掘应用不够深入、内部较为庞杂冗余等问题。

二是合规经营问题未得到有效控制。2013年全行信贷作业监督共发现违规违章办理信贷业务、前提条件未落实、贷款资金未按约定使用等合规性问题2.53万笔，涉及贷款金额2 326亿元。表明部分机构和信贷从业人员依法合规经营意识较为薄弱，合规性问题重复发生尚未得到根本改变，这些都潜存着较大风险隐患。

三是队伍建设仍是风险管理的薄弱环节。一方面，人员配置难以满足信贷规模化发展的要求。2006年以来，全行贷款余额增加5.7万亿元，公司信贷客户增至12万户，个人信贷客户总量增至873万户，但同期信贷人员增加较少，一些分行的信贷队伍处于满负荷、超负荷运行状态。另一方面，人员素质和从业经验问题也不容忽视。全行21%的小企业客户经理从事小企业贷款工作时间不足1年，其中很多以前从未从事过信贷工作或是刚入行的新员工，甚至有的信贷主管行长也没有信贷从业经验，他们很难识别出有风险的客户，或者办理复杂程度较高的信贷业务。

需要强调的是，现阶段商业银行的主要风险依然是信用风险，其他业务领域风险往往会直接或间接传导到信贷领域，从某种意义讲，信用风险的防范与控制关乎着一家银行的兴衰与存亡。目前我国经济处于平稳增长时期，银行稳定资产质量的压力比较大，防控风险的任务比较重。各级行领导务必要平衡好控风险与促发展的关系，要在信用风险防范与控制领域集中更多的专业人才，更要大力支持信贷中后台人员的工作，鼓励他们坚持原则、独立审贷，切实把好风险关口。

上述信贷经营中存在的五个方面问题，有总行的问题，有分行的问题，有基层的问题，有信贷专业的问题，也有全行经营机制问题在信贷的体现。核心是风险观、业绩观的问题，表现在总量、结构、架构、流程、产品、责任追究等各个方面。

三、切实抓好几项重点工作

改革发展研讨会和年初工作会议已明确了实施“三大战略”、优化“五大布局”、强化“一个基础”等发展目标和任务，各行要认真贯彻落实好。对信用风险，要着力抓好五项工作。

（一）着力强化客户基础，积极拓展优质信贷市场。这项工作在公司与投行专业会上郑万春副行长已经作了全面的部署。我想强调的是，准确选择客户、壮大客户基础是最积极、最有效的风险防范措施，要把住“病从口入”这一关口，客户选好了，风险防范的第一关就过了。我们现在选择客户还存在层次不够、口号式的层层号召太多等问题。需要进一步转变工作作风，提升管理行对市场的统筹分析能力，“自上而下为主、自下而上为辅”地选择客户。管理行要提出具体的目标客户，指导基层行开展营销工作，不能把任务分到二级支行，让二级支行盲目地去寻找客户，那样选的肯定是高风险客户。有关强化客户基础工作，希望大家按照年初工作会议和相关专业会的要求贯彻落实好。

（二）着力提高工作效能，继续优化信贷流程。对信贷流程优化，要重点把握好以下几点：一是应保持信贷运行体系整体稳定，方案要考虑周全，避免出现架构性风险。二是强化向管控实质风险转变，区分不同客户分别实行标准化流程和短流程，坚持简洁简约，重点解决流程繁复、案头工作过多的问题。三是调整政策标准和业务授权，实现审批下放、监管上收，提升经营效率，完善责任制衡。四是重点解决部分业务管理职责交叉，政策和流程不够统一的问题。五是适应大数据时代信息化银行建设，提升数据采集、应用、挖掘和运用水平。

各行要抓好信贷流程优化各项工作的落地，确保信贷运行效率和客户服务能力显著提高。一是要加快整合信贷经营体制。年初总行印发了新一轮组织架构改革方案，各分行要根据建立精简高效经营管理机制的总体要求，进一步加快包括不良贷款处置、小微企业贷款、个人经营性贷款在内的前中后台职能整合进度，工作不要耽误，同时避免因职责移交导致管理断档等问题。二是要尽快实现重点突破。重点推进“总对总”授信、授信项下授权审批制和低风险业务简易流程，重点改进信贷尽职调查与档案管理两大基础工程。三是要“理顺主干道，畅通微循环”。在进一步理顺信贷经营管理体制，厘清前中后台职责的同时，改变部门内部流程太长、分工太细的现状，推动部门内部人员和流程的优化整合，持续提高工作效率。目前总行授信审批部门正在对评级、授信、评估、债项审查等流程进行梳理，近期已就简化集团客户年度授信核定、改进牵头行授信管理、解决项目贷款授信权与审批权不一致等问题，制定优化授信管理的实施意见，即将印发全行。各行要参照总行做法，对授信审批内部劳动组合和流程进行梳理和调整，切实提高授信审批服务水平和效率。四是要以客户为中心，以市场为导向。摒弃“三级管理，一级经营”模式。一级（直属）分行要经营与管理并重，二级分行要以经营职能为主。五是要实事求是，敢于担当。对具体的客户和业务要实事求是，具体问题具体分析，既要控制风险，又要考虑竞争，多提建设性意见，抓主要矛盾，不搞一刀切。

（三）着力强化信贷责任，夯实信贷管理基础。在经济下行背景下，总行下了很大的决心下放审批权限，但如果机构和人员能力素质、责任意识没有得到加强和改善，将会造成更大风险。因此，必须夯实信贷管理基础。

第一，严格风险责任认定和追究。一方面，要对贷款劣变较多、不良贷款上升较快、风险较大的机构进行严肃整顿，加大风险贷款催收考核和惩处力度。今年总行优化了绩效考评体系，各分行可根据本行经营特点和实际，建立健全延期绩效机制，防止重贷轻管短期行为。另一方面，要本着“尽职免责、违规必惩”的原则，加大责任人处理力度。对疏于职守、不尽责履职以及违规人员，特别是管理人员，要及时进行责任认定并实行终身责任追究，不能因为责任人已提拔、已换岗、已调离，就不追究责任。同时，处理方式上要从经济处罚为主转到行政、岗位和经济处罚并重。总行已要求内控合规部门牵头组织对不良贷款增加较多的分支机构进行严肃问责，以警示全行强化风险和责任意识。

第二，加强信贷队伍建设。一是要按照合理的岗位人员配比，充实中后台风险经理和客户经理队伍。以内部挖潜为主、辅以市场招聘，每年增加客户经理和风险经理5 000人以上，占全行人员的比例提高1.5个百分点。二是要大力提升信贷人员业务素质。加大信贷政策、风险案例和业务操作等内容的培训力度，进一步明确对信贷人员的素质要求，完善选人用人机制，对一些重点岗位逐步实行资格认证上岗制度。三是要建立一套科学的考核机制，对不适合信贷工作的要及时退出信贷队伍。

第三，加强经营机构业务准入管理。总行将建立信贷经营机构资质认证和经营业务特许制度，一级支行可办理全额抵质押的小企业和个人贷款，如需增加办理其他业务，须进行机构风险管理能力等级评估。各分行要对辖内经营机构进行信贷经营管理能力的分类评估，对管理薄弱的机构，要限制或暂停办理风险相对较高的业务。

第四，完善信贷IT系统改造。要加快完善以GCMS为平台的信贷运营体系，实现各类业务、各个环节的信息传导与共享，为信用风险集中管理提供功能强大的技术平台。要做好统筹规划，充分释放IT为业务服务的潜能力，从信息系统整体规划和操作细节入手，理顺系统架构，精简整合系统功能，多采用参数化的灵活设计，减少人为采集录入方式，简化办理业务手续，减轻工作量。

（四）着力创新管理模式，切实做好信用风险监控。董事长在年初工作会议上指出，要用改革创新的办法解决信贷信息不对称等深层次问题，要新组建信贷监督中心，作为风险监测“雷达”和预警防控的重要平台。这是总行党委一项前瞻性的战略决策，可能彻底改变未来的信贷管理模式。目前，监督中心已经挂牌成立，各项工作正在紧张有序开展。相关部门要加强行业、客户数据挖掘、分析和应用，扩大信息收集渠道，加强信息验证，加强外部咨询，研究探索具有风险预测预警功能的信用风险识别、计量模型，为实质风险把控水平的进一步提高提供强有力的支撑。

各行要做好魏首席强调的四个方面的风险监控工作，我特别强调一点，总行成立监督中心并不是说分行风险监控可以弱化，更不是说这项工作分行以后就不需要做了，而是工作重点发生了一些变化。总行重点在于运用信息集成、数据模型等技术工具，对全行信贷业务运营及风险情况进行集中监测和处理。分行监控工作，重点在于按照自身信贷业务特点开展补充性监测，提高非现场监测以及组合层面贷后监控能力；重点在于强化对信贷客户的精细化管理，包括日常贷后管理和现场检查职责；重点在于对上级行非现场监测发现的问题实施核查和分类处理，并组织落实整改。对这些工作的人员资源配备不仅不能弱化，还要进一步加强。

为防范结构性风险，总行今年对贸易融资、个人经营贷款相关政策作了调整，考核体系作了完善，小微企业贷款流程将作重构，希望各行能进一步推进各项基础管理措施落地，确保信贷结构调整稳健推进。

（五）着力清源治淤，坚守风险底线。要切实堵住不良贷款增加的源头。一是既要防控风险已显现的贸易融资、中小企业、个人经营贷款等重点领域风险，也要防控尚未集中暴露的周期敏感性行业、产能实质过剩行业风险，特别是经营亏损、过度融资的大户风险。信贷风险有一定的规律性，一段时期内信贷大量集中投放的分行，几年后风险往往会集中暴露，越是信贷大行，对信贷管理能力的要求就越高。企业过度扩张必然带来企业的过度融资，过度融资又会加剧企业的无序扩张，及至蓄积并诱发大的风险，这些风险在经济环境好的情况下，不容易显现出来，但是在经济下行期，由于市场需求变化与产业结构调整的影响，必然会暴露出来，希望各行进行认真识别、防范与控制。二是要重点防控与房地产相关的业务风险。包括房地产开发贷款、经营性物业支持贷款等固定资产支持融资、以土地出让收入作为主要还款来源的平台贷款、以房地产抵押的个人经营贷款等。特别是近期出问题的固融业务明显增多，有的分行放松了固融主要对针对优质客户、优质资产办理的产品定位，把固融“当成一个筐，什么都往里装”，这样风险很大。三是要特别重视前期业务发展快、风险问题多的分支机构。一两家分支机构出问题，可能拖累整个分行，这方面的负面典型很多。总之，各行要提高风险敏感度，防患于未然。

要加大不良贷款清收处置工作力度。总的要求是增大不良贷款考核与挂钩力度，目的并不是处罚，而是希望对全行有一个警示与传导，将风险控制工作做好。各行一把手是风险防控的第一责任人，要建立完善包括潜在风险贷款、逾期贷款、不良贷款在内的清收处置机制，加强对重点机构、重点客户、重点产品的分析研究，集中资源，集中人员，按照轻重缓急，明确工作重点，将人员落实到位、职责落实到位、工作落实到位。特别是对大额风险贷款，分行行长和主管行长要一竿子插到底负责清收，尽快体现工作成效，确保完成全年资产质量管控目标。

今天我讲的问题多一些，主要还是提醒大家在今年及今后一个时期，在经济环境变化和内部管理存在一些问题的情况下，要增强忧患意识、责任意识、大局意识，对信用风险高度警觉，切实做到早警示、早介入、早防范。需要肯定的是，这些年来尤其是在去年十分困难的情况下，全行信贷战线做了大量工作，保证了资产质量的基本稳定，这是难能可贵的。今年我们依然面临复杂的经济金融环境，工作任务依然十分繁重，但保持资产质量稳定有基础、也有条件，全行要按照总行的统一部署和要求，坚定信心，强化风险控制，深化结构调整，优化机制流程，齐心协力，扎实工作，确保全行资产质量稳定，全面实现各项经营目标。

在中国工商银行2014年国际化工作会议上的讲话

易会满

（2014年4月9日）

刚才，董事长充分肯定了过去22年国际化发展取得的巨大成绩，全面分析了当前国际化发展面临的经营形势，并对下一步国际化经营做了部署，非常有针对性也非常具体，希望全行进一步树立责任意识、忧患意识、进取意识，做好落地执行。下面，我结合董事长讲话精神，就具体的工作安排再补充谈四方面意见。

一、转变经营发展模式，坚持总量增长与结构优化相统一

（一）改变单纯依靠信贷高速增长的发展模式。2013年，境外总资产、信贷资产分别同比增长29%和50%；拨备后利润和中间业务收入分别同比增长34%和39%，表现出较好成长性，但也存在隐忧：一是有限的资本供给不能支持资产快速增长，尤其是主要依靠信贷总量扩张的增长，而且还有10家境外机构利润增速滞后于资产增速，资产利润不匹配现象显现。二是境外负债中存款仅占35%，同业拆入和存放占比过半，负债结构并不稳固。三是簿记贷款、内保外贷、风险参贷、代付四类业务共占信贷总量的35%，占总资产的17%，依存度最高的前5家机构四类业务占信贷总量的比重均高于70%，这既体现了集团合力，但也表明境外机构存在对集团业务的过度依赖。这种发展模式不可持续，受政策影响比较大，比较脆弱。四是一些境外机构产品服务能力有限，在规模快速增长的同时，并未储备充足的客户基础，如20家机构有贷户不足100户，8家机构有贷户仅20户左右。

在外部监管和内部约束的双重压力下，我们需要进一步加强科学发展，不能再走过分依赖总量扩张的老路。要在保持合理增速的同时下大力气调整结构。今年境外拨备后利润增幅目标是18%，与前几年30%以上的增幅相比有所下调，目的是为调结构和可持续发展留出余地。总行部门和境外机构要紧紧抓住重要的战略机遇期，深入研究当地市场，向业务和收入结构转型要效益，破解息差收窄、资本和资金约束发展的难题。资产方面，要保持贷款合理适度增长，降低利差收窄对盈利的影响；对贷款增速过快的机构，要探索信贷资产转让的途径，做大信贷资产流量，提高综合收益，减少资本占用。负债方面，具备存款基础的机构，重点拓展基础性存款和中长期资金来源，构建高流动性资产池；筹资能力有限、存款基础薄弱的机构，要审慎控制资产规模，量入为出做好资产负债总量、品种和期限结构的优化。产品线增收方面，要重点攻坚跨境人民币业务；增强银团贷款承揽分销能力，争做代理行、账户行和管理行；依靠产品创新，培育财富管理、金融市场、投资银行等利润增长点。

（二）进一步细化一行一策。一行一策实施多年，总体效果不错，有效地助推了境外转型发展，但也存在有些部门对境外市场和客户需求分析不足，对境外机构要求平均用力，“一刀切”多一些、分类指导不是很够的问题；有些部门注重下达任务，缺乏产品供给和人员支持，导致业务规划不尽科学也难以落地。如何落实董事长要求，从以境内人民币管理为主的集团总部转变为本外币一体化全球管理的综合化集团总部，一行一策落地生根是重要体现。今后总行各部门要进一步加大对境外机构关心、关注和投入，进一步深化落地形成合力，推动境外机构精耕细作。产品线部门要深入了解境外机构经营环境，确定重点发展和需要放弃的市场，统筹做好差异化的业务规划，进行分类指导和落地实施。资源保障部门要在人力、财务、科技和管理等资源存在约束的前提下，研究制定一行一策的资源配置和激励机制。国际业务部要统筹协调一行一策的制定、推动和评价工作，既要确保产品线发展突出重点和及时落地，又要积极参与资源保障部门对境外的资源配置。境外机构要结合自身经营环境，提出发展规划建议，选择核心产品线，不求全面，但求精准，充分发挥属地优势，确保规划落地生根。

（三）进一步加大本地化力度。境外已基本形成了梯次发展、重点突破的本地化提升格局。去年，境外近70%的贷款投放给本地客户，前十大客户存款占总负债的10%。但各机构本地化发展不均衡，从贷款集中度看，贷款余额超过10亿美元的14家机构中，前十大客户集中度接近或超过30%有12家，最高的达70%。从

存款集中度看，前十大客户存款集中度超过25%的有11家。这在一定程度上反映出部分机构客户总量不足、结构不优、自主负债能力不强的问题。实践证明，本地化好的机构，在盈利能力、风险分散、产品创新上对境外总体贡献大、占比高。为此，要坚持因地制宜进一步挖掘境外机构本土化发展的潜力。要提升本地化产品服务能力。通过加入当地清算网络、申请当地交易所资格、加强与当地同业合作等方式，夯实本地化发展基础；要利用东道国经营环境特点，打造既具有集团功能，又能体现当地特色的投资银行、私人银行、财富管理、清算结算、资金交易等产品线。我行国际化发展未来比较长时间仍是适当的投入期，总行对于资本、资金、费用和财务资源等可持续发展投入，包括当地清算、境外网络发展、自助设备布放等可以单独考核计算要吸引和留住本地人才，在部分区域适当提供中位数偏上的、有较强竞争力的薪酬，加大全球雇员培训，通过完善激励和培训管理机制，重点吸引三类本土化雇员，即能对接当地监管的合规人员、有产品创新能力的专业人员和有客户资源的营销人员。境外机构要树立可持续发展理念，加大本地化力度和投入，保证利润可持续增长。

（四）进一步发挥电子渠道作用。境外客户基础拓展很大程度上受制于渠道建设不足。近年来境外电子渠道建设效果不错，但网银服务能力、服务便利化、服务易用性、服务品种还不够。总行和境外机构要进一步加大电子银行投入力度，不仅是对公业务，在部分零售区域也要打造高端产品。

三、完善经营管理机制，坚持一体联动与集约高效相统一

（一）加快形成境内外联动机制。目前，集团联动业务和产品不少，但联动的深度广度不够，机制还不成熟，尤其是尚未形成合理的分润机制。内外联动不能单靠境内分行与境外机构之间自发的点对点联动，要靠总行做好顶层设计，建立集团联动的保障机制和配套考核办法，确保联动工作长期化、制度化和规模化。要从业务量大、分润要求迫切的重点产品线入手，逐个产品线明确联动利润分配政策，按照“公平、互利”的市场原则确定合理的分润方式和分润比例，明确联动各方的责任和享有的权益，充分激发各利益主体的积极性。要通过建立“联动营销联系人网络”和“全行联动营销重点项目信息库”，对于重点目标客户和重点项目进行清单式管理，并指定首席全球客户经理，所涉境内外机构配备区域客户经理，统筹和整合客户营销。要充分利用集团内外联动信息平台，完善信息共享机制，实现具体联动信息在相关机构、产品线的前中后台环节的共享。下一步，内外联动要着力解决三个问题：一是公司业务部门要做好集团客户的牵头统一营销，要真正抓好和服务好全球大客户，加强内外联动意识；二是解决好全球统一授信，既要管好总量又要提高授信效率，尤其要加强对境外机构的服务；三是财会部要抓紧制定出完善的内外联动分润办法，通过市场化手段发挥好内外联动作用。解决好上述三个问题，内外联动才有机制保障。

（二）实现授信审批的适度集中。目前境外机构上报总行的信贷业务报告需翻译成中文，承受了较大的语言转换压力，影响了审批效率。授信审批的适度集中主要是依托香港国际化的经营环境及当地双语工作氛围，将超权限审批进行集中处理，并非所有信贷业务都要集中审批，新设机构、非标准化产品和较大金额业务将是集中审批的重点。这种“小集中”模式的目的是推动业务审批受理标准化和规范化，统一集团整体风险偏好，并培养一批熟悉境外市场和监管要求的专业化审查审批人员队伍，释放境外机构的人员以更好地服务客户。集中不是为了“收权”，是为了更好地服务境外机构，是为了提升集约化水平和解决中台人员的短缺。总行将通过专业化分工、配套流程优化和信息系统流程审批等手段，提升业务响应速度、业务审查审批效率和管理服务水平。这种集中模式有利于境外机构长远发展。

（三）推动财务和运营集约化。当前境外机构既有区域管理模式，也有分支行模式，但总的来讲基本属于“小而全、大而全”。下一步要研究在尊重当地监管和不影响业务效率的前提下适当将各机构分散进行的同质性、重复性的部分工作集中，把有限的资源和精力专注于核心业务拓展。在这个过程中，总行要审慎论证，广泛听取各机构的意见，稳步推进财务和后台运营集中。境外财务集中，是通过建立境外财务共享服务中心，实现在“处理效率、核算质量、报告时效、风险防控”四方面的提升。集约化平台思路和方案应具有一定灵活性，确保对不同的机构均具有可操作性。要按先易后难的原则，优先集中标准化程度高、具备一定系统基础及境外机构呼声较高的业务。境外运营集中，要实现亚洲、欧洲和美洲跨时区业务集中处理，加快形成资金清算、金融市场业务7×24小时连续运行的后台保障能力。要将一些后台性工作、标准化产品以及境外机构处理压力较大的产品纳入境外运营中心集中运作。要将涉敏业务、反洗钱审核以及重要交易风险控制统一集中纳入境外集中运作体系，提高整体风险控制能力。

（四）做好簿记中心建设。建立境外贷款簿记中心的目的是解决部分境外机构资本约束、税收成本过高、单一客户敞口限制和离岸业务限制等问题，帮助境外机构克服信贷业务发展过程中的障碍。簿记中心定位于服务各境外机构，当前以香港为试点，簿记业务的发起由各境外机构决定，并非把代付等业务都进行“大一统”的簿记集中。簿记业务相关的资产、资本、损益、风险和利润考核等均在发起行和簿记中心所在行之间按既定

比例分配。簿记业务原则上由中心统筹安排资金，主要通过市场化的方式解决；总行配以部分专项资金，主要用于应急，并且需要考核成本收益。

（五）完善考核激励机制。在境外机构考核方面，财务考核的主要思路是：逐步从考核税前利润转变到税后利润，降低集团税务成本；适当提高 ROE 指标的权重，实施 EVA 考核，突出资本回报要求及价值贡献导向，引导境外机构走资本节约型的发展道路；强化对客户基础的考核，完善对重点产品线发展、渠道建设等国际化发展战略事项的考核还原政策，提高可持续发展能力；适度提高考核目标值，有效传导总行经营压力。非财务考核的主要思路是：今年已经首次将一行一策和非财务考核进行捆绑，下一步继续坚持注重调整优化客户结构和业务结构，更加突出考核对经营转型的指挥棒作用。首次将流动性覆盖率指标的提升情况纳入考核，引导境外机构提升流动性风险管理水平。另外，今年财务和非财务考核均加大了对风险合规指标的考核力度。在境外机构激励方面，强化费用资源配置和绩效考评相统一的战略导向，完善与境外机构业绩相关联的高管人员薪酬核定机制，实现将费用资源与绩效考评、管理层绩效与经营业绩的“双挂钩”激励机制，充分激发境外机构的经营活力。此外，要提高总行部门和直属机构国际化发展考核指标与境外机构考核指标的关联和匹配程度，做好压力双向传导，充分发挥协同效应。

（六）加强境外产品平台管理。目前，全行在境外设立了近 10 个业务中心，通过近两年的量本利分析发现，真正能为境外机构创造效益的中心不多。请国际业务部、人力资源部落实董事长讲话精神，做好业务线境外延伸的总体规划；总行财会部要对业务中心进行量本利分析；各业务条线要加大对业务中心的管理投入。对已设立的业务中心，要明确三年业务发展规划和盈利目标，达不到的、除对当地监管有承诺的外，可考虑撤并。对于计划设立的业务中心，要提前论证，做好业务规划与量本利核算，初期可以不盈利，但要在规划中明确实现盈亏平衡的时间点和具体举措。同时，也要解决在同一区域各类中心过多、职责分工过细的问题，要提升决策层次，加强统筹、加强整合。

三、防范境外重点风险，坚持业务发展与稳健合规相统一

（一）做好境外科技战略规划。FOVA 系统已在 37 家境外机构推广，为境外业务发展、数据集中和集团统一管理提供了有力支撑。可以说，没有 FOVA 的全球推广，国际化经营就难以短期内实现在多国的成功复制。但随着机构数量、业务品种、客户基础的不断增长，以及监管规则的差异性和动态性，我们应看到 FOVA 在适应业务落地、监管要求、本地化发展方面的问题在不断累积，如果不解决好这些问题，境外发展将面临瓶颈。总行既要总结经验，肯定成绩，提高自信，又要将科技优势进一步转化为实际生产力。判断境外系统先进与否的标准应该是监管认可、客户满意、竞争有力、员工便利。要加强科技统筹和持续完善，广泛听取境外机构意见，要看到国际同业日新月异的进步，抓紧研究适合本地部署的平台版业务处理系统的可行性，以灵活应对各利益相关方的多样化诉求。要处理好集中与外购的关系。无论外购系统还是自主开发，均要实现与总行核心系统的互联互通，保证数据的集中统一。在此基础上，考虑进一步实现会计处理和报表展现的系统一体化。前端系统模块经过审慎论证可以采购当地成熟系统。对于已经投产了 FOVA 但属地监管变化的机构，要积极做好监管沟通，通过关键信息的本地冗余部署等策略获得监管认可。境外机构对于完善 FOVA 呼声很高，总行的总体原则一是坚持统一性，二是落实好本地化。要在坚持集中统一标准的同时，适当增加系统的灵活性，在不违背数据大集中的前提下做一些创新、调整和完善，通过不同的版本和本地化的产品改造来逐步实现统一性与本地化的兼容。

（二）高度关注流动性风险。近年来，境外业务发展迅速，逐渐减少了从总行拆借的资金，但负债稳定性不高，期限错配问题比较突出，境外贷款增速是存款增速的 1.7 倍，存贷比由 124% 上升至 145%。部分机构拓宽了市场筹资渠道，但其背后依托的是总行信用，自主筹资能力并未根本性增强。在全球流动性趋紧和境内外监管趋严大背景下，境外机构一旦出现流动性困难，不仅冲击自己，还将影响总行。要加强对境外机构流动性管理的重视：一是境外机构要承担流动性风险防范第一责任。在制定资产业务发展计划时，要充分考虑资金来源的可实现规模及期限结构；要重视存款基础性工作，降低同业负债资金集中度，提高资金来源的稳定性；要定期进行压力测试，制订应急预案并及时向总行报告。二是总行要进行分类指导和管理。对于集团外同业拆入占比高于 70% 的机构，要努力降低负债来源的集中度，实现年内短期同业拆入占比低于 2013 年末水平；对于通过发行筹资工具获得资金来源的机构，要在条件许可的情况下，扩大 2～3 年期限的票据和债券发行；要稳步实施流动性覆盖率（LCR）提升计划，当地监管有明确要求的，要按时达标，当地监管暂未明确的，要力争 2014 年末 LCR 指标有明显提升。三是多措并举降低潜在流动性风险。要对境外整体流动性风险状况进行评估，细化集团流动性风险压力测试方案，完善应急预案；在保持合理总行拆借资金规模的基础上，提高中长期拆借资金占比；要调整境外机构债券投资策略和规模，适度提供流动性支持承诺，以满足境外当地流动性监管要求；按照市场化原则，建立境外资金交易市场平台，引导资金有序流动。在当前各种唱衰中国经济和中国商业银行声音再起的大环境下，过度依赖拆借和

过度主动负债的发展模式可能有一定风险，有些机构当地监管要求非常严格，我们要未雨绸缪多做一些安排和考虑。

（三）要努力实现境外合规经营。近年来境外监管环境日趋复杂，个别境外机构相继发生了监管评级降级、罚款、限制经营等合规风险事件。要重视内控合规基础管理。强化机构主要负责人的内控合规第一责任，加快境外内控合规队伍配备和履职机制建设。高度重视与驻在国监管机构的沟通协调，争取监管机构对我行制度、业务、系统等创新的理解和支持。对监管及各类内外部检查、审计和评估发现问题要及时落实整改，对重大合规风险事项和监管检查意见要及时报告。要强化反洗钱和制裁合规管理。内控合规部要加强指导与支持，加大人员培训力度，提升反洗钱和制裁合规的电子化水平，实现在业务制度上的全覆盖。要将反洗钱和制裁合规作为境外机构非财务考核中的重点管理内容。要满足反洗钱的系统开发要求。境外机构要坚决执行监管和总行管理要求，绝不触碰制裁合规的红线，发现问题及时汇报，切实防范反洗钱与制裁合规风险。要细化交易事前控制。目前境外使用的25个前端交易系统中仅有4个场内交易平台自带事前风险控制功能，系统风险防范能力较为薄弱。要尽快实现对所有交易系统事前风险刚性控制功能的全覆盖，在系统实现有效风险控制前，要加强内部管理，严格执行业务授权、业务审批、双人复核等机制，做到风险的提早应对和有效防控。

强调一下，合规安全对境外经营管理挑战非常大。一是对于资金交易风险事前防范，总行风险委员会做了专门计划，境外机构一定要重视和配合，要按照总行制定的规划和计划，实施执行到位，加强事前和事中控制；二是对于内控合规和反洗钱，近年来工商银行国际化发展很快，境外机构要加强与当地监管机构的沟通，对监管要求、监管检查、监管评级等都要重视，如需整改要及时落实，确保不出大的风险事件。

四、重视境内国际业务，坚持市场地位与价值贡献相统一

去年境内打造国际业务第一银行成绩卓著，今年1月再创历史最佳，与第一的目标近在咫尺。同时也存在客户基础不扎实、业务结构不均衡和支持保障不到位的问题，需要各行与总行一起着力破解。

（一）做好国际业务客户拓展工作。目前我行对全国全部进出口客户的覆盖率仅16%，为中行的一半，客户集中度过高问题比较突出，一些分行国际贸易融资前十大客户融资余额占比超过50%，有些甚至超过70%。要加快构建结构优化、交易活跃的客户基础。一是提升大中型客户业务份额。目前我们对大中型客户的覆盖率达48%，但业务份额还有较大提升空间。要“一户一议”对核心客户实施精细化管理，配套个性化服务方案，加强国际业务客户数据监测，跟踪报告、动态管理，努力使对年进出口额5 000万美元以上的大中型客户业务份额提升5个百分点。二是培育中小客户基础。全国进出口客户的85%是中小企业，而我行覆盖率仅为13%。各行要建立健全“客户经理＋产品经理”综合营销团队模式，运用信贷杠杆和国际业务产品支持提升出口企业合作份额，将年进出口量在500万～5 000万美元的中小客户培育成支撑规模和效益双提升的重要群体。三是提升个人外汇品牌形象。境内个人外汇储蓄客户、结售汇活跃客户和账户贵金属有效客户数，仅占我行个人客户总数的1%。要增强向市场投放个人外汇理财产品的连续性和创新性，提高个人外汇客户的“黏性”。提升基础网点外汇业务服务能力，争取2014年网点外汇业务覆盖率与实际开办率分别提升8个和10个百分点。持续开展各种主题营销活动，全面提升个人外汇品牌的市场知名度和影响力。上述三个指标，总行每个季度都要加强监测、对照分析，前台部门要加强营销。

（二）深入推进业务结构优化。一是重点挖掘出口业务潜力，出口结算和融资是我行的短板，出口结算规模占比较先进可比银行差20个百分点，他们的保理和福费廷业务量分别是我行的100倍和8倍。要重点挖掘“笔数多、金额小、收益高”的出口业务潜力，通过优化信贷流程、发挥单证集中优势，提高办理效率，提升出口尤其是单证业务比重。大力发展福费廷、国际保理、应收账款池等新兴业务，以融资产品为抓手为出口企业提供一揽子金融服务方案。二是加强业务联动与捆绑营销。一方面做优做强跨境汇款业务，以工银速汇、网银汇款、代理国际汇款等业务为抓手做大汇款规模，增强多币种、交叉销售和全渠道覆盖能力，重视跨境汇款对资金交易、外汇存款等业务的源头带动作用。另一方面增强对外汇存款的联动营销，三大前台部门要各自制定明确规划，确保2014年占比提升不少于2.5个百分点。提供外币项目贷款、“走出去”贷款及银团贷款时，要明确通过我行终端支付比例，提升外汇资金归行率。三是加快创新产品推广。针对贸易链条清晰、内外贸关联紧密的公司，创新提供跨境供应链产品组合。加大网银渠道国际业务创新推广，加大与第三方电子单证信息平台合作，为企业提供点到点贸易融资管理和一站式金融服务。探索建立贸易融资资产风险分销和规模调剂的多元化渠道，培育新的增长点。

（三）强化国际业务发展的支持保障。要配套差别化政策支持国际业务客户拓展。价格策略上，要平衡好市场竞争与增加收益的关系，研究对重点分行、重点客户给予一定程度的自主权和差异化内部资金配置价格；资本计量上，要进一步优化国际贸易融资现有经济资本系数配置，确保经济资本系数反映业务实际风险状况和总行战略导向。考核评价上，要将国际业务衍生出的相

关收益进行综合计量，真实全面体现国际业务条线产品价值和综合贡献。队伍建设上，要注重对复合型、多元化国际业务人员的培养，实施更具差别化和竞争力的激励政策，更好体现总行的战略重视和国际业务岗位的专业价值。2014年，我行发展成为“境内国际业务第一银行”非常有可能，关键在于各分行和各机构要做到客户拓展好、产品分析好、渠道作用发挥好。

最后，我再谈一下机构改革和外事管理。总行国际业务部不仅负责境内国际业务推动工作，而且承担境外机构、代理行、外事及系统建设等管理职能，因此被划归综合管理板块。但各行要注意分行国际业务部门实际职能与总行的区别，不要受总行机构改革的影响，要从实质重于形式的角度出发，进一步突出分行国际业务部门的营销职能，将其列入营销管理板块，保证国际业务组织机构、人员队伍、资源投入和业务开展的延续性和稳定性。此外，今后要继续落实中央外事管理有关规定，严格因公出国（境）审批，确保外事费用零增长，既要执行出访国家数、天数、人数等“硬杠杠”，又要实现多做工作的目标。因公出访和接待来访，要遵守外事纪律，注意安全保密，不能出现任何问题。

同志们，在当前复杂的经济形势和激烈的市场竞争中，我们一定要深化改革、积极转型、真抓实干，齐心协力，促进全行国际化发展再上一个新的台阶，为建设国际一流现代金融企业作出更大的贡献。

抓好班子　带好队伍
为国际化纵深发展提供坚强组织保障

——在中国工商银行境外机构主要负责人领导力建设培训班上的讲话

易会满

（2014年4月10日·根据录音整理）

这次请境外机构的主要负责同志回来参加会议和培训，时间安排得非常紧凑。大家参加了学习贯彻习近平总书记系列讲话精神轮训，昨天还开了2014年度国际化工作会议，加上现在的领导力建设培训，过两天谷澍副行长还要过来跟大家座谈。总行平时对办班、开会控制得都很严，一般只在年初工作会议请大家回来，这次有机会与大家沟通交流非常有必要，也很高兴。

昨天姜董事长讲，今年是工商银行国际业务发展30周年，国际化发展22周年，整体情况比较好。在总结成绩的时候，我一直在考虑，我们的国际化为什么发展得比较迅速、比较健康？我认为主要有四个因素：第一，这是总行党委战略前瞻性在国际化发展上的综合体现。尤其是我们抓住国际金融危机后难得的窗口期，加快全球化布局，在较短时期内成为境外机构覆盖范围最广的中资银行，初步走出了一条具有中资银行特色的国际化发展道路。第二，这是由于工商银行经过股改上市以来持续快速健康发展，在全球范围内打造了一个良好的品牌。大家在境外不是单兵作战，背后靠的是工商银行的金字招牌，因此全球大型企业都愿意与我们的境外机构有业务往来。第三，这是由于包括在座各位在内的全体境外机构员工的艰辛付出和努力。在国际化进程中，人才是最重要的，经过这几年的发展，无论是人才储备还是培养，应该说我们做的是比较好的。第四，这是由于工行特有的稳健、合规的经营文化。这些年，工行国际化发展得比较快，监管机构和金融同业也有各种声音，他们最初担心这么快会不会出事？但实践证明，我们境外业务这几年整体发展是比较健康、顺利的，并在国际上树立了中国银行业的良好形象，国内外各方面对工商银行国际化发展的评价也是正面的、积极的。

我今天来不是讲课，实际上是同大家做一些交流。这里，重点就境外机构班子建设谈些想法，主要讲五个方面的问题。

一、境外机构班子和队伍建设成效显著

近年来，全行加快国际化发展步伐，全球网络布局进一步完善，境外机构资产负债规模不断扩大、价值贡献持续增长，境内外一体化建设深入推进，国际化发展取得了令人瞩目的成绩。这些成绩的取得，离不开境外机构班子和全体同事的统筹规划与积极进取，也充分证明了我们在境外机构班子和队伍建设方面取得良好成效。

一是契合境外机构发展特点，着力选好配强领导班子。根据境外机构经营管理实际情况，考虑不同国家地区的文化差异，突出集团化、国际化视野，坚持经营管

理能力、业务能力和语言能力并重，通过择优推荐、公开选拔和竞争上岗等多种方式，着力选好配强境外班子，不断优化班子结构。目前境外机构班子总人数168人，总体看有以下几个特点：一是比较年轻。班子成员平均年龄46岁，而境内一级分行班子平均年龄51岁，境外班子比境内年轻五六岁。二是外派为主。班子成员中外派员工占79%，本地占21%，外派是主力。三是学历较高。班子成员都是本科以上学历，硕士以上占比83%。特别是近几年，随着国际化发展提速，总行进一步加大了境外机构班子建设力度，2010年以来累计调整配备班子成员187人，其中一把手48人。同时，完善境外控股机构董事监事管理，建立了专职派出董事管理机制，突出政治素养、业务经验和管理能力等要求，2010年以来共确定13名专职派出董事，还为18家境外控股机构调整补充董事监事近120人次，促进了境外控股机构公司治理的不断完善。

二是坚持培养和使用相结合，着力充实外派员工队伍。通过组织推荐、个人自荐、公开选聘等多种方式，加强外派人才选拔。系统实施国际化人才培训项目，大力推进“实岗培训”，加大外派后备人才培养储备力度。根据境外机构用人需求，有针对性地加强小语种人才的招聘和分层分类培养。实施多部门、多机构联动，对紧缺专业人才由调配使用转向主动培养。2010年以来累计外派员工逾1 500人，较好地满足了境外机构的人才需求。

三是围绕本土化发展需要和跨文化融合，着力加强当地雇员管理。根据境外业务发展需要，大力引进急需的高级专业人才，不断提升当地雇员队伍整体素质。截至2013年末，境外机构当地雇员总数超过1万人，是2010年的2.4倍。积极拓展当地雇员发展通道，2010年以来择优选拔了12名忠诚度高、管理能力和业务水平较为突出的当地雇员进入管理层。加强跨文化管理工作，推进当地雇员在集团内部有序流动，2010年以来先后安排45名境外雇员到境内交流任职，并顺利实施了境外雇员在不同境外机构间的国际派遣。组织开展首届荣誉全球雇员评选表彰，丰富了跨文化管理内涵，促进了境外机构的跨文化融合。

四是规范境外机构管理，着力完善干部员工管理制度体系。按照集团统一的管理模式，完善全球雇员管理政策体系，将当地雇员纳入集团用工计划统一管理，建立统一的岗位职级、考核评价、培养发展和薪酬管理体系。制定印发《关于加快国际化人才建设的意见》、《外派员工管理办法》、《全球雇员管理办法》、《外派员工薪酬管理办法》等一系列制度文件，规范了外派员工的派前、派中、派后管理，提高了激励保障水平。各境外机构也结合自身实际，制定本单位相应的实施办法和管理细则，进一步提升了境外机构人力资源管理的规范化水平。

五是服务国际化发展战略，着力加强人才的一体化使用。通过外派等方式到境外机构历练，为全行培养和储备了一大批具有全球视野、熟悉国际金融规则的干部。2010年以来，共有34名外派干部在境外机构提拔进入管理层，有27名外派干部职级晋升到总行副总经理级以上。不少外派干部回国后担任了更加重要的领导职务，有近10名外派干部已成长为总行部门或一级（直属）分行的一把手，这些干部将国外先进同业和国际金融市场上的一些新理念、新思路带回国内，有力推动了国内产品、制度、流程、管理的优化与创新。关于境外机构干部使用问题，要坚持全行“一盘棋”的思想，这一点姜董事长在昨天的讲话中指导思想非常明确，必须坚持境内外干部的统一调度、统一使用，这对境内员工主动要求到境外工作，是个很好的激励和引导。

二、充分认识抓好境外机构班子和队伍建设的重要性和紧迫性

这些年来，境外机构班子和队伍建设总体上是好的，适应和推动了境外机构各项业务的发展。但是，面对严峻复杂的经营形势，面对境外机构的特殊发展环境，加快提升班子和队伍建设水平，更好地凝聚起全行力量和智慧，更好地服务于境外机构改革发展大局，促进国际化纵深发展，显得十分重要而紧迫。

（一）加强班子和队伍建设是实现境外机构新的发展使命的需要。随着国内经济形势和发展环境变化，境内分行利润增长大幅放缓，未来一段时间，境内机构的净利润增幅总体会保持在个位数，这就要求境外机构为集团作出更大贡献。去年，境外机构利润增长34%，以占全行1.9%的网点和2.4%的人员，实现占集团3.4%的拨备后利润，成绩可喜。但与总行党委期望相比，要实现2020年境外机构总资产5 000亿美元、总利润50亿美元的目标，任务还是非常重的，需要大家付出超常的努力。各境外机构要充分认识肩负的责任，加快融入本地市场，有效提高本地化业务占比，积极打造当地主流银行。要实现这一目标，关键还要靠境外机构自身努力，在内涵式发展上下功夫，不断优化资源配置和人才队伍结构，充分激发员工内生动力，努力实现跨越式发展。

（二）加强班子和队伍建设是适应日益复杂的监管要求与公司治理的需要。近年来，各国正逐步实施巴塞尔Ⅲ新资本协议，监管要求日趋严格。特别是在工商银行被确定为全球系统重要性银行后，各国监管机构纷纷将我行列为重点关注对象，在资本管理、流动性管理和合规经营等方面都提出了更高的要求。同时，各国监管机构对公司治理机制非常关注，在治理架构、制度安排、资本投入、风险管理、管理层配备等方面都有严格的要求和管控，在这些方面，我们有些机构关注得不

多，研究得不深，沟通得不够，有时处于比较被动的应付状态。有个别境外机构因这样或那样的问题，引起监管关注或被下调评级。这些问题涉及公司治理、业务架构、风险偏好、合规经营、人员配备、IT系统等方面，反映出我们适应监管要求的意识和能力还要进一步增强，需要我们从班子和队伍建设入手，通过完善治理、引进人才、强化培训等，不断提升监管沟通能力和合规经营水平。

（三）加强班子和队伍建设是实施跨文化管理的需要。跨文化管理是所有跨国企业都面临的重要课题，也是我们国际化过程中的重要挑战。文化从表面上是“看不见摸不着”的，却渗透于经营管理的方方面面。如果跨文化管理做得好，会成为发展的“加速器”；如果处理得不好，则会成为发展的“减速器”。国际上因跨文化管理问题导致的失败案例有很多。因此，能否更有效地实施跨文化管理对于国际化发展战略成败至关重要。与境内机构相比，境外机构的管理对象更加复杂，既有外派员工，又有当地雇员，外派员工来自五湖四海，大家的思维方式、生活习俗、文化底蕴、眼界视野不尽相同，而当地雇员的背景、文化、习俗、宗教也各不相同。在区域管理机构和并购机构，跨文化管理跨度更大，差异性更加突出。面对这些管理对象，我们既要积极推动当地雇员接受工行文化，又要努力促进外派员工尽快融入当地。总体感觉，境外机构对于适应当地文化非常注意，做得也比较到位，但是如何让一些并购机构适应工行文化，适应工行管理要求，这方面推动还不太够。对一些大的并购机构，在组织、激励、管理、整体理念上改造成功的案例还不多。要实现并购机构融入工行文化，需要人家对我们集团的认可，让人家觉得有未来，仰慕你、信任你，这是前提。我们外派的班子要有比较强的统筹驾驭能力、比较强的专业能力和比较强的语言能力，你不仅要有非常好的思路，还要很清晰地表达出来，使得从上到下都能够听到我们的声音，自觉按照要求来做。实际上，我们党的一些工作方法在境外是适用的，要利用各种方式统一思想，让大家看到愿景，做到掌握主动。现在看，新设机构这方面问题不大，我们有主动权，主要是并购机构。一些较大的并购机构虽然运行比较平稳，但实际上还是沿袭了原来的文化，有的甚至是片面地适应并购前的传统文化和做法，这些机构融入工行文化做得还不够。如果我们不主动去推动他们适应工行管理要求、融入工行集团文化，他们还是会保持原来的惯性。所以，跨文化管理对境外机构班子的管理能力是个极大挑战。

（四）进一步加强班子和队伍建设是解决自身存在问题和不足的需要。近年来，境外机构在人手相对有限的情况下，统筹抓好业务发展、员工管理和文化融合，取得较好业绩，但是也存在一些亟待解决的问题。从班子建设情况看，有个别境外班子不团结，管理不力，凝聚力不强，甚至极个别机构总共没几个人，还在那里各拉一个山头，影响恶劣，这种情况在工商银行绝不允许，这样的班子发现一个就调整一个；少数机构大局意识不强，落实总行战略、政策不坚决，执行力不够；少数机构民主决策机制不够规范，个别甚至出现“一言堂”；少数干部角色转换不到位，依然沿袭国内的管理方式和工作习惯，有的机构负责人特别是主要负责人适应能力还不够强；个别干部党性修养不够，放松对自己的要求，还有个别干部公私不分，喜欢占小便宜，甚至在廉洁自律上出现问题；一些机构囿于所在国家地区的限制，放松了组织生活，等等。这些年境外机构发展很快，出现这样那样的问题有时在所难免，但个别班子的有关情况造成了很不好的影响，甚至引起了当地监管机构的关注。大家要认识到，境外机构无论规模大小，但代表的是工商银行集团，甚至中国银行业的形象。所以，我们在班子和队伍建设方面还需要进一步重视、进一步加强。

三、切实加强境外机构领导班子建设

长期以来全行改革发展实践证明，凡是领导班子建设搞得好，事业就会发展壮大；反之，事业就会受到影响。少数境外机构主要负责人在思想认识上存在误区，认为到了境外，环境不一样了，规则也不一样了，在思想上放松了对班子建设的要求，这种认识是十分错误的，必须加以纠正。领导班子建设是中国特色现代金融企业制度的有机组成部分，是我们政治优势的具体表现，是事业成功的宝贵经验，无论在什么时候，无论在境内还是境外都不能丢。领导班子建设本质上是抓管理团队建设，希望在座各位一把手要认真思考，结合实际，把我们的独特优势与现代企业经营管理优势更好地结合起来，推进领导班子建设，充分发挥班子整体合力，锻造团结进取、坚强有力的领导核心。

（一）加强思想政治建设。思想政治建设是领导班子建设的基础，是把握正确经营方向的保证。在境外，越是面对多元多样多变的复杂环境，领导班子越要统一思想，坚定立场，保持在大是大非面前旗帜鲜明，在风浪考验面前无所畏惧，在关键时刻靠得住、信得过、能放心。要强化“五个意识”：第一是政治意识，作为国有控股大银行的分支机构负责人，政治立场、政治方向是首要坚持的。我去年5月份上任时，中央组织部赵乐际部长同我谈话，讲了一番话，非常深刻。他认为国有大行的负责人，要做一个银行家，首先要做一个政治家，要坚持走中国特色社会主义道路，要坚定地与党中央保持一致。工商银行是国有控股第一大行，是中国特色社会主义制度下的全球第一大行，要把我行的制度优势与市场优势结合好，把我们国有的政治优势与股改后的市场优势结合好，走出新路子。作为国有大行的各级分支机构，不管境内还是境外，都要不断加强理想信念、党性修养、党风党纪教育。这次我们用5天时间来系统学习习总书记系列讲话，其目的就是要用党的理论来武装头脑，指导实践，更好地开展工作，为经济社会发展服务。在座各位尽管人在境外，但是党的基本路线、中国特色社会主义基本理论等系统学习一定要坚持，确保政治上不出问题。第二是大局意识，要认真执行总行党委的各项决策部署，把本机构管理好、经营好是最大的政治、最大的大局，大局意识还体现在要有正确的业绩观、发展观、风险观，这是大局意识的具体体现和落脚点。第三是责任意识，大家有发展的责任、管理的责任、内控的责任等，这些责任都不是空的，体现在执行力，体现在工作作风等方面。第四是进取意识，当前外部环境变化很快，经营压力很大，一个行怎么经营，经营得好不好，关键看是否进取。现在对境外机构的考核指标很多，做好不容易，但混日子很容易，有少数同志担当意识不够，影响创造性地开展工作。所以大家一定要有进取心，敢于担当，真抓实干，这是思想政治建设的重要体现。第五是廉洁意识。这方面我后面会专门讲。

（二）提高履职能力。当前境外机构发展已经从机构布局期逐步过渡到深耕细作期，要适应国际化纵深发展的需要，把培养提高领导班子的战略决策能力、“开疆拓土”能力、专业能力与跨文化管理能力作为现阶段加强领导班子履职能力的重要任务。最近我在看一本叫《权力大未来》的书，讲权力是什么。权力首先是一种能力，是一种责任。权力分三个层次：第一个层次是自己的位子，是一张任命书、是一种表现形式；第二个层次是制度，流程、授权、要求，都是权力的体现；第三个层次是情智，要通过自己高水平的情商、智商、感悟力来领导，这才是权力资源到权力结果转换的软实力。我认为，提高履职能力主要包括“五种能力”：一是提高战略决策能力。工商银行过去十多年干得这么好，为什么？在于战略。工商银行最大的成功就是战略上的成功，这是最重要的，值得在座每位同志去感悟和思考。工行集团作为一家大机构有“大战略”，境外每一家机构也要有自己的“小战略”，要与总行提出的由资产持有大行向资产管理大行、由高资本占有向资本节约型业务、由存贷利差收入为主向多元均衡盈利增长格局、由本土传统商业银行向全球大型综合化金融集团的“四个转变”相适应，与全行优化“五大布局”、突出“三大战略”的经营结构战略性调整相适应，这些有的是一些长期的战略、愿景，有的是一些年度的规划、计划，怎么样才能相适应，需要各机构认真考虑。二是增强“开疆拓土”能力。境外机构不能仅满足于服务好“走出去”的中资企业，更重要的是不断提升“开疆拓土”的能力，也就是业务拓展能力。要根植所在国家和地区，加快拓展本地客户，深入推进本土化发展，努力成为“枝繁叶茂”的本土银行。现在各境外机构中，有的做得比较好，有的做得还比较一般，还有很大空间。三是要强化专业能力。过硬的专业能力是管理层履职的基础。尤其到境外机构工作，班子人数不多，但是专业种类很全，所以需要大家认真学习掌握各类专业知识。四是要提高跨文化管理能力。前面讲过，这是个重大挑战，需要大家秉承ICBC的发展理念与企业文化，深入研究、理解、熟悉当地的文化和法律法规，积极推进理念融合、制度融合、行为融合和文化融合。这里强调一点，文化融合是双向的，对当地文化当然要尊重、要沟通，但不是单纯地去迎合，更重要的是让工商银行的企业文化在当地落地生根，形成ICBC集团统一的文化。要坚持优势互补、互为融合、以我为主、争取主动。大家要有这个自信、这个魄力，当然，也要注意管理的方式方法。五是要提高学习能力。学习能力是最重要的能力，没有学习、没有感悟，战略和“开疆拓土”都是一句空话。一个人的竞争力在于学习力，有学习力才有感悟力。现代社会文凭很重要，它的重要性主要体现在两个方面：第一个是“敲门砖”，有好文凭可能进好企业；第二个是好文凭说明可能有较强的学习力。如果不学习，再高的文凭也只是一本证书而已。文凭只代表过去，不代表未来。银行知识说复杂不复杂，说简单也不简单，但是真正融会贯通很难，必须要真正钻进去感悟。大家在境外，专业面宽、新东西多、接触面广，有全球化视野，只要认真学习、认真思考、认真感悟，就比境内平台大。在境外工作几年，学习学习、感悟感悟，再回到境内工作，是一笔巨大的财富，包括专业、语言、管理都要认真学习，尤其是年轻同志出去以后，不断思考、不断学习非常重要。

（三）推进民主决策。决策是一个单位领导班子最基本的职能，境外机构置身海外，所处环境与境内千差万别，更需要集中集体智慧，确保各项决策正确科学。民主集中制是领导班子的根本工作制度，是实现科学决策、民主决策的必然要求。境外机构要认真贯彻落实总行党委要求，建立健全民主集中制的各项制度规定，抓紧制定和完善管理层议事和决策规则，科学合理地划分不同议事形式的职责权限，明确议事决策的范围，紧紧围绕议题的动议、酝酿、讨论、表决等重要环节，严格规范议事决策程序，提高境外机构管理层规范化运行水平。对重大决策、重要人事任免、重大项目安排和大额度资金运作等“三重一大”事项必须由领导班子集体讨论，做出决策并形成会议记录。在重大事项决策前，要充分发扬民主，广泛征求意见；研究决策重大事项，严格按照规定的程序进行；重大事项决定后，要认真组织实施，确保决策落实到位。当然，境外机构既有分行，又有子行，情况各不相同，如何把民主决策要求与管理层分工负责有机结合，与子行的公司治理机制有机结合，是在座各位一把手需要重点考虑研究的课题。现在反映比较多的，有的是决策不够民主，决策程序不合规；有的甚至是公私不太分明。希望引起大家的高度重视。很多同志出去前在专业部门当处长，对这方面程序不一定很了解，或不一定很注意；有的出去前在境内机构任负责人，办事很有魄力，但不太讲程序、流程，到境外就不太适应，有时甚至会出格，影响不好。因此，这两个极端都要避免。民主集中制是党的根本组织制度和领导制度，有些业务干部、专业干部在这方面做得还不是太好，这里给大家提个醒。

（四）加强团结协作。团结是领导班子的生命。每一个班子成员对此都负有重大责任。在团结问题上，最能看出一个人的党性，也最能反映一个人的品行。与境内机构不同，境外机构管理层成员来自五湖四海，相互之间不熟悉、不了解，加之外派管理层实行任期制和轮换制，流动性相对较大，在管理层的团结协作方面就更要引起重视。要针对境外机构实际，加强管理层成员的沟通交流，可参照境内民主生活会制度要求，探索建立外派管理层恳谈会制度，通过谈心谈话、批评与自我批评等，进一步增进了解、沟通思想，提高管理层凝聚力和战斗力。作为一把手，要善于当好班长，做到统揽不包揽、善断不武断、信任不放任、大度不失度，对副职既要明责授权，放手使用，给予充分信任，同时也要做到放手不放松，加强督促指导，在关键时候给予有力支持和帮助。特别是对新任职或年轻干部要多关心、多帮助，充分发挥副职作用，调动副职的积极性。对一把手，后面我还要专门提一些要求，这里就不展开说了。作为副职，要摆正位置，树立大局意识和组织观念，积极支持一把手工作，做到到位不越位、服从不盲从、补台不拆台、分工不分家。总体上，班子成员之间要相互信任，相互支持，相互关心，相互谅解，大事讲原则，小事讲风格，共同营造团结向上、健康积极的良好氛围，切实增强班子的整体合力。

（五）加强廉政建设。党的十八大以来，以习近平同志为总书记的新一届中央领导集体把党风廉政建设和反腐败斗争提到新高度，采取了一系列有力措施。对此，大家感受应该都很深。银行作为经营货币的特殊企业，在经营管理上有其内在规律和特点，但作为中央金融企业，央企属性决定了我们的政治责任和社会责任，是没有任何特殊性可言的。境外机构作为集团的重要组成部分，打造廉洁诚信银行，不仅关系到工商银行的品牌和社会美誉度，也关系到国际社会对中国金融企业的看法。境外机构领导班子要切实担负起廉政建设责任，一把手要牢固树立不抓廉政建设就是失职的意识，切实履行好“一岗双责”要求。要结合境外机构实际，认真贯彻落实总行党委要求，坚持标本兼治、惩防并举，确保廉洁银行建设取得新进展和新成效。要全面掌握干部员工的思想、工作和生活情况，注重抓早、抓小、抓苗头，从小事抓起、从日常管理抓起，经常性地开展警示教育，让干部时刻保持警醒，防止小毛病演变成大问题。要教育引导干部员工从严要求自己，懂规矩、守纪律，进一步强化纪律意识和组织意识，遵守所在国家和地区的法律法规。要按照中央部署，认真抓好领导干部个人有关事项报告工作，特别是配偶子女移居海外的，要如实填报，不允许领导干部本人申领外国永久居留权或外国国籍，凡有这种情况的，发现一起，严肃处理一起。今年，总行将出台境外机构高管人员廉洁履职监督检查办法，并对包括境外机构在内的分支机构开展个人有关事项报告的抽查核实工作，对无正当理由不按时报告、不如实报告或隐瞒不报的，将根据情节轻重予以严肃处理。各境外机构也要结合实际，健全和完善干部员工廉洁从业和加强监督相关制度办法，切实抓好制度办法的落实，发挥好制度的约束规范作用。

四、着力加强境外机构人才队伍建设

建设一流的银行需要一流的人才。现代商业银行的竞争从根本上讲是人才的竞争，我们要进一步更新理念，开阔视野，完善机制，创新手段，加快打造一支具有全球视野、立足本地发展、践行文化融合、追求卓越业绩的境外员工队伍，为境外机构发展提供坚强智力保障和人才支持。

（一）优化境外机构队伍结构。经营发展的本地化离不开员工的本地化。境外机构管理层要根据所在机构战略定位和发展规划，结合人员计划和工资总额情况，统筹考虑人员数量、年龄结构、专业搭配、文化融合等各方面因素，提出可行的本地化率目标和实施方案，有计划、有步骤地抓好推动落实。特别是在管理类职务、市场营销岗位和合规等专业上，要逐步配备更多能力强、市场口碑好、适应工行文化、年富力强的当地雇员，不断提高员工队伍本地化水平。总行有关部门要研究跨国银行境外分支机构人力资源配置规律和趋势，结合境外机构业务发展和人力资源市场情况，指导境外机构抓好人员结构优化调整工作。境外一万多人的当地雇员队伍，结构怎么调整、怎么优化，这是很大的考验。

（二）强化员工一体化管理。要充分认识当地雇员在境外机构员工队伍中的主体地位和本地化发展过程中的关键作用，加快实现覆盖当地雇员的集团一体化管理。要完善集团化用工管理体系，统一规范招聘当地雇员的入职程序，吸引更多的、适应境外机构发展需要的高端人才加盟，切实提高新招聘人员质量。要促进集团内员工的有序流动，进一步优化人力资源配置。在继续做好外派工作的同时，深化当地雇员到境内机构交流任职机制，建立完善当地雇员在不同境外机构间的国际派遣机制。要强化员工绩效管理和考核体系建设，树立正确的考核激励导向，做到公平公正、公开透明，不断激发员工的内生动力。外派和当地员工如何统一考核、统一激励，情况很复杂，要坚持分类指导，逐步完善。要尊重境外机构班子对激励分配的方案、建议和要求，总行可以再梳理一下授权管理，适当放权。对于表现好的当地雇员，要敢于大胆使用，提拔到关键岗位和管理层任职，激发和调动他们的积极性。要认真组织好第二届荣誉全球雇员评选表彰工作，第一届的效果很好，第二届人员可以多一些，面可以宽一些。对于完成外派任期特别是在艰苦地区完成外派任期、表现较好的外派干部，优先考虑派往发达国家使用，在回国使用时要适当倾斜。要坚持对员工的严格管理和严格要求，特别是在新媒体日益发达的情况下，要更加注重对外派员工的规范管理，严格约束外派员工的言行，避免可能招致的声誉风险。近期，总行印发了《境外机构员工管理细则》，对外派员工管理提出了明确要求。各境外机构要认真贯彻落实。要加强外派员工的思想教育，严肃外派纪律，让外派员工及时学习、掌握国家以及总行的相关政策要求，确保他们能够在复杂环境中经受住考验。

（三）加强人才梯队建设。要从长远考虑，借鉴境内分行后备干部队伍建设经验，加快选拔储备一批认同工行价值观、业绩表现好、全局意识强、员工评价高、发展潜力大的外派员工和当地雇员，定期调整补充，有计划地培养锻炼。力争用三年左右时间，在规模较大的境外机构建立人才梯队，在保障境外机构长远发展的同时，为境外机构员工提供更广阔的发展平台。要强化员工教育培训工作，充分运用和发挥境内网络大学等各种教育培训资源，加强对境外机构员工的新业务、新产品、新系统培训；要针对当地雇员实际，在开展业务学习的同时，有针对性地帮助当地雇员了解掌握中国文化。要通过教育培训，进一步提高员工的业务技能和综合素质，促进人力资本不断增值。总行有关部门要加强组织协调，发挥好我行干部资源丰富的优势，让更多的干部外语过关、文化适应，更好地投身到国际化发展中。对于已经纳入后备人才库、外语基础相对较好的干部，特别是参加过海外研修或国际化人才培训项目的干部，要尽量及早使用；因各种原因短期内没有外派的干部，应在境内继续定期组织外语培训和测试，或通过短期工作支持等形式到境外机构参与一些重点项目和工作，尽量使他们保持良好的语言水平，随时做好外派工作的准备。对于国际化培训项目，总行一直高度重视，两年已经培养266人，总体还是不错的，对境外干部员工储备发挥了很好的作用，现在外派占比20%多，以后还要不断给这些干部创造机会。在选拔国际化培训项目人才时要注意严格把关，培养的目的在于使用、为了外派，要进一步提高投入产出，把项目的作用发挥好。

五、充分发挥境外机构一把手的表率和核心作用

抓班子、带队伍是一把手的一项最基本、也是最重要的工作职责。怎么才能抓好班子、带好队伍呢？孔子曾说过：“其身正，不令而行；其身不正，虽令不从。”实践证明，一把手自身过硬，率先垂范，以身作则，敢抓敢管，领导班子就会有凝聚力，干部队伍就会有战斗力，对群众就会有号召力；反之，班子就会软弱涣散，干部群众就会离心离德。作为境外机构的一把手，要深刻认识到这一点，自觉贯彻习近平总书记提出的好干部的标准，带头做到“信念坚定、为民服务、勤政务实、敢于担当、清正廉洁”，既要在工作态度、工作作风、工作效果上作表率，也要在个人生活品行上作示范。要坚持以身作则，用好的作风感染员工，用过硬的素质带动员工，用优良的品质影响员工，发挥好示范引领和表率作用，把工商银行的国际化事业、把境外机构的改革发展向前推进。

（一）在转变作风上要率先垂范。一把手是一个单位的一面旗帜、一个标杆，一把手的实际行动就是无声的命令。一是要坚定理想信念。这是对一把手第一位的要求，也是最起码的要求。作为境外机构一把手，面对境外各国各地区各种政治情况和外部环境，要切实发挥好“头羊”、“首雁”的作用，以高度的政治觉悟带头坚定理想信念，带动大家正确理解看待国内外制度、文化的差异，不断增强我们的道路自信、理论自信、制度自信，坚决贯彻执行国家政策以及总行党委的战略部署，旗帜鲜明地维护国家的利益，维护工商银行的形象。二是要坚持求真务实。未来几年，是境外机构本地化纵深发展的黄金期，也是各类需求和矛盾的凸显期，要完成好总行党委赋予的新的使命和任务，关键要靠真抓实干。作为一把手，要牢固树立求真务实、真抓实干的工作作风，坚持说实话、办实事、求实效，冲在一线、干在前面，始终做到身先士卒、率先垂范。现在有的机构存在工作浮躁、飘忽的现象，要扑下身子研究本地市场、研究本土客户、分析市场需求，创造性地开展工作，努力解决困难。光靠说是不能解决问题的，一定要沉下身子去，好好研究问题。三是要密切联系群众。要有意识、有方法地多与外派员工、当地雇员沟通交流，多渠道、多角度地了解情况和问题，让决策更接地气。现在境外机构规模普遍不大，人员也较少，加之外派员工多数是单身在外，社交面窄，心理压力往往不容易疏导。作为一把手，要注意做好员工的思想工作，主动关心关爱员工，及时了解员工思想动态，把准员工思想脉搏，使员工的意见建议和思想诉求能够得到关注，帮助他们及时做好心理调适。同时，在政策规定允许的范围内，尽可能帮助他们解决工作生活中遇到的困难，努力解除他们的后顾之忧。很多境外机构非常不容易，特别是一些艰苦地区，员工心理压力更大。平时如何关心外派员工，做过细致的工作，是在座各位一把手的责任、义务。有什么困难，总行尽量创造条件帮助解决。四是坚持廉洁从业。大家长期在境外工作，面对境外各种思潮的侵蚀，一定要有定力。要强化廉洁自律意识，

主动接受员工监督，始终做到严自律、善治家、慎交友，坚决克服侥幸心理，在任何环境、情况下都稳得住心神、管得住行为、守得住家园，保持高尚的精神追求，提高拒腐防变能力。由于境外法律环境和境内存在差异，大家在当地要增强法律意识，确保正常的客户营销和内部管理工作不违反所在国家和地区的法律法规。

（二）在履行职责上要勇于担当。这方面其实刚才我已经说过，这里尤其提醒的是各位“一把手”。一是要增强责任意识。大家在境外都代表了整个工商银行乃至是中国银行业的形象，和大家打交道的很多是商业领袖、监管当局和高官政要。加上管理的资产很多，肩上的担子很重，大家一定要有责任重于泰山的意识，坚持事业发展第一，对工作任劳任怨、尽心竭力，勇于担当，善做善成，始终把精力放到促发展、抓落实上，做到扛得住、干得好、打得赢。二是要增强大局意识。大家都是工商银行的高级管理人员，一定要站在全行高度思考问题、谋划行动，从 ONE ICBC 的角度出发，依靠内外联动、外外联动提升全球服务能力，打造核心竞争力。要自觉把本单位的利益放到全行大局中去考虑。对总行工作部署和要求，要注意结合实际贯彻落实，一抓到底，抓牢抓实，抓出成效。三是要敢于动真碰硬。现在，有的领导干部好人主义盛行，明知同事或下属有错也不敢批评，一团和气，一些境外机构也存在这种情况。无论是外派管理层领导还是外派员工，都有固定任期，有些干部或出于“事不关己、高高挂起”的思想，多一事不如少一事；或出于怕得罪人，该批评的也不批评，该处理的也不处理。久而久之，在机构内部就放松了管理要求。我们有“从严治行”的传统，境外机构一把手要能板起脸来，真正严格管起来，严格管理和关心关爱并不矛盾，我当这么多年行长有一个体会，对员工最大的关心是严格管理。

（三）在领导方法上要统筹兼顾。要进一步增强党性修养，提高领导艺术，协调平衡各方面的关系，努力凝聚各方面干事创业的力量。一是要善于统筹协调。一个班子，即使素质再高、战斗力再强，也难免会产生摩擦，出现不协调的地方。前面我也说了，境外机构班子有一定特殊性，在班子团结和协调方面需要更加注意。“一把手”作为班子的核心，要学会统揽全局，协调各方。作为一把手，大家要经常与副职沟通，了解自己的副职，掌握他们的经历、特长、脾气性格，在工作分工、安排任务时要做到知人善任、扬长避短，把每个人的潜能都充分调动起来、释放出来。善于抓住每个成员的特点，多做统一思想的工作，多做求同存异的工作，以共同的目标来凝聚人，以合理的分工来调度人，让每个成员都能各负其责、各显其能，使整个集体能够目标同向、行动同步。二是要坚持民主集中制。实践表明，只有坚持民主才能集思广益、减少失误，才能理顺情绪、凝心聚力，才能充分调动上上下下、各层各级的积极性，形成统一的意志和行动。反之，一把手如果忽视民主、霸道专横、搞“一言堂”，就会主观臆断、独断专行，不仅脱离了群众，工作也寸步难行。有些“一把手”不会运用民主管理，把民主集中制当成生硬的制度来贯彻，工作缺乏艺术，该民主时不民主，该集中时不集中；有的一把手成为“一把抓”，事不分巨细，权不分大小，统统抓在手上，整天忙忙碌碌，不该管的管了，该抓的没有抓。还有的一把手压根就不想运用民主，怕民主束缚了手脚，不当“班长”当起了“家长”，个人说了算，集体研究成为了一种形式和摆设。所有这些，我们都要注意克服。三是要公道正派。领导干部处事公道、为人正派，就能服众，就能赢得群众的信任，就能树立权威，就能解决处理好矛盾与问题。反之，搞团团伙伙、裙带关系，会凭私人恩怨、个人意气、亲疏关系来处理事情，就会使简单问题复杂化，伤害员工和下属的感情，失去支持，影响团队凝聚力。所谓的人格魅力，主要是公正、公平、坦诚，大家觉得信任你，愿意跟你干，这就是人格的魅力。一个人的口碑品行正不正，就体现在这里，所以说干部的人格力量，主要靠做人做事。四是要胸襟开阔。当领导的一定要肚量大，要有容人之心。“一把手”，要容得下有缺点的人，不要求全责备；要容得下不同性格、风格的人，不要苛求完全与自己保持一致；要容得下与自己意见不一致的人，善于化“对手”为“帮手”，不能把稍有不合或一时不合的人视为异己，加以排斥；要容得下比自己强的人，不应产生妒嫉心理。要加强沟通，遇事先统一思想；要心胸开阔，顾全大局，真正做到讲党性、讲团结，不争你高我低，不搞无原则纠纷，既敢于坚持正确意见，更敢于否定自己不符合客观实际的意见；要彼此尊重，诚心诚意地给对方以工作上的支持、生活上的关心、感情上的交流，特别是在境外，大家多数都是抛家舍业，从这一点看都非常不容易。一个好心情比什么都重要，能在一起工作，是个很大的缘分，在国内在一起都不容易，何况是到境外的机构？想明白了，退一步海阔天空，这是一个干部的修养。如班子闹不团结，我看主要责任还是在一把手。

今天用了两个小时的时间，跟大家在一起沟通交流，有些是工作上的要求，有些是我个人的体会，希望能对大家有所启发、有所帮助。总之，希望大家要充分发挥核心作用，抓好班子，带好队伍，团结带领本单位员工心往一处想，劲往一块使，共同推动境外机构的国际化向纵深发展，努力向总行党委交出一份满意的答卷。

在中国工商银行2014年第一季度行务会上的讲话

易会满

（2014年4月15日）

这次行务会主要是通报第一季度经营管理情况，对照年初工作安排检查工作进度，针对薄弱环节，完善和落实有关工作措施。下面，我先讲几点意见，然后请董事长作重要讲话。

一、关于第一季度主要经营情况

今年以来，面对经济下行压力加大、利率市场化加速、金融监管趋严、互联网金融跨业竞争加剧等环境变化，全行认真贯彻改革发展研讨会和2014年工作会议部署，各项工作立足抓早抓实，协调推进，实现了良好开局。

（一）主要财务指标完成情况符合预期。在去年四季度盈利增长较快的基础上，今年第一季度仍然保持了××%的净利润增速，达到××亿元，同比增加××亿元，利息收入与中间业务收入呈现协调增长局面。第一季度实现利息净收入××亿元，同比增长××%，净利息收益率（NIM）××%，稳中略升。其中，人民币新增债券投资收益率达5.41%，同比提高139个基点，在投资余额同比仅增长0.6%的情况下，实现盈利增长6.1%。手续费及佣金净收入××亿元，同比增长××%，占营业收入的比重××%，较上年提高××个百分点。私人银行、信用卡分期付款、养老金、品牌类投行、实物贵金属成为中间业务增收亮点，收入同比增长均超过20%；基础类投行在规范管理、强化服务的基础上，实现收入37.8亿元，同比增长14.83%，扭转了上年收入负增长局面。成本收入比继续保持在24.17%的较低水平。

（二）存贷款业务发展保持稳定。存款在年初出现较大下滑后逐步回升，截至3月末，境内分行人民币各项存款余额15.5万亿元，较年初增加4 883亿元，增幅3.3%，同比略有多增。其中，储蓄存款增加3 632亿元；机构存款增加2 025亿元，同比多增482亿元；同业存款增加755亿元；公司存款下降1 529亿元。人民币各项贷款较年初新增2 616亿元，增幅3%，为年度计划的29.1%，较好地贯彻了稳健货币政策的要求，有效支持了实体经济发展。从贷款投向来看，通过扩大目标市场选择、合理调整信贷支持重点、加强行业政策与产品、客户及区域政策配套衔接等措施，提升了优质信贷市场竞争力，重点基础设施、制造业、现代服务业、文化产业等目标市场贷款合计新增1 583亿元，占公司贷款增量的79%；钢铁、水泥等6个产能过剩行业贷款余额下降32亿元，信贷结构持续优化。从贷款收益来看，第一季度境内分行各项人民币贷款收益率为6.13%，比年初上升3个基点，扭转了自2012年第二季度以来连续7个季度下降的趋势，特别是新发放个人类贷款平均利率较年初上升29个基点，达6.89%，带动了新发放贷款利率的提升。

（三）重点业务板块和业务线发展加快。“三大战略”深入推进，促进了重点业务板块、重点业务线竞争力的提升，也有力地推动了经营转型。第一季度，大零售业务营业贡献502亿元，占全行营业收入的40.2%。大资管业务实现收入67.87亿元，理财产品发行额达1.58万亿元，同比增长27%；资产托管规模突破5万亿元，并在同业率先推出托管增值服务。信息化银行建设步伐加快，一批适应消费金融、具有移动互联特点的重点创新产品影响力扩大。“融e购”电商平台自1月中旬正式营业以来，短短两个多月入驻商户达621户，注册会员突破190万人，累计成交金额27亿元；“逸贷”签约客户达24万户，贷款余额53亿元，较年初新增9亿元，占新增个人消费贷款的32.7%，成为拉动个人消费贷款业务发展的重要力量；基于“小额、便捷”理念改造后的“工银e支付”全新上线，显著改善了客户体验，一季度新增客户超过300万户，总客户数突破1 000万户。跨境人民币业务快速增长，继新加坡分行、万象分行之后，金边分行又成功获批柬埔寨人民币清算行；国际贸易融资余额与增量实现了四行占比双第一。

（四）关键环节和重点领域改革稳步推进。坚持把改革贯穿经营管理各项工作，以改革促转型促发展。总行本部机构改革基本到位，正在重新核定内设机构和人员编制。零售、公司、机构三大业务委员会运作机制开始发挥作用，营销系统、管理平台日益完善，促进了客户扩展和业务协调联动。截至3月末，金融资产5万元以上的中高端个人客户净增超过100万户，其中私人银行客户数3.69万户，较年初增加5 538户，超过全年拓户目标的一半；公司客户净增10.2万户，完成全年拓户计划的40.8%；机构客户在部队加大清理撤并账号的情况下，实现净增超过7 000户。以网点竞争力提升工程为抓手，加快线下渠道建设，运营标准化建设取得阶段性进展。信贷流程改革方案有序落实，简化流程、优化授权审批、强化贷后风控等方面成效初步显现，信贷运行效率得到一定提升，基层行反响良好。

（五）全面风险管理工作得到新的加强。历经监管部门多轮评估和验收，成为首批获准实施资本管理高级方法的银行。启动全球系统重要性银行的IT系统和数据仓库建设、恢复与处置计划制定等工作。加强集团资本的统一规划和管理，出台境外及控股机构资本管理办法，促其不断优化业务经营策略和风险资产组合，推动资本约束下的健康发展。突出加强信贷资产质量管理，成立信用监督中心，积极运用大数据技术强化信用风险监控。加快不良贷款清收处置，一季度共清处不良贷款215.7亿元，其中现金清收77.4亿元，现金回收率35.87%。认真贯彻国务院107号文件精神，对10大类表外业务开展全面检查，并从业务制度、流程、系统上加以完善，防止表内外业务之间、不同表外业务之间风险交叉传染。对银行卡套现套贷、业务外包等风险易发多发领域加强监控核查，消除了风险隐患。

总的来说，第一季度在困难和压力加大的情况下，全行上下付出了艰苦努力，取得较好的成绩，非常不容易，也鼓舞了士气，提振了信心。但我们也要清醒地看到，经营环境的复杂性可能不是短期现象，而是一个中长期特征，同时经营发展中一些问题也不容忽视，主要是不良贷款反弹势头仍没有得到有效遏制，存款增长仍没有摆脱被动疲弱态势，客户、渠道、风控等管理基础仍不够扎实，支撑转型发展的动力仍然偏弱，等等。面对这些困难和问题，我们要加强研判、找准根源、突出重点，着力完善各项工作策略和措施，着力提高经营管理质量和效率，巩固稳中求进的良好局面。

二、关于信贷资产质量稳控和信贷经营把握问题

今年以来，受内外部多种因素影响，全行信贷资产质量控制压力进一步加大。一是不良额和不良率持续双升。3月末，集团不良贷款额较年初增加××亿元，不良率××%，上升××个百分点。还原××亿元的核呆因素，不良贷款实际增加××亿元，不良率已突破××%，达到××%。有19家一级（直属）分行不良贷款出现“双升”。二是信贷风险有从东部向中西部分行、从小企业向大中型企业、从表外向表内传导蔓延趋势。还原核销因素，东部的福建、浙江、江苏、上海和山东5家分行不良贷款增加××亿元，占全行新增不良的一半；中西部的山西、内蒙古、四川、陕西、湖南等分行不良贷款增加较多，山西、内蒙古两个资源大行分别增加××亿元和××亿元。与去年不良贷款基本集中在小微企业和个人贷款领域不同，今年第一季度大中型企业资产质量劣变明显，甚至有少数大型央企的成员企业也出现信贷违约。大中型企业、小微企业、个人贷款累计劣变占比分别为35.4%、35.8%和28.8%。此外，保函、代理投资等表外业务风险凸显，并有向表内传导趋势。三是不良贷款和逾期贷款“剪刀差”进一步扩大。本外币各项逾期贷款达××亿元，剪刀差由年初的××亿元扩大到××亿元；逾期率××%，较年初增加××个百分点。为保持质量稳定，第一季度，全行加大不良贷款处置力度，当季消耗拨备资源75亿元，同比增加61亿元。到3月末，集团贷款减值准备余额2 461亿元，较年初增加52亿元；拨备覆盖率××%，较年初下降××个百分点；境内口径拨贷比××%，较年初下降××个基点，已低于银监会2013年监管触发值。

作为拥有境内18万亿资产、9万亿信贷资产的大行，资产质量管理永远是我们经营管理的核心，牵一发而动全身。在前不久召开的业绩发布会上，境内外投资者最关心的问题依然集中在信用风险领域，资产质量是投资者衡量一家银行投资价值并作出投资决策的重要依据。对保持复杂形势下资产质量稳定的重要性，董事长在多次会议和场合上都反复强调过。近来在全行财务会计、信贷工作会议上，我们也进一步分析了原因，提出了要求。总行还就加强信贷风险管理、努力清收转化不良贷款专门下发文件，提出了不良贷款超计划增加额与分行的信贷规模和主要班子成员绩效工资挂钩、加强对不良率超过一定比例的二级分行和支行信贷整顿管理、严肃责任追究等8条措施。各相关部门要进一步明确责任，督导各行不折不扣地落实各项措施，坚决遏制不良贷款反弹趋势，确保信贷资产质量基本稳定。到6月末，不良贷款增加额和不良率争取控制在第一季度水平，逾期贷款和不良贷款的剪刀差要比年初减少100亿元。

一要“治淤”，加大不良贷款清收处置力度。一方面，要指导分行综合运用并要积极创新多种手段加快清收处置。对大额风险贷款清收，督导分行行长和主管行长一竿子插到底，防止“挂名不挂帅”。对个人客户风险贷款，要建立贷款行、发卡行和债务人户籍资产所在地分支行的合作追偿机制，加强对债务人异地资产的核查追索。要按照新修订的呆账核销管理办法，尽快分解下达2014年呆账核销计划。总行在审批打包转让和呆账核销时要统筹考虑效率与财力的平衡，坚持“三优先”原则，即优先综合受偿率较高的包、优先处置损失率较低的项目、优先利润计划完成较好的行，高成本批量处置原则上不做。另一方面，要加强逾期贷款催收管理。对欠息额度小但对应本金多、清收撬动作用大的逾期贷款，要通过加大清收力度、贷款转让等方式转化风险。对企业生产经营正常并具有良好还款意愿、但因

市场等因素出现暂时性还款困难、实质风险可控的逾期贷款，可对还款期限、方式、金额等要素进行调整。

二要“清源”，全力抓好信用风险防控。要继续加强贸易融资、中小企业、个人经营贷款等重点领域的风险防控，同时高度关注周期敏感性行业、产能实质过剩行业，尤其是经营持续亏损、盲目投资、过度融资、民间借贷、交叉违约、隐性关联等客户，增强风险防控的前瞻性和主动性。要严防平台贷款及房地产相关业务风险，包括房地产开发贷款、经营性物业支持贷款等固定资产支持融资业务。要坚决清理无效、没有实际意义的保证担保，严控保证贷款占比，把控好实质风险。要抓紧研究建立信贷经营机构资质认证和业务经营特许制度，对风控能力薄弱的机构，要限制或暂停办理相对高风险业务。这次机构改革在信贷与投资管理部下组建了信用监督中心，目前已投入运营，要充分发挥其作用，提高风险监测和预警水平。要把握不良贷款区域性特征，坚持分类指导、因症施策，比如江浙闽地区主要是小微企业和个人经营性贷款风险，津沪地区主要是钢贸风险，晋蒙地区风险主要和煤炭资源有关，要因地制宜化解不良。要特别关注中西部地区分行风险变化，严防突发风险事件。

三要“追责”，严格落实责任。不良贷款的成因是多方面的，这里我想强调的一点是责任。总行在今年信贷流程改革中下决心推行“审批下放、监管上收”，这其中关键是责任要清晰、要落实。现在很多不良贷款是责任缺失造成的，必须本着“从严治行”的精神“从严治贷”，进一步构建严格和完善的信贷管理责任机制，通过严肃的责任认定和追究使全行上下特别是信贷从业与管理人员能够真正从中吸取教训，增强信贷质量管理责任感和风险敏感度，促进全行信贷经营管理水平的提升。近日，总行对分行处理偏轻或未处理的400多人次提出追加处罚意见，严肃追究了有关管理人员的责任。针对当前经营环境下贷款质量劣变趋势和特点，总行党委还专门研究了不良贷款责任认定的一些新的办法措施，主要是：对新增贷款增加较多和较快的一级（直属）分行进行通报诫勉；加大对不良贷款持续上升且幅度较大的二级分行负责人的问责力度，并责成相关一级（直属）分行对其领导班子进行调整；研究制定金融资产服务业务违规责任认定管理办法，加强对金融资产服务领域重大风险事件的责任认定；强化对钢贸、商品融资等不良贷款集中爆发业务领域的专项问责；组织对一级（直属）分行权限内的责任认定进行检查，对检查发现问责处理不到位的要责成重新认定。同时，也进一步明确了责任追究方式的要求，从经济处罚为主转到行政处理、岗位调整和经济处罚并重，该罚的罚，该纪律处分的纪律处分，该解除合同的要解除劳动合同，以警示全行。还将实行信贷责任认定终身追究制，只要认定负有信贷损失责任，不管其岗位升迁还是变动，都要严肃追责。

当然，在严肃责任、违规必惩的同时，更特别注意坚持“尽职免责”，慎重认定每一笔贷款的责任，加强甄别，科学对待，认真区分究竟是因履职不到位等主观因素、还是因市场变化等客观因素形成的风险损失，责任清楚的要处理到位；同时又不能责任追究扩大化，保护“尽职”信贷从业人员的工作热情，塑造健康的信贷文化。

四要“缓释”，分阶段消化不良贷款。银行经营发展中总会伴生着风险，从目前看，整体信贷风险可控且在我们能力承受范围之内，但在当前经济下行压力加大的情况下，全行要有打不良贷款持久战的心理准备，不要寄希望于朝夕之功，通过打包转让或呆账核销等一蹴而就。要有坚守风险底线的强烈危机感和责任感，像股改前大打资产质量攻坚战那样打好信贷资产质量保卫战。同时还要有实事求是的精神和科学的态度，在摸清底数的基础上，把握工作节奏，分阶段消化不良。

此外，要高度关注表外业务风险问题。近一段时期，全行表外业务风险有所抬头。截至3月末，银行承兑汇票、保函、信用证等传统表外业务余额1.75万亿元，比年初增加580亿元；垫款余额59.6亿元，比年初增加8.7亿元，其中大连、山东、浙江分行船舶保函垫付风险较大。银行代理投资等新兴表外业务风险频发，比如引起社会广泛关注的“诚至金开1号”项目，不仅处理起来异常复杂，而且在一定程度上对我行声誉造成负面影响。目前，银监会正对我行表外业务进行检查，各部门要督导分行积极配合、做好沟通，促使全行以此为契机及时整改存在的问题。一要合理控制传统表外业务的规模、增速，加大对合同项下未提款等资本占用高、风险收益低的表外业务的清理压降力度。二要强化表外业务全流程管理，严格执行表外业务准入标准，提升反假防骗能力。三要统一表内外业务风险偏好、行业政策与风险把控标准，探索不同表外业务差别化审查审批方法，完善对金融资产服务业务的统筹管理。四要加强代理业务管理。压缩现有合作机构数量，规范合作机构管理，对我行推荐的融资客户和融资项目办理代理投资业务，在符合监管要求的前提下，优先与工银瑞投开展合作；严格审批授权管理，一级（直属）分行审批的代理投资业务，对应的理财产品及代销产品不得跨行或全行销售；代理代销其他金融机构产品的，要在业务合同中明确其作为风险承担主体；原则上不得办理非我行自主营销的融资客户或项目的代理销售业务；严禁为各类集合投资工具的本金或收益兑付提供任何显性或隐性的担保或承诺。五要加强表外业务流动性管理，控制期限错配比例，改进流动性管理技术。六要加大对表外业务垫款及代理业务风险的专项问责，对银票、信用证、保函垫款以及代理投资、代理销售出现的风险事件要严格问责标准、严格问责措施、严格责任追究。总行将于近期印发《关于加强金融资产服务代理投资业务管理的意见》，有关部门要督导分行严格落实。

解决和消化当前全行信贷资产质量问题，还是要坚持发展的眼光和思路。要把握好今年新增贷款的投向和质量，不能累积新的结构性问题和矛盾，这要作为一个基本要求；更不能出现当年放贷、当年形成新的风险，这要作为一个底线。从第一季度信贷业务运行情况看，信贷增长总体平稳，投向基本合理，但结构不平衡不协调的问题依然存在：小企业贷款（内部管理口径）比年初增加 186 亿元，同比多增 58 亿元，尽管增势有所好转，但较全行 3% 的平均贷款增幅低 0.8 个百分点，且受资产质量影响，其增长的持续性存在不确定因素；按照可比口径，个人消费贷款比年初仅增长 28 亿元。当前社会各界和监管部门对银行支持小微企业发展和消费升级寄予很高的期望，小微企业、消费信贷也是我行信贷结构调整中的两大战略业务领域，尽管在发展过程中遇到了一些困难和问题，但大方向不能变，必须坚定不移地走下去，以新的模式和机制促进业务走出持续、健康发展的新路。总行明天将召开小企业金融工作会议，对重构小微企业经营模式作出安排，部署发展目标和重点工作，相关部门要督导各分行抓紧贯彻落实。要把逸贷作为消费信贷新的增长点，从目标客户和商户两端加大业务拓展力度，加快对代发工资客户、信用卡客户以及 POS 商户和融 e 购客户的批量营销，力争 6 月末逸贷个人客户和特约商户分别增加 15 万户和 13 万户，年内逸贷规模突破 300 亿元。房地产市场当前变化较快，波动加大，出现一线城市和部分三四线城市结构性的两极分化，未来走势不确定性较大。要密切关注投机氛围重、前期房价涨幅过大过快城市的房价回落风险，注意把握个人住房贷款按揭成数，确保这项业务在房地产市场波动中稳健发展，不发生大面积风险。对于房地产开发贷款，要继续坚持总量控制和名单制管理，严禁理财资金投资房地产，这方面的项目包括私人银行的项目要全部停掉。要落实好国务院 4 月 2 日常务会议精神，棚户区建设项目主要由开发性金融支持，我行棚户区改造项目要严格按照商业化、风险可控原则，审慎把握。有关房地产市场的信贷掌握和风险控制问题，总行近期还将专门开会研究布置。

目前信贷流程综合改造大部分工作正在实施过程中，希望有关部门加大工作力度、加快推进。要根据总行部门组织架构调整，整合小微企业和个人经营性贷款业务的前中后台职能，进一步理顺信贷经营管理体制。要重点推进实施“总对总”授信、授信项下授权审批制、低风险业务简易流程，改进信贷尽职调查和档案管理。要改善部门的“内循环”，尽快印发优化授信管理的实施意见，并指导分行梳理调整内部劳动组合和流程，切实提高授信审批效率。

三、关于大零售和大资管业务发展问题

实现今年盈利增长目标和可持续发展，就要充分发挥大零售和大资管的拉动作用。第一季度，这两大战略整体规划和主要工作方案都已经布置下去了，下一步关键要抓推动、见成效。

大零售，一要建立战略推动机制。战略实施纲要下发后，系列指导意见要抓紧研究完善，成熟一个、下发一个。同时要建立业务通报和问题报告制度，按月通报各行主要业务指标情况，了解和发现基层行业务推进中存在的问题，及时帮助解决。要细化试点机构实施方案和配套政策，鼓励和支持试点机构先行先试、率先发展、重点突破，探索出大零售发展的新模式新路径。二要加大产品创新和市场营销。要针对外部形势的变化，突出“产品为王”的创新和竞争理念，在已有的渠道优势基础上，拿出更好的产品来吸引活跃客户、年轻客户、未来客户。要研究成立跨部门、综合性团队，进一步集中全行有效资源，对服务产品、服务模式做更大力度的整合和改造，提升客户体验，树立工商银行变革、创新、进取和充满活力的新的市场形象。当前要把产品创新的重点放在互联网金融、便捷支付、投资理财、小额融资客户拓户产品和个人中高端客户的综合性服务上。零售业务推进委员会要对产品逐个进行专题研究，全力推进。对已经开发的工银 e 支付、e 灵通惠民理财等成熟产品，要有明确的市场推广计划，掀起营销宣传的强大声势，迅速扩大市场影响力。个人外汇和账户交易类业务市场门槛高、竞争程度相对较低，是高附加值的富矿，但由于对客户经理的专业素质以及对客户本身的投资水平和风险承受能力都有较高要求，目前推广不理想，业务和收入规模还很小，要有针对性地加大对客户经理的业务培训，加强客户的宣传教育，努力提高客户覆盖率和业务交易规模，尽快将这些业务培育成新的收入增长点。收单业务要针对目前第三方支付机构的冲击，坚持统一规划、统一管理、统一运营模式、统一风险监控和纳入总行系统平台统一接入的“五统一”原则，选择好合作对象，既借助第三方机构获取完整真实交易信息，又要尽快提高自身在线上线下收单的竞争力，及早投产线上 POS 项目，拓展线上商户，提升我行收单交易和收入规模及占比。私人银行业务要尽快提高资产综合配置和产品销售能力，逐步改变目前较多依赖单一高收益产品参与市场竞争的局面。三要开发建设好业务系统。客户信息系统、新一代个人客户营销管理系统开发的前期工作已经完成，争取尽早完成版本投产，实现客户信息、产品与营销管理的统一视图。要抓紧开发个人客户风险监测系统、个人业务数据系统，逐步实现个人信贷风险监测分析、个人业务业绩评价等功能。

大资管业务今年以来发展较为平稳，管理和托管资

产规模增速符合预期，但业务收入的增长不理想。第一季度，全行资产管理和托管业务收入分别为34.46亿元、24.06亿元，同比分别负增长18.3%、5.9%，距全年增收20%的任务目标差距明显。第二季度，要采取针对性的措施，尽快扭转增产不增收的局面。一要抓好产品营销。根据2014年经营计划，资产管理业务线要实现收入173.69亿元，假定管理费率不变，则要求全年理财产品销售额要达到6万亿元。因此，做好理财产品的销售仍然是当前的重中之重。要充分激发互联网渠道销售潜力，第一季度我行销售的个人理财产品中，网银和手机银行销售占比为57.6%，这与我行电子银行交易量在整个交易量中80%的占比，与当前互联网理财的快速发展相比，是有很大潜力的。要借鉴电商和同业的做法，尽快实现行外客户通过门户网站、电商平台方便购买我行理财产品，打造更为开放便利的线上理财销售平台。要充分挖掘法人客户潜力，深入研究不同法人客户的资金性质和流动特征，面向重点法人客户建立专户理财服务机制，努力提升理财产品在法人客户中的渗透力。二要优化产品结构。第一季度，我行保本理财发行额和日均余额同比分别增长96.3%和69.6%，而非保本理财日均余额却下降了835亿元、降幅10.2%，因而整体拉低了理财业务的盈利能力。这种状况，表面上是理财产品发行结构的问题，实质上是如何统筹表内外资产负债业务发展全局的问题。有关部门要算好全局账、打好全局牌，处理好保本理财与非保本理财的关系。我们适应部分客户的避险投资需求，发展一定的保本理财是需要的，这也有利于促进存款的增长，但不能过度地依赖保本理财，更不能因高成本造成银行的亏损，这是商业银行必须坚守的原则。要真正通过工商银行的信息技术、风险管理和专业团队优势，打造具有安全性与盈利性综合比较优势的理财产品，以专业的投资管理服务来稳定我行客户存款、吸收外部客户资金，这才是我们追求的理财与存款的良性互动。第二季度非保本产品的发行要力争不低于1万亿元，余额增加1 000亿元，确保非保本产品占比实现回升。这项任务要切实落实到各行、各营销部门。要处理好自有产品与代理产品的关系，坚持自有产品为主、代理产品为辅的发展思路，代理销售产品主要作为自有产品的补充与组合，要有利于提升客户的综合收益率。要视情况灵活调整考核体系，弱化对代理产品销售的考核，对自有理财产品销售计划未完成的分行，要督促其将主要精力放在销售自有产品上。要严格落实代销产品的准入流程，严禁越权代销。三要挖掘优质项目。要把握国家鼓励市场化并购重组、培育私募市场、扩大资本市场双向开放中蕴藏的市场机遇，加快优质项目的挖掘，推动理财直接融资、中小企业私募债投资、并购基金等创新业务的规范化、常态化发展，通过更加专业、更具含金量的投资管理服务，为产品的发行定价和业务增收创造更大的空间。此外，托管业务也要努力扭转安心账户托管等基础业务收入因外部监管而出现较大幅度下降的局面，着力从完善业务流程、充实服务内容、规范收费等方面加强业务的管理，并将产品向监管报备，使我们的产品得到市场和监管的一致认可。要充分发挥托管银行清晰掌握委托人、投资管理人资产状况和投资运作特点的优势，与资产管理、投行等业务条线紧密协作，促进基础托管与资产管理、投资咨询等增值服务的对接，开拓新的收入增长点，推动托管业务收入增长。

四、关于稳定存款增长问题

第一季度，全行存款增速较慢、稳定性差、成本抬高等问题依然较为突出，日益影响到资产业务的发展和盈利的完成，甚至越来越多地影响到全行经营转型。从市场占比看，人民币各项存款、一般性存款时点及日均增量均低于同业。一般性存款时点增量分别较农、中、建行落后2 768亿元、3 709亿元和610亿元；日均增量分别落后1 765亿元、3 038亿元和1 054亿元。储蓄存款余额首次于季末落后农行。从均衡性看，存款增长仍然主要集中在季末，3月下旬增加的存款占第一季度存款增量的97.8%，波动性仍然过大。从存贷比看，第一季度末，人民币存贷比为62.06%，日均为63.98%。近三年（2011—2013年），我行人民币时点存贷比分别为59.8%、60.3%和62%，日均新增存贷比分别为89%、112%和122%，呈现持续抬高态势。扣除准备金增加的部分，一些时点主要依靠吸收部分同业存款及融入资金支持资产业务发展，这显然是不可持续的。从付息成本看，第一季度人民币定期存款日均增量为783亿元，活期存款日均增量为-2 819亿元，存款定期化趋势一定程度上抬高了付息成本。第一季度人民币存款付息率比年初上升11个基点，为2.14%，高于农行和建行；如果包含保本理财和结构性存款在内的全部存款付息率则上升21个基点至2.28%。因而尽管贷款收益率比年初上升3个基点，但人民币存贷利差较年初仍收窄8个基点，由此减少利息收入33亿元。

总的来看，今年以来存款业务发展形势更为严峻和复杂，社会资金格局结构性、趋势性变化更加明显，需要深入研究和准确把握。一是随着社会融资多元化，原来主要由贷款派生留存银行体系的存款减少，社会资金更多通过理财、基金等同业存款形式回流银行。同时近年来大型企业特别是央企纷纷设立财务公司，大量公司存款也转化为同业存款，我行因大型客户较多，影响尤其明显。同业存款的逐利性、临时性又加剧了存款波动，推高了资金成本。二是由于现阶段我国金融市场的二元利率结构以及影子银行等业务的快速发展，高收益理财产品对传统低成本存款的替代效应越来越明显。3月下旬理财产品（含基金）转化的储蓄存款达2 392亿元，占季末新增储蓄存款的66.02%，同比提高24.16

个百分点。三是互联网金融快速发展，对银行增量存款尤其是储蓄的分流效应明显。一些本质为货币基金的互联网金融产品，往往又通过同业存款回流银行。第一季度，我行基金类存款日均增量为1 080亿元，同期储蓄存款日均增量仅699亿元，同比少增278亿元。还要看到，在当前市场资金总体稀缺，投资利率较高及存贷比硬约束下，同业对有限存款的市场竞争十分激烈。特别是城商行、农信社等区域性金融机构，本身在一些城市、县域及农村网点就多，存款就有一定的竞争力，加上借助于地方政策支持，竞争手段丰富灵活，抢占了大量存款份额，甚至在许多区域占据了市场第一的位置。可以说，我们存款的主要竞争对手正在发生变化。

这些新情况新问题，是利率市场化、金融脱媒、地方性和民间金融发展等综合因素作用的结果，对存款分流和资金成本的影响是趋势性的、根本性的。我们要顺大势、抓主流，扎实落实好年初布置的客户拓展、渠道优化、产品创新、数据挖掘、定价管理等工作，通过强化基础性、机制性措施，增强市场应变能力和竞争力，确保到第二季度末时间过半、存款任务完成过半，而且要实现日均存款显著增长，付息成本得到有效控制。

一要进一步完善存款工作机制。零售、公司和机构金融推进委员会要把三大客户领域存款业务发展作为工作协调的重要内容，每月分析情况，研究策略措施，督促各部门和分行以更大力度做好存款工作。有关部门要盯牢存款稳定性、付息成本和市场份额三项关键指标，完善存贷款量价协调重点关注行制度，严格存款日均、存贷利差等指标与贷款计划分配挂钩机制。要盯牢存款下降多、波动大、成本上升快的重点分行，分类帮促，指导分行抓住影响存款发展的关键，因地制宜拿出针对性措施。要盯牢重点客户，特别是总行牵头营销的对公客户，要逐户分析其资金流，逐户研究落实稳存增存措施；对有融资关系的客户，要逐户明确存款份额目标，要求理财资金支付对象原则上必须在我行开户，在推荐项目投资时也要优先考虑投资资金客户留存情况，确保其在我行的存款与其融资比例相匹配。要进一步强调储蓄存款的基础地位，统筹把握理财发展和存款增长的考核，不能因过度考核理财而人为分流储蓄存款。

二要不断完善存款的定价策略。要适应利率市场化发展需要，灵活调整各个品种、各类客户存款的差异化定价策略，细化定价标准。对公司存款大户，要制定综合性的服务方案，对定价竞争力偏弱的分行，可研究给予相应的政策支持，帮助其更好地适应市场竞争需要，但要明确，在存款定价中一定要算好综合收益账，同时单笔资金也不能亏本，切实保证资金来源成本与资金运用收益相匹配。各存款有关部门要加强管理，防止高成本购买同业存款来满足考核任务。总行几年前就提出要探索“高来高走”的资金来源与运用模式，年初又做了布置，有关部门要抓紧把这项业务开展起来，通过高水平的资金运用参与利率市场化条件下大额资金竞争。

三要更多地依靠先进技术等综合优势来竞争存款。提高存款竞争力，关键还是靠有竞争力的产品和服务、靠广泛而优质的客户基础。要抓住对公客户信息化建设的机遇，发挥我行信息科技优势，主动参与客户业务系统的开发和维护，以此作为切入口竞争客户、竞争存款。尤其是对部队业务系统需求，要组织精兵强将率先开发，保证响应及时。要进一步利用好客户营销系统、大额资金平台等系统，做好客户关系及资金流向的监测和数据挖掘，指导分行拓展源头性、系统性存款。要研究以有竞争力的产品带动存款增长的办法措施，研究开发适合公司客户的存贷通产品，力争以更高的增值服务和相对较低的成本竞争存款。

五、关于强化发展基础问题

强化发展基础是总行今年工作部署的一项突出要求，也是解决当前结构性、成长性问题的关键所在，必须进一步加大力度，加紧突破，加快取得明显成效。

一要加快夯实客户基础。今年以来，客户总量拓展工作有了明显加强，但有效客户、中高端客户增长还不够快，要进一步完善营销策略，市场部门要把主要精力放在研究市场、开拓市场上，加大重点目标客户拓展力度，力争第二季度实现时间过半、任务超半，为各项业务经营发展创造新的条件。个人客户，要针对日均资产层级做好分类维护，加大集群化、批量化拓户力度，重点营销5万户新拓公司客户和2.8万户未代发工资的融资客户，并以“工银薪管家”和薪金卡维护好代发工资个人客户，利用有竞争力的产品来唤醒、激活睡眠客户，争取年轻客户、活跃客户、未来客户有个较快增长。公司客户，要坚持“源头批量拓户”与“点对点拓户”相结合，制定分层分类营销服务标准与管理办法，组建“客户经理+产品经理”拓户团队，推动各类客户的差异化营销。机构客户，继续维护好教育、部队等重点大客户，同时抓住财政资金重心向县级机构倾斜机遇，做好对县域财政及预算单位的针对性营销；把握共建财务管理系统的契机，做好全国各红十字会分会募捐账户在我行的开户工作。

二要加快夯实渠道基础。要以网点竞争力提升“七大工程”为推动，抓紧出台网点竞争力提升三年规划，各相关部门要对本专业负责的工作定计划、定措施、定进度，分解下达各行并督导落地实施。要抓好浙江、山东、广东、新疆、四川、深圳6家试点行，探索和积累改革经验。要加快开发网点运营管理平台，确保5月投产应用，并以此为基础逐步搭建全行统一的渠道管理平台。应该进一步明确，网点竞争力提升的重点不在于装修改造等硬环境，而在于运营标准化、劳动组合优化、营销和服务能力提升等软环境。要抓紧落实50家左右重点城市行和80家左右重点县支行竞争力提升措施，要有明确的改革措施、配套政策和目标任务，加紧把大中城市和重点县域市场竞争力提升工作铺展开来。

要加快线上渠道的创新发展。适应新技术和新商业模式的应用发展，深入推进电子银行业务创新、市场营销、客户服务与管理体系建设，打造线上线下互联互通、全程响应的一体化渠道体系。要以“融 e 购”电商平台为抓手，探索创新跨业、跨终端的网络化经营发展新模式。目前，由于“融 e 购”还处于起步阶段，注册客户和入驻商户数量还不多，非金融商品交易金额还偏低，购物体验还有待改进。下一步要加大客户和商户营销拓展力度，完善支付与融资产品功能，尽快推出手机版 B2C 商城，投产运营 B2B 商城，确保到 6 月末，累计注册会员突破 450 万名，签约商户超过 1 300 户，累计交易额达到 67 亿元，扩大“融 e 购”的知名度和影响力。同时要完善商户管理、客户服务和内部运营制度，促进业务持续、健康发展。

三要加快夯实业务评价基础。五级分类评级体系建设已在产品维度率先破题，近期产品创新部对前期选取的部分重点产品五级分类方案进行了校验，优化了评估指标，完成了 18 项重点产品的客户五级分类工作。从分类结果看，仍存在客户基础信息不完善、不动户占比偏高等问题。今后，总行要定期发布重点产品五级分类结果，有关部门要逐一对照分析，认真查找发展的质量结构问题，制定改进计划，更加有效地推进经营转型。渠道、客户、业务线等其他维度的评价也要加快进行，第二季度要全面构建起新的评价体系。

四要加快夯实内控基础。要充分依托运营风险监控等系统，探索建立全景式合规风险视图，强化前瞻性风险预判，及早揭示可能引发全局性、系统性的重大风险问题。要加强员工行为管理，第二季度集中开展非法集资风险和信贷业务合规性风险专项排查，严厉惩处员工违规参与民间借贷、非法集资以及违法放贷等行为。要对大量违规积分反映出来的问题进行综合分析，抓住重点领域、重点环节，通过优化流程、完善制度办法等措施开展操作风险综合治理，从根本上强化风险防范。要落实全球系统重要性银行管理要求，抓紧确定恢复和处置计划框架，完成第一阶段数据收集和分析工作。

五要加快夯实信息化基础。要全面落实信息化银行建设 25 项重点任务部署，抓紧研究制定全行互联网金融整体规划和配套机制，推动信息技术与经营管理的深入融合。要进一步扩充集团信息库数据源，加强信息标准化和数据治理，健全信息采集、核实、加工、应用的全流程质量检查框架，推进大数据管理和挖掘应用，提升数据信息服务能力和价值创造能力。要加快数据和专业分析师队伍建设，6 月底前，总分行分析师队伍要基本到位。

同志们，总的来看第一季度工作开局平稳，但当前的经营形势十分复杂，一些业务领域的趋势性变化超出预期，完成全年利润计划困难很多、压力很大。一分部署，九分落实。希望各部门认真对照年初工作会议确定的目标任务，抓紧落实这次行务会重点工作安排，稳增长、控风险、调结构、增存款、强基础、促转型，努力把上半年各项计划任务完成得更好、更圆满。

在中国工商银行 MOVA 网点业绩视图发布会上的讲话

易会满

（2014 年 5 月 13 日·根据录音整理）

营业网点是全行经营管理的基本细胞，也是市场竞争的前沿阵地，如何更加及时、全面、准确地评价网点业绩，是总行重点思考的问题。这两天，我看了总行研发的 MOVA 网点业绩视图的基本情况，总体感觉 MOVA 系统建设在前期完成数据集成的基础上，进一步实现了系统功能与管理应用的良性互动和深度融合，我想这是源自于基层的需求，省分行、二级分行、支行三个层面都参与了系统的研发，也使系统更贴近基层、贴近市场、更接地气。MOVA 作为与 NOVA、FOVA 并列的全行三大系统平台之一，网点业绩视图的发布，将在下一步全行推进经营管理现代化建设中发挥战略性、基础性作用。借这次视图发布的机会，我简要讲两点意见。

一、MOVA 网点业绩视图是网点竞争力提升的关键一步

（一）MOVA 网点业绩视图是强化经营传导、解决全行经营战略在网点和员工“最后一公里”落地实施的关键。管理基础决定发展质量。在信息化社会和互联

网时代，通过会议层层传达、文件层层布置的传统的行政传导方式，不仅效率低、时效性差、信息衰减变形严重，也难以将全行1.7万家网点、近30万基层干部员工的行动有效地统一到对1万多个产品销售、4亿多个人客户和近500万对公客户的服务上来。但通过MOVA参数化、系统化的手段，可以快速、准确地将任务传导到网点，落实到员工，能够实现任务进度级级可看、人人可查，进而充分激发经营活力，有效提高营销效率，全行的管理响应能力和战略传导效率也将实现倍增。

（二）MOVA网点业绩视图是营业网点实现集约化经营、推进管理流程优化的基础。工商银行的经营层级比较多、分工比较细、部门职能延伸的诉求也比较强，到基层行就体现为系统多、任务杂、流程繁、效率不高，尽管基层行天天忙忙碌碌、疲于应付，但管理行的需求仍得不到有效满足。而MOVA网点业绩视图的推出，可以借助于MOVA五个维度、四个层级的精细化管理的功能优势，通过与营销、交易系统的互联互通、数据共享和一体化融合，将目前工作中复杂的算法模型、烦琐的制度办法变成基层行简单实用的操作，这将把广大基层干部员工从日常繁重的内部事务中有效地解放出来，提升集约化经营水平和对客户的综合服务能力。

（三）MOVA网点业绩视图是实现集团协同联动、完善营业网点管理机制的前提。互联网金融的快速发展、利率市场化的加速推进对银行的客户服务能力和响应速度提出了更高要求。在传统的层层报批的管理机制下，决策的权力往往在上级，实施的责任在基层和一线员工，由于“责、权、利”不对等，利益机制得不到很好的落实，造成对市场和客户金融服务需求的反应比较迟缓，不能很好地适应发展的需要。借助MOVA网点业绩视图，基层网点和一线员工可以通过对客户综合业绩贡献的整体分析来判断客户价值，成为客户营销服务的决策主体，这也会倒逼我们探寻全产品交叉销售的最佳路径、公私联动营销的有效方法，以及完善客户服务的有效机制，进而在全行上下形成上级为下级、下级为一线、一线为客户、后台为营销、营销为客户的集团协同联动机制。

（四）MOVA网点业绩视图是借助于信息化手段和大数据方法、推动一线员工技能提升的重要手段。基层行的经营特点，决定了网点不可能拿出专门的人员和精力进行庞杂、专业的数据分析处理。而MOVA业务视图则打破了职能的边界，冲破了层级的藩篱，使全行所有网点和员工都可以享受到统一、优质、高效的信息服务，最大限度地削减和弭平了管理的差异与技能的不足。MOVA成为网点精准营销的“导航仪”、经营管理的“X光机”和员工收入的“金算盘”，不仅促进了员工潜能的充分发挥，也为我们全面深化重点领域和关键环节改革创造了条件、提供了可能。

以上几点是MOVA网点业绩视图实施后预期达到的目标。从当前全行整体经营情况看，储蓄、公司存款增长面临非常大的压力，总行进行了多次推动，也部署了一系列任务和措施。但到昨天为止，全行市场类指标特别是存款类指标总体不是很理想。当然，其中的原因很多，既有机制性问题，也有工作作风和精神状态等因素。今年，总行提出要加强基础管理工作，网点业绩视图就是一项非常基础、非常重要的工作。通过视图的发布，各级行特别是二级分行及以下管理者，能够全面客观地了解到所辖网点的经营情况，了解到柜员、客户经理、网点主任等各维度的业绩情况，进而找出工作的差距、竞争的差距、服务的差距，进一步改进经营管理。召开这次发布会，主要是希望引起各级管理行的重视，引起基层网点特别是基层网点主任、分支行行长的重视，真正把MOVA系统用好、见成效。

二、突出经营实效，抓紧推广实施，在实践中不断完善

实践证明，MOVA是提高全行尤其是基层战略传导和管理响应的重要工具，是提升市场竞争力的重要平台，是降低经营成本的重要手段。MOVA网点业绩视图推广的总体意见是：突出经营实效，抓紧推广实施，循序渐进，在实践中不断完善。

（一）统一认识，明确要求，强化MOVA网点业绩视图的战略性、基础性地位。在视图推广中，各级行各专业要紧紧围绕全行突出“三大战略”、优化“五大布局”和调整客户结构、强化客户基础的总体战略部署，将年度经营计划、考核指标以及网点竞争力提升“七大工程”等重点目标任务逐一细化分解到网点，落实到个人，明确到客户，要通过数据的系统化、可视化推进经营的集约化。各专业涉及营业网点的潜在管理需求要统一到MOVA网点业绩视图上来，这是事关全行经营发展大局的一项基础性要求，不能动摇。各分行党委班子要认真研究网点业绩视图在本行的应用，明确工作措施、时间表、路线图和责任主体，制定详细的推广实施方案。要以操作演练和应用展示为主要手段，促进基层网点负责人与一线员工履职能力和业务技能的提升。总行相关部门要抽调业务骨干，组织专门培训班，尽快在全行完成推广任务。

需要指出的是，在网点竞争力提升工程中，运行管理部正在牵头组织开发网点运营管理平台，目前与MOVA平台是相对独立的。总体考虑，这两个系统在基层一定要整合、要统一，不能让网点负责人看到的是总行两个专业部门的两套系统。在网点运营管理平台开发实施时，运行管理部与财务会计部等部门要做好沟通协调，可以在MOVA网点业绩视图基础上，整合网点运营管理平台的相关功能，为基层行提供便捷、综合的数据服务。因为网点运行管理平台的很多信息在MOVA

里是没有的，这两个系统如果整合起来，对基层行的信息服务将会得到进一步提升。

（二）突出经营重点，尽快在关键领域应用上取得实效。要围绕客户拓展这个重点，实现客户经理管户、日常营销登记、分成分润关系等全部进系统，对公客户经理要实现对管户单位个人客户的跟进维护，个人客户经理要制定反向营销个人高端客户的对公业务计划，管理行营销人员要对重点直营客户的管户关系下沉到网点，明确时间表点和责任主体，将公私联动、分层营销、服务营销的思路措施落到实处，全面夯实客户基础。要强化产品交叉组合销售，盘实客户家底，进行拉网式覆盖，提升客户综合服务能力，夯实“大零售、大资管”战略的业务基础。要加强对存量低效网点、柜员、客户经理、机具设备的盘点清查，建立对口帮扶机制，挖潜增效，努力盘活存量低效资源。要强化收入分配与业绩挂钩权重，充分激发基层员工的工作积极性和主动性。有了好的系统平台，还要发挥出好的效果，关键在于应用。MOVA 网点业绩视图的应用主体是网点，但应用的重点应该是各级管理者，只有各级管理者重视，才能把好的工具使用好，真正发挥作用。

（三）以业务规范为重点，强化数据质量管理，在实践中不断完善 MOVA 系统。数据是实现 MOVA 管理功能的基础，数据质量则是 MOVA 的生命力所在。数据来源于日常应用，没有应用，数据质量提升也只是一句空话。因此，相关专业要加强 MOVA 上游系统的规范化管理，机构编码、产品标识、员工代码、客户编号等基础信息要稳定、规范，不能频繁变更。对这些基础信息，各分行要逐一核对，确认归属关系，及时调整清理错误记录，确保数据质量。要加强敏感信息管理，坚决杜绝信息泄露。科技部门要提升对基层行需求的响应能力，强化运行保障，确保数据按时加载，避免重复建设，切实将 MOVA 打造成为面向网点经营管理应用的唯一系统平台。

实际上，数据问题不仅仅关系到 MOVA 的应用，其他经营管理工作中同样存在数据真实性、全面性不够的问题。我们抓数据治理已经抓了很多年，尽管取得了一些成效，但从目前情况看，数据整体质量与信息化银行建设的要求还有一定差距。同时，频繁的新应用投产和数据移行，同步影响基础数据，进而影响到了应用，这种情况还比较多。今后再有大的系统整合、系统变更、数据移行，相关部门一定要提前协商，设计好预案，尽量避免重复或无效劳动。

MOVA 网点业绩视图的推出，对于促进网点竞争力的提升具有重要意义。希望全行上下抓紧抓好 MOVA 系统的应用，切实发挥 MOVA 在经营管理中的作用，推进各项改革措施的落地实施，努力将全行的数据信息优势转化为管理优势、经营优势和竞争优势，为加快建设国际一流现代金融企业助力。

以资本高级方法正式实施为契机
大力提升风险管理水平　积极促进全行业务发展

——在中国工商银行资本管理高级方法实施工作会议上的讲话

易会满

（2014 年 5 月 14 日 · 根据录音整理）

今年 4 月初，银监会正式核准我行实施资本管理高级方法。高级方法的获批，标志着经过十年耕耘，我行的资本协议实施工作取得了阶段性的重大成果，风险管理水平迈上了一个新的台阶。今年以来，大家明显感受到，银行业的经营形势日益严峻，全行在业务发展、风险管理、利润增长、监管达标等方面都感受到了较大的压力，资本短缺日益成为制约业务发展的一个重要因素。今天召开这个会议，一方面是对正式实施资本管理高级方法进行通报和动员，另一方面也是一次较好的业务培训，进一步提高全行对资本管理重要性的认识。下面，我主要讲两个方面的意见。

一、资本将成为制约我行发展的重要因素

资本不仅仅代表着会计账上的本金，而且还是一种资源，是同存款和资金一样，在业务发展中被频繁使用、需要持续补充的一种宝贵的稀缺资源。银行有多大资本，就决定了银行能放多少贷款，做多大的业务规模，资本越来越成为制约我行业务发展的重要因素。

（一）资本补充的内外渠道日益受限。股改上市以来，全行的信贷规模从 2006 年的 3.5 万亿元增加到 2013 年的近 10 万亿元，增长了 1.8 倍；总资产从 7 万亿元增加到 19 万亿元，增长了 1.7 倍，这样的跨越式

发展，背后需要有大量资本做支撑。相应地，同期全行资本由5 308亿元增加到15 723亿元，增加了近2倍。新增加的约1万亿元资本中，内源性资本补充占86%，约9 000亿元，其中未分配利润5 067亿元，一般准备和盈余公积3 086亿元；外源性资本补充占14%，主要是发行的次级债和可转债1 539亿元。由此可见，资本要不断进行补充，内部主要靠利润留存，外部主要靠资本增发。现在来看，这两方面都存在着比较大的不确定性，或者说有一定的困难。

一是利润增长放缓导致内源性资本补充更加困难。2013年，我行利润增长率已从2010年的28.35%下降至10.17%，单纯依靠利润留存已难以维持资本充足水平的稳定。假定2014年利润增长率为5%，分红比率为35%，信贷增长保持在2013年12.71%的速度，要维持资本充足水平不变，就会产生210亿元的资本缺口。如若资本不足，会限制业务发展，反过来又会影响利润增长，资本“造血能力”进一步下降，容易形成不良循环。二是资本外部补充也存在较大困难。2013年，我国银行业的利润增长率为14.48%，信贷增速为13.89%，如果要维持资本充足水平与利润增速基本不变，2014年整个银行业的资本总缺口将达到2 100亿元。最近几年，我国股票市场融资规模逐年下降，2013年仅融资2 800亿元，显然不能满足银行业的资本补充需求。同时按照资本管理办法新的要求，新发放的次级债已不能作为合格的资本工具，资本外部补充渠道进一步收窄。从内外两方面来看，资本补充的不确定性都变得越来越大。下一步，我们希望通过发行优先股和减计债，来扩大资本补充渠道，目前发行优先股和减计债尚处于审批阶段，有些工作还需要进一步推进。

（二）资产质量下滑导致资本负担加重。当前我国经济处于增长速度换挡期、结构调整阵痛期和前期刺激政策消化期的“三期叠加”阶段，经济下行压力较大。今年一季度，我国GDP增速已回落至7.4%，部分企业盈利能力下降。受此影响，我行不良贷款率持续上升，今年一季度不良率达到0.97%，比2012年末上升了0.12个百分点。资产质量的下滑使得资本充足负担明显加重。一是客户违约率的上升导致正常资产的风险权重增加。全行公司客户的违约率已从2012年的1.54%，上升至2013年的3.33%，风险权重上升20.68%。原来100万元贷款需要占用资本6.19万元，现在则需要占用7.47万元。由此测算，全行资本需增加890亿元。二是不良资产处置的损失增大、侵蚀了利润，进而影响了资本补充。2013年全行共核销不良资产159亿元，比2012年多核销88亿元。而且为提高处置效率，部分不良资产采取了打包转让方式，回收率只有34%，远低于其他方式平均60%的回收率。经测算，当不良贷款率上升至年初确定的1.2%的控制目标时，我行资本充足率整体水平将下降1个百分点。

（三）监管标准趋严带来资本要求增加。国际金融监管完成第一轮规则改革后，下一轮改革的轮廓开始“浮出水面”，从趋势上看，资本标准将进一步提高。从全球系统重要性银行（GSIFI）的监管要求来看，2013年11月，我行成为GSIFI，目前处于GSIFI监管要求最低的第1组，有1%的附加资本要求。随着业务发展，未来2~5年内我们很有可能进入第2与第3组，附加资本要求将分别增加1.5和2个百分点。2013年底，我行资本充足率为13.12%，而同期汇丰银行为17.8%，花旗银行为16.65%，德意志银行为18.5%，与全球其他GSIFI银行相比，我行还处于较低水平，存在较大的差距。从第二支柱资本加点与监管规则修改来看，目前银监会尚未确定第二支柱的具体要求，国际上也未明确0~2.5%的逆周期资本缓冲如何实施。但参考国际经验，第二支柱一般会有2~4个百分点的资本加点。此外，巴塞尔委员会正在酝酿新的改革，操作风险标准法将重新调整分组与风险权重，如按新规则测算，我行操作风险标准法资本要求将增加50%、资本充足率会降低0.35个百分点。

未来我们面临着利润增速降低、资产质量下降、监管要求趋严等多重压力，同时资产规模还以每年12%左右的速度增长。在这种环境下，如何搞好经营管理、加强资本管理，保障可持续发展，对全行上下提出了比较大的挑战。

二、推进高级方法实施，走资本节约型发展道路

实施资本管理高级方法，为实现资本节约型发展提供了重要途径。高级法按实际风险计算权重，将资本占用高低与风险大小相匹配，把资本与业务、风险、利润以及成本有机联系起来，大到分行与产品线，小到每个客户、每笔业务，都可计算、可监控、可分析、可考核资本占用与资本收益情况，与权重法相比，能够实现各个维度的精细化管理。但是，实施资本管理高级方法，对于业务发展也是一把“双刃剑”。管理得好，可以有效节约资本；管理得不好，或者风险控制不到位，资本工具应用出现较大偏差，反而会占用更多的资本。

（一）加强风险管理是节约资本的根本手段。在资本管理高级方法下，风险高低直接决定了资本要求大小。风险管理的基础性作用，比以往任何时候都要显得重要。

一要加强客户管理。了解客户，管好客户是降低资本占用的基础，也是风险管理乃至全面经营管理的基础。同样一笔贷款，AAA等级客户的资本占用率是3.08%，A等级客户资本占用率是7.07%，两者差了一倍多。违约率是决定资本占用的主要因素，大中型企业违约率变化不大，但由于贷款剩余期限缩短，资本占用率由2011年底的6.6%下降至2014年一季度的5.4%；

小企业则由于违约率从 1.89% 上升到 5.04%，导致资本占用率从原来的 3.31% 上升至 6.18%，小企业客户资质决定了资本占用高低，因而在发展小企业金融业务时，要注意提高小企业的遴选力度，着力发展优质小企业客户。

管好客户，首先要保证评级的准确性。客户经理要加强调查，认真核对客户资料，做好资信状况分析和客户信息的准确录入，确保信用等级真实反映客户资质好坏。要保证评级的及时性，出现风险隐患要及时进行重评，在经济下行期要持续提高评级的频率与覆盖率。从 2013 年度评级完成情况来看，在总行规定的时间内，全行评级完成率仅为 84%，评级更新及时性需要进一步提高。要强化客户的准入管理，将信用等级作为业务拓展和客户选择的重要因素，满足收益与风险、成本相匹配的基本条件。要强化客户的动态监测，结合行业、区域、产品链与关联客户群等因素进行多维度预警，加大高风险客户退出力度。

二要加强债项管理。要完善业务品种管理，掌握各业务品种的风险特征，针对不同的特点，加大结构调整力度，减少违约后损失。目前全行信贷业务品种合计有 239 个，其中单个品种业务余额超过 1 000 亿元、真正使用较多的只有 12 个，很多品种其实已进入了生命周期的退出期已不能发挥实际作用。我们要根据市场发展和客户实际需要，清理、归并已不能满足实际需要的业务品种。需要指出的是，由于合同条款不同，管理条件与能力不同，违约后的回收情况有较大的差异，比如同是贸易融资，国际贸易融资的损失率是 16.87%，国内贸易融资的损失率是 23.77%，国际贸易融资要低近 7 个百分点。因此，对于使用中的业务品种，也应采取差异化方式，积极支持收益高、资本占用低的产品，提高产品的竞争力。总行要对各类产品的资本占用情况进行深入分析，要从减少资本损耗的角度，进一步完善产品设计。要加强担保管理。不同的担保形式对回收率有较大的影响。从保证来看，小企业之间和个人之间的互保并没有起到有效的缓释风险作用。小企业互保的平均损失率是 52.31%，高出小企业抵押贷款损失率 26.61 个百分点；个人互保的平均损失率是 33.25%，高出个人抵押贷款损失率 15.93 个百分点。保证形式还掩盖了违约风险，比如，有保证的个人经营贷款违约率高达 14%，是经营贷款平均违约率的 4 倍。从抵押来看，在各种抵押物中，损失率最低的是房地产。法人贷款中，以房地产为抵押的损失率为 21.97%，以其他资产抵押的损失率为 33.4%。因此，下一步要严格保证管理，真正发挥保证的缓释作用，杜绝无效保证。要重视提高抵押贷款比例，把房地产作为抵押物的优先选择。

要加强清收处置管理。2013 年全行不良贷款的平均受偿率为 64.77%，今年要把现金清收作为工作重点，提高不良贷款处置的受偿率。对于难以清收转化的贷款，要尽快采取资产保全措施，对于无法协议清收的，要尽快提起诉讼。由于今年清收工作压力较大，很多分行要求增加打包处置的比例，总行要重点把控好受偿率。如果受偿率降低，会对违约损失率等指标带来较大影响，对保持资本充足水平不利。要充分认识到，资产处置的回收情况，不仅关系到当期利润，也会对今后的资本水平造成影响。

三要加强表外业务的风险敞口管理。表内业务要占用资本，表外风险敞口也要占用资本。近两年，我行一直在清理表外资产，但效果还不太理想。比如贷款承诺方面，会计记账和信贷台账一直对不上，有些三、五年前的贷款承诺，客户一直未提款，也没有及时进行清理；银行卡方面，预授信金额较大，全行表外业务的风险敞口未见明显下降。到 2013 年末，我行表外风险敞口总计仍高达 2.4 万亿元，在国内大行中处于较高位置；表外敞口风险加权资产总计达到了 9 500 亿元，约为表内敞口的 10%。管好敞口，就是要清理虚占资本的表外敞口，防止风险从表外向表内转化。要加大对贷款承诺的清理力度。去年起实施的《商业银行资本管理办法（试行）》提高了贷款承诺的信用转换系数，1 年期内的转换系数从零提高到 20%，增大了贷款承诺的资本占用。我行贷款承诺约为 8 000 亿元，占到表外总敞口的三分之一，比其他几家大行的占比都高，还有进一步压降的空间。因此，要对贷款承诺进行梳理，特别是要清理会计记账与信贷台账不一致，导致承诺虚高的部分，要及时处理不再执行与不再提款的贷款合同，减少无效资本占用。签订合同时，要按客户实际需求确定合同金额与提款时间，避免贷款承诺数据虚增，进一步提高授信执行率，降低无效承诺。同时，表外业务种类、产品较多，要按照核算方式、或有风险大小不同，对表外业务实行分类管理。要比照表内业务管理经验，将表外业务纳入授信额度，不断完善统一授信管理机制。

四要加强期限管理。进入经济下行期，期限风险会更加突出，期限越长，风险越大。我行目前对公贷款的平均期限是 4.3 年，长期贷款比重偏大，资本占用较高。经测算，5 年期贷款的资本占用率是 1 年期内贷款的 1.6 倍。对于新增业务，要合理确定分期还款方案，严控“整贷整偿”的还款方式，将分期还款情况作为贷款调查、审查、核准放款的条件，对借款人经营活动现金流与贷款期限匹配情况进行分析，核准后要将分期还款期限及额度录入系统，实行有效的硬控制。对于存量业务，针对有条件更新续签的合同，要积极与客户沟通，争取将剩余期限降低到对我行有利水平。特别是 5 年期以上贷款，利率水平没有提高，却会增加资本占用，要重点调整。

（二）用好资本工具是节约资本的重要途径。实施资本高级方法，不仅仅是简单满足监管要求，更重要的是要将资本与风险管理工具和手段，全面应用到经营管理中去，充分发挥资本的激励与约束作用，促进业务的可持续发展。

一要用好贷款定价工具，提高利润水平。去年人民银行放开贷款利率管制以来，市场的资金成本呈现连续上升趋势。在资金成本上升、客户信用状况整体下滑的情况下，定准贷款价格、提高议价能力，是保证利润稳定增长的基本前提。我行早在2007年就投产了风险资本回报率的测算系统，实施了刚性控制，能够计算每笔贷款的收益和风险定价水平，为利率市场化后定准价格创造了有利条件。针对市场资金成本连续上升、总行贷款内部资金转移价格较2013年7月上调60～90个基点的情况，总行对风险资本回报率进行了初步测算。从中看到，小企业要达到26%的风险资本回报率准入阈值，在6%的基准利率基础上，AA－客户利率须上浮13.5%，A＋客户须上浮20.2%，A级客户须上浮38.1%；评分在640分以下的个人住房贷款客户，要达到16%的风险资本回报率准入阈值，利率须上浮10%。但从实际执行看，今年1至4月，公司类贷款的定价水平未能得到有效提升，个人贷款虽有较大提升，但仍然存在较大潜力。下一步，全行要进一步用好定价工具，做好定价管理，争取在市场竞争中占领有利位置。

二要用好绩效考核工具，有效传导资本节约理念。今年总行正式将监管资本占用率纳入绩效考核指标。各行要用好绩效考核工具，加大资本占用在绩效考核中的权重，将资本占用分解到具体的机构，每笔贷款都要算清楚资本占用和回报情况，引导全行树立资本节约意识。资本占用的高低取决于各行的实际违约水平，从一季度考核指标看，福建、山西、内蒙古、青岛4家分行由于违约率高，资本占用率超过8%，高于权重法计算的资本占用率，拉高了全行资本占用水平。

三要用好资本管理工具，强化资本导向作用。根据高级方法的要求，总行对经济资本的计量方法进行了调整。各行要根据新的计量标准，强化资本节约意识，提高经济资本限额管控能力，在限额范围内合理安排信贷投放规模、方向与进度，不断优化信贷资产的行业、产品、客户与期限结构。总行要进一步扩大经济资本管理的覆盖范围，实现全机构、全产品的资本约束管理。

四要用好拨备管理工具，真实反映风险水平。目前，我行按贷款分类采取不同方法计提拨备，不良贷款按照现金流贴现法进行逐笔计提；正常与关注类贷款基于未来可能发生的总损失，采用组合计提方法。实施高级法后，我们能够基于内部数据，计算反映未来损失的“预期损失”，提高了拨备计提的风险敏感性和前瞻性，能够将预期损失进行逐笔分解，使每一笔贷款的拨备都与其自身的风险水平相挂钩，从而更准确地体现机构、产品线间风险程度的差异。目前组合拨备的计提由总行统一计算和管理，下一步相关职能会逐步下放给分行，各行要认真研究，全面掌握相关原理和方法，提升我行风险抵补管理水平。

（三）做好基础工作是提升风险管理的前提。实施高级法后，各行尤其要重视基础性工作，从日常细节入手，不断提升高级方法的实施质量。一要加强数据管理，完善信息集成方式。目前，我行的数据管理存在质量与整合两方面问题。数据质量方面，主要是重视程度还不够，认为数据与业务绩效无关，是一种负担，甚至存在消极抵触情绪。例如对于中小企业，销售收入是非常重要的评级信息，但我行相关数据一直存在缺失，瞒报与虚报情况明显。问题的解决不能单纯等待社会整体信用环境的改变，需要总分行对数据获取与核验机制加强研究，尽可能通过行内结算支付、人行征信与水电气支出等多方信息进行佐证，确保数据及时、可靠。数据整合方面，主要是数据分散在各个数据库和业务系统中，不同业务、不同风险类别之间还没有相互打通；交易明细等非结构化数据，需要针对交易对手与交易内容进行结构化处理；前台营销以及现场调查等方式获取的大量一手信息，尚未运用结构化形式进行记录和存储。总行管理信息部、信贷与投资管理部、风险管理部等相关部门，要对上述问题进行深入研究，提出切实可行的解决方案，提升数据质量、加强数据管理，使我行的数据越来越可靠，为开展风险计量和资本管理打好基础。

二要优化风险模型，提高经济下行期风险计量与预警能力。目前我行的计量模型，在很大程度上是使用经济上升期的数据进行开发的。要使模型适应经济下行、外部环境变动的新形势，需要做好以下工作：

风险模型要更充分地考虑宏观基本面的周期性变动。及时使用经济下行数据对模型进行校准，并将经济基本面的周期性变化作为模型的重要考虑因素。要强化宏观分析与行业分析，提高风险计量的周期敏感性。提高经济下行期的评级频率。经济下行期，各项指标波动较大，变动速度较快，趋势更加难以预测，必须提高风险计量的及时性与敏感性。要研究如何提高风险信息的采集频率，研究如何提高模型参数的更新频率，研究确定上市企业的季度评级方法，积极适应经济下行期的风险识别与预警要求。加强高风险业务的模型监测与优化。重点关注房地产行业、中小企业、个人经营贷款等风险积聚行业或产品的模型表现，研究风险传导机制，分析风险发生规律的变化情况，基于新的风险特征优化计量模型。

三要加紧做好恢复处置计划，提高危机应对能力。被列入全球系统重要性银行后，按照金融稳定理事会要求，我行须在12个月内制定恢复计划，18个月内制定处置计划；银监会也明确要求我行成为引领中国银行业恢复处置计划制定的标杆。制定恢复处置计划是一项涉及面广、难度大的复杂工作。前期总行已召开了专题动员会，明确这项工作由风险管理部牵头，相关部门配合实施。尽管主要工作是在总行层面开展，分行和附属机构也要积极参与和了解。总行各业务部门，要制定自身的恢复与处置方案。从资金、运营等方面，分析确定相互之间存在的关联和依赖关系；分析在极端压力情景下，所管理资产组合或业务遭受的损失情况，明确恢复与处置措施，分析措施效果，确定存在问题及解决方法。境内各分行，要按照总行下发的数据模板，重点分析确定各业务的市场占有率和排名情况，全面梳理本行业务的市场表现。境外分行和控股机构，要对所在国监管机构相关要求进行研究，配合总行完成集团恢复与处置计划；并根据当地监管要求，制定本机构的恢复与处置计划，做好与集团整体恢复、处置计划的衔接。

我再强调一下，资本、市值、利润是上市银行管理的核心，尽管资本管理主要职能在总行，但基础工作在分行。希望各分行要强化资本管理工作，落实职能部门，加快形成以最少资本占用和投入、实现最大产出的增长模式和业务结构。总行要进一步加强绩效考核传导，进一步完善资本管理的有效实现方式，解决资本管理目前存在的部门化、专家化的问题。总行风险管理部要牵头做好两方面工作，一要加强培训，强化专业化工具向管理语言的转化，实现简约、透明、易学易控。要解决此项工作只是部门了解、专家了解的现状，要让分支行、前中后台也能理解和使用模型计量结果，从而真正能够在业务准入、营销、授信、审批等各环节发挥引导作用，将专业化成果转化为全行的共同认识和一致行动。二要用业务经验对模型进行检验，研究提高模型检验的科学性与合理性，从而使模型能够更加准确地反映实际，形成正确、客观的评判标准。

在新的形势下，我们一定要以资本管理高级方法实施为契机，强化资本约束意识，加大资本工具应用力度，不断提高风险管理水平，在经济转型期，走出一条规模合理发展、结构不断优化，利润稳定增长、风险基本可控，具有工商银行特色的可持续发展之路。

在切实加强收费管理　改善金融服务视频会议上的讲话

易会满

（2014 年 6 月 5 日）

这次会议的主要任务是，认真贯彻近期国务院常务会议精神，动员全行进一步提高对加强收费管理、改善金融服务重要性的认识，布置中间业务收费自查和配合国务院督查工作。同时，结合前 5 月经营形势，明确推动全行经营发展的主要措施，确保完成上半年各项经营目标。

一、认真学习领会 5 月 30 日国务院常务会议有关精神

去年下半年以来，国务院围绕稳增长、调结构、促改革、惠民生出台了一系列重大政策措施。今年 5 月 30 日，李克强总理主持召开国务院常务会议，部署落实和加大金融对实体经济支持工作，强调金融是经济发展的血液和重要支撑，在做好防范风险准备、稳定市场预期的同时，继续按市场化方向深化金融体制改革，创新金融服务。明确要求“开展银行业收费专项检查，督促银行业金融机构合理定价，规范收费，只收费不服务的坚决取消”和“降低小微企业担保费用”。同时，为克服“只要不出事、宁愿不做事”的为官不为和“不求过得硬、只求过得去”的敷衍了事，消除影响政策落实的体制机制障碍，确保政令畅通，令行禁止，树立言必信、行必果的良好政风，提高政府公信力，会议决定对国务院已出台政策落实情况进行督查。李克强总理多次强调指出，对国务院做出的决定要不折不扣地执行，要说到做到。

本次督查重点主要包括 2014 年《政府工作报告》部署的重点工作和去年下半年以来国务院出台的稳增长、调结构、促改革、惠民生各项政策措施。落实较好的，要总结经验；正在落实的，要摸清进展情况和面临的困难问题；落实缓慢的，要逐一查明原因，提出对策。督查主要采取四种形式：一是自查与实地检查相结合。先认真深入自查，在自查基础上，国务院派出督察组赴实地督查。二是督查与第三方评估相结合。督查同时将邀请全国工商联和部分研究咨询机构进行第三方评估，并向国务院提交评估报告。三是督查与社会评价相结合。将通过中国政府网站和相关门户网站，对督查的部分重点政策措施采取问卷调查等方式，收集社会群体的评价意见及建议。四是督查与舆论引导相结合。相关

单位将以“督查在行动”为主题，组织《人民日报》等主流媒体及有关门户网站及时报道督查情况，对落实情况好的进行正面宣传，对落实不力的予以曝光。在督查组织和时间安排上，以国务院名义组成督查组，由国务院及其组成部门相关领导担任组长，督查国务院有关部门、单位和部分省市。6月初公布督查方案，6月10日前召开督查动员会，6月25日前各地区、部门开展自查并向国务院上报自查报告，6月25日至7月5日督查组赴实地督查，7月10日前督查组报告上报国务院，7月20日前国务院听取各督查组汇报。总体来看，本次国务院常务会议主要包括两方面的内容，一是落实和加大金融对实体经济支持；二是组织督查组对相关部门和机构进行督查。

总行党委对落实国务院常务会议精神高度重视，决定近期将召开党委会议，围绕前5个月全行经营情况，结合我行支持经济结构调整和转型升级的工作进展及存在问题，研究下一步具体工作措施。今天，先就规范收费，改进服务，迎接国务院督查组有关检查工作先作一部署。全行一定要从讲政治、讲大局、巩固与深化党的群众路线教育实践活动成果的高度，认真学习、深刻领会国务院常务会议精神，充分认识当前及今后一个时期加强收费管理，完善金融服务，提高对金融支持经济结构调整和转型升级重要意义的认识，切实把思想和行动统一到总行党委关于落实国务院常务会议精神的要求上来。

二、正视问题，充分认识加强收费管理的重要性

客观地说，经过2012年的专项治理，全行搭建起了规范收费行为的新平台，初步建立了消费者权益保护机制，服务定价及收费管理得到了监管部门的肯定与认可。但从客户投诉、外部收费专项检查等情况看，全行中间业务收费规范性仍然存在一些风险隐患。要正视问题，落实整改，吸取教训，深刻认识加强收费管理的重要性，自觉规范收费行为。

（一）目前全行收费管理中存在的突出问题。借此机会，向大家通报一下去年以来外部收费专项检查情况。由国家发改委牵头的专项检查，从去年10月10日开始，拟于今年6月30日结束，重点查处2012年以来商业银行对国家明令取消的收费项目仍继续收费、擅自设立收费项目和确定收费标准、贷款过程中强制或捆绑收费、只收费不服务或少服务等违规行为。

截至目前，全行共有12家分行被抽查，其中11家分行已明确检查结果，1家分行正在沟通中。总体来看，各分行、各相关部门按照总行统一部署，高度重视，积极配合，取得了较好的效果，未发现系统性定价风险，有效防范了声誉风险，减少了经济损失。与可比同业相比，无论是违规事实数量还是处罚金额，我行略好。但此次检查仍暴露出我行收费管理中一些不容忽视的问题，据统计，平均每家分行听证会被质疑的金额约0.51亿元。这些问题主要表现为：

一是在执行收费监管政策及我行《“12版”价目表》过程中存在“硬伤”。比如，个别行仍然对小微企业收取贷款承诺费，对代发工资等6类人民币个人账户收取年费和账户管理费，以及收费时间与贷款发放时间、收费金额与贷款额存在明显关联性，在贷款过程中存在捆绑或强制收费嫌疑等。一些行自设收费项目、超标准收费、服务内容与对外公告的项目功能不匹配，以及收费主体不符合要求等。比如，陕西分行北大街支行作为非牵头行，向客户收取银团贷款安排费，而价目表明确规定，只有在担任牵头行并提供筹组安排与分销服务时，才能收取此项费用，结果被认定为超出价目表收费，涉及金额2 650万元。

二是部分服务质价匹配度较差，易受质疑。一些行服务内容与收费标准不够匹配，服务项目未能按照服务价值、客户类型等差别定价，随意性较强，被质疑为只收费少服务或不服务。部分行财务顾问报告内容简单雷同，缺乏个性化，有些报告主要内容为我行产品介绍，未能针对客户需求提出解决方案，收费较牵强。个别行提供的服务与客户需求不匹配，甚至要求客户接受无实际需求的服务。比如，黑龙江分行红旗支行在办理购房贷款过程中，分别以1 888元、3 888元、5 888元、8 888元的标准向43名个人客户收取汇款套餐手续费，被认定为捆绑收费，涉及金额31.8万元。一些行服务档案管理不规范，服务协议要素不完备，入档要件缺失，归档不及时，服务报告及服务记录存在明显瑕疵。比如，某公司属建材批发行业，但四川分行春熙支行《服务记录表》中记载的是向其提供电影放映行业分析报告，被认定为伪造服务记录，涉及金额10万元。有的行为完成单项中间业务收入目标，通过息转费再简单地分解入账，更谈不上配套服务。

三是个别业务管理不够到位，缺乏对操作人员的培训与指导。部分行自查流于形式，导致一些“硬伤”未及时得到整改。比如，有的服务报告中出现报告出具日期以后的相关数据，服务协议和收费凭证所列收费名称不一致等。个别行对服务价目表严肃性认识不足，对基层行负责人、客户经理和一线柜员的培训明显滞后，个别人员欠缺必要的收费业务相关知识，在检查组访谈、参加听证会回答问题时漏洞较多。另外，还发现个别行配合外部检查准备工作不充分，内部联动差，外部协调不够主动，个别人员对检查组态度不够友好等问题。

上述问题尽管是从12家分行的部分机构、部分业务中被查出的，但在全行可能具有一定的普遍性。概括起来讲，目前全行收费管理中存在的最突出的问题就是不遵守价目表、“以贷收费”、“息转费”和“收费与服

务不匹配”等。尤其需要反思的是，本次外部收费检查暴露出的问题是在2012年自查自纠、2013年7月“专项治理回头看”活动之后，虽经多次自查整改，但相同的问题反复出现，反映出少数分支机构收费合规意识淡薄、对违规收费行为问责不够，也反映出工作作风不扎实，对2012年以来的收费管理要求贯彻不全面、不彻底。

（二）充分认识加强收费管理的重要性。

一是加强收费管理是支持实体经济的需要。经济决定金融，金融发展的第一要务就是支持实体经济，实体经济发展是检验金融改革成效的唯一标准。优质高效的金融服务，既是客户开辟市场、控制风险、节约成本、增加盈利、资产保值增值不可或缺的手段，也是提高经济运行效率的重要力量。而不规范的服务及收费，必然加大客户和实体经济的运行成本，降低银行服务实体经济的能力和效率，反过来制约银行业务发展和盈利增长。加强收费管理，就是要通过建章立制，引导全行积极创新产品和服务方式，以真正满足实体经济和市场主体需求为出发点和落脚点，通过产品、服务、流程和组织体系创新，在满足与服务客户金融需求的同时，实现中间业务收入的可持续增长。这既是响应和落实宏观经济政策的需要，也是促进全行中间业务健康发展的内在要求。

二是加强收费管理是实现科学发展的需要。目前，全行收费管理存在的问题，实质就是部分分支机构未能全面、准确理解和把握总行发展中间业务的战略意图，科学发展观、正确业绩观不够牢固，经营风气不够端正，“以客户为中心”的观念不强，未能全面落实“唯有严谨规范，才能持续发展；唯有专业服务，才是正道坦途；唯有为客户增值，才受客户欢迎”的要求。个别机构热衷见效快、容易完成任务指标的产品，不注重扩大客户总量和优化客户结构，基础类和新兴产品渗透率较低，导致中间业务发展后劲不足，应对外部监管政策调整和信贷供求关系变化能力较弱。各行要逐一分析中间业务发展，以及专项检查中暴露出的问题和产生原因，及时查缺补漏，认真整改规范，并以配合国务院督查为契机，进一步增强规范收费行为的紧迫感，努力提升创新发展能力，巩固中间业务良性、可持续发展的基础。

三是加强收费管理是维护我行市场声誉和品牌形象的需要。商业银行是一个特殊的高杠杆行业，市场声誉和品牌形象是生命线。得益于党中央和国务院的正确指导、社会公众的大力支持和全行上下的不懈努力，我行在社会和金融市场上树立了良好的声誉和品牌形象，来之不易，要倍加珍惜和爱护。如果对“息转费”等不规范行为不及时加以制止，不但会降低全行资源配置的效率，而且可能会引发示范效应，任其发展，最终会酿成系统性监管和声誉风险，损害全行经营风气和管理文化，侵蚀改革创新成果。特别是在目前社会舆论对银行服务收费指责较多，金融消费者权益保护意识越来越强的外部环境下，服务收费稍有不慎，一旦被媒体曝光，就会引发难以预料的后果，对我行市场声誉产生损害。加强收费管理，切实维护客户合法权益，就是要及时纠正中间业务发展中出现的偏差，引领中间业务沿着健康轨道成长，以优质产品和增值服务竞争市场、取得收入、提升品牌含金量和市场影响力。

因此，要结合落实近期国务院常务会议要求和银行服务收费监管规定，完善我行中间业务定价及收费管理，细化定价流程、服务内容、信息披露、操作规程，加强相关配套制度建设、消费者权益保护和舆情管理等工作，做到可操作、可监控和可考核问责，努力使服务收费的每一个环节都处于制度约束之下，确保依法合规、要素齐备、收费合理、服务匹配。

三、全行中间业务收费自查和配合国务院督查的工作要求

国务院领导高度重视目前经济形势，对已出台政策落实情况十分关注且要求很严格，并准备通过此次督查抓一批正、反两方面的典型。下面我就全行收费自查和配合国务院督查工作提几点要求：

（一）加强领导，层层落实责任。本次督查组织层次高、政策性强、时间紧、任务重。各级行、各相关部门务必高度重视，切实加强组织领导，明确工作责任。总行成立由我任组长、相关副行长任副组长，各相关部门为成员的领导小组，部署安排自查和配合督查工作。服务收费方面的相关工作由总行财务会计部和消费者权益保护办公室牵头协调、督促和推动。要实行双线“一把手”责任制，即各行行长对本行中间业务收入合规性负责，各专业部门主要负责人对本专业辖属中间业务产品和服务项目合规性负责，从总行、分行、二级分行、支行等四级机构层层落实，上下联动。要逐项落实工作任务和时间表，明确工作程序和纪律，确保各项工作扎实有序开展，决不能造成重大声誉风险。对自查走过场，督查中被查出典型问题且配合不力的分行和总行专业部门，要严肃追究责任，给予约谈诫勉、通报批评甚至行政处分，做到不负责就问责。

要准确把握国务院督查相关重要文件的要求。一是2014年李克强总理在《政府工作报告》中明确提出要“发展普惠金融”，“让金融成为一池活水，更好地浇灌小微企业、‘三农’等实体经济之树”、“对违背市场竞争原则和侵害消费者权益的企业建立黑名单制度”等。3月24日国务院出台文件对《政府工作报告》中的重点工作逐一提出了落实要求。二是去年7月5日，《国务院办公厅关于金融支持经济结构调整和转型升级的指导意见》明确要求推动金融机构完善服务定价管理机制，严格规范收费行为，严格执行“七不准”和“四

公开”。三是去年8月8日，《国务院办公厅关于金融支持小微企业发展的实施意见》指出要继续治理金融机构不合理收费和高收费行为，开展对金融机构落实收费政策情况的专项检查，对落实不到位的金融机构要严肃处理。各行、各部门要坚定不移地贯彻落实国务院常务会议要求，认真学习领会上述文件精神，积极践行“三个唯有”，把规范收费作为端正经营行为、建设国际一流现代商业银行的重要内容。

（二）抓好自查整改，确保工作质量。一是确定自查重点。由总行财务会计部和消费者权益保护办公室牵头，各相关专业部门参加，结合国务院常务会议精神及我行在外部收费检查中暴露出的问题，制定自查方案，6月9日前下发各行。自查范围覆盖个人和对公客户所有收费项目，做到全层级、全流程和全品种，重点是以贷收费相关内容，包括：高端财务顾问费、常年财务顾问费、投融资顾问费、安心账户资金托管费等。在此基础上，要围绕“依法合规、服务匹配、协议完备、客户自愿”等原则，重点检查去年7月1日以后贷款发放过程中是否存在有违反“七不准”嫌疑的情况。二是明确自查方式。采取分专业、分机构自查和上级行抽查相结合，总行将择机对部分分行、部分产品自查情况进行抽查。三是做好整改。对自查发现的问题，要及时整改，确保经得起客户质询和各种检查，要加强与客户的沟通，化解矛盾，取得理解。对发改委检查组指出的问题，要限期整改和反馈，对于已下达处罚通知的项目，要按规定时限和金额退费，并做好解释工作。对于虽未被处罚，但曾被质疑“质价不符”或“少服务或无服务”的项目，或者容易引起争议的项目，要主动完善服务要素，确保操作合规和手续完备。要健全与《“12版”价目表》相配套的制度体系，做到真正可操作。对收费明显不合理的，要坚决予以清退。四是按时提交自查报告。全行自查从6月10日开始，6月22日前结束，自查及整改情况要于6月22日前向总行报告。

（三）严格处罚违规收费行为。如果说收费与服务匹配与否见仁见智，那么对于不按《“12版”价目表》收费、自立名目收费和搭车收费等行为，以及收费要件不完备、只收费不服务等违规行为就决不能原谅。各行要在不断完善激励机制的同时，认真落实总行端正经营风气、从严治行的各项规定，对于因违反监管政策和价目表而导致我行经济损失和声誉风险的行为，要痛下决心，发现一起查处一起，通过对有关机构和个人严格问责，跳出“犯了改、改了又犯”的不良循环。要完善服务收费事中、事后监督约束机制，各级行内控、监察部门要加强对中间业务收费的监督检查，抓典型、抓整改、抓通报。

（四）处理好规范收费与发展的关系。要坚持“一手抓规范、一手抓发展”不放松。要毫不动摇地坚持加快中间业务发展的战略，不要一听说外部检查、督查就有意无意放松中间业务组织推动。从这次发改委专项检查结果看，中间业务收入总量较大、增长较快的行违规事实和处罚金额较少，问题较大的恰恰是那些中间业务收入市场占比较差，增长较慢的行，事实证明“规范”与“发展”是统一的。要把国务院督查作为全行进一步改进服务、加快创新、推动中间业务持续发展的动力，合法合规的业务要大力发展，该收的费要应收尽收。要把总行确定的“规范”含义传达到每一家机构、每一位员工，缓解基层行心理和管理压力。各行要准确把握经营转型意图，对不合理的中间业务收入考核进行检查和纠正，确保中间业务发展导向科学、有效传导。要围绕考评目标制定相应的工作措施，不能将上级行的考核作为不规范收费的借口。

（五）加强宣传引导，制定预案。要结合督查重点，在6月25日前精心做好配合督查组的各项准备工作，准确、完整地提供有关信息，汇报相关情况，对难以把握的问题要及时请示总行，决不允许敷衍塞责或弄虚作假。要严格执行总行关于落实中央“八项规定”的有关部署，做到有理有节，展示我行过硬的工作作风。要加强与地方各级党委宣传部门、政府金融办、银行监管、价格检查、工商联、银行业协会、消费者权益保护协会以及相关主流媒体的沟通，如实反映我行支持实体经济发展、支持小微企业成长以及自身经营、服务创新、收费管理等情况，主动争取相关部门、督查组和舆论对我行的理解与支持。要及时掌握个案举报和专项检查、督查动态，积极协调并防范声誉风险。6～7月，全行要集中安排一批支持实体经济发展的典型案例，掀起一轮宣传新高潮，努力营造良好的舆论环境。要进一步完善金融消费者权益保护机制，持续提升社会公众对我行的认同度。

四、沉着应对当前复杂严峻的经营形势，认真抓好上半年各项经营任务目标的完成

（一）1～5月全行主要经营情况。1～5月，境内分行实现净利润××亿元，同比增长×%。利息净收入××亿元，同比增长×%，净利息收益率（NIM）×%，较一季度持平，其中客户贷款收益率为5.93%，较1季度下降5个基点，存款付息率为2.06%，较第一季度持平。手续费及佣金净收入××亿元，同比增长×%。其中私人银行、结售汇及代客资金交易、借记卡、信用卡分期付款、国际贸易融资、代理个人基金、养老金、品牌类投行等业务收入同比增长均超过20%，银行类理财产品、现金管理、贵金属、代理对公保险、安心账户托管、代理债券发行承销等业务收入同比下降。其他非利息净收入36亿元，同比下降16亿元，主要是保本理财业务的银行端损益下降较多。

从拨备提取和使用情况看，前5个月计提贷款减值损失214亿元，同比增长18.56%。按正常类贷款提取

比例 1.8% 估计，其中正常类贷款提取拨备 90 亿元，同比增加 1.7 亿元；贷款劣变提取拨备 124 亿元，同比增加 32 亿元。浙江、江苏、上海、福建 4 家分行因贷款劣变提取的拨备金额均超过 15 亿元。前 5 个月核销已使用拨备 90 亿元。

从存贷款业务发展情况看，截至 5 月末，境内分行人民币各项存款（含同业）余额较年初增加 3 518 亿元，日均余额较年初增加 277 亿元。存款结构（不含同业）显示，人民币定期存款日均余额较年初增加 1 366 亿元，活期存款日均余额较年初下降 2 508 亿元；人民币定期存款日均占比为 51.82%，较 3 月末提高 0.07 个百分点。人民币各项贷款较年初增加 4 338 亿元，同比多增 277 亿元。其中，公司类贷款较年初新增 2 675 亿元，个人类贷款较年初新增 1 347 亿元。

从各分行情况看，厦门、西藏、重庆、北京、海南、深圳、贵州、云南、大连、宁夏、河北 11 家分行拨备后利润同比增长超过 10%，福建、内蒙古、宁波、上海 4 家分行拨备后利润同比下降超过 10%。深圳、西藏、云南、贵州、青海、河南 6 家分行手续费及佣金收入同比增长超过 20%；苏州、内蒙古、山西、四川、江西、青岛、浙江、天津和广西 9 家分行手续费及佣金收入同比下降。

总体来看，与一季度相比，今年前 5 个月经营情况并没有明显的好转，存在的主要问题是：利润增幅仍处在较低水平，与可比同业相比差距较大；不良贷款控制压力较大，5 月末集团不良贷款余额预计为 × × 亿元，不良率 × %，比 3 月末上升 × 个百分点，比年初上升 × 个百分点；存款增长形势不理想，到 5 月底才扭转人民币存款日均增量下降局面，定期化趋势有所加剧；部分分行、部分产品中间业务收入增长乏力等。

（二）采取措施，确保完成上半年各项经营目标。从目前市场、监管环境和我行自身经营发展趋势看，下一阶段全行利差水平、资产质量、中间业务增收等方面仍面临一定的不确定性。坚守资产质量控制关、利差水平稳定关、中间业务增收关和市场竞争力提升关等“四大关口”任重道远。对此，全行一定要保持清醒认识，认真贯彻落实好 2014 年全行工作会议精神，进一步改进工作作风，沉着应对当前复杂严峻的经营形势，继续推动各项政策落到实处。这里，我重点就完成上半年净利润和中间业务收入目标提几点具体要求。

一是努力完成经营计划目标，保持盈利合理增长。上半年行将结束这里，向各行进一步明确：年初各项经营计划目标必须完成，其中二季度当季盈利增长不能比一季度差，半年度盈利增幅不得低于一季度，希望各行结合全年计划任务和合理的序时进度安排完成。要合理把握贷款投放进度，平衡人民币贷款和外币贷款投放额度，进一步提高存贷款议价能力，提升贷款收益率，控制存款付息水平。要做好费用总量控制，在全年费用增长整体有限的形势下，平衡季度费用列支和全年费用总量的关系，提高费用、工资增长和当期利润增长的匹配度，不允许利润不增长甚至负增长而费用却增幅较大。

二是密切关注资产质量波动变化。各行要加大不良贷款清收处置力度，6 月末争取将不良率控制在第一季度水平，逾期贷款和不良贷款的剪刀差比年初减少 100 亿元。要做好信贷资产质量监控和风险排查工作，从源头上止住新的不良资产风险点，全面把控好贷款质量。要继续坚持不良贷款处置与财务承受能力相统一、快速处置与成本约束相统一的原则，努力提高清收处置效益和效率。要加强对不良贷款监测，密切关注资产质量变动对盈利的影响，确保拨备提取足额保有。

三是持续抓好存款业务发展。要同时关注存款稳定性、付息成本和市场份额三项指标，加强对重点客户、大额资金的实时监测。要进一步完善存款工作机制，优化存款定价策略，加强存贷挂钩，有效提升资金运用效率。要进一步拓展客户基础，不断优化客户结构，组织实施好网点竞争力提升七大工程，从源头上通过好的产品吸引客户，提高客户黏性，以此来增加存款。

四是大力推动中间业务收入增长。要实现全年净利润增长目标，中间业务收入增长 12.5% 的目标就要想办法完成。要确保实现第二季度当季中间业务收入目标和 16 个重点产品收入目标。从 1 ~ 5 月情况看，6 月当月至少要实现 235 亿元收入，才能完成上半年目标。要大力发展 12 项战略成长性业务以及现金管理、借记卡、工银信使、个人外汇汇款等潜力产品，确保完成二季度增收任务，避免大起大落。要正确、理性认识存款、理财和中间业务收入的关系，集中精力，确保相关产品增收工作不放松。要制定新的《中间业务定价管理办法》和《“14 版”价目表》，落实好新的收费监管政策。要合理划分“息”“费”适用对象和界线，加强贷款风险定价管理，对服务质量没有把握而利息又能议上去的，尽可能收息。要强化成本—收入分析和收费减免管控，统一优惠客户门槛和优惠标准，探索建立中间业务减免内部计价体系，通过利益补偿协调部门合作关系，遏制收费减免冲动。6 月，总行将对部分增收潜力较大的分行和产品进行督导。

同志们，今年全行面临的经营环境较为复杂，各种不利因素叠加且相互作用，经营管理难度和压力较大，希望各行、各部门拿出更大的魄力和勇气，增强信心，迎难而上，坚决落实国务院常务会议精神，扎实做好自查整改和配合国务院督查工作，切实加强收费管理，不断完善金融服务，努力完成上半年盈利增长目标，为全面实现 2014 年各项经营目标打牢基础。

在中国工商银行年中工作会议上的讲话

易会满
（2014年7月14日）

一、上半年经营情况

1.1　上半年总体经营情况

1.1.1　总体经营效益情况

经营效益保持稳步增长

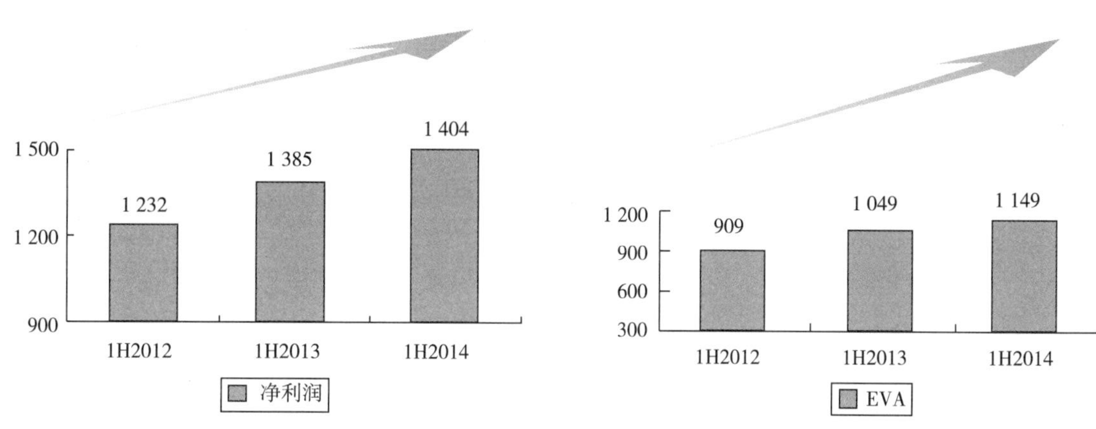

注：上图数据为集团口径，其中2014年上半年为管理层未经审计数据。

2014年上半年，集团实现净利润××亿元，同比增加××亿元，增长××%，增幅较第一季度提升××个百分点。

集团EVA达到1 149亿元，同比增加100亿元，增长9.5%。

1.1.2　主要经营指标情况

国际财务报告准则（集团数据）

主要经营指标	1H2013	2013	1H2014
1. 盈利能力			
1.1　净利润（亿元）	1 385	2 630	××
1.2　EVA（亿元）	1 049	1 937	1 149
1.3　加权平均权益回报率	23.25%	21.92%	××%
1.4　基本每股收益（元）	0.40	0.75	××
2. 收益结构			
2.1　净利息收益率（NIM）	2.57%	2.57%	2.61%
2.2　手续费及佣金净收入占比	23.12%	21.13%	23.14%
2.3　成本收入比	25.09%	28.80%	25.00%

续表

主要经营指标	1H2013	2013	1H2014
3. 资产质量			
3.1　不良贷款额（亿元）	818	937	××
3.2　不良贷款率	0.87%	0.94%	×%
3.3　不良覆盖率	288.16%	257.19%	××%
3.4　贷款减值准备金额	2 356	2 410	2 517
3.5　贷款总额准备金率（境内）	2.62%	2.56%	2.51%

盈利能力持续提升

上半年，加权平均权益回报率为××%，较2013年提升×个基点；实现基本每股收益××元，较上年同期增加××元。

收益结构进一步优化

手续费及佣金收入占比较2013年提高2个百分点，盈利增长保持可持续性。

不良贷款有所反弹，拨备保有充足

不良贷率为×%，较年初升高×个基点，较第一季度升高×个基点；集团拨备余额稳步增长。

1.1.3　境内分行净利润情况

境内分行净利润情况（增幅排名）　　单位：亿元

行名	净利润	同比增幅	预算完成率	行名	净利润	同比增幅	预算完成率
西藏	2.0	83.6%	50.4%	江西	21.5	4.2%	57.6%
厦门	9.5	58.3%	58.9%	黑龙江	18.6	4.0%	51.3%
北京	155.6	20.3%	54.9%	山东	76.57	3.1%	58.0%
甘肃	9.7	19.8%	53.7%	大连	11.2	2.7%	49.2%
重庆	27.6	17.7%	52.6%	云南	23.5	2.6%	51.1%
海南	10.4	16.5%	54.0%	青岛	13.5	2.3%	50.5%
贵州	23.6	13.8%	54.4%	宁夏	5.4	0.7%	50.5%
四川	52.4	12.7%	51.4%	安徽	29.4	-0.5%	54.8%
吉林	15.6	11.4%	58.2%	天津	24.6	-2.3%	47.3%
新疆	14.8	11.1%	52.0%	宁波	16.3	-4.0%	59.0%
浙江	82.9	10.1%	51.1%	上海	78.8	-4.1%	51.4%
河北	46.5	10.1%	52.1%	山西	26.1	-5.0%	49.5%
广西	20.3	10.0%	50.3%	陕西	26.0	-5.4%	54.2%
辽宁	26.9	9.6%	61.8%	青海	3.6	-6.0%	49.5%
深圳	36.7	7.4%	57.2%	湖南	22.2	-9.9%	46.8%
湖北	36.5	6.6%	50.8%	内蒙古	17.3	-15.8%	48.8%
河南	36.4	6.3%	57.3%	福建	22.2	-21.0%	46.0%
广东	117.1	6.1%	51.7%	分行小计	1 253.2	5.9%	53.0%
江苏	91.7	4.8%	53.7%				

境内分行净利润情况（净利润总额排名）　　单位：亿元

行名	净利润			行名	净利润		
		同比增幅	预算完成率			同比增幅	预算完成率
北京	155.6	20.3%	54.9%	福建	22.2	-21.0%	46.0%
广东	117.1	6.1%	51.7%	湖南	22.2	-9.9%	46.8%
江苏	91.7	4.8%	53.2%	江西	21.5	4.2%	57.6%
浙江	82.9	10.1%	51.1%	广西	20.3	10.0%	50.3
上海	78.8	-4.1%	51.4%	黑龙江	18.6	4.0%	51.3%
山东	76.6	3.1%	58.0%	内蒙古	17.3	-15.8%	48.0%
四川	52.4	12.7%	51.4%	宁波	16.3	-4.0%	59.0%
河北	46.5	10.1%	52.1%	吉林	15.6	11.4%	58.2%
深圳	36.7	7.4%	57.2%	新疆	14.8	11.1%	52.0%
湖北	36.5	6.6%	50.8%	青岛	13.5	2.3%	50.5%
山东	36.4	6.3%	57.3%	大连	11.2	2.7%	49.2%
安徽	29.4	-0.5%	54.8%	海南	10.4	16.5%	54.0%
重庆	27.6	17.7%	52.6%	甘肃	9.7	19.8%	53.7%
辽宁	26.9	9.6%	61.8%	厦门	9.5	58.3%	58.9%
山西	26.1	-5.0%	49.5%	宁夏	5.4	0.7%	50.5%
陕西	26.0	-5.4%	54.2%	青海	3.6	-6.0%	49.5%
天津	24.6	-2.3	47.3	西藏	2.0	83.6%	50.4%
贵州	23.6	13.8%	54.4%	分行小计	1 253.2	5.9%	53.0%
云南	23.5	2.6%	51.1%				

1.1.4　利润中心经营情况

单位：亿元

项目	金融市场部	资产托管部	票据营业部	投资银行部	资产管理部	专项融资部	贵金属业务部	养老金业务部	私人银行部
考核利润	335.74	8.24	9.07	7.60	4.26	3.00	2.24	1.02	0.39
考核利润同比增幅	8.6%	1.0%	18.1%	—	—	66.7%	-33.1%	34.2%	—
预算完成率	52.1%	43.8%	52.7%	58.8%	44.1%	41.7%	35.3%	71.8%	52.0%

注：去年同期投资银行部、资产管理部和私人银行部未独立核算，因此未统计同比增幅。

金融市场部、票据营业部、投资银行部、养老金业务部和私人银行部等5家利润中心的考核净利润序时进度超过50%。

1.1.5　境外机构经营情况

单位：亿元

亚洲地区机构名称	拨备后利润				其他地区机构名称	拨备后利润			
	上期	当期	同比增减	同比增幅		上期	当期	同比增减	同比增幅
新加坡分行	1.433	4.339	2.906	203%	法兰克福分行	0.560	0.801	0.241	43%
首尔分行	1.306	2.983	1.677	128%	工银莫斯科	0.245	0.514	0.269	110%
东京分行	1.222	2.039	0.817	67%	工银伦敦	1.113	1.501	0.388	35%
湄公河区域	0.871	1.289	0.418	48%	欧洲机构	3.605	6.230	2.625	73%
河内分行	0.388	0.501	0.113	29%	卢森堡总部	1.792	3.399	1.607	90%

续表

亚洲地区机构名称	拨备后利润				其他地区机构名称	拨备后利润			
	上期	当期	同比增减	同比增幅		上期	当期	同比增减	同比增幅
金边分行	0.145	0.316	0.171	118%	巴黎分行	0.808	0.768	-0.040	-5%
万象分行	0.338	0.472	0.134	40%	阿姆斯特丹分行	0.232	0.547	0.315	136%
孟买分行	0.259	0.264	0.005	2%	布鲁塞尔分行	0.111	0.235	0.124	112%
卡拉奇分行	0.082	0.438	0.356	434%	马德里分行	0.326	0.527	0.201	62%
香港机构	25.489	28.271	2.782	11%	米兰分行	0.331	0.569	0.238	72%
香港分行	1.059	-1.533	-2.592		华沙分行	0.005	0.185	0.180	3 600%
工银亚洲	24.430	29.804	5.374	22%	工银加拿大	0.036	0.330	0.024	8%
工银澳门	5.120	7.736	2.616	51%	工银阿根廷	4.397	11.470	7.073	161%
工银泰国	1.211	1.354	0.143	12%	美国机构	2.368	4.582	2.214	93%
工银印尼	0.874	1.009	0.135	15%	纽约分行	1.412	3.683	2.271	161%
工银阿拉木图	0.129	0.170	0.041	32%	工银美国	0.078	0.000	-0.078	-100%
工银马来西亚	0.062	0.302	0.240	387%	工银金融	0.878	0.899	0.021	2%
工银国际	3.002	2.833	-0.169	-6%	工银巴西	0.046	0.090	0.044	96%
中东机构	1.017	3.193	2.176	214%	工银秘鲁	-0.182	-0.151	0.031	-17%
迪拜分行	0.207	1.984	1.777	858%	澳新机构	2.285	2.870	0.585	26%
多哈分行	0.383	0.793	0.410	107%	工银新西兰	—	-0.068	-0.068	—
阿布扎比分行	0.427	0.416	-0.011	-3%	悉尼分行	2.285	2.938	0.653	29%
境外机构合计						56.820	84.457	27.637	479%

注：2014 年上半年，境外机构拨备后利润同比增长 49%；如剔除香港分行因持有总行人民币美元对冲盘（23.68 亿美元）而产生的汇兑损失（约 5 790 万美元），境外机构上半年实现拨备后利润 88.05 亿元人民币，同比增长 55%。

1.1.6　境内控股机构经营情况

截至 6 月末，境内控股机构总资产规模达 2 379 亿元，较上年末增长 16.38%；实现净利润 16.3 亿元，同比增长约 5%，增速有所下滑，主要是受融资成本增加的影响，工银租赁的利润增幅同比下降。

工银瑞信　　单位：亿元

项目	2014-06-30	2013-12-31	增减	增幅
总资产	15.80	13.36	2.44	18.26%
总负债	3.47	3.27	0.20	6.12%
资产管理规模	4 144	2 357	1 787	75.82%
ROE（年化）	38.81%	34.93%	3.88%	
	2014 年上半年	2013 年上半年	同比增减	同比增幅
净利润	2.18	1.45	0.73	50.34%

工银租赁　　单位：亿元

项目	2014-06-30	2013-12-31	增减	增幅
总资产	2 072.73	1 816.05	256.68	14.13%
总负债	1 896.19	1 683.41	212.78	12.64%

续表

项目	2014-06-30	2013-12-31	增减	增幅
ROE（年化）	18.00%	18.97%	-0.97%	
ROA（年化）	1.43%	1.46%	-0.03%	
	2014 年上半年	2013 年上半年	同比增减	同比增幅
租赁业务收入	69.54	51.00	18.54	36.35%
净利润	13.86	14.22	-0.36	-2.53%

工银安盛　　单位：亿元

项目	2014-06-30	2013-12-31	增减	增幅
总资产	290.88	215.18	75.70	35.18%
总负债	243.94	170.71	73.23	42.90%
	2014 年上半年	2013 年上半年	同比增减	同比增幅
保费收入	77.51	64.98	12.53	19.28%
投资收益	4.51	2.02	2.49	123.27%
净利润	0.26	-0.13	0.39	

1.2 主要经营情况分析

1.2.1 人民币存款业务发展情况

人民币存款时点增长较好，一般性存款增量领先同业。

上半年，境内分行人民币各项存款增加9 727亿元，同比多增4 216亿元，增幅为6.5%。其中，不含同业存放的一般性存款增加9 853亿元，同比多增1 509亿元，增幅为6.9%。

上半年人民币存款增长情况表 单位：亿元

项目	余额	比年初增量	同比	增幅	日均增量	日均同比
人民币各项存款	159 567	9 727	4 216	6.5%	814	2 585
1. 一般性存款	152 018	9 853	1 509	6.9	-584	-1 301
（1）储蓄存款	76 600	4 435	-342	6.1%	673	-641
（2）公司存款	35 747	1 611	1 408	4.7%	-2 316	-977
（3）机构存款	39 672	3 807	443	10.6%	1 059	317
2. 同业存款	7 549	-126	2 708	-1.6%	1 398	3 886
其中：短期同业定期存款	2 060	-1 068	1 737	-34.1	490	3 118

今年上半年一般性存款时点增量为近三年来最高值。2011年、2012年和2013年上半年一般性存款分别增加9 392亿元、9 778亿元和8 344亿元。

四大行各项存款均同比有所多增，我行各项存款增量略低于农行，一般性存款增量继续排名四大行首位。

上半年四大行人民币存款增长情况表 单位：亿元

项目	工商银行			农业银行		
	余额	比年初	增幅	余额	比年初	增幅
一、人民币各项存款	159 567	9 727	6.49%	133 784	10 530	8.54%
（一）一般性存款	152 018	9 853	6.93%	130 325	9 353	7.73%
（二）同业存款	7 549	-126	-1.64	3 459	1 177	51.58%
项目	中国银行			建设银行		
	余额	比年初	增幅	余额	比年初	增幅
一、人民币各项存款	93 692	8 452	9.92%	132 527	6 784	5.40%
（一）一般性存款	87 946	8 031	10.05%	124 540	4 574	3.81%
（二）同业存款	5 745	421	7.91%	7 988	2 211	38.27%

6月末，全行人民币一般性存款增加9 853亿元，完成年度计划11 000亿元的89.6%，其中16家分行超过全行平均进度，11家分行超过100%。

上半年，全行人民币一般性存款日均增量为-584亿元，完成年度计划5 500亿元的-10.6%。河南、山东、安徽、湖南、陕西、吉林和北京7家分行一般性存款日均增量超过100亿元；广东、上海、浙江和深圳4家分行日均增量在-150亿元以下。

上半年各分行存款计划完成情况表 单位：亿元

地区	各项存款增量	一般性存款				地区	各项存款增量	一般性存款			
		日平均量	日均计划完成比例	时点增量	时点计划完成比例			日平均量	日均计划完成比例	时点增量	时点计划完成比例
全行合计	9 727	-584	-10.6%	9 853	89.6%	辽宁	173	0.3	0.3%	137	63.0%
吉林	144	107	127.4%	166	98.9%	甘肃	177	-0.3	-0.5%	181	133.4%
河南	625	227	107.8%	570	135.4%	四川	297	-3	1.2%	276	49.8%
安徽	340	153	104.0%	280	95.1%	云南	123	-6	-5.4%	108	50.4%

续表

地区	各项存款增量	一般性存款				地区	各项存款增量	一般性存款			
		日平均量	日均计划完成比例	时点增量	时点计划完成比例			日平均量	日均计划完成比例	时点增量	时点计划完成比例
青岛	105	50	97.0%	102	97.4%	广西	135	-12	-13.9%	130	74.5%
湖南	262	122	87.9%	238	85.8%	福建	180	-24	-21.3%	136	61.3%
陕西	350	108	76.9%	299	107.1%	江苏	642	-99	-24.4%	643	79.6%
海南	64	32	76.2%	57	67.5%	大连	57	-13	-25.9%	50	47.8%
山东	703	215	73.1%	679	115.7%	宁夏	27	-7	-26.5%	20	38.7%
新疆	207	51	53.8%	204	108.7	湖北	202	-59	-35.5%	244	73.0%
内蒙古	114	57	51.5%	93	42.1%	天津	203	-43	-42.6%	215	107.7%
江西	216	47	48.9%	270	140.5%	贵州	127	-43	-53.6%	160	99.5%
宁波	147	28	45.2%	165	132.2%	浙江	432	-217	-64.5%	524	77.8%
河北	335	76	34.3%	300	68.3%	西藏	6	-2	-83.2%	6	105.0%
北京	2 473	104	13.0%	2 416	151.6%	上海	20	-461	-128.2%	241	33.5%
黑龙江	87	9	11.6%	66	40.7%	厦门	39	-36	-129.2%	44	79.3%
重庆	76	7	6.9%	202	98.5%	深圳	237	-162	-131.0%	331	133.6%
青海	16	1	4.6%	17	33.8	广东	505	-763	-172.3%	371	41.9%
山西	8	3	1.6%	52	15.1%						

1.2.2 人民币贷款业务发展情况

人民币贷款合理增长，对实体经济的服务能力增强

贷款增量高于同期水平。上半年，境内分行人民币贷款增加5 233亿元，为2011年以来上半年增量最高值；完成年初确定的9 000亿元年度计划的58.1%，较2011—2013年同期52%左右的进度高6个百分点。

贷款投向结构合理。项目贷款增加2 102亿元，个人住房贷款增加1 976亿元，两项合计占上半年增量的78%。

上半年人民币贷款增长情况表

单位：亿元

项目	2014上半年			2013上半年	2012上半年	2011上半年
	余额	占比	同比			
各项贷款	5 233	100%	380	4 853	4 512	4 155
1. 公司贷款	3 321	63.5%	922	2 329	2 725	2 476
2. 个人贷款	1 606	30.7%	-665	2 271	530	1 392
3. 票据贴现	66	1.3%	60	6	962	-116
4. 银行卡透支	240	4.6%	-7	247	294	402

上半年四大行人民币贷款对比表

单位：亿元

项目	工商银行			农业银行			中国银行			建设银行		
	余额	增量	增幅	余额	增量	增幅	余额	增量	增幅	余额	增量	增幅
人民币各项贷款	93 412	5 233	5.9%	71 792	4 646	6.9%	58 819	3 362	6.1%	81 323	4 918	6.4%
（一）公司贷款	63 147	3 321	5.6%	48 001	2 703	6.0%	37 793	2 029	5.7%	53 370	2 792	5.5%
（二）个人贷款	25 430	1 606	6.7%	20 927	1 949	10.3%	17 552	1 069	6.5%	23 923	1 965	8.9%
其中：个人住房	19 001	1 976	11.6%	14 510	1 582	12.2%	—	—	0.0%	20 824	2 022	10.8%
（三）票据贴现	1 545	66	4.5%	762	-162	-17.5%	1 098	-27	-2.4%	1 213	23	1.9%
（四）银行卡透支	3 290	240	7.9%	2 102	156	8.0%	2 377	291	14.0%	2 817	138	5.2%

1.2.3 外汇存贷款业务发展情况

上半年，境内分行外汇存贷款增长较快，外汇存款余额为569亿美元，比年初增加102亿美元；外汇贷款余额674亿美元，比年初增加86亿美元。外汇余额存贷比为118.5%，较年初下降7.3个百分点。其中，国际贸易融资余额为475亿美元，比年初增加54亿美元，增量排名四大行首位。

上半年四大行外汇存贷款运行情况表 单位：亿美元

项目	工商银行		农业银行		中国银行		建设银行	
	余额	比年初	余额	比年初	余额	比年初	余额	比年初
各项存款	569	102	398	108	840	40	634	215
其中：对公存款	435	115	377	108	542	51	593	213
储蓄存款	134	-13	21	0	298	-11	40	2
各项贷款	674	86	387	59	965	140	608	54
其中：贸易融资	475	54	299	45	502	38	355	-17
现汇贷款	198	32	87	13	463	102	253	71

1.2.4 中间业务发展情况

收入稳步增长，占比持续提升

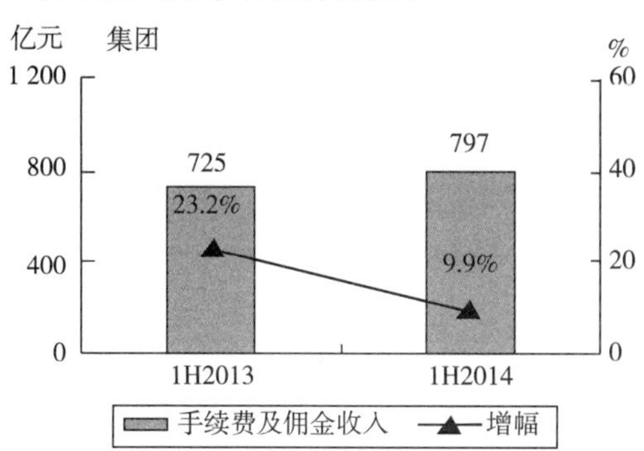

手续费及佣金收入增长情况

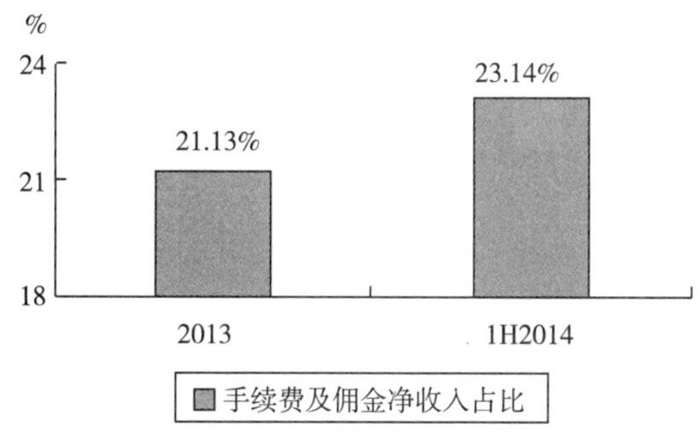

收益结构变化情况

2014年上半年，集团实现手续费及佣金收入797亿元，同比增长9.9%。

手续费及佣金净收入在全行收入中的占比达到23.14%，较2013年提高2个百分点，收益结构持续改善。

境内分行中间业务发展情况

1~6月，境内分行实现中间业务收入753.83亿元，同比增长7.59%。结算代理理财、品牌类投行及与贷款客户相关板块收入同比均实现增长。其中，结算、代理、理财441.72亿元，同比增长5.52%；品牌类投行101.85亿元，同比增长12.21%；与贷款客户相关业务210.26亿元，同比增长9.93%。

1~6月分板块中间业务收入

单位：亿元

板块	2014H1	2013H1	比同期增幅
结算代理理财	441.72	418.60	5.52%
品牌类投行	101.85	90.77	12.21%
贷款客户相关	210.26	191.27	9.93%
合计	753.83	700.64	7.59%

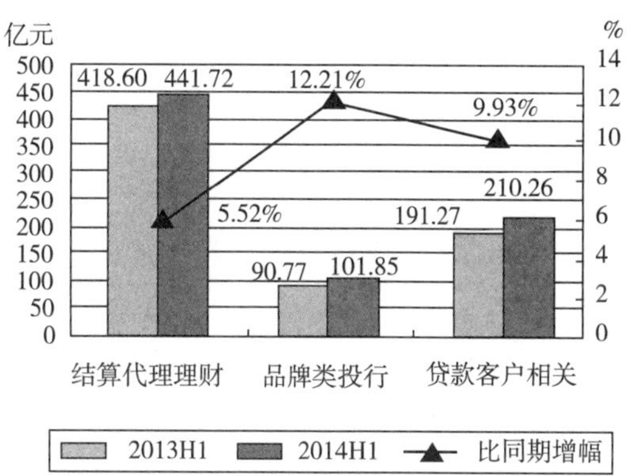

38家分行中间业务收入同比“31升7降”。

上半年各分行中间业务收入增长情况　　单位：亿元

分行	2014H1	同比增幅	分行	2014H1	同比增幅
青海	1.17	31.25%	甘肃	6.54	8.80%
吉林	7.23	29.75%	（广州）	27.84	8.39%
厦门	4.80	27.67%	浙江	62.24	6.20%
海南	5.29	23.29%	云南	11.62	5.44%
西藏	0.09	22.40%	安徽	16.42	4.42%
深圳	25.33	20.24%	山东	43.66	4.28%
湖北	32.08	19.52%	四川	23.34	3.62%
贵州	11.87	18.79%	湖南	21.11	3.08%
黑龙江	7.86	17.94%	宁波	9.44	2.57%
河北	23.22	15.35%	天津	11.75	1.49%
重庆	19.34	15.12%	江西	14.53	0.36%
河南	26.22	14.67%	福建	21.93	0.33%
北京	47.35	13.85%	陕西	10.86	-1.24%
辽宁	11.89	13.10%	广西	9.09	-2.29%
上海	46.32	13.09%	青岛	6.97	-2.35%
大连	5.07	12.89%	山西	9.94	-6.09%
新疆	6.30	12.44%	宁夏	2.52	-9.12%
江苏	74.87	11.82%	内蒙古	9.11	-10.08%
广东	72.68	9.88%	（苏州）	13.38	-17.32%

青海、吉林、厦门、海南、西藏、深圳、湖北、贵州、黑龙江、河北和重庆分行收入同比增长超过15%。

苏州、内蒙古、宁夏、山西、青岛、广西和陕西分行收入同比下降。

1.2.5　境外机构业务发展情况

截至6月末，境外机构客户存款（不含同业）余额5 387亿元，较年初增加840亿元，增幅为18.47%；同业存款余额934亿元，较年初增加293亿元，增幅为45.83%；发行债券及存款证余额2 244亿元，较年初增加421亿元，增幅为23.10%。

上半年，境外机构大力拓展贷款市场，贷款余额大幅增长。截至6月末，境外机构贷款余额为7 923亿元，较年初增加1 340亿元，增幅为20.35%。

上半年，境外机构实现中间业务收入28.62亿元，同比增加4.41亿元，增幅为18.23%。

1.2.6　资本管理情况

资本管理高级方法获批，资本管理进入新的阶段

6月末资本充足率（预计权重法下12.7%）和核心一级资本充足率（预计权重法下10.6%），继续保持较为理想的水平。今年4月我行内评法等资本管理高级方法已获批，预计高级法下资本充足率将较权重法有所上升。

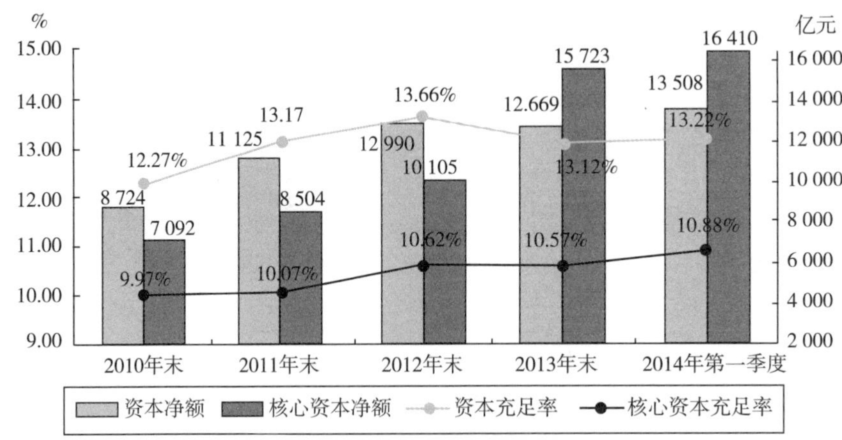

近年来我行资本充足率情况

1.2.7　资金营运情况

资金运作收益增长较好，超额备付率较为平稳

截至6月末，全行境内人民币债券投资余额40 196亿元，实现投资收益782.5亿元，同比增加58亿元；债券投资收益率3.99%，同比提高了30个基点，其中新增债券收益率5%，同比提高105个基点，促进了NIM的提升。

1～6月，日均超额备付率（含现金）1.55%，同比上升11个基点，比四行平均水平低27个基点，分别比农行和中行低29个基点和91个基点，资金使用效率继续保持在较好水平。

上半年境内人民币资金营运主要情况表　　单位：亿元

项目	期末余额	比年初	比同期	日均余额	比同期	累计发生额	比同期	年损益	比同期	年收益率/付息率	比同期
一、同业资金来源合计	7 670	-597	-1 132	9 886	166	42 617	-25 863	148	18	3.02%	0.32%
（一）同业拆入	33	21	22	67	-112	1 139	-4 986	1.4	-1.7	4.16%	0.69%
（二）债券质押拆入	88	-457	-742	691	-528	11 381	-16 590	15.4	-7.3	4.49%	0.75%
（三）同业存款	7 549	-161	-411	9 127	806	—	—	131.5	26.7	2.90%	0.36%
1. 同业活期存款	5 436	947	227	5 486	71	—	—	42	-0.9	1.54%	-0.06%
2. 短期同业定期存款	2 060	-1 068	-646	3 617	735	30 098	-4 287	77	17.4	4.29%	0.12%
二、同业资金运用合计	7 336	1 680	946	4 063	-594	70 158	19 825	96.4	-4.6	4.79%	0.41%
（一）同业拆出	2 573	-466	388	1 765	1 000	17 734	8 596	48.7	29	5.57%	0.37%
（二）债券质押拆出	2 830	2 514	1 556	526	-61	49 393	14 636	8	-2.3	3.08%	-0.46%
（三）非结算用途存放同业	141	-572	-885	213	-1 362	665	-3 114	5.7	-30.5	5.38%	0.75%
（四）买入返售票据	820	230	-63	566	-129	2 294	107	15.4	-0.4	5.50%	0.91%
（五）结算类存放同业	971	-18	-15	989	-22	—	—	18.4	0	3.76%	0.08%
（六）其他	0	-35	-35	4	-19	72	-399	0.1	-0.4	5.62%	0.94%
三、债券投资	40 196	954	-370	39 554	-32	3 970	-264	782.5	57.7	3.99%	0.30%

注：债券投资含保本理财投资的债券和交易类债券。

1.2.8　新兴业务发展情况

信用卡业务

- 信用卡发卡量9 537万张，较年初净增732万张；信用卡消费额达到8 850亿元，同比增长17.8%；信用卡收单额达到17 048亿元，同比增长49.2%。
- 可比口径信用卡总收入达到179亿元，同比增长20.7%。

电子银行业务

- 6月末，交易离柜率在80%以上电子银行个人活跃客户占比达31.8%，较年初提高2.5个百分点；柜面业务可分流率下降至24.3%，较年初减少4.9个百分点；工银e支付存量账户数达2 004万户，其中1~6月新增1 220万户，同比增长6.6倍，交易额达149.5亿元，同比增长7.5倍。
- 电商平台业务取得开门红，上半年累计进驻商户893户，上线商品4.5万种；累计成交金额达70亿元，其中非金融商品10.8亿元。

投资银行业务

- 上半年实现投资银行业务收入180.5亿元，同比增幅14.8%，其中品牌类投行收入101.85亿元，占比达到56.43%，收入结构继续优化。

贵金属业务

- 在贵金属市场震荡下行的背景下，上半年贵金属产品线实现业务收入27.06亿元，同比增长13.4%；前5个月全行贵金属业务手续费及佣金收入四行占比提升9.49个百分点至50.86%。

私人银行业务

- 6月末，全行私人银行客户数达39 274户，较年初新增7 944户，增幅25%；管理资产达6 757亿元，较年初新增1 344亿元，增幅25%；签约客户突破10万户，较年初增长4万户，增幅64%；私人银行业务线实现收入18.2亿元，同比增长5.45亿元，同比增幅43%。

1.3 需重点关注的问题

1.3.1 防范与控制不良贷款的压力持续加大

不良贷款反弹压力加大。2013 年以来，全行不良贷款额与不良贷款率“双升”趋势明显。6 月末，集团不良贷款余额××亿元、不良率×%，较年初增加××亿元、上升了×个基点。上半年全行核销不良贷款 127.66 亿元，同比增加 66.11 亿元；不良贷款清收处置 430.7 亿元，同比增加 86.61 亿元，其中现金清收 169.76 亿元，同比增加 24.69 亿元。尽管不良贷款率仍控制在 1% 的目标范围内，但是，应该看到，自去年下半年以来，不良贷款率呈现逐步上升趋势，不良贷款反弹的压力持续增加。

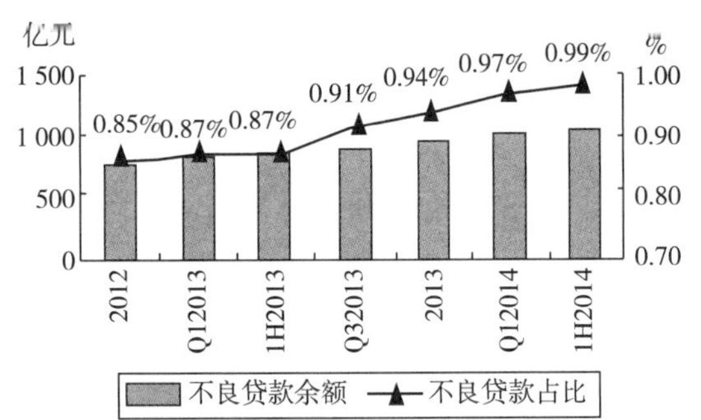

不良贷款变动情况（集团口径）

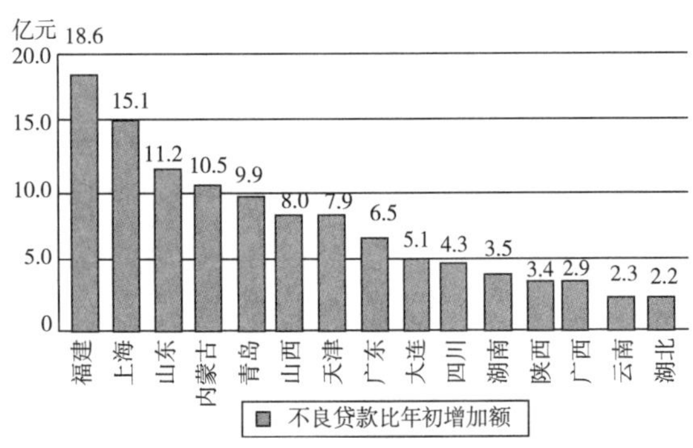

不良贷款比年初额增加最大的 15 家分行

风险呈现蔓延趋势。与 2013 年贷款劣变主要集中在小微企业、东部沿海地区不同，今年以来，信贷风险劣变总量增加明显，劣变趋势由小微企业和个人经营性贷款向大中型企业扩散、由东部向中西部分行蔓延、由单一客户风险向集群性风险传导，风险控制的压力持续加大。

剪刀差持续扩大。今年以来，全行逾期贷款与不良贷款“剪刀差”上升趋势明显，6 月末达 761.7 亿元，较第一季度末上升 255.5 亿元，较年初上升 362.3 亿元。资产质量的稳定性依然面临较大考验。

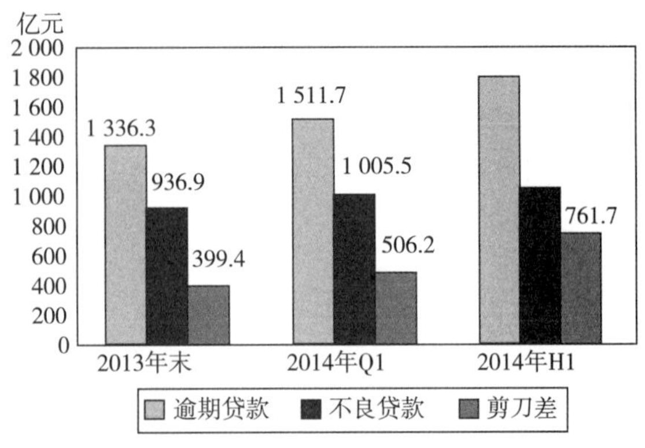

逾期贷款与“剪刀差”变动情况（集团口径）

分类来看，境内分行公司逾期贷款余额××亿元，不良贷款余额××亿元，剪刀差为 361.7 亿元，比年初增加 287.2 亿元；境内分行个人逾期贷款余额××亿元，不良贷款余额××亿元，剪刀差为 284.8 亿元，比年初增加 39.2 亿元。

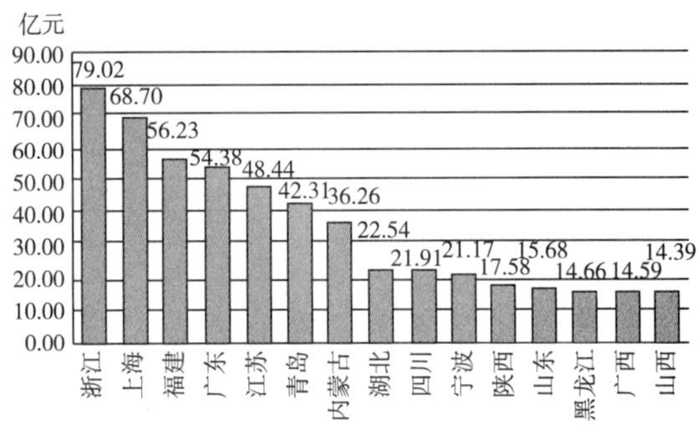

“剪刀差”余额最大的 15 家分行

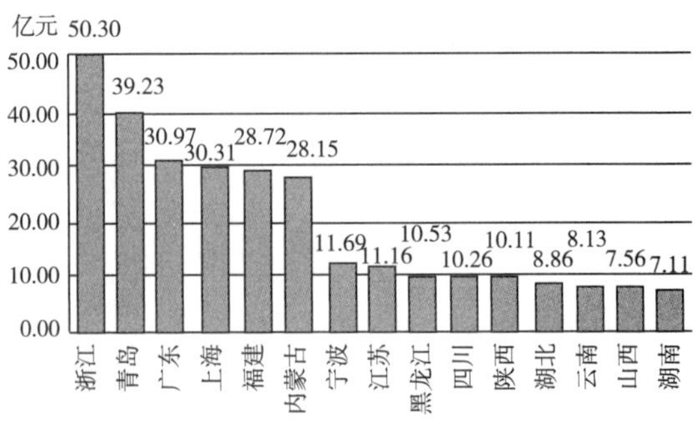

“剪刀差”比年初增加最多的 15 家分行

1.3.2 存款稳定性有待增强

存款冲时点现象较为突出，关键时点前后波动较大

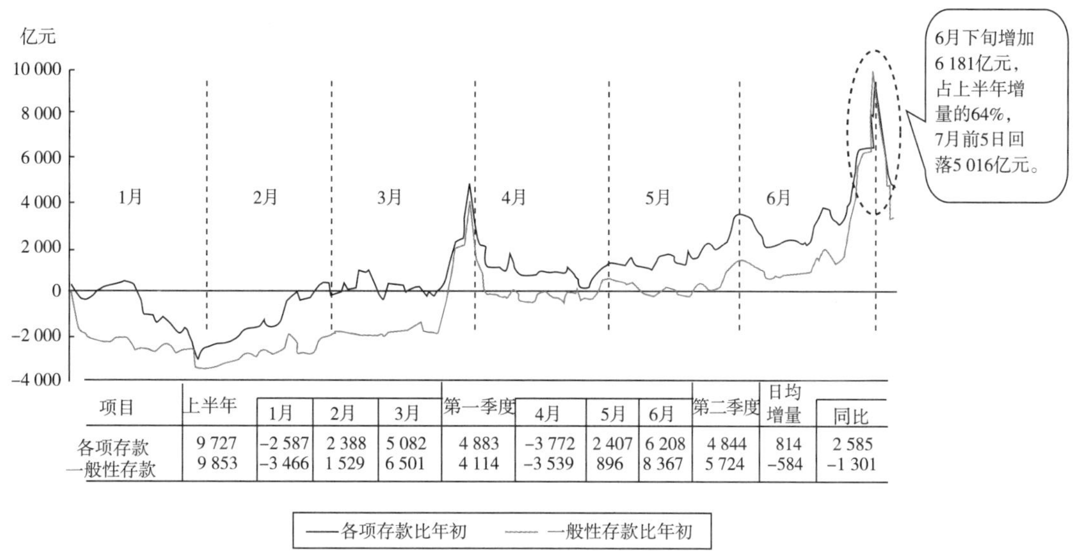

项目	上半年	1月	2月	3月	第一季度	4月	5月	6月	第二季度	日均增量	同比
各项存款	9 727	−2 587	2 388	5 082	4 883	−3 772	2 407	6 208	4 844	814	2 585
一般性存款	9 853	−3 466	1 529	6 501	4 114	−3 539	896	8 367	5 724	−584	−1 301

上半年人民币存款比年初增量走势图

上半年，全行新增存款均衡率仅为8.4%，一般性存款日均增量为−584亿元，同比少增1 301亿元，存款资金供给的有效性较低。

存款季末冲高、季初回落的现象较为明显，3月和6月下旬存款分别增加4 778亿元和6 181亿元，占当月增量的94%和99.5%；4月和7月前5日存款分别下降3 775亿元和5 016亿元，占上月存款增量的74.3%和80.8%。

支持存款稳定增长的客户基础还比较薄弱

个人客户新增结构需高度关注。上半年全行个人客户新增1 700万户，但客户结构很不理想，日均资产1万元以上客户增长不到300万户，与全年1 000万户增量任务相比，序时进度完成率仅29.85%，差距较大；无效客户净增823万户，在新增客户中占比达48.41%，远高于无效客户26.53%的存量占比，显示个人客户结构尚处下行轨道。

上半年新增个人客户情况

项目	比年初净增（万户）	占比
个人客户净增	1 700	—
其中：个人有效客户	877	51.59%
日均资产1万元以上客户	298.52	17.56%
日均资产5万元以上客户	340.75	20.04%
无效客户	823	48.41%

公司客户存量优质客户流失较多。公司客户上半年净增近26万户，但从日均资产5万元以上的客户来看，全行新拓户4万户，同期存量流失客户近2万户，有6.35万户资产规模向下迁移，导致日均金融资产5万元以上的客户较年初净减4万多户，与全年净增加10万户目标相比，差距巨大。特别是日均资产5 000万元以上的优质客户较年初流失41户，对公司存款增长造成了较大影响。

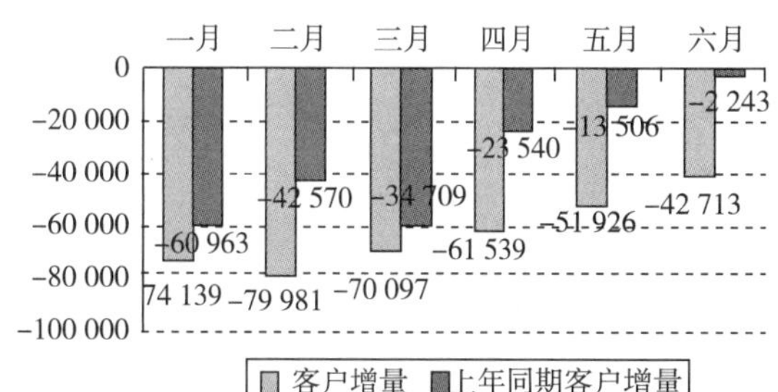

上半年日均资产5万元以上公司客户净增情况

机构客户存款集中度进一步升高。上半年，机构有效客户较年初增加4 329户，但受政府、军队账户清理归并以及机构客户年初集中拨款的影响，日均存款余额5万元的机构客户数量减少了2 532户。截至6月末，前五大机构客户存款余额占比达22.3%，较年初上升0.5个百分点；金融同业客户中，前五大客户存款余额占比17.5%，比年初提升了5.6个百分点，客户集中度较高的问题仍比较突出。随着对大机构客户竞争加剧，机构存款稳定性存在隐患。

6月末机构及同业客户存款集中度情况表　　单位：人民币/亿元

	存款余额	占比	占比变动	存款增量	占比	占比变动
前5家机构客户合计	8 856.83	22.33%	0.50%	1 367.48	35.92%	-14.38%
前5家同业客户合计	1 317.84	17.46%	5.59%	568.86	—①	—

注：①6月末全行同业存款比年初下降162亿元。

日均存款增长落后于可比同业

上半年四大行人民币存款日均增量情况表　　单位：亿元

项目	工商银行		农业银行		中国银行		建设银行	
	增量	增幅	增量	增幅	增量	增幅	增量	增幅
人民币各项存款	814	0.54%	1 214	0.98%	3 424	4.02%	3 984	3.17%
（一）一般性存款	-584	-0.41%	860	0.71%	2 557	3.20%	-287	-0.24%
1. 储蓄存款	673	0.93%	2 121	2.95%	706	2.01%	1 937	3.43%
2. 对公存款	-1 257	-1.80%	-1 262	-2.58%	1 852	4.13%	-2 224	-3.50%
（二）同业存款	1 398	18.16%	355	15.56%	867	16.28%	4 271	73.93%

从日均来看，我行人民币一般性存款日均增量分别落后农行、中行和建行1 444亿元、3 141亿元和297亿元。

我行人民币存款均衡率为8.4%，分别较农行、中行和建行低3.1个、32.1个和50.3个百分点。

1.3.3　中间业务收入可持续增长能力亟待提高

中间业务收入增长结构不尽理想

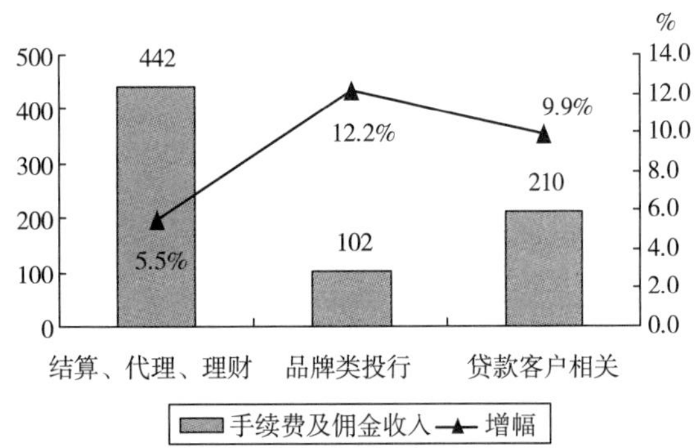

结算、代理、理财收入增长速度偏低。中间业务收入中，结算代理理财类业务增速高低在一定程度上反映了中间业务收入可持续增长能力。上半年，全行实现结算代理理财收入441.72亿元，同比增长5.5%，增幅低于全行中间业务收入增幅2.1个百分点，也分别低于品牌类投行（12.2%）和贷款客户相关（9.9%）收入增幅6.7个和4.4个百分点。受结算代理理财收入增速较低影响，1～6月结算代理理财收入占中间业务收入的比重为58.60%，较2013年下降3.04个百分点，贡献度呈下滑态势。结算代理理财收入增速较低不利于中间业务收入持续稳步增长。

品牌类投行和贷款客户相关收入波动性较大。第二季度当季品牌类投行收入环比下降28.26%，贷款客户相关收入环比下降2.98%。

1.3.4　净利息收益率的稳定面临压力

境内分行　　单位:%

项目	1H2014	1Q2014	2013
一、资产			
客户贷款	5.95	5.98	5.94
投资证券	3.89	3.86	3.72
存放央行款项	1.59	1.59	1.59
存、拆放同业及其他金融机构款项	3.59	3.82	3.42
总生息资产	4.63	4.64	4.54
二、负债			
客户存款	2.05	2.06	1.98
同业及其他金融机构存拆入款项	2.83	3.14	2.70
应付债券	4.70	4.70	4.68
总计息负债	2.15	2.18	2.07
三、净利息收益率	2.69	2.67	2.64

注：如还原银行卡分期付款手续费收入，上半年客户贷款收益率为6.10%，较2013年（6.06%）提升4个基点。

上半年，主要得益于债券投资收益率和存拆放同业资金运作收益率的提升，境内分行净利息收益率较2013年上升5个基点至2.69%。但受贷款收益率提升和存款付息成本控制难度加大、债券投资收益率进一步提升空间有限等因素的影响，净利息收益率的稳定面临较大压力。

贷款收益率提升不尽理想

上半年，全行新投放贷款平均收益率为6.40%（由1月的6.37%上升至6月的6.44%），但受到存量贷款质量劣变，不良贷款和逾期贷款利息损失增加导致收息率下降的影响，新投放贷款对贷款整体收益率提升拉动效果并不显著，全部贷款收益率仅提升了4个基点。在信贷资产质量尚未企稳情况下，贷款收益率提升仍面临较大压力。

分地区存量贷款收益率变化情况

排名	地区	2014Q2	2013Q4	变化	排名	地区	2014Q2	2013Q4	变化
1	甘肃	5.86%	5.66%	0.20%	21	广东	6.37%	6.35%	0.02%
2	海南	6.90%	6.71%	0.19%	22	四川	6.56%	6.54%	0.02%
3	深圳	6.11%	5.93%	0.18%	23	宁波	6.20%	6.18%	0.02%
4	厦门	6.37%	6.23%	0.14%		全行	6.27%	6.26%	0.01%
5	吉林	6.45%	6.32%	0.13%	24	江苏	6.23%	6.22%	0.01%
6	青海	6.41%	6.29%	0.12%	25	苏州	6.31%	6.31%	0.00%
7	新疆	6.49%	6.41%	0.08%	26	贵州	6.57%	6.57%	0.00%
8	河北	6.39%	6.32%	0.07%	27	山东	6.29%	6.30%	-0.01%
9	安徽	6.31%	6.26%	0.05%	28	上海	5.83%	5.85%	-0.02%
10	河南	6.36%	6.31%	0.05%	29	大连	6.37%	6.41%	-0.04%
11	辽宁	6.38%	6.34%	0.04%	30	黑龙江	6.30%	6.35%	-0.05%
12	北京	5.95%	5.91%	0.04%	31	青岛	6.29%	6.35%	-0.06%
13	陕西	6.27%	6.23%	0.04%	32	天津	6.23%	6.30%	-0.07%
14	江西	6.45%	6.41%	0.04%	33	湖北	5.98%	6.13%	-0.15%
15	广州	6.24%	6.20%	0.04%	34	福建	6.40%	6.57%	-0.17%
16	广西	6.30%	6.26%	0.04%	35	湖南	5.73%	5.91%	-0.18%
17	浙江	6.29%	6.26%	0.03%	36	内蒙古	6.51%	6.70%	-0.19%
18	宁夏	6.54%	6.51%	0.03%	37	山西	6.27%	6.46%	-0.19%
19	重庆	6.39%	6.36%	0.03%		西藏	6.32%	6.15%	0.17%
20	云南	6.47%	6.45%	0.02%					

前6个月，全行存量人民币贷款收益率（不含信用卡）为6.27%。

分地区来看，存量贷款收益上升较快的分行甘肃、海南、深圳、厦门、吉林、青海，提升幅度均超过10个基点；而贷款劣变明显的分行，如上海、天津、福建、内蒙古、山西等分行，存量贷款收益率均有所下降。

存款付息成本控制难度较大

上半年，受存款付息率水平上升速度快于贷款收益率提升速度的影响，分行存贷利差水平总体下降了4个基点。从下半年来看，存款付息成本控制的难度仍然较大：

存款定期化趋势仍在延续。截至6月末，人民币定期存款日均余额占比为51.8%，较年初提高1.57个百分点，定期存款占比每提高1个百分点，存款付息率将增加3个基点。

利率市场化改革步伐进一步加快。目前，大额存单即将进入发行阶段，如下半年以基准利率上浮20%发行一年期大额存单业务，每发行2 000亿元，将提升当年存款付息率0.5个基点。

各行上半年存贷款利差水平变动情况　　单位:%

行名	贷款收益率		存款付息率		存贷利差		行名	贷款收益率		存款付息率		存贷利差	
		较2013年		较2013年		较2013年			较2013年		较2013年		较2013年
甘肃	5.78	0.19	1.77	-0.05	4.01	0.24	上海	5.55	0.03	2.23	0.07	3.33	-0.03
海南	6.79	0.25	1.49	0.03	5.30	0.22	河南	6.21	0.01	1.78	0.05	4.43	-0.04

续表

行名	贷款收益率		存款付息率		存贷利差		行名	贷款收益率		存款付息率		存贷利差	
		较2013年		较2013年		较2013年			较2013年		较2013年		较2013年
广东	6.16	0.18	1.83	-0.01	4.33	0.20	黑龙江	6.20	-0.03	2.10	0.02	4.10	-0.05
深圳	5.60	0.15	2.24	-0.01	3.36	0.17	陕西	6.22	0.02	1.72	0.07	4.50	-0.05
厦门	6.06	0.10	1.91	-0.01	4.15	0.12	云南	6.44	0.02	1.91	0.08	4.53	-0.06
宁夏	6.48	0.08	1.49	-0.02	4.99	0.11	北京	5.69	0.07	2.42	0.13	3.26	-0.06
青海	6.40	0.12	2.01	0.03	4.40	0.09	江苏	6.04	0.01	2.44	0.20	3.61	-0.11
吉林	6.38	0.13	2.04	0.05	4.33	0.09	大连	6.25	-0.01	2.21	0.11	4.03	-0.12
河北	6.35	0.07	1.95	0.00	4.41	0.08	山东	6.10	-0.05	2.10	0.08	4.00	-0.13
贵州	6.54	0.07	1.26	0.00	5.28	0.07	宁波	5.97	0.00	2.37	0.13	3.61	-0.13
重庆	6.09	0.24	2.05	0.21	4.04	0.03	福建	6.26	-0.15	1.76	0.05	4.50	-0.20
四川	6.47	0.03	1.82	0.02	4.65	0.01	湖南	5.69	-0.16	1.91	0.04	3.78	-0.20
辽宁	6.31	0.07	2.22	0.07	4.09	0.01	湖北	5.83	-0.18	1.86	0.05	3.96	-0.23
新疆	6.39	0.05	1.69	0.05	4.70	0.01	天津	5.92	-0.17	1.82	0.07	4.10	-0.24
广西	6.22	0.05	1.72	0.04	4.49	0.00	内蒙古	6.49	-0.18	1.61	0.08	4.88	-0.27
青岛	6.13	0.02	2.02	0.02	4.11	0.00	山西	6.23	-0.17	2.23	0.14	4.01	-0.31
江西	6.42	0.06	1.68	0.06	4.74	0.00	西藏	6.32	0.16	2.19	0.52	4.12	-0.36
浙江	6.19	0.07	2.15	0.08	4.04	-0.01	分行小计	6.10	0.04	2.07	0.08	4.04	-0.04
安徽	6.20	0.05	2.01	0.07	4.20	-0.02							

债券投资收益率进一步提升空间有限

上半年，债券投资收益率的提升是全行 NIM 提升的重要推动因素。但与此同时，受央行定向降低存款准备金以及对未来货币市场资金面宽松预期影响，新投放债券收益率总体呈下降趋势，由今年 1 月的 5.79% 下降至 6 月的 4.38%，下降 141 个基点。在新投放债券投资收益率持续下行情况下，未来债券收益率进一步提升难度较大。

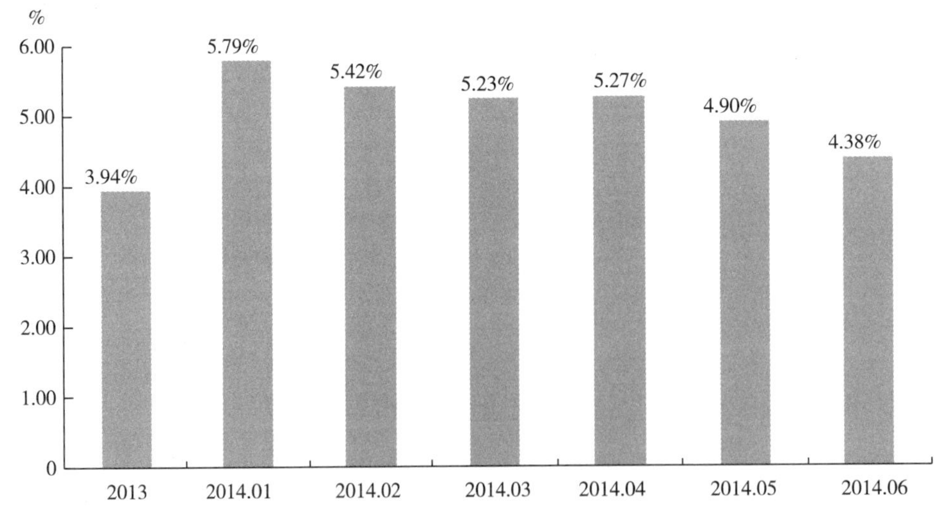

今年以来全行新投放债券收益率变化情况

三、下半年总体经营目标

上半年全行总体经营情况是符合预期的，但同时部分经营目标完成的压力较大。根据当前实际情况和经营形势变化，本着既实事求是，又保持应有的市场地位和形象，对年初利润、存贷款、资产质量等目标进行适度微调。

净利润目标

从上半年经营情况看，净利润增幅与年初制定的××%的争取目标仍有一定差距。下半年，要努力保持每个季度盈利增幅上升的趋势，确保完成管理层××%的争取目标，力争实现一个经得起同业比较、对投资人有说服力的盈利增长。

存贷款增长目标

年初总行制定了人民币存款新增11 000亿元（日均增长5 500亿元），人民币贷款新增9 000亿元的目标。从上半年情况看，存款日均增量与计划目标仍有较大差距。下半年，要有效提高存款增长的稳定性，努力提高存款日均增量贡献；根据货币政策要求，在确保全年人民币贷款新增9 000亿元的基础上，争取较去年9 213亿元的水平略为多增，继续提高对实体经济支持的质量和效率。

不良贷款控制目标

年初总行提出今年要力争实现不良贷款从“双升”到“单降”的转变，即全行要将不良贷款率控制在×%以内，不良贷款增加额控制在××亿元以内。根据上半年实际情况和外部经济金融形势变化，对资产质量控制目标做一些微调，力争全年不良贷款率控制在×%左右，保持可比同业最低，全年不良贷款增加额控制在××亿元以内，并要夯实资产质量基础，为实现不良率的下降创造条件。

三、下半年重点工作

刚才，姜董事长在讲话中指出，落实党中央、国务院关于金融服务实体经济、促进金融稳定健康发展的决策部署，是事关经济工作全局的重大政治任务，也是实现全行持续发展的根本举措，全行上下一切工作都要紧紧围绕这一中心任务来展开。姜董事长还对下半年工作作出三个方面的重点安排，要求全行坚定信心，主动作为，保持稳中求进的沉着定力，把握逆境中的有利条件，坚持用发展的思路、改革的方法解决存在的突出问题，力争今年“下半场”在一些重要和关键领域有更大的提升和进步。全行要按照姜董事长在这次会上提出的要求，进一步加快年初行长工作会议部署的落实，扎实推进各方面工作，努力在服务实体经济中抢抓机遇，创新业务，调整结构，实现健康可持续发展。这里，我重点强调以下六项具体工作：

3.1　改善信贷经营，服务实体经济

紧紧围绕服务实体经济的要求，创新信贷业务、开拓信贷市场、调整信贷结构、改进信贷管理，努力在支持经济结构调整和转型升级中实现信贷经营的提质增效。

3.1.1　用好增量

用好增量，就是要把好新增贷款投向和质量，根据国家宏观调控政策与我行战略导向，将新增贷款优先用于总行确定的“八大目标市场”和“三大业务板块”。

合理调整各分行增量信贷计划

依据各行不良贷款控制情况和存贷比考核情况，测算调整各分行年度贷款计划。

将贷款利率定价、收益水平和单位信贷资产EVA等因素予以量化挂钩，结合各行有效贷款需求情况，对各分行人民币贷款年度计划进行追加分配和调整，继续加大存款增长好、贷款收益高、资产质量优分行的贷款规模倾斜。

重点保障小微企业和个人消费贷款的信贷规模。落实央行住房金融座谈会精神，优先满足已审批待发放个人住房贷款需求，力争完成小微企业贷款900亿元和个人贷款4 000亿元的全年增量目标。

加大信贷全产品营销

针对特定市场、优质客户的金融服务需求，加强公私联动、商行＋投行联动，创新发展理财直投业务、银团贷款、投资银行、融资租赁、债券承销等综合金融业务，推广组合融资模式。

加快国内、国际贸易融资有效衔接，形成覆盖境内外贸易全链条的金融服务。

3.1.2　盘活存量

全行信贷资产总额已突破10万亿元，去年信贷周转率是0.81次，今年上半年提高到0.84次，信贷周转率每提高0.01次，可以增加1 000亿元的信贷投放。盘活存量，对于优化信贷资源配置、提高信贷经营效益、增强服务实体经济能力的作用十分突出。

统筹管好存量贷款收回再贷。加强对存量收回腾出资金投向结构的监测分析和考核评价，继续将项目贷款、个人住房贷款、房地产贷款到期存量贷款的20%用于全行结构优化资源。将上半年存量收回统筹的考核结果纳入分地区贷款计划，推动贷款存量周转，优化投向结构。

稳步推进资产证券化。上半年已发行55.72亿元信贷资产证券化产品，下半年还有150亿～200亿元的发行计划。总行将适当调整证券化资产的考核要求，各行要抓住信贷资产证券化进入常态化发展的机遇，拿出优质资产支持证券化，充分发挥信贷资产证券化对于盘活信贷存量、分散经营风险、增加经营效益、节约资本占用的重要作用。

积极参与同业信贷资产转让。利用监管政策和中债登平台，按照常态化、持续化发展思路，逐步扩大同业信贷资产转让的参与范围、资产规模和资产种类。

加快应用行内信贷资产流转平台。应用信贷资产内部交易系统，实现境内分支机构持有的信贷资产流转交易，解决区域间有效贷款需求差异导致的信贷规模供求关系不平衡、分地区信贷计划执行不平衡问题。

3.1.3　创新小微企业金融业务发展新模式

今年以来，全行小微企业和个人经营性贷款面临增长乏力、风险持续加大的双重压力，小微企业金融业务发展中遇到的一些困难，固然有外部经济下行压力加大、小微企业抗风险能力弱等原因，但全行在客户拓展、信贷经营、风险控制等方面还不适应小微金融发展要求，一些分行依然习惯于对大企业、大项目的路径依赖，主观上不愿做、不敢做，也不善于做小微金融。要

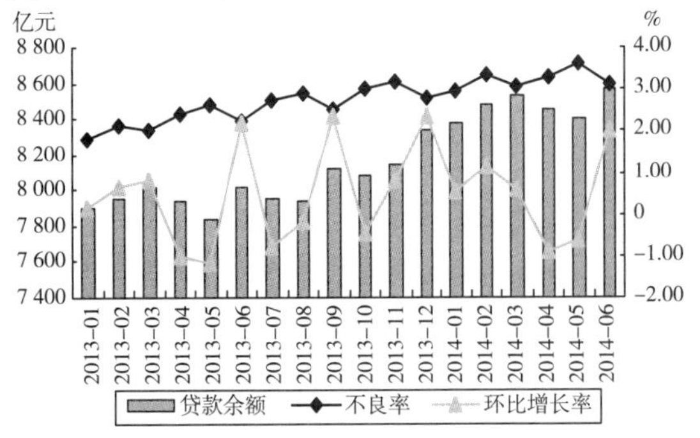

小微企业信贷业务情况

加快小微金融业务发展，必须下决心创新业务模式，这也是我们信贷经营转型的必然选择。

小微企业贷款增长乏力。截至6月末，小企业贷款余额8 568.7亿元，比年初增加229.5亿元，完成序时进度的25.5%。较年初增加1 103户，完成全年有贷户净增计划（5 000户）的22.06%。

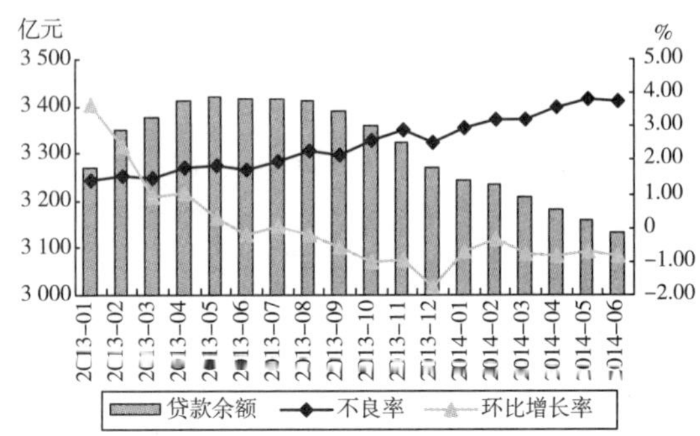

个人经营性贷款业务情况

个人经营性贷款纳入小企业管理，清理转化过程中业务有所萎缩。截至6月末，贷款余额为3 133亿元，较年初下降134.8亿元。

创新小微企业金融业务发展新模式的总体思路

四项原则：市场与风险平衡、放权与严管并重、激励与责任挂钩、发展与配套协同。

六专方向：专题规划、专项机制、专属产品、专门制度、专享系统、专业化分工。

建立相对独立的业务管理体系

加强业务条线管理。总行、省行、二级分行成立相对独立的小微企业金融业务经营部门，牵头负责相关营销管理、发展机制、业务准入、产品创新、流程设计、系统优化、风险管理、专营机构和队伍建设等工作。

加强系统规划。系统规划小微企业金融业务发展，改变目前缺乏业务整体规划和推动的现状。

加强综合化差异化服务。为处于培育期、发展期和成熟期等不同阶段的小微企业提供综合化、差异化服务。

加强动态风险管理。实施风险动态管理，突出对区域性和行业性风险的管控，及时调整区域性、行业性融资限额，对集群客户进行风险监控与动态预警。

设立小企业金融业务中心

在客户资源丰富的二级分行或一级支行设立小微企业金融业务中心，专司小微金融业务。做实专营机构。

专业化：将业务划分为市场规划、尽职调查、业务审查、作业监督、贷后管理、风险处置等六个主要环节，设置独立岗位，实行专业化分工、流水线作业。

集约化：将原本分散在区域内的小微企业贷款和个人经营性贷款业务汇集到中心，按优化后的流程进行集中处理，通过规模效应提高业务运营效率。

前中后台制衡：中心由所在区域分支机构实施行政管理，客户营销和关系维护人员保留在基层支行，审批、作业监督与业务核准人员由上级行派驻和考核，在贷后管理上，客户经理负责日常贷后管理工作，中心负责贷后管理的组织、推动和现场检查工作，上级行监控团队负责非现场监控和风险预警工作。

建立专业化从业队伍

优化人员配置。按分行小微企业金融业务规模，差异化设定人员配置标准。人均管户数量超出标准的分行要增加人员配备，否则限制其信贷投放。

加强专业资格管理。明确各级小微企业部门负责人及业务人员任职要求。中心负责人要具备中级以上审批人资格，有3年以上信贷工作经历；尽职调查人员要具

备对公客户经理岗位专业资格，有3年以上小微企业专职客户经理经历；信贷审批人员要具备中级及以上审批人资格，并具备1年以上小企业信贷审批工作经历。

打造灵活的产品创新机制和高效的业务流程

契合小微企业短频快的融资需求特点，按照“流程简洁、授权充分、权责匹配、监控上收”原则，推进产品和流程优化。

适当下放产品创新权限，实施产品动态管理

总行负责对小微金融产品制定基础制度框架、基本准入标准及关键管理要求，分行根据授权在总体框架内确定具体产品使用条件和管理要求。

总行按年度更新产品框架性制度，根据市场变化等情况动态调整客户准入条件、担保方式、融资期限、融资利率、业务授权等管理要求。

针对小微企业与一般法人客户的不同特点，优化小微企业信贷业务流程

在尽职调查环节突出对实质性风险的防控，并适当精简审查审批流程。

对单户融资金额在500万元以下且能够提供抵质押物的业务比照零售业务流程进行处理。

对抵押物评估、作业监督、开户等流程进行优化整合。

总行、各一级（直属）分行、规模较大的二级分行分层建立专业信贷监控团队，配备专门人员，对小微企业信贷风险进行集中、持续、模型化的监控预警。

创新开发针对性强的互联网金融产品

优化网贷通和小微逸贷公司卡的业务流程，改善客户体验，扩大在网络融资领域的先发优势。

研发契合小微客户需求，与我行融资产品有机结合的互联网支付和投资产品，增强优质客户群体的黏性。

制定科学的考核激励和责任追究机制

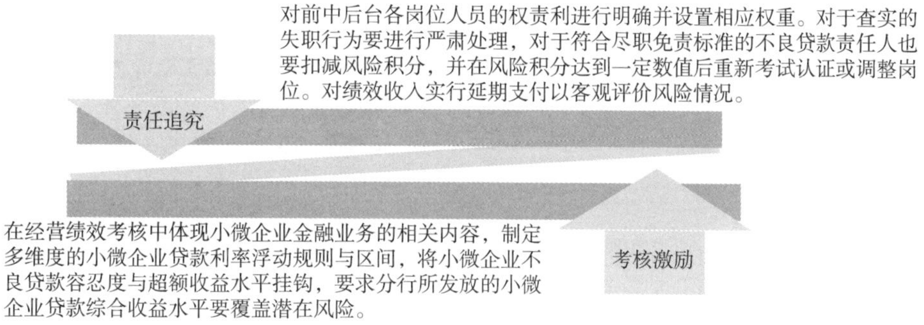

对前中后台各岗位人员的权责利进行明确并设置相应权重。对于查实的失职行为要进行严肃处理，对于符合尽职免责标准的不良贷款责任人也要扣减风险积分，并在风险积分达到一定数值后重新考试认证或调整岗位。对绩效收入实行延期支付以客观评价风险情况。

责任追究

在经营绩效考核中体现小微企业金融业务的相关内容，制定多维度的小微企业贷款利率浮动规则与区间，将小微企业不良贷款容忍度与超额收益水平挂钩，要求分行所发放的小微企业贷款综合收益水平要覆盖潜在风险。

考核激励

开发信息整合、业务打通的IT支持平台

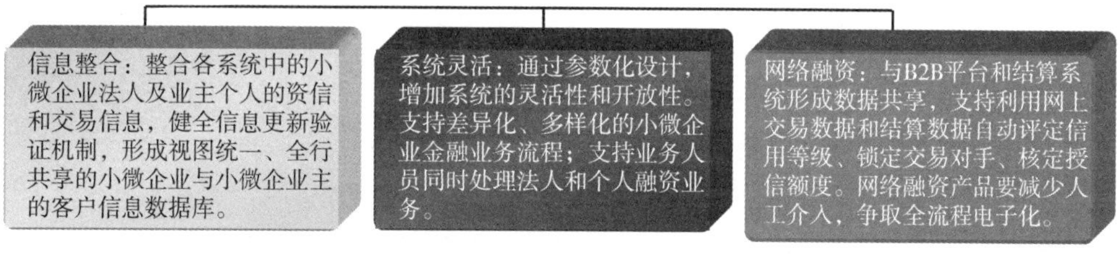

信息整合：整合各系统中的小微企业法人及业主个人的资信和交易信息，健全信息更新验证机制，形成视图统一、全行共享的小微企业与小微企业主的客户信息数据库。

系统灵活：通过参数化设计，增加系统的灵活性和开放性。支持差异化、多样化的小微企业金融业务流程；支持业务人员同时处理法人和个人融资业务。

网络融资：与B2B平台和结算系统形成数据共享，支持利用网上交易数据和结算数据自动评定信用等级、锁定交易对手、核定授信额度。网络融资产品要减少人工介入，争取全流程电子化。

3.1.4　加快发展个人消费贷款

随着我国居民收入持续较快增长，消费升级带来的金融需求市场巨大。6月末，我行个人类贷款余额25 429亿元，比年初增加1 606亿元，同比少增685亿元。其中，个人住房贷款余额19 001亿元，比年初增加1 976亿元，同比少增106亿元；个人消费贷款余额3 295亿元，比年初减少235亿元，同比少增234亿元。个人贷款地区间增长不均衡，截至6月末，四川、山东、安徽、河南和湖北等5家分行合计新增贷款689亿元，占全行个贷增量的42.9%。

近年来，全行个人贷款占各项贷款的比例上升，但增速低于他行。我行个人贷款占各项贷款的比例由2011年末的25.9%上升至2014年3月末的27.13%，提升了1.23个百分点。但同业竞争日趋激烈，建行、中行、农行的个人贷款发展速度较快，其个人贷款占比均已超过我行。

五大行个贷业务占比变化

	2011年末	2012年末	2013年末	2014年3月末
工行	25.90%	26.00%	27.50%	27.13%
农行	25.40%	26.50%	29.00%	29.28%
中行	25.50%	27.40%	28.50%	
建行	25.83%	26.86%	28.69%	28.65%
交行	19.88%	20.41%	23.00%	23.55%

发展目标和措施

搭建个人贷款“1+3”产品架构，即继续发挥个人住房贷款的主体和支撑作用，同时创新理念和思路，积极拓展信用、质押和抵押方式的三类个人消费贷款产品。

一是继续发挥个人住房贷款的主体和支撑作用。

积极支持居民购买首套住房和改善性住房需求。

营销优质纯按揭贷款项目，做好开发贷款与按揭贷款联动。

加快推进个人住房贷款自动化审批，提高业务办理效率。

二是推动以“逸贷”为代表的个人消费贷款业务快速稳健发展。

完善“逸贷”产品管理办法，进一步规范特约商户准入管理，调整利率、最低贷款金额等要素，促进“逸贷”业务健康发展。

积极发展具有稳定收入来源的“逸贷”优质客户群体，逐步将具备条件的大学生、优质房贷客户、商友客户等纳入“逸贷”目标客户范围，拓展“逸贷”覆盖面。

完善个人客户融资限额管理，优化个人客户信用类融资限额的核算规则，实现“逸贷”额度与信用卡额度的“此消彼长”。

三是建立个人金融资产自助质押贷款平台。

依托网上银行，建立个人金融资产池融资，盘活个人客户在我行的存款、理财等金融资产，满足存量优质客户的消费贷款融资需求。

创建网上银行质物资产池，同步提供贷款业务和其他服务业务。

完善自助办理渠道，扩大网银质押的质物范围。

加快实现多质物灵活组合、质物到账日与贷款到期日匹配、质物资金自动归还贷款等功能。

四是丰富个人资产综合服务业务，推动个人房产抵押类贷款业务发展。

按照“以房产定位优质客户，以专属服务锁定优质客户，以特色服务带动利润贡献”的原则，充实专属特色服务，丰富产品服务内涵。

研究个人贷款通抵通贷业务，搭建客户“资产池”与银行“产品池”的对接通路，支持一个抵押物对异地、多笔贷款的灵活触发，满足个人客户跨地区融资需求。

3.1.5 完善贷款定价管理

一要大力提高贷款风险定价水平。要强化贷款业务量价协调发展理念，特别关注存款成本上升较快和贷款收益提升缓慢对全行效益的压力与挑战，提高贷款定价的科学化水平，实现合理的信贷收益。

二要抓好对重点行的贷款定价督导。按月监测分析并通报各分行、各产品贷款量价发展情况。特别对山西、内蒙古、湖北、福建、湖南等贷款收益率下滑较多的重点分行，要重点监测督导，促使其加快改进贷款定价管理。对整改成效不明显的分行，总行在核定分月度贷款计划时按最低进度比例掌握，并调整其 RAROC 阈值审批权限。

三要协调运用组合管理手段。继续完善贷款计划分配与贷款利率执行相挂钩政策，适时调整 RAROC 阈值标准、完善差别化 RAROC 审批机制，促使分行加强贷款利率管理。

四要建立贷款利率市场化定价机制。积极研发基于贷款基础利率（LPR）的金融产品，加强 LPR 在贷款定价中的推广应用，完善我行贷款利率市场化机制，为人民币贷款基准利率档次精简甚至取消提前做好准备。

1~5 月，全行新发放贷款规模继续保持四大行第一，但平均利率水平居四大行末位，比四大行平均水平低 16 个基点，比建设银行低 13 个基点。

36 家可比分行中，19 家分行新发放贷款利率居四大行末位，13 家分行新发放贷款规模第一、利率第四。

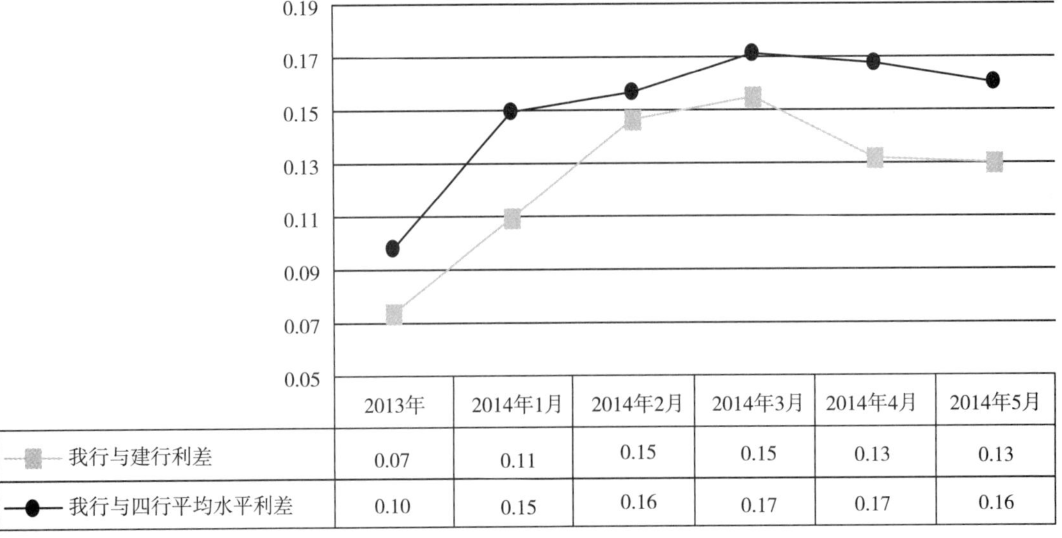

	2013年	2014年1月	2014年2月	2014年3月	2014年4月	2014年5月
我行与建行利差	0.07	0.11	0.15	0.15	0.13	0.13
我行与四行平均水平利差	0.10	0.15	0.16	0.17	0.17	0.16

3.1.6　推进信贷流程优化

作为全行教育实践活动的一项重点整改内容，总行于去年6月启动了信贷业务流程优化工作，重点从八个方面对信贷准入、尽职调查、授信审批、作业监督、档案管理、IT系统做了系统全面的优化调整，并取得了明显成效，对提升信贷运营效率、控制风险、增强市场竞争力发挥了积极作用。

清晰信贷业务部门架构。整合了信贷相关部门职能，使信贷业务的管理架构和运行流程得到优化。

完善授信审批集中管理。为保障授信审批的专业性和独立性，对涉及信用风险业务的审查审批工作全面纳入中台授信审批体系，并按照“审批下放，监管上收”的原则，进一步优化业务授权管理，增强RAROC阈值等管理工作的指导性和管理弹性。

优化法人客户信贷业务基本流程。允许评级、授信、审批、押品评估等主要信贷流程环节进行并行处理。

适当扩大信贷业务授权权限。按照“简化体例、充分授权、权责匹配、监管上收”的原则，在年度授权中简化、扩大对境内分行信用风险业务授权权限，简化信贷业务处理环节。

推进授信项下授权审批制业务方式。对一级分行授信审批部门审批同意的授信方案项下的具体债项业务，可由经营机构按照授信方案规定要求具体办理，简化重复审查，审批流程。

实行低风险信贷业务操作流程。进一步提升了低风险信贷业务简易流程设置弹性。将低风险信贷业务流程必经环节仅设定为“调查—审批”；各一级（直属）分行可自行设定核查环节，核查时担保已落实的，可在核查环节完成担保落实工作，不再进行放款前作业监督。

扩大“总对总”授信模式适用范围。总行区分了不同类型“总对总”合作模式，建立了差异化授信核定方法与共享机制。对实行“总对总”授信模式的客户，单户成员企业可不测算授信参考值，成员企业的授信额度可由总行或牵头行客户营销部门负责进行调剂，实现授信额度的高效共享和风险的整体控制。

改进信贷业务尽职调查与档案管理。

全面梳理信贷业务档案管理规则和分类目录，同步配套系统设置。

按照“模板组件化、信息标准化”的思路，合并及取消客户数据资料的重叠项和冗余项，编制了法人客户流动资金贷款、贸易融资、项目贷款等七类尽调模板，并启动了系统开发。

今年下半年，要在前期工作的基础上，进一步推动信贷流程优化工作的深化与实施工作。

进一步完善授信项下授权审批制。在总行规定的业务适用范围内，各行要结合本行实际风险管理水平和人员配备情况逐步推进授信项下授权审批制的实施范围，提高业务处理效率和实质风险控制能力。

优化授信业务处理环节。全面启动境内外统一的法人客户授信管理体系调整工作，完善授信额度预留、共享机制；简化授信调整流程，形成运行严密、授信控制合理、操作简洁的授信制度体系与模式。

持续改进流程操作规则。总行将及时跟进新版流程实施情况和系统应用情况。各行要结合本行实际情况，在确保流程效率、有效分工制衡的前提下，避免流程过多“分叉”和信息“碎片化”。

优化押品价值初评和重评流程。按照“初评随单笔信贷业务走，重评随贷后管理走”的原则，进一步明确相关操作流程和具体规定。

整合与简化项目评审流程。进一步扩大“调评合一”、“评审合一”、“认同评估”等项目贷款优化流程适用范围，将项目评估职能向前或向后整合，减少单独评估的项目数量。

构建集约化信用风险监控体系。完善以总行信用风险监测中心为核心的信用风险监控体系建设，全面实施对于重点行业、区域、客户、产品和信贷从业人员履职行为的监控、评价工作，提高信用风险识别、预警能力和风险事项的处理能力。

加快完善以GCMS为平台的信贷运行体系。积极推进信用风险业务系统的一体化功能建设，整合客户信息维度，建立与形成统一的客户信息对接贯通机制与路径，简化系统操作流程，提高信贷业务操作与处理效率。

3.1.7　提升信贷经营能力

对我们这样一个信贷大行而言，信贷经营能力的培养尤为重要。缺乏信贷经营能力，不是找不到市场，就是控制不住风险。信贷经营能力的背后核心是管理者能力、信贷队伍素质和信贷文化。

建立信贷经营机构资质管理制度

组织分行对辖内经营机构、人员进行全面梳理，合格的机构授予相应经营资质。

不符合经营机构资质管理规定的机构可给予一定宽限期，充实人员、提高经营能力。宽限期结束后，复审不合格的要取消信贷业务经营资格，原办理的信贷业务要向相应有覆盖能力的经营机构或上级行进行移交。逐步改造不具有信贷业务运营优势，且对全行资产质量形成较大不利影响的机构。

开展机构信贷运营能力评价

从风险、效益、结构、管理、合规性和信贷创新等6个维度对分行信贷运营情况进行监控。

基于监控数据，设计信贷运营能力评价指标体系，对机构进行综合性评价。

根据评价结果，分级对各机构业务授权、客户准入、资源配置等方面提出差异化安排，一级对一级负责。

加强信贷队伍和信贷文化建设

优化班子成员结构，各级行领导班子中，必须要有熟悉信贷业务的人员。

积极推行“专家治贷”，注意将专业能力高、责任心强的员工充实到信贷岗位。

完善信贷序列专业资格认证和信贷审批资格认证体系，规范信贷条线资格认证的标准、条件、考试内容和退出机制。各行要按照总行的统一安排，做好业务培训和资格认证工作。

要牢固树立正确的信贷经营观和全面的风险观，强化基础管理，培育和建设良好信贷文化，促进信贷业务健康发展。

3.2　加强风险防控，严格内部管理

在经济下行压力加大背景下，银行面临的经营环境越发错综复杂，内生性问题也在增多，各类风险处于易发、多发期，而且风险的关联性、传染性、隐蔽性和突发性增加。在这样的复杂形势下，各级行务必要保持高度警惕，密切关注风险演化传导的新趋势、新苗头，统筹加强表内外重点领域的风险防范，强化全面风险管理，进一步增强风险防控的前瞻性、针对性和有效性，切实保障安全稳健运行。

3.2.1　全力抓好信用风险防控

要加快完善“牵头部门统筹推动、专业部门各司其职、全行齐抓共管”的矩阵式信用风险管控体系，坚持预设防线，分类施策，锁定存量风险，管住增量风险，做到降旧控新、逐步化解。

充分发挥信贷监测中心的“雷达”作用

缓释信用风险、稳定资产质量，关键要从体制机制入手来解决信贷信息不对称等深层次问题。目前总行信贷监测中心已成立半年时间，下一步要继续加强对行内外数据的收集、验证、分析和应用，建立健全风险监控模型，进一步加大监控预警力度，切实提高实质风险把控水平。各行要高度重视总行发出的监测预警信息，认真做好总行预警客户的风险核查，严格落实风险管理措施，有效防范和化解潜在风险。现阶段，要着重加强对四大潜在风险领域的预警防控，凡是发现重大潜在风险的，禁止以任何形式新增融资，对存量部分也要抓紧压缩控制，该清收的要坚决清收，该退出的要果断退出。

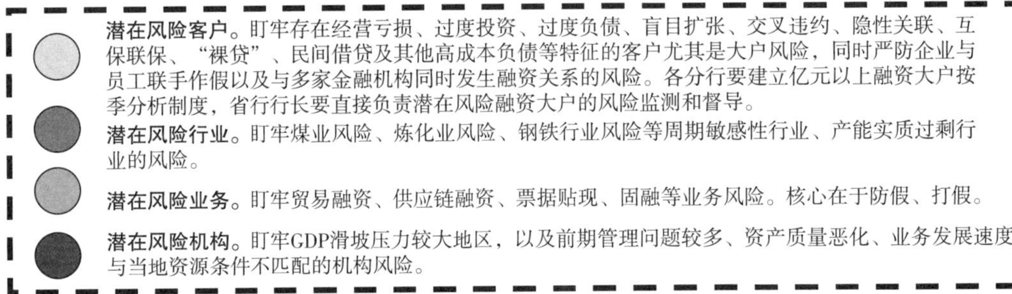

高度重视平台、房地产、产能过剩行业等重点领域风险

地方政府融资平台	房地产相关领域	产能过剩行业
➢ 当前，地方政府负有偿还责任的债务增长较快，部分地方因财政收入增速下滑导致偿债压力较大；监管部门关于平台商业化运作的管理方向不会改变，对土地出让收入还款模式的“类平台”融资业务仍将收紧管理。 ➢ 要继续强化融资总量控制，优化平台融资结构，确保实现年底压降1 000亿元的控制目标。加强对城建类平台贷款的投放控制，特别是限制未列入市政债名单的城市建设贷款。要重点督导压降进度缓慢的分行落实压降任务。	➢ 第二季度，全国300个城市土地市场交易成交面积同比下降29%，土地溢价率也明显下滑；房地产市场分化进一步加剧，部分三四线城市房产空置率高企、价格下跌；房地产企业开发投资及销售增速普遍回落，资金压力上升，个别已出现资金链断裂风险。 ➢ 要继续控制房地产融资总量，重点用好收回再贷，确保全年贷款压降300亿元，年末代理投资业务控制在3月末水平。各行要严格把握房地产相关领域新增融资条件，优化房地产融资投向。加强存量贷款风险防控，年内到期贷款，要提前采取风险缓释措施，作好还款安排。	➢ 国家有关部门进一步严格产业政策和环保政策，产能过剩行业结构调整、优胜劣汰加快，部分企业违约风险加大。 ➢ 要继续严控产能过剩行业新增融资的投放，严格落实全年投融资压降250亿元的工作目标。加强客户风险排查，及时增加抵质押担保，前瞻性采取风险防控措施。加大对劣质企业的退出力度。加强与企业、政府及银行同业的协调和沟通，切实做好资产保全工作。同步加强对产能过剩行业相关产业的风险管理，避免风险蔓延。

进一步加强逾期贷款催收管理

加强贷款到期前管理。对即将到期的贷款，要及时与客户沟通落实还款来源，减少非恶意违约。

确保还款计划与客户实际情况合理匹配。主要是对生产经营及财务状况相对稳定、具有良好偿还意愿，但因临时流动性紧张、偿还我行现有融资出现阶段性困难的客户，要在严格审核的前提下及时办理合同要素调整等手续。

扎实推进“剪刀差”压降工作。各行要根据“剪刀差”压降的总体要求，细化分解各二级行控制目标。总行将按月监测、按季考核各行“剪刀差”压降目标序时进度的完成情况。

最大限度地化解逾期贷款。总行将加强对逾期贷款增加较多的分行重点督导，全面梳理和整顿信贷业务。要将欠息额度小但对应本金多、清收撬动作用大的逾期贷款作为催收重点，通过贷款转让、重组并购等手段加快逾期贷款有序退出。

丰富不良贷款市场化处置方式和手段

前期，总行根据财政部新版核销政策，修订下发了新的呆账核销管理办法，进一步明确了呆账核销条件与管理要求。各行要坚持依法合规操作，确保政策适用准确、核销依据充分，绝不能因资产质量压力而违反核销管理规定。在规范业务操作的基础上，要加大现金清收力度，原则上不做高成本的批量转让项目，提高处置受偿率；积极采取还款免息、以物抵债、本息无损失转让等方式；要落实专人做好账销案存资产的催收、追索和资产处置变现。突出加大对“难以执行类”、“追索类”等类型已核销呆账的追索力度。要积极探索市场化处置的新路子，努力实现处置效率和处置效益的同步提升。

市场化处置

1　探索资产推介、资产置换、转让出售、第三方风险代理、结构化交易等不良资产处置方法与途径，使资产得以保值增值。

2　探索通过各地产权交易中心、金融资产交易所等挂牌转让不良资产或者抵债资产，实现真正意义上的不良资产市场化运作。

3　探索将内部难以管理的抵押品进行外包，对抵押品进行专业维护保养，达到保值或减缓贬值的目的。

4　探索研发不良资产衍生产品与投资银行、上市公司、风险投资公司、个人投资者进行合作处置、风险代理、承购包销等方式，盘活或分散资产风险。

强化责任认定追究

- 重监测督导。要对各级机构资产质量变化情况开展持续监测，不定期对不良率较高的机构进行通报，严格督导其风险控制工作。

- 重整顿反思。对于风险问题突出、贷款劣变金额较大、不良率上升较快的分支机构，要从区域特点、人员配置、管理水平等方面认真分析原因，及时采取风险整顿、业务控制等措施，落实整改责任人。

- 重责任追究。坚持“从严治行、从严治贷”“尽职免责、违规必惩”的原则，切实改变以经济处罚代替行政处分的现状，处理方式上要从批评教育和经济处罚为主转到行政处分、职务调整、解除合同和经济处罚并重。处理人员要一视同仁，对管理人员要及时进行责任认定并实行终身责任追究，不能因为责任人已提拔、已换岗、已调离，就不追究责任。特别是对当年发放贷款当年劣变为不良、出现大额不良贷款、不良贷款反弹较多的重点分支机构和重点产品线以及存在贷前调查严重失实、脱保等严重违规行为的，要“抓典型、出重拳”，对相关责任人从严予以惩处，切实发挥责任认定与追究的警示作用。

3.2.2　切实管住表外业务风险

近年来表外业务迅速发展，一方面要坚持把新型表外业务作为战略转型重点持续推进，另一方面要注意表外业务发展中存在的风险隐患。不同的表外业务涉及的风险也不尽相同，如担保类、承诺类等传统表外业务主要涉及信用风险，而发展较快的金融资产服务业务还面临着操作风险、信托风险、交易风险等诸多挑战。从近期银监会表外业务检查情况看，我行表外业务风险整体可控，但也暴露出一些突出问题。各分行和相关部门要认真抓好整改，进一步完善风险管控机制，促进表外业务健康有序发展。

充分发挥金融资产服务业务管理委员会的统筹管理职能。针对金融资产服务业务领域重大风险变化、重要监管政策变化及其他重要事项，要加快响应速度，及时研究应对策略。同时，要对相关制度办法和操作流程进行梳理优化，完善金融资产服务业务管理体系。

强化金融资产服务业务“准入、限额、审批、投后”的全流程管理和系统控制

严格准入管理。对代理投资合作机构实行名单制管理，按照“总量控制、优中选优”的原则，严格合作机构准入标准和程序，合理控制合作机构数量。对非我行推荐并主导的非标投资业务，原则上不再办理。

严格限额管理。充分掌握代理投资及代理销售的合作机构资质状况，摸清潜在风险隐患，全口径核定代理业务总量及风险限额。此外，要严格执行房地产、融资平台和产能过剩行业表内外融资限额控制目标。

严格审查审批。统一表内外业务风险偏好、行业政策与风险把控标准。对未达到自营贷款准入门槛的业务，不能办理理财投资。严控长期限投资业务，原则上控制在3年以内。严格限制投资本金到期一次性兑付。严格审查交易结构复杂、涉及多个合作机构的金融资产服务业务。

严格投后管理。建立代理投资项目责任人制度，逐笔逐人落实项目责任和投后管理要求。要提高风险监控水平，逐户逐笔建立风险事件应急预案。

严格实施系统控制。金融资产服务业务管理系统已投产的业务功能，一律要通过系统操作，严禁线下办理，实现系统对全流程的控制；尚未投产的功能，要继续快速推进。

合理控制传统表外业务规模和增速

加大对合同项下未提款等资本占用高、风险收益低的表外业务的清理力度。

对于客户签署借款合同后一年及以上未提款或距离上一次提款已超一年的合同，要积极与客户协商清理。

加强银票质押等低风险业务管理

今年1~2月，某客户先后在青岛分行市南第四支行办理了5笔质押贷款，累计金额10 782万元，质押物为合计金额11 980万元的17张银行承兑汇票。5月22日，青岛分行监测发现上述两企业欠息，随即安排客户经理联系企业法人，发现已失去联系，后发现4月下旬银行承兑汇票到期后托收回的8 980万元资金已被从账户中分多笔全部转出，企业账户资金所剩无几，目前尚余风险金额7 822万元，责任人高某目前已出境滞留未归。经调查，在汇票质押贷款办理过程中，青岛市南第四支行存在双人调查不落实、调查报告中揭示风险不充分、汇票无真实贸易背景、贷款审查审批要件不全、未按规定办理汇票质押背书、质押物管理不严、未指定银票托收划回款项专户等多项违规问题。

低风险信贷业务在操作管理完善、担保真实有效、交易无瑕疵的情况下，信用风险相对较低，因此配置了简易流程和特殊的授信、授权管理规则。但在现实操作中，要切忌“低风险、低风控”。各行要以案为鉴，举一反三，组织开展银行承兑汇票质押等低风险业务专项检查，深入查找薄弱环节和风险隐患，杜绝类似问题再次发生。同时，要从完善制度流程和约束控制入手，促进各类低风险业务规范健康发展。

梳理完善信贷、运管、票据业务条线相关业务制度流程，严格制度管理要求。

分别明确我行、他行纸质银票质押和电票质押的业务管理要求和操作流程，强化操作风险管理。

银票质押等低风险信贷业务必须按规定进行放款前作业监督，或配置核查人员把握操作风险。加强银票质押等低风险业务的集中监测，运用专门模型强化事前风险预警和事后风险监测控制。

认真考量基层经营机构管理现状、信贷专业人员配置、合规意识和风险意识，对于缺乏操作风险控制能力、监督团队配备不到位、机构负责人无信贷经验和审批人资格的机构，不得授权以简易流程办理低风险信贷业务。各行要重视“低风险、低风控”问题，切实防止把低风险业务办成高风险。

完善银行承兑汇票质押担保系统管控，实现本行、他行纸票和电票的收票、审验、质押、托收和回款、质押解除等环节在信贷管理系统、主机、票据业务综合管理系统的信息交互和联动控制。加强系统刚性控制，在实物票据完成交付质押后，方可发放贷款；银票担保的主债权结清后，方可解除质押。

加强承兑汇票电子化的营销组织推动，从源头上减少纸质银行承兑汇票带来的风险因素。

坚决禁止飞单、私售等违规代销行为

上半年，总行对“飞单”情况进行了调查了解，发现个别基层机构和人员为了一己私利存在“飞单”行为，这种肆意损害客户利益、出卖我行信誉行为的影响极其恶劣，对此，必须坚决采取“零容忍”态度，凡是销售不进系统的产品，一律视为“飞单”；对存在“飞单”行为的人员，发现一例，开除一例。目前处罚过轻或不到位的，有关分行要限期重新处理。各行要从

以下方面着手，进一步加大对“飞单”行为的监督约束。

加大风险排查力度。尤其对客户投诉、来信来访、网络舆情所反映的情况要高度关注、详尽核实，切实做到早发现、早警示。

加强客户经理管理。健全违规举报机制，实施有奖举报；由利益不相关方实施客户回访；完善营业网点理财及个人客户经理办公区的录像录音监控。

加强托管业务管理。严禁以安心账户办理任何代客投资业务的资金监管或资产托管；严格分离代客投资业务的托管账户与募集账户、销售机构与托管机构。

加强投融资机构开户管理。严格审查审批私募基金管理公司、投资管理公司、理财公司等民间投融资机构在我行开户和业务办理。

开展违规销售专项治理。进一步重申有关工作纪律和严禁事项，全面排查消除各类违规销售风险隐患，积极推动落实有关管理措施。

3.2.3　着力加强内控案防工作

从今年银行业整体情况看，外部骗贷和内部违规均有所增加，近期发生的青岛港金属融资骗贷事件及利用同业往来账户非法从事票据贴现事件，使多家银行牵连其中。从我行情况看，全行案件和风险事件有所上升，员工涉嫌内外勾结违法放贷、违规参与民间融资及虚假销售理财产品所暴露出的操作风险和道德风险问题较为突出，内控案防形势不容乐观。下半年要组织开展一次案件和风险事件专项治理，继续保持对案件和风险事件高压态势。

专项治理中要在重点围绕违规放贷、违规参与民间融资、违规代客理财、违规办理业务、违规套现及违规债券交易等6大主要风险点的基础上，进一步扩大排查治理范围，确保不留风险死角、不存案件隐患。要充分利用系统监测分析功能，及时发现异常情况及风险线索，逐项提出整改措施和时限要求。对存在严重违规行为的人员，要发现一起，严肃惩处一起，绝不姑息迁就。

加强员工行为管理

近年来暴露的案件和风险事件说明，有效落实过程管理和从严治行，必须进一步抓好员工行为管理。

抓岗位准入。严格选拔任用关键岗位员工，持续跟踪关键岗位员工动态，及时调整不适岗员工的岗位或授权。

抓系统控制。增强信息共享和钩稽验证，强化前中后台关键环节衔接的系统硬控制，减少跨系统处理环节的人工干预，避免局部控制失效导致的全局风险失控。

抓行为监控。整合各类风险监测信息，加强对业务操作和大额异常资金交易等“员工线上行为”的监测；完善违规举报、合规经理网络、客户回访机制，加强对“员工线下行为”的排查。逐步建立覆盖员工8小时内外活动、包括“线上线下”行为信息、情报来源独立并相互验证的综合性员工行为监控体系。

抓激励约束。发挥好绩效考核中风险管理类指标的引导作用，加大对合规标兵机构和个人的奖励力度，从重惩处一批典型违规行为人员，并将奖惩情况集中通报全行。

抓合规教育。健全合规教育工作机制，做好新入职、新转岗、新任职等“三新人员”准入合规教育和关键岗位员工的持续性合规教育，加强对合规教育工作效果的检查评估，持续培育合规文化。

加强账务核算基础管理

账务数据真实是考核导向作用有效发挥的基础。检查发现，个别机构“重短期效益，轻长期基础”“重指标结果，轻管理过程”，甚至出现“要什么指标结果就记什么科目、核算什么数”的不正常现象，出现了利用同业存款虚增存款、手工计付高息、中间业务收入随意调整、过渡科目随意挂账、结算账户随意开立使用等违规问题，损害了会计核算的严肃性与真实性，严重影响了收入成本管理、资产负债管理、产品客户管理。

开展账务核算真实性检查。在全行开展一次账务核算真实性专项检查，重点关注中间业务收入、贷款收益率、存款付息率、成本费用等核算真实性，严肃查处账务核算弄虚作假行为。

强化账务核算系统硬控制。强化账务管理相关系统应用，切实杜绝个别业务的手工处理，及时将内外部检查发现的风险环节通过系统硬控制加以解决。

3.2.4　提升全面风险管理水平

成为全球系统重要性银行以及资本管理高级法的实施，对我行全面风险管理提出了新的更高要求。国际国内经济金融环境的变化，也使我们所面临的市场风险、流动性风险、操作风险、国别风险、并表风险、IT风险、声誉风险等不断增加。全行要密切关注复杂经营环境下各类风险的演化趋势，持续深化全面风险管理，增强对风险的准确判断和处置能力。

资本管理。真正使经济资本管理全面覆盖表内外业务、境内外机构，核算到每一笔业务、每一个客户，并通过完善考核，把全行的经营导向和管理要求等有效融入到经济资本的计量和管理中，使节约资本成为全行从上到下的自觉行动。

流动性管理。要提升存款增长稳定性，发挥主动负债辅助作用；合理摆布理财业务期限错配结构，实现表内外资金来源与运用的统筹平衡；根据政策变化保持流动性和同业业务管理的协调统一；完善境内外流动性一体化管理，稳步实施流动性覆盖率（LCR）提升计划，提高流动性风险管理水平。

市场风险管理。密切关注人民币汇率走势和市场资金形势变化，优化汇率双向波动条件下的外汇业务发展策略，合理把握风险敞口；密切关注境外机构的汇率风险管理问题，综合运用各种汇率风险管理工具，加强我行投入境外机构的资本金及营运资金的汇率风险管理。

IT风险管理。目前与第三方支付公司的合作存在较大风险隐患，主要表现为接口开放不符合规范，未严格遵循项目审批和业务创新流程要求等问题。下一步要搭建第三方支付机构合作管理平台，对支付机构实行准入管理，在授权、协议、限额等方面进行硬控制，落实全行统一集中管理要求。清理和规范分行接口调用管理，对跨区域借记业务接口功能的使用进行严格约束，各行不得自行与第三方公司合作开展全国范围业务。

声誉风险管理。对违规销售、服务收费等重点舆情要做到早发现、早处置、早整改，杜绝个案事件被炒作成全行乃至行业性舆情；警惕社会上将经济下行归咎于银行支持不力的论调，要及时发声、主动引导舆论。

综合化子公司并表风险管理。通过统一政策制度、实施风险限额管理、加快推进系统建设、强化新产品风险管控等措施，夯实子公司风险管理基础。

加快制订全球系统重要性银行恢复与处置计划，9月要完成提交。

3.3　深化改革创新，增强发展活力

要继续深入落实总行“改革年”的各项部署，进一步加快改革创新的进程。已经实施的改革创新项目，要关注基层和市场反映，评估实施效果，及时加以完善和优化；尚在论证、设计和准备阶段的改革，以及列入18项改革研究计划的工作，要分工负责，加快进度，切实以改革创新的新突破，加快推进经营转型，激发各机构的经营活力。

3.3.1　集全力打造全新的E-ICBC

互联网金融战略构想

刚才，姜董事长阐述了互联网金融的发展形势，提出了我们的战略构想和近期目标。这就是，力争年内整体构建起集网上银行、B2C和B2B商城、直销银行“三大线上平台”，支付、融资、金融交易、商务、信息“五大功能”于一体，线上线下交互联动，较为完备的互联网金融服务和运营体系，争取通过几年超常规发展，牢固确立在互联网金融领域的优势地位，打造一个全新的E-ICBC。形势逼人，机遇重大，全行上下要按照总行的战略部署，加强协调联动，加快产品开发和市场营销，迅速打开市场。

支付	融资	投资理财	电商	线上线下一体化
➢线上POS ✓年内拓展100家新模式商户 ➢e支付 ✓全面推广工银e支付，拓展优质在线零售电商企业，开展e支付进校园、进企业、进社区专项推广活动，满足客户对小额、便利支付方式需求，抢占快捷支付市场 ✓单笔日累计限额上调至5 000元 ✓力争全年e支付客户数突破5 000万户，确保完成4 000万户 ➢缴费电商化 ✓拓展缴费企业，年内交易笔数达到50万笔	➢逸贷 ✓逸贷增加房贷客户群 ✓全年融资额达到300亿元 ➢逸贷公司卡 全年签约客户突破万户，贷款余额达到30亿元 ➢网贷通 ✓全年贷款余额新增400亿元，整体达到3 000亿元 ➢金融资产自助质押 ✓全年电子银行质押业务量增长20%	➢客户交易终端 ✓推出手机版客户交易终端 ✓全年客户数达到100万户 ➢账户交易类产品 ✓加快推出大宗商品账户交易类产品 ✓全年客户数突破1 200万户 ➢三金转换 ✓创新账户贵金属、实物贵金属和积存贵金属“三金”转换服务，确保贵金属业务代际领先优势 ➢e灵通 ✓争取尽快得到监管部门批准，及早投放市场	➢融e购 ✓年末“融e购”商家突破2 000家，日均访客数突破20万，交易额突破150亿元 ➢B2B商城 ✓投产一期商城，搭建面向供应链协同、商品批发市场和大宗商品交易市场的B2B电子商务体系 ➢线下店商圈 ➢试点线下收单优惠商圈，实现三流合一	➢电子银行基础架构 ✓手机银行的日活跃客户数增长到200万户，年动户数达到2 400万户 ➢智能网点 ✓试点网点的客户等待时间降低50%，并带动业务快速发展 ➢线上线下O2O服务 ✓外币预约取钞的线上线下一体化服务已推向市场，资信证明的O2O服务也将推出 ✓力争外币预约取钞、资信证明业务增长15%以上

互联网金融创新以总行为主、营销以分行及以下机构为主。

搭建线上线下相融合的“支付+融资+金融交易+商务+信息”的互联网金融基本架构。

转变营销推广模式：随着产品越来越互联网化，传统面对面的营销模式已难以适应新的形势，要积极探索互联网时代下利用社交媒体等新型市场营销模式。

加大市场营销力度：在中期业绩发布前、新中国成立65周年等重要时点，集中开展互联网金融主题系列宣传，树立工行“变革、创新、进取和充满活力”的市场新形象。

下半年重点互联网金融产品研发计划

互联网金融创新“唯快不破”。要突出“产品为王”理念，调整优化创新资源配置，加快重点产品和功能的研发进度，实施快速迭代开发，以产品吸引客户、竞争市场。

➢优化资源配置
在研发资源和版本安排上优先保证互联网金融重点项目。

➢快速迭代开发
成熟一批、开发一批，快速响应市场需求，提高竞争力。对于市场已经有较为成型产品的，可探索采用集成外包的方式，加快研发进度。

领域	产品	进展及下半年研发安排
支付	线上POS	推出面向所有线上商城，支持多卡种、多认证方式的线上收单平台，7月投产。
	一体化收单管理平台	10月上线
	统一缴费平台	7月上线
融资	逸贷	已正式上线，7月版本丰富逸贷产品功能，增加房贷客户群。
投资理财	客户交易终端	7月投产，陆续推出账户原油、账户贵金属、账户外汇、实物金递延等功能。
	e灵通	待监管批准
电商	电子商务B2C（融e购）	已正式上线，目前注册客户总数超过380万户，商户数突破1 000家。
	电子商务B2B	12月底前进行试运营。
	线下电子商务O2O平台	立项研究
线上线下一体化	移动即时通讯平台	信息推送功能已正式上线，下半年实现即时通讯与社交群组功能，提升面向客户的个性化服务与精准营销能力，建立专业的金融和商业社交平台。
	统一通行证	7月上线

开展直销银行探索

随着互联网金融、社交媒体的快速发展，客户的金融消费习惯正发生深刻改变，尤其是接受新事物能力更强、更快的年轻客户，他们追求时尚和个性，具有超前消费意识和旺盛的消费需求，但对客户体验的要求较高，也更注重服务的便捷性。从全球经验看，年轻客户在很多市场上占到了1/4～1/3的比重。然而，处于财富累积起步阶段的年轻客户往往是银行沟通最少的客户群体、提供产品和服务最少的客户群体，也是最先远离银行物理网点的客户群体，使得传统金融服务对年轻客户的吸引力不断下降。对我行而言，如何把握住年轻客户群体，是关系全行未来发展的重大挑战。

年轻客户是我们长期发展的重要战略支点，也是推动金融服务创新的动力源泉。全行要在巩固既有优势的基础上，针对年轻客户特点，改变传统沟通方式，探索新渠道应用，直销银行即是一种重要平台。

直销银行是互联网时代的一种新型银行运作模式。银行没有营业网点、不发放实体银行卡，客户主要通过互联网获取银行产品和服务。直销银行不是对传统电子银行的替代，而是补充。

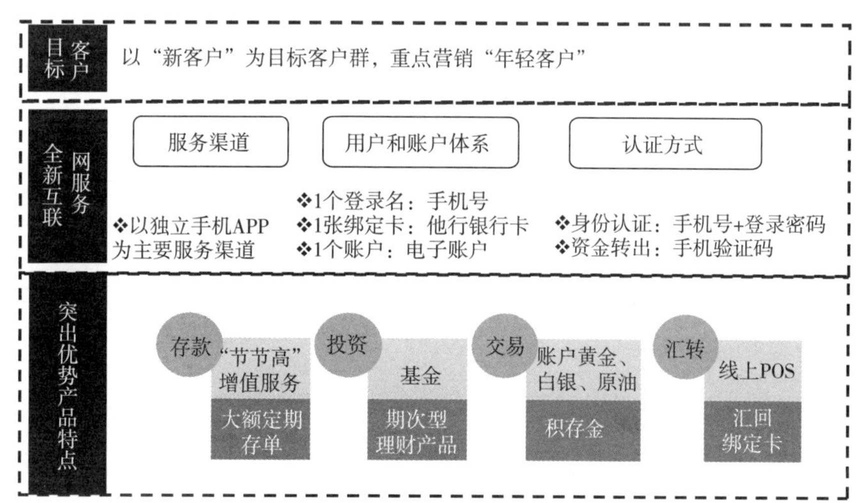

推进多渠道协同发展

要按照构建“任意一点接入、线上线下互联互通、全程响应、体验一致的一体化渠道体系”目标，加快全渠道战略规划与服务机制的协同，将线上渠道低成本、高效率、不受时空限制的特点与线下渠道便于个性化服务的优势有机地结合起来，提升服务效率，改善客户体验。

➢制定中长期渠道发展规划，统筹物理网点、自助渠道、电子渠道与新兴渠道全渠道建设发展战略和各渠道总量及功能定位，推进规划的落地实施。

➢整合营业网点、自助银行、网上银行、电话银行、手机银行等渠道服务资源，建立渠道间信息共享、流程互通、业务互联的综合服务机制，打造顺畅、高效的渠道服务体验。

➢建立健全全渠道全流程管理机制，包括渠道资源配置机制、运营核算机制、绩效考核机制和研发创新机制等。

➢稳步推进智能服务模式试点和推广，各分行选取 3~5家网点试点，通过不同市场、不同环境下实地运营，总结经验并不断加以完善。

➢ 加快建设渠道管理系统平台，实现渠道建设过程管理、运行监控、权限管理、产品发布、统计分析等功能的系统化，建立多渠道客户、产品、营销和管理信息的共享视图，开发网点直通、支持保障等系统，强化对精准营销、人员培训等方面的支持。

3.3.2 着力提升重点大中城市行竞争力近年来，部分重点大中城市行存款增速和利润增幅偏低或负增长，市场竞争力和可持续发展能力不足的问题比较突出。以存款为例，截至5月末，33家大中城市行（4家直辖市分行、5家直属分行及苏州分行、23家省行营业部）存款四大行占比为34.9%，较2011年末的35.2%下降0.3个百分点，整体看市场份额变化不大。这其中北京分行存款同业占比上升且余额比重较大，如果不含北京分行在内，从其余32家大中城市行情况看，存款四行占比已经从2011年末的31.5%降至今年5月末的30.4%，下降1.1个百分点；有12家城市行下降幅度超过1.1%的平均降幅，其中广东、吉林、广西、江西、安徽分行营业部和深圳分行降幅超过2个百分点。

湖南、河北、广西、福建、江西分行营业部和厦门、苏州分行存款余额四大行占比较低。湖南、河北、广西3家分行营业部已降至同业第3位。湖南分行营业部存款余额不及同业竞争对手的一半。

宁波分行和福建、山西、黑龙江营业部近两年平均利润负增长。

近三年存款竞争力较弱的分行四行占比变化情况表 单位：亿元

城市	存款余额	余额排名	排名变化	2011年末同业占比	2014年5月末同业占比	同业占比变化	存款平均增幅	利润平均增幅
南昌	748	2	-1	29.8%	27.2%	-2.6%	13.2%	5.6%
厦门	717	2	—	25.0%	24.5%	-0.6%	7.8%	1.1%
福州	959	2	—	23.8%	24.2%	0.4%	11.9%	-6.0%
南宁	844	3	-2	29.7%	26.6%	-3.1%	10.8%	1.9%
石家庄	916	3	-1	22.9%	24.9%	1.9%	10.0%	15.9%
长沙	754	3	—	21.8%	21.2%	-0.6%	6.7%	3.7%
苏州	1 988	4	-1	21.9%	20.0%	-1.9%	8.0%	2.9%

注：存款及利润平均增幅为2011年至2013年化复合平均增幅。

近三年33家大中城市行存款四行占比变化情况 单位：亿元

城市	存款余额	余额排名	排名变化	2011年末占比	2014年5月末占比	占比变化	存款平均增幅	利润平均增幅	城市	存款余额	余额排名	排名变化	2011年末占比	2014年5月末占比	占比变化	存款平均增幅	利润平均增幅
合计	83 598	1	—	35.2%	34.9%	-0.3%	10.0%	7.1%	宁波	1 438	1	—	29.2%	29.4%	0.3%	6.9%	-25.1%
北京	24 294	1	—	50.8%	54.7%	3.8%	9.6%	10.6%	大连	1 316	1	—	29.2%	29.4%	0.2%	5.2%	12.8%
杭州	3 103	1	—	37.3%	39.4%	2.1%	13.9%	1.7%	成都	3.40	2	—	26.1%	30.2%	4.1%	18.0%	13.6%
上海	9 956	1	—	38.1%	36.3%	-1.8%	4.6%	-1.9%	重庆	2 573	2	—	28.2%	29.6%	1.4%	12.7%	16.3%

续表

城市	存款余额	余额排名	排名变化	2011年末占比	2014年5月末占比	占比变化	存款平均增幅	利润平均增幅	城市	存款余额	余额排名	排名变化	2011年末占比	2014年5月末占比	占比变化	存款平均增幅	利润平均增幅
贵阳	967	1	1	34.2%	36.1%	1.9%	23.5%	14.4%	兰州	665	2	—	28.4%	28.1%	-0.2%	6.3%	13.8%
广州	5 224	1	—	39.6%	35.2%	-4.4%	7.2%	5.6%	青岛	1 077	2	1	23.9%	25.8%	1.9%	7.6%	9.5%
合肥	1 133	1	—	35.9%	33.8%	-2.1%	16.1%	11.4%	天津	2 474	2	-1	27.3%	27.5%	0.2%	6.7%	9.9%
哈尔滨	1 141	1	—	33.3%	33.7%	0.4%	9.7%	-1.8%	深圳	3 362	2	-1	28.7%	26.0%	-2.6%	12.8%	1.8%
乌鲁木齐	925	1	—	33.7%	33.6%	-0.1%	16.0%	13.4%	西安	1 592	2	—	28.7%	27.2%	-1.4%	11.6%	12.9%
太原	1 165	1	—	33.3%	33.4%	0.0%	11.3%	-2.0%	沈阳	1 212	2	—	26.7%	26.9%	0.2%	8.2%	12.6%
长春	1 153	1	—	36.4%	32.9%	-3.6%	13.0%	6.9%	南昌	748	2	-1	29.8%	27.2%	-2.6%	13.2%	5.6%
呼和浩特	633	1	—	28.8%	32.6%	3.8%	19.1%	23.8%	厦门	717	2	—	25.0%	24.5%	-0.6%	7.8%	1.1%
南京	2 224	1	—	34.2%	32.3%	-1.9%	13.5%	18.5%	福州	959	2	—	23.8%	24.2%	0.4%	11.9%	-6.0%
武汉	1 816	1	—	32.1%	32.3%	0.2%	17.4%	32.9%	南宁	844	3	-2	29.7%	26.6%	-3.1%	10.8%	1.9%
郑州	1 395	1	—	33.6%	31.6%	-1.9%	14.8%	16.8%	石家庄	916	3	-1	22.9%	24.9%	1.9%	10.0%	15.9%
济南	1 468	1	—	32.5%	31.2%	-1.4%	12.1%	4.5%	长沙	754	3	—	21.8%	21.2%	-0.6%	6.7%	3.7%
昆明	1 331	1	—	31.3%	30.4%	-0.8%	10.9%	10.1%	苏州	1 988	4	-1	21.9%	20.0%	-1.9%	8.0%	2.9%

注：1. 存款及利润平均增幅为2011年至2013年化复合平均增幅。

2. 分行依据存款余额排名和余额占比高低排序。

3. 2014年5月末存款余额占比标注为低于32家城市行平均占比水平的分行。

要出台提升重点大中城市行竞争力总体意见，实施分类指导、分类管理，落实相关工作部署。要集中精力打歼灭战，从管理体制、营销机制、资源配置、产品流程、考核激励、队伍建设等方面多管齐下，每年重点扶持2~3个竞争力偏弱的城市行加快发展，争先进位，力争通过3~5年的持续努力，全面确立在重点大中城市的同业领先优势。

3.3.3　完善五级分类评价体系

网点五级分类管理

实施以结构和质量为主体的网点五级分类管理

总行选取效益、效率、客户、产品和质量五大类13项关键指标，对全行营业3年以上的1.39万家网点进行全面分析，分为领先型、良好型、稳健型、潜力型、低效型等五类。

从分类结果看，一类、二类网点数量占比 30%，人员占比 40%，资产占比 59%，净利润占比 74%，中间业务收入占比 77%，日均存款占比 62%；四类、五类网点数量占比 29.5%，人员占比 22%，资产占比 11.6%，净利润占比 4.2%，中间业务收入占比 4.4%，日均存款占比 10.4%。一类、二类网点的投入产出比较高、净利润贡献显著，而四类、五类网点整体竞争力亟待提升。

强化网点五级分类结果应用

总行已经下达网点优化建设计划，各行要结合网点竞争力提升工程，重点对潜力型、低效型网点进行调整优化，年底前完成余下全部 607 家低效网点的优化调整工作。

总行将定期通报全部网点的核心指标、系统排名等，作为网点等级评定、考核评价、资源配置、分类指导以及网点负责人绩效考核的重要依据。各行要根据五级分类结果推动辖内网点竞争力提升。

全行各业态网点五级分类情况表　　单位：个，%

类别 功能定位	一类		二类		三类		四类		五类	
	数量	占比	数量	占比	数量	占比	数量	占比	数量	占比
财富管理中心	45	0.32	39	0.28	94	0.68	39	0.28	10	0.07
贵宾理财中心	475	3.42	919	6.61	1 831	13.17	919	6.61	445	3.20
理财网点	748	5.38	1 467	10.55	2 928	21.05	1 467	10.55	718	5.16
金融便利店	197	1.42	351	2.52	706	5.08	351	2.52	159	1.14
合计	1 465	10.53	2 776	19.96	5 559	39.97	2 776	19.96	1 332	9.58

加快推进网点竞争力提升工程

下半年总行将全面启动网点运营标准化的试点实施工作，对各行网点竞争力提升工作开展情况进行检查和督导，确保各项措施落实到位。

年底，总行将按照《2014 年境内分行网点竞争力提升工作考核办法》，对各一级（直属）分行进行考核评价，考核结果将作为境内分行年度经营绩效考评办法的加分项指标应用和渠道资源分配依据。

1.统筹规划未来三年网点总量和结构布局。要严控网点总量规模，严控新购大型网点；加大低效网点优化和自助渠道建设力度，优化自助设备布局，盘活低效设备资源。

2.加强网点标准化建设，统一业务量计量规则，实施岗位整合，尽快建立新的岗位体系，优化调整柜口布局和网点岗位人员配置。加大核心业务营销等指标考核，推动网点向营销服务转型。

3.基于网点运营数据，科学测算柜员配备，调整劳动组合，优化人员结构，充实网点营销队伍，解决“人从哪里来”的问题；同时加强培训，提升网点人员营销服务能力，解决好“人往哪里去”的问题。

整体要求：有目标、有措施、有考核、有通报、有声势

4.搭建渠道管理平台，构建网点援助保障系统、产品供给系统，提升网点服务保障效率。

5.做好成功案例模板推广应用，各分行要制订具体的推广应用方案，明确时间进度表。

6.进一步加强窗口服务和投诉管理，确保各项要求落实到位，持续提升网点服务效率。

全面深入实施网点运营标准化工程

前期基础工作取得阶段性成效，工程实施的条件基本具备

全面完成基础数据治理，统一制定业务量计量标准，合理测定折算系数，实现柜员业务量全口径准确统计，柜员实际工作负荷客观合理反映，网点和人员工作效率可以相互横向比较和全行统一评价。

深入调查摸底全行网点人员和柜口现状，建立柜口分类管理和人员动态更新的系统自动处理机制，全面完成网点运营基础信息核实验证和试算分析，全行网点运营现状特征和存在主要问题基本清晰呈现。

成功构建“数据准确、标准统一、信息完整、管理直通”的网点运营管理平台，实现对网点运营资源配置及利用情况的全景直通化管理，为全行打造可复制的网点运营标准化管理模式提供了有效手段。

目标任务和计划安排

工作目标：2015 年底完成人员结构调整，高低柜口布局优化和网点运营效率整体提升。

实施步骤：

今年第三季度，启动北京、浙江、山西、福建、云南、重庆等六家分行试点工作，打造可复制的样本网点。

今年第四季度组织推广，2015 年底基本完成全行推广工作。

2016 年起，依托网点运营管理平台，建立网点运营标准化管理长效机制，促进网点竞争力持续提升。

意义重大，任务艰巨

网点运营标准化管理是提升网点资源综合利用效率和营销服务水平的重要举措，是网点竞争力提升工程的基础和关键。

行际间和网点间运营资源配置及利用情况差异较大，面临的突出矛盾和需要重点解决的问题不尽相同，总体实施困难大。

工程实施涉及系统平台建设、数据分析挖掘、资源配置优化和机制制度建设，需要与网点布局调整、分区改造、流程优化、人员转岗等配套实施，任务艰巨复杂。

把握重点环节，加强组织领导

重点内容：有效实施复杂业务与简单业务分离，合理调整柜口布局及业务结构；整合岗位职责，在风险可控基础上，实现不同岗位的兼岗流动；搭建一级支行以上层面的柜员集中管理和统一调度机制；强化中后台业务集约化运营；推进网点运营平台建设和应用，持续推动网点运营精细化管理。

组织推动：总行将分步实施，逐行落实推动；各级行要作为“一把手”工程加快推进，要因地制宜制订推广方案；相关部门要明确工作责任，加强协调配合；结合网点竞争力提升相关工程联动实施，做到各项工作相互促进；加强过程控制，严控风险，确保改革工程平稳推进。

重点产品的客户五级分类

近期，总行发布了 2013 年度部分产品的客户五级分类结果，从“个人、公司、机构”三个客户维度，选取个人理财、现金管理、政府机构存款、个人手机银行等 18 项具有重要基础性作用的产品，作为客户五级分类的产品对象。通过分类评价，反映出部分产品存在着不容忽视的客户结构性问题。各行要高度重视五级分类结果，逐一分析本行不同产品间的客户结构差异，并与全行的分类数据进行比对，查找本行经营发展中的结构和质量问题，有针对性地制定各产品客户结构改进目标和计划措施。

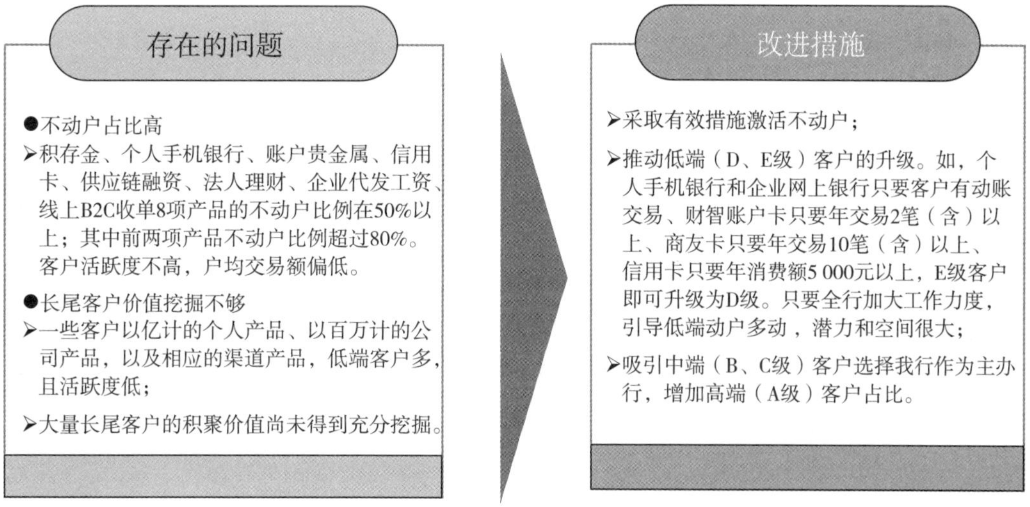

存在的问题

●不动户占比高

➢积存金、个人手机银行、账户贵金属、信用卡、供应链融资、法人理财、企业代发工资、线上B2C收单8项产品的不动户比例在50%以上；其中前两项产品不动户比例超过80%。客户活跃度不高，户均交易额偏低。

●长尾客户价值挖掘不够

➢一些客户以亿计的个人产品、以百万计的公司产品，以及相应的渠道产品，低端客户多，且活跃度低；

➢大量长尾客户的积聚价值尚未得到充分挖掘。

改进措施

➢采取有效措施激活不动户；

➢推动低端（D、E级）客户的升级。如，个人手机银行和企业网上银行只要客户有动账交易、财智账户卡只要年交易2笔（含）以上、商友卡只要年交易10笔（含）以上、信用卡只要年消费额5 000元以上，E级客户即可升级为D级。只要全行加大工作力度，引导低端动户多动，潜力和空间很大；

➢吸引中端（B、C级）客户选择我行作为主办行，增加高端（A级）客户占比。

部分产品的客户五级分类结果

单位：户、个、人民币（本外币合计）

产品名称		A 类占比	B 类占比	C 类占比	D 类占比	E 类占比	客户数合计	较上年增幅	动户数合计	不动户	
										客户数	占比
个人理财		2.43%	16.35%	32.36%	26.59%	22.26%	7 978 577	-2.58%	5 531 177	2 447 400	30.67%
信用卡		1.71%	9.11%	20.89%	21.64%	46.64%	86 783 985	13.40%	27 668 167	59 115 818	68.12%
代发工资	个人代发工资	2.61%	9.16%	16.59%	26.19%	45.46%	86 693 147	26.22%	70 107 633	16 585 514	19.13%
	企业代发工资	2.18%	7.11%	14.40%	12.45%	63.85%	657 275	13.58%	299 291	357 984	54.46%
线上/线下收单	线上 B2C 收单	5.86%	5.71%	8.64%	12.89%	66.90%	2 695	46.87%	1 296	1 399	51.91%
	标准 POS	0.28%	3.50%	16.23%	26.21%	53.77%	771 819	8.53%	565 397	206 422	26.74%
	个人转账终端	0.10%	1.70%	7.98%	11.64%	78.58%	294 712		167 884	126 828	43.03%
商友卡		5.08%	11.11%	12.89%	21.34%	49.56%	10 461 092	95.55%	9 797 631	663 461	6.34%
财智账户卡		6.03%	8.09%	32.38%	53.50%	N/A	N/A	N/A	N/A	N/A	N/A
现金管理		0.11%	0.24%	1.61%	5.04%	92.99%	39 351	15.64%	27 349	12 002	30.50%
法人理财		0.48%	1.11%	7.94%	12.96%	77.51%	233 440	31.99%	100 986	132 454	56.74%
投行业务		1.28%	2.36%	9.03%	51.55%	35.78%	31 534	43.57%	22 627	8 907	28.25%
供应链融资		14.09%	26.48%	31.89%	17.49%	10.06%	5 659	28.87%	2 356	3 303	58.37%
国际贸易融资		3.37%	15.11%	34.29%	28.60%	18.63%	10 054	-4.87%	7 563	2 491	24.78%
积存金		5.42%	2.73%	14.81%	28.33%	48.70%	5 387 889	90.90%	374 646	5 013 243	93.05%
账户贵金属		4.75%	7.59%	10.35%	14.38%	62.92%	9 016 578	46.22%	2 319 735	6 696 843	74.27%
保险资产托管		2.74%	9.59%	17.81%	26.03%	43.84%	80	9.59%	73	7	8.75%
政府机构存款		0.24%	2.07%	8.42%	13.49%	75.79%	279 638	-2.12%	248 734	30 904	11.05%
银行同业存款		1.13%	9.07%	27.40%	19.00%	43.40%	7 978	5.74%	7 110	868	10.88%
个人手机银行		1.95%	2.82%	3.12%	24.54%	67.57%	96 264 052	37.63%	12 753 404	83 510 648	86.75%
企业网上银行		2.95%	9.63%	23.96%	56.99%	6.47%	2 860 215	15.77%	2 100 677	759 538	26.56%

注：①不动户：指五级分类核心指标为 0 的客户。

②代发工资：代发工资统计系统于 2013 年 4 月投产，个人和企业代发工资核心指标为近 6 个月数据，客户增长率均为 2013 年底数据较 2013 年 4 月底的增幅。

③线下收单：因 2012 年不区分具体 POS 类型，所以增幅为线下两类 POS（标准 POS、个人转账终端）合计后的整体增幅。

④财智账户卡：因该卡的结算交易新安全机制去年年中才投产，服务渠道还需持续完善，大量客户使用打印和查询功能，目前因打印和查询笔数数据的可得性制约，仅统计结算类笔数，其他相关数据暂时缺失，分类结果仅供参考。

3.3.4　健全联动营销机制

随着客户多元化、跨地区跨境服务需求的日益增加，境内外各机构、各业务条线联动营销服务的需求和动力越来越强。下半年，总行将出台《境内外一体化业务联动利益分配方案》，明确重点业务联动分润规则和配套机制，推动联动营销的制度化和长效化，进一步调动各方面加强业务合作的积极性。

联动营销是一项综合性、系统化工程，必须建立健全相应的配套保障机制。其中利益分配机制和绩效考评机制是核心和关键，要周全考虑、科学设计。

加强业务联动利益分配机制建设

按照集团利益最大化、内部市场化的原则，合理确定联动分润的基础、方式和比例等核心要素，加快建立以客户为中心，公开、透明、客观的联动利益分配机制，充分调动各机构的合作意愿，激发经营活力。

加强业务联动绩效考评机制建设

引导公私联动，完善代发工资考核，以公促私、以私带公。

引导产品联动，加强组合营销，加大产品客户渗透率、组合营销产品的考核力度。

引导部门联动，在营销部门设置联动协作指标板块，将利润中心产品线指标纳入其中。

引导机构联动，将境内外业务联动纳入境内分行、境外机构经营绩效考评，并与资源配置挂钩。

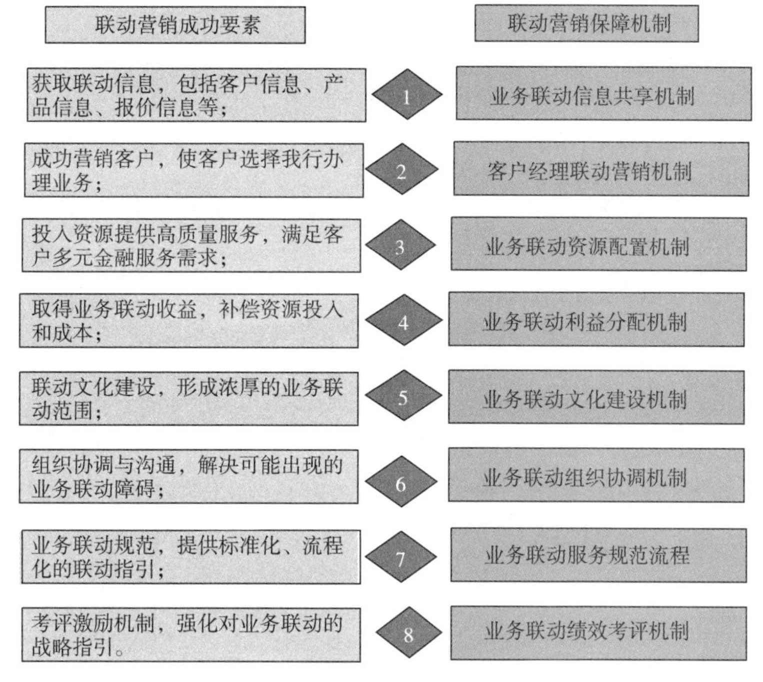

3.3.5　完善考核评价体系

新的绩效考评体系已实施了半年，总体反映较好，但也存在一些问题。总行有关部门要抓紧对执行情况和成效进行评估，根据新的市场竞争形势，特别是存款、中间业务等薄弱环节的发展需要，进行适当调整完善。重点对以下三个方面进行调整完善：

优化存款和理财业务考核

总体思路：分别设置存款日均增量、本行理财日均增量指标，促进存款和理财的同步、协调增长。

关键指标：

人均存款日均增量指标。口径为“储蓄存款 + 对公存款”，不包含保本理财和结构性存款；继续实施日均增量考核；采用储蓄存款、对公存款同业占比调节；对各类存款日均增量和增幅排名均在系统后 10 位的分行，将通过区别扣分督促其提高存款增量。

人均理财日均增量指标。口径为本行发行的理财产品，含保本理财和结构性存款，不包括代理保险和代理基金等。

不再考核金融资产单项销售，避免过度强调产品销售但有效资产余额增长有限的问题，代理销售产品业绩体现在相关收入指标中。

优化柜面业务可分流率考核

目前柜面业务可分流率已由 2012 年的 41.7% 降到 25%，是总行测算的柜面业务分流底限值，也标志着全行柜面业务与离柜业务总体达到相对均衡。

考虑到全行柜面业务可分流率已下降到较低水平，且柜面业务总体呈下降趋势，总行将适时优化该考核指标。

为适应互联网金融的快速发展，要强化对工银 e 支付和电商平台等相关业务的考核。

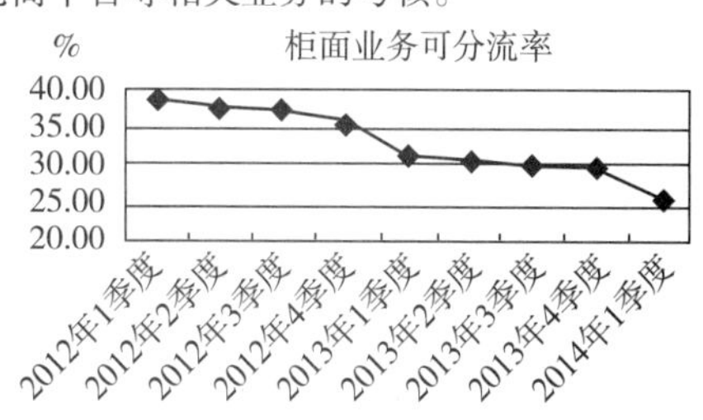

近三年柜面可分流率变化情况

优化中间业务收入考核

在保持中间业务总体权重和考核力度不变的前提下，对中间业务同业占比考核中与贷款相关的、在历次检查中发现问题较多的收费项目予以剔除；同时，上调“贷款收益率”同业排名指标权重，引导全行科学平衡息、费关系，不断提升客户整体贡献。

总行将制定客户贷款综合收益率管理办法，对利息及部分与贷款相关度较高的中间业务收入统一统计，计算贷款的综合贡献，引导全行将关注的重心从单笔、单项收入转移到客户综合贡献上来，注重为客户提供综合服务。

各行要认真贯彻执行有关监管规定和总行的政策要求，合理划分“息”与“费”的适用对象和界线，利率定价要坚持风险定价的原则，充分反映全行的资金成本以及企业的风险溢价；服务收费要有充实的服务内容、完备的操作规则，真实体现服务的价值。

下半年，总行将对各一级（直属）分行上半年绩效考评数据质量合规情况进行专项检查，重点是经营效益类、信贷风险类、经营转型与业务发展类指标的真实性、合规性。对通过串用科目、弄虚作假等手段获取考核利益的，总行将按涉及金额的5倍，在今年后续考核中给予扣减处罚，并对相关责任人予以严肃处理。各分行要认真配合，并组织开展辖内数据质量的检查。

3.3.6　深化人力资源改革

总行本部机构改革

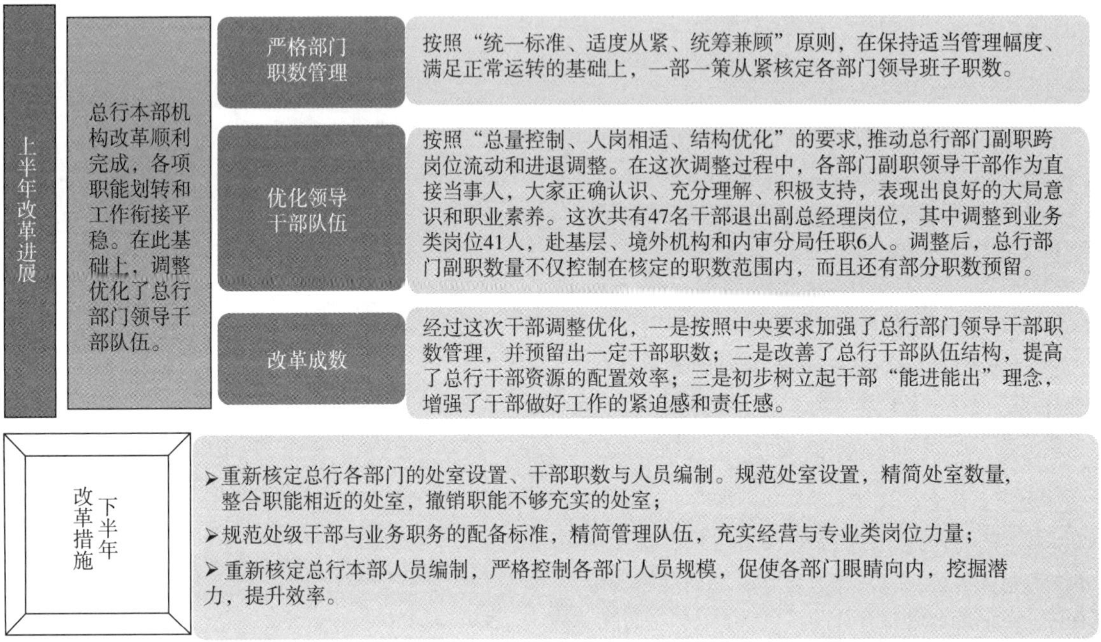

上半年改革进展

总行本部机构改革顺利完成，各项职能划转和工作衔接平稳。在此基础上，调整优化了总行部门领导干部队伍。

严格部门职数管理：按照“统一标准、适度从紧、统筹兼顾”原则，在保持适当管理幅度、满足正常运转的基础上，一部一策从紧核定各部门领导班子职数。

优化领导干部队伍：按照“总量控制、人岗相适、结构优化”的要求，推动总行部门副职跨岗位流动和进退调整。在这次调整过程中，各部门副职领导干部作为直接当事人，大家正确认识、充分理解、积极支持，表现出良好的大局意识和职业素养。这次共有47名干部退出副总经理岗位，其中调整到业务类岗位41人，赴基层、境外机构和内审分局任职6人。调整后，总行部门副职数量不仅控制在核定的职数范围内，而且还有部分职数预留。

改革成数：经过这次干部调整优化，一是按照中央要求加强了总行部门领导干部职数管理，并预留出一定干部职数；二是改善了总行干部队伍结构，提高了总行干部资源的配置效率；三是初步树立起干部“能进能出”理念，增强了干部做好工作的紧迫感和责任感。

下半年改革措施

- 重新核定总行各部门的处室设置、干部职数与人员编制。规范处室设置，精简处室数量，整合职能相近的处室，撤销职能不够充实的处室；
- 规范处级干部与业务职务的配备标准，精简管理队伍，充实经营与专业类岗位力量；
- 重新核定总行本部人员编制，严格控制各部门人员规模，促使各部门眼睛向内，挖掘潜力，提升效率。

一级（直属）分行及以下机构改革

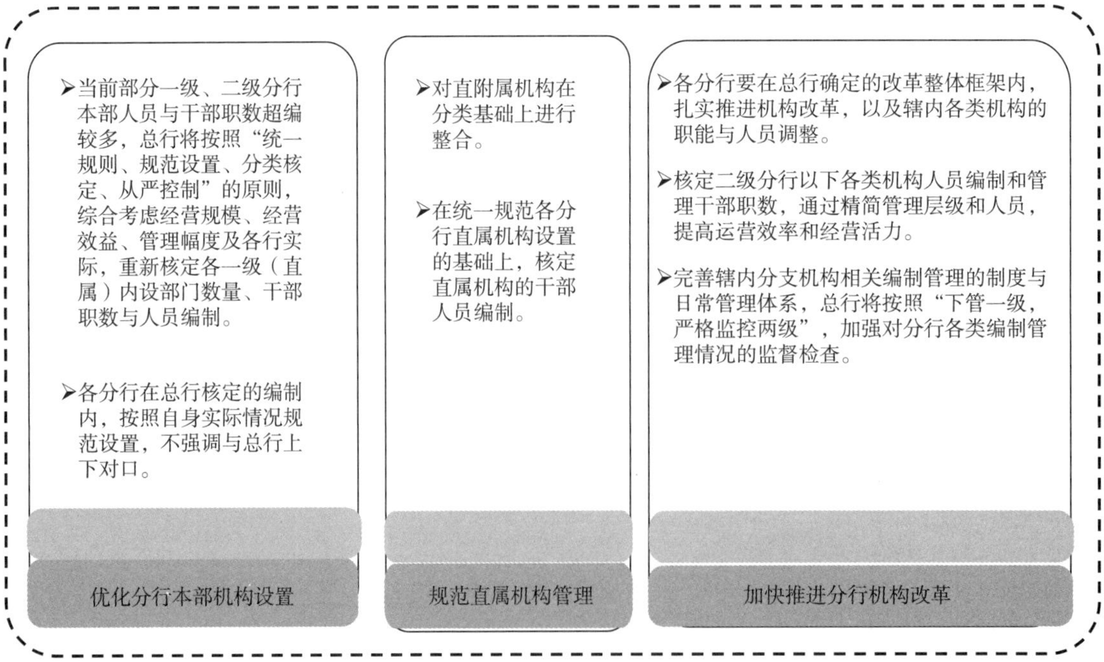

优化分行本部机构设置

- 当前部分一级、二级分行本部人员与干部职数超编较多，总行将按照“统一规则、规范设置、分类核定、从严控制”的原则，综合考虑经营规模、经营效益、管理幅度及各行实际，重新核定各一级（直属）内设部门数量、干部职数与人员编制。
- 各分行在总行核定的编制内，按照自身实际情况规范设置，不强调与总行上下对口。

规范直属机构管理

- 对直附属机构在分类基础上进行整合。
- 在统一规范各分行直属机构设置的基础上，核定直属机构的干部人员编制。

加快推进分行机构改革

- 各分行要在总行确定的改革整体框架内，扎实推进机构改革，以及辖内各类机构的职能与人员调整。
- 核定二级分行以下各类机构人员编制和管理干部职数，通过精简管理层级和人员，提高运营效率和经营活力。
- 完善辖内分支机构相关编制管理的制度与日常管理体系，总行将按照“下管一级，严格监控两级”，加强对分行各类编制管理情况的监督检查。

完善人力资源管理体系

人力资源管理提升项目是人力资源管理改革的一项重大突破，搭建了以岗位为基础的市场化、企业化人力资源管理制度体系，为全行业务的快速发展奠定了坚实基础。人力资源管理提升项目实施六年多时间，在管理实践中也暴露出一些不适应的地方，比如岗位设置不规范、岗位等级后续管理不严格，部分机构没有明确的员工晋升发展机制，员工绩效考核科学性不够、结果应用不到位，部分机构工资总额分配不合理，以及员工福利管理相对粗放等，这些问题都亟待解决。

总行将在全面总结提升项目实施情况的基础上，尽快启动人力资源管理深化项目，先试点，后推广。

3.4　夯实基础工作，促进稳存增存

存款增长波动大、不稳定是近年来困扰全行经营工作的痼疾，虽然全行上下采取了许多措施，但尚没有明显改善。下半年要把扭转存款工作的不利局面作为一项突出任务来抓，尤其是要把工作重心放在客户基础的扩大、服务能力的提升和经营机制策略的完善上，加快形成稳存增存的工作基础。

3.4.1　加大拓户力度，优化客户结构

存款竞争力下降首先反映出的是客户竞争力的弱化。各行、各部门尤其是市场部门要深入研究分析客户变化情况，找出优质客户流失多的深层次原因，系统性、有针对性地提出维护存量客户和竞争新客户的措施，加紧健全客户服务与维护责任机制，切实把拓户计划作为一项基础和核心目标，确保全面完成。

个人客户拓展

在扩大客户规模的同时，要更加注重客户质量的提高，重点拓展日均资产1万元以上的客户。要深入分析存量客户账户资金变动的特征和增长潜力，加大无效客户唤醒、激活和低效客户挖潜力度，对“高流量、低存量”资产特征的客户，要开展服务专项提升工作，吸引客户将他行资产转移到我行。

要充分利用我行完善的产品体系，为客户提供全面金融服务。这里强调两点：①我行客户类别多样、需求多样，服务客户最基本的要求就是尊重客户选择、满足客户需求。比如，许多中老年客户偏好定期储蓄，就不要向其过度推销理财、保险等产品。从经营角度看，定期储蓄成本低于保本理财和结构性存款，也是中小银行竞争的焦点，全行要切实重视定期储蓄的发展。储蓄定期化和对公存款定期化是有区别的，降低定期储蓄比重，是要更多地靠发展能够带来活期存款的年轻客户和交易类客户；降低对公定期存款比重，则是要更多地靠提供综合化、个性化服务。

②随着我行综合化发展，可供全行销售的产品越来越丰富，要切实首先和重点营销我行自有产品，以代销外部产品作为服务客户需求的补充。各级行要在考核导向上体现这一点。

要注重批量化营销，采取“定向区域、定向客户、定向产品”的营销策略，提高对重点客户群、重点区域、新市场、新客户的拓展能力。

要努力抓好代发工资等源头性客户拓展。要对个人客户实施公司化营销，包括总行和一级（直属）分行及各级机构都要明确拓展代发工资业务的公司、机构客户名单，突出高层营销，并逐级落实、逐户包干。同时，要加强产品服务配套，提高资金留存率，力争代发工资客户进得来、留得住。下半年要新拓代发工资个人客户813万户，确保完成全年新增1 500万户目标。

公司客户拓展

要按照公司客户年度拓展工作方案及总行滚动下发的目标客户清单，层层分解，逐级落实营销责任人，确保拓户实效。下半年，总行将抓住企业注册登记制度改革契机，推广“企业通”业务模式，打造覆盖企业从注册筹备到日常经营全方位需要的“一站式”综合服务系统，各行要积极与政府主管部门落实系统对接事项，争取源头拓户机会。

要下大力气解决客户一边拓展一边流失，且存量客户结构向下迁移的问题，在做好新客户拓展工作的同时，高度重视对存量客户的维护，对资产规模和业务潜力较大的存量客户要落实责任人，分片包干。对上半年流失的41户日均金融资产5 000万元以上的大户，要逐一分析原因，逐户落实挽回措施。

要完善分级分层营销服务体系，明确各级行在公司客户营销中的定位，强化总行、一级分行、二级分行的直接营销功能。各一级分行本级营销的公司客户要在50户以上，年内所有二级分行必须建立起本级客户名单，支行和网点对金融资产50万元以上的客户要全部实现管户。

机构客户拓展

要针对客户集中度较高的问题，抓好基础客户拓展。积极竞争在中小银行开户的军队客户账户，营销军队单位科研及装备建设项目，继续巩固我行优势领域；抓好民生金融服务方案的落地，重点拓展省县两级财政、养老财政专户、重点医院、学校等客户群体，扩大中小客户规模，优化客户结构。

要提升客户营销效率。逐级、分行业梳理目标市场和目标客户，加强客户分级营销管理，要探索总行对系统龙头客户设立首席客户经理，分行配备行业经理，强化整体营销合力。

要加紧整合数据、做实数据、挖掘数据，“让数据发出声音”，充分发挥大数据开发和信息化银行建设对客户营销的支撑作用。

强化客户信息采集与维护的统一管理，进一步整合客户“群”、“链”、“圈”关系等信息资源，构建个人、公司、机构客户统一视图。

充分依托精准营销（EBM）系统、供应链金融信息服务等，强化由上至下的信息挖掘服务，及时为基层提供营销信息和推荐潜在客户名单，指导基层制定有针对性营销策略，帮助一线营销人员解决“客户在哪”和“怎么抓”的问题，推动营销模式由传统的推广型或关系型营销向精准营销转变。

进一步加强分析师队伍建设和数据挖掘工具开发，聚焦客户基础拓展，重点围绕市场营销和风险控制两方面开展深度挖掘，提升数据分析产品的质量，实现分析师队伍建设与效能发挥的同步推进。

3.4.2 合理计收资金成本，促使全行注重提高存款增长的稳定性

上半年，由于一般性存款日均增量为负，导致日均新增存贷比为 -479.70%。近年来，全行余额存贷比持续上升，对资产负债管理和资金运作形成明显制约。尤其是部分机构片面依赖时点冲刺增加存款的做法，忽视资金供给的有效性，不仅不能为资产业务的发展提供支持，而且给全行稳健经营的形象带来很大负面影响。

近年来我行存贷比情况表

时间	境内人民币口径		集团口径
	时点余额	日均新增	
2011 年	59.80%	82.60%	63.50%
2012 年	60.30%	112.00%	64.05%
2013 年	62.04%	122.08%	66.39%
2014 年 3 月末	62.06%	-74.23%	67.30%
2014 年 6 月末	61.45%	-479.70%	—

为引导各行更加重视存贷款业务的协调发展，总行制定下发了《关于加强人民币新增存贷比管理的通知》，进一步强化对存贷比的考核。

计收超额资金成本。对当年新增存贷比高于 67%（我行监管目标值）或为负值的分行，采取计收超额资金成本、扣减贷款可用计划等措施。截至 6 月 25 日的监测时点，有 28 家分行日均新增存贷比超标，共应扣收超额资金成本 43.4 亿元。按照第二季度暂扣 25% 的比例，已计收分行超额资金成本 10.85 亿元。

调整贷款可用计划。对新增存贷比为负值的分行，按其当季度贷款增量的 20% 扣减下季度贷款计划额度，并相应扣减其年度贷款计划；对全年新增存贷比高于 67% 的分行，按其 2014 年贷款增量的 20% 扣减下年贷款计划分配基数。

各行日均新增存贷比情况表 单位：亿元

分行	日均新增贷款	日均新增存款	日均新增存贷比	分行	日均新增贷款	日均新增存款	日均新增存贷比
广东	183.0	-654.3	-28.0%	重庆	82.3	24.6	334.1%
厦门	18.8	-50.2	-37.4%	辽宁	54.7	22.2	246.8%
上海	74.8	-188.2	-39.7%	黑龙江	41.1	18.3	224.6%
天津	41.5	-58.6	-70.7%	深圳	65.9	36.7	179.6%
浙江	115.8	-159.9	-72.4%	河北	111.7	75.4	148.3%
贵州	71.2	-65.7	-108.4%	山西	67.2	50.4	133.4%
江苏	162.4	-138.7	-117.1%	新疆	61.4	48.9	125.6%
大连	24.4	-16.1	-151.0%	宁波	33.8	30.9	109.4%
湖北	110.2	-54.8	-200.9%	内蒙古	48.8	55.9	87.4%
福建	76.9	-27.4	-280.9%	山东	148.1	217.9	68.0%
广西	56.7	-17.4	326.7%	海南	20.7	35.7	58.0%
西藏	13.9	-2.9	-486.7%	青岛	29.2	51.6	56.6%
宁夏	17.3	-3.5	-491.2%	安徽	78.7	158.4	49.7%
云南	67.2	-6.2	-1 091.6%	河南	116.0	255.3	45.5%
甘肃	40.4	0.8	5 046.3%	湖南	65.4	145.6	44.9%
四川	139.5	25.8	540.8%	陕西	49.0	117.2	41.8%
江西	63.1	17.0	371.9%	吉林	42.8	115.3	37.1%
青海	19.6	5.8	338.0%	北京	127.4	399.6	31.9%

注：本表日均新增存贷比为监管口径，数据截至 6 月 25 日。

相应地，对日均增量存贷比低于67%的分行，将结合全行贷款增量计划空间情况，原则上按其超额存款增量的50%调增下季度贷款可用计划，并相应调增年度贷款计划。对存款增长良好且付息成本较低的分行，将研究给予超额资金收入的方式进行适度补贴。

这里要强调的是，计收超额资金成本，本质上是通过内部市场化的价格手段更加真实地反映资金成本的变化，是对内部资金转移定价的一种补充，而不是调节总分行利益分配。各行要正确地看待这项政策，调整工作导向，更加注重存款的稳定增长。

3.4.3 加强信贷资金流向把控，加大“裸贷”治理力度

上半年，全行人民币公司贷款较年初增长3 221亿元，但公司日均存款较年初下降2 316亿元，信贷增长对存款的带动明显不足。以贷款客户保持正常付息所必要的资金留存率为基准，可以将当月余额存贷比（存款/贷款）与月日均存贷比均低于5%的客户（剔除集团整体存贷比高于5%的成员企业）定义为“裸贷”客户。按这一标准统计，截至6月末，全行公司“裸贷”客户初步为4.7万户，涉及贷款余额26 308亿元，时点存款余额223亿元，存贷比仅0.85%，信贷资金向行外流失严重。

从裸贷客户分布来看，小型企业客户3.5万户，占比74.55%，涉及贷款余额3 977亿元；中型企业客户1万余户，占比22.36%，涉及贷款余额16 428亿元；大型企业客户1 468户，占比3.09%，涉及贷款余额5 903亿元。相对于大型企业，中小企业营销难度会小一些，大量裸贷客户出现在中小企业中，一方面反映出客户自身存在资金较为紧张的客观情况，另一方面也反映出我们对有贷户的管理不到位。

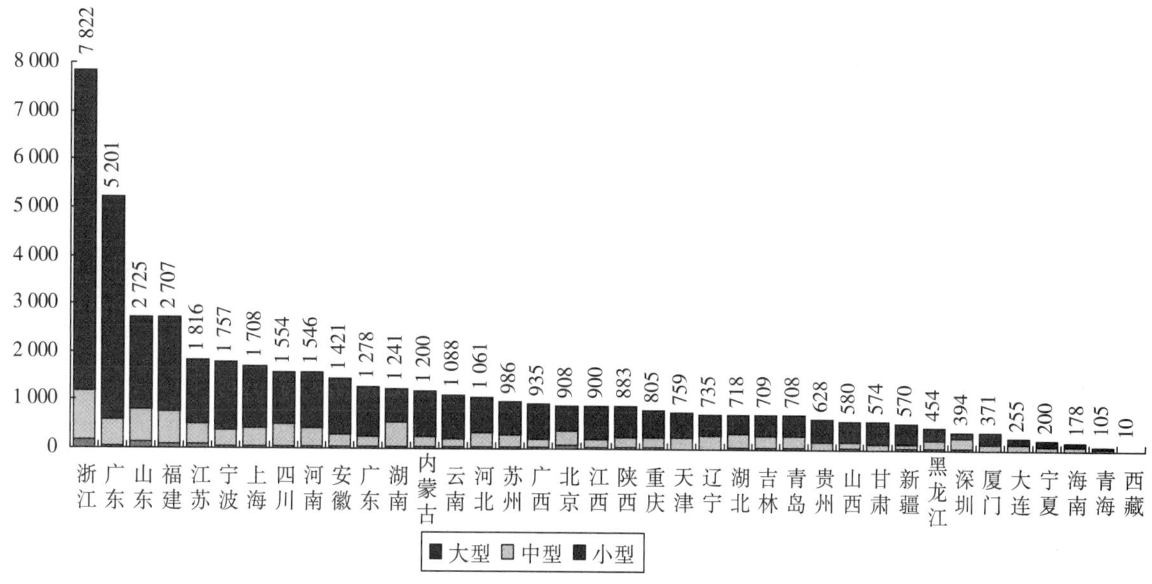

2014年6月末各分行“裸贷”客户情况

“裸贷”问题不仅在很大程度上影响了我行存款的增长，更重要的是对信贷风险管控十分不利。存款是企业在我行结算量的体现，而结算业务数据是掌握企业实际经营情况、开展贷后风险防范的主要信息源。全行要充分认识解决这一问题的重要性，既不能违规搞“存贷挂钩”，但也不能对有贷户结算和资金外流没有约束，要切实加强资金管理和综合服务。

抓预防。总分行要加强有贷户存贷比日常监控管理，按月通报各行情况，并将其纳入对相关部门、机构和管户客户经理考核范围，与其绩效考核挂钩。

抓源头控制。严把信贷投放关，重点抓好“受托支付留存率”、“结算业务量”、“货款归行率”三个关键指标的控制：

逐笔确认收款客户信息，对于受托支付收款行不是我行的，要进行总量控制、限额管理，提高受托支付留存率。尤其要发挥好大额资金监控平台作用，在信息利用上要由客户经理被动发起改为系统主动推送，由只推送给客户经理改为推送到省行及二级行分管负责人，强化线下营销落地，提高信贷资金链下游目标客户开户率，最大限度地争取信贷资金在我行系统内循环。

加强信贷与结算业务的联动。办理信贷的企业，原则上应保证与贷款金额相匹配的结算业务量。对于新拓展的信贷客户，要尽量争取客户在我行开立基本结算账户。对供应链融资客户，要为在我行办理供应链融资的核心企业上下游客户开立结算账户，将信贷资金系统内封闭管理作为贷款条件向客户进行明确。

做好货款归行率的监控，对于货款归行率水平低于我行标准的，要根据风险情况及时采取相应控制措施。

抓存量转化。各行对于辖内“裸贷”客户，要逐级落实责任，根据总行下达的目标任务，制定明确的工

作目标并按月设立阶段性达标目标，确保每月减少10%，年底裸贷客户数量减少60%。对存款主要存放在他行、而放在我行的占比达不到要求，且积极争取无效的“裸贷”客户，原则上不再进行续贷。

3.4.4 优化理财发行结构，促进理财与存款协调增长

截至6月末，全行保本理财及结构性存款余额合计5 881亿元，较年初增加917亿元，占到储蓄和公司存款时点增量的15.1%，占各项存款余额的3.87%，起到了稳定存款的作用。但从付息成本来看，上半年保本理财和结构性存款平均付息率5.13%，同比上涨153个基点，与一般性存款2.06%的付息率相比，相当于增加利息支出80亿元。

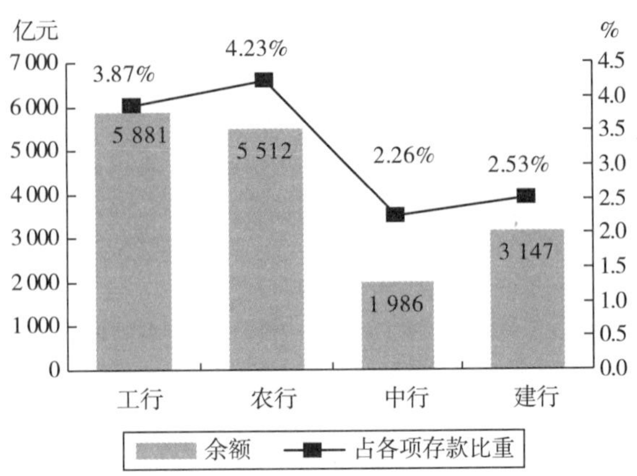

2014年6月末四大行保本理财及结构性存款余额情况

我行保本理财及结构性存款增长情况 单位：亿元

年份	项目	结构性存款及保本理财合计			保本理财			结构性存款		
		个人	法人	合计	个人	法人	合计	个人	法人	合计
2011	年末	1 459	185	1 644	1 196	15	1 211	263	170	433
	日均	935	274	1 209	932	34	966	2	240	243
2012	年末	2 487	156	2 643	1 889	150	2 040	598	6	603
	日均	2 178	297	2 474	1 171	90	1 261	1 006	207	1 213
2013	年末	4 612	339	4 952	3 197	339	3 537	1 415	0	1 415
	日均	2 577	272	2 849	1 988	270	2 258	589	2	591
2014	6月末	4 898	983	5 881	3 004	475	3 479	1 894	508	2 402
	日均	4 646	563	5 209	2 832	410	3 242	1 814	153	1 967

为控制成本，同时也为避免一些分行过于依赖保本理财和结构性存款发行，忽视存款基础工作，总行去年确定了保本理财占比不超过30%的总量控制目标。从付息成本约束来看，下半年保本理财与结构性存款增长的空间十分有限（保本理财余额到年末还要压缩400亿元），各级行要转变工作思路，更加注重在运用和盘活存量资源上做文章，完善存款与理财协调增长机制。

合理把握理财产品发行和存款稳定的关系，有针对性地设计理财产品的收益结构、期限结构等，建立科学有效的定价体系，将理财产品优先用于转化期限较长、成本较高的存款以及吸引行外优质客户和新资金。

总行将研究对季末、月末时点理财发行与到期规模进行管理控制的办法，避免理财资金集中转化为时点存款，人为造成存款的大幅波动，增加流动性管理压力和存款准备金缴存成本。

新增保本理财与结构性存款规模按存款增量一定比例进行配置，合理发挥其稳定存款的作用。

3.5 推动业务转型，促进升级发展

要深入研究当前市场变化和同业竞争策略，积极主动采取有针对性的措施，促进各项业务在结构调整、转型升级中实现新突破、新提升，不断扩大市场空间和收益来源。

3.5.1 资产管理业务

今年以来，资产管理业务发行规模、余额、为客户创造收益等指标继续领先同业，但受市场环境等因素影响，业务收入同比有所下滑。同时，为规范理财业务发展，监管部门对银行理财业务的管理架构、运作机制等提出了新的要求，我们要结合实际研究落实。

影响业务收入增长的主要原因

产品发行成本上升。随着利率市场化进程的加快与同业竞争的日趋激烈，我行理财产品的发行价格大幅上升。

以非保本产品为例，上半年我行产品发行平均价格为5.03%，去年同期为4.13%，增加了90个基点。

从市场同业看，目前我行理财产品价格处于可比同业中上水平。如，我行40天期理财产品价格在4.95%左右，而五大行（工、农、中、建、交）产品价格平均为4.92%。

产品价格的上升，提升了我行理财产品竞争力，但对中间业务收入增长产生了压力。

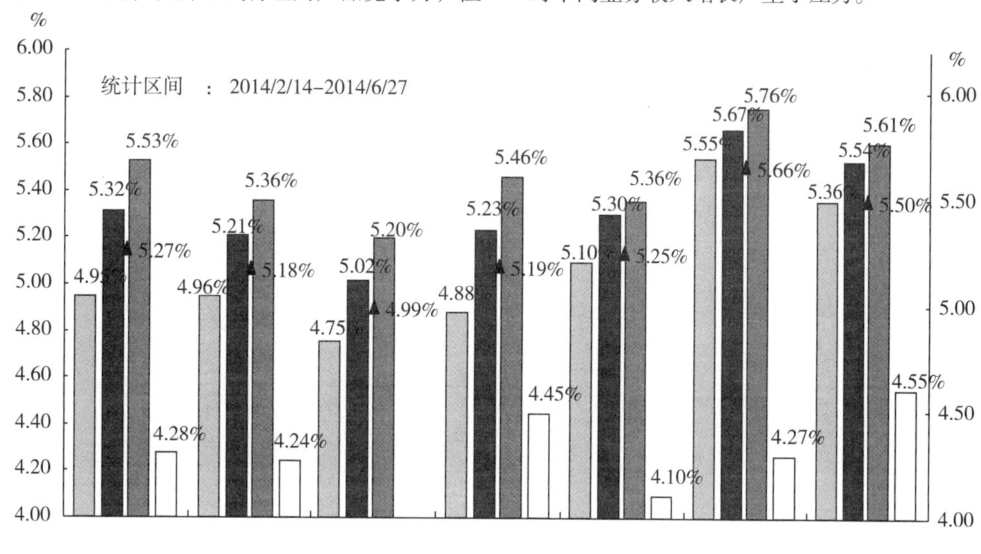

理财收益率同业对比情况

项目投资推进效率有所降低，推荐及管理费收入下降。2011年以来，新增理财项目投资量以及项目推荐及管理费率总体呈下降态势。截至6月末，全行新增项目投资额1 286亿元，虽较去年同期有所回升，但序时进度也只有42.87%（全年目标新增3 000亿元）；加权推荐及管理费率由去年的0.41%进一步下滑至0.39%，导致项目推荐及管理费收入同比出现了下降。

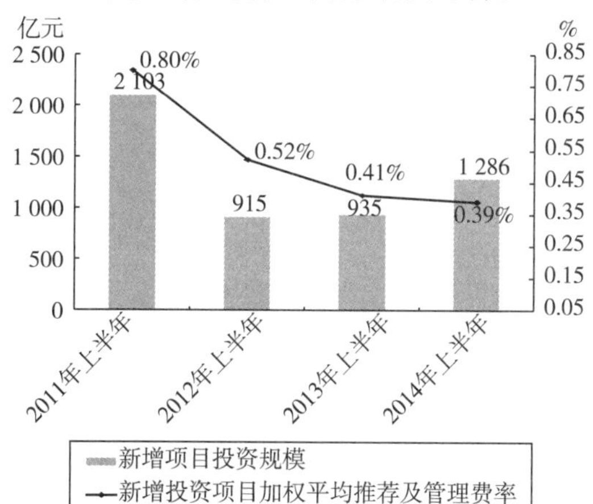

产品结构仍待优化。截至6月末，全行本外币理财产品余额11 000亿元，其中期次型产品（含保本和非保本）占比达到72%。2013年初至今，保本理财产品规模增幅65.95%，远高于非保本理财产品22.33%的增幅，拉低了业务整体盈利能力。

流动性管理成本同比上升。2013年下半年以来，为应对异常紧张的流动性管理压力，我行理财产品以高成本进行了大量融资，部分高额融资成本直接影响到了今年资产管理业务收入的增长。上半年，总行理财产品融资成本达到14.7亿元，远高于去年同期5.94亿元的融资成本水平。

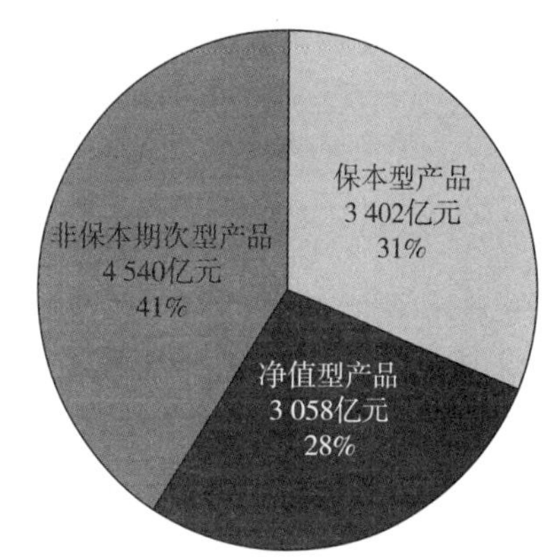

各类型理财产品结构占比图

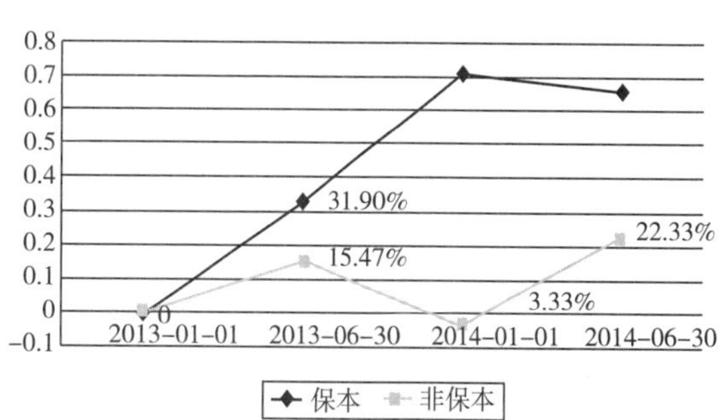

保本与非保本理财产品近两年增速对比图

增收主要措施

随着市场资金形势的缓解，一些不利因素正逐渐消化，全行第二季度实现资产管理业务收入44.73亿元，较一季度环比增长 29.88%，已经显示出较强的反弹态势。要巩固这一势头，进一步抓好增收措施的落实，努力完成全年增收 18.71% 的任务目标。

控制产品发行成本

根据同业定价和产品的创利能力，建立不同类型产品的价格梯次结构，通过差别定价，在保持对优质客户吸引力的基础上实现产品价格的随行就市、灵活调整。力争新发行产品加权平均价格不超过市场平均价格。

优化产品结构

推动只数繁多的期次型产品向净值型产品转变，推动我行理财产品向系列化、品牌化的方向发展，逐步引导客户更加关注投资管理带来的价值增值，而不是预期收益率的价格竞争，树立工商银行理财品牌。年底争取实现各类净值型产品余额总规模不低于 5 300 亿元。

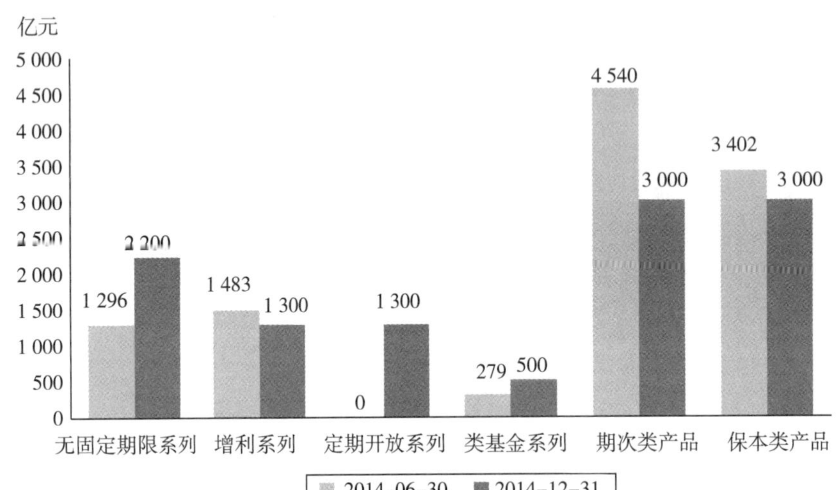

各类理财产品当前规模与年底调整目标

加大项目储备与投资进度

截至 6 月末，全行理财投资项目储备共 193 笔，合计 1 356 亿元，储备项目明显不足。总行相关部门与各分行要强化项目联动挖掘机制，提高项目审批、投资效率。力争下半年组织分行上报项目 3 200 亿元，实现项目投资 1 600 亿元。

项目推进情况	储备规模（单位：亿元）
正在安排投资	13.85
落实投资前提条件	182.59

续表

项目推进情况	储备规模（单位：亿元）
总行信用审批通过	105.00
分行信用审批通过	58.12
总行正在信用审批	270.10
分行正在信用审批	109.05
总行公司投行受理	158.81
分行尽调	458.32
总计	1 355.84

拓宽销售渠道，扩大收入来源

挖掘线上渠道销售潜力

结合我行互联网金融创新规划，优化网上银行、手机银行理财产品购买体验，积极推出电商专属理财产品，并利用微信、微博等移动社交媒介，加大我行互联网理财产品宣传推介力度，提升线上渠道直接营销能力。

拓展行外客户市场

研发行外客户直接购买我行理财产品的实施方案，按“流程方便快捷、线上线下一体化、有效拓展客户”原则，通过线下布放理财POS、线上开立虚拟电子账户等方式实现行外客户在我行门户网站、融e购、手机银行等线上渠道及营业网点便捷开户。

增强同业客户渗透

加强总分行联动，发挥我行产品优势，持续推动理财产品同业代销工作的开展，强化我行优势理财产品对同业客户的渗透，力争全年同业代销我行理财产品突破100亿元。

降低流动性管理成本

实时监测理财产品期限结构和到期集中度等情况，合理配置投资资产，加强资产负债期限错配管理，科学制订产品发行计划，降低整体融资需求。

积极拓宽行内外融资渠道，抓住下半年市场流动性压力趋弱的机会，在第二季度同比节约融资成本1亿元的基础上，争取下半年同比再节约融资成本9亿元。

稳步推进理财业务运作体制改革

近期，银监会出台了《关于完善银行理财业务组织管理体系有关事项的通知》，要求对银行理财业务经营实施事业部制改革，做到“单独核算、风险隔离、行为规范、归口管理”。

监管引导方向

单独核算	风险隔离	行为规范	归口管理
•理财业务经营部要作为独立的利润主体，建立单独的会计核算、统计分析和风险调整后的绩效考评体系 •对每只银行理财产品分别单独建立明细账，单独核算，并覆盖表内外的所有理财产品	•理财与信贷相分离 •自营与代客相分离 •银行理财产品与银行代销第三方理财产品相分离 •银行理财产品之间相分离 •理财业务操作与银行其他业务操作相分离	•销售行为规范：严格落实将合适的产品卖给合适的客户等销售环节监管要求 •投资行为规范：应审慎尽责地管理投资组合 •运营行为规范：应严格落实理财信息登记、信息披露等运营环节的监管要求	•总行应设立专门的管理部门负责理财业务的经营活动 •建立集中统一管理本行理财业务、制定各项规章制度的机制

对照监管导向来看，我行理财业务组织架构和业务流程基本符合要求，但在归口管理和风险隔离的具体操作上还需要进一步完善。

理财业务运作架构改革的基本思路

在全行大资管发展战略总体框架下，根据现有的利润中心管理模式，进一步理顺理财产品设计、发行、投资、风险管理等各环节的运作机制，严格落实监管要求，推动业务健康可持续发展。

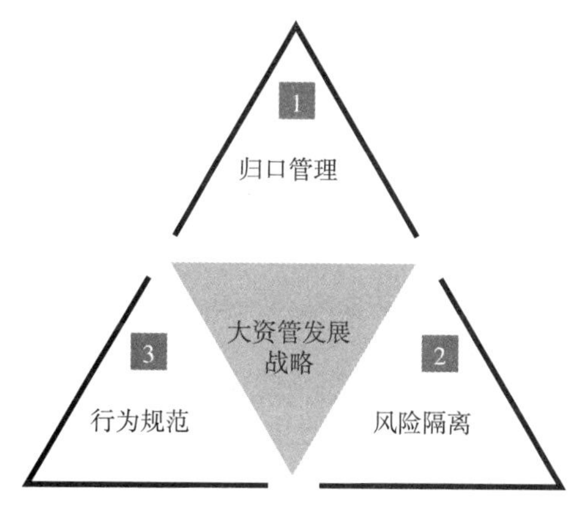

1 ✓建立集中统一管理全行理财业务、制定各项规章制度的机制。
✓统一全行理财产品研发设计、产品发行、销售管理、投资运作、成本核算、风险管理、合规审查、数据系统和信息报送。

2 ✓进一步推动产品转型，加强产品流动性管理，落实监管关于“产品间不得交易”的要求。
✓积极参与监管部门的理财业务风险缓释机制研究制定工作，并在行内探索建立资产管理业务操作风险和声誉风险缓释机制。

3 ✓严格落实理财产品销售、投资和运营行为规范，强化投后管理，按照“谁发起，谁负责”的原则，落实尽职调查、信用风险审批、投后监测等各环节责任，提升风险管理的主动性和预见性。

3.5.2 同业业务

同业业务是商业银行流动性管理的重要手段，也是增加投资与交易收益、拓宽同业合作的重要渠道。近年来，全行坚持审慎的业务发展策略，根据货币政策导向、市场及我行资金变动特点，统筹布局全行同业往来，较好地发挥了同业业务便利流动性管理、优化资产负债结构的作用。截至6月末，我行同业融出余额7 336亿元，在总资产中的占比为4.12%；同业融入7 670亿元，占总负债的比重为4.73%，均处于较为稳健合理的水平。

2011年以来我行境内人民币同业往来情况 单位：亿元

年份	同业融出			同业融入			同业往来利差
	资产余额	占总资产比重	收益率	负债余额	占总负债比重	付息率	
2011年末	5 098	3.56%	4.38%	11 352	8.50%	2.59%	1.79%
2012年末	7 112	4.48%	4.42%	10 965	7.42%	2.98%	1.44%
2013年末	5 724	3.37%	4.59%	8 464	5.38%	2.94%	1.65%
2014年上半年	7 336	4.12%	4.79%	7 670	4.73%	3.02%	1.77%

注：同业业务含活定期同业存款、同业拆出及拆入、债券质押拆出及拆入、存放同业和买入返售票据。

“两个通知”主要内容

业务类型	主要包括同业拆借、同业存款、同业借款、同业代付、买入返售（卖出回购）、同业投资等6类。
集中度限额	商业银行对单一金融机构法人的同业融出资金不得超过该银行一级资本的50%；单家商业银行同业融入资金不得超过负债总额的1/3。
融资期限	同业借款业务最长期限不超过三年，其他同业融资业务最长期限不超过一年，业务到期后不得展期。
业务运作	实行同业业务专营部门制，由法人总部建立或指定专营部门负责经营。其他部门和分支机构不得经营同业业务，已开展的存量业务到期后结清。
会计核算	规范各类业务会计核算科目，要求按照“实质重于形式”原则，根据所投资基础资产性质准确计量风险并计提相应资本与拨备。

5月9日，人民银行等五部委联合出台《关于规范金融机构同业业务的通知》，银监会印发《关于规范商业银行同业业务治理的通知》作为配套政策文件，对同业业务组织运作模式、业务类型、集中度限额、会计核算规则等进行了明确，为同业业务的健康发展明确了方向。

努力提升同业业务价值贡献

整体规划同业业务发展。在全行流动性统一管理框架下，统筹同业业务与资产负债管理、金融市场业务、金融资产服务业务等的协调发展，进一步发挥好同业业务主动调节资产负债结构、提高资本和资金配置效率的作用。

充分发挥同业业务带动作用。优化调整同业客户融资政策，加强与证券登记结算公司、大型券商、资产管理公司等优质同业之间的融资合作，并以此为切入口，推动双方在存款、结算、代理等方面的全面业务合作。

提升同业客户资金沉淀能力。充分发挥我行支付结算优势，扩大代理汇兑、代理债券结算等基础类结算业务覆盖面，加快第三方存管、银期转账等跨市场结算通道类业务创新发展，积极吸纳波动较小、稳定性较高的同业结算类资金。特别是要加大银银平台推广力度，尽快推出银银平台客户端，丰富平台产品功能，重点推动已签约未投产的客户尽快投产，实质性开展业务运作。

做好优质产品创新储备工作。积极参与同业存单等标准化产品的创新，提高同业负债的主动性、标准化和透明度。对于我行尚未进入的同业投资领域，如对银行理财产品、资产管理计划、信托投资计划的投资，要着手探索投资的可行性、风险控制手段、业务管理机制等，丰富投资品种，优化资产结构。

认真落实“两个通知”要求

按时完成专营部门制改革。总行正在根据监管要求推进同业业务专营部门制改革工作，各分行、总行各相关部门要从大局出发，积极配合改革的各项工作，确保我行改革按期完成。

规范业务经营行为。做好会计核算科目调整、相关操作流程、岗位职责、协议文本梳理及系统改造等工作，加强同业客户授信、合作准入和评级管理，确保合规经营。对以商业承兑汇票、信贷资产、应收租赁款等非标资产为标的的买入返售业务，要停止办理。

3.5.3 金融市场业务努力提高投资收益率继续以产品与经营模式创新为抓手，优化债券组合结构，积极盘活存量资产，进一步提高债券投资收益

持续优化组合结构

1 适度提高信用债占比

适应企业直接融资占比提升，信用债市场大发展等趋势，在风险可控的前提下，保障合理的授信资源支持，适度提高信用债占比。

2 提升价差收益

妥善摆布账户结构，提高可供出售类债券比重，在注重利差收入的同时，通过积极的波段操作，努力赚取价差收入。

3 拓宽投资领域

把握同业投资新规出台机遇，尝试推动银行账户投资品种向包括信托计划等更高收益品种拓展。

积极盘活存量资产

1 扩大债券借贷规模

上半年我行累计借出债券1 123亿元，通过获取借贷利息提升了存量债券的投资收益，要利用我行庞大的债券持有规模，继续扩大债券借贷业务规模，增加收入来源。

2 置换低收益存量资产

在控制好风险的前提下，将组合中收益较低的债券资产替换为期限相近、收益较高的债券资产，盘活存量资源、提升投资收益。

探索完善主动负债投资业务机制	充分发挥最大人民币做市商优势，把握货币市场与债券市场资金价差，在符合全行资金统一管理、确保有利可赚的基础上，主动通过发行结构性存款、同业存单等多渠道融入资金，投向收益率较高的债券，实现业务常态化发展。
加强投后管理	建立和完善投后管理制度，密切关注发行人状况，按项目落实定期报告和重大事项报告制度，发现问题及时采取处置措施。

着力扩大交易业务盈利贡献

加大商品和账户交易产品创新和推广力度。商品交易、账户交易是我行的优势创新产品，竞争对手少、市场潜力大。以商品交易为例，全国商品期货市场年交易规模近100万亿元，而我行上半年交易量累计仅228亿元。相较于各类期货公司，我行在渠道、客户基础和品牌信誉上具有明显优势，总行部门和分行要通力合作，挖掘这一创收增利的“富矿”。金融市场部门要立足于客户多元化投资、交易及避险需求，持续加快产品创新，打造同业领先的代客业务电子化交易平台。各行要加大产品推广力度，大力宣传交易类产品多元、双向投资的优点，积极培育优质客户群体。到年末，努力完成账户交易类业务1 300万拓户目标；已开办商品交易、双币远期结售汇等业务的分行力争年底每行拓展10家客户，未开办分行要尽快取得突破。

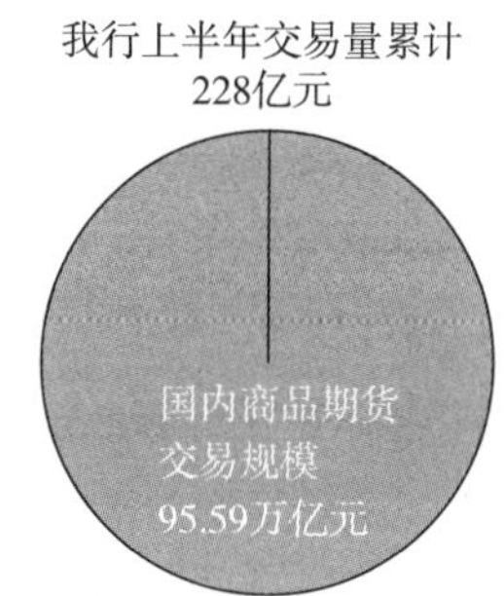

商品交易业务发展空间广阔

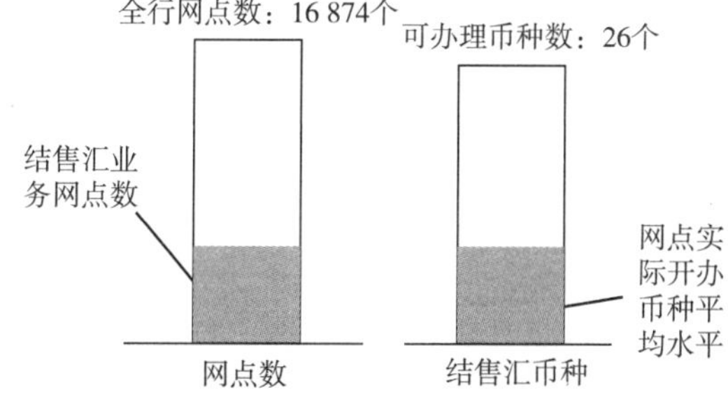

我行网点众多与结售汇币种同业领先优势未充分发挥

提升网点外汇交易服务能力。目前，我行结售汇业务网点覆盖率较低（仅占全行网点总量的30%）、实际开办币种少（平均开办币种类型不足我行可办理币种的40%）、外币现钞配备不足（超一半分行现金库存不足1 000万美元），渠道优势尚未完全发挥。各行要重视加强外汇网点建设，认真梳理结售汇业务开展情况，结合当地市场实际及同业竞争情况，逐步提高业务开办率和交易币种覆盖，增加外币现钞配备，增强网点综合服务能力。到年末，各行结售汇网点覆盖率要达到40%以上。

巩固提升承销发行业务优势

第二季度以来，全行把握利率阶段性下行的时间窗口，加强业务联动，推动承销发行业务快速增长，一举扭转被动局面。截至6月末，完成债务融资工具主承销金额累计2 053亿元，同比增长50%，四行占比第一。承销发行是银行在间接融资被直接融资替代的过程中继续深度参与客户债务资本市场运作，保有客户资源，掌握应对金融脱媒主动权的极其重要途径。全行要稳固良好增长势头，力争在目前承销发行额市场第一的基础上夺回年度主承销商第一位置。

拓宽客户基础。随着债券市场的发展，越来越多的中小企业将进入债市融资。要本着“抓大不放小”的原则，在继续巩固超大、超优级客户关系的同时，着力拓展地方大中型国有企业、上市公司等优质企业客户，以及金融同业与地方政府等机构客户，积极争取新的地方债承销，扩大客户基础，增强业务持续发展能力。

优化授信审批。金融市场、公司、授信审批等部门要加强协作，探索在不扩大我行风险敞口的原则下简化授信调整程序、开辟总行级公司客户“绿色通道”等方式，有效解决承销授信阶段性不足、优质客户承销报批流程较长等问题，提高效率，增强竞争力。加强分行营销队伍建设。债券业务有别于传统商行业务，除了履行信用风险审查审批的内部流程外，还有大量的外部工作要做，最核心的是要运用自身的经验与专业技能，帮助发行人更好更快地完成申报注册和发行融资工作，是一项综合性很强的业务。各行要注重对债券专业人才的培养，逐步扩大债券专员队伍，提升营销服务能力。

3.5.4　中间业务

尽管当前中间业务发展面临一些困难，但发展中间业务是推进经营结构调整的重要战略方向，不能有丝毫动摇。各级机构要认真落实总行相关要求，进一步端正认识，正确处理规范服务收费和发展中间业务的关系，坚持“一手抓规范、一手抓发展”，确保完成全年目标。在此明确，2014年全行中间业务收入和战略成长性中间业务收入计划目标不做调整。

挖掘重点业务增收潜力，巩固其基础支撑作用

上半年，结算代理理财三项业务的整体发展不尽理想。特别是受同业低收费竞争、支付脱媒等因素影响，人民币结算业务同比负增长，四行占比（前5个月）同比下降2.71个百分点。结算业务是体现客户黏性的重要指标，也是我行的传统优势业务，全行一定要高度重视结算业务竞争力弱化的问题，采取有效措施，促使其尽快恢复增长。

完善服务和竞争策略，巩固我行优势地位

要强化议价竞争力。大力推广结算套餐服务，通过组合营销、按结算量阶梯定价的方式，既保证对优质客户的吸引力，又保证合理收费应收尽收。

要强化优势产品竞争力。加强现金管理、全球现金

管理市场推介，推广专属法人理财、基金、存款自动转换等保值增值产品，满足客户金融资产管理需要。通过对存量客户进行挖潜、对新增客户进行产品绑定、上线增值产品等手段，丰富服务内容，提升服务价值，扩大客户综合贡献度。

要强化专业品牌竞争力。突出我行结算、现金管理、法人理财等全覆盖、专业化的服务品质，打造“工银财资管理”优质品牌形象，提升竞争能力。

规范与支付机构合作，积极应对支付脱媒挑战。与同业竞争相比，我们更应该重视第三方支付爆发式增长对整个结算市场带来的冲击。第三方支付基于互联网的业务模式创新，以低成本、高效率、便捷性为特点，对银行业务收入和既有客户群体形成较大挤压和分流。并且，其通过转接交易屏蔽了客户信息，使银行结算服务被“通道化”。对此，要有清醒的认识。一方面解放思想，主动融入互联网金融发展大潮，借助新技术、新工具，推进账户管理、支付、理财、融资等业务的整合创新，提升结算业务竞争力；一方面要严格规范与第三方支付机构的合作，要坚持从全行整体利益出发，综合考虑与支付机构合作能够带来的存款、备付金存管、中间业务收入、商户信息等资源，确定合理的合作条件，并借助其高成长性和创新性，合作推出更多贴近市场的产品和服务，拓展更多行业和平台客户，提升业务竞争力。

推动战略成长性中间业务较快增长，发挥“加速器”作用

信用卡

- ✓ 努力克服收入核算调整和商户回佣费率整体下调的影响，继续加大全币种信用卡、纯芯片组合卡、黑金卡等优质品种的推广力度，进一步加快推进收单市场拓展，层层分解任务，以网点为单位开展线下商户“网格化营销”，积极拓展线上收单市场，做大消费和收单交易额，尽快使信用卡及商户回佣收入恢复增长。

品牌投行

- ✓ 抓住政策与市场环境变化机遇，加强并购融资、跨境融资、表外债务融资等领域的产品创新，不断丰富投行产品线，积极拓展投行业务收入增长点，增强收入增长的稳定性。
- ✓着力加强总分行协同运作，完善并购信息平台，探索国企改制、企业重组及资本市场创新业务，加强重大财务重整项目的推进力度，提升大项目运作能力和市场影响力。

资产托管

- ✓ 继续扩大银行理财、券商理财、信托资产和基金专户托管等成熟业务市场份额，全面推广票据资产托管、托管理财通等创新业务，加快资产托管业务向全面资产服务的升级步伐。特别是安心账户业务要以通过银监会备案为契机，修订操作规程，充实服务内容，力争全年实现收入40亿元，为资产托管整体收入目标的完成打好基础。

私人银行

- ✓ 将私人银行业务作为零售业务转型发展和提升的重点工程，加强重点机构网点的业务指导，丰富业务产品布局，尤其要前瞻性地做好家族财富管理的业务设计，积极储备客户资源，为业务落地奠定基础。年末力争实现私人银行客户数突破4.2万户，客户资产在个人客户资产中的占比提升至6.5%，提升私人银行业务对全行客户结构优化的贡献。

贵金属

- ✓ 克服贵金属价格低位震荡、市场交易清淡的影响，在继续做好销售渠道建设，努力使实物业务恢复增长的同时，着力加快交易类、融资类业务的创新发展力度，丰富账户贵金属双向交易、贵金属质押等功能，进一步拓展贵金属产业链租赁融资业务空间，研究依托金交所自贸区国际板开展贵金属仓储物流等新业务，多方拓宽收入来源。

加强服务收费管理

8月1日起，新的商业银行服务价格管理办法将开始实施，总行也修订下发了《中间业务定价管理规定（2014版）》和《服务价目表（2014版）》，全行要充分认识加强服务收费管理、规范收费行为的重要性，切实做好新价目表实施的准备工作，确保各项收费依法合规、要素齐备、定价合理、服务匹配。

做好新版价目表的公告，按照统一口径做好对外解释说明工作，突出收费项目结构优化和总量减少，避免媒体不恰当解读，保持全行中间业务正常发展秩序。

相关专业部门要做好本专业收费项目调整的系统改造和参数调整工作，完成相关协议、合同文本、业务凭证、制度办法、操作流程、宣传资料的配套修改。财务会计部要牵头做好新的收费监管政策及新价目表的培训，相关专业部门要积极配合，确保顺利实施。

对因服务收费不规范引发重大声誉风险的，要严格问责、严肃处罚。

3.6 加快国际化综合化发展，提升跨境跨市场服务能力

在当前境内分行盈利增长放缓的趋势下，要进一步加大境外市场拓展力度，推进综合化经营提质增效，在满足客户跨境、跨市场金融服务需求的同时，积极开辟

新的业务增长点和多元收益来源。

3.6.1　国际化发展

上半年，境外机构实现拨备后利润同比增长49%，在集团内占比提高1.17个百分点至4.35%，大部分机构的利润预算完成率超过60%，这是境外机构自身努力的结果，也说明前些年我们抓住市场机遇，积极推进的具有前瞻性的国际化战略布局和耕耘开始进入收获期。同时也要看到，上半年取得的良好经营业绩，也有境外市场环境不断向好的有利因素。各境外机构不能有松懈情绪，要乘势而上，自我加压，紧紧抓住我国深化对外开放机遇，推动各项业务加快发展。总行将对完成利润增幅预算，但低于当地可比中资银行的境外机构，加大重点督导力度，促其提高盈利贡献。

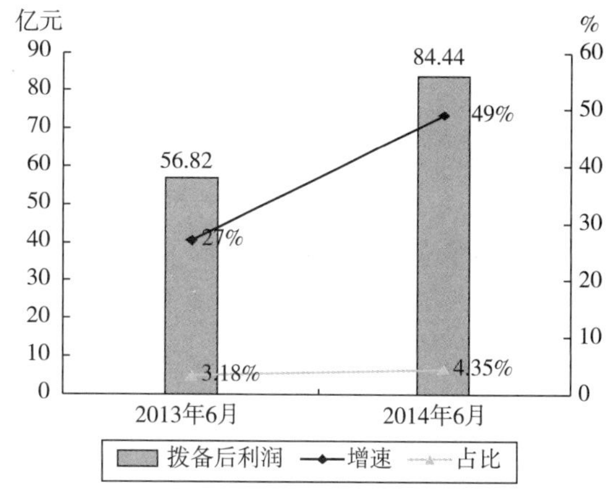

境外机构净利润增长及占比

抓好渠道建设

一级机构设立计划
- ◆ 墨西哥子行
- ◆ 英国伦敦分行
- ◆ 仰光代表处升格为分行
- ◆ 蒙古代表处
- ◆ 英国、土耳其项目

分支机构拓展计划
- ◆ 按计划推进二级机构建设

物理渠道：下半年要加快推进墨西哥子行、伦敦分行、缅甸分行和蒙古代表处申设工作；推进台湾永丰银行、英国标银公众和土耳其Tekstilbank并购项目；推进加拿大分行当地监管审批和沙特分行、科威特分行开业；按计划推进二级以下机构建设。

电子渠道：境外业务拓展在很大程度上受制于渠道建设不足，近年来境外电子渠道建设取得积极进展，但网银服务功能和品种，以及便利化、易用性还不足。要抓紧解决境外机构提出的电子银行页面体验、外文翻译、安全控件、开发效率等问题；加大电子渠道资源投入，统筹电子银行产品的创新与优化。

抓好结构优化

收入结构基本指标

单位：亿美元,%

项目	2013年	2014年6月	较年初变化
信贷资产/总资产	47.43%	51.71%	4.28%
息差收入/营业收入	72.45%	72.56%	0.11%
中间业务收入/营业收入	18.12%	16.92%	-1.20%

上半年，境外机构总资产、信贷资产同比分别增长17.34%和36.39%，利润增长超过了信贷增长。但同时有11家机构利润增速低于信贷资产增速，这11家机构合计利差收入在其营业收入中的比重达71.3%，表明盈利模式主要依靠信贷利差收入。同时，内保外贷、代付和簿记业务占信贷总量的22.92%、占总资产的11.85%，反映出境外机构对集团业务的依赖程度较高。

6月末内保外贷、代付和簿记业务情况

单位：亿美元，%

项目	余额	较年初增幅	占总资产比例	较年初增幅
内保外贷	189.70	21.17%	7.68%	0.84%
代付业务	53.74	-12.75%	2.18%	-0.51%
簿记业务	49.26	11.47%	2.00%	0.07%

下一步要在保持信贷合理、适度增长的同时，加快推动业务和收入结构转型，改变过度依靠信贷拉动盈利增长的发展模式。对贷款增速过快的机构，要探索信贷资产转让途径，通过做大信贷资产流量，提高综合收益，减少资本占用。

要增强银团贷款承揽分销能力，争做代理行、账户行和管理行；依靠产品创新，培育财富管理、金融市场、投资银行等利润增长点。

抓好本土化客户培育

境外机构本地化发展不平衡，部分机构客户总量不足、客户结构不优、自主负债不强等问题较为突出。截至6月末，境外机构公司客户数较上年末增加8 613户，其中，有贷户增加533户，增幅仅为1.85%。境外机构本地客户贷款占比为51.7%，从存款看，前10大客户存款集中度在25%以上的有23家机构，较年初增加12家。

要抓好集团客户的牵头统一营销，提高跨境金融服务响应能力，为“走出去”“走进来”客户提供全球化、一站式服务。要加快境外客户的统计梳理，筛选优质客户，加大拓户力度。

要推动境外机构通过加入当地清算网络、申请当地交易所资格、加强与当地同业合作等方式，夯实本地化发展基础。要针对当地经营环境特点，打造既具有集团功能，又能体现本地特色的清算结算、资金交易、私人银行等产品线。

6月末境外机构客户数量情况

单位：个

机构名称	企业客户			零售客户	
	总数	本土客户	有贷客户	总数	本土客户
工银阿根廷	35 374	34 370	17 080	956 366	951 785
工银亚洲（含香港分行）	30 553	30 462	5 999	330 622	273 580
工银澳门	11 105	8 189	319	255 923	227 970
工银泰国	5 538	5 272	3 720	157 438	153 930
美国机构	3 392	3 029	451	2 3661	23 661
工银印尼	1 573	—	520	25 082	—
卢森堡机构	1 391	982	153	7 963	2 262
湄公河机构	1 381	845	81	21 493	13 870
工银加拿大	1 318	1 110	332	18 089	11 640
新加坡分行	651	177	196	6 097	3 850
工银马来西亚	569	515	118	12 717	8 298
首尔分行	525	490	50	13 344	3 001
工银阿拉木图	514	498	8	2 550	2 498
法兰克福分行	476	419	43	1 463	1 463
中东机构	381	335	94	—	—
澳新机构	319	279	81	185	174
东京分行	310	292	18	5 327	5 327
工银伦敦	287	178	76	3 455	3 389
工银莫斯科	210	145	27	—	—
卡拉奇分行	186	113	12	541	52
孟买分行	80	32	14	380	8
工银巴西	39	39	13	—	—
工银国际	22	18	22	52	52
秘鲁子行	15	10	3	—	—
总计	96 209	87 799	29 430	1 842 748	1 686 810

抓好机制完善

内外联动机制

- 逐产品线明确联动利润分配政策，充分调动各利益主体的积极性。
- 建立联动营销的联系人网络和重点项目信息库，完善集团客户统一营销机制。
- 搭建集团联动营销信息平台，实现联动信息在相关机构、产品线的前中后台环节共享。

代理行营销中心

- 建立东南亚和欧非金融机构区域营销中心，优化“境外机构+区域营销中心+总行”的集团营销架构。
- 强化与国际同业的合作，培育代理行全面战略合作客户群体，提升代理行客户综合贡献。

产品平台管理

- 做好业务线境外延伸的总体规划。对业务中心进行量本利分析，明确发展目标。
- 坚持有进有退，对盈利预期较好的业务中心，继续加大投入；对不达标的业务中心，可考虑撤并。

激励考核机制

- 统筹对境外机构财务考核与非财务考核，突出考核指挥棒作用。
- 加大对风险合规考核力度。
- 提高总行部室国际化考核与境外机构考核指标的关联匹配度，发挥协同效应。

运营集约

稳步推进资金清算跨时区连续运转机制建设，构建支持集团各业务条线境外发展、7×24小时连续运作的全球共享服务中心体系。

簿记中心建设

- 以香港为试点建立簿记中心，解决境外机构税收、离岸业务等限制，节约业务成本，提高本地客户拓展能力，实现境外低成本资金的统一筹资管理。
- 搭建簿记业务全流程平台，制定完善相关管理制度及核算办法。尽快开展境外市场筹资业务、流动性管理、分润核算等工作。

抓好两大重点业务拓展

贸易金融业务：加快国际结算、贸易融资、对外担保、全球供应链金融等贸易金融发展，提升国际业务核心竞争力；力争超额完成国际结算增长和大中型客户拓展目标，国际结算收入同业占比确保第二位。

竞争力提升	◆ 分层确定各行国际结算占比提升目标，按月对各分行进展情况进行统计监测分析，及时协调解决问题。 ◆ 打造一批国际业务旗舰行，选择5~8家重点分行由总行直接帮扶，支持这些行率先发展、加快发展，增强国际业务区域竞争力。
客户拓展	◆ 进一步细分市场、锁定群体，对核心客户实行精细化管理，配套个性化服务方案并建立跟踪报告、动态管理与监测机制。 ◆ 高度重视中小客户拓展，强化“客户经理+产品经理”综合营销团队机制，重视综合运用信贷杠杆和国际业务产品提升客户竞争力。
产品推广	◆ 探索建立贸易资产风险分销和规模调剂的多元化渠道，积极拓展协议融资业务。 ◆ 重视跨境汇款对资金交易、外汇存款等业务的源头带动作用，加快推进西联汇款柜面解付等相关业务系统开发，开办速汇金多币种汇出和日元解付。 ◆ 积极发展信保融资，创新出口应收款池融资。
队伍建设	◆ 打造国际业务核心专家队伍，发挥专才优势。 ◆ 加大培训力度，进一步提升国际业务产品经理队伍的专业水平和能力。

跨境人民币业务

要抢抓央行在多个国家和地区设立人民币清算行的政策机遇，加快渠道建设和业务创新，推动跨境人民币业务再上新台阶。

申请新一批清算行	总结申请新加坡人民币清算行的经验，充分发挥我行信息、资金、规模等优势，积极申请新一批海外人民币清算行。
推动重点区域机构业务发展	探索将上海自贸区分行逐步打造成境内外人民币资金、产品创新、客户服务的整体运营平台；拓宽跨境人民币东南、西南、西北业务通道，推进内外联动，做好业务和产品的内外对接，提高跨境金融服务能力。 广东、上海等12个省市地区的跨境人民币业务排名全国前十二位，业务资源占到了全国近90%。这12家分行要力争年末跨境人民币结算四行占比排名第一位或第二位，发挥对全行跨境人民币业务的拉动效应。
建设集团内离岸人民币中心	进一步发挥工银亚洲作为集团离岸人民币资金交易中心的职能，提升为各境外机构的离岸人民币交易、清算和产品服务水平。
构建境外低成本资金池	抓住人民币双向流动渠道日益丰富的机遇，构建境外低成本人民币资金池，支持跨境人民币融资业务发展。根据今年境外机构申请进展安排，力争实现首笔人民币增加注资，提高市场影响力。

3.6.2　综合化经营

□ 工银租赁：要认真分析利润同比负增长的原因，采取针对性措施控制筹资成本，进一步做好风险定价，提升资产收益，确保完成全年利润计划。

均衡发展航空业务，深耕高端航运领域，突出优势设备行业，创新开拓跨境及私人租赁业务。拓宽资产转让渠道，使资产转让率达到10%。完善境内重点联系行工作，加强与海外分行互利合作，提升综合化服务水平。

□工银瑞信：要向基金行业先进标准看齐，以在同业中的收益回报水平作为评价标准，着力提升投资管理能力，推动资产管理规模、投资业绩和利润的合理增长。

加快产品创新，加大债券基金的新发营销力度，推动货币/理财基金等短端产品规模持续提升，提高权益类基金比例。深化集团协同，为客户提供多样化直接融资解决方案，更好地服务集团大资管战略。深度拓展与各分行的业务合作；加大电商直销及机构客户直销力度；加快推进券商、其他银行、第三方销售等渠道拓展。

□工银国际：积极把握下半年股市可能向好和新股市场活跃的机会，做强核心业务，做实客户基础，争取更好的经营业绩。

通过重点拓展IPO 、债券承销、并购顾问+结构融资业务，稳健发展债权、股权类投资，提升自主发展能力。通过推动项目上市等途径继续做好项目退出管理。深化商投联动，大力发展融资业务，持续推动RQFII业务，创新沪港通产品，提升客户服务水平。

□ 工银安盛：坚持结构调整，转型发展，加快新渠道拓展，抓好销售队伍建设，培育业务增长点，进一步保持和巩固在银行系和外资寿险公司中的领先地位。

加快网销专属产品研发，积极研究医疗、养老等保险服务新领域，拓展医疗保险业务。依托集团大资管平台，深化资产业务合作，扩大非标资产投资规模。依托集团电子银行资源，推动建立坐商+行商+电商“三位一体”的经营模式。加强销售队伍建设，以专家团队为全行提供优质保险产品服务。

同志们，当前外部形势变化很快，各种新情况、新变化层出不穷，我们面临的挑战很多，工作任务很繁重。发展需要实干，改革需要行动，关键要用求真务实的好作风将目标转化为实际举措、实际行动、实际成果。全行上下要聚精会神地贯彻落实年初工作会议和这次会议精神，进一步坚定信心，攻坚克难，稳中求进，力争今年“下半场”再打一场漂亮仗！

深化战略合作　共谋长远发展

——在工商银行与标准银行战略合作会上的讲话

易会满

（2014 年 7 月 22 日）

今年是工商银行与标准银行建立战略合作伙伴关系的第六个年头，我们的合作成果很丰硕，并由此建立起了相互信任、相互尊重的关系。在这里，请允许我代表工商银行向双方联合工作团队长期以来付出的辛苦努力表示由衷的感谢。

六年来，工商银行与标准银行合作团队在磨合中逐渐融合，在合作中增进信任，合作机制不断完善，合作内容由浅及深，双方共同提供的跨境金融服务有力地支持了中非之间的经贸往来和非洲经济建设，双方“以股权纽带为基础的业务合作”成为中外银行战略合作的经典案例。归纳起来，工商银行和标准银行的战略合作主要体现在两个层面：

一是股权合作层面。收购标准银行 20% 股权是工商银行国际化历程中的重要里程碑。通过战略合作，我们感受到，标准银行是一家经营稳健的银行，拥有一支优秀的管理团队，具备良好的专业能力和风险控制能力；双方在共同拓展具有战略意义的新市场、新机会中，进一步增强了信任与了解。正是基于六年来的良好合作，工商银行与标准银行又陆续在阿根廷标准银行项目、伦敦标银公众项目上成功握手，共同谱写了股权合作的“三部曲”。这是非常有意义的事。也许找不出还有哪两家银行像我们一样，有如此全面的、持续的股权合作。

二是业务合作层面。今天会议的议题主要就是讨论业务合作层面的计划。过去六年，双方在公司与投行业务、结算与现金管理业务、金融市场、信息科技等诸多领域进行了广泛而深入的合作，共同推进了 171 个项目，成功合作的有 58 个，总体是令人满意的。合作对双方的意义也是显而易见的，通过合作提高了双方的经营管理水平、客户服务能力、风险防控能力等核心竞争力，并由此获得了更大的市场影响力和话语权。

当前，世界经济缓慢复苏，银行业经营环境复杂多变。中国经济增长处于换挡期，经济结构深度转型调整，去杠杆、去产能对中国银行业是一个巨大的考验。与此同时，非洲大陆包括南非在内的经济增速也有所放缓。可以说，工商银行和标准银行现在都处在外部环境比较复杂的时期，但我认为全球经济增长重心向新兴市场国家转移的整体趋势不会改变，新兴市场彼此之间经济合作与政策协调还将不断加强。从此次中国国家主席习近平参加金砖五国会议期间签订的多项合作协议可以看出，新兴市场在全球有着巨大的影响力和号召力。工商银行和标准银行都植根于新兴经济体，在各自区域内金融体系中都处于核心的领导地位，在本地乃至全球拥有重大的影响力。刚才，听了标准银行经济学家 Jeremy 对今后趋势的分析，我觉得非洲的发展前景与中国改革开放三十多年来的发展轨迹高度吻合。比如城市化，现在非洲大陆的城市化水平为 20% ~30%，到 2050 年如果能达到 55% ~56%，那么未来几十年将是飞速发展期。非洲大陆有着 3 000 万平方公里的广袤大地，7.3 亿人口的巨大市场，充满着发展潜力。我们两家银行肩负着共同的发展使命，彼此之间的共同利益和合作需求会进一步增多，需要我们与时俱进、开拓创新，不断寻求新的合作契合点和业务增长点，共同把合作推向更深层次。

刚才，两行各合作领域的代表都谈到了未来合作的具体打算，有了一些计划安排，我都非常赞成。刚才克鲁格先生（南非标准银行联合 CEO）对下一步合作提了非常明确的工作设想，双方团队要深入探讨、扎实推进。下面，我想结合双方板块交流和合作现状，对未来合作提五个方面的建议。

——工商银行和标准银行的合作要立足长远。一方面，合作双方要加快具体项目推进，更快看到合作成果，进一步增强团队信心；另一方面，更需要双方对长远战略性问题引起重视，双方合作团队要树立长期合作的理念，共同为长远利益而合作。两行合作的首要宗旨是要增强服务能力，夯实客户基础。合作要从“经营产品”向“经营客户”转变，不断扩大能够支撑未来长期合作、业务可持续发展的客户基础。刚才克鲁格先生也讲到，中非经贸往来中很多需要融资的企业还不是我们的客户，还有很多离岸企业需要我们重点培育。

——工商银行和标准银行的合作要增强互补。优势互补、实现共赢是双方合作的根本。刚才的分析也表明，双方有很大的优势，也有一定的劣势，如何更好地发挥优势、克服不足，是我们要共同考虑的问题。标准银行市场化程度高，在资源行业、全球金融市场等业务领域有不可复制的优势，而工商银行在贸易融资、投资银行、资金清算、现金管理、信息科技等方面也有着领先优势。双方应通过优势互补、资源共享，共同应对外部环境的变化，进一步为客户提供更加优质的服务。下一届战略合作会要认真总结，更好地寻找双方的优势互补领域，兴利除弊，更加积极地应对外部环境变化、迎接新的挑战。

——工商银行和标准银行的合作要紧跟市场。要根据国际形势和中非关系发展的新情况、新特点，加强各方面的交流，不断探索战略合作的新思路、新途径。第一，要积极关注基础设施、能源、电力、通讯等重点产业领域。这几个领域是当前中非经贸合作的重要内容，我们双方的合作只有与中非经贸合作的大框架相契合，才有持续性和竞争力。第二，要积极关注人民币国际化进程。从人民币的几项功能来看，一是支付功能，目前在全球贸易中，人民币跨境结算占比在持续提升，预计在不远的将来，人民币将成为全球的主要支付货币之一；二是投资功能，刚才金融市场部门也有分析，今后人民币产品会进一步丰富，其中包含了很多的投资交易机会；三是储备货币功能，部分非洲国家央行已将人民币纳入外汇储备。现在欧洲、澳洲一些国家非常关心当地人民币离岸中心的建设，如果在非洲建人民币离岸中心，条件最好的应该是南非。中非每年有2 000多亿美元的经贸往来，今后十年，这个市场会给我们的合作带来巨大的空间。我们要很好地把握这个市场，从贸易结算货币的可替代性开始，作深入的探讨和研究。第三，要关注商品交易。中国是全球最大的商品进口国，我们开展这方面的业务有天然的优势和巨大的潜力。要充分发挥两行的优势，我们工商银行方面要加大对客户资源的挖掘，南非标准银行方面要发挥交易业务优势，还要利用好标银公众这个平台。第四，要关注上海自贸区建设进程。上海自贸区有很多的政策优势，对贵金属以及其他一些离岸业务提供了众多的机会。中国政府计划在新的一年再复制几个自贸区，自贸区政策的灵活性将给我们双方带来市场机遇，也将对我们提出新的要求，一定要未雨绸缪，加强探讨和合作。

——工商银行和标准银行的合作要全面联动。战略合作涉及工商银行总行10余个部门和多个分支机构，也涉及南非标准银行多个部门，这意味着其中会有大量的协调、沟通、联动工作要做。在双方联动上，要围绕已经确定的四个领域进一步做深、做细；同时，要紧紧围绕客户，除了提供日常的融资、财务顾问、银团贷款等服务之外，还要通过加强部门联动，开展全产品、全产业链营销，更多地为客户提供增值服务、综合化服务。

——工商银行和标准银行的合作要着眼于提升各自的能力。与标准银行在商品交易及金融市场业务方面的实力相比，工商银行的交易能力还有待加强；与工商银行IT系统的集中化和标准化程度相比，标准银行系统间的整合度较低，无论是数据集中的能力还是产品的覆盖能力，都有很大提升空间。因此，在合作的过程中，我们要进一步做好信息共享，互相学习，借鉴对方优势，弥补自身薄弱环节，共同提高。上次跟克鲁格先生见面的时候，我曾建议两家银行每年列举几个亮点，双方就此作一些深层次的交流和分析，以提高各自的经营管理水平。刚才双方信息科技部门负责人都谈了数据集中、系统整合、中非直联等问题，这些都非常重要。从工商银行IT情况来看，数据大集中打下了非常好的基础。核心系统的统一是服务客户的前提，如果在每个国家系统都不一样，要统一客户视图、统一服务标准、统一流程，是不可能的。在双方系统直联上，除了金融市场业务、电子银行等，更重要在于如何进一步提升全球现金管理服务能力，否则难以落地。很多中资企业在非洲想直接结算，现在还有重重困难，需要我们共同想办法去克服。这尽管难度很大，但大家都很重视。此外，当前互联网金融在中国非常热，可能在全球找不到第二个像中国这样有热度的国家。最近我们开了年中工作会议，对互联网金融作了整体规划，打算打造集网上银行、B2B和B2C商城、直销银行三大平台，支付、融资、交易、商务、信息五大功能于一体，线上线下交互联动，较为完备的互联网金融服务和运营体系。随着互联网金融、社交媒体的快速发展，客户的金融消费习惯和需求正在发生深刻改变，能否把握住年轻客户群体，是对银行未来发展的重大挑战。比如现在的90后群体，他们从小是玩手机、PAD等电子产品长大的，等他们30岁的时候，也就是2020年以后，如果那时银行的信息化服务跟不上他们的需求，银行将没有出路和未来。

最后，我们还要进一步关注大数据和智能营销。工行这两年在加快开发和利用大数据，一方面用于智能化营销，另一方面用于全面风险控制。我们专门组建了信贷监测中心，对结构化和非结构化的信贷数据、客户的多方位信息进行分析监测，来寻找风险点。传统的贷后管理很难做到这点，也很难解决整个信贷安全问题。这些都是银行业未来发展的重点领域，我们两家银行既是零售银行、批发银行，也开展投资银行、交易类业务，是综合性的金融集团，需要在经营管理上总结各自的亮点，加强分析，互相借鉴学习，来进一步提升经营管理水平，这比简单推动一般项目的合作更重要、更有意义、更可持续。

非洲有句谚语，“独行可走得更快，但结伴同行才能走更远”（If you want go faster，go alone；If you want to go further，go together.）。面对新的环境、形势和挑战，我想告诉我们的合作伙伴，工商银行已经做好了充分的准备。我希望并相信，在六年合作的基础上，双方未来的战略合作能更有成效，让我们一起把握机遇、迎接挑战，共同赢得更大的发展。

在零售金融业务推进委员会2014年第二次会议上的讲话

易会满

（2014年7月28日·根据录音整理）

自年初召开零售金融业务推进委员会第一次会议以来，秘书处及各成员部门围绕实施大零售战略做了很多工作，包括构建大零售战略“1+6+4”框架体系、稳步推进零售业务率先发展改革试点、多措并举夯实零售业务经营基础、研究个人客户信息整合改革课题等。正是得益于这些富有成效的工作，上半年全行零售业务在复杂困难的形势下取得了不错的成绩，多项指标实现了时间过半、任务过半的目标，为全行利润的稳定增长做出了重要贡献。下半年，希望大家再接再厉，圆满完成年初制定的各项目标任务。下面，我谈几点意见。

一、如何提升零售业务竞争力

近期，国家统计局公布了上半年国内经济运行情况，我国GDP同比增长7.4%，较第一季度略有回升，但总体有所放缓。在当前复杂多变的经济环境下，零售业务在全行业务发展中的作用、承担的责任和使命越来越重，各级行对零售金融重要性的认识也在进一步提升。上半年，全行零售工作稳步推进，比如个人客户金融资产总量超过10万亿元，私人银行、信用卡、个人住房贷款、代发工资、借记卡、收单等业务发展不错，风险防控总体良好，对全行转型发展起到了很好的支撑作用，但同时也要看到零售业务经营中存在的几个问题。首先，最突出的问题还是客户基础不够牢固，传统的优势正在丧失，新的优势还没有确立。客户基础抓不上去，深层次的原因是我们在变化了的市场、在新的竞争环境下尚未找到新的有效的发展思路。全行要敏锐认识到经营环境、市场需求、同业竞争策略的变化，因时而变、因需而变，积极应对，马上行动。其次，部分分行零售业务营业贡献及占比“双下降”的问题需要高度关注。这些分行分布在不同区域，包括省分行和直属城市行，主要还是工作思路问题，没有找到发展的新思路。最后，小微企业和个人经营贷款双下降的问题。目前，还未找到在当前经营环境、监管要求和风险偏好下推动业务增长的新手段。针对当前宏观环境变化和零售业务发展中存在的主要问题，对提升零售业务竞争力要重点做好六个方面的工作：

一要主动出击。对零售业务而言，姜董事长提出主动出击是最好的方法，是防范我们市场被蚕食的有效措施。全行要深刻领会董事长的要求，制定策略，有效出击，巩固零售业务市场份额和客户基础。

二要立足创新。要找准我们工作的薄弱环节，通过加快创新来提升竞争力。当前的重点是要围绕互联网金融布局，把“三大平台、五大产品”抓好，把直销银行建设抓好，按照以客户为中心的原则做好落地工作，进一步改进客户体验。

三要发挥信息化优势。在信息化银行建设中，各部门提出了要推动定向营销、精准营销，但营销体系的整体建设还不够。零售业务委员会秘书处要认真分析和总结营销落地工作。我行信息系统做了很多，但真正整合好的不多，能供客户经理使用的也不多。所以，抓好落地十分关键。个金部牵头，对年初、年中工作会议上布置过的工作落实情况，一件件跟踪督导，定期汇报，切实抓好落实。

四要聚焦源头客户。要抓好年初工作会议确定的10大活跃客户群的拓展，盯住源头性客户，定期对照检查源头性客户拓户工作成效。各相关部门要做好配合，支持个金部抓好客户拓展落地工作。

五要更好地发挥联动机制。要做好公私联动、私私联动，发挥整体合力。个金、银行卡、私人银行三个部门要加强协调联动，深入研究市场、分析客户需求，提升业务营销、组织推动和客户服务的效率。要集中精力加大投入，充分发挥联动机制的优势，支持零售业务板块的发展。

六要改进产品设计。要按照定向客户、定向区域、定向产品的思路，不断推出差异化的产品，竞争市场和客户。总体上，保本理财产品总量不再增加，结构性存款总量要控制。产品设计上，要找出薄弱环节、重点区域、重点客户，实行定向营销、定向突破，达到事半功倍的目的。

二、如何加快提升零售业务营业贡献

一要明确目标。各零售业务营销管理部门、产品部门以及相关利润中心都要以《中国工商银行实施“大零售”战略的总体意见》为纲，力争用三年左右的时间将零售业务营业贡献占比从目前的40%提升至50%。要实现这一目标，就需要零售业务每年营业贡献增幅不低于13%，任务艰巨、难度不小，各部门、各机构要树立信心、加快发展，努力提升各自在大零售业务中的贡献度。

二要落实责任。要进一步完善大零售口径的营业贡献指标双线分解、双线考评机制建设。从纵向看，大零售业务营业贡献已纳入各分支机构经营绩效指标由财会部统一下达，个金部要配合做好对分支机构指标完成情况的督导推动工作，对完成情况较差的，要指导相关机构制定有针对性的提升举措。从横向来看，尚未形成涵盖各营销产品部门、利润中心的任务分解和责任传导机制，个人金融业务部要会同财务会计部深入研究、不断完善，力争首先在零售业务板块探索出核算事业部制的新型管理模式。

三要引导转型。要引导全行各部门、各机构在零售业务经营管理过程中始终坚持价值导向，逐步实现零售业务考核评价从以规模型为主的多元化指标体系向以经营利润贡献为主的单元目标体系转变，既要重视总量扩张，更要重视结构优化；既要重视效益类指标，也要突出效率类指标。在业务发展中要避免“冲时点”行为，注重储蓄与理财的联动协调。对于理财产品销售，要重点发展自有理财产品、工银安盛和工银瑞信的产品。要尽快完善考核机制，进一步优化对零售中间业务的考核，降低与贷款相关的中间业务收入指标考核权重，避免以贷收费的问题。要摒弃原有单纯靠铺摊子、上规模的粗放式经营模式，走出一条以结构优化、效能提升、质态改善为主要特征的零售金融内涵式发展之路。

三、如何进一步夯实零售客户基础

一是抓源头拓户。我刚才讲了，要全面加强年初工作会议上确定的10大活跃客户群的营销，特别是要重点抓好代发工资等源头性客户拓展。总行和各级机构的公司、机构、结现等部门要加强与个金部门的联动，完善目标客户名单制管理，逐级落实、逐户包干，尤其是要明确各级机构领导班子、内设机构负责人等管理人员直接营销代发工资业务的责任、目标、拓户清单以及相关配套措施，下半年一定要有所突破，个人金融业务部要牵头落实。要落实“对公+个人”双客户经理管理模式，完善分润管理，有效调动公司、机构业务条线积极性。要加强产品配套，提高资金留存率。

二是抓有序升级。要注重提升客户质量，以市场化手段研究解决好存量客户的有序升级问题。个人金融业务部牵头，与银行卡、私人银行、贵金属、金融市场、电子银行等产品部门通力配合，完善统一客户视图建设和零售客户群分层服务体系建设，建立一套培育客户、推荐客户、逐级晋升的客户管理机制，通过反哺分润的办法，引导各级营业机构及客户经理有序推荐财富管理、高端信用卡和私人银行客户。要统一思想，充分认识中端客户、大众客户对零售金融业务的主体支撑作用，以大数据和信息化银行建设为抓手，深入研究金融资产1万元以上客户的行为特点、消费习惯和社会属性，建立一套面向中端大众型客户群体的产品体系、服务体系、定价体系和营销体系。

三是抓平台建设。要树立互联网思维，依托信息系统平台来竞争年轻客户、未来客户。要积极开展直销银行探索，将直销银行定位在挖转他行优质客户以及新增金融资产上，相关部门要勇于创新、善于创新，同时要换位思考，强化客户体验管理，真正将其打造成竞争目标客户群体的利器。个人金融、产品创新、信息科技、信贷与投资管理等部门要抓紧大学生综合服务平台建设，研发符合大学生需求特点的产品和服务，做好前期的宣传预热，力争在9月高校开学时一炮打响。要加强对县域客户的研究，结合商友客户群拓展的成功经验，结合国家新型城镇化建设思路，深入研究新农村市场，研发符合县域客户金融需求的产品，探索有效的营销模式，构建新型自助银行，着力竞争县域优质客户市场，缩小与农行在县域金融市场的差距。

四是抓精准营销。大数据与精准营销是相生相伴的，这也必将深刻影响和改变着零售银行的经营业态，比如说从原来的“二八”原则到如今的“长尾效应”。面对挑战，客户拓展也必须要实现“精确制导”，这对于零售业务尤为重要。个金部、银行卡部要在这方面多下功夫、多想办法，要突出向“定向客户、定向区域、定向产品”的营销模式转型，提升对目标客户市场的竞争能力。同时要指导各一级（直属）分行在本部率先建立零售业务专业分析师团队。各级行管理信息部门要给予大力支持，开放相关系统权限，并加大数据分析师对各专业分析师的培训和支持力度。

五是抓精细管理。要充分利用综合价值管理系统（MOVA）、个人客户营销系统（PBMS）实现客户经理对零售客户关系管理的全覆盖、营销业绩的全展示以及绩效考核的精细化管理，要完善和健全各类客户经理、销售人员对其所管理的不同层级客户在日常维护、产品销售、理财规划等方面的营销行为管理规则和标准，逐步实现系统监控和跟踪分析，不断提高各类零售业务产品对目标客户群的渗透率。

四、如何进一步提升零售业务综合发展水平

一是在零售信贷业务方面。要重点保障小微企业和个人消费贷款的发展。信贷规模上，要坚持差别化的住房信贷政策，优先满足已审批待发放的个人住房贷款需求，确保完成小微企业贷款净增900亿元、个人贷款净增4 000亿元的目标。要深入分析当前个人消费贷款增长乏力的原因，从管理制度、审批流程、系统建设、市场营销等方面系统规划好下半年促进消费信贷业务健康发展的各项举措。要大力发展“逸贷”业务，尽快将逸贷目标客户群扩展至商友客户、存量按揭贷款客户，实现个人客户综合授信项下信用类贷款“此消彼长”的功能，受理渠道要进一步扩大至他行商户。要尽快投产个人网银自助质押贷款平台，盘活客户存量金融资产。要面向私人银行客户、财富管理客户、商友客户、存量房贷客户大力推广个人综合资产服务平台，有效盘活客户存量房产。要研究落实执行利率下浮的个人住房按揭贷款资产证券化实施方案，以有效盘活零售信贷存量。

二是在信用卡业务方面。要坚持量质并举，着力提升信用卡业务经营贡献。要拓宽发卡渠道，改善卡片质态，提升服务品质和综合服务水平，有效提高信用卡启用率和消费额，使牡丹信用卡成为客户首选信用卡。抓紧落实POS倍增计划，加强多部门联动营销，构建连接商户和持卡人的线下商圈，通过为商户带来生意、为客户带来优惠等增值服务，推动收单、支付结算、消费信贷、商户融资等业务全面发展。做好存量POS的优化工作，落实专人管理，定期通报相关情况，限期改善低效和无效POS，提高资源使用效率。

三是在私人银行业务方面。要以提升竞争力为核心，专注于产品创新，提升服务品质，尽快打开家族财富管理新市场，尽快夺回同业第一地位。要加强对私人银行中心的业务指导，进一步提升客户经理服务私人银行客户的能力，不能出现机构改革后服务品质降低的情况。要进一步提升签约客户维护比例，提升客户稳定性。私人银行部要加强与个金部的协作，提升自身的客户服务能力。要加强各分支机构私人银行中心外拓新增目标客户群体的职能定位，形成高端外拓机制，提升私人银行业务对全行业务和客户结构优化的贡献。对于私人银行业务落后地区，要提出分项、分区、分时的赶超方案，加强督导，尤其要扭转北上广深等战略要地以及发达地区等核心市场的竞争被动局面。要研究推出“私人银行服务账户”专属借记卡、“私人银行家族卡”专属信用卡，研究私人银行产品差异化准入方式，提高综合配置服务能力。

四是在网点标准化和竞争力提升七大工程推进方面。现在网点竞争力提升工作，主要是渠道部和运管部一起在做的网点标准化。抓紧推动的目的就是我们不能再等客上门，要让网点的人走出去。现在各部门、机构都在要人，我们不可能再大规模招人，要通过标准化工程的推进，一步一步提升效率，在控制人员、机构扩张的同时有效提升服务能力。

五是在数据基础质量方面。管理信息部要牵头，加强全行数据质量治理，认真分析当前数据质量方面存在的问题，形成有效解决方案；各类数据考核通报要统一标准，尽量以管理信息部数据为准；要继续抓好分析师队伍建设，包括专业分析师队伍建设。

六是在小微金融业务方面。要按照年中工作会议上对“创新小微金融业务发展模式”的总体安排，加快建立适合小微企业经营发展规律的业务模式，加快做实小微企业专营机构，建设小微企业客户经理队伍，完善专业化、集约化经营模式，打造灵活的产品创新机制和高效的业务流程，适当下放产品创新权限，实施产品动态管理，优化小微信贷业务流程，开发针对性强的互联网金融产品。放宽视野，运用大数据把小企业供应链金融服务做大做强。下半年要努力扭转小微金融业务营业贡献负增长的现状。

五、如何进一步加强合规经营，防范业务风险

一是全力抓好零售金融信用风险的防控。发挥总行信贷监测中心的“雷达”作用，丰富完善信用风险识别计量模型和防假反假技术手段，下半年要在小微企业、个人经营贷款和信用卡大额分期上加以运用，力争有所突破。要进一步加强逾期贷款的催收管理，强化贷款到期前管理，扎实推进“剪刀差”压降工作；加大对零售类逾期贷款增加较多分行的督导，积极探索不良贷款新处置模式，丰富不良贷款的市场化处置方式和手段。

二是严防操作性风险和道德风险。坚决禁止飞单、私售等违规代销行为。要加大风险排查力度，对客户投诉、网络舆情反映的情况要高度关注、尽早核实。加强对客户经理的管理，健全违规举报机制。下半年要集中开展违规销售专项治理活动，进一步强化工作纪律和严禁事项，全面排查消除各类违规销售风险隐患。加快系统升级改造，加强系统刚性控制，做好相关制度性安排，防患于未然。

六、如何统筹处理系统推动与改革试点的关系

一是加快推进大零售战略执行落地。上半年个金部联合相关部门构建了大零售战略“1+6+4”的基本框架，应该说顶层设计已经基本完成，下一步要抓好落实。目前全行对零售战略的认识和理解仍然处在初级阶段，总行要采用视频会、座谈会、经验交流、宣讲培

训、调查研究等多种形式加强对分行的指导和督促，进一步统一全行思想，提高分行认识，引导各行准确把握大零售战略内涵，确保战略传达到位、落实到位。零售业务条线要继续加强执行力建设，强化过程管理，着力解决“不落实”和“落实不到位”的问题。要完善抓落实的责任机制，把主要工作和目标计划分解到人，落实到岗，并加强跟踪监测和协调督导。

二是稳步推进零售业务“率先发展”改革试点。各部门、各机构要跳出传统思维模式，从组织架构、资源配置、绩效考评、业务授权、定价管理、产品创新、系统应用、运行监督、团队建设等方面，对改革试点机构的各类需求和申请予以关注、支持和帮助，适度给予试点机构先行先试、创新发展的权限，支持试点机构零售业务率先发展。个人金融、银行卡、私人银行等部门要加强对试点机构的调研指导，组织专人深入试点机构开展“支帮促”活动，协助解决实际困难和问题。要积极构建多维评价体系，做好试点效果的评价工作，及时推广成功经验。

在网点运营标准化管理改革启动会上的讲话

易会满

（2014 年 8 月 8 日）

刚才，谷行长分析了全行网点运营中面临的主要问题，概括介绍了网点运营管理平台在网点运营标准化管理中的作用，部署了平台的推广工作，我完全赞成。各行要认真贯彻落实。下面，我再讲三点意见。

一、前期网点运营标准化各项工作扎实有效

去年 12 月总行召开网点竞争力提升工作启动会以来，全行上下按照统一部署，扎实推进七大工程，取得了阶段性成效。作为网点竞争力提升的基础和关键工程，网点运营标准化管理改革在理念宣传、标准制定、平台建设、分行探索实践等方面均取得了实质性成效。

（一）全行对网点运营标准化的思想认识逐步深化。今年初，总行经过充分酝酿、深入调研和反复论证，全面完成了网点竞争力提升的顶层设计，印发了网点竞争力提升的总体规划和网点运营标准化管理实施方案等文件，明确了提升网点竞争力的工作目标和具体措施。不久前，总行召开年中工作会议，进一步从深化改革创新、增强发展活力的战略高度，强调了网点竞争力提升的重要性、紧迫性并明确了相关任务要求。半年多以来，总行通过党委会、专题会等对网点竞争力提升问题进行过多次深入讨论，各级行通过组织培训、座谈交流和探索实践等多种形式，学习贯彻总行的顶层设计思路，广泛开展宣传和动员。可以说，全行在网点实施标准化管理、优化资源配置等方面已达成了广泛共识，对网点竞争力提升项目的设计理念、战略部署、主要内容和目标要求等有了更加清晰的认识，对网点运营标准化管理改革的基本思路和主要内涵有了更加深入的理解。各级行自觉围绕方案落地实施、系统平台建设、标准化管理等方面，进行深入思考并谋划工作措施，提出了很多贴近网点运营实际的意见建议。网点竞争力提升工程正在成为全行关注、全员参与的一项重要工作，全行上下的思想认识已经逐步统一到总行的战略部署和工作安排上来，为网点运营标准化改革的全面实施奠定了较好的思想基础。

（二）网点运营数据计量标准全面厘清。针对长期以来形成的柜员业务计量口径不统一、标准不规范的问题，总行集中力量，组织对全行数千个交易进行了全面梳理和逐一解析，通过技术改造着力解决了主机系统中交易信息记载不全面、不标准、不准确的问题，统一了全行交易日志记载规则和业务量统计范围。建立了以业务处理时长为尺度的工作量度量标准，通过系统自动采集并平均统计各行交易处理时长，制定了全行统一的交易工作量折算标准，实现了柜员工作量的准确计量和客观反映，解决了以往没有科学区分业务难易程度、没有体现柜员实际工作情况和各行业务计量标准差异大、难以进行横向比较等问题。制定了网点人员和柜口分类统计标准，全面核实了全行 1.6 万多个网点人员、柜口的数量和具体信息，并建立了系统监测和动态更新机制，确保了网点运营基础信息的准确有效。经过总行组织多轮次的系统数据与实际业务发生情况的核实验证，系统记载交易信息和业务量统计范围完整，交易折算标准合理，网点人员、柜口信息准确有效，为网点运营标准化改革的科学实施、网点运营质量效率的统一评价以及网点经营管理的正确决策奠定了坚实的基础。

（三）网点运营管理平台成功搭建。按照统一、实

用、前瞻的总体要求，高起点规划搭建了涵盖运营基础信息管理、业务计量规则定义、全渠道业务量统计、运营质量效率管理、网点运营监测评价等功能模块的网点运营管理平台。投产了平台一期功能，实现了全行网点运营资源配置及利用情况的全景展现，各级行可以直通式掌握下辖机构和网点的人员、柜口、业务量等运营基础数据；可以依据直观展现的数据，开展网点运营实时监测、运营效率分析评价、行际间网点间比较，通过数据分析和横向比较查找网点运营的具体问题，进而针对性地优化资源配置、改进运营管理。网点运营管理平台的初步建成，实现了基础数据信息的集中展现和网点运营情况的统一评价，为科学实施网点运营标准化管理，实现网点资源配置、运营效率、服务质量、安全运行的精益化集成管理提供了先进的平台和手段支持。

（四）多项配套措施实施为改革推进创造了良好条件。围绕网点运营标准化的目标任务，统筹谋划、协同推进后台中心建设、业务流程改造和操作风险管理，通过系统性和整体性改革为网点运营标准化管理创造良好条件。一是深化柜面业务集约运营，关停已集中处理业务对应的柜面交易，实现41大类柜面业务的集中处理，柜面渠道全口径业务集中率达66%；按照账务管理、实物管理两大类职能对二级分行运行后台中心进行有机整合、归类合并、规范管理，业务运营集约化和运营物流资源的综合利用水平进一步提高。二是深化现金集约化运营、金库标准化建设和自助设备集中运营管理，对网点现金调运和运用的保障能力进一步增强。三是会计凭证集中预约出售、对公结算账户综合开户、个人业务免填单等业务流程优化项目在全行应用，建立起线上线下信息共享和客户免填的全新柜面业务处理模式，提高了业务处理效率，受到基层行普遍欢迎。四是柜员指纹身份认证改革全面推广，柜员身份认证由传统的“权限卡+密码”向指纹认证模式成功转变，实现了现场管理履职的系统硬控制，柜员信息和权限管理实现了电子化，为实施柜员集中管理奠定了基础。五是营业网点核算印章改革正在全行全面推广，全新用印模式下网点柜员不需持有重要会计核算印章，为网点人员灵活配置创造了条件，对银行业核算要素管理改革具有深远的意义。集约运营改革、业务流程优化等措施的综合实施，精简了网点业务操作，简化了柜面业务流程，释放了网点服务潜能，为实施网点岗位和人力资源整合、推进网点运营标准化管理改革提供了有力支持。

（五）扎实开展了网点运营标准化管理探索。近年来，各行结合运营改革、流程优化带来柜面业务操作及服务模式变化，从不同层面和角度探索岗位整合和运营标准化管理改革。浙江分行通过减高柜增低柜、推进业务集约化运营等措施，实现了高低柜比例降低和网点人员结构的优化。新疆分行建立一级分行层面的柜员管理中心，统一核定柜员工作饱和度标准，实施全辖网点柜员培训、考核、评价的统一管理，促进了网点人均工作效率的提升。广东、北京等分行运用六西格玛方法，深入分析网点流程、资源配置、运营管理等方面问题，采取针对性措施实施网点运营精益化管理，资源配置和运营效率有效提升。山西分行从业务分离处理、客户分层服务、完善排队策略、创新考核机制等方面入手，实施网点资源整合，网点人员结构优化取得初步成效。各行的积极探索和实践，人力资源优化配置、网点布局和渠道转型优化、网点客户拓展能力提升等均取得了初步成效，为全行顺利实施网点运营标准化管理提供了重要的参考和借鉴。

半年多来，全行上下凝心聚力、攻坚克难、稳扎稳打，改革顶层设计全面完成、改革理念传导不断深入，系统平台建设初见成效，改革实施的思想、技术和组织保障等基础全面夯实。总体来看，网点运营标准化改革实施的条件已基本具备。接下来，全行要转入新的阶段，全面启动并加快推进改革实施工作。

二、统筹推进网点竞争力提升工作

总行党委去年提出，全行深入实施存量网点盘活、网点运营标准化、渠道转型、员工优化、客户拓展、产品渗透和配套保障等“七大工程”，全面提升网点竞争力。全行要统筹组织、同步推进网点竞争力提升各项工作。

（一）整体谋划七大工程的统一实施。网点竞争力提升七大工程是从网点布局、运营、产品、营销、客户、人才、管理等多个方面、全方位推进的一项战略性、基础性、全局性工程，旨在从提高运营效率、优化资源配置、扩大产品渗透、增强综合化服务和客户营销能力等不同角度、不同方面，推动全行网点走出一条以市场为导向、以客户为中心的内涵式发展之路，全面促进我行网点竞争力提升。

网点竞争力提升七大工程内容紧密相关，必须整体谋划、同步协调推进。网点运营标准化工程主要着眼于柜口、岗位和人员等网点内部资源配置的优化和效率提升；存量网点盘活工程主要着眼于优化网点布局、调整结构和提升功能；渠道转型工程主要着眼于客户渠道分流和自助渠道建设等；员工优化工程主要着眼于人员转岗调整、人员配置优化和有关管理机制建设；客户拓展和产品渗透工程主要着眼于全面推进联动营销和产品交叉销售，巩固和提升网点客户基础。网点运营标准化管理改革是网点竞争力提升的基础工程，与其他六大工程相辅相成、相互促进。全行要深刻理解网点运营标准化管理改革基础性作用，既要高度重视，全力抓好网点运营标准化管理改革工作；更要统筹推进，全面完成网点竞争力提升七大工程的各项目标任务。

（二）着力推进网点运营标准化重点工作。网点柜口、岗位、人员、工作量等都是网点经营管理的基本细胞，运营标准化管理改革的主要内容是实施柜口布局调整、人员结构优化以及网均人均效率提升，是网点竞争力提升的基础和组成部分，要在全面推广应用网点运营管理平台的基础上着力推进、重点突破。

要扎实推进柜口布局优化。高低柜配置不合理的问题，制约了网点竞争力的提升，需要引起全行上下的高度重视。网点运营标准化实施方案明确提出了要按照“减高增低”原则，推动全行网点柜口布局优化，也明确了高柜主要处理耗时短、流程简单的业务，低柜主要处理耗时长、流程复杂的非现金业务。各行要按照这些原则和要求，以网点业务实际工作量数据为基础，匡算各网点需设置的高低柜口数，加快推进柜口优化调整。目前物理配置上已具备足够低柜的网点，要增开相应对外服务低柜柜口；物理配置上无足够低柜的网点，要在高柜区指定相应数量柜口专门办理低柜业务，未来要结合网点装修改造计划，增配足够的低柜。各行要加强业务管理和大堂引导。要推行全窗口叫号，优化调整客户排队策略，根据客户类型、业务类别和柜口繁忙程度实行科学叫号，实现不同区域柜口资源的充分利用；要加强大堂引导，实现客户需求与我行服务的有效匹配，切实将目前在高柜办理的大量低柜业务转至低柜办理。要积极争取当地监管部门支持，实现低柜办理小额现金的收费业务。

要稳妥实施人员结构优化。网点运营标准化管理改革需要对部分柜员和服务支持人员进行结构优化调整，关键是要解决好“转岗去哪里”和“如何成功转岗”的问题。各行要综合考虑岗位需求和人员素质匹配情况，制定详细的人员转岗和培训方案，扎实做好人力资源的优化配置。要将网点柜面和中后台释放人员充实到网点大堂经理、客户经理等营销类岗位。要强化转岗人员的针对性集中培训和考核评价，提高其适岗能力和营销服务能力；对于低柜柜员，要加强业务综合化技能培训，普及产品知识与营销技巧，提高客户服务和产品营销水平。

要加强比较评价，促进网点和柜员运营效率提升。当前，部分网点和柜员工作量偏低，一定程度上影响了我行网点竞争力的整体提升，应该作为工作的重要关注点。各级行要运用网点运营管理平台的工作量数据，对每个网点、每个柜员工作量进行比较分析，找准影响网点运营效率的短板，把工作量水平在本行平均线以下的柜员，以及该类柜员占比较高的网点列入重点关注对象，从业务技能培训、劳动组合调整、考核评价等方面，针对性制订效率提升具体方案，采取措施切实解决工作量不饱和的问题，促进网点人均工作量水平整体提升。对于部分工作量偏低的网点，如近年来新布局网点、正在实施拆迁改造的老城区网点、以资产类业务为主的网点或者专门服务于某些大型客户的网点，要合理考虑该类网点的业务综合贡献情况和未来发展趋势，结合网点竞争力相关工程实施，做好该类网点的布局优化及资源配置调整。

（三）要统筹推进网点竞争力提升七大工程。网点竞争力提升七大工程是一个系统工程，全行要统筹协调谋划好，在实施网点运营标准化管理改革时，整体推进其他各项工程的实施。要加快落实存量网点优化调整工作任务，结合网点运营业态划分，统筹优化网点布局，减少客户规模不大、业务结构单一、整体工作量不高的网点。要结合网点业务结构和客户服务情况，加快自助渠道建设，合理实施柜面业务向自助渠道分流，保障高低柜口结构顺利调整。要结合客户拓展和产品渗透工程实施，搭建网点重点适销产品直供机制，合理划分确定重点优质客户，积极拓展贵宾客户数量，实施普通区与贵宾区资源的统一调度和合理分配，促进贵宾区运营资源充分利用。要配套做好转岗人员思想教育，来确保岗位调整人员和新适岗人员的无缝衔接。要建立网点经营管理绩效考核配套机制，发挥好对网点各岗位人员的激励作用，增强网点经营发展和内部管理的动力。

三、抓好网点竞争力提升工作的组织实施

总行关于改革的总体目标、基本思路、主要内容已经明确，全面完成改革目标任务，关键要狠抓落实。网点运营标准化管理改革任务艰巨，全行上下要高度重视，周密部署、精心组织，稳步有序推进各方面工作，确保改革目标顺利实现。

（一）加强上下联动，密切协调配合。一要强化组织领导，着力抓好推动落实。各级行要把改革作为“一把手”工程，成立由行长任组长、分管行长任副组长，运行管理、渠道管理、人力资源、信息科技等部门主要负责人为成员的改革领导小组，负责整体谋划、统筹协调和督促落实。总行要建立工程推动和监测机制，抓典型、抓推动、抓成效。要设计科学的改革推动和成效释放统计表，通过量化评价不断地总结、完善和提升，真正抓出实际成效。各行要按照改革时间计划安排，扎实有序做好改革的总体设计，认真调研了解本行各地区、各网点的情况，详细制订具体实施方案。要对全辖网点改革效果开展横向比较和统一评价，实时跟踪监测，有力地组织推动辖属网点积极主动调整优化资源配置。各二级分行和支行、网点要深入开展网点运营分析，准确查找网点运营存在的问题，因地制宜细化运营标准，加快推广进度，按时完成改革各项目标任务。

二要加强部门协作，凝聚改革强大推动力。总行相关部门要密切配合，在网点竞争力提升工作中加强改革组织推动和督导落实，加强体制机制和系统平台建设。运行管理部要牵头做好网点运营标准化管理改革的整体规划设计和组织实施，尽快印发全面实施文件，明确试点推广时间安排和具体实施要求。要建立改革进度监测和督导制度，设计能够完整反映改革实施成效的统计报表，强化日常监测通报和组织推动，确保改革有力、有

序、有效推进，按时保质完成任务。渠道管理部要重点做好网点分区调整和功能改造、自助渠道建设，以及网点营销服务标准化、低效网点转化工作，牵头统筹协调相关部门推进网点竞争力提升相关工程实施。人力资源部要会同运行管理和各营销部门，科学核定网点各岗位人员配备数量，组织做好网点人员调整和人员转岗适岗。个人金融业务部要会同人力资源、运行管理等部门制定大堂经理管理办法，建立网点人员兼岗流动机制。信息科技部要加大技术研发力量投入，确保网点运营管理平台各期版本高质量研发和按计划投产。内控合规部要负责相关制度办法的合规性把关。财务会计部要结合网点竞争力提升工程的总体实施，及时完善相关考核政策。企业文化部要组织做好网点各岗位人员业务技能教育提升和转岗人员的适岗培训。

（二）统筹运营改革，确保网点运营标准化目标顺利实现。网点运营标准化管理改革涉及运营、服务、营销、内部管理等方方面面的内容，要与业务运营改革、流程改造协调推进，以精简顺畅、运行高效、内控严密的业务流程为网点运营标准化管理提供更好支持。要加快柜员身份指纹认证、网点核算印章改革等项目推广，深化集约运营改革，将分散在网点处理的ATM管理、银企对账、票据交换等中后台业务集中到二级分行以上层面处理，为精简网点中后台业务、减少服务支持人员创造条件。

（三）加强改革期间的风险管理，确保改革平稳实施。改革涉及岗位整合、跨网点资源调度等多方面的运营及服务模式变化，必须坚持改革推进和风险管理并重。各行要关注改革中的客户服务提升，网点运营资源调整要与外部客户需求合理匹配，避免由于柜口调整或资源调度不合理而影响服务。总分行要建立有效的问题沟通和进度通报机制，各级机构要密切跟踪网点改革实施动态，及时掌握试点中出现的新情况新问题，加强对试点网点各项工作的指导，妥善处理好改革实施、业务运行、客户服务和风险控制之间的关系，加强网点内部控制和操作风险管理，确保改革平稳顺利实施。

同志们，这次会议是网点运营标准化管理改革全面实施的动员会，也是网点竞争力提升工作的一次推动会。全行上下要统筹谋划网点运营标准化管理改革和网点竞争力提升工作，以勇于担当的责任意识，迎难而上，开拓进取，全面实现网点竞争力提升的任务目标。

在做好当前有关工作视频会议上的讲话

易会满

（2014年8月11日·根据录音整理）

全行年中工作会议开过没有多长时间，今天我们又召开一次有关工作视频会，主要是把当前经营管理中面临的一些外部环境、监管环境变化情况向大家作一通报，围绕解决经营发展中存在的有关突出问题，进一步统一思想，明确措施，切实推动部分重点业务在复杂环境下的持续、健康发展。

最近有几个事情，需要引起全行的高度重视。一是在7月23日召开的国务院常务会议上，国务院领导同志严肃批评了银行业存款冲时点的问题，指出这已经影响到国家对宏观经济形势的判断和政策选择。目前银监会也提出了严格要求，并正在研究一系列政策措施，包括引入存款偏离度的考核、对存款偏离较多的银行增计资本占用等，以纠正“冲时点”行为。二是中间业务收费问题，国务院常务会议提出了关于进一步降低实体经济融资成本、解决融资难融资贵的10条措施。近期国家又发布了新的价格条例，国家发改委、银监会也在组织全国范围的银行收费检查，总体看要求较高，对违规收费行为的查处力度较大。三是针对当前全行经营发展中存在的一些突出问题，总行对境内分行绩效考核办法进行了一些实事求是的调整和完善，并于上周印发各行。怎么样全面、准确理解考核办法的变化，有必要跟大家做一次沟通交流。对当前国务院领导关心的、监管部门关心的一些热点难点问题，我们要统一思想和认识，按照总行党委的有关要求，切实把相关政策和工作部署落实到位。由于会议有关内容比较敏感，所以这次会议的范围比较小。下面，我重点谈三个方面的问题。

一、完善境内分行绩效考评办法，引导各项业务健康可持续发展

为适应全行转型发展的需要，结合党的群众路线教育实践活动中各行反映的突出问题，今年初，总行按照“取消专业专项考核、突出关键业绩指标、调整优化指标体系、强化战略发展导向”的思路，对境内分行考评办法作了较大调整，不仅指标数量大幅精简，而且指

标体系进一步优化，突出了客户基础、发展质量和经营转型。客观地讲，新办法实施半年来，各方面总体反映较好。但也要看到，这半年多来，外部经营环境发生了一系列变化，存款、贷款、中间业务等在面临更加激烈的市场竞争的同时，新的监管要求也在不断提出，在这种背景下，有必要对境内分行绩效考评办法进行适当调整。

（一）调整存款与理财考核方式，引导“存款＋理财”同步增长、协调发展。长期以来，全行存款业务发展情况基本是好的，但当前也有三个突出问题必须引起高度重视。一是存款和理财业务发展不够协调。一些分行没有把做好存款工作的重心放在做大客户金融资产总量、壮大客户基础上，而是片面地采取期末抓存款、期间做理财的做法，把存款工作简化为全年只抓几个时点数，并在很大程度上靠发行保本理财和结构性存款、靠表外理财转化存款甚至购买同业存款来冲时点。这种只在存量客户和客户存量金融资产里做文章、忽视做大增量的做法，无疑会削弱存款基础和客户基础，损害全行的长远发展。二是一些分行过度关注当期收入，缺乏维护存款和客户权益的长效机制。比如，有些销售人员为了赚取短期的计价收入，忽视客户真实金融服务需求而销售不太适合的产品，造成客户满意度下降，甚至流失。有客户投诉在网点存款时被过度推销保险产品，这种行为对我们的客户基础伤害还是比较大的。三是存款基础不牢，存款增长的波动性比较大、稳定性比较差。虽然我们采取了一些措施，但尚未明显改善，存款冲时点现象在四大行中比较突出。究其原因，主要在于一些分行抓存款工作的指导思想、经营理念和经营作风不够端正，对此必须切实加以纠正。

为引导全行树立正确的存款工作理念，进一步健全相关激励机制，总行对境内分行绩效考评办法进行了适当调整，主要内容包括：一是进一步强化对存款稳定性的考核。将“人均本币存款增量”指标拆分为“人均本币储蓄存款日均增量”和“人均本币非储蓄存款日均增量”指标，权重合计110分，较调整前提高了40分，并分别采用储蓄存款、对公存款同业占比（权重合计±30分）进行调节，以更加突出存款业务的基础地位。在考核口径上，存款主指标全部采用日均增量口径考核，同业占比调节指标口径也将日均与月均权重之比由之前的7:3调整到8:2，进一步强化了日均增量考核。从新的存款考核指标构成可以看出，时点数在整个权重占比是很低的，主要靠日均数。二是取消“金融资产销售（43分）”、“代理保险业务收入（10分）”等销售类指标，设置“本行理财产品日均增量（33分）”指标，也就是对理财产品从累计发生额改为余额考核，主要考核我行发行的理财产品日均增量，以推动客户在我行的金融资产总量的稳定增长。三是加大对存款付息率（10分）的考核，引导分行抑制筹资成本上升。

总体上看，这次指标调整基本体现了当前我行存款与理财工作的指导思想：一是统筹存款和理财业务发展的关系。通过分别设置存款日均增量、本行理财日均增量指标，以及体现二者协调发展要求的权重配比，引导分行更加重视存款的稳定增长，更加重视理财产品的日均增量，在协调推动的基础上实现客户金融资产总量的增长。二是突出存款业务的基础地位。通过完善对存款业务的考核，强调日均增量考核，引导分行更加重视存款基础工作，重视基础客户和客户金融资产总量的壮大。三是强调本行理财产品增长。通过向客户提供我行产品服务，使销售收入体现在我行，客户金融资产留在我行，客户资金也留在我行，实现客户金融资产在我行实实在在的增长，也有利于客户关系的维护和客户基础的夯实。四是进一步强调日均增量考核。目前的存款指标以考核日均增量为主，有一定时点要求的月均数权重很小，而且本次调整后进一步降低，目的就是要引导存款平稳增长，降低存款时点大幅波动。概括来说，就是我们的存款一定要讲日均，淡化时点；一定要讲客户金融资产的总量，讲余额的增长，淡化累计发生额；要强调本行理财产品的增长，淡化各类代理业务，把代理外部产品主要放在中间业务中考核。

当然，可能有的分行认为，当前客户金融资产转换频繁，存款和理财之间转换已是常态，是不是只考核客户金融资产总量就可以了，有没有必要再单设存款和理财指标。这种说法有一定道理，但从全行目前实际情况看，每年要增加9 000亿元左右的贷款，必须要有充足的低成本存款资金做支撑。因此，在强调发展理财业务的同时，我们还是要重视存款这一基础业务的发展，存款工作在银行经营管理中依然处于不可动摇的基础地位。

（二）完善中间业务收入考核方式，引导净利息收入、中间业务收入的协调增长。为推动中间业务的健康和可持续发展，我行在年初考评办法中取消了中间业务专项考核，对中间业务考核进行了前瞻性调整。考虑到当前的经营形势要求，为切实规范中间业务收入发展，引导分行杜绝“息转费”行为，总行进一步调整了中间业务考核：一是较大幅度降低了指标权重设置，中间业务收入类指标权重合计降低68±60分；二是取消了“基础类投行业务（8分）”、“手续费及佣金净收入占比（20分）”、“代销保险业务收入（10分）”等三项中间业务相关指标；三是加强对中间业务收入结构的引导，剔除了基础类投行、贸易融资、担保承诺等与贷款相关的收入。将“人均手续费及佣金净收入”指标及其同业占比调节的口径，由全口径调整为结算、理财、代理类中间业务收入，并将指标名称更改为“人均结算理财代理类收入”。

这次中间业务收入类考核指标的精简、考核权重和口径的调整，取消贷款相关的中间业务收入考核，是落实国务院以及发改委、银监会要求的需要，也是从源头上杜绝“息转费”行为。但这并不是说，我们中间业务发展的方向变了，也并不意味着收入结构调整不进行了。在新的形势下，我们发展中间业务必须要有新的思路、新的方法，必须通过产品创新、服务创新扎扎实实创造收入，走出一条转型发展的新路子来。这里强调的是，尽管中间业务考核办法的调整短期内可能会对中间业务增收造成一定影响，但全年利润增长目标依然要确保实现，这是一个总原则。为确保绩效考评的导向作用，全行要认真落实好“两严禁一防止”，即：严禁将与贷款相关的中间业务收入转入结算、理财、代理类中间业务收入，严格规范会计核算，坚决杜绝为完成指标而随意调整收费核算科目的行为；严禁将基础类投行收入转入品牌类投行收入；防止应收的息和费收入两项都没有尽收，也就是说，要坚持市场化方向和商业银行原则，根据风险定价和服务质量，该收的息和费要应收尽收，因为工行总体定价水平还是比较低的。

此外，总行还结合经营环境的变化和业务发展需要，对其他一些指标作出了适应性调整。如，根据互联网金融发展和夯实客户基础的发展要求，对“柜面业务可分流率”指标做了调整，增设了“工银 e 支付账户数”指标，提高了电商平台指标权重，引导分行快速抢占互联网支付市场，做大电商平台，未来“工银 e 支付账户数”还要进一步调整为“客户数”，以更加真实地反映全行快捷支付的客户基础状况；我们进一步提高了客户基础类指标的考核权重，引导分行强化客户基础；进一步强化了服务质量的考核，引导分行提升服务水平；增设了小微企业贷款指标，引导分行支持和促进小微企业发展；针对全行案件防控的严峻形势，进一步提高了扣分标准，引导分行更加注重内控案防管理；等等。各行要认真领会总行这次对考评办法进行调整的意图，及时梳理、调整辖内机构考评办法，确保总行战略导向清晰、完整地传导到基层行。对不合理的中间业务收入专项考核，要限期进行清理。对小微企业贷款业务，各行要贯彻落实国家有关政策要求，积极支持小微企业发展，同时要切实增强贷款风险控制能力，确保风险总体可控，收益与风险匹配。要结合当前金融市场竞争的新形势，积极落实存款与理财产品协调发展的措施，推动存款业务的长期稳定增长。

下半年，总行将对各一级（直属）分行绩效考评数据质量合规情况进行专项检查，检查重点是经营效益类、信贷风险类、经营转型与业务发展类指标以及中间业务收入科目核算的真实性、合规性，对于弄虚作假获得考核利益的，一经发现，5 倍扣减绩效考核得分，并对相关责任人予以严肃处理。对此，各分行要高度重视，认真配合，组织开展好辖内考评数据质量的自查，确保考核数据真实可靠。

二、坚决遏制存款“冲时点”行为，进一步加强存款稳定性管理

关于如何提升存款业务市场竞争力、保持存款均衡稳定增长，年中工作会议上都作了强调和布置，希望大家贯彻落实好。这里，我结合刚才介绍的一些新的背景情况，主要就存款冲时点的问题讲几点意见。

（一）保持时点存款的稳定性是落实国家宏观调控政策的客观要求。近年来，外部经营环境变化很快，特别是利率市场化、金融脱媒以及快速发展的互联网金融，对商业银行的存款稳定性管理产生了较大压力，存款增长的难度加大，波动性也明显增加。今年上半年，各主要商业银行的存款均出现了一定程度的波动，波动的幅度超过了以往的水平，在一定程度上推动广义货币供应量 M_2 出现了较大幅度的上涨。6 月末 M_2 增速为 14.7%，比 5 月末高 1.3 个百分点，比 2013 年同期高 0.7 个百分点，远远超出了市场的预期。存款波动对 M_2 等宏观经济数据的影响引起了国务院的高度关注，在当前经济形势错综复杂、需要准确把握各项政策力度的关键时期，主要经济指标的异常在一定程度上影响了对宏观经济形势的判断以及各项宏观调控政策调整的前瞻性。目前相关监管部门正在研究出台加强存款稳定性管理的制度办法。作为国有大型商业银行，我们要积极落实国家宏观调控政策，自觉维护金融市场稳定。因此说，保持存款稳定不仅是经营管理的要求，也是讲大局、讲政治的要求；不仅是对总行的要求，也是对分行领导班子经营观念和经营能力的考验。

（二）保持时点存款的稳定性是坚持正确经营理念和经营思路的客观要求。今年上半年，全行存款业务总体增长是好的，但波动性显著加大。6 月下旬，全行各项存款增加 8 111 亿元，占上半年增量的 82%，占当月增量的 97%，这三个指标均是近三年各季末的最高水平。但 7 月前半个月，各项存款较月初大幅下降 7 836 亿元，占 6 月存款增量的 94%。从各分行情况看，有 18 家分行 6 月下旬存款增量占当月存款增量的比例超过了 100%，最高的达到 201%；有 17 家分行 7 月前半个月存款下降比例超过了上月增量的 100%，最高的达到 158%。与同业相比，我行存款波动幅度也较大。6 月下旬，我行各项存款增加 8 111 亿元，同期农、中、建行分别增加 4 783 亿元、4 218 亿元和 4 157 亿元。不可否认，6 月存款的大幅波动存在一定客观因素，例如财政收支惯例、半年末社会资金运转规律等，但这些客观因素过去讲过很多次，这次主要谈谈主观因素。

一是部分分行在工作态度、工作方法上存在不足。有的分行对于存款工作缺乏长远布局，没有建立长效机制，重贷轻存的思想仍较严重，做存款工作的思路和办法不多，依赖冲时点来实现存款增长；有的分行对于推

动存款工作存在畏难情绪，在工作上拈轻怕重，不愿意下大力气来做好存款工作，满足于维持现状，完成任务即可；有的分行“要面子不要里子”，只关注同业和系统内的时点排名，对全行稳健经营的市场形象、财务成本等考虑不多，没有把握好时点性与均衡性的关系。

二是部分分行过度依赖理财向存款的转化，对存款基础性工作有所忽视。目前季末时点理财向存款转化集中度过高，6 月全行表外理财产品份额减少了 2 912 亿元，到期量和赎回量大多集中在 6 月下旬，基本转化为储蓄存款和公司存款。长期依靠理财转化存款的负面影响十分明显，不仅助长了部分分行的依赖心理，滋生了不良经营作风，削弱了存款增长的基础，而且还形成了较高的财务成本，理财产品发行与赎回过于集中，违背了资产管理业务发展的客观规律，一方面集中发行、集中投资不利于合理把握时机降低发行成本、提高资产收益；另一方面集中赎回又导致了额外的流动性管理成本，实际上是减少了全行的整体收益。

三是总行的考核导向在传导过程中出现了一定的偏差。客观上讲，近年来一些分行存款工作方向出现偏差、行为出现异化，与考核机制是有一定关系的。应该说，总行的考核办法问题不大，对存款的考核导向是比较明确的，近年来对分行存款的考核一直是以日均增量为主，月均增量只占很小的权重比例。但在一级分行及以下层面，有的分行没有全面、科学理解总行的考核办法，在向二级行和支行传导时出现偏差，有的过于强调时点规模，有的过于强调同业占比，再加上部分分行长期养成的经营惯性，造成了有些分行简单地“冲时点、讲排名、求面子”的存款工作观念和作风。

（三）采取有力措施，保持存款均衡稳定增长。要辩证地看待存款时点与日均的关系，没有时点就没有成长性，没有日均就没有效益性，关键是时点和日均要匹配，要符合存款业务发展的客观规律，要避免人为地、不科学地推动时点存款的快速增长，导致时点与日均的比例失衡。

要进一步提高认识，明确职责。做好存款工作，最根本的是要强化基础工作，提升客户服务能力，重点是要推动理财与存款的协同发展，核心是要形成适应竞争环境需要的新机制。总行各相关部门要通过有效的工作措施、完善的机制建设以及市场化的调控手段，继续加强存款业务的组织推动，调整和完善存款业务的考核办法，进一步落实新增存贷比管理机制，不断提高存款均衡性。各分行要着力构建存款业务发展的长效机制，将增强存款稳定性的职责层层落实到人。对因存款冲时点问题引起属地监管部门通报批评或造成较大舆论影响的，要追究相关负责人的责任。对于高价购买存款“冲时点”的，要严肃查处。各级行要用积极进取的心态解决“冲时点”问题，把主要精力放在巩固日均存款增量上，而不是冲时点。

要明确存款增长均衡稳定的具体要求。总行近期正在研究出台加强存款稳定性管理的方案，总体思路是要杜绝人为的、不合理的冲时点，对于存款波动过大的分行要计收存款波动成本。季末存款由于受内外部经济运行环境、财政收支、客户资金归集等因素影响出现一定波动也是正常的，关键是要做好客户服务工作，形成真实、稳定的存款，不能仅仅是突击完成任务、做做面子工程。总行将对存款总体均衡率较好的分行不做季末存款增长的上限要求，只控制季初存款的大幅回落。具体要求是，季初当月 15 日前存款下降不能超过上月增量的 30%，且季初当月月末前存款下降不能超过上月增量的 40%。这个指标是根据各行关键时点存款真实增长的情况和存款偏离度的监管要求测算得出的。同时，考虑到存款增长均衡率较低的分行“冲时点”的冲动更为显著，对这类分行每季末的存款增长提出了明确的上限要求，对其季末时点存款增长的比例实行刚性控制。

这里要特别强调一点，各行不能因为总行加强存款稳定性管理而出现在关键时点有意不要存款等情况发生，总行的要求是保持存款的均衡稳定增长，避免存款的不理性波动，而不是放弃客户和市场。如果能够营销和维护好重点客户、低成本客户、稳定性客户，存款的波动性就会自然而然地降低。具体方案总行近日将以正式文件印发，各行要认真贯彻落实。

要保持表外理财与存款的协调发展，避免过于依赖于理财产品转化为存款。要有策略地推进理财与存款业务的协同发展，根据不同的地区和客户，分类施策，既要重视通过加快产品创新来吸引客户资金，又要尊重客户的选择避免过度推销理财产品，人为加速存款理财化的进程。对于季末理财产品的管理，总行已经明确了产品部门和销售部门的工作职责，有关部门要切实做好理财业务与存款业务发展的统筹协调。目前初步确定的方案是总行发行的固定期限理财产品，季末月下旬到期量不得超过当月产品到期量的 30%；总行组织销售的、季末月下旬发行的跨季末期次理财产品总量不得超过当月产品发行量的 50%。设置这两个指标，主要是避免人为地将表外理财集中地转化为存款，由总行资产管理部、个人金融业务部来统一掌握。除总行统一发行的理财产品外，我们还有占比约 20% 的区域理财产品，各分行要参照总行标准，结合本行实际，切实管理好本行区域理财产品的到期、发行安排。各分行不得主动组织客户赎回理财产品，要适度控制无固定期限理财产品以及“增利”“尊利”等产品的季末赎回比例。这个指标，特别是在去年 6 月非常高，绝大部分都转到存款里面去了。

三、坚持规范和转型发展两手抓，抓好中间业务的组织推动

（一）统一思想，高度重视中间业务收费规范管理。5月30日、7月23日国务院常务会议决定对银行服务收费进行督查，清理整顿不合理收费，要求取消直接与贷款挂钩、没有实质服务内容的收费。8月1日新收费监管政策实施，部分基础类结算产品收费纳入政府定价范畴，收费标准下调，免费项目增加，收费信息披露要求显著提高，新增和调整收费项目需提前3个月公示。当前外部收费检查频繁，对违规收费行为的处罚严厉。国家发改委收费检查尚未结束，6月银监会又牵头组织了中间业务收费专项检查，随后发改委和银监会又联合组织抽查，我行浙江、吉林两家分行被列入检查名单，部分地区银行监管机构甚至要求商业银行报送收费违规处罚人员名单和处罚方式。此外，目前关于银行服务收费问题的社会舆论压力也比较大。为贯彻落实国务院以及监管部门的有关要求、推动中间业务持续健康发展，总行在6月专题召开“切实加强收费管理、改善金融服务视频会议”，并组织开展中间业务收费自查整改；在7月年中工作会议上，进一步对全行中间业务收费规范管理等作出明确部署和要求，出台了《关于进一步规范服务收费管理的通知》等一系列政策措施。但从执行效果看，仍有少数基层机构中间业务收费管理欠规范，个别基层行未严格按照总行价目表收费，存在收取小微企业贷款承诺费、浮利分费、以贷收费等问题，还有个别基层行中间业务收入科目使用不准确、收费记录不完整、档案管理不规范等。

对此，各级机构要进一步提高认识，深刻领会相关政策要求，立即采取有效措施，确保中间业务规范发展。一要坚定不移地贯彻国务院常务会议精神以及人民银行、银监会监管要求，持续开展清理整顿不合理收费工作，特别要深刻吸取外部收费检查中被处罚的教训，举一反三，针对收费管理漏洞和薄弱环节，及时采取改进措施，确保依法合规、要素齐备、收费合理、服务匹配。要及时组织一批外部收费处罚典型案例，用事实引导各级员工提高对不规范经营危害性的认识。二要不折不扣地执行落实《“14版”价目表》。新价目表及相关配套制度实施一周来，市场反映平稳，媒体和监管部门评价较为正面，各行要严格按照新价目表收费，并按照总行确定的口径统一对外解释，严禁超标准收费和擅自设立收费项目。从这次自查情况来看，仍有个别分行擅自设立收费项目，这类问题要坚决予以杜绝。三要抓正反两方面的典型，激励约束并重。要坚持实施双线“一把手”负责制，层层落实责任。总行将对遵守监管和总行规定，操作规范，受到客户和监管部门肯定的机构和个人，及时总结经验并推广，年底进行通报表彰。对不规范的收费行为要出重拳，按有关规定对相关责任人进行问责和处罚。要向各级员工全面阐述总行“规范”业务发展的内涵和要求，分清责任，尽职免责。四要持续开展自查整改工作。各行可根据本行实际，定期对部分业务和机构进行自查，发现问题，及时整改。尤其要把涉及个人、小微企业等贷款客户相关的收费项目，以及投融资顾问、常年财务顾问、安心账户托管等作为检查重点。五要规范收入核算，避免因核算欠规范引起收费与服务错配问题。严禁为获取考核利益人为调整中间业务收入核算科目。

（二）明确方向，坚持市场化经营不动摇。总行反复强调，规范是为了更好地发展。但我们注意到，当前有一部分分行、一部分专业出现观望和畏难情绪，个别机构甚至期望总行下调中间业务收入任务，也有一些员工担心因拓展中间业务被监管部门或上级行处罚，主动营销的积极性下降。

对此，我们应该看到，我国金融体制市场化改革的方向没有改变，人民银行、银监会支持商业银行创新发展的导向没有改变，明确要求商业银行要持续推进经营转型，对服务收费要坚持自主定价、自主经营原则，积极改进服务效率和服务水平。同时，总行党委发展中间业务、推进经营转型、优化收益结构的战略也没有改变。各行要正确看待支持实体经济、解决企业融资难融资贵、清理不合理收费等要求与中间业务发展的关系，切实防止简单化、情绪化倾向。要认真贯彻国务院常务会议精神，落实各项监管要求，坚持一手抓规范，一手抓发展，组织推动好下半年的中间业务工作。

（三）采取措施，确保中间业务健康持续发展。

一方面，抓好中间业务重点产品突破。要下大力气做好资产管理、资产托管、私人银行、品牌投行、信用卡、结售汇、代理保险、贵金属、养老金、承销发行等战略性成长业务的增收工作。要高度重视人民币结算、借记卡、国际结算、工银信使等产品竞争力弱化问题，认真查找与同业的差距，加快产品升级与创新，巩固客户基础，以“挖潜”带动增收。要强化专业系统推动，优化相关产品增收方案，努力服务基层行增收，对总行相关专业部门上半年中间业务组织推动措施及成效要进行通报。要结合网点竞争力提升项目，借助MOVA网点业绩视图，加强对网点中间业务收入监测分析，引导网点努力多增中间业务收入。

另一方面，稳妥发展基础投行等业务。与贷款客户相关的业务收入要按照“规范操作、提高质量、杜绝转化”的原则促其健康发展。各行要正确解读中间业务收入考核政策的变化，考核口径的调整是为了引导中间业务转型发展，进一步规范“息”“费”管理，不在考核口径中的业务，并不意味着就不发展了，或者不重要了。只要有切切实实地能为客户资产增值的服务内容，有完备的、经得起检查的手续，各类业务仍然要大力发展。下半年，总行相关部门要加强对分行的指导，

按照为客户提供实质性服务、带来实质性收益、提升实质性效率等要求，重点解决服务差异化问题，以差异化服务支撑差异化收费。要按照总行关于进一步规范服务收费管理的通知规定，落实好对小微企业免收常年财务顾问费、贷款承诺费等减费让利政策，做到让利于企，规范收费。

同志们，今天就部分重点工作与大家作个沟通。一年时间已经过去7个多月了，要完成今年经营目标存在很大挑战。希望全行上下统一思想，攻坚克难，进一步夯实存贷款等业务发展基础，通过提高信贷经营水平、规范和创新发展中间业务等措施，统筹促进净利息收入和中间业务收入的协调增长，确保全年经营目标的实现，为服务实体经济发展作出更大的贡献。

坚持从严治行　突出过程控制　实现科学发展

——在内控合规高级管理人员培训班上的讲话

易会满

（2014年8月12日）

这次全行内控合规高级管理人员培训是近年来规模比较大、时间比较长的一次专门培训。培训的主要目的是，全面贯彻年中工作会议精神，研究在国内外经济环境复杂多变、全行经营发展面临较大压力的情况下，如何更好地发挥内控合规职能作用，确保全行业务安全、稳健、持续发展。内控合规工作不仅是内控合规条线的工作，更是一项全行性的工作，总行各部门、各分行都应该给予高度关注和重视。因此，今天上午我们请总行各部室负责同志和合规经理也来参加培训，与各分行分管行领导和内控合规部门负责人一起研究如何贯彻落实总行党委关于内控合规工作的重点部署。

今天，我想以“坚持从严治行、突出过程控制、实现全行科学发展”为主题，结合最近行里的一些工作安排，就进一步明确内控合规工作使命、全面认识当前内外部风险形势、认真落实内控合规工作要求谈三方面意见。

一、正确认识工商银行发展愿景赋予内控合规的重要使命

（一）实现发展愿景必须坚持正确发展观

第一，工商银行宏伟发展目标的实现必须坚持正确发展观。过去十年，工商银行取得了非常骄人的成绩，全行体制机制、服务能力、经营业绩都取得了非常大的进步。这些成就的取得，主要得益于我们较好地坚持了由粗放型、外延型的发展方式向集约型、内涵型的发展方式转变，坚持了速度、规模与结构、质量的协调统一，坚持了资本、收益、风险的匹配，坚持了创新、超越与合规、稳健的动态平衡，归结起来，就是较好地坚持了正确的发展观、业绩观和风险观，这是我们在实现上个十年发展目标过程中总结出的一条重要经验。这条经验对各分行也同样适用，凡是能较好地坚持正确“三观”的分行，发展都比较健康，而坚持得不太好的分行，发展中就碰到了一些波折，甚至当经济环境发生较大变化时，在经营效益和质量上出现较大的反复。

总行党委在讨论长远发展目标时，提出了努力打造基业长青的“百年老店”的长远目标，以及各时期的阶段性发展目标。到2025年，我们要把工商银行建设成为“三个之最”的国际一流现代金融企业，ROE、ROA、质量及结构指标要保持可比同业领先水平，人均效率指标要大幅高于市场平均水平，发展能力及风险内控管理能力、跨境跨市场服务能力要进入国际先进行列，品牌知名度和美誉度要为全球公认。这些目标是非常高的。要实现这些目标，必须抓好“四个转变”：即要从资产持有大行向资产管理大行转变，从高资本占用向资本节约型业务转变，从存贷利差收入为主向多元均衡盈利增长格局转变，从本土传统商业银行向全球大型综合化金融集团转变。随着互联网的发展和大数据技术的应用，银行业的发展方式和服务模式也将发生非常大的转变，以更好地适应互联网金融时代客户的需求，与此相适应，全行风险管控能力也必须得到同步提升。

第二，打造“百年老店”必须坚持正确发展观。工商银行实现未来十年乃至更长远发展目标的过程，始终伴随对长期利益和短期收益、发展速度和发展内涵、资源约束和发展冲动等矛盾的取舍决断，时刻面临着对发展观、业绩观、风险观的考验。我认为，对正确的发展观、业绩观、风险观，全行上下在理论上和总体认识上是比较清楚的，但是具体到实际经营中，工作思路却往往是模糊的，在遇到困难时，行动又是犹豫甚至是动

摇的。

这些考验不仅是我们现在必须经历的，同时也是自银行业出现以来每一家银行都会经历的。姜董事长前段时间发表了一篇关于一百年来全球最大银行发展变迁历史的文章。文章指出，在1913年全球前20大银行榜单中，欧洲银行独占18家，其中英国8家、德国5家、法国3家，还有2家是美国的银行。但是到了2014年，《银行家》杂志评出的全球前20大银行排名发生了非常大的变化，在1913年的全球前20大银行中，只有5家银行延续到了今天。历史经验告诉我们，打造“百年老店”是极具挑战性的，能做到的银行屈指可数。每一家“百年老店”的成长都是建立在风险、资本、成本的约束条件下，建立在结构优化、质量优良、效率提高的可靠基础上的。在基业常青银行俱乐部成员中，大部分其实并不是百米高手，却是耐力和稳定性极好的马拉松健将。

把目光拉回到最近五年、十年，从中国商业银行发展情况看，也可以看出百米高手不一定跑得远。有一些前几年业务增长非常快的银行最近出了问题，一些股份制银行同业业务占比超过40%，资产负债表中票据保证金占存款比重超过30%，靠这种经营模式，虽然可能两三年内发展得很快，但是一旦经历经济周期波动就会出问题。因此我们说，能够在完整的经济周期中，无论顺境、逆境下都始终如一地坚持正确的发展观、业绩观、风险观，确实是一件非常不容易的事情。无论是百年银行发展变迁历史，还是中国银行业发展实践，都充分说明坚持正确的发展观、业绩观、风险观，是打造“百年老店”的不二法门。

第三，在“变”与“不变”中把握银行发展内在规律。虽然正确的发展观、业绩观、风险观应当契合时代特征、风险环境和银行自身实际，但是也有其始终如一的基本内涵。这几年银行业的变化确实非常快，但也有各种浮躁乱象。比如，现在很多所谓的“金融创新”其实是伪创新，一些所谓的“同业业务创新”和“全社会大资管”，虽然规模越来越大，但是本质上的创新体现在哪里？风险管控能力跟上去了吗？再如当前热议的“融资难、融资贵”的问题。其实银行标准化融资渠道并不贵，工行贷款利率只有6.1%。非银行融资渠道中，标准化的资本市场、债券市场也不贵。真正贵的是各种通道类影子银行业务，9%～18%的利率比比皆是，大约占到了社会融资总量的三分之一。任何一个企业都承受不了这种利率水平，饮鸩止渴最终要导致企业经营出现问题，进而影响到整个金融业的稳定。我相信，银行有自身发展的内在规律，有些东西是在变的，有些东西是不能变的。不同银行可以有体制、发展阶段的差异，但是其发展的内在规律和风险经营的本质是一样的。

在银监会上半年监管工作会议上，尚福林主席提出银行经营应当做到“四个回归”，给我留下了非常深刻的印象。这“四个回归”归纳起来主要是“四个三”：一是要回归安全性、流动性、效益性的“三性”原则，这既是我们经营管理需要恪守和遵循的最基本法则，也是两百年银行实践的总结；二是要回归铁账本、铁算盘、铁规章的“三铁”要求，尽管我们现在没有账本，没有算盘，但是关于真实、准确、透明、标准的精神要求没有变；三是要回归贷前、贷时和贷后的“三查”制度，现在信贷业务出现了比较多的风险，既有经济环境的影响，但也有我们一些优良工作传统没有坚持住的原因；四是要回归前台、中台、后台的“三分离”安排。这“四个回归”，对指导我们做好当前的工作是很有意义的，也希望在座的各位同志都能够牢记。

前一段时间，应新浪财经之邀，我就“未来银行之路”这个主题，谈了对银行“回归”与“变革”关系的看法。我说，要讨论未来银行之路，必须先讲回归、后讲变革，只有在回归的基础上做变革，才符合银行发展的内在规律。关于银行业回归，我认为应当坚持“四个统一”原则：一是金融一定要服务实体经济，坚持金融服务与实体经济需求相统一；二是要把握风险经营本质，坚持盈利创造与风险管理相统一；三是实施稳健经营战略，坚持短期利益与长期利益相统一；四是审慎开展金融创新，坚持依法合规与创新求变相统一。这“四个统一”也是我们今后开展服务模式和资产负债结构创新的基础。

总而言之，银监会尚福林主席提出的“四个回归”以及我们总结的“四个统一”都是对银行经营发展规律的提炼和总结，是工商银行在建设国际一流现代金融企业、打造“百年老店”进程中应当坚持的基本原则和经营精神，也是正确发展观、业绩观、风险观的具体体现。不管外部环境怎么变化，我们都要坚持理性经营，顺应规律发展。

（二）贯彻正确发展观是内控合规部门的重要使命

第一，正确发展观是内控合规工作的根本出发点。发展观决定业绩观、风险观，对各级管理者而言，发展观更为关键，因为发展观决定了发展战略和发展思路，决定了对内控合规工作的认识水平和重视程度，影响着各级员工对待内控合规工作的态度和信心，最终对内控合规工作效果产生深刻影响。比如，近期法国巴黎银行被美国处以89.7亿美元的巨额反洗钱罚金，最主要原因就是部分分支机构为追求本机构的短期利益，无视监管制裁政策和总行制度要求，故意与被美国制裁国家开展业务，才造成了反洗钱历史上最大的一笔罚单。又如，欧美银行近年来多次出现“魔鬼交易员”，也是因为管理层实施了过于激进的经营策略，过度关注当期收益的激励，没有很好地权衡发展和风险。

工商银行同样需要反思在市场拓展和风险把控的权衡上是不是存在类似的问题。比如，存款过度冲时点的问题，不切实际地追求高指标的问题，不顾外部环境一味追求业务发展速度的问题等，这些都反映了发展观的问题。再如，近些年一些分支机构信贷业务出问题，正是因为发展速度过快而信贷能力不足所致，在顺周期的时候掩盖了问题，但只要经济环境一发生变化，问题就暴露出来，这些教训是非常深刻的。回顾我自己十年来当一级分行行长的经历，在这方面也深有体会。我刚到北京分行的前两年，花了大量精力按照“专家治贷、从严治贷”的思路加强基础信贷能力建设。信贷经营能力上来了以后，才敢提“积极进取的信贷战略”。如果离开了这个前提条件，片面地放权，片面地下大指标、硬指标，几年后肯定会出问题。现在发展小企业信贷，也要避免再走老路，要扎扎实实地把“六专”要求落实到位，把条线的管理体系建起来，把管理基础夯实了。各分行内控合规部门负责人回去后，要对管辖行发展中出现的问题做一些深层次的调研分析和评价，看看是不是发展观、业绩观和风险观的问题，是不是基础发展观念、工作基础和管理基础的问题。

第二，做好内控合规工作是贯彻正确发展观的有效保证。内控合规管理基础决定发展质量。内控合规管理水平，直接影响着发展战略、经营策略、管理要求的传导和落实。离开了良好有序的内控合规管理基础，正确的发展观、业绩观、风险观就无法得到全面、彻底地落实，甚至使原本好的政策在实践中也可能发生偏差。因此，在发展业务的同时，内控合规部门要帮助业务部门发现问题、提示风险，促进业务更加科学和协调发展。大家在日常工作中对内控合规这方面的作用都是有很多切身感受的，比如去年以来我们大力发展逸贷业务，内控合规部门在这个过程中做了大量非常有价值的工作，帮助业务部门及时发现了风险，并推动采取了授信额度调整、监测模型优化等一系列控制措施，体现出了内控合规工作的价值。

因此，内控合规在贯彻落实正确的发展观、业绩观、风险观方面，能够发挥非常积极的作用。这也是工商银行在努力实现未来十年发展目标、全力打造“百年老店”的进程中，在当前复杂严峻形势下，总行党委对内控合规部门提出的新要求，赋予的新使命。

二、准确把握经营发展面临的形势

（一）国内外监管更趋严格

一是国际监管影响显著。近年来，主要国家和国际组织进一步收紧了银行监管标准，不仅提高了资本充足率和流动性指标监管标准，严格了压力测试要求，对系统重要性金融机构更增加了额外的资本要求，限制其从事高风险交易。为强化行为监督，各国纷纷成立金融机构行为监督机构，对金融机构市场行为采取积极主动的约束和干预。此外，巴塞尔银行监管委员会、反洗钱金融行动特别工作组（FATF）等国际监管组织对各国监管影响日益加深，各国监管机构间的信息交流和监管协作也在增加，对跨境金融机构监管变得更加全面。更值得注意的是，国际监管处罚力度也是空前的。金融危机以来，欧美监管机构的处罚力度不断加大，超过十亿美元的罚款屡见不鲜，个别的甚至逼近百亿美元。

在这种监管环境下，我行的国际化发展也面临一些新的挑战。首先，在我们成为全球最大的商业银行，并被列入全球系统重要性银行以后，监管要求也随之提高，在资本、流动性、信息披露方面需要遵从更加严格的国际监管标准。其次，随着境外机构开业之后的快速发展，监管关注度持续增加，现在每年都有50%的境外机构要接受监管检查。最后，随着内外联动业务的发展和创新，满足国际监管已不仅仅是境外机构和总行必须关注的问题，各境内机构也需要给予足够的重视，需要进一步从全集团角度关注整个内控合规工作。

二是国内监管变革提速。在全面深化银行业改革的政策导向下，国内监管正沿着“宏观审慎＋微观审慎”方向加快推进。在宏观审慎方面，最近监管部门出台了一系列的政策，包括出台发行优先股补充一级资本的指导意见、流动性风险管理办法等关于资本与流动性管理的制度，包括推出大额定期存单等利率市场化工具、调整存贷比计算口径等宏观安排，也包括即将推出的存款保险制度。可以说，宏观审慎方面的变革正在不断推进。

在微观审慎方面，监管部门进一步推进了健全银行内部治理体系的工作，包括引导完善公司治理和绩效考评机制、出台同业业务和理财业务组织管理体系规范意见、健全集团并表风险管理等。在规范金融创新方面，也不断提出了一些新措施，包括明确互联网金融监管框架和原则、规范银行与第三方支付机构合作等。在扩大对内对外开放方面，采取了开放民间资本进入银行业、自贸区配套监管政策等一系列措施。此外，在防范化解风险、引导服务实体经济方面更是作出了细致的安排，包括严控平台贷款和房地产贷款、规范理财资金运作、出台小微企业金融服务指导意见等。

在国际监管处罚力度空前加大的背景下，国内金融监管机关对违规行为的处罚力度也进一步趋严。比如对“8·16光大证券乌龙指”事件，罚款额度是近年来最高的。从我行情况看，近几年受到罚款的额度也在逐年提升，虽然单笔金额都还比较小，但从趋势看，处罚的力度在逐步加强。去年，各地人民银行、银监局对各行的评价结果差异也比较大，有的分行在当地排名不是很乐观，也反映出我们在监管政策执行、行为规范性、工作配合等方面还存在一些问题。

（二）外部风险环境更趋严峻。今年以来，全面面临的外部欺诈风险不断增加，上半年全行防堵外部欺诈事件涉及金额172亿元。业务运营风险事件中，由外部因素引发的风险事件同比增加7 000笔，占风险事件比重上升至43.3%。

从整个外部欺诈风险防范来看，运行类风险防范的成功率要高一些，这和总行较早实施运营风险模型监控有很大关系。目前我行直通式的、全景式的监控方式，运管负责监测、内控负责核查的全循环工作模式，实现了对各个机构较为严密的监测，运行风险管控水平在不断提高，风险暴露水平在持续降低，防控的主动性在大幅增强。

现在比较难的问题还是信用类诈骗。不仅有贸易融资、商品融资等领域的骗贷，如媒体关注的青岛德正系骗贷案，以及广西柳州、江西上饶出现的骗贷事件，企业涉足民间融资、非法融资、非法借贷的案例也非常多。而且有的客户对我行信贷改革后推出的政策和产品还了解得很清楚，尤其是保理业务、应收账款质押、银票低风险业务等。比如应收账款保理，2012年广东佛山分行为一个企业办理了四笔保理业务，贷款逾期后发现，应收账款盖的对方公章全是伪造，企业因为知道工商银行要大力发展贸易融资，重视保理，好审批，就进行有针对性的造假。又如广西的柳州钢铁是当地的优质客户，但一个客户伪造了柳钢的贸易合同，套取了保理融资。华润电力也曾专门给总行发函提示有企业假冒其公章、伪造应收款项到工行来办理应收账款质押。再如逸贷业务，刚推出第二天网上就出现了很多代办逸贷的广告，就是通过帮客户制造虚假消费来套取银行资金。再比如，今年年初被媒体热议的预授权套现问题。全球通行的预授权规则，在中国就有人钻空子，利用15%的杠杆做文章，先存入大额资金，再在第三方支付公司POS机上按115%比例套现，结果整个金融行业被套出了四十多亿元。虽然我行没有损失，但这种外部输入型风险值得警惕。

除了外部欺诈风险，目前拉拢腐蚀从业人员的现象也比较严重。近一段时期，银行业案防形势比较严峻，从业人员违规违纪现象有所抬头。基层机构负责人和个别关键岗位员工，往往成为各类不法分子拉拢腐蚀的对象。近几年有关银行基层机构负责人涉嫌挪用、诈骗、受贿、非法吸收公众存款等案子可以说举不胜举。例如，安徽分行分支机构一个所谓的“明星行长”，就涉嫌利用虚假信托合同和理财产品诈骗1.2亿元。

（三）内部管理面临新挑战。股改上市以来，我行连续多年保持良好发展势头，个别机构和管理者对内控合规、风险防范工作出现松懈情绪，从严治行的观念有所淡化，片面追求速度和规模的短期行为倾向有所抬头，严格管理和严格问责有所弱化，机构经营行为偏差、员工行为失范的现象有所增加，在经营管理主要领域都有所体现。

一是信贷业务管理方面。在长期经济环境比较好、信贷资产比较优的情况下，部分管理者和员工风险意识有所淡漠，风险偏好未根据经济情况变化及时调整，信贷管理能力难以适应外部环境的变化。由于“增长惯性”仍在，极易产生“重发展、轻风险，重流程、轻实质”的错误思想，使全行信贷资产质量控制承受着较大压力。全行的内控合规部门要密切关注信贷风险从小微企业向大中型企业蔓延、从东部地区向中西部地区扩散、从钢贸等商贸流通行业向钢铁采矿等上下游行业传导、从表内业务向表外业务传染的整体趋势，更要重点关注风险比较集中的领域和问题，包括银票质押贷款等低信用风险业务的操作风险、无真实贸易背景的虚假贸易融资、银票垫款余额居高不下、商品融资质押失控等。特别是要格外重视低风险业务的管理。最近青岛分行某支行发生一起银票质押贷款风险事件，由于多处违规疏漏叠加，导致票据兑付资金转入了借款人一般账户，然后被借款人通过网银全部转走。这起风险事件中，贷前调查、审查审批、票据托收等四五个环节都出了问题。该支行公司部的副经理在款转走后就逃离到国外，也反映出对基层人员的约束机制不严格。

上面说的问题和风险，大部分还是表内的信贷业务，表外业务问题现在出得还不多，但随着整个经济下行压力加大，大家应当高度重视我行表外6 000多亿元的债权和股权资产风险，进一步清醒地认识各种代理、代销业务中的风险，要从中诚信托等事件中吸取教训，避免类似情况发生。

二是负债业务管理方面。受货币政策调整、同业竞争加剧、高收益理财产品和互联网金融分流等因素影响，我行存款业务面临较大压力。部分机构在过去几年高速增长阶段对客户基础工作有所放松。面对存款业务考核和竞争的双重压力，个别管理者采取拆东墙补西墙，甚至弄虚作假的手段“快速发展业务”，不仅推高了存款成本，导致短期行为倾向放大，而且弱化了基础工作，形成恶性循环。对此，内控合规部门要充分利用非现场手段进行监测，重点关注利用同业存款虚增对公存款、开具虚假存款证实书、违规出具承诺说明、手工计息交易管理不规范、同业利息计入对公利息、资金大进大出冲时点等利用非正常手段发展存款业务的行为。

为冲时点虚增对公存款在全行具有普遍性。在2013年末至2014年第一季度末的对公存款非现场检查中发现，有些分行将短期同业存款以中长期单位存款或机关团体存款名义存入，开立虚假存款证实书，套取中长期对公存款大机计提利息，并在基金存款到期时以提前支取、手工补息方式，支付基金存款高于对公存款的同业利息。总行反复强调，不得高息吸收基金机构等同业存款，并对同业短期定存进行了清理，但一些机构为了冲时点，仍在高息揽存，不仅有意规避同业存款科目监控，且涉及辖内所有分支机构，形成区域性违规风险。这反映出个别分行管理层发展观、业绩观、风险观错位，盲目地追求短期指标，忽视费时费力且见效慢的存款基础工作和客户的长期维护。对冲时点、买存款这种做法，内控合规部门要严查重处，并对相关责任人按照规定予以严肃处理，该免职的免职，该解除劳动合同的要解除合同。要敢得罪人、敢处理人，不能被动等待监管部门处罚。

此外，近期监管部门出台了同业业务管理新政策，提出了更严格的标准，同业业务内部组织管理体系需要重构，内控合规部门还需要关注同业业务改革过程中可能出现的新的合规问题。

三是中间业务管理方面。近年来，各类金融服务渠道更加多元，监管政策更加严格，舆论环境更加敏感，中间业务竞争十分激烈。在这种环境下，面对如何发展中间业务、怎样提高中收水平的问题，一些机构在“抓基础”与“走捷径”的取舍上出现了偏差，导致不规范销售、强制收费、浮利分费等问题时有发生，个别机构为此受到十分严厉的监管处罚，对全行声誉也造成了负面影响。

内控合规部门要高度关注中间业务收费问题，重点关注息转费行为。总行已经下决心取消了对与贷款有关的中间业务收入的考核，希望各分行按照实际情况计收利息，规范收费行为，并对收费部分做好服务。对于部分分行仍向小微企业服务收费问题，8 月 1 日，总行发布了《关于进一步规范服务收费管理的通知》（工银发〔2014〕68 号），要求取消贷款承诺费和资金管理费等一系列对小微企业的服务收费，这是一个高压线，各行一定要执行好。

同时，内控合规部还要关注销售行为不规范问题。总体来看，我行中间业务的理财销售、风险提示等环节做得不错。但是仍有个别分行存在系统外销售保险产品或以购买保险为前提条件审批发放个人住房贷款等违规行为；部分员工也存在代客户进行风险评估、接受客户委托代客理财、有意误导销售等违规行为。针对代理保险中的违规销售问题，总行已取消了相关考核指标，意在引导各行规范开展代理保险业务，不要为考核指标扭曲经营行为。

四是员工行为管理方面。今年上半年案防形势比较严峻，境内分行共发生 3 起内部案件、8 起内部欺诈类重大操作风险事件，涉及盗窃、受贿、内外勾结诈骗、违规套现等，累计金额 5 亿多元，在银监会的通报中排名靠前。上半年员工违规行为排查和系统内员工大额异常交易监测也发现 212 名员工涉嫌严重违反职业纪律。

内控合规部门要高度关注飞单、私售等问题。目前此类风险只是刚刚暴露，估计下半年可能会更多。四川滨江支行与华融天逸股权基金借签订安心账户之机，扩大服务内容，私自代销理财产品，目前产品无法按期兑付，引发客户到支行聚集维权。广东东莞分行理财经理私售海沧资本信托产品，到期无法兑付，涉及 31 位投资人，金额四五千万元。类似案例还有很多，对声誉影响很大，应引起各级管理层高度重视。下半年，总行将开展一次专项治理，切实加大处罚力度，检查结果将直接通报到县支行。飞单治理可以采取两项措施：第一，有奖举报。举报是获取信息的有效途径，有些违规行为不举报就很难发现；第二，解除劳动合同。客户经理多因小恩小惠而私接飞单，解除劳动合同可以比较有力地发挥震慑作用。内控合规部门发现此类违规情况要立即调查和报告。

五是反洗钱和反恐怖融资方面。近年来通过实施集中处理改革、大额和可疑交易报告改革等，境内分行在执行中国反洗钱与反恐怖融资监管要求方面取得了很大进步。但国际化发展带动内外联动业务增加，境内分行不仅要遵循中国监管要求，更要关注集团整体合规管理需要，配合境外机构遵循境外属地监管规则。对境内分行而言，跨境反洗钱的主要问题是加强涉敏业务管理。目前，总行正在实施全球特别控制名单报警信息甄别机制改革，将汇出汇款报警信息甄别处理工作集中到一级（直属）分行反洗钱中心，以进一步提高甄别质量。

总体而言，在当前经济下行压力加大的情况下，我行内部管理情况总体比较好，但外部风险交叉传染的问题和内部管理的问题仍不少。监管部门提出的新要求，以及我行资产业务、负债业务、中间业务、员工行为管理、反洗钱管理等方面出现的一些新风险倾向，都要求内控合规部门进一步认清形势，增强危机意识和责任意识，切实履行好职责，担负起新的使命。

三、认真落实内控合规工作的各项要求

（一）贯彻从严治行要求、端正经营发展理念。当前经营管理中出现的种种不正常、不规范现象，归根结底还是发展观出了问题。工商银行要实现宏伟发展愿景、打造“百年老店”，首先要端正全行发展观、业绩观、风险观，为此必须强调从严治行。

实践证明，对一家致力于打造“百年老店”的大行而言，关注“不能做什么”比关注“能做什么”更重要。在严峻复杂的环境下，只有坚守住风险底线，力争少犯错误，确保不发生系统性风险，才有机会实现发展愿景。而且工商银行机构人员多、业务条线庞杂，管理幅度宽、链条长，如果现在不坚决刹住不良经营管理倾向，而任其发展蔓延，必将败坏风气、涣散人心，潜在恶果难以估量。特别是我们作为一家大型上市银行，如果竞争手段不规范，将会影响整个市场风气，导致“逐底竞争”，不仅长远看不划算，而且在监管日趋严格且处罚力度加大、舆论监督作用更加凸显的环境下，哪怕是局部违规事件，几经放大后就可能酿成一场重创自身甚至全行业的风暴。

贯彻“从严治行”要求，必须强化内部控制和合规管理，进一步突出过程控制，确保总行的战略、政策、制度、要求在各级机构都得到全面、彻底、有效的贯彻执行。为此，今后一段时期内控合规工作的总体要

求是：紧紧围绕全行战略发展大局，以促进全行端正发展观为出发点，坚决贯彻从严治行要求，切实突出过程控制，不断创新内控合规管理机制手段，努力提升工作前瞻性和系统性，真正做到严密监测，严格核查，严肃整改，严厉问责，有力促进全行进一步规范经营管理行为，为全面、协调、可持续发展提供良好内控环境和有力合规保障，为打造“百年老店”奠定坚实的基础。

（二）完善内控工作机制，规范经营管理行为。要充分发挥内控合规各项机制作用，将正面激励和负面约束相结合，树立科学合理、稳健合规的经营管理导向。

一是发挥规则研究与风险研判对市场拓展、产品创新、业务管理的预警和风险提示作用。要持续跟踪并及时解读监管规则变化，高度关注并认真研判信贷业务风险、表外业务风险等重要、新型风险的发展趋势，帮助各级管理者准确领会监管精神，充分认识风险形势，更好地理解和贯彻总行决策部署。当前，各级行内控合规部门一方面要重视信贷业务风险，更深入、更全面地分析市场环境和风险环境，前瞻性地总结不良贷款形成的内部规律；另一方面要重视资产管理创新业务风险，加强对表外业务风险管理的跟踪研究，发挥预警提示作用，为战略决策提供支持。

二是发挥好制度统筹管理机制对业务经营发展的规范作用。要充分总结这两年开展的制度统筹管理工作，以及今年以来网点流程优化配套机制梳理工作经验，落实好相关的建议措施。各级行要紧紧围绕基层反映和柜员体验结果，同步解决好制度、流程的配套问题和流程落地问题，进一步完善制度的统筹管理机制。要进一步强化制度执行、监督整改的闭环式制度流程，对监测检查中发现的普遍性、典型性问题，要认真来分析表象背后的机制性、系统性、规律性原因，积极督促有关机构和部门及时研究修改完善制度办法、升级优化系统功能。

三是充分发挥合规教育机制对各级干部员工合规从业的引导作用。要提炼工商银行多年传承的优秀合规文化，总结丰富的合规教育工作经验，形成清晰凝练的员工合规基本规范和制度化的员工合规教育长效机制。要持之以恒开展合规教育，引导全行干部员工树立正确的发展观、业绩观和风险观，强化规则意识、风险意识和责任意识，培育“自重、自省、自警、自律、自励”的合规操守，养成遵守规则、善用规则、积极参与规则建设的合规习惯，真正使合规要求“内化于心、外化于行”，从根本上提高全行合规管理有效性。各级行一把手要本着为员工负责的态度，重视并积极支持合规文化培育。内控合规部要持续做好基础性的合规教育培训工作，解决好员工的思想认识问题。

四是发挥内控监测分析与合规检查对发展战略、决策部署、工作任务等落实过程真实性、合规性的监督作用。要加强对考核指标执行情况的监测分析和检查监督，及时发现和制止指标任务执行过程中的弄虚作假行为。下半年要组织开展核算真实性检查，内控合规、财务会计等部门要加强对考核任务执行情况的监测和监督，确保各级行真实、客观、全面地反映实际经营结果，进一步规范财务行为，严肃财务纪律。

五是发挥问责对机构经营行为偏差和员工行为失范的约束作用。要在管理中做到“赏罚分明、尽职免责、违规严惩”。对恶意违规、屡查屡犯等痼疾要“抓典型、出重拳”，从严惩处，绝不姑息；对于因为不正确的发展观而导致的系统性问题和重大风险事件，必须严肃追究有关管理责任。要加大职务调整、行政处分、解除合同等处罚手段应用力度，真正做到严厉问责。

（三）改进工作方式方法、提高过程控制水平。全行经营发展对内控合规工作的前瞻性、系统性、规范性、有效性等都提出了更高要求，全行必须进一步改进工作方式方法，健全事前、事中、事后全过程内控合规管理机制，提高过程控制水平。

一要改进内控监测分析工作方法。要选准定位，从内控合规部门独立视角出发，关注系统性、综合性风险，以及管理机制、流程系统的交叉和空白地带，做好有内控特色的监测分析，与各专业监测形成互补。要做好信息的整合应用，充分利用好全行各类业务信息、监测信息以及外部监管信息，深度挖掘并形成内控部门独到的见解。在积极挖掘并运用非现场大数据信息开展风险分析方面，刚刚组建的信贷监测分析中心也在小企业客户与小贷公司往来、固定资产支持融资等方面尝试开展了一些有益探索，内控合规部门要积极借鉴业务部门监测工作经验，对信贷风险、操作风险和员工异常行为进行系统性、趋势性的分析，提出具有前瞻性的风险管理建议。

二要改进内控监督检查方法。综合运用现场检查与模型筛查、调单调像等非现场检查手段，提高检查的针对性和有效性。上半年内控合规部对公存款业务检查完全通过非现场方式完成，不仅检查覆盖面、发现问题的准确性都有保证，而且检查效率更高。同时，要重视发挥传统线下监督检查手段的作用，建立严格保密的违规举报机制，以及由利益不相关方开展客户回访的机制，健全合规经理的监督报告网络，与内控监测分析等线上监督手段形成有益互补。总行上半年开展的“飞单”检查中，通过“非现场圈定检查对象→现场发现违规线索→引导非现场精确定位排查→现场由点到面逐一核实”的连续过程，不仅在很短时间内就挖出了隐藏很深的飞单问题，遏制并震慑了违规行为，而且也为今后查处此类问题积累了经验。各行内控合规部要充分利用线上与线下、现场与非现场相结合的手段，丰富完善监督检查管理方式，提高监督检查管理效果。

三要改进重大风险隐患治理方法。要牢牢扭住重大风险隐患高发多发领域，集中开展专项治理工作，采取迅速、精准、有力的整治措施，尽快消除风险隐患，有力震慑违规行为，并为建设风险管控长效机制争取时间、积累经验。针对今年以来的案发趋势和风险隐患，总行决定在下半年开展案件和风险事件专项治理工作，主要针对质押贷款、票据贴现、远期信用证、保理、信用卡、网上银行等领域欺诈风险，以及员工参与民间融资、高利贷、经商办企业、私售理财等“飞单”等问题开展治理，努力遏制风险隐患抬头趋势。

四要改进内控评价方式方法。要加快内控评价由现场评价为主向非现场评价为主、由两年一次现场评价向年度常态化评价的转变。通过更加全面、客观、准确的内控评价，促进各级行形成更加良好的内控合规文化，把精力真正从关注评价结果转移到关注日常内控管理和效果上去。

五要改进员工行为监督管理方法。从严治行的有效落实，归根结底要从员工行为监督管理抓起。要综合运用岗位准入、合规教育、系统控制、行为监督、激励约束等手段，用对人、教好人、盯紧人、管住人，促进干部员工牢固树立正确的发展观、业绩观和风险观。要坚持“以人为本”，对员工的严格要求实质上就是对员工最大的关爱，因此要从关心爱护员工职业生命出发，既要严惩违规违纪行为，也要落实好“尽职免责”，还要注意做好员工的思想工作，保护员工的工作积极性。

（四）加强内控系统建设、增强队伍履职能力。贯彻落实“从严治行”需要内控合规部门发挥更大作用，各级行要高度重视并加强内控合规工作的组织领导和队伍建设。

一是要切实加强组织领导。各分行领导班子要高度重视内控合规工作，一把手要按照“一岗双责”要求，履行好内控合规管理的第一责任。要通过各种方式明确传导“从严治行”的理念和声音，积极支持内控合规部门开展工作，并从思想上、机制上帮助其解决后顾之忧。

二是要切实加强专业素质建设。以打造一支“精业务、通规则、懂系统、善检查、能控险”的内控合规团队为目标，坚持专业化的团队建设思路。重点抓好监测分析师团队、反洗钱专家团队以及合规经理队伍建设。

三是要切实加强系统作风建设。进一步强化大局意识，有作为，敢担当，客观公正履行职能。强化服务意识和效率意识，积极高效做好工作。

同志们，在建设国际一流现代金融企业、打造基业长青“百年老店”的征程中，内控合规部门肩负的责任重大。希望各级行内控合规部门要认真落实好总行党委的各项工作要求，不畏困难，扎实履职，让各级党委放心，让被监督者服气，让广大员工满意。

在中国工商银行互联网金融服务营销动员会上的讲话

易会满

（2014 年 8 月 29 日）

刚才，姜董事长回顾了工商银行信息化建设历程，分析了互联网金融和大数据时代对银行传统经营模式的挑战，从战略高度对现阶段全行互联网金融重点工作进行了部署，接下来关键是要抓好落实，加快构建互联网金融服务平台和产品体系，集中开展重点产品的营销推广工作，迅速打开和做大互联网金融市场，努力在全社会树立“变革、创新、进取、充满活力”的市场新形象。下面，我讲四点意见。

一、加快构建互联网金融服务新体系

姜董事长对构建互联网金融三大平台、三大产品线，以及线上线下一体化服务体系作出全面部署，全行上下要统一步调、协调联动，一项一项抓好工作落实和营销推广，争取尽早形成规模效益。这里，我对这几个平台、重点产品及服务体系作一简要介绍，以帮助大家更好地了解。

（一）着力打造三大平台。电商、直销银行和即时通信三大平台建设是直接服务于客户的线上窗口，要作为当前互联网金融工作的重中之重，全力抓紧抓好。

第一，电商平台。正如董事长所指出的，我们建电商平台的目的与电商企业有着本质的不同，重点在于通过平台掌握客户的商品流、信息流和资金流信息，创造更贴近市场、贴近客户、更富价值的金融服务。

一是 B2C 商城。总行按照“名品、名商、名店”的策略定位，本着特色性、便利性、专业性、安全性的原则，搭建了融 e 购网上商城，入驻商户除了以实物商品销售为主的商户外，还逐步扩大到公用事业、车船机票等服务类收付费商户，并增加了票务、话费、彩票等直连商户。融 e 购能够支持我行的分期支付、逸贷支付、工银 e 支付以及他行支付等多种支付方式，可灵活开展电子券、秒杀、限时抢购、团购、集团购等形式多样的营销活动，并可使用我行个人综合积分抵扣支付，还可为入驻商户提供线上商铺装修、商品发布与管理、订单管理、客户服务、促销活动、经营分析六大管理工具，实现商户的企业管理系统（ERP）与电商平台的全面对接。融 e 购自今年 1 月正式营业以来，成交转化率、活跃商户占比等指标显著高于同业，商户直营率、实名客户占比行业排名第一。应该说，开业以来发展势头良好，但要真正按董事长的要求，办成交易规模千亿级的大型电商平台，跻身业界前列，还有较长的路要走。下一步要坚持“尊重电商规律、突出平台特色、体现银行优势”和“全行建、全行办”的方针，大力拓展商户，不断丰富商品，优化服务功能，快速聚集人气，提升平台交易量。总行按照品牌知名度高、销量好、兼顾地方特色的原则，梳理下发了第二批目标商户名单。各行要抓好商户落地营销工作，争取在 9 月底前实现签约并尽快在融 e 购销售。同时要抓紧筛选、推荐本区域“名、优、特”商户，确保年底前每个地市级城市都有 3 家以上商户入驻。要加强入驻商户管理，保证上线商品质量价格优、认知度高、竞争力强，力争每家商户的年销售额不低于 100 万元。

二是 B2B 商城。这是支持企业客户开展线上交易的综合商务服务平台。目前，总行启动实施了大宗商品、航运金融、供应链三大主题模式研发工作，其中大宗商品交易模式已在天津物产集团投产。大宗商品交易模式可为商品交易市场或电商企业及其会员提供集账户管理、支付结算、融资支持于一体的综合服务。通过该平台，会员交易资金不再进入交易市场保证金账户，而在自己的保证金账户留存，资金归属权不发生改变，避免了交易市场占用或非法转移交易会员资金的风险，增强了会员对交易市场的信任度。同时，会员除使用自有资金支付，还可通过开立电子银行承兑汇票、仓单融资、订单融资等方式完成交易，支付方式更加多样化，有助于提高交易市场活跃度。

第二，直销银行平台。直销银行是互联网时代的一种新型银行运作模式，客户不用到网点开立银行账户、申请网上银行或手机银行，可以直接通过互联网在线注册银行电子账户、购买银行产品、获取银行服务，全部交易均通过互联网不落地操作完成。直销银行不是对传统电子银行的替代，而是有力的补充。与网银、手机银行相比，直销银行市场定位以拓展他行客户为主，重点打造开放式的精品业务平台，在产品和功能上力求少而精，集中电子账户开立、存款、投资、交易、跨行资金划转等 5 大类核心功能，为客户提供电子账户在线注册、跨行资金划转、产品购买的一站式线上服务。在以优势产品将新客户吸引进来后，再通过关联产品服务的渗透，逐步推动客户升级为我行的常规客户。该平台计划于 10 月推向市场。

第三，即时通信平台。为适应客户沟通方式的变化，规避通过微信等第三方开展业务带来的客户信息流失风险，总行正在自主研发即时通信平台，为客户经理与客户之间搭建社交型的便捷沟通渠道，满足客户在获取服务过程中的交流、分享、讨论、咨询等需求。平台主要承载三大职能：一是为客户提供语音、文字、图片、视频等方式的智能快捷服务，并将原运营成本较高的工银信使短信服务迁移到该平台；二是建立客户与客户经理、在线客服、行内外单位之间的社交圈，形成信息急速汇集、快速传播的平台，创建新的应用场景和商业模式，为创新社交化的营销服务模式提供支持；三是运用大数据开展精准营销，通过对客户订阅公众号、关注热点、交流互动等非结构化数据的搜集和分析，以及对客户进行各种金融交易、生活服务的引流，实现针对性更强、效果更好的营销，努力使其成为我行重要的客户流量入口。该平台计划于 10 月投产。

（二）统筹三大产品线建设。支付、融资、投资理财是银行的业务优势所在，要针对客户线上金融服务需求，进一步创新产品，完善服务功能。

第一，支付产品线。快捷支付的发展和普及，改变了客户的支付习惯。总行一直在关注支付市场的变化，2011 年就推出了工行的快捷支付产品——工银 e 支付，并持续进行完善，今年又研发投产了线上收单、通用缴费平台等产品，形成了较为完善的线上支付产品线。工银 e 支付是针对小额在线付款的快捷支付产品，客户只要通过预留手机短信验证即可轻松完成付款，不仅拥有与第三方支付产品一样便捷的支付体验，而且拥有银行级支付安全保障，推出后迅速成为最受客户欢迎的快捷支付产品之一。截至 8 月 24 日，工银 e 支付交易金额达到 239.6 亿元，同比增长 8 倍；交易笔数 9 713 万笔，同比增长 4.5 倍。线上 POS，是针对线上商户推出的一款收单产品，其特色在于业务全面，支持网银支付、手机短信验证支付、信用卡无卡支付等各种线上主流支付方式，后续还将实现预付卡支付，且可通过逸贷进行融资；同时支付界面简洁清晰，交易过程大幅缩减，商户只要与我行一点接入，就可受理各银行发行的银行卡，提高了效率。目前该产品已在我行融 e 购电商平台推广应用。通用缴费平台，是我行搭建的缴费业务统一平台，支持客户通过开放式网站、手机 APP、网上银行、手机银行、自助终端等八个渠道缴纳通讯、水电燃气、交通、教育等九大类费用，用户在各个渠道都能享受到体验一致的缴费服务。收费企业首次与我行合作时，需要到网点做准入审核，后续新增服务项目可在线上申请、线上审核，业务审批流程简单。个人客户在缴费平台可使用借记卡和信用卡进行即时缴费、账单缴费，支持网银支付、手机银行支付、工银 e 支付、他行卡支付等多种支付方式。目前该产品已投产并在部分行试点推广。

第二，融资产品线。银行在融资业务领域积累的经验和优势是互联网企业不可企及的，但其利用大数据挖掘建立的标准化在线批量审批模式及风险控制手段，值得我们在重构小微金融业务模式中有所借鉴。我们要立足自身优势，积极运用大数据技术，不断创新和优化线上融资产品。一是个人逸贷产品。这是我们基于客户真实消费创新的信用贷款产品，当目标客户在指定商户消费达到 600 元时，即可由系统根据客户申请自动审批发放信用贷款。客户无须办理抵（质）押，无须提交贷款资料，无须等待审批，资金瞬时到账，随借随还。前期总行主要针对代发工资客户推广逸贷，今后要逐步新增商友客户、住房按揭贷款客户等客户群，进一步拓宽目标市场。各行要做好总行下发客户名单的落地审核工作，同时也要根据实际提出拟拓展的特定客户群。二是小微商户逸贷产品。这是一款以商户刷卡交易记录为授信依据、以 POS 收入结算账户为还款保障、无担保无抵押的信用贷款产品，主要用于小微商户上游采购、办公事项等小额采购支出，授信额度可循环使用，适用于餐饮、连锁超市、日用百货、民营加油站等小微商户。三是网贷通产品。这是我们面向小企业客户和一般法人客户推出的，可通过企业网银办理申请、查询、提款、还款的循环贷款产品。客户与我行签订借款合同后，可在线自主决定提款额度和资金实际使用期限。自助式的网贷通产品办理流程更为便捷，不仅方便了客户，也能有效节约成本，提升议价能力。该产品推广以来，已累计为 6.5 万户小微企业提供了 1.4 万亿元的贷款，截至 7 月末，全行网贷通业务余额达 2 905 亿元，较年初新增近 384 亿元，已成为中国互联网金融领域规模最大的一款融资产品。

第三，投资理财产品线。大力发展代客交易与资产管理业务，是经营转型的一个主要方向。相较于互联网理财，我们拥有更加丰富的投资理财产品和成熟稳健的投资管理经验，但不足之处在于交易流程较长、投资门槛较高、客户体验不佳。他山之石，可以攻玉。我们要加快推动互联网理念、技术与银行专业化服务的融合，做出我行互联网理财产品的特色。一是推广工银 e 投资客户交易终端。这是银行业首款投资类交易终端产品，涵盖账户贵金属、账户原油、积存金等全量代客交易产品，集行情、资讯、交易和服务于一体。产品根据投资交易客户使用特点，专门设计快捷下单等功能，并提供常用技术指标等专业分析工具，客户可随时随地进行交易，将有效提升交易的活跃度。该产品已于 8 月初在全行推广。二是推出具有互联网特色的存款、货币基金、理财和保险产品。总行将与工银瑞信、工银安盛等子公司合作，推出具有互联网金融特色的基金、保险产品，并精选几款具有一定市场优势的存款和理财产品进行线上销售，满足客户多样化的投资需求；还将在直销银行设立理财产品专区，首批投放灵通快线、增利、尊利等利于拓展行外新生代客户与重点客户的拳头产品，通过开发直销银行 APP 网点定位功能、开通网点测评优先通道、赠送积分等措施，引导客户在网点完成首次购买理财风险测评，以满足相关监管要求，确保合规经营。三是实施个人网银和手机银行开放性改造。适应客户先看后买的网络购物习惯，将理财、贵金属、账户交易等产品直观展现在网上银行及手机银行首页，客户不用登录就能查看、比较和选择产品，并在系统引导下登录完成交易，提升客户体验。

（三）提升线上线下一体化服务水平。要顺应线上线下一体化服务、全渠道经营的大趋势，积极运用互联网新技术，创新线上服务，优化线下服务，加强渠道间协调联动，努力为客户提供随时、随地、随心的线上线下一体化服务。一是统一线上服务渠道的认证机制。建立以客户为中心的统一电子认证体系，实现“统一注册、统一登录、统一服务”。即客户一次注册、使用一套用户名和密码即可同时开通、登录网上银行和手机银行，获取一致的电子银行服务，看到完整的账户视图，并查询使用不同渠道的交易信息。二是建立更加智能的线下服务渠道。利用互联网理念和技术加快对传统网点的改造，通过网点内大堂经理手持设备、自助设备、柜面间的信息共享，建立远程客服与现场网点的互动新模式，实现服务资源的统一调配、协同服务。目前总行已试点推出“客户自助 + 现场协同”以及“客户自助 + 远程授权”两种智能网点模式，在深圳和江苏分行各投产 1 家智能网点，下半年还将在北京、广州各投产 1 家。从试点情况看，网点效能提高明显。智能设备对个人业务处理替代率达到 80% 以上，新开卡联动注册电子银行等高频、复杂业务处理效率提高约 70%，有效地促进网点从“业务处理型”向“营销服务型”转变。总行还在试点推出网点无线上网服务，为进入网点客户提供融 e 购、手机银行、网点 WIFI 等线上平台和渠道入口，扩大与客户的多点接触。三是加强线上线下联动。就是要整合线上渠道和线下网点服务资源，建立渠道间信息共享、流程互通、业务互联的综合服务机制。目前，O2O（Online to Offline）在金融服务领域主要包括“线上申请 + 柜面处理”、“线上申请 + 后台处理 + 柜面领取”、“线上申请 + 集中处理 + 寄送”三种模式。客户通过网上银行、手机银行等预约网点服务，然后到网点快捷办理业务，不仅可节省客户业务办理时间，也使银行的业务需求变得可以预期，人力资源调配将更加有效，整体服务效能将显著提高。目前我行已推出了外币取钞、资信证明开立、大额取钞、实物贵金属销售等预约服务，下一步要丰富联动服务内容，并逐步从金融服务向生活服务等更为广阔的领域渗透。比如线下店商圈，就是利用我行线下商户基础优势，按照“为商户带来客户，为客户带来实惠”的思路，在我行线上渠道为合作商户搭建“线上前台”，为客户提供本地特惠商户和优惠活动信息，引导客户前往合作商户消费，为商户创造更多的销售机会，将线下合作商户整合为覆盖吃、穿、住、用、行等全面生活服务的线下店商圈，推动银行、客户、商户共同发展，探索收单业务发展新模式。目前深圳分行已先行推出了“工银爱购”手机APP应用，客户打开应用并进行定位后，可方便查看周边特惠商户的地址、电话、优惠活动等内容，帮助客户寻找最佳消费场所。下一步我行还将为特约商户生成二维码，客户只需通过我行手机客户端扫描商户二维码，就能直接通过绑定的银行卡完成线上支付，提高支付的便捷性。

二、互联网金融服务营销推广目标任务

当前的互联网金融竞争已非常紧迫。在这场竞争中，创新产品、构建完整的产品体系只是工作的第一步，我们的最终目的是让客户真正接受并使用我行的产品。互联网竞争具有很强的时效性，且普遍存在“赢者通吃、一家独大”的现象。全行必须要拿出时不我待、舍我其谁的工作状态，抢抓市场机会，在做强做优产品的基础上，千方百计做好营销推广，打造竞争优势。根据当前的市场竞争态势和我行的实际，总行确定了全行要重点营销推广的互联网金融产品，明确了目标任务及牵头负责部门。重点分为三大类：

（一）新近推出的重点产品。这类产品是我们去年以来，主动融入互联网金融创新推出的产品，包括工银e支付、线上POS、通用缴费平台、逸贷、工银e投资客户交易终端、账户交易类投资、融e购、B2B大宗商品交易模式等八种产品。这些产品涉及互联网与金融交织渗透的重点领域，我们的起步发展要落后于互联网企业，但在金融同业、银行同业中具有一定的先发优势。全行要树立信心，在营销推广中重点突出我们的金融专业服务优势和特色，尽快打开市场、形成规模、站稳脚跟。工银e支付客户总量年内要确保达到4 000万户，力争突破5 000万户。线上POS年内要拓展1 000家电商，在日益增长的线上收单市场上与互联网企业开展积极竞争。通用缴费平台要覆盖到所有二级分行，完成全行存量客户向新平台的移行。逸贷融资余额达到600亿元，在与互联网企业同类产品的竞争中保持优势。工银e投资客户交易终端客户数要突破10万户，在短时间内确立市场优势地位。账户交易类投资要进一步丰富投资品类，加快推出账户基本金属、账户农产品、账户贵金属指数等产品，提高产品渗透率，年末客户数要达到1 200万户，力争突破1 300万户。融e购交易额要达到300亿元，入驻商户达到2 500户，上架商品达到13万件，注册用户达到1 000万户。B2B大宗商品交易模式要实现各一级、直属分行都有区内大型商品交易市场或电商企业上线投产。工银e支付、工银e投资客户交易终端、融e购由电子银行部牵头营销，逸贷由个人金融业务部和银行卡业务部牵头营销，通用缴费平台由结算与现金管理部牵头营销，B2B商城由公司金融业务部和结算与现金管理部牵头营销，账户交易类投资由金融市场部牵头营销，线上POS由银行卡业务部牵头营销。

（二）前期已推出的重点产品。我行手机银行、网贷通投入市场已有较长时间，具备了一定规模和优势，但随着技术、市场的发展和新业务模式的演化，潜在发展空间被进一步打开，必须加快市场推广步伐。手机银行由电子银行部牵头营销，重点要培养客户的使用习惯，增加客户黏性，扩大活跃客户的规模，力争全年新增客户超过3 800万户，月动户数达到900万户。网贷通由小企业金融业务部牵头营销，重点要进一步优化业务模式，积极拓展微型企业市场，力争年内新增贷款500亿元，贷款余额达到3 100亿元，全面巩固我行在网络融资领域的领导者地位。

（三）年内即将推出的重点产品。直销银行和即时通信平台目前正在紧张开发中。电子银行部负责两大平台的建设，并配合做好市场推广；客户拓展、产品投放和功能优化由营销部门负责落实，产品创新管理部和信息科技部配合。直销银行争取年内发展客户200万户，其中中高端客户50万户，个人金融业务部牵头负责。即时通信平台年内信息推送客户数要达到900万户，并在私人银行客户中全面应用，提升高端个人客户的一对一专户服务，个人金融业务部、私人银行业务部和银行卡业务部负责落实。

三、适应互联网金融特点，加快创新营销推广模式

当前，随着互联网技术的发展和智能终端的普及，信息传播方式正在发生深刻变化，客户越来越多地把网络、社交圈对金融产品和服务的推荐、评价作为选择的重要依据。同时，基于客户消费行为信息的大数据挖掘也使得商业主体对目标客户定位和客户特征分析更加精准，社交化营销和精准化营销的价值日益凸显。全行要主动适应互联网金融发展趋势，积极以互联网思维改进营销推广模式，努力实现重点产品和业务的超常规发展。

（一）创新营销推广模式，开展“社交式”营销。要针对目标客户行为特征及变化，集中组织开展一批具有开放性、互动性特点的社交式营销活动，调动和激发客户的参与热情。

一要积极运用新媒体开展营销宣传。现在媒体结构发生了很大变化，特别是微信、搜索引擎、微博等新媒体异军突起，更具广泛的传播力。各行在做好传统媒体

宣传的同时，要重视和加大对新媒体的宣传投入，增强对不同群体客户的营销渗透率。要因地制宜地制作一些可视性强、趣味性强、传播性强的宣传材料，发动和组织员工进行宣传，利用自媒体形成营销宣传的几何效应，争取通过不断预热和升温，在年底前后形成工商银行互联网金融营销宣传的高潮。

二要抓紧构建社交化的客户维护新模式。10 月，总行将推出即时通信平台，各行要积极依托这一平台，组织客户经理建立与客户的社交圈，通过社交圈在第一时间内推送我行最新的产品和服务信息，并利用平台加强与客户的沟通互动，及时了解掌握客户的金融服务需求，进而有针对性地开展营销，提升客户资源挖掘和维护效能。

三要广泛开展具有吸引力的营销活动。营销宣传要收到实效，必须能够唤起客户的参与热情。对互联网金融产品的营销，总行相关部门要积极开动脑筋，创新营销方式。比如，可以开展客户积分抵现活动，目前在我行有积分的个人客户有 2 亿多，积分余额达 1.42 万亿分，1～7 月融 e 购累计兑换积分 187 亿分，仅占全部积分的 1.3%，空间还很大。我们可以动员客户将积分折抵的现金在融 e 购上购买商品，也可依托融 e 购开展购物消费送积分、送账户金等活动，还可以通过策划一些市场卖点强的方式吸引行内外客户，快速扩大融 e 购的市场影响力。要强化对特定客户群体，特别是对互联网依赖性更强的年轻客户群体消费行为的研究，开展更富效率的营销活动。比如，针对大学生入学集中购手机、更换号码等需求，可以与移动运营商合作开展逸贷购手机、逸贷充话费、送电话卡等活动，并以此批量获取大学生客户的手机联系方式，开展后续深度营销，培育和拓展青年客户市场。要树立“让客户留住客户”的营销理念，引导客户在朋友圈、社交圈中宣传推介我行产品和服务。比如，通过赠送积分的方式，吸引客户通过微信、微博撰写或转发产品使用体验等，把客户的分享点评变成我们的价值。现在总行正在研发账户红包服务，就是借鉴互联网行业赠送红包的营销模式，向账户交易类客户免费赠送红包，再由客户分发给自己的好友，吸引新客户参与产品体验，“网络式”拓展客户。各行也都要创新思路，把营销宣传活动有声有色地开展起来。

（二）全面整合营销资源，开展“联动式”营销。在互联网背景下，客户比以往有更多选择和更自主的金融服务需求，要求银行能够提供满足个人偏好和需求、线上线下一体化的良好体验。因此，我们在营销中也要以客户为中心，强化多渠道、多部门、多机构联动营销，突出“One ICBC”的整体合力。

一要强化线上与线下联动营销。要加快整合多渠道营销资源，促进线上和线下营销优势互补，提高营销成效。一方面，当前物理网点依然是市场营销的重要渠道，是我们与客户的重要接触点，也是较之互联网企业的重要优势之一。要充分发挥线下渠道的传统优势，利用客户经理与客户面对面接触的机会，开展有针对性的金融产品和服务营销。另一方面，要抓住线上渠道特别是移动渠道全天候的特性，主动向客户推送特色产品及服务，并深入分析客户在线上渠道的金融消费行为，挖掘客户潜在金融需求，引导客户办理更多高附加值的金融业务。

二要加强总分行和专业部门间的联动营销。要整合总行的总部优势、资源优势和分行贴近市场、了解客户的服务优势，上下联动拓展互联网金融新客户新市场。要大力开展公私联动、专业联动，深度挖掘存量客户价值，通过交叉营销互联网金融产品，增强客户黏性和忠诚度。各行要按照总行印发的网点联动营销指引，掌握联动营销的主要形式、常用做法和基本流程，积极运用联动营销实现重点产品、重点市场的突破。

（三）找准目标客户，开展“精准式”营销。大数据时代，如何快速、准确地发现产品的目标客户、留住最有价值的客户，是营销活动事半功倍的基础。银行作为数据密集型行业，在长期经营中积累了大量的客户数据和交易信息，这是一笔极其丰厚的财富。我们要充分发挥总、分行分析师队伍的作用，利用大数据资源，绘制完整的客户数字图谱，洞察客户已知甚至是潜在的金融需求，做到比客户更了解客户，比客户更懂得客户需求，有的放矢地改进产品和服务，把合适的产品卖给合适的客户。

目前，总行已推出了智能营销信息服务系统，可以将目标客户清单分配到网点、电话坐席、短信平台、个人网银、手机银行等渠道，二级分行以上机构都可以依托该系统开展精准营销。支行和网点也能够在个人客户营销管理系统（PBMS）中灵活筛选目标客户清单，并基于目标客户清单自主创建营销活动。各部门、各分行要围绕这次营销推广的重点产品，尽快建立客户筛选模型，准确挖掘目标客户特征，确保对目标客户群的精准覆盖。要跟踪营销活动开展情况，及时分析营销模型的精准度和营销执行的有效性，不断优化完善营销模型，实现精准营销的制度化、常态化和流程化。

四、做好互联网金融服务营销工作的几点要求

总行已经制订了互联网金融营销宣传的整体方案，总的想法是按照自内而外的原则稳妥开展、梯次推进。这次会议重点是先在行内进行广泛动员，使各级机构和员工全面了解互联网金融战略架构、总体布局以及相关产品和服务，尽快统一思想和行动，为掀起对外营销宣传热潮做好准备。

（一）要提高认识，组织好重点产品营销。刚才董事长深刻阐述了互联网金融对银行支付、融资、存款、

信息资源等方面带来的颠覆性挑战，我们必须从战略的高度来认识和应对，在借鉴互联网企业长处的同时，充分发挥自身金融服务专长、客户基础雄厚、市场潜力巨大等优势，迅速聚拢客户，抢占市场。从近期的市场营销情况看，上半年部署的主题营销进展与既定目标还有一定差距。各分行各部门要认真领会、准确把握这次会议精神，组织研究具体落实措施，切实将互联网金融产品营销作为下一阶段的重点工作抓紧抓实，抓出成效。

（二）要及时布置分解，明确各机构工作职责分工。一分部署，九分落实。总行已经对重点产品的目标任务进行了细化分解，会后相关部门要立即下达计划，并制订配套的营销方案和考核激励机制，指导分行明确营销目标市场，逐项产品落实营销责任，确保全面完成各项营销任务。产品及平台主管部门要切实承担起牵头管理责任，与相关部门密切协作，配合前台市场部门做好产品推广。各利润中心、各分行本部要发挥资源优势，主动承担起直营职责，积极组织好各项营销活动。各机构一把手要亲自布置和指导本单位营销工作，密切跟踪和督导营销进展，不当甩手掌柜，既要组织好营销，又要完成好指标。

（三）要营造市场声势，扩大营销活动的影响力。要按照“有声势、有重点、有评价”的原则，集中资源开展营销活动。总行要对全行营销活动进行整体规划、统一部署，接续开展各主题营销活动，扩大我行互联网金融的品牌影响力和市场号召力。各分行要根据总行安排和确定的重点产品，结合本地市场特点、客户需求和经营定位，采取有区域特色的营销方式，使营销活动更具针对性和吸引力。要建立营销活动评价机制，及时发现存在问题，不断改进和完善后续营销推广策略。这里要强调的是，在营销推广工作中，要保证质量，不得盲目拓展无效客户，更不能冲数量、玩数字游戏，最后形成大量的不动户，造成营销资源浪费。

（四）要加强业务培训，为营销推广工作提供有力支撑。为便于各行组织开展重点产品的营销推广工作，接下来总行有关部门将从产品功能、申办流程、目标客户和营销要点等方面对重点产品进行集中培训。希望各行、各部门认真学习消化，并抓紧组织转培训工作，确保辖内各级营销人员、操作人员、管理人员及后台服务人员全面了解和掌握我行互联网金融产品的营销要点，为下一步工作打好基础。

同志们，面对互联网金融发展带来的前所未有的机遇与挑战，全行上下特别是各级领导干部要率先学会使用、积极普及互联网金融产品，善于学习借鉴互联网思维推动业务创新，不断为传统银行服务注入创新开放的基因，努力为客户提供更加卓越的金融服务，实现更加长久的持续健康发展。

在分支机构改革工作动员会议上的讲话

易会满

（2014 年 9 月 26 日）

今天会议的主要内容是，对境内分支机构改革工作进行动员和部署。这项工作是今年总行党委确定的重大改革课题，关系到工商银行改革发展大局，总行党委对此非常重视，专门成立了课题组，在广泛征求意见建议的基础上，制订了境内分支机构改革方案。改革方案经总行党委研究同意后，已经正式印发，决定尽快实施。为了更好地推动这项工作，受姜建清董事长委托，我讲三点意见。

一、这次改革的重要性和必要性

工商银行自成立以来，先后进行了五次大的组织机构改革与职能调整，较好地适应了各个阶段的竞争发展需要，为全行经营转型和健康发展提供了坚实的组织机构保障。但随着形势的发展变化，组织机构方面也出现了一些诸如管理关系不顺畅、管理幅度不合理、机构设置过多过细、管理人员超职数配备等问题，亟须加以解决。同时，中央对机构与干部管理工作也提出了新任务和新要求，需要我们进一步贯彻落实。大家一定要充分认识到这次分支机构改革的重要性和必要性，通过改革突破发展瓶颈、化解矛盾、提升市场竞争力。

（一）这次改革是进一步落实中央有关精神的需要。去年以来，为贯彻落实党的十八大和十八届三中全会精神，国务院以职能转变为核心，继续简政放权、推进机构改革、完善制度机制、提高行政效能，稳步推进大部门制改革。同时，中央对中管企业的机构设置、干部配备工作也提出了新的具体要求。中组部也连续出台了一系列加强干部监督工作的制度规定，并将严禁超职数配备干部作为干部监督工作的重点，要求各单位严明纪律要求、开展普遍检查、限期整改消化。为此，今年上半年，总行在去年机构改革的基础上，集中开展了总行部门副总经理职数核定和调整工作，以及总行部门处室设置、正副处长职数、业务类职数和人员编制的重新核定工作。推进分支机构改革，重新核定机构人员编制和干部职数，加强编制职数管理，都是结合工商银行实际贯彻落实中央有关精神和要求的重要工作。从分支机构的现实情况来看，分行的机构还不够精简高效，一些机构干部管理行为不够规范。近几年，分行的机构数量增长较快，明显多于可比同业。从内设部门方面看，目前全行一级（直属）分行共有内设部门1 009个，比2006年增长了16%，行均达到28个；23家省分行营业部以及281家二级分行共有内设部门3 721个，比2006年增长了25%。从省行这一级的内设部门设置来看，我行相比几家可比银行是最多的。再从直附属机构方面看，目前一级（直属）分行层面共设有直附属机构7类39种，总数达到462个，行均13个。二级分行层面的直附属机构种类、数量偏多，总数达到2 425个，行均9个；而且内设机构与直附属机构间的职责边界模糊，迫切需要整合规范。部门多了，容易形成部门墙，导致办事流程比较长、效率比较低，甚至存在无效管理和人浮于事的情况。

再从分行管理人员配备情况看，超职数配备干部的现象还是比较突出的。目前，一级（直属）分行本部实际配备管理人员3 213人，超过原有干部职数的22%，有的行本部管理人员超过100人，部门平均管理人员超过了一正四副；二级分行配备领导干部总体数量较多，超职数情况比较普遍，个别二级分行行级干部平均职数达到8.5人，最多的达到12人。基层员工对干部超职数现象意见比较大，有的行反映当官的人越来越多，做事的人越来越少，机构的管理效能和运转效率有所降低。

（二）这次改革是进一步提升我行市场竞争力的需要。我们最近一次大的组织机构改革是股改上市时进行的，距离现在已经有七八年时间，6～8年是一个小的经济周期，对于组织机构也是一个调整周期。近两年来，由于外部环境和自身经营结构变化，我们在组织机构方面的不适应性也日渐突出，到了一个需要进行阶段性调整的时期。因此，去年总行党委就研究确定了实施组织机构改革的战略部署，并率先推进了总行机构改革，并将分支机构改革工作纳入今年全行重点工作。

面对世界经济深度调整、国内经济转型发展、金融监管日益严格、利率市场化加快推进，尤其是互联网金融的迅速崛起等新情况，客户的需求与消费习惯、竞争对手与竞争方式都在发生着深刻的变化，我们不仅需要面对银行同业的竞争，还要应对来自各类非金融、类金融机构的挑战。在这种形势下，近年来我们也积极谋变，在将传统商业银行业务不断做深做细的同时，布局投行、基金、租赁、保险、资产管理等新兴业务，加快了国际化发展的步伐，已将机构扩展至40多个国家和地区，初步建立了以商业银行为主体、跨境跨市场的经营发展布局和组织架构，推动全行在复杂严峻的经营环境下总体保持了良好的发展态势。

但同时，我们也面临着较大的经营管理压力，利润增长速度放缓，资产质量压力加大，突出表现为境内分支机构的竞争能力受到了很大挑战，在部分重要区域和业务领域的竞争优势有所弱化，主要业务指标增速放缓，整体市场占比有所下降，市场竞争力出现下滑。一级分行方面，各项存款四行占比第一的分行由2005年的26家下降到2013年的10家，降幅超过50%。大中城市行方面，各项存款四行占比由2011年的35.1%下降到2013年的34.6%，有12家行2013年存款增速低于同业平均水平。同时，我行网均、人均效能低于中小股份制银行，与可比同业相比，也没有优势，运营效率和服务水平方面甚至还有差距。这些既与经济形势变化、银行竞争加剧等外部因素有关，也与我们在组织机构、激励约束机制等方面的不适应有关。

比如，我们机构管理的理念和方式还不够先进，习惯于设机构、加人员，对于一些团队式、项目制的组织方式应用不足，组织机构的灵活性不够。一些机构本部机关化、官本位的风气还比较严重，后台为前台、本部为一线、全行为客户的服务意识比较淡薄，部分基层员工甚至很多客户对此有意见。又比如，激励约束机制不科学，管理的行政化特征依然比较突出，主要依照行政等级配置人力资源、财务资源，没有充分体现出业务规模、价值贡献和经营管理能力方面的差异，激励不足与激励过度并存。再比如，管理机制不够灵活，在一些业务流程和授权方面，过于强调自身专业性的要求，忽略了基层实际和客户需求，导致运营效率不高，客户体验不佳，影响了市场竞争力。所以，这次分支机构改革，不仅仅是组织机构的一次调整，也是激励约束机制和相关管理机制的一次优化，更是要逐步破除行政化、官本位的思想观念，引导各级管理者紧紧抓住“经营企业”这个关键点，真正像经营者一样为客户服务，算投入产出，帮助基层解决实际问题，切实提高分支机构的市场竞争力。

（三）这次改革是进一步加强机构管理的需要。通过前期调研发现，目前我们分支机构在管理关系和管理幅度方面存在的一些问题，影响了内部管理效率，阻碍了竞争合力的形成，也需要通过这次改革加以解决和规范。

一方面，部分机构的管理关系有待理顺。比如，营业部自身的经营定位还需要进一步清晰。有些营业部偏重于管理，倾向于把自己做成一个负责上传下达的管理层级，直接面向市场和客户的经营职能有所削弱。再比如，营业部与省分行的职能分工有待优化，资源共享不够，没有按照有利于风险防控、有利于提高效率、有利于提高集约化水平的标准，去研究和实施合理的中后台集中管理。还有，省分行、营业部、城区支行之间的管理关系有待理顺。目前，在营业部城区一级支行整合中，有些分行将管辖行做成了营业部与城区一级支行之间一个新的管理层级，降低了管理效率，在一定程度上影响了市场竞争力。

另一方面，部分机构的管理幅度不合理。目前省分行下辖二级分行、二级分行下辖县域支行的设置基本合理，覆盖了绝大部分行政区域，但省分行营业部、城市分行、二级分行所在地的支行与网点设置方面仍然存在一些问题。比如，扁平化程度差异较大，扁平化的后续管理和配套措施跟不上，实际效果并不是很理想。城区一级支行数量、支行下辖网点数量差别也非常大，管理粗放与管理过细的情况同时存在，对市场竞争、资源配置与风险防控都有一定的影响。

二、这次机构改革的目标任务和基本原则

总行党委将本次分支机构改革的总体目标确定为：认真贯彻落实党的十八届三中全会精神，着眼于建设国际一流现代金融企业的战略目标，更好地适应当前改革发展和市场竞争的需要，通过完善组织架构体系，明确机构职能定位，理顺机构管理关系，科学核定相关编制，不断夯实管理基础，建立起市场反应灵敏、运营效率高、管理机制完善的分支机构组织体系，全面提升业务发展活力、经营管理效率和市场竞争能力。

这次改革主要遵循以下几个基本原则：一是服务发展。在保持与巩固传统业务优势的基础上，着眼于长远发展，通过组织机构的调整，提升经营发展能力与业务运营效率，提高全行对环境变化的适应能力与转型发展能力，平衡好市场与风险之间的关系，确保组织架构在未来一段时期内能较好地适应业务发展需要。二是市场导向。坚持以客户为中心，以市场为导向，按照统一客户视图整合优化营销部门，提高客户服务效率与市场响应速度，进一步突出经营职能，合理整合中后台的管理职能，充分发挥整体优势，全面提升市场竞争能力。三是精简高效。明确各类机构职能定位，清晰界定职责边界，优化工作分工，建立精简高效的组织体系。从严核定机构人员编制和管理人员职数，控制本部人员膨胀，引导各类资源向营销部门和基层一线倾斜。四是科学规范。理顺各级机构之间的管理关系，规范机构设置和人员配备标准，明确管理权限和流程，核定相关编制，进一步健全动态管理机制和监督检查机制。五是突出重点。高度重视大中城市行的战略地位，通过完善组织架构，充分激发大中城市行经营活力，增强大中城市行核心竞争力，进一步发挥大中城市行对全行经营发展的龙头带动作用。六是统筹兼顾。注意把握大局，加强总体设计，将机构改革与夯实管理基础相结合，将组织架构调整与业务流程优化相结合，将人员调整与干部队伍建设相结合，确保改革平稳推进、业务健康发展、风险有效防控。

这次改革主要从以下四个方面寻求突破。一是完善组织架构体系，优化内设机构设置，将原来的直附属机构统一精简整合为直属机构，规范直属机构管理，并取消二级部，降低协调成本，提高管理效率。二是通过明确一级（直属）分行、省分行营业部、二级分行、一级支行和网点的职能定位，促进各层级之间的协调联动。三是理顺省分行、营业部和城区一级支行之间的关系，通过管理模式、计划下达和考核方式等方面的调整优化，调动各方面的积极性。四是通过完善资源配置、激励约束和编制管理机制，加强干部员工队伍建设，不断夯实经营管理基础。

按照上述原则和思路，总行重新核定了一级（直属）分行内设机构、直属机构编制和管理人员职数，核定了省分行营业部领导班子职数，并以省分行为单位核定了二级分行领导班子总职数。重新核定后，37 家一级（直属）分行各类编制与职数均有所精简，总体来看，精简比例不大，但一些原先机构数量较多以及管理人员超编较多的分行会有一定的压力。

这次改革方案涉及机构重新设置与调整、管理关系理顺与优化、管理干部职数核定及干部调整等多项工作，在组织实施过程中，大家要重点把握好以下几个问题。

（一）关于一级（直属）分行内设机构问题。这次核定分行内设机构编制，目的不是单纯地减少内设机构数量，而是要通过职能调整来优化工作分工，理顺业务关系，进一步提高效率，最大限度地发挥每个部门的作用。为此，总行只确定了机构总量，给各分行留有较大的决策空间。各行党委要认真研究内设机构优化工作，紧密结合业务发展需要，在总行下达的机构编制内，根据实际情况自行设置部室。要按照“突出重点、提升效率”的原则，优先考虑前台营销和经营管理部门，适度整合中后台部门，以便协同开展工作。在调整过程中，要合理安排内设机构的相关职能，现有的一些独立部门可能会与其他部门进行整合，这并不意味着这些工作不重要，而是按照统一客户视图更好地为客户服务和减少内部协调成本的原则，将相关职能整合到相近部门里。这里需要特别强调的是，总行各部门要充分理解和支持分行的内设机构调整工作，不能要求分行必须设置相应的对口部门，避免对分行内设机构的设置调整工作进行干预。

（二）关于干部职数问题。从目前实际情况来看，大部分行都不同程度地存在干部超职数配备情况，个别行还比较严重。这次组织机构改革，按照从严控制、向前台倾斜的原则，重新核定了管理干部的职数，各行在贯彻落实中要重点做好以下几点：一是严格遵守编制管

理规定，按照“管好增量、调整存量”的原则，积极稳妥地做好干部调整。一方面，坚决不能突破职数提拔干部，按照职数要求管理好增量；另一方面，对于已经超职数配备的干部，要认真研究调整方案，因地制宜确定调整的方法、流程，避免干部队伍出现大的思想波动。另外，为平稳推进调整工作，此次干部调整设有两年的宽限期，干部超职数的分行要严格控制宽限期的干部规模，第一年必须至少完成50%的超编干部的调整。二是要借助此次机构改革的机会优化干部队伍结构，将想干事、能干事、有业绩的干部选拔上来，将不适合现有岗位的干部进行调整。同时，要特别注重发挥好调整出来干部的作用，根据个人情况安排合适的岗位，充分调动他们的积极性。三是动态调整、系统控制，总行将加强对干部职数的系统控制和动态管理，完善对干部职数使用情况的监督检查。各行也要做好辖区内干部的分层管理，不断强化对辖内分支机构干部职数管理的指导和监督。

（三）关于省分行和营业部关系问题。营业部地处省会城市，无论是市场资源，还是经营发展都在全省举足轻重。截至2013年末，全行23家营业部各项存款、各项贷款、拨备前利润和净利润分别占到23家省分行的36%、36%、28%和41%，营业部的经营发展对省分行至关重要。

这次改革的一个关键点就是理顺省分行、营业部和一级支行的关系，明确管理层级和管理边界。省分行和省行营业部负责重点客户的关系管理和重大项目、新兴业务的营销服务，一级支行和网点着力做好中小型企业和个人客户的培育、拓展和营销服务，并做好上级行管理客户的落地服务工作。这次还取消了管辖支行，减少管理层级，明确管理关系和汇报路线，由省分行管理营业部，营业部管理一级支行，一级支行管理网点。为了提高市场反应速度，在风险可控的前提下，省分行可在省行营业部设立授信审批分部。另外，这次改革还完善了苏州分行和广州、杭州、成都、南京、武汉5家营业部的管理模式。由总行以其中数的形式，对苏州分行和5家营业部下达各项经营计划和资源配置计划。省分行对各项资源配置一般不做调剂。总行单独对苏州分行和5家营业部进行数据统计、财务核算和绩效考评，同时也将各项数据并入所在省分行，以充分调动两方面的积极性，发挥好整体合力。

在实际工作中，省分行要大力支持营业部工作，重点支持营业部的发展，充分发挥在投行、资产管理、资产托管、养老金等新兴业务方面的专业优势，为营业部提供强大的营销支持。省行营业部要依托省行的资源优势和后台支持，重点突出前台营销职能，尽量集约中后台职能。营业部要主动及时向省分行汇报沟通工作，尤其是在信贷管理、风险、内控等方面要接受省分行的统一管理和监督，便于省分行统筹全辖业务发展、整体把控业务风险。同时，营业部要统筹管理好一级支行的各项经营管理活动，做好业务推动、绩效考核、风险控制等管理工作。对于经营业绩好的一级支行，经过批准，可以适当调高主要负责人的岗位等级或加大绩效奖励。

（四）关于扁平化和管理幅度问题。银行经营管理的实践证明，扁平化有利于缩短管理链条、提高管理效率。从未来发展来看，在城市行范围内精简机构层级、优化管理幅度，实行扁平化依然是全行机构管理的改革方向。现阶段，已经实现扁平化管理的分行，要进一步完善配套机制，提高相应的管理及服务能力，确保扁平化管理发挥出应有的作用；有条件、有能力推进扁平化的分行，可以稳步实施、逐步推进；暂不具备条件的，要确定合理的管理幅度，减少管理层级。一是要合理设置一级支行，根据市场和自身管理能力有针对性地划分一级支行的管辖范围；二是要合理确定一级支行管辖网点数量，科学划定支行对网点的管辖幅度，平衡好各支行的资产规模和客户数量。

（五）关于直属机构设置问题。目前，一级（直属）分行直附属机构数量较多，各分行之间差异较大，设置比较随意。这次改革的一个重点就是要规范直属机构设置，各行要根据实际情况，在总行规定的直属机构名称范围内，合理设置本行直属机构，厘清内设机构和直属机构职责边界，将目前的直附属机构整合归并为直属机构。直属机构是顺应我行改革发展以及流程建设、风险控制、客户服务等经营管理需要而建立的机构，与内设部门定位不同，主要负责专业化经营和集约化运营。一方面，要集中专业力量开展专业产品的集中经营或重点大客户、大项目的重点营销，发挥人才聚集效应，打造工商银行的专业优势和品牌形象。另一方面，要负责为业务部门、分支机构提供中后台的运营服务支持，通过业务流程的整合集约、劳动组合的优化调整等方式，促进效率提升和成本节约。这次改革后，取消了附属机构，将直属机构规范为3类9种，按照职能定位、工作性质以及组成要素等，分为经营类、运营类、院校类。各行可因地制宜设置经营特定专业、特定客户的经营类直属机构，如私人银行中心、银行卡中心等；设置专门开展集约化运营的运营类直属机构，如业务处理中心、技术支持中心等；设置承担教育培训职能的院校类直属机构，主要是各行的金融培训学校。

（六）关于专业化团队问题。随着信息技术的进步，企业组织架构将变得更加精简、更富活力、更有效率，团队化运作、柔性化管理将是企业组织架构发展的方向。有些新兴业务专业化水平要求较高，靠层层号召、层层推动、层层设机构的营销模式很难奏效，可以借助专业团队的优势来做，由省分行、营业部或二级分行牵头组建，集中专业资源，快速做大规模，为辖内分支机构业务发展提供营销支持、产品解决方案以及一些典型案例。在这方面，我们的一些分行，尤其是大中城市行已经进行了积极探索，取得了良好效果。各行可根据实际，在相应层级设立专业化团队，充分发挥效率高、专业强的特点，为客户提供综合化、一站式金融服务。要按照专业团队的工作任务和目标进行相应的考核，并根据业务发展情况进行动态调整，不要把团队搞成变相的内设机构。同时，在互联网和大数据的支持下，要将团队服务模式与信息化银行建设融合起来，通过大数据分析和信息化平台，让专业团队将数据优势与专业能力结合起来，实现精准定位客户、精准设计产品、精准把控风险，成为我行在互联网金融时代的营销利器。

（七）关于激励约束机制问题。机构改革本身主要涉及体制方面的问题，要提升竞争力，还需要激励约束机制的配套。激励约束机制是企业经营管理的重要组成部分，是调动员工积极性的重要手段。2007 年全行统一实施的人力资源管理提升项目，搭建了以岗位为基础的市场化、企业化人力资源管理制度体系，为全行业务的快速发展奠定了坚实基础。经过几年的运行，现在出现了一些新情况新问题，相关配套制度需要进一步完善。例如，部分机构没有明确的员工晋升发展机制，部分机构员工绩效考核科学性不够、结果应用不到位，部分机构工资总额分配不合理等。为此，总行将在组织机构调整基本完成后，尽快启动人力资源管理深化项目，按照企业化、市场化方向，进一步完善岗位职级、绩效考核和薪酬分配机制。同时，也希望各分行立足本行实际，细化考核办法，完善绩效考核的“最后一公里”建设，真正落地解决好员工的源动力问题。

（八）关于领导班子问题。一家行经营得好不好，竞争能力强不强，除了体制机制、资源配置等方面的原因，关键还在于领导班子，在于班长。目前，部分行领导班子还存在一些问题，主要表现在：有的干部对总行党委的战略安排、工作部署领会不到位、落实不到位；有的干部面对经营困难和资产质量压力，片面强调客观因素，畏难情绪严重，精神状态不佳；有的干部缺乏敢想敢干的激情和开拓进取的活力，创新不足；有的干部在执行力上打折扣、绕弯子，总行要求干的没有干，总行不让干的依然干。这些都在一定程度上影响了全行整体竞争力的提升。

为配合好这次分支机构改革，各级党委要进一步抓好班子建设。一是要选好一把手。要将一把手选拔作为干部工作的重中之重，将综合素质好、业务水平高、开拓能力强、敢担当、能成事、作风踏实的干部选配到相关机构一把手岗位上来。要重视实践能力和经营业绩，让经过实践考验的干部在一把手的岗位上发挥更大的作用。二是要配齐配强班子副职。进一步优化领导班子专业结构，注重选配懂专业、会管理、善经营的干部。加强重点城市行的班子建设，把一些创新能力强、业务素质高的优秀后备干部放到竞争激烈的机构去摔打锻炼。三是要重视后备干部和年轻干部储备。改进后备干部选拔方式，进一步拓宽来源、优化结构、动态调整，提高后备干部队伍素质。建立优秀年轻干部人才库，按层级选拔优秀年轻干部并进行有针对性的培养，加强系统培训、动态管理、跟踪培养。对各方面条件比较成熟、发展潜力比较大的年轻干部，要加大培养力度，促进岗位成才。

当前的经营环境比较复杂，市场竞争十分激烈，各行领导班子在抓好业务的同时，要管住管好自己的员工，落实好风险管理、内部控制和案件防范等工作，不能为了短期的经营业绩牺牲长期的可持续发展大局，甚至导致风险和案件的发生。近期，为了进一步加强案件防范，银监会要求各银行要把案件防范职能从监察室调整到内控合规部门，各行要高度重视这项工作，做好相关职能的调整，确保案件防范工作落到实处。

三、积极稳妥做好这次改革的组织推动工作

这次分支机构改革是全行近一段时期的一项重点工作，也是促进全行经营转型发展的一个重要举措。各行要根据改革方案，按照总行统一部署和进度要求，积极策划、稳步推进，在 10 月底之前，将本行机构改革整体方案经分行党委讨论通过后报总行审批，11 月底前完成相应调整工作。这次改革时间紧、任务重，各行要着重做好以下几方面工作。

（一）统一思想，高度重视机构改革工作。各行在接到总行文件后，要认真学习研究，深刻领会本次改革的精神实质，努力转变思想观念，在总行确定的整体框架内，充分发挥一级分行领导班子的主观能动性，实事求是、深入思考，将总行改革要求与本行实际情况紧密结合起来，研究制订本行机构改革方案，因地制宜设置辖内机构，建立符合自身实际的机构管理模式，不断增强各级机构的市场竞争能力。

（二）以人为本，确保改革措施顺利实施。各行要统筹做好有关干部和人员的调整工作。在干部方面，要结合干部队伍的实际情况，研究制订本行的干部调整方案，明确干部调整的数量、节奏、方法、流程等内容。充分利用行内多通道、多层次的职业发展机制，鼓励干部走专业化道路，通过转任客户经理、团队负责人、业务类职务等方式，做好干部岗位安排和相应的思想工作。干部调整方案要细致务实，组织实施要扎实稳妥，既要优化干部队伍结构，又要保持干部队伍相对稳定，确保全行改革发展有一个良好的环境和氛围。在人员方面，要结合机构职能的整合，按照“人随业务走”的原则，优化调整劳动组合，精减压缩本部人员，尽快完成人员的调整安排。

机构改革后，总行将尽快下达省行及二级分行本部人员计划，并于年内启动人力资源深化项目试点工作，进一步完善相关机制。

（三）严肃纪律，努力实现机构规范管理。各行要做好机构和人员的日常管理，不得超职数配备干部和超编制设立机构。对于违反相关规定的，要追究管理责任。总行将加强对分行编制使用情况的监督检查，定期评估各行对辖内分支机构编制管理的规范性和有效性，并在系统中加强编制职数的硬控制，对于不纳入系统管理、超编超配等情况，要追究机构负责人的管理责任。总行各部门也不得以推动专业条线工作为由干预分行机构设置和人员配置，不得采用降低考核等级、收紧经营授权、不允许参加专业会议等方式，变相施压分行设立专门机构或配备专职人员。

（四）统筹兼顾，促进各项工作协调发展。当前，全行经营压力和经营任务都很重，防控风险、深化改革、推进转型的任务十分艰巨。虽然全行经营管理面临困难和挑战增多，但总体来看，今年以来全行经营发展的态势是好的，各种机遇和有利条件也很多。希望各行借助此次机构改革的契机，根据自身的经营管理特点，构建结构层次合理、管理机制完善、市场反应灵敏的组织机构体系，进一步提升各级机构的发展活力和市场竞争能力，激活全行各级机构的管理效能和经营活力。希望大家继续发扬“两手抓、两手都要硬”的优良传统，确保各项工作平稳有序推进，保证全行经营管理活动的连续性，真正做到机构改革与当前工作两不误。

同志们，这次分支机构改革是全行一项战略性举措，也是广大干部员工非常关注的一件大事。希望大家强化全局意识和责任意识，一切从大局出发，准确把握工作重点，在统筹推进各项业务工作的基础上，做好干部员工的思想引导，维护好各级机构团结和谐、干事创业的良好氛围，确保改革工作的平稳实施和顺利推进，为推动全行转型发展奠定良好基础，提供坚强保障。

在2014年第25次党委（扩大）会议上的讲话

易会满

（2014年10月11日）

利用这次党委扩大会议的机会，我通报一下第三季度主要经营情况和当前经营中存在的突出问题，对第四季度重点工作再强调几点要求。

一、三季度经营情况和存在的主要问题

总的看，三季度以来，全行各方面特别是一些重点工作进展加快，在复杂严峻的形势下继续保持了稳定的经营发展态势。

（一）盈利增长态势基本稳定。前三季度，集团实现净利润××亿元，同比增加××亿元，增长××%。其中，实现利息净收入3 623亿元，同比增长10.6%，增幅较上半年略有提升；实现手续费及佣金净收入1 010亿元，同比增加55亿元，增长5.8%，占营业净收入的比重达21.5%，较上年提高0.4个百分点。同业负债结构进一步优化，计息负债付息率较上半年下降1个基点；债券投资收益率3.91%，较上半年提高2个基点，带动境内分行净利息收益率（NIM）较上半年提升2个基点，达到2.71%。境外机构（不含南非标准银行）实现净利润101.83亿元，同比增长47.7%，高于境内机构净利润增速42个百分点。同时，集团成本收入比保持在25.54%的合理水平，较去年同期下降0.54个百分点。

（二）信贷业务经营总体稳健。认真贯彻落实国家和监管部门新的政策要求，围绕实体经济需求进一步改进金融服务，积极帮助企业解决融资难、融资贵等问题，有效地支持了实体经济发展。9月末，境内分行人民币各项贷款余额较年初增加7 567亿元，同比多增378亿元，增幅8.6%。从贷款增长结构看，重点投向年初确定的“八大目标市场”，新增贷款3 653亿元，占到公司贷款增量的91.5%。加大了对小微企业和民生领域等薄弱环节的信贷投入，“三大业务板块”贷款较年初增加3 192亿元。在部分分行推广小微金融新的业务模式，全行进一步加大小微企业信贷支持力度，考虑到统计口径调整和核销因素，全口径小微企业贷款实际增加698亿元。积极拓展核心企业上下游供应链融资业务，新增供应链598条，融资余额新增384亿元。支持符合政策条件的个人住房及消费融资需求，个人住房贷款增加2 815亿元，增长16.5%。同时，强化对地方政府融资平台、房地产和产能过剩行业的限额管理，积极推动其行业内信贷结构调整，全口径融资平台融资总额、房地产贷款余额、八个产能过剩行业投融资余额分别比年初减少894亿元、138亿元和174亿元。

（三）存款增长稳定性增强。认真落实三部委关于加强存款偏离度管理的规定，通过强化分层营销、创新工作思路、规范受托支付管理、推进裸贷客户治理、合

理把握存款理财转化节奏、改进存款考核机制、加强服务管理等措施，促使各行更加重视存款增长的基础性工作，更加重视日均存款的增长，存款稳定性得到增强。截至9月末，境内分行人民币各项存款（含同业）较年初增加5 280亿元。其中，一般性存款增加5 356亿元。境内本外币存款偏离度1.87%，较上季末下降3.42个百分点，控制在监管部门规定的3%之内。到10月9日，一般性存款比9月末下降671亿元，同比少降739亿元。前三季度全行人民币存款日均余额较年初增加1 678亿元，其中一般性存款日均余额较年初增加534亿元，分别较6月末增加864亿元、1 093亿元。

（四）转型发展和改革创新稳步推进。三季度，大零售业务营业贡献1 493亿元，同比增加32.1亿元，占到全行营业贡献的39.2%。大资管业务实现收入117.7亿元，同比增加2.3亿元。理财产品规模增长、成本控制和产品结构调整协调推进，累计发行额和产品余额分别达到45 392亿元和15 259亿元，居同业首位。资产托管规模达到5.3万亿元，保持市场领先地位。境内分行国际结算量同比增长15.7%；跨境人民币业务同比增长51.7%。卢森堡分行获准成为人民币清算行，我行成为首家在我国之外的亚洲和欧洲国家同时拥有人民币清算行的商业银行；伦敦、缅甸分行获准成立，科威特分行正式开业，全球金融服务体系进一步完善。互联网金融服务“三大平台”和“三大产品线”建设步伐加快，9月末，融e购累计实现销售301亿元，其中商品交易额22亿元；工银e支付客户新增1 834万户，交易额315亿元；工银e投资注册客户数达8.25万户，完成全年目标的82.5%。省行及以下机构改革全面启动，网点竞争力和大中城市行竞争力提升工程深入实施，网点运营标准化管理及7家试点分行改革有序推进，运营和服务效率进一步提升。信息化银行建设25项重点任务按计划推进，信贷流程改造主体任务加快实施，信贷作业环节简化、效率提升，实质风险把控能力有所增强。落实全球系统重要性银行监管要求，完成首份恢复计划和处置计划，并得到跨境危机管理工作组的认可，全面风险管理不断强化。组织开展对个别员工参与民间融资、私售理财等违规行为的专项治理，继续保持对案件和风险事件的高压态势。

总的来看，三季度在经济下行压力较大、业务发展和风险控制各种不利因素较多的复杂情况下，全行上下积极进取，勇于攻坚，主要经营指标基本达到预期。总行各部门和各级行为此付出了艰辛努力，成绩来之不易。同时，我们也要清醒地看到，当前外部经济金融环境相当复杂，国内经济发展正在经历阶段性调整，特别是出现了一些可能引发经济下行和风险增大的边际变化，给银行经营带来了更为严峻的挑战。从自身看，经营发展中的新情况、新问题不断显现，一些重点经营指标和工作目标完成得不够理想，保持稳定发展的压力很大。

一是利润稳定增长的压力。从拨贷比来分析，虽然前三季度利润增长达到××%，但这是在境内拨贷比下降12个基点的基础上实现的。也就是说，在今年银监会取消对存量拨贷比2.55%监管触发值的情况下，总行综合考虑资产质量和风险抵补情况保有拨备，9月末境内拨贷比控制在2.44%的水平。如果按照原监管触发值，则需要增计拨备113亿元，集团净利润增幅仅为××%。从信贷成本来分析，前三季度，尽管全行拨贷比有所下降，但由于贷款劣变较快，全行计提拨备同比增长仍超过14%；信贷成本达到0.4%，较上年增加2个基点；拨备覆盖率由年初的××%降至××%，下降××个百分点。再从盈利计划执行情况看，有13家分行净利润同比负增长，其中大连、福建、内蒙古、山西、安徽、湖南分行净利润同比下降超过5%，特别是前三家分行降幅分别高达72%、58%和25%；有18家分行净利润未完成序时计划进度，其中，大连、福建、内蒙古、浙江、青岛、广西、安徽、山西、湖南9家分行序时计划完成率不足70%。可以说，刚刚过去的第三季度，全行盈利增长遇到了近些年来没有出现过的压力，保持利润稳定增长的形势不容乐观。

二是不良贷款持续反弹的压力。截至9月末，全行不良贷款余额××亿元，较上半年和年初分别增加××亿元、××亿元，不良率近年来首次突破××%，达××%，较年初上升××个百分点。同时，逾期贷款余额达××亿元，分别较上半年和年初增加××亿元和××亿元，与不良贷款的剪刀差进一步扩大至××亿元。如果将目前逾期超过90天但仍反映在正常关注类的20.7亿元贷款也纳入不良，不良率将升至××%。此外，还有行内交叉违约贷款2.9亿元，行外交叉违约贷款37.8亿元。前三季度，全行共劣变贷款××亿元，清收处置不良××亿元，贷款质量劣变速度明显快于风险化解和不良贷款清转处置速度，前清后溢问题日趋突出。这种不良贷款反弹压力既体现在小微企业信贷风险的进一步显现上，体现在少数分行信贷风险的集中暴露上，同时继续呈现由小微企业向大中型企业、从东部地区向中西部地区扩散态势，越来越表现出从局部性问题向普遍性问题演化的趋势。全行有31家不良贷款余额比年初上升，其中有22家双升；不良贷款增加最多的5家分行是福建（41.7亿元）、内蒙古（22.2亿元）、青岛（19亿元）、大连（14.2亿元）和广东（13.8亿元）分行，如果还原逾期90天以上的贷款，则广东、山东分行的不良贷款也将超过20亿元；福建宁德、漳州、内蒙古鄂尔多斯等一些信贷规模较大的二级分行，不良率超过6%，甚至高达10%以上；极个别信贷规模较小的支行，信贷资产几乎全部损失。全行资产质量管理面临的形势十分严峻。

三是中间业务收入缓增的压力。受多方面因素影响，今年以来全行中间业务收入增长持续放缓，前三季度，中间业务45类产品收入同比“23升22降”，38家分行收入同比“25升13降”，较上半年下降面均有所扩大。这种趋势在三季度更加明显。当季45类产品收入环比“10升35降”，实现中间业务收入293亿元，环比减少74亿元，环比下降20.2%。结算、代理、理财收入环比减少26.3亿元，降幅11.7%；与贷款客户相关中间业务收入环比减少30.1亿元，降幅30.4%。值得关注的是，中间业务收入增幅已经落后于全行净利润增幅，对利润增长的支撑作用有所弱化，有22家分行中间业务收入增幅低于全行净利润增幅，其中有13家分行中间业务收入同比负增长，苏州、内蒙古、广西3家分行同比降幅超过10%，山西、福建、宁夏、陕西、青岛5家分行同比降幅超过5%。如果这种趋势在四季度延续下去，完成全年中间业务收入和净利润增长计划目标堪忧。

四是存款增长放缓、成本升高的压力。尽管9月末全行存款偏离度控制在监管规定值以内，但新增存款绝对额同比大幅减少，环比也大幅下降。9月末，人民币一般性存款（不含同业）增幅仅为3.7%，同比少增5 343亿元，较6月末下降4 532亿元，降幅达46%；日均增量同比少增2 184亿元，其中储蓄存款日均增量同比少增1 314亿元，余额和增量同业占比下降；公司存款日均增量－2 119亿元，同比少增1 115亿元。广东、江苏、上海、浙江、大连、深圳、青海、厦门8家分行各项存款负增长。而同期农行不仅存款偏离度低于我行12个基点，存款也比我们多增2 457亿元。同时，存款增长集中在季度末的情况仍较突出，9月下旬增量分别占当月和前三季度增量的120%、53.1%，同比分别高出33.9个和19.9个百分点。与此同时，付息成本居高不下，前三季度全口径人民币存款付息率（含保本理财和结构性存款）为2.21%，同比上升16个基点。

对这些制约和影响全年经营计划目标实现乃至今后发展的突出问题，务必要进一步引起高度重视，充分认识形势的严峻性和问题的严重性，进一步增强危机意识和责任意识，把困难估计得更充分一些，切不可盲目乐观，自我感觉良好。要对照年初确定的计划目标，抓住关键，突破弱项，主动作为，敢于担当，努力使各项工作落实的力度再大一些、进度再快一些，坚决遏制和扭转经营上的不利趋势，牢牢把握经营发展的主动权，促进在新常态下的持续平稳发展。

二、大打信贷资产质量攻坚战，坚决遏制不良贷款反弹

近年来，总行组织由有关部门和内审分局组成的联合检查组，对福建、山西、天津、上海、青岛五家分行开展了信贷业务专项检查工作。从检查情况看，这些机构不良贷款或代理投资风险的爆发，有外部经营环境变化的诱因，但自身理念、机制、管理等方面存在的突出问题是主因，而且这些问题在全行具有一定的普遍性。主要表现为：

一是发展观、业绩观出现偏差。股改上市以来，随着信贷资产质量的持续改善，全行逐步加大了对业务创新与市场拓展工作的推动力度。在这一过程中，一些机构风险观念和责任意识逐渐淡化，出现了“重规模扩张、轻风险管理”、“重当期效益、轻可持续发展”的倾向。尤其是经过连续几年信贷大规模投放后，再加上一些分行过度考核与营销激励的双重驱动，部分基层机构形成了冲规模、冲业绩的激进偏好，形成了高增长、高投放的发展惯性，以大量发放贷款来拉动存款、中间业务、利润等指标的增长，却没有建立与之相适应的风险控制系统，甚至风险管理被当做发展的阻力而边缘化，造成了信贷发展基础不稳和质量结构疏松，部分行业已建立的良好信贷文化也受到严重冲击。在经济上行期，水涨船高，风险还不易暴露；随着经济增长放缓，水落石出，强力扩张埋下的风险隐患开始逐渐凸显和蔓延。如福建分行连续六七年贷款规模急剧扩张，而风险管理和控制明显滞后，系统管控不力，造成风险持续累积发酵并集中爆发，目前其不良贷款加上潜在风险实际不良率超过×%，而且基本上除个人按揭贷款外，全品种、大面积出现不良。

二是市场准入放松标准。选择好客户，防止“病从口入”，是筑起风险防御的第一关，也是最积极、最有效的防范措施。而我们一些经营机构在规模和效益优先的发展导向与考核激励下，以降低市场准入标准为代价，来换取眼前利益。有的行在客户营销上片面实行“价高者得”，对客户虚假交易、隐性关联互保、民间融资等风险信息视而不见，极个别行甚至主动“包装”客户，帮助客户编造一些信息，或者协助客户多设企业、分拆账户来增加拓户数量和贷款额度。如青岛分行不良贷款激增的重要原因之一，就是片面追求业务收益而降低客户准入门槛，最终造成风险多发高发，其贷款劣变呈现金额大、机构面广、涉及品种多的严峻态势。

三是前中后台有效制衡不足。上海分行××亿元的个人经营性贷款几乎全出现风险，一个重要原因是其个人经营性贷款的政策制定、市场营销、审查审批都集中在一个部门，未落实前中后台分离制度，过于强调条线运作效率，形成单一产品大面积不良。还有的行如天津分行虽然建立了前中后台相分离机制，但只做到了形式上的合规，而忽视了对实质风险的把控，其在业务办理中存在前台贷前调查“失准”、中台审查审批“失守”、后台监督检查“失效”、多个环节履职缺失的问题，制度和机制形同虚设、流于形式，致使钢贸贷款小品种形成了大风险。该行钢贸贷款不良率高达44.8%，钢贸不良额占其全部不良贷款的59%。

四是业务创新发展脱离实际。一些分行创新类业

务、小企业和贸易客户贷款形成大量劣变和损失，一个重要原因就是没有很好地从我国市场特点、区域实际出发开发市场，也没有很好地根据业务创新发展中暴露出的风险，及时采取相应的管理措施。山西分行在开展金融资产服务业务中，只看到这项业务不占用贷款规模和经济资本，又能带来相应中间业务收入的种种“好处”，却未能充分认识代理业务潜在的风险，也没有结合实际制定业务管理细则和操作流程，造成了对实质风险管控的缺失，形成了代理业务风险的集中暴露。

五是责任追究不到位。责任追究是搞好信贷管理必须付出的成本。为什么有的股份制银行员工数量、素质都不如我行，但小微企业贷款却管理得相对更好一些，关键是责任落实，和自身的岗位、饭碗直接挂钩。相比之下，我们的贷款责任认定不够及时和准确，处罚层级偏低、力度偏轻，绝大多数是问责客户经理，手段以经济处罚为主，没有形成足够的震慑力，这也是“出血点”不止、违规违章屡禁不止的重要原因。

六是机构管理和队伍建设薄弱。目前我们在机构和人员管理上，还没有形成一套有效评估其信贷经营能力的办法。比如福建分行将100多个储蓄所、分理处简单升格为可以办理信贷业务的二级支行，这些支行人员普遍不具备从事信贷业务的资格，支行行长也缺乏信贷经验，造成了风险大面积爆发。

总的来看，信贷经营中暴露出的这些问题，有基层行的问题，有省行的问题，也有总行层面的问题。如果某些业务领域风险涉及面广且多发，那么总行就应该反思在产品风险管理和监测管控等方面的责任。如在小企业和贸易融资业务大力推进、个人经营贷款大力推广的过程中，总行有关部门相应的风险管控没有及时跟进；在政策制定、产品设计、业务流程等方面，有与我们的行情及所处发展阶段相脱节的问题，有总行分类指导不够、简单“一刀切”的问题，还有对风险预警不够及时、处理不够果断的问题，这些都造成对关键风险点和实质风险的管控不够有力、有效。这些问题，是信贷专业的问题，也是全行在“新常态”环境下如何调整发展模式在信贷领域的反映。核心是发展观、业绩观的问题，综合表现在市场准入、经营机制、产品设计、责任追究、机构管理、队伍建设等各个方面。全行要对这些问题进行深刻反思，举一反三，深查管理漏洞，花了这么多学费，一定要学会成长，真正改进和解决问题，我们要学会在经济增长“新常态”的环境下找到新的平衡点。要引导各级行进一步把质量管理放在更加突出的位置上，立足当前、标本兼治，拿出股改时期治理信贷资产质量那股子劲头，再打一场信贷资产质量攻坚战，确保止住新的出血点，全力以赴确保资产质量的稳定。

一是要重塑健康审慎的信贷文化。要从质量劣变较快的重点行、重点业务领域和重点案例中深刻汲取教训，在当前经营环境下，进一步引导全行牢固树立科学的发展观和正确的业绩观，对当前风险控制的严峻性和紧迫性有更加清醒的认识，务必在信贷经营中更加突出风险导向，务必保持信贷业务发展与信贷经营能力的相适应，务必处理好当前和长远、质量和效益、市场和风险等关系，彻底扭转一些机构盲目扩张、管理粗放的不良风气，推动建立健康、合规、审慎的信贷经营文化。要教育引导各级行管理层尤其是一把手，进一步增强责任意识、担当意识，对贷款劣变负起总责，切实组织落实好风险管理及处置工作。特别是近两年新调整的一、二级分行行长，要求其本着对工行负责、对全体员工负责的态度，切实组织好提升信贷经营水平、加强信贷基础管理等工作，积极加快不良贷款的清收处置。要明确告诉分行，尽管不是不良贷款的责任人，但如果不能有效地组织不良贷款清收处置，不能促进信贷管理水平的提升，对一把手来说也是一种失职，也要追究责任。

二是要果断采取措施止住新的“出血点”。要督导各行，无论是贷款劣变较快的行还是目前资产质量相对较好的行，都要拿出不良贷款的控制计划，明确每月及年末的工作目标和进度要求，并跟踪监测执行效果。对不良率持续上升、不良额居高不下的分行，总行要派出工作组抵近指导、现场帮扶，会同分行从资产保全、防止劣变、加快退转等方面，制订并实施有针对性的风险处置与缓释方案。同时，也要督促各分行“一竿子插到底”，建立由行领导挂帅的工作团队，深入辖内重点分支机构现场督导，抓紧组建风险布控体系和化解机制，定出时间表，落实责任人，力求尽早止住“出血点”，防止一两家机构的颓势拖累整个分行的发展。要加强对这些机构一把手和分管行长的能力考核与考察，人员不适应的要抓紧进行调整，配强力量。

三是要加快不良贷款清收处置工作。要指导分行在兼顾处置效益、效率和财务能力的基础上，综合运用现金清收、还款免息、以物抵债、转化、核销和批量转让等多种手段，及时处置已经出现的问题，避免出现更多的资产“缩水”与损失。特别是要督导那些不良贷款规模较大的行，抓紧落实一批骨干力量，通过开展集中处置、专业处置等方式，提高清收处置效果。现在有些行投入不够、重视不够、力度不够、办法不多，通过资产管理公司处置不良资产的成本又较高，大大增加了财务负担。不良资产处置是一个常态过程，总行要探索建立一个全行性的不良资产处置平台，推动加快处置进度，降低处置成本。同时，总行相关部门要做好“剪刀差”压降工作的组织推动，细化分解控制目标，按月监测督导各行加快催收进度，防止不良贷款前清后溢。

四是要严格风险责任追究。治乱需用重典。必须以“从严治行、从严治贷”的精神，建立一个严格完善的信贷业务责任追究机制。近两年，我们已对不良贷款大幅上升机构的一批相关责任人进行了责任追究。要根据这次检查情况，抓紧进行责任认定和核查工作，对出现区域性和较集中风险的要追究二级分行、省行相关负责人的管理责任，该处分的处分，该降职的降职，该撤职的撤职，以警示全行强化风险和责任意识。同时对在管理和处置风险中措施得力、履职到位的人员要实行尽职免责。此外，要按照今年总行优化调整绩效考核的导向，指导分行相应加大绩效考核中风险类指标的权重，并结合实际研究建立与风险相挂钩的延期绩效支付机制，防止重贷轻管等短期行为。

五是要强化信贷基础管理。要进一步完善前中后台独立运行、相互制衡的管理机制，厘清前中后台职责并解决好各环节履职尽责问题，切实加强过程管理和实质性风险管控。要加快推动流程优化各项工作的落地，重点推进“总对总”授信、授信项下授权审批制和低风险业务简易流程的优化改造，促进信贷运行效率和风险管控能力的提升。要创新管理模式，发挥好总行信贷监督中心的“雷达”作用，利用数据挖掘技术扩大风险排查的覆盖面，重点加强对大额亏损、关联担保、裸贷、财务结算指标异常等突出问题的排查和预警，并督导分行抓好非现场监测发现问题的核查与处置工作，下大力气做好风险化解的落地管理。要继续从机构和队伍等层面，促进全行信贷经营能力的培育和提升，抓紧出台相关办法，并尽快开展对各行信贷能力建设情况的检查评价，同时要层层开展对各级机构信贷经营资质的认证与评估工作，根据经营管理能力实行分类授权、分类指导。总行要尽快拿出意见，对管理问题较多、资产质量恶化、业务发展速度与当地资源环境不匹配的机构要严肃整顿，防止风险扩大蔓延。要加强对信贷从业人员的专业技能培训和风险警示教育，加快推进资质认证和持证上岗工作，提高“专家治贷”水平。为进一步加强信贷管理，防范信贷风险，近期总行还要召开全行信贷管理工作的专门会议，通报情况，严肃纪律，严格要求，以切实止住新的出血点，切实加快不良贷款处置。

三、适应经济增长新常态，更加有效地开拓信贷市场

近年来，我们推动全行加快信贷结构调整，目的就是要转变信贷发展方式，优化信贷资源配置，应该说成效是明显的。但在贯彻过程中，总行相关部门要进一步强化区别对待，加强分类指导，避免出现简单化与“一刀切”。要在整体布局的前提下，实现分行间、客户间结构的全面优化。在市场和客户选择上，要更加突出风险导向，突出对优质大型企业、大项目的营销；更加突出对重点区域的信贷投入；更加突出对新兴信贷市场的研究，积极拓展消费升级带来的文化旅游、广电网络、健康与养老服务等文化产业和现代服务业领域。大力发展“逸贷”和个人资产抵质押贷款为重点的个人消费信贷业务。

当前，要重点关注地方政府融资平台、房地产和小微企业三个重点领域结构优化和新平衡。总行要做好市场和政策研究，加强分类指导、区别对待，在给分行下达任务时既要有总量指标，又要突出结构性指标；既要考核总量，还要考核结构，更要考核质量和效益，坚决防止机械地为了完成总量任务，而出现压降好贷款、留下差贷款的逆向选择。要督导分行在控制好融资平台和房地产领域融资总量风险的同时，更加重视区域结构和客户结构的优化。今年以来，党中央、国务院就加强地方政府性债务管理作出一系列新的部署，近期国务院又发布了《关于加强地方政府性债务管理的意见》，在规范地方政府性债务管理的同时，允许地方政府依法适度举债，积极推广使用政府与社会资本合作模式（PPP 模式），吸引社会资本参与公益性项目建设并获得合理回报。我行要抓住地方政府性债务管理体制改革的机遇，加快调整存量融资，研究和发展 PPP 模式新市场。在完成融资平台融资总量压降任务的同时，盘活存量主要投向一线城市、高速公路、轨道交通、国家级开发区及重点战略规划区、大型城市功能提升等领域。北京、上海以及东部沿海等财政情况较好的省市分行可以适度加大对优质平台项目的营销力度，做好自发自还地方政府债券的承销和投资，今年自发自还地方政府债券主承销份额要力争达到市场规模的四分之一。要准确把握好住房市场变化和监管新政导向，因地制宜，适时调整区域性住房信贷政策，按照市场化原则确定贷款成数和风险定价，积极支持居民家庭购房和房地产开发企业的合理融资需求。要在总量控制的前提下，更加注重结构优化和调整，压降三四线城市、三四级资质开发商贷款的同时，加大对优质客户支持力度。总行要确定 20～30 家大型优质房地产开发企业的白名单，优先支持其位于一二线城市、可带来住房按揭资源的项目。适度增加大中城市土地储备和棚户区改造贷款。从严控制商用房开发贷款。

要转变发展方式，努力实现小微企业金融业务稳健发展。小微企业金融业务发展中出现的这样或那样的问题，不是战略选择出了问题，而是反映了我们经营理念、发展模式、管理能力上与服务小微企业发展的现实需要还有差距。对此，总行已经出台了关于促进小微金融业务健康发展的一系列政策措施，要督导分行抓紧落实，积极用新思路、新机制、新技术，扭转当前小微业务增长乏力、质量下滑的困难状况，开辟小微金融发展的新局面，确保今年完成“增量不低于”、力争完成“两个不低于”的目标，并要坚决遏制住小微企业贷款不良率的上升趋势。要引导各行从重点客户和重点产品两端发力，做实做细市场营销工作。在客户上，要锁定优质核心企业上下游客户、逸贷公司类客户、新三板上市企业、优质结算户及细分行业客户等，作为重点目标市场予以拓展。在产品上，要加快运用互联网新技术升

级改造小微金融产品，在继续发展好“网贷通”、小微公司逸贷等既有产品的同时，积极推动“链融通”等新产品的试点工作，促进小微客户的批量化、集群式拓展。要在保证合理收益及控制风险的前提下，大力发展小微企业票据直贴业务。年末，全行“网贷通”和小微票据直贴余额要比年初各增加500亿元，以此带动小微企业贷款有个明显回升。要统筹个人经营性贷款业务和小微企业的协同发展，优选商品交易市场和优质商友等客户群，确保个人经营性贷款持续、稳步增长。

四、狠抓基础工作，促进存款稳定均衡增长

当前存款增长放缓以及存款与其他资产相互转换频繁、涉及的资金规模不断扩大，这种格局是在金融脱媒和利率市场化发展、互联网金融兴起等大背景下，商业银行适应客户资产配置多元化需求以及推进金融资产服务等经营转型的必然结果。从某种程度上讲，这几年商业银行的存款高增长有较大一部分是客户多元化资产在时点集中转化来的。现在加强存款偏离度管理，避免了过去因时点冲高一边要交准备金，一边又要高成本同业融资满足流动性的问题。随着监管部门对存款稳定性监管政策的逐步到位，银行存款业务正在进入一个客观、真实增长的新常态。这将有利于存款与其他金融资产的均衡分布，夯实经营转型的基础，也更能反映资金运行的真实状况，有利于政府和市场主体对整个宏观经济金融形势的正确判断。

我们要科学认识和把握新常态下存款发展的特点和规律，完善存款发展策略和工作措施，在一个新的实实在在的平台上，实现没有虚增和泡沫、能带来可用资金和效益的存款增长。要深入分析当前存款工作对这种新常态的种种不适应，特别是一些分行、一些品种存款增势疲弱、均衡性差的问题，重视前三季度日均存款同比少增、公司存款持续负增长、储蓄存款竞争力弱化的问题；重视一些分行存款负增长问题，有针对性地加以解决，推动存款的稳定增长。四季度，资金大进大出较为频繁，要提前摸清存款大户的资金回流状况与使用计划，做好工作预案。要认真总结三季度以来存款稳定性管理的经验和不足，在匡算稳定性管理目标时，注意给年末临时进出的资金留出余地，不能把一些短期的、低成本的存款简单地拒之门外。“推存款就是推客户”。要切实通过提高产品开发能力、客户资产综合配置能力来增强存款的竞争力，认真分析实施偏离度监管后存款与理财互动关系的变化，优化理财发行策略和产品结构，动态调整不同时点到期产品的收益率，引导分行根据客户需求配套相关产品，均衡摆布存款和其他金融资产布局，既避免资金大进大出对我行存款稳定增长造成冲击，又切实维护好客户关系，带动金融资产服务等业务的快速发展。要着眼于建立存款稳定性管理的长效机制，对已出台涉及日均存贷比、理财季末赎回比例以及存款偏离度等管理制度，该完善的完善，该修订的修订，便于分行执行。

促进存款稳定均衡增长，根本措施还在于做好客户拓展、网点竞争力提升、产品创新等基础工作，关键在于抓落实、抓目标的实现。特别是要把客户拓展作为推动存款等各项业务发展的关键指标，突出抓好当前存在的客户拓展不快、结构下移等问题。前三季度，个人有效客户净增1 403万户，同比少增121万户，完成全年计划的46.7%，落后于序时进度。日均资产1万元以上客户，其金融资产和储蓄存款占全部个人客户的比重都在95%左右，是发展重点，但今年以来只净增300万户，年度目标完成率仅三成。要针对这些中端大众型客户的行为特点、消费习惯和社会属性，加快完善产品、服务、定价和营销体系，提升拓户速度。代发工资个人客户增长687万户，增幅12.6%，只完成全年任务的45.8%。年末是各企业代发工资重新签约的有利时机，要重新梳理目标客户，按照名单逐级落实责任，尤其要明确各级机构管理人员直接营销的责任、目标、清单以及相关配套措施，争取代发工资客户数量和质量双提升。同时，要以商友卡、大学生e服务等重点产品为抓手，运用互联网营销等新方式，批量拓展各类活跃客户。

前三季度，公司客户净增38.4万户，完成全年计划的154%，但日均金融资产5万元（含）以上客户净减2.5万户。这部分客户是拓户工作的重点。对四季度的目标客户，要任务到人、责任到人；对客户结构下移较快的机构，要派驻督导组现场督导，坚决遏制存量客户质量下移趋势。要继续狠抓“裸贷”治理，9月单月“裸贷”客户数量首次出现下降，但总量仅比6月末减少了109户，远低于每月减少10%的目标。相关部门要加紧落实公司客户拓展与“裸贷”专项治理工作推动会议各项安排，进一步加大工作力度，督促分行逐户整改，落实受托支付、现金管理等产品配套存款管理方案，做到治理存量与控制新增并重，确保年内“裸贷”客户数量减少60%。要重视从源头批量拓展优质客户，总结“企业通”实践经验，并对平台进行标准化改造，结合各地商事改革进程做好推广工作，抢占新注册企业的竞争先机。近年来，总行在推广使用大额资金监管平台中，通过进一步理顺工作机制，拓户成效较为明显，今年以来已成功营销1万多户、带来存款240多亿元，要持续优化系统功能，做好目标客户信息分级推送，特别要做好后续联动营销，打通资金链上下游行际间的联系通道，提高目标客户开户率和资金行内留存水平。要积极拓展民生金融领域客户，努力改善机构存款客户集中度偏高的状况。

另外需要关注的是，一些银行在年末存款偏离度和存贷比等考核压力下，很可能通过提高保本理财预期收

益率、上浮中长期存款利率等手段来争揽年末存款，这将使我行中长期负债的成本控制进一步承压。要结合市场形势变化，制定差异化定价策略，灵活调整内部转移价格，适当控制保本理财和结构性存款规模，引导分行减少对价格手段的过度依赖，大力通过创新服务来增强存款的市场竞争力，促进一般性存款的稳定增长和结构优化。大额存单发行等准备工作已基本就绪，有关部门要密切跟进监管审批，同时要评估对存量低成本存款的影响，进行科学定价，把握发行节奏，确保既增加稳定的存款，又不带来过大的成本压力。

五、积极开源节流，确保完成全年利润计划

面对影响利润增长的各种不确定因素，全行要进一步统筹抓好中间业务创新发展、业务营销推动、费用结构优化等工作，积极开源节流，挖潜增收，不仅要确保完成全年利润计划，而且要努力完成得更好一些。

（一）在新的政策环境下推动中间业务创新发展。发展中间业务要坚持规范是前提，督导各行严格执行监管部门和总行关于服务收费管理的规定。对内外部收费检查中发现的问题，要切实整改，并针对管理上的薄弱环节，及时采取改进措施。对再因服务收费问题受到监管部门处罚或造成负面舆论影响的分行，要严肃惩处，决不允许少数机构的违规收费损害全行中间业务健康发展的基础和环境。要进一步完善收费管理与服务相配套的机制，特别是对反映问题较多的基础投行等与贷款相关的服务，要尽快出台收费项目实施细则，规范协议文本，细化服务内容，指导基层妥善处理息费问题，严格做到息归息、费归费。近期，要组织一次《“14版”价目表》实施情况的自查，确保全行收费政策统一，符合监管要求。

同时，要正确认识新的政策环境下中间业务的发展问题，必须看到，规范管理并不意味着放松中间业务收入组织，规范是为了更好地发展，金融改革市场化方向没有变，银行服务收费自主定价、自主经营的原则没有变，总行发展中间业务、优化收入结构的战略也没有变。要引导基层行克服对中间业务收入组织的畏难情绪和观望心理，准确把握政策，增强改善服务、推动创新、促进中间业务持续发展的动力。对中间业务收入增幅下降较快的分行，要逐个督导，决不能任由中间业务收入下滑趋势形成。各业务条线都要制定四季度中间业务任务清单，明确增收目标，并按旬监测通报，严格缺口管理和考核。前三季度收入增长较好的业务，要继续保持优势，唯市场不唯计划，力争多作贡献；完成计划不理想，或与同业有较大差距的业务，要拿出更具针对性的措施，尽快扭转局面。特别是信用卡结算及商户回佣、银行类理财产品、私人银行、实物贵金属、现金管理、代理债券发行承销、国际贸易融资、信用证、代理保险、养老金和品牌类投行，大多属于基础性或创新增值型业务，与我行自营贷款关联度低，对中间业务收入贡献大，更要深入挖潜，力争四季度当季合计实现收入188亿元，从而支撑全行中间业务收入的稳定增长。

大资管是中间业务开拓创新、增收创利的重点，要立足资产管理本质和安全第一性原则，把握当前政策与市场变化的巨大商机，积极开动脑筋，突破路径依赖，推动创新发展。资产管理业务不是“准信贷”，要淡化行业政策进入标准和总量控制额度，重点把握好客户维度的信用风险，积极寻求具有较高收益的代客理财投资品，适当进入发展前景和资信状况良好、偿付资金来源稳定的重点行业优质企业、重点城市非公益性基础设施项目和大型优质房地产开发企业的商品住房建设项目。要加快项目储备与投资进度，四季度，公司、投行等前台部门要组织推荐投资项目1 500亿元，投资完成1 000亿元，力争实现全年新增项目投资计划。同时，要注意控制理财产品发行成本，提升资产管理业务效益，确保完成全年收入计划。投资银行业务发展中，要引导基层坚决改变依赖“息转费”的做法，坚持“顾问先行”的思路，提升顾问咨询的层次，积极开展一些新的服务，大力发展并购顾问、股权融资、结构化融资、财务重组等高技术含量的业务，不断拓宽收入来源，形成可持续的收入结构。四季度，对已完成代理投资审批的品牌类投行项目，要抓紧落实前提条件和募资工作安排，争取年内将收入入账。这次中石化销售公司混合所有制改革项目，我行成功竞标20亿元投资额度。要总结经验，充分利用集团综合优势包括工银瑞投、工银国际等子公司跨市场平台，积极争揽“顾问咨询—交易安排—资金募集—投资实施”的全链条资管业务。资产托管要针对分行受客户融入资金托管业务停办影响，托管收入普遍下滑的情况，尽快明确未来业务发展的重点方向与业务模式，将安心账户托管业务重点转向非信贷类资金托管业务，努力完成全年收入计划。要加快推动中间业务核算由“捆绑制”向“分润制”转变，解决一项产品收入双重甚至多重计入不同部门的问题，使考核能真正反映各条线创造的价值，四季度要拿出实施方案，进一步激发各专业条线争创收入和利润。这次会后，还要召开专题会议，对中间业务工作做出进一步部署安排。

（二）积极开展业务营销工作。四季度是业务旺季，社会资金流量大，市场机会多。要针对市场特点认真研究业务创新和市场营销，组织全行紧盯客户需求变化、紧盯同业市场占比，大力推动各项业务特别是一些新型业务创新突破、加快发展，扩大收入来源。互联网金融正处于市场蓬勃发展、竞争格局尚在形成的过程中，要树立超常规发展的目标要求，全面落实互联网金融营销服务动员会部署，抓住岁末年初的消费高峰，持续开展有声势、有影响力的营销宣传活动，确保完成既

定营销目标。要善于发挥我行互联网金融的整体优势，推动手机银行服务终端与电商、支付等产品的整体推广，打造完整的工银互联网金融服务生态圈。要及时了解客户和基层的反馈，加快产品的研发和优化完善，确保产品真正好用，一炮打响。直销银行和即时通信平台要确保本月内投产，融 e 购集团采购要争取在四季度完成公共采购平台的设计与实施方案，明年初推出面向社会的线上采购平台，尽早产生效益。在电子银行、互联网金融发展中，三季度全行柜面日均业务量环比又下降了 3.97 个百分点，要顺应这一趋势，加快推动网点向营销服务转型，充分发挥网点复杂业务营销主阵地的作用。这次运营标准化改革试点的 7 家分行，共释放出 2 000 余名柜员和服务支持人员，成效明显。四季度，7 家试点分行要完成 50% 网点的运营标准化改造，其余 31 家推广分行要完成样板网点建设任务，明年初全面推开，并同步建立转岗人员统计制度，抓好适岗培训，充分利用改革盘活的人力资源加强一线营销力量。要抓住“沪港通”开闸在即的时间窗口，积极把握人民币国际化和我国金融试验区建设中的潜在商机，加强条线、机构的联动，发挥出工商银行最大人民币做市商的合力，加快形成以人民币跨境结算、融资、交易、沪港通、RQFII、投资、托管、资产管理、私人银行、债券承销为核心业务，以上海自贸区、深圳前海、境外清算行为主要载体的“10 + 3”跨境人民币业务架构。目前，我们已成功营销首只以沪港通方式投资香港市场的公募基金托管业务，接下来还要打造有竞争力的跨境产品组合，争取不断扩大业务成果。

（三）提升债券投资与资金运营收益。今年以来，全行债券投资和资金运作收益提升较快，但随着国家增加有效货币供给、降低社会融资成本政策的陆续出台，市场利率中期可能呈震荡走低态势。有关部门要加强市场研判，进一步优化债券投资品种和期限结构，努力提升投资收益水平。对新增投资，要继续加大收益相对较高的信用债、政策性金融债等优质品种的投资力度，把握同业投资领域放开的机遇，在有效控制风险的基础上适度开展信托计划、银行理财投资。对存量投资，要稳妥扩大债券借贷和低收益存量债券置换规模，合理开展波段操作和短线交易，增加价差收益。要认真总结今年以来通过主动负债融入资金，扩大债券投资规模、拓宽发展空间的经验，实现创新业务的常态化发展。目前人民银行第二代支付系统已在部分行投产上线，要抓好系统推广工作，进一步优化跨行资金管理机制，在确保流动性安全的前提下，尽量压降低效资金占用，提高资金运营效益。

（四）严格费用支出管理。前三季度，全行业务及管理费支出 1 200 亿元，同比增长 6.3%，考虑到年末部分费用集中列支的需要，四季度费用空间将非常紧张。全行要进一步树立过“紧日子”的思想，增收节支，量入为出，切实把有限的资源用在刀刃上。

这些年，总行坚持根据“价值创造”原则配置营业费用，鼓励分行通过价值创造挣取费用资源，激发和调动了各行加快转型发展的积极性。在前几年利润高速增长时期，各分行费用相对宽松，但随着利润增长进入平台期，一些分行依然延续着过去的费用支出方式，尽管指标上不去、费用挂不回来，但花钱还是大手大脚，在安排费用盘子的时候，经常自觉不自觉地把硬缺口留着，或寻求总行在费用资源上的支持，或通过财务应收款挂账的方式规避费用指标的控制，寅吃卯粮，留下欠账。今年有的分行因为费用缺口而新增挂账几千万元，有的甚至上亿元，令人担忧。要严格控制费用尤其是经营性费用，引导和促使全行切实转变观念，提高费用统筹安排能力，按照年初制订的营业费用和工资费用分配方案，在可用额度内合理安排费用开支，不得在年末留下费用硬缺口，更不能弄虚作假，通过挂账解决费用缺口。总行要加强监测，一旦发现新增费用挂账问题，要严肃通报。对这次财政部会计信息质量检查中发现的问题，要督导各行逐项整改，严格财务开支行为，提高费用列支规范化水平。要从紧管理各项费用，统筹安排计提缴纳项目，严格控制各级行行政办公成本，压缩不必要开支，进一步提升成本管控能力。

近年来，中央又印发了《关于严禁党政机关到风景名胜区开会的通知》等一些新的制度规定，对各级机关和企事业单位作风建设和廉洁自律提出了新的要求。总行要结合实际，细化和完善相关制度办法，带头执行落实。要大力弘扬艰苦奋斗、勤俭办行的优良传统，坚决反对花钱大手大脚、铺张浪费的行为，严禁年末突击花钱。对违反规定的，一经发现，从严查处。

四季度是各类风险易发高发时期。要统筹做好内部管理、内控案防、安全保卫等工作。目前，针对飞单、私售等违规行为的自查阶段工作已基本完成，要全面评估风险排查和治理的有效性，督促各行落实整改与责任追究。总行要抓一些典型案例，直接处理。对排查不认真或隐瞒问题的，要从严从重追责，形成足够的威慑力。要认真落实日前召开的案件专项治理视频推进会议部署，加强业务运营风险核查管控，严防案件和重大风险事件发生，确保安全稳定大局。

同志们，现在距离年底还有两个半月的时间，各项工作任务繁重，压力较大。希望大家坚定信心，本着“认真、从严”的要求，不懈怠、敢担当，全力抓好四季度工作，确保圆满完成全年各项任务目标。同时，要着手谋划明年工作和未来发展战略。党的十八届四中全会召开在即，一些新的改革措施将相继出台。我们要以十八届四中全会精神为指针，兼顾当前和长远，抓好今年确定的 18 项改革研究计划，以及新的十年发展纲要和三年发展规划的研究编制工作，为推动新一轮转型发展做好思想和措施准备。

攻坚克难　强基固本
保障资产质量稳定和信贷业务可持续发展

——在全行信贷管理专题视频会议上的讲话

易会满

（2014 年 10 月 29 日）

今天我们召开全行信贷管理专题会议，主要任务是认真贯彻总行第25次党委（扩大）会议精神，通报前三季度信用风险管理情况，分析当前资产质量管控面临的严峻形势和存在的突出问题，部署四季度及今后一段时期全行信贷经营管理的重点工作。下面，我讲五方面意见。

一、当前信贷经营中存在的主要问题

在复杂严峻的经济金融形势下，全行目前正在经历股改上市以来最为严峻的资产质量管控挑战。至9月末，全行不良贷款余额××亿元，较6月末和年初分别增加××亿元、××亿元，不良贷款率反弹至××%，较年初上升××个基点。逾期贷款余额达××亿元，较6月末和年初分别增加××亿元和××亿元，与不良贷款的剪刀差达到××亿元，比年初增加××亿元。前三季度，全行共劣变贷款××亿元，清收转化与处置不良贷款××亿元，贷款质量劣变速度加快，前清后溢问题日渐突出。同时，新增不良呈现一些新的特点，有从产能过剩行业向上下游企业和其他行业、从小微企业向大中型企业、从东部沿海地区向中西部地区进一步扩散蔓延的趋势。9月末，全行有31家分行不良贷款余额比年初上升，其中有22家双升；不良额增加最多的5家分行是福建（41.7亿元）、内蒙古（22.2亿元）、青岛（19亿元）、大连（14.2亿元）和广东（13.8亿元）分行，以上5家分行新增不良贷款占全行新增不良贷款的52%。还原核销后，在全行有贷款余额的735家二级分行中，福建宁德、内蒙古鄂尔多斯、浙江绍兴等30家二级分行不良额增加244.7亿元，占全行同口径不良增加额的59%，其中，福建宁德、内蒙古鄂尔多斯、浙江绍兴、福建三明、山东滨州、广东佛山、大连沙河口、浙江温州、福建漳州、陕西榆林等10家二级分行不良额增加144.4亿元，占全行同口径不良增加额的35%，不良率5.64%，比年初上升3.24个百分点；福建宁德、漳州、三明，内蒙古鄂尔多斯等规模较大的二级分行不良率均超6%；个别信贷规模较小的支行，信贷资产几乎全部不良，损失非常惨重，教训十分沉重。

前期总行派出了5个工作组，分赴福建、青岛、天津、上海和山西分行开展了信贷业务经营管理情况的专项检查与评价，在10月初的总行党委（扩大）会上，已经对检查发现的问题作了初步风险揭示。这次全行的视频会上我们再做进一步的深入分析，就是要让全行上下认识到，这些机构不良贷款或代理信托收付业务发生的风险，有外部经营环境变化的诱因，但自身信贷指导思想、统筹驾驭业务的能力以及管理机制等方面存在的严重缺陷与问题是主因。总行指出的这些问题，在其他机构也都有不同程度的存在，这些问题在经济上行期可能会被掩盖，而在经济下行压力加大的时候就容易凸显出来。这里重点以五家分行为例，讲讲全行信贷经营中带有普遍性的问题，也是全行经营理念、经营模式在信贷业务上的直接反映，核心是发展观、业绩观和风险观的问题，根本是信贷风险管理不适应经济增长新常态的环境变化。对此，全行上下要高度重视、深刻反思，采取有力措施，扭转信贷经营上的不利趋势，促进信贷业务在新常态下的稳健运行。

（一）发展观、业绩观和风险观出现偏离。股改上市以来，随着信贷资产质量持续改善，特别是2009年以来连续几年信贷大规模投放，一些机构信贷经营的风险意识、忧患意识、责任意识有所淡化，出现了“重规模扩张，轻风险管理”、“重当期效益，轻可持续发展”的思想倾向。在过度考核和营销激励的双重因素驱动下，部分经营机构形成了冲规模、冲业绩的激进偏好，信贷资产质量管控弱化，审慎合规经营的信贷文化受到冲击。在经济上行期，信用风险往往不易暴露，随着经济增长放缓和各类风险因素交织，一些地区或业务领域的风险逐渐显现和蔓延。如福建分行贷款规模连续多年急剧扩张，而风险管理未同步到位，造成风险持续累积并集中爆发，目前其不良贷款率高出全行2.52个百分点。又如青岛分行在2007年至2012年的六年间，房地产、贸易融资、小微企业等信贷业务迅猛增长，但风险管控跟不上业务快速发展的需要，导致不良贷款激增。这两家分行目前仍潜存较大的风险隐患。

（二）过度追求短期利益，放松市场准入标准。在规模和效益优先的指导思想和考核激励下，有的行淡化甚至无视信贷业务的风险属性，在客户营销、业务拓展上片面实行“价高者得”，以降低客户和债项市场准入标准为代价，来换取即期考核业绩。有的行对客户虚假交易、隐性关联互保、民间融资等风险视而不见，甚至主动“包装”客户，主动给客户出点子，帮助客户编造信息，或者协助客户拆分企业、拆分账户来增加拓户数量和贷款额度。如青岛分行不良贷款激增的一个重要原因，就是在客户选择上片面追求业务收益，降低风险标准，最终造成风险高发、多发。

（三）信贷文化建设和基础管理弱化。有的机构信贷经营偏离了行之有效的管理原则，对前中后台分离、相互制衡的制度要求置若罔闻，贷款“三查”不严、不实、不到位，风险意识缺失，合规意识淡薄。如上海分行个人经营性贷款形成大量风险，一个重要原因是将此项贷款的政策制定、市场营销、审查审批等集中于分行的一个部门，过度强化业务条线的运作效率，风险制衡执行失效。还有的分行形式上实现了前中后台分离，但在多个环节重形式合规、轻实质风险把握，“三查”流于形式，互控环节形同虚设，前台贷前尽职调查“失准”，中台审查审批“失守”，后台监督检查“失效”，最终形成风险隐患。如天津分行在总行2011年下半年以来连续4次下发钢贸贷款风险提示的情况下，仍忽视风险管理要求，继续发放小企业钢贸贷款，结果酿成严重风险。目前天津分行的钢贸小企业客户占全部小企业客户的85%，不良贷款率高达73.02%。

（四）机构管理和队伍建设缺位。一些分行为快速推进信贷业务发展，在对信贷经营机构实行升级管理的同时，却忽视对其信贷经营能力和人员资质管理的同步强化，以致部分基层机构盲目扩张、授权过宽、监控缺失等问题十分突出。如福建分行将100多个储蓄所、分理处直接升格为可办理信贷业务的二级支行，在信贷业务经营范围上基本上是“大撒把”、“能授尽授”，这些支行的信贷人员普遍不具备信贷专业能力，支行行长也缺乏信贷经验，福建分行大部分新增不良贷款集中爆发在这些支行和新增业务网点，有的二级支行不良贷款的比例超过10%。一些分行信贷人员数量不足与业务素质不高的问题并存。如天津分行、福建分行三年以下从业经历的信贷人员占40%左右，一些未从事过信贷工作的新员工缺乏对客户风险的基本识别能力，难以有效发挥第一道风险“防火墙”的作用。如上海分行个人贷款经营团队原来主要从事个人住房贷款业务，对风险复杂程度更高的个人经营性贷款缺乏必要的专业知识和风险识别能力，复杂业务简单化处理，导致风险大面积爆发。

（五）对代理业务风险认识不足、管理措施滞后。有的分行仅看到代理投资业务不占用贷款规模和经济资本，又能带来中间业务收入的“好处”，却没有能充分认清代理业务可能引发的潜在风险，特别是对可能造成的声誉风险估计明显不足。如山西分行在未能客观评估判断业务风险，也没有结合实际制定业务管理细则和操作流程的情况下，以代理收付形式大量进入产权不清、手续不全、不符合贷款条件的煤炭资源整合企业，其代理信托资金收付业务从2010年的14.9亿元猛增至2012年的132.5亿元，以致在煤炭行业下行期出现还款来源不足甚至落空的风险。

（六）总行在风险管理方面存在的一些问题。信贷经营中暴露出的种种问题，有基层行的责任，也有总行层面需要反思的地方。去年以来，总行对政策制度设计、绩效考核导向、业务推进实施、风险管理与监控等方面的问题进行了多次反思与评估。如在商品融资、个人经营性贷款、贸易融资等业务品种大力推广过程中，只注重发展规模与数量，相应的管控措施没有及时跟进；在政策制定、产品设计及业务创新方面，存在与市场和基层行风险管控能力相脱节的问题；缺乏区域市场与风险的系统评价分析，对基层行分类指导不够，存在着简单化，“一刀切”的问题；在风险监控上，对某些领域发现的风险苗头，处置得不够坚决果断，一些局部性的问题，演变成大的区域性的风险。这些问题与教训需要总行的各个相关部门进行进一步深刻反思并重点加以解决。

近日，总行党委专门召开会议，听取了对五家分行责任追究事项的专题汇报，并决定对在这次专项检查中发现的重大问题，将严肃追究各级相关人员责任，包括一级（直属）分行主要负责人。这次责任追究，主要考虑管理失职、系统管控失控这两个方面，对于单纯因经济下行等客观原因为主形成的风险，不在追责范围内。可以说，这次责任追究和惩处是近年来力度比较大的一次，目的就是要让全行上下在思想上有触动，在行为上有敬畏，切实吸取教训，高度重视信贷风险管理，在经济增长新常态下，切实处理好市场与风险的关系，真正做到从严治行、从严治贷。

二、重塑健康审慎的信贷文化

今年以来，经济“三期”叠加影响持续加大，经济平稳增长的动能尚显不足，全社会固定资产投资、社会消费品零售总额、进出口总额等指标同比回落。9月末，CPI同比增幅只有1.6%，跌破2%的景气心理关口；PPI同比下降1.8%，连续31个月负增长。需求端的低迷持续向生产端、投资端蔓延，有效融资需求萎缩，这是我们当前和今后一个相当长时期内可能要面临的经营环境。在更趋严峻复杂的外部形势下，全行部分领域信贷风险会出现新的演化发展，如果不能及时调整风险管理策略，审慎把握和控制风险，坚决遏制不良贷款反弹势头，不仅可能吞噬多年来的改革发展成果，也将对全行改革发展大局造成严重影响。全行务必牢固树立正确的信贷经营观和全面风险观，务必坚持不懈地塑造以资产质量稳定和长期股东价值最大化为基本目标的信贷文化，务必增强忧患意识和责任意识，兢兢业业，审慎管理，努力促进信贷业务持续、健康发展。

（一）牢固树立正确的发展观、业绩观和风险观。在我国经济进入新常态、经济增速换挡回落的新形势下，全行上下必须尽快转变经济上行期形成的“重市场、轻风险”、“重营销、轻管理”的思维和经营惯性，牢固树立科学的发展观、业绩观和风险观，更加深刻地认识经济下行压力加大的新形势下做好风险防控工作的重要性和紧迫性，坚持审慎经营理念，坚持信贷经营的风险导向，坚持标本兼治、狠抓落实，从体制机制完善、流程制度优化、监控体系建设等方面强化信用风险管理，确保信贷业务发展与信贷管理能力建设相适应。

解决好发展观、业绩观和风险观的问题，首先是“一把手”要树立正确的经营理念。各行“一把手”要深刻认识肩负的重大责任，率先端正自身的经营理念，立足大局和长远，积极引导所辖机构正确处理好市场与风险的平衡关系，坚持业务发展与风险防控并重，防止为单纯追求市场份额和短期业绩，忽视信贷能力建设而盲目扩张信贷规模，甚至为营销客户而放松信贷标准或条件，切实把好信贷业务发展和资产质量稳定关。

（二）牢固树立质量意识、风险意识和责任意识。信贷经营要行稳致远，必须始终贯穿质量意识、风险意识和责任意识。要建立效益与风险、当期成果与可持续发展兼顾的科学考评机制，强化考核引导，促使各级经营机构转变“重规模、比速度、抢市场”的经营理念，杜绝绩效考核激进导致的风险隐患。各级管理人员要进一步增强责任意识、担当意识，在其位、谋其政、尽其责，提升履职能力，本着对工行负责、对员工负责、对股东负责的态度组织好信贷经营，加快不良及潜在风险贷款化解，尤其要严禁新官不理旧账。对于履职不力的，要严肃追究管理责任。

风险管理是前中后台共同的责任。前台营销部门不仅直接负有优选客户，为信贷决策尽职调查的责任，还负有贷后管理职责，这种工作职责贯穿贷款业务从受理到收回的整个生命周期。因此，前中后台部门都要增强风险意识和责任意识，确保贷款放得出去、收得回来。

（三）牢固树立合规、诚信的经营理念。严守信贷经营管理基本规则，就必须做到“四个坚守”：一是坚守安全性、流动性、效益性的“三性原则”，毫不动摇地走稳健与理性发展的道路，决不能因短期利益而伤及长远，损害资产质量安全稳定的基础。二是坚守“前中后台分离”制度规则，强化前中后台相对独立、相互制衡、整体协同的管理机制，严格审贷分离和前后台制约制度，不能为了局部市场、部门利益，破坏制度规范。三是坚守贷款“三查”制度，特别是前台部门要把好客户准入关口，严防“病从口入”。四是坚守银行经营管理的铁账、铁款、铁规章的“三铁原则”，遵章守纪，诚实守信，严格职业操守与作业规范，确保经营行为和业务流程严格遵循管理制度。各级管理人员更要带头执行各项制度，严禁授意或指令下属违规放贷。要通过在全行大力倡导“四个坚守”，积极培育“合规诚信人人有责、合规诚信创造价值”的信贷经营理念。总行要尽快重新梳理信贷产品办法，明确各项信贷产品的适用对象、关键风险点和核心风险防控措施，引导全行根据客户风险合理选择适用产品，提高识别和控制风险的能力。要从质量劣变较多的重点行、主要业务领域和典型案例中汲取教训，总结规律，建立全程控制、有效制衡、反应迅速、执行到位的信贷管理体系，为合规诚信经营打牢制度基础。

（四）牢固树立“尽职免责、失职追责”的责任追究理念。责、权、利对等和尽职免责、失职追责，是健康审慎信贷文化的重要体现。要本着“从严治行、从严治贷”的原则，建立健全严格的信贷业务责任追究机制，对出现风险的信贷业务，实施责任倒查追究。但责任追究绝对不是简单处理几个经办人、几个客户经理的问题，对因管理不到位等主观因素导致出现大面积风险的分支机构，不仅要追究支行负责人的管理责任，还要追究二级分行、省行相关负责人的管理责任，不能因为责任人已提拔或换岗，就不追究或从轻追究。当然，要区分风险形成的主要因素，对已经完全履职、尽到管理责任但因市场形势变化等外部因素或不可抗力导致的风险，要注意保护好相关信贷人员的积极性，切实做到“失职就要问责、尽职方能免责”。要通过严格完善的责任追究机制，强化全行风险责任意识，防止重贷轻管等短期行为。

要严格执行信贷业务尽职调查制度，对客户与债项风险要认真揭示，不能敷衍塞责，马虎了事。对尽职调查不充分，应该揭示的风险未能揭示，甚至帮助客户变造、伪造信息的，要严厉问责；要切实加强授信审批环节的管理，严格客户授信与债项的细致评审工作，对不能坚持信贷审查审批原则，姑息与迁就风险事项，不能尽责履职的，要严厉问责；要加强贷后监督监控与检查工作，及时揭示与发现风险隐患，及时督导经营机构进行风险管理与控制，对未及时揭示、报告与控制风险，出现区域或系统性风险的，要严厉问责，尽职才能免责，失职就要追责。

（五）牢固树立“把控实质风险”的管理思想。把控实质风险是良好信贷文化的重要体现。要筛选和把握好优质客户、优质区域、优质业务，这是把控实质风险的第一步和关键一步。要以把控实质风险为原则，科学梳理与优化信贷流程和产品制度，坚持简洁简约，避免流程太长、责任不明。要最大限度地把客户经理从繁冗的案头工作中解放出来，让他们有更多时间和精力深入企业、深入客户进行实地调查。授信审批和风险监控要加强对行内外数据的收集、验证、分析和应用，完善风险分析和监控模型，及时预警风险，不断提高对实质风险的把控水平。

以上“五个牢固树立”是在本次检查的基础上，基于长期实践总结提炼出来的，不仅提示了当前信贷经营的主要问题所在，也明确了下一步主要工作任务，大家要认真落实。近些年许多从事信贷业务的同志都是刚入行的年轻同志，没有经历过完整的经济周期，也没有经历过当年的资产质量攻坚战和“两次不良贷款剥离”，缺乏对风险管理极端重要性的深刻认知和切身感受。通过今天的会议，希望全行把信贷文化和信贷队伍建设摆在更加重要的位置，以“五个牢固树立”为指导，以提高信贷经营能力为主线，以提升员工业务技能和风险识别能力为出发点和落脚点，以强烈的事业心、责任感和求真务实的作风，全力打造健康审慎的良好信贷文化，全力打造一支高素质的优秀信贷队伍。

三、夯实风险导向的信贷管理基础

坚守信贷经营基本原则、全面提升信贷经营能力、构建适应经济新常态的信贷经营体制机制，既是解决当前问题的现实要求，也是实现信贷业务可持续健康发展的根本之策。

（一）全面提升信贷经营能力。总行将着重从机构和人员两个方面，持续加强信贷经营能力建设。目前，总行正研究制定基层信贷经营机构的资质管理制度，明确各类信贷人员基层经营机构的基本条件和认定方式等。今后信贷经营机构必须具备最基本的资质条件，要有一定数量具备资质的客户经理队伍，支行一把手或主管行长应具备中高级信贷专业从业资格。四季度，各一级分行要组织对辖内信贷经营机构进行一次分类评估，对不具备信贷经营条件的机构，要尽快整改达标或实行整合归并；对管理薄弱的机构，要限制或暂停办理风险较高业务；对管理问题较多、资产质量恶化、业务发展速度与当地资源环境不匹配的机构要严肃整顿。要加强对信贷从业人员的专业技能培训，加快推进资质认证和持证上岗制度，提高“专家治贷”水平。要重视典型风险案例培训，教育信贷从业人员从中汲取教训，花了学费就要举一反三，引以为鉴，不能重蹈覆辙。总行对一级（直属）分行的信贷管理人员也要进行全面的评估，如果达不到要求，要通过交流、补充、轮换方式，进一步提升这些行的信贷管理水平。

（二）加快化解存量贷款及代理投资业务潜在风险。各行要抓紧对辖内存量贷款、非标准化代理债权投资业务风险进行全面摸底、排查，确定潜在风险客户名单及风险分类。一要重点排查贸易融资包括商品融资业务，严防虚假贸易融资风险。二要重点排查批发贸易企业，尤其是钢材、煤炭、原油等大宗商品贸易企业，严防商品价格下跌引发企业经营风险。三要重点排查固定资产支持融资业务，严防用途管理不到位、资金监管不落实、价值评估虚高、套现投资等风险。四要重点排查企业涉足民间借贷、担保圈等风险。五要重点排查产能过剩行业、中小房地产企业、区县级融资平台公司及受汇率波动影响较大的外向型企业融资风险。各行可根据区域情况补充风险排查重点，对于亿元以上大户，要做细致排查，有的放矢。对排查出来的潜在风险客户，要逐户制定风险化解预案，分类施策，提高化解处置效率。对生产经营基本正常、具有一定债务偿还能力的潜在风险贷款客户，在对其融资风险敞口不增加、风险缓释措施不降低的情况下，可以实行授信项下授权审批制。这里要强调的是，对落实化解风险措施得力、履职到位、勇于担当的干部员工，要尽职免责，更好地调动和保护从业人员的积极性。

（三）加快推进信用风险监控体系建设。总行信贷监督中心成立以来，积极收集、整合与应用行内外信息，开发风险预警模型，关注风险形成机制和传导路径，预警缓释重点领域风险，取得了较好成效。下一步，要加快推进信用风险监控体系建设，要建立一个全封闭的、总分行联动的风险监控体系，充分发挥风险监控、决策支持的功能，实现对全集团、全客户、全产品、全流程的有效监控，并为全行经营决策提供有力支持。要建立从分析建模、监测预警、核查管控、跟踪督办、到考核评价的闭环管理流程，通过集中监测对全行信贷与投资业务进行日常扫描，对确认存在风险的客户、经营机构和人员，区分风险类型，实施系统控制或提出明确管理要求，并加强跟踪督办，重点抓好风险防控措施的落地。对监测中发现的带有普遍性、趋势性的风险问题，要及时调整完善信贷政策制度和流程，堵塞管理漏洞。要建立与形成总行进行重点监控，一级分行、二级分行组织督导实施，基层经营机构落地执行处理与报告的系统化、程序化反馈机制，强化对风险的全面监控工作。

各分行也要高度重视信用风险监控工作，要组织专门队伍，确保总行风险监控结果真正落地。对总行监控预警的风险客户、机构、人员等信息，要严格按照职责分工，落实风险核查、信息反馈、跟踪督办及管控等工作，确保责任到人、整改到位。总行要对各分行相关工作开展情况进行考核评价，定期通报。今后新发生不良贷款，责任认定时需就相关人员对总行监控预警信息核查、反馈和落实情况进行认定，对未落实总行管理要求导致不良的，要从严从重追究相关人员的责任。

（四）持续推进信贷流程优化，管控实质风险。近期总行印发了法人客户信贷业务基本操作流程，将前期流程优化的成果固化在基本办法中，进一步扩大了授信项下授权审批制等优化流程适用范围，并对大量系统功能进行了配套完善。下一步，要借鉴精益管理理念和技术，持续推进信贷流程优化工作，形成信贷流程优化长效机制，不断提升信贷管理效率。要从制度、体制和系统功能上全面支持评级、授信、押品和债项“统一业务流程”处理。完善授信项下授权审批制实施机制，稳步调整适用业务范围。发布实施公司、机构客户贷（投）后管理基本规定，清晰界定前中后台部门以及总分支行管理职责，明确贷（投）后管理标准流程。继续简化系统信息录入，完善相关风险信息便捷共享调用。在流程优化过程中，要特别注意实质风险的管控，做到审批下放与监督上收同步到位。在下放审批权限的同时，务必要做好信贷监督，避免简单放权或配套机制不完善形成新的风险。

（五）加强基础数据质量治理。客户信息是识别与判断风险的重要依据，信息的全面性、真实性和准确性尤为关键。目前全行资产管理系统中录入信息缺失、信息不准确、系统间数据不一致等问题较为突出，这不仅表现在数据质量上，也表现为一些基础性管理缺失，存在着较大的风险隐患。总行已针对前期检查和监控中发现的各类信息质量问题，逐项研究落实治理方案。各级行要高度重视数据质量治理工作，前台业务部门要做好数据源头录入，授信审批、信贷管理、内控合规等部门要各司其职，共同做好数据质量管理。总行有关部门要尽快完善数据质量管理制度办法，加强监测分析和专项检查，督导分支机构做好数据录入工作，并借助科技手段进行数据一致性校验，确保基础数据的完整准确。

（六）加强“裸贷”问题治理。8 月末，全行裸贷户 5.3 万户，占全部有贷户的40%，这些客户涉及 3 万亿元贷款，只有 300 亿元存款，平均存贷比只有 1%。“裸贷”问题不仅表现为信贷客户存款业务资源的流失，而且往往存在财务性“失联”的风险隐患，银行无法监控企业风险情况。“裸贷”问题治理进度慢，反映分行前台部门存款工作意识还不强，工作作风还不够深入。前期总行已召开“裸贷”专项治理工作视频会议，各行要按照会议布置抓好落实。要逐级落实存量裸贷客户的治理责任，按月设立目标，加强监测督导，确保完成序时任务。要逐个分析裸贷客户的成因，制订存贷比提升目标和方案，有针对性地加以解决。要从源头控制新增“裸贷”客户，细化贷款受托支付管理，力争实现贷款资金体内循环，加强销售回笼款的管理，确保客户结算量与贷款额度相匹配。要持续做好贷款归行监控，严格防控信贷风险。

四、打好信贷资产质量管理攻坚战

当前及今后一个时期，信贷质量管控任务非常艰巨，全行要集中精力打好信贷资产质量管理攻坚战，采取针对性措施，做到“四个强化”，确保止住新的出血点。年末要将不良率控制在年初确定的目标内，资产质量保持可比同业较优，为早日实现不良率下降、资产质量出现实质性好转创造有利条件。

（一）建立一把手负责制，强化领导责任。各级行一把手承担着领导与决策职责，客观上讲，一家分行或一家经营机构的经营理念、风险偏好、风险管理和控制与一把手的统筹驾驭、专业管理能力具有直接关系。对信贷资产质量管控工作，一把手负有第一管理责任。对此，各级行一把手要强化责任意识和担当精神，特别是不良贷款增加较多较快的分行，一把手要集中精力抓好贷款质量管理工作，定期分析评估辖属机构信贷资产质量与风险管控情况，加强对重点机构、重点客户、重点产品的风险预判与控制，直接组织与部署重点风险贷款的清收转化处置工作，努力保持信贷资产质量稳定。形势越是复杂、经营越是困难，越是对各级行一把手能力和素质的考验，一把手要勇于承担，扎实履责。

（二）建立专业清收处置队伍，强化组织保障。各行要加强风险资产处置专业队伍建设，尤其是不良贷款清收处置任务较重的分行，要及时充实风险处置团队，抽调前中后台部门熟悉法律和不良贷款处置的专业人员，专司逾期贷款、潜在风险贷款和不良贷款清收处置工作。不良贷款上升快、存量大的分行要建立不良贷款处置中心，从组织上保障队伍的稳定性，确保清收处置工作有效开展。

（三）加大监控排查力度，强化风险预警。各行要建立风险预警和警戒线管理机制，对辖内二级分行及以下机构不良贷款变化情况进行持续监测和督导。对高风险贷款，要逐户制定预警处置方案，从资产保全、加快退转等入手提前介入，防止贷款劣变。对已触发风险控制目标的机构，要及时启动警戒线管理，迅速将人员落实到位、职责落实到位、工作落实到位，多措并举做好各项工作。

（四）把握清收处置时机，强化工作主动性。四季度拟组织不良资产批量转让的分行，要抽调专人集中时间专职负责此项工作，早安排、早摸查、早尽调、早准备，打好工作提前量，务必于 11 月中旬前向总行报送转让方案。不良贷款核销直接影响全行利润增长，资产处置要考虑回收成本，考虑对各分行资源分配的相对平衡。要加强与资产管理公司的沟通协调，做好资产包的推介与对接，提高资产处置成效。要进一步增强资产保全意识，对还款意愿差的借款人和保证人，要及时采取法律措施，争取资产处置的主动权，防止我行抵押物或借款人有效资产被其他债权人抢先查封而影响处置进展，避免出现不良贷款长期挂账无法处置，致使不良贷款积重难返。

五、有效开拓经济增长新常态下的优质信贷市场

发展是防范和化解信贷风险的有效手段，当前信贷经营中出现的问题仍需要通过发展加以解决。今年以来，全行信贷业务总体保持了平稳增长态势，但下半年

公司贷款有两个月出现环比负增长，10 月至今公司贷款也是负增长。四季度，各行要结合实际，深入研究分析经济增长新常态下的业务机会，拿出更加积极的态度和措施，加大对重点区域、优质客户、优质项目的市场营销力度，并为明年市场投放做好资源储备。

（一）更加积极地拓展优质客户。优质客户一定是实质风险可控的客户。拓展优质客户是风险防御的第一关，也是最有效、最主动的风险防范措施。客户选择错了，不论办理哪类业务与产品，都会带来经营风险与隐患。要学会在经济增长新常态下准确选择客户，营销时更加突出客户风险导向，通过严格优质客户标准和条件，真正把好客户入口，控制好客户的风险准入关。仅从行内客户看，9 月末，全行公司客户达 442 万户，其中有效融资客户是 14 万户，占比 3%，有效客户的拓展空间还是比较大的，而且全社会小微企业有上千万户，如果加上行外的优质客户群体，空间就更大了。总行有关部门要指导各分行抓好各行业、各细分领域的龙头企业及其关联企业和优质上下游企业，积极营销拓展优质客户，进一步做大客户规模，夯实客户基础，形成大、中、小客户比例适当的结构布局。

（二）更加积极地优化业务布局。总量与结构、进入与退出，是信贷经营中核心的问题，也是决定信贷资产质量的关键。近年来，总行推动全行加快结构调整，目的就是要转变信贷发展方式，优化信贷资源配置，应该说成效是明显的。各分行要在落实全行整体信贷布局及重点领域总量控制要求的前提下，根据区域市场特点、管理现状和资源禀赋，合理摆布自身信贷结构，既要加快信贷资产周转使用，提高信贷收益，又要保持合理比例的中长期项目贷款，保持信贷资产的总体稳定。四季度，要适度加大对优质大企业、大项目的投放和储备，包括高速公路、铁路、电力、能源、轨道交通、国家级开发区和国家战略规划区、重点城市基础设施等项目。特别是福建、浙江等小微企业贷款、流动资金贷款占比较高的分行，要积极拓展以国家重点投资为主体的大型基础设施项目。北京、上海及东部地区财政实力较强的省市，要加大对基础设施类项目的营销和储备；对涉及政府财政补贴的项目，要积极研究和发展政府与社会资本合作（PPP）模式新市场，不能简单走融资平台融资的老路。要加强对经济新常态下新兴信贷市场的研究和有效投放，在切实把控好企业实质风险的前提下，择优进入高端装备制造、节能环保、文化、旅游、现代物流、健康与养老服务、信息技术、现代农业等领域。

（三）更加积极地推进小微企业和个人消费贷款发展。发展小微企业金融业务和个人信贷业务是全行经营转型的必然选择。前期总行出台了优化小微金融业务发展模式的意见，各行要抓紧落实，积极以新机制、新思路推进小微金融业务稳健发展。要按照总行四季度小微企业信贷业务营销和管理工作要求，从重点客户和重点产品两端发力，做实做细市场营销工作。要把个人贷款作为信贷业务发展的重点，适度加大对个人住房和个人消费贷款投放力度，积极支持居民家庭合理住房贷款需求，按照市场化原则确定贷款成数和风险定价，总行将在信贷政策、贷款计划、资金配置、流程优化等方面给予适度的支持；要大力发展个人“逸贷”、个人网贷通和个人资产抵质押贷款等业务，促进个人消费贷款业务的持续健康发展。

最后，再强调一下年前几项重点工作。近日总行召开党委扩大会议，分析了前三季度经营情况，部署了四季度重点工作。这些内容既是对总行部门的工作要求，也是对各分行的工作安排。姜建清董事长和我的两个讲话已经印发全行，总行各部门和各分行要抓紧贯彻落实。这里，我重点强调一下利润、中间业务和存款问题。

一是完成好全年利润计划。现在看，完成全年利润计划还是有较大压力的。需要警惕的是，有的行对四季度利润目标的预测过于悲观，存在畏难情绪，缺乏全局和责任意识。在当前困难较多的情况下，全行特别是一些盈利水平下滑较快的分行，要进一步学习总行年初、年中工作会议精神，充分认识当前形势下保持盈利合理增长的重要性，既要看到困难和问题，更要看到发展潜力和市场机遇，关键是要坚定信心，振作精神，以更加积极进取的姿态，把促进盈利增长的各项措施全部落实到位。尤其要重视做好信贷结构调整，优质信贷市场拓展，提高信贷业务收益水平；稳定资产质量，大力控制信贷成本；保持存款均衡稳定增长，降低负债成本；抓好旺季营销和业务创新，扩大收入来源；严格费用支出管理，优化费用结构和产出效率等，向开源节流、增收节支和挖潜创新要效益。为鼓励各行抓住机遇、克服困难、主动作为、多创利润，总行将对各行利润计划作出适当调整，并将于近期下达各行。同时明确以下政策：对本次下达利润目标高于年初预算计划的分行，仍以年初预算为考核依据，超出部分不作为核定明年利润预算的基数；对本次下达利润目标低于年初预算的分行，完成本次下达计划就视同完成全年预算，以充分调动各行完成利润计划的积极性和主动性。

二是努力推动中间业务收入增长。中间业务收入是影响利润的主要因素，也是利润增长的最大潜力所在。近日，总行对信用卡、银行类理财、品牌类投行等 24 项产品核定了四季度当季收入目标，分解下达给各业务部门和利润中心，并将马上分解到各分行。各专业条线和各分行要对照总行下达目标，实行双线缺口管理，采用“倒排法”，逐项、逐旬、逐产品、逐机构监测和落实收入进度，补齐差额，力争赶超。总行相关部门要加大督导力度，逐产品进行增收潜力诊断，分门别类提出增收补缺的改进措施。要引导基层行消除对中间业务收入的顾虑和困惑，坚持在规范的前提下，大力推动中间业务创新发展和收入稳定增长。特别是对一些基础性或创新增值型的重点品种，要深入挖潜，狠抓增收提速，进一步发挥其对整个中间业务收入和利润增长的支撑和拉动作用。同利润计划一样，总行对今年中间业务收入超计划完成部分，不作为核定明年计划的基数，鼓励各分行、各业务条线抓住年末的市场机会加快发展、大力增收。

三是促进存款稳定增长。尽管三季度全行存款稳定性有所增强，偏离度控制在监管规定值内，但新增存款绝对额同比和环比下降幅度很大，特别是一些分行、一些品种存款增势弱、均衡性差的问题十分突出。全行要深刻认识和科学把握稳定性监管政策实施后存款业务发展进入新常态的特点和规律，加紧完善稳定、成长与收益并重的存款经营策略和工作举措，在确保均衡稳定的基础上，力争到年底实现一个更加合理、更有市场竞争力的存款增长。要认真总结三季度以来存款稳定性管理的经验和不足，提前摸清岁末年初存款大户的资金回流状况与使用计划，在加强稳定性管理过程中注意给年底临时进出的资金留出余地，不能把一些短期、低成本的存款简单一拒了之。要针对当前存款增长乏力、成本上升的严峻形势，加紧梳理和调整完善涉及存款工作的各项政策和考核激励机制，引导全行更加注重正确处理发展存款与理财的关系，既要适应客户需求、尊重客户选择，将合适的理财产品销售给合适的客户，又要避免过度推销理财产品、人为加速存款理财化进程；更加注重正确处理销售集团自身产品与代理销售同业产品的关系。在过去存款相对富裕、而本行理财产品开发受到较多限制的情况下，我们采取代销外部理财产品的发展模式具有一定的历史客观性，而在当前环境下全行必须坚持以自有产品为主、代理产品为辅的发展思路，从严控制代销产品准入，将代理销售产品主要作为自有产品的补充，防止其对自有产品的替代和对全行存款的大量分流。同时，要突出存款业务在经营管理中的基础地位和考核权重，促使各级机构更加重视存款稳定增长。促进存款均衡稳定增长，根本和关键还是要抓好强化客户拓展、网点竞争力提升、产品创新等基础工作。尤其要对照今年以来总行关于拓户工程的一系列工作要求，从提升代发工资客户数量和质量、狠抓“裸贷”治理、用好大额资金监测平台、加大互联网产品营销等方面入手，完善和落实客户拓展与维护的针对性措施，加紧解决当前客户拓展不快、结构下移等突出问题，力争后两个月客户数量明显增加，客户结构明显上移。

同志们，当前全行经营工作处在股改以来较为困难的阶段。现在到年底还有两个月的时间，各项工作任务重、挑战多、压力大。越是在困难的情况下，全行越要保持奋发有为的精神状态，不能一味地强调困难、一味地强调客观。越是在困难的时候，越是对各级领导班子和领导干部作风的检验和能力的考验。全行上下特别是各级领导干部要进一步增强信心，以敢于担当、敢于攻坚的精神状态，以良好的作风推动各项工作落实，全力做好四季度工作，确保较好地完成全年目标任务。

深刻认识战略机遇　扎实推进业务联动
打造全球人民币业务第一大行

——在跨境人民币业务联动工作会议上的讲话

易会满

（2014 年 11 月 18 日）

刚才，总行国际业务部简要介绍了跨境人民币业务联动实施纲要的主要内容，其中包含了“10 + 3”的工作安排和针对性的具体量化指标。这个纲要也得到了姜建清董事长的认可，是全行下一步跨境人民币业务发展的重要指引。四家机构和总行相关部门在发言中提出了非常好的意见和建议。会后，国际业务部牵头，会同相关部门逐条研究，可以解决的，要尽快落实好，短期内解决有困难的，也要尽快给分行合理的解释和答复。

我想首先说一说召开这次会议的背景，主要有三个：一是今年是跨境人民币业务开办五周年，五年来，全国跨境人民币业务发展速度非常快，增长势头非常猛，人民银行组织了一系列回顾和庆祝活动，我行也需要总结过去，展望未来。二是人民币国际化进程不断加快，在贸易结算、投资、交易等方面都有了长足发展，很多国家已将人民币作为储备货币。作为全球第二大经济体，只要我国经济保持稳定增长，人民币的国际地位将会持续提升。抓住这个机遇，将对我行境内外业务的发展起到良好的促进作用。三是人民币业务是我行的传统优势，能不能把境内人民币业务、客户优势转化为境外和全球优势，并通过境外市场拓展带动境内业务发展，是下一步经营和国际化长足发展的关键所在。目前，我行境外人民币资产已经超过4 000亿元，存款超过1 000亿元。这两年境内利润增速开始放缓，但境外机构利润保持快速增长，同比增幅超过50%。在这样的背景下，我行作为境内最大的人民币业务银行，要紧紧抓住全球跨境人民币业务推进的机遇，加强顶层设计，加大资源投入，进一步整体推动这项业务取得更大的发展。下面，结合大家刚才的发言和讨论，我谈三点意见。

一、我行发展跨境人民币业务拥有众多基础优势

总体来看，和同业相比，我行发展跨境人民币业务基础优势比较明显，主要体现在以下四个方面：

（一）从境内辐射境外的庞大人民币业务体量。作为境内人民币业务第一大行，工商银行拥有广泛的人民币客户和业务基础。截至三季度末，我们拥有公司客户518万户，个人客户4.57亿户，现金管理客户111.5万户，人民币存款超过15.3万亿元，托管总资产5.5万亿元，发行理财产品6.1万亿元，管理私人银行客户金融资产6 802亿元，代客外汇结售汇及外汇买卖量5 206亿美元。在境内公司、个人、结算、托管、资产管理、私人银行、投资银行、机构业务等众多领域，我行的市场份额均居首位。境内的人民币客户和业务是发展跨境人民币业务的重要资源宝库，只要措施得当，挖掘充分，就能把境内的人民币优势辐射到境外。这方面，我行的跨境人民币业务具备许多同行无法比拟的雄厚基础和丰富资源。

（二）同业领先的全球机构网络和服务渠道布局。我行机构网络全球布局在中资银行居于领先地位。境内的17 000多家网点和直接覆盖境外40个国家和地区的机构网络，为我行发掘跨境人民币业务的客户和业务资源提供了广泛触角。目前，除印度、越南、拉美及非洲部分国家存在外汇管制外，当地监管允许的所有机构均已开办跨境人民币业务，服务范围涵盖六大洲及主要国际金融中心，在中资银行中覆盖国家和地区范围最广。我行新加坡、卢森堡、多哈分行和加拿大子行被人民银行指定为人民币清算行，是首家拥有横跨亚洲、欧洲和美洲三大时区人民币清算行的商业银行。覆盖全球的不间断清算网络，提供了发展跨境人民币业务的重要集散渠道，具有强大的辐射作用。同时，遍布146个国家和地区的1 787家境外合作银行，使我们可以通过代理行网络扩大辐射范围。在自有机构、人民币清算行和代理行网络等方面所拥有的全球布局的明显优势，使我行可以提供跨境及离、在岸全系列人民币金融服务，具有覆盖全球客户的最广泛的人民币金融服务平台。

（三）广受赞誉的科技研发能力和系统建设经验。经过十多年的不懈努力，我行在IT领域具有明显的市场领先优势。发展跨境人民币业务要打通境内境外两个市场，业务机遇的及时发现和全球快速响应非常重要，特别需要依托系统支持实现互联互通。目前，我行已在主要境外机构投产多币种、多语言、跨时区的全球一体化科技平台FOVA。通过FOVA与NOVA的互联互通，能够根据政策要求和市场需求，嵌入跨境人民币业务线，既可以在全球范围内发掘业务机遇，快速激发联动，还可以统一服务标准，提供创新支持。依托科技系统和大数据技术，可以实现国内外成熟经营理念及客户、业务、技术、信息的共享与统一。特别是，总行正会同卢森堡、多哈分行及加拿大子行，参照新加坡人民币清算行系统开发与应用的成功模式，有序推进我行全球7×24小时不间断人民币交易清算系统平台建设。这将进一步提升我行在境外人民币清算效率、产品服务、资金规模等方面的市场竞争力。

（四）前期发展跨境人民币业务的经验积累。自2009年跨境人民币业务试点以来，我行跨境人民币业务在政策把握、人民币清算行资格争取和实际运行、产品创新和业务推进等方面做了大量的工作，取得了明显的成绩，积累了宝贵的经验。前期的这些工作，为我们更好地分析市场、把握趋势奠定了重要基础。前面已经谈了跨境人民币服务渠道建设的成绩，在产品体系建设方面，成效也比较明显。例如，通过全力打造“工银跨境通”产品体系，不断丰富结算、投融资、外汇储备等服务种类，建立了比较完善的跨境人民币产品体系。依托新加坡、卢森堡等人民币清算行的资格便利，不断丰富跨境人民币存贷汇、结算清算、融资、个人跨境、资金和衍生产品组合。利用人民币资本项目渐进开放的政策便利，借助中国香港、新加坡、伦敦等离岸人民币市场，推出了债券发行、基金、保险、贵金属、股票、托管、资产管理和私人银行等创新型业务，积极参与沪港通业务。特别是我行众多的产品创新引领了市场趋势，提升了跨境人民币业务的品牌声誉。

二、跨境人民币业务基础优势尚未能转化成市场强势

尽管我行发展跨境人民币业务具备很好的基础条件，但客观地说，这些基础优势还没能有效转化为我行的市场强势。目前，跨境人民币十大产品线的数据统计还不完善，单就境内分行跨境人民币结算量来看，不仅落后中行比较多，较建行也有一点差距。在中国香港、英国、德国等重点区域，我行境外机构的人民币资产规模和业务量与当地主要中资同业还有较大差距，离岸人民币金融市场交易、资产管理、私人银行等产品线还处在起步阶段。造成这些问题的主要原因是：

一是重视程度不高，业务发展积极性和主动性不强。一个国家货币的国际化，既是国家经济金融全球化的象征和综合实力的体现，更可以通过本币的跨境使

用，推动本国经济金融的深化发展。自2009年7月试点以来，跨境人民币业务从无到有，从小到大，展现出旺盛的生命力。政策频繁出台，业务量增长迅猛，产品层出不穷，离岸人民币中心广受欢迎，远超市场预期。境外主体持有和使用人民币的意愿不断增加，投资境内金融市场的需求日益强烈，全球主要国家和地区对推动人民币在本地的使用兴趣日益浓厚，众多金融中心将人民币业务视为新的增长点和巩固市场地位的新抓手。应该说，人民币跨境使用的迅速推进，特别是人民币作为结算货币、计价货币和储备货币功能的不断发挥，在中资企业"走出去"、外资企业"引进来"、居民与非居民结算、投资和财富管理乃至政府间合作等方面，为商业银行特别是中资银行提供了大量的业务机遇。我们现在面对的，是跨境人民币业务发展的广阔蓝海。但是，在前期推动业务发展过程中，我们有些部门和机构对此认识还存在不足，由于政策解读、利益分享、操作流程等原因，还不同程度地存在畏难情绪或者不够重视的问题。对于跨境人民币这样政策性强、市场变化快、竞争激烈的新业务领域，如果没有思想认识上的足够高度，业务发展的积极性和主动性自然会不强。我行是境内人民币业务第一大行，在人民币国际化进程快速推进的大背景下，也必须成为全球人民币业务第一大行。这不仅是总行党委的要求，也是发掘新的业务和利润增长点的需要，关系到国际化发展的长远前途。关于这一点，境内分行因为人民币业务体量大、基数高，感受可能不深。目前人民币业务在我行境外机构的占比、贡献度已经达到较高的水平，整体超过20%，高的境外机构甚至超过60%。跨境人民币业务潜力巨大，是境外机构业务可持续发展的重要支撑。近期，我们讨论最多的是如何适应经济新常态，现在来看，传统的路子已经越走越窄，这要求我们不断去发掘新的利润增长点。跨境人民币业务对境内分行来说，也许目前利润贡献比重还不是很高，但从全集团来看很有战略意义，必须引起全行的高度重视。

二是业务各自为战，集团联动意识和组织推动不够。跨境人民币业务使传统外贸客户和内贸客户、人民币业务和国际业务发生深度融合，涉及境内外、本外币、利率、汇率等多领域、多部门、多机构。只有依托我行境内海量人民币业务资源和境外广泛机构布局等优势，通过强化内外联动和横向联动，发挥集团优势，才能做大做强。目前我行与主要竞争对手相比还不占优势，甚至存在一定的差距，一个很重要的原因就是我们的集团联动意识和组织推动还不够。各部门各自为战的情况多，主动和有效的业务联动少。例如，前期我们在境外承销发行了不少人民币债券，如果募集和回流全流程都能在工商银行体系中办理，我行可以在结算、存款、中间业务等诸多方面获得收益，目前这类业务的潜力还有待进一步挖掘；在跨境贷款、托管、私人银行等领域，也有类似的情况，丢失了不少业务机会。还有一些我们内部可以挖掘的跨境人民币业务资源也利用不太充分，比如境外投资、增资注资、分红派息等使用人民币，既可以扩大结算量，也可以节约汇兑成本和控制汇率风险，还可以扩大人民币的影响力。现在看，跨境人民币业务可以从集团角度联动的业务机会和产品不少，但联动的深度广度还远远不够，机制还很不成熟。目前基本靠部门与境内外机构间自发式点对点联动，总分行、境内外、本外币和前中后台各自为战，协调成本非常高，工作效率比较低，这种情况必须尽快改变，必须要有统一的顶层设计和统筹考虑，并配套具体措施。

三是支持力度不够，业务发展氛围和热度不如同业。考核引导是引领新业务发展的指挥棒，配套支持措施是推动新业务发展的发动机。横向对比来看，我们在跨境人民币业务领域的主要竞争对手，在考核引导（包括考核权重、影子考核补贴等）和配套支持措施方面下了很大功夫，力度要比我们大，我们的业务发展氛围和热度还有一定差距。例如，中行、建行均将跨境人民币业务作为最重要的国际业务考核指标和全行核心考核指标之一。相比之下，我行在考核引导和配套支持方面还有许多具体工作要做，特别是考核引导力度还有待加强，推动业务有效联动的境内外机构分润机制还未形成，风险管理和业务发展的平衡把握还不是很好等，对这些制约业务发展积极性和主动性的问题，我们要加紧研究解决，以推动我行的基础优势向市场竞争强势有效转变。刚才分行的同志也谈到，同业在政策把握和竞争手段方面，有一些尺度比我们大，甚至压价和低门槛竞争，给我们提升市场占比造成一定压力。对此，要有客观的认识，对政策要有深入的分析和准确的把握，什么能做，什么不能做，需要有正确的判断，但无论如何都要坚守风险底线，决不能因小失大。一个基本的原则是，能做的范围内，我们要努力做到最好；不能做的业务，要坚决防微杜渐。

三、扎实推进业务联动，打造全球人民币业务第一大行

面对当前的机遇和挑战，我行要夺取和巩固同业竞争优势，将我行境内人民币业务大行优势尽快延伸到海外，实现全球领先，创造新的稳固利润增长点，需要下更大力气，投入更多资源，付出更多努力。这次总行国际业务部牵头，各有关部门配合，着眼顶层设计，起草了内容较为全面的跨境人民币业务联动实施纲要，各部门和境内外机构也就有关内容提出了很好的意见和建议，下一步需要全行上下共同努力，抓好落实落地。

（一）要切实提高思想认识。跨境人民币业务联动发展，有赖于集团各部门、各级机构的共同努力。全行要认真领会国家层面推动人民币国际化的重要战略意义，深刻理解跨境人民币业务发展对我行的战略机遇。

总行在《跨境人民币业务联动实施纲要》中已经明确下一阶段的战略目标和具体措施。全行各部门、各级机构要按照本次会议要求，迅速行动，以“ONE ICBC”发展理念为指导，扎实落实纲要的各项措施，客观评估同业竞争形势，切实挖掘本机构、本区域、本业务条线的跨境人民币业务机遇和集团联动机会，积极进取，主动作为，深化业务发展具体措施，推动我行跨境人民币业务基础优势迅速向市场强势有效转化。特别要强调的是，各境外机构只有做好人民币业务，依托集团资源发挥比较优势，才能更好地发展其他币种的当地和离岸业务，要把发展当地人民币业务作为首要工作内容，树立本行在当地人民币市场的品牌形象，尽快确立和巩固市场领先优势。

（二）要突出抓好客户营销。客户是业务的基础。要深入开展跨境人民币业务的专项客户拓展工程，依托我行庞大的境内外客户群体，以适合客户需求的产品，努力扩大对本行已有公司、机构、同业和个人客户，特别是“走出去”中资企业和进入中国大陆市场的外资跨国公司等重点客户的覆盖面，积极争抢新客户，努力实现公司金融、全球现金管理、零售金融、资金交易、资产管理、银行卡、电子银行等人民币业务产品和金融服务的全面覆盖。要扎实推进分层营销推动，总、分、支行等境内外各级机构要根据本层级辖内客户情况，梳理形成本级重点跨境人民币客户清单，细分市场，落实分层营销安排，精准营销，点对点突破，扎实提升客户渗透率，特别是不断提升对重点行业、重点客户和大额交易的市场占比。同样，个人客户跨境人民币业务需求的潜力也非常大。总行各前台营销和产品部门要借助总对总营销，以指导文件、专题营销活动、内外联动和横向联动安排等形式带动境内外机构分层精准拓展。对优质跨境人民币业务重点客户，要探索名单制管理，建立绿色通道，在业务办理速度、资金价格等方面给予倾斜。客户营销是基础的基础要注重充分发挥境内境外两个积极性，境外机构要投入更多精力抓好业务机会挖掘，主动与总行和境内分行加强联动。国际业务部、公司金融业务部、机构金融业务部和个人金融业务部要密切配合，做好牵头和服务工作；国际业务部、结算与现金管理部、金融市场部、资产管理部、资产托管部等产品部门要做好产品支持工作；前面讨论中提到的全球授信问题，公司金融业务部、结算与现金管理部和信贷与投资管理部、授信审批部要共同研究做实。同时，跨境人民币业务同时面对境内境外两个市场，政策、汇率、利率等业务关键要素变化很快，业务办理效率对业务能否办成和客户满意度至关重要，境内外各业务经办机构和运行管理等后台支持部门要坚持以客户为中心的理念，不断提升业务操作处理效率。

（三）要深化产品创新推广。产品是服务价值的源泉。要依托“工银跨境通”系列产品成功经验，在国家政策允许范围内，结合客户需求，充分利用我行在境内外市场的客户、资金和产品优势、网点和机构平台优势、信息优势、清算和科技优势，特别是着眼境内境外两个市场的利差和汇差，在目前的政策框架内，加强跨境人民币新产品、新业务的研发和推广，推出一批拳头产品，为市场营销提供利器，最终建立健全全方位、兼具标准化和个性化的跨境人民币产品体系。跨境人民币业务产品种类繁多，且根据政策和市场变化快速创新发展，业务规模差异较大，要打造市场领先地位，需要突出重点，有的放矢。现阶段，要根据《实施纲要》重点打造人民币跨境结算清算、融资、资金交易、RQFII、资产管理、私人银行、资产托管、沪港通、投资、债务工具承销发行等十大重点产品线，力争取得市场地位领先。货币的国际化进程一般从结算开始，然后衍生出交易、投资需求。目前，人民币已经进入双向波动的通道，境外避险工具将更加丰富，我行海外融资类业务将会有较大的提升空间；同时，整体来看，目前境外市场上人民币交易投资类产品还不多，资金沉淀还比较少，我们的同业竞争对手在这方面还比较薄弱，我行要抓紧将境内最大人民币做市商的优势延伸到境外，推出更多产品吸引客户。在资金托管、境外发债、沪港通等方面，资产托管部、机构金融业务部、个人金融业务部以及相关境外机构，要出台配套措施，并做深入探索。在上海自贸区、深圳前海创新试点区方面，要由国际业务部牵头，会同各部门共同推动，积极发挥和境外人民币清算行的联动优势，依托产品创新，打通境内境外两个市场，连接境内境外的客户资源、业务资源、资金和政策资源，研究形成可复制、可推广的产品业务模式，挖掘集团联动增值机会。要抓住人民币资本项下业务政策渐进开放的机遇，继续做大做强已开放的跨境直投、跨境借款、跨国企业跨境人民币资金集中运营、经常项下跨境资金归集等资本项目，抢占市场竞争制高点。中国经济在新常态下，正在经历去产能化、去库存化和去杠杆化，面临全球布局再平衡的问题。在此背景下，中国企业“走出去”的力度将进一步加大，投资银行部和专项融资部要积极研究，在这个过程中抓住机遇，发挥作用。目前，跨境双向资金池业务政策刚刚放开，业务空间巨大，能不能抢占市场先机，对我行市场占比会有重大影响，而且做得好的话，和前些年发展现金管理业务一样，可以有效锁定客户。这项工作由结算与现金管理部牵头，总行和各分行要高度重视，尽快动手，抓紧营销。要密切关注其他相关政策动态，及时跟进。

（四）要做实业务联动机制。今天的会议不是解决单一产品问题，而是要在全行形成跨境人民币业务联动的共识，引起足够重视。总行要做好顶层设计，建立集团联动的组织推动、考核引导和配套支持机制，各部门、各机构要切实提高集团业务联动意识，发挥积极性和主动性，做好协同配合。联动组织方面，全行跨境人民币业务领导小组负责对集团业务联动进行推动与协调，总行国际业务部负责日常监测与督导，各前台营销和产品部门要有积极支持的态度，做好本部门牵头业务的营销推动，财务会计、资产负债、信贷与投资管理、运行管理、信息科技等中后台部门要在本部门权责范围内适当加大对跨境人民币业务支持力度。考核引导方面，财务会计部要适当提高跨境人民币业务在境内外机构考核体系中的权重，进一步优化考核指标；要从业务量大、需求迫切的重点产品线入手，探索以分润机制、捆绑考核等方式实现集团各联动部门和机构的压力共担、利益共享。如果目前实施分润有困难，要以一切有利于业务发展为原则，充分调动大家的积极性，也可以先采用影子考核，等系统开发到位后，再采取分润等措施。资金管理方面，要创新资金管理手段和方法，探索建立境内境外人民币资金供求信息快速配对机制；要着眼综合收益完善跨境人民币业务和相关外汇资金定价，发挥价格杠杆的调节作用，对重点客户、重点区域采取更为灵活的资金定价策略。要在跨境资金额度、总行多渠道定向资金支持（包括境外人民币发债、拆借资金等）和定期存款价格等方面进一步加大支持力度。总的原则是，抱着积极支持的态度灵活解决问题，全行办下来有盈利，或者允许短期内亏损，但一段时间内将会得到改善。资本管理方面，要科学评估跨境人民币业务和相关外汇业务的实际风险和损失，准确衡量业务综合收益水平，优化相关内部评级模型和参数，完善相关风险计量与经济资本计量政策。要在内部评级、经济资本计量系数和经济资本限额管理等方面给予适当倾斜。总的原则是，只要业务需要并且合理，能带来效益，都要给予积极支持。信贷管理方面，要根据跨境人民币业务政策条件和业务特点，优化改进相关信贷政策和业务流程，提高业务处理效率，并支持政策允许范围内的产品创新。要在信贷审批权限与区域限制方面给予必要倾斜，助力境外机构重点客户营销和跨境人民币业务发展。国际业务部要牵头会同相关部门，梳理目前跨境人民币业务办理过程中信贷政策和流程方面存在的困难与问题，与信贷与投资管理部统一对口协调。信贷与投资管理部要认真研究，根据业务需求和客户资质，在风险可控的前提下做好政策支持和流程优化。研发支持方面，要研发跨境人民币业务支持和管理系统，提升自动化操作水平和管理能力，特别是在清算网络建设、业务操作、信息收集、供求配对、报表管理、产品创新、流程管理等方面，并将对全行具有突出意义的研发项目纳入信息科技重点开发项目优先支持。产品创新部门要针对跨境人民币创新产品时效性强的特点，研究建立跨境人民币产品研发“快速通道”，助力提高产品创新和应用效率。关于十大产品线的数据统计报表，先由国际业务部探索一段时间，有一定基础后，再交由管理信息部做标准化报表开发。资源投入方面，要根据财务承受能力和经营实际，匹配必要营销费用和资源投入，支持市场推广和重点客户营销。要深入研究总行本级业务资源挖潜，比如，对外投资经营活动优先使用跨境人民币，以人民币实施总行对境外机构注资、增资，对海外投资者分红派息、境外机构利润汇回等，助力做大业务总量。

总的来说，对跨境人民币业务，全行发展的速度要更快些，尽快实现全面领先建行等可比同业，缩小与中行差距并努力赶超。到 2015 年末，集团跨境人民币业务大中型客户数要达到 5 500 户，集团跨境人民币结算量要达到 3.9 万亿元，同比增长 50%；境内分行跨境人民币结算量四大行占比达到 22%，境外机构人民币总资产和总负债均达到 4 600 亿元以上。人民币跨境结算清算、融资、资金交易、RQFII、资产管理、私人银行、资产托管、沪港通、投资、债务工具承销发行十大重点产品线要基本实现市场地位领先。总行各部门已经明确四季度和明年目标任务的，要确保如期实现；目前还没有制定具体目标的，要抓紧拿出方案，确保完成。

同志们，人民币国际化正阔步前进，跨境人民币业务方兴未艾。未来相当长一段时期将是人民币国际化快速发展、业务成长空间广阔的时期，也是我行能否抓住难得历史机遇，成长为真正的全球人民币业务领先银行的关键时期。希望全行各部门、各机构积极行动、加强配合，认真落实总行对跨境人民币业务的战略安排，扎实推进集团跨境人民币业务联动，不断提升跨境人民币全球服务能力和竞争实力，加快实现我行从境内人民币业务大行向全球人民币业务大行的跨越。

在 2014 年决算工作会议上的讲话

易会满

（2014 年 12 月 12 日）

随着银行业进入盈利增长全面放缓的新常态，今年的年终决算工作任务更加艰巨、要求更加严格，比以往更加需要全行上下坚定信心、统一思想，努力抓好增收节支，确保完成各项目标任务。下面，我首先通报一下全行前11个月的经营情况，然后布置年底前五项重点工作。

一、前十一个月的经营情况

今年以来，受多种因素叠加影响，全行经营面临股改上市以来最为严峻的挑战，在全行上下的共同努力下，整体经营效益仍然保持了平稳增长态势。与此同时，也要看到机构间、专业间的经营发展不均衡现象较为突出，全年利润目标的完成还存在较大压力。

（一）经营发展不均衡现象较为突出。前11个月，集团实现净利润××亿元，同比增加××亿元，增长××%。境内分行实现净利润××亿元，同比增长××%，其中有8家分行净利润同比增幅超过10%，但也有15家分行净利润同比负增长。境外分行及控股机构实现净利润××亿元，同比增长××%，成为集团利润增长的重要拉动源。经营发展的不均衡主要体现在以下三个方面：

一是拨备成本不均衡。前11个月，境内分行不良贷款余额为××亿元，较年初增加××亿元；不良贷款率为××%，较年初增加××个百分点。受不良贷款劣变及不良贷款清收处置等因素影响，提取贷款减值准备××亿元，同比增长××%。从36家境内分行看，只有4家分行不良贷款余额和不良贷款率呈双降趋势，却有28家分行呈双升趋势；有8家分行拨备提取增幅低于15%，但也有10家分行拨备提取增幅超过100%。

二是存款发展不均衡。前11个月，境内分行人民币各项存款余额为××万亿元，较年初增加××亿元，完成年初计划的××%；日均余额为××万亿元，较年初增加××亿元。分品种来看，除机构存款增势较好外，储蓄存款首次出现负增长，公司存款持续下滑的趋势没有改善。分区域来看，有25家分行存款计划完成率低于50%，有11家分行存款时点余额和日均余额均呈负增长。从同业对比看，一般性存款时点增量和日均增量均低于农行和中行。从付息成本看，存款定期化、长期化趋势对全行存款付息成本控制造成较大影响。前11个月，定期存款增量占比达××%，由此导致活期存款余额占比同比下降1个百分点至××%。各项存款（含保本理财和结构性存款）付息率为××%，同比上升××个基点，其中保本理财和结构性存款付息率达××%。

三是中间业务发展不均衡。前11个月，全行实现中间业务收入××亿元，同比增长××%，总体保持了较好增长态势，但也存在三个“不均衡”。第一，产品发展不均衡。45类产品收入同比“28升17降”，其中，私人银行、借记卡（含信用卡归位划转因素）、对公电子银行服务、结售汇及代客资金交易和信用卡业务同比增长超过20%；现金管理、外汇托收及其他国际结算、账户贵金属和代理对公保险等业务同比下降超过20%。第二，组织推动不均衡。大多数专业和分行能够按照监管要求和总行部署，认真组织自查整改，同时抓住市场机遇积极推动中间业务增收，但有的专业和分行自查整改不到位，对收费合规性把握不准，擅自扩大收费减免范围，还有的对考核政策调整理解不透，导致组织推动信心不足，出现情绪化、简单化倾向。第三，产品创新不均衡。近年来，全行产品创新工作成绩显著，但一些专业、分行组织推动中间业务的思路不够开阔，主动适应形势变化和创造性开展工作的能力不强，缺少真正贴近市场、能够为客户创造价值并形成规模效应的创新产品。

（二）完成全年利润目标尚存较大压力。一是拨备成本提取压力较大。截至11月末，集团不良贷款余额为××亿元，逾期贷款余额为××亿元，两者的剪刀差为××亿元，较年初增加××亿元。12月如不及时清收，约有××亿元逾期贷款将产生劣变，按照不良贷款拨备保有率50%计算，拨备提取将增加××亿元，全行净利润增速将相应下降××个百分点。在不良贷款劣变增加的同时，全行相应加大了不良贷款处置的力度。前11个月，累计核销不良贷款××亿元，同比增加××亿元，预计12月还将核销不良贷款（含打包处置）××亿元。由于大多数不良贷款在核销和打包转让前普遍存在拨备保有不足的情况，需补提拨备，将进一步增加全行拨备提取压力。

二是中间业务增收压力较大。12月历来是中间业务收入入账较为集中的月份。截至12月10日，全行实现中间业务收入××亿元，要想实现全年××亿元的目标，在年前的21天时间里，必须实现中间业务收入××亿元，而去年最后21天全行入账××亿元，需同比增长14%。另外，一些品牌类投行项目能否如期完成、部分对公客户可能拖欠手续费、一些分支机构外部检查退费尚未结束等因素，都增加了实现中间业务收入目标的不确定性。

三是费用集中列支压力较大。根据规律，年末有大量财务事项需要集中结算，一般12月单月列支的营业费用占全年费用总量的××%左右，最后一个月费用列支压力较大，将对盈利增长带来一定挑战。

二、全力以赴抓好年底前五项重点工作

（一）狠抓年末增收节支，确保完成全年利润目标。11月初，总行根据全行经营目标和各行实际情况，已经向各行下达了全年净利润和中间业务收入的确保目标。从各分行反馈情况看，多数分行尽管经营形势较为严峻，但还是有信心、有能力完成全年经营目标。全行各级机构、各专业条线都要前瞻性、全局性地作出经营决策和财务决策，全力以赴抓好增收节支。大行尤其要

担负起责任，绝不能给全行留下效益缺口，其他行要力争超额完成总行下达的计划目标。境外及控股机构要顾全大局，再接再厉，毫无保留地多作贡献。

一是全力抓好中间业务增收。各级机构、各专业条线要充分认识中间业务收入对实现全年利润目标的重要意义，坚定中间业务发展的方向不动摇，抓住年末各类交易比较活跃、资本市场反弹等机遇，在规范管理的基础上对中间业务增收再部署、再加力。一要抓好重点产品增收提速。总行相关部门要结合市场情况，及时优化组织推动方案，找准增收重点和突破口，采用“倒排法”，逐项目、逐产品、逐机构地落实进度，确保完成24项重点产品收入目标。各行特别是中间业务收入同比下降的分行，要多找主观原因，认真研判市场，制定切实可行的扭负计划和进度表。利润完成较好而中间业务不理想的分行，要从大局出发，自我加压，努力挖掘增收潜力。今年中间业务收入超计划部分，不作为核定明年计划的基数。二要抓好窗口指导。逐一分析和消除基层行的顾虑和困惑，准确区分“息转费”与通过提供真实服务合理收费的界线，特别是在什么不能做、不能收已明确的条件下，要集中精力重点把能做、能收的做大做规范。三要抓好收费规范管理。坚决执行收费监管政策和《“14版”价目表》，确保经得起客户质询和内外部检查，切实防范声誉风险。

二是严格控制费用成本。受营业收入和利润增速下降影响，费用总量增速也会相应放缓。一方面，各机构要向存量要效益，确保财务资源的自求平衡。要坚持量入为出的费用管理理念，严格费用总量管理，在总行核定的费用可用额度内统筹安排各项开支，严禁将费用缺口留给总行，严禁费用挂账和费用递延。要从严从紧控制费用支出，在保障员工基本薪酬和日常运营需要的同时，压缩不必要开支。要逐项分析费用开支动因并采取相应的管控措施，切实降低成本，提高投入产出效率。例如，对于业务外包要从严控制，业务外包目录中列举的是可选项而不是必选项，能自行完成或不能降本提效的业务不得外包，切实控制外包费用增长。要做好年末集中采购项目计划安排，加强风险控制，规范采购行为，严控年末突击花钱和不按流程突击采购。另一方面，坚持“从严治财”的原则，严守各项财经纪律。全行经营的紧日子，就是财会管理的苦日子，但是日子再紧，也绝不能触碰各种政策红线。各级财会人员要敢于担当，在维护财经纪律和降本增效方面，要坚持原则，积极作为。各级机构一把手是财会工作的第一责任人和总指挥，财务资源利用效能的提升，必然涉及资源总量的把控以及投向和投量的优化，从而改变既有的资源配置格局，没有一把手的督导，必定无法推进。各级机构一把手要切实负起责任，带领全体干部员工及时适应费用管理的新常态。

三是严格奖惩。为落实经营责任，督促各机构全力完成经营目标，总行现明确三项奖惩措施。第一，对于完不成利润目标的机构，要相应扣减费用总量，仅保障其员工基本薪酬和日常运营需要；第二，对于完不成利润目标且同比负增长的机构，领导班子和正职不能评为优秀、良好等次；第三，对于完不成利润目标的机构，要按比例扣罚领导班子的绩效工资。

（二）严格不良贷款管理，努力控制信贷成本。各行要按照总行确定的不良贷款控制目标，严格控制年末不良贷款，特别是不良贷款额度较大的分行要确保实现控制目标。前期总行专门召开了广东、江苏、浙江、福建、上海等分行经营情况分析会，分别明确了年末不良贷款控制目标，相关分行必须多措并举，死守年末不良贷款底线。一把手要亲自抓资产质量控制，逐日监测贷款质量变化，加快实施既定清收处置方案，确保人员落实到位、职责落实到位、工作落实到位、奖惩落实到位。要强化工作主动性，综合运用现金清收、还款免息、以物抵债、转化、核销和批量转让等多种手段压降不良，同时要注重提高现金受偿率，避免大量消耗和补提拨备，努力控制信贷成本。对于总行已审批或正在审批的不良资产批量转让项目，要抓紧与资产管理公司沟通协调，做好资产包的推介与对接，提高资产处置成效。

（三）高度重视存款定价管理，努力控制付息成本。存款利率上浮授权方案实行后，各行年度利润目标不因存款利率上浮占比提高而调整。各行要认真执行挂牌利率和存款差别授权管理规定，注重存款量价协调发展，理性、务实地逐步实行存款利率上浮政策，充分发挥结算、服务、渠道、科技等综合优势，以更好的金融服务增强存款市场竞争力，促进负债业务持续健康发展，努力保持净息差稳定。要强化成本效益理念，根据当地存款定价水平，审慎使用存款利率上浮权限，不能简单一浮到顶，要有针对性地对优质客户采取利率上浮策略。要制定明确的增存目标和要求，在稳定存量客户的基础上，积极竞争新客户、新资金，促进存款业务的量价协调发展，提高存款利率上浮后的稳存增存效果。要维护当地市场竞争秩序，执行全行统一的存款挂牌利率，在差别定价政策实施过程中不率先提高存款价格，不进行大范围公开宣传，降低声誉风险。明年初，总行将对人民币存、贷款等内部资金转移价格进行统一调整，真实、客观地反映各分行和利润中心盈利贡献，将降息的影响适当向分行分解，传导经营压力。

（四）加强重点业务管理，努力实现各项经营计划。一要努力完成年度存款目标。各存款业务部门要做好存款业务的管理和组织推动，既要确保存款的稳定性，又要较好地实现存款增长目标，加强对存款增速较慢、波动较大分行的督导，强调合规经营，确保圆满完成年度存款工作任务。各分行要切实做好年末存款管理，高度关注存款的均衡性，防范冲时点和推存款两种倾向：一是采取有力的措施推动12月日均存款的增长，避免因为日均存款增长较慢限制了时点存款的正常增长；二是严禁年末推存款、人为压低存款基数，对于故意压低的存款基数，总行将在2015年经营计划编制及考核时予以还原。需要说明的是，存款偏离度原则上按照不超过3%把握，对于确有超过3%要求的分行，总行经综合平衡后可给予一定的调剂空间，在总量有限的情况下优先支持存款稳定性较好的分行。

二要有效使用全年信贷规模。全年贷款增量保持9 000亿元不变。尽管12月仅剩300多亿元规模，但各行要充分认识到存量盘活与结构调整的重要性，尤其是要考虑腾挪前期买入的相对低收益票据。各行要结合总行核定计划，调度好贷款投向和投量，在把握好风险的基础上适度加快小微企业贷款发展。要密切跟踪房地产市场走势和当地同业定价策略，坚持风险定价原则，优先将利率定价合理的个人住房按揭贷款投放到位。大力发展"逸贷"和个人金融资产质押贷款业务，推动个人消费业务平稳回升。各项贷款要于12月26日前基本投放到位。要及早做好明年贷款投放准备，加大优质项目和资源储备，确保明年初贷款投放"开门红"。

三要加强年末大资管业务的规划和管理。要做好理财业务与存款业务的协调发展，确保年末表内外资金供需平衡。要加强年末理财产品流动性风险管理，合理控制期限错配，准确评估并努力压降资金缺口，拓展外部融资渠道，提高市场筹资能力。要做好年末理财资产的承接，将理财资金存放行内，控制其他类别的投资规模，减少资金跨行流出，增加资金体内循环。

（五）主动把握新常态，努力做好明年预算编制。2015年，全行面临的困难和挑战虽然很多，但各种机遇和有利条件也不少。全行上下既要增强危机感和紧迫感，更要坚定信心，以积极的心态编制明年预算，既要客观实际，又要自我加压，尽早安排和筹划好明年各项经营管理工作，加快推动各项业务转型发展。在预算编制过程中，首先，要充分认识面临的困难和挑战，但更要结合自身实际经营情况，努力挖掘增收节支潜力，采取有效措施，尽可能保持合理的盈利水平和增长速度。要看到，如果全行效益增速过快下降会造成许多问题。资源配置总量及结构的调整需要一个缓冲的过程，而效益增速过快下降会导致资源供给增速迅速下降，在保开门的前提下，人力费用可能会受到挤压，一些战略性的资源投入也可能得不到保证，短期和中长期内都会对全行的经营造成难以承受的冲击。而且，效益增速过快下降还会直接影响拨备提取能力，进而影响不良资产的消化和处置能力，不利于全行长期稳定健康发展。其次，要努力提升盈利增长质量。利率市场化加快推进的环境下，银行利差收窄的大势难以逆转，迫切需要商业银行向轻资产经营模式转变，在这一过程中实现中间业务收入的可持续增长显得更加重要，全行上下要坚持中间业务发展不动摇，加快产品创新，夯实中间业务发展基础，走出一条新常态下的内涵式发展道路。

同志们，今年最后的这二十天，全行面临的利润增长和业务发展任务艰巨。全行上下要以强烈的责任感和使命感，积极采取有效措施，坚定不移地完成全年各项目标任务，进一步夯实全行健康可持续发展的基础。同时，在最后阶段的年终决算组织实施工作中，各单位要全力以赴确保顺利实施，保障元旦和春节业务高峰期间全行信息系统安全稳定运行。

在中国工商银行
改革发展研讨会上的讲话

易会满

（2014年12月22日）

一、经济新常态下我行面临的机遇和挑战

在刚刚闭幕的中央经济工作会议上，习近平总书记对我国经济发展新常态的内在动因和外在特征作了全面分析和深刻阐述。刚才，董事长在讲话中系统总结了我行进入新常态后的六个趋势性变化，并强调指出，全行经营发展已经渐入一个新常态，明年及今后一个时期这种特征将会更加明显。能否在新常态下实现改革发展的新突破，关键取决于我们思想观念和思维方式的转变，取决于我们经营管理的调整和适应，取决于我们应对挑战和把握机遇的能力。

1.1　新常态蕴含的新机遇

新常态没有改变我国发展仍处于可以大有作为的重要战略机遇期的判断，而是赋予了重要战略机遇期新的内涵和条件；没有改变我国经济发展总体向好的基本面，而是优化了经济发展方式和结构。在新常态下，银

行平稳健康发展面临新的机遇和广阔空间，我们必须从中寻找引领发展的新引擎和推动转型的新动力。

把握我国经济提质增效升级的新机遇

经济结构调整带来的机遇

经济新常态，实质上是经济结构重构和发展动力重塑的过程。在这一过程中，新型工业化、信息化、城镇化、农业现代化同步发展，战略性新兴产业和服务业支撑作用逐步增强，传统产业向中高端迈进，更多依靠创新驱动来培育和形成新增长点，节能减排和生态环境保护力度加大，特别是中央经济工作会议提出，在继续推动“四大板块”战略的同时，重点实施“一带一路”、京津冀协同发展、长江经济带三大战略，都为银行发展开创了内涵丰富、资源富集、需求多元、潜力巨大的新“蓝海”。

居民财富快速增长带来的机遇

党的十八大提出，到2020年要实现居民收入倍增目标。近年来，通过改善收入分配结构、增加就业、结构性减税、完善社保等一系列保障与改善民生的有效措施，居民收入水平显著提高，越来越多的居民从国家经济发展中直接受益，促进了中等收入阶层的培育和壮大，加之中央经济工作会议部署的养老健康家政、信息、旅游、住房、绿色、教育文化体育等6大领域消费工程，必将推动居民投资消费需求的增长，同时也为银行创新财富管理、消费金融等多元化服务提供了良好环境和广阔舞台。

我国经济加速融入全球化趋势带来的机遇

随着我国新一轮高水平对外开放的实施，尤其是“一带一路”战略沿线国家基础设施、资源开发、产业合作及金融合作等互联互通项目的加快推进，我国企业和居民“走出去”步伐将进一步加快，中外经贸合作与交流将更加频繁，各类跨境贸易、跨境投资活动将更趋活跃。人民币国际化也有望进入加速发展期，离岸人民币市场的广度和深度将达到空前水平。对于我们这样一家国际化发展较快的大型金融集团而言，我国全球化重大战略举措蕴含更大的金融发展机遇。

把握金融改革深化的新机遇

利率市场化、资产证券化、存款保险制度、健全多层次资本市场体系等一系列金融改革的加快推进，在深刻改变银行业监管环境、市场机制和竞争格局的同时，也为银行带来了新的发展空间和改革红利。

债券市场发展、混合所有制经济推行、自贸区建设及经验复制、新股发行注册制推出、“沪港通”业务拓展等，必然会为银行拓宽经营领域、加快推进跨市场业务发展创造新的市场条件。

利率市场化

推进利率市场化改革，让市场在利率形成和变动中发挥决定性作用，不仅有利于社会资金的优化配置，更是增强商业银行市场化定价能力和风险抵御能力的必由之路。

健全多层次资本市场体系

金融改革

存款保险制度是市场经济条件下保护存款人权益的重要措施，是金融安全网的重要组成部分。大型商业银行将直接受益于稳健金融体系带来的正外部性，依托良好信誉和品牌影响力提升对市场特别是中高端市场的号召力。

存款保险制度

资产证券化业务常态化发展，有利于银行盘活存量资产，优化资产负债结构；有利于节约资本占用，更好地服务实体经济发展；有利于获得贷款服务收入以及交易收入，丰富盈利来源；有利于改变持有到期的经营理念，提高信贷资产运营效率。

把握自身转型发展的新机遇

全行经过多年的转型发展，以往那种过于依赖存贷利差收入的盈利模式、以规模扩张为主要特征的增长方式、以传统柜面为主的服务方式有了进一步改变，统筹利用国际国内两个市场、银行与非银行业务两种资源的能力有了明显增强，跨周期经营能力有了质的提升。

收入结构更加多元，新增长点潜力巨大。中间业务收入成为拉动全行盈利增长的重要支柱。过去十年，全行中间业务保持较快发展，手续费及佣金收入增幅高于净利润增幅。目前，集团手续费及佣金净收入占营业净收入的比重达到21%，较股改上市前提升13.3个百分点。

大资管战略实施为转型注入新动力，业务成长前景广阔。在利差持续收窄的局面下，资管业务收入逆势而上，预计今年实现中间业务收入168亿元，同比增长14.8%。

今年前三季度，品牌类投行、信用卡分期付款业务收入分别突破100亿元，自2011年以来年均增长率超过50%。

第三方支付业务的发展带动电子商务业务增收提速，今年前三季度同比增幅达到120%。

个人账户类交易、个人外汇汇款等业务自推出以来发展迅猛。这充分说明只要找准市场、深入挖掘，小业务也能带来大收入。

自总行提出发展金融资产服务业务以来，养老金、私人银行等业务收入年均增幅超过50%，今年前三季度延续了较快增长势头。

目前我行已在净值型产品转型与理财事业部制改革方面取得先发优势，面对一系列新的投融资热点和不断涌现的市场机会，大资管具备加快创新发展的有利条件。

国际化发展进入新阶段，盈利贡献大幅提升

近年来境外机构总资产及净利润增长情况

单位：亿元，%

年份	总资产			净利润		
		同比增减	增幅		同比增减	增幅
2009	49 192	9 028	22	469	272	139
2010	73 905	24 713	50	689	220	47
2011	127 149	53 244	72	785	96	14
2012	169 810	42 662	34	1 003	218	28
2013	228 961	59 151	35	1 513	510	51
2014	265 824	36 862	16	2 122	608	40

注：2014 年数据为预测数。

近年来，我行紧抓机遇，坚持申设与收购并举，国际化发展成效显著，目前已成为覆盖国家和地区范围最广的中资银行。自 2009 年以来，境外机构资产和利润年均增速分别为 32% 和 29%。若把境外机构视做一家独立运营的银行，我行境外机构的利润规模可位列全球千家大银行的前 100 位。随着全球经济缓慢复苏，我国新一轮高水平对外开放战略的深入实施，我行国际化战略外部经营环境将继续趋好，未来境外业务有望成长为全行盈利增长的重要一极。

综合化经营开创新格局，战略协同日益增强

近年来综合化经营发展情况

单位：亿元，%

年份	总资产			净利润		
		同比增减	增幅		同比增减	增幅
2009	339.49	216.54	176	3.73	-0.44	-11
2010	567.94	228.45	67	7.78	4.05	108
2011	971.79	403.85	71	10.61	2.83	36
2012	1 459.03	487.24	50	13.03	2.42	23
2013	2 044.64	585.61	40	26.37	13.34	102
2014	2 768.43	723.78	35	32.98	6.61	25

注：2014 年数据为预测数。

经过几年来的布局，综合化经营对我行应对利率市场化挑战、改善收入结构的作用逐渐显现。工银瑞信公募基金管理规模已经达到 2 267 亿元，较年初增长 107%，行业排名升至第 3 位；工银租赁已成长为行业领先者；工银国际、工银安盛的市场地位正在快速提升。预计到年末，这四家机构总资产规模将增长至 2 768 亿元人民币，自 2009 年以来年复合增长率约为 42%；实现净利润 33 亿元，复合增长率约为 44%。随着跨市场发展格局的日趋成熟，综合化经营将为全行转型发展提供更加有力的支撑和更为广袤的空间。

互联网金融服务体系快速形成，创新驱动战略展现出旺盛生命力

银行业发展的新动力来自互联网金融的蓬勃发展。我行在这方面布局早、行动快，目前已基本形成了集支付、融资、金融交易、商务、信息“五大功能”于一体，较为完备的互联网金融服务和运营体系。截至 11 月底，融 e 购、账户交易类产品、手机银行 APP 等一批具有竞争优势的平台和产品迅速占领市场，客户数、交易额已初具规模。今年新投产的 B2B 平台、线上 POS、融 e 联等重点产品已投向市场，融 e 行、开放式投资理财平台等产品正在加紧研发中。

主题	产品		发展情况
支付	工银 e 支付		客户数 3 885 万户
支付	线上 POS		已拓展电商商户 1 128 家
支付	通用缴费平台		已覆盖 20 家一级分行
投资理财	账户交易类产品		客户数 1 219 万户
投资理财	工银 e 投资客户交易终端		客户数 8.54 万户
融资	逸贷	逸贷（借记卡）	贷款余额 59.32 亿元
融资	逸贷	小微商户逸贷公司卡	贷款余额 28.61 亿元
融资	逸贷	逸贷（信用卡分期）	新增贷款 301 亿元
融资	网贷通		贷款余额 2 810.52 亿元

主题	产品	发展情况
线上电商	融 e 购	交易金额 500 亿元/入驻商户 2 277 户/上架商品 8 万件/注册用户 930 万户
线上电商	BtB	已拓展企业客户 16 户，投产核心企业供应链、航运金融服务、商品批发市场三大模式
线下店商	工银 e 生活	已在深圳分行先行先试，启动总行版本需求编写
直销银行	融 e 行	计划年底投产
手机银行	手机银行	新增客户数 3 506 万户，月动户数 934.65 万户
智能网点	智能网点	已在 2 家分行试点投产，试点网点新开户 3.3 万户
线上线下一体化服务	电子银行统一认证	已投产完成
即时通讯平台	融 e 联	信息推送客户数达到 1 015 万户，其中私人银行客户开通财务顾问功能 3 075 户，完成在信用卡客户及普通个人客户中试点

1.2　新常态带来的新挑战

今年以来，全行经营发展中的新情况层出不穷，新问题不断显现，一些重点经营指标和工作任务目标完成得不够理想，保持健康平稳发展的压力很大。我们必须充分估计新常态下经营环境的复杂性和严峻性，增强忧患意识，把握发展大势，做好应对更大困难的准备。概括起来讲，困难和挑战主要体现在“一升、一降、一弱、一落、一缓”五个方面：

一升——全面风险防控压力持续上升

当前宏观环境错综复杂，经济链条上的脆弱环节和金融体系的内生性问题较以往显著增加，银行风险的隐蔽性、传染性和突发性增强，表内外、境内外、本外币、母子公司等各类风险共生共联、多点多发的特征越发明显，对我行加强全面风险管控形成新的考验。首当其冲的仍是资产质量管控的挑战。

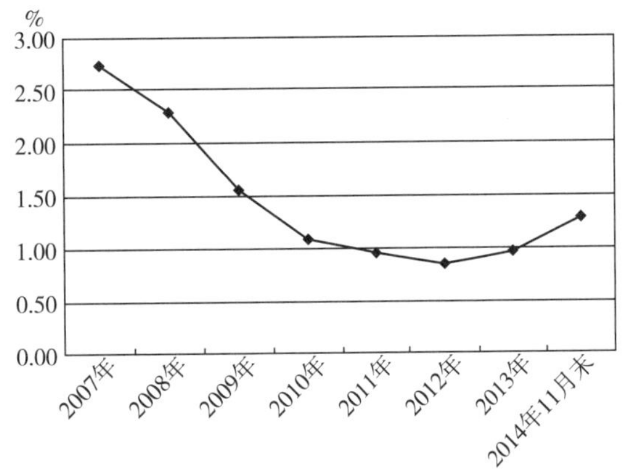

股改上市以来集团口径不良贷款率变动情况

不良率不断上升，剪刀差继续扩大。在经济增速放缓、结构调整推进过程中，部分企业经营困难加剧、偿债能力下降，经济上行期掩盖的风险可能加速暴露，信用风险管控压力将进一步加大，不良“双升”格局短期内难以出现实质性变化。至11月末，集团各项贷款不良余额为×亿元，比年初增加×亿元；不良率×%，比年初上升×个百分点；逾期与不良贷款的剪刀差为×亿元，比年初扩大×亿元；31家分行不良额比年初增加，其中29家分行不良额及不良率双升。

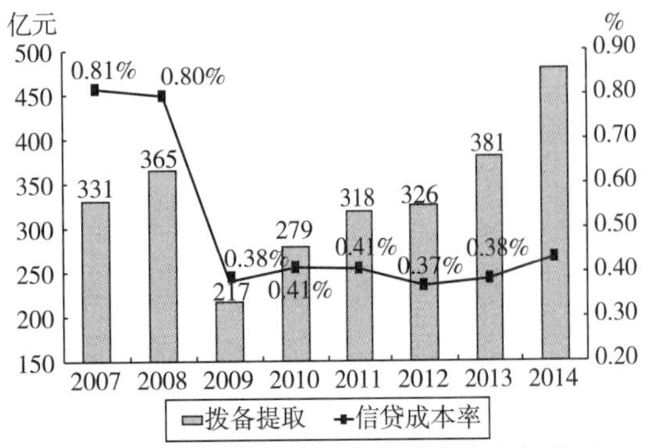

2007年以来拨备提取及信贷成本率变化情况

拨备成本创下历史新高。受不良贷款劣变影响，今年全行已提取贷款减值准备465亿元，同比增长26%，其中有10家分行拨备提取增幅超过100%。在不良贷款劣变增加的同时，不良贷款处置的力度也相应加大，前11个月累计核销不良贷款245亿元，同比增加111亿元，预计12月还将核销处置不良贷款130亿元。由于大多数不良贷款在核销和打包转让前普遍存在拨备保有不足的情况，需要补提拨备，这将进一步加剧全行的拨备成本压力。

一降——市场有效融资需求有所下降

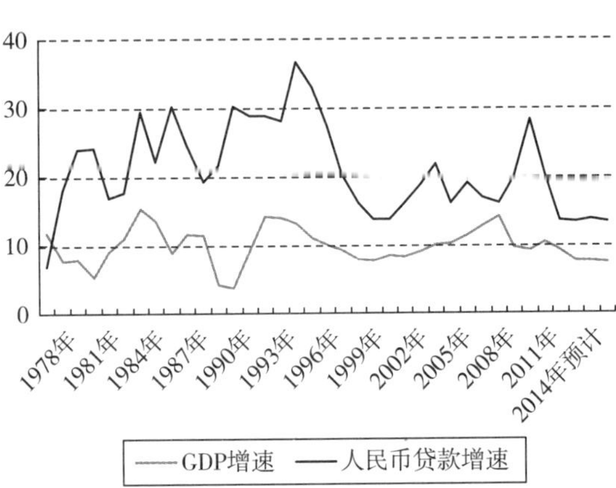

1978—2014年我国GDP与贷款增速对比情况

贷款规模扩张的宏观基础发生变化。近年来，我国货币信贷总量持续攀升，但随着“三驾马车”增长日趋均衡，经济对信贷资源的依赖度有所下降。与此同时，经济增长下行压力加大，2014年前三季我国GDP同比增长7.4%，延续了2010年以来增速持续下探的态势，信贷对经济增长的拉动效用正在递减。

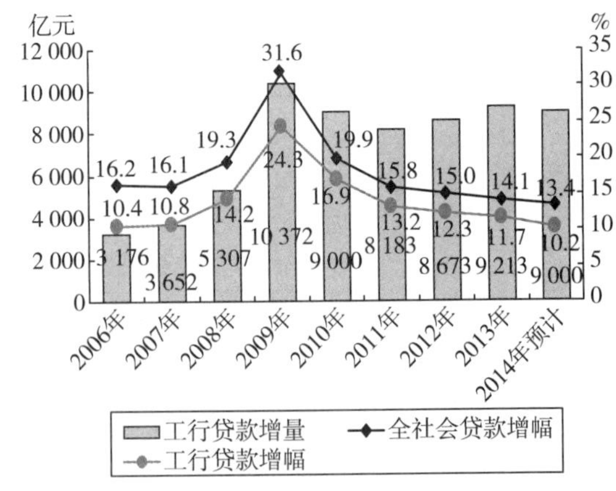

2006—2014年我行贷款与全社会贷款增速对比情况

微观层面的有效信贷需求不足。今年前11个月，社会融资规模同比减少1.3万亿元，金融机构各项贷款增速同比下降0.8个百分点。从我行情况看，前11个月境内分行人民币贷款比年初增加 8 684 亿元，增幅 9.8%，但公司类贷款同比少增 1 151 亿元，个人类贷款同比少增 1 190 亿元，票据贴现成为全行贷款增长的支撑力量。

一弱——存款增势仍较疲弱

在新常态下，内源性增长动力不足、同业竞争呈加剧趋势、金融脱媒持续深化、互联网金融迅猛发展以及资本市场回暖迹象明显等因素交织，使存款业务发展形势更为严峻复杂。前 11 个月，境内分行人民币存款增加 5 159 亿元，增幅 3.4%，仅完成年初计划的 47%。其中不含同业存放的一般性存款增加 3 484 亿元，同比少增 4 002 亿元。人民币存款日均比年初增加 2 094 亿元，远低于各项贷款 4 665 亿元的日均增量。

从品种看，除机构存款增势较好外，储蓄存款首次出现负增长，余额较农行落后达 5 205 亿元；公司存款持续下滑态势尚未扭转。

从区域看，25 家分行存款计划完成率低于 50%；11 家分行存款时点和日均增量均负增长，时点余额合计比年初减少 1 338 亿元；8 家分行比年初增幅超过 5%，增长较好。

从同业对比看，前 11 个月，我行一般性存款时点增量和日均增量均低于农行和中行，时点增量比农行和中行分别少增 1 909 亿元和 1 384 亿元，存款竞争力弱化的局面没有发生根本改变。

从成本看，理财化、同业化、定期化趋势明显，付息成本进一步上升。前 11 个月定期存款增量占比达 86%，各项存款（含同业）付息率为 2.18%，同比上升 13 个基点，其中保本理财和结构性存款付息率达 4.91%。

近年来境内分行人民币存款增长情况　　单位：亿元

计划项目	2010 年		2011 年		2012 年		2013 年		2014 年 11 月末				
	增量	增幅	增量	增幅	增量	增幅	增量	增幅	余额	增量	同比	增幅	日均比年初
人民币存款（含同业）	12 359	12.1%	13 011	11.4%	14 213	11.1%	8 024	5.7%	154 999	5 159	1 275	3.4%	2 094
（一）一般性存款	12 577	13.5%	11 565	10.9%	13 402	11.4%	11 118	8.5%	145 615	3 484	-4 002	2.0%	1 029
1. 储蓄存款	5 815	12.6%	7 178	13.8%	7 793	13.2%	5 270	7.9%	71 685	-479	-2 983	-0.7%	458
2. 公司存款	3 315	12.3%	1 101	3.6%	1 321	4.2%	1 116	3.4%	32 288	-1 813	-1 634	-5.3%	-2 087
3. 机构存款	3 446	17.1%	3 285	13.9%	4 288	16.0%	4 732	15.2%	41 641	5 777	615	16.1%	2 659
（二）同业存款	-218	-2.5%	1 446	16.9%	811	8.1%	-3 094	-28.7%	9 385	1 674	5 277	21.7%	1 065

此外，明年存款理财化趋势和利率政策进一步调整，还会对存款稳定性和成长性带来不同程度影响。

一落——手续费及佣金收入增速回落

自 2011 年集团手续费及佣金收入增幅达到 40% 的历史顶峰后，收入增幅呈现快速下滑趋势。今年前 11 个月，全行手续费及佣金收入 1 469 亿元，增幅 9.2%，增速较 2013 年下降 6.9 个百分点。

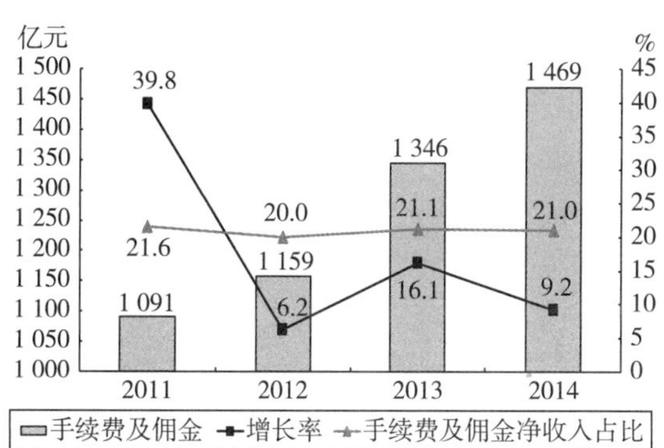

近年来手续费及佣金收入增长情况

展望明年，中间业务收入增长仍将受到多方面因素制约：

收费政策调整影响将在 2015 年全面释放。今年我行相继执行新的政府定价、政府指导价，停办我行自营贷款安心账户托管、停止收取小微企业常年财务顾问费等业务，由于执行时间差异，对当年收入的影响仅是阶段性的，到 2015 年则将全面体现，预计明年这部分收入的硬缺口在 43 亿元左右。

规范收费管理面临新形势。当前涉企收费检查已经结束，但收费问题敏感复杂，部分企业经营较为困难，小微企业融资难、融资贵问题突出，银行服务收费规范性要求可能将进一步趋严。

金融服务互联网化趋势加速。资金、支付、信息等脱媒压力持续，如不及时应对，甚至会面临银行中介功能脱媒的挑战。

竞争加剧成为新常态。在“加强监管、放松管制”的金融监管原则下，同业、跨业、跨界间业务融合交叉程度进一步提高，特别是在资产管理和混业经营等中间业务发展的重点板块竞争将趋于白热化。

一缓——盈利增长放缓

经济下行压力增大引发的需求不振、利率市场化带来的利差收窄，以及贷款劣变造成的信贷成本上升，加之新兴业务尚在培育成长阶段，全行盈利的可持续增长面临瓶颈，并且已经进入个位数的增长阶段。前11个月，集团实现净利润×亿元，同比增加×亿元，增长×%。境内分行实现净利润×亿元，同比增长×%，其中有15家分行净利润同比负增长。如何在经济新常态下努力保持一个更加平滑的利润曲线，保持一个更加稳定和更有竞争力的盈利成长水平，是对全行的一个重大考验。

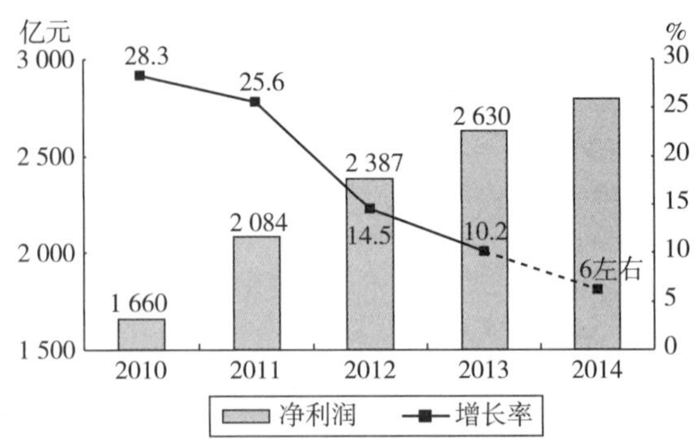

近年来我行净利润增长情况

降息后不同存款利率浮动情境对我行盈利的影响情况

11月基准利率调整影响测算表 单位：亿元，个基点，%

项目		情景1	情景2	情景3	情景4	情景5
		按挂牌利率执行	36%的定期存款上浮1.2倍，其他为挂牌利率	50%的定期存款上浮1.2倍，其他为挂牌利率	除活期外，其他存款均上浮1.2倍	所有存款均上浮1.2倍
存量	存款	84.7	43.5	27.5	-29.7	-79.1
	贷款	-242.5	-242.5	-242.3	-242.5	-242.5
	债券	-8.0	-8.0	-8.0	-8.0	-8.0
	小计	-165.8	-207.0	-223.0	-280.2	-329.6
增量	存款	8.0	3.6	1.8	-4.4	-5.3
	贷款	-18.0	-18.0	-18.0	-18.0	-18.0
	小计	-10.0	-14.4	-16.2	-22.4	-23.3
合计		-175.7	-221.4	-239.1	-302.6	-352.9
对NIM的影响（BP）		-10	-12	-13	-17	-20
对净利润增幅的影响		-4.7	-5.9	-6.4	-8.1	-9.5

注：36%为降息前定期存款的上浮占比。

挑战是现实的，机遇是潜在的。新常态下的机遇和挑战是对我们是否牢固树立底线思维、敢不敢正视“最坏处”、会不会解决“最难处”，能不能争取“最好处”的重大考验。全行上下要把思想认识尽快统一到总行党委对形势的分析判断和决策部署上来，既冷静理性，保持定力，又勇于作为，乘势而上，牢牢把握住“利润、质量、改革”六字方针，努力在新常态下实现更有质量、更加稳健的发展。

二、牢牢把握利润这一核心

第一点认识：利润目标还要不要如此关注？

利润是企业经营的核心指标，是企业风险管理、经营结构和市场竞争力的综合体现，既关乎企业发展的可持续性，关乎企业的市场形象和预期，也直接关乎员工的薪酬。

在经济发展新常态下，全行盈利增长由过去高增长态势趋向平缓。未来一段时期，利润增长将面临较大困难。但不论外部环境如何变化，作为一家上市公司，以利润为中心的指导思想和经营目标不能有丝毫动摇。要解决部分同志当前环境下想松口气的错误认识。

第二点认识：在当前形势下，如何看待利润的新目标？

现在各行都在做2015年预算，与总行确定的目标相比，部分分行上报的计划有反差。要用发展的眼光看待利润问题。利润目标的制定不能静态地、机械地算账，要算活账、算潜力账，善于寻找和把握新常态中蕴含的发展机遇，拓展新的发展空间。

增长是发展的基础，必须保持一定的利润增长。如果利润增长过低或者负增长，业务发展、消化不良、资本补充、强化员工激励等都失去有效的财务支撑，经营管理的困难和矛盾会更大，甚至可能陷入恶性循环。大发展小困难，小发展大困难，不发展更困难。气可鼓，不可泄，光谈客观困难只能动摇军心，削弱斗志。不懈怠，不松劲，咬定青山不放松。越是困难，我们越要保持良好的精神状态，越要增强发展信心和能力。

第三点认识：今后利润增长从哪里来？

核心是进一步培育新的利润增长点。过去十年，全行中间业务总体保持较快发展，一大批新兴业务板块快速成长，有力地支撑了全行利润的增长。当前要根据新的市场环境，加快培育形成一批具有较大增长潜力的新业务条线。

各行要紧紧围绕总行整体战略部署，从当地区位市场优势出发，每年都要确定若干个新的盈利增长点加以重点拓展，真正体现差异化、属地化和特色化，努力扩大新的利润来源。

要加快国际化综合化发展步伐，在商业银行业务盈利增长趋缓的情况下，境外机构和综合化子公司要自我加压，为集团利润增长多作贡献。

第四点认识：新的利润增长靠什么发动？

培育新的利润增长动力，靠“改革创新”四字诀。通过深化改革，打破制约发展的体制机制弊端，不断释放新的改革红利，让“老树开出新花”；通过创新驱动，不断推出适应市场主体需求的金融产品和金融服务，大力培育新市场，激发新活力，让“新芽长成大树”。

第五点认识：保持利润增长既要开源，也要节流

要牢固树立过紧日子的思想，量入为出、精打细算、勤俭办行，从严控制各类财务成本支出，坚决控住风险成本。无论现在还是将来，风险成本都是最大的成本。

2.1　深入谋划新常态下的信贷布局

经济新常态对银行信贷经营提出更高要求，我们要认真领会中央经济工作会议精神，把握经济新常态规律和各方面金融需求，调整经济高增长时期的经营思维，主动适应新常态，按照董事长要求尽快成立专题研究小组，深入研究新常态的经济发展重点领域、重点产业的信贷布局，切实把握住经济转型升级和结构调整中的优质信贷市场，不断提高信贷接续发展和服务经济的能力。

坚持用好增量、盘活存量，把好信贷投放关

综合考虑贯彻稳健货币政策的需要、信贷市场有效需求等情况，2015 年人民币各项贷款总量计划在 8 500 亿元左右，到期收回移位再贷 3 万亿元，加上 1 500 亿元的境外贷款，合计可新发放贷款近 4 万亿元，这无疑是对全行信贷市场拓展、转型和投向把握的重大考验。全行一定要按照董事长提出的“四个统筹”要求，提早谋划、提早投放、提早收益，按季度做好监控，实现信贷经营的均衡有序发展、信贷结构的持续优化。

各项贷款计划增长与结构变化　　单位：亿元

项目	预计2014 年末余额	2014 年末结构	2015 年增量计划	预计 2015 年末贷款余额	2015 年末结构
各项贷款合计	97 179	100.00%	8 500	10 5 679	100.00%
1. 公司类贷款	63 826	65.68%	4 500	68 326	64.65%
1.1 小企业贷款	8 072	8.31%	500	8 572	8.11%
1.2 流动资金贷款	17 579	18.09%	1 000	18 579	17.58%
1.3 项目贷款	33 636	34.61%	3 000	36 636	34.67%
1.4 房地产贷款	4 539	4.67%	0	4 539	4.30%
2. 个人类贷款	26 624	27.40%	3 300	29 924	28.32%
2.1 个人住房贷款	20 425	21.02%	2 800	23 625	22.36%
2.2 个人消费贷款	3 131	3.22%	500	3 231	3.06%
2.3 个人经营贷款	3 068	3.16%	0	3 068	2.90%
3. 票据贴现	2 879	2.96%	70	2 949	2.79%
4. 银行卡透支	3 651	3.76%	630	4 281	4.05%

积极拓展“六大信贷市场”

1. 加大个人贷款投放力度。目前居民负债杠杆率比较低，随着国家政策支持和居民消费理念日益成熟，未来提升空间巨大。要大力发展风险可控的消费贷款，2015 年个人贷款新增占各项贷款新增的比例要从 2014 年的 36% 提升到 40%，2017 年个人贷款余额占各项贷款余额比例从目前的 27% 提高到 30%。

支持居民住房消费。近年来，我行个人住房贷款业

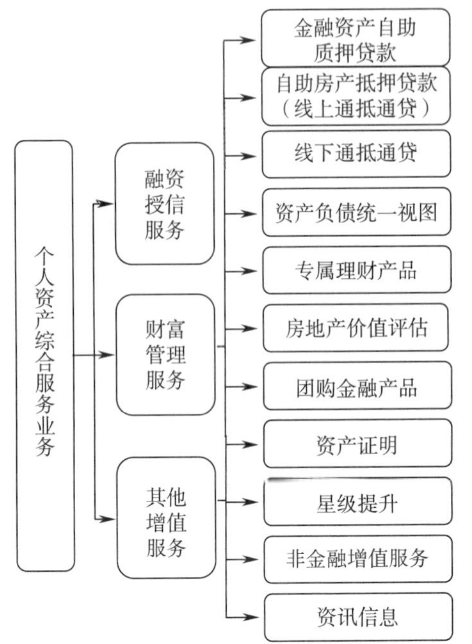

务保持健康平稳增长态势，目前余额已突破2万亿元。要继续将个人住房贷款作为重点业务加以发展，适应市场及国家调控政策变化，按照市场化原则增强风险定价能力，支持居民首套及改善型住房消费。

巩固信用卡透支的领先优势。信用卡透支是较为良好的贷款品种，目前我行信用卡贷款余额四行占比31.1%。要不断巩固信用卡消费的领先优势，优化分期付款结构，推动分期付款向网络化、智能化、移动化方向发展。

增强消费贷款创新竞争力。要紧紧围绕国家养老健康家政、信息、旅游、住房、绿色、教育文化体育等6大领域消费工程，加快业务创新。要稳步推进个人资产综合服务业务，做好金融资产自助质押贷款营销推广，并利用杠杆率低的住房这个核心资产，加快推出自助房产抵押贷款，创新更多的个人贷款新模式。

发展个人信贷，关键要转变现行的贷款用途管理模式。要探索建立贷款用途负面清单管理机制，紧紧抓住个人有效资产的流动性需求，按照“法无禁止便可行”的原则设计产品，在切实管好贷款真实性用途的同时，更好地适应个人多元化的消费信贷需求。

2. 积极支持重大工程和重点项目建设。重点支持纳入丝绸之路经济带、沿长江经济带、京津冀协同发展“三个支撑带”规划中的国家重点项目建设，主要包括国家高速公路网、国省干线高速公路、港口、铁路、机场等综合运输体系建设；电网、水电、核电、新能源发电、大容量高参数火电、油气资源开发及储备、炼化一体化、大型煤炭基地建设等优质能源资源类项目，增强我行持久稳定的融资服务能力。

重点支持新型城镇化进程中的国家级战略规划区、国家级开发区、大中城市基础设施、城市公共事业等建设。要抓住地方政府性债务管理体制改革的机遇，在落实存量债务偿还责任、新增融资配套制度及还款来源可靠的情况下，积极开展PPP模式及政府购买服务项下融资试点。同时，要继续坚持对政府融资平台贷款实行限额管理。

3. 探索对弱周期领域信贷投放。目前服务业占GDP的比重已超过工业成为第一大行业。我行宽口径服务业贷款（包含批发零售、餐饮住宿等）占各项贷款的比重为26%，但文化、旅游、广电、物流等消费性服务业贷款占比仍然比较低，要力争在这些领域有所突破。

旅游领域，重点拓展优质景区，以及依托景区门票及综合经营收入还贷的旅游设施建设。

文化广电领域，支持广电网络运营及广电播出、新闻出版、电影院线、文艺演出院线等细分市场。

现代物流领域，重点支持资质较好的物流企业在重要节点城市的物流园区等仓储物流建设项目，以及冷链物流等高速发展的细分市场。

4. 坚定不移地发展小微企业金融业务。抓住小微企业生产经营小型化、智能化、专业化特点，通过创新融资工具和服务模式，真正把小微企业金融业务做小、做好。

要真正做小，把好风险关。到2017年，单户融资金额1 000万元以下的客户，贷款余额占比由目前的31%上升到60%。其中单户500万元以下的贷款余额占比由目前的21%上升到40%。

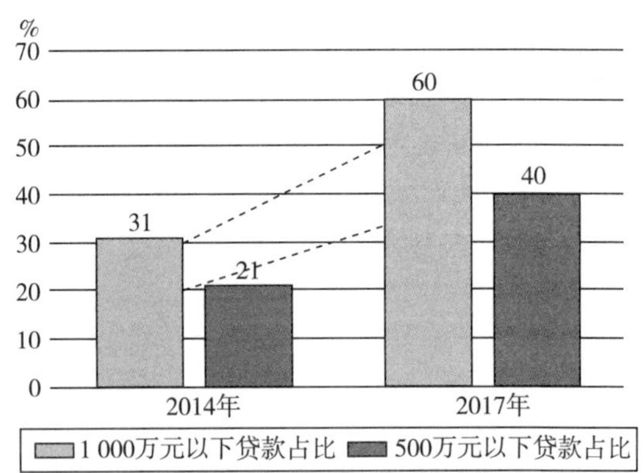

贷款小额化发展目标

要依托业务中心，把好流程关。小微金融业务中心要以标准化的方式完成市场分析、客户筛选、融资方案设计、审查审核、贷后管理、风险处置等全流程工作。要尽快完成试点工作并在全行进行推广。

要前移营销关口，把好准入关。层层做实市场规划，确定重点发展行业、区域、板块，自上而下、进退有度的主动选择目标市场。积极围绕产业集群、专业市场、供应链等客户群体设计个性化融资和风险管理方案，研究批发零售、餐饮旅游、生活服务、文化娱乐等服务类行业的产业特点和客户需求，尤其要注重利用网贷通、小微公司逸贷、小额信用贷等优势产品，实现对目标客户的覆盖。

5. 不断优化全球信贷资源配置。要跟随我国走出去战略，在发达经济体、新兴经济体中优选客户，未来三年境外信贷余额保持年均20%的增长速度，到2017年占集团贷款比重从目前的7.3%提高到10%以上。

支持“一带一路”建设。围绕“一带一路”沿线国家基础设施、资源开发、产业合作等与互联互通有关的项目开发工作，制订工业和基础设施整体开发计划，通过股权债权融合的资金支持，帮助企业“走出去”承接项目。

支持重点行业结构升级。抓住资源能源开发、高铁与核电出口、港口建设、产能转移等机遇，以跨境金融、资产金融、结构金融和信用交易四大产品线，推进“工程＋金融”、境外并购融资等业务开展，支持基础设施建设、技术装备出口、资源贸易等全方位发展。

要紧紧抓住所在国别的优质客户。积极拓展境外本地信贷业务，深度挖掘本地市场优质客户，持续做大跨境信贷业务，逐步参与境外基础设施建设、资源能源开发、工程项目等。

6. 深度挖掘区域优质客户。目前全行有效融资客户有14万户，占全行公司客户总量的3%，有效融资客户的拓展空间较大。各行要高度关注企业收购兼并、混合所有制改革带来的市场机会，坚持差异化营销，抓好各行业、各细分领域的龙头企业及其关联企业和优质上下游企业，积极拓展区域优质客户，高度关注上市公司和拟上市公司的金融服务，进一步做大客户规模，夯实客户基础。

2.2　进一步强化存款的基础地位

要认真领会董事长关于新常态下存款稳定增长重要性的论述。在利率市场化条件下，发展主动负债和被动负债都有必要和空间，主要依赖主动负债获取发展资金的模式，在金融市场运行平稳、流动性充足的条件下一般也不会出大问题，但流动性反转往往就是一瞬间，2008年雷曼兄弟因流动性枯竭而倒掉，2013年我国“钱荒”时个别银行流动性出现波动，非常值得反思。工商银行作为资产规模巨大且在市场上有较强影响力的银行，无论是从保持资金来源稳定性，还是盈利可持续性来看，都应该进一步强化存款的基础地位。

要针对当前存款增速放慢、市场占比下降且成本不断抬升的问题，把握存款市场发展趋势和规律，创新存款工作思路，把工作着力点放在存款稳定增长和付息成本的控制上，为各项业务发展和盈利增长创造有利条件。

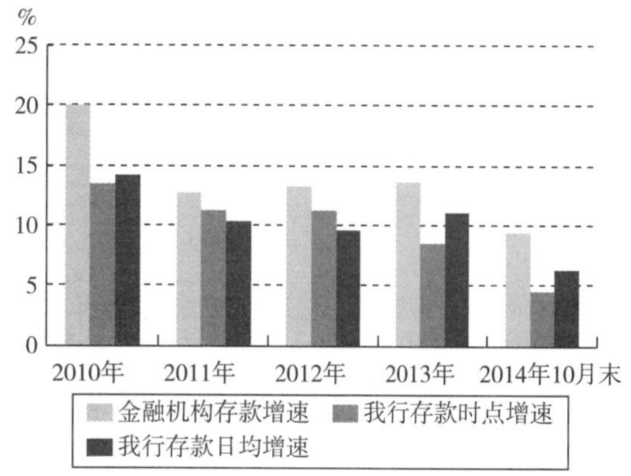

2010年以来金融机构及我行存款增速情况

没有存款，就没有经营基础；存款也是重要的效益来源。

储蓄存款主要来源于中高端客户。截至今年11月末，全行金融资产5万元以上客户占比为7.9%，金融资产占比为86.4%，存款占比为82.6%。5万元以下客户占比92.1%，而金融资产占比仅13.6%，存款占比为17.4%，增长潜力较大。

个人金融客户资产和存款分布　　单位：%

	客户数占比	同比变动	金融资产占比	同比变动	存款占比	同比变动
普通客户（5 000元以下）	77.37	0.96	1.52	-0.08	2.13	0.05
潜力客户（5 000~5万元）	14.76	-1.05	12.10	-1.06	15.24	-0.27
中端客户（5万~20万元）	5.65	-0.27	24.90	-1.56	29.56	-0.52
中端客户（20万~100万元）	1.99	0.06	34.63	0.01	35.28	0.39
财富客户（100万~800万元）	0.23	0.03	20.20	1.53	14.74	0.26
私人银行客户（800万元以上）	0.01	0	6.65	1.16	3.06	0.10

公司存款客户集中度在上升，截至11月末，公司存款日均余额32 013亿元，较去年末日均下降291亿元。日均存款主要集中在金额大于1 000万元的客户群，客户数占比为0.7%，日均存款余额占比为66.7%。1亿元以上的客户存款增长较快，1亿元以下的客户群日均存款基本都是下降的，尤其是日均存款

50万元以下的客户总量是增长的，但日均存款是下降的。

单位：%

日均资产分布	客户数占比	同比变动	存款日均占比	同比变动
0～50万元	91.85	0.93	6.86	-0.02
50万～1 000万元	7.46	-0.86	26.43	-0.44
1 000万～1亿元	0.62	-0.07	28.74	-0.70
1亿元以上	0.06	0	37.96	1.15

机构存款集中度更为突出。增量主要来源于军队和社保客户。截至11月末，上述两项存款合计比年初增加6 329亿元，占全部机构存款增量的109.6%。

前5大机构客户存款余额占比达23.6%，比2013年提高1.8个百分点；增量占比54.3%，比2013年末提高4个百分点。

北京、浙江、广东、江苏、上海等前五大分行机构存款余额占比52.8%，比2013年末提升了3.2个百分点。北京、山东、新疆、湖南、广东等前五大分行增量占比83.3%，比2013年提高22.4个百分点。

单位：%

	余额占比	占比变动	增量占比	占比变动
前5家客户	23.64	1.81	54.34	4.04
前5家分行	52.77	3.23	83.33	22.35

高集中度是我行竞争力的体现，但也带来存款稳定性不够、付息成本难以控制等问题。

抓客户

客户是存款的基础。在深耕细作现有客户资源的同时，要敏锐把握新常态下我国经济发展的重点领域、重要区域和新兴市场中的机遇，通过创新金融服务大力拓展新客户，开辟新的存款来源。同时要把我行当前存款薄弱领域作为重大潜力所在，善于用新思维新方法，打开存款增长空间。

个人客户：要继续大力拓展私人银行、财富客户等高端客户，着力培植代发工资客户、商友客户、投资理财客户、个人贷款客户、流动性客户（含跨境）、新型经济组织人员等10个千万级以上优质活跃客户群体；有重点地拓展种养大户等新农村中高端客户市场。对于年轻客户、长尾客户，要高度重视通过互联网金融的创新服务，实现低成本、广覆盖、高黏性地获取客户，扩大存款来源。

公司客户：要深入挖掘现有公司客户的产业链、资金链，对资金流向未在我行开户的客户，分层次营销，逐步形成购销资金流动闭环，提高资金留存率。要继续抓好优质客户的存款拓展，密切关注上市板块，积极争揽上市公司募集的资金。要密切关注跨境市场资金，目前，跨境双向人民币资金池和经常项下跨境人民币集中收付等业务已成为存款竞争的新战场，要抢抓业务先机，争取更多企业选择我行作为合作银行。同时，继续做好跨国公司资金集中项目、全球现金管理服务，抢占存款市场份额。

机构客户：要密切跟踪我国预算资金管理体制改革以及客户资金管理模式变化，提前做好应对策略，不断强化军队、社保、政府机构等客户在机构存款中的基础地位，同时花更大气力抓好民生领域存款市场，尤其是在医疗、教育等领域，形成与我行地位相匹配的市场份额。要密切关注和主动参与养老产业发展。

抓账户

加强新账户市场拓展。密切关注商事制度改革进程，以“企业通”、大额资金平台系统为抓手，做好源头营销，力争明年有效对公结算账户新开70万户；做好对公结算数据挖掘分析，全面建立对我行公司结算账户的统计、监测、分析体系，加大工银e缴费营销推广，稳定企业结算流与存款，提高账户价值链贡献。

抓产品

要提高产品竞争力。要设计更多的适应客户需求的存款产品，比如研究针对部分公司资金使用具有较强不确定性的特点，设计灵活分段计息的存款产品。要更加重视创新结算、交易、融资、投资、理财、拆借、资产转让等产品，提高客户黏性和资金留存率，扩大稳定和低成本的资金来源。要进一步梳理我行结算等各项服务品种及对应的收费标准，参考同业和客户贡献综合定价，推广结算套餐等有竞争力的结算服务。

抓机制

推动存款与理财的协调发展，核心是建立科学的考核机制。存款战略落地需要有良好的考核激励机制作保证。对客户经理考核，要建立包含存款与金融资产、客户维护与拓展、内控评价等多维度的指标体系，修改产品销售计价奖励办法，改变简单以产品销售计价为主的绩效考评模式，促进存款和客户战略落实到“最后一公里”。要从全行收益的最大化出发，平衡好存款理财、规模结构和中间业务收入的关系，灵活、动态摆布存款与理财发展格局，理财收益高时，多做理财；存款收益高时，多发展存款，做到既尊重客户选择，将合适的理财产品销售给合适的客户，又要避免过度推销理财产品，人为加速存款理财化进程。

目前存款收益率为1.47%，预计年底理财收益率为1.12%。从收益率曲线变化来看，近几年存款收益水平基本持平，理财产品收益率则呈下降趋势，三年净下降8个基点；与存款收益率的差距由2012年的28个基点扩大到目前的35个基点。

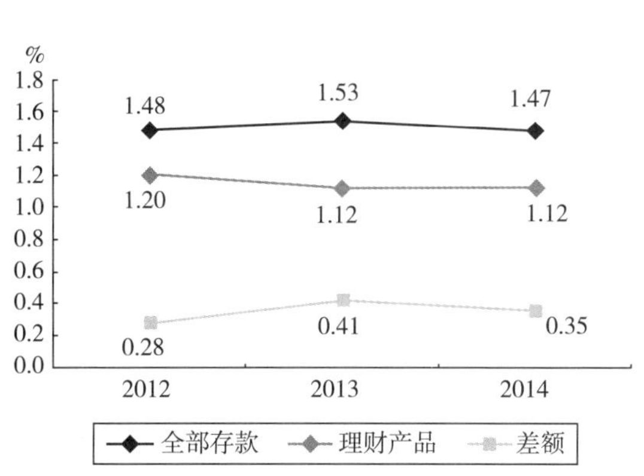

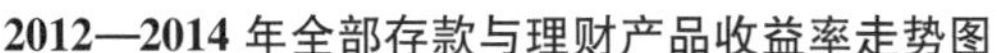

2012—2014 年全部存款与理财产品收益率走势图

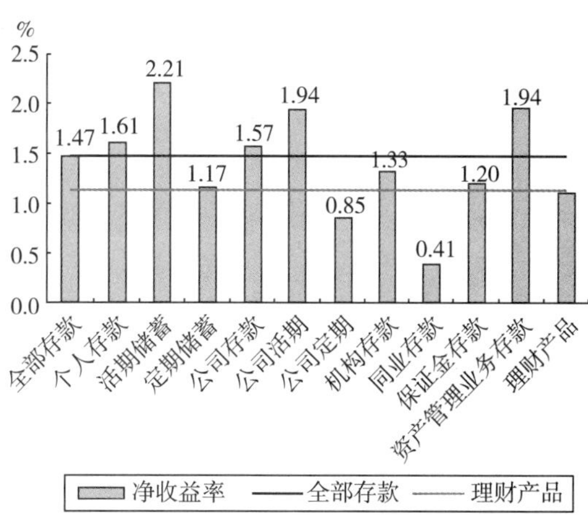

2014 年存款产品与理财收益率比较

注：存款收益率 = 内部资金转移价格 - 存款付息率；理财收益率 = 理财中间业务收入/理财日均余额；2014 年理财产品收益率为预计值，其他产品收益率为截至 2014 年 11 月数据。

抓好“裸贷”治理

今年下半年以来，“裸贷”客户数量时降时升，裸贷治理效果反反复复。要逐级落实治理责任，逐户明确资金结算回流的具体方案，重点要加强信贷与结算业务的联动，抓好客户贷款归行的监控，结合客户所属行业特点和交易特征，量化客户结算业务量与我行贷款额度的匹配关系。对我行业务占比高、但结算归行率偏低的，先行治理；对我行业务占比过低的，要力争成为客户主要合作银行，再争取更多的结算归行。

2.3　努力推动中间业务稳步健康发展

要推动中间业务回归“手续费及佣金业务”和“代客投资和市场交易业务”本质，立足为客户提供服务、创造价值，以创新的理念和思路提升中间业务发展水平，更好地发挥其作为盈利增长稳定器的作用。

促进中间业务各业务线协调、平衡发展

目前，全行已形成门类丰富、多元化的中间业务板块，总体看，人民币结算、代理销售等业务收入体量大，但受到外部市场环境、监管政策、技术演进的诸多影响，业务的持续增长出现一定波动；信用卡、资产管理、品牌投行、资产托管、贵金属等业务增长较为稳定，但也面临着转型发展的新挑战；金融市场交易、私人银行、养老金体量相对较小，但增速非常迅速。各业务线要准确把握自身所处的位置，分析研判业务发展存在的问题和机遇，强化系统组织推动，积极挖掘新的收入增长点，努力实现各业务线更加协调、平衡地发展。

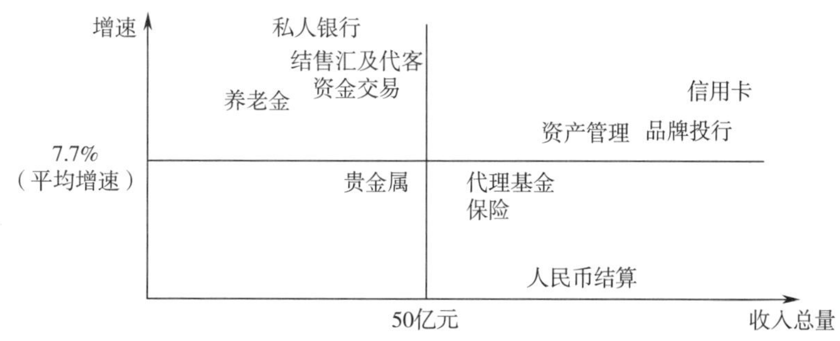

前 11 个月各业务线中间收入增长情况

加快创新，为基础类业务增长注入新动力

信用卡、人民币结算、代理销售是银行的基础业务，也是中间业务收入的贡献大户，要主动适应发展环境变化对银行服务提出的新要求，积极应对新兴金融业态的新挑战，以增强对社会经济金融生活的渗透与服务能力为着力点，寻找增长的新动力，推动基础类业务升级发展。

信用卡

推动信用卡发卡规模和质态的同步提升。2013 年，我国银行卡消费额 11.83 万亿元，同比增长 52.85%，占社会消费品零售总额的 50.5%；今年前三季度，银行卡消费额 10.81 万亿元，同比增长 30.66%，占社会消费品零售总额的 57.2%。在国家刺激消费政策的推动下，社会消费品零售总额每年将以 15% 左右的速度增长，而发达国家银行卡消费占社会消费品零售总额的比例超过 80%，信用卡市场的发展潜力仍然巨大。2015 年，全行要新发信用卡 1 500 万张，消化历史遗留的低效卡 1 000 万张，实现净增 500 万张。

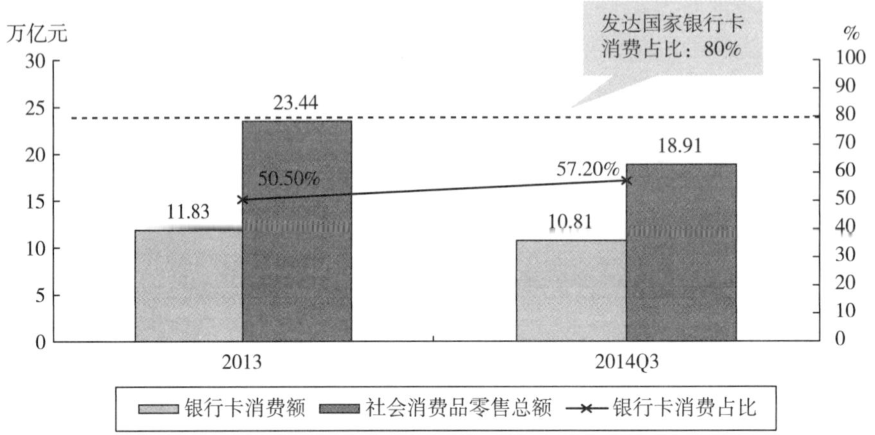

加快收单业务线上线下协同发展。当前，以互联网支付为代表的第三方支付机构对银行收单市场带来了巨大挑战，而且，其业务触角在从线上向线下延伸。如果我们对这一趋势不敏锐、不重视，我们的收单市场将很快被侵蚀。要主动应对互联网支付的竞争，在继续稳固线下收单市场的同时，打破传统线上线下的界限，推动支付与收单的整合，全力开拓新的业务市场。

巩固线下收单市场优势

· 构建网格化营销的收单业务运行机制，将商户拓展维护职责延伸到全部有公司客户服务能力的支行网点，层层拓展维护商户。
· 加强总行直营团队和分行专业团队建设，加强集团商户营销。
· 提升收单业务精细化管理水平，开展收单管理平台升级，提升POS活跃率。

大力拓展线上收单市场

· 推广线上POS，锁定B2C商户和企业，以及有线上销售需求的线下商户，加强部门联动配合，加快推广进度。

推进分期付款业务健康快速发展。把握社会消费持续稳定增长机遇，发挥信用卡贷款“小额、多笔、非集中”的特点，将客户的消费转化为信贷需求，提高信用卡贷款在全行信贷资产中的占比。

人民币结算

紧紧抓住账户拓展这一核心，进一步加强产品创新和客户营销，增强结算业务的持续创收能力，争取结算业务收入每年再提升 3～5 个百分点，巩固我行结算业务的传统优势。

发挥基础结算优势，在正确处理规范经营与收入增长关系的基础上，加强产品捆绑销售和综合化服务，推动结算套餐、法人理财、贵金属、现金管理等重点产品的营销推广，提升客户中间业务收入贡献。

适应客户综合性财资管理需求的不断增长，在为中小企业提供财智账户卡，跨国企业提供人民币双向资金池，平台类企业提供财智商贸通等方面持续创新，寻找新的收入增长点。

完善创新产品的推广激励机制，加大通用缴费平台、现金管理版企业网银等重点互联网结算服务产品推广营销力度，进一步提升线上结算服务能力。

坚持对第三方支付机构的“五统一”管理，根据各支付机构在我行合作业务量，动态调整完善收费策略和定价标准，进一步加大统一议价力度，实现我行利益最大化。

代理销售

资本市场的回暖，居民综合化金融需求的快速增长以及社会各类资产管理机构的不断涌现，为银行代理销售业务发展注入了新的动力，要把握这一机遇，以我行效益最大化为核心，进一步加强代理销售业务的精细化管理，有效挖掘我行强大的分销渠道价值。

把握“三原则”，解决好“销什么、销多少”的问题

风险判断原则：要高度关注当前各类金融机构快速扩张中可能存在的风险，把好合作机构和代销产品的准入关，避免因合作机构经营过于激进而造成风险传染。

产品收益水平：以代销产品为我行带来的实际收益为标准，动态调整代理销售政策，明确不同时期代理销售的重点。当前，要积极促进综合收益较高、风险责任清晰的基金产品代销，有选择地发展代理保险业务，并切实规范销售环节管理，避免基层销售“走形”。

优先排序原则：随着我行综合化经营的不断推进，已经形成了较为完备的跨市场金融产品体系，在综合收益水平相当的前提下，应优先代销行内产品；同时，也要坚持以收益为核心，积极向综合化子公司传导经营压力。

建立“两个评价机制”，实现对代理业务的精细化管理

收益评价机制：财务会计部门负责构建代理销售产品的综合收益统计体系，为代销产品选择和手续费议价提供科学准确的评价依据。

风险评价机制：风险管理部门负责建立代销业务全流程的风险监测机制，提出合作机构与代销产品政策建议。

加大力度，促进新兴业务更好更快地发展。我国正进入资产管理和金融市场大变革时代，企业和居民的投资交易日益丰富和活跃，要顺应社会金融资产变迁和金融消费行为的变化，牢固树立“佣金”和“交易”意识，抓住机遇，快速扩大代客投资与代理交易类业务收入规模。

资产管理

大资管业务发展的基调是持续、稳健，要以提升资产管理业务的盈利贡献为核心，适应代客投融资市场的环境变化，推进监管新规的平稳落地，设定合理的增速预期，加快资产管理经营管理模式的转型和突破，推动资产管理业务回归本质、做好服务，实现新常态下效益与业务规模的协调增长。

大资管业务发展的基调是持续、稳健，要以提升资产管理业务的盈利贡献为核心，适应代客投融资市场的环境变化，推进监管新规的平稳落地，设定合理的增速预期，加快资产管理经营模式的转型和突破，推动资产管理业务回归本质，做好服务，实现新常态下效益与业务规模的协调增长。

✓在投资产品选择上，关键是拓展多元化的投资产品来源。要抓住混合所有制改革、资产证券化、资本市场、同业资产等投融资领域的新热点、新机遇，实现全市场投资；要发挥委托投资对自主投资的互补协同效应，构建跨业合作新优势；要提升交易类业务的投资能力和获利水平，配套构建一系列以提升投研能力为导向的考核和管理机制。

✓在产品管理上，要更加突出市场化导向，针对市场热点和细分客户加大产品创新，形成完整的产品线布局，吸引客户资金在我行体系内闭环运行。要进一步优化以投资收益率为主导的产品定价机制，使产品定价及时反映投资市场的收益变化。

✓在盈利模式上，要着力推进息差模式向“管理费用+业绩分成”的模式转变。要按照打破刚性兑付的监管导向，构建产品估值体系，积极稳妥地推进向净值型产品转型，使管理费用和业绩分成成为我行资产管理业务的主要收入来源。

✓在风控模式上，要构建符合代客理财本质的投资风控体系。要认清代客投资与自营投资在风险偏好上的区别，准确把握股权项目、债权项目、标准化投资品与传统信贷业务之间不同的风险特征，灵活运用结构化分层、期限管理、期权条款、系统控制等新型风控手段，强化投后管理，要加强销售合规性管理，充分信息披露，防范声誉风险。

投资银行

把握多层次资本市场建设步伐加快，以及经济结构调整与转型升级过程中产生的并购、股权融资和债权融资等投行业务需求，完善商业银行框架下的投行运作机制，推动投行产品的转型升级，提升投行服务水平和专业价值，在国内外市场树立“工银投行”的良好品牌形象。

拓展投行价值链，实现业务转型

- ✓ 市场转型：从传统客户向新常态下的市场机遇转型；
- ✓ 产品转型：从融资顾问产品为主向投资、融资顾问相结合的产品转型；
- ✓ 融资方式转型：从以行内理财资金为主向行内外多渠道分销转型；
- ✓ 盈利模式转型：从以单纯收取固定顾问费向顾问费加分享投资收益转型。

- ✓ 关注市场转型五大重点领域：
  - 国家战略机遇——“一带一路”、京津冀协同发展、长江经济带建设等；
  - 国企混合所有制改革；
  - 政府与社会资本合作（PPP）模式；
  - 产能输出、跨境资本流动；
  - 资本市场——定向增发、并购基金、企业资产证券化、新三板等。

关注重点领域，推动市场转型

ICBC 工银投行

转型
市场
创新
品牌

深化商投互动机制，促进产品创新

- ✓ 行内：深化与公司、资管、私银等商业银行产品线的互动发展，完善境内外联动机制；做好基础类投行转型，一手抓提升，一手抓还原，转型期设定为一年；
- ✓ 行外：拓展与同业、券商、信托等机构及市场活跃客户合作，建立机构、法人投资客户群；
- ✓ 围绕资本市场，推动股权、债权、并购、重组领域的产品创新。

- ✓ 总分行团队联动开展客户营销、项目运作和案例交流，提升专业水平；
- ✓ 创新投行运作机制，加强产品线能力建设；
- ✓ 以重大项目、产品创新、团队建设为抓手，树立工银投行品牌形象。

提升专业化水平，树立工银投行品牌

金融市场交易

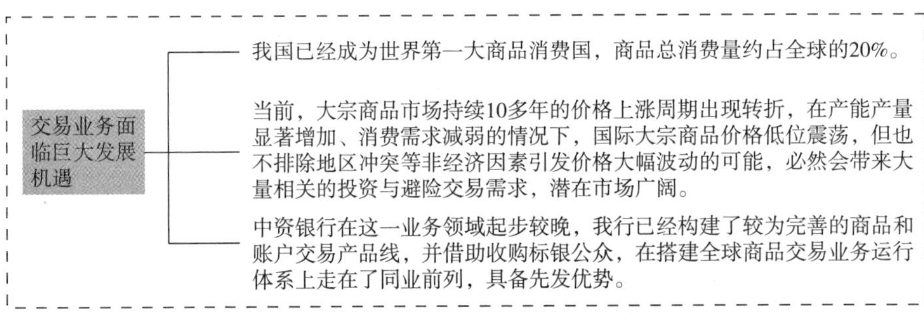

要加快研究、规划集团交易类业务布局及产品线建设，借助标银公众平台，通过加大境内外联动，从“质”和“量”两个方面提升商品和账户交易业务规模，大幅提高交易类中间业务收入贡献。

拓展账户类交易。要大力拓展账户贵金属、账户原油和账户外汇等产品的客户群，提高客户交易活跃度；账户铜、账户大豆等新产品要尽早实现全行推广。

推广商品交易。紧抓当前“市场潜力大、同业竞争少”的发展契机，积极推进贵金属、基本金属、能源、农产品等商品交易业务在全行全面开办，已开办商品交易的分行要进一步增加客户数量和交易品种、扩大业务规模；未开办分行要组织力量做好准备，精准营销目标客户，尽快实现业务突破。

跨境人民币业务

自2009年试点以来，人民币跨境使用正在从跨境贸易向跨境投融资、从结算货币向计价货币、储备货币等方面加速发展，截至10月末，全国经常项下跨境人民币结算量累计达15万亿元，境外人民币存款总量已超2万亿元。要紧跟国家“走出去”和人民币国际化战略，依托我行境内人民币业务优势，尽快将产品和服务延伸至海外，推动跨境人民币业务成为新的利润增长极。

近期：以量争先，加大必要的资源投入和政策倾斜，力争在较短时间内树立和巩固我行竞争优势。
中远期：量价并举，持续提升跨境人民币业务的价值贡献。

突出抓好客户营销

• 推进分层营销，依托我行庞大的境内外客户群体，以适合客户需求的产品为突破，不断提升对重点行业、重点客户和大额交易的市场占比。

• 对优质跨境人民币业务重点客户，探索名单制管理，建立绿色通道，在资金价格等方面给予优惠。

突出抓好产品创新推广

• 依托“工银跨境通”产品体系，在国家政策允许范围内，结合客户需求，加强跨境人民币新产品、新业务研发和推广，陆续推出一批拳头产品。

• 重点打造人民币跨境结算清算、融资、资金交易、RQFII、资产管理、私人银行、资产托管、沪港通、投资、债务工具承销发行等十大重点产品线，力争领先的市场地位。

• 抓住人民币资本项下业务政策渐进开放的机遇，继续做大做强重点资本项目，抢占市场先机。

突出抓好内外联动

• 落实《跨境人民币业务联动实施纲要》，健全集团联动的组织推动、考核引导和配套支持机制。

• 发挥上海自贸区、深圳前海和津粤闽自贸园区，以及境外人民币清算行业务与机构联动优势，打通境内境外两个市场，连接境内外的客户资源、业务资源、资金和政策资源。

• 继续争取可能区域的人民币清算行资格，参与人民银行全球人民币清算行网络建设。

• 依托人民币清算行和境外重点机构，不断深化和丰富集团内离岸人民币中心内涵。

资产托管

以深化营销体系改革为手段，以人民币国际化和我行国际化发展为依托拓展全球托管业务，以产品创新和服务创新为动力开拓增值托管业务，积极开辟新的利润增长点。

加快多层次的营销体系改革

建立更为清晰的分层次托管营销体系，明确总行和分行的营销职能与分工：

•总行重点营销证券投资基金、保险、社保基金、全球资产等领域客户；

•分行主要营销辖内年金、券商、信托、商业银行、私募证券基金等类型客户，以及各类民生领域安心账户托管业务的发展，拓展托管新的合作领域。

实施差异化的营运体系改革

按照集约化和专业化的营运思路，明确划分总分行营运范围，实施分产品集中营运，总行主要营运证券投资基金、全国社保、保险、年金、全球托管等产品；其他产品根据业务授权主要由分行营运。逐步建立风险可控、规模效应显著、差异化的营运体系。

创新推动增值托管业务发展

借鉴国际托管银行增值服务发展经验，利用托管业务对接各类交易市场、投资主体、资产管理机构所聚集的信息资源优势，运用互联网思维下大数据分析手段，创新发展针对各方主体的绩效评估、风险评价、投资咨询等增值业务。

私人银行

立足“专家办”、“做专业”，深度开发高净值客户市场，确立私人银行业务的国内领先地位。力争各项指标保持25%～30%的增长速度，形成持续发展能力。

开展“百千万户工程”，大力推动重点地区业务发展，调动营业部、二级分行发展业务积极性，在各层级形成一批百户行、千户行和万户行，提升市场竞争力。

优化资产配置结构，推动私人银行客户产品配置向净值型产品转变，实现规模与效益协调发展。

着眼于满足客户资产配置日益全球化的需求，提升境内外业务联动服务水平。启动私人银行全球理财基金的发行工作，推动跨区域全球销售。

贵金属

加快形成适应市场变化的经营结构。适应贵金属市场低位震荡的行市，把业务发展重心逐步转向贵金属金融性业务领域，牢牢抓住贵金属产业链融资和资产管理两大市场，迅速形成产能，稳步提升收入占比，力争使金融性业务成为未来贵金属业务发展的新支柱。

全面拓展渠道挖掘市场潜力。持续优化利润中心与总行专业部门以及分行的协作机制，加快贵金属销售渠道由线下向线上、由行内向同业、由境内向境外的全面延伸，拓展全方位、立体式的贵金属业务渠道，全力提升贵金属业务的渗透率。

养老金

立足打造完备的综合养老金融服务体系，做大受托和账管源头性业务，拉动投资管理业务的发展，探索养老资金对接存款、理财、信托等产品，实现养老金业务与存款、信贷、投行、代理业务互动发展，保持主要业务规模和收入同业占比持续领先。

强化中间业务产品创新

要把握国家推进新四化、"一路一带"建设、新轮高水平对外开放，以及扩大居民消费等带来的新需求，不断丰富中间业务线和产品线。要坚持单个产品散点式创新与业务线的整体创新相结合，以创新提升金融服务能力，促进中间业务收入的持续稳定增长。强化总行专业部门、利润中心的创新和服务能力。各专业创新收入至少要能够对冲价目表调整和停办个别产品对全行中间业务收入的影响。要按季通报总行部门在中间业务产品、服务、管理等方面的新举措、新进展。

强化中间业务过程管理

坚持以手续费收入作为衡量标准，强化"产品收益率"和"量价匹配度"评价，引导全行在规范管理前提下，一心一意抓创新发展、抓增收创收。

提升产品定价精细化管理水平，使每一项支出与相应的产品、部门和机构对应起来，实现与产品定价、收费减免、积分优惠等联动，引导各创收主体强化成本约束。

做实"缺口管理"，设置中间业务预算缺口、总量及同业占比缺口，对各专业条线和分行实行双线计算、督导落实。

稳步推进中间业务收入考核从"捆绑制"向"模拟分账制"转变，完善"缺口管理"和利益补偿等配套机制建设，确保模拟分账考核落地、见效。

提升系统支撑。利用 MOVA 系统，研究解决创新产品收入和销售信息统计问题。编制"网点全口径中间业务收入报表"，及时、准确、全面地反映网点中间业务贡献，为业务考核和资源配置创造条件。

2.4　加快提升市场化定价能力

定价管理和成本控制是商业银行非常重要的基础性工作。随着利率市场化进程的加速，存款成本上升势头难以扭转，同时当前解决融资难融资贵的大环境下，贷款实际利率水平在降息周期仍有下降空间，资产收益率提升将更为困难。要尽快转变当前传统的定价模式和管理方式，更多运用市场化定价工具和手段，提升定价能力和盈利水平。

市场化定价绝不是简单将存款利率"一浮到顶"和贷款利率"一降到底"。我行的市场地位和业务现状决定我们不能做"一浮到顶"的引领者。要综合考虑政策导向、市场状况和经营效益等因素，合理引导市场预期，审慎、理性、逐步使用存款利率上浮政策。要更多利用我行支付、结算、融资、渠道、科技优势，通过产品和服务的组合创新，探索建立基于 IT 系统的定价模型来提高市场竞争力。

总的方向：从区域授权和重点客户逐笔审批为主尽快向按客户贡献大小定价转变。强化对各经营主体净息差的监测和考核，确保 NIM 在可比同业处于先进水平。

提高存款市场化定价水平

研究建立负债分类管理体系，按照负债产品的基本属性和利率市场化程度，区分为主动负债、利率敏感性高的被动负债、利率敏感性低的被动负债，建立分类统计标准和体系，实现负债业务定价差异化和管理精细化。

加快健全综合定价机制。加快建立以客户贡献度为基础的存款定价模型。对于利润贡献度小、服务成本高的一般客户，实施标准化的定价；对于利润贡献度大、服务领域多、合作前景广的优质客户，提供差别化产品或进行差别化定价，合理确定各类存款的规模，确保重点业务、重点客户业务规模与综合贡献良性协调发展。

细化定价管理措施。对分行实行适度授权与自律管理相结合的存款利率审批授权管理；对业务管理部门，允许在利率利率政策和定价标准范围内，给予更灵活的议价定价自主权，提高利率管理弹性和应对市场的灵敏度。

加强资金来源和运用的协调运作。探索和完善"高来高走"管理模式，在消化高成本负债的同时，获取资金价差收益。

要坚持定价的底线。确保 NIM 在同业保持领先地位，是目标，也是底线。视情况，可采取下达限额和上收权限等办法。

提高贷款市场化定价水平

加大 LPR（贷款基础利率）推广应用，扩大 LPR 为基准的贷款业务规模，健全贷款利率市场化机制，建立市场化贷款定价基准。根据各行贷款风险定价水平，实施差异化贷款利率授权，逐建立市场化利率授权体系。

加强利率定价 IT 建设

完善主机系统计息功能，满足利率差异化和存款计息方式多元化需求。完善利率审批的系统控制功能，防控利率执行的操作性风险。

2.5　加快互联网金融布局和发展

发展互联网金融，关键要适应客户金融需求和行为特征，用互联网思维来创新产品研发和推广模式。研发产品不是终点，占领市场、增加盈利才是目标。

➢ 传统的“公司中心型”产品研发方式已无法满足需要，距客户的真正需求较远；
➢ 全行产品类项目平均用时260天，其中全行重点产品项目平均用时为183天，研发周期较长。

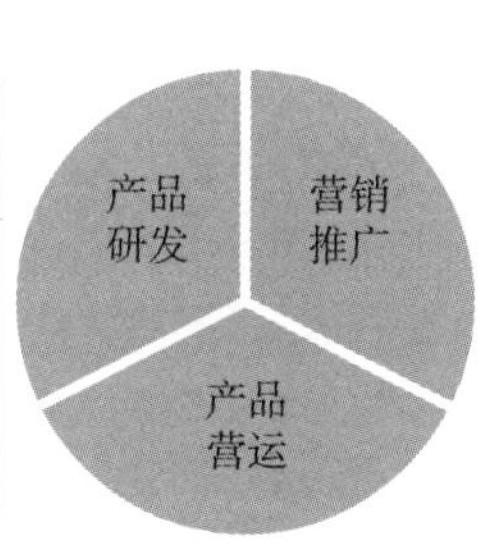

➢ 微信、微博、搜索引擎等新媒体异军突起，我行针对新媒体的开发利用还不够充分；
➢ 总行直接参与产品推广工作还不够，与分行合力推广工作还有待加强；
➢ 对产品推广工作的持续性和复杂性认识还不足。

➢ 三大平台的运营分工与协作机制尚不完善，平台间的互联互通、产品间的协同联动还不够紧密。只有持续加强联网金融平台与产品的营运管理，才能巩固市场；
➢ 产品推向市场之后，尚缺乏对用户体验和口碑的持续跟踪机制。只有不断改进产品服务，才能提升客户参与感。

必须用互联网思维来做互联网金融，在互联网金融产品研发和营销推广模式上取得突破。

产品研发

研发观念要由“公司中心型”向“客户中心型”转变。

由业务与开发人员组成核心团队，共同完成需求设计与产品实现。

由原来追求“一步到位”转为“小步快走”的迭代开发模式，即通过先做解决用户主要痛点的核心功能，投入市场测试后，根据用户反馈迭代完善或退出，解决传统开发模式下从创意、立项、需求到研发、测试、投产流程过多、生产周期过长的问题，提高市场响应效率。

探索让客户深度参与研发的粉丝开发模式，根据产品创意来招募种子用户，先做出产品核心功能，即投入市场吸引更多用户，提炼用户意见，再持续优化产品功能。要建立客户直接提建议并快速响应的工作机制，力争建立产品粉丝群，通过不断扩大用户群来检验产品的接受度。

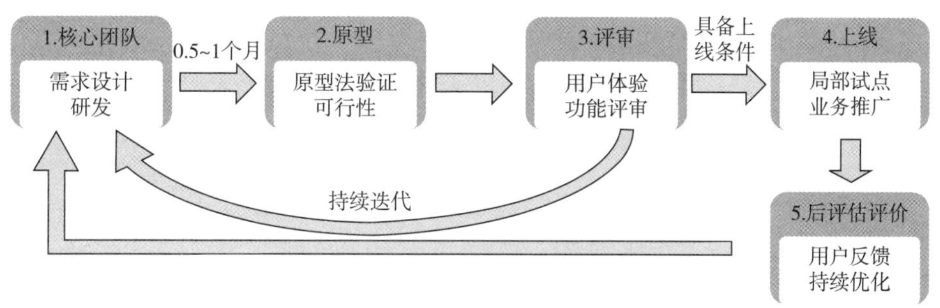

迭代开发模式示意图

营销推广

在营销模式上，更多运用微博、微信、社区、网络联盟等新媒体，通过游戏、轻应用、搜索引擎精准引流等方式，开展“社交式”营销。

在大数据应用上，开展实时智能在线服务营销，改变过去建立模型、数据挖掘、再向客户推送的离线模式，提高营销成功率。

总行产品部门要更多地承担营销推广任务，与分行和基层一起做好目标客户选取、产品营销、激励使用、完善体验、扩大动户等工作，解决过去层层给基层下指标、压任务的推广模式下动户率不高的痼疾。

分行和基层网点也要认识到，互联网金融产品不是总行开发出来，客户就会自然上门，即使具有先发优势

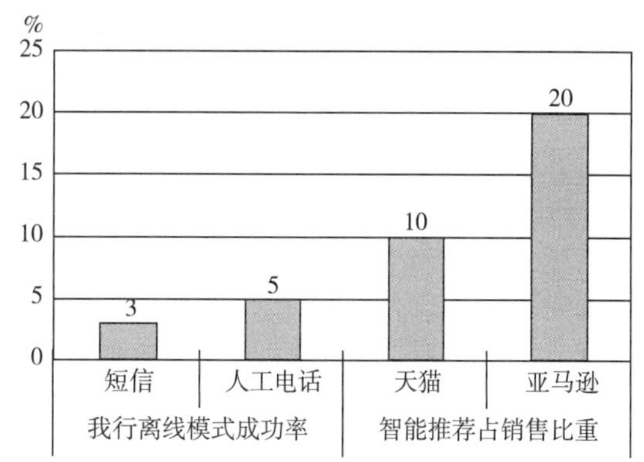

在线实时智能推荐模式营销成效较高

的产品，也需要通过艰苦的市场推广、积累一定量的早期客户才能达到引爆点，必须持之以恒地开展产品推广。

产品营运

在产品营运上，电子银行部与相关产品部门要落实好互联网金融平台与产品的营运管理职责，发挥平台互联与整合优势，强化产品服务联动。

高度重视用户体验和产品口碑，做好产品投放市场后的营运效果跟踪和持续提升。

积极推进互联网领域支付、投资理财产品创新，发挥融资业务优势，基于大数据做好个人和小微信贷业务，使其尽快成为新的盈利增长点。

重点产品和领域发展目标

打造新一代开放式电子银行平台。坚持互联网开放共享的理念，依托新型的互联网技术，加快网银电商化改造，搭建具有开放化、智能化、社区化、个性化特征的电子银行新平台。

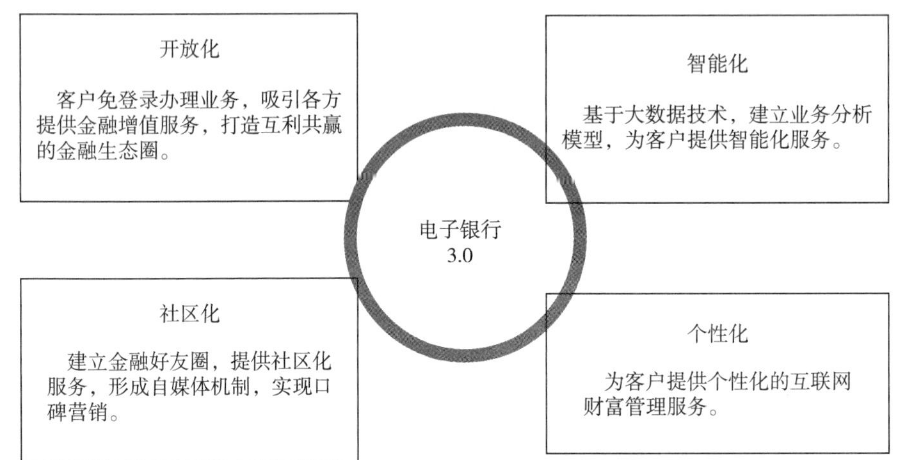

建设一流的综合化电子商务平台。加快融e购电商平台建设与优化，着力将其打造成知名的B2C平台、成熟的B2B平台、领先的采购平台。

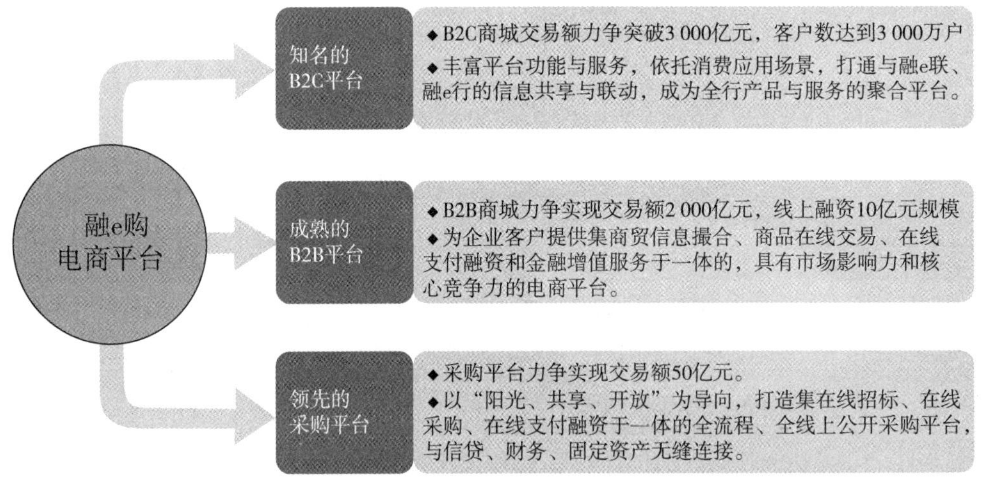

抢抓移动互联网金融市场

把握移动互联网发展趋势，围绕客户移动生活需求，从交易入口、便捷支付、社交服务三个层面，打造综合化的移动金融服务体系，加快拓展移动金融市场，抢占移动互联网金融竞争制高点。

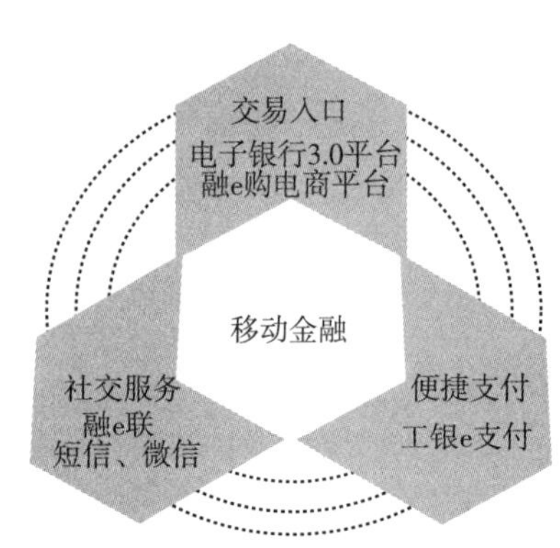

打造移动金融入口。加快建设和推广网上银行、融e购两大平台的移动端入口，把手机银行打造成为我行金融服务的智能终端，把融e行建设成为吸引他行客户的移动交易终端，使融e购手机客户端成为多功能集成的移动消费终端。

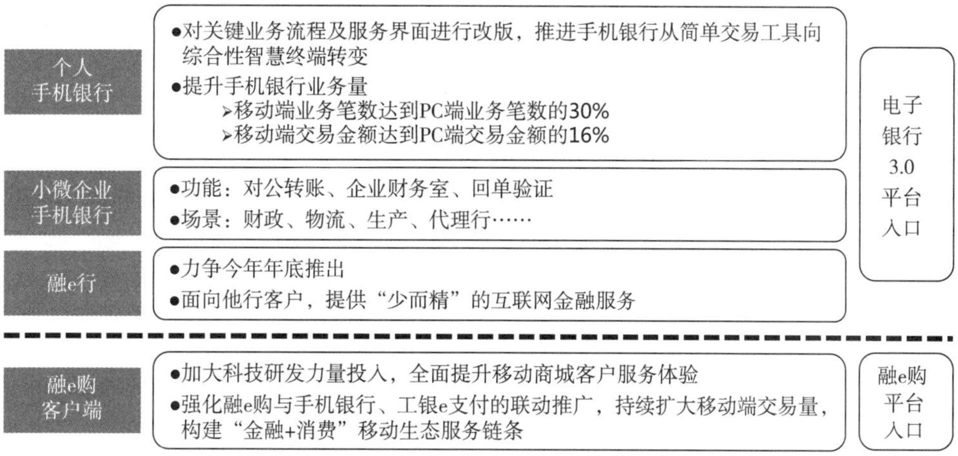

个人手机银行
- 对关键业务流程及服务界面进行改版，推进手机银行从简单交易工具向综合性智慧终端转变
- 提升手机银行业务量
  - 移动端业务笔数达到PC端业务笔数的30%
  - 移动端交易金额达到PC端交易金额的16%

小微企业手机银行
- 功能：对公转账、企业财务室、回单验证
- 场景：财政、物流、生产、代理行……

融e行
- 力争今年年底推出
- 面向他行客户，提供“少而精”的互联网金融服务

电子银行3.0平台入口

融e购客户端
- 加大科技研发力量投入，全面提升移动商城客户服务体验
- 强化融e购与手机银行、工银e支付的联动推广，持续扩大移动端交易量，构建“金融+消费”移动生态服务链条

融e购平台入口

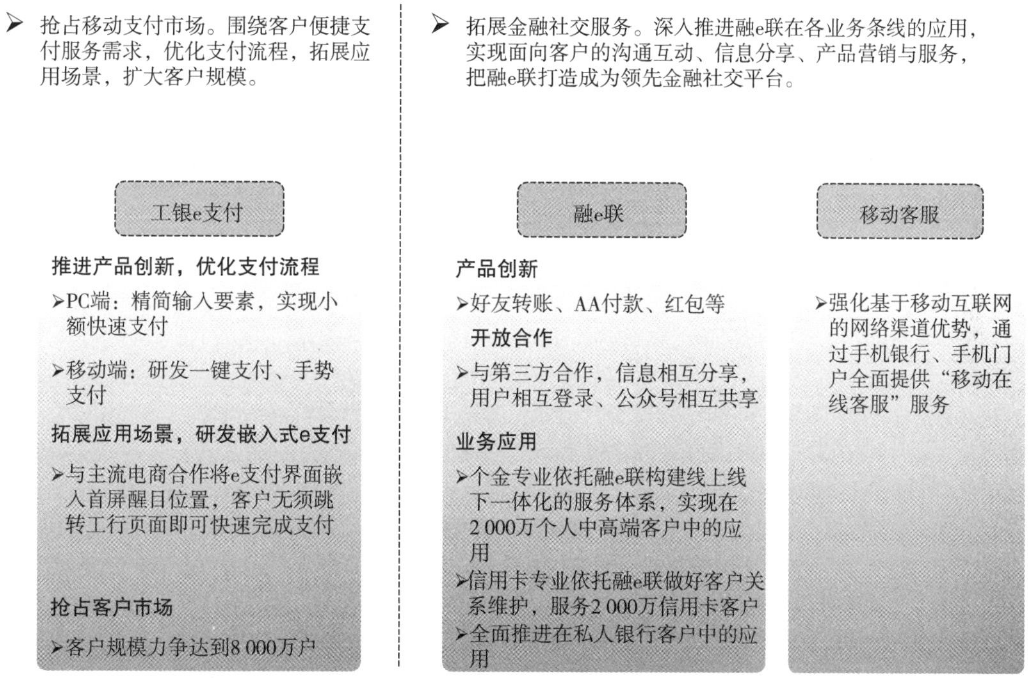

➢ 抢占移动支付市场。围绕客户便捷支付服务需求，优化支付流程，拓展应用场景，扩大客户规模。

➢ 拓展金融社交服务。深入推进融e联在各业务条线的应用，实现面向客户的沟通互动、信息分享、产品营销与服务，把融e联打造成为领先金融社交平台。

工银e支付

推进产品创新，优化支付流程
- PC端：精简输入要素，实现小额快速支付
- 移动端：研发一键支付、手势支付

拓展应用场景，研发嵌入式e支付
- 与主流电商合作将e支付界面嵌入首屏醒目位置，客户无须跳转工行页面即可快速完成支付

抢占客户市场
- 客户规模力争达到8 000万户

融e联

产品创新
- 好友转账、AA付款、红包等

开放合作
- 与第三方合作，信息相互分享，用户相互登录、公众号相互共享

业务应用
- 个金专业依托融e联构建线上线下一体化的服务体系，实现在2 000万个人中高端客户中的应用
- 信用卡专业依托融e联做好客户关系维护，服务2 000万信用卡客户
- 全面推进在私人银行客户中的应用

移动客服
- 强化基于移动互联网的网络渠道优势，通过手机银行、手机门户全面提供“移动在线客服”服务

2.6 进一步加强“1+3”盈利单元建设

深化境内盈利梯队建设

要立足国家区域规划发展总体布局，依托区域发展优势，坚持一行一策，强化培育梯次合理、衔接有序、持续发展的盈利梯队，重点是推进第一梯队转型和第二梯队崛起。

第一梯队6家分行仍是全行业务发展的主阵地和盈利的主力军。尽管近三年来，第一梯队分行利润增速低于全行平均水平，在境内分行中的占比逐年降低，但截至目前，第一梯队拨备前利润、拨备后利润占境内分行的比重仍分别达到48.5%和49.3%，接近半壁江山。未来三年要通过加快转型，确保第一梯队对全行的盈利贡献保持在一定的水平之上。

第二、第三梯队对全行经营发展的支撑作用明显增强。近三年，第二、第三梯队各项业务发展速度明显高于全行平均水平。特别是第二梯队分行正在成为全行业务发展和盈利创造的生力军。2014年第二梯队分行拨备前利润、拨备后利润占境内分行的比重分别达到32.3%和31.8%，较2011年分别提高了1.2个和0.8个百分点。第三梯队分行拨备前利润和拨备后利润的占比也分别提高了1.0个和0.8个百分点。

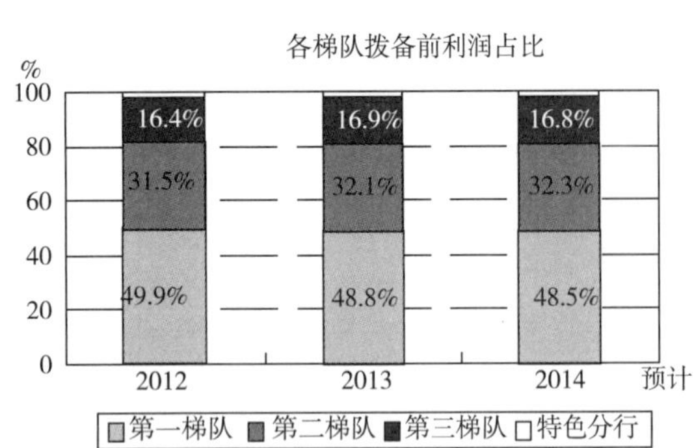

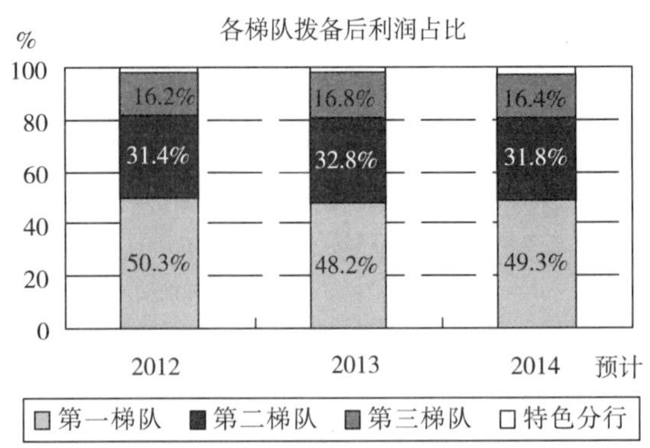

近三年各梯队分行利润占比变化情况

未来3～5年各梯队分行构成

总行将根据各分行发展情况，按照一定标准对各梯队分行构成进行动态调整。

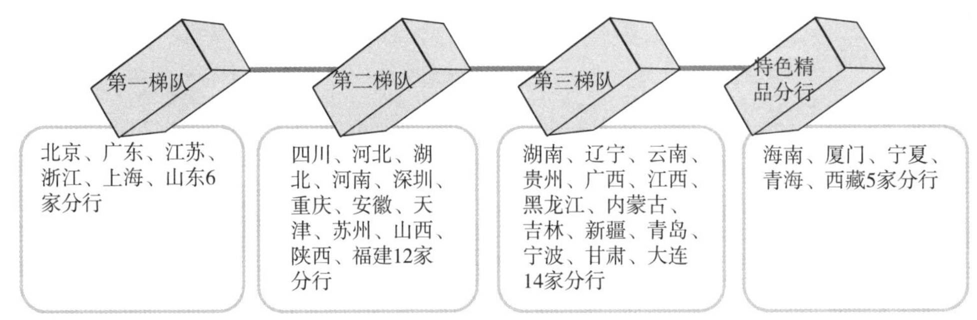

梯队建设主要目标

未来三年，在确保发展质量稳定的前提下，一行一策给予战略指导和差异化支持：

要加快推动第一梯队分行转型，着力拓展新市场，深入调整业务、资产和收益结构，大力拓展新客户和创新体制机制，突破发展瓶颈，形成新的盈利增长动力，确保第一梯队分行盈利主力军的地位不动摇。未来三年，第一梯队分行在境内分行的利润占比保持在47%左右，中间业务收入在营业收入中的占比高于全行平均水平5～8个百分点。

要通过加大政策资源的倾斜支持，推动第二梯队分行完全成长为全行盈利增长的生力军。未来三年，第二梯队分行在境内分行中的利润占比要力争提升至34%左右，要用转型带动发展，中间业务收入占营业收入的比重力争达到25%～30%。在四川、河北分行利润率先过百亿元后，2014年湖北、河南分行顺利实现拨备前利润百亿元目标。这四家已达百亿元利润的第二梯队分行，今后要继续发扬担当和进取精神，朝着成为第一梯队分行的目标不断迈进。继4家分行之后，2015—2017年深圳、重庆、安徽分行要力争实现拨备前利润过百亿元。2018年，其余5家第二梯队目标分行也要力争实现利润过百亿元。

梯队建设主要措施

总行要加强对各梯队分行的战略指导，研究制定推动第一梯队加快转型和扶持第二梯队提速发展的措施。要组织制定第一、第二梯队分行建设方案，选取方案成熟的第一梯队分行开展转型试点，同时每年选择2～3家第二梯队分行进行重点扶持。其中，2015年选择上海、浙江、广东分行作为第一梯队加快转型试点行；选择深圳、重庆、安徽分行作为第二梯队发展重点推动行。

配套配置资源和权限。就第一梯队转型试点行向新市场、新业务领域转型发展所需的各类经营资源投入给予支持；适当预留一部分信贷、财务资源，专项用以每年重点扶持的第二梯队分行。要适度加大核销资源向第一梯队和第二梯队分行的倾斜，减轻第一、第二梯队分行转型和发展的包袱。探索优化授权体系，对第一梯队分行拓展战略市场和开展战略性业务产品创新项目，以及第二梯队分行开展重点区域、重大项目和低风险信贷业务等，适度扩大业务授权，提升第一、第二梯队分行的创新和市场竞争能力。

未来5年内保留2014年初的利润核算口径，确保2014年后在记账规则、内外部市场价格等要素变化的条件下，对梯队分行的利润能够按照当前标准进行核算，同口径评价梯队盈利目标完成情况。

增强大中城市行竞争力

大中城市是我行的主阵地和传统优势市场，抓住了大中城市行就抓住了全行经营大局。各行要结合实际认真落实总行《关于提升大中城市行竞争力的意见》，并按照总行提出的机构改革总体要求，突出深化大中城市行改革。

重点城市行存款业务增长偏缓，同业竞争力不强。截至9月末，50家重点城市行各项存款余额5.9万亿元，占境内分行比重为39.38%，增速低于境内分行平均水平1.59个百分点，其中重点二级分行存款较年初负增长。横向来看，50家重点城市行中有10家分行存款余额排名同业后两位，31家分行存款增量排名同业后两位。

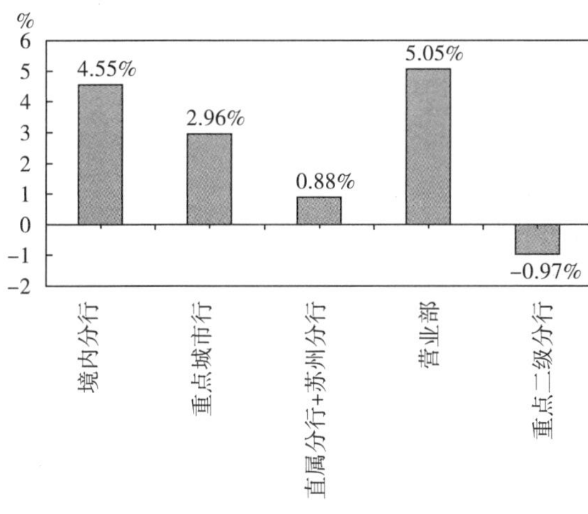

1～9月50家重点大中城市行存款业务增长情况

重点城市行信贷投放整体趋缓。截至9月末，50家重点城市行本外币各项贷款余额4.63万亿元，占境内分行比重为46.5%，增速低于境内分行平均水平0.2个百分点，其中重点二级分行增速低于全行平均水平3.1个百分点。横向来看，50家重点城市行中有7家分行贷款余额排名同业后两位，14家分行贷款增量排名同业后两位。

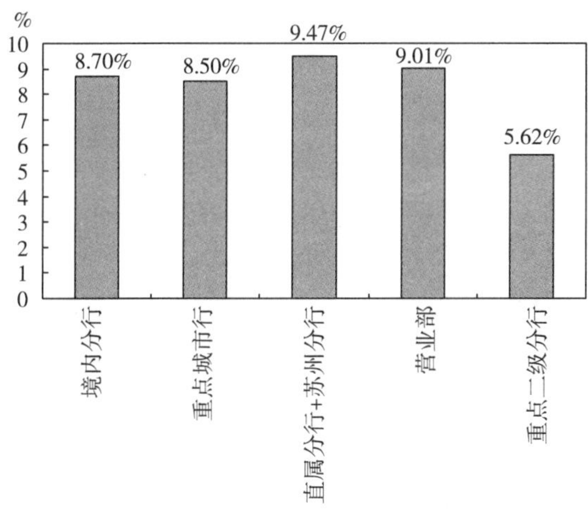

1～9月50家重点大中城市行贷款业务增长情况

重点城市行信贷资产质量优于全行平均水平。截至9月末，50家重点城市行不良贷款余额合计465亿元，不良贷款率均值1.04%，低于全行平均水平0.07个百分点。

上述情况表明，大中城市行竞争力提升还有很大空间。

大中城市行竞争力提升主要目标

进一步推动大中城市行经营体制、机制、业务、流程等方面创新改革和优化调整，加大政策和资源投入，未来三年，力争使重点城市行综合市场占比和拨备后利润四行占比分别提升到34%和35%左右，确立我行在大中城市市场的整体竞争优势。通过五年左右时间的持续努力，逐步使90%以上重点城市行综合市场占比位居当地同业首位。

大中城市行竞争力提升主要措施

总行要加强对5家直属分行、苏州分行和广东、浙江、四川、江苏、湖北营业部的管理和具体指导，加大资源投入力度。11家分行要制定并实施竞争力提升三年计划，力争用三年左右的时间绝大部分机构实现综合市场占比同业首位的目标。

扶持一批重点城市行。对战略地位重要、但竞争力相对薄弱的重点城市行进行扶持，给予营业费用、贷款计划、经济资本限额等专项资源的倾斜。力争用三年左右时间使其在同业竞争中实现争先进位。2015年总行将选择3家营业部、3家重点二级分行作为重点提升对象，省分行近期可向总行推荐。

适度扩大对重点城市行的经营授权。研究制定对重点城市行的差异化信贷授权方案和定价倾斜支持政策。

建立重点城市行竞争力监测评价体系。按季度公布重点城市行竞争力监测评价结果；各一级分行要参照总行标准，建立对辖内大中城市行的竞争力监测评价体系。

建立重点城市行考核体系。将重点城市行竞争力监测评价结果纳入一级分行经营绩效与业务发展考评；研究提出对大中城市行管理层、网点负责人、客户经理和柜员的考核办法。

建立统计分析体系。定期对重点大中城市行经营发展和竞争力变化情况进行统计分析，并及时发布重点大中城市行竞争力分析报告。

要加强重点城市行的信贷经营能力和内控建设，切实提升风险防范能力。

提升境外机构盈利贡献度

要继续加大对境外机构的资源投入，优化考核引导，推动各境外机构坚持特色、精耕细作、做优做强。

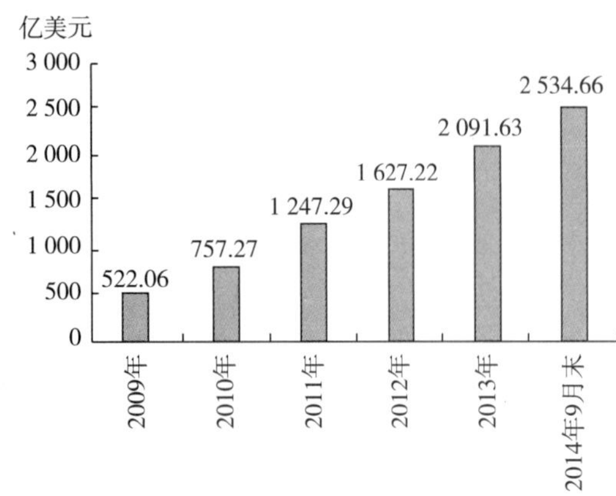

境外机构资产规模稳健增长

资产规模

截至2014年9月30日，境外机构（不含对标准银行投资）总资产2 534.66亿美元，较上年末增加443.03亿美元，增幅达21.2%，占集团总资产比重提升至7.7%。

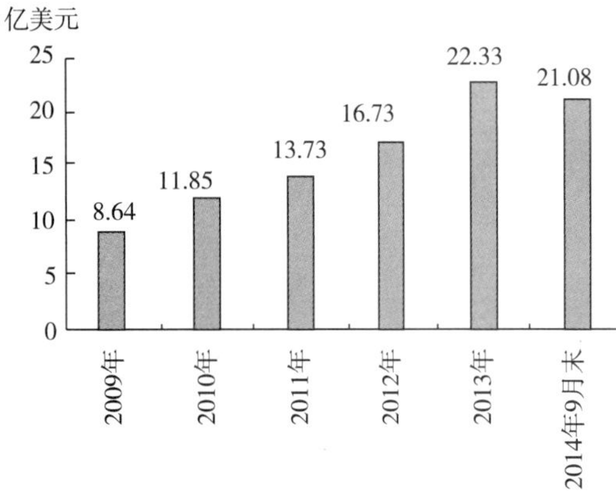

境外机构盈利水平持续提升

盈利规模

2014年前三季度，境外机构实现税前利润21.08亿美元，同比增加6.61亿美元，增幅达45.67%，境外机构对集团盈利贡献和战略协同作用显著增强。

提升境外机构盈利贡献主要目标

把握走出去战略和人民币国际化发展机遇，全力打造全球跨境人民币业务第一大行和全球最受推崇的中资银行，提高境外机构的本土化发展能力和盈利水平。争取在未来三年，逐步使境外资产和拨备后利润占集团的比重分别达到11%和7%左右。

提升境外机构盈利贡献主要措施

对境外分行，要在平衡经济资本与风险控制的基础上，提出更高的利润增长目标。

对境外子行，要以资本回报率为起点，以利润增长达到增资条件为目标，设定利润计划，以实现投入产出的良性发展。

对大型境外机构，要进一步优化收入结构，建立具有较高回报、低资本消耗、健康可持续的发展模式，适度扩大资产规模，大力发展中间业务，推动其经营转型。

对新设境外机构，在开业（交割）前做好业务储备，充分利用信贷簿记中心等平台尽快打开局面。标银公众要通过联动境内外机构作为销售终端，做大客户规模与交易规模，争取代理及做市收入，尽快实现盈亏平衡。

各境外机构要以优先股发行带来的资本补充作为新的动力资源，保持较快发展速度，在强化内外联动的同时，进一步坚持本地化、主流化的经营取向，大力提升持续发展能力。

加快综合化子公司发展

各综合化子公司要把握金融业态变革和市场竞争要素变化的趋势，充分发挥牌照与专业化经营优势，合理调整资产负债结构及产品结构，在提升规模、保持市场地位的同时，更加注重权益回报率，争取每年保持20%以上的利润增长速度，不断提高对集团的贡献。

加快综合化子公司发展主要措施

总行要进一步完善子公司业务联动与贡献考核机制，优化境内分行考评中的子公司考核指标及收益还原考核机制，促进母子公司以及分行与子公司的联动协同发展。

工银租赁，要加快推动由“债务融资型”向“资产投资型”、由“资本消耗型”向“资本节约型”的转变，增强资产投资、交易和处置能力；加大潜力市场开发、新兴业务创新和国际化拓展，增强发展后劲。

工银瑞信，要把握资本市场回暖机遇，扩大权益类产品规模。持续做大做强公募、非公募业务，积极拓展国际市场，在提高对集团功能性贡献基础上，推动管理规模和盈利水平不断提升。

工银安盛，要发挥集团资源优势和保险资产多元化运作优势，努力实现银保、个险、团险、网销及电销四个渠道业务结构平衡、全面快速发展。坚持承保与投资双轮驱动，着力增强投资管理能力，适时申设保险资产管理公司。

工银国际，要发挥联通境内外的区位优势，积极拓展股本、债券、并购、资本结构融资等的跨境投资产品线，形成投行业务、资产管理、销售交易并重的多元化业务模式，建成符合总行战略要求，与客户需求匹配，功能齐全、基础完善、经营稳健的亚洲知名投行。

三、牢牢把握质量这一关键

经济新常态典型特征之一是信贷资产质量压力会常态化，成为我行利润最主要的资源消耗；经济新常态的最大要求是我行信贷管理能力和水平要适应经济环境变化，全行风险管理的思想、行动、措施都要同步进入新常态。伴随着经济增速换挡和经济结构调整，各类隐性风险在化解高杠杆和泡沫化过程中逐步显性化，银行风险的累积和不确定性增大，这将是一个持续的过程，也是未来全行经营发展面临的最大压力和挑战。能否保持健康发展、实现盈利合理增长，关键在于能不能控制住风险、保持质量稳定。全行必须坚持风险管理导向，增强坚守风险底线的危机感和责任感，把风险防控特别是信用风险防控作为工作的重中之重，摆到首要位置。

3.1　实施信贷管理“两大工程”

信贷资产质量管理工程

通过实施信贷资产质量管理工程，确保信用风险总体可控，资产质量水平力争同业最优，不良贷款率继续保持较低水平。

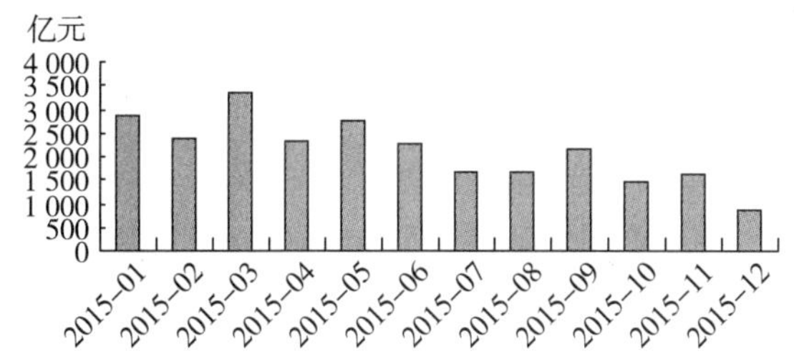

2015 年按月到期公司贷款

1. 抓好存量风险控制

抓好存量贷款收回再贷管理。2015 年各项贷款到期金额 3 万亿元，其中公司贷款到期 2.54 万亿元，个人贷款到期 5 677 亿元。要加大对存量贷款收回再贷投向管理，通过到期贷款移位实现信贷结构优化调整，促进存量贷款向符合新增贷款投向要求的领域、客户、区域调整。到期贷款继续按一定比例收回总行统筹使用。

建立存量贷款风险会诊制度，加快潜在风险贷款退出。总行要制定专门的会诊制度，各分行要定期对存量贷款分产品维度、客户维度分析，确定潜在风险客户名单及风险分类，逐户研究风险压降方案，前移潜在风险防范关口。省分行要抓好亿元以上重点客户和部分重点产品。对于 10 亿元以上潜在风险大户，总行相关部门要直接督导风险化解工作。2015 年继续清收转化潜在风险贷款 1 000 亿元。

2015 年到期贷款情况

单位：亿元

贷款品种	到期贷款	行业	到期贷款
各项贷款合计	31 030	房地产	1 233
1. 公司类贷款	25 352	轻工	3 236
（1）贸易融资	5 235	装备制造	3 332
（2）一般贷款	16 769	商务服务	669
（3）项目贷款	2 108	冶金	1 320
（4）房地产贷款	1 242	化工化纤	1 192

续表

贷款品种	到期贷款	行业	到期贷款
2. 个人类贷款	5 677	建筑	1 426
（1）个人住房贷款	2 096	电子信息	953
（2）个人消费贷款	1 236	文化	545
（3）个人经营贷款	2 004	建材	525
3. 票据贴现	2 779	科教卫生	351
4. 银行卡透支	—	采矿	262

抓好重点领域风险防控。要进一步加强对政府融资平台、产能过剩行业和房地产开发等领域的贷款限额管理。

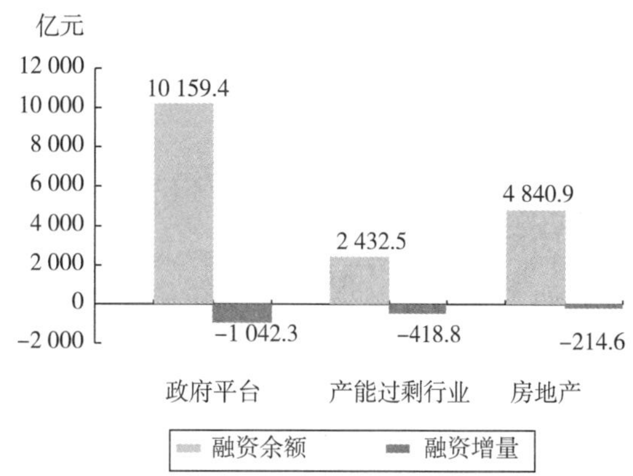

2014 年以来重点领域融资余额及压降情况

对政府融资平台：跟踪政府性债务清理工作进展，做好债权确认，力争将我行相关融资全部纳入政府性债务清理统计范围，保障存量融资安全；新增融资必须明确债务分类，偿还资金纳入政府预算管理。

对产能过剩行业：逐户梳理排查，实施差别化管理策略，果断退出劣势客户融资，支持优质客户融资需求，支持产业兼并重组、转型升级和产能转移输出。

对房地产开发领域：着力加大区域、客户及产品结构优化调整力度，重点压降三四线城市、三四级资质客户贷款、商用房开发贷款。

对批发贸易企业：控制煤炭、钢材、原油等大宗商品批发贸易企业新增融资，严防商品价格下跌引发企业经营风险。

对商品融资：退出小企业商品融资，法人客户仅限于“自有监管 + 静态质押”模式办理商品融资。对存量商品融资要继续采取多收少贷等方式，减少劣变率。

对经营性物业融资：持续监控客户账户现金流，严防用途管理不到位、资金监管不落实、价值评估虚高、套现投资等风险。

2. 抓好增量风险控制

要选择好客户	拓展优质客户是风险防御的第一关，也是最有效、最主动的风险防范措施。要学会在经济新常态下准确选择客户，真正把好客户准入，从源头防控风险。
要落实好责任	各级行要进一步加大风险类指标的考核权重，增强风险管理压力传导。贷款出现不良，要调查前台后台等信贷作业各环节责任。对新发放贷款大面积出现问题的机构，要严肃整顿，并严格追究二级分行、省分行相关负责人的管理责任。
要做好防假	整合内外部信息系统、充分共享信息，用大数据思维创新风险管理工具和手段，加强逻辑判断和校验分析，解决调查、审查、贷后投后管理中的信息不对称问题。要加强基础数据治理，对内部造假行为要严肃处理，绝不姑息迁就。
要把控好实质风险	加快推动信贷流程优化各项工作落地，本着流程设置要有利于对客户、业务的整体风险的管理控制、有利于风险责任落实的原则，优化改进管理细节。重点完善授信项下授权审批制管理，结合经营资质管理落实基层行授信项下授权审批，一级（直属）分行要在授信管理环节切实承担起客户风险统筹把控的责任，提出清晰、可操作、有实质风险控制能力的授信使用条件，不能简单放权。

3. 抓好剪刀差管控

要逐户研究剪刀差贷款压降方案，全力压降剪刀差贷款。

2014 年 11 月各行逾期与不良剪刀差情况

单位：亿元

分行	剪刀差	剪刀差占比	分行	剪刀差	剪刀差占比
北京	7.65	0.14%	广东	69.28	0.88%
天津	18.97	0.80%	广西	16.18	0.80%
河北	15.64	0.43%	海南	5.31	0.87%
山西	27.51	1.35%	四川	38.69	0.92%
内蒙古	75.81	4.56%	贵州	16.46	0.82%
辽宁	8.91	0.40%	云南	26.21	1.29%
吉林	10.15	0.74%	陕西	23.20	1.17%
黑龙江	8.18	0.55%	甘肃	4.07	0.37%
上海	59.47	1.08%	青海	1.32	0.30%
江苏	75.56	1.01%	宁夏	3.80	0.68%
浙江	63.73	0.91%	新疆	3.44	0.29%
安徽	29.44	1.10%	重庆	13.23	0.54%
福建	99.33	3.47%	大连	25.25	2.24%
江西	20.38	1.18%	青岛	33.79	2.93%
山东	49.57	0.84%	宁波	33.71	1.77%
河南	11.35	0.39%	深圳	4.44	0.16%
湖北	23.49	0.80%	厦门	6.29	0.71%
湖南	27.95	1.34%	西藏	0.10	0.06%

一是将逾期贷款风险防范工作前移。全面识别并化解潜在风险贷款，防控贷款产生逾期。对即将到期的贷款及时与客户沟通落实还款来源，减少善意违约；对暂时还款困难的，及时办理合同要素调整等手续，使还款计划与客户实际情况合理匹配。

二是加大逾期贷款清收处置力度。通过密切监控客户账户资金流动、上门催收等多种手段大力清收逾期贷款。创新逾期贷款处置方式，通过重组并购等手段最大限度地处置逾期贷款。

三是强化“剪刀差”考核管理力度。对“剪刀差”增长较多、风险暴露问题突出的支行和二级分行及时予以风险提示。

四是持续推进逾期贷款监控。及时掌握客户的生产经营、财务指标、对外担保、关联关系等情况，不断完善逾期贷款的前瞻性预警工作。

4. 抓好不良资产处置

要不断拓宽不良贷款处置途径。总行将进一步加大处置不良资产的平台、方法、通道研究，加大以物抵贷等手段的运用，加大对分行、特别是不良贷款大行的工作指导，研究建立不良贷款处置平台的工作方案。

各分行要建立不良贷款专职清收处置队伍，完善不良贷款集中处置、专职清收、分层管理的工作机制，落实不良贷款清收处置责任，提高清收处置效果。

要综合运用现金清收、还款免息、以物抵债、转化、核销和批量转让等多种手段，加快不良贷款清收处置。

1～11 月全行不良贷款清收处置情况表

全行	现金清收	呆账核销	以物抵债	转化及其他	合计
金额（亿元）	301.27	245.36	5.70	214.40	766.73
金额比同期（亿元）	42.47	110.61	0.35	-16.74	136.69
金额占比	39.29%	32.00%	0.74%	27.97%	100.00%
占比比同期（百分比）	-1.78	10.61	-0.11	-8.72	—

信贷基础管理工程

通过完善信贷运营体制机制、政策、制度、流程等，引导全行牢固树立正确的发展观、业绩观和风险观，牢固树立质量意识、风险意识和责任意识，牢固树立合规、诚信的经营理念，牢固树立“尽职免责、失职追责”的责任追究理念，牢固树立“把控实质风险”的管理思想，重塑健康的信贷管理文化。

1　加强信贷队伍建设

整合统一信贷专业资质认证，细化层级和对应业务授权，所有信贷从业人员必须事先通过专业资格考试，并要把具备相应资格作为信贷专业授权的刚性条件。加大对各级信贷从业人员的系统培训，尤其要对近两年的风险案例进行深入剖析，花钱要买到教训。

2　推行信贷经营机构资质认证

要根据《信贷经营机构资质认证管理办法》，组织对相关人员、机构、业务等进行梳理，在一级（直属）分行设立信贷经营资质管理机构，尽快完成资质认定工作，并持续监测、动态调整，确保经营机构资质与业务发展相匹配。

3　完善信贷政策制度

全面梳理完善经济上行时期形成的信贷政策制度，汲取近两年风险管理经验教训，将新的认识固化到信贷政策制度中，并以控制实质风险为核心，调整完善政策标准，精简政策体系，避免政策叠加或管理真空。

合理运用RAROC等信贷风险量化工具，提升全行风险定价水平，传导监管资本管理压力，完善模型参数调整验证及核准流程，避免过度工具化。

4　持续优化信贷流程

要以把控实质风险为原则，持续优化信贷流程，坚持简洁简约，避免形式太多、流程太长、责任不明。在做好前期流程优化方案落地基础上，研究建立流程持续优化工作机制、支持平台和评价体系。

5　积极创新信贷产品

理顺信贷产品创新机制，建立信贷前中后台有效联动的产品创新机制。前台和市场部门要作为产品创新的发起部门。

建立完善信贷产品评价监控制度，对信贷产品收益、风险、使用频率等定期评价，对于风险较高、使用频率过低的产品，要及时停办或调整产品要素或管理要求。对现行信贷产品使用情况进行全面评价，及时停办或调整部分与实际管理不符的信贷产品。

6　积极推进存量资产流转

稳步扩大证券化信贷资产规模，积极推进将中长期限和固定收益的信贷资产进行证券化，并根据改善集中度、节约资本占用、提高流动性和调整限额使用等目标，合理选择基础资产，开发设计出结构优、规模大、流动性强、有市场竞争力的证券化产品。

7　积极推进信贷监控体系建设

通过数字化监控平台，实现对全集团、全客户、全产品、全流程信用风险业务的全时智能管控，为全行信用风险决策和经营发展提供有力支持。

健全风险核查与整改落实责任机制，对总行信贷监督中心发出的风险提示，必须要有反馈。要建立与形成总行进行重点监控，一级分行、二级分行组织督导实施，基层经营机构落地执行处理与报告的系统化、程序化反馈机制，强化对风险的全面监控工作。

8　加强基础数据治理

客户信息是识别与判断风险的重要依据，信息的全面性、真实性和准确性尤为关键。基础数据不准确实际是基础性管理缺失的表现，存在着较大的风险隐患。要尽快完善数据质量管理制度办法，加强监测分析和专项检查，督导分支机构做好数据录入工作，并借助科技手段进行数据一致性校验，确保基础数据的完整准确。

3.2　防范代理业务风险

随着经济下行和金融监管政策的变化，代理投资领域风险暴露逐渐增加。目前我行年代理销售超过 2 万亿元，代理非标投资余额约 6 000 亿元，截至 9 月末，BBB + 级（含）以下的非标准化资产较 6 月末增加约 19 亿元，信用等级劣变明显。特别是基层机构对代理业务风险认识不足，在产品销售、投后管理等环节风控措施缺失，个别分行代理信托收付风险有集中暴露趋势，亟须引起充分重视。

明确风险管理责任	还原代理业务本质	完善风险防控机制	持续推进系统建设
▪建立谁受理、谁受益，谁牵头、谁负责的管理责任机制，强化总行分行之间，前中后台之间的联动协调，提高风险管理工作的效率和质量：代理销售，由销售部门牵头负责；越权审批准入，由准入审批部门负责；代理信托收付，由机构金融业务部牵头负责；代理投资，由信贷与投资管理部牵头负责。 ▪强化责任认定。按照权责利相匹配的原则，落实《金融资产服务业务风险事件责任认定管理办法》，并在探索健全金融资产服务业务质量分类管理的基础上，进一步完善责任认定机制。	▪厘清两种认识误区，传导管理压力：一是对代理业务实质性风险认识不全面，认为合同协议已经明确投资风险与我行无关，忽视了兑付风险带来的声誉风险；二是对代理业务的收益与风险关系认识偏颇，有的行抱着兑付风险"表内垫"的错误心理，为了获得代理业务收入，忽视了偿付成本。 ▪切实保护投资者权益。规范投资者风险测评和产品风险分级，加强销售环节管理，将合适的产品销售给合适的客户。完善信息披露，严格落实总行关于投后管理的各项要求，做到"卖者尽责，买者自负"。	▪探索建立非标代理投资质量分类标准，加强资产质量的分析与监测，对信用等级劣变明显、经营状况恶化的客户，督导分行一户一策制订风险化解方案，落实还款来源。 ▪高度关注代理投资兑付风险事件逐渐增加的态势，当前要重点关注受经济环境和金融政策变化影响较大的领域融资客户的风险演变，严格控制代理投资总量，防范系统性、区域性风险。 ▪严格合作机构的准入标准，清晰双方权利和责任，发现存在风险隐患的，要及时督促合作机构采取风险化解措施，避免外部风险的传染。	▪强化理财投资、私募股权主理银行、代理信托计划、私人银行代理与顾问咨询等业务系统的应用，加快研发投产代理销售、资产证券化、债券承销等业务管理系统。 ▪对已经投产系统的代理投资业务，各行要严格通过系统办理业务，确保代理投资业务实现系统化、流程化管理，实现对代理业务风险的集中监控。

3.3　加强重点领域治理和案防工作

内控案防形势呈现新特征

直接侵害银行资金安全的欺诈风险更趋多样化

2014 年全行防堵外部欺诈事件 6 883 起，涉及金额超过 183.6 亿元。业务运营风险事件中，外部因素引发的占比为 48.97%，同比增加 5.29 万笔。

商品融资、贸易融资等领域外部欺诈风险逐步暴露，法人客户利用银行加快处置不良资产之机逃废债务的苗头显现，个人客户通过第三方支付、POS 预授权、电商平台等新型渠道套现的问题较为突出。

恶意向银行转嫁风险的问题愈演愈烈

部分投资理财公司混淆"银行开户""银行托管"与"银行管理""银行发行"等概念，通过在协议文本私自附加银行品牌标识、私下招揽银行在职或内退人员参与推介等手法误导销售，风险暴露后又诱导客户向银行施压。

电信诈骗、克隆卡等侵害客户的风险事件居高不下。

基层管理者、员工道德风险和违规问题多发

个别基层机构负责人、客户经理凭借其掌握的信息和资源，个别在编不在岗人员凭借其原有身份和熟人关系，在非法诱惑之下违规充当资金掮客，借"倒贷"、"理财"、"托管"之名组织非法集资，私售或有组织地违规销售，甚至贪污挪用、收受贿赂、违规放贷，造成外部风险向我行传染，损害我行声誉。

加快推进案件风险防范长效机制建设

认真开展"一加强两遏制"专项检查：认真落实国务院部署和银监会安排，在全行组织开展加强内部管控遏制违规经营和违法犯罪专项检查和整改工作，全面检查近五年来主要违规违法问题的问责整改情况，系统排查信贷、存款、票据、同业、理财、财务等风险高发领域的潜在问题，查找弥补内部控制隐患和漏洞。

持续加强员工异常行为管理：坚持"从人到事"和"以事找人"相结合，持续开展员工参与非法集资、经商办企业等异常行为排查，健全对在编不在岗人员管理。

严密防范外部欺诈行为：落实管理责任，要在办理托管业务时，真正落实"托"的同时，要落实"管"的责任。强化防范欺诈风险教育，剖析典型案例及其风险点，增强员工风险防范意识和能力。加强外部欺诈风险管控体系和平台建设，提升对外部欺诈风险的预警和技防水平。

有效管控违规理财和私售飞单：对当前出现的私售飞单要分清三种情况，一种是客户经理私自销售，谁销售、谁解除劳动合同；一种是分支行有组织越权审批准入，谁决策、谁撤职，视情况解除劳动合同；一种是违规扩大业务范围，如借"托管"之名顺带销售，视同越权审批处理。要健全有偿举报、定期回访客户、加强录音录像监控等防控机制，深入开展违规理财排查治理，切实堵住理财业务领域的案件风险源头。

四、牢牢把握改革这一动力

近期，总行研究谋划了信贷战略布局、信用风险防控体系建设、区域竞争力提升、国际化发展、IT 架构优化、互联网金融等 18 项事关发展全局的改革计划和实施方案，要逐项抓好落地实施。各分行也要结合本行实际，提出一批改革研究课题，加紧突破制约发展的关键障碍。特别需要强调的是，要以好的作风推动改革，按照总行关于在各级管理行和管理岗位开展"效率提升年"的部署，突出围绕"提高效率"深化作风建设，以更有效率的工作深化改革，不断创造和释放新的发展红利，实现更加健康、更有质量、更可持续地发展。

4.1　激活网点经营“细胞”

实施网点竞争力提升的主要目的

营业网点是全行经营的基本“细胞”，是业务营销和客户服务的主要平台与核心渠道，也是接触客户的第一窗口。当前，随着互联网金融的快速崛起，网点渠道正面临强劲挑战和大的变局。网点经营必须因时而变、因势而变，加快由交易核算型向营销服务型转变，全面提升互联网金融时代的网点竞争力。如果转型得早，做好线上线下互动，将是互联网企业无法比拟的优势；如果沿袭传统经营方式，则会成为不堪承受的负担，甚至被快速发展的时代所淘汰。在一定程度上，网点活，则经营活；网点强，则经营强。

网点竞争力提升工作启动实施一年来，存量网点盘活、渠道转型、岗位优化整合、员工优化、客户拓展、产品渗透和配套保障等七大工程有序推进，取得了阶段性成效。

网点运营标准化管理改革成效初显

网点运营标准化管理改革是网点竞争力提升的重要基础性工程，涉及网点业务流程优化、网点资源优化配置、系统平台建设、运营管理评价等诸多内容，是一项复杂的系统性工程。今年以来，我们以这项改革为着力点，初步探索搭建起网点运营管理的标准体系。

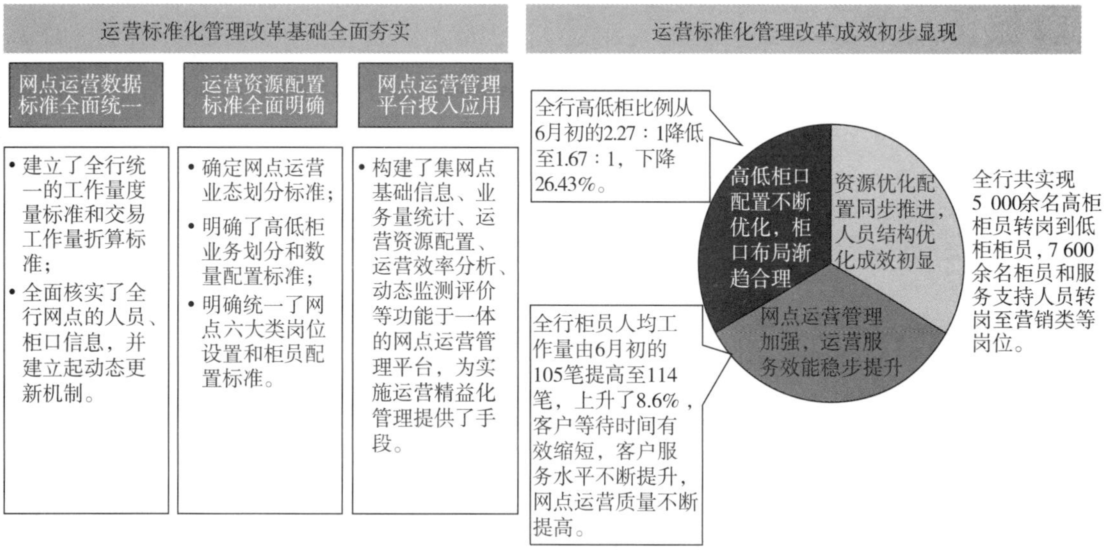

深化网点竞争力提升工作

继续推进网点运营标准化管理改革，要着力解决好三个问题：

1. 要提高对改革重要性认识的问题。网点运营管理水平直接关系着网点资源配置的效能，影响着网点竞争力的高低。各行要深刻认识改革的战略意义和实质内涵，高度重视、稳步有序地组织改革的全面实施。明年要全面完成改革推广任务，进一步构建“资源配置有标准、岗位设置有规范、内部管理有秩序、效率评价有依据”的网点运营标准化管理体系。

2. 要重点解决好“分流哪些柜员”的问题。运营标准化改革是推动人力资源精细化管理、挖掘人力资源效能的重要措施，通过网点柜员分流，实现对人力资源的优化配置。分流出来的员工，应是具有一定营销和综合服务能力的员工，使他们通过培训能够走出去营销客户、开拓市场；而不是技能单一的操作型员工，决不能为完成任务而不加选择地分流，造成人力资源新的更大浪费。各行要根据网点柜员的个人技能特点和实际，科学分流人员，提高人岗匹配度，促进人力资源的最大利用。

3. 要着力提升网点服务能力的问题。经过几年来服务工作的持续改进，过去客户反映集中的排长队、恶性投诉多等问题已经不再是网点服务的主要矛盾。全行要适应新常态的要求，追求服务工作的更高目标，把改进服务的重点放在改善客户服务体验、提升服务品质、创建服务品牌上来。总行计划将明年作为“客户服务体验建设年”，本着“以客户为中心”的原则，持续推进业务流程优化，解决好柜面组合服务中填单多、签字多、输密多的行业性难题；探索建立“线上受理、后台处理、线下交割”的一体化运营服务模式，将传统柜面业务咨询、身份确认、信息采集、业务处理等交互和交易过程在线上完成，将现金交收和实物交割在线下完成，实现多渠道融合协同、线上线下有机互联的一体化服务。

深化网点竞争力提升工作

打造“五个中心”。积极推动网点经营转型，逐步将网点建成品牌展示中心、客户关系管理中心、客户体验中心、复杂高附加值产品营销中心、O2O 的落地中心。

建成“四个百分百”。标准化：网点运营标准化改革覆盖率 100%；自助化：网点附行式自助银行覆盖率 100%；互联化：网点 WIFI 为代表的互联网服务覆盖率 100%；精益化：网点服务精益化管理覆盖率 100%。

实施“五个 1 000 家”。低效网点提质增效 1 000 家，网点布局优化 1 000 家，同业竞争力达标网点新增 1 000 家，网点业态创新 1 000 家，智能化网点改造 1 000 家。

构建“三类五级”管理框架。以网点服务营销三类业态、网点五级分类为基础，建立“业态可进退、等级可浮动”的标准透明、动态调整的网点十五级管理框架。探索网点分级分类框架在网点等级、人员定级、考核评价及资源配置等领域的应用。

合理控制网点总量。未来三年优化调整 3 000 家网点，其中，撤并 500 家，改建为自助 + 理财 2 500 家。截至 2017 年末，全行网点总量控制在 1.6 万家左右。

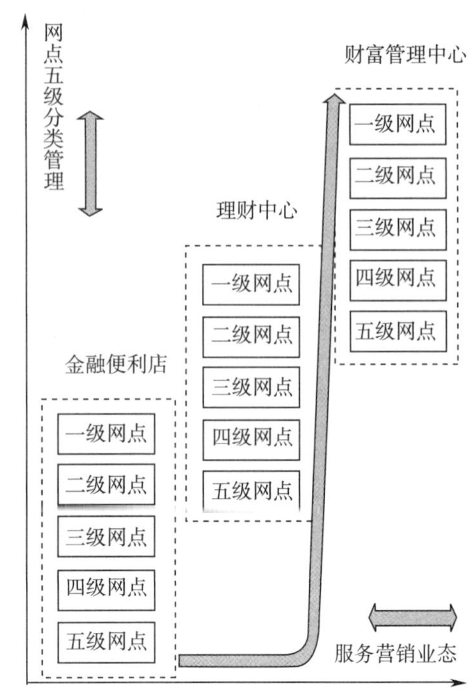

全面构建客户经理营销服务机制

把健全客户经理营销服务机制作为落实客户发展战略最基础和突出任务来抓，促进客户发展和业务营销取得大的突破。

1.通过人员内部挖潜和新增倾斜，三年内客户经理队伍总量要达到11万人，占比提升约4个百分点。

2.要实施培训计划，通过定期培训、重点培训、专业培训，提升客户经理队伍整体素质。

3.完善客户经理考核指标体系，强化激励约束。从价值创造、客户维护拓展等方面科学设置考核指标，改变单纯以产品销售计价为主的绩效考评模式。

4.加强监督管理，通过建立客户回访等制度，进一步形成对客户经理各种违规行为的有效监控和预防，特别是防控个别客户经理利用所掌握的客户资源和银行信息牟取私利。

5.信息支持上，要充分利用MOVA、融e联即时通讯平台以及数据分析师的支持，为客户经理营销服务提供强有力的后台支持。

6.加强以客户为中心的信息整合改造。打破不同部门、不同机构间信息壁垒，实现个人客户营销系统和法人营销系统信息共享，实现同一客户对公、对私等方面信息一表尽览。

4.2 改进人力资源管理

坚持以价值创造为核心，突出效率优先，推进总量压缩、结构优化、质量提升，构建公开透明的差异化人力资源配置机制；统筹不同板块的业务发展阶段、行业经营特点、价值创造能力、投入产出效率和资源配置需求，合理确定板块间资源配置。

完善用工计划管理，适度压降集团人员总量

加强人员的编制和预算管理，坚持人员“进出双线管理”，以退定进、多退少进，在实现人员总量有序压降的同时，保持适度的人员更新，保证合理的梯次结构。未来三年，集团人员净减少 1.5 万，人员总量稳中有降，2017 年末控制在 45 万人以内。

优化人员结构，实现内部盘活

目前全行网点人员 23.2 万人，占人员总量近 50%，其中，中后台服务支持人员 1.2 万人。要以组织机构改革、网点运营标准化、业务流程持续优化等为契机，眼睛向内，挖潜增效调整优化存量人员结构，努力盘活存量资源。未来三年，网点人员总量要降至 20 万人以内。其中柜员减少 4.3 万人。柜员岗和服务支持类员工向销售类转岗 2.3 万人。

新配置人员重点投向利润增长快、价值贡献高、发展潜力大的业务领域。突出加大对市场交易、资产管理、投资银行、私人银行等重点产品线的人才投入，保持适度增长；加大信息化银行人才队伍建设，积极引进数据分析、互联网金融、信息科技等领域的专业型、紧缺型人才，优先配置和超前储备。

优化各级机构本部人员配置。结合分支机构改革，压缩各级本部人员总量。根据机构类别和属性差异，明确不同机构人员配置标准，实施差异化配置策略，分类控制人员总量和占比。对经营性机构，根据效益效率等动态调节人员配置；对非经营性机构，根据工作量饱和程度合理确定人员配置数量。

实施人力资源深化项目

人力资源管理提升项目自 2007 年实施以来，有效地调动和激发了全行各级机构、各类别员工的工作积极性，取得了良好成效。但随着经营形势的变化，一些制度性、机制性安排也需要不断适应和改进优化。总行研究决定，启动人力资源管理深化项目，重点从员工岗位管理和晋升发展、绩效考核、薪酬和福利管理、机构等级评价等方面入手，进行全面系统的完善和优化，为全行转型发展提供坚实的人力资源支持和保障。

建立适应新常态下的薪酬管理体系

强化薪酬分配战略导向。加大薪酬总量分配与全行战略目标、业务发展重点的挂钩力度，持续完善员工绩效考核体系，确保全行战略目标“总行—分行—支行—网点—员工”的逐级传导落地。

完善工资“蓄水池”机制，盘点应付工资结余，通过“以丰补歉”平缓年度间薪酬波动，薪酬总量分配由单个年度调控转向年度间统筹。

优化薪酬费用总额配置机制。坚持以价值创造与收益分享为核心，强化经营性机构“利润增长、薪酬增长，利润下降、薪酬下降”及各级机构本部工资总量增幅不高于全辖工资总量增幅的约束机制。

明确薪酬激励对象。不断加大有限薪酬资源向高价值创造岗位及关键领域的核心人才和骨干员工的倾斜力度，薪酬激励模式由“大水漫灌”调整为“定向喷灌、精准滴灌”，吸引保留核心人才，稳定员工队伍，适应人员流动常态化趋势。

逐步加强薪酬分配机制对人员编制与干部职数的约束力。在直属机构与各级机构机关推行“增人不增资、减人不减资”的工资费用配置机制，控制人力费用膨胀，实现增量薪酬资源向一线倾斜。

规范薪酬福利管理。完善工资分配管理细则和操作流程，确保工资分配公平公正；加强薪酬发放的现场和非现场检查，纠正和防止违规行为，切实保障员工权益；规范各项法定及自主保险福利项目，加强福利费管理，提升全行福利管理水平。

4.3　优化财务资源配置

在盈利增长难度加大的预期下，不能寄希望于费用总量有较快增长。全行要更加重视和进一步严格费用管理，优化费用配置结构。建立市场化的资源配置机制，实现跨年预算平衡。

市场化的核心含义

在坚持现有“效益导向”配置资源基础上，建立跨年预算平衡机制，实现资源配置周期打破会计周期，在保证员工基本薪酬和日常业务运营需要的基础上，进一步提升和突出资源配置效率，保持一定比例的战略性资源投入，处理好当期和长期的资源投入配比关系，加大市场化调控力度，提高资源配置和经营周期的匹配程度。

保障制度

实行费用跨年度、跨区域缓冲调节机制。实行费用存借制度，加强总分行间费用调剂使用；严格费用清算制度，清晰核算各行费用多支和节余情况。鼓励当期费用节余的分行向总行预存额度，为后续年度做好资源储备。

提高资源配置方案的稳定性，正确处理当期和长期资源投入的配比关系。实行市场化程度更高的资源配置方案，充分体现资源配置的市场化导向。

建立境内外一体化业务联动利益分配机制

核心思想

通过明确利益分配的业务种类、价值基础、实现方式、分成比例，解决境内外业务联动利益分什么、怎么分、分多少“三个问题”。

最终目标

为境内外业务联动的利益分配提供操作指引，激发境内外机构业务联动的意愿和积极性，为业务联动创造有利环境和条件。

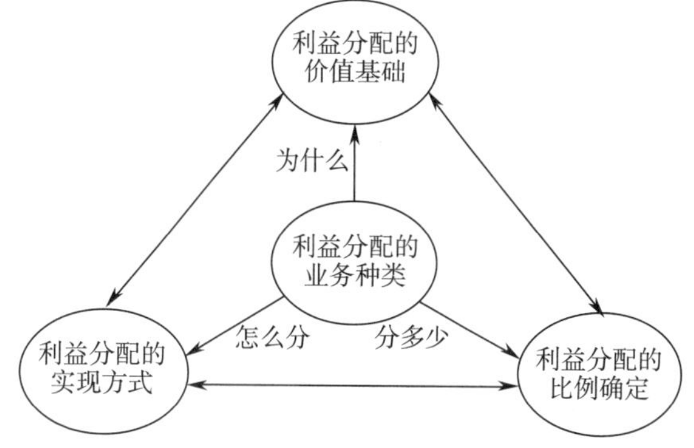

总行印发《境内外一体化业务联动利益分配方案》（工银办发〔2014〕718号），明确：

利益分配的业务种类：以跨境人民币为战略重点，选择了23项联动业务；

利益分配的实现方式：账务直接分润、账务转移分润、考核分润、影子计价；

利益分配的分成比例：将23项联动业务分为融资类联动业务、非融资类联动业务、推荐客户类联动业务三类，制定不同的利益分配补偿方式。

各级境内外机构要抓好《方案》的落实，加快推动境内外业务联动的开展。总行各相关部门也要完善配套保障机制，建立健全境内外业务联动信息共享机制，完善营销管理和资源配置，加强组织协调，形成促进境内外业务联动的制度合力。

进一步发挥好内部资金转移价格的政策传导和激励约束作用

根据货币政策和经营情况变化，预调微调内部资金转移价格，及时传导总行经营政策，努力促进存款有效、稳定增长，积极支持信贷有序、合理投放。

为客观反映各分行和利润中心利润，解决总行清算中心长期亏损问题，实现总行清算中心利润盈亏基本平衡，总行将于明年初对人民币存贷款内部资金转移价格进行统一调整，缩小存贷款内外利差，完善金融市场部债券业务内部资金成本定价机制。按照9月末存、贷款余额和结构静态测算，预计将减少分行存量业务2015年利润约92.65亿元，减少金融市场部存量债券投资2015年利润约164.9亿元。总行将根据该调整因素，还原各机构2014年考核利润基数。这次内部资金价格调整已充分考虑各分行组织存款与发放贷款的积极性。

单位：亿元

分行	调整影响	分行	调整影响	分行	调整影响
北京	-8.60	湖南	-2.08	吉林	-1.41
浙江	-7.25	山西	-2.03	青岛	-1.15
广东	-7.06	陕西	-2.02	新疆	-1.08
江苏	-7.02	深圳	-1.96	大连	-1.05
山东	-5.76	天津	-1.94	甘肃	-0.92
上海	-5.39	宁波	-1.93	厦门	-0.81
四川	-3.08	重庆	-1.89	海南	-0.52
河北	-3.71	内蒙古	-1.69	宁夏	-0.45
福建	-2.89	广西	-1.66	青海	-0.33
河南	-2.56	江西	-1.66	西藏	-0.15
湖北	-2.53	云南	-1.63	合计	-92.65
安徽	-2.47	黑龙江	-1.56		
辽宁	-2.17	贵州	-1.52		

调整正常类贷款组合拨备提取比例

为适当降低信贷成本，引导全行积极调整信贷结构，保持合理信贷投放，总行决定将正常类贷款组合拨备提取比例由1.8%调整至1.4%。按照2015年境内分行本外币信贷计划9 000亿元测算，可增加分行税前利润36亿元。

单位：亿元

分行	影响金额	分行	影响金额	分行	影响金额
广东	2.66	贵州	0.99	黑龙江	0.48
江苏	2.28	江西	0.94	宁波	0.45
北京	2.14	湖南	0.90	青岛	0.45
浙江	1.97	陕西	0.88	内蒙古	0.35
山东	1.89	甘肃	0.85	海南	0.33
四川	1.81	云南	0.82	宁夏	0.33
湖北	1.74	广西	0.78	厦门	0.30
福建	1.58	上海	0.76	青海	0.27
河南	1.46	辽宁	0.73	大连	0.22
河北	1.44	安徽	0.72	西藏	0.14
深圳	1.23	山西	0.64	分行小计	36.00
新疆	1.18	天津	0.60		
重庆	1.15	吉林	0.53		

注：由于分地区信贷计划尚未确定，测算采用的新增贷款是基于各行上报预计2015年贷款增长情况并结合全行总量计划确定。

4.4　强化和改进资本管理

当前内生资本动力明显减弱，资本压力加大

2009—2017 年利润留存补充资本增量情况　　单位：亿元

年份		2009	2010	2011	2012	2013	2014E	2015E	2016E	2017E
净利润		1 286	1 652	2 083	2 385	2 626	2 800			
利润留存		718	1 009	1 374	1 550	1 707	1 820			
利润留存增量	未来三年利润增长 5%	161	291	365	176	157	113	91	96	100
	未来三年利润零增长	161	291	365	176	157	113	0	0	0
	未来三年利润增长 -5%	161	291	365	176	157	113	-91	-86	-82

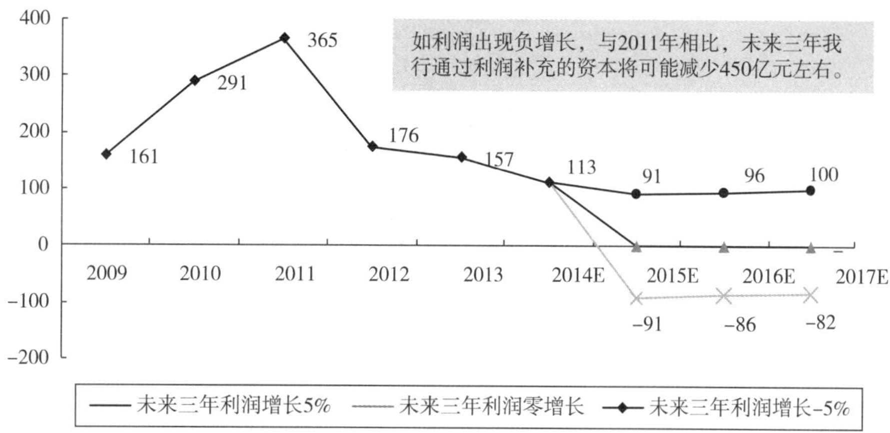

加快推进资本管理改革

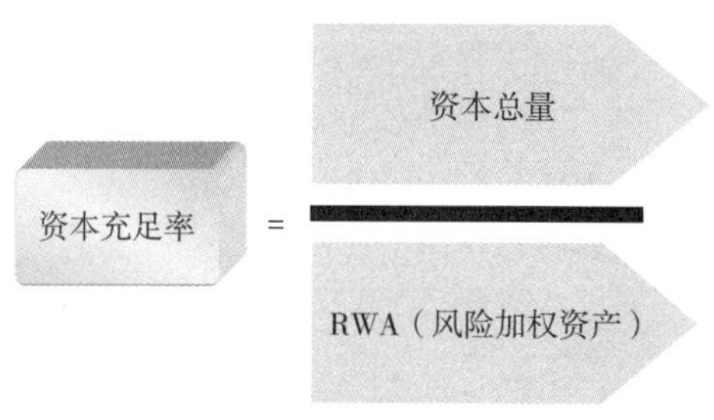

➢ 总行要管好分子，不断优化资本总量和结构，合理配置资本。推动境内优先股发行、境外二级资渠道，增强资本实力。

➢ 分行要协同总行管好分母，降低单位贷款的风险加权资产（RWA）占用。

✓ 下达RWA限额，协同经济资本一并加强对资本的管理；

✓ 强化增量业务资本管理，改善贷款条件，降低PD（违约率）\LGD（违约损失率）；

✓ 优化资产结构，优先发展资本节约型业务。

4.5　推动大数据和信息化银行建设

强化数据治理与数据应用

当前，全行虽然拥有海量数据信息，但存在数据信息割裂、缺失甚至失真等基础性问题，要深入开展数据质量集中整治，进一步健全大数据标准体系，特别是要加强基础数据源的管理，确保数据的完整性和高质量。要通过大数据挖掘分析，实现对目标市场的精准营销和对潜在风险的准确判断，提升服务经营管理的水平。

夯实数据治理基础，提升客户信息的完整性，保证客户信息有效性、真实性。

完善信息标准管理体系，推进集团信息标准建设。

强化数据应用。推广数据挖掘工具与方法，由结构化数据向结构化与非结构化相结合分析发展；加强大数据相关系统的统一管理和规范应用，提升数据服务水平。

推进分析师队伍建设。建立分析师协同工作机制，加强总行、分行分析师的沟通和协作；完善分析师智能挖掘服务（AIMS）平台建设，加强系统支持；建立分析师成果共享机制和分析成果发布机制。

客户五级分类评价成果应用

遵循“综合性、长期性、增长性、持续性、可操作性”原则，从“贡献度、忠诚度、成长性、风险性”四个维度，构建客户五级分类评价体系，将我行“个人、公司、机构”三大类客户从高到低划分为A类、B类、C类、D类和E类客户。

从三季度末分类情况看，B类及以上客户占比较低，D类、E类客户比重较高。其中，个人客户中，B类及以上客户占比2.7%，D类、E类客户占比77.4%；公司客户中，B类及以上客户占比7%，D类、E类客户占比80%；机构客户中，B类及以上客户占比23%，D类、E类客户占比55.7%。与2013年末相比，个人客户五级分类升级的相对较多，法人客户评级呈现下行趋势。三季度末，个人客户中，升级客户占比12%，降级客户占比10.8%；公司客户中，升级客户占比10%，降级客户占比15.7%；机构客户中，升级客户占比9.5%，降级客户占比17%。

总行将定期通报全行客户五级分类评价结果，作为绩效考评和资源配置的重要依据。

2014年三季度末全行客户五级分类情况表

单位：户，%

五级分类	个人客户		变化		公司客户		变化		机构客户		变化	
	客户数量	占比	客户数量	占比	客户数量	占比	客户数量	占比	客户数量	占比	客户数量	占比
A类	380 796	0.08	-24.26↓	-0.03↓	27 449	0.62	4.34↑	-0.03↓	12 276	3.31	-22.07↓	-1.05↓
B类	11 736 370	2.57	5.86↑	0.03↑	288 350	6.53	-0.45↓	-0.65↓	73 175	19.72	-4.62↓	-1.52↓
C类	91 116 258	19.94	15.09↑	1.84↑	563 645	12.76	-3.32↓	-1.69↓	79 002	21.29	0.64↑	-0.45↓
D类	196 622 423	43.02	5.42↑	0.39↑	1 911 080	43.27	8.50↑	-0.40↓	117 087	31.55	2.12↑	-0.19↓
E类	157 195 640	34.39	-1.93↓	-2.24↓	1 626 349	36.82	18.47↑	2.78↑	89 614	24.14	18.53↑	3.21↑
合计	457 051 487	100.00		—	4 416 873	100.00		—	371 154	100.00		—

重点业务线五级分类评价成果应用

遵循“综合性、战略性、均衡性”原则，从“客户量、价值量、交易量、产品量、经营质量”五个维度，构建重点业务线五级分类评价体系，对各分行重点业务线发展、质量效益和竞争力情况进行评价。根据某条重点业务线五级分类评分，将分行由高到低分为“A、B、C、D、E”五个等级。

从三季度末分类情况看，存款业务线A类分行3家，B类分行5家，C类分行10家，D类分行14家，E类分行3家；贷款业务线A类分行7家，B类分行11家，C类分行8家，D类分行7家，E类分行2家；电子银行业务线A类分行4家，B类分行7家，C类分行12家，D类分行10家，E类分行2家。

截至三季度末，存款业务线有5家分行晋级、6家分行降级，贷款业务线有3家分行晋级、5家分行降级，电子银行业务线有6家分行晋级、8家分行降级。

总行将定期通报重点业务线五级分类评价结果，作为绩效考评和资源配置的重要依据，为各分行掌握本行业务线发展状况、在系统内排名、寻找业务短板提供统一的、标准化的评价结果。

五级分类	存款业务	贷款业务	电子银行业务
A类	北京、广东、江苏（3家）	广东、江苏、浙江、四川、北京、山东、河北（7家）	广东、浙江、山东、深圳（4家）
B类	四川、上海、山东、河北、河南（5家）	河南、重庆、甘肃、青海、新疆、贵州、湖北、上海、辽宁、云南、深圳（11家）	江苏、北京、河南、四川、河北、上海、贵州（7家）
C类	浙江、安徽、湖北、重庆、深圳、贵州、湖南、新疆、陕西、吉林（10家）	广西、江西、安徽、吉林、宁波、宁夏、海南、陕西（8家）	湖北、福建、云南、重庆、宁波、内蒙古、广西、山西、青岛、新疆、青海、江西（12家）
D类	宁波、内蒙古、山西、青海、云南、江西、黑龙江、福建、辽宁、天津、广西、甘肃、大连、青岛（14家）	湖南、天津、福建、山西、黑龙江、厦门、内蒙古（7家）	厦门、湖南、天津、吉林、陕西、安徽、大连、宁夏、辽宁、甘肃（10家）
E类	海南、厦门、宁夏（3家）	青岛、大连（2家）	海南、黑龙江（2家）

推动IT架构转型优化

充分利用云计算、分布式框架等新技术手段，构建面向未来业务发展，以开放性、高容量、易扩展、成本可控、安全稳定、便捷研发为特征的全新技术体系框架。

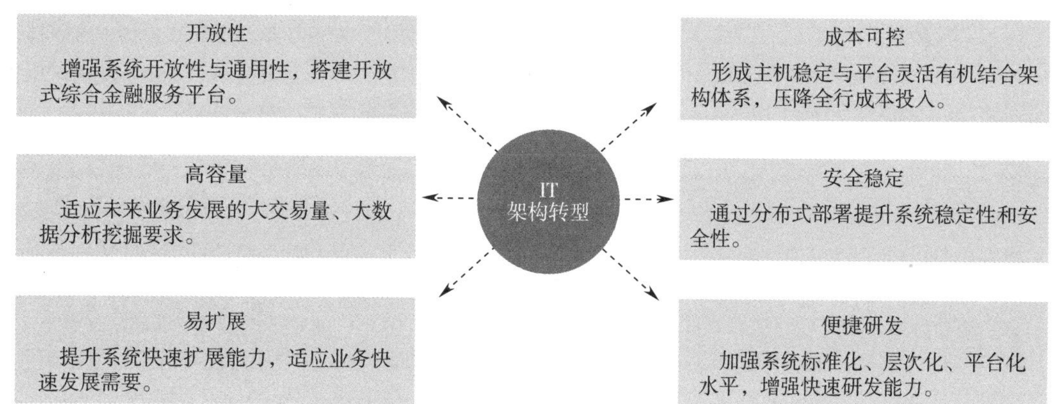

同志们，从明年起，我们将实施股改后的第四个三年发展规划。与前几个三年发展规划不同，新一轮发展规划是在我国经济新常态下启动的，也是在金融创新发展呈现新的阶段性特征的背景下开始的。挑战前所未有，机遇也空前巨大。全行上下要坚定信心，奋发有为，认真贯彻总行党委和董事会的决策部署，坚持稳中求进，勇于改革创新，在新起点上开拓新局面，在新常态下迈上新台阶！

加强和改进宣传思想文化工作
为全行改革发展提供思想保证和精神动力

——在中国工商银行宣传思想文化工作会议上的讲话

赵　林

（2014年2月27日）

这次全行宣传思想文化工作会议的主要任务是，认真贯彻落实党的十八届三中全会和全国宣传部长会等重要会议精神，围绕全行改革发展研讨会和年度工作会议确立的中心任务，总结近年来宣传思想文化工作，分析当前面临的形势，安排部署当前及今后一个时期宣传思想文化工作任务。

下面我讲三点意见：

一、2013年宣传思想文化工作回顾

2013年，在总行党委的领导下，全行宣传思想文化工作紧紧围绕学习宣传贯彻党的十八大和十八届三中全会精神，结合党的群众路线教育实践活动，紧扣全行中心任务，大力加强和改进宣传思想文化工作，取得了较好的成效。

一是深入学习宣传贯彻党的十八大和十八届三中全会精神，切实做好党的群众路线教育实践活动的宣传舆论工作。全行各级党委把学习宣传贯彻党的十八大和十八届二中、三中全会精神作为重要政治任务来抓，通过中心组学习、党校培训等多种方式，组织形式多样的学习培训和研讨，切实抓好全行处级以上领导干部集中轮训工作，深入学习习近平总书记一系列重要讲话及中央指定学习文件，深刻领会中央提出的重大理论观点、重大方针政策和重大决策部署，将思想和行动统一到中央和总行党委各项部署上来。围绕党的十八大精神学习贯彻和新的全行三年发展规划实施，组织开展“新征程　新展望”征文活动，各级分支机构通过“一把手”宣讲、“微型党课”、领导干部“走学”、点评式学习、研讨式培训、读书班等方式，组织了特色鲜明的学习调研活动，推动了党的十八大精神在基层行的学习宣传，并结合实际贯彻落实。各行各部门认真落实“贯彻党

的十八大精神、推动科学发展”研讨会部署和要求，开展了“学习贯彻党的十八大精神、开创科学发展新局面”主题活动。各级行党委把学习调研成果运用到实际工作中去，积极应对多种困难和挑战，加快转变发展方式，努力做好各项工作。

去年7月党的群众路线教育实践活动开展以来，按照总行党委要求，制定了《深入开展党的群众路线教育实践活动宣传工作方案》，在网讯首页开设“党的群众路线教育实践活动”专栏，大力宣传各单位教育实践活动的进展动态、举措成效和典型经验，在全行进行广泛深入的宣传动员和思想引导，期间共刊发信息达2 746篇，较好地推动了教育实践活动的深入开展。各单位还充分利用外部媒体宣传我行教育实践活动的做法和成效，创新应用微信群、电子内刊、手机报等新媒体，开设了“教育实践活动大家谈”、“党的群众路线教育实践活动网络课堂”等网络平台，发挥言论评论的引导作用，为践行党的群众路线、密切党群干群关系、开展好教育实践活动营造了良好氛围。

二是深入推进学习型党组织建设，加强党员干部教育培训工作。始终把加强学习型党组织、学习型银行建设作为宣传思想文化工作的一项重点工作来抓，不断完善学习制度，营造好的学习环境，形成浓厚的学习氛围，努力提高党员干部的学习意识和学习能力。切实抓好各级行党委中心组的学习，创新学习方法，丰富学习内容，通过集中学习、研讨交流及各类读书活动、调研实践活动等多种有效形式，组织和引导党员干部不断深化理论学习，立足工作实践开展应用性学习，着眼于经营环境变化和金融业务发展动向进行前瞻性学习，通过总行“宣传思想文化工作管理信息系统”、总行“网络大学”、网讯等多种方式，加强学习资源和学习成果的交流共享。坚持理论联系实际，形成了一批具有一定理论水平和实践意义的调研成果，促进学习成果转化为创新发展的动力，不断提升全行抓改革、促转型、谋发展的能力。

加强党校培训工作，充分发挥党校领导干部教育培训主阵地作用，不断优化总行党校及长春、杭州两所分校，湖北、湖南、四川等三个教学基地“三级联动”的培训架构，切实抓好不同层级领导干部的教育培训。去年共开办不同层级党员干部培训班16期，培训学员1 003人，培训人数较上年有较大增长。通过统筹安排培训资源，丰富教学内容，改进教学方式，严格教学管理，培训质量也不断提高，受到了广大学员的充分肯定。

三是深入开展社会主义核心价值体系的学习教育，结合实际推进企业文化建设和文明创建工作。全行把宣传培育和践行社会主义核心价值体系作为企业文化建设的首要任务，引领全行企业文化建设，抓好“企业文化建设十件大事”，加强企业文化的内外传播，通过网讯“企业文化专区”、“企业文化园地”栏目、《企业文化故事集》电子书等方式，进一步强化了企业文化的网络宣传；全行16 164个“职工之家”作为文化传播的重要渠道，促进了价值理念传导和渗透，基层行文化氛围更加浓厚。专业文化建设稳步推进，各专业部门参与文化建设的主动性显著增强，合规、廉洁、服务、风险等专业文化建设全面启动。特色文化建设持续推进，在工行企业文化核心价值统领下，各单位结合实际，通过“基层行长践行文化”、“文化示范网点”建设、“文化建设进网点”等活动，多层面、多维度开展文化实践，企业文化与经营管理相融并进。在中国企业文化研究会组织的企业文化建设评选表彰活动中，我行获得“十大典范组织”最高奖项，19家基层单位、15名个人荣获“优秀单位”、“先进工作者”称号。

围绕中央文明委要求和我行实际，开展了第八届总行级文明单位评选复查工作，细化评选标准、严格审核把关，创建总行级“文明单位”35家、“精神文明建设工作先进单位”50家，55家往届总行级“文明单位”经复查合格继续保留荣誉称号，进一步巩固和扩大了我行文明创建工作成果。结合纪念毛主席“向雷锋同志学习”题词50周年活动，着力丰富文明创建工作的内涵和外延，发挥党政工团齐抓共管优势，扎实推进员工思想道德建设，广泛开展“岗位学雷锋　争做好员工”、“传承雷锋精神　参与志愿服务”等常态化活动项目。积极开办“道德讲堂”，通过主题座谈会、“员工巡讲团”、道德宣讲平台、编发服务故事等方式，大力弘扬新时代雷锋精神，宣传道德模范和身边好人好事，提高员工队伍职业素养和文明素质，有效提高了窗口服务水平，进一步向客户和社会公众展现了“满意在工行”的良好形象。

四是大力开展树典推优活动，加强和改进员工思想政治工作。坚持以人为本，加强人文关怀，以促进全行改革发展、和谐稳定为着力点，以最大限度地调动广大员工的积极性和创造性为落脚点，不断提高员工思想政治工作水平和活力。认真总结推广近几年来我行开展思想政治工作的好经验、好做法，大力开展树典推优活动。特别是第三届“感动工行”员工表彰活动，结合建行30周年主题，围绕历史发展主线，分年代、全景式展现了工行人拼搏进取的奋斗历程和文化特质，彰显了工行文化的内在精神力量，极大地激发了员工的自豪感和归属感。围绕“感动工行”员工和集体及各类道德模范的感人事迹，全行广泛开展了学习宣传活动，通过网上互动专栏，先后刊发“身边的感动”故事1 400余篇，并通过主题征文、座谈交流、宣传展板等多种形式，营造了学先进、议感动、见行动的良好氛围，进一步激发了全行团结奋进的正能量。

围绕“中国梦·工行梦”宣传教育，结合纪念建行30周年，全行广泛开展“同庆辉煌成就　共促转型发展”主题教育活动。各单位以“回眸三十年　扬帆谱新篇”为主题，因地制宜地组织形式多样的才艺作品展示，通过图片巡展、主题教育巡讲、理论研讨、演讲比赛、网上竞赛等方式，全面展示我行30年来改革发展成就，进一步激发了员工爱国爱党爱行情怀。开展“幸福瞬间”照片征集活动，引导员工发现和品味工作中的点滴幸福。各单位紧贴员工思想实际，加强员工关爱工作，通过组织思想动态调查、开通心理咨询热线、编发《员工关爱月刊》、开展“健心工程”、举办心理健康辅导讲座等活动，使“员工心灵绿色通道”建设持续深化，促进员工工作满意度和敬业度的提升。

五是加强宣传思想文化工作队伍建设，不断提升专业工作水平。近年来，各级行党委高度重视，不断加强宣传思想文化工作的组织领导，增强各级行领导和各级管理人员做好新形势下员工思想政治工作的责任感，建立和完善党委负总责、党政工团齐抓共管、相互配合、发挥合力的工作格局和各项机制，充实宣传思想文化工作队伍力量。总行举办了宣传部长培训班，各行也通过多种方式抓好二级分行以下宣传岗位人员的学习培训，增强各级宣传干部的责任意识和履职能力。加强工作考核和经验交流，抓好“宣传思想文化工作管理信息系统”的推广应用。始终坚持“围绕中心、服务大局、着力创新、讲求实效”的工作方针，积极探索新形势下思想政治工作的规律和特点，使全行宣传思想文化工作总体上呈现出良好的发展态势。

总的来说，过去的一年里，全行宣传思想文化工作在总行党委的正确领导下，在宣传思想文化工作部门同志的积极努力和各部门及广大员工的大力支持下，取得了较好的成绩。在这里，我代表总行党委向大家表示衷心的感谢！

在充分肯定这一年来工作成效的同时，我们也要看到工作中的不足和差距。一是工作发展不平衡，有的行对宣传思想文化工作还不够重视，推动力度也不够，不能很好地适应新形势、新任务的要求。二是有的行工作视野不宽，方式方法研究创新不够，有的作风不扎实，工作不接地气，停留在布置上，抓落实不够。三是有的行没有根据工作需要配备必要的工作人员，有的同志不善于学习和知识更新，不能很好地适应工作需要，综合素质和工作能力亟须提升。这些问题和不足，需要我们在今后的工作中不断改进提高。

二、充分认识加强宣传思想文化工作的重要意义，不断开创宣传思想文化工作的新局面

党的十八大以来，党中央高度重视宣传思想文化工作，习近平总书记就党的建设、宣传思想工作、意识形态工作等发表了一系列重要讲话，中央有关部门就加强新时期宣传思想文化工作召开会议进行全面部署，下发了有关决定和意见，提出了工作要求。我们要认真学习贯彻习近平总书记系统重要讲话精神和中央有关文件精神，充分认识当前宣传思想文化工作面临的新形势新任务新要求，适应工商银行改革发展和干部队伍建设的需要，大力加强和改进全行宣传思想文化工作，不断开创工作的新局面，为建设国际一流现代金融企业提供精神动力和文化支撑。

一要充分认识新形势下加强和改进全行宣传思想文化工作的重要意义，不断增强做好宣传思想文化工作的责任感和紧迫感。习近平总书记在全国宣传思想工作会议上强调指出，意识形态工作是党的一项极端重要的工作。历史和现实反复证明，能否做好意识形态工作，事关党的前途命运，事关国家长治久安，事关民族凝聚力和向心力。在集中精力进行经济建设的同时，一刻也不能放松和削弱意识形态工作。宣传思想工作就是要巩固马克思主义在意识形态领域的指导地位，巩固全党全国人民团结奋斗的共同思想基础。这体现了意识形态工作和宣传思想工作引领社会、凝聚人心、推动发展的强大支撑作用，具有根本性、战略性、全局性意义。面对错综复杂的国际国内环境中意识形态领域斗争的严峻性和复杂性，我们更要清醒地认识到，做好意识形态和宣传思想文化工作是建设中国特色社会主义、全面建成小康社会的必然要求，也是我们大型银行肩负的重大责任，我们必须切实增强做好这项工作的自觉性和主动性，把主导权、话语权牢牢掌握在手上，坚定主心骨、把好方向盘，筑牢思想防线，夯实立行之本，充分发挥大型银行的应有作用。

二要主动适应建设国际一流现代金融企业的战略目标和提升核心竞争力的现实需要，加强和改进宣传思想文化工作。发展是硬道理，服务全行发展是宣传思想文化工作最基本的要求。当前全行正站在30年改革发展的新起点上，开启了建设国际一流现代金融企业的新征程。在这个承前启后的节点上，全行所处的内外部环境之多变，面临挑战之严峻，改革任务之艰巨，一点也不亚于前30年。从宏观环境看，世界经济进入深度调整期，国内经济处于增长速度换挡期和结构调整阵痛期，长期以来支撑经济高增长的要素条件和外部环境发生较大变化。从金融环境看，金融监管和市场体系正在发生一系列调整变革，资本约束趋严、利率市场化和汇率形成机制改革加快、金融脱媒加剧、互联网金融快速发展，对银行改革与转型形成倒逼效应。从我行自身来看，尽管我行已进入世界领先大银行之列，多项指标领先全球同业，但我们走的是一条没有现成经验可循的探索之路，面临越来越多竞争对手的冲击和挑战，在体制机制中还存在一些深层次矛盾和问题，制约着转型发展和竞争力提升。在这种情况下，只有靠科学理论的指引，靠宣传思想文化工作的加强，才能正确地把握改革发展的方向，才能增强在纷繁复杂局面下解决实际问题的能力，才能凝聚起团结奋进、攻坚克难的力量。这就

要求我们必须进一步围绕中心、服务大局，营造科学发展、实干兴行的浓厚氛围；必须抓住改革攻坚和加快转型中面临的难点问题、干部员工关注的热点问题，以问题为导向深化体制机制建设，全面增强竞争力；必须充分调动员工的积极性、主动性和创造性，在最大范围、最大程度上凝聚起推动改革发展的正能量。同时，要按照党的群众路线教育实践活动对窗口单位和服务行业改进作风、改善服务等方面提出的新任务、新要求，聚焦建设“人民满意银行”和支持实体经济发展的责任与使命，找准宣传思想文化工作的契合点，深处着力，精准发力，充分发挥宣传思想文化工作在推进人民满意银行建设中的重要作用。

三要主动适应社会发展和员工队伍发展的新变化、新特点，加强和改进宣传思想文化工作。当前我国经济社会深刻变革，既给社会带来巨大的活力，也使各种矛盾和问题更加集中，更为复杂，特别是我国进入改革发展的攻坚期和社会矛盾的凸显期，各类社会热点相互叠加，各种思想文化相互影响，不可避免地对我行员工思想意识产生深刻影响。同时，员工队伍来源渠道、成长背景、工作经历、价值观念更趋多元化，一些员工在利益诉求和职业发展预期方面的个别要求与现实情况不尽适应，一些思想认识问题又与现实利益问题相互交织，使全行思想宣传、统一思想、凝聚力量的任务十分繁重。要使全行员工心往一处想、劲往一处使，除了在职业上培养员工、成就员工，更要在思想和精神上引领、激励和凝聚员工。这就要求我们进一步坚持以人为本，善于把宣传思想文化工作与基层党组织建设结合起来，把思想工作与业务工作结合起来，把解决思想问题与解决实际问题结合起来，引导员工将社会主义核心价值观和工行企业文化核心理念内化于心，付之于行，统一思想、鼓舞士气、提振信心，形成同频共振、同心共鸣的生动局面，促进员工与企业的和谐共进。

四要以时代眼光审视宣传思想文化工作的实践发展，以改革创新精神积极探索加强和改进工作的新途径、新方法，不断开创工作新局面。当前宣传思想文化工作的环境、对象、范围、方式都发生了很大变化，尤其是微博、微信等互联网传播技术迅猛发展，给宣传思想文化工作带来的挑战和考验前所未有。我们一些做法过去有效，现在未必有效；有些过去不合时宜，现在却势在必行；有些过去不可逾越，现在则需要突破。这就要求我们解放思想，实事求是，与时俱进，树立宽广眼界，加强战略思考，正确分析面临的形势，做到因势而谋、应势而动、顺势而为；坚持贴近实际、贴近员工、贴近基层“三贴近”原则，既认真总结、坚持长期积累的丰富经验，又要跟上形势变化，切合员工需求，抓好宣传思想文化工作的理念创新、手段创新和基层工作创新，创造性地解决改革发展、实践深化提出的新课题，不断开辟更多符合基层特点、适应基层群众需要的工作方式和方法，提高宣传思想文化工作的吸引力、感染力和渗透力，切实增强工作的针对性和实效性。

三、当前和今后一个时期宣传思想文化工作的主要任务

面对宣传思想文化工作的新形势、新情况，我们要把握大势、着眼大事，树立担当精神，以强烈的责任感使命感，更加积极主动、奋发有为地加强和改进宣传思想文化工作。当前和今后一个时期，宣传思想文化工作要紧紧围绕学习宣传贯彻党的十八大、十八届三中全会精神和习近平总书记系列重要讲话精神，围绕全行中心任务，进一步加强和改进全行宣传思想文化工作，切实抓好社会主义核心价值观和理想信念的学习教育，积极探索新形势下宣传思想文化工作的新途径、新方法，着力提升思想政治工作水平，全面深化企业文化建设，增强文明创建工作整体活力，提高员工思想道德素质，为全面深化改革提供有力的思想保证、精神动力和文化支撑。

（一）深入学习宣传贯彻党的十八届三中全会精神和习近平总书记系列重要讲话精神。学习好、宣传好、贯彻好党的十八届三中全会和习近平总书记系列重要讲话精神，是当前全行一项重大政治任务，是做好各项工作的现实需求。要在前一阶段学习宣传工作的基础上，加大力度、拓展广度、增进深度，引导广大党员干部队伍深入学习、领会精神、把握实质，更好地武装头脑、指导实践、推动工作。目前，全行正在开展处级以上干部学习贯彻习近平总书记系列讲话精神集中轮训工作，总行已连续举办了两期总行管理干部的专题培训班，接下来还要举办七期。各一级（直属）分行、各直属机构和机关党委要按照总行党委的统一部署，切实抓好处以上干部的集中轮训工作。各级党组织要认真组织全体党员深入学习、深刻领会习近平总书记系列讲话精神，切实把思想和行动统一到中央精神上来。

要加强各级党员干部的思想理论建设和学习型党组织建设，各级党委中心组要将《科学发展观学习纲要》《中国特色社会主义学习读本》《马克思主义哲学十讲（党员干部读本）》和社会主义核心价值体系、党风廉政建设等作为重要学习内容，结合实际组织学习经典著作，不断提高党员领导干部战略思维、综合决策和驾驭全局的能力和综合素质。各级党校也要把上述内容作为培训课程，紧紧围绕中央有关精神和全行改革发展中心任务，认真抓好各级党员干部的培训工作。今年总行党校、两所分校和六个教学基地计划举办不同类型的党员领导干部培训班 37 期，共培训 2 300 人次。要针对不同层级学员和不同班次特点，研究设计培训方案和教学计划，提高培训质量。

（二）广泛开展社会主义核心价值观教育，切实抓好精神文明创建工作。党的十八大提出，要积极培育和

践行社会主义核心价值观，倡导富强、民主、文明、和谐，倡导自由、平等、公正、法治，倡导爱国、敬业、诚信、友善。前不久，中央又下发了《关于培育和践行社会主义核心价值观的意见》。“富强、民主、文明、和谐”是国家层面的价值目标，“自由、平等、公正、法治”是社会层面的价值取向，“爱国、敬业、诚信、友善”是公民个人层面的价值准则，这24个字是社会主义核心价值观的基础内容，为培育和践行社会主义核心价值观提供了基本遵循。培育和践行核心价值观，关键在于促进价值认同。要在增强认知认同上下功夫，将社会主义核心价值观的学习宣传教育融入各级各类学习培训中，结合新中国成立65周年广泛开展“中国梦·工行梦”宣传教育等活动。要以正面宣传为主，找准共鸣点、切中关注点，以多种形式引导广大员工讲述自己的成长故事，充分认识到个人价值实现与中国梦、工行梦的紧密联系，增强宣传教育的亲和力与吸引力，增进员工对社会主义核心价值观的认知认同。要发挥员工主体作用，坚持教育和实践两手抓，以教育引导实践、以实践深化教育。

精神文明创建工作是培育和践行社会主义核心价值观的有效载体。要广泛开展丰富多彩的群众性创建活动，通过弘扬社会主义核心价值观，促进员工的全面发展，进一步转变思想理念、增强队伍素质，促进金融服务水平的不断提升，全面展现出我行精神文明创建工作的新气象新变化。大力开展“文明单位”、“青年文明号”、“巾帼文明示范岗”、“优秀职工之家”等创建活动，推进“五个一”建设和学雷锋活动常态化。要把握第四批“全国文明单位”评选契机，坚持系统创建和地方创建双线并行、相互促进，使文明创建工作实现量、质的同步提升。要坚持高标准、严要求，选出一批积极培育和践行社会主义核心价值观、在全行发挥示范引领作用的单位。要加强动态管理，建立创建报备制度，了解和掌握全行各级各类文明单位创建情况，为今后一个时期精神文明创建工作科学发展奠定基础。

（三）深入推进企业文化建设，开展好“人民满意银行建设年”主题教育活动。建设“人民满意银行”，不仅是党的群众路线教育实践活动整改落实的要求，也是我行企业文化建设的内在需要。要广泛开展“人民满意银行建设年”主题教育活动，推进价值理念传播和渗透，认真学习领会中央相关要求和我行企业文化价值内涵，坚定“提供卓越金融服务”的使命感，查找服务短板，改进客户体验，打造样板网点。要不断丰富文化传播载体，主动加强对外交流，进一步打造“人民满意银行”的品牌形象。

要紧扣“人民满意银行建设年”活动主题，围绕全行中心任务，深入推进企业文化建设，让文化融入经营、植入管理。要扎实推进专业文化建设，发挥好业务部门主导作用，通过“宣传部门搭台、业务部门唱戏”，形成富于前瞻、引领发展、便于学习践行的专业文化。要稳步开展特色文化建设，发挥好管理人员的“领头羊”作用，着力提高他们的文化管理意识和能力，通过开展“行长谈文化”活动，鼓励境内外机构交流文化管理经验，分享培育特色文化的做法，带动分支机构文化管理水平有效提升。要紧跟我行国际化发展步伐，按照循序渐进、由浅入深的原则，探索推进跨文化管理，加大企业文化在境外机构的传播，更好地服务于境外机构本土化发展。

这里我还想强调一点，自2010年总行发布企业文化体系以来，我们统一了对工商银行使命、愿景、价值观、基本理念和行为准则的认识。经过几年的实践，各行各部门在全行统一的企业文化体系内，积极开展专业文化和特色文化建设，取得了较好的效果，要坚持下去，抓实抓好。但调查也发现，我们有的分支机构在开展特色文化建设中，存在偏离或不符合我行基本价值观要求的现象，希望引起重视，正确引导特色文化建设的方向和路径。

（四）丰富和扩大“感动工行”评选活动品牌效应，广泛开展树典推优活动。自2008年推出以来，“感动工行”评选活动从内容到形式都充分体现了时代精神和工行特色，深受员工欢迎，是近年来参与人数最多、影响面最广的员工思想教育活动。前三届评选出的“感动工行”在职员工中，已有8人走上新的管理岗位，4人次获得国家级荣誉，持续发挥出典型引路的榜样作用。可以说，“感动工行”员工评选活动作为树典推优“拳头产品”，已经成为我行宣传思想文化工作的重要品牌。要顺应形势要求和员工期待，进一步发挥好“感动工行”的品牌效应，认真研究丰富和扩大“感动工行”评选活动的内涵和外延，带动全行各条线、各部门、各层级有效增强树典推优工作力度，创新方式方法，最大限度调动员工积极性，进一步在全行形成创先争优、团结奋进的浓厚氛围。要坚持用科学发展的眼光抓好树典推优工作，做到推出一批、树立一批、成就一批，关心关注各类先进人物和先进集体的成长发展，逐步建立先进典型的成长档案。不仅要做好“树”和“推”的工作，更要做好长期的跟踪关心和指导宣传，让先进成为长久品牌、发挥持续效应。要抓好第四届“感动工行”评选活动，精心策划活动方案，完善评选标准和评选流程，探索通过条块结合方式组织推荐，提高人选推荐的广度和精度。要把评选推荐过程与宣传教育结合起来，通过多种渠道加强内外宣传，鼓励广大员工、客户乃至社会公众参与评议推荐，推动全行形成知荣辱、讲正气、作奉献、促和谐的良好氛围。

（五）准确把握基层行工作实际和员工思想实际，做好新形势下深入细致的思想政治工作。做好新形势下员工思想政治工作，是各级党组织、各部门、各级领导干部应尽的责任。了解员工心声、把好思想脉搏，是我们做好思想政治工作的重要基础。各级行、各部门都要切实负起做好思想政治工作的责任，尤其是宣传思想文化部门要发挥好工作指导、组织协调、推动落实等职能作用。今年要重点落实好工作联系点制度、开展员工思想问卷调查和基层调研实践等几项活动，及时掌握基层行经营管理情况和员工思想状况，加强对基层行各项工作的直接指导和帮助。要在充分调研了解员工所思所想、所需所求的基础上，研究分析不同层级、不同类别、不同性格类型员工的思想特点和心理特征，掌握他们的意愿诉求，为各项政策制定、各类活动组织、方式方法创新提供依据，使思想政治工作更加有的放矢、富有实效。要坚持以人为本，推进员工关爱工程，继续深化“员工心灵绿色通道建设”，提高员工心理健康水平。各级宣传部门要围绕干部员工关心的热点难点问题，用群众熟悉的语言，有针对性地解答思想疑惑，统一思想认识。

（六）加强队伍作风建设，以良好作风和精神状态抓好宣传思想文化工作。做好新形势下宣传思想文化工作，宣传思想工作部门和干部要增强责任感和使命感，要强起来，坚持守土有责、增强政治定力、树立担当精神、培养过硬作风。要使宣传思想工作强起来，首先要使宣传部门、宣传队伍建设强起来，就必须在思想政治上，在能力素质上，在作风上强起来。各级宣传思想文化战线同志要按照中央要求，带头转作风、鼓实劲、讲实效。首先，要带头加强政治理论学习，树立正确的世界观、人生观、价值观。要老老实实、原原本本地抓好理论学习，肯下细功夫、苦功夫、深功夫，切实增强宗旨意识、进取意识、责任意识，发扬“螺丝钉”精神，做到恪尽职守、专注工作，一心一意干事业。其次，要带头提高科学文化素养和工作本领，增强岗位履职能力。要保持“知识饥渴感”和“本领恐慌感”，紧贴全行中心任务、业务发展和基层需求进行学习实践，多组织宣传干部的学习培训和工作交流，不断提升战略眼光和系统思维，提高分析研判问题、统筹推进工作的能力，力争成为理论强、政策熟、业务通的新型干部。最后，要进一步解放思想、与时俱进，努力推进理念创新、手段创新和基础工作创新。理念创新，就是要保持思想的敏锐性和开放性，打破传统思维定式，努力以思想认识新飞跃打开工作新局面；手段创新，就是要积极探索有利于破解工作难题的新举措、新办法，特别是要适应新兴媒体新兴传播技术的发展，充分运用新技术新手段创新传播方式，占领信息传播制高点；基层工作创新，就是要把创新的重心放在基层一线，扎实做好抓基层、打基础的工作，把宣传思想文化工作与经营管理有机融合起来，使宣传思想文化工作更好地服务于全行改革发展。

在总行督导组总结会议上的讲话

赵　林

（2014 年 3 月 21 日）

2013 年 7 月以来，按照中央的统一部署，全行开展了党的群众路线教育实践活动。在中央的正确领导、总行党委的高度重视和精心组织下，全行教育实践活动取得较好成效。在教育实践活动中，总行督导组发挥了重要作用，做了大量富有成效的督导工作。刚才，10 位督导组组长的发言回顾了 8 个月来教育实践活动督导工作情况、成效和取得的经验，也对下一步教育实践活动的整改落实、建章立制，建立长效机制等工作提出了很好的意见和建议。我最大的感受是，大家既是教育实践活动的督导者，又是教育实践活动的参与者；既抓好了督导工作，又使督导组全体成员得到了锻炼和提高。下面，我讲四点意见。

一、认真贯彻落实中央督导组会议精神

2 月 22 日，中央召开了党的群众路线教育实践活动中央督导组总结暨中央巡回督导组培训会议，学习贯彻习近平总书记关于党的群众路线教育实践活动一系列指示，学习贯彻教育实践活动第一批总结暨第二批部署会议精神，对中央督导组工作进行总结，对中央巡回督导组进行培训和工作部署。中央对教育实践活动高度重视，对学习总结第一批经验、抓好第二批活动进行了全面深入的研究。第二批教育实践活动主要在地市县和基层单位开展，范围更广、层次更多，和第一批相比有很多不同的情况和特点。从中管金融企业来看，我行和部分金融企业全系统统一参加了第一批教育实践活动，部分企业还将开展第二批活动。因此我们要认真贯彻落实

中央要求，结合实际进一步抓好整改落实工作，深入推进作风建设。中央对第一批教育实践活动的督导工作非常重视，刘云山同志在总结中央督导组的工作时，充分肯定了中央督导组取得的工作成效，并明确指出，中央督导组卓有成效的督导工作为第一批教育实践活动取得重要成果发挥了有力的推动和保障作用：一是有力地推动了学习教育的深化；二是有力地推动了严肃健康党内生活的开展；三是有力地推动了“四风”方面突出问题的解决；四是有力地推动了改进作风制度机制的建立。刘云山同志从四个方面总结了中央督导组工作的有益做法和经验，一是吃透中央精神、把握政策要求；二是坚持严督实导、把好质量关；三是有效传导压力、推动层层落实责任；四是以过硬的作风开展督导。会议还对全国第二批教育实践活动督导工作进行了安排部署，强调要把第一批教育实践活动好的做法、好的经验体现和运用到第二批教育实践活动之中。

3 月 12 日，中央党的群众路线教育实践活动领导小组办公室召开中管金融企业教育实践活动负责人座谈会。会议在肯定各单位整改落实工作取得成效的基础上，对下一步的工作提出了三点要求：一是高度重视整改落实工作，要进一步提高思想认识，整改落实工作不能走过场，不能失信于民；二是突出重点抓好整改落实工作，要在有限的时间内解决“四风”方面的突出问题，既要让本单位的员工得到实惠，更要让客户看到服务面貌的改善；三是要加强行业系统指导，要发挥行业系统的指导作用，督促下属单位做好整改落实。总行党委高度重视，专门召开党委会，学习了会议精神，研究了下一步工作。中央把服务行业和窗口单位作为第二批教育实践活动的重点。我行全系统参加了第一批活动，应继续做好全行教育实践活动整改落实工作，以开展“人民满意银行建设年”活动为抓手，下大力气抓好窗口服务工作，在社会上树立良好的形象和标杆。

二、教育实践活动督导工作的做法和成效

教育实践活动开展以来，总行 10 个督导组紧紧围绕活动的总体目标、基本要求和重点工作，强化督导措施，严格督导过程，有效地保障了各项任务的落实。

（一）准确把握方向，紧紧依靠督导单位党委开展工作。在教育实践活动中，总行督导组贯彻落实中央和总行党委要求，突出活动主体，积极开展督导，有效发挥了联络沟通的桥梁纽带职能，发挥了把关督查的帮手参谋作用。一是准确把握方向。深刻领会督导工作的重要意义，及时把思想统一到中央决策以及总行党委的安排部署上来。牢牢把握教育实践活动主题，认真贯彻“照镜子、正衣冠、洗洗澡、治治病”的总要求，着力解决“四风”方面突出问题，督促各单位把“规定动作”做到位，把“自选动作”抓扎实。二是明确督导工作职能。紧紧依靠督导单位党委，做到尽职不越位、督导不包办。对活动中了解的情况、发现的问题，根据中央精神、总行要求和活动进展情况，及时与督导单位沟通，帮助出主意、想办法，明确督导重点和要求，提出做好工作的对策措施。三是强化主动服务意识。坚持寓督导于服务之中，加强了与督导单位的协调，推动督导单位摆布好时间精力、安排好工作布局，协调教育实践活动与日常工作的关系，既保证了教育实践活动的进度和力度，又督促了各项重点任务的推进和落实，实现了两手抓、两不误、两促进。

（二）始终坚持从严从实把关，确保教育实践活动质量。各督导组坚持原则，认真负责，对活动各个环节从严督促，从严把关，通过扎扎实实地工作，促进了教育实践活动不虚不空不偏，不走过场。一是从严把握学习教育关。在教育实践活动第一环节督导工作中，强调对各单位学习内容、学习时间和学习形式的要求，在学习时间上突出集中学习时间不少于 3 天的要求，在学习形式上重点关注党委书记讲党课、教育实践活动专题讲座、学习交流会等工作的落实，在学习内容上着重必学内容的完成情况。各督导组还与有关单位领导班子一起，集中学习中央简报《党员干部在作风方面存在的突出问题》、中央活动办梳理的《企业“四风”问题具体表现》、中央第 33 督导组梳理的《金融企业“四风”方面主要表现》等资料，有效地促进了各单位领导班子学用结合、知行合一，引导其消除对“四风”的认识误区，不断提高查找“四风”问题的自觉性和主动性。二是从严把握查摆问题关。各督导组关注听取意见、查摆问题等工作进展情况，引导各单位领导班子和班子成员敞开大门听意见、聚焦“四风”查问题。同时深入基层，通过民主评议、问卷调查、个别谈话、座谈走访等方式，接地气、听实情，帮促督导单位领导班子及班子成员对作风建设现状、“四风”问题及群众所期所盼摸清底数，掌握第一手资料。有的督导组以列明清单方式逐条梳理收集到的意见建议；有的督导组及时纠正一些单位以工作问题代替“四风”问题、以班子问题代替个人问题、以共性问题代替具体问题等倾向，使有关单位领导班子聚焦“四风”、对准突出问题。三是从严把握批评与自我批评关。各督导组认真开展情况通报和谈话提醒工作，向群众反映问题较多的党委成员沟通情况，帮助其查摆“四风”方面突出问题。及时了解会前谈心情况，引导各单位班子成员安排充足时间，深入谈心谈话，把问题和意见谈通谈透，力促把问题解决在会前。在审核对照检查材料过程中，按照开门见山、直奔主题、突出重点、剖析深刻的要求，采取交叉审阅、组织专题会议、面对面个别辅导等方式进行严格把关，对存在问题的退回修改。各单位领导班子和班子成员的对照检查材料都修改了 3 次以上。各督导组把开好专题民主生活会作为重中之重，坚持时间服从质量，督促各单位贯彻整风精神，严肃开展批评与自我批

评，各单位领导班子及成员普遍感到过了一次严肃健康的党内生活。四是从严把握整改落实关。在督导工作中突出了实践主题，督促各单位针对客户、基层和员工反映集中的突出问题，一开始就改起来，边学边改、边查边改。在活动进入整改落实、建章立制环节后，各督导组反复审阅督导单位整改方案，确保整改方案涵盖查找出来的突出问题，确保整改措施切实可行，责任明确、措施明确、时限明确。在督导工作中，着眼作风建设的常态化长效化，帮助各单位梳理加强作风建设的相关制度规定，视不同情况采取立、改、废等方式，堵漏洞、定规矩、建机制，形成了一批指导力强、务实管用的制度规范。督促各单位以适当方式向党员、群众公布整改方案、专项整治方案和制度建设计划，作出公开承诺。坚持“拧螺丝”精神，对督导单位整改工作情况进行动态跟踪了解，推动整改措施落到实处，进一步体现和巩固了教育实践活动成果。总行和各分支机构都很重视，坚持边学边查边改，一个问题一个问题、一个环节一个环节研究，成效不错。

（三）突出重点和关键，抓住督导工作着力点。从始至终抓住重点对象，突出督导工作关键点。一是突出督导工作重点。在开展全程督导、全面督导的同时，把督导的重点对象放在对各一级分行、直属分行和直属机构领导班子和领导干部的督导上。督促一把手当好第一责任人，督促一把手走在前面，推动各单位领导班子发挥示范带头作用；把督导的重点问题放在解决“四风”上，什么问题突出就着重解决什么问题，什么问题紧迫就抓紧解决什么问题。二是抓好督导工作关键点。督促各单位领导班子和领导干部打牢学习教育和查摆问题两个基础，抓住整改落实和建章立制两个关键，紧紧抓住群众最关心、反映最强烈的作风方面突出问题，对照为民务实清廉要求落实各项工作，一以贯之、一抓到底。

（四）坚持开门搞督导，增强工作针对性和实效性。在教育实践活动中，各督导组深入客户、基层和员工调研走访，广泛了解各方面的关切和期盼，从群众中来、到群众中去，激发了群众参与教育实践活动的热情，依靠群众的力量推动了督导工作的深入，把握了督导工作的主动权。在听取意见、查摆问题过程中，通过开展民主评议、谈话听取意见、深入基层调研等务实管用的方式，让群众把真心话说出来，把真意见提出来，引导督导单位领导班子和领导干部倾听群众呼声，找准找实群众反映最突出、最强烈的作风方面突出问题，使开展批评和整改工作有的放矢，契合群众要求。在整改落实过程中，督导有关单位主动接受群众监督，用解决问题的实效来鼓舞党员、激励群众。在教育实践活动总结过程中，督促各单位把群众意见摆在第一位，组织群众参加民主评议，通过了解群众满意度检验教育实践活动的成效，以实实在在的行动取信于民，赢得了群众支持。与此同时，把调动群众参与活动的积极性与切合实际的工作方法结合起来，从各单位的实际情况和不同特点出发，因地制宜分类指导，灵活安排各个环节的工作，确保工作有的放矢、落到实处，增强了督导工作的针对性和实效性。

（五）严格遵守各项纪律，以身作则开展督导工作。各督导组树立大局意识、责任意识和服务意识，采取务实管用的措施开展工作，严督实导教育实践活动进行。把学习放在重要位置，有的督导组定期集中学习中央和总行文件，明确相关工作要求；有的督导组深入开展调查研究，虚心向所督导单位的基层同志学习，向实践学习，尽快了解熟悉情况；有的督导组以周例会形式跟踪活动序时进展情况；有的督导组通过微信、短信等方式共享督导工作有关信息；有的督导组汇编了督导活动大事记。在活动过程中，各督导组坚持严于自律，以身作则，带头遵守中央八项规定和总行六个方面13条措施，做到不接受宴请、不接受礼品纪念品、不借机游山玩水、不利用工作之便办私事。在办公、住宿等方面自觉做到勤俭节约、杜绝浪费，外出调研轻车简从。总行督导组的同志们通过自身实际行动展示了良好的作风，赢得了督导单位和群众的广泛好评。

三、教育实践活动督导工作的经验

总行教育实践活动督导工作的扎实开展为顺利完成活动的既定目标要求发挥了积极作用，作出了应有贡献。在督导工作中，大家发挥主观能动性，边实践边探索边总结，形成了一些有益的做法和经验。

一是吃透中央精神及总行党委部署、把握政策要求。抓作风建设，既要靠内力驱动，又要靠外力推动，只有内外结合才能取得事半功倍的效果。全行教育实践活动动员大会和总行督导组培训会后，各督导组认真领会中央决策以及总行党委要求，做到了政策熟悉、方向明确，指导有把握，督促有底气，把准了督导工作定位。围绕活动的主题和总要求，聚焦解决“四风”问题，把方向、严督导、强服务，及时传导压力，持续激发内生动力，形成了推进活动开展的积极力量，做到了不走神、不散光、不跑偏，确保了中央精神及总行党委要求一贯到底。

二是坚持“严”字当头的督导精神，确保工作任务落实。在督导工作中，各督导组认真履行督导责任，坚持严的标准、严的措施、严的纪律，坚持和落实“五个不放过”，即思想认识上不去的不放过、查摆问题不聚焦的不放过、自我剖析不深刻的不放过、整改措施不到位的不放过、群众不满意的不放过。同时把有力、有效的督促检查贯穿于教育实践活动每一环节，该提醒的及时提醒，该纠正的坚决纠正，做到了基本环节不能少、规定动作不走样、标准要求不降低、遵循原则不变通，形成了解决问题、改进作风的推动力量。实践证明，只有“严”字当头，把严的要求贯穿始终，才能有效防止教育实践活动打折扣、搞变通、不落实。

三是突出督导工作着力点，有效传导落实责任。坚持一级抓一级、层层抓落实，突出抓住各单位一把手这个关键，指导帮助其更好地履行教育实践活动第一责任人的责任，既积极作为又不包办代替，既督促提醒又出谋划策，扎实稳妥地开展督导。通过面对面督导，及时准确传达中央精神及总行党委要求，原汁原味地反馈各方面意见，既肯定成绩又指出不足，以压力添动力。督促各单位领导干部以整风精神开展批评与自我批评，真正把自己摆进去，认真落实教育实践活动的责任，形成了上级带下级、层层有示范，一级做给一级看、一级带着一级干的生动局面。

四是以好的作风开展工作，树立督导组的良好形象。这次教育实践活动的督导任务重、工作面广、政策性强，对督导组同志们的能力、素养、作风要求都很高。在工作中，总行督导组的同志们认真履职尽责，全身心投入工作，不怕困难、不辞辛劳，保持了良好的精神状态和连续作战的作风。加强团队协作，相互信任、相互支持，充分发挥了工作合力。深入开展调查研究，及时熟悉了解情况。严格要求自己，自觉遵守各项纪律，维护了总行督导组的良好形象。在此，我代表总行党委，向总行督导组的全体同志表示衷心的感谢！

四、总行对持续深化教育实践活动的要求

目前，全行教育实践活动已经收尾，但收尾不等于收场，整改落实、建章立制还有许多工作要做。中央及总行党委对于教育实践活动整改落实工作十分重视，采取了多种措施，推动教育实践活动持续深化。前不久，总行印发了《关于推动教育实践活动持续深化的通知》，3月18日，总行党委又召开了扩大会议，对整改落实工作提出要求。这里，我也把这些要求向大家传达一下。

一是继续高度重视整改落实工作。思想上要高度重视不松弦，工作上要抓紧抓实不走过场。建立总行整改落实督办制度，每月对牵头部室整改落实情况进行统计分析，报总行党委。各位行领导根据行党委确定的整改任务和整改措施，继续督促牵头部室严格按计划、时限抓好落实，保证整改工作质量。同时，行领导在上半年将前往联系点进行一次调查研究，指导联系点抓好整改落实。要加强对各级领导干部的理想信念和政治理论教育，总行要连续举办9期培训班，对总行管理干部进行轮训。各分校要轮训二级分行的领导班子，各教学基地要轮训一级支行行长，海外机构一把手也要在4月进行培训，真正使大家通过学习培训，在提高思想认识、转变作风方面有明显进步。

二是突出重点，抓好整改落实工作。总行各部室、各分支机构都要按照整改方案、专项整治工作方案和制度建设计划，结合行业特点和本单位实际，突出重点抓好整改落实工作。总行在抓好各项整改措施落实到位的同时，从深化机构改革、优化信贷业务流程、完善考核机制、狠抓窗口服务质量、改进文风会风、清理规范评选表彰庆典、坚持勤俭办行等七个方面开展专项整治，把专项整治作为整改落实的重要举措，以重点突破推动作风整体改进。

三是加强对各单位整改落实的督促检查。建立各单位整改落实情况定期报告制度，各单位每季度要向总行教育实践活动领导小组办公室反馈一次整改任务完成情况，对在整改期限内未完成的整改任务要作出情况说明。总行将组建3个巡回督导组，对各单位整改落实情况进行实地督导检查，督促指导各单位认真落实各项整改任务和整改措施，重点检查各单位领导干部作风改进和狠抓窗口服务质量工作的进展情况和取得成效。结合巡视工作对巡视单位整改落实进展情况进行督导检查，形成专题报告。

目前督导工作已经告一段落，督导组的同志们在完成督导任务后回到了原来的工作岗位。希望总行督导组的同志们，尤其是组长、副组长，要认真抓好本单位的整改落实、建章立制工作，确保活动取得预期成效，推动作风建设常态化、长效化；希望你们继续做践行党的群众路线的榜样，按照对照检查材料中提出的个人努力方向和整改措施，认真做好个人的整改落实工作，用良好的作风感染身边的人、带动身边的事；希望你们不断深化对教育实践活动的认识，在日常工作中继续对各单位整改落实、建章立制工作进行指导，为推动教育实践活动持续深化和建立作风建设长效机制发挥更大作用。

在中共中国工商银行总行机关第四次代表大会上的讲话

赵　林

（2014 年 9 月 12 日）

中国共产党中国工商银行总行机关第四次代表大会已经圆满完成各项议程，选举产生了新一届总行机关党委和机关纪委。在此，我代表总行党委，向总行机关第三届机关委员会长期以来的辛勤工作表示感谢，同时向新当选的第四届机关党委、纪委委员表示祝贺。向各位代表，并通过你们向机关广大党员同志致以亲切的问候。向中央国家机关工委长期以来对工商银行的关心和支持表示衷心的感谢。

总行机关第三届委员会自成立以来，能够认真贯彻落实中央国家机关工委和总行党委的决策部署，充分发挥党组织在中心工作中的保障和服务作用，努力推进机关党建工作创新，在推动发展、服务群众、凝聚人心、促进和谐方面发挥了重要作用，取得了很好的成效。刚才，中央国家机关工委常大光主任作了重要讲话，充分肯定了我行机关党建工作，对新一届总行机关党委提出了明确要求，寄予了期望。我们要认真学习，抓好贯彻落实。新一届机关党委要以中央关于党建工作的一系列重要指示为指导，按照行党委的统一部署和安排，在新的形势下不断提高机关党建工作科学化水平。

一、深入学习贯彻习近平总书记系列重要讲话精神，坚定机关党组织的前进方向

党的十八大以来，习近平总书记以巨大的理论勇气和政治智慧，把握时代和实践的新要求，把握人民群众的新期待，围绕改革发展稳定、内政外交国防、治党治国治军发表了一系列重要讲话，深刻阐述了新的历史条件下党和国家发展的一系列重大理论和现实问题，为我们在新的历史起点上实现两个百年奋斗目标，实现中华民族伟大复兴的“中国梦”，为我们做好新形势下机关党建工作，提供了基本遵循和强大动力。机关党委要以总书记的重要讲话精神引领党建实践，确保认识到位、措施到位、保障到位，进一步提升机关党建工作科学化水平。机关党委要组织党员干部深入学习习近平总书记系列重要讲话精神，按照总书记的要求，进一步坚定理想信念，增强历史担当意识，坚持真挚为民情怀，坚持科学思维方法，坚持求真务实作风，真正把“严以修身、严以用权、严以律己，谋事要实、创业要实、做人要实”这“三严三实”落到实处。

二、牢牢把握“服务中心、建设队伍”职责定位，大力推进服务型机关党组织建设

习近平总书记在部委调研机关党的建设时指出：“机关党建工作的核心是服务中心、建设队伍，促进本部门本单位各项任务的完成”。总书记的这一重要论述，深刻揭示了机关党建工作的性质和职责，明确了机关党建的根本任务。科学回答了“机关党建工作做什么”和“如何认识和处理机关党建工作与业务工作的关系”两大基本问题。把握好这个机关党建工作的定位，关键是要把机关党建工作与业务工作紧密结合起来，与发挥好部门的职能作用紧密结合起来，找准切入点和突破口。

当前，我行正处于转变发展方式、建设国际一流现代金融企业的关键时期，经营管理处在复杂多变的环境中，经济金融形势总体上有利于银行转型发展，尤其是金融改革的不断深化为银行带来了新的发展空间和机遇，同时也使银行经营管理面临新的问题和挑战，对我们加快转型发展和改革创新提出了更加紧迫的要求。总行部室担负着改革发展与经营管理的重要职能，在全行改革创新、战略研究、政策制定、资源配置、风险内控、队伍建设等方面发挥着重要作用。我们要主动适应全行转型发展的新形势，把机关党建工作放到总行党委部署和改革发展大局中去思考、去谋划，与全行经营管理保持目标同向、部署同步、落实同力，发挥好协助、监督和保证作用，通过加强机关党建工作来推动机关各项工作和经营管理水平的提升。要切实加强服务型党组织建设，组织开展调查研究和实践锻炼，让机关党员干部扑下身子、联系实际、广接地气，了解基层诉求、锤炼优良作风、提高办事效率、提升服务能力，为基层办实事、做好事、解难事，引导机关党员干部牢固树立为基层服务观念，增强服务意识，创新服务方式，为推动部室职能转变，促进全行可持续发展提供重要保证。

三、突出抓好机关作风建设，树立为民务实清廉的良好形象

中央反复强调，机关党建要以为民、务实、清廉为目标，以加强党性锻炼、改进工作作风为重点。这一要求凸显了在新形势下加强机关作风建设的重要性和紧迫性。去年以来，我们深入开展党的群众路线教育实践活动，狠抓机关作风建设，取得了一定成效。但整改落实、建章立制的工作并没有结束，后期的工作仍然很艰巨，决不能有松口气的思想，作风建设永远在路上，永远没有休止符。

要始终把思想建设摆在突出位置。严格党的组织生活，严肃党的政治纪律，坚持“三会一课”制度。突出理论武装、政治教育、党性修养、思想工作四项重点，提高党员干部的政治觉悟和思想道德水平。认真学习贯彻习近平总书记系列重要讲话精神，认真贯彻执行党的路线方针政策和重大决策部署，引导广大机关党员干部把思想和行动统一到中央要求上来。要继续大力改进机关作风。持之以恒、不折不扣地落实好中央八项规定和总行十五条规定，抓重要节点、抓专项整治、抓查处震慑。对违规行为发现一起、查处一起、曝光一起，决不留情。教育引导机关党员干部大兴密切联系群众之风，大兴求真务实之风，大兴批评与自我批评之风。下大力气提高工作效率和质量，提升机关服务水平。要切实抓好党风廉政建设。建立健全以党章为根本、以民主集中制为核心的制度体系，不断提高党内生活和党建的制度化、规范化、程序化水平。建立健全党风廉政建设责任制，落实“一岗双责”。党组织负责人要树立不抓党风廉政建设就是严重失职的意识，常研究、常部署，抓领导、领导抓，抓具体、具体抓，种好自己的“责任田”，帮助党员干部筑牢拒腐防变的思想防线。把党内监督贯穿于机关各项工作中，拓宽渠道、创新手段，真正做到敢于监督、善于监督、有效监督。

四、发挥示范和带动作用，努力做到党建工作“走在前、作表率”

习近平总书记在全国机关党建工作会议上指出，“机关党建必须适应新形势、新任务的需要，走在党的基层组织建设的前头”，对机关党建工作提出了更高更严的要求。结合我行具体实践，总行机关要进一步明确“走在前、作表率”的高标准，为全系统党建工作作出表率，以实际行动落实总书记的指示，这也是总行全体党员干部的共同责任。

工商银行肩负着服务实体经济、服务社会民生的使命，组织机构多、党员数量大、党建任务重。总行机关又是全行的首脑机构、决策中心和管理总部，具有党员干部集中、业务骨干集中、资源配置集中的特点。总行机关党建工作抓得好不好，实不实，对全行各级党建工作的开展具有很强的示范引领作用。新一届机关党委务必要进一步加强同中央国家机关工委的沟通汇报，积极主动接受工委的指导，增进与兄弟单位的联系交流，学习借鉴先进经验和方法，不断提高工作成效，作落实中央决策的表率、服务基层群众的表率、推动改革创新的表率和弘扬清风正气的表率，努力成为全行党建工作的“排头兵”。

同志们，当前全行转型发展任务艰巨，机关党建工作责任重大。我们要高举旗帜、胸怀理想、勇于担当、扎实工作，不断开创机关党建工作的新局面，为把工商银行打造成为国际一流现代金融企业作出更大的贡献。

在总行党校第八期领导干部研究班开学典礼上的讲话

赵　林

（2014 年 10 月 14 日·根据录音整理）

中国工商银行党校第八期领导干部研究班今天开学了。首先，我代表总行党校对大家来参加学习表示欢迎。

这期研讨班与新任职党员干部培训班合办，很多学员是第一次参加总行党校班的学习，所以大家有必要对党校的性质、特点和任务有一个基本的了解。按照《中国共产党党校工作条例》的规定，党校是在党委直接领导下培养党员领导干部和理论干部的学校，是党委的重要部门，是培训、轮训党员领导干部的主渠道、主阵地。作为加强党性锻炼的熔炉，党校重点要提高学员五个方面的素质和能力：一是掌握马克思主义的立场、观点、方法，具有履行职责所需的马克思主义理论水

平；二是具有共产主义远大理想，坚定不移地走中国特色社会主义道路，始终同党中央保持一致；三是坚持解放思想、实事求是、与时俱进，树立大局意识，注重调查研究，善于分析解决改革发展中的重大问题；四是坚持全心全意为人民服务的根本宗旨，增强立党为公、执政为民的意识，严于律己，言行一致，艰苦奋斗，清正廉洁；五是有强烈的事业心和责任感，具备胜任本职工作所需的基本知识和领导能力。

中央高度重视干部教育工作，近些年来先后就党校工作、干部培训、人才队伍建设等工作下发过一系列重要文件。特别是党的十八大、十八届三中全会以来，以习近平同志为总书记的党中央，紧紧围绕新时期、新形势、新任务的要求，就学习总书记系列讲话、学习马克思主义哲学（十讲）、加强党员理想信念教育、学习践行社会主义核心价值观等作了一系列部署。总行党委也高度重视干部教育工作，及时将中央最新要求落实到党校学习工作中，不断加强党校培训体系和人员队伍建设，营造了良好的校风、学风，很多参加过党校学习的同志对此都深有体会。

我行党校从1999年9月成立以来，在总行党委的领导下，党校校务委员会和工作人员做了大量工作，培训轮训了大批领导干部，取得了较好的成绩，也得到了上级主管部门和党员领导干部的好评，连续两次被授予中央党校中央国家机关分校“先进办学单位”称号。我行施行“三级党校”的分层分类培训体系：房山校区，主要负责对一级分行、直属分行、总行部门、直属机构及境外机构负责人的培训；长院、杭院两个分校和上海教学基地，主要面向二级分行负责人和同级别干部；另外还有湖北、湖南、四川、河北、陕西五个教学基地，主要针对一级支行主要负责人。教学计划主要是根据不同层级党员干部的特点和需求制定，注重三级党校的统筹规划、统筹管理，逐步形成了长短结合、优势互补、各具特色的党校培训体系。今年，党校进一步加大了培训力度，除了举办春季班、秋季班、后备干部班三期培训班之外，还举办了9期学习习近平总书记重要讲话精神轮训班，举办不同层次的各类培训班共33期，培训各级领导干部近2 000人，培训班次和人数都创历史新高。

我行党校经过十多年的发展，取得了良好的成效。我认为党校学习有这样三个特点：其一，“党校姓党”是党校教学的基本原则，它决定了党校必须以马克思主义理论教育和党性教育作为教学的主要内容，这是党校学习与其他业务类学习的最大区别。其二，“实事求是”是党校教学的基本方针，它决定了教学要坚持从实际出发，坚持问题导向，把解决工作、学习、生活中的问题作为出发点和落脚点。其三，“教学相长、学学相长”是党校教学的基本模式，通过创新培训方式、优化培训内容、精选教学师资，培训的针对性和实效性都得到了持续提高。

今天在座的都是各自机构的负责同志，实事求是地讲，大家每天的工作都很忙，既要抓好班子、带好队伍，又要开拓市场、发展业务，还要把控风险、合规经营，更要服务客户、树立品牌，自身的能力、素质非常重要，要求也越来越高。但是，即使再忙，也要挤出时间来充实、提升自己，否则根本担当不了重任，很难做好工作。党校学习的内容对这些方面或多或少都有所涉猎，每一期来党校学习的学员，来之前都担心家里事情多、走不开，但是学过之后，大家又都感叹收获大，甚至还觉得时间太短。

我们这期研究班，时间紧、任务重，要求高，在短短的一个月时间里要完成五大模块30个专题的学习和研讨，大家将深入学习习近平总书记系列重要讲话精神，比较系统地学习党的基础理论和中国特色社会主义理论，参加综合知识与能力培养、党性修养、经济金融改革与发展、工商银行改革发展实践等一系列专题的学习和讲座。除此之外，还要围绕全行改革发展的中心任务写好研究报告。应该说，内容是很丰富的，思想性、针对性也是很强的。要想取得好的学习成果，还要靠自身的努力。在这里，我再提三点要求：

一是要紧密结合习近平总书记重要讲话精神，坚定理想信念，做勇于担当的党员领导干部，自觉践行“三严三实”这一基本要求。今年上半年，总行党委按照中央部署，分层分批组织全行处级以上干部开展学习习近平总书记系列讲话精神的轮训，总行党委对全行学习贯彻讲话精神、加强各级领导班子建设、加强干部作风建设提出明确要求。习近平总书记一再强调，领导干部要做到严以修身、严以用权、严以律己，谋事要实、创业要实、做人要实。“三严三实”言简意赅而又内涵深刻，阐明了党员干部的修身之本、为政之道、成事之要，丰富了管党治党的思想理念，为加强党员干部党性修养、深入推进新形势下党的建设提供了重要遵循。前不久，中央召开了党的群众路线教育实践活动总结大会，习近平总书记在大会上作了重要讲话，全面总结了活动取得的五个方面的重要成果、六个方面的主要经验，并对新形势下坚持从严治党提出了八个方面的要求。总行党委及时召开扩大会议，集中学习贯彻习近平总书记在大会上的讲话精神，并提出了认真学习、抓好整改落实、巩固活动成果、建立长效机制等要求。所以，持续深入学习习近平总书记讲话精神是这次党校学习的一项重要任务，大家要在上半年开展集中轮训工作的基础上，继续深入学习习近平总书记的系列重要讲话精神，坚定理想信念，以“三严三实”为基本要求，以“三严”去歪风，以“三实”聚正气，廉字打底，干字当头，强化担当意识，倡导创新精神，大兴落实之风，全力推动全行的整改深化，努力成为信念坚定、为民服务、勤政务实、敢于担当、清正廉洁、群众信赖的好干部。

二是要紧密结合党的十八大、十八届三中、四中全会精神，联系我行改革和发展的实际，深入思考，做好课题研究。党的十八大对我国未来发展作出战略部署，十八届三中全会开启全面深化改革的新征程，十八届四中全会将全面研究部署依法治国重大问题。贯彻落实全会精神必将使我们党和国家事业焕发出新的勃勃生机，必将对实现“两个一百年”奋斗目标、实现中华民族伟大复兴的“中国梦”产生深远影响，大家要结合党的十八大、十八届三中全会和即将召开的十八届四中全会精神，深入学习，做好各项工作。目前，全行正处于深化改革、转型发展的关键时期，面临着更加错综复杂的经济金融环境，人民币国际化、利率市场化、金融网络化和金融脱媒化进一步加速，我行在资产质量、利润增长、风险管理等方面也出现了新的情况和挑战。10月11日，总行召开党委扩大会议，会上姜建清董事长就做好当前工作提出了要求，易会满行长就前三季度全行经营情况、存在的问题进行了通报和分析，对开展信贷资产质量攻坚战、适应经济增长新常态有效开拓信贷市场、狠抓存款基础工作、开源节流确保利润稳定增长，以及旺季营销等四季度重点工作进行了部署。大家要把这次会议精神与党校学习期间撰写的课题报告结合起来，认真做好课题研究。研究的针对性要强，主题不要太大，要针对当前存在的实际问题提出一些有针对性的措施和办法。

三是要紧密结合党风廉政建设和反腐败斗争要求，加强党性修养和锻炼，在党员干部中争当学习和践行的表率。党的十八大以来，以习近平同志为总书记的党中央，把党风廉政建设和反腐败斗争提到了新的高度，旗帜鲜明、态度坚决、措施有力，查处了一批大案要案，党心民心为之振奋。习近平总书记在中纪委十八届三次全会上指出，要以猛药去疴、重典治乱的决心，以刮骨疗毒、壮士断腕的勇气，坚决把党风廉政建设和反腐败斗争进行到底。可见，这是一项持之以恒、常抓不懈的重要政治任务。我行认真贯彻中央部署，深入开展群众路线教育实践活动，严格落实中央八项规定要求，着力纠正“四风”，扎实开展督导和巡视工作，各级领导干部作风上有了明显的转变，反腐倡廉和作风改进工作取得了显著成效。同时，我们也应该清醒地认识到，这次群众路线教育实践活动虽然基本结束了，但绝不是作风建设收场。广大群众最担心的是问题反弹，最期盼的是活动常态化。因此，我们必须以锲而不舍的决心和毅力，把作风建设不断引向深入，把目前作风转变的好势头保持下去，尤其是领导干部要发挥带头示范作用。这期研究班安排了党性修养专题模块，大家要把这块内容与作风建设和反腐败斗争结合起来，进一步学习共产党人公私分明、克己奉公、诚信守纪的作风，学会如何正确处理权力和担当，在工作中既要以身作则、严格自律，又要敢抓敢管、带好队伍，努力营造工商银行风清气正、创业干事的良好环境。

今天，借这个机会和大家交流了一些关于党校学习的想法。我讲这些，目的是希望大家来了之后，沉下心来好好学习。从今天开始，大家就将开始一个团结紧张、严肃活泼的学习历程，希望大家专心致志、心无旁骛、抓紧时间，合理安排学习计划，努力提高学习效果，真正做到满怀学习渴望而来，满载丰收成果而归，使大家在总行党校的学习成为一段充实、美好、难忘的经历，使党校学习的过程成为自己思想上不断解放、认识上不断深化、能力上不断提高、党性修养不断增强的过程，切实将党校学习的收获和成果转化为做好今后工作的新动力。

在总行机关党支部（总支部）书记落实党风廉政建设主体责任专题培训班上的讲话

赵　林

（2014年11月27日）

这次总行机关举办党支部（总支部）书记落实党风廉政建设主体责任专题培训班，是按照中央国家机关工委要求举办的，主要是结合总行机关党风廉政建设的形势和任务，认真学习贯彻习近平总书记在党的群众路线教育实践活动总结大会上的重要讲话精神和党的十八届四中全会精神，进一步推进总行机关党风廉政建设主体责任的落实。参加培训班的同志既是各部门主要负责人，又是各党支部（总支部）书记，把党风廉政建设主体责任的担子落在大家的身上是举办这次培训班的主要目的，所以参加这次培训很有意义，对全行抓好党风廉政建设主体责任，会起到很好的示范、推动作用。总行党委高度重视这次培训工作，要求要加强组织领导，从紧安排培训，务求取得实效。下面，我围绕落实主体责任，讲几点意见。

一、深刻认识基层党组织落实党风廉政建设主体责任的重要意义

党的十八大以来，以习近平同志为总书记的党中央，以新的思维、新的方略深入推进党风廉政建设和反腐败斗争，开了新局、树了新风，极大地增强了全党全社会反腐败的信心，赢得了党心民心。强调党委对党风廉政建设负主体责任，是反腐倡廉新思路、新方略的重要内容，也是中央的一项重大决策部署，对于学习贯彻党的十八届四中全会作出的关于全面推进依法治国若干重大问题的决定，具有重要的现实意义。

（一）强化党委对党风廉政建设的主体责任是中央的重大决策部署。党的十八届三中全会明确提出，落实党风廉政建设责任制，党委负主要责任，纪委负监督责任。习近平总书记在中央纪委三次全会上对落实主体责任和监督责任作出全面部署，指出反腐败体制机制改革一个很重要的方面是理清责任、落实责任，党委能否落实好主体责任直接关系到党风廉政建设的成效。李克强总理在国务院第二次廉政工作会议上突出强调，国务院各部门党组（党委）要切实担负起党风廉政建设的主体责任，做到守土有责。今年4月，王岐山同志到中直机关工委、中央国家机关工委，就落实主体责任和监督责任进行了专题调研，并于5月主持召开4次专题会议，与部分中央国家机关和中央企业、国有金融机构负责同志座谈，提出了明确要求。中央这些决策和部署，是加强反腐倡廉建设的重要制度性安排，体现了中央对反腐倡廉规律的深刻认识和战略思考，这为更好地落实党要管党、从严治党的方针，深入开展反腐败斗争，提供了重要的制度支撑和保障。事实表明，当前反腐败斗争之所以取得突破，很重要的一条就是抓了党委主体责任的落实。抓住了党委主体责任，就抓住了反腐倡廉建设的牛鼻子。当前和今后一个时期，总行机关各党支部（总支部）都要把落实主体责任作为重大任务来抓，这是抓好党风廉政建设和反腐败工作的重点和关键，也是推进依法治国的重要举措。

（二）总行机关基层党组织落实党风廉政建设主体责任具有特殊重要性。总行党委在2014年全行纪检监察工作会议上，对反腐倡廉工作提出了八个方面的要求，强调作为中央金融企业，在认真贯彻落实中央党风廉政建设和反腐败工作部署、严格执行党的纪律方面没有任何特殊性而言，各级党委要认真抓好党风廉政建设和反腐败工作主体责任的落实。总行机关是全行的首脑机构、决策中心和管理总部，目前共有总支部6个、党支部52个，在职党员2 645名，具有党员干部集中、业务骨干集中、资源配置集中的特点，在推动全行改革和发展中发挥着全局性的重要作用。从近年来总行机关反腐倡廉情况看，通过党的群众路线教育实践活动和各党支部（总支部）的共同努力，党风廉政建设得到进一步加强，工作作风有了进一步转变，从严治党、从严治行的方针得到切实贯彻落实，党风廉政建设工作取得了新的明显成效，为全行转型发展和改革创新提供了坚强保障。但同时也要清醒地看到，当前滋生腐败的土壤依然存在，反腐败形势依然严峻复杂，党风廉政建设依然是一项长期的、复杂的、艰巨的任务。面对党风廉政建设和反腐败工作新的形势任务，总行机关各党支部（总支部）要按照总行党委统一部署，时刻绷紧党风廉政建设这根弦，消除松懈麻痹思想和盲目自满情绪。要充分认识到，总行机关党风廉政建设的成效，既关系到党中央反腐倡廉的工作部署和要求在工商银行的贯彻落实，关系到总行机关在全行系统党风廉政建设上带头表率作用的发挥，也关系到工商银行的品牌和社会美誉度。总行机关在落实主体责任上具有特殊重要性，担负着认真贯彻落实党中央党风廉政建设和反腐败工作部署，加强党员干部队伍建设，推进工商银行改革发展，维护工商银行良好形象的重要职责，各党支部（总支部）要切实履行职责并充分发挥好积极的示范和引领作用，持之以恒地把党风廉政建设和反腐败各项任务落到实处。

（三）总行机关基层党组织书记对落实党风廉政建设主体责任担负着重要使命。总行机关贯彻落实中央党要管党、从严治党的要求，关键是各党支部（总支部）书记要勇于承担起落实党风廉政建设的主体责任。我们部室的主要负责同志，都是双重身份，既是部门总经理，又是党支部（总支部）书记。从过去的情况看，各部室党支部（总支部）书记对党风廉政建设工作比较重视，转作风、严管理、抓基础、建机制，抓党风廉政建设意识不断强化，廉洁自律的表率作用发挥的比较好，这是应该肯定的，但也容易出现忙于管业务、疏于管党务的现象，以业务会议代替组织生活、以行政班子代替党支部班子、以行政命令代替思想政治工作，注重抓业务、忽视抓廉政，只管干事、少管队伍等“一手硬一手软”的现象。实事求是地说，这些现象在总行机关一些部门还不同程度地存在着。党风廉政建设要真正落地，基础在党支部（总支部），做好党支部（总支部）工作，关键在支部书记。各党支部（总支部）书记要牢固树立“抓好党风廉政建设是本职，不抓党风廉政建设是失职，抓不好党风廉政建设是渎职”的责任意识，牢记自己业务、党务“一肩挑”的身份和责任，都要把党风廉政建设和反腐败工作当成分内之事，对党风廉政建设中的重大工作亲自部署，重大问题亲自过问，重点任务亲自督办，把主体责任记在心上、扛在肩上、抓在手里，坚持业务、党风两手抓、两手都要硬，既要管业务，又要带好队伍，进一步推动主体责任在总行机关真正落到实处。

二、全面把握基层党组织主体责任的主要内容

党风廉政建设主体责任，是按照党风廉政建设责任制的要求，根据各级党组织的职责任务而确定的。习近平总书记在中央纪委三次全会上对党组（党委）落实主体责任，明确了选好用好干部、纠正损害群众利益行为、从源头上防治腐败、支持执纪执法机关工作、主要负责同志做好廉洁从政的表率等五个方面的内容。总行党委在全行纪检监察工作会议上，把主体责任概括出五项内容：即加强领导，选好用好干部，防止出现选人用人上的不正之风和腐败问题；坚决纠正损害群众利益行为；强化对权力运行的制约和监督，从源头上防治腐败；领导和支持监督部门查处违规违纪问题；党委主要负责同志要管好班子，带好队伍，管好自己，当好廉洁从业表率。中央国家机关工委把部门党组（党委）的主体责任归纳为五大责任：即用人责任、纠正责任、监督责任、支持责任和管理责任；把部门机关党委的主体责任归纳为协助责任、推进责任、教育责任、监督检查和支持责任。最近，工委又对基层党组织的主体责任进行了分析，明确提出了落实责任、推进责任、教育责任、监督检查责任和管理责任五项内容，这些都是机关各级党组织履行主体责任的重要依据。总行机关各党支部（总支部）要按照中央国家机关工委及总行党委的要求，在职责范围内抓好主体责任的落实。

一是落实责任。在党委领导下，抓好党风廉政建设是党支部的重要职责。党风廉政建设要真正搞好，有成效，必须落实到基层党组织、落实到党支部。党支部是将党要管党、从严治党任务落到实处的主要载体。各党支部（总支部）要在总行党委领导下，按照“层层分解责任、狠抓责任落实、强化责任追究、切实敢于担当”的要求，把中央以及总行党委关于党风廉政建设的要求落实到每个党员干部，做到压力层层传递、责任层层落实、工作层层到位，使主体责任具体化，建立起一级抓一级、层层抓落实的责任体系。

二是推进责任。就是在日常工作中，把业务工作与党风廉政建设工作同步推进。具体做到“五个同步”。同步计划，在制订业务工作计划的同时，制订党风廉政建设工作计划；同步部署，在部署业务工作的同时，部署党风廉政建设工作，提出要求；同步实施，在开展业务工作的同时，跟进廉政教育和监督等工作；同步检查，检查业务工作进展的同时，也检查廉政工作进展；同步考核，在考核业务工作绩效时，考核廉政工作。通过这“五个同步”，自觉把中央以及总行党委廉政建设要求体现到经营管理工作中，把业务工作与党风廉政建设紧密结合、有机融合，做到无缝衔接。

三是教育责任。就是根据不同的教育对象，确定教育主题和教育内容，因人施教、因事施教，组织党员干部学好党风廉政建设理论和法规制度，组织开展党性党风党纪和廉洁从业教育，当前要重点抓好依法治国、依法治行教育，进一步发挥正面典型引领作用和反面案例警示作用，增强教育针对性和实效性。要加强教育理念、方式方法、传播手段、表现形式的创新，把党风廉政教育置于全行改革和转型发展的大环境中，引导党员干部自觉增强依法治行观念，常念合规之道，常修从业之德，常思贪欲之害，常怀律己之心，预防各种违规违纪现象发生。

四是监督检查责任。强化监督是加强党风廉政建设的关键。要注重发挥党支部（总支部）委员会、支部（总支部）纪检委员的作用，监督检查本单位党风廉政建设情况，重点加强对执行总行党委重大决策部署情况的监督，加强对党员干部、人财物管理、关键岗位的监督，推进权力运行程序化和公开透明，督促党员干部严守国法政纪，提高监督有效性。要加强事前监督和事中监督，坚持抓早抓小，对党员干部身上苗头性倾向性问题要及时“拉拉袖子”、“咬咬耳朵”，防止小问题变成大问题。要拓宽监督渠道，把党内监督与业务监督、组织监督与群众监督结合起来，形成有效的监督合力，改进监督方式，提高监督实效。

五是管理责任。坚持把党风廉政建设与业务发展、加强管理、内控案防、道德领域突出问题整治相结合，认真抓好党风廉政建设各项规定和员工行为规范管理制度的落实。各部门主要负责人要管好自己、抓好班子、带好队伍，进一步督促各级管理人员和关键岗位人员自觉廉洁从业。要经常警示和告诫党员干部和广大员工牢固树立依法经营、健康发展正确观念，认真落实廉洁自律措施，清楚知道应该怎么做，时刻牢记不能做什么，明确了解违规违纪的后果，严守行为底线，同时最大限度地堵塞管理上的缝隙和漏洞，切实解决日常管理中存在的突出问题。要丰富和创新企业民主管理形式，在营造良好从业环境上发挥作用，特别是要树立正确的用人导向，鼓励和宣传那些信念坚定、勤政务实、敢于担当、清正廉洁的好干部。对那些精神颓废、关键时刻逃避责任、不敢担当的干部，要严肃批评，及时作出处理。

各党支部（总支部）要围绕上述五个方面，进一步抓好主体责任的落实，这样不仅有了“责任田”，更有了“施工图”，落实起来才能更加有章可循，才能真正达到预期的目的。

三、突出抓好基层党组织落实主体责任的重点工作

总行机关落实党风廉政建设主体责任，要与学习贯彻党的十八大和十八届三中、四中全会精神结合起来，采取务实有力措施，认真做好党风廉政建设和反腐败各项工作，进一步加强思想政治教育，严明党的各项纪

律，坚持不懈改进作风，强化反腐败制度保障，努力把从严治党的新要求落到实处，不断推进主体责任的落实。当前，要重点做好以下工作。

（一）切实抓好四中全会精神的学习贯彻。全面推进依法治国是一项系统工程，是国家治理领域一场广泛而深刻的革命，需要付出长期而艰苦的努力。总行机关担负着改革发展与经营管理的重要职能，广大党员干部的思想认识是否到位、法治素质是否提高、法治能力是否加强，直接关系到加快推进依法治行各项任务的贯彻落实，关系到在法治轨道上确保全行深化改革各项任务的完成。当前，全行正处于转变发展方式、建设国际一流现代金融企业的关键时期，改革发展任务之重前所未有，矛盾风险挑战之多前所未有，经营管理处在错综复杂的环境中，对加快转型发展和改革创新提出了更加紧迫的要求。破解这些问题，一个很重要的方面就是要注重提高总行机关党员干部法治思维和依法办事的能力，善于运用法治思维方式深化改革。总行机关各党支部（总支部）要提高对全面推进依法治国重要意义的认识，把学习宣传贯彻好全会精神作为当前和今后一个时期的一项重大政治任务，采取自学与集体学习相结合、专家辅导与座谈研讨相结合等多种方式，组织党员干部学习宣传贯彻党的十八届四中全会精神，深刻领会全会精神实质，切实把思想和行动统一到全会精神要求以及总行党委部署上来，进一步增强走中国特色社会主义法治道路的信念，提升对建设中国特色社会主义法治体系的信心。法制的生命力在于执行。广大党员特别是党员领导干部，要牢固树立依法经营、合规经营观念，带头学法、知法、守法和用法，依法依规按权限和程序办事，努力形成办事依法、遇事找法、解决问题用法、化解矛盾靠法的良好法治环境，用法治精神推进业务改革，在法治轨道上促进各项工作开展。

（二）从严管理党员干部，增强组织纪律性。党的纪律是党要管党、从严治党的重要依据，也是全面实施依法治国基本方略的重要保障。纪律严明是党的优良传统和独特优势，也是推进我行改革和转型发展的迫切需要。我们面临的形势越复杂，肩负的任务越繁重，就要越重视加强纪律建设，确保统一意志、统一步调、统一行动。总行机关各党支部（总支部）要从增强党员干部党性观念入手，加强对党员干部的纪律教育，强化党的意识和组织意识，时刻想到自己是组织的一员，时刻不忘记自己应尽的义务和责任，自觉接受组织安排和纪律约束，坚决克服和纠正组织涣散、纪律松弛现象。要认真遵守组织制度，正确处理个人与组织的关系，严格落实民主集中制、党内组织生活制度和请示报告制度等党内制度规定，在涉及重大问题、重要事项时按规定向组织请示报告，防止用个人决定代替组织决定、个人凌驾于组织之上。要加强组织管理，教育党员干部正确对待组织，做到言行一致、表里如一，讲真话、报实情，不能“上有政策、下有对策”，严禁有令不行、有禁不止。各党支部（总支部）书记要敢于严要求，敢于“唱黑脸”、“当包公”，认真开展批评教育，引导广大党员干部主动在思想上划出红线、在行为上明确界限，真正敬法畏纪、遵规守矩、防微杜渐。要坚持在纪律面前人人平等，遵守纪律没有特权，执行纪律没有例外。切实解决执行纪律和制度失之于软、失之于宽的问题，发现违反纪律的行为都要严肃处理，进一步增强党内生活的政治性、原则性和战斗性，使纪律真正成为带电的“高压线”。

（三）改进服务，进一步转变工作作风。加强和改进作风建设，是坚持从严治党、全面实施依法治国基本方略的具体体现。前不久，为进一步巩固党的群众路线教育实践活动成果，推动总行机关作风建设持续深入开展，总行机关召开了改进工作作风密切联系群众座谈会，办公室等8个党支部（总支部）的负责同志做了主题发言，从多个方面展现了总行机关自群众路线教育活动开展以来，在转变工作作风上呈现出的新面貌和新气象，在建立作风长效机制上所做的新思考和新探索。虽然总行机关在改进作风方面取得了很大成效，但作风问题具有顽固性、反复性，纠正作风问题是攻坚战，也是持久战，不可能一蹴而就、一劳永逸。加强和改进总行机关作风建设的任务依然艰巨，对此我们一定要有清醒的认识。各党支部（总支部）要在已有成绩的基础上，按总行党委转变作风的要求，进一步加强调查研究，认真解决群众反映强烈和影响我行改革发展的突出问题，既要立足当前、解燃眉之急，又着眼于长远、抓重点领域的服务改进，确保总行各项改革措施更加符合实际，力求在创新产品、畅通渠道、强化营销、信息化建设、提高效率和改善服务上取得新进展。进一步改进文风会风，认真落实总行会议管理制度，从严控制各类会议数量和时间，少开会、开短会；自觉遵守总行文件管理规定，大力精简各类文件，少发文、发短文；总行机关要带头讲短话、讲管用的话，写有新情况、新观点，能指导实际工作的文件和材料。党员干部要从我做起、从小事做起，认真贯彻落实总行内部服务规定和各部门内部服务承诺，优化办事标准，简化办事程序，抓好厉行节约、勤俭办行，不断增强自我净化、自我完善、自我革新、自我提高能力，把目前作风建设的好势头保持下去，进一步推动工作作风转变，让基层行和客户切实感受到总行机关改进作风带来的新变化和新实惠，使作风建设要求真正落地生根。

（四）注重预防，更加科学有效地防治腐败。深入开展党风廉政建设和反腐败斗争，是全面实施依法治国基本方略的必然要求。我行作为国有控股大型商业银行，加强党风廉政建设，确保干部队伍清正廉洁，不发生重大案件和违规事件，不仅是加强干部队伍建设、防范自身经营风险、树立良好社会形象的需要，也是维护国家经济金融安全稳定的重要保证。总行机关各党支部（党支部）要切实增强忧患意识、风险意识和责任意识，紧密结合党员干部实际，认真开展理想信念、党性党风党纪和社会主义核心价值观教育，开展典型示范教育、岗位廉政教育和警示教育，积极开展丰富多彩、形式灵活多样的廉政文化创建活动，形成风清气正的良好从业环境，尤其是各级党员领导干部，要带头执行中央八项规定以及总行党委关于党风廉政建设的各项制度规定，在作风建设上为全行发挥好带头表率作用。要坚持业务发展制度先行的理念，深化廉政风险防控机制建设，进一步梳理完善业务管理架构和风险体系，加强对重点领域和关键环节风险点的动态监控，运用科技手段，强化风险预警，做到有问题早发现、早控制、早化解，确保运作规范。要深入开展员工异常行为排查，建立健全定期排查机制和内外联动、相互监督排查机制，重点分析异常行为背后的风险因素，对发现的案件和风险事件隐患，要及时处置、严格问责。要加强对新形势下办案工作特点和规律的研究，正确把握政策和策略，综合运用法律、纪律、行政和经济处罚、组织处理等方式，增强办案科技手段，提高依纪依法惩治案件能力。同时针对案件中暴露出来的问题和薄弱环节及时堵塞漏洞、完善权力运行制约和监督体系，抓紧形成不敢腐、不能腐、不想腐的有效机制，发挥好查办案件的治本功能。

四、建立全面落实党风廉政建设主体责任的工作机制

落实主体责任，要靠工作机制来保证。当前要重点建立健全以下机制。

一是指导和协调工作机制。直属党委、直属纪委要认真指导各党支部（总支部）谋划和推动部门党风廉政建设工作，拟定党风廉政建设规划、计划和要点，开展落实主体责任培训，抓好总行机关党风廉政建设和反腐败工作落实。

二是定期报告工作机制。各党支部（总支部）年底前要向总行直属党委、纪委报告本部门党风廉政建设情况。内容主要是完成重点工作情况和落实主体责任的主要做法、存在问题及下一步工作思路和措施。总行直属党委、纪委要及时分析总行机关党风廉政建设现状，提出改进意见。

三是督促检查机制。机关纪委要加强对总行机关落实主体责任的监督检查。各党支部（总支部）要通过调查研究、民主生活会、开展约谈、专项检查等方式，加强对党员特别是党员领导干部的监督，坚持早提醒、早纠正、警钟长鸣、治病救人，防止小问题变成大问题，进一步推动主体责任和监督责任的落实。

四是工作交流机制。要加大宣传力度，通过网讯、机关宣传栏等载体，宣传交流各党支部（总支部）落实主体责任制的好经验和好做法，发挥典型引路作用，推动总行机关抓好主体责任的落实。

当前全行改革和转型发展任务艰巨，做好党风廉政建设和反腐败工作责任重大。我们要聚焦中心任务，坚守责任担当，锐意进取，扎实工作，努力开创总行机关党风廉政建设和反腐败斗争新局面，为全行改革发展和国际一流现代金融企业建设提供坚强的组织保障。

聚焦中心任务　强化监督执纪
深入推进党风廉政建设和反腐败工作

——在中国工商银行纪检监察工作会议上的报告

刘立宪

（2014 年 3 月 7 日）

这次会议主要任务是，认真贯彻落实第十八届中央纪委第三次全会以及 2014 年全行工作会议精神，总结 2013 年全行纪检监察工作，分析当前党风廉政建设和反腐败工作面临的形势和任务，研究部署 2014 年工作。

一、2013 年反腐倡廉工作取得新成效

2013 年全行各级纪检监察机构认真贯彻落实中央纪委及总行党委工作部署，把反腐倡廉工作置于全行经营管理全局中定位谋划，结合改革发展中心任务，明确工作重点、狠抓任务落实，反腐倡廉建设取得新的明显成效。

（一）严肃执纪，推动作风转变。全行各级纪检监察机构坚持正风为先、肃纪为要，以贯彻落实中央八项规定和总行党委六条落实意见为标准，结合党的群众路

线教育实践活动，聚焦“四风”问题，由浅入深、循序渐进，持续推动作风转变。注重从小处小节入手，强化监督问责，严肃查处并及时通报违规违纪行为，执纪必严、违纪必究；注重边总结边整改，总行纪委牵头抓好勤俭办行专项整治，推动改进作风长效机制建设。经过一年不懈努力，全行作风建设发生了较大的变化，得到干部员工积极评价，为改革发展营造了风清气正、凝心聚力的有利环境。

（二）深化检查，增强监督实效。以规范权力运行为导向，加强对廉政风险防控重点领域和关键环节的制约监督，努力做到授权有度、行权有规、制权有效。改进和完善巡视工作，把领导班子特别是“一把手”执行总行决策、遵守党的纪律作为监督重点，总行对8家一级分行开展了巡视，注重巡视成果的综合运用；认真开展信访核查，总行直接核查反映违反廉洁自律规定、截留员工收入等问题的重要信访，及时解决了一批热点难点问题；加大执法监察力度，全行对1 455个机构开展专项检查，监督集中采购项目4 265个，累计清除119家有不良记录的供应商；严格执行各项党内监督制度，全行共对9 470个机构和部室领导班子开展了廉政案防责任制量化考评，组织4万余名各级管理人员在线填报廉洁从业报告，进行任前廉政谈话8 052人次、诫勉谈话941人次、函询102人次；加强监督资源整合，强化监察与人事、内审、内控等部门协作配合，形成重要信息共享、重要情况会商、重要问题相互移交、办理情况相互反馈的工作协调机制；积极拓宽监督领域，继续探索实施境外机构高管人员廉洁履职监督。

（三）强化举措，有效治理涉案风险。积极推动案防工作由以防为主向查防并重转变，始终保持对各类案件和案件风险事件的高压态势。把惩处放在突出位置，重拳出击，全年共查处各类案件和案件风险事件32起，给予违规违纪责任人党纪政纪处分1 925人。以惩治促防范，在继续抓好案件防范工作责任制落实基础上，组织开展重要风险点和重点监控行专项治理，并以员工异常行为排查为抓手，提高了案防工作的针对性和实效性，全行案件和案件风险事件数量同比下降27%，商业贿赂案件数量降幅达50%以上。注重发挥查办案件治本功能，把查办案件与加强警示教育、推进建章立制结合起来，仅总行监察室授课团队全年就累计进行廉政案防培训7 990人次，促进了干部员工合规意识提升；督促相关部门完善制度规定80余条，将惩治成果有效地转化为预防成果。

（四）狠抓基本，深化制度建设。坚持运用法治思维和方式反腐，不断强化制度建设。总行相关职能部门结合自身廉政案防职责，加强制度梳理，将反腐倡廉要求融入其中，共修订各类制度369个、整合189个。总行纪委牵头制定和修订廉洁谈话办法、员工异常行为管理意见、内部欺诈风险管理办法、员工违规行为处理规定等近10项制度，形成正面有规范、反面有禁止、违规有问责的制度链条，制度“笼子”更加稳固结实、细密牢靠。

（五）锤炼队伍，夯实组织基础。始终把纪检监察组织建设作为一项重要基础工作来抓，注重提升纪检监察队伍综合素质和履职能力。截至2013年末，全行二级分行新增监察室236个，县级支行新增纪委72个，全行新增专职人员624人，新增人员中绝大多数是业务部门骨干和基层机构负责人，队伍的年龄、学历、专业和经历结构得到进一步优化。带头改进作风，在全行纪检监察系统开展会员卡专项清退活动，共有5 202人递交了零持有报告书。认真推进片区培训，创新方式方法，坚持因岗施教，一年来六大片区累计培训800余人次，实现了良好开局，被评为全行优秀培训项目。加强基层调研和督导，采取全面跟进、重点检查、总结通报等形式，促进了全行纪检监察工作整体水平提升。

同志们，2013年全行纪检监察工作取得的成绩，是在中央纪委及总行党委的领导下取得的，也是全行各级机构和干部员工共同参与和努力的结果。在此我谨代表总行纪委，向纪检监察战线上的全体同事，向关心和支持反腐倡廉建设的全行各级干部员工，表示衷心的感谢！

在肯定成绩的同时，也要清醒地认识到全行反腐倡廉工作还存在一些亟待解决的问题和不足。如部分机构特别是一些二级分行党委纪委对所承担的主体责任和监督责任认识不高、落实缺位，有的对贯彻执行总行党委纪委决策部署存在等待观望、不推不动、无原则变通的情况；作风建设成果还未得到真正巩固，随着教育实践活动收尾，一些党员干部存在歇口气思想和过关心理，不良作风有反弹迹象，作风建设各项规定面临真正“落地生根”的考验；个别机构监督问责不严，特别是对信贷和新兴业务领域违规问题、重大案件和风险事件负有管理责任人员执纪追责失之于宽、失之于软；纪检监察队伍建设仍需加强，有的纪检监察负责人职责定位不准、没有聚焦主业，有的业务不精、情况不明、思路不宽、发现和解决问题的能力不足，也有个别的负责人工作不在状态，疲沓、懈怠、不求有功、但求无过，等等。对此，我们要高度重视，切实加以解决。

二、统筹兼顾，突出重点，持续推进反腐倡廉各项工作

今年是深入贯彻落实党的十八届三中全会精神、全面深化改革的开局之年。各级党委和纪检监察机构要以党的十八届三中全会和中纪委十八届三次全会精神为指导，坚持从严治党、从严治行，认真贯彻党风廉政建设责任制，落实党委的主体责任和纪委的监督责任；严明党的政治、组织等各项纪律，坚决克服组织涣散、纪律松弛现象；坚持不懈纠正“四风”，持续深化作风建

设，强化执纪监督；坚持标本兼治、惩防并举，抓好惩治和预防腐败体系规划贯彻落实；加强反腐败体制机制创新和制度保障，提升纪检监察队伍履职能力，坚定不移地把党风廉政建设和反腐败工作引向深入。

（一）强化纪律约束，推动中央重大决策部署和总行各项工作要求的贯彻落实。全行各级纪检监察机构要深刻领会中央关于党风廉政建设的新要求，牢固树立进取意识、机遇意识、责任意识，观大势、谋大事。要把维护党的纪律特别是政治纪律、组织纪律放在首位，加强对政治纪律、组织纪律、工作纪律、财经纪律和生活纪律等执行情况的监督检查，要从小事、细节抓起，做到纪律约束全方位，纪律面前没有例外，增强纪律的刚性，铁腕执纪。要加强对中央重大决策部署和总行各项工作要求执行情况的监督检查，围绕加快推进转型发展，突出工作重点，抓住关键环节，及时发现和坚决纠正有令不行、有禁不止的行为。要在完善制度措施和推动深化改革上下功夫，针对监督检查中发现的突出问题，研究提出解决的对策建议，为总行党委决策及有关部门完善制度、改进工作提供参考和借鉴。

（二）继续深化作风建设，在坚持中深化，在深化中坚持，巩固、扩大作风建设成果。不良作风具有反复性和顽固性，抓得不紧、不实等于白抓。各级机构要继续持之以恒推进作风建设，将作风建设作为党风廉政建设的根本举措，结合教育实践活动整改，巩固纠正“四风”成果，坚决防止反弹。要抓紧建立健全改进作风常态化制度，结合我行实际，抓好厉行节约、勤俭办行专项整治方案的逐项落实，研究制定职务消费、业务用车等相关制度，狠刹用公款互相宴请、赠送节礼、变相公款旅游和奢侈浪费等不正之风；要坚持经常抓、长期抓，锲而不舍、做到善始善终、善做善成。各级管理人员要身体力行、坚持领导带头，牢记“喊破嗓子不如做出样子”，率先垂范，以行动作无声的命令，以身教作执行的榜样，引导广大干部员工把转作风作为一种精神追求，养成长期坚守的习惯，做社风行风转变的参与者、实践者；各级纪检监察机构要把落实中央八项规定和纠正“四风”作为经常性工作来抓，强化日常监督，严明责任追究，敢于“唱黑脸”，当“包公”，对执行制度不严、工作纪律松散的行为，对抓作风转变只作表面文章甚至弄虚作假的行为，要责令整改，情节严重的要严肃处理并予以点名通报，绝不搞例外，绝不姑息迁就。

（三）标本兼治，抓具体，具体抓，全面落实反腐倡廉工作要求。一是制定实施惩治和预防腐败体系新的五年规划实施办法。根据中央新近印发的《建立健全惩治和预防腐败体系 2013—2017 年工作规划》，结合我行实际抓紧制定实施办法，从总体要求、作风建设、惩治腐败、预防腐败、加强领导五个方面提出具体落实措施，总行党委审定后印发执行，并抓好分工落实。各级行党委要认真执行这一办法，牢牢把握用制度、机制反腐防腐的要求，将预防腐败工作与各项改革同步考虑、同步部署、同步实施。要紧紧围绕全行改革发展研讨会提出的组织机构、信贷业务流程、绩效考评体系、财务运行机制、全面风险管理机制等八项改革任务的重点领域和关键环节，切实抓好改革配套制度的完善和落实，做到先立后破、于法有据、有序进行，最大限度地堵塞体制机制上的缝隙和漏洞。各级纪检监察机构要根据实施办法的要求，突出抓好责任分解和检查考核，建立健全督查机制和考核结果运用机制，及时督促各分行各部门制定实施细则，把惩治和预防腐败各项任务落到实处。

二是强化巡视工作，探索以执法监察为抓手的专项巡视，努力在发现问题、形成震慑上下功夫。坚决落实中央关于巡视工作的新要求，紧紧抓住党风廉政建设和反腐败工作这个中心，突出发现问题、强化震慑作用；要结合各单位实际，有针对性地开展巡视，选择切入点、抓住薄弱点、找准侧重点，增强巡视监督实效；要不断探索创新有利于发现问题的手段和途径，借助新型信息技术，更加机动灵活地运用各种调查方法，拓宽发现问题渠道；要强化巡视成果运用，为党委决策提供依据；要通过回访和再核查，加大巡视整改情况的督办力度，切实做到件件有着落、事事有回音。

要在开展常规巡视的基础上，研究探索开展以执法监察为主要形式的专项巡视，将常规巡视和专项巡视有机结合。以执法监察为抓手，突出重点领域，着力抓好信贷发放、集中采购、工程基建、财务管理、选人用人、资金运作等领域的巡视监督。将中央八项规定和总行党委六条落实意见贯彻执行情况作为全行指令性执法监察项目，将信贷审批制度执行情况作为全行指导性执法监察项目和总行直查项目。继续加大集中采购监督力度，严格采购供应商禁入名单库管理，定期检查并通报结果，加大对现有供应商和中标项目执行情况的后评价力度。

三是坚持抓早抓小，以廉政监督、信访核查为切入点，促进权力规范运行。要全面掌握党员干部的思想、工作、生活情况，对党风廉政建设和“四风”方面的问题要早发现、早提醒、早纠正、早查处，对苗头性问题及时约谈、函询，加强诫勉谈话工作，防止小问题演变成大问题，不养痈遗患。认真做好信访举报受理和核查工作，各级纪检监察机构要对历年来留存的问题线索进行全面彻底清理，摸清底数，研究制定分类处置标准，明确处置时间并限期完成。发挥信访直查快办优势，聚焦权力集中部门和资金、资源密集领域加大直查力度。

要认真抓好廉政监督各项制度落实，进一步督促各级管理人员和关键岗位人员自觉廉洁从业。认真落实管理人员在线填报廉洁从业专题报告、签订廉洁从业承诺等制度规定。深入推进行务、部务和党务公开工作，公开内容必须突出重点，提高权力运行的透明度。继续探索推进境外机构高管人员廉洁履职监督检查工作，制定出台境外机构高管人员廉洁履职监督检查办法，提升集团廉政风险防控水平。加强信访监督和廉政监督的联动和整合，形成监督合力，提升监督实效。把监督检查成果与推进建章立制相结合，提高对监督核查中发现问题的分析研判水平，督促相关部门完善制度和流程，不断深化源头治腐工作。

四是坚持查防并重，有效遏制案件和违规违纪问题发生。坚持有案必查、查案必严，突出办案重点，严肃查办违反党的政治纪律、组织纪律、工作纪律、财经纪律和生活纪律等问题；要持续保持案防高压态势，案件风险率控制在银监会监管目标范围内，千人发案率控制在0.1以内。为实现这一目标，要突出抓好以下几方面工作：

第一，继续开展案件重要风险点防控治理。根据去年全行案件和案件风险事件暴露出的问题，拟将违规放贷、违规参与民间融资和经商办企业、违规代客理财、违规办理柜面和ATM业务、违规套现、违规债券交易等新业务领域6个方面作为2014年案件重要风险点进行专项防控治理，其中违规放贷及违规参与民间融资和经商办企业两个风险点也是银监会部署的防控重点，全行要将其作为重中之重继续抓好防控治理。总行将加强风险点治理督办力度，围绕每个风险点防控治理内容、措施、目标等，明确牵头、协办部门，确定责任人，采取定期和不定期、现场和非现场等方式，推动风险点防控治理工作扎实有效开展。

第二，继续实施重点监控整改督导。去年江苏、山西、黑龙江和辽宁4家分行分别发生了多起案件和案件风险事件，按照相关管理办法，总行决定将这4家分行确定为总行2014年案件防范重点监控行，并采取针对性措施帮助其整改内控案防工作中存在的问题。

第三，继续深化员工异常行为管理。督促指导各机构深入落实总行党委《关于加强员工异常行为管理的意见》，抓紧完善健全员工异常行为管理机制制度，会同相关部门尽快研发整合员工异常行为记录评分管理系统，加强对员工异常行为的登记、预警、识别和分析。

第四，加强工作考核。结合调整后的行长经营绩效考核案件指标，加大对连续发生多起重大案件和案件风险事件的考核权重，并将其与案发单位班子成员特别是一把手个人年度绩效考核结果挂钩。

五是强化反腐倡廉宣传教育，牢固树立廉洁合规意识。要采取适应不同层次、不同岗位干部廉政教育的方式方法，提高反腐倡廉教育的针对性和实效性。以各级管理人员为重点对象，狠抓以理想信念教育和党性党风党纪教育为重点的廉洁从政教育，在建立拒腐防变教育长效机制上下功夫。针对基层员工身处一线，社会环境复杂的情况，广泛开展示范教育和警示教育，既要注重发挥先进典型的激励和示范教育作用，又要充分发挥查办案件的治本功能，使干部员工引以为戒，防微杜渐。逐步建立反腐倡廉教育培训资源库，打造廉政教育精品课程，促进各单位优质教育培训资源交流和共享。深入推进廉洁文化建设，使廉洁、合规、诚信等价值观念深入人心，内化为合规守信的管理文化，营造风清气正的良好氛围。

六是加强制度建设，提高反腐倡廉制度化、规范化水平。要以制定实施惩治和预防腐败体系新的五年规划为契机，结合党的群众路线教育实践活动整改落实，统筹谋划改进完善全行反腐倡廉制度，立足当前、着眼长远，认真梳理现有制度中存在的问题和不足，及时作出调整、修改、补充、完善。制度建设要根据全行改革发展的需要，从实际情况出发，总结提炼实践中行之有效的做法，注重与原有制度的配套衔接和内在逻辑的一致性；注重制度的简明、实效和可操作性，使大多数人做得到；注重长效机制建设，探索建立不想腐、不能腐、不敢腐的内生动力约束机制。要把反腐倡廉和从严治行结合起来，切实提高反腐倡廉制度执行力，建立健全保障机制，严肃查处违反制度的行为，织密织牢反腐倡廉的制度之笼。

三、推进党风廉政建设体制机制创新，打造高素质纪检监察队伍

（一）严格落实党风廉政建设责任制。各级党委要切实担负起党风廉政建设的主体责任，特别是主要领导必须牢固树立不抓党风廉政建设就是严重失职的意识，主要领导是第一责任人，领导班子成员根据工作分工对职责范围内的党风廉政建设负领导责任。各级纪委要担负起监督责任，既要协助党委加强党风建设和组织协调反腐败工作，对党委主要负责人和班子成员及时进行廉政提醒，又要督促检查相关部门落实惩治和预防腐败工作任务。为保证纪委书记切实履行好监督职责，上级纪委要对下级纪委书记的分工和工作情况进行动态检查和管理，纪委书记分工情况要及时报备上级纪委，对可能影响纪委书记履职的分管工作，必须限期调整，上级纪委要切实负起责任。总行纪委将会同党委组织部抓紧完善廉政和案防责任制考评办法，对每一个具体问题都要分清党委负什么责任、分管领导负什么责任、有关部门负什么责任、纪委负什么责任，健全责任分解、检查监督、倒查追究的完整链条，有错必究，有责必问，维护党风廉政建设责任制的权威性、严肃性。

（二）积极推进纪检监察体制机制改革创新。按照中央要求，在现行纪检监察双重领导体制基础上，积极探索完善工作体制机制的创新，认真落实“一个强化”和“两个为主”。“一个强化”是指“强化上级纪委对下级纪委的领导，建立健全报告工作、定期述职、约谈汇报等制度”，总行将明确报告工作、述职的具体要

求。"两个为主"，一是"查办腐败案件以上级纪委领导为主，线索处置和案件查办在向同级党委报告的同时必须向上级纪委报告"。要继续坚持这一做法，加大对腐败行为的惩处力度；二是"各级纪委书记、副书记的提名和考察以上级纪委会同组织部门为主"。总行纪委将根据中纪委有关规定，会同党委组织部研究提出落实方案，经总行党委审定后执行。

（三）用铁的纪律打造高素质纪检监察队伍。面对新形势新任务，各级纪检监察干部要进一步增强责任感和使命感，聚焦中心任务，坚守责任担当，在全行改革发展和公司治理体系中更好地发挥作用。要明确职责定位，更加突出主业，自觉在转职能、转方式、转作风上下功夫，把主要精力放在监督检查、执纪问责和查办案件上，做到不越位、不缺位、不错位。严格日常管理，夯实基础工作，加强调查研究，做到情况明、数字准、责任清、作风正、工作实。创新思想理念，改进方式方法，完善纪检监察组织建设和片区培训机制，提升反腐倡廉科技含量。要强化纪律约束，对纪检监察干部严格要求、严格监督、严格管理，严明政治纪律、组织纪律、办案纪律、保密纪律等，对违规违纪行为零容忍，用铁的纪律打造过硬队伍，为推动党风廉政建设和反腐败工作提供坚强的组织保障。

深化职能拓展　坚持"三防三保"构建集团新型安全管理体系

——在中国工商银行2014年安全保卫工作会议上的讲话

刘立宪

（2014年6月10日·根据录音整理）

这次安全保卫工作会议与业务培训班套开，总行专门培训分管安全保卫的一级分行行领导还是第一次，主要是基于三点考虑：一是安全保卫工作在工商银行集团管理中的地位不断提升，安全管理工作确已成为全行经营管理活动中的重要一环；二是安全保卫工作正在爬坡越槛，走到了深入开展职能拓展、构建有工行特点的新型安全管理体系的关键时期；三是当前面临着比较严峻的社会治安形势，对工商银行的安全运营来说，是一个考验和挑战，需要从领导层面认真研究应对。今天召开的安保工作会议，同时也是培训班的开始，内容还是具有国际化视野的。因为我们现在担负的安全保卫工作已经完全不同于以往的安全保卫工作了，最重要的不同，我个人认为就是从过去的被动防护到现在的积极主动防控。这次会议的主要任务是，根据当前集团安全管理工作任务和要求，研究安保工作的措施和方法，总结和落实职能拓展，积极防控外部风险，切实承担起集团安全管理的重要职责。下面，我讲三点意见。

一、有效发挥安保服务的重要保障作用，全行安全管理工作取得新成效

近两年来，全行安全保卫部门坚持把"防案件、防事故、防灾害，保平安、保发展、保形象"和"建设最安全银行"作为工作的出发点和落脚点，按照"安保视野国际化、安全管理集团化、业务服务专业化、风险防控预测化"的改革发展思路，不断拓展安全管理职能，积极防控外部欺诈风险，为构建符合集团经营发展需要的新型安全管理体系奠定了基础。2013年，全行应对防范外部欺诈风险的成功率达98.8%，连续6年实现既遂抢劫零案件、员工零伤亡，为全行稳健发展和广大员工、客户人身及资金安全提供了高质量的安全保障。

（一）安全技防体系建设进一步加强，全行安全运营得到有效保障。2013年以来，按照"统一建设标准、统一设备功能、统一集中采购、统一规范管理"的原则，总行、分行相继组织视频、对讲、报警，以及联网平台中心设备等安防设施的集中采购，加强对供应商的服务评价和筛选。截至目前，全行累计集采安防设备近16万件，同口径比较，较集采前节约近2.4亿元，采购资金支出降幅达50%，同时有效提升了安防设施建设的标准化、集约化水平。各级机构积极推动远程报警监控联网平台建设，河南、湖北、贵州、江西等分行专项部署并持续跟踪试点行的建设进展。目前，第一批试点推广行已有90%完成了平台建设，进入试运行阶段。平台日均警情已由试点初期的610条下降至70条，极大地提升了报警接收处置效能。有的同志可能会有些疑问，报警多好还是少好？这里其实有个误报率的概念，原来误报一天上万件，经常在重演"狼来了"的故事。在警情处置上，误报过多是难以处理的，真正的警情被

埋在误报的信息中。现在我们把误报降到最低，每天70条就基本上属于真实警情了，这样才可能有针对性地进行处置。通过平台应用和警情数据分析，帮助基层网点及时发现和纠正违规操作，制止ATM破坏事件，协助客户辨识电信诈骗，保障了网点和机具的安全运营。总之，平台建立和推广工作有效地提升了全行技防工作专业化和管理集约化水平。

（二）外部欺诈风险管理进一步完善，保障业务发展成效逐步显现。2013年，我们率先建立了外部欺诈风险数据库，对来自系统内、国家职能部门、金融同业等近400万条各类外部欺诈风险信息进行分类评级，搭建起涵盖事前防范、事中应对、事后完善的外部欺诈管控平台。目前，境内机构已全部实现外部欺诈风险信息数据在NOVA系统，以及电子银行、个人金融、银行卡等业务领域的有效应用，特别是在防范电信诈骗、伪冒证件，以及信用卡发卡、调额等方面预警支持效果明显。截至今年4月末，全行通过系统成功堵截各类外部欺诈风险事件1 684件；识别客户申办信用卡和调额风险9 050笔，外部欺诈风险防堵综合率达94.54%。积极协助客户防堵欺诈侵害1 448件，为客户避免经济损失3 700余万元，系统在保护客户资金安全方面成效显著。中央电视台、中央人民广播电台等多家媒体相继进行宣传报道，我行“最安全银行”形象得到进一步巩固，赢得了社会广泛赞誉。

（三）安全评估预警功能进一步发挥，高发业务风险得到有效遏制。去年，总行组织对信贷、票据、手机银行欺诈风险防控，以及自助设备非营业时间调整优化等4项课题开展了安全评估，其中3项评估报告已经总行操作风险管理委员会审议通过，并转由相关业务部门负责落实，安全评估的效果已经显现。比如，针对电子密码器客户实施的“升级钓鱼”风险事件，已由最高时月均260余件下降至月均2件，降幅达99%。又如，评估后调整了全行60%的自助设备夜间营业时间，不仅大大降低了盗抢风险，同时也大幅降低了经营管理成本。此外，各分行还将安全评估工作与本行重要风险点防控有机结合，在业务运营、实体安全、应急管理等方面开展了63项不同类别的专项评估。北京、广东、重庆、湖南等分行开展的离行式自助银行、克隆卡、票据贴现、电子银行风险评估，为本行业务经营健康发展提供了科学、客观的决策依据，取得了良好效果。全行安全管理理念和风险防控能力进一步加强。

（四）集团安全管理架构初步确立，境内外机构安保能力稳步提升。目前，境内、外各机构和直属及控股机构已全部纳入总行集团安全管理范畴。为有效推动全行集团一体化安保工作，总行印发了《境内分行安全保卫工作职责实施细则》、《直属及控股机构安全管理工作指引》、《境外机构安全管理办法》等规范性文件，涵盖境内外、各机构、各层级的全方位安保工作制度体系初步确立。按照总行安排部署，各机构进一步明确重点，有针对性地开展安保工作。一是境内机构强化安全检查和应急演练，努力消除风险隐患。各行逐级落实安保工作职责，明确操作规程，按期开展评价，认真抓好岁末年初、两会、年节等重要时段和营业网点、金库等重点区域的安全检查，针对劫持、抢盗、火灾、爆炸等高风险事件，不断完善演练方案，创新演练形式，增强演练实效。2013年，全行开展专业监督检查800余批次，排查发现各类问题隐患5 564项，落实整改5 469项，整改率达98.29%；组织各类演练2万余次，实现抢劫案件防范成功率100%，人员零伤亡、资金零损失。此外，境内36家一级（直属）分行顺利通过当地公安、监管部门验收，均被评为安全评估优秀单位。二是直属及控股机构夯实工作基础，安全防范能力得到提升。逐步建立和完善安全管理、监督检查、应急处置等工作制度，加强安全防范设施建设，主动参加总行安全教育培训，参训率达100%。积极配合开展现场检查和摸排调研，建立形成包含17个类别212个项目的安全管理档案，明确安保工作评价标准，促进工作有效开展。三是境外机构提高安防意识，支持安保服务整合。加强对《境外工作安全须知》、《安全风险提示》的学习，境外机构和人员的安全防范意识显著增强。工银印尼、工银马来西亚、工银阿根廷积极配合总行开展安保服务整合工作，利用集团优势开展安保服务谈判，经过一年多的努力，最终在安保服务成本效能方面获得了更优惠待遇、更优质服务。借这个机会也给大家介绍一下，我们利用集团优势与国际上几家大的安保服务公司谈判，因为工行属于大客户、大采购，整合海外机构的安保服务工作，集中进行采购可以大幅降低各个机构分散谈判的价格，在这方面我们已经取得了一些成效。

（五）安保队伍建设更加规范，专业化意识明显增强。2013年，全行共组织开展了安全保卫专业培训839期，累计参训47 724人次，有效地提高了全员的安全意识和应急技能，推动安保工作向专业化、规范化、精细化目标迈进。我们将现代金融企业安全管理作为专业化的目标，还翻译引进了《安全导论》《风险分析与安全调查》等国际现代企业安全管理丛书，作为专业培训的重要教材。同时，结合我们自己的实践总结，洋为中用，使从业人员的专业素养有较大的改观。这两本书我建议大家有时间看一看，是很有技术含量的安全管理丛书。如果我们平时对这些事关心不多的话，可能它会在一定意义上改变你对安全管理工作的看法。通过加入国际银行安全协会（IBSA），不断收集了解国际金融安全信息资讯，建立了国际安全交流合作机制，有效地提升了安全管理工作国际化视野和专业化水平。

总结回顾全行安全保卫工作取得的成效，有四个方面的探索和实践值得肯定：

一是围绕全行改革发展，探索有工行特色的安保管理路径。我们始终围绕全行改革发展大局拓展职能空间、丰富服务保障模式，在前些年改革探索的基础上，提出并推动“四条防线”建设，确立了从被动防护到主动防控的安保路径，从传统安保风险应对转变为安全风险的预测和防控，从本土安保工作模式扩展为全球金融集团化安全管理，从维护安保秩序的初级目标提升为创建最安全银行品牌的战略发展目标。这里我多说两句，前面说到被动防护和主动防控的问题，我觉得这是我们工商银行在实践中摸索出来的，目前在全国银行业应该说是比较有特色的安全管理思路。在座分管安保工作时间长一些的同志应该知道，工行安全保卫工作的改革是姜建清董事长代表党委提出十字方针时开始的，即：“减库、减人、减枪，管少、管好”。这是我们安保工作转变的一个起点。从那时开始，我们大幅地减少了人员、枪支和守押的金库，从最多的时候两万多支军用枪，到今天的军用枪支为零。守押社会化改革把枪、把人、把库减下来了，“三减”改革成效非常扎实。在“管少、管好”方面也取得实质性进展，如安防技防体系建设，远程报警监控系统推广，包括正在摸索推进的外部欺诈风险评估，还有外欺风险信息库建设等，都在逐步落实管好。再加上现在的评估预警职能紧密结合产品开发、网点设置等工作，将原来被动安全防护变为主动防控，从被动应对变成主动地介入，使我们的“管好”更上了一层楼。概括地说，就是形成了一个以职能拓展为抓手、以积极防控为特征的安全管理体系。

二是注重信息化条件下的银行安全管理创新。随着大数据和信息化战略的深入实施，涉及外部风险防控、报警平台运用、安防设施管理等大量安保专业的信息数据，为我们建立现代安保管理模式创造了条件和可能。我们运用智能科技手段，对海量信息数据挖掘提取、归类分析，使报警平台联网运行、外欺管控系统监测和安全评估等方面更加精准、更加快捷，初步实现了风险防控从“事后被动处理”到“事前有效预防”的转变。

三是注重构建全员参与的大保卫格局。近年来，全行广泛开展以“服务业务、服务基层、服务员工、服务客户”为核心的“建设最安全银行”主题活动，通过丰富多样的活动载体积极营造人人关注安全、人人了解安全的良好氛围，切实夯实了各级机构安保工作基础。

四是注重安保工作责任落实。全行通过狠抓安保工作责任细化，推行安保责任落实与经营管理岗位相匹配、与具体工作事项相结合、与绩效考评相挂钩的管理模式，有效引导了各机构认真履行安保工作职责，为职能拓展落地和创新发展提供了有力保障。

二、充分认识当前复杂严峻的安全形势，客观正视安保工作面临的新问题

首先，严峻的社会治安形势对银行安全稳定运营带来较大压力。今年以来，国内接连发生昆明火车站砍杀、乌鲁木齐早市爆炸、山东招远邪教分子杀人等恶性事件，一些重大安全事故也时有发生，造成了较大人员伤亡，社会公共安全面临前所未有的挑战。我行营业网点数量多、分布广，并且大多位于人流密集的城市繁华区域，社会上发生的恶性案件极易波及我行。银行作为经营资金的重要场所，往往容易成为不法分子恶性攻击的目标。对此，我们应该采取哪些针对性的防恐防暴措施，在每年的应急演练中部署的演练内容是否充分，员工能否有效地按照演练要求，在发生危机或恐怖事件的时候进行有效地应对，这些都是我们必须面对和思考的课题。同时，银行业外抢外盗等案件反弹压力明显增加。2013 年，公安部接报盗抢银行案件数量较上年增长 53.3%。去年我行虽然没有发生员工伤亡的恶性案件，但遭遇抢劫、盗窃等外部攻击数量也较 2012 年增长了 157%。此外，随着互联网金融的快速发展，一些不法分子利用第三方支付工具、虚假资料套取银行资金等新型金融犯罪更为隐蔽复杂，涉及金融凭证、借记卡、电子银行和自助机具的欺诈风险也呈高发态势。这些欺诈风险发案数量多涉案金额巨大，一旦得逞将给我行造成严重损失。各级行分管领导和安保部门负责人必须保持高度警觉，丝毫不可懈怠，否则就是失职。

其次，要清醒认识我行安保工作存在的问题和不足。当前部分分支机构的安保工作状况与集团安全管理的要求和应对复杂严峻的外部形势需要之间存在较大差距。主要有四个方面：

一是抓安保工作精神懈怠，居安不思危。有的分行可能几年来没有发生外部欺诈案件了，从分管行领导注意力的分配到我们职能部门的工作部署，有意无意地开始忽视或者放松安全管理工作，不是把安全保卫作为经营管理的重要组成部分来抓，而是当做一项临时应急工作看待，“平时不烧香，临时抱佛脚”，对风险苗头不敏感，对新型金融犯罪的表现形态及其危害认识不清、缺乏有效应对；有的分行对安全保卫工作低标准、低要求、低配置，以至于基层安全保卫责任不落实、安全保卫队伍结构梯次不合理、安全保卫人员综合素质不高等问题严重制约了安保能力的提升。这类问题出现的原因很多，但最关键的原因是分行领导的履职不力，精力分配不足。

二是对安保职能拓展不够了解，措施不力。总行开展职能拓展已经有两年多了，大多数分行认识明确、措施得力，资源配置到位，分管领导亲自谋划，组织推动，取得良好成效。但也有少数分行对职能拓展的意义和如何拓展缺乏应有的认识，有的分行满足于过去的成绩，缺乏主动求变的勇气，等待观望。这些模糊认识和消极的精神状态，不仅限制了安保工作职能的发挥，也影响了本级行安全管理水平的提升，在一定意义上说，拖了全行安全保卫工作改革发展的后腿。

三是安保工作职责落实不到位，安全管理基础薄弱。从上半年的全行检查情况来看，整体情况良好，但是也有部分行的安保工作仍然存在很多问题：一些分支机构没有认真执行本级行的安保工作职责，有章不循、习惯代替制度；安防设备超期服役、监控录像数据丢失；押运款箱违规操作、建筑消防设施未按期完成检测、自行守库撤布防未严格执行规定等基本的安保问题仍然是屡查屡犯。这反映出一些分行对安保工作的要求不严、检查不细、管理松散。

四是推进落实重点工作消极被动，专业水平有待提高。在报警监控联网平台建设方面，有的分行对全行构建三级联动应急处置机制的作用和意义理解不透，没有从全行一盘棋的角度积极地推动平台建设，甚至在原有平台误报率高、功能不符合国家标准要求的情况下，仍然对平台建设持怀疑态度，对总行的平台推广工作敷衍搪塞，消极应付，辖内已经纳入试点或推广计划的平台建设处于停滞状态。在外部欺诈风险信息系统应用方面，有的分行信息填报不准确、系统录入不及时、操作处置不规范，不仅影响了本行系统的应用效果，而且影响了全行外部欺诈风险数据统计分析的质量。开展的安全风险评估没有很好地围绕本行业务安全需求和风险防控现状，提出的工作建议针对性不强、缺乏专业水准，提交的评估报告质量不高。此外，直属及控股机构的安全管理制度、安防设施建设等还有较大的提升空间，集团一体化安保服务整合工作起步时间短，还需要坚定信心继续积极探索和扎实开展。

存在这些问题，从主观上分析大致有三个方面的原因：一是部分机构负责安保工作的分管行领导有效指导不够，主动过问较少。二是有的专业部门工作主动性不够，结合实际创造性开展工作的劲头不足。三是少数专兼职人员工作不在状态，得过且过。具体来说，一些分管安保工作的分行领导，没有把安全保卫部门定位成银行经营管理不可或缺、不可替代的专业职能部门，对安保工作特别是近两年来总行安保职能拓展的内容和要求，学习了解不够全面、分析研究不够深入，对安保工作的前瞻性思考和针对性指导不多、不强。一些安保部门负责人在专业知识、技能等方面自身要求不高、储备不够，没有把有效积极地履职和银行的经营发展紧密结合起来，对银行业务发展特别是新业务、新产品了解关注少，致使安保工作游离在全行经营发展和业务服务之外。一些专兼职安保从业人员对安保工作制度要求不了解，工作开展不主动，个别人甚至存在“多一事不如少一事”的心理，对安保工作缺乏弄清弄懂和应有的敬业精神。

三、紧紧抓住安保专业发展的新契机，主动应对安全管理的新挑战

在年初全行工作会议上，总行就完善风险管理、推进案件查防、严防外部欺诈等提出了明确要求。总行在本部机构改革中，也根据形势和任务的需要，将保卫部更名为安全保卫部。这个更名实质上是安保部工作职能的调整和拓展，赋予了集团安全管理与外部欺诈风险牵头管理的部门职能，扩充了集团安全风险评估咨询、外部欺诈风险系统管理、安全技防体系建设管理、直附属与境外机构安全管理等具体职责。更名和职能的调整体现了总行党委对安保工作提出的新要求、新期望和总体工作目标。各机构要根据总行的新要求和新目标，深刻理解，勤于思考，找准定位，主动作为，跟上安保工作职能拓展的步伐。

（一）加快推进全行安全技防体系建设，继续做好报警平台推广应用。目前，全行安防固定资产年均投入占非科技类固定资产的30%，这个投入比例很大。各级行安保部门要强化专业管理，切实承担起从设施采购、项目审核，到使用评价、分类管理的工作责任。要根据总行安防设施集中采购结果，合理编制安全技术防范建设计划，逐步规范设施预算和使用管理。要加强对安防设施的动态管理，登记并及时更换使用年限超期、运行状态不稳的设施。要持续监测安防设备的运行状况，定期检查评价，加强对安防设施供应商、工程商的监督管理，并将评价结果应用到集采谈判和评分环节，严格执行总行关于设备供应商禁入管理办法的规定，优胜劣汰。

全行还有20%的金库、36%的营业网点和24%的自助银行没有实现报警监控联网，30%的地市分行没有建立报警监控联网中心，这与国家监管标准还有一定距离。因此，报警平台建设推广工作只能加强，不能放松，2015年境内机构要全部实现平台连通，这是目标，更是任务。这里强调三点：一要及时跟进，抓好落实。今年各一级（直属）分行共报送平台建设计划126个，并且都要在年内建成运行，时间紧迫，任务艰巨。相关分行要建立分管行领导负总责、安保部门牵头的协调联动机制，加强跟踪指导，重点抓好建设规范、预算审核、功能验收等环节的审核把关，确保平台建设有序推进。二要因地制宜，合理规划。在平台建设动工前，要综合考虑现有实际需要和未来扩展空间，科学合理地确定平台配置需求。已有监控中心的分行要充分利用原有基础设施和通用设备，仅对报警平台核心设备进行更新升级；尚未建立监控中心的分行要强化成本意识、节约意识，以实用、有效为标准，坚决杜绝盲目追求监控大屏幕、多画面等华而不实的“花架子”。三要完善机制，科学应用。各行要切实认识平台在防范外部风险和加强内部管理方面的作用，把平台应用作为建设最安全银行的一项基础性工作来抓，不断完善管理制度规程，采取灵活的劳动组合，配备能力胜任的必要人员，确定职责分工，细化工作流程。平台的应用推广，不能简单停留在对警情的接收处置，而要认真分析数据背后反映

的客观情况，及时归纳出信息所反映的规律和特点，切实依靠平台提高防范案件的能力和水准。

（二）服务全行经营转型，不断提升外部欺诈风险管控能力。各分行要充分发挥外部欺诈风险评估管理领导小组的作用，紧密围绕辖内业务发展需求和风险防控现状，通过开展安全评估为业务发展和产品创新提供服务和支持。各级机构要将安全评估作为营业场所、自助银行网点建设和新（改）建金库等规划安排不可缺少的必要环节，使安全评估成为渠道建设的第一道关口。同时，各分支机构要结合当地案发形势、规律和特点，研究确定年度和阶段性外部欺诈风险防控工作重点，协同公安机关打击伪卡、网银、电信等欺诈犯罪。要有计划地组织应对防抢防盗、各类突发事件的应急演练，细化处置流程，完善应急预案，不断提高外部欺诈风险的管控能力。位于社会治安形势相对复杂地区的分支机构，以及北京、上海两大数据中心要以防火、防爆、防网络攻击、防恐怖袭击为防控重点，全面强化安保措施，确保生产运行安全。

关于完善优化外部欺诈风险信息系统，要继续抓好三项工作：一是扩充信息来源，丰富系统数据。除总行安全保卫部要持续跟进与国家有关部门合作、与行内相关业务系统互联对接外，境内外各营业机构要在日常工作中，及时收集、录入有关可疑账户、风险客户等各类外部欺诈风险信息，确保准确无误、全面有效，为逐步打造集团统一的外部欺诈风险管控平台奠定基础。二是挖掘分析数据，明确防控重点。全行特别是负责系统管理的各行安保部门，要及时了解辖内系统运行状况，充分发挥系统各项功能，努力挖掘信息利用价值，深入分析各类外部欺诈风险的规律特点，通过对风险分级评判，查找、甄别并确定重点风险区域、重点环节。三是预警提示风险，实现事先防控。各级行、各机构要根据外部欺诈风险信息系统的监测评价和分析报告，及时向有关业务部门和基层营业网点发布风险提示，为经营管理和业务发展提供科学、专业的风险预警支持。

（三）狠抓安全保卫责任制落实，努力打造最安全银行品牌。安保工作只有平时抓、抓平时，日积月累，才能强本固基，为各项业务健康、可持续发展提供坚实保障。各机构要按照总行相关要求，逐一对照抓好安全管理工作的职责履行、措施防范、制度建设、应急处置等基础工作，真正构建起境内外机构和直属及控股机构“三位一体”的集团化安全管理体系。

首先，各境内分支机构要认真执行《安全保卫工作职责实施细则》。负责安保工作的各级行领导要了解和把握总行安保工作职能拓展对分行安保工作的新要求，结合本行实际，协调解决本辖安保工作中出现的困难和问题；各级安保部门要根据上级行对安保工作的具体部署，学习了解现代金融企业安全管理的主要内容，落实积极防控的要求，论证提出需改进、提高的安保项目，逐步推进和实现专业化的安全管理；各基层网点要时刻绷紧安全保卫这根弦，把防抢、防盗、防火、防爆等各项安全责任分解到人，落实到岗，加强演练，防微杜渐，提高安保执行效果。同时，要加强安保服务外包管理。目前全行守押社会化、网点保安等安全服务外包项目，分别占全行外包项目总数和费用的50%和70%。在国内保安服务市场化尚不完善的情况下，各级行要严格落实对守押公司的日常监督检查，定期组织履约服务评价，及时发现问题，督促其限期改进。要联合同业共同探索和建立新的工作机制来打破现状，扭转困局。总行将借助今年中国银行业安保专业委员会成立、我行担任首届主任单位的契机，牵头组织建立金融同业联动机制，积极配合有关监管机构推进银行业守押社会化，争取在全面落实国务院《安保服务管理条例》方面有所突破，以点带面，解决行业垄断问题。

其次，各直属及控股机构要按照《安全管理工作指引》、《安全保卫专业评价表》等要求，结合自身实际开展安全评估工作，对遇到或发现的问题及时与总行沟通，提高解决问题的针对性和专业性。要从强化机制、完善制度、积极防范等方面入手，不断完善安全管理内容，提升安全防范能力。要综合衡量周边社会治安环境、可能遭遇攻击类型及威胁程度、业务经营管理种类及特点、内部人员结构及数量等因素，完善细化安全防护方案、措施与应急预案，推动安全管理工作逐步向规范化、专业化迈进。

最后，加强安保专业人才队伍建设。根据集团安全管理长远发展的需要，各级行在安保部门人员配置上应给予必要的倾斜。要坚持年富力强、责任和创新意识强、有一定管理经验和专业知识的用人标准，配好配强各级安保部门负责人。要改善安保队伍年龄结构、知识结构和专业结构不适应安保管理发展需要的现状，稳妥交替，避免断层断档，工作脱节。要多给安保从业人员加担子，促使其自我加压尽快适应岗位要求。同时，总行要组织全行抓好《安全导论》、《风险分析与安全调查》等安全管理教材的培训学习，通过岗位能力测试实行安保工作持证上岗和专业资格认证。

此外，要加强各境外机构安保工作管理。要在集团统一安全管理框架下，结合当地法律法规和经营管理实际，按照总行对境外机构安保服务整合一体化管理的要求，稳步推进安保服务外包工作。要依据《境外机构安全管理办法》逐步健全安保工作机制，结合机构经营状况和所在地安全形势，厘清工作思路，明确安防重点，制定应急预案。

同志们，2014年全行安全保卫工作、集团化安全管理将在创新发展的道路上不断实践，持续深化。各机构安全保卫部门要学习、了解和树立现代金融企业安全管理理念，紧紧围绕全行中心工作，以强化防案件、防事故、防灾害“三防”、实现保平安、保发展、保形象

“三保”和构建“最安全银行”为目标，以“四条防线”建设为抓手，巩固提高安全技防能力，切实防控外部欺诈风险，不断夯实安保工作基础，努力提升安全管理水平，为全行经营发展提供坚实的安全保障。

服务中心　建设队伍
努力提升机关党建工作科学化水平

——在中共中国工商银行总行机关第四次代表大会上的工作报告

刘立宪

（2014 年 9 月 12 日）

现在，我代表总行机关第三届委员会向会议作工作报告。

总行机关第三届委员会成立以来，认真贯彻落实中央国家机关工委和总行党委的决策部署，紧紧围绕全党工作大局和工商银行改革发展中心工作，真抓实干，开拓创新，总行机关党的思想、组织、作风、制度和反腐倡廉建设扎实推进，思想政治工作、精神文明建设和群众工作持续加强。特别是股改上市以来，总行机关各级党组织和广大党员干部，带头贯彻执行总行党委建设国际一流现代金融企业的战略决策，全力推进经营转型，持续推动制度创新和产品创新，努力提升核心竞争力，在建设“最优秀、最盈利、最受尊重”国际一流现代金融企业的实践中，较好地发挥了党组织的战斗堡垒作用和共产党员的先锋模范作用，得到了上级党组织的充分肯定和机关员工的高度好评。

一、第三届委员会工作回顾

（一）加强思想建设，努力提高党员干部的政治素质和理论水平。几年来，总行机关党委采取多种方式，组织党员干部认真学习马克思主义基本理论和党的基本路线、基本纲领、基本经验，根据中央的统一部署和总行党委的要求，组织开展了学习贯彻党的重要会议精神特别是学习贯彻党的十八大和十八届三中全会精神，学习习近平总书记系列讲话精神等活动，深入开展社会主义核心价值观教育和形势任务教育，督促和引导党员干部进一步坚定中国特色社会主义的理想信念，进一步坚定建设国际一流现代金融企业的信心和决心，努力把党员干部的思想和认识统一到中央经济金融方针政策上来，把智慧和力量凝聚到实现总行党委改革发展战略任务上来。

一是突出重点。在部署学习任务时，明确要求把重点放在深刻理解党的重大理论创新的时代背景、科学内涵和精神实质上，放在联系实际、学以致用、用有所成上，督促和引导各党支部进一步端正学风，努力用理论学习的成果推动本部室业务改革发展。

二是分层推动。机关党委和党支部明确各自任务分工。机关党委负责学习活动的组织推动，重点抓好支部委员和处级干部的培训工作，按照先学一步、学深一点的要求，为支部开展学习培训骨干，几年来共举办了支部委员培训班 10 期、处级干部理论培训班 16 期，1 000 多人（次）参加培训。同时，加强宣传报道，在网讯上开设“机关宣传”、“读书论坛”等专栏，交流和宣传各党支部学习情况、党员学习体会，反映和解答员工在学习中遇到的问题，营造浓厚学习氛围。各党支部在理论武装工作中发挥主体作用，党支部书记履行第一责任人职责，紧密结合本单位实际，明确学习重点，创新学习方式，将各项学习任务落实到每名党员。

三是创新形式。各支部结合党员思想和工作实际，通过集中学习与分散自学、知识竞赛、领学启发、交流研讨等多种途径，进一步强化理论学习的针对性、实效性和吸引力。例如，今年上半年举办七期学习贯彻习近平总书记系列讲话精神轮训班，机关 522 名处级干部和专家通过同步共享总行党校的培训资源，加深理解习近平总书记十八大以来一系列重要讲话精神，围绕党的建设、依法治国、意识形态与宣传思想工作、科学发展与改革开放、党风廉政建设与反腐败斗争、国际战略与外交工作等 6 个专题进行了有针对性的脱产集中学习，在较短的时间内有效提高学习总书记讲话精神的效果，增强了做好工作的信心和底气。又如，与党委组织部、党委宣传部联合举办总行处级干部学习贯彻十八大精神与管理能力提升培训班，把学习十八大精神与提升岗位能力有机结合。在学习形式创新中，还坚持开展了读书征文活动，党员干部广泛参与，踊跃报送个人所学、所感、所思、所得征文，互相启迪，共同提高。

（二）加强作风建设，努力建设廉洁、高效、服务总部。认真贯彻落实中央和总行党委、纪委各项工作部署，认真开展党的群众路线教育活动，着力解决形式主义、官僚主义、享乐主义和奢靡之风方面的突出问题；以增强党员服务意识、服务质量为主线加强改进作风建设；以完善惩治和预防腐败体系为目标加强机关反腐倡廉建设，解决突出问题与完善制度有机结合，总行作风建设和反腐倡廉建设取得新成效。

第一，扎实开展党的群众路线教育实践活动。去年7月开始，按照中央的统一部署和总行党委的安排，组织总行机关39个部室等领导班子、291位副总经理级（含专家）以上领导干部、830位处级（含资深经理、高级经理）以上干部、2 880名党员积极投身党的群众路线教育实践活动。在总行群众路线教育实践活动领导小组的指导下，通过坚持边学边查边改，着力解决总行机关在形式主义、官僚主义、享乐主义和奢靡之风等方面的突出问题，取得了明显成效。一是健全工作机制，精心组织推动。在总行党委党的群众路线教育实践活动动员会后，迅速制定了机关深入开展活动的实施方案及安排意见，根据机关特点对活动各环节做了具体部署；组建了10个参加部室班子专题民主生活会工作小组，加强工作指导和沟通交流；建立了周提示制度，定期发布“总行机关教育实践活动周提示”近30期。二是坚持开门搞活动，广泛征求意见。要求各部室主要负责人带头深入基层调研，就业务工作中新问题及重点工作，充分听取基层分支机构、客户经理、柜员、商品交易市场与政府单位客户等来自各个层面的意见和建议。三是突出整风精神，认真开好专题民主生活会。在广泛谈心的基础上，各部室主要负责同志主持起草本部室领导班子对照检查材料，每位班子成员自己动手认真撰写个人对照检查材料，深刻查摆了“四风”方面存在的问题和产生的根源。班子成员之间开展了诚恳的相互批评，坚持实事求是、出于公心、与人为善，达到了帮助同志、增进团结、促进工作的目的。四是狠抓整改落实，建立长效机制。各部室班子针对群众的意见、对照检查和自我剖析中查找出的问题，进行再梳理、再分类，从工作职责和工作定位出发，共制定整改措施638条，班子成员制定整改措施共1 379条。同时通过对机关现有92个制度办法的认真梳理，初步形成了较为健全的作风建设制度体系。通过网络平台、公告栏、宣传手册等形式，加强制度公开和宣传，自觉接受广大员工的监督。

第二，开展廉洁宣传教育。组织党员干部认真学习国务院廉政工作会议、中纪委全会和全行纪检监察工作会议精神，进一步提高对作风建设和反腐倡廉建设重要性的认识，牢固树立正确的业绩观、权力观和利益观；加强理想信念、党风党纪、廉洁从业和艰苦奋斗教育，筑牢反腐倡廉的思想道德防线；创新教育形式，丰富教育内容，运用正反典型进行宣传引导和警示教育，增强宣传教育的实效性；加强廉政文化建设，在总行形成浓厚的以廉为荣、以贪为耻的文化氛围。

第三，深入开展部（室）务公开。根据总行党委关于行务公开的部署和要求，结合实际研究制定了《总行机关部（室）务公开实施办法》，明确了部（室）务公开的指导思想、基本原则、内容、范围、形式和时限。除涉及国家秘密、商业秘密和上市公司信息披露管理办法规定不予公开事项外，重要决定、经营管理、员工利益、廉政建设、支部建设、财产管理六个方面的事项都应在本部室范围内进行公开。各党支部（总支部）认真组织，周密部署，狠抓落实，普遍建立领导小组，完善工作机制，制订实施方案，采取员工大会、公开栏、电子邮件、传阅文件等多种方式，将重要事项向部室内全体员工公开，进一步提高了部室工作透明度，保障了员工知情权、参与权和监督权，调动了员工参与民主决策、民主管理和民主监督的积极性，推进了决策科学化、民主化。中央国家机关工委《信息交流》第61期，专文介绍了总行机关推进部（室）务公开、改进工作作风的经验。在国家机关工委2011年“中央国家机关党务公开工作推进会”上，总行机关作为4个典型发言单位之一，介绍了把党务公开、部务公开有机结合，建立相互促进、协调运转工作机制的经验。

第四，开展作风建设调研与整改。为巩固扩大2007年机关作风建设集中教育成果，机关党委先后两次自下而上对总行机关作风建设情况进行了深入调研。2008年启动定点联系行制度，采取点面结合方式，发函征求各一级（直属）分行和直属机构意见建议，发放《总行机关各部室作风建设情况测评表》，重点对总行部室文风会风、秉公办事、工作效率、服务质量、协作配合及廉洁自律等进行测评。通过个别访谈员工座谈会、发放调查问卷等，共征求意见建议700余条，形成《关于总行机关作风建设情况的调研报告》，归纳出总行在区域政策、办事效率、人员培训、服务质量、工作作风等10个方面存在的突出问题，提出了加强教育管理、转变作风等多项针对性改进措施。姜建清董事长、杨凯生行长分别作出重要批示，要求各部室对照整改。各部室将调研报告作为学习实践科学发展观活动的参考，针对突出问题制定整改措施300余条，并落实了责任人和时间进度。2012年再次进行了总行机关改进作风情况调研，收集意见建议300多条，两次调研为改进总行机关作风起了较好的作用。

第五，开展调研报告评选。多年来坚持开展调研报告评选活动，鼓励机关处以上党员领导干部转变工作作风，深入实际，深入基层，深入客户，围绕总行党委关于全行改革和业务发展中的重点、热点和难点开展调查研究，帮助基层总结经验，解决问题，进一步提高服务意识和水平。几年来，各党支部（总支部）共报送调研报告1 100余篇，不少调研报告还得到国务院领导的重视并被中办、国办简报采用。

（三）加强组织建设，增强党支部的创造力、凝聚力和战斗力。按照“围绕中心、服务大局，拓宽领域、强化功能”的总体要求，主动适应新形势新任务，丰富党组织活动内容，创新党组织活动方式，党支部的活力和党员队伍的战斗力不断增强。

第一，深入开展集中学习教育活动。按照中央的统一部署和总行党委的安排，组织各党支部和党员积极投身保持共产党员先进性和深入学习实践科学发展观集中学习教育活动。在总行学习教育活动领导小组的领导下，结合机关特点和企业特色创新活动方式，确保总行教育活动取得扎实成效。一是精心制订方案。严格按照中央和总行党委的部署和要求，对活动的目标要求、基本原则、方法步骤以及组织领导等均作出具体部署和安排，确保活动按照统一程序和进度稳步推进。二是抓好组织推动。建立健全了联系人制度、群众监督评价制度、活动情况报告制度，督促各支部健全考勤及请销假制度，保证人员、时间、内容和效果四落实。三是结合实际，突出特色。结合总行经营管理和业务发展的特点，组织开展了“为基层服务，让群众满意”主题实践活动，督促各支部采取多种有效方式，进一步改进工作作风，提高服务意识和服务质量。通过开展先进性教育和学习实践科学发展观活动，总行党员干部对党员先进性和科学发展观的科学内涵、精神实质和根本要求的认识进一步深化，影响和制约改革发展的突出问题初步得到解决，总行机关集中学习教育活动取得明显成效，得到中央督导组和总行领导小组的充分肯定。

第二，组织开好部室党员领导干部民主生活会。严格按照中央国家机关工委和总行党委的部署和要求确定每次民主生活会的主题，在明确部室总经理、副总经理参加会议的同时，要求正（副）总经理级干部、处级机构负责人、党支部委员列席会议，机关党委派员旁听会议。各党支部高度重视，精心组织，做到了主题明确，程序规范，会前广泛开展谈心和征求意见建议，会上认真开展批评与自我批评，会后制定整改措施并落实整改责任与时限。按照行领导“要把民主生活会开成一个解决实际问题的会，一个达成新的共识的会，一个鼓劲加油的会”的要求，创新内容和形式，选择部分支部开展试点，把着眼解决本部门 1 ~ 2 个突出问题作为主要内容，与公开承诺结合起来，进一步增强了民主生活会的针对性和实效性，提高了民主生活会质量，党员领导干部的民主意识、大局意识、服务意识、创新意识和民主监督意识得到了加强，党支部自主活动能力和解决自身问题的能力得到了提高。

第三，开展主题党日活动。先后组织开展了“迎接十七大，保持先进性”、“讲党性、重品行、做表率”、“纪念建党 90 周年、深入开展创先争优”和“以优异的工作业绩，向党的十八大献礼”、“增强执行力、改进工作作风”、“创新服务、改进作风”等不同主题、各具特点的党日活动。各支部（总支部）通过上党课、重温入党誓词、开展知识竞赛、与基层共建、参观爱国主义教育基地、扶贫助困献爱心等活动，对党员进行党的基本知识、革命历史传统和爱国主义教育，进一步增强党员的先进性意识和投身国际一流现代金融企业的责任感和使命感。几年来，累计万余人（次）参加主题党日活动，112 个（次）党支部获得“优秀组织奖”。主题党日活动已成为总行机关加强党支部建设和党员队伍建设的著名品牌。

第四，开展“创先争优”评选表彰活动。坚持规范支部推程序，确保评选表彰的民主、公开、公正和公平，表彰的集体和个人能够代表总行先进水平。几年来，先后对总行机关 124 个先进基层党组织、388 名优秀共产党员和 156 名优秀党务工作者进行表彰，其中 5 个党支部、7 名优秀共产党员、4 名党务工作者还受到中央国家机关工委和总行党委表彰。

第五，加强制度建设。主动适应新形势新任务对机关党建工作提出的新要求，根据《中国共产党章程》、《中国共产党党和国家机关基层组织工作条例》及党内有关规定，在总结自身经验、借鉴其他单位成功做法并广泛征求各党支部意见建议的基础上，研究制定了《中国工商银行总行机关党支部工作细则》，建立健全了“集体领导”、“三会一课”、“加强学习”、“领导干部民主生活会”、“民主评议党员”、“思想状况定期分析”、“创先争优活动”、“定期报告工作”、“党风廉政建设责任制”以及“党支部书记岗位培训”等基本制度；完善了“集体领导、民主集中、个别酝酿、会议决定”的支部议事和决策机制。经机关党委全委会审议通过，印发各支部贯彻执行，推进机关党支部建设进一步规范化、制度化。

第六，加强党员教育管理。坚持从小事和细节入手，加强社会主义核心价值观教育，在总行机关开展关注形势、关心基层、关爱员工教育活动，鼓励党员干部尤其是青年党员，深入实际，调查研究，脚踏实地了解国情、社情、民情、行情，用身边的人和事自我教育，深化教育效果。几年来，坚持开展“回乡见闻”征文评选活动，各支部积极响应、精心组织，把征文活动作为一次开展党员自我教育的学习过程，作为一项提升员工思想认识水平和提高自身素质的重要活动来部署，领导干部带头撰写征文，广大干部员工热情参与，踊跃投稿。上报的征文数量和文章质量逐年提高。几年来累计报送征文 2 961 篇，评选出一等奖 87 篇，二等奖 180 篇，三等奖 359 篇，81 个（次）党支部获得优秀组织奖。对每年获奖的优秀征文都编印成册分发党员干部，引起较好反响。严格执行中组部《关于中国共产党党费收缴、使用和管理的规定》和总行党委的要求，加强指导和监督检查，确保所有党员按时缴纳党费；进一步建立健全帮扶机制，把党中央、工委和总行党委的关怀及时送达需要帮助的党员，每年“七一”、春节前后，对老党员和困难党员进行慰问，党员临时有困难随时给予帮扶，几年来，共发放慰问金、补助近20万元。

第七，认真做好党员发展工作。贯彻落实“坚持标准，保证质量，改善结构，慎重发展”方针，加强对入党积极分子的培养教育，认真落实培养发展计划，把发展对象的重点放在团员青年和业务骨干上，把培养对象的重点放在纳入培训的入党积极分子上。举办入党积极分子培训班，采取读书自学、专家辅导、录像讲座、闭卷考试等方法，组织学习《党章》、《入党教材》，重点进行党的基本知识和党史教育，帮助积极分子进一步端正入党动机，坚定理想信念。探索培训前摸底考试，不合格者不得参加培训的办法，以确保新党员的质量。同时在发展党员工作中，探索并逐步推广向群众公示、无记名投票表决等能够充分反映群众意见和党员民主权利的新做法。几年来审批发展154名新党员，批准259名预备党员按期转正；举办入党积极分子培训班4期，培训288人。

（四）加强精神文明建设，培育一流员工队伍。坚持“两手抓，两手都要硬”方针和“重在建设，贵在坚持，务求实效”工作原则，以创建“文明处室”为载体，开展群众性创建活动，为顺利完成总行各项工作提供精神动力、思想保证和智力支持。

第一，抓好文明单位细胞工程建设。按照《中国工商银行总行机关文明单位管理办法》，对创建活动的指导思想、评选标准、程序、表彰奖励等都作出明确具体的规定。在评选标准中，既对工作作风、优质服务提出要求，又对工作业绩、严格管理、依法合规经营等做出规定。在评选程序上，确定了“部室推荐—交叉考核—行内公示—党委会审批”的程序，同时注意发挥党支部的核心作用，坚持领导与群众相结合、定性与定量相结合，通过评选看到了差距，评出了干劲，明确了方向，达到了“比、学、赶、帮”的目的。几年来共评选表彰文明处室550个（次）。这些受表彰的处级机构已经成为机关两个文明建设的排头兵，机关党员干部的文明素质、业务素质和职业素养都有了明显的增强。

第二，动员全员深化创建活动。总行机关各部室针对现代金融企业建设的新形势对员工素质提出的新要求，从理论武装、岗位培训、道德教育、思想政治工作、作风建设等多方面入手，通过主题教育、创建学习型党组织、主题党日活动、学习交流会、知识竞赛、演讲比赛、文艺演出、网上论坛等多种形式，不断提高全体员工对创建活动必要性与重要性的认识，增强积极投身创建活动的自觉性与主动性，形成人人参与、积极争创的良好局面，总行机关创建工作取得新成效，连续9年荣获中央国家机关文明单位，连续5年荣获首都文明单位称号。

（五）加强改进思想政治工作，构建和谐总部。以人为本，重视员工的全面发展，尊重员工的主体地位和首创精神，把先进性要求与广泛性要求、思想认识和具体实践、解决思想问题与解决实际问题、教育引导和人文关怀结合起来，努力营造和衷共济、团结向上的良好文化氛围，建设和谐文化、和谐总部。

第一，用共同的价值观和愿景凝聚员工的智慧和力量。精心筹备每年春节团拜会，总行党委班子成员给员工拜年，振奋斗志、鼓舞士气，进一步密切党群、干群关系；坚持上党课，向党员干部重点阐述工商银行核心价值观、经营理念和目标愿景，进一步巩固全行员工团结奋斗的思想基础；坚持召开青年座谈会，总行党委成员面对面与青年员工座谈，听取他们关于改革与业务发展的意见和建议，了解他们工作、学习和生活方面的愿望和要求，对青年成长进步提出殷切期望，进一步增强青年员工的归属感和投身工商银行事业的责任感、使命感。

第二，开展思想政治工作，体现人文关怀。开展员工思想状况分析，通过采取问卷调查、召开座谈会等方式，把握员工的思想状况和情绪，进行有针对性的思想政治工作；管好内部网上的“行内意见与建议”栏目，把该栏目建设成员工建言献策的主渠道、开展网络思想政治工作的主平台，及时了解掌握员工关心的热点、难点问题，主动做好解疑释惑、化解矛盾、理顺情绪工作；邀请专家为总行员工作心理健康知识讲座，探索开展员工心理帮助工作。

第三，办好总行图书资料室。加快图书馆电子化建设，先后开通“电子期刊网”和数字图书馆，图书资料室总藏纸质图书达2万余册，电子类图书近5万册，电子期刊近1 500种，博硕论文42万余篇，实现了期刊杂志和图书阅览的电子化。同时新增“移动商学院”《现代企业管理（EMBA）培训课程》视频资料，为党员干部加强学习、提高综合素质、丰富文化生活提供服务。

第四，开展社会公益活动。先后开展向四川汶川、青海玉树和甘肃陇南地震灾区、甘肃舟曲泥石流灾区以及特困员工捐款捐物活动，总行机关员工6 000余人次捐款138万余元、募捐衣被1.7万余件，1 701名党员交纳“特殊党费”164.75万元。开展“迎奥运、讲文明、树新风”美化周围环境活动，2 000多人参加；组织“中国工商银行爱心行动”义务植树活动，为绿色奥运作贡献。

（六）加强群众工作，充分发挥其桥梁纽带作用。支持工会、共青团结合自身的特点和优势，围绕中心，开展形式多样、寓教于乐的活动。

第一，组织专题活动，丰富员工文化生活。近年来，组织开展了形式多样的员工文化生活。举办经济、军事、音乐和心理知识专题讲座，提高员工综合素养；开展创建学习型组织，争做知识型员工活动，教育引导员工树立终身学习理念；组织开展知识答题、参观展览、摄影展，丰富员工文化生活；坚持每两年举办一次职工文艺演出，先后举办了“歌唱祖国　爱我工行”、“庆祝建国58周年暨上市一周年”和“党旗飘扬——纪念建党90周年”等文艺演出，表演79个节目，2 000余人参加，评选出优秀表演奖、组织奖、创新奖、特别奖共计42个。通过组织丰富多样的文艺演出活动，既展示了员工的才艺，陶冶了员工情操，又培养了团队的凝聚力和向心力。

第二，组织开展群众性体育健身活动。坚持每两年举办一次机关职工运动会，平均每次有80多个项目，5 200余名员工参加比赛。近年来，组织开展登山、游泳、篮球、排球、羽毛球等30余项比赛，平均1 000余人（次）参加。总行机关成立了机关健身、乒乓球、网球、羽毛球、足球、篮球、排球、游泳和摄影等9个运动协会，实现自我管理，自我服务，吸引固定会员500多名。同时，还通过组队参加工委、同业、社区等组织的近30多项比赛，展示了机关员工良好的竞技水平和精神风貌。

第三，坚持为员工办好事、办实事。按规定为员工发放福利。几年来慰问机关困难、大病、失去亲属员工近300人（次）。

二、做好机关党建工作的体会

回顾总结这些年来的工作，我们对如何加强和改进新形势下机关党的建设有了更加深刻的认识和体会。

（一）总行党委的重视和支持是关键。总行党委始终把机关党建工作摆在全行党建工作突出重要的位置，高度重视，精心指导，为我们顺利开展机关党建工作提供了十分便利的环境和条件。凡机关党建工作的重大问题，总行党委书记都亲自过问，并及时做出批示；机关党委每年的工作总结和工作要点，总行党委成员都要审视；给工委的报告或印发各党支部的重要文件，同时抄报总行党委成员。此外，总行党委主要领导为总行党员上党课，帮助党员干部认清形势、明确任务，进一步增强责任感和使命感。总行党委成员坚持过双重组织生活，参加所在支部组织开展的各项活动，为总行党员干部做出了表率。

（二）“围绕业务抓党建，抓好党建促业务”是目标。党建工作和业务工作相辅相成，不可偏废，相互促进，共同发展，合则两利，分则两伤。脱离业务工作单纯抓党建，党建工作就会失去生机和活力；同样，单纯抓业务工作，业务工作也会因为缺乏思想保证、智力支持和精神动力而裹足不前。坚持这一指导思想，就是要围绕全行改革与业务发展这一中心，服从和服务于这一中心，把促进改革与业务发展作为检验和考核支部建设的重要标准，做到党务工作与业务工作一起布置、一起检查、一起总结、一起考核。

（三）与时俱进、开拓创新是动力。创新是机关党建工作保持生机和活力的源泉。在建设国际一流现代金融企业的新形势下，不能坚持做到与时俱进，开拓创新，机关党建的协助监督作用就无从发挥。要处理好创新与继承的关系。继承是前提，是基础，没有继承等于丢掉了党建的根本。创新是动力，没有创新，党建工作就会失去生机与活力。创新不能脱离实际，闭门造车，要不断地在原来的基础上有新的突破，工作措施在原来的基础上有新改进，工作水平在原来的基础上有新提高，只有这样才能使机关党建工作真正体现时代性，把握规律性，富于创造性。

（四）支部建设是基础。党的基层组织是党的全部工作和战斗力的基础。必须要以提高素质、优化结构、改进作风和增强团结为重点，努力把支部班子建设成为学习实践科学发展观的坚强领导集体；要以改革的精神研究新情况，改进支部的活动内容和工作方式，探索加强党员管理工作的新机制、新方法，提高党支部自主活动能力和解决自身问题的能力；要探索新的思路和方式，不断扩大党内民主，保障党员的各项民主权利。加强机关党的建设，基础在党支部；而做好党支部工作，关键在党支部书记。党员总经理兼任党支部书记，实行“一岗双责”，是机关党支部建设的一项重要制度，确保了党支部建设和业务工作有机结合，相互促进。

在总结成绩的同时，我们也必须看到，机关党建工作还存在着一些薄弱环节：一是在思想建设上，政治理论学习教育的多样性和有效性还有待进一步加强，部分党员的理想信念、宗旨意识还有待进一步提高；二是在组织建设上，有的基层党组织仍然存在“两张皮”现象，发展不够平衡，作用不够突出；三是在作风建设上，管理制度、监督措施有待进一步加强，个别党员干部违规违纪等问题仍有发生；四是在工作指导上，对机关各党支部（总支部）的分类指导还有待提高。这些问题，都要在今后的工作实践中进一步解决。

三、下一步机关党建工作的初步想法

机关党建是党的建设新的伟大工程的重要组成部分，党的十八大以来，习近平同志就机关党的建设作出了一系列重要论述，为加强和改进新形势下机关党的建设指明了努力方向、提供了根本遵循。下一步，总行机关党建工作总体要求是：以中国特色社会主义理论体系为指导，深入贯彻党的十八大和十八届二中、三中全会精神，按照中央国家机关工委和总行党委的工作部署，服务中心，建设队伍，以改革创新精神努力提升机关党建科学化水平，努力使总行机关党建工作走在全行党的基层组织的前头。

（一）巩固党的群众路线教育实践活动成果，进一步加强改进作风建设和反腐倡廉建设。总行本部是全行改革发展的指挥部，是各项工作思路、目标和措施的制定者，也是政策落实的推动者和执行者，发挥着承上启下的重要作用。要把深化机关改革和解决群众反映的突出问题作为重点，以好的作风持续抓好总行整改方案、专项整治工作方案和制度建设计划的落实。要深入开展示范教育、警示教育和岗位廉政教育，提高党员干部拒腐防变意识和能力。切实贯彻中央八项规定和总行党委《关于切实改进工作作风　密切联系群众的规定》，进一步加强对重要部门、重点业务和关键环节权力行使的监督。抓好部（室）务公开载体建设，创新公开举措，扩大公开信息量，增强公开的针对性，不断提高机关部（室）务公开工作的整体水平。鼓励机关副处级以上干部，深入实际，深入基层，深入客户开展调研，认真研究解决重点、难点问题。

（二）坚持加强思想政治建设，强化理论武装工作。要把创建学习型党组织，作为机关党建的首要政治任务，建立创建学习型党组织活动的长效机制。组织机关党员干部深入学习党的基本理论、基本路线、基本纲领、基本经验，全面系统掌握中国特色社会主义理论体系。同时，要加强应用性学习，坚持干什么学什么、缺什么补什么，做好“四结合”，即：坚持集中学习与分散自学相结合，主讲人领学与讨论相结合，学习业务与学习党建理论相结合，走出去学与请进来学相结合。要进一步发挥支部在学习中的主体作用，做到创建学习活动有计划、有安排、有考勤、有记录、有检查、有总结，引导党员干部把学习党建理论同研究解决基层最关心、最直接、最现实的问题结合起来，把学习引向深入。要继续抓好机关处级干部理论培训和支部组织委员、宣传委员、纪委委员培训，学习党的理论和银行新知识新业务，提高他们的政治素养、执行能力和党务工作技能。

（三）进一步加强组织建设，充分发挥基层党组织推动发展、服务群众、凝聚人心、促进和谐的作用。要根据总行机构发展的新变化，合理调整基层党组织设置，加强支部班子建设和党务干部队伍建设，扎实打牢基层党组织建设基础。坚持围绕中心、服务大局、拓宽领域、强化功能的基层党建工作基本指导方针，进一步发挥党支部的领导核心作用、发展引领作用、作风示范作用、工效提高作用、廉洁带头作用。不断探索和创新部室党员领导干部民主生活会的内容和形式，不断提高党支部民主生活会的质量，增强自主解决实际问题的能力。把主题党日活动同增强党性观念和先进性意识，提高党员素质，推动部室服务工作结合起来，进一步增强全行的核心竞争力和可持续发展能力。进一步推进党内民主，保障党员主体地位和民主权利。要严格执行党员领导干部“一岗双责”制度，做到业务发展和党建工作一肩挑、两手抓、两不误、两促进。

（四）大力推进机关文化建设，进一步拓宽党建工作的覆盖面。要认真总结近年来在机关文化建设方面的成功经验和有效做法，巩固扩大近年来机关文化建设的成果。要继续推进文明处室“细胞工程”建设，坚持公平、公正、公开的原则，坚持做好年度机关“文明处室”评选和表彰工作。充分利用“行内意见与建议”栏目，畅通员工思想反映渠道，及时了解思想意愿和心理情绪，掌握员工在工作、学习、生活等方面的问题和诉求，有针对性地开展思想政治工作。办好“机关宣传栏”，及时宣传全行改革与业务发展的举措和党建工作经验，表扬好人好事，在机关营造团结拼搏、奋发向上的良好氛围。

各位代表，机关党建作为党的建设的重要组成部分，必须适应新形势、新任务的要求，在继承中创新，在创新中加强，不断提高科学化水平，在推进改革与业务发展中更加充分发挥机关党组织的战斗堡垒作用和共产党员的先锋模范作用。希望机关全体党员干部在新一届机关委员会的领导下，团结奋进，继往开来，求真务实，开拓创新，追求卓越，为把工商银行建设成为“最优秀、最盈利、最受尊重”的国际一流现代金融企业作出新的更大的贡献。

在2014年全行案件查防工作会议上的讲话

刘立宪

（2014年10月22日）

去年案件查防工作会议以来，在经济下行压力较大、业务发展和风险控制各种不利因素较多的复杂情况下，各级行各专业部门按照总行的要求和部署，积极应对，勇于担当，结合实际认真落实各项案防措施，案件查防工作取得了预期效果，全行案件风险总体可控。但是，我们必须清醒地看到，当前案防形势错综复杂，案发诱因、环节和作案方式出现许多新的变化，全行内部案件涉案金额、外部案件数量和涉案金额、案件风险率等指标同比均有不同幅度的上升。其中，发案数量多、涉案金额大、给工行带来较大资金和声誉损失的主要有三类案件：一是员工违规参与非法集资、民间融资和经商办企业引发的案件和风险事件；二是违法放贷和贷款诈骗；三是理财业务领域案件和欺诈风险。这次会议聚焦这三类案件，进行重点分析和研讨，提出应对之策。一天半的会议，13 个分行和总行相关部门介绍了查处相关案件和案件风险事件的情况，剖析了存在的问题，揭示了潜在的风险，研讨了具体的解决措施。下面，我根据会议交流和讨论的情况，谈几点意见。

一、关于员工参与非法集资、民间融资和经商办企业问题

员工参与非法集资、民间融资和经商办企业问题，近三年来总行一直将其列为整治的重点。经过排查治理，这类案件风险得到了一定程度的控制，去年以来，此类案件和案件风险事件同比下降 22%，说明排查治理工作是有效的。但排查也发现，不同程度地参与此类事件的人数同比有大幅度上升，今年 1～8 月全行发现参与非法集资、民间融资和经商办企业的员工××人，是去年同期的××倍；其中，参与非法集资××人、民间融资××人、违规担保××人、为民间借贷充当资金掮客×人、经商办企业××人、在企业中兼任职××人。此类违规人数增多，一方面说明排查工作深入、有效，揭露了以前“潜伏”的问题，如湖北、四川、陕西、辽宁、山西、深圳分行积极协调当地工商管理部门，通过检索企业注册信息共发现经商办企业和在企业兼任职员工××人；另一方面，也表明此类问题相当严重，在全行范围内大量存在。今年发现的员工经商办企业和在企业兼任职的××人中，有××人是湖北等 6 个分行排查出来的。全行如都像湖北等 6 家分行那样深入排查，这个数字肯定大得多。

会上交流的经验和做法表明，解决这类问题的关键是通过排查摸清底数，对症下药，但实际工作中各分行的排查治理仍存在一些问题，主要有：一是排查工作走过场，没有形成有效威慑。一些行认为近年来已经部署开展了多次专项和日常排查，能发现的问题基本上都发现了，产生排查疲劳感，对排查工作的重视程度逐步递减甚至被动应付。如河北保定分行蠡县支行对员工李某某在当地农信社代办所兼职长达 10 年之久的情况毫无察觉，直到其因挪用农信社客户资金 800 余万元被公安机关刑拘后才知晓。二是行之有效的排查手段未得到落实。在去年全行案件查防工作会议上，总行提出要借助工商管理等部门的相关信息开展员工经商办企业行为排查，以提升排查工作的精准度和有效性。从总行掌握的情况看，有多家分行未能很好地落实这一措施，上报的排查数据可信度不高，有的分行甚至排查数据为零。去年案件查防工作会议上，我就对个别分行排查为零的情况高度存疑，并提出了批评。一年来有的分行积极改进，排查工作取得新的进展，但有的分行仍是“涛声依旧”。总行相关部门要对多次排查仍为零的分行进行专项检查，确实做得好，就要全行点名表扬，反之，则严肃批评，全行点名通报。三是个别基层机构管理混乱、治理工作不力。特别是对总行反复强调的高风险人员和业务环节疏于管理，使参与非法集资和民间融资的员工借机将风险推卸给银行。如江苏镇江分行丹阳界牌支行原行长吴某某离职后，以核对在职期间部分业务为由进入营业室现金区，趁人不备，在其个人集资的借条上偷盖了支行核算用章，企图将其参与非法集资造成的巨额亏空转嫁给银行。四是对在编不在岗人员仍然缺乏有效管理。据统计，全行共有在编不在岗人员 54 000 余人，如何对这些人员在行外的行为进行约束，他们可以从事哪些类型的工作、哪些行为是绝对禁止的，目前全行还没有统一明确的界定和规范，对一些疑似违规行为难以把握和处理，导致一些行对这部分人员的管理疏于职守，有的行甚至不管不问，放任自流。五是处罚失当，失之于软。一些行对员工违规参与非法集资、民间融资和经商办企业的危害认识不足，对已发现的违规行为往往以没有发生严重后果为由，轻描淡写，大事化小，没有严格按照有关规定给予相应的纪律处分。如上半年，总行检查发现，辽宁葫芦岛分行对参与经营典当行等经商办企业人员，仅给予了核减绩效或通报批评处理。这种不痛不痒、违规低成本的处理，不仅没有警示和震慑作用，反而助长了此类行为的蔓延。

各级行各部门要针对工作中存在的问题，继续把查处此类问题作为案件查防工作的重点。一是要切实提升排查工作的威慑力。要针对员工参与非法集资、民间融资和经商办企业隐蔽性强、危害性大且极易出现反复的特点，克服松懈麻痹思想，将排查治理工作常态化、常抓不懈。要积极构建“从人到事”和“以事找人”相结合的排查工作机制，综合分析判断员工的异常行为表现、异常资金往来和异常业务痕迹，增强排查工作的精准度，使员工参与非法集资等行为无处遁形。要开展员工经商办企业情况的全面排查摸底。与非法集资和民间融资相比，经商办企业和在企业兼任职人数更多，且往往在工商管理部门留有痕迹，这是我们发现此类问题的重要突破口。各行要积极协调当地工商管理等部门，借助其掌握的企业注册等信息对辖内员工经商办企业和在企业兼任职情况继续进行摸底排查，对发现的问题要逐一核实，采取坚决有效的措施予以治理，并将相关情况上报总行。二是要加强对易发高发岗位和业务环节的管理。各行各部门要根据案发特点和规律，针对本单位经

营管理的薄弱环节，确定需重点排查、检查和监督的岗位，当前特别要对银行辞离职人员返回原单位活动的情况保持高度警觉，坚决禁止无关人员特别是辞离职人员以任何理由进入现金区或代客户办理业务；要加强空白定期存单、理财协议以及会计核算专用印章的保管使用，防止被盗用、滥用。三是要完善在编不在岗人员管理。总行人力资源部要会同内控合规部结合在编不在岗人员特点，进一步完善相关管理制度，有堵有疏，划清界限，对在编不在岗人员的禁止性行为作出明确规定，并将这些规定传达给每名在编不在岗人员，要求他们依照国法行规约束自己的行为，凡违反的必须依规依纪严肃处理。四是要进一步加大惩处力度，发现一起，严肃惩处一起。从明年开始，排查和处理情况要半年一报，总行相关部门要认真审核，从严掌握，处理偏轻的要坚决予以纠正，管理失职的要严肃追究责任。各行要定期点名通报违规人员和处理情况，警示和教育员工自觉远离和抵制非法集资、民间融资和违规经商办企业。

二、关于违法放贷和贷款诈骗问题

信贷业务领域是当前银行业金融机构案件高发领域，主要表现为违法放贷和贷款诈骗。据银监会通报，去年以来银行业金融机构共发生此类案件51件，占全部案件的34%，涉案金额近10亿元。一年来，我行共立案查处违法放贷和贷款诈骗案件××件、涉案金额××万元，占全部案件数量的××%、涉案金额的××%。此外，还发生案件风险事件××件，涉及金额××万元。上述案件和案件风险事件，共有×亿余元贷款形成不良，造成了重大资产损失。

一年来全行发生的违法放贷和贷款诈骗案件的特点非常鲜明，认真剖析这些特点，研究案发原因，对我们有效防范此类案件具有重要作用。这些违法放贷案件主要有三个共性特点：一是均由公安机关在查办外部贷款诈骗案件过程中，发现银行员工涉嫌违法放贷的线索而牵涉出来的。二是涉案岗位均为贷前调查人员。在全行相关案件中，共有××名信贷人员被公安司法机关采取强制措施，他们均参与了贷前调查，其中客户经理×人、公司部门负责人×人、支行行长×人。三是信贷人员在贷款调查过程中均存在失职行为和违规问题，主要表现在对贷款申请人的借款用途、偿还能力、抵质押物的权属和价值等不进行审查，或虽进行了审查，但流于形式、疏于职守，未能发现申请人蓄意骗取银行贷款的问题，甚至个别人员还收受了贷款企业好处，道德风险和操作风险相互交织。在贷款诈骗案件中，也有三个共性特征：一是不法企业基本上都通过伪造贷款资料和虚构贸易背景等方式恶意骗贷。二是骗贷企业往往与银行建立了相对固定的信贷关系，以往的信用记录比较好，贷款均按期归还，形成优质客户的假象。三是骗贷企业主要是中小企业，贷款品种主要为商品融资、订单融资和保理等。

从已发生的案件看，贷款诈骗案件中往往也有银行员工违法放贷问题，有的违法放贷案件则是由外部贷款诈骗案件引发的，两者交织，互为因果，较为复杂。其中的共同点都与信贷管理工作中的疏于职守密切关联，成为案件发生的重要内因。一是重利润指标、轻风险管控，信贷经营存在重大偏差。有的在信贷业务发展过程中，盲目扩大信贷规模，放松风险防控和信贷管理，甚至降低信贷准入标准、帮助企业规避总行信贷政策；有的对中小企业贷款的特殊性不了解，对贷款过程中出现的风险隐患和苗头性问题不够警觉、反应迟缓、处置不力；有的对新型贷款业务的风险点不了解、不掌握，对一些新推出的贷款品种凭感觉盲目放贷，形成了风险；有的对信贷审查中违规行为可能带来的风险不敏感，没有从违法放贷的角度去思考和把握；有的片面认为信用风险低的业务操作风险也低，对低信用风险业务在操作上把关不严、降低标准，甚至违规操作，结果把低风险变成了高风险；有的只凭过去的信用记录和经验办事，根本不了解企业现状，放松信贷管理要求，结果被这些所谓的“优质客户”轻易骗取了贷款。二是贷前调查严重失职。主要表现为：不执行或变通执行双人调查制度，对企业生产经营情况、贷款资料、偿还能力、贸易背景、抵质押物的权属和价值等要素不严格审查，甚至不审查，如在山西长治分行发生的违法放贷××万元案件中，贷前调查人员未对企业生产经营情况和财务报表等进行尽职调查，对贷款企业贸易背景的真实性没有进行核实，致使不法分子轻易骗取了贷款。三是审查审批流于形式。有的审查审批人员偏重于“形式合规”，没有认真审查分析贷款资料和相应单据的匹配情况，疏于把控实质性风险，忽视对客户真实融资需求的判断，甚至在贷款要件不全的情况下贸然批贷。如青岛分行银票质押贷款诈骗案件风险事件，审查审批人对贷前调查人员未提供调查报告、银票未质押背书等异常问题均未提出异议，审查形同虚设。四是贷后管理不到位。主要是对融资用途改变、贷款资金回流、销售归行异常以及抵质押物人为变动甚至“脱管”等情况监测不到位、处置不及时。如在黑龙江牡丹江分行发生的违法放贷案件风险事件中，贷后管理人员未定期检查监测抵押物状态，未能发现贷款企业违法挪用抵押物的情况，致使贷款出现风险。五是一些信贷人员业务技能欠缺、依法合规意识淡薄。已发生的案件和风险事件表明，一些信贷人员的业务知识结构和技能过于陈旧，尤其对商品融资、订单融资等业务不熟悉，对其中的关键风险环节把握不准，不能有效识别贷款企业的“空城计”和“调包计”；一些信贷人员依法合规意识不强，为完成经营任务指标甚至给不符合信贷标准的贷款企业出谋划策，为客户包装信贷资料使其形式上达标，更有甚者从中收受贿赂。六是惩处不力。对信贷业务领域的违规违纪甚至违法问题处理失之于宽、失之于软，追究基层机构贷前调查、贷后管理人员的多，对负有责任的审查、审批以及管理人员的处理少；对应该从严追究责任的仅给予批评教育、警告等轻处理，连绩效、奖励都照发不误，甚至有的还提拔重用。这种是非不分、奖惩不明的做法，形成了案防工作的负面导向，长此以往将从根本上动摇工行的信贷传统和合规文化，必须引起各级管理人员的高度警觉。

根据银监会年初设定的案件风险率指标监管目标值，今年我行一类和二类案件的涉案金额总和不得超过8 000万元。但截至目前，我行的相关案件涉案金额已经达到××万元，其中的××万元就是×件违法放贷案件的涉案数额，此外还有多起违法放贷和贷款诈骗案件风险事件可能转立案，一旦突破案件风险率监管目标值，将会给全行经营发展带来重大影响。

因此，各级行要将查处和防范违法放贷和贷款诈骗案件作为当前和今后一段时期案件防范工作的重中之重，采取切实有效措施，消除案件隐患，保障信贷资产安全。一是要使各级信贷人员明确并把握好违规与违法的界限，坚持审慎的工作原则。我国《刑法》规定，银行或其他金融机构工作人员违反国家规定发放贷款，数额巨大或者造成重大损失的，就构成违法发放贷款罪。在司法实践中，“国家规定”主要是指《中华人民共和国商业银行法》，其第三十五条和第三十六条规定，商业银行贷款应当对借款人借款用途、偿还能力、还款方式、保证人偿还能力，抵押物、质物的权属和价值以及实现抵押权、质权的可行性等进行严格审查。在发放贷款过程中只要违反上述任一环节的规定，数额在100万元以上或造成损失在20万元以上的，就构成违法发放贷款罪。因此，信贷人员在信贷工作中的违规操作就不仅仅是违规问题，只要越雷池一步，就可能构成犯罪。各级行都要教育信贷人员切实提高认识，认真审慎从业，充分履职，坚决杜绝违规、违法操作。二是要切实加强信贷管理。今年银监会下发了《关于加强信贷管理严禁违规放贷的通知》，提出了客户准入、贷前调查、审查审批、贷款发放和贷后管理等环节“十个严防、严禁”的具体要求，各级行和信贷管理部门要在“严禁违规”四个字上做足文章，下大力气，不折不扣地贯彻落实。要严格审查客户准入资格，严防利用不真实生产经营信息和虚假资料骗取贷款；要认真核实客户贷款需求和贷款资料的真实性，严防利用虚假资料或虚假担保等骗取贷款；要严格按照规定程序审批贷款，严禁逆程序操作和超权限审批。三是要开展信贷业务领域的案件风险排查。各行和信贷管理部门要结合自身信贷风险情况，深入开展违法放贷和贷款诈骗案件风险专项排查，认真整改违规问题，对涉嫌违法放贷和贷款诈骗案件线索要立即启动应急预案，并在第一时间向总行报告，努力将事件造成的负面影响降到最低。四是要加强对信贷人员的警示教育。各行和信贷管理部门要集中开展对信贷人员的案例警示教育，用发生在身边的典型案例，讲解在日常信贷工作中可能构成违法放贷的情形及后果，使信贷人员准确把握违规和违法的界限，提高合规放贷意识。五是要对信贷违规行为从严惩处。近期，总行下发了《关于加强和规范信贷业务违规违纪责任人处理意见》，各行要严格落实，对信贷业务中的违规违纪行为不放任，追责不敷衍，通过从严惩处，切实促使信贷人员提高合规放贷意识，坚决杜绝和抵制违规甚至违法放贷。

三、关于违规理财问题

近年来，理财业务领域案件和案件风险事件高发。这些案件和案件风险事件，有四个明显特征：一是作案人均为客户经理或柜员。二是作案手段主要是以帮助客户购买银行高息理财产品或代客户理财为诱饵，挪用或诈骗客户资金。三是作案行为比较隐蔽，资金划转大多不经过银行柜台办理，且作案人往往采用挪后补前方式掩盖犯罪行为。四是涉案资金主要用于参与民间融资、本人或直系亲属经商办企业以及投资股票、贵金属等。如宁波分行柜员李某某以帮助客户购买银行内部发行的理财产品为由，与客户事先约定购买金额，骗取客户直接到其柜台购买所谓的“内部理财产品”，实际将客户资金划转至其控制的账户，然后再将事先伪造的个人理财产品申请书加盖核算专用章后交给客户作为购买凭证，共划转××名客户资金××余万元，供其家人用于投资股权或挥霍。

此外，在理财业务领域近年来还出现大量违规问题，如捆绑销售、片面夸大收益、未有效提示风险、代客户办理风险评估、私售非我行授权的理财产品即所谓的“飞单”，其中性质最恶劣、形成的风险隐患最突出的就是“飞单”。今年6月，总行内控合规部在对5家一级（直属）分行进行相关检查时，发现3家分行存在“飞单”问题，共计××笔、涉及资金××万元，其中湖南分行营业部的××个网点，竟然有×个存在“飞单”问题。“飞单”问题大范围内存在，不仅造成我行存款的流失，而且一旦理财资金无法兑付，必然给我行带来资金和声誉风险。这些“飞单”的背后，隐藏着我行参与“飞单”员工收受商业贿赂的嫌疑。

理财业务领域出现大量问题的原因，一是对客户经理的营销行为缺乏有效监管。近年来，随着我行运营改革的逐步推进，对柜台内的交易类行为建立了比较有效的监控机制，而对于柜台外的营销类行为，在系统上还缺乏有效控制，监控上难以完全覆盖，评价上更是重结果轻过程，有时为了营销业绩甚至放纵违规行为。由于缺乏有效监管，一些客户经理对违规心存侥幸，有恃无恐，公然在营业场所以营销为名私售理财产品甚至诈骗客户资金。二是对转账汇款业务真实性的审核存在疏漏。按照总行相关规定，转账汇款业务的真实性由经办柜员负责。有的行能够从自身风险管控情况出发，为柜员办理转账汇款业务设置风险额度，要求现场管理人员对超过限额的转账汇款业务真实性进行把关，但也有的行对此类风险关注不够，对柜员办理转账汇款业务不加限制，客观上为挪用客户资金的违规违法行为提供了可乘之机。近年来已相继发生数起柜员以帮助客户购买理财产品为由，通过转账汇款交易挪用客户资金的案件。三是利用客户的信任，透支、损害工行的诚信。有的行在理财业务管理中，为完成销售产品指标，放任甚至是纵容违规销售行为，有意无意甚至故意误导客户，利用客户的信任和对产品风险缺乏认识达到销售的目的。一旦出现风险，又百般推卸责任。这种行为极大地损害了工行的社会声誉，自毁长城。

近期，总行下发了《关于加强理财产品合规销售管理的通知》，各行要认真贯彻落实，采取有效措施切实防范违规理财类案件和“飞单”的发生。一是要加强客户经理合规教育和监督管理。总行监察室将对近年来客户经理岗位案件和风险事件进行梳理分析，编发系列案例教育专刊。各行也要结合本行实际开展专题案例警示教育，进一步提高客户经理的依法合规意识。各行和相关部门要积极探索加强客户经理监督管理的方式方法，通过建立有偿举报机制、定期回访客户、产品购买短信提醒、完善营业网点理财及客户经理办公区监控录像及录音设置、监测核查异常资金往来等多种方式，加强对客户经理营销行为的监督管理，及时发现和震慑违规行为。二是要深入开展违规理财排查治理。根据总行部署，目前全行正开展第三方理财产品销售规范性专项治理，各行和相关部门要以此为契机，通过与员工谈话了解、突击检查办公场所、调阅监控录像以及回访客户等方式深入开展违规理财排查治理，对于发现的问题要从严执纪、从重问责，特别是“飞单”行为，要发现一例，严惩一例，绝不姑息。三是要加强业务真实性审核。总行个人金融业务部、运行管理部和各行要认真研究分析违规理财类案件的作案手段和特点，堵住大额转账汇款业务真实性审核中存在的漏洞，同时要加强现场管理人员的教育培训和履职管理，切实提高对客户身份真实性、业务凭证真实性特别是交易意愿真实性的审核能力。四是要加强对客户的风险提示。各行和相关部门要把如实向客户提示风险作为维护工商银行利益和声誉的重要手段，纳入合规营销的考核范围，通过网点显示屏、宣传册、专题讲座、短信、微信等多种形式，引导客户树立正确的投资理念，提高风险意识和识别虚假理财信息的能力。

最后，借这次会议机会，讲讲案防工作牵头部门的调整问题。2013 年底，银监会对银行业金融机构案防工作提出了新的监管要求，其制定下发的《银行业金融机构案防工作办法》规定，银行业金融机构应当明确负责合规管理工作的部门为案防工作牵头部门。根据监管要求，近日易会满行长主持召开了专题会议，研究了全行案防工作牵头部门和案防职责调整问题。会议充分肯定了近年来纪检监察部门牵头案防工作取得的成效，指出全行各级纪检监察部门紧密围绕改革发展中心任务，发挥案防工作牵头部门的组织协调作用，会同相关部门狠抓案防长效机制建设和案防责任制落实，严查各类案件和案件风险事件，全行案防工作主要指标保持银行业先进水平，案防工作成效显著。同时，会议作出了四项决定：一是将全行案防工作的牵头部门由监察室调整为内控合规部，重新划定总行内控合规部、监察室和安全保卫部案防工作职责。各一级（直属）分行案防工作牵头部门比照总行方案调整，行领导的分工由各行结合自身实际情况研究确定。二是保留总行案件防范工作领导小组，负责审议集团案防工作计划、案件及风险事件专项治理方案等重大事项。领导小组办公室设在总行内控合规部。三是案防工作职责调整后，总行内控合规部、监察室、安全保卫部内设机构保持不变。考虑案防牵头部门职责承接需要及内控合规部实际情况，适当增加总行内控合规部人员编制，负责案防牵头管理有关工作。四是全行要一如既往地高度重视案防工作，继续保持上下联动、协调配合、齐抓共管的案防工作机制。内控合规部要切实发挥牵头部门的组织协调作用，各有关部门也要切实履行自身案防工作职责，共同推动案防工作取得新的成效。上述决定和要求，总行已下发会议纪要。

银监会规定案防工作由合规管理部门牵头负责，主要是考虑银行业的案件基本上是由操作风险引发的，多发生在具体业务环节。合规管理部门负责日常操作风险防范和风险排查，由其牵头更有利于案防工作的开展。应当说，银监会的规定符合案防工作的实际情况。各级行要认真落实监管部门的规定和总行的决定，尽快调整到位。前一段时间，有的同志对案防工作牵头部门调整后应如何履行部门职责有些疑惑和担心，希望总行尽快加以明确。实际上，案防工作牵头部门的调整只是承担案防工作责任部门顺序的调整，“一变四不变”。“一变”是牵头部门的调整；“四不变”是：各部门原有的职能没有变；案防工作是全行性的工作，各级行行长作为第一责任人的总要求没有变；案防责任部门之间相互配合、支持，形成合力的工作关系没有变；查防结合，遏制重大案件和风险事件发生的工作总目标没有变。从案防工作任务的角度，调整后的职责可以这样简约表述，内控合规部门作为案防工作牵头部门，其职责是以防为主，并按照总行案防工作领导小组的要求，部署案防工作、规范案防制度、督查案防措施落实情况、报告全行案防工作；监察室作为案防职能部门之一，其职责是以查为主，根据案件和案件风险事件暴露出的问题，严肃处理、违规惩戒、定点督导、执纪协查、由标治本。具体职责，总行会议纪要中有清晰划分，在这里就不细说了。

同志们，这次会议重点研讨的三类案件及案件风险，是当前和今后一段时期全行案件查防工作的重点。对当前复杂严峻的案防形势，各级行各部门要始终保持清醒的认识和高度的警觉，重视会议就三类案件及相关风险事件作出的风险提示，充分运用和借鉴会议交流和探讨的相应对策，结合9月1日已开展的重点领域案件专项治理活动，统筹部署安排，落实好各项防控治理措施。各级行要以案防牵头部门调整为契机，进一步明确案防责任制，严肃责任追究，确保案防责任落实到位。总行相关专业部门对会议上提出的问题要认真研究具有可操作性的解决办法，切实把会议成果转化为案件查防工作的实际成效。

在中国工商银行2014年资产管理业务工作会议上的讲话

张红力

（2014年1月21日·根据录音整理）

这次会议的主题是：总结2013年资产管理业务各项工作，分析当前面临的机遇和挑战，部署今年重点工作，推动全行资产管理业务持续、健康、协调发展。

一、2013年全行资产管理业务取得了良好的发展绩效

一是全行资产管理业务保持稳步发展态势。2013年，实现资产管理业务净收入××亿元，同比增长××%；理财产品日均余额达到××亿元，同比增幅超过××%；累计发行本外币理财产品××亿元人民币，同比增长××%；向客户支付投资收益达到了××亿元，同比增长××%。业务收入、产品余额、产品发行、投资收益等指标四行占比均位列第一，我行国内最大资产管理银行的地位进一步巩固。

二是业务和产品创新成果丰硕。增利产品全系上线并实现了期限全覆盖；创新推出量化策略贝塔、阿尔法产品以及封闭式债券基金投资产品、母子信托TOT产品等新产品；研发惠民理财产品，将更多客户纳入到我行资产管理业务的服务范围中。创新推出了理财直接融资工具、理财直投业务、中小企业私募债业务、资产证券化业务等模式。投资能力得到国际同业初步认可，首次接受国际专业机构投资者的投资管理委托。资产管理业务的多个产品在全行“产品创新奖”评奖中获奖。

三是业务管理和风控水平持续提高。我行严格落实银监会8号文件精神，2013年末全行非标准化债权资产占理财产品余额的××%，占上年度全行总资产的××%，完全控制在监管要求限额内。修订了信息披露管理办法，率先实现理财产品信息披露全系统化管理。人民银行8号公告出台后，自营和理财债券账户之间、理财产品债券账户之间不得办理债券交易结算，这对理财的日常投资运作和到期兑付产生较大影响。全行通过安排无固定期限产品流动性、新发期次产品、新增内部产品融资和外部交易融资渠道等方式，有效应对不利影响。

四是综合经营能力持续提升。理财通过股权融资、定向增发等方式满足了客户多样化融资需求，提升了我行的融资服务能力。通过发行跨季起息、季末到期产品和保本产品，贡献了××亿元个人存款和××亿元对公存款。配合渠道部门拓展市场，发行包括支持商友会员、定向县域、新网点营销等在内的高收益专属理财产品超过××亿元，发行支持法人或养老金重点客户的高收益法人定制产品超过××亿元。2013年末，全行理财产品托管在本行的余额××亿元，贡献托管收入××亿元。

2013年资产管理业务取得的成绩，是总分行艰辛努力、锐意探索、不懈奋斗的结果。我谨代表总行党委向全行资产管理业务战线的同志们致以真诚的问候，向大家2013年的辛勤工作表示由衷的感谢！

二、2014年资产管理业务的发展目标和关键举措

2014年是全行“大资管”战略实施的开局之年，全行要实现以下经营目标：理财产品日均余额达到××亿元，理财产品销量达到××亿元，年末理财产品余额达到××亿元，资产管理业务线实现净收入××亿元，总行本部考核利润达到××亿元。在这里，我再结合2014年资产管理业务的重点工作谈几点意见。

（一）资产管理业务已经成为全行重要的中间业务

收入来源，要客观认识利润中心改革后的收入分配问题。近年来资产管理业务发展迅速，收入快速增加，已经成为全行中间业务收入的重要来源。从近三年的数据看，全行中间业务收入的复合增长率是××%，资产管理业务条线收入的复合增长率达到了××%，比全行中间业务收入平均增速快×个百分点。2013年，全行资产管理业务占中间业务收入的比重超过××%。资产管理业务对全行盈利的贡献能力不断增强，不仅是总行资产管理部努力工作的成效，也包含了分行的辛勤付出。从分行角度看，去年资产管理业务收入增长不如往年强劲，我认为要从几个方面去理解这一问题：一是去年全行中间业务收入增长普遍趋缓，作为利润中心，总行资产管理部还要进行本部考核，这可能会使资产管理业务的实际分配收入达不到很多分行的预期。二是去年全行实现资产管理业务收入××亿元，总行利润中心仅分配××亿元，分行实现的业务收入达到了××亿元，而2012年全行资产管理业务实现的收入也仅为××亿元，可见分配给分行的收入是实质性增加的，并没有减少。三是增速放缓与我们的产品结构也有很大关系。首先，去年保本产品比2012年增加了1倍还多，但保本产品从全行的角度来看基本不赚钱，分行销售保本产品积极性很高，导致非保本产品日均余额出现了下降，管理费增加起来自然很难。其次，去年理财产品规模波动加大，货币市场利率上升明显，特别是年中和年末两次债券收益率飙升更是加大了流动性管理的难度和挑战，货币市场利率远高于理财收益也使得我们损失了一部分管理费。再次，跟分行推荐的项目结构也有关系，去年分行推荐的项目投资收益普遍偏低，部分分行为了帮助客户解决融资问题，下半年资金紧张的时候甚至连项目推荐费都不要。所以说，去年分行中间业务创收的困难是多方面的因素导致的，希望全行全面、客观地来分析和看待问题。

（二）在大资管的背景下正确认识理财和存款的关系，顺势而为，做大全行的客户基础。

一要认识到储蓄存款相对减少是必然趋势。国际经验表明，在利率市场化过程中，存款增长都是趋缓。在我国，理财产品作为利率市场化的重要推动力量，必然使存款在客户的金融资产中的占比下降。从统计数据来看，储蓄存款在个人金融资产中的占比已经由十年前的90%下降到目前的70%，未来还会继续减少，有预测说五年后可能下降到50%左右。这种减少是在客户保值增值需求不断旺盛的背景下的必然趋势，我们要把握规律，顺势而为。

二要辩证地认识储蓄和存款的关系。全行要从思想上去除在存款与理财之间划份额、抢地盘的旧观念，建立理财和存款双向促进、共同发展的新思路。存款和理财都是工商银行服务客户的工具，现阶段全行要特别重视通过加快理财创新来吸引客户资金，把理财和存款同时做大。要将理财作为存款增长的有效依托，通过做大理财规模来做大存款。实践已经证明，凡是理财发展比较好的分行存款情况也比较好。根据总行对去年××家分行数据测算，理财日均余额增长较快的××家分行平均增速××%，其日均存款增长也达××%；理财日均余额增长较慢的××家平均增速××%，其日均存款增长仅为××%。

三要着眼于做大全行客户基础。要从服务客户多元化资产配置的战略布局出发，着眼于客户价值创造和为客户提供更多资产服务选择，不仅要稳定老客户，更要吸引新客户，通过创新的产品和服务做大我行的客户群，积聚和沉淀客户资金。只有做大了客户基础，才能为储蓄和理财的发展奠定基础。

四要实现客户全覆盖。要建立开放式的银银平台，灵活互联，做“银行的银行”，使这些机构成为代理我行产品的平台。拓展保险、中小银行、财务公司，为理财寻求长期稳定的资金来源。要适应互联网金融发展趋势，以更友好的交互方式、更便利的购买体验提高客户的满意度，在方便行外客户购买我行理财产品之后，进一步吸引其成为我行的稳定客户。

（三）加快业务创新，确保资产管理业务在风险可控的基础上创新发展。要重点围绕三个方面创新：一是项目投资模式创新。要研究针对具体行业、企业类型和特定区域的投资模式，推动理财持有资产证券化，同时将理财直接融资工具、中小企业私募债、信贷资产流转业务等创新模式常态化、规模化。二是创新项目营销思路。资产管理业务要积极走出去，主动向市场寻找项目资源，强化项目营销能力。要借助分行资源、密切联系分行，通过分行深挖项目资源。针对同业资产转让和业务合作需求，要在合规的前提下开展创新。在风险可控、交易结构合理的情况下向市场拿项目，多方扩展项目来源。三是加快理财产品创新，推动理财产品逐步向风险隔离和风险转移的方向发展。

当前银行理财的经营环境比较复杂，市场参与者和监管者对业务的认识还在逐步深化，不同监管主体的监管职能存在交叉。这样一个业务发展的初级阶段，一方面为资产管理业务创新提供了机会，但也对有效把控风险提出了挑战。如何在加快创新的同时有效控制风险？我建议引入“笼子理论”。我们在进行业务创新时，要分析业务存在的风险点，结合这些风险点和相关管理要求划出一个限定范围，这个限定的范围就是“笼子”。在“笼子”以内，我们对风险认识清楚，控制手段明确，业务可以放开做；在“笼子”外面，我们无法控制风险，那就不要做。按照这个思路，今年资产管理业务可以从以下几个方面进行尝试：一是开发一批“高来高走”的业务。所谓“高来”是指理财产品有较高回报要求，所谓“高走”是指投资资产要求有较高的投资回报率。“高来高走”产品不仅可以体现资产管理业务多样化的优势，还能提高我们业务的盈利能力，可以作为今年资产管理业务创新的方向之一。二是可以适度扩大股权投资比重。随着理财产品成本不断攀升，传统的债权投资可能无法满足理财的收益要求，我们可以适度扩大既有保底承诺又有收益上浮的股权项目，为了获得更高的浮动收益，有些时候我们也可以把保底承诺要求放低一些。三是加大资本市场投资力度。政府支持多层次资本市场发展改革措施将为国内资本市场提供良好的发展机遇，我们应该抓住机遇加大创新力度，采用多种方式参与结构化证券投资、定向增发以及股票收益权等资本市场投资。

（四）高度重视风险管理、严格落实监管规定，加强对分行的支持力度。一要进一步严格风险管理。资产管理业务交易结构复杂、风险关联度和隐蔽性高、扩散速度快，特别是在当前产业结构优化调整加速和同业产品大量到期兑付等多重压力下，行业风险程度明显提高。要落实国办107号文要求，进一步严格理财业务管理，做到每个产品单独管理、单独建账、单独核算，切实做好资金来源与运用的一一对应。对存量业务，持续督导分行对已投项目进行风险监测，逐项进行风险排查，及早发现风险苗头，落实风险处置措施，提高风险把控力度，建立理财投资风险处置机制。对新增项目，分行和项目推荐部门要切实履行好尽职调查和投后管理职责，授信审批部门要按照表内外统一管理的原则严格把关，严禁有瑕疵、不符合信贷标准的业务办理理财投资。总行要建立对分行推荐项目和投后管理的考评机制，对于项目资产质量差的分行，总行将采取惩罚措施。行内相关部门要保持密切的沟通与协调，及时传递信息、解决问题，切实提高行内各部门对理财项目投资风险的把控能力。二要加强对分行的支持力度。总行要通过培训、调研、客户拜访等方式支持分行的营销工作，积极为分行出主意、想办法，成为分行在项目投资方面的咨询顾问。总行也要加强关于项目推荐标准、项目投资流程等方面的培训，让分行确实掌握推荐项目的具体要求。

同志们，资产管理业务发展前景十分广阔，工商银行的经营转型也迫切地需要加快资产管理业务发展，让我们以更加宽阔的思路和开放的心态，大胆创新，勇于探索，不断研究资产管理的新形势、新问题、新策略，协同推进“大资管”发展战略，推动我行资产管理业务迈上新台阶，顺利实现全年的发展目标，为全行发展贡献更大的力量！

加快转型升级　推动创新发展
全面提升价值贡献

——在中国工商银行2014年机构金融、资产托管业务工作会议上的讲话

张红力

（2014年1月26日）

本次会议的主要任务是，贯彻落实全行改革发展研讨会和2014年工作会议精神，总结2013年机构金融、资产托管业务工作，分析当前经营形势，部署2014年重点任务。下面，我代表总行党委讲三点意见。

一、2013年工作成绩回顾

（一）机构金融业务实现持续稳定发展。

一是发展步伐稳中有快，经营业绩迈上新台阶。经营业绩总体良好，主要部门定量考核指标全面完成；存款、第三方存管、代理中央财政、公务卡等四行占比均超过35%，位居市场首位。重点业务贡献突出，全年实现机构客户综合贡献1 480亿元，占全行全产品营业贡献的31%；机构存款增量全行占比59%，增长创近五年最好水平，为全行优化负债结构、稳定资金市场发挥了重要作用。协作联动成效显著，助力工银安盛、工银国际、工银瑞信等子公司业务快速发展；联动保险公司增持我行股票8.8亿股，合计认购我行全部发行次级债的83%。

二是创新步伐不断加快，转型发展能力持续增强。顺应政府职能转变，加快民生领域拓展。截至2013年末，全行民生领域有效客户15.8万户，金融资产余额2.6万亿元，分别比上年增长14%和12%，校园卡和银医卡发卡量分别达950万张和370万张，成为推动机构金融业务发展的有力增长极。创新营销新模式，加快机构客户营销系统推广应用，梳理客户内部关系，明确客户管户机制，形成系统化、网络化营销体系。抢抓业务

新机遇，加快银银平台建设，新签约中小银行 115 家、投产 18 项产品；网上保险、对公保险销售规模同比增长 320% 和 65%；金融交易所市场拓展、银证产品互销在同业率先取得突破。

三是营销活动有声有色，服务水平持续提升。面对同业激烈争夺，总分行累计开展高层营销超过 2 000 次，在重点合作推动、重大项目投标上成果丰硕，各类营销活动呈现出“新、高、快”的特点。活动形式新，通过业务培训、高层论坛、产品推介等形式，全面提升客户对我行认知度。服务层次高，在同业中率先参与财政信息化等建设试点，协助制定接口规范和管理办法，在配合政府转变职能改革中，抢占未来发展先机。响应速度快，建立重点客户业务绿色通道，灵活存款定价管理，加大重点分行授权支持，通过业务、流程、机制等方面的创新和优化快速响应客户需求。

四是营销机制逐步完善，业务基础有效夯实。协调联动机制进一步强化，总行和 32 家一级、直属分行成立了机构金融业务推进委员会，为全行整合营销力量、深入推进“全机构金融”战略打下基础。客户分级管理进一步精细，修订各类金融机构综合评价办法，对 379 家金融机构开展综合评价，实施合作机构动态管理。营销管理模式进一步创新，全面推广机构客户营销管理系统，初步建立了集中管理、分工协作的整体服务模式，用户超 1 万人，机构客户经理使用率达 95%。风险管理基础进一步夯实，严格客户准入，加强授信管理，密切日常监控，为业务经营保驾护航。

（二）资产托管业务经营业绩突出。

一是业绩指标再上新台阶。2013 年，全行资产托管规模 4.6 万亿元，同比增长 16.84%；实现托管业务收入 67.99 亿元，营业贡献 91.47 亿元，资产托管业务收入总量和增量同业第一。各分行实现托管业务收入 49.5 亿元，同比多增 7 亿元，超额完成全年经营计划。各类产品领先优势进一步提升，其中：证券投资基金托管市场占比 28.41%，领先第二名 7.56 个百分点；企业年金基金托管市场占比 42%，超过第二名 28 个百分点；全球资产托管市场占比 32%，领先第二名 6 个百分点。

二是服务创新实现新突破。率先为三家资产管理机构提供估值核算、信息披露、注册登记等中后台外包服务；成功推出票据资产托管业务，与 55 家客户签约；针对托管客户投资需求设计推出的资产托管理财通顺利完成监管报备、系统投产和制度办法制订等各项准备工作，即将在全行推广。三项创新服务的推出，进一步打开了托管增值服务空间，为托管业务向资产服务升级奠定了坚实的基础。与此同时，我行还成功托管国内首批债券 ETF、首只黄金 ETF、首只触发式混合型基金，成功签约一批与支付宝、财付通、新浪等对接的互联网基金，率先提供基金公司票据和债权专项投资托管服务；在人社部首批批准 10 只养老金后端产品中，托管其中的 4 只。持续的服务创新大大巩固了我行托管业务的市场地位。

三是市场营销取得新进展。2013 年，托管业务高层、联动营销效果突出，行领导出席 2 场境外 QFII 托管业务集中推介会和多场境内重点客户营销活动，全年新增法国巴黎银行、索罗斯基金管理公司等 8 家境外机构 QFII 托管委任；全国社保基金，以及中石油、中石化、国电集团、晋煤集团、淮南矿业等企业年金基金托管合同顺利续签；总分行紧密配合，成功营销电信研究院、南车集团、江西农信社等一批企业年金基金托管业务。截至年末，全行共新增托管证券投资基金 76 只、股权投资基金 33 只，新增保险公司托管客户 10 个、企业年金基金托管客户 88 个、券商托管客户 27 个、QFII 托管客户 8 个、QDII 托管产品 107 个、RQFII 托管客户 21 个，与 542 家企业签署单用途预付卡托管协议，创历年之最。

四是业务管理取得新成效。稳步推进全球托管三大区域中心建设，工银亚洲顺利获得香港证监会公募产品信托服务准入，在香港市场正式获得托管银行牌照，已经为 73 只 QDII 产品提供托管服务，为亚洲区域中心建设打下了扎实基础；工银金融和工银欧洲托管中心建设工作进展顺利。稳步推进托管业务营运流程改造，以“对内业务模块化营运，对外客户一站式服务”为目标，实施托管营运系统化、标准化工程，以业务流程优化和岗位分离为手段，业务处理效率大幅提升；统一全行托管业务账户开立方式、改革资金清算体系和营运组织体系，全行托管营运管理基础更加牢固。

2013 年，面对复杂的市场形势、繁重的营销任务，全行机构金融、资产托管战线迎难而上、奋发进取，取得了良好的成绩。在此，我代表总行党委，向机构金融、资产托管战线上的同志们致以诚挚的慰问！向大力支持和积极配合的各相关部门、分支机构表示由衷的感谢！

二　对机构金融、资产托管业务的再认识

（一）机构金融业务是全行转型发展的基石。

首先，机构客户是锻造全行核心竞争力的核心资源。2013 年，全国公共财政收入接近 13 万亿元，银行、信托、保险金融资产规模分别超过 140 万亿元、10 万亿元和 8 万亿元。政府机构、金融同业等机构客户在经济运行中承担着汇聚、管理、分配社会资源的职能，是商业银行经营发展的核心资源。一方面，机构金融业务具有交易金额大、成本费用低、边际收益高、资本占用少、规模效益明显等特点，有利于快速发展，提升资本回报率。另一方面，机构金融业务直接面向资本市场、银行同业、期货交易等金融市场，有机连接各类金融机构客户，创新空间广，有利于加强金融创新，拓展服务渠道，提升整体经营能力，更好地推进综合化、国

际化发展，锻造全行核心竞争优势。这里面，要着重处理好资源、战略和布局三者之间的关系，关键在于要紧紧围绕机构客户这个核心资源，抓紧推进“全机构”金融战略，加快布局。

其次，机构金融业务要积极寻找新的增长点和利润来源，支持全行未来可持续发展。十年来，机构金融业务已成为全行重要的资金和利润来源。面对全行转型发展的新要求，机构金融业务要及时解决好两个问题：一是目前机构存款增长主要依靠特种、社保存款，其他品种增长动力不足，甚至大幅下滑。如何保持目前特种、社保资金良好增长态势，并及时找到新的增长来源？二是目前机构金融业务90%的盈利靠负债，随着利率市场化步伐加快，负债成本上升，存款发展空间缩小，单一盈利结构必然面临制约。如何抓住当前金融同业大发展、金融合作人有可为的契机，扩大资产、中间业务收入比重，调整业务结构，实现机构金融业务盈利的可持续增长？解决上述问题，重点是处理好速度、结构和创新三者之间的关系，努力依靠创新拓展业务来源、推动结构调整，实现可持续发展。

最后，要加强营销管理，发挥全行整体合力，做好对机构客户的综合服务。机构客户需求广泛，我行也不乏对应产品，难的是将最适合的产品提供给最需要的客户；难的是统筹客户需求，做好全方位服务；难的是在服务客户的同时，培育客户、留住客户，提高客户的忠诚度。加强营销管理是解决这一难点的关键。营销的本质是一种管理，对外整合客户需求，对内组织生产服务、统一合作政策、明确业务流程、发挥协同合力。目前，机构客户营销还存在业务协调困难、联动不够等问题，主要原因是机制建设相对落后，造成一些事情多次协调、反复协调，决策流程长、反应速度慢。机构金融客户点多面广，业务广泛，渗透到我行多个部门，如资产管理、个人金融、金融市场、授信审批、私人银行、投资银行等，涉及我行部门之多、之广、之深，是其他客户无法比拟的。我们现有的营销架构还不能够适应机构金融业务综合性强的特点，多个专业都会与机构金融客户点对点合作，但诉求不一，信息也不对称，造成了大量的资源浪费和无谓的损耗；而机构金融客户深谙我们工商银行的运作机制，可以集中其全部力量营销我们的某个部门。这里我强调，机构部要真正起到牵头作用，要在机构客户的行业指导、合作准入、合作评估、产品创新、项目协调等方面发挥牵头作用。特别是合作评估、评价要站在全行的核心利益角度，来决定是否进行下一步的合作，并要制定配套的管理制度和工作流程，牵头完善整个协调机制。总行成立机构金融业务推进委员会，就是发挥前台部门营销牵头作用，加强部门间、专业间的协调。这中间重要的是处理好需求、产品、营销三者之间关系，真正以客户为中心加强机制建设，从工商银行的整体利益出发，通过有效的营销管理，在产品服务与客户需求间搭建桥梁。

（二）资产托管业务在全行转型发展中作用重要。

首先，托管机制的核心功能决定了业务发展大有用武之地。我国15年前在证券投资基金投资中引入托管机制，本质是为了解决基金委托投资关系中的信息不对称。十多年来，托管被广泛应用到各经济金融领域，应用到各类交易行为，是托管机制透明度高、交易成本低、有利于提高各方收益的客观反映，打开了进一步发展的空间。

其次，托管业务的服务大幅延伸。15年来，我行托管业务发展取得了不小成绩，但还很不够，值得挖掘的东西还很多。我行4.6万亿元托管资产中，包括资金、股票、债券、基金、股权、不动产等各类资产，甚至另类投资品，每天都在进行着各种形式的投资交易。因为地位独特，托管银行在各类复杂交错的投资交易关系中，清晰掌握委托人、投资管理人、投资产品以及各类资产的实际状况和运作特点，建立起了资产管理行业中最完整的资金、资产、投资产品和信息平台。这一平台也是托管银行拓宽服务范围、提升服务价值的平台，发达国家托管银行的现金管理、证券借贷、外包业务、绩效评价等增值服务，无一不是在这样的平台基础上发展起来的。我行越来越大的托管业务规模，积累了越来越完整的信息，具备了越来越强的创新增值服务潜力。

最后，大资管时代为托管业务与商业银行业务的融合与发展带来重大机遇。大资管时代将催生更多的资产管理机构、更广泛的投资领域、更多的资产管理产品，当然也会带来更大的托管市场。大资管时代，资产管理的技术、手段、投资品不断创新，必然为托管服务升级带来重大机遇；大资管时代资产管理机构基于管理组合与资产配置需要，将进一步密切与商业银行的业务合作，资产托管将为商业银行与资产管理机构业务合作开辟新的渠道。

三、切实抓好2014年各项工作

（一）机构金融业务工作安排

工作思路：全面贯彻落实全行改革发展研讨会和2014年工作会议精神，以机构客户需求为导向，研究新形势、把握新政策、适应新变化、打造新优势，深化机构金融业务推进委员会功能，深入推进实施“全机构金融”战略，改进民生领域金融服务，加强同业客户营销管理，广泛运用机构客户营销管理系统，进一步细分目标客户市场，创新机制、流程和产品，夯实客户发展基础，优化业务结构，持续提升机构客户价值贡献。

目标任务：机构客户综合贡献1 600亿元，机构金融业务营业贡献620亿元，EVA 330亿元；新增客户9 000家（其中日均金融资产5万元以上客户7 680家）；机构存款增长3 000亿元，日均增量1 500亿元，银保业务收入和同业占比双增长。

围绕上述目标，2014 年要重点抓好三个方面工作：

1. 紧紧把握发展机遇，增强机构金融业务可持续发展能力。当前，利率市场化改革步伐加快，大资管时代全面来临，需要从机构客户市场的外延拓展和内部挖潜两方面，推进机构金融业务升级发展。

一是把握国家加强改进民生发展机遇，深入推进民生领域金融服务。民生领域是国家全面深化改革的关注点，资源丰富，发展潜力巨大，是未来各家银行竞争的焦点。各行要高度重视民生领域的发展机遇，充分认识民生金融对于推进全行经营转型、支持经济发展、履行社会责任的重要意义，围绕董事长在改革发展研讨会上的要求，大力挖掘民生领域服务潜力，在保持客户总量同业领先的基础上，不断提高重点客户覆盖率和重点产品渗透率，认真推动《关于加强和改进民生领域金融服务的指导意见》和《中国工商银行民生领域金融服务发展规划》（工银办发〔2013〕747 号）各项政策落地。民生领域包含机构、公司、个人三大类客户群体，涉及存款、融资、结算等产品，需要提供系统搭建支持，需要全行上下共同做好整体服务，必须加强联动协调。例如，社保业务既要与 2 800 家各级社保管理部门合作，也广泛涉及 1 470 万参保单位和 8 亿参保个人。因此，全行机构金融、公司金融、个人金融业务部门要密切配合，围绕民生领域客户资金流，全面拓展上下游客户资源。特别是医疗、教育，都是民生重大工程，但目前两项业务与全行其他业务相比，增长势头不突出，市场竞争力还较薄弱，需要全行集中精力，花大力气推动。要提升服务质量，整合资源产品，推动民生领域五大服务平台建设，提高从源头吸纳资金能力和对各类资金流的汇集能力。积极优化对保障性住房、医疗、教育机构的信贷政策，全面满足客户服务需求。

二是把握军队资源管理集约化机遇，保持特种存款领先优势。军队金融是我行传统固有领地，是机构金融业务的“钢铁长城”。我们要持续加强军队客户营销，巩固原有核心阵地，同时努力扩大市场份额。要顺应我国军事力量结构调整趋势，在巩固与四总部合作关系基础上，加大对海空军、二炮、武警以及新成立部队单位营销，积极争揽科研及装备项目资金。要构建军队客户统一视图，优化“军队账户资金管理系统”功能，加快推进系统运用。要做好军队公务卡、保障卡、工资卡功能整合，加大军人代发工资和退役金营销力度，加强部门间、区域间、行际间协调联动，努力提升服务水平。

三是把握金融市场发展机遇，深度挖掘同业合作潜力。金融同业客户及其业务专业化程度高，是最需要创新的领域，除做好银行客户的系统对接外，加强与证券、保险、期货、基金等客户合作，某种意义上讲，是工商银行拓展经营思路、加快业务转型的重要抓手。随着大资管时代的到来，我们和金融同业客户的合作空间越来越大，除传统意义上的结算服务外，更多的是要挖掘金融同业客户的通道资源、客户资源和项目资源。要研究和金融同业客户新的合作模式，加强与金融同业客户的全面合作，以提升我行在投融资业务等方面的服务水平，开辟更大空间。十多年前，居民收入的 90% 是以储蓄形态存放银行的，现在是 70%，据专家预测，五年后占比将下降至 50% 左右，其他资金将投资到各式各样的理财产品中。从国际大银行发展模式看，摩根大通、花旗的同业业务收入占比基本达到 50% 以上，高盛甚至达到 80%。对于工商银行来说，如何在与包括资产管理公司在内的金融同业合作中抓好服务，是个很大挑战。过去，我们主要关注个人客户、公司客户，未来同业合作发展很快，潜力巨大，还有很多事情需要我们探索，很多流程、很多机制需要来摸索，需要全行上下共同努力，做好金融同业合作业务，并占据主导优势。当前，我国金融市场还普遍存在“金融抑制”情况，资本市场发展相对滞后，保险市场密度、深度不高，基金市场发展也还不完善。党的十八届三中全会提出深化金融体系改革的路径，将促进金融市场大繁荣、大发展，金融同业合作空间巨大，业务大有可为。

要加强银行同业客户营销，深入落实董事长在改革发展研讨会上对推动银银平台工作的指示，加快与中小银行、农村金融机构直联，力争年内新增签约客户 80 家，投产客户 30 家；优化平台功能，创新符合县域经济特点的产品和服务，为拓展县域中高端市场提供支撑。要重视区域金融市场发展。目前，在纽约证券交易所、纳斯达克上市公司分别有 2 220 家和 2 570 家左右。经过二十多年发展，我国沪深两市已有 2 500 家上市公司，但即使主板和创业板公司再翻一倍达到美国的上市公司规模，我国仍有大量中小企业的金融需求无法得到满足。区域性金融市场发展初期会有不规范、有风险的情况，但将是中国金融发展的“大市场”。因此，要大力支持区域性金融市场的发展，在控制风险的前提下加深与优质区域性金融交易所的合作，特别是要加强新三板业务拓展，力争成为新三板首批结算银行。要密切关注原油、金融期货期权等新业务，研究新股网下申购、个股期权、原油期货等产品创新。原油期货将是在上海自贸区政策推出后，第一只具有支持本外币和跨境交易的国际化期货品种，对我行期货结算业务创新具有重要意义。此外，股指期权、大宗商品期权、人民币利率和外汇远期掉期集中代理清算等产品创新，有助于完善金融市场的风险管理，今年推出的概率较大。因此，要积极推进与上海清算所合作开展代理清算业务，加强对银行间市场成员和大宗商品衍生品投资者的营销。要加强与金融同业客户的合作管理。在准入评价制度里要明确部门间职责，将证券公司总部全面合作梳理机制延伸至主要金融同业总部，定期评估合作情况，重点关注合作效益、业务渗透、市场份额等情况，科学评价客户等级；坚持以综合评价结果实施统一资源配置，并推动与金融同业客户的合作积极服务于我行股票市值管理和资本补充工具的发行工作。

2. 推动创新转型，提升机构客户竞争水平。创新是提升市场竞争力的重要手段，尤其是在机构客户市场竞争日趋激烈的环境下，更需要加快创新步伐，以创新引领可持续发展。

一是加快产品系统创新步伐。未来商业银行的竞争，是产品和服务能力的竞争，而产品和服务能力离不开先进的系统构架和创新。要加快银政系统平台建设。顺应政府强化预算管理及支付管理电子化的趋势，开发财政预算管理、收支采购对应服务平台，预留多样化接口，兼顾区域需求差异，全面提升政务电子化背景下的机构金融服务能力。推动金融同业产品创新储备。把握商业银行综合化经营的要求，研究跨市场合作金融产品工具，推动主动负债、资产证券化、金融期货期权、结构化理财、资产管理等新产品研发。

二是推进营销模式创新。加快梳理客户关系脉络，明确客户分类规则，按照行业类别、客户层级、集团关系等维度，全面梳理机构客户间的内在逻辑关系，建立机构客户资源分布图谱，准确定义“一个客户”，真正实现以客户为中心的全景视图。要实施营销流程再造，以机构客户营销管理系统为依托，加快客户认领工作，一级抓一级，确保重点机构客户认领全覆盖。把握客户系统性、板块化特征，强化行业和板块管理，建立条线化客户经理服务群，共谋发展目标、共享经营策略、共担营销责任，全面提升客户体验。

三是加快经营管理模式创新。要强化客户管理，机构部要牵头做好对机构金融客户的全流程对接，建立并完善机构客户五级分类体系，从客户资质、价值贡献、市场潜力、合作风险等多个维度，进一步完善机构客户综合评价分类管理办法。要建立客户分类动态管理机制，充分利用大数据分析，建立机构客户合作覆盖和综合贡献两大视图，从业务占比和合作深度等方面来综合评价合作成效，发布机构客户营销指引，实时跟踪客户的经营、风控和财务状况，及时调整准入名单和合作政策。要优化资源配置模式，“一类一策”制定客户准入、资源投入、产品定价等策略，并出台相应的管理制度。各行在财务资源、客户经理配备上要向资本占用低、综合收益高的机构客户倾斜，提升我行在优质市场和客户中的占比。

3. 进一步完善体制机制，激发经营活力。机制是业务发展的保障。机构金融业务进一步发展呼唤着更加专业化的管理机制。提升机构金融业务的专业化管理水平，是我们当前的一项重要任务。要建立和完善有利于机构金融业务加快发展的经营机制，更好地协调全行各类资源，促进机构金融业务协调发展。

一是强化机构金融业务推进委员会作用。委员会为完善营销机制、推动客户服务转型、提升市场竞争力提供了很好的载体和组织保障。尚未成立委员会的分行，要尽快成立相应机构；已经成立的要尽快发挥好委员会职能，完善机构金融业务的议事规则和响应流程，促进全行围绕机构客户需求协同联动。要突出“以客户为中心、以市场为导向”的原则，进一步明确相关部门职责，由前台部门统一实施客户营销管理，产品和后台部门全力支持，共同深度挖掘客户合作价值。要加强配套机制建设，围绕机构客户整体营销服务工作，尽快推动职责分工、科学考核、合理定价等机制建设。积极推动议定事项落实，委员会决议一旦形成，需要行内各部门、各级机构的全力配合，确保相关工作落地。同时，要积极研究扩大对重点分行在产品开发和业务管理方面的授权，提升服务响应效率。

二是完善风险防控机制建设。要做好客户准入后的日常监控，及时了解客户本身的抗风险能力与合作内容是否匹配，加强客户合作限额管理，做好风险预警提示，把资格准入、风险准入综合一体进行风险把控。

三是加强客户经理队伍建设。完善客户经理技能培训体系，建立机构客户经理岗位胜任力模型，明确和量化对客户经理的能力素质要求，通过案例式、互动式、实战式教学，提高培训效果。加强专业营销团队建设，各级行要建立首席客户经理制，实现重点机构客户的认领覆盖，并在机构营销系统中予以登记。健全考核激励机制，构建突出业绩贡献导向、综合绩效与产品计价相结合的考核体系，根据营销任务完成率、业务利润、新客户拓展等情况，制定客户经理的绩效考核制度。

四是进一步改进工作作风。机构金融承载着服务客户、服务民生、服务社会的重要职能和使命。要加强作风建设，改进工作方式，积极支持基层行经营管理。在对外营销中，要把握好营销尺度，通过产品和服务来提升竞争优势。特别是总行机构改革到位以后，机构部和托管部之间要加强联动、相互配合、共同推进，发挥好各自作用，形成合力，争取获得“1 + 1 > 2”的协同效应。

（二）资产托管业务工作安排

指导思想：贯彻落实 2014 年全行工作会议精神，全面把握托管业务发展机遇，深化体制机制改革，加快培育业务发展新体制、新机制、新优势和新格局，推动托管服务向全面资产服务升级，努力实现业务持续健康发展，为全行经营转型作出更大贡献。

目标任务：2014 年，全行托管资产规模达到 5.5 万亿元，较 2013 年增长 20%；托管业务收入实现 75.6 亿元，其中总部利润中心 21.2 亿元，分行 54.4 亿元，较 2013 年增长 11.2%；托管业务营业贡献 100 亿元；托管业务收入总量和增量保持同业第一，各类产品托管规模保持市场领先。

围绕上述任务和目标，重点做好四个方面工作：

1. 推进改革，建立与全行经营转型相适应的资产托管业务新体制。要按照全行经营发展和总行机构改革的总体要求，加快托管业务体制机制改革。一是加强托管业务的统一管理。建立适应市场要求的托管营运管理体制，逐步将基础类托管业务营运纳入全行运行管理体系，实行专业类托管业务的集中营运；完善资产托管业务风险管理体制，将资产托管业务纳入全行统一风险管理体系；完善资产托管综合管理系统建设，使之成为总分行间客户信息共享、营销进程跟踪、业务流程统一和服务内容标准的全行托管业务一体化营销管理平台。二是完善托管业务分层服务。建立和完善托管客户分类评价体系，在科学的成本收益分析基础上，针对大型重点客户提供个性化、定制化托管服务，提升客户服务水平，提高客户综合贡献；针对中小型客户提供标准化、流程化托管服务，提高托管营运效率。三是推动托管业务专业化经营。根据总行机构改革方案和定位，资产托管部既要成为利润中心经营实体，又要成为全行资产托管业务的产品研发中心、集中营运中心，这就要求托管业务必须加强专业队伍建设，建立和完善专业化的经营管理体制，推动托管业务实现专业化经营和可持续发展。

2. 推进顶层设计，构建与大资管格局相适应的资产托管新机制。要充分把握大资管时代的业务发展机遇，加快和推进托管业务的顶层设计，推动托管服务升级。一是推动监管规则完善。要充分利用我行在托管行业中的地位、经验和专家团队等优势，积极向监管机构建言献策，推动制约业务发展的监管政策和交易规则的完善和调整。二是推动发达国家成熟托管服务的引进。要加强同监管机构的沟通和协调，积极发挥行业影响力，推动监管机构对全球托管银行通行的增值服务（如证券借贷、现金管理、绩效评价、信息服务等）的引进步伐，为业务发展注入新活力。三是推动托管机制的普及和应用。要把握诚信社会信用制度建设的重要机遇，关注国内托管领域的重大事件和政策调整，及时、有针对性地向监管机构提出在更多领域特别是民生领域引入托管机制的监管建议，不断提高托管机制的覆盖面和渗透率。

3. 推进创新，建立与市场需求相适应的资产托管新优势。创新是我行托管业务保持长期优势的根本，是未来全行托管业务发展的增长点，要抓住政策和市场机遇，进一步提高产品创新能力，不断提升市场份额。一是要加快外包业务、票据资产托管、托管理财通三大创新业务的试点和推广。外包业务的重点要放在营销新客户和提供新服务上，力争在客户类型和服务延伸方面有新的突破；票据资产托管的重点要放在行外市场拓展上，逐步实现与众多全国性商业银行、地方性商业银行建立票据资产托管合作；托管理财通要在稳步推进试点的基础上，做好对接产品设计，尽快实现固定期限、无固定期限、T+0 等产品的上线，满足不同客户资金管理需要。二是做好创新产品和服务的研究应用。加强对托管大数据的分析，做好对资产管理、民生领域、场外交易市场（新三板和 OTC）、互联网金融托管需求的研究，拓宽业务领域，延伸服务链条，推动托管业务向全面资产服务的升级。

4. 加强组织推动，开拓与全行发展目标相适应的资产托管新局面。要抓住全行经营转型的契机，加大资产托管业务的推动力度，实现业务更快发展。一是加快全球托管网络布局。重点推动区域托管中心建设，确保亚洲区域托管中心上半年正式挂牌，美洲区域中心和欧洲区域中心建设要有实质性进展；要通过强化业务指导和考核激励，进一步调动境外机构开展 QFII、RQFII 营销的积极性。加强对境外机构托管营销的指导，积极支持境外机构开办托管业务，逐步实现托管业务的全球化营销。二是规范发展基础类托管业务。安心账户托管业务要始终坚持一手抓规范、一手抓发展，在规范的基础上加快发展。要在落实“六专”服务的基础上，按照董事长要求，全面做好产品与服务、收费的“两个衔接”，确保合规基础上的健康发展；要重点加强对民生领域资金、公益基金、公共资源资金、各类保证金、网上交易平台资金等领域的营销，通过服务功能的组合设计，打造特色托管产品。三是扩大专业类托管业务领先优势。专业类托管业务与资本市场密切相关，营销和营运复杂程度高，是托管银行的核心竞争力所在。要继续加强部门联动和总分行联动，积极争取基金、年金、保险等领域的新客户，全力稳定核心客户和重点客户，巩固我行领先地位。要充分发挥我行托管专业优势，加大对新市场和老客户新需求的挖掘，以创新服务引领市场方向。

同志们，2014 年是全行机构金融、资产托管业务极具挑战的一年。新的形势催人奋进，新的任务光荣艰巨。希望大家以更加昂扬奋进的精神状态、更加严谨务实的工作作风、更加开阔的工作思路，振奋精神，齐心协力，扎实工作，为全行经营转型发展作出更大贡献。

在资产管理业务推进委员会2014年第一次会议上的讲话

张红力

（2014年1月27日）

2014年全行资产管理业务工作会议刚刚结束，易会满行长亲自参加会议并作了重要讲话，说明总行党委对发展资产管理业务的高度重视。今天，我们在这里召开资产管理业务推进委员会2014年的第一次会议，商议如何落实好资产管理业务工作会议精神。刚才，各部门就如何落实2014年资产管理经营计划分别谈了自己的想法，并提出了工作思路和措施。我觉得都很好，希望会后各部门抓紧落实。下面，我谈四个方面的意见。

一、发挥好资产管理业务推进委员会的重要作用，加强各部门之间的协同配合

2014年是“大资管”战略的开局之年，做好今年资产管理业务工作至关重要。资产管理业务具有自身独特的业务运行规律，做好这项工作的重点在于完善业务发展机制，成立资产管理业务推进委员会就是我们完善机制的核心抓手。资产管理业务推进委员会的职责重在协调推动和任务落实，我们要通过推进委员会的有效运行，形成各部门之间的合力，提高全行资产管理业务的运作效率，促进资产管理业务的协调、稳健发展，确保完成资产管理业务的各项经营计划。

资产管理业务是“大资管”发展战略的核心内容，是全行经营转型的重要推进器。资产管理业务发展得好不好，直接影响着全行的客户服务能力和市场竞争力。我希望资产管理业务各相关部门站在全局的高度，保持开放的心态，相互配合，真抓实干，抓紧做好各项工作，共同推动资产管理业务的发展。

一是要推动资产管理业务合规发展。去年底发布的国办107号文搭建了未来理财监管新的框架要求，监管部门还会陆续发布一些新的实施细则，资产管理业务推进委员会要协调总行各相关部门认真落实监管要求，切实提高业务的合规性。二是推动全行资产管理业务前中后台职能分工的落实，形成资产管理业务的价值创造链条。《金融资产服务业务基本规定》和《资产管理业务管理规定》对前中后台有关部门分工已经作了明晰界定，委员会要推动相关部门职能的落实：在产品营销环节，销售部门要加强对客户的营销和维护工作，从客户需求出发，提高服务客户的能力。在产品开发和投资管理环节，要落实全行理财产品的归口管理，这是国办107号文的明确要求。在投后管理环节，要进行全面监控，强化投后管理责任落实，对发生问题的，要严肃追责。三是要推动全行资产管理业务经营目标的落实。资产管理业务经营目标的实现与否直接影响全行“大资管”战略的实施，委员会要把实现资产管理业务经营目标作为一项重要工作内容。

二、各销售部门要严格落实产品销售计划，切实防范理财流动性风险

易行长在资产管理业务工作会议上指出，客户需求是资管业务的“源头活水”，销售工作做不好，落实“大资管”战略就是“无源之水”。我们商业银行搞资产管理，要充分发挥好渠道的优势。今年的产品销售要重点落实以下几项要求：

一是严肃理财产品销售的纪律性。要把销售我行理财产品放在销售工作首位，维护销售计划的严肃性，各行要结合实际，拿出切实的办法与措施坚决落实销售计划。要以客户意愿为出发点，充分尊重客户需求与市场规律，杜绝“捂售”“惜售”等情况。个人金融业务部要完成个人理财产品43 200亿元的销售任务，结算与现金管理部、养老金业务部等部门要完成法人理财产品16 800亿元的销售任务。机构业务部要和资产管理部协作，大力推进他行代销我行理财产品机制的建立。

二是提高理财产品销售水平。要拓展理财产品销售渠道，全面覆盖各类客户，按照客户差异化需求，以更便捷地服务客户为目标，做好新增客户拓展工作。要通过数据挖掘，分析客户消费习惯和投资偏好，实现精准营销。对于目标客户群，要建立定向的产品、定向的渠道，扩大潜在客户的销售业绩。要改进销售模式，推进网银、电话、微信销售渠道，借鉴电商平台的经营思路，提高销售渗透力。销售部门要树立全局意识，统筹规划，协调好保本产品与非保本产品的销售比例，对保本产品合理定价。

希望各相关部门按照易行长指示和这次会议讨论的

要求，制订序时考核计划，组织分行扎扎实实地完成今年的销售任务，提高销售计划的实现比例。希望各销售部门能站在全行的角度来理解落实产品销售计划的重要意义。完不成销售计划不仅是销售部门自身计划没完成、资产管理业务发展速度慢一点的事情，更重要的是它可能会引发流动性风险，这是更大的问题。流动性管理将成为今后资产管理业务面对的常态化问题，要切实做好流动性预测工作。投资管理部门在关键时点融入大额高成本资金，不仅降低了整个业务的盈利能力，也冲击了全行资产负债部门的资金平衡，代价是十分巨大的。所以，请各销售部门从大局出发，切实做好协调配合工作，严格落实产品发行计划。

三、项目投资的审批和投后管理部门要细化管理要求，严格防范理财项目投资的信用风险

总行对理财项目投资的风险十分关注，尤其是今年宏观经济下行的压力比较大，项目的信用风险管理工作成为理财风险管理的重中之重。对此，各部门要高度重视，要深入学习、深刻领会易行长关于资产管理业务“风险隐蔽性、扩散性和化解手段有限性”的阐述，研究传统风险控制措施尚不能识别的风险，研究资管业务风险跨行业、跨市场传递的规律，加强对国际领先资产管理机构风险控制手段的学习和运用，切实把风控工作做好做扎实。

资产管理业务目前还没有专门的拨备和风险准备金制度，缺乏必要的风险缓释手段，投资资产一旦出现劣变，基本没有特别有效和成熟的化解手段。正是由于这种化解手段的有限性，要求我们必须提高理财入池项目的筛选标准，要按照比表内更高标准、更严要求来审查，将理财项目投资风险杜绝在萌芽阶段。项目质量方面，请有关前台部门真正负起责来。

刚才，信贷与投资管理部谈到了目前理财投后管理存在的问题，像制度要求不能落地、风险管理的全面性和有效性要提高、出了问题解决手段有限等，这些都很有针对性，我都赞同。对于项目投后管理，我想核心还是要强化投后管理责任落实。落实“谁发起、谁负责”的要求，加强对风险项目的审计和问责。目前个别出现风险苗头的项目反过头来看，在项目的筛选和投后管理上都存在不同程度的疏漏，说明目前在管理制度上还有待进一步明确，在措施落实上还不到位。下一步，信贷与投资管理部要商资产管理部及相关部门，缺制度的就建章立制，没落地的就抓紧落实，该细化的就进一步细化，将管理责任真正落实到位。相关部门还要提升风险管理的主动性和预见性，研究制定项目风险预警和排查的手段和机制，将风险管理的环节前移。

四、加快创新，进一步提升资产管理业务的市场竞争力

创新是资产管理业务的DNA，没有创新能力的资产管理业务迟早会在市场竞争中败下阵来。大家都知道，这两年各类资产管理机构和互联网金融企业依靠创新对传统商业银行业务、对银行理财业务都构成了很大的竞争压力，它们正是因为抓住了创新的机会才赢得了市场、赢得了客户、赢得了利润。所以，我们发展资产管理业务，一定要牢牢抓住创新这个资产管理业务发展的源动力，充分利用资产管理业务推进委员会这个有效的沟通协调机制，通过强化部门之间的协同配合、发挥全行合力来加快我行资产管理业务的创新。

资产管理部作为全行资产管理业务的牵头管理部门，要承担起理财产品创新、投资创新和营销创新的主要职责。要根据客户需求开发不同风险—收益特征的理财产品，推动理财产品逐步向风险隔离和风险转移的方向发展；要开发多种形式的项目融资服务模式，实现创新模式常态化、规模化；要在风险可控、交易结构合理的情况下向市场拿项目，多方扩展项目来源。全行都要强化创新，这里，我着重强调一下总行控股的几个子公司和渠道的创新问题。工银租赁要积极调整资产结构，推动将租赁资产纳入信贷资产证券化范畴，盘活存量资产，增强可持续发展能力。工银国际要加大商投联动的力度，将资产管理业务与投行业务、投资管理业务有效结合。工银租赁和工银国际两家公司都要加大向总行推荐项目的力度，稳步提升项目资产收益率，增强自身的盈利能力。工银瑞信要充分发挥全功能资产管理平台作用，主动融入集团“大资管”战略，利用瑞投“类信托”业务轻资本的优势，加快产品创新，为客户提供多样化直接融资解决方案。渠道管理部承担了全行销售渠道的集中统筹管理、渠道整合创新、渠道转型发展等工作，这好比在客户和银行之间搭建了一条高速公路，渠道管理部门要使这条高速公路的盈利能力最大化。

当前理财业务的经营环境复杂，市场参与者和监管者对市场的认识还在不断深化的过程中，不同监管主体的监管职能存在交叉。这样一个业务发展的初级阶段，机遇很多，风险也很大。我们要抓住机遇，长袖善舞，通过加快发展来获得竞争优势，通过加快发展来化解业务风险。关于“笼子”理论，我在资产管理业务工作会议上讲过，在这里还要再强调一下，因为它对于我们如何平衡创新和风险的关系至关重要。“笼子”理论大概包括这么两层含义：第一层是说将“笼子”的范围界定在对创新业务风险认识清楚、控制手段明确的边界之内，我们要在“笼子”内开展业务。第二层含义，我们要对不同类型的创新业务规模设定一个合理的上限，避免个别业务发生风险对资产管理业务整体产生过度的不利影响。

今年资产管理业务创新要在提升盈利能力上下功夫：一是可以针对一批风险承受能力较强的客户，开发一些高风险、高回报的业务，体现资产管理业务多样化优势，提高业务的盈利能力。二是适度扩大股权投资比重。通过既有保底承诺又有收益上浮结构化设计的股权项目，大幅提升我们的收入水平，但项目的期限要适度控制。三是加大资本市场投资力度。政府支持多层次资本市场改革发展的方向和措施很明确，我们应该抓住机遇，加大创新力度，采用多种方式参与结构化证券投资、定向增发以及股票收益权等资本市场投资。

发挥学会战略咨询和学术窗口作用
助力工商银行转型发展

——在中国城市金融学会2014年理事会会议
暨秘书长工作会议上的讲话

张红力

（2014年4月12日）

今年是工商银行成立30周年。经过30年的改革发展，工商银行从早期的国家专业银行到今天欣欣向荣、生机盎然的现代商业银行，凝结了几代工行人的开拓进取和执着探索。回首这30年的发展历程，工商银行一直笃行改革转型的道路，以勇于创新、锐意改革的精神和气魄，突破了僵化落后体制下的条条框框，通过股改上市，根除了经济转轨时期不良贷款比例过高和财务效益低下这两大顽疾，并在全球金融危机和国内经济周期转换的不利环境下迎难而上，加快发展，成功跻身于世界优秀银行之林。这一路走来，深入的调查研究和前瞻性的战略规划起到了重要的智力支持和导向作用。未来十年，工商银行要在改革创新、转型发展的道路上迈出更大的步伐，但国内外经济形势的错综复杂，金融脱媒的加剧、利率市场化改革的加速推进，以及民间金融和互联网金融的兴起，都对工商银行的既有优势和可持续发展提出了严峻的挑战。外部环境的不确定性越大，我们面对的改革发展任务越艰巨，就越需要发挥研究的决策咨询和战略导向作用。城市金融学会作为工商银行的研究咨询机构，在组织调动系统内外学术力量、激发创新思维和改革思路方面具有义不容辞的责任。长期以来，城市金融学会一直保持着勤于和善于研究的好传统，是我国金融界理论研究和群众性科研活动搞得最好、成果最多的学术社团，在工商银行改革发展中起到了不可替代的重要作用。借此机会，我代表总行，对各位理事和秘书长多年来的辛勤工作表示感谢，对各级学会取得的工作成绩表示祝贺！同时，也想就学会系统如何更好地推进研究工作，为全行改革发展发挥更大作用，提出两个方面的意见。

一、以前瞻的视野，推进重大战略问题的研究，为工商银行下一步转型发展提供卓越的智力支持

姜建清董事长经常说，战略正确，全局正确；战略错误，全盘皆输。工商银行高度重视战略规划工作，股改以来已连续实施了三轮三年发展规划和十年发展战略纲要，到今年第一个十年发展战略纲要和第三个三年发展战略规划的实施都已经接近尾声，目前我们正在抓紧编制第二个十年纲要和第四个三年发展规划。对于下一个十年，我们已经坚定要进一步推进转型发展的方向和决心，但是仍有一些战略性、全局性的问题有待突破。前几天，姜董事长在总行学会的常务理事会议上已经就一些需要研究的战略问题做了指示，在此，我再深入谈一下这几个问题，供学会的各位理事和秘书长参考。

一是如何结合国家经济金融体系调整的趋势和银行发展演进的历史规律，探讨银行业经营模式调整的方向和路径。工商银行自成立以来，尤其是股改上市后，就一直在探索效率效益型的增长模式，但经营转型是一个长期的过程，时至今日，规模扩张仍是拉动我行盈利增长的关键因子。下个十年，随着宏观经济周期更迭，中国经济将由过去的高速增长转到中高速增长，传统以经济高增长带动信贷高投放、以信贷高投放促进盈利高增长的银行业发展模式已经越来越难持续。同时，虽然工商银行在很多业务领域已经确立了中国第一、乃至全球第一的市场地位，但如果沿袭现有的模式“高歌猛进”，无论资本补充、风险控制还是经营管理，都将陷入“无法承受之重”，也都是不可持续的。因此，我们必须下决心走结构优化、效率提升、资本节约为主要特

征的内涵式发展道路，这是事关工商银行兴衰存亡的重大战略抉择。当前，转型方向已明确，接下来需要我们深入研究世界经济复苏和国内经济转型的总体趋势，探讨城镇化和新农村建设推进、海洋经济和外向型经济发展、金融体系市场化改革等外部环境变化衍生出来的金融需求，为全行的转型发展找到市场空间更大、增长动力更强劲、更具可持续性的业务蓝海。

二是如何在深入研究国家产业结构升级调整趋势和走向的基础上，危中寻机，化危为机，激发工商银行的业务发展潜能。化解产能过剩是我国经济结构转型的重要着力点，虽然部分行业的退出可能会引起我行业务空间的萎缩和资产质量的下滑，但其间也蕴含着丰富的业务机会。例如，对于通过“走出去”实施产能输出的企业，我们可以依托全球服务网络来满足其境外金融服务需求，可以以人民币跨境使用为契机，加大重点产品线延伸和创新力度，推进全球产品线向纵深发展，通过出口信贷、内保外贷等传统产品和“贷款换资源”、“工程＋金融”、“投行＋商行”等特色业务，支持优质企业进行国际市场销售、资源技术整合和海外工程建设。又如，对于调整中实施产能整合的企业，我们可以依托跨市场的业务平台，在企业兼并重组过程中，不仅提供资金融通服务，还可综合运用传统融资产品与财务顾问、债券承销、债务重组、理财投资等新型金融服务，帮助企业形成更有效率的组织架构和生产经营模式。

三是如何着眼于国家扩大内需的政策导向，探讨消费金融的发展空间和方向。目前经济中的很多问题，无论是地方政府债务、影子银行、房地产及其他资产市场的泡沫，还是生态环境恶化、能源资源瓶颈及企业生存困难等问题，其症结归根结底都是社会总供给和总需求的失衡。因此，发挥内需在经济发展中的基础性作用，是打造中国经济“升级版”最为直接和有效的措施，而内需中要更多发挥消费对经济增长的拉动作用，这是我国实现经济转型的关键。消费金融是商业银行依托信贷杠杆撬动国内消费潜能的重要工具，商业银行如何立足于客户消费习惯的变化，推进业务产品、流程机制和服务媒介的创新，以及如何通过金融知识和金融产品的普及推广来引导客户消费结构升级等问题，都值得我们深入研究。

四是如何适应客户日益旺盛的资产保值增值需求，依托迅速发展的金融市场，大力推进“大资管”业务，实现工商银行从“融资中介”向“资产管理和服务中介”转型。银行作为国内居民最信赖的金融机构，有责任通过业务模式和产品服务的创新，帮助客户在低风险偏好和较好的收益回报之间实现平衡。我们发展“大资管”业务并不是简单地罗列各类金融产品，而是要依托工商银行集团一体化经营的优势，发挥各个业务条线之间的联动作用，为企业和客户资产管理提供全面的服务方案。例如，我们可以将个人客户分散在本异地、境内外的房地产、金融资产、高价值实物资产、无形资产等全口径资产统一汇集，形成个人客户资产池，通过对资产池的动态管理，为客户提供资产整合管理、资产动态规划、资产定制等特色服务。此外，资产池的建立还有助于我们更充分、更细致、更科学地了解客户的整体信用，为高效的风险管理提供依托。

五是如何立足于当前外部环境的急剧变化和经营布局的重构调整，研究工商银行风险管理理念和风险管理模式的创新问题。最近一段时间，受世界经济深度调整和国内经济增长换挡影响，工商银行资产质量出现了一定的下滑。要控制住风险，实现稳健发展，工商银行必须在准确预判经营环境变化、健全风险管理体系、积极化解潜在风险隐患上下更大功夫。这里，我想和大家探讨的是风险管理理念的问题。首先，对于小微企业、农村金融市场、资产管理市场出现的风险问题，我们不能由此就推定新业务、新客户、新市场的风险较传统客户和传统业务更高。我认为，根本症结在于我们的转型还没有彻底完成，以传统业务的发展模式去拓展新市场，必然会出现风险问题。这再一次说明转型是一个庞大的系统性工程，牵涉到了体制机制的方方面面。其次，要正确处理风险控制与市场拓展之间的关系。风险管理是银行业永恒的主题，但是控制和管理风险的目的是为了更好地经营和发展，银行是经营风险的行业，必须要在风险博弈中寻求发展空间，如果为了防风险而不敢拓展和创新，让风险绑住手脚，无异于“自废武功”，反而会诱发更为严重的风险，甚至危及生存。因此，希望大家对如何建立“创新拓展为先、风险管理为要”的经营文化，以及在业务管理办法、考核制度和流程设计中导入“尽职免责”的理念等问题多做研究。

六是如何在大型银行“综合化、多功能、集约化”发展的背景下，以构建真正面向未来的业务发展和管理架构为立足点，探索集团组织体系的改革问题。集团组织体系改革的目标是要使银行能够发挥整体合力、保持运作高效、协同内部文化和实现统一目标。要实现上述目标，我们必须重点关注改革的步骤和程序设计问题。集团组织架构调整是集团管理体系改革的一个非常重要的环节，需要与其他各项改革统筹推进，不能急于求成。同业有这方面的教训，在基础性改革尚未推进的前提下，盲目引进国际先进银行的组织架构，结果引发了责权利不对称、激励不相容、跨部门协作困难等尖锐问题。因此，我们要在充分调研论证、深入探讨各项改革之间的联动关系的基础上，科学设计改革时间表，有序、协调、稳步推进。

七是如何把握互联网时代的机遇，积极推进大数据和信息化战略。面对信息技术的飞速发展，面对电商的崛起及其对金融领域的渗透，推进大数据技术的应用和发展，加快从银行信息化向信息化银行转变，是我们应对严峻竞争挑战的根本途径，也是我们投身互联网金融新时代、推进经营管理模式根本性变革的战略性抉择。工商银行在信息科技方面与同业相比有“代际”优势，但在如何应用信息技术对业务和管理进行深度改造上还需要更加深入地研究。为此，一方面需要加快数据信息收集存储、分析运用和价值挖掘的机制建设，完善系统保障，推动我行的数据分析与运用从“小数据”时代及时转入“大数据”时代，将以往“沉没数据”中的海量信息有效地转化为服务于业务发展的现实生产力。另一方面，需要加快信息整合和标准化建设，加快解决当前信息条线化、局部化、碎片化等问题，为集团资源共享及海量数据价值挖掘提供有力支持，进一步促进跨部门管理协同以及产品业务整合创新。

总之，从工商银行下一个十年改革发展的需要出发，有太多的理论与实践问题需要研究，我在这里仅仅举出其中几个，给大家做个提示。等会儿，总行城市金融研究所还要布置学会系统的重点课题计划，我期待大家有更多兼具理论和实用价值的高质量成果出炉，为工商银行的改革发展提供更多有益的意见建议。

二、从理论和学术高度澄清社会上关于银行的种种误解和质疑，为工商银行经营转型营造良好的舆论环境

作为金融服务企业，品牌形象和社会评价对商业银行的发展至关重要。工商银行凭借领先的产品、真诚的服务在金融消费者中间赢得了很好的口碑。但是近年来，围绕银行业的质疑和误解很多，如果听之任之，长此以往，就会愈演愈烈，不仅不利于工商银行的发展，而且会干扰到整个银行业下一步改革的方向和政策环境。工商银行是中国银行业的“领头雁”，有责任也有义务引导社会各界公正客观地评价银行在经济发展中的职能和作用。城市金融学会作为工商银行的学术窗口，应当进一步发挥自身社会联系面广、理论素养高的优势，代表工商银行积极发出自己的声音来。对于社会的质疑，我们要从理论的高度有理有据地予以澄清。大体看来，目前围绕银行业的争论主要有以下几个方面：

一是银行“暴利”说。受国内经济形势和产业结构转型影响，近年来部分行业和企业经营困难，而商业银行的盈利依旧保持了较高的增速，于是引发了对银行是不是依靠“高利差”和“乱收费”赚取“暴利”的质疑，甚至出现了“全社会为银行打工”这样极端的说法。要澄清关于银行利润的争论，我们需要研究透以下几个问题：

首先，要看银行有没有可能“掠夺”企业、赚取“暴利”。从理论上讲，马克思主义政治经济学通过对资本循环运动全过程的剖析，得出了银行利润等于社会平均利润率的规律性结论。因此，在正常的社会环境下，银行不可能持续获取高于社会平均利润的超额利润。中国的现实情况也不能佐证对银行“高利差”和“乱收费”的指责。一方面，在利率市场化尚未完全实现的环境下，“高利差”的政策土壤不具备。央行在非对称升息时，基于实体经济融资成本的考虑，大多是贷款利率上升幅度低于存款利率；在非对称降息时，贷款利率下调的程度则全部超出了存款利率。实证分析也证明，中国银行业的利差水平不仅低于一般新兴市场国家，而且低于花旗、摩根大通、巴克莱银行等发达国家银行，“高利差”的指责显然失之偏颇。另一方面，中国商业银行的收费项目和费率显著低于发达国家。这也有很多的数据和案例可以证明。

其次，要看银行的利润水平是不是超出了正常水平。由于银行的资产和资本规模非常庞大，如果我们单看利润总量，结论就会有很大的误导性。而若以盈利能力来衡量，银行与其他企业和行业则是基本一致的。这方面的指标，我们可以选取资产利润率或净资产收益率，对比样本可以是上市公司，也可以是某个特定行业。这样对比后，可以清楚地看到，银行的利润水平远不如其他一些行业和上市公司。

再次，要看银行和企业之间的关系是“此消彼长”还是“互促共进”的。银行“掠夺”企业的说法显然是将银行和实体经济放在了对立的位置上。事实上，银行不仅没有挤占企业的利润空间，反而有助于企业节约成本费用和增加盈利。2001 年以来，以支付给银行的利息作为主体的财务费用，在企业各项成本中的占比是不断降低的。而银行在服务企业的过程中，通过资产规模的扩张、业务创新的拉动、资产质量的提升、技术手段的改进以及经营成本的有效控制，也实现了自身的迅速发展，这实际上就是银企良性循环的一个很好案例。

最后，更为重要的是，由于国有产权在银行中仍占有较大比例，银行利润中的相当部分通过分红的形式反馈给了包括国家和普通投资者在内的股东。因此，银行发展得好是国家和全民的福利，银行发展得不好，则是国家和全民的损失。

二是银行“垄断”说。全球金融危机后，国内几家大型商业银行在全球同业中的排名快速提升，这是国家金融改革成就的一个突出体现。但是部分人士却据此得出了大型商业银行“垄断”的结论。要搞清这个问题，我们首先要正确界定垄断。一般来说，垄断是指排除、限制竞争以及可能排除、限制竞争的行为。但在我国，银行业金融机构将近 4 000 家，仅全国性商业银行就有数十家，竞争的激烈程度可想而知。在业务准入机会上，各家银行是均等的，不存在某些业务领域只允许特定银行经营的情况，因此，不可能出现垄断的情况。

其次，我们可以将我国银行业的市场集中度与其他行业以及发达国家同业做个比较。从国内看，我国最大单一银行的市场份额占比也就 13% 左右，而在第三方支付和电子商务 C2C 领域，支付宝和淘宝一家的市场

占比就分别达到了 46% 和 85%，垄断程度显然高于银行。从国际看，我国银行业的市场集中度也不高。前五家大银行的资产占比约为 45%，不仅低于 81% 的世界平均水平，甚至低于市场机制最为发达的美国。可见，垄断之说是没有根据的。

最后，我们还需要辩证地看待垄断。从本质上讲，垄断是社会化大生产条件下商品经济的必然规律，不论人们是否喜欢，资本都会通过集聚走向集中和垄断。银行业作为规模经济特点较强的行业，垄断是其基本趋势和规律。特别最近 30 年来，由于计算机和通讯技术的广泛应用，业务范畴的不断延伸以及金融创新的日新月异，全球银行业的规模经济效应持续强化，从而推动金融资本不断集聚，金融资产加速向大银行集聚的趋势非常显著。所以垄断是经济规律，不能将经济学的问题拉入到道德批判的陷阱中。

三是银行理财"圈钱说"和"影子化"。目前，围绕银行理财业务的认识误区主要有两方面：一是理财业务是银行"圈钱"的工具，银行的理财资金要么流入了股票市场、房地产市场，助长了资产泡沫；要么用来支持那些资不抵债的项目，以替换银行贷款。二是理财是不受监管的表外业务，是中国式影子银行的代表形式。对此，我们需要澄清的是，首先，理财是银行跟随客户需要实施业务转型的重要方向，这既是银行表内信用供给能力受限与市场资金需求旺盛的产物，也是投资者在金融产品谱系不全与银行信用可靠性背景下的必然选择。其次，银行理财不是影子银行。影子银行是那些"有银行之实、无银行之名"的金融实体和金融活动，它的核心特征是无监管、高杠杆、期限错配严重、信用风险转移不充分。但银行理财业务是受到严格监管的，过去 8 年中，围绕理财产品的信息披露、投资者审查、投资管理等，以及存款监管套利、信贷监管套利、资产池模式等核心风险点，监管部门先后出台了近 30 项监管文件，监管已经十分充分。同时，银行理财产品结构相对简单，高杠杆率和期限错配程度与传统银行业务相当。应该说，银行理财本质上是一种资产管理服务，受市场状况、资金价格甚至经济周期的影响相对较小，不仅不是系统性金融风险的来源，反而是金融机构经营的"稳定器"。此外，作为银行业内人士，我们必须认识到，之所以社会公众会对理财业务产生误解，既有信息不对称的原因，也有该业务运作不规范的原因。因此，我们下一步的研究重点是如何在充分认识理财业务风险的基础上，通过做好制度建设、操作流程、信息系统、会计统计等基础性工作，夯实理财业务的发展基础，以及如何在保护商业秘密的前提下，强化信息披露，引导客户正确认识理财产品的内在特征和运作机制。

四是民营银行"鲇鱼说"。随着经济体制改革的深入推进，经济主体多元化程度也在迅速增强，民营银行作为多层次、全覆盖的金融服务体系中的重要一员，面临着良好的发展机遇。但是如果认为民营银行可以激发金融体系的"鲇鱼效应"，能够倒逼大型银行的管理和创新变革就有些夸大其辞了。

首先，民营银行与大型银行的竞争应当是"错位"竞争。民营银行客户群体和经营地域相对集中，经营机制和管理方式较为灵活，应在一些金融资源供给不足的领域深耕细作。例如，个体工商户、小微企业、涉农企业等，切实解决这些群体"融资难"的问题，发挥好对大型银行的补充作用。如果民营银行背离其本源，追大求全，与大中型银行"短兵相接"，不仅会造成不必要的竞争损耗，而且还可能会破坏正常的竞争环境，扰乱市场秩序。

其次，大型银行在金融体系中的主体地位不会因民营银行而改变。大型银行不仅是社会金融资源配置的主力，也是金融体系安全稳定的基石。这是因为大型银行能够实现资源在更广泛的区域、产业、业务线和客户群之间的优化配置，可以熨平个别市场波动对金融机构整体收益的冲击；也能够应用更为先进的信息技术，提高金融风险管理的质量，使业务发展更具可持续性。特别是在市场波动的时期，大型银行能够提供市场最为缺乏的流动性和信心，起到稳定市场预期、缓解危机冲击的作用。而民营银行由于资本资产规模偏小，风险管理体制和资本补充机制不够健全，缺少资产腾挪和风险分散的空间，经营稳定性相对较差。特别是在民营银行发展初期，如果宏观调控和金融监管不能及时到位的话，民营银行可能会在规模扩张的冲动下，成为助长资产泡沫、干扰正常经济金融秩序的推手。

因此，对于金融体系，不能过分强调多元主体的竞争效应，更重要的是要将各类金融活动都纳入到正规金融体制之内，将各类社会资本都引导到服务实体经济的轨道上来，切实守住"不发生系统性金融风险"的底线。

五是互联网金融"草根说"。互联网金融的发展是经济发展、金融深化和技术进步共同作用的结果，对于解决中小企业融资问题，促进民间金融阳光化规范化以及构建普惠型的金融体系都有重要意义。目前围绕互联网金融的讨论中有一个不好的倾向，就是将银行和互联网金融对立起来，认为互联网金融适应了普通客户的需求，而传统银行只是为高端客户服务的。对于这个问题，我们需要在分析互联网金融市场格局的前提下，正确认识银行和互联网金融之间的关系。

当前，主要的互联网金融力量有两类：一类是所谓的传统银行。事实上，银行才是互联网金融的发起者和先驱者。随着互联网的高速发展，特别是在社交网络、智能移动终端、云计算、搜索引擎等现代科技的推动下，互联网与银行核心业务的融合从早期的网上银行越来越向纵深推进，为银行业务发展注入了新的活力。另一类则是一些电商企业、第三方支付公司等非金融机构，它们依托信息技术逐渐向银行业务领域渗透，成为互联网金融格局中迅速崛起的新生力量。互联网金融企业尽管不能撼动银行在金融市场中的固有地位，但的确会对银行原有的客户和市场份额带来分流。但互联网金融和商业银行之间绝非相互对立、非此即彼的关系，一方面，银行可以借鉴吸收互联网技术开放、共享、便捷的基因，主动融入到互联网金融潮流中，为自身发展和转型开辟更大的空间。从技术层面上说，移动通讯网络、物联网、大数据、云计算的迅速发展，智能终端等各类移动客户平台的广泛应用，以及芯片卡等多支付介质和各类新渠道的不断推出，为银行深度挖掘客户价值、拓展业务蓝海和创新服务模式提供了重要支撑。从市场空间上说，互联网会引起个人客户的生活方式、消费行为以及公司客户的生产营销、经营管理、服务方式发生新变化，进而催生出一系列新型的金融服务需求，为银行产品服务、业务模式和渠道网络创新带来机遇。另一方面，银行和电商企业双方可通过资源共享、优势互补、共同研发等途径，在资金结算、网络授信与融资、联名银行卡、备付金业务、投资理财等多个领域寻求合作机会，实现共赢。因此，互联网时代对银行来说，机遇大于挑战，机会大于风险。

同志们，涛声激越风催紧，潮起正是扬帆时。在这个转型与变革的时代里，城市金融学会作为工商银行的决策咨询机构和研究品牌的载体，作为行内外思想交汇和学术交流的平台，责任重大，使命光荣。在此，我希望各级学会继续保持奋发有为、昂扬向上的精神风貌，以时不我待的紧迫感，砥砺奋进，进一步增强研究的前瞻性和针对性，增强学术影响力和社会辐射力，切实成为中国银行业品牌价值和核心竞争力的重要组成部分。

在资产管理业务推动工作会议上的讲话

张红力

（2014 年 10 月 15 日）

资产管理是商业银行业务的“蓝海”领域，发展创新的空间十分广阔，尤其是对培育我国多层次金融市场、改善社会融资结构、分散商业银行经营风险、促进银行经营转型有着十分重要的意义。最近，易会满行长在总行党委扩大会议上通报了全行前三季度经营情况，充分肯定了资产管理业务工作成绩，对下一步工作提出了具体要求。这次会议的主要目的就是落实党委扩大会议精神，总结今年前三季度全行资产管理业务各项工作，分析当前业务经营中存在主要问题和面临的机遇，部署四季度重点工作，为 2015 年全行资产管理业务持续、健康、协调发展提前预热、做好准备。

一、前三季度资产管理业务总体形势良好

总体来看，前三季度资产管理业务在复杂严峻的形势下保持了稳定增长的良好发展态势。

（一）业务稳步发展。前三季度，全行资产管理业务实现收入 118 亿元，同比增长 2%，完成全年收入 T2 目标的 68%；累计为客户创造收益 507 亿元，同比增长 34%；两部分收入合计 625 亿元，同比增长 26%。累计发行理财产品 4.54 万亿元，同比增长 27%；理财产品日均余额为 1.51 万亿元，均按照序时进度完成了全年 T3 目标计划。三季度末，全行理财产品余额 1.53 万亿元，同比增长 29%。从同业比较来看，我行资产管理业务各项经营指标市场占比继续保持第一，并进一步扩大了领先优势。前 8 个月，资产管理业务收入四大行占比 36%，比去年提高了 0.4%；业务规模四大行占比为 34%，比去年提高了 5%。

（二）产品转型工作成效显著。年初以来，为顺应市场发展和监管要求，我行率先启动了理财产品转型工作，从创新产品形态、优化产品发行计划、调整投资管理模式等多个方面制订工作方案和倒计时表，逐日、逐周、逐月督促转型工作进度。各类净值型产品余额占比增长明显，期次产品余额占比大幅下降。传统期次产品余额的占比已由年初的 86% 下降至三季度末的 56%，增利/稳利等开放式产品的份额相应大幅提高了 30 个百分点。这既为理财产品向净值型转化打下良好的基础，又可以节约基层行滚动发行期次产品所耗费的大量人力和物力，形成理财和存款良性互动的新格局。

（三）投资管理能力不断提高。一是用创新的方式拓宽了项目来源。前三季度，全行努力克服经济下行压力较大、融资需求不足等不利因素的影响，认真落实国家金融支持实体经济的政策要求，积极盘活存量、用好增量，用创新的方式拓宽项目来源，共完成项目投资 1 997 亿元。充分利用集团资源，分别与工银租赁、工

银国际、工银瑞投开展资产转让合作、股权基金投资合作、资管计划投资业务合作等，合计金额达800亿元左右。积极参与混合所有制改革项目，已经参与了铁路基金、中石化销售公司股权以及北京市政府牵头的排水基金等多个项目，投资金额近100亿元。二是债券投资规模提前完成全年计划。今年以来，全行资产管理条线密切关注债券市场走势，灵活调整债券投资策略，把握投资机会。截至9月末，理财资金投资债券1 815亿元，超额完成全年投资计划；新增投资加权平均收益率为5.68%，较上年提高85个基点，平均久期3.75年。三是理财业务流动性管理成效显著。总行资负部、公司部、个金部、结现部等前中后台部门通力合作，共同制定流动性管理预案，根据监管要求和市场形势的变化，准确预判季末最后一天可能会有大额资金申购，及时调整策略，将流动性缺口摆布至9月30日。成功将600多亿元高成本理财转化为低成本开放式产品，保证了季末正常投资，将行内融资规模压降至零，实现了资产管理业务资金融通模式的根本性转变，从之前的依赖行内融资为主转变为行外市场化融资为主。三季度末整体融资规模较二季度末大幅下降1 588亿元，不仅比去年三季度同比节约融资成本6亿元，而且提高全行资本充足率14个基点。此外，理财资金管理精细化程度进一步提升，9月末总行理财业务活期头寸压降至32亿元，活期资金备付率为0.25%。

（四）业务管理和风控水平持续提高。为推动资产管理业务和产品转型，提高业务管理和风险控制水平，总行信贷管理部、授信审批部、风险管理部、内控合规部、运行管理部、资产托管部等部门全力配合，做了大量基础性工作。一是从年初开始着手开展理财产品进入银行间债券市场的开户申请工作，我行成为理财产品首家向人民银行递交准入备案申请、首家获得准入备案通知、首家在外汇交易中心联网成功、首家完成中央国债登记结算公司及上海清算所开户的银行理财管理人，目前第一批完成开户的产品的债券交易已经正式运作。二是根据监管部门规范同业业务的管理要求，重新梳理理财产品同业拆借的业务授权和前中后台业务流程，研究制定理财业务特殊目的载体集合授信管理办法。三是有效化解项目信用风险。对于出现暂时性支付困难或信用风险的项目，在相关分行的大力支持下采取受益权转让、第三方收购、积极催收等方式化解风险，实现了个别风险项目的顺利退出和延迟支付收益的安全兑付。

（五）理财业务事业部改革顺利推进。今年7月，银监会就推进银行理财事业部制改革出台规定，要求银行按照“单独核算、风险隔离、行为规范、归口管理”的原则，将理财业务与自营业务分开，建立独立的理财业务组织体系和管理体系，归口一个专营部门、单独建账管理。在监管规定出台过程中，我行积极参与政策制定。根据监管最新要求和我行实际情况，反复研究方案并保持与银监会相关部门的密切沟通。总行党委高度重视，专门组织34个部门召开会议，对理财业务事业部制改革方案进行研究，确定了“统一管理、专业经营”的思路。在取得监管部门认可后，将改革方案正式书面报告银监会，相关改革措施正在稳步推进。

以上成绩是全行上下扎实落实总行党委确定的大资管战略部署、互相配合、共同努力的结果，总行各部门、各分行和各子公司都发挥了重要作用。在此，我代表总行党委，感谢大家付出的艰苦努力，并对资产管理业务发展取得的新成绩表示祝贺！

二、资产管理业务发展面临的问题

尽管资产管理业务工作取得诸多成绩，但我们也要清醒地看到，当前外部经济金融环境比较复杂，国内经济下行压力较大，制约理财业务发展的各种不利因素较多，全行资产管理业务保持稳定增长面临着一系列问题和挑战。

（一）项目推荐及管理费收入下降。前三季度项目推荐及管理费收入为33亿元，较去年同期下降4亿元，降幅为11%。收入下降的主要原因是项目来源的匮乏，尤其是项目投资金额呈现逐月下降趋势。一方面，企业有效需求不足，可投资的项目储备欠缺；另一方面，“类信贷”的项目筛选、审批和投资模式已经难以适应市场化理财投资的需要，如何根据理财业务特点和理财客户风险收益偏好特征设计交易结构和退出方式，审查和控制风险，还处于摸索阶段。

（二）分行区域理财业务收入同比降幅较大。前三季度，区域理财共实现全条线中间业务收入15亿元，同比下降26%，较全年32亿元的目标尚有17亿元的缺口，这是资产管理业务条线明显的一块短板。由于银监会对非标资产投资35%的比例限制和我行对理财项目区域投资审批和发行的严格要求，上半年分行非标项目投资基本停滞，前三季度分行新增非标投资较去年同期大幅下降42%，导致分行项目推荐与管理费收入增长缓慢。投资的停滞进而严重影响到区域理财产品的发行，前三季度分行区域理财累计产品发行量为0.7万亿元，同比负增长1.4%。

（三）利率市场化过程中理财产品发行价格易上难下。随着利率市场化的不断推进和对存款利率管制的逐渐放松，市场利率中枢水平总体上呈现上行趋势，各种创新型投资理财工具和金融产品层出不穷，客户对银行理财产品的收益预期也随之提高。今年初全行理财产品的平均发行价格达到5.08%，较去年上升50个基点。尽管今年以来人民银行通过多次定向降准和再贷款操作降低实体经济融资利率水平，但三季度末我行理财产品的平均发行价格仍然高达4.93%，虽比年初下降了15个基点，但较去年同期上升34个基点。总体而言，理财产品发行价格呈现较为明显的易上难下的特征。

（四）理财业务流动性管理面临新的挑战。一是银监会要求存款偏离度不超过3%的规定出台之后，理财业务流动性风险管理从原先关键时点的单向流动性缺口压力转化为常态化双向波动压力。尤其是产品形态向无固定期限、开放式、净值型方向转型，其流动性管理的难度将会更大。二是利率市场化进程中，市场资金面和监管要求都在不断调整、动态变化。一方面市场资金面虽然整体宽松，但也因新股申购等因素出现短期资金面紧张和回购利率脉冲式冲高。另一方面，银监会和人民银行关于理财事业部制改革、规范同业业务等监管规定陆续出台，理财业务组织管理架构、投融资和流动性管理模式都发生了较大改变。三是资本市场回暖可能给理财市场带来压力。今年年中以来A股市场持续上涨，赚钱效应不断积累，可能促使社会投资风险收益偏好变化，投资配置向股票、基金等风险资产转移。

三、资产管理业务发展面临的机遇

商业银行资产管理业务本身就是改革和创新的产物，反过来又大大促进了我国金融市场改革和创新的进程，可以说，改革和创新就是银行理财业务发展所面临的最大机遇。

（一）混合所有制改革的投资机遇。党的十八届三中全会提出积极发展混合所有制经济，多地政府已推出了国有企业混合所有制改革的政策意见，多家大型国企也启动混合所有制改革。民间资本可进入油气、电信、电力、铁路、金融等行业，这为我行理财业务提供了优质的投资标的和巨大的发展空间。

（二）资本市场转暖的投资机遇。经济转型与结构调整释放的改革红利是推动资本市场向好的重要因素。随着改革深入推进，改革红利不断释放，有利于股票市场回暖。今年沪港通将向境外投资者开放，沪港通可以看做是中国资本市场国际化的起步。总体来看，未来一段时间内，资本市场将具备较好的投资价值，是值得我们认真研究、积极介入的领域。

（三）县域理财业务发展中的机遇。近几年，县域经济发展较好，居民财富增长较快，但资管业务发展相对薄弱。应当说，县域地区的理财业务发展，具备很大的潜力。今年以来，全行积极推动县域理财产品发展，自年初至今已发行2 300亿元县域保本理财产品，并积极丰富县域理财产品形态，已在广西、湖北等地试点县域非保本产品，后期将进一步尝试将县域理财与区域审批相结合，不断拓展县域理财业务范围与规模。

（四）互联网金融发展带来的机遇。互联网金融是近一两年以来创新速度最快的领域，它打破了资产管理服务的时空界限、行际差异和资金门槛，催生了众筹等创新投资模式，推动理财客户群迅速延伸至广大长尾客户。具体而言，直销银行和即时通信平台将在本月内投产，这为理财营销提供了新型直销渠道，可以与传统渠道一起形成互补的立体化营销体系。目前，理财产品通过电子银行、手机银行，以及融e购平台销售都取得了较好的业绩。

四、下一步工作的几点要求

资产管理业务是全行经营转型、中间业务增利创收的重点，总行党委对资产管理业务条线寄予厚望。希望大家在总结前三季度工作经验、深刻分析问题和薄弱环节的基础上，四季度把握机遇，强化营销，再接再厉，完成全年任务，并为明年的业务发展提前谋篇布局。

（一）四季度的几项重点工作。

一要努力完成中间业务增收任务。根据全年资产管理业务收入目标174亿元（与去年实际完成相比提高了19%）计算，四季度资产管理条线须完成收入56亿元。现在距年底还有两个半月的时间，各项工作任务繁重，压力较大。希望大家坚定信心，克服畏难情绪，转变作风，鼓足干劲，攻坚克难，全力做好四季度工作，确保圆满完成全年中间业务收入目标。同时也要兼顾当前和长远，保持资产管理业务健康、协调和可持续发展。

二要开拓思路，扩大项目来源。四季度全行要力争完成项目推荐1 500亿元，项目投资1 000亿元。资产管理业务不是“准信贷”，要把握当前政策与市场变化的宝贵机遇，积极开动脑筋，突破路径依赖，推动创新发展。要淡化行业政策进入标准、产业限制和总量控制额度，重点把握好客户维度的信用风险，加快项目储备和投资进度。需要强调的是，不能再以传统信贷业务的思维方式去做理财投资业务，不能把理财项目投资简单看做是自营贷款的替代，否则路子只会越走越窄，业务只会不断萎缩。要根据理财业务特点，建立起区别于表内信贷业务的差异化的项目选择甄别、信用风险审批和风险管控机制。

根据前期全行上报审批的项目和近期市场情况，可以适当进入发展前景和资信状况良好、偿付资金来源稳定的重点行业优质企业、棚户区改造、限制性行业龙头企业、重点城市非公益性基础设施项目，以及大型房地产企业一线城市商品住房建设项目等。此外，可以开拓优质集团客户总部周转性、临时性融资需求，在“大企业、小项目”中寻找机会，做一些短期限投资，降低理财产品错配风险；可以盯住客户的资产负债表做好盘活优质存量资产的融资业务，比如挖掘剩余贷款不多但剩余收费期限还较长的公路、电力等基础设施项目“加杠杆”的机会；可以择优介入政府支持的尤其是以财政补贴资金作为特定还款来源的重点建设项目；可以探索差异化的股权基金投资，比如基金的基金、私募股权投资等；还可以设计结构化融资方式加大定向增发、资产证券化等资本市场工具的投资力度。总之，要解放思想、开拓思路、积极进取，立足于业务实际，控制好实质风险，把握好投资机会。

三要加强区域理财业务，实现总分行优势互补。分行区域理财业务是全行资产管理业务的重要组成部分，也是前三季度的一个薄弱环节。四季度区域理财新增项目投资力争200亿元，发行县域理财产品200亿元，区域理财年末净值型产品存量要达到100亿元。要进一步加强总分行业务联动，并通过将区域项目审批投资与县域理财产品发行两项工作有机结合起来的创新方式，解决分行审批项目投资的资金配套问题。这样既可调动分行项目推荐投资的积极性，也能提高县域产品竞争力。另一方面，总行也要在统一的产品价格体系下，根据分行需求，在特定区域内提供定向县域的专属产品，并将资金重点用于辖内项目，进一步提高总分行的业务联动水平。各分行要充分发挥贴近市场、贴近客户的优势，深挖当地优质项目资源，在风险可控的前提下，做好项目推荐组织工作；总行要发挥好产品研发和资金来源优势，为项目配套好产品，形成总分行优势互补。各分行要按照总行统一管理要求，加大净值型产品的营销发行力度，并根据区域客户需求特点，加强县域产品发行，研发区域性特色产品，作为总行产品的有益补充。总行要定期对分行经营业绩、风控能力、管理水平等进行全方位评价。在此基础上，根据业务实际，动态调整授权，积极支持和推动分行区域理财业务发展。

四要继续压降产品发行价格。不仅要根据资产的规模和收益来安排资金募集，还要注意以价格手段引导客户投资需求，在巩固当前我行理财产品市场份额的前提下，继续压降产品发行价格。首先，要体现理财业务的特点，表内资产负债管理是被动负债为主的模式，表外理财产品发行要加强主动性和预判性，今后要逐步走向根据投资品找资金的筹资、投资模式。其次，要合理确定不同产品线之间的价格体系，形成和保持保本产品、期次产品、增利产品、稳利产品的价格梯次，控制好增利、稳利等创新型开放式产品价格，突出产品便利性和客户体验的优势。要做大低成本无固定期限产品规模，争取将其占比提升至20%左右，降低理财产品整体价格。再次，要根据市场利率走势，推动产品价格曲线进一步扁平化。争取将非保本产品平均发行价格控制在4.5%以内，着重压降中长期限产品的发行价格，不高于市场同业平均水平，发挥好我行理财产品市场价格的“基石”作用。

（二）明年工作的初步考虑。

一是落实监管新规要求，做好事业部制改革。事业部制改革不仅仅是名称的改变，将在产品发行、产品管理、投资模式、盈利模式、风险管理、风险化解、总分行管理模式等方面带来一系列深刻变化。全行要按照总行的统一安排，根据大资管的战略布局，结合总行现有利润中心的管理架构，推进事业部制改革，按照“统一管理、专业经营”的思路，推进产品转型，加大净值型产品发行力度，减少产品间交易，探索资产管理新的投资、盈利模式，建立适合资产管理业务发展的风险管理和化解机制，保持我行理财业务统一管理下的经营活力。

二是加大投资创新力度，加快产品布局。要通过加大在产品和投资两端的创新力度，不断丰富和健全现有产品线。在产品上，尤其是要加强权益类投资理财产品的研发和布局，把握资本市场投资机会；在年内推出“e灵通”产品的基础上，继续研发随心e、电商实物行权理财等创新产品。在投资上，推进股票质押回购业务、“安全垫”股票投资业务、员工持股计划、优先股投资等创新业务模式。对于混合所有制改革，我们应该顺势而为，主动出击，积极参与，分享改革红利。各分行都应尝试参加辖内1~2家省属、市属国有企业混合所有制改革的试点，参与方案设计，积极推荐符合条件的优质项目资源。

三是加强风险管理。业务要发展，风险要管住，风险管理的重要性怎么强调都不过分。资产管理业务面临的主要风险包括信用风险、市场风险、流动性风险以及声誉风险等，但由于管理这些风险的手段与表内业务有本质区别，因此，资产管理业务的风险表现形式主要为银行的声誉风险。资产管理业务本质是“受人之托、代人理财”，银行接受客户委托，按照客户意愿进行投资管理，投资收益归客户享有，投资风险由客户承担，银行仅收取投资管理费。其风险管理主要通过合约的完备性来实现，损失处理主要是依据合约的权利与义务而定，体现的是独立的风险定价能力。但是由于没有拨备核销机制，一旦出现风险，就可能会影响银行声誉。因此，在开展资产管理业务过程中，一方面要通过销售前的充分信息披露揭示风险，通过交易方案设计规避和转移风险；另一方面，要进一步加强风险监控，识别发现风险，进而管理、量化风险，在处置和化解风险过程中，及时将风险情况充分地向投资者进行信息披露。

各级行各部门要充分认清当前资产管理业务发展所面临的严峻形势，认真落实近期总行党委扩大会议对下一步工作提出的要求和四季度工作部署，把握机遇，迎接挑战，进一步抓好资管业务创新发展和营销推动，确保完成全年资产管理业务收入计划，并努力完成得更好一些。

把握历史机遇　发展专项融资
全面推动“走出去”项目再上新水平

——在专项融资及“走出去”项目推动会上的讲话

张红力

（2014 年 10 月 23 日）

今天，我们召开专项融资及“走出去”项目推动会的主要任务是，根据全行发展战略部署，分析“走出去”面临的形势和任务，总结前阶段的工作成绩和不足，明确未来的发展方向，提出促进业务健康发展的具体措施要求。下面，我讲三点意见。

一、深刻认识“走出去”的战略意义和现实意义

“走出去”是党中央、国务院确定的国家战略，为“走出去”企业提供融资支持和全面金融服务，不仅是大型商业银行的责任所在，也是我们发展战略的重要组成部分，是未来较长一段时期内全行的工作重点之一。

（一）“走出去”是适应新时期国内外战略格局的变化，党中央、国务院作出的重大部署。习近平同志强调，“胸中要装着国内国际两个大局”。国内大局就是“两个一百年”奋斗目标，实现中华民族伟大复兴“中国梦”；国际大局就是为我国改革发展稳定争取良好外部条件。从国内看，转型发展任务十分艰巨，改革进入深水区，要实现经济增长“换挡”而不“熄火”，就必须进一步对外开放；从国际看，大国崛起必然带来国际力量格局的深度调整，外部摩擦、压力和挑战空前增多，只有加入到经济全球化大潮，才能实现“和平”与“崛起”的统一。当前，我国已成为世界最大的贸易国、第二大经济体，随着我国综合国力的提升，已经具备影响国际事务和世界经济的实力，有能力通过产业、资本以及产品服务的“走出去”，重建我国在全球产业链上的分工和经济秩序中的地位，增强我国在世界政治经济格局中的话语权，为实现“中国梦”与“和平崛起”进一步打开空间。

党的十八大以来，党中央深刻洞悉国际格局演变，坚持内外结合、政经结合、双多边结合，加快实施“走出去”战略，充分利用国际国内两个市场、两种资源，进一步发展开放型经济，在更大范围、更广领域和更高层次上参与国际竞争，不断提高对外开放的水平。继党的十八大提出“加快走出去步伐”后，十八届三中全会进一步指出，要“对内对外开放相互促进、引进来和走出去更好结合”。去年以来，习近平同志先后提出构建“丝绸之路经济带”、建设 21 世纪“海上丝绸之路”的“一带一路”战略构想，并在出访亚、欧、拉美等地区期间，见证签署了大批“走出去”项目协议。李克强同志在今年《政府工作报告》中指出，“要开创高水平对外开放新局面”“在走出去中提升竞争力”，并在高层出访中积极推销我国的高铁、核电和高端装备制造业。“走出去”战略已经成为我国促进政治互信、改善外交格局、实现和平崛起的有力手段，也为国内经济金融发展打开了更为广阔的空间。

（二）经济金融全球化和国内经济结构的深层次调整，为“走出去”提供了重要历史机遇。当前，世界经济总体延续回暖态势，我国经济进入增速换挡期、结构调整阵痛期，长期以来支撑经济高增长的要素条件和外部环境发生了巨大变化。在这种大背景下，我国企业“走出去”正进入更重要的战略机遇期。目前国内钢铁、水泥、电解铝、光伏、平板玻璃等行业产能严重过剩，一直制约着经济的转型升级和可持续发展，同时巨额外汇储备的使用问题，也关系着国家的金融安全。从全球来看，随着发达国家的经济复苏以及新型经济体国家的社会和经济发展需要，基础设施和制造业的投入大幅增加，对各种原材料和制造设备的需求有着巨大的市场潜力。由于持续数年的金融危机影响，许多国家的建设资金短缺，对外来投融资有着巨大的需求。在这一情况下，我国企业“走出去”，到海外承包工程、投资设厂、兼并收购或出口大型机电设备，既能够有效缓解和转移国内产能的严重过剩，又能充分利用外汇储备，促进资本输出，将一举多得，促进国际合作，实现互惠互利、双赢多赢。

据统计，今年前三季度，我国共对全球 152 个国家和地区的 4 475 家境外企业累计实现直接投资 4 606 亿元，同比增长 21.6%。出口也继续保持增长，9 月单月的出口增速 15.1%，达到 19 个月来的新高；其中钢材前三季度出口达到 6 543 万吨，增长 39.3%，国外市场

已成为了化解产能过剩的最重要渠道，我国企业“走出去”步伐正在不断加快。为适应企业“走出去”的要求，国家连续出台了一系列的产业政策、投资政策和金融政策。近期国务院常务会议决定，对境外投资项目一律取消核准，进一步打开了我国企业“走出去”的空间。“走出去”不仅为中国新一轮对外开放注入了新的内容，为处于改革“深水区”的中国经济带来了强劲增长动力，也为银行服务实体经济、推进自身发展提供了新的市场机遇。

（三）我行国际化发展和专项融资板块建设，为深入开展“走出去”业务创造了条件。目前，我行的全球网络布局基本形成，境外机构遍布40多个国家和地区，并通过参股南非标准银行间接布局非洲18个国家，形成了横跨六大洲的全球服务网络，成为覆盖国家和地区范围最广的中资银行。尽管全行国际化战略取得巨大进展，但海外业务和贡献占比仍大幅低于国际化银行20%～30%的通常水平，仍有着很大的发展潜力。

为推进国际化战略的深入实施，进一步促进全行转型发展，我们要以支持企业“走出去”为己任，以携手企业“走出去”为依托，全力推进“走出去”业务发展。姜建清董事长多次强调“要抓住走出去的机遇”、“要携手和引领企业走出去”，并亲自谋划我行“走出去”战略部署，直接关心、指导和营销了一批“走出去”重大项目，还多次带领中国企业家团队“走出去”进行项目对接。易会满行长和总行党委其他领导同志也高度重视“走出去”业务，做了大量的指导和推动工作。实际上，对于“走出去”业务发展问题，总行党委十年前就作出长远部署，在总行组建了专项融资团队，通过专业化和集约化经营，支持国家“产能出口、资源进口、跨境并购”战略，经过十年来的精耕细作，现已形成以出口信贷、境外项目融资、海外并购为主的跨境金融板块，以飞机、船舶、大宗商品融资为主的资产金融板块，以国际银团分销与代理为主的信用交易板块，以租赁融资与安排为主的结构金融板块，从而为进一步全面推进“走出去”项目创造了良好条件。

二、客观总结“走出去”业务的成绩，认真分析存在的问题

近年来，在总行党委的领导下，全行上下共同努力，积极拓展专项融资和“走出去”项目，业务范围遍及亚、非、拉、欧、美、澳六大洲50多个国家，业务领域涉及电力、交通、油气、矿山、通讯、机械、农业等诸多方面，满足了众多中国企业在对外承包工程、境外资源进口、境外投资与收购、大型成套设备出口等方面的融资需求，赢得了社会和客户的广泛赞誉，成为我国政府支持“走出去”的重点联系银行、中国企业“走出去”的首选金融伙伴，也确立了我行的“走出去”大行地位，有效促进了全行国际化战略的实施，并为集团转型发展作出了积极贡献。截至9月末，全行专项融资资产规模1 934亿元，五年来年均增长率20%；累计支持“走出去”项目116个，承贷金额242亿美元；储备项目215个，意向承贷金额620亿美元；项目覆盖全球50多个国家和地区。概括起来，主要取得了以下成绩：

（一）资源融资模式取得重要突破。我们紧随国家资源战略布局，注重服务模式创新，累计安排资源支持性融资超过50亿美元，支持引进油气资源达8万桶/每天，为我国引进境外油气矿产等战略资源发挥了重要作用。特别是安哥拉和委内瑞拉的资源支持项下的安居住宅建设融资项目，不仅取得了良好的商业效益和社会效益，也成为国际市场关注的标杆项目，扩大了我国商业银行的国际影响。

（二）工程和销售金融实现跨越式增长。积极支持电信、电力、冶金、矿产等企业的大型成套设备出口，先后办理土耳其KAZAN纯碱电厂、埃塞俄比亚吉柏三水电站、特变电工赞比亚输变电工程、中电工俄罗斯铁矿等大型出口买方信贷项目50多个，为华为、中兴等客户办理出口信贷超过50亿美元，积极支持了我国高科技产品的海外市场拓展，多个项目被《全球贸易观察》《贸易融资》等国际权威杂志评选为“最佳交易奖”。

（三）跨境并购融资再上新台阶。以总分行、境内外联动为抓手，与武钢、东汽、徐工、万达等客户的合作实现突破，完成中海油156亿美元收购加拿大尼克森石油公司、三峡集团40亿美元收购葡萄牙国家电力公司等一批优质并购融资项目。今年实施的五矿106亿美元收购秘鲁邦巴斯铜矿超大型项目，由总行多个部门、各相关境内外机构积极参与，我行担任银团牵头行、代理行、账户行、押品管理行、保函开立行、全球现金管理行、财务顾问行等九大角色，撬动了大量存款、结算、套期保值、短融中票等业务机会，获得了良好的经济效益和品牌效应。

（四）资产金融业务保持行业领先。飞机融资业务累计为全球50多家优质航空公司和租赁公司安排融资规模超千亿元，各型号飞机超400架，多次获《简氏运输周刊》《欧洲货币》等业内权威杂志奖项，已成长为“国内最大、亚太主流”的飞机融资专业银行。船舶融资沉着应对全球航运市场的复杂形势，实现了经营模式转换和结构调整，累计业务量超过500亿元，国内船舶融资第一商业银行的地位进一步巩固。租赁融资业务在做好对工银租赁支持的同时，加强对其他租赁公司的业务推广，已有30家分行开办租赁融资业务，客户拓展至90余家各类租赁公司，促进了供应链融资的跨境延伸和全行信贷结构的调整。

（五）综合化联动效应日益显现。积极推动总分行

联动、境内外联动，促进全产品营销和综合效益的提升。上海分行围绕上海国际金融中心、航运中心“两个中心”和自贸区建设，积极打造跨境融资的综合化平台。深圳分行以电信业为重点，创新制造业“走出去”服务的新模式。北京、江苏、新疆等境内分行以及悉尼、中东、工银欧洲、纽约、东京等境外机构，也结合自身优势，取得了长足的进步。此外，通过总分行联动，为境内外机构带来了94亿美元的存款、77亿美元的结算业务和50多家新增大型优质客户，以及大量的贸易融资、衍生交易等派生业务机会，提升了境内外分支机构在当地的市场竞争力和形象地位，促进了效益提升和转型发展。

（六）风险管理得到进一步加强。在业务快速发展的同时，始终坚持将风险防控放在重要位置。注重与外交部、商务部和发改委等有关部门的密切沟通，加强国别和市场风险研究，及时跟踪评价主权国家风险情况；利用境内外分支机构的属地化优势，共同提高境外项目的贷前调查和贷后管理质量，并向总行中后台部门提出贷后管理意见，分别采取合并贷后管理、委托贷后管理和协助贷后管理等不同方式，目前相关意见办法正在修订中。加强与中资企业驻外机构的沟通联络，保持风险信息的共享和控制措施的协同，并通过与专业机构的密切合作，进一步加强对跨境司法风险、境外押品处置风险、工程质量风险和跨国税务风险的控制。通过以上措施，专项融资和“走出去”项目的资产质量保持零不良，在国内外同业中居于领先水平。与此同时，工银租赁在“走出去”方面也做了大量的工作。作为我国最大、全球十强的租赁公司，工银租赁充分发挥租赁产品的独特优势，在支持企业“走出去”的同时，自身也成长为“走出去”企业，并在飞机、船舶、海工平台、大型装备租赁的国际化经营方面，取得了诸多业内第一和突破，已成为支持企业“走出去”的重要力量。

在肯定成绩的同时，我们也必须清醒地认识到当前工作存在的问题与不足，如“走出去”业务的广度和深度还不够，有影响的重大项目数量还不够多，综合效益还有较大提升空间，等等。归纳起来，主要有以下几点：

一是专项融资业务在全行的普及性还不够。虽然专项融资业务存在巨大的现实需求，但目前的发展水平与我行全球大行的地位尚不匹配，有些项目机会没有得到有效的跟踪落实。一些分行不了解业务，认为“走出去”项目结构复杂，变数太多，费时费力，不重视、不会做或不愿做的情况还比较普遍。有的基层行甚至不知道我行能办理这些业务，重要项目被同业拿走而毫不知情；有的存在畏难情绪，不愿碰这类结构复杂的产品和业务；有的虽然愿意发展，但经营能力和实际操作经验欠缺，容易埋下风险隐患。

二是业务推进缺乏周密的联动组织。面对“走出去”业务需求的不断增加，有些行还没有形成清晰、有效的业务组织体系，内部协同效应不强，反应速度不快，机构间的分工不明确，一些分行遇到业务需求时，不知道如何做、找谁请示；有的分行内部缺乏统一的协调，加之“走出去”业务跨区域性强、复合程度高，容易造成下属多部门、多机构重复营销；有的分行不了解业务授权和办理流程，拖延了业务办理节奏，造成市场反应慢，不仅影响了客户体验，有的甚至失去了重要的业务机会。

三是专业化经营水平亟待提升。专项融资与一般信贷业务的差异较大，涉及风险因素众多，经营操作风险大，对专业化程度要求很高。在国外大银行，对这类业务一般通过专门团队和机构实现专业化经营，正是他们长期以来经验教训的总结。随着该项业务在全行的推广，一些分支机构不了解项目如何推进、如何尽调、如何审、如何管，遇到问题不知道如何解决的问题日益凸显；有的分行将其混同在一般信贷业务中，经办机构过于分散，制约了专业化能力的提升。

此外，专项融资业务还存在着资本占用消耗大、业务模式单一等问题。这些问题中，有的是需要总行研究的，也有需要分行落实的，需要在今后工作中尽快予以解决。

三、全面推动“走出去”业务再上新台阶

当前，全球经贸一体化日益紧密，我国已经形成全方位、多层次、宽领域的对外开放格局，与世界经济互动融合不断加强，投资、贸易、人民币跨境使用与金融服务协同“走出去”，必将成为我行国际化发展的重大历史机遇和重要切入点。这里，对下阶段工作提出以下六点要求：

（一）抓住战略机遇，全面提升“走出去”服务能力。各行要充分认识到“走出去”的战略意义和现实需要，切实肩负起历史使命和重要责任，紧跟我国对外贸易和投资步伐，支持企业推广中国标准，“唱响”中国装备，全面推进“走出去”业务发展。要从工作实际出发，抓住本地区机遇，引导国内过剩产能的海外转移，为信贷结构调整和经营转型开辟新的途径，使“走出去”业务真正成为带动客户拓展、全产品营销、中间收入增长和管理质量提高、最终推动全行竞争力全面提升的有力武器。

到2017年末，全行专项融资和“走出去”项目的经营规模要达到3 500亿元，其中表内外风险资产余额控制在2 500亿元以内；经济资本占用和不良资产均低于全行平均水平；年均实现业务收入100亿元，净利润50亿元，其中中间业务收入20亿元；年均带动国际结算量100亿美元，带动新增存款100亿元，跨境人民币使用100亿元以上，打造出一个资本节约、特色鲜明、联动高效和风险可控的新型业务模式，走出一条有工行

特色的“走出去”发展道路。

（二）突出发展重点，抓好关键领域和优质项目。“走出去”业务覆盖面大，涉及的行业和客户众多，各行要在全面做好各类“走出去”客户服务的同时，加强对重点客户的营销，加强对我国与周边国家互联互通、“一带一路”国家战略及其他双边重大战略合作框架下的基础设施和能源等项目的跟踪，实现对本区域重点客户和重大项目营销的全覆盖。

各行要以此次推动会为开端，做好本区域“走出去”业务动员和发展规划，以本区域企业中的出口50强、对外投资20强和工程承包20强为基础，确定20～50户本行“走出去”重点客户，争取在年底前建立业务联系，全面掌握客户的“走出去”规划和重要项目信息，并将有关情况及时报送总行（专项融资部）。要加强与本地商务厅、发改委、贸促会、外管分局和中信保等单位的业务联系，争取各主管部门的支持，建立定期沟通机制，确保第一时间掌握项目信息。由于“走出去”项目具有谈判周期长、方案变数多的特点，要强化对项目的跟踪落实，做到有部署、有实施、有反馈和有责任，从而确保项目的持续跟进和落地实施。要积极推广项目负责制，实现营销项目的动态管理，在项目营销期内，各级行要向上级行及时更新项目营销信息，出现的重要变化，要立即向上级行报告；实行重大项目流失问责制，对于列入上级行名单的重大“走出去”项目，若被他行取得牵头行地位，应当尽快落实改进措施，杜绝因工作不力造成重大项目流失。

（三）加强业务创新，推进经营模式的转变。“走出去”项目通常融资金额较大、对经济资本的占用较高，而且直接面对国际同业的激烈竞争，对我行全球化服务能力是一个全面的考验，必须通过不断推进产品和服务创新，加快实现经营模式的创新提升。

一是向资本节约型转变，坚定不移地走低资本消耗型发展道路。各境内外机构要综合运用表内、表外产品，强化资产流量管理，加快形成以我行牵头包销为主、联合承销为辅的国际银团筹组模式，充分利用行内外各类投资基金、资产管理、券商资管、保险资金、信托计划等渠道，尽快建立规范有序的跨境信用资产交易机制，尝试推出准信用交易产品，从而在业务规模发展的同时，控制表内风险资产的过度增长，走出一条全新的发展道路。

二是形成工银特色，通过商业化合作、差异化发展，打造我行独特的竞争优势。结合我国外汇、海关、税收等方面的改革政策，利用好上海自贸区、深圳前海和天津滨海新区等区位优势，加大对境外BOT、PPP、PFI融资以及多边机构担保项下融资等创新型项目推进力度，开发资源储量支持融资、实物支付融资等业务品种，探索对收购方无追索的海外并购融资以及跨境并购的后续经营融资，积极推进跨境人民币融资，并与工银租赁、工银国际的结构化产品进行组合，打造区别于国外同业的新型“走出去”产品体系，从而在国际市场竞争中实现“从追随到引领”的转变。

（四）加强行内联动，带动相关业务和产品线。“走出去”项目不仅可以带动资产业务的发展，同时也是竞争优质客户的“敲门砖”和“杀手锏”，对于客户拓展和其他相关产品线的发展，都具有十分重要的作用。要通过加强总分行联动、境内外联动、行司联动和产品间联动，促进各机构、各部门的经营协同，带动各项业务全面发展。

一是充分发挥“走出去”项目跨区域、跨行业、跨机构的特点，带动全链条各相关客户的拓展。通过对境外借款人、业主、被收购方的服务，带动对境内出口商、国际工程承包商、收购方的客户拓展；通过对租赁公司的服务，带动对制造商和中小型进出口商的客户拓展；通过对飞机船舶制造商的服务，带动对航空、航运业的客户拓展；通过国际银团的分销代理，带动对境内外银行和金融机构的客户拓展。

二是充分发挥“走出去”项目结构化程度高、特色竞争力强的优势，带动相关产品线的发展。通过在并购贷款、银团安排、资产交易中配套高端财务顾问等投行服务，促进商投结合；通过在跨境融资中担当账户行、代理行、履约担保行角色，提高外汇资金系统内收付、沉淀比例，促进国际业务的发展；通过加强对工程履约保证金、租赁保证金、银团清算代理行的要求，促进本外币存款的发展；通过引入QDII理财、PE等股权投资方式，带动相关资产管理、资产托管和私人银行业务的发展；通过满足客户自身风险管理需要，带动远期结售汇、利率掉期、货币互换等金融市场业务的发展。通过发展上述非资产型业务，带动顾问费、安排费、担保费、代理费、托管费、手续费等中间业务收入的增长。

（五）推进专业经营，持续提升专业化水平。专项融资和“走出去”项目需要跨区域运作，涉及因素复杂，操作风险大，必须坚定不移地走专业化、集约化的发展道路。各行要加强对辖内业务的组织管理，根据实际，明确“走出去”的牵头部门，做到事情有部门负责、任务有人落实。要适应专项融资业务资源相对集中的特点，不宜采用遍地开花、层层布置、全员培训这种粗放模式，必须进行集约化运作。对于出具融资方案、项目审查审批、签约和前提确认等关键环节，必须集中在分行本部；业务具体操作尽量集中在分行的相应部门，或信贷管理能力强、国际业务基础好的支行；业务资源较多的分行，也可探索设立专项融资的专营团队，集中经营辖内专项融资业务。总行将加强专项融资经营操作团队的资质管理，确保业务经营范围与经营能力的匹配，并根据分行的实际经营能力，逐步调整或扩大对分行的授权。

各分行要选派业务素质好、外语能力强的干部，专门从事专项融资和“走出去”项目工作，保持岗位的相对稳定性，并加强业务培训和实践锻炼，逐渐培养和储备一批专项融资的“特种兵”，促进专业化能力的持续提升。境外机构要根据自身业务资源、经营能力等特点，确定在专项融资业务的专业化定位，避免“大而全”、“小而全”，逐步形成各境外机构既突出特色又优势互补的专业化经营格局。

（六）完善保障机制，确保业务健康发展。总行专项融资部要打造成为全行“走出去”项目的经营指导中心、业务处理中心、产品开发中心和技术支持中心，并在项目营销指导、产品服务方案、业务操作管理和专业团队建设等方面，进一步加强对分行的指导和协助。同时，要加强与外交部、国家发改委、商务部、国资委、人民银行、外管局等相关部门以及中信保、中投和国际多边组织等机构的信息沟通，争取相关政策，及时掌握相关信息，协调重大项目进展，为全行“走出去”项目提供更大支持。工银租赁和工银国际要发挥好牌照优势和跨境经营优势，在权益投融资、实物资产管理、分散项目风险以及优化监管和税收环境等方面，发挥更大的促进作用。

当前，全行信贷资产质量面临较大压力，“走出去”项目面对的风险因素更加错综复杂，既有国内外经营环境带来的经济风险，也有国际制裁、国家间纠纷等跨境司法风险，还有涉及外交敏感事件的政治风险，因而更需要强化风险意识。各行要在拓展业务的同时，时刻保持对政治敏感性、业务复杂性的认识，在常规风险控制要求的基础上，增强适合专项融资特点的风险识别和防控能力。同时，结合本地区和本行实际，查找在项目尽调、决策、操作、贷后管理以及声誉风险管理等方面的隐患，加强对实质风险的把控。境内分行要重点把好准入关，筛选一批合作历史良好、资质优良的本地借款人、出口商和投资人客户，从源头控制好风险。境外机构要发挥属地优势，并配合总行切实履行起境外贷后管理责任。对于涉及多家分行的跨境、跨区域项目，要加强机构间的信息共享和协调联动，明确划分管理责任，将风险防控工作落到实处，确保专项融资资产的高质量。

要适应信息化银行建设的要求，加强与国内外相关专业机构的合作，进一步完善国别风险信息库、项目招投标信息库、企业信用风险信息库和跨境物流信息库，运用大数据技术和科技手段，加强对市场需求和风险信息的识别与监控。积极探索和创造条件，逐渐形成对中小企业和小额跨境融资交易的智能化、标准化的快速处理能力，以及行内外高效业务协作能力。

各行要加快完善以业务收入为核心的专项融资多维度考核体系，从专项融资业务发展情况、带动相关业务情况、专业化经营水平、资产质量以及重大项目的营销成效等方面，对辖属机构进行综合评价，并按照总行财务运行机制内部市场化改革的总体要求，不断完善经营机构之间的收益分配，合理体现各机构的实际贡献和绩效表现，充分调动各级经营机构的积极性。

现在离年底只有两个多月时间，为全面完成全年经营任务，最后就当前一些具体工作，再重点强调一下：

一要抓紧做好中间业务收入的入账。专项融资业务涉及的顾问费、安排费和承诺费等收入，往往分散在各个合同或各个时点，容易出现迟收现象。请各行会后抓紧做一下排查，该收的立即收进来，能早收的要和客户协商，争取今年能够及时入账反映。

二要安排好年底前的提款进度。年末这段时间正值“走出去”项目的工程款、销售款结算的密集时期，也是需要通过专项融资提款支付的高峰期。要向客户做深入了解，排出准确的提款计划，做好各项准备；同时，还要对大额提款带来的拨备提取、资本占用等做好测算，避免对全年财务指标带来较大影响。

三要抓住年底前营销的黄金时期。适应专项融资的特点，年底前要重点抓住以下机会：一是由于涉外企业需要完成全年的商务合同签约任务，我们要抓住出口信贷和境外项目融资的机会；二是一些海外收购和投资交易将要在年底前交割完成，要抓住并购融资的机会；三是一些外国政府和航空公司等企业要确定明年融资的预算和融资银行，要抓紧做好融资招投标工作；四是一些企业为改善财务报表会采用售后回租等方式，要抓住租赁融资的机会。

四要全面做好风险排查和预案。目前专项融资的资产质量不错，但不等于没有风险隐患，更不能在年底前的关键时期放松了风险管理这根弦。除一般的国别风险、信用风险、市场风险和操作风险外，对于出现主权债务危机征兆、业主投资能力下降、在建境外工程严重拖期、融资的大宗商品价格下跌等因素可能带来的风险，以及航运业的经营风险、租赁公司的流动性风险都需要进一步关注，并提前做好各项预案。

同志们，专项融资过去取得的成绩，与全行各级干部员工的辛勤努力是分不开的。站在新的历史起点，需要以更加开阔的视野、更加务实的理念和更加扎实的措施来推动“走出去”业务的发展。全行专项融资战线要按照总行提出的总体部署和目标要求，以支持“走出去”为使命，以专业化经营为核心，以协同联动为依托，进一步解放思想、提高认识、开拓进取、扎实工作，不断提升经营水平，全面推动专项融资和“走出去”业务进入新的阶段。

深化合作机制　创新合作思路
推进银保合作科学可持续发展

——在2014年工商银行——工银安盛银保工作会议上的讲话

王希全

（2014年1月17日）

今天，工商银行和工银安盛联合召开2014年银保业务工作会议，总结2013年银保双方合作情况，动员部署2014年各项工作任务。这个会议是集团年度工作会议后召开的第一个专业会议，具有重要意义。我们希望能给工银安盛在新的一年里带来一个好的开头，也希望对工商银行大零售战略的实施带来一个好的开端。刚才工银安盛孙持平董事长介绍了去年银保双方合作的亮点，我们对去年银保合作中表现突出的单位也进行了表彰。在去年保险全行业特别是银保业务仍然低位运行，全行面临近年来严峻的经营形势和业务压力的情况下，银保双方紧密协作，较好地完成了全年工银安盛的代销任务，推动工银安盛保费收入历史性地跨越百亿元大关，首次实现年度盈利。同时，双方的合作也给工商银行带来了可观的业务收入，代销工银安盛产品手续费收入在全部代理保险收入中的占比高于销售保费占比3个百分点。在此，我要向工银安盛一年来取得的成绩表示祝贺，对总行有关部门和分行给予工银安盛的大力帮助与支持表示感谢，对获奖的单位表示敬意！下面，我讲三个方面的意见。

一、明确目标，加大支持，保质保量完成今年代销任务

成立工银安盛人寿保险有限公司，是总行党委的战略决策，是工商银行进一步加强综合化经营，迈向全功能大型金融集团的战略之举。工商银行进军保险领域，打通银行与保险服务，有利于在当前利率市场化和金融脱媒进程加速环境下，加快推进自身经营转型，实现各业务单元的功能互补和战略协同，持续提升盈利能力。总行党委十分重视工银安盛的经营与发展。公司成立以来，姜建清董事长及其他行领导多次听取工银安盛汇报，亲自动员，使公司各项业务取得了实质性进展。去年易会满行长和我专门去公司调研，了解公司的经营发展情况。一年来，银保双方取得了长足的进步，积累了一些好的经验和做法。总行个金部、机构部、人力资源部、财会部、办公室等部门做了大量工作，广东、北京、上海等分行积极营销，做出优异成绩。正是在大家的共同努力下工银安盛保费收入和盈利实现了历史性的突破，提前完成总行党委对工银安盛提出的第一步目标。这充分说明工商银行综合化经营的战略是正确的，也是可以大有作为的。

在去年末召开的全行改革发展研讨会和昨天刚结束的年度工作会议上，总行党委又明确了工银安盛今后的发展目标，把工银安盛作为集团优化“五大布局”和实施“三大战略”的具体业务板块，提出了新的更高的发展要求。我们要把思想统一到总行党委的战略发展目标上来，抓住我国保险业发展的新机遇，及时调整策略，统筹兼顾规模、效益和风险，积极创新发展，实现保费收入再上新台阶，利润总额进一步扩大的新目标，为工商银行的综合化经营和可持续发展作出更大的贡献。希望总行各部门、各分行按照全行优化综合化经营布局的统一部署，进一步支持工银安盛业务发展。个人金融业务部要在代销网点配置、保险主题营销活动的推动、新渠道宣传推广等方面给予必要支持，全力配合工银安盛做好银保业务的销售推动工作；私人银行部要根据高端客户理财与保障需求将工银安盛保险产品作为私人银行客户资产配置不可或缺的一部分，向私人银行客户积极营销工银安盛的保险产品；银行卡业务部和电子银行部要积极联动工银安盛，结合本专业客户的特点与需求，合作开发、销售具有市场竞争力的保险产品；机构业务部、人力资源部、财务会计部、办公室等部门要在分行经营绩效考核、销售专项奖励、保费计入储蓄存款、网点宣传等方面延续去年的支持政策，为工银安盛银保业务快速发展奠定基础。同时，各分行也要与工银安盛当地的分公司通力合作，确保完成全年120亿元总保费、23亿元期交保费，7.5亿元新业务价值的销售任务。当前要利用业务旺季，抓紧布置，确保今年前4个月实现55亿元总保费、8亿元期交保费、2.6亿元新业务价值的开门红目标，为圆满完成全年任务夯实基础。

二、深化合作机制，创新合作思路

刚才工银安盛和总行机构业务部围绕如何做好今年工银安盛产品代销工作，提出了具体的思路和举措，我都同意。在这里，我希望总行各部门，特别是各分行对于工银安盛能够区别对待。因为成立工银安盛的意义在于扩展工银集团综合化经营平台，通过产品的复组合、业务的交叉，为客户提供一站式综合金融服务，实现协同效应与规模经济。在工商银行的整个组织架构当中，各个分行就像大家族中的男孩子一样，已经长大成人，工银安盛是这个大家族中的小妹妹，需要兄长们呵护、关心和宠爱，要把她当成自家的孩子，关心扶持，让她健康成长，这是各分行的职责，也是总行各部门的责任。所以，全行要进一步重视工银安盛作为寿险公司的牌照和经营资质价值，深化合作机制，创新合作思路，充分利用工银安盛独有的体制、独特的机制、独享的政策为自身突破经营阻碍，加快转型发展提供外部支持和运行平台。刚才大家的发言当中有很多好的经验，也达成了共识，就是要对新机构有特别的关爱。结合刚才各分行的介绍，我觉得可以归纳出来的共性就是大家都高度重视，能够认识到工银安盛就像我们的小妹妹一样，要对她另眼相看。认识到这一点，对下一步工银安盛的工作是很重要的。

一是深化客户服务合作。工行目前规模巨大的个人客户中，潜藏着惊人的保险产品服务需求。而工银安盛的客户群体中，也存在着商业银行产品服务的需求。银保双方要探索客户分类对接的思路，加快构建包括产品、渠道、机构、人员、系统、制度、流程、管理及基础和增值服务在内的客户分层服务体系。挖掘客户全方位的产品服务需求将带来巨大的市场。如何深化客户服务、如何挖掘这座金矿是需要我们去做的。当前可从工行高端客户率先突破，充分利用集团丰富的私人银行客户、财富客户、信用卡客户等优质客户资源，积极挖掘高端客户个性化的保险产品服务需求，研发费率更为优惠、服务更为周到的专属保险产品，打造完善的优质客户服务体系。希望银保合作今年新增客户数30万户，使总量达到50万户。这个数字对已经与工银安盛开展合作的15家机构来说是可以完成的数字，我觉得今年工银安盛若有新的分支机构获批，还可以完成得更好一些。其中优质客户占比应进一步提升，规模与结构持续优化。考虑到工银安盛业务、客户集中于工行渠道的现状，针对客户投诉问题，要探索建立银保客服热线对接联动机制，力争第一时间有效处理客户投诉，以优质的服务，提升客户满意度。同时，工银安盛要积极配合工行，开展交叉销售，向公司客户营销工行优质产品与服务。这一点现在做得怎么样？工银安盛的营销团队在销售时要特别注意。工商银行产品更加丰富，通过营销工行产品，可以使工银安盛与客户更加紧密，这是相辅相成的。

二是深化销售模式合作。工银安盛要和各分行紧密协作，在总结前期上海、江苏、辽宁银保销售试点成功经验的基础上，结合各地实际，每家分行至少选择一种创新合作模式进行大胆尝试，一行一策，进一步扩大网点保险销售模式创新试点的规模与范围，进一步提高银保合作的效能，提升期交和高价值产品的销售能力。要利用保险公司培训资源和销售资源，培训网点客服人员，提高营销技能，实现交叉销售，提升网点竞争力。希望各分行借鉴三家分行创新模式的经验，通过网点营销模式的创新，为自身调整人员结构，优化人力资源配置提供路径和保障。这些方面的经验希望工银安盛能够及时总结、及时推广。要一方面眼睛向内，借鉴系统内各分行、分公司的做法；另一方面把眼光放到外面去，看看其他保险公司和商业银行是怎么做的。目前各分行的经营压力都非常大，如果说现在还是机遇大于挑战，那么我们不去创新的话，以后可能就会挑战比机遇还大。如何创新工作思路和工作方法是很重要的。过去我们习惯于“总行—分行—支行—网点”的纵向思维方式，可以思考得很专业，但是眼界不够宽广。现在建立横向思维很重要，要在纵向思维基础上建立横向思维，因为纵向思维是习惯，而横向思维可能就是一种创新。我们还要比较，跟同业比、跟系统内分行比、跟去年同期的自己比。我们说的同业一般是工、农、中、建、交，其实还有中小银行。同业或许是一堵墙，但更是一条路、一面镜子。即便同业是一堵墙我们也可以把它推倒；如果同业是一条路，我们就可以借路而行，走得更远；如果同业是一面镜子，就可以照见我们自己的优点和缺点，可以看到我们自身的优势和差距。在很大程度上，比较是需要有胸怀的。比出优势可以增加自信，比出不足则可以知耻而后勇。在创新方法的过程中，还要自下而上。我们的工作一般都是自上而下、上行下效、垂直管理的。我认为自下而上也是很重要的，自下而上可以与自上而下并驾齐驱、相辅相成。基层的创新能力很强，可以先行先试，使工商银行的经营管理模式更加具有活力。

三是深化资产管理合作。要充分认识到保险资金期限适中、来源稳定、可投资范围较广、服务功能独特的特点，实现银保合作的整体联动，充分发挥集团一体化资产管理的协同效应。要进一步完善项目营销联动机制，工银安盛要积极与总行有关部门及各地分行沟通联系，加大重大优质投资项目的对接与储备。当前，各行由于政策限制、资金紧张等因素，无法一一满足优质客户的融资需求，要加强联动，在风险可控的前提下，利用工银安盛的体制、机制优势，提供资金支持，如此既能解决维护优质客户的难题，又能够提高工银安盛的投资运作收益，做到银保合作的互利共赢。

四是深化人员交流合作。去年总行将工银安盛纳入总、分行干部交流任职的岗位范围，在总行和有关分行选配符合条件的干部到公司交流任职，目前开展情况良好。此外，各地分行也有不少同志转战工银安盛，奔赴工行综合化经营的新平台。今年要进一步加大人员交流合作力度，不仅要增加交流人员的数量，还要扩大交流范围，推动各分行与工银安盛各分公司之间基层的人员交流合作。这样能将工行的文化、理念、管理经验传导到工银安盛，促进战略整合，又能培养工行综合化经营人才。当然，也希望工银安盛的同志能够主动来工行交流，学习了解商业银行的经营管理。

五是深化风险防范合作。希望银保双方继续把治理销售误导、防范声誉风险作为一项重要工作，常抓不懈。要进一步完善产品的管理制度，制定客户信息真实性管理、服务评价管理和回执管理等规定，以重点品质指标为抓手，加强对重点机构、重点产品和重点网点的日常预警和追踪，积极主动地防范销售误导风险，降低契撤率和退保率，确保两项指标不高于当地同业平均水平，个别机构契撤率和退保率“两高”现象得到有效整治与缓解。

六是深化业务创新合作。当前，银保双方都面临着结构调整和转型发展的压力与挑战，加快创新发展步伐，拓展业务新领域，是我们共同的任务和目标。在可以预见的未来，银保双方在健康养老、私人银行和信用卡、城镇化建设、民生金融、网销电销等业务领域存在广泛的合作空间。希望银保双方密切配合，深化业务创新合作，加强研究分析，加快谋篇布局，携手抢占业务发展的下一个制高点。

三、转变观念，深化市场意识，加快培育核心竞争力

在此要强调的是，我们一方面要加强银保合作，对于工银安盛的发展给予必要的帮助和支持。另一方面，作为工行控股子公司，我们也要对工银安盛提出更高的要求，希望工银安盛积极转变观念，深化市场意识，把自己当做一个独立的市场主体，走市场化、专业化道路，努力在市场拼搏中培育核心竞争力。现在从总行和分行来讲，把子公司当成小孩子，但随着公司一天一天长大也要学会自力更生、多作贡献。公司发展和做人是一个道理。你自己不强，就只能求助别人；你自己强大了，也要帮助别人。在工银安盛初创时期，这种文化尤其需要我们建设。具体有以下几个方面。

一是统筹规模和效益，提升业务发展质量。2014年是工银安盛实施新三年发展规划的开局之年，希望工银安盛围绕“结构调整、转型发展”的总体要求，在进一步加快业务发展，确保市场应有地位的同时，注意各业务渠道协调发展，加快提升信息系统、运营保障和内部管理水平，注重业务质量，进一步提高期缴业务占比，扩大续期业务规模，实现业务规模扩大与质量提升的双重目标，推动新一轮三年大发展，为公司尽快跻身保险行业前列，实现可持续长远发展打好坚实的基础。

二是坚持多渠道发展策略，大力发展网销业务。希望工银安盛坚持多渠道发展策略，银保渠道要深耕细作，进一步提高产能与效益。个险、团险渠道要走市场化、专业化道路，这方面去年做得还不够，需要进一步做大做强。要加快拓展以网销、电销为主的新兴渠道，积极实施“新产品、新平台、新营销、新模式、新团队、新机制”的六新策略，利用工行网银、网上商城、电销、手机和自助终端系统优势，推进淘宝等其他电商渠道的开通，针对客户特点，研发新兴渠道专属产品，力争2014年新兴渠道业务贡献有较大幅度提升。现在新兴渠道这一块还很少，几乎是零。我觉得今年要达到30%也不是没有可能，取决于我们自己。我行的电商平台上也要有工银安盛的产品，可以挂在电商平台上链接到公司网站做业务。当然这取决于工银安盛的产品，货比三家，要达到“名品名商名店”的要求。

三是完善产品研发体系，提升产品市场竞争力。产品是一家公司市场竞争力的重要体现，配合今年的任务目标，希望工银安盛紧紧抓住当前保险行业费率市场化改革的重大机遇，进一步完善产品研发机制，丰富产品种类，优化精算定价假设，以市场和客户需求为导向，打造卖点突出，竞争力优秀的各类型期交及趸交明星产品，建立覆盖高中低端客户，兼顾长短期限的产品体系。

四是完善系统建设，优化运营支持。加快信息化建设是工银安盛应对市场竞争，加速赶超发展，力争后来居上的重要战略工程。希望工银安盛把银保系统作为当前和今后一件头等大事来抓，转变思路，探索建立“以客户为中心”、营销互动、开放服务型的业务处理系统、客户管理系统、业务统计系统和风险控制系统，探索建立大数据、云计算平台，开展数据挖掘，提高数据信息的整合分析能力，加强与工行系统的对接。要积极开展业务流程再造，注重客户体验，力求在产品销售、承保、回访、缴费、保全、理赔、投诉等方面向客户提供最简单、最安全、最舒心、最优质的一站式服务，切实防范好业务经营风险。希望在建立“以客户为中心”的价值理念方面工银安盛能做得更好，给工商银行提供更多好的经验。

五是要探索寿险公司组织管理架构的创新模式。合资寿险公司在我国的发展已经有十多年的历史了，但我了解的情况是绝大部分合资寿险公司还在亏损。从公司治理角度看，如果十几年公司一直在亏损，就要认真分析是不是公司治理本身存在问题。我们要勇于反思公司治理结构尚可能存在的欠缺和不足。工银安盛去年好的成绩是依靠工商银行主渠道的巨大支持获得的，但公司治理是否还存在问题要认真探讨。我希望工银安盛尽快完善公司治理，在保险行业做出典范，在寿险公司、合

资公司中做出样板。这就像开车时，要及时检查车有没有安全隐患，如果有隐患要及时保养才能跑得更快更远。因此，在体制机制方面我希望公司做一些回顾、分析和总结。这也是工行推进集团化发展的需要。

六是要建设极具行业特色、融商业银行理念与价值一体的企业文化。工商银行企业文化与其他商业银行有不同之处。实际上，保险行业的文化也是有特殊性的。工银安盛文化应该是两者先进文化的融合，这样一种融合应该是基于战略的追求，也是一种追求的战略；是基于合作的发展，也是基于发展的合作；是一种坚持中的放弃，也是放弃中的坚持。这种文化实际上是一种加法文化，是一种溢价的文化，是一种持久的文化，是合作的文化，是共荣的文化。最终的结果就是共同的发展。这个发展不仅是帮助工银安盛扭亏、实现发展，而且在战略上是互相帮助的。在工银安盛成长壮大后，对集团、对母行会有更大的回报。在此过程中，要让客户享受到工银安盛成长的实惠和优势。分行与分公司合作都要更加主动，部行司三位一体，形成持久的、合作的、共赢的文化。

一年之计在于春，在这火热的“开门红”营销季，希望银保双方紧密配合，积极做好各项业务营销和客户服务工作，以优异的成绩，为圆满完成2014年银保工作任务打好基础。

在中国工商银行零售业务工作会议上的讲话

王希全

（2014年3月18日·根据录音整理）

今天召开的零售业务工作会议对全行实施“大零售”战略、开创零售业务全面发展的新局面，乃至推动工商银行经营转型都具有极其重要的意义。刚才易行长所作的题为《创新发展 强基固本 全面建设中国最优秀零售银行》的重要报告，立意深远，分析透彻，目标明确，要求具体，为我们下一步的工作指明了方向，全行上下要认真学习贯彻落实。最近一个时期，我到一些分行对“大零售”战略的实施情况做了一些调研，也与总行专业部门的同志们做了一些交流探讨，感受与启发都很多、很大。下面我结合调研中的一些思考，就如何贯彻落实易行长重要讲话精神，全面实施“大零售”战略，推动全行零售业务持续健康快速发展，谈几个方面的意见。

一、实施“大零售”战略，需要一把手的重视与组织

总行党委将“大零售”提升到发展战略的高度，意味着全行必须从战略的高度来认识、理解与实施“大零售”。大家知道，战略是指导全局的方略，具有全局性、方向性、对抗性、预见性与谋略性的特点，战略的实施需要领导者、制定者和执行者的共同配合与参与，其中领导者在战略的实施过程中发挥着至关重要的作用。从一定意义上讲，零售战略就是一把手战略，就是行长战略。在总行，董事长、易行长对零售业务高度重视、亲历亲为，从去年他们到个人金融业务部开展调研指出零售业务是工商银行生命线、是立行之本，到随后在董事会战略研讨会上董事长首次提出“大零售”战略的概念，到改革发展研讨会、全行工作会上董事长和易行长对“大零售”战略的全面阐述和深刻解析，再到今天易行长亲自出席此次会议等，都充分体现了总行领导对推动实施“大零售”战略的重视。董事长、易行长还多次召开专题会议研究部署零售产品创新、网点竞争力提升、代发工资拓户等重大业务问题，给我们做好工作以很大的信心与支持。鉴于“大零售”战略的重要性及其业务的关联性与复杂性，我觉得各级机构一把手的态度与统筹将影响零售战略的成效，甚至决定零售战略的成败。总行要求这次会议结束之后，各分支机构的一把手要迅速召开党委会、零售业务推进委员会，认真贯彻落实这次会议精神，特别是易行长讲话精神，希望分行和各机构的一把手对全行的“大零售”战略要形成清晰认识，对本行零售业务的优势与不足要有全面分析，对规划布局本行零售业务要有实质性参与，对管理、配置零售业务资源要有主导性要求，对零售业务的进展要有正确的评价。总行从今年开始对零售业务的主要指标实行按月通报制度，实际上也是对分行一把手是否重视并有效统筹零售业务的一种监测与评价，希望各行引起重视。

二、实施“大零售”战略，需要部门专业的联合与协同

我们都知道，无论是战略还是零售的含义都是十分丰富的，而零售作为战略就更是多维与复杂了。“大零售”战略的实施过程，实际上是对人、财、物资源实行科学配置的过程，也是各个专业、各个部门协同配合的过程。从纵向上看，“大零售”战略的目标、阶段、过程，以及实施路径与具体措施已经比较清晰，这次会议提交了不少材料，都有这些方面的内容，请大家讨论。接下来比较重要的是我们如何从横向上进行协调联动，总行一直认为实施“大零售”战略不仅仅是某个或某几个部门、专业的事情，不是局部的战略，而是全局性的战略，是各部门、专业的共同职责，是全行的战略和共同的使命。正如易行长在讲话中指出，零售业务除了自身的经营贡献外，通过与其他业务板块、条线的联动协同，也促进了各类业务的发展；同时公司、机构业务线条，集团子公司等也为零售业务线条提供着代发工资客户源、民生领域业务支撑以及产品创新支持等。大家可以感觉到，这次“大零售”战略的实施工作与过去相比，一个比较大的区别是没有按照部门、产品、条线规划安排部署工作，主要考虑就是“大零售”战略要基于以客户为中心的理念、基于长期战略导向、基于零售业务内涵、基于现代企业新型工作关系的构建、基于去部门化和专业化的考量，希望各部门在实施“大零售”战略的过程中，要从工商银行发展的高度，以整体业务发展的宽度，不分彼此，不计得失，摒弃门户之见，打破专业局限，把零售银行建设有机融入到本部门的日常工作中，真正做到相互促进、共赢发展。个金部门要积极主动地做好“大零售”战略实施的牵头组织协调工作，其他零售业务部门要形成高度共识、协调一致，公司机构板块部门要做好协同营销、资源共享，综合管理部门也要全面策应和大力支持这项“面向未来”的发展战略。

三、实施“大零售”战略，需要分支机构的先行与创新

我们还理解战略问题的复杂性、长期性、阶段性和实践性，决定了在实施“大零售”战略过程中，会因为时间、地点、环境、基础等要素的不同而有所不同。易行长在报告中鼓励基层行在零售业务方面实行探索创新，开展率先发展的试点，这也是基于零售业务的实际而提出的。以我的理解，一是鉴于“大零售”战略的丰富内涵。零售业务涵盖面广、涉及利益多，战略实施过程具有一定的复杂性，有必要通过一些分支机构的先行先试为全行零售业务发展创造模式，积累经验。二是基于分支机构的差异性。我们知道全行分支机构的资源特征、客户结构、业务占比差异很大，零售业务在行际之间发展很不平衡，不可能用统一的策略措施让这些机构在实施“大零售”战略中齐步走、同到达，而要充分尊重各分支机构的差异性和发展阶段性，允许一些分支机构结合实际先行试点，有所创新和突破。三是实现战略的手段多样性。正是因为各级行的差异性，决定了实施“大零售”战略的方式方法多种多样，不能在政策上、发展模式上搞“一刀切”。有些分行需要综合治理，有些分行则需要体制驱动和机制创新，还有些要在考核、队伍建设上抓落实，也有些要在客户、产品、渠道、服务建设等基础工作上下功夫。所以，在实施“大零售”战略中，各分行要认真探索，通过先行与创新，以体现特色、胜在未来。前期我去一些分行做了调研，也到一些二级分行开展了座谈和调查，感到分行间的差异性使我们在实施“大零售”战略的过程中要分层次考虑。如果说“大零售”战略是总行提出来的，分行侧重的就是策略和战术，二级分行以下则是战场和战斗，需要把它逐步分解、细化、落实，不能简单地在基层讲战略。

在“大零售”战略实施过程中，我们要统筹处理好整体推进与局部突破、顶层设计与基层实践、自上而下实施与自下而上创新的关系，注重发挥基层的主观能动性，尊重基层的首创精神。各级机构一是要定好位、履好职，一级分行要统筹把握所在区域的零售发展战略和方向，要创造条件和氛围鼓励分支机构发挥主观能动性和创造性，二级分行以下机构要清晰制定零售发展策略，真正了解“战场在哪里、战斗怎么打、战士如何调动、装备怎样配置”等。二是稳步推进“率先发展”试点，总行准备在全行范围内选择60家左右业务发展基础好，已经初步具备向零售银行转型的基层行开展零售业务“率先发展”机制改革试点，鼓励探索更加贴近市场和客户需要的零售银行发展模式。要使试点机构通过一系列的改革创新，真正激发零售业务发展活力，在体制机制、文化建设、客户拓展、产品创新、团队打造、协同联动等各个方面实现全方位提升，成为零售业务转型发展的标杆示范分支机构。通过分支机构的试点和创新，树立典型、积累经验、以点带面推动“大零售”战略的整体推进。

四、实施“大零售”战略，需要重点产品的引领与突破

发展零售业务，客户是基础，产品是抓手。目前全行零售条线上的产品虽然繁多，但具有优势竞争力的产品利器还不够多，产品的品牌聚焦度不够高。未来，我们要在产品的研发与创新能力以及推广使用上下大功夫。

要推进战略、实施策略和战术，必须要做好重点产品的研发推广，必须打造出具有拳头功效的明星产品线，比如抓代发工资这一源头性基础业务，抓信用卡这

一具有巨大发展潜力的业务，抓私人银行这一契合中国财富增长特征的业务。如刚才易行长所分析的，我们在这些方面的差距与问题还不少。代发工资业务是公私联动的核心业务，去年底，总行召开了代发工资业务营销拓展工作会议，易行长也作了重要讲话，会后印发了代发工资业务管理办法和发展意见。从今年前两个月的情况看，效果不太明显。指标任务的完成情况落后序时进度，代发工资净增个人客户数只完成全年任务（净增客户 1 500 万户）的 9.94%，落后序时进度 6.73 个百分点。下一步要切实抓好代发工资业务的组织推动和目标落实，明确代发工资业务目标市场和重点客户群，完善“工银薪管家”专属服务体系，做好代发工资业务发展规划、市场推广、业务培训、协同营销等工作，这对于夯实客户基础、稳定存款来源、优化客户结构具有重要意义。要认真研究逸贷产品在推广中的新情况、新问题，通过不断地完善升级把这项新兴产品较快地推广上去。信用卡要继续大力发展收单业务，以“五大五小”商户为主线，抓住收单市场拓展重点，全面推动 POS 倍增计划，持续优化 POS 结构，着力提升高端商户渗透率，这对于巩固线下渠道优势、优化零售业务收入结构具有重要意义。私人银行业务要有明确的对手意识，私人银行是资源性业务，越是资源丰沛的机构，越应该做得更好才对。工商银行的私人银行业务不能比其他银行差，目前有 10 家分行私人银行客户数落后于招行，16 家分行管理私人银行资产落后于招行，这是不应该的。

在做好重点产品发展的同时，要认真梳理现有产品，运用互联网金融思维，注重线下和线上渠道应用的整合，尤其要意识到在移动互联网时代各种消费、支付、理财行为向手机终端移动支付转移的趋势，前瞻性布局手机作为载体的产品创新，并与电商平台有机结合，通过强强联手奠定我行的先发优势与代际优势。要紧紧围绕客户的金融服务需求，加强在渠道、服务、营销、风险管理等方面的创新发展，通过完善产品创新管理体制机制，提升客户体验，做到市场应变能力强，反应速度快，研发过程短，全面提升产品竞争力，支持零售业务发展。在总行做好产品创新的同时，各分行都应该充分发挥现有产品的潜力，每家分行都应有一项或几项重要业务与产品在当地同业有明显优势与较大份额，工商银行的强大与优势要通过业务与产品在当地市场得到充分体现。

五、实施“大零售”战略，需要注重过程与结果的统一

战略具有明确的目标性，全行的“大零售”战略就是要使未来的工商银行更优更强，因此需要从现在起打基础、谋长远，才能胜在未来。实施“大零售”战略，必须要通过扎实的过程推进，实现既定的零售业务发展目标，加快推进全行的经营转型。

一是要把“大零售”战略具体化、策略化、战术化、战场化，紧紧围绕建设最优秀零售银行的战略目标，确保战略实施过程中能够沿着正确的路径前进，不能出现偏差。要力戒工作中的形式主义和短期行为。二是要有政策、资源的响应与配套，要制定与“大零售”战略相适应的政策体系，完善与零售业务贡献度相匹配的资源持续投入机制，建立“大零售”业务综合考评机制，持续加强团队建设和素质提升，通过合理的资源配置和利用，提升零售业务发展效率和速度。三是要有实施的计划和方案，各行要结合实际，制定科学合理有效的实施路径，在客户、产品、渠道、营销等业务发展基础的夯实方面，在体制机制建设、文化塑造、服务提升、风险管理等支持保障方面，都要制定具体的措施，保证“大零售”战略落到实处。四是要有明显的业绩与变化，要一步一个脚印，一年一个台阶，确保各行零售业务的发展有实质性进步。五是要在实现零售业务发展的同时，积极推进全行整体业务的全面协调发展。“大零售”战略的实施，绝不意味着只要零售业务的发展，而忽视其他业务的发展。我们要充分认识到，零售业务与各个业务板块是相互补充、共同促进、协同发展的关系，零售业务的发展有赖于各类业务的积极推动，同时零售业务也会对推动批发业务、新兴业务等各业务板块发展发挥重要的作用。

六、实施“大零售”战略，需要分管行长的推动和执行

我的理解是，在零售业务发展上分支机构分管行长不仅仅要发挥好作为专业部门分管者的作用，不能满足于简单地把每个部门的工作安排好、督导好就可以了，而是应该从更深的层次理解零售业务分管行长的角色与作用。第一，零售业务是战略性业务，作为分管零售业务的行领导需要有战略思维、战略能力和战略行动。第二，零售业务是策略性业务，需要分管行长用谋略、方法和技巧，甚至用艺术去实施。作为实施者和推动者，不能简单地强调部门工作的重要性而影响全行业务的协调发展，尤其需要处理好各方面的关系。第三，零售业务是未来的业务，需要打好基础，从长计议，不能急功近利。第四，零售业务是资源性业务，需要投入资源来获取发展，但资源很稀缺且不平衡，这就要求分管行长充分发挥协调资源配置的能力。第五，零售业务是有生命力的系统性业务，如果我们把客户比作土壤，那么零售业务就好比一棵大树，而每个专业都是树的根、干、枝、叶、花、果，都是零售业务这棵大树的重要组成部分，各自发挥着不同的功能并相互作用，分管行长要这样认识并理解零售业务以及各专业部门的关系，并扮演好作为推动与执行者的角色。

七、实施“大零售”战略，需要专业部门的互帮与互助

个人金融、银行卡、私人银行三个部门在零售业务发展中发挥着很重要的组织推动、市场营销和风险管理的作用，三个部门的协调合作对零售业务发展起着至关重要的影响。如果把零售业务看成一座鼎，这三个部门就是鼎的三足，都不可或缺。这就需要各专业部门主要负责人把握以下几点：第一，零售业务的内在特性不允许各行其是；第二，从客户的角度考虑问题。对客户而言，我行每一款产品代表的都是工商银行，如果大家都本着以客户为中心的理念加以解决，很多部门间的问题很容易解决。第三，要为基层着想，基层最需要的是上级行综合性的营销方案、支持措施和解决办法，要避免按部门给基层下任务、压指标。第四，三个部门的协调配合不仅仅是做好零售业务的有力保障，更是建设零售银行新型工作模式的有益探索，所以要在组织形式、生产方式、要素组合方面进行创新，不能简单地关注数字，更要关注机制创新、流程优化等深层次问题。第五，三个专业的总经理们要通过学习和实践再立新功。做好零售业务并不简单，不是只凭勇气和简单的方法就能把零售业务做好，要充分把握零售业务的内涵和发展规律。

八、实施“大零售”战略，需要问题报告机制的建立和推动

实践中似乎有这样的规律，成绩容易让人骄傲，问题则能使人进步。总行党委提出的“大零售”战略是一项重大的课题，尽管我们在全行进行了全面的动员和部署，但是对如何建成零售银行还需要不断探索和实践。在零售银行的建设中一定会有各种各样的问题，我认为不管出现什么问题或问题出在哪里，全行都要有问题意识，要把握问题导向，正确、客观、科学的对待问题。我想要以“大零售”战略实施这项工作为契机，建立零售业务的问题报告机制，请各一级、直属分行定期把相关零售业务、涉及总行层面的各种问题汇总归纳后进行报告，零售业务推进委员会秘书处负责对问题分类、分析研究和答复，需要协调解决的重大问题提交总行零售业务推进委员会进行审议。要通过这些问题的分析、研究和解决，从另外一个角度推动零售业务发展。对问题报告机制要有通报和考核，既要考核分行也要考核总行相关部门，会后要尽快拿个方案，从二季度开始实施。

总之，只要全行组织并行动起来，我们相信零售业务的发展将会取得新的更大的成绩。

深化产品创新　推动三大战略　促进经营转型

——在中国工商银行2014年产品创新工作会议上的讲话

王希全

（2014年4月10日）

这次工作会议的主要任务是，全面总结2013年全行产品创新工作情况，分析把握新形势，研究部署2014年工作任务，动员全行大力深化产品创新，有效促进转型发展。下面，我讲几点意见。

一、积极促进经营结构调整，产品创新工作取得新成效

2013年，全行紧紧围绕改革发展中心工作，积极践行以客户为中心的产品创新核心理念，大力深化重点领域创新，着力加强新产品推广应用，持续完善各项创新管理机制，推动产品创新、产品管理、管理创新取得了新进步，信息化银行建设取得了新进展，产品创新的价值创造能力持续显现，有效驱动了全行转型发展。

（一）统筹推进三大创新，提高全行竞争发展能力。一年来，总行各部室和各分行围绕全行转型发展要求，深入推进突破创新、整合创新、优化创新以及分行区域创新，有效服务和推动了各业务领域的经营转型。

一是深入加强了突破创新。在产品上，推出了“逸贷”小额消费贷款产品，打造了以“名商、名店、名品”为特色的“融e购”电子商务平台，加快创新闪酷卡、微信银行、手机芯片卡等一系列小额电子支付产品，着力开展线下店商平台和线上线下银行卡收单一体化管理系统建设。在服务上，持续完善多渠道预约服务，推进了智能网点项目建设。二是深入加强了整合创新。深入开展民生金融服务研发，集中为财政、社保、住房等公共服务机构提供资金结算和托管等多项专属服

务；研发推出了客户交易终端，为客户提供外汇、贵金属、商品、证券、期货等各类金融交易的图形分析、行情监测、交易买卖等专业化服务；积极推进账户贵金属、实物贵金属、积存贵金属“三金”转换；深入开展了财智账户卡动态密码在柜面、ATM、自助终端等渠道的应用推广；研究建立一站式的航运企业金融服务平台。三是深入加强了产品持续优化。完善电子供应链融资产品模式，优化境外分行特色业务平台，同时按计划实施了结算、信贷、投资理财和电子银行的产品改造。四是深入加强了区域创新。各分行根据当地市场需求积极开展区域特色产品创新。如，深圳分行推出了对公存款节节高增值产品；上海分行推出了针对境外客户的NRA客户电子单证通产品；贵州分行推出了集金融服务和建筑行业应用于一体的建筑劳务安康卡产品。

（二）着力加强新产品推广，提升创新价值创造能力。一是加强了组织推动。去年全行进一步完善了产品创新考核机制，提高新产品推广考核权重；同时各行通过客户持有产品数、新产品收入占比等情况的持续监测和工作推动，提升了新产品的价值贡献。二是强化了培训传导。各行积极开展了形式多样的产品推广培训和营销案例交流，促进了新产品信息向基层行传导。三是深化了新型营销。各行积极推进精准营销，有效提升了营销成功率；深化体验式营销，举办了第四届大学生银行产品创意设计大赛和产品体验月等活动，着力培育潜在优质客户，有效强化了逸贷、增利系列理财、财智账户卡、手机银行等重点产品的推广。四是完善了支持服务。优化“产品推广在线支持服务”，建立了产品知识库，为全行员工提供了产品知识查询和学习平台。

（三）持续强化产品创新管理，有效提高创新质量。一是立足“同业、市场、客户、基层”，加强创意源头管理。持续完善产品优化建议归集机制，全行共征集产品优化意见建议1.6万余条，为产品创新提供了第一手信息；开展创新前瞻性产品策略研究，先后开展了线下POS和线上B2C小额消费贷款、中小微企业结算产品整合创新、客户交易终端、小额电子支付、跨境汇款等产品策略研究，以及汽车金融产品、余额宝、微信银行等市场应对策略研究，有针对性地提出了我行相关产品的对策建议，快速响应市场热点。二是持续加强创新效能和研发流程规范管理。研究探索了以重要性、紧迫性作为决策依据的研发资源投入机制；编制印发了《产品与业务研发管理办法》和《产品设计规范管理办法》，进一步规范了产品与业务创新工作流程。三是持续加强产品管理。基于客户和效用维度梳理形成了涵盖境内外、总分行的全新产品目录体系，持续优化产品管理系统和产品统计系统，先后开展了个人、公司、机构、金融资产、渠道、境外等一系列重点领域运营态势分析，全面梳理市场表现不佳的产品并研究落实产品调整建议，全力做好重点产品的客户五级分类工作。四是持续加强客户体验和创新风险管理。组织开展客户体验活动近百项，有效发挥客户体验对于完善产品、加强营销和改进服务的促进作用；加强创新风险管理，全年开展新产品研发风险评估450余项，有效加强了新产品研发风险控制。

（四）不断完善分行管理，引导分行发挥创新主体作用。一是从管理机制上，推动总分行联动创新，加强分行分类管理。在浙江和广东设立分行创新基地，有效发挥分行贴近市场的区位优势和总行创新力量的专业优势；分批次召开分行专题会议，有力促进了分行产品创新向纵深发展。二是从考核激励上，积极发挥创新考核激励引导作用。定期开展分行核心指标的区域性分析；举办了产品创新奖、新产品推广奖、明星产品奖的评选。三是从人员队伍上，深入推进产品序列专业资格认证和产品经理队伍组建工作，持续加强产品创新专业化人员队伍建设。

回顾一年来全行产品创新工作，有四点经验值得总结：

一是“创新要源于客户”是产品创新的核心。“以客户为中心”是我行始终秉承的理念，任何有益于客户效用的提升，有益于业务发展的创意，都不是脱离市场想出来的，而是从客户需求、基层行诉求中汲取转化出来的。同时检验创新成效的标准也只有一个，即客户满不满意、市场接不接受。要树立客户导向观念，将客户使用体验和感受作为评价产品的决定性因素，只有源于客户的创新，才有生机与活力。

二是“创新要靠合力”是产品创新的基础。创新是一个市场需求、创新智慧和资源投入相融合的过程，它强调突破创新主体之间的壁垒，实现深度融合，这需要创新工作者大力加强跨专业、跨渠道创新整合，有效发挥各专业、各机构的联动优势。唯有全行上下、各专业彼此之间树立合作观念，促进人才、信息、资源等创新要素的有效配置和充分共享，才能形成强大的创新合力。

三是“创新要有氛围”是产品创新的保障。创新要有敢为人先的气魄，要有容忍失败的胸怀，更要有全行上下激励创新的氛围。全行上下日益认识到，只有营造浓郁的创新氛围，才能长期有效地调动创新的积极性和创造性，才能将全行智慧凝聚到创新上来，才能有效引导各级机构自觉提高创新专业化水平，构建学习型创新团队。要始终秉承运用新技术、新方法，破解经营发展过程中遇到的新问题，只有这种氛围才能保证创新成为转型发展的不竭动力。

四是“创新要有实效”是产品创新的目的。创新的最终目的是服务和促进业务发展，提升客户服务水平。一年来，全行始终坚持把增强产品创新价值创造能力，提升创新实效作为创新工作的出发点和落脚点，紧密围绕全行结构调整、服务提升、流程优化、业务分流等中心工作，大力加强产品创新和产品推广，取得了良好效果，有力推动了工商银行的转型发展。

这些成绩是在总行党委的高度重视和正确领导下、依靠各部门各分行的共同努力所取得的，工作在产品创新战线的同志们求真务实，开拓进取，在全行创新工作推进中发挥了不可替代的重要作用。在此，我谨代表总行党委，向大家表示衷心的感谢和诚挚的问候！

在肯定成绩、总结经验的同时，我们也要认识到全行产品创新工作中还存在一些问题：一是研发周期相对较长，效率不高。目前我行创新项目仍存在数量多、准入把关较宽的现象，研发资源配置有待进一步优化，加之项目推进中存在沟通不够充分等情况，研发周期相对较长，研发效率亟待提高。二是创新产品多、杀手锏产品少。近年来创新产品数量逐年递增，但在新产品中真正能够迎合市场和客户需求，形成核心竞争力和盈利增长点的杀手锏产品还不多。部分新产品因产品设计与客户需求存在差异，或因政策、市场环境变化，市场表现始终不佳，亟须优化或实施退出管理。三是新产品推广仍需持续强化。由于目标客户定位不清晰、市场调研不充分、推广的专业性不足等因素，部分分行的新产品推广工作仍存在重数量、轻质量的情况，加之缺乏持之以恒加强新产品推广和精细化经营的耐心，导致部分新产品的价值贡献尚未完全显现。

二、认清形势，增强产品创新的紧迫感和责任感

随着客户需求发生新变化、市场竞争日趋激烈以及我行实施转型发展日趋紧迫，产品创新工作面临的形势正在发生深刻变化。今年年初工作会议明确提出要“加快创新转型，提高各项业务竞争发展水平”，“更多依靠创新和转型推动盈利可持续增长”，这对深化产品创新工作带来了新契机，提出了新要求。

（一）客户需求的新变化要求深化产品创新。随着互联网技术的高速发展，客户对网络的依赖程度更强，通过网络感知品牌、交易点评、分享经验、圈子推荐等行为习惯日益普及，更加渴望体验多样化、差异化和个性化的服务感受，更加希望在方便、快捷、安全和参与互动中获取金融服务。这一趋势对我行既是机遇、更是挑战，迫切要求我行紧跟新时代变化和新技术发展，深度融合和创新应用各种行内外客户信息，深入研究客户需求变动趋势，“以客户为中心”加快信息化银行建设，实现客户服务的跨越式提升。同时，近年来无论高端客户还是低端客户，理财需求日益旺盛。从低端客户看，其数量庞大，在我行占比近 80%，但绝大多数客户受限于门槛要求，尚未成为理财服务的受益者；从高端客户看，随着利率市场化加速推进，其议价意识进一步增强，银行存款稳定性进一步下降。因此，我行亟须大力加强产品创新，更好地满足不同层次客户的需求。

（二）日趋激烈的市场竞争要求深化产品创新。当前，互联网企业凭借其积累的海量客户信息，基于对客户行为的大数据分析，频繁推出高体验的金融服务产品，冲击了存、贷、汇等银行传统核心业务领域。同时跨界合作格局初步建立，基金公司、证券公司、第三方支付公司利用自身优势，联手推出了余额宝、理财通等一系列理财产品，对传统银行业务形成挑战。此外，在国内金融市场快速发展的背景下，同业机构也纷纷将产品创新作为竞争市场、赢得客户的利器，在支付结算、投资理财、消费信贷、渠道建设等领域持续加大创新力度。因此，我行必须保持对市场竞争态势的高度敏感，居安思危，加快推进结算、资金、信用等重点领域产品创新，才能巩固和提升整体竞争力。

（三）加快实施转型发展要求深化产品创新。今年是外部环境严峻复杂、内部改革关键紧迫的一年，对开拓实施各项工作提出了更高的要求。如在资产结构方面，信贷产品体系和配套作业流程还不能完全满足重点新兴行业、中小微企业和个人客户需求，迫切需要持续创新优质贷款品种，有效降低资本占用；在负债结构调整方面，稳定和增加存款的形势仍旧严峻，迫切需要创新性产品从源头稳定客户、稳定存款；在渠道结构调整方面，各渠道间产品联动服务能力不强，客户一点接入、线上线下联动、全程响应、体验一致的一体化渠道体系尚未建立，迫切需要加强线上线下一体化建设，契合客户金融习惯，全面提升电子银行服务体验感受；在境内外业务协调发展方面，境外机构产品线还不够丰富，迫切需要有针对地拓展和延伸境外产品线，不断增强全球一体化服务能力；在综合化经营方面，非银行金融业务与商业银行业务的结合还不够紧密，迫切需要深化投行、保险、基金、租赁等领域的跨市场、跨机构产品创新。

为应对上述新的形势变化，总行党委提出“突出三大战略，加快推动经营转型，切实提高发展质量和效益”的目标，这为全行发展指明了方向。全行必须深刻认识产品创新工作面临的机遇和挑战，切实增强应对竞争的危机感、抢抓机遇的紧迫感、深化创新的责任感，通过产品创新加快推进经营转型，优化业务格局，促进可持续发展。

三、2014 年产品创新的工作目标和创新重点

2014 年是全面深化改革的开局之年。前不久召开的总行业务与产品创新管理委员会审议通过了《2014 年业务与产品创新计划》，为今年全行产品创新工作提供了指引。根据该计划，2014 年产品创新的工作目标是：大力推进互联网金融建设，紧密围绕三大战略，深入加强产品优化、整合、突破式创新，持续强化新产品推广应用，高效率地研发推出一批有客户、有交易、有

收入的原创性产品；2014年投产后三年内自有中间业务新产品收入增长10%，个人客户户均持有我行自有产品数增长7.5%，对公客户户均持有我行自有产品数增长12%；在信息化银行建设的产品创新和服务创新领域取得实质进展，在国际化综合化经营上取得新突破，以满足客户需求，适应市场竞争，推动转型发展。

围绕上述工作目标，2014年全行要在互联网金融和重点业务领域方面，强化创新研发工作。

（一）大力推进互联网金融创新，推动信息化银行在产品和服务创新领域取得实质进展。

一是积极推进互联网商务服务创新。首先，在线上电子商务方面，完善B2C“融e购”电商平台，增加票务、话费、彩票等直连商户，推出关联推荐功能，通过大数据模型实时在线进行推荐，使我行大数据有“温度”，既提高客户购买率又激活无交易商户，并在此基础上研发推出实时搜索服务。构建B2B电商架构，启动实施航运金融服务平台和商贸通大宗商品交易两大主题模式的研发工作。其次，在线下收单商务方面，构建线下店商平台，建立涵盖收单商户、刷卡客户、工商银行三位一体的收单生态圈，为商户带来客户，为客户带来实惠，实现线下客户流、信息流、资金流的三流合一。推进线上线下收单一体化管理系统建设，实现线上线下收单商户和机具信息统一管理、数据统一采集存储、交易清算统一处理、业务运行情况和收单风险统一监控，提升收单业务管理和服务水平。

二是积极推进移动“云”银行创新。首先，要优化电子银行基础架构。建立以客户为中心的安全认证体系，采用多渠道接入、客户统一认证、风险统一控制、后台统一处理的方式，让电子银行成为真正的“云”银行。同时建立可信手机号机制，通过余额变动提醒、逸贷、短信认证支付等产品，以及信贷预留验证、客户经理管户、积分促销等手段激励客户主动更新可信手机号。其次，要实施网银电商化。对个人网银和手机银行实施开放式改造，将多渠道通用缴费、个人自助质押、理财、贵金属、账户交易等产品直观展现，客户选择产品后，在交易环节通过引导登录完成业务办理，大幅提升客户使用网银的客户体验。再次，要构建线上线下一体化的服务新模式。持续优化线上银行和线下网点联动的外币预约取钞服务，丰富实物贵金属、开户、挂失等预约服务种类，灵活运用多种渠道向客户提供高效易用的预约服务。最后，拓展移动服务渠道。在国内同业中首创推出移动交易终端产品，并基于我行e通道增加互动社区功能，吸引客户利用碎片时间随时随地使用，提升客户黏性。研发商友客户便携式金融服务终端，通过专用平板电脑为生意人提供一揽子金融服务。推出IC卡套件产品，让目标客户可方便进行芯片卡多行业应用管理，并享受比U盾更高的安全级别服务。

三是积极推进互联网金融的产品创新。进一步完善个人逸贷和小微逸贷公司卡产品，增加住房按揭客户群，更好地满足个人和小微商户便捷融资需求，推动我行信贷业务向互联网金融转型。研发推出“e灵通”便民理财产品，下调投资起点，实现7×24小时申赎和资金T+0到账，推进我行理财产品平民化和便利化，更好地适应当前理财市场新特点，实现“普惠于民”。

四是积极推进互联网支付结算创新。完善个人账户体系，创新实现他行客户购买我行产品，打造开放式的“云”银行。推出线上POS，完善B2C收单服务，实现线上至线下收单的全覆盖，创新推出二维码支付产品。完善线上线下一体化小额支付产品，按“大额安全、小额便利”原则，优化闪酷卡网银注册圈存功能，实现线上线下支付的同步，增强我行电子支付市场竞争力。

（二）持续强化重点领域创新，积极推进业务快速发展。

一是丰富投资交易产品，满足客户投资交易需求。在商品交易方面，加大商品市场类产品创新，适时研发账户贵金属指数、账户农产品、账户基本金属产品，进一步丰富客户投资标的，满足客户需求。在外汇产品方面，依托境内外一体化系统，将购汇、汇款相关产品作为推广我行留学金融服务的切入点，配以灵活定价、累进优惠机制，研发电子渠道预约资信证明功能。

二是全面盘活各类金融资产，提高客户资产流动性。探索客户金融资产便捷融资功能。通过电子渠道自助办理模式，为客户基金、保险、理财等金融资产提供更加便捷的质押贷款服务，如与工银安盛合作推出保单质押融资服务等。强化客户金融资产支付功能。挖掘贵金属货币属性，提供三金转换和ATM取现功能，打造贵金属产品的核心竞争力。

三是整合创新境内外跨境汇款产品。充分利用NOVA与FOVA的系统建设成果，发挥全球网络和境外机构加入当地清算组织的资源优势。打造以“工行网络+境外本地清算”为核心的汇出汇款产品，打造目标客户群明确、价格有竞争力、限时到账、服务面广的新一代工银速汇品牌。创新以“境外本地汇款+预约跨境汇款”为核心的汇入汇款产品，借助当地他行网点资源，将境外跨境汇款转化为本地汇款；创新跨境汇入汇款模式，打造费用较低、方便快捷、境内外联动的跨境汇入汇款产品组合。

四、2014年产品创新的工作要求

为确保上述重点创新产品的顺利研发，实现今年各项工作目标，我强调几点工作要求。

（一）健全创新体制机制，高效打造具有市场竞争力的杀手锏产品。一是要建立严格的产品项目准入机制。今年总行将严把立项审批关，各专业和分行在项目立项时必须明确阶段性目标、达纲目标和实现时间；同时全行要积极调整产品与业务项目的比例，研发资源要优先向产品和与之相关的项目倾斜。二是要建立科学的创新资源投入机制。要全面实施项目价值评估方法体系，即根据创新项目重要性、紧迫性作为决策依据的研发资源投入机制，有效提升研发资源的投入产出效果。要建立重点项目研发跟踪机制，动态掌握重点项目研发进展。三是要建立高效的敏捷迭代开发机制。积极推广“迭代开发”方式，以联合项目组工作方式，高效确定项目方案、提炼核心需求，成熟一批，开发一批，快速响应市场需求，大幅提高项目研发效率。四是要建立有效的总分行联动创新机制。各分行在深入开展区域特色产品创新时，要积极参与全行性产品创新工作，切实发挥分行贴近市场的优势。部分经济发达、市场活跃、创新意识强，具备国家金融改革政策优势的分行，要探索建立创新基地，组建总分行联合项目组共同研发，积极参与全行性的重点创新项目。同时各分行要积极争取成为全行创新工作的“实验田”，对于新创意、新方法、新产品要具有先行先试的勇气，全面收集市场和客户的反馈，努力为全行产品创新提供有价值信息。五是要建立完善的产品投后管理机制。实施产品全生命周期管理，结合产品生命周期各阶段特征有针对性地完善产品；围绕客户和效用两个维度，要进一步梳理涵盖境内外和总分行的产品目录管理体系和渠道信息管理体系，全面实现对产品销售使用情况和渠道交易数据的统计；要强化产品的跟踪评价，总行将定期发布产品运营态势报告和市场表现前100名和后100名产品，并建立重点产品的客户五级分类方法，各分行也要加强辖内的产品分析，运用好五级分类结果，改善经营发展的结构和质量；同时要加强产品的退出管理，对市场表现未达到预估成效的产品，积极采取调整或退市策略。

（二）强化分行创新主体作用，推动产品创新工作向纵深发展。

一是大力加强创新工作组织推动。各分行要大力加强辖内创新工作的组织推动，各行创新部和牵头部门要更好地履行职能，发挥产品创新的组织、协调、推动作用。各分行创新部门要根据本年度创新授权，严把立项审批关，进一步提高区域创新质量，严控创新风险。设专职创新部门的分行要重点提升本部门的创新组织协调能力，由科技和财会等综合性部门牵头创新工作的分行要积极发挥综合管理类部门优势，加强创新工作在各专业的横向沟通和各级机构的纵向联动，促进分行产品创新工作迈上新台阶。

二是大力加强新产品推广应用。各分行要进一步提升对产品推广的重视，把提高产品创新实效摆在更加重要和突出的位置。在产品推广过程中做到有重点、有声势、有手段、有评价，进一步加强本年度总分行重点产品的推广应用。完善跨专业联动的产品推广工作机制，运用好“产品推广在线支持服务”和产品知识库，强化落实员工推广培训、广泛运用科学推广方法，进一步提升推广的专业能力。不断完善新产品推广激励机制，加强对产品推广数据的动态监测，跟踪评估辖内各领域产品推广情况，努力提升产品市场表现。

同志们，产品创新是关系到我行经营转型和可持续发展的重要战略举措。全行要大力深化产品创新，加快驱动经营转型，推动各项业务跨台阶、上层次、增效益，形成不可复制的核心竞争力，为把我行早日建设成国际一流现代金融企业贡献力量。

量质并举推动POS倍增计划
全力开创收单业务发展新局面

——在中国工商银行POS倍增计划推动视频会上的讲话

王希全

（2014年5月13日）

全行改革发展研讨会提出要全面实施POS倍增计划，大力发展商户收单业务，这是总行在新的历史条件和经营形势下确定的又一项战略任务，对推进经营转型和可持续发展具有重要意义。这次会议是近年来全行围绕收单业务专题召开的第一次推动会，目的就是从战略层面和全局高度认识收单业务，动员和凝聚各级行、各专业的力量抓好收单业务，量质并举地推动POS倍增计划的落实。下面，我谈三个方面的意见。

一、充分认识收单业务发展的重要性和紧迫性

（一）什么是POS。收单业务的切入点是POS，倍增计划的落脚点也是POS，只有清晰认识、准确理解“POS是什么”这个问题，才能更好地把握目标、明确

方向、有所作为。从专业角度来讲，POS 是英文 Point Of Sale 的缩写，它是一种销售终端，一种支持消费、预授权、余额查询、转账功能的支付结算工具。在很长的一段时间里，我们都把 POS 看做银行卡消费的辅助设备、支付体系运行的配套终端。随着外部环境的变化，POS 的内涵更深、外延更广、意义更深远。下面，我结合一年来分管信用卡业务的思考和感受，谈谈对 POS 的认识：

——POS 是一个创收平台。POS 收单有稳定的回佣收入来源，收益水平高、投资回报大、抗经济周期波动能力强，我们在经营收单业务的过程中对此深有感受。近五年来，全行年收单回佣收入从 19 亿元增长到 71 亿元，增长了 2.7 倍，对信用卡专业中间业务收入的贡献稳定在 1/3 左右，是经济下行期间全行收入增长的稳定器。在成本控制方面，收单业务也有显著优势。一方面，收单是一次投入、长期回报，投入一台 POS 约 3 个月就可收回成本，投入一台商户收银一体化系统（MIS）在五年合作期内 1 年 3 个月就可收回成本，收益空间巨大；另一方面，收单回佣是不占用经济资本的纯粹的中间业务收入，在利率市场化加快、金融脱媒加剧的形势下，对我行突破传统盈利模式，构建更加稳健、均衡、多元的盈利模式具有重要意义。

——POS 是一个关系纽带。商业银行都把 POS 作为链接商户和消费者支付交易的重要纽带，以此来争揽、维护个人客户和对公客户。对消费者而言，广泛覆盖衣食住行各个领域的商户 POS，共同织就一个稳定安全、高效便利的支付网络，充分满足消费者的多元化支付需求；对商户而言，银行依托 POS 在商户和消费者之间搭起一座桥梁，促进商户和消费者的良性互动，为商户创造更有利的销售机会，并通过为商户提供现金管理、电子银行、信贷融资等全方位金融服务，提高商户对整体金融品牌的忠诚度和黏着度。在银行内部，POS 收单更是促进各项业务协同发展的重要纽带。特约商户开立收单结算账户，使庞大的 POS 交易额在行内形成稳定的资金流，促进商户资金在我行体系内的循环，有效拉动全行对公存款的增长。据统计，截至 2013 年末，全行特约商户在行内开立对公结算账户 41.6 万户，带来对公存款 2.1 万亿元。另外，POS 收单还可派生出银行卡、代发工资、电子银行、逸贷等一系列产品和服务，是我行发展全面金融业务的推动器。

——POS 是一个数据中心。POS 不仅是线下交易渠道，更是全面整合物流、资金流和信息流的超级数据库，甚至是触发银行贷款的信用记录仪。当客户在装有我行 POS 机的商户刷卡消费时，孤立地看，POS 系统只记录了一笔交易数据，但如果把这些数据纵横比较、综合分析，就能挖掘出许多有用信息。例如：当我们从 POS 端向持卡人切入，分析持卡人在不同 POS 的刷卡交易数据，可以充分掌握持卡人的消费习惯、商品偏好和金融需求，向持卡人主动营销包括逸贷在内的消费贷款业务，实现消费支付与信贷融资的无缝衔接；当我们从 POS 端向商户切入，分析同一商户 POS 上的所有交易数据，可以充分掌握商户的销售情况、经营状况，向交易均衡稳定的优质商户主动推广小微商户逸贷公司卡，提供无抵押、无担保的循环信贷。目前，全行的 POS 超过 110 万台，通过这些 POS 实现的年收单额超过 2.5 万亿元，其中蕴含了丰富的市场机会和商业价值，完全可以构建起覆盖广、规模大、信息全的数据中心，发展成为智能化衡量商户和持卡人信用状况、触发银行贷款的信用中心，进而确立面向未来、更加长远的竞争新优势。

（二）为什么要发展收单业务。从刚才的分析中我们看到，POS 的作用与重要性日益凸显，甚至超出了大家的想象。所以，我们要更完整、更全面、更系统地认识 POS 和收单业务。

一是从国际同业的经验和国内市场格局来看收单业务发展的重要性。从国际市场来看，一流的商业银行都有一流的收单业务，都把银行卡收单作为战略转型的核心板块。美国银行、摩根大通、花旗银行、汇丰控股都由最初自行开展收单业务，转变为成立专业化的收单公司，足见对收单业务的重视。目前，美国银行旗下的商户服务中心是全球排名第一的收单机构，年收单笔数高达 135 亿笔，摩根大通、花旗银行收单公司的年收单笔数超过 60 亿笔。目前工商银行已经是全球领先的发卡银行，但收单业务还没有进入国际前列，年收单笔数仅有 10.6 亿笔。作为一家国际大型商业银行，我想我们在基础性、战略性业务上应该是均衡发展、全面领先的，有理由也必须要推动收单业务实现质的飞跃。

从国内看，收单市场的竞争异常激烈。十年来，全国特约商户由 23 万户增加到 763 万户，POS 机具由 35 万台增加到 1 063 万台，均增长了 30 多倍，收单机构数量也由十年前的不足 80 家激增到 585 家，扩张速度非常之快。其中银联商务一家独大，占据了国内近 40% 的收单市场份额。随着线上、线下经营的相互交融，第三方支付机构从线上支付走向线下收单，正在形成一股不容小觑的竞争力量。在这个时候，我们不仅要“切蛋糕”，更要率先把收单市场这块“蛋糕”做大，开拓更广阔的市场领域，形成更显著的竞争优势。

二是从全面深化改革、加快经营转型的布局来看收单业务发展的必要性。今年是全行全面深化改革的开局之年，要通过实施“大零售、大资管、信息化和大数据”三大战略，突破盈利增长瓶颈、降低资本消耗、推动转型升级。全行经营转型方向决定了我们要优先发展银行卡收单这种高收益高数据含量、低风险低资本占用的优质业务。应该说，加快发展收单业务，不仅契合大零售战略以市场为导向、以客户为中心、以产品为抓手的发展思路，而且符合信息化和大数据战略整合数据、挖掘数据、建设信息化银行的目标要求。站在全行发展的高度，我们有责任也有义务把收单业务做大做强，抓实抓牢，真正发挥银行卡收单在全行经营转型中的重要作用。

三是从银行卡业务的发展前景来看POS倍增的紧迫性。银行卡具有典型的双边市场特征，同时连接着持卡人和特约商户。发卡和收单市场是相辅相成、相互促进、互为需要的，成为驱动银行卡业务整体发展的两大力量。只有足够的持卡消费规模，POS和收单业务的发展才有意义；而发卡市场的拓展，要求受理环境不断完善，良好的受理环境、稳固的商户合作又反过来可以推进发卡规模增长，促使银行卡"活"起来，"动"起来，撬动消费，产生收入。目前，我行银行卡发卡量近6亿张，年消费额近6万亿元，特别是信用卡业务稳坐全国第一大发卡银行宝座，发展前景十分广阔。相对而言，收单市场是我们的短板，由于长期以来"先发卡、后收单"的观念已成为思维定式，加上银联商务强势垄断等一些客观原因，我们在收单市场上的竞争优势并不显著。我们提出POS倍增计划，就是要全面提升我行收单业务竞争力，以更具远见、更有雄心的收单业务规划和布局，促进银行卡业务整体跨越式发展。

二、加快收单业务发展，必须要总结规律，统筹兼顾

（一）全面总结收单业务发展的经验与成绩。经过20多年的发展，收单业务由最初强调搭建受理环境、保障客户用卡顺畅，过渡到依靠收单拉动消费、增创收入、整合数据的综合化发展阶段。特别是近年来，全行从体制机制、营销策略、系统建设等方面进行探索实践，取得了明显成效。2012年对特约商户和POS进行了全方位、规范化、系统性清理，20年来首次真正摸清了家底，清理无效商户73万户、无效POS 44万台。目前特约商户数量达到83万户，较五年前增长93%；POS数量达到114万台，较五年前增长185%；收单交易额达2.5万亿元，五年增长了2.5倍；商户回佣收入71亿元，五年增长了2.7倍，对全行的经营贡献显著提升。概括起来，好的做法有以下几点：

一是通过抓市场实现重点商户的有效突破。近年来，全行把"五大五小"商户作为收单市场的主线，充分发挥总分行联动、部门协同作用，重点收单领域不断突破，优质商户基础得到夯实，对业务发展形成有效支撑。一方面，大力拓展回佣收益高、连锁程度高、财务管理严的大酒店、大卖场和集团商户，全行已拓展五星级酒店近300家、亿元卖场360家、总对总集团商户92家。另一方面，抓大不放小，全面铺开"城市一条街"营销，进入具有地方特色、行业特点的商业街区市场，已拓展"城市一条街"274条，覆盖商户7 633家，年收单额超过1 100亿元。

二是通过抓管理实现业务的精细化运作。收单业务具有覆盖领域广、客户群体多样化、系统依赖性强等特征，对管理水平和风控能力提出很高要求。近年来，全行一直在探索把每个商户、每台POS切实管好的办法。比如，运用系统来管。2013年初在完成商户和POS清理的基础上，开发了一套基于大数据技术的收单业务管理系统，实现了对商户和POS的集中管理、数据分析和动态监控，并运用332个风险监控模型有效防控各类风险。比如，分级分类来管。今年，全行启动了商户POS分级管理，初步建立起"三类五级"动态管理体系，可以对开通信贷、消费功能和仅开通消费功能的POS进行区分，实现差异化风险管理和营销服务。同时，总行正着手开展商户收单交易限额管理，根据行业类型、交易规模设置卡片交易限额，有效控制风险敞口。

三是通过机制创新增强收单业务的发展活力。近些年收单业务的快速发展，归根到底得益于体制机制的不断创新。在营销机制上，我们从过去粗放的地毯式营销转变为精确的名单制营销，由点到面，逐个突破；从过去区域性、周期性的营销活动转变为常态化、体系化、全球化的宣传促销，形成强大的市场推广效应，深度拓展境内外的业务"蓝海"。在管理机制上，我们大力推进专业化收单团队建设，已经有上海、江苏、天津、河北等9家分行成立了收单中心，对收单业务的推动效果非常明显。比如，河北分行在营业部、二级分行组建了43人的收单团队，建立了有效的培训管理和考核激励机制，去年收单交易额一举实现43%的增长，这一经验值得全行借鉴推广。

（二）准确把握收单业务发展的方向和潜力。总的来看，近年来收单业务工作成效显著，为全行经营转型和改革发展作出了积极贡献。但也必须清醒地认识到，当前收单业务还存在一些问题，具体来说，有以下几个方面。

一是收单业务规模仍需扩大。通过2013年的几组数据对比，大家可以更直观地看到当前收单市场形势的严峻性：与全国763万商户、1 063万台POS相比，我行仅有75万商户、105万台POS，收单市场份额不足10%，而我行在国内的信用卡发卡市场份额超过22%，借记卡发卡市场份额超过13%，收单规模与银行卡发卡规模明显不相匹配；银联商务有400万台POS，是我行的4倍之多；第三方支付机构在收单领域的发展极快，短短三年，已经有54家第三方支付机构获得收单业务资质，去年活动商户和POS增幅超过500%；在可比同业中，我行POS数量也不占优势，四行占比为24%，落后农行5个百分点，市场份额也亟待提升。这些数据说明收单业务还有很大的发展空间，有很大的市场潜力可挖。

二是收单业务结构尚需优化。收单业务的发展，一

定是一手抓发展、抓规模，一手抓质量、抓结构。从目前商户POS的分布结构来看，收单业务的发展质量还有较大的提升空间。在目前全行110多万台POS中，交易活跃、收益度高的一级POS仅有9万台，占POS总量的8.5%，而级别较低的四级、五级POS近33万台，占比达31%。优质POS数量偏少、低端POS数量过多的问题突出，要尽快通过优化存量、拓展增量，推进各层级POS向上迁移，优化整体POS结构，增强收单业务发展后劲。

三是直、间联收单业务比例需要调整。大家知道，直联和间联是收单业务的两种模式。在直联模式中，所有交易直接送给银联处理，商业银行无法获取商户交易数据，也不能及时进行交易监控、消费行为分析；而在间联模式中，商业银行在收益划分、数据挖掘、特色业务开办方面都有更大的主动权，间联无疑是收单业务模式的最优选择。但部分地区因历史和政策因素的影响，银联商务垄断力度较大，直联收单模式占主导地位，比如，广东、上海、山东、福建分行的直联与间联商户之比达到7:3，在一定程度上制约了收单业务发展的主动权。希望这些分行积极与当地政府、人民银行、银联进行有效的沟通协调，利用市场不断开放的契机，加快实现直联商户向我行间联商户的转换。

四是收单业务区域发展还不均衡。银行卡收单与外部经济环境紧密相关，可以说是当地经济发展水平的“风向标”。因此，资源充沛的发达省份，收单业务应该发展得更好更快。但通过分析我们发现：其一是一些地处经济发达地区分行的收单业务做得并不是最好；其二是一些POS布放较多的分行的回佣收入并不是最高；其三是部分分行的收单及回佣收入不仅大大落后于全行平均水平，更与当地经济发展水平不相匹配。相关分行要认真分析原因，消除差距，努力把工作赶上来，形成各区域均衡发展、协调发展的局面。

最后，再强调一下思想认识层面的问题。目前，全行对收单业务发展重要性的认识还没有完全统一，对收单业务的经营规律、发展路径还没有理解到位，对外部环境和竞争形势还没有足够的研究。有的分行仍然存在重发卡、轻收单的旧观念；有的分行在拓展市场时仍然跑马圈地、粗放式扩张，不讲究方式方法和精准定位。这些思想认识方面的问题，反映在收单业务的发展中，就是业务优势的削弱、质量结构的失衡甚至整体业务竞争力的下降。因此，全行要首先解决思想上、观念上的问题，对收单业务真正重视起来、担当起来、行动起来。

三、加快收单业务发展，必须要明确目标，强化落实

今年，全行银行卡业务发展面临着不同以往的新形势与新挑战，肩上的担子更重，发展任务也更加艰巨，POS倍增计划就是其中的一项重要工作。要在两年内实现POS倍增，也就是在2013年末POS设备105万台的基础上，净增100万台，到2015年末达到200万台，用两年的时间完成过去20年的POS布放量。按照梯次推进POS倍增计划的安排，今年要实现商户净增30万户，POS净增50万台。从目前的完成进度来看，到4月末，全行特约商户净增8.1万户，仅完成全年计划的27%；POS净增8.8万台，仅完成全年计划的17.6%，拓展速度还要加快。希望各行明确目标，加紧落实，量质并举推动POS倍增计划的顺利实施。

（一）统一思想，提高认识，营造良好的业务发展氛围。全行要从战略高度来认识收单业务发展的重要意义。总行党委对收单业务十分重视，把POS倍增计划作为重要事项纳入零售业务推进委员会的议题来专门研究部署，作为人零售战略实施的重要内容来统筹规划，为全行推进POS倍增提供机制保障。各级行要把收单业务作为一把手工程，高度重视并全力支持收单业务发展。这次会议结束后，各行的一把手要迅速召开行长办公会，全面分析收单业务在本地的市场份额、在全行的位次、具有的优势与存在的不足，研究制定清晰可行的工作计划；各行的分管行长要更有效地发挥推动者、执行者的作用，大力推动POS倍增计划的落实。同时，各分行的一把手、分管行长们都要积极参与到POS倍增计划的具体实施中来，带队开展重点商户营销，形成良好的示范效应。

各级行银行卡业务部作为业务主管部门，要充分认识收单业务对全行的战略贡献，以更饱满的热情投入到收单业务中；要动员相关专业加入到收单业务营销中来，凝聚全行力量发展收单业务。在此也希望公司、机构、结现、个金、电子银行等业务部门，进一步提高对收单业务重要性的认识，把收单业务与本专业的营销工作结合起来，做到资源共享、信息互通、协力发展。

（二）协同作战，多措并举，实施有效的市场拓展策略。上下同心，其利断金。POS倍增计划的推动落实，一定要靠协同作战，既要发挥总行的整体协调和牵头营销能力，也要发挥基层行的首创精神，做到各负其责、上下协同、相互策应，实现整体效能的最大化。在实际工作中要讲究策略和方法，多策并举地提高收单市场拓展成效。

一是要把准目标市场，锁定优质商户。在选择目标市场时要更审慎、更精细，把POS布放在大酒店、大百货、大卖场等名品名商、全国连锁店，布放在集中收银、管理规范的商品交易市场，布放在居民消费活跃的“城市一条街”，以精确的目标市场定位解决好“POS布放在哪”的问题。

二是要加强总分联动，提高营销成效。总行牵头开展总对总集团商户营销，成立直营团队，整合营销资源，定目标、定时间、定效果地逐个突破全国知名集团

商户，指定牵头行要予以积极配合。目前总行已确定150家集团商户合作目标，总营业额超过2万亿元，合作空间和商业价值巨大，今年争取突破其中的50家，各分行要在总对总合作的基础上迅速开展与集团商户分支机构的签约合作。对于区域性优质商户，各分行要按总行筛选的目标商户清单，全面铺开名单制营销，增强商户合作的稳定性和排他性。

三是要把握我行POS的“卖点”，找到行之有效的营销模式。收单是一项关联性极强的业务，收单业务的有效拓展是建立在充分发挥工商银行品牌优势的基础上的。大家要认识到，我们与商户开展收单合作时，提供的是多元化、多条线的金融服务，比如：通过提供MIS和POS，增强收单服务的便利性；通过为持卡人提供分期付款，解决持卡人资金不足的问题，进而拉动商户的商品销售；通过小微商户逸贷公司卡，为交易均衡的中小商户提供无抵押、无担保循环信贷；通过开展形式丰富的促销和积分活动，促进持卡人在商户的消费；通过为商户提供全方位数据服务，满足商户的财务分析需求。各分行对收单业务的这几大“卖点”要理解透彻、掌握深入，充分利用总行制定的商户营销模板，真正了解我们的优势在哪里，以此获得客户、维护客户、稳定客户。

（三）理顺机制，强化考核，提高资源配置效率。收单业务是全行的一项基础业务，也是一项长线业务，需要通过体制机制的保障，优化资源配置结构，促进生产要素的最佳组合，充分激发业务发展潜力。

一要完善考核管理机制，建立定期通报制度。总行年初已将商户净增量、收单交易额纳入信用卡专业评价体系，如何用好这个评价体系，将管理优势变为业务优势，是今年全行提升收单业务管理水平的一项重要工作。要更明确、更有效地分解目标任务，把全行物理网点作为网格单位，运用“网格化营销”方式，将总对总集团商户、五星级酒店、大型亿元卖场、“城市一条街”等重点目标商户，就近分配给当地的支行网点，明确营销责任归属。总行对分行、一级分行对二级分行、二级分行对支行，都要层层分解目标任务，加大计划考核力度。银行卡业务部牵头，建立按月通报制度，定期监测评价各分行收单业务进展，确保POS倍增计划抓出成效。为更好地指导分行实施倍增计划，近期我们将召开一次收单业务专题分析会，研究剖析各分行业务发展情况，因地制宜、有所侧重地部署安排有关工作。

二要深化联动营销机制。POS的属性决定了收单业务是一项协作性很强的业务，不仅需要总分行之间的互动与配合，还需要部门专业之间的联合与协同。全行要切实落实信用卡与个金、公司、机构、结现部门的联动营销机制，在日常营销中有所侧重，在合作协议中有所体现。各分行要积极组建由行长、主管行长带队，信用卡、个金、公司、机构等部门共同参与的营销团队，合力拓展收单商户，在开展公司信贷、固定资产融资、现金结算等业务合作的同时，同步签署收单业务合作协议。

三要深化前后台部门协同机制。前台市场营销部门与后台管理部门间的密切配合，是提高工作效率、扩大营销成果的重要经验。体现在收单业务发展上，就是要以畅通高效的设备供应流程，满足客户需求，保障前台市场营销的正常运行，保障收单业务的持续发展。总行银行卡业务部要与财务会计部、信息科技部加强沟通协调，继续实施高效的POS采购流程，做好POS设备的统一供应与调剂，确保及时供给，并预留一定的存量，满足POS周转需要。同时继续以科技立项资金采购MIS设备，支持大型商户拓展。

（四）统筹规划，整体推进，实现收单业务可持续发展。收单业务是一项面向未来的业务，今天布放的POS，将成为明天营销客户的利器、采集数据的平台、创造收益的渠道。在工作中，要统筹好当前与长远的关系，统筹好全面推进与重点突破的关系，既要一体化、全方位推进收单业务，又要充分发挥收单的牵引作用和带动效应，在经营转型中作出更大贡献。

一是POS数量与质量并重。POS倍增不是简单的数量翻番，而是量质并举的提升，要把握好POS总量与结构的关系，在迅速抢占市场、扩大商户规模的基础上，实现商户和POS结构的持续优化，新布放POS的活跃率要力争达到70%以上。对于存量POS，要通过定期维护、结构调整、二次营销实现质态优化，激活原有低效POS，力争活跃率达到63%，超过国内平均水平3个百分点。要加强对商户和POS的巡查维护，密切掌握POS运行质态，杜绝低效POS、睡眠POS。加快直联商户向我行间联商户的转化，加快把具有消费功能的个人转账终端升级为普通消费POS，进一步提升POS的活跃率和收益水平。

二是线上与线下业务并重。互联网技术的裂变式发展正在全方位影响经济格局和金融生态，因势利导、积极参与线上市场竞争成为我们的不二选择。目前，总行正在加紧研发线上POS，整合简单支付、3D认证支付、快捷支付及网银支付四种非面对面收单业务，支持我行卡、他行卡、境外卡的受理，打造一款全支付方式、全受理范围的线上收单工具来服务于融e购电商平台及其他线上商户。这个月版本就能在融e购实现本行卡和他行卡的受理，预计7月版本实现全部功能。有了线上POS这个工具，我们就能更好地将互联网金融思维贯穿到收单业务发展中，更好地实现线上线下收单一体化发展。总行银行卡业务部要统一制定线上线下收单发展策略和全行收单业务管理办法，与电子银行部密切配合，双向切入。银行卡业务部负责现有线上商户向线下落地的营销，电子银行部负责现有线下商户向线上迁移的营销，线上线下商户的后台管理统一纳入收单管理平台，通过分头营销、集中管理提高工作效率。

三是收单与发卡、逸贷业务并重。收单与发卡市场双轮驱动，是推动银行卡业务更好更快发展的关键。一方面，全行要通过收单业务的加快发展，进一步完善银行卡受理环境，并通过联合优质商户发行联名卡、主题卡、开展促销活动等方式，提高持卡人的满意度和忠诚度，进而促进发卡业务。比如，我们马上要推出的运动卡，就要充分依托前期运动场馆、体育用品、服装器材零售商的用卡环境打造，各分行要抓紧行动，在运动类商户积极布放POS。另一方面，全行也要通过收单业务的加快发展，奠定稳固的商户合作基础，促进逸贷业务再上台阶。“逸贷”是我行面向新时代的个人消费金融量身打造的小额信贷品牌，从它一触即贷、资金瞬时到账的特点来看是一个非常好的产品，但目前的市场推广效果还不尽如人意，还需要多想办法、多下功夫，尤其要在搭建逸贷受理环境等基础性工作上下功夫。各行在布放POS时要将能开办逸贷业务的绿色POS作为首选，把商户拓展工作与逸贷业务发展结合起来，同步拓展、同步营销，促进商户和POS规模、质量双提升。要积极打造优质的特约商户和POS网络，深度挖掘绿色POS的信贷功能，依托POS网络把信用卡逸贷和借记卡逸贷业务做大做强、做精做优。

四是业务发展与风险管理并重。风险管理是商业银行经营管理的永恒主题。我们要清楚，POS不仅能创收，也可能产生风险。总行正在搭建银行卡全球业务监控系统，以收单业务管理平台为基础，通过采集分析POS端和卡片端的海量数据信息，实现对信用风险、欺诈风险、操作风险的全面防控，但更重要的还是各行在布放与维护POS中对风险的把控。处理好与第三方支付的竞合关系也是收单业务管理的一个重要内容，总行正在研究第三方支付转接平台，今后要借助这个平台，实现支付机构统一接口、二级商户数据统一上送、统一的转接服务费管理，获取真实全面的商户和交易数据，从源头上规范第三方支付机构的合作管理。

（五）组建团队，充实力量，夯实收单业务发展基础。打造一支高度专业化、开拓能力强、富有责任感的收单团队，是加快发展收单业务的前提。专业化收单团队的建设，是整个工商银行组织机构改革的有机组成，要在总行部室、一级分行、二级分行中分层次推进。

总行层面设立收单中心，增设商户渠道管理、集团商户发展、收单平台管理三个职能部门，配备50名专业人员，从全行收单业务发展全局出发，重点做好收单业务的整体谋划与统筹部署，为各分行提供整套的收单业务推广方案、管理办法和支持措施。各一级分行、直属分行、二级分行要以城市行为中心，组建专业化收单团队，支行要配备专职收单人员，真正解决专业人员不足制约收单业务发展的老问题。配备多少人员，各分行要根据需要研究，总的要求是能推动业务发展。筹建团队的过程中，可以采取中心城市先行试点、逐级落实的方式，渐进式地推进全国商户营销网络的搭建。商户的后台服务也很重要，总行正在组建专门的特约商户电话服务团队，今后能为商户提供7×24小时的全程化、标准化、专业化、便捷化服务支持，为各分行的前台市场营销做好支持、提供保障。希望各行发挥好团队的力量，建立分层次、系统化的培训机制，开展常态化、网络化、在线化的业务培训，全面提升收单人员的营销能力、服务水平和职业素养，充分释放收单业务发展的内在动力。

一分部署，九分落实。希望全行在POS倍增计划的落实推动中，坚持高起点、高标准、高质量，举全行之力发展收单业务，共同完成好总行党委交给我们的这项战略任务。

在银行卡收单市场营销培训班上的讲话

王希全

（2014年5月28日·根据录音整理）

到这个月，我分管信用卡业务刚满一年。大家都知道，工商银行的信用卡业务从发展之初至今一直在引领市场，在国内一直处在很明显的优势地位，而且品质非常高，这值得我们骄傲和珍惜。但看到成绩的同时，我们也需要有危机意识与问题意识，以理性、冷静的态度分析现状，预判未来，努力使信用卡业务的发展更理性、更健康。下面，我结合这一年来分管信用卡业务的体会，谈一些认识与思考。

一、我们的优势是什么？

第一，发卡量是衡量信用卡业务优势的非常重要的指标。做市场就是要与同业竞争，与同业抢份额，卡量或者份额标志着我们信用卡的地位和在市场中的影响力，所以首先要把卡量做大，这既是我们的优势，也是我们的目标。但从另一个角度看，卡量并非是衡量优势的唯一指标。之所以这么说，是因为卡量的背后是客户，对于客户我们要着重考量其成长性。如果我们的持卡人并非是最有价值的、或成长性最好的客户，而这类客户可能被别的银行发掘了，那么即使我们的发卡量再大，也不能成为衡量我们优势的重要指标。所以，我们同时还要看信用卡的质量指标。据《2014 中国信用卡报告》，我行在卡均消费、卡均透支等衡量信用卡质量的关键指标上不占优势，这与我们的行业地位不太相称。我想说的是，业务发展中的一些问题往往不是由于“小”带来的，而是由于“大”带来的。我们在追求发卡量的过程中，一定要做到量质并举，千万不能迷失在一味地追求卡量当中，不能简单地以数量为目标，以数量论英雄。

第二，我们认为的优势有时并不完全是真正的优势。首先，我们过去的优势放到现在是否还是优势，这是值得思考的，因为人总是习惯于定向思维，很容易把过去当成未来。比如我们的信用卡存量市场份额一直较大，但我们的成长性是不是也保持着比较大的优势呢？这要与同业比较才能知道。来自《2014 中国信用卡报告》的数据显示，2013 年我行新增卡量 1 092 万张，而同期建行新增卡量达到 1 169 万张，已经超过我行。同时，随着金融市场的发展，我们的同业已不仅仅局限于五大行，还包括中小银行和最近发展很快的互联网金融，这是一个大的市场，我们需要确立的是在整个行业、整个市场上的竞争优势。其次，我们认为的优势是否就是持卡人所认可的优势，这是非常重要的问题。我们的优势需要由客户来认定，需要第三方来评定。比如前一段时间我们获评国家工信部“第一信用卡”品牌称号，这就是我们的优势。品牌就是口碑，持卡人认可的优势才是我们的真正优势。最后，工商银行的整体优势并不一定是各分行的优势。目前，全行的信用卡发卡量已经超过 9 000 万张，这是整个工商银行的优势和荣誉，可以成为各分行的荣誉，但并不全是各分行的优势。为什么这么说？这是因为部分分行信用卡业务在当地发展得并不好，卡量、质量、收入等重要指标在系统内落后，与当地同业相比没有优势，更没有与当地的经济、环境、资源等相匹配。我们分支行的营销人员在外营销时，可以说我们工商银行的信用卡已经是全国信用卡第一品牌了，但实际上部分行的信用卡业务在当地并不具备这样的口碑。整个工商银行信用卡的优势容易掩盖各行在业务发展中的问题。这次会议基层行来的同志比较多，要清醒地看到本行在信用卡业务发展中有哪些问题，是什么原因造成的，应该如何改进。有时从问题的角度来分析、审视业务可以有利于业务发展，促进我们更好的进步。

二、我们如何认识同业的优势？

认识同业的优势比认识自己的优势更重要。一是同业的概念应该是广泛的。就像前面提到的，同业包括农行、中行、建行、交行，也包括中小银行，还包括互联网金融。我们在谈同业优势的时候不要把同业这个概念局限于五大行，这容易使我们产生满足感。二是同业是值得相互尊重和学习的。工商银行的企业文化中应该有见贤思齐、向同业学习的内涵，我们对同业的尊重也是对这个行业和对我们自身的尊重。三是同业是可以相互借鉴的。我们在业务运营当中对于同业的学习、借鉴，不仅可以促使自身进步，更可以推动整个行业的发展。就像我们的跑步比赛，队员之间相互竞争、学习不仅促使自身速度加快，而且使得整个比赛都呈现出你追我赶的局面，每个队员的速度无形中都在提高。四是同业在某些方面已经走在了我们的前面。比如招行的卡业务就做得很好，部分指标领先我们，尤其是在境外的交易额高、品牌影响力大，这值得我们去研究。上周我去大连学习，课程内容是品牌建设，请到的老师有专家学者、大学教授和知名企业家。培训中银行被提及的次数不下十几次，提到最多的就是招商银行。一次课上，老师把很多银行的广告语打到屏幕上，让大家识别这些广告语分别是哪些银行的。有些银行的广告语大家一眼就能够认出来，而只有中移动的一个副总裁认出来“您身边的银行，可信赖的银行”是工行的广告语，这是因为我前期跟他交流过，他比较有印象。这说明我们的品牌宣传是不到位的，同业有些方面确实比我们做得好。

三、我们在“以客户为中心”方面做得如何？

我们经常强调要“以客户为中心”，信用卡业务也是如此。我们在“以客户为中心”方面，无论是理念、还是行为方式等方面总体上是不错的，但还要不断努力。我认为，“以客户为中心”的理念在执行过程当中应该体现在以下几个方面：

一是“以客户为中心”应该成为一家企业关乎生存与发展的核心价值观，成为这家企业生产经营的基本出发点，是“一切从客户需要出发，一切为了满足客户需要”的一种自觉自愿的意识。

二是“以客户为中心”是一家企业要把满足客户需要融入到生产经营活动的全过程中，也就是理念、内涵、设计、性能、外观等各个内在环节与外在服务的过程当中，应该是一家企业主动的行为与选择。

三是“以客户为中心”是一家企业生产经营活动

的终极目标。设计一款产品是为什么？一般讲是为了盈利，为了企业的发展。但设计产品首先是为了卖掉产品。那么产品要卖给谁呢？客户愿意买吗？比如信用卡这样的产品，每家银行都在卖，究竟客户愿意买哪一家银行的，基本上取决于信用卡产品适合于客户的程度。当一家企业把满足客户的需要作为出发点和生产全过程的落脚点，作为企业的核心价值观和自觉行为的时候，这家企业一定充满创新能力、竞争能力和可持续发展能力。一个企业如此，一项业务如此，一款产品也是如此。一些百年老店，他们“以客户为中心”的理念和实践，让我们非常佩服。有时候，一家汽车公司召回百万辆车不是赔了吗？但他是小赔，其实是大赚。为什么要召回，是因为影响到顾客的人身安全，影响到客户的适用性。对于一家汽车公司来讲，如果顾客的人身安全受到影响，这个企业就失败了。

从这些例子当中我们可以得到一些感悟和体会，信用卡的经营与一般企业的生产经营活动没什么两样，信用卡的发展并不是由我们，而最终是由持卡人来决定的。信用卡业务的发展过程实际上就是发卡人与持卡人之间关系发展的过程，我们的所有行为都应该是为了持卡人。人与人之间的关系是我满足你的需要，你就会适应我的需要，接受我的需要。我们把客户、持卡人当做中心，他就会把工商银行当做中心。就像是大家说哪家汽车最好、哪个航空公司最安全、哪个餐馆最好吃一样，当信息口口相传的时候，它就会成为一个品牌，人们就会把提供服务的这家汽车商、航空公司、这家餐馆当成中心。我们的信用卡业务一定要真正做到“以客户为中心”。

四、在大零售战略的实施过程中，信用卡业务与大零售业务之间究竟是什么关系？

通过前期和大家的交流，大家基本上认为两者应该是紧密相关，是一体的关系。但也有割裂的时候，有时候变成了互不相干，甚至有时候还相互抵触，这是不对的。有几个观点和大家交流一下：第一，就关系而言，信用卡业务只是工商银行庞大业务单元中的一个有机组成，尽管有时候是相对完整、独立运作的，但是信用卡业务的发展不能离开工行而独立存在。我这么讲不是因为我们做得不好，我只是想强调，就像一辆车子一样，即使发动机再重要也不能离开车轮，它们是个有机的组成。第二，零售业务做好了，信用卡业务才能做好，如果信用卡业务做得不好，零售业务也会受到影响。零售业务的发展既要以信用卡业务为标志，信用卡业务做得好就是零售业务成功的重要标志，同时可以通过信用卡业务的发展推动零售业务更全面健康的发展，就像一棵树一样，根深叶茂是互为因果的。第三，大零售战略的实施给信用卡业务提供了重大的发展机遇，给了我们一个环境、一套政策、一种资源，这都是大零售战略带给我们的，需要抓好机会，加快信用卡业务的健康发展。

五、对一级分行或者二级分行而言，发展信用卡业务的最佳模式和最佳实践是什么？

目前信用卡的管理方式是多年形成的，可以说是经验的总结，正因为如此，工行信用卡业务才取得了这么好的成就。但我想说的是，对于今天我们所面对的竞争环境，这种管理方式是不是最好的方式、还有没有更好的方式？我们要做些认真思考。面对各行不同的管理规模、发展阶段、竞争环境等，是不是一定要采取相同或者不变的做法？简单地齐步走，统一要求与行动已经不适应现在所处的环境，因为同业、市场、客户已经在变化。我们怎么创新，这需要我们思考。我认为，管理创新虽然很重要，但观念创新或许同样重要；产品创新虽然很重要，但营销服务创新或许同样重要；指标任务虽然很重要，但能力方法或许同样重要；继承传统虽然很重要，但借鉴同业或许同样重要；解决当前问题虽然很重要，但研究未来发展或许同样重要；在基层看来总行虽然很重要，但或许基层同样重要。我这么讲是想对大家说各一级分行、二级分行在信用卡发展中应该如何并做出些什么。在当前信用卡竞争特别激烈的情况下，各行应该有一些创新的做法，而不应该是惯性的延续。工行信用卡作为行业的领头羊，真的不能比其他行做得差。如果信用卡业务的优势在我们手上丢掉，着实不应该。通过今天的交流，我希望全行可以重视起来，特别是做得比较差的行要重视起来。对于一级分行的信用卡业务发展，总行既要有一致性的政策支持，更要给予一行一策的指导。各一级分行也要根据所辖二级分行的具体情况，给予有针对性的政策。今天我们在泰安开会，泰安行给我简单介绍了情况，他们的收单业务、卡业务、零售业务做得很好。泰安行在山东是一个小行，但他们的信用卡业务能够结合当地市场资源、借鉴当地同业、挖掘自身条件，在发卡的规模、持卡人的质量、收单和分期付款收入等方面，在当地市场做得很好，这值得鼓励与学习。大家要认真思考通过什么样的创新与变革，能把我们信用卡的某一项、某几项业务做起来。在今年的零售工作会议上，总行推出了很多改革的设想，尤其是在创新方面，虽然还没有出台更多的政策，但是一个更宽松的环境氛围正在形成。总行鼓励各行在零售业务、在信用卡业务方面先行先试，能够独创首创，能够从体制、机制、管理、考核、队伍等各个方面做出创新和改革，我们做得好，对全行都会有借鉴意义。

今天提出的五个方面的问题，是我近年来思考较多的，也是想与大家沟通交流的，希望大家回去以后认真思考我们工商银行的信用卡业务有什么不足、同业有什么优势、我们“以客户为中心”方面做得如何、应该做怎样的改进。各行不要简单把全行的优势当做自己的优势，要在如何把卡业务发展好上下工夫，在业务发展上思考一些创新举措。

这次培训班的内容非常重要，大家都很重视，收获也很大。希望大家把这种收获转化成工作的效果，并把效果落实下去。信用卡业务在工商银行整体业务当中是极具挑战与魅力的，是一项能够充分展示个人能力与团队价值的业务，也是最具有竞争意义与创新意义的业务。信用卡业务的全面性、系统性与成长性的特征，让我们始终对它充满了敬畏与责任，从事信用卡业务也是值得大家骄傲的，我们应该有这种成就感和责任意识。这几年我们的业务做得非常出色，姜董事长、易行长多次表扬卡部，表扬我们这个系统，我们很多业务指标确实有很好的发展，需要珍惜。但是过去的成绩只能作为基础，如果想取得更好的发展，需要付出更艰苦的努力。我们一定要比昨天做得更好，还要比同业做得更好，这是我们信用卡团队的重要工作目标。

在零售业务率先发展改革试点工作视频会上的讲话

王希全

（2014 年 6 月 20 日）

刚才，北京朝阳支行、江苏常州分行、四川绵阳三台县支行和广东中山分行就贯彻落实“大零售”战略和推进零售业务先行先试方面作了发言，讲得都非常好。在年初的全行零售工作会议以及近期几个座谈会上，易会满行长突出强调了创新引领对于未来一个时期全行零售业务发展的重要意义，鼓励基层行先行先试、率先发展。今年以来，我也到部分分行进行了调研，前面发言的几家分行都去过，他们做得很好，值得全行学习、借鉴。今天，总行召开零售业务率先发展试点工作视频会，主要目的是进一步统一思想，把握内涵，在全行范围内加快推进这项工作。下面，我讲三点意见。

一、充分认识改革试点工作在实施大零售战略、推进全行业务转型发展中的重要作用

（一）率先发展改革试点工作是落实大零售战略的最佳路径。大零售战略自去年提出至今已经过去半年多。根据姜建清董事长和易会满行长对大零售战略的指示精神，总行个人金融业务部在前期充分调研论证、征求意见和完善优化的基础上形成了《中国工商银行实施“大零售”战略总体意见》，对大零售业务的内涵外延、统计口径、战略目标、实施路径等进行了全面规划和战略统筹。为突出实施重点和强化落地执行，总行在总体意见的基础上，又形成了关于零售业务体制机制、客户发展与结构优化、创新发展、营销模式转型、信息化工程、文化建设和风险管理等六个方面的工作意见。这“1+6”七份意见的出台，基本勾画出总行对零售业务发展战略的顶层设计，应该说为全行新时期零售金融业务的转型发展指明了方向、明确了重点，为全面启动和实施大零售战略奠定了坚实的基础。系列实施意见的形成，凝聚着全行各部门、各机构、各层级零售业务从业人员的集体智慧，在此，我对大家前一阶段取得的丰硕成果表示祝贺和感谢！

按照我们对大零售战略实施“一年搭建体系、三年初见成效、五年全面实现”的工作蓝图，根据近期易会满行长在吉林、江西召开的两次座谈会上的指示精神，要将大零售战略的执行落地作为当前零售业务线的核心工作之一，强调创新引领、因需而变。在战略基本清晰的基础上，我们要更多地考虑战术的问题，就是如何执行战略、落实战略的问题，如何与当前业务发展实践和外部环境更好地融合的问题。从执行层面看，任何一项战略实施总要有突破口，都要有着力点，都要有先行者，尤其是对于零售金融这么一项内涵丰富、品种繁多、涉及面相对广泛，需要系统性规划和持续经营的业务板块，更需要重点突破、更需要典型引领、更需要先行先试。因此，鼓励和支持具备一定条件的分支机构率先发展，探索适合自身特点和区域实际的经营管理模式和发展路径，无疑是我们实现大零售战略落地的有效路径。通过先行先试、率先发展改革试点工作，既可以检验我们的战略和实施意见，又可以不断完善顶层设计，为总行全面实施和深入推进大零售战略提供生动、鲜活的经验和成功案例，使我们少走弯路，多走近路和快路。应该说，率先发展改革试点工作在我们整个大零售战略中，发挥着承前启后的重要作用，是战略实施必不可少的一个重要环节，也是推进战略实施的最佳路径。

（二）率先发展试点工作是整合经营资源、应对激烈市场竞争的有效方式。从内部而言，率先发展改革试

点是整合经营资源、提升战斗力的有效方式。大零售战略的一个突出特点就是以客户为中心、以市场为导向来整合资源、配置资源，削弱和淡化专业与部门边界。伴随着经济社会发展以及居民财富的不断增加，零售业务从原来单一的储蓄业务逐步发展为涵盖存贷款、中间业务、银行卡、私人银行、资产管理、电子银行、贵金属等业务的全方位、立体式、综合性金融板块，全行多个部门共同承担着零售金融客户营销、产品创新、业务推广、售后服务等多项职责，都为零售业务的快速发展作出了突出贡献。由于资源具有稀缺性，经营规模不可能无限扩张，全行经营转型的核心在于转变原有的粗放式发展模式，探索出一条集约式、内涵式发展道路，这同样适用于零售业务，而其中的关键在于整合客户资源、营销资源、渠道资源、人力资源、财务资源，真正让客户、让市场感受到“ONE ICBC”的力量。从总行和一级分行层面看，应该说零售业务推进委员会工作机制、重要问题报告机制、零售业务通报机制的建立，都是整合零售业务资源、形成经营合力的有效方式。基层管理机构和经营机构更需要加强资源整合能力，变革现有的以部门和条线进行资源分配的机制，通过资源配置的纽带来突破部门边界的束缚，深化部门协同和联动营销。率先发展改革试点工作就是希望试点机构能够通过先行先试、创新引领，建立一套更为贴近市场、更为符合客户需求、更具经营活力的零售业务发展新模式。通过率先发展试点，把资源整合与部门间的合作信息传递到经营管理的神经末梢，将这种有益的变化，转化为有效的生产力，进而推动我行在业务管理、资源配置、营销组织、部门协同等方面加速变革，带动全行的经营转型不断深化。从这个意义上讲，零售业务试点工作不仅仅是对零售，也对全行的改革发展具有示范和带动作用。通过试点，也可以不断总结试点过程中的经验和存在的问题，将不利的影响最小化，把有限的资源最优化。

从外部而言，率先发展改革试点也是新形势下应对激烈市场竞争、提升综合实力的有效方式。应该说，近年来尤其是去年下半年以来，国内零售金融业务的经营环境正发生着深刻而复杂的变化，国内经济下行压力的加大、金融监管政策的趋严、零售金融多业态的出现，都将对未来一个时期零售金融业务的发展产生深远影响。零售业务已经成为金融行业竞争最为激烈的领域，同时也是各家商业银行转型发展的重点。根据2013年各家上市银行所披露的信息来看，虽然我行在营业收入、税前利润、资产规模、贷款总量、信用卡等核心指标上保持着绝对领先地位，综合经营实力继续保持同业首位，但也应该承认和正视可比同业在零售业务方面的经营特色，比如农行依托县域网点优势和客户群特点形成储蓄存款、借记卡、客户总量的后发优势；招行凭借卓越的零售金融服务创新在高端客户尤其是私人银行业务上形成了领先优势；部分股份制商业银行也在通过体制机制创新，不断增强零售金融业务的市场竞争力，网均人均指标明显高于四大行；加之互联网金融的蓬勃发展，对于我们这样一个以城镇居民以及企事业单位员工为主体零售客户群的商业银行而言，在支付结算、投资理财、存款沉淀等方面都受到了一定的影响，仅以一季度零售客户资金流入各类“宝宝”为例，全行累计流出量高达3 000亿元，较可比同业多流出2 000亿元。

应该说，国内整个金融业都已经认识到零售金融在银行可持续发展和经营转型中的重要地位，并结合各自特点和定位，制定了相应的零售金融发展战略。我行在部分零售业务指标上已经不具备领先优势。以储蓄存款为例，截至5月末，全行储蓄存款增量排名第四位的分行有10家，排名第三位的分行有9家，较年初仍为负增长的分行有13家，累计负增长近600亿元。这种同业竞争激烈程度的白热化，迫使我行必须在零售业务发展上要步子再大一点，速度再快一点，办法再多一点。在这个方面基层行要当仁不让，只有基层行强，全行零售业务才会真正强；只有基层行激发经营活力，全行零售业务基础才会更稳固；只有基层行率先发展，全行零售战略才能真正实现。率先发展试点工作，就是要通过给试点行更大的经营管理权限、有效的绩效激励机制、灵活的管理政策、强大的产品创新支撑，使得试点分支机构开拓思路、大胆创新，以一种全新的姿态去应对激烈的市场竞争，扭转过去我行在业务发展中灵活性、机动性和主动性相对不足的弱势，充分释放分支机构发展业务、开拓市场的激情与活力。

（三）率先发展试点工作是尊重行情、实事求是、科学发展的最优选择。改革试点首先要尊重行情。作为国内最大的商业银行，机构数量多、员工人数庞大、业务种类齐全是行情，同时由于现有组织管理实行的是多层级管理，管理链条长、政策传导效率低、市场响应速度慢也是行情。因此就需要我们充分把握好顶层设计与重点突破的关系，既要做好大零售战略的整体协调推进，更要做好先行先试率先发展的改革试点工作，把两者结合好、互动好。应该说，率先发展试点是尊重行情的最优选择，是在现有组织架构和管理模式下推进大零售战略实现效果最优化和成本最小化的选择。通过试点，可以把新战略的影响局限在试点分支机构，能够有效减小各部门和各条线在资源配置、业务协同上面临的冲突和困难，能够最大化地突破现有格局制约，实现点的突破，形成以点带面的发展。

改革试点还要本着实事求是的原则加以推进。我行机构数量众多，覆盖地域广阔，服务客户规模庞大，客户需求多元化突出，资源禀赋差异较大。前期，我带队到部分分行调研大零售业务发展，这一点体会最深，各级机构各具特点、各有所长。有的机构零售业务资源丰厚、零售业务占比高、经营实力强，具有得天独厚的优势；有的机构批发业务资源丰富、协调联动机制好；有的机构主要负责人年富力强、经营团队务实精干；有的机构体制机制创新热情高、思路开阔，也都具备率先发展、改革试点良好的基础条件，这也坚定了我们加快推进这项工作的信心和决心。这样的特点决定了全行战略在不同区域应该具有不同的执行方案、实施路径和推进重点，同一套成功的模式或者方式不可能在全行各分支机构中统一推广和完全复制，必须因地制宜、分类施策，必须充分调动和发挥各级经营机构在落实战略、执行战略上的主观能动性和自觉性。率先发展试点的方式，是大零售战略实事求是、科学发展的最优选择。通过选择不同类型、不同地域、不同客户等特征的试点分支机构开展试点，可以总结各种类型机构大零售战略实施中的成功经验和存在问题，提供众多的发展模式供各分支机构根据自身的特点来选择，这样的方式无疑会使大零售战略的实施效率更好、成本更低、走的弯路更少。因地制宜、分类管理是商业银行实行精细化经营与科学化决策的重要内容，也是零售业务发展所应该遵循的原则，希望各行予以重视。

二、准确把握改革试点内涵，支持试点机构率先发展

目前，各分行都在抓紧贯彻大零售战略，落实七个意见。北京、四川分行已经全面制定大零售战略实施方案，江苏分行也正在完善行动方案。相关的配套机制也在加快跟进，河北、吉林、重庆和苏州等分行已经建立了大零售业务通报机制，河南、吉林和深圳等分行按照总行要求，深入思考当前制约本区域零售业务发展的问题，并向总行零售业务推进委员会秘书处上报了问题和建议。零售业务工作会议后，总行启动了率先发展改革试点机构的摸底工作，各分行高度重视、认真研究、精心遴选。从各分行前期上报的试点分支机构情况看，应该说，既充分考虑到所辖机构的实际，又体现出总分行的战略意图，主要有以下几个特点：

一是涵盖层级全、数量多。全行累计报送104家试点分支机构，涵盖了一级分行营业部、二级分行和一级支行三个层级，均具有一定的管辖幅度，其中包括湖北、河南、湖南、贵州4家分行营业部、46家二级分行、54家一级支行。据统计，这104家去年实现的零售业务收入为322.78亿元，占全行大零售营业贡献的16.81%。前期也有部分一级分行、直属分行想成为首批试点机构，但是我们认为试点工作应该先易后难，先在小范围内取得突破，等取得经验以后再把幅度扩大到一级分行、直属分行。

二是经营业绩突出，具有良好的率先发展基础。大多数试点机构在所辖分行的综合绩效考评排名前列，大零售营业贡献及占比高，其中湖北营业部、河南营业部、贵州营业部、江苏常州、浙江台州、广东佛山、上海黄浦、上海闵行8家机构零售业务贡献超过10亿元，北京丰台支行等23家机构零售业务贡献占比超过60%，24家机构超过50%。如果零售业务的营业贡献占比超过80%，那么这家银行未来的发展肯定是健康的，风险肯定是最小的。大家知道，目前全行在经营管理中遇到的问题主要是资产质量问题，而零售业务的发展是可以逆经济周期的，因此做好零售业务对工商银行未来的发展意义十分重大。

三是经营业态丰富，具有典型性和代表性。试点机构中既有传统零售业务优势明显的城区支行（北京海淀西区支行、朝阳支行，广东营业部高新支行），也有重点县域支行（宁波余姚支行、苏州昆山支行），还有部分城市新区支行（天津大港支行、大连星海支行）；既有对公资源丰富的机构（青岛开发区支行、苏州新区支行），也有以商品交易市场等新市场新客户为目标的特色分支机构（浙江义乌分行、河北白沟支行）。各类试点机构的多样性、特色化将为全行深入推进大零售战略发挥典型引领作用，各分行前期开展的试点机构遴选工作对全行加快推进率先发展改革创新奠定了坚实的基础，提供了多种选择。

为了确保率先试点工作的稳妥推进，总行在各行上报的基础上，先选择了80家机构作为首批总行级零售业务率先发展试点单位。下一步的工作主要是在全行范围内形成鼓励、支持、引导分支机构零售业务率先发展的浓厚氛围，准确把握改革试点内涵。

（一）把握改革试点的基本原则。为了保障试点工作的顺利推进，在实施过程中，要把握好以下四项基本原则：

一是差异性原则。承认和尊重差异性是前提。全行各分支机构零售业务在资源禀赋、客户结构、重点业务、服务渠道等方面差异性是客观存在的，行际之间零售业务发展阶段性和不平衡性特征也十分明显，因此在发展模式上不能搞“一刀切”，而是要根据试点机构的特点，采取差异化、针对性的零售金融业务“先行先试”发展策略，“一行一策”都不为过。

二是创新性原则。创新是改革试点工作的核心。试点过程中，各行应当统筹处理好整体推进与局部突破、顶层设计与基层实践、自上而下实施与自下而上创新的关系。率先发展试点本身也是一项创新性的工作，希望大家能跳出传统思维模式，多研究借鉴同业成功的做法，注重发挥基层的主观能动性，尊重基层的首创精神，创新零售业务经营管理模式，推动零售业务加快创新发展。

三是协同性原则。协同发展是加快推进改革试点的关键。大家不要片面地认为零售业务率先发展试点只要把零售业务做大做强就可以，而是要通过零售业务的率先发展，最终实现与其他各项金融业务的协同发展。因此，试点机构在推动零售业务率先发展的同时，注重与公司业务、机构业务、新兴业务的平衡发展，注重加强

前、中、后台联动支持零售业务发展，注重上、下级机构之间形成合力。

四是稳健性原则。稳健经营是改革试点取得成效的根本保障。希望试点机构能够重视平衡改革创新、业务发展与风险防控、合规经营的关系，前瞻研究本机构在试点过程中可能出现的经营管理风险，以提升风险管理水平作为创新发展的重要支撑，确保试点行稳健可持续发展。

（二）明确改革试点的总体目标。率先发展试点工作要想达到预期效果，必须树立明确的目标。各行要立足实际、深化改革、创新发展，力求通过试点机构的率先发展实现“六大目标”。

一是创新零售业务经营模式。要在资源投入、政策配套、机制改革、业务授权、客户拓展、产品创新等方面先行先试、创新发展，使试点机构探索建立一套更加贴近市场和客户需要、更加符合区域经济发展特点、更加适应市场竞争形势、更加切合本机构实际的零售银行经营发展新模式，进一步激发经营活力。

二是提升零售业务综合贡献。零售业务综合贡献的提升是市场竞争力提升的直接结果，也是改革试点的最终目的。要通过“率先发展”，显著提升试点机构零售业务的综合贡献度，并能够有效实现与各类业务的协同发展，率先实现零售业务营业贡献占比50%以上的发展目标，率先将零售业务打造成所在机构最强大的经营优势、最稳固的发展基础、最科学的管理质态。

三是增强零售业务综合竞争能力。要通过在体制机制、文化建设、客户拓展、产品创新、重点业务、团队打造、协同联动等方面进行一系列改革创新，深度整合资源，形成零售业务经营合力，显著提升试点机构零售存贷款、中间业务、银行卡、私人银行等核心业务产品在当地同业的市场占比，巩固和扩大我行零售业务的综合竞争优势。

四是形成优秀零售业务经营文化。零售业务的经营需要文化的引领。在改革试点过程中要注意总结和提炼，逐步形成一套具有本级机构特色、能够充分提升全行凝聚力和战斗力的零售业务经营文化，提升零售业务软实力，将文化真正融入到零售业务经营管理创新的每一个环节，打造当地市场影响力强、客户口碑好、品牌形象佳的最优秀零售银行。

五是打造卓越零售金融从业团队。要坚持以人为本理念，着力加强零售业务队伍建设，锻造一支能够与大零售战略推进相适应的客户经理销售团队、产品经理支持团队、分析师专业团队，培养一批市场敏感度高、责任担当意识强、专业能力和素养好、“想干事、能干事、干实事”的零售金融经营管理团队，充分发挥人才引领机制。

六是成为零售业务转型发展标杆。要通过先行先试，使试点机构成为所辖区域零售业务转型发展的标杆示范机构，成为所在省市深入推进“大零售”战略的排头兵，总结出一系列能够在系统内推广的经验做法，充分发挥示范引领作用。

（三）突出改革试点的方向和要点。近期总行陆续印发了实施“大零售”战略的系列意见，试点机构要以此为指导，重点在管理机制、客户经营、产品推广、营销模式、团队建设和文化引领等六个维度改革创新、先行先试。

一是在管理创新方面先行先试。试点机构要优化零售业务组织管理架构，加强组织协调，实现零售金融板块的统一规划、统一营销、统一考核、协同发展。要加强组织领导，零售业务原则上由一位行领导分管，并建立灵活有效的业务协调机制，加强统筹协调。要全面推进零售业务的统一营销和组织管理，提高客户资源、营销资源和系统资源的使用效率。要完善对所辖分支机构和人员的评价体系，围绕“重质量、促转型、提效率”的思路，构建以经营贡献、客户发展、金融资产增长、信贷结构调整、市场占比提升、重点产品渗透等为核心指标的零售金融综合评价机制，加强分支机构和部门专业两个维度管理，实现对零售金融业务部门分客户、产品、渠道、机构的科学评价与核算。要探索建立与“大零售”战略相适应、与“率先发展”目标相匹配的资源投入保障机制，特别是在客户拓展、产品营销、品牌推广、高端客户关系维护等方面要加大财力、人力、信贷等资源投入，并逐步建立一套资源投入定期报告和评估机制。

二是在客户经营方面先行先试。客户经营要两手抓，一手抓新客户拓展，一手抓客户结构优化。在新客户拓展方面，关键要认真研究本区域市场特点，做好市场细分，明确目标客户拓展定位，形成具有自身特色的零售客户基础，把客户做大做强、做精做细，有效提升新客户对金融资产、储蓄存款以及各类零售产品营销渗透的贡献度。要契合国家改革及政策调整催生的新兴个金业务源头市场发展趋势，注重从资金流、交易流、信息流入手，把握客户的社会属性，加快优质客户群的发展。要整合各专业资源，做到“出门一把抓，回行再分家”，根据上、中、下游客户资金流的流转路径对优质客户群进行链式营销，通过项目式名册制管理的模式分层推进。在优化客户结构方面，要确保金融资产1万元以上的中端客户占比每年提高一定百分比，提升六星级以上和金融资产100万元以上财富客户的服务水平，确保私人银行客户在所辖区域的绝对领先地位。目前部分分行的私人银行业务比招行要差，个别行甚至比中行差，这确实需要引起我们的重视。要利用大数据挖掘分析、互联网金融营销等工具，做好无效客户唤醒的组织推动，降低无效客户占比；抓好零售客户产品销售和交易引导工作，全面提高零售客户产品覆盖率，最终推进各层级客户依次向上迁移，不断提升低效客户、普通客户的贡献度。此外，要采取有效措施，加大挖转他行优质客户的工作力度。

三是在产品推广方面先行先试。基层行是最贴近市场、最了解市场的，你们要充分发挥这个优势，结合当地的实际情况和市场需求，明确本机构重点突破和加快发展的零售金融产品，全力打造若干个能够形成较强市场影响力和客户口碑的明星产品，切实提高试点机构的市场竞争力。总分行要加大对试点机构产品创新的支持力度，优先将总行研发的新产品、新业务、新系统以及新型营销模式等投放至试点机构，使其成为试验田和体验区。在控制风险的前提下扩大对基层行的创新权限，优化创新流程，不断提高创新的效率，提升市场响应能力。要注意加强对创新产品业务的事前、事中和事后全过程评价，科学全面地评估新产品的竞争力、优劣势、贡献度等。对未能达到预期效果的产品，要及时分析原因，采取针对性措施，并及时向总分行反馈相关市场反应和优化建议。

四是在营销模式方面先行先试。总分行要加大对试点机构精准营销的数据支持和产品供给，要根据试点机构的市场需求和客户特点设计开发精准营销模型。试点机构要做好定向客户、定向产品、定向区域的“三定”销售模式，加快实现由粗放、分散的大众化营销向智能、组合的精准化营销模式转型。要进一步优化零售业务部门与对公部门的联动机制，按照“谁营销、谁受益”的原则，合理分润，提高各部门的积极性。要加强零售业务板块的一体化营销，以产品组合创新和全产品营销为抓手，提高产品覆盖率，提升客户忠诚度和贡献度。要着力提升营业网点营销能力，建立以网点负责人、理财经理、大堂经理、柜员为核心的“四位一体”客户营销服务体系，积极推动网点由交易型向业务营销型、关系管理型转变。要优化网点资源配置，提高营销人员占比，增强柜员的营销意识和客户识别能力，全面提升网点的综合营销服务能力。

五是在团队建设方面先行先试。要全面加强客户经理队伍建设，持续提升客户经理网均配备率，合理确定个人客户经理管户标准，建立客户经理队伍的长效增长机制。要探索建立一支能够真正走出去营销、“公私业务兼营”的综合营销直营队伍，对重点项目和客户群实施批量化、集群式、链条式拓展。要探索建立产品经理支持营销的长效机制，全面提升各类零售业务从业人员在银行卡、电子银行、私人银行、个人外汇、贵金属、金融市场等各类零售金融业务的营销能力。二级分行以上的试点机构本部要加快建立零售业务专业分析师队伍。要探索建立对试点机构主要负责人、零售业务主管领导及相关管理人员的任期零售业务发展评价机制，并将结果作为其职务晋升的重要依据。完善对客户经理、大堂经理、柜员等零售业务从业人员的绩效考评，构建零售金融产品标准积分与综合绩效合约管理相结合的考评机制，探索有效解决考核“最后一公里”问题的路径，全面提升基层员工积极性。

六是在文化引领方面先行先试。零售文化对内是一种引领和指导，对外则是工商银行零售业务的品牌和口碑。一方面要发挥零售文化的引领作用，不断深化“客户至上”的经营理念、培育“市场导向”的营销意识、贯彻“以人为本”的团队精神、形成“开放合作”的思维模式、强化“稳健合规”的经营风格、提升“创新引领”的竞争能力。要充分调动零售文化建设主动性和能动性，结合本行实际不断丰富宣传形式和传播载体，将零售文化软实力转化为市场竞争力。另一方面，要注重零售金融品牌宣传，探索符合本地特色的品牌推广路径，提升零售金融品牌的知名度和美誉度。要以客户群体的需求为导向，打造一批零售综合服务类品牌，强化零售产品和服务的组合推广。要加强零售品牌推广，整合现有宣传资源，实现“大零售”宣传渠道和资源的共享，集中力量办大事。要丰富传播渠道，根据目标客户的特点选择合适的渠道进行产品宣传投放，实现对目标客户的精准传播。

三、全面启动改革试点工作，确保取得实效

最后就推进零售业务率先发展改革试点工作提几点要求：

（一）强化组织领导，准确把握总行战略意图。如果说大零售战略是各行的一把手战略，那么率先发展试点作为实施大零售战略的关键之举，也必须一把手组织与推动。只有一把手重视了、参与了，试点工作才能顺利推进、才能取得成效。会后，请今天参会的各一级（直属）分行的分管行长就加快推进改革试点工作向一把手作一次专题汇报。希望各级机构一把手充分认识零售业务率先试点工作的重要意义，对试点工作要有全局性统筹和实质性参与。分管行长不仅要发挥好作为专业部门分管者的作用，更要发挥协调资源配置的能力，处理好各方面的关系，要深入到试点行蹲点，与试点行一起研究先行先试工作，并为试点工作的顺利推进提供全面服务。

各级机构要正确理解和准确把握总行关于改革试点的战略意图，妥善处理好三个方面的关系：一是处理好创新发展与合规经营的关系。在改革试点过程中既要跳出传统思路和观念的限制，大胆创新，又要注意防范可能带来的各类风险，在依法合规、风险可控的情况下积极创新。二是处理好重点突破和整体推进的关系。率先发展改革试点是大零售战略的有机组成部分，是需要重点突破和先行先试的关键环节，各机构既要做好零售战略整体推进的工作安排，又要做好针对试点机构的各项配套机制建设，充分做好“以点带面、以面促点、点面结合”。三是处理好率先发展与协调发展的关系。改

革试点不是只要搞好零售业务就可以，更不能为了做好零售业务而忽视或削弱其他业务板块，而是要通过零售业务的率先发展，促进和带动公司、机构等业务发展，最终实现整体业务的协调发展。今天参会的各级机构的零售金融业务推进委员会成员部门负责人都在，大家一定要认识到这一点。我们希望的是各项业务齐步走，但是如果不能做到齐步走，就让零售业务先行一步，让部分机构先行一步。

（二）精心设计指导方案，抓好试点落地实施。改革试点成功与否，关键在各一级（直属）分行。要强化组织领导，在零售金融业务推进委员会下成立“率先发展”改革试点领导小组，由行领导任组长，做好组织协调，统筹推进零售业务率先发展改革试点工作。要结合所辖分支机构零售业务发展阶段、经营管理能力、市场竞争形势、资源禀赋等实际情况设计试点方案。各一级（直属）分行要积极指导和参与试点方案的制订，充分授予试点机构创新权限，研究建立对试点机构的考核管理评价机制。要选择试点机构作为重要联系点，定期开展调研督导、宣讲落实、政策跟进、交流沟通等，加强对试点工作的指导，及时协助试点机构解决问题，掌握改革试点过程中的第一手材料。

试点机构要实行一把手负责制，结合本机构实际情况，与上级机构和下级机构充分沟通，认真研究制定“率先发展”试点方案，明晰本机构零售业务的发展目标和发展策略，并将试点方案报上级机构批复，报总行备案。各机构要在7月底前全面完成率先发展改革试点方案。要按照试点方案的要求，制定阶段性目标，排出各项工作的时间表，尽快抓好落地实施。今天参会的80家试点机构不要简单地认为会议结束后报个试点方案就可以，做零售银行是很不容易的，不是说建就能建得了的。它需要我们认识到什么是零售银行，进而在体制机制、人员、渠道等方面创新，而不是简单地列个目标，把过去的工作罗列一遍。这是为什么要求方案要分行批复、总行备案的原因，希望80家试点机构能落实好这项工作。

（三）强化试点过程管理，确保取得改革成效。要加强改革试点工作的目标管理、过程管理与细节管理，建立试点机构零售业务关键指标跟踪机制，执行改革试点工作的季度报告制度，各一级（直属）分行要按季度将所辖改革试点机构的工作推进情况报送总行零售金融业务推进委员会秘书处。要坚持问题导向，力求通过先行先试、率先发展的各项改革创新举措，解决制约试点机构业务发展的主要问题。试点机构要按照方案认真执行，在改革试点过程中，做好经营总结，定期向上级机构汇报改革试点进展情况。对于试点机构的成功经验和优秀做法，总分行要做好宣传推广，我们也想在下半年通过现场经验交流会、案例分享等方式在全行进行推广。

（四）深化联动机制建设，促进业务协调发展。零售业务与各个业务板块是相互补充、共同促进、协同发展的关系。零售业务率先试点工作不仅仅是个金部的事情，也不仅仅是信用卡、私人银行等零售部门的事情，它需要各个部门密切协作和大力支持。因此，希望总分行的相关部门要突破专业局限，集思广益、群策群力，多为试点工作出谋划策，多为试点机构提供产品供给、机具设备、系统流程制度支持和创新权限，多为试点机构解决实际问题。各级机构零售业务推进委员会秘书处单位要积极主动做好先行先试的牵头组织协调工作，信用卡、私人银行等其他零售业务部门要形成高度共识、协调一致，公司机构板块部门要做好协同营销、资源共享，综合管理部门要对零售条线的人力、财务等资源配置予以倾斜，加大对零售业务的支持力度。

同志们，在加快推进转型发展中，零售业务肩负着重要责任。全行要切实增强责任感、使命感和紧迫感，以守土有责、时不我待的精神，全面深入推进大零售战略的各项改革措施，率先抓好试点行的零售业务，为打造最优秀零售银行而努力奋斗！

在个人金融业务年中工作推动会上的讲话

王希全

（2014年7月30日·根据录音整理）

刚才，个人金融业务总监李卫平简要总结了上半年个金专业的经营情况，深入剖析了存在的问题，对下半年重点工作做了具体部署和安排，这些意见讲得都很好，我都同意，希望各行认真落实。前天下午，总行召开了今年零售金融业务推进委员会第二次会议，会上易会满行长对零售业务上半年取得的成绩给予了充分肯定，就做好下半年零售业务工作做了重要指示。应该说，今年以来，全行个金条线围绕“建机制、夯基础、促创新、强整合”的总体思路，在推进大零售战略落地实施方面做了很多卓有成效的工作，这也是上半年个金业务取得较好发展的重要原因。但同时我们也看到，部分分行对大零售战略的认识还不够统一，行动还不够迅速，成效还不够明显。零售业务的客户基础、存款基础等仍然有很多工作要做。下面，我结合贯彻年中工作会议和易行长重要指示精神，讲三点意见：

一、抓好落地实施，推动大零售战略向纵深发展

（一）加快推进大零售战略各项制度、意见的执行落地。上半年，个人金融业务部联合总行相关部门构建了大零售战略“1+6+4”的基本框架，应该说顶层设计已经基本完成，下一步要抓好落实。有句话叫“一分布置，九分落实”，也就是说我们上半年才做了一分工作，下半年还有九分的落实工作要做，而且落实比布置更重要，抓不好落实会前功尽弃，因此在落实政策制度方面，要多想想办法。三季度总行将会通过座谈会等多种形式加强对分行的指导和督促，还会总结各行好的做法与经验，通报分行一些不尽如人意的问题，希望各行引起重视，进一步统一思想、提高认识，确保战略传达到位、落实到位。

（二）加快提升零售业务营业贡献。

一要明确目标。各零售业务营销管理部门、产品部门以及相关利润中心都要以《中国工商银行实施“大零售”战略的总体意见》为纲，力争用三年左右的时间实现零售业务营业贡献占比从40%提升至50%。要实现这一目标，零售业务年均营业贡献增幅就不能低于13%，对于有些分行而言，可能还要做更大的努力，因为部分分行的零售贡献占比不足40%。希望全行各部门、各机构要树立信心、加快发展，努力提升各自产品业务在大零售业务中的贡献度和占比。

二要分解任务。要进一步完善大零售口径的营业贡献指标双线分解、双线考评机制建设。从纵向来看，大零售业务营业贡献已纳入各分支机构经营绩效指标并由财务会计部统一下达，个人金融业务部要做好对分支机构该项指标完成情况的督导推动工作，对于完成情况较差的行，要指导相关机构制定有针对性的提升举措。从横向来看，目前尚未形成涵盖各营销产品部门、利润中心的任务分解和责任传导机制，个人金融业务部要会同财务会计部深入研究、不断完善，力争首先在零售业务板块探索出一条核算事业部制的新型管理模式，这是一项创新。各分行尤其是试点机构要在这方面率先突破。在6月20日召开的零售业务率先发展改革试点工作视频会上，我讲了五个方面的突破，其中体制机制的突破应当包含这方面的内容。

三要逐步转型。各部门、各机构在零售业务经营管理过程中要始终坚持价值导向，逐步实现零售业务考核评价从以规模型为主的多元指标体系向以经营利润贡献为主的单元目标体系转变，摒弃原有单纯靠铺摊子、上规模的传统粗放式经营模式，走出一条以结构优化、效能提升、质态改善为主要特征的零售金融内涵式发展之路。

（三）稳步推进零售业务“率先发展”改革试点。零售业务率先发展试点是大零售战略的重要组成部分，也是总行根据零售业务特点确定一项创新性举措。各一级（直属）分行要发挥第一责任单位的作用，跳出传统思维模式，突破传统管理方式，从组织架构、资源配置、绩效考评、业务授权、定价管理、产品创新、系统应用、运行监督、团队建设等方面，对改革试点机构的各类需求和申请予以关注、支持和帮助，适度给予试点机构先行先试、创新发展的权限，支持试点机构零售业务率先发展。从目前总行掌握的情况看，有些分行对率先发展改革试点会议精神落实得不够好，有的分行只报了试点机构，在具体推进方面没有进一步的动作。当然也有一些分行做得很好，比如江苏分行的分管行长多次到试点行共同研究率先发展模式，协调解决问题。试点工作不是报个名单就可以了，希望各行要认真落实总行要求，抓紧推进相关工作。

个人金融业务部、银行卡业务部、私人银行部等部门要加强对试点机构的调研指导，组织专人深入试点机构开展“支帮促”活动，协助解决问题，及时推广经验。总行已经对81家试点机构对口负责部门进行了分工，其中个人金融业务部对口44家、银行卡业务部对口22家、私人银行部对口15家。下半年总行工作组赴每个试点机构调研的次数不得少于2次，工作时间不少于5个工作日。各一级（直属）分行也要组织前中后台各部门力量，明确指导改革试点的牵头机构，建立工作机制，落实工作要求，切实抓好改革试点。各试点机构要充分发挥主观能动性，积极先行先试，努力探索路子，积累经验。各试点机构想在哪些方面先行先试，也请提出你们的意见。总行、一级分行、二级分行和试点机构要共同做好试点工作，确保试点行零售业务在短时间内取得突破与发展，并成为全行可以借鉴学习的成功案例。

二、强化创新引领，推动重点工作实现突破

（一）进一步夯实零售客户基础。

一要抓源头拓户。当前，我行的零售客户总量还不够，更突出的问题是客户质量还不高。要加大商友客户等10大活跃客户群拓展力度，特别要重点抓好代发工资等源头性客户拓展。总行和各级机构的公司金融业务部、机构金融业务部、结算与现金管理部等部门要加强

与个人金融业务部的联动，完善目标客户名单制管理，逐级落实、逐户包干，尤其是要明确各级机构管理人员对代发工资业务直接营销的责任、目标、清单以及相关配套措施。要落实“对公 + 个人”双客户经理管理模式，加强分润管理，有效调动公司、机构业务线条积极性。要加强产品配套，提高资金留存率。条件成熟的话，双客户经理模式就全行推行；不成熟的话，就在试点机构推行。

二要抓有序升级。要注重客户质量的提高，以市场化手段研究解决好存量客户的有序升级问题。个人金融业务部作为个人客户牵头营销管理部门，要与银行卡业务部、私人银行部、贵金属业务部、金融市场部、电子银行部等部门通力配合，完善统一客户视图建设和零售客户群分层服务体系建设，建立一套培育客户、推荐客户、逐级晋升的客户经营管理机制，通过反哺分润的办法，引导各级营业机构及客户经理有序向财富管理、高端信用卡、私人银行推荐客户。全行要统一思想，充分认识到中端客户、大众客户对零售金融业务的主体支撑作用，要转变经营模式，以大数据和信息化银行建设为抓手，深入研究金融资产在 1 万元以上客户的行为特点、消费习惯和社会属性，建立一套面向中端和大众型客户群体的产品体系、服务体系、定价体系和营销体系。这个方面的工作总行职能部门要和分行一起做，总行掌握数据，分行对客户和市场更加敏感，这两方面要结合起来，通过数据为营销提供支持。

（二）构建储蓄存款稳定增长的长效机制。在零售业务推进委员会第二次会议上，易行长特别强调要提高储蓄存款的稳定性，尽量避免冲时点现象，希望各行认真落实，三季度末能有改善。要正确把握储蓄存款和金融资产的关系，在做大金融资产的基础上稳存增存。要策略性地利用市场差异，分类施策，利用理财产品创新吸引客户资金。要尽快完成保本理财、结构性存款、灵通快线以及期次理财产品的改造，加强产品销售管理，加快研究面向金融资产在 1 万元以上的大众型客户理财产品设计方案，有效遏制零售客户资金外流趋势，努力留住客户，使资金在我行体系内运转。要加强对理财产品销售的错峰管理，合理把握理财产品发行节奏，合理控制季末等关键时点理财产品兑付规模，推动储蓄存款和金融资产平稳增长。

在考核导向方面，总行正在研究考核办法的调整方案，实施公私分开，由注重储蓄存款和理财销售为主向本行理财和储蓄存款日均增量并重转变，同时兼顾日均与时点增量，希望各行予以关注。

（三）大力发展个人消费贷款。

一要重点保障个人贷款的信贷规模，坚持差别化的住房信贷政策，优先满足已审批待发放的个人住房贷款需求，确保完成个人贷款净增 4 000 亿元的目标。这对全行实现全年利润计划和信贷结构调整非常重要，希望大家能执行好，当然也要保证贷款质量。要深入分析当前个人消费贷款增长乏力的原因，从制度完善、审批流程、系统建设、市场营销等方面，系统规划好下半年促进消费信贷业务健康发展的各项举措。

二要大力发展“逸贷”业务。将逸贷目标客户群扩展至商友客户、存量按揭贷款客户，实现个人客户综合授信项下的信用类贷款的“此消彼长”功能，受理渠道进一步扩大至他行商户。尽快投产个人网银自助质押贷款平台，盘活存量金融资产。要面向私人银行客户、财富管理客户、商友客户、存量房贷客户大力推广个人综合资产服务平台，有效盘活存量房产。

（四）加快推进营销模式转型。今年个金专业已经在精准营销方面迈出了可喜步伐，下一步要持续推进，实现营销模式的转型。大数据与精准营销是相生相伴的，这也必将深刻影响和改变着零售银行的经营业态，比如说从原来的“二八”原则到如今的“长尾效应”。因此，我们在面对当前多元挑战的情况下，客户拓展也必须要实现“精确制导”，这对于零售业务尤为重要。要突出以“定向客户、定向区域、定向产品”的营销模式转型，提升对目标客户市场的竞争能力。要指导各一级（直属）分行在本部率先建立零售业务专业分析师团队，各级管理信息部要给予大力支持，开放相关系统权限，加大数据分析师对各专业分析师的培训支持力度。

三、加强作风建设，提高零售条线的责任意识

当前全行存款波动性大、稳定性差、增长乏力，其背后实质是客户问题，而当前客户经营过程中所遇到的问题，也深层次地折射出我们的思想意识、转型发展与市场需求、市场变化的不适应，网点多、人员多的传统优势正在丧失，而适应新情况、新变化的新优势尚未确立。因此，首先要解决思想问题，零售条线的同志们必须增强危机意识、责任观念和创新精神。危机意识就是要认识到当前问题的复杂性、严重性，学会从问题的角度思考和研究工作。我们冷静地分析，当前我们在零售业务的某些方面、某些地区已经没有优势可言，这是个很危险的问题，大家要认识到这个问题的严重性。责任观念就是要勇于担当，舍我其谁，个金条线要在全行零售业务转型发展中一马当先。创新精神就是要以变应变、因需而变，在观念、认识等方面都要有所创新。

零售业务条线要继续加强执行力建设，强化过程管理，着力解决“不落实”和“落实不到位”的问题，这也是保障大零售战略真正落地的关键举措。我了解到，有些分行的零售金融业务推进委员会自成立后并未开展有实质意义的工作；有些分行对当地市场、同业和自身的情况缺乏深入地分析；还有些机构对今年的重点工作缺乏突破，率先发展试点方面工作进展比较缓慢，没有明显的举措，在部门联动方面主动性和积极性也不

够，这一点希望零售专业的同志们注意改进。要完善抓落实的责任机制，把主要工作和目标计划分解到人，落实到位，加强跟踪监测和协调督导。要健全问责机制，以不落实的工作倒查不落实的人。

同志们，好的开始是成功的一半。上半年经过大家的共同努力，我们有了很好的开局，希望大家在下半年能保持昂扬斗志，继续奋勇前进，为全年经营目标的实现、为全行大零售战略目标的实现贡献新的力量！

坚定目标　抢抓机遇　量质并举
为全行转型发展作出新贡献

——在信用卡业务发展推动会上的讲话

王希全

（2014 年 9 月 3 日）

今年以来，全行信用卡业务继续保持良好发展态势，发卡量稳居国内第一，跃居全球第三，并荣获国家工信部“中国第一信用卡品牌”称号，信用卡业务对全行转型发展和利润增长所发挥的作用愈发重要。昨天，我们面向 200 家龙头企业召开新产品发布会和特约商户签约会，姜建清董事长亲自到会祝贺，这是总行党委对信用卡战线的积极肯定和鼓励。今天在新迁入的工银信用卡中心召开会议，具有特殊的意义。这次会议也是在全行努力稳定和拓展个人客户、积极推动互联网金融营销服务的大背景下召开的，目的是推进发卡量突破 1 亿张和商户倍增工作，全面提升信用卡业务质态，加快在互联网金融市场打开局面，为全行利润增长多作贡献。下面，我讲两点意见。

一、信用卡业务发展状况和当前面临的主要问题

最近一年多来，由于我国经济增速放缓和经济结构调整的叠加效应，各商业银行利润增长从高速发展期进入了平台期，但我们的信用卡业务破难求进，显示出较好的抗经济波动能力和强劲的增收能力。截至 8 月末，全行中间业务收入同比增长 7. 43%，大零售板块中间业务收入同比增长 12. 8%，而信用卡可比口径中间业务收入达 190. 4 亿元，同比增长 24. 2%，比全行平均增速快 16. 8 个百分点，比大零售板块增速快 11. 4 个百分点；信用卡中间业务收入在全部中间业务收入中的占比达 21. 8%，比年初提高 4. 6 个百分点；在大零售板块的占比达到 43. 9%，比年初提高 6. 6 个百分点，收入增长稳定器的作用发挥得十分明显。与此同时，作为纯信用、无抵押的贷款产品，信用卡贷款风险总体可控，虽然与全行贷款总体走势一样，也出现了不良贷款反弹现象，但不良贷款增幅低于全行增幅 11 个百分点，低于个贷不良额增幅 21 个百分点。与同业相比，截至二季度末，国内商业银行信用卡不良率平均为 1. 47%，与我行持平；国内商业银行信用卡逾期半年信贷总额占比为 1. 57%，我行为 1. 15%，低于国内同业 0. 42 个百分点；我行信用卡境内欺诈风险基点值 0. 045，低于国内同业 0. 055 个基点；境外欺诈风险基点值为 8. 66，低于国际同业 5. 84 个基点。所有这些指标都是我们值得珍惜并继续保持的。

回顾前几个月的工作，我认为以下几个方面的工作抓出了明显成效：一是利用大零售平台的推动力发展了信用卡业务。信用卡为大零售板块发展注入了新的活力，在全行个人客户增长困难的情况下，信用卡充分发挥出挖掘、争揽、维系客户的作用，前 8 个月净增客户 466 万户，客户总量达到 6 530 万户，其中净增金卡以上的中高端客户超过 175 万户。同时，依托大零售平台的资源优势和创新机制，信用卡联动营销得到较快发展，7 月末代发工资、稳定存款和私人银行客户渗透率分别达到 18. 9%、17. 5%、56. 2%。环球旅行卡、多币种信用卡发展态势良好，发卡量达 256 万张，净增 92 万张。

二是构建了商户拓展新机制。全行通过对 MIS 投放、分期付款、积分抵现、联合促销、数据服务以及标准化集团客户服务等六大利器形成统一的营销模板，前 8 个月新增五星级酒店 56 家、大型商场 MIS 商户 42 家、收单“城市一条街”22 条。新增集团商户 29 户，近期总行银行卡业务部还成功营销了全球第二大奢侈品公司历峰集团、中国家居第一品牌红星美凯龙、全球最大的酒店集团之一法国雅高酒店集团等，确定开展全国或全球范围内的总对总收单合作。目前我行集团商户初具规模，总量达 119 户，覆盖酒店、百货、餐饮、奢侈品等近 20 个行业。

三是信用卡贷款对全行的贡献逐步增大。信贷业务始终是我行的传统业务与优势业务，受经济结构调整等多方面因素影响，截至8月末，全行贷款增长7.7%，而同期，信用卡贷款增长10.5%，其中收益高、风险低的分期付款增长13.8%，余额达1 988亿元。尤其是基于大数据挖掘的贷款新产品——小微商户逸贷公司卡贴近市场、贴近政策导向，已签约商户达6 980户，累计放款34亿元，不良率为零，收到了良好的经济效益和社会效益。按新口径统计的逸贷余额321亿元，其中信用卡逸贷余额257亿元，占比达到了80%，这一比例还需要继续扩大。

在肯定成绩的同时，也要看到信用卡业务发展还面临着不小的挑战。

一是互联网金融对信用卡业务形成替代效应。互联网金融借助大数据、云计算、社交网络和搜索引擎等信息技术，打破传统的金融行业界限和竞争格局，对银行经营模式甚至中介功能产生全面的冲击，冲击的主要领域是支付、融资、信息以及存款。而信用卡作为支付和融资的结合体，是金融业应用数据信息最多的业务之一，因此受到的冲击更为直接。从支付方面看，我国互联网支付企业数量超过美国、欧洲、日本之和，用户数、交易笔数、交易金额全球领先，近年来互联网支付规模年均复合增长率达180%。今年上半年，我国银行卡消费额同比增长35.3%，而第三方互联网支付同比增长64.1%，据有关机构预测，2016年互联网支付规模将赶超银行卡消费规模。从融资方面看，不少互联网企业利用大数据开发出一套无担保、无抵押、纯信用的贷款评估模型，其发放的贷款体现出“贷小、贷短、贷分散”的特点，与信用卡“小额、多笔、非集中”的纯信用贷款十分类似，但是其审批速度却往往快于商业银行，例如京东商城最短3分钟即可完成从申请到放款的全过程。

二是全行个人客户流失对信用卡客户规模扩大形成了压力。去年同期我行网点日均接待客户数530人次，而现在仅有210人次，其中的原因既有除客户离行办理业务增加，也存在部分存量客户流失的情况。据不完全统计，今年上半年全行个人中高端客户流失率达7.4%；代发工资客户规模和代发金额虽然有所增长，但资金留存率非常有限，不少资金流向了行外，客户黏性不高。信用卡客户中有不少是从行内客户转化而来的，虽然今年信用卡客户增长了466万户，但如果个人客户继续流失，其影响可能蔓延到信用卡业务。今年前7个月，建行净增信用卡比我行多206万张，建行、中行信用卡消费额同比增量也领先我行较多，这是否与我行客户流失存在关联，值得深入研究。去年银行卡业务部的一份报告显示，我行信用卡客户人均存款余额是全行个人客户人均存款余额的2.3倍，人均消费是全行个人客户人均消费的4.1倍，同时信用卡客户理财、网银、外汇买卖等业务的活跃度也显著高于一般客户，如果信用卡客户持续流失，将可能对个人客户稳定以及零售业务发展造成比较大的影响。在座的不少是分行主管零售业务的副行长，你们对卡业务也可以做一个切片分析，研究一下有什么特征，有什么问题，哪些问题与全行是相似的，建议总行如何解决；哪些问题是分行特有的，需要分行具体研究解决办法。要通过分门别类的分析，把工作做得更细致。

三是发卡和商户拓展效率有待进一步提高。全行3.7亿借记卡客户中有信用卡的仅有4 501万户，另有9 944万个人客户有消费记录、有联系方式但还没有信用卡，这是一个很大的潜力所在，也是个人客户信用卡服务挖潜的重点。同时，全行现有9 690万张信用卡的启卡率只有54%，比同业平均水平低3个百分点，质态需要进一步提高。前8个月全行净增商户15.79万户，仅完成序时进度的52.6%，这其中有收单专职人员不足、全行抓收单的机制尚未完全建立、同业竞争激烈等主客观原因，既有总行的责任，也有分行的责任，需要进行认真分析，落实改进措施。要关注POS的活跃度，目前全行POS月均活跃率65.3%，消费类POS月均活跃率70%，剔除备机POS和季节性交易波动等因素后，消费类POS月均活跃率为72%，说明仍有不少低效消费POS需要激活或清理。姜董事长昨天讲，全行POS日均交易量只有3笔，这个数字太低了，第一目标是达到6笔，以后要超过10笔以上。

二、明确目标，量质并举完成全年任务

为确保我行信用卡业务的市场地位，要坚持全年的工作目标不变，坚持量质并举，保质保量完成全年任务，为全行利润增长多作贡献。今年的具体目标是：一是发卡量要突破1亿张，启卡率达到64%；二是适应互联网金融发展的新形势，加快发展线下商户和拓展线上POS，实现POS和商户倍增，全年净增特约商户30万户，拓展1 000家电商商户，消费类POS月均活跃率力争达到80%；三是在做大规模的基础上，积极优化结构，加强风险控制，努力发挥信用卡作为全行收入增长稳定器和业务发展推动器的作用，到年底实现信用卡业务账面总收入320亿元，其中中间业务收入超过250亿元，同比增幅要达到15%。

今年全行信用卡发展的目标已经明确，各行要从战略高度认识发展信用卡业务的重要性，依托大零售战略加强组织推动，把发卡破亿张、商户倍增作为当前工作的重中之重，把量质并举作为全年工作的总体要求，不但要迅速层层分解任务，还要找准突出问题和业务突破口，加强对一线营销人员的指导，充分利用分行零售业务委员会的机制来推进工作落实，争取在人力配置和资源配置上给予信用卡业务一定的倾斜，并加大考核奖励力度，争取提前完成任务。

（一）坚持“三个结合”，力促发卡量破亿张。做大发卡规模是增强市场地位的需要，是增强市场话语权的需要。目前全行信用卡发卡量已接近9 700万张，今年年底实现1亿张是完全有可能的，尤其在当前经营形势下，发卡破亿张的意义更加重大，也是遏制行内客户流失、增加客户黏性以及拓展新客户的有力举措。今后4个月要抓好以下工作：

一是坚持行内客户和行外客户相结合，拓宽发卡渠道。要进一步提高借记卡客户的信用卡渗透率。信用卡具有使用便利安全、多重增值服务、丰富的特惠权益等优势，是活跃客户、留住客户、增加客户的利器。目前全行3.7亿借记卡客户中有9 944万户具备配发信用卡的基本条件，年底前要力争把其中1 000万优质借记卡客户发展为信用卡客户，这是加快冲刺1亿张目标的重要途径，也是稳定个人客户的好办法。总行要制定高效、便捷、易操作的授信政策，把目标客户数据包下发给分行，数据要说明哪些分行存在目标客户、存在什么样的目标客户、适合发什么信用卡，以便保证发卡后及时启用。各分行要积极完成信用卡授信和配发工作。航空、保险、商旅公司优质会员是信用卡的重要目标客户，通过信用卡把这些客户转化行内客户是扩大个人客户规模的有力抓手。要利用大数据，发挥信用卡专业“审资质、审信用、审潜力”的客户甄别优势，选取与我行合作关系良好、客户数据完整的合作伙伴，开展客户转化的试点工作，开辟出一条挖转行外客户的新路子。

二是坚持创新产品和传统产品相结合，挖掘规模增长潜力。昨天发布的全币种信用卡很有卖点，航空联名卡、环球旅行卡都将增发全币种卡，形成面向境外消费的产品系列，进一步开拓出境商旅、留学等客户群。要大力推广多币种信用卡、闪酷卡、i运动卡等重点产品，发挥替代营销作用。人民银行要求2015年全面推行芯片卡，停止发行磁条卡，抢占芯片卡的制高点是稳定老客户、发展新客户的重要一环，我行首创的纯心（芯）组合卡可以使客户享受双重便利、双重权益、双重用卡保障，要加快推广，巩固我行在芯片卡市场的领先地位。要有重点地开展产品升级工作，比如全行1 800多万张交通卡具有客户信息真、消费潜力大的独特优势，将交通卡升级为汽车信用卡具有扩大发卡量、提升消费额、提升质态、带动个人客户增长的多重效果。最近总行加紧研发的逸农消费公司采购卡是我行落实金融服务“三农”、金融支持实体经济政策的创新产品，可为城乡消费供应链上的经销商采购农业种植品、养殖品提供便利融资，利用经销商应收账款质押确保贷款安全，通过收款方安装限额POS并开展实时监控，实现“定时、定额、定向”支付。可以采取立体化试点的方法，各个试点行有不同的侧重点，从而可以适当缩短试点期，试点成功后快速推广。各行要把握产品特点、吃透授信政策、明确目标市场，实现我行在城乡供应链融资方面的新突破。要继续锁定胡润富豪榜和亚布力论坛人士，在与亚布力论坛企业谈判合作的过程中，采取高层营销的方式发行黑金卡，向其亲属发行白金卡。我行为私人银行客户及其家族成员量身定做的“私人银行客户家族信用卡”即将发行，要联合私人银行部做好客户遴选和营销工作。

三是坚持规模质量相结合，有针对性地提高启卡率和动户率。发卡营销是发出卡片、激活卡片、提高动户率三个环节组成的全过程，缺少后面两个环节中的任何一个，就没有完成营销。今年年末启卡率要达到64%，超过行业平均水平7个百分点。为此，总行制订了详细的启卡、动卡方案，一会儿银行卡业务部还要作详细介绍。各行要对新发卡和存量卡采取差异化的方式提高启用率，对新发卡要在客户领卡的第一时间引导启卡，决不能错过时机；对存量睡眠卡，总行向分行提供数据支持，分行要结合卡片睡眠期限结构和唤醒可能性等因素展开二次营销。同时，各行要区分产品种类开展丰富的启卡用卡促销活动。比如交通卡是全行发卡规模的支撑项目，但目前动卡率不足36%。但通过交通卡专项促销以及交通卡升级，就可以撬动一大批持卡客户活跃起来。其他如中油卡、社保卡等数量较大的卡种也可以采取类似办法，提高启用率和动户率。要制定配套的考核激励机制，明年要加强发卡质态考核，对发卡量和有效卡分别设置权重，强化对新增有效卡量的考核。各行从现在就要重视质态调整工作，为明年工作争取主动。

（二）坚持“三个协同”，确保POS倍增和商户倍增。去年全行改革发展研讨会提出要全面实施POS倍增计划，大力发展商户收单业务，总行领导多次对这项工作提出明确要求，这是我行在新的历史条件和经营形势下确定的又一项战略任务。我在全行的POS倍增计划推动会上也指出，POS是一个创收平台、是一个关系纽带、一个数据中心，各行要充分认识POS倍增对于全行经营转型和可持续发展所具有的重要意义，加快推动以下几方面工作：

一是要坚持总分行联动和专业间配合相协同。要整合全行营销资源，充分利用网点这一重要渠道，在网点客户数降低的情况下，要把特约商户拓展作为网点的重要职能，开展以网点为中心的网格化营销，这不仅是收单业务发展的新机遇，也是网点转型增效的新机遇。总行银行卡业务部要抓紧与渠道管理部、个人金融业务部沟通协调，分行要抓紧研究如何落实。各行要加紧组建收单团队，为网点收单业务提供培训和技术支持，收单团队和网点要在商户营销和商户服务中协同起来。为使这项工作落到实处，要把收单业务考核激励和绩效兑现延伸到网点。要整合资源优势，积极应对收单市场来自同业和第三方的竞争。总行银行卡业务部综合MIS、积分等六大利器形成统一的营销模板就很好，分行还可以进一步把营销模板与区域特点结合起来应用。要看到，特约商户与个人客户一样，对金融服务的需求是多方面的，费率仅仅是其中一个方面。我行拥有全方位、综合化、纵深化的金融服务能力，我们要真正站在商户角度考虑问题，挖掘客户的现实需求和潜在需求。比如，可以利用我行消费行为分析系统和收单平台的数据资源，为商户的经营决策提供帮助；可以利用我行规模庞大的积分和灵活便利的分期付款支持个人消费，帮助商户扩大销售规模，这些都是为商户创造价值的服务。各行要善于整合优势，更要善于把这些优势转化为重要的营销手段，增强营销人员的自信。

二是坚持商户拓展与维护相协同，提高 POS 活跃率。要从源头厘清 POS 统计口径，个人转账终端和消费 POS 分别管理、分别统计，消费 POS 中要剔除备用 POS，在评价 POS 活跃率工作中要充分考虑新增商户前3个月宽限期的问题。要协调个金专业提高转账终端活跃率，银行卡专业要着力提高消费 POS 活跃率，年末消费 POS 月均活跃率力争达到 80%。从交易额、交易笔数、存款、回佣收入等角度评价 POS 质态，把真正的低效 POS 找出来，采取有针对性的激活和提高活跃率的措施。对于无交易的 POS，总行要直接干预。总行专门制定了全行 POS 运行效率提升专项工作方案，各行要按照总行统一部署，调动所辖分支机构和客户经理的力量，实施网格化管理，严格落实 POS 管理维护落实到人的管理要求。同时该项工作必须配套考核机制加以保障，新增商户活跃率不达标的，不能纳入商户发展计划考核。要严格执行通报制度，对 POS 质态管理工作一抓到底。

三是要坚持线上线下协同，推动收单业务升级发展。当前，全行上下对互联网金融发展问题十分关注。8 月 29 日总行召开了互联网金融服务营销动员会，姜建清董事长要求加快“支付、融资、投资理财”三大产品线建设，其中支付和融资两个产品线与信用卡高度关联；易会满行长部署的重要工作中有 5 项需要信用卡专业加快推进，尤其是线上 POS 是全行互联网金融产品的重中之重，该产品一点接入、全面贯通，解决了线上支付便利和跨行应用两大问题，还可以受理外卡、预付卡，并嵌入我行逸贷产品，具备“支付 + 融资”的独特优势。各行银行卡业务部务必发挥好牵头部门作用，组织好营销推广工作，快速打开市场，推动线上线下 POS 的一体化发展。要统一接口，将来我行新发展的线上商户，统一从线上 POS 接口接入我行。要联动营销，联合电子银行、个金、结现、公司等专业，以百货零售、航空售票、会议会展、网络教育等电商企业为重点目标展开营销，银行卡专业负责线下商户向线上迁移的营销，电子银行专业负责线上商户向线下迁移的营销。要量质并举，拓展经营规范、发展健康的商户。要宣传品牌，把线上 POS 培育成品牌化的线上收单产品，增强市场的认知度和美誉度。通过以上举措，结合线上 POS 在融 e 购的运行经验，年底前拓展 1 000 家电商商户，三年内增至 10 万家。

在拓展互联网金融市场的过程中，要充分利用好“一个资源”和“一个特性”。“一个资源”就是我行庞大的线下商户资源，“一个特性”就是信用卡业务双边市场特性，依托商户资源发展更多持卡人，依托持卡人资源发展更多特约商户。要加快构建“线下店商圈”，一方面通过客户定位技术，向持卡人推荐周边的优惠商户，不仅包括我行特约商户，也包括非我行特约商户，为商户带来生意；另一方面，通过手机 APP 技术向我行持卡人以及非我行持卡人推荐“店商圈”信息，配套推广 O2O 支付，发掘线上支付线下取货、线上浏览线下支付、线上引导线下消费等消费场景的机遇，用我行线上线下一体化的收单服务竞争线上线下一体化经营的商户。

（三）严控风险，全方位提升服务品质。越是做大规模，越需要提高风险管理水平和提升客户服务品质，这两项工作不仅是业务发展的保障，而且本身也能够创造价值。

一是强化全流程风险控制。信用卡贷前、贷中、贷后风险控制体系已经比较成型，要认识到，风险管理不仅是压降风险的手段，也是调节效益的手段。要根据客户用卡情况动态调高或调低信用额度，确保优质客户额度充足，对风险客户、额度使用率低的客户调降信用额度，通过提高信用额度使用效率实现节约资本、增加收益的目的。要从服务客户的角度展开额度调节工作，不能影响客户顺畅用卡，需要额度的时候要能够及时调上去。监控是贷中环节风险控制的重要手段，10 月我行将投产银行卡全球业务监控展示系统，一定要用好这套系统，为业务健康发展保驾护航，不但要用它监控风险，也要用它监控信用卡质态，发现业务优化的着力点。对于总行监控到的风险事件，分行务必按时落实调查任务，通过总分行密切配合，确保把信用卡风险始终控制在同业优秀水平。要加强不良贷款压降工作，风险压不下来，会牵制其他的工作，各行要抓好资产扣收力度、核销工作进度，以及各渠道的催收力度，年底务必把不良率控制在 1.3% 以内。

二是提升服务品质，增强客户忠诚度。工银信用卡获得“中国第一信用卡品牌”称号，很大程度上得益于我行市场绝对领先、产品不断创新、风险管控得力、服务持续提升，但我们面临的形势还比较严峻。对当前而言，客户服务的首要价值就体现在稳定客户和争取客户。一方面，要发挥“网点面对面、线上全天候”的服务优势，提升服务效率和品质。着力提升网点、理财中心员工的信用卡业务水平，提升网点对信用卡客户，尤其是对高端信用卡客户的维护与服务能力；继续保持电话服务较高水平的接听率，通过各渠道服务信息的共享，优化坐席员工操作流程，提高在线处理问题一次解决率。另一方面，要贴近市场，对客户反映比较集中、满意度不高的问题开展专项治理。总行针对投诉占比较高的容时容差等问题，正抓紧研究解决方案，各行要结合本行情况，通过重点治理，消除或减少客户投诉隐患。要完善投诉处理机制，对客户投诉要限期处理完结，减少诱发客户不满意的因素。我在今年举办的收单业务培训会上讲过，全行的信用卡业务优势未必是分行实际业务中的优势，各分行要结合本行情况找问题，有针对性地加以改进。此外，为了增强客户黏性，要开展品牌宣传活动和用卡促销活动。在这里，我对促销活动提十五个字的要求："抓热点、抓眼球；有声势、有重点、有评价。"既要利用市场热点开展促销活动，也要善于创造热点开展活动。比如，网上如火如荼的抢红包活动、滴滴打车优惠活动，虽然抢红包可能仅有几毛钱，打车优惠仅有十几元钱，但是通过互联网快速扩散后，不但使活动很有眼球效应，而且客户参与热情很高。信用卡专业也要精准地抓几个热点或制造几个热点，集中整合资源面向重点市场推出促销活动，扩大工银信用卡品牌的影响力。活动结束后，要及时总结评价活动效果，发现问题并不断改进后续的促销宣传策略。

此外，今年零售业务工作会议后，全行落实行动比较快。我到一些分行进行了调研，零售业务率先发展试点工作总体做得不错，同时我也发现，参与率先发展试点的机构动力比较足，但是压力也比较大，希望总行相关部门和各分行都要给予试点机构更多支持。总行开展零售业务率先发展试点机构"支帮促"活动，银行卡业务部要深入到11家分行的26个试点机构开展调研和推动工作，试点机构要先行先试，争取把信用卡业务做得更好。

同志们，今年后几个月信用卡业务既要实现高标准的规模质态任务目标，又要顺应新形势实现拓展互联网金融市场的任务目标，时间紧、任务重，全行信用卡专业要把握时间窗口，增强加快发展的决心和信心，敢于攻坚，不辱使命，为全行转型发展和利润增长作出更大的贡献！

完善联动机制　深化战略合作
推进银保暨新渠道业务持续快速发展

——在工商银行—工银安盛银保暨新渠道业务工作会议上的讲话

王希全

（2014年9月5日·根据录音整理）

今天，我们召开工商银行—工银安盛2014年下半年银保暨新渠道业务工作会议，总结今年前8个月双方业务合作情况，全面动员部署下阶段工作。这是双方今年以来第二次联合召开总对总层面的工作会议，具有重要意义。今年以来，我们欣喜地看到工银安盛取得了健康的成长，各项工作有序推进，整体业务表现良好。下面，我讲三点意见。

一、今年前8个月工银安盛业务规模持续快速增长的同时，业务结构与业务品质进一步优化

今年以来，面对同业集中投放高现金价值资产驱动型产品、保费呈井喷式增长的严峻形势，工银安盛认真贯彻集团决策部署和工作要求，明确银保和新渠道在公司业务中的定位，坚持规模与价值并重的发展策略，经营发展呈现良好态势。

（一）保费规模快速增长。一是保费收入在我行销售体系中快速增长。前8个月，代销工银安盛规模保费89亿元，同比增长19亿元，增幅28%，较我行代理保险的平均增幅高20个百分点；规模保费占16家合作分行全部代理保费收入的17%，位居各合作保险公司之首。二是市场排名继续保持领先。累计规模保费高居合资寿险公司第1名。三是客户数量稳定增加。截至8月末，工银安盛银保柜面客户数为27万人，其中在我行渠道柜面客户25万人，占比达94%，我行渠道的柜面客户较去年末增加5.12万人，增幅25%；6月末新渠道客户数量达7.8万人，99%以上来自于工行，新渠道成为公司重要的客户新增渠道。四是价值贡献稳步增长，上半年我行代销工银安盛保险产品新业务价值达3.47亿元，同比增长0.75亿元，增幅27.58%。五是中收贡献显著增大。1-7月代销工银安盛保险产品实现手续费收入3亿元，在全部代销个人保险手续费收入中占比达到17%，同比提升0.4个百分点。其中，代理期交产品手续费贡献0.97亿元，占比32%，同比提

升5个百分点。

（二）新渠道业务增长取得历史性突破。前8个月，我行网上银行、自助终端、“融e购”商城等新渠道代销工银安盛规模保费20亿元，占银保渠道总规模保费的22%，较去年底增长了75倍，其中网银渠道代销6.9亿元，自助终端渠道代销13.5亿元，作为唯一一家入驻“融e购”电商平台的保险公司，累计销售1 250单。截至8月末，我行新渠道代销保险总量中，工银安盛新渠道保险销量占比27.8%，位居第一。

（三）期交业务贡献进一步提升。一是期交保费增长迅速。前8个月，我行代销工银安盛期交保险产品保费6亿元，同比增加0.93亿元，增幅19%，凸显了对工银安盛期交产品销售的支持力度。二是期交销量占比高于我行平均水平及银行系保险公司。截至7月末，我行代销工银安盛产品中，期交保费占比6.97%，高于全行期交占比平均水平1.86个百分点，分别较建信人寿、农银人寿、光大永明等银行系保险公司期交占比高4.67个、4.42个和4.37个百分点。三是期交排名稳步提升。1－8月工银安盛累计期交保费在合资寿险公司中排名第1，特别是期交保费占比在前20大寿险公司中位列第3，同比提升6位。在已与工银安盛开展合作的16家分行中，代理工银安盛期交保费占总期交保费的比重高达27.45%，同比大幅提升7.35个百分点，位居合作保险公司之首。

（四）持续保持稳健经营。主要表现在风险控制水平不断提高，今年以来未发生群访群诉事件，上半年每亿元保费投诉量为0.63，处于行业优秀水平；银保犹豫期内电话回访成功率为87.45%，提升23.7%；13个月保费继续率为84.34%，提升6.7%；销售误导投诉率为0.129%，同比降低16.2%，业务品质显著改善。

以上成绩来之不易，是行司通力合作、共同奋斗的结果。在此，向大家所取得的成绩表示衷心的祝贺和感谢！刚才，北京、山东、广东、上海分行做了经验介绍，由于会议时间安排较紧，其他分行没能发言。但从刚才几家机构的发言中，我已经可以感受到大家对银保业务发展所倾注的热情和努力。希望大家能够继续保持昂扬的斗志和亲密的合作精神，行司携手取得更大的成绩。

二、当前工银安盛业务发展既有行内外的重要机遇，也要沉着应对现实中的各种挑战

（一）当前机遇

第一，新国十条描绘了保险业发展新蓝图，保险业迎来了重大的发展机遇，是中国未来最有发展前景的金融子行业。党的十八大提出了推进城乡社会保障体系建设的战略决策，近期国务院又正式印发了《关于加快发展现代保险服务业的若干意见》，从国家层面提出了保险发展战略，明确了现代保险服务业在经济社会发展全局中的定位，指明了现代保险服务业的发展方向，提出了发展现代保险服务业的全新理念，强调要构筑民生保障网、在养老和健康保障领域实现创新和多样化、大力发展传统期交保障类保险及完善多层次社会保障体系，并制定了现代保险服务业发展的宏伟目标——保险深度达到5%，保险密度达到3 500元/人，使我国尽快由保险大国向保险强国转变。

第二，民众保险意识不断增强。随着国民经济稳步发展，国家对保险行业日益重视，同时市场机制在寿险行业进一步深化，人口老龄化、社会保障覆盖率不足等问题的日益凸显及互联网金融的迅猛发展，使民众对于社会基础保障以外的养老、医疗、财产传承等方面的保险需求与日俱增，在保险消费理念和行为上也日趋成熟、理性，这些将有助于孕育更为广阔的保险市场。近日，保险意识读本《保险伴我一生》首次随全国中小学的开学进入中小学课程，显示了国家对国民保险意识培育和保险知识普及的重视，开启了保险发展的新时代。

第三，保险业务在我行大零售战略中凸显自身优势。目前全面推进的大零售战略将对集团以及各家子公司的业务发展产生深远的影响。工银安盛能够认识到自身属于大零售战略的一部分，坚持“规模价值并重”和“银保新渠道并重”的经营发展策略，充分发挥自身在寿险方面的优势，不断丰富产品线，开发更多能满足客户需求的、有市场竞争力的产品，加快系统建设，完善运营管理，实现自身跨越式成长，为集团大零售战略添砖加瓦。

第四，“E－ICBC”战略推进和信息化银行建设步伐加快为工银安盛拓宽了可持续发展道路。上周总行召开的互联网金融服务营销动员会议，对工商银行和工银安盛都很重要。当前，全行上下正在努力打造“电商、直销银行、即时通讯”三大平台及“支付、融资、投资理财”三大产品线，建立线上线下交互联动的服务体系和深层多维的大数据应用机制，构建集“支付、融资、金融交易、商务、信息”五大功能于一体、较为完备的互联网金融服务和运营体系。工银安盛在总行互联网金融领域的各项改革创新中获得了先行先试的便利安排，在电商平台、直销银行等新渠道业务资源分配上有最优先、优惠的合作待遇。公司要充分利用好这一优势，基于互联网金融发展战略，细分渠道和目标市场客户，上线有核心竞争力的保险产品，特别是要将直销银行平台打造成公司银保业务新的增长点，以此带动公司尽快实现预期经营目标。

第五，股东更加重视工银安盛的发展。自公司成立以来，银保暨新渠道业务实现了跨越式发展，新业务保费、价值以及利润贡献等各项核心指标远高于其他渠道，成为公司第一主力渠道。集团对银保和新渠道的重视程度日益提高，特别是姜建清董事长多次指示要加快

推动工银安盛业务发展，今年总行就工银安盛的发展召开了两次工作会议。各级行、各部门要在销售、激励、考核、投资、产品、运营、系统和队伍共建等方面，继续给予工银安盛银保和新渠道大力的支持倾斜，帮助解决实际问题，提高处理时效，支持业务发展。

第六，公司治理架构日渐成熟。经过两年多的发展，工银安盛已经形成了“以客户为中心，以市场为导向，以银保暨新渠道为重点”的经营思想，通过在公司内部再造科学高效的经营管理机制，成立银保委员会，搭建成熟的治理架构，逐步提升银保、新渠道在公司内部的地位，加大公司资源对银保及新渠道的支持，推动公司银保暨新渠道业务的持续、健康发展。

（二）未来挑战

第一，实现结构调整和规模跨越式增长任重道远。工银安盛自2012年成立以来发展迅速，受到业内瞩目。同时集团及其他股东也对公司发展提出了更高的要求：今年工银安盛的规模保费、期交保费和新业务价值目标要分别较去年增长43%、171%和51%。但今年以来双方新增合作分行仅一家，在我行整体代销保费规模没有大幅增长的前提下，公司新任务在工行的业务占比大幅提高，其中特别是期交任务占比将超过50%。与此同时，公司对银保业务提出了更高的风险控制和费用管理要求，也对业务的快速增长带来了新的挑战。因此，银保双方要主动适应集团业务转型要求，积极寻找新的业务增长点。

第二，产品结构有待优化，目前的业务发展也不够平衡。一是风险保障型和长期储蓄型产品销售占比尚未达到监管最低要求。今年上半年，工银安盛上述两类产品的销量占比仅为9.37%，分别低于监管最低要求（20%）和我行平均水平（27%）10.63个和17.63个百分点。二是公司目前销量超过90%的5年期趸交分红险中，年化收益率高于5年定期存款利率（4.75%）的财富宝系列产品（年化收益率5.15%~5.8%）销量占67.26%，但还有32.74%的销量（保费规模27亿元）来自于年化收益率低于5年定期存款利率的如意宝系列产品（年化收益率3.5%左右），满期给付存在客户投诉风险。三是缺乏专门针对高端客户、特定客户群细分市场的保险产品。四是新渠道主打产品不能保证常态化销售，时断时销的问题时有发生。五是缺乏保障规划和保险组合销售的工具，需要开发保险规划软件，根据客户家庭收入、支出以及资产状况等信息计算出客户在各类人身险类型中的缺口金额，并设计个性化保险组合方案供客户遴选。六是机构发展不平衡。在业务指标完成方面，山东、河南已提前超额完成全年规模保费计划，但仍有4家机构未能完成序时任务。在契撤率和退保率方面，分别有7家和4家机构超过全公司指标要求。

第三，队伍建设有待加强。随着银保监管新政的深化落实和新渠道的发展壮大，银保专管员的工作职责和技能要求都有调整。如何根据公司的工作目标和重点，尽快建立科学合理高效的选人、用人、育人、留人的考核机制，形成人才辈出的良好氛围，是需要加紧落实的一项重要工作。

三、统一思想，明晰银保业务发展思路，谋篇布局业务新发展

面对互联网金融浪潮的冲击和复杂多变的市场环境，行司双方要按照监管部门和集团的总体要求，在“大零售”战略下，进一步加强合作，特别是各分行、各专业要继续给予工银安盛业务发展更多的关心支持。要落实年初双方工作会议精神，深化在客户服务、销售模式、资产管理、人员交流、风险防范、业务创新等六个方面的合作，这既是加快推动工银安盛期交业务发展，促进结构调整和业务转型、满足母行与子公司间零售业务协调发展的客观需要，也是充分发挥保险产品长期高保障优势，与银行金融服务优势形成互补，更好地满足全行零售客户多元化金融服务需求的内在要求。

（一）建立紧密的战略合作关系。作为集团综合化经营的重要组成部分，工银安盛要认真贯彻总行年初年中工作会议精神，配合集团经营转型，在推动大零售战略和互联网金融战略落实上、在配合集团机制转换、客户服务、产品创新、营销模式改革等方面发挥更大作用，与母行开展全方位的业务联动，提高公司对集团的综合贡献。

（二）定向开发保险产品。总行已经明确代发工资、商友、大学生、个贷客户等十大类千万级重点个人客户群，要按照“定产品、定客户、定区域”的思路，有针对性地开发专属产品及套餐，根据客户分布和产品特点，明确销售区域和销售渠道，在客户定位、产品设计、销售地域、销售渠道、产品定价、营销模式和客户服务等方面与同业形成差别化竞争。希望工银安盛围绕重点客户群的综合保险需求，在年内有针对性地开发出私人银行客户、财富客户、各类特定客户群的专属保险产品。针对投资理财客户，通过保费资金与资产投资项目挂钩的方式显著提高分红险实际分红水平，提升产品竞争力。要积极开发保险规划工具软件，针对特定客户群制作宣传折页，编写营销话术，制作保费试算表、动画演示软件、智能手机应用软件等营销辅助工具。

（三）加强重点队伍建设，深化人员交流合作。根据集团转型战略部署，全行要以提升市场竞争力为目标、以增强客户经理综合能力为重点，积极搭建岗位规范、层级合理、激励有效、约束有力的客户经理管理体系，打造一支业务精湛、结构合理、充满活力的高素质专业销售队伍，为零售业务的可持续发展提供坚强保障。希望工银安盛能够结合总行日前印发的《工银安盛保险专业销售队伍管理暂行办法》，行司联手在今年

年内组建600人保险专业销售队伍，以代销工银安盛保险产品为主要工作职责，带动全行保险自主销售能力的提高，促进人力资源在分行与工银安盛间的优化配置。

（四）建立银保渠道差异化、一体化的营销新模式。要进一步明确渠道发展定位，对传统的物理网点销售渠道和新渠道实施差异化策略。其中，复杂期交保障型保险产品主要在物理网点渠道销售，由营销人员将保险产品与我行理财投资类产品进行组合营销，对客户资产进行组合配置。相对简单、小额的标准化保障类产品主要在新渠道销售，辅以清晰明了的动态产品演示资料，帮助客户实现自我培训、自助购买。客户利益清晰的类理财保险产品从明年开始要全部转移到新渠道销售。针对特定客户群定向开发的定制产品要根据客户需要灵活调整销售渠道。希望工银安盛在物理网点资源利用已趋饱和的情况下，按照上述差异化经营策略制定未来渠道发展目标与计划，积极借助新渠道谋求更大发展空间。特别是总行10月将推出直销银行平台，工银安盛作为第一优先合作对象，要抓住直销银行平台的营销机遇和渠道特点，开发并组织预定收益类、简单保障类保险产品上线，到今年年底，通过直销银行销售的工银安盛保险产品保费规模要突破5亿元，并加大产品储备，确保直销银行保险产品销售不断档。

（五）做好重点客户开拓，实现客户精准营销。要根据客户需要和同业成熟的营销模式，加快推动零售金融营销模式从浅层次关系营销、单一接触式营销、单一推送式营销、分散式营销向精准营销、集群营销、组合营销、协同营销等现代营销模式转型。希望工银安盛能够与总行个金、机构、私银、信用卡、电子银行等部门加强联动，密切行司双方在私人银行、财富客户、信用卡、电子银行专业客户方面的协作，开展精准营销和组合营销，以大额保单销售为切入点，满足大客户、重点客户的全方位金融需求，提高客户服务水平。

（六）齐心协力，确保完成年度销售目标。年初公司确定了代销保费规模126亿元的发展目标，其中，期交24.8亿元。截至8月末，规模保费目标缺口为37亿元，其中，期交缺口18亿元。各分行要认真落实本次会议要求，抓住年底前3个多月的时间，与各分公司一道克服困难、勇于攻坚，确保实现全年目标。

临近四季度，各级机构工作头绪较多、压力较大。大家在一心一意完成全年目标的同时，要时刻把好风险关，加强银保风险管理，确保业务合规健康发展。同时，行司双方要着手思考、谋划明年开门红的工作，在产品储备、渠道对接、精准营销、队伍建设、业务培训等方面尽早规划、尽早启动。同志们，在这金秋收获的季节里，希望行司双方密切配合，抓紧落实本次会议的各项要求，圆满完成2014年销售目标。

深化改革创新　加速转型发展
全面推进公司金融业务开创新局面

——在2014年公司结现投行养老金贵金属工作会议上的讲话

郑万春

（2014年2月18日）

今天，我们把公司金融、结现、投行、养老金和贵金属五个专业组织在一起开会，这在我行历史上是第一次。这样做体现了总行党委对五个专业协同发展的高度重视和殷切希望，也有利于加强对公司客户的统一营销和管理。我先讲讲公司结现投行业务，然后敬东副行长部署养老金、贵金属两个专业的工作。

就公司结现投行三个专业而言，这次会议的主要任务是贯彻2013年中央经济工作会议、全行改革发展研讨会和2014年工作会议精神，总结2013年三个专业各项工作，全面分析2014年面临的机遇和挑战，谋划业务发展方向，部署今年重点工作，动员三个专业深化改革创新，加速转型发展，全面推进公司金融业务开创新局面。下面，我讲几点意见。

一、回顾2013年，公司结现投行业务均迈上了一个新台阶

2013年，公司结现投行业务战线在经济增速放缓、各种风险因素交织的不利局面下，团结奋进，取得新的业绩。本外币公司贷款增加4 888亿元，增长8.4%，其中本币贷款增加5 216亿元，增长9.6%；本外币公司存款增加703亿元，增长2%，其中本币存款增加1 116.5亿元，增长3.4%，完成计划的111.6%，特别是无贷户存款，在缺乏有力手段的情况下，也实现了较理想的增长。全年实现公司贷款利息收入3 828亿元，

增长 4.2%；公司类中间业务收入 778 亿元，增长 14.4%，占全行中间业务收入的 61.2%，其中投行业务收入 266 亿元，增长 8%。实现结算业务量 1 731 万亿元，完成计划的 115.4%；结算类中间业务收入 268 亿元，增长 17.2%。公司客户达到 403 万户，净增 26.9 万户。这些成绩的取得源于全行公司结现投行条线，紧紧围绕总行“大公司金融”战略，做到了七个“始终坚持”。

（一）始终坚持可持续发展，不断改善信贷经营质态。认真贯彻落实国家政策和监管要求，坚定不移推动信贷结构调整。一是行业结构持续优化。房地产、城建、公路、电力等“四大行业”贷款总量下降 536 亿元，较 2011 年 6 月末下降 3 948 亿元，占公司贷款比重为 34.5%，下降 17.5 个百分点。先进制造业、现代服务业、文化产业与战略新兴产业贷款新增贷款占公司贷款增量的 85%。地方政府融资平台、房地产、产能过剩行业贷款余额分别下降 725 亿元、86 亿元、280 亿元。二是客户基础不断夯实。全行有贷款余额客户净增 1 214 户，其中中型有贷户净增 1 335 户，中型有贷户的贷款余额增加 3 200 亿元，占公司贷款增量的 65%。三是区域进一步协调发展。中西部及东北地区贷款增加 2 571 亿元，增长 11.2%，高于公司贷款平均增速 1.6 个百分点。四是信贷服务效率进一步提升。前中后台合力，进一步梳理信贷政策、制度和流程，在风险可控前提下，适当扩大分行授权，下放部分总行管控事项，在部分领域实行授信项下授权审批制。

（二）始终坚持经营转型，大力发展金融资产服务业务。2013 年，债券承销、资产交易、银团贷款分销、委托贷款等非信贷融资与新增贷款之比达 1.75∶1，为近年较高水平。一是公司存款与理财互促发展。公司、结算、资产管理多个专业联动，创新推出专属资产池支持的高收益理财产品。通过做大资产池支持理财发售、做优理财产品结构支持公司存款增长。二是紧抓债券承销业务。全年承销发行 3 103 亿元，承销债券只数和客户数分别为上年的 1.4 倍和 1.3 倍。上海、山西、四川、深圳四家行夺得当地同业第一，浙江、重庆等行排名显著提升。三是推动理财融资和存量资产转让业务突破创新。完成工元一期 35 亿元信贷资产证券化工作。积极开展理财直接融资工具、信贷资产流转、理财投资中小企业私募债等业务创新。受理中石油西线管道建设、南京上坊新型城镇化等一批重大股权、债权代理投资项目。通过理财投资、代理销售、信贷资产证券化及转让等渠道完成资产交易 2 636 亿元，较上年增加 39 亿元，实现收入 49 亿元，增长 11%。四是狠抓银团贷款业务发展。牵头银团 323 笔，增长 19%，对外分销份额1 689 亿元，增长 34%；实现收入 34.8 亿元，增长34%。制定推广分组银团创新方案，先后筹组云桂铁路云南段项目、天津地铁 6 号线调整及延伸项日等一批重大项目。

（三）始终坚持深化联动，一体化营销取得新突破。去年全产品营销、联动营销亮点纷呈，取得了新成绩。一是探索建立全产品统计通报制度。选取贷款、存款、企业债承销发行等多项重点产品，对全产品营销情况进行通报。二是加强跨部门联动。积极与个金部、机构部、银行卡部、养老金部、电子银行部等部门联动，开展代发工资、代销保险、公务卡、企业年金、融 e 购电商平台入驻商户等专题营销活动。三是加强跨机构联动。联动工银国际、工银亚洲成功营销三大石油公司、国家电网公司、华能集团和中粮集团 104 亿美元境外债券，五矿集团和 BP 集团 37 亿元人民币点心债，助力工银国际首次获得“亚太区最佳债券承销商”的殊荣；联动工银租赁为郑州、武汉、长沙等地的轨道交通项目办理设备融资租赁；与工银瑞投合作开展了北京地铁、重庆公租房、宁波古城保护等 39 个基金专项资产管理计划项目，实现投资超过 350 亿元。四是加强跨境联动。建立境内外沟通平台，健全联动营销机制，成功营销中海油收购尼克森、航天科工并购卢森堡 IEE 公司等一批重大项目；为国开投、联通、中粮、五矿、华为等跨国企业办理融资、国际银团、内保外贷、全球现金管理、境外资金池主办行等业务。

（四）始终坚持创新发展，结现业务再创佳绩。一是账户拓展成效显著。新开有效对公结算账户 93.4 万户，完成计划的 133.5%；新开账户结算量 32.3 万亿元，完成计划的 285.5%；新开账户日均存款余额达到 2 147 亿元，完成计划的 179%。发行财智账户卡 72.3 万张，收款管家卡 132.7 万张。新增资金池客户 348 户，新入池账户 5.76 万户；新增票据池客户 933 户，新入池票据金额 1 089 亿元。22 家分行上线“工商验资 E 线通”服务，为 5.7 万客户验资 1 228 亿元。二是现金管理取得突破。新增现金管理客户 15.2 万户，总量近 97 万户，其中总省行级客户新增 2 530 户；全球现金管理客户新增 481 户，新开账户 1 240 户，共与 3813 家客户建立了全球现金管理合作关系，服务领域覆盖 50 个国家和地区。新拓展中石油、中粮、法雷奥、LG 电子等近 20 家大型跨国企业全球现金管理业务。积极推动中国电信、江森自控等多家公司资金池、票据池、收款管家项目服务上线。全球现金管理系统获人民银行科技进步二等奖。三是法人理财全面发展。法人理财客户达 33.9 万户；累计销售法人理财产品 1.36 万亿元，其中我行法人理财产品 1.26 万亿元，完成全年任务的 122%；法人理财业务网点覆盖率达 80.1%。四是代理业务优势扩大。与支付宝、财付通等 170 家非金融支付机构建立合作关系，与其中 71 家签署备付金合作协议，备付金余额达 158 亿元，大幅领先同业。与 116 家大宗商品交易市场开展合作，日均存款 330 亿元。代理中央财政业务覆盖全行 2 351 个网点，为 3 888 家预算单位和158家执收单位提供支付和收缴服务；全年集中支付业务总额达4 545亿元。

（五）始终坚持改革转型，投行业务迈出新步伐。一是品牌类投行成为全行经营转型的新亮点。实现品牌类投行收入150.7亿元，增长39.4%。其中，重组并购、股权融资和高端财务顾问收入合计104.9亿元，增长47.6%。总行投行部利润中心实现利润9.6亿元，增长56.2%。投行收入在中间业务收入中的占比继续保持在20%以上，四行占比领先第二名逾15个百分点。二是投行成为全行股权融资领域的重要力量。重点拓展上市公司定向增发、棚户区改造、项目资本金融资、重组并购、大型国企上市前引资等领域的非标股权、债权融资业务。打造私募股权主理银行拳头产品，存续期内规模达到368亿元，增长63%；新募集资金258亿元，增长102%。安排重组并购融资349亿元；新增并购贷款215亿元，余额增长61%。三是项目运作能力和市场影响不断提高。重组并购、股权融资和高端财务顾问项目数分别达800个、350个和1 260个，行业覆盖更加全面，市场影响稳步提升。成功培育了锦江、万达、雨润、复星等并购战略客户；首次支持民营企业海外上市公司私有化、杠杆收购及要约收购；成功运作酒钢、宝石A等难度大、收益高的项目；首次完成大型央企上市前战略引资项目，金额达16亿元。

（六）始终坚持系统推动，以体制机制建设夯实业务发展基础。一是构建公司客户营销系统。建设公司与法人客户营销系统，统一客户视图，提升优化了客户营销管理、客户经理网络建设、联动营销和全产品营销等方面的功能，为实现公司客户科学管理提供重要支撑。二是谋划成立公司金融业务推进委员会，做好顶层设计。委员会为整合营销力量，解决营销中重大问题，推动形成联动营销大格局提供了载体和组织保障。总行委员会于11月成立，上海、安徽、黑龙江等分行也积极行动，成立了分行层面的委员会。三是完善分层营销体系建设。启动总行级公司客户名单调整工作，多数一级（直属）分行都建立了分行级公司客户名单，客户数达1 242户，二级分行级公司客户数达3 259户。四是持续抓好队伍建设。全行公司客户经理增加1 124人，达3.15万人，占全行员工的7.38%，提高0.05个百分点。探索建立首席客户经理制，加强客户经理和产品经理资格认证考试，首次组织已获资格人员的继续教育，组织客户经理和产品经理竞赛，不断提升队伍素质。

（七）始终坚持强化风险管理，实现业务健康发展。一是加强信贷风险防控。前中后台协作，制定债务融资工具承销与投资、理财融资、房地产开发贷款、项目贷款等四类业务尽职调查模板。对平台贷款，加强存量贷款整改与信用增级；坚持房地产客户名单制管理，做好产能过剩行业限额管理。二是加强非信贷融资、结现和投行业务风险管理。债券承销严格按照类信贷审批流程办理，持续跟踪监测企业风险状况与偿债能力。严把理财融资入池项目，利用资产交易管理系统对客户风险总量进行刚性控制。明确委托贷款操作细节，规范业务发展。开展法人客户服务满意度、对公结算产品竞争力、网点对公结算服务能力调查工作，排查服务中存在的问题和风险点。进一步优化现金池、集团账户管理、财智账户卡和企业网银等产品和系统功能，消除风险隐患。通过抓规范经营，以及对重大投行项目按信贷流程进行审查，做好投行业务风险防控。

在肯定成绩的同时，我们也要清醒地认识到业务发展中存在的问题：比如存款波动较大；优质客户占比有待提高；小企业不良贷款反弹压力较大；债券承销失去市场第一位置；基础类投行收入负增长；跨境联动营销、人员队伍建设有待加强；等等。这些问题需要全行认真思考，在今后业务发展中予以解决。

二、分析当前形势，抢抓发展机遇，进一步增强转型发展的主动性

从全球看，美国、欧洲逐步摆脱危机影响，重新走上复苏轨道；新兴经济体虽然增速放缓，但依旧保持较快增长。从我国看，十八届三中全会启动新一轮深化改革，进一步释放增长潜力。从我行看，历经三十年的改革发展，已经成长为全球领先大银行，第一个十年发展纲要即将圆满完成，并着手制定新的十年发展纲要，公司结现投行业务站在新的起点，面临新的机遇和挑战。概括起来讲，五个方面的任务更加紧迫。

（一）保持公司板块利润持续增长的任务更加紧迫。过去十年，银行业享受了我国经济快速增长的红利，但未来我国经济增速换挡，经济结构调整、去杠杆和去产能等多重因素叠加，经济下行压力加大，可能超过预期，银行利润增速趋缓。更重要的是，利率市场化加速推进，银行利差逐步收窄。从国际经验看，利率市场化将导致银行利差减少60～100个基点。从2012年开始，国内银行净利息收益率收窄。去年我行NIM收窄9个基点。在收益空间缩窄的形势下，要保持公司结现投行业务利润的平稳增长，必须向精细化管理要效益，向风险管理要效益，向经营转型要效益，向业务创新要效益。

（二）公司结现投行业务转型的任务更加紧迫。随着新资本管理办法深入实施，大资管时代到来，互联网金融崛起，企业综合化金融需求日益强烈，银行传统依赖规模扩张的经营模式难以为继。一是资本约束制约信贷规模持续扩张。目前我行资本充足率仅比银监会“腕骨”指标12.2%的要求高100个基点左右，新增9 000亿元左右的贷款，就能将富余资本消耗殆尽，且我行已成为全球系统重要性银行，需额外增加1%的附加性资本要求。可以预见，今年各项业务的发展将面临更加刚性的资本约束。二是金融脱媒侵蚀银行传统业务

份额。近年，金融业融合发展，银行、证券、基金、保险、信托等跨界竞争资产管理业务。目前社会资产管理余额逾35万亿元，超过人民币贷款余额半数，增长迅猛。大资管时代的到来对银行客户基础、公司存款、支付结算、投资理财、消费融资构成全方位挑战。三是互联网金融颠覆传统规则。近年，互联网金融、移动金融发展迅猛，互联网企业通过挖掘海量数据，迅速将服务从支付结算领域，渗透到小额信贷、现金管理、资产管理、供应链金融、基金和保险渠道网络等领域，争夺银行核心业务领域，重塑客户金融消费模式，颠覆银行传统价值创造方式。四是客户金融需求日趋多元化、综合化、全球化。优质客户走向直接融资，部分企业产融结合，实现金融需求"自我满足"，降低银行融资需求和存款意愿。面对新的形势，哪家银行能够把握大势，先行一步，在信息化、国际化、综合化领域取得新突破，就能在未来竞争中夺得先机，获得长久的竞争力。

（三）夯实客户基础的任务更加紧迫。客户是公司业务结构调整的基础，利润增长的源泉。我行有公司客户403万户，远超可比同业，但客户总量掩盖了结构性矛盾，日均金融资产5万元以下客户合计282万户，占比70%，低效客户占比较高；大额资金平台提示的同业优质客户25.8万户，去年开户仅1.3万户；总行调查的1 471户拟上市企业中，有800余户未在我行开户，占比超过半数；等等。目前公司存款波动较大，利润增长趋缓，重要原因是客户基础还不够牢固。更重要的是，一讲到客户，大家更多的想到信贷户，很多新型业态的客户、使用新金融产品和服务的未来客户、活跃客户并没有进入营销视野；一讲到拓户，更多的是关系营销、单一拓户，围绕客户信息流、资金流、物流的批量拓户还不够；网点渠道对公客户营销服务能力还不强，相当部分网点人员不熟悉对公业务。今后，银行之间的竞争将更多体现在对优质客户的争夺上。加快从"经营产品"向"经营客户"转变，不断扩大能够支持未来可持续发展的客户基础，优化客户结构，比以往任何时刻都显得紧迫。

（四）稳定存款和开拓信贷新市场的任务更加紧迫。存贷款业务是创新发展其他业务的基础和源头。公司存款方面，近年来总量增长乏力，这既有客观因素，也有主观因素。一方面，社会资金的运行和转化规律都发生了深刻变化。企业资金集中管理成为趋势，全国企业集团成立的财务公司超过150家，大客户低利率的公司存款转化为高利率的同业存款，维护成本越来越高。同业业务、理财业务、借助网络金融的货币基金快速发展，转变了存款形态，加剧了存款的波动。另一方面，部分分行对资金源头掌控力不强，信贷资金留存率低，对理财和发债募集资金缺乏主动跟踪机制，"裸贷、裸债、裸财"问题突出。2013年38家一级（直属）分行中，有13家分行公司存款余额下降。2014年1月全行公司存款下降4 648亿元，仅青岛、吉林2家分行正增长。下一步，抓好资金源、产品源、客户源，提升客户金融资产多元化配置能力，成为稳存增存的重中之重。

公司贷款方面，今年投放将超过2.57万亿元，如此巨大的信贷投放，做好信贷总体布局和结构调整至关重要。从行业看，地方政府融资平台、房地产和产能过剩行业对信贷需求依然旺盛，但潜在风险较大；新型城镇化、棚户区改造、城市能级提升、民生等领域中，按市场原则运作的项目竞争激烈；制造业和服务业是近年信贷投放的主要领域，但确保投放到"先进"和"现代"的企业并不容易；资源类大型企业更多采取直接融资方式。同时，小企业处于产业链的末端，受经济下行周期影响较大，不良资产上升较快，使小企业信贷经营队伍士气受到一定程度的影响。寻找信贷新市场，以及保持小企业信贷业务良性发展都面临较大压力。

（五）防控风险和保持资产质量稳定的任务更加紧迫。在金融业融合发展的大背景下，风险越来越具有隐蔽性、关联性、跨界性和传导性。一是信贷领域风险渐次暴露。去年公司不良贷款余额689亿元，增加116亿元；不良率1.09%，增长0.11个百分点，为近年来首次双升。部分重点分行的小企业、商品融资、个人经营贷款风险尚未完全暴露。部分三四线城市土地和房屋供需失衡，空置率较高。另外，部分地方政府收入增速下滑，债务期限不断后延，违约概率上升。二是影子银行风险有向银行体系蔓延的趋势。大资管参与机构众多，资质各异。部分信托公司、基金和保险公司的资产管理子公司"通道化"严重，间接融资与直接融资的藩篱被打通，各类风险有从表外向表内、从外部向内部传导趋势，局部风险上升为系统性风险的可能性加大，这对银行风险管理的系统性、前瞻性提出更高要求。

应该看到，未来十年，是中国经济深度转型期，也是工商银行的创新发展期。新起点、新征程，压力、挑战不言而喻，机遇也非常难得。从宏观经济看，十八届三中全会确立了多项改革措施，必将进一步激发经济发展活力和潜力。从金融发展看，一系列重大金融改革措施即将或已经展开，如扩大信贷资产证券化试点、规范影子银行体系和互联网金融的发展，等等。可以预见，金融生态将更加有序、多元。从我行自身看，总行机构改革顺利推进，公司金融业务推进委员会已经成立，公司客户统一视图初步建立，信贷业务流程优化项目全面实施，分行长绩效考核中也赋予了公司客户拓展、存款营销更高的权重。这些有利条件能否转变为现实成果，关键在于大家能否保持改革创新、锐意进取的精神面貌，能否保持踏实求进、奋发有为的工作状态。

三、2014年公司结现投行业务转型发展目标任务和工作要求

2014年是深入贯彻落实党的十八届三中全会精神、

全面深化改革创新的开局之年，也是我行全面落实“大公司金融”战略的关键之年。按照董事长、易行长在改革发展研讨会和2014年工作会议上的要求，确定今年工作的指导思想是，紧紧围绕“大公司金融”战略，把改革创新贯穿于全年工作的始终，健全公司结现投行业务体制机制，有效防控实质性风险，持续提升公司板块全球一体化服务能力和同业竞争力。在公司业务方面，持续壮大公司客户基础，优化客户结构；强化联动营销和全产品营销功能，建立健全分层分级分类营销体系，扩大客户经理队伍，不断提高客户经理队伍素质。在结现业务方面，不断拓展新增账户，进一步创新推广结算与现金管理产品，发挥专业营销优势，不断开拓结算新市场。在投行业务方面，进一步丰富商投互动内涵，强化品牌类投行业务，提升发展层次。

2014年，全行公司结现投行业务要确保实现以下经营目标。收入类目标：公司类中间业务收入达到856亿元，增长10%；结算类中间业务收入达到295亿元，增长10%；全口径投行收入达到301亿元，其中基础类达到121亿元，增长5%，重组并购、股权融资、财务顾问三项品牌类达到125亿元，增长20%；投行利润中心力争实现利润13亿元。客户账户类目标：公司客户净增25万户，达到430万户，其中年均金融资产超5万元（含）客户净增10万户，达到130万户；五星级以上客户净增5万户，达到50万户；有融资关系客户净增7 000户，其中小企业净增5 000户；现金管理客户净增10万户，全球现金管理客户净增457户；基础类投行客户净增1.12万户；养老金公司客户净增5 000户；代发工资公司客户净增5万户；国际业务大中型客户净增1 800户；供应链增加200条；新开有效账户达到53万户。业务规模类目标：人民币公司贷款新增5 000亿元，公司存款新增2 000亿元，非信贷融资与信贷增量之比达到1.8∶1；法人理财发行额超过14 375亿元；私募股权主理银行存续期内规模达到500亿元。

全行公司结现投行条线要做到五个“牢牢把握”，把“大公司金融”战略贯彻好，实施好。

（一）牢牢把握机构改革的重大机遇，做好各项措施落地。按照改革方案，总行公司金融业务部作为公司客户部门，承接投行、养老金和专项融资部的系统行政管理职能，负责9大利润中心产品的营销推动，并下设相对独立的二级部，承接小企业金融业务的营销组织与业务管理职能，承接贸易融资业务的营销管理与组织推动职能。结算与现金管理部主要负责结算、现金管理等产品的创新，以及账户营销和新账户存款等业务管理和组织推动，承接贵金属业务部的系统行政管理职能。投行、养老金和贵金属业务部等利润中心更加突出经营职能，专注于创新研发新产品和开拓新的利润增长点。这次改革充分体现了“以客户为中心、以市场为导向”的经营理念，前台营销职能得以整合，客户部门、产品部门和利润中心的边界更加清晰，前中后台职责更加分明。

全行各部门、各分行要落实好机构改革的精神，将相应机构设置及人员配备到位，尽快开展工作。相关职能要跟随机构调整尽快到位。一是公司部门要负责客户统一营销，分层级做好重点客户维护，与行内外相关机构通力合作，积极推行全产品营销，构建“商行＋投行”、“境内＋境外”、“表内＋表外”协调发展的大营销格局；认真履行好投行、养老金和专项融资业务的系统行政管理职能，全力支持三项业务的发展。全行小企业机构、人员、队伍要保持相对稳定，统筹安排小企业金融业务的业务准入、产品开发、流程设计、专营机构建设和队伍建设等工作，并积极参与小企业风险监测和相关信贷制度政策的研究与制定。二是结现部门要做好新开账户、新开户存款、结算、现金管理、全球现金管理、对公理财、代理业务等业务营销、产品创新和组织推动，及时满足公司、机构等部门提出的客户需求；做好贵金属业务的系统行政管理工作。三是投行部门要提升金融资产服务业务专业能力。对股权融资、并购交易的前台工作，原则上由总分行投行部门负责；对代理债权投资的前台工作，总分行公司投行部门要密切协作，共同拓展，做好项目推荐服务；基础类投行业务，由总行投行部做好组织推动，分行公司、投行部门做好营销工作。

（二）牢牢把握壮大客户基础这一核心，做好分层分级分类服务。壮大客户基础是今年的首要任务，要围绕“客户在哪儿、谁去抓、为什么抓、抓什么、怎么抓”五个核心环节，大力拓展对我行有价值贡献的有效客户，不断提高优质客户比重，优化客户结构。对于“客户在哪儿”的问题，要丰富信息来源，从多个渠道了解市场，找到合适的目标客户。对于“谁去抓”的问题，要全面加强客户经理队伍的建设，充分发挥全行3万多名公司客户经理的作用，全面覆盖公司结现投行目标市场。对于“为什么抓”的问题，要明确客户拓展的核心地位，探索建立联动一体化的绩效考评机制，完善客户经理的考评体系，通过激励机制建设，增强拓户内在动力。对于“抓什么”的问题，要做好板块拓户、供应链拓户、总对总批量拓户、政府与协会拓户、产业集群拓户、“走出去”和“走进来”批量拓户以及重点产品拓户等。对于“怎么抓”的问题，要“自上而下”和“自下而上”相结合，借助公司与法人客户营销系统、大额资金系统、电商平台等手段，从供应链、关联关系、资金流、物流、信息流出发进行拓户。

要加快完善分层营销体制，重点抓好分层分级分类服务。一是落实好分层营销。将公司客户按照由谁负责牵头营销，分为总行、一级（直属）分行、二级分行和支行四个层级，前三级实行名单制管理。总行级重点客户要由261户扩大到300户，一级（直属）分行级重点客户达到2 200户。二级分行年内要建立起本级重点客户名单。支行和网点主要做好中小微企业营销服务，对日均金融资产5万元以上的客户实现管户。有条件的分行要设立大客户服务中心，相应加强本部客户经理配备。二是建立健全客户的五级分类体系。从客户的“价值贡献、产品覆盖、风险状况”三个维度，健全从3星到7星的五级公司客户体系，全面反映客户规模、结构和质量效益。三是做好分类服务。要按照客户的性质、行业、规模以及与我行的业务关系进行分类，对不同类型的客户采取差异化的营销策略。

（三）牢牢把握集团联动发展的原则，做好联动营销和全产品服务。一是按照考核要求深化协调配合。今年营销推动部门的考核中，有相当权重的指标与利润中心的业绩挂钩；总行对分行公司条线的考评中，也有25%的指标权重用于评价联动营销情况。全行公司部门要履行好营销推动职责，主动做好全产品营销。产品部门、利润中心要及时响应客户需求，做好产品创新和售后服务。二是建立制度化的联动营销机制。理顺公司与结现、投行、专项融资、资产管理、金融市场、贵金属等业务部门的分工协作机制，建立与工银租赁、工银瑞信、工银国际和工银安盛等子公司的合作机制。三是提升产品覆盖率和使用率。要加强产品的适用性研究，明确各类产品对不同类型客户的覆盖目标，着力抓好重点产品的覆盖率和使用率。四是深化商投互动的内涵。进一步完善公司与投行部门的合作机制，通过信贷、债券、股本融资、并购融资产品链，全面覆盖企业生命周期的金融需求。五是完善境内外联动营销机制。建立覆盖集团境内外机构的客户营销服务体系，与100家纳入总行重点客户的外资500强企业开展合作。六是做好电商平台客户上线工作。今年实现2 000家入驻商户目标。总行公司金融业务部将按照“名商、名品、名店”的原则，牵头在2月底、7月底分两批梳理下发目标商户清单。各行要高度重视平台入驻商户的营销工作，与电子银行部门紧密合作，确保4月底前签约1 000家入驻商户，6月底上线；10月底前再签约1 000家，12月底上线。

（四）牢牢把握大数据与信息化战略机遇，做好公司与法人客户营销系统的推广应用。易行长批示：“推广的同时，要运用好、维护好、完善好，把系统打造成精细化营销和公司金融转型的利器”。去年12月系统一期投产时，我也做了视频动员讲话，具体工作已经部署。我再强调四点：一是加强数据治理。目前我行还有部分公司客户信息不完整、不准确，给营销管理、经营决策、满足监管要求等方面带来困扰。总行决定由王敬东副行长领导，管理信息部牵头进行数据治理工作。各行要对公司客户信息进行补录，建立补录责任机制，确保信息真实、完整、及时、准确。二是依托系统全面提升管理水平。营销系统从产品覆盖率、业务占比、收益、客户体验等方面对全产品营销进行监测分析，并实现营销全过程营销管理。各行要切实做到100%的公司客户、100%的公司客户经理都纳入系统管理，力争100%的公司客户分户到人。要依靠系统推进精准营销，从海量信息中搜索出客户需求，为客户配置金融产品和服务。要建立专业分析师队伍，专门开展大数据运用，指导开展精准营销。三是加强系统的推广应用和完善。营销系统的生命力在于不断使用和升级完善。今年4月份版本投产后，将增加供应链统一视图、市场营销信息、目标客户筛选等功能。各行行领导要带头试用，不断发现问题、提出优化意见，共同完善，使系统真正产生效益。

（五）牢牢把握队伍建设的支撑作用，着力打造专业化团队。事业成败，关键在人。未来三年，要通过校园招聘及网点柜员与中后台人员转岗，将公司客户经理由3.15万人增配至3.9万人，年均增加2 500人。一是明确公司客户经理的任职条件。通过CM2002、GCMS等业务系统与人力资源系统、资格认证考试系统对接甚至刚性控制，加大认证资格运用力度。二是加强产品经理队伍建设。明确结算和投行重点产品的专职产品经理，与客户经理共同设计客户金融服务方案，做好服务营销工作。三是加强培训和专业团队建设。推广公司、结现与投行序列员工资格认证，通过面授培训、视频培训、网络大学等方式，全面提升客户经理、结现与投行专业人员的业务水平。结合经营实际，建立债券承销、资产交易、供应链金融、小企业四支专业团队。四是加强网点对公队伍建设。抓住网点综合化改造机遇，逐步扩大综合网点所占比重，加强网点公司客户经理的配备，确保246家财富管理中心进入优秀类网点范围。

四、全力以赴，做好2014年公司结现投行重点工作

（一）找准信贷投向，持续优化信贷结构。根据2014年全行工作会议精神，做好各项措施的落实。

第一，认真做好信贷投放。2014年全行工作会议上提出了公司贷款重点投向八大领域。一是新型城镇化，重点支持按照商业化模式运作的重点城市城镇化建设、新农村（小城镇）建设。二是基础设施产业，重点支持列入国家规划布局的重大基础设施建设、省级投资主体承建的国家高速路网、新建优质干线铁路及既有线路改扩建、高运能货运通道铁路、西气东输、西电东送、核电、大型水电火电、新能源发电、特高压输电、新型煤化工项目，大型水利枢纽。三是能源资源，重点支持大型企业的勘探、开采、加工、冶炼以及海外并购、引进液化天然气、煤制天然气、全国性天然气管道、页岩气、原油储备项目和国家重点规划区域的大型煤炭建设项目；关注原油进口权放开后的经销商及地方

炼化企业融资业务。四是先进制造业，围绕传统产业转型升级，重点支持航空航天、海洋工程等高端装备制造、重点汽车制造、农副产品加工、生物医药等领域的领先企业；支持新能源汽车、新材料等战略性新兴产业；围绕“宽带中国”支持好电信运营商基础设施建设、产业链上的通信设备制造等。五是现代服务业、文化产业，重点发展大中型商贸企业供应链融资，B2B、B2C电商平台线上支付和网络融资；支持具有经营优势的城市综合体，现代物流业重要节点，经济型酒店装修改造，医院、学校、养老等民生领域。重点支持文化旅游、广电网络领域的基础设施建设，支持文化企业兼并重组及依托广播电视、有线网络核心企业的文化产业链。六是节能环保，支持国家重点节能环保工程、产业升级改造项目，包括热电联产、火电机组脱硫脱硝、资源综合利用等项目。七是并购贷款和“走出去”领域，支持传统行业龙头企业重组并购、技术升级、产品结构调整等。八是现代农业，围绕农业产业化龙头企业，重点拓展农产品加工、农业生产资料制造、农用物资和农副产品流通等领域。各行要按照八大信贷重点投向领域，进一步细分市场，分解任务，明确措施，指导基层开展工作，避免投向的盲目性。

第二，统筹好贷款的增量和存量管理。2014年总行将实行存量收回与增量的统筹管理，将项目、房地产、个人住房三类贷款到期量的50%上收，重新分配到符合总行政策导向的八大领域，限制投向三四线城市房地产、地方政府融资平台、产能过剩行业等余额控制领域。初期年初挂钩分配中95%以上的收回额度仍留在原分行使用，后续逐渐扩大挂钩比例。公司部门要努力做好信贷投向的调整，同时保证优质大客户不流失。

第三，进一步优化信贷结构。2014年，政府融资平台融资余额确保压降1 200亿元，争取完成1 500亿元，其中贷款压降1 000亿元，年末控制在8 100亿元左右；8个产能过剩行业融资余额下降250亿元，其中钢铁行业下降150亿元；房地产贷款余额下降200亿元；2014年力争上述三类贷款合计占公司贷款比例降至20.3%左右，下降4.5个百分点。总分行公司条线要采取有力措施，完成压降任务。

（二）推动以大带小，重构小微企业经营模式。要确保完成小企业贷款净增900亿元的目标。一是真正把小企业金融业务部做实。赋予新部门更大的职权，统筹负责业务准入、产品开发、流程设计、专营机构建设和队伍建设等工作，探索建立适合小企业特点的发展模式，真正落实专题规划、专项机制、专属产品、专门制度、专享系统和专业化分工等“六专”政策。总行信贷与投资管理部主要负责小企业金融业务的风险监测、政策制度等配套工作。二是加快推进批量化营销。要围绕核心客户、重点项目、专业市场、产业集群，链式拓展小微企业和个体工商户。在总行已发布的199个重点客户群基础上，进一步完善重点客户群名单，逐一制订拓展计划，加强“自上而下”的营销指导，尽快改变以“散户”、“散点”为主的现状。三是加紧完善产品体系。创新与物流、信息流和资金流相结合的小额信用贷款产品，适度加大经营性物业贷款、标准厂房按揭贷款、商用房按揭贷款等中长期贷款产品的创新推广力度。为从事经营活动的小微企业和个体工商户提供小额、简约、易操作的信贷产品，并建成相对独立的产品体系。四是严格小企业机构和人员准入。做好各级机构、人员的能力评估，开展集约化经营和专业化管理试点，探索城区小企业信贷业务集中经营模式，制定经营机构准入标准和退出机制，用2～3年时间，完成对小企业经营机构的清理整顿，对合格机构扩大业务授权。严格小企业信贷从业人员准入管理，加强培训和资格认证管理，建立“风险积分制度”，积分达到一定值后要脱产培训，超过上限调离岗位。五是进一步强化风险管控。通过数据挖掘等手段，及早发现关联交易、互保、对外担保、交叉违约等风险因素，提前采取风险转化措施。加紧推广应用标准化的小企业贷款尽职调查模板，分步实施业务操作标准化；尽快改变贷后管理高度依赖客户经理现场间隔期检查的管理模式，大力推行以非现场监测为主、现场检查为辅的管理新模式。

（三）把握资金源头，保持公司存款稳定增长。今年人民币公司存款确保新增2 000亿元，且各行人民币公司存款日均增量不低于时点增量计划的35%。一是明确部门职责。公司部门牵头统一制订存款计划、统一细化任务分解，对公司存款指标实行公司、结现部门捆绑考核。结算与现金管理部门负责新账户、现金管理客户的稳存增存工作，充分发挥支付结算、现金管理、对公理财、代理业务的专业优势，做好产品与服务支持。二是强化公司存款考核奖惩。加大贷款规模和影子计划分配与公司存款的挂钩力度，通过完善信贷资金监督管理与考核制度，确保信贷资金系统内循环，提高信贷对存款的拉动效应。公司存款计划完成率低的分行，不能评为公司结现业务条线先进单位。三是以客户及账户拓展带动存款增长。依托公司与法人客户营销系统、大额资金平台等系统，拓展中高端客户群，确保完成日均金融资产5万元以上公司客户拓展目标和大额资金平台目标客户开户目标；切实提升网点的中小微客户拓展能力。推动“工商验资E线通”系统功能优化升级，做好新注册企业在我行的开户与结算服务，最大限度争取新客户存款。四是狠抓资金源头与封闭管理。通过总分行联动，摸清各类财政拨付、各大政府部门及军需品采购、电商平台企业、代付工资等专项资金源头与流向，表内外融资及资本市场关联资金源头与流向。将信用证融资、票据融资、应收账款池融资、订单融资等产品融入现金管理服务，做好全链条客户维护，确保资金留存我行，促进结算存款和融资派生存款融合性增长。五是通过产品创新促进存款增长。创新发展法人理财、结构性存款等产品，做好理财与存款的互动转化。重点推广企业网银、财智账户卡、收款管家等结算产品，力争客户覆盖率提升1~2个百分点。

（四）不断开拓创新，大力发展非信贷融资业务。

第一，把握扩容创新机遇，不断提升债券承销市场竞争力。今年对非金融类企业债券承销不低于3 500亿元；所在区域企业债券发行超过500亿元的分行，要力争当地同业第一；尚未承销的分行，要实现零的突破；其他分行同业排名要高于去年。一是锁定目标客户。多渠道收集客户信息，遴选优质客户，一季度内完成首轮走访；抓住信用债到期高峰，在稳定存量客户基础上，积极争取同业优质客户。二是提高营销层级。对于AA+及以上的优质客户要建立营销责任机制，重大项目由主管副行长亲自营销。三是抢抓创新机遇。储备熊猫债、保障房债等新业务资源，撬动更大的市场份额。四是加快队伍建设。尽快充实业务人员，原则上要设立专岗，履行债券承销营销、尽调、申报注册和后续管理职能。五是发挥整体优势。探索利用工银集团全球承销牌照资源，为国内企业境外发债提供全方位顾问和承销服务。

第二，创新业务发展模式，持续推动资产交易稳健发展。今年资产交易总量计划为3 000亿元，完成信贷资产转让200亿元以上。配合资产管理部门，做好理财债权直接融资工具、信贷资产流转、理财投资交易所私募债、理财直接投资等创新业务，积极组织推荐项目，提高标准化业务比重。加大非标准化项目组织力度，充分利用工银瑞投和北交所等平台，多渠道满足客户融资需求，维护好重点客户。发掘投资型公司客户理财需求，促进项目源与资金源的相互支撑。做好信贷资产证券化扩大试点准备工作，及时补充替换入池资产，分批分期组织推进，确保新一轮信贷资产证券化顺利开展。

第三，丰富筹组分销方式，不断推进银团贷款纵深发展。牵头银团个数不低于350个，代理行个数不低于300个，牵头银团分销额不低于1 600亿元。要着力牵头组建一批金额大、影响力强的银团项目，消除零牵头、零分销现象。加大供应链融资、并购贷款、内保外贷、债务重组、走出去项目等个性化银团筹组力度。加快构建由我行主导的境外银团分销体系，围绕大型企业“走出去”以及世界500强外资客户的金融需求，与境外机构联动，做好境外大型银团贷款的营销，在争取主要牵头行的同时，重点争取账户管理行、代理行资格。

（五）狠抓六项结现核心业务，进一步巩固同业竞争优势。一是做好支付结算账户拓展。设立新开基本户占比、新开户贡献、日均金融资产5万元以上优质公司客户增量等指标，引导分支行将营销资源向优质客户倾斜。进一步深化与大宗商品交易市场的合作，开展集群式营销，发掘客户与存款的新源头。二是加快现金管理服务创新。针对不同客户在流动性管理、综合理财服务、资产增值方面的不同需求，加强差异化营销。把握我行现金管理品牌将变更为“工银财资管理”的契机，加大宣传力度，提升品牌形象。对中资大型跨国企业、行业龙头和区域大户，由客户总部属地行发起业务，全行联动做好全球现金管理业务的营销服务；持续推进“多国家、主办行”重点客户项目，各行至少新上线一个跨境的重点客户项目；按照客户结算习惯和体验，完善服务流程、标准、营销材料和法律文本；全力支持境外机构提升本地化结算服务能力，拓展本地客户。三是着力做好产品创新推广。通过集团账户管理、分账管理产品创新，为客户提供综合化的现金流信息服务；研发针对电子商务行业的资金管理系统。以多种财智账户卡，满足客户跨行自助结算服务需求。加快回单打印机、查询转账终端、票款存入机等自助设备的推广。四是抓好法人理财业务。建立重点公司客户专户理财服务机制。通过宣传推介和产品体验等手段，加大不动户的激活力度。确保理财业务在分行辖内全覆盖。五是做好与支付机构合作业务的营销和管理。加快快捷支付、跨境支付、移动支付等新型支付产品的研发、营销与推广，争揽支付机构及相关客户存款和支付结算业务；紧跟监管动态，强化合规管理，加快推进“五统一”，实现支付机构分类评估全覆盖。浙江、上海、江苏、四川和深圳分行要严格按照总行要求，按时完成接口清理。其他行也要按照“一个接口、一点清算”的原则，逐步清理。各行向支付机构提供快捷支付服务须经总行审批。六是进一步提升贵金属业务整体竞争力。与贵金属业务部紧密配合，全面提升贵金属业务网点覆盖率，促进贵金属客户量、业务量及业务收入持续稳定增长。

（六）继续深化转型，大力推动投行业务发展。一是明确分类发展策略。将重组与并购业务分类经营，在并购业务规模、项目数方面取得重大突破。打造债务融资和非融资类财务顾问两大产品线，债务融资要充分利用行内外多种资金渠道，做好非信贷融资顾问业务；做好债务重组和破产重整顾问。二是跨境投行要取得实质性进展。重点推动跨境股权私募基金、跨境并购等业务，通过典型案例形成示范效应，调动境外机构的积极性。三是加快投行产品创新。探索推出私募融资配售与分销业务，建立我行与各类金融机构和机构投资者的合作网络，仿照银团模式，形成投行产品配售与分销业务模式。四是做大做强主要投行产品线。充分利用并购融资支持产能过剩行业兼并重组、海外转移、战略新兴产业龙头企业扩张等。加快推广联合并购、并购基金等产品，推出并购搭桥融资等国际通行产品。发挥主理银行产品优势，继续抢抓定向增发、重大项目资本金融资、上市前战略引资中的股权业务机会。积极探索国企改革、跨境资本流动、医疗改革和养老服务体系建设中的股权业务机会。大力推广上市顾问业务，建立与券商、私募基金的共同服务模式。大力推广特定债权投资、顾问型企业资产证券化及财务重整顾问等创新产品。将基础类业务进一步改造成标准化投行产品，大力提高客户覆盖率。五是加强投行队伍建设。总分行要增加人员配备并进一步提升专业化运作能力。

（七）认真做好定价管理和风险防控。一是做好存贷款定价管理。依据贷款基础利率（LPR）、RAROC 阈值体系，控制利率下浮贷款的发放，提高贷款整体收益率，2014 年各行要力争新增公司贷款综合收息率可比同业第一。总行已下放一年期以内公司存款定价权，要做好竞争性存款客户的维护，同时严控存款成本增幅。二是做好风险防控。各行要把好客户准入关，做好项目筛选，严格房地产行业、产能过剩行业、政府融资平台以及小企业信贷风险管理，切实加强贷后管理工作。加强债券承销全流程管理；持续细化各项后续管理工作措施，进一步提高存续期风险的预警和防范能力。严格理财融资项目客户准入管理，从严设置信用增级措施，落实足值抵押担保；项目发起、调查审批及投后管理等要通过系统操作。进一步优化委贷业务系统，细化操作要求，规范业务发展。进一步防范、清理虚假匿名开户，持续推动反洗钱工作。抓好基础类投行的规范经营，加强品牌类投行项目存续期信息披露及日常检查，做好项目退出提示预警及风险预案。

同志们，当前的形势复杂且富有挑战，但也蕴含着大量的业务机遇和待开辟的新领域，需要我们以更加开阔的视野和更加敏锐的洞察力，积极探索，协同联动，推动公司结现投行业务转型发展迈上新台阶，创造新辉煌。

推动经营转型　深化改革创新
全面提升新时期资产负债管理和资金营运效率

——在中国工商银行2014 年资产负债管理、金融市场和票据业务工作会议上的讲话

郑万春

（2014 年 2 月 25 日）

今天我们召开全行资产负债管理、金融市场和票据业务工作会议，主题是认真贯彻落实全行改革发展研讨会和 2014 年工作会议精神，总结 2013 年各项工作，分析面临的形势和问题，研究部署 2014 年重点工作任务。下面，我讲三个方面的意见。

一、2013 年全行资产负债管理、金融市场和票据业务工作简要回顾

2013 年，国内外经济金融形势复杂严峻。全行资产负债管理、金融市场和票据业务战线的广大干部员工在总行党委、董事会的领导下，认真领会和贯彻国家宏观经济政策和监管要求，合理把握资产负债总量和运行节奏，有效推进资产负债结构的优化，准确研判金融市场机遇，加快产品创新，有力地提高了资产负债业务的利润贡献和资金营运效率。总行金融市场部通过合理优化投资组合结构、加快交易与承销业务的发展，超额完成了全年 T3 任务目标；各分行资产负债管理专业通过集约化运营同业融资与票据业务，妥善处理业务拓展与流动性管理的关系，实现净利润约 87 亿元，其中票据营业部实现拨备后利润 20. 53 亿元；总分行资产负债管理专业通过合理摆布业务结构、加强定价管理、提高资金使用效率和有效对冲风险等精细化管理措施，创造了相当于 72 亿元的净利润；分行通过加大金融市场业务的市场拓展、组合营销和产品推广，实现产品线中间业务收入 73. 97 亿元，实现推荐信用债收入 52. 07 亿元。

从 2013 年各项业务运行情况来看：一是人民币存款稳定增长，贷款增长适度。2013 年境内分行人民币各项存款增加 8 024 亿元，其中一般性存款增加 11 118 亿元，继续保持同业领先地位；人民币各项贷款增加 9 213 亿元，同比多增了 540 亿元，贷款增量在四行中保持领先地位。二是资本充足率保持稳定，资本实力不断增强。2013 年末，全行未经审计的集团口径资本充足率为 13. 15%，一级资本充足率为 10. 60%。在满足全球系统重要性银行和银监会资本监管目标要求的基础上，大约还有 165 个基点的资本缓冲量。三是人民币存款付息率同比下降，贷款利率结构优化。在市场利率大幅上升和存款定期化加剧的不利形势下，2013 年全行人民币存款付息率 2. 03%，同比下降了 2 个基点；全年人民币贷款收益率 6. 10%；年末下浮利率贷款余额占比 33. 94%，同比下降了 1. 2 个百分点。四是流动性

管理水平继续保持同业领先。在确保流动性安全的前提下，2013 年全行日均备付率 1.43%，同比下降了 0.11 个百分点，比四大行平均水平低 0.32 个百分点，相当于日均节约资金 432 亿元。五是外汇资产负债业务发展与风险控制得到有效平衡。2013 年末，境内分行外汇存款（含同业）余额 620 亿美元，外汇贷款余额 588 亿美元；国际贸易融资发生额 2 048 亿美元，同比增加 166 亿美元，增幅为 9%，有效盘活了贸易融资业务存量。六是金融市场业务盈利能力进一步增强，市场竞争力显著提升。通过优化投资组合结构等措施，2013 年总行金融市场部在不利市场环境下继续保持了利润平稳增长态势；账户交易类业务稳居市场龙头，交易收入四行占比达 63.25%，持续保持市场第一；结售汇币种同业领先，可交易币种已达到 24 个，成为国内结售汇币种最丰富的银行。七是票据资产营运更为积极活跃。各级票据经营机构强化主动经营意识，加大票据交易周转，全行票据资产周转 5.4 次，同比提高 25.58%，在融资余额下降 20% 的情况下，交易量与上年基本持平，达 1.83 万亿元，实现利息收入 135 亿元，主要指标在五家大银行中保持较大领先优势。

总结 2013 年的各项工作，主要有以下五个方面特点：

（一）资产负债结构调控工作取得了新进展。一是信贷总量平稳增长。2013 年，全行认真落实宏观政策导向和稳健货币政策要求，合理把握年内各阶段信贷总量与节奏，积极优化新增贷款品种和区域结构。全行人民币贷款总量计划使用率达到 99.9%，安徽、上海、北京等 13 家分行贷款计划执行精准度较高。贷款节奏把握优于可比同业，新增贷款均衡率达到 54.8%，同比提高了 1.8 个百分点。票据业务继续保持反周期运作，贴现余额波动幅度达 813 亿元，有力促进了全行信贷的平稳投放。票据营业部从全行大局出发，全年累计让渡规模 70 亿元；加强与系统内分行联动，积极发挥渠道作用，全年系统内票据交易量达到 7 483 亿元，同比增加了 2 362 亿元，增幅达 46%。二是资本约束有效强化。完善集团资本管理框架性规划，升级经济资本计量标准，设置经济资本行业调节系数，积极推进信贷结构调整。全年 3 次调整经济资本限额，有效约束了高资本占用业务的扩张，支持了符合总行战略导向的业务的合理增长。2013 年末，各境内计划单位经济资本占用总额为 5 086 亿元，同比增加了 453 亿元，总体增量限额执行进度达 94.2%。三是主动负债管理能力进一步提高。主动压缩高成本短期同业定期存款，2013 年末短期同业定期存款余额为 3 127 亿元，较年初下降了 2 383 亿元。首批在国内银行间市场发行了 30 亿元一个月期限的同业定期存单，在伦敦和中国香港分别发行了 20 亿元和 10 亿元人民币金融债券。

（二）内外部利率定价管理工作取得了新成效。一是人民币存款利率定价机制不断优化。对外完善公司、储蓄存款差别定价管理机制，对内上调各项存款集中价格，加大对低成本、稳定存款的引导与激励。2013 年末，人民币存款余额四行排名继续保持第一，利率上浮 10% 的存款金额占比约 9%，重点客户存款实现了稳定增长。全年共 177 次调整同业存款内部价格，251 次调整同业存款外部价格，年末同业存款余额四行排名第一，在银行间市场利率明显上升的情况下，同业存款付息率同比下降了 4 个基点，利息支出同比减少约 42 亿元。二是贷款利率定价管理成效明显。加强个人住房贷款利率浮动比例管理，两次上调贷款业务配置价格，2013 年第四季度，新发放个人住房贷款平均利率较一季度上升了 37 个基点，增加利息收入约 8 亿元。北京、上海、湖南、四川、重庆分行办理以贷款基础利率（LPR）定价的贷款和同业借款业务共计 87 笔、金额约 30 亿元，促进了 LPR 的推广应用和市场化定价机制的建立。三是票据业务内部定价管理进一步创新。对票据流量业务创新实施个性化内部定价管理，按照买入利率确定内部资金成本，引导全行通过票据买卖向市场获取价差收益，票据流量业务的年化收益率达到 105%。四是外汇业务内部价格调整的灵活性进一步增强。全年累计 21 次调整了境内外汇存贷款和结售汇业务内外部资金价格，有效满足了流动性和效益性平衡的需求。五是利率市场化的引领协调作用不断增强。我行先后当选市场利率定价自律机制、银行业协会利率工作委员会首届主任委员单位，牵头完成自律机制 LPR 工作小组各项工作，发挥了大行在利率市场化进程中的市场定价引领和协调作用。

（三）本外币资金管理和运作效率迈上了新台阶。一是资金管理成效明显。加强监测分析，灵活、科学安排融资策略，节约融资成本 3.03 亿元；准确捕捉时间差和价差，在平滑备付的同时实现了较高资金运作收益。2013 年，分行同业融出资金业务加权平均利率达 5.23%，较同期限 Shibor 高出 77 个基点，对应到期应收利息达到了 100.45 亿元。二是总行债券投资盈利持续扩大。2013 年，总行银行账户人民币新增债券投资收益率达到 4.20%，同比提高了 23 个基点；外币债券投资收益率达 3.09%，比同期 6 个月 Libor 均值高出 268 个基点。三是总行债券组合结构进一步优化。人民币债券组合中信用债占比达到 15.27%，提升了 1.24 个百分点，外币债券组合中企业债占比达到 15.3%，提升了 7 个百分点。四是交易与承销业务快速发展。截至 2013 年末，全行账户交易类业务客户数达到 900.38 万，较上年末增加 283 万，增幅达 43.80%；结售汇交易量 9 562 亿美元，同比增长 33.66%。北京、山东、广东、深圳、上海、湖南等 14 家分行商品业务实现零突破，交易量达到 19.82 亿美元，同比增长了 590%，业务范围全面覆盖五大商品种类。债券承销只数和承销收入持续增长，成为年内唯一发行资产证券化产品的大型银行。五是票据融资运营成效显著。2013 年末，全行票据融资余额 2 069 亿元，较年初下降 20%。票据资产周转速度进一步加快，广东、重庆、四川分行贴现收益率超过 8%。票据营业部以全年 2.43% 的日均规模增长支撑了 16.45% 的利润增长；票据周转次数 16 次，较上年增加 4 次。六是票据流量运作优势凸显。票据营业部、北京、重庆、江苏和山西分行流量业务位居全行前五位。流量业务不仅节约了规模和资金占用，拓展了盈利空间，也为引导利率定价提供了一条有效价格发现渠道。七是国债代理业务蝉联行业第一。2013 年，国债代理发行总量达 830.36 亿元，市场占比为 24.74%，继续保持市场占比第一，实现中间业务收入 4.24 亿元。其中，北京、广东、上海、江苏、山东、山西 6 家分行合计代理发行量在全行占比超过 60%。

（四）风险管理工作经受了新考验。一是有效确保了集团流动性平稳有序。2013 年市场及我行流动性稳中偏紧，特别是 6 月和 12 月市场流动性波动较大，总分行资金管理部门克服困难，加强对日常流动性运营的管理力度，实行重点、动态和全程监测，确保了集团流动性的平稳有序，充分发挥了大银行的市场稳定器作用。2013 年全年累计完成资金调拨及上存 3.2 万笔，金额达 70 万亿元，资金的稳定性及管理效率继续领先同业。二是有效强化了境外人民币资金业务管理。全年累计 13 次调整境外机构人民币资金业务管理额度，积极支持新加坡分行成功申请成为当地人民币清算行。2013 年，境内分行累计为境外参加行办理跨境人民币同业定期存款业务超过 1 000 亿元，总行及境内分行为集团境外机构共办理 13 笔跨境贸易项下的人民币账户融资业务，合计金额 86.64 亿元。三是有效规避了市场风险。加强利率风险监测和分析，制定并监测银行账户利率风险限额控制计划，降低付息成本和利率下行的重定价风险。积极应对结售汇监管新政，创新集团汇率风险对冲手段，统筹利用境内、境外市场管理集团汇率风险敞口。2013 年末，全行未经审计并表口径外汇风险敞口为 145 亿美元多头，汇兑及汇率产品净收益达 70 亿元人民币。四是有效防控了信用风险和操作性风险。印发了《金融租赁公司人民币同业融资业务实施细则》、《票据融资业务管理制度》及业务操作指南，以及 2013 年版票据存管制度和票据业务会计核算规程，组织开展了票据融资业务、存贷款利率执行情况检查，制定强化纸质票据统一管理方案。截至 2013 年末，全行同业融资、票据融资业务不良率继续保持为零，全年票据存管率达 75.3%，同比提高了 6.3 个百分点。

（五）改革创新工作取得了新突破。一是资产负债管理方面，统筹推动贷款计划分配向市场化转型，研究设计存量收回与增量计划统筹管理方案，积极探索搭建行内信贷资产转让平台。扩大资本管理范围，探索分阶段实现经济资本计量、限额管理在利润中心和境外机构绩效考核中的全面应用。积极探索资本工具创新发行模式，获得董事会批准发行不超过 600 亿元人民币等值减记型合格二级资本工具。实施利率市场化项目，优化完善利率管理系统，为存款利率精细化管理奠定基础。启动内部资金转移定价管理系统建设，构建内部收益率曲线模型，优化内部定价监测分析功能。推动实施票据融资业务分科目管理，实现了分科目核算与管理功能投产。二是金融市场业务方面，产品创新成果层出不穷，成功投产了账户原油、账户外汇产品，在全行推广账户贵金属质押融资业务、个人外汇买卖和账户贵金属灵活委托功能，首次办理了代客商品期权交易，正式开展境外商品交易所贵金属期货合约交易，推出即期、远期结售汇与人民币外汇期权组合产品。金融市场业务制度与系统建设日臻完善，覆盖集团范围的“一本制度、一套规程、一册流程图”的制度体系定期更新，投资与交易指引文档体系初步建立，“全球金融市场交易及风险管理平台自主研发创新工程”项目首次获得了国家科学技术进步奖的提名。市场分析与营销工作成效显著，国内金融监管动向、市场焦点及走势等专题分析成果丰硕，面向客户的市场信息服务体系不断完善，微博、微信等市场营销手段进一步丰富。

2013 年各项工作任务的顺利完成，是总行各部门和各分行密切协作的结果，是全行资产负债管理、金融市场和票据业务战线广大干部员工辛勤努力的结果。在此，我代表总行党委，向大家表示诚挚的慰问和衷心的感谢！

在肯定成绩的同时，我们还必须更加清醒地看到，全行资产负债管理精细化程度还需要进一步提高，在调整资产负债结构和推动业务品种发展时，对于资产边际收益率与负债边际成本率的考量还不够充分；在利率市场化全面提速和互联网金融快速发展的形势下，市场化定价机制还不够完善，风险定价和量价协调发展的能力还需加强；总分行、表内外和境内外流动性管理的统一性和协调性需要进一步增强，建立覆盖全集团口径的资产负债管理体系任重道远；集团资本性资源日益稀缺，主要业务条线和风险类别的资本使用效率和约束刚性有待加强；金融市场业务在各条线的交易做市能力上与国际同业相比还存在一定差距，产品创新从设计到转化为生产力的时间还需要进一步缩短；部分分行在执行总行政策和把握工作的全局性方面还有待进一步改进，票据营业部和分行之间的联动有待深化，全行票据业务协同发展及反周期运作水平还有进一步提升的空间。我们一定要高度重视这些问题，下大力气认真加以解决，推动各项业务的经营管理水平向更高层面迈进。

二、顺应新形势，破解新难题，充分把握2014年各项工作的主要任务和目标

党的十八届三中全会对全面深化改革作出了重要部署，改革红利的释放必将为我行加快推进转型发展提供广阔空间。同时我们也应该看到，世界经济已进入深度调整期，我国经济运行中也存在着发展方式转变与产业结构调整等深层次问题，国内银行业面临资产质量下滑、盈利能力下降和经营转型的严峻考验。要走出一条集约式、内涵式发展道路，落实姜董事长在改革发展研讨会上提出的“优化五大布局、突出三大战略”的部署，需要我们深入分析面临的机遇和挑战，找准抓实工作中的切入点和着力点。

（一）在利率市场化改革全面提速的形势下，着力提升市场化条件下经营管控能力已刻不容缓。2013年，金融机构贷款利率管制全面放开，市场利率定价自律机制建立，贷款基础利率（LPR）报价正式运行，同业存单发行稳步推进。预计2014年监管部门将加快推进LPR在贷款定价中的运用，逐步开放大额可转让存单（NCDS），扩大存款市场化定价范围，建立存款保险制度。从宏观和长期层面来讲，利率市场化将促使银行业加快发展方式、增长模式和经营结构的转变。从微观和短期层面来看，利率市场化对商业银行资产负债的定价管理、风险管控、资本管理和产品创新能力都构成了严峻考验。具体来讲：

一是从我行资产负债定价的角度来看，2013年全行人民币存款平均付息率同比下降了2个基点，人民币贷款收益率同比下降了41个基点，人民币存贷利差同比收窄了39个基点。以2013年人民币贷款日均余额8.4万亿元为基数测算，贷款收益率每下降10个基点，每年将减少利息收入约84亿元。与此同时，总行债券投资业务资金成本不断攀升，导致债券投资利差进一步收窄。利差收窄既有利率市场化改革加速、市场竞争加剧的客观原因，也有议价能力相对不足、定价管理精准化程度不高等主观因素，这就要求我们要抓紧构建精细化的存贷款定价管理体系，提高市场化定价能力。二是从我行风险管控的角度来看，利率完全市场化后，利率波动频率和幅度将增加，利率风险问题将会日益凸显；企业及居民资金在不同金融资产间的转化更加频繁，存款增速趋缓、波动大、“搬家”现象加剧，对流动性风险管理带来较大冲击。三是从我行资本管理和产品创新的角度来看，盈利能力下降将导致利润留存对资本的补充能力减弱，弱化我行外部融资和筹资能力，从而使风险加权资产的增长受到硬约束；另一方面，目前客户金融需求日益多元化、个性化和综合化，如何在坚持风险可控的原则下，进一步加大金融产品创新，加快拓展账户类交易、债务融资工具承销等资本占用较少、盈利前景广阔的金融市场业务，对不同客户有针对性地推出综合化、链条式的产品服务方案，都是我们下一步需要推动的重点工作。

（二）在金融市场运行更趋复杂的形势下，全面夯实流动性管理的基础已刻不容缓。2013年以来，受内外部多种流动性风险因素交织叠加影响，市场资金多次出现阶段性紧张局面，银行间市场资金及利率大幅波动。银行间市场阶段性“缺钱”、实体经济局部“缺血”与货币供应量（M_2）持续攀升之间形成了结构性矛盾。从外部客观环境来看，受美国QE3退出预期以及国内出口增速减缓影响，我国外汇占款增幅回落明显；互联网金融和影子银行快速发展，银行传统存款增速放缓且波动性不断加大；为保持货币信贷适度增长和物价稳定，国家相关部门着力引导金融机构“去杠杆”操作，鼓励直接融资市场发展。从银行自身主观因素来看，部分银行同业及理财业务比重较高，期限错配严重，潜在流动性风险与部分时点因素叠加，增大了银行体系的系统性流动性风险和市场资金的波动。同业业务由于变动快、波动大，加大了银行流动性风险管理难度，同时理财业务的快速发展也增加了流动性风险和利率风险管理的压力。

2013年银行间市场资金形势的大幅波动，可以说是一场现实版的流动性风险压力测试。2014年，这些影响市场流动性的因素仍然存在，我们一定要认真总结经验，从如何加大基础性存款的吸收力度、加强主动负债管理和合理摆布期限结构的角度，从如何妥善应对利率市场化和互联网金融发展的角度，从如何完善集团资金一体化管理机制，统筹管理好表内外、境内外流动性风险的角度，从如何增强对客户资金流的全过程动态监测分析的角度，全面夯实我行流动性风险管理基础。去年应对市场资金波动的经验告诉我们，对系统性流动性风险一定要早做准备，要全行上下一盘棋，做到协调统一，既要节省资金占用，又要确保全行流动性不出问题。去年年底和今年春节前，全行在资金紧张的形势下能够从容不迫，保持了全行流动性的平稳有序。当然最重要的还是要继续加强存款管理，强化客户存款资金的监测和分析工作，从资金源头上为流动性风险管理打下坚实的根基。

（三）在全行深入推进经营转型的形势下，加快优化资产负债结构和提升资源配置效率已刻不容缓。全行改革发展研讨会提出要实现由高资本占用向资本节约型业务的转变，且推动经营结构调整的“五大布局”中，首先就是要优化资产负债布局。要落实好这方面的战略要求，我们就需要清醒地认识到，当前资产负债结构调整与资源配置工作仍面临诸多问题和挑战：

一是资本供求形势发生了重大变化。2013年，我行首次入选全球系统重要性银行，按照目前的重要性级别需增加1%的附加资本。未来随着全行业务规模、复杂程度和全球活跃度的进一步提升，附加资本要求还会

相应提高。然而，全行盈利增长趋缓限制了内生资本补充能力，新型资本工具的发行渠道尚未完全打开，资本供给更显得稀缺。

二是经济资本配置和管理机制还不尽完善。经济资本限额受市场形势和资产组合变化影响而被动调整，经济资本管理的主动性、先导性和约束力不够强。同时，经济资本在绩效考核、产品定价、资源配置领域的应用力度还需进一步增强，信息系统等基础设施亟待完善。在分行层面尤其是二级行及以下分支机构，经济资本的意识还没有完全树立，经济资本传导效力层层衰减，存在“总行压力很大、分行不痛不痒”的情况。

三是贷款计划供需矛盾仍将持续存在，信贷资源配置效率需有效提升。尽管2013年全行贷款当年增量达到了2008年以来的次高点，但各分行贷款投放冲动总体仍然较强，在国家相关部门更加关注贷款投放节奏把握和资产负债业务匹配发展的政策背景下，全行贷款投放进度的掌握压力明显加大。与此同时，各分行贷款增长情况也出现一定程度的分化，分行间贷款投向结构、收益率、不良率以及新增存贷比等指标差异明显，尤其是小微企业等重点领域贷款增长不够理想，信贷结构调整压力加大。2013年，全行项目贷款和个人住房贷款合计增加6 243亿元，占境内分行各项贷款增量的67.8%，总行四季度实施了小企业贷款挂钩追加年度贷款计划措施后，小企业贷款在11月和12月增势有所回升，但与“两个不低于”的政策要求相比仍有明显差距。

四是存款增长乏力，期限结构不尽合理。2013年境内分行人民币各项存款增幅为5.7%，为近三年的最低值，同比回落5.4个百分点，全行存款日均增量排名四行末位，存款增长均衡率较四行平均水平低31个百分点；广东、上海等存款大行全年存款是日均负增长，对全行稳存、增存形成较大拖累。人民币存款期限结构不尽合理，1年及以上定期存款增量占比达108%，较2012年和2011年分别上升了14个和45个百分点，加大了全行付息成本管控压力。

（四）在全行加快完善国际化和综合化布局的形势下，统筹构建覆盖境内外、表内外的资产负债管理体系已刻不容缓。推进国际化和综合化经营，摆脱资产特别是信贷资产总量扩张的路径依赖，是总行党委的既定战略。相对而言，我们对境内、表内资产负债各项业务有着一套较为稳健成熟的管理体系，但对于境外、表外业务的管控仍显得较为薄弱。

一是对境内外机构资产负债的统一管理机制需要不断探索，管理范围需要进一步拓宽。这两年我行国际化发展较快，特别是有些新成立的海外机构业务规模增长较快，但是资本供应和资金自筹能力没能同步提升，所以要强化对境外机构的资产负债管理和资本管理。具体来讲，境外机构资金管理机制有待完善，境内外集中、统一的双向资金流管理机制尚未形成，集团内部资金转移价格和资金集中管理有待建立，汇率风险管理范畴需进一步扩展至境外及集团层面。资本管理尚未覆盖境外及控股机构，需合理制定境外机构资本规划，提高外源性融资能力，适度控制境外机构风险加权资产的过快增长。

二是对表内外业务的协同管理机制需要不断强化，管理半径需要进一步延伸。我行资产管理业务经过近十年的发展，有力推动了全行经营转型和收入结构的调整，也为全行应对利率市场化进行了一些方向性探索。但也应该看到，单纯通过资产负债业务数据已很难准确评估大资管业务的真实运行情况，目前全行直接涉及大资管业务的有13个业务部门，其他承担服务、支持、保障职能的更是涉及各个业务条线，部门之间的协调性和职能划分有待进一步明晰，在风险管理上，仍存在一定程度上“表内兜底”思想，与全行实现有效风险隔离的目标还存在一定差距。近期国办107号文件要求表外业务与表内业务要进行严格的风险隔离，如何贯彻落实好文件精神，同时又能有效推动我行表内外业务的协同管理，推进大资管战略的顺利实施，成为当前资产负债管理需要重点关注的问题之一。

总体来看，未来各项工作面临的挑战和压力是巨大的。全行资产负债管理、金融市场和票据业务战线的同志们一定要认识到肩负的历史责任和重大使命，坚定信心、攻坚克难，顺利完成2014年的各项任务目标，决不辜负总行党委的战略期许和深切厚望。

2014年各项工作的主要任务是：认真贯彻全行改革发展研讨会和2014年工作会议部署，在资产负债业务方面，积极构建更加精细、更富弹性、更有效率的资产负债管理机制，统筹依托资产负债价格管理、限额管理、总量结构管理以及信息化工具的组合运用，加快调整优化资产负债结构布局，全面提升流动性风险、市场风险和操作风险管理水平，不断强化对全行结构调整和经营转型的管理支撑，大力助推全行业务实现均衡、稳健和集约化发展。在金融市场和票据业务方面，紧密围绕“创收增效”核心目标，以产品与经营模式创新为抓手，着力扩大金融市场业务和票据业务的客户规模，打造更具竞争力、盈利性和创新性的金融市场及票据业务营运体系。

2014年各项工作的主要目标：一是全行人民币各项存款新增11 000亿元，其中一般性存款日均增量力争达到5 500亿元；人民币贷款计划初步定为9 000亿元，年中将视差别准备金动态调整机制要求和同业运行情况做适情调整。二是境内外汇存款新增120亿美元，境内外汇贷款新增120亿美元，其中国际贸易融资新增90亿美元。三是确保资本充足率维持在合理均衡的水平，在不考虑外部融资的情况下，资本充足率不低于12.5%，一级资本充足率不低于10.5%。四是合理把握资金业务节奏，资金管理水平继续保持同业领先。五是协调贷款定价管理和支持实体经济的关系，下浮利率贷款机会成本率控制在1.7%以内，新发放贷款利率平均浮动幅度不低于4.2%，力争达到5%以上。六是密切关注同业融资业务监管政策变化，优化业务结构，保持业务健康发展；继续保持国债代理发行总量市场占比第一地位。七是全行票据交易量力争达到2万亿元，资产不良率控制在0.2%以内，票据营业部拨备后利润力争增长10%以上。八是金融市场业务考核利润力争完成既定目标，争取达到645亿元；分行产品线力争实现交易与承销业务收入75.25亿元，账户类交易客户数力争增长30%，结售汇活跃客户数力争增长20%。商品交易规模、品种、客户数量进一步增加，外汇避险、代客人民币利率交易取得新突破，努力夺回我行承销发行业务市场领先地位。

三、围绕经营转型，深化改革创新，全面做好2014年各项工作

2014年，要围绕资产负债、金融市场和票据业务的主要任务和主要目标，努力提升各项业务的精细化管理水平，加快推动全行经营在不断转变增长方式、不断优化资产负债结构中实现高质量、可持续的发展。为此，要认真贯彻好姜董事长和易行长年初工作会议的讲话精神，重点努力做好以下六方面工作：

（一）加快提升资产结构的精细化配置水平，推动全行经营结构优化调整。

一是要按市场化原则配置信贷资源，实施存量收回与增量计划的统筹管理。要建立贷款计划定量挂钩分配机制。对今年9 000亿元贷款总量计划实施“年初挂钩分配、按季挂钩追加、年中挂钩调整”的“三挂钩”分配框架。年初通过单位信贷资产EVA、日均存贷比、存贷利差和不良贷款率等指标配置贷款计划8 500亿元。总行预留了500亿元总量计划，将视各分行存款业务发展、信贷结构调整等情况按季挂钩下达。今年三季度，再按照上半年各行主要经营指标情况，对分地区年度贷款计划进行调整。如果哪家分行的EVA高、存款增加多、存贷款利差大，所分配的贷款规模自然就比其他分行多。实施这一改革的目的，就是要使贷款计划的分配更加透明公开并完全可量化，提高信贷计划管理的科学性。各分行要充分理解总行改革意图，积极落实总行政策导向，着力提升经营发展的质量效益，争取更多的信贷业务发展空间。要实施信贷增量与存量统筹配置和管理。总行在下达各行年度贷款计划的同时，对各行项目、房地产和个人住房三项总计5 500亿元贷款到期收回额的50%进行重新挂钩分配。年内将按“统筹分配、动态监测、投向考核、流量约束”的思路实施逐月分配、监测和评价。要继续推动信贷计划管理向精细化转型。实现贷款计划管理与存款及流动性管理、定价管理和资本管理的有机联动，在科学规划和合理掌控全行信贷总量与节奏的同时，发挥信贷流量管理等信息化管理工具在掌握贷款节奏、优化贷款结构、提高资产收益率和降低资本占用等方面的作用。

二是要进一步完善经济资本配置方案和限额管理，充分发挥市场类指标在资源配置中的决定性作用。要将EVA作为经济资本初步分配和后续调整的核心指标，促使经济资本分配与信贷计划分配良性互动。要将年度经济资本限额细化为季度限额监测和时序控制，区分具体原因和程度给予（2～10倍）超限额增计。要推动经济资本限额管理从行政化手段向市场化手段转变，逐步形成以EVA为基础进行分地区限额配置、以EVA为对价进行市场化交易的经济资本限额管理体系。各分行要加强经济资本限额管理向二级分行及以下机构的传导，着力解决经济资本限额传导逐层弱化的问题，以强化对二级分行经济资本限额的刚性控制。考虑到历史因素，刚性控制要首先从增量部分考虑，以后要逐步实现市场化配置，也就是分行的EVA、ROROC越高、效益越好、不良资产越低，得到的经济资本将越多。

三是要进一步推动资本综合管理体系建设，深化经济资本在资源配置、绩效评价、产品定价等领域的应用。要积极推动经济资本在信贷规模分配上的应用，加强经济资本与贷款计划分配的协调，实现信贷规模优先向资本占用少、资本回报高的地区配置。要进一步增强经济资本的权重占比，建立以经济资本相关指标为主导因素的定价管理机制。要优化经济资本考核和激励机制，探索经济资本传导监管政策的方式、指标设置、挂钩比例等，强化资本回报的考核激励作用。要充分发挥经济资本对信贷结构调整的导向作用，通过行业分类进行相应的经济资本调节，重点加强经济资本在前中后台的横向传导，促进经济资本指标在整个管理链条上的全面应用，不断增强管理的科学性。

（二）加快提升资产负债精细化定价水平，推动全行盈利实现可持续稳定增长。

一是要完善外部定价管理，促进存贷款业务量价协调发展，稳定全行NIM水平。要以新发放贷款利率定价为突破口，稳步提高贷款收益率。大力优化贷款投向结构，通过增加量价协调的个人贷款及中小企业贷款投放，从源头提高贷款议价能力。研究制定分品种贷款利率定价标准，明确贷款利率浮动目标，健全人民币贷款市场化定价标准体系。各分行、各贷款管理部门要强化贷款利率执行的监测分析，完善贷款利率浮动比例管理和贷款营销议价指导。要加强贷款基础利率（LPR）的应用与创新，建立市场化贷款定价机制。积极开展涉及LPR培育的金融产品研发与创新，开发贷款基础利率定价系统功能，研究建立LPR曲线，逐步建立涵盖中长期的市场化贷款利率基准体系。各分行要加强LPR在贷款定价中的推广应用，逐步降低贷款定价对基准利率

的依赖，为贷款基准利率档次精简甚至取消提前做好准备。要不断完善存款差别定价管理，增强存款市场竞争力。根据市场形势变化完善存款差异化定价策略，细化和调整存款定价标准，提高优惠利率资源配置效率。各分行、各存款管理部门要加强对本行、本专业存款利率上浮的监测指导，提高存款利率上浮的使用效率，降低操作风险。有的分行看到其他行存款利率上浮，不管什么情况也一浮到顶，客户要求上浮多少就上浮多少，缺乏对市场的深入分析和研判。大家一定要算好效益账，要对存款的期限、是否有活期存款、客户综合贡献和EVA进行认真测算比较，对不同的企业要采取差异化的定价策略。

二是要加强内部资金转移定价精细化管理，构建具有明确传导力和约束力的内部定价管理体系。要加强存贷款内部价格的价差管理。继续结构性调整存款集中价格，对高成本存款形成财务硬约束。各分行要优化存款结构，合理控制存款付息成本的上升速度、幅度。继续强化贷款业务内部资金成本约束，各分行要加强增量业务的优化管理，提高有限信贷资源的利用效率。要适度扩大存贷款业务内部价格价差水平，发挥好内部价格的激励约束作用。要完善市场化产品内部定价管理。建立人民币贷款内部价格与LPR挂钩的联动调整机制，各分行要加强LPR在贷款定价中的应用。结合一般性存款的同业化趋势和同业存单发行情况，优化同业存款内部定价管理机制，要合理运用价格手段，积极拓展成本低、黏性强的同业客户。要研究完善债券投资等市场化产品内部定价模型，全面反映同业存款、同业融入、同业存单、发行债券等市场化资金成本变化。要研究改进总行、分行和利润中心的内部利润格局。要以维护全行经营稳定为前提，以有利于调动各经营机构积极性、有利于引导各经营机构向市场要效益为主要目标，以继续坚持存量、增量分别定价和强化增量业务的市场化调控导向为基本原则，研究总行、分行和利润中心的内部利润格局改进方案，更好地发挥内部价格的激励约束和调控引导作用。要继续做好内部资金转移定价管理系统建设。积极推进内部资金转移定价管理系统建设，今年要完成全面投产工作。要优化与LPR直接挂钩的人民币贷款内部定价系统功能，完成人民币同业存单发行与投资业务内部定价系统建设。推进外汇资金业务逐笔计价系统研发，提高内部计价的科学性和精细化程度。要以市场化配置为导向，不断提高外汇内部资金转移定价市场化水平。完善境内外汇资金业务内部定价机制，建立与市场利率挂钩的内部价格联动调整机制，鼓励各经营机构向外部要效益。完善境外机构向总行拆借外汇资金定价机制，实行有管理的市场化定价，鼓励境外机构进一步提高自筹资金和本土化经营能力。外汇资金管理要考虑逐步实现市场化，已成立几年的境外机构尤其要尽可能提升本土化经营能力和自筹资金能力，境内分行也要考虑外汇资金来源与运用的平衡。

三是要积极探索积累管理经验，为应对全面利率市场化做好前瞻性准备。要认真履行市场利率定价自律机制和银行业协会利率工作委员会主任委员单位职责，争取成为各项利率改革创新的首批试点银行。加快推进“利率市场化项目”相关系统开发，实现分币种、分地区、分品种、分客户类别的灵活的利率定价管理体系。要利用上海自贸区分行分账核算、自主定价、连通区内境外两个市场的优势，探索独立的市场化内部定价管理机制，研究制定自贸区分行外汇存贷款业务的自主定价方案，为自贸区机构的利率管理提供系统管理手段。要研究制定大额可转让存单的发行方案，适时推进自贸区大额可转让存单的先行先试。

（三）加快提升资金管理的精细化运筹水平，为全行转型发展提供重要支撑。

一是要加强流动性管理机制创新，努力实现资金流动性和收益性的有效均衡。要按照银监会《流动性风险管理办法》最新监管要求，及时修订我行流动性风险管理制度。要研究实现跨行资金统一出口管理，增加系统管理功能。优化同业往来业务管理机制，引导全行同业资产按收益由高到低运用，同业负债按成本由低到高吸收。金融市场专业要密切关注货币政策动向和市场流动性情况，合理摆布资金头寸，完善运作机制，通过科学调整平均拆放期限、灵活选择交易对手等方式，克服可用外汇资金规模下降的不利因素，在保证流动性安全的前提下努力提高资金运作效率。

二是要加强存款管理，从资金源头加强流动性风险管理。总行相关部门要协同加强存款管理，做好分行存款业务通报和定期分析工作，从源头上做好流动性的管理、预测和分析工作。各分行要加强客户存款资金监测，落实存款业务定期分析汇报制度，有效控制利率市场化对我行流动性管理的影响。

三是要完善流动性风险管理系统。按监管要求及内部管理需要，尽快实现流动性限额的系统控制及流动性监管新指标的系统自动化计算，进一步提高流动性风险管理信息化程度。要结合人民银行二代支付系统建设实施计划，继续做好流动性管理项目测试、投产工作，确保全行平稳接入第二代支付系统。

四是要拓展优质高效的资金补充渠道，优化资金来源结构。要适时做好各类资本的补充工作，在做好利润留存补充核心一级资本的基础上，推动优先股和减记型二级资本工具的发行工作。要构建和完善集团口径本外币主动负债业务管理。要牵头做好我行同业存单发行管理工作，合理把握同业存单发行节奏，并协同相关部门做好同业存单业务项目系统开发。加紧落实赴境外发行20亿美元等值外币债券工作，积极申请政策性外汇资金支持，拓展资金来源。

（四）加快提升资产负债的集团化管理水平，推动利润中心和境外分行的经营转型。

一是要妥善处理好机构改革的职能交接工作。根据机构改革的要求，总行资产负债管理部将承接金融市场部、资产管理部、票据营业部的系统经营计划、绩效考核、监督检查等系统行政管理职能。各相关部门要增强大局观念，按照“目标统一、责权清晰、精简高效、管控有力”的原则，协调配合、审慎细致地商讨并做好部门职能交接事宜，确保平稳过渡，确保改革按计划全部到位。这次机构改革厘清了部门职能定位，为构建集团化资产负债管理体系，强化利润中心经营职能，构建更为成熟的经营创利模式打下了基础。总行资产负债管理部要发挥好“调度员”和“检查员”的作用，牵头制定各产品线的年度经营计划，协调做好境内分行相关业务的系统绩效考核，协同组织境内分行开展监督检查，对检查问题进行督促整改落实。总行金融市场部要努力提高资金运作效率和效益水平，加强对分行和营销部门的专业支持，助推分行加快发展金融市场业务，开拓新的利润增长点。票据营业部要发挥专业经营优势，建立健全风险联动处置机制，切实提升存管服务质量和存管效率，进一步强化和密切与分行的联动协作，以分行直贴业务的快速增长带动全行票据业务的稳健发展和盈利提升。

二是要着力弥补境外机构流动性风险管理的短板。要深入推进境外机构资金集中和内部资金转移价格管理改革工作。年内要完成境外资金交易市场系统的投产工作，建立相应的市场管理办法和操作规程，促进境外机构按照市场化定价原则互相调剂资金余缺，实现境外机构间以及与总行之间资金的差额调剂，引导集团内资金向高收益区域的有序、高效流动。要研究制定境外机构流动性覆盖比率（LCR）指标提升方案。对于当地监管已基本明确 LCR 要求的境外机构，要确保今年末达到当地流动性监管要求；对当地监管暂未明确 LCR 要求的境外机构，管理目标应综合平衡流动性和效益性，力争实现年末 LCR 指标有明显的提升。要不断完善境外机构人民币资金业务的管理机制。密切跟踪监管政策动态，及时调整境外机构人民币资金业务管理方案。支持境外机构开展跨境贸易及直接投资项下人民币资金业务，为我行开拓非跨境贸易及直接投资项下的人民币资金业务争取政策支持。继续做好新加坡分行后续人民币资金管理和支持工作，提高跨境人民币资金业务竞争力。

三是要盯紧管控好表外流动性风险管理的薄弱环节。要做好大资管业务相关工作，加强大资管业务的总体规划和研究，研究调整分支机构开展大资管业务的管理体系和架构。要统筹表内资金来源运用总量计划和大资管业务的投资及产品发行计划，安排好资产负债与资产管理业务的增长幅度和增长比例，提高表内外业务的协同效应，实现全行表内外并表口径的资金供需平衡。要密切关注巴塞尔协议Ⅲ流动性风险监管新规，加强表内外流动性风险的协调管理，实现表内外资金的统一调度，研究完善大资管业务流动性风险管理指标和限额。

四是要加快构建集团化资本管理体系。要将资本管理延伸到总行利润中心、境外分行和控股机构，分阶段实现利润中心、境外分行和控股机构在经济资本计量、限额管理和绩效考核领域的全面应用。要落实“两个12%”的原则要求，即境外及控股机构增资的资本充足率和资本回报率的规划目标均要求不低于 12%。要完善境外及控股机构资本管理机制，制定相应的资本管理办法和资本约束机制，提升总体的资本收益能力。要完善总行和分行资本融资流程，纳入集团资本规划框架，妥善利用境外资本市场资源，降低集团资本成本。

（五）加快提升非信贷资产管理和盈利能力，推动全行收入结构的多元化发展。

一是要密切关注政策动态，进一步完善同业融资业务管理。国务院第 107 号文件明确了对国内影子银行的监管责任和总体要求。今年初，银监会进一步提出加快理财业务和同业业务改革的目标，控制同业业务的规模和比重。我们要密切关注监管政策动态，研究和制定分行同业融资业务改革方案。各分行要加强事前审查和融后管理，严控业务风险。要着手研究分行融资管理系统优化，提升系统服务和管理能力。要适应监管机构关于同业业务专营的新要求、新变化，探索依托总行专营机构集中开展票据买入返售、卖出回购、存放同业等专营模式。

二是要提高债券投资收益，巩固国债代理领先地位。要结合国内外市场环境、政策环境和流动性变动趋势，对债券投资风险和机遇等因素进行深入分析，在控制风险的前提下，努力提高债券投资收益水平。要巩固我行国债代理业务优势，确保市场占比第一地位。要发挥我行网上银行销售储蓄国债（电子式）的优势，努力扩大销售量。要因地制宜地开展对基层机构和投资者的调研，及时提出合理化建议，巩固和提升我行在国债代理市场的影响力。

三是坚持风险防范和业务发展并重，提升票据融资业务盈利贡献。按照《关于强化纸质票据统一管理的通知》要求，在 2 月 24 日托管系统与存管系统对接后，及时送存相关纸质票据并逐步实现通过托管平台办理系统外卖出业务，提高纸质票据存管比例和存管时效。要巩固“交易获利”的经营模式，调整完善流量业务运行与管理机制，促进全行票据业务整体协调发展，加大对直贴业务的投入与扶持，强化系统内票据业务联动协作，发挥票据产品在优化全行收入结构中的重要作用。积极把握市场变化趋势，增强议价定价的灵活性，在票据融资业务收益率显著高于同期限信贷业务收益率时向票据业务适度倾斜。密切关注银行间市场资金变动，根据全行流动性状况适时适度开展买入返售业务，根据央行再贴现业务政策导向积极办理再贴现业务，把握利率走势合理搭配期限结构，提高资金使用效率。建立全行票据信息集中、资源共享、传递通畅的信息管理机制，积极拓展票据融资衍生服务与产品，为企业和同业客户提供便利的票据资产配套服务。

四是要大力发展投资与交易业务，促进金融市场业务持续健康发展。要充分认识发展金融市场业务在促进经营转型、有序承接传统业务、增强综合金融服务能力、拓宽分行收入来源等方面的重要意义，以机构改革为契机，理顺分行的金融市场业务管理机制。要全面增强资金运作能力，完善投资决策模型与策略，进一步优化投资组合结构，在有效防范利率风险、保证全行流动性的前提下尽可能提高资金运作效率，努力实现投资业务利润稳定增长。要大力拓展交易对手数量，稳步推进同业借款业务，加强创新产品管理，保障全行流动性安全与融资业务收益稳定。要提高交易与做市水平，全力增加账户类交易客户数量，加强账户原油、账户外汇等创新产品功能及渠道优势宣传，努力提高网点结售汇等外汇交易业务的服务能力，积极拓展小企业结售汇客户，加快拓宽商品交易业务开办范围，发掘外汇避险交易潜在需求，加强柜台债券交易等代客人民币利率交易产品的宣传推广，实现交易业务盈利较快增长。要深入挖掘发债客户资源，按照“扩大客户数量、优化客户结构”的原则，加大对潜在目标客户的营销力度，切实做好企业发行辅导与跟踪工作，努力夺回我行承销发行非金融企业债券业务市场第一的地位，探索扩大信贷资产证券化的规模和资产种类，努力扩大金融债、新型二级资本工具、资产支持票据等创新业务的客户范围，保障承销项目成功发行。要加快产品创新，争取今年推出账户农产品和账户基本金属产品。

（六）加快推进群众路线教育实践活动整改措施的落实，提升专业团队的凝聚力和战斗力。

一是要加强专业队伍的作风建设。要把深入学习贯彻习近平总书记系列重要讲话精神作为重大政治任务，结合本部门实际工作，进一步深化整改落实，确保各项整改任务按时完成。要以作风建设为突破口，以强化体制机制创新和制度保障为重点，深入推进惩治和预防腐败体系建设。全行资产负债管理、金融市场和票据专业的特定岗位和关键环节多，因此加强党风廉政建设工作更有必要性和现实意义。要构建科学合理的逐级授权体系，对经营管理过程中的关键环节进行严格把关。

二是要提升专业队伍的价值创造与工作效能。要适应经营环境变化和转型发展对于部员工素质、能力的新要求，充分利用好我行院校培训、远程网络培训、国际化人才项目、境外机构外派等资源，加强员工教育培训。要科学规划、精细化管理员工队伍，前瞻性地谋划人员结构配置，合理搭配本部门人员结构，提升人力资源的价值创造与工作效能，增强三个专业员工的素质，提高员工队伍的凝聚力和战斗力。

同志们，当前全行转型发展已经进入到了关键时期，面对严峻复杂的经济金融形势，我们要在总行党委的坚强领导下，以更加宽广的视野、更加积极的态度和行动，改革创新、攻坚克难，确保圆满完成全年各项目标任务，为建设国际一流现代金融企业作出新的更大贡献。

在非金融企业债务融资工具主承销业务研讨会上的讲话

郑万春

（2014 年 3 月 27 日）

今天，在季末年初各项业务处于冲刺阶段的时候，我们专门抽出一天的时间，召集 10 家重点分行专题研讨债券承销业务，集中分析非金融企业债务融资工具主承销业务面临的严峻形势和业务开展中遇到的具体问题，深入探讨创新突破的有效途径，这充分表明总行对该项业务的高度重视。下面，我就如何加快推进业务发展，讲四点意见。

一、要从金融改革转型的高度出发，转变思想，充分认识债券承销业务的战略意义

十八届三中全会以来，金融改革成为中央深化改革整体战略中十分重要和关键的组成部分。把握下一步中国金融改革的整体趋势和战略，既要看到金融行业自身发展的客观需要，也要充分认识金融改革与当前经济转型和结构调整的互动关系，以及金融结构的变革需与实体经济发展需求相适应的本质。转型是当前中国经济发

展的主旋律，相应的中国金融也要转型升级。在金融脱媒、利率市场化以及金融业综合化、国际化、网络化发展的大背景下，未来工商银行的客户群体将发生变化，我们的盈利增长点将发生变化，我们的竞争对手也会发生变化。未来一段时间内，我们将要面临金融业对内对外不断开放带来的挑战，面临金融价格形成机制市场化带来的挑战，最重要的是，我们要面对金融脱媒对银行传统经营模式带来的直接冲击。2002 年，表内人民币贷款占我国全社会融资总量达到 92%，2013 年这个数字下降到 51%；表外融资和直接融资占比由不足 8% 发展到接近 50%。从发达国家的经验看，美国的直接融资比例超过 70%。通过数据比对，金融脱媒的趋势清晰可见。在新的形势下，公司金融业务传统的揽存放贷、依靠规模赚取利差的粗放式经营方式已经遇到了瓶颈，我们要主动求变，解放思想、拓宽思路，把握金融转型的方向，引领金融转型的进程，通过表内加表外、商行加投行、境内加境外，借助多条途径拓展公司金融业务。

2013 年，银行间债券市场非金融企业债务融资工具累计发行规模达 2.8 万亿元，在整个社会融资总量中占比达 14%，其中，AA 级以上发行人 761 户，在总发行客户数中占比达 66%。银行间债券市场已成为优质公司客户仅次于银行贷款的第二大融资渠道。随着大量优质企业的融资需求逐步向直接融资领域转移，传统信贷关系正逐步弱化，直接融资业务成为我们维护优质客户关系的重要工具之一。通过为企业承销债券，我们既可以实现以较小额度的资本占用为企业融得资金，又可以承销商的身份陪伴企业到资本市场，这样在间接融资被直接融资替代的过程中，我们仍然保有客户资源，同时深度参与客户债务资本市场的运作，有利于我们掌握业务合作主动权。

二、要顺应债券市场规模持续增长的趋势，自我加压，确保落实完成今年的债券目标任务

今年总行制定的非金融企业债券承销目标是 3 500 亿元，比去年实际完成额（2 743 亿元）增长近 30%，可谓压力巨大。为什么制定这么高的目标？是因为我们的主要竞争对手去年已超过 3 200 亿元。今年我们只有做到这个数，才有去争第一的可能。对优质公司客户的承销业务，我们必须寸土必争；总行对债券承销排名第一的目标要求没有改变，市场发行量超过 500 亿元的地区，都要力争第一。工行是全球系统重要性银行，拥有诸多金融业务市场份额第一头衔。对于债券承销这项在公开市场上定期公布排名的业务，夺回市场份额第一是我们的重要目标之一，是工商银行综合金融服务能力的证明。对这项战略目标，总行各部门、各分支机构，都要从认真研究、制定和落实好相应的措施，把我们在资金、渠道、客户资源、体制机制等方面的优势发挥出来，确保完成年度非金融债券业务 3 500 亿元，力争实现 4 000 亿元，年内重返市场排名第一。

从一季度情况看，形势不容乐观。一季度全行累计承销非金融企业债券约 450 亿元，较去年同期减少了 33%，市场排名降至第九位，落后第一名建行 300 多亿元，且无一家分行实现同业排名第一的目标。出现这样的局面，究其根本还是债券客户基础薄弱、业务竞争力不强。债券承销业务流程相对较长，在完成必要的行内审批后，还要通过外部交易商协会的注册，方能择机发行。因此，要确保完成总行制定的年度目标，各行必须立即行动起来，加强营销，以更高的效率推进项目储备和承销发行工作。

三、要从全行统筹发展的角度着手，各司其职，切实解决业务开展过程中的实际问题

目前，我行债券承销的主要问题还是集中在战略意图的传导和具体工作的协调上。相关部门要从业务发展大局出发，通力合作，共同研究解决业务发展中的具体问题。

一是加强部门联动协调。债券承销业务是一项需多方协作、综合性很强的业务。业务具体办理中，涉及部门多，链条比较长，既有行内沟通，还有行外协调；既有总行部门与部门之间协作，又有总行利润中心与分行之间协作。如果相互联动不够、信息沟通不足、全局意识不到，必然导致业务效率的降低和金融服务的脱节。各部门要以客户为中心，重视客户体验，共同努力，进一步提高业务办理效率和综合服务水平。公司金融业务部作为直接面对客户的营销部门，要切实负起责任，加强与总行其他部门、与分行的沟通，统一协调好各方利益和诉求，有效开展工作。

二是建立合理的分润机制。分润是为了科学评价一项金融服务各环节的参与方价值，调动业务各环节的积极性。我们讲“大公司”战略，其中重要的一项内容就是对客户的营销和服务要全方位，对业务的把握不能按照一个个产品割裂开来，而是要从综合收益的角度，做综合的、长远的打算。现在有分行反映债券业务分润不明确、不合理，挫伤了积极性，影响了业务发展。公司金融业务部要联合有关部门，从全局利益出发，探索制定科学有效的债券业务收益分配管理办法，合理准确反映各个利润主体在业务链条上的价值。既包括境内外分行间的收益分配，也包括分行与总行相关部门的收益分配，从制度办法上解决好分润问题。

三是有效解决承销授信阶段性不足的问题。授信问题主要反映在两个方面：一方面，已核定的年度最高综合授信额度内可调剂的授信额度不足以支撑本笔业务，须重新履行年度最高综合授信流程，整体调增发行人年度最高综合授信，而调增授信耗时较长，难以满足业务竞争需要；另一方面，调增年度最高综合承销授信额

度，可能超过一级分行（原授信审批行）对发行人最高的年度授信核定权限，难以在本级重新核定授信额度，须上报总行审批，授信链条进一步拉长，影响业务竞争力。虽然待承销发行结束后，如果没有发生实际包销，则按照我行实际投资额度占用债券专项授信（一般不超过债券发行额的20%），且大多数情况下包销风险较低，但按照银监会规定，在包销方式下，主承销商须为债券发行全额核定授信。为解决授信问题，可探索在不扩大我行风险敞口的原则下，一定程度上简化授信调整或调增的程序。公司金融业务部要与授信审批部、信贷投资与管理部协商，制定解决方案，切实解决分行在实际操作中遇到的困难，提高效率，增强竞争力。

四是进一步优化审批流程。经过近几年的发展，我行债券审批流程已从原先的“大一统”转变到“差别化”流程，不仅对部分大型优质客户量身定制了高效的优化流程，而且债券业务审批权也由原先的集中审批转变到授权审批。截至去年末，已有28家分行具有了一定的债券承销业务审批权限。审批链条的缩短在营销客户、挖掘潜力中发挥了积极作用，近三年我行债券承销客户数复合增长率接近60%，应该说我们的授权机制发挥了很好的作用。但同时，债券审批流程还有进一步优化的空间，总行级公司客户债券业务审查审批还未拉直，超分行权限的非总行级公司客户债券业务可直接报总行审批，而总行级公司客户的债券承销需要先报公司部，再提交审批部审查，优质客户的债券审批流程反而长于普通客户。公司金融业务部要与相关部门协商，尽快优化流程。

五是创新融资限额管理领域的业务开展方式。今年年初，总行制定了产能过剩行业、地方融资平台等领域的融资压降计划，其中地方融资平台压降1 200亿元（表内贷款压降900亿元，表外贷款压降300亿元），产能过剩行业压降250亿元（钢铁行业压降150亿元），房地产行业压降200亿元。总分行公司条线要采取有力措施，确保全年压降任务的完成。同时，在压降的大目标、大方向不变的前提下，为保证压降过程中与一些行业龙头企业的合作关系不受影响，可以尝试协助压降行业中的优质企业从金融市场筹资满足融资需求。年初，总行制定的信贷限制投放行业的限额管理不包含债券承销业务，但债券投资纳入限额管理。各分行在落实压降目标时要做到“两个打通”：一方面，表内表外打通，对于提前超额完成表内贷款压降计划的分行，超额压降部分可调剂用于债券投资；另一方面，债券承销与债券投资打通，在限额管理模式下，金融市场部有限的债券投资限额，要优先投资我行主承销的债券，如确需投资非我行主承销项目，要积极与营销部门和分行沟通，争取以债券投资换取后续债券承销份额。

六是通过综合化报价进一步提高市场竞争能力。如果企业募集资金未来可以根据使用进度在我行账户持续留存，可统筹考虑存款收益和承销收入，实行综合报价。另外，对于战略合作潜力巨大的他行客户，在竞争非常激烈的情况下，可以考虑通过综合报价来竞争承销业务，挖掘潜在的业务机会，获取更大的收益。公司金融业务部要从综合利益、全局利益的角度出发，摸索出一套方法，统筹处理好风险与收益的问题。

四、要从目前面临的紧迫形势着力，强化机制，落实全年债券承销工作的具体措施

一是转变观念、提高认识。一季度，我行非金融企业债券承销业务排名已经下滑到第九，大家要充分认识到完成全年指标任务的艰巨性和紧迫性。各行领导班子要高度重视，牢牢抓住经济结构调整和转型升级进程中的市场机遇，尽快成立由分管领导挂帅的专项工作小组，负责具体研究制定适合本区域的债券营销策略和方法，强化高层营销，直接指挥开展营销工作。

二是建立机制，强化营销。从发行规模看，除了超AAA级央企外，AAA、AA级的优质地方国企和民企的发行总规模在整体债券市场中占比最高，分量最重，这些客户大多是各省的大型企业和我行的优质信贷客户。要建立“分层营销、一户一策”的机制，由于客户的行业不同、区域不同、规模不同，融资的规模、期限、价格接受程度都有所不同，因此我们的营销不是机械地介绍政策，不是简单的产品演示，而是要通过走访了解客户的现实需求，判断客户的潜在需求，为每一户企业量身定做融资方案，既想客户之所想，为客户设计合理的产品融资组合；又急客户之所急，为客户制定详尽的资金衔接安排。同时，要对债券业务营销工作是否到位进行科学评价。总行各部门及各分支行是否各司其职、切实承担起各自的责任，应有一套方法来科学衡量，确保债券营销工作不遗漏、无死角。对营销效果的评价，既要总分行联合起来看，也要各自分开来看。

三是分解目标、落实进度。各行要依照总行下达的年度债券目标任务，做好辖内任务分解和责任落实。2014年是一批债券集中到期的小高峰，初步估算将有3.6万亿元的额度回流市场，重新洗牌。各行要结合市场新情况、新特点，认真梳理潜在客户情况，按时间、按区域科学分解目标任务。具体到执行层面就是落实营销方案、明确序时进度、厘清营销责任。各行给二级行分解任务时，要根据区域市场的债券发行潜力和资源分布特点，在确保实现本区域年度目标的基础上科学分解指标。各行要研究建立相应的任务落实监督机制，细化目标任务后，要具体落实到责任人和时间节点，要形成一个债券项目流程进度滚动汇报制度，要有配套的问责机制和后续措施，切实做到层层分解、层层落实、有序推进、加强储备。总行公司金融业务部要按月统计各行的债券承销序时进度和区域排名，及时向行领导汇报业务推进情况。

四是重视考核、科学评价。可以结合业务的直接贡献和间接贡献两方面对分行债券业务长效发展做科学评价。总行公司金融业务部要把债券业务作为公司业务考核的重要指标，并作为各行年度公司业务评优的重要依据。各行要从战略高度出发、从全局利益出发，结合本级行实际情况，研究制定有效的债券业务激励约束机制，促进本地区业务的持续推进。

五是把握源头、防范风险。今年扭转债券承销不利局面的重要手段之一就是拓户。在拓户过程中，各行要把好客户准入关，进一步提高风险管理水平，从源头上防控风险。年初市场首单债券违约事件的出现，反映出债市潜在的信用风险正在逐步释放。我们要通过全面的尽职调查和科学严谨的差别化审查审批流程，做好信用风险防范，珍惜商誉，对投资人负责。当然，防控风险并不意味着不拓展客户，也不意味着只将客户局限在AAA级和超AAA级范围内，而是要以更审慎和开放的态度，做深、做细"次优级"（AA、AA+级）债券客户群体，在加强营销的同时平衡好风险和收益的关系。

六是要高度重视债券专员队伍建设。要做好工作，人是根本性因素；要真正做到把握风险、开拓市场，必须依靠人的能力的提升。现在我们有一支70人的债券专员团队，未来还要逐步增加。债券业务有别于传统商行业务，除了履行信用风险审查审批的内部流程外，还有大量的外部工作要做，最核心的是我们要运用自身的经验与专业技能，帮助发行人更好更快地完成申报注册和发行融资工作。这是一项综合性很强的业务，要求各级经办人既要有较强的沟通协调能力，更要具备扎实的专业水准；既能准确掌握外部监管单位的窗口指导，又能统筹利用好企业经营、财务、未来投融资等各类基础信息，还能为企业准确规划融资进度。因此，各行要注重对债券专业人才的培养，特别是由公司部门牵头债券业务的分行，要参照总行机构改革的模式，设立专岗。同时，债券专业人员的培训工作还要进一步加强。

同志们，企业债务融资工具主承销业务是我行介入直接融资领域的龙头业务，尽管目前我们面临非常大的竞争压力，但市场占比第一的目标还是要全力去实现。各行要主动对各区域市场特点进行分析，找准问题，积极应对，全面部署，狠抓落实。总行相信，在全行上下的共同努力下，这项业务一定能够重返市场排名第一。

坚定信心 重构模式
努力开创小微企业金融业务新局面

——在中国工商银行2014年小企业金融工作会议上的讲话

郑万春

（2014年4月16日）

在小微企业金融业务发展较为困难的特殊时期，我们召开2014年全行小企业金融工作会议，总结近年来业务发展情况，分析当前存在的问题和面临的挑战，谋划持续健康发展的新模式，部署今年重点工作。下面，我讲四个方面的意见。

一、近年来小微企业金融业务发展情况及存在问题

（一）近年来小微企业信贷业务发展取得的成绩。一是小微企业信贷业务快速发展。在浙江等省分行试点成功的基础上，2005年，我行率先将小企业作为独立的经营对象，开启了工商银行小企业金融业务新纪元。从此之后，全行小微企业信贷业务快速发展，内部管理口径小企业贷款和个人经营性贷款余额由2006年末的1 473.99亿元增长至2013年末的11 607.01亿元，年均增速达到34.28%，远高于同期各项贷款的平均增幅，较好地支持了实体经济，履行了企业公民的社会责任。

二是小微企业贷款客户数量大幅增长，对壮大客户基础做出了积极的贡献。内部管理口径小企业贷款客户数量由2006年末的2.55万户增加到了2013年末的8.47万户，在公司贷款客户中的占比由2006年末的45.9%上升到2013年末的70.4%。此外，纳入小微企业口径的个人经营性贷款2013年末客户数为54.34万户，有力促进了个人贷款客户数量增长。

三是小微企业金融业务对提高贷款息差水平和经济资本报酬率起到了积极的作用，并成为重要的收入和利润增长源。2013年末，我行内部管理口径小企业贷款的平均合同利率为6.73%，高出同期对公贷款平均利率0.64个百分点；个人经营性贷款平均收益率7.17%，高出同期个人贷款平均收益率1.05个百分点；小企业

贷款 RAROC 为 59.76%，高出同期对公贷款 RAROC 均值 35.93 个百分点。2013 年，小企业贷款及个人经营性贷款利息收入占同期全行利息收入的 14.92%。

四是建立了相对独立的小企业信贷业务经营管理体系。2005 年以来，全行建立了一整套独立的小微企业信贷制度，形成了独立于大中型企业的产品系列，配套了独立的业务流程和 IT 系统，在专营机构、专职队伍和专项机制的建设方面积累了一定经验，为今后小微企业金融业务发展提供了宝贵财富。

五是 2013 年全行小企业信贷业务在困难中前行。全行积极调整小微企业客户结构、大力压缩潜在风险客户。在存量客户退出比例大大超过正常年份的情况下，经过全行上下积极努力，全年小企业和个人经营性贷款增长 529.23 亿元，客户数量增加 2.8 万户；在贷款累计劣变 522.44 亿元的不利局面下，通过积极清收、处置和转化，仍然保持了一定水平的资产质量，2013 年末全行内部管理口径小企业贷款不良率为 2.78%，个人经营性贷款不良率为 2.52%。

总之，在复杂的外部经济形势下，上述成绩来之不易。在此，我代表总行党委，向全行小微企业金融专业的干部员工表示衷心的感谢！

（二）当前面临的挑战和问题。2014 年，全行小微企业金融工作仍将面临十分严峻的外部环境，国内经济形势依然复杂。经济增速放缓、企业转型、部分行业产能严重过剩等不利因素对当前小微企业经营和发展带来了诸多困难，并对小微企业金融市场的有效需求及风险防控带来了较为不利的影响。同时，随着业务规模的快速扩大，我行内部体制、机制也表现出一些不适应小微企业金融特点的问题，主要表现在以下几个方面：

一是一些机构的风险观、业绩观偏离了审慎稳健经营的正常轨道。在持续多年顺风顺水的经营环境下，个别分支机构的风险意识、忧患意识有所淡化，再加上考核的压力，出现了“重指标、轻管理”的情况。2012 年以来，随着小企业信贷风险有所加大，一些分支机构又走向另一个极端，对发展小微企业信贷业务的决心和信心发生了动摇，“不敢做、不愿做”的思想有所抬头。2013 年以来，新增不良贷款较多的分支机构小企业贷款发展速度停滞，有的甚至出现负增长。

二是我行传统的信贷文化不适应小微企业信贷业务的发展。我行的信贷文化主要是在经营大企业和大项目信贷业务时形成的，对小微企业经营特性和融资特点认识不足，习惯于做“大”的思维模式一时还很难改变。近几年，对小微企业的户均贷款金额越做越大，对客户违约成本、风险成本与收益及管理成本之间的关系考虑较少，这种思维惯性在前期小微企业信贷政策、制度、产品及流程中留下了或多或少的烙印，对调查、审查、审批、贷后管理等执行环节也产生了较大的影响。

三是体制机制建设未能与小微企业金融业务发展同步，影响了业务的持续健康发展。在现有的小企业信贷业务经营机构和从业人员中，专营机构和专职人员占比低，专营机构挂“虚牌”的情况比较普遍。一些机构虽然挂着小企业专营机构的牌子，但实际上没做几笔业务，没有真正起到“专营”的作用。甚至有一些机构在人员配备不到位、缺乏必要经营基础的情况下也经营该项业务，一些机构资产质量差、管理问题多，但没有及时给予警示和整顿，导致风险扩大。部分客户经理人均管户数量过多，没有精力履行基本管理要求，还有相当比例的客户经理从业年限过短，专业素质与岗位要求之间的差距较大。现行信贷产品创新管理体系，有利于统一全行风险偏好，但无法顾及小微企业金融业务的区域特色。业务经办人员偏重于“形式合规”，疏于把控实质性风险，甚至出现了为迎合制度、人为“包装”的情况。在信贷检查和调研中发现，为了满足系统、审批的要求，一些客户资料是人为编造出来的。信贷业务运转环节多、职责主体不清，处罚多局限于经济处罚，力度不够、威慑力不强，等等。

四是产品及流程均比较单一，很难适应客户多样化需求及内部经营管理需要，并埋下了风险隐患。小微企业信贷业务集中在少数几个品种，很难适应客户多样化的融资需求，短贷长用的情况比较普遍。同时，银行内部业务流程偏长、管理效率不高，客户经理案头工作量大，填报申请资料、发起业务流程等工作耗用了大量时间，反而没有精力深入开展实地调查和贷后现场检查，特别是微型企业小额贷款业务，由于流程过于复杂、投入产出不尽合理，业务发展相对缓慢。

二、坚定发展小微企业金融业务的决心和信心

在当前较为困难的形势下，部分分行产生了一些畏难情绪也在情理之中。但是，越是在困难时期，越需要全行上下统一思想，坚定信心，深入贯彻落实好总行党委关于加快发展小微企业金融业务的战略部署。

（一）要全面领会发展小微企业金融业务对我行所具有的战略意义。不论外部环境如何变化，小微企业金融业务都是关乎全行未来发展的战略性、基础性、核心性业务，可以说没有小微企业就没有我行对公业务的未来，这既是服务国家战略、体现大行担当的外在要求，更是保证我行持续健康发展的内在需要。

从外在要求方面看，小微企业是我国经济社会发展的重要力量，是新兴产业发展的后备军，在就业、税收、创新、增效和服务社会等方面发挥着重要作用，即小微企业“5、6、7、8、9”效应：贡献了 50% 的税收、60% 以上的 GDP、70% 以上的创新，提供了 80% 以上的城镇就业，占据了 90% 以上的企业数量。国家积极为小微企业发展创造良好的外部环境，并要求商业银行做好小微企业金融服务。工行作为国有控股大行，

在响应中央号召、服务国家战略方面一定要在同业中起表率作用。

从内在需要方面看，小微企业金融业务更是影响工行前途命运的战略性业务，集中体现在以下四点：首先，是有效应对金融脱媒化的需要。近年来，金融脱媒一直在快速推进，2013 年人民币贷款占社会融资总量的比例已经下降到约 51%，比十年前低了近 40 个百分点；优质客户加速走向直接融资，有 73% 的总行牵头营销客户已在境内外发行债券。相对于全国 1 500 万户中小企业和 3 400 万个个体工商户而言，我行拥有的小微企业客户数量仅占 1.3%，远低于我行在国内信贷市场及存款市场的份额（我行贷款占全社会总量的 13% 左右、存款占 14% 左右），与大行地位极不相称。但从另一角度也可看出，我行发展小微企业金融业务的潜力还十分巨大。其次，是积极迎接利率市场化的需要。利率市场化已经开始导致利差收窄。2012 年我行 NIM 收窄了 9 个基点，2013 年又继续收窄了 9 个基点，今年一季度由于新发放贷款利率较高，带动 NIM 提高了 2 个基点，但全年情况还不确定。相对大企业而言，小微企业贷款风险溢价高，有利于保持全行 NIM 的稳定及盈利指标同业领先，有利于我行长期保持综合竞争优势。再次，是切实强化客户基础的需要。从总量上看，2013 年末我行拥有 403 万户公司客户，远超可比同业，但是客户结构不优、质量不高，其中有融资关系的仅 13.6 万户，日均金融资产 5 万元以下客户占 70%，可见我行客户基础依然薄弱。大力发展小微企业金融业务，在企业成长初期给予支持，有利于培养客户对我行的忠诚度，有利于增强我行客户基础。最后，是顺利实现资本节约型发展的需要。2013 年末我行资本充足率仅比银监会“腕骨”监管指标体系要求的 12.2% 高 92 个基点，新增 9 000 亿元左右的贷款，就能将富余资本消耗殆尽，况且我行已成为全球系统重要性银行，需额外增加 1% 的附加性资本。可以预见，今后全行各项业务的发展将面临更加刚性的资本约束。从总体上看，小微企业贷款期限短、担保条件好，资本占用少。经过测算，大企业贷款资本占用约为 6.7%，而小微企业贷款资本占用只有 2.44%。可以通过提高小微企业贷款占比，提高资本使用效率，创造更大的利润，并有利于我行的资本积累。

（二）要正确认识总行为加快小微企业金融业务发展所采取的重大举措。鉴于小微企业金融业务对我行的战略意义，为重构小微企业金融业务的发展与风控模式，经过认真研究和慎重决策，今年 2 月总行对小微企业金融业务的组织架构和职能定位进行了重大调整，主要体现在两个方面：一方面，总行进一步明确了小微企业金融业务的战略定位。目前总行已经将小微企业金融业务作为“大零售”板块的重要组成部分，姜董事长在 2013 年末改革发展研讨会上的讲话和易行长在今年初工作会议讲话中，都将小微企业金融业务列入“大零售”范畴，纳入到“大零售、大资管、大数据和信息化”的全行“三大战略”之中。同时总行将个人经营性贷款与小微企业贷款纳入同一体系，形成统一的市场定位和风险管控策略，理顺了不同条线产品之间的关系。另一方面，总行重点强化了小企业金融业务部的全流程管理和牵头职能。小企业金融业务部将统筹小微企业金融业务的全流程管理，直接负责发展规划、业务准入、产品创新、流程设计、系统开发、专营机构和队伍建设等工作，同时配合中后台部门开展制度配套、业务监控和不良资产处置工作。总行将小企业金融业务部放到公司金融业务部，目的是为了统筹大中小微型企业金融业务的协调发展。概括地讲，小企业部的工作机制可以更加灵活，总行要把小企业金融业务部做成一个非常“实”和“专”的部门。

（三）要充分利用工行在发展小微企业金融业务方面所具备的独特优势。经过 30 年的改革发展，我们在发展小微企业金融业务方面也已经积累起独特的竞争优势，突出体现在以下五个方面：一是渠道优势。小微企业金融业务对传统物理网点的依赖程度较高，全行近 1.7 万个物理网点为业务发展奠定了良好的基础。二是存量客户优势。目前全行拥有 4.4 亿个人客户、473.5 万对公客户、2 638 万理财金客户、440 万财富客户、3.69 万私人银行客户，这一庞大的客户基础中蕴藏着丰富的小微企业客户资源。三是 IT 系统优势。能够帮助我们灵活运用互联网金融的理念和产品，不断拓展小微企业金融服务范畴。四是数据优势。工行已经积累了海量的法人客户和个人客户的资金流、信息流数据，通过数据挖掘可以精确定位目标客户和产品。五是风控优势。工行拥有丰富的行业信贷经验和审慎的信贷文化，同时经历的经济周期较长，积累的风险案例较多，可以从中不断总结经验和教训。

我还想特别强调的是，金融脱媒化和利率市场化的步伐可能比我们预想的还要快，对商业银行的冲击可能比我们预想的还要猛，留给我们重构发展和风控模式的时间已经非常有限。全行小微企业战线的全体同志对此一定要有清醒的认识，一定要做好打硬仗的准备。

三、加快构建小微企业金融业务新模式

小微企业信贷不同于“客户导向、精细化风险管理”的公司业务以及“产品导向、批量化风险管理”的个人业务，其介于公司业务与个人业务之间，既不能套用公司贷款模式，也不能简单照搬个贷模式，必须遵循小微企业金融业务的独特规律，同时结合工商银行实际进行探索和创新。根据近年我行小微金融实践及全行整体战略部署，总行初步确定了小微企业金融业务发展新思路。总的来讲，就是要从五个方面来重构小微企业金融业务新模式：

（一）合理定位小微企业目标客户，做真正的“小”企业金融业务。目前，全行内部管理口径小企业贷款户均余额为995万元，其中单户贷款余额在1 000万元以上的小企业客户的贷款合计占全行小企业贷款总额的71.83%，说明前期我行服务的小企业客户中，有相当一部分客户的融资规模相对较大。对小企业客户发放大额贷款是不利于风险把控的，如果贷款金额超出合理值，使得企业违约成本降低，容易出现信贷资金被挪用，投资到高风险领域的情况，进而产生较高的违约率。下一阶段，要在小企业信贷方面进一步扩大客户服务面，下沉目标客户定位，加快拓展单户融资500万元以下小微企业和300万元以下个人经营贷款市场，逐步提高经营规模较小的小微企业的比重，力争用两到三年的时间把户均贷款金额控制在300万－500万元的水平，加大企业违约成本，降低违约率。

单户融资500万元以下的客户主要是一些经营规模较小的小型微型企业或小微企业主、个体工商户及其他从事经营活动的自然人，总行将个人经营性贷款业务并入小企业金融部管理，目的就是为了更好地统筹目标市场，全面服务这一客户群体。所以重构模式首先要把目标客户定位在“小”上面，做“大”简单，但容易出现问题。

（二）加快产品创新和流程改造，构建契合小企业特点的创新模式。一要建立小微企业金融产品创新模式。不同地区、不同行业、不同发展阶段的小微企业有着不同的特点，适用不同的产品，需创新提供差异化的产品和服务。要坚持市场导向，在总行统一规划、统一风控标准的基础上，赋予分行一定的产品创新权限，积极发挥基层行创新能力，以适应小微企业融资产品区域性强，便利性、快捷性要求高的特点。总行只对小微企业产品分大类制定基础制度框架、基本准入标准及关键管理要求，各分行可在总行各大类产品总体框架内填充具体产品要素，根据不同客户群体、不同经营阶段、不同资金用途、不同贷款方式、不同贷款期限等灵活设计推出专项产品和个性化融资方案。

同时，总行将根据经济周期变化、行业周期波动及分行管理水平的变化等情况，采取动态管理的方式，强化对小微企业产品体系的管理，定期分析每个产品实际使用情况，适时发布产品使用指导意见，及时调整产品要素，探索建立产品线停复牌制度，确保其市场竞争力和风险可控。争取用3年左右的时间建成能够满足小微企业与从事经营活动的自然人两类客户、适用不同贷款方式、能够满足短期及中长期融资需求的小微企业融资产品体系。

二要尽快研发适宜采用零售方式批量营销的标准化小额贷款产品。微型企业的资金需求具有单笔融资金额小、客户群体庞大等特点，该业务对提高管理效率、降低运营成本的要求很高，否则客户不接受、银行难盈利。总行将从以下几个方面入手尽快研究微型企业融资模式，更好地满足微型企业“小、短、急、频”的资金需求特点。一是信贷标准简明化，通过把控关键要素，简化产品设计；二是服务渠道便捷化，除传统柜面渠道外，要从优化客户体验出发重点研究包括电话银行、手机银行、网上银行等多渠道模式；三是内部流程标准化，提高批量化自动化办理程度，尽量减少对人力资源的消耗。

三要探索创新网络融资新产品。各行要顺应互联网时代发展趋势，深入研究网络金融服务新模式，不断丰富和优化“网贷通”系列产品及电子供应链融资相关产品，创新小微企业金融服务新产品，提高小微企业的满意度。

四要按照融资金额大小、标准化程度高低、办理渠道等因素相应设置差异化业务流程。实践证明，现有公司客户信贷流程和风险评估方法不完全适用小微企业金融业务，而且由于国标小型或微型企业范围仍然较宽，仅一套流程也无法适应小微企业的全部特点，需要进一步细化。下一步总行将从服务质量、风险管理、运营效率等三方面着手，根据不同产品特点设置差异化流程。原则上，融资额度较大、标准化程度较低的产品一般采用标准流程；融资额度较小、标准化程度较高的产品一般采用短流程；通过网络渠道发起的融资产品，充分利用网络平台，尽量减少人工介入，争取全流程电子化。

在精简流程的同时，要明确各环节的职责，解决当前流程繁复、客户经理案头工作过多的问题，避免出现流程设置过长、岗位职能重叠、责任边界不清等情况。此外，总行将根据上述产品创新及流程改造的要求，配套改造GCMS系统小企业模块相关功能。

（三）积极推进“集约化”“专业化”的管理模式。

一要积极推进“集约化”经营和“专业化”管理。专业化经营是小微企业金融业务发展的大方向。当前我行经营小企业信贷业务的机构数量多，多数机构的小企业信贷业务规模小，经营集约化程度低，人员专业化程度低。一些分行的小企业部由于职能定位、资源配备等方面的原因，也未能充分发挥“战区参谋部”的作用，不利于区域市场的拓展和经营风险的防控。为改变这一不利局面，各行要尽快谋划好以下四方面的工作：

一是做“实”做“专”分行小企业金融业务部。小企业金融业务部的职能不是要削弱而是要加强，前期个别分行把小企业业务部撤了，是有问题的。各行小企业金融业务部要负责组织研究、系统推动与指导督导辖内小微企业市场细分、配套金融服务与风险防控工作。要分析与研究当地小微企业的经营特征和融资需求，负责制定区域发展规划及分类分层营销计划，组织督导各分支机构实施精准营销；要创新不同的信贷产品和个性化的融资方案，并配套不同的业务流程服务不同特征的小微企业群体；要密切关注区域经济、企业经营环境变化，采取多种措施防范与控制风险；要承担辖属小企业机构人员队伍建设、教育培训及激励约束机制建立等工作。总行将根据各分行小企业金融业务人员及资源配备、经营管理能力与水平等情况，对分行实行差异化管理。

二是抓紧建立和完善小企业信贷业务经营机构的进入和退出机制。总行拟考虑从外部客户资源条件、内部人员及其他资源配备、以往的风险管理成效等维度，尽快出台小微企业经营机构准入和退出标准。各行要严格按标准清理不合格机构，提前止住信贷风险“出血点”。

三是增加专营机构数量，把专营机构做实。各分行原则上要在小微企业客户量和贷款余额较多的分支机构设立小微企业专营机构；要加快探索专营机构内部业务运转模式，对岗位设置、运转流程进行重新设计，将目标客户拓展、存量客户维护、系统操作等职能进行合理分工，逐步解决管户数量较多的客户经理整日忙于案头工作、较少有时间走访客户的问题。

四是对资源条件局限性较大、业务规模相对较小的二级分行或城区支行，要探索推行小企业信贷业务集中经营模式，采用支行及网点分散受理，推荐给专营机构集中办理的模式（标准化程度较高的产品除外），以提高集约化和专业化水平。

二要不断强化小企业金融从业人员队伍建设。小微企业一般处于产业链的末端，具有财务不透明、管理欠规范、抗风险能力弱且生命周期短等特征，目标市场与客户选择较复杂，风险把控的难度也较大；从银行内部还要简化流程、提高效率，甚至要下放审批权，对客户经理的专业素质要求更高，这就需要我们投入专业素质更高、经验更丰富的人力资源才能做好这项工作。各行要按照客户数量与从业人员之间的合理配比关系，结合业务发展潜力，增加人员配备，充实客户经理队伍，特别是小微企业金融资源丰富、业务规模比较大的分行要增加人力资源投入，提高队伍的稳定性，满足业务发展的需要。要加紧建立和完善小企业客户经理岗位的进入和退出机制，除了要求具备对公客户经理上岗资格外，小企业客户经理还需进一步具备小企业岗位专有技能，并拥有一定金融或信贷工作从业经验；要建立客户经理风险积分制度，一段时间内风险积分达到一定值的要参加特定培训和考试，超过一定分值或者考试不合格的要调离现有岗位，形成客户经理岗位正常的进入和退出机制。要积极开展岗位培训，尽快提高小企业客户经理的专业素质。要针对岗位特点，在培训内容、培训方式上对小企业客户经理进行差异化岗位技能培训，并逐步探索对小企业客户经理实行相对独立的资格认证管理。为防范风险，总行党委也强调，要提高信贷员基本素质，强调必须持证上岗，对小企业客户经理要实行专门的考试、认证。

三要进一步明确信贷责任机制。各分行要明确岗位职责和处罚标准，对违规操作或疏于职守的行为要有明确的责任追究制度，责任要落实到人，追究到人，处罚方式要从单纯的经济处罚转为行政、岗位和经济处罚并重。要合理区分违规操作造成的损失和外部客观原因造成的损失，明确尽职免责的标准。要实施部分绩效工资延期发放，将责任人的部分奖金与信贷资产质量挂钩，递延发放直至贷款收回，防止机构和个人“重贷轻管”的短期行为。

（四）大力推广批量化精准营销，创新营销模式。小微企业不同于大中型客户，依靠客户经理一对一的营销模式是很难适应业务批量发展的，且单位投入成本高、管理效率低，也不能适应业务发展和风险控制的要求。因此，必须大力推广个性化产品批量化营销及标准化产品的零售化发展的经营模式。

一要大力推行批量化营销模式，逐步降低“散户”占比。各分行要统筹组织指导各分支机构分析、挖掘有效的市场资源，通过制定行业或区域营销指导意见、个性化融资方案等形式，实施“自上而下”的、批量化的市场营销。我行存量私人银行客户、商友卡客户、星级法人客户数量均已发展到较大规模，并积累了极为丰富的客户交易记录和行为信息，各行要充分利用我行的资源优势和科技优势，采用数据挖掘技术，筛选目标市场、找准目标客户，提高精准化营销水平。

各分行要采用零售经营模式，以标准化的小额信贷产品，批量拓展小额信贷市场。总行将加快研发和推出此类产品，各分行要充分发挥网点综合化优势，向微型企业、小企业主、个体工商户及从事经营活动的其他自然人等提供标准化小额贷款服务。

二要做好交叉销售和联动营销，实现由小企业信贷向小微企业金融的转变。各行要向小微企业融资客户推介商友俱乐部、财智账户卡、网银理财、私人银行、非金融增值服务等全产品服务，提高客户综合贡献。小微企业融资客户在我行办理的业务不得低于 3 种，其结算与存款业务必须在我行办理。结算业务有利于我行掌握客户资金流，存款业务是贷款的基础，必须要抓好。各行要根据辖内实际，探索契合本地区特点的联动营销模式，基于营销方案开展专题培训，向客户经理灌输全产品、综合化金融服务理念，落实联动营销考核责任，将联动营销抓实抓细。

三要探索新型营销模式。例如，针对特定目标客户群体，探索建设会员制营销服务平台，设计有针对性的全产品金融服务方案，并通过金融知识讲座、行业动态沙龙、投融资论坛、会员期刊等形式，为会员提供金融及非金融增值服务。以会员服务平台为支撑，做好客户情感维护，洞察客户需求，找准业务切入点，提升存量客户忠诚度，增强对潜在客户的吸引力。再如，探索建立网络及电话营销平台，全天候、双向沟通，即时应答，为小微企业提供 7×24 小时高效便捷的服务。通过网络平台发现目标客户，吸引潜在客户，培育忠诚客户。

（五）牢固树立“经营风险”的理念，不断改进和完善风控模式。

一要强化目标市场和目标客户管理，实现风险管理前移。各行要运用多种方法和渠道加强小微企业的区域、行业、客户结构和盈利状况的调研分析，通过个性化融资方案、行业信贷指导意见等形式，指导辖属机构及时调整目标市场和目标客户，将目标市场及目标客户筛选作为小微企业信贷风险管理的起始点。在个性化融资方案中，各行要逐一明确单个行业融资总量、单个客户群融资总量及单个客户的融资限额，防止客户过度融资或把资金用于高风险投机活动，防范系统性风险。

二要推广标准化作业及标准化尽调模板。经营小微企业信贷业务，既要有效控制风险，又要提高效率、合理控制营运成本，两者不可偏废。各行要抓住现金流和有效抵押两个关键性指标，注重实质性风险，提升贷前调查信息的风险判断价值，并统一前中后台风险评估方法和标准。要大力推广标准化作业，推广应用标准化的调查方法及交叉检验技术，并以此作为客户经理尽调工作的行为规范及操作指引。

三要推广实施非现场监测与现场检查相结合的贷后管理新模式。各分行要充分运用大数据技术，建立多维度小微企业风险监测模型和指标体系，加强小微企业非现场风险预警和监控，逐步改变目前以现场检查为主的贷后管理模式。要探索通过掌握借款人交易款项结算记录，如销售货款归行，支付水费、电费、雇员工资、税金等数据，来推断客户经营的稳定性及成长性；通过对账户资金流向，对抵质押物、借款企业及其业主征信记录进行持续跟踪，分析其中可能蕴含的风险。运用数据分析的结果，对小企业融资客户进行分类，规定每一类客户的贷后现场管理要点，提高贷后管理的针对性。

四要完善小企业贷款风险定价技术。总行拟通过对小微企业风险成本、运营成本等因素的研究与分析，制定多维度的小微企业贷款利率浮动规则与区间，并拟在系统中研发小企业定价模型，以有效发挥定价机制的导向作用。各分行对小微企业贷款要遵循收益与风险相匹配原则，高风险、高成本客户一般要求高价格，低风险、低成本客户则宜相对较低价格，不能笼统地一律要求高价格，既要防止优质客户或优质业务流失，又要避免招来劣质客户和业务的逆向选择。

此外，总行还将探索建立小微企业贷款风险专项拨备制度。基于小企业信贷高风险和高利差特点，在现行风险拨备制度的基础上，尝试建立小企业贷款风险专项拨备，对超出正常收益水平的部分增提专项拨备，实现风险收益对未来风险的有效弥补，提高小企业风险补偿能力，提升专营机构的经营活力。小微企业平均寿命较短（约 3－5 年），贷款风险相对较大，在允许小微企业贷款不良率高于大企业的同时，小微企业贷款的收益率也要高于大企业，并配套专项拨备。

四、2014 年度小企业金融重点工作

今年以来，国内经济形势依然错综复杂，小微企业经营困难的局面没有得到根本性的改观，我行小微企业信贷业务在困难中前行。截至 3 月末，内部管理口径小企业贷款余额 8 524.6 亿元，较年初增加 185.5 亿元，完成年度计划的 20.6%，落后于序时进度 4.4 个百分点；小企业贷款客户数量 85 739 户，较年初增加 1 047 户，完成年度计划的 20.9%，落后于序时进度 4.1 个百分点；不良贷款余额 260.4 亿元，较年初增加 28.5 亿元，不良率 3.05%，较年初上升 0.27 个百分点。个人经营性贷款余额 3 208.6 亿元，较年初减少 59.2 亿元；贷款客户数量 55.03 万户，较年初增加 0.66 万户；不良贷款余额 102.73 亿元，较年初增加 20.39 亿元，不良率 3.20%，较年初上升 0.68 个百分点。由此可见，一季度小微企业不良贷款余额净增 48.89 亿元，已经消耗掉全行 54.3% 的年度不良贷款增量控制指标，风控形势十分严峻；而业务的增幅均落后于序时进度，全年完成 900 亿元的信贷增量计划及 5 000 户拓户计划的难度仍然较大。

面对当前严峻形势，结合全年经营目标，各行要重点抓好以下五方面工作：

（一）增强紧迫感和使命感，高度重视发展小微企业金融。小微企业金融业务是全行“大零售”战略的重要组成部分，经营转型升级的重要抓手，全行上下必须高度重视，切实加大资源投入。要进一步强化一级（直属）分行及重点二级分行小企业金融业务部的管理职能，保持小企业金融机构的稳定并不断充实优秀管理人才，前期个别分行有弱化小企业部门的机构和职能的倾向，必须尽快纠正。同时，根据集约化、专业化经营的发展方向，各行必须配套做好专营机构和专职队伍建设工作，根据业务发展需要配备从业人员，并不断提高专职客户经理在从业人员中的比重。对不合格的经营机构进行清理，要限期整改到位，否则取消其经营资格。

各行必须加快发展小企业金融业务，不要因为前期出现了一些风险就止步不前。要切实提高风险管理水平，在发展中消化风险。各行要将小企业金融业务发展的相关指标纳入核心考核指标，积极引导辖属机构加快发展小微企业金融业务，并对小微企业专营机构实施差异化考核，鼓励专营机构专注发展小微企业金融业务。

各行要继续单列小微企业贷款计划，进一步优化专项规模的配置与管理，确保市场资源丰富、管理水平较高的区域小微企业信贷业务发展的需要。

（二）选好目标市场与目标客户，批量化拓展小微企业。各行要重点围绕小微企业供应链、专业市场、商

圈和产业集群做好小微企业的批量化精准营销。对已经总行确定的重点客户群，各行要落实考核到人，并按月向总行报送重点客户群拓展进度，总行也将按月进行通报。一级分行要做好区域市场总体规划，以及批量化营销的组织推动工作，要建立上下级行之间、前中后台之间的联动机制，组建专业团队研究制定细分市场规划，指导和督促辖属机构为特定客户群制订个性化融资方案。二级分行要做好细分市场规划，组织开展“名单制”销售工作，并对既有规划方案进行动态评估和调整。支行要根据上级行下发的目标客户名单及营销指导意见，进一步筛选目标客户，制定联动营销实施方案，完善考核激励机制，力求取得最优实施效果。

各行要通过开展供应链融资，积极支持有利于扩大就业、符合国家创新驱动战略、与城镇化建设密切相关、符合国家产业和环保政策小微企业的融资需求。要着重抓好总分行牵头营销的两级重点客户、行业领先企业的上下游以及进入总分行集中采购名单客户的供应链融资，做好我行融资支持的重点项目项下供应链业务。

各行要通过对我行存量公司、机构及个人客户信息的数据挖掘筛选小微企业目标客户，并组织开展精准营销。近期，总行将下发商友卡客户、星级客户中具备一定市场开发价值的目标客户名单及联动营销指导意见，各分行要按照要求，进一步筛选确定目标客户名单，制定联动营销实施方案，完善考核激励机制，力求实效。对尚无融资需求的客户，也要争取先为其提供开户、存款服务，逐步提供一揽子全面金融服务。

各行要积极与财政、工商、税务等政府部门进行合作，借助政府扶持小微企业的专项财政资金（如政府设立的风险补偿基金等），利用政府采购项目、工商注册等信息筛选目标客户，设计个性化融资方案进行批量营销。加强与地方政府中小企业主管部门、行业协会、商会和电子交易平台的合作，批量获取企业信息，实现批量拓户。

各行要加快发展单户融资500万元以下小微企业信贷和300万元以下个人经营性贷款业务。要选择支持主业突出、不存在过度融资、没有复杂的关联关系、对外担保适度的小微企业；要选择持续经营年限较长的客户开展合作，业主或主要管理人员要具备较强的行业经验；要针对不同融资用途设计差异化融资期限，并结合不同类型还款资金来源，分别采用一次性集中还款和分期还款，总行将创新配套产品。要为客户提供一揽子全面金融服务，通过交叉销售掌握客户全面的经营信息，用较低的成本获取客户资信信息，改善银企信息不对称困境。到今年底，全行单户融资500万元以下小微企业的贷款占比要有大幅提高。

（三）通过“放权、明责、严管”的方式，逐步优化、简化小微企业业务流程。各行要通过大力推广授信项下或方案项下授权审批制，切实提高小微企业融资业务的办理效率。要根据当地实际情况制定授信项下或方案项下授权审批制流程的实施细则，对具备条件的二级分行和重点支行要充分授权，具体依据分支机构管理水平合理设置差异化授权权限。在此基础上，各行要加快对重点客户群授信方案及个性化融资方案研发及报批工作。对下放审批权的小企业贷款要明确做到“谁放款、谁负责、谁管理、谁收回”。

各行要深入研究本地区小微企业信贷市场，积极创新推出适合本地区特点的小微企业融资产品及配套业务流程。在创新过程中，要牢牢把握第一还款来源（现金流），并区别融资金额大小采取不同贷款（担保）方式，其中：大额融资产品一般须提供强担保措施（如不动产抵押等），小额融资产品可接受弱担保方式（如增信措施），具体可依据客户违约成本高低来决定。现阶段，各行要重点研发单户融资500万元以下小额信贷产品，特别是与物流、资金流和信息流相结合的小额贷款产品，研发适合小微企业特点的供应链融资模式。

（四）不断完善风险管理方式，切实提高风控水平。各行要加强目标市场与目标客户管理，实现风险管理前移，准确判断融资真实用途，合理设定融资限额，保证小企业贷款用到经营实体中，而不是投资到高利贷、期货、地产等高风险领域，确保今年新投放小微企业贷款风险可控。要强化存量贷款的风险监测工作，重点关注现金流变化、资金异常流向、抵押物价值变化、联保互保、交叉违约、裸贷等风险因素，密切关注涉足民间借贷、担保圈、敏感行业等领域的风险，要求做到早发现、早处置，力争实现资产质量基本稳定。

各行要切实做好小微企业金融业务的风险把控工作，要积极通过非现场监测与现场检查相结合的管理模式做好小微企业的贷后管理工作，真正强化全过程管理。各行要通过多种方式传导“求真务实”的风险文化，信贷调查必须要抓住要害，要以把控实质风险为原则，要简约真实，不应求全或太过复杂。坚决杜绝为迎合政策、制度、流程和审批要求，而弄虚作假、人为“包装”。对于虚构、变造、伪造客户信息的情况，必须严肃查处。

（五）做好个人经营性贷款业务的交接工作。为统筹协调小微企业金融业务的发展，总行已统一了个人经营性贷款业务与小企业金融业务管理口径，今后个人金融业务部门将不再发放与经营有关的个人贷款，此类贷款统一由小企业金融业务部门发放与管理。各行要抓紧做好相关工作，对个人经营性贷款业务既要做好存量客户维护，又要抓好业务发展。要按照总行要求，做好信贷档案交接，确保要件齐全，避免客户失联、管理断档；要做好存量业务梳理，摸清资产质量、潜在风险等，针对风险程度的差异做好分类管理，制定风险处置预案，要结合业务交接划转情况，统筹个金部门的个人客户经理和小企业部门的对公客户经理，适当充实小企业部门的从业人员数量，保证个人经营性贷款业务交接前后管理不断档、发展有接续。业务换手的，须交接清楚；业务不换手，也须明确主管客户经理或所在部门职责。

同志们，小微企业金融是工商银行的一项战略性业务，总行发展小微企业金融的方向是坚定不移的，希望全行上下坚定信心，积极探索，勇于创新，艰苦奋斗，迎难而上，共同开创小微企业金融业务发展的新局面。

在部分分行公司存款工作座谈会上的讲话

郑万春

（2014 年 4 月 23 日）

今天，11 家分行的分管行长和公司业务部总经理、总行 7 个部门负责人开会，专题讨论公司存款工作。刚才，参会分行进行了发言，总行参会部门结合自身专业也都对各行提出的意见建议作了回答发言。下面，我就推动公司存款工作讲四个方面意见。

一、要进一步提高对加强公司存款工作重要性和紧迫性的认识

（一）社会资金格局发生重大变化，公司存款工作外部环境面临前所未有的压力。在我国经济增速换挡期、结构调整阵痛期、前期刺激政策消化期“三期”叠加，以及金融脱媒和利率市场化加速、互联网金融快速发展的大背景下，社会资金格局正在发生结构性和趋势性变化。主要表现在：一是随着社会融资多元化，原来主要由贷款派生留存银行体系的存款减少，社会资金更多通过理财、基金等同业存款形式流回银行。同时，近年来大型企业特别是央企纷纷设立财务公司，大量公司存款也转化为同业存款。同业存款的逐利性、临时性又加剧了存款波动，推高了资金成本。二是由于现阶段我国金融市场的二元利率结构以及影子银行等业务快速发展，高收益理财产品对传统低成本存款的替代效应越来越明显。商业银行对公理财余额不断加大，从 2011 年末的 9 925 亿元快速增长到 2013 年末的 3.18 万亿元，包括表外理财、信托计划、资管计划、投资基金等在内的新型金融产品越来越多，相当部分的资金运作游离于银行体系之外。三是在当前市场资金总体稀缺，投资利率较高及存贷比硬约束下，同业存款市场竞争十分激烈，而市场竞争主体的快速增多，又进一步加剧了市场竞争态势。目前全国银行业金融机构已经有 4 000 多家并且还在增加，四大行对公存款虽然总量在增加，但是占全国中资商业银行总存款的比例在下降，2008 年末尚为 54%，到 2013 年末只有 46%。

（二）公司存款基础比较薄弱，同业领先优势不断收窄。从存贷比看，一方面，公司存款与公司贷款之比大体上能够反映公司客户基础的强弱。近年来全行平均公司存贷比连续下降，2012 年为 60.42%，2013 年为 57.02%，今年 3 月末全行平均公司存贷比只有 53%。只有 9 家分行处于平均水平之上，其中只有北京、深圳两家分行超过 100%。另一方面，公司有贷户存贷比大体上能够反映贷款派生存款的能力和对贷款客户的综合管理水平。近几年全行有贷户平均存贷比不断下降，2009 年为 17.43%，到了 2013 年则为 13.51%，今年 3 月末略有提高，但也只有 13.83%，同时 13 家分行处于平均水平之上，其中又只有深圳、青海、山东三家分行超过 20%。

从市场占比看，我行的领先地位岌岌可危。3 月末，全行人民币公司存款时点增量较建行、农行、中行分别落后 461 亿元、2 259 亿元、4 544 亿元，时点余额虽然仍居首位，但仅比建行多 1 198 亿元，领先优势历史最弱。这里，我重点强调一下细分区域情况，从全国 37 个地区（建行无广东分行营业部）比较看，建行在 23 个地区余额超过我行；如果剔除北京（我行 5 092 亿元、建行 3 515 亿元）或者江苏（我行 3 184 亿元、建行 1 922 亿元）的话，在其他地区合计我行已经落后于建行。

（三）公司存款付息成本相对较低，是全行最优质的资金来源。从付息成本率看，一季度公司存款付息成本率 1.44%，低于储蓄存款的 2.07% 和机构存款的 2.63%。在全行存款总量不变的条件下，按照当前的成本粗略测算，每增加 100 亿元公司存款，一年将至少为我行节约 6 300 万元的利息支出。仅从负债角度看，公司存款是实现全行经营效益增长目标的最佳选择。

二、要确保完成公司存款序时进度目标

今年，全行人民币公司存款增量计划是 2 000 亿元，一季度总行行务会明确提出要确保 6 月末时间过

半、任务过半的要求。按照行务会精神，总行分解落实了各行4月末、5月末和6月末的公司存款增量任务，要求4月末人民币公司存款余额较年初下降额控制在-1 000亿元以内，5月末较年初基本持平，6月末较年初净增1 000亿元。

从公司存款新增情况看，形势很不乐观。4月21日较年初已下降了2 763亿元，意味着要达到4月末的序时目标，剩下的几天内全行公司存款要净增1 763亿元，任务迫在眉睫并且十分艰巨。特别是今天参会的11家分行，4月21日你们的公司存款余额合计21 714亿元，占全行的69.2%；存款下降合计2 127亿元，占全行的77%。你们序时进度完成情况对全行目标能否实现至关重要。希望大家会后要按照总行下达的序时进度目标做好辖内任务分解和责任落实，确保按月完成序时目标任务。

三、要进一步完善公司存款工作措施

虽然这段时间总分行采取了不少措施，但从当前公司存款实际情况看，措施还不够丰富，效果还不够明显，下一步需要从八个方面进一步加强和完善。

一是要综合运用贷款计划分配、存贷挂钩、内部资金转移定价等手段，引导分行做好稳存增存工作。总行正在制定新增存贷比考核管理方案，总体思路是在年初贷款计划分配中已按日均增量存贷比进行挂钩测算的基础上，进一步强化当年新增存贷比考核，对当年新增存贷比明显高于全行平均水平的分行，以一定比例给予规模奖励；对存贷比较低的分行采取级差价格配置内部资金。要加强对存款运行情况的监测分析，按旬监测、调整内部资金价格。

二是与监管部门沟通适当放宽信贷资金受托支付的时效，做好存贷联动。要正确理解“三个办法、一个指引”提出的受托支付要求，只要我们监督贷款资金按规定用途使用、不被企业挪用即符合要求。要加强信贷资金监督支付管理，确保信贷资金按合同支付给正确的交易对手，严防贷款资金被挪用。要监督企业尽可能将信贷资金留存我行，同时要监督企业将资金支付给接收方在我行开立的账户上，并尽可能也留存我行，最大限度提高贷款派生存款能力。

三是抓好重点分行和重点区域稳存增存工作。总行相关部门要组成公司存款督导组，赴公司存款增长乏力、任务完成情况较差的分行了解情况、现场督促指导。总行牵头部门相关负责人和处室要逐一对接、挂钩分行，要明确奖惩措施，相关负责人和挂钩处室对口联系行存款任务完成情况要计入年度考核。同时，凡涉及公司存款的，总行公司部、结现部、资负部等相关部门也要捆绑考核。

四是抓好重点客户稳存增存工作。要在总行级、分行级直营客户中分类筛选沉淀资金量较大、综合贡献度较高的集团客户作为存款重点客户，逐一落实总行和分行营销责任人或责任团队，逐户研究制定存款工作目标和个性化存款服务方案，通过基础结算服务、现金管理服务、专属结构性存款、保本理财及个性化的理财产品等手段撬动存款增长。

五是抓好日均金融资产5万元以上优质客户拓展工作。要加强名单制营销，确保完成日均金融资产5万元以上客户新增10万户的拓展目标，以优质客户拓展带动存款增长。总行要定期提供日均金融资产较年初下降金额最大的前100家客户名单及所在分支机构、存款、理财、融资等相关信息，各行也要遴选辖内日均金融资产5万元指标降级客户名单，对于名单内企业各行要细化分析、落实到人、分户包干，针对不同资金量层级，研究采取不同的针对性措施，需要总行解决的问题要及时反馈解决。

六是抓好保本理财和结构性存款发行工作。法人保本产品总额按照1 200亿元掌握，其中保本理财500亿元、结构性存款500亿元、金融市场部专项使用“高进高出”定投200亿元。增加分行对于专户企业一定的价格浮动权和审批绿色通道，在额度配置上实行名单制管理。各行要确保按照保本理财、结构性存款销售额至少1.5倍比例新增存款，并确保做到“高进高出”，“按项目算不亏、按企业算赚钱”。

七是加强新增账户存款考核和序时进度监测。要持续抓好拓户工作，加强对新增账户的存款考核和序时进度监测分析，带动存款增长。要加快推广“企业通”系统，通过为新企业提供注册、税务代办、组织机构代码证代办、账户开立、结算服务等一站式综合服务，提高新增客户的开户率。要通过工商、税务、行内大额资金监控平台等多渠道获取信息，加强营销，增加新开优质账户数。

八是加强对大额资金流向的监测分析和系统控制。要狠抓资金源头与封闭管理，做好全链条客户维护，确保资金留存我行。要充分利用大额资金流向监控系统平台，加强客户资金流向的监测分析，争取客户资金在系统内流动；对流向他行的资金要通过系统进行硬控制。要研究资金流向信息的强制共享和有偿共享管理办法，特别是对于跨区域的资金流转，要确保流向信息在分行间完全共享，资金流出行主动及时提供信息的，流入区域所在行应支付一定费用；资金流出行未能主动及时提供信息的，也要有一定的惩罚措施。

四、要着重抓好几项重点工作

一是加强公司存款统一管理。按照“大公司金融”战略要求，公司部门是公司存款营销管理工作主要责任部门，对辖内公司存款各项工作目标的实现承担主要责任。各行要明确公司存款牵头部门，原则上由公司部门承担。牵头部门要加强人员配置，安排专门的团队负责公司存款管理；要主动加强存款工作研究，做好辖内存款营销组织工作；要加大公司存款的日常监测通报、预测、督导、帮扶、问责力度，确保公司存款计划执行进度。

二是加大存款考核力度。各行要根据总行下达的指标列出时间表，要把指标层层分解、落实到人，明确责任。要单独考核公司存款，同时要把公司存款作为主要考核指标，给予一定的考核权重，并且要配套有效的奖惩措施。

三是充分运用差异化定价策略。2014 年度境内分行基本授权中，总行已下放单笔 5 亿元以内的总行级公司客户和单笔 2 亿元以内一级（直属）分行级公司客户的 1 年以上 3 年及以内定期存款利率审批权限，各行要认真学习授权文件，尽快制定本行公司存款差别定价管理实施细则，用好定价权稳定公司存款，促进存款量价协调发展。

四是确保各项拓户目标完成。通过近几年的公司存款工作，我们认识到，公司客户基础薄弱已经成为影响公司存款业务发展最关键的因素，这种薄弱既反映在数量上，更体现在质量上，各行迫切需要从两个方面着手提升客户基础：一方面，要认真分析本地区客户的现有结构和规律，充分重视日均金融资产 5 万元以上客户数增长这个指标，研究客户结构与存款业务的有效结合点，在产品创新、工作机制等方面进行优化，实现提升客户质量和增加公司存款并举的目标；另一方面，要加强对公资金流向监控平台运用，力争按序时进度完成开户目标。截至 3 月末，全行对公资金流向监控平台目标客户库一季度累计开户 3 434 户，完成全年目标客户营销计划的 22.89%，处于平均水平以上的仅有 8 家分行，其中仅有山东、河南、宁波、四川、广西等 5 家分行完成序时进度。

五是加强信贷资金管理。一季度全行受托支付平均留存率 75.55%，但西藏、辽宁、上海、黑龙江、山西、厦门六家分行仍低于 60%。加强受托支付留存率管理，一方面对于受托支付对象不在我行的，原则上不得推荐、审批、发放贷款；另一方面要加强“裸贷”清理工作，要关注客户结算量，对于没有结算量或者在申请贷款时有结算量但后期没有结算量的，都属于“裸贷”行为，不仅派生不了存款，更重要的是存在较大的风险隐患。对此，要加大工作力度，必要时抓紧收回融资。此外，要加强信贷产品结构调整，适当控制置换他行贷款总量规模，特别是一些占比较高的分行更要抓紧研究解决。

六是加强债券和理财投资与存款的互动。总行公司金融业务部要定期搜集发布市场发债信息，提前通报相关分行。各行要组织辖内分支机构开展募集资金留存和挖转工作，最大限度地营销为我行公司存款。要强化理财投资资金的流向管理，理财资金支付对象原则上必须在我行开户，在推荐项目投资时也要优先考虑投资资金客户留存情况，确保其在我行的存款与融资比例相匹配。

七是加强全产品营销和专业联动。公司业务部门要统筹产品线，积极推行全产品营销。要熟练掌握并充分利用商投行、本外币、表内外各项产品优势，以更加科学的综合服务方案提高客户存款营销的针对性和有效性。总行近日将印发 2014 年公司与结现专业联动方案，各行公司和结现部门要抓紧成立联动工作组，推动落实联动方案。

八是加快公司存款产品开发和推广。目前总行正在研发随心存和存贷通两款公司存款创新产品，要加快系统开发进度，尽快投放市场，并优先运用在存款重点区域和重点分行。

同志们，存款是当前公司业务最核心的工作之一，必须常抓不懈。会后，总行相关部门要结合会议意见，进一步完善工作措施；各行要结合本地实际，紧抓各项措施的落实。希望通过总分行的共同努力，确保公司存款计划按序时进度圆满完成。

在部分分行小企业金融工作座谈会上的讲话

郑万春

（2014 年 5 月 29 日·根据录音整理）

今天，10 家分行的分管行长和小企业金融业务部门负责人、总行 7 个部门负责人一起专题研究讨论小企业金融业务，参会分行针对目前存在的问题提出了一些意见和建议，大家的发言都很好，总行有关部门会后要认真研究分行意见，对现有政策制度进行适度调整，以促进小企业金融业务的健康持续发展。下面，我讲三个方面意见。

一、小企业金融业务经营现状

（一）小企业贷款增长乏力，资产质量管理压力仍然突出。截至5月25日，内部管理口径小企业贷款余额8 287.54亿元，较年初增加15.46亿元，较一季度末下降237.1亿元，5月份以来负增长96.85亿元，月度增量总体呈逐月递减之势。截至4月末，全行小企业不良贷款余额279.52亿元，较年初增加47.67亿元；不良率3.31%，较年初上升0.53个百分点，总体资产质量压力较大。

（二）个人经营性贷款余额逐月下滑，风控难度进一步加大。截至5月25日，个人经营性贷款余额3161.1亿元，较年初减少122.66亿元。到4月末，不良贷款余额112.83亿元，较年初增加30.49亿元；不良率3.55%，较年初上升1.03个百分点。其中，个人商用房贷款不良余额20.55亿元，较年初增加4.44亿元，不良率1.26%，较年初上升0.2个百分点；个人经营贷款不良余额86.27亿元，较年初增加24.37亿元，不良率6.04%，较年初上升2.23个百分点。今年以来个人经营性贷款加速劣变，其中个人经营贷款潜在风险问题比较突出。

总体看，近两个月小微企业贷款余额呈下降趋势，贷款不良余额在逐渐增加，不良率上升。各分行要进一步提高对小微企业贷款业务的重视程度，争取把这块业务做好、做实。

二、当前面临的困难及总行初步设想

目前，全行小微企业信贷业务发展主要面临以下五个方面问题：

一是业务拓展力度不够，资源储备不足。今年以来，小企业贷款客户储备处于较低水平。截至4月末，全行已发起流程但未结束审批的小企业贷款金额285.9亿元，较上年同期减少16.7亿元。

二是部分分行对加快发展小企业金融业务的战略认识不到位，组织推动力度小、资源保障不力。目前经济下行压力依然较大，小微企业风险暴露较为集中，一些分行出现了不敢做、不愿做的现象，实际上是没有厘清发展思路。目前小微贷款不良余额还在不断增加，而降低不良贷款率主要有两条途径：其一是尽快处置不良资产，其二是积极营销新客户、增加优质小微贷款规模。各分行不能片面强调风险防控，要坚持业务发展和风险管理两手抓，在强调风险防控、抓好不良贷款压降的同时，要加大业务发展力度，通过发展的办法来努力降低不良贷款率。

三是信贷政策不稳定、不配套，存量客户大幅度退出，新客户的营销难度明显增大。2012年下半年以来，由于小企业不良贷款增加，总行持续收紧信贷政策，先后调整小企业保理、商品融资、联保贷款及个人经营性贷款等业务和产品政策，在控制风险管理同时，也对存量客户续贷产生了一定影响，出现一些优质客户转移。另外，一些促进业务发展的新政策尚未及时出台，也相应加大了拓展新客户的难度。针对上述问题，总行相关部门要认真研究现有信贷政策，并适当做一些修订和调整，既确保存量优质客户能够叙做业务，又能调动分行拓展新客户的积极性。

四是客户评级、经济资本占用率等参数调整后，影响了业务办理和基层行积极性。近年来小企业贷款违约率不断攀升，从2011年末的1.89%上升到今年一季度末的5.04%，总行据此调整了小企业客户评级参数及RAROC测算参数，小企业经济资本占用增加、回报率下降。今年一季度末，小企业贷款经济资本占用已达6.18%，高于大中型企业贷款水平，小企业信贷业务在绩效考核中的优势不复存在，这在一定程度上影响了各分支机构发放小企业贷款的积极性。据部分分行调查了解，小企业贷款整体经济资本占用率高于公司贷款平均水平，EVA、RAROC同比大幅下降。这个问题相关部室需认真研究一下，要确保新发放小企业贷款的经济资本占用低于大中型企业贷款水平，同时ROROC阈值的设置也要考虑到优质小企业贷款能够正常发放的需要。

五是小微企业风险控制压力大，部分经营机构和从业人员信心受挫。一些风险高发区域分支机构已把主要精力集中在风险贷款的清收、处置上，投入到市场拓展方面的力量不足。各分行要组织专人进行不良贷款清收，腾出人员发展新业务。

针对上述问题，前期总行也做了一些研究，初步打算从以下几个方面加以改进：

（一）加大对序时进度的考核力度，优化小企业专项信贷规模管理。总行将根据各分行小企业贷款年度计划序时进度完成情况，适时调整小企业贷款专项计划，合理安排各项贷款分月度计划，优先保证小企业贷款投放需求。总行小企业部要会同资产负债管理部提出全年900亿元小企业贷款专项计划的分地区调整方案，并继续明确专项使用要求，保证小企业贷款放款进度。对于超额完成小企业贷款年度任务的分行，总行将酌情考虑调增年度贷款总量计划；对于完成任务不理想的分行，总行将适时收回部分小企业贷款年度计划，调剂用于支持其他分行使用。

（二）加紧完善小企业信贷政策，尽早破解制约业务发展和风险防控的政策、制度和流程问题。

一是抓紧完善个人经营贷款相关政策。总行已在着手研究整合个人经营性贷款业务及微型企业贷款业务，努力解决当前个人经营贷款准入门槛把握不准的问题，并要及时研究推出几款风险低、标准化程度高的贷款品种，确保该项业务风险可控。

二是积极推广授信项下授权审批制，适当下放审批权限，精简业务流程。总行小企业部已经与信贷与投资管理部、授信审批部等总行部门及重点分行进行充分沟通，研究制订了《关于应用授信项下授信审批制推动小企业集群业务发展的指导意见》，将于近期下发分行。授信项下授权审批制的具体实施方案可由一级分行自己来定，对单户融资500万元以下且不存在过度融资问题的小企业贷款，可根据分支机构经营管理能力向下转授权。针对分行提出的低风险业务办理受限问题，相关部门要抓紧研究一下，低风险业务受企业总体授信额度限制的政策能否适当做一些调整，以满足优质企业客户的融资需求。

三是进一步调整完善部分业务和产品政策。多家分行反映，前期总行出台的有关压降联保贷款、贸易融资、商品融资的政策，从总体看是合理的、必要的，但也存在压缩比例过高、政策弹性较小、缺乏灵活性等问题，容易诱发新的风险，总行有关部门要进一步研究完善相关政策，给予必要的灵活性。

（三）进一步优化小企业客户评级模型，适当下调经济资本占用率或 RAROC 阈值。针对前期分行反映比较集中的小企业存量客户信用等级整体向下迁移、经济资本占用增加、RAROC 测算值下降、EVA 急剧下滑等问题，总行将进一步优化信用评级参数，并根据当前宏观经济下行的形势，考虑适当下调小企业贷款的经济资本占用率或下调 RAROC 阈值，在继续实行“高风险、高价格”经营策略的同时，防止一味追求高价格而导致客户逆向选择。

（四）加快推进小微企业金融业务重构工作。总行已成立由总行小企业部及浙江分行、广东分行组成的重点课题组，研究单户融资500万元以下的微型企业信贷模式创新方案。方案涉及产品创新、流程再造、配套营销模式、风控模式及专业化经营管理模式等，在征求分行及总行相关部门意见后，计划在三季度形成最终方案，并提交总行公司金融业务推进委员会审定后印发全行实施。

三、下阶段工作要求

今年，全行小企业贷款增量计划是900亿元，一季度总行行务会明确提出，要确保6月末时间过半、任务完成过半。从目前小企业贷款新增情况看，完成上述目标很不乐观。截至5月25日，全行小企业贷款较年初仅增加15.46亿元，到6月还要实现434.54亿元的增量，难度很大。特别是今天参会的10家分行小企业贷款余额合计4 491.8亿元，占全行小企业贷款总额的54.2%；但10家分行小企业贷款余额较年初下降114.64亿元，基本抵消了其他分行的增量。因此，参会的10家分行能否完成序时进度，对于全行实现序时进度目标至关重要。各行特别是今天参会的分行，会后要按照总行下达的阶段性目标，做好辖内任务分解和责任落实，确保完成序时计划任务。要重点抓好以下几方面工作：

（一）坚定实施小微企业金融业务发展战略，并在资源配置上予以保障。各行要正确认识、准确领会总行为加快小微企业金融业务发展所采取的重大举措，坚定信心，克服畏难情绪，坚定不移地发展小企业及个人经营性贷款业务。小微企业信贷业务复杂程度及风险把控难度相对较大，各行要加大对小微企业金融业务的资源倾斜力度，不得在机构设置、人员配备、机制配套、业务考核、资源保障等方面出现弱化小微企业业务的倾向，已经削弱的，必须尽快纠正。

（二）风险管理和业务发展要两手抓，发展是根本，要在发展中解决风险问题。在目前信用风险暴露增多、客户整体信用风险提升的背景下，强化风险管理、组成专门队伍清收不良贷款十分必要。但在这里，我要强调，各级行不应以静态的思维去解决当前面临的小企业风险问题，而应在发展中不断发现问题、解决问题，始终坚持业务发展和风险管理两手抓，一方面要加快不良资产处置，另一方面要积极拓展新客户，增加优质小微贷款规模，在大力发展业务的同时，努力降低不良贷款率。

（三）要充分利用我行数据和客户资源优势，实施批量化的精准营销。小企业贷款金额相对较小，我行小企业从业人员数量也相对有限，因此小微业务拓展还要依靠批量化营销。前期批量化营销出现了一些问题，主要原因还是在于客户准入把握不准。小企业贷款营销要紧紧抓住“一圈一链一集群”，在实施批量化营销的同时，要充分考虑风险防控的问题。例如，供应链营销要重点抓住核心企业和整个行业的风险总额，在控制行业风险总额的前提下，根据不同担保方式做好风险管理。对于抵押贷款，要控制住抵押率；对于保证贷款，要坚持不联保互保，严格控制担保公司的担保额度；对于信用贷款，要管住企业的现金流和销售收入。在产品创新和流程优化方面，要加快实施授信项下授权审批制的实施细则，同时配套网贷通、商友卡、财智账户卡等创新产品，在创新中谋求发展。此外，小企业贷款也要和存款工作结合起来，千万不能搞裸贷。

（四）要强化小企业贷款专项规模管理和业务考核。各行要进一步强化小企业专项规模管理，防止出现小企业专项规模被挤占、影响业务发展等情况；要对辖属机构小企业专项规模使用情况进行动态跟踪管理，采取相应的奖惩措施。各行要将总行下达的任务指标分解落实，一级分行对二级分行要实行重点联系制度，层层负责。各行要将小微企业信贷业务发展指标纳入分支行行长绩效考核并适当提高其分值占比，本年度考核权重不得低于前三年的平均水平。要将小企业业务发展情况与分支行负责人、前中后台从业人员的薪酬挂钩。

（五）要强化风险管理，做好风险预警和过程监测工作。一是加强目标市场与目标客户管理，实现风险管理前移，防止出现行业性、区域性等系统性风险，避免进入总行行业信贷政策规定的退出类行业及其上下游供应链；要在贷前准确判断融资真实用途，合理设定融资限额，防止过度融资，保证信贷资金用到经营实体中，而不是投资到高利贷、期货、地产等高风险领域，确保今年新投放小微企业贷款风险可控。

二是要本着实事求是的态度做好贷前调查工作。通过工商局登记信息系统、人行征信系统、银监会违约信息披露系统、总行 CIIS 系统等对客户信息进行核查，确保关键信息的真实性、准确性。

三是各分行特别是前期风险暴露较为严重、资产质量恶化趋势明显的分行，要强化存量贷款风险分析排查工作，对辖区内小企业贷款及个人经营性贷款进行认真摸底分析，重点关注部分经营管理能力差、风控薄弱分支机构，重点分析可能出现风险的贷款产品、客户群，及时采取有效措施，迅速止住“出血点”。

四是要逐步改变目前风险控制过于依赖客户经理的局面，贷前通过细分市场规划（个性化融资方案）、营销指导意见等进行引导，贷后由二级分行统一搜集和监测小企业水费、电费等指标，积极探索非现场监测与现场检查相结合的贷后管理新模式。

五是加紧完善风险管理相配套的经营管理机制。在4月份召开的全行小企业金融工作会议上，总行提出绩效工资递延分配制度，要求分支行把员工部分绩效工资与资产质量挂钩。各行要把将会议有关要求贯彻好、落实好。

（六）要加快不良资产清收处置。首先，针对小微企业及个人经营不良贷款笔数多、金额小的特点，各行要尽早制订小微企业不良贷款核销计划，对符合政策要求、具备核销条件的，要加快处置核销。其次，不良贷款余额较大的分支行，特别是超过风险监控标准的一级（直属）分行、二级分行、支行，一把手要亲自抓不良贷款清收处置工作，要成立专门的清收处置团队，安排专人清收处置风险贷款，制定清收处置方案和进度要求，同时避免出现人人都参与不良贷款处置清收工作，占用过多人力，影响新业务拓展。

（七）加强机构管理及员工队伍建设。前期风险暴露较多、资产质量恶化趋势明显的分行，要深入分析前期风险成因，特别是对于存在管理人员配备不合格、客户经理管户数量过多、兼职人员占比过高的分支机构，要针对问题限期整改。要按照客户数量与从业人员之间的合理配比关系，加紧充实小企业从业人员，提升专职人员占比。同时强化培训力度，提升从业人员素质。对参加上岗资格考试的人员要有从业经历的基本要求，未通过考试取得相应资格认证的人员，不得作为第一调查人办理小企业信贷业务。

（八）落实尽职免责要求，保护小企业金融业务从业人员工作积极性。目前小微企业和个人经营性贷款风险频发，既有从业人员职业操守不严、工作不尽职的主观原因，也有现行经营管理模式不适应小微企业业务特点、客户经理难以全面履行尽职要求的客观原因。对因客观因素导致的风险问题，应区别对待，既要维护纪律的严肃性，也要保护好从业人员拓展业务的积极性。

以上八个方面工作要求，各行要抓紧落实，主管行长要把小微企业贷款工作抓好、抓深、抓细、抓出成效来，总行相关部门会后也要认真研究政策制度的修订和完善。小微企业金融业务这项工作由总行小企业部牵头，在信贷政策、授信审批、经济资本占用、专项规模保证、奖惩机制等方面还需要各部门的密切配合。希望大家要从大局出发，共同将我行小微企业金融业务做好，在6月末确保完成小企业贷款序时进度的60%、争取完成总行党委要求的“时间过半、任务过半”的目标。

在部分重点分行存贷比管理情况座谈会上的讲话

郑万春

（2014 年 7 月 8 日·根据录音整理）

今天的会开得非常好。刚才，八家分行就本行存款业务情况及存贷比管理情况做了发言，提出了一些很好的意见和建议，总行相关业务部门也谈了一些想法。从大家的发言来看，总体上都认为加强存贷比管理很有必要，总行推进存贷款均衡协调发展的思路是正确的。从总行新增存贷比管理办法实施情况看，大家也都明显感受到了一定的压力。在这个阶段，尤其需要总分行之间以及行内相关部门间加强沟通和交流，群策群力，进一步优化和完善总行的管理政策，这也是总行专门组织此次座谈会的目的。听了各分行的发言以后，我感觉分行在落实时没有照本宣科，这是对的，总行的办法是下达到一级分行这个综合性机构的，不是下到二级分行的，各行要发挥本身的决策作用和政策引导作用。当然，总行在制定政策时，也会妥善把握好差异化策略。下面，结合大家的发言，我再讲几点意见。

一、要正确认识、充分理解总行加强存贷比管理的政策导向

（一）从外部经济金融形势来看，需要持续加强存款工作。今年以来，总行为抓存款花了很多功夫，各类会议就开了四五个，在座的有几家分行已经参加过好几次了。应当说，从外部环境看，商业银行存款形势还是比较严峻的，抓好存款工作是今后全行一段时期内的一项重要任务。近年来，工商银行面临的存款压力还是比较大的。今年债券投资计划是零增长，没有资金去买债券，放贷款的资金都不够。一是上半年人民银行两次定向下调法定存款准备金率，但货币政策的基本取向没有改变，5 月末 M_2 同比增速为 13.4%，同比下降了 2.4 个百分点，存款的内源性增长动力不足，商业银行保持存款稳定增长的压力更大。二是银行同业对有限存款资源的竞争日趋激烈。各家商业银行在体制、机制、网点、产品以及价格等方面做了很多工作，竞争的手段也是多样化的。中国的银行不是垄断，而是竞争很激烈。这次我在加拿大学习感触很深。加拿大银行的集中度远大于我们，我们工农中建交五大银行的市场份额大概在 48% 左右，加拿大前五大银行的市场占比在 85% 左右。我国银行类金融机构就有 5 000 多个，农村信用合作社就有近 3 000 个，村镇银行 1 000 个，所以存款竞争的压力是很大的。三是利率市场化、金融脱媒化趋势进一步加快，特别是这两年来互联网金融快速发展，各种互联网理财产品对传统存款的替代效应日益增强。我们的存款利率最多上浮 10%，而中小银行可以用各种“宝”变相上浮利率吸收存款。余额宝现在的余额已接近 6 000 亿元，整个社会的理财产品余额超过 30 万亿元。市场上存款的蛋糕就这么大，竞争又十分激烈，分流存款的渠道也越来越多。而我们的贷款还在不断增加，去年是 9 223 亿元，今年预计有 9 500 亿元，钱从哪里来？分行如果不吸收存款，只能总行从市场上借来高价资金，再借给分行，所以向分行收一个高的资金成本是自然的趋势。

（二）从全行经营转型的客观需要来看，也要加强存贷款的均衡协调发展。存款业务对工商银行的重要性毋庸置疑，涉及业务条线最广、客户数量最多，对全行的利润贡献最大，是工商银行改革发展和经营转型的基础。6 月末存款时点数总体还不错，但日均数情况就差一些。上半年全行日均新增存款（不含同业）较年初减少了 559 亿元，日均新增贷款为 2 683 亿元，日均新增存贷比为 -480%。大家可以简单地计算一下，全行的资金缺口超过 3 000 亿元。这部分缺口，总行主要通过在银行间市场融入资金以及吸收部分高成本的短期同业定期存款来弥补。仅今年上半年全行吸收短期同业定期存款一项的付息成本就高达 77 亿元，付息率 4.29%，但如果我们的一般性存款增长较好，这一块完全可以节省下来。这还只是成本账，再考虑对客户基础、资产业务发展的影响以及工商银行在市场上融出资金大幅减少，甚至部分时点持续融入资金，这对我们的社会和市场形象也有很大的影响。这些成本要等价传递到分行，倘若不等价传递到分行，就要扩大总行的亏损，这样就会看上去每家分行都完成任务了，最后一加总，全行没有完成任务。简单地算算账，大家就可以更加理解为什么要加强新增存贷比管理。

（三）加强存贷比管理是推动全行资产负债业务协调发展的重要手段。姜建清董事长和易会满行长近年来多次就推进存款业务的增长以及减少波动性提出具体要求，总行也采取了很多措施，包括成立三大板块金融业务推动委员会，加强考核推动，优化网点人员结构，进一步落实大额资金监控平台的应用，增加一些核心产品等。例如，总行调高了保本理财与结构性存款的额度，上半年高成本吸收的表内理财业务已经达到了 5 000 多亿元。二季度，总行经过慎重的决策研究，又出台了新增存贷比管理方案，5 月初印发全行。总体来看，方案的出台有利于推动全行资产负债总量与结构的平衡。当然不是出个办法就能完全解决问题，办法起到的是一个引导作用。这个方向是没有问题的，但是在具体操作上要考虑得再细一点，争取在每一个分支机构都能起到正向激励作用。工商银行的持续稳健发展离不开存贷款的均衡协调增长，现在看起来存款是短板，抓好存款工作、巩固存款业务的基础地位是一个必须要面对而且要坚定不移推进的工作。

二、总行在制定存贷比管理方案时充分考虑了全行的资金缺口、分行的可承受能力、存款的稳定性等诸多因素

刚才，大家在讨论的过程中反映了一些具体问题，有一些是技术性的问题，包括计收资金成本的力度、时点与日均的选择等，这些问题在方案制定时也进行了充分的考虑。

一是总地看上半年计收资金成本的执行力度是适当的。为给分行提供一定的缓冲期，计收资金成本采取了分步实施的方案，其中，上半年是按应计收超额资金成本的 25% 来实施的，共计收分行资金成本 10.85 亿元，占这些分行上半年实现利润的 0.87%，平均来看幅度和力度都不大。

二是计收分行资金成本是对全行的资金成本进行还

原，不能简单地理解为惩罚性措施。今年以来，全行各项存款增速较慢、波动较大，主要资金来源及运用不匹配。为弥补资金不足，总行通过压缩融出资金、增加融入资金并吸收部分较高成本的存款支持资产业务发展，为此付出了较高的财务成本。截至6月末，不考虑压降融出资金以及控制债券投资的机会收益，为满足全行资产业务投资需要，总行短期同业定期存款日均比年初增加489亿元，融入资金日均比年初增加203亿元，两项合计新增部分的付息成本为14.87亿元。此次计收资金成本的分行为日均新增存贷比高于全行监管目标值的分行，方式为将总行付出的资金成本向分行还原，是正常的成本分配和还原，不能简单地理解为惩罚性措施。

三是总行在计收的口径上相对宽松。比如，按照监管口径，同业存款是不计入存款基数的，但总行在方案中考虑了同业活期存款以结算类资金为主，也将其计入存贷比口径。仅此一项减少分行计收资金成本2.82亿元。再例如，保本理财、结构性存款这些表内理财，成本是由总行支付的，分行还能获得中间业务收入，保本理财的资产投资还是单独运作的，在计算分行的存款时也没有剔除。此项少计收分行资金成本0.75亿元。

四是通过与贷款计划挂钩鼓励分行不断改善日均新增存贷比。总行将根据各行上半年存贷比情况，对分行年度贷款计划进行挂钩调整。对于日均存贷比为负值的分行，按二季度贷款增量20%扣减年度贷款计划；对于日均增量存贷比低于监管目标值67%的分行，按二季度超额实现存款增量的50%调增年度贷款计划。从初步测算情况看，有16家分行需要扣减一定的贷款计划，3家分行符合调增年度计划的标准。由于年度贷款计划的调整还要与单位信贷资产EVA、新发放贷款利率等指标挂钩，并统筹考虑分行有效贷款需求和新发放贷款投向等情况，因此年度贷款计划被扣减的分行，还能够通过提高贷款定价水平和优化贷款投向，争取获得贷款计划的调增配置。

五是充分考虑存款临时波动等特殊情况，对于分行保持时点数据的合理性有明确规定。对于通过吸收部分高波动性或临时性大额资金冲击时点或增加日均的存款数予以剔除；对于分行在年末故意压低关键时点数，以提高第二年日均数的情况，也可以把时点数予以还原；对于部分分行因为全行经营管理安排造成的较高的时点数予以适当还原。

六是大家最关心的日均新增存贷比，是日均比年初时点还是日均比上年日均的问题。总行之所以没有按照日均比上年日均，主要有几个考虑：一个是从财务年度的角度考虑，日均比时点更能客观地反映当年真实的资金来源和资金运用情况，这相当于年初清零，从头开始，不考虑历史因素，因为上一年度的存款已经按照上一年度的经营计划做了安排。二是日均比日均的算法抹平了年度存款的波动性，有的分行每到关键时点存款就大幅波动，资金可用性很差，用日均比日均的口径，就难以体现这种波动性。三是日均比日均没有考虑存款的增长性，例如有的分行2013年存款始终负增长，2013年全年的日均数比2013年的年初数还要低，2014年即使存款零增长，今年的日均数也比去年的日均多了上千亿元，这样算出来的日均存款增量对于今年全行的业务发展到底有没有贡献？答案是一目了然的。

三、下一步工作安排和执行的问题

从上半年存款业务运行情况看，还是要继续落实存贷比管理的各项要求，保持全行存贷款的均衡协调增长。这里向大家通报几个数字：截至6月末，全行境内人民币各项存款（含同业）比年初增加9 727亿元，四行排名第二。如果我们每月保持现在的存款余额至年底，存款日均余额的问题肯定能解决，毕竟贷款余额不可能比计划的数字高。当然有的行可能得到奖励，有的行可能被计收成本，但全行存款均衡增长的问题能够得以解决。问题是现在存款增长主要集中在月末，6月下旬各项存款（含同业）增加6 181亿元，占当月增量的99.57%；7月前4个工作日，存款已经比月初下降了5 034亿元。到今天，存款下降了5 300多亿元，又回到原来的水平。存款增长的均衡稳定性亟待加强。关于下半年存款工作，将在年中工作会议上重点强调这个问题，这里，我先简单地讲几点想法。

（一）各存款业务部门要加强工作统筹和组织推动。要按照今年以来全行存款工作的各项安排，加强对存款业务运行情况的监测和分析，扎实做好各业务条线存款的组织推动工作，及时了解分行在开展存款业务方面存在的困难和问题，总分行共同协商解决方案，加大对分行营销推动的支持力度。

（二）各分行要继续扎实推进存款业务营销工作。一是要高度重视存贷款的均衡协调增长。我们想了很多办法，包括存贷比管理方案，都是希望全行存款和贷款的增长能够协调一致。历史上存差行重点吸收存款，借差行重点发放贷款。但是随着形势变化，这种情况已经不再适用于今天。现在看，资金流动强、区域经济发展格局也发生了变化，企业经营也是跨地区、跨国的，因此已经不存在借差行就应该借差越来越大，存差行就应该存差越来越大的问题。在同业竞争及金融脱媒的大趋势下，存款竞争日趋剧烈，所以存款和贷款的挂钩还要把存贷比例考虑进去。总行资负部要测算一下近几年的水平，要考虑全行统一按照一个比例是否合适，要不要有所区别？这也要综合分行的意见。二是要妥善处理好存款增长过程中量与质的关系，特别是在利率市场化不断推进的情况下，要增强成本意识，控制付息成本。这需要各分行自己把握，既要考虑短期成本，也要考虑长期成本。短期考虑，付息成本还是低一些比较好；长期考虑，虽然有些地区的付息成本高一些，对明年后年的效益会产生一定的影响，但相应地也会增强工作的主动性。按照国际银行业经验看，在利率市场化初期，市场利率会呈上行趋势，但我们还是要尽量压缩付息成本。各分行要根据自身实际，做出分析。三是不能过分依赖临时性、短期刺激性措施，要有长远规划，研究新形势，挖掘新客户，真正夯实客户基础，保持存款的长期稳定增长。

（三）总行相关部门要做好内部价格调整方案，分行要按照总行的价格导向做好存贷款工作。5月，总行财务会计部对境内分行主要机构盈利增长情况做了一个全面系统的分析和汇报，总行也决定进一步理顺存、贷款内部定价，进一步向分行还原存款准备金成本，客观反映分行和利润中心的利润，有效传导总行决策。这一较大调整拟从2015年1月1日开始，总行资产负债管理部和财务会计部要共同配合研究、测算内部价格调整方案。存贷比管理和利润考核配套，整体上讲，分行只要业绩比去年好，即使利润绝对值减少，员工收入也是增加的，利润考核会进行同比例的调整，以真实反映分行的经营情况。

（四）正确执行和把握存贷比管理政策。总行资产负债管理部要会同相关部门，根据存贷比管理的实施情况和分行的意见建议，进一步完善相关工作措施，建立推动存贷款均衡、稳定增长的长效机制。关于今年存贷比管理政策的执行力度，按照通知要求，年末可根据全行存款增长具体情况酌情调整。总体要把握几个原则：一是保持存贷比管理方案力度适当，既要有一定压力以促使分行推动存贷款均衡稳定增长，又要尽量避免对分行的利润格局产生较大的影响；既要考虑正面作用，也要避免产生大的负面影响。二是对于三、四季度存款增长较好，年末达到全行管理目标的分行，可以研究对已计收的资金成本给予返还或部分返还。三是可以根据银监会存贷比口径的调整和我行2014年监管指标值的变化，将目标值由67%上调到69%，研究对计收口径做相应调整，也可以考虑使用监管触发值71%以及法定值75%。但对于不同数值，存贷挂钩力度要区别对待。四是对年底基数的确定，在具体执行中要综合考虑年底存款的余额、12月日均余额、当年的日均余额与上年的日均比较、年度存款计划和存贷比贡献等因素来确定。对考虑这些因素后仍明显不合理的，到年底前要有一个统筹调整的方案，做到公平对待每一个分行。总体来说，办法的导向是积极的，总体方向是没有问题的。具体操作过程中要考虑一些个别情况、特殊情况，但特殊情况不是根据个别行来进行考虑，而是针对一类现象。分行需要考虑的是政策的积极作用以及如何推动存款的增长，也希望参会的各分行同志回去后向本行党委进行汇报，清晰传达领会总行的政策导向，引导基层机构加强存贷款业务的管理。

开拓进取　攻坚克难
加快推动公司金融业务取得新突破

——在公司金融业务年中工作推动会上的讲话

郑万春

（2014年7月25日）

7月14日，总行在北京召开了中国工商银行年中工作会议，今天会议的主题就是贯彻落实全行年中工作会议精神，安排部署下半年公司金融业务各项工作。下面，我讲三个方面意见。

一、上半年公司金融业务面对压力积极作为，实现了新的发展

今年以来，全行公司金融业务面临近年少有的严峻局面，公司金融业务战线紧紧围绕“大公司金融”战略，顶住压力，攻坚克难，推动各项业务实现了新的发展。

截至6月末，全行人民币公司贷款余额63 147亿元，较年初增加3 321亿元，完成全年计划的66.4%。人民币公司存款余额35747亿元，较年初增加1 646亿元，完成全年计划的82.3%。1－6月，我行主承销非金融企业债券1 747亿元，完成全年计划的50%。非信贷融资总额为5 294亿元，同比增加803亿元，与新增贷款比例为1.6:1。全行公司客户429万户，较年初净增25.7万户，完成全年计划的103%，其中，日均金融资产5万元（含）以上客户119万，净减少4.27万户，完成计划的－42.7%。全行公司类中间业务收入480亿元，同比增长7.1%，完成全年计划的54.2%。总体

看，除个别指标外，较好完成了上半年经营目标。这主要得益于我们上半年着重抓好了九项重点工作：

（一）职能调整，人力提升，机构队伍建设不断加强。一是初步完成组织机构改革。根据总行机构改革要求，总行公司金融业务部已顺利完成职能调整，承接的三个利润中心的行政管理职能也已按进度在划转。小微企业金融业务经营模式优化工作稳步推进。二是充分发挥公司金融业务推进委员会的重要作用。今年3月召开了推进委员会第一次会议，审议通过了总行级公司客户调整方案等5项议题，具有积极的示范作用。29家分行成立了相应的委员会，5家分行成立了与推进委员会类似的职能机构。三是持续抓好队伍建设。制定了《公司客户经理管理办法》，推动公司条线队伍建设和管理的规范化、制度化。对主要产品线建立专业营销团队，已建立89人的债券承销团队、134人的金融资产服务团队、116人的供应链金融团队，同时积极打造小微金融专业团队。通过资格认证考试、集中面授培训、发布营销动态介绍经验等多种方式，提升客户经理素质。推动完善首席客户经理制，总行将于近期下发总行级客户首席客户经理管理办法。四是不断完善考核激励制度。参照总行新的对分行和部门的考核方案，调整公司条线考评重点，强化了拓户、增存等基础工作，全面考核与利润中心、子公司联动情况。

（二）分层推进，批量拓展，公司客户保持较快增长。一是不断完善分层营销体系。总行级公司客户总数从原来的261户扩大到300户，一级、二级分行本级公司客户分别达1 472户、3 844户，三个层次客户合计5 616户，已纳入公司与法人客户营销系统进行信息化管理。21家一级（直属）分行建立了大客户服务中心，提升了对重点客户的综合服务水平。二是制定了《2014年公司客户拓展工作方案》。确定了14项拓户任务指标，明确了总分行相关部门联动职责，并建立定期统计通报制度。三是加强“名单制”精准营销。拓展大额资金平台目标客户、同业优质客户、IPO预披露企业、现金管理客户、养老金客户、代发工资客户等重点客户群。四是进一步拓展领先企业。确定制造业、现代服务业、文化产业第二批领先企业共302户。

（三）齐心协力，多措并举，公司存款完成既定目标。经过总分行的不懈努力，公司存款完成上半年任务目标，北京、山东、江苏、河南、河北、上海、深圳等7家分行增量超过100亿元，其中山东、河南分行一直保持稳定增长。一是加强组织推动。先后两次召开存款业务座谈会进行专门部署，建立了总分行公司部门直接对接的重点联系行制度，大部分分行明确了公司存款牵头管理部门。二是加强存贷比管理。总行已经下发存贷比管理办法，对存贷比不达标分行计收资金成本，对存贷比达标、日均存款增长快的分行奖励信贷规模。三是发债与存款良性互动。上半年主承销债务融资工具的募集资金，当月留存率在45%左右。四是理财与存款良性互动。推动表内法人理财额度从800亿元调增至1 200亿元，截至6月末表内法人理财余额983亿元，较年初增加643亿元。上半年，理财投资资金投后5日内留存率为85.3%。五是加强受托支付管理。自6月规范公司贷款受托支付以来，1 000万元以内流动资金贷款受托支付金额及笔数占比分别为73%、47%，较前5个月分别下降6个、13个百分点，效果明显。六是推动完善存款定价机制。上调保证金存款集中价格30个基点，覆盖6个月及以内各期限保证金存款；下放单笔5亿元以内的总行级公司客户和单笔2亿元以内分行级公司客户的1年以上3年及以内定期存款利率审批权限。

（四）用好增量，盘活存量，公司信贷结构进一步优化。一是积极引导信贷资源投向重点领域。上半年，先进制造业、现代服务业、文化产业、基础设施、能源资源、新型城镇化、现代农业、并购贷款等八大目标市场贷款合计新增2 914亿元，占公司贷款新增的87.7%。二是成功营销一批重点客户和重大项目。与河南、贵州、甘肃、新疆四地政府签订战略合作协议，与荷兰皇家孚宝公司、中国航空集团公司、中国兵器装备集团公司等7家企业签订全面合作协议，成功营销中天合创鄂尔多斯煤炭深加工示范406亿元项目，五矿秘鲁邦巴斯铜矿58.5亿美元项目，等等。三是严格控制房地产行业、产能过剩行业和政府平台类企业融资。6月末，房地产贷款余额4 795亿元，下降44亿元；钢铁等8个产能过剩行业贷款余额1 748亿元，下降106亿元；全口径平台贷款余额8 868亿元，下降311亿元，其中小口径平台贷款余额5 025亿元，下降401亿元。四是推动供应链融资业务发展。截至6月末，全行供应链融资业务累放1 931亿元，同比增加933亿元。有余额的供应链1 607条，较年初增加287条，完成全年任务的143.5%；有余额的上下游客户数4 505户，较年初增加749户。加强对汽车等重点行业供应链的拓展，一汽大众等10条典型汽车供应链融资累放额合计287亿元。完成上海石化等124户供应链核心企业认定及年审工作。加快推进电子供应链业务，宝钢等13条电子供应链成功上线。

（五）商投互动，致力转型，金融资产服务迎来新发展。

1. 债券业务。1~6月，全市场共发行非金融企业债务融资工具20 234亿元，我行主承销发行1 747亿元，同业排名第三，分别落后第一名建行112亿元、第二名中行12亿元；地区同业排名第一的有北京、浙江、上海、甘肃4家分行。一是加强组织推动。先后两次召开债券业务座谈会，3月末召开10家重点分行座谈会，4月、5月两个月单月承销额连续排名同业第一，承销额从市场排名第九跃升至第三；6月召开18家零承销分行座谈会，会后甘肃、贵州、大连、广西、苏州、四川等6家分行取得突破，合计承销68.2亿元。二是对区域市场进行集中营销。与中债资信评级公司在广州、浙江举办联合推介活动，营销外部评级AA级以上的发行人逾70户。三是加强创新业务营销和储备。储备中石油360亿元并购债。试点自发自还地方债的10省市中，除北京、上海、浙江未正式启动外，我行竞得其余7省市主承销资格，覆盖率100%。

2. 资产交易业务。截至6月末，全行完成资产交易1 577亿元，同比增长9.3%，完成全年计划的52.6%。一是加快推动理财直接融资工具等创新业务。截至6月末，共向监管部门推荐预沟通项目65个，金额288亿元，成功注册发行了8笔理财直接融资工具，金额26.45亿元。二是持续推进资产证券化工作。2014年首批55.7亿元信贷资产支持证券——2014工元一期于5月成功发行。三是多渠道满足客户投融资需求。通过北金所委托债权投资、工银瑞投资产管理计划等为京广客运专线、神华能源股份等一批重点客户提供了表外代理投融资支持。四是建立北金所挂牌项目推荐预沟通机制。总分行预沟通北金所项目239笔、金额571亿元；已完成投资项目和发起流程项目相比，笔数和金额占比均较预沟通前提高5个百分点，项目投资率明显提升。五是积极开展混合所有制企业金融服务。制定了营销指导意见推动精准营销，储备了中石油、中石化等一批重点企业混合所有制项目。

3. 银团贷款业务。截至6月末，全行牵头银团贷款新签约项目181个，完成全年计划的51.7%；银团分销金额734.5亿元，完成全年计划的45.9%；我行作为代理行的项目131个，完成全年计划的43.6%。一是加强与同业的合作。与国开行建立了相互推荐牵头筹组项目机制，双方已确定首批42个有合作意向的项目，银团拟融资总额3 600亿元。二是减计我行牵头分销银团贷款的经济资本占用。对分销率60%以上的70.7亿元存量银团贷款实施了经济资本占用减计，惠及浙江等9家分行。三是积极扩大优质项目资源储备。近百个储备项目有望带动1 000亿元新增银团贷款分销金额。

4. 委托贷款业务。6月末，我行对公委托贷款余额2 747亿元，增长8.2%；1－6月，累计受理对公委托贷款业务发放额1 235亿元，同比增长26.9%。上半年，我们还积极配合银监会的表外业务检查工作，并根据检查的情况进行业务整改。

（六）机构联动，跨境协同，一体化营销取得新突破。一是加快推进内部联动。制定了全行公司部门与结现、养老金、投行等部门，以及与工银国际、工银租赁的联动工作要点，推动机构间合作由分散零星联动向全面持续联动转变。多部门联合为泰康人寿、TCL等亚布力论坛成员企业提供个性化综合金融服务方案。二是加快推进内外联动。建立了300人的内外联动联系人网络，覆盖所有境内外机构。发布联动需求信息涉及200多户跨境客户、100余个“走出去”大项目或境外并购项目。召开6场视频会，推动解决工银欧洲、工银加拿大等境外机构重点客户业务需求。上半年完成62个总行级公司客户内外联动项目，涉及亚洲、欧洲、美洲等多家机构，涵盖境外并购贷款、项目融资、债券承销、全球现金管理等多项产品，业务金额折合人民币912亿元。

（七）系统升级，电商跨越，信息化建设进入新时代。一是加大公司与法人客户营销系统应用推广力度。截至6月末，营销系统注册用户数达13万人。全行在系统中建立了客户经理与客户的对应关系，6月末公司客户分配率为85%，其中日均金融资产5万元以上公司客户分配率为93%。开发完成了业务分析报表体系。整合了公司与法人客户营销系统、企业级客户信息系统、法人客户星级评定及服务管理平台、对公客户经理服务支持平台等四个系统。二是积极参与电商平台建设。B2C平台方面，截至6月末，签约商户1 447户，圆满完成前期阶段性目标。其中193家商户此前为他行优质客户，此次借助电商平台推广，我行成功与其建立了业务合作关系。B2B平台方面，公司部门联合电子银行部门提出B2B平台的目标市场和推广计划，并进行了市场调研和客户走访。

（八）优化模式，扎实推进，小微金融业务稳健发展。一是完成经营模式优化的顶层设计。总行已经完成了小微金融业务经营模式优化方案，从多个维度对小微金融业务的发展模式进行创新，全面体现“六专”经营理念。二是积极开展批量化营销。按照“一群一方案”原则为重点客户群提供个性化服务方案，拓展了新三板科技领先型企业等一批重点客户群。三是产品创新有所突破。推广授信项下授权审批制，创新“小贷通”、“商贸通”和“易透”等融资模式。组建小微金融产品支持团队，首批103人已经到位。6月末，小企业贷款余额为8 569亿元，较年初增加230亿元，同比多增106亿元。

（九）做好准入，把控实质，风险管理水平迈上新台阶。一是加强信贷风险防控。对平台贷款，加强存量贷款整改与信用增级；坚持房地产客户名单制，从严控制新项目贷款投放；配合做好产能过剩行业限额管理。上半年，公司不良贷款余额773亿元，较年初增加83亿元；不良贷款率1.15%，较年初上升6个基点。小企业贷款不良率3.13%，较年初上升0.35个百分点。二是加强金融资产服务业务风险管理。债券承销严格按照类信贷审批流程办理，排查我行承销的165家企业的278期存续期债券，金额合计7 416亿元，将40家企业纳入关注池。严把理财融资入池项目关口，从行业、期限、担保方式等方面细化营销推荐项目标准，7笔业务因客户所属行业不符合代理投资投向、还款计划安排不合理、风险缓释措施不到位等原因被退回。明确委托贷款操作细节，规范业务发展，妥善解决委贷多对一和资金流向典当行等问题。

二、找准存在的问题，消除不利因素，努力化被动为主动

上半年，公司业务实现较快发展的同时，也暴露出一些经营管理方面的问题，主要有五点：

（一）客户结构有待优化，客户营销管理体制亟须完善。从客户日均金融资产看，6 月末日均金融资产 5 万元以上客户只占公司客户的 27.7%，优质客户占比较低。上半年新开户中，有 4.07 万户日均金融资产在 5 万元以上，但同时有 6.35 万户存量客户日均金融资产降为 5 万元以下，另有 1.99 万户日均金融资产 5 万以上客户注销了公司存款账户，增减相抵后，导致日均金融资产 5 万元以上的客户较年初净减 4 万多户，存量客户质量下移的问题较为突出。日均资产 5 000 万元以上的优质客户流失 41 户，对公司存款增长造成了较大影响。在融资关系客户中，有 23 381 户日均金融资产不足 5 万元，占比 17%。总行级公司客户关联企业中，有 18 844 户日均金融资产不足 5 万元，占比 58%。从联动的产品线客户看，截至 6 月末，6.5 万户大额资金平台目标客户、养老金客户、现金管理客户、同业优质客户、代发工资客户等 5 类目标客户群，拓户成功率最高的是大额平台客户，为 25.14%，其余 4 类客户拓户成功率分别为 6.78%、3.81%、3.65%、3.17%，客户拓展很不充分。从客户营销管理机制看，目前尚未建立较为完备的公司客户营销管理体系，客户管理的责任不清晰，客户流失后难以追责，导致普遍重视增量、忽视存量，抓新户忘旧户，客户维护不到位。低效客户占比偏高、优质客户流失严重，说明普遍存在客户管理粗放、营销服务粗放等对客户管理认识不到位、措施不到位的问题。

（二）公司存款波动较大，客户“裸贷”问题较为突出。公司存款虽然完成半年任务，但增长不稳定，前 5 个月都是大额度负增长，6 月单月增加 3 179 亿元，6 月一过，又负增长 2 000 亿元左右。存款大起大落、过度冲高的问题，已经引起监管部门的重视。存款增长慢的一个重要因素是“裸贷”客户较多，信贷资金对存款的带动作用不明显。总行对“裸贷”客户作了界定，就是当月余额存贷比与月日均存贷比均低于 5% 的客户。6 月末，全行公司“裸贷”客户 4.7 万户，涉及贷款余额 26 308 亿元，时点存款余额 223 亿元，存贷比仅 0.85%。“裸贷”不仅影响公司存款的增长，更重要的是对信贷风险管控十分不利。风险防控的有效手段是对客户财务数据和交易数据进行交叉验证，“裸贷”客户通常在我行结算量较低，不利于我们掌握企业交易行为和实际经营情况，对有效开展贷后管理造成困难。

（三）重点业务资源储备不足，影响业务接续稳健发展。从公司贷款看，今年公司贷款年初增长较快，然后逐渐放缓。前 5 个月单月分别增加 638 亿元、819 亿元、558 亿元、392 亿元、268 亿元，6 月冲高，7 月前三周增速下滑。城市能级提升、高端制造、新能源、民生领域等新的增长点尚未形成规模，还难以全量承接传统行业腾挪的规模。从债券承销看，过度依赖超大、超优级客户的局面未得到根本改善，“次优级”地方国企客户依然不足，上半年我行共主承销发行债务融资工具 86.5 只，在排名前五的主承销商中，发行只数最少。截至 6 月末，仍有 12 家分行零承销，分别是陕西、河南、福建、湖南、河北、青海、云南、吉林、黑龙江、厦门、海南、宁夏。从代理投资看，有效项目来源也明显不足，上半年收益较高的棚户区项目占比 11%，今年表外代理投资中房地产仍要防范好风险，控制总量，完成好压降任务，后续依靠到期收回投放的空间有限，加上政府类融资项目不得新增的限制，目前有融资需求且价格符合理财资金要求的项目来源和储备不足。

（四）经营转型的传导不够有力，联动协调还不到位。一是存在战略传导层层衰减的问题。如，总行在年初就已经明确，公司存款工作以后无论有贷无贷，实行统一管理，也要求各行明确抓公司存款的牵头部门。但是，有的分行到现在公司存款还没有统一的牵头部门，部分二级分行、支行也未明确抓公司存款的牵头部门，也未在公司内部明确落实抓存款的责任。二是联动协调还不到位。如，很多集团公司对资金进行集中管理，受资金归集影响，子公司属地行对存款等业务营销动力不足。又如，开展供应链业务时，面临台账共享、利润划分、信息共享等跨分行协调问题，异地客户拓展不顺利。另外，因为境内外机构对客户联动服务不到位等因素，320 家 500 强外资企业中，有 80 家未与我行建立业务关系，已经建立业务合作关系的 240 家企业在我行的存贷款余额合计只有 1 000 亿元左右，与企业的实力不符。

（五）系统建设和应用还需加强，信息化水平有待提升。一是营销系统需要进一步完善。去年刚刚建立起来的公司与法人客户营销系统是支持客户经理对公司客户营销的重要系统，目前还存在数据来源口径不一致、信息不完备、数据时效性较低等问题。二是新业务系统推广应用亟待加强。比如新投产的金融资产服务系统，从上半年的使用数据看，45% 的新增业务没有通过或没有按要求完成系统操作。部分分行对新投产的系统应用不够重视，客户经理对系统操作不够熟练，对系统的协同推动管理也有待加强。三是大数据应用还不够深入。以存款业务为例，我行对公司存款的大数据分析刚刚起步，人员和技术储备不足，尚未建立公司条线的专业分析师队伍，对各类型资金的转换规律研究不透，难以提出抓好资金源和资金封闭运行管理的有效措施。

三、下半年要深入贯彻落实总行政策措施要求，全力做好各项重点工作

近期，国家推出了一系列深化改革、推动发展的新政策新措施，为我们做好下半年工作提供了新的机遇。全行公司业务战线，要坚定信心，把思想和行动统一到国家对当前经济形势科学的分析判断上来，统一到对下半年经济工作部署和要求上来，增强全局意识、忧患意识、责任意识和机遇意识，认真贯彻落实全行年中工作会议的精神，着力解决好经营管理中存在的突出问题，把握市场发展先机，提前进行业务布局，深入推进十项重点工作，确保实现全年人民币公司贷款新增5 000亿元、公司存款新增2 000亿元、债券承销3 500亿元、日均金融资产5万元以上客户增长10万户、公司类中间业务收入886亿元等经营目标。

（一）切实加强客户拓展与服务，不断优化客户结构。一是进一步做好拓户工作。会后各行分管公司业务的行领导，要立即组织调查辖内日均金融资产5万元以上客户情况，有针对性提出拓户提速工作措施。二是抓好总、省、二级分行三级重点客户。其中总行级客户日均金融资产必须达到亿元以上，省行级日均1 000万元以上，二级分行级日均100万元以上。三是抓好有融资关系客户。各行要采取分片包干等措施，确保有融资关系客户日均金融资产年内达到5万元以上，同时确保完成全年有融资关系客户增长7 000户的计划，以及A+级以上有融资关系客户占比78%的目标。四是充分发挥网点的拓户作用。下半年各行需确保每个有对公服务能力的网点净增10户日均金融资产5万元以上客户。五是维护好金融资产过千万元的客户。从8月开始，总行将按周对日均金融资产1 000万元以上客户进行监测，对于金融资产下滑较快的客户，各行要逐户采取针对性措施，维护好客户。六是通过完善分层营销体系做好客户服务。一级（直属）分行本级公司客户要在50户以上，所有二级分行年内必须建立起本级客户名单，支行和网点要对日均金融资产50万元以上的客户全部实现管户。要强化一级分行、二级分行的牵头营销和客户拓展职能，避免任务集中到支行和网点。参照总行级公司客户服务模式，对省行级公司客户实行“一户一策”的个性化、综合化服务。

（二）切实加强资金流管理，提升稳存增存水平。一是解决好“裸贷”问题。全行年中工作会议对解决“裸贷”问题提出明确要求，各行要确保辖内“裸贷”客户每月减少10%，年底裸贷客户数量减少60%，下一步总行还会召开专门会议进行部署。各行要抓好“裸贷”预防，加强有贷户存贷比日常监控管理，按月通报辖属机构情况，对存款和结算量下降较快的客户要及时预警。要抓好源头控制，严把信贷投放关，重点抓好“受托支付留存率”、“结算业务量”、“货款归行率”三个关键指标的控制。对受托支付，要严控不必要的小额受托支付，下一步总行将取消流动资金贷款受托支付时限，各行要贯彻落实好后续政策；对资金结算，各行要根据客户所属行业特点和交易特点，要求客户在我行的结算量与融资额相匹配；对货款归行，各行要与客户明确约定回笼资金的频度和金额，对客户形成合同约束。要抓好存量转化，对于辖内“裸贷”客户，要逐级落实责任，根据总行下达的目标任务，制定明确的工作目标并按月设立阶段性达标目标，对存款主要存放在他行、而放在我行的占比达不到要求，且争取无效的“裸贷”客户，原则上不再进行续贷。二是抓好资金源。公司部门要加强与机构、个金、资管、金融市场等部门联动，抓好财政收支、军队采购、个人按揭、理财投资、股票债券市场融资等规模较大的资金源，带动公司存款增长。重点争取国开行棚改专项贷款代理业务，该项业务资金总规模预计过万亿，如果国开行在各省都选择我行作为棚改贷款主要代理行，那么至少有2 000亿元资金可沉淀为我行存款。各行要发挥我行资金监管和结算服务的优势，争取该项业务，最大限度将棚改资金落实为我行存款。三是应用好大额资金平台。按资金流、交易流、信息流开展精准营销，提升平台目标客户开户率，促进资金在系统内封闭运行。四是进一步明确管理责任。各行要明确公司存款工作统一牵头部门，避免公司部门不负责公司存款营销管理的情况。

（三）切实加强培育信贷“蓄水池”，持续优化信贷结构。在做好年初确定的“八大市场”信贷投放的基础上，积极关注国家全局性、基础性、战略性重点工程的进展情况，提前谋划，主动做好这些重点工程的金融服务。一是培育产业“蓄水池”。主要包括：重大信息网络建设、重点油气管网建设、健康养老产业、国土生态和大气环境治理产业、沿海核电和西南水电项目、重大水利设施和河湖治理工程、北京新机场和内河高等级航道、假日经济产业、新能源汽车等。二是培育区域“蓄水池”。抢抓新的区域增长极建设过程中的重大项目和重点工程，这些区域主要包括：21世纪海上丝绸之路、陆上丝绸之路经济带、京津冀一体化、长江经济带、自由贸易区等。三是做好限额行业管理。政府融资平台融资余额确保下降1 200亿元，其中贷款下降1 000亿元；房地产融资余额确保下降300亿元；8个产能过剩行业融资余额确保下降250亿元，其中钢铁行业下降150亿元。在完成压降计划基础上，重点支持总行级和区域龙头房地产企业，重点支持产能过剩行业优质企业并购重组、技术改造、节能减排以及“走出去”业务。四是继续推进信贷流程优化。跟进信贷业务授信、评估、审查等环节的流程优化工作，有效降低客户经理案头工作量。

（四）切实加强金融资产服务业务创新，加快推动转型升级。抓住国家拓宽投融资渠道给公司金融业务带

来的机会，深入分析债券承销、托管，以及社保、保险资金参与政府项目带来的市场机遇，创新业务品种，有针对性地做好营销和服务。

1. 债券承销业务。要力争实现同业排名第一位。一是严格落实责任。各行要建立债券目标任务落实监督机制和配套的问责机制。序时进度较慢的分行要加大营销力度，上半年零承销的分行年内要取得突破。二是结合区域特点开展营销。各行要制定适合本区域的债券营销策略，锁定当地优质客户，积累项目储备，提高营销成功率，力争承销金额和只数同业排名双第一。三是开展“一行一户”营销活动。各行要遴选 2－5 户信用等级较高、发行量较大、长期由他行承销的企业，组建专门团队进行营销，年内至少争取到 1 户企业。

2. 资产交易业务。一是做好理财直接融资工具等创新产品的营销推广。各行都要积极营销储备并推荐理财直接融资项目，努力做到批量化发行，提高标准化理财项目比例。二是全力推进信贷资产证券化工作。完成铁路专项信贷资产证券化工作，积极推荐其他备选资产项目，并做好证券化后贷款日常服务工作，下半年力争完成信贷资产证券化 200 亿元以上。三是丰富资产交易项目类别。在积极营销推荐增量项目的同时，着力开拓存量资产转出渠道，扩大信贷资产流转业务试点行范围。四是抢抓国家鼓励混合所有制经济发展的商机。深度发掘国有资本、集体资本、民间资本等交叉持股、融合发展的市场机遇，为客户提供股权＋债权的综合金融服务。

3. 银团贷款业务。一是积极争揽重大项目。主要是制造业、公路、铁路、电力和轨道交通等行业重大潜力项目。二是加大银团创新推广力度。推动小企业银团贷款筹组，将银团牵头分销业务覆盖至大中小型优质客户。继续推广分组银团等新型结构化银团筹组模式，满足客户差异化融资需求。探索保理型银团贷款业务模式，扩大供应链融资项下银团贷款规模。三是消除“零牵头、零分销、零代理”现象。13 家零牵头的分行要加大组织推动力度，紧密跟进辖内储备项目，尽快取得突破，确保完成全年目标。四是做好境外银团项目营销。强化境外重大银团贷款项目牵头筹组与协同营销，提高我行境外银团市场筹组分销能力与品牌影响力。

（五）切实加强联动营销和全产品营销，形成协同优势。一是做好跨部门、跨机构联动。公司部门要牵头与投行、养老金等部门开展重点客户业务推介活动。公司、结现部门要设立联动工作组，指定专人负责联动工作，共同抓好大额资金平台、电商平台、法人理财等重点工作。集团客户总部属地行与分支机构属地行、供应链核心客户属地行与上下游客户属地行要探索建立联动机制，提升对这两类客户的综合服务水平。持续做好亚布力论坛成员企业营销服务，在总行对论坛理事成员单位综合金融服务方案模板基础上，根据客户具体需求，多部门联动做好综合化金融服务。二是做好跨境联动。对境外 IPO、境外发债、跨境结构融资等专业要求高的联动业务，要按总行要求，建立相对固定的联动专员队伍。积极参与总行联动营销目标客户库、重点项目库建设，及时将辖内优质客户、重大跨境业务信息入库并发起联动营销。继续深化同外资 500 强企业的合作，对已在中国开展业务的他行客户，业务属地行争取在年内与客户建立业务合作关系。全面深化同南非标准银行的公司金融业务合作，建立双方公司业务条线间联动合作机制，从融资合作为主向综合化金融服务合作延伸。进一步加强与国开行、进出口行等同业合作，建立境内外合作网络和联动机制，借助同业力量提升我行跨境服务能力。三是通过全产品营销提升公司类中间业务收入水平。各行要针对重点产品，逐项制定稳收增收工作方案并组织实施，对于上半年债券发行承销、理财项目推介、安心账户托管等业务收入计划完成压力较大的中收产品，要切实加强与相关产品部门的联合推动，并规范入账管理。

（六）切实加强公司业务信息化建设，助力 E－ICBC 发展。一是利用好公司与法人客户营销系统。目前全行已基本实现了 100% 的客户和客户经理纳入系统进行管理，在系统中也建立了客户与客户经理的对应关系。各行要利用好这个系统，对客户在我行购买的产品、业务量、贡献、风险状况，以及交易对手等进行全面分析，开展精准营销。二是加强电商平台商户拓展。B2C 平台方面，各行要按照“名商、名品、名店”的原则，加快拓展第二批 1 000 户目标商户，10 月底以前完成 2 000 户目标商户的签约工作。B2B 平台方面，各行要在公司业务部门安排 1－2 名客户经理，负责平台商户营销，在 10 月平台投产之前对目标市场进行摸底调查，提出辖内平台商户营销方案并开展预营销。三是加快发展网络融资业务。优选信息化水平较高的供应链核心客户、电商批发零售平台以及大宗商品交易市场，跨区域集群式地提供线上融资服务。加强网贷通、易融通等既有网络融资产品的营销推动，争取他行优质客户转入我行办理业务，提高抵押类小企业客户的网贷通转化率，提高 B2C 电商平台入驻商户的网贷通、易融通办理率。四是应用好即时通讯平台。该平台将于 8 月投产，通过该平台，可实现客户和客户经理、客户经理和客户经理的即时通讯。各行要利用该平台，建立对公客户服务群组，全面收集客户需求信息，并精准推送产品，提升服务水平。

（七）切实加强供应链金融工作，推动业务批量化发展。一是加强营销组织推动。各一级（直属）分行和二级分行，要成立行领导任组长的供应链金融领导小组，负责供应链金融业务的组织推动和全面管理。将经营状况好、带动效应强的核心企业对应纳入省分行、二级分行级公司客户名单，由相应分行领导亲自营销。二是着力打造样板工程。每家行要打造5－10条业务量大、拖户比高的重点供应链，并及时总结经验，开发优秀案例，进行示范推广。三是实行“一链一策”个性化服务。要对核心客户的经营管理模式进行分析，对上下游客户名单进行梳理，为链上客户提供个性化的服务。四是深入推进项目项下供应链金融业务。充分挖掘项目贷款资源优势，依托项目供应链条、承包链条逐级延伸拓展项目供应链金融业务。五是做好供应链融资核心企业认定工作。加强对产业龙头企业、专业市场、产业集群的营销；对于经营情况不佳、行业地位一般，涉及民间借贷、关联担保、频繁反向资金交易等敏感业务的核心企业，要逐步退出。

（八）切实加强优化方案落实，全面推动小微业务发展。各行要做好小微金融业务发展模式优化方案落地工作，找准小微信贷重点投向，抓好优质客户的拓展；做好小微金融产品创新和流程优化，推进小微企业融资网络化；做好小微业务风险动态监测，防范小企业多头融资、过度融资风险；加快组建小微业务专业团队，加大对小企业客户经理的培训力度，全面提升市场拓展和风险把控能力。

（九）切实加强机构队伍建设，为发展提供组织保障。一是推动机构职能调整。各行要理顺公司业务管理机制，建立健全小企业金融服务专营机制，保持机构、人员、队伍相对稳定；对大客户金融服务要有专人负责，并参照总行做法逐步试行首席客户经理制；有条件的分行，对公司、结现、投行和小企业金融的业务分管要相对集中。二是进一步发挥公司金融业务推进委员会的作用。尚未成立委员会的分行，要在9月底前成立，积极通过委员会解决客户拓展、公司存款、债券承销、联动营销等重点业务发展过程中遇到的难题。三是抓好客户经理队伍建设。各行要按债券、供应链和金融资产服务专业团队建设办法，尽快将人员配备到位。要建立公司业务专业分析师队伍，定期深入分析业务难点，提出可操作的解决方案。要强化客户经理资格认证推广应用，逐步建立资格认证与业务授权的挂钩机制。通过面授、视频、网络等多种培训方式，加大培训力度，及时传达相关工作要求和政策制度规定。四是提升网点对公服务能力。各行要积极参与网点综合化改造工程，推动加强网点公司客户经理配备。

（十）切实加强风险管理工作，有效防控实质性风险。一是做好信贷业务风险防控。各行要严把客户关，盯牢存在经营亏损、过度投资、过度负债、盲目扩张、交叉违约、隐性关联、互保联保、“裸贷”、民间借贷及其他高成本负债等特征的客户尤其是大户风险。总行、省级行和二级行公司部门要做好贷后日常管理，定期分析监测本层级公司客户的风险状况，并分别负责按季分析报告辖内融资10亿元以上、1亿元以上、3 000万元以上公司客户的风险状况。同时，要严把产品关，盯牢贸易融资、供应链融资、票据贴现、固融等业务风险，做好防假、打假工作。二是做好金融资产服务业务风险防控。各行要加强债券承销全流程管理，高度关注企业频繁的并购、重组活动，督导其及时披露相关信息及风险事件，切实履行主承销商职责。严格理财融资项目客户准入，从严设置信用增级措施，落实足值抵押担保。规范委托贷款业务发展，根据监管意见，全面梳理辖内业务，严格审查，及时整改，审慎进行业务转授权。

同志们，下半年的形势依然严峻，工作任务更加艰巨，我们要进一步坚定信心、抢抓机遇、开拓进取、攻坚克难，全面推动“大公司金融”战略的实施，圆满完成全年公司金融业务经营目标！

坚定信心　迎难而上
推动结算与现金管理业务取得更大发展

——在结算与现金管理专业年中经营分析会上的讲话

郑万春

（2014年8月4日）

今天我们召开结算与现金管理专业年中经营分析会议，主要任务是，认真贯彻落实全行年中工作会议战略部署，总结上半年结现专业工作情况，分析结算与现金管理业务经营形势，部署下半年工作任务，确保全年任务目标圆满完成。下面，我讲三点意见。

一、上半年工作情况

今年上半年，全行结算与现金管理专业认真贯彻落实总行党委各项战略部署，以机构改革为契机，准确把握专业职能定位和营销工作重点，积极应对经济下行压力加大、利率市场化加速、收费监管从严、互联网跨业竞争加剧等环境变化，抓住机遇，攻坚克难，较好地完成了各项经营计划，为全行改革发展和经营转型作出积极贡献。

一是较好地完成了存款和中收工作。截至6月末，全行公司存款余额3.57万亿元，较年初增长1 646.1亿元，增幅4.83%。其中结现专业负责的新增公司客户存款增量1 591亿元，完成全年任务113%；新开对公结算账户存款增量2 520亿元，完成全年任务100.82%，为全行稳存增存工作提供了有力支撑。实现结现专业中间业务收入140亿元，同比减少3.92%，占全行中间业务收入750亿元的18.64%，与去年基本持平。

二是优质客户稳步回升。截至6月末，五星级以上现金管理客户净增1.76万户，完成全年任务110%，总量达到22.3万户，在现金管理客户中占比达到21.65%，客户结构进一步优化；日均金融资产5万元以上优质公司客户较年初下降4.27万户，但较5月末增长1.04万户，希望后续进一步巩固回升态势。

三是客户基础进一步夯实。截至6月末，全行新开有效对公结算账户30.60万户，完成年度任务的57.73%；全球现金管理客户新增317家，总量达到4 130家。法人理财有效客户达到7.26万户，完成全年计划36.3%；贵金属有效客户数达到642万户，完成全年计划的58%。

四是业务拓展成绩突出。截至6月末，全行法人理财产品销售额达到10 065亿元，计划完成率70.02%，日均存量规模达到3 641亿元，继续保持市场占比第一。新增投产上海化工品等10家交易市场银商转账业务，共与110家商品交易市场建立银商转账业务合作。在全国250家获取牌照的非金融支付机构中，与我行建立业务关系的有161家，市场份额遥遥领先。

总结上半年结算与现金管理专业工作，有不少亮点和成功经验，值得肯定：

（一）拓户增存有举措。上半年，结现专业围绕客户拓展和存款增长，采取了一系列富有成效的工作措施。一是继续抓好源头营销。积极应对商事制度改革，在全行范围启动了“企业通”平台推广工作，牢牢抓住企业设立环节的源头营销，促进新客户拓展。二是加强大额资金监控。在调查分析大额资金监控平台应用情况的基础上，从建立机制、优化系统、完善手段三方面入手，推进大额资金监控平台的应用改进。三是创新产品和服务。在全行范围推广结算套餐，根据客户需求设计多款套餐产品，并不断优化系统功能，增强分行自主性和产品灵活性；对河北白沟、嘉兴皮革城等专业市场实地调研，制订专业市场综合金融服务方案，进一步提升专业市场客户拓展和服务能力。四是协助分行锁定优质目标客户。总行按照存款规模对全行对公客户进行梳理，形成了6星级以上非现金管理客户清单并发送分行，进一步推进优质客户拓展和客户结构优化。同时，密切与公司、个金、机构等部门协作，共同做好重点客户、重点产品和重点项目的联动营销工作，提升了全行对公业务整体竞争力。

（二）中收管理有章法。上半年，面对中间业务收入增长乏力和监管趋严的双重压力，结现专业沉稳应对，积极推进中收提升和合规管理。根据监管要求，全面加强中间业务定价和服务过程管理。更新制定2014版结现专业相关服务价目表，全面梳理124项收费项目和收费标准；积极配合监管部门收费检查，组织全行抓好自查整改，并做好与监管部门的解释沟通工作。在此基础上，重点加强中收推动，组织三批督导组分赴江苏、浙江、山东、深圳等重点分行开展中收督导，并召开视频工作会议，推广成功经验，有力促进了中收的稳步增长。可以说，面对十分不利的外部经营形势，结现专业能够积极主动应对，扎实有效地推进存款和中收工作，十分不易，值得肯定。

（三）市场营销有声势。通过有效的市场营销活动，不断提升品牌影响力和市场号召力，促进市场开拓。一是强化重点客户和重点项目的营销。成功推进了与家乐福、星巴克、施耐德集团、金川集团、南方电网、GE等重点客户的营销合作；上线伊藤忠、四川宏华、紫金矿业等全球现金管理客户，并协助新加坡、巴塞罗那等海外分行上线资金池项目；进一步加强与中国台湾永丰、摩根大通等同业的业务合作，并在上海、东莞、苏州等地联合举办推介活动。二是充分利用欧洲金融北京年会、《欧洲货币》杂志等宣传平台，展现我行专业市场形象，并在江苏、厦门等分行，成功举办多场现金管理和法人理财营销推介会，取得较好的营销效果。三是重点产品推广有成效。上半年，总行梳理选择财智账户卡、收款管家等30款重点对公产品，编写了详细的产品介绍和营销资料，并通过数据挖掘等手段与分行锁定目标客户，全面加强重点产品推广。截至6月底，30款重点产品合计客户量已较年初增长21.85%，产品渗透率和贡献度显著提升。

（四）产品创新有突破。上半年，结现专业继续发挥产品和系统创新优势，结合机构改革专业职能定位和营销管理需要，重点推进了一批核心系统的开发建设。开展了包括现金管理客户端、结算与现金管理系统、开放式多渠道通用缴费平台、财智账户卡芯片卡、金融资产池、财智商贸通、对公客户统一产品收费系统等八大重点系统的研发建设，进一步打造系统和产品优势，为市场拓展和营销管理打下坚实基础。同时，优化账户管家、资金池、结构性存款、收款管家等产品，推动研发自动投资安排和对公大额存单产品，提升重点产品竞争力。

（五）业务管理有实效。上半年，结现专业围绕风险防控、营销支持、网点建设等，开展了大量卓有成效的工作。一是做好与支付机构合作。顺利完成支付宝快捷支付调降限额、统一接口工作，为“五统一”实施打下坚实基础。二是完善信息监测分析体系。实现专业主要考核指标和重点产品发展情况的实时监测，并下发监测数据脚本，加强技术指导，协助分行提升信息监测应用水平。三是配合渠道管理部积极推进网点对公渠道建设。开展网点对公业务情况调查，摸清全行网点对公业务开办情况，并筛选出了317家具备综合化服务能力和对公客户资源、但尚未开办对公业务的网点清单，为下半年进行重点突破打下了基础。

（六）队伍建设有成果。上半年，结现专业产品经理、国际财资管理师和分析师队伍建设都有了新的成果和突破。以行办文形式下发《关于加强结算与现金管理产品经理队伍建设的通知》（工银办发〔2014〕386号），召开产品经理队伍建设视频动员会，并开展产品服务创意大赛和网上知识竞赛，多方面推进产品经理队伍建设。总行牵头组织5期结算与现金管理专业培训班，并在杭州组织召开结现专业高级管理人员研修班，为管理层和业务人员提供系统化的专业培训。推进国际财资管理师CTP的培训认证工作，上半年共培训547人，持证人员总数达到2 270人，占国内持证总人数的53%。举办一期分析师专题培训班，并对全行信息监测人员实行名单式管理和对口指导，进一步加强分析师队伍建设。

总的来说，上半年在外部环境十分复杂、困难和压力加大的情况下，全行上下顶住压力、艰苦努力，取得了好的成绩，来之不易。在这里，向大家表示衷心感谢！

在肯定成绩的同时，我们也要清醒地看到，经营环境的复杂性和困难性可能不是短期现象，而是一个中长期特征，同时经营发展中一些问题也不容忽视。主要是存款理财化、同业化、定期化情况延续，存款增速乏力、稳定性差、成本抬高，季末冲时点的现象仍比较突出。虽然6月末我行存款增长实现了时间过半任务过半，但冲时点现象也引起了监管部门的关注；中间业务收入增长困难加大，增幅在可比同业中基本处于末位；强化客户基础的工作仍需要加强，日均金融资产5万元以上对公客户仍然为负增长，客户质量有待进一步优化提升，等等。面对这些困难和问题，我们要加强研判、找出根源、突出重点，着力完善各项工作策略和措施，着力提高经营管理质量和效率，巩固稳中求进的良好局面。

二、准确把握当前形势，理清业务发展思路

各行要全面认识全行和结现专业当前和今后一段时期所面临的机遇和挑战，重点把握好内外部经营环境的四个方面的特点。

一是经济下行压力依然存在，“微刺激”效果逐渐显现。从国际上看，全球经济维持温和复苏增长态势，我国经济发展的外部环境有所好转。从国内看，经济运行总体平稳，但下行压力依然存在，实体经济存在的问题开始向金融领域传导，金融风险出现一定程度的扩散和蔓延。经济增长、就业、物价等指标数据仍处在合理区间的低位，PMI连续4个月小幅反弹，已经连续两个月保持在“荣枯分界线”50以上，进出口增长由负转正，“微刺激”的政策力度逐渐显现。可以预见，在经济转型、增速放缓等因素影响下，与企业经营活动密切相关的开户量、结算量和存款量都将受到一定影响，同业竞争将更加激烈。

二是金融服务实体经济要求进一步提高。提高金融服务实体经济能力是当前和今后一段时期我国金融工作根本出发点，主要方向之一就是支持“三农”和小微企业发展。国家已陆续出台商事制度改革、定向降准、调整存贷比口径等政策，并进一步规范商业银行涉企、涉农服务收费。要把握党中央国务院关于金融支持实体经济发展的一系列政策机遇，重点做好“三农”及小微企业的金融服务支持工作，探索提供满足其需求的产品、服务和业务模式，并在此过程中与实体经济共享改革红利。

三是市场竞争格局不断演变。随着金融改革深入和市场形势的变化，银行业市场格局之多变超越了以往任何时候。银行同业竞争日益激烈，民营资本进入银行业准入放开，地方性和民间金融发展迅速；证券、基金、保险、信托等机构纷纷向商业银行渗透，金融界限逐渐模糊，对银行传统业务形成替代效应；互联网金融蓬勃发展，依托电商交易平台、社交平台等向理财、融资、支付、信息服务等领域快速渗透，对银行客户、存贷款、中收等形成分流和挤压，并对银行现有经营和服务模式形成挑战。

四是声誉风险防控压力显著增加。良好的声誉是银行的生存之本。近年来，随着消费者权益保护意识的逐步增强，以及互联网、自媒体等新兴传播方式的裂变式发展，社会公众对银行经营和服务的关注度越来越高，一些经营行为瑕疵和服务问题很容易被夸大，给我行形象和声誉带来不良影响。结现专业客户基础覆盖广、产品服务种类多、服务专业要求高，在声誉风险管理上就要更加主动作为，防患于未然。尤其是在第三方支付机构合作、理财产品代销等方面，要在加强业务管理的同时，密切关注舆论导向，强化正面宣传，防控声誉风险。

挑战和机遇并存，我们要在挑战中积极寻找并抓住机遇。下半年，结现专业的任务是繁重的，要确保在严峻复杂的形势下实现结现专业的健康快速发展，必须牢

牢把握以下三个原则：

一是要充分发挥专业职能在营销管理中的作用。根据结现专业长期以来的价值贡献和专业营销优势，在年初总行组织机构改革中，总行结算与现金管理部与公司金融业务部、个人金融业务部、机构金融业务部共同归属营销管理板块，主要定位于客户拓展、产品销售的整体规划与组织推动。全行结现专业一定要从重点客户群维护的角度，立足营销，依靠优质服务和丰富的产品，充分发挥专业产品、系统和人才优势，强化营销管理职能，切实做好新客户市场拓展和优质客户维护。按照计划，下半年总行将开始推进分行组织机构改革，各行结现专业一定要牢牢把握专业职能定位和机构改革的机遇，进一步完善机制、充实力量、强化职能，为客户营销和市场拓展奠定基础。

二是要贯彻落实“强化客户基础”的战略部署。银行最重要的基础是客户基础，最重要的战略是客户战略。当前我们客户基础仍然相对薄弱，不仅体现在客户总量上相对不足，更重要的体现在客户结构不优，质量不高，对转型发展的支撑力不强。在对公客户中，无效和低效客户还占了相当的比重，日均金融资产5万元以上优质客户较年初仍为负增长。未来，工行竞争优势一定是比较强的客户基础。结现专业作为对公营销服务的核心基础部门，要坚定不移地推进客户提升工程，坚持量质并举、以质为先，力争通过几年努力，构建起中高端客户总量大、代际衔接、交易活跃的客户基础，巩固和扩大全行可持续发展的战略根基，夯实业务发展基础。

三是要着力提升营销管理的精细化水平。我行经过多年的快速发展和规模扩张之后，目前已经进入一个发展相对平缓的平台期。在这个阶段，首要是要推进结构调整和经营转型，由粗放式规模扩张向集约型效率提升转变，重点是提升精细化管理水平。具体来讲，第一是产品创新精细化。产品功能不仅要满足客户需求，还要更加注重客户体验，着力在易用性和便捷性上下功夫。要善于研究借鉴，尤其借鉴互联网金融的产品设计思路和特点，他们最大优势是客户体验优于银行，我们要学为己用。第二是营销管理精细化。要进一步强化客户分层营销理念，利用好信息监测分析、大数据挖掘、大额资金监控平台、星级客户评定等手段，全面掌握客户信息，配套制定营销策略，不断提升营销效率，使有限的营销资源发挥更大的营销效果。这方面，关键是要树立“经营信息”的理念，重点是要做好对基层和客户经理营销信息的支持工作，使他们能够随时掌握业务动态，及时采取相应措施。第三是客户服务精细化。要进一步践行“以客户为中心”的服务理念，通过优化业务流程、理顺服务机制、提供增值服务等，不断提升服务质量和客户满意度，提升结算与现金管理业务竞争力。同时，要注重内部管理精细化，进一步健全完善考核激励机制和问题响应机制，做好内部服务和信息传递交流，为前台营销和客户服务提供有力支撑。

结算与现金管理专业要将以上三个原则，作为推动各项业务开展的出发点和落脚点。要统筹规划，立足市场营销，加强联动协调，强化客户拓展，创新产品服务，推动业务健康快速发展。

三、下半年重点工作

为巩固成果，更好地完成全年工作任务，全行结算与现金管理专业要紧密围绕对公存款的增加、中间业务收入的增长和对公客户结构优化三个主要目标，做好以下七个方面的工作。

（一）坚决做好拓户增存工作。当前全行在优质客户拓展和公司存款稳定增长上还面临较大压力，我们要更加重视客户和存款在经营发展中的基础性作用，切实采取措施将拓户增存工作抓实抓好。一要拓展结算账户市场。要紧跟新公司法颁布实施步伐，积极探索商事改革后新客户拓展工作思路，大力推广“企业通”平台，做好新注册企业在我行的开户营销与结算服务，牢牢把握客户源头营销。同时，要继续发挥集群营销优势，显著增加供应链上下游企业在我行开户量，积极开拓专业市场、工业园区、卫星城、开发区等重点区域市场，全面提升新能源、现代服务、文化教育、运输物流、医疗保健等潜力巨大行业的客户营销。二要增加结算账户存款。各行要充分运用大额资金监控平台，以客户资金往来明细为线索，准确定位目标客户，制定精准营销策略，大力营销日均金融资产在5万元以上优质客户，并以产品营销为手段，最大限度留存客户结算资金，促进新客户存款稳定增长。三要营销推广结算套餐。各行要充分利用总行即将推出的“展业版”和“进阶版”套餐，结合产品特点和客户需求，积极推介适宜的套餐服务。重点推广财智账户卡、企业网银、工银信使等产品，切实提升产品覆盖率，促进存款的稳定增长。

（二）推动中间业务收入稳步增长。在当前内外部环境复杂多变、经营转型日益迫切的情况下，实现中间业务收入稳步增长意义重大。结现专业要勇担责任，继续发挥全行中间业务收入增长稳定器的作用。一要处理好规范经营与增加收入之间的关系。在依法合规基础上，重点加强业务拓展，促进收入增长。二要全力拓展市场，做大业务规模。加强新客户和账户拓展，推动结算套餐、法人理财、贵金属、现金管理等重点产品的营销推广。三要加强议价和收费管理。要通过为客户提供高质量的现金管理服务增加中间业务收入，要丰富客户服务内容，规范业务合作协议，严格执行服务价目表，不得擅自因其他业务合作而减免现金管理服务费用，切实做好现金管理服务收入管理工作。

（三）扩大现金管理业务领先优势。现金管理业务要多措并举、多管齐下，不断提升综合服务能力。一要加快现金管理相关系统的研发建设，包括建立企业现金管理客户端平台，完善现金管理内部管理系统和全面提升境外现金管理服务支持系统。二要进一步夯实客户基础。各行要按照总行统一部署，对存量现金管理客户进行梳理，逐户落实产品上线运行，到今年底要完成30%存量客户的梳理工作。三要加强重点产品营销渗透。各行要针对使用非核心现金管理产品或单一现金管理产品的客户，开展专题营销活动，到年底提升十大核心产品覆盖率。四要加强客户拓展和营销宣传。针对不同客户在流动性管理、综合理财服务、资产增值方面的不同需求，加强差异化营销；要围绕“工银财资管理”的发布和推广，宣传我行财资管理理念和服务，树立专业品牌形象。五要注重国际化发展。各行要充分了解和重视发展全球现金管理业务对我行国际化经营战略的重要意义，认识到全球主办行地位对于维护客户关系、拓展合作外延的重要作用。对中外资大型跨国企业，尤其是中资“走出去”企业和外资“走进来”企业，要调动全行资源，突破条线限制，加强业务联动和营销推动力度，提升服务水平。要推动合作内容从基础的账户信息查询、支付，向资金集中以及更加综合化、高端化的服务扩展，不断提升专业能力和业务贡献度。

（四）促进法人理财和贵金属业务稳定增长。法人理财业务要强化客户储备，夯实客户基础，提升各层级机构及人员销售能力，有效带动理财销量增长。一要做好客户需求的挖掘和拓展。对理财零余额和长期无交易客户，要分批次开展专项营销提升活动，激活不动户；对存量优质客户，要做好跟踪服务，及时通知产品发售信息，巩固有效理财客户群体。二要开拓新客户市场。要加强对网上商城商户、医疗卫生企业及服务机构、教育科研企业及服务机构、慈善社团及福利基金会等新客户的营销推介工作，大力拓展新市场。三要把握好产品发行和销售策略。要做好理财和存款工作协调，将理财业务立足点放在优先转化付息率较高的负债业务，以及吸引他行客户购买上，并争取客户无论是配置存款还是理财都在我行体系内流转。时间上也要匹配，不要在月末、季末冲高。要坚持以自有产品销售为主，代销产品主要作为自有产品的补充和组合，不要因为一点代理业务收入而牺牲了我们的存款。要深入挖掘非保本理财产品客户需求，提升中间业务收入贡献。

贵金属业务要积极适应市场变化，加强行内协同，加大市场拓展力度，提高客户服务水平，加强贵金属市场跟踪和经营分析工作，确保完成全年经营任务，切实提升贵金属业务对全行经营的贡献。一要组织开展好贵金属营销大赛。要以竞赛为契机，紧紧围绕提升贵金属中间业务收入规模的中心工作目标，积极开展产品宣传和营销推广。二要加强贵金属业务市场推广力度。要继续加强与贵金属业务部、金融市场部以及各营销部门的联动营销和密切合作，积极推进实物零售、批发、投资交易、融资租赁等业务的全面发展，全力提升贵金属整体收入规模。要将贵金属作为网点日常营销基础产品，继续实施贵金属客户专属服务区建设，为客户提供一站式全方位的贵金属投资理财服务。

（五）加快代理业务创新发展。要在继续做好代理财政、代理同业等业务拓展和服务工作的基础上，抢抓市场机遇，加快代理业务的创新发展。一要继续做好第三方支付机构合作管理工作。要推进支付机构备付金存管系统上线投产，实现对支付机构业务评估、准入的系统化管理；做好备付金存管系统推广，实现备付金存管业务全覆盖。总行要针对不同支付机构配套制订不同服务方案。要加快推进总行版快捷支付产品顺利投产，抢占市场份额。二要做好开放式多渠道通用缴费平台推广工作。通过上门走访、个性化服务、功能展示等多种方式，强化目标客户营销，全力开拓市场。三要加快财智商贸通推广。锁定大型企业电商平台、新兴商品交易市场及存量银商转账客户，全面开展财智商贸通营销推广工作，提升市场份额，并带动账户、存款及收入增长。需要强调的是，由于代理业务多为平台类服务，客户覆盖面广，在业务开展过程中，一定要注意舆论应对和引导工作，保护消费者权益，要主动发声、增信释疑，做到关键时刻不失语、重大问题不缺位，维护工商银行良好信誉。

（六）加强产品经理和分析师队伍建设。结算与现金管理业务的长远发展，离不开专业队伍的建设和培养，结合当前专业发展实际，重点是要推进产品经理和分析师队伍建设。要按照《关于加强结算与现金管理产品经理队伍建设的通知》（工银办发〔2014〕386号）要求，全力推进产品经理队伍建设，确保在8月底前，在二级分行（含）以上层面建立专职产品经理团队，数量达到1 200人，一级分行、二级分行专职产品经理配备到位，并启动实施产品经理考核机制，做到数量充足、质量高；在年底前全行投产产品经理管理系统，各级行实现产品经理人员管理、日常工作支持及考核方案实施等工作的系统化管理。要重点强化产品经理的产品营销、客户经理培训等职能，实现对所在辖区优质客户综合化产品需求的直接营销和产品服务，解决一站式、综合化营销服务瓶颈问题。

要加快专业分析师队伍的建设和培养，努力提升专业分析师的数据获取和数据解读能力，推进数据挖掘技术在管理和营销中的应用，提升全行结算与现金管理专业的营销能力与精细化管理水平。在队伍建设方面，要突出以练代训。通过组织年度产品创意大赛、协助营销重点客户等，不断提升产品经理业务素质；通过下发数据监测脚本、协助分行开展数据挖掘和应用等，推进分行分析师队伍数据挖掘能力的提升。各行结现专业负责人要加强自身培训考试，提升素质，也应该具备产品经理资格。

（七）推进网点对公渠道建设。结现专业要在渠道管理部门的统筹组织下，重点推动网点对公渠道建设和网点综合化提升工作，确保在2016年底前全行网点综合化率不低于90%。为此，一要进一步深刻认识到网点对公渠道建设的重要性和紧迫性，将网点对公渠道建设作为提升全行对公业务竞争力和服务水平、巩固结算与现金管理业务同业竞争优势的重要抓手。二要着力提升单一业务功能网点的对公服务功能，激活有牌照和对公客户资源、但尚未开办对公业务的网点。三要完善网点对公营销服务机制、强化网点对公营销服务能力，切实做好对公产品网点注入、业务培训和营销推广工作。四要加大对公业务客户经理，特别是从事结算营销的客户经理队伍建设，落实客户经理对公营销任务，完善对公营销考核机制，充分调动客户经理高效履职的积极性。

同志们，总体上看，上半年各项工作进展平稳，但面对复杂多变的经营形势和艰巨繁重的改革发展任务，全行结算与现金管理专业要继续保持旺盛的工作热情和严谨的工作作风，团结一致，坚定信心，迎难而上，确保圆满完成全年任务计划，推动结算与现金管理业务实现更大发展。

推进业务发展模式优化
实现小微金融业务健康发展

——在小企业金融业务年中工作推动会上的讲话

郑万春

（2014年8月5日·根据录音整理）

这次会议的主要内容是贯彻7月14日全行年中工作会议精神，总结上半年小微金融业务在转型发展中取得的成绩，分析当前面临的形势，研究下一步如何按照总行党委要求做好小微金融业务发展模式的优化工作，并部署下半年重点工作。下面，我讲三个方面的意见。

一、在复杂的形势下，全行小微企业金融业务稳中有进

今年以来，全行小微金融业务条线很好地贯彻了总行党委关于坚定信心、稳中求进的总体要求，迎难而上，开展了大量卓有成效的工作，为全行小微金融业务的转型发展创造了条件。

（一）各级行积极作为，小微金融业务转型发展取得初步成效。在总行层面，采取多方面措施，保证小微信贷业务稳中有进。一是深入开展调研，加强业务督导。总行小企业金融业务部先后对26家分行进行了调研与座谈，广泛了解业务发展中面临的问题和困难，并先后组织召开了全行小企业金融工作会议和部分分行小企业金融业务座谈会，研究经营模式优化方向，部署年度重点工作，并建立了小微金融业务重点联系行制度。二是进一步完善小微信贷政策，促进业务持续健康发展。调整了部分小企业信贷政策，将小微企业贷款RAROC阈值由原来的26%调整为20%，根据经济形势和小微企业实际经营状况适当下调利率定价标准；扩大办理低风险信贷业务的小型、微型企业的单户融资限额；将小微企业贷款受托支付起点金额由300万元上调至1 000万元。调整了部分信贷制度，完善小微企业授信管理，缩小对外担保抵扣授信额度的客户范围；调整了个人经营贷款相关政策。适当扩大对分行的授权，将部分微型企业贷款审批权转授二级分行和重点支行。三是大力推进批量化营销和联动营销，强化业务条线系统管理。指导分行继续抓好辖内重点客户群营销拓展工作，要求按照“一群一方案”的原则设计个性化融资方案并推动实施。充分利用我行大数据资源，在现有客户群体中择优筛选小微金融业务目标客户。四是积极开展产品流程创新，提升我行在小微金融市场的竞争力。在全行范围内组建了一支小微金融业务产品支持团队，基本厘清了现有小微金融产品应用情况和存在问题，明确了产品创新方向，扩大了授信项下授权审批制的适用范围。

在分行层面，各行都保持了积极进取的工作作风，探索出了一系列行之有效的做法，对实现业务的稳健发展发挥了积极作用。例如，广东分行重视发展小微企业金融业务，在机构设置、信贷规模、考核评价等多方面予以资源倾斜，从本地区专业市场数量众多的实际出发，坚持走专业市场、专业产品、专业管理的专业发展道路，深入开展细分市场规划和拓展；浙江分行狠抓产品创新，全力推进“小贷通”“商贸通”和“易透”等批量化营销业务，今年以来共设计融资方案72个；云南分行始终把发展小微金融业务作为推进经营转型的重

要内容，确定了“抓链、抓团、抓片、抓点、抓新”的营销方略，坚持“先看经营、后看押品”的选户原则，通过前中后台联动夯实风险管理；河南分行加强业务联动，在省行层面组建跨部门的专业团队，发挥各专业优势，共同开展市场规划和批量化融资方案的研发工作；江西分行灵活运用地方政府资源和总行信贷政策，积极开展“财园信贷通”业务；北京分行积极拓展新三板中的科技领先企业；吉林分行系统性提升小微金融业务管理，上半年提前完成全年增量任务并实现不良贷款余额和不良贷款率“双降”；江苏分行以授信项下授权审批制为抓手，明确职责分工，积极开展小企业供应链融资方案的营销、设计和审查审批工作，并依托融资方案开展个性化产品创新；重庆分行积极与保险公司合作，与人保财险公司联合开办“银保助业贷”和“银保助农贷”业务；四川分行以做“实”做“专”小微金融业务条线为重点，在省内设立50家小企业专营支行，配套完善业务流程、考核方式、准入退出等机制，加大专营支行人员配备力度。

在全行的共同努力下，上半年小企业贷款的增长势头有所回升，6月末小企业贷款余额8 569亿元，较年初增加230亿元，较上年同期多增106亿元；利率平均上浮幅度为16.75%；有贷户数量85 795户，较年初增加1 103户。在较为艰难的经营环境下，上述成绩来之不易。在此，我代表总行党委向全行小微企业金融专业的所有同事表示衷心的感谢！

（二）形势依然严峻，突出表现为业务发展不均衡，资产质量隐患多，同业竞争压力大。首先，业务发展情况很不均衡。从区域上看，小企业贷款增长主要集中在广东、浙江、云南、河南和河北等5家分行，合计占全行增量的98.13%。从时间节点上看，6月末最后6个工作日，小企业贷款井喷式增长247亿元、而之前是较年初负增长，说明贷款持续增长的根基很不牢固。信贷资源储备情况也印证了上述判断。6月末全行共储备小企业信贷资源335亿元，同比少储备315亿元，增加了完成全年增量任务的困难。从业务品种上看，个人经营性贷款仍然负增长，6月末贷款余额为3 133亿元，较年初减少135.07亿元。

其次，资产质量还存在较多隐患。上半年，小企业和个人经营性贷款的不良率继续上升，在上半年核销57亿元不良贷款的基础上（占全行核销总额的45%），6月末全行小企业贷款不良率3.13%、较年初上升0.35个百分点，个人经营性贷款不良率3.75%、较年初上升1.23个百分点。不仅如此，潜在信贷风险依然较大。6月末小企业贷款、个人经营性贷款逾期与不良的剪刀差分别为165亿元、78亿元，表明贷款不良率继续上升的压力仍然很大。

同业竞争压力也在不断加大。尽管在经济增速放缓的情况下，各家银行的小微金融业务也都或多或少遇到了困难，但是为了积极应对利率市场化和金融脱媒的挑战，赢得未来发展先机，同业都在加大对小微金融市场的投入，不断进行体制机制优化和业务创新。大型银行中，建行和中行不断完善其现有的“信贷工厂”模式和分层级的产品体系，农行新成立了小微企业金融部，并提出了以大力发展小微金融为核心的“客户下沉”战略；股份制银行中，招行对原有的小企业专营体系进行了调整，推出了小企业E家平台，民生银行不断改进自身的小微金融经营模式，做强小微专业支行，优化针对小微金融客户的市场规划；城市商业银行和地方信用社也发挥贴近市场和客户的优势，大力拓展区域内的优质小企业客户资源。在同业纷纷加大投入的情况下，我行面临的市场竞争愈发激烈，优化业务发展模式更为迫切。

二、抓住关键环节，稳步推进业务发展模式优化工作

小微企业是国民经济和社会发展的重要力量。今年以来，国家密集出台了一系列扶持小微企业发展的政策，加快发展小微企业金融业务，既是我行转型发展的战略重点，也是我们作为国有大银行应负的社会责任。我们要清醒地看到，当前我行小微企业融资风险控制难与业务发展缓慢的困局，有宏观经济环境的因素，但根本原因还在于我行现行经营管理模式尚不能很好地适应小微企业特点，银监会小企业贷款“六项机制”的要求和我行的“六专”发展道路没有真正落实到位。

为了破解这个难题，总行从年初开始着手研究小微金融业务发展模式的优化工作，在7月14日召开的全行年中工作会议上，姜董事长和易行长又再次对小微金融业务发展模式优化工作进行了部署，要求从政策制度、业务准入、产品流程、服务机制和系统监控等方面入手，提出全面改进意见。总行小企业金融业务部根据党委要求，结合年中工作会议精神，按照市场和风险平衡，放权与严管并重，激励与责任挂钩，发展与配套协同这四条原则，牵头开展了业务发展模式优化方案的制订工作，决定从以下六个方面入手对我行小微金融业务的发展模式进行优化：

（一）强调建立相对独立的管理体系，保障业务发展。优化模式强调市场拓展与风险防控之间的平衡，要求建立相对独立的小企业金融业务管理体系，统筹小微金融业务市场拓展与风险管理，要求各一级分行和业务规模较大的二级分行设立独立的小微企业金融业务部，并进一步明确了总行、省行、二级分行小企业金融业务部在营销管理、发展机制、业务准入、产品创新、流程设计、系统优化、风险管理、专营机构和队伍建设等方面的牵头管理职责，形成相对独立的管理体系。

（二）强调通过加强市场规划严把客户准入关，实现风控前移。在优化后的小微信贷业务流程中增设了

“市场规划”环节，要求总行从区域、行业等维度做好小微金融市场的总体规划，提高对小微贷款投向和客户群体定位的前瞻性把控；要求各一级（直属）分行针对本区域的产业和地域特点做好区域市场规划，在总行框架内确定重点发展的分支行、核心集群及客户群整体的融资限额；要求二级分行以专业市场、产业集群、供应链为主要维度做好细分市场规划，制定个性化融资方案。通过总分行市场规划，前移风险把控关口，提高对风险的预判能力。

（三）强调做“实”专营机构并下放审批权，实现经营下沉。总行决定在现有分支机构的行政管理体系下，选择管理能力较强、小微金融业务发展潜力较大的二级分行或一级支行设立小微企业金融业务中心，负责一站式全流程处理辖内单户融资限额在3 000万元以下的小微客户融资业务。小微金融业务中心由所在区域分支机构负责运营和管理。

总行严格规范小微金融业务中心的设立条件、作业标准和人员资质要求，并制定年审管理制度；按照前中后台制衡的理念在小微金融业务中心内部实施专业化分工，为实现风险的有效防控，审批、核准及作业监督人员采取派驻的方式；对中心从业人员实行严格的责任追究制度，并制定详细的责任认定和风险积分管理办法，力求实现责、权、利均衡。对于成立了小微金融业务中心的区域和地区，今后要逐步做到小微企业大部分信贷业务从受理到尽职调查、审批、贷后管理都在小微金融业务中心内处理，这将大大提高对小微企业的服务效率。小微金融业务中心的审批、核准人员实行省行派驻制，同时按照“责、权、利”对等原则，授予小微中心相应权限，对于出现的风险事件，也由小微中心承担主要责任。

（四）强调适当下放产品创新权限，提高市场反应速度和市场竞争力。优化模式强调产品的分层管理，根据分行的管理水平与风控能力赋予分行一定的产品创新权限。总行负责制定小微金融产品的基础制度框架、基本准入标准及关键管理要求，定期发布产品指导意见，各级行根据权限可以在总行制定的产品总体框架内，依据不同客户群体、不同发展阶段、不同资金用途、不同贷款方式、不同贷款期限等，灵活设计推出专项产品和个性化融资方案。

（五）强调优化精简业务流程，提高管理效率。首先，新模式从服务效率、风险管理、运营成本三方面着手，对小微中心内部的工作环节及岗位进行了精简，并通过上级行派驻审批和业务核准人员的方式实现了小微信贷业务在小微中心内部的一站式办理。其次，根据融资金额大小及产品风险程度进行差异化流程设置，既确保了风险较高的业务经过必要的流程环节把控风险，又实现了对风险相对较低业务的高效快速办理。最后，建立现场检查与非现场监测相结合的小微企业贷后管理模式，强调动态监测、及时预警。

（六）强调优化信贷业务管理IT系统，完善管理功能。优化模式提出构建小微企业与业主家庭信息整合、小微企业业务与个人经营性贷款业务互通的IT支持平台，将目前散落在行内各系统中的小微企业法人及企业主个人的资信和交易信息整合，健全信息更新验证机制，形成视图统一、全行共享的客户信息库。通过参数化设计，增加系统的灵活性和开放性，支持差异化、批量化的小微金融业务处理新模式。

以上六个方面的优化思路，总行近期将会以正式文件印发各行。为确保发展模式优化工作的顺利实施，建立相对独立的小微企业金融业务管理体系，统筹小微金融业务市场拓展与风控管理，总行进一步明晰了小企业金融业务部的职责，要求小企业金融业务部统筹负责全行小微金融业务的营销管理、发展机制、业务准入、产品创新、流程设计、系统优化、风险管理、专营机构和队伍建设等工作，具体负责小微客户信贷业务准入、小微客户专属产品研发及相应流程设计、对分支机构小微企业信贷业务经营资格和从业人员岗位专业资格进行管理，并归口受理小微金融业务的相关需求与请示。各一级（直属）分行要高度重视小微金融业务管理体系的建设，要尽快设立独立的小微企业金融业务部，并配备素质达标、数量充足的专业化从业人员，统筹小微金融业务的营销组织与风险管理。有条件的分行要尽快解决，没有条件的分行要创造条件解决。今后分行小微企业金融业务的汇报、请示等事项，均由总行小企业金融业务部牵头受理。

小微金融业务模式优化是关乎小微金融业务可持续发展的一项基础性工作，牵涉的部门较多，需要推动的工作多，各级行尤其是各级行负责人不能寄希望短期内就取得显著成效，要站在工商银行整体和长远发展的战略高度，重视和持续推进这项工作。总行已将小微金融业务发展模式优化工作纳入了今年下半年总行行领导重点推进的26项重点工作之一，各行要着手准备并实施小微企业金融业务中心的试点工作，原则上每家一级（直属）分行均要参加试点，东部地区小微企业信贷业务大行至少选择1家二级分行和1家一级支行参与试点；各行要尽快研究制定相应的配套机制及相关实施细则，在试点过程中责权利要全部落实到位。希望下半年各分行都积极参与到试点工作中来，并将成功经验加以推广，确保小微金融业务模式优化工作的尽快落地。

三、坚持稳中求进，全力做好下半年各项重点工作

截至7月末，全行小企业贷款余额较年初减少51亿元，贷款客户数量净减少550户，距离贷款新增900亿元和贷款客户新增5 000户的全年任务目标还有较大差距。尽管形势非常严峻，但是我们也应看到，我们发

展小微金融业务仍有较为有利的内外部环境。从内部看，今年以来，总行已经多次强调发展小微金融业务的重要性，全行年中工作会议再次将小微金融业务明确作为下半年的工作重点，充分体现了总行党委对小微金融业务的重视与关心。下半年总行信贷规模也将向小微企业金融业务发展较好的分行予以倾斜。从外部看，各级政府非常关心小微企业的融资问题，仅仅在7月，国务院常务会议就4次提到小微企业融资难问题，同时国家相关部门已经在税收减免、定向降准、专项资金支持等方面连续出台针对小微企业的扶持政策，为小微金融业务的发展提供了良好机遇。各行要以更加奋发有为的工作精神，在全面推进业务发展模式优化的同时，积极拓展业务，重点抓好以下几方面工作：

（一）充分利用政策红利，发挥工行整体优势，力争完成全年任务目标。为支持小微金融业务发展，前期总行已经对相关政策制度进行了适度调整，接下来总行还将结合国家政策及市场实际，出台一系列政策措施，在有效防范风险的前提下，鼓励分行加快发展小微企业信贷业务。各行要坚定信心，充分利用总行政策调整空间，发挥我行在渠道资源、项目贷款资源、政府资源、客户资源、信息资源等方面的优势，围绕重点客户和项目做好供应链融资，围绕地方特色产业、开发区和行业协会做好集群化营销，围绕地方政府利用好扶植小微企业发展的专项财政资金和风险补偿基金，在有效防控风险的前提下抢占优质市场、优质客户。

发展小微企业金融业务是全行经营转型的战略重点，但对于多数分支机构来说，该项业务很难立刻见到成效，特别是前期小微企业金融业务发展较快的分行，由于风险未能把控好，出现了一些不良贷款，产生了畏难情绪。各级行要站在全行可持续发展的高度，树立危机意识，增强责任感、使命感、紧迫感，扎扎实实开展工作。上半年多数分支机构业务发展和信贷资产质量都不尽如人意，面对困难，各行不要仅从总行政策制度上去找原因，希望大家从本地区市场和客户出发，立足自身、寻求发展，也欢迎基层行向上级行提出富有建设性的意见。

本次参会的主管行长要及时向行长、行党委报告会议精神，尽快落实各方面支持政策和资源投入，力争完成好全年任务目标。总行也将依据各行上半年小微企业贷款投放的序时进度完成情况，对年初分配的小微企业贷款专项规模进行调整并相应调整分行贷款总规模。各行要按序时进度要求完成小企业贷款年度任务目标，否则总行要相应调减贷款规模。

（二）积极顺应产业结构发展趋势和政策导向，针对性拓展小微企业客户。

一要顺应国家产业政策和战略规划的实施，挖掘其中的市场机遇。有关分行要增强对京津冀一体化、长江经济带、丝绸之路经济带、全面振兴东北老工业基地等国家新一批战略规划的敏感性，注意研究战略规划给本区域小微信贷市场带来的新机遇。例如，京津冀一体化实施过程中的制造业产业转移带来的上下游配套小企业业务机会、大型批发市场外迁带来的专业市场批量化营销机遇；丝绸之路经济带建设中的交通基础设施建设项目上下游供应链、现代物流业的市场机会；长江经济带战略实施中产业转移、新型城镇化、综合化立体交通走廊建设等带来的市场机会等。对涉农金融市场资源丰富、潜力较大的地区，有关分行要抓住国家大力推动现代农业发展的政策机遇，探索创新“流转土地收益保证贷款”“流转土地经营权抵押贷款”等涉农信贷产品，探索围绕涉农全产业链，创新小微企业金融业务。

二要顺应国家大力扶持小微企业的政策导向，善于捕捉其中的业务机会。要抓住国家大力营造小微企业良好发展环境的契机，加强与政府主管部门的对接，及时掌握各级政府为支持小微企业发展出台的各项扶持政策，利用财政提供的风险担保基金创新担保方式。要积极争取工商、税务、土地、房管、电力、人行等相关部门和机构的支持，批量获取客户信息，积极破解小微企业信息不对称的难题。

三要顺应商贸物流中心向大型化、专业化发展的趋势，重点围绕商业地产龙头企业开发建设的商贸物流中心拓展小微企业客户；顺应电子商务快速向三四线城市和县域发展的趋势，在电子商务相关的特色产业集群中拓展优质小微客户；顺应服务业步入加速发展期的趋势，加大对服务业小微企业的拓展。

（三）积极开展市场规划，做“实”做“细”批量化营销。在经济下行压力较大、有效信贷需求不足、信贷风险控制难度加大的背景下，各行要将业务发展的主要着力点放在重点客户群的批量化营销上，要主动深入研究区域市场，通过前瞻性的、科学的市场规划，发现和抓住优质客户群体，有效控制融资风险。特别是一些业务发展徘徊不前、资产质量持续下滑的分行，更要多从自身找原因，上下结合，做实做细市场规划，增强对优质信贷资源的把握能力，彻底摆脱资源储备不足、依赖时点冲高的被动局面。

在前期各行调研并报送辖区内目标客户群的基础上，近期总行将根据目标市场潜力、行业风险、国家产业政策导向等因素，采用以自下而上和自上而下相结合的方式，确定一批总分行重点监测客户群名单并下发分行，各一级（直属）分行要扎实履行组织推动和指导督促职责，根据不同客户群的商业模式，按照“一群一方案”的原则制定个性化服务方案，做实做细批量化营销；要做好授信项下授权审批、专项规模、营销费用、人员配备等营销资源的配置，加大对重点客户群的资源投入和支持保障；要抓好牵头营销，以点带面，发挥标杆项目的示范作用；要选派综合素质好、业务能力强的客户经理专职负责重点客户群营销工作，组建高效、专业的营销团队，确保人员到位；要加大激励考核力度，对重点客户群营销工作进行专项考核，奖罚措施要落实到个人，营销业绩要与二级分行主管行长、各级行小企业金融业务部门负责人、客户经理绩效直接挂钩，切实调动各级人员的积极性。

各行要做好小微金融与新三板市场的联动，充分挖掘新三板市场的客户资源潜力。目前新三板挂牌企业已达888家，在审项目355个，而且拟挂牌企业规模还将继续快速增长。可以说，新三板市场内的小微企业具有很大的发展潜力。各行要抓住这一契机，从交易所、挂牌企业、拟挂牌企业、主办券商、投资人等多个角度入手开展营销，在向新三板优质客户提供信贷支持的同时，积极推荐优质小企业客户到新三板市场挂牌，并推介高净值客户、股权投资合作机构及其他客户投资挂牌证券，参与挂牌公司股票、公司债、可转债、私募债等产品的发行认购，为其提供一揽子、综合化金融服务。

各行要注意做好小微金融业务发展与行内相关专业的联动。要通过与结算与现金管理专业的联动，结合结算数据优化小微客户精准营销和尽职调查工作，并通过信贷服务拉动财智账户卡等结算业务；要通过与个人金融业务专业的联动，整合小微企业客户与商友俱乐部资源，根据客户需求灵活提供自然人、企业金融服务；要通过与私人银行专业的联动，促进私人银行专项理财产品的销售，并有效发掘潜在小微企业信贷资源；要通过与电子银行专业的联动，有效利用我行B2C和即将推出的B2B平台交易数据，择优开展各类小微企业供应链金融业务；要通过与银行卡专业的联动，推动公司逸贷卡在小微企业客户群中的使用，为客户灵活运用资金与银行资金监控提供便利；要通过与信贷管理专业的联动，研究定量分析模型在小微企业重点风险领域的应用，借助现代化监测手段推进小微企业贷后管理集约化进程。

（四）加快产品创新步伐，切实增强市场竞争力。新模式下，总行将赋予各级行更大的创新权限，各级行要切实增强业务创新意识，深入市场、贴近客户，准确把握辖内小微客户的金融需求，积极开展业务创新，努力提供契合客户需求的产品和服务，有效增强市场竞争力。

互联网金融最大的特点就是将互联网技术和金融结合起来，使金融服务更加方便、快捷，具有良好的客户体验。互联网金融是小微金融业务的重要发展方向，各行要紧紧围绕互联网金融发展战略，积极研发和推广小微企业网络融资产品。在新产品推广方面，前期总行完成了对小型企业贷款、微型企业贷款、经营型物业贷款等小微企业专属产品的网络化改造，实现了贷款在线申请和受理、合同在线签署、网银自助提款和还款等功能。各行要充分发挥我行在系统方面的优势，加快推广上述产品，使之成为市场竞争的利器。在业务创新方面，总行正在抓紧研究制定电商平台网络融资信贷业务的配套政策制度，各行要深入研究网络融资在当地的市场发展潜力，明确目标市场，提出有针对性的网络金融产品创新思路及营销推广计划，积极推动现有产品和服务的网络化改造。各级行要善于发现市场，善于发现客户需求，善于提出营销方案和产品改造要求，总行同时做好产品创新、系统改造、政策制定等工作，共同推动好互联网金融在小微企业服务方面的应用。

近日，银监会印发了《关于完善和创新小微企业贷款服务 提高小微企业金融服务水平的通知》（银监发〔2014〕36号），允许商业银行对流动资金周转贷款到期后仍有融资需求的小微企业，可以根据企业申请，按新发放贷款的要求开展贷款调查和评审，对符合条件的可办理续贷，其中符合正常类标准的，应当划分为正常类。也就是说小微企业流动资金贷款可以进行循环贷，不需要找小贷公司倒贷，这在一定程度上解决了小微企业融资难、融资贵的问题。该项政策对降低企业融资成本、缓解集中还款压力、准确反映银行贷款质量具有重要意义，各行要深入领会银监会政策精神并做好相关工作。

（五）克服困难、扎实工作，推动个人经营贷款业务稳健发展。个人经营贷款是我行小微金融业务体系的重要组成部分，也是未来小微金融向小额化、零售化转型的重要方向之一。前期总行已调整了个人经营贷款相关政策，各行要合理利用调整后的政策空间，重点面向民生消费、弱周期、消费和产业升级类客户，重点面向商品交易市场客户和优质商友客户拓展个人经营贷款服务。

各行要统筹好小企业贷款与个人经营贷款的关系，在个人经营贷款的风险防范上要重点发展抵押贷款，以商业用房抵押贷款为主要抓手。现阶段个人经营贷款要以抵押为主，否则风险很难控制。对于单户金额相对较小、标准化程度相对较高、风险基本可控的客户，要优先发展个人经营贷款业务，以提高服务效率、降低管理成本。同时，对于符合小企业贷款准入条件、单户贷款金额较大的存量个人经营贷款业务，可转为小企业贷款，以加强贷后管理，有效防控风险。

（六）坚持发展与风控并重的原则，继续做好风险管理工作。当前，小微企业面临的经营环境仍然较为困难，企业法人“跑路”、担保公司倒闭的事件不断发生。下半年小微企业不良贷款劣变的压力仍然巨大。为有效控制小微企业贷款风险，各行要继续做好风险管理工作。一要做好小微企业贷款投向管理，严把新增贷款准入关。各行要结合辖内经济和产业特色，按照总行行业信贷政策要求，重点投向辖内具有较强竞争优势和行业特色的小微企业目标客户，对小微企业不良贷款问题较为突出的行业和区域，要深入分析不良形成原因并采取针对性措施。二要前移风险防范关口，将到期贷款风险排查时间提前，对新进入劣变口径管理的逾期、欠息贷款进行逐笔分析，及早制定风险化解预案。三要防范小微企业多头融资和过度融资风险，通过工商局登记信息系统、人行征信系统、银监会违约信息披露系统、总行CIIS系统对客户信息进行多维度核查，对于在多家银行融资的小企业客户，尝试与其他银行合作发放小企业银团贷款，与同业共享客户信息。抵押贷款由于具有优先受偿的特点，具有一定的排他性。而信用贷款容易出现过度融资问题，因此需要与其他银行共享信息、共担风险。四要重点解决部分机构的风险管理问题，对于不良贷款问题突出的分支机构，各一级（直属）分行要逐一制定整改方案，明确贷款不良率阶段性控制目标，对不能按要求达到控制目标的机构及其管理人员，要采取必要的惩戒措施。五要开展“裸贷”问题的专项治理工作，要求贷款客户尽可能把结算归我行，把对贷款客户结算情况的监控作为风险防控的重要内容，不断降低裸贷客户比例。这里，我强调一下，治理裸贷不是存贷挂钩，而是要将小微企业的经营收入归集至我行，通过监控企业的结算流向、资金流向控制风险。六要积极防范抵押物贬值风险。今年以来部分地区房地产价格回落明显，造成一些贷款抵押物价值不足、变现困难，商用房出租收益难以偿付本息等问题，对我行贷款安全构成潜在威胁。各行要加强对辖区房地产市场的监测分析和押品价值的动态管理，及时进行押品重评，核实其处置变现价值，并采取补充担保物、提前清收等风险控制措施，切实防范抵押物贬值风险。总体来说，发展小微企业金融业务一方面要抢占优质市场、选准客户，另一方面要控制好风险，事前做好尽职调查，事中做好审查审批，事后做好贷后管理。

（七）积极提高履职能力，进一步加强队伍建设。与大中型企业信贷业务相比，小微企业客户群体更为复杂，银企信息不对称的矛盾更为突出，风险评估缺乏规范、统一的标准，更多地依赖于“活情况”和“软信息”，需要一线从业人员的综合判断。小微企业信贷业务对客户经理素质的要求更高，不仅要按照信贷政策和流程办理业务，还要充分掌握客户信息、准确判断承贷能力、全面做好贷后管理，因此打造一支高素质的从业人员队伍是实现我行小微金融业务持续健康发展的关键所在。各行要结合发展模式优化工作的要求，从多方面推动小微金融从业队伍的建设。一要强化客户经理综合素质培训，通过开展业务技能培训和职业道德教育，在提升客户经理市场拓展及风险把控能力的同时强化其风险与合规意识，提倡求真务实的信贷文化。二要完善岗位专业资格管理，今后从事小微信贷业务的客户经理不仅要具备“对公客户经理”资格，还要进一步参加“专业类—营销序列（小企业金融业务）”模块的培训和考试，只有通过双重考试才能有资格做小微企业信贷业务。各行要选拔一些优秀人才充实到小微客户经理队伍中来。三要制订并执行客户经理最低配备标准，保证客户经理有时间和精力把各项管理要求落到实处，对于人均管户数量超过合理水平的经营机构，上级行须在业务创新授权、信贷资源投入等方面进行限制。四要进一步完善对小微金融从业人员的激励考核，实现权责利的统一，在增强正向激励的同时明确尽职内容和标准，对失职行为进行严格的责任追究。五要做好个人经营性贷款客户经理队伍的整合，通过交叉培训和共同营销的方式，帮助个人经营性贷款客户经理尽快熟悉小微企业金融业务，并尽快获得小企业客户经理岗位从业资格。

同志们，小微金融业务是事关工商银行发展全局的重大发展战略，全行上下要进一步转变观念，加大资源投入，加强专营机构和从业队伍建设，做好市场规划、产品和流程创新及风险管理等各项工作，在业务发展模式优化中谋求持续健康发展，努力完成好全年目标任务。

迎难而上　加快创新
全力实现投资银行业务可持续发展

——在投资银行业务年中工作推动会上的讲话

郑万春

（2014年8月6日）

今天会议的主要任务是，深入贯彻全行年中工作会议精神，总结投资银行业务上半年工作情况，安排部署下半年工作。下面，我讲三方面意见。

一、上半年投行业务取得良好经营成果

上半年，面对宏观经济下行压力和外部监管检查的

规范要求，全行投行战线克服困难、协同一心、锐意进取，较好地完成了收入结构调整、产品创新、品牌建设、项目运作等方面的工作任务，保持了投行业务对全行中间业务收入的较大贡献。

（一）始终坚持改革导向，取得较好的经营业绩。

从产品线来看，一是较好完成了上半年经营计划，实现境内全口径投行业务收入 180.5 亿元，同比增长 14.8%，完成全年计划的 59.8%。二是基础类投行业务扭转收入负增长局面，实现业务收入 71.5 亿元，完成全年计划（121 亿元）的 59.08%。三是品牌类投行业务稳定发展，收入占比持续提高。品牌类投行业务实现收入 109.02 亿元，同比多实现 12.13 亿元，完成全年计划（181 亿元）的 60.23%。其中，重组并购、股权融资、债务融资三项业务收入达 82.21 亿元，同比增长 14.75%，完成全年计划（126 亿元）的 65.25%。品牌类投行收入占比由 2013 年底的 56.7% 提高到 60.4%，投行收入结构进一步得到优化。四是保持了同业领先地位。按照可比口径计算，我行投行收入四行占比 43.2%，继续保持第一，领先第二名 22.3 个百分点。

从分行情况看，一是大部分分行较好完成序时经营计划。截至 6 月 30 日，全行 38 家计划单位中，28 家分行基础类投行与三项品牌类投行收入合计已经完成上半年序时计划任务，其中超额 1 亿元以上的有 9 家分行，分别是江苏、深圳、河南、湖南、上海、山东、贵州、江西、北京等分行。二是整体收入保持较快增长。14 家分行全口径投行业务收入增速超过 15%，其中增速在 50% 以上的有深圳、北京、吉林等 3 家分行。25 家分行的基础类投行收入实现同比正增长，其中增速超过 50% 的有 8 家分行，分别是深圳、西藏、青岛、上海、海南、北京、吉林、江苏等分行；20 家分行的三项品牌类业务收入同比正增长，其中增速超过 50% 的有 9 家分行，分别是陕西、辽宁、青海、广西、吉林、深圳、黑龙江、江苏、贵州等分行。

（二）商投互动持续深化，品牌投行业务规模不断扩大。上半年，总分行投行部门向资产管理部、私人银行部、工银租赁及外部合作机构推荐了超过 1 580 亿元的投资项目，实际募资金额达到 1 372 亿元，在满足实体经济需求、提升市场份额的同时，充分体现了投行顾问业务的增值能力和专业水准。股权融资业务方面，全行完成项目 55 个，募集股权资金 246.8 亿元；存量私募股权主理银行业务 96 笔、规模 445.6 亿元，同比增长 74%。并购业务方面，完成并购顾问项目 143 个，涉及交易金额 641.5 亿元，安排并购融资 219.9 亿元；并购贷款余额折合人民币 687.17 亿元。债务融资业务方面，完成项目 939 个，累计安排投资规模超过 1 000 亿元。财务重组业务方面，运作了山东长星等市场关注度较高的重大债务重整项目，涉及总债务规模超过 200 亿元，在化解信贷风险方面发挥了积极作用。

（三）紧扣市场和客户需求，大项目运作能力明显增强。全行牢牢把握市场脉搏，上下协同、内外联动，成功实施了一批具有重大市场影响力的投行项目。一是积极开拓上市公司定向增发、国企混合所有制改革、重点项目资本金融资等重点市场，顺利推进内蒙古伊泰煤制油公司股权融资、中铁发展基金、中石化销售板块重组等项目；努力探索上市公司私有化退市等业务领域，营销储备山东中普铜业重组及借壳上市等试点项目。二是交易撮合能力持续增强，在没有我行融资的重庆江津安置房联合并购等项目中，提供了令客户满意的撮合顾问服务，交易信息挖掘和市场资源整合效果明显。三是业务创新亮点频现，通过运作国投公司收购安信证券股权、招商证券定向增发等项目，实现了并购融资置换、资本市场再融资等领域的突破；通过广州长隆野生动物园入园凭证资产证券化和广州燃贸集团特定债权投资等项目，在企业资产证券化、特定债权投资等创新上取得阶段性成果。四是创造性地以投行工具参与企业破产重整，为有效降低信贷风险损失作出突出贡献。

（四）抓住战略发展机遇，国际影响力进一步提升。与亚布力中国企业家论坛合作，成功举办中国企业家欧洲论坛、北美论坛纽约专场和哈佛专场，协助复星集团、万达集团、TCL 集团、泰康人寿等中国知名民营企业“走出去”并拓展投行机会，获得境内外媒体的广泛关注和一致好评，提升了我行投行品牌形象。随后境内外分行快速跟进营销，发掘一批投行项目机会并迅速启动，成功完成复星集团收购葡萄牙保险公司、万达商业地产收购西班牙大厦、吉林康乃尔收购瑞典化工设计公司等大型跨境并购项目。积极响应国家建设“中巴经济走廊”战略，联合巴基斯坦哈比银行共同发起中巴工业园项目，获得双方政府的认可和支持，并为今后推荐我行客户到巴基斯坦投资打下了基础。

（五）加强业务管理，经营服务更加规范。在投行业务发展迅速、收入结构调整加快的同时，监管部门对投行顾问服务的专业性和合规性也提出了更高要求。去年 10 月以来，国家发改委在全国开展了涉企收费专项检查工作，并对一些分行的投行项目操作提出了质疑。总、分行投行部门对此高度重视，在积极配合监管检查的基础上，做了大量汇报解释和沟通协调工作。此外，总行投行部还通过视频会议、系统监测、顾问点评、现场检查、专项简报、邮件、电话及面对面辅导等多种方式，对分行投行顾问工作进行指导和帮助。通过总分行的共同努力，各行听证会被质疑和最终认定违规的投行顾问业务大幅减少，最大限度地避免了经济损失和声誉风险。

经过全行上下协同努力，我行投行业务品牌影响力不断提升，连续第六年获得证券时报“中国区最佳银行投行”奖项，并首次被国际权威专业期刊《欧洲货币》评为 2014 年“中国最佳投资银行”。

二、深刻认识投行业务存在的问题，在发展中加以解决

在投行业务较快发展的同时，我们也必须清醒地认识到，全行投行业务还存在一些不容回避的问题。

（一）收入增长的可持续性面临严峻挑战。2012 年投行业务改革以来，我行着重发展三项品牌类投行业务，收入金额和增速不断创造新高，但同时也应该看到，基础类投行收入占比仍然较大（2012 年 183.3 亿元，占比 56.1%；2013 年 115.3 亿元，占比 43.4%），转型发展仍有差距。8 月 1 日，总行已发文停止对小微企业收取常年财务顾问费，同时在分行经营绩效与业务发展考评体系中取消了“基础类投行业务”指标分值（8 分），调减了包括投行收入在内的“人均手续费及佣金收入”和“同业占比调节”指标分值（由 80 ± 100 调减为 50 ± 40）。可以预计，投行收入特别是基础类投行收入势必受到较大影响，品牌类投行业务将肩负更加艰巨的发展重任，仅仅依靠现有的产品和收入模式，投行收入的高速增长将难以维持。

（二）业务操作的合规风险和压力上升。根据相关监管政策并结合监管部门专项收费检查情况，上半年总行出台了一系列措施，就投行产品的合规操作特别是基础类投行顾问服务提出了全面、系统的管理要求，但很多分行落实情况与总行规定还存在较大差距，在内部自查和外部检查过程中也暴露出了一些问题，甚至个别低级错误仍时有发生。此外，品牌类投行尽管技术含量较高、收入增长较快，但在一些分行仍然存在顾问内容单薄、专业水平不足、报告同质化严重的现象需要高度重视并尽快加以改进，以避免对我行造成更大的经济和声誉上损失。

（三）投行业务区域发展不够平衡。尽管总行在制定分行经营计划时，已充分考虑了分行业务规模、当地区域经济和市场发展水平，以及业务增长潜力等因素，然而从上半年经营计划完成情况看，分行间差距巨大、区域发展不平衡的矛盾仍很突出。有的分行思想重视、勇于开拓、抢抓先机，部分产品收入已经完成全年计划，但有的分行计划完成率还是个位数。甘肃、青海、新疆、黑龙江、吉林、广西等分行，在并购重组、股权融资、债务融资三项品牌收入中仍有一项或两项没有实现零的突破，与当地市场发展状况和我行的市场地位极不匹配。

（四）投行团队建设仍有待加强。目前，总分行投行团队人数近 500 人，其中总行投行部 88 人，分行投行团队约 400 人。在分行机构设置上，有 28 家设立独立投行一级部或比照一级部管理，还有 7 家为公司部下设二级部，3 家尚未成立投行部。一些分行投行团队专业水平不足，只会传统融资、不擅长顾问服务，个别分行还停留在技术含量较低的融资顾问阶段，缺乏开拓高含金量投行顾问业务的能力和勇气。另外，因投行专业和市场特点导致的业务骨干容易流失、队伍不够稳定等问题依然存在，对于专业人才的持续培养和团队能力提升带来不利影响，值得引起重视。

三、加强产品线建设，全面完成下半年任务目标

下半年，投资银行业务要继续紧紧围绕“大公司”金融战略，按照全行年中工作会议关于品牌投行等战略转型业务要发挥中间业务收入增长“加速器”作用的要求，抓住政策与市场环境变化机遇，深挖市场潜力，加强产品创新，进一步提升大项目运作能力和市场影响力，增强收入增长的稳定性，确保实现全年经营目标：全口径投行业务收入达到 301 亿元，其中品牌类投行收入确保达到 180 亿元、力争完成 200 亿元；投行利润中心力争实现利润 13 亿元。

（一）加强业务管理，确保顾问服务合规。要充分认识加强收费管理对支持实体经济发展、实现我行自身科学发展、维护我行市场声誉的重要意义，准确领会前期发改委、银监会专项收费检查对我行提出的整改要求，认真学习总行领导在“切实加强收费管理、改善金融服务视频会议”上的讲话精神，严格落实各项监管政策规定，以及总行 8 月 1 日印发的《关于进一步规范服务收费管理的通知》（工银发〔2014〕68 号）等一系列管理措施，将投行顾问服务特别是基础类投行顾问服务的合规性放在更加重要和突出的位置。对于 8 月 1 日起对小微企业免收的常年财务顾问费、高端财务顾问费和企业内部资产重组顾问费，不论顾问合同是否到期，都必须严格停止收费。同时，要切实转变收费和服务观念，抓紧提升顾问服务专业水平，有效杜绝只收费不服务或少服务以及“息转费”等情况，真正做到依法合规、质价匹配。

（二）强化联动营销，做好优质客户维护与拓展。要按照“大公司”金融战略指导思想，不断完善联动工作机制，积极开展跨部门、跨机构、跨境联动营销。一是要加强部门间、总分行间的联动营销，拓展投行客户群。各级投行部门要加强与公司部门的联动营销，各级公司部门在营销时也要关注投行业务机会，为客户提供全方位金融服务。二是加强境内分行之间的跨地区联动，各行要注意捕捉本地区企业到区外兼并收购、投资的信息，及时与当地机构沟通联系，抓住机遇拓展投行业务。三是继续加强内外联动，拓展海外市场。各境内分行应对本区域潜在“走出去”企业进行筛选，争取提前介入；各境外分行相关部门应根据自身情况，建立信息收集渠道，尽可能从源头上掌握当地政府和企业的跨国投融资和收购等活动信息。

（三）提升专业水平，深挖各投行产品的市场潜力。要更加充分地发挥投行顾问作用，拓展顾问服务的

深度和广度，逐步实现从“融资”到“顾问”，再到“寻找交易对手”、“引导和创造客户需求”和“后期整合和后续服务”的转变，充分挖掘现有投行产品的市场潜力，牢牢把握住不断涌现的交易机会。一是围绕多层次资本市场改革，要牢牢把握定向增发、借壳上市、新三板市场中的并购与股权融资机会。二是围绕混合所有制改革，要牢牢把握国有企业股权转让带来的并购交易与融资机会。三是围绕产业结构调整，要牢牢把握铁路、能源、基础设施、战略新兴产业等领域的并购重组、资本金融资、债务融资机会。四是围绕区域经济规划调整，要牢牢把握京津冀一体化、丝绸之路经济带、长江经济带、国家级新区等建设带来的非信贷融资机会。五是把握中资企业“走出去”步伐，抓住跨境并购市场快速扩张中的机会，提前布局、准确介入、迅速推进。

（四）增强创新意识，加快培育新的投行业务增长点。一要加快业务创新。深入研究新兴产业并购融资方式，探讨多样化并购融资交易结构，全面参与国企混合所有制改革；深入研究合格境外有限合伙人（QFLP）、外资股权投资结汇试点等政策，探索境外股票质押融资方式，力争在跨境股权融资领域取得突破；深入研究和资本市场相关的债务融资方式，拓展保险、年金、企业直投资金等新兴资金渠道；深入研究商业银行风险贷款化解过程中的投行业务机会，尽快完成债务重组创新产品及业务模式的设计。二要加快新产品推广。在全行范围迅速推广总行近期研发的“投行产品分销顾问业务”和“交易所资产证券化业务”产品，化解当前投行项目融资能力不足的问题，努力形成新的投行收入来源；尽快建立与行外各类资金渠道及合作机构的联系，构建稳定的行外投资来源；以新产品为工具，拓展新的客户群，使新产品的营销尽快形成规模。

（五）推动团队建设，打造专业化投行队伍。一是大力开展业务培训，灵活采取定期案例视频培训、专题视频培训、现场培训班、总行以干代训、投行技能竞赛等多种方式，对全行投行队伍进行专业培养；继续办好“工行投行论坛”，不断提升论坛的市场影响，充分发挥其探索市场机遇、交流项目心得和吸引投行客户的平台作用。二是壮大分、支行投行队伍，适时补充投行岗位人员，同时探索创新团队运作模式，挖掘现有人员的潜力，充分调动二级分行和支行积极性，尽快在全行形成一支数量充足、人员稳定、专业水平较高的投行队伍。

同志们，在当前复杂的外部环境和巨大的经营压力下，我们要认清面临的发展机遇和挑战，既立足于完成年度目标任务，迎难而上，又着眼长远，加快创新，推动投资银行业务的可持续发展，为全行经营转型作出更大的贡献。

在部分重点分行票据业务座谈会上的讲话

郑万春

（2014 年 9 月 3 日 · 根据录音整理）

今天，我们用了一天的时间召开这次座谈会。参会的 10 家分行结合自身票据业务发展情况，分析了问题，提出了建议，而且很多建议非常具有操作性。总行 8 个部门也结合分管业务谈了一些想法和意见。通过加强总分行以及行内相关部门之间的沟通和交流，进一步优化和完善总行的管理政策，推动票据相关产品和业务的协同发展，提升全行票据业务的竞争力，正是总行组织此次座谈会的目的。下面，我讲三点意见。

一、近年来全行票据业务发展成效显著

票据业务期限短、周转快、流动性高、资产质量好，既是中小企业的重要融资工具，又是商业银行的优质资产业务和利润增长点，同时还是货币市场的重要交易品种。近年来，全行票据业务战线的同志们面对复杂多变的内外部经营环境，努力克服诸多不利因素，加快经营机制创新，在激烈的市场竞争中逐步形成了鲜明的经营管理特色，不断提升“工行票据”品牌形象，业务发展成效显著，工作成绩值得充分肯定。具体来讲，主要体现在以下几个方面：

（一）有效提升了全行资产负债配置效率。一是交易活跃度稳步提升。2005 年以来，全行票据融资业务累计交易量达 480 万笔、金额 16.8 万亿元。尤其是 2013 年 11 月实施“流量业务”与“非流量业务”分科目管理以来，票据业务活力进一步激发，今年前 7 个月的交易量就达到了 35.8 万笔、金额 1.66 万亿元，同比分别增加 7 万笔、5 193 亿元。二是盈利能力不断增强。

2005 年以来，全行票据融资业务累计实现利息收入超过 1 200 亿元，其中最近三年年均实现收益 143 亿元。从近几年的票据收益率来看，普遍要高于贷款收益率。部分分行在票据业务上做得也很好、很专业，比如山西分行，在贴现余额没有大幅压降的情况下，收益率一直位居全行前列。三是信贷投放的“缓冲器”和“调节器”效果非常显著。2005 年以来，通过在市场上高效运作、大量吞吐票据，全行贴现余额最高达到 5 691 亿元，最低为 1 094 亿元，有力促进了全行信贷的平稳投放，提高了全行资产配置与资金使用的效率。在这一点上，票据营业部服从大局，为全行信贷规模调控目标的实现作出了重要贡献。四是资本回报优势明显。票据属于资本节约型业务，在所有信贷产品中，票据贴现的资本占用最少，资本回报也最高。根据 MOVA 系统数据，近三年全行贷款的年均资本回报率（RAROC）为 33.76%，其中贴现业务的年均资本回报率达到了 75.06%。

（二）有效完善了票据业务的运营机制。一是在业内率先实施票据融资业务统一归口管理，全面确立了票据集约化经营模式，搭建了“以票据营业部为龙头，一级分行票据中心为主干，二级分行票据中心为支干，重点县级支行为补充”的较为完善的经营机构网络布局。二是在国内首创票据移存与存管制度，通过票据的二次检验向全行传导业务操作规范，带动全行票据融资业务步入健康、快速的发展轨道。目前，全行票据资产不良率只有万分之二，比其他品种贷款的不良率要低得多，二次检验成效显著。三是自主研发了国内首个票据业务综合管理系统（BMS），实时监控票据来源结构与流向，全方位进行票据风险评估和预警，从硬件上有效防范和控制了案件风险。四是自主研发了国内首个票据存管系统（BTMS），实现了纸质票据在行内的电子化流转，降低了操作风险和成本，提高了交易效率，并为后续向社会推出纸质票据托管业务奠定了坚实基础。五是在中国银行业协会的指导下，牵头制定了国内首部《中国银行业票据业务规范》，倡导和传播合规经营的理念，对规范票据市场发展起到了标准引领的作用。六是创办了我国第一本票据专业期刊——《票据研究》，编制并发布了国内第一个票据价格指数——工银票据价格指数和长三角票据贴现价格指数，首家在“中国票据网”上推出以 SHIBOR 为基准的票据交易报价，积极推动全国票据市场的建设和发展。2005 年以来，全行累计买入票据 420 万笔、金额 13.7 万亿元，不良资产率一直接近于零，资金损失率一直保持为零。

（三）有效发挥了票据业务的特色优势。在多年的业务发展过程中，各分行积极进取，勇于探索和尝试，积累了很多宝贵的经验，取得了不错的效果。比如，在发挥承兑对增加和稳定公司存款的作用方面，山东和河南分行 6 月末承兑保证金比例超过 45%，高于全行平均水平 16 个百分点。从刚才各行的发言来看，公司存款上半年完成比较好的分行，恰恰也是票据业务发展较好的分行。可见，抓好承兑汇票，也就抓好了票据承兑的保证金存款，这是抓存款的重要方式之一。在提高本行承兑票据的贴现量方面，广东分行从源头抓起，坚持“谁开票谁追踪贴现”，在不降低贴现价格的同时，前 7 个月本行承兑票据贴现承兑比达到了 31%，远高于 13.5% 的全系统平均水平。在提升票据业务收益水平方面，河北分行将贴现利息收入纳入省行专项考核，深挖票据业务潜力，近年来贴现收益率一直位居全行前列。在协同发展方面，广东分行与票据营业部广州分部实行票据一体化经营、密切合作，广东分行注重拓展辖内直贴业务，将票据营业部作为直贴票据的主要“出口”，存管率接近 100%；票据营业部则利用同业渠道优势，大力拓展转贴现业务，提高对分行票据的吞吐能力。上述这些做法，对提高全行票据业务运作效率、提升票据业务收益水平和综合贡献具有很强的实践指导意义，值得总结和推广。

二、当前票据业务发展中需要关注的几个问题

总体看来，全行票据业务的发展，纵向比较成绩显著、值得充分肯定；但横向比较，在市场上的占比有待进一步提高，各管理部门、各经营机构间协同联动发展的潜力还有待进一步挖掘，风险防范的措施有待进一步完善，全行票据业务一体化统筹协调运作还有较大的提升空间。

（一）对票据业务的认识还有待进一步深化。发言中，很多分行都提到了票据业务的定位问题。我认为要发展票据业务，首先对票据业务的认识要到位。从社会责任角度来看，票据业务是支持实体经济的一种重要融资手段。近两年，由于钢贸领域风险暴露增加和其他一些市场环境变化的影响，加之风险控制有待进一步完善，小微企业贷款增速下滑较快。如果换一个角度，把小微企业直贴业务做上去，不仅可以带动存款的增长，履行应尽的社会责任，还能在相关管理部门的考核中享受很多资本、规模等方面的政策优惠。更为重要的是，小微企业直贴业务的风险较小，因为直贴具有三个还款源：第一是真实贸易，也就是货款；第二是承兑时有保证金，有抵押；第三是由金融机构来承兑，有担保。所以，对于票据业务的定位要从这个角度去看，无论是承兑还是直贴，其地位与贷款相同，都是支持实体经济发展、促进资金融通和流动的重要方式。从我行自身发展的角度来看，发展票据业务，一是可以丰富产品体系；二是有利于提高效益；三是有利于防范风险；四是能够调剂流动性；五是能够带来存款，增加中间业务收入。因此，无论从社会责任角度，还是从经营发展角度看，票据业务都非常重要，要做大、做强、做优。

（二）承兑业务的潜力有待进一步挖掘。一是市场潜力很大。承兑市场很大，但我行开展的不多。从余额上看，截至7月末，全社会承兑未到期的票据余额10.1万亿元，其中四大行合计承兑约1.58万亿元、占比为15.6%；我行余额3 550亿元、占比仅为3.5%。工商银行无论是存款还是贷款，在整个银行业的占比在12%至14%之间，与之相比，票据承兑业务的占比相对偏低，但这也恰恰说明发展的潜力很大。二是承兑业务的定价管理有待提高。今年，银监会和发改委颁布了《商业银行服务价格管理办法》，从8月1日起，银行承兑汇票承兑费率由原来的万分之五调整为市场调节价，这为我行根据出票人的信用状况制定差异化的承兑费率提供了依据，也有利于实现风险的合理覆盖，促进承兑业务的发展，增加票据业务收入，有必要加强研究与管理。同时，在保证金存款的定价管理方面，不能简单地按照同期限定期存款利率来执行，要根据保证金比例来定价，合理控制保证金存款付息成本。三是承兑保证金平均比例偏低，吸存情况不太理想。近年来，全行存款形势较为严峻，这与较低的承兑保证金率密切相关。2013年末，全行承兑保证金率为24%，低于16家上市银行平均水平14个百分点，按目前全行承兑量计算，相当于少收500亿元左右的保证金存款。为什么我们承兑的汇票在市场上很抢手，而我们的承兑保证金比例却低于平均水平，这是一个迫切需要思考和解决的问题。承兑保证金比例偏低还容易加大垫款风险，造成大量资金占用。今年7月末，全行承兑垫款达49.5亿元，比年初增加18.1亿元，垫款占承兑余额的1.39%，比年初提高了0.43个百分点。对于保证金比例，相关部门可以做一下测算，明确最低不能低于多少，如果经办机构自己控制不好，可以适当考虑硬控制。

（三）票据贴现的结构有待进一步优化。一是本行承兑票据的贴现比例偏低。与贴现他行票据相比，贴现我行承兑的票据，不仅可以提高票据资产的流动性和安全性，还不占用经济资本与监管资本。为了提高本行票据的贴现比例，总行采取了纸票电票贴现差异化定价、给予本行承兑汇票优惠利率支持、开发承兑信息共享功能、实现票据综合管理系统与信贷管理系统对接等一系列措施，取得了一定的效果。全行承兑票据的贴现承兑比由2011年的9.6%提高到了今年前7个月的13.5%；承兑票据在全行贴现量中的占比也由13%提高到了今年前7个月的18.7%。虽然贴现承兑比高出交行等国有大型商业银行约2个百分点，但与招商银行等股份制银行20%左右的水平相比，还有提升的空间。要进一步提高我行承兑票据的贴现承兑比，需要发挥全行合力，从承兑和贴现两个环节来共同推动。二是贴现余额的结构需要调整和优化。截至7月末，全社会的贴现余额为2.37万亿元，四大行余额为5 709亿元、占比24%，我行贴现余额为2 312亿元、占比9.8%。表面上看似乎还可以，但从结构来看，我行贴现余额中超过一半是转贴现买入的，直贴票据不到二分之一，小微企业贴现占比还不到直贴总量的三分之一。这种结构需要调整，因为转贴现既不能支持本行存款，也不能直接体现为我行服务于实体经济。下一步，总行将适当调整资金成本，这意味着分行做转贴现业务将承担相对较高的资金成本，做直贴业务则承担较低的资金成本；同时，为了更好地支持小微企业发展，总行将对小微企业贴现给予优惠政策鼓励，进一步下浮资金成本。三是直贴业务的潜力有待进一步挖掘。与转贴现相比，银票直贴的平均价格要高出20基点以上，商票直贴的价格优势更为明显。但是由于贴现业务更多被视为一种规模管理工具，部分分行主动运作的积极性不高，对直贴市场的培育和重视不够。在有效信贷需求不足的时候，个别分行不是去做大直贴，而是从内部低价买入转贴现票据。这个做法并非不可以，但至少要从价格和规模上进行适当控制，否则，随着时间的推移，直贴业务与转贴现业务发展不平衡的问题就将显现出来。今年前7个月，全行直贴业务量3 289亿元，与上年同期基本持平；直贴业务量在规模内（贴现及系统外转贴现）买入量的占比为39.9%，较上年同期下降16个百分点。要积极扭转直贴业务增长减缓和占比下降局面，促进全行票据业务的发展和盈利能力的提高。

（四）票据业务的创新力度有待进一步加大。一是业务运行的模式有待继续优化。在服务质量、机构之间协调方面，还有更大的改进空间，需要在风险可控的前提下，对业务流程进一步加以梳理，优化运营模式，提高操作效率，从而为小微企业融资提供更为便捷的服务。二是全行信息共享的机制亟待完善。尤其是要尽快实现对票据业务流转的全流程跟踪，使辖内经营机构能够及时查询辖属企业作为收款人收到的承兑票据信息和系统内的流转信息，有针对性地开展营销工作，以及时全面的信息系统支撑，提高我行票据的贴现承兑比。三是新产品的开发需要加快推动。目前，企业在改善应收账款、盘活存量票据和增加票据结算等方面的需求比较旺盛，借鉴互联网思维，发挥我行系统优势，开发与之相适应的票据互联网创新业务，积极探索票据投资、理财及线上产品的创新发展，都具有很重要的现实意义。

（五）风险防范的能力有待进一步增强。一是合规性风险的苗头要坚决遏制。要积极思考如何在合规前提下把票据业务做大、做强、做优。从以往历次内外部票据业务检查情况来看，缺乏真实交易背景的问题屡查屡犯，始终是关注的重点和焦点。今年下半年以来，全行贴现余额增长较快。截至8月25日，余额已达到2 954亿元，比年初增加1 476亿元，比6月末增加1 409亿元。贴现余额不仅绝对数量回到了2010年年初的较高水平，其在全行信贷余额中的占比也由6月末的1.65%提高到了3.13%。在目前市场环境下，票据业务增长是一个大趋势，前提是要选择资质好的企业，多做直贴业务，支持实体经济发展。在票据业务快速发展的时期，个别分行对真实交易背景的审查标准有可能会放松，风险也最容易在这个时候积累和抬头。因此，有必要及时给各行敲响警钟，在办理承兑和贴现业务时，一定要坚持真实交易背景的审查，重点是加强对客户的管理，了解客户的生产经营情况；同时，从业人员要认真履行岗位职责，严格按照业务流程操作，不能以领导命令或者人情意志代替制度要求。总之，合规操作、规范经营的理念和要求坚决不能放松。二是抵御市场风险的能力有待增强。随着利率市场化的推进和国家对宏观经济的微调更加频繁，银行间市场流动性与资金价格的波动也在加大，加上同业票据业务经营策略趋于同质化，对票据经营机构的市场风险把控能力提出了更高要求。个别经营机构议定价能力不强，缺乏对市场利率走势的合理研判，甚至出现转卖亏损的现象，交易获利能力与同业相比仍有较大差距。

三、下阶段要重点抓好的几项工作

目前，票据业务面临的形势已经较上半年出现了较大变化。各行信贷投放进一步放缓，票据贴现由让渡规模为主转变为了信贷增量的主体。与此同时，受年内银行间市场流动性相对充裕及供求关系转变的影响，贴现价格较年初出现了较大回落。收益水平的下降与资产规模的增加本身就构成了一对矛盾。此外，当前国内经济下行压力仍然较大，票据业务风险防控的形势比较严峻，承兑垫款和贴现不良资产也呈现增加的态势。对此，我们要有清醒的认识，要增强全局观念，主动作为，进一步提升全行票据业务的竞争力，推动票据业务的可持续发展。下阶段，重点抓好以下几项工作：

（一）要做好对宏观经济形势和票据市场走势的研判。票据业务兼具信贷业务和资金业务属性，贷款投放进度和资金价格的波动都会对票据业务的经营产生影响。为此，一是要高度关注宏观经济形势，加强对分品种信贷投放进度的监测和分析，提前做好应对预案，在确保全行信贷均衡增长的同时，避免因预判不准造成票据业务转卖亏损。二是要关注货币政策走向，加强对银行间市场资金形势与利率走势的研判，提前做好票据业务买卖布局，发掘并把握交易机会，优化库存票据收益结构，增强应对市场利率波动的能力，提高票据业务收益水平。特别是票据营业部，要加强政策、市场和创新方面的探索和研究。三是要加强对区域票据市场、同业经营策略的分析研究，积极拓展票据出口，提高流量业务买入与卖出的衔接紧密度，扩大票据买卖价差，提高交易获利水平。

（二）要进一步加强票据业务市场营销。一是要抓好客户基础，注重培育一批优质客户，为做大贴现业务提供支撑。要切实将客户拓展作为增效的基础工作抓实抓好，及时掌握重点客户交易情况，做好与企业财务人员的沟通，通过掌握重点客户与其上下游客户的票据交易信息，延伸票据营销链条，扩展票据来源，防止票源流失。二是要突出营销重点，加大对小微企业贴现的营销力度。要把营销和服务小微企业作为今后的工作重点，针对不同的小微企业客户采取不同的风险管理措施，尤其要重点营销那些有真实交易背景、承兑保证金充足的小微企业。三是要注重提高我们的议价能力和市场占有率，既要提升贴现利率及承兑保证金比例，又要提高小微企业客户数量和贴现量占比。要做好这三个方面工作，抓好承兑是基础。

（三）要进一步提高票据业务盈利能力。一是信贷与投资管理部、财务会计部要加强对承兑业务的定价研究，根据出票人的信用状况收取合理的承兑手续费，覆盖风险资本，增加中间业务收入。二是信贷与投资管理部要加强对承兑保证金的管理，适度提高全行承兑保证金的收取比例，前台要做好市场营销，实现承兑业务与保证金存款的协调增长。三是资产负债管理部要进一步发挥好内部价格工具的激励约束作用，以价格杠杆合理配置现有资源，引导经营机构向外、向市场要效益，合理反映票据业务盈利贡献。四是要加强部门之间的合作与创新，不断发掘承兑贴现组合营销在增收创利和稳存增存方面的潜力，积极推动企业票据资产服务、票据衍生产品、票据资产证券化、票据资产管理等方面的产品研发与功能整合，培育新的利润增长点。

（四）要尽快提高本行票据贴现承兑比。从目前的承兑结构来看，纸质票据仍然占主体位置，要提高本行票据贴现承兑比必须纸票电票双管齐下。一是相关部门要统筹制定承兑业务发展规划，引导和鼓励分行积极办理电子票据承兑业务，力争在两年内将电子票据在承兑中的占比由目前的 11.3% 提高到 30%。运行管理部要加强对一线经营部门使用电子票据系统的培训与督导，并按照业务部门的需求做好电票系统功能的优化，做好保障与支持。二是信贷与投资管理部、资产负债管理部要优化票据承兑信息共享机制，进一步提高信息共享的质量与效率，同时，公司金融业务部等市场部门要加强对我行承兑票据的营销推动与跟踪，财务会计部要研究我行承兑票据回行贴现的考核激励约束措施，充分利用本行在一级票据市场的承兑资源，力争在三年内将工行承兑票据回行贴现率提高到 30%。

（五）要持续提升票据业务风险管理。一是要加强对票据垫款的原因分析，从源头抓起，了解出票企业的信用情况，研究加强系统刚性控制的措施，遏制垫款占比的增长趋势。二是要坚持真实贸易背景审查，严格执行票据买入标准，坚持未见票、未按规定审单验票不予划款的要求，切实防范政策性风险和操作风险。三是要坚持票据存管制度，进一步加强对存管率的考核，强化纸质票据的集中统一管理，将票据营业部的风险防控技术经验向分行传导，辅导和培育具备条件的分行开展托管和存管业务。四是要研究建立基于经济资本相关指标的定价管理模式，提高定价议价的科学性，增强经营机构抵御市场风险的能力。

（六）要不断加快票据业务的创新发展。各部门与相关分行要深入了解客户需求，联动进行有针对性的市场调查，了解客户到底需要什么样的产品，其他银行是否有更加贴近市场的好产品。有关部门要做好产品开发，从产品设计、需求开发、系统建设、试运行到应用推广全程与分行联动，跟踪做好客户体验收集，各负其责，形成合力，做到“人无我有、人有我优”。当前，重点要做好以下几个方面的创新：一是要探索建立票据信息共享平台，制定牵头部门，列出时间计划，高效有序开发投产出来。二是要推进电子化交易平台建设，做好试点和后续推广工作。三是要推进 B2B 模式的票据业务电商平台建设，把有银行特色的金融产品放到线上。四是要尽早研发更具优势的票据投资理财产品。

（七）要进一步理顺票据营业部与分行之间的关系。一是票据营业部要充分发挥规模优势和渠道优势，提高存管服务效率，推动和支持分行做大直贴业务，带动全行票据业务盈利实现更大幅度的增长，为全行贡献更丰厚的利息收入和投资收益。二是分行要加强对银票和商票直贴业务的考核，确保高收益票源不流失、本行承兑的票据尽可能回行贴现。同时，要加强对存管作用的认识，提高存管主动性，加快纸质票据向票据营业部的归集，强化票据质量检测。只有票据营业部和分行形成紧密的整体，既有分工又有协作，各有侧重，才能发挥整体效应，把票据业务这块蛋糕做大做强。

（八）要加强票据从业人员队伍的建设。票据业务专业性强，重要岗位和关键环节多，人员队伍建设显得尤为重要，要培养一批人才、稳住一批人才。一是要强化对基层从业人员的业务培训与合规教育，做到业务技能过硬、业务操作合规、业务发展稳健。二是要确保票据审验队伍的稳定，扎实做好新上岗审验人员的培训工作。三是要强化票据融资业务归口管理的职责分工，做到业务流程严谨合规，风险管理各司其职，切实提高全行票据融资业务的管理水平。四是要保持从业人员的素质能力与业务发展的匹配，适应经营环境变化和转型发展对干部员工素质、能力的新要求，不断提高从业人员队伍的凝聚力和战斗力。

下一步，全行要重点从这八个方面进一步提升票据业务的经营管理水平，总行各相关部门要认真研究，结合会议意见进一步提出具体工作措施。各行也要通过此次会议，进一步提高对票据业务的认识，采取切实有效的措施，抓紧抓好各项工作的落实。

在部分分行小企业金融工作座谈会上的讲话

郑万春

（2014 年 9 月 16 日 · 根据录音整理）

刚才，参会的各一级分行行长、小企业部总经理、拟试点组建小微金融业务中心的二级分行行长、小企业中心主任及总行相关部门结合本行、本部门、本岗位的情况谈了很多意见和建议，特别是魏国雄首席风险官最后讲了很多需要改进的地方，讲得都非常好，非常有价值。下面，我讲四点意见。

一、开展小微企业金融业务的重要性

从社会发展角度看，中小企业是我国经济社会发展的重要力量，是新兴产业发展的后备军，在就业、税收、创新、增效和服务社会等方面发挥着重要作用，可以概括为“5、6、7、8、9”效应：即中小企业贡献了全国 50% 以上的税收、60% 以上的 GDP、70% 以上的企业创新，提供了 80% 以上的城镇就业，占据了 90% 以上的企业数量。国家非常重视小微企业的发展，出台了很多扶持政策，并要求商业银行积极做好对小微企业的金融服务，为小微企业发展创造良好金融环境。如银监会对于小微企业贷款的经济资本占用、人民银行对小微企业票据贴现专项规模等都有优惠政策。在现在的环境下，如果我们小企业金融业务做不上去，利润再高，得到的社会评价也不会太好。

从自身发展来看，当前全行面临三大问题：一是不良资产上升问题；二是贷款需求不足问题，特别是小企业信贷余额不断下降；三是存款下滑问题。而做好小企业金融业务，不仅有利于解决贷款有效需求不足，有利于改善资产质量，同时对解决存款问题也有不小的帮助。我国有小企业 1 500 万户，加上个体工商户 3 500 万户，两者合计近 5 000 万户，但现在全行小企业有贷户只有不到13万户，个人经营性贷款客户也只有56.4万户，可以说发展小企业金融业务有着巨大的市场空间。由于小企业金融业务具有良好的成长性，契合我们战略转型发展的方向，因此在一定程度上讲，能否做好小企业金融业务决定着工商银行的发展和未来，确实非常重要。

二、我行小企业贷款现状

今年以来，全行小企业金融业务发展不容乐观。截至8月末，内部管理口径小企业贷款余额8 180.6亿元，较年初下降158.8亿元，不良率4.23%，较年初上升1.45个百分点，较6月末上升1.1个百分点。个人经营性贷款余额3 054.99亿元，较年初下降212.8亿元，不良率4.4%，较年初上升1.88个百分点，其中个人经营贷款不良率8.36%，较年初上升4.55个百分点。无论是从业务增长还是从风险防控来说，小企业金融业务发展压力都很大。

三、今年后几个月的工作要求

总行党委特别重视小企业金融业务，要求年底一定要完成小企业贷款增加900亿元的目标，任务非常艰巨。短期应该从以下几个方面努力：第一，小企业全年的增长目标不变。各分行领导要高度重视，确保完成增长任务。第二，各分行要注重开拓新市场、开拓新客户。第三，要采取多项措施，特别要抓几个关键产品和业务。一是小微企业票据直贴业务。现在我行票据贴现出风险的比例是万分之四，风险很小。8月末全行票据直贴增加1 450亿元，小企业仅增加约150亿元，只占10%。到年底小企业票据直贴业务要增长500亿元。为调动各行积极性，总行已下调内部资金转移价格0.5个百分点，降低小企业票据直贴资金成本；同时信贷规模保证供应，对小企业票据直贴规模不做限制；小企业票据只允许在分行之间转贴现，如果转贴现规模大于直贴规模，也要进行限制。二是网贷通业务。网贷通现在风险相对较低，要把抵押品价值、抵押率把握好，在风险可控的基础上，把网贷通规模做上去。另外，要对客户在我行结算量、日均存款有一定要求，资金要在我行内部循环。三是供应链业务。有核心企业担保的上下游供应链业务，风险比较小。要抓好几条关键供应链，推广链融通业务时，公司部要研究能否制定一些优惠政策。四是小微公司逸贷卡。现在还没有计入到小企业贷款，下一步要计入到小企业贷款之内。五是梳理存量个人商用房贷款，将以运营收入为还款来源的个体工商户贷款，调回小企业贷款科目。六是要合理调整贷款余额基数，各行要积极与监管部门沟通，按照实事求是的原则，把已经不是小企业的贷款从基数内调出去。七是要用好小微企业贷款到期后续贷的政策，在风险可控、按期付息的前提下，做好存量业务续贷工作。

今天参会的各家分行小企业贷款合计占全行总量的70%，你们任务完成得如何，直接关系着全行。希望各行抓紧抓好今年后几个月的时间，全力以赴完成增长任务，并力争多作贡献。

四、研究建立做好小微企业金融业务的长效机制

长远发展好小企业金融业务，至少要抓好三个方面。

第一，抓好客户基础。关键是要增加优质客户，这是一项长期的基础性工作。目前在我行开户的公司客户不到500万户，总量虽然同业第一，但其中有贷款的小企业客户不到13万户。与全国1 500万户小企业总量相比，仍然有很大的拓户空间和发展潜力。

第二，抓好队伍建设。要做好小企业金融业务，必须要有一大批高素质的客户经理和从事信贷业务的前中后台人员。要选好干部，加强培训，努力打造一支量质并举的高素质客户经理队伍，为小企业金融业务长期健康发展提供人才保障。

第三，建立体制机制。建立一个好的体制机制，是确保小企业金融业务发展的基础，当前重点要做好小微金融业务中心组建工作。

一是明确总、省、分、支行责任划分，发挥整体作用。从纵向看，四级行责任要分清，并发挥整体优势，才能把业务做好。总行负责战略决策、制度、产业、行业政策、风险监测等方面。省行要有小企业部，侧重行业政策细化，明确重点支持区域、重点支持的行业，以及对二级行小微企业金融业务的管理。二级分行是小企业经营机构，是贷款的发放和决策单位，小微金融业务中心应该重点设在二级分行。支行主要是小企业客户的开拓者，主要负责市场开拓和客户管理。通过四个层面的划分，责权利匹配，才能有效发挥全行的整体作用。

二是关于小微金融业务中心模式。具体来说，小微金融业务中心包括两种模式：第一种是小而全的模式。从拓户、尽调、贷后管理到回收全部由小微中心来做，比照利润中心的模式。第二种是信贷工厂模式。原料不管，只负责生产产品、售后服务，两头在外，中间在内。我认为，小而全的设计有其优势，但是全国各个地域经济差别较大，如果建若干个小而全的中心，容易出现风险。如果将业务全部集中到省行来审批，由于省行离市场较远，容易效率不高。所以，小微金融业务中心原则上应该设在二级分行和直辖市分行、直属分行、大的省会城市行的一级支行；个别二级分行辖属的业务量大的支行也可设立。

如果由二级行来决策，就要明确责任。谁审批（决策）谁负责，签批人是二级分行行长，当然也可以转授权，授权人负领导责任，签批人是整个贷款决策的主要责任人；在尽职调查方面要坚持双人调查，由支行

行长和客户经理负责，支行行长要签字；信贷流程中的评级、授信、押品、审查等职责，应该由小微金融业务中心负责，具体工作在中心不同岗位之间划分。这样设置虽然环节不一定减少，但减少了决策层级。采取信贷工厂的理念，在一个大的办公室把整笔业务办理完，提高效率。

从业务流程来看，承担主要责任的人有三个：支行行长对尽职调查真实性、客观性、完整性负责，对贷后管理负责；小微金融业务中心主任对贷款整个审查审批负责，对企业评级、授信、押品、审查审批的尽职性、业务手续的合规性、完整性负责，并对贷后非现场管理负责；二级分行行长或授权行长，对整个贷款决策负责，其余人员负次要责任。由此形成多方面负责的机制，把责任落实到位。

尽职调查应该由支行负责，因为支行客户经理对客户情况最熟悉，客户经理负责受理业务及初期的尽职调查，以及客户的贷后现场检查。客户经理要分等级、分资质，达到一定资格的客户经理才有尽职调查报告签字权，下一步总行要从培训、考核、考试方面明确相关要求。

小微金融业务中心内应该有尽职调查人员，并且是有较高业务水平的人员，但是对不同的模式，发挥的作用不一样。一种是像北京中关村支行这样的模式，在大中城市一级支行或江浙等地区少数大型县级支行，建立封闭式的小微金融业务中心，中心主任对尽职调查和审查审批负责，行长对签批和决策负责。客户经理集中的，中心尽调人员可以直接管理客户。一种是二级分行内设中心模式，对于疑难的、问题比较大的业务，部分支行客户经理业务经验相对欠缺的，中心尽调人员应该加入尽调，但对尽调负主要责任的人应该仍是支行行长。

授信审批派驻人员，主要从技术上、专业上把关，而不是对贷款负真正的责任，至于该岗位名称可以商讨后确定。

下一步，还应建立签批层级的责任机制。将签批权下放到县支行的业务一般来说是金额比较小、标准化程度较高的，例如贷款规模在500万元以内；签批权下放到的支行，业务要有一定规模，例如小企业贷款余额在20亿元以上，并且是标准化业务，低风险的、有易变现抵押物保证的贷款。除此以外，签批权原则上应集中在二级分行。

总行小企业部要结合实际情况，对城市行、地区行设计不同的模式，在岗位设置等方面给予一级分行一定的弹性。要求一级分行选择一到两家二级分行开展试点，试点之前方案报总行批准。试点半年以后，总结各种模式优缺点，再决定是否推广及推广的方案。

总行小企业部要充分研究吸收这次会议讨论中的一致意见，对于意见不一致的内容，要制定多种选择方案，给予一级分行选择权和操作弹性。会后，要抓紧修改方案，提交总行有关会议审定后，尽快以指导性意见下发，并鼓励各行按这个指导意见开展试点工作。

加快优质客户拓展 强化“裸贷”问题治理
进一步推动公司存款业务持续健康发展

——在优质公司客户拓展与“裸贷”专项治理工作推动会上的讲话

郑万春

（2014年9月19日）

今天，我们召开全行优质公司客户拓展与“裸贷”专项治理工作推动会，会议的主要任务是进一步贯彻落实全行年中工作会议精神，结合监管部门关于存款的最新管理要求，研究部署今后一段时间，尤其是今年后四个月，如何加快优质客户拓展、强化“裸贷”问题治理，夯实存款业务基础，促进公司存款业务持续健康发展。下面，我讲四个方面意见。

一、优质客户拓展和“裸贷”治理逐步推进，但进展缓慢

7月份以来，全行公司条线按照公司金融业务年中工作推动会的部署，逐步开展优质客户拓展和“裸贷”问题治理工作，取得了一些成绩，但总体进展较慢。

（一）客户拓展工作有序进行，但是优质客户增长较慢。截至8月末，全行公司客户总数为438万户，较

年初净增加 34.93 万户，较 6 月末净增加 9.23 万户。其中，日均金融资产 5 万元（含）以上客户 120 万户，较年初净减少 3.12 万户，较 6 月末净增加 1.15 万户。有融资关系客户 13.41 万户，较年初净减少 1 559 户，较 6 月末净减少 2 900 户。5 星级（含）以上客户有 53.97 万户，较年初净增加 5.58 万户，较 6 月末净减少 2 521 户。

（二）“裸贷”治理工作逐步推进，但进展情况很不理想。全行年中工作会议上明确提出，下半年各行要确保辖内存量“裸贷”客户数量每月减少 10%、年末减少 60%。6 月末全行“裸贷”客户为 46 393 户，占全部有贷户的 38%，60% 的转化目标意味着下半年要转化约 2.8 万户，约占全部有贷户的 23%。从执行情况看，“裸贷”客户数量未降反增，8 月末达到 52 980 户，较 6 月末增长了 14.2%，意味着剩下的 4 个月每月要消化 8 606 户，时间更加紧迫、任务更加艰巨。

二、深刻认识客户拓展和“裸贷”治理的必要性和紧迫性

客户是我们各项业务赖以发展的基础，贷款是我们最重要的产品和抓手，存款是业务持续发展的重要基础。各行要着眼公司业务全局，深刻认识夯实客户基础、解决“裸贷”问题和稳定存款增长的必要性和紧迫性。

（一）支撑业务发展的客户基础薄弱，客户结构亟待优化。

一是低效客户占比较高。从日均金融资产看，5 万元以上的公司客户有 120 万户，仅占公司客户的 27.4%。从客户贡献看，前 8 个月，全行贡献最大的前 1% 公司客户，贡献占比为 85.3%；贡献较小的后 80% 客户，贡献占比仅为 0.4%。从客户评级看，8 月末“A + 级及以上有融资关系客户占比”仅为 70.7%，较年初下降 5.68 个百分点，距 78% 的目标差 7.3 个百分点，年初以来一直下降，个别分行已经下降 20 个百分点。

二是产品覆盖率较低。从系统可读取的 23 项产品覆盖情况看，8 月末，除对公账户管理、公司存款、人民币对公结算、企业电子银行服务、现金管理等 5 项产品的覆盖率较高，分别达到 100%、85.8%、80.2%、61.3% 和 26.2% 之外，其余 18 项产品覆盖率均低于 4%，其中 14 项产品低于 1%。与年初相比，除企业电子银行服务、现金管理、对公理财销售、商务信用卡、对公基金销售等 5 项产品覆盖率略有提升外，其余均为持平甚至下降。

三是与同业相比优势不明显。从存量看，2013 年末，我行公司客户数分别领先建行、中行和农行 130 万户、121 万户和 105 万户，但有贷户占公司客户的比例为 3.36%，低于建行的 3.44%，同时与中行 3.28% 的差距也不大，仅相对农行有一定优势。从增量看，我行有贷户增量占公司客户增量的比例在四大行排名末位，分别低于建行 2.3 个百分点、中行 3.2 个百分点。

（二）“裸贷”客户潜在风险较大，影响公司业务健康发展。

一是“裸贷”加剧了信息不对称问题。信息不对称是银行信用风险管理面临的最大难题，传统上主要依靠分析报表、实地调查、抵押担保等进行风险识别和防控，信息获取滞后且不全面，影响对实质风险的准确判断。结算业务能够及时反映企业经营情况，而存款作为企业在银行结算量的体现，也具有侧面反映的作用。企业的生产经营、应收应付变化会第一时间反映在存款、结算量变化上。很多企业在贷款劣变前，通常有非正常的结算交易或存款转移。通过监控企业存款、结算量，交叉验证客户财务数据和交易数据，能够提高信用风险管理的前瞻性和有效性。由于“裸贷”客户通常在我行存款、结算量较低，不利于我们掌握客户的交易行为和实际经营情况，也就难以有效防范风险。

二是“裸贷”客户资产质量较差。从余额看，8 月末“裸贷”客户的不良贷款余额为 854 亿元，占全行不良贷款余额的 91.4%。从不良率看，8 月末“裸贷”客户不良贷款率为 2.88%，是全行平均水平的两倍。

三是“裸贷”弱化了信贷资金对结算资金归行的带动作用。8 月末，全行“裸贷”客户涉及贷款余额 2.96 万亿元，时点存款余额只有 289 亿元，当月余额存贷比只有 0.98%，是全行有贷户存贷比平均水平（13.24%）的 1/14。部分分行有贷户存贷比很不乐观，有 24 家分行有贷户余额存贷比低于全行平均水平，其中陕西分行（6.06%）、辽宁分行（5.03%）、西藏分行（0.13%），逼近或低于 5% 的“裸贷”管理底线。

（三）公司存款增长不稳定，突破监管红线的风险加大。

一是序时进度完成压力较大。上半年除 6 月末较年初正增长、完成序时进度外，其余各月较年初都是大幅度负增长。6 月末，有 13 家分行没有完成序时任务，其中山西、辽宁、广东等 3 家分行较年初负增长。进入三季度以来又呈负增长态势，7 月末、8 月末、9 月至今均为负增长。从日均存款指标看，截至 9 月 15 日，公司存款较上年同期减少 2.69 亿元，远低于全行储蓄、机构存款 4 042 亿元和 5 005 亿元的增长水平。

二是公司存款波动性较大。6 月下旬增长 3 029 亿元，占上半年增量的 184%、占当月增量的 95.3%，7 月 15 日、7 月 31 日两个时点较月初分别下降 3 691 亿元、3 099 亿元，下降比例占上月增量的 116.1%、97.5%。存款大起大落、过度冲高问题，已经引起监管部门的重视。9 月 11 日，银监会、财政部、人民银行联合下发了《关于加强商业银行存款偏离度管理有关事项的通知》，要求商业银行不得以贷揽存、以贷开票吸存、通过理财产品倒存、通过同业业务倒存等“八

不准”；对存款偏离度设定了3%的监管标准，对于超标的银行，视偏离程度，分别给予暂停准入事项、降低年度监管评级、暂停部分业务和期限超过90天资产的增长等处罚。

三、深挖问题成因，化解不利因素，争取业务发展主动权

优质客户拓展较慢、“裸贷”问题较为突出、公司存款增长乏力，这些问题的成因较为复杂，有宏观经济下行的原因，有同业竞争加剧的原因，还有互联网金融等新生业态冲击的原因，等等。但是，最主要的还是我们自身的原因。

一是组织传导不力。对于拓户工作，总行高度重视，进行了多层次的工作部署，大部分分行围绕拓展优质客户，开展了大量工作，取得了重要进展，但有的分行牵头部门组织不力，向下传导不够，自上而下业务条线衔接不畅，跟进管理抓得不到位。部分分行只是把拓户当成简单的开立账户，缺乏联动拓户、全产品拓户的措施，实际拓户效果较差。部分分行抓存款工作热情明显低于贷款工作，缺乏长远布局和长效机制，工作思路和办法不多，存在畏难情绪，过分依赖冲时点来实现增长。截至目前，今年公司存款只有8天实现了正增长。

二是大部分客户处于管理真空状态。根据总行近期的调查结果，大部分分行真正实现有人管理的客户只有日均金融资产50万元以上的客户，或者有贷户。这部分有人管的客户在全部公司客户中的占比不足10%，有贷户占比更低。也就是说，全行90%以上的客户处在无人管理、“自生自灭”的状态。

三是基层管户力量调动不足。从网点情况来看，全行438万户公司客户分布在1.5万个网点，其中日均金融资产5万元以上客户分布在1.4万个网点。有近40%的网点（5 853家）日均金融资产5万元以上客户占本网点全部公司客户比例低于20%，说明网点的对公营销力度还不够。从客户经理看，当前全行客户经理共3.17万人，按照全部公司客户计算，人均管户达到138户，这是不现实的。造成目前90%客户无人管理的局面，一个重要因素是基层网点柜面的力量未充分调动起来，缺乏主动营销的意识，相应的体制机制建设也不完善。

四是综合化营销还不到位。目前很多客户经理管客户往往只关注客户的贷款，很难对自己所管客户的综合化营销提出明确的目标和序时推进计划。我们花费很大成本营销来的客户仅办理一两项产品就再无人问津，对客户的全方位服务不足，仍然停留在“贷款开道”的简单化拓户方式上。

四、下一步要通过客户拓展和“裸贷”治理促进存款增长

（一）抓好优质客户拓展。各行要坚决遏制存量优质客户质量下移，全力提升存量小额日均金融资产客户，同时不断拓展优质新客户，确保完成《2014年公司客户拓展方案》确定的公司客户拓展目标。

一是高度重视拓户工作。客户是各项业务赖以发展的基础，客户基础的好坏直接关系到我行的市场竞争力。各行要树立拓展优质客户、提升客户质量、夯实客户基础的理念；以联动拓户、全产品拓户、名单制拓户为抓手，尽快提高我行客户拥有量及优质客户占比，提升我行公司产品覆盖率及客户综合贡献度，不断增强市场竞争力。

二是加强组织领导。各行要把拓户工作作为一号工程，成立分行行长为组长、分管公司业务的副行长为副组长，公司金融业务部门为牵头部门，结算与现金管理、投资银行、个人金融、养老金、国际业务、信贷与投资管理、资产管理、人力资源、财务会计、资产负债等部门参加的拓户工作领导小组，统一调动本行相关部门力量，联动开展拓户相关工作。要结合拓户工作进展情况，认真查找差距，切实采取有效措施，重点部署，在后四个月中迎头赶上，确保完成全年任务。

三是深挖各层级客户潜力。各行要根据分层营销的要求，切实抓好本层级重点客户群体的拓展。通过“本级行牵头、上下联动”的营销服务体系，统筹管理辖内营销服务团队，有效整合资源，拓展集团客户关联企业和上下游企业。做好各层级客户的全产品营销，以全产品覆盖为目标，制定相应的产品组合价格策略，全面提升客户综合贡献度。

四是切实抓好源头批量拓户。我国的经济结构中，除服务业之外，主要的实体企业都集中在制造业和批发零售业这两大行业。各行要加强这两大行业的拓户工作。以制造业为例，各行要对照最新2013年制造业30个子行业的百强企业名单，根据行业政策认真进行筛选，比照制造业领先企业进行营销。要根据客户重要程度及业务潜力，建立分支行“客户经理+产品经理”团队网络，实行“一户一策”营销。对于符合全行性或区域内贸易融资核心企业认定标准的百强客户，要积极拓展其产业链上下游客户。

（二）抓好日均金融资产5万元以上客户拓展。各行要多措并举，确保完成全年净增10万户日均金融资产5万元以上客户的目标，力争在9月底扭转该指标负增长的局面。

一是加大督导力度。截至目前，全行有17家分行的日均金融资产5万元以上客户增长指标较年初下降超过1 000户，占全行下降客户数的91%。总行已经成立专项督导工作组，跟踪督导下降户数最多的前17家分行的拓户工作。总行公司金融业务部将联合结算与现金管理部，分三次召开“督导行座谈片会”，专门督导这17家分行的拓户工作。

二是建立总行至网点五级拓户责任人团队。总行公

司金融业务部与结算与现金管理部，分别组织一级行牵头拓户的公司金融业务部门与结算与现金管理业务部门，建立“总—省—分—支—网”负责人共同组成的、日均金融资产5万元以上客户的拓户团队，对今年后几个月的目标客户，任务到人、责任到人，具体负责重点存量客户维护和优质新客户拓展工作。

三是遏制存量客户结构下移。截至目前，全行日均金融资产5万元以上客户为120万户。各行要定期监测本行日均金融资产5万元以上客户资产变动情况，对连续下滑的客户，要及时了解下滑原因，采取应对措施，确保客户金融资产止跌回升。

四是加快提升重点存量客户。总行级、省行级公司客户及其关联企业，除每日全额归集资金客户外，日均金融资产年内全部达到5万元以上。有融资关系客户日均金融资产年内要全部达到5万元以上。另外，总行近期已经从存量客户中提取并下发了29万户目标客户名单，主要是上半年企业资金流入量超过100万元的客户，这部分客户日均金融资产要达到5万元以上。

五是择优拓展新客户。上半年，全行新增公司客户37.26万户，其中日均金融资产5万元以上客户仅为4.07万户，占比仅为10.9%。下半年，各行要从大额资金平台目标客户、总分行级客户上下游企业、我行集中采购投标企业、IPO预披露企业等客户群中，遴选本行新拓客户名单，集中力量拓展日均金融资产5万元以上优质企业，完成全年工作任务。

六是加大网点拓户力度。各行要立足综合化网点，支持公司客户拓展和维护，注重建设网点向支行和公司部门推荐客户的平台与通道，全面发掘和维护优质客户。年内，每个有对公服务能力的网点，要净增10户日均金融资产5万元以上客户。

七是加强考核激励。近日总行已将分行经营绩效考核体系中“日均金融资产5万元以上公司客户增长”指标的权重，从原先的25分提高到35分，可见总行对拓展优质公司客户的重视。各行要结合本行的实际情况，制定切实可行的拓户考核激励机制，确保最大限度地激发各级行拓户积极性和主动性，更好地完成拓户任务，夯实客户基础。

（三）抓好“裸贷”治理。治理“裸贷”，要求全行统一思想，提高认识，从强化系统管理、完善机制等方面入手，形成长效机制。今年着重抓治理存量，今后更要从源头控制新增。

一是强化“裸贷”治理的组织推动。各行公司业务分管行长、公司业务部门要作为“裸贷”治理工作的责任人和牵头部门，公司业务部门要逐级落实专职人员负责“裸贷”治理日常工作，逐户落实到管户经理并限期整改。同时，要主动联合相关部门研究辖内“裸贷”问题具体解决办法，形成全行共同治理“裸贷”的工作氛围。

二是加大治理“裸贷”客户的考核力度。对于辖内存量“裸贷”客户，各行要层层分解任务、逐级落实责任，按月设立阶段性达标目标，确保每月减少10%、年底减少60%。要加大存量“裸贷”客户治理的监测、通报、督导力度，确保序时目标执行进度。要将存量“裸贷”客户治理工作纳入对相关部门、机构和管户客户经理考核范围，配套有效的绩效奖惩措施。要将“裸贷”治理与信贷规模、表内理财额度挂钩，将资源优先配置给达标的机构和客户。

三是加强“裸贷”客户的风险预警。总行公司部要加强有贷户存贷比日常监测，按周通报各行情况。要深度揭示有贷户存贷比层级分布情况、不同层级存贷比上下迁移情况，对于存贷比下移较快、且逼近“裸贷”管理底线的客户，要作为潜在风险客户，及时向分行预警。各分行要比照总行做法，向下层层传递有贷户存贷比监测、预警情况。

四是做好新增贷款的投放工作。一方面，要做好贷款受托支付管理，对于受托支付收款行不是我行的企业，要加强资金监控，力争实现贷款资金体内循环。另一方面，要加强信贷与结算业务的联动，各行要结合客户所属行业特点和交易特点，确保客户结算业务量与我行贷款额度相匹配。对于新拓展的信贷客户，要争取在我行开立基本户。对于供应链融资客户，要将信贷资金系统内封闭管理作为贷款条件，要求核心企业上下游客户在我行开立结算账户。第三方面，要做好货款归行的监控，与客户明确约定回笼资金的频度和金额，对客户形成合同约束。

五是逐户落实“裸贷”客户的整改工作。对于6月末1 264户大型“裸贷”客户，所属行要实行名单制管理，逐户分析“裸贷”成因、制定提升目标和方案，明确责任人，逐个开展存贷比提升工作。对于中型“裸贷”客户，重点在于加强结算业务量、货款归行率管理，要把执行存款、货款回笼份额不低于我行融资同业占比作为管理底线。对于小型“裸贷”客户，关键是要规范执行受托支付管理要求、强化贷后管理，明确约定存款、结算量合同约束，对于在达标期内达不到我行要求且争取无效的客户，原则上不再进行续贷。

六是加快调整部分产品的配套存款管理。一方面，要加强信贷产品结构调整，严格固定资产支持融资等产品的资金结算管理，确保存款主要沉淀在我行。另一方面，对于现金管理业务，原则上对于新营销客户不主动推荐全额资金归集模式，给下属企业保留部分结算资金。

七是通过信息交叉验证防控“裸贷”风险。为更有效地掌握有贷户日常生产经营活动，保障信贷资产质量安全，各行要积极引导客户办理日常对公结算、缴纳水电费、缴纳税款等业务，综合研判结算量、缴纳水电费金额、缴纳税款金额与客户的生产销售情况是否吻合，交叉验证客户财务报表的真实性，有效防控“裸贷”带来的风险。

（四）抓好公司存款工作。在监管机构推出存款偏离度管理的新形势下，各行要进一步规范存款发展方式，做好“开源节流”，狠抓资金源头，提高资金留存率，实现存款发展质的转变。

一是提前做好谋划。今年以来，全行存款考核较以往发生了很大变化，突出了日均考核，取消了一些与时点指标的费用挂钩，过去那种关键时点“抓一抓、冲一冲”的办法已经越来越难以奏效，各行需要研究建立一套存款工作的长效机制。同时，考虑到下半年9月末和12月末存款工作的特点，各行要提前筹划，结合客户需求配套相关产品。

二是加强考核传导。下半年，总行加大了对日均存款的考核力度，并将存款与理财业务进行了区分，将“人均本币存款日均增量”指标按“储蓄”与“非储蓄”进行了拆分，整体权重提高到110分，较年初提高了40分；同业占比的调节项降低到15分，较年初降低10分；在计算同业占比时将日均和月均的权重占比由7:3调整为8:2；对于公司存款日均增量和增幅在本考核群体中同时排名后10位的分行，扣减10分。此次总行考评办法明确将存款和理财业务指标分开，未来将进一步突出存款考核的基础地位，强化存款工作的成本意识。各行要认真学习研究总行的考核体系，结合全行战略导向主动建议调整辖内考评办法，争取更多内部资源支持公司存款业务发展。

三是提升网点功能。各行要抓住网点竞争力提升的契机，推动提高网点的公司业务覆盖率，强化网点公司业务管理，增加公司客户经理配备，并切实加强公私联动营销，落实公司产品计价与考核。同时，总行要加强监测和通报千家网点对公竞争力，重点是客户拓展、存款和公司客户经理配备三项指标。

四是稳定存款增长。总行近日印发了《关于加强人民币存款稳定性管理的通知》，并专门召开视频会，要求各行季初月15日前存款下降不得超过上月存款增量的30%，且季初月的月末前存款下降不得超过上月存款增量的40%，存款增长均衡率较低的分行，四个季度末存款新增不得高出年度计划序时进度15个百分点。对于存款大幅、非正常波动的分行，总行将按季度计收存款波动成本。按照计收办法和上半年情况测算，需计收30家分行存款波动成本4.21亿元。这里我要强调的是，总行的要求是保持存款的均衡稳定增长，对存款总体均衡率较好的分行不做季末存款增长的上限要求，只控制季初存款的大幅回落。另外，总行将于近期下发关于加强我行存款偏离度管理的通知，要求总体上按照偏离度不超过2.5%掌握，各行要认真贯彻落实。

五是抓好资金源头。公司部门要加强与机构、个金、资管、金融市场等部门联动，抓好财政收支、军队采购、个人按揭、理财投资、股票债券市场融资等规模较大的资金源，带动公司存款增长。要大力争取国开行棚改专项贷款代理业务，该项业务资金总规模预计过万亿元，总行公司金融业务部要牵头组建专项工作团队落实此项工作，会同各行充分发挥我行资金监管和结算服务优势，最大限度将棚改资金落实为我行存款。公司部门要加强与机构部门联动，共享信息，抓好中央转移支付资金源。根据财政部公布的数据，每年中央转移支付资金高达3万－4万亿元，其中近一半是专项资金的转移支付，主要用于教育、卫生、国防、科技、救灾重建等方面，可形成稳定的公司存款；另一半虽然是中央向地方的转移支付，但是经地方政府也会逐步流向企业，各行要采取针对性措施留存这部分转移支付资金。

六是加强联动营销。围绕“大公司金融”战略，各行抓公司存款要立足全局，不断强化与各产品部门、境内外机构的业务联动。在监管机构加强存款偏离度考核的大背景下，各行要“跳出公司存款抓公司存款”，更多关注公司存款与机构存款、个人储蓄存款的转化关系，努力做好各项存款在行内客户间的转化和循环，切实提升公司日均存款，夯实存款工作基础。同时，由于存款偏离度是按境内本外币口径考核，各行公司部门要按照分工，配合相关部门做好外币存款工作，避免触及监管红线。

七是抓好银行承兑汇票业务。票据业务兼有结算和融资功能，资金回报率较高，资产质量较好，对于拉动公司存款有重要作用。8月末，全行银票余额3 611亿元，占全社会承兑未到期余额（约10万亿元）的比例只有3.6%，低于我行主要业务的占比水平。各行要加强银票保证金管理。8月末银票保证金存款达965亿元、较年初增长179亿元，对公司存款的拉动效果比较明显。近年来银票保证金率有所下滑，从2011年末的26.01%下降到2013年末的24.16%，低于16家上市银行平均水平约14个百分点，今年8月末只回升到26.72%，仍低于同业水平。各行要结合辖内客户实际需求和风险情况，加强银票保证金管理，提高全行承兑保证金的收取比例，实现承兑业务与保证金存款的协调增长。但要注意严格执行监管规定，不能“以贷开票”吸存。同时，各行要大力发展直贴业务。直贴业务既直接服务实体经济，又带动存款增长，价格还高于转贴业务20个基点以上。总行将以价格和规模两种手段适当控制转贴现业务，支持直贴业务发展。价格上，以不同的资金成本支持和引导直贴业务发展；规模上，对于转贴现余额占比高于全行平均水平的分行，总行将通过流量管理方式控制其从系统外或票据营业部买入转贴现票据。另外，总行已经明确小微企业贴现业务不受流量管理约束，对直贴比重高于50%分行的小微企业贴现需求，总行将通过调增临时计划予以满足；对新增小微企业贴现业务执行下浮30个基点的优惠配置价格；7月末之后新增小微企业贴现不占用经济资本限额。

八是规范受托支付。总行今年先后下发了《关于进一步规范公司客户贷款资金受托支付管理要求的通知》以及《关于调整公司客户贷款资金受托支付要求的通知》，引导全行合理确定受托支付适用范围，取消了流动资金贷款受托支付时限要求；取消了小企业300万元受托支付起点金额规定，执行一般法人客户标准；首次办理信贷业务的客户，受托支付起点金额由100万元提高至500万元，并且信用等级由低于A+级调整为低于A级。从执行情况看，6-8月全行不必要的受托支付贷款占比，较前5个月有所下降。以流贷为例，金额占比下降6%，笔数占比下降7%，总体执行效果较好。新疆、天津、江西、广西等分行不必要受托支付业务占比下降明显，但内蒙古、贵州等分行不必要受托支付业务占比未降反升。对此，相关分行要尽快调整到位。

同志们，下半年风险防控和公司存款稳存增存形势依然严峻，优质客户拓展和“裸贷”问题治理以及稳定公司存款增长的任务十分艰巨，总行各部门、各分行要继续保持积极作为的工作状态，进一步完善工作措施，紧抓各项措施落地，确保圆满完成客户拓展、“裸贷”治理、存款增长三项工作全年任务！

挖潜创新　多头并进
推动投资银行业务加快转型

——在品牌类投行案例分析座谈会上的讲话

郑万春

（2014年10月16日·根据录音整理）

今天，我们用一整天的时间召开品牌类投行案例分析座谈会，总行投行部分析了品牌类投行的经营情况，介绍的重组并购、股权融资、债券融资、财务重组等案例都不错。应该说，工商银行在几家大行中，品牌类投行业务是做得最好的。最近，总行刚刚召开了党委扩大会，总结通报了三季度工作进展情况。从全行看，中间业务收入压力比较大，中间业务和收费面临更高的监管要求，基础类投行业务发展受到一些限制，现在看潜力比较大、做得规范、又能创造工商银行品牌效应的，还是品牌类投行业务。总行投行部这次之所以选了在座14家分行来开座谈会，大家不是任务完成情况最差的，也不是最好的，但从项目储备、资产规模和市场来看，是品牌类投行发展潜力最大的。前面介绍的案例，有些也是从在座分行中产生的。尽管投行条线经常组织培训，但分行的主管行长听案例介绍的机会还是不多的，所以要让大家对品牌类投行好的案例系统学习了解一下。今天会议目的很明确，就是四季度怎样把投行全年任务完成好。听完各行的汇报后，我感觉，大多数分行都很重视品牌类投行业务，对进一步推动投行业务转型发展也有信心、有思路。下面，我讲三方面意见。

一、前三季度投行业务经营情况

（一）投行收入整体基本完成序时计划，但增速放缓。从投行业务302亿元的年度收入计划来说，涉及的表内外融资规模很大，实事求是讲，完成难度比较大。截至9月末，全行实现投行业务收入223.68亿元，同比增加18.74亿元，增幅9.1%，高于中间业务收入和利润增速，完成全年计划的74.1%；在中间业务收入中的占比为21.4%，投行收入增量在中间业务收入增量中的占比为31.1%，保持了较高的贡献度。

但另一方面看，三季度也出现了新的情况。全部投行收入增幅由6月末的14.8%下降至9月末的9.1%，三季度单季投行收入仅为43.17亿元，较上年同期47.72亿元下降4.55亿元，降幅9.5%；其中，基础类投行业务下降8.41亿元，降幅35.8%。基础类投行业务占比的下降是必然趋势，这些年来我行投行收入结构是向品牌类比重增加的方向调整的，重组并购、股权融资、债务融资（高端财务顾问）三项收入合计增加3.31亿元，增幅22.3%；短券中票、银团等收入增加0.55亿元，增幅5.78%。三季度收入出现滑坡，更需要四季度采取强有力的措施来补足缺口。目前，与年初制定的302亿元的全口径投行收入计划相比，还有78亿元的缺口，四季度的经营压力仍然很大。

（二）品牌类业务发展不平衡，部分分行计划缺口大。从计划完成率来看，截至9月末，全行38家计划单位中，有25家分行未完成序时计划，收入缺口达8.19亿元。从同比增幅看，有11家分行负增长，分别是云南（-33.5%）、苏州（-30.6%）、内蒙古

(-26.2%)、大连(-21.9%)、江西(-20.3%)、安徽(-12.9%)、青岛(-11.5%)、浙江(-11.05%)、新疆(-8.6%)、天津(-7.6%)、广东(-2.6%)。这些分行四季度要加大工作力度,扭转局面,努力完成全年工作任务。

在座的14家分行中,湖北、湖南、河北3家分行较好地完成了品牌类投行收入序时计划,但也有11家分行尚未完成序时计划,缺口合计约为5.38亿元,占总计划缺口的65.7%。从市场、资源、项目运作能力来说,在座各分行品牌类投行业务增收都还具有较大潜力,对全行能否完成收入计划起着重要作用。希望各行高度重视这个问题,采取有力措施,在四季度尽力弥补本行的计划缺口,为全行完成整体收入计划打下坚实基础。

二、充分认识发展品牌类投行的重要性

大家知道,国际上投行业务发展经历了以下几个阶段:第一阶段是上市承销,需要牌照;第二阶段做财务顾问;第三阶段兼并收购,现在发展到兼并收购加投资。从目前来看,我们的投行实际上是在做财务顾问,没有享受到牌照和投资带来的收益,但我们已经做到了规模最大。投行业务要持续发展,下一步要采取办法,牌照可以先借来用,投资也要做。总体来看,全行要实现经营目标,投行业务收入贡献的比重将越来越大,这是一个大的发展趋势。具体而言,要在当前规模基础上实现盈利的可持续增长,完全靠资产规模和利息收入增长是不行的,也不符合国际大环境下的银行发展趋势,而投行业务可以享受到企业成长性的超额收益;从提升市场影响力来看,工行传统银行业务市场影响力已经做到世界最大,银行业综合化经营是全球趋势,最能体现品牌优势的就是投行。所以,无论是实现盈利目标,还是提升工商银行影响力,都要求我们把投行,尤其是品牌类投行做好。

(一)发展品牌投行是实现投行经营目标的需要。去年以来宏观经济增速放缓,外部监管日趋严格,全行利润增长受到较大影响,投行业务收入增长压力也有所增大。8月1日,总行发文停止对小微企业收取常年财务顾问费,同时在分行经营绩效与业务发展考评体系中取消了“基础类投行业务”指标分值。从近两个月的情况来看,基础类投行收入确实受到了较大影响,8、9两个月基础类投行收入仅为12.74亿元,同比下降了39.6%,并且短期内基础类投行收入没有多少增长空间。尽管基础类投行收入少了,但从全行完成经营利润等业绩指标、实现中间业务收入稳定增长的角度来讲,投行战线依然要确保完成全年收入任务。因此,四季度我们必须大力发展品牌类投行业务,不断拓展利润来源,弥补基础类投行收入计划的缺口,实现投行业务的全年经营目标。

(二)发展品牌投行是投行业务转型发展的需要。2011年总行党委确立了“打造与工商银行全球地位和影响力相匹配的投行业务”的战略目标,明确了发展品牌类投行业务的战略方向。品牌类投行业务顾问层次和技术含量较高,转型发展就是要逐步提升品牌类投行业务的占比,在不断提升盈利能力的同时,降低与信贷关联的基础类投行业务占比。2012年、2013年和2014年前三季度,全行分别实现全口径品牌类投行收入108.2亿元、121.1亿元和137.10亿元,同比增速分别为167%、52%和12.90%,收入占比分别为43.9%、56.7%和61.3%,发展势头良好,收入结构不断优化。随着金融改革和金融创新的深化,未来的商业银行依赖贷款的发展模式将难以维系,重组并购、股权融资、债务融资等品牌类投行业务作为利润增长的引擎,面临的市场机遇将会越来越多。总行投行部需要密切关注市场动态,加快产品创新和推广力度,助力投行业务的转型发展。

(三)发展品牌投行是提升投行市场影响力的需要。投行业务是全行中间业务发展和战略转型的重要推动力量,在战略引资、业绩披露等重大事件中,品牌类投行业务都是监管部门、资本市场、合作伙伴关注的重点。年初以来,我行与亚布力中国企业家论坛合作,成功在欧洲、北美举办论坛,协助复星集团、万达集团等知名民营企业“走出去”,拓展了一批投行项目机会。积极响应国家建设“中巴经济走廊”战略,联合哈比银行共同发起中巴工业园项目。积极参与国企混合所有制改革项目,成功撮合澳门金管局100亿元跨境资金及推动我行理财资金20亿元投资中石化销售公司股权。积极开拓资本市场相关投行业务,运作完成国内首单经中国证监会批准、由商业银行担任财务顾问的资产证券化项目——广州长隆主题公园入园凭证资产证券化。今年,我行首次被《欧洲货币》评为“中国最佳投资银行”,国内外市场影响力进一步提升,也更加坚定了我们做大做强品牌投行业务的信心和决心。

三、四季度品牌类投行业务发展的总体要求和措施

四季度总体要求是:确保完成年初制定的经营计划,实现全口径投行收入302亿元。各分行都要确保完成各自的计划任务,基础类完不成的,用品牌类来补。前期完成序时计划任务较好的分行,要再接再厉,力争实现更多的超计划收入,为全行多作贡献;没完成序时进度的分行,要全力挖潜,进一步缩小计划缺口,力争完成计划。

(一)活学活用投行案例,开拓市场,抢抓业务机会。通过今天品牌类投行案例的学习研讨,各分行要重新对本区域市场进行梳理,借鉴典型案例经验,加大营销力度。分管行长营销时要带投行部或发现机会立即让

投行部对接，抓住市场业务机遇，做好案例复制推广。

兼并收购顾问方面，要重点研究发掘新三板存在的并购业务机会；推动混合所有制改革相关并购业务全面展开；通过实施“董秘工程”，大力拓展上市公司大股东认购定增、配股以及上市公司收购等资本市场业务机会。跨境并购重点关注境内外资本市场的估值落差中所蕴藏的境外上市公司私有化退市类项目。

股权融资顾问方面，重点关注中央和地方加快推行混合所有制经济、多层次资本市场建设加速、产业结构调整带来的业务机会；挖掘上市公司并购基金业务机会；充分利用上海自贸区、深圳前海区域特殊政策和沪港通推出的机遇，探索资本跨境流动。

债务融资顾问方面，要继续抓好成熟模式的结构化融资业务，如贷款前期融资、过桥融资、高速公路收费权融资、商业物业融资、股票收益权/质押回购融资等产品；要大力拓展企业资产证券化这一创新型标准化债务融资业务，重点营销其盘活资产、改善资产负债表、降低融资成本的特性，业务的基础资产可以是企业应收款、信托受益权、基础设施及商业物业的财产或收益等。

财务重组顾问方面，要与信贷管理、风险处置部门紧密合作，运用投资银行手段及时、有效化解已暴露或潜在风险，帮助企业走出财务困境。

银团贷款和债券承销方面，总行由公司金融业务部牵头负责，分行有的在公司部，有的在投行部，这也是品牌类投行业务的组成部分，大家要同样重视。到年末全行要确保实现收入55亿元，公司金融业务部负责下达相应任务，并督促落实。

（二）找准差距，层层落实，抓出成效。希望在座分行回去后，根据本行的实际情况采取切实有效措施，不管采取哪种模式，都要确保责任落实到位，确保完成全年投行收入计划任务。同时，总行投行部要成立督导小组，由总经理、专家带队，这三个月分批下去，赴分行指导和推动投行业务，完成不好的分行重点督导，完成好的也要进一步指导推动和总结经验，协助各分行做好四季度品牌类投行业务拓展及增收工作。

一是要树立信心，化压力为动力。虽然目前离全年计划完成还有一定的差距，但2012年和2013年的四季度，全行投行收入都增长了近60亿元，只要全行上下能够统一认识，措施得力，是可以在冲刺阶段取得业务收入显著增长的。各行要树立投行增收工作的信心，提高责任感和紧迫感，做好业务拓展和增收工作。

二是分产品、分科目、分机构把品牌类投行业务的拓展工作和增收工作抓精、抓细。希望各行能够根据自身情况，逐产品、逐科目地找出自身的薄弱环节和业务空白点，制定辖属机构的业务拓展和增收具体措施。要加强重点融资客户的持续营销，深入挖掘存量客户的新业务机会，拜访亚布力论坛客户，挖掘大型民营企业并购项目机会；要进一步加强总分行之间在客户营销、方案设计、审查审批、渠道沟通、资金募集、项目管理及退出等各方面的沟通和互动，提高项目运作效率。对于协议约定年内收取顾问费的项目，应加强与客户沟通，确保收入及时入账；对已完成行内信用审批但资金尚未到位的项目，应加紧落实前提条件，争取年内完成资金投放和顾问费的收取；对其他运作中的项目，要提高工作效率，加快运作。

三是加强品牌类投行业务收入增长和计划完成进度监测及考核评价力度。二级分行是投行增收工作的关键所在，各分行要对辖属分支行投行收入计划完成情况每周监测，尤其是季末要逐日监测、加强督导。有条件的分行要在年终考核中加大对投行业务的考核资源配置，并对各辖属分支行采取通报批评、谈话提醒等方式落实投行业务问责制度，增强辖属分支机构的紧迫感和执行力，奖惩机制要落实到位。同时，总行也将定期监测各分行收入增长和计划完成情况，在年末专业评价排名中，加大计划完成率、收入增长率等指标的权重，对增收工作不力的分行要直接扣减分值，或直接下调排名。

（三）保障团队投入，提高品牌投行队伍专业水平。投行是智力型业务，队伍建设非常重要。实践证明对投行业务投入精力、人员和费用多的分行，完成投行收入任务情况也更好。因此，各行要高度重视，保证必要的投行团队投入，既要保证人员的数量，也要做好培训，不断提高投行队伍素质。目前全行已经建立起500多人的专职投行队伍，但在分行部门分工和人员两个方面，都有需要进一步改进的地方。从部门分工来看，有些分行投行部门与总行投行部的业务范围一致，但还有些行的投行部也负责债券承销、银团等业务，考核评价范围也与总行不一致，造成投行专职人员无法投入足够的精力来开拓品牌类投行业务，还有些分行将项目直接报送资金部门，客观上造成了投行收入的减少。有关分行要尽快梳理投行部门分工，从有利于投行业务可持续发展的角度，合理划分业务范围。从人员来看，投行队伍还存在专业技术水平不高、流动性较大等问题，解决这一问题，不仅要在全行上下形成投行大练兵的氛围，通过案例培训、干中学来提高项目运作能力，更要从机制入手，做到既能培养出人才、也能留得住人才。投行团队要有规模、成梯队，才更有利于业务的健康发展。

（四）确保规范合规经营，做到业务收入应收尽收。在抓好投行收入的同时，也要做到依法合规，确保经得起检查。这里主要强调两点：一是要处理好基础类投行规范经营与合理收费之间的关系。对于基础类投行业务，要在依法合规的前提下，做到业务收入应收尽收。我们只要提供了有效的服务，并且收费在总行规定的标准范围内，就是合理规范的，就要积极去做，不能因噎废食、矫枉过正。二是要强化投行业务收入的规范管理，做了什么业务，收入就要计入相应的科目，不能为了做大品牌类投行业务，把基础类投行收入划到品牌类投行收入科目中。这样做不但面临合规风险，也将损害品牌类投行业务的健康发展。品牌类投行要不断进行总结，把业务程序规范起来，特别是投后的风险管理要切实做好。

对于大家会上提出的几个问题，简单谈谈我的意见。一是规模的问题。为了支持小企业、投行业务的发展，对好的企业需要融资投入，规模应尽可能保证，对此总行也出台了相关的政策。二是房地产和政府融资平台要看长远，在总量压缩的前提下，做好结构性调整，可在资产证券化等方面做些创新，用投行手段来解决问题。三是对于资产管理的投资问题，总行金融市场部正申请投资一定比例的特定目的债权，未来投行业务的机会、渠道会更多。

会后，希望各行抓住今年剩下的两个半月时间，全力做好品牌类投行业务的拓展工作，努力完成好投行业务增收任务，给分行党委、总行党委交一份满意的答卷。

在非金融企业债务融资工具主承销业务座谈会上的讲话

郑万春

（2014 年 10 月 21 日 · 根据录音整理）

今天，在四季度初各项业务发起年末冲刺的重要阶段，我们紧急召集 8 家“零承销”和 2 家完成任务差距较大的共 10 家分行，来总行参加“非金融企业债务融资工具主承销业务座谈会”，主要任务是集中分析业务发展形势和各区域的主要问题，研究部署在年内消除业务“盲点”、实现我行市场排名领先目标的各项工作措施。下面，我谈四点意见。

一、前三季度非金融企业债券承销业务发展势头整体较好，但距离全年“第一”的目标尚有差距

今年以来，债券承销业务面临比往年更大的竞争压力，承销商数量在增加、而优质客户资源有限，我行承销市场排名一季度末一度跌至第九。其后我行采取了多项措施，总行分别在 3 月、6 月两次召开专题会议，进一步强化目标、统一认识，加强组织推动和直接营销，加快专业人员队伍建设，各行加大力度营销，取得了显著效果，“零承销”行由 18 家减少到 8 家。1 - 9 月，我行累计承销金额已达 2 682 亿元，承销项目 236 个，实现收入 10.4 亿元，同比增幅分别达 29%、45% 和 26%；承销客户数 171 户，是上年同期的 1.4 倍，客户基础进一步扩大；市场排名有所提升，与第一名的差距缩小到 70 亿元。项目储备方面，正在审批的项目合计近 500 亿元，已完成审批尚未发行的项目约 700 亿 - 800 亿元，如四季度能完成这 1 300 亿元的承销额，今年承销额就有望达到 4 000 亿元，那么全年市场排名第一的目标就基本可以实现，所以年底前还要进行再冲刺。

虽然当前债券承销业务取得了一定进展，但增长潜力仍然很大。比如，8 家“零承销”行所在区域发行规模超过 2 000 亿元，另江苏、安徽 2 家完成任务差距较大的分行的所在区域发行规模分别为 1 900 亿元和 760 亿元。各分行都要按照债券承销市场份额不低于 10% 的目标来要求自己。现在离年末只剩下两个多月的时间，要实现全行债券承销业务“全面开花”的目标，时间紧、任务重，希望各分行能够把认识统一到全行债券承销业务“市场占比第一”的战略目标上，集中精力、找准对策，争取尽快突破。

二、要深刻领会发展债券承销业务的重要意义，真正树立责任意识和紧迫感

（一）大力发展债券承销业务是公司金融业务可持续增长的重要支撑。党的十六届三中全会明确提出要“建立多层次资本市场体系，完善资本市场结构，丰富资本市场产品”。党的十八届三中全会以来，债券融资以其公开透明、市场化的特点，受到进一步重视，国务院进一步明确了大力发展债券市场的整体思路，还在解决一些重大问题的过程中，将债券市场作为了重要手段之一。2002—2013 年，我国企业信用债市场增长了近 50 倍，占社会融资比重从 1.8% 增长到 10.4%。但按照西方发达国家直接融资占比通常在一半以上的经验来看，我国债券市场占比仍然较低，发展潜力依然巨大，仍有“黄金十年”。我们要牢牢把握这一趋势，打造新的竞争优势，为公司金融业务发展注入新的活力。

根据年初总行对某东部省份进行的数据挖掘显示：该省2013年度AAA企业债券发行总额636亿元，是2011年的近年5倍；有8户企业是我行信贷客户，其中7户近三年贷款余额呈显著下降趋势（3户2013年末已降至零余额），8户企业在我行贷款余额近三年合计减少了25.49亿元，同时我行对其债券投资余额仅增加了2.6亿元。我行2013年仅承销其中的1户，该客户与其他几户相比，贷款余额降幅最小。以上数据不仅是对金融脱媒的有力验证，更是对金融机构通过债券业务挖转和维系重点优质客户合作关系这一趋势的充分例证。

（二）要牢牢抓住债券市场发展机遇，以承销业务为支点实现公司金融各项业务的全面推进。一要密切关注债券市场发展对于公司存款的"源头性"作用。近期银监会对商业银行存款稳定性管理提出了严格监管措施，要求我们更加注重日常性的、源头性的存款来源。截至8月31日，银行间企业债券市场存量规模已超过6.5万亿元，今年发行量预计接近4万亿元，这些资金都将通过银行体系流入经济领域。二要充分利用债券市场做好"拓户"工作。债券市场信息公开，企业的基本情况、经营和财务信息披露都较充分，完全可以作为我行优质公司客户拓展的一个重要来源。目前市场中的优质发债企业里，大约有七成是我行已有的信贷客户，拓展的空间还很大。三要跟上优质客户多元化融资的步伐。越是高信用水平的客户，其直接债务融资在融资来源中的占比越高，相应主承销机构对优质公司客户合作关系越深入，业务和收益份额也越可观。反过来，金融服务跟不上客户的需求，必然会丧失市场和收益。四要把承销业务作为稳定的、高质量的收入来源。上半年全行净利润增幅7.2%，中间业务收入增幅7.42%，而债券承销业务在执行基于综合收益测算的市场化定价机制的背景下，收入增幅仍达20%，显示出了蓬勃的增长活力，同时该项业务服务内涵充实，管理规范，对于稳收增收、优化收益结构都具有积极作用。

三、要以实事求是的态度查找问题，厘清思路，争取业务发展的主动权

今天来参会的分行，有些是做过债券承销业务但近几年陷入停滞的，有些是近两年承销业务取得了一定进展但仍然慢于市场增速的，也有个别是从未做过承销发行的。造成这些情况的原因有很多，这里我们主要分析一下主观原因。

一是对债券承销业务发展重视程度不够。姜建清董事长2007年就对债券承销业务明确提出了"市场占比第一"的发展目标，之后我们凭借在北京市场、特大型央企市场的集中发力抢占了市场先机，连续六年取得了市场第一地位。但由于区域间发展不均衡的问题一直没有得到有效解决，我行总体竞争力在下降，在原本我们占据主导地位的优质客户领域，其他银行通过加大营销力度，借力债券承销分流了部分高附加值业务。具体来看，重视程度不够主要反映在，有些行承销业务发展目标不清晰、措施不具体、牵头部门不明确、人员不到位、对该项业务缺乏整体布局和营销积极性，如长此以往，我行与优质客户的合作关系将在企业金融"脱媒"的过程中逐步淡化。

二是对本区域已发行债券客户信息分析不到位，错失营销时机。从2011年开始，除西藏外的所有地区均已有债务融资工具发行。总行按月统计通报全市场债券发行数据，包括地区、行业等多维度细化数据，以及发行人、融资金额、主承销商、到期日等具体信息，其中越是优质的发行人往往发行越频繁，金额越大，使用的品种越多。对这些数据的梳理和运用，可以给我们提供包括目标客户、配套金融服务、营销时机等在内的各种信息，帮助我们发现机遇、开展包括债券业务在内的金产品营销。今天各位结合本地区的情况、业务数据等都作了具体分析，希望以后能把这项工作变成一项常态化的工作，特别是对于在市场上看到发行，但没有提前捕获营销信息的重点债券项目，要建立一套责任机制来保障债券营销的针对性和成功率。

三是业务配套机制建设不足，债券营销效果不理想。一级（直属）分行是全行经营战略传导的中枢，对于总行大力发展的业务，要通过多种形式加强督导，建立相应的考核、评价、激励机制，开展营销推介、客户沙龙等活动，切实督促、引导、鼓励分支机构行动起来。现实情况是，很多基层经营机构对债券承销业务了解仍然有限，对于该项业务收益的判断缺乏全局眼光和综合测算，营销中存在畏难情绪，积极性不高，导致总行战略传导与基层行经营相脱节，效果大打折扣。

四、明确目标，全力冲刺，推动全年债券承销业务排名第一，并带动各项业务稳步增长

（一）牢固树立责任意识，明确目标任务。根据总行年初统一工作任务部署，来参会的10家分行在剩下的2个半月时间里共须完成261亿元的承销量。其中，江苏121亿元、陕西55亿元、湖南40亿元、云南30亿元、安徽10亿元、吉林5亿元，黑龙江、海南、宁夏、青海要争取实现零的突破。根据总行目前掌握的情况及各分行反馈，江苏、安徽、海南、陕西分行年内已有一定业务储备，要把储备项目盯紧落实，务必年内见成效。同时要加强对发行人的二次营销，力争足额乃至超额完成全年任务目标；对于年内实现债券承销突破难度较大的分行，要认真梳理本行重点营销客户，年内必须明确目标客户、夯实业务储备，确保来年实现业务突破。今年没有完成任务，不意味明年任务可以少布置，总行公司金融业务部在明年债券承销目标任务分解的过程中，要考虑将各分行今年未完成的任务累加上去。

（二）明确工作机制，将债券承销业务的营销工作名单化、分层化、责任化。各分行债券承销业务的主管行长、主管部门、债券专员一定要明确且相对固定。在此基础上，要通过制定重点客户名单、配套分层营销团队、落实营销责任的方式，一户一策地开展营销工作。要逐户建立营销台账，与总行密切联动，选择更好的产品方案并配套最优的综合服务，突出我行的一揽子服务能力。各行都要研究有效的配套考核激励机制，赏罚分明、并通过督导、走访等方式做好分支机构的动员和辅导工作，扫清业务发展障碍。

（三）开展区域发债龙头企业的集中营销活动，力争对我行存量优质信贷客户（AA+及以上）的债券业务实现全覆盖，在他行优质客户发债业务中的占有率提高至30%以上。对于各地区资质较优、发行频繁、累发金额大的客户，各行要严格按照名单制管理。对于发展势头较好、财务实力稳健、融资能力强的AA+及以上企业，要逐一建立分行领导挂帅、各相关部门共同参与的专业化营销团队，结合新产品营销、到期债券整体融资服务、债券期限结构优化等服务主题制作有针对性的合作方案，集中开展营销走访。对于营销进展和成果，要按月总结，并结合实际情况和客户需求及时调整营销方案，持续跟踪，力争及早收效。在这个过程中，遇到困难要及时向总行反映问题、寻求支持；要积极和业务开展较好的兄弟分行交流，学习成功经验。总行各相关部门都要对分行的营销工作提供支持和指导，授权、流程方面由信贷与投资管理部负责，业务风险的把握和审批方面由授信审批部负责，营销方案支持由公司金融业务部负责，发行定价预判由金融市场部负责，理财资金投资方案由资产管理部负责。各部门都要把对各区域发债龙头客户市场的攻坚工作视为己任，指导分行在市场和风险中找好平衡点，在承销业务竞争中取得与我行地位相匹配的市场排名。

（四）充分发挥我行债券承销业务“授权充分”的竞争优势。从今年开始，总行向所有分行授予了非金融企业债务融资工具主承销业务审查审批业务权限，体现了总行“授权充分、权责匹配、审批下放、监管上收”的整体思路，以及对该项业务的支持力度。在审批中，该项业务也已实现直线化流程，即：分行权限内的项目，经分行审批通过后，经行发文报总行，总行进行项目预审，无明显不符合交易商协会规定或资质未发生重大不利变化的，履行后续申报注册及发行流程；总行权限内的项目，分行直接报总行授信审批部，审批通过后，由总行相关部门根据审批书履行后续申报注册及发行流程；同时，对于总行级客户，还有公司金融业务部直接受理的流程。对于优质客户，分行完全可以把这项业务授权当做营销的利器，把流程上和效率上的优势展示给客户，并且针对授权拟定更富竞争力的服务方案。总行也会进一步提高效率，努力提高储备项目向实际承销量的转化速度。

（五）从综合化经营的角度评估业务收益，以综合化报价积极赢得市场。根据中间业务收费标准，债券承销业务实行协议定价，按照不同水平执行授权审批。在优质客户市场的竞争中，承销费率报价往往会成为重要因素，分行可以灵活结合竞争态势、存款、拓户等因素，对承销费率标准进行综合考虑，挖掘更大的业务和收益机会。要向客户充分展示我行债券承销的优势和能力，全力争取更优的报价，不能仅靠一味地压低价格来赢得业务。在坚守报价时也要放眼市场、放眼同业，市场才是收益的根本来源，没有竞争到市场份额，收益就是零，只有竞争到了业务，才能挖掘到更大的收益机会。激烈的市场竞争要求我们进一步研究区域客户结构，分析客户偏好和收费习惯，科学、准确、合理地拟定费率报价策略，以积极的姿态应对价格竞争。

（六）注重债券承销业务人才队伍的建设。目前，全行共有70名债券专员通过了总行的培训和考试，其中广西、湖南、云南、宁夏等四家分行暂时没有人员通过总行考试。债券承销业务专业性很强，需要了解、掌握一系列内外部业务流程和运作规则，因此债券专员的培养重在“专”，只有“专”，才能精。建议各分行在专员的选择上，要好中选优；在培养上，要在可能的情况下尽量安排专岗，并且相对固定。没有专人和没有人员通过考试的，要尽快安排并且向总行报备。

（七）要以全局化、综合化经营的视角利用好债券承销业务发展机遇。公司金融的发展，基础是客户，目标是市场份额和收益。前面已经多次提过，债券承销不是一项单独业务，无论是在业务营销布局，还是在具体操作办理的过程中，都要把它放到公司金融业务的全局来看，要从存款、中间业务收入、提高优质客户占比等角度做好配套支持和服务工作，并最终实现各项业务的齐头并进，均衡发展。

（八）要注意控制风险，从营销、业务办理、后续管理各个环节全面贯彻风险意识。3月，公司债市场已经出现首单违约。随着客户范围的持续拓展，我行受理的项目中出现的问题也越来越多，包括企业亏损、关联交易金额较大、核心资产转移、因安全生产事故或在建工程合规性等问题被监管部门调查甚至勒令停产，等等。这里提三点要求：一是营销目标要好中选优；二是对于资质稍差的企业，要在尽职调查方面下更大的工夫，对企业的生产经营、治理结构、股权关系、债务情况、财务报表要做更加细致和深入的分析，尽可能地排除风险点，问题项目该否决的要坚决否决，不要有侥幸心理；三是对于已经承销的存续期项目，要密切跟踪企业经营变化，切实做好风险排查和压力测试，发现问题的，要提前预警和报告总行。

同志们，今年剩下的时间已经不多了，总行各部门、各分行要继续保持奋发有为的进取之心，按照今天会议的部署，进一步研究完善工作措施，抓好各项措施落地，为实现全年债券承销业务冲冠的目标，做出更大努力，力争取得更好成绩。

在部分分行优质公司客户拓展工作座谈会上的讲话

郑万春

（2014年10月21日·根据录音整理）

刚才，13家分行就今年以来拓户工作尤其是日均金融资产5万元以上公司客户的拓展情况作了汇报，对本行这项工作存在和面临的一些问题作了比较全面深入的剖析，并提出了年底前迎头赶上的工作措施。参会的总行各部门也结合各自的工作谈了一些建议。下面，我结合当前全行公司客户拓户工作情况和上述发言，讲三方面的意见。

第一，要充分认识到拓展优质客户的重要性

客户是基础，是源泉。工商银行的优势是客户，与同业相比，我行公司客户的规模是最大的，但同时，客户质量还需要做到最好。没有足够的、持续增长的优质客户，我行的发展就会成为无源之水、无本之木。因此必须要抓好客户拓展工作。

目前全行都在为完成今年既定工作目标任务而冲刺，在这个重要时间段召集大家进京开会，专题研究拓户工作情况，不仅是因为总行党委确定的这项工作十分重要，更是因为完成全年拓户目标在时间上已十分紧迫。姜建清董事长、易会满行长在年初和年中工作会议，以及不久前召开的总行党委第25次扩大会议上，都把拓户工作放在当前经营工作的突出位置。在年初和年中公司金融业务专业会议上、第一次总行公司金融业务推进委员会上，以及近期召开的拓户与“裸贷”治理专题视频会议上，我们都对拓展优质客户工作进行了专项部署。为了引起各分行对这项工作的进一步重视，今年总行还第一次把客户质量指标纳入分行经营绩效考核体系，并在年中较大幅度提高了这项指标的考核权重。总行公司金融业务部作为牵头部门，围绕拓户做了大量具体细致的工作，筛选并下发了近30万户目标客户名单，调研走访了近一半的分行，加大了监测通报工作力度。近期，公司金融业务部与结算与现金管理部组成联合工作组，到多个分行开展帮促督导工作。从全行拓户工作进展看，尽管拓户总数比年初有了较大幅度的增长，但是到10月15日，“日均金融资产5万元（含）以上公司客户增长”这项核心指标仍然比年初负增长2万余户，其中，在座13家分行该指标较年初下降20 685户，占全行负增长比重达91%，和9月末相比占比高出4个百分点。同时，13家分行的任务缺口合计是79 670户，占全行任务缺口的65%。这不仅说明13家分行对全行拓户工作进展的影响程度，同时，还说明13家分行目前该指标增长慢于全行平均水平。因此，今天召集大家来开会，就是为了摸清情况、分析拓户工作进展慢到底存在哪些障碍和制约因素，研究后两个月把这项工作抓上去的具体措施。听了大家的汇报，我感到与会各行在拓户方面确实都开展了不少工作，围绕拓户动了不少脑筋、想了不少办法，一些分行还探索出一些值得推广的典型经验。这些工作和努力是值得肯定的。但是当前最核心的日均金融资产5万元以上客户拓展工作进展缓慢的问题，也必须正视，与会分行这个指标完成情况较差、对全行拓户进展有较大影响也是不争的事实。

公司客户的数量和质量都很重要，要分层次开展拓户，一是客户的总量；二是结算量在1万元以上的有效客户；三是日均金融资产5万元以上的重点客户。总行财务会计部在研究明年的考核计划时，应考虑在我行现有对公客户经理的管理幅度和范围内，确定各层级公司客户的标准，对基础客户、有效客户、重点客户进行分层考核。

第二，要正确认识、深入分析拓户工作产生差距的原因

拓户工作之所以重要，不仅在于它是加快全行经营转型的一项重要的基础性工作，同时也是对当前公司金融业务产生直接影响的焦点性工作，拓户工作进展的快慢、工作质量的高低与当前公司金融各项业务的有效开展息息相关。总行对拓户工作一直是高度重视的，对各分行工作的进展也高度关注，总行对各分行拓户的督导比以往更加具体和精细化，监测通报的力度也更大。但为什么一些分行拓户工作迟迟达不到序时进度、甚至和年初优质客户户数相比还有较大程度的下降？通过前一

阶段的调研，我感到部分分行在拓户工作中的一些倾向是值得注意的。

一是部分分行拓户工作迟缓、思想认识仍不到位。9月份总行召开拓户和“裸贷”治理专题会议后，到目前一个月的时间，全行“裸贷”户已经减少了6 696户，“裸贷”治理工作取得了明显的成效，日均金融资产5万元以上的公司客户也增长了6 030户，这说明全行公司战线还是具有很强的战斗力和执行力的。但是拓户工作提升力度还不够，距离完成全年任务计划还有较大的缺口。对拓户工作重要性的认识，不仅仅体现在思想上和口头上，更体现在对这项工作的通盘布局、整体方案设计，以及分层分类工作措施的制定和及时跟进等各个方面。但在实际工作中，部分分行对拓户工作的重视一定程度上还仅仅停留在一般性的号召和布置，拓户工作整体呈现的面貌还没有完全进入应有状态。主要表现在：工作部署和组织明显滞后；工作安排上满足于简单照转总行文件要求，在工作措施上缺乏对本行客户结构等情况的深入分析和针对性指导，内容空泛，言之无物；工作落实上满足于工作布置下去了、指标套在基层行和个人头上了，通报也发下去了，但是对基层行拓户面临的实际问题与困难了解和应对解决不够；在工作推进上面对拓户迟缓、优质客户不断流失的状况迟迟拿不出有效措施和办法。产生以上这些现象的根本原因，还是对当前形势下全行拓户工作的重要性和紧迫性没有真正引起重视，在拓户工作中还存在着等待观望，推一推动一动，甚至推而不动的问题。这些现象和问题不解决，对全行公司金融业务的有效开展影响很大，必须尽快扭转和纠正。

二是部分分行拓户工作的统一组织和推动没有到位。为了有效推进拓户工作，总行在年初工作会议上就明确了今年的总的工作任务目标和这项工作的牵头部门，在今年第一次公司金融业务推进委员会进一步明确了全行公司客户的拓户工作由总行公司金融业务部牵头，联动结算与现金管理部、国际业务部等各相关部门共同开展的工作方案，同时向各分行下发了近40万户“靶向”拓户客户名单。从分行层面看，各分行推进公司客户拓户的工作不仅集中在公司金融业务部、结算与现金管理部，而且还涉及小企业、信贷、机构金融等业务部门。大部分分行通过设立公司金融业务推进委员会，在联动拓户方面做了行内分工。根据总行了解，有12家分行的公司客户拓户工作由公司金融业务部牵头，有18家分行由结算与现金管理部牵头，另有8家分行为多部门共同牵头，而二级分行乃至支行网点，牵头部门和工作分工又不尽相同。在这种情况下，分行拓户牵头部门的上传下达和横向组织工作以及各个联动部门的主动配合、积极参与至关重要，是整个拓户组织工作的重要保障。据总行渠道管理部统计，全行经营满三年的1.4万个网点中，6 000多个网点日均金融资产5万元以上公司客户是下降的，5 000多个网点是上升的，还有2 400个左右的网点5万元以上客户为零，占全部网点数的比重达16%，其中有818个可开办对公业务的网点竟然没有一个对公客户、没有一笔对公业务。所以，“最后一公里”网点的拓户工作布置和考核传导一定要到位。从实际情况看，凡是拓户工作进展迅速、效果明显的分行，在行内统一组织和联动上是做得好的；而拓户工作进展慢、差距大的分行，往往拓户工作都缺乏有效的组织推动，分支机构之间、部门之间工作步调不够一致，甚至有关拓户工作的部署和信息传递都很迟缓，更谈不上针对拓户难点组织有效的攻坚。因此，拓户工作的统一组织问题必须引起各分行的高度重视。

三是拓户工作中拓展增量、稳固存量的工作仍很不到位。本次会议，总行公司金融业务部给分行都发了一个拓户工作指导方案，有各分行最新的拓户进展情况，也有日均金融资产5万元以上公司客户结构以及流失客户分布情况。从数据看情况很严重，流失的客户有相当一部分是拥有较大金融资产规模的优质有效客户。大家知道，全行440多万元公司客户是工商银行几十年奋斗努力获得的宝贵资源，是我行为之自豪和赖以生存的基础，如果任其流失，对全行当前以及未来的发展意味着什么，大家都很清楚。但是，从目前对存量优质客户的维护来看，相当部分的存量客户维护管理工作存在“悬空”，尤其是集中在网点的客户“看似有人认领、实则无人维护、流失大于新增”的问题已经到了十分严重的程度。今天到会的13家分行，与其说是拓户完成率差距较大的分行，不如说是存量客户流失最严重的分行。在这方面，我很想听到各位汇报有关加强存量优质客户维护、抑制存量优质客户流失的针对性解决方案和工作措施，尽管有的分行在汇报中提到了一些工作上的考虑，但我感觉做得还很不够，也可能是时间上的原因没有说透。但归根结底，采取有力措施、利用多种手段，抑制住存量优质客户的流失，才是硬道理。这在今后几个月显得尤为重要。

四是部分分行在拓户工作中真抓实干、遵章合规的业务行为有所偏差。在当前经济增速下行、一些企业经营困难的情况下，拓户工作客观上面临较大挑战，也正因为如此，更需要各分行克服困难，迎难而上，真抓实干做好拓户工作。但调查中发现，一些分支机构不仅在存款等业务指标上冲时点，在拓户工作上同样作“数据搬家”、冲时点的表面文章。比如，一些分支机构在一些重要时点把部分客户以及资产在公司客户、机构客户、甚至个人客户之间相互划转，不仅造成公司客户日均金融资产的不稳定，而且导致核算科目间的数据紊乱和失真，并埋下合规隐患。

总之，今年的拓户工作的确面临经济下行压力、市场竞争激烈等客观因素，但在座的分行与同业相比、与系统内兄弟分行相比，也存在一定差距。因此，各行必须要高度重视，从自身找原因，寻找解决的办法和思路，尽全力把全年的拓户任务完成好。

第三，要发起拓户工作攻坚战，千方百计确保完成全年“日均金融资产5万元（含）以上公司客户”拓户任务

这次会议十分重要。今天到会的分行无论经营规模还是拓户工作都是在全行有决定性影响的分行，你们拓户工作的成与否，决定今年全行拓户工作的最终成效。在此，我就下一步拓户工作提出几点要求和意见。

一要整体部署、合力攻坚。本次会议结束后，各位分管行长回去要立刻向一把手行长汇报，向分行党委报告，对本行拓户工作的现状和问题要深刻分析、全面部署，尽快向总行报出贯彻本次会议要求、全面落实完成年内拓户工作目标的工作实施方案，方案具体报总行公司金融业务部和结算与现金管理部，汇总后给我。方案要结合目前本行的拓户工作差距和年内任务，安排落实新的拓户序时进度，进一步明确目标客户、牵头部门、联动部门以及分管行领导的协同职责；进一步明确工作任务下达后的督导机制、激励机制；重点落实好分层营销及拓户工作责任制，认真解决基层网点存量客户的维护手段、措施和资源配置问题。未经总行同意，各行不得自行调低拓户工作任务目标。分支机构拓户工作不力、一再拖延的，要及时对其工作作出必要调整。

我再一次强调和重申：拓户工作事关全行经营和业务发展大局。总行层面，总行公司金融业务部作为全行公司客户拓展和客户质量提升的牵头部门，要继续按照总行党委部署抓好全行公司拓户工作的统一组织、协调、推动和监测通报工作。会后，公司金融业务部和结算与现金管理部要共同组成的联合工作组，就拓户以及当前核心工作任务继续分赴各地检查指导；分行层面，无论哪个部门牵头公司拓户工作，都要确保组织起统一有效的推动工作，确保总行部署以及分行贯彻落实的具体工作要求能及时准确传递到基层行。在今年最后两个半月时间内，要发起优质客户拓户工作攻坚战，确保日均金融资产5万元以上优质公司客户的拓展工作迎头赶上。

二要明确目标、落实责任、层层分解、落实到人。尽管今年只剩下两个多月的时间，任务重时间紧，但是也要看到经过半年多的工作积累，拓户工作的开展已经具有一定的基础，因此，首先要坚定完成全年拓户工作任务的信心。目前，总行已经按照9月末的拓户情况调整下达了第四季度各月的序时任务计划，并且具体到每行每月每日的序时任务数，包括在座的13家分行。

这里我做一个简单测算，目前全行的任务差距12万户，如果平均分解到全行332家二级分行，每家二级分行净增362户即可完成任务；平均分解到全行1.4万个有公司客户的网点，每个网点在剩下的两个半月时间里只需净增9户即可完成任务。目前各分行后两个多月的拓户逐日任务数已经在手，我刚才做的简单测算供大家参考，目的是希望各行能够真正对当前的任务心中有数。下一步工作中，特别需要各行切实加强拓户过程管理，严格按日按天督导工作进程，每日通报进展情况，同时要及时推广拓户工作经验和典型案例。我相信在全行的一致努力下，通过抓增、稳存双管齐下，上下结合分层营销，举一反三层层推进，我们应该完全有信心完成好今年的拓户任务。

三要落实名单、有的放矢。总行9月初下发的“上半年资金流入量超过100万元但日均金融资产仍低于5万元”的29万户公司客户名单，经过一个月的拓展，只有27 751户提升到了5万元以上，占比仅为8.8%，目标客户拓展成功率还需要大大提升。所以在今年最后的两个多月里，从一级分行开始，要准确分析拓户进展不快、效果不明显的具体原因，对症下药，切实提高拓户工作措施的针对性。在具体工作指导上，要注意两个问题：一是注重下发目标客户清单的针对性和有效性。对分支机构的工作部署不是简单将总行提取的客户名单转发，而要以总行下发的目标客户清单为基础，结合本行掌握的信息不断补充调整目标客户名单进行分类梳理，根据企业的经营特性、状态和资金周转特点，找出并确定能最快见效的目标客户群体清单，下发至二级分行和支行网点，提出具有指导性的工作要求。二是逐户确定拓展目标客户的负责机构、责任人和工作进度。一级分行筛选出的年内拓展目标客户名单，经过分支机构补充和确定后，要注明每个目标客户在一级分行、二级分行、支行、网点的落实责任人以及联动机构和工作联系人，并形成工作进度表，这个工作表要尽快发送到总行公司金融业务部备案。同时，总行以及一级分行、二级分行要直接参与客户联动营销工作。未能实现既定目标和进度的，一级分行要逐户了解原因，并每月向总行报送原因说明。

四要采取多种手段，多措并举拓展优质客户。一是通过裸贷客户的治理，争取到年底至少增加2万户优质客户。二是进行对公理财产品创新，由结算与现金管理部、资产管理部联合推出至少两款理财产品，改变我行对公理财产品在价格和数量等方面的劣势，吸引优质客户。各分行可以在各自的权限范围内提出一些设计建议，特别是可结合本地实际推出“高来高走”的产品，吸引他行优质客户。三是大力发展小企业网贷通和小企业票据直贴业务。四是通过企业贷款资金的有效监控和行内封闭运行、低成本保证金存款和日常结算量的增加，拓展一批优质的企业客户。五是争取到年底将票据承兑业务保证金的比例提高至35%，通过提高保证金比例，既能增加低成本存款，又能有效控制信贷风险。但注意不能将对企业发放的贷款转成保证金，造成违规风险。六是学习和借鉴深圳分行与当地工商系统合作推出的“企业通”业务的经验，从源头抓好新注册企业的开户工作。

五要加强通报、考评和激励。各行要根据上述任务缺口和目标客户名单，制定并落实定期监测通报机制，要把拓户成功率同各级行的目标客户责任人绩效考核挂钩，逐级挂钩，直到落实到人。

六要专人负责，定向督导。总行目前已组成10个以上的定向督导队，并陆续分赴各分行，根据各分行的实际问题和困难，进行指导和引导，并解决一些政策上的问题。各分行如果有好的建议，可以及时反馈给督导组和总行各部门，各部门好好研究、不断改进，把拓户工作做得更好。希望各分行也要组成相应的督导工作组，深入基层，直到网点和客户经理，督导、指导和引导拓户工作的开展，帮助解决工作中的实际问题，使拓户工作能真正落到实处。

总行一直强调拓户工作是“一号工程”，这不仅直接关系到当前全行业务发展，更直接关系到我行未来的可持续发展，意义重大，责任重大。希望各行能把组织推动工作真正落到实处，全行“日均金融资产5万元（含）以上公司客户”指标能尽快取得明显的进步，这是你们工作成效的直接体现。希望各行振奋精神，鼓足勇气，坚定信心，知难而上，多措并举做好冲刺工作，通过全行上下的共同努力，力争到年底交出一份满意的成绩单。

在部分分行个人经营贷款工作座谈会上的讲话

郑万春

（2014年10月24日·根据录音整理）

刚才各分行结合本行实际汇报了年末任务目标预计完成情况和有关工作措施，也提出了一些很好的建议。魏国雄首席风险官所讲的七点意见和李卫平总监的三点建议，包括怎么开拓市场，风险怎么控制，都很重要，我都赞成，希望大家认真贯彻执行。借这个机会，我再讲三点意见。

一、深刻认识做好个人经营贷款业务的重要意义

个人经营贷款市场广阔，业务发展潜力大。目前全国拥有中小企业1 500万家、个体工商户4 400万户，而我行内部管理口径的小企业贷款、个人经营贷款客户数量分别仅有8.5万户和10万户，可以说，有待我们去挖掘的市场潜力巨大。刚才魏首席谈到的富国银行，作为全球市值第一大银行，业务范围主要就是小企业和个人类贷款，小微企业和个人经营贷款同样也可以成为我行一个重要的效益增长点。

大力发展个人经营贷款，是我行认真落实党中央、国务院有关大力扶持小微企业部署要求，支持实体经济发展不可或缺的重要组成部分。个人经营贷款作为银监会小微企业贷款监管口径的重要组成部分，对全行完成“两个不低于”监管目标具有重要意义。截至9月末，全行个人经营贷款余额1 210亿元，比年初下降412亿元，严重拖累了小企业贷款发展进度，加大了“两个不低于”监管目标的完成难度。今天在座的10家分行个人经营贷款合计较年初下降了333.77亿元，在全行个人经营贷款下降额中的占比达到79%。与会各行所在区域是全国小微企业和个体经济市场最活跃、发展潜力最大的地区，把大家请过来开会，希望在座各位同志高度重视，回去向分行党委汇报，务必高度重视个人经营贷款业务，尽快扭转不利局面。

当然，在推动业务发展的同时，也必须提高风险控制能力，确保新增贷款的资产质量。从近期情况看，随着个人经营贷款余额持续下降，不良率越来越高，目前全行贷款不良率是××%，而个人经营贷款不良率达到××%，因此既要讲发展，要有增量，又要确保新增贷款质量，如果新投放的贷款较大范围发生劣变，不良率又会将加速上升，造成更大问题。各行要认真分析前期贷款风险成因，在求发展的同时切实提高风险控制水平。

二、认真剖析个人经营贷款发展滞缓的原因

刚才大家对产生问题的原因分析得很好，总结起来，我觉得当前制约个人经营贷款发展的主客观原因都有，内部因素主要有以下五个方面。

一是思想认识没有真正到位。部分经营管理人员没有认识到发展个人经营贷款对未来工行长期可持续发展的重大意义。比较而言，基层行做个人住房按揭贷款相对更容易，可以更省力地完成个人类贷款绩效考核，而个人经营贷款业务在主要依赖做散户的情况下，单笔金额小，规模上不容易上量，风险控制难度相对更大，操

作流程相对复杂，大家也就动力不足，不愿做这一块。

二是尚未形成真正有效的个人经营贷款管理体系，管理责任不明确。不管是哪个部门抓，前台也好、后台也好，一定要把体系建立完善，就是这一块要有人负责，在体制上面、程序上面一定要到位。

三是产品创新没有跟上市场发展的需要。刚才大家对同业产品情况做了比较，都感觉我们的产品虽然有，但跟领先同业相比，还是有不到位的地方。大家也提了很多改进建议，总行会结合大家的建议和要求适当改进，各行也要在自身权限内不断创新，超出自己权限的可以给总行提出建议。

四是不良资产的产生导致畏难情绪。随着不良贷款的持续上升，部分行存在不敢发放贷款的问题，再加上不良资产的处置，又会导致贷款余额的下降。

五是营销策略和方式方法上还有待改进。

三、全力以赴，完成好今年个人经营贷款任务

（一）明确近期发展目标。各行要确保到年底之前较9月末止住负增长，力争到年底余额要跟年初持平。这个要求应该说是不高的，当然我讲的这个持平不是个人经营性贷款，而是个人经营贷款。各位分管行长回去后，要及时向分行党委汇报，要围绕这个目标，抓紧明确和落实本行四季度个人经营贷款发展措施。

（二）加强市场分析，加大营销力度。一要稳住行内存量优质客户。总行前期借助行内客户历史资金流、信息流数据，深耕商友客户群，根据筛选出的商友客户联动营销潜在目标客户名单，开展个人经营贷款营销，在不到3个月的时间内，全行V级目标商友客户中新拓展贷款小企业数405户、新拓展个人经营贷款客户253户，目标商友客户分别新增小企业贷款和个人经营贷款53亿元、5.1亿元。在座分行拓户数占全行的71.88%，效果较为显著。各行要进一步落实好总行今年以来下发的有关加强小微企业重点客户群营销、开展商友卡与小微企业金融业务公私联动营销活动等系列要求，从存量客户中寻找市场，从集群客户中寻找市场，真正提升我行客户群体质量，改进营销效果。

二要转变营销模式，开拓新市场，竞争优质新客户。围绕“一群一链一圈”找客户，加强在商品交易市场和供应链领域的集群化营销。要在市场内安排专门团队，重点推介抵押类个人经营贷款。重点宣传我行最高额抵押循环贷款的随借随还、随需使用，连接“个人网贷通”和“卡贷通”等服务还可进行小额便利支付的特点，竞争一批优质经营商户。供应链核心企业的上下游中有相当比例的个体经营户和私营业主，甚至部分核心企业由于所处产业特点，决定了其上下游中以个体经营户和私营业主为主。要以供应链融资为抓手，围绕龙头企业，实现批量拓户，广泛拓展核心企业的上下游个人经营贷款业务。

三要积极适应互联网金融发展大趋势，挖掘电子商务客户群。个人经营贷款要适应电子商务、互联网金融、大数据的发展趋势，着眼未来，加强创新，挖掘我行电子商务客户群资源，尝试与行内融e购，行外开放式B2B、B2C，甚至P2P等平台对接，创新业务模式，以更低的成本服务更多的潜力客户。

（三）工作细化，目标分解，责任到人。任何一项工作，如果责任不到人是很难抓好的。总行对分行的整体目标是转负为正，分行就要层层要求转负为正，目标要层层分解下去，要传导压力，责任到人。总行下半年调整的分行长经营绩效考核方案中增加了“小微企业贷款占比”指标，个人经营贷款也纳入其中。各行要真正重视个人经营贷款的发展，确保目标任务横向分解到各相关部门，纵向分解到各分支机构，落实责任制、时间表。分支机构营销推动不力的，对有关管理人员要进行问责。各行要尽快确定一批既有融资需求又可控制风险的目标客户，将目标客户营销业绩与二级分行主管行长、相关部门负责人、客户经理绩效直接挂钩，切实调动各层级人员的营销积极性。总行最近针对个人经营贷款以及小企业贷款下发了一系列政策性文件，各行也要研究好、贯彻好、落实好。

（四）理顺管理体制和业务流程。个人经营贷款的前台营销要有一个明确的部门，不管是在个金部门还是在公司部门、小企业部门，关键在于明确。后台管理部门和运行机制也要明确，现在总行个人经营贷款管理以小企业金融业务部为主，各个分行也设了小企业部，从体制上来讲，对口管理部门应该是小企业部。

特别要强调的是，小微金融业务中心是我行落实“六专”要求，提高业务办理效率的重要突破口，总行相关文件已经下发，各行要抓紧布置安排，加快推进新模式的落地，争取早见成效。对于未纳入试点暂未设置小微金融业务中心的二级分行，鼓励通过设立小微专业支行、推行个人经营贷款客户经理专职化等有效方式，尝试专业化、专营化模式，提升个人经营贷款业务的发展动力、服务效率和客户满意度。

要按照借款主体和实际用途，全面梳理个人商用房贷款，做好属性归类和分类管理。个人商用房贷款主体里面有很多是个体工商户和小微企业主，这一块贷款严格来说也是个体工商户或小微企业主拿自己房产抵押，然后把贷款用于经营，是一种经营行为，应该归于监管口径的个体工商户贷款和小微企业主贷款，这也符合监管的要求。如果是拿自己工资和个人应得现金收入还款的个人商用房贷款，没有经营性收入来源，这一块严格来说就属于纯粹的个人商用房贷款，严格来说应该跟个人住房贷款的性质是一致的，这一块贷款要跟个人住房贷款一起去管理。所以请小企业金融业务部和管理信息部协商研究，将这部分小企业主房产抵押贷款加注相关

统计标识，进行系统信息补录，把这块业务划分清楚，并及时跟银监会沟通汇报。

（五）充分运用好现有产品，积极创新契合市场需求的新产品。应该说我行一些产品还是不错的，比如说个人网贷通、卡贷通，还有公司逸贷卡、链融通等。要把已有的产品运用好，同时也要不断创新，分行不要完全依赖总行搞创新，来自基层的创新最有生命力。总行小企业金融业务部不仅要牵头做好小微金融产品创新，还要鼓励分行搞创新，对管理水平高、创新能力强、区域环境好的分行可以扩大创新权限，总行要做好总结推广。各行要根据本地的市场情况，借鉴同业或兄弟行做的比较好的产品，在风险可控的前提下，设计好创新产品或个性化创新方案，超出自己权限的，可以及时报总行。今天在座的各行虽然是下降额较大的行，但也是贷款总量较大的行，希望你们多做产品创新，不断完善我行小微金融产品体系，提高我行产品市场竞争力。

要研究打通个人经营贷款和小微企业贷款的通道。小微企业主有时候需要以个人身份、有时候需要以企业的身份进行融资，产品创新要符合小微企业主的特点，从客户需求出发，在把握实质风险的前提下，打通两者的通道，构建科学的产品体系，提升客户满意度。

要做好个人经营贷款产品细分。产品要创新，但前提是有效控制风险。根据当前信用环境，以信用方式办理的个人经营贷款额度一定要小，不能太大。现在哪个地方没有10家以上的银行机构？在你这里贷30万元信用贷款，在其他银行又贷30万元信用贷款，10家银行加起来就是300万元。所以信用贷款的额度，要控制在30万元以内，不能做得太大，除非你能控制住借款人在其他行不贷款，就在你这一家银行贷，那可以适当地放大一点。对金额在300万元以下的，各一级分行应根据辖内各区域的经济发展水平、小企业业务管理水平进行差异化的转授权。金额在300万元以上、1 000万元以下的分两类情况，一类是存量客户借新还旧的，在抵押物价值不变、贷款金额不上升以及风险下降、效益不下降的情况下，可以循环再贷；另一类是新拓客户，个人经营贷款产品限额可以放大，但必须通过小微金融业务中心处理，按小微企业贷款的流程走。

（六）加强考核，建立有效的激励约束机制。各行对个人经营贷款即使不进行单项考核，也必须纳入综合考核中。对不良资产下降的辖属机构可以单项奖励，也可在综合考核中给予加分。对辖内个人经营贷款做得不好的机构要通报批评，对做得好的要通报表扬，并匹配合理的考核机制，将责任层层落实。

（七）加强风险管控，提高信贷资产质量。个人经营贷款的质量关系全行整体资产质量，关系监管考核，关系我行的社会形象，各分行要高度重视。加强风险管控，要把好客户准入关，选择优质客户，防止多头贷款、过度融资。要做好中后台管理，落实借款人夫妻双方的无限连带责任，确保贷款手续完备，有效防范和降低可能出现的贷款损失。要增强风险防控的前瞻性。不能光看眼前，更要看到未来。比如随着电商的发展，一些商品交易市场的摊位费下跌，商用房的价值也会受到影响。义乌小商品市场以前看着挺不错的，2年前我到义乌去过，当时就觉得这个地方房地产价格太高，一平方米2万元，现在看来真是出现了些问题。所以要有未来的眼光，既不能把眼前的商机失去，也要有所控制，控制好贷款额度，控制好抵押率。另外，各分行对存量不良贷款要尽快采取措施，做好重组、清收处置工作，对于借款人不配合的，要加快起诉进程；对逾期贷款中借款人暂时经营困难但有还款意愿的，要做好缓释措施，逐步化解风险。

（八）抓好客户经理队伍建设。要充实个人经营贷款客户经理队伍，确保人员数量和素质适应业务发展要求。要对现有小企业客户经理和个人经营贷款客户经理进行业务交叉培训，提高客户经理信贷素质，使客户经理可以根据客户实际需求匹配相应产品，让小微金融业务在客户经理层面实现融合。

现在到年底只有70几天的时间，希望大家按照“止住下降、力争持平”这个目标去贯彻落实好，给总行交一份满意的答卷。下一步，我们还要认真研究个人经营贷款长远发展的问题。

在部分分行公司存款专项座谈会上的讲话

郑万春

（2014年11月13日）

今天，请10家分行来参加公司存款专项座谈会，主要基于以下两点考虑：一是考虑到在座分行公司存款较年初下降幅度较大，占全行公司存款总下降额的比重较高；二是考虑到在座分行公司存款余额较大，在全行的占比较高。所以说，你们的存款增长潜力也较大，而且对于完成全行年末任务至关重要。刚才，各分行汇报了各自的存款工作情况，也提出了最后一个多月的具体工作措施，总行各参会部门也结合各自业务领域作了发言。下面，我就做好年末公司存款工作讲三个方面意见。

一、要充分认识公司存款的重要性

（一）公司存款付息成本最低。前三季度，境内分行人民币公司存款（不含表内理财）付息率仅为1.41%，而同期储蓄、机构、同业存款付息率均高于2%。公司存款成本低、效益好，从经济效益看，在各项存款中要优先发展公司存款。

（二）公司存款是全行经营的重要基础业务。工商企业一直是我们的核心客户群体，目前公司客户数、存贷款均排在同业首位，公司客户对全行营业贡献多年来稳定在四成以上。此外，公司客户还极大地支撑了其他业务的发展。近年来，总行大力推进“大公司金融战略”，并将公司业务部改组为公司金融业务部，也是为了更充分地挖掘公司业务的潜力。

（三）公司存款工作局面十分严峻。一是序时进度完成不理想。截至10月末，全行本币公司存款余额31 874亿元，较年初减少2 227亿元。所有分行均未完成序时进度，只有11家分行本币公司存款较年初正增长。全行本币日均公司存款余额32 028亿元，较上年日均减少276亿元，只有19家分行日均存款较上年日均正增长。二是公司存款波动性加大。从同比看，前10个月，除6月末同比多增外，其余月份公司存款均同比少增，其中有3个月份同比少增超过2 000亿元，有2个月份同比少增超过1 000亿元。从逐月环比看，前10个月中有1个月份增减超过4 000亿元，有2个月份增减超过3 000亿元，而上年度逐月环比增减最大只有2 000多亿元。三是新增存款同业和品种间排名持续靠后。从同业看，前三个季度我行时点本币公司存款新增持续排名四大行第3位（好于建行），三个季度分别较农行低2 259亿元、248亿元、1 374亿元（中行新增公司存款连续排名第一，但其公司存款包括财政、军队存款，不具可比性）。从系统内存款品种间的比较看，公司存款无论时点还是日均数均弱于储蓄和机构存款，特别是9月末公司日均存款较上年同期减少9.54亿元，远低于全行储蓄、机构存款3 956亿元、4 992亿元的增长水平。

二、当前公司存款工作中存在的突出问题

当前，公司存款增长乏力，既有客观原因，更有主观原因。

（一）从客观方面看。一是经济增长放缓成为新常态，受经济下行影响，企业经营效益普遍下滑，公司存款增长空间受到压制。二是大型集团资金管理体制变化。突出表现在普遍成立财务公司，归集集团内部资金，加强同业存款和理财运作，赚取高收益，公司存款同业化趋势加速。三是传统抓存款的工作方式受到挑战。今年总行淡化时点存款考核的精神还未完全传导到位，各分行在存款工作中仍然有很强的“基数”意识。三季度，监管部门开始实施存款偏离度考核，客观上对传统抓存款的方式形成约束，日均存款和时点存款都受到影响。对这些客观原因要正确看待，更重要的是面对这些问题要研究如何解决和克服。

（二）从主观方面看。一是对公司存款工作不够重视，客户基础亟须强化。10月末，全行日均金融资产5万元以上的公司客户121万户，仅占公司客户的27.2%。有融资关系客户中，有1.95万户日均金融资产不足5万元，占比高达16.53%。1－10月，全行净增公司客户41.49万户，其中新增62.61万户，新增客户中零余额客户16.89万户，日均金融资产5万元以下（不含零余额客户）客户38.96万户，合计55.85万户，占新增客户的89.19%。同时，有22.52万户客户日均金融资产滑落至5万元以下，存量客户质量下移问题突出。二是存量客户维护不到位。虽然近年来全行重视强化公司客户经理配备，各类别客户认领工作逐步推进，但目前多数分行营销维护仍仅能覆盖办理信贷业务的客户、重点存款大户以及日均金融资产100万元以上的部分客户。今年总行考核日均金融资产5万元以上客户后，各行才逐步认识到全行大量客户实际上处于无人管理的状态，有的分行为了落实营销服务不得不清空系统历史数据重新进行客户认领。可见，全行公司客户营销维护还有较大提升空间。三是网点对公服务能力严重不足。从网点客户情况看，全行438万家公司客户分布在1.5万个网点，其中日均金融资产5万元以上的客户分布在其中1.4万个网点中。近40%的网点（5 853家）日均金融资产5万元以上客户占本网点全部公司客户比例低于20%。从网点公司存款余额看，公司存款5 000万元以下的网点8 342个，占比约55%，存款占比只有6.69%。从网点公司存款新增情况看，公司存款较年初负增长的网点约占49%，合计下降4 327亿元。从客户经理配备看，网点对公客户经理1.14万人，只有74%的对公网点配备了对公客户经理，未能实现全覆盖，而且队伍素质能力还有待提升。今年以来，有的分行逐步意识到网点对公服务能力提升对公司存款等工作的重要意义，开始下大力气加强客户经理配备以及服务技能培训，而更多的分行还没有着手这方面的工作。四是机制落实和组织推动不到位。分层营销体制建设还不完善，总分行各级客户营销工作还要逐户分解、落实到人。目前尚有10余家分行的公司金融业务部门仍未统一牵头

管理公司存款工作，在任务下达、客户维护、客户经理队伍管理以及产品营销等方面，与总行的步调不够协调一致，工作部署和信息传递存在滞后，不利于公司存款组织推动。此外，监管部门偏离度管理政策出台后，部分分行公司存款工作的重点不够突出、措施不够到位、行动不够坚决、缺乏应急预案，错失了重要时点公司存款进一步增长的空间，也损害了潜在客户关系。五是产品创新落后同业。从各行反映的情况看，部分产品设计和定价也与目前的市场实际脱节，在同业中竞争力不强。

三、抓住重点工作，全力以赴完成全年公司存款计划

（一）全年公司存款总目标不变。各行要将年初提出的公司存款增量计划作为基本目标，争取实现这个目标，至少要确保与年初持平。特别是今天参会的分行，会后要及时向分行一把手汇报，提前安排好年末各项存款计划，争取对公司存款工作的积极支持。你们都是传统的存款大行，基础较好、潜力较大，不光要完成各自的任务，还要积极作为，争取为全行公司存款的稳定增长多做贡献。近期，总行已经从考核、大客户营销、产品支持、政策配套等方面加大力度，支持各分行尽快提升年末公司存款。一是为激励各行多增存款，总行相关部门要研究制定鼓励政策，比如按年度任务计划确定明年公司存款计划，各行超出计划部分不作为明年计划的基数。二是总行已主动加强对中石油50亿元财政专项拨款、中石化混合所有制改革引资资金和铁路总公司的结构性存款需求、铁塔公司“节节高”存款产品需求、国家电网多省归集资金季末留存等业务的营销跟踪，力争在年末前进一步拉动日均和时点存款。三是总行主动为部分重点存款客户量身定制结构性存款、“节节高”存款产品，以满足同业竞争的需要，并向中小企业客户发行专属型法人理财产品带动存款沉淀，等等。各行要结合辖内客户情况，主动加强与总行有关部门的业务对接。

（二）抓好优质客户拓户工作。一是要发挥网点在日常客户维护中的作用。结合当前的机构设置和人员配置，对辖内客户进行分层级管理、有重点营销。以“责任到人、分工到户、管理有度、精准营销”为总体原则，充分发挥分行专业部室、支行行长、客户经理、网点主任、管户柜员等各级对公营销人员的作用，建立全员参与、全行营销的分层包干制。要明确省行、二级行、支行、网点的管户责任。二是要切实落实名单制指导和管理。要抓住总行前期下发的潜力客户、降级客户、资金流量较大客户、有贷户中日均金融资产较低的客户等名单，迅速开展存量客户的挖潜工作。充分调动各方力量维护小额客户，遏制存量客户质量下移。三是要有效利用电商平台、供应链等开展客户的批量拓展和提升。要利用电商平台筛选优质客户，以网上交易合作为切入点，争取入驻商户更多的金融业务；抓住供应链核心企业，通过个性化的供应链金融服务方案，批量拓展上下游客户。四是要加强考评激励。要制定并落实定期监测通报机制，要把拓户成功率同各级行的目标客户责任人绩效考核逐级挂钩，落实到人。

（三）抓好“裸贷”客户治理。“裸贷”问题不仅是存款问题，更是风险管理问题。治理“裸贷”、加强客户销售回款的管理，是保证信贷资产安全的基本要求。全行年中工作会提出下半年确保“裸贷”客户数量每月减少10%，到年底减少60%。9月全行拓户和“裸贷”治理视频会召开后，“裸贷”治理工作有所改观，但进入10月又有所起伏。10月末全行裸贷客户48 499户，较6月末增加2 106户。本次参会分行“裸贷”客户合计23 824户，占全行49%，较6月末增加2 052户，占全行97%。除山西、北京、苏州分行“裸贷”客户较6月末减少外，其他行均有所增加，其中，广东分行（不含广东分行营业部）“裸贷”客户6 112户，较6月末增加988户；浙江分行8 262户，较6月末增加582户；山东分行2 950户，较6月末增加308户；四川分行1 704户，较6月末增加189户；广东分行营业部1 401户，较6月末增加154户。

年前“裸贷”治理工作要继续深入开展，重点是逐级落实存量“裸贷”客户的治理责任，逐户明确存贷比提升方案，加强监测督导考核，确保完成序时任务。要加强货款归行监控，争取资金体内循环，做到结算量与我行贷款相匹配。

（四）切实规范受托支付。《关于规范公司客户贷款资金受托支付管理的通知》（工银办发〔2014〕367号）以及《关于调整公司客户贷款资金受托支付要求的通知》（工银办发〔2014〕464号）分别于6月和7月印发全行，引导全行合理确定受托支付适用范围，取消了流动资金贷款受托支付时限等要求。从执行情况看，不必要的受托支付占比虽然明显下降，但仍处于高位运行。以流动资金贷款为例，6－9月不必要受托支付的流动资金贷款金额4 858亿元，其中实际采用受托支付的金额3 475亿元，占比72%，较前5个月下降了7.8个百分点。总行调研发现，部分分行没有根据总行新规对原有政策及时进行修订，同时对分支机构传导、督导、监测也还不到位。各行要认真学习和执行受托支付起点金额管理新规，确保年底不必要受托支付贷款占比进一步下降10个百分点以上。

（五）抓好理财与存款互动。为保持存款均衡稳定增长、降低负债成本，总行拟调整表内理财产品的总量和结构，将适当增加对公表内理财规模。各分行要抓住机遇，用足用好相关资源，进一步撬动重点公司客户更多的低成本存款沉淀我行。总行相关部门、各分行要适当开发针对小微企业的保本、非保本理财产品，通过有

竞争力的价格，吸引小微企业增加在我行的存款。同时，要抓紧研究实现理财产品在线上购买及赎回、线上质押等功能，提高便利性，增强产品吸引力。关于理财产品价格竞争力的问题，请总行结算与现金管理部会同资产负债管理部进一步明确定价水平，分行定价在标准以上的，增加的资金成本由分行自主承担。

（六）抓好大额资金监控。各行要充分发挥大额资金监控平台的作用，努力挖掘辖内和关联紧密的跨区域资金运动规律，要关注大额资金平台中客户资金的流向，将大额资金封闭在工行体系内循环。对资金流向未在我行开户的客户，要专门布置拓户工作，分层次营销，积极拓展大额资金承接客户，优化公司存款资金流向结构，提高资金留存率。

（七）加强银票保证金管理。要将保证金存款增长作为稳存增存的重要抓手，实现承兑业务与保证金存款的协调增长。在确保贸易背景真实、风险可控的前提下做大承兑业务规模，提高市场占比。同时要加强保证金管理，调整低风险银票担保结构，适当提高不同信用等级客户银票承兑业务保证金收取比例，确保年末全行平均承兑保证金率达到35%，力争达到40%，引导企业采用100%保证金方式办理低风险银票，促进保证金存款增长。

（八）抓好重点大户营销。各行要尽快启动岁末年初存款大户的营销工作，提前摸清企业资金回流状况与使用计划，沟通好年末公司存款摆布安排。要衔接好大户企业年末大额理财需求，促进存款和理财互动。要特别关注大型企业财政补贴和财政退税款的申请和到位情况，营销归入我行账户。

（九）优化存款偏离度管理。总行相关部门要认真总结三季度存款稳定性管理经验，调整改进偏离度平衡方案。原则上，全行以一级分行作为监管主体，指标可以按3%掌握，对于超过3%的也可以及时对接总行进行调度，只要全行的存款偏离度不超过，各行对于年末临时进出的资金，不允许简单一拒了之。对于各地监管机构偏离度管理政策执行不规范的，各行可统一上报总行向银监会沟通反映。

（十）重视提升网点对公服务能力。一是尽快制定网点公司金融业务竞争力提升指导意见。总行公司金融业务部正在起草相关文件，主要是对网点公司业务形成制度化、系统性约束，保质保量配备公司客户经理，并将拓户、存款等工作作为最重要的内容。指导意见出台后，将对全行贯彻执行情况进行监测通报，确保落到实处。二是要开展网点公司存款提升行动，各行公司、结现、渠道部门要共同梳理辖内网点公司存款营销工作特点，结合各网点存款变动情况形成提升目标和工作要求，年底全行公司存款负增长的网点数量要争取下降20%。

（十一）强化客户经理队伍建设。业务的竞争始终是人的竞争，对公客户经理的素质以及业务水平是决定对公业务竞争力的主要因素之一。对公业务要从存贷款为主逐步转向提供综合金融服务，信贷业务要从速度效益逐步转向质量、速度、效益相统一，营销方式要从传统方式逐步转向综合营销、交叉营销，各行要从质量和数量两方面加强公司客户经理队伍建设，锻造一支专业素质高、富有竞争力的客户经理队伍。

同志们，现在到年底还有不到两个月的时间，公司存款稳存增存任务十分艰巨，关键是要把各项工作措施和要求落实好。希望总行各部门、各分行要坚定信心、敢于担当、迎难而上，打好年前攻坚战，确保圆满完成全年公司存款目标计划。

坚定信心　迎难而上
推动结算与现金管理中间业务增收目标完成

——在部分分行结算与现金管理专业中间业务工作座谈会上的讲话

郑万春

（2014年11月19日·根据录音整理）

刚才，听了10家分行对今年结算与现金管理专业中间业务增收情况的汇报，现在看离任务目标完成还有一定的差距。今天这个座谈会的目的，主要是调研了解各行结现专业中间业务收入完成情况、工作中存在哪些困难和问题、部署下阶段工作，动员大家统一思想、坚定信心，努力实现结现专业全年中间业务收入目标，进一步提升对全行经营发展的贡献度。下面，我讲两个方面的意见。

一、目前结现专业中间业务增收工作中存在的问题

今年以来，结现专业中间业务收入一直处于同比下降趋势，无论从收入总量还是重点业务收入情况看均有较大降幅，整体形势非常严峻。

（一）结现专业中间业务增收任务完成面临较大困难

一是中间业务收入总量与目标任务差距明显。按可比口径计算，截至10月末，结现专业共实现中间业务收入198亿元，同比下降6.07%，低于全行中间业务收入9.21%的平均增长水平，完成全年预算任务（279.9亿元）的71%，较序时进度差距明显。任务缺口81.9亿元，占到全行中间业务收入任务缺口（260亿元）的近三分之一，对全行任务完成影响比较大。10月末全行仅有14家分行结现专业中间业务收入实现同比增长，其中两家增幅仅为1%。从今天参会的10家分行情况看，只有河北分行较去年同期增长了10.22%，其余分行均为同比下降，个别分行降幅超过了30%，结现专业中间业务增收形势不容乐观。

二是主要业务收入同比均出现不同程度下降。结现专业7大类中间业务收入中，除代理财税及期货和外汇汇款2项收入略有增长外，其余5项业务收入同比均为下降。其中，作为结现专业中间业务收入主要来源的对公银行理财、人民币对公结算和代客贵金属三项业务均出现一定程度下降，降幅分别为7.47%、5.07%和4.02%。

三是重点产品实现收入较四季度指标存在一定缺口。为做好全年中间业务收入管理工作，总行对部分重点中间业务产品核定了四季度当季收入目标，涉及结现专业的产品有现金管理、对公电子银行、贵金属和对公理财4项，其中现金管理和对公电子银行2项产品由结现部牵头负责。从10月两项指标完成情况看，与四季度任务相比还存在较大差距。10月现金管理业务实现收入0.27亿元，较四季度当季任务指标存在4.5亿元的缺口；对公电子银行实现收入0.67亿元，任务缺口2.96亿元，四季度重点产品中收任务完成压力非常大。

（二）内外部因素交织制约了中间业务收入的增长

当前中间业务增收工作中存在的这些问题，形成原因较为复杂，既有客观环境的影响，也有主观认识和管理方法的制约，需要我们深入分析和挖掘，寻找问题产生的深层次根源，进而加以针对性地解决。

从客观环境来讲，在经济增长放缓、金融改革提速和金融生态环境发生改变的大背景下，中间业务发展面临重重困难。一是中国经济进入中高速增长的“新常态”，宏观经济运行减速令企业经营发展承压，企业成本约束理念进一步强化，银行中间业务拓展难度持续加大。二是互联网金融快速发展，同业竞争不断加剧，传统中间业务收入来源面临较大挑战，亟须通过服务及产品创新实现中间业务转型发展和结构调整。三是外部监管趋严，来自监管部门的价格新规、收费检查压力，特别是对中小企业服务收费的监督检查力度加大，在促进银行规范经营的同时，也对结现专业中间业务收入增长产生了一定的影响。

从主观角度分析，理念认识上的差距和管理方法的简单化，也影响了中间业务增收。首先，部分分行对规范经营和业务发展之间关系的认识还不到位，存在监管放松则收入增长快，监管收紧则收入增长慢的现象。从目前宏观经济金融环境看，监管部门加强对商业银行收费行为的规范监管已成为常态，只有积极转变观念认识，以规范促发展，大力推进中间业务收入结构调整，才能推动中间业务健康可持续发展。其次，部分分行不注意客户市场细分和精细化管理，不能准确定位目标客户，进而开展有针对性的营销，导致在业绩下滑的同时，市场竞争优势也被逐步侵蚀。最后，部分分行不注重营销队伍建设，激励考核机制不完善，导致既懂产品和业务，又懂营销的复合型人才成为一种稀缺资源，特别是在网点营销一线，人力资源效能得不到充分释放。另外，中小银行利用高薪把我们一部分优秀人才挖走，造成人才的流失，人才问题成为制约业务发展的关键因素。

时值年末各项任务指标冲刺关头，各行要在坚持合规经营的基础上，正确处理好中间业务发展与规范收费的关系，加强分析研究，多措并举，攻坚克难，努力推动中间业务收入持续增长，确保完成结现中收总量任务指标。总行结算与现金管理部要把81.9亿元的任务缺口分解到各分行，任务完成不好的分行要确保指标完成，完成较好的分行要提出力争指标，争取多作贡献。在确保总目标完成的情况下，各行也要结合实际，规范管理，做好各业务板块收入调剂和布局。

二、扎实做好年底前结现专业中间业务增收工作

姜董事长和易行长在年中工作会议，以及不久前召开的第25次总行党委扩大会议上，都把发展中间业务摆在当前经营工作中的突出位置。近期，易行长多次主持召开专题会议，就四季度中收任务目标分解和落实进行部署，总行也对各重点产品线下达了四季度的专项任务指标。现在距离年末还有一个月多点的时间，各行要高度重视，抓紧有限时间，采取切实有效的措施，充分挖掘增收潜力，全力完成各项任务指标。

（一）以重点产品为突破口完成四季度结现专业增收目标

现金管理、对公电子银行、贵金属业务和对公理财4项产品收入目标的完成是四季度结现专业中收工作的重中之重，各行要结合本行实际，对四项重点产品进行

分析研究，查找存在的问题和短板，进而有针对性的优化资源配置和加强营销管理。

要进一步提升现金管理营销和服务水平。各行要做好存量现金管理协议的贯彻执行，在符合“收费有充分依据，有完备合同和协议，有配套产品服务，有经得起检查的记录”的前提下，妥善处理好收息与收费之间的关系，做到应收尽收、稳存增收。各行要加强潜在现金管理客户营销力度，继续提升现金管理客户覆盖率，通过客户规模增长带动收入增长。对时点存款1 000万元以上的潜在现金管理客户要做到一对一营销，摸清客户需求，量身定制现金管理服务方案，增强客户黏性。要继续深化存量客户营销管理，通过产品组合打包和升级换代等方式为客户提供更优质的现金管理服务，进一步拓展收费空间，提升现有客户的贡献度。

要持续拓展对公电子银行业务收入来源。各行要在坚持“五统一”的原则下，积极开展第三方支付机构的营销合作。对于第三方支付机构，我们要采取开放的态度，与每家机构都可以谈，但要做到互利共赢，严格按照协议约定提供服务并收取相关费用，做到应收尽收，同时还要进一步提高客户在我行的存款规模，从与财付通的合作开始，我们就要坚持这个原则。要加强第三方支付机构的统一管理，统一进行合作谈判和协议签署，并由总行确定一家主办行，去年支付宝接口的清理工作做得还是非常好的。对于有开通快捷支付需求的第三方支付机构，要坚持资源换资源的原则，在明确中间业务收入的前提下，开通相关业务，切实将优质的服务转化为实际的收益。

要大力推动贵金属旺季营销。目前贵金属市场行情在底部附近震荡运行，各行要以贵金属旺季专项营销活动为契机，通过专场推介会、贵金属沙龙、金行家俱乐部等多种形式的营销活动，加强高附加值和文化系列实物贵金属产品的营销推介，提升实物销售的整体收益水平。此外，各行要重点利用金交所交易费用下降和新的委托交易模式上线的机会，引导客户在震荡行情下积极开展交易，保持和扩大代理金交所交易与积存金交易规模，增加代理类贵金属业务收入。

要不断优化对公理财产品结构。理财产品的推出，要从注重客户体验、客户需求角度进行产品设计，并且要坚持“理财+存款”的销售策略，利用优势理财产品吸引存款、稳定存款。各行要本着提高综合收益的原则，优化产品发行的策略和结构，在保本与非保本理财发行上，重点发行非保本理财，大力加强增利系列、稳利、T+0、周周分红及日升月恒等创造中收的主力品种营销，稳定提高非保本产品的存量规模，增加销售手续费收入。要继续加强与工银瑞信的代销合作，共同推动法人专属公募产品的发行，在现有专户资产管理计划合作的基础上，推出融资融券、票据等投资品的创新型专项资产管理计划，扩大代销产品的供应来源，进一步推进代销业务收入的稳定增长。

（二）以创新服务为抓手，不断拓展中间业务收入增长点

要加大互联网金融产品营销推广力度。以全行互联网金融产品营销为契机，全力做好开放式、多渠道通用缴费平台和财智商贸通的牵头营销工作。各分管行长回去后要亲自督导，尽快完成缴费平台现有客户的迁移和系统移行工作，同时做好新缴费客户的营销。对于各行所在地的大宗商品交易市场，各行要在现有银商转账合作的基础上，加大财智商贸通的营销推广力度，推动商品市场会员转化为我行客户，有效增加结算业务收入。

要强化结算套餐营销管理。今年年初，全行投产了新的结算套餐系统，实现了将对公结算、电子银行、企业年金等产品打包组合销售给客户，在提高产品渗透率的同时进一步提升了客户质量。结算套餐不仅可以增加客户黏性，而且可以减少我行一次营销成本，提前实现中间业务收入。虽然总行对结算套餐推广做了很大努力，但销售情况不够理想。截至10月末，通过系统销售的结算套餐仅为2.8万余套。目前全行有15家分行尚未启动此项工作，包括今天参会的天津、江苏、福建、甘肃、青岛和深圳6家分行。年底前，各行要加大结算套餐的营销力度，针对新客户和存量客户，制定专属套餐，通过产品营销提高客户忠诚度，从中发掘和培养潜力优质客户，尤其是尚未开展此项工作的分行，要尽快启动这项业务，通过结算套餐销售实现中间业务收入的增长。

（三）强化新客户营销和增收工作组织安排，夯实结现中间业务收入可持续发展基础

要加强新客户市场拓展。增量客户是中间业务收入增长最为稳定的来源，全行要利用年底前这1个多月时间，加大新客户市场拓展力度，大力推广“企业通”平台，积极挖掘新客户资源，培育优质客户，有针对性开展专业市场、各类示范园区和自贸区内企业客户的营销，及时捕捉市场信息，做好上下游企业的拓展营销。

要做好人力资源内部挖潜。年底前要集中各级行优势资源开展全方位、立体式营销，从客户经理、网点、支行、二级分行等不同层面制定拓户目标和增量客户中收目标，配套完善考核激励措施，最大程度提高网均和人均产出效能。通过一对一帮扶、团队营销等方式，加强营销人员业务技能培训，切实增强客户经理队伍整体营销水平。

要进一步加大督导工作力度。总行前期已派出多个督导组赴10多家分行进行结现专业中间业务增收工作的现场督导，并对分行存在的困难和问题开展有针对性的指导与帮扶。从督导情况来看，部分分行仍存在过于强调困难，增收信心不足的情况。下一阶段，督导工作的重心应放在二级分行层面，各行结现部门要对辖内重点二级分行开展全面督导，与二级分行一把手进行面对

面谈话，如有必要可由一级分行的分管行领导亲自带队进行督导。同时，总行也将根据实际情况，开展针对各行中收工作的专项督导，总行和各行在督导过程中要保证被督导单位对督导事项做到“事事有反馈、件件有落实”，增强督导工作成效。

要积极争取行内资源倾斜。为规范中间业务收入管理和发展，今年8月末总行将“人均手续费及佣金净收入”指标及同业占比调节的口径由全口径中间业务收入调整为结算、理财、代理类中间业务收入。各行要严格落实这一考核导向，积极与行内有关部门沟通，争取结现中收的激励政策和资源投入，扭转结现中间业务收入下滑趋势。年底前结构性理财收入会及时返还分行，各行要做好分润安排，推动结现中收目标完成。

今天会议结束后，请各位分管行长立即向本行一把手和分行党委进行汇报，对本行结现专业中间业务增收工作的现状和问题进行深入分析，研究制订促进稳收增收的具体工作方案，全面部署年底前增收工作。各行工作方案要紧密结合本行结现中收工作实际，找准产生问题的重点部位和关键环节，从组织管理、绩效考核和营销资源配套安排等方面，落实切实可行的工作措施。

同志们，从目前情况看，结现专业完成全年中间业务收入目标面临较大的压力。现在距离年末仅有短短一个多月的时间，时间很紧，任务很重。会后，各行要立即行动起来，以勇于担当的责任意识，迎难而上，开拓进取，力争全面实现全年中间业务收入任务目标。

实施标准化管理　推进集约化运营　统筹协调助力全行经营转型

——在中国工商银行运行管理工作会议上的讲话

谷　澍

（2014 年 1 月 21 日）

这次会议的主要任务是，贯彻落实全行改革发展研讨会和2014 年工作会议精神，全面总结 2013 年运行管理工作，研究部署 2014 年改革发展任务。下面，我讲几点意见。

一、运行管理为全行改革发展作出了重要贡献

一年来，各级运行管理部门紧紧围绕全行改革发展战略部署和年度运行管理工作会议的总体要求，着力谋创新、抓管理、促安全，圆满完成运营改革各项任务，流程优化目标基本实现，改革成效加快释放，管理基础更加巩固，运营集约化、管理一体化的价值型运行管理体系建设取得了新的成果。

（一）运营改革各项任务全面完成，业务运营格局实现根本变革。按照集约运营、服务共享理念，构建起全行统一的业务集中处理体系和网点全面受理、中心集中处理的全新运营格局，有效改变了原有以网点为基础的分散式业务运营模式。通过改革，将 40 大类、140 多个品种的对公非现金和个人非实时业务纳入集中，全口径柜面业务集中率达 64%，超出既定目标 4 个百分点。集约化、专业化、标准化处理和工厂化作业的规模效应明显，业务集中的人日均处理量是分散模式下的 7 倍。建立起并行作业、专业分工、要素分离、岗位制衡的全新平台和职能共享、精简整合的全新流程，构建起全新的轴辐式业务集约运营组织体系和制度完备、协作顺畅的全新管理体系，显著提高了业务处理效率和规范化程度，为全行经营管理和改革创新搭建起统一的共享服务平台。业务集中处理实现了风险集中控制，建立起业务受理和处理相分离、岗位间制衡的风险控制机制，实现了运营的规范化和管理的常态化，同步推动了业务标准化，风险点多面广、难以监管的局面得到有效改观。业务集中处理简化了网点业务操作、拓展了网点的服务范围、精简了网点业务岗位、释放了网点服务潜能；通过业务集中处理改革，全行累计精简 70 多类业务岗位，初步释放近 8 700 名业务处理人员，为实施网点标准化、优化人力资源配置、推动网点功能转型创造了良好的条件。

业务集中处理改革是运营改革中最具基础性，也是涉及面最广、历时最长的一项改革，改革各项任务全面完成标志着运营改革圆满收官。以业务集中、远程授权、监督体系改革为主要内容的运营改革，开创了全新的业务布局和管理格局，实现了业务监督向风险管理和质量控制的战略转型。运营改革走出了一条内涵式挖掘的科学发展之路，是全行实施结构调整、加快经营转型

的关键引领力量和重要组成部分，对我行打造不可复制的核心竞争力具有深远的战略影响。

（二）流程优化任务目标全面完成，业务流程体系更加科学合理。以客户为中心、以融合共享为理念，深入实施业务流程综合改造和优化工程，在集中解决基层行反映强烈的533项紧迫性流程问题的基础上，全面优化业务受理、业务处理流程，较好实现了业务流程一年显著变化、三年根本改善的预定目标。

业务受理流程更加便捷高效。柜面和网上银行的预约、预填受理模式有效推广，6大类17个品种的个人业务实行预填模式，对公开户及大额取现等业务实行预约模式，柜面服务效率持续提升；排队机系统的标准化改造和推广全面完成，网点客户识别、分层服务、客流调度和精准营销水平得到提升，跨渠道、多模式、电子化的业务受理流程初步形成。

业务处理流程更加精简顺畅。实施交易智能定位改造，优化整合高频交易处理流程，业务处理时间平均缩短了20%。完成个人账户开户、取款等10个常用交易的“三个一”改造，实现了客户连续办理多笔业务的一次填单、一次输密和一次签字，客户体验明显改善。实施会计凭证集中配售改革，实现了空白重要凭证保管和打印从分散模式向集中模式的转变，会计凭证的集约管理水平进一步提高。完成29个跨系统操作界面的整合和一点登录改造，有效解决了多应用平台间的切换问题，业务处理效率极大提高。改造内部款项划拨业务处理流程，实现各级机构间内部资金的自动分解和划拨，替代了原有90%的手工操作，业务核算的及时性和准确性大幅提高。

网点运营管理规划基本形成。完成网点运营标准化管理整体规划，设计了涵盖网点运营业态、内部运营格局、岗位设置、柜口和柜员配备等内容的标准体系和涵盖网点运营效率、运营质量等方面的评价指标体系，同步启动网点运营管理平台建设。建立了信息推送机制，实现网点日常运营重要事项、待处理业务信息的联动处理和跟踪督办，提高了内部协同服务效率。搭建完成总行与网点间的流程问题反馈和解决的直通式管理平台，为流程持续优化提供了有力支撑。

业务流程综合改造和优化工程在全行初步构建起功能完善、内控严密、管理有效的业务流程体系，柜面业务处理效率大幅提升，风险控制能力明显增强，客户和柜员体验有效改善，为实现全行核算流程统一管理奠定了坚实基础。

（三）业务运营服务水平持续提升，综合后台建设迈出坚实步伐。现金营运管理水平不断提高。现金业务集约运营和服务保障能力进一步提升，全行已实现90%的库存现金、91%的上门收送款和96%的贵金属由现金营运中心集中清分整点和统一配送；全行累计完成现金收付量45.5万亿元，其中自助设备现金收付量达到13.1万亿元，对柜面渠道替代作用进一步增强。以工银亚洲为中心建立的境外人民币现钞调运机制运转顺畅，境外机构人民币现钞支持能力有效提升。现金营运管理信息系统全面推广，实现了现金运营事前预测、事中监测、事后分析的全过程管理，现金营运信息化水平进一步提高，全行现金备付率控制在0.5%，现金综合运用率达到63%。按照人民银行要求，积极推进对外支付现金的全额清分和冠字号码存储查询功能应用，加大各类现钞设备投入，满足清分整点和反假工作需要，完成假币专项治理阶段性工作目标。

自助设备集中运营持续深化。在离行式自动柜员机实现全面集中的基础上，加大附行式自动柜员机集中运营管理力度，统一供钞和账务管理集中度分别达到97%和94%，现金区外的附行式自动柜员机装卸钞集中度已达92%，运行效率和质量进一步提高。不断推进自动柜员机日常运营的信息化建设，实现装卸钞入账、差错核对的联机处理和加钞计划制订、现钞出入库的系统控制。在自动柜员机净增1.4万台的情况下，通过实施集约化运营，进一步增强了日常运维能力，有效保障了全行自动柜员机的对外服务。

资金汇划改革取得阶段成果。按照简化账户体系、精简冗余流程、提高汇划效率、降低管理成本的思路，全面实施系统内人民币资金汇划业务改革，取消各级机构的人民币备付金账户，系统内资金清算通过资金集中配置过程完成，核算流程有效精简。取消通汇机构号以及汇划业务的机构准入审批流程，实现全网点直接通汇。设计全新客户资金汇划业务流程，提高资金汇划业务直通率和标准化程度，构建了“全机构通汇、直通式处理”的资金汇划业务新模式。

资金清算服务能力明显增强。成功将工银亚洲、工银澳门、东京和首尔分行的清算业务纳入清算平台，清算业务的标准化进一步加强，为构建“覆盖全球、标准统一、运行高效”的资金清算体系奠定了坚实基础。通过建立总行集中代理人民币清算行运作机制，组织工银欧洲、工银中东等20余家境外机构顺利投产了人民币清算功能，显著提升了全行跨境人民币清算能力，为境外人民币清算行申设提供了重要支持。全行支付清算网络向多渠道方向拓展，依托银银直联清算，实现了我行与台湾地区金融机构之间的人民币中文汇款；成功开发了面向代理同业清算的网上银行功能，使全行具备了基于互联网提供清算服务的能力。合理配置清算资源，开展境内外清算业务的协调联动，美元、日元、欧元去委支持比分别达到74%、91%和92%。

金融市场后台建设不断加强。资金、债券、衍生等交易品种的簿记、核算和存续期管理能力进一步提高，有力支持了总行在欧洲和美洲开展金融市场业务集中交易。交易结算方式更加多元，与多家境外机构建立了贵金属双边净额清算安排，构建起支持场内和场外、全额和净额的多种结算模式；交易后台流程不断优化，与中央国债公司实现了代理交易的互联互通；债券托管业务更加集约，50余家境内外机构全面实现了债券集中结算和托管。商品交易后台建设的步伐加快，为进入境外商品交易所建立了结算、清算、保证金管理流程及风险防控机制。理财业务前、中、后台“四位一体”的运营模式推广至境内分行，清算中心顺利承接了私人银行后台业务，全行资产管理后台运行能力大幅提升。

（四）风险过程控制机制不断强化，运营风险管理实现重大突破。核算印章改革取得重要进展。为从根本上解决核算印章管理的行业性难题，全面构建系统有控制、使用有记录、管理有规范、检查有手段的核算印章管理新格局，正式启动营业机构核算印章综合改革。构建了以业务验证码为核心，以交易驱动、安全有效、有章必有码、有码必可验为显著特征的新型柜面业务认证运行机制。组织完成全行主机交易和凭证的梳理，建立了基于“交易—凭证—用印”对应关系的统一柜面业务用印标准。完成柜面用印机的功能设计和设备选型，实现重要核算印章的集中管理和使用的自动化控制。成功组织柜面用印机在六家分行试点和电子图形印章在山西、重庆分行试点，运行高效平稳，客户与柜员体验良好，在有效管理用印风险、优化人力资源配置等方面达到了预期目标。

业务运营风险管理继续强化。加大新开户支付密码推广力度，全行支付密码推广率提升至91%，新开户支付密码器推广率超过80%。柜员身份指纹认证改革顺利完成业务试点，身份指纹认证模式在系统签到、业务授权、现场审核等环节得到成功应用，保证了事权划分和岗位分离等内控机制的落实到位。按照质量和效率并重的原则，合理设计网点和授权中心间的职责分工，明确现场管理和远程授权人员的配备标准、履职要点和管理要求，提高了业务管理的标准化、规范化程度。启动以督导职能转型、组织模式创新、工作机制转变、资源配置优化为主要内容的运行督导改革，有序推进制度建设、人员集中、系统开发等工作，近90%的二级分行实现了运行督导员集中管理，为制度有效落实提供了有力保障。实施风险导向的银企对账管理，综合有效对账率提升至91%，网银对账占比由36%提升至48%，网银对账点击率保持在95%的较好水平。

风险监控体系建设不断加强。构建起面向机构、人员、系统、业务，涵盖机制建设、管理标准、岗位履职、系统管理、模型研发，包括规定、办法、细则、规程、指引等在内的层次清晰、定位明确、衔接紧密、内容完备的标准化体系，风险监控运营质量和精细化管理水平大幅提升。完成全行36家运行风险监控中心的首次评级，重庆、新疆、河南等14家分行监控中心被评为A级以上，实现能力型监控中心的建设目标。拓展跨渠道、跨业务线、跨产品线的统一风险监控领域，将分行区域特色平台业务、票据业务、逸贷产品等纳入监控范围，针对非法集资、贷款资金回流、柜员异常交易行为等关键风险点研发的风险模型，及时识别并有效化解风险隐患。坚持季度运营风险分析通报，各业务部门、各级行根据分析评估揭示的薄弱环节，采取针对性治理措施，全行内部风险暴露水平由13.2%降至9%，同比降低32%。

参数集中管理改革继续深化。实施内部账户本外币一体化管理，实现内部账户由单一币种向本外币全币种的转化，全行内部户数量由近1 100万户减少至340万户，账务运行效率明显提升。加强参数规范化管理，强化岗位权限和柜员额度等事权控制类参数的规范管理，提升参数对事权管理的刚性控制效能。积极参与参数产品化改造，完成对公结算、银行卡、账户贵金属三大业务线产品参数设计改造工作，优化了基金、理财、债券等产品核算参数引擎，将分散在产品层和外围系统的核算参数统一纳入主机核算引擎，实现总行集中统一管理。深化境外参数集约化管理，完成工银亚洲、工银中东、工银欧洲境外参数区域集中管理，境外参数管理水平进一步提高。加强参数安全运行管理，有力保障了全行业务平稳运行。参数的集中管理保证了年终决算工作的高质高效进行，账务环境设置、年终测试、挂账清理、账务核对等各项工作圆满完成。

近年来，通过不断的改革创新，价值型运行管理体系建设取得明显的成效，运行管理的价值创造能力显著增强，为全行加快发展作出了重要贡献。在此，我代表总行党委向长期以来付出艰辛努力的全行运行管理战线的同志致以诚挚的慰问，向关心和支持运行管理工作的各部门表示衷心感谢！

在总结经验、肯定成绩的同时，我们也更清醒地认识到，当前运行管理工作中仍然存在着一些亟待解决的矛盾和问题，突出表现在：流程优化和运营改革简化了网点操作、释放了服务潜能，有待于在此基础上通过进一步改革来实现资源优化配置，提升网点竞争力；业务实行集约运营、全行运行格局发生显著变化后，有待于进一步提升集约化中心的精益管理水平，以充分发挥共享服务职能；统一流程管理机制有待加快建立，以巩固流程优化的效果，提高全行流程的标准化和融合度；以大数据为特征的新型信息技术和互联网金融的快速发展深刻改变着金融运营模式，要求我们持续创新运营管理理念和模式，不断研究新的风险特征。

前不久召开的全行改革发展研讨会和2014年工作会议提出了全面深化体制机制改革、推动发展方式加快转变的战略部署。全行运行管理部门要认真学习贯彻这两次会议精神，从全局和整体上谋划设计，紧紧围绕转变发展方式这根主线深化全方位改革，通过内涵式挖掘增强运行管理为全行业务发展和经营转型创造价值的能力。2014年全行运行管理工作的总体思路是：坚持运营管理集约化、一体化的方向，以价值服务实施网点运营标准化管理，以精益管理深化集约运营体系建设，以过程控制加强运营风险管理，注重改革的系统性、管理的协同性，注重加强总行顶层设计和发挥分行创造潜能相结合、整体推进和重点突破相结合，推动价值型运行管理体系建设向更高层次迈进，实现运营安全、管理集成、服务提升、队伍强化的总体目标。

二、坚持价值服务，打造标准化网点管理体系

银行发展战略趋同和产品同质现象日益严重，使得银行之间的竞争日渐转变为服务的竞争。运行管理作为网点管理的重要参与者，要深入贯彻价值服务理念，通过不断改进运营服务流程、降低运营成本、改进客户体验、提高服务价值，增强运营服务的品质和价值创造能力，提升我行整体的对外服务水平。全行要把强化营业网点运营能力建设作为重要着力点，把为客户创造价值作为主要目标，稳步推进网点运营标准化管理、构建服务导向型业务流程体系，以高效的内部管理和便捷的业务流程增强我行网点的价值服务能力。

（一）实施网点运营标准化管理。要按照网点标准化管理实施方案深入推进网点运营标准化体系建设，力争用三年左右的时间构建起“资源配置有标准、岗位设置有规范、内部管理有秩序、效率评价有依据”的网点运营管理新模式。要结合网点运营标准化实施，加快构建集网点基本信息管理、资源配置、业务量统计、监测分析、评价管理等功能于一体的网点运营管理平台，并以平台为载体，持续开展营业网点运营情况的实时监测、量化分析和统一评价，实现网点运营精细化管理。

网点运营标准化是网点竞争力提升工程的基础，涉及流程优化、资源配置、系统建设、运营管理评价等方面，实施难度大、工作任务重，需要全行上下密切配合、协同推进。总行相关部门上半年要完成业务量标准的统一规范，确定各类业务折算系数，实现柜员业务量的全口径准确统计和评价指标的科学设计；下半年要选取部分有代表性的各类业态网点进行运营标准化管理试点，通过试点进一步验证和完善各项标准。年内要完成网点运营管理平台主体功能投产应用，建立网点业态、分区、柜口、人员配备等运营状态和运营资源配置情况的统一视图，实现网点运营关键评价指标数据的自动采集和分层展现，为开展网点运营评价管理提供基础依据。各行要根据总行的顶层设计和总体规划，结合本行实际尽快制订具体实施计划和工作措施；要加快完成区域特色业务梳理，明确业务量计量规则；要细化各项运营标准，对业务差异较大、难以按全行统一标准执行的，逐一研究分析网点业务特点、人员结构等实际情况，因地制宜科学确定具体标准；要结合改革涉及的人员释放情况，做好人员的转岗，提高转岗人员的适岗能力，确保改革成效充分释放。

（二）持续推进业务流程优化。业务流程优化是一项常态化工作，必须持久深入地开展下去。要坚持以客户和员工需要为出发点、坚持信息化银行的发展方向、坚持线上线下一体化、坚持把控好实质风险，突破固有的思维局限，在充分论证的基础上勇于创新，确保增量流程创新设计和存量流程持续优化符合我行整体发展方向。

持续抓好投产项目的推广应用。要采取针对性措施加快项目的落地应用，对客户调度、客户网点预填单、对公预约开户等需要现场引导的项目，要从制度层面完善相关岗位职责，采取有效措施加强对客户的宣传引导；对客户服务“三个一”、个人免填单等主体功能已经投产的项目，要加快后续功能的开发应用，提高业务品种覆盖率；对凭证集中配售等仅适用于部分地区或部分客户群体的项目，要在合理确定项目试点地区、相应客户群体的基础上统筹安排试点和推广范围，进一步提高项目应用成效。各行要完善流程优化项目推广机制，强化部门协同和上下联动，加强整体推进和督促落实。要解决好存量制度配套问题，编制清晰易用的业务指南或操作手册，并着眼长远探索建立有效机制，将制度变更、调整嵌入项目建设过程中，确保制度与流程相配套。要提高培训的针对性，确保基层行熟练掌握操作要领和管理要求，加快释放项目成效。

加快推进重点流程问题的解决。今年要集中力量抓好个人业务填单和对公客户开户流程的优化工作，通过实施凭证、协议的整合和电子化改造，整合核算流程与产品销售流程，解决客户填单多、盖章多、往返次数多的“三多”问题。上半年要加快改造对公协议和申请书，基本解决单位结算账户开户效率低的问题，更好地支持组合营销。年底前要完善服务前移和渠道多元的业务受理流程，实现线上线下多渠道信息的共享应用，全面建立以免填单为主的个人业务填单服务模式，有效改善客户体验。

稳步推进全行核算流程的统一管理。运行管理部门要主动发挥核算和流程的统一管理职能，信息科技、产品创新管理部门要在新产品、新业务立项及技术研发环节严格把关，配合运行管理部门管好增量流程，解决业务流程的“前清后乱”问题。今年，要将柜面业务流程中涉及核算管理的功能从交易中剥离，形成相对独立的公共核算模块，启动公共核算流程的统一管理。这项工作是对全行交易体系的重大变革，对统一流程和核算管理具有重要而深远的意义，各行要高度重视，积极承担公共核算模块的提炼和设计工作。运行管理部、信息科技部要在充分听取基层和相关业务部门意见的基础上科学规划、有序实施，力争年内完成柜面个人常用交易的模块化改造，后续着重通过体制机制创新，逐步创造

条件实行个人金融、电子银行等各业务线核算职能的有机整合，实现全行统一的核算流程管理。

三、实施精益管理，完善质量效益型集约运营体系

业务实行集约处理后，随着分散的业务处理环节集中到后台中心，集约运营体系的管理水平将直接影响到全行的业务运营能力。在深入推进网点运营流程改革的同时，要更加注重后台集约化中心的改革和管理，更加注重改革的系统性、整体性、协同性，坚持中心和网点运营改革的统筹谋划、协同推进。集约运营管理要牢固树立精益思想，对中心管理各个环节进行分析整合和持续改进，从整体上提升运营效能、降低运营成本，推动业务运营向质量效益型转变。

（一）实施业务集约运营标准化管理。要健全业务集中处理制度体系，强化中心综合能力建设，打造职能定位清晰、运作流程标准、服务响应及时的业务集约运营体系，为全行经营发展提供有力支持。

加强业务处理中心的精益管理。要在业务集约运营的基础上持续完善管理体制机制，建立系统完备、层次清晰、科学规范的业务集约运营标准化管理体系，确保业务运行和内部管理顺畅有序。要制定实施业务处理中心评级管理制度，加强集约运营、资源配置、质量效率等方面的精益管理，提升中心业务处理能力和业务管理水平。要完善中心内部业务分组，综合考虑业务属性、客户类别、资金额度、特殊需求等因素，实施科学的业务优先级管理和劳动组合安排，实现运营效率最大化；完善前后台协调运行机制，强化后台对网点业务运营过程的控制，实现运营质量最优化。要加强集约运营数据的分析运用，深入挖掘账户变化、资金流动方向、客户交易习惯、产品使用情况等深层次价值，为全行经营管理及客户服务提供专业化信息服务支持。年内要建成省内备份和跨省备份相结合的业务集中处理灾备体系，提升业务处理中心的安全运营水平。

规范二级行运行后台中心管理。要本着有机整合、归类合并、标准运作的要求，全面构建定位清晰、机构精简、布局科学、管理高效的运行后台中心格局。要按照业务属性，将现有各业务条线具有运行职能的后台中心统一规范为以账务管理类职能为核心和以实物管理类职能为核心的两大类中心，以提高业务集约化程度和物流资源综合利用水平。要同步推进二级分行以下层级机构后台业务的进一步集约运营，将可规范的中后台业务进一步上收集中处理，释放柜面服务潜能。授权业务规模小，难以形成规模效应的分行，要研究实施跨地区或省行层面的集中远程授权，充分发挥规模效应，提高资源利用效率。各行要在总行要求时限内完成二级分行后台中心规范管理的目标任务，实现中心高标准建设、高水平管理、高效率运行。

（二）加强全行综合业务运营后台建设。要加快集团清算业务运营体系建设，提升对金融市场和金融资产服务业务的支持保障能力，逐步建成集团一体、运行集约、管控有力、服务协同的综合化业务运营后台。

加快建设同业领先清算银行。要支持我行全球经营布局，建设境外美洲和欧洲运营中心，为金融市场交易、贸易金融、资产管理、托管等重点业务线海外拓展，构建跨时区7×24小时不间断的清算运作机制。要加强集团清算业务统一管理，建立全行跨境支付清算的标准和规范。要加快清算业务通用平台推广，年内将境内分行的跨境清算业务全面纳入清算平台集中运作。要抓住人民币国际化的有利契机，进一步拓展清算网络和渠道，丰富全行清算产品和服务，支持境外人民币清算行申设。要加强清算业务的灾备管理，完善清算中心（上海）机构和职能建设，实现总行清算业务在“北京—上海”同步运行、实时互备，增强全行清算业务的持续运作能力。按照我行第二代支付系统“一点接入、一点清算”的总体推广策略，全面上收各分支机构在当地人民银行的清算账户，合理安排资金清算和头寸管理工作；上半年实现二代支付系统在我行的试点，年底前分批次在全行投产上线，构建我行更加安全高效的跨行支付运营基础平台。

继续加强金融市场后台建设。要围绕我国银行间市场交易和结算机制改革，拓展我行参与市场交易的结算渠道，完善清算运作模式、提高核算能力。要结合我行在亚洲、欧洲、美洲的交易中心布局，以构建全产品、跨市场、标准化的金融市场后台流程为目标，用两年时间建成支持我行在全球范围进行交易、投资、融资的金融市场运营管理系统。要通过完善账户类和实物类商品交易的清算核算体系，支持开展境外场内和场外商品交易，为商品业务发展提供有力支持。

（三）提高全行现金营运管理水平。要继续加强现金营运中心现代化建设，完善本外币现钞、贵金属、重要物品的物流管理，加大各类清分整点设备配置力度，实施一体化流水作业，提高清分鉴伪能力和自动化处理水平，满足日益增长的现钞清分需求，为业务快速发展提供支持保障。要加快现金业务的信息化建设和管理步伐，进一步完善现金营运管理信息系统，实现本外币现钞、贵金属库存的实时监测和灵活调剂，提高管理效能；在现金营运中心推广款箱物流管理系统，整合完善贵金属调拨管理，实施后台中心仓储物流的统一调配，提高仓储配送效率。要按照假币专项治理管理要求，有计划分步骤地实现现钞全额清分和冠字号码存储查询，稳步推进A类点验钞机配置，年内完成80%柜面设备的更新，进一步提高我行上缴人民银行现金和对外付出现金的质量。

按照我行渠道建设发展规划，未来三年全行将新增6万台自动柜员机，各行要加大后台支持的资源配置力

度，不断提高服务保障能力，确保新增自动柜员机全部纳入集中运营，附行式自动柜员机要实现供钞和账务管理“双集中”，其中现金区外自动柜员机要实现装卸钞集中，自动柜员机现金保障率保持在98.5%以上，非技术故障率控制在0.6%以内。要在重点城市分批推广ATM动态密码锁，优化装卸钞模式和操作流程，提高装卸钞效率和安全控制能力。要不断改进自助设备运营服务，持续加强应急服务管理，提升应急处理效率和服务能力。

四、强化过程控制，建设安全有效的运营风险管理体系

银行是经营风险的特殊企业，运行管理承担着业务核算组织实施、业务流程设计管理和全行操作风险一线管理的重要职责，要坚持过程控制理念，强调通过技术手段的应用将风险管理贯穿于业务运营的全过程，特别是对于重点部位和关键环节的控制，要实现信息化管理。要构建起事前有规范、事中有控制、事后有监督的全方位、多层次的运营风险管理体系，切实保障业务运营安全。

（一）推进关键核算环节改革。稳步实施核算印章综合改革。试点行要在总结柜面用印机试点成功经验的基础上，上半年全面完成全辖推广工作，组织开展电子图形印章的试点推广。要遵循先试点再推广的原则，提前完成柜面用印机、打印机等设备的采购配置或检查升级以及新印章配置等工作，做好分行特色交易的梳理和改造，确保第一批推广行完成全辖推广、第二批推广行下半年组织推广。各行要统筹做好自助回单机推广工作，为改革实施创造有利条件。要加强改革的宣传引导和柜员培训，及时解答和消除客户疑问，重视舆情管理，确保印章改革的安全平稳进行。要适应全新业务用印模式的管理要求，全面修订与核算印章使用相关的制度。在业务用印实质性风险得到有效管控的前提下，研究简化重要空白凭证管理的可行性和具体措施。印章改革新增和废止印章涉及种类多、数量大，各行要严格新刻印章的刻制、运送、启用管理，严格废止印章的上收、清理和销毁管理，印章启用和作废要逐一造册登记，逐级统计上报，责任落实到人。各行要充分运用业务用印系统功能，加强辖属机构印章的监测管理，确保新旧印章的平稳衔接。

全面完成指纹识别认证改革。总行要充分总结改革试点经验，配套制定相关制度办法，分批组织完成全行推广工作；各行要严格按照总行推广计划，按时完成分行特色业务改造，加快设备采购和指纹采集工作进度，确保年底前完成柜员身份认证模式的平稳上线。要同步在现场管理流程中应用指纹认证模式，实现现场审核身份确认的系统硬控制；改革后柜员归属变更将实现信息化管理，各行可根据实际需要组织柜员在更高层级和更大范围内的灵活调配和统一管理，提高柜员调配效率。

全面完成资金汇划体系改革。要在完成人民币资金汇划改革的基础上实施外币汇划业务改革，统一全行本外币资金清算级次，取消外币备付金账户及清算对账流程，建立与全额资金管理体制相适应的资金清算模式。按照直通式汇划原则，建立全过程无冗余、标准统一的本外币业务运作流程。各行要按照改革实施计划，做好备付金账户余额清理、分行特色业务改造等工作，年内全面构建“全辖通汇、直通处理、信息共享、统一管理”的本外币汇划业务新体系。

（二）加强运营风险日常管理。要完成客户预留印鉴电子核验的全行推广，实现支付密码整体覆盖率95%以上，柜面活跃客户支付密码的全覆盖，从客户支付源头提升风险管理能力。创建基于数据分析的履职任务自动推送，提高网点现场管理的针对性。全面推广督导并重、风险导向的智能督导新模式，加强对重点业务、关键环节、高风险机构和人员的检查和辅导。要继续加强对账质量管理，综合有效对账率提升至95%以上，月累计支付额100万元以上的高风险账户要实现全面对账；存量网银活跃账户、新增网银账户要全面开通网银对账功能，推行短信对账、自助回单机对账等方式，为客户提供更加方便快捷、安全可靠的对账服务。

（三）创新运营风险监控管理和成果运用。要按照统一风险视图、统一模型设计、信息共享共用的总体思路，分类做好存量系统整合和监控流程融合，实现客户运营风险信息完整收集和计量，统一客户运营风险视图。要研究不同形态互联网金融的风险特征和监控策略，加强新渠道、新产品以及关键环节的模型监控；应用新型工具，对时间、区域、交易、客户等不同维度风险特征进行关联匹配和数据挖掘，提升模型识别效能。要提升运行风险监控中心建设评级水平，进一步培育7～10家A级以上运行风险监控中心。要探索建立网点运营风险评级机制，实行不同风险类别网点的差异化管理，提升网点风险管理能力。要以高质量风险分析评估报告推动重点风险环节的综合治理，落实运营风险分级管理机制，发挥部门间横向联动和机构间纵向协同的风险管理合力。

（四）强化参数集中规范管理。要着手研究境内外参数管理系统整合工作，建立符合统一制度、流程和风险控制要求的境内外一体的参数管理与运行平台。要全面完成以网点柜员权限控制为核心内容的事权控制类参数的规范化改造，制定集交易、柜员、权限、额度控制为一体的管理标准，建立总行统一标准、省行精细管理、适应地区差异的“总、省、市”三级事权参数标准化运行模式。要全面启动外围系统参数改造工作，加大力量对全行外围系统参数进行梳理整合，对全行共性的、具备集中上收条件的，实施改造后由总行集中统一管理；对分行特色外围参数，制定统一管理标准后由分

行实行规范化管理。要深化二级分行参数管理，明确二级分行参数管理的职能和职责，同步将安全控制的范围扩展到二级分行，建立起覆盖总行、一级分行、二级分行的多层级、立体化的新型参数管理格局。

五、贯彻以人为本，提升运行管理队伍整体素质

深化改革和强化管理，需要有力的人才保证。目前全行运行管理队伍总体数量不够、结构不尽合理、岗位激励不足、人才流失严重、后继人员断档等问题突出。全行要把队伍建设作为关系运行管理改革发展的关键性和根本性问题来抓，从引进、培养、使用、激励等方面全方位加强领军型管理队伍、专家型人才队伍、操作型运行队伍等三支队伍的建设和管理，造就满足新形势下运行管理需要的各类人才。要拓宽专业人才引进渠道，每年引进一定数量具备相关专业背景的本科以上高素质人才定向充实到各级运行管理部门，逐步优化运行管理队伍结构。要建立系统培训与技能培养相结合、专业培训和知识普及互为补充的专业人才培养体系，提高业务运营人才培育的综合性和实用性。要加强专业带头人队伍建设，充分发挥示范引领作用；组建运行管理重点领域攻坚团队，汇聚价值型运行管理体系建设的强大合力；探索建立专业分析师队伍，为全行经营管理提供专业化信息支持。要建立运行管理标准化岗位体系，明确岗位职责、任职资格、履职要求和准入退出标准，形成一套体现价值创造的岗位任职体系；各分行要落实各岗位职务层级、工资等级与人员配置要求，以职业发展激励为主、薪酬激励和精神激励为辅，搭建事业平台、发挥岗位价值，切实保障运行管理队伍的长期稳定和可持续发展。

今年是我行股改后第三个三年发展规划的收官之年，做好今年工作对于全面完成发展战略规划各项目标任务至关重要。各级运行管理部门要进一步增强进取意识、机遇意识、责任意识、风险意识，把握改革方向、勇于实践探索、落实工作责任，为努力开拓全行运行管理工作的新局面作出更大贡献！

打造互联网金融时代核心竞争能力 积极推进全行经营转型和结构调整

——在中国工商银行电子银行业务工作会议上的讲话

谷　澍

（2014 年 2 月 19 日）

这次会议的主要任务是，贯彻落实全行改革发展研讨会和年度工作会议精神，总结 2013 年电子银行业务经营情况，分析电子银行业务发展面临的新形势，部署 2014 年工作任务，动员全行以抢占互联网新兴客户市场为核心，努力打造互联网金融时代的电子银行竞争能力，为我行建设国际一流现代金融企业作出更大贡献。

一、开拓创新，电子银行业务发展迈上新台阶

2013 年，电子银行围绕全行发展战略，以增强电子银行竞争力、服务全行经营转型为目标，突出业务创新，积极抢占重点客户和重点市场，实现了业务全面协调快速发展，为全行的转型发展作出了重要贡献。

（一）业务发展量质并举，综合贡献显著增强。客户规模扩大、结构进一步优化。2013 年，我行个人网上银行客户突破 1.6 亿户，个人电话银行、手机银行客户相继突破 1 亿户，在国内率先建立了“亿”级电子银行客户群体。网上银行个人证书客户、企业证书版客户分别达到 8 540.6 万户和 241.4 万户，占个网和企网客户比例达到 51.6% 和 71.7%，同比分别提高 10.7 个和 4.0 个百分点；个人网银在四星级以上客户渗透率达到 51.4%，同比提高 3.5 个百分点；交易离柜率在 80% 以上的个人活跃客户占比达到 29.3%，同比提高 4.7 个百分点，客户活跃程度稳步提高。

业务综合贡献进一步增强。全年实现电子银行交易额 382 万亿元，同比增长 14.8%，其中手机银行交易额实现 3.4 万亿元，增长 4.5 倍，占个人网银交易额比例为 6.1%，超额完成突破 5% 的年度目标。电子银行业务占比突破 80%，同比提高 5.1 个百分点。柜面业务可分流率降至 29.2%，同比降低 6.3 个百分点。实现业务收入 166.7 亿元，同比增长 30.8%。电子银行全年办理的业务量相当于替代了 3 万个物理网点、30 万名柜员，为全行节约经营成本 430 亿元，分流柜面业务、服务全行转型的作用有效发挥。

（二）加大产品创新力度，开拓互联网新领域。积极落实总行党委关于建设电子商务平台的重大决策，全面启动电商平台筹建工作，快速推进平台功能研发、商户营销、运营维护、业务管理和团队建设。2013 年 11 月 8 日，“融 e 购”B2C 商城平稳试运营；今年 1 月 12 日“正式对外开业，实现了阶段性目标。截至 2014 年 2 月 15 日，平台入驻商户 282 家，投放商品 1.1 万件，累计注册客户 90 万户，成交订单 16 万笔，累计成交金额 2.5 亿元，实现了“开门红”。各分行按照电商平台“全行办、全行建”的总体要求，充分调动营销资源，掀起了推广电商平台的热潮。与此同时，电子银行专业坚持移动化、个性化、智能化的创新方向，持续加大产品研发力度，全年成功推出 40 项面向客户的创新产品，优化改造 200 多项产品功能，进一步巩固和强化了产品核心竞争优势。在同业中率先推出通用 U 盾，提升了介质的通用性和手机银行的安全性。投产二维码应用功能，进一步拓展了手机银行的使用范围。开通 B2C 逸贷分期付款功能，实现个人综合积分整合并在电子银行渠道兑换使用，确保了全行重点创新项目的顺利完成。各分行结合辖内市场特点，共推出 29 项区域特色产品，创新应用潜力进一步激发。全行进一步强化电子银行产品应用推广，企业网银结汇、外汇买卖、他行基本户代发工资等重点产品推广效果明显，赢得良好的客户口碑。

（三）积极抢占重点市场，营销宣传成效明显。引入互联网营销理念，将电子银行营销宣传与社交媒体相结合，积极探索网络化营销新模式，精心策划组织贯穿全年的“金融@家 环保有我”主题活动，配套开展“惠在工行节节高”、移动银行进校园等系列活动，取得良好的市场效果，带动了业务规模和客户活跃度进一步提升。充分利用网络广告、电视广播、户外媒体等媒介开展业务和品牌宣传，全年投放电子银行广告 30 项，在百度搜索中“金融@家”搜索结果近 5 900 万条，大幅领先同业水平。积极开展智能营销活动，推动智能营销信息服务管理系统的应用推广，建立电子银行智能营销数据筛选模型。各分行围绕手机银行、个人证书等重点产品、重点市场，切实加强营销组织推动，广泛开展促销推广活动，新增客户规模和交易量再创历史最佳业绩，进一步巩固了在同业市场中的竞争优势。大力推广银企互联客户端，努力挖掘中小企业银企互联新市场，全年新增银企互联客户 1 227 户，存量客户 3 465 户，客户增长率达到 54.8%。强化电子商务在烟草、商品交易市场等重点目标商户的推广，培养了一批具有良好合作关系的电子商务商户，全年新增商户 1 126 家，存量商户数达到 4 140 家，实现 B2C 交易额 5 141 亿元、B2B 交易额 3 767 亿元，同比分别增长 41.4% 和 22.4%。

（四）强化服务能力建设，服务品质稳步提升。作为全行对外服务的重要窗口，各电子银行中心紧紧围绕“服务品质年”活动的总体要求，突出服务客户、创建一流的工作主线，积极创新服务方式，持续加强运营管理，实现了“95588”服务品质和客户满意度的双提升。全年平均电话接听率达到 95.6%，20 秒电话服务水平达到 91.3%；短信银行、微信银行累计业务量突破 1 亿笔，累计服务客户超过 3 200 万户，占电话银行人工呼入业务量的比例达到 82.5%，在满足全行业务发展和客户持续增长的服务需求的同时，连续三年实现了人工电话呼入量增幅持续下降、服务效率持续提升。进一步加强集约化中心对客户诉求和金融消费行为信息的数据挖掘分析，不断增强价值创造能力，电子银行中心已成为电子银行业务和工行优质服务的一个品牌和亮点。

（五）境外拓展全面铺开，全球布局日益完善。2013 年以来，境外电子银行工作坚持“全面推动、分类指导、重点突破、梯度发展”的指导原则，渠道建设全面铺开，产品功能进一步丰富，区域发展结构日趋均衡，实现了境外电子银行业务全球布局的阶段性目标。推出工银亚洲新一代网上银行、网上存款账户、跨境电子商务、境外银企互联等创新产品，并对原有产品功能进行持续优化。截至 2013 年底，已有 27 家境外机构对外开通网银业务，16 家境外机构开通电话银行服务，38 家境外机构开通门户网站。各境外机构全年新增个网客户 7.3 万户、企网客户 4 436 户，客户总数分别达到 25.0 万户和 1.9 万户，占全行海外个人和企业客户总数的比例分别达到 36% 和 47%。

（六）规范业务制度体系，风险防控持续加强。加强业务制度建设和重点领域风险防控，不断提高风险管理的精细化和标准化水平。印发年度四大版本制度，完成业务制度梳理，进一步完善了“一套办法、一部规程、一本指南”的制度体系，管理规范化程度持续提高。在全行推广企业网银注册新流程，做好网上收款业务风险管理，持续加强重点领域风险防控。坚持开展客户安全教育，妥善处理外部欺诈风险事件，加强风险事件分析和安全产品研究，推动电子银行风险管理从事后到事中的转变，对外部欺诈风险的管控能力进一步提升。积极开展非现场监测，探索建立以数据分析为基础的业务检查新机制。印发《电子银行业务应急预案（2013 版）》，实施电子银行中心客服业务应急演练，业务应急处理能力得到检验。2013 年以来，电子银行业务内部风险暴露水平继续保持下降趋势，从一季度的 0.13‱下降至四季度的 0.07‱，远低于全行平均水平，全年未发生重大操作风险事件。

2013 年我行电子银行发展成绩赢得了客户和业界的高度认可，全年荣获国内外各类奖项 41 个。其中，在美国《环球金融》杂志 2013 年度全球最佳企业网上银行评选中，我行第三次荣获“中国最佳企业网上银行”大奖，同时还一举获得“最佳综合企业银行网站”、“最佳信息安全”、“最佳社会媒体”、“最佳在线财富服务”等四个亚洲区单项奖。

这些成绩和荣誉的取得，是总行党委科学决策、正确领导的结果，也是各相关部门高度重视、紧密配合的结果，更是全行上下、特别是基层行员工鼓足干劲、奋力拼搏的结果，在此，我代表总行，向为电子银行业务发展付出努力的同志们致以诚挚的问候！衷心感谢大家对电子银行业务和工商银行发展所作出的贡献！

二、紧抓机遇，电子银行进入改革创新新阶段

2014年是工行的改革年，全行将深入贯彻落实十八届三中全会关于全面深化改革的总体部署和中央经济工作会议要求，以改革统领各项工作，不断提升经营活力、管理效率和创新发展的内生动力。电子银行业务面临更为复杂的经营发展环境，互联网经济缔造出全新的价值网络和商业生态体系，网络金融、移动金融服务需求持续快速增长，我行进入全面推进信息化银行建设、加快发展方式转变的新阶段，内外部环境的变化对电子银行发展提出了全新要求。

一是互联网金融为电子银行发展开辟了新空间，但也带来更加激烈的外部市场竞争挑战。大数据、云计算、移动互联网等新技术的普及应用不断加快，互联网领域的商业模式和金融服务模式创新层出不穷，客户对于网络金融服务的接受程度和潜在需求不断攀升。2013年我国使用网上支付的网民数量达到2.6亿户，年增幅达到17.9%，其中手机支付用户1.25亿户，增幅达到26.9%，远高于网民总数9.5%的增幅，余额宝、理财通、零钱宝等网上理财产品数量和规模迅速攀升，以P2P为代表的新型网络融资方兴未艾，网络金融服务已经成为互联网领域需求增长最快的市场之一，为商业银行拓展互联网金融业务提供了全新的空间。与此同时，互联网企业纷纷凭借其在网络服务领域积累的优势，加快推进“平台+大数据+金融”的整体布局，大力发展支付、融资、理财、保险等金融服务，对商业银行形成巨大冲击。银行同业在持续加大电子银行业务发展投入的同时，也通过建设电子商务平台、加快网络金融服务创新、与互联网企业深度合作等方式开辟互联网金融发展新领域，我行面临的外部竞争不断加剧。

二是信息化银行建设为电子银行发展提供了新动力，但也对电子银行服务全行经营转型提出更高要求。建设信息化银行，是我行应对大数据时代技术革新和互联网金融生态演变、推进发展方式和经营机制深层次变革的重要战略举措。电子银行作为以网络为基础的业务，在信息化应用领域具有天然的优势。电子银行业务的发展水平和竞争力，就是银行自身信息化实力最直观的体现。推进信息化银行建设，必须充分发挥电子银行特色，通过电子银行渠道和电商平台汇聚、采集客户的各类交易数据和行为信息，为大数据应用提供基础数据信息。实现大数据的信息化应用，也需要以电子银行为依托推进金融产品的整合创新、智能营销和个性服务，电子银行在信息化建设的进程中大有可为。随着我行大零售、大资管战略的实施以及国际化、综合化等一系列经营布局优化，迫切需要电子银行在网络化营销、集约化服务、全球化拓展等方面发挥更大的作用。

三是电子银行发展进入优化结构提升质量的新阶段，但也面临一些深层次的问题和瓶颈亟待破解。近年来，我行电子银行业务在推进客户和交易规模快速增长的同时，实现了业务结构和客户质量的逐步优化，已经由跑马圈地进入到精耕细作阶段。但实事求是地讲，电子银行业务质量仍有进一步提升的空间。比如，当前我行手机银行的动户率水平偏低，电子银行客户的整体活跃度水平也有待进一步提升，利用电子银行分流柜面业务、吸引客户使用电子渠道进行交易、加大对我行综合贡献的作用还有待进一步加强。全行对于加快拓展电子银行活跃客户的重要性认识仍未统一，部分分行的发展思路仍停留在重规模、轻质量的阶段，缺乏推动基层行拓展活跃客户的资源投入、方法指导和考核机制。电子银行产品的易用性水平有待进一步提高，特别是当前人们越来越注重客户体验，如何在控制风险与提高易用性这对矛盾之间实现最佳平衡，还需要我们下大力气进一步研究和突破。

我行电子银行历经十余年的持续快速发展，如今站在了一个新的起点。今后五到十年，电子银行面临发展与转型双重任务，要在抓好重点业务的同时，结合当前互联网金融外部环境和发展态势，从战略上考虑电子银行的转型问题，紧紧围绕客户金融服务需求，进一步研究整合支付、信用、理财、消费等金融服务的产品和平台，探索符合互联网和电子金融发展规律的业务模式创新，为全行转型发展贡献新的更强的竞争力。下一阶段要把突破创新贯穿于电子银行业务工作的各个领域各个环节。要在电商平台、移动银行等互联网新兴领域、新兴市场加快创新、重点发力，抢占互联网金融制高点。要在坚持电子银行多年发展积累下来的良好体制机制和业务成功经验的基础上，保持网上银行、手机银行客户和交易规模持续快速增长的发展势头，并在业务结构和发展质量上取得新突破，进一步巩固在同业市场中的领先地位。未来一段时期要明确以下业务发展重点。

一要牢牢把握互联网金融发展机遇，打造行业领先的电子商务平台。建设和推广电商平台，是我行推进互联网技术与金融业务的深度融合，实现由融资中介、支付中介向信息中介转型的重要举措。互联网领域的创新与竞争一日千里，1月12日电商平台正式对外上线运营只是一个成功的开始，我们能否抓住互联网金融快速增长的机遇，能否保持住平台开业以来的良好势头，迅

速建立起新的行业领先优势，关键在于全行上下能否牢固树立“全行建、全行办”的大局意识，坚持“尊重电商规律、突出平台特色、体现银行优势”的指导思想，持续抓好电商平台的建设推广。为此，要在全行范围内掀起平台营销宣传的声势，大力拓展商户，丰富商品数量，着力提升平台交易量和人气。要进一步优化完善 B2C 商城的功能、流程和服务，实现向 B2B 领域的服务延伸，同时抓好平台制度建设和风险管理，不断优化运营管理和客户服务，建立健全平台数据分析和评价考核体系，真正把“融 e 购”建设成为在行业内具有较强影响力、在客户心目中具有良好口碑、有效服务全行信息化建设的一流电子商务平台。

二要持续加强电子银行主渠道建设，提升全行核心竞争能力。当前，电子银行已经成为银行办理业务的主渠道。未来物理网点将更多起到客户接入的作用，客户接入后电子银行就成为客户与银行交易的主要手段。下一步的电子银行产品创新，一方面要突出以客户为导向。互联网金融时代的电子银行竞争已经不再是有或者无的功能性竞争，更多的是客户体验竞争。要真正从客户需求和体验出发，在巩固和强化现有产品功能性优势的基础上，把更多精力投入到已有产品的优化整合创新，进一步突出易用性，使产品更方便、更人性化。另一方面要以高度的敏锐性持续开展面向新领域、新技术、新模式的创新研究。要紧密跟踪移动互联、大数据、物联网、可穿戴设备、生物识别等领域的技术发展，做好相关产品研究储备，一旦市场环境条件具备，能够做到迅速开发并投入应用。

三要积极研究应用大数据分析技术，促进信息化银行建设。大数据技术的充分运用将成为互联网金融时代银行巩固和提升核心竞争力的基础，为改进客户体验和推动营销方式、服务模式、金融产品创新打下坚实基础。电子银行要充分发挥自身优势，积极探索，率先实现线上数据整合与分析应用，同时研究并推进与全行业务数据的结合应用，构建起面向未来、更加智慧、可持续发展的新模式。要整合客户在个人网银、电商平台、电子银行中心的交易数据和行为信息，挖掘数据仓库中的结构化数据与集团信息库的非结构化数据，通过构建数据挖掘分析模型，实现对客户在个人网银、电商平台、电话银行全渠道的产品交叉营销和信息推送，实现向商户提供电子供应链融资产品和数据分析增值服务，进一步提升电子银行营销和服务平台的智能化分析能力、客户精准定位能力和客户需求预判能力。

三、锐意进取，推动电子银行发展再攀新高峰

2014 年全行电子银行业务发展的思路是：以服务全行转型发展为出发点，以促进信息化银行建设为方向，以抢占互联网新兴客户市场为核心，深入推进电子银行产品创新、市场营销、客户服务与业务管理体系建设，探索跨专业、跨终端、跨行业、跨国界的网络化经营发展新模式，引领支付、消费、投融资等价值链的有机融合与创新发展，牢牢占据互联网金融时代的同业领先地位，建设国际一流电子银行，提升全行核心竞争实力。

全年业务发展的具体目标如下：网上银行企业证书版客户新增 36 万户，网上银行个人证书客户新增 2 400 万户，手机银行客户新增 2 900 万户，电子银行交易额达到 330 万亿元，交易离柜率在 80% 以上的活跃客户占比提高 4 个百分点，柜面业务可分流率降低 2 个百分点（其中转账汇款可分流率降低 0. 97 个百分点），电商平台力争实现入驻商户数突破 2 000 户，上线商品数超过 10 万件，年交易额达到 150 亿元（其中非金融商品交易额达到 50 亿元）。

为推动电子银行发展再攀新高峰，全行要重点做好以下几项工作。

（一）大力发展电商平台，突出工行电商特色。在全行范围内广泛动员，全面开展“融 e 购”商城的商户拓展和宣传推广工作，努力把我行电商平台建设成为质优价廉的客户消费平台、“三名”结合的商户销售平台、支付融资一体化的金融服务平台、“三流”合一的数据管理平台，实现电商平台的健康快速发展。

一是持续推进商户拓展。商户是电商平台发展的基础，也是平台发展初期的首要任务。各行要坚持“统一策略、条线管理、总分联动、全行营销”的工作原则，加强电子银行、公司、结算、银行卡等各专业条线的密切协作，全力营销总行制定下发的目标商户，力争 4 月底签约商户总量达到 1 000 户。总行上半年将下发第二轮 1 000 户目标商户清单，各行要在 10 月底之前全部完成签约。要坚持“名商、名品、名店”的遴选策略，以全国性知名品牌商户为重点，国际性优质品牌商户为延伸，区域性特色品牌商户为补充，到今年底，力争实现全国性知名品牌商户占比超过 70%，国际性优质品牌商户占比超过 15%。各分行要切实把好商户准入关，坚持行业排名前、销售规模大、电商经验足、服务能力强等基本条件，确保平台“三名”品质。

二是精心组织营销宣传推广，促进交易额提升。要整合商户、总行、分行三方资源，以联合商户开展优惠促销活动为重点，大力开展平台营销宣传。各行要采取“行外宣传与行内宣传相结合，线上宣传与线下宣传相促进”的策略，加强人、财、物及宣传渠道等专项资源配置，务必将“融 e 购”宣传推广作为今年的一项重点工作持续开展。要在充分利用网点海报、电视、电子显示屏等行内渠道开展宣传的同时，广泛借助属地化媒体和公交地铁、电影院等重点渠道进行宣传推广，与总行的统一宣传形成互补，增强宣传效果。要充分利用微博、微信等社交媒体对平台“购物可贷款、积分能

抵现、品质有保障、登录很便捷”的优势特色进行分享传播，开展口碑营销，不断提高“融e购”的知名度和影响力。要充分调动员工营销的积极性，鼓励广大员工登录平台、购物体验，并在家属亲友间进行宣传推介。

三是加强平台系统建设与运营管理。总行要积极推动B2C商城的渠道拓展与功能优化，推出移动端B2C商城，创新支付、融资等产品，建立智能化的数据统计分析系统，丰富平台可支持的商户和商品类型，加强商户端个性化需求研发，打造优秀的商城消费体验。要把B2B作为继B2C之后全行推广的又一重点项目，在不断完善B2C平台功能的基础上，抓紧研究确定B2B商城建设思路和工作计划。各分行要严格按照总行确定的业务模式和商户策略，积极开展B2B业务的营销工作。要切实抓好平台的日常运营管理，建立涵盖商户营销支持、注册开通、上线运营及后续服务全流程的商户管理体系，促进与商户的深度合作。要建立商户、400专线以及平台三方联动的服务机制，涉及电商平台的客户投诉要实现全量回访，不断提升客户忠诚度和满意度。要完善平台的生产运营保障和应急处理机制，构建平台风险管理特色与银行风险管理相结合，覆盖事前、事中、事后全流程的风险管理体系。要深入开展平台数据挖掘与分析，建立覆盖行业、商户、部门、分行、客户群等不同维度的数据分析挖掘模型，为商户、行内专业部室及各分行提供增值信息服务。

（二）深入推进产品创新，巩固核心竞争能力。围绕信息化银行建设的总体战略，加快大数据、移动互联网等领域的新技术应用，进一步提升客户交易体验和产品易用性，深化交易主渠道建设，完善电子银行营销和服务平台，持续巩固产品创新同业领先优势。

一是深入开展电子银行产品整合优化创新，着力提升产品易用性。充分利用大数据技术分析客户的交易行为，做好界面、栏目优化整合，实现产品的智能化组合营销推荐，进一步提高产品易用性，努力建设客户体验最优秀的电子银行。借鉴互联网思维，将个人网银从封闭的交易系统改造为开放式的营销与交易系统，客户可免登录浏览各类金融产品和交易行情信息，系统能够引导客户快捷登录定位购买，逐步探索支持他行客户购买的新模式，打造新一代开放式网银系统。研究建设统一ID和密码的电子银行注册账户服务体系，推进电子银行各渠道的整合。进一步优化现有产品的功能，以缴费业务为重点，整合总行通用缴费平台与分行特色业务平台缴费项目，实现收费企业自助申请开办、免系统连接，网上银行、手机银行、电商平台、门户网站各渠道缴费信息统一发布与展现，为收费企业和缴费客户提供更加便捷易用的服务。

二是加快面向新领域、新技术、新模式的业务创新，强化交易主渠道和营销、服务平台功能。探索线上、线下业务模式融合的途径，研究基于单一账户的多渠道支付体系。加快推出可在电子银行渠道7×24小时交易的便民理财产品，进一步提高我行在互联网金融理财服务领域的竞争力。把握移动金融市场走势，扩大二维码技术应用范围，加强移动近场支付应用创新，研究基于地理位置的移动金融服务，推动电子银行由“家中的银行”向“掌中的银行”转变。加强对生物识别技术的研究，探索声纹与智能语音识别技术在动态密码方面的应用，丰富电话银行与移动银行智能语音识别功能。深化交易主渠道建设，全面推进个人网银、手机银行产品化改造工程，打造涵盖金融市场交易、基金国债理财等产品的全新投资理财客户端，研究探索企业网银招投标行业版、航运行业版等定制化的行业服务。推动营销和服务平台创新，进一步丰富电子银行营销工具，完善电子银行抽奖、积分兑换等功能，研发“工行e通道”即时通讯工具，推出智能在线客服。各行要围绕生活缴费、医疗教育、财政税务、市政招标等重点民生及公共服务领域，挖掘区域性服务需求，积极推进特色业务创新。

三是完善产品推广支持体系，提升产品投产应用效果。以提升产品运营管理能力为目标，不断创新管理机制、手段和方法。要优化产品推广工作的信息交流机制，加强产品推广工作的过程和方法管理，围绕事前、事中和事后三个环节完善分行产品推广的支持体系，实现“推广前有培训、推广中有分析、推广后有评价”。要通过推动新产品上线过程精细化管理、建立健全电子银行产品信息库、开展产品推广后评估等，持续推进电子银行产品生命周期管理机制建设。

（三）抢占移动银行市场，扩大活跃客户基础。

改革发展研讨会已经明确，全行将实施客户基础工程，力争通过几年努力，构建起中高端客户总量大、代际衔接、交易活跃的客户基础。电子银行要以此为契机，坚持发展活跃客户、交易客户、未来客户的理念，更加注重有质量、有效益的发展，通过强化电子银行活跃客户基础，巩固和扩大业务可持续发展的根基。

一是强化手机银行客户端推广，深入拓展手机银行客户群。今年，全行手机银行业务要在继续保持客户规模稳步增长的同时，大力普及客户端应用。要切实做好客户首用辅导工作，着力提升客户质量，加快抢占移动金融服务市场。要结合手机银行折上折等优惠和资金归集、安卓客户端U盾等新功能的推出，做好内部业务培训和外部宣传推广，满足客户对转账汇款、理财等服务的需求。要加强对移动商户市场的跟踪和渗透，深入挖掘辖内的移动服务提供商，结合我行二维码支付、移动生活等特色功能，在宣传营销、移动支付等领域开展深入合作。对于已开展支付合作的商户，要及时跟进新功能的投产，协调商户优化支付流程，不断提升客户体验。

二是进一步扩大个人证书和“工银 e 支付”客户规模。要高度关注市场和同业的发展变化，持续巩固个人电子银行客户市场份额，并通过个人证书客户的发展带动电子银行整体客户活跃度的提升。总行将组织“精彩 e 购@家 好礼盛宴嘉年华”系列主题营销宣传，开展感恩回馈、百姓民生、节日营销、重点市场、境外品牌、安全宣传等六大主题活动。各行要围绕电子银行业务营销方案，结合地域特点，积极策划针对个人证书客户的营销活动。要继续实行差异化电子银行服务策略，通过价格杠杆和专属产品培养客户使用电子银行的习惯。要加快推广“工银 e 支付”，联合重点商户加大宣传力度，共同开展营销活动并提供专属优惠，提高“工银 e 支付”的开通和使用率，进一步巩固我行在在线支付领域的优势地位。要组织开展工银信使、电子银行专属理财产品等 12 项智能营销活动，推动客户规模、结构、活跃度的同步提升。

三是加强对公重点领域客户营销。各行要继续做好企业网银证书版客户拓展工作，坚持结算客户开户捆绑营销，加强存量目标客户营销，同时广泛开展对公领域智能营销，基于对客户线上线下交易情况的全面分析，进行精准识别和二次营销，不断提高企网客户的覆盖率和活跃度，力争企业网银在法人客户中的渗透率提高 6 个百分点以上，企业网银有效动户率提高 3 个百分点以上。要深入推进面向财政预算单位、高校、住房公积金中心、大宗商品交易市场等重点行业、重点领域的营销，实现行业优质客户绑定，推动电子银行深度应用。

四是持续推进柜面业务分流工作。重点是保持工作成果，在避免可分流率反弹的基础上，有针对性地开展压降。总行将实施网点名单制动态管理，各行要根据总行拟定的督导名单逐个推进可分流率压降工作，推动落后网点加快转化。要加强培训督导，通过蹲点调研、交流学习、业务巡讲等方式指导和支持基层行开展分流工作，提升分流效果。

（四）深化服务品质管理，提高服务价值贡献。以强化服务品质提升为主线，以精细管理为重点，加快服务方式创新，积极拓展服务内涵，深入挖掘服务价值，努力建设客户满意、全行满意、员工满意的远程金融服务。

一是加快新型服务方式和智能技术的创新与应用。要加强各服务渠道的信息联动和服务联动，努力为客户提供一站式服务。加快推进微信、短信、在线、网络自助等新型服务渠道的应用，确保短信银行和微信银行业务量之和达到人工电话呼入量的 90%，力争超过人工电话呼入量。积极推进智能机器人、语音识别等技术的应用，进一步提高查询类、定制类、简单咨询等标准业务的智能化服务比例和效果，不断强化对人工服务的替代能力，力争实现人工电话呼入量零增长。

二是努力提升服务品质和客户满意度。要深入推进服务标准化管理工程，做到服务标准统一、流程执行统一。健全服务标准校准机制，使服务标准和服务结果更贴近客户需求，不断提高客户满意度。积极推进分层服务，在普通客户标准化服务的基础上，努力实现中高端客户的专属化服务。探索推进家庭银行建设，除传统的呼入服务外，积极尝试通过视频、在线等方式为高端客户提供开销户、注册电子银行申请等非现金服务。

三是进一步挖掘服务价值和信息价值。要继续加强对总分行及境外机构重点业务的宣传和营销支持力度，助力全集团重点市场和重点客户的拓展。不断提高对客户诉求、客户行为等非结构化信息的收集、挖掘与分析能力，为全行产品、业务的持续优化提供支持。依托全行知识库平台，积极推进短信数据库、电话银行业务知识库在全行范围内共享，为全行员工了解业务、服务客户提供信息支撑。

（五）加快境外业务推广，发挥全球渠道优势。随着大部分境外机构已经开通电子银行，工作重点要逐步从系统建设推广转向市场宣传营销，在丰富完善产品功能、抓好风险管理的同时，实现客户数、业务量的快速提升与业务结构的持续优化。

一是在全球范围加强电子银行业务宣传营销。要以提高电子银行品牌境外知名度、促进境外整体业务发展为目标，开展境外电子银行营销宣传活动。要充分利用总行已有媒体宣传资源对全球华人圈的覆盖，结合境外机构网点资源、当地广告资源，形成合力在全球范围共同营销推广电子银行。要探索开展内外联动智能营销，充分发挥我行数据集中的优势，组织重点境外机构运用数据分析手段挖掘、营销与其存在潜在业务机会的国内客户，扩大境外电子银行客户群。

二是推动境外机构加快推广电子银行业务。组织工银美国、首尔分行、工银新西兰等境外机构尽快推广电子银行业务。积极研发在线开立账户、自助注册网银、网上贸易融资、跨境人民币汇款等创新产品，做好工银速汇、外汇买卖、账户贵金属等产品的应用推广。为工银亚洲等有实际需要的境外机构提供电话银行人工服务托管，组织有小语种人工电话服务需求的境外机构设立本地座席，进一步提升境外机构服务水平。

三是加强境外电子银行业务管理和指导。要结合境外业务发展的需要，组织针对重点境外机构的现场推动与业务调研，有的放矢地开展产品创新、市场推广、风险防控等工作。组织编写、更新境外电子银行产品手册、推广教材等基础材料。完善境外电子银行制度库，确保境外电子银行业务依法合规开展。

（六）强化业务风险管控，实现业务健康发展。以风险为导向，深入开展数据分析和挖掘，实施标准化和精细化风险管理，完善风险识别和评估机制，控制风险敞口，实现客户体验与风险控制的平衡。

一是持续强化重点领域风险防控。全面推广企业网银注册新流程，通过强化系统硬控制加强对网上银行注册和U盾发放、网上收款、电子商务等业务的风险管控，加强限额管理，严格控制风险敞口。在风险可控前提下进一步满足客户的易用性需求，提升客户体验水平。各行要积极推广企业网银注册新流程，严格执行总行关于电子银行注册、网上收款、电子商务等业务的风险控制要求，并加强对基层行和同业的调研，研究创新电子银行业务管理方法和手段，及时向总行提出风险管控优化建议。

二是进一步完善风险管理和风险监测机制。总行要研究完善电子银行安全控制体系，健全电子银行交易反欺诈风险监控机制、内部风险监测和检查机制，建立标准化的非现场监测模型、指标和工具体系，形成以数据分析为基础的监督检查机制。各行要提高风险管控的主动性和敏感性，密切关注电子银行外部欺诈风险形势，采取行之有效的方法持续开展客户安全教育，妥善防范和处置风险事件，持续提高客户和柜员的风险防范意识。要积极开展风险监测和检查，强化对本行内部控制和风险管理相关系统的运用，加大对运行督导员等监督检查人员的业务培训和协调推动力度，不断提高基层行制度执行力，严控内部操作风险。

三是进一步提高电子银行业务应急处理能力。电子银行部要会同科技部门深入开展电子银行系统扩容、系统定期健康检查和系统灾备架构建设，加快实现手机银行、企业网上银行等电子银行系统的异地备份和多点多活，确保电子银行系统的高可用性。要强化业务应急预案培训，组织各电子银行中心开展例行化应急场景演练，持续完善业务应急制度，做好业务应急管理情况评估，提高业务应急管理水平。

（七）优化发展体制机制，夯实科学发展基础。要着眼于电子银行量质并举发展的需要，进一步完善业务发展的配套机制，为电子银行的科学发展提供强有力的保障。

一是进一步优化考核引导和激励。今年总行对境内分行经营绩效考评体系及专业考核进行了改革，大幅精简了指标数量，但电子银行业务相关指标大部分予以保留，而且还根据业务重点增设了手机银行客户端动户数、电商平台交易额等指标。专业考评结合业务重点设置了5项最核心的考核指标。各行要结合总行考评体系的变化和基层业务发展的特点，及时调整基层行行长绩效考评和专业考评，优化资源配置，合理分解任务，并逐级落实到网点，确保包括电商平台、手机银行、柜面业务分流等在内的电子银行发展任务顺利实现。要继续深入应用MOVA系统进行统计分析和经营考核，引导全行更加注重客户结构的优化和对客户的营销辅导，提升电子银行业务发展质量。

二是开展多层次、多维度的业务培训。要组织开展面向各级行管理人员、分行业务部门管理人员和各级行电子银行产品经理的培训，持续提升电子银行业务发展能力。总行将充分利用网络大学培训平台开展面向境内外机构的各类专题培训，制作网络培训课件，提高培训效果。各行要切实加强对基层行的转培训，主动开展对二级分行、一级支行管理人员和操作人员的培训，及时、全面传导业务知识，提升各层级人员的电子银行业务素质和营销、服务能力。

最后，我想借此机会就机构改革涉及电子银行部的有关情况做一点说明。近期，总行下发了《总行组织机构改革方案》，其中包括对电子银行部进行利润中心改革的规划。利润中心改革是总行为进一步激发经营活力、推进经营转型而采取的重要措施，必须结合业务发展实际积极稳妥地加以推进。目前电子银行部虽然已纳入改革范畴，但实质性的改革还有待相关时机成熟，会有一个相当长的时期。全行上下要从确保电子银行业务可持续健康发展的高度，保证电子银行组织机构、人员队伍、资源投入和业务开展的延续性和稳定性，坚定不移地做好电子银行各项业务工作。

同志们，在全行改革发展迈向新阶段之际，电子银行迎来了加快开拓互联网金融市场的历史新任务，让我们坚定信心，鼓足干劲，勇于突破，锐意创新，努力打造互联网金融时代新的核心竞争能力，为建设国际一流现代金融企业作出更大贡献！

在2014年内控合规工作会议上的讲话

谷 澍

（2014年2月28日）

刚才，易行长立足全行经营转型，深入分析了当前内控合规工作面临的新形势和新挑战，从集团战略的高度对内控合规工作在新形势下应该发挥什么样的作用、如何发挥好作用寄予了新的期望、提出了新的要求、作出了新的部署。讲话立意高、内容新、要求实，全行各级机构、各部门要认真领会学习，特别是各级内控合规部门要充分认识内控合规工作在促进全行树立正确发展观、业绩观方面的重要作用，既要提高工作的前瞻性，又要抓好基础管理，通过创新工作理念、改进工作方法、加强自身建设来更好地发挥职能作用，为把工商银行打造成百年老店奠定牢固基础。下面，结合贯彻落实易行长讲话精神，我就今年全行内控合规几个方面的重点工作再作一些具体安排。

一、关于集团合规管理

今年要认真做好四项具体工作：一是强化监管规则研究解读。跟踪解读监管规则调整变化，通过合规管理专刊、合规管理手册、合规典型案例的编写，发挥好监管信息的归集与分析职能，并主动承担监管机构前瞻性课题研究、工作试点、规范标准制定等工作，通过多种途径积极协助监管部门完善监管规则。二是探索建立境内外合规管理的有效模式。建立和完善由合规官（经理）联络、合规档案管理、合规风险评价、合规审查、合规检查与报告机制构成的合规管理方法和途径，重点完善新产品、新业务、新机构合规审查机制和流程，强化对合规风险的事前控制和全流程管理，提高集团合规管理的有效性。三是深化集团制度统筹管理。要完善制度制定标准和效力层级划分标准，制定《境外机构制度建设指引》，规范制度立项、制定和修订管理，强化对制度“内外、上下、左右、前后”不一致问题的审查，完成网点制度梳理和二级分行制度梳理工作，研究建立制度日常梳理评估机制，优化规章制度库结构和功能，积极推动全行不断完善现有制度体系。四是扎实做好关联交易和内部交易管理工作。以优化关联交易管理系统、强化关联交易培训、制定《关联交易手册》为着力点，提高关联交易的精确化、规范化管理水平，并进一步完善内部交易跨境、跨业风险的定性评估方法与量化分析手段，有效防范风险传染。

二、关于集团操作风险管理

在提高操作风险控制能力方面，今年要做好四项基础工作：一是完善集团操作风险管理政策和机制。制订完善分类风险管理办法及细则，建立风险限额指标超限处理和报告机制，完善操作风险管理委员会重要事项审议机制和操作风险资本充足评估机制。二是提高操作风险管理工具运用质量。优化全行性和区域性关键风险指标体系，加强损失事件分级审批和台账管理，完善重大操作风险事件认定标准，细化操作风险与控制自我评估标准，做好操作风险信息的质量管理和整合运用，科学推进操作风险管理工具系统在境外机构和附属机构的投产应用，提高集团操作风险管理的实效性。三是强化业务外包全流程风险管控。完善业务外包管理制度体系，开发投产业务外包管理系统，做好外包项目立项审批，探索外包商监控手段，并进一步健全外包项目后评价机制。四是推进信息科技风险管理“二道防线”工作。组织开展对软件开发、用户管理等信息科技风险重点环节的调研检查，推进信息安全日志集中管理平台和信息安全内控监测分析模型建设，加强业务连续性管理监督，促进集团信息科技风险管理水平的不断提升。

三、关于集团反洗钱管理

今年反洗钱管理，尤其是境外反洗钱管理，要重点做好以下五项工作：一是深化反洗钱集中处理改革。要将在二级分行层面和其他机构实施集中处理的反洗钱业务全部上收和集中到省分行反洗钱中心，年内实现全行统一的“一级（直属）分行反洗钱集中工作模式”。二是提升反洗钱监控及报告实效性。提高反洗钱监控模型精准度，加强对反洗钱异常交易报告流程合规性及研判质量的非现场抽检，提升反洗钱报告质量和情报价值。三是强化境外机构和附属机构反洗钱管理。制定《境外机构反洗钱管理指引》，跟踪研究监管政策调整变化情况及重大洗钱事件发生和进展情况，加强境外机构合规官履职管理，建立境外机构反洗钱工作考核标准，加大资源投入，有效防范境外机构洗钱合规风险事件。四是加强涉敏业务合规管理。改革全球特别控制名单处理系统报警信息处理流程，将涉敏业务全部集中到省分行反洗钱中心，设专岗进行处理，实现涉敏业务风险的集中控制和专业化管理，同时加大对涉敏风险事件的考核力度，对因履职不到位引发涉敏风险事件的要予以严厉处理。五是完善客户洗钱风险分类和产品洗钱风险评估管理。优化客户洗钱风险分类标准和工作流程，投产“反洗钱客户风险分类系统”，做好对高风险客户尽职调查和高风险产品的跟踪监控，切实将“风险为本”监管要求落到实处。

四、关于集团监测分析和风险核查

强化事中监测和准风险事件核查，今年要重点做好以下三项工作：一是加快健全内控监测分析机制。完善内控监测分析指标体系，加快先进工具技术应用，推进合规指数研发及试点，研究建立全面反映集团和分支机构内控合规风险水平和管理状况全景式的集中监控展示平台。二是持续开展常态化和重点领域的内控监测分析。继续对机构经营行为、员工履职行为和客户交易行为进行常态化持续监测分析，稳步推进员工大额异常资金交易监督管理工作，重点加强对信贷、资产管理和交易业务的监测分析，并将内控监测分析范围有序拓展到集团各类机构和业务，逐步由点及面实现对集团的全面监测。三是深入推进运营风险核查精细化管理。进一步健全业务运营风险核查的制度体系，细化核查监督岗位履职标准，实施一般关注类准风险事件核查层级上收工作，推进屡查屡犯、核查质量抽查、典型案例管理等重点管理环节的系统化与规范化管理，优化核查报告分析工作，逐步推动核查范围从传统柜面业务逐步向私人银行、区域特色等新业务领域延伸。同时，重视核查反映问题原因的分析研究，推进解决制度性、流程性和系统性问题。

五、关于集团监督检查和违规问责

为进一步提高全行监督检查的有效性，要扎实做好四项工作：一是加强监督检查统筹管理。实施监督检查计划精细化管理，充分利用监督检查系统的引导、规范和监督作用强化检查过程的控制，加强整改工作的评价和考核，强化集团内外部监督检查信息的系统共享和研究应用，在集团范围内健全和推广“计划有统筹、检查有规范、整改有机制、违规有问责、信息有共享”的监督检查管理体系。二是围绕重点机构、人群和重要业务开展专项检查。重点做好个人家居消费贷款合规检查、不良资产处置业务合规检查、同业存款重点检查、资产管理业务重点检查、贵金属业务合规检查、个人客户经理合规管理检查、信息科技管理专项检查、业务运营风险事件核查回复与评级专项检查、反恐怖融资检查等专项检查，并认真做好各级管理人员经济责任审计和关键岗位人员离岗审计工作。三是认真做好内控评价办法修订和2014年度内控评价工作。要改进内控评价工作方式方法，完善日常非现场监测和现场过程评价指标，探索将监测核实、专项检查确认、监管检查发现的问题纳入内控评价，积极促进内控评价由现场评价为主向非现场评价为主、由两年一次现场评价向年度常态化评价转变。在此基础上组织做好2014年度各一级（直属）分行内控评价的自评、审阅和非现场评价工作，认真完成基层行评价工作，进一步发挥好评价对全行内控管理的促进作用。四是持续完善违规问责机制。加强不良贷款管理责任、违规责任和损失责任认定新流程、新标准的培训和执行，完善非信贷资产损失责任认定制度和系统，研究拟定代理投资业务违规和损失责任认定办法，强化违规积分工作考核和积分结果监测，加大对机构和管理人员在违规事项中的问责力度，并严格监督问责处理落实情况，严肃追究问责处理不到位的管理责任，不断健全集团责任认定体系和机制。

六、关于集团内控合规队伍建设和文化建设

在推进队伍和文化建设方面，要强化以下四项工作：一是优化组织管理。总分行内控合规部要根据职能任务调整，优化内部业务分工和合作机制。要进一步强化反洗钱中心、内控监测分析中心和检查中心的工作机制建设，淡化中心的机构观念，充分利用中心平台和集约化机制提高内控合规系统的专业化水平和履职效率。各境内外分行和附属机构要比照总行今年由“三长”，即董事长、行长、监事长直接对内控合规部门工作考核打分的办法，结合本机构实际情况，完善内控合规部门或团队的管理机制，以更好地保障内控合规部门认真大胆履职的积极性。二是继续推进专家队伍建设。坚持“专家团队”建设思路，充实反洗钱专家团队、监测分析师团队和合规经理团队，并从专业知识、技能和工作经验方面有规划地进行培养和锻炼。特别要落实好合规经理建设与管理办法，强化合规经理履职指导，完善合规经理绩效考核，并将合规经理岗位纳入全行风险岗位序列管理，充分发挥合规经理对各机构、各专业条线合规管理的促进作用，逐步形成矩阵式合规管理新模式。三是抓好团队作风建设。深刻认识监督检查部门作风建设的重要性，进一步发扬实事求是、严于律己、认真负责、严谨踏实的工作作风，不断强化大局意识、服务意识和效率意识，以优良的作风和过硬的业务素质赢得更多的认可和支持，发挥更好更大的作用。四是推进集团合规文化建设。制定集团合规文化要点，全面规划集团合规文化建设，逐步搭建以新入职员工、新转岗员工和新提职员工为重点的合规教育体系。同时，通过“合规标兵”事迹推广、员工和机构异常行为监测、检查评价引导、专项问题治理、违规违纪行为问责处罚与通报等多种手段，强化合规文化激励与约束，进一步树立依法合规文化，促进全行科学稳健发展。

同志们，全行改革发展和战略转型目标赋予了内控合规专业新的任务，总行党委对内控合规工作也寄予了更高的期望，提出了新的要求。希望内控合规战线的全体同志，以奋发有为的精神状态和求真务实的优良作风，开拓进取，扎实工作，不负重托，不辱使命，为全行战略转型的深入推进和业务的持续发展作出新的贡献！

在中国工商银行法律事务与消费者权益保护工作会议上的讲话

谷 澍

（2014 年 3 月 18 日）

这次会议的主要任务是贯彻落实总行 2014 年工作会议的精神，总结 2013 年全行法律事务和消费者权益保护工作，推动全行在新的形势下进一步加强法律事务工作与消费者权益保护工作，为全行改革发展和经营转型提供优质法律服务，不断提升我行消费者权益保护工作水平。下面，我讲三个方面的意见。

一、过去一年法律事务与消费者权益保护工作回顾总结

2013 年，全行法律事务工作和消费者权益保护工作取得了很好的成绩，概括起来，主要体现在以下几个方面。

（一）法律事务集约化改革成效显著，进一步增强法律风险防控效能。顺应我行集约化经营管理的要求，2012 年总行印发了《关于推进全行法律事务管理体制改革的通知》，全面推进法律事务条线集约化改革工作。各分行对这项改革高度重视，根据总行提出的改革要求，结合本行实际，研究制订改革方案，报总行审批后组织实施。在改革方案落实过程中，各分行认真进行业务梳理，合理安排集中事项，统筹开展人员选聘，及时优化工作流程，修改完善相关制度，确保改革工作有条不紊进行。截至 2013 年底，全行 36 家一级、直属分行基本完成了法律事务集约化改革。

从改革后的运行情况看，成效十分明显：一是法律风险防控能力进一步增强。法律事务集约化改革将原来分散的法律事务和法律人员集中起来，使一级（直属）分行层面的法律工作力量形成“拳头”优势，明显增强了对辖内业务发展创新和经营管理活动的法律支持保障力度，拓展了法律工作的深度和广度。二是法律咨询审查工作效率进一步提高。集约化改革实现了法律咨询审查工作由分散到集中，由逐级负责到直接承办的管理模式，缩短了法律咨询审查工作流程，避免了重复劳动浪费的时间和人力。三是诉讼案件管控水平得到进一步提高。集约化改革后，一级（直属）分行法律部门加强了辖内机构诉讼案件统一管理，对各类诉讼方案及法律文书严格审核把关，直接代理和处理重要的起诉、被诉及执行案件，不仅提高了诉讼管理的质量和效果，也有助于更好地防控相关操作风险。

（二）主动提供优质高效法律服务，保障全行改革发展和经营转型。2013 年，全行法律部门共处理各类书面咨询审查事项近 24 万件，出具法律意见书 13 万余份；揭示风险点 36 万多个，提出风险防范和控制措施 37 万余条；参加业务谈判 1.7 万次，累计谈判时间达 4.45 万个小时，按照法律服务市场平均价格模拟计算，为我行节省近 5 亿元律师咨询费。从全行情况看，法律服务和咨询审查工作有以下几个突出特点：

第一，积极开展专项法律服务。总行法律部年初制订了专项法律服务计划，在总行层面将信贷与投资管理部、金融市场部作为专项法律服务对象，在分行层面将浙江分行作为专项法律服务对象，分别有针对性地开展专项法律服务工作。一是针对信贷与投资管理部的法律服务需求，撰写了《公司信贷业务法律风险分析报告》，对小微企业、商品融资和国内保理等公司信贷业务领域中存在的疑难法律问题进行深入分析，有针对性地提出了风险防范措施建议。二是针对金融市场业务法律风险的特点，通过为重点项目提供全程支持、定期举办部门间例会、分享最新法律研究成果、专题分析风险案例、撰写相关法律风险分析报告、邀请国际知名律师事务所赴金融市场部交流国际金融监管最新动态等多种方式，支持和保障全行金融市场业务快速健康发展。三是针对浙江分行的情况，调研了解分行相关工作的重点和难点，制订落实配套法律服务方案，并就依法清收不良贷款工作进行指导和帮助，以总行法律部名义与当地法院进行沟通协调，协助分行在多起重大敏感诉讼案件中取得有利结果。

第二，重视归纳提炼法律事务工作经验。总行和分行法律部注意及时总结相关业务法律风险防控要点，统一相关法律审查标准，尤其注重对创新型业务或疑难业务涉及的法律问题进行分析总结，形成指导意见和工作指引，供有关业务部门和工作人员参考使用。据统计，全行法律部门 2013 年共制定 480 多份法律风险防控指引性文件，进一步提升了全行法律风险防控能力和

水平。

第三，及时分析提示诉讼案件反映出来的风险问题。法律部门注意从诉讼案件中发现经营管理存在的风险隐患问题，监测分析全行诉讼案件风险趋势，通过编发《风险提示函》、《典型诉讼案例参考》、《被诉案件要情简报》、《被诉案件快报》以及《诉讼案件专题报告》等方式及时向管理层和业务部门进行提示，举一反三，堵塞漏洞，防控风险。

第四，不断加强合同规范化管理。结合最新监管要求和经营管理实际需要，总行法律部协助相关业务部门起草、修订了涉及客户信息使用、小企业借款、私人银行顾问咨询服务、基金和证券公司资产管理、全球现金管理、高校案例开发等重要业务和管理事项的合同格式文本。同时，进一步加强境外机构合同管理工作，在对境外机构有关工作情况进行调研的基础上，研究提出了相关工作举措。2013 年，共发布、更新格式合同文本 233 份，发布参考文本及英文文本 3 份，有效保障了各项业务顺利开展。

（三）认真做好起诉案件各项工作，积极运用法律手段清收不良资产。全行法律部门着力加强起诉案件管理工作，建立起诉案件月度分析报告和重要起诉案件报告制度，严把诉前论证关口，注意分析贷款风险形成原因及可执行财产情况，确保诉讼效益。积极发挥法律专业职能优势，结合实际研究制定法律清收工作计划和实施方案，加强内部协作和外部协调，灵活采取财产保全、追加被执行人、行使代位权和抵消权、依据合同进行扣收、申请法院组织拍卖和变卖、积极运用担保物权新规定等多种法律手段，大力清收和处置不良资产，取得了突出成绩。

2013 年，全行法律部门运用法律手段累计收回各项资产 106.62 亿元，其中现金资产 97.93 亿元，占比 91.85%，胜诉案件执行率为 31.39%，依法清收工作成果显著，为实现全行经营计划作出了重要贡献。此外，全行法律部门注意加强账销案存资产法律清收工作，向账销案存资产要效益，对 869 笔账销案存资产进行深入清理，收回账销案存资产 5.73 亿元。

（四）切实加强被诉案件防控工作，依法维护我行合法权益。全行法律部门加强被诉案件监测和诉讼类操作风险损失事件数据采集，建立健全重要被诉案件快报机制，对重要的被诉案件实行全流程管理，仔细甄别各种被诉风险，深入分析典型案件反映出来的风险隐患，提示和协助有关部门修改完善相关业务规章制度和操作流程，从根源上防控被诉风险。同时，通过内外协调和上下联动等多种措施，妥善处理应诉工作中遇到的各种难题，在多起重大敏感的被诉案件中获得完全胜诉，成功化解了可能给我行造成的经济损失和声誉风险。此外，总行法律部注重防控民间借贷引发的被诉风险，制定印发《民间借贷引发的被诉案件应诉工作指引》，积极参与最高法院起草民间借贷司法解释工作，指导和协助分行妥善处理民间借贷相关被诉案件，使我行在多起案件中有效避免或减少了损失。

2013 年，全行法律部门共处理各类被诉案件 2 503 件，涉及被诉金额 29.75 亿元，通过妥善应诉为我行避免经济损失 8.95 亿元，避免损失率达 81%，有效维护了我行合法权益。

（五）强化机制建设和工作指导，推进集团法律风险并表管理。总行印发中英文版文件，从制度建设、机构人员设置、法律风险管理等十个方面，对并表机构加强法律风险管理提出明确要求，并通过多种方式督促和指导并表机构建立健全工作机制，落实有关要求。总行法律部还组织编写了中英文双语版的《国别法律风险手册》，积极指导并表机构加强和改进诉讼案件管理，妥善协调处理涉美跨境协助执行案等若干诉讼案件，为并表机构业务发展提供法律支持。截至 2013 年底，36 家并表机构中有 17 家机构设立法律部门，并表机构共有专职法律人员 112 人，兼职法律人员 37 人，有 10 余家并表机构制定或修改完善了合同管理、咨询审查、外聘律师等方面的制度。

（六）消费者权益保护工作取得新成效。

一是夯实消费者权益保护工作基础。各分行普遍明确了消费者权益保护工作牵头部门，20 多家分行成立消费者权益保护工作领导小组，并设立相关工作岗位和联系人，初步建立了涵盖个人金融、银行卡、电子银行等相关业务条线、总人数达到 3 000 余人的消费者权益保护协调联系人队伍，全行消费者权益保护日常工作机制已初步成形。

二是加强产品和服务定价审核工作。在新推出产品和服务的收费操作环节，对相关业务规章制度、协议合同、市场推广方案等进行审核把关，引导实现合理定价、规范操作。对社会舆论重点关注的收费业务和投诉较多的服务项目进行专题分析，推动改进服务收费做法，促进完善定价管理机制。

三是积极做好涉企收费专项检查配合以及与监管机构的沟通协调工作。在配合国家发改委开展的涉企收费检查中，总行参加了部分分行的听证会，积极与国家发改委价监局有关负责人沟通协调，消保办还通过专题会议、工作动态、专项提示、邮件、电话及现场辅导等多种方式对配合检查提出指导意见。经总行协调，促成各行听证会质疑金额和最终认定违规金额大幅下降，化解不少疑难问题，减少和避免了较大的经济损失。此外，总行结合消费者权益保护工作需要，建立了定期向监管机构和执法机构汇报沟通的工作机制，主动宣传介绍我行相关工作，积极参与有关监管政策制定，妥善处理数十起投诉举报，取得监管部门理解和支持，有效化解了可能引发的风险。

四是积极开展消费者金融知识宣传教育活动。组织全行开展“普及金融知识万里行”和“金融知识进万家”活动，取得良好的社会效果；与中央财经大学、中国人民大学等高校联合开展消费者权益保护进校园宣教演讲活动，深受师生好评；在我行门户网站开辟“金融知识与收费政策”专栏，编制印发《消费者金融知识宣教手册》，有助于提升我行形象，加深消费者对金融产品和服务的理解。

综上所述，全行法律事务工作和消费者权益保护工作在过去一年中取得的这些成绩，是各级法律专业人员和消费者权益保护工作人员勤勉尽责、辛苦努力的结果，是相关部门关心和支持的结果，是各分行党委悉心指导和管理的结果。借此机会，我代表总行党委向全行各级法律专业人员、消费者权益保护工作人员以及各有关部门和分行表示衷心的感谢！

二、当前和今后一个时期法律事务及消费者权益保护工作面临新的挑战

2014 年是深入贯彻落实党的十八届三中全会精神、全面深化改革的开局之年，也是我行股改上市后第三个三年发展规划和第一个十年发展纲要的“收官”之年，做好今年工作至关重要。当前，受国内外宏观经济环境变化因素的影响，全行不良贷款反弹势头明显，部分行业和区域的信用风险相对集中暴露，包括法律风险在内的风险管控难度和压力增大。同时，消费者对银行金融服务诉求不断呈现新特点，外部监管环境日趋严格。在这种背景下，全行法律事务和消费者权益保护工作面临许多新的挑战：

（一）转型发展和业务创新对法律风险防控工作提出更高要求。今年全行要在实施“三大战略”、优化“五大布局”上取得重大突破，着力开拓重点基础产业及基础设施、重点能源资源建设项目、新型城镇化与棚户区改造、重点节能环保工程、现代服务业、先进制造业、并购业务与“走出去”，以及现代农业等八大重点目标市场。这其中，既包含了大量金融创新的内容，也有不少政策性很强的业务事项，很多还面临着较大的市场竞争压力。在这种情况下，法律部门的工作面临更高的要求，既要大力支持业务开拓发展，又要审慎防控相关业务创新过程中的法律风险；既要提高法律咨询审查工作效率，更要讲求法律意见的针对性和有效性，提升法律服务价值量；既要协助业务部门实现当期的经营发展目标，又要注意防范法律风险隐患，确保资产质量和业务成果经得起时间检验。

（二）不良贷款反弹使法律清收工作面临更大压力。今年总行把控制不良贷款反弹、保持资产质量稳定作为一项重点工作，全行法律部门运用法律手段清收不良资产工作面临的压力不小。2013 年，全行发生起诉案件 16 853 件，起诉金额 393.32 亿元，与 2012 年相比，件数增加 8 098 件，增幅 92.5%；金额增加 199.31 亿元，增幅 102.73%，这是我行股改以来的最高纪录。但是另一方面，全行胜诉案件执行率并不理想。虽然全行法律部门积极努力采取多种措施克服执行难问题，但胜诉案件执行率仅为 31.39%。截至 2013 年底，全行胜诉案件应收余额仍高达 233 亿元，较 2012 年末（181.05 亿元）增加 28.73%。当前，全行面临的信用风险压力仍在增大，未来经济转型升级过程中产能过剩和地方政府性债务风险可能更加凸显，部分行业和企业的贷款风险逐步显现，商品融资业务风险集中暴露，大额信用风险、理财业务风险甚至区域性、系统性风险发生的概率增加，等等。这些情况都对全行法律清收工作形成新的挑战。

（三）被诉风险化解难度加大。目前，全行被诉案件风险防控任务仍很艰巨，主要表现为：第一，新发、败诉和未决被诉案件金额出现较大幅度上升。与 2012 年相比，2013 年被诉案件发案金额增加 78 363.43 万元，增幅为 106.59%；败诉金额增加 10 772.74 万元，增幅为 103.24%；未决被诉案件金额增加 56 051 万元，增幅为 38.77%。第二，操作风险事件是被诉且败诉的主要原因。2013 年，因有关分支机构和工作人员操作不当、违规操作、内部欺诈、未履行法定或约定义务等操作风险事件导致被诉且败诉案件 624 件，败诉金额 20 818.07 万元，分别占全行败诉案件件数和金额的 93.13% 和 98.16%。第三，部分敏感案件风险化解难度很大。近几年，因民间借贷引发的被诉案件逐年增加，2013 年发生此类被诉案件 28 件，被诉金额 38 268.58 万元，其中 16 件涉及我行员工违法犯罪问题；外部欺诈导致被诉且败诉案件呈上升态势，2013 年全行 20 件百万元以上败诉案件中，有 16 件是因我行未能有效防控外部欺诈导致客户资金损失；伪卡欺诈类被诉案件发案和败诉持续保持高增长势头，发案件数和被诉金额比 2012 年大幅上升，且这类案件败诉率很高，避免损失率仅为 27.37%，远低于全部被诉案件平均避免损失率 81% 的水平。

（四）集团法律风险管控工作需要进一步加强。为满足集团法律风险管控需要，我行从 2009 年起建立了法律风险并表管理机制。通过几年来的工作实践和制度优化，集团法律风险并表管理水平有了明显提升。但应当看到，对于我行这样的大型跨国金融集团来说，集团法律风险管控工作还处于起步探索阶段，仍存在许多问题需要妥善解决，主要表现为：集团法律风险防控体制机制尚不健全，总行对境内外并表机构法律风险的管控手段和监督措施十分有限，并表管理工作与集团法律资源调配缺乏协调机制；并表管理机构的专职法律人员比较缺乏，仅有不到半数的境外并表机构配备专兼职法律人员，法律风险防控工作存在空白和盲区；随着工银阿根廷、工银泰国、工银安盛等机构被纳入并表管理范畴，并表机构起被诉案件发案数量大幅增加，被诉案件

应对处理压力增大。与国际上可比的大型跨国金融集团相比，我行在集团法律风险并表管理体制机制建设方面，还有很长的道路要走。

（五）消费者权益保护工作任重道远。近几年来，消费者权益保护越来越受到监管部门和社会各方的重视，经国务院审批，由中国人民银行、银监会、证监会、保监会和外汇管理局共同编制的《金融业发展和改革“十二五”规划》对加强金融消费者权益保护提出了新的要求，“一行三会”还分别成立了消费者权益保护机构。去年，银监会印发了《银行业消费者权益保护工作指引》，对商业银行消费者权益保护工作提出了明确的要求。同时，监管部门与有关执法部门不断加大对商业银行服务收费、格式合同条款、客户信息保护、合规销售等问题的监督检查和处罚力度，保护金融消费者权益正从宏观的监管目标转变为现实的监管行为。不仅如此，消费者维权意识也在不断提高，微博、微信等自媒体日益成为消费者表达诉求的重要渠道，消费者权益保护工作的难度和压力日益增大。从总体上看，目前我行消费者权益保护工作还处于起步阶段，相关的工作体制机制和规章制度等尚不健全，与监管部门的要求相比还有不小的差距，有待我们今后去加以解决和完善。

三、2014年法律事务和消费者权益保护工作的主要任务

面对当前存在的问题和面临的挑战，全行法律事务工作和消费者权益保护工作承担的工作任务是繁重而艰巨的，对此，各分行和子公司要予以高度重视，采取必要工作措施，进一步加强法律事务工作和消费者权益保护工作，扎扎实实将各项工作做细、做精、做好。这里，我着重强调以下几个方面工作。

（一）围绕中心工作加强法律服务和法律风险防控。今年全行转型发展的任务很重，各级法律部门要进一步增强主动服务意识，积极“走出去”，主动征求相关业务部门和基层行的意见和建议，了解其业务发展面临的法律问题及法律服务需求，有针对性地提供法律服务。今年总行法律部将继续选择有关业务部门和分行开展专项法律服务，各分行法律部门也要积极行动起来，结合本行实际情况开展法律专项服务活动，不断创新工作方式，提升法律服务价值含量。在做好日常法律咨询审查工作的同时，要注意总结行之有效的措施和经验，及时研究法律审查工作热点、难点问题，适时形成法律审查工作指引和风险防控文件，并针对经营管理中出现的法律风险苗头或隐患，及时提出相应的法律解决方案，将法律服务尽可能向业务前端延伸，为各项经营管理保好驾，护好航。

要着重加强对全行优化“五大布局”、实施“三大战略”过程中的法律支持力度，积极协助做好新型消费信贷产品、电子商务平台、金融资产服务业务等产品功能完善、制度办法建设、合同文本制定等工作，加强对八大重点目标市场涉及项目的法律服务工作，为信贷结构调整和优化提供有力法律保障。需要强调的是，鉴于总行法律事务部与消费者权益保护办公室已经合并，今后法律部门在开展法律咨询审查工作过程中，除了依法维护我行合法权益外，还要增加消费者权益保护的视角，注意审查相关产品或服务、制度规定、合同文本、流程安排、信息披露、业务收费等是否公平合理，是否符合消费者保护相关法律法规和监管要求。总行将研究起草法律咨询审查过程中涉及消费者权益保护相关问题的工作指引，指导全行法律部门切实做好此项工作。

（二）进一步加强起诉案件管理和法律清收工作。要持续做好起诉案件精细化管理工作，加强诉前分析论证，特别是对债务人财务状况及抵押担保状况要有清晰的了解和掌握，以保证我行起诉案件胜诉后有财产可供执行，真正能够挽回损失。有关部门和机构要加强与法律部门的沟通协作，使法律部门能够及早介入风险贷款和不良贷款处置工作，恰当把握诉讼时机，及时对债务人财产采取法律控制措施，确保取得胜诉执行效果。

要进一步强化执行工作重点督办机制，对胜诉应收余额较大、胜诉案件执行率较低的分行，以及亿元以上大户的胜诉未执结案件加大督导力度，采取有针对性的工作措施，切实改进和提高执行效果。要积极创造条件运用实现担保物权制度，总结和推广相关分行的成功经验和做法，推动各地法院支持我行通过该项新制度来清收不良贷款。要继续做好依法清收账销案存资产工作，加强与信贷管理、银行卡等部门的沟通和配合，定期组织筛选有清收可能的账销案存资产，积极查找债务人财产线索，灵活采取诉讼和非诉方式开展清收工作，向账销案存资产要效益。

（三）协同配合做好被诉风险防控和化解工作。由于被诉和败诉案件主要是由操作风险事件导致的，因此，被诉案件风险防控及化解需要各业务部门和法律部门共同协作配合，着重从操作风险事件产生的源头入手，采取针对性的措施，切实加强内部控制，从根源上杜绝被诉风险产生的可能性，彻底消除因操作风险问题引发的被诉风险事件。

要对重大被诉案件实行名单制管理，将被诉金额1 000万元以上和对我行声誉造成负面影响的被诉案件纳入总行重点被诉案件名单管理，实行专人负责，开展现场指导和督办。各分行也要对辖内发生的重大被诉案件实行重点监控管理，并由分行主管行领导负责督办。总行还要将被诉案件发案金额高、发案件数较多或未决被诉金额较大的分行列为重点关注行，通过多种方式指导和督促相关分行切实做好被诉风险防控和化解工作。要进一步强化被诉风险防控工作主动性，密切关注易与客户发生纠纷业务领域和新型业务领域的诉讼风险及其

反映出的风险隐患，提前介入纠纷处理和风险化解工作，及时总结并向业务部门进行风险提示，有针对性地提出整改建议和意见。总行和各分行要审慎妥善处理重大、复杂、敏感的被诉案件，高度关注被诉案件可能带来的声誉风险，依法维护我行合法权益，努力将被诉案件可能给我行造成的各方面风险损失降低到最低程度。

（四）不断提升集团法律风险并表管理水平。各并表管理机构要认真落实总行《法律风险并表管理办法》和《关于进一步加强集团法律风险并表管理工作的通知》相关要求，切实加强本机构法律风险管理制度建设和法律人员队伍建设。总行法律部要指导并表机构加强和改进法律风险管理工作，尤其要加强对诉讼案件较多的并表机构的督导工作，督促其做好胜诉执行工作和被诉防控工作，对于并表机构发生的重大诉讼案件，要实施重点监测和督办。要抓紧做好并表机构诉讼案件管理系统研究和开发工作，加强集团诉讼案件规范化、电子化管理。要进一步完善并表机构法律风险识别、监测和协调处理机制，指导并表机构认真履行法律风险定期报告和临时报告职责，指派专人对并表机构法律风险状况进行监测，及时协调相关部门和机构研究解决相关法律风险问题。

（五）切实加强法律专业人员队伍建设。培养一支数量充足、素质优秀的法律专业队伍，对于有效防控法律风险、支持业务发展创新、保障依法合规经营具有十分重要的意义。全行法律事务集约化改革以后，绝大部分的法律专业骨干集中到了一级、直属分行本部，各行要高度重视和加强分行本部法律人员队伍建设，同时要结合行内信贷业务审批机制和流程调整变化等实际工作需要，切实加强二级分行法律人员队伍建设。

要充分利用行内外各种培训资源，通过现场培训、视频培训等多种形式加强对法律骨干人员的培训，使法律人员了解掌握金融创新相关业务知识和交易规则，不断更新和优化知识结构。法律人员也要增强学习的主动性和自觉性，争做学习型和专家型的专业人才，努力在法律专业岗位上建功立业。要建立健全法律专业人才的稳定和激励机制，提高法律人员的工作积极性、专业认同感和职业成就感。要做好法律人员的储备和培养工作，及时补充因工作变动调整等原因形成的法律岗位人员空缺。对于优秀的法律专业骨干，要注意培养、选拔和使用，拓宽其职业发展通道和空间。

各分行要按照总行《关于印发〈岗位职级体系管理办法（修订）〉的通知》（工银发〔2008〕96号）有关要求，落实法律序列的专业岗位职级，明确辖内法律事务人员相应的法律顾问岗位职务，鼓励他们走专业化的职业发展道路。同时，要认真执行总行人力资源部《关于分行法律事务部门负责人任职资格标准及专业考核问题的通知》（工银人〔2012〕156号）有关规定，切实做好分行法律部门负责人任职资格审核把关和工作业绩的专业考评工作。

（六）进一步加强消费者权益保护工作体制机制建设。要根据银监会等监管机构的有关要求，结合我行实际情况，研究探索建立健全我行消费者权益保护体制机制的方法和途径，调整完善各分行消费者权益保护牵头部门的工作职责，明确岗位责任要求。各分行要全面落实业务条线消费者权益保护联系人制度，明确各业务部门的消费者权益保护职责，逐步完善跨部门协调联动机制，不断提高消费者权益保护工作水平。要建立健全消费者权益保护报告和反馈机制，全面掌握经营管理过程中可能存在的有关问题，及时向相关业务部门和分支机构反馈，并向管理层报告。要加强对重大消费者权益保护问题的预警和防控工作，防止发生群体性消费者维权事件。要建立常态化消费者金融知识宣教体系，在重要时间节点开展金融业务知识宣教活动，创新活动形式，提升活动吸引力和受众面。

（七）积极妥善做好外部检查协调和整改工作。今年，国家发改委和各地物价局开展的银行涉企服务收费专项检查工作仍将继续，各分行要认真做好检查协调配合工作。各相关分支机构的一把手要亲自抓，加强对有关工作的指导、督促和沟通。各分行要注意对同业信息的跟踪和收集，做好内外部沟通协调，尽可能避免和减少发生各种不利情况和结果。要结合检查发现的问题和隐患，切实搞好整改，严格落实有关监管法规及总行价目表等收费政策，着力完善服务报告和服务记录，加强服务档案管理，确保有关业务“服务有内容、收费有依据、服务有记录、服务收费相匹配”。

同志们，在我行经营转型和创新发展所面临的新形势下，法律事务工作和消费者权益保护工作肩负着重要的责任和使命。希望全行法律事务和消费者权益保护战线上的全体人员发扬良好传统，再接再厉；希望全行各级机构和有关部门共同努力，相互协作，圆满完成法律风险防控和消费者权益保护各项工作任务，为顺利实现全行改革发展目标作出应有的贡献。

认清形势　狠抓落实
全面推进人民满意银行建设

——在中国工商银行2014年服务工作推动会上的讲话

谷　澍

（2014年4月29日）

刚才听了六家分行的经验交流，总体感觉是2013年各行在“服务品质提升年”活动中，围绕解决服务突出问题和完善服务工作机制等重点，做了大量工作并取得了突出成效。这六家分行围绕某一个问题或某一项工作进行的探索和创新，实践证明是行之有效的，要抓好推广，使之发挥出改进服务的更大效应。这次会议就是要通过总结和推广经验，动员全行进一步加大服务改进力度，推动全行服务水平迈上新台阶。下面，我结合大家的发言，讲三个方面的意见。

一、清醒认识当前服务工作面临的形势，进一步增强改进服务的责任感和紧迫感

服务是银行的立行之本。总行党委一直高度重视服务工作，始终将服务工作作为一项重要战略来抓。近年来尤其是股改上市后按照总行党委的统一安排，服务改进工作取得了突出成效。概括起来看，主要有以下几个方面：

一是服务面貌根本转变。这几年总分行联动，加大了对服务资源的投入，网点硬件水平得到根本改观，服务环境焕然一新，网点大堂经理、客户经理等队伍力量明显加强。客户普遍反映，我行网点的设备更加齐全先进了，厅堂更加宽敞明亮了，员工素质和精神面貌更加好了。

二是服务能力大幅提升。服务流程的精简优化以及业务处理模式的深刻变革有效提升了网点的服务承载能力，与此同时，电子化服务体系的不断完善和自助服务的广泛运用有效满足了客户日益增长的金融服务需求。目前全行日均客户交易笔数达到2.05亿笔，较上市前增长了2.9倍；全行服务个人客户数4.32亿户，较上市前增长了75%。

三是服务质效明显提高。排长队和投诉多等突出问题的治理卓有成效。在客户数、业务量和交易量均大幅增长的情况下，全行服务效率稳步提升，客户平均等候时间由高峰时的30.2分钟下降到目前的11.7分钟，效率提高了61%。服务差错率稳步降低，客户投诉量连续多年保持50%以上的降幅，按照每百万客户投诉量和每亿笔业务投诉量看，我行均处于可比同业较低水平。

四是服务管理更加有效。适应现代金融服务要求的制度体系构建完成，形成了覆盖各个渠道、各类客户的服务规范和标准。投产建设了排队管理系统、服务质量监测系统、“客户之声”系统等管理平台，促进了服务工作由软约束到硬要求、由定性到定量的转变。建立了现场检查、远程监控相结合的服务质量管控体系，完善了服务事件通报整改制度，强化了对服务质量的过程管理。

五是对服务工作的认识和作风有了根本转变。在这几年的强力传导和持续推动下，大家对服务工作的重视程度有了显著提高，抓服务的思路和方法更加成熟成形。“服务是竞争力”、“服务是生产力”的认识普遍形成；“服务重在标本兼治”、“服务重在整体协同”等规律的运用持续深化；“服务工作始终围绕全行经营中心”、“服务工作深入业务发展内核”等工作机制不断完善；“持续抓，反复抓”、“一年一个主题，一年一个台阶”的工作作风更加扎实。

在前几年改进的基础上，2013年各级行、各部门紧密结合党的群众路线教育实践活动要求，深入推进“服务品质提升年”活动，全行服务品质有了新的提升。客户平均等候时间进一步压缩，2013年等候时间在30分钟内的客户占比提高至90%以上，其中中高端客户等候时间在10分钟以内的占比提高至75%。客户投诉量继续大幅下降，全年共受理客户投诉2 912件，同比下降58%；重复投诉31件，同比下降28%。客户满意度有了新提高，第三方公司调查数据表明2013年全行个人客户满意度跃升到优良级。前不久中国质量协会发布的2013年银行业客户满意度调查报告也显示，65.9%的工行客户心目中最好的银行是工行，这一比例较上年有所上升。

这些年服务改进取得的成就为我们下一步抓好服务工作打下了坚实的基础；这些年服务改进探索形成的规

律是我们下一步抓好服务工作的重要遵循；这些年服务改进建立的机制是我们下一步抓好服务工作的有力保障。只要全行认真贯彻落实总行党委关于服务工作的战略部署，传承和发扬这些好的工作作风和工作方法，持之以恒，服务工作一定能取得更大的成绩。

在看到成绩的同时，全行必须更加清醒地认识到服务改进的艰巨性和长期性。从内部看，尽管全行的服务水平有了明显提升，但与我行诸多指标全球第一的市场地位相比，与全社会的期望要求相比，服务工作中还存在许多不足。如，服务突出问题解决成效有待进一步显现。虽然客户等候时间得到了明显压降，大面积、全天候排长队的问题基本解决，但全行高峰时日排长队的问题仍然存在，还有一部分网点在养老金发放这几天时间里客户等候时间明显超出客户忍耐极限。再如，个别机构和员工服务意识淡薄，漠视客户诉求、侵害消费者利益的问题依然存在，甚至还发生了严重影响工行声誉的恶性服务事件。这些年投诉总量有了显著下降，但个别机构对客户投诉不能一次解决到位，客户投诉升级到媒体、升级到监管机构的问题还比较严重。今年新浪“3·15”投诉曝光台受理工行客户的投诉量高于可比同业，而且银监会2013年监管通报也反映我行客户信访投诉量在五大行中最多。又如，服务工作开展的差异性扩大，先进行与落后行之间的服务差距进一步拉大。一些行的服务工作抓得比较扎实，成效比较明显，而有的分行抓服务工作想法不多，措施乏力，成效也较差。一些网点的服务水准提升很快，有的甚至建成为全社会的服务标杆，也有些网点的服务工作严重滞后，服务质量长期徘徊在较低水平。从外部环境看，当前，第二批党的群众路线教育实践活动正在全国深入开展，活动对窗口单位和服务行业改进作风、改善服务提出了明确的任务和要求。随着教育实践活动的深入推进，窗口单位和服务行业的面貌正在发生深刻变化。服务无止境，比较出高下。窗口单位服务水平全面改进的大形势对我行的服务工作提出了更高的要求。而且，我行作为第一批参加教育实践活动的单位，活动成果更需要通过服务改进来巩固和扩大。从同业竞争看，各家银行越来越重视服务工作，改进的力度越来越大，效果也愈加明显。从可比的农行看，以往无论是客户口碑，或是媒体舆论，还是监管评价，基本上认为工商银行的服务水平是高于农行的。但从今年新浪“3·15”投诉曝光台以及银监会公布的投诉量看，工行均高于农行。中国质量协会2013年银行业满意度调查也显示农行的客户满意度要高于工行，而上年我行是领先农行的。诚然，这与农行的客户特征有关，与样本的选取存在偏差有关，但这是一个警醒，部分反映了同业服务改进效果。

同时，我们还必须对今年抓服务工作的困难有一个充分的估计。这些年服务改进工作是在全行各项业务指标持续向好、财务盈利能力持续高速增长的大背景下进行的，这使得各行能够相对集中精力来填补服务欠账、加强服务改进。但从今年来看，全行经营管理面临的困难更大、挑战更多。随着金融脱媒的加剧和利率市场化的加速推进，依靠规模扩张和利差实现高盈利增长的时代已经结束；在国民经济提质增效的转型期，银行在优化信贷结构、保持信贷资产质量稳定等工作上要求投入更大的精力和更多的人力。与此同时，市场竞争越来越激烈，我行一些业务和市场的传统优势正在被逐渐侵蚀，巩固和提升市场地位的压力越来越大。在这一形势下，个别机构抓服务的精力可能会分散，抓服务的力度可能会削弱，抓服务的投入可能会减少。一种良好服务局面的形成，需要长期坚持，不能稍有松懈，否则会前功尽弃。总行党委经过慎重决策，决定将服务管理职能调整到新设立的渠道管理部，将服务改进作为渠道管理部的一项核心工作来抓，就是希望通过管理架构的调整、管理职责的强化、管理资源的整合和管理机制的完善，推动全行加大工作力度，加快改进服务。

全行既要充分看到这些年服务改进所打下的坚实基础，增强服务改进的信心，又要清醒地认识到当前服务改进所面临的严峻形势，增强服务改进的紧迫感和责任感。越是经营困难时期，越需要我们下更大的力气把工作抓细、抓实、抓好，越需要通过服务改进来赢得更多的优质市场、竞争更多的优质客户、创造更多的价值，为全行经营转型和盈利增长争取更大的空间。

三、深入开展“人民满意银行建设年”活动，着力建设人民满意银行

建设“三个之最”银行，首先必须让客户满意。姜董事长在年初党的群众路线教育实践活动总结大会上明确提出将2014年的服务改进主题定为“人民满意银行建设年”，要求全行更加全面系统地改进服务。易行长在年初召开的党委扩大会议上专门强调，全行要对照群众期盼，坚持不懈地抓好服务改进，着力提升群众满意度。赵监事长在全行宣传思想文化工作会议上强调，全行要紧扣“人民满意银行建设年”活动主题，围绕中心任务，努力查找服务短板，切实改进客户体验。有关服务改进的具体目标、主要任务和工作措施在前期印发的《“人民满意银行建设年”活动方案》中已经明确，下一步关键是加强推动、抓好落实、确保成效。

（一）高标准，严要求，扎实改进窗口服务。窗口服务是银行服务的“最后一公里”，直接关系客户对银行服务的评判和选择。江西分行通过打造服务标杆网点实现了服务价值的提升和服务形象的改善，其关键就在于打通了服务的最后一公里，让老百姓看到了实实在在的效果。要狠抓去年群众路线教育实践活动中制定的《窗口服务专项整治方案》和总行今年部署的窗口服务24条整改措施的落实，主动顺应客户诉求，加快解决窗口服务中存在的突出问题，让“最后一公里”服务

更温馨、更人性化。

一要提高窗口服务规范化和人性化程度。要通过情景模拟、案例教学、员工服务行为“互讲互评”等活动，进一步加强窗口服务标准和规定的学习和培训，提高员工规范服务能力。要着力规范服务用语，将客户反感的服务“忌语”找出来，挂在员工能看得到的醒目位置，时刻进行自我警示。要认真落实《个人金融业务“特事特办”服务工作规程》，对重症住院、行动不便、长期出国等特殊客户办理需由本人到网点亲办的业务，提供柜台延伸和上门服务。要深入开展千佳文明规范服务示范网点创建活动，确保今年千佳示范网点获评家数领先当地同业。要坚持高标准做好2014年青奥会金融服务工作，进一步在国际社会树立和传播我行良好的服务形象。

二要明确窗口服务高压线。要围绕窗口服务的整体要求，进一步严肃窗口服务纪律。针对窗口服务中存在的问题，要在全行推行窗口服务“六严禁”。即，严禁使用服务忌语，严禁服务冷漠和态度粗暴，严禁窗口强制分流，严禁销售误导和欺诈销售，严禁大堂无人管理值守，严禁处理投诉推诿和敷衍。这“六严禁”是做好窗口服务工作的最基本要求，是不能触碰的高压线。各行要将“六严禁”传达到每一个窗口、每一个员工，并狠抓落实和严格执行。对触碰红线的当事人要予以重处，并上追管理责任，严肃问责。

（二）继续实施网点服务效率提升工程，压降客户最长等候时间。当前解决网点服务效率问题面临的最突出矛盾是大部分网点平时“客户稀少”，但遇高峰时日则“人满为患”，相应地客户等候时间急剧延长，有的网点个别客户等候时间甚至超过2个小时。这一局面给社会留下的印象就是“工商银行每天都在排长队”，有关服务效率的负面舆情也时有发生。这将严重影响网点对目标市场和目标客户的竞争，必须痛下决心，标本兼治，确保年内实现95%以上客户的等候时间控制在30分钟以内、90%以上中高端客户的等候时间控制在10分钟以内这一目标。

一要加快解决高峰时日客户等候时间过长问题。在互联网金融的创新推动下，客户使用金融服务的渠道将更加多元化，金融交易方式将更趋离行化和离柜化。简单地靠增加柜员、增开窗口来解决高峰期排长队问题的做法既不切发展实际，也与网点由业务核算型向营销服务型的战略转型这一根本要求相违背。去年北京分行创造性地将服务标准化改革与服务效率问题解决紧密结合，通过分行、支行、网点三位一体，线上渠道与线下渠道协调联动，不仅推动了高峰时日排长队问题的进一步解决，也促使了网点营销服务功能的增强。北京分行的创新实践充分表明，解决这一问题必须要有新思维和新突破。要转变传统的岗位权限管理思维，建立并完善“忙时上柜、闲时营销”的岗位动态转换机制，使柜员在业务低谷时能走出窗口，使客户经理、中后台人员在业务高峰时能走进柜台，实现网点相关岗位在业务峰谷间的动态转换。要加快健全柜员跨网点调剂制度，使业务低谷期网点的部分柜员能调剂到业务高峰期网点进行临时支援，确保柜员在一定区域内网点间的因需流动。要尝试对部分网点一周七日的营业模式进行调整，可率先探索对周末单日客流量不超过10人的网点实行周末单日或双日歇业模式，将节省下来的有效工时调配到网点业务高峰期。要大力推进高低柜业务分离，促使非现金业务进一步分离到低柜，以高柜的快收快付实现客户的快进快出。要积极推广叫号系统的线上预约服务功能，引导客户避开网点业务高峰，平滑客户流量，实现削峰填谷。

要引导和督促网点通过加强管理、改进细节、开展创新来推动本网点高峰期排长队问题的进一步解决。要科学设置排队策略，促进客户分区和业务分派更加精确和科学，确保将合适的业务指定给合适的岗位和专业的人员来完成。要充分利用排队管理系统做好对网点客户流量和业务分布的分析与研判，合理调配人员排班和劳动组合。要严格落实《营业网点大堂服务管理规定》，借鉴运用浙江分行大堂服务提升“五动工作法”，强化大堂服务管理，促使大堂人员更为有效地履行引导分流、秩序维护、服务辅导等职责。要进一步改进服务细节，在网点显著位置悬挂客户流量峰谷示意图，张贴客户办理自助服务的温馨提示，引导客户错峰办理业务和进行自助服务。

要继续坚持标本兼治，将网点服务效率问题解决与低效网点调整、业务处理模式改革、自助渠道建设、客户拓展、实施分层服务体系建设等网点竞争力提升工作统筹推进，发挥这些治本措施对服务效率的提升效应。各级行、各部门要按照总行党委关于网点竞争力提升工作的整体安排，加强专业协同和上下联动，加大督导、考核力度，狠抓七大工程各项目标任务的落实。服务牵头管理部门要跟踪工程进度，积极配合抓好各项措施的落实，及时向有关部门反馈意见建议，主动出谋划策，帮助推动解决问题。

二要实施全天候排长队网点效率提升精确制导工程。系统监测显示，目前全行有40家左右网点连续200天以上存在全天候客户排长队现象。要通过三级联动督导，精确制导，解决这些网点全天候排长队问题。总行将选择问题最严重的5家网点进行重点治理，通过数据挖掘、现场观察、网点访谈，逐一解剖麻雀，结合网点竞争力提升项目的实施，从人员配置、高低柜配比、弹性窗口设置、自助机具配备、服务流程优化、大堂服务管理等方面，协同一级分行、二级分行、网点共同制定服务效率提升专项方案并督导实施。各一级分行要比照总行模式相应选择4～5家重点网点进行定向帮扶，确保年内消除这些网点全天候排长队现象。

三要强化对服务效率问题解决的监测督导和考核引导。各级行要依托排队管理系统，建立实时监测和预警响应机制，对等候时间超过警戒线的网点进行实时干预和督导解决。要坚持服务效率问题月度分析和通报制度，按季向总行递交分析报告。要继续落实重点网点挂牌督导制，推动重点网点服务效率的迅速提升。要完善服务效率考核体系，今年总行将不再考核客户平均等候时间，主要考核等候时间超过30分钟的客户占比以及等候时间超过10分钟的中高端客户占比。各行要比照调整对分支行服务效率的考核，引导网点将工作重点放到解决每一个客户超时等候的问题。同时，各行要将客户超时等候情况纳入网点竞争力提升项目考核，促使辖内各级机构将服务效率提升作为网点竞争力提升的一项重要工作来抓。

（二）实施客户投诉精细化管理，提高投诉处理质量和效率。经过这几年连续的专项治理，全行客户投诉量大幅下降。但一些关系客户切身利益的突出问题尚未得到有效解决，而且一些机构对客户投诉响应不及时、处理不妥善、解决不到位，致使投诉升级到监管机构、外部媒体的问题还比较严重。要通过服务改进来持续降低客户投诉量，同时进一步完善投诉处理和管理工作机制，提高全行投诉处理能力和管理水平。

一要继续实施投诉突出问题专项治理。目前关于理财产品销售和信用卡服务方面的投诉比较突出。银监会2013年受理的42件信访投诉中，上述两类投诉分别为16件和14件，占比71%。今年“3·15”新浪财经投诉曝光台公布的128件投诉中，上述两类投诉分别为43件和42件，占比66%。从投诉成因看，有关理财产品销售的投诉集中在存单变保单、未充分揭示收益风险等违规销售行为和部分理财产品收益严重低于预期等方面；有关信用卡方面的投诉则集中在被办卡引发客户不良征信记录、息费收取不合理以及办卡、调额、拒付等环节的服务效率较低等方面。

董事长在一季度行务会上指出，个别机构存在违规办卡、违规销售等问题，有的还引发了影响较大的客户投诉，必须严肃查处和整治。相关部门和各分行要认真落实总行要求，抓紧制订上述两大问题的专项治理方案，明确治理目标，细化治理措施，落实治理责任，确保年内这两大问题得到有效解决。总行相关部门要主动从制度、流程、产品等方面进行完善和改进，从源头治理客户投诉。要组织制定本专业客户咨询最频繁的产品和业务的解释应答口径，严格规范基层回答客户咨询的话术，防止因答复有误、解释不清而引发声誉风险。要加强对本专业条线治理工作的督导和推动，确保治理成效。各分行要立即组织对有关问题进行彻底排查，摸清底数，查找漏洞，对照客户诉求，配套抓好整改。要继续抓好有关服务态度冷硬、自助服务受阻、电子银行服务差错等11类突出问题的整改，确保到今年6月底有关投诉建议类工单较2013年下半年下降50%。从今年开始，各分行、各专业有关突出问题的治理情况将纳入总行执法监察范畴，有关产品和业务的投诉情况将纳入总行产品质量评价框架。

二要提高网点现场服务纠纷处理能力。一些网点对客户业务办理中提出的抱怨或发生的小纠纷未能有效快速处理，进而引发客户强烈不满，导致一些本可当场解决的小问题升级为投诉。各行对此要高度重视。要明确网点现场纠纷处理标准，切实落实柜员、客户经理、大堂经理、网点负责人等关键岗位的纠纷处理职责，规范各岗位递进接手处理的工作流程，确保将客户合法合理的服务诉求解决在当时，解决在本网点。要切实落实现场服务纠纷处理首问负责制，谁最先接待就必须盯到底，对不在自身权限内的问题应及时提请有权限人员出面处理。对因首问责任履行不到位而导致服务纠纷升级的，要按规定追究首问人责任。要在网点公示服务纠纷受理电话，进一步畅通客户诉求表达渠道。要在显著位置摆放客户意见簿并规范运用，使之成为听取客户意见、改进服务的重要工具。要通过晨会点评、典型案例讲解、情景模拟应对等方式，加强对各岗位人员纠纷处理技能的培训。

三要严格实行支行行长投诉处理最终负责制。一些地方银监局在对当地分行2013年的监管通报中指出，客户通过信访和发帖等形式升级投诉到银监局和媒体的问题较为严重。投诉升级后，不仅加大了后续处理的成本和难度，也对全行声誉构成了严重的损害。经过对银监会和新浪投诉曝光台受理投诉的进一步分析发现，这些投诉80%以上为重复投诉且支行有权限解决，但由于支行履职不到位，丧失了第一时间化解矛盾的有利时机。要强化支行投诉处理和管理职责，从根本上解决投诉升级高发这一问题。要严格实行支行行长投诉处理最终负责制，支行行长对权限范围内的投诉应尽责处理，严禁充当投诉处理“二传手”和“甩手掌柜”，严格防范投诉升级。今后，凡因投诉处理不尽责而导致投诉升级到媒体和监管部门并引发声誉风险的，要严肃追究支行行长责任。要健全投诉处理跟踪制，强化对投诉处理过程的有效督导、处理结果的及时反馈以及反映问题的事后整改。要坚持客户投诉报告制度，对不在本单位权限范围内的客户投诉及时向上级行报告并做好后续跟踪处理。

三、构建服务改进长效机制，提升服务管理效能

改进服务不仅需要服务主体的思想自觉和能力提升，更需要制度和机制发挥推进剂和稳定器的作用。要进一步完善服务改进机制保障，以强有力的管理促进工作落到实处。

（一）深化运用服务规律指导服务实践工作。在

2012年服务工作推动会上，易行长总结提出了“服务改进重在创新、重在标本兼治、重在以人为本、重在整体协同、重在抓好细节”等五条服务规律。两年多的实践证明，这些规律的运用对服务改进起到了有效的指导和推动作用，使服务工作收到了事半功倍的效果。要在继续深化运用这些规律指导服务改进实践的同时，进一步认清服务工作的规律性，不断探索和总结新的规律，推动服务更好更快地改进。

一是服务改进必须一把手重视。服务工作是系统工程，涉及的点多面广，涵盖前中后台。因此，一把手的重视和支持是做好服务改进工作的前提和关键。各级行要继续坚持服务一把手工程，对于辖内服务工作情况，一把手要做到知实情，谋实策，抓实效。服务工作分管领导要切实承担起分管责任，认真抓好自己分管部门、分管专业的服务工作，做到守土有责、守土尽责、守土负责。要认真落实三级领导服务工作联系点制度，确保将联系点建成示范点，以此带动全辖网点服务水平的整体提升。

二是服务改进必须坚持从群众中来，到群众中去。一方面，要坚持依靠群众智慧创新服务改进的方法和做法。要着力凝聚基层和一线在改进服务中的智慧和才干，从基层实践中充分汲取营养，不断发掘和总结提炼基层的创新做法和经验，并在全行加以推广。另一方面，要坚持服务改进到群众中去。各项改进措施的制定和出台都要以有利于改善客户的服务体验、有利于一线更好地服务客户、有利于基层更好地发展业务为根本考量准则。只有这样，才能得到基层和一线的支持，也只有这样才能真正收到改进的效果。

三是服务改进必须既着眼长远又立足当前。从服务效率问题看，随着互联网金融的蓬勃发展和客户金融消费行为的逐渐转变，未来将有越来越多的客户根本无须或者很少来网点办理业务，几年后我们面临的主要问题将不再是服务效率的问题，工作重心或将转到增强目标客户与网点的黏性，实现网点阵地价值的最大化。但在眼前，高峰期排长队的问题仍然是我们需要解决的突出问题。这就要求改进的措施既要立足当前，能有效化解眼前的矛盾；又要着眼长远，能把握和契合未来的发展趋势，真正做到未雨绸缪，提前应对。

（二）完善服务工作传导推动机制。解决“口号响当当、服务冷冰冰”的问题，避免“雷声大，雨点小”的尴尬局面，必须要对服务工作进行科学的传导和有力的推动，确保各项政策要求、工作措施在一线和基层得到不折不扣的执行落实。上海分行探索的服务管理“五深化”实际上解决的就是服务工作的传导和推动问题。

一要健全完善服务工作委员会工作机制。委员会机制是做好顶层规划、强化协调推动的好办法。要进一步规范委员会的运作，通过委员会工作的制度化、规范化和常态化，促使委员会更好地发挥战略决策部署、联席解决重大问题等职责。要继续坚持委员会“三个一”工作机制，每半年开一次服务通报会，每个季度开一次投诉分析会，每个月到一家网点进行现场督导和解决问题。

二要强化考核引导作用。总行改革后的绩效考核体系加大了对服务工作的考核力度，总分数提高到了24分，而且服务考核的实际权重有了大幅提升。同时，新的绩效考核体系明确规定，对因服务问题而引发重大投诉或风险的，可直接调低分行行长经营绩效考核1～3个等级。今年总行对服务质量的考核将更加突出重点，主要考核客户满意度、网点服务效率、客户投诉处理质效以及千佳网点评选情况。各级行要进一步运用好考核指挥棒作用，完善考核指标体系，突出考核重点，拉开考核差距，加大服务考核与网点绩效分配、评优评先、职务晋升等的挂钩力度，使考核的压力充分传导到基层管理者，引导和激励辖内机构重视和加强服务改进工作。

三要加强监测督导和过程管理。要保持对服务质量的高频度、高强度督导检查，使各级机构和广大员工始终绷紧为客户提供优质服务这根弦。要运用好这些年建成的客户之声系统、服务质量监测系统、排队管理系统、远程监控系统等管理平台，强化对服务过程和结果的监控管理。要严格落实窗口服务日常巡检机制，强化对网点窗口服务运营情况的监测管理与督导改进。要坚持对服务恶性事件的零容忍，及时查处通报不规范服务行为，严肃追究当事人直接责任和管理人员管理责任，以此整顿行风行纪。

（三）以作风转变促服务改进。抓服务，关键在作风转变。各级行分管行领导要沉下身子，放下身段，深入基层听取各方面意见，了解基层服务改进中遇到的困难和问题，想方设法帮助解决。各级行服务管理人员要牢固树立服务意识，带着感情做工作，带着方法下基层。要认真学习和深入钻研业务，自觉主动将服务工作融入到业务发展之中。要坚持问题导向，发扬钉钉子的精神，紧紧扭住服务难点和重点环节，采取针对性措施进行专项整改、长期整治，不达目的不罢休。要从大处着眼、细节着手，一点一滴解决问题。要坚持同业体验机制，不断将体验成果运用到改进服务中，并每半年向总行报送一篇体验报告。要坚持求真务实的工作作风，严肃纠正个别机构和人员服务工作弄虚作假等违规行为。

（四）强化员工满意度建设。辽宁分行通过狠抓服务动力机制建设，有效解决了一线员工服务积极性和主动性不够的问题，员工服务心气明显提升，对客户的服务也更优质。满意的服务来自于满意的员工，没有员工的满意，人民满意银行建设就是一句空话。要牢固树立发展依靠员工、发展为了员工的理念，以人为本地解决员工关心的问题。要善待和关爱一线员工，多倾听他们的心声，帮助员工缓释服务压力。要解决好健康福利、就餐休假、工作环境等涉及员工切身利益的突出问题，增强员工的归属感。要加强一线员工服务动力机制建设，结合网点实际情况加快建立一套科学合理的岗位绩效考核体系，引导和激励员工争相开展优质服务。要大力开展服务树典推优，进一步调动全员优质服务的积极性。“人民满意银行建设年”活动结束后，总行将专门表彰一批客户最满意员工和人民最满意网点。各级行也要在辖内组织开展大张旗鼓的表彰活动。

逆水行舟，不进则退。面对复杂的经营环境，全行一定要以时不我待的责任感和使命感，更加奋发有为，更加脚踏实地，更加开拓创新，努力开创服务改进工作新局面。

在第二代跨行支付系统投产暨推广动员会上的讲话

谷 澍

（2014 年 6 月 20 日）

今天会议的主要任务是，贯彻落实人民银行第二代跨行支付系统建设的总体要求，确保这项工作能够顺利地完成。下面，我讲三点意见。

一、高度重视第二代跨行支付系统的投产上线工作

人民银行跨行支付系统是我国支付体系的枢纽，也是经济金融运行最重要的基础设施之一。目前的系统是 2002 年建成投产的，经过 12 年的运营，这套系统为各银行业金融机构及金融市场提供了安全高效的支付清算平台，在加快社会资金周转、传导货币政策、提高支付清算效率、促进国民经济健康平稳发展等方面发挥了重要作用。近年来，随着我国社会经济快速发展、金融改革持续深入、金融市场日益完善、支付方式不断创新，人民银行根据当前及今后一段时期经济金融发展对中央银行支付系统的新需求，经过三年多的研发设计，在 2013 年 10 月正式投产功能更完善、更安全高效的第二代跨行支付系统，并且要求各家商业银行在今年年底前完成系统上线暨推广工作。

工商银行作为人民银行跨行支付系统最为重要的参与行，目前跨行支付业务同业占比已经达到 23%。这次项目实施涉及我行 34 家一级（直属）分行的系统切换、700 多个清算账户的资金归集，11 000 多个网点的系统归属关系变更，以及主机核心清算系统和 50 多个外围系统应用的开发改造。任何节点的系统故障，都可能对某一地区，甚至全国范围的跨行业务办理和客户服务产生负面影响。可以说，我行能否成功上线对于第二代跨行支付系统的平稳运行具有重要意义。姜建清董事长、易会满行长对投产第二代跨行支付系统工作高度重视，多次强调实施准备工作要落实到位、项目投产要确保万无一失。全行要站在支持国家金融体系创新发展，维护金融市场稳定运行、保护广大客户切身利益的高度，充分认识到投产第二代跨行支付系统的复杂性和重要性，切实做好此次系统上线暨推广工作。

二、充分认识第二代跨行支付系统投产后带来的变化，为全行经营发展创造有利条件

第二代跨行支付系统是连接境内银行和金融机构的主干支付网络。它以大额支付系统为主渠道，小额支付系统、网银互联系统、支票影像交换系统为补充，覆盖批发、零售支付领域，全面支持传统支付和新兴电子支付工具。特别是第二代跨行支付系统适应商业银行经营集约化、管理扁平化、数据集中化以及服务多样化的发展趋势，支持一点接入方式。商业银行可以通过单一法人账户集中办理跨行资金清算，利用支付系统提供的全面流动性管理功能，灵活掌握清算账户头寸，提高支付业务处理效率。要以第二代跨行支付系统上线为契机，推进全行支付清算业务集约化运营，提升资金管理效率，进一步丰富支付结算产品体系。

（一）要充分利用好第二代跨行支付系统“一点清算”功能，加强我行支付清算业务的管理。在目前仍在运行的第一代跨行支付系统中，各一级（直属）分行在当地人民银行都开立了用于跨行支付系统清算的备付金账户。各二级分行及辖属分支机构在当地人民银行开立了用于现钞调缴和票据交换的 700 余个清算账户。这种商业银行与跨行支付系统多点清算的运行模式，带来了资金清算分散处理，头寸管理难度大、资金调度频繁等问题。

随着人民银行第二代跨行支付系统投产，我们将很好地解决这些问题。总行运行管理部和信息科技部研究制订了全行“一点清算”的系统接入方案。全行通过总行清算中心与人民银行进行“总对总”跨行资金集中清算，各级分支行开立在人民银行的清算账户全部作为“零余额”账户，系统能够自动地完成分行“零余额”账户与总行清算账户的实时资金汇划。这样，就极大提高了资金头寸调拨的时效性，减少了分行与人民银行直接办理资金清算的工作量。由于跨行清算统一集中至总行清算中心完成，也进一步提高了业务处理的集约化和风险管理水平。

但是我们也要看到，由于我行客户数量多、跨行资金汇划量大，按照“一点清算”的运作模式，通过总行集中清算的业务量将比目前增长近 2 000 倍。为了确保跨行支付及时、准确、安全、高效，全行要进一步加强支付清算业务的运行管理。各行要按照总行要求，根据跨行支付清算模式的变化，优化人员岗位配置，强化“零余额”清算账户的监控；要加强总分行之间清算对账和差错处理流程管理，确保全行“一点清算”账务核算清晰准确；对于跨行支付清算发生的各类对账差错和问题，各分行要确保辖属网点及时处理解决，保证客户资金及时到账，提高跨行支付业务处理的时效性。

（二）要充分利用好第二代支付系统的资金流动性管理功能，提高全行资金管理效益。人民银行在建设第二代跨行支付系统的过程中，充分借鉴了各国中央银行支付清算系统流动性管理的成熟经验。在保留第一代跨行支付排队管理、清算窗口、自动质押融资、日间透支、小额业务撮合等流动性风险管理功能的基础上，结合我国银行机构业务管理的实际情况，新增了大额支付系统排队业务撮合、清算账户“资金池”管理、商业银行之间清算账户自动拆借、“一揽子”流动性实时查询等功能，为各参与银行提供了更加全面的流动性风险管理手段。我行是人民币清算大行，运用好这些功能，既能有效地管控好全行的流动性风险，又有助于提高资金运用的收益水平。

一方面，按照接入第二代跨行支付系统“一点清算”的运作模式，总行将统一管理全行对外资金清算头寸，实现单一法人清算账户管理，各境内分行在当地人民银行的头寸账户将保持“零余额”。全行存放人民银行的备付金将在现有水平上压降 200 亿 ~ 300 亿元，大幅减少资金占用成本。

另一方面，总行作为全行跨行支付资金的总闸口，为避免跨行支付的流动性风险向总行过度集中，同时充分发挥分行直接服务客户的优势，总行资产负债管理部和运行管理部进一步完善了“总行——一级分行—二级分行”三级资金管理体系，利用第二代跨行支付系统丰富的流动性管理功能，开发了跨行清算队列调度、大额资金跨行支付预警控制、批量扫盘释放排队队列、清算账户日终自动拆借等多种风险监测和控制机制，为有效防范跨行资金流动性风险提供了可靠保障。

各分行是跨行支付业务主要的经办节点，仍继续承担辖内资金管理职能。总行建立“一点清算”后的资金管理还原机制，并配套了相应的数据分析和考核评价要求，以保持资金管理的权责统一。各分行要主动适应新模式下的资金管理要求，落实岗位职责并确保人员配置到位，继续做好大额资金预测预报，不断提高跨行资金支付信息预测的准确性、及时性。

（三）要充分利用好第二代跨行支付系统强大的支付结算功能，提升全行产品服务的创新能力。未来一段时间，支付业务的创新发展将集中在电子支付、跨境支付和金融市场交易结算等领域。早在 2010 年，人民银行的网银互联应用作为二代跨行支付系统的子系统，已先期投产。我们称之为“超级网银”。这项应用促进了不同银行网银系统的互联互通，实现了跨行网银支付的直通式处理，满足了网银用户全天候的支付需求，有效支持了电子支付的快速发展。接下来，二代跨行支付系统将在另外两个领域提供更加先进的支付结算功能。

一是在金融市场领域。该系统将支持本外币交易的 PVP（对等支付）结算。目前，我国境内银行间外币询价交易主要通过外汇交易市场完成，外币资金结算通过外币支付系统完成，人民币资金结算则主要通过跨行支付系统完成，人民币与外币之间资金结算时间不同步，存在结算风险。新系统将与境内外币支付系统连接，支持本外币交易的 PVP 结算，提高结算效率，降低结算风险。

二是在人民币跨境支付结算领域。二代跨行支付系统将实现人民币跨境汇兑、信用证、托收、保函等主要国际结算方式的信息流转及资金清算。同时，由于二代跨行支付系统采用与国际接轨的通用报文标准，将更加便利境内银行与国际商业银行交换传递跨境人民币支付报文。

长期以来，我行在境内支付结算领域一直处于同业领先地位。人民银行第二代跨行支付系统投产上线，对于商业银行是机遇也是挑战。谁能够利用好、开发好第二代跨行支付系统中的支付结算服务功能，谁就能抢先研发出具有市场竞争力的支付产品、提供更加优质的结算服务。随着二代跨行支付系统投产暨全面推广，总行和各分行要加快研究如何将先进的支付系统功能转化为先进的产品和服务，进一步改善客户支付体验，提高支付效率，丰富支付渠道，拓展我行与同业跨境支付合作的发展空间。

（四）要充分利用好第二代跨行支付系统完善的安全机制，提升我行支付清算业务的连续性管理水平。为建设我国新一代的中央支付清算系统，人民银行高度重视支付系统的灾备体系建设。第一代支付系统仅建有应急备份系统，备份等级较低。二代支付系统以生产中心、远程备份中心和同城备份中心为架构，能够确保发生突发事件时支付业务的连续处理。目前我行已经具备了系统和数据集中管理的能力，在投产二代跨行支付系统时，我们将直接采用通过数据中心（上海）集中接入人民银行国家处理中心的系统架构，改变在第一代跨行支付系统中各一级分行分散接入人民银行城市处理中心的现状。原有系统运行维护压力大、风险分散、业务连续性管理级别低的状况将得到根本改善。数据中心（上海）将负责跨行支付业务的集中运营和维护，各行跨行支付系统前置将全部取消，设备运行成本将显著降低，分行日常运行维护工作负荷将大幅减轻，同时能够有效地确保系统运行的效率与稳定性。

三、确保第二代跨行支付系统投产暨推广工作圆满成功

经过前期的努力，总行运行管理部和信息科技部已经完成了我行系统对接二代跨行支付系统的各项功能开发；资产负债管理部组织研发设计了跨行资金流动性管理功能；电子银行、结算与现金管理、个人金融等部门密切配合，相关产品线的外围系统按计划实施了配套功能改造；各分行积极参与系统研发设计，在项目建设过程中提出了大量优化建议，并先后完成3轮联调测试、5轮模拟运行和2次上线演练。目前，全行的系统功能已经通过了5月人民银行的验收，具备投产暨推广二代跨行支付系统的条件。

鉴于我行采用“一点接入、一点清算”的运作模式，为确保项目投产平稳、风险可控，全行将按照“先总行、后分行；先试点、后推广”的总体原则，分批实施二代跨行支付系统的投产上线工作。按照项目实施计划，7月份总行清算中心首先接入到人民银行二代跨行支付系统。新加坡清算行通过总行清算中心参加境内跨行支付清算，随总行首批上线。8月，山东、青岛和重庆分行作为第一批境内试点行投产，其他各行分3批在9月至11月完成上线推广。为做好试点暨推广工作，现提出如下要求：

（一）加强组织领导，明确责任分工。各行要切实加强二代跨行支付系统投产工作的组织领导，要成立以运行管理主管行长任组长、相关部门负责人为成员的推广小组，按照总行统一要求，结合分行实际情况，做好系统上线组织实施工作。各行主管行长要亲自抓，科学调配资源，为项目实施提供可靠的组织保障。各行的领导小组名单要上报总行（运行管理部），运行管理部近期要给大家下发整个系统上线过程中各个关键节点的要求。各行要针对每个节点配备专人负责，报上来的名单中，要明确每个节点由谁负责。

总行运行管理部作为牵头部门要认真做好组织协调工作，制订制度办法和投产方案；资产负债管理部门要做好各类资金匡算和头寸安排工作；信息科技部门要做好系统上线投产和各项技术支持；办公室要做好推广期间舆情管理；电子银行、个人金融、结算与现金管理等相关部门要各司其职，配合做好客户解释工作。

（二）周密部署，切实做好系统上线的各项工作。一是精心做好投产前的业务准备。各行要按照总行下发的投产方案，制订详细的投产工作计划，强化落实、认真做好各项投产准备。要对本行的特色业务进行全面的梳理，确保分行特色业务处理规则符合二代跨行支付系统标准；要认真做好投产前业务闭环检查、参数设置、历史挂账清理等工作，为系统投产的顺利实施创造条件。

二是加强与人民银行的沟通联系。各一级分行要根据人民银行批准的我行整体推广计划，结合所在地人民银行制定的具体安排，提前做好系统上线申请，并组织辖内分行做好在跨行支付系统中的身份变更及“零余额”账户调整等上线准备工作。

三是有序实施系统上线切换。为确保从第一代跨行支付系统平稳切换至新系统，总行将在数据中心（上海）建立24小时投产指挥部，对投产过程进行实时监控。各行要按时完成各类跨行业务验证，做好资金头寸调拨监测，准确处理系统停运造成的在途业务，保障支付清算工作平稳有序开展。

四是确保境外人民币清算行业务衔接顺畅。新加坡分行作为境外人民币清算行，要根据项目实施安排，做好与新加坡监管机构和境外参与行的沟通协调，确保项目投产期间人民币清算行的各项业务平稳有序。

（三）做好系统投产期间风险管理。一是加强操作风险管理。各行要切实加强风险控制，严防重大事故和案件发生。总行近期将下发业务管理办法和操作规程，各行要组织做好培训工作，指导基层业务人员全面掌握第二代跨行支付系统功能及相关业务处理流程，防止因业务不熟练而产生操作风险。

二是加强流动性风险管理。按照人民银行的安排，二代跨行支付系统的“零余额”账户管理将在系统投产后分步实施。在过渡期间，各分行向总行上存头寸，需要前往当地人民银行营业柜台办理。为有效防控流动性风险，各行资金管理部门要与运行管理部加强衔接，提前制定相应的业务处理流程，合理摆布资金头寸，防范流动性风险。

三是做好应急预案，加强跨行业务连续性管理。总分行之间要建立第二代跨行支付系统运行的应急报告机制，完善投产上线和运行期间的应急处置流程。各行要认真学习总行制定的业务应急预案，掌握应急处理方法。深圳和上海分行作为重要紧急跨行支付业务的备份清算节点，在全行跨行支付发生紧急异常情况时，要能够依托本地同城跨行清算系统代理完成跨行业务的资金清算。

四是做好舆情管理和客户引导。系统上线切换期

间，各行要认真做好客户宣传解释工作，积极引导客户通过其他渠道办理跨行支付业务，避免处置不当引发客户投诉等情况发生。

同志们，二代跨行支付系统投产上线责任重大，任务艰巨。这次动员会后，总行相关部门及各分行要立即着手部署，扎实推进各项工作，确保二代跨行支付系统投产暨推广工作顺利实施，圆满成功。

在网点运营标准化管理改革启动会上的讲话

谷　澍

（2014 年 8 月 8 日）

这次会议的主要内容是，分析全行网点运营现状及存在问题，部署网点运营管理平台推广和网点运营标准化改革工作，动员全行统一思想、坚定信心，加快构建标准化的网点运营管理体系，为全行战略转型和可持续发展提供支撑。易行长一会儿还要作重要讲话。下面，我先讲两点意见。

一、目前全行网点运营中面临的主要问题

近年来，随着运营改革、流程优化的不断深入，业务运营模式发生了巨大变化，网点业务处理得以简化、业务操作岗位大幅精简，为网点资源优化配置创造了良好条件。部分行充分挖掘潜能，实施岗位整合和资源配置优化，取得了较好成效。但全行尚未统一组织实施网点运营标准化体系建设，分行间、网点间的资源配置和运营情况还不均衡，网点运营标准化程度还不高，影响了全行网点竞争力的提升。

（一）网点岗位设置和运营资源配备不标准。一是高低柜业务结构与高低柜比例不相匹配。目前全行共有 1.67 万个对外营业网点，配有近 11 万个柜口，其中对外服务柜口 9.55 万个（高柜 6.70 万个、低柜 2.85 万个）。分行间、网点间的高低柜配置比例和实际利用方面差异较大。高低柜配置比例方面，全行平均为 2.27∶1，最低的分行为 0.82∶1，最高的分行超过 6∶1，有 7 761 个网点没有设置低柜。即使是高低柜比例较低的分行，也存在部分辖属二级行高低柜比例偏高的现象。从高低柜处理的业务来看，全行目前尚有高达 35% 的低柜业务仍在高柜处理，这表明，高低柜比例和业务结构不相适应。这些差异和问题的存在，主要原因是全行没有建立统一的高低柜业务划分标准，各行对高低柜配置没有统一的认识，未能按照网点业务结构设置相应的高低柜比例。

二是岗位设置标准化程度不高。分行间主机岗位设置差异较大，有的分行设置了综合柜员岗；有的分行则按照现金和非现金、对公与个人等业务分别设置不同的主机柜员岗位，设置最多的达 10 余个主机岗位，但岗位整合不够，影响了柜员综合利用。即使在同一分行不同二级分行间也存在类似的差异。

三是服务支持人员配置偏多。全行网点配有后台服务支持人员共计 1.21 万人，占网点总人数的 5%，配置少的分行仅为 2%，配置多的分行占比达到 11%，网均超过 3 人。

（二）相当比例柜员的工作量不饱和，同时相当数量的分行营销力量不足。随着全行柜面业务的集约运营，以及客户金融交易逐步向线上迁移，柜面渠道处理的业务量有所下降，柜员工作量有所减少；加上部分网点岗位设置和劳动组合不合理、柜员业务技能不高等因素，分行间、网点间、柜员间忙闲不均的现象较为普遍。全行柜员 11.46 万人，当班柜员的日人均工作量 106 笔，人均水平较高的分行接近 150 笔，而低的分行仅为 73 笔。全行日均工作量不足 50 笔的柜员占比达到 22%；全行有近 6.8% 的柜员，日均工作量不足 10 笔，工作量明显不饱和。

（三）网点运营资源运用效率不高。网点内部分区及岗位间运营资源联动机制尚未完全建立，资源利用不够充分。比如由于未能实现贵宾区与普通区资源的合理调度，全行有近 10% 网点的贵宾区资源有较长时间处于闲置状态，贵宾区柜均工作量不足普通区柜均工作量的一半。柜员在网点层面灵活配置、跨网点的机动柜员管理模式尚未建立，柜员在网点间的灵活调度存在一定局限性，网点柜员休假时的人员补充和业务高峰期间的业务处理面临困难。这些情况使得网点内和网点间都存在人员忙闲不均的现象。各行柜员利用效率不均衡，部分行柜员当班率偏低，全行柜员当班率低的分行不到 65%，而最高达到 90%，分行间差距较大，全行有 129 家二级分行或城市行的管辖支行的柜员当班率低于按“上五休二”模式计算的 71% 的水平，存在人力资源利

用不足的问题。

上面讲到的网点运营存在的问题，形成原因既有主观方面的，也有客观方面的。解决这些问题的关键，首先是要有一个准确科学的工作量统计和评价平台，使全行网点人员、运营资源得到准确、完整的统计和分析，以实现对网点潜力的最充分挖掘。

二、认真做好网点运营管理平台推广工作

（一）全面认清网点运营管理平台功能和作用。经过总分行的共同努力，网点运营管理平台一期版本已经部署到全行所有网点，并于8月4日正式在全行推广使用。目前，平台可以全面展现全行各网点的人员、高低柜口数、业务量、经过总行统一标准折算后的工作量等数据，并且能够按照不同层级营业机构分层展现。各级行可以通过平台，直通式掌握下辖机构和网点的人员、柜口以及各段时间的高低柜业务量平均水平。比如，从平台统计数据来看，目前全国高柜日均工作量为120笔，低柜日均工作量为90笔。这个平台顺利在全行范围内投产，是总行运行管理部会同信息科技、软件开发中心等相关部门和机构耗费大量精力、通力合作的结果。项目刚投产，目前可能还有很多分行不清楚平台的具体情况，总行运行管理部等相关部门要指导分行积极运用，各行也要尽快全面了解平台的功能及其在网点运营标准化管理中的作用，切实用好这个平台。

（二）切实做好网点运营管理平台推广应用工作。网点运营管理平台投产后，各级行和网点通过系统测算的数据进行定量比较，可以初步看出本机构、网点人员配置多与少、柜口配置合理与否、工作量是否饱和等情况。各行要充分运用网点运营管理平台可以直通式掌握下辖机构和网点人员、柜口、业务量等运营基础数据的强大功能，依据平台直观展现的数据，开展网点运营实时监测、运营效率分析评价，以及行际间网点间的比较。要通过数据分析和横向比较，准确查找网点在柜口设置、人员配置及利用、柜员工作量饱和度等方面存在的具体问题，进而有针对性地优化资源配置、改进运营管理。要持续开展网点运营监测、分析和评估，推动网点从定性管理向基于数据分析的量化管理转变。

网点人员、柜口信息的真实准确性直接影响到网点运营资源整合的效果。各行要把网点运营的基础信息管理作为一项重要工作来抓，要建立平台基础信息质量监测和考核评价工作机制，对分行特色业务的业务处理时长和折算标准进行动态更新。各级分支机构要对辖属网点基础信息的真实性、准确性切实负起责任，坚持常抓不懈，要利用平台监测工具及时确认和更新增量信息；各二级分行、支行和网点的负责人要对网点人员和柜口信息严格把关核实，不得随意调整，确保网点运营管理平台基础数据的持续准确。

（三）明确网点运营标准化管理改革的时间表。总行准备以网点运营管理平台推广应用为基础，按照先试点总结经验、再全面推广的策略，分步实施网点运营标准化管理，力争用1年半左右的时间，全面完成网点柜口配备优化、资源优化配置调整和运营效率提升任务。各分行要分批推进，按期实施网点标准化管理改革的各项工作。

北京、山西等7家分行作为试点行，这次会议结束后要抓紧组织实施。要选取部分有代表性的网点，大胆探索，全面打造可复制、可推广的运营标准化管理的标杆网点，10月中旬要完成标杆网点的建设。试点过程中，总行运行管理部等有关部门要组织7家分行各有侧重地开展工作，山西、北京、福建分行重点研究高低柜业务分离处理、柜口结构优化、服务支持岗人员释放、柜员科学排班等工作模式；浙江、重庆、云南、新疆分行重点探索网点岗位精简整合、人员兼岗流动、柜员集中管理等工作，为全行推广积累经验，提供有益借鉴。总分行要加强沟通，及时发现和研究试点中出现的新情况和新问题，妥善处理好改革实施、日常运营、客户服务和风险控制的关系。明年三季度，7家行要基本完成改革任务。

其余31家分行要按照总行统一部署实施试点推广，从现在开始要依托网点运营平台，全面开展全辖网点运营情况的调查摸底和分析试算，制定具体的实施方案，9月底前报送总行。未完成分行特色交易改造的分行，要按照总行下发的标准和要求加快推进，8月底前要全面完成。10月份要组织开展试点工作，打造样板网点，明年初开始全面推广，力争明年10月底前基本完成网点运营标准化管理改革。

根据总行计划，明年6月底前至少要完成全行60%网点的运营标准化改革。明年7月起，总行将分批组织达标验收，成熟一家，验收一家。自2016年起，要重点构建运营标准化长效管理机制，着力开展网点运营状况的常态化分析监测和统一评价，动态更新网点运营标准，促进网点资源持续优化配置。

在渠道管理专业高级管理人员研修班上的讲话

谷　澍

（2014年10月28日·根据录音整理）

经过一段时间的准备，渠道管理专业高级管理人员研修班如期开班了。这是总行渠道管理部成立以来举办的第一次全行性、高层次培训，既是一次专业培训，也是一次工作交流、工作推动。下面，我将围绕如何认识理解渠道统筹管理、今年以来渠道管理工作的整体情况，以及当前渠道管理工作需要关注和把握好的几个问题，讲三个方面的意见。

一、如何认识理解渠道统筹管理的意义

（一）我行渠道建设多年来的变迁和未来发展的演化、走向与趋势。工商银行成立以来，在一段时间内曾经是全国各家银行中网点最多的银行。现在可比同业里农行已经超过我们，但即便如此，我们17 000家左右的网点数量，在国外各大银行的眼里也是非常惊人的。在互联网时代到来前的很长一段时间里，我们的网点是工商银行接触和吸引客户的主要渠道。从开户到各种交易，无论是转账还是各类存、取款，几乎所有的银行服务和业务功能都集中在网点，十几年以前基本上就是如此，这离我们并不遥远。

20世纪90年代末开始，互联网的兴起对银行的网点带来了一波猛烈的冲击。回顾过去十年来整个物理网点和电子银行的发展轨迹，随着网络的出现和蓬勃发展，银行业务的一部分交易功能渐渐地从物理网点转移出来，逐步通过网络来实现，当然网点还保留着一些功能，比如开户、咨询、复杂产品的推销等。从交易的角度来讲，现在80%以上的交易已经通过电子银行渠道来完成，而且这个比例还在上升。从最初的转账，到一些简单产品、理财产品，再到现在的一些复杂产品，交易已经大量脱离物理网点。比如保险产品，以往代销保险产品都是由物理网点来做的，主要由前台人员营销；现在的保险产品也在逐步标准化，已经可以在新型渠道销售，销售情况非常好，而且这个趋势还在加强。

过去的十年，是银行业务的交易行为从物理网点向网络迁移的十年，将来几乎所有的线下业务都可以在网上进行，这一过程已经接近尾声。一个阶段接近尾声则意味着另一个阶段即将开始，现在的渠道工作，就处于一个新阶段的起点。这个新阶段，主要有以下几方面的特征：

第一，从交易路径来讲，客户正在从PC端全面向移动客户端迁移。这些年，手机银行快速兴起，客户和交易连续几年都是成倍的增长，我们现在已经有1亿多户手机银行客户，大量手机App功能几乎可以帮助我们在终端上办理所有业务。移动互联，是我们必须重视和研究的一个趋势。

第二，从供求关系来讲，银行从让客户被动接受向真正以客户为中心转型。在互联网企业兴起之前，银行和客户的关系，总体上银行是属于比较“强势”的，可以更多地从维护自己利益的角度去直接制定业务处理的规程。比如说网上支付，原来任何支付都要通过U盾，有些客户就会觉得出差时要汇款还必须随身带U盾，很不方便。当时我们可以跟客户这样解释，为了您的资金安全，银行必须这样做，客户也没办法，因为银行是“强势”的。其实背后的潜台词是，万一客户的资金出了问题，银行得替客户担责任，而客户不方便却不需要银行担责任。反正客户必须来找银行才能办业务，因此客户方便不方便、麻烦不麻烦与银行没关系，这就是所谓的“强势”。

互联网企业兴起后，第三方支付通过短信验证就把钱转出去了。是不是之前银行没研究出这个方法？不是的。实际上，通过短信验证完成支付，我们工行几年前就有“工银e支付”这个产品了。当时没有主动推广，是因为我们觉得这种支付方式不够安全，或者说它的安全系数没有用U盾这种物理手段好。也就是说，我们没有下大力推广不是因为没有手段和技术，而是在资金安全和客户便利之间，银行为客户选择了安全。互联网金融兴起后，第三方支付开始对银行的支付中介主导地位造成冲击，并逐渐形成了很大的市场份额，在这种情况下，我们必须要进行调整。今年以来，我们大力推广“工银e支付”产品，目前“工银e支付”客户已经突破3 000万户，而在去年年底的时候还不到1 000万户。但我们的步伐还是不够快，工行所有支付介质中，通过“工银e支付”进行的支付量只占7%左右。如果从全

社会来看，这个占比就更小了，可能仅占百分之零点几，不到百分之一。

第三，从交互方式来讲，物理渠道从以柜面服务为主向打造更好的交互服务迈进。这个变化是一个渐进的过程。在交易向网络转移之后，并继续向移动互联、向以客户为中心转型的同时，在上一阶段即将结束、下一阶段刚刚开始的趋势中，我们大致可以发现其中的端倪，这一变化的核心就是让客户体验更加舒适，让客户与银行员工有更多的面对面交互式沟通的机会。具体到我们的网点柜面来说，现阶段要将更多的高柜转向低柜。本来银行所有的业务都是在高柜处理的，但现在我们把大量非现金业务包括小额现金业务转到低柜去处理。当然，小额现金业务目前在各地监管方面还有一些差异化的障碍，但这些问题早晚会消除，因为这是大势所趋。工行现在就处于从高柜转低柜的这个阶段。为什么大家都觉得这是一个方向而实际进展却不快呢？这个后面我还要讲到，我们网点没有定量的标准，每个网点到底应该有多少高柜和低柜，有基础数据但是没去认真统计和分析。对于基层行来讲，营销压力很大，缺少动力机制去主动地调整高低柜比例，所以必须由总省行去推动。

物理渠道的发展前景受多方面因素影响，存在较大的不确定性。以后，低柜可能变成银行员工与客户面对面的交互，再后面可能银行员工与客户肩并肩站在一起，如同聊天一样就把业务处理完成了。这一趋势现在在部分地区已经初见端倪，比如说深圳分行所做的网点智能化服务模式试点工作。网点智能化服务模式，其实就是把很多原来低柜的业务由“隔着桌子面对面”变成“撤掉桌子肩并肩”。比如发卡，现在银行人员不必与客户隔着柜台交流，而是借助自动发卡机或者智能终端等新型设备，站在客户身边直接指导协助，客户自己点选输入完成操作后，就可以从设备中直接取出银行卡等介质，这是一个比较典型的例子。这一过程没有柜台，原来的低柜柜员变成现在的客户经理，走出柜台直接服务客户。他的工作职责已经不是输入各种数据然后去做一个个交易，而是指导客户自助完成输入操作。当然，现在把网点的柜台全部撤掉还不现实，柜员所需的业务终端、空白凭证都还要放置，许多复杂业务还需要在柜面办理。

这方面，我们在试点探索，其他同业也在跟进。股份制银行不用赘述，由于网点和人员数量有限，他们在这些方面历来是喜欢动脑筋的。我们不妨来看工农中建四大行，尤其是农行现在在全国推广的“超级柜台”。这个所谓的“超级柜台”其实就是一个大的智能终端，能完成发卡、转账、购买基金等理财产品，同时配备客户经理在机器旁负责指导客户操作，和我们深圳分行的做法其实很相似。主要是客户自己做业务，旁边有银行人员随时可以提供业务咨询、指导如何操作，这样客户就不会像以前一样感觉与银行人员彼此隔离而不接触，客户体验就会好很多。从思路上讲，农行的“超级柜台”和我们正在试点的网点智能化服务是一致的。

（二）在注重研究整个银行业渠道变化趋势的同时，也要深入分析我们的渠道现状和约束条件。刚才讲的这些趋势，更接近理论层面的研究。而我们实际面临的约束条件是，全行渠道工作不是一张白纸，我们有将近 17 000 个网点，网点里有 20 多万名员工。在这样的现实情况下，我们不能把这些一笔抹掉然后画一张新图，只能在现有的基础上谋求转型。我们既要适应未来的趋势，又要解决好存量的问题。

比如说做网点智能化，哪些区域更合适，哪些区域的客户更容易接受？我们是人员大行，正在开展的运营标准化改革已经在卓有成效地释放柜面人员，如果现在就将大量网点进行智能化改造并进一步释放人员，工行是否具备足够的消化能力？释放出来的增量人员如果都去做客户经理，是否能够胜任？还有很多基层的分支行，在思想观念上还没有完全跟上总行的思路，现在仅仅是让他们完成从高柜转低柜都很困难。面临这么多约束条件，包括观念、物质、人员等各个方面，我们必须要处理好趋势和约束条件的关系。

（三）渠道工作是一项基础性、系统性和全局性工作。如果我们认为渠道管理工作只是渠道管理部的工作，别的工作一忙起来就可以把这项工作放一放的话，就大错特错了。现在全行的经营形势比较严峻，有些业务指标差距较大，我觉得归根结底就像易会满行长讲的一样，是好多基础性工作没做好。而这些基础性工作中的一项重要内容，就是渠道管理工作。

拿存款工作来说，有的基层行在抓储蓄存款、对公存款的时候，仍然想沿用前几年的一些办法。比如发一些收益率更高的理财产品、季末最后一天放贷款形成存款或者拉存款大户，但是这些做法已经证明不好用了。很多基层行反映人员不够，网点存量人员又没有潜力，觉得巧妇难为无米之炊。和他们谈起一个网点应该是多少个柜员处理业务，实际现在是多少个，多了还是少了，有没有可能从存量柜员中释放出一部分时，这些同事大多认为不可能，都说网点人员忙不过来，挤不出人来。

前段时间，总行运行管理部和渠道管理部做了一项工作，就是网点运营标准化试点，在全行测算网点的高柜和低柜正常 8 小时工作量到底是多少，这其中要把所有交易，包括复杂和简单交易都折算进来。测算的结果是，目前绝大部分分行柜员人数是过多的。7 家试点分行按照这个标准一举释放出几千人，而在人员优化后，网点柜员还都能完成原来的工作量。比如成效最大的山西分行，试点后大量的柜面人员和支持人员得以充分释放。

本来高柜转低柜的难点，就是因为没有一个定量化的标准，现在按照这个统一的定量化标准，高低柜比例下降非常明显。从全行来说，潜力非常大。接下来，通过运营标准化和人员优化释放出的人员要想转化为有效的营销力量，还有很长的路要走。这些都是抓客户的基础工作。因此，渠道管理工作就是抓好存款的基础工作。渠道工作不是建设和规划几个网点、购买一些服务设备那么简单，认识不到这一点，就认识不到渠道工作的意义和作用。

这是我今天要讲的第一个大的方面，主要是在大背景下谈一下加强渠道管理的意义。总行这次在本部机构改革中唯一新增设的机构就是渠道管理部，我们在各家同业中也是第一家成立渠道管理部的银行。总行党委这一部署是经过深思熟虑的。

二、今年以来渠道管理工作的总体情况

年初易会满行长在出席总行渠道管理部成立会议时，明确指出要重点做好渠道管理“一个规划、两个提升”，即渠道战略规划、网点竞争力提升和客户服务提升这三项核心工作。渠道管理部成立至今短短9个多月的时间里，认真贯彻落实总行党委的战略部署，紧密围绕改革创新和经营转型，以“一个规划、两个提升”为重要抓手和突破口，推动了渠道管理各项工作稳步有序开展。

（一）渠道规划工作取得丰硕成果。前三季度，总行通过组建渠道规划工作团队、确定规划工作协作机制，谋划规划工作框架思路，形成了基础研究与规划编制两方面工作框架。目前研究与规划工作均已取得较为丰硕的成果，分行渠道规划工作也在逐步启动和强化。

第一，多维度开展了渠道规划基础研究。总行渠道管理部围绕现状分析、当前热点、监管环境和规划前沿四大方面先后启动完成了10余项专题研究，涵盖本行渠道建设历程总结、同业渠道建设经验和发展趋势、渠道监管政策、互联网金融与商业银行渠道转型、移动渠道、智能网点、中长期物理渠道和自助渠道总量等方面，为规划编制奠定了良好基础。

第二，编制形成了我行中长期渠道规划纲要。基于前期研究成果，总行渠道管理部统筹了全渠道建设发展战略和各渠道总量与功能定位，编制形成了我行中长期（2015—2024年）渠道规划纲要，包括中长期物理渠道总量论证、中长期渠道战略规划、实现路径与主要措施等六个部分，为未来十年渠道管理工作明确了战略思路与方向。

第三，完成了渠道管理专业三年规划编制。通过总结过去三年我行物理渠道和服务工作成效、问题与不足，深入研究面临的机遇与挑战，明确未来三年总行在物理网点、自助渠道和服务等方面的战略思路、任务目标及主要策略，形成了未来三年我行物理渠道与服务战略规划。同时，总行也在加强对分行渠道规划与建设工作的引导，规范并推进全行渠道规划与建设工作，目前已经形成了渠道规划基本模型与方法，用于指导各行提升区域渠道规划的理论水平和业务能力。

（二）网点竞争力提升工作效果显著。前三季度，总行渠道管理部牵头，通过建立健全总分行网点竞争力工作责任机制，统筹协调部门合作，深入基层督导，加强考核通报，推广先进经验，建设网点经营支持体系，不断夯实网点竞争力提升工作基础；通过加快自助渠道建设，试点网点智能化服务模式，持续推动渠道转型与渠道创新；通过运营标准化试点及推广工作有效推进，网点人员结构进一步优化，全行营销服务能力和重点产品渗透率进一步提升，网点配套服务机制进一步完善。应该说，网点竞争力提升工作的措施更加得力，基础更加坚实，提升更加全面，效果更加明显。

第一，建立健全总分行工作机制，总结推广分行优秀案例。总、分行根据年度网点竞争力提升工作任务计划，明确了工作重点；总行组织召开了多次网点竞争力提升领导小组和工作推进小组会议，根据考核评价办法，按季度对各行提升工作进展情况进行通报和督导；各行着力加强工作的组织推进力度，尤其是山东、浙江、广东、四川、新疆、深圳等6家分行，认真总结在网点自助化、人员优化、精细化、综合化、低效网点优化、智能化等方面的先进经验，形成了6个各具特色、各有侧重的推广案例，在前期召开的成都和杭州两次经验推广会上做了很好的分享，对各行学习借鉴发挥了重要作用。

第二，稳步推动网点运营标准化和人员优化，不断夯实网点竞争力提升基础。在各部门各分行共同努力下，网点运营标准化工作稳步推进，成效明显。9月末，全行网点高低柜配比为1.99∶1，较6月末的2.27∶1大幅下降13%；服务支持岗下降40%；当班柜员人日均工作量114笔，环比提高5.6%。网点人力资源配置、柜口配置和岗位配备更趋科学优化。前9个月实现柜员转岗11 738人，完成全年目标的123%；网点销售人员净增5 398人，完成全年目标的148%；网点负责人和大堂值班经理两类岗位合计4.72万人，占比20%，网均达到2.86人。

第三，制定落实年度分支机构建设计划，持续推进低效网点优化调整。总行认真研究2014年全行网点新建、迁建、优化调整、升格等目标任务，科学制订并认真落实年度分支机构建设和低效网点优化调整计划。各分行也加大了对低效网点的优化调整力度，今年全行计划完成的607家D、E类网点优化工作，9月末，启动率已达100%，比二季末提升14.2个百分点；其中优化完成392家，占比64.6%，比二季末增加190家，占比提升31.3个百分点。9月末全行网均存款9.52亿元，较年初增长4.71%；人均存款3 597.08万元，较年初增长3.57%，整体竞争力继续提升。

第四，持续加大自助渠道建设力度，渠道结构与渠道效率不断改善。通过科学规划自助设备投放总量、节奏和布局，强化自助渠道管理。自助银行方面，截至9月末，全部自助银行与物理网点比例提升至1.5:1。其中，新建离行式自助银行2 834家，总量已达到物理网点数量的60%；新建附行式自助银行615家，网点覆盖率达到90%，两项指标均已提前完成全年计划。ATM交易量方面，全行在设备投放量增加1.2万台的情况下，业务量仍保持较快增长，前9个月ATM台日均交易量297笔，同比增长2.6%；台日均交易金额34万元，同比增长7.0%。其中，深圳、海南分行和广东分行营业部台日均交易量分别达459笔、418笔、412笔，运营效率名列前茅。

第五，完善渠道管理长效机制，切实增强渠道服务能力与水平。今年以来，总行健全网点分类管理与经营支持体系，通过将网点服务营销业态优化整合为财富管理中心、理财中心和金融便利店三类，确保网点服务营销业态分布结构更加均衡、定位更加准确。进一步完善了网点五级分类管理体系，为网点提供经营诊断分析和改进优化路径参考。统筹制定了网点营销服务标准化实施方案，推动全行网点从交易核算型向营销服务型转型。初步搭建起包括网点晨会直通车、援助保障系统、营销服务平台在内的信息传导与保障机制，用鲜活具体的方式实实在在地帮助基层网点聚焦经营管理，取得很好的效果。

第六，协同推进系统建设和制度建设，深入开展渠道维度数据分析。总行已经在牵头构建包括营业网点、自助银行、创新渠道、服务管理等在内的“视图统一、信息整合、功能共享”的渠道管理统一平台，预计年底前正式投产。渠道管理部还牵头制定印发了《渠道代码信息标准管理办法》，搭建了渠道统计管理体系，启动了营业网点建设规范编制工作，加强了渠道专业数据质量治理。在此基础上，总分行深入分析全行各类渠道经营管理情况，形成一批总分行、各层面、各角度的渠道分析报告，对渠道客户行为、ATM收益、“客户之声”等进行专题数据分析，在总分行渠道管理工作和决策过程中发挥了重要的决策参考作用。

（三）客户服务提升工作再上新台阶。今年以来，总行组织开展了“人民满意银行建设年”主题活动，召开了2014年服务工作推动会，推广了北京、上海、浙江、山东、辽宁、江西等6家分行服务工作先进经验，细化了年度工作任务目标并逐一推动落实。全行上下以主题活动推动窗口服务水平的改进，加大投诉突出问题专项治理力度，不断完善以客户为中心的服务机制建设，服务提升工作又上了一个新台阶。主要体现在以下几个方面：

第一，客户满意度提升。市场调查表明，我行个人客户满意度达到了优良级，其中普通客户与中高端客户满意度分别达到86.3分和87.1分，分别较上年提升1.4分和1.9分。

第二，窗口服务改进。窗口服务规范化和人性化水平得到进一步提升，实现了服务零恶性事件。窗口服务口碑显著改善，今年以来客户窗口服务表扬人次增长到2.2万人次。千佳网点创建第一阶段工作取得良好成绩。南京青奥金融服务实现了“三零”（零投诉、零事故、零差错）的高目标并向海内外成功传播我行国际化服务形象。

第三，服务效率提升。客户平均等候时间稳定在10分钟左右的客户可接受水平。大幅压降了连续200天平均等候时间超过30分钟的超时网点数量。

第四，客户投诉量下降。1－9月全行共受理客户投诉657件，同比下降75%。客户投诉处理质量保持稳定，客户对投诉处理的满意度继续保持在95%以上，投诉处理满意度与限时办结率同比提高。

三、当前渠道管理工作中需要关注和把握好的几个问题

（一）网点竞争力提升工作推动不均衡的问题。网点竞争力提升是一项事关全行战略发展和经营管理大局的全局性、基础性工作，也是一项事关未来可持续发展的系统性、战略性工作。自去年12月启动以来，全行上下积极贯彻总行党委关于网点竞争力提升工作的有关精神和要求，齐心协力、紧密配合，有序推进七大工程的贯彻实施，在低效网点优化、网点运营标准化、人员优化调整和自助渠道建设等方面取得了明显进展。

在肯定成绩的同时，也应该注意到各分行间工作进展不均衡的现象十分突出。在低效网点优化方面，9月末已优化完成392家D、E类网点，只占今年全行计划的64.6%，大量的网点优化是在三季度开工的，可能四季度完工的会更多一些。全行的进展水平还是有所差异，福建、天津、厦门3家分行提前完成了全年任务目标，而部分分行的进度则远低于全行平均水平。在人员优化释放方面，9月末全行实现全年目标（9 535人）的123%，但也有部分分行完成进度还未过半，需要认真分析原因。在自助渠道建设方面，北京、青岛、四川、江西、内蒙古等13家分行提前完成全年任务，而部分分行的离行式自助银行的任务完成率还不到一半。在高低柜比例方面不均衡现象也十分明显，深圳、新疆分行的高低柜比例已经在1:1以下，而少数分行还在4:1以上，这些分行应该借助网点运营标准化的东风再加把劲。

行际之间发展不均衡，这是我们今年渠道工作比较突出的特点。这和各行渠道工作的综合性比较强，以及各行行领导、渠道管理部门的组织协调能力应该有些关系。渠道工作的难度就在于专业跨度比较大，如果没有“一把手”的强力支持和着力推动，这项工作不可能得

到有效落实。大部分分行特别是一些大行，对这个问题的认识比较到位，但毕竟不是全部，还有一些行在认识上可能还存在偏差，还没有将渠道管理的工作职责落实到位。体制机制方面的问题使得分行内部各部门之间的协同效应还没有充分发挥，靠一两个部门单打独斗，工作是做不好的。

（二）抓好网点运营标准化和人员优化的问题。网点运营标准化这项工作，姜董事长和易行长都很重视。最初的方案呈给姜董事长审阅，董事长看过之后说，这项工作很重要，怎么强调都不过分。易行长亲自主持召开了一个全行范围的动员会。行领导在对这项工作的认识上可谓高瞻远瞩。网点运营标准化要解决什么问题，我在第一部分已经大体介绍过了，主要是通过标准化的高柜和低柜测算出一个网点到底需要多少人，然后再从网点释放多余的人力。这项工作对于其他工作的推动作用至关重要，近期内可以说是我们整个渠道管理工作中最重要的一项内容，是网点竞争力提升工作中的“牛鼻子”。这项工作难在涉及面广，尤其是人员优化、岗位整合，没有“一把手”和分管行长的高度重视，这项工作很难开展。比如人的问题，刚才讲到山西等7家试点分行释放出多少人力来，其实这只是解决了“人从哪里来”的问题。真正的人员优化应该是两个方面，一方面是“人从哪里来”，另一方面是“人到哪里去”。释放出来的人力不能闲置，但在重新上岗前必须有适岗培训，做好新岗位的人岗匹配。在这些方面，有些分行也在进行探索，积累了很多好的经验，比如这次研修班中，浙江金华分行将专门介绍他们在人员优化方面的做法。金华分行之所以能够做到这些，很重要的一点是金华分行行长作为“一把手”，亲自主持和大力推进这项工作，这样才能取得实效。

所以，网点运营标准化和人员优化工作要想做好，必须得到各行“一把手”的高度重视和全力支持。希望各位主管行长回去后把这一点向分行“一把手”详细报告，没有各行“一把手”的支持，这项工作是很难落实的。金华分行的经验做法，我听过一次，讲得很好。下一步总行渠道管理部、人力资源部等部门还会在这方面研究出台相关配套措施，主要是关于网点转岗人员方面，明确释放出来的人力资源怎么进行适岗培训，怎么科学使用。

（三）加强自助渠道建设管理的问题。近年来，自助渠道交易量持续快速增长，从今年三季度数据来看，全行动账交易量58.39亿笔，其中自助渠道占比40.56%，稳居第一大交易渠道。自助渠道对全行经营管理的有效支持，是今年渠道工作中的一个亮点。三季度末我行存取款一体机储蓄存款与柜面储蓄存款比例已经达到0.85:1，ATM本代他是他代本交易的114%，同比提升5.6个百分点。全行各类渠道（柜面、网银和自助终端）代销的个人保险中，自助终端销售额4月从零起步，9月末就达到百亿元规模，全渠道销售占比15%。在全行存款和利润增长面临较大压力的严峻形势下，自助渠道作出了重要贡献，自助渠道建设对于推进渠道转型、优化渠道布局发挥了重要作用。但当前的自助渠道建设与管理工作中，也还存在一些问题，需要引起我们的重视：

第一，部门联动方面的问题。自助渠道管理中存在“三多”，即涉及设备种类多、涉及管理部门多、涉及的区域监管要求多。就拿管理部门来说，业务管理归业务部门，设备采购维护归集中采购和科技部门，设备选址布放涉及财务部门、相关业务部门以及科技和保卫等多部门。目前，部分分行在自助渠道管理方面仍存在一些问题，自助设备从申请到布放、应用过程中的布局规划、业务管理、采购维护等工作仍较分散，效率低、环节多。对区域渠道发展缺乏更高层面的统筹，容易错失发展机遇，不利于业务发展。各行要对此高度关注，明确自助渠道建设管理方面的分工，做到既讲分工、更讲协作，多个部门间一定要形成联动。

第二，低效设备方面的问题。截至6月末，全行8.6万台ATM中，投产运营一年以上、连续5个月台日均交易量在100笔以下的ATM共计7 600多台，剔除为满足重点客户合作需要布放以及部分超期服役的设备约3 500台，还有约4 100台，占全行ATM总数的4.8%。这部分设备低效运营的主要原因是，部分分行在设备管理方面职能部门职责不明确、设备种类和功能配置不合理、设备选址策略不科学以及设备布放后的监测评价、运营保障不到位等。对此问题，一是各分行要明确自助渠道在投产运营前后各环节的部门职责，确保自助渠道建设管理工作顺畅和高效。二是针对存量低效设备，要实行名单制管理，逐台分析低效原因并有针对性解决实际问题，后续要有持续改善计划。三是聚焦区域金融资源，切实提升统筹规划水平，合理计划调配设备种类、核定设备数量、优化设备选址。四是不断健全完善管理制度，通过系统平台实时监控，深入分析设备运行情况，准确评价设备效能，健全通报及督导机制。

第三，设备分配管理方面的问题。总行正在研究制订新的设备分配管理办法，主要思路是通过增量配置，优化存量运营效率。对ATM的分配管理，要重点考虑“台均交易量”这一核心运营效率指标，兼顾“单机日均存款金额”“台均服务客户数”和“台均服务卡数”等相关指标，结合各行低效设备优化进展情况，实行分类管理，保优压劣。

（四）如何认识网点智能化服务模式的问题。网点智能化服务模式是一个趋势，但目前对于我们来说，还处于试点阶段，尚未大规模在全行铺开。主要是我们网点的大规模调整优化还没做完，如果一下就跳到网点智能化有点超前。目前，大部分分行在网点优化方面要做的还是高低柜比例的合理优化。我们的网点智能化服务模式在有些分行已经开始试点，但也不要操之过急，因为现在高低柜比例优化还没做完。

在网点智能化服务模式试点过程中，我们也发现一些问题。首先是对网点智能化服务认识不到位，突出表现在不清楚网点智能化到底是要解决什么问题。一些基层行对网点智能化服务的认识还停留在采购一些先进设备上，没有把设备、劳动组合以及网点布局结合起来思考。如果这些没结合起来，那智能化服务的功效就会大大减弱，这就好比我们有了好武器但却不会很好地利用。网点智能化服务的核心，并不是用最先进的设备而是提供更人性化的服务。人性化的服务主要体现在低柜业务自助化处理、人性化处理，设备只是实现这一目标的一个手段，要根据目标来配设备，并调整劳动组合和网点布局。若是脱离开这个核心，智能化服务就会蜕变成单纯的购买新设备。比如，个别网点采购了不错的智能终端，一看外观和 ATM 差不多，就把智能终端和 ATM 并排在一起布局，这就会失去智能化服务的本来意义，再先进的智能设备也无法发挥其作用。事实上，ATM 和智能终端的定位截然不同。ATM 主要是高柜业务的自助化处理，因为这里面有现金交易，所以高柜业务的处理可以通过 ATM 来实现。而智能设备则主要是低柜业务的智能化处理，比如通过智能终端旁边的银行人员指导，客户自助完成发卡。所以，不同的智能设备必须要和网点劳动组合以及网点布局结合起来。如果简单地把智能设备和 ATM 放在一起作为自助设备使用，旁边又缺少客户经理的指导，很多客户不会使用，客户体验会很差，再好的设备也形同虚设。

因此，我们要大力宣传网点智能化服务模式，要让大家理解网点智能化服务模式并非只是设备的高科技化，我们设计它是要解决什么问题、怎么解决问题的，最重要的是我们要实现什么目标。这个目标就是我们要实现交互式的人性化服务，最终实现走出低柜直接服务客户。有了这一目标再来看采购什么设备以及如何选型，就可以灵活安排了。比如说 VTM（远程柜员机），在我行这次智能化服务模式试点工作中，我们在 VTM 的运用方面总体比较慎重，主要是考虑到 VTM 的投入费用较高、客户体验不够理想，以及缺乏批量运用所需的内外部制度与系统保障支持。当然，未来渠道管理部及相关部门也可以继续探索研究，针对无人值守的离行式自助银行特别是在受牌照限制的县域区域中试点开展“VTM + ATM”等设备的组合运用。

（五）以投诉管理为突破改进服务的问题。投诉管理方面，前面讲已经压降了很多，但还有一个问题就是客户到银监会的投诉数量比较多。前三个季度，银监会受理工行客户信访投诉 123 件，较去年翻了两番。虽然今年以来银行业信访投诉量普遍上升，但我行增加最多，增速最高，必须引起高度重视。信访投诉量过高，不仅影响监管机构对我行的监管评价，也背离了建设人民满意银行的根本目标。各行要下大力气抓好客户信访投诉量压降工作，以此为突破口，标本兼治，更快更好地推动服务全面改进。

要狠抓重点区域和重点问题，落实好相关机制，特别是现场服务纠纷首问负责制和支行行长投诉处理最终责任制。大部分客户到监管机构进行信访投诉，排除部分客观原因外，一般是在我行投诉无果后迫不得已才采取的措施。前三季度到银监会的信访投诉中 90% 以上是到网点或拨打客服电话进行过投诉的，但由于我行有关机构或人员在初次处理中重视不够，处理不妥，未能有效回应客户合理诉求，从而导致投诉升级。这里再重申一下，对现场发生的服务纠纷，网点从大堂经理、柜员、客户经理到负责人必须承担起首问责任。对支行范围内发生的投诉，支行行长负有最终责任，要确保将投诉化解在本支行范围内。对于因未落实上述首问负责制和最终责任制而引发投诉升级并造成不良影响的，总行将在全行范围内进行通报并严格问责。

同志们，今年的渠道管理工作已全面铺开，各项工作已经到了关键阶段。虽然我们已经取得了一定的成绩，但是需要提升、可以提升和必须提升的空间还很大，未来的工作任重而道远。各行要进一步增强责任感和紧迫感，强化组织推动，狠抓措施落实，确保渠道管理各项目标任务完成序时进度。尤其是要抓紧年底前最后两个多月的时间，争分夺秒，确保“一个规划、两个提升”年度目标的顺利实现。为做好本次培训，总行渠道管理部和杭州金融研修学院前期都做了精心准备，希望大家能好好珍惜这次渠道管理专业培训的宝贵机会，认真学习好、领会好本次培训的要义和精髓，并在实际工作中因地制宜地抓好落实。

在业务运营高级管理人员研修班上的讲话

谷 澍

（2014 年 11 月 19 日 · 根据录音整理）

这次业务运营高级管理人员研修班的主要目的是，系统培训网点运营标准化管理改革内容，研究推动全行加快网点运营标准化改革步伐。两天来，总行运行管理部对改革相关内容进行了全面培训，山西、天津、湖北等 12 家分行作了汇报发言；23 家分行提交了书面交流材料，我都看过。刚才，总行相关部门也谈了很好的意见，下面，我再讲几点意见。

一、网点运营标准化管理改革取得重要进展，进一步巩固了工商银行的核心竞争力

全行上下按照总行网点运营标准化管理改革的部署，积极谋划、精心组织、狠抓落实，标准制定、平台建设、改革试点等方面均取得了实质性进展，改革成效初步显现。

（一）改革的组织推动稳步有序。总行党委高度重视网点运营标准化管理改革，姜建清董事长和易会满行长多次对改革工作作出重要指示，易行长还在改革启动视频会上进行了动员和部署。总行网点运营标准化管理改革领导小组经过充分酝酿、深入调研和反复论证，完成了网点竞争力提升的整体规划和顶层设计，明确了改革的目标、路径、措施；建立了跟踪监测和定期督导机制，强化了总分行联动和改革推动。全行上下认真贯彻落实总行党委要求，各行均成立了由“一把手”行长挂帅的改革领导小组，建立了改革工作推进机制，完成具体改革实施方案的制定，启动了改革实施工作；部分行行长定期听取汇报、指导方向、强化推动，主管行长深入网点调研分析，组织召开专门会议，推进改革落地实施，特别是 7 家试点行实施更为全面系统。目前，各级行对改革目标、思路和任务的理解认识更为深刻、全面，为下一步改革的全面实施奠定了良好的基础。我最近与部分行交流中发现很多分行一把手行长对这项改革很感兴趣，对本行网点的高低柜比例、岗位、人员数量等情况都非常清楚，这说明这项改革组织推动工作做得比较到位，也说明改革本身是契合工商银行实际的，是能够为全行发展带来实实在在益处的，体现出了改革的价值所在。

（二）改革的基础支持更加有力。总行经过深入研究，把厘清数据、统一标准、建设系统作为网点运营标准化管理改革的重点基础工作来抓，集中力量开展了运营数据治理工作，制定了统一的网点运营业态分类、业务量计量、高低柜业务划分、柜口配置、岗位设置、柜员配备等网点运营标准，构建起统一、实用、前瞻性的网点运营管理平台，为改革的全面实施夯实了数据基础、提供了标准依据、丰富了支持手段。

一是网点运营数据标准实现全行统一。网点运营数据标准是网点运营标准化改革的难点，也是基础。前几年，部分分行在网点运营标准化方面进行了一些尝试，但都不够深入和彻底，关键就是缺乏统一的数据标准。这次改革，总行在这方面下了很大的功夫，运行管理部门会同相关部门付出了很大的心血，组织开展了对全行数千种业务、数千个交易的全面梳理和解析，全面解决了主机系统中交易信息记载不全面、不标准、不准确的问题，实现了全行交易日志记载规则和业务量统计范围的统一。综合考虑业务难易程度等因素，建立了全行统一的以业务处理时长为尺度的工作量度量标准和交易工作量折算标准，实现了柜员工作量的准确计量、客观反映和横向可比。全面核实了全行 1.6 万多个网点人员、柜口的数量和具体信息并建立起动态更新机制，确保了网点运营基础信息的准确有效。基础数据治理和折算标准的统一，为网点运营标准化改革的深入实施奠定了坚实的基础。

二是运营资源配置标准全面明确。综合考虑工作量、客户结构、资产负债规模等因素，确定了全功能网点、综合网点、单一网点等三种网点运营业态的划分标准，作为运营资源配置的基础依据。明确了高柜主要处理耗时短、流程简单的业务，低柜主要处理耗时长、流程复杂的业务，充分发挥高柜快收快付、低柜处理业务兼顾营销服务的职能；确定了依据业务工作量配置高低柜数量的标准，高低柜业务划分和配置标准更加清晰。按照整合岗位职责、精简岗位数量、遵循岗位制衡的原则明确了统一网点 6 大类岗位设置和柜员配置标准和具体要求，为网点资源优化配置提供了依据。

三是网点运营管理平台全面投入应用。高起点规划构建的集网点基础信息管理、全渠道业务量统计、运营

资源配置、运营效率分析、动态监测评价等功能于一体的网点运营管理平台在全行推广应用，实现了各网点的柜口、岗位、人员、业务量等总量及结构性数据信息的集中展现和网点运营情况的统一评价，为全行网点科学实施运营标准化、精益化集成管理提供了先进的平台和手段支持。各级行可以直通式掌握下辖机构和网点的人员、柜口、业务量等运营基础数据，总分行运用平台数据，开展了网点资源配置情况及其运营效率的分析，清晰掌握了全行网点柜口配置、岗位设置、人员配备和工作量等运营现状和存在问题，为有针对性地推进柜口优化、岗位整合、人员配置、运营管理等提供了可靠支撑。刚才，天津、湖北分行在发言中都讲到平台的作用，昨天的培训也对平台的功能和应用进行了系统讲解。我想大家都有体会，网点运营管理平台提供的很多数据，以前是取不到的。现在通过这个平台，我们可以及时了解到网点高低柜比例、业务结构、服务支持人员等等方面的数据及其存在的问题。可以说，网点运营标准化管理改革不仅提升了网点资源配置和运营效能，也进一步提高了网点管理精细化水平，巩固了工商银行不可复制的核心竞争力。

（三）改革的试点推广扎实推进。基于网点运营标准的依托和运营管理平台的有力支撑，各行按照网点运营标准化管理改革启动会的整体部署，全面启动并扎实推进改革实施。北京、山西、浙江等7家试点分行全面完成了标杆网点打造并进入了全面推广阶段；其他分行也按总行要求开展调研分析和试点，吉林、广西等分行已经开始在辖内全面推广。从全行整体实施情况看，改革工作进展顺利，成效初步显现。

一是高低柜口配置不断优化，柜口布局渐趋合理。各行按照高低柜业务划分标准，以网点实际工作量数据为基础，稳步推进高低柜结构优化。部分行通过平台持续监测高柜办理的复杂业务指标，实时掌握网点高低柜口设置和高低柜业务办理情况，采取有力措施推进网点优化柜口布局，网点柜口分区布局逐步优化，高低柜业务有效分离处理取得实际成效。从6月到目前，全行高低柜比例从2.27:1降低至1.99:1，降幅达12.3%；其中，7家试点分行高低柜比例从2.22:1降低至1.58:1，降幅为28.8%。随着柜口布局的优化，高柜快收快付和低柜营销服务职能得到进一步有效发挥，促进了网点运营服务效率和产品营销能力提升。

二是资源优化配置同步推进，人员结构优化成效初显。各行在高低柜口配置逐步优化的同时，也同步按照全行网点人员配置标准，因地制宜确定本行调节系数和具体配备标准，稳步推进网点人员优化配置。改革实施以来，全行共实现5 000余名柜员从高柜向低柜流动，6 000余名柜员和服务支持人员转岗至营销类等岗位，人员结构进一步优化，营销力量得以加强。各行在优化资源配置的同时，各有侧重地采取推进柜员综合化、集中上收中后台业务、推行网点内部岗位兼岗流动、探索柜员集中管理和调度模式等措施加强内部挖潜，提高了网点资源综合利用效率。

三是网点运营管理加强，运营服务效能稳步提升。各行在改革试点过程中持续加强网点运营管理，网点业务处理效率和人力资源利用效率有效提高。全行柜员人均工作量由6月初的105笔提高到目前的114笔，上升了8.6%；7家试点行柜员人均工作量由6月初98.6笔提高到118.9笔，上升了20.7%，正是因为较短的时间内运行效率有了明显提升，才释放出这么多人来。我注意到运营管理精细化水平相对较高的浙江分行人均工作量提升了11%，这也说明了其他运营标准化程度较低、进度较慢的分行，运营效率提升的潜力会更大。各行服务营销力量的补充及配套服务改进措施的实施，促进了客户服务提升，高峰期客户排队等候时间有效缩短，客户投诉量同比得以下降，业务操作更加规范，远程授权通过率、业务集中退回率、网点可控风险暴露水平等网点运营质量类指标均所有改善。

（四）改革带动了相关配套工作。全行围绕改革的目标任务，将网点运营标准化和后台中心建设、业务流程改造和运营核算关键环节改革等相关配套工作结合起来实施，统筹谋划、协同推进。集约运营管理持续加强，网点中后台业务运营集中上收工作扎实开展，柜面渠道全口径业务集中率达到67%；二级分行运行后台中心有机整合、归类合并、规范管理工作稳步推进，进一步增强了后台中心对前台网点的服务和支撑能力。会计凭证集中预约出售、对公结算账户综合开户、个人业务免填单等业务流程优化项目在全行应用，提高了业务处理效率。柜员身份指纹认证改革全面完成推广，在加强事中风险管理的基础上也为实施柜员集中管理奠定了基础。核算印章综合改革稳步推广，减少了传统模式下印章管理人员的岗位权限制约。这些配套改革的综合实施，精简了网点业务操作，简化了柜面业务流程，释放网点服务潜能，为实施网点岗位和人力资源整合、推进网点运营标准化管理改革提供了有力支持。

全行上下齐心协力，扎实推进改革各项工作，网点运营标准全面厘清、运营管理平台深入运用、柜口人员配置逐步优化、网点运营效能稳步提升，改革试点推广取得了可喜的进展和成效。全行在改革探索中进一步深化了改革认识、理清了改革思路、积累了改革经验，增强了我们深入实施网点运营标准化管理改革的信心和决心。

二、充分认识当前网点运营存在的问题和挑战

总体看，网点运营标准化管理改革进展较为顺利，但我们也要看到，改革尚处初期，各行改革实施的范围、进展存在较大的差异，全行范围内网点运营不均衡

问题尚未根本解决，分行间、网点间的运营资源配置、人员工作负荷和运营效能等方面的不均衡性，迫切需要全行进一步加快改革步伐来加以解决。

（一）网点柜口设置不合理，运用不均衡现象仍较普遍。以工作量为基础的柜口配置标准尚未在全行全面推广，柜口工作量不均衡、高低柜口比例与网点实际业务结构不匹配等问题较为普遍。全行1.65万余个网点共有对外服务柜口9.7万个，实际利用8.4万个，柜均工作量105.6笔，最高的分行达到140笔，最低的不足90笔，22%的柜口日均工作量不足50笔。贵宾区柜口利用不足现象较为突出，全行超过1/4的贵宾区柜口日均工作量不足50笔；8 900个配置贵宾区的网点中，有1 000余个网点的贵宾区柜口利用率低于50%。分行间以及同一分行内不同营业网点间高低柜配置比例差异较大，全行普通区高低柜比例为1.99:1，最低的分行为0.85:1，最高的分行为5.11:1，是最低分行的6倍；有6 026个网点（占全行网点的比例为36.5%）没有设置低柜或虽设低柜但未实际使用。高低柜间业务办理不尽合理，全行尚有275.9万笔应在低柜办理的业务仍在高柜办理，占高柜业务量的40%。高柜过多承担复杂业务处理和营销职责，造成了不必要的排队现象，低柜营销服务功能也难以充分发挥，影响了网点运营效能和营销服务水平的整体提升。

（二）岗位设置和人员配备不标准，综合利用率不高。随着我行深入实施柜面业务集约运营、渠道分流，客户金融交易逐步向线上迁移或者集中到后台进行处理，柜面渠道处理的业务量有所下降。但由于全行统一的网点岗位设置和人员配置标准尚未全面实施，各分行、各网点的人员配置和劳动组合模式存在较大差异，影响了网点运营总体效能提升。部分行仍然按照现金和非现金、对公与个人等业务分别设置不同的主机柜员岗位，柜员业务综合化程度不够，不同分区间柜员难以有效流动，资源综合利用率低。网点内各岗位间的兼岗受到诸多制度限制，承担内部管理职责的负责人和大堂值班经理职责未有效整合，制约了人员资源的利用效率。全行2 100个7人以下的小规模网点除配备了网点负责人履行现场管理外，还配备了专职大堂值班经理，其中有289个网点配置两类人员达3人，资源综合利用效率有待进一步提高。部分行中后台业务上收和岗位整合不够，占用了大量人力资源，全行共计配置服务支持人员1.2万人，占网点人员的5%，多的分行占比达到11%，有700多个网点配备5人以上。营销人员配置不均衡，全行网点客户经理和大堂经理共6.9万人，占网点总人数的28%，但分行间、网点间差异较大，配置多的分行超过40%，网点均超8人；配置少的低于20%，网点均不足2人；部分网点营销人员配备数量和业务实际需要不相匹配，总体数量上的配备不足与网点分布结构上的不合理并存，全行有133个柜员数量在5人以下的小型网点配备了5名以上大堂经理和客户经理。

（三）柜员忙闲不均，相当部分人员工作量不饱和。基于网点内部、网点间的人员调度管理机制尚未有效建立，跨网点资源的灵活调度和综合利用不足，网点间柜口忙闲不均等问题未得到有效解决，柜员忙闲不均仍普遍存在。全行当班柜员人日均工作量114笔，与标准的日工作量129笔相比，柜员人均工作量整体仍不饱和；近1.8万名柜员（占比16.6%）工作量低于50笔。分行间柜员人均工作量差异较大，高的分行达到近160笔，低的分行仅90余笔；同一地区不同网点之间人均工作量也存在不均衡，如，某分行营业部人均工作量高的网点超过200笔，低的网点不到80笔。部分分行劳动组合不合理，柜员当班率偏低，有近2 700个网点柜员当班率低于60%，与按“上五休二”模式计算的71%平均水平存在较大偏离。

（四）长效管理机制尚未建立，改革实施有待深入。总体上看，当前各行仍处在主要围绕网点高低柜配置优化、网点岗位整合、人员结构调整等方面实施改革的阶段，主要是解决网点高低柜、人员配备等基础性存量不合理问题，各行对建立科学的网点劳动组合模式和运营资源集中管理、统一调度机制等深层次课题研究还未深入。但作为全球领先银行，我们在网点运营管理方面更要着眼于如何引领服务、提升服务。同时，随着客户消费行为习惯的不断升级变化、互联网金融的迅速崛起、线上线下一体化的发展，网点运营标准需要动态优化和调整，这就是要构建促进网点资源优化配置和运营效能持续提升的长效管理体制机制。随着改革的全面实施和不断深入，需要全行加快研究网点运营的制度性突破，建立科学的网点运营分析评价机制，实施网点运营效能常态化监测、分析和评估，推动网点从基于经验总结的定性管理向基于数据分析的量化管理转变，促进网点运营资源合理配置和运营管理标准化水平的持续提升。

上述情况是影响网点资源配置效率和运营效能乃至网点竞争力提升重要而紧迫的问题，这些问题的存在，说明了改革的必要性，也说明了改革的潜力所在。各行要充分认识到当前加快改革的紧迫性和必要性，结合本行实际情况，采取针对性措施统筹谋划管理体制机制改革、业务流程再造和资源配置优化，全面深入实施网点运营标准化管理改革。

三、全面加快网点运营标准化改革

网点运营标准化管理是提升网点竞争力的关键工程，是转变发展方式、实现战略转型的重要内容。全行要深刻认清形势和任务，站在全行战略发展的高度，统筹协调推进资源配置优化、人员结构调整、运营精益管理、服务模式创新和长效机制建设等方面工作，全面构建起“资源配置有标准、岗位设置有依据、内部管理有规范、运营效率有考核”的网点运营标准化管理体系。

（一）切实提高思想认识和加强组织推动。网点运营标准化管理改革是总行党委结合互联网金融发展趋势、同业竞争态势和全行发展战略需要，适时作出的一项重要决策。涉及平台建设、柜口配置、流程优化、人员调整、体制机制变革等多方面任务，加上各行、各网点具体柜口、岗位、人员、业务量等情况异常复杂，这就决定了全面深入改革是一项任务异常艰巨、组织实施非常困难的系统性工程。全行上下要充分认识改革的复杂性、艰巨性和持续性，进一步统一思想，深刻理解和领会改革的理念、思路、目标和意义，全面准确把握改革的丰富内涵，举全行之力，强化改革推动和工作落实。

各行要按照总行的部署和要求，切实发挥好由“一把手”行长挂帅的改革领导小组的统筹协调和组织推动作用，加快研究解决改革过程中面临的困难和问题，为改革实施提供强有力的组织保障。要强化改革实施的监测督导，加强改革过程管理，确保改革按计划序时推进。要加大改革培训和宣传力度，强化对各级行的改革理念宣导和方法培训，激发各级行、各部门员工参与改革的积极性、主观能动性和创造力，营造上下联动、合力攻坚的良好改革氛围。各有关部门要加强协调配合，统筹做好网点布局调整、人力资源转岗优化、营销渗透等其他网点竞争力提升工程，切实发挥改革合力，综合提升网点竞争力。

（二）切实加强平台应用和网点运营分析。网点运营管理平台是实施网点运营标准化改革的重要基础和支持手段，今年8月在全行投产应用以来，我们全面准确了解、分析网点运营资源配置和运营效能情况有了重要支持，要把完善好、推广好、应用好这个平台作为一项重要的基础性工作来抓。信息科技部门要继续加大研发力量投入，按照丰富监测指标、拓展平台功能、简化系统操作的要求加强网点运营管理平台建设，加快实现各渠道业务统计、运营监测评价、统一视图等功能，促进网点运营管理精细化。各行要加大平台推广、培训和应用力度，确保各级行、各网点、各相关人员能运用、会运用、善运用平台各项功能，切实发挥平台在支持改革和管理中的作用。要建立有效机制，及时做好网点柜口、人员等平台信息变化的更新维护工作，确保平台数据准确有效。要依托平台强大功能，建立网点运营监测、分析机制，持续开展网点运营情况分析，充分运用平台展现的网点人员、柜口、工作量等运营数据，分析不同区域、不同类型、不同规模网点的运营特点和差异，深入剖析网点在柜口设置、人员配置、柜员工作量饱和度等方面存在的具体问题，针对性制定改革实施措施。

（三）切实有效组织改革实施。网点运营标准化管理改革是全行经营发展的一项重要战略举措，全行要按照总行党委的决策部署和顶层设计思想，依托网点运营管理平台的深入运用，有效组织好各阶段改革工作。7家试点分行要进一步加快推广步伐，年内完成50%以上网点推广任务，为全行全面推广提供可借鉴的做法，并力争明年上半年完成全辖推广；要全面总结改革试点经验，编制样板网点改革实施案例，为全行推广提供更好的借鉴。其他分行要在充分吸收借鉴试点行的成功经验基础上，重点依托网点运营管理平台，统筹实施网点岗位整合、人员结构调整、柜口布局优化、运营效率提升等工作，年内完成辖内试点工作；明年初开始全面启动推广工作，明年上半年完成60%网点推广，三季度前全面完成辖内推广任务。

全行网点运营情况非常复杂，各行面临的突出矛盾和需要重点解决的问题不尽相同，为了更好地组织实施好改革，各行要深入基层网点开展调查研究，根据网点业务发展、客户特点、资源配置等实际情况，逐个网点进行具体问题具体分析，准确查找差距及其原因；要以数据分析和量化评价结果为基本依据，综合考虑不同地区和网点的差异化、个性化要求，按照“一行一策、一点一策”的方略，结合网点实际，有针对性地制定具体的资源优化配置和标准化管理方案，以创造性思维推进本行的改革实施工作，力争取得更好的成效。要按照轻重缓急顺序，优先将网点柜口布局与业务结构严重不匹配、人均柜均工作量小于80笔、现场管理职责整合不够、服务支持岗配备偏多等的网点纳入改革重点对象，着力解决影响网点运营效率的关键问题。要利用不同时点的资源配置、运营效率、经营绩效等指标的对比，实时跟踪、评估网点运营标准化实施成效。要定期总结本行改革实施的工作进度、改革成效、创新做法、先进经验，以及改革过程中出现的新情况、新问题，不断完善改革方案和具体适用标准，推进改革的顺利实施。

资源配置优化调整后，网点运营效能提升成效能否充分显现关键还在于配套管理是否到位。在改革实施过程中，各行要在优化高低柜口配置比例的同时，加强大堂引导和客户分流，全面推广排队叫号系统，实施全窗口叫号，有效促进复杂业务和简单业务的分类分区处理，切实发挥高柜快收快付、低柜便于沟通营销的作用。现在人员转岗主要是人员岗位身份发生了变化，从柜员岗位转变为了客户经理、大堂经理，但要进一步发挥这些释放人员的作用，还有很多工作要做。要在解决“人从哪里来”的基础上，重点研究解决“人到哪里去”，深入细致作好人员转岗的思想教育、适岗培训工作，强化转岗人员的考核评价，确保人员转岗稳步实施，增强全行营销服务能力。要加快柜员岗位整合，统一规范网点主机岗位设置和权限，进一步落实综合柜员制。要加快完成大堂经理、客户经理管理办法的修订，合理突破营销人员办理核算业务的权限控制，允许大堂经理转变身份为柜员、客户经理办理同一客户名下的业务操作，精简高低柜柜员角色互相转变的冗余流程，促进网点内人员兼岗流动。要探索建立在一级支行或管理幅度较小的二级分行合理配置机动人员队伍，实施柜员集中管理和统一调度，建立分别针对高峰期和非高峰期的弹性排班模式，实现运营资源在更高层面的统一配置和使用，解决网点间、柜员间忙闲不均问题。

（四）着眼构建长效机制，推进网点运营标准化持续深入。网点运营标准化管理既是一个目标，也是规范管理的一个过程，不仅要注重于实现当前的网点资源配置优化，更要注重于构建长远的科学管理体制机制。在实施过程中，要尽快构建起适应网点运营标准化管理模式的新制度体系，完善网点的业务管理标准，科学分解岗位人员职责，不断提高网点业务管理的规范性与适用度，确保改革顺利实施。各行要着力构建网点运营标准化管理的体制、机制，根据自身网点运营管理所处的阶段，结合银行业务总体发展趋势，制定差异化的管理目标。要充分借鉴国际国内同业在网点功能定位、资源配置、运营模式、评价体系、考核机制等方面的先进经验，不断动态优化适用本行的网点运营具体标准，深入运用科学的理论、方法和技术手段，持续推进网点资源优化配置和运营模式创新。要尽快研究完善网点绩效考核机制，建立涵盖业务量、处理效率、处理质量、产品销售、客户服务满意度等指标的绩效综合考评机制，激发网点人员工作积极性。要在完成改革预定目标任务的基础上，组建一支专业的运营分析师队伍，持续开展网点运营状况的常态化监测、分析和统一评价，推动网点从定性管理向基于数据分析的量化管理转变，促进网点资源持续优化。要进一步增强变革意识和创新意识，结合网点渠道业务量发展趋势，研究构建适应互联网时代的新型服务模式和运营管理体系。

四、全面抓好年底前运行管理其他重点工作

今年运行管理深化改革和强化管理的任务依然非常繁重，但越是改革攻坚推进之时，越要注重改革的系统性和管理的协同性。特别是现在快到年底了，各方面工作任务十分繁重，各行要按照总行要求，统筹兼顾、扎实做好各项改革与管理工作。要按计划完成各项改革预定任务。年内要按实施计划如期完成核算印章综合改革、资金汇划体系改革、柜员身份指纹认证改革预定的工作任务，巩固改革成果，提高网点运营效率、强化风险控制。要持续抓好业务流程优化，进一步提高柜面服务效率；启动网点交易流程优化和模块化改造，将柜面业务流程中涉及核算管理的功能从交易中剥离，形成相对独立的公共核算模块。要强化一级（直属）分行业务处理中心的精益管理，加快实施二级分行后台运行中心规范管理，促进前后台协调运转，以全新的集约运营格局支撑网点竞争能力提升。同时，切实加强改革过程中的运营风险管理。各级行要坚持改革推进和风险管理并重，及时掌握改革中可能出现的风险因素，妥善处理好改革实施、业务运营、客户服务和风险控制的关系，实现改革速度、推进力度和承受程度的有机协调，确保改革有序稳步实施。

夯实基础　创新发展
努力开创养老金业务工作新局面

——在2014年公司结现投行养老金贵金属工作会议上的讲话

王敬东

（2014年2月18日）

这次会议的主要任务是，贯彻落实全行改革发展研讨会和2014年工作会议精神，总结2013年养老金业务经营情况，明确2014年工作目标与措施。下面，我讲三点意见。

一、深刻认识养老金业务价值，进一步增强工作的主动性

（一）2013年养老金业务经营成效。2013年，全行实现养老金业务收入15.3亿元，同比增长61%。养老金客户达到3.9万家，受托管理养老金基金546亿元，管理养老金个人账户1 238万户，托管养老金基金2 848亿元，销售养老金理财产品1 408亿元。2013年末我行企业年金受托管理基金、管理个人账户、托管基金规模银行同业占比分别为51%、48%、42%，业务收入四行占比91%，继续保持了市场优势地位。

这一年，各分行按照总行部署，围绕业务拓展和产

品创新两大重点开展了富有成效的工作。有27家分行业务收入超过1 000万元，其中浙江、江苏、山东、河南分行收入突破亿元；有23分行新增管理养老金职工超过1万人，其中北京、河南分行超过10万人；有14家分行养老金理财产品日均余额超过10亿元，其中黑龙江分行超过100亿元。河南分行加强对二级分行的指导和推动力度，大力发展职工福利、员工激励、风险抵押、个人定向理财、住房维修基金等福利外包业务，促进了管理养老金职工人数的快速增长；浙江分行以服务标准化和收费规范化为抓手，推动养老金业务在各基层机构的深入普及，实现业务收入天天有进账；北京分行通过举办中央企业、市属企业客户研讨会，储备客户资源，密切银企关系，并组织开展立体化的广告投放，取得良好营销宣传效果；陕西分行加强养老金业务与其他业务的融合互动，通过联合营销促进业务规模和综合效益同步提升，开创了小业务做大、新业务做优的良好局面。

（二）发展养老金业务是强化客户基础、推进经营转型的重要抓手。养老金客户是一种源头客户，对于全行实施客户提升工程具有重要意义。从客户特点来看，养老金服务对象既有对公客户，又有个人客户，是连接对公服务和对私服务的纽带。养老金业务既有属于大资管业务的部分，也有属于大零售业务的部分。养老金客户一般都具有一定规模的金融资产和管理服务需求，大都是金融机构积极争取的优质客户。从服务内容来看，养老金客户服务需求多样、服务内容广泛，不仅包括受托管理、个人权益信息账户管理、财产托管、投资管理、管理顾问等内容，还涉及存款、银行卡、资金结算、电子银行、投资规划等多个领域，对于巩固客户关系、提高产品渗透率十分有利。从服务期限来看，养老金服务延续期可长达几十年，甚至是永续的，服务关系确定后转移成本比较高，其长期服务的特性有助于建立和巩固客户关系，增加客户的黏性。

同时，养老金业务与行内多个业务具有高度的关联性，养老金业务发展有效助推了存款、贷款、银行卡、电子银行、资产管理等业务发展。据不完全统计，近年来全行通过与5 400多家以往没有业务关系的客户签订养老金业务合同，新发银行卡230多万张，开立企业网上银行1万多户，开立个人网上银行70多万户。我们不仅要看到养老金业务当期的直接效益，还要看到其在调整客户结构、强化客户基础、助推其他业务发展方面的重要价值，从全局、长远的高度关注与重视养老金业务。

二、准确把握当前形势，明确业务发展目标和思路

第一，养老保障制度改革进入攻坚阶段，顶层设计循序推进，将逐步突破制约市场发展的政策瓶颈。业界期盼已久的企业年金和职业年金个人缴费税收递延政策已于2013年12月出台，向市场释放出积极信号。未来几年现行双轨制养老保障制度将逐步实现并轨，各类社保基金市场化、多元化投资运营将稳步推进，存量养老金自身滚动增长的积累效应将进一步显现，养老金市场将迎来新的发展机遇。

第二，养老资产管理需求带来养老金业务潜在发展契机。一是综合养老保障类基金资产管理需求正在释放，员工养老计划、激励计划、持股计划等新型福利计划资产管理需求不断增加。二是随着社会经济发展和人口老龄化进程加快，个人养老资产长期保值增值需求不断增长，我国居民存款中一半以上的预防性储蓄将逐步从银行存款中释放出来。

第三，企业年金市场发展进入平缓期，同业竞争十分激烈。完全市场化管理的企业年金业务，是我行养老金业务的基础，也是当前重要的业务板块。目前企业年金市场有34家机构具备57项管理资格。经过前些年的快速增长，目前企业年金市场整体进入平缓发展阶段，未来企业年金市场整体仍将处于供给远大于需求的状态。同时，各同业机构普遍看好养老金市场前景，极力抢占市场份额和先机，低价竞争、不计成本挖转客户等不良竞争现象仍然存在。因此，我们必须正视困难，迎难而上，把企业年金业务做大做强。

第四，从我行内部来看，推动业务创新发展的工作任重道远。总体而言，我行养老金业务核心项目仍限于受托管理、账户管理、基金托管、投资理财，服务内容还不丰富，拓展领域、创新产品、完善盈利模式的任务还很重。客户数量增长和客户需求变化，对我行提升服务、控制成本、整合资源方面的能力提出新的更高要求。这些问题都需要我们通过产品创新和管理创新加以解决。

按照姜建清董事长的要求，养老金业务要“密切关注国家新的有关政策，加大新客户拓展和存量客户二次营销，试点在网银渠道直接销售个人养老理财产品，保持业务规模和收入同业绝对领先优势。”因此，2014年养老金业务总体思路是，以规模快速增长和收入显著提升为目标，以全面拓户工程和推动业务在所有一级支行深入普及为抓手，以产品创新和联动发展为动力，以合规运营和优质服务为保障，全面提升业务发展能力和产品竞争能力。通过养老金资产管理和养老金信息管理两大路径，实现企业年金、综合养老保障、养老金理财业务健康快速发展。

2014年养老金业务经营目标是：实现养老金业务收入19.3亿元；各项企业年金业务新增市场占比银行同业第一；新增管理养老金职工120万人；养老金理财产品日均余额达到700亿元；个人养老金理财业务发展取得实质性突破。

三、推动业务普及和创新发展，实现规模与效益齐头并进

（一）以全面拓户工程为抓手，促进业务规模快速增长。要深入开展养老金客户拓户工程，力争全行新增百人以上养老金企业客户5 000户，确保各行企业年金业务当地银行同业增量占比第一。一是实现有贷客户基本全覆盖。构建公司金融业务与养老金业务联动发展格局，加大优质市场拓户力度，以公司金融直营客户、重点客户为基础，筛选确定养老金业务目标客户，建立营销团队，制订营销方案，开展联合营销，力争实现有贷客户养老金业务基本全覆盖。二是做好存量客户维护和挖潜。对已签约客户二次营销，确保合同到期顺利续签并争取更多业务资格，有效扩大业务规模。同时，要深入研究存量客户的薪酬福利管理服务需求，在服务内容上向权益信息管理、投资理财、管理顾问等项目拓展，在服务对象上向其劳务派遣用工、内退员工、关联企业、上下游企业等群体延伸。要顺应企业年金市场重整和业务集中管理趋势，抓住同业客户合同到期的有利时机，积极营销宣传我行服务优势，通过提供优质服务和差异化产品，实现业务渗透和客户挖转。

（二）以覆盖全部支行为目标，推动养老金业务全面普及。主要是推动企业年金集合计划、综合养老保障、养老金理财等业务在所有一级支行普及。一是推广企业年金集合计划。充分认识企业年金集合计划在拓展中小企业客户和提高收费水平方面的优势和作用，积极组织开展市场宣传和营销工作。重点加强“如意养老”集合计划产品的培育和推广，通过与传统业务、优势业务捆绑营销和交叉销售，有效提升业务规模。二是积极拓展综合养老保障业务。对于已经建立标准年金的单位，要积极争取补充医疗、住房补贴、激励计划、持股计划等其他福利计划业务。对于有意愿但尚不具备建立标准年金条件的单位，要主动挖掘业务机会，争取签订补充养老等福利计划服务协议，提前锁定客户。三是营销养老金理财产品。要把养老金理财产品作为挖掘企事业单位薪酬福利管理需求的重要抓手，把握好时机，加大营销力度。

（三）以提升创收能力为基础，实现业务收益显著提升。2014年，全行养老金业务收入较上年要增长25%，实现各级机构创收能力普遍提升，有效改善分行之间业务收入严重不平衡的状况。一是加快年金运作进度，促进收入早日实现。积极推进新签约重点项目启动，协助客户做好合同签署、方案设计等相关工作，尽早实现收益。二是增强议价能力，提高收入水平。通过提高服务质量、改进服务细节等措施，树立我行优质服务的良好市场口碑，逐步提高收费水平。要确保大型客户服务收费不低于行业公约规定，确保续签客户管理费水平不降低。三是不断完善管理顾问服务内容，规范服务收费。要根据监管部门和总行统一要求，不断丰富养老金管理顾问业务服务内容，推动养老金管理顾问业务向高质量、品牌化、高端化方向发展。从发达国家经验来看，养老金管理各项服务总体收费水平一般在3% ~ 5%，我国目前总体费率大约在1%左右，远低于发达国家水平。各行要正确认识管理顾问业务，不仅要将其作为拓展养老金服务的敲门砖，更要作为我行弥补服务成本、获取综合收益的重要渠道和载体。

（四）以客户需求为导向，切实抓好产品创新工作。一是丰富养老金产品和服务体系。要积极拓展业务领域，深入挖掘客户需求，围绕养老资产管理资金流和信息流，以产品组合和服务集成为手段，因地制宜地开展服务定制，实现产品创新的常态化。二是以资产管理为重点开展产品创新。以养老金理财产品为抓手，积极争取为各类养老、社保基金提供资产管理服务。以“如意人生”福利计划为载体，积极开展生命周期理财与个人养老规划产品研发工作，探索引入第三方机构，合作研发新型养老金产品。

（五）以合规高效运营为基础，不断提升客户服务水平。要确保业务平稳高效运营，不出现重大操作失误和风险损失；要确保客户满意度不断提高，不出现重大客户投诉事件；要确保客户沟通联系顺畅，重点客户回访率达到100%。

（六）强化体制机制保障，增强协同发展能力。一要加强专业机构和人才队伍建设。易会满行长在今年全行工作会议和人事组织工作会议上明确要求：“养老金业务要强化专业队伍建设”、“总行利润中心相关业务职能在各分行要有落实安排，未设立独立部门的，相关职能要由相应的业务牵头管理部门归口负责。”各行在落实总行机构改革要求，开展定责、定岗、定编、定薪工作时，要充分考虑养老金业务专业性和综合性强、协调难度大、营销周期长的特点，切实加强专业机构建设，配备足够的专业人员。已经设立养老金业务部的分行要进一步增强其市场开拓、业务运营、风险防控等各方面履职能力。随着总行公司金融业务部负责养老金业务系统行政管理工作，相应调整养老金业务管理部门的分行，一定要保证人随业务走，保持专业人员队伍稳定。二要加强专业化运营管理。养老金管理角色较多，日常与企业和同业机构间信息交互频繁，前中后台衔接密切。各行要将业务组织管理、专业营销支持、业务运营操作集中在一级（直属）分行的一个部门统一负责，确保工作平稳有序开展。三要增强协同发展能力。充分发挥我行整体优势，健全养老金与公司、机构、个金、结现等专业产品交叉销售机制，积极构建养老金业务联动营销服务体系。要以理财产品为载体，积极为各类社保基金和薪酬福利基金提供投资管理服务，把养老金业务打造成“大资管”业务的重要板块。

同志们，当前正值养老金业务继往开来的关键时

期，机遇与挑战并存，创新发展的任务很重，我们一定要进一步增强做好养老金业务工作的责任感和主动性，以更高标准和更大力度开创养老金业务发展新局面，为全行改革发展作出新的更大贡献。

以创新谋发展 以改革促提升 推动贵金属业务再上新台阶

王敬东

（2014年2月18日）

这次会议的主要任务是，深入贯彻全行改革发展研讨会精神，落实2014年工作会议部署，总结2013年贵金属业务发展情况，安排2014年工作任务。下面，我讲三点意见。

一、2013年贵金属业务发展情况

（一）在复杂的市场环境中，保持了业务收入和规模较快增长。2013年全行贵金属业务实现收入44.09亿元，同比增长24%；交易量13.66万吨，同比增长35%；交易额1.31万亿元，同比增长18%。客户规模迅速增长，全年净增554万户，增幅为55%，总数达到1 557万户。实现手续费及佣金收入32.66亿元，同比增加9.46亿元，增幅41%，高出全行27个百分点；在境内分行手续费及佣金收入（1 270亿元）中的占比达2.57%，同比提升0.48个百分点；在可比同业中的占比为51.31%，较上年提升2.36个百分点，继续保持收入总量、增量“双第一”。

（二）积极适应市场变化，主动调整业务结构。全行把握零售和对公两大市场，并积极做大直营业务，结构调整成效显著。实物贵金属业务收入25.33亿元，同比增长78.2%，成为境内分行中间业务收入增幅最高的产品。从收入构成看，在保持如意金条等基础产品市场份额第一的基础上，高附加值主题产品的销售贡献进一步提升，占比达到45%。对公业务收入19.93亿元，在业务线收入中的占比由2013年的28%提升到45%。通过推出对公积存金、代理非会员贵金属递延业务，满足了对公客户的资产配置要求。江苏、山东、浙江等分行积极整合客户资源，迅速做大对公积存产品，为本行贵金属业务贡献了20%以上的收入。直营业务收入1.62亿元，同比增长75%，主要是抓住境内外黄金价差机会，获取了寄售套利与境内跨品种套利收益。

（三）以市场需求为引领，加快产品与服务创新。以客户文化认同为导向，各分行积极挖掘区域文化特色，不断创新实物主题产品，湖南、江西、陕西、河北等分行弘扬革命传统，联袂打造“红色记忆”系列产品；北京分行结合嫦娥三号登月热点，打造“落月”主题产品；上海分行以茶饮文化为主题，在全国首推“壶运乾坤”系列产品；陕西、广东分行深挖传统文化题材，开发“福源法门”、“六祖惠能”主题产品。这些实物产品以6%的销量，创造了45%的收入，取得了市场效应和经营效益“双丰收”。以优化客户体验为导向，推出了“不判库预售”以及积存金、实物金、账户金“三金转换”等新功能。利用上海黄金交所降低代理业务交易费率的契机，通过提高限仓额度、优化综合类会员合作服务等方式，有效提升了客户交易意愿。在我行电商平台开设了贵金属网上旗舰店，试运行期间实现销售收入163万元。以产业链客户融资需求为导向，创新推出产业链黄金租赁、白银租赁以及人民币—黄金互换业务，提升了为黄金产业链企业提供综合化金融服务的能力。深圳分行通过黄金租赁业务促进了辖内黄金加工企业群向工行集聚。贵金属业务部协同工银国际运用集团综合优势，完成了两支矿业股权投资私募基金发行，创造了新的资产管理与咨询业务收入来源。以客户资产管理需求为导向，贵金属业务部与资产管理部加强“安享回报”贵金属理财产品的合作开发，全年共发行17期，规模共214亿元，实现理财收入4 615万元。以服务分行为导向，下放了分行实物产品定价上下浮动权限、商场代销合作企业准入审批权限、租赁客户名单审批权限，有效提升了分行市场竞争力。

（四）强化关键环节布控，风险管理能力持续提高。一是积极应对市场波动风险，确保交易类业务平稳运行。国际金价在2013年4月、6月出现了两轮大幅震荡，总行通过压力测试，预判风险程度，及时启动强平，减少客户损失；各分行积极开展对客户的风险预警及强平后的保证金追缴工作，追缴率达90%。二是积极防范声誉风险，维护工行品牌声誉。针对近年来发生的风险事件特点，建立了业务线声誉风险管理机制，并形成了各类声誉风险事件的分类应对策略。三是强化了直营交易业务的市场风险管理。确立了投资组合树8个层级的市场风险限额指标体系，建立了中台每日监测机制。

二、2014年贵金属业务发展要求

在今年的工作会议上，姜建清董事长要求贵金属业务“要利用在资产保值增值、避险、套利等方面的独特作用，创新贵金属实物产品、贵金属产业链金融服务，以及贵金属理财等资产管理和运作产品，不断扩大收入来源”。我们要认真贯彻董事长的指示，稳步做大贵金属业务线规模，继续保持同业领先地位，全力支持全行经营转型。

2014年贵金属业务经营发展的任务目标是：确保贵金属产品线收入超过50.55亿元，增长20%以上；利润中心本部税前利润超过6.35亿元，增长25%以上。全行贵金属业务客户数超过2 020万户，增长30%以上，力争使贵金属业务在全行四星级以上个人客户中的渗透率以及零售客户金融资产中贵金属资产占比每年有所提升。

一方面，要努力挖掘黄金市场蕴含的巨大发展潜力。2013年中国黄金需求超过1 000吨，同比劲增近30%，未来我国居民实物贵金属消费市场的前景依然看好。目前我国400吨左右的黄金年产量只能满足国内需求量的三分之一左右，庞大的供需缺口为我行进一步做大贵金属现货业务创造了空间。

另一方面，要做好应对严峻挑战的准备。自2012年以来，国际贵金属市场价格震荡下行趋势加剧，市场分化趋势逐渐显现，各类客户产生了交易投机、资产保值、套保避险等不同的金融服务需求。我们必须尽快适应新的市场特点，创新产品与服务，满足客户的不同需求。此外，市场竞争的不断加剧也对我们继续保持领先优势带来了挑战。因此，只有全力以赴抓创新、千方百计拓市场，才能保持业务的快速可持续增长。

三、2014年贵金属业务发展的主要任务

（一）协同推进“三大战略”，扩大客户基础，优化金融资产结构。一要积极融入大零售业务，将贵金属业务纳入全行统一的个人客户信息系统、营销应用系统，以及业务统计分析系统。充分发挥贵金属在个人资产配置中的避险作用，积极开发功能互补、灵活组合的贵金属新产品。二要有效联动大资管业务，深度挖掘贵金属市场潜力。着力提高对交易类客户的资产投资管理能力，做大并用好积存金资产池。要拓展机构类客户，通过实物运作与远期掉期业务，推动贵金属业务跨市场实物融通和交易。要做大融货融资业务，抓住产业升级和结构调整的市场机会，更好地支持贵金属产业链上有实力的企业做大做强。三要牢牢抓住“大数据”和信息化战略机遇，做大电商平台销售规模，并充分利用全行整合数据，进一步提升业务经营管理水平。

（二）拓宽市场，发挥线下线上等多渠道综合优势。一要进一步发掘网点产能。目前业务线64%的收入通过网点渠道实现，这是我们竞争力基础所在。2014年全行五星级专属服务区要新增30家，全行累计达到330家；四星级专区要达到500家；三星级专区要达到5 000家。全行网均产能要超过20万元，其中，五星级专属服务区网均产能要超过150万元。贵金属业务部要牵头建立三类网点营销展示规范，精简销售流程，丰富支付手段，优化客户体验。各分行要全面加强网点贵金属业务宣传力度。二要以延伸电商渠道为契机，加快形成营销新模式。要加快推进贵金属电商旗舰店作为“一般商户”登录“融e购”平台，引入更多的实物产品，丰富展示方式、创新营销手段，打造我行电商平台的“名店”，并发挥线下线上渠道合力，加快实现“网购店取”的营销新模式。三要加快产品线向境外机构延伸，探索贵金属产品线向加拿大、新加坡、印度尼西亚等境外机构拓展，通过丰富境外产品线，提升境外机构盈利能力。

（三）创新产品与服务，完善以客户为中心的产品服务体系。要按照总行提出的“推出一批、储备一批、思考一批”的总体思路，加快开发市场定位清晰、预期销售规模和收入明确的新产品。实物类业务要重点推出兼具财富传承价值和生活实用价值的主题产品，并加快研究具有鲜明时尚特点、吸引青年客户群的产品，形成包括贺岁、婚庆、民俗、市场等系列的实物产品体系。交易类业务要做大适应更广泛客户参与的MINI黄金延期合约交易新产品，并优化综合类会员合作模式，通过客户分层服务，提升交易规模。要探索积存金产品与其他贵金属产品的融合升级，进一步丰富产品功能。融资类业务要研究自有库存白银的运用，加快白银租赁新产品功能的完善和市场推广，积极做大规模。要为产业链客户提供包括融货融资、交易、避险和流动性管理等产品在内的一体化产业链金融解决方案。要联动境外机构，积极尝试实物黄金预付款融资业务，做大境内外业务收入规模。理财类业务要继续加大与资产管理部的理财产品合作，做大黄金套利型理财产品，力争发行300亿元规模。要探索开展与私人银行、工银瑞信合作，拓宽理财资管业务合作渠道，进一步丰富理财产品种类。直营业务要借助电商、银银合作和银商合作等平台，厘清业务范围，形成明确稳定的经营模式。要结合金交所国际交易平台的推出，研究在上海自贸区内开展代客交易，争取人民币清算行资格。要建设自贸区内仓储物流体系，为金交所、期交所提供专业仓储交割服务，创造新的业务收入来源。各分行也要深入了解区域市场特点，加强行内业务线的联动，进一步发挥产品创新的合力，创新出区域内最有竞争力的产品和服务，做出亮点和特色。

（四）深化机构改革成果，提升业务线经营活力。

作为利润中心，未来贵金属业务部在整合联动方面要扮演好三个角色：一是产品提供者，要与资产管理、金融市场、投资银行、专项融资、电子银行、信用卡、私人银行、养老金等专业部门合作，创新更多的复合型贵金属金融产品。二是市场营销支持者，要把具有竞争力的产品推荐给结现、个金、公司、机构等渠道营销部门，进一步提高贵金属业务在全行各类客户中的渗透率和金融资产组合中的占比。三是分行服务者，要协同总行相关专业部门加大对分行的服务和支撑，切实帮助分行解决发展过程中遇到的瓶颈问题。当然，贵金属业务线的发展也同样需要各专业、各分行的关心和支持。希望各专业在研发产品配置资产的过程中对贵金属业务多提需求、多提建议，加强联动。希望各分行积极配合总行拓展区域市场，充分发挥主动性和创造性，切实加大资源投入，建设网点、拓展客户、抢占市场。易会满行长在今年人事组织工作会议上明确要求："总行利润中心相关业务职能在各分行要有落实安排，未设立独立部门的，相关职能要由相应的业务牵头管理部门归口负责。"希望各分行在贵金属专业机构建设和人员配备方面予以支持。

（五）健全业务风险管理体系，提高管理效率。要努力推进制度创新和机制创新，加快将贵金属业务纳入总行全面风险管理体系，保障业务快速健康发展。一要完善业务线多层级制度体系建设。加快制定第一层级规定类制度，加快实物类、直营类和融资创新型业务的二三层级制度的制定和修订，形成以业务类别为基础的完整制度体系。二要加快形成实物贵金属一体化风险、营运管理体系，构建集中化、精细化、专业化的管理平台，突出做好定价管理、质量管理、物流管理和售后管理，不断提升管理效率。三要有效提升直营交易业务风险事前、事中、事后的系统化管理水平，逐步实现前台交易系统硬约束、中台实时监测、后台直驱记账。四要加强业务操作风险管理，做到案防不松劲。各分行要切实履行风险管理一线职责，做到市场拓展与风险管理两手抓。要切实贯彻执行总行关于风险管理的各项制度要求，特别是要在贵金属产品化项目投产后落实专人做好分行端参数管理工作，确保业务稳健运营。

同志们，贵金属业务的持续快速增长是广大干部员工齐心协力、攻坚克难的结果，是相关部门和机构支持帮助的结果。在此向支持贵金属业务发展的相关部门、分支机构及全行干部员工表示衷心的感谢。未来总行将进一步加大资源投入，赋予贵金属业务更大的经营活力，我们要充分发挥工商银行的集团优势，勇于探索、大胆创新，为全行的转型发展作出更大的贡献。

夯实基础　突出应用　加快创新
积极推进大数据和信息化战略实施

——在中国工商银行2014年管理信息工作会议上的讲话

王敬东

（2014年4月8日）

这次管理信息工作会议的主要任务是，认真贯彻落实全行改革发展研讨会和2014年工作会议精神，总结2013年管理信息主要工作，部署2014年重点工作任务。下面，我讲三点意见。

一、2013年全行管理信息工作取得新成就

（一）数据仓库基础建设迈上新台阶。基本完成现有业务系统结构化数据源入库，推动企业级数据仓库（EDW）数据量达到335TB，保持国内同业第一、全球银行业第六。加快充实信息标准体系，新发布8批集团信息标准。加强客户信息治理，持续提升数据质量，全行数据质量平均得分比上年提高6分。

（二）信息分析与挖掘应用再创佳绩。全行管理信息部门围绕经营重点完成分析报告近千篇，较好地服务了经营决策。部署精准营销活动1 100项，创造了显著的综合效益。我行基于数据仓库的客户精准营销管理项目荣获国家级企业管理创新成果一等奖。

（三）非结构化信息管理应用取得重要进展。制定集团信息库建设方案，发布非结构化信息标准规范，投产统一信息检索平台。完成网讯海外版升级并正式接入集团网讯，优化完善了分支机构子站点功能。推动资讯平台信息标准化入库、货架式展现和个性化服务，加快商用信息成果转化应用，全行基于平台信息营销存款2 321亿元、贷款2 724亿元，实现收入95亿元。

（四）统计管理水平明显提升。全面修订《统计管理规定》，制定完善资本充足率、金融资产服务业务和

综合统计制度，研究构建了全行统计指标体系。强化统计流程管理，实现监管报送零差错，创新完成两套资本充足率统计报表同时点计算填报。周密组织部署，完成全国第三次经济普查工作，受到人民银行肯定。境内外报表管理有序推进，报表自动化率稳步提升。

（五）征信信息应用成果丰硕。全面贯彻落实《征信业管理条例》，制定征信类信息境外应用实施方案，加快关联企业信息管理系统应用，规范和扩大征信信息应用。客户信用风险管理系统（CIIS）全年堵截不良信用客户再融资731亿元。

（六）信息披露保持同业领先。高质量完成全年四期定期报告，赢得《香港商报》“全球商业银行透明度金奖”。按照现行法和权重法两种方法，顺利完成首份资本充足率报告编制披露。圆满完成穆迪年度评级及新型资本工具发行评级工作。

2013年，全行管理信息部门围绕中心工作，加强信息管理，提升信息价值创造力，其中上海、广东、浙江、北京、江苏、深圳、山西、河北、河南、山东、湖南和陕西分行管理信息工作成效突出，黑龙江、贵州、宁波、青海、青岛、海南分行管理信息工作进步明显。

总行党委对管理信息工作十分重视，姜建清董事长指出，“在大数据时代，在我行加快建设信息化银行的进程中，管理信息工作大有可为”；易会满行长批示，“管信部在全行信息化银行建设过程中发挥了重要作用。”在此，我们要对各相关部门和机构对管理信息工作的大力支持表示衷心感谢！对全行管理信息战线上的广大干部员工表示衷心感谢！我们要加倍努力，完成好总行党委交给的工作任务。

二、新形势对管理信息工作提出了新要求

在全行改革发展研讨会和年初行长工作会议上，总行党委明确提出并全面部署了大零售、大资管、大数据和信息化“三大战略”。大数据和信息化战略致力于实现全行发展方式的根本变革，其不仅仅是“三大战略”之一，而且是实施其他两大战略和优化我行资产、负债、渠道、国际化发展和综合化经营“五大布局”的重要支撑。数据是信息化银行建设的基石，是决定金融竞争能力的核心要素。就管理信息专业而言，贯彻“三大战略”、服务“五大布局”，就是要紧紧把握数据这一要素，抓住数据的基础管理和分析应用两个关键环节，增强数据的采集和处理能力，全面覆盖各业务领域，形成规范标准、清洁有序的大数据资源，解决好“数据在哪里”的问题；加大数据的挖掘分析和共享应用，推进数据挖掘成果与业务发展的全面对接，增强数据对各级机构业务发展的支持能力，处理好“数据如何应用”的问题。

2014年，管理信息专业总体工作要求是：贯彻总行党委“三大战略”部署，加强数据仓库、集团信息库建设，夯实信息管理基础；加快分析师队伍建设，紧密结合经营管理需要，推进信息挖掘应用；完善信息管理体系建设，升级信息集团化管理，加速管理信息创新发展，为全行经营转型作出新的贡献。

按照以上工作要求，今年主要工作目标如下：

——丰富数据仓库信息资源，完善动态入库机制，确保业务系统数据及时入库。

——实现基础信息标准突破1 000项，指标标准达到10 000项，完成对基础信息标准十大主题的全覆盖。

——强化数据分析师队伍建设，每个一级（直属）分行都要打造2－3项大数据挖掘应用的拳头产品。

——完善精准营销系统功能，将营销服务领域由个人向公司、机构领域延伸。

——加快境外报表自动化进程，确保境外机构报送总行报表自动化率达到75%。

——构建我行GSIFI统计制度，开发GSIFI报送系统，确保数据报送顺利推进。

——构建“大资管”统计体系和总行级重点县支行统计监测体系，完善多层级全覆盖统计制度。

——打造新一代跨商业银行客户信息管理平台（CBIS），实现特别关注客户信息系统海外版在9家境外机构投产应用。

——构建大数据基础上的集团信息库，推进非结构化信息标准落实，实现跨部门、跨系统的信息挖掘与应用。

三、开创2014年管理信息工作新局面

（一）加大数据入库力度。按照“业务发展到哪里，数据仓库就支持到哪里”的要求，把入库数据源向新业务、境外机构、集团子公司延伸，推进FOVA系统、综合化子公司的业务系统数据入库，加快金融资产服务和电子商务等创新业务数据入库。推动非结构化数据管理和应用，实现规章制度、外购资讯、客户服务和投诉信息等纳入集团信息库管理。各境外机构、集团子公司要配合做好入库系统的业务解释、数据整合需求等支持工作。

（二）夯实信息管理基础。一是加强信息标准体系建设。要加快结构化信息“建标”进程，推进产品、渠道主题基础信息标准和个人金融、公司金融、信贷与投资等专业指标信息标准的编制发布，完成对基础信息标准十大主题的全覆盖；推进企业级客户信息系统等重点系统“贯标”改造，通过技术手段对新增不合标字段实行准入限制；各部门、各分行要认真落实已发布的信息标准，实现新建系统与贯标同步，做好存量系统标准化改造。要按计划落实《非结构化信息标准（ICBC－UIS）》，建立健全工作机制，确立以计算机自动置标为主、人工干预为辅的工作模式。

二是深化数据质量治理工作。要严格落实数据治理

管理规定，强化定期通报机制；组织协调个人、公司、机构金融业务部门积极做好客户信息全流程管理，确保源头录入信息的完整性、准确性。各分行要落实数据质量源头治理责任，发挥专业联动机制，明确治理方案和时间表，强化数据质量监测和考核力度；总行各相关部门、各境外机构要积极配合，提升境外机构数据质量。

三是强化信息安全管理。要制定完善信息安全管理制度，梳理岗位信息需求和应用系统权限，将权限策略内置到应用系统，实现硬控制；实施用户授权及访问行为日常监测，严控不当使用信息行为；组织开展全行数据仓库体系信息安全检查，整改安全隐患。各分行要切实履行信息安全管理职责，特别要做好对外合作中提供客户信息的审批管理工作；境外机构要遵守母国及东道国（地区）的监管要求，落实信息安全管理各项措施。

（三）增强数据仓库服务能力。总行将不断完善灵活查询、通用查询、沙盒等数据服务工具体系，优化EDW模型与应用管理平台，促进信息加工成果共享；开发实现CS2002（T+1）动态监测系统iPad移动版，创新面向决策管理层的信息服务手段；建立境外EDW应用与数据服务模式，扩大境外机构EDW灵活查询用户授权范围。各分行管理信息部门要做好对本行业务部门和二级分行通用查询的应用管理和培训支持，完成不少于50项的信息服务项目，推荐3～5项优秀案例模型，提高EDW对本行经营管理的服务能力。

要配合全行客户基础工程，整合个人、法人及境外客户关系管理系统，关联公私客户信息，完善境内外客户统一信息视图；建立公私联动业务贡献评价模型，完善客户综合贡献及星级评价体系；加快境外客户关系管理系统（FCRM）推广，力争覆盖全部境外机构。各分行要依托系统资源，改进客户服务，加快客户拓展。

要打造新一代跨商业银行客户信息管理平台（CBIS），实现对跨商业银行客户信息的统一管理和应用；实现特别关注客户信息系统海外版（FCIIS）在工银亚洲、工银国际等9家境外机构投产，扩展征信信息应用外延。各分行要深入贯彻落实《征信业管理条例》，加强征信信息规范应用，做好扣收管理，及时处理各类客户异议和潜在异议；加强交叉违约客户信息和跨商业银行风险预警信息的应用和成效反馈，积极主动为业务部门提供信息支持，促进相关信息在全行信贷风险管理和重点客户营销中发挥更大作用。

总行将构建精准营销案例库和模型库，提高营销活动智能化水平和执行效率；将精准营销功能嵌入到个人、公司、机构客户营销系统，加快客户需求响应；优化完善精准营销信息服务管理系统（EBM）功能，实现准实时触发的营销活动，并与企业网银、电商平台等多种渠道对接。各分行要认真完成总行统一部署的精准营销活动，确保活动执行率达到100%；要依托EBM系统，结合本地业务需求，把握客户精准定位这一关键点，在辖内积极自主开展精准营销活动。

要坚决打好境外报表自动化攻坚战。姜建清董事长明确要求，今年境外机构报总行的报表自动化率要由年初的22%提高到75%。管理信息部和各相关部门要按照职责分工，将牵头作用和专业作用有效结合，确保境外报表自动化率实现既定目标。各境外机构要严格落实境外报表服务业务管理办法，尽快设立报表管理岗位，组建专业团队，配合做好报表自动化工作。

（四）组建分析师队伍，深化数据挖掘分析，服务全行经营转型。管理信息部要牵头建立分析师队伍协同工作机制，深化部门间分工协作，加强总分行联动；推进分析师统一应用平台建设，为全行数据挖掘提供高效的分析计算环境、统一的分析数据集、丰富的分析挖掘工具，实现各类数据资源的充分共享。当前，全行正按照《关于组建全行分析师队伍的意见》要求，加快分析师队伍建设，截至3月末，36家一级（直属）分行中，19家分行配备了2名及以上的数据分析师，7家分行配备了1名数据分析师，其余10家分行尚未配备数据分析师。未完成分析师配备的分行要加紧落实，尽快完成起步阶段2～3名数据分析师岗位人员的配备。

要突出重点，强化数据深度挖掘与应用。今年要聚焦客户基础工程，重点围绕中高端客户流失风险预警、客户产品购买及渠道偏好、个人客户交叉营销细分等方面开展数据深度挖掘，形成挖掘模型，部署推广应用，初步构建适应大型银行的数据挖掘方法与智能应用体系。同时，要结合运行与风险控制、领导决策等需求，做好数据挖掘分析。

要丰富管理信息分析产品体系。在数据分析领域，要围绕存量客户升级挖潜等主题开展工作，特别要注重利用外部信息，做好重点行业产业和竞争对手分析。在信息分析领域，重点配合全行渠道布局优化，创新竞争力尤其是重点县支行竞争力分析方法；整合全球信息资讯平台资源，推出应用大数据技术、适合网络传播的深度信息分析产品。在统计分析领域，要细化衍生统计月报，扩充统计定期报告和专题报告产品线，真实准确客观地反映全行各层级、各业务线经营成果，为管理者提供信息服务和决策支持。各分行管理信息部门要积极借鉴总行和兄弟分行的分析成果，提高分析水平。

（五）提升外部监管报送和信息披露水平。

一是全力推进GSIFI数据报送。要密切关注国内外监管部门的监管动向，深入研究全球系统重要性金融机构（GSIFI）数据报送内容，进一步梳理指标规则，明确行内分工，加快构建我行GSIFI统计制度；按照金融稳定理事会（FSB）数据模板要求，开发建设GSIFI报送系统。各相关部门、各境内外机构要尽快完善业务和核算系统，确认指标规则和取数逻辑，按要求提供相关数据。

二是做好监管统计报送。全行要按照《统计管理规定》要求，严格落实监管统计新规，完善统计制度。要进一步梳理监管统计报表，规范并强化标识管理，确保监管报送数据质量；构建"大资管"统计体系和总行级重点县支行统计监测体系；加快推进全球统计信息系统（GSIS）建设，全面整合综合统计涉及的数据资源，提升数据自动化处理能力。各分行和相关业务部门要高度重视统计数据质量，加强统计人员配置和培训力度，进一步规范统计工作流程，严密监测数据变动，切实做到数据有监测、变化有分析。

三是加强信息披露与外部信用评级工作。要优化信息披露系统功能，完善操作规程，高质量完成四期集团定期报告及资本充足率报告的编制与披露。要规范全集团评级和评级信息服务工作流程，加强与外部评级公司沟通协调，维护我行评级水平，为集团发债融资提供高效便捷的外部评级服务。

（六）提高集团信息库服务能力。以服务集团集中统一管理为目标，推进集团信息库建设与应用，实施非结构化信息标准，利用大数据技术开展对客户交易行为等数据的分析，挖掘业务机会，支持市场拓展。

集团网讯要加强信息整合分类，增加"特色应用"专区，丰富页面展示方式，增强网讯智能化服务水平。各机构要围绕2014年信息重点做好信息报送，加大深度报道稿件的报送力度；加强自主发布栏目管理，杜绝信息发布不及时、质量不达标、信息超量发布等问题。各分支机构子站点要紧跟集团网讯改版步伐，继续做好历史数据迁移等遗留问题的清理和解决，在8月底前完成子站点二期升级改版；国际业务部要配合做好海外版海外员工直投栏目的建设。

要升级资讯平台，实现信息分频道展示和外购信息自动发布；完善集团信息库统一检索功能，实现外购信息灵活查询、加工利用和个性定制；丰富移动办公功能，推动移动办公系统在全行应用。各分行要以业务需求为导向，加强跨部门、跨机构、跨境的营销信息和情报线索的搜集，提高联动信息比重；要建立完善营销信息推荐及推送机制，根据信息内容和类别，提炼营销关键要素，多途径推送营销信息，推动业务部门应用。

这里，再强调一下分行管理信息部门如何发挥作用的问题，最基本的是要做好以下几方面工作：一是要服务好领导决策，把握全行经营重点，找准本行经营难点，深入分析，科学建议，做好决策支持。二是要服务好内部管理，利用掌握的信息资源，扩大信息共享，提升管理效能，特别是要用好客户信用信息，做好风险警示。三是要服务好市场营销，依托EBM系统，对辖内客户行为特点进行挖掘分析，引导业务部门开展更加精准的市场营销，做好营销导航。四是服务好基层机构，要通过和二级行结对子、建立支行联系点等方式，摸清一线人员的信息需求，找准信息支持切入点，做好信息推送。管理信息工作是经营管理的重要支持手段，各分行要高度重视本行管理信息工作，总行管理信息部要加强指导和组织推动，增进各分行间沟通交流。

同志们，当前全行正处于转型发展的关键期，我们要紧紧围绕总行党委战略部署，统一思想认识，改进工作作风，加强队伍建设，注重总分行联动，以更加昂扬的精神面貌，开拓创新，锐意进取，扎实推进管理信息各项重点工作，为加快建设国际一流现代金融企业作出新的更大贡献。

在贵金属业务经营管理培训班上的讲话

王敬东

（2014年8月26日）

在贵金属业务实施专营化经营5周年之际组织这次培训，主要基于两点考虑：一是今年以来贵金属市场环境发生了很大的变化，需要在启动旺季营销前对当前贵金属业务经营情况和面临的形势作一个深入的分析，以更有针对性地部署下一阶段的经营任务。二是在总行全面深化改革的背景下，研究如何按照总行党委的部署，加快推进贵金属业务线各项改革措施的落实，更好地推动业务发展。昨天，总行贵金属业务部和结算与现金管理部负责同志分别代表利润中心和业务牵头管理部门，介绍了今年全行贵金属业务的具体经营情况，对旺季工作和下一阶段任务作了具体安排，我都同意。下面，我讲三点意见。

一、贵金属业务线积极进取完成了上半年经营任务

2009年9月9日，总行在上海成立了贵金属业务部，率先在国内同业中对贵金属业务实施专业化经营。五年来，全行贵金属业务线坚持以转型发展为主线，面

对不断发展变化的市场环境，积极进取，攻坚克难，通过持续的产品与服务创新，推动了业务的健康快速发展。五年来，全行累计实现业务收入146亿元，年复合增长率70%；贵金属交易规模51万吨，年复合增长率139%；交易额5.75万亿元，年复合增长率34%；客户规模达到2 217万户，年复合增长率达97%，均保持大幅增长，成为国内贵金属业务领先的商业银行。

今年以来，全球贵金属市场延续震荡下行行情，同时受宏观经济整体运行趋缓以及相关政策因素影响，贵金属多项业务规模同比明显下降，特别是过去一直作为收入基础的实物销量同比下降超过50%，使得业务经营面临着5年来最为严峻的挑战。面对困难和挑战，贵金属业务线积极适应市场变化，主动调整结构，加大市场拓展力度，产品线收入达到历史同期最高水平，不仅超序时进度完成了经营任务，而且中间业务收入四行占比首次在半年度超过50%。上半年，贵金属业务线收入27.06亿元，同比增长13%。从各分行情况看，深圳、江苏、山东、河南等4家分行贵金属业务收入超过序时进度，且突破1亿元，其中深圳分行更是突破了3亿元。另外，厦门、深圳分行收入增幅分别达到148%和99%。这样的成绩来之不易，在此，我谨代表总行党委，对全行贵金属业务线的干部员工表示最衷心的感谢！总结今年以来业务经营情况，主要有以下四个方面值得肯定。

（一）主动调整产品结构，形成增收亮点。针对今年实物零售量下滑，交易整体清淡的市场行情，贵金属业务线主动调整经营重点，取得了明显成效：一是抓住产业链市场，黄金租赁、同业拆借业务规模创历史新高。面对贵金属价格震荡下行、市场资金偏紧的形势，全行积极满足产业链核心企业的贵金属租赁以及套保避险业务需求，租赁业务余额超过157吨；与银行同业及各类机构开展黄金拆借业务，规模超过149吨，推动融资产品线收入同比增长超过143%。二是依托积存金产品，推动交易类业务逆市增长。在代理金交所业务交投清淡、手续费持续下调的不利情况下，充分发挥积存金产品资产配置功能，重点推动对公积存营销工作，产品收入同比增长超过112%，带动交易类产品收入整体同比增长49%。以上两项业务的快速发展，有效弥补了实物及交易业务下跌对业务线收入的影响。

（二）夯实渠道基础，提升业务产能。一是探索物理网点渠道经营新模式。北京、上海、新疆、江苏、安徽、苏州等分行积极探索贵金属五星级专区经营新模式，通过与零售经验丰富的老凤祥、周大福等企业合作，努力突破实物零售业务发展瓶颈，全力提升产能。二是拓展电商新渠道。把握总行建设融e购电商平台机遇，打造贵金属线上销售渠道，充分结合贵金属商品属性，开展线上展示、秒杀促销，成效显著。贵金属商户上线以来，销售额突破1 970万元，排名电商平台商户前列。三是成功突破银银、银商渠道。江苏分行率先将积存金业务平台延伸至江南银行；广东分行成功将实物产品向当地城商行拓展；云南分行依托农村信用社，使贵金属产品销售渠道遍布乡村，这些措施都有效拓宽了我行的贵金属业务市场。此外，总行贵金属业务部还与电视购物平台进行了直营销售探索，初步建立了实物代销新模式。

（三）积极创新产品服务，迅速拓展市场。交易类业务方面，创新应用个人客户授信评级数据，实施差异化保证金方案，针对高端客户调低保证金比例，释放交易潜能，黄金递延交易Au（T+D）业务量同比增长13%。融资类业务方面，创新供应链黄金租赁业务，根据核心企业上下游经营往来和实物沉淀状况，给予合理的融资租赁支持。该业务上半年在深圳分行试点成功，有效扩大了租赁客户规模，支持了产业链企业发展。创新推出白银租赁业务，扩大租赁品种，今年以来累计向企业租出白银26.16吨，业务规模迅速提升。创新了以黄金实物交割为基础的新型结构性融资业务模式，与俄罗斯POG集团初步达成了实物黄金预付款融资项目的合作意向，在创新融资业务品种的同时扩大了黄金来源。

（四）强化风险防范，夯实管理基础。在今年贵金属价格震荡加剧的市场环境下，全行较好地处理了开拓市场与平衡风险的关系，有效保障了业务持续健康发展。一是通过综合分析客户交易量和风险状况，对钻石级以上符合条件的客户实行差异化保证金策略，在控制风险的前提下释放了交易规模，进一步提升对优质个人客户的服务水平。二是在从严规范租赁客户分类准入标准的基础上，授权10家分行试点开展租赁客户准入审批，提高了分行客户营销的积极性和市场响应的灵活性，提升了分行融资业务市场竞争力。三是加强实物类产品质量控制。针对今年3月新《消费者权益保护法》的正式实施，将实物产品抽检覆盖到我行合作的全部加工企业，检测结果完全合格。四是加快将交易系统纳入全行统一的风险管理系统，通过搭建贵金属业务管理系统和风险监测平台，不断提升业务线风险管理水平。

二、要准确把握贵金属业务发展的新趋势、新特征

（一）贵金属市场依然大有可为。尽管从2012年以来，全球贵金属市场处于震荡下行的不利环境，但是放眼长远，这个市场依然潜力巨大。

首先，从市场发展的空间看，近年来西方国家金融监管当局加强了对投机性商品交易的监控，提高了金融机构商品业务准入门槛和监管成本，德银、摩根大通、高盛等纷纷开始退出其商品业务，但黄金作为国家储备、资产配置的重要工具，市场规模不会因为西方国家金融机构的退出而缩减，反而会为中国商业银行拓展贵

金属业务留出空间。同时，贵金属商品业务由于客户群体、交易方式、交易对象与传统金融市场业务差异巨大，因此形成了独立的产品分支，我行目前所实施的贵金属专业化经营，完全符合这一市场特点，业已建立的先发优势将会成为竞争制胜的关键。

其次，从中国市场发展前景看，贵金属投资与消费的需求依然旺盛。2013 年中国黄金消费量达到 1 176 吨，约占全球实物黄金消费的 27%；黄金产量达到 428 吨，连续 7 年全球第一。2014 年上半年，我国黄金首饰用金同比增长 11%，工业用金同比增长 11%，市场需求并没有因为价格震荡而萎缩。近日，世界黄金协会发布报告，预测未来四年中国黄金需求还将进一步增长 25%，国内贵金属零售市场、产业链市场依然潜力巨大。2013 年全球消费的 3 756 吨黄金中，有 368 吨由各国央行购买。这是各国央行连续第四年成为黄金的净买家，显示全球对黄金未来价格趋势和作用的信心。中国正在努力提升在国际商品市场的话语权，9 月 26 日上海自贸区黄金国际板即将推出，中国黄金市场国际化大门将正式开启。积极探索贵金属业务在自贸区的经营发展，既是对客户贵金属投资、理财和融资需求的回应，也必将开辟出金融资产服务的全新领域。总行要求利润中心加强对业务线的服务支持，贵金属业务部积极创新自贸区业务，就是要为分行提供更好的产品与服务。

再次，全行经营转型与机构改革为贵金属业务发展提供了新动力。随着利率市场化改革和金融脱媒的不断深入，传统商业银行业务盈利增长面临前所未有的压力，总行在年初提出了“大零售”、“大资管”、“大数据和信息化”三大战略，并启动了机构改革，目的就是进一步增强全行经营发展的活力与动力。本次改革将在两个主要方面为贵金属业务线发展注入新的动力，一是通过实施三大战略，进一步促进集团客户资源的整合，能够更好地适应贵金属客户覆盖面广的特点，有利于提升贵金属业务在个人、公司、机构各类客户中的渗透率，有利于业务规模的进一步做大。二是通过机构改革和利润中心改革，形成产品部门与业务线牵头管理部门、客户营销部门共同推动业务线发展的、高效的经营管理模式，使贵金属业务线经营力量得到加强。只要各部门间协同合作机制能够理顺，贵金属业务线的经营管理能力和价值创造能力将得到大幅提高。

最后，总行在近期召开的关于做好当前有关工作的视频会议上提出，为切实规范中间业务发展，引导分行杜绝“息转费”行为，总行进一步调整了中间业务考核，剔除了基础类投行、贸易融资、担保承诺等与贷款相关的收入，将“人均手续费及佣金净收入”指标及其同业占比调节口径，由全口径调整为结算、理财、代理类中间业务收入。在这次会上，总行还要求，全行在新的形势下，发展中间业务必须要有新的思路、新的方法，必须通过产品创新、服务创新扎扎实实地创造收入，走出一条转型发展的新路子来；同时强调，中间业务考核办法的调整，短期内可能会对中间业务增收造成一定影响，但全行利润增长的目标无论如何一定要确保实现。为确保绩效考评的导向作用，要落实好“两严禁一防止”：严禁将与贷款相关的中间业务收入转入结算、理财、代理类中间业务收入；严禁将基础类投行收入转入品牌类投行收入；防止应收的息费收入两项都没有尽收。全行贵金属业务线要牢牢抓住此次中间业务收入考核调整的机遇，加快贵金属对公业务的营销和拓展，确保实现利润增长目标。

（二）贵金属业务发展面临严峻挑战。一是渠道布局初步完成，但产能挖掘成效还不明显。这几年，贵金属业务线通过艰苦努力，形成了覆盖线下线上的立体化销售渠道，特别是物理渠道建设进展很快，已经初步完成了三类网点的布局。但是从物理渠道网均产能来看，产能挖掘成效尚不明显。我行 304 家贵金属业务五星级专属服务区目前网均产能仅为 40 万元，与年初提出的 150 万元网均产能目标差距较大，需要各分行加快探索新的旗舰店经营模式，切实有效地提升产能。从刚刚起步的电商渠道看，我行贵金属电商旗舰店截至 7 月末累计销售额达到 2 073 万元，而周大福天猫旗舰店在“双十一”单天销售额即突破 1 000 万元。渠道产能的提升依然任重道远。银行网点经营贵金属业务有我们的特殊性，关门早、部分节假日不营业，但网点分布广、便利性好，因此需要花力气提升营销能力来发挥优势、弥补劣势。

二是产品体系基本建立，但营销能力还有待提升。五年来，贵金属业务线已经基本形成了实物、交易、融资、理财、直营等五大类产品体系。但是，针对不同市场特点营销不同产品的能力还没有形成，对市场变化不够敏感、对客户需求不够敏感、对产品特征不够敏感的问题普遍存在于业务营销一线，成为了业务发展的瓶颈。与此同时，一线对贵金属专业人才的培养力度也明显不足，五年来，全行一共培养了 2 000 名具有“黄金交易员”资质的营销人员，而建设银行仅去年一年就集中资源培养了 5 000 名“黄金交易员”，占当年全社会获取该资质总人数的一半。这些年，其他商业银行与机构也已经纷纷投入资源，加入贵金属市场的竞争，对此，各级行必须高度重视，结合本区域特点，进一步提高贵金属专业营销能力，把我们的贵金属业务经营优势发挥好，不断巩固和保持市场龙头地位。

三是客户基础初步形成，但是客户渗透率和有效率仍有提升空间。目前，全行贵金属客户 2 217 万户，从绝对数看已经初具规模。然而，贵金属业务在个人、公司、机构客户渗透率仅分别为 2.9%、1%、0.7%；有效客户仅为 642 万户，个人定期积存业务客户有效率在全行重点产品中排名靠后。如果说前五年业务处在“跑马圈地”的业务拓展阶段，那么未来一个时期，就必须静下心来“深耕细作”，通过一款款产品、一次次服务，抓住一个个客户，切实推动客户总量向客户质量的转变，壮大有效客户规模，夯实贵金属业务发展基础。同时，贵金属业务要进一步融入全行“大零售”“大资管”战略大局，协同联动，使四星级以上个人客户贵金属业务渗透率、各类客户贵金属金融资产占比较上年进一步提升。

四是经营模式逐渐形成，但适应市场变化灵活调整经营策略的能力有待加强。总的看，贵金属业务经过五年的快速发展，各行对市场变化有了比较充分的认识，但是也有部分分行对市场变化还不够敏感。一些分行业务结构不够均衡，实物业务占比较高，受今年市场低迷的影响，实物销量大幅下滑，这些分行的收益和任务完成率系统排名急剧下滑。因此，各分行不能靠“一招鲜”来经营贵金属业务，要把握好“碗里”与“锅里”的关系，不仅努力使“碗里”的拳头业务能够承受住市场波动，而且要让“锅里”的业务能够适应市场变化随时拿到“碗里”，只有这样，才能在市场轮动变化中弹好钢琴，灵活调整经营策略，实现业务的持续稳健发展。

三、关于下阶段贵金属工作的几点要求

全行年初工作会议要求贵金属业务“要利用在资产保值增值、避险、套利等方面的独特作用，创新贵金属实物产品、贵金属产业链金融服务，以及贵金属理财等资产管理和运作产品，不断扩大收入来源。”贵金属专业要认真贯彻落实，力争今年“下半场”有更大的进步和提升，推动全行的经营转型。

（一）牢牢把握营销旺季，加大营销力度。今年以来贵金属业务虽然面临的困难和挑战很多，但越是困难，越要坚定信心，奋发有为，牢牢把握持续健康发展的主动权。四季度到明年春节期间将迎来贵金属业务营销的“黄金季节”，从规律看，通常旺季创造的销售收入能占到全年收入的三四成，因此，抓住旺季市场就能奠定全年业务发展基础。今天下午，贵金属业务部将组织今年的实物新产品订货会，展示最新开发的、适应当前零售市场特点的“羊年生肖”、“龙凤传家”、“十二星座”等系列新产品，各分行要认真观摩学习，掌握产品特点和营销方法。回去以后，要加大市场宣传力度，充分运用总行给予的价格优惠空间，抓住中秋、国庆、春节等重要节点，有计划、有目标地开展集中营销、旺季促销。希望年内各一级分行要组织 1 ~2 场分行层面的大型集中营销活动；各二级分行要组织 3 ~4 场区域性的集中营销活动；各网点要每月组织 1 场小型的集中营销活动。旺季期间，总行将加大对分行集中营销活动的指导和支持力度，希望全行上下能够齐心协力，打好旺季营销的攻坚战。

下阶段，全行要特别花大力气抓好个人定期积存产品，因为这款产品不仅能够直接创造手续费收入，而且能够通过积蓄的资产池持续地产生运作收入。总行接下来会出台个人定期积存业务营销方案，并拿出专项营销激励资源，分行要锁定代发工资、代发养老金，以及基金定投客户，从个人资产配置的角度进行营销。对于这样可持续发展的基础业务，分行也要积极投入营销资源，与总行实施配套激励，真正把一线客户经理的营销积极性调动起来，迅速做大定期积存规模。同时，各分行也不能放松今年已经取得较好业绩的重点产品营销工作，要顺势而为，继续做大对公积存业务；要抓住用金高峰推广黄金租赁，为今年年底乃至明年业务发展打好基础。

（二）紧紧围绕产能提升，不断优化渠道功能。一是要充分挖掘现有物理网点产能。各分行要认真落实总行上半年下发的《贵金属专属服务区经营指引》，全面优化贵金属网点的营销展示功能，提升客户体验，增加销量。北京、上海、新疆、苏州、云南等分行正率先探索五星级专属服务区经营新模式，希望年内能够形成 4 ~5 家年收入超 1 000 万元的标杆旗舰店，形成可复制、可推广的成功经验。总行鼓励各分行主动尝试，力争有所突破。二是要加速推进贵金属电商渠道建设。贵金属旗舰店已经按照外部商户模式进驻融 e 购商城，下一步要认真研究电商经营管理模式，突出贵金属产品在电商平台上的展示、销售和服务功能，完善“网购店取”模式。各分行要紧跟业务新模式，确保辖内货源充足，特别是旗舰店要确保备货齐全，客户提货便捷，力争使全年电商销售规模突破 1 亿元。要高度重视融 e 购平台的推广和应用，将贵金属销售作为其中一个突破口要鼓励各行将自己有特色的做法和好的经验通过网讯来加强宣传，贵金属业务部也要关注并收集各分行好的经验，汇编成综合信息进行宣传报道，让各行有所借鉴三是要努力拓展银银渠道合作。各行要认真学习研究江苏、厦门模式，积极拓展辖区内的区域性城市商业银行、农村商业银行、信用联社，力争今年都要实现零的突破，使我行贵金属业务能够利用这些银行差异化的渠道和客户资源，加快产品与服务的延伸，进一步做大市场规模。

（三）积极适应市场变化，加快产品与服务创新。全行要按照“推出一批、储备一批、思考一批”的创新思路，适应市场变化创新产品与服务，满足客户需要。实物类产品方面，要迎合个人客户消费升级，以及客户年龄结构变化，有针对性地开发兼具财富传承价值和生活使用价值的主题产品，加快推出具有鲜明时尚特点，能够吸引青年客户群的时尚产品。这两天，青奥会正在江苏举办，江苏分行创新的青奥会产品进入了销售高峰；接下来，宁波分行区域性文化产品也即将上市。近年来各分行一把手高度重视，主动引领实物产品创新的做法形成了许多成功案例，如四大佛教名山系列产品等一经推出，就掀起了市场销售高潮，取得了很好的收益和品牌效果。希望各位贵金属业务分管行长和业务主

管部门负责人，都能够充分发挥主观能动性，深入了解区域市场特点，开发出更贴近当地市场、更符合当地消费习惯的贵金属产品。交易类产品方面，各行要落实对合作的综合类会员的目标管理和竞争淘汰制，通过激励与业绩挂钩，有效刺激综合类会员加强交易客户维护，扩大业务量。融资类产品方面，要深入贯彻落实国家黄金产业政策，提升对整个黄金产业链金融服务能力，以企业客户需求为导向，以供应链黄金租赁为抓手，进一步拓展企业租赁客户。在深圳分行成功探索供应链贵金属融资模式的基础上，山东、河南、云南、新疆、甘肃、内蒙古、贵州等有资源优势的分行要积极尝试形成几条上游供应链；北京、上海等分行要积极与北京菜百、上海老凤祥等核心零售企业合作，形成下游供应链。希望贵金属业务能够依托多条供应链，在服务实体产业中抢抓机遇、做大市场，推动贵金属融资业务再上一个台阶。

（四）牢牢抓住改革机遇，形成业务发展合力。近年来，总行反复强调调整经营结构、加快转变发展方式的重要性和紧迫性，并组织推动了机构改革和利润中心改革。各行要认真贯彻落实总行党委的战略部署，在新的体制机制下，加快形成贵金属业务线的高效合作模式，不断提升经营效率。贵金属业务部和结算与现金管理部要加强协作，共同研究制定贵金属业务发展规划和经营策略，形成经营计划和专业评价方案，合力加强对业务线的指导和服务。分行业务牵头部门要重点抓好落实和协调两项职责，一是要认真领会总行业务发展要求，结合区域市场和客户特点，主动地加以落实。新业务的发展是一个不断探索的过程，总行支持大家主动思考、积极创新，形成经验；二是要切实承担起牵头责任，协调好分行各专业、各部门，想方设法将贵金属业务向各渠道延伸，把贵金属业务与各项业务相融合，不断提升贵金属在个人、公司、机构金融资产中的占比。

（五）加强风险管理，确保业务稳健发展。要在保持业务快速发展的同时，高度重视风险管理工作。总行的重点是要加快建成全面风险管控体系：一是要进一步加强交易风险控制，稳步推进贵金属交易系统与全行风险管理系统的对接。二是要进一步完善制度建设，加快完成《贵金属业务管理规定》的编制，并根据市场变化，修订各项业务应急预案。三是要高度重视实物产品质量风险控制，认真落实第三方合作企业现场检查与产品质量抽检，严防产品质量问题造成声誉风险。

各分行的重点是人员团队的稳定和业务素质的提高，要适应业务发展需要加大人力资源投入，不能因为人手不足，简化必要的操作流程，造成操作风险；更不能因为岗位调动业务不熟，造成声誉风险。姜董事长、易行长在今年人事组织工作会议上要求，总行利润中心相关业务职能在各分行要有安排落实，未设立独立部门的，相关职能要由相应的业务牵头管理部门归口负责。各分支机构根据授权在辖内开展利润中心业务的市场拓展和业务运营，完成总行下达的相关考核指标。一级（直属）分行、二级分行要明确分管行领导，配备相对稳定的团队和专业人员，负责各利润中心业务在辖内的发展。下半年，组织机构改革将在省行层面推开，各行要按照总行部署和业务发展需要，优化内设机构设置。希望各行要加大贵金属业务资源投入，尽可能在贵金属业务牵头部门安排4～6名专业人员负责分行贵金属业务经营；在二级分行配备3名专业人员；在支行层面配备1～2名具有专业资质的客户经理，确保贵金属业务营销有人推动，风险有人管理。同时，各分行要主动投入资源，加大本行贵金属专业人才培养力度，加快培养一批具备“黄金交易员”和“中高级黄金分析师”资质的一线人员，切实提高业务营销与客户服务能力。

贵金属业务以五年来的快速发展证明了它的业务潜力和成长性，未来业务的可持续发展需要全行贵金属业务线的同志们付出更多的努力、投入更大的精力。同志们，下半年经营目标已经明确，希望全行上下特别是各级领导干部要主动承担起创新发展的重任，进一步增强发展的信心，保持奋发有为的状态，积极进取，扎实工作，确保完成贵金属业务全年经营目标任务，努力实现新发展，创造新辉煌！

在总行机关改进工作作风
密切联系群众座谈会上的讲话

王敬东

（2014年10月29日·根据录音整理）

为深入学习贯彻习近平总书记在党的群众路线教育实践活动总结大会上的讲话精神，进一步把总行机关作风建设引向深入，今天我们在这里召开座谈会，请大家就开展群众路线教育实践活动以来，各支部在贯彻落实中央八项规定以及总行《关于切实改进工作作风密切联系群众的规定》方面所做的工作进行一次交流。姜建清董事长、易会满行长、赵林监事长和刘立宪纪委书记对座谈会非常关心和支持，要求我们通过此次座谈会进一步巩固总行机关作风建设成果，并将作风建设不断引向深入。刚才，办公室总支部等8个支部的负责同志从加强组织领导、强化改进措施、开展监督落实等方面，就本部门改进工作作风的做法、成效和经验先后发言，大家都谈得很好，体现出总行机关各部门自群众路线教育实践活动以来，在转变作风上呈现出的新面貌和新气象，在建立作风建设长效机制上的新思考和新探索。比如，办公室党总支在转变机关文风会风上做了大量的工作，财务会计部党支部强化财务管控，厉行勤俭办行；人力资源部党支部深入开展专项问题重大改革，推动长效机制建设；个人金融业务部党支部采取多项举措全面提高营销服务水平；信贷与投资管理部党总支把优化改造信贷业务流程作为整改重点，推动业务发展；运行管理部党总支以建章立制贯彻规定精神，修订完善百余项业务制度，夯实业务核算管理基础；内控合规部党支部创立“三做”共赢的工作方法，着力提升服务基层水平和工作效率；结算与现金管理部党支部强化主体责任，狠抓支部建设，等等。这都是支部贯彻落实中央八项规定、改进作风的具体体现，也对机关不断完善以作风建设为重点的制度体系起到了很好的启示和借鉴作用。下面，我谈两点意见。

一、总行机关作风建设取得阶段性成果

中央八项规定实施以来，总行党委高度重视，迅速结合我行实际，研究制定了《关于切实改进工作作风密切联系群众的规定》，从六个方面进行了进一步的细化，提出了十五条具体措施。机关各党支部把贯彻执行中央八项规定和总行党委的十五条规定作为一项重要的政治任务，与深入学习贯彻党的十八大、十八届三中全会、习近平总书记系列重要讲话精神相结合，与开展党的群众路线教育实践活动相结合，大力推动贯彻落实，做到了落实作表率、改进有成效、推进有力度、防控有重点、监督有依据，取得了较为显著的成效。主要体现在以下三个方面：

（一）坚持不懈抓整改，“四风”突出问题明显改善。一是领导带头改进作风。总行党委班子成员率先垂范，持续加强理论学习，不断增强宗旨意识，自觉贯彻中央八项规定精神，工作生活坚持轻车简从、勤俭节约。今年以来，先后深入基层、走访客户300余次，开展实地调研，面对面听取意见建议，帮助基层行和客户解决实际问题。总行机关各级党员领导干部也身体力行，切实破除“四风”旧疾，全行上下形成了为民务实清廉的良好氛围。二是精文简会成效显著。截至9月底，全行会议、文件数量与去年同期相比分别压缩27%和18%，各项评比达标表彰活动压缩41%，各类领导小组和议事协调机构减少27%，“一票否决”事项减少29%。三是勤俭办行蔚然成风。全行共压缩“三公”经费10.82亿元，减少25%；减少因公临时出国（境）78批，共531人次，同比分别下降13%和24%。清理清退公务用车69台，调整清理办公用房面积62 489平方米，停建楼堂馆所4个，面积61 281平方米。

（二）打通“最后一公里”，服务质量和服务能力实现较大提升。一是通过深入推进“人民满意银行建设年”活动，持续提升服务质量。严格执行银行服务收费各项监管规定，自觉规范收费行为，减少收费项目。客户投诉量同比大幅下降。二是信贷业务流程持续优化，服务实体经济有了新的进展。明晰信贷业务部门职责、简化信贷业务操作环节、完善授权管理方式、优化授信业务处理环节、改进信贷尽职调查与档案管理、重构小微企业信贷业务发展与风险管理模式等10项重点工作进展顺利，信贷业务运行效率大大提高。小微企业融资产品进一步丰富，授信审批方式得到改进，创新开展了理财投资中小企业私募债券业务和“优聚工行”业务。将消费支付与信贷融资有机链接，推出了逸贷等消费信贷创新产品。三是体制机制改革不断深化，全行转型发展能力不断提高。稳步推进总行组织机构改革，优化总行机关机构设置，总行部门间职责不清、沟通不畅、协同不足等问题得到较大改善。改革后，一级部由32个减少为26个，二级部由11个减少为6个。在此基础之上，对总行部门管理人员和内设处室进行“瘦身”。切实发挥绩效考评作用，大幅精简指标数量，突出关键性指标，总行对一级分行的考核指标由原来的359个下降到目前的70个，引导全行正确处理好发展、效益和风险的关系。

（三）以建章立制巩固活动成果，长效机制初步建立。一是勤俭办行制度更加健全。根据中央厉行节约反对浪费的一系列规章制度，研究制定或修订了《会议费管理办法》《因公出国经费管理办法》《职工教育经费管理办法》《业务用车管理办法（2014年版）》《关于停止新建办公用房等有关问题的通知》《宣传费管理办法》等制度，初步建立了覆盖全面、完备周密的勤俭办行制度体系。二是总行机关作风建设初步实现了常态化、制度化。修订印发了《总行会议管理办法（2014年版）》《关于切实转变工作作风 提高公文质量和运行效率的通知》《关于大力精简各类简报的通知》等文件，将前期整顿文风会风的阶段性成果用制度文件的形式固定下来。实施调研统筹计划管理，各部门按季制定调研计划，办公室提出统筹意见建议；建立部门负责人带队调研制度。在深入实施《总行内部服务规定》

的基础上，大力为基层行减负，对涉及基层的工作事项，在依法合规的前提下做到“六办”，即立即办、主动办、上门办、创新办、公开办、务实办；加快信息交流平台建设，不断改进总、分行工作沟通协调方式；建立了基层来访登记制度，严禁内部“公关”、内部“营销”。

当前，总行机关贯彻落实中央八项规定以及总行党委十五条规定虽然取得了阶段性成效，但与中央要求相比，与总行党委的要求相比，与群众的反映和期望相比，我们在加强作风建设方面还存在一些不容忽视的问题和薄弱环节。主要表现在：思想认识方面，有的同志对作风问题的严重性、危害性、长期性的认识还不到位，还没有上升到党性修养、理想信念的高度，还没有真正做到从他律到自觉自律的提升。执行监督方面，有的部门重制定、轻检查，重布置、轻落实，满足于制定了制度，忽视推动落实、监督执行和违规行为惩处，降低了制度的权威性、严肃性，弱化了执行制度的主动性、强制性。制度建设方面，有的文件原则性要求较多，针对性措施和量化标准较少，还需要结合不同业务、机构和管理领域的实际情况，将八项规定精神要求进一步细化和落地。在勤俭节约方面，有的同志还有贪大求洋的心理，在有的业务营销活动中存在与同业攀比、花销较大等现象。对这些问题，我们要高度重视，持之以恒地抓好教育监督和纠改落实。

二、巩固深化成果，深入持久地抓好下一步工作

贯彻落实中央八项规定以及总行党委十五条规定，推动作风建设，关键在于领导带头，根本靠的是制度规范，目的是形成长效机制，核心是严格监督。总行机关各部门要以此次座谈会为契机，深入学习贯彻习近平总书记在党的群众路线教育实践活动总结大会上的讲话精神，按照总行党委的要求，不断巩固作风建设成果，推动广大党员干部把中央八项规定及总行党委十五条规定内化于心、外化于行，形成作风建设的长效机制。

第一，认真学习宣传贯彻十八届四中全会精神。党的十八届四中全会刚刚胜利闭幕，昨天中央国家机关工委组织召开学习宣传贯彻十八届四中全会精神动员部署大会。中央书记处书记、国务委员、国务院秘书长、中央国家机关工委书记杨晶同志出席会议并作重要讲话，从充分认识四中全会的重要意义、全面把握全会精神的丰富内涵、深刻领会核心要义和精神实质、全面贯彻落实全会精神等方面提出了明确具体的要求。机关党委要按照中央国家机关工委及总行党委的要求，尽快组织机关党员干部开展学习贯彻四中全会精神的活动。总行作为首脑机关，承担着全行经营管理决策中心和指挥中心的重要责任，广大党员干部的思想认识是否到位、法治素质是否提高、法治能力是否加强，直接关系到加快推进依法治行各项任务的贯彻落实，关系到在法制轨道上确保全行深化改革各项任务的完成。机关各党支部要把学习宣传贯彻好全会精神作为当前和今后一个时期的一项重大政治任务，以更高标准、更严要求和更加积极作为的精神状态学习宣传贯彻全会精神，切实把思想和行动统一到全会精神上来，努力走在前、作表率。

第二，以贯彻执行中央八项规定以及总行党委十五条规定为载体，进一步落实党风廉政建设责任制。十八届三中全会强调，“落实党风廉政建设责任制，党委负主体责任，纪委负监督责任”，这是党章赋予各级党委和纪委的重要职责，也是深入推进党风廉政建设的“牛鼻子”。作风建设是党风廉政建设的题中应有之义，要久久为功，就要牢牢牵住这个“牛鼻子”。党的群众路线教育实践活动开展以来，很多群众都反映，中央八项规定和整治“四风”的举措，将行为准则和规范固化为制度，对转变作风定了“硬杠杠”，言之有物、细致具体，针对性和可操作性很强。因此，下一步，我们要对照规定的有关要求，在总行加快建立常态化、多维度、立体式的监督机制。一是贯彻落实党风廉政建设责任制，积极推进惩治和预防腐败体系建设，深入推进机关党风廉政建设和反腐倡廉工作，提高支部领导班子落实责任制的积极性和主动性，落实“一岗双责”（业务经营管理责任和党风廉政建设责任）。要完善责任追究制度，对主体责任落实不力、造成严重后果的，实行“一案双查”（既追究当事人责任，又追究相关领导责任）。二是加强领导干部监督工作，推进落实廉洁从业谈话、礼金礼品上交登记、个人重大事项报告、领导班子民主生活会、领导人员选拔任用监督等相关制度。有关部门要切实负起监督责任，着力发现违规违纪和作风方面的问题，对其中典型案件涉及的责任人员，严肃查处和通报。加大对违规违纪事件的通报力度，对违反规定精神的典型事例，要进行严肃追究。

第三，以贯彻执行中央八项规定以及总行党委十五条规定为抓手，充分发挥党支部在作风建设中的战斗堡垒作用。作风建设落不到人头，就成了一句空话。各党支部要充分发挥对支部党员最熟悉、最了解的优势，以“四个切入”抓好规定的贯彻执行，真正把作风建设落到实处。一是从日常表现切入，加强教育管理监督。各党支部要蕴教育管理监督于党员干部日常工作、学习和生活之中，从平时表现、能力素质、精神状态、群众反映，了解党员干部的作风表现，教育党员干部的作风养成，监督党员的贯彻执行情况，针对苗头性、倾向性、隐蔽性问题，及时打招呼、拽袖子，提个醒。二是从行政工作切入，加强教育管理监督。各党支部要在落实中央决策部署、推动部门中心工作、履行个人岗位职责中，从办文办事办会、出差调研接待等各项具体业务工作中，看党员干部的作风表现，教育监督管理党员干部贯彻执行规定，促使他们自觉把八项规定内化为精神修

养，外化为行为准则。三是从突出问题切入，加强教育管理监督。各党支部要通过党员大会、党支部会、专题组织生活会等多种方式，组织党员查摆违反八项规定和“四风”的突出表现，剖析表现背后存在的深层次问题，查明原因，辩证施治，通过解决作风的突出问题，达到有病治病，无病强体。四是从激励切入，加强教育管理监督。各党支部要紧紧围绕作风问题，结合年终考核对党员进行评议，对严格贯彻执行规定要求，作风优良、工作优秀的要积极表扬，对表现差的要通过组织生活会批评教育，把管党与管人统一起来，把作风建设落实到每个党员头上。

第四，以贯彻落实中央八项规定以及总行党委十五条规定为标准，调动党员干部改进作风的主观能动性。改进作风建设的一切措施最终都要落到促进党员干部加强自我改造、自我提高上来，不断增强党员意识，永葆先进性。总行机关的党员干部是全行改革发展的骨干力量，发挥着承上启下的重要作用，必须在作风建设上走在前，作表率。一是要加强党性修养和理想信念教育。加强思想政治学习，既从行为上落实规定精神，更注重从源头上触及到思想灵魂。要深入学习贯彻习近平总书记关于作风建设的一系列论述，切实增强反对“四风”的思想自觉和行动自觉，做到学用结合、知行合一，做到真学、真懂、真信、真用，真正解决好思想认识这个总根子，把好世界观、人生观这个总开关，努力使自身对党的理论和宗旨的认识再深一层，在党性修养和精神境界上更上一层。要增强政治定力，特别是在重大政治问题上，与党中央保持高度一致，自觉践行根本宗旨，牢固树立担当精神，时刻保持自省自律。二是要发挥好先锋模范作用。要把中央八项规定及总行党委十五条规定作为工作规范和行为标准，要求做到的不打折扣，明令禁止的坚决不做，克服搞变通、做选择、敷衍应付等问题，示范带领身边的同志共同抵制不良作风。三是要把改进作风的成效真正体现到履职尽责，推动全行转型发展上来。要鼓励党员干部扑下身子、联系实际、广接地气，了解基层诉求、锤炼优良作风、提高办事效率、提升服务能力。要牢固树立为基层服务观念，增强服务意识，创新服务方式，为基层办实事、做好事、解难事，同时也为推动部室职能转变，促进全行可持续发展贡献智慧与力量。

第五，以机关第四次党代会精神为指导，提高支部党建工作科学化水平。前不久，总行机关召开了第四次党代会，研究部署今后一个时期总行机关党建工作的基本任务和奋斗目标。总行党委委员、纪委书记刘立宪同志代表第三届机关党委作了题为《服务中心 建设队伍 努力提升机关党建工作科学化水平》的工作报告。报告全面总结和回顾了第三届委员会过去几年的工作与基本经验。总行党委副书记、监事长赵林同志出席会议并作重要讲话，结合我行当前经营发展的新形势，对新届机关党委的指导思想、职责定位、工作重点和努力方向提出了明确要求。两位领导的讲话都已通过《内部情况通报》的形式印发，希望各党支部要组织党员干部特别是兼职党务干部认真学习，把支部党建工作思路与机关党建工作重点相统一，与支部实际情况相结合，进一步找准切入点，探索新途径，挖掘新活力，不断开创支部党建工作新局面。

同志们，作风建设永远在路上。我们要认真学习领会习近平总书记系列讲话精神，在总行党委的正确领导下，深入贯彻落实党的十八大和十八届三中、四中全会精神，以踏石留印、抓铁有痕的作风和勇气，不折不扣地将中央八项规定以及总行党委十五条规定落实到位，进一步增强进取意识、机遇意识、责任意识，充分发挥总行机关的示范带头作用，把全行作风建设不断引向深入，以作风转变的实际成效为加快推动全行转型发展作出新的更大的贡献。

建设一流分析师队伍
助力推进“大数据和信息化”战略

王敬东

（2014 年 11 月 6 日）

这次会议的主要任务是，贯彻落实总行党委提出的“大数据和信息化”战略部署，加快推进分析师队伍建设，不断提高分析师队伍在全行经营管理活动中的信息支持能力，充分发挥信息引领和价值创造作用。今天上午的会议开得非常好，刚才总行三个部门、三家分行的同志从不同的方面介绍了分析师队伍建设的经验和工作进展情况，听了之后非常受鼓舞。可以说，全行上下以实际工作成效再次佐证了总行党委的战略决策是非常正确、非常具有前瞻性的。林晓轩首席信息官从信息技术基础、数据服务体系的层面对支持分析师队伍建设、支持“大数据和信息化”战略实施提出了具体要求，我完全赞成。下面，我再讲四点意见。

一、充分认识分析师队伍建设的重要意义

信息化银行建设需要全行实现经营理念、思维模式等方面的根本转变。2013 年改革发展研讨会上，总行将“大数据和信息化”战略列为全行发展三大战略之一。分析师队伍建设作为落实这一战略的关键举措之一，姜建清董事长、易会满行长对这项工作非常重视，在多次讲话中都提到加快分析师队伍建设的重要性。姜董事长在去年的改革发展研讨会上，提出“要提升数据应用能力，建设数据分析师和专业分析师两支队伍，将数据查询、分析、挖掘功能嵌入到营销和风险管理系统中，从数据中攫取最大价值”。易行长在今年年中工作会议上专门强调要“进一步加强分析师队伍建设和数据挖掘工具开发，聚焦客户基础拓展，重点围绕市场营销和风险控制两方面开展深度挖掘，提升数据分析产品的质量，实现分析师队伍建设与效能发挥的同步推进。”正是在这样的背景下，总行党委作出在总行和一级分行两个层面建立分析师队伍的决策部署，具有重大意义。

（一）分析师队伍建设是推进信息化银行战略实施的重要举措。近日，姜董事长出席在莫斯科举行的“开放与创新”论坛上指出：“当前的金融业进入到一个新的转折点，要从过去的支付和融资中介服务，向综合化信息中介服务进行转型，这是事关商业银行在未来十年深层发展的基础和根本。银行在竞争中会不会保持优势，关键在于是不是能成为掌握信息的强者，是不是能认清大数据时代新特征而采取新举措。通过大数据技术，重新发展和铸造新的经济金融关系，找到适合自己银行模式的客户群体，打造和强化银行特有的商业模式，并依据大数据分析防范金融风险。可以预料，在这一轮信息化银行建设的过程中，银行之间竞争的代际差距会拉开，谁能在这个方面取得主导地位，谁就能在未来的发展中保持优势。”因此，信息化银行建设比以往任何阶段都更强调运用大数据技术挖掘信息价值，要将数据转化为知识，挖掘海量数据中存在的关联关系和业务规律，并根据现有数据预测未来业务发展趋势，充分发挥信息在决策、管理和营销等不同经营管理活动领域的价值，就必须培养一支精通业务、了解数据、会用分析工具、具有强大信息分析能力的分析师队伍，才能胜任复杂而重要的工作。

（二）分析师队伍建设是实现全行经营战略转型的重要手段。建立分析师队伍的目的在于以规模化、集约化、体系化方式，实现海量数据信息深入挖掘和智能提炼，推动分析挖掘成果在客户营销、产品开发、流程优化、风险预警、经营决策、考核评价等领域的广泛应用，为全行经营战略转型提供支持。国内外很多优秀的企业都建立了自己的分析师团队，发挥了不可替代的重要作用。现在组建这支分析师队伍，就是要通过大数据分析技术，对全行拥有的各类数据信息资源进行深入挖掘和分析，将分析结果应用于客户营销、经营决策、内部管理、风险控制等领域，充分发挥信息的价值，推动经营管理模式和业务发展方式加快转变，支持经营结构战略性调整。

（三）全行信息系统建设为分析师队伍发挥作用提供了重要基础保障。经过十多年的持续建设和完善，工商银行在数据信息基础建设工作方面取得了积极进展，在数据仓库存储的结构化数据量超过 400TB；正在大力开展信息库建设，积累的各类非结构化数据超过 5 000TB，已经具备了丰富的数据资源，数据规模居银行业国内同业第一、国际第六，已经能够面向全行不同层级信息用户提供灵活查询和通用查询等多种形式的数据服务支持；搭建了分析师智能挖掘服务平台，具备了为各类分析师提供数据分析方法、工具、手段的软硬件条件。因此，在信息管理技术已经成熟、数据和信息资源十分丰富、全行对数据分析的需求非常旺盛的现实条件下，加快建立一支业务精通、技能精湛的分析师队伍，对各类数据和信息进行深入分析并加以合理利用，使“数据会说话”，打造全行核心竞争力，将我行的信息资源优势转变成市场竞争优势的内、外部条件已经完全具备。

二、全行分析师队伍建设工作开展情况

今年初，总行印发了《关于组建全行分析师队伍的意见》，总行各有关部门、各分行积极开展分析师队伍建设，大力推动信息分析工作，在队伍组建、制度建设、工作开展等方面已经取得了良好进展。

（一）初步建立了“1 + X”模式下“专职 + 兼职”层次化分析师队伍。截至三季度末，全行已建立了一支 1 104 人的分析师队伍，其中，总行管理信息部组建了 10 人的数据分析师团队，总行 26 个业务部门组建了 372 人的专业分析师团队；36 家一级（直属）分行配备数据分析师 123 人，27 家一级（直属）分行配备专业分析师 599 人。

（二）建立并完善了分析师队伍管理的相关制度。在《关于组建全行分析师队伍的意见》的基础上，总行人力资源部、管理信息部共同研究起草了《中国工商银行分析师队伍管理办法（2014 年版）》，制定了分析师选聘标准及流程，明确了分析师队伍管理及工作模式，待进一步修改完善后印发全行执行。总行内控合规部、运行管理部、内部审计局、票据营业部结合业务工作需要，制定印发了本部门专业分析师队伍管理办法；个人金融业务部和风险管理部拟定了本专业分析师队伍

建设方案，提出了分析师队伍建设路径和主要方向。北京、天津、上海等17家分行结合分行实际，制定印发了分行分析师队伍建设相关制度办法，明确了分析师资质及任职标准、聘任流程、工作职责、团队管理和成果考核等要求。

（三）建立分析师定期交流机制。为及时总结、充分共享分析方法和经验，促进分析师队伍之间的交流与合作，达到提升分析师队伍分析能力的目的，总行已经建立了部内分析师团队、总行分析师团队之间、总分行分析师团队之间三级例会制度。7月29日，举办了首次总、分行分析师成果交流视频会，得到总行相关部门和分行的热烈响应。总行管理信息部分别牵头组织了总行数据分析师同总行大零售、大公司、大资管和风险管理四大板块16个部门的专业分析师团队之间的交流，就共同推进各业务领域数据分析与挖掘应用工作进行研讨，共同确定并开展了一批联合攻关课题。

（四）积极开展分析师系列培训工作。今年以来，总行企业文化部（教育部）、管理信息部围绕大数据、数据挖掘方法论及工具应用等内容，通过周末课堂及培训班等形式举办了四期面向总行分析师的专题培训，取得良好效果。总行个人金融业务部、结算与现金管理部、内控合规部和内部审计局等部门通过专题培训、实践锻炼、交流学习等多种方式，广泛开展了专业分析师内部培训工作。

（五）建成投产分析师智能挖掘服务平台（AIMS）。在总行信息科技部、软件开发中心、总行其他相关部门及部分分行的大力支持下，总行管理信息部推动建成投产了分析师智能挖掘服务平台，为全行分析师知识共享、工具集成、成果管理等提供系统支撑。

（六）积极开展重点分析课题研究，较好地发挥了分析师对全行经营管理活动的信息支持作用。总、分行数据分析师和专业分析师分别围绕精准营销、风险管理、产品创新、互联网金融、资金流向等方面开展数据分析与挖掘，初步形成了分析产品体系。截至三季度末，总行数据分析师团队已经完成并上报了11篇具有一定水准的专题数据分析报告，牵头制订了《全行客户五级分类评价方案》、《全行重点业务线五级分类评价方案》，并与金融市场部、电子银行部专业分析师组成项目组，协同开展跨专业重点课题攻关，部署631项精准营销活动，成功营销371.5万目标客户，营销成功率达到21.8%，营销效率较传统营销模式有了大幅提升。其中，《2012年以来全行储蓄存款结构变化趋势分析》对近年来全行储蓄存款客户结构、存款变动规律以及存款与理财之间的关系进行了分析，对全行进一步做好存款工作、明确工作方向提供了很好的参考。《全行中高端客户流失情况分析》客观反映了中高端客户流失现状，揭示了客户流失的影响因素，通过数据挖掘模型预测高流失风险的目标客户，支持业务部门对流失可能性大的客户开展差异化挽留维护工作，并从7月开始在北京、天津、浙江、江苏、上海、宁波、辽宁等7家分行开展试点应用工作，首次开展了分析师的预测性分析成果推向业务应用的尝试。经过三个多月的试点，49.8%的预警客户金融资产实现提升，户均增加资产16.3万元。目前，总行正在不断对模型进行评估和优化，为全行推广应用积累经验。

总行电子银行部、银行卡业务部、个人金融业务部、结算与现金管理部、金融市场部、内控合规部、内部审计局、票据营业部等部门专业分析师围绕业务发展需要，在精准营销、客户行为偏好、风险管理、业务发展等方面开展了一系列深度信息分析工作，取得良好效果。例如，银行卡业务部通过数据分析精准定位目标客户，助力小微逸贷公司卡、多币种信用卡等产品营销，产品推广成效显著，促进了我行品牌影响力的提升。内部审计局充分发挥数据分析对非现场检查工作的支持作用，完成了《关于P2P网贷平台部分逾期借款人在我行信用风险状况的分析报告》等多个非现场分析报告，创建并整理了“个人客户以过期证件开立活期存款账户模型”等25个非现场分析模型，显著提高了工作效率和针对性。

各分行分析师围绕分行经营重点开展分析工作，完成并上报数据分析报告470余篇、专业分析报告150余篇，内容涉及客户管理、产品营销、业务发展、经营管理等多个领域，较好地发挥了分析师队伍在决策支持、业务引导方面的作用。例如，上海分行充分运用内外部数据信息，建立了涵盖政策、市场、同业、系统、客户、产品、营销、管理等八大领域的数据分析产品体系，推出了《同业竞争力四个问题的系列化分析》、《上海自贸区系列政策解读》等报告，为分行经营管理、创新发展提供了有力的信息支持；河北分行的《逸贷业务目标客户分析》、《企业高管个人客户与公司客户联动营销潜力分析》等报告，对推动分行业务发展、支持分行公私联动营销起到了促进作用。

上述工作实践较好地体现了总、分行分析师分工不同、各有侧重的特点。总行管理信息部数据分析师主要服务于管理决策层，从战略层面对客户、资金、重点业务等情况进行分析，总行各业务部门开展专业条线的分析，各一级、二级分行结合分行经营管理需要开展数据分析工作。

三、目前存在的主要问题

（一）部分分行对分析师队伍建设及作用的认识不尽到位。一是部分分行分析师人员配备进度滞后。青海分行数据分析师未配备到位，内蒙古、广西、四川、宁波4家分行仅配备了1名数据分析师，尚未达到“每家分行配备2~3名专职数据分析师”的要求；江西、广西、云南等9家分行尚未启动专业分析师队伍建设。二是数据分析师人员规模较少，部分分行数据分析师身兼数职。目前全行已初步建立起了一支上千人的分析师队伍，但大部分分行数据分析师为转岗或兼职人员（占比33%），有的数据分析师身兼数据质量、信息标准、报表管理、常规信息服务等多项工作，很难有时间和精力开展专业化、开拓性、高难度的数据挖掘分析工作，这样的数据分析师队伍难以较好满足信息化银行建设要求。三是部分分行对如何充分发挥分析师队伍作用和价值思考不多、重视不够，存在应付总行要求，只满足于人员到位，不太注重如何更好地发挥作用的问题。

（二）分析师队伍协同工作机制有待完善，效率有待提高。目前，全行分析师队伍建设仍处于起步阶段，总、分行分析师聘任工作刚刚开始，“1 + X”架构下数据分析师与专业分析师主动配合的意识有待加强，分析师团队协同开展工作的高效机制仍待完善。

（三）数据分析挖掘产品的数量和质量还需提升。总分行分析师工作成果对市场营销、风险防控、经营管理、决策支持等领域的智力服务仍停留在解释型分析层面，预测型、引领型分析产品较少，对全行重要经营管理事项的洞察能力不足，信息创造价值的能力还有待加强。

四、下一步工作要求

尽管全行分析师队伍建设和信息分析工作已经取得重要阶段性成果，但离信息化银行战略要求相比，离全行经营管理工作对分析师队伍的期望相比还远远不够。接下来，我们要在分析师队伍建设的质和量两个方面同步推进，及早配全、配强和培训好分析师队伍，建立两支分析师团队协同工作机制，提高数据分析、处理、挖掘能力，推动全行分析师队伍有效开展数据分析、业务支持、技能培养、知识共享等多方面工作。这里，提出以下几点具体要求：

（一）进一步提高对分析师队伍建设工作的认识，尽快配齐配强分析师队伍。总行各相关部门、各分行要从实施“大数据和信息化”战略的高度，进一步提高对分析师队伍建设工作的认识，不断充实和完善数据分析师和专业分析师队伍，充分发挥分析师队伍在全行转型发展中的作用。尤其是组建工作落后、数据分析能力薄弱、分析成果寥寥的分行更要加大分析师队伍的选聘进度和力度，不能拖全行的后腿。

（二）注重发挥分析师对业务发展的智力支持作用。在大数据背景下，分析师发挥作用的关键在于融入业务流程、契合业务需求、服务业务发展。这方面有不少分行都做出了自己的特色，例如，河北分行以客户拓展为重点，由管理信息部充分运用大数据手段，牵头组织“客户发展年”活动，取得较好成果。截至9月末，河北分行个人客户总量较年初增加140.9万户。人员到位、建起队伍是开展工作的前提，解读数据、洞察业务、助力发展、创造价值则更为重要。分行特别是行领导要注重分析师真正作用的发挥，将数据分析师和专业分析师当做参谋智库，指方向、提要求、压担子，带动分析师融入主流业务，促进分析师与业务部门工作的良性互动。

（三）加快提升分析师队伍能力。总、分行都要按照对分析师岗位履职能力要求，明确分析师队伍资质和能力要求，针对性地制定分析师队伍培训目标、培训内容及考核方式，建立系统化、规范化的分析师培训与能力认证体系。从现在开始，各级行管理信息部门要牵好头，各级行人力资源部、企业文化部（教育部）、信息科技部及相关业务部门要积极配合，通过加强业务知识培训、分析技能培训、模型与知识共享、数据分析师与专业分析师协同攻关、资质认证考试等多种方式，加快提升分析师队伍的技能。

（四）强化对分析师队伍组建和工作情况的通报督导。要建立全行分析师队伍建设、数据挖掘成果、分析产品价值转化情况定期通报体系，加强对分析师队伍组建及工作开展情况的定期通报，及时交流分析师队伍工作成果和典型案例，督促落后分行改进工作。

（五）建立高效的分析师协同工作机制。要加快建立分析师高效协同工作机制，明确“1 + X”架构下的分析师团队工作机制和流程，加强主动配合，实现优势互补，发挥团队效应。总行管理信息部要增强主动服务意识，勇于承担责任，以问题为导向，推动全行数据分析师和专业分析师围绕全行当前经营管理重点和发展战略要求，共同开展重点课题攻关，解决一批跨专业、跨平台、跨系统的业务联动与多专业协同数据挖掘与智能应用业务问题。各专业分析师要充分发挥对本专业业务、产品、客户、市场等活情况有较深了解的优势，乐于提出业务问题，善于归纳分析需求，主动与数据分析师配合开展分析工作，并积极将分析挖掘成果应用于营销、经营、风控等活动中。

（六）定期开展分析师队伍业务交流和成果发布活动。建立分析师工作成果定期发布和分析师例会制度，坚持每季度召开一次全行性的分析师定期成果发布视频会，相互推动，促进交流。要坚持做好总行数据分析师与总行专业分析师队伍之间，总、分行分析师队伍之间的业务交流、知识分享、模型复用，促进分析挖掘成果共享，充分发挥分析师队伍在推进全行“大数据和信息化”战略实施的作用，提升分析师队伍在全行业务活动中的支持力、影响力、创新力。

同志们，打造一流的分析师队伍是新时期总行党委赋予的一项重要使命，全行上下要积极学习大数据方法，悉心呵护和培育分析师队伍，逐步建立“相信数据、善于用数据说话、应用数据指导发展”的分析师管理文化，促进分析师多出成果、多作贡献，助力“大数据和信息化”战略实施。

加快管理信息发展　服务全行经营转型

——在管理信息业务分管行长培训班上的讲话

王敬东

（2014 年 11 月 18 日）

时隔三年，我们再次举办管理信息业务分管行长培训班，主要任务是贯彻落实总行党委“三大战略”部署和互联网金融工作安排，研究管理信息工作面临的新形势，明确下一阶段工作方向，加快推动全行管理信息工作开展，有效服务全行经营转型。办此次培训班的目的，一是系统提升各分行对管理信息工作的重视和支持，切实发挥管理信息工作的作用；二是探讨在信息化银行战略中找准管理信息工作的定位，助推战略实施。下面，我讲几点意见。

一、近年来管理信息主要工作成绩

近年来，管理信息专业紧紧围绕全行发展战略，不断完善信息管理手段，积极创新信息服务模式，在改革发展中发挥了积极的作用。

（一）数据库建设更趋深化，信息库建设顺利推进。持续推进数据库结构化数据入库，实现了集团主要业务系统结构化数据的清洁存放与集成管理，截至 9 月末，企业级数据仓库（EDW）共纳入 121 个系统数据，存储数据量达 365TB，数据规模国内同业第一、全球同业第六。扎实开展信息标准化建设，发布集团信息标准 11 000 余项，其中指标信息标准突破 1 万项，基础信息标准实现对十大主题的全覆盖。持续加强数据治理，提升数据质量，客户信息完整率不断提高。研究制定了集团信息库建设方案，搭建了集团信息库整体框架。投产集团信息库统一信息检索平台，发布非结构化信息标准规范，奠定了全行非结构化信息管理基础。

（二）数据应用成效显著，营销与风险管理支持水平大幅提升。聚焦重点业务领域开展入库数据挖掘分析，探索推进精准营销活动。近两年，总分行先后组织开展上千项精准营销活动，取得显著的综合效益。《大型商业银行基于数据仓库的客户精准营销管理》项目荣获第二十届全国企业管理现代化创新成果一等奖。全面落实《征信业管理条例》，规范全行征信信息管理。推进跨商业银行客户信息管理平台建设，加快关联企业信息管理系统应用，扩大征信信息应用领域。特别关注客户信息系统（CIIS）应用取得丰硕成果，累计堵住不良信用客户再融资 17 万笔、780 亿元，扣收不良信用客户欠款 40 万笔、58 亿元。

（三）集团信息平台投产运行，资讯管理手段实现升级。建成总分行两级站点的集团信息平台体系，集成了信息、资讯、数据、办公和业务系统，收集存储了我行 2000 年以后的全部行务信息及 2010 年以后的各类商务信息，成为继数据仓库之后的又一大信息资源宝库。新版网讯完成全集团布局，实现总行发布、全集团覆盖，子站点发布、辖内覆盖，提高了信息传播时效性和受众覆盖面。资讯平台建立了市场、客户等商务信息的收集、发布、共享、应用机制，截至 9 月末，累计实现商务信息成果转化 2.9 万例，增加存款 5 390 亿元、贷款 5 970 亿元，实现中间业务及利息收入 210 亿元。

（四）统计管理迈上新台阶，监管报送和信息披露保持同业领先。建立起一套符合监管部门要求、与我行发展相适应的统计管理模式，搭建了业界覆盖面最广、创新性最强、指标数最多的全覆盖统计制度体系。推进统计信息化进程，优化报表集中管理平台（CS2002 +）功能，大幅提升境内报表集中管理水平和境外报表自动化率。高标准完成每年上千套监管报表报送，荣获监管部门授予的“金融统计数据集中工作先进集体”等称号。积极开展转型业务统计，创建金融资产服务业务统计体系，开启大零售、大资管等业务统计。紧随商业银行资本监管实践，按照资本管理高级方法、权重法、原办法三种方法开展资本充足率统计和披露，展示工商银行资本管理能力。严格遵循沪港两地监管规定，按境内外两套会计准则，每年四次分简体、繁体、英文及摘要等 6 个版本披露公司业绩，多次荣获“最佳企业管治资料披露白金奖”等荣誉。

（五）信息分析体系初步搭建，决策辅助功能显著强化。全行管理信息专业初步建立了一支数据分析师团队，截至 9 月末，总行数据分析师达到 10 人，各分行数据分析师达到 123 人，形成了覆盖竞争力分析、数据分析、监管统计分析等领域的分析产品体系。其中，竞争力分析包括国际、国内、一级分行、营业部、大中城市行、重点县支行、产品七大系列，数据分析涵盖客户结构、资金流向、产品渗透、信用风险领域，统计分析涉及经营分析、同业分析等内容。同时，积极推动建立专业分析师队伍，总行26个业务部门配备了专业分析师372人，27家一级（直属）分行配备了专业分析师599人。全行分析师队伍紧密围绕中心工作，深入开展研究分析，在总分行战略决策、经营管理、业务拓展等方面发挥了独特的价值。

二、面临的形势与要求

当前，在新一轮技术变革驱动下，商业银行正加快转变经营模式，实现信息技术与经营管理的深度融合。新的经营模式，聚焦于对信息这一核心要素的掌控，对管理信息工作提出了新的更高的要求。

（一）大数据背景下信息技术创新导致信息运行形态发生巨变。随着以互联化、数字化、虚拟化和智能化为特征的新一代信息技术兴起，社会发展进入了全新的大数据时代。信息作为一项生产要素逐渐渗透到各个行业和业务领域，对信息资源的掌控能力直接决定一个企业的核心竞争能力。国际数据公司（IDC）报告显示，到2020年全球数据总量将增长20倍至35ZB（1ZB＝10亿TB），而其中非结构化数据（含视频、音频等）将占到全部数据增量的90%。对于商业银行而言，信息来源更加多样，信息增长更加迅猛，信息结构更加复杂。新的信息运行形态，超出了传统数据库的信息采集和处理能力，要求商业银行升级信息管理手段，引入新兴数据管理技术，更加快速、低成本地获取、处理新产生的海量信息，更高效地提升数据质量。

（二）互联网金融背景下商业银行加速推进经营转型。互联网金融是一种新的金融运行形态，经营的核心是信息，其依托电子交易平台，掌握了海量的客户信息、商户信息，并利用大数据技术对信息资源进行开发，创造新的交易机会，形成了独立的金融生态系统。商业银行在信息化发展过程中不断应用互联网技术，逐步建立了丰富的电子银行服务体系。但客户交易和消费习惯的改变，使得原本被银行掌握的信息，由于客户通过电商平台交易而变得难以被监测和控制，制约了银行依托客户信息开展业务经营和风险管理的能力。商业银行需进一步加强移动互联技术应用，通过搭建电商平台、即时通信、直销银行等新型金融服务平台，发挥在客户关系管理和支付融资方面的业务优势，提高客户黏性，增强对客户信息的全链条掌控能力。同时，加强对入库信息的挖掘分析和多领域应用，推动客户服务和业务模式创新，将信息资源优势转化为市场竞争优势。

（三）国际化综合化发展对集团管理效能提出更高要求。近年来，随着我行深入实施国际化、综合化发展战略，境外机构和综合化子公司迅速成长，对客户的跨境、跨市场金融服务能力明显增强。但由于集团内部信息条块分割、标准不一等情况不同程度存在，导致信息传导不畅、共享水平不足，总分行中后台对前台的信息支持不够充分，境内外机构之间、各子公司之间、各业务条线之间的协同和联动不足，集团化管理难度不断加大。高效的集团化运作，需要高水平的信息传递和共享，这就要求升级信息后台运营水平，全面、及时地掌握和准确、直观地展示全行经营情况，做好对各层级、各业务条线、各类管理者的全方位信息服务，提高管理活动的质量和效率。

今年6月，姜建清董事长在中欧商学院发表了以“互联网金融与信息化银行建设”为主题的演讲，指出“银行在未来的竞争中会不会保持优势，关键在于是不是能成为信息掌握的强者”，并提出“优秀的银行首先应该是数据银行，更是数据分析、数据解读的优秀银行”。数据的管理和应用被提升到了前所未有的战略高度。这正是我行实施战略转型、推进信息化银行建设的根本原因。7月的全行年中工作会议和8月末的互联网金融服务营销动员会上，总行对互联网金融建设总体任务和重点工作进行了全面部署，即构建集支付、融资、金融交易、商务、信息五大功能于一体的互联网金融服务与运营体系，打造一个全新的“E—ICBC”。

信息化银行不是单纯的技术升级和应用拓展，而是通过信息的集中、整合、共享、挖掘，使银行经营决策从经验依赖向数据依据转化，这是银行运营模式和发展方式的根本性变革。信息化银行发展战略赋予了管理信息重要的职责和使命，在信息化银行建设的三个层面，管理信息均发挥着重要作用。在基础建设层面，要建设数据仓库和集团信息库，加强信息统一管理和全流程管理，夯实信息化银行建设基础；在经营层面，要发挥分析师队伍职能，对大数据资源开展深入挖掘和智能应用，服务全行精准营销和产品创新，提升市场竞争力；在管理层面，要围绕各层级、各专业经营管理人员需求，加强信息全面统计，提高信息服务的针对性、有效性，提升集团管理效能。

面对新的发展形势，管理信息工作必须紧紧围绕全行经营和管理需要，增强信息管理能力，更好地服务全行经营管理活动。

一是增强信息的采集整合能力。大数据时代，首要任务就是整合各种内外部结构化和非结构化数据，建设覆盖集团、系统联通、检索便捷的信息运营平台，加强信息统一管理，形成信息化银行发展的“大数据”基础，打造“大数据”时代新的核心竞争力。

二是增强信息的挖掘分析能力。数据的核心是发现价值，而驾驭数据的核心是分析。在占有数据基础上，要组建专业的分析师队伍，对海量的结构化和非结构化数据开展集中式、专业化、常态化的挖掘分析，推进数据挖掘成果与业务应用的对接，实现复杂环境下的智能化经营。

三是增强信息的快速反应与支持能力。高效的管理活动需要完备的信息支持与保障。这就要求引入先进的系统平台和方法体系，提高信息共享水平和传导效率，提升信息服务能力，有效支持管理活动的快速实施，提升精细化管理水平。

三、下一阶段管理信息发展思路

总行党委高度重视管理信息工作，总行领导多次就管理信息工作作出重要指示和批示。围绕全行发展战略，经过认真研究，我们确定了未来一个时期管理信息工作总的发展思路是：紧密围绕总行党委“三大战略”和互联网金融工作部署，以信息统一管理为基础，以信息创造价值为核心，建设集团统一的数据库，夯实信息管理基础，加强数据挖掘分析，推进信息共享应用，构建与国际化、综合化经营深度融合的信息管理体系，为全行经营转型和战略决策提供高质量的信息服务。下一阶段，要重点做好以下三方面工作：

（一）构建一体化数据库，夯实大数据管理基础。一是深化结构化数据统一管理。升级数据仓库系统功能，规范数据入库流程，建立健全数据仓库数据动态入库机制，确保数据仓库及时根据上游系统变动更新和补充数据。在目前绝大部分行内客户信息、交易信息、管理信息等结构化数据入库基础上，结合业务系统建设进程，同步推进境外机构、集团子公司业务系统数据入库，进一步丰富和完善电子商务平台、收单管理平台等交易、物流数据，健全客户统一视图。丰富外部数据源，逐步补充宏观经济、工商注册、征信、海关、法院、银行同业以及主流媒体等各类外部数据。

二是加快非结构化数据统一管理。集团信息库是全行非结构化数据标准化处理与共享应用平台，提供面向用户和主题应用的大数据服务。要在资讯平台和集团网讯试点基础上，逐步健全非结构化数据集中管控、标签化处理和标准化入库机制，丰富集团信息库内涵和功能。积极拓展信息库数据源，加快实现行内规章制度、教育资源、客户服务和投诉信息、电商平台客户点击日志等数据入库，不断扩充有价值的外部资讯信息资源，逐步将社交媒体等非结构化数据入库，形成全行非结构化信息整体视图。

三是尽快建立健全大数据标准体系。按照完整性、有效性、一致性、规范性、开放性、共享性原则，推进集团标准化工作，形成集团级集中式信息标准管理组织架构、流程、制度。健全结构化信息标准体系，加快非结构化信息标准建设应用，完成覆盖全集团的重要信息标准的制定和发布。加大存量业务系统集中贯标，开发自动化合标检查工具，推动业务系统贯标改造。建立已颁布信息标准与软件数据资源管理系统（SEAS）中技术元数据的映射工作模式，推动业务标准与技术标准的刚性对接，实现在技术开发过程中直接引用信息标准。

四是加强数据质量治理。要把数据质量提升到资产质量的高度，通过完善考核、强化内控等多种手段，引导全行提高对数据质量重视程度。坚持“数据质量源头负责制”原则，完善数据治理架构，从工作机制、文化和工具等多方面共同推进数据治理，重点提升客户信息等各类业务基础信息的完整性和准确性。强化数据质量的动态管理，建立科学全面的数据质量事先管控机制，健全信息采集、核实、加工、应用等环节的质量检查，深化数据链全流程管控。推动建立境外数据治理工作机制，启动境外分行数据治理试点、培训与推广工作。

五是打造集团统一的数据库。数据仓库覆盖结构化数据，集团信息库面向非结构化数据。结构化数据和非结构化数据是不同的信息形态，有各自特点及适用场景。通过数据仓库和集团信息库的深度整合，实现数据仓库与信息库资源的互联互通，优势互补，增强信息的一体化管理和服务能力，形成面向大数据时代的集团“大数据仓库”，更好地发挥大数据在我行面向未来的、更加智慧的经营模式中的基础作用和潜在价值。

（二）强化信息挖掘与应用，提升对集团经营管理的服务水平。一是全面推进数据挖掘与成果应用。从客户管理、市场营销、风险控制、经营管理、绩效考核等维度全面拓展数据挖掘分析领域，健全数据挖掘产品体系。按照业务重要性、时间紧迫性、数据与分析师资源可得性，优先在客户管理、风险控制、市场营销等领域建立客户行为细分、产品偏好、渠道偏好、客户响应、客户价值、客户流失预警等挖掘分析模型，将挖掘分析成果应用到业务流程，支持更为高效、精准地开展客户营销、产品设计开发、经营决策等工作。利用大数据技术，依托大数据挖掘平台，加快非结构化数据整理和分析挖掘，推动结构化与非结构化数据整合分析，寻求数据分析的新突破。

二是提升营销支持能力。优化和完善精准营销服务系统（EBM）功能，构建精准营销案例库和模型库，推进营销信息服务“制度化、常态化、流程化、智能化”。将精准营销系统与客户营销管理系统、企业网银、银企互联、电商平台、POS商户等业务应用对接，完善多专业、多机构、多渠道、多步骤EBM协同机制，加快客户需求响应速度，提高营销活动执行效率。加强与业务部门、基层机构沟通，收集业务需求，完善营销活动方案，提升智能营销信息服务质量。依托资讯平台，加强营销信息搜集与推荐，扩大营销信息价值转化，增强对市场营销的支持力度。

三是增强风险防控支持能力。依托数据仓库，完善跨商业银行客户信息管理系统，建立健全客户信用风险统一视图，供个人贷款、信用卡等专业共享应用。充分利用客户信用信息，与信贷业务处理系统信息联动，在审批审查环节对申请者信用进行定级，堵住不良信用客户再融资；在贷后管理环节，定期分析、及时下发法人客户贷款违约风险和跨商业银行客户信用风险提示，指导分行提升信用风险管理水平。不断充实完善内控合规分析模型，支持重点业务内控合规检查和日常监测分析。

四是强化统计信息服务。充分发挥信息优势，进一步升级统计信息服务功能，打造全面、客观、独立于各业务部门的第三方统计信息集成、共享平台，打破信息部门所有制，及时统计、准确反映全行信息。紧密结合外部宏观经济金融和监管环境变化，围绕全行中心工作，定期汇总、按时通报重点工作任务进展，分析业务发展状况，准确反映全行经营状况。建立健全统计信息菜单，做好对全行各层级、各业务线、各级管理者的信息服务与支持，特别是对基层网点负责人的信息服务，帮助其及时了解本机构经营状况。紧随业务创新发展步伐，及时统计互联网金融、资本市场等新业务发展情况，积极参与市场排名和评选，宣传发展成就，扩大业务影响力。

五是建设管理“驾驶舱”。基于数据仓库，依托统计信息系统平台，创新统计管理手段、方式，探索建立一套动态变化、有机联系、科学有效的统计管理模式，完成从生产加工型向组织管理型、从事后反映型到事先预警型、从手工采集型到自动生成型的统计管理转型。搭建先进的管理层“驾驶舱”和“仪表盘”，全面显示关键业务的数据指标和执行情况，及时准确地把握全行发展方向。加强统计分析和数据可视化研发，为决策层提供“一站式”管理信息中心和应用工具，支持对关键指标的“钻取式”查询和监测预警，实现对指标的逐层细化和深入分析。

六是充实分析产品体系。针对不同层面信息需求特点，有针对性地开发新的分析产品，丰富分析产品体系。面向决策层，注重利用外部信息，做好重点行业产业和竞争对手分析；创新竞争力分析方法，加强国际国内同业和重点县支行竞争力分析；建立健全客户、业务线五级分类评价体系，完善综合评价方式；扩充统计定期报告和专题报告产品线，及时、客观反映全行各条线经营成果。面向业务拓展，加强客户结构定期监测，围绕客户存款、客户流失、存量客户升级挖潜开展专题分析；整合全球信息资讯平台资源，推出商业信息应用案例等深度信息分析产品。面向风险防控，深入开展客户交叉违约、大额授信客户分析和关联企业融资业务分析。

七是提高信息传导效率。充分利用手机、平板电脑等移动办公终端设备构建集团沟通体系，突破集团内沟通的地域和时间限制，打造信息高速传导系统，架起各级管理人员高效沟通的桥梁。加大办公、营销、管理等信息主动推送力度，提高各级管理人员、市场营销人员、信贷管理人员获取信息的及时性、便利性和智能性。为行内不同专业和岗位人员提供个性化信息定制服务，将信息推送到桌面终端和移动终端，支持业务管理和市场拓展。

（三）推进分析师队伍与工作机制建设，确保管理信息工作成效。一是持续推进分析师队伍建设。当前总分行按照关于组建全行分析师队伍的意见，初步建立了一支“1＋X”（即“数据分析师＋专业分析师”）分析师队伍。要加快出台分析师队伍管理办法，明确分析师选聘标准、工作职责、工作模式、奖惩机制等内容。结合分析师岗位履职能力要求，加强业务知识培训，提高分析技能，增进分析模型与知识共享。建立分析师协同工作机制，明确“1＋X”架构和卓越中心模式下的分析师团队工作流程，发挥团队效应，推动跨专业、跨平台、跨系统的业务联动与多专业协同数据挖掘应用。

二是搭建数据挖掘与智能应用管控体系。主动适应全行大规模、常态化数据挖掘需要，建立数据挖掘及智能应用的立项管理、需求管理、项目管理、数据管理、建模管理、成果管理、业务应用管理、价值评估管理等管理体系和工作机制，明确各环节工作目标、任务、职责，形成项目流程的全生命周期管理，推动数据分析体系、分析数据集以及模型管理体系建设，建立项目成果应用评估考核机制，实现数据挖掘与智能应用的全流程闭环管控。充分利用大数据、云计算、移动互联、可视化等现代科技成果，完善智能挖掘服务（AIMS）平台建设，为全行分析师项目管理、知识共享、工具集成、成果管理等提供统一的系统支撑。

三是健全集团统计体系。根据姜建清董事长“让统计‘前中后台’分离”的批示，从管理架构、制度架构、系统架构、数据共享与应用、信息标准化和数据质量管控等多方面入手，明确划分统计“前中后台”，进一步完善全行统计框架。前台负责录入及维护底层基础信息，按照数据质量源头负责制的要求进行数据治理；中台负责在管理制度和系统上落实相应统计要求，对前台录入信息进一步加工并生成相关业务信息；后台负责制定完善全行统计制度、构建指标体系及统一指标库、推动统计系统建设、强化统计标识管理、规范全行统计行为、形成整合后的管理信息，统一向经营管理者提供，确保全行数据的规范性、统一性和权威性，推动前中台履行统计工作职责。

四是优化集团信息平台。要打破孤立竖井式系统壁垒，搭建系统连通、检索便捷的集团信息共享平台，完善各类结构化数据和非结构化数据检索方式，实现信息的快速检索和精准定位。要将信息检索服务嵌入客户营销系统和信贷管理系统，形成境内外机构信息资源共享的高效服务平台。贯彻客户服务导向，加强信息集成分类，打造信息集成客户端，从纷繁复杂的信息海洋中，为不同类别用户提取其最需要的信息资源，增强个性化服务能力。

四、对分行管理信息工作的几点要求

近年来，各级行管理信息部门按照总行部署，着力提升信息服务能力，在推动经营转型、市场营销、风险控制等方面发挥了积极作用，但也有少数分行管理信息部门服务意识不强、服务手段不实、职能作用不突出。这里，对各分行管理信息工作提出几点要求，希望大家共同努力，推动管理信息工作更好开展。

（一）高度重视管理信息工作。2013 年总行正式启动信息化银行建设，管理信息部是三个牵头部室之一。之后，大零售、大资管、大数据和信息化“三大战略”以及互联网金融工作部署，同样赋予了管理信息部门非常重要的职责，管理信息工作成效直接影响着全行的整体工作。未来一个时期是全行实施“三大战略”、推进互联网金融发展的关键时期，对全行信息集中、整合、共享和挖掘能力提出了更高的要求。全行管理信息专业要增强创新发展的紧迫感和使命感，从全局高度认识管理信息对全行转型发展的重要性，紧密围绕全行中心工作，夯实信息管理基础，完善信息智能化应用机制，搭建与全行经营发展相适应的管理信息服务体系。

（二）大力支持管理信息工作。一是要充实管理信息人员力量。今年伊始，总行印发工银发〔2014〕1 号文，对全行分析师队伍建设工作进行了布置，充分体现了总行党委对管理信息工作特别是数据挖掘分析工作的重视。但部分分行未能真正领会总行党委战略意图，工作落实不够，分析师队伍建设进展缓慢，个别分行甚至在半年多的时间里都未真正启动。此外，一些分行管理信息部门人员结构不尽合理，人员平均年龄偏大等等，还有部分分行管信部领导班子力量不足，这些都不利于管理信息工作的有效开展。各行要从服务全行经营转型的大局出发，合理调配人力资源，充实管理信息人员力量，尽快构建起一支知识结构和年龄结构合理、工作能力和进取意识突出的管理信息员工队伍。

二是要完善管理信息组织架构。前一段，根据总行机构改革工作安排，总行管理信息部对内设处室职能进行了调整优化，加强了对信息采集、加工、共享、挖掘的全流程管理，以更好地发挥信息支持与保障作用。当前境内分支机构改革正在推进，各分行管理信息部门要以机构改革为契机，遵循信息流管理规律，优化管理信息组织架构，重点把握好三个方面：一要有利于数据大集中，打破信息部门所有制，切实形成数据集中和共享局面；二要有利于落实前中后台分离的统计体系要求，形成独立于各业务部门的第三方，全面统计、及时掌握本行经营信息；三要有利于加强数据分析，强化数据挖掘分析职能。

三是要加强对管理信息工作的调研指导。管理信息工作不同于专业部门工作，综合性强，涉及面广，组织推动难度大。各位分管行长要耐下性子、躬下身子，多关注、多指导管理信息工作，为管理信息工作打造一个良好的发展路径。今年以来，我多次赴总分行管理信息部门调研，及时了解主要工作进展，帮助协调处理了一些问题。希望各位分管行长在这方面要创新方式，多做工作，共同提升管理信息工作水平。

四是要建立管理信息与业务部门的沟通协作机制。管理信息工作的中心任务是服务全行经营管理，管理信息的价值取决于其在全行经营管理中的参与程度。各分行要推动管理信息与业务部门建立良性的沟通协作机制，加强在信息流转各环节的合作，特别是在信息挖掘应用领域的合作。产品、客户、风险等部门要及时反馈信息需求，管理信息部门要不断完善信息服务手段，延伸信息应用领域和深度，让信息真正融入全行经营管理，实现信息价值的最大化。

（三）有效推动管理信息重点工作开展。一是做好数据基础管理工作。要完善数据质量考核通报，强化内控评价，提高对数据质量的重视程度。坚持数据质量源头负责制，落实“谁建设、谁负责”“谁使用、谁负责”的原则，确保录入信息准确、完整，特别是客户信息的真实、完整，夯实数据质量，使大数据基础更加牢固。要强化信息安全管理，严格落实管理制度，完善防控手段，细化日常监控，确保信息的依法合规使用。

二是做好统计工作。统计工作是管理信息工作的底线，必须满足真实性、准确性、完整性、及时性四个基本要求。统计工作做得好默默无闻，做得不好则会“一鸣惊人”，一票否决整个管理信息工作质量。统计工作还具有短板效应，一家行出问题，就会导致全行统计数据出问题，成为全行“木桶”中的短板。各位分管行长作为统计领导责任人，要把握好“统计四性”，及时研究部署重大统计工作事项，做到“三个确保”，即确保分行的数都能及时汇总上来，确保监管报送都能准确报出去，确保行领导信息需求都能全面满足。

三是做好决策支持。大家都知道，阿里巴巴三大发展战略是“平台、金融、数据”，提出要利用数据做一个经济气象台，服务经营决策。我行数据仓库拥有海量数据，数据量位居全球同业第六位。我们要管理好、利用好这些数据，充分发挥分析师队伍作用，加大数据挖掘和分析力度，发现数据背后的规律，当好决策层的参谋助手，实现“数据依据”型决策。

四是做好营销导航。要依托分析师挖掘分析成果，对辖内客户行为特点进行深入分析，实现对客户的精准细分。加快 EBM 系统推广应用，提高精准营销全流程管理、多渠道执行效率。管理信息部门要加强和专业部门协作，共同研究完善营销服务活动方案，为业务部门营销活动提供完善的信息支持。

五是做好评价和监测。要按照客户、业务线五级分类评价体系，做好本行客户拓展、业务发展的评价，及时发现经营中存在的问题，提出针对性建议。要对重点业务指标开展持续监测，为各级机构经营管理提供实时的信息支持。加强特别关注客户信息系统（CIIS）推广应用，及时预警客户信用风险，做好不良信用客户欠款的扣收管理。

六是做好基层信息推送。封闭的信息不会产生价值，信息只有在流动中才会实现潜在价值。各分行要加强对基层机构管理人员和客户经理信息需求的调研了解，根据差异化信息需求，筛选整理所需的信息资源，加大信息主动推送力度，提高基层机构信息获取的及时性、便利性和智能性。同志们，总行党委对全行管理信息工作寄予厚望，希望大家把握难得的事业发展机遇，奋力拼搏，开拓创新，为提升全行管理信息工作水平、推动全行经营转型作出更大的贡献！

在总行机关党支部（总支部）书记落实党风廉政建设主体责任专题培训班总结会上的讲话

王敬东

（2014 年 11 月 28 日）

刚才，三位支部书记分别代表所在小组进行了学习体会的交流发言，讲得很好，既有对基层党组织落实党风廉政建设主体责任重要意义的认识，也有对主体责任内容的理解与把握，并且能够结合支部特点和业务工作实际就下一步抓好贯彻落实提出具体设想，听了很受启发。大家的发言充分反映了此次集中培训讨论的成果。下面，我就这次培训作一个简要小结。

一、培训班取得了预期效果

这次培训是按照中央国家机关工委要求，本着精简、高效的原则，以基层党组织如何落实党风廉政建设主体责任为主题，对总行机关党支部（总支部）书记进行的一次集中脱产培训。培训达到了预期的目的，有以下三个特点。一是领导高度重视。总行党委对此次培训十分关心，姜建清董事长和易会满行长先后作出指示，要求加强组织领导，从紧安排培训，务求取得实效。赵林监事长到会作了开班动员。机关各支部书记妥善处理和解决工学矛盾，以良好的精神面貌投入学习。二是学习气氛浓厚。大家认真听取了中纪委法规室侯党非主任的现场授课，认真完成了自学教材、分组讨论和大会交流等各个环节的学习任务，就基层党组织落实党风廉政建设主体责任的重要意义、主要内容和重点工作进行了全方位的学习、研讨和思考。三是学习效果明显。培训期间，大家把对落实党风廉政建设主体责任的学习与学习贯彻习近平总书记在党的群众路线教育实践活动总结大会上的重要讲话精神相结合，与学习贯彻党的十八届四中全会精神相结合，围绕学习要点，紧密联系本部门业务实际，充分交流了对主体责任的理论思考、对落实主体责任的具体措施以及具体问题的工作建议，统一了思想、深化了认识，强化了政治责任感和担当意识，提高了履职尽责的素质和能力。

二、培训班的主要收获

昨天赵林监事长在动员讲话中，对这次的学习重点进行了详细的阐述。刚才的交流发言也充分说明大家紧紧抓住了监事长讲话的要点，有的放矢地开展学习研讨，归纳起来有以下三点收获。

（一）对落实主体责任重要意义的认识更加深刻。通过学习研讨，深化了对基层党组织落实主体责任重要性的认识，进一步增强了使命感和责任感，澄清了一些在党风廉政建设思想认识上的误区。比如“一手硬，一手软”的问题，即过于片面强调抓业务，忽视党风廉政建设，总认为党风廉政建设是总行党委的事，与基层支部关系不大，上面布置下来，开个会传达一下就行了。或者认为银行作为金融企业，业务发展是第一位的，其他的要求可以放宽一些，因此对支部的党风廉政建设过问甚少，没有切实履行“一岗双责”。还有，对贯彻执行责任制的情况监督检查不够，工作力度不大、办法不多，即使发现了问题，跟踪检查、督促整改力度也不够等。通过学习，大家认识到这些思想误区的产生根子还是党风廉政建设的观念淡薄，责任意识不强。作为支部一把手，必须不断增强“两手抓”的意识和能力，牢固树立“抓好党风廉政建设是本职，不抓党风廉政建设是失职，抓不好党风廉政建设是渎职”的责任意识，牢记自己业务、党务“一肩挑”的身份和责任。

（二）对基层党组织主体责任的主要内容更加清晰。赵林监事长在讲话中强调，基层党组织落实主体责任的内容就是要进一步抓好落实、推进、教育、监督检查和管理等五个方面的责任，为各支部下一步抓好自己的“责任田”提供了明确的“施工图”。不少同志表示，这种对基层党组织主体责任的分析很有针对性，也很符合实际，落实起来有章可循，学习后感到茅塞顿开。作为支部书记，回去后要进一步发挥支部作为总行机关最基层的战斗堡垒的作用，增强主体意识、担当意识，责无旁贷地担负起党风廉政建设主体责任的落实职责。要加强对党员干部的廉政教育，注重监督检查，树立正确的用人导向，营造风清气正的工作环境，以支部为单位把总行机关党风廉政建设主体责任一一落在实处。

（三）对基层党组织落实主体责任的重点工作更加明确。落实主体责任，既要重开局、走好“起步一公里”，又要重过程，打通“最后一公里”。不少同志在学习的过程中结合学习贯彻党的十八届四中全会精神，紧密联系部门工作实际，围绕基层党组织落实主体责任的重点工作展开了思考和交流。刚才大家在发言中多次提及，要进一步加强支部党员干部思想政治教育，切实把思想和行动统一到四中全会精神和总行党委部署上来，用法治思维推进业务改革，在法治轨道上促进各项工作开展；要加强党员干部管理，严明政治纪律和组织纪律，增强党内生活的政治性、原则性和战斗性，使纪律真正成为带电的“高压线”；要持续改进工作作风，把目前作风建设的好势头保持下去，让基层行和客户切实感受到总行机关改进作风带来的新变化和新实惠，使作风建设要求真正落地生根；要强化反腐败制度保障，坚持业务发展、制度先行的理念，深化廉政风险防控机制建设，加强对重点领域和关键环节风险点的动态监控，坚持抓早抓小抓苗头，确保干部队伍清正廉洁。

三、以求真务实的精神推进总行机关党风廉政建设主体责任的贯彻落实

总行机关是全行的领导机关，领导干部多，党员比例高，人权、财权、行政管理权、业务审批权相对集中。因此，总行人员的一言一行、一举一动，备受全行关注。总行机关党风廉政建设的成效，对系统反腐倡廉工作有着很强的影响力和示范效应。这里，我对下一步贯彻落实党风廉政建设主体责任再提几点希望。

（一）要在不断强化党支部书记“一岗双责”的意识和能力上下功夫。在座的各位既是部门业务行政工作的负责人，也是支部党建工作的带头人，部门的党风廉政建设搞得好不好、风气正不正，很大程度上取决于大家是否把“两手抓”作为自己的岗位职责，是否具有“一岗双责”的意识和能力。因此，希望大家一定要坚决按照“谁主管、谁负责”的原则，管好自己的人，看好自己的门，确保本单位不出事、少出事、不出大事。一是担负起宣传教育的责任，使支部广大党员干部树立马克思主义的世界观、人生观、价值观和正确的权力观、地位观、利益观，增强廉洁自律和遵纪守法意识，在思想上筑起反腐倡廉的思想道德防线。二是担负起组织领导的责任，把反腐倡廉工作作为一项基本职责，与业务工作紧密结合，一起部署、一起落实，一起检查、一起考核。三是担负起监督检查的责任，对自己主管或分管部门、所属班子和党员干部的党风廉政建设情况和廉洁自律情况要进行严格的监督、检查和考核。四是担负起率先垂范的责任，管好自己、管好配偶、管好子女。只要领导干部作风扎实，处处作出榜样，就能有效地影响和带动下级，带动党员干部，把党风廉政建设责任制工作落到实处。

（二）要在持续加强党支部作风建设上下功夫。作风建设是落实党风廉政主体责任的重要内容。党的群众路线教育实践活动以来，总行机关认真贯彻落实中央八项规定以及总行党委十项规定，狠抓“四风”问题，大力改进服务，取得了阶段性的成果。各党支部要以落实党风廉政建设主体责任为契机，进一步狠抓作风建设，防止“四风”问题反弹。一是要注重把作风建设与认真学习贯彻党的十八届四中全会精神相结合。全面推进依法治国对党风廉政建设和反腐败工作提出了新的更高的要求，支部一定要抓好四中全会精神的学习贯彻，教育党员干部清醒认识当前严峻复杂的反腐形势，牢固树立依法经营、合规经营观念，带头学法、知法、守法和用法，自觉用法治精神推进业务改革，在法治轨道上促进各项工作开展。二是要注重把作风建设与解决部门管理的薄弱环节相结合。要继续加强党的群众路线教育实践活动的整改落实工作，以提高整体工作效能为目标，注意从内部管理的薄弱环节着手，不断规范和完善具有针对性和实效性的管理制度，力求在创新产品、畅通渠道、强化营销、信息化建设、提高效率和改善态度上取得新进展。三是要注重把作风建设与加强队伍建设相结合。机关党建工作说到底是做人的工作，要理解人、尊重人、关心人、爱护人，把群众的积极性、主动性、创造性引导好、保护好、发挥好。要把建设队伍作为支部工作的重点，树立严是爱、宽是害的观念，多一点监督，多一点约束。要引导党员干部深入基层锻炼，鼓励开展课题研究，加强人文关怀和心理疏导，加强困难党员帮扶。同时，要通过开展党的路线方针政策教育，组织动员党员干部和群众围绕中心工作积极建言献策、抓好工作落实，做好思想政治工作，激发党员干部创造活力，积极营造团结和谐、干事创业的良好氛围。

（三）要在健全完善落实主体责任的保障机制上下功夫。一是要严格执行相关制度。赵林监事长在讲话中明确提出了要建立健全的四项工作机制，各党支部一定要严格执行，每年要就本部门党风廉政建设完成重点工作情况和落实主体责任的主要做法、存在问题及下一步工作思路和措施，向机关纪委报告，并且要体现在民主

生活会和年度述职报告中。二是要层层传导压力。各支部班子成员要明确履行党风廉政建设主体责任的具体内容和要求，层层传导压力，把主体责任落实到支部每一名党员领导干部，形成一级抓一级、层层抓落实的工作格局。三是要强化责任追究。要严格落实中央以及总行关于党风廉政建设责任制追究的有关规定，对腐败案件和严重违纪违法问题实行“一案双查”的工作机制，对领导不力、不抓不管导致不正之风滋生蔓延，或者出现腐败问题不制止、不查处、不报告的，既追究当事人的责任，也要追究相关领导责任。

同志们，落实党风廉政建设主体责任是督促各级领导班子和领导干部切实担负起党风廉政建设领导责任的一项根本性制度，我们要不断提高对落实党风廉政建设主体责任重要性的认识，坚定信心、同心协力、扎实工作、狠抓落实，为加快推进全行转型发展和建设国际一流现代金融企业提供坚强的组织保障。

在中国工商银行2014年信贷工作会议上的讲话

魏国雄

（2014 年 4 月 2 日·根据录音整理）

今天会议的主要任务是，认真贯彻全行改革发展战略研讨会和2014年工作会议精神，总结2013年信贷工作，布置今年信贷重点工作。根据此次会议安排，易行长将作重要讲话。下面，我就2014年信贷重点工作先讲几点意见。

一、今年信贷工作目标

姜董事长、易行长在全行改革发展研讨会和2014年工作会议上，明确了全行信贷工作的主要目标和任务，希望各行认真贯彻落实。主要目标：一是保障信贷业务稳健增长，境内分行人民币贷款新增9 000亿元；二是保持信贷资产质量总体稳定，集团不良贷款率不超过0.94%；三是压降产能过剩行业、融资平台和房地产等重点风险领域融资合计1 450亿元。

根据全行信贷结构调整进程，各行在信贷资源配置上，要以构建“资本消耗低、风险收益高、资产质量优”的信贷结构为目标，切实把握政策调整后的业务节奏，努力降低信用风险资本占用，提高信贷资源使用效率。特别是要加大对合同项下未提款等资本占用高、风险收益低业务的压降力度。

二、关于信贷政策调整

今年行业信贷政策进一步突出了政策标准中的资源能耗、效益、环保等行业关键特性指标，取消行业信贷政策中的客户名单制管理。同时，调整和强化了行业维度经济资本调节系数，积极进入类和适度进入I类行业调节系数分别为95%和97%，谨慎进入类和限制进入类行业分别为105%和115%。

今年继续对钢铁等8个产能过剩行业和煤炭行业实行限额管理，同时借助限额系统对地方政府融资平台和铁路行业融资实施总量控制。没有额度的，不得办理投融资业务，否则，对于超过限额部分，要按照经济资本的3倍计提考核。

今年总行将充分考虑区域经济结构和发展特点，对区域信贷结构进行分析评价，对不同区域实行差异化和针对性的政策措施。同时，总行今年调整确定了城建和土地储备贷款准入城市77个，新农村小城镇贷款、商用房开发贷款准入城市61个，棚户区改造贷款准入城市36个。为保持政策连续性，对于本次调出准入名单的城市，仍可在较2013年末融资余额不增加的情况下，继续进行融资结构的调整。

三、关于信贷流程优化与授信管理

全行要结合机构改革实际，以客户为中心，加强内部流程整合，提高业务办理效率。

对同一客户的评级、授信、债项审查等进行优化整合，避免重复劳动；业务审查与项目评估将明确各自的审查重点，各有侧重，充分实现项目信息与资料的共享。

进一步扩大“调评合一”、“评审合一”、“认同评估”等项目贷款优化流程适用范围，将项目评估职能向前或向后整合，减少单独评估的项目数量。

扩大个人住房贷款自动化审批业务范围，今年争取自动化审批比例达到30%。

提高总行基础信贷制度对境外机构适用性，稳步推进境外业务授信审批集中，提高审批的质量和效率。

加紧推进授信项下授权审批制，审慎确定适用机构和客户名单，科学核定授信方案，制定合理有效的使用条件和风控措施。

完善授信管理基本要求，严格防控对客户的过度融资风险。将目前按融资风险量占用授信额度的方式，调整为按实际融资余额占用授信额度的方式。根据业务风险特征调整合并授信分项。进一步优化和完善定量测算的模型和参数，增强授信定量测算值控制的弹性，扩大分行审批授信方案的权限。完善授信预留、调剂和共享机制。

今年的授信要尽可能采用“总对总”的模式。对财务管理规范、总部对成员企业控制力较强且实行资金集中管理的集团客户，经与客户沟通一致，可实行“总对总”授信，实现授信额度的高效共享和风险的整体控制。

简化存量客户授信方式。对上年已核授信的优质客户，如本年拟核定额度不高于上年，在风险可控的情况下，可简化审查内容和程序，经有权审批人审定后可继续延用上年授信方案。

改进牵头行集团授信管理方式。对年度授信完成后新营销的有融资需求的成员企业，所在地行可先按单一法人客户授信权限和管理要求，临时核定授信额度，并报备牵头行。牵头行在规定时限内未提出异议的，成员行可先办理业务，在核定下年度集团整体授信方案时再纳入关联授信管理。成员行，尤其是对境内情况不太熟悉的海外机构，与牵头行意见不一致时，由总行授信审批部统一协调。

改进债券承销及投资业务授信管理，对因承诺包销所需调增的授信额度，由有权审批行在审批债券承销业务时可同步调增，不受授信授权额度限制。

今年总行加强了授信审批时效管理，各行要确保9月底前如期完成年度授信工作。

四、关于信用风险业务授权

总行按照“简化体例、充分授权、权责匹配、监管上收”的原则，制定完善了2014年信用风险业务授权，即将印发。

一是将金融资产服务代理投资业务和不良贷款处置统一纳入信用风险授权，取消按客户信用等级等维度授权的做法，整合了各类单行授权文件，使授权更简洁、更具操作性。

二是将分行授信授权由70亿元、60亿元和50亿元分别扩大至100亿元、80亿元和60亿元。对实行“总对总”授信模式的客户，可按母公司或核心企业所在地分行基本授权扩大到2倍执行；扩大分行电网项目、重点类客户的电力生产项目以及文化旅游项目贷款授权；将实行限额管理的产能过剩行业的并购贷款、汽车、军工等行业的项目贷款授权分行；并将分行审批的加工制造等其他类项目贷款期限由6年放宽至8年等。

三是各行可根据具体业务风险大小和被授权对象的风险把控能力，实行逐级有区别的转授权。对于超过一级（直属）分行基本授权的扩大授权仅限行长使用，不得转授。各级审批人要在授权权限内审慎审批，授权人和被授权人都要承担相应责任。

四是总分行要做好动态管理和监督，对存在越权违规行为、授权事项风险明显增加等问题的，要及时调整授权，并对相关责任人进行严肃处理。

五、关于金融资产服务业务管理

一是要在推进“大资管”发展中建立更为严密的风险控制体系。要与信贷业务执行统一的风险偏好、风险限额，研究制定更加明确、差别化的投资政策。对未达到自营贷款准入要求的业务，也不能办理理财投资。不得办理不能产生单独现金流的资产收益权、股权收益权业务。分行审批的代理投资业务，对应的理财产品或代销产品只能在本行辖内销售，跨行销售或全行范围内销售的须报总行审批。

二是根据理财产品兑付资金流与项目回款资金流相匹配原则，合理设立兑付计划，严格限制投资本金到期一次性兑付的方案。严格控制3年以上期限的代理投资业务，积极支持优质企业短期资金需求或大企业实施的小项目。

三是完善合作机构遴选机制。总行近期将严格规范与统一合作机构的准入标准，要按照标准严格审查合作机构的资信状况及拟办理业务与其综合实力的匹配性。对于我行主导并推荐的非标准化代理投资业务，优选少数股东实力强、净资本充足、管理能力好的合作机构。对由合作机构主导、非我行推荐的非标业务，原则上不再办理，确需办理的报总行审批。

四是对代理销售其他金融机构产品的，须在业务合同中明确由其作为风险承担主体。不得办理非我行推荐融资客户或项目的代销业务，确需办理的，须报总行审批。代理销售非标产品的，须通过总行审核并统一组织销售。严禁为各类集合投资工具的本金或收益兑付提供任何显性或隐性的担保或承诺。

五是完善投后管理制度，加强监督监测，确保投后管理不留空白。要认真落实国务院有关加强影子银行监管的通知要求，对存量业务进行风险排查，落实风控措施。加强代理投资资金支付管理，防止资金挪用。建立理财项目责任人制度，落实每笔项目的具体责任行和责任人。

六、关于信用风险防控

关于实质风险控制。一是把好新增融资准入关。选准客户，确保第一还款来源的可靠性，第二还款来源一定要有实的东西；要用大数据思维创新风险管理工具和手段，加强逻辑判断和校验分析，解决调查、审查、贷后投后管理中的信息不对称问题。二是加强对表内外融资、代理投资业务、债券承销与投资及租赁业务等的客户全口径投融资信用风险的管理。三是提高风险控制的前瞻性。重点排查化解存在经营亏损、盲目扩张、过度融资、民间借贷、交叉违约、隐性关联等特征的客户风险，对风险隐患大、亏损严重的客户，不论是民企还是央企，对其的融资都要抓紧压缩控制，该收的要坚决清收。四是对“裸贷”必须清理。在市场营销、授信审批和贷后管理等各个环节都要看企业资金结算和资金流向是否和我行融资相匹配。对于没有结算量的或者在申请贷款时有结算量但后期没有结算量的，都属于“裸贷”行为，不仅客户的综合贡献度降低，更重要的是存在较大的风险隐患，要抓紧解决，解决不了的，必须抓紧收回融资。

关于产能过剩行业风险控制。总行近期已印发了68号文，这里我再强调几点。一是各行要根据限额分配任务，认真制定落实限额管理和结构优化措施，总体上要保持压降的态势。二是对近期总行梳理的976户融资客户，要争取清退200户，其中钢铁行业100户。有的产能过剩行业大户已连续亏损很多年，在目前的经济状况下很可能撑不住，要及早做好转化、退出及保全预案。三是严控过剩行业集团授信及上下游关联企业互保，切实防范融资风险蔓延。四是对具有重要战略意义的兼并重组和“走出去”项目，在不超过全行限额的情况下，总行可统筹调剂限额予以支持。五是要关注目前虽未被列入产能过剩行业，但供需矛盾已严重失衡的行业风险。如煤炭行业2013年利润同比减少1 200亿元，降幅33%，山东、河南、河北、山西、陕西、内蒙古、宁夏等分行要高度关注煤炭生产和贸易企业的风险，尤其是开采或采购成本高、煤质较差、负债过重的企业风险。

关于融资平台风险控制。总行已确定了各行融资平台投融资压降计划，各行要合理安排压降进度，确保完成平台投融资压降1 000亿元的任务，力争压降1 200亿元。对于不在平台名单内的但主要以土地出让收入作为还款来源的贷款，也要严格控制。要重点压降依靠财政性资金还贷的公益性项目融资，盘活的存量要重点投向符合政策规定的收费还贷高速公路、棚户区改造、城市功能提升等领域。对财政债务率超过150%的地级市及区县和还款意愿一般的区域要加强到期融资回收管理，确保平台融资质量不出问题。

关于房地产贷款风险控制。目前房地产市场风险正在积聚，特别是部分三四线城市空置率较高，一些地产泡沫突出的地区，如温州、鄂尔多斯等城市的风险已经暴露。各分行要严格落实房地产贷款压降计划，确保完成全行200亿元压降任务。要重点防控三四线城市和中小开发商风险。要对房地产项目进行风险评估，根据风险大小确定提高资本金比例等风险防控措施。对存在项目资金不足、建设进度缓慢、销售严重滞后、未按销售进度归还贷款等问题的企业和项目，要及时采取资产保全措施。

关于保证贷款风险控制。从去年不良贷款处置数据看，保证类贷款的不良率和损失率较高，有效性仅在10%左右，实际的风险缓释作用不大。今年要坚决清理无效、没有实际意义的保证担保，把控好实质风险。要严格保证贷款管理，除母子公司担保按信用方式进行管理外，无论是法人贷款还是个人贷款，均不接受，也不得办理借款人互保、联保的融资业务，已经办理的要加紧清理。同时，在办理新业务时，要在借款合同中明确未经我行同意借款人不得对外提供保证担保，否则视为违约处理，我行有权提前收回融资，并以此作为授信审批的条件。

七、关于资产质量控制

有关不良贷款管理工作，各行要按照2月下旬不良贷款清收处置视频会议要求抓好落实，在此我再强调两点：

一是对实质风险可控的到期和未到期贷款，由于各种因素，使得原贷款合同条款或科目设置不合理的，可进行贷款要素整改。对于生产经营正常、具有良好诚信意识与还款意愿的客户，可申请进行贷款要素整改，经审查审批同意后，重新签定贷款合同或补充合同。同时，对于经过要素整改的融资，要强化和明确责任分担机制，对融资方案调整后的贷款发生劣变、损失的，原办理贷款发放业务和后续办理整改业务的相关人员均应纳入责任评议范畴，视具体情况确定责任。

二是总行已决定将一级（直属）分行不良贷款增加额与信贷规模、领导班子成员绩效进行挂钩，有关文件将于近期下发。各分行要认真、及时做好新发生不良贷款的责任评议，并严肃追究责任。对经营管理混乱、不良贷款大量增加的二级分行或支行，要进行信贷业务整顿，在整顿验收合格前，要限制或者暂停其办理已经出现严重风险、存在严重风险隐患的信贷业务，并在核实责任的基础上，对相关分支行行长进行降职、免职处罚。涉及领导责任和管理责任的，还要向上追溯处罚。

八、关于总分行信贷监控工作要求

按照总行党委部署，总行已组建了信贷监督中心，作为集团信用风险信息整合处理中心、支持保障中心和风险控制中心，主要承担收集整合行内外信用风险数据信息，为各级行、各部门提供信息支持；开发应用监控模型，对融资客户及产品、行业等组合进行集中监控和动态分析，组织核查化解；实施机构及人员履职监控、督导和非现场检查；及时报告反馈监控信息，为经营决策、政策制度和审查审批提供支持等职能。全行要以组建信贷监督中心为契机，改造提升信用风险管理体系和模式。

分行信贷风险监控要突出以下重点，一是抓好数据质量管理。要把数据质量治理作为一项基础工作，按照数据源头负责制的原则，督导客户经理及时、准确录入客户信息，把好数据质量的入口关。总行将持续开展数据质量监控，对于屡查屡犯，疏于管理的客户和客户经理，将实施系统刚性控制。二是抓好问题核查整改。对于总行下发的风险客户和问题业务清单，各行要逐户逐笔明确核查反馈责任人，立即组织实地核查，并认真做好反馈工作。对未认真核查反馈而最终形成风险或存在违规问题的，要严肃追究相关人员责任。三是抓好现场检查和突发风险防控。非现场监测无法完全取代基层行对客户的现场管理。经办行要定期对融资客户进行现场检查，实地了解生产经营变化，全面搜集风险信息，对涉及民间融资、高管事件、安全事故、资金链断裂等突发风险的，要及时采取防控措施并报告总行。四是抓好总分行监控工作联动。各一级分行信贷监督执行部门要结合自身实际继续抓好本行风险监控工作，特别是要分析掌握潜在风险及变化态势。各行信贷监督执行部门要与总行信贷监督中心形成上下联动的监控工作机制，履行好全流程监督、风险监测及问题核查整改等职能，共同做好信用风险监控工作。

九、关于信息系统建设

按照信息化银行建设要求，2014 年总行将加快推进全球信贷管理系统（GCMS）一体化功能建设和推广应用，基本实现对法人、自然人信用风险业务的集中监控、统一运营、信息共享和关联管理，PCM2003 和 CM2002 两大系统明年可以整合并入 GCMS 一个系统。今年全行将有一批新系统功能陆续推广，其中 5 月个贷 PCM2003 将停掉，并入 GCMS 系统，CM2002 一体化将于年底并入 GCMS 系统，进行试点投产，代理投资系统计划于 7 月在全行推广应用。由于系统并行运行情况较多，各行要加强组织领导，加大培训力度，确保系统按期顺利投产应用。各控股机构、境外分行没有上系统的要尽快上，今年要争取实现数据全部从系统中提取，信贷业务条线要停止使用手工报表，以保证数据的准确完整。

同志们，2014 年是全面深化改革的开局之年，也是信贷经营管理转型的关键之年。我们要按照总行统一部署和要求，攻坚克难、锐意进取，为全行经营战略转型作出新的、更大的贡献。

在中国工商银行集中采购工作座谈会上的讲话

魏国雄

（2014 年 4 月 10 日 · 根据录音整理）

这次集中采购座谈会分两个阶段，今天是各位分管行长进行交流和沟通，明天还要在部门总经理层面针对具体操作和流程等方面进行讨论，会议的内容充实，比较紧凑。

今天的座谈，大家介绍了很多好做法，提出了很多好建议，总行将认真研究。在过去的一年里，总行在集中采购工作上做了很多调整和改革，特别是党的群众路线教育实践活动开展以来，在制度上做了不少的修改和完善，在操作流程上更注重切合实际，既把控了采购风险，又提升了采购效益和效率。下面，我就大家座谈中提出的问题讲几点意见，供明天一并讨论。

第一，上收二级分行采购权，提高项目实施集中度。目前全行集中采购的集中度还不够理想，我们的集中采购搞了十年，而且是搞得是比较到位的，制度也比较健全，为什么还是达不到 100%？这里要么制度有问题，要么操作有问题，要么管理有问题，总之是一定有问题。信贷审批的集中比采购的集中难度大多了，一旦下决心，也就全部集中到省行了。从实际情况看，分行行长重视，采购的集中度就比较高。所以在今、明两年一定要解决二级分行采购上收的问题，集中度要达到百分之百。

第二，进一步明确集中采购范围。二级分行的基建项目，按照当地政府规定，由地方的“招标办”来完成招标工作，这可以视同实施了集中采购。一些日常的小额零星采购，可由一级分行集中采购供应商（如超市）来完成，并用授权的办法管理起来，这也叫集中采购。合同项下的订单项目，供应商与工商银行已签定了合同，合同条款很明确，价格条款要求也很明确，其项下的采购可以授权，二级分行有需求就按财务授权，提货付款即可，这也属于集中采购。制度上要明确这些特例情况。现在有的分行集中采购项目不断增加，集审会很多，效率很低，一个项目就要谈一次、签一次合同，每个项目都要走流程，开集审会也要凑时间，这些都是效率低的表现。所以，二级分行采购要集中上收，将来就搞一些合同项下的授权采购、小额零星的授权采购，剩下的全部都上收。不能想集中就集中，不想集中就不集中。如果集中不了，财务费用要减少。

第三，加强集中采购集审会管理。进一步规范集审会会议管理，各行集审会主任委员应参加集审会。领导参不参加会，审议的结果和质量大不一样。要提高会议质量，现在集审会很少否决项目，几乎就是走过场，专家评审结束后，到集审会审议就是最后一道关了，这么多部门负责人来开会，一定要对集中采购项目的结果质量把好关。

第四，需求质量是采购质量的基础。集中采购项目的需求不清晰，会带来很多问题。售后服务不好、产品质量不好等一系列问题的产生，实际上大多是因为需求太粗造成的。现在我们一些需求部门，只提出要数量多少的要求，没有提出所需物品的具体技术质量要求，导致采购的物品或服务质量不高，后续问题比较多，用户意见比较大。比如，要买ATM，不能只说需要多少台存取款一体机、取款机，而应该具体一些，比如需要什么材质的、钢板需要多厚、钱箱需要什么规格，等等。大家知道搞系统开发，需求要提得很具体，要和开发人员反复讨论清楚。集中采购部门也要主动与业务部门讨论研究具体的需求，需求越是具体明确，集中采购就会越顺利。

第五，专家要称职。专家评审是集中采购中一个很重要的环节。现在有些专家不“专”，有的专业年龄过短，做了一年、两年就成专家了。总行提高了专家的准入条件，要从事专业五年以上或经理二级以上才可聘为专家。近期推出的专项集中采购，要把总行的专家和省行的专家结合起来进行评审。对专家可建立适当的激励机制，但要落实责任，有考核评价，督促其真正履好职。

第六，加强合同管理。合同条款要详细。后评价首要问题就是履约，如果合同当中权利和义务有些不清晰、不明确、不具体，就可能会导致纠纷。比如，前台部门反映送货不及时、质量没保障、维保跟不上。对这些问题，首先要查验一下在合同当中有没有要求配送，多长时间配送到位，有什么质量要求，维保是怎么规定的，等等。同时，集中采购物品的数量和价格应在合同中明确。目前，我们在集中采购的合同管理方面还比较粗放，主要表现为：采购的数量没有很严格地与价格累进相关联，谈的是零售一台设备的价格，实际我们买的是几万台，价格和采购数量没有挂起钩来，价格没有累进制，就是粗放管理的表现。谈合同、签合同时，要一个条款一个条款去研究，最大限度地维护工商银行的利益。合同条款要进一步规范、明确和细化，虽然合同文本是经过法律事务部审查过的，但标准规范的文本只是一个大框架，对于每一个具体的项目、具体采购的物品和服务，标准文本是无法完全涵盖所有合同细节的。

第七，加大项目整合力度。现在全行集中采购的项目太多，同样的产品价格差异很大，这就是管理问题。总行集中采购部要查一查，同一个供应商、服务商在工商银行系统跟多少家分支机构在谈，谈的结果是什么。各分行回去也查一查，在辖内是否存在有重复的供应商，是什么价格、什么条件。

要对设备维保项目进行整合。把到期时间不同的维保整合到同一期限，把设备类项目与其相应的维保整合为一个项目，减少维保项目数量。

要在系统内对同一个供应商进行整合。实践中，总行已将一个公司的硬件、软件、服务打了一个包，跟供应商去谈，效果不错。通过整合，不仅项目少了，工作量少了，而且花钱也少了。过去忙得天天加班，很多是无效劳动，甚至是赔钱的劳动，效率很低。对供应商的管理，首先要提高我们自己的管理水平，要先管好自己。今后一个供应商，原则上在工商银行只有一份合同，同时还应在工商银行开户，通过供应商在我行办理业务，可以进一步了解他的资信情况。如果没在我行开立账户，我们就不可能全面了解其资信情况，对其产品质量和供货能力也就无法了解。现在都说抓存款难，因此，要在采购文件里增加一个条款，要求供应商填写在哪个银行开户，开了多长时间。有违约记录的客户就不能入围集中采购。

此外，总行和一级分行都要好好地抓一下集中采购业务管理系统的使用，要加强管理系统的约束力，所有集中采购项目不进系统的不能付款。财务管理系统与集中采购系统要有效对接，采购支付要有硬控制。不进行合规采购，系统就不能往下走，款项就支付不出去。这样，我们对供应商、服务商的管理就可以逐渐规范起来。在当前的经营环境下，商业银行挣钱不容易，花钱也得一分钱掰成两半花。

第八，统一采购、执行项目要进行评估。统一采购、执行项目要在有效期内继续执行，首先要有评估报告，要评估供应商履约情况，有没有违约，服务到不到位，该尽的义务是不是尽到了，该履行的责任是不是履行了，用户反应如何，等等。评估要由用户部门签字，才能继续执行。如果合同履行得不好，有各种各样的问题，就不能再继续执行下去。

第九，每个项目都要有预算。每个集中采购项目都应有采购的计划数量和财务预算。原来我们只有一个采购价格，没有数量，也没什么约束，然后分行再去二次采购，总行要从制度上进行规定，没有这两个要素就不能上会，就不能进采购流程，这是集中采购管理中一项很重要的内容。

第十，培训内容要进一步规范化。集中采购是一项技术含量较高的业务工作，要提高集中采购的质量和管理水平，需要有一支优秀的员工队伍，需要不断提高从业人员的业务技能。总行集中采购部要抓紧编写集中采购操作手册，以此作为培训教材。要制定岗位职责，要有集中采购上岗资格要求。集采人员要按照上岗要求进行培训，做到应知应会。

第十一，加快探索专项集中采购，提高采购效率。对一些涉及面比较广的项目，要尽量采用专项集中采购的办法来提高效率。一是总行委托分行实施专项采购。对采购金额相对小一点的项目，总行可以授权委托一些管理比较好的分行来实施专项集中采购，比如工装、办公用品，低值易耗品等，这样可以提高集中采购的效率，减少分行间重复采购的工作量。二是认同分行效果比较好的集中采购结果。经评估性价比高的分行采购项目，总行可以发一个认同通知，全行可分享采购结果。比如广东分行集中采购的办公家具比较好，经总行认同后，其他分行就不需要再走集中采购流程了。三是认同政府采购结果。比如说买汽车，如果政府采购的汽车比我们自行采购的价格便宜，类似这样的产品，总行也可采取认同政府采购结果的办法，来解决我们的需要。四是要注意去库存化。工商银行不应有大量的产品库存，现在物流配送非常发达，可以在采购合同条款中有约定的条款，在规定的时间内配送到位。

第十二，研究和制定后评估管理办法。后评估既是一种检查，也是一种监督，更是对下一轮采购的前期调查。过去一直没有开展后评估，这个问题总行要先有一个办法，什么样的项目需做后评估，以及怎么做、谁来做、多长时间做一次等，都应在办法中明确。

第十三，严格控制单一来源的采购项目。比如银企、银校、银政合作项目，此类项目一般都是单一来源，通常是由合作方指定供应商（服务商），但只要合作方不指定供应商（服务商）的，我们就要按集中采购规定进行采购。这里需要注意的是，我们要提示合作方所有的采购事项都必须符合有关规定，不能违规办理。因为这是工商银行的固定资产，法律上我们有责任。对守押类项目。此类项目单一来源的情况较普遍，从目前情况来看，只能认可，但要尽量通过协会、政府进行呼吁。对广告类项目。广告投放的采购非常复杂，刚才广东分行讲了这个问题，对地方的一些电视台、报刊等各类媒体实施集中采购确实有些难度。对房屋购租类项目。办公营业用房购置和租用主要是行里经营决策的问题，但决策程序也要通过制度来进行约束和要求，以防范道德风险。对此，总行要有统一规定。有些项目集中采购可提前介入，至少价格应当比较合理，不能偏离过大。

要本着防控风险、勤俭节约的原则来控制单一来源采购项目。一方面要压价格，因为单一来源没有可比较的价格，就只能是压价格；另一方面单一来源采购要上收审批，上收一个层级的审批可以避免不少问题，金额大的还应上收到总行来审批。

总之，做好集中采购工作，一是要依法合规，不出案件；二是要提高效率，为一线、为部门、为客户提供好的服务；三是控制成本，节约费用。目前总行正在梳理和整合有关制度，对集中采购业务管理系统也要进一步升级完善。要加大对分行集中采购工作的指导和帮助，更多地了解实际情况，比如要重点了解有些分行为什么去年集中采购项目增长那么多，比如内蒙古分行地理跨度很大，采购配送该如何解决等等，努力使我们的制度规定更加切合实际需要，决策更加高效。刚才各家分行都讲到，通过集中采购平均节约率在10%以上。去年，全行完成了480多亿元的集中采购任务，节约了大量费用，而且没有出风险问题。节约了费用支出，也是创造了利润贡献，在去年全行实现的2 630亿元利润中，也有我们集中采购工作人员的一份功劳。集中采购工作繁琐，工作量大，大家干得很辛苦，在这里，我代表总行向大家表示衷心的感谢！

开拓思路　改革创新
全面推进信息化银行建设

——在中国工商银行信息科技工作会议上的讲话

林晓轩

（2014年1月22日）

今天我们召开全行信息科技工作会议，主要任务是认真贯彻落实全行改革发展研讨会和2014年工作会议精神，总结2013年信息科技工作情况，分析当前面临的形势，部署2014年工作任务，加快推进信息化银行建设，促进全行经营转型发展。下面，我讲三点意见。

一、2013年全行信息科技工作取得长足进展

去年12月召开的全行改革发展研讨会上，姜建清董事长在总结回顾我行30年的改革发展成就之时，高度肯定了我行引领同业的信息科技优势。“十二五”以来，全行信息科技工作按照改革发展的总体战略与信息科技规划大力推进，特别是在刚刚过去的2013年里，各级科技部门按照“质量优先、效率并重”要求，顺利完成了各项既定科技重点工作任务，全面启动了信息化银行建设工程，为促进经营转型发展发挥了重要作用。

（一）生产运行管理能力和基础设施建设持续加强。一是全行信息系统总体保持稳定运行态势。2013年，境内机构日均业务量达到2.06亿笔，同比增长14.5%，日峰值业务量达到2.54亿笔；境外机构日均业务量达到100.1万笔，同比增长32.4%，日峰值业务量达到148.7万笔。在业务量持续攀升的情况下，各级科技部门认真落实各项生产运行管理要求，通过性能容量管理、加强操作自动化、全面实施系统监控等措施，全行四级（含）以上生产事件数量同比下降10起，信息系统总体保持安全稳定运行。

二是“两地三中心”工程建设取得重要阶段性成果。经过几年来的持续建设，上海同城数据中心基础设施建设已基本完成，按照未来同城双中心运行模式，实现了数据中心同城双园区主机和50个高等级开放平台系统的双活运行，保证了我行在系统升级、版本投产等期间能继续对外提供基本业务服务，目前经并行系统处理的日均交易量超过了1 200万笔。去年11月23日，全行成功实施了主机系统同城双园区切换，数据中心主机的全部业务在几分钟之内切换到同城中心运行24小时后回切，这一工程的成功实施对提高信息系统的业务连续运行能力具有重大意义，是信息科技建设史上的又一个重要里程碑。与此同时，各分行对辖内应用系统的高可用性改造也已基本完成，分行业务系统的连续运行能力进一步加强。

三是信息安全防护能力持续提升。围绕外部防御有效性和内部防护完备性的目标，经过多年建设，我们从组织保障、制度建设、管理措施和技术手段四个方面建立了较为完整的信息安全管理体系，全面建成了客户端安全防护技术体系，成功实施了对个人信贷等10个业务条线的应用系统信息分级保护，将45项信息安全指标纳入我行内控评价体系，等等。同时按照自主可控原则，我们积极推进技术改造和系统设备的部署，电子银行认证系统及密码算法通过了国家安全审查验收，成为金融同业中首家自建电子银行认证系统及密码算法通过国家安全审查验收的商业银行，实现了该领域的关键突破。

四是自助渠道建设服务效果进一步显现。配合全行业务发展及渠道规划建设要求，截至2013年底，全行投产在用ATM设备数量达到8.01万台，同比增长22%；自助终端和POS设备数量分别达到4.53万台和124万台，同比增长分别达到4.1%和31.9%。ATM和自助终端的硬件正常运行率分别达到98.89%和98.75%，单台日均交易笔数分别达到297笔和118笔，单台日均交易金额分别达到45.1万元和10.4万元，ATM单台日均取款超过17万元，日均存款超过19万元，日均转账超过6万元，自助设备的使用效率、服务能力和对网点柜面的分流效果进一步提升。同时，积极改善网上银行、手机银行等电子银行渠道的服务体验，我行第一家智能网点在江苏对外服务，第一批使用4G通信技术的自助银行在四川和浙江分行投入运营，为客户带来了新的服务体验。

（二）加快创新，为全行经营转型和业务发展注入动力。紧紧围绕全行经营转型要求，与业务部门密切配合，积极推进关键业务领域的系统研发创新，全年总行共完成研发项目930个、各分行在总行立项研发项目518个，总行的研发规模同比增长16%，年初确定的重点任务中94%实现了当年提出需求当年投产的目标，有力促进了业务和产品的持续创新。

一是客户服务和产品创新能力进一步提升。积极应对互联网金融的挑战，成功推出逸贷、B2C电子商务平台、商户POS融资、多银行支付等一批具有市场竞争力的创新应用。按照统一展示、统一使用、统一核算的要求，实现了对个人客户综合积分体系的整合。全面推进产品化改造工程，启动了10条产品线改造，初步完成了对公、个金、资产托管等3条产品线的基础改造，积极推动形成业务整合创新、系统灵活支持的研发创新模式。主动开展对国际同业的利率管理模式研究，构建了支持多维度、差异化的利率管理、产品创新和客户服务技术体系。通过代客商品交易、“三金”转换等业务系统研发，进一步丰富了金融市场和贵金属业务品种，巩固了我行在这些业务领域的市场领先地位。

二是全面支持国际化、综合化发展。目前已有37家境外机构使用FOVA系统。2013年，FOVA系统在新西兰分行投产，工银美国的FOVA系统推广工作也已全面启动；境外特色业务平台和报表平台已分别推广至15家和28家境外机构，支持了工银莫斯科、工银印尼等境外机构的特殊创新要求，“一个团队、两个平台”的建设效果初步显现；境外电子银行服务功能持续丰富，网上银行、手机银行分别推广到27家和6家境外机构；金融市场交易和风险管理平台推广延伸到32家境外机构，在支持境外机构业务创新的同时，也有力地支持了集团对境内外机构的交易管理和风险监控工作。同时，围绕全行综合化发展目标，制定了综合化子公司信息系统三年建设规划，实现了对综合化子公司客户信

息的集中管理，并在工银安盛的银保销售、团险业务，工银国际的投行业务管理，工银租赁的飞机资产管理、工银瑞信的基金注册等领域的系统建设上实现了突破。

三是稳步提升全行经营管理和风险控制水平。全行金融资产服务业务管理平台初步形成，实现了对资产服务业务、私人银行专属理财、代理信托等业务的全流程管理。随着金融资产服务业务、综合化子公司相关业务数据的进入，数据仓库的数据总量已经突破 340TB，覆盖了除办公和外部信息以外的全部业务条线。初步建立了面向非结构化数据的信息库平台，将网讯、全球资讯平台等平台信息纳入信息库统一管理，开展了对大数据和非结构化信息进行分析挖掘的方法和技术研究并试点。全行的基础指标库进一步完善，支持了多维度的考核评价、风险计量等应用。面向全球法人、个人的一体化信贷管理系统建设取得初步成果，PCM2003 系统的迁移整合工作已经启动，并在北京、辽宁等分行开展试点。完成了对全行资金汇划系统的改造，进一步简化了资金汇划层级和流程，实现了资金集中归集配置和境内外一级清算，提高了资金效率。

四是区域特色业务创新成果丰硕。总行通过不断完善技术平台、成立对分行的服务支持团队、在软件开发中心建立分行创新实验室等多种方式，积极支持分行的特色业务创新研发。2013 年，各分行共开发各类代理财政支付、社保、银医合作、住房公积金、交通等民生领域行业合作与创新项目 285 项。如，四川、天津等分行依托总行银医平台，成功推广实施银医一卡通项目，另外还研发了 182 项满足本地客户服务和专业市场要求的特色业务；河南、福建等分行依托总行 POS 终端脚本化功能，实现了分行特色收单业务的快速研发。在这些分行项目中，有 33 个项目获得了 2013 年度总行科技创新奖，本次会议也将对这些分行进行表彰，并将安排浙江等分行重点围绕特色应用研发进行经验交流。同志们，2013 年，全行广大科技干部员工顽强拼搏、无私奉献，为全行改革发展作出了突出贡献，在推进信息化、综合化和国际化战略、加快经营转型、加强全面风险管理等方面发挥了重要作用，得到了总行党委的肯定，获得了监管部门和同业的好评。在此，我代表总行对全行科技战线员工过去一年的努力和辛勤工作，对各业务部门长期以来给予信息科技工作的关心和支持，并对全体信息科技员工家属给予的理解和支持，表示衷心的感谢！

二、扎实推进 2014 年信息科技各项重点工作

当前，国内外经济金融形势正在发生深刻变化，金融监管日趋严格，利率市场化改革步伐进一步加快，金融脱媒日益加剧，工商银行正处于转型发展的关键时期。在此背景下，总行党委提出要坚持把经营结构战略性调整作为加快发展方式转变的重点，提出了优化资产、负债、渠道、国际化、综合化“五大布局”，突出大零售、大资管、大数据和信息化“三大战略”，调整客户结构、强化客户基础的战略性要求。各级科技部门要认真领会总行党委的要求，集中科技资源，为我行转型发展提供坚实保障。

（一）要牢固树立“安全生产运行第一”的指导思想，提高生产运行管理水平及科技风险管理能力。当前，全行信息系统运行情况已经成为监管部门、社会公众和媒体关注的焦点，去年我行入选了全球系统重要性银行，对全行风险管理提出了更高的标准，对生产运行管理也提出了更高要求。各级科技部门要始终牢固树立“安全生产运行第一”的指导思想，狠抓生产运行管理，切实提升信息科技风险管控能力。

1. 生产运行管理方面。2013 年，全行共发生各类四级（含）以上生产事件 25 起，同比减少 10 起，其中总行数据中心减少了 4 起，分行层面减少了 6 起，说明全行各级科技部门在认真落实制度规范、强化生产运行管理等方面采取了积极的措施，取得了一定成效。但是去年 6 月 23 日总行发生了 1 起全行性重大生产事件，造成全行业务较长时间无法办理。同时，在全行 25 起生产事件中，操作管理类事件有 14 起，占比超过一半。有 8 家分行发生了四级生产事件，其中重庆分行甚至发生了 4 起四级生产事件，对分行的业务和客户服务造成了一定的影响。这些都反映了我们在技术产品测试管理、重大变更管理、科技应急管理、业务连续性管理等方面还存在着制度执行留于形式、管理责任不落实等突出问题。对于上述发生重大生产事件的中心和分行，总行决定一律取消其 2013 年度的科技奖励基金的评奖资格。

一会儿，我们还将对 2013 年的典型生产事件进行案例分析，我在这里再强调几点要求：一是严格生产变更管理，各单位要落实好对变更方案的审核管理，落实好对变更方案细化到指令的要求，总行要加强对各中心各专业工作的统筹协调，严格控制全行性变更的数量。二是严肃应急管理，在发生突发生产事件之后，各机构要严格按照制度要求立即启动应急预案，明确现场管理职责，严肃管理责任，要按照制度规定和授权，确保第一时间恢复生产。三是认真执行应急计划演练，确保应急场景真实，相关应急计划和步骤准确可行，并力争做到现场值班人员在获得授权之后能够快速执行。除此之外，数据中心（北京）要继续牵头做好对分行的技术支持工作，协助分行及时发现、快速处理生产系统和环境中存在的问题隐患。同时，全行要提升生产运行管理的信息化水平，进一步完善面向业务、面向应用的智能化技术监控体系。

2. 基础设施建设方面。一是要全面完成“两地三中心”工程建设。今年 3 ~ 4 月同城数据中心要开始进

入试运行，6月底前要正式投入生产运行，并按照一键快速切换的要求，实现在突发情况下主生产系统与并行系统之间的分钟级切换的目标。在此之前，数据中心（上海）要抓紧建立与“两地三中心”相适应的生产运行管理机制，全面梳理日常运行、应急切换、生产变更等方面的管理流程、应急场景和应对预案。总行专业团队要继续优化主机系统切换技术，积极推进开放平台系统的同城并行部署，发挥好同城并行中心的作用与价值。

二是要加大平台转型和新技术应用力度。总行正在全面推动流程应用处理从主机向开放平台转移、UNIX服务器向PC服务器转移的“两个转移”。2013年数据中心已有940万笔的日均业务量从主机下移至开放平台处理。通过服务器转型和虚拟化技术应用减少了765台UNIX小型机，而同时只增加PC服务器175台，仅此一项就节省了设备采购成本1.1亿元，释放机房场地300平米，每小时减少动力消耗400千瓦。各中心和分行要按照总行要求，继续加大平台转型力度，严格控制UNIX小型机采购，做好对设备的合理使用，控制好设备采购成本。在服务器虚拟化上，总分行具备条件的设备已基本完成了虚拟化部署，今年重点要调整应用系统部署，优化虚拟化设备的配比，实现资源使用效率最大化。在云平台建设上，总行测试研发环境要全部纳入云平台管理，对应用研发要提前规划设计确保符合规范要求，在保证安全的前提下各中心和各分行要做好存量和新增生产环境的调整方案和进度计划工作。

三是要加强分行机房基础设施和设备使用管理。目前部分分行机房管理还比较粗放，机房中存放着一些临时性设备，一些设备的配置高、使用效率低，在消耗和占用机房资源的同时也埋下了安全隐患。各分行要加强对机房设备的管理，定期组织对机房设备资源的梳理，做到“心中有数”，并形成设备进出管理、库存管理、配置管理、系统监控等环节的相互制约。总行今年也将继续推动分行应用系统的进一步集中和整合部署。

四是要持续加大客户服务渠道的设备资源投入，发挥设备资源使用效益。几年来，我行在自助设备投放上持续保持着较大的力度，对柜面业务分流发挥了关键作用。今年总行将继续加大对ATM等自助设备的投入，实施对普通商用POS和个人转账终端POS设备的整合管理，实现POS商户、设备、收单、风险监控等一体化管理。各分行要继续做好对设备的使用管理，配合做好网点机具设备的整合工作。

五是各分行要做好设备采购需求、设备供应商服务质量管理，以及基层设备管理。要定期组织对服务商进行评价，督促服务商提高服务质量。要加强分行基层设备的库存管理，做好对辖内设备的调拨使用管理。

3. 信息安全方面。当前，全行信息安全形势依然严峻。从外部信息安全防御看，2013年总行平均每月发现假冒我行网站611个，平均每月检测到对我行网站或网银系统形成一定威胁的外部攻击48次，监管部门也多次对我行网上银行、手机银行系统和综合化子公司的网站进行了信息安全风险提醒。从内部信息安全防护看，行内客户端数量众多，部署范围大，各单位在部署各类客户端安全工具方面还一定程度上存在“例外”的情况。

今年，总行将进一步推动信息安全策略的集中管理，强化服务器端的信息安全管理体系，推广应用系统分级保护，深入推进各项信息安全管理的技术硬控制，改善客户端用户的使用体验。各分行要继续发挥好本行信息科技部门、内控合规部门、办公室保密部门等多部门联动机制，重点严控各类信息安全管理的例外情况。集团子公司和各境外机构也要高度重视信息安全管理，严格执行总行安全策略管理要求。

4. 信息科技风险管理方面。近年来，总分行科技部门与内控合规部、内部审计局等部门密切协作，建立了全行信息科技风险管理的三道防线。从去年发生的生产事件以及二三道防线检查情况看，问题整改率达到98%以上，总体是值得肯定的。但是在发现的问题中有93%是全行其他单位曾经发生过的，有15%是本单位重复发生过的，并且这些问题大部分是总行反复强调的老问题，说明我们的一些中心和分行科技部门的主要负责人在思想上对信息科技风险管理一道防线工作不够重视，一道防线责任落实不够和能力不足同时存在，对发现问题的整改只是停留在就事论事上，没有从源头和机制上对专业管理和内控管理采取针对性措施。在这里再次强调，各分行、各中心内部的安全管理工作要由各单位主要负责人直接分管。今年，总行将继续定期组织对各中心与相关分行对检查发现问题进行视频通报和分析，各单位要加强内部管理，落实管理责任，在风险管理上要建立安全管理部门与专业部门的责任共担机制，避免屡查屡犯。

（二）以创新谋发展，有力支持全行改革发展战略的实施。去年总行正式启动了信息化银行建设工程，明确了信息化银行建设目标和重点任务。今年是全面开展信息化银行建设的攻坚年，各项应用研发任务将十分繁重，各业务部门和科技部门要把资源投入到重点项目上，明确需要重点突破的业务领域。各业务部门要提前研究建立与系统平台建设成果相配套的管理机制，切实发挥技术系统的业务价值。在应用系统研发过程中，要积极发扬基层首创精神，充分听取基层使用者的意见，组织基层行参与研发过程和用户体验。今年要集中资源重点做好以下几个方面工作。

1. 夯实“一个基础”，推进“两项流程优化”，实施“三大工程”，搭建“四个平台”，支持全行重点业务领域的创新发展。一是要夯实数据基础，提升数据的完整性和准确性，基于数据仓库和信息库，提供数据查询检索和分析挖掘工具，解决好“数据在哪里”与“数据如何使用”这两个问题。要处理好数据不足与冗余并存的矛盾，持续完善数据仓库和信息库，形成信息化银行发展的“大数据”基础。要解决好数据共享的问题，打破数据的“部门墙”，推进系统平台和信息的授权开放。要将数据仓库和信息库的通用查询和分析挖掘服务直接嵌入到各市场营销、风险管理等应用中，使业务使用部门在本专业系统中可以直接进行信息查询检索和开展分析挖掘。要做好对总分行数据分析师和专业分析师的支持培训，将分析挖掘成果运用于客户营销、风险控制等经营管理活动。

二是要做好运营业务流程优化、信贷流程优化的系统配套改造。重点解决在前台业务办理过程中通过客户免填单、在交易处理过程中通过信息共享机制，优化开销户和各类交易流程。推广和拓展柜面“三个一”模式的应用范围，有效提升柜面服务效率和客户体验。要有效简化信贷业务流程，实现客户评级、授信、债项、押品等业务流程的并行审查、统一审批和灵活定制，提升我行信贷管理效率。利用数据挖掘与分析手段，构建基于风险模型的智能化信贷业务风险预警监控体系，推进信用风险管理模式转型。

三是做好大零售、大公司和大资管系统建设。要整合统一各专业条线的客户基础信息、产品信息，优化个人、公司和法人客户营销管理系统，提升公私联动和对营销过程、营销对象、营销效果的管理和评价能力。要全面完成金融资产服务业务管理系统建设，在总体实现业务全流程管理的基础上，重点完善业务及合作方限额控制、资产估值、流动性管理、投资决策支持、投后管理等业务环节的量化管理，进一步支持 PE 基金、理财管理计划、资产证券化等创新业务产品。

四是持续研发电子商务、网点运营管理、线上线下收单管理、移动即时通讯等四大平台。在持续完善 B2C 平台的同时，根据客户需要提供多种 B2B 电子商务服务，研发具有我行特色的电子商务平台。整合网点营运、服务投诉、绩效评价等功能，建设面向机构和网点管理的网点运营管理平台。整合线上线下收单管理平台，实现对商户管理、收单、风险监控的统一管理。研发我行自主的移动即时通讯平台，为客户提供信息提醒、营销信息推送等服务，在改善客户感受的同时，降低短信信息运营成本，把握行业合作和产品创新的主动权。要积极主动开展移动互联网、金融市场等领域的产品和服务创新。

2. 要实现国际化、综合化领域的创新突破。要加强对全集团的科技管理，做好集团信息系统的建设规划，满足境外机构本土化和综合化子公司专业化的业务需求，促进境内外机构、综合化子公司与集团的深度融合、协同发展。

在国际化方面，要发挥好“一个团队、两个平台”的作用，提高对境外机构的本土化支持能力。一是要重点优化境外系统操作流程，改善客户的操作使用体验，提高系统应用效率。二是要提高境外机构报表自动化水平，信息科技部与管理信息部要密切配合，使监管报表和报送总行报表的自动化率年内分别达到 55% 和 75%，减少不必要的手工报送。三是要按照统一集团风险管理、尊重本地监管和市场服务的原则，研究优化各境外区域机构的研发、测试和生产运行管理机制。四是要基本完成工银美国 FOVA 系统整合的技术开发工作。

在综合化方面，要按照系统整合、信息共享、业务联动的要求，实现集团财务系统在各子公司的推广，强化银行渠道营销、客户综合授信、联动营销、内部管理等方面对综合化业务的支持，实现各综合化子公司应用系统研发的新突破。一是要完成工银安盛新个险业务系统的技术研发，建设保险投资管理系统。二是要推进工银国际港股经纪系统建设，启动期货、期权经纪业务中后台管理、债券做市商和金融衍生品投资等系统研发。三是要实现工银瑞信基金注册登记系统的特色功能改造。四是要积极推进租赁业务平台建设，实现租赁资产管理系统与集团的统一授信管理。

3. 要积极应用总行平台和产品，主动开展分行本地特色创新与应用推广。总行要继续加大对分行区域特色创新平台的优化，在财政、社保、企业财务管理等领域，提升平台的功能和灵活性，为分行的特色创新研发和营销提供支持。各分行要充分应用好总行系统平台开展本地特色创新，实现总分行业务联动。在机构准入、业务创新等方面，各分行要严格落实总行的管理要求，做好特色业务创新过程的合规管理。

各分行信息科技部门要主动做好总分行研发产品的推广与应用。总行去年在通过文件通知、视频培训、网讯、资讯平台等渠道向全行发布应用系统的内容和业务功能变化的同时，推出了业务知识库支持系统，并为基层业务人员在新终端平台和营销管理系统中提供了业务功能及版本变化、交易和操作流程的在线快速检索查询服务，各分行信息科技部门要发挥好专业优势，积极做好辖内推广和基层工作指导。

三、时刻保持进取精神和危机意识，深化新时期下的信息科技管理工作

全行科技人员要结合党的群众路线教育实践活动整改措施的落实，进一步转变思想，深化改革，改进作风，坚持以“服务业务、服务基层、服务管理”为宗旨，与各业务部门密切协作，为工行转型发展提供更加强大的支撑。

一是要有勇于改革、敢于应变的精神。从外部看，在互联网金融时代，各银行同业和非银行金融机构在产品创新、服务模式变革等方面给我们带来了新的挑战。从内部看，工商银行正处在三十而立之后的二次创业转

型期，经营方式、管理手段都在发生深刻的改变。如果跟不上这些变化，我们就难以适应发展的要求，如果贪图安于现状而不思进取，就会有被淘汰的危险。这里我再次强调，信息科技建设不进则退，慢进也等于后退。积极改革和前瞻性研究是保持信息科技竞争力的关键因素。我们必须在新形势下勇于思考，积极创新，才能保持和扩大我行的信息科技优势，并转化为业务的核心竞争力。

二是要有以客户为本、服务基层的意识。信息科技和业务创新人员在系统研发过程中要时刻坚持以客户为中心，要在设计、开发、测试等过程中多站在使用者角度，多一些换位思考，提高系统产品和服务功能的客户满意度。

三是要有面向未来的创新学习能力。云计算、大数据、互联网等新技术发展日新月异，业务的发展与变化也在不断推陈出新。各级科技管理人员要能够适应新技术的发展趋势要求，加强对新技术、新业务的理解学习。

四是要实事求是，建立科学的发展观。科技工作要取得新突破和新进展，必须以全行经营发展战略和科技重点任务为导向，将工作抓牢做实。目前有些机构在科技管理上还存在片面追求考核指标、弄虚作假的问题。比如，去年有些分行为了提高 ATM 的正常运行率，违规修改了数据库中的 ATM 档案信息，总行监控发现后进行了处罚。

五是要继续加强科技队伍的建设。总行党委一直以来都十分重视对科技队伍的建设和人才的激励和培养，设立了专项科技奖励基金，并建立了科技核心人才制度。总行还将通过加大总分行科技管理和技术人员的交流、科技与业务人员的交流力度，促进科技人才的培养和队伍的健康发展，更好地为业务提供支持。各单位要认真落实好总行有关加强基层科技管理的意见要求，高度重视基层科技队伍的建设和人员培养，发挥好核心科技人才的作用。要做好对基层科技工作的业务管理与工作指导，加大对核心岗位人员技术能力的评估和培训，提升基层科技人员的履职能力。

2014 年是我行全面推进信息化银行建设的关键一年，全行的许多重点改革和创新任务都需要科技部门的积极参与。全行各级科技部门要紧紧围绕总行战略发展要求，加强学习，求真务实，勇于创新，确保完成好今年的各项工作任务，为全行改革发展注入新的活力和动力。

在信息科技高级管理人员培训班上的讲话

林晓轩

（2014 年 6 月 18 日）

总行每年年中都会举办一期全行信息科技高级管理人员培训班，为大家提供一个学习和交流平台。今年培训班将围绕互联网金融创新等重点创新内容开展专题培训，时间共 3 天，希望大家能把握好这次培训机会，更好地把握当前全行科技工作面临的形势和管理要求，共同推动信息科技工作再上一个新台阶。下面，我主要讲五个方面的意见。

一、今年以来全行信息科技建设情况

今年以来，各级科技部门紧紧围绕全行改革发展目标，落实年初信息科技工作会议提出的措施要求，扎实推进各项信息科技重点工作任务，取得了阶段性成果。全行信息系统整体保持平稳运行态势，基础架构转型稳步推进，“两地三中心”工程建设进展顺利；应用研发创新取得新的突破，截至 5 月末，总行完成了 4 期版本共计 480 个项目的研发，研发规模达到 79 万功能点，同比增加 12%；版本测试投产差错率控制在 0.95‰，研发效率达到 26.1 功能点/人月，较上年同期均有所提高。特别是以互联网金融创新为突破，信息化银行建设在多个领域取得显著进展：

一是基于“一个基础”的数据分析挖掘应用日益广泛。随着金融市场、电商平台、综合化子公司等数据纳入数据仓库，数据仓库总数据量突破 380TB，数据中心的数据总量超过 12PB，数据分析挖掘需求同比增长也超过 40%，全行基于大数据分析挖掘平台开展了网银交易、逸贷产品创新、客户分析和精确营销等数据分析挖掘工作。同时，信息库系统管理、查询、挖掘建设取得突破，去年 10 月“ICBC 搜索中心”投产，今年 4 月份 Hadoop 大数据分析挖掘平台上线，入库信息不断丰富，仅用半年时间就为全行提供了非结构化信息检索和分析挖掘服务。非结构化信息虽然已经投入使用，但使用量并不大，每个月的信息挖掘量仅 30 万人次，软件开发中心要和业务部门及各分行密切配合，做好非结构化信息的入库，以及分析挖掘功能的使用指导。

二是“两项流程优化”改革步伐不断加快。在信贷流程改革方面，完成集团信贷系统整合、优化授权审批等6项流程，初步构建了信贷集中运营支持体系。在业务运营流程改革方面，优化对公客户开户流程，支持多类协议的综合签约；实现柜面个人业务的免填单处理，大幅提高了柜面复杂业务的处理效率。完成营业网点核算印章改革有关系统功能改造，试点推广进展顺利，全行网点将全面实现核算印章的电子化驱动，通过建立系统硬控制机制，为降低网点业务用印风险提供有效的管控手段。

三是大零售、大公司和大资管“三大工程”取得阶段性进展。完善客户信息统一视图，实现公司客户与个人客户联动营销，客户综合贡献度评价，建立以客户为中心的客户经理营销行为管理评价体系；推进个人客户信息治理，规范客户的信息采集和数据应用标准，初步搭建起客户信息生命周期管理机制；持续开展金融资产服务业务系统建设，实现资产投资运作全流程管理、数据信息共享和风险控制；在票据池基础上推出金融资产池，搭建起集金融资产托管、动态质押、额度共享为一体的资产综合管理服务。

四是初步搭建起适应互联网金融创新的“四个平台”。“融e购”B2C电商平台正式上线，支持手机、智能终端等多种渠道，提供充值、机票、旅游等特色产品与服务，目前注册客户总数超过407万户，商户数突破1 000家，打造了名商、名品、名店的电商平台。完成B2B电商建设规划，支持供应链、批发市场、特色市场等多种运营模式。移动即时通讯平台于今年4月上线，签约客户数已达到387万，日均推送信息达到170万条。网点运营管理、线上线下收单管理等重点平台也在抓紧研发实施中。

总的来看，今年上半年全行信息科技工作成效显著，为全年科技工作的顺利完成奠定了良好基础。

二、继续牢固树立“安全生产运行第一”的指导思想，优化基础设施与IT架构，保障全行信息系统安全平稳运行

（一）生产运行管理方面。上半年全行从变更管理、事件管理和应急管理入手，通过对历史生产数据的深入分析，采取大量主动预防措施，取得了显著效果。在业务量持续增长的情况下，NOVA和FOVA信息系统可用率分别达到99.987%和99.9987%。一是分行实施总行安排的各类变更天数平均为6天/月，比去年减少4天；二是全行四级生产事件为10起，同比下降38%；三是因操作管理引发的四级事件4起，同比大幅减少56%，全行要坚决杜绝管理类事件，不允许在事件发生后，由于缺少预案、预案实施不到位等原因，而将技术问题演变为管理问题；四是数据中心处置生产事件的应急处理时间同比大幅度缩短。

虽然上半年全行生产运行形势整体上是好的，但二季度全行发生的生产事件数量有所回升。因软件版本质量问题引发的四级事件有4起，同比增加2起。今年三个应用版本投产后发生了四级事件，其中一些差错是比较低级的，反映出当前存在的管理问题和技术规范执行中的问题。例如，在4月版本过程中因网关IP地址配置错误，引发统一认证系统出现故障，说明我们在版本质量控制、测试管理上仍有欠缺。6月初，银监会向总行反馈了我行2013年信息科技风险管理的监管评级结果，我行评价等级为2A级，在六家受评大型银行中位列首位。银监会对我行信息科技治理等方面的管理状况给予了肯定，但结合去年“6·23”事件，也指出了我行在测试投产变更管理，业务连续性管理方面存在的不足。这里业务连续性管理上的不足主要针对各家分行，分行发生客户紧急取款、对媒体解释不规范等问题，并没有启动事件的应急方案。各中心务必要按照去年事件发生后的要求，深入做好整改，落实责任，要组织“回头看”，避免类似事件再次发生。软件开发中心和数据中心（北京）要按照6月初版本测试投产总结会的要求，从管理和手段上落实措施，提高版本质量。数据中心（上海）及各分行科技部门要严肃生产变更管理，落实好变更方案审查要求，避免行政化审批，细化变更实施方案，落实内部安全检查责任，落实好在突发事件发生后第一时间恢复生产的管理要求。

（二）“两地三中心”工程建设。作为信息科技“十二五”规划的重要内容，“两地三中心”工程自2010年正式启动以来，在信息科技部和各中心、有关分行的共同努力下，从基建工程建设、“双活”技术研究、运行部署、制度规范建设等四个方面同步推进。目前，同城中心的基建工作已基本完成。5月23日，姜建清董事长到数据中心（上海）正式启动了同城中心的迁移工作，“两地三中心”工程目前已进入最后的攻坚阶段。数据中心（上海）要组织做好本周末主机核心系统的切换投产，全面完成嘉定园区基建等最后收尾工作，确保实现同城中心的建设目标。要按照“云”数据中心的管理要求，实现上海外高桥、嘉定和北京西三旗三个园区在技术管理以及监控、应急、变更、操作等工作的一体化管理。实现在突发情况下，同城主机生产系统及主要开放平台系统间“一键式”、分钟级切换的目标，进一步提升总行信息系统业务连续性运行水平。

（三）技术架构优化。随着业务和产品创新的持续发展、内部经营管理要求的提高，我行现有技术架构体系，正面临主机交易量不断攀升，性能容量遭遇瓶颈，业务系统计算和处理能力时效性不足等问题。近年来，全行持续推动基础架构改造优化、主机和开放平台应用

系统架构优化、数据分布存储等措施，去年数据中心主机日均交易量少增了 2 365 万笔。IT 架构优化转型研究是今年全行改革研究计划的十八项重点课题之一，我们要充分利用开放平台分布式、云计算和大数据处理等新技术，解放思想，积极主动开展研究，构建符合业务发展要求的 IT 新技术框架，满足大规模交易处理和大数据计算处理的需要。

总行基础技术专业团队要从生产运维需求、研发测试需求的视角出发，换位思考，整合各类运维自动化工具，通过管理平台整合和信息共享，提高管理平台的技术管理和硬控制能力。在完善基础设施云的同时，要扩大基础设施云的部署，发挥好新架构的作用。

（四）机房建设方面。随着虚拟化等技术在全行的推广应用，各分行要抓紧完成应用服务器的转型改造，调整机房建设规范和标准，降低机房 PUE，实现机房场地、能耗和设备采购成本三下降的目标。另外，各中心和分行每年都按照制度要求针对基础设施和应用系统可能面临的突发情况组织了应急演练，这里再强调，各单位要确保演练的真实性，确保在突发情况下，各项应急资源能够发挥应有的作用，特别是要确保 UPS 对市电停电时的接管，保障网点设备的对外运营。

（五）渠道建设方面。近年来，全行 ATM 和 POS 设备的采购资金投入很大，年投入约 25 亿元。但部分设备的使用效益不高。5 月底，各分行 ATM 低效设备（单台日均交易量低于 100 笔）共有 9 716 台，占全行投产在用设备总量的 11.5%，部分分行 ATM 低效设备占年新增设备的一半以上；而半年以上无交易的 POS 设备达到 20.8 万台，占全行收单平台 POS 总量的 23.6%，一个月以上无交易的 POS 设备占总量的三分之一。各分行科技部门要协助业务部门通过数据分析，调整设备部署，提高这些设备的使用效益。总行今年在自助设备的选择和配置上给予分行更大的自主性和灵活度，但将根据各分行存量自助设备的使用效率情况，加强对各分行新增分配计划的管理，严格全行科技资金管理。

智能网点是我行新技术应用以及业务流程创新的展示平台，为提升我行品牌形象、提高业务处理效率、改进用户体验发挥了积极推动作用。对于智能网点建设，北京、江苏、广东和深圳分行先期开展了试点。各分行只能在小范围内改造，作为示范窗口，不能盲目追求大范围建设。

（六）信息安全方面。当前，内外部信息安全形势严峻。去年以来，美国政府监听的棱镜门事件、华为公司被入侵、携程网用户信息泄露等事件先后曝光，国家有关部门对信息安全工作越来越重视，人民银行和银监会也加强了对信息安全的监管力度，多次发布了针对网银系统、门户网站、客户信息保护等方面的风险提示。面对严峻的信息安全形势，信息安全专业团队要发挥好作用，承担起对生产系统安全监控和风险评估、趋势研究和跟踪等方面的责任，保证我行信息系统的安全运行。同时，要积极支持国家自主可控战略，稳妥推进国密算法和国产设备在我行的应用。各分行在使用密码算法相关设备时，要严格按照总行制度规定报送总行核准。要加大信息系统体系架构的顶层设计，实现对整体架构的可监控、可管理和可审计。各分行要发挥好本单位信息科技部、内控合规部、办公室保密管理部门、管理信息部等部门联动机制的作用，各级管理人员要带头在日常工作中执行信息安全管理要求，各单位要落实好信息安全工作的一把手责任，做好内部安全隐患的自查和及时整改。

三、加快推进信息化银行建设，促进国际化与综合化业务发展

（一）信息化银行建设。为适应当前及今后一个时期经营形势变化，总行党委于今年初提出了大零售、大资管、大数据和信息化新的“三大战略”。其中，大数据和信息化银行战略是我行为适应信息科技革命和互联网金融蓬勃发展的需要，在全行发展方式和经营机制上推进的深层次变革。为推进落实好相关工作，今年行领导多次召开专题会议听取信息化银行建设进展，在肯定阶段成效的同时，也对下一阶段加快互联网金融创新、加强大数据分析应用等重点工作进行了部署，提出了要求。总行党委高度重视这项工作，将其纳入今年十八项重点研究课题中。全行科技部门要高度重视并积极参与信息化银行建设，加强工程进度管理和组织实施，确保整体工程按期推进，收到预期效果。系统运用效果的关键在于是否有配套的流程和机制，在开展应用系统建设过程中，要同步研究并加快建立配套的管理机制与业务流程，积极推动应用建设实现预期成果，充分发挥系统作用、体现业务价值。

当前，互联网金融已经成为社会公众关注的热点以及金融行业创新的着力点，总行也高度重视新形势下的互联网金融创新工作，近期姜建清董事长、易会满行长先后多次召开专题会，研究部署互联网金融整体战略布局和后续工作重点。目前，总行从交易、支付、融资、投资四个方面正在规划建设一系列系统平台，电商平台、逸贷、专业版客户交易终端等部分平台和产品已经推出并取得了较好的效果。我们在互联网金融方面开展了大量的工作，但是配套的宣传力度不够。希望大家通过这次培训了解我行在互联网金融方面已经取得的成效和后续工作目标。信息科技部稍后会就互联网金融创新做专题介绍。这里我想谈几点这方面的思考：一是要理解好什么是互联网思维？即真正将“以客户为中心”的思维作为银行创新的指导思想。科技部门要加强对业务需求的分析管理，发挥好在创新管理流程中的积极作用；要重视客户和员工对研发成果的体验，做好客户需

求的分析与整合；要更加重视对客户“群”、“链”、“圈”的产品研发；要更加重视客户、员工在当前新技术形势下的自我营销、自我培训和自我传播宣传作用。二是要充分发挥基层的首创精神，支持和鼓励各分行在业务创新方面多作出贡献和探索。三是做好系统平台整合管理，科技部门要在推动系统平台整合和信息共享方面发挥积极作用，主动做好与业务部门的沟通，推动建设“ONE ICBC”、以客户为中心的系统平台和金融产品的研发。

（二）国际化信息系统建设。随着全行FOVA系统的推广，后续的系统研发要围绕监管认可、客户满意、竞争有力、员工便利的目标，组织好FOVA系统多版本部署策略实施、平台版核心银行系统研发及境外特色业务平台建设，发挥好总行境外服务团队和境外科技力量的作用，更好地满足客户多样化需求。要提高境外机构报表自动化水平，截至5月末，境外机构报送总行报表和当地监管报表自动化率已分别提升至31%和35%，要按照年内达到75%和55%的目标，抓紧做好报表自动化改造。与此同时，今年要全面完成工银美国FOVA系统推广技术准备工作，为明年上半年的业务投产做好准备。

（三）综合化信息系统建设。今年以来，全行按照系统复用、业务协同、合理部署、自主可控的建设原则，完成了财务管理系统在工银安盛、会计核算系统在工银国际的投产，工银安盛旗舰店、工银租赁业务也先后入驻我行电商平台，综合化子公司的信息系统建设水平和自主控制能力不断提升。年内还要完成工银安盛个险、工银瑞信基金注册、工银国际手机证券交易等一批核心业务系统的研发。要继续推动综合化子公司与集团的系统联动，做好综合化子公司的主要业务数据纳入集团数据仓库等工作，促进集团业务的全面协同发展。

四、支持分行特色业务创新，发挥产品使用效益

（一）加强区域特色业务创新管理。区域特色业务产品的研发，较好地满足了分行业务发展和客户服务需要，增强了区域市场竞争力，是对总行产品研发的有益补充。为支持分行在银企合作上的业务创新，今年总行进一步明确了软件开发中心和数据中心（北京）对分行项目研发和测试管理的要求。分行信息科技部要主动做好与本行业务部门、合作方客户和总行的联系沟通，配合业务部门做好与合作方业务的研发和测试。同时，各分行科技部门要关注对区域特色业务研发的规范管理和风险控制，在做好技术规范管理的同时，督促业务部门按照产品创新管理流程做好项目审核审批，避免引发全行性或区域性业务风险。特别是在我行与第三方支付公司的平台对接、接口开发上必须要符合规范，在项目审批过程中必须严格遵循业务创新流程要求。

（二）强化大客户支持与服务机制。为了充分发挥我行信息科技优势，总行已在软件开发中心成立了大客户服务支持部，配合总行业务营销部门和各分行做好对重要公司和机构客户的营销和技术服务工作，目前首先是面向北京地区的重要客户。大客户服务对象采取清单制管理，首批纳入支持的有28个重点客户，上半年已开展一些业务合作，在分行和客户中取得良好反响。信息科技部和软件开发中心要进一步做好管理，确保这一措施取得实效。各分行也要根据当地情况，组建大客户服务技术支持团队，参与分行的大客户服务营销工作，更好地满足大客户的服务需求。

（三）做好产品投入产出和使用效益分析。近年来，全行在支持大客户服务创新上投入了大量研发资源和资金，总行支持的行业合作项目数量从2012年的70个增长到了2013年的231个，总行配套的行业合作专项科技资金也从2012年的3.1亿元增长到了2013年5.4亿元。同时，总行通过不断完善技术平台、成立对分行的服务支持团队、在软件开发中心建立分行联合创新实验室等方式，持续加大对各分行在代理财政支付、住房公积金、社保、医疗、交通等行业的合作创新支持力度，各分行要加强对研发资源的投入产出分析，通过数据分析，做好产品使用的效益评估，协助业务部门推进研发产品取得预期效果，把研发资源投入到好的项目上。

五、科技管理要求

（一）要加强总行与分行、科技与业务间的协调联动与科技服务能力。多年来，全行科技条线坚持科技集约化发展思路，科技管理水平稳步提升，面向业务、面向基层的技术支持和服务水平有了长足进步。今年以来，总行通过现场交流、书面调研等多种方式，收集了全行对科技工作的意见和建议。从各分行反映的情况看，一些问题相对比较集中。例如相当一部分分行都反映了设备采购和科技培训等方面的问题；还有一些问题是分行多次反映的老问题，例如，版本投产通知过于频繁、面向分行的调查任务多等。总行信息科技部高度重视分行反映的意见，会同各中心对意见进行了逐条分解并开展了针对性的整改。总行科技部门要围绕“服务业务、服务基层、服务管理”的原则，以更加开放的思想，改进管理措施，持续提升全行的科技管理水平。

（二）要发挥信息科技风险管理一二道防线的作用。总行开展信息科技风险管理二道防线检查四年以来，通过各项检查有效揭示各中心和分行在重点领域存在的中高风险问题，风险敞口总体上呈收敛趋势，对促进一道防线信息科技风险管理起到了积极作用。但从今年的非现场检查情况看，一些反复强调的中高风险问题仍然存在，如变更管理、用户管理、数据管理、外来人员安全管理等方面，各单位要从管理和技术两方面落实

风险控制措施，不能针对揭示出来的问题就事论事，要举一反三，从源头上严防风险问题的重复发生。

同时，部分分行在一定程度上还存在一道防线管理弱化、依赖总行二道防线的情况。各中心、分行信息科技部门一把手要亲自抓内部监督检查工作，落实好一道防线的科技风险管理责任；安全部门要牵头开展内部检查工作，加大与专业部门的统筹协调力度，确保内部控制机制发挥作用。二道防线团队要继续做好对一道防线的有效指导和支持，从工作机制、制度规范优化和系统硬控制层面制定切实可行的整改方案，确保整改的有效性。

（三）强化科技队伍建设。多年来，总行高度重视作为我行信息科技核心竞争能力的科技队伍建设，在科技机构与职能建设、人员引进、干部培养、薪酬奖励、员工培训等方面开展了大量工作，整体上取得了较好效果。当前，全行科技部门要继续秉承“诚信、务实、拼搏、创新”的科技文化，加强对科技队伍建设和员工培养，增强总分行科技部门间的工作协同能力和专业整体合力，保证科技队伍的稳定。

一要加大核心人才的管理和激励力度。总行于2012年下发了《科技奖励基金管理办法》，近两年总分行共评选出209名总行级核心人才并给予专项奖励；河北、山西等17家分行按照总行要求建立了分行级核心人才制度，对稳定全行科技核心人才队伍起到了积极作用。今年5月，总行专门下发文件进一步规范科技核心人才管理体系，各单位要按照核心人才分级管理的要求，结合本单位实际，落实好核心人才管理措施和专项奖励，切实发挥好各级核心人才作用。各中心和各分行要高度关注核心人才流失情况，要在管理体制和合同中形成对核心人才配套的约束机制。

二要加大专业技术条线管理。前期各中心对专业技术管理情况进行了梳理，研究提出了改进工作思路。要加强对经理（三）级以上专业人员的管理力度，形成专业条线管理的架构树，使专业人才在关键节点上承担起相应职责。后续要加强并做好专业管理人员的岗位职责和岗位匹配管理，提升专业管理人员的履职能力，充分发挥专业管理人员在相关专业领域的决策作用，并在业务领域给予相应的职责授权，提高各专业条线的技术管理和规划能力。

同志们，今年全行经营管理改革任务十分艰巨，其中许多工作都需要科技部门积极参与和主动推动。希望大家结合这次培训班上学到的知识，认真思考并转化应用到实际工作中，不断提高科技管理能力，全力以赴完成好全年各项信息科技工作任务。

在全行分析师队伍建设工作推动会上的讲话

林晓轩

（2014年11月6日·根据录音整理）

刚才听了总行三个部门、三家分行的发言，很有启发。一会儿，王敬东副行长将作全面重要的讲话，我今天主要讲讲对数据服务体系以及两个分析师团队工作的理解。

几年来，我们一直在积极推动全行信息的整合共享，通过整合各专业、各业务条线的数据，努力建设全行基础统一的数据分析服务体系。我认为，理解好数据分析服务体系，对找准分析师的定位、推动分析师工作将有积极的帮助。总体上，数据分析服务体系可以分为三层：

第一层，基础数据层，即最底层。主要是围绕着数据仓库和信息库两个基础数据平台开展建设。这两个平台收集了行内各个业务系统和外部的各类信息，为各业务系统提供基础支持。

一是集团数据仓库平台。我行最早是从2000年前后开始研究建设总行的数据仓库系统，真正形成现在的数据仓库体系是从2005年至今的8年多时间。目前，数据仓库已经涵盖了全行业务运营和经营管理的主要数据，包括128个业务应用系统的数据源和境外机构及综合化子公司的主要经营数据，数据仓库的数据量已经突破了400TB。随着应用的深入以及新业务的推出，数据仓库的基础数据还将不断补充完善。

二是集团信息库平台。随着信息化银行建设，我行在去年开始建设集团信息库平台，推出了“ICBC搜索中心”服务，将原来分散的网讯信息、资讯信息、行业合作信息、公文、规章制度、业务知识库信息、网络培训课件等非结构化信息统一纳入信息库管理，并完成了对各专业系统的改造，全行员工可以在各专业系统搜索和使用需要的信息服务。今年以来，又在集团信息库中为各专业分析师提供了大数据分析挖掘服务，例如，通过对客户在我行网上银行页面浏览行为的分析，对网银页面内容、位置和交易联动流程进行优化，以更加符合客户的需求；通过对融e购电商平台客户浏览行为的分析，确定热点商户和热点商品，为融e购商城页面内容规划和客户商品推荐提供智能服务；通过对上半年总行呼叫中心的客户服务投诉日志的分析，为全行渠道、产品、流程等服务能力提升提供支持。

目前“两库”的数据已经比较丰富。但是，数据只对会使用的人说话。希望分析师首先要能回答好数据在哪里、怎么使用数据这两个问题。我理解，数据分析师很重要的一项职责就是要对数据仓库和信息库中的结构化与非结构化数据的准入、退出进行管理，确定标准；负责运营管理，维护“两库”信息特别是数据仓库数据的统一、完整、准确，及时将新业务、新产品的数据纳入数据仓库。

第二层，指标处理层。目前有MOVA平台和CS2002系统，MOVA平台中绩效考核类指标超过8万个，CS2002系统中报表也超过了3 000张，为全行经营考核和统计分析形成了指标层的基础。总行从今年开始正在积极推进全行统一指标库的建设，目的就是希望解决好指标多、指标口径不统一、指标处理重复等问题。各类数据建模、挖掘分析就是围绕这些指标展开的。我认为，这些看上去很技术性的问题如果解决不好，产生的不仅是效率不高、部门间扯皮的问题，也会对经营管理决策判断产生影响，甚至误判。

数据分析师同时也要推动全行统一指标库建设，统一指标的管理和准入，与专业分析师一起，建立指标生成模型，验证指标准确性，推动统一指标库在各专业系统中的应用。

第三层，应用服务层。以数据仓库和信息库、指标库为基础，为各专业提供有针对性的查询、检索、分析挖掘服务。目前已经为分析师提供了数据仓库通用查询、灵活查询等分析挖掘工具的工作平台，各专业分析师也可以在营销管理、信贷管理、交易欺诈和风险管理等业务系统中使用搜索、指标查询、数据仓库通用查询等功能，并定制自己所需要的统计分析结果，开展精准营销，进行风险应对，等等。

分析师分析的目标不仅仅是为了统计、报告，更重要的是要面向市场，用于营销和风险控制。关于这点，我举个例子，去年以来，总行组织对个人客户、公司和法人客户、机构客户营销管理平台进行全面的服务提升，希望在客户视图统一性、完整性、精准营销、智能化业绩管理以及在跨机构、跨专业信息联动等方面实现全面突破。以个人客户营销管理系统为例，系统在复杂的功能基础上分别为个人客户经理、支行网点负责人、业务管理部门营销负责人提供了比较简单便捷的工作平台，为个人客户经理提供了客户、产品、营销活动和日常工作管理的工作平台，为支行网点负责人提供了客户、产品、营销活动、机构和员工绩效、日常工作管理的工作平台，为业务管理部门营销负责人提供了本机构及所辖机构的营销活动制定、跟踪，绩效管理、日常工作管理的工作平台，等等。但是，从统计分析上看，各分行使用情况不一，北京、广东、江苏等分行使用情况较好。

各分行的专业分析师要通过对数据挖掘分析，在本机构的精准营销方案制定上发挥好作用。要对总行的统计、绩效指标模型结合本机构情况进行校正，与数据分析师团队一起，做好信息反馈，为总行数据分析师和科技部门持续优化系统模型提供重要的建设依据。

数据只对会使用者说话，只有通过使用，数据才能够越来越完整和准确。现在大家都在谈互联网创新和大数据应用，新的技术要求我们要有新的思维、新的人才和新的管理。建设一流的分析师队伍正是适应这些新变化、新要求的重要举措，工商银行“大数据和信息化”战略的实施需要各级分析师团队的共同努力。

第七部分

综合统计

责任编辑：赵会玉

中国工商银行股本变动及主要股东持股情况

一、股份变动情况表

单位：股

	2013年12月31日		报告期内增减（+，-）	2014年12月31日	
	股份数量	比例（%）	可转债转股	股份数量	比例（%）
一、有限售条件股份	0	0.0	0	0	0.0
二、无限售条件股份	351 388 672 946	100.00	2 105 540 874	353 494 213 820	100.00
1. 人民币普通股	264 594 628 396	75.30	2 105 540 874	266 700 169 270	75.45
2. 境外上市的外资股	86 794 044 550	24.70	—	86 794 044 550	24.55
三、股份总数	351 388 672 946	100.00	2 105 540 874	353 494 213 820	100.00

注："境外上市的外资股"即H股，根据中国证监会《公开发行证券的公司信息披露内容与格式准则第5号——公司股份变动报告的内容与格式》（2007年修订）中的相关内容界定。

二、前10名股东持股情况

单位：股

2014年末股东总数				827 567（2014年12月31日的A+H在册股东数）		
前10名股东持股情况（以下数据来源于2014年12月31日的在册股东情况）						
股东名称	股东性质	股份类别	持股比例（%）	持股总数	持有有限售条件股份数量	质押或冻结的股份数量
汇金公司	国家	A股	35.12	124 155 852 951	—	无
财政部	国家	A股	34.88	123 316 451 864	—	无
香港中央结算有限公司/香港中央结算代理人有限公司（3）	境外法人	A股 H股	0.18 24.33	625 028 761 86 021 039 918	—	无 未知
中国平安人寿保险股份有限公司—传统—普通保险产品	其他内资	A股	1.27	4 503 771 410	—	无
工银瑞信基金—特定客户资产管理	其他内资	A股	0.30	1 053 190 083	—	无
中国人寿保险股份有限公司—传统—普通保险产品—005L—CT001沪	其他内资	A股	0.09	317 038 827	—	无
TEMASEK FULLERTON ALPHA PTE LTD	境外法人	A股	0.07	255 422 003	—	无
中国证券金融股份有限公司	其他内资	A股	0.06	203 612 909	—	无
国泰君安证券股份有限公司客户信用交易担保证券账户	其他内资	A股	0.06	196 865 702	—	无
中国对外经济贸易信托有限公司—昀沣证券投资集合资金信托计划	其他内资	A股	0.05	188 007 006	—	无

注：（1）H股股东持股情况是根据H股证券登记处设置的本行股东名册中所列的股份数目统计。

（2）本行未知上述股东之间有关联关系或一致行动关系。

（3）香港中央结算有限公司持有625 028 761股A股，香港中央结算代理人有限公司持有86 021 039 918股H股。

（4）截至报告期末，本行普通股股东总数为827 567户，无表决权恢复的优先股。其中H股股东143 131户，A股股东684 436户。

中国工商银行
合并资产负债表

（除特别注明外，金额单位均为人民币百万元）

	2014 年 12 月 31 日	2013 年 12 月 31 日
资产：		
现金及存放中央银行款项	3 523 622	3 294 007
存放同业及其他金融机构款项	304 273	306 366
贵金属	95 950	61 821
拆出资金	478 503	411 618
以公允价值计量且其变动计入当期损益的金融资产	346 828	372 556
衍生金融资产	24 048	25 020
买入返售款项	468 462	331 903
客户贷款及垫款	10 768 750	9 681 415
可供出售金融资产	1 188 288	1 000 800
持有至到期投资	2 566 390	2 624 400
应收款项类投资	331 731	324 488
长期股权投资	28 919	28 515
固定资产	171 434	135 863
在建工程	24 804	24 841
递延所得税资产	24 758	28 860
其他资产	263 193	265 279
资产合计	20 609 953	18 917 752
负债：		
向中央银行借款	631	724
同业及其他金融机构存放款项	1 106 776	867 094
拆入资金	432 463	402 161
以公允价值计量且其变动计入当期损益的金融负债	589 385	553 607
衍生金融负债	24 191	19 168
卖出回购款项	380 957	299 304
存款证	176 248	130 558
客户存款	15 556 601	14 620 825
应付职工薪酬	28 148	24 529
应交税费	72 278	67 051
已发行债务证券	279 590	253 018
递延所得税负债	451	420
其他负债	424 930	400 830
负债合计	19 072 649	17 639 289

续表

	2014 年 12 月 31 日	2013 年 12 月 31 日
股东权益：		
股本	353 495	351 390
其他权益工具	34 428	—
其中：优先股	34 428	—
资本公积	144 874	140 844
其他综合收益	(24 548)	(56 859)
盈余公积	150 752	123 870
一般准备	221 622	202 940
未分配利润	650 236	511 949
归属于母公司股东的权益	1 530 859	1 274 134
少数股东权益	6 445	4 329
股东权益合计	1 537 304	1 278 463
负债及股东权益总计	20 609 953	18 917 752

中国工商银行
合并利润表

（除特别注明外，金额单位均为人民币百万元）

	2014 年 12 月 31 日	2013 年 12 月 31 日
利息净收入	493 522	443 335
利息收入	849 879	767 111
利息支出	(356 357)	(323 776)
手续费及佣金净收入	132 497	122 326
手续费及佣金收入	146 678	134 550
手续费及佣金支出	(14 181)	(12 224)
投资收益	4 920	3 078
其中：对联营及合营企业的投资收益	2 157	2 097
公允价值变动净收益/（损失）	680	(151)
汇兑及汇率产品净收益	3 673	6 593
其他业务收入	23 600	14 456
营业收入	658 892	589 637

续表

	2014年12月31日	2013年12月31日
营业税金及附加	(41 351)	(37 441)
业务及管理费	(176 261)	(165 280)
资产减值损失	(56 729)	(38 321)
其他业务成本	(24 939)	(11 549)
营业支出	(299 280)	(252 591)
营业利润	359 612	337 046
加：营业外收入	3 062	2 910
减：营业外支出	(1 062)	(1 419)
税前利润	361 612	338 537
减：所得税费用	(85 326)	(75 572)
净利润	276 286	262 965
其他综合收益的税后净额	32 567	(36 629)
综合收益总额	308 853	226 336
本年净利润	276 286	262 965
其他综合收益的税后净额：	32 567	(36 629)
以后将重分类进损益的其他综合收益归属母公司所有者的其他综合收益的税后净额	32 311	(36 274)
可供出售金融资产公允价值变动损益	34 188	(25 622)
现金流量套期损益的有效部分	108	(207)
权益法下在被投资单位以后将重分类进损益的其他综合收益中所享有的份额	80	763
外币财务报表折算差额	(2 065)	(11 216)
其他	—	8
归属于少数股东的其他综合收益的税后净额	256	(355)
本年其他综合收益小计	32 567	(36 629)
本年综合收益总额	308 853	226 336
净利润归属于：母公司股东	275 811	262 649
少数股东	475	316
	276 286	262 965
综合收益总额归属于：母公司股东	308 122	226 375
少数股东	731	(39)
	308 853	226 336
每股收益		
基本每股收益（人民币元）	0.78	0.75
稀释每股收益（人民币元）	0.78	0.74

中国工商银行
合并现金流量表

（除特别注明外，金额单位均为人民币百万元）

	2014年12月31日	2013年12月31日
一、经营活动现金流量：		
客户存款净额	920 197	994 119
同业及其他金融机构存放款项净额	236 491	—
拆入资金净额	23 920	154 123
存放同业及其他金融机构款项净额	74 283	47 599
拆出资金净额	—	33 743
买入返售款项净额	—	5 443
卖出回购款项净额	81 653	61 540
指定为以公允价值计量且其变动计入当期损益的金融资产净额	35 022	—
以公允价值计量且其变动计入当期损益的金融负债款项净额	33 136	234 583
存款证净额	43 147	94 351
收取的以公允价值计量且其变动计入当期损益的金融资产投资收益	960	358
收取的利息、手续费及佣金的现金	983 475	891 079
处置抵债资产收到的现金	641	872
收到的其他与经营活动有关的现金	27 783	32 813
经营活动现金流入小计	2 460 708	2 550 623
客户贷款及垫款净额	(1 121 840)	(1 159 539)
向中央银行借款净额	(93)	(409)
同业及其他金融机构存放款项净额	—	(361 808)
存放中央银行款项净额	(223 291)	(319 010)
拆出资金净额	(71 214)	—
买入返售款项净额	(173 890)	—
为交易而持有的金融资产净额	(6 047)	(7 804)

续表

	2014 年 12 月 31 日	2013 年 12 月 31 日
指定以公允价值计量且其变动计入当期损益的金融资产净额	—	(142 720)
支付的利息、手续费及佣金的现金	(329 411)	(277 232)
支付给职工以及为职工支付的现金	(108 403)	(103 936)
支付的各项税费	(131 392)	(114 256)
支付的其他与经营活动有关的现金	(93 670)	(65 856)
经营活动现金流出小计	(2 259 251)	(2 552 570)
经营活动产生的现金流量净额	201 457	(1 947)
二、投资活动现金流量：		
收回投资收到的现金	1 011 771	1 117 779
分配股利及红利所收到的现金	1 145	653
处置联营及合营企业所收到的现金	—	493
处置固定资产、无形资产和其他长期资产（不含抵债资产）收回的现金	3 802	1 088
投资活动现金流入小计	1 016 718	1 120 013
投资支付的现金	(1 109 178)	(1 239 747)
投资联营及合营企业所支付的现金	(324)	—
取得子公司所支付的现金净额	—	—
购建固定资产、无形资产和其他长期资产支付的现金	(44 623)	(32 485)
增加在建工程所支付的现金	(9 334)	(11 942)
投资活动现金流出小计	(1 163 459)	(1 284 174)
投资活动产生的现金流量净额	(146 741)	(164 161)
三、筹资活动现金流量：		
吸收少数股东投资所收到的现金	1 393	955
发行优先股所收到的现金	34 549	—
发行债务证券所收到的现金	95 554	44 367
筹资活动现金流入小计	131 496	45 322
支付债务证券利息	(11 278)	(10 074)
偿还其他债务证券所支付的现金	(54 594)	(17 084)
取得少数股东股权所支付的现金	—	(17)
分配普通股股利所支付的现金	(91 960)	(83 565)
向少数股东分配股利所支付的现金	(8)	(47)

续表

	2014 年 12 月 31 日	2013 年 12 月 31 日
筹资活动现金流出小计	(157 840)	(110 787)
筹资活动产生的现金流量净额	(26 344)	(65 465)
四、汇率变动对现金及现金等价物的影响	8 490	(12 672)
五、现金及现金等价物净变动额	36 862	(244 245)
加：年初现金及现金等价物余额	957 402	1 201 647
六、年末现金及现金等价物余额（附注四、46）	994 264	957 402
补充资料		
1. 将净利润调节为经营活动现金流量：		
净利润	276 286	262 965
资产减值损失	56 729	38 321
固定资产折旧	15 053	13 386
资产摊销	3 252	3 052
债券投资溢折价摊销	(102)	(163)
固定资产、无形资产和其他长期资产盘盈及处置净收益	(944)	(848)
投资收益	(3 960)	(2 720)
公允价值变动净（收益）/损失	(680)	151
未实现汇兑损益	(476)	6 206
已减值贷款利息收入	(2 779)	(2 019)
递延税款	(7 673)	1 972
发行债务证券利息支出	11 705	10 785
经营性应收项目的增加	(1 630 065)	(1 552 720)
经营性应付项目的增加	1 485 111	1 219 685
经营活动产生的现金流量净额	201 457	(1 947)
2. 现金及现金等价物净变动情况：		
现金年末余额	88 714	80 913
减：现金年初余额	80 913	76 060
加：现金等价物的年末余额	905 550	876 489
减：现金等价物的年初余额	876 489	1 125 587
现金及现金等价物净变动额	36 862	(244 245)

中国工商银行资本充足率情况表

（单位：人民币百万元，百分比除外）

项目	2014年12月31日	2013年12月31日
核心一级资本	1 498 403	1 276 344
实收资本	353 495	351 390
资本公积可计入部分	144 874	108 202
盈余公积	150 752	123 870
一般风险准备	221 622	202 940
未分配利润	650 308	512 024
少数股东资本可计入部分	2 191	1 956
其他	（24 839）	（24 038）
核心一级资本扣除项目	11 670	9 503
商誉	8 487	8 049
其他无形资产（土地使用权除外）	1 279	1 474
对未按公允价值计量的项目进行现金流套期形成的储备	（3 796）	（3 920）
对有控制权但不并表的金融机构的核心一级资本投资	5 700	3 900
核心一级资本净额	1 486 733	1 266 841
其他一级资本	34 500	18
其他一级资本工具及其溢价	34 428	—
少数股东资本可计入部分	72	18
一级资本净额	1 521 233	1 266 859
二级资本	306 704	324 806
二级资本工具及其溢价可计入金额	187 829	189 877
超额贷款损失准备	118 633	134 857
少数股东资本可计入部分	242	72
二级资本扣除项目	15 800	19 400
对未并表金融机构大额少数资本投资中的二级资本	15 800	19 400
总资本净额	1 812 137	1 572 265
风险加权资产(1)	12 475 939	11 982 187
核心一级资本充足率	11.92%	10.57%
一级资本充足率	12.19%	10.57%
资本充足率	14.53%	13.12%

注：2014年末为应用资本底线及校准后的风险加权资产。

中国工商银行贷款五级分类分布情况表

（单位：人民币百万元，百分比除外）

项目	2014年12月31日		2013年12月31日	
	金额	占比（%）	金额	占比（%）
正常	10 582 050	95.97	9 632 523	97.08
关注	319 784	2.90	196 162	1.98
不良贷款	124 497	1.13	93 689	0.94
次级	66 809	0.60	36 532	0.37
可疑	49 359	0.45	43 020	0.43
损失	8 329	0.08	14 137	0.14
合计	11 026 331	100.00	9 922 374	100.00

中国工商银行员工情况表

2014 年 12 月 31 日　　　　单位：人

机构名称	总计	性别		年龄								学历				
		男	女	平均年龄	25 岁及以下	26 ~ 30 岁	31 ~ 35 岁	36 ~ 40 岁	41 ~ 45 岁	46 ~ 50 岁	50 岁以上	博士研究生	硕士研究生	大学本科	大专	专科以下
合计	445 614	218 666	226 948	40. 88	35 430	64 722	42 055	42 109	77 986	102 085	81 227	537	19 566	211 728	152 722	61 061
机构本部	3 413	2 074	1 339	35. 15	256	745	1 123	606	239	198	246	252	1 836	1 272	39	14
北京分行	18 905	7 723	11 182	37. 98	1 394	4 774	3 002	1 543	2 317	3 406	2 469	28	1 937	10 364	5 162	1 414
天津分行	7 930	3 900	4 030	40. 4	827	836	957	682	1 438	2 081	1 109	3	321	3 836	2 336	1 434
河北分行	21 599	11 623	9 976	44. 01	817	1 646	1 103	2 122	4 618	5 763	5 530		347	8 289	8 229	4 734
山西分行	15 186	7 413	7 773	42. 69	598	1 608	1 186	1 886	2 639	4 363	2 906	1	456	4 741	6 699	3 289
内蒙古分行	12 433	6 344	6 089	44. 66	309	909	598	1 250	2 686	3 356	3 325	2	178	4 832	4 463	2 958
辽宁分行	18 512	9 345	9 167	44. 07	752	967	1 670	1 831	3 566	4 943	4 783	1	341	8 369	8 191	1 610
吉林分行	13 294	6 511	6 783	43. 27	638	970	1 284	1 792	2 307	2 501	3 802	2	301	6 176	4 181	2 634
黑龙江分行	16 298	8 399	7 899	45. 33	436	733	645	1 772	3 357	4 539	4 816	2	135	5 849	6 663	3 649
上海分行	14 466	5 780	8 686	35. 57	2 413	4 004	1 518	1 360	1 761	2 432	978	34	823	9 375	2 859	1 375
江苏分行	18 242	9 477	8 765	42. 65	920	2 615	1 360	1 038	3 042	5 031	4 236	8	681	8 367	6 027	3 159
浙江分行	20 825	8 560	12 265	36. 6	2 582	5 150	3 384	1 937	2 535	2 985	2 252	12	785	12 830	5 518	1 680
安徽分行	13 954	7 794	6 160	43. 13	1 075	1 326	726	1 179	2 429	3 613	3 606	9	328	5 779	5 719	2 119
福建分行	12 466	5 879	6 587	41. 24	944	1 470	1 341	1 274	2 185	3 012	2 240	5	217	6 446	3 895	1 903
江西分行	10 997	5 696	5 301	42. 43	841	906	777	1 342	2 092	2 606	2 433	1	273	4 036	4 427	2 260
山东分行	20 854	10 936	9 918	42. 25	1 001	2 472	2 006	2 139	3 815	4 703	4 718	13	658	9 620	8 310	2 253
河南分行	20 256	10 687	9 569	43. 08	1 207	1 502	723	2 283	5 276	5 534	3 731	6	409	8 681	7 296	3 864
湖北分行	17 849	9 136	8 713	42. 36	1 788	1 410	711	1 579	3 971	5 102	3 288	12	876	8 123	5 860	2 978
湖南分行	14 252	7 139	7 113	43. 88	635	942	1 111	1 325	2 449	4 500	3 290	1	242	5 390	6 388	2 231
广东分行	20 904	10 887	10 017	37. 23	2 407	4 542	2 644	2 569	4 022	2 860	1 860	22	611	10 361	7 631	2 279

续表

机构名称	总计	性别		年龄								学历				
		男	女	平均年龄	25岁及以下	26～30岁	31～35岁	36～40岁	41～45岁	46～50岁	50岁以上	博士研究生	硕士研究生	大学本科	大专	专科以下
广西分行	10 789	4 976	5 813	41.05	1 087	1 254	1 279	727	1 659	2 628	2 155	1	155	4 933	3 875	1 825
海南分行	2 733	1 550	1 183	41.22	209	277	230	363	561	693	400	1	80	1 536	862	254
重庆分行	7 172	3 623	3 549	41.52	696	1 113	456	402	1 217	1 630	1 658	3	373	2 824	2 642	1 330
四川分行	16 531	8 095	8 436	38.78	1 669	3 175	1 700	1 494	3 179	3 585	1 729	13	1 075	8 118	6 118	1 207
贵州分行	7 069	3 624	3 445	40.69	1 079	1 002	308	400	901	1 910	1 469		133	3 353	2 565	1 018
云南分行	8 780	4 098	4 682	42.5	745	906	482	604	1 557	2 648	1 838		187	4 072	3 529	992
陕西分行	12 317	6 566	5 751	43.95	487	897	592	1 089	2 794	3 992	2 466	8	538	4 696	5 519	1 556
甘肃分行	7 624	4 049	3 575	44.66	347	347	423	567	1 524	2 729	1 687	1	60	3 780	2 938	845
青海分行	2 249	1 079	1 170	38.62	503	202	129	166	383	671	195		35	1 275	813	126
宁夏分行	2 865	1 310	1 555	40.83	324	415	130	174	609	761	452		41	1 330	1 186	308
新疆分行	8 087	3 618	4 469	41.43	760	946	582	755	1 297	2 423	1 324	2	168	3 949	3 114	854
西藏分行	142	95	47	35.49	24	28	19	20	33	12	6	1	10	118	13	0
大连分行	4 207	1 605	2 602	39.78	289	817	388	393	931	707	682	2	248	2 424	1 299	234
青岛分行	3 609	1 724	1 885	40.8	297	679	373	239	394	665	962	2	214	1 775	1 065	553
宁波分行	4 284	1 698	2 586	36.38	576	1 102	634	433	426	588	525		156	2 694	997	437
深圳分行	5 316	2 518	2 798	35.62	569	1 522	1 055	455	715	540	460	6	582	3 301	1 082	345
厦门分行	2 439	1 047	1 392	38.69	247	501	188	297	455	456	295	3	154	1 561	417	304
广东分行营业部	10 571	4 155	6 416	34.58	1 395	2 797	2 374	961	1 633	895	516	8	304	6 706	2 915	638
苏州分行	4 466	1 889	2 577	35.73	691	1 343	538	301	420	685	488	1	185	3 008	908	364
长春金融研修学院	65	38	27	44.58	1	8	13		3	11	29	3	17	41	4	0
杭州金融研修学院	67	33	34	40.7	6	13	8	1	6	13	15	1	20	46		0
牡丹卡中心	1 632	474	1 158	30.88	220	919	170	117	113	53	35	8	135	1 095	383	11

续表

机构名称	总计	性别		年龄								学历				
		男	女	平均年龄	25岁及以下	26～30岁	31～35岁	36～40岁	41～45岁	46～50岁	50岁以上	博士研究生	硕士研究生	大学本科	大专	专科以下
票据营业部	309	134	175	36.02	25	90	47	39	53	31	24	2	73	214	20	0
软件开发中心	4 394	2 939	1 455	30.21	545	2 147	1 226	292	115	47	22	25	1 549	2 793	26	1
数据中心（北京）	1 026	564	462	30.5	169	517	170	79	48	23	20	5	435	574	10	2
数据中心（上海）	796	546	250	31.19	125	348	184	51	38	27	23	5	226	544	15	6
私人银行部	129	78	51	33.9	5	45	38	16	13	4	8	9	72	44	4	0
贵金属业务部	89	62	27	34.35	3	28	25	17	9	6	1	3	39	47		0
电子银行中心	1 098	350	748	29.55	120	682	205	23	21	30	17		48	816	231	3
电子银行中心（石家庄）	376	106	270	28.15	57	264	27	9	14	5			5	288	82	1
电子银行中心（合肥）	311	100	211	26.79	107	187	4	5	5	1	2		6	206	99	0
电子银行中心（广州）	176	58	118	30.47	18	110	22	9	13	3	1		4	77	85	10
国际结算单证中心	645	202	443	28.46	164	353	74	21	22	8	3		227	413	5	0
产品研发中心	245	135	110	29.22	31	146	51	13	4			2	189	54		0
内审直属分局	46	25	21	40.46		4	9	11	12	1	9	3	18	24	1	0
内审天津分局	36	23	13	47.08		1	2	3	6	12	12		8	28		0
内审沈阳分局	38	21	17	45		1	4	6	8	11	8		6	31	1	0
内审上海分局	39	19	20	41.31		3	5	14	6	6	5		3	36		0
内审南京分局	35	26	9	46.46			2	8	7	7	11		2	33		0
内审武汉分局	35	20	15	42.14		2	7	9	5	3	9		10	24	1	0
内审广州分局	39	28	11	45.26		3	2	3	11	8	12	3	5	30	1	0
内审成都分局	35	22	13	45.06			7	5	8	3	12	1	9	22	3	0
内审昆明分局	35	20	15	44.54		1	1	8	10	8	7		5	30		0
内审西安分局	33	21	12	48.36			3	1	4	8	17	1	2	29	1	0

中国工商银行系统机构设置情况表

2014 年 12 月 31 日

机构名称	合计	总行	一级分行	直属分行	一级分行营业部	二级分行	一级支行			基层营业网点				总行直属机构及其分支	总行部门类利润中心
							合计	县支行	城区支行	合计	二级支行	分理处	储蓄所		
合计	17 044	2	31	5	26	403	3 081	1 331	1 750	13 467	12 006	1 008	453	13	17
机构本部	1	1													
北京分行	562		1			34	2	2		525	490	16	19		
天津分行	334		1			23	11	3	8	299	296		3		
河北分行	844		1		1	10	214	96	118	618	607	5	6		
山西分行	472		1		1	10	145	67	78	315	315				
内蒙古分行	406		1		1	12	107	50	57	285	234		1		
辽宁分行	641		1		1	12	140	29	111	487	443	9	35		
吉林分行	385		1		1	8	84	28	56	291	226	16	49		
黑龙江分行	578		1		1	12	169	56	113	395	118	105	172		
上海分行	501		1		2	33				465	450	15			
江苏分行	933		1		1	11	118	45	73	802	769	28	5		
浙江分行	809		1		1	11	105	49	56	691	582	108	1		
安徽分行	573		1		1	15	159	43	116	397	387	6	4		
福建分行	466		1		1	7	88	53	35	369	369				
江西分行	447		1		1	10	121	76	45	314	273	41			
山东分行	985		1		1	15	162	83	79	806	435	274	97		
河南分行	774		1		1	17	185	83	102	570	539	31			

续表

机构名称	合计	总行	一级分行	直属分行	一级分行营业部	二级分行	一级支行			基层营业网点				总行直属机构及其分支	总行部门类利润中心
							合计	县支行	城区支行	合计	二级支行	分理处	储蓄所		
湖北分行	725		1		1	12	102	36	66	609	608		1		
湖南分行	556		1		1	13	142	62	80	399	316	76	7		
广东分行	1 088		1			19	203	58	145	865	865				
广西分行	476		1		1	13	112	56	56	349	349				
海南分行	129		1		1	2	15	10	5	110	110				
重庆分行	326		1			20	36	22	14	269	228	40	1		
四川分行	768		1		1	18	109	80	29	639	528	111			
贵州分行	301		1		1	8	82	50	32	209	176	33			
云南分行	361		1		1	15	65	35	30	279	279				
陕西分行	502		1		1	9	114	49	65	377	339	29	9		
甘肃分行	333		1		1	15	54	38	16	262	260	1	1		
青海分行	90		1			1	11	5	6	77	67	5	5		
宁夏分行	99		1				16	6	10	82	67	13	2		
新疆分行	259		1		1	14	61	40	21	182	176	6			
西藏分行	3		1				1		1	1	1				
大连分行	163			1			20	4	16	142	142				
青岛分行	125			1			19	5	14	105	64	19	22		
宁波分行	181			1			21	6	15	159	154	3	2		
深圳分行	133			1		1	26		26	105	105				
厦门分行	70			1			17		17	52	52				

续表

机构名称	合计	总行	一级分行	直属分行	一级分行营业部	二级分行	一级支行			基层营业网点				总行直属机构及其分支	总行部门类利润中心
							合计	县支行	城区支行	合计	二级支行	分理处	储蓄所		
广东分行营业部	387				1		36	3	33	350	349		1		
苏州分行	228					3	9	3	6	216	188	18	10		
长春金融研修学院	1													1	
杭州金融研修学院	1													1	
牡丹卡中心	5													5	
票据营业部	9														9
软件开发中心	1													1	
数据中心（北京）	1													1	
数据中心（上海）	1													1	
私人银行部	1														1
贵金属业务部	1														1
电子银行中心	1													1	
国际结算单证中心	1													1	
产品研发中心	1													1	
专项融资部（营业部）	1														1
总行资产托管部	1														1
总行投资银行部	1														1
总行养老金业务部	1														1
总行金融市场部	1														1
总行资产管理部	1														1

第八部分

大　事　记

责任编辑：刘治国

1月

1月1日

易会满行长、王敬东副行长出席由中国邮政集团公司、探月与航天中心和工商银行共同主办的中国首次落月成功纪念邮票首发仪式。

1月2日

姜建清董事长、易会满行长、赵林监事长、刘立宪纪委书记，王希全、郑万春、谷澍、王敬东副行长出席2013年经营情况通报会，听取了2013年全行经营情况的汇报，交换有关工作意见。在京董事、监事和魏国雄首席风险官、林晓轩首席信息官、胡浩董事会秘书以及总行各部门负责人参加。

张红力副行长应邀出席银行间市场清算所股份有限公司“人民币利率互换集中清算业务发布会”并致辞。

1月3日

赵林监事长主持召开会议，研究完善工商银行品牌架构有关工作。

张红力副行长会见中国海洋石油总公司副总裁兼中海化学股份有限公司董事长李辉一行，双方就进一步加强境外业务合作进行了交流。

郑万春副行长会见三峡集团副总经理林初学一行，双方就进一步加强有关业务合作进行了交流。

王敬东副行长主持召开会议，研究贵金属业务线风险管理相关事宜。

易会满行长主持第1次专题会议，研究业务流程综合改造和优化工作有关事宜。谷澍副行长、林晓轩首席信息官出席。

1月5日－12日

刘立宪纪委书记出访马来西亚、印度尼西亚。在马来西亚期间，会见了金狮集团创办人及执行董事长丹斯里钟廷森、成功集团首席执行官拿督陈罗宾、美景集团创办人及执行主席丹斯里拿督曾贵秋、多美集团创办人及公司主席丹斯里拿督吴德芳、怡保工程集团首席执行官拿督郑建民、行政总裁兼董事总经理拿督孙兴存并赴工银马来西亚及其总部营业厅、蒲冲分行调研。在印度尼西亚期间，会见了金锋集团董事总经理林文光、穆利亚集团董事主席曾国奎、叶氏国际集团董事会主席叶联礼、嘉旺集团主席吴国富，听取了工银印尼工作汇报并赴万隆分行调研。

1月6日

姜建清党委书记主持召开第1次党委（扩大）会议，审议拟提交董事会的议案，研究有关工作。党委副书记易会满、赵林及党委委员张红力、王希全、郑万春、谷澍、王敬东出席。

易会满行长参加银监会召开的2014年全国银行业监督管理工作会议。

1月7日

姜建清董事长会见普华永道公司高级顾问，原汇丰银行CEO艾尔顿（Elton）一行，双方就国际与地区政治经济形势、工商银行海外机构的设立、互联网金融发展及其影响等议题进行了交流。

张红力副行长赴专项融资部调研，听取专项融资部2013年工作情况汇报，并提出下一阶段工作方向和要求。

张红力副行长会见北美信托银行董事长兼首席执行官弗雷德·华德（Frederick H. Waddell）一行，双方就中国资本市场发展、全球金融形势和托管业务合作等议题进行了交流。

1月7日－9日

王敬东副行长赴贵金属业务部、杭州金融研修学院、浙江分行调研。在上海期间，听取了贵金属业务部关于经营情况的汇报，走访了南京东路支行贵金属专属服务区；在浙江期间，听取了杭州金融研修学院和浙江分行的工作汇报，并对下一步工作提出了要求。

1月8日

姜建清董事长会见巴基斯坦水电部部长穆罕默德·阿西夫（Muhammad Asif）一行，双方就巴基斯坦电力市场及相关项目合作进行了交流。

姜建清董事长、易会满行长、赵林监事长、张红力副行长拜会银监会主席尚福林，介绍了工商银行2013年主要经营业绩，并就应对利率市场化、调整信贷结构支持实体经济发展、风险控制等方面的情况进行了汇报。

王希全副行长赴离退休人员管理部宣布人事任免决定。经总行党委研究决定，张庆华同志任离退休人员管理部总经理，冯孝凯同志不再担任总经理职务，担任离退休人员管理部资深专家。

王希全副行长参加国家信访局召开的全国信访局长会议。

以工银党任免〔2014〕1号决定：任命付捷同志为中国工商银行股份有限公司青岛市分行党委书记，免去其中国工商银行股份有限公司北京市分行党委委员职务。免去侯本旗同志中国工商银行股份有限公司青岛市分行党委书记职务，另有任用。

1月8日－9日

易会满行长赴河南出席工商银行与河南省政府《郑州航空港经济综合实验区建设全面合作协议》签约仪式，并与河南省委副书记、省长谢伏瞻分别代表双方在合作协议上签字。期间，还赴河南分行进行了工作调研。

1月9日

姜建清董事长慰问陈立、张肖、田瑞璋同志。

1 月 10 日

姜建清董事长、易会满行长拜会中投公司董事长丁学东，介绍了工商银行 2013 年主要经营业绩，并就应对利率市场化、调整信贷结构支持实体经济发展、风险控制等方面的情况进行了汇报。

赵林监事长赴青岛市分行宣布人事任免决定。经总行党委研究决定，付捷任青岛分行党委书记，主持全面工作，待有关任职手续办妥后再正式任命为行长；侯本旗不再担任青岛分行党委书记、行长职务，另有任用。

王敬东副行长主持召开会议，研究 2014 年监管统计工作。

1 月 13 日

姜建清董事长、易会满行长、赵林监事长拜会财政部楼继伟部长，介绍了工商银行 2013 年主要经营业绩，并就应对利率市场化、调整信贷结构支持实体经济发展、风险控制等方面的情况进行了汇报。

姜建清党委书记主持召开第 2 次党委（扩大）会议，研究了年度工作会议材料、2014 年经营计划、党的群众路线教育实践活动总结报告及董事长在总结大会上的讲话和人事组织工作会议材料，听取了工商银行代理投资业务合作机构有关情况等工作的汇报。党委副书记易会满、赵林及党委委员张红力、王希全、郑万春、谷澍、王敬东出席。

以工银任免〔2014〕6 号决定：聘任蒋玉林为管理信息部总经理。解聘其授信业务部总经理职务。

以工银任免〔2014〕7 号决定：聘任索绪全为授信审批部总经理。解聘其信用与投资审批部总经理职务。

以工银任免〔2014〕8 号决定：聘任郝彬为渠道管理部总经理。解聘其管理信息部总经理职务。

以工银任免〔2014〕9 号决定：聘任靳晓鹏为安全保卫部总经理。解聘其保卫部总经理职务。

以工银任免〔2014〕10 号决定：聘任张炜为法律事务部（消费者权益保护办公室）总经理（主任），免去其法律事务部总经理职务。

以工银任免〔2014〕16 号决定：聘任江涛为专项融资部（营业部）总经理，解聘其公司业务二部（营业部）总经理职务。

1 月 13 日 -14 日

姜建清董事长、易会满行长列席中国共产党第十八届中央纪律检查委员会第三次会议，刘立宪纪委书记参加。

1 月 14 日

姜建清董事长会见毕马威全球金融服务业主席杰里米·安德森（Jeremy Anderson）一行，双方就进一步加强有关业务合作进行了交流。

易会满行长、郑万春副行长会见华为集团首席财务官孟晚舟一行，双方就进一步加强有关业务合作进行了交流。

赵林监事长赴天津市分行宣布人事任免决定。经总行党委研究决定，蔡东任天津分行党委书记，主持全面工作，待有关任职手续办妥后再正式任命为行长；华耀纲不再担任天津分行党委书记、行长职务，调总行工作。

王希全副行长出席总行后台中心（石家庄）新大楼揭牌仪式，并赴河北分行调研。

郑万春副行长会见中粮集团有限公司总会计师马王军一行，双方就进一步加强有关业务合作进行了交流。

谷澍副行长主持召开第 3 次专题会议，研究业务流程综合改造和优化工作有关事宜。

以工银党任免〔2014〕2 号决定：任命蔡东同志为中国工商银行股份有限公司天津市分行党委书记。免去华耀纲同志中国工商银行股份有限公司天津市分行党委书记职务，另有任用。

以工银党任免〔2014〕3 号决定：华耀纲同志任党委宣传部部长。

以工银任免〔2014〕13 号决定：聘任华耀纲为企业文化部（教育部）总经理。

以工银任免〔2014〕15 号决定：聘任乔晋声为公司金融业务部总经理，解聘其公司业务一部总经理职务。

以工银任免〔2014〕24 号决定：聘任席德应为机构金融业务部总经理，解聘其机构业务部总经理职务。

1 月 15 日

姜建清董事长主持召开董事会会议，审议通过了《关于 2014 年度经营计划的议案》等 10 项议案，并听取了《关于董事会 2013 年工作情况与 2014 年工作计划的汇报》等 5 项汇报。董事会成员易会满、刘立宪、黄钢城、钟嘉年、柯清辉、洪永淼、衣锡群、汪小亚、葛蓉蓉、李军、王小岚、姚中利、傅仲君现场出席，麦卡锡在工银亚洲通过视频方式出席。赵林监事长及监事会成员王炽曦、董娟、孟焰、张炜、李明天列席。胡浩董事会秘书参加。

易会满行长参加国务院第 36 次常务会议。

易会满行长会见江苏省委常委、常务副省长李云峰一行，双方就进一步加强经济金融领域业务合作交换了意见。

易会满行长赴信息科技部宣布有关干部任免，并通过视频方式宣布软件开发中心干部任免。经总行党委研究决定，吕仲涛同志担任总行信息科技部总经理，林晓轩同志不再兼任总行信息科技部总经理职务；马雁同志接替吕仲涛同志担任软件开发中心总经理、党委书记，不再担任总行信息科技部副总经理职务。

赵林监事长主持召开监事会会议，审议通过了《关于中国工商银行股份有限公司 2014 年度监事会工作计划的议案》，并听取了《关于 2014 年度监事会监督检查实施方案的汇报》等 5 项汇报。王炽曦、董娟、孟焰、李明天监事出席。

赵林监事长、刘立宪纪委书记、王敬东副行长赴企业文化部（教育部、党委宣传部、直属党委、系统团委）宣布有关人事任命。经总行党委研究决定，华耀纲同志任企业文化部（教育部）总经理、党委宣传部部长。

党委副书记、监事长、党校校长赵林，党委委员、纪委书记、党校副校长刘立宪，党委委员、副行长、党校副校长王敬东出席党校校务委员会第十一次会议。会议宣布了总行党委关于党校校务委员会成员调整的决定，听取了党校 2013 年工作情况的汇报，审议并通过了 2014 年工作要点和培训计划。

郑万春副行长会见国家电网公司总会计师李汝革、总经理助理韩君一行，双方就进一步加强有关业务合作进行了交流。

郑万春副行长会见中国国际金融有限公司金立群董事长一行，双方就进一步加强私募股权主理银行业务合作进行了交流。

谷澍副行长赴电子银行部宣布人事任免决定。经总行党委研究决定，侯本旗同志任电子银行部总经理，蔡东同志不再担任电子银行部总经理职务，另有任用。

王敬东副行长赴管理信息部宣布人事任免决定。经总行党委研究决定，蒋玉林同志任管理信息部总经理，郝彬同志不再担任管理信息部总经理职务，另有任用。

王敬东副行长拜访外汇管理局储备管理司李红燕副主任，双方就进一步加强有关业务合作交换了意见。

以工银发〔2014〕4 号决定：经中国工商银行股份有限公司董事会和股东大会审议通过，并经中国银行业监督管理委员会任职资格核准：衣锡群任中国工商银行股份有限公司独立董事，傅仲君任中国工商银行股份有限公司非执行董事，上述任职自 2013 年 12 月 31 日起生效，任期三年。许善达任期届满，不再担任中国工商银行股份有限公司独立董事；环挥武因工作调整变动，不再担任中国工商银行股份有限公司非执行董事。

1 月 16 日

全行 2014 年工作会议在京召开，姜建清董事长总结了 2013 年的工作，明确了 2014 年工作的总体要求和主要目标，部署了改革发展任务。易会满行长分析了 2013 年经营情况，明确了 2014 年的具体经营计划和工作措施。赵林监事长主持会议，刘立宪纪委书记，张红力、王希全、郑万春、谷澍、王敬东副行长，魏国雄首席风险官、林晓轩首席信息官、胡浩董事会秘书及在京的董事会、监事会成员出席会议。总行各部室（利润中心）主要负责人，各一级（直属）分行，各直属机构和内审分局主要负责人，一类营业部总经理，各境外机构和境内子公司主要负责人参加了会议。国家有关部门、监管机构和股东单位代表也应邀参加了会议。

姜建清董事长会见联博（AllianceBernstein）资产管理公司 CEO 皮特·克劳斯（Peter Kraus）一行，双方就中美经济金融最新动向、资本市场估值、投资者预期管理、资产管理业务发展以及合作前景等议题进行了交流。

1 月 17 日

姜建清党委书记主持召开第 3 次党委（扩大）会议，传达中纪委十八届三次全会精神，研究工商银行党委贯彻落实意见。党委副书记易会满、赵林及党委委员刘立宪、王希全、郑万春、谷澍、王敬东出席。

姜建清董事长会见大连市人民政府李万才市长一行，双方就进一步加强有关业务合作交换了意见。

赵林监事长、王希全副行长慰问肖昌秀、陈克儒同志。

张红力副行长参加中国红十字会常务理事会议。

王希全副行长出席工商银行 - 工银安盛 2014 年银保业务工作会议并讲话。

郑万春副行长会见铁路总公司总会计师余邦利一行，双方就进一步加强有关业务合作进行了交流。

以工银任免〔2014〕4 号决定：聘任张庆华为离退休人员管理部总经理，聘期至 2016 年 2 月止。因工作需要或其他原因，聘期可提前中止。解聘其人力资源部副总经理职务。冯孝凯任离退休人员管理部资深专家，免去其离退休人员管理部总经理职务。

1 月 18 日 -27 日

姜建清董事长出访西班牙、葡萄牙、瑞士。在西班牙期间，主持了西班牙分行成立三周年暨总部大楼启用活动，并会见了西班牙央行行长林德（Luis Maria Linde）、西班牙工业能源与旅游大臣何塞·马努埃尔·索里亚（José Manuel Soria）、马德里市市长安娜·波特利亚（Ana Botella）等西班牙政府高层及中国驻西班牙大使朱邦造，听取了工银欧洲及辖属各机构的经营情况汇报，并就工银欧洲下一步发展战略做重要指示。在葡萄牙期间，会见了葡萄牙电网公司首席执行官卡塔舒（Rui Manuel Janes Cartaxo）及中国驻葡萄牙大使黄松甫。在瑞士期间，应邀出席达沃斯世界经济论坛 2014 年年会，作为大会联席主席主持会议，在“重建金融领域信心”、“2014 年全球议程”论坛发言，并会见了比利时菲利普（Philippe）国王、高盛集团首席执行官劳尔德 - 贝兰克梵（Lloyd Blankfein）、瑞士信贷集团首席执行官布兰迪道根（Brady Dougan）、俄罗斯 USM 集团董事长法哈德（Farhad Morshiri）、黑石集团董事长史蒂芬·施瓦茨曼（Stephen Schwarzman）、南非标准银行联合首席执行官本·克鲁格（Ben Kruger）、美国前参议院金融委员会主席菲尔·格兰姆（Phil Gramm）、美国银行首席执行官布雷恩·莫尼汉（Brian Moynihan）、墨西哥石油公司首席执行官埃米利奥·洛索亚·奥斯汀（Emilio Lozoya Austin）等与参会的国际金融机构与大型企业集团主要负责人，出席了世界经济论坛创始人施瓦布（Schwarb）教授、英国首相卡梅伦（Cameron）、高盛集团、中国与会嘉宾等多场小型招待会及座谈会，与参会的世界经济论坛创始人施瓦布（Schwarb）教授、英国首相卡梅伦（Cameron）、英国前首相戈登·布朗（Gordan Brown）、莫桑比克总统阿曼多·格布扎（Armando Guebuza）、王毅外长、发改委张晓强副主任、世界银行行长金墉、国际货币基金组织副总裁朱民、国际金融公司总裁蔡金勇等进行了交流，接受了CNBC Squawkbox栏目主持人卡特·摩尔（Geoff Cutmore）的专访以及中央电视台、新华社、凤凰网、新浪网、腾讯网等中文媒体联合专访。

1月20日

王希全副行长出席总行机关离休干部党支部迎春茶话会并讲话。

王希全副行长主持召开第4次专题会议，研究逸贷业务管理工作。

1月20日－21日

赵林监事长参加中央党的群众路线教育实践活动第一批总结暨第二批部署会议。

1月20日－23日

刘立宪纪委书记分别听取了2013年下半年四个巡视组对内蒙古、江西、安徽和辽宁分行巡视工作情况汇报。

1月21日

易会满行长、张红力副行长出席全行资产管理业务视频工作会议并讲话。

易会满行长出席中国支付清算协会第一届理事会第四次会议。会上，工商银行被推举为第二届理事会会长单位，易会满行长被推选为新一任会长。

郑万春副行长出席中国城市金融学会票据专业委员会会员代表大会，被推选为新一届学会会长并讲话。

谷澍副行长出席运行管理工作会议并讲话。

1月21日－22日

赵林监事长参加中组部召开的全国组织部长会议。

1月22日

易会满行长、胡浩董事会秘书出席银监会与工商银行关于全球系统重要性银行（简称GSIFI）专题监管会谈。

张红力副行长会见国家开发投资公司副总裁李冰一行，双方就进一步加强有关业务合作进行了交流。

张红力副行长会见英仕曼全球总裁卢克·埃利斯（Luke Ellis）和AHL全球董事长黄文耀（Tim Wong）一行，双方就资产管理业务在中国市场的发展和英仕曼集团与工商银行在QDLP等各项业务领域的合作等议题进行了交流。

谷澍副行长会见德意志银行副行长约翰·勃尔（John Ball）先生一行，双方就中德经贸合作、欧美金融监管环境，以及人民币国际化和资金清算等议题进行了交流。

谷澍副行长赴法律事务部（消费者权益保护办公室）宣布了有关人事任免。经总行党委研究决定，张炜任法律事务部（消费者权益保护办公室）总经理（主任）。

1月22日－23日

郑万春副行长赴西藏分行调研。期间，听取了西藏分行2013年经营管理情况的汇报，会见了西藏自治区主席洛桑江村、常务副主席丁业现，就进一步加强银政合作进行了交流。

1月23日

受姜建清党委书记委托，易会满党委副书记主持召开第4次党委（扩大）会议，传达了中央党的群众路线教育实践活动第一批总结暨第二批部署会议精神和全国组织部长会议精神。党委副书记赵林及党委委员刘立宪、张红力、王希全、谷澍、王敬东出席。

易会满行长参加国务院第42次常务会议。

易会满行长会见厄瓜多尔副总统豪尔赫·格拉斯（Jorge Glas）一行，双方就厄瓜多尔经济发展、深化中厄金融合作、推进中石油南太平洋炼厂项目合作等议题交换了意见。

王希全副行长主持召开会议，研究推进大零售战略有关工作。

1月24日

易会满行长、王希全副行长走访慰问黄玉峻、王占祥同志。

郑万春副行长会见亚布力中国企业家论坛创始人、主席田源先生一行，双方就进一步开展合作进行了交流。

1月26日

易会满行长、谷澍副行长赴渠道管理部宣布部门成立及人事任命。经总行党委研究，决定成立渠道管理部，郝彬同志任渠道管理部总经理。易会满行长在会上做了讲话。谷澍副行长介绍了部门主要职能、内设处室及人员构成情况。

张红力副行长出席机构金融、资产托管业务工作会议并讲话。

王希全副行长参加银监会2014年全国大型银行监管工作（电视电话）会议。

以工银党任免〔2014〕11号决定：任命马雁同志为软件开发中心党委书记；免去吕仲涛同志软件开发中心党委书记职务。

1月27日

易会满行长、赵林监事长、刘立宪纪委书记，张红力、王希全、郑万春、谷澍、王敬东副行长出席“总行2014年春节团拜会”。受姜建清董事长委托，易会满行长代表总行班子发表了新春贺辞。刘立宪纪委书记主持团拜会。

易会满行长会见新华人寿保险公司董事长兼 CEO 康典先生一行，双方就进一步加强有关业务合作进行了交流。

郑万春副行长会见中国烟草总公司总会计师张玉霞一行，双方就加强存款业务合作等议题进行了交流。

以工银任免〔2014〕39 号决定：聘任付捷为中国工商银行股份有限公司青岛市分行行长，解聘其中国工商银行股份有限公司北京市分行副行长职务。解聘侯本旗中国工商银行股份有限公司青岛市分行行长职务，另有任用。

1 月 28 日

赵林监事长赴总行幼儿园、银泉大厦慰问。

郑万春副行长赴资产负债管理部听取部门班子年度工作述职并调研。

郑万春副行长会见中国银行间市场交易商协会秘书长谢多一行，双方就债券市场发展和深化推进多项业务的开展等议题进行了交流。

1 月 29 日

刘立宪纪委书记参加中办、国办举行的 2014 年春节团拜会。

2 月

2 月 7 日

姜建清董事长、郑万春副行长会见了国家烟草专卖局凌成兴局长、何泽华副局长、张玉霞总会计师，就加强双方全面业务合作等进行了交流。

姜建清董事长、郑万春副行长会见了中国移动奚国华董事长、薛涛海副总经理，双方就新形势下持续深化全面合作关系进行了交流。

2 月 8 日

中国工商银行召开党的群众路线教育实践活动总结会议，传达学习贯彻了中央党的群众路线教育实践活动第一批总结暨第二批部署会议和习近平总书记重要讲话精神，认真总结教育实践活动。姜建清党委书记在会上对全行教育实践活动开展情况进行了总结，中央第三十三督导组组长马之庚同志出席会议并作重要讲话。党委副书记易会满、赵林及党委委员刘立宪、张红力、王希全、郑万春、谷澍、王敬东出席。

2 月 8 日 – 9 日

全行人事组织工作会议在京召开。党委书记、董事长姜建清，党委副书记、行长易会满出席会议并讲话，党委副书记、监事长赵林主持会议。党委委员刘立宪、张红力、王希全、郑万春、谷澍、王敬东出席。

2 月 9 日 – 13 日

郑万春、谷澍、王敬东副行长参加学习贯彻习近平总书记系列讲话精神第一期研讨班。

2 月 11 日

党委书记、董事长姜建清参加国务院第二次廉政工作会议。

姜建清党委书记主持召开第 5 次党委（扩大）会议，传达了国务院第二次廉政工作会议精神。党委副书记易会满、赵林及党委委员刘立宪、张红力、王希全出席。

以工银任免〔2014〕43 号决定：解聘许燕结算与现金管理部总经理职务，批准其退休。

2 月 11 日 – 13 日

姜建清董事长赴黑龙江出席亚布力论坛，并赴绥芬河调研。在论坛期间，姜建清先后会见了原中国银监会主席刘明康、中投公司董事长丁学东、黑龙江省人民政府常务副省长郝会龙、泰康保险集团董事长陈东升、TCL 集团董事长李东生、复星集团董事局主席郭广昌等与会嘉宾。随后，姜建清赴绥芬河考察中俄边贸结算，并为绥芬河支行卢布结算交易中心揭牌。

2 月 12 日

以工银任免〔2014〕46 号决定：聘任蔡东为中国工商银行股份有限公司天津市分行行长。解聘华耀纲中国工商银行股份有限公司天津市分行行长职务，另有任用。

2 月 13 日

易会满行长会见 IBM 董事长罗睿兰女士一行，双方就进一步深化在技术和业务领域合作等议题交换了意见。

2 月 14 日

姜建清董事长会见香港金管局主席陈德霖一行。

易会满行长主持召开 GSIFI 工作启动会，魏国雄首席风险官出席。

易会满行长、郑万春副行长赴公司金融业务部调研，听取了公司金融业务部 2013 年工作情况和 2014 年工作思路，以及未来小企业金融工作的汇报。

郑万春副行长会见青海省委常委、副省长王晓，双方就加强战略合作进行了交流。

郑万春副行长赴公司金融业务部宣布人事任命。经总行党委研究决定，熊燕同志兼任小企业金融业务部总经理。

王敬东副行长会见台湾银行公会谭顺成顾问一行，双方就贵金属业务合作事宜进行交流。

2 月 17 日

郑万春副行长赴结算与现金管理部宣布人事任免。许燕同志因已到退休年龄，不再担任结算与现金管理部总经理职务，由曾琪同志主持结算与现金管理部工作。

2 月 18 日

易会满行长、郑万春副行长会见五矿集团总会计师沈翎一行，双方就加强全面战略合作进行了交流。

郑万春、王敬东副行长出席公司结现投行养老金贵金属业务工作会议。

2月19日

姜建清董事长会见台湾永丰金控集团董事长何寿川一行，双方就离岸人民币市场发展情况进行了交流。

姜建清董事长会见摩根斯坦利集团名誉董事长约翰·马克（John Mack）一行。

易会满行长出席银监会表外业务检查沟通会，就做好此次检查配合工作进行了认真研究和全面部署。

易会满行长、谷澍副行长赴内控合规部调研。听取了内控合规部关于部门基本情况、近几年主要工作、当前形势分析以及下一步工作思路的汇报。

谷澍副行长出席电子银行业务工作会议。

王敬东副行长赴管理信息部调研。

王敬东副行长参加中国金融教育发展基金会第六届理事会第四次会议。

2月20日

姜建清董事长会见国民党名誉主席连战，双方就当前全球经济形势、中国经济走势、两岸经济金融合作等议题深入交换了意见。

赵林监事长出席全行信访工作会议。

郑万春副行长走访中海油总会计师吴孟飞，双方就进一步加强业务合作进行了交流。

王希全副行长赴北京分行就零售业务进行调研。

2月21日

姜建清党委书记主持召开第6次党委（扩大）会议，听取了关于代理投资及代理销售业务合作机构有关情况等工作的汇报。党委副书记易会满、赵林及党委委员刘立宪、王希全、郑万春、谷澍、王敬东出席。

易会满行长、王希全副行长会见Visa全球CEO夏尚福一行，双方就目前在中国的业务合作、全球范围内的业务拓展以及如何共同应对支付行业新挑战等议题进行了交流。

易会满行长主持召开第6次专题会议，研究互联网金融理财有关问题。王希全副行长、林晓轩首席信息官出席。

郑万春副行长出席特许公司银行家认证标准专家指导委员会第一次正式会议。

2月22日－2月28日

姜建清董事长赴澳大利亚、新西兰会见金融同业、监管机构及重要公司客户。在澳期间，参加了在悉尼举行的国际清算银行高层次金融稳定圆桌会议，就当前经济金融形势、货币政策及金融业监管趋势等话题与参会的各国央行行长交换了意见，并拜会了澳大利亚审慎监管局主席约翰·莱克（John Laker）、澳新银行CEO迈克·史密斯（Michael Smith）先生，听取了悉尼分行经营情况汇报。在新西兰期间，姜建清主持了新西兰子行成立仪式，会见了新西兰总理约翰·基（John Key）、奥克兰市市长布朗（Len Brown）、新西兰经济发展部部长斯蒂芬·乔伊斯（Steven Joyce）、新西兰商务部部长克雷格·福斯（Craig Foss）、新西兰储备银行行长格雷姆·惠勒（Graeme Wheeler）等当地政府及监管高层。出访期间，姜建清还先后会见了中国驻悉尼总领事李华新、驻新西兰大使王鲁彤等。

2月24日

易会满行长、张红力副行长会见中国出口信用保险公司总经理罗熹一行，双方就进一步加强全面合作进行了交流。

赵林监事长出席总行党校学习贯彻习近平总书记系列讲话精神第二期研讨班开班典礼。

郑万春副行长会见台湾国际票券金融控股公司董事长魏启林一行。双方就两岸经济金融形势、上海自贸区发展以及探讨成立合资票券公司等议题进行了交流。

2月24日－2月28日

张红力副行长赴美国拜访客户。期间会见了美国进出口银行董事局主席兼行长弗雷德－赫希贝格（Fred P. Hochberg）先生，双方就加强业务合作进行了交流。

2月24日－2月25日

王敬东副行长赴上海贵金属业务部调研。在沪期间，听取了贵金属业务部关于1月份经营情况以及下一步工作安排的汇报，并拜会了上海黄金交易所许罗德理事长，双方就加强业务合作进行了交流。

2月25日

易会满行长与农、中、建、交行行长座谈，就加强和规范与第三方支付机构业务合作进行了交流。

王希全副行长出席武警部队军人保障卡推广工作会。

郑万春副行长出席资产负债管理、金融市场、票据业务工作会议。

郑万春副行长会见福特汽车公司副总裁兼全球司库尼尔·施罗斯（Neil Schloss）先生一行，双方就加强全球业务合作等议题进行了交流。

2月26日

易会满行长会见台湾永丰金控董事长何寿川先生一行。双方就业务合作、互联网金融等议题进行了交流。

2月27日

受姜建清党委书记委托，易会满党委副书记主持召开第7次党委（扩大）会议，听取党委组织部有关工作汇报。党委副书记赵林及党委委员刘立宪、王希全、郑万春、谷澍、王敬东出席。

易会满行长接受《中国金融家》杂志采访。

赵林监事长出席全行宣传思想文化工作（视频）会议。

赵林监事长主持召开中国工商银行保密委员会和密码工作领导小组联席会议。

郑万春副行长会见中国华电集团公司总会计师王怀

书，双方就进一步加强业务合作进行了交流。

谷澍副行长会见泛美银行副行长汉斯·舒尔茨（Hans Schulz）一行，双方就工行国际化、两行合作等议题进行了交流。

王敬东副行长赴管理信息部调研。

2月28日

易会满行长、谷澍副行长出席2014年内控合规工作会议。

易会满行长会见瑞银集团董事长魏伯昂先生一行。双方就国际经济形势、中国经济金融发展现状、中国银行业面临的挑战等议题进行了交流。

易会满行长会见安永会计师事务所中国区主席吴港平先生一行。双方就外国账户税务合规法案项目的进展情况、成为全球系统重要性银行后工商银行面临的机遇和挑战、建立境外财务共享中心的设想、商业银行“营改增”对工商银行影响等热点问题进行了交流。

王敬东副行长拜访银监会统计部刘春航主任，双方就监管统计工作交换了意见。

3月

3月1日

易会满行长应邀出席贵州·北京大数据产业发展推介会。

3月1日－4月29日

赵林监事长参加中央党校省部级领导干部进修班（第55期）学习。

3月3日

王敬东副行长出席总行党校学习贯彻习近平总书记系列讲话精神第三期研讨班开班典礼。

王敬东副行长赴企业文化部调研教育培训工作，听取了关于《2014年教育培训工作要点》的汇报。

3月3日－12日

全国政协委员赵林监事长、张红力副行长、杨凯生同志参加第十二届全国政协第二次会议。

3月4日

姜建清党委书记主持召开第8次党委（扩大）会议，研究有关工作。党委副书记易会满、赵林及党委委员刘立宪、张红力、王希全、郑万春、王敬东出席。

姜建清董事长、易会满行长、郑万春副行长会见甘肃省委书记王三运、省长刘伟平，省委常委、组织部长吴德刚，副省长郝远一行，双方就有关业务合作交换了意见，并签署了《金融战略合作协议》。

姜建清董事长、胡浩董事会秘书会见华泰证券公司总经理周易一行，双方就加强银证合作等议题进行了交流。

易会满行长赴财务会计部进行工作调研，听取了财务会计部关于2013年主要工作情况、全行财务运行状况和下一步工作思路的汇报。

谷澍副行长出席中国（上海）自由贸易试验区大型客户金融推介会并赴上海分行调研。

3月5日

易会满行长会见全国工商联副主席、广东长隆集团董事长苏志刚一行，双方就加强全面战略合作进行了交流。

易会满行长、王希全副行长出席个人金融业务推进委员会2014年第一次会议。审议通过了《关于提请审议个人金融业务推进委员会更名等相关事宜的报告》、《中国工商银行“大零售”战略发展实施纲要》、《中国工商银行实施“大零售”系列指导意见》。

谷澍副行长会见英国汇丰集团环球银行业务全球副主席范凯文（Kevan Watts）一行，双方就欧洲经济前景、银行国际化发展及两行业务合作等议题进行了交流。

谷澍副行长会见毕马威伦敦主席查德·瑞德（Richard Reid）一行，双方就英国及欧洲金融业发展与监管动态、英国对中资银行申设分行的最新政策，以及毕马威与工商银行业务合作等议题进行了交流。

3月5日－7日

郑万春副行长赴工银亚洲、工银国际和香港外汇交易中心调研。

3月5日－13日

姜建清董事长列席第十二届全国人民代表大会第二次会议，全国人大代表黑龙江分行行长李勇、河南分行行长刘卫星、江西分行行长倪百祥、云南分行行长许海、新疆乌鲁木齐明德路支行员工穆合塔拜·沙迪克参加会议。

3月6日

姜建清董事长会见大同煤矿集团董事长张有喜、总会计师张忠义一行，双方就持续深化全面战略合作关系等议题进行了交流。

3月7日

姜建清董事长与工商银行第十二届全国政协委员赵林监事长、张红力副行长、杨凯生同志和第十二届全国人大代表黑龙江分行行长李勇、河南分行行长刘卫星、江西分行行长倪百祥、云南分行行长许海、新疆乌鲁木齐明德路支行员工穆合塔拜·沙迪克座谈。

姜建清董事长、易会满行长、刘立宪纪委书记出席2014年全行纪检监察工作视频会议。

姜建清董事长、易会满行长，王希全、谷澍、王敬东副行长出席银监会关于工商银行2013年度监管情况通报会。

谷澍副行长出席银行业协会消费者保护委员会第二届常务委员会第一次会议。

王敬东副行长会见剑桥大学商学院院长克里斯多夫·洛赫一行，双方就进一步拓宽合作领域等议题进行了交流。

3 月 10 日

姜建清董事长、郑万春副行长会见复星集团董事局主席郭广昌一行，双方就加强业务合作、国际国内金融市场等议题进行了交流。

姜建清董事长会见埃塞俄比亚政府财政部长苏菲安·艾哈迈德一行，双方就加强有关业务合作议题交换了意见。

刘立宪纪委书记参加中纪委巡视办会议。

郑万春副行长会见武汉市委常委、常务副市长贾耀斌一行，双方就金融创新合作、产能过剩行业整合和重大项目金融服务等议题交换了意见。

谷澍副行长出席电商平台建设 B2B 专题汇报会。

3 月 11 日

姜建清董事长、易会满行长出席 2014 年内部审计工作视频会议。

姜建清董事长会见美国货币监理署万斯·普埃斯（Vance Price）一行，双方就近期美国金融监管政策调整对美国银行业及工商银行在美机构的影响等议题交换了意见。

易会满行长出席银监会表外业务现场检查进场见面会。

3 月 11 日 –14 日

王希全副行长赴四川分行调研“大零售”业务。

3 月 12 日

赵林监事长参加中组部召开的部分中管金融企业党的群众路线教育实践活动座谈会。

王敬东副行长召开会议，讨论应对瑞士信贷银行向境外监管部门提供工商银行业务数据相关事宜。

3 月 12 日 –13 日

谷澍副行长赴南京参加永丰银行开业仪式，并赴江苏分行调研。

3 月 12 日 –14 日

郑万春副行长赴浙江分行调研小企业信贷业务发展情况。

3 月 13 日

易会满行长主持召开第 11 次专题会议，研究境外机构流动性管理等有关问题。

3 月 14 日

姜建清董事长会见江苏省太仓市市委书记王剑锋，市长杜小刚一行，双方就金融服务创新等议题交换了意见。

姜建清董事长、易会满行长，张红力、谷澍、王敬东副行长出席表外业务座谈会。

易会满行长出席毕马威会计师事务所关于工商银行 2013 年年度审计结果汇报会。

张红力副行长会见美国瑞联地产集团董事长史蒂芬·罗斯（Stephen M. Ross）一行，双方就纽约曼哈顿城市综合商务区哈德逊广场开发项目进行了交流。

王敬东副行长出席戴姆勒股份公司定向融资工具簿记建档发行仪式。

王敬东副行长主持召开数据质量专题会。

3 月 17 日

姜建清董事长、易会满行长、刘立宪纪委书记，张红力、王希全、郑万春、谷澍、王敬东副行长出席行史馆建设情况汇报会。

姜建清董事长主持召开会议，研究十年发展纲要和三年规划有关工作。

易会满行长出席 2014 年财务会计工作视频会议。

易会满行长，张红力、郑万春、谷澍、王敬东副行长，魏国雄首席风险官出席风险管理委员会 2014 年第一次会议。审议通过了《2013 年度风险管理报告》等 3 项议案，听取了《2013 年境外机构信贷业务分析报告》等 2 项汇报。

谷澍副行长主持召开会议，研究代理行业务相关事宜。

3 月 18 日

姜建清党委书记主持召开第 9 次党委（扩大）会议，传达党的群众路线教育实践活动有关会议精神，审议拟提交董事会审议议案。党委副书记易会满、赵林及党委委员刘立宪、张红力、郑万春、谷澍、王敬东出席。

姜建清董事长会见美国 Xcoal 集团董事长厄尼·瑟瑞舍（Ernie Thrasher）一行，双方就中国经济转型与结构调整、环保与能源政策、城镇化等议题进行了交流。

姜建清董事长会见香港怡和集团主席亨利·凯瑟克（Henry Keswick）一行，双方就企业经营、业务合作、电商发展等议题进行了交流。

姜建清董事长会见纽约联邦储备银行执行副行长阿尔贝托·穆萨姆（Alberto Musalem）一行，双方就当前国际经济金融形势，中美两国市场风险状况，以及美国金融监管政策调整等议题交换了意见。

易会满行长、王希全副行长出席 2014 年零售业务工作视频会议。

易会满行长、谷澍副行长会见应邀来工商银行进行法律事务与消费者权益保护专题培训授课的国家发改委价格监督检查与反垄断局局长许昆林，双方就整治不规范经营、商业银行服务收费等议题进行了交流。

谷澍副行长会见俄罗斯外贸银行第一副董事长瓦西里·季托夫（Vasily Titov）先生一行。

谷澍副行长出席 2014 年法律事务与消费者权益保护工作视频会议。

3 月 19 日

姜建清董事长出席新西兰总理访华午餐会。

王希全副行长出席零售工作会议分组讨论会。

郑万春副行长应邀出席第八届中国大型企业现金、财资及风险管理年会，并发表了题为“加快改革创新提升企业财资管理水平”的主旨发言。

谷澍副行长主持召开操作风险暨内部控制管理委员会2014年第一次会议。审议通过《2013年度操作风险管理报告》、《2013年操作风险与控制自我评估分析报告》等6项议案。

谷澍副行长主持召开2014年反洗钱领导小组会议，审议通过了《关于2013年全行反洗钱工作情况的报告及2014年全行反洗钱工作安排的建议》。

3月19日

易会满行长、魏国雄首席风险官赴宁波分行调研。期间，听取了分行有关工作汇报，会见了浙江省委常委、宁波市委书记刘奇、宁波市市长卢子跃等地方党政负责人。

王敬东副行长赴安徽分行调研管理信息工作。

3月20日

姜建清董事长会见瑞士信贷集团首席执行官杜德恒（Brady Dougan）一行，双方就资产管理业务、互联网金融、人民币国际化、中国经济增长等议题进行了交流。

刘立宪纪委书记出席2014年上半年巡视工作动员会，并会见应邀在动员会上授课的中央第八巡视组副组长宁延令。

王希全、谷澍副行长、林晓轩首席信息官主持召开会议，研究虚拟POS有关工作。

郑万春副行长赴工银租赁调研。

3月20日－21日

易会满行长、王敬东副行长赴浙江分行调研。期间，出席了部分分行重点工作座谈会，听取了分行有关工作汇报，会见了浙江省省长李强、副省长朱从玖等地方党政负责人。

3月21日

姜建清董事长、胡浩董事会秘书会见法国安盛集团副总裁丹尼斯·杜威（Denis Duverne）一行，双方就工银安盛的业务经营情况和未来发展等议题进行了交流。

赵林监事长主持召开总行党的群众路线教育实践活动督导组总结会议，传达了中央有关会议精神，提出持续深化教育实践活动的要求。

郑万春副行长会见北京汽车集团有限公司董事兼财务总监马传骐一行，双方就北汽股份香港上市、北京现代四工厂项目和电商平台等议题进行了交流。

谷澍副行长会见法国巴黎银行董事长特别顾问让·勒米尔（Jean Lemierre）一行，双方就加强两行业务合作等议题进行了交流。

谷澍副行长主持召开会议，研究境内国际业务发展相关事宜。

3月22日－31日

姜建清董事长赴荷兰、法国、德国。在荷兰期间，应邀出席了荷兰国王威廉·亚历山大为习近平主席举行的欢迎晚宴；参加了中荷经贸论坛，并在双方国家元首见证下，代表工商银行与荷兰皇家孚宝公司签署合作协议；会见了荷兰银行董事、前荷兰经济部长乔普·外恩（Joop Wijn）。在法国期间，会见了法国巴黎银行董事长博杜安·普罗特（Baudouin Prot）、法国央行行长诺业（Christia Noyer）、法国参议院议长贝尔（Jean－Pirre Bel）、阿尔斯通公司董事长柏珂龙（Patrick Kron）、法国安盛集团董事长亨利·卡斯特（Henri de Castries）等法国本地金融企业、监管机构主要负责人及政要；视察了工银欧洲私人银行中心、投资银行中心；听取了工银欧洲及巴黎分行的工作汇报。在德国期间，会见了德意志银行首席执行官尤尔根·菲琛（Juergen Fitshen）；作为中德经济顾问委员会主席主持了委员会第一次全体会议，并率领中德经济顾问委员会中德两国企业家接受了习近平主席接见。

3月24日

受姜建清党委书记委托，易会满党委副书记主持召开第10次党委（扩大）会议，研究关于工商银行优先股发行方案及相关工作。党委委员刘立宪、张红力、谷澍、王敬东出席。

易会满行长主持召开第1次行务会议，审议《2014年基本授权方案（境内外）》。刘立宪纪委书记，张红力、谷澍、王敬东副行长，魏国雄首席风险官、林晓轩首席信息官、胡浩董事会秘书出席。

易会满行长主持召开会议，研究国际化会议材料。

易会满行长会见澳大利亚央行行长格伦·史蒂文斯一行，双方就人民币业务领域合作等议题交换了意见。

易会满行长会见法国外贸银行首席执行官洛伦特·米格龙（Laurent Mignon）一行，双方就欧洲经济形势、中国经济发展前景，两行业务合作等议题进行了交流。

刘立宪纪委书记主持召开外部欺诈风险评估管理领导小组2014年第一次工作会议，审议通过了《2013年全行外部欺诈风险评估工作报告》、《领导小组成员名单及安全顾问库名单》等3项议案。

郑万春副行长出席国电集团与工商银行2014年度“总对总”融资对接会，并会见国电集团总会计师陈斌，双方就持续深化战略合作等议题进行了交流。

王敬东副行长拜访中国能源建设集团有限公司总经理丁焰章，双方就开展企业年金项目合作等议题进行了交流。

王敬东副行长会见国际金融协会（IIF）总裁兼首席执行官蒂姆·亚当斯一行，双方就进一步加强合作、中国经济转型以及互联网金融等议题进行了交流。

3月24日－26日

郑万春副行长赴江苏无锡参加文化部、中国人民银行主办的全国文化金融合作会议，发表题为“文化产业与金融创新”的主题发言，并赴江苏分行调研。

3月24日－28日

王希全副行长赴江苏、苏州分行调研“大零售”业务，并对资产质量与盈利情况进行督导。

3月25日

易会满行长参加国务院第42次常务会议。

3月26日

以工银任免〔2014〕82号决定：聘任侯本旗为电子银行部总经理。解聘蔡东电子银行部总经理职务。

以工银任免〔2014〕83号决定：聘任吕仲涛为信息科技部总经理。免去林晓轩信息科技部总经理职务。

3月26日－27日

受姜建清董事长委托，易会满副董事长主持召开董事会会议，审议通过了《关于2014年度报告及摘要的议案》等12项议案，并听取了《关于2013年度风险管理情况的汇报》等13项汇报。董事会成员刘立宪、黄钢城、麦卡锡、钟嘉年、洪永淼、衣锡群、汪小亚、葛蓉蓉、李军、王小岚、傅仲君现场出席，柯清辉通过视频方式参加，姜建清委托易会满、姚中利委托李军代为行使表决权。赵林监事长及监事会成员王炽曦、董娟、孟焰、张炜、李明天，魏国雄首席风险官列席。胡浩董事会秘书参加会议。

赵林监事长主持召开监事会会议，审议通过了《关于中国工商银行股份有限公司2013年度监事会工作报告的议案》、《关于中国工商银行股份有限公司2013年度监事会监督报告的议案》等11项议案，并听取了《关于对董事、高级管理人员访谈情况的汇报》等9项汇报。王炽曦、董娟、孟焰、张炜、李明天监事出席。

3月26日－28日

易会满行长、胡浩董事会秘书赴香港出席业绩发布会、投资者见面会并赴工银亚洲、工银国际和香港交易中心调研。

3月27日

工商银行在香港和北京两地采取同步视频和全球电话会议方式，成功召开了2013年度业绩投资者分析师见面会和新闻发布会。受姜建清董事长委托，易会满行长在香港主持召开2013年度业绩发布会，张红力副行长、魏国雄首席风险官在北京出席、胡浩董事会秘书在香港出席。

郑万春副行长出席部分分行非金融企业债务融资工具承销工作会议。

谷澍副行长会见俄罗斯中央银行董事副行长斯科别尔金（Skobelkin）一行，双方就中俄经济形势、两国本币结算、反洗钱工作和俄企业赴港发债等议题交换了意见。

3月28日

郑万春副行长主持召开市场风险委员会2014年第二次会议，审议通过了《中国工商银行股份有限公司2013年度市场风险管理报告》和《2014年度总行和境内分行市场风险限额管理方案》2项议案。魏国雄首席风险官出席。

谷澍副行长会见摩根大通大中华区首席执行官盖戈睿·古耶特（Gregory L. Guyett）一行。

谷澍副行长会见德意志银行全球交易银行行长沃奈·斯戴姆勒（Werner Steinmueller）一行。

3月30日－4月27日

刘立宪纪委书记参加中央巡视组赴辽宁省巡视。

3月31日

易会满行长主持召开第13次专题会议，研究组建境外授信审批中心事宜。谷澍副行长、魏国雄首席风险官出席。

郑万春副行长主持召开第14次专题会议，研究工商银行与铁路系统客户合作事宜。

谷澍副行长主持召开第15次专题会议，研究网点竞争力提升工作。

4月

4月1日

姜建清董事长出席中央国家机关工委召开的中央国家机关第二十八次党的工作会议暨第二十六次纪检工作会议。

易会满行长会见美国领航资产管理公司（Vanguard）主席兼首席执行官麦克纳（F. William McNabb III）先生一行，双方就工商银行经营业绩、中国经济发展前景、业务合作等议题进行了交流。

郑万春副行长、魏国雄首席风险官出席公司金融业务推进委员会2014年第一次会议。

谷澍副行长会见国际金融公司副总裁华敬东一行，双方就进一步加强有关业务合作进行了交流。

以工银任免〔2014〕85号决定：聘任马雁为软件开发中心总经理，解聘吕仲涛软件开发中心总经理职务。

4月1日－4月2日

张红力副行长赴广东出差。期间，出席了重点分行金融同业业务座谈会和工银国际董事会；会见了中国南方电网股份有限公司总会计师李文中、中国南方航空股份有限公司党委书记张子芳和广东明阳风电产业集团有限公司董事长张传卫，就“走出去”等业务合作进行了交流。

4月1日－4月4日

郑万春副行长赴广东调研。在深圳分行调研期间，听取了深圳分行经营情况的汇报，走访了招商局集团、中广核集团等重点客户。在广东分行调研期间，听取了广东分行关于经营情况的汇报，调研了东风日产供应链融资业务，考察了珠海横琴整体规划和横琴长隆项目，并赴中山专题调研小企业产业集群金融服务。

4月2日

姜建清董事长参加国务院第43次常务会议。

姜建清董事长会见罗盛咨询公司CEO克拉克·墨菲（Clarke Murphy）一行，双方就进一步加强有关业务合作进行了交流。

易会满行长、魏国雄首席风险官出席全行信贷工作会议并讲话。

王敬东副行长、林晓轩首席信息官赴数据中心（北京）调研。

4月2日–4月3日

谷澍副行长出访沙特阿拉伯王国和阿拉伯联合酋长国。期间，会见了沙特央行行长法赫德·穆巴拉克（Fahd Muhammed）、沙特投资总局副局长法萨·巴萨拉（Fassa Basler）和德兰·阿萨奇（DranAssac）、迪拜国际金融中心（DIFC）执政官伊萨·阿卜杜法塔·卡西姆（IssaAbdul Fatah Kazim），拜会了中国驻沙特大使李成文，并赴工商银行中东机构调研。

4月3日

易会满行长主持召开信息化银行建设工程领导小组第三次会议暨信息科技管理委员会2014年第一次会议。王希全、王敬东副行长出席，魏国雄首席风险官、林晓轩首席信息官参加。

易会满行长主持召开业务与产品创新管理委员会2014年第一次会议，王希全副行长出席。

易会满行长、张红力副行长出席2014年度第1期创新沙龙。

4月4日

张红力副行长会见中国华电集团公司总经理程念高一行，双方就加强海外业务合作等议题进行了交流。

4月8日

姜建清董事长、易会满行长会见宁夏回族自治区党委书记李建华一行，双方就金融支持地方经济发展等议题交换了意见。

姜建清董事长会见英国AVIVA集团董事长约翰·麦克法伦（John McFarlane）和总裁马克·威尔逊（Mark Wilson）一行，双方就世界经济金融发展态势、中国及英国经济情况、银行及保险行业未来发展等议题进行了交流。

姜建清董事长、易会满行长，张红力、谷澍副行长，出席中国城市金融学会常务理事会会议暨中国工商银行发展战略咨询会议。魏国雄首席风险官、胡浩董事会秘书参加。

张红力副行长会见中国长江三峡集团公司董事长卢纯一行，双方重点就“走出去”项目、设备和电站租赁以及境外发债承销等议题进行了交流。

王敬东副行长出席学习贯彻习近平总书记系列讲话精神第六期研讨班暨境外机构主要负责人领导力建设专题培训班开班式并讲话。

王敬东副行长出席全行2014年管理信息工作会议并讲话。

4月8日–4月29日

张红力副行长参加中组部举办的深化金融改革专题研讨班（第10期）。

4月9日

姜建清董事长、郑万春副行长会见阿里巴巴集团董事局主席马云一行，双方就进一步加强有关业务合作进行了交流。

姜建清董事长会见香港南丰集团行政总裁梁锦松一行，双方就进一步加强有关业务合作进行了交流。

姜建清董事长会见美国前财政部长保尔森先生一行，双方就中国经济金融形势、工商银行未来发展等议题进行了交流。

姜建清董事长、易会满行长、谷澍副行长出席全行国际化工作会议。

以工银任免〔2014〕92号决定：聘任张恪理为工会工作委员会常务副主任。解聘朱立飞工会工作委员会常务副主任职务。

4月10日

姜建清董事长会见加拿大驻华大使赵朴（Guy Saint –Jacques）一行，双方就中加企业投资、加拿大离岸人民币中心建设、中国地方政府债务、经济增长走势和发展模式等议题交换了意见。

易会满行长为境外机构主要负责人领导力建设培训班授课。

王希全副行长出席全行产品创新工作会议并讲话。

郑万春副行长赴天津调研现金管理业务并会见天狮集团董事长李金元一行，双方就全球现金管理业务合作等议题进行了交流。

郑万春副行长会见中石油集团总会计师刘跃珍一行，双方就进一步加强有关业务合作进行了交流。

4月10日–4月11日

谷澍副行长赴海南出席博鳌亚洲论坛会议并赴海南分行调研。期间，听取了海南分行经营情况以及渠道建设和服务工作的专题汇报，并对海南分行一线网点的渠道建设情况进行了实地调研。

4月11日

姜建清党委书记主持召开第11次党委（扩大）会议，审议了关于不良贷款责任认定工作情况的报告等4项议案，并研究有关工作。党委副书记易会满、赵林及党委委员王希全、郑万春、王敬东出席。

党委书记姜建清同志主持党委中心组集体学习，传达学习习近平总书记在河南省兰考县调研指导党的群众路线教育实践活动时的讲话精神，并围绕学习贯彻落实习近平总书记讲话精神、《党政领导干部选拔任用工作条例》和近期中组部干部监督工作等进行了学习研讨。党委副书记易会满和在京的总行党委成员、高管、党委各部门负责同志参加了学习。

4月12日

张红力副行长出席中国城市金融学会理事会会议暨全国城市金融学会秘书长工作会议并讲话。

4月14日

易会满行长主持召开审计署“2014年新增贷款及经营管理情况审计调查”进点见面会，审计署金融司吕劲松司长、刘丹副司长一行参加了会议。魏国雄首席风险官陪同。

王敬东副行长出席第七期习近平总书记系列讲话精神研讨班暨第二十二期领导干部进修班开班式。

王敬东副行长会见瑞士洛桑国际管理学院校长图小攀博士一行，双方就进一步拓宽合作领域等议题进行了交流。

4月15日

姜建清董事长主持召开2014年第一次临时股东大会。审议通过了《关于选举张红力先生为中国工商银行股份有限公司执行董事的议案》等2项议案。易会满副董事长、刘立宪执行董事等董事会成员和部分监事出席会议。董事会秘书胡浩出席会议，执行董事候选人张红力副行长、监管机构代表及总行相关部门负责人列席会议。

姜建清党委书记主持召开第2次行务会议，总结分析第一季度经营情况，研究布置下一阶段重点工作。易会满行长，王希全、郑万春、谷澍、王敬东副行长出席。

王敬东副行长参加人民银行召开的2014年征信系统建设应用工作座谈会。

4月16日

姜建清董事长、魏国雄首席风险官赴总行信贷监督中心调研，现场考察中心建设情况，看望了中心全体干部员工，并听取了中心相关工作汇报。

郑万春副行长出席2014年全行小企业金融工作会议并讲话。

谷澍副行长、魏国雄首席风险官听取毕马威汇报2014年一季度商定程序工作。

4月16日－4月23日

易会满行长出访美国、加拿大。期间，进行工商银行2013年度业绩路演，通过大型投资者见面会、一对多小组会等形式，与GE资产管理公司、摩根士丹利投资管理公司、老虎资本公司、联博投资公司等100余家工商银行重要及潜在机构投资者进行了沟通；拜会了工商银行美国最大股东贝莱德集团（Black Rock）总裁罗伯特·卡皮托（Robert Kapito）、工商银行加拿大最大股东加拿大退休金计划委员会（CPPIB）首席执行官马克·怀士曼（Mark Wiseman）、我国驻纽约总领馆总领事孙国祥先生、UBS副董事长威廉·菲利普·格拉姆（William Philip Gramm）、AIG财产与意外保险公司首席执行官彼得·汉考克（Peter Hancock）、花旗集团主席迈克尔·奥奈尔（MICHAEL O'NEILL），并视察了纽约分行、工银美国、工银加拿大等工商银行当地分支机构；应邀赴哈佛大学出席第17届哈佛中国论坛开幕式，发表了题为“雄关漫道真如铁，而今迈步从头越——中国经济发展空间广阔”的主题演讲；出席了由亚布力中国企业家论坛主办、工商银行与复星集团联合承办的“亚布力中国企业家纽约论坛”并致辞，为年度中美商业合作贡献奖获得者颁奖，并出席“影子银行与金融安全”分论坛。

4月16日－4月24日

王希全副行长赴加拿大、阿根廷调研。在加拿大期间，出席工银加拿大“大零售”业务专题座谈会，赴加拿大子行调研，并听取子行“大零售”业务工作汇报，会见了加拿大帝国商业银行高级执行副行长兼副董事长汤姆·伍兹（Tom Woods）；在阿根廷期间，出席工银阿根廷“大零售”业务专题座谈会，考察慰问工银阿根廷营业网点，并看望了外籍雇员，会见了中国石化阿根廷石油勘探开发公司总经理吴明林。

4月17日

姜建清董事长会见原高盛集团副董事长麦克·伊万斯（Mike Evans）先生一行，双方就全球经济金融形势等议题进行了交流。

张红力副行长会见东航集团党组书记、东航股份总经理马须伦一行并出席工银租赁与东方公务航空公务机业务合作备忘录签署仪式。

谷澍副行长会见卡塔尔商业银行首席执行官阿普杜拉·萨利赫·阿莱斯（Abdulla Saleh Al Raisi）先生一行，双方就卡塔尔基建项目融资、跨境人民币业务等议题进行了交流。

以工银党任免〔2014〕19号决定：任命苏国庆同志为中国工商银行股份有限公司湖南省分行党委书记；免去其中国工商银行股份有限公司安徽省分行党委委员职务。免去张恪理同志中国工商银行股份有限公司湖南省分行党委书记职务，另有任用。

4月18日

姜建清董事长主持召开会议，听取房地产行业有关情况汇报。郑万春副行长、魏国雄首席风险官出席。

谷澍副行长会见美亚学会第94批美国会议员助手团一行，双方就我国银行业发展情况、经济全球化、影子银行以及金融危机等议题进行了交流。

4月21日

谷澍副行长会见了来访的印度尼西亚央行信息系统管理部司长艾迪·苏灿多、副司长提渡·波马拿与印度尼西亚金融服务监管局信息系统管理部司长助理利达·扎木德拉尼一行，双方就工商银行双活数据中心及灾备中心建设运营有关情况交换了意见。

郑万春副行长主持召开第16次专题会议，研究国内信用证业务集中工作。

4月21日-4月25日

王敬东副行长赴美国调研贵金属业务。期间，会见了摩根大通集团副总裁卡洛斯（Carlos）先生一行并参观了摩根大通集团贵金属仓库，会见了布林克国际货运公司副总裁多米尼克（Dominik）并参观了布林克公司现金和贵重物品仓库、安保物流运作体系及布林克博物馆；还参观了芝加哥商品交易所，并与工商银行美国机构进行工作座谈。

4月22日

姜建清董事长参加国务院召开的全国农村金融服务经验交流电视电话会议。

4月23日

郑万春副行长出席部分分行存款工作座谈会并讲话。

4月24日

姜建清董事长会见美国合众集团副董事长查尔斯·达拉拉（Charles Dallara）一行，双方就资产管理业务发展、中国金融改革动态等议题进行了交流。

郑万春副行长参加人民银行召开的社会融资规模与金融业综合统计研讨会。

郑万春副行长参加银监会召开的2014年一季度监管会谈。

4月25日

姜建清党委书记主持召开第12次党委（扩大）会议，听取了关于工商银行房地产信贷政策有关情况等2项汇报，并审议了拟提交董事会的议案。党委副书记易会满、赵林及党委委员王希全、郑万春、谷澍、王敬东出席。

姜建清董事长主持召开会议，听取了逸贷产品发展情况的报告。王希全副行长、魏国雄首席风险官、林晓轩首席信息官出席。

郑万春副行长会见中国邮政集团公司副总经理刘明光一行，双方就持续深化战略合作以及重点业务支持进行了交流。

郑万春副行长会见中国五矿集团总会计师沈翎一行，双方就加强海外并购合作等议题进行了交流。

谷澍副行长出席网点竞争力提升工作座谈会并讲话。

4月28日

姜建清董事长，王希全、郑万春、王敬东副行长出席“奋斗的青春最美丽”中国工商银行青春故事汇并接见第八届全行杰出青年代表，姜建清董事长为活动致辞。总行机关各党支部负责人、团干部和青年代表400多人在主会场参加，全行二级分行以上机构、各直属机构党委负责人、部分境外机构负责人及团干部和青年代表通过视频方式观看了活动。

易会满行长、赵林监事长、林晓轩首席信息官赴数据中心（北京）调研。

4月29日

姜建清董事长主持召开董事会会议，审议通过了《关于2014年第一季度报告的议案》等2项议案，并听取了《关于2014年第一季度经营情况的汇报》等2项汇报。易会满副董事长等15位董事会成员出席。赵林监事长及监事会部分成员、魏国雄首席风险官列席。

易会满行长参加银监会召开的第一季度经济金融形势分析电视电话会议。

赵林监事长主持召开监事会会议，审议通过了《关于2014年第一季度报告的议案》，并听取了《关于2014年第一季度监督情况的汇报》等7项汇报。王炽曦、董娟、孟焰、张炜、李明天监事出席。

谷澍副行长出席全行服务工作会议并讲话。

以工银发〔2014〕47号决定：周晓东不再担任中国工商银行（中东）有限公司董事长、执行董事、总经理。

以工银任免〔2014〕107号决定：聘任周晓东为中国工商银行股份有限公司迪拜国际金融中心分行总经理。

以工银任免〔2014〕108号决定：聘任周晓东为中国工商银行股份有限公司阿布扎比分行总经理，朱晓峰不再担任中国工商银行股份有限公司阿布扎比分行总经理，另有任用。

4月29日-4月30日

郑万春副行长赴福建分行调研。期间，听取了福建分行负责人关于分行经营管理情况，特别是资产质量和盈利情况的汇报，研究了下一步发展的思路和举措。

4月30日

易会满行长主持召开会议，听取人力资源深化项目汇报。

5月

5月3日-5月9日

张红力副行长出访埃塞俄比亚、安哥拉。在埃塞俄比亚期间，代表工商银行与埃塞俄比亚发电公司（Ethiopia Electric Power）在两国领导人见证下签署融资协议并出席埃塞俄比亚总统穆拉图为欢迎李克强总理到访而举办的国宴；会见了埃塞俄比亚航空公司首席执行官吉布里马里亚姆（Tewolde Gebremariam）、华为公司中东非洲片区总裁李大丰、中兴通讯高级副总裁黄达斌、中工国际董事长罗燕。在安哥拉期间，会见了安哥拉财政部长阿曼多·曼努埃尔（Armando Manuel）、安哥拉石油公司总裁弗朗西斯科·雷默斯（Francisco Lemos）、陪同李克强总理视察工商银行融资支持的中信建设安哥拉 KK 新城，并在两国领导人见证下与安哥拉财政部签署合作备忘录。

5 月 4 日

姜建清董事长、胡浩董事会秘书拜会保监会主席项俊波一行，双方就银行业与保险业发展有关议题交换了意见。

郑万春、谷澍副行长主持召开第 18 次专题会议，研究加快推动人民币对卢布交易及莫斯科子行业务发展相关工作。

5 月 5 日

易会满行长会见瑞穗银行行长林信秀一行并出席双方合作备忘录签约仪式。

5 月 5 日 –5 月 9 日

郑万春副行长出访巴基斯坦。期间，分别与巴基斯坦计划委员会、私有化委员会、投资管理局等政府部门负责人商谈中巴经济走廊建设具体合作事宜；会见了巴基斯坦央行副行长阿赫迈迪（Saeed Ahmad）；走访了哈比银行等当地同业，拜访了中国驻巴基斯坦政务参赞姚文、驻卡拉奇总领事马亚欧，赴卡拉奇分行、伊斯兰堡分行调研，并看望慰问员工。

5 月 6 日

赵林监事长参加中央召开的中央党的群众路线教育实践活动视频会议。

王敬东副行长赴管理信息部调研。

王敬东副行长与台湾银行公会座谈黄金进口寄售业务。

王希全副行长主持召开第 19 次专题会议，研究 POS 倍增计划实施方案。

5 月 7 日

姜建清董事长主持召开会议，听取 B2B 电商平台建设和即时通信平台建设情况汇报。谷澍副行长、林晓轩首席信息官出席。

姜建清董事长、易会满行长、刘立宪纪委书记主持召开会议，听取上半年巡视工作汇报。

5 月 7 日 –5 月 9 日

赵林监事长、王炽曦监事赴贵州调研。期间，听取了贵州分行党的群众路线教育实践活动整改落实情况汇报，并就当前经济运行形势对经营发展的影响及应对措施进行了调研。

5 月 8 日

易会满行长参加海协会召开的第三届理事会第二次全体会议。

王希全副行长陪同人民银行刘士余副行长到北京分行中海凯旋网点调研工商银行分销柜台市场首只国开债销售情况。

谷澍副行长主持召开会议，研究境外运营中心建设事宜。

王敬东副行长赴天津分行调研。期间，听取了分行经营管理情况的汇报，走访了天津港（集团）有限公司。

王希全副行长主持召开第 20 次专题会议，研究特定客户群金融服务工作。

5 月 8 日 –5 月 9 日

姜建清董事长赴湖南分行宣布有关人事任免决定并调研。经总行党委研究，苏国庆同志任湖南分行党委书记，主持全面工作，待有关任职手续办妥后再正式任命为行长；张恪理同志到总行工作，不再担任湖南分行行长、党委书记职务。期间，会见了湖南省委书记徐守盛、省长杜家毫等地方党政领导同志，并赴湖南分行营业部韶山路支行网点看望一线员工，到企业进行调研。

5 月 9 日

刘立宪纪委书记参加银行业协会召开的安全保卫专业委员会成立大会。

谷澍副行长会见苏格兰皇家银行集团司库约翰·卡明斯（John Cummins）先生一行，双方就欧洲经济形势、中国经济发展状况以及银行渠道战略等议题进行了交流。

王敬东副行长会见中国核工业集团副总经理吕华祥、总会计师李季泽一行，双方就进一步加强银企合作进行了交流。

王希全副行长主持召开第 22 次专题会议，研究储蓄存款工作。

易会满行长主持召开第 23 次专题会议，研究互联网金融服务创新相关计划。王希全、谷澍副行长出席。

5 月 11 日 –5 月 19 日

刘立宪纪委书记赴美国、巴西。在美国期间，出席了国际银行安全协会（IBSA）第 66 届年会，会晤了 IBSA 轮值主席威廉·科瑞特（William J. Crate），与 BB&T 银行进行了会谈，并赴纽约分行、工银金融进行工作调研；在巴西期间，会见了 Prosegur 公司拉丁美洲区域负责人贡萨格·席格罗（Gonzaga Higuero），并与来宝集团、淡水河谷、On Telecom 电信公司有关负责人就进一步加强有关业务合作进行了交流。

5 月 12 日

姜建清董事长、胡浩董事会秘书会见新加坡金融监管局罗家良局长一行，双方就人民币清算业务发展、人民币国际化及离岸中心建设、中国金融改革等议题进行了交流。

谷澍副行长会见加拿大蒙特利尔银行资本市场集团首席执行官托马斯·麦克罗伊（Thomas Milroy）先生一行，双方就两行合作现状及未来合作方向、中加两国经济形势、人民币国际化、银行业监管最新动态、影子银行等议题进行了交流。

5 月 12 日 -5 月 14 日

赵林监事长、王炽曦监事赴湖北调研。期间，听取了湖北分行党的群众路线教育实践活动整改落实工作汇报和经营情况汇报，看望慰问了基层网点员工，会见了湖北省委常委、宜昌市委书记黄楚平等地方党政领导。

5 月 13 日

易会满行长出席 MOVA 网点业绩视图发布会并讲话。

易会满行长会见上海证券交易所黄红元总经理一行，双方就上市公司市值管理、公司透明度提升、市场激励约束以及上市公司监管等议题进行了交流。

王希全副行长出席 POS 倍增计划推动视频会并讲话。

谷澍副行长主持召开会议，研究网点标准化建设事宜。

王敬东副行长赴管理信息部调研。

5 月 12 日 -5 月 13 日

郑万春副行长出席全行结算与现金管理高级管理人员研修班开班仪式并授课。

5 月 14 日

姜建清董事长接受英国《银行家》（*The Banker*）杂志荣誉主编斯蒂芬·泰姆威尔（Stephen Timewell）先生专访，就工商银行国际化经营战略、中国宏观经济环境对银行业的影响以及影子银行监管等话题回答了对方的提问。

姜建清董事长会见阿布扎比投资局董事总经理谢赫·哈默德·本·扎耶德·阿勒纳哈扬（Sheikh Hamed bin Zayed Al Nahyan）一行，双方就中阿经贸发展、人民币国际化与货币互换、资产管理与托管业务、中国房地产市场等议题进行了交流。

姜建清董事长会见申银万国证券股份有限公司董事长李剑阁、总裁储晓明一行，双方就宏观经济金融形势、银证合作创新等议题进行了交流。

易会满行长、魏国雄首席风险官出席资本管理高级方法实施工作视频会议并讲话。

王希全副行长出席部分重点分行储蓄存款工作视频推动会并讲话。

郑万春副行长应邀出席第 17 届中国金融论坛并发表演讲。

谷澍副行长主持召开会议研究 B2B 电商平台建设事宜。

谷澍副行长会见来访的中央汇金投资有限公司副总经理张宏安。

5 月 15 日

姜建清党委书记主持召开第 13 次党委（扩大）会议，听取了关于 B2B 电商平台有关工作的汇报等 5 项汇报。党委副书记易会满、赵林及党委委员张红力、王希全、郑万春、谷澍、王敬东出席。

姜建清董事长会见韩国锦湖韩亚集团会长朴三求先生一行，双方就进一步加强有关业务合作进行了交流。

5 月 16 日

姜建清董事长应邀出席葡萄牙总统席尔瓦在钓鱼台国宾馆举行的早餐会。

总行召开各部室总经理（主任）会议，部署总行机构改革有关工作。姜建清董事长主持，易会满行长、赵林监事长，张红力、王希全、郑万春、谷澍、王敬东副行长出席。

5 月 19 日

姜建清董事长参加中央国家机关工委召开的党风廉政工作经验交流会。

易会满行长会见中央教育实践办联络调研组一行，就继续深入推进党的教育实践活动进行了交流。

易会满行长会见英仕曼集团首席执行官曼尼·罗曼（Manny Roman）先生一行。双方就加强有关业务合作等话题进行了交流。

易会满行长主持召开各部门正副总经理会议，推动总行机构改革有关工作。

赵林监事长参加中纪委举办的“转职能、转方式、转作风”专题研讨班。

王敬东副行长会见穆迪公司首席风险官理查德·康托（Richard Cantor）先生一行。双方就当前中国经济热点话题以及工商银行与穆迪评级合作等事项进行交流。

5 月 19 日 -25 日

王希全副行长赴大连参加中组部企业品牌文化建设培训班。

5 月 20 日

刘立宪纪委书记赴工会宣布人事任免。经总行党委研究决定，聘任张恪理同志为工会工作委员会常务副主任，朱立飞同志因年龄原因不再担任工会工作委员会常务副主任职务。

张红力副行长会见 BP 集团全球司库戴维·巴克纳尔（David Bucknall）一行。双方就全球经济形势，以及加深双方的战略合作进行充分交流。

王敬东副行长走访中国有色矿业集团有限公司总经理罗涛、总会计师武翔，双方就开展企业年金项目合作进行了交流。

5 月 20 日 -21 日

易会满行长赴吉林主持召开城市行竞争力提升和零售业务座谈会并到吉林分行调研。在吉期间，易会满拜会了吉林省委书记王儒林、常务副省长马俊清等地方党政领导，走访了中国第一汽车集团公司总经理许宪平、总会计师腾铁骑，并赴吉林分行营业部网点看望慰问一线员工。

5 月 20 日 -21 日

张红力副行长赴南京参加全行县域市场拓展经验交

流会，并发表主题为“大力拓展县域市场，抢占战略制高点”的讲话。

5月20日-21日

郑万春副行长应邀出席中国人民银行与山西省政府主办的山西省转型发展金融服务座谈会并赴山西分行调研。

5月21日

姜建清董事长参加国务院召开的第48次常务会议。

5月21日-25日

姜建清董事长、林晓轩首席信息官赴上海出差。期间，参加了安永战略发展论坛，并发表主题为“跨越周期性陷阱、实现长期可持续增长”的演讲。主持了中国工商银行数据中心（上海）同城中心迁移启动仪式并宣布数据中心（上海）主要负责同志任免事项。

5月21日-30日

刘立宪纪委书记参加中央巡视组赴辽宁省巡视。

5月21日-21日

王敬东副行长赴天津分行就不良贷款处置压降工作进行调研，并走访天津市北辰区政府。

5月22日

易会满行长参加中共中央政治局常委、国务院总理李克强在赤峰市召开的部分企业和金融机构座谈会并发言。

郑万春副行长会见中广核集团总会计施兵一行，双方就核电行业发展形势、深化战略合作等进行了交流。

谷澍副行长会见科威特投资局股票投资部门主管Ahmed-Tahous先生一行。双方就中国宏观经济、债券市场发展、影子银行等议题进行了交流。

郑万春副行长主持召开第24次专题会议，研究小企业信贷风险防控和业务拓展措施。魏国雄首席风险官出席。

以工银党任免〔2014〕24号决定：任命钱斌同志为数据中心（上海）党委书记，免去其私人银行部党委委员职务；免去蒋国强同志数据中心（上海）党委书记职务。

以工银任免〔2014〕124号决定：聘任钱斌为数据中心（上海）总经理，解聘其私人银行部副总经理职务。聘任蒋国强为上海市分行资深专家，解聘其数据中心（上海）总经理职务。任命钱斌为上海同城数据中心工程建设项目联合领导小组组长，免去蒋国强上海同城数据中心工程建设项目联合领导小组组长职务。

5月23日

易会满行长、谷澍副行长会见迪拜国际金融中心管理局（DIFCA）和监管局（DFSA）代表团一行。双方就建设迪拜人民币清算中心等话题进行了交流。

郑万春副行长主持召开会议，研究部分重点客户资金池业务需求相关事宜。

谷澍副行长主持召开会议，研究电商平台有关事宜。

以工银任免〔2014〕127号决定：聘任韩松为资产管理部总经理。解聘陈晓燕兼任的资产管理部总经理职务。

5月26日

姜建清董事长会见汇金公司总经理解植春、副总经理张宏安一行。双方就宏观经济金融形势、银行公司治理建设等话题进行了交流。

姜建清董事长会见汇丰银行董事长范智廉一行。双方就银行业未来发展、国际市场并购机会、两行业务合作等话题进行了交流。

5月26日-28日

郑万春副行长赴西藏拉萨出差，出席工商银行与三峡集团《西藏开发贷款合作协议》签约仪式。

5月27日

姜建清董事长、林晓轩首席信息官会见中欧商学院朱晓明院长一行。双方就互联网金融创新发展、商业银行案例开发与合作等话题进行了交流。

易会满行长会见国家开发投资公司冯士栋总裁、张华总会计师一行。双方就金融支持央企改革以及推动全面业务合作等事宜进行了交流。

王敬东副行长赴中国有色矿业集团参加企业年金受托人投标会。

王敬东副行长主持召开2014年教材编审委员会会议。会议听取了《关于2013年教材案例开发工作及2014年开发计划的报告》，审议了《2007—2013年教材体系目录》和《2014年教材案例开发计划》。

5月27日-28日

王希全副行长赴泰安出席银行卡收单市场营销培训班。

5月28日

谷澍副行长会见柬埔寨国家银行央行局副局长Kimty一行。

5月29日

姜建清党委书记主持召开第14次党委（扩大）会议，听取了关于2014年改革研究计划分工的汇报。党委副书记易会满、赵林及党委委员刘立宪、张红力、王希全、郑万春、谷澍、王敬东出席。

郑万春副行长出席部分分行小企业信贷业务座谈会。

谷澍副行长会见新加坡金融管理局助理总裁梁新松先生一行。双方就工商银行新加坡分行清算业务开展、新加坡离岸人民币市场发展、工商银行境外人民币清算行规划布局等议题进行了交流。

5月30日

赵林监事长参加中央召开的党的群众路线教育实践活动专项推进会。

张红力副行长宣布工银国际董事长任免，提名黄明祥任工银国际控股有限公司董事长，张红力不再担任工银国际控股有限公司董事长、非执行董事。

郑万春副行长会见西南证券董事长崔坚一行。双方就重庆市国资改革、支持小微企业发展、投行业务合作等议题进行了深入的交流。

王敬东副行长赴管理信息部调研相关业务系统。

6月

6月1日–8日

姜建清董事长出访德国、荷兰、比利时。在德国期间，姜建清参加了在慕尼黑举行的国际货币会议2014年年会，就当前经济金融形势、金融业监管变革、大数据与金融服务模式等话题与参会的各国代表深入交换了意见。在会议期间，姜建清还会见了法国巴黎银行董事长博杜安·普罗特（Baudouin Prot），并与对方签署了战略合作备忘录。在柏林期间，姜建清主持了工商银行与德意志银行、亚布力企业家论坛联合举办的中德企业家论坛，并发表主题演讲。在荷兰期间，姜建清主持了工商银行与阿姆斯特丹市政府、荷兰外商投资局、亚布力企业家论坛联合举办的中荷企业家论坛，并发表主题演讲。荷兰首相马克·吕特（Mark Rutte）、中国驻荷兰大使陈旭、阿姆斯特丹市长埃伯哈德·范·德朗（Eberhard Van de Laan）先生、荷兰外商投资局局长杰伦·尼兰（Jeroen Nijland）及中国企业家出席了论坛并发表演讲。在比利时期间，姜建清主持了工商银行与比利时联邦经济部、亚布力企业家论坛联合举办的中欧企业家论坛，并发表主题演讲。比利时副首相亚历山大·德克罗（Alexandre De Croo）、中国驻比利时大使廖力强、中国驻欧盟大使杨燕怡等出席了在布鲁塞尔举办的中欧企业家论坛并发表讲话。比利时国王菲利普会见了姜建清董事长，并接见了中国企业家代表团成员。

6月4日

受姜建清党委书记委托，易会满党委副书记主持召开第15次党委（扩大）会议，启动总行部门领导班子调整优化第二阶段工作动员，党委副书记赵林及党委委员张红力、王希全、郑万春、谷澍、王敬东出席。

刘立宪纪委书记参加中央巡视组工作汇报会。

郑万春副行长主持召开第28次专题会议，研究与第三方支付机构合作策略。

谷澍副行长会见澳大利亚联邦银行国际银行与市场集团执行官凯莉·罗丝玛琳（Kelly Bayer – Rosmarin）一行。双方就两行合作现状及未来合作方向进行了探讨，并就中澳两国经济形势、人民币国际化等话题进行了交流。

以工银任免〔2014〕132号决定：聘任毕明强为信贷与投资管理部总经理。解聘刘子刚兼任的信贷与投资管理部总经理职务。

以工银任免〔2014〕133号决定：续聘李志诚为内部审计局西安分局局长。

6月5日

总行召开“切实加强收费管理 改善金融服务”视频会议，易会满行长、郑万春副行长、谷澍副行长出席会议。易会满在会上传达了5月30日国务院常务会议精神，就全行进一步提高对收费管理和金融服务工作重要性的认识提出具体要求，并就中间业务收费自查和配合国务院督查工作作了部署。

王希全副行长出席银联国际董事会。

6月5日–6月6日

赵林监事长赴香港参加工商银行股东年会（香港分会场）并赴工银亚洲、工银国际调研。

6月6日

中国工商银行股份有限公司2013年度股东年会在京港两地通过视频连线方式召开。受姜建清董事长的委托，由副董事长、行长易会满在京主持。会议审议通过了《关于〈中国工商银行股份有限公司2013年度董事会工作报告〉的议案》等六项议案，并听取了《关于〈中国工商银行股份有限公司2013年度关联交易专项报告〉的汇报》等三项汇报。赵林监事长在香港会场出席会议，刘立宪执行董事、黄钢城独立董事、麦卡锡独立董事、钟嘉年独立董事、柯清辉独立董事、洪永淼独立董事、汪小亚董事、葛蓉蓉董事、李军董事、王小岚董事、姚中利董事、傅仲君董事，监事会成员王炽曦、董娟、孟焰、张炜、李明天出席会议。胡浩董事会秘书参加会议。

易会满行长参加国务院举行的经济形势座谈会。

谷澍副行长接受了中央电视台英语新闻频道（CCTV – NEWS）的专访，就工商银行海外网络拓展、人民币国际化及工商银行跨境人民币业务发展等话题回答了记者的提问。

王敬东副行长听取贵金属业务部工作汇报。

6月9日

王希全副行长参加国务院召开的稳增长促改革调结构惠民生政策措施落实情况督查动员电视电话会议。

郑万春副行长召开分管部门工作会议。

谷澍副行长出席税务机关对工商银行开展税收专项检查视频工作会议。

谷澍副行长主持召开第30次专题会议，研究推动B2B电商平台建设工作事宜。

以工银任免〔2014〕28号决定：任命张晓辛同志为中国工商银行股份有限公司黑龙江省分行党委书记。免去李勇同志中国工商银行股份有限公司黑龙江省分行党委书记职务，另有任用。

以工银任免〔2014〕138号决定：聘任苏国庆为中

国工商银行股份有限公司湖南省分行行长，解聘其中国工商银行股份有限公司安徽省分行副行长职务。解聘张恪理中国工商银行股份有限公司湖南省分行行长职务。

6月9日－12日

刘立宪纪委书记赴浙江、上海调研。期间，在杭州出席全行2014年安全保卫工作会议。

6月10日

姜建清党委书记主持召开第16次党委（扩大）会议，听取了工商银行贯彻金融支持经济结构调整和转型升级工作的汇报和工商银行1－5月经营情况的汇报并研究有关工作。党委副书记易会满、赵林及党委委员张红力、王希全、王敬东出席。

姜建清董事长主持召开第31次专题会议，研究互联网金融创新相关工作。易会满行长，王希全、谷澍副行长出席。

易会满行长、赵林监事长参加国家机关工委召开的有关会议。

易会满行长会见中国人寿保险股份有限公司总裁林岱仁一行。双方就银保业务结构调整、投融资业务合作等议题进行了交流。

张红力副行长主持召开第29次专题会议，研究理财计划集合同业融资授信额度相关问题。魏国雄首席风险官出席。

谷澍副行长参加外交部召开的2014年中央企业国际形势吹风会。

以工银任免〔2014〕140号决定：聘任周月秋为城市金融研究所所长。免去詹向阳兼任的城市金融研究所所长职务。

6月10日－7月3日

郑万春副行长赴加拿大参加中组部培训。

6月10日－11日

谷澍副行长赴四川出席网点竞争力提升工作经验推广会议并赴工商银行金融后台中心（成都）和国际结算单证中心（成都）调研并看望慰问员工。

6月11日

姜建清董事长、张红力副行长、魏国雄首席风险官、胡浩董事会秘书出席工商银行第十届博士后出站报告评审会并担任答辩评委。

姜建清董事长、胡浩董事会秘书会见英国前首相布莱尔一行。双方就工商银行国际化战略、中国与非洲合作等话题进行了交流。

易会满行长拜会财政部王保安副部长。

易会满行长主持召开信贷业务发展战略布局改革计划开题会议。魏国雄首席风险官出席。

张红力副行长会见罗马尼亚经济和商务部部长康斯坦丁·尼塔（Constantin Nita）一行，双方就中资企业在罗大型项目合作等事宜进行了交流。

张红力副行长会见淡水河谷CFO鲁西亚诺·圣安妮一行。双方就中国经济形势、加强合作等议题进行了交流。

王希全副行长主持召开会议，研究个人客户信息集成整合方案。

王敬东副行长会见摩根大通集团全球贵金属业务主管彼得·史密斯（Peter Smith）先生一行。双方就全球贵金属市场走势、加强双方合作等议题进行了交流。

6月11日－13日

易会满行长赴江西召开负债业务竞争力提升座谈会并赴江西分行调研。在赣期间，拜会了江西省常务副省长莫建成、副省长李炳军等地方党政负责人。

6月11日－12日

赵林监事长赴黑龙江宣布有关人事任免。经总行党委研究，张晓辛任黑龙江分行党委书记，主持全面工作，待有关任职手续办妥后再正式任命为行长；李勇不再担任黑龙江分行党委书记、行长职务，另有任用。

6月12日

谷澍副行长会见三井住友银行副董事长箕浦裕先生一行。双方就中日经济形势、海外业务战略等议题交换了意见。

谷澍副行长会见德意志银行副行长约翰·鲍尔（John Ball）一行。双方就全球监管环境变化、国际地域政治对银行业的影响等议题进行了交流。

6月12日－14日

刘立宪纪委书记参加中央巡视组召开的有关会议。

6月16日

易会满行长主持召开资产负债管理委员会2014年第二次会议。会议审议了资产负债管理部提交的《2014年一季度人民币存贷款利率管理报告》等4项议案，审阅了一季度内部资金转移定价管理等报告。张红力、谷澍、王敬东副行长出席。

易会满行长主持召开风险管理委员会2014年第二次会议。会议审议并通过了《关于票据业务风险分析和管理建议的报告》等4项报告，并审阅了其他材料。张红力、谷澍、王敬东副行长出席。

6月17日

姜建清党委书记主持召开第17次党委（扩大）会议，听取了关于仰光代表处升格为分行有关情况的汇报及其他汇报事项。党委副书记易会满、赵林及党委委员刘立宪、张红力、王希全、谷澍、王敬东出席。

赵林监事长参加中组部召开的有关座谈会。

谷澍副行长出席总行操作风险管理委员会2014年第二次会议。会议审议并原则通过了《2014年度一季度操作风险管理报告》等3项报告，审阅了《2014年一季度业务运营风险分析报告》等会议材料。

王敬东副行长赴教育部讨论研究2014年改革研究课题并对下一步工作提出要求。

王敬东副行长出席“文化软实力与国际谈判”专

题讲座。

6 月 17 日 –6 月 19 日

王希全副行长赴广东分行就零售业务开展工作调研。

6 月 18 日

姜建清董事长参加人力资源与社会保障部召开的部分中央企业负责人座谈会。

王敬东副行长赴管理信息部讨论研究 2014 年改革研究课题，听取了关于《研究搭建数据挖掘与智能应用体系》等重点改革课题研究方案的汇报。

6 月 18 日 –25 日

易会满行长出访希腊、罗马尼亚并应邀出席商务部组织的企业家论坛活动。在希腊期间，易会满参加了中希海洋合作论坛，并受到李克强总理的亲切接见。会见了希腊央行行长扬尼斯·斯图纳拉斯（Yannis Stournaras），希腊特纳能源集团总裁佩里斯特里斯、戴安娜海运集团董事长帕里奥斯、利博瑞集团总裁洛戈赛帝斯以及中国中水电国际、汉能控股等中希两国企业高层，参加了中希两国合作项目签约仪式，代表工商银行在有关项目合作协议上签字。在罗马尼亚期间，易会满拜访了罗马尼亚第一副总理德拉戈内亚，会见了罗马尼亚能源部长尼古拉斯库，拜会了我驻罗马尼亚大使霍玉珍，并分别会见了罗马尼亚塔尼塔公司总经理丹·卡尔兰、潘尼斯库集团创始人康斯坦丁·潘尼斯库及中国明阳风电集团董事长等中罗两国部分企业高层。

6 月 18 日

谷澍副行长赴上海出席自贸区分账核算系统启动会。

6 月 19 日

姜建清董事长主持召开会议研究未来十年发展纲要。张红力副行长、魏国雄首席风险官出席。

6 月 19 日 –20 日

王敬东副行长赴河南分行调研。期间听取了河南分行整体经营和养老金、贵金属、管理信息等工作情况的汇报，以及鹤壁分行运用管理信息手段开展精准营销和精细管理的相关情况汇报。

6 月 20 日

姜建清董事长、林晓轩首席信息官赴软件开发中心北京分部调研。

姜建清董事长、胡浩董事会秘书会见路透集团总裁吉姆·史密斯（Jim Smith）一行。双方就金融市场业务事前风险控制、加深双方战略合作等议题进行了交流。

姜建清董事长会见泰康人寿集团董事长陈东升一行。双方就互联网保险产品销售、物流行业金融服务、资本市场融资、跨境金融服务、公司及个人整体金融服务方案等话题深入交换了意见。

赵林监事长赴银泉大厦宣布主要负责人调整事宜。

王希全副行长主持召开零售业务率先发展改革试点工作视频会议。

王希全副行长主持召开产品创新有关专题会议。

谷澍副行长主持召开第二代跨行支付系统推广视频会议。

6 月 23 日

姜建清董事长会见台湾永丰金控何寿川董事长一行。双方就全球利率环境、欧洲经济发展等议题进行了交流。

谷澍副行长主持召开会议，研究电子渠道整合事宜。

6 月 23 日 –6 月 24 日

赵林监事长赴浙江出席省行及以下机构改革研讨会，并到杭州金融研修学院和浙江分行调研，了解杭州金融研修学院培训工作和浙江分行当前经营发展情况。

6 月 24 日

姜建清董事长应邀出席国际金融论坛领袖对话会，与原欧洲央行行长特里谢、原全国人大副委员长成思危、原社保基金理事会理事长戴相龙等就欧元和欧洲经济的挑战等话题进行了深入探讨。

谷澍副行长主持召开会议，研究莫斯科子行相关事宜。

以工银任免〔2014〕149 号决定：聘任肖玉强为美国机构区域管理委员会主席，毕明强不再担任美国机构区域管理委员会主席，另有任用。

6 月 24 日 –27 日

王敬东副行长赴肯尼亚内罗毕出席联合国环境大会“为绿色经济融资”座谈会。期间与联合国副秘书长、联合国环境规划署执行主任阿希姆·施泰纳先生会谈，接受新华社专题采访，并拜会环境保护部周生贤部长。

6 月 25 日

姜建清党委书记主持召开第 18 次党委（扩大）会议，审议了工商银行上海自由贸易试验区创新发展方案等拟提交董事会审议的议案。党委副书记易会满、赵林及党委委员刘立宪、张红力、王希全、谷澍出席。

姜建清董事长会见台湾银行董事长李纪珠女士一行。双方就两岸金融改革、人民币国际化、互联网金融等议题进行了交流。

赵林监事长出席总行党校第二十二期领导干部进修班结业典礼。

谷澍副行长通过视频方式宣布美国机构人事任免决定。任命肖玉强为美国机构区域管理委员会主席、纽约分行总经理，同时提名肖玉强担任工银美国董事长、非执行董事，工银金融董事长、非执行董事，毕明强不再担任上述职务，另有任用。

6 月 26 日

姜建清董事长主持召开董事会会议。会议审议通过了《关于调整部分董事会专门委员会主席的议案》等六项议案。易会满、刘立宪、钟嘉年、柯清辉、洪永淼、汪小亚、葛蓉蓉、李军、王小岚、傅仲君董事现场出席会议，衣锡群和姚中利董事通过电话方式参加会议，黄钢城和麦卡锡董事委托柯清辉董事出席会议并代为行使表决权。赵林监事长及监事会成员王炽曦、董娟、孟焰、张炜、李明天列席会议。胡浩董事会秘书参加会议。

赵林监事长主持召开监事会会议。会议听取了《关于流动性风险管理情况的汇报》等5项汇报。王炽曦、董娟、孟焰、张炜、李明天监事出席会议。

谷澍副行长通过视频方式宣布工银加拿大人事任免决定。提名江涛担任工银加拿大董事长、非执行董事，罗熹不再担任工银加拿大董事长、非执行董事。

以工银任免〔2014〕176号决定：聘任黄再红为内部审计局昆明分局局长。解聘郁炯彦内部审计局昆明分局局长职务，另有任用。

6月26日－27日

谷澍副行长赴浙江出席网点竞争力提升工作经验推广会议。

6月27日

姜建清董事长、汪小亚董事、胡浩董事会秘书会见中投公司副总经理解植春一行。

张红力副行长主持召开全行机构负债业务座谈会。

以工银发〔2014〕60号决定：经中国工商银行股份有限公司研究决定，王丽丽不再担任工银瑞信基金管理有限公司监事长、监事。

6月27日－30日

姜建清董事长赴上海中欧商学院、上海财经大学授课。

6月29日－7月6日

张红力副行长赴上海参加浦东干部管理学院归国留学人员研修班。

6月30日

以工银任免〔2014〕33号决定：任命王学勇同志为中国工商银行股份有限公司西藏自治区分行党委副书记，主持全面工作；免去其中国工商银行股份有限公司内蒙古自治区分行党委委员职务。免去彭正江同志中国工商银行股份有限公司西藏自治区分行党委书记职务，另有任用。

以工银任免〔2014〕34号决定：任命彭正江同志为中国工商银行股份有限公司广西壮族自治区分行党委书记。免去黄再红同志中国工商银行股份有限公司广西壮族自治区分行党委书记职务。

以工银任免〔2014〕179号决定：聘任彭正江为中国工商银行股份有限公司广西壮族自治区分行行长。解聘黄再红中国工商银行股份有限公司广西壮族自治区分行行长职务，另有任用。

7月

7月1日

中国工商银行纪念建党93周年座谈会在北京召开。党委书记、董事长姜建清作重要讲话，党委副书记、监事长赵林主持会议。

姜建清董事长会见卢森堡财政大臣皮埃尔·格拉美亚（Pierre Gramegna）一行。双方就人民币国际化、工商银行海外发展战略及在欧业务情况、欧盟及卢森堡监管政策、欧洲经济形势等话题深入交换了意见。

谷澍副行长会见俄罗斯联邦储蓄银行第一副董事长列夫·哈希思（Lev Hasis）一行，双方就加强战略合作进行了交流。

7月1日－7月5日

赵林监事长赴西藏、云南、广西宣布有关任免事项。经总行党委研究，王学勇任西藏分行党委副书记，主持全面工作，待有关任职手续办妥后再正式任命为副行长；彭正江任广西分行行长、党委书记，不再担任西藏分行行长、党委书记职务；黄再红任内审昆明分局局长，不再担任广西分行行长、党委书记职务；郁炯彦不再担任内审昆明分局局长职务，另有任用。在西藏期间，赵林会见了西藏自治区党委书记陈全国、自治区常务副主席丁业现等地方党政领导，双方就进一步支持地方经济建设等工作交换了意见；并赴基层网点考察调研，看望慰问基层员工。在云南期间，赵林听取了云南分行领导班子的工作汇报，并到营业部正义支行开展调研并慰问基层员工。在广西期间，赵林听取了广西分行领导班子的工作情况汇报，并看望慰问基层员工。

7月2日

姜建清董事长参加国务院召开的第53次常务会议。

王希全副行长会见宁夏自治区党委常委、组织部长傅兴国一行。双方就干部挂职交流事宜交换了意见。

林晓轩首席信息官赴数据中心（北京）调研专业人员管理工作情况。

7月2日－7月4日

姜建清董事长、谷澍副行长、魏国雄首席风险官赴新疆分行调研。期间听取了新疆分行工作汇报，出席了工商银行与新疆自治区人民政府战略合作协议签约仪式，会见了中共中央政治局委员、新疆自治区党委书记张春贤、自治区人民政府主席努尔·白克力、常务副主席黄卫、副主席史大刚等地方党政主要领导，并赴准东煤炭基地调研。在乌鲁木齐期间，姜建清一行还专程赴新疆分行营业部、明德路支行看望慰问一线员工。

7月3日

易会满行长主持召开会议，研究IT架构转型优化课题。林晓轩首席信息官出席。

刘立宪纪委书记参加中纪委召开的落实中央八项规定精神、纠正四风工作座谈会。

7 月 4 日

刘立宪纪委书记听取安徽分行有关工作汇报。

郑万春副行长参加人民银行召开的“金融支持山西经济结构调整与转型升级座谈会”。

7 月 6 日 –7 月 16 日

谷澍副行长参加中组部举办的“企业创新发展及战略转型”专题研讨班。

7 月 7 日

姜建清董事长在京出席中德经济顾问委员会（以下简称“顾委会”）首次会议，以及顾委会与李克强总理、默克尔总理的座谈会。顾委会首次全体会议由姜建清主持，中德成员单位负责人围绕“金融与人民币国际化”、“创新与研发”、“中国企业在德发展”、“投资与商务框架”四个议题展开深入研讨，姜建清代表工商银行就“金融与人民币国际化”议题发表主题演讲。在两国总理与顾委会座谈会上，姜建清作为顾委会中方主席主持会议，并向两国总理汇报了顾委会成立以来的工作情况。

姜建清董事长会见了巴基斯坦计划发展与改革部部长阿赫桑·伊克巴尔（Ahsan Iqbal）和巴基斯坦旁遮普省首席部长穆罕默德·沙巴斯·谢里夫（Muhammad Shehbaz Sharif）一行。双方就中巴经济走廊和工业园建设，水电、能源等基础设施建设等方面的合作，以及工商银行驻巴机构发展等话题进行了交流。

郑万春副行长出席中国中小企业投融资交易会开幕式，并向全国人大常委会原副委员长成思危、人民银行刘士余副行长、工信部朱宏任总工程师、中小企业协会李子彬会长等与会嘉宾介绍了工商银行小微企业金融业务的基本情况以及下一步发展思路。

7 月 8 日

易会满行长出席新浪财经主办的“2014 年银行业发展论坛”，并以“回归与变革——中国银行业的‘变’与‘不变’”为题发表了主旨演讲。

易会满行长、魏国雄首席风险官主持召开会议，研究信贷业务发展战略规划。

易会满行长会见南京市市长缪瑞林一行。双方就南京市江北新区及江南四大功能区的综合建设开发、南京智慧城市建设发展、棚户区改造等工作中加强金融领域业务合作进行了探讨。

王希全副行长会见广东省副省长刘志庚一行。双方就广东基础设施及高速公路项目建设、金融创新合作、重大项目金融服务等工作交换了意见。

总行在京召开部分重点分行存贷比管理情况座谈会，郑万春副行长出席会议并讲话。

7 月 9 日

姜建清董事长在钓鱼台国宾馆会见埃塞俄比亚总统穆拉图·特肖梅先生一行。双方就中资企业积极参与埃塞俄比亚经济建设、埃塞俄比亚有关电力及通讯项目建设进展相关情况等进行了交流。

7 月 9 日 –10 日

王敬东副行长赴贵阳出席“生态文明贵阳国际论坛”，并发表主题演讲。在黔期间，会见了贵州省委常委、常务副省长谌贻琴，并走访企业。

7 月 10 日

姜建清党委书记主持召开第 19 次党委（扩大）会议，研究年中工作会议材料，审议了关于工商银行 2015—2017 年资本规划等 3 项议案的汇报。党委副书记易会满、赵林和党委委员刘立宪、张红力、王希全、郑万春出席。

姜建清董事长、张红力副行长会见来访的美国进出口银行主席兼行长弗雷德·赫希贝格（Fred P. Hochberg）先生一行。双方就加深租赁业务合作，促进跨境贸易与投资进行了交流。

中组部创新型领导力行动学习培训项目结业典礼在清华大学举行。易会满行长出席并讲话，林晓轩首席信息官出席。

易会满行长会见卢森堡明讯银行首席执行官杰弗瑞·特斯勒先生一行。双方就人民币国际化、两行业务合作等话题进行了交流。

王希全副行长会见平安养老保险股份有限公司董事长兼 CEO 杜永茂一行。双方就进一步加强机构金融、企业年金及其他业务合作进行了广泛深入的交流。

7 月 11 日

姜建清董事长、易会满行长、郑万春副行长、魏国雄首席风险官出席公司业务条线十年规划座谈会。

赵林监事长赴北京分行调研。

王希全副行长召开“亚布力论坛”理事会成员专题营销工作会议。

7 月 14 日

中国工商银行年中工作会议在北京召开，姜建清董事长、易会满行长分别讲话。刘立宪、张红力、王希全、郑万春、谷澍、王敬东副行长出席。魏国雄首席风险官、林晓轩首席信息官、胡浩董事会秘书及在京董事会、监事会成员参加。姜建清董事长在讲话中总结了上半年改革发展情况，分析了当前面临的形势，对做好下半年工作提出了总体要求，做出了重要部署。易会满行长的讲话以 PPT 的形式，分析了上半年经营情况，明确了下半年经营目标和工作重点。

姜建清董事长参加国务院召开的经济形势企业负责人座谈会。

谷澍副行长参加人民银行召开的反洗钱监管风险提示会议。

7 月 14 日 –7 月 15 日

赵林监事长参加中组部召开的全国培养选拔年轻干

部工作座谈会、全国干部监督工作会议。

7月15日

姜建清党委书记主持召开第20次党委（扩大）会议，听取组织部有关工作汇报，党委副书记易会满和党委委员刘立宪、张红力、王希全、郑万春、王敬东出席。

姜建清董事长、郑万春副行长会见来访的物美控股集团有限公司总裁张斌一行。双方就建立战略合作关系及下一步重点业务合作进行了会谈。

易会满行长主持召开信息化银行建设工程领导小组第四次会议暨信息科技管理委员会2014年第二次会议，会议审议了《信息化银行建设工程阶段性进展情况汇报》，并听取了“创新型领导力行动学习（IDEAS）”培训项目的研究成果报告。王希全副行长、王敬东副行长、魏国雄首席风险官、林晓轩首席信息官出席。

7月15日－25日

姜建清董事长、胡浩董事会秘书出访巴西、阿根廷、乌拉圭。在巴西期间，姜建清董事长在习近平主席和罗塞夫总统的见证下，代表工商银行（工银租赁）与巴航工业签署了20架E190－E2系列飞机订购合同，并出席了罗塞夫总统为习近平主席举行的欢迎午宴。在阿根廷期间，姜建清在习近平主席和克里斯蒂娜总统的见证下，代表工商银行与阿根廷经济部先后签署《阿根廷基什内尔－塞佩里克水电站项目贷款协议》、《阿根廷贝尔格拉诺货运铁路一期修复项目贷款协议的修改协议》，参加了克里斯蒂娜总统为习近平主席举行的欢迎晚宴。在布宜诺斯艾利斯期间，姜建清还专程赴工银阿根廷视察，看望了工银阿根廷管理层及外派员工。7月21日，姜建清在蒙得维的亚拜会了乌拉圭总统何塞·穆希卡及乌拉圭政府外交部长阿尔马格罗、经济与财政部长博格拉等一行。

7月16日

易会满行长参加国务院召开的第56次常务会议。

刘立宪纪委书记参加中央巡视工作动员部署会。

张红力副行长会见博茂集团董事长伊赛克·苏伊德（Isaac Souede）一行，双方就进一步加强有关业务合作进行了交流。

王希全副行长出席个人金融业务部部务会并讲话。

郑万春副行长会见中国铁路总公司总会计师余邦利一行，双方就铁路新建项目融资、现金管理、债券承销与投资、铁路发展基金合作、电商平台业务合作等议题进行了交流。

王敬东副行长与企业文化部（教育部）座谈，讨论贯彻年中工作会议精神及下一步工作。

7月16日－23日

谷澍副行长出访澳大利亚和新西兰。期间，出席了在澳大利亚悉尼举办的2014年二十国集团工商峰会（简称B20），拜会了澳大利亚金管局外资银行监管司司长斯图亚特·宾汉（Stuart Bingham）、新西兰储备银行副行长格兰特·斯宾塞（Grant Spencer），出席了悉尼分行与澳大利亚福蒂斯丘金属集团（Fortescue Metals Group，简称FMG集团）的《人民币业务战略合作伙伴备忘录》签约仪式并致辞，新西兰子行与澳新新西兰银行、新西兰西太平洋银行、新西兰银行、新西兰阿斯比银行的《人民币全面战略合作协议》签约仪式并致辞，并赴悉尼分行和工银新西兰调研。

7月17日

易会满行长主持召开会议，传达国务院常务会议精神。刘立宪纪委书记，张红力、王希全、郑万春、王敬东副行长，林晓轩首席信息官、胡浩董事会秘书出席。

王希全副行长出席银行卡业务部部务会并讲话。

郑万春副行长走访中国联通集团副总经理、总会计师李福申，就进一步加强存贷款、企业年金、现金管理、债券承销、信息科技和境外业务等方面的战略合作进行了交流。

郑万春副行长参加人民银行召开的关于进一步解决融资难融资贵问题专题会议。

7月17日－18日

赵林监事长赴兰州出席部分省分行参加的省行及以下机构改革座谈会。

7月18日

王希全副行长赴产品创新管理部调研。

郑万春副行长主持召开第38次专题会议，研究部署信贷资产证券化业务有关工作。

7月21日

易会满行长参加国务院召开的关于进一步解决融资难融资贵问题专题会议。

易会满行长主持召开第3次行务会议，部署总行部门处室设置以及正副处长、业务类职数、人员编制核定工作。王希全、郑万春、王敬东副行长出席。

易会满行长会见俄罗斯铝业公司董事长兼CEO奥利格·德里帕斯卡（Oleg Deripaska）一行。双方就结算、贸易融资、人民币债券以及海外项目融资等议题进行了交流。

郑万春副行长会见花旗银行副董事长阿兰·麦克唐纳德（Alan S. MacDonald）一行。双方就商业银行资本管理、流动性管理等议题进行了交流。

王敬东副行长主持召开第39次专题会议，研究员工培训与资质认证体系建设相关工作，魏国雄首席风险官出席。

7月21日－24日

赵林监事长赴辽宁参加全国政协关于“积极发展混合所有制经济”的调研。

7月22日

易会满行长应邀出席由新华通讯社主办的中国新兴媒体产业融合发展大会，并以“加快金融与互联网的融合发展”为主题发表了主旨演讲。

易会满行长出席工商银行与标准银行集团2014年战略合作会议，并会见了标准银行集团联席CEO本·克鲁格（Ben Kruger）。

郑万春副行长参加中共中央政策研究室召开的“规范发展互联网金融”座谈会。

以工银任免〔2014〕194号决定：聘任李勇为资产托管部总经理，解聘周月秋资产托管部总经理职务。

以工银任免〔2014〕199号决定：聘任张晓辛为中国工商银行股份有限公司黑龙江省分行行长。解聘李勇中国工商银行股份有限公司黑龙江省分行行长职务。

7月22日－23日

张红力副行长参加中美经济高层对话。

7月22日－23日

王希全副行长赴南京出席部分分行营业部私人银行业务座谈会并讲话，并会见了五星控股集团汪建国董事长一行。

7月23日

易会满行长参加国务院召开的第57次常务会议。

易会满行长会见意大利财政部长帕多安（Pier Carlo Padoan）一行。双方就中意经济关系、意大利宏观经济形势和政府改革举措等议题交换了意见。

易会满行长会见杭州华三通信技术有限公司首席运营官吴敬传女士一行，双方就进一步加强有关业务合作进行了交流。

郑万春副行长主持召开会议，研究《利率市场化加速背景下的存款创新发展策略与利率管理改革方案》课题。

王敬东副行长主持召开会议，研究管理信息部有关工作。

7月24日

易会满行长主持召开总行金融资产服务业务管理委员会2014年第1次会议，郑万春、王敬东副行长，魏国雄首席风险官出席会议。

易会满行长会见亿利资源集团有限公司董事长王文彪一行，双方就海外平台投融资以及有关项目合作等议题进行了交流。

王希全副行长赴工银瑞信调研。

郑万春副行长会见神州数码董事局主席郭为一行。双方就加强合作进行了交流。

王敬东副行长参加银监会召开的金融机构信息科技监管评级通报会。

7月24日－25日

姜建清董事长、易会满行长、谷澍副行长先后会见标准银行集团董事长福瑞德·法斯瓦纳（Fred Phaswana）一行，双方就标准银行集团经营管理和公司治理情况，以及加强双方战略合作等工作进行了交流。

7月25日

姜建清董事长主持召开中国工商银行股份有限公司董事会会议。会议审议通过了《关于〈中国工商银行2015—2017年资本规划〉的议案》等八项议案，并听取了《关于银监会2013年度监管情况的通报及工商银行整改落实情况的报告》。易会满副董事长，董事会成员刘立宪、黄钢城、麦卡锡、钟嘉年、柯清辉、洪永淼、衣锡群、汪小亚、葛蓉蓉、李军、王小岚、姚中利、傅仲君出席。胡浩董事会秘书参加。

易会满行长参加银监会召开的2014年上半年全国银行业监督管理工作会议暨经济金融形势分析（电视电话）会议。

赵林监事长主持召开中国工商银行股份有限公司监事会会议，审议通过了《关于修订〈中国工商银行股份有限公司章程〉的议案》，并听取了《关于银监会2013年度监管情况的通报及工商银行整改落实情况的报告》。王炽曦、董娟、孟焰、张炜、李明天监事出席。

郑万春副行长出席全行公司金融业务年中工作推动视频会议并讲话。

王敬东副行长主持召开会议，研究养老金业务部有关工作。

7月25日－26日

郑万春副行长参加北京市政府召开2014年上半年经济形势分析会并发言。

7月28日

易会满行长主持召开零售金融业务推进委员会2014年第二次会议，王希全副行长出席。

郑万春副行长主持召开会议，研究与腾讯、顺丰业务合作相关事宜，林晓轩首席信息官出席。

郑万春副行长主持召开第41次专题会议，研究信贷与投资管理部及公司金融业务部（小企业金融业务部）职责划分事宜。魏国雄首席风险官出席。

7月29日

姜建清董事长、郑万春副行长会见TCL集团董事局主席李东生一行，双方就巩固战略合作关系及下一步重点业务合作进行了交流。

姜建清董事长会见日本瑞穗金融集团执行总裁兼首席执行官佐藤康博先生一行，双方就积极落实《业务合作备忘录》，进一步加强在电子银行、投资银行和资金交易等领域业务合作进行了交流。

易会满行长、张红力副行长会见中央汇金投资有限责任公司副董事长、申银万国证券股份有限公司董事长李剑阁、中央汇金投资有限责任公司副总经理赵海英、申银万国证券股份有限公司总经理储晓明一行，并出席工商银行与申银万国证券公司全面业务合作框架协议签字仪式。

易会满行长、谷澍副行长接见工商银行境外机构合规部门负责人（合规官）培训班学员。谷澍副行长为“2014年境外机构合规部门负责人（合规官）培训班”学员授课。

谷澍副行长会见我国驻科威特大使崔建春一行，双方就当前中科经济合作形势及工商银行科威特分行申设等议题交换了意见。

王敬东副行长赴安全保卫部调研。

7月30日

姜建清党委书记主持召开第21次党委（扩大）会议，传达全国干部监督工作会议和全国培养选拔年轻干部工作座谈会精神，听取了关于落实监管要求进行理财业务架构改革以及组织部有关工作的汇报，研究了向工银加拿大第三期增资相关事宜。党委副书记易会满、赵林，党委委员张红力、王希全、郑万春、谷澍、王敬东出席。

张红力副行长赴资产托管部调研，听取资产托管部上半年经营情况和业务发展战略的汇报，并就下一阶段工作安排提出要求。

王希全副行长出席个人金融业务年中工作推动视频会议并讲话。

王希全副行长会见甘肃省副省长郝远一行，双方就干部挂职交流事宜交换了意见。

郑万春副行长会见中国铁建集团总会计师王秀明一行，双方就进一步巩固合作基础、拓展合作领域进行了交流。

谷澍副行长会见日本商工组合中央金库常务执行役员小野口勇雄先生，双方就两行业务合作、战略发展等议题进行了交流。

7月31日

姜建清董事长、易会满行长、郑万春副行长会见中国航天科工集团公司董事长高红卫、总经理曹建国一行并签署了《战略合作协议》。

张红力副行长赴专项融资部调研，听取部门2014年上半年经营情况分析和工作汇报，并提出了下一阶段的工作方向和要求。

郑万春副行长会见国际财资管理专业协会（AFP）总裁詹姆斯·凯茨（James Kaitz）一行，双方就共同推动财资管理领域资格认证和继续教育等议题进行了交流。

7月31日–8月2日

郑万春副行长赴贵阳出差。期间，出席了国家新闻出版广电总局2014年新闻出版项目金融推介会并讲话，会见了贵州省委常委、常务副省长谌贻琴和国家新闻出版广电总局副局长阎晓宏，并赴贵州分行调研。

8月

8月1日

姜建清董事长、易会满行长、赵林监事长、胡浩董事会秘书一行赴银监会拜会尚福林主席，汇报了工商银行上半年经营情况，并着重就工商银行下半年进一步改进对实体经济的金融服务、加强和改进风险防控、深化改革激发经营活力等方面的重点工作安排进行了汇报。

易会满行长主持召开会议，研究互联网金融创新发布活动有关事宜。王希全副行长、林晓轩首席信息官出席。

张红力副行长出席工银租赁与东方公务航空飞机交付仪式。

谷澍副行长主持召开会议，研究在电子商务平台开展全行集中采购等事宜。魏国雄首席风险官出席。

8月4日

郑万春副行长出席2014年结算与现金管理专业年中工作推动会并讲话。

易会满行长主持召开第44次专题会议，研究加强存款稳定性管理的工作措施。

8月5日

赵林监事长主持召开会议，研究省行及以下机构改革有关工作。

郑万春副行长出席2014年小企业金融业务年中工作推动会并讲话。

王敬东副行长主持召开第42次专题会议，研究数据挖掘与智能应用体系建设课题。林晓轩首席信息官出席。

8月6日

易会满行长、郑万春副行长主持召开会议，研究盈利梯队建设及城市行竞争力提升工作。

郑万春副行长出席2014年投资银行业务年中工作推动会并讲话。

谷澍副行长主持召开会议，研究自贸区业务相关事宜。

王敬东副行长参加银监会召开的清理整治使用信贷资金进行奢华浪费建设工作座谈会。

王敬东副行长出席员工培训与资质认证体系建设座谈会。

王敬东副行长主持召开会议，传达银监会清理整治使用信贷资金进行奢华浪费建设座谈会精神。

8月7日

赵林监事长出席总行信访工作领导小组会议。

谷澍副行长会见尼日利亚央行储备局局长拉米多·尤杜达（Lamido Yuguda）先生一行，双方就进一步加强有关业务合作进行了交流。

谷澍副行长会见俄罗斯外贸银行第一副董事长尤里·索洛维约夫（Yuri Soloviev）先生一行，双方就进一步加强有关业务合作进行了交流。

8月8日

易会满行长会见中国红十字会党组书记、常务副会长赵白鸽一行，双方就进一步加强有关业务合作进行了交流。

易会满行长、谷澍副行长出席全行网点运营标准化管理改革启动工作视频会议并讲话。

谷澍副行长会见美国江森自控副总裁兼全球司库弗兰克·沃特玛（Frank A. Voltoloma）一行，双方就进一步加强有关业务合作进行了交流。

8月11日

易会满行长、胡浩董事会秘书赴证监会拜会刘新华副主席，就工商银行有关业务进行了汇报。

易会满行长主持召开视频会议，就进一步落实全行年中工作会议精神，紧密围绕当前经营发展中的突出问题和监管工作要求，切实推动全行在复杂经营环境下健康规范发展等工作进行了部署。谷澍副行长出席。

8月11日－13日

郑万春副行长赴香港出席了五矿联合体收购秘鲁邦巴斯铜矿项目银团签约仪式。在港期间，还分别会见了招商局集团总经理李晓鹏、国家开发银行行长郑之杰、五矿集团董事长周中枢等同业及客户，商谈合作事宜。

8月12日

易会满行长出席内控合规高级管理人员培训班座谈会并授课。谷澍副行长出席。

8月14日

易会满行长会见四川省副省长甘霖一行，双方就进一步加强银政合作交换了意见。

郑万春副行长主持召开会议，听取结算与现金管理部科技系统建设情况的汇报。

8月15日

易会满行长主持召开GSIFI工作领导小组第二次会议暨风险管理委员会2014年第三次会议。郑万春、谷澍副行长，魏国雄首席风险官、林晓轩首席信息官出席。

张红力副行长出席主题为“大零售格局下的创新思维与实践”的2014年度第3期（总第36期）创新沙龙。

谷澍副行长出席毕马威2014年上半年财务报表审计汇报会。

8月16日－18日

姜建清董事长赴江苏调研。在南京期间，姜建清率队赴江苏分行南京青奥村金融服务专区视察，看望慰问青奥金融服务团队的中外员工。在苏州期间，姜建清赴太仓中德工业园考察，详细了解当地德资企业发展情况，就进一步促进中小企业发展提出了具体的工作要求，并会见了中共江苏省委副书记、苏州市委书记石泰峰、市长周乃翔等地方党政领导。

8月18日

易会满行长、张红力副行长会见比利时Exmar集团CEO尼古拉斯·塞沃瑞斯（Nicolas Saverys）、中国中远集团副总裁孙家康一行，双方就进一步加强有关业务合作进行了交流。

易会满行长、郑万春副行长会见国家新闻出版广电总局副局长聂辰席、中国广播电视网络有限公司董事长赵景春、总经理梁晓涛一行并出席与中国广播网络有限公司合作签约仪式。

以工银任免〔2014〕223号决定：聘任史立军为中国工商银行股份有限公司河北省分行行长。解聘许杰中国工商银行股份有限公司河北省分行行长职务。

8月19日

易会满行长赴总行信贷监督中心调研，听取了中心的工作汇报，并对下一步信用风险监控工作提出了具体要求。

以工银党任免〔2014〕46号决定：任命史立军同志为中国工商银行股份有限公司河北省分行党委书记。免去许杰同志中国工商银行股份有限公司河北省分行党委书记职务。

以工银党任免〔2014〕47号决定：任命许杰同志为中国工商银行股份有限公司河南省分行党委书记。免去刘卫星同志中国工商银行股份有限公司河南省分行党委书记职务。

8月20日

姜建清董事长、张红力副行长会见中兴能源有限公司董事长侯为贵一行，双方就下一步重点业务合作进行了交流。

郑万春副行长赴天津出差。期间，出席了工商银行与天津经济技术开发区（南港工业区）管理委员会、天津物产集团有限公司全面合作协议签约仪式，会见了天津市委常委、常务副市长崔津渡等地方党政领导，并赴天津分行调研。

谷澍副行长会见新加坡金融管理局助理局长梁新松一行，双方就进一步加强有关业务合作交换了意见。

8月21日

郑万春副行长会见山东如意集团董事长邱亚夫一行，双方就在巴基斯坦共同开发建设工业园等议题进行了交流。

王敬东副行长会见布林克集团核心董事兼亚太区总裁艾米特·祖克曼（Amit Zukerman）一行，双方就进一步加强有关业务合作进行了交流。

8月21日－23日

姜建清董事长赴河北、河南出差。在河北期间，姜建清主持召开了河北省分行党委会及河北省分行中层以上干部会议，宣布总行党委对河北分行主要负责人调整的决定。经总行党委研究决定，史立军同志任河北分行行长、党委书记；许杰同志不再担任河北分行行长、党委书记职务，调河南分行工作。姜建清一行还赴后台中心（石家庄）调研，视察了信用卡石家庄电话中心与电子银行中心（石家庄），会见了中共河北省委等地方党政领导。在河南期间，姜建清主持召开了河南省分行党委会及河南省分行中层以上干部会议，宣布总行党委对河南分行主要负责人调整的决定。经总行党委研究决定，许杰同志任河南分行行长、党委书记；刘卫星同志不再担任河南分行行长、党委书记职务，调总行工作。姜建清一行还应邀参加了在郑州举行的亚布力中国企业家论坛夏季峰会，并发表了题为“寻找不对称信息中蕴含的商机”的主题演讲，会见了河南省人民政府省长谢伏瞻等地方党政领导，赴河南省分行私人银行部、河南省分行营业部郑州东区支行考察慰问一线员工。

8月22日

王敬东副行长主持召开第47次专题会议，研究构建新型外部欺诈风险管控体系改革研究计划。

8月25日

易会满行长会见毕马威全球金融服务业主席安德森（Jeremy Anderson）一行，双方就应对全球系统重要性银行金融监管、积极开展人民币清算业务等议题进行了交流。

谷澍副行长、魏国雄首席风险官出席2014年第三次操作风险及内部控制委员会。

8月26日

姜建清董事长、易会满行长、郑万春副行长会见中国长江三峡集团公司卢纯董事长并出席工商银行与中国长江三峡集团公司战略合作协议签约仪式。

易会满行长主持召开会议，研究信贷战略布局课题。魏国雄首席风险官出席。

刘立宪纪委书记出席2014年下半年巡视工作动员暨培训班并讲话。

王敬东副行长出席贵金属业务经营管理培训班及实物新产品订货活动。

8月27日

姜建清党委书记主持召开第22次党委（扩大）会议，审议了《2014年半年度报告及摘要》等拟提交董事会的议案，研究了工商银行贯彻落实《关于多措并举着力缓解企业融资成本高问题的指导意见》等有关工作。党委副书记易会满、赵林及党委委员刘立宪、张红力、王希全、郑万春、谷澍、王敬东出席。

易会满行长会见湖北省副省长曹广晶一行，双方就进一步加强银政合作交换了意见。

8月28日

姜建清董事长主持召开董事会会议，审议通过了《关于2014年半年度报告及摘要的议案》等8项议案，并听取了《关于2014年上半年经营情况的汇报》等5项汇报。易会满副董事长，董事会成员刘立宪、黄钢城、麦卡锡、钟嘉年、柯清辉、洪永淼、衣锡群、汪小亚、葛蓉蓉、李军、王小岚、姚中利、傅仲君出席。胡浩董事会秘书参加。

姜建清董事长、易会满行长、魏国雄首席风险官、胡浩董事会秘书出席工商银行中期业绩发布会并会见分析师、新闻媒体。

赵林监事长主持召开监事会会议，审议通过了《关于2014年半年度报告及摘要的议案》等2项议案，并听取了《关于2014年中期财务报告审阅结果的汇报》等7项汇报。王炽曦、董娟、孟焰、张炜、李明天监事出席会议。

王希全副行长赴北京分行朝阳支行调研。

郑万春副行长出席华融公司引入战略投资者暨战略合作协议签约仪式。

郑万春副行长会见资和信集团董事长王吉绯一行，双方就支付、理财产品创新、电商平台合作等议题进行了交流。

8月29日

总行在北京召开互联网金融服务营销动员会，姜建清董事长、易会满行长出席会议并分别讲话。姜建清在题为《抢抓机遇 勇于创新 努力打造互联网金融发展的新优势》讲话中，回顾了工商银行信息化建设历程，分析了互联网金融和大数据时代对银行传统经营模式的挑战，从战略高度对现阶段全行互联网金融重点工作进行了总体部署。易会满在讲话中进一步明确了总行各相关部门和各分行互联网金融产品的营销目标任务，对落实好互联网金融产品营销推广工作作了具体布置。赵林监事长，张红力、王希全、谷澍、王敬东副行长出席。总行各位总监，各部室、各利润中心总经理、副总经理和专家，以及互联网金融领导小组组成部门有关成员在主会场参加会议。各县级支行及以上各级机构、境内综合化子公司班子成员、相关部门负责人和部分客户经理在当地分会场参加会议。

易会满行长、魏国雄首席风险官出席银监会半年度监管会谈。

郑万春副行长参加中国人民银行与山西省委、省政府召开的山西经济结构调整与转型升级座谈会（项目推介会）。

8月30日

姜建清董事长应邀赴中国金融博物馆发表演讲，就跨境并购的话题阐述了观点并与现场嘉宾交换了意见。

9月

9月1日

姜建清董事长、张红力副行长会见罗马尼亚总理维克托·沃雷尔·蓬塔、第一副总理里维·德纳戈内亚、副总理兼农业部部长丹尼尔·康斯坦丁一行，双方就加强在金融领域合作进行了深入交流。

在中国总理李克强、罗马尼亚总理维克托·沃雷尔·蓬塔先生见证下，易会满行长与罗第一副总理里维

·德纳戈内亚共同签署了《中国工商银行与罗马尼亚政府金融合作备忘录》。

姜建清董事长会见瑞士联邦日内瓦共和国经济和安全部长皮埃尔·慕德（Pierre Maudet）先生一行。双方就日内瓦州社会经济整体情况、工商银行国际化发展战略等议题进行了交流。

王希全副行长会见中国银行业协会秘书长陈远年带队的调研组一行。就中国银行业组织架构等交换了意见。

郑万春副行长主持召开第50次专题会议，研究小微企业贷款统计规则。

郑万春副行长主持召开会议，听取小微金融中心建设方案汇报。

谷澍副行长会见中国拟派驻阿根廷大使杨万明，双方就中阿经贸合作和工商银行在阿根廷机构发展等议题交换了意见。

王敬东副行长赴管理信息部研究贯彻互联网金融工作相关事宜，听取管理信息部今年以来在互联网金融领域开展统计研究和数据分析的情况汇报，以及下一步贯彻会议精神的主要思路和工作措施。

9月1日－9月5日

刘立宪纪委书记参加中央巡视组工作。

9月2日

姜建清董事长、王希全副行长出席重点商户答谢暨线上线下支付创新产品推介会。本次推介会邀请了包括中国人保、首旅集团、厉峰集团、资和信集团、红星美凯龙等在内的200余家具有代表性的中国商业界领军企业参加，并与近30家集团商户进行了现场签约。

王希全副行长主持召开专题会议，传达贯彻互联网金融服务营销动员会会议精神。

9月2日－9月4日

易会满行长、林晓轩首席信息官赴深圳分行调研。期间，先后拜会了深圳市委书记王荣、市长许勤，走访了腾讯、招商局、顺丰、华为等企业客户，考察了智能化网点项目，并赴华商银行调研。

9月2日－9月5日

郑万春副行长赴上海调研票据营业部工作情况、主持召开部分重点分行票据业务座谈会并走访上海文化广播影视集团有限公司。

9月3日

姜建清董事长、谷澍副行长主持召开第49次专题会议，研究融e购公共采购平台建设。

刘立宪纪委书记出席分行个人客户经理销售及管理情况专项检查会议。

王希全副行长出席信用卡业务发展推动会。

9月3日－9月5日

王希全副行长赴上海分行、私人银行部调研，并出席工商银行－工银安盛银保暨新渠道业务工作会议。

9月5日

姜建清董事长参加在人民大会堂举行的全国人民代表大会成立60周年纪念大会。

易会满行长赴数据中心（上海）嘉定园区调研。期间，听取了中心的工作汇报，现场察看了园区机房运行及安防工程建设情况，并看望慰问了一线值班员工。

谷澍副行长出席网点竞争力提升领导小组工作会议。

9月9日

姜建清党委书记主持召开第23次党委（扩大）会议，审议了关于优先股发行有关工作进展等5项汇报。党委副书记赵林及党委委员刘立宪、张红力、郑万春、谷澍、王敬东出席。

姜建清董事长、谷澍副行长会见中墨企业家高级代表团。双方就促进中墨投资贸易往来和中墨企业家高级别工作组第二次会议议题进行了深入的交流。

易会满行长、谷澍副行长出席财政部会计信息质量检查沟通会，会见了财政部监督检查局局长吴奇修一行。双方就检查情况进行了沟通。

易会满行长参加中国银行业协会召开的第十四次会员大会。

9月9日－9月19日

王希全副行长随中国银联代表团出访捷克、斯洛伐克和希腊三国，出席银联在上述三国的业务开通活动，检查、指导当地银联卡受理环境建设工作，并与当地银行、支付机构等进行会谈。

9月10日

党委副书记、保密委员会主任赵林主持党委中心组集体学习，听取国家保密局副局长、新闻发言人杜永胜关于《保密工作面临的严峻形势和任务》的讲座。党委书记姜建清和在京的党委成员刘立宪、张红力、谷澍、王敬东参加。高管、总监、各部门负责同志及保密委员列席了会议。

赵林监事长会见国家保密局副局长杜永胜一行。

郑万春副行长主持召开第56次专题会议，研究地方债承销和推荐投资事宜。

王敬东副行长走访中国船舶工业集团公司，营销企业年金业务。

9月10日－9月16日

易会满行长率团出访英国、法国，分别参加了马凯副总理出席的中英、中法两国政府举办的伦敦金融城圆桌会议、中英联合投资论坛、中英企业家晚宴、中法企业家晚宴和早餐会等活动。期间，易会满还会见了英国财政大臣、能源与气候变化大臣、金融审慎监管局执行董事，接受了新华社记者专访，走访了部分英法企业及代理行客户，并到工银伦敦、巴黎分行调研。

9月10日－9月12日

郑万春副行长、魏国雄首席风险官赴山东分行调研并出席部分重点分行小企业金融业务座谈会。

9月11日

姜建清董事长会见印尼国家民主党总主席苏里亚·巴罗一行。双方就中国印尼社会经济、经贸合作、金融发展、工行国际化发展战略以及印尼子行经营发展的情况等议题进行了交流。

刘立宪纪委书记出席中国共产党工商银行总行机关第四次代表大会预备会议。

王敬东副行长出席中国国际黄金大会开幕式并致辞。期间与中国黄金集团总经理宋鑫、上海黄金交易所理事长许罗德、上海期货交易所理事长杨迈军、世界黄金协会总裁施安霖（Aram Shishmanian）等嘉宾进行交流。

9月12日

赵林监事长、刘立宪纪委书记、王敬东副行长出席中国共产党工商银行总行机关第四次代表大会。

赵林监事长、王敬东副行长会见中央国家机关工委委员、办公室主任常大光。

9月15日

姜建清董事长会见花旗集团CEO迈克·考伯特（Michael Corbat）一行。双方就中美两国经济金融形势和两行合作等话题进行了交流。

赵林监事长赴人民大会堂参加国家质检总局中国质量（北京）大会。

郑万春副行长出席市场风险委员会会议第四次会议。会议审议通过了风险管理部提交的《关于审议工银印尼2014年市场风险限额的议案》等五项议案。会议还听取了《私人银行理财业务投资风险管理报告》等六项报告。

王敬东副行长赴京西宾馆参加群众路线教育实践活动理论研讨会。

9月15日－9月19日

刘立宪纪委书记赴宁波调研并检查总行巡视组工作。期间，听取了宁波分行关于落实党风廉政建设党委主体责任、纪委监督责任的专题汇报。并督导在分行进行巡视的总行第五巡视组工作。

9月15日－9月17日

谷澍副行长赴广西出席第十一届中国—东盟博览会、中国—东盟商务与投资峰会、新加坡国家领导人与中国企业CEO圆桌对话会，在第六届中国—东盟金融合作与发展领袖论坛发表主题演讲，并赴广西分行及跨境人民币业务中心（南宁）调研。

9月16日

姜建清董事长在京应邀出席毕马威全球合伙人大会，发表了题为“工商银行风险管理进步与挑战”的主题演讲。会议期间，姜建清会见了毕马威集团全球主席约翰·维梅耶（John Veihmeyer）。

郑万春副行长主持召开部分分行小微金融业务座谈会。

9月17日

姜建清董事长参加国务院第62次常务会议。

中国银行业协会、东方银行业高级管理人员研修院联合主办的银行前沿问题大讲堂。姜建清董事长应邀以“从银行信息化到信息化银行”为主题进行了演讲。

郑万春副行长带队拜访中国交通建设股份有限公司执行董事、财务总监傅俊元，双方重点围绕公司存款、债券承销、优先股合作及商投联动服务项目等进行了交流。

郑万春副行长、林晓轩首席信息官主持召开第58次专题会议，研究全球现金管理及大额资金监控平台系统优化有关工作。

9月17日－9月19日

王敬东副行长赴上海出席黄金交易所国际板上线启动仪式并赴数据中心（上海）调研。

9月18日

姜建清党委书记主持召开第24次党委（扩大）会议，会议传达了党的群众路线教育实践活动理论研讨会和全国干部人事档案专项审核工作会议精神，并研究了有关工作。党委副书记易会满、赵林和党委委员刘立宪、张红力、王希全、郑万春、谷澍出席。

姜建清董事长、郑万春副行长应邀出席北京市政府举行的座谈会。会议由北京市委书记郭金龙主持，王安顺市长、李士祥副市长等市政府主要领导以及相关市委办局参加，姜建清就进一步加大金融创新力度，支持首都经济建设作了发言。北京排水集团、国家开发投资公司、全国社保理事会、工商银行以及浦发银行发起设立“北京水环境产业基金”，郑万春代表工商银行与有关各方签署了《战略合作备忘录》。

工商银行与国际金融公司（IFC）和国际金融协会（IIF）在京联合举办“中国金融改革与可持续发展：资本市场的作用”国际会议。来自境内外监管当局负责人、金融机构高管、重要企业和学术界代表共230余名嘉宾与会。中国社科院李扬副院长和银监会周慕冰副主席分别出席会议并发表主旨演讲。姜建清董事长在会议开幕式和正式晚宴上分别致辞，谷澍副行长出席会议并主持会议晚宴。

9月19日

易会满行长出席优先股发行工作启动会并讲话。

易会满行长主持召开会议，研究9月底经营指标计划。王希全、郑万春副行长出席。

中国工商银行股份有限公司2014年第二次临时股东大会在总行召开，受姜建清董事长的委托，会议由副董事长、行长易会满主持召开，董事会成员汪小亚、葛蓉蓉、李军、傅仲君和胡浩董事会秘书现场出席会议。刘立宪、黄钢城、麦卡锡、钟嘉年、柯清辉、洪永淼、衣锡群、王小岚和姚中利通过电话方式参加会议；赵林监事长及监事会成员王炽曦、董娟、孟焰和李明天，监管机构代表及本行有关部门负责人参加本次会议。会议审议通过了《关于2013年度董事与监事薪酬清算方案的议案》等八项议案。

郑万春副行长出席治理“裸贷”及拓户工作视频会。

郑万春副行长参加人民银行召开的房地产信贷业务座谈会。

9月19日–9月26日

姜建清董事长、胡浩董事会秘书出访新加坡、科威特。在新加坡期间，姜建清应邀出席了新加坡峰会及新加坡金管局国际咨询委员会会议，并会见了新加坡副总经理兼财政部长尚达曼、贸工部长张思乐、金管局总裁孟文能、淡马锡集团主席和晶、新加坡政府投资集团总裁林祥源、大华银行董事长黄祖耀等新加坡政府、监管部门及金融同业主要负责人，出席了新加坡总理李显龙举行的小范围会议，并在工商银行主办的人民币国际化峰会发表主题演讲。在科威特期间，姜建清主持了工商银行科威特分行开业仪式，并先后会见了科威特财政部长阿纳斯·哈立德·萨利赫（Anas Khalid Al Saleh）、科威特投资局总裁贝德·萨阿德（Bader Al Saad）、科威特央行行长穆罕默德·哈塞尔（Mohammd Al Hashel）等政府、监管部门及金融同业主要负责人，并出席了科威特本地工商界及金融同业举办的小型招待会。期间，姜建清还赴新加坡分行营业网点、科威特分行，看望慰问一线员工，并听取工作汇报。

9月20日

郑万春副行长出席北京市人民政府与中国人民银行召开的融资工作座谈会。

9月22日

易会满行长、刘立宪纪委书记、谷澍副行长、王敬东副行长主持召开第54次专题会议，研究案防工作职责调整事宜。

郑万春副行长参加银监会召开的负债业务座谈会。

9月22日–9月24日

刘立宪纪委书记赴上海检查总行巡视组工作。期间，听取了上海分行关于落实党风廉政建设党委主体责任、纪委监督责任的专题汇报，并督导在沪开展巡视的总行第二巡视组工作。

9月23日

易会满行长会见了来访的纽约联储执行副行长莎拉·达尔格伦（Sarah Dahlgren）和西蒙·波特（Simon Potter）一行，双方就中国经济及中国银行业概况、工商银行经营情况、美国监管政策等议题进行了交流。

易会满行长、张红力副行长会见大连万达董事长王健林一行，双方着重就万达境外上市项目合作进行了交流。

赵林监事长出席中国内审协会金融行业会员单位交流活动并致辞。

张红力副行长拜会中再集团董事长李培育。双方就集团方面充分利用资源，加强合作等进行了交流。

9月23日–9月26日

赵林监事长、王炽曦监事赴福建调研。期间，听取了福建省分行和厦门分行关于当前经济运行形势和区域金融发展情况的汇报，并先后到福建省分行营业部网点、厦门私人银行中心和厦门鹭江支行进行调研并看望慰问员工。

9月23日–9月24日

郑万春副行长赴甘肃分行调研。期间，会见了甘肃省副省长郝远，听取了分行工作汇报，并到甘肃分行营业部小企业信贷经营中心实地调研。

9月23日–9月24日

王敬东副行长赴珠海软件开发中心调研，听取中心工作介绍，并重点调研了管理信息系统、大数据挖掘应用等相关情况。

9月24日

易会满行长会见卡塔尔中央银行行长阿勒萨尼先生一行。双方就卡塔尔人民币离岸中心和人民币清算行建设计划进行了交流。

王希全副行长参加离休干部集体活动。

9月24日–9月25日

易会满行长代表工商银行参加第18届国际银行监督官大会（ICBS）晚宴并在晚宴上致辞。国务院副总理马凯出席并接见了参加会议的中方主要银行负责人和外方代表。

9月24日–9月25日

张红力副行长赴上海出席“危机后的场外市场改革深化与机制创新国际研讨会”，并就“合格投资者队伍建设与场外市场发展”进行了专题演讲。

9月25日

易会满行长主持召开信息化银行建设工程领导小组第五次会议暨信息科技管理委员会2014年第三次会议。会议审议了《信息化银行建设及今年以来信息科技工作进展情况的汇报》等五项议题，审阅了《关于2014年前三季度应用研发项目情况的分析报告》等三项报告。谷澍副行长、王敬东副行长、魏国雄首席风险官、林晓轩首席信息官出席会议。

王希全副行长主持召开零售业务率先发展试点支帮促工作座谈会。

王希全副行长赴北京分行调研私人银行业务。

郑万春副行长赴铁路总公司参加铁路建设基金签约。

谷澍副行长出席网点运营标准化管理改革试点工作汇报会。

9月26日

易会满行长会见美国纽约梅隆银行董事长兼CEO

杰拉尔德·哈塞尔（Gerald Hassell）先生。双方就两行合作和资产管理业务等话题进行了交流。

易会满行长、郑万春副行长会见TCL董事长兼首席执行官李东生一行并出席双方签约仪式。

总行在京召开境内分支机构改革动员会，易会满行长出席会议并讲话，赵林监事长主持会议，张红力、王希全、郑万春、谷澍、王敬东副行长出席。

郑万春副行长会见西班牙巴塞罗那市长哈维尔·特里亚斯先生和副市长索尼亚·蕾加森斯女士一行，双方就中西经济形势、企业投资和金融合作等话题进行了交流。

郑万春副行长会见日本生命保险相互会社社长筒井义信一行，双方就加强银保及海外业务合作进行了友好商谈。

谷澍副行长会见沙特央行副行长阿卜杜勒阿齐兹·阿卜杜尔拉赫曼（Abdulaziz Abdulrahman Al－Helaissi）一行。双方就沙特利雅得分行筹备情况等议题进行了交流。

9月28日

易会满行长主持召开会议，研究财务运行机制内部市场化改革课题。

易会满行长主持召开总行资产负债管理委员会2014年第四次会议，会议审议了资产负债管理部提交的《关于人民币资金管理办法修订情况的汇报》等4项议案，审阅了上半年经济资本管理、流动性风险管理、资产负债管理、人民币利率管理、本外币内部资金转移定价管理和票据融资业务经营分析报告。张红力、王希全、郑万春、谷澍、王敬东副行长出席。

以工银发〔2014〕92号决定：提名魏晓刚任中国工商银行（阿拉木图）股份有限公司执行董事、总经理（总行副总经理级），不再担任中国工商银行马来西亚有限公司副总经理。

9月28日－9月29日

郑万春副行长赴河北分行调研并参加河北省政府主办的河北企业“走出去”银企对接会。

9月29日

为表彰中国工商银行在促进中巴两国经贸合作，增进中巴友谊所做出的突出贡献，巴基斯坦驻华大使马苏德先生代表巴基斯坦政府在巴驻华大使官邸为工商银行董事长姜建清授予巴基斯坦国家荣誉勋章。

易会满行长、魏国雄首席风险官参加银监会国际系统重要性银行危机管理小组会议。

王敬东副行长赴银监会参加银行业反欺诈专题研究情况汇报会。

9月30日

易会满行长主持召开会议，听取信贷业务专项检查组汇报。

10月

10月8日

姜建清董事长参加中共中央召开的党的群众路线教育实践活动总结大会。

姜建清董事长、易会满行长、张红力副行长会见中国海运（集团）总公司董事长许立荣、总会计师苏敏一行，双方就金融租赁、海外收购、船队优化、电子商务等议题进行了交流。张红力副行长和苏敏总会计师分别代表双方签署了《战略合作协议》。

姜建清董事长会见台湾兆丰国际董事长蔡友才一行，双方签署了战略合作协议。

姜建清董事长参加国务院召开的部门负责同志会议。

10月8日—12月12日

王希全副行长参加中组部举办的第四十五期国防研究班。

10月10日

姜建清董事长、谷澍副行长会见英国伦敦金融城市长吴斐娜（Fiona Woolf）女士和英国驻华大使吴思田（Sebastian Wood）爵士一行，双方就工商银行整体情况、工行在英机构发展战略、潜在合作机遇等议题交换了意见。

张红力副行长出席部分分行民生金融服务座谈会并讲话。会议期间，参会分行交流了民生金融领域成功经验，分析了遇到的难点和问题，提出了改进意见和建议。

10月11日

姜建清党委书记主持召开第25次党委（扩大）会议，会议传达了党的群众路线教育实践活动总结大会精神，总结前三季度工作，安排部署第四季度重点工作。党委副书记易会满、赵林及党委委员刘立宪、张红力、郑万春、谷澍、王敬东出席。

易会满行长会见中国人民银行潘功胜副行长一行，双方就加强服务平台业务合作、推动全社会应收账款资源流转、拓宽小微企业融资渠道等话题交换了意见，并共同出席了工商银行与人民银行征信中心应收账款融资服务平台业务《合作备忘录》签约仪式。

王敬东副行长赴养老金业务部调研，听取了养老金业务前三季度工作汇报和第四季度工作安排。

10月13日

谷澍副行长、魏国雄首席风险官、林晓轩首席信息官主持召开融e购采购平台建设会议。

王敬东副行长主持召开第64次专题会议，研究全行分析师队伍建设有关事宜。

10 月 13 日 –10 月 17 日

姜建清董事长出访俄罗斯。期间，在国务院总理李克强和俄罗斯总理梅德韦杰夫的共同见证下，与俄罗斯国家交通运输租赁公司总裁尼古拉维奇在莫斯科签署了飞机联合租赁协议；出席了在莫斯科举行的开放与创新论坛，就互联网金融创新发表演讲；会见了俄罗斯央行行长纳比乌琳娜、伊尔库茨克州州长叶罗先科、莫斯科交易所主席阿法纳西耶夫、俄罗斯天然气公司主席米勒、俄镍集团 CEO 帕塔宁、俄罗斯金属投资集团 CEO 瓦力切夫、中俄投资基金俄方 CEO 德米特里耶夫及中方 CEO 胡冰等俄政府部门及当地大型企业集团主要负责人；调研了工银莫斯科的经营情况。

10 月 14 日

易会满行长会见比利时欧洲清算银行集团董事长马克・奥斯曼先生一行，双方就新的监管环境下商业银行经营发展等议题交换了意见。

易会满行长、郑万春副行长拜访华能集团总经理曹培玺、总会计师郭珺明，双方就当前宏观经济金融形势、加深银企合作等话题交换了意见。

赵林监事长出席总行党校第八期领导干部研究班开班典礼并讲话。

张红力副行长拜访中国北车股份有限公司董事长崔殿国一行，双方就深入开展海外业务合作进行了交流。

王敬东副行长赴直属党委调研，传达了 10 月 11 日总行党委（扩大）会议上姜建清董事长和易会满行长讲话精神，听取了直属党委第四季度工作汇报。

10 月 15 日

易会满行长出席国务院应对国际金融危机小组召开的第 22 次会议。

张红力副行长主持资产管理业务工作推动会议并讲话。

郑万春副行长主持召开课题讨论会，研究《利率市场化加速背景下的存款创新发展策略与利率管理改革方案》。

谷澍副行长会见墨西哥驻华大使温利安先生及墨西哥工人住房基金会亚力杭德罗・穆拉特・伊诺和萨主席一行，双方就住房按揭业务等领域的合作交换了意见。

10 月 15 日 –10 月 17 日

张红力副行长赴山东。期间，拜访了山东黄金集团于常青董事长和兖矿集团李希勇总经理，就境外融资、资产管理及贵金属等业务合作进行了交流。

10 月 15 日 –10 月 16 日

王敬东副行长赴河北。期间，到河北分行进行了调研，听取了河北分行经营发展及管理信息工作情况介绍；拜访了东旭集团有限公司集团董事长李兆廷，双方就深化银企合作事宜进行了交流；赴河北分行营业部桥西支行、保定长城支行调研，了解客户经理对客户信息系统的使用情况。

10 月 16 日

易会满行长、谷澍副行长会见英国标准人寿董事长格林・斯通爵士一行，双方就进一步推动在资产管理、财富管理、私人银行、养老金等领域业务合作进行了交流，并共同出席工商银行与英国标准人寿《合作备忘录》签约仪式。

郑万春副行长主持召开品牌类投行案例分析座谈会并讲话。

谷澍副行长主持召开会议，研究内外联动推进跨境人民币业务发展规划。

10 月 17 日

易会满行长参加中国人民银行举办的“跨境人民币业务五周年座谈会”。

易会满行长、张红力、郑万春副行长主持召开第 63 次专题会议，研究第四季度中间业务增收补缺措施。

易会满行长接受了新华社、中央电视台、中央人民广播电台、经济日报、金融时报等五家中央新闻媒体的集体采访，在跨境人民币业务试点五周年之际，就跨境人民币业务的发展回答了提问。

赵林监事长主持召开全行统战人士代表座谈会并讲话。

王敬东副行长参加国务院召开的全国社会扶贫工作会议。

10 月 20 日

谷澍副行长主持召开会议，研究逸农消费采购卡业务，魏国雄首席风险官出席。

谷澍副行长出席毕马威 2014 年第三季度商定程序汇报会。

10 月 20 日 –10 月 23 日

姜建清董事长出席、易会满行长列席党的十八届四中全会。

10 月 20 日 –10 月 21 日

赵林监事长、王炽曦监事赴山东分行调研。期间，听取了山东分行、山东分行营业部和德州分行的工作汇报，赴德州分行营业室和济南大观园支行看望慰问一线员工。

10 月 21 日

刘立宪纪委书记主持召开全行案件查防工作会议并讲话。

张红力副行长会见汉考克集团董事长吉娜・莱因哈特女士一行，双方就当前全球铁矿石市场形势及中澳经贸合作等话题进行了交流。

郑万春副行长主持召开部分分行非金融企业债务融资工具主承销业务座谈会并讲话。

郑万春副行长主持召开部分分行优质公司客户拓展业务座谈会并讲话。

谷澍副行长会见美国花旗集团副主席史提芬・沃克先生一行，双方就中美宏观经济形势及两行合作问题进行了交流。

10月22日－10月23日

赵林监事长、王炽曦监事赴广东分行调研。期间，在广东分行、佛山分行、中山分行分别召开了调研座谈会，听取了工作汇报，并看望了基层一线员工。

10月23日

姜建清董事长会见法国安盛集团董事长亨利·德·卡斯特先生一行，双方就工银安盛的业务发展情况和未来战略规划等进行了交流。

张红力副行长主持召开专项融资及“走出去”项目推进会并讲话。

郑万春副行长参加中国国债协会召开的会长办公会议。

谷澍副行长主持召开网点竞争力提升领导小组三季度工作会议。

王敬东副行长陪同人民银行李东荣副行长一行赴杭州金融研修学院调研。期间，王敬东副行长介绍了工商银行教育培训工作总体情况和杭州金融研修学院的教学设施。

10月24日

姜建清董事长参加国务院第66次常务会议。

姜建清党委书记主持召开第26次党委（扩大）会议，传达学习十八届四中全会精神。党委副书记易会满、赵林及党委委员刘力宪、张红力、郑万春、谷澍、王敬东出席。

姜建清董事长会见巴基斯坦财政部长穆罕默德·达尔（Muhammad Ishaq Dar）先生一行，双方就中巴经济走廊和工业园建设，以及水电、能源等基础设施建设等议题交换了意见。

易会满行长参加银监会召开的银行业支持西藏经济社会发展座谈会。

香港《亚洲公司治理》杂志组织评选的第五届“亚洲公司治理杰出表现奖”揭晓，工商银行副董事长、行长易会满获评“亚洲杰出董事奖”。

郑万春副行长主持召开部分分行个人经营贷款工作座谈会并讲话，魏国雄首席风险官出席会议。

谷澍副行长参加财政部举办的亚洲基础设施投资银行筹建备忘录签字仪式。

谷澍副行长主持召开第70次专题会议，研究境外机构金融市场业务事前控制有关工作。

10月27日

姜建清党委书记主持召开第27次党委（扩大）会议，研究拟提交董事会的汇报和议案，听取内控合规部关于对部分分行不良贷款、金融资产服务业务风险事件专项检查情况的汇报。党委副书记易会满、赵林及党委委员刘立宪、张红力、郑万春、王敬东出席。

姜建清董事长应邀参加耶鲁大学商学院在京召开的CEO峰会，并接受耶鲁大学校长彼得·沙洛维（Peter Salovey）教授颁发的耶鲁“全球商业领袖奖”。

易会满行长参加中国支付清算协会召开的促进支付业务合作共赢高端研讨会。

谷澍副行长会见捷克财政部副部长马丁·普洛斯一行，双方就捷克财政部和工行的合作机会、在布拉格设立工行分支机构等事宜进行了交流。

以工银党任免〔2014〕50号决定：王敬东同志任中共中国工商银行机关委员会书记，王秀山同志任中共中国工商银行机关委员会常务副书记。

10月28日

刘立宪纪委书记会见中纪委调研组一行。

张红力副行长出席工银租赁与北京市红十字会合作引进的中国首架专业航空医疗救援直升机启航仪式并致辞。

谷澍副行长出席渠道管理专业高级管理人员研修班并讲话。

王敬东副行长参加中央国家机关工委召开的中央国家机关学习宣传贯彻党的十八届四中全会精神动员部署会暨首场辅导报告会。

王敬东副行长会见杰富仕亚太中东区总裁丹·瑞恩一行，就加强双方在安全保卫领域合作进行了交流，并签署了全球安全服务《战略合作备忘录》。

10月28日－11月2日

郑万春副行长参加中国金融学会在台湾举办的第十九届两岸金融合作研讨会。

10月29日

姜建清董事长参加国务院第67次常务会议。

姜建清董事长主持召开董事会会议，审议通过了《关于2014年第三季度报告的议案》等3项议案，并听取了《关于2014年前三季度经营情况的汇报》。易会满副董事长等15位董事会成员出席会议。胡浩董事会秘书参加会议。赵林监事长及监事会成员、魏国雄首席风险官、监管机构代表以及总行相关部门负责人列席会议。

易会满行长主持召开全行信贷管理专题视频会议并讲话。张红力、谷澍副行长，魏国雄首席风险官出席。

赵林监事长主持召开监事会会议，审议通过了《关于2014年第三季度报告的议案》，并听取了《关于2014年第三季度商定程序的汇报》等6项汇报。王炽曦、董娟、孟焰、张炜、李明天监事出席。

赵林监事长、刘立宪纪委书记出席第四届“感动工行”评选活动第一次评选委员会会议，审议候选人名单并对有关工作进行研究。

王敬东副行长出席总行改进工作作风密切联系群众座谈会并讲话。

以工银任免〔2014〕335号决定：聘任黄庆惠为内部审计局直属分局局长。

10 月 30 日

姜建清董事长主持召开 2014 年董事会战略研讨会，总结近三年工商银行改革发展和战略规划执行情况，分析当前国内外经济金融形势及工商银行面临的机遇和挑战，重点研究讨论未来一段时间全行改革发展思路及战略设想。易会满、刘立宪等 14 位董事会成员及胡浩董事会秘书出席。赵林监事长及王炽曦监事、魏国雄首席风险官、林晓轩首席信息官等列席。

姜建清董事长会见荷兰阿姆斯特丹市市长范德朗先生一行，就阿姆斯特丹市政府、北京市政府及工商银行三方联合举办“中荷峰会”的成功召开及后续合作进行了交流。

北京市政府、阿姆斯特丹市政府和工商银行在京共同主办了“2014 年中荷企业商务峰会”，易会满行长出席峰会并致辞，并与北京市政府党组成员夏占义、阿姆斯特丹市市长范德兰共同见证了多家企业签署合作协议。荷兰对外贸易和发展合作大臣莉莲·普璐曼女士出席了峰会。

张红力副行长拜访中国中化集团公司董事长刘德树，双方重点就“走出去”领域的合作，以及资产管理、存款、优先股购买等议题进行了交流。

10 月 31 日

姜建清董事长、易会满行长、赵林监事长、刘立宪纪委书记听取全行巡视工作汇报。

姜建清董事长、张红力副行长会见了巴西公民、司法及宪法委员会主席文森特·坎迪特一行，双方就加强金融领域合作进行了深入交流。

姜建清董事长、赵林监事长赴内部审计局、内审直属分局宣布人事任免事项。经总行党委研究，刘卫星同志任内部审计局局长；黄庆惠同志任内审直属分局局长，不再担任内部审计局副局长职务；李健飞同志任内部审计局副局长，不再担任内审直属分局局长职务。

张红力副行长、林晓轩首席信息官主持召开第 67 次专题会议，研究机构客户营销管理系统功能完善和加快银银合作发展事宜。

王敬东副行长会见国际反洗钱协会主席泰德（Ted）先生一行，双方就反洗钱专业人才培养及反洗钱领域当前形势等问题进行交流。

11 月

11 月 1 日 –2 日

姜建清董事长应邀参加国际金融论坛 2014 年年会，并针对“全球银行业发展的现状、挑战与未来”“如何培育综合经营的跨国银行集团”等议题发表演讲。原全国人大常委会副委员长成思危、原社保基金会理事长戴相龙及有关金融机构主要负责人参加了论坛并发言。

姜建清董事长拜会港澳办王光亚主任，双方就工商银行在港发行优先股事宜进行了交流。

11 月 3 日

姜建清董事长主持召开会议，研究地方政府融资平台有关工作。易会满行长，张红力、郑万春副行长，魏国雄首席风险官出席。

易会满行长、张红力副行长主持召开机构金融业务推进委员会 2014 年度第一次会议。会议审议通过了《前三季度机构金融业务经营情况报告》等 3 项议案，审阅了《互联网金融背景下机构金融业务发展策略》。

张红力副行长会见德国杜塞尔多夫市长托马斯·盖泽尔（Thomas Geisel）一行。双方就工商银行经营现状及在德发展计划、中资企业赴杜塞尔多夫市投资等议题进行了交流。

郑万春副行长拜访中国烟草总公司副局长徐莹一行，双方就全面加强业务合作进行了交流。

11 月 3 日 –11 月 11 日

赵林监事长出访阿根廷、秘鲁、巴西。期间，调研了工银阿根廷、工银秘鲁、工银巴西，听取了有关经营情况汇报；拜会了阿根廷银监会副主席佩德罗·M. 比茨凯伊席（Pedro M. Biscay）先生、我国驻阿根廷大使杨万明、秘鲁国民银行董事长卡洛斯．迪亚兹（Carlos Díaz）、行长胡安·卡洛斯·加弗雷（Juan CArlos Galfré）和中国驻圣保罗总领事馆总领事陈曦；见证了工银巴西代表工商银行与圣保罗州工业联合会（FIESP）签署合作协议；拜会了中石油、中石化、中海油、中国机械、中核、华为等十多家当地中资企业客户，就加强银企合作事宜进行了交流。

11 月 3 日 –11 月 7 日

谷澍副行长出访英国。期间，作为工银伦敦的候任董事长，履行英国审慎监管局相关程序；赴工银伦敦开展调研。

11 月 4 日

姜建清董事长应邀在京参加瑞士信贷第五届新兴市场领导力论坛并发表主题演讲。会议期间，姜建清董事长分别会见了美国橡树资本管理公司董事长霍华德·马克斯（Howard Marks），卡塔尔国务大臣兼投资局董事侯赛因·阿卜杜拉（Hussain Al – Abdulla），以及瑞士信贷首席执行官杜德恒（Brady Dougan）。

张红力副行长出席 2014 年第 4 期（总第 37 期）创新沙龙。此次创新沙龙主题为“拓展专业市场的创新思维与有效实践”。

王敬东副行长参加最高人民法院召开的网络执行查控系统建设与开通工作协调会。

王敬东副行长出席总行机关老同志集体祝寿活动。

11 月 5 日

姜建清董事长参加国务院第 68 次常务会议。

姜建清董事长主持召开互联网金融工作小组会议，易会满行长、郑万春副行长、林晓轩首席信息官出席。

张红力副行长会见波音公司副总裁兼财务总监戴夫·多纳莱克（Dave Dohnalek）先生一行，双方就全球经济形势、民航业和飞机融资未来发展和合作进行了深入交流。

银监会监管一部在工商银行召开2014年三季度银监会监管座谈会。郑万春、王敬东副行长出席。

11月6日

姜建清董事长会见道富银行董事长杰伊·霍利（Jay Hooley）一行，双方就中美两国经济、两行经营情况及业务合作等议题进行了交流。

王敬东副行长主持召开全行分析师队伍建设工作推动视频会，林晓轩首席信息官出席。

11月6日－11月7日

易会满行长赴安徽调研。在皖期间，易会满行长听取了安徽分行经营情况汇报，并到电子银行中心（合肥）、国际结算单证中心（合肥）、分行营业部城建支行看望慰问一线干部员工。

11月8日

在中国国务院总理李克强和到访的巴基斯坦总理谢里夫见证下，姜建清董事长与旁遮普省投资委员会主席赛义德·阿里（Syed Maratib Ali）先生签署了《巴基斯坦工银如意马苏德纺织服装工业园项目合作框架协议》。

2014年中韩跨国公司领袖圆桌会议在京举行，姜建清董事长作为会议联席主席主持了会议。来自中韩两国金融、运输、汽车、电子、旅游、文化等领域的二十余家跨国公司的董事长或总裁参加了圆桌会议。会议期间，姜建清董事长还分别会见了中国国际跨国公司促进会会长、原全国政协副主席郑万通、中国国旅集团董事长王为民、北汽控股集团总裁李峰和韩国贸易协会会长、韩国前国务总理韩悳洙、韩国锦湖韩亚集团董事长朴三求、浦项集团董事长权五俊、三星电子集团副总裁姜浩文、现代汽车集团总裁崔成起等中韩人士。

11月12日

张红力副行长会见来华访问的墨西哥国家石油公司总裁埃米利奥.洛索亚.奥斯丁一行，双方就在海工装备、油气开发等领域开展全面合作进行了深入交流。

11月13日

在墨西哥总统培尼亚·涅托对我国进行国事访问期间，姜建清董事长主持在人民大会堂召开的中墨企业家高级别工作组会议，并代表工作组向习近平主席、培尼亚·涅托总统进行工作汇报。会议期间，在两国领导人见证下，姜建清董事长代表工商银行接受墨西哥财政和公共信贷部向工商银行颁发的墨西哥子行获批文件，结束了墨西哥没有中资银行的历史。两国领导人在国事活动相关讲话中均高度肯定了工商银行设立墨西哥子行的重要意义。在两国领导人见证下，姜建清董事长代表工商银行与墨西哥国家石油公司签署《海工专项合作备忘录》。

姜建清董事长、林晓轩首席信息官会见IBM公司董事长兼全球总裁及首席执行官罗睿兰（Ginni Rometty）一行，双方就“两地三中心”后续工作、IT架构转型等议题进行了交流。

郑万春副行长主持召开部分分行公司存款专项座谈会并讲话。

郑万春副行长会见摩根大通副行长卡洛斯·赫尔南德斯（Carlos Hernandez）先生一行，双方就两行合作、资本工具发行等话题交换了意见。

11月14日

赵林监事长出席总行党校第八期领导干部研究班结业典礼。

张红力副行长会见领航投资公司（The Vanguard Group, Inc.）董事总经理格林·里德（Glenn Reed）一行。

张红力副行长主持召开第71次专题会议，研究《中国工商银行与金融产品交易场所业务合作管理办法》及与金融产品交易场所业务合作相关事宜。

法国大巴黎地区投资署和中国工商银行在京共同举办的“投资在大巴黎商务论坛”，郑万春副行长代表工商银行出席论坛并致辞。

11月15日

张红力副行长出席天津市金融局、工银租赁、天津津融集团联合举办的租赁资产交易研讨会并讲话。

11月17日

姜建清董事长参加国务院应对国际金融危机小组第23次会议。

易会满行长参加银监会召开的全国银行业小微企业金融服务工作（电视电话）会议。

张红力副行长主持召开中国城市金融学会学术委员会会议，审议确定了第十二届全国城市金融优秀论文及调研报告评选结果。

11月17日－11月19日

赵林监事长参加全国政协第三期新任委员学习研讨班。

11月18日

易会满行长、董事会秘书胡浩会见银监会监管一部主任肖远企一行，双方就监管沟通与互动机制建设、金融“新常态”下大型银行转型创新等话题交换了意见。

易会满行长出席跨境人民币业务联动工作会议并讲话，谷澍副行长主持。

刘立宪纪委书记参加中央巡视工作动员会。

张红力副行长会见约旦原子能委员会副主任卡迈勒·J.阿拉加（Kamal J Araj）先生一行，双方就约旦核电站项目融资等议题交换了意见。

郑万春副行长应邀出席在京召开的中国银行业协会票据专业委员会成立大会暨一届一次全体会议并讲话。在会上，中国工商银行被推选为首届票据专业委员会主任单位，郑万春副行长被推选为首届票据专业委员会主任。

郑万春副行长赴天津出差。期间，听取了天津分行关于支持天津小微企业发展情况和天津市政府关于创立小微企业信用保证专项贷款及风险共担机制设想的专题汇报；会见了天津市委常委、副市长崔津渡，双方就金融支持小微企业发展和创立信用保证专项贷款及风险共担机制交换了意见。

谷澍副行长出席在长春金融研修学院举办的全行业务运营高级管理人员研修班并讲话。

谷澍副行长会见苹果公司全球高级副总裁詹妮弗·贝利（Jannifer Bailey）女士一行，双方就支付产品创新及未来合作等议题进行了交流。

王敬东副行长赴杭州。期间，出席了在杭州金融研修学院举办的管理信息业务分管行长培训班并授课；赴浙江分行营业部高新支行了解客户经理对个人客户营销管理系统、法人客户营销管理系统等系统的使用情况，并看望慰问一线员工。

11 月 19 日

姜建清董事长参加国务院第 70 次常务会议。

姜建清党委书记主持召开第 28 次党委（扩大）会议，传达了国务院第 70 次常务会议和国务院应对国际金融危机小组第 23 次会议精神，听取了工商银行优先股发行及董事换届有关工作的汇报。党委副书记易会满及党委委员刘立宪、张红力、郑万春、谷澍、王敬东出席。

郑万春副行长主持召开部分分行结算与现金管理专业中间业务工作座谈会并讲话。

王敬东副行长主持召开机关党委全委会，审议总行机关民主生活会有关安排及发展党员有关事宜，集中学习座谈党的十八届四中全会精神。

11 月 19 日 –11 月 27 日

张红力副行长出访约旦、阿联酋。期间，应邀出席了博鳌亚洲论坛金融合作会议并发表演讲；拜会了中国驻约旦大使高育生、约旦能源与矿产大臣穆罕默德·哈米德、阿联酋央行行长穆巴拉克·曼苏里、迪拜金融服务局（DFSA）董事总经理布莱恩·斯特沃特、迪拜国际金融中心（DIFC）首席行政官伊萨·卡吉姆；出席了工银租赁与中东地区 10 家银行 5 亿美元银团贷款协议签字仪式；会见了阿联酋国民银行（Emirates NBD）首席执行官施恩·尼尔森、卡塔尔国民银行全球公司与机构客户部总经理尤塞福·阿尔尼玛、伊斯兰私营部门发展集团（ICD）首席执行官哈尔德·阿尔阿布迪；考察调研了迪拜分行。

11 月 20 日

谷澍副行长主持召开会议，研究境外机构注资事宜。

11 月 22 日

谷澍副行长会见洛杉矶市市长贾希提（Eric Garcetti）一行，出席了工银美国与洛杉矶市政府人民币合作备忘录签约仪式并致辞。

11 月 24 日

姜建清党委书记主持召开第 29 次党委（扩大）会议，听取了关于信贷业务发展战略布局等 13 项 2014 年度改革重点研究课题的汇报。党委副书记易会满、赵林及党委委员郑万春、谷澍、王敬东出席。

郑万春副行长会见国际航空集团首席执行官威利·沃尔什（Willie Walsh）一行，双方就进一步加强业务合作等议题进行了交流。

以工银任免〔2014〕391 号决定：解聘詹向阳中国工商银行股份有限公司金融研究总监职务，批准其退休。

11 月 25 日

姜建清董事长、郑万春副行长会见天津市委常委、常务副市长崔津渡一行，就破解小微企业融资难、支持天津企业“走出去”等议题交换了意见。

郑万春副行长参加银监会召开的四行同业新规执行情况现场检查进场见面会。

11 月 26 日

郑万春副行长应邀参加中国支付清算协会举办的“2014 中国支付清算与互联网金融论坛”并致辞。

郑万春副行长会见台北金融研究发展基金会董事长周吴添一行，双方就票据业务合作等内容进行了交流。

王敬东副行长参加国务院召开的全国离退休干部先进集体和先进个人表彰大会。

谷澍副行长参加中国人民银行和中国金融出版社共同举办的第五届中国金融论坛“移动金融创新与安全”研讨会，并发表了题为“加快创新 为客户提供便捷安全的移动金融服务”的主题演讲。

11 月 26 日 –12 月 5 日

易会满行长赴中国香港，新加坡，美国波士顿、纽约等地开展境外优先股发行路演。期间，先后出席了香港、新加坡两场大型投资者见面会，香港、波士顿、纽约三场一对多投资者会议，一对一拜访了淡马锡总裁科尔先生、Loomis 公司 CEO 罗伯特·布兰丁先生、纽文投资公司主席哈里·哈兰先生等重点投资人；赴新加坡分行调研，听取了分行工作汇报，看望慰问了分行干部员工；拜会了新加坡贸易与工业部部长李奕贤，双方就中新经贸与投资往来最新动向、新加坡在华新工业园建设、加强中新金融合作等话题交换了意见；会见了同在纽约进行 IPO 路演的中广核集团董事长贺禹、总会计师施兵，双方就加强银企全方位金融对接、推进英国、罗马尼亚、南非核电走出去项目合作等事宜进行了交流。

11 月 27 日－12 月 5 日

姜建清董事长、胡浩董事会秘书赴英国、德国、卢森堡。在英国期间，姜建清董事长带队开展优先股发行路演，拜会了工商银行优先股投资者蓝湾资本首席执行官亚历克斯·科恩（Alex Khein）先生，并集中会见了部分优先股投资者，回答了投资者的提问；出席了《银行家》杂志颁奖仪式，代表工行领取“全球最佳银行”“亚太区最佳银行”和“中国最佳银行”三个奖项，工行成为有史以来首家被评为“全球最佳银行”的亚洲地区商业银行；主持了伦敦分行开业仪式，会见了出席开业仪式的中华人民共和国驻英公使倪坚、伦敦金融城市长阿兰·亚罗（Alan Yarrow）、英国审慎监管局监管官梅根·巴特勒（Meagan Butler）、渣打银行首席执行官冼博德（Peter Sands）、汇丰银行董事长范智廉（Douglas Flint）等嘉宾；赴标银公众公司视察，听取公司首席执行官马克（Marc）的汇报，并对标银公众公司的发展做了重要指示；赴工银伦敦视察，看望慰问员工，并听取工银伦敦经营情况汇报；拜会了英国财政大臣乔治·奥斯本（George Osborne）、汇丰集团首席执行官欧智华（Stuart Gulliver）、标准人寿董事长格林·斯通（Gerry Grimstone）等英国政府及主要金融机构负责人。在法兰克福期间，姜建清董事长率队开展了优先股发行投资者见面会，针对国际资本市场关心的中国宏观经济运行、货币政策与资本监管展望、中国银行业发展的机遇和挑战、工商银行经营业绩和发展战略、资产质量与风险管理、资本规划与优先股发行条款等问题，向参会的60名基金经理进行了深入的阐释和介绍。路演完成后，姜建清董事长率领的路演团队和易会满行长率领的路演团队分别在法兰克福和纽约连同总行工作团队，通过三地视频电话连线方式召开了此次境外优先股发行定价工作会议。在卢森堡期间，姜建清董事长主持了工商银行卢森堡人民币清算行启动仪式，先后会见了卢森堡大公亨利（Henri）、财政部长皮埃尔·格拉美亚（Pierre Gramegna）、央行行长加斯顿（Gaston Reinesch）等政府主要负责人。此次境外优先股发行在成功实现低端定价的同时，获得了国际投资者的热烈追捧，最终认购金额达到了278亿美元，实现认购倍数4.9倍，上市后二级市场交易走势良好。2014年12月4日，工商银行在上海、香港两地交易所发布公告，宣布成功发行3.5亿股优先股，筹集资金总额346亿元等值人民币，约合56.4亿美元。

11 月 27 日－11 月 28 日

赵林监事长、王敬东副行长主持召开机关党支部（总支部）书记落实党风廉政建设主体责任专题培训班并讲话。

11 月 28 日

赵林监事长参加中央督导组召开的有关会议。

郑万春副行长会见顺风国际清洁能源有限公司控股股东郑建明、董事长张懿一行，双方就光伏行业形势、公司经营转型、战略合作及融资需求等议题进行了交流。

王敬东副行长参加民政部召开的中国银行业协会服务经济社会情况工作调研座谈会。

11 月 29 日

张红力副行长参加人民银行召开的《存款保险条例（草案）》公开征求意见及主要商业银行工作安排座谈会。

郑万春副行长出席搜狐财经召开的“2014 变革力峰会”，并以“新金融”为主题发表了讲话。

11 月 29 日－12 月 31 日

刘立宪纪委书记参加中央巡视组赴华电集团开展专项巡视工作。

12 月

12 月 1 日

受姜建清党委书记委托，赵林党委副书记主持召开第30次党委（扩大）会议，审议了提交董事会的议案和报告，党委委员张红力、郑万春、谷澍、王敬东出席。

郑万春副行长主持召开第72次专题会议，研究推进中电投/道达尔80万吨煤制聚烯烃项目财务顾问营销工作。

郑万春副行长、林晓轩首席信息官主持召开第73次专题会议，研究对公客户营销管理系统功能优化提升方案。

12 月 1 日－12 月 2 日

王敬东副行长赴湖北。期间，在湖北金融培训学校调研教育培训工作；在三峡分行召开座谈会，并到三峡分行枝江支行现场了解县域支行竞争力提升项目和网点柜员转岗的实际情况。

12 月 2 日

郑万春副行长会见多伦多大学罗特曼商学院院长蒂芙·麦克雷恩（Tiff Macklem）一行，双方就加强培训合作事宜进行了交流。

谷澍副行长会见东南非贸易与开发银行行长泰德斯（Admassu Tadesse）一行，双方就潜在的业务合作机会进行了交流。

谷澍副行长参加银监会召开的资本管理高级方法持续监管会议。

12 月 2 日－12 月 3 日

张红力副行长赴深圳。期间，分别拜访了中国平安集团副总裁姚波、南方基金管理有限公司总裁杨小松、国信证券股份有限公司总裁陈鸿桥，就多领域业务合作进行了交流；出席了在深圳召开的部分重点分行资产托管业务研讨会并讲话。

12 月 2 日 –12 月 4 日

郑万春副行长赴陕西。期间，听取陕西分行工作汇报，会见陕西省委常委、副省长江泽林，就金融合作事宜交换了意见；拜访中航飞机股份有限公司总经理唐军，双方就存款融资、投资银行、现金管理等领域合作进行了交流；调研了西咸新区沣西新城、信息产业园、城市绿廊生态建设项目等。

12 月 3 日

赵林监事长参加全国政协举办的“加快发展多层次资本市场”主题座谈会。

赵林监事长在北京分行主持召开总行党委民主生活会征求意见座谈会，征求分支机构对总行党委召开民主生活会的意见建议。中央第 33 督导组成员于振峰同志、崔光来同志出席会议。

谷澍副行长会见英国审慎监管局安娜（Anna Lemessany）一行，双方就工商银行国际化战略、对英国市场的发展定位、在英机构经营情况及管理模式等议题进行了交流。

王敬东副行长出席由工商银行承办的金融青年阳光助残“五个一”行动启动仪式。

12 月 4 日

谷澍副行长参加银监会召开的中国工商银行（核心）监管联席会议。

谷澍副行长会见法国兴业银行董事长兼首席执行官吴棣言（Frédéric Oudéa）先生，双方签署了全面合作协议谅解备忘录，并就中欧宏观经济情况、两行业务发展、跨境人民币业务、移动支付、影子银行等议题交换了意见。

王敬东副行长参加人民银行召开的网络支付业务专题座谈会。

12 月 5 日

赵林监事长主持召开第四届“感动工行”评选活动评审委员会第二次会议，审议“感动工行”员工名单。

张红力副行长参加国家发展改革委召开的“两廊基金”专题研讨会。

郑万春副行长出席北京大学 2014 年度奖教金、奖学金颁奖典礼，并会见了北京大学朱善璐书记，双方就加深业务合作进行了交流。

12 月 5 日—6 日

谷澍副行长赴深圳出席前海金融创新大会并发表致辞；调研了深圳分行智能网点及前海分行。

12 月 8 日

姜建清党委书记主持召开第 31 次党委（扩大）会议，传达中央关于开好 2014 年党员领导干部民主生活会的有关要求，研究部署总行党委 2014 年党员领导干部民主生活会有关事项。党委副书记易会满、赵林及党委委员刘立宪、张红力、郑万春、谷澍、王敬东出席。

姜建清董事长主持召开中国工商银行股份有限公司董事会会议。会议审议通过了《关于提名姜建清先生为中国工商银行股份有限公司执行董事候选人的议案》等十项议案，并听取了《关于优化董事会对董事履职评价相关工作的汇报》。易会满副董事长，董事会成员钟嘉年、洪永淼、衣锡群、汪小亚、葛蓉蓉、李军、王小岚、傅仲君、柯清辉出席。胡浩董事会秘书参加。赵林监事长及监事会成员、林晓轩首席信息官、监管机构代表以及总行相关部门负责人列席。

易会满行长、胡浩董事会秘书会见爱尔兰总统迈克尔·希金斯并出席爱方集体晚宴，双方就中爱经济发展、工商银行业务发展、在爱经营情况、未来合作领域等议题交换了意见。

郑万春副行长会见俄罗斯天然气集团 CFO 一行，双方就业务合作等议题进行了深入交流。

12 月 9 日 –12 月 11 日

姜建清董事长、易会满行长参加中央经济工作会议。

12 月 9 日

赵林监事长主持召开中国工商银行股份有限公司监事会会议，审议通过了《关于监事会对董事会、高级管理层及其成员 2014 年度履职评价实施方案的议案》等三项议案，听取了《关于集团并表管理情况的汇报》等四项汇报。王炽曦、董娟、孟焰、张炜、李明天监事出席会议。

张红力副行长会见了爱尔兰投资发展局执行副总裁基兰·多诺霍一行，双方就加强金融业务合作、信息科技建设等进行了交流。

郑万春副行长参加银监会举办的资本管理工作座谈和培训会。

郑万春副行长会见俄罗斯核工业集团副总裁兼首席财务官 Nikolay Solomon 先生一行，双方就全球现金管理、项目融资、人民币结算与债券发行等达成合作意向。

谷澍副行长出席主题为“转型、协作、共赢——新时期银保业务创新与发展”的 2014 年第 5 期（总第 38 期）创新沙龙。

以工银任免〔2014〕389 号决定：聘任刘卫星为内部审计局局长。

以工银任免〔2014〕390 号决定：聘任许杰为中国工商银行股份有限公司河南省分行行长，解聘刘卫星中国工商银行股份有限公司河南省分行行长职务，另有任用。

以工银任免〔2014〕395 号决定：解聘白涛内部审计局局长（省行行长级）职务。

12 月 10 日

姜建清董事长、易会满行长、张红力副行长会见俄罗斯联邦副总理尤里·特鲁特涅夫一行，双方就加强对俄金融业务合作、远东地区基础设施投融资模式创新、加快发展对俄人民币业务、以及与远东发展基金的合作等相关议题交换了意见。

姜建清董事长、易会满行长，张红力、郑万春副行长会见招商局集团有限公司李建红董事长、李晓鹏总经理一行，姜建清董事长、李建红董事长代表双方签署了《战略合作协议》。

张红力副行长拜访了华夏基金管理有限公司董事长杨明辉、副总裁吴志军、督察长汤晓东等负责人，双方重点就基金托管、代销、专户理财等领域的合作进行了交流。

郑万春副行长、魏国雄首席风险官主持召开市场风险管理委员会第五次会议，审议通过了《金融市场业务事前控制有关情况报告》等四项议案，听取了《中国工商银行股份有限公司2014年三季度市场风险管理报告》等四项汇报。

12月11日

姜建清党委书记主持召开第32次党委（扩大）会议，传达学习中央经济工作会议精神，结合实际研究贯彻落实意见。党委副书记易会满、赵林，以及党委委员张红力、郑万春、谷澍、王敬东出席。

12月12日

姜建清董事长、易会满行长，张红力、郑万春副行长会见中国华融资产管理股份有限公司赖小民董事长一行，张红力副行长、王利华副总裁代表双方签署了《战略合作协议》。

姜建清董事长、林晓轩首席信息官会见百度公司董事长李彦宏，双方就互联网金融创新等内容进行了交流。

易会满行长出席全行2014年度决算工作视频会议并讲话。

谷澍副行长会见韩国预托决济院首席执行官俞在勋先生一行，双方就资产托管、债券投资、清算等领域的合作进行了交流，并代表双方签署了合作备忘录。

12月15日

党委书记、董事长姜建清主持召开总行党委民主生活会征求总行机关意见建议座谈会。党委副书记、监事长赵林，党委委员、副行长王敬东出席。中央第33督导组成员于振峰同志和崔光来同志列席了会议。

郑万春副行长走访中央电视台总会计师董为民。双方就拓展业务领域、深化战略合作关系进行了交流。

谷澍副行长、魏国雄首席风险官出席总行操作风险暨内部控制管理委员会2014年第四次会议。

12月16日

易会满行长主持召开总行风险管理委员会2014年第四次会议，审议通过了《关于改进境外机构市场风险管理的报告》等三项议题，听取了《业务连续性管理工作开展情况的汇报》等两项汇报。郑万春副行长、谷澍副行长、王敬东副行长、魏国雄首席风险官、林晓轩首席信息官出席。

赵林监事长、王炽曦监事出席2014年中投公司控参股银行监事会工作座谈会。

王希全副行长出席中央财政非税收缴代理银行项目投标会。

郑万春副行长会见清华大学程建平副校长一行，双方就全面加强合作进行了交流。

谷澍副行长参加中国银行业协会举办的“新常态：寻找银行业发展新动力”银行家高峰论坛，并发表主题演讲。

以工银任免〔2014〕399号决定：聘任曾琪为结算与现金管理部总经理。

12月17日

易会满行长出席“加强内部管控遏制违规经营和违法犯罪专项检查”动员视频会并讲话，会议由谷澍副行长主持，王敬东副行长出席会议。

郑万春副行长拜访中航工业集团副总经理兼总会计师顾惠忠，双方就加强业务合作等议题进行了交流。

12月18日

姜建清董事长出席国务院召开的全国促进融资性担保行业发展与监管经验交流电视电话会议。

谷澍副行长、魏国雄首席风险官、林晓轩首席信息官主持召开第76次专题会议，研究融e联、直销银行和开放式电子银行等项目建设工作。

郑万春副行长赴结算与现金管理部宣布人事任免。经总行党委研究决定，聘任曾琪同志为结算与现金管理部总经理。

谷澍副行长、林晓轩首席信息官拜访中国电信集团副总经理陈忠岳一行，双方就开展工银融e联和易信产品合作等议题进行了交流。

12月19日

姜建清党委书记主持召开第33次党委（扩大）会议，研究2015年全行经营指标和改革发展研讨会会议材料。党委副书记易会满以及党委委员张红力、王希全、郑万春、谷澍、王敬东出席。

12月19日-12月20日

赵林监事长参加中共中央组织部召开的全国组织部长会议。

12月22日

总行召开工银信用卡超亿张发布会，姜建清董事长，易会满行长，赵林监事长，刘立宪纪委书记，张红力、王希全、谷澍、王敬东副行长，汪小亚董事、王炽曦、张炜、李明天监事、魏国雄首席风险官、林晓轩首席信息官参加。工商银行已成为国内首家、全球第三家信用卡发行过亿的商业银行。

12月22日-12月23日

总行在京召开改革发展研讨会，认真学习贯彻中央经济工作会议精神，深入分析新常态对全行经营发展带来的新变化，研究谋划明年工作思路以及未来一个时期落实转型发展战略的措施办法。姜建清董事长、易会满行长作了重要讲话。姜建清董事长在题为《积极适应新常态 奋力开创新局面》的讲话中，总结了全行股改以来首个十年纲要以及滚动实施的三个三年规划的执行情况，以中央经济工作会议精神为指导，深入阐述了新常态下全行经营发展面临的问题和挑战，部署了全面深化改革的重点任务和工作要求。易会满行长的讲话阐述了新常态下全行面临的机遇和挑战，重点围绕利润、质量和改革三大关键问题，对做好明年及未来一个时期的工作提出了相应的思路对策和办法措施。会议由赵林监事长主持，张红力、王希全、谷澍、王敬东副行长以及董事会、监事会和高管层成员出席会议。

郑万春副行长参加中央农村工作会议。

12 月 23 日

姜建清董事长参加银监会召开的全国银行业监督管理工作会议。

易会满行长主持召开人力资源深化项目启动会。赵林监事长，张红力、王希全、谷澍、王敬东副行长参加。

谷澍副行长参加人民银行召开的信贷形势分析会。

12 月 24 日

姜建清董事长参加国务院第 74 次常务会议。

姜建清党委书记主持召开第 34 次党委（扩大）会议，传达全国组织部长会议精神，研究总行直管机构领导班子和领导干部 2014 年度考核方案，听取《党委工作规则》《中国工商银行公务接待管理办法》汇报。党委副书记易会满、赵林以及党委委员刘立宪、张红力、王希全、郑万春、谷澍、王敬东出席。

12 月 25 日

姜建清董事长、易会满行长、郑万春副行长会见福建省委书记尤权、省长苏树林一行，双方就金融支持福建经济发展等交换了意见。

姜建清党委书记主持召开各部门主要负责人会议，宣布了纪委书记刘立宪同志的任免事项。党委副书记易会满、赵林，党委委员刘立宪、张红力、王希全、郑万春、谷澍、王敬东出席。

易会满行长、郑万春副行长走访中石化集团并会见中石化集团王天普总经理、刘运总会计师，双方就当前宏观经济形势及进一步深化银企合作等议题交换了意见。

王希全副行长出席全行离退休人员先进党支部和先进个人表彰大会暨工作会议并讲话。

12 月 26 日

姜建清党委书记主持召开第 35 次党委（扩大）会议，传达了国务院第 74 次常务会议关于金融支持企业走出去若干意见，中央农村工作会议和全国促进融资担保行业发展经验交流电视电话会议精神，听取了关于差旅费等费用管理办法的汇报，研究民主生活会有关事项。党委副书记易会满、赵林以及党委委员张红力、王希全、郑万春、谷澍、王敬东出席。

姜建清董事长、魏国雄首席风险官会见中国铝业公司董事长葛红林、副总经理刘才明一行，双方就下一步合作内容进行了交流。

易会满行长主持召开信息化银行领导小组第六次会议暨信息科技管理委员会 2014 年第四次会议，听取了《关于 2014 年信息化银行建设工程阶段性进展情况的汇报》等四项汇报。王希全、谷澍、王敬东副行长，魏国雄首席风险官、林晓轩首席信息官出席。

12 月 29 日－12 月 31 日

姜建清董事长赴深圳。期间，出席了深圳分行党员领导干部民主生活会；拜会了深圳市委书记王荣、市长许勤，就进一步加强合作、推进金融业改革创新交换了意见；拜访了平安集团董事长马明哲，双方就在保险资产托管、银保渠道销售、资产管理、通用积分共享、银证合作等领域的合作进行了交流；拜访了中广核集团董事长贺禹，双方就罗马尼亚、英国、南非核电项目进展情况进行了交流。

12 月 29 日－12 月 30 日

赵林监事长参加贵州分行党员领导干部民主生活会，并赴贵州分行营业部中华路支行看望慰问基层一线员工。

郑万春副行长赴安徽。期间，参加了分行党员领导干部民主生活会；赴安徽蚌埠分行考察小微金融业务中心改革试点工作。

12 月 31 日

姜建清董事长在深圳，易会满行长、赵林监事长等在北京，分别亲切看望慰问了参加年终决算的广大员工。在深圳，姜建清董事长先后赴深圳东环支行和前海分行营业部看望慰问工作在一线的干部员工，实地调研了深圳分行网点智能化运营项目，听取了项目投产以来在业务运行、存贷款、客户反应等方面情况以及前海分行的工作汇报。在北京，易会满、赵林、张红力、王希全、郑万春、谷澍、王敬东、林晓轩一行先后到财务会计部、资产负债管理部、运行管理部、信息科技部、资产管理部、金融市场部、风险管理部、信贷与投资管理部等部门慰问，并在信息科技部视频慰问了为年终决算提供支持的数据中心（北京）、数据中心（上海）和软件开发中心员工。然后，易会满、赵林、王希全、郑万春、谷澍一行分别赴北京分行营业部、长安支行西单智能网点和广安门支行营业室看望慰问一线员工。

第九部分

附　　录

责任编辑：缪　磊

2014年中国工商银行党委成员、董事、监事及高管人员名录

党委

党委书记：姜建清
党委副书记：易会满、赵林
党委委员：张红力、王希全、郑万春、谷澍、王敬东

董事

董事长、执行董事：姜建清
副董事长、执行董事：易会满
非执行董事：汪小亚、葛蓉蓉、李军、傅仲君
独立非执行董事：黄钢城、M·C. 麦卡锡、钟嘉年、柯清辉、洪永淼、衣锡群

监事

监事长：赵林
股东代表监事：王炽曦
外部监事：董娟、孟焰
职工代表监事：张炜、李明天

高级管理人员

行长：易会满
副行长：张红力、王希全、郑万春、谷澍、王敬东
首席风险官：魏国雄
首席信息官：林晓轩
董事会秘书：胡浩

总行内设机构名录

办公室

主任：高志新
副主任：宋立新、刘德奇、张彪、高翀、王元元、邢新华

董事会办公室

主任：钱毅
副主任：洪烨、金晖

监事会办公室

主任：王炽曦
副主任：郭敏、钱忠华

财务会计部

总经理：刘亚干
副总经理：魏茂庆、王凤玲、吴茜、王刚

资产负债管理部

总经理：朱长法
副总经理：何邵聪、张伟、郑福鹏、韩强

管理信息部

总经理：蒋玉林
副总经理：苏宗国、胡铁川、张勇

战略管理与投资者关系部

总经理：胡浩
副总经理：陈培涛、胡芳、侯倩、杨学宁

投资银行部

总经理：刘金
副总经理：安丽艳、张都兴、邹新、张小东

金融市场部

总经理：王刚
副总经理：沈士生、许金雷、唐凌云、赵传新、王海璐、王屯

资产管理部

总经理：韩松
副总经理：马长水、胡亚冰、杨治宇

机构金融业务部

总经理：席德应
副总经理：袁宏奇、胡益民、郭琳

个人金融业务部

个人金融业务总监兼总经理：李卫平
副总经理：任西明、张剑宇、胡亚辉、应维云、田耕、徐建斌

资产托管部

总经理：李勇
副总经理：王立波、王承远、肖婉如、晏秋生

养老金业务部

总经理：赵跃
副总经理：何亚平、毛卫东、刘彤

信贷与投资管理部

总经理：毕明强
副总经理：刘绍楚、魏学坤、陈忠、黄绍辉、聂大志、杨海涛、宁洁

公司金融业务部

总经理：乔晋声
副总经理：熊燕、郑卫东、黄梅、戴莲、王旭

专项融资部（营业部）

总经理：江涛
副总经理：闫峻、刘建昌、秦靖、沈敏

授信审批部

总经理：索绪全
副总经理：顾斌、孙以洲、许蒙、刘志、刘元庆

风险管理部

总经理：刘瑞霞
副总经理：李景玉、武宗远、刘晨

结算与现金管理部

总经理：曾琪
副总经理：杨烈、王守江、翁伟勇、周伟

运行管理部

总经理：牛刚
副总经理：毛宁、戴志华、张世皓、毛群、高军、刘伟、彭华

国际业务部

总经理：吴斌
副总经理：原擒龙（兼）、聂长雯、敖军承、陶能虹

内部审计局

局长：刘卫星
副局长：李炳元、杨娅丽、李健飞、贾伊宾、史晓媛、马恒山、乔峰

内控合规部

总经理：惠平
副总经理：童频、连工、王栋、王增科

法律事务部（消费者权益保护办公室）

总经理：张炜
副总经理：刘湘玲、刘泽华、张国蓉、董建军

信息科技部

总经理：吕仲涛
副总经理：张艳、毛宇星、张颖、杨龙如

电子银行部

总经理：侯本旗
副总经理：张立军、王嵩、陈静娴（兼）、鲁小涛、陈昭旭、李红燕

产品创新管理部

总经理：薛鸿健
副总经理：李秀媛、徐晓群（兼）、汪要武

人力资源部

总经理：王云桂
副总经理：宋翰乙、霍江、邢颖华、苗帅

企业文化部（教育部）

总经理：华耀纲
副总经理：杨桂琴、邵光华

监察室

主任：李明天
副主任：崔琪珍、韩奇、赵向军、苏万龙

保卫部

总经理：靳晓鹏
副总经理：施维

工会工作委员会

常务副主任：张恪理
副主任：熊少军

团委

团委书记：孙伯龙

直属党委

常务副书记：王秀山
副书记：郑延东

离退休人员管理部

总经理：张庆华

城市金融研究所

金融研究总监兼所长：周月秋
副所长：周永发、殷红

渠道管理部

总经理：郝彬
副总经理：彭兆芝、郑允弢、张屾

总行直属机构名录

牡丹卡中心

总裁、党委书记：栾建胜
执行副总裁、党委委员：孙洪霞、龙春玲、周跃东、韩旭升、陈明
纪委书记、党委委员：赵力
地址：北京市西城区金融大街5号－甲5号，新盛大厦A座
邮编：100032

私人银行部

总经理、党委书记：马健
副总经理、党委委员：徐卫东、王华
副总经理、纪委书记、党委委员：邹慧丽
地址：上海市中山东一路24号6楼
邮编：200002

贵金属业务部

总经理、党委书记：周明
副总经理、纪委书记、党委委员：赵文建
副总经理、党委委员：仇奕、杨煜国、陈一颖
地址：上海市中山东二路11号18楼
邮编：200002

票据营业部

总经理、党委书记：郭伟
副总经理、党委委员：张敬伦、唐国林、王永琪
纪委书记、党委委员：吕洁
地址：上海市虹口区天潼路133号17楼
邮编：200080

长春金融研修学院

院长、党委书记：陆钦
副院长、党委委员：项成
纪委书记、党委委员：郑向居
地址：长春市二道区公平路448号
邮编：130033

杭州金融研修学院

院长、党委书记：陈华蓉
副院长、纪委书记、党委委员：王龙华、王晓波
副院长、党委委员：吕香茹
地址：杭州市西湖区留下街道屏峰888号
邮编：310023

软件开发中心

总经理、党委书记：马雁
副总经理、党委委员：朱菲菲、李金浩、李兴双
副总经理、纪委书记、党委委员：吴绵顺
地址：珠海市唐家湾软件园路2号
邮编：519080

数据中心（北京）

总经理、党委书记：王丽平
副总经理、纪委书记、党委委员：黎万明
副总经理、党委委员：李六旬、孔兵
地址：北京市海淀区西三旗建材东路16号
邮编：100096

数据中心（上海）

总经理、党委书记：钱斌
副总经理、纪委书记、党委委员：刘方洲
副总经理、党委委员：郑庆华、丁旭东、李金浩（兼）
地址：上海市杨高北路2005号（台南西路80号）
邮编：200131

国际结算单证中心

总经理：原擒龙
副总经理：荆仁、夏霖
地址：北京市东城区朝阳门内大街188号鸿安商务大厦二层
邮编：100010

总行电子银行中心

总经理：陈静娴
副总经理：吕敏、郭杨、赵金龙
地址：北京市西城区德胜门外大街77号德胜国际中心D座
邮编：100088

电子银行中心（石家庄）

总经理：马铁军
副总经理：徐志强
地址：石家庄市桥西区时光街88号
邮编：050081

电子银行中心（合肥）

总经理：曾建平
副总经理：戴敏
地址：合肥市东流路999号新城国际大厦B座14楼
邮编：230031

电子银行中心（广州）

总经理：张敬华
副总经理：陈强
地址：广州市天河区科韵路32－34号2楼
邮编：510665

产品研发中心

总经理：徐晓群
副总经理：王新红
地址：北京市海淀区西三旗建材城东路16号
邮编：100096

各一级分行、直属分行名录

北京分行

行长、党委书记：王珍军
副行长、党委副书记：龚萍、季爱东
副行长、党委委员：顾建纲、汪晓芳、李建民
纪委书记、党委委员：王建红
地址：北京市西城区复兴门南大街2号（天银大厦B座）
邮编：100031

天津分行

行长、党委书记：蔡东
副行长、党委副书记：张兴东
副行长、党委委员：刘惠新、张静、罗勇、王建国、张希刚、赵义民
纪委书记、党委委员：赵军
地址：天津市河西区围堤道123号
邮编：300074

河北分行

行长、党委书记：史立军
副行长、党委副书记：张彦欣
副行长、党委委员：赵增学、李明海
纪委书记、党委委员：齐永田
地址：石家庄市中山西路188号
邮编：050051

山西分行

行长、党委书记：周玮
副行长、党委委员：于晋萍、贾建强、赵象钰、牛喜军
纪委书记、党委委员：王景华
地址：太原市迎泽大街145号
邮编：030001

内蒙古分行

行长、党委书记：吴宁锋
副行长、党委委员：范继忠、刘志忠、苏新立、肖舟、涂晓光
纪委书记、党委委员：曲云军
地址：呼和浩特市锡林北路105号
邮编：010050

辽宁分行

行长、党委书记：戴春林
副行长、党委委员：王洪冰、宋宁、张卫东、刘静波
纪委书记、党委委员：王伟
地址：沈阳市和平区南京北街88号
邮编：110001

吉林分行

行长、党委书记：鞠延强
副行长、党委副书记：马玉贤
副行长、党委委员：岳万国、周春晓、毕晓宏、陈宇龙、赵桂德
纪委书记、党委委员：张彦辉
地址：长春市人民大街9559号
邮编：130022

黑龙江分行

行长、党委书记：张晓辛
副行长、党委委员：杨宝金、杨秀芬、张希杰、石玉龙
纪委书记、党委委员：邹克胜
地址：哈尔滨市道里区中央大街218号
邮编：150010

上海分行

行长、党委书记：沈立强
副行长、党委委员：应俊惠、顾国明、成善栋、徐力、朱晓怡、周春明、曹琦
纪委书记、党委委员：吴勇
地址：上海市浦东大道9号
邮编：200120

江苏分行

行长、党委书记：黄纪宪
副行长、党委副书记：陈平
副行长、党委委员：万辉、宋建华、吴宗辉、岳小勇、徐晓岚、王都富
纪委书记：吴宗辉（兼）

地址：南京市中山南路 408 号
邮编：210006

浙江分行

行长、党委书记：沈荣勤
副行长、党委委员：叶定金、吴翔江、宋关昶、张松财、杨忆
纪委书记、党委委员：刘岩方
地址：杭州市中河中路 150 号
邮编：310009

安徽分行

行长、党委书记：常真旺
副行长、党委副书记：梁延国
副行长、党委委员：许益明、胡伟谊、邹平、武龙、赵洪亚
纪委书记、党委委员：朱勇
地址：合肥市芜湖路 189 号
邮编：230001

福建分行

行长、党委书记：朱春华
副行长、党委副书记：田哲
副行长、党委委员：范国德、李良茂、王升烽、郑志伟
纪委书记：李良茂（兼）
地址：福州市古田路 108 号
邮编：350005

江西分行

行长、党委书记：倪百祥
副行长、党委委员：张少华、邱建华、周维、姜成茂、张毅
纪委书记、党委委员：李照明
地址：南昌市抚河北路 233 号
邮编：330008

山东分行

行长、党委书记：沈如军
副行长、党委委员：夏侯静波、李明、王跃民、崔中玉、徐光林
纪委书记、党委委员：赵树厂
地址：济南市经四路 310 号
邮编：250001

河南分行

行长、党委书记：许杰
副行长、党委委员：姚虎、郭瑞海、薛文才、赵联盟、张有赋
纪委书记：姚虎（兼）
地址：郑州市经三路 99 号
邮编：450011

湖北分行

行长、党委书记：王芝斌
副行长、党委副书记：明道欣
副行长、党委委员：吴代强、张金星、李峰
纪委书记、党委委员：熊红英
地址：武汉市武昌区中北路 31 号
邮编：430071

湖南分行

行长、党委书记：苏国庆
副行长、党委委员：郑子术、聂建国、张龙清、李波
纪委书记、党委委员：邢敏
地址：长沙市芙蓉中路一段 619 号
邮编：410011

广东分行

行长、党委书记：施刚
副行长、党委副书记：杨南昌
副行长、党委委员：沈晓东、徐守本、谢忠、李宝权、周骏
纪委书记、党委委员：卢卓雄
地址：广州市沿江西路 123 号
邮编：510120

广西分行

行长、党委书记：彭正江
副行长、党委委员：许桂北、杨永、邵苏江、李德斌、杨军、王琦
纪委书记、党委委员：吴进
地址：南宁市教育路 15－1 号
邮编：530022

海南分行

行长、党委书记：石琪贤
副行长、党委委员：王树慧、陈学坤、吴传武、杨若飞
纪委书记：陈学坤（兼）
地址：海口市和平南路 3 号
邮编：570203

重庆分行

行长、党委书记：王百荣
副行长、党委委员：谢明、贺明

纪委书记、党委委员：宋克修
地址：重庆市南岸区江南大道9号
邮编：400060

四川分行

行长、党委书记：官学清
副行长、党委副书记：尹尤宪
副行长、党委委员：洪维刚、罗毅、王世杰、陈丹、陈汀
纪委书记、党委委员：马培雄
地址：成都市总府路35号
邮编：610016

贵州分行

行长、党委书记：黄力
副行长、党委委员：吴涛、黄文晖、张正华
纪委书记、党委委员：马俊平
地址：贵阳市中华北路200号
邮编：550001

云南分行

行长、党委书记：许海
副行长、党委委员：合杰、余良、王晓东
纪委书记、党委委员：凤兆龙
地址：昆明市青年路395号邦克大厦
邮编：650021

陕西分行

行长、党委书记：尚军
副行长、党委委员：刘勇、王军锋、王建设、蒋伟
纪委书记、党委委员：杨金凯
地址：西安市东新街395号
邮编：710004

甘肃分行

行长、党委书记：张海琳
副行长、党委副书记：樊志成
副行长、党委委员：李昶、郭一民、何林、蒋立强、晏贵宾
纪委书记：樊志成（兼）
地址：兰州市庆阳路408号
邮编：730030

青海分行

行长、党委书记：崔亮
副行长、党委委员：柴海生、李香玲、张振民
纪委书记、党委委员：高得文
地址：西宁市胜利路2号
邮编：810001

宁夏分行

行长、党委书记：王保林
副行长、党委委员：廉智、栗宁安
纪委书记、党委委员：唐学文
行长助理：郝宗民
地址：银川市黄河东路901号
邮编：750002

新疆分行

行长、党委书记：孙建勇
副行长、党委副书记：袁萍
副行长、党委委员：张延挺、邢雷、张家琦、余龙
纪委书记、党委委员：张脉群
地址：乌鲁木齐市人民路231号
邮编：830002

西藏分行

副行长、党委副书记：王学勇（主持工作）
副行长、党委委员：格桑曲珍、刘永斌、李海臣
纪委书记：刘永斌（兼）
地址：拉萨市城关区金珠中路31号
邮编：850000

大连分行

行长、党委书记：迟维君
副行长、党委委员：吕维、孙祥伟、姜晓芳、高亚林、张程、姚春和
纪委书记、党委委员：牛晓东
地址：大连市中山区中山广场5号
邮编：116001

青岛分行

行长、党委书记：付捷
副行长、党委委员：程青、时辉、乔霞、毛波、张江山
纪委书记、党委委员：薛德贵
地址：青岛市市南区山东路25号
邮编：266071

宁波分行

行长、党委书记：俞龙
副行长、党委委员：董继松、江甬辉、蔡志文、陈霄、郑东林、郑晔
纪委书记、党委委员：严爱兵
地址：宁波市中山西路218号
邮编：315010

厦门分行

行长、党委书记：崔勇
副行长、党委委员：苏昆山、黄立波、曾桂华、李文聪
纪委书记、党委委员：林建忠
地址：厦门市湖滨北路17号工商银行大厦
邮编：361012

深圳分行

行长、党委书记：林谦
副行长、党委委员：李学民、姚玉平、周杰、李健雄、刘宇峰、骆伟华
纪委书记、党委委员：万力
地址：深圳市罗湖区深南东路5055金融中心大厦北座
邮编：518015

苏州分行

行长、党委书记：徐晓岚
副行长、党委副书记：谢志华
副行长、党委委员：吴军、杨晓东、钱群、杨磊
纪委书记、党委委员：赵大哲
地址：苏州市阊胥路88号
邮编：215002

各内审分局名录

直属分局

局长：黄庆惠
副局长：庞力、何黎萍、刘辉成
地址：北京市西城区丰汇园小区21号楼
邮编：100032

天津分局

局长：林明
副局长：谢少波、王世明、孔祥国、李新明
地址：天津市河西区围堤道123号金融大厦26－27层
邮编：300074

沈阳分局

局长：李久新
副局长：陈晓光、刘相勇
地址：沈阳市和平区和平北大街180号
邮编：110001

上海分局

局长：周志方
副局长：邱仁尔、林跃武、顾红英
地址：上海黄浦区金陵东路2号光明金融大厦
邮编：200002

南京分局

局长：初苏华
副局长：黄世忠、吕相军、石光清、谢志华
地址：南京市建邺区兴隆大街172－5号
邮编：210019

武汉分局

局长：宋士卿
副局长：罗健
地址：武汉市中北路31号18－19层
邮编：430071

广州分局

局长：杨春林
副局长：于临辉、蔡文、黄泉进、孙红、陈建兴、朱荣华
地址：广州市昌岗东路五巷23号
邮编：510260

成都分局

局长：荀大志
副局长：刘健、黄岗、王文胜、严盖、刘享鑫
地址：成都市锦江区如是庵街28号
邮编：610016

昆明分局

局长：黄再红
副局长：陶云
地址：昆明市青年路395号邦克大厦
邮编：650011

西安分局

局长：李志诚
副局长：水永成、苏南宏、吴永强
地址：西安市高新开发区高新路1号金融大厦15层
邮编：710075

各一级分行营业部名录

河北分行营业部

总经理、党委书记：沈学勤
地址：石家庄市平安南大街 113 号
邮编：050021

山西分行营业部

总经理、党委书记：张强
地址：太原市新建路 86 号
邮编：030002

内蒙古分行营业部

总经理、党委书记：王化臣
地址：呼和浩特市新华大街 15 号
邮编：010010

辽宁分行营业部

总经理、党委书记：刘静波
地址：沈阳市沈河区友好街 9 号
邮编：110013

吉林分行营业部

总经理、党委书记：赵桂德
地址：长春市朝阳区同志街 136 号
邮编：130061

黑龙江分行营业部

副总经理、党委副书记：郭红（主持工作）
地址：哈尔滨市道里区河洛街 7 号
邮编：150076

江苏分行营业部

总经理、党委书记：王都富
地址：南京市中山南路 408 号
邮编：210006

浙江分行营业部

总经理、党委书记：沈忻
地址：杭州市庆春路 90 号
邮编：310003

安徽分行营业部

总经理、党委书记：赵洪亚
地址：合肥市潜山路 320 号 A 座
邮编：230031

福建分行营业部

总经理、党委书记：郑志伟
地址：福州市八一七中路 600 号
邮编：350004

江西分行营业部

总经理、党委书记：肖东
地址：南昌市中山路 206 号
邮编：330003

山东分行营业部

总经理、党委书记：朱岩峰
地址：济南市历下区黑虎泉西路 57 号
邮编：250011

河南分行营业部

总经理、党委书记：夏宗福
地址：郑州市花园路 24 号
邮编：450008

湖北分行营业部

总经理、党委书记：李峰
地址：武汉市汉口江汉路 17 号
邮编：430021

湖南分行营业部

总经理、党委书记：张慎
地址：长沙市五一大道 465 号
邮编：410005

广东分行营业部

总经理、党委书记：沈晓东
地址：广州市大沙头路 29 号工银大厦
邮编：510100

广西分行营业部

总经理、党委书记：农永富
地址：南宁市民族大道 38－2 号
邮编：530022

四川分行营业部

总经理、党委书记：陈汀
地址：成都市藩库街 9 号
邮编：610016

贵州分行营业部

总经理、党委书记：蒋云志

地址：贵阳市省府路1号
邮编：550001

云南分行营业部

总经理、党委书记：倪立
地址：昆明市五一路164号
邮编：650000

陕西分行营业部

总经理、党委书记：蒋伟
地址：西安市南大街粉巷23号
邮编：710002

甘肃分行营业部

总经理、党委书记：贝玉双
地址：兰州市静宁路358号
邮编：730030

新疆分行营业部

总经理、党委书记：文德明
地址：乌鲁木齐市新民路2号
邮编：830002

各二级分行机构名录

北京分行

分行营业部

党委书记：舒力
地址：北京市西城区复兴门南大街2号（天银大厦B座）
邮编：100031

东城支行

行长、党委书记：苗鸿祥
地址：北京市东城区东四十条24号
邮编：100007

王府井支行

行长、党委书记：聂建文
地址：北京市东城区王府井大街237号
邮编：100006

和平里支行

行长、党委书记：张俊杰
地址：北京市东城区和平里北街14号
邮编：100013

长安支行

行长、党委书记：卫峥
地址：北京市西城区宣内大街乙6号
邮编：100031

新街口支行

行长、党委书记：曲琰
地址：北京市西城区西直门内大街143号
邮编：100035

南礼士路支行

行长、党委书记：谢一平
地址：北京市西城区阜外大街8号
邮编：100037

金融街支行

行长、党委书记：于青
地址：北京市西城区丰汇园11号楼
邮编：100032

地安门支行

行长、党委书记：吴迎春
地址：北京市西城区德胜门外大街77号
邮编：100009

崇文支行

行长、党委书记：高平
地址：北京市崇文区永定门外大街86号
邮编：100075

宣武支行

行长、党委书记：包永康
地址：北京市宣武区广安门内大街116号
邮编：100055

广安门支行

行长、党委书记：尹家赪
地址：北京市宣武区广外南滨河路3号楼
邮编：100055

珠市口支行

行长、党委书记：张建东
地址：北京市崇文区珠市口东大街15号
邮编：100062

朝阳支行

行长、党委书记：储成龙

地址：北京市朝阳区朝外大街 1 号
邮编：100020

九龙山支行

行长、党委书记：李湛
地址：北京市朝阳区广渠路甲 40 号
邮编：100022

亚运村支行

行长、党委书记：齐兆惠
地址：北京市朝阳区慧忠北里 407 号
邮编：100012

望京支行

行长、党委书记：金恒钧
地址：北京市朝阳区酒仙桥路 10 号
邮编：100102

商务中心区支行

行长、党委书记：张丹云
地址：北京市朝阳区建国路 108 号
邮编：100022

海淀支行

行长、党委书记：方建蔚
地址：北京市海淀区中关村东路 100 号
邮编：100080

海淀西区支行

行长、党委书记：李景欣
地址：北京市海淀区北四环西路 65 号
邮编：101200

中关村支行

行长、党委书记：王耕欣
地址：北京市海淀区上地信息路 2 号
邮编：100085

翠微路支行

行长、党委书记：郭俊
地址：北京市海淀区阜成路 79 号
邮编：100036

西客站支行

行长、党委书记：江波
地址：北京市海淀区莲花池东路 39 号
邮编：100055

丰台支行

行长、党委书记：尹承德
地址：北京市丰台区文体路 19 号
邮编：100071

方庄支行

行长、党委书记：贾金锡
地址：北京市丰台区芳城园三区 18 号楼
邮编：100078

经济技术开发区支行

行长、党委书记：任小克
地址：北京经济技术开发区荣昌东街甲 5 号隆盛大厦 A 座二层
邮编：100176

石景山支行

行长、党委书记：王耀红
地址：北京市石景山区石景山路 63 号
邮编：100043

门头沟支行

行长、党委书记：范文
地址：北京市门头沟区新桥大街 12 号
邮编：102300

房山支行

行长、党委书记：王凯
地址：北京市房山区良乡西潞北大街 32 号
邮编：102488

通州支行

行长、党委书记：马跃进
地址：北京市通州区新华大街 155 号
邮编：101100

大兴支行

行长、党委书记：胡贤文
地址：北京市大兴区兴政街 24 号
邮编：102600

顺义支行

行长、党委书记：梅霜
地址：北京市顺义区石园西路
邮编：101300

昌平支行

行长、党委书记：王智先

地址：北京市昌平区昌平镇鼓楼西街 35 号
邮编：102200

怀柔支行

副行长、党委副书记：周小斌（主持工作）
地址：北京市怀柔区商业街 23 号
邮编：101400

密云支行

副行长、党委副书记：徐斌（主持工作）
地址：北京市密云县鼓楼南大街
邮编：101500

平谷支行

副行长、党委副书记：张军（主持工作）
地址：北京市平谷区府前西街 14 号
邮编：101200

延庆支行

行长、党委书记：姚毅
地址：北京市延庆县延庆镇东大街 37 号
邮编：102100

天津分行

营业部

总经理、党委书记：马明
地址：天津市和平区赤峰道 12 号
邮编：300041

和平支行

行长、党委书记：杨居庄
地址：天津市和平区解放路 147 号
邮编：300040

新华支行

行长、党委书记：李云峰
地址：天津市和平区西康路 33 号
邮编：300051

南开支行

行长、党委书记：葛强
地址：天津市南开区黄河道 12 号
邮编：300101

河北支行

行长、党委书记：张筱寰
地址：天津市河北区滨海道 69、71、73、75、77 号
邮编：300010

红桥支行

行长、党委书记：张立群
地址：天津市红桥区大丰路西端
邮编：300121

河西支行

行长、党委书记：戴江
地址：天津市河西区围堤道 123 号
邮编：300074

广厦支行

行长、党委书记：侯雨生
地址：天津市河西区大沽路 361、363 号
邮编：300202

河东支行

行长、党委书记：顾建国
地址：天津市河东区十一经路河东金融大厦
邮编：300171

新技术产业园区支行

行长、党委书记：何松
地址：天津市南开区红旗路与西湖道南侧博雅轩 6，7－201、302 室
邮编：300192

津西支行

行长、党总支书记：张运航
地址：天津市西青开发区津港公路龙府花园 4 号楼
邮编：300381

塘沽分行

党委书记：于德全
副行长：王志咏（主持工作）
地址：天津市滨海新区塘沽新华菜市街 1 号
邮编：300450

开发区分行

行长：王兆毅
党委副书记：杜晓燕、郑琇煦
地址：天津开发区广场东路 20 号滨海金融街 E5AB 座
邮编：300457

保税区分行

行长、党委书记：李景龙
地址：天津港保税区天保大道 176 号

邮编：300461

汉沽支行

行长、党委书记：王刚
地址：天津市汉沽区新开中路 69 号
邮编：300480

大港支行

行长、党委书记：刘永辉
地址：天津市大港区迎宾街 79 号
邮编：300270

西青支行

行长、党总支书记：毕堃
地址：天津市西青区杨柳青新华道 77 号
邮编：300380

北辰支行

行长、党总支书记：杨斌
地址：天津市北辰区京津公路 346 号
邮编：300400

东丽支行

行长、党总支书记：王伯森
地址：天津市东丽区福山路先锋路交口
邮编：300300

津南支行

行长、党总支书记：李林原
地址：天津市津南区咸水沽镇体育场路 35 号
邮编：300350

宁河支行

党总支书记：王永泰
行长：李华金
地址：天津市宁河县芦台镇商业道 59 号
邮编：301500

武清支行

行长、党总支书记：陈宏
地址：天津市武清区杨村镇雍阳东道
邮编：301700

蓟县支行

行长、党总支书记：袁乃村
地址：天津市蓟县兴华大街 1 号
邮编：301900

宝坻支行

行长、党总支书记：李强
地址：天津市宝坻区南关大街 2 号
邮编：301800

静海支行

行长、党总支书记：刘建农
地址：天津市静海县静海镇胜利大街 21 号
邮编：301600

国信支行

行长、党委书记：宋佳镭
地址：天津市河西区宾泰公寓 1 门
邮编：300061

红旗路支行

行长、党委书记：孙昊
地址：天津市南开区嘉陵道 7 号
邮编：300113

成都道支行

行长、党总支书记：刘鹏
地址：天津市和平区成都道 25 号
邮编：300050

北站支行

行长、党委书记：崔建光
地址：天津市河北区中山路 22 号
邮编：300142

新村支行

行长、党总支书记：蔺津祥
地址：天津市红桥区咸阳北路与丁字沽一号路交口
邮编：300131

唐家口支行

行长、党总支书记：刘西泉
地址：天津市河东区成林道东局子 1 号战备楼 1、4、5 层
邮编：300161

陈塘庄支行

行长、党委书记：王迪
地址：天津市河西区大沽南路 880 号增 1 号
邮编：300220

空港经济区支行

行长、党总支书记：王利力

地址：天津空港物流加工区西三道158号金融中心2号楼103、203
邮编：300308

临港经济区支行

行长、党总支副书记：卢永波
地址：天津临港工业区渤海十二南路西侧海港创业园18－1、5
邮编：300452

河北分行

邯郸分行

行长、党委书记：刘斌
地址：邯郸市人民东路248号
邮编：056002

邢台分行

行长、党委书记：刘维柱
地址：邢台市郭守敬北路285号
邮编：054059

衡水分行

行长、党委书记：赵相玉
地址：衡水市人民西路321号
邮编：053000

保定分行

行长、党委书记：王爱东
地址：保定市东风中路1902号
邮编：071051

沧州分行

行长、党委书记：卢斌
地址：沧州市清池南大道13号
邮编：061000

承德分行

行长、党委书记：鲍振香
地址：承德市西大街26号
邮编：067000

张家口分行

行长、党委书记：杨力民
地址：张家口市桥东区解放大街20号
邮编：075000

唐山分行

行长、党委书记：刘军
地址：唐山市新华东道102号
邮编：063000

廊坊分行

行长、党委书记：郭会科
地址：廊坊市和平路78号
邮编：065000

秦皇岛分行

行长、党委书记：李占虎
地址：秦皇岛市建设大街136号
邮编：066000

山西分行

大同分行

行长、党委书记：邹建文
地址：大同市新建西路44号
邮编：037006

阳泉分行

行长、党委书记：常江
地址：阳泉市德胜东街13号
邮编：045000

长治分行

行长、党委书记：裴利民
地址：长治市太行东街167号
邮编：046011

晋城分行

行长、党委书记：郭守诚
地址：晋城市凤台西街55号
邮编：048026

朔州分行

副行长、党委书记：王东山（主持工作）
地址：朔州市振华西街50号
邮编：036000

忻州分行

行长、党委书记：车长春
地址：忻州市长征西街27号
邮编：034000

吕梁分行

行长、党委书记：郝恩源
地址：吕梁市离石区永宁东路29号

邮编：033000

晋中分行

行长、党委书记：李颖耀
地址：晋中市榆次区迎宾路28号
邮编：030600

临汾分行

行长、党委书记：李广军
地址：临汾市鼓楼北街44号
邮编：041000

运城分行

行长、党委书记：荆小红
地址：运城市红旗东街242号
邮编：044000

内蒙古分行

包头分行

行长、党委书记：刘文海
地址：包头市昆都仑区钢铁大街46号
邮编：014100

鄂尔多斯分行

行长、党委书记：谢家俊
地址：鄂尔多斯市东胜区满都海巷北7号
邮编：017000

乌海分行

行长、党委书记：贾振山
地址：乌海市海勃湾区人民北路77号
邮政编码：016000

赤峰分行

行长、党委书记：曲向泽
地址：赤峰市红山区钢铁西街18号
邮编：024000

通辽分行

行长、党委书记：叶凯
地址：通辽市科尔沁区永清大街352号
邮编：028000

呼伦贝尔分行

行长、党委书记：徐国君
地址：呼伦贝尔市海拉尔区伊敏大街40号
邮编：021008

兴安盟分行

行长、党委书记：王晓勇
地址：乌兰浩特市兴安北大路90号
邮编：137400

锡林郭勒盟分行

行长、党委书记：张平
地址：锡林浩特市察哈尔街23号
邮编：026000

乌兰察布分行

行长、党委书记：周慧林
地址：乌兰察布市集宁区桥东五马路6号
邮编：012000

巴彦淖尔分行

行长、党委书记：韩啸鸣
地址：巴彦淖尔市临河区胜利路51号
邮编：015000

阿拉善盟分行

行长、党委书记：郑建华
地址：阿拉善盟巴彦浩特额鲁特东路5号
邮编：750306

满洲里分行

行长、党委书记：刘文明
地址：满洲里市三道街4号
邮编：021400

辽宁分行

鞍山分行

行长、党委书记：杨青
地址：鞍山市铁东区二一九路32号
邮编：114002

抚顺分行

行长、党委书记：张学锋
地址：抚顺市新抚区中央大街东七路4号
邮编：113008

本溪分行

行长、党委书记：杨树波
地址：本溪市平山区曙光路3号
邮编：117000

丹东分行

行长、党委书记：韩基广
地址：丹东市元宝区锦山大街 113 号
邮编：118000

锦州分行

行长、党委书记：李爱民
地址：锦州市凌河区解放路五段 24 甲
邮编：121000

营口分行

行长、党委书记：林继维
地址：营口市金牛山大街西 4 号
邮编：115000

阜新分行

行长、党委书记：刘德全
地址：阜新市细河区解放大街 8 号
邮编：123000

辽阳分行

行长、党委书记：王金贵
地址：辽阳市白塔区中华大街 157 号
邮编：111000

铁岭分行

行长、党委书记：孙琦
地址：铁岭市银州区银州路 27 号
邮编：112000

朝阳分行

行长、党委书记：郭文峰
地址：朝阳市双塔区朝阳大街四段 3 号
邮编：122000

盘锦分行

行长、党委书记：王海军
地址：盘锦市兴隆台区市府大街 9 号
邮编：124010

葫芦岛分行

副行长、党委副书记：何彬（主持工作）
地址：葫芦岛市龙港区龙湾大街 38 号
邮编：125000

吉林分行

吉林分行

行长、党委书记：朱评
地址：吉林市松江路 9 号
邮编：132011

四平分行

行长、党委书记：李延苗
地址：四平市铁西区英雄大路 258 号
邮编：136000

辽源分行

行长、党委书记：许晶
地址：辽源市人民大街 518 号
邮编：136200

通化分行

行长、党委书记：史建光
地址：通化市东昌区滨江西路 3801 号
邮编：134000

白山分行

行长、党委书记：丛武义
地址：白山市通江路 2 号
邮编：134300

白城分行

行长、党委书记：王戈
地址：白城市中兴东大路 10 号
邮编：137000

松原分行

行长、党委书记：杨谦
地址：松原市宁江区长宁南街 2101 号
邮编：138001

延边分行

行长、党委书记：巨新
地址：延吉市长白路 56 号
邮编：133001

黑龙江分行

齐齐哈尔分行

行长、党委书记：张余振
地址：齐齐哈尔市龙沙区斜阳街 6 号

邮编：161005

牡丹江分行

行长、党委书记：冯善核
地址：牡丹江市太平路115号
邮编：157000

佳木斯分行

行长、党委书记：张虹
地址：佳木斯市保卫路105号
邮编：154002

大庆分行

行长、党委书记：王伟哲
地址：大庆市萨尔图区东风路37号
邮编：163001

伊春分行

行长、党委书记：吕云彪
地址：伊春市伊春区新兴中大街78号
邮编：153000

鸡西分行

行长、党委书记：张青武
地址：鸡西市鸡冠区红旗大街19号
邮编：158100

鹤岗分行

行长、党委书记：马 勇
地址：鹤岗市工农区东解放路69号
邮编：154101

双鸭山分行

行长、党委书记：于晓东
地址：双鸭山市尖山区六马路15号
邮编：155100

七台河分行

行长、党委书记：黄光伟
地址：七台河市桃山区大同街26号
邮编：154600

绥化分行

行长、党委书记：梁建国
地址：绥化市中兴西路72号
邮编：152001

黑河分行

行长、党委书记：魏连彬
地址：黑河市合作区通江路工行大楼
邮编：164300

大兴安岭分行

行长、党委书记：李 安
地址：加格达奇区人民路38号
邮编：165000

上海分行

营业部

总经理、党委书记：徐光华
地址：上海市中山东一路24号
邮编：200002

第二营业部

总经理、党支部书记：项震
地址：上海市即墨路88号
邮编：200120

外滩支行

行长、党总支书记：冯雁飞
地址：上海市中山东二路11号
邮编：200002

浦东分行

行长、党委书记：秦华
地址：上海市浦东南路2024－2034号
邮编：200127

静安支行

行长、党委书记：吴晓春
地址：上海市康定路699号
邮编：200040

徐汇支行

行长、党委书记：王伟权
地址：上海市徐汇区辛耕路133号3－6层
邮编：200030

虹口支行

行长、党委书记：钱勤新
地址：上海市东大名路578号
邮编：200080

闸北支行

行长、党委书记：陈磊
地址：上海市广中西路571、581、587、591、611、

615 号
邮编：200071

卢湾支行

行长、党委书记：王德湛
地址：上海市淮海中路 98 号
邮编：200021

黄浦支行

行长、党委书记：周紫华
地址：上海市四川中路 346 号
邮编：200002

杨浦支行

行长、党委书记：王育松
地址：上海市控江路 1698 号
邮编：200092

普陀支行

行长、党委书记：吕虹
地址：上海市普陀区大渡河路 388 弄 5 号
邮编：200062

长宁支行

行长、党委书记：苏岳勤
地址：上海市延安西路 895 号
邮编：200050

宝山支行

行长、党委书记：王睿
地址：上海市松滨路 318 号
邮编：200940

闵行支行

行长、党委书记：杨勇
地址：上海市闵行区都市路 4855 号 2 座
邮编：201199

金山支行

行长、党委书记：张作学
地址：上海市金山区石化卫零路 558 号
邮编：200540

漕河泾开发区支行

行长、党总支书记：李毓菖
地址：上海市宜山路 900 号
邮编：200233

虹桥开发区支行

行长、党总支书记：张政
地址：上海市娄山关路 83 号
邮编：200336

浦东开发区支行

行长、党委书记：张毅
地址：上海市金桥路 1391 号 1－7 层
邮编：200129

嘉定支行

行长、党总支副书记：曹枫（代）
地址：上海市清河路 151 号
邮编：201800

南汇支行

行长、党总支副书记：吴斌（代）
地址：上海市惠南镇城南路 258 号
邮编：201300

奉贤支行

行长、党总支书记：盛俊中
地址：上海市南桥镇南中路 48 号
邮编：201400

松江支行

副行长、党总支书记：徐莹（主持工作）
地址：上海市松江区中山二路 216 号
邮编：201600

青浦支行

行长、党总支书记：赵云锋
地址：上海市青浦区城中东路 485 号
邮编：201700

崇明支行

行长、党支部书记：雷鸣
地址：上海市城桥镇南门路 158 号
邮编：202150

临港支行

行长、党支部书记：孙伟
地址：上海市临港新城新元南路 555 号
邮编：201306

张江支行

行长、党总支副书记：徐劲松

地址：上海市张江路639号
邮编：201120

地铁支行

行长、党支部副书记：李春华
地址：上海市浦东新区银城中路488号
邮编：200120

世博支行

行长、党总支副书记：王洪海
地址：上海市浦东新区耀华路8号
邮编：200126

自贸区分行

行长、党支部书记：周宏
地址：上海市马吉路28号
邮编：200131

江苏分行

无锡分行

行长、党委书记：周刚
地址：无锡市五爱路30号
邮编：214031

常州分行

行长、党委书记：张彬
地址：常州市延陵中路680号
邮编：213003

南通分行

行长、党委书记：王荣成
地址：南通市姚港路8号
邮编：226006

镇江分行

行长、党委书记：姜邗
地址：镇江市解放路308号
邮编：212001

泰州分行

行长、党委书记：陈阳
地址：泰州市青年北路188号
邮编：225300

扬州分行

行长、党委书记：徐纯彬
地址：扬州市扬子江中路756号
邮编：225009

徐州分行

行长、党委书记：李明星
地址：徐州市大同街31号
邮编：221003

盐城分行

副行长、党委书记：陈爱民（主持工作）
地址：盐城市建军中路124号
邮编：224001

淮安分行

党委书记：兰强
地址：淮安市淮海西路81号
邮编：223001

连云港分行

行长、党委书记：卞俊峰
地址：连云港市海连中路118号
邮编：222004

宿迁分行

副行长、党委副书记：徐渠（主持工作）
地址：宿迁市洪泽湖路71号
邮编：223800

浙江分行

温州分行

行长、党委书记：陶飚
地址：温州市人民东路2号工行大厦
邮编：325003

嘉兴分行

行长、党委书记：林士强
地址：嘉兴市禾兴南路419号
邮编：314001

湖州分行

行长、党委书记：阮云波
地址：湖州市苕溪西路258号
邮编：313000

绍兴分行

行长、党委书记：邵锦华
地址：绍兴市胜利东路180号
邮编：312000

金华分行

行长、党委书记：金小山
地址：金华市八一北街 595 号
邮编：321000

衢州分行

行长、党委书记：陈文伟
地址：衢州市市区上街 66 号
邮编：324000

台州分行

行长、党委书记：王国才
地址：台州市椒江区市府大道 609 号
邮编：318000

丽水分行

行长、党委书记：徐晓伟
地址：丽水市丽阳街 555 号
邮编：323000

舟山分行

行长、党委书记：谢素薇
地址：舟山市定海区人民南路 16 号
邮编：316000

义乌分行

行长、党委书记：沈初阳
地址：义乌市篁园路 128 号
邮编：322000

萧山分行

行长、党委书记：施锡昌
地址：杭州市萧山区城厢镇城河街 54 号
邮编：311200

安徽分行

淮北分行

副行长、党委副书记：王晓东（主持工作）
地址：淮北市人民中路 192 号
邮编：235000

宿州分行

行长、党委书记：吉道勇
地址：宿州市淮海中路 58 号
邮编：234000

蚌埠分行

行长、党委书记：李星逸
地址：蚌埠市中兴街 95 号
邮编：233000

阜阳分行

行长、党委书记：兰少锋
地址：阜阳市清河东路 568 号
邮编：236032

淮南分行

行长、党委书记：沈刚
地址：淮南市田家庵区国庆中路 287 号
邮 编：232007

滁州分行

行长、党委书记：周晨光
地址：滁州市南谯北路 852 号
邮编：239000

六安分行

行长、党委书记：杨林
地址：六安市解放南路 79 号
邮编：237000

马鞍山分行

行长、党委书记：石海龙
地址：马鞍山市花山区湖南东路 1123 号（团结广场）
邮编：243000

芜湖分行

行长、党委书记：钱晓东
地址：芜湖市文化路 38 号
邮编：241000

宣城分行

行长、党委书记：梁菁涟
地址：宣城市昭亭路美都大厦
邮编：242000

铜陵分行

行长、党委书记：崔国强
地址：铜陵市长江东路 50 号
邮编：244000

池州分行

行长、党委书记：金斌

地址：池州市秋浦西路117号
邮编：247000

安庆分行

行长、党委书记：王新潮
地址：安庆市孝肃路230号
邮编：246004

黄山分行

行长、党委书记：张宇建
地址：黄山市屯溪区黄山东路57号
邮编：245000

亳州分行

行长、党委书记：苑卫东
地址：亳州市人民中路431号
邮编：236800

福建分行

泉州分行

行长、党委书记：张建明
地址：泉州市丰泽街610号
邮编：362000

漳州分行

行长、党委书记：朱子群
地址：漳州市元光南路工行大楼
邮编：363000

三明分行

行长、党委书记：曹代福
地址：三明市和仁新村一幢
邮编：365000

南平分行

行长、党委书记：何韶军
地址：南平市东山路2号
邮编：353000

莆田分行

行长、党委书记：陈建愉
地址：莆田市荔城大道南段968号
邮编：351100

龙岩分行

行长、党委书记：黄金坤
地址：龙岩市九一南路47号
邮编：364000

宁德分行

行长、党委书记：黄时跃
地址：宁德市东侨区海滨1号
邮编：352100

江西分行

赣州分行

行长、党委书记：汪蔚菁
地址：赣州市文清路39号
邮编：341000

宜春分行

行长、党委书记：陈红根
地址：宜春市秀江中路219号
邮编：336000

吉安分行

行长、党委书记：胡小龙
地址：吉安市吉州区井冈山大道103号
邮编：343000

上饶分行

行长、党委书记：纪英武
地址：上饶市信州区滨江西路25号
邮编：334000

抚州分行

行长、党委书记：黄新根
地址：抚州市赣东大道439号
邮编：344000

九江分行

行长、党委书记：曾劭群
地址：九江市滨江路99号
邮编：332000

景德镇分行

行长、党委书记：罗德平
地址：景德镇市瓷都大道1106号
邮编：333000

萍乡分行

行长、党委书记：徐惟
地址：萍乡市建设西路76号
邮编：337000

新余分行

行长、党委书记：胡小金
地址：新余市仙来东大道 269 号
邮编：338000

鹰潭分行

行长、党委书记：朱葵
地址：鹰潭市环城西路 1 号
邮编：335000

山东分行

淄博分行

行长、党委书记：王世明
地址：淄博市张店金晶大道 158 号
邮编：255000

枣庄分行

行长、党委书记：盖伟
地址：枣庄市光明大道 2399 号
邮编：277102

东营分行

行长、党委书记：刘爱峰
地址：东营市南一路 278 号
邮编：257091

烟台分行

行长、党委书记：陈国立
地址：烟台市芝罘区海港路 1 号
邮编：264000

潍坊分行

行长、党委书记：孙长庚
地 址：潍坊市奎文区胜利东街 5099 号
邮编：261031

济宁分行

行长、党委书记：刘磊
地址：济宁市红星东路 115 号
邮编：272017

泰安分行

行长、党委书记：刘洪波
地址：泰安市财源大街 135 号
邮编：271000

威海分行

行长、党委书记：姜宁
地址：威海市文化西路 188 号
邮编：264209

日照分行

行长、党委书记：房立法
地址：日照市黄海一路 43 号
邮编：276826

莱芜分行

行长、党委书记：许在敏
地址：莱芜市鲁中东大街 1 号
邮编：271100

临沂分行

行长、党委书记：孙光辉
地址：临沂市兰山区平安路 135 号
邮编：276000

德州分行

行长、党委书记：赵忠江
地址：德州市天衢中路 1561 号
邮编：253016

聊城分行

行长、党委书记：杨峰
地址：聊城市昌润南路 7 号
邮编：252000

滨州分行

行长、党委书记：吴建勇
地址：滨州市滨城区渤海十八路 568 号
邮编：256600

菏泽分行

行长、党委书记：冯建军
地址：菏泽市人民路 1366 号
邮编：274000

河南分行

洛阳分行

行长、党委书记：贺伍有
地址：洛阳市中州中路 230 号
邮编：471000

开封分行

行长、党委书记：刘明海
地址：开封市丁角街 88 号
邮编：475000

新乡分行

行长、党委书记：马世良
地址：新乡市和平大道 88 号
邮编：453003

焦作分行

行长、党委书记：邢卫勇
地址：焦作市焦东中路 23 号
邮编：454002

平顶山分行

行长、党委书记：张延庆
地址：平顶山市矿工中路南 37 号
邮编：467000

安阳分行

行长、党委书记：吕红晓
地址：安阳市文峰大道中段
邮编：455000

鹤壁分行

行长、党委书记：丁杰
地址：鹤壁市兴鹤大街 235 号
邮编：458030

濮阳分行

行长、党委书记：沈卫裕
地址：濮阳市建设路 16 号
邮编：457000

许昌分行

行长、党委书记：雷晓峰
地址：许昌市七一路 88 号
邮编：461000

漯河分行

行长、党委书记：刘志刚
地址：漯河市黄河路 692 号
邮编：462000

三门峡分行

行长、党委书记：康广明
地址：三门峡市崤山路中段 42 号
邮编：472000

南阳分行

行长、党委书记：温铁牛
地址：南阳市工业路 124 号
邮编：473000

驻马店分行

行长、党委书记：关文杰
地址：驻马店市解放路东段
邮编：463000

商丘分行

行长、党委书记：王海峰
地址：商丘市文化东路 569 号
邮编：476000

周口分行

行长、党委书记：王勇
地址：周口市工农路 20 号
邮编：466000

信阳分行

行长、党委书记：梁光德
地 址：信阳市四一路 41 号
邮编：464000

济源分行

行长、党委书记：蔡海泉
地址：济源市宣化东街 131 号
邮编：454650

湖北分行

三峡分行

行长、党委书记：成斌
地址：宜昌市夷陵路 89 号
邮编：443000

襄阳分行

行长、党委书记：张辉
地址：襄阳市前进路 69 号
邮编：441003

荆州分行

行长、党委书记：施光军
地址：荆州市沙市区北京中路 352 号

邮编：434000

孝感分行

行长、党委书记：邹凡
地址：孝感市园林二路47号
邮编：432000

十堰分行

行长、党委书记：王宇涛
地址：十堰市公园路7号
邮编：442001

荆门分行

行长、党委书记：肖勇
地址：荆门市象山一路1号
邮编：431800

黄冈分行

行长、党委书记：邱世杰
地址：黄冈市新港二路59号
邮编：438000

黄石分行

行长、党委书记：杨向敏
地址：黄石市南京路6号
邮编：435000

咸宁分行

行长、党委书记：徐向东
地址：咸宁市淦河大道66号
邮编：437100

随州分行

行长、党委书记：肖金萍
地址：随州市烈山大道493号
邮编：441300

恩施分行

行长、党委书记：胡学理
地址：恩施市施州大道30号
邮编：445000

鄂州分行

行长、党委书记：杨金祥
地址：鄂州市武昌大道312号
邮编：436000

湖南分行

株洲分行

行长、党委书记：郑振华
地址：株洲市建设南路320号
邮编：412000

湘潭分行

行长、党委书记：许青
地址：湘潭市韶山中路1号
邮编：411000

衡阳分行

行长、党委书记：雷东明
地址：衡阳市解放路1号
邮编：421001

邵阳分行

行长、党委书记：田俊德
地址：邵阳市红旗路389号
邮编：422000

岳阳分行

行长、党委书记：杨林
地址：岳阳市南湖大道115号
邮编：414000

益阳分行

行长、党委书记：陆舟
地址：益阳市益宾路9号
邮编：413000

常德分行

行长、党委书记：焦成军
地址：常德市人民中路358号
邮编：415000

永州分行

行长、党委书记：徐彦杰
地址：永州市零陵区南津南路196号
邮编：425100

郴州分行

行长、党委书记：任建军
地址：郴州市北湖路27号
邮编：423000

娄底分行

行长、党委书记：晏正芳
地址：娄底市乐坪东街 7 号
邮编：417000

怀化分行

行长、党委书记：杨理杰
地址：怀化市迎丰中路 569 号
邮编：418000

湘西分行

行长、党委书记：肖新华
地址：吉首市人民北路 79 号
邮编：416000

张家界分行

行长、党委书记：张林
地址：张家界市回龙路 29 号
邮编：427000

广东分行

珠海分行

行长、党委书记：周骏
地址：珠海市吉大景山路 19 号工商银行大厦
邮编：519015

汕头分行

行长、党委书记：许长明
地址：汕头市迎宾路 1 号工行大楼
邮编：515041

韶关分行

行长、党委书记：王海
地址：韶关市建国路 2 号
邮编：512000

河源分行

行长、党委书记：应非
地址：河源市沿江路 13 号
邮编：517000

梅州分行

行长、党委书记：林伟
地址：梅州市嘉应东路 18 号
邮编：514021

惠州分行

副行长、党委副书记：徐晓飞（主持工作）
地址：惠州市文明 1 路 3 号
邮编：516003

汕尾分行

行长、党委书记：林绍生
地址：汕尾市四马路中段
邮编：516600

东莞分行

行长、党委书记：罗健强
地址：东莞市莞太路胜和路段 18 号
邮编：523009

中山分行

行长、党委书记：刘同朋
地址：中山市石岐悦来南路 7 号
邮编：528400

江门分行

行长、党委书记：梅超
地址：江门市港口路 93 号
邮编：529030

佛山分行

行长、党委书记：林耸
地址：佛山市汾江中路 130 号
邮编：528000

阳江分行

行长、党委书记：洪仕芹
地址：阳江市新江北路 488 号
邮编：529500

湛江分行

行长、党委书记：杜东龙
地址：湛江市康顺路 29 号
邮编：524043

茂名分行

行长、党委书记：余彬
地址：茂名市人民南路 36 号
邮编：525000

肇庆分行

行长、党委书记：吴伟科

地址：肇庆市端州三路 34 号
邮编：526040

清远分行

行长、党委书记：吴卫权
地址：清远市桥北一路 1 号
邮编：511500

潮州分行

行长、党委书记：林斌
地址：潮州市潮州大道中段
邮编：521000

揭阳分行

副行长、党委副书记：蔡志成（主持工作）
地址：揭阳市黄岐山大道中段
邮编：522031

云浮分行

行长、党委书记：刘勇
地址：云浮市建设北路 3 号
邮编：527300

广西分行

柳州分行

行长、党委书记：余昌涛
地址：柳州市广雅路 19 号
邮编：545001

桂林分行

行长、党委书记：瞿东波
地址：桂林市中山路 16 号
邮编：541001

梧州分行

行长、党委书记：蔡山
地址：梧州市大学路 25 号
邮编：543002

北海分行

行长、党委书记：汪春
地址：北海市四川南路 63 号
邮编：536000

防城港分行

行长、党委书记：庞愈强
地址：防城港市友谊大道 11 号
邮编：535700

钦州分行

行长、党委书记：郑志海
地址：钦州市向阳路 8 号
邮编：535000

贵港分行

行长、党委书记：陈宇红
地址：贵港市桂林路 708 号东方巴黎写字楼 21－23 层
邮编：537100

玉林分行

行长、党委书记：杨世亮
地址：玉林市一环东路 158 号
邮编：537000

百色分行

行长、党委书记：彭桂中
地址：百色市中山二路 1 号
邮编：533000

河池分行

党委书记：楼志军
地址：河池市新建路 74 号
邮编：547000

来宾分行

党委书记：祁飞
地址：来宾市新兴路 140 号
邮编：546100

崇左分行

党委书记：江淦
地址：崇左市江南路 42 号
邮编：532200

贺州分行

行长、党委书记：唐国富
地址：贺州市建设东路 2 号
邮编：542800

海南分行

三亚分行

行长、党委书记：李峰
地址：三亚市解放路 743 号

邮编：572000

洋浦分行

行长、党委书记：符致通
地址：洋浦经济开发区工商银行大厦
邮编：578101

重庆分行

两江分行

行长、党委书记：方蕾
地址：重庆市两江新区幸福广场黄山大道中段56号
邮编：400023

万州分行

行长、党委书记：雷成亮
地址：重庆市万州区白岩路81号
邮编：404000

涪陵分行

行长、党委书记：郭保华
地址：重庆市涪陵区兴华中路2号
邮编：408000

黔江分行

行长、党委书记：龚兵
地址：重庆市黔江区新华大道西段1128号
邮编：409000

高科技支行

行长、党委书记：江凯
地址：重庆市渝州路54号
邮编：400039

朝天门支行

行长、党委副书记：刘劲
地址：重庆市渝中区民族路24号
邮编：400011

渝中支行

行长、党委书记：赖涛
地址：重庆市渝中区民族路177号
邮编：400010

江北支行

行长、党委书记：蒋勇
地址：重庆市渝北区龙溪镇加州花园B4－4
邮编：401147

沙坪坝支行

行长、党委书记：苏海涛
地址：重庆市沙坪坝区小龙坎新街78号
邮编：400030

九龙坡支行

行长、党委书记：钟兴华
地址：重庆市九龙坡区杨家坪正街13号
邮编：400050

南岸支行

行长、党委书记：李红
地址：重庆市南岸区江南大道9号
邮编：400060

大渡口支行

行长、党委书记：蔡知平
地址：重庆市大渡口区钢花路350号
邮编：400084

北碚支行

行长、党委书记：文革兵
地址：重庆市北碚区康宁路60号
邮编：400700

巴南支行

行长、党委书记：张克强
地址：重庆市巴南区龙洲湾龙海大道3号
邮编：400055

渝北支行

行长、党委书记：金远明
地址：重庆市渝北区胜利路53号
邮编：401120

永川支行

行长、党委书记：杨忠坚
地址：重庆市永川区中山大道中段594号
邮编：402160

江津支行

行长、党委副书记：李东
地址：重庆江津市几江大同路大同路322号
邮编：402260

合川支行

行长、党委书记：张正义

地址：重庆合川市苏家街 3 号
邮编：401520

长寿支行

副行长、党委副书记：胡显明（主持工作）
地址：重庆市长寿区桃源大道 6 号
地址：401220

北部新区支行

行长、党委书记：唐莉
地址：重庆市北部新区金渝大道 99 号
邮编：401121

较场口支行

行长、党委书记：袁毅
地址：重庆市渝中区较场口 88 号附 1 号
邮编：400010

南坪支行

行长、党委书记：曹涌涛
地址：重庆市南岸区南坪西路 5 号
邮编：400060

建新北路支行

行长、党委书记：屈蓉
地址：重庆市江北区建新北路 37 号
邮编：400020

小龙坎支行

行长、党委书记：罗明
地址：重庆市沙坪坝区凤天大道 130 号
邮编：400030

两路口支行

行长、党委书记：张建伦
地址：重庆市渝中区中山二路 159 号
邮编：400014

四川分行

德阳分行

行长、党委书记：麻旭恒
地址：德阳市凯江路 33 号
邮编：618000

绵阳分行

行长、党委书记：周玥
地址：绵阳市涪城区警钟街 10 号
邮编：621000

广元分行

行长、党委书记：刘远为
地址：广元市利州东路 667 号
邮编：628017

遂宁分行

行长、党委书记：李绍平
地址：遂宁市遂州北路 159 号
邮编：629000

南充分行

行长、党委书记：李思林
地址：南充市丝绸路 86 号
邮编：637000

广安分行

行长、党委书记：齐君
地址：广安市金安大道二段 1 号
邮编：638000

达州分行

行长、党委书记：王毅
地址：达州市南外镇西环路 538 号
邮编：635000

巴中分行

行长、党委书记：王鲲
地址：巴中市江北大街中段
邮编：636600

资阳分行

行长、党委书记：马传勇
地址：资阳市雁江区西门桥 24 号
邮编：641300

内江分行

行长、党委书记：刘海
地址：内江市中区中央路 48－52 号
邮编：641000

自贡分行

副行长、党委副书记：张钧（主持工作）
地址：自贡市自流井区尚义灏二支路 1 号
邮编：643000

泸州分行

行长、党委书记：徐向上

地址：泸州市迎晖路 77 号
邮编：646000

宜宾分行

行长、党委书记：张昕煜
地址：宜宾市南岸商贸路 101 号
邮编：644002

眉山分行

行长、党委书记：姜海清
地址：眉山市东坡区珠市西街 138 号
邮编：620010

乐山分行

行长、党委书记：林进
地址：乐山市中区紫云后街 4 号
邮编：614000

雅安分行

行长、党委书记：柳杨
地址：雅安市雨城区东大街 17 号
邮编：625000

凉山分行

行长、党委书记：贾林恒
地址：西昌市航天大道 28 号
邮编：615000

攀枝花分行

行长、党委书记：余平
地址：攀枝花市攀枝花大道东段 492 号
邮编：617000

贵州分行

六盘水分行

副行长、党委书记：袁珍凡（主持工作）
地址：六盘水市钟山区南环路 59 号
邮编：553001

遵义分行

行长、党委书记：余庆飞
地址：遵义市红花岗区新华路 8 号
邮编：563000

安顺分行

行长、党委书记：严发忠
地址：安顺市东郊路 18 号
邮编：561000

毕节分行

行长、党委书记：李文
地址：毕节市麻园大转盘
邮编：551700

铜仁分行

行长、党委书记：田进朝
地址：铜仁市共青路 37 号
邮编：554300

兴义分行

行长、党委书记：梅亮
地址：兴义市瑞金北路 7 号
邮编：562400

凯里分行

行长、党委书记：陈晓强
地址：凯里市北京西路 31 号
邮编：556000

都匀分行

行长、党委书记：吴奇
地址：都匀市广惠路 263 号
邮编：558000

云南分行

玉溪分行

行长、党委书记：马仁平
地址：玉溪市玉兴路 21 号
邮编：653100

曲靖分行

行长、党委书记：平凡
地址：曲靖市麒麟东路 6 号
邮编：655000

昭通分行

行长、党委书记：王焰
地址：昭通市昭阳区学生路 123 号
邮编：657000

红河分行

行长、党委书记：刘建雄
地址：红河州蒙自市天马路 41 号
邮编：661100

文山分行

行长、党委书记：何志强
地址：文山州文山市普阳路 114 号
邮编：663000

普洱分行

行长、党委书记：施明飞
地址：普洱市思茅区人民西路 90 号
邮编：665000

西双版纳分行

行长、党委书记：陈丽华
地址：西双版纳州景洪市勐遮路 10 号
邮编：666100

临沧分行

行长、党委书记：赵国明
地址：临沧市临翔区南塘街 144 号
邮编：677000

楚雄分行

行长、党委书记：李蜀昆
地址：楚雄州楚雄市龙泉路 78 号
邮编：675000

大理分行

行长、党委书记：李胜祥
地址：大理州大理市下关人民街 30 号
邮编：671000

丽江分行

行长、党委书记：曹云生
地址：丽江市古城区香格里大道 1071 号
邮编：674100

迪庆分行

行长、党委书记：彭卫红
地址：迪庆州香格里拉县建塘镇长征大道 28 号
邮编：674400

怒江分行

行长、党委书记：刘江
地址：怒江州泸水县六库镇人民路 97 号
邮编：673100

保山分行

行长、党委书记：刁文利
地址：保山市隆阳区正阳北路 129 号
邮编：678000

德宏分行

行长、党委书记：周剑
地址：云南省德宏州芒市胞波路 30 号
邮编：678400

陕西分行

铜川分行

行长、党委书记：姚胜琦
地址：铜川市新区华原东道 7 号
邮编：727031

宝鸡分行

行长、党委书记：尚立本
地址：宝鸡市经二路 157 号
邮编：721000

咸阳分行

行长、党委书记：李骏
地址：咸阳市人民路中段 37 号
邮编：712000

渭南分行

行长、党委书记：仪彦龙
地址：渭南市前进路中段 87 号
邮编：714000

汉中分行

行长、党委书记：王建安
地址：汉中市汉台区人民路北段
邮编：723000

安康分行

行长、党委书记：张治国
地址：安康市汉滨区解放路 16 号
邮编：725000

商洛分行

行长、党委书记：问世雄
地址：商洛市迎宾路 1 号
邮编：726000

延安分行

副行长、党委副书记：拓雪峰（主持工作）
地址：延安市师范路 441 号

邮编：716000

榆林分行

行长、党委书记：王益武
地址：榆林市长城西路32号
邮编：719000

甘肃分行

天水分行

行长、党委书记：杨凤伟
地址：天水市秦州区建设路185号
邮编：741000

白银分行

行长、党委书记：李哲
地址：白银市白银区人民路81号
邮编：730900

金昌分行

行长、党委书记：王蓓
地址：金昌市新华路18号
邮编：737100

嘉峪关分行

行长、党委书记：李锋
地址：嘉峪关市新华中路476号
邮编：735100

酒泉分行

行长、党委书记：汤志锋
地址：酒泉市肃州区解放路1号
邮编：735000

张掖分行

行长、党委书记：周玉龙
地址：张掖市甘州县府街99号
邮编：734000

武威分行

行长、党委书记：平德鸿
地址：武威市凉州区西大街9号
邮编：733000

定西分行

行长、党委书记：秦玮
地址：安定区大什字
邮编：743000

平凉分行

行长、党委书记：马煜
地址：平凉市崆峒区西大街75号
邮编：744000

庆阳分行

行长、党委书记：许国军
地址：庆阳市西大街232号
邮编：745000

陇南分行

行长、党委书记：蒲五斤
地址：陇南市武都区盘旋路006号
邮编：746000

临夏分行

行长、党委书记：王建青
地址：临夏市团结路50号
邮编：731100

甘南分行

行长、党委书记：周俊杰
地址：甘南州合作市碌曲东路18号
邮编：747000

矿区分行

行长、党委书记：李锋
地址：嘉裕关市和诚西路66号
邮编：735112

场区分行

行长、党委书记：冯刚
地址：兰州市27支局48信箱106号
邮编：732750

新疆分行

伊犁哈萨克自治州分行

行长、党委书记：谢国珍
地址：伊宁市斯大林街39号
邮编：835000

塔城分行

行长、党委书记：杨明
地址：塔城市新华街153号
邮编：834700

阿勒泰分行

行长、党委书记：吴文达
地址：阿勒泰市金山路6号
邮编：836500

博尔塔拉蒙古自治州分行

行长、党委书记：肖功亮
地址：博乐市青得里大街148号
邮编：833400

昌吉回族自治州分行

行长、党委书记：孙凤琴
地址：昌吉市延安北路23号
邮编：831100

哈密分行

行长、党委书记：王鲁兵
地址：哈密市中山北路22号
邮编：839000

吐鲁番分行

行长、党委书记：徐开明
地址：吐鲁番市绿洲中路390号
邮编：838000

巴音郭楞蒙古自治州分行

行长、党委书记：王睿
地址：库尔勒市石化大道工行大厦
邮编：841000

阿克苏分行

行长、党委书记：霍炜
地址：阿克苏市栏杆路24号
邮编：843000

喀什分行

行长、党委书记：符光毅
地址：喀什市人民东路1号
邮编：844000

和田分行

行长、党委书记：曹阳
地址：和田市乌鲁木齐南路2号
邮编：848000

克拉玛依石油分行

行长、党委书记：乐成军
地址：克拉玛依市天山路38号
邮编：834000

石河子分行

行长、党委书记：蔡学德
地址：石河子市北四路23小区240号
邮编：832000

新疆第七支行

行长、党委书记：孟中
地址：乌鲁木齐21信箱456分箱
邮编：841700

境内控股及独资子公司名录

工银瑞信基金管理有限公司

董事长：陈焕祥
总经理：郭特华
督察长：朱碧艳
地　址：北京市西城区金融大街丙17号北京银行大厦8层
邮　编：100140

工银金融租赁有限公司

董事长：蒋玉林
总　裁：丛　林
地　址（天津）：天津市经济开发区广场东路20号
邮　编：300457
地　址（北京）：北京市西城区金融大街丙17号北京银行大厦10层
邮　编：100033

工银安盛人寿保险有限公司

董事长：孙持平
监事长：高　斌
总　裁：张文伟
地　址：上海市浦东新区陆家嘴环路166号未来资产大厦19楼
邮　编：200120

重庆璧山工银村镇银行

行　长：刘同宇
地　址：重庆市璧山区奥康大道1号
邮　编：402760

浙江平湖工银村镇银行

董事长：徐新桥

监事长：俞方敏
行　长：岳建忠
地　址：平湖市城南西路258号
邮　编：314200

境外机构名录

香港分行

Industrial and Commercial Bank of China Limited, Hong Kong Branch
地址：33/F, ICBC Tower, 3 Garden Road, Central, Hong Kong
邮箱：icbchk@ icbcasia. com
电话：+852 – 25881188
传真：+852 – 28787784
SWIFT：ICBKHKHH

新加坡分行

Industrial and Commercial Bank of China Limited, Singapore Branch
地址：6 Raffles Quay #12 – 01, Singapore 048580
邮箱：icbcsg@ sg. icbc. com. cn
电话：+65 – 65381066
传真：+65 – 65381370
SWIFT：ICBKSGSG

东京分行

Industrial and Commercial Bank of China Limited, Tokyo Branch
地址：2 – 1 Marunouchi 1 – Chome, Chiyoda – Ku Tokyo, 100 – 0005, Japan
邮箱：icbctokyo@ icbc. co. jp
电话：+813 – 52232088
传真：+813 – 52198502
SWIFT：ICBKJPJT

首尔分行

Industrial and Commercial Bank of China Limited, Seoul Branch
地址：16th Floor, Taepyeongno Bldg. , #73 Sejong – daero, Jung – gu, Seoul 100 – 767, Korea
邮箱：icbcseoul@ kr. icbc. com. cn
电话：+822 – 37886670
传真：+822 – 7553748
SWIFT：ICBKKRSE

釜山分行

Industrial and Commercial Bank of China Limited, Busan Branch
地址：1st Floor, Samsung Fire & Marine Insurance Bldg. , #184, Jungang – daero, Dong – gu, Busan 601 – 728, Korea
邮箱：busanadmin@ kr. icbc. com. cn
电话：+8251 – 4638868
传真：+8251 – 4636880
SWIFT：ICBKKRSE

河内分行

Industrial and Commercial Bank of China Limited, Hanoi Branch
地址：3rd Floor Daeha Business Center, No. 360, Kim Ma Str. , Ba Dinh Dist. , Hanoi, Vietnam
邮箱：admin@ vn. icbc. com. cn
电话：+84 – 462698888
传真：+84 – 462699800
SWIFT：ICBKVNVN

万象分行

Industrial and Commercial Bank of China Limited, Vientiane Branch
地址：Asean Road, Home No. 358, Unit12, Sibounheuang Village, Chanthabouly District, Vientiane Capital, Lao PDR
邮箱：icbcvte@ la. icbc. com. cn
电话：+856 – 21258888
传真：+856 – 21258897
SWIFT：ICBKLALA

金边分行

Industrial and Commercial Bank of China Limited, Phnom Penh Branch
地址：No. 15, Preah Norodom Boulevard, Phsar Thmey I, Duan Penh, Phnom Penh, Cambodia
电话：+855 – 23965280
传真：+855 – 23965268
SWIFT：ICBKKHPP

多哈分行

Industrial and Commercial Bank of China Limited, Doha (QFC) Branch
地址：Office 1202, 12/F, QFC Tower 1, Diplomatic Area, West Bay, Doha, Qatar
邮箱：dboffice@ dxb. icbc. com. cn
电话：+974 – 44968076
传真：+974 – 44968080
SWIFT：ICBKQAQA

阿布扎比分行

Industrial and Commercial Bank of China Limited, Abu Dhabi Branch
地址：9th floor & Mezzanine floor
AKAR properties, Al Bateen Tower C6
Bainuna Street, Al Bateen Area
Abu Dhabi
United Arab Emirates
邮箱：dboffice@ dxb. icbc. com. cn
电话：+971 -2 -4998600
传真：+971 -2 -4998622
SWIFT：ICBKAEAA

迪拜国际金融中心分行

Industrial and Commercial Bank of China Limited, Dubai (DIFC) Branch
地址：Floor 5&6, Gate Village Building 1, Dubai International Financial Center, Dubai, United Arab Emirates
邮箱：dboffice@ dxb. icbc. com. cn
电话：+971 -47031111
传真：+971 -47031199
SWIFT：ICBKAEAD

卡拉奇分行

Industrial and Commercial Bank of China Limited Karachi Branch
地址：Room No. G -02 & G -03 Ground Floor, Office #803 -807, 8th Floor, Parsa Towers, Plot No. 31 -1 -A, Block 6, PECHS, Karachi, Pakistan
电话：+92 -2135208998
传真：+92 -2135208930
SWIFT：ICBKPKKAXXX

孟买分行

Industrial and Commercial Bank of China Limited, Mumbai Branch
地址：Level 1, East Wing, Wockhardt Tower, C -2, G Block, Bandra Kurla Complex, Bandra (E), Mumbai -400 051, India
邮箱：icbcmumbai@ india. icbc. com. cn
电话：+91 -2233155999
传真：+91 -2233155900
SWIFT：ICBKINBBXXX

仰光分行

Industrial and Commercial Bank of China Limited, Yangon Branch
地址：NOVOTEL YANGON MAX, 459 Pyay Road, Kamayut Township, Yangon, Myanmar
电话：+95 -12306306
传真：+95 -12306305
SWIFT：ICBKMMMY

利雅得分行

Industrial and Commercial Bank of China Limited, Riyadh Branch
地址：T08A, Level8, AlFaisaliah Tower, Riyadh 12212, KSA
邮箱：service@ sa. icbc. com. cn
电话：+966 -11 -2899 -800
传真：+966 -11 -2899 -879
SWIFT：ICBKSARI

科威特分行

Industrial and Commercial Bank of China Limited, Kuwait Branch
地址：Al -Murqab, Block 3, Al -Soor Street, Building 2A (Al -Tijaria Tower), 7th Floor.
Kuwait City, Kuwait.
邮箱：reception@ kw. icbc. com. cn
电话：00965 -22281777
传真：00965 -22281799
SWIFT：ICBKKWKW

悉尼分行

Industrial and Commercial Bank of China Limited, Sydney Branch
地址：Level 1, 220 George Street, Sydney NSW 2000, Australia
邮箱：Info@ icbc. com. au
电话：+612 -94755588
传真：+612 -92333982
SWIFT：ICBKAU2S

卢森堡分行

Industrial and Commercial Bank of China Limited, Luxembourg Branch
地址：32, Boulevard Royal, L -2449 Luxembourg
B. P. 278 L -2012 Luxembourg
邮箱：office@ eu. icbc. com. cn
电话：+352 -2686661
传真：+352 -26866666
SWIFT：ICBKLULL

法兰克福分行

Industrial and Commercial Bank of China Limited,

Frankfurt Branch

地址：Bockenheimer Anlage 15, 60322 Frankfurt am Main, Germany

邮箱：icbc@ icbc – ffm. de

电话：+49 – 6950604700

传真：+49 – 6950604708

SWIFT：ICBKDEFF

伦敦分行

Industrial and Commercial Bank of China Limited, London Branch

地址：81 King William Street, London EC4N 7BG, UK

邮箱：service@ ld. icbc. com. cn

电话：+44 20 7397 8888

传真：+44 20 7397 8890

SWIFT：ICBKGB3L

纽约分行

Industrial and Commercial Bank of China Limited, New York Branch

地址：725 Fifth Avenue, 20th Floor, New York, NY 10022, USA

邮箱：info – nyb@ us. icbc. com. cn

电话：+1 – 212 – 838 7799

传真：+1 – 212 – 838 6688

SWIFT：ICBKUS33

中国工商银行（亚洲）有限公司

Industrial and Commercial Bank of China (Asia) Limited

地址：33/F, ICBC Tower, 3 Garden Road, Central, Hong Kong

邮箱：enquiry@ icbcasia. com

电话：+852 3510 8888

传真：+852 – 28787784

SWIFT：UBHKHKHH

工银国际控股有限公司

ICBC International Holdings Limited

地址：37/F, ICBC Tower, 3 Garden Road, Central, Hong Kong

邮箱：info@ icbci. com. hk

电话：+852 – 26833888

传真：+852 – 26833900

SWIFT：ICBHHKHH

中国工商银行（澳门）股份有限公司

Industrial and Commercial Bank of China (Macau) Limited

地址：18th Floor, ICBC Tower, Macau Landmark, 555 Avenida da Amizade, Macau

邮箱：icbc@ mc. icbc. com. cn

电话：+853 – 28555222

传真：+853 – 28338064

SWIFT：ICBKMOMX

中国工商银行马来西亚有限公司

Industrial and Commercial Bank of China (Malaysia) Berhad

地址：Level 34C, Menara Maxis, Kuala Lumpur City Centre, 50088 Kuala Lumpur, Malaysia

邮箱：icbcmalaysia@ my. icbc. com. cn

电话：+603 – 23013399

传真：+603 – 23013388

SWIFT：ICBKMYK

中国工商银行（印度尼西亚）有限公司

PT. Bank ICBC Indonesia

地址：32nd TCT ICBC Tower, Jl. MH. Thamrin No. 81, Jakarta Pusat 10310, Indonesia

邮箱：cs@ ina. icbc. com. cn

电话：+62 – 2123556000

传真：+62 – 2131996010

SWIFT：ICBKIDJA

中国工商银行（泰国）股份有限公司

Industrial and Commercial Bank of China (Thai) Public CompanyLimited

地址：622 Emporium Tower 11th – 13th Fl., Sukhumvit Road, Khlong Ton, Khlong Toei, Bangkok, 10110, Thailand

电话：+66 – 26295588

传真：+66 – 26639888

SWIFT：ICBKTHBK

中国工商银行（阿拉木图）股份公司

Industrial and Commercial Bank of China (Almaty) Joint Stock Company

地址：150/230, Abai/Turgut Ozal Street, Almaty, Kazakhstan. 050046

邮箱：office@ kz. icbc. com. cn

电话：+7727 – 2377085

传真：+7727 – 2377070

SWIFT：ICBKKZKX

中国工商银行（新西兰）有限公司

Industrial and Commercial Bank of China (New Zealand）Limited

地址：Level 11，188 Quay Street，Auckland 1010，New Zealand

邮箱：info@ nz. icbc. com. cn

电话：+64－93747288

传真：+64－93747287

SWIFT：ICBKNZ2A

中国工商银行（伦敦）有限公司

ICBC（London）PLC

地址：81 King William Street，London EC4N 7BG，UK

邮箱：service@ ld. icbc. com. cn

电话：+44－2073978888

传真：+44－2073978899

SWIFT：ICBKGB2L

中国工商银行（欧洲）有限公司

Industrial and Commercial Bank of China（Europe）S. A.

地址：32，Boulevard Royal，L－2449 Luxembourg

邮箱：office@ eu. icbc. com. cn

电话：+352－2686661

传真：+352－26866666

SWIFT：ICBKLULU

中国工商银行（莫斯科）股份公司

ZAO Industrial and Commercial Bank of China（Moscow）

地址：Building 29，Serebryanicheskaya embankment，Moscow，Russia Federation 109028

邮箱：info@ ms. icbc. com. cn

电话：+7－495 2873099

传真：+7－495 2873098

SWIFT：ICBKRUMM

工银标准银行公众有限公司

ICBC Standard Bank PLC

地址：20 Gresham Street，London，United Kingdom，EC2V 7JE

邮箱：londonmarketing@ icbcstandard. com

电话：+44 203 145 5000

传真：+44 203 189 5000

SWIFT：SBLLGB2L

中国工商银行（土耳其）股份有限公司

ICBC Turkey Bank Anonimirketi

地址：Maslak Mah. Dereboyu / 2 Caddesi No：13 34398 Saryer / STANBUL

邮箱：liu. peiguo@ tekstilbank. com. tr

电话：+90 212 335 5162

SWIFT：TEKBTRISXXX

中国工商银行（美国）

Industrial and Commercial Bank of China（USA）NA

地址：202 Canal Street，New York，NY 10013，USA

邮箱：info@ us. icbc. com. cn

电话：+1－212－238－8208

传真：+1－212－619－0315

SWIFT：ICBKUS3N

工银金融服务有限责任公司

Industrial and Commercial Bank of China Financial Services LLC

地址：1633 Broadway，28th Floor，New York，NY，10019，USA

邮箱：info@ icbkus. com

电话：+1－212－993－7300

传真：+1－212－993－7349

SWIFT：ICBKUS33FIN

中国工商银行（加拿大）有限公司

Industrial and Commercial Bank of China（Canada）

地址：Unit 3710，Bay Adelaide Centre，333 Bay Street，Toronto，Ontario，M5H 2R2，Canada

邮箱：info@ icbk. ca

电话：+1416－366－5588

传真：+1416－607－2000

SWIFT：ICBKCAT2

中国工商银行（阿根廷）股份有限公司

Industrial and Commercial Bank of China（Argentina）S. A.

地址：Florida 99 – City of Buenos Aires，Argentina

邮箱：gongwen@ ar. icbc. com. cn

电话：+54－11－4820－9018

传真：+54－11－4820－1901

SWIFT：ICBKARBA

中国工商银行（巴西）有限公司

Industrial and Commercial Bank of China（Brasil）S. A.

地址：Av. Brigadeiro Faria Lima，3477 – Block B – 6 andar – SAO PAULO/SP – Brasil

邮箱：gybx@ br. icbc. com. cn

电话：+5511－2395－6600

传真：+5511－2395－6600

SWIFT：ICBKBRSP

中国工商银行（秘鲁）有限公司

ICBC PERU BANK

地址：Av. Juan de Arona 151，Oficina 202，San Isidro，Lima27，Perú
邮箱：gongwen@ pe. icbc. com. cn
电话：+51 - 16316801
传真：+51 - 16316803
SWIFT：ICBKPEPLXXX

中国工商银行股份有限公司非洲代表处

Industrial and Commercial Bank of China Limited，African Representative Office

地址：47 Price Drive，Constantia，Cape Town，South Africa，7806
邮箱：fzzhglb@ afr. icbc. com. cn
电话：+27 - 212008006
传真：+27 - 212008012

2014 年度二级分行经营效益 30 强

地区	分 行	按绩效得分排名	按净利润排名	按人均 EVA 排名	三项因素综合排名
广东	中山	1	5	10	1
浙江	嘉兴	13	4	14	2
浙江	金华	20	1	13	3
山东	东营	10	15	9	4
浙江	台州	16	2	17	5
江苏	常州	17	3	16	6
广东	惠州	4	16	19	7
江苏	南通	14	8	24	8
河北	廊坊	19	11	18	9
广东	珠海	12	17	20	10
广东	江门	6	18	31	11
山东	日照	31	26	3	12
广东	东莞	8	6	46	13
山东	济宁	26	14	21	14
山东	聊城	29	21	12	15
海南	三亚	3	57	2	16
广东	汕头	11	23	32	17
浙江	湖州	32	20	25	18
广东	揭阳	9	54	15	19
江苏	宿迁	24	50	11	20
广东	湛江	21	29	35	21
山东	临沂	33	22	33	22
山东	菏泽	25	35	28	23
广东	云浮	5	81	4	24
广东	河源	7	79	7	25
河北	保定	15	13	69	26
广东	清远	28	49	23	27
山东	潍坊	36	10	56	28
河北	秦皇岛	44	24	37	29
广东	肇庆	30	52	26	30

2014 年度城区支行经营效益 40 强

地区	支行	按绩效得分排名	按净利润排名	按人均 EVA 排名	三项因素综合排名
北京	翠微路	3	1	1	1
北京	新街口	2	2	6	2
北京	长安	17	4	8	3
北京	分行营业部	21	10	3	4
江苏	江宁	1	26	9	5
上海	营业部	21	10	3	6
深圳	营业部	21	10	3	7
北京	南礼士路	28	5	21	8
北京	海淀西区	6	7	46	9
浙江	西湖	9	41	11	10
上海	第二营业部	33	20	10	11
湖北	硚口	7	33	28	12
北京	东城	22	11	49	13
北京	西客站	29	12	48	14
四川	春熙	39	16	44	15
北京	海淀	25	13	65	16
北京	朝阳	10	8	90	17
北京	宣武	93	6	14	18
重庆	渝中	19	38	63	19
北京	金融街	66	46	18	20
深圳	红围	63	44	26	21
四川	滨江	57	14	64	22
广东	第一	61	52	23	23
浙江	本级	88	35	20	24
四川	盐市口	42	91	12	25
北京	中关村	36	21	95	26
上海	开发区	32	49	71	27
深圳	福田	43	76	35	28
湖北	水果湖	84	34	43	29
北京	丰台	30	24	118	30
北京	商务中心区	44	47	82	31
上海	外滩	112	40	24	32
浙江	羊坝头	116	59	16	33
浙江	解放路	94	66	33	34
重庆	较场口	14	144	39	35
浙江	艮山	13	155	29	36
广东	北京	157	18	25	37
上海	黄浦	48	9	144	38
重庆	高科技	4	136	66	39
贵州	中华路	133	61	13	40

2014 年国际评级及获得的主要奖项

国际评级情况

	穆迪（Moody's）	标准普尔（S&P）
长期外币存款评级	A1	A
长期外币存款评级展望	稳定	稳定
短期外币存款评级	P－1	A－1
个体信用实力评级（BCA）	BBA2	—
个体信用实力评级展望	稳定	—
银行财务实力评级（BFSR）	C－	
个体信用状况评级（SACP）	—	BBB＋

获奖情况

境外奖项

<table>
<tr><th>奖项名称</th><th>颁奖机构</th></tr>
<tr><td>全球最佳银行</td><td rowspan="3">《银行家》</td></tr>
<tr><td>亚太区最佳银行</td></tr>
<tr><td>中国最佳银行</td></tr>
<tr><td>中国最佳投资银行</td><td rowspan="3">《欧洲货币》</td></tr>
<tr><td>中国最佳贵金属交易银行</td></tr>
<tr><td>航空金融中国最佳交易奖</td></tr>
<tr><td>中国最佳公司银行</td><td rowspan="7">《环球金融》</td></tr>
<tr><td>中国最佳个人银行</td></tr>
<tr><td>中国最佳托管银行</td></tr>
<tr><td>中国最佳财资及现金管理银行</td></tr>
<tr><td>中国最佳公司信用卡</td></tr>
<tr><td>中国最佳企业网上银行</td></tr>
<tr><td>亚洲最佳手机银行客户端</td></tr>
<tr><td>中国年度卓越贵金属交易银行</td><td>《金融时报》</td></tr>
<tr><td>最佳中国品牌</td><td>国际品牌集团</td></tr>
<tr><td>优秀企业管治资料披露奖</td><td>香港管理专业协会</td></tr>
<tr><td>中国最佳本地银行</td><td rowspan="6">《财资》</td></tr>
<tr><td>中国最佳私人银行</td></tr>
<tr><td>中国最佳托管银行</td></tr>
<tr><td>中国最佳现金管理银行</td></tr>
<tr><td>全优公司白金奖</td></tr>
<tr><td>中国最佳商品衍生品交易银行</td></tr>
</table>

续表

奖项名称	颁奖机构
中国最佳托管银行	《全球托管人》
中国最佳网络银行产品奖	《亚洲银行家》
中国最佳大型零售银行	
中国最佳现金管理银行	
中国最佳合作银行	
亚洲最佳交易银行	
最优秀最佳本地银行	《亚洲货币》
中国最佳本地银行	
亚洲公司治理指标企业奖	《亚洲公司治理》
最佳投资者关系奖	
亚洲最佳首席执行官	
亚洲杰出董事奖	
亚洲年度杰出公司秘书	
公司卓越管治企业奖	《亚洲周刊》
最大市值企业奖	
最绩优企业奖	
中国最佳银行	《金融亚洲》
中国最佳私人银行	
最佳公司治理上市公司	《大公报》
全球年度最佳并购交易	《美国律师》
中国最佳跨国并购专家	《机构投资者》
亚太最佳风险控制奖	Visa 国际组织
移动支付创新领航企业	万事达卡国际组织
年度最佳公务卡发卡行	
商户拓展最佳收单行	
年度跨境交易最佳提升奖	
最佳商旅创新支付产品奖	
最佳产品合作奖	美国运通
收单卓越合作奖	
最佳渠道合作奖	

境内奖项

奖项名称	颁奖机构
记账式国债现货交易量“柜台业务承办银行”排名第一	财政部
银行科技发展奖一等奖	人民银行
优秀文化金融合作创新成果奖	文化部、人民银行
中国第一信用卡品牌	工信部

续表

奖项名称	颁奖机构
年度最具社会责任金融机构奖	中国银行业协会
年度社会责任最佳绿色金融奖	
年度社会责任引领人物奖	
年度公益慈善优秀项目奖	
年度最佳社会责任特殊贡献网点奖	
中国银行业“普及金融知识万里行”活动最佳成效奖	
中国银行业“银行卡网络支付安全宣传月”突出贡献奖	
中国银行业文明规范服务工作突出贡献奖	
最佳互联网贸易金融银行	
银团贷款业务最佳业绩奖	
银团贷款业务最佳管理奖	
银团贷款业务最佳交易奖	
养老金业务最佳业绩奖	
养老金业务最佳发展奖	
养老金行业最具影响力人物	
客户服务中心综合示范单位奖	
客户服务中心优秀创新奖	
客服中心优秀服务奖	
综合最佳做市机构	中国外汇交易中心
最佳做市奖	
最佳远掉做市奖	
最佳交易奖	
最佳即期交易奖	
最佳远掉交易奖	
最佳非美货币交易奖	
最佳外币对交易奖	
最受欢迎远掉做市机构奖	
最佳直接交易货币做市机构奖	
最佳技术做市机构奖	
最佳后台支持做市机构奖	
最佳外币对会员奖	
银行间本币市场交易 100 强	
银行间本币市场优秀交易成员	
银行间外汇市场最佳后台支持做市机构奖	
上海清算所优秀结算成员奖	银行间市场清算所股份有限公司
上海清算所优秀清算会员奖	
上海清算所外汇清算优秀奖	

续表

奖项名称	颁奖机构
中国国际黄金大会最佳创新奖	中国黄金协会
中国国际黄金大会特别贡献奖	
优秀金融类会员特等奖	上海黄金交易所
租借业务一等奖	
银联卡跨行交易突出贡献奖	中国银联
银联卡推广贡献奖	
银联 IC 卡推广贡献奖	
警银共建贡献奖	
中国广告长城奖·广告主奖	中国广告协会
全国企业管理现代化创新成果奖	中国企业联合会
最佳公众透明度奖	中国企业管理研究会
公众透明度典范奖	
中国品牌价值评价企业首位	中国品牌建设促进会和中国标准化研究院
中国绿色公司百强	道农研究院
优秀企业社会责任报告·领袖型企业奖	中国可持续发展工商理事会
中国优秀企业公民	中国社工协会企业公民委员会、中央电视台财经频道、腾讯公益慈善基金会
“关注气候，生态文明”先锋企业奖	联合国全球契约中国网络
促进社会发展与合作最佳实践奖	
光明功勋奖	中华健康快车基金会
综合领先奖	国脉信息化发展研究中心
中国互联网金融百强品牌	中国互联网金融大会、中国互联网金融联盟、和讯网
中国最佳电子银行奖	中国金融认证中心（CFCA）
金融行业十大经典营销案例 - 人脉挖宝	
电子银行创新奖之金融互联网最佳践行奖	网银联盟
运营管理精英团队奖	中国金融业客服中心发展联盟
中国最佳客户服务中心	中国服务贸易协会、中国信息协会
中国最佳客户服务管理团队	
中国最佳呼叫中心运营奖	中国电子商会呼叫中心与客户关系管理专业委员会
年度中国互联网金融创新奖	中国电子金融年会组委会
中国最佳呼叫中心运营奖	亚太客户中心协会领袖联盟
安全宣传优秀奖	互联网支付安全联盟
中国最佳呼叫中心运营奖	电子商务协会
最佳商业银行	《金融时报》（中国）
中国金融机构金牌榜金龙奖	
金牛理财银行奖	《中国证券报》
金牛奖上市公司百强	
金牛奖最佳董秘	

续表

奖项名称	颁奖机构
最佳品牌金融机构奖	《上海证券报》
金治理·信息披露公司董秘奖	
中国最佳私人银行	
最佳信用卡	
最佳银行投行	《证券时报》
最佳并购顾问银行	
最佳股权融资项目	
最佳结构化融资项目	
卓越竞争力品牌建设银行	《中国经营报》
卓越竞争力国有商业银行	
卓越竞争力国际业务银行	
卓越竞争力投资银行	
年度卓越金融电子商务平台	《经济观察报》
中国最受尊敬企业	
年度零售银行	《第一财经》
中国企业社会责任榜·杰出企业奖	
金牌董秘、投资者关系维护优秀董秘奖、最佳主板上市公司	《大众证券报》
年度最佳网络营销银行	《每日经济新闻》
小微金融卓越贡献奖	
金鼎奖——年度最佳口碑信用卡	
最佳贵金属交易银行	《21世纪经济报道》
最佳中资私人银行	
国有上市企业社会责任榜第一名、年度责任领袖	《南方周末》
卓越电子银行	《卓越理财》
卓越银行行长	
卓越全球竞争力品牌银行	
卓越银行卡创新管理人物	
卓越银行卡	
最具责任感企业	《中国新闻周刊》
中国最佳呼叫中心	《客户世界》
最佳企业理财奖	《首席财务官》
最佳现金管理品牌奖	
年度金牌电子银行	《金融理财》
年度金融财富管理银行	
年度金牌零售银行家	
年度金牌私人银行卓越成就奖	
年度金牌托管银行	

续表

奖项名称	颁奖机构
上市公司信息披露金盾奖	《华夏时报》
中国移动金融领先银行	
金圆桌董事会建设特别贡献奖	《董事会》
金圆桌最具创新力董秘	
中国企业海外形象 50 强	《中国报道》
中国最有价值品牌 500 强	《品牌观察》
年度最佳财资管理银行	《财资中国》
年度最佳全球现金管理银行	
年度最受企业信赖银行	
经典社会化营销案例 - 人脉挖宝	壹鲸智库
中国好雇主	太和顾问
金融服务创新奖	银率网
银行综合服务消费者满意度奖	
网上银行服务消费者满意度奖	
个人贷款业务消费者满意度奖	
金融产品创新奖	
大学生最佳雇主 Top50	中华英才网
大学生最佳雇主全国性银行业 Top10	
中国年度最佳雇主（前 100 强）	智联招聘
年度最佳支付产品奖	新华网
年度人民企业社会责任奖	人民网
年度最佳信用卡	财经网
年度最佳电子银行	新浪财经
最受欢迎信用卡	
最佳国有商业银行	
最佳银行品牌	网易
最佳互动创意奖	搜狐网
最佳手机银行奖	
最佳安全奖	
最佳中资银行奖	金融界
网上银行最佳用户体验奖	
最佳电子银行品牌奖	
最佳零售银行奖	
最佳社会责任奖	
最佳理财产品品牌奖	
年度最佳综合银行	东方财富网
最佳贵金属交易平台	
最受投资者欢迎私人银行	大智慧

续表

奖项名称	颁奖机构
十大品牌银行	和讯网
年度网上银行卓越品牌	
年度手机银行卓越品牌	
最佳金融服务网站	
最佳贵金属业务服务银行	

2014年全行性的重要评比或评奖活动结果

全国“五一”劳动奖状

广东省分行

全国“五一”劳动奖章

刘春翔　广东省分行营业部国际业务部总经理
高克忠　山东滨州分行邹平支行行长

全国“工人先锋号”

北京分行营业部
上海分行第二营业部营业厅
安徽马鞍山分行花山支行
四川德阳东大街支行
重庆西永微电子产业园区支行
新疆分行营业部明德路支行

全国总工会“会员评议职工之家示范单位”

湖北咸宁分行工会

全国金融“五一”劳动奖状

江苏分行南京江宁支行
浙江湖州分行德清支行
山东东营分行广饶支行
湖北分行武汉水果湖支行
河南洛阳金融大厦支行

全国金融“五一”劳动奖章

张　玲　北京分行东城支行营业部财富中心主任
王　健　天津分行北站支行营业室理财经理
焦红梅　河北邯郸分行新国际支行大堂经理
侯晓红　山西临汾分行西城支行行长
苏　晶　内蒙古满洲里分行南区支行客户经理
吴佳铭　辽宁分行沈阳大东支行营业室经理
刘玉民　吉林白山分行湾沟支行客户经理
张　睿　黑龙江伊春分行南岔支行行长
刘　敏　上海分行延安西路支行行长
马自茹　江苏徐州分行营业部综合柜员
赵丹蓓　浙江金华分行行长
沈　翔　安徽分行合肥城建支行行长
黄丽艳　福建宁德分行福鼎桐山支行客户经理
何育红　江西九江分行瑞昌支行运行检辅员
李瑞环　山东烟台分行莱州支行广场分理处负责人
胡德存　河南商丘分行营业部客户经理
王小明　湖北襄阳分行公司业务一部客户经理
孙小娟　湖南岳阳分行东茅岭支行柜员
郭葵当　广东东莞分行石龙支行理财经理
李建忠　广西梧州分行工会办公室经理
许　菲　海南分行营业部结算与机构业务部经理
刘丽梅　四川内江分行网点经营管理中心副主任
赵　彤　贵州分行贵阳金阳支行行长

杨云宇　云南曲靖分行信息科技部经理
任　燕　陕西咸阳分行人民中路支行客户经理
王晓琴　甘肃分行兰州金城支行大堂经理
王岩文　青海分行西宁城北支行营业室柜员
李　虎　宁夏分行银川紫荆花支行行长
郭业慧　新疆伊犁分行国际业务部经理
王云峰　西藏分行业务管理部科员
李　红　重庆分行南岸支行行长
钱景秀　大连分行个人金融业务部总经理
陈　兵　青岛分行行长助理兼青岛开发区支行行长
潘海英　宁波分行公司业务部总经理
陈卫平　深圳分行南山支行行长
吴端端　厦门分行电子银行部总经理
王月琳　苏州昆山分行营业部总经理
徐詠珺　广州庙前支行个人客户经理
于咏全　长春金融研修学院工会工作委员会副主任
朱　敏　软件开发中心上海开发二部副总经理
黄涌铭　数据中心（北京）平台研发部经理（三级）
张锦洪　数据中心（上海）运行部总经理
陶　宇　工银阿根廷公司投行部副主管
何建中　卡拉奇分行市场部主管

金融系统女职工文明示范岗

北京分行西客站支行营业部
青海省分行西宁城东支行营业室